中国文化年鉴

ALMANAC OF CHINESE CULTURE

2011

中华人民共和国文化部 编

新 华 出 版 社

图书在版编目（CIP）数据

中国文化年鉴．2011/中华人民共和国文化部编．--北京：新华出版社，2011.12

ISBN 978-7-5011-9813-9

Ⅰ．①中… Ⅱ．①中… Ⅲ．①文化事业－中国－2011－年鉴 Ⅳ．①G12－54

中国版本图书馆CIP数据核字（2011）第262621号

中国文化年鉴（2011）

责任编辑：梁秋克　王晓娜
特约编辑：朱德生
封面设计：朱　江
封面篆刻：庞书田
出 版 发 行：新华出版社
地　　址：北京市石景山区京原路8号
网　　址：http://press.xinhuanet.com
邮　　编：100040
经　　销：新华书店
印　　刷：北京盛通印刷股份有限公司
成 品 尺 寸：201mm×285mm　1/16
印　　张：63.375印张
彩 色 插 页：1.125印张
字　　数：1776千字
版　　次：2011年12月第1次
印　　次：2011年12月第1次印刷
书　　号：ISBN 978-7-5011-9813-9
定　　价：360.00元

本社购书热线:(010)63077112

《中国文化年鉴》（2011）
编辑委员会

《中国文化年鉴》（2011）
编 辑 部

《中国文化年鉴》(2011)
鸣谢单位

文化部办公厅
文化部政策法规司
文化部财务司
文化部人事司
文化部艺术司
文化部文化科技司
文化部文化市场司
文化部文化产业司
文化部社会文化司
文化部非物质文化遗产司
文化部外联局
文物局
中国艺术研究院
中国国家图书馆
故宫博物院
中国国家博物馆
中国文化报社
中国国家京剧院
中国国家话剧院
中国歌剧舞剧院
中国东方歌舞团
中国交响乐团
中国儿童艺术剧院
中央歌剧院
中央芭蕾舞团
中国美术馆
中国国家画院
中国对外文化集团公司
文化部恭王府管理中心
文化部艺术服务中心
国家清史纂修领导小组办公室
中外文化交流中心
中国艺术科技研究所
文化部民族民间文艺发展中心
文化部全国文化信息资源建设管理中心
北京市文化局
天津市文化局
河北省文化厅
山西省文化厅
内蒙古自治区文化厅
辽宁省文化厅
吉林省文化厅
黑龙江省文化厅
上海市文化广播影视管理局
江苏省文化厅
浙江省文化厅
安徽省文化厅
福建省文化厅
江西省文化厅
山东省文化厅
河南省文化厅
湖北省文化厅
湖南省文化厅
广东省文化厅
广西壮族自治区文化厅
海南省文化广电出版体育厅
重庆市文化局
四川省文化厅
贵州省文化厅
云南省文化厅
西藏自治区文化厅
陕西省文化厅
甘肃省文化厅
青海文化和新闻出版厅
宁夏回族自治区文化厅
新疆维吾尔自治区文化厅
新疆生产建设兵团文化广播电视局

《中国文化年鉴》（2011）
组稿人员名单

（按姓氏笔画排序）

于春城　亢　博　尤玉芳　王永昭　王学增

王建华　王　娜　王　林　王　培　王芬林

艾合麦提江·艾卖提　邓泽洲　冯彦瑞　包东波

龙仕勇　江宝山　关福才　刘　苹　刘培婷

安战国　朱春雷　朱鸿文　朱　楠　向仕富

祁　鑫　何　塔　宋　磊　张建平　张　斌

张　勇　张彦胜　张倍宁　张　蕾　张抗洪

李文娣　李　玮　李胜先　李海泉　杜宁远

杨晓辉　杨　渊　杨　菊　杨　帆　杨　武

肖　健　肖明伟　邱邑洪　邱　雷　邹　端

陈卫军　陈如福　陈　峰　陈　真　陈培军

周　勇　周广明　周汉萍　郑晓莹　郑海勇

郑起朝　金　梅　赵东亚　赵姗姗　徐　健

敖　超　郭素娥　顾　春　曹庆华　蒋　静

谢万幸　詹秋红　蔡世超　蔡靖杰　霍瑞娟

魏小平　戴　健

1	2
3	4
5	6

1. 2月9日，蔡武部长看望文化部老领导周巍峙与老艺术家王昆夫妇。
2. 图为上合组织文化部长第七次会晤圆桌会议与会领导合影。从左至右分别为：海南省委办公厅副秘书长刘登山、蒙古教育文化和科技部部长奥特根巴雅尔、印度文化部常务秘书贾瓦尔、吉尔吉斯共和国政府国家文化署署长朱努索夫、塔吉克斯坦共和国文化部部长阿斯罗里、上合组织副秘书长纳塞罗夫、中华人民共和国文化部部长蔡武、中华人民共和国文化部副部长赵少华、哈萨克斯坦共和国文化部部长库尔·穆哈默德、俄罗斯联邦文化部副部长戈鲁特瓦、乌兹别克斯坦共和国文化体育部第一副部长赛义夫拉耶夫、伊朗文化和伊斯兰指导部部长赛义德、巴基斯坦文化部代表旁遮普省议员哈尔、海南省文化广电出版体育厅厅长范晓军。
3. 4月19日，文化部领导蔡武、欧阳坚、李洪峰、杨志今及机关干部以捐款的方式，支援青海地震灾区抗震救灾工作。
4. 5月4日，文化部召开文化系统体制改革工作电视电话会议。图为主会场。
5. 6月11日，2010年中国文化遗产日主场活动开幕式在苏州举行。图为蔡武（左二）、单霁翔（左三）、江苏省委常委、苏州市委书记蒋宏坤、江苏省副省长曹卫星等共同为2010年中国文化遗产日主场城市活动启动开幕。
6. 6月22日，中国文化部部长蔡武在北京会见了突尼斯文化和遗产保护部部长阿卜德尔·拉乌夫·巴斯蒂，双方分别代表两国政府签署了两国文化合作协定2010~2013年执行计划。

7 8
9 10
11 12

7. 6 月 22 日，全国民营艺术院团优秀剧目在京展演拉开帷幕，文化部党组成员、副部长王文章出席开幕式并观看演出。图为演出结束后，王文章等领导上台与演员亲切交流。

8. 8 月 18 日，文化部在京召开文化体制改革工作会议暨四家集团公司深化转企改制工作表彰大会。文化部领导蔡武、欧阳坚、杨志今、王文章、高树勋出席会议并向受表彰的先进集体和个人颁奖。

9. 8 月 26 日，由中国文化传媒集团负责承建的国家动漫产业信息服务平台暨国家动漫产业网在京正式上线。图为文化部领导欧阳坚（中）、杨志今（左）、高树勋（右）点击触摸屏，正式开通国家动漫产业信息服务平台和国家动漫产业网。

10. 9 月 20 日，中国历史文化名街——天津“五大道”揭牌仪式在天津市和平区举行。文化部党组成员、国家文物局局长单霁翔（右），天津市副市长张俊芳（左）出席仪式并揭牌。

11. 8 月 4 日上午，文化部在京召开国家艺术院团获奖剧目和演员表彰会，文化部党组书记、部长蔡武，党组成员、副部长王文章出席表彰会并为获奖院团和演员颁奖。图为蔡武讲话，号召国家艺术院团的演职人员向德艺双馨的艺术家吴冠中、阎肃学习。

12. 8 月 26 日，中华人民共和国文化部与中国农业银行股份有限公司在京举行全面战略合作启动仪式暨中国农业银行加入“文化部文化产业投融资公共服务平台”仪式。文化部副部长欧阳坚（左）和农业银行董事长项俊波共同启动了代表双方全面战略合作的水晶球。

1
2
3

1. 永远的辉煌——中国老年合唱节。
2. “大地情深”——第十五届群星奖戏剧决赛。
3. 全国第十五届“群星奖”获奖节目江苏巡演南京鼓楼专场。

1
2
3

1. 高蓬镇文化站。
2. 河北邢台威县文化中心。
3. 浙江绍兴县文化馆。

1. 蔡武部长在第八届网博会上讲话。
2. 欧阳坚副部长参观旅游景区情景演出图片展览。
3. 第八届中国国际网络文化博览会开幕仪式。
4. 首届中国国际文化旅游节。

1	2	3
4	5	6
	7	

1. 8 月 20 日上午，在北京人民大会堂小礼堂举行了“中国入选联合国教科文组织非物质文化遗产名录项目颁证仪式”，中共中央政治局委员、国务委员刘延东出席颁证仪式。
2. 刘延东为非遗项目颁发证书。
3. 弦子舞在藏语称“果谐”，即圆圈舞，是在乐器弦子的伴奏下，集歌、舞、乐为一体的综合性藏族歌舞艺术。该项目于 2008 年入选“第一批国家级非物质文化遗产扩展项目名录”。
4. “锅庄舞”又称为“果卓”、“歌庄”、“卓”等，藏语意为圆圈歌舞，是藏族三大民间舞蹈之一。该项目于 2006 年入选“第一批 国家级非物质文化遗产名录”。
5. 调演首场演出——“多彩民族综合专场”。
6. 演出结束，文化部部长蔡武等领导同志祝贺演出成功。
7. 文化部领导同志与全体演职人员合影留念。

1 2
3
4

1. 12月12日，单霁翔局长与哈瓦斯秘书长分别代表中埃两国政府在开罗签署协定。
2. “众志成城、雷霆出击”——全国重点地区打击文物犯罪成果展。
3. 第七批全国重点文物保护单位专家评审会。
4. 国际博物馆协会第22届大会开幕式。

中国艺术研究院

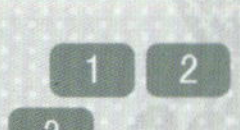

1. 1月19日，中共中央政治局委员、国务委员刘延东（右三）在文化部部长蔡武（左三），文化部副部长、中国艺术研究院院长王文章（右二）等陪同下到中国艺术研究院调研指导工作，并与中国艺术研究院美术学系博士毕业生亲切交谈。
2. 2009年3月20日，中国艺术研究院承办的“雪域风情——藏族非物质文化遗产精粹展”在澳门隆重举办。十届全国人大常委会副委员长热地（前排中）、澳门特区行政长官何厚铧（前排右一）等在文化部副部长赵少华、中国艺术研究院音乐研究所所长田青陪同下参观展览。
3. 3月30日，“中国艺术研究院希望小学”捐赠仪式在中国艺术研究院研究生院举行。陕西省安康市汉滨区教育局局长郭放军（右二）接受由文化部副部长、中国艺术研究院院长王文章（左三）题写的“中国艺术研究院希望小学”校名。著名艺术家范曾（右一）、王能宪副院长（左一）等出席捐赠仪式。目前，中国艺术研究院已向陕西省和贵州省捐赠了两所希望小学。

4. 4月29日，越南副总理阮善仁一行访问中国艺术研究院。图为阮善仁（右二）在张庆善副院长（右一）等陪同下参观中国艺术研究院图书馆。
5. 4月18日，“纪念王朝闻百年诞辰座谈会”在我中国艺术研究院召开，图为座谈会现场。
6. 10月19日至21日，由中国艺术研究院与欧盟文化中心合作组织联合举办的“第二届中欧文化对话”在丹麦哥本哈根举行。图为“第二届中欧文化对话”研讨会现场。
7. 11月13日，中国艺术研究院中国当代艺术院正式挂牌成立。图为文化部副部长、中国艺术研究院院长王文章（前排左一）为中国艺术研究院中国当代艺术院院长罗中立颁发聘书。

故宫博物院

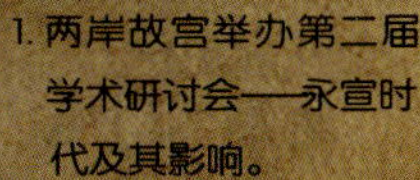

1. 两岸故宫举办第二届学术研讨会——永宣时代及其影响。
2. 故宫安防改造项目控制室改扩建工程奠基仪式。
3. “北京故宫文物保护基金会”、“故宫会”在故宫建福宫花园内举行成立仪式。
4. 两岸故宫博物院举办重走文物南迁路活动。
5. 两岸故宫博物院举办重走文物南迁路活动。
6. 召开故宫博物院五年（2011～2015年）计划讨论会。
7. 故宫博物院与中国社会科学院研究生院签订合作协议仪式。
8. 故宫博物院召开2004～2010年藏品清理工作总结表彰会。
9. 文化部蔡武部长视察故宫安全建设。
10. 两岸故宫博物院举办重走文物南迁路活动。
11. 故宫文物南迁史料展展厅内景。
12. 明永乐宣德文物特展展厅内景。

中国国家博物馆

国际博协第22届大会开幕式。

山东省博物馆新馆开馆仪式。

2010年国际博物馆日主会场活动暨广东省博物馆新馆开馆仪式。

周口店遗址博物馆新馆奠基仪式。

全国博物馆文化产品开发工作座谈会。

博物馆免费开放调研（山西）座谈会。

中央文化管理干部学院

文化部党员轮训第一期培训班合影。

澳门特区文化遗产保护和管理高级研修班。

内地与港澳文化合作论坛开幕仪式。

文化体制改革与发展研究中心成立揭牌仪式。

文化部第23期驻外干部培训班。

文化部全国基层文化队伍示范性培训班
——山东省乡镇综合文化站长培训班。

能容纳200人的报告厅。

中国国家京剧院

京剧《大闹天宫》

1. 国家京剧院机关中干部聘任大会
2. 党员赴辽宁学习。
3. 参加意大利中国文化年活动。
4. 京剧《杨门女将》。
5. 京剧《柳荫记》。
6. 大型音画京剧《国韵 至爱篇》

中国歌剧舞剧院

2010年是文化体制改革取得重大突破的一年，在党中央、国务院的坚强领导下，文化系统改革力度进一步加大，改革步伐进一步加快。在过去的一年中，胡锦涛总书记、李长春同志都曾发表过关于文化体制改革的重要讲话，为剧院的发展鼓舞士气，指明了方向。中国歌剧舞剧院多次学习中央领导及文化部领导的讲话，积极面对文化体制改革，着眼于机制创新，实现社会效益、经济效益双丰收。2010年，总收入为7666.12万元，其中剧院自身创收为4768.36万元，同比2009年增长40.86%；人均月工资为5697元，同比2009年增长19%；演出场次为273场，观众总人数达80.6万人次。

1. 优秀剧目展演。刘延东与剧院领导交谈。
2. 歌舞晚会“紫气祥云”。
3. “三下乡”慰问演出。
4. 高雅艺术进校园演出合唱《红色娘子军》。
5. 原创歌舞剧《在那遥远的地方》剧照1。
6. 原创歌舞剧《在那遥远的地方》剧照2。
7. 原创歌舞剧《在那遥远的地方》剧照3。
8. 歌舞晚会“紫气祥云”舞蹈《出水莲》。
9. 歌舞晚会“紫气祥云”。

6月5日，莫斯科第五届世界交响乐团音乐节于莫斯科苏维埃宫圆柱大厅。

5月12日，大地安魂曲于国家大剧院。

7月25日，音乐会歌剧莎乐美于国家大剧院。

9月5日，北京大学2010新生音乐会于北京大学百年讲堂。

9月18日，国交东北进校园于东北大学刘长春体育馆。

10月10日，朝鲜族作曲家音乐会于北京音乐厅。

11月9日，第28届韩国国际音乐节于首尔文化会馆。

11月17日，情系交响——韩中杰先生90华诞音乐会于国家大剧院。

12月26日，文化部教育部新年音乐会于北京音乐厅。

中国交响乐团

10月15日，第十三届北京国际音乐节潘德列茨基专场音乐会于北京保利剧院

1.中国东方演艺集团有限公司荣膺中国文化企业三十强称号。
2.马可波罗。
3.国家馆日。
4.上海世博会驻场演出。
5.马可波罗。
6.俄罗斯文化。

1. 大型神话剧《太阳鸟》。
2. 神话舞台连续剧《西游记》（第三部）。
3. 现实题材儿童剧《天蓝色的纸飞机》。
4. 1月，赴广西慰问演出。
5. 4月，《小吉普·变变变》赴甘肃送戏到幼儿园。
6. 8月，《皮皮·长袜子》在世博。
7. 9月，赴新疆慰问演出。
8. “皮皮鲁·鲁西西”系列童话剧之《罐头小人》

中央芭蕾舞团

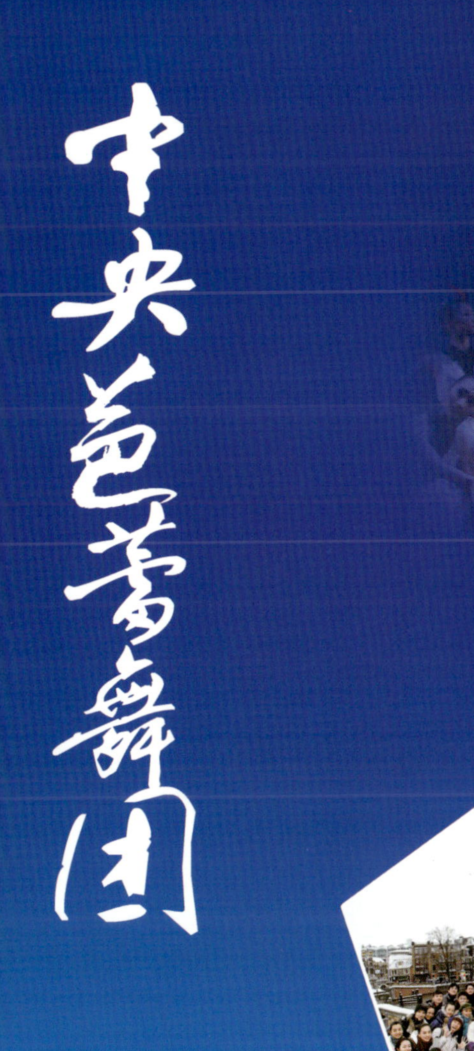

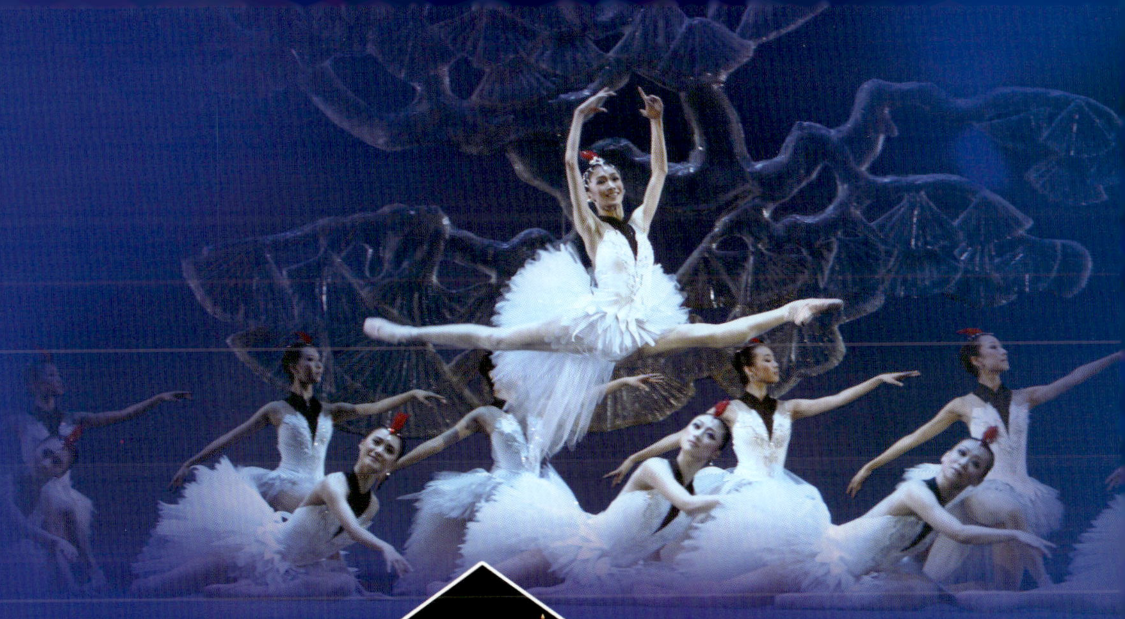

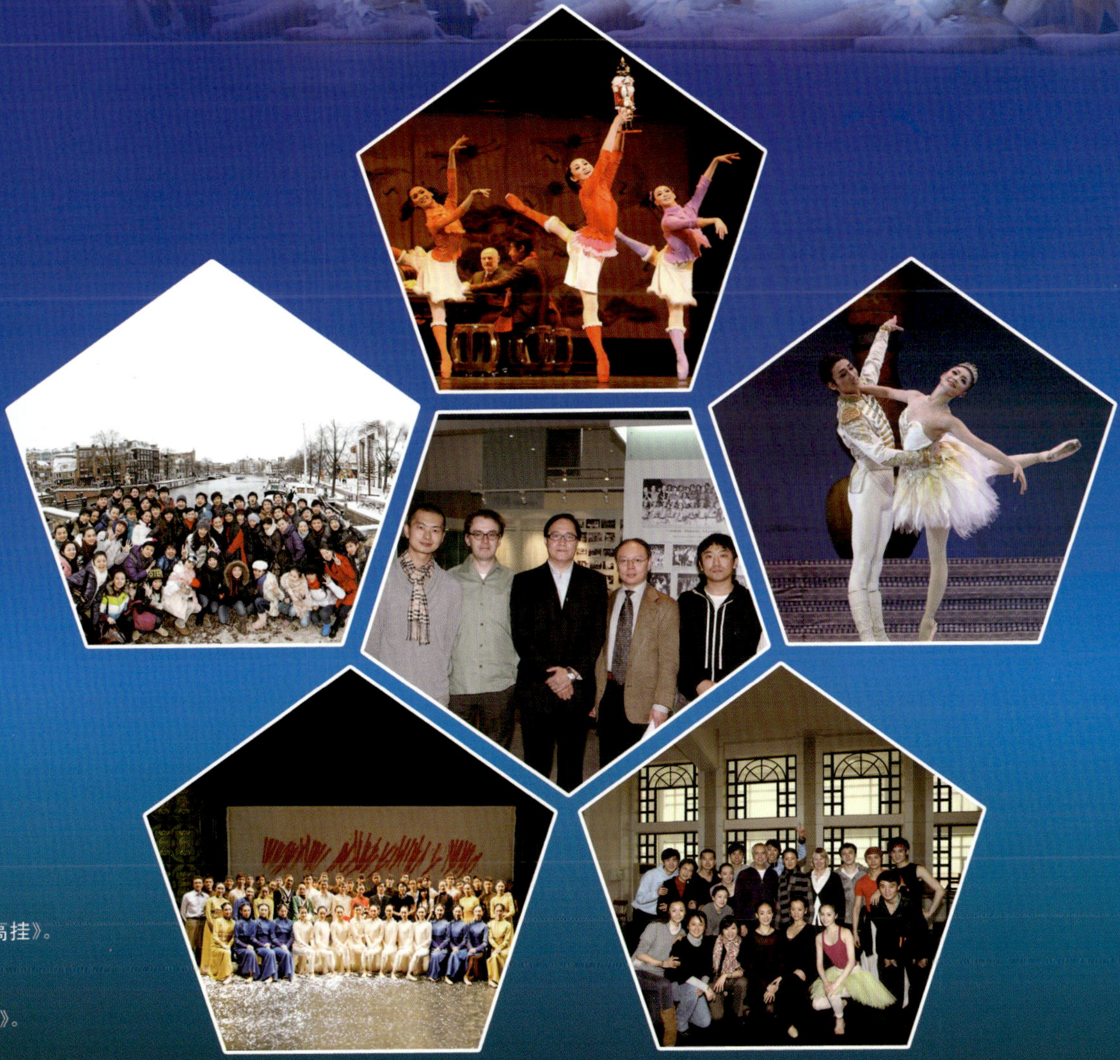

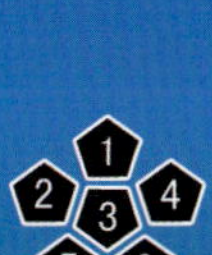

1. 2010 版《胡桃夹子》。
2. 1 月出访荷兰《大红灯笼高高挂》。
3. 爱丁堡艺术总监来团。
4. 2010《胡桃夹子》。
5. 出访巴西《大红灯笼高高挂》。
6. 汉堡艺。

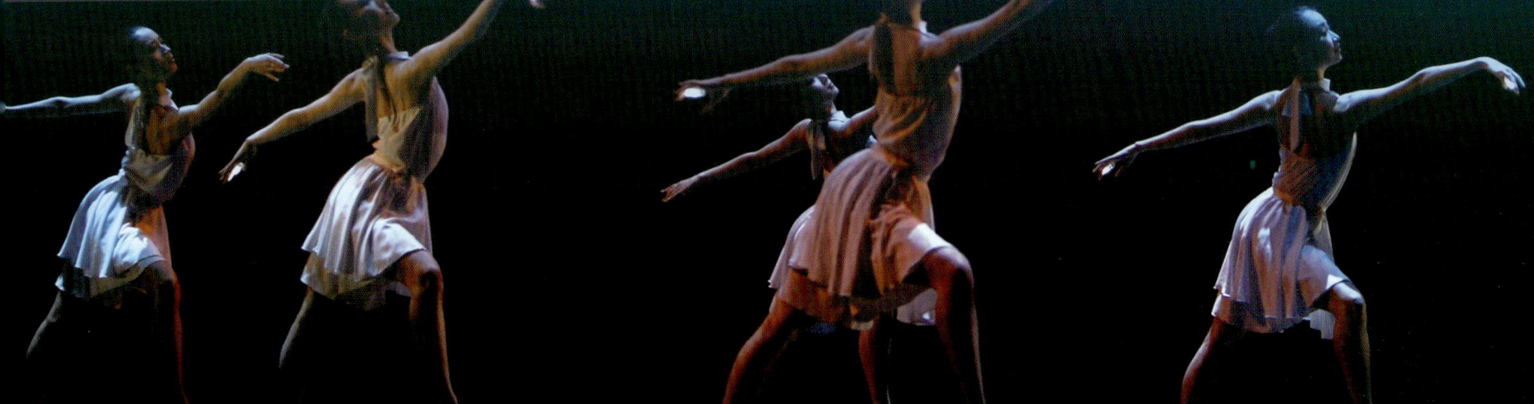

中国美术馆

1. 由中国美术馆、(香港)中华文化城有限公司联合主办的“历史与艺术——国家重大历史题材美术创作工程作品香港展”在香港展览中心隆重开幕。
2. 全国重点美术馆评估中国美术馆汇报会。
3. “中国美术馆 2009 年度工作总结表彰大会”在香山杏林山庄召开。
4. “胜利属于人民——纪念中国人民抗日战争胜利 65 周年美术作品展览”在美术馆主楼前广场举行开幕仪式。
5. 由公共教育部策划组织,清华大学美术学院、中国儿童中心、北京当代芭蕾舞团、北京市东城区少年宫、北京市西城区金融街少年宫、北京市顺义区少年宫大力支持的“感受吴冠中——中国美术馆少儿艺术体验夏令营”活动在中国美术馆举行。
6. “2009 年度中国美术馆‘好新闻奖’颁奖会”暨“虎年新春贺岁书法、年画大展新闻会”在中国美术馆 7 层学术报告厅举行。
7. “朱德群回顾展”开幕式在中央方厅举行。
8. 中国美术馆举办“风范长存——中国美术馆藏张仃作品特展”,纪念这位刚刚去世的美术大家。
9. “中国美术馆藏路德维希捐赠作品展”在湖北武汉美术馆开幕。
10. 为庆祝建党 89 周年,中国美术馆党委组织在职党员、入党积极分子到延安参观学习。

1 2 3
4 5 6
7 8 9 10

11 12 13

11. “不负丹青——吴冠中纪念特展”在中央方厅举行。
12. “中国美术馆虎年新春贺岁·情境书法大展、中国年画大展”开幕式在中央方厅举行。
13. 英国纽堡社区学校(Newbold Community School)中学生代表团一行 46 人来到中国美术馆,参加了由公共教育部策划组织的“体验汉字书写魅力”活动。

中国对外文化集团公司

作为全国文化体制改革首批 35 家试点单位之一，中国对外文化集团公司自 2004 年 4 月经国务院批准成立以来，在文化部、财政部的领导下，不断深化体制机制改革，健全完善现代企业制度，科学规划发展思路，将企业发展与国家需要紧密联系在一起，充分发挥全国首批文化体制改革试点单位的全局性、示范性作用，努力发挥国家骨干文化企业和对外文化工作主力军作用，积极服务于“推动中华文化‘走出去’”的国家战略大局。

2010 年，集团公司继续发挥独有的文化集成优势，稳步推进跨地区发展，在全国性市场渠道网络建设、内容产品制作与文化资源集成、国际文化贸易和重大国家交流项目承办等诸多方面都取得了可喜的业绩，初步构建“全产业链”运营基础格局，充分展示了文化体制改革孕育的中国新型文化市场主体强大的创新发展能力与发展空间。

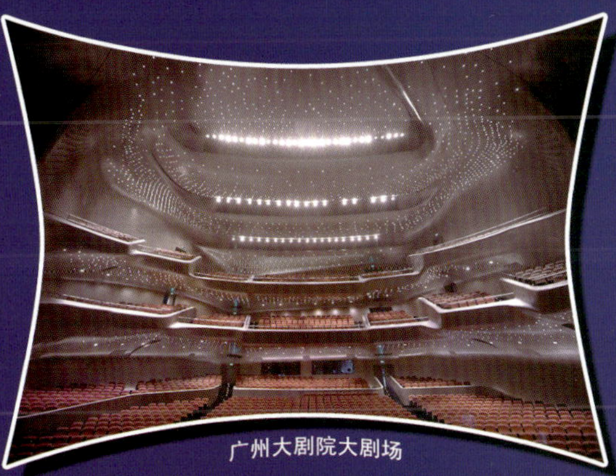

广州大剧院大剧场

1. 在汪洋书记、蔡武部长的共同见证下，广州市委常委、宣传部部长王晓玲将象征广州大剧院经营管理权的“金钥匙”授予中国对外文化集团公司董事长兼总经理、广州大剧院院长张宇。
2. 5 月 9 日，中共中央政治局委员、广东省委书记汪洋（左）和文化部党组书记、部长蔡武出席观看广州大剧院开幕大戏《图兰朵》。
3. 文化部党组成员、副部长赵少华在广州大剧院开幕庆典上致词。
4. 广州大剧院版歌剧《图兰朵》剧照。
5. 中演院线承办的朝鲜平壤艺术团中国巡演剧照。
6. 广州大剧院夜景。

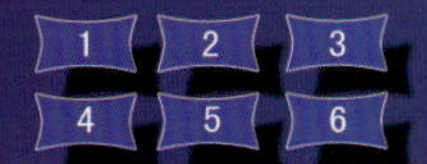

恭王府管理中心

1.10月,《绝版恭亲王》新书首发暨恭亲王研究座谈会在恭王府召开。
2.6月,"水墨梨园——李岗戏画作品展"在恭王府举办。
3.6月,恭王府组织承办了"印缘——李岚清篆刻艺术展"。
4.9月,"野天鹅——安徒生童话幕后的故事"展览在恭王府举办。
5.恭王府党团建设工作深入扎实。
6.4月,恭王府、北师大历史学院实践教学基地建成。
7.1月,举办"首届恭王府文化旅游商品设计大赛颁奖典礼。
8.11月,"多彩重阳——文化部老艺术家书画摄影作品展"在恭王府举办。
9.2月,恭王府组织"残疾人公益文化日"活动。

修旧如旧的后罩楼"藏经阁"(祁浩庭摄)

文化部艺术服务中心

1. 美术创作研究基地全国加盟合作单位资格审评会议。
2. 文化部艺术服务中心中国美术创作研究基地挂牌仪式。
3. 中国美术创作研究基地·广东省基地挂牌仪式。
4. 第三届当代中国画学术论坛新闻发布会。
5. 美术创作研究基地第二批全国加盟合作单位签约仪式。

国家清史纂修领导小组办公室

2月21日，李洪峰看望戴逸（右一）。

3月31日，编委会在京召开第二次审改工作会议。

6月30日，“国家清史纂修领导小组第一次会议”在京召开。

6月30日，“国家清史纂修领导小组第一次会议”中，蔡武（左一）、李洪峰（左二）与编委会委员、中国人民大学教授李文海（左三）亲切交谈。

6月30日，“国家清史纂修领导小组第一次会议”中，蔡武与戴逸亲切交谈。

7月9日，清史办、编委会召开“学习贯彻落实国家清史纂修领导小组第一次会议精神大会”。

7月12日，李洪峰（一排，居中）赴广东调研，与广东地区部分项目主持人和项目单位座谈。

10月26日至27日，“国家清史编纂委员会第七次全体会议”在京召开。

12月16日，卜键（左一）看望戴逸。

1月25日，孙家正出席《清代诗文集汇编》出版座谈会并讲话。（由右至左：戴逸、周和平、孙家正、纪宝成）。

中国艺术科技研究所

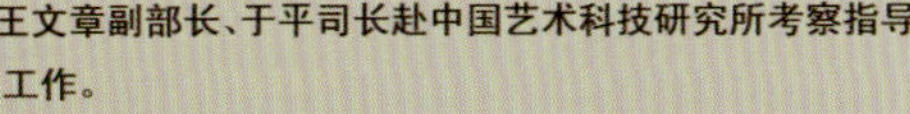

王文章副部长、于平司长赴中国艺术科技研究所考察指导工作。
中国艺术科技研究所与国家大剧院签订战略合作框架协议仪式。
文化与科技融合研讨会。
中国书画防伪辨伪科研新成果研讨会暨《为中国画备案》画集首发式现场。
美术考级专家评审会。
“书画真伪科学鉴定系统”司法领域应用研讨会现场。
当代中国画名家邀请展开幕式。

1 2 3 4 5 6 7

王文章到书画真伪科学鉴定研究中心实验室视察

辽宁省文化厅

1 2 3 4
5 6 7
8

1. 王珉到辽宁省文化资源建设服务中心调研。
2. 国家文物进出境审核辽宁管理处挂牌仪式。
3. 俞正声、陈政高、韩正、许卫国等领导参观上海世界博览会辽宁非物质文化遗产展示。
4. 全省文化局长暨文化系统“两先”表彰会。
5. 上海世博会辽宁活动周文艺演出“放歌辽宁”。
6. 辽宁省第八届艺术节开幕式演出交响组歌《哦，我的大东北》。
7. 沈阳评剧院评剧《我那呼兰河》获“文华大奖”并入选国家舞台艺术精品工程重点资助剧目。
8. 沈阳新民文化博览园被命名为国家文化产业示范基地。

吉林省文化厅

1.王儒林省长等省和长春市领导参观吉林省最大的文化产业园区东北亚文化创意科技园沙盘。
2.11月16日，东北亚文化创意科技园及中国（吉林）动漫游戏公共技术服务平台、国家专利技术（长春）展示交易中心、吉林省服务外包重点园区、吉林省文化产业示范区揭牌。
3.吉林省京剧院创排的京剧《牛子厚》成功入选2009～2010年度国家舞台艺术精品工程资助剧目。
4.2010年上海世博会吉林活动周“三民”展演活动受到观众的热烈欢迎和好评。
5.12月，吉歌集团吉林省歌舞团有限责任公司打造的大型原创歌舞剧目《长白神韵》火爆上演。
6.12月，吉歌集团吉林省歌舞团有限责任公司打造的大型原创歌舞剧目《长白神韵》。
7.2010年上海世博会吉林周期间吉林省吉剧院“人龙舞”演出受到观众的热烈欢迎和好评。

江苏省文化厅

1.江苏省乡镇文化站建设工程成果展。
2.文化民生基层文艺巡演。
3.世博会江苏周演出。
4.江苏省鸿山遗址入选第一批国家12个考古遗址公园。
5.江苏美术馆新馆落成开放。

浙江省文化厅

1.2010中国义乌文化产品交易博览会。
2.第二届中国越剧艺术节。
3.第六届世界合唱比赛。
4.上海世博会"春涌浙江"浙江民间艺术展演。

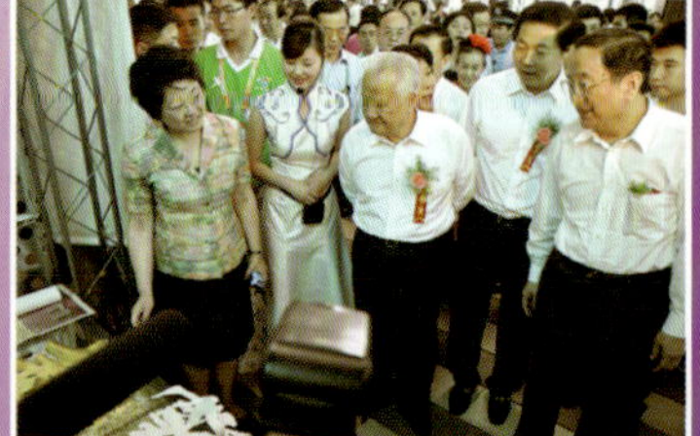

安徽省文化厅

1.安徽省重大历史题材美术创作工程启动会。
2.上海世博会安徽活动周期间，俞正声、陈锦华、张宝顺等在省文化厅厅长杨果陪同下观看“非遗”展示。
3.上海世博会安徽活动周大巡游。
4.回良玉、华建敏、陈至立、周铁农、严隽琪、王金山、王三运、臧世凯等与黄梅戏《徽州女人》剧组全体演员合影留念。
5.第三届中国农民歌会。
6.首届安徽省民俗文化节。
7.白立忱、何鲁丽、张宝顺、王三运、蔡武等出席第三届中国农民歌会。

福建省文化厅

1.第三届海峡两岸（厦门）文化产业博览交易会于6月17日至21日在厦门举行。福建省省委常委、副省长陈桦主持开幕式，文化部副部长赵少华、中共福建 省委常委、宣传部部长唐国忠分别致词。
2.两岸宗亲交流暨姓氏族谱展开幕式现场。
3.9月4日上午，中共中央政治局常委、中央书记处书记、国家副主席习近平莅临福建大剧院参观考察。
4.中共中央政治局委员、上海市委书记俞正声，中共福建省委书记、省人大常委会主任孙春兰等领导出席上海世博会福建周开幕仪式并观看传习区。
5.9月19日晚，第五届全国特殊奥林匹克运动会在福建省体育中心盛大开幕。

江西省文化厅

11月20日，全国政协副主席张榕明、省委书记苏荣等领导视察鄱阳湖国际生态文化节展馆。
苏荣书记慰问省馆“两会”工作人员。
省长吴新雄等领导视察省文化厅主办的动漫游戏展区。
省委常委、省委宣传部部长刘上洋，副省长孙刚一同为“金歌银曲唱鄱湖”——全国优秀音乐作品征集暨系列文化活动采风团授旗。
11月29日上午，江西艺术中心举行隆重的揭牌仪式。
赣风鄱韵·踏街巡游，300多名江西农民热热闹闹地在世博大道上演绎着原汁原味的民间艺术。
5月7日，在南昌举行入选第九届中国艺术节的汇报演出。

1 2 3
4 5 6 7

河南省文化厅

1.2011春满中原活动启动仪式。
2.李瑞环参观曹操高陵。
3.“两岸梨园情——海峡两岸2010戏曲名家中秋演唱会”圆满成功。
4.曹操高陵现场直播考古发掘。
5.“两岸梨园情——海峡两岸2010戏曲名家中秋演唱会”两岸艺术家同台献艺。
6.省领导与豫剧《曹公外传》演员合影（郑州市豫剧院、台湾豫剧团联合演出）。

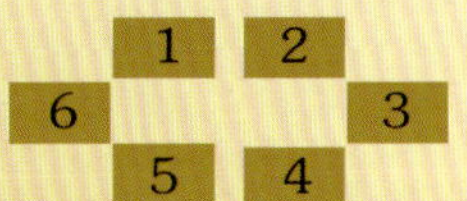

1.10月25日，省委常委宣传部长尹汉宁出席湖北文化产业招商博览会。

2.4月20日，台湾湖北（武汉）周活动中，工作人员向罗清泉书记、郁慕
主席等介绍湖北民间美术。

3.6月11日，李鸿忠省长盛赞话剧《信义兄弟》。

4.9月26日，文化部副部长杨志今同志（左二）视察省博物馆，省文化厅
长杜建国（右二），省博物馆馆长包东波（左一）陪同。

5.10月26日，尹汉宁（右一）、张通（左二）、周洪宇（左一）视察文化
产业招商博览会。

6.11月2日，李长春视察省图书馆新馆。

7.12月9日，副省长张通到省文化厅视察省博物馆新馆工程国际招标工作。

8.第九届中国艺术节获奖剧目《生命童话》剧照。

9.舞剧《王昭君》剧照。

10.7月24日，刘云山、蔡武接见王昭君剧组合影。

湖北省文化厅

1 2 3 4 5
6 7 8
9 10

重庆市文化广播电视局

1 2 3 4 5
6 7
8 9 10

1.重庆市委、市政府下发了《关于深化文化体制改革的若干意见》

2.首届中华红歌会。

3.“重庆岁月——海峡两岸抗战文物展”。

4.2010春节品牌澳大利亚，市政府副市长谭栖伟（右二）和悉尼
长摩尔（右一）共同为巡游点睛。

5.2010中国西部动漫文化节展区展示。

6.重庆图书馆、少儿图书馆在西南地区率先实现免费开放。

7.世界第一座水下博物馆——涪陵白鹤梁水下博物馆
式对外开放。

8.启动主城九区街道文化中心建设项目。

9.第九届全国艺术节共夺得“文华奖”8项和“九艺节
演奖”3项。

10.“春雨工程”全国文化志愿者重庆志愿团边疆行活

甘肃省文化厅

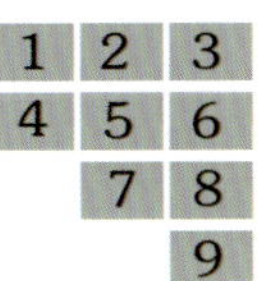

1.文化部副部长杨志今在兰州考察工作。
2.邵明厅长代表甘肃省文化厅向舟曲县灾区文化系统捐赠救灾资金及物资。
3.文化部部长蔡武、副部长杨志今在京接见甘肃省文化厅厅长邵明一行。
4.甘肃省副省长咸辉出席全省文化局长会议。
5.甘肃省委副书记、省长徐守盛会见国家文物局局长单霁翔一行。
6.中国文联副主席尚长荣为中国秦腔博物馆在兰州落成揭牌。
7.甘肃省副省长郝远，文化部副部长赵少华，津巴布韦教育、体育、文化和艺术部部长大卫等领导在兰州出席“2010非洲文化聚焦·津巴布韦文化周”开幕式。
8.2010年公祭伏羲大典在天水市伏羲庙隆重举行。
9.外交部部长杨洁篪、甘肃省委书记陆浩等省级领导为“金城第一戏楼”落成剪彩并观看演出。

宁夏回族自治区文化厅

治区主席王正伟视察宁夏大剧院建设。
央政治局委员、上海市委书记俞正声参观2010年上海世博会宁夏活动周。
月28日，宁夏艺术学校新校区奠基仪式举行。
二届中国（宁夏）国际文化艺术旅游博览会开幕式。
八届中国西部民歌（花儿）歌会开幕式。
010宁洽会暨首届中阿经贸论坛开幕式文艺晚会。
化精品工程大型原创回族舞剧《花儿》剧照。
华黄河坛。

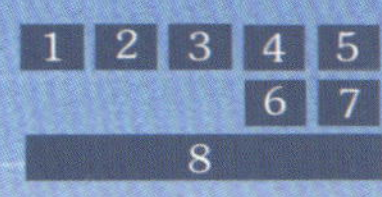

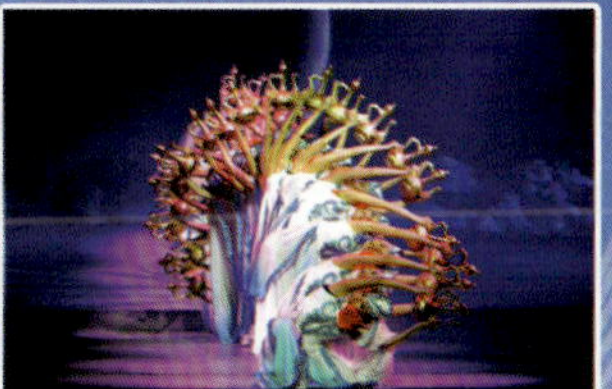

新疆维吾尔自治区文化厅

1.中共中央政治局常委李长春视察新疆艺术剧院与文化厅系统代表合影。
2.世博会新疆活动周。
3.全国文化文物系统对口支援新疆工作会议。
4.自治区党委书记张春贤勉励《大巴扎》演员。
5.自治区党委副书记、自治区主席努尔·白克力与新疆木卡姆艺术团演员合影。
6.领导同志为“新疆历史文献暨古籍保护成果展”开幕剪彩。
7.“春满天山”自治区专业文艺汇演开幕式。
8.北京市文化志愿者在新疆人民剧场进行首场演出。
9.喀什地区莎车县莎车镇文化站图书馆阅览室。
10.《万方乐奏》歌舞晚会在国家大剧院上演。

新疆生产建设兵团文化广播电视局

1.兵团文化信息资源共享工程建设2010年工作会议暨技术培训会议。
2.新疆兵团军垦博物馆二次改陈竣工重新开馆。
3.兵团2010廉政诗歌朗诵会。
4.文化部艺术家演出小分队在兵团农八师石河子市演出。
5.参加中国首届非遗博览会。
6.文化部向农十三师捐赠图书及慰问演出。

目　录

Content

重要讲话

文化工作综述

文化政策法规

文化体制改革

公共文化服务

专业艺术

文化市场

文化产业

文化科教

非物质文化遗产保护

对外文化交流

对港、澳、台地区文化交流

文物事业

文化设施建设

文化人才队伍建设

文化反腐倡廉

文化党建

部属单位概况

地方文化建设

文化机构人员

彩页顺序

索　引

中国文化年鉴

Chinese Culture Yearbook

重要讲话

The Important Speech

胡锦涛在中共中央政治局第二十二次集体学习时强调
顺应时代要求 深化文化体制改革
推动社会主义文化大发展大繁荣

中共中央政治局2010年7月23日上午，就深化我国文化体制改革研究问题进行第二十二次集体学习。中共中央总书记胡锦涛在主持学习时强调，深入推进文化体制改革，促进文化事业全面繁荣和文化产业快速发展，关系全面建设小康社会奋斗目标的实现，关系中国特色社会主义事业总体布局，关系中华民族伟大复兴。我们一定要从战略高度深刻认识文化的重要地位和作用，以高度的责任感和紧迫感，顺应时代发展要求，深入推进文化体制改革，推动社会主义文化大发展大繁荣。

上海社会科学院文学研究所蒯大申研究员、中央宣传部全国宣传干部学院李伟教授就这个问题进行讲解，并谈了他们的意见和建议。

中共中央政治局各位同志认真听取了他们的讲解，并就有关问题进行了讨论。

胡锦涛在主持学习时发表了讲话。他指出，文化是民族凝聚力和创造力的重要源泉，是综合国力竞争的重要因素，是经济社会发展的重要支撑。深化文化体制改革，是党中央作出的关系我国经济社会发展全局的重大决策。改革开放以来，我国文化建设加快发展、文化日益繁荣，开创了中国特色社会主义文化建设新局面。综合观察当前国际国内形势，我国文化建设既面临许多有利条件也面临严峻挑战。深入推进文化体制改革，推动文化建设和经济建设、政治建设、社会建设协调发展，已成为实现科学发展的必然要求。

胡锦涛强调，深入推进文化体制改革，必须以邓小平理论和“三个代表”重要思想为指导，深入贯彻落实科学发展观，坚持社会主义先进文化前进方向，坚持文化事业和文化产业协调发展，遵循社会主义精神文明建设的特点和规律，适应社会主义市场经济发展的要求，以发展为主题，以体制机制创新为重点，以满足人民群众精神文化需求为出发点和落脚点，着力构建充满活力、富有效率、更加开放、有利于文化科学发展的体制机制，繁荣发展社会主义文化，不断增强我国文化软实力和国际竞争力。

胡锦涛指出，当前和今后一个时期，要重点抓好以下几项工作。一是要加快文化体制机制改革创新，按照创新体制、转换机制、面向市场、增强活力的要求，加快经营性文化单位转企改制，稳步推进公益性文化事业单位改革，构建统一开放竞争有序的现代文化市场体系，加快推进文化管理体制改革。二是要加快构建公共文化服务体系，按照体现公益性、基本性、均等性、便利性的要求，坚持政府主导，加大投入力度，推进重点文化惠民工程，加强公共文化基础设施建设，促进基本公共文化服务均等化。三是要加快发展文化产业，认真落实文化产业振兴规划，精心实施重大文化产业项目带动战略，推进文化产业结构调整，培育新的文化业态，提高文化产业规模化、集约化、专业化水平。要精心打造中华民族文化品牌，提高我国文化产业国际竞争力，推动中华文化走向世界。四是要加强对文化产品创作生产的引导，真正从群众需要出发，继承和发扬中华文化优良传统，吸收借鉴世界有益文化成果，推出更多深受群众喜爱、思想性艺术性观赏性相统一的精品力作。要引导广大文化工作者和文化单位自觉践行社会主义核心价值体系，坚持社会主义先进文化前进方向，坚决抵制庸俗、低俗、媚俗之风。

胡锦涛强调，各级党委和政府要把文化体制改革和文化建设摆在全局工作的重要位置，纳入经济社会发展总体规划，建立健全领导体制和工作机制，坚持一手抓繁荣、一手抓管理，牢牢把握文化发展主动权。要深入研究人民群众对文化建设的新要求新期待，深入研究文化发展的特点和规律，努力提高推动文化科学发展能力。要加强文化战线领导班子建设，加强文化事业和文化产业人才培养，为深化文化体制改革和文化建设提供有力组织保证和人才保障。要充分调动广大文化工作者和各方面的积极性、主动性、创造性，确保文化体制改革和文化建设各项工作扎实推进、取得成效。

胡锦涛主席致
“文化风景线艺术节·中国主宾国”活动的贺信

2010年9月16日，在中国同瑞士建交60周年之际，欣悉“文化风景线艺术节·中国主宾国”活动即将在瑞士举办，我谨代表中国政府，并以我个人名义，对这次活动表示热烈的祝贺！

瑞士是最早承认中华人民共和国并同新中国建立外交关系的西欧国家之一。建交60年来，两国关系全面发展，经济科技合作成果丰硕，人文交流日趋活跃，人民友谊不断加深。中国人民珍视同瑞士人民的长期友谊，中方愿同瑞方一道，在平等互利的基础上深化政治、经贸、科技、文化等各领域交流合作，携手为推动建设持久和平、共同繁荣的和谐世界作出努力。

文化创造是人类文明进步的重要成果，文化交流是推动人类文明进步的重要力量。这次“文化风景线艺术节·中国主宾国”活动是两国建交以来最大规模的文化交流活动，将以音乐、戏剧、建筑、舞蹈、文学、电影等多种形式，向瑞士人民介绍历史悠久的中国传统文化和丰富多彩的中国当代艺术。这次活动也将为中国人民深入了解瑞士人民创造的独特文化提供重要契机。我衷心希望这次活动为促进中瑞两国文化交流、增进两国人民相互了解和友谊作出积极贡献。

祝“文化风景线艺术节·中国主宾国”活动取得圆满成功！

中华人民共和国主席　胡锦涛

温家宝总理在《求是》杂志发表重要文章时强调 用新的理念推动文化发展繁荣

2010年4月1日出版的《求是》杂志，刊登了中共中央政治局常委、国务院总理温家宝的重要文章：《关于发展社会事业和改善民生的几个问题》。

文章论述了8个问题：一、用科技的力量推动经济发展方式转变；二、面向时代要求谋划教育发展；三、用新的理念推动文化发展繁荣；四、把促进就业放在经济社会发展的优先位置；五、提高城乡居民收入和改革分配制度；六、加快完善中国特色社会保障体系；七、积极稳妥地推进医药卫生体制改革；八、大力推进社会事业领域的改革。

在谈到文化建设和发展问题时，文章指出，文化建设是现代化建设事业的重要组成部分。加强文化建设直接关系社会文明进步，关系民族素质提高，关系广大人民群众精神需求。国家发展、民族振兴，不仅需要强大的经济力量，更需要强大的文化力量。文化是一个民族的精神和灵魂，是一个民族真正有力量的决定性因素。思想、文化的力量，可以深刻影响一个国家发展的进程，改变一个民族的命运。30多年来，正是因为解放思想、改革开放，推动我国经济社会发展取得了举世瞩目的伟大成就，社会面貌发生了巨大变化。解放思想、改革开放，已经成为时代的文化精神，使中华民族充满生机与活力。没有先进文化的发展，没有全民族文明素质的提高，就不可能真正实现现代化。

文章指出，目前人民群众对提高自身文化素质、丰富精神文化生活的要求日益迫切。近些年来，我们从更好地满足人民群众的精神文化需要出发，大力发展公益性文化事业，以基层公共文化体育设施为重点，建设覆盖城乡的公共文化体育服务体系，推进公共博物馆、纪念馆、美术馆、图书馆、文化馆、体育场馆免费开放，努力满足人民群众基本文化体育需求。我们加快发展文化体育产业，实施重大文化产业项目带动战略，扶持骨干文化企业，培育新型文化业态，使文化市场更加繁荣。我们不断深化文化体制改革。经营性文化单位整体转制取得突破，社会资本以多种方式参与文化发展，激发了文化发展创新的活力。

文章强调，适应现代化建设和人民群众日益增长的精神文化需要，我们必须进一步加强文化建设。政府要履行好发展公益性文化体育事业的责任，保障人民群众的基本需要和权益。公共投入和基础设施建设要向基层，特别是农村和中西部地区倾斜，丰富基层群众的精神文化生活。大力发展公共体育事业，广泛开展全民健身运动，提高人民体质。继续推进文化体制改革，进一步完善扶持公益性文化事业、发展文化产业、鼓励文化创新的政策，创造更加有利于文化繁荣发展的社会环境。

文章要求，我们必须高度重视经济中的文化因素。在现代经济中，文化因素越来越重要，经济与文化越来越融为一体。例如著名品牌，就是经济具有文化特性的表现。它以非物质形态存在，却可以反复地转化成物质财富。一些跨国公司由于创立了自有品牌，即使没有工厂、不直接从事生产，也能获得丰厚的利益。长期以来，我们对创造、培育文化形态的无形资产重视不够。一个国家，当文化表现出比物质和货币资本更强大力量的时候，当经济、产业和产品体现出文化品格的时候，这个国家的经济才能进入更高的发展阶段，才能具有可持续发展和持续创造财富的能力。

文章强调，国家的影响力，取决于经济、科技和军事实力，但归根结底取决于文化实力。文化的影响力更深刻、更具渗透性。我国有五千年的文明史，文化发展源远流长、底蕴深厚，从哪个方面讲，我们都有足够的理由感到自豪。一方面，因为中华民族在文化上具有强大的创造力；另一方面，我们对外来文化具有开放兼容、海纳百川的胸襟。“泰山不让土壤，故能成其大；河海不择细流，故能就其深”。今天的中华民族，在经济上能够创造奇迹，在文化上同样能够再创辉煌。

在中欧文化高峰论坛上的致辞

温家宝

（2010 年 10 月 6 日，布鲁塞尔）

尊敬的巴罗佐主席，尊敬的艾柯教授，女士们，先生们：

非常高兴来到欧盟总部，出席中欧文化高峰论坛。今年是中国与欧盟建交 35 周年，中欧双方借此重要时机首次举办文化论坛，很有意义。这是中欧文化交流史上的一大创新，标志着中欧文化交流进入了新的阶段，也表明中欧关系深入向前发展。在此，我代表中国政府表示热烈祝贺！

文化是沟通人与人心灵和情感的桥梁，是国与国加深理解和信任的纽带。文化交流比政治交流更久远，比经济交流更深刻。随着时光的流逝和时代的变迁，许多人物和事件都会变成历史，但文化却永远存在，历久弥新，并长时间地影响着人们的思想和生活。不同的地域环境造就了不同的文化底蕴，形成了各具特色的文化形态，它们如同浩瀚苍穹的璀璨群星，交相辉映，光耀宇宙。正是文化的多样性，使不同文化相互影响，相互交融，相互促进，推动了人类文明的进步，也丰富了人类的生活。

中国与欧洲，作为东、西方文明的主要发源地，对人类文明进步都做出了巨大贡献。在古希腊，曾涌现出苏格拉底、柏拉图、亚里士多德等众多先哲，而在古代中国，也曾诞生了老子、孔子、庄子、孙子等伟大思想家。他们的思想分别奠定了东西方文明思想体系的基石。这两个文明体系既特点鲜明，又开放包容。古希腊艺术和史诗的杰出成就、德国哲学的理性思维能力、意大利的文艺复兴、法国的思想启蒙运动，把欧洲一步步引向民主与文明。而在遥远的东方，中国文化传统中的中庸、大同与和谐的理念，塑造了中华民族富于理想、坚忍不拔、宽厚仁爱的性格特质与民族精神。

中欧双方文化交流源远流长。早在公元前数世纪，古老的“丝绸之路”就连接起长安和罗马，开启了中欧文明对话的先河。威尼斯商人马可·波罗游历中国大地后的游记，为西方世界揭开了东方国度的神秘面纱。传教士利玛窦带来了大量欧洲的先进科学知识，拉开了“西学东渐”的序幕。中国的“四大发明”和“经籍西传”曾为欧洲近代社会文化的发展演变带来了深远的影响。近代西方“民主”与“科学”思想传入中国，成为中国知识分子追求国家强盛和民族复兴的一面旗帜。中外文化发展和交流的历史证明，一切优秀的文明成果是人类长期生产实践经验和智慧的结晶，是人类文明进步的象征，是全人类的共同财富。

新中国成立后，中欧间文化交流不断发展。特别是进入新世纪后，中国以更加开放的姿态，巩固和深化与欧盟各国在文化领域的交流与合作，逐步形成了高层次、全方位的文化交流与合作新格局。2003 年至 2005 年的“中法文化年”、2006 年在华举办的“意大利年”、2007 年的“西班牙年”、2008 年“希腊文化年”以及 2009 年在比利时举办的“欧罗巴利亚中国艺术节”等一系列大型文化交流活动，更是受到了文化艺术界以及民众的广泛赞誉。

欧洲现代文化在中国广泛传播，受到了广大中国人民的喜爱。在上海世博会上，比利时－欧盟、英国、法国、意大利、西班牙等许多各具文化特色的场馆吸引了众多中国参观者。法国文化中心、德国歌德学院、西班牙塞万提斯学院等一些欧盟国家的驻华文化机构，聚集了不少中国的语言学习者和文化爱好者。近年来，在法国巴黎、德国柏林和马耳他瓦莱塔等地的中国文化中心也受到了众多欧洲朋友的青睐。这些心灵上的沟通增进了中欧之间的相互了解和友谊，为中欧关系注入了勃勃生机。

我们要以战略的眼光和开放的胸怀看待中欧

文化交往，更加广泛、深入、持久地开展中欧间思想文化界的交流，推动文化机构间的互动，鼓励文化产业和产品服务领域的合作。我真诚希望通过直接的接触和直观的感受，让更多的中欧民众、特别是青年一代更多地了解对方的国情与文化，从而更好地促进中欧关系稳定健康发展。

各位学者，各位朋友：

文化的多样性是人类文明最本质的特征。尊重不同文化的独立与发展，加强文化交流与合作，是维护世界文化多样性的重要前提。在全球化的时代，人类面临着许多共同的问题，都需要通过广泛的文化沟通与合作来寻求答案。今天举办的中欧文化高峰论坛就是大家在思想文化领域共同探寻人类未来发展方向的一次很好的尝试。中国提倡充分尊重各国的文化传统、社会制度、发展道路，倡导开放兼容的文明观，也真诚地愿意通过与各国广泛开展合作，博采各种文明之长，推动建设一个持久和平、共同繁荣的和谐世界。让我们携起手来，为这一神圣使命共同努力！

谢谢大家！

在中央歌剧院调研时的讲话

李长春

（2010年1月15日）

今天，我到中央歌剧院，一是在春节前来看望大家，给大家拜个早年；二是在当前兴起社会主义文化建设新高潮、推动社会主义文化大发展大繁荣的大好形势下，就中央直属艺术院团如何在改革发展中进一步发挥示范带头作用进行调查研究。

刚才，观看了歌剧《图兰朵》和《热瓦普恋歌》的排练，参观了中央歌剧院艺术发展历史图片展，与大家进行了座谈，进一步加深了对中央歌剧院的了解。我感到，多年来中央歌剧院把歌剧这种外来艺术形式与民族文化紧密结合，创作排演了《白毛女》等一批有中国特色的代表性作品，使歌剧艺术成为我国艺术百花园中一枝艳丽的奇葩，为中国歌剧事业的发展作出了重要贡献；成功演出了《茶花女》等一批西方经典歌剧，为学习借鉴人类优秀文化成果作出了贡献；多年来，中央歌剧院培养了一大批优秀人才，有的在国内外具有很高知名度；干部群众和演职人员精神状态非常好，对繁荣发展中国歌剧事业充满了信心和期待，特别是近年来在探索国有艺术院团深化内部体制机制改革方面做了不少有益的工作，取得了成效。刚才，俞峰同志做了很好的汇报，郑小瑛同志讲得很生动，表达了老一辈艺术家对歌剧事业的热爱，王霞同志也代表年轻演员表达了对进一步推动歌剧事业繁荣发展的决心，听了以后感到非常高兴、深受启发。借此机会，向中央歌剧院全体员工表示亲切问候！向为我国歌剧事业作出突出贡献的老一辈歌剧艺术家致以崇高敬意！同时，也向所有中央直属艺术院团的同志们表示亲切问候和崇高敬意！

以胡锦涛同志为总书记的党中央高度重视文化建设，将其纳入中国特色社会主义事业“四位一体”总体布局，提出了兴起社会主义文化建设新高潮、推动社会主义文化大发展大繁荣的战略任务，对文化事业的改革发展作出了一系列决策和部署。党的十六大之后，中央决定加快文化体制改革，进一步解放和发展文化生产力，这为我国文化的繁荣发展提供了难得机遇。随着文化体制改革不断深化，改革的思路更加清晰，对公益性文化事业单位、国有经营性文化单位以及介于二者之间的体现民族特色和国家水准的艺术院团的改革都提出了明确要求。同时，还相继制定出台了《关于深化文化体制改革的若干意见》、《国家“十一五”时期文化发展规划纲要》、《关于加强公共文化服务体系建设的若干意见》、《关于鼓励民营文化艺术表演团体发展的意见》以及《文化产业振兴规划》等，这些都为进一步深化文化体制改革、促进文化繁荣发展提供了有力的政策和法律保障。总之，我国文化建设的形势非常好，可以说，文化建设的又一个春天到来了。

当前，我国文化领域的改革发展呈现出良好势头。公益性文化事业快速发展，广播电视村村通、全国文化信息资源共享、社区和乡镇综合文化站、农家书屋和农村电影放映等重大文化惠民工程扎实推进，公共博物馆、纪念馆和爱国主义教育基地免费开放成效显著，覆盖全社会的公共文化服务体系进一步完善，人民基本文化权益得到更好保障。经营性文化产业的体制改革不断深化，紧紧抓住国有经营性文化单位转企改制这一中心环节，加快推进中央和国家机关出版发行单位、一般文艺院团转企改制步伐，一批国有或国有控股的文化企业和企业集团在市场竞争中逐步做强做大。出版、影视、动漫、网络游戏等行业快速发展，成为新的经济增长点，在保增长、扩内需、调结构中发挥了积极作用。特别是去年在应对国际金融危机冲击过程中，文化产业逆势上扬，九大文化产业平均以超过GDP增速6至8个百分点的速度发展，其中电影产量从2008年的

406部上升到去年的456部，增长12%，票房收入达到62亿元，增长40%多，继续保持了国产影片占票房收入60%的市场份额，为拉动经济增长作出了积极贡献。艺术院团改革的形势也很好。按照中央确定的改革“路线图”和“时间表”，改革步伐不断加快。目前，包括中国东方歌舞团在内，全国共有108家文化系统国有艺术院团实现转企改制。其中，有几家演艺集团已经产生了较强的市场影响力，取得了良好的社会效益和经济效益。如江苏演艺集团有限公司整合资源、转企改制后，演出场次翻了三番，院团收入增加了3倍，演员收入也增加了2倍。按照中央文件精神，作为体现国家水准和民族特色“国家队”的中央直属院团保留事业单位性质，但要探索面向市场的途径。希望中央直属艺术院团进一步增强改革意识，在保留事业体制不变的情况下，积极探索面向群众、面向市场的运营机制，转换内部管理机制，不断增强内部活力，努力取得与自身地位相称的业绩，在推动社会主义文化大发展大繁荣中切实担负起示范带动和骨干作用。

中央歌剧院是一所具有光荣革命传统、为我国文艺事业作出重要贡献的艺术院团，是我国歌剧艺术的最高殿堂，在我国歌剧艺术发展中发挥着引领作用。按照中央批准的方案，中央歌剧院属于介于典型的公益性文化单位和经营性文化单位之间、由国家重点扶持的文艺院团，保留事业单位性质不变，也可以说是事业单位企业化管理。国家扶持的主要目的，是要支持这些艺术院团不断提升艺术水平，扩大国际影响，体现国家水准，代表国家形象，发挥示范作用。但这种文化单位又有一定的经营性质，不同于一般的公益性文化单位，所以要研究如何面向观众、开拓市场，积极转换内部机制，适应市场竞争的需要。大家一定要认识到，国家扶持是生存发展的重要前提和条件，但如何壮大实力，扩大影响力，最根本的还必须依靠自身的改革创新，增强内部的活力和市场竞争力。因此，希望中央歌剧院把国家扶持作为动力，进一步解放思想、实事求是、与时俱进，切实增强紧迫感、责任感、使命感，大力推进观念创新、体制创新、机制创新、内容创新、形式创新、科技创新、业态创新、传播手段创新，面向群众、面向市场、面向世界，逐步建立有利于调动文化艺术工作者积极性、主动性、创造性，推动文化创新，多出精品、多出人才的管理体制和运行机制，努力把中央歌剧院建设成为国际知名的歌剧艺术团体。这里，我讲几点意见，与大家共勉。

第一，要始终坚持“二为”方向，贯彻“双百”方针，弘扬主旋律、提倡多样化，在推动社会主义文化大发展大繁荣中发挥旗帜和表率作用。“二为”方向、“双百”方针是社会主义文化建设必须长期坚持的基本方针，弘扬主旋律、提倡多样化是落实“二为”方向、“双百”方针的有效途径。坚持“二为”方向、贯彻“双百”方针，与弘扬主旋律、提倡多样化从根本上讲是一致的，都是社会主义文化建设规律的客观反映。可以说，弘扬主旋律，就是坚持为人民服务、为社会主义服务的方向；提倡多样化，就是贯彻百花齐放、百家争鸣的方针。坚持“二为”方向，弘扬主旋律，是社会主义制度对文化建设提出的本质要求，是社会主义精神文明的具体体现，是社会主义文化必须担负的历史责任；贯彻“双百”方针，提倡多样化，是社会主义初级阶段的基本国情对文化建设提出的客观要求，是由人民群众日益增长的多方面、多层次、多样性的精神文化需求决定的，是社会主义文化繁荣发展的活力所在。这两个方面相辅相成、不可偏废，必须有机统一起来。当前，在全面建设小康社会、加快推进中国特色社会主义事业的历史进程中，我们既要求一切社会主义文艺必须始终坚持为人民服务、为社会主义服务的正确方向，热情歌颂改革开放和社会主义现代化建设取得的伟大成就，深刻展现当代中国人民解放思想、开拓创新、迎难而上、共克时艰的良好精神风貌，充分反映中华民族五千年的辉煌文明和当代文化建设的最新成果，大力唱响共产党好、社会主义好、改革开放好、伟大祖国好、各族人民好的时代主旋律，进一步坚定广大干部群众在中国共产党领导下、走中国特色社会主义道路、实现中华民族伟大复兴的共同理想信念。同时，又要适应社会思想文化日趋多元多样多变、社会生活日趋丰富多彩、人民群众精神文化需求日趋多样化的客观现实，在坚持“二为”方向、弘扬主旋律的前提下，认真贯彻“双百”方针，尊重差异、包容多样，充分发扬艺术民主，鼓励一切能够使人们受到教育和启迪、得到娱乐和美的享受、格调健康的文艺作品的创作生产，支持多种题材、主题、样式、风格相互竞争、相互促进，弘扬一切有利于国家富强、民族振兴、社会进步、人民幸福的思想和精神，最大限度地满足人民群众对精神文化生活多方面、多层次、多样性的需求。中央直属艺术院团都是“国家队”，在坚持“二为”方向、贯彻“双百”方针，弘扬主旋律、提倡多样化的实践中也要当好“排头兵”，创作更多源于人民群众火热生活的鲜活艺术形象和丰富多彩的艺术作品，生动表现社会主义核心价值体系的深刻内涵，生动表现中国特色社会主义的共同理想信念，生动表现以爱国主义为核心的民族精神和以改革创新为核心的时代精神，生动表现中华民族的道德情操和社会主义荣辱观，为激励广大干部群众投身全面建设小康社会、推动中华民族伟大复兴的宏伟事业作出应有的贡献。希望中央歌剧院发挥模范带头作用，不断创造新鲜经验。

第二，要大力推进体制机制创新，建立面向群众、面向市场的经营管理模式。中央歌剧院作为国家重点扶持的艺术院团，保留事业单位性质不变，没有转企改制的任务，但也要按照“政府扶持、转换机制、面向市场、增强活力”的原则，不断深化内部改革，推进体制机制创新。政府扶持，就是国家财政对中央直属艺术院团在基本需求层面上予以扶持，比如保证基本工资、基本创作经费和重要基础设施建设资金，落实“走出去”的扶持政策，以政府购买文化服务的方式适度、定向帮助院团开拓市场等。转换机制，就是要在社会主义市场经济深入发展、社会保障制度不断完善的情况下，进一步深化内部劳动人事制度和分配制度改革，全面推行聘任制度和岗位管理制度，健全岗位管理目标责任制，引进竞争激励机制，改变过去长期存在的艺术院团需要的人进不来、不需要的人出不去的问题，改变过去演与不演一个样、演好演坏一个样的大锅饭问题，建立起体现按劳分配原则的分配制度和有利于优秀人才脱颖而出的人才流动机制。面向市场，就是要确立通过市场更好服务人民群众的观念，建立起以观众为中心、以市场为导向、以社会效益和经济效益有机统一为目标的院团经营管理机制，在赢得市场的过程中服务人民、赢得群众。在社会主义市场经济条件下，人民群众越来越多地通过市场满足文化需求。购买优秀文化产品的人越多，受教育的面就越大，社会效益就越广泛，经济效益也就越好。因此，面向市场就是面向观众，就是更好地为人民群众服务。要把开发演出市场作为院团内部体制机制改革的主导方向，紧紧围绕开拓市场进行内部机构的设置和调整，增设专门研究和开发市场的机构，充实研究市场、了解市场、善于进行市场运作的专业人员，把研究市场、开发市场纳入领导班子特别是主要领导同志的重要议事日程，努力增强院团适应市场和开发市场的能力。要紧密结合群众和市场的需求创作排演节目，在创作排演之前，要积极开展市场调查研究，了解观众需求，变“我演什么观众看什么”为把观众需要摆在首位，排演更多满足观众需要的积极健康向上的节目；在演出过程中，要注意听取观众的意见建议，不断加以改进、完善、提高；在演出结束后，要接受观众的检验，以观众喜欢不喜欢、满意不满意、接受不接受、认可不认可为最终标准，确保艺术产品为广大人民群众喜闻乐见。与此相配套，国家文艺评奖机制也要进一步改革，改变以前评奖过多过滥和艺术作品只面向评委而不面向观众的弊端，将观众的接受和满意程度作为评奖的根本标准，将演出场次和票房收入作为衡量社会影响的客观指标，评委的评价也要以观众的评价为主要依据，使两者统一起来，建立起面向群众、面向市场和少而精的评奖机制，使评奖成为推动艺术作品更好地面向市场、为人民群众服务的重要宏观调控手段，而不是相反。要通过面向市场，改变过去院团资金来源单一的局面，进一步拓宽资金投入渠道，形成政府投入、票房收入、社会资助、产品后续开发收入等多元资金来源的格局。要以项目为平台，在政府的支持下，充分利用社会力量推出小投入、小制作和大投入、大制作相结合的文艺节目，增强赢得观众、占领市场的能力，使院团在市场竞争中不断发展壮大。在开拓市场的过程中，要正确处理社会效益与经济效益的关系，始终把社会效益放在首位，努力做到两个效益相辅相成、相互促进、有机统一。增强活力，就是院团通过创新内部体制机制，切实做到面向市场、面向观众，演出场次增加、院团经营收入增加、职工个人收入增加，建立起再生产和良性循环机制，广大演职人员的积极性、主动性、创造性得到更好发挥，形成干事创业、勇于创新、争先创优的浓厚氛围。希望中央歌剧院不断深化内部改革，创新体制机制，在面向群众、面向市场的实践中焕发出更加旺盛的生机活力，为中央直属艺术院团的改革创新不断提供新鲜经验。

第三，要大力推进艺术创新，打造具有民族风格、时代特色、深受群众喜爱的歌剧艺术精品。创新是艺术的生命，是推动歌剧艺术繁荣发展的必然要求。艺术创新离不开人民，艺术创新的最终目的是为了人民。人民群众的实践是艺术发展的不竭源泉，人民群众是艺术鉴赏和艺术消费的主体，是艺术作品成功与否的最终评判者。因此，必须坚持贴近实际、贴近生活、贴近群众，深入全面建设小康社会的伟大实践，聚焦人民群众创造美好生活的精神风貌，善于从广大人民群众中汲取艺术创新的丰富营养，紧紧围绕人民群众的精神文化需求进行艺术创新，只有这样，才能建立起艺术与人民群众之间的天然联系。要把艺术创新与民族文化结合起来，充分挖掘利用民族文化的丰厚资源，在继承优良传统、尊重艺术规律、吸收人类一切有益文明成果的基础上，大力推进艺术创新，创作演出一批能够代表国家艺术形象、体现国家最高艺术水平，思想性、艺术性、观赏性俱佳的精品力作，把中华民族优秀文化传统和当代社会主义精神文明建设的丰硕成果充分展示出来。要把艺术创新与现代科技结合起来，善于运用现代声光电技术改进舞美、灯光、音响、布景设计，善于运用现代高新技术手段表现真善美的主题，丰富艺术想象力，提高艺术表现力和感染力。要把艺术创新与兼收并蓄结合起来，积极吸收借鉴其他艺术门类的优点和长处，并与国外优秀文化有机地融合起来，在借鉴融合中催生新的艺术表现形式，推动艺术不断向前发展。作为西洋艺术，歌剧自上世纪30年代进入中国至今只有80多年时间，加之又属于高雅艺术，还有一个让群众了解、认识和接受的过程，所以更应该通过不断创新，不断打造精品剧目增强吸引力和影响力。一是要引进世界上的经典歌剧并精心排演，展示中国歌剧艺术的表演水平，树立中国歌剧艺术在世界上的地位；二是要把国外好的歌剧作品更多地翻译成中文，介绍给中国观众，方便人民群众鉴赏世界优秀歌剧作品，方便专业创作人才学习借鉴，从中得到启发；三是要善于把歌剧这种外来艺术形式与中华民族五千年的文化底蕴结合起来，通过引进消化吸收再创新，推出一批我国原创的、体现民族特色和中国气派的优秀歌剧作品。歌剧艺术的创作和生产，投入的是智力资源，产出的是版权和著作权，院团是艺术创新的主体。因此，要确立院团在艺术创新中的主体地位，建立起以院团为主体、观众为中心、市场为导向、产学研相结合的艺术创新体系，推动各种创新要素向院团聚集，形成集聚效应，迅速提高艺术创新能力。要大力营造有利于创新的良好氛围，建立和完善鼓励创新的考核评价体系和激励机制，善于用观众的评价来衡量创新成果，善于用积极的文艺评论来推动创新实践，最大限度地激发广大歌剧艺术工作者的创造活力。希望中央歌剧院在激励艺术创新、推动艺术创新方面也不断创造出新鲜经验。

第四，要在推动中华文化“走出去”中成为骨干力量，发挥示范带头作用，不断增强中华文化的国际影响力和竞争力。随着我国国际地位的不断提高，世界各国接触、了解中国的愿望越来越强烈，这为中华文化“走出去”提供了难得的机遇。实施中华文化“走出去”战略，既要进一步开展由政府主导的各种文化交流活动，如文化节、文化周、文化年等，也要大力推动以文化企业为主体、文化产业为主要形式的更为直接、更为持久深入的文化“走出去”。中央直属艺术院团作为“国家队”，要进一步加快“走出去”步伐，既要成为政府对外文化交流活动的骨干，更要大力开拓国外演出市场，积极参加国际商业演出，成为参与国际文化市场竞争的重要力量，力争在两种形式的文化“走出去”中都发挥主力军作用。要认真贯彻落实国家关于鼓励文化“走出去”的政策措施，中央直属艺术院团参加政府组织的各种对外文化交流活动所需的费用，原则上由政府提供；出国参加商业演出的，政府也有在装备运费等方面的支持政策。希望中央歌剧院在推动中华文化“走出去”方面努力探索新途径、新渠道，特别是要勇于开拓对外商业演出的新路子，创造新鲜经验。

第五，要加大人才培养的力度，创新人才培养的方式，为歌剧事业繁荣发展提供有力的人才保障。推动歌剧事业繁荣发展，关键在人才。要尊重劳动、尊重知识、尊重人才、尊重创造，牢固树立“人才资源是第一资源”的观念，建立和完善有利于优秀人才健康成长和脱颖而出的体制机制。要加强各类人才配套培养的力度，加快培养造就一支艺术精湛、结构合理的歌剧创作、编导、表演的专业人才队伍；培养造就一支既懂歌剧艺术又善经营管理，既懂传统表演形式又善于运用现代科技手段，既善于开发国内市场又熟悉国际演艺市场的复合型、创新型、外向型人才队伍。要充分发挥中央歌剧院的影响力，以重要剧目、重要活动和重大工程为载体，吸引和凝聚各种社会人才、国外人才和高校培养的优秀人才，为他们搭建成长成才的舞台，不断壮大人才队伍，提高队伍的整体素质。要有计划地选派优秀青年艺术家、艺术工作者继续深造或出国深造，为他们提高艺术水准、开阔国际视野创造条件。要发挥老一辈艺术家的传帮带作用，帮助年轻一代尽快提高水平。要引导歌剧艺术工作者切实增强社会责任感，不断提高职业道德水平和艺术修养，潜心创作、精心排演，为人民群众奉献最好的精神食粮，争做“德艺双馨”的人民艺术家。希望中央歌剧院在源源不断发现苗子、培养人才、造就大师方面创造出更多的新鲜经验。

春节即将到来，祝愿大家身体健康、家庭幸福、艺术生命旺盛、艺术之树常青，在新的一年里取得更大的成绩！

正确认识和处理文化建设发展中的若干重大关系 努力探索中国特色社会主义文化发展道路

李长春

今年2月，中央举办省部级主要领导干部深入贯彻落实科学发展观加快经济发展方式转变专题研讨班，胡锦涛总书记发表重要讲话，深刻阐述了加快经济发展方式转变的重要性和紧迫性，提出了加快经济发展方式转变的8项重点工作，其中强调发展文化产业有利于优化经济结构和产业结构，有利于拉动居民消费结构升级，有利于扩大就业和创业。要在重视发展公益性文化事业的同时，坚持经济效益与社会效益相统一，把满足人民日益增长的多样化、多层次、多方面精神文化需求作为扩大内需的重要组成部分，深化文化体制改革，加快文化产业发展。温家宝总理在今年政府工作报告中，把“大力加强文化建设”作为需要重点抓好的八个方面工作之一，强调要继续推进文化体制改革，扶持公益性文化事业，发展文化产业，鼓励文化创新，培育骨干文化企业，生产更多健康向上的文化产品，满足人民群众多样化的文化需求。胡锦涛总书记的重要讲话和温家宝总理所作的政府工作报告，进一步阐明了文化建设在中国特色社会主义事业总体布局中的重要地位和作用，指出了大力发展文化产业是加快经济发展方式转变的重要途径和重要方面，标志着我们党对文化建设规律的认识提升到了一个新的高度。这既是对宣传思想文化战线的巨大鼓舞和激励，也为进一步深化文化体制改革、加快发展文化事业和文化产业指明了方向。我们一定要深入学习、深刻领会，切实贯彻到实际工作中，推动文化建设迈上新台阶。

党的十六大以来，以胡锦涛同志为总书记的党中央高度重视文化建设，对深化文化体制改革、发展文化事业和文化产业作出了一系列重大决策部署。党的十七大进一步从中国特色社会主义事业“四位一体”总体布局的高度，提出了兴起社会主义文化建设新高潮、推动社会主义文化大发展大繁荣的战略任务。各地区各部门认真贯彻中央决策部署，解放思想、与时俱进、开拓创新，在实践中不断探索总结，开创了文化体制改革和文化发展的新局面。覆盖城乡的公共文化服务体系初步形成，人民群众基本文化权益得到更好保障；国有经营性文化单位转企改制取得决定性进展，国有文化企业的活力和竞争力大大增强；文化产业结构调整和资源整合力度不断加大，涌现出一批有实力有活力的国有或国有控股大型文化企业；作家艺术家讴歌时代和人民的积极性空前高涨，创新动力和创造活力进一步增强，主旋律作品大放异彩；广大文化工作者改革发展的积极性主动性显著增强，展现出良好精神风貌。可以说，文化建设的春天已经到来。我们一定要高举中国特色社会主义伟大旗帜，以邓小平理论和“三个代表”重要思想为指导，深入贯彻落实科学发展观，认真贯彻中央关于文化建设和文化体制改革的一系列重要方针政策，解放思想、转变观念，牢固树立忧患意识、机遇意识、改革意识、发展意识，正确认识和处理文化建设和发展中的若干重大关系，坚持社会主义先进文化前进方向，坚持贴近实际、贴近生活、贴近群众，以推动社会主义文化大发展大繁荣为主题，以满足人民群众日益增长的精神文化需求为根本任务，以改革创新和科技进步为强大动力，以构建有利于文化科学发展的体制机制为主攻方向，以全面提高人才队伍素质为重要保障，进一步深化文化体制改革，破解文化发展难题，转变文化发展方式，不断解放和发展文化生产力，加快发展文化事业和文化产业，努力探索中国特色社会主义文化发展道路。

第一，正确认识和处理人民群众基本文化需求与多样化、多层次、多方面文化需求的关系，坚持一手抓公益性文化事业，一手抓经营性文化产业，做到两手抓、两加强，最大限度地满足人民群众日益增长的精神文化需求。满足人民群众日益增长的精神文化需求，是文化建设的根本任务。随着我国经济社会持续快速发展和人民生活水平不断提高，城乡居民文化需求越来越旺盛，文化消费进入了快速增长期。从总体上看，人民群众的文化需求可以分为两部分，一部分是体现人民群众文化权益的基本文化需求，另一部分是多样化、多层次、多方面的文化需求。现阶段，我们界定的基本文化需求主要包括读书看报、听广播看电视、进行公共文化鉴赏、参加公共文化活动等。在农村，考虑到过去的传统，每个月为农民免费放映一场电影也属于这个范畴。除此之外，就属于多样化、多层次、多方面的文化需求。正确区分这两种文化需求并处理好二者关系，有助于我们对文化建设中政府职责和市场功能进行科学定位，明确文化建设的基本思路，即一手抓公益性文化事业，一手抓经营性文化产业，做到两手抓、两加强，两轮驱动，两翼齐飞，推动社会主义文化大发展大繁荣，最大限度地满足人民群众日益增长的精神文化需求。

人民群众的基本文化需求，是社会主义制度下人民群众必须得到保障的基本文化权益。因此，要以政府为主导，以公共财政为支撑，以公益性文化事业单位为骨干，以全民为服务对象，以基层特别是农村为重点，构建覆盖城乡的公共文化服务体系。基本文化权益具有公益性、均等性、基本性、便民性等属性。公益性，就是政府提供的公共文化服务基本上是免费服务，或是低于成本、收费很少的服务；均等性，就是不分男女老少，不分富人穷人，不分城市农村，不分东中西部，都平等地享受公共文化服务；基本性，就是政府提供的是基本文化服务，而不是所有文化服务；便民性，就是要网点化，做到一定空间范围内必须有公共文化活动场所，方便群众就近参与。公共文化服务体系建设的重点和难点在农村、在基层，要向农村和基层倾斜。当前，要优先安排涉及农村和基层群众切身利益的文化建设项目，积极推进广播电视村村通、文化信息资源共享、社区和乡镇综合文化站（室）、农家书屋、农村电影放映等重点文化惠民工程建设。要大力推动公共博物馆、纪念馆、美术馆、文化馆、图书馆、青少年宫、科技馆、群众艺术馆以及基层文化活动中心向全社会免费开放，提高公益性文化单位服务群众的能力和水平。要推动政府通过购买文化产品的方式在特定时段、以特定内容、向特定群体提供公共文化服务，同时要继续开展“三下乡”、“四进社区”、“送欢乐下基层”等文化惠民活动并不断规范，丰富基层群众的文化生活。

对于人民群众多样化、多层次、多方面的文化需求，主要靠市场来满足。在社会主义市场经济条件下，市场越来越成为人们进行个性化文化消费、满足多样化文化需求的主要途径。这就要求我们必须大力发展经营性文化产业，进一步繁荣文化市场。要大力发展文化创意、影视制作、出版发行、印刷复制、广告、演艺、娱乐、文化会展、数字内容和动漫等九大文化产业，不断壮大我国文化产业的总体实力。要培育各类自主经营、自我发展的合格市场主体，这是文化产业的基础。要加快构建和培育统一开放竞争有序的现代文化市场体系，建立门类齐全的文化产品市场和文化要素市场，繁荣城乡文化市场，培育大众性文化消费市场，更好地满足人民群众精神文化需求。要积极鼓励广大文化工作者创作更多群众喜闻乐见的精品力作，鼓励国有或国有控股文化企业积极开发市场、占有市场，发挥骨干作用，鼓励非公有制文化企业积极提供多样化的文化产品和服务，提高供给能力，努力满足不同地域、不同层次、不同群体、不同年龄群众丰富多彩、健康有益的文化需求。

第二，正确认识“两种属性”、“两个效益”的关系，始终把社会效益放在首位，努力做到社会效益与经济效益有机统一。在社会主义市场经济条件下，文化产品既有教育人民、引导社会的意识形态属性，也有通过市场交换获取经济利益、实现再生产的商品属性、产业属性、经济属性。在“两种属性”中，意识形态属性是文化产品的特殊性，商品、产业、经济属性是文化产品的普遍性。不能因为文化产品具有商品的一般属性，就忽视其意识形态的特殊属性；也不能因为文化产品具有意识形态的特殊属性，就排斥其商品的一般属性，而是要把两者统一起来。正确把握“两种属性”的关系，要求我们必须正确认识和处理“两个效益”即社会效益与经济效益的关系。

不论是公益性文化事业，还是经营性文化产业，都要突出以文化人的功能。每个国家、每个民族、每个人都要有精神支撑，因此要充分发挥文化陶冶情操、凝聚力量、提振信心、鼓舞士气的重要功能。公益性文化事业、经营性文化产业，只是文化形式的差别、载体的不同，而承载的精神即文化的灵魂应是一致的，那就是必须以传播社会主义先进文化为己任。因此，文化建设必须坚持社会主义先进文化前进方向，把社会效益摆在首位。发展公益性文化事业，就是要追求社会效益的最大化，不搞产业化，但也要在内部引入激励机制，改善服务。发展经营性文化产业，就是要在把社会效益放在首位的前提下，努力实现社会效益与经济效益的有机统一，当经济效益同社会效益发生冲突时，经济效益要服从社会效益。在社会主义市场经济条件下，检验经营性文化产业产品和服务“两个效益”相统一的一个重要标准，就是人民群众喜欢不喜欢、是否愿意花钱购买和消费。购买优秀文化产品的人越多，受教育的面就越大，经济效益越好，社会效益也就越广泛。从这个意义上说，没有经济效益，社会效益也是空的。但如果文化产品不讲社会效益，不符合人民群众健康有益的文化需求，在某些方面管理疏漏的情况下，即使暂时会谋些蝇头小利，但终会被边缘化直至被逐出市场，经济效益也无从谈起。因此，实现社会效益与经济效益相辅相成、相互促进、有机统一，是经营性文化产业可持续发展的重要条件。要鼓励经营性文化单位创新体制机制，把面向群众、面向基层、面向农村与面向市场统一起来，认真做好市场调研，准确把握群众需要，在占领市场的过程中更好地服务群众，在服务群众的过程中更多地赢得市场，努力实现社会效益与经济效益的最大化。与此相适应，各级各类评奖机制也要进一步改革，改变一些地方和部门评奖过多过滥和文化产品只面向评委而不面向群众的弊端，把群众喜欢不喜欢、满意不满意、接受不接受、认可不认可作为评价作品的最终标准，在导向正确的前提下，将发行量、演出场次、票房收入和销售额等作为衡量文化产品社会影响的客观指标，使评奖真正成为推动文化产品更好地面向市场、面向群众的重要宏观调控手段，催生更多“既叫好又叫座”的精神文化产品，而不能使评奖成为反向调控的指挥棒。

第三，正确认识弘扬主旋律与提倡多样化的关系，坚持社会主义先进文化前进方向，坚持贴近实际、贴近生活、贴近群众，推动社会主义文化全面繁荣。弘扬主旋律、提倡多样化，是坚持社会主义先进文化前进方向的内在要求。弘扬主旋律、提倡多样化，与坚持为人民服务、为社会主义服务的“二为”方向和贯彻百花齐放、百家争鸣的“双百”方针，从根本上讲是一致的，都是社会主义文化建设规律的客观反映。弘扬主旋律，必须始终坚持为人民服务、为社会主义服务的方向；提倡多样化，必须全面贯彻百花齐放、百家争鸣的方针。坚持“二为”方向，弘扬主旋律，是社会主义制度对文化建设提出的本质要求，是社会主义精神文明的具体体现，是社会主义文化必须担负的社会责任；贯彻“双百”方针，提倡多样化，是社会主义初级阶段的基本国情对文化建设提出的客观要求，是由人民群众日益增长的多样化、多层次、多方面的精神文化需求决定的，是社会主义文化繁荣发展的活力所在。这两个方面相辅相成、不可或缺，都统一于贴近实际、贴近生活、贴近群众的具体实践中。文化必须有深刻的精神内涵，才能以文化人，中华文化就是要体现民族精神和时代精神。在当代中国，主旋律从精神层面上来讲，最根本的就是社会主义核心价值体系；从实践层面上来讲，最根本的就是全国各族人民在中国共产党领导下走中国特色社会主义道路、全面建设小康社会、实现中华民族伟大复兴的宏伟事业。在文化建设中，要全面贯穿这一鲜明的时代主旋律，热情歌颂改革开放和社会主义现代化建设取得的伟大成就，大力唱响共产党好、社会主义好、改革开放好、伟大祖国好、各族人民好的时代最强音，鼓舞和激励全党全国各族人民为夺取全面建设小康社会新胜利、开创中国特色社会主义事业新局面而不懈奋斗。同时，也要适应社会生活日趋丰富多彩、人民群众精神文化需求日趋多样多变的客观现实，在坚持“二为”方向、弘扬主旋律的前提下，认真贯彻“双百”方针，尊重差异、包容多样，充分发扬艺术民主和学术民主，在艺术创作上提倡不同形式和风格的自由发展，在艺术理论上提倡不同观点和学派的充分讨论，在艺术发展上提倡不同品种和业态的积极创新，使社会主义文化百花园更加绚丽多彩。弘扬主旋律要坚持思想性、艺术性、观赏性的有机统一，增强吸引力、感染力，不能脱离现实生活，不能空洞说教；提倡多样化要处理好高雅与通俗、普及与提高的关系，兼顾大众和小众的需求，高雅艺术形态也要努力贴近实际、贴近生活、贴近群众，不断扩大受众面，努力做到雅俗共赏；通俗艺术形态也要强调思想内涵，追求格调品位，寓教于乐，不降低艺术标准，不低俗媚俗庸俗。

第四，正确认识和处理改革创新与加快发展的关系，坚持以改革创新为强大动力，增强文化发展活力，不断解放和发展文化生产力。推动文化大发展大繁荣是社会主义文化建设的鲜明主题，改革创新是加快文化发展的强大动力。进一步推进文化体制改革，积极推进文化创新，大力发展文化事业和文化产业，是深入贯彻落实科学发展观、加快经济发展方式转变的迫切需要，是加快文化自身发展、增强自身活力、满足人民群众日益增长的精神文化需求的迫切需要，是适应我国深化各领域改革、完善社会主义市场经济体制的迫切需要，是顺应现代信息科技迅猛发展和广泛应用新趋势、抢占文化发展制高点的迫切需要，是适应对外开放不断扩大新形势、提高中华文化国际影响力和竞争力的迫切需要。我们一定要从党和国家事业发展的全局和战略高度，不断增强改革创新的自觉性和坚定性，深化文化体制改革，推进观念创新、体制创新、机制创新、内容创新、形式创新、传播手段创新、业态创新、科技创新，进一步增强文化发展的生机和活力。

坚持以改革创新为强大动力，推动文化科学发展，最根本的是要进一步解放思想、转变观念。解放思想是发展中国特色社会主义的一大法宝。思想观念是个总开关。观念决定思路，思路决定出路。在文化建设和发展的实践中要全面贯彻党的思想路线，始终坚持解放思想、实事求是、与时俱进，自觉地把思想认识从不符合文化科学发展的思想观念和思维定势的桎梏中解放出来，从不符合文化科学发展的做法和规定的限制中解放出来，从不符合文化科学发展的传统体制的束缚中解放出来，敢于突破陈规陋习，勇于用改革的办法破解难题，不断增强改革创新的意识和本领，努力用符合科学发展观要求的新的文化发展理念指导文化建设和发展的实践。

坚持以改革创新为强大动力，推动文化科学发展，要以体制机制创新为重点，大力推进文化体制改革。要根据区别对待、分类指导、循序渐进、逐步推开的指导方针，对公益性文化事业和经营性文化产业采取不同的改革路径，从实际出发，分阶段、有区别地加以实施。对公益性文化单位，包括公共博物馆、纪念馆、美术馆、文化馆、图书馆、青少年宫、科技馆、群众艺术馆等提供公共文化服务的单位，改革的方针是“增加投入、转换机制、增强活力、改善服务”，政府要增加投入，足额保证经费，单位自己不搞创收，但也要转换内部机制，深化劳动人事制度、收入分配制度等改革，不断增强活力，切实提高服务群众的能力和水平，最大限度地发挥社会效益。对国有经营性文化单位，主要包括出版社、新华书店、电影制片厂、电视剧制作中心、电影放映单位、一般艺术院团、重点新闻网站、非时政类报刊社以及主流媒体中可剥离的经营部分等，改革的方针是“创新体制、转换机制、面向市场、壮大实力”，核心是紧紧抓住转企改制这个中心环节，重塑文化市场主体，推动国有经营性文化单位从行政附属物转变为自主经营、自我发展、自我创新、依法运营的文化产品生产经营者。在转企改制过程中，要严格按照建立现代企业制度的要求，完善法人治理结构，使国有经营性文化单位成为真正的企业法人，做到可核查、不可逆，坚决杜绝出现行政事业性质的“翻牌公司”。要在转企改制的基础上，进行股份制改造，建立现代产权制度，并把改革和改组结合起来，盘活国有文化资产，以资本为纽带，推动跨地区跨行业跨领域兼并重组，实现低成本扩张，打造一批有实力、有竞争力和影响力的国有或国有控股的文化企业和企业集团，使之成为文化市场的主导力量和文化产业的战略投资者。要在演艺娱乐业、动漫游戏业、传媒业、网络业、影视业、出版发行业等重点文化产业，选择一批改革到位、成长性好、竞争力强的大型国有或国有控股集团公司，推动上市融资，尽快做优做大做强。在有条件的地方，要鼓励以财政、金融资金为主体，吸收社会资本，组建企业化的文化产业投资公司，进一步拓宽文化产业发展的融资渠道。要进一步完善文化市场体系，建立文化资产评估体系、文化产权交易体系，发展以版权交易为核心的各类文化资产交易市场，以及文化经纪代理、评估鉴定、风险投资、保险、担保、拍卖等中介服务机构，为文化企业的成长壮大创造良好市场条件。另外，从目前国情出发，还要正确把握处于公益性文化单位和经营性文化单位之间少数文化单位的改革，这些文化单位主要指国家扶持的体现民族特色和国家水准的艺术院团，包括国家直属院团和一些重点保护剧种的重点院团如京剧院团、昆曲院团，使其代表国家的水平，并发挥示范、引导作用；还有一些需要逐步培育市场的高雅艺术团体如交响乐团、芭蕾舞团等。这些文化单位不同于普通的公益性文化单位，与文化市场有着密切的联系，具有一定的经营性质，但完全走向市场目前还不具备条件，因此暂时仍实行事业单位企业化管理。对它们的改革方针是“政府扶持、转换机制、面向市场、增强活力”。政府扶持的目的，是要支持这些文化单位更好地面向市场、增强活力。因此，这些文化单位要积极进行内部机制改革创新，建立起符合艺术发展规律、体现按劳分配原则的分配制度和能进能出的人员流动机制，建立起以观众为中心、以市场为导向、以社会效益与经济效益有机统一为目标的院团经营管理机制，形成自我发展的内生动力，在面向群众、面向市场的过程中不断发展壮大。需要指出的是，这些文化单位毕竟是少数特殊情况，仅限于现有存量，在改革过程中，要严格界定、严格审查、严格控制，最大限度地减少事业性质企业化管理的文化单位，条件成熟的，鼓励进行转企改制的探索，推动越来越多的经营性文化单位转企改制。

坚持以改革创新为强大动力，推动文化科学发展，要善于把继承与创新有机统一起来。推进文化发展，基础在继承，关键在创新。不善于继承，创新就没有根基；不善于创新，继承就缺乏活力。要继承和弘扬中华民族的优秀文化传统，加强中华优秀文化传统教育，加强对文物和非物质文化遗产的保护，深入挖掘蕴藏其中的丰厚文化资源，并赋予新的时代内涵，使其与当代社会相适应、与现代文明相协调，在新的历史条件下继续发扬光大。对具有产业和市场潜力、具备经营条件的传统文化资源，要鼓励在国家政策支持下，运用市场和产业的手段进行保护、传承和发展，特别是和发展旅游业紧密结合，开发文化产品，拓展服务项目，在与产业和市场的结合中增强生机、焕发活力，实现可持续发展。要适应人民群众文化需求的新特点和审美情趣的新变化，推动不同传统艺术门类之间相互融合，推动传统艺术与现代艺术相互借鉴，积极运用声、光、电等手段提高传统文化表现力，实现题材体裁、风格流派和表现手法的创新发展。

第五，正确认识和处理文化与经济的关系，不断提高文化产业对加快经济发展方式转变的贡献。当今时代，文化与经济日益交融，在为经济发展提供强大精神动力的同时，文化的经济功能明显增强，经济的文化含量不断提高，文化在综合国力竞争中的地位和作用越来越突出，文化产业对促进经济增长和经济发展方式转变的贡献越来越大。从实践中看，在加快经济发展方式转变过程中，文化产业具有优结构、扩消费、增就业、促跨越、可持续的独特优势和突出特点。

优结构，就是无论从总供给还是从总需求的角度讲，发展文化产业都有利于优化经济结构、产业结构、需求结构。党的十七大强调，要促进经济增长由主要依靠第二产业带动向依靠第一、第二、第三产业协同带动转变。这也就是说，我们要从过去主要依靠第二产业带动经济增长，转变为依靠第一、第二、第三产业协同带动，特别是要增加第三产业的比重。文化产业是现代服务业的重要组成部分，既为生活服务，又为生产服务。因此，抓住了文化产业，就抓住了调整供给结构的突破口，就从总供给方面进一步优化了经济结构和产业结构。扩消费，就是从总需求的角度讲，发展文化产业有利于扩大居民消费，拉动居民消费结构升级。党的十七大强调，要促进经济增长主要由依靠投资、出口拉动向依靠消费、投资、出口协调拉动转变。这也就是说，我们要从过去主要依靠投资、出口拉动经济增长，转变为消费、投资、出口“三驾马车”协调拉动。从目前总需求与总供给平衡关系上来看，很多产业都出现产能过剩的问题，文化产业是少数几个总供给还远远不能满足总需求的朝阳产业之一，人民日益增长的物质文化需要同落后的社会生产之间的矛盾这一社会主要矛盾在文化领域表现得特别突出。特别是人均国内生产总值达到3000美元之后，人民群众精神文化需求呈“井喷”之势，而我们提供的优秀文化产品和服务相比之下还太少。因此，无论是文化事业还是文化产业，都是人民群众生活基本实现小康之后增加消费的重要途径，大力发展文化事业和文化产业，也就抓住了扩大消费的重要着力点。增就业，就是发展文化产业有利于增加就业、带动创业。文化产业投入的是智力资源，产出的是知识产品，不需要更多厂房和土地就能够创造很多的就业机会。而且文化创意是推动其他相关产业发展的重要动力。因此，发展文化产业，有利于解决更多的人就业特别是能够有效缓解大学生就业难的问题，有利于带动其他领域、其他产业的创新发展，实现更多的人就业创业。促跨越，就是发展文化产业有利于实现跨越式发展，对欠发达地区就更有意义。文化产业与一个地区原来的工业发展水平等基础条件关系不大，不需要提供配套元器件和复杂的工艺性协作，只要引进优秀人才，有好的创意，就能发展。中西部地区普遍拥有丰富的文化资源，只要善于在市场化、产业化、科技化上率先突破，就能把文化资源变成现实财富，促进本地区的跨越式发展。可持续，就是发展文化产业有利于实现可持续发展。当前，经济发展面临的资源、能源、环境等瓶颈制约越来越突出，而文化产业的一大特点是资源消耗低、环境污染小，是受资源、能源、环境瓶颈制约不大的新兴产业之一，最能够实现人与自然协调发展，是典型的低碳经济、绿色经济。抓住了文化产业，就抓住了推动可持续发展的重要途径。综合以上这些优势和特点，完全可以说文化产业是战略性、先导性产业，不仅能够提供精神动力、思想保证、文化条件，而且能够开辟经济发展的新途径、新空间，是转变经济发展方式的重要途径和突破口。因此，要从加快经济发展方式转变的全局和战略高度，大力发展文化产业，将其纳入经济社会发展总体规划，作为发展战略性新兴产业的重要组成部分，摆上更加重要的日程，采取更加有力的举措，积极推动文化产业与旅游、休闲、制造、电信、交通、房地产等产业相融合，使文化产业成为国民经济新的增长点和现代服务业的支柱产业。

第六，正确认识和处理发挥政府作用与调动全社会力量参与文化建设的关系，努力形成文化建设的强大合力。兴起社会主义文化建设新高潮，推动社会主义文化大发展大繁荣，是全党全社会的共同事业。无论是发展公益性文化事业还是发展经营性文化产业，都要既充分发挥政府的主导作用，又充分调动社会各方面的积极性、主动性、创造性，努力形成多元投入、协力发展的新格局。

政府在文化建设中的作用，主要体现在提供公共文化服务和为各类文化主体发展创造良好的政策环境、法制环境和市场环境等方面。具体来讲，就是要履行好“公共服务、政策调节、社会管理、市场监管”的职能。公共服务，即政府必须切实承担起提供公共文化服务、保障人民基本文化权益的职责，把建设公共文化服务体系纳入经济社会发展总体规划，依靠公共财政投入为主建设公共文化服务体系，扶持公益性文化单位，建设文化基础设施，购买文化产品用于公共文化服务，建立健全公共文化设施免费开放的财政保障机制，不断提高公共文化产品和服务的供给能力。政策调节，即政府要在深入调查研究基础上，科学制定文化发展规划，制定引导和推动文化事业和文化产业发展的政策措施。这些年，已相继出台了《国家“十一五”时期文化发展规划纲要》、《文化产业振兴规划》等一系列政策措施，有力地引导和推动了文化事业和文化产业的发展。社会管理，即要建立健全党委领导、政府管理、行业自律、企事业单位依法运营的文化管理体制和富有活力的文化产品生产经营体制机制，推进政企分开、政资分开、政事分开、政府与市场中介组织分开，推动形成行为规范、运转协调、公正透明、廉洁高效的管理体制，为各类文化主体创造良好的发展环境。市场监管，即政府主管部门必须切实担负起文化市场监管的职责，提高文化市场监管能力和水平，确保文化市场繁荣有序。

近年来，随着我国经济结构调整力度不断加大，文化产业已经成为最有吸引力的投资领域之一，社会力量参与和投入文化事业和文化产业的积极性越来越高，作用越来越突出。要适应形势发展的要求，抓住这一有利时机，制定和实施更加完善的政策措施，坚持公有制为主体、多种所有制经济共同发展的基本经济制度，毫不动摇地加快壮大国有或国有控股经营性文化企业，毫不动摇地鼓励和引导各种非公有制文化企业的发展，努力形成以公有制为主体、多种所有制共同发展的文化产业格局。要在法律和政策许可的范围内，适当降低非公资本进入文化产业的门槛，吸收社会资本参与到振兴文化产业的进程中来，鼓励民营文化企业参与国有经营性文化单位的转企改制。要进一步完善和落实社会力量捐赠公益性文化事业的政策措施，引导和鼓励社会各方面通过捐助、捐赠、自办等方式，投资兴办公共文化服务实体，建设公共文化设施，开展公益性文化活动。总之，要努力形成政府力量与民间力量一起上、公有制文化单位和非公有制文化单位一起上，汇聚强大合力，共同推动社会主义文化大发展大繁荣的生动局面。

第七，正确认识和处理民族文化与外来文化的关系，坚持对外开放，努力形成以民族文化为主体、积极吸收外来有益文化的文化市场格局，推动中华文化“走出去”，不断扩大中华文化的国际影响力和竞争力。随着世界多极化、经济全球化加快发展和我国对外开放不断扩大，中外思想文化交流交融交锋更加频繁，这既为我们学习借鉴世界有益文化、推动中华文化“走出去”、扩大中华文化在国际上的影响力和竞争力提供了极好机遇，同时也使我们面临更加直接、更加激烈的国际文化竞争。这就要求我们必须统筹国内国际两个市场、利用两种资源，既大力弘扬民族优秀文化，又坚持对外开放，积极借鉴吸收各国优秀文明成果，加快发展文化产业，把丰富的民族文化资源转化为文化产业优势，提高我国文化产品的市场竞争力，努力形成以民族文化为主体、积极吸收外来有益文化的文化市场格局，同时大力推动中华文化“走出去”，不断扩大中华文化的国际影响力和竞争力。要不断创新文化“走出去”的渠道、途径和方式方法，坚持“两条腿”走路，在继续推动政府主导的文化交流的同时，积极探索市场化、商业化、产业化的运作方式，着力打造一批具有国际竞争力的外向型文化企业，打造具有重要影响力的国际文化交易平台，以企业为主体、以市场化运作为主要方式推动我国文化产品和服务出口，扩大我国文化产品在国际市场上的份额。要着力打造具有自主知识产权和核心竞争力的知名文化品牌，提高我国文化产品的附加值。要鼓励文化企业通过投资、合资、参股等多种方式，在境外兴办文化实体，使我国文化产品更直接地参与国际文化市场竞争。要加强国际传播能力建设，加快建设语种多、受众广、信息量大、影响力强、覆盖全球的国际一流媒体，使我们的图像、声音、文字、信息、影视节目更广泛地传播到世界各地，不断扩大中华文化的国际影响力。

第八，正确认识和处理促进繁荣与加强管理的关系，通过不断提高管理的科学化水平确保文化健康有序发展。繁荣是目的，管理是保障。推动社会主义文化大发展大繁荣，必须始终坚持“两手抓”，一手抓发展繁荣、一手抓加强管理，在促进繁荣的过程中不断改进和创新管理，通过科学有效的管理促进文化发展繁荣，努力建立和完善中国特色社会主义文化管理体制。要在恰当运用思想教育手段的同时，更加注重依法管理为主，综合运用法律、经济、行政、科技等手段，推进管理工作的法制化、规范化、制度化、科学化，有效解决在管理上存在的突出问题。要进一步创新管理理念，强化服务意识，寓管理于服务之中。要坚持用改革的办法解决管理中出现的问题，向体制要秩序。要通过制定和完善法人、岗位、职业、产品等市场准入和退出机制，通过健全登记备案、年检制度、加强岗位培训等多种行业监管手段，强化行业自律，推动文化企业形成自我约束、自我监督、自我管理的良性发展机制，切实履行社会责任。要进一步转变政府职能，按照建设法治政府和服务型政府的要求，推动文化行政管理部门逐步实现由办文化为主向管文化为主转变，由管微观向管宏观转变，由主要面向直属单位转为面向全社会，进一步把工作的重心转移到文化市场的管理和服务上来，按照谁主管谁负责和属地管理原则，真正把管理职责落到实处。要结合地方机构改革，加快推进城市综合文化行政主体改革和文化市场综合执法改革，切实理顺文化执法体制，解决多头执法、力量分散、执法水平不高的问题，不断提高文化市场管理水平。要进一步加强网络文化建设和管理，推动相关行政管理部门的职责向互联网、手机等新兴媒体延伸，坚决清除淫秽色情和低俗内容，净化网络文化环境。要推进网吧连锁化、品牌化经营，加强学校电子阅览室和公共图书馆、社区活动中心、青少年宫等公益性上网场所建设。要加大执法力度，依法保护知识产权，坚持不懈地开展“扫黄打非”，不断建立和完善文化市场执法的长效机制。

第九，正确认识文化与科技的关系，把运用高新技术作为推动文化建设、提高文化创新能力和传播能力的新引擎。在信息技术高度发展的当今时代，谁的传播手段先进、传播能力强大，谁的思想文化和价值观念就能更广泛地流传，谁的文化产品就能更有力地影响世界。数字技术、网络技术的迅猛发展和广泛应用，极大地增强了文化的创造力和传播力，催生了一系列新兴文化业态和新的表现形式。这些新兴文化业态和新的表现形式，是文化产业中最具活力和潜力的部分，反映了文化产业未来发展的方向。可以说，科技进步与体制机制创新一样，是加快文化发展的强大动力。要充分认识科技进步对文化发展的重要作用，敏锐把握世界文化发展的新趋势，紧紧抓住信息化深入发展的历史机遇，加快文化与科技的融合，努力掌握文化发展和文化传播的主动权。要积极利用高新技术改造传统文化产业，大力发展文化创意、手机电视、网络电视、数字出版、动漫游戏等战略性新兴文化产业，催生新的文化业态，拓展文化发展的新领域。要建立健全以企业为主体、市场为导向、产学研相结合的文化创新体系，努力掌握一批具有自主知识产权的核心技术和关键共性技术，为我国文化产业的发展提供有力的技术支撑和创新动力。要充分运用高新技术特别是数字技术、网络技术发展的最新成果，加快构建覆盖广泛、技术先进的文化传播体系和创新体系，切实增强文化传播力和文化感染力。要适应现代信息技术发展的趋势，加快媒体资源特别是音视频媒体资源的整合和融合，积极推动地方广播电台电视台合并。传统媒体要积极创办新兴媒体，实现传统媒体与新兴媒体相互促进、共同发展。要积极推进“三网融合”，在确保内容服务有效管理和文化安全的基础上，有序推动广电和电信业务双向进入，促进文化产业、信息产业和相关服务业健康发展。

第十，正确处理充分调动广大文化工作者积极性与培养造就大批文化领域创新型、复合型、外向型、科技型等新型人才的关系，为推动文化大发展大繁荣提供有力人才保障。推动文化大发展大繁荣，关键在人才。长期以来，广大文化工作者在推进社会主义文化建设方面发挥了重要作用，作出了重要贡献。在深化文化体制改革、兴起社会主义文化建设新高潮中，要充分发挥他们的积极性、主动性、创造性。对于曾为文化发展作出杰出贡献、有重大影响的老艺术家，要研究制定合理的保障机制，切实给予关爱。对于在国有经营性文化单位转企改制过程中的分流人员，要妥善安置，通过安排他们到社区文化中心担任文化辅导员等多种方式，为他们继续展示才华创造条件。要牢固树立“人才资源是第一资源”的观念，适应形势发展要求，进一步创新人才培养方式，拓展人才培养领域，提高人才培养质量，努力造就一大批文学创作、影视剧创作与编导、戏曲创作与编导、动漫制作等方面的领军人物，一大批勇于改革、敢于创新、善于开拓的创新型人才，一大批精通文化工作、懂经营善管理、具有现代科学素养的复合型人才，一大批精通外语、熟悉国际文化市场规则、善于开拓国际文化市场的外向型人才，一大批掌握现代科技知识、具有研发能力、能够占据文化科技制高点的科技型人才，构建一支门类齐全、结构合理、梯次分明、素质优良的文化工作者队伍。要尊重劳动、尊重知识、尊重人才、尊重创造，鼓励创新，宽容失败，建立和完善有利于优秀人才健康成长和脱颖而出的体制机制，最大限度地调动广大文化工作者的积极性、主动性、创造性，形成人尽其才、各展所长的良好局面。要注重发挥非公有制文化单位人员的积极性，在职称评定、培训提高、政府奖励资助等方面一视同仁，努力形成各类文化人才竞相涌现的生动局面。广大文化工作者要无愧于人类灵魂工程师的光荣称号，自觉担负起传播先进文化的历史职责，努力成为德艺双馨、深受人民群众喜爱的文化工作者。

以上10个方面的认识，是在以胡锦涛同志为总书记的党中央高度重视和坚强领导下，在实践中不断探索形成的宝贵经验和精神财富，体现了深入贯彻落实科学发展观对加强文化建设的具体要求，反映了新的历史条件下我国文化发展的客观规律，凝结着广大文化工作者的辛勤汗水和集体智慧。我们一定要始终坚持并在实践中不断发展和完善，更加自觉、更加主动地推动社会主义文化大发展大繁荣，使中国特色社会主义文化发展道路越走越宽广。

在新的历史条件下，探索中国特色社会主义文化发展道路，开创文化建设新局面，关键在党的领导。各级党委和政府一定要从中国特色社会主义事业“四位一体”总体布局的战略高度，深入学习领会、切实贯彻落实胡锦涛总书记在省部级主要领导干部专题研讨班上的重要讲话和全国“两会”精神，充分认识文化建设在经济社会发展中的重要地位和作用，充分认识发展文化产业对于调整经济结构、加快经济发展方式转变的重要性和紧迫性，进一步增强深化文化体制改革、加快发展文化事业和文化产业的自觉性坚定性。要切实把文化建设摆在更加突出的位置，纳入党委和政府的重要议事日程，纳入经济社会发展总体规划，纳入科学发展考核评价体系，与经济、政治、社会各领域工作一起部署、一同推进，加强组织领导，加强统筹协调，加强政策扶持，加强资金投入，加强督促检查，确保各项任务落到实处。要切实把文化产业作为战略性新兴产业，作为加快经济发展方式转变的重要突破口，列入产业振兴规划，积极推动文化产业与国民经济各领域各行业的融合，不断壮大文化产业的整体实力，为推动本地区经济结构调整、转变经济发展方式作出贡献。宣传思想文化战线特别是各级文化行政主管部门，要进一步增强改革创新意识，增强加快文化发展的责任感紧迫感，更加自觉地担负起兴起社会主义文化建设新高潮、推动社会主义文化大发展大繁荣的历史使命。要紧紧围绕经济建设这个中心，围绕党委和政府中心工作，从本地区经济社会发展全局出发，进一步理清文化发展思路，谋划文化发展战略，明确文化发展重点，优化文化发展布局，组织实施重大文化发展项目，加快构建覆盖城乡的公共文化服务体系，加快推进文化体制改革，大力发展文化产业特别是新兴文化产业，更好地发挥文化建设对推动经济社会发展的积极作用。

总之，新形势新任务对社会主义文化建设提出了新的更高要求。让我们更加紧密地团结在以胡锦涛同志为总书记的党中央周围，高举中国特色社会主义伟大旗帜，以邓小平理论和“三个代表”重要思想为指导，深入贯彻落实科学发展观，以改革创新精神推动文化事业和文化产业繁荣发展，为夺取全面建设小康社会新胜利、开创中国特色社会主义事业新局面作出新的更大贡献。

保护发展文化遗产　建设共有精神家园

李长春

今年6月12日，是我国第五个文化遗产日。文化遗产日的设立，充分体现了我们党和国家对保护、发展文化遗产的高度重视，对于弘扬中华民族优秀传统文化、激发人民群众参与保护、发展文化遗产的热情，发挥了积极的推动作用。借此机会，我代表党中央、国务院，向为我国文化遗产事业作出重要贡献的老一辈文化遗产工作者致以崇高敬意，向全国广大文化遗产工作者表示诚挚问候，向关心和支持文化遗产事业发展的社会各界表示衷心感谢！

在我国5000年文明史中，勤劳智慧的中华民族创造了光辉灿烂的历史文化，留下了灿若群星、独具特色的文化遗产。这些珍贵的文化遗产是我们民族悠久历史的鉴证，是民族智慧的结晶、民族精神的象征，是民族生命力和创造力的重要体现，也是人类文明的瑰宝。保护好、传承好、利用好、发展好这些文化遗产，对于继承和发扬中华民族优秀传统文化，弘扬以爱国主义为核心的民族精神和以改革创新为核心的时代精神，维护国家统一和民族团结，推动社会主义文化大发展大繁荣，促进国际文化交流和人类共同发展，具有十分重要的意义。

党和国家历来高度重视对文化遗产的保护、发展工作。党的十六大以来，以胡锦涛同志为总书记的党中央从弘扬中华文化、发展社会主义先进文化的高度，将保护、发展文化遗产放到更加重要的位置，强调“扶持对重要文化遗产和优秀民间艺术的保护工作”。2005年12月，国务院确定每年6月的第二个星期六为我国的“文化遗产日”。党的十七大进一步从中国特色社会主义事业“四位一体”总体布局的高度，提出兴起社会主义文化建设新高潮、推动社会主义文化大发展大繁荣的战略任务，突出强调弘扬中华文化、建设中华民族共有精神家园的重要性，强调“加强对各民族文化的挖掘和保护，重视文物和非物质文化遗产保护”。几年来，党和国家制定出台了一系列关于文化遗产保护的重大政策措施，修正《中华人民共和国文物保护法》、公布施行《长城保护条例》、印发《关于加强文化遗产保护的通知》和《关于加强我国非物质文化遗产保护工作的意见》等一系列法律法规和重要文件，不断加大对文化遗产事业的投入。各地区各部门认真贯彻中央决策部署，采取有效措施，扎实推进各项工作，文化遗产事业呈现蓬勃发展的可喜局面。主要表现在：文化遗产事业的基础工作进一步夯实，文化遗产保护能力建设明显加强；基本建设中的文物保护工作扎实推进，一批重要文物得到有效保护；博物馆事业蓬勃发展，免费开放工作取得明显进展，公共文化服务水平不断提高；非物质文化遗产保护卓有成效，逐步推向深入；对外交流与合作成绩斐然，有力推动了中华文化走向世界；文化遗产保护理念逐步深入人心，全社会积极参与势头方兴未艾。总之，文化遗产事业在保护中传承、在开拓中前进，有效发挥了咨政育人、传承文明、普及知识、丰富生活的作用，为提高全民族思想道德素质和科学文化素质，扩大中外文化交流，增强中华文化国际影响力作出了重要贡献。

当前，党和国家各项事业发展站在了一个新的历史起点上，我国社会主义文化建设面临着进一步繁荣发展的良好机遇。加快文化遗产保护和发展的步伐，是深入贯彻落实科学发展观、促进经济社会又好又快发展的迫切需要，是弘扬中华民族优秀传统文化、传播社会主义先进文化、推动社会主义文化大发展大繁荣的迫切需要，是满足人民群众日益增长的精神文化需求、提高全民族思想道德素质和科学文化素质的迫切需要，是增进民族团结、维护国家统一和社会稳定的迫切需要，是提高国家文化软实力、增强中华文化国际影响力的迫切需要，是维护世界文化多样性和创造性、促进人类共同发展的迫切需要。必须清醒地认识到，与全面建设小康社会的新要求相比，与人民群众日益旺盛的精神文化需求相比，与传承中华文明的事业需要相比，保护、发展文化遗产的任务依然十分繁重。我们必须充分认识文化遗产事业面临的新形势新任务，自觉肩负起历史和时代赋予我们的神圣职责，坚持服务于党和国家工作大局，坚持“保护为主、抢救第一、合理利用、加强管理”的文物工作方针和“保护为主、抢救第一、合理利用、传承发展”的非物质文化遗产工作方针，坚持以人为本、服务群众，坚持与时俱进、开拓创新，加快推进文化遗产强国建设，在新的起点上推动文化遗产事业实现新的跨越。

第一，围绕中心、服务大局，不断提高文化遗产事业对促进经济社会发展的贡献。经济社会发展是保护、发展文化遗产的基础和前提，保护、发展文化遗产是经济社会发展的重要内容和有力支撑。加强文化遗产的保护和发展，对于改善生态环境、优化城乡面貌、彰显地域魅力、促进经济社会发展，具有重要作用。特别是文化遗产作为文化产业和旅游产业的重要资源，在培育国民经济新的增长点、带动现代服务业发展等方面发挥着不可替代的作用，对促进经济增长、加快经济发展方式转变的贡献越来越大。要把保护、发展文化遗产与促进经济发展结合起来，合理利用文化遗产的宝贵资源，加快发展文化产业，积极开发旅游业，打造国内外知名的文化和旅游品牌，提高衍生产品和配套服务质量，使文化遗产成为促进经济发展的新亮点。要把保护、发展文化遗产与城乡建设结合起来，既加强对文化遗产的抢救保护，又充分展示城乡蕴藏的独特历史文化内涵，并在新的历史条件下不断丰富和发展，增强城乡的吸引力和影响力。要把保护、发展文化遗产与改善环境结合起来，不仅注重对文化遗产本体的保护，还要关注对文化遗产依存的生态环境的保护，通过国家考古遗址公园、文化生态保护区建设等模式，既实现对文化遗产的整体性保护，又为人民群众创造良好的生活环境。

第二，突出思想内涵、强化教育功能，充分发挥文化遗产在开展爱国主义教育方面的重要作用。文化遗产承载着中华民族的辉煌历史，铭刻着中华民族的伟大创造，是弘扬优秀传统文化、开展爱国主义教育的重要载体。要把保护、发展文化遗产与开展群众性爱国主义教育相结合，充分利用文化遗产丰富的历史和革命文化资源，不断赋予其新的时代内涵，生动展示中华民族丰富的历史文化遗产和灿烂的文明进步成就，展示中国人民在中国共产党领导下创造美好生活、实现中华民族伟大复兴的艰辛历程和辉煌成就，弘扬以爱国主义为核心的民族精神和以改革创新为核心的时代精神，不断激发全社会的爱国热情和民族自尊心、自信心、自豪感。要把保护、发展文化遗产与开展民族团结宣传教育相结合，深入发掘自古以来各民族友好交往、相互融合的重要史实，充分反映中华民族大家庭血脉相连、血浓于水的深厚情感，反映新中国成立60多年来民族地区繁荣发展的生动实践，切实增强各民族的认同感和凝聚力、向心力，共同维护民族团结的大好局面。要把保护、发展文化遗产与弘扬传统文化、传播先进文化相结合，深入挖掘文化遗产的文化内涵，通过丰富的展品、高品位的展览，以及各种形式的群众性节日活动和文化遗产进校园、进社区等活动，使更多的群众增长知识、愉悦身心、陶冶情操、升华情怀。要把保护、发展文化遗产与加强青少年教育相结合，进一步密切文化遗产单位与学校的联系，建立文化遗产保护发展与学校教育、课外活动和社会实践的有机衔接，寓教于乐，寓教于游，使文化遗产成为提高青少年综合素质的重要渠道。要把保护、发展文化遗产与开展红色旅游相结合，深入挖掘文化遗产中的红色文物、红色文艺等资源，拓展红色旅游的内容，丰富红色旅游的思想内涵，创新展陈和服务方式，不断增强红色旅游的吸引力和感染力。

第三，以人为本、关注民生，推动文化遗产保护成果最大限度地惠及全体人民，丰富人民群众精神文化生活。人民群众是文化遗产的所有者、鉴赏者和传承者。文化遗产保护必须紧紧依靠人民群众，文化遗产保护成果必须惠及全体人民，这是实现文化遗产价值的现实需要，也是保护、发展文化遗产的根本目的。要把保障人民基本文化权益摆在文化遗产工作的首要位置，加大对公共博物馆、大遗址保护项目、重要文化遗产展览等的投入，实施重大文化遗产工程，向全社会提供更多优质便捷的公共文化鉴赏服务。要进一步深化博物馆免费开放工作，各类博物馆、纪念馆、展览馆、烈士陵园等爱国主义教育基地，对青少年学生集体参观一律实行免票，强化服务意识，完善服务设施，充实服务内容，改进服务方式，把专业性和知识性、学术性和趣味性、科学性和观赏性有机结合起来，不断提高服务群众的能力和水平。要始终关注民生、改善民生、保障民生，无论在文化遗产考古发掘和保护修缮中，还是在历史文化街区和村镇的保护建设中，都要实现好、维护好、发展好最广大人民的根本利益，着力改善群众居住和生活条件，激发人民群众参与文化遗产保护的积极性、主动性、创造性，使文化遗产保护事业为民造福。

第四，深化改革、开拓创新，始终保持我国文化遗产事业的生机和活力。改革创新是加快我国文化遗产事业发展的强大动力。要大力推进观念创新，妥善处理文化遗产保护、传承、利用、发展的关系，既要保护、传承好文化遗产，又要利用、发展好文化遗产，在保护、传承的基础上充分利用、发展，通过利用、发展促进保护、传承。要大力推进科技创新，充分运用现代科学技术研究和修缮文化遗产，破解古代发明创造和工艺成果，提高文化遗产保护的科技水平。要大力推进展示方法创新，注重介绍文化遗产发掘过程、历史背景、相关历史人物故事等信息，注重再现传统生产技术和工艺流程，注重运用声光电等现代科技手段提高震撼力和视觉效果，注重增强参与性、互动性、体验性和趣味性，帮助人们深入了解和亲身体验中华文明的丰富内涵和独特魅力。要大力推进传播手段创新，积极推动文化遗产数字化，开设网上展览，特别是借助全国文化信息资源共享工程、校园网络和远程教育网络，使文化遗产辐射城镇、农村学校和边远地区，扩大文化遗产的影响力。要大力推进保护和传承方式创新，对具有重大历史价值的文化遗产，都要按照中央的要求，与经济建设、政治建设、文化建设、社会建设紧密地结合起来，对于有市场前景的，鼓励在国家政策支持下进入市场，特别是和发展旅游业紧密结合，开发文化产品，拓展服务项目，在与产业和市场的结合中实现传承和可持续发展，在参与创造物质财富和精神财富的实践中焕发新的生机和活力。这是最积极、最有效、最有利于文化遗产可持续发展的保护和传承方式。

第五，促进交流、走向世界，不断提高中华文化的国际影响力。国与国之间文化遗产展览交流是传播历史文化的重要途径，是展示国家形象、提高文化软实力的有效手段。要积极配合国家外交大局，扩大和深化人文交流与合作，推动与更多国家签署政府间文化遗产保护双边协定，开展更有深度和实质性内容的合作。要坚持“走出去”与“请进来”相结合，加强与国外文化遗产部门的交流合作，扩大对外文化遗产展览交流，加大展览宣传推介力度，向世界人民展示我国辉煌灿烂的文明成就与和平和谐的文化理念，增进世界各国人民对中华文化的了解，真正使文化遗产展览成为“中国走向世界、世界了解中国”的重要窗口。要以更加开阔的视野，汲取世界文化遗产保护、发展的有益成果，更好地推动我国文化遗产事业繁荣发展。要巩固和发展我国与相关国际组织和民间机构的关系，积极参与国际文化遗产保护行动和相关国际公约的制定，增强我国在国际文化遗产保护领域的话语权。

第六，加强领导、形成合力，努力营造全社会参与保护、发展文化遗产事业的良好环境。文化遗产事业作为文化建设的重要组成部分，是全社会的共同事业，必须充分调动各方面的积极性，努力形成文化遗产保护的强大合力和长效机制。各级党委政府要高度重视文化遗产事业的发展，充分认识文化遗产事业在经济社会发展中的重要地位和作用，切实把文化遗产保护、发展摆上更加突出的位置，纳入党委和政府的重要议事日程，纳入经济社会发展总体规划，纳入科学发展考核评价体系，与经济社会各领域工作一同部署、一同推进、一同督查，确保文化遗产工作的各项任务落到实处。要加大保护、发展文化遗产的投入力度，完善文化遗产保护经费增长机制，健全公共博物馆等文化设施免费开放的财政保障机制。宣传思想文化战线特别是各级文化、文物部门，要进一步增强加快文化遗产事业发展的责任感紧迫感，从本地区经济社会发展全局出发，理清发展思路，谋划发展战略，实施重大工程，更好地发挥文化遗产事业对推动经济社会发展的积极作用。要统筹规划博物馆发展布局，有条件的县可以根据本地资源优势，结合重大考古发现和文物保护需求，建设遗址博物馆，地市级中心城市重点建设特色性博物馆，省一级城市重点建设综合性博物馆，省会城市博物馆和省级博物馆要各有侧重，形成特色鲜明、布局合理的博物馆体系。要按照属地管理原则，落实文化遗产保护和管理责任，依法实施文化遗产保护和管理，切实加强文物安全防范设施建设、文物执法机构和队伍建设，确保文物安全和文化遗产事业有序发展。要加强文化遗产工作队伍建设，努力造就一批知识渊博、品质优秀、甘于奉献的专门型人才，一批敢于创新、善于创新的创新型人才，一批熟悉和掌握古代科技知识和传统工艺的专业型人才，一批善于运用现代科技手段保护和利用文化遗产的科技型人才，一批熟悉文化遗产工作、懂经营善管理的复合型人才，一批历史文化知识丰富、具有世界眼光、熟悉外语的外向型人才。要完善和落实社会力量捐赠公益性文化事业的政策措施，研究制定社会资金进入文化遗产保护领域的相关规定，鼓励引导更多社会资金投入文化遗产保护事业。要加强宣传普及工作，广泛介绍文化遗产知识，增强公民依法保护意识，积极培养文化遗产保护志愿者。营造保护文化遗产人人有责、文化遗产保护成果人人共享的社会环境，形成有利于文化遗产保护的舆论氛围。

文化遗产工作责任重大，使命光荣。希望广大文化遗产工作者坚持以邓小平理论和“三个代表”重要思想为指导，深入贯彻落实科学发展观，倍加珍惜我国文化遗产事业面临的大好机遇，开拓进取，奋发有为，努力开创文化遗产事业新局面，为推动社会主义文化大发展大繁荣，提高国家文化软实力，全面建设小康社会作出新的更大贡献。

切实加强对文化产品创作生产的引导 多出精品力作 多出优秀人才

李长春

2010年7月23日，中共中央政治局就深化我国文化体制改革研究进行了第二十二次集体学习。胡锦涛总书记在主持学习时发表重要讲话，从中国特色社会主义事业“四位一体”总体布局的战略高度，总结了党的十六大以来文化建设情况，充分肯定了文化建设和文化体制改革取得的成绩，深刻阐述了深化文化体制改革的重大意义，进一步明确了深入推进文化体制改革必须坚持的指导思想和重点工作。胡锦涛总书记的重要讲话，为当前和今后一个时期我国文化建设和文化体制改革指明了方向，我们必须认真学习领会，深入贯彻落实，进一步开创中国特色社会主义文化建设新局面。

胡锦涛总书记在讲话中特别强调，深入推进文化体制改革必须抓好4项重点工作，即加快文化体制机制改革创新、加快构建公共文化服务体系、加快发展文化产业、加强对文化产品创作生产的引导。我体会，这4项重点工作中，加快文化体制机制改革创新，事关冲破影响文化发展的体制机制障碍，为增强文化发展的生机活力、不断解放和发展文化生产力提供强大动力，决定着文化发展的整体实力和竞争力、影响力；加快构建公共文化服务体系事关保障人民群众基本文化权益，加快发展文化产业事关满足人民群众多样化、多层次、多方面的文化需求，二者如同车之两轮、鸟之双翼，共同构成了文化建设的两项基本任务，体现着社会主义文化建设的根本目的，成为社会主义文化大发展大繁荣的重要标志；加强对文化产品创作生产的引导，事关文化建设的旗帜和灵魂，体现着文化建设的思想内涵和精神价值，决定着文化建设的性质和方向。这几个方面相互促进、相辅相成，不可偏废。关于加快文化体制机制改革创新、加快构建公共文化服务体系、加快发展文化产业，党的十六大以来，以胡锦涛同志为总书记的党中央做出了一系列重大决策部署，各地区各部门认真贯彻落实中央精神，在实践中不断探索总结，取得了许多新进展，创造了许多新经验。这里，我想着重谈一谈加强对文化产品创作生产的引导问题。

文化建设是精神生产，投入的是智力劳动，产出的是精神产品，影响的是人们的思想和社会的精神。不论是文化事业还是文化产业，不论是推进改革还是加强创新，其最终的结果都要落实到推出更多更好的文化产品上来。因此，文化建设要始终重视加强对文化产品创作生产的引导，这是社会主义文化建设的根本和关键所在，是实现文化大发展大繁荣的重要基础，也是当前文化建设和发展中迫切需要解决的问题。加强对文化产品创作生产的引导，要坚持以社会主义先进文化为引领，以满足人民群众日益增长的精神文化需求为根本目的，以改革创新为强大动力，把数量不断增长和质量显著提高紧密结合起来，推动精神文化产品“又好又快”地繁荣发展，多出精品力作、多出优秀人才，充分发挥文化引导社会、教育人民、推动发展的功能和作用。

多出精品力作，就是要充分调动广大文化工作者的积极性、主动性、创造性，努力推出更多体现民族精神和时代精神，反映人民意愿，广大人民群众喜闻乐见，无愧于时代、无愧于历史、无愧于人民的优秀作品。多出精品力作特别是传世之作，要着力在这样几个方面下功夫：

一是要始终坚持社会主义先进文化的前进方向。社会主义先进文化，就是以马克思列宁主义、毛泽东思想、中国特色社会主义理论体系为指导，面向现代化、面向世界、面向未来的，民族的科学的大众的社会主义文化。坚持社会主义先进文化前进方向，就要高举中国特色社会主义伟大旗帜，遵循社会主义核心价值体系的要求，坚持“二为”方向和“双百”方针，弘扬主旋律、提倡多样化，热情歌颂改革开放和现代化建设的伟大实践，深刻反映当今时代中国人民解放思想、实事求是、与时俱进、开拓创新的精神风貌，大力唱响在中国共产党领导下、走中国特色社会主义道路、实现中华民族伟大复兴的时代主旋律，努力创作出经得起历史和人民检验的优秀精神文化产品。

二是要坚持思想性、知识性、艺术性、观赏性的有机统一。思想性是指文化产品引导社会、教育人民、推动发展的作用，知识性是指文化产品传承文明、传播知识的作用，艺术性是指文化产品审美育人、提升情趣、陶冶情操的作用，观赏性是指文化产品赏心悦目、娱乐放松、愉悦身心的作用。文化产品的创作生产与意识形态领域其他工作相比，都有引导社会、教育人民、推动发展的普遍性，但同时也有自身的特殊性。其特殊性就在于，思想性、知识性寓于艺术性、观赏性之中，并通过艺术性、观赏性得以实现。缺乏艺术性、观赏性，文艺产品就失去了吸引力，就难以为群众所接受，思想性、知识性也就无从谈起；缺乏思想性、知识性，文艺产品的艺术性、观赏性也就丧失了灵魂，失去内涵，变得浅薄乏味，因而就失去了生命力。这就要求在文艺产品的创作生产中，要善于把深刻的思想内涵、丰富的知识信息与完美的艺术形式有机结合起来，在注重提升作品思想内涵的同时，不断提高作品的艺术魅力，增强对人民群众的吸引力和感染力。

三是要始终坚持贴近实际、贴近生活、贴近群众。社会生活的广阔天地，人民群众的伟大实践，始终是文艺创作取之不尽、用之不竭的源泉，是产生精品力作的土壤和根基。古往今来，无数优秀作家艺术家的创作实践表明，能否创作生产出厚重隽永的文化精品，关键是看他们是否始终关注现实生活、聚焦普通群众，是否拥有丰富的生活积累、深刻的生活感悟，作品是否能够经受群众和实践的检验、给人以美的享受和深刻启迪。要自觉把人民群众作为文艺创作表现的主体和服务的对象，把全面建设小康社会、实现中华民族伟大复兴的生动实践作为文艺创作的丰富题材，深入生产生活第一线，建立文艺与人民群众的紧密联系，从人民群众的火热生活中挖掘素材，从人民群众的实践创造中提炼主题，从人民群众的审美需要中汲取灵感，说群众想说的话、讲群众能懂的话，创作更多反映现实生活和时代要求、深受人民群众喜爱的精品力作。

四是要开展积极的文艺批评。对于文艺作品的创作生产，我们一直主张要创造既有利于文艺作品始终坚持社会主义先进文化的前进方向，又有利于文艺工作者充分发挥聪明才智的良好环境。如何加强思想引导，推动文艺作品推陈出新、不断进步，比较好的办法就是推动文艺界自身运用好批评与自我批评的武器，即开展好文艺评论和文艺批评。现在文艺评论存在一些不容忽视的问题，有的一味评功摆好，有的甚至被金钱和利益“绑架”，这都是不正常、不健康的。要进一步加强文艺批评队伍建设，在全社会倡导正确的文艺批评导向。文化类专业报刊和专业网站应该更多地开展切中要害、积极有益的文艺批评，面向知识界、文化界的《光明日报》也要更多地开展健康的文艺批评，《人民日报》作为党报同样要重视文艺评论，开辟专栏，旗帜鲜明地开展正确的文艺批评，发挥文艺评论的积极引领作用。

五是要建立健全科学的评价标准和评价机制。人民群众是文化产品的最终评判者，要坚持把群众喜欢不喜欢、满意不满意、接受不接受、认可不认可作为评价作品的最终标准，这是历史唯物主义的基本观点在文化工作中的根本体现。当然在实际工作中，要处理好领导评价、专家评价、群众评价之间的关系。从根本上讲，三者的评价应该是一致的。但由于所处的角度不同，在实际当中三者的评价可能存在一定的差异，只要把群众认可作为领导与专家评价的重要依据，就能实现主观和客观相一致，认识和实践相统一。从操作层面看，对于文艺作品的评价，需要借助一些客观的、量化的指标，如发行量、收视率、点击率、票房收入等指标。事实上，思想性、知识性、艺术性、观赏性“四性”俱佳的优秀作品总是具有较好的社会效益和经济效益，《红楼梦》、《三国演义》、《西游记》、《水浒传》等“四大名著”就一直位列畅销书前列。同时，也不能把这些指标绝对化，因为文化产品引导社会、教育人民、推动发展等方面的功能有时需要较长时间的检验，有的也很难通过量化指标来体现。但无论如何，文艺作品束之高阁、无人问津，其引导社会、教育人民、推动发展的功能就是纸上谈兵，就很难说是好作品。这些量化指标也如同经济领域衡量经济总量的国内生产总值一样，它既是一个重要的统计工具，但如不能正确运用，也会产生很多弊端。因此，我们既要重视市场反映出的这些信息，充分发挥市场在文化资源配置中的基础性作用，又要充分考虑文化产品具有引导社会、教育人民、推动发展的特殊属性和市场存在自发性、盲目性的一面，把发挥市场作用和加强宏观调控、加强引导紧密结合起来，既不能将这些量化指标绝对化，又不能忽视市场信息甚至简单否定这些量化指标，而是要在加强引导和管理的前提下，趋利避害，积极探索，正确运用，逐步完善。另外，在实践中，要正确处理"评奖"问题。首先，"评奖"作为一种评价的手段，不可或缺，运用得好，可起到示范作用、导向作用、激励作用。其次，要评得准。要把人民群众喜欢不喜欢、满意不满意、接受不接受、认可不认可作为根本标准。评选过程中，要充分地、正确地反映民意，避免出现获奖作品束之高阁、无人问津的尴尬局面。当然，有一些好的作品，短期内群众可能还不了解，所以还有一个宣传推介、开拓市场的过程，但这并不能否定人民群众作为最终评判者的地位。这些年来我们开展"五个一"工程、文华奖、华表奖等评奖活动，都要求它们先经过群众和市场的检验，目的就是要把领导、专家、群众三种评判统一起来，最大限度地反映人民群众的意愿。同时，我们也强调，评奖不能过多过滥，要增强其权威性、示范性、指导性，评奖是手段不是目的，不能成为指挥棒，最根本的检验标准还是实践，实践的主体是人民群众，金杯银杯不如人民群众的口碑。总之，建立健全对文化产品创作生产科学的评价标准和评价机制，归根结底就是要引导广大文化工作者真正做到面向群众、面向市场、面向基层、面向农村，努力实现社会效益和经济效益的有机统一，使文化产品更好地发挥引导社会、教育人民、推动发展的作用。

六是要营造有利于文化创新、使优秀文化产品竞相涌现的良好环境。要坚持尊重差异、包容多样，充分发扬艺术民主和学术民主，提倡不同形式和风格的自由发展，提倡不同观点和学派的充分讨论，提倡不同种类和业态的积极创新，鼓励探索，扶持原创，宽容失败，着力营造积极健康、宽松和谐的氛围，最大限度地焕发广大文化工作者的创造活力。要处理好高雅与通俗的关系、继承与创新的关系、普及与提高的关系，兼顾大众需求与小众需求，使不同流派相得益彰、不同受众各得其所，最大限度地满足人民群众多样化、多层次、多方面的精神文化需求。

多出优秀人才特别是名家大师，就是要培养更多德艺双馨、为人民群众认可和欢迎、为广大文艺工作者敬重和学习的文艺家。德艺双馨是对文艺家的品格、成就、贡献和社会影响的最高评价，是文化艺术工作者孜孜以求、毕生为之奋斗的至高荣誉。德，就是个人品德、职业道德、价值取向、社会信誉，以及理想信念、思想境界、精神追求等，是中华民族优秀传统文化和社会主义先进文化的集中体现，是文化艺术工作者立身处世之根、人格魅力之本。艺，就是艺术才华、艺术能力、艺术思想、艺术风格、艺术境界等，是艺术造诣的集中展现，是文化艺术工作者成就事业之基、艺术魅力之源。德与艺相辅相成、相互促进。人品决定艺品，立艺先要立德；唯有德艺双馨，才能使高尚的人品和高超的艺品相得益彰、行之久远。德艺双馨是人品和艺品的有机统一，是文艺家用人生实践和艺术实践铸就的，是历史和人民给予的客观评价。培养德艺双馨、深受人民群众欢迎和喜爱的文艺家，要着力在这样几个方面下功夫：

一是要激励广大文艺工作者热爱党、热爱人民、热爱社会主义祖国。要通过组织文艺工作者到革命圣地、改革开放前沿、抗震救灾恢复重建现场实地体验和采风等方式，引导大家深入了解国情，了解中国共产党领导中国人民进行的革命、建设、改革开放史，不断增进对党、对人民、对国家的感情，牢固树立中国特色社会主义共同理想，以高度的政治责任感和历史使命感积极投身推动社会主义文化大发展大繁荣的伟大进程，热情讴歌中国共产党带领人民在革命、建设、改革进程中创造的辉煌业绩，热情讴歌以爱国主义为核心的民族精神和以改革创新为核心的时代精神，在人民的历史创造中进行文化的创造，在推动社会的进步中成就自己的艺术辉煌。

二是要激励广大文艺工作者加强学习、丰富知识。要勤于学习、善于学习，不断丰富知识积累，更新知识结构。既要向书本学习，广泛涉猎经济、政治、文化、社会、科技、法律、历史等方面的知识，学习互联网等新媒体知识，学习继承民族优秀文化传统，学习借鉴世界各国优秀文明成果，又要向实践和群众学习，注重了解和掌握人民群众的鲜活语言和无穷智慧，学习来源于现实生活的一切生动知识，不断打牢知识根底，为创作出具有厚重历史积淀、丰富知识内涵和鲜明时代特色的优秀作品奠定坚实基础。

三是要激励广大文艺工作者树立精品意识，心无旁骛、潜心创作。要树立十年磨一剑的精神，树立成就一番伟业的雄心，克服浮躁心态，克服急功近利，耐得住寂寞，坐得住冷板凳，精雕细琢、反复打磨，不断挖掘作品的深刻主题，不断丰富作品的表现力，不断提升作品的艺术境界，使自己的作品真正经得起历史和人民的检验。要始终保持创新的勇气和激情，不断攀登艺术高峰，在继承传统中开辟新风，在博采百家中创造辉煌，以更多精美的优秀作品赞美时代、歌颂生活、服务人民。

四是要激励广大文艺工作者加强思想道德修养。要树立人品重于文品、立德先于立言的观念，把思想道德修养作为立身和创作之本，追求积极的人生态度，陶冶高尚人格，培养健康向上的审美情趣，充分认识肩负的社会责任和作品的社会效果，多表现真善美的主题，多创作给人以深刻启迪和审美享受的隽永之作，努力用自己的人格魅力和作品的艺术魅力吸引和打动广大读者和观众，无愧于人类灵魂工程师的美誉。

五是要建立健全有利于优秀人才脱颖而出的体制机制。要牢固树立“人才资源是第一资源”的观念，坚持尊重劳动、尊重知识、尊重人才、尊重创造，从政治上、生活上、创作上关心广大文艺工作者，为他们深入实际、深入生活、深入群众创造条件，加大对有发展潜力的中青年文艺工作者的培养力度，抓紧研究制定设立国家荣誉制度、对有突出贡献的文艺工作者进行奖励的相关办法，加快建立完善有利于优秀人才健康成长和脱颖而出的体制机制，真正形成人才辈出、各领风骚的生动局面。要充分发挥各方面人才的积极作用，既要调动好专业文艺工作者的积极性、主动性、创造性，也要加强与业余作家、网络作家等各方面人才的联系，在评奖、职称评定、培训、资助等方面一视同仁，把他们团结和凝聚在党的周围，各尽其能、各展所长。

引导社会、教育人民、推动发展是社会主义文化的重要功能，是优秀文化产品的根本价值所在，是广大文化工作者必须担负的社会责任。引导社会，就是要求文化产品的创作生产必须紧跟时代步伐，反映社会发展要求，大力弘扬一切有利于发扬爱国主义、集体主义、社会主义的思想和精神，弘扬一切有利于改革开放和现代化建设的思想和精神，弘扬一切有利于民族团结、社会进步、人民幸福的思想和精神，弘扬一切有利于用诚实劳动争取美好生活的思想和精神，大力发展先进文化，支持健康有益文化，努力改造落后文化，抵御腐朽文化，坚决反对低俗之风，推动全社会形成共同理想信念、核心价值观念、社会主义道德规范和良好文明风尚，引领社会发展方向。教育人民，就是要以优秀的作品鼓舞人，以高尚的精神塑造人，把积极的人生追求、高尚的情感境界、健康的生活情趣传递给人民，让人们在美的享受中增长知识、愉悦身心、受到鼓舞、得到陶冶、获得启迪，丰富人们的精神世界，增强人们的精神力量，使广大干部群众始终保持昂扬向上、锐意进取的精神状态。推动发展，就是要通过优秀文化产品凝聚力量，鼓舞斗志，激励人们增强改革创新意识和加快发展的责任感、使命感，积极投身改革开放和现代化建设伟大实践；就是要通过加强公共文化服务体系建设，保障人民基本文化权益，推动经济社会协调发展；就是要通过大力发展文化产业，增加文化产业在国民经济中的比重，推动文化产业成为国民经济的支柱性产业，为推动科学发展、加快转变经济发展方式做出贡献。

中华民族的伟大复兴必然伴随着中华文化的繁荣兴盛，当今时代是一个需要也能够产生传世之作和名家大师的时代。我们一定要顺应时代发展要求，以高度的责任感和使命感，把加强对文化产品创作生产的引导贯穿于文化建设和文化体制改革的全过程，努力创作生产更多无愧于时代、无愧于历史、无愧于人民的文化精品，培养造就更多德艺双馨、深受人民群众欢迎和喜爱的优秀人才，最大限度发挥文化引导社会、教育人民、推动发展的功能，更好地推动社会主义文化大发展大繁荣。

（本文是中共中央政治局常委李长春2010年8月27日在国家“十二五”时期文化体制改革和发展规划纲要编制工作调研座谈会讲话的部分内容。）

文化自觉　文化自信　文化自强

——对繁荣发展中国特色社会主义文化的思考

刘云山

2010 年以来，中央就文化建设作出一系列新的重要指示。最近在中央政治局第二十二次集体学习时，胡锦涛总书记发表重要讲话，全面系统地阐述了文化改革发展的地位作用、指导思想和主要任务，反映了我们党对文化建设的认识达到了新高度，对文化发展规律的把握达到了新高度，为更好地探索中国特色社会主义文化发展道路，指明了方向、提供了遵循。

文化历来是人们十分重视和积极探寻的一个领域。随着中国特色社会主义实践深入推进，全党全社会对文化的关注度越来越高，对文化的认识也在不断深化。分析总结这些年来文化建设的理论和实践成果，推进文化建设，我一直在思考三个问题：即文化自觉、文化自信、文化自强。这三个问题，涉及以什么样的视角认识文化，以什么样的态度对待文化，以什么样的思路发展文化。我以为，解决好这三个问题，对确立文化发展目标、谋划文化发展战略、提出文化发展举措，推动中国特色社会主义文化长远发展，具有十分重要的意义。

一、文化自觉：觉醒、使命与担当

文化自觉，主要指一个民族、一个政党在文化上的觉悟和觉醒，包括对文化在历史进步中地位作用的深刻认识，对文化发展规律的正确把握，对发展文化历史责任的主动担当。文化自觉是一种内在的精神力量，是对文明进步的强烈向往和不懈追求，是推动文化繁荣发展的思想基础和先决条件。历史和现实表明，一个民族的觉醒，首先是文化上的觉醒；一个政党的力量，很大程度上取决于文化自觉的程度。可以说，是否具有高度的文化自觉，不仅关系到文化自身的振兴和繁荣，而且决定着一个民族、一个政党的前途命运。

我们党是一个具有高度文化自觉的政党。回顾近 90 年的奋斗历程，我们党总是以思想文化上的觉醒和觉悟，来把握前进方向、凝聚奋斗力量、推动事业发展。无论是革命战争年代还是建设改革时期，每逢重要历史关头，都紧密结合时代条件，从实现党的中心任务出发，高举起发展先进文化的旗帜，阐明自己的文化纲领和奋斗目标，提出切实有效的文化政策，在实现文化的历史进步中，有力地推动了党的事业顺利发展。党的十六大以来，我们党顺应综合国力竞争的新形势和人民群众的新期待，把文化建设作为现代化建设总体布局的重要组成部分，摆上更加突出的位置，强调发展社会主义先进文化是提高党的执政能力的重要方面，建设和谐文化是构建社会主义和谐社会的重要任务。党的十七大鲜明提出，中华民族伟大复兴必然伴随着中华文化繁荣兴盛，要更加自觉、更加主动地推动文化大发展大繁荣，并就提高国家文化软实力、兴起文化建设新高潮做出一系列重大战略部署，进一步加快文化改革发展的步伐，为中国特色社会主义事业的发展提供了强有力的思想保证、舆论支持、精神动力和文化条件。纵观党的发展历程，文化自觉是我们党的鲜明特征和显著优势，正是有了高度的文化自觉，我们党才始终走在时代前列，保持着旺盛的生机活力，团结带领各族人民走上伟大的民族复兴之路。

当今世界正处在大发展大变革大调整时期，当代中国正在新的历史起点上向新的目标迈进。文化在综合国力竞争中的地位日益凸显，对经济社会发展的作用不断扩大，其影响比以往任何时候都更加广泛而深刻。新的形势、新的任务，迫切需要我们进一步增强文化自觉，具体来说就是做到 3 个高度自觉，即地位认识上高度自觉、规律把握上高度自觉、责任担当上高度自觉。

（一）地位认识上高度自觉

文化最大的特质，就是具有极强的渗透性、

持久性，像空气一样无时不在、无处不在，能够以无形的意识、无形的观念，深刻影响着有形的存在、有形的现实，深刻作用于经济社会发展和人们生产生活。改革开放以来，对于文化地位和作用的定位，经历了一个不断深化、逐步清晰的过程，越来越认识到文化是民族凝聚力和创造力的重要源泉，是综合国力竞争的重要因素，是经济社会发展的重要支撑。应当立足时代和实践新发展，以新的视角认识文化的重要地位和作用。

第一，文化既是推动社会发展的重要手段，又是社会文明进步的重要目标。一个文明进步的社会必然是物质财富和精神文化共同进步的社会，一个现代化的强国必定是经济、政治、文化、社会协同发展的国家。随着经济建设的推进、物质文明的发展，人们越来越感到，GDP 的增长、物质财富的增加，并不是社会发展的唯一目标、终极目标。联合国教科文组织提出："发展最终应以文化概念来定义，文化的繁荣是发展的最高目标"。有的国家甚至提出，要把文化作为发展战略的轴心，经济、社会、技术和教育战略都应当维系于这个轴心而展开。过去，我们对文化作用的认识，也往往局限于把文化作为一种手段、作为一种支撑来强调。现在看来，文化作为历史文明的积淀，作为社会发展方向的引领，解决的是人类"从哪里来、到哪里去"的问题。对人类发展来说，文化可能是更深层次、更高境界的追求。党的十六大之后，我们党确定了经济、政治、文化、社会建设四位一体的现代化建设总体布局，更加明确地把文化作为经济社会发展的重要内容和重要目标，这标志着我们党在文化认识上的新飞跃，反映了我们党在文化建设上的战略眼光。

第二，文化既是凝聚人心的精神纽带，又直接关系民生幸福。我们以往比较多地强调文化的教育教化功能，对文化与民生的关系认识不深。文化是维系一个社会团结和睦的精神力量，无疑应当重视发挥文化教育人、引导人的作用。同时也要看到，文化之于人类，应当是一种精神上的内在需求、普遍需求，也是终生相伴的需求。恩格斯说过："文化上的每一进步，都是迈向自由的一步"。人们需要通过文化来启蒙心智、认识社会、获得思想上的教益，也需要通过文化愉悦身心、陶冶性情、获得精神上的满足和依归。如果没有精神文化上的充实和丰盈，就不能说有真正幸福的生活和美好的人生。我国人民的生活从温饱进入小康之后，精神文化需要更加突出、更加强烈，解决人们"文化饥渴"的问题也越来越迫切。在这样的情况下，我们讲改善民生，文化应该是一个很重要的组成部分；我们讲公平公正，文化应该是一个不可或缺的重要体现；我们讲幸福指数，文化应该是一个很重要的衡量尺度；我们讲生活质量，文化应该是一个显著的标志。当前，我们正处在经济转轨、社会转型的加速期，一些人的思想困惑、精神焦虑有所增多，人文关怀、心理疏导、精神抚慰的任务更加繁重。必须在坚持"以文化人"、"以文育人"的同时，更好地用文化温润心灵、舒缓压力、涵养人生，更好地丰富人们精神世界，满足人们多样化多方面的文化需求，切实保障人民群众的基本文化权益。

第三，文化既直接贡献于经济增长，又对提升经济发展质量发挥着重要作用。现代世界经济发展表明，发达程度越高，文化产业支柱性作用就越明显，对经济增长的贡献就越大。从我国情况看，近些年文化消费需求日益旺盛，文化产业得到迅猛发展，平均增速达 15% 以上，比同期国内生产总值增速高出 6 个百分点，成为经济社会发展的一个突出亮点。可以说，文化产业已成为国民经济的重要组成部分，而且创造出巨大的社会财富。随着科技进步和知识经济的迅猛发展，文化已渗透到经济发展的全过程，历史、传统、民俗等文化资源日益成为经济发展的基础资源，创意、设计、构思等文化创新日益成为价值创造的重要支点，品牌、形象、信誉等文化形态的无形资产日益成为市场竞争的关键所在。只有当文化表现出比物质和货币资本更强大力量的时候，当经济具有更多文化含量的时候，经济发展才能进入更高层次、更高水平，才能具有可持续发展的后劲。应对国际金融危机冲击的生动实践，使我们又一次看到了文化在推动经济发展方式转变中的特殊作用。文化产业具有资源消耗低、环境污染小、科技含量高的特点，是典型的"低碳经济"、"绿色经济"、"朝阳产业"。大力发展文化产业，有利于优化经济结构和产业结构，有利于拉动居民消费结构升级，有利于扩大就业和创业，有利于经济欠发达地区实现跨越式发展。过去我们常讲，经济发展一靠改革，二靠科技，现在看来还要加一条，就是也要靠文化。经济文化化已成为不可阻挡的新趋势，文化与经济相融合产生的竞争力成为一个国家最根本、最持久、最难替代的竞争优势。

（二）规律把握上高度自觉

文化有其自身的特性，有其自身的发展规律。我们讲文化自觉，不仅要有满腔的热情，而且要有理性的认识，有对文化发展规律的科学把握。否则，就会导致行动上的随意性、盲目性。应当看到，文化是一个非常复杂的现象，对文化发展规律可从不同层次、不同角度作出多种多样的概括，见仁见智也属正常。从当前实际情况看，增强文化自觉、推进文化建设，尤其需要我们在文化发展的阶段性、文化构成的多样性、文化建设的长期性这3个方面，不断深化认识、加深理解、科学把握。

第一，任何一个时期的文化都是历史的产物，推进文化建设必须立足于现实的经济社会条件。经济基础决定上层建筑。文化是一定社会政治经济的反映，经济基础和政治制度影响着文化的发展方向和发展状况。马克思曾经指出，人类自己创造自己的历史，但不是随心所欲地创造，而是在直接碰到的、既定的条件下创造。迄今为止，人类经历了原始社会、奴隶社会、封建社会、资本主义社会、社会主义社会等社会形态，也孕育了与之相适应的文化形态。这些文化形态既有历史的延续，又有着阶段性差异。这表明，任何文化的发展总是在一定的时空背景下展开的，不可能超越历史阶段，更不是空中楼阁。我国正处于并将长期处于社会主义初级阶段，人民日益增长的物质文化需要同落后的社会生产之间的矛盾仍然是社会的主要矛盾，经济上的不发达、制度上的不完善、发展上的不平衡，必然对文化发展产生制约和影响。推进文化建设，必须坚持从实际出发，找准历史的方位和坐标，充分认识我国发展的阶段性特征，认识现阶段我国文化构成和状况的复杂性，制定切实可行的文化发展战略，既不降低标准又不提不切实际的目标，既不落后于时代又不超越阶段。

第二，任何一个时期的文化都是多元一体、多样共生的，推进文化建设必须强化主导、壮大主流。文化总是以丰富多样的内容形式来展现的，但其中总有一种占据主导地位、起着支配作用。特别是在阶级社会，占据主导的总是统治阶级的思想文化。在我国封建社会，尽管儒、释、道等多种思想文化长期并存，但长期居于正统地位的是儒家文化。近代以来的西方国家，虽然各种各样的文化表达和文化思潮不断涌现，但以个人主义为核心的资产阶级思想文化始终占据主导。当今世界，许多国家对建设自己的主流文化更加重视、更加自觉。美国就始终把反映垄断资产阶级利益的思想文化作为根本内容，以此来打造“美国梦”、强化“美国精神”。新加坡为团结国民共同致力于本国发展，以国会法案的形式，确定了以国家至上、社会为先，家庭为根、社会为本等为主要内容的共同价值观，在全社会加以推行。可见，培育和壮大主流文化，是古今中外的通行做法。推进我国文化建设，必须坚持弘扬主旋律与提倡多样化相统一，不断巩固和壮大社会主义主流文化，努力在多元中立主导、在多样中谋共识。

第三，任何一个时期的文化都是一个不断积累积淀的过程，推进文化建设必须坚持以立为本、重在建设。文化涉及人们的情感记忆、思维习惯、精神感悟，涉及人们的历史认知、观念认同、理想追求。这些都需要时间的淘洗、实践的锤炼、长期的孕育。文化建设是在精神领域搞建设，与盖大楼、修高速公路不一样，不是三年五年能见效的，如果没有长期的积累，就不可能有大的飞跃。历史上有影响的文化经典名篇、文化大家大师，都是在人类文化长期积淀和接力推进中问世和诞生的，不是一朝一夕能出现的。有人说，如果政治制度变革需要6个月，经济体制变革需要6年，那么文化的改变至少需要60年，甚至更长的时间。这是一种形象的说法，但文化的变迁确实是一个漫长的过程。推进文化建设，既要有紧迫感，也要看到长期性，有足够的耐心和坚持，做到重在建设、注重积累，持之以恒、久久为功，决不能心浮气躁、急功近利，更不能用暴风骤雨、搞运动的方式来进行。

（三）责任担当上高度自觉

责任源于自觉，行动体现自觉。有没有强烈的文化担当，反映着一个政党的理想追求和精神面貌，是一个政党是否成熟、是否有生命力的重要标志。我们党作为一个有着崇高追求、肩负历史使命的政党，作为一个迅速崛起的东方大国的执政党，要长期执好政掌好权，带领人民实现中华民族的伟大复兴，就必须高扬自己的文化理想，高举自己的文化旗帜，树立自己的文化形象，切实承担起推动文化繁荣发展的历史责任。

第一，更加自觉地承担起用先进文化引领社会进步的责任。高举先进文化旗帜、用先进文化引领社会进步，是党的先进性的重要体现。随着我国经济体制、社会结构、利益关系的深刻变化，人们的思想活动日趋活跃，新的观念、新的意识不断生成，这为社会发展进步注入了活力。同时，一元与多样、传统与现代、先进与落后、本土与外来相互交织、相互影响，社会思想意识更加多元多样多变，社会思潮也更加纷繁复杂。在这样的情况下，能不能把握先进文化前进方向、促进主流文化发展壮大，是对我们党领导水平和执政能力的一大考验。必须更加自觉地立于文化的潮头、担当文化的先锋，用先进文化引领社会思潮，构筑精神文化高地，促进和推动社会发展进步。

第二，更加自觉地承担起传承民族优秀文化的责任。中华民族的优秀文化哺育了我们党，我们党也一直是民族优秀文化的传承者弘扬者。现在，我国对外开放在更大范围展开，外来文化大量涌入，这既给我们吸收借鉴世界文明成果带来机遇，也给我们的民族文化带来挑战。有人说，在全球化时代，民族文化可能遭受的伤害，不仅来自外部的冲击，也来自内部的自我贬低、自我放弃。还有人讲，一个民族不管有多么博大精深的文化，关键在你手里还剩下多少，你对自己的文化知道多少。我们党作为中华民族的中坚，作为以实现国家富强、民族振兴为己任的执政党，必须以对民族、对历史、对后人高度负责的精神，把传承民族优秀文化作为义不容辞的责任，更好地用民族优秀文化滋养民族生命力、激发民族创造力、铸造民族凝聚力，建设好中华民族的共有精神家园。

第三，更加自觉地承担起满足人民精神文化需求、保障人民基本文化权益的责任。全心全意为人民服务是我们党的根本宗旨，满足人民群众物质、文化的多方面需求，是我们党履行执政使命、执政职责的必然要求。我们进行文化建设，最重要的着眼点应当是人，是人的精神的丰富、需求的满足，是为了更好地促进人的发展。我们应当清醒认识到，现在人民群众对实现自身文化权益的要求越来越高，对丰富精神文化生活的期待越来越热切。我们党要做到立党为公、执政为民，不仅有责任实现和发展好人民的经济权益、政治权益，也有责任保障好人民的文化权益、提高全社会的文化生活质量，让文化的阳光普照人民大众，让人民群众在文化沐浴中生活得更加幸福。

第四，更加自觉地承担起提高国家文化软实力、维护国家文化安全的责任。任何一个大国的崛起，不仅伴随经济的强盛，而且伴随文化的昌盛。作为一个执政党，我们不仅要致力于经济发展、国家富强，而且要致力于社会的文明进步，形成强大的文化软实力。现在，有人提出“文化边界”、“文化版图”、“文化主权”等问题，实际上是把文化作为国家的重要战略性资源来研究，这很值得我们深思。当前，中国作为一个在国际舞台日益发挥重要作用的发展中国家，文化软实力在同世界互动中的作用更直接、更现实。特别要看到，中国还面临着敌对势力西化分化的威胁。在这样的背景下，加快提升国家文化软实力，已经成为事关党和国家发展全局的重大而紧迫的课题。应当认清形势，保持清醒，居安思危，树立强烈的忧患意识，加快形成自己的文化优势，在激烈的国际竞争中维护我国的文化安全，拓展我们的战略利益。

二、文化自信：传承、开放与超越

文化自信，是一个国家、一个民族、一个政党对自身文化价值的充分肯定，对自身文化生命力的坚定信念。只有对自己文化有坚定的信心，才能获得坚持坚守的从容，鼓起奋发进取的勇气，焕发创新创造的活力。中华民族素有文化自信的气度，正是有了对民族文化的自信心和自豪感，才在漫长的历史长河中保持自己、吸纳外来，形成了独具特色、辉煌灿烂的中华文明。同时也要看到，在对待自身文化的态度上，伴随着民族兴衰、国运沉浮，不时出现“自卑自弃”和“自大自傲”两种倾向，或多或少、或大或小地对文化发展产生这样那样的影响。现在，世界日益成为一个“地球村”，不同文化的交流、交融、交锋比以往任何时候都更加频繁。在这样的背景下，更加需要我们以理性、科学的态度进行文化的反思、比较、展望，正确看待自己的文化，正确对待别人的文化，充分认识中国文化的独特优势和发展前景，进一步坚定我们的文化信念和文化追求。做到文化自信，关键是不忘本来、吸收外来、着眼将来。

（一）不忘本来

任何一个国家的文化，都有其既有的传统、固有的根本。抛弃传统、丢掉根本，就等于割断了自己的精神命脉，就会丧失文化的特质。对于当今中国来说，深厚的民族传统文化、科学的马克思主义指导思想、丰富的革命文化，就是我们文化安身立命的根基，是我们在世界文化激荡中站稳脚跟的“定海神针”，必须始终不渝地坚持、千方百计地弘扬，使其惠及当代、恩泽后人。

第一，中华优秀传统文化是我们文化发展的母体，应当礼敬自豪地对待。源远流长、博大精深的中华文化，积淀着中华民族最深层的精神追求，包含着中华民族最根本的精神基因，代表着中华民族独特的精神标识，不仅为中华民族生生不息、发展壮大提供了丰厚滋养，也为人类文明进步做出了独特贡献；不仅铸就了历史的辉煌，而且在今天仍然闪耀着时代的光芒。罗素曾经说过，“中国至高无上的伦理品质中的一些东西，现代世界极为需要”，“若能够被全世界采纳，地球上肯定比现在有更多的欢乐祥和。”现在，国内出现“国学热”，国际上出现“中华文化热”、“孔子热”，很多人都在探讨中华传统文化中讲仁爱、重民本、守诚信、崇正义、尚和合、求大同等思想的时代价值，这也生动地表明了我们传统文化的重要现实意义。那种数典忘祖、蔑视传统、一味丑化民族文化的做法，是十分有害的。当然，弘扬优秀传统文化决不是回到过去、守旧复古，而是要立足新的实践、顺应时代潮流，不断进行新的文化创造。传统文化中也确实存在一些糟粕，需要摒弃。对待传统文化，还是要按照取其精华、去其糟粕，古为今用、推陈出新的要求，进行科学梳理、精心萃取，深入挖掘和提炼有益的思想价值，使之不断发扬光大，成为涵养民族精神的不竭源泉。

第二，马克思主义指导思想是我们文化发展的根本，应当始终不渝地坚持。马克思主义是人类思想史上最伟大的成果，它以科学的世界观和方法论，揭示了人类社会发展的基本规律，也为先进文化建设指明了正确方向。我们党从一诞生就举起了马克思主义这面旗帜，并在同中国实际相结合的过程中不断推进马克思主义中国化，形成了毛泽东思想和包括邓小平理论、“三个代表”重要思想、科学发展观等重大战略思想在内的中国特色社会主义理论体系这两大理论成果，成为指引中国文化前进的根本指针。正是有了马克思主义，中华文化注入了先进的思想内涵，中国人民获得了科学的、锐利的思想武器，在思想上精神上得到极大的解放。正如毛主席所说，“自从中国人学会了马克思列宁主义以后，中国人在精神上就由被动转入主动。”我们现在讲“老祖宗”不能丢，这是历史的结论，也是现实的必然。在新的形势下，我们只有坚持以马克思主义为指导，用发展着的马克思主义引领文化建设，才能在纷繁复杂的社会意识和社会文化生态中，辨析主流和支流、区分先进与落后、划清积极与消极，有效引领各种社会思潮、抵御腐朽文化影响，不断巩固全党全国人民团结奋斗的共同思想基础。

第三，党领导人民创造的革命文化是我们文化发展的优势，应当倍加珍惜。我们党领导各族人民在进行革命、建设和改革的历史实践中，创造了鲜明独特、奋发向上的革命文化。从井冈山精神、长征精神、延安精神、西柏坡精神，到雷锋精神、大庆精神、两弹一星精神，再到载人航天精神、北京奥运精神、抗震救灾精神，这些富有时代特征、民族特色的宝贵财富，不断实现着中华文化的再生再造，为我们在新的历史条件下推进文化建设奠定了坚实基础。现在，有的人以所谓重新评价为名，搞历史虚无主义，认为革命文化是“过去时”，今天讲革命文化没什么意义，随心所欲地戏说历史、消解红色经典，对英雄人物、历史人物进行颠覆性评价。这是对历史的歪曲，也是对文化的亵渎。应当看到，在中国人民艰辛革命历程中形成的革命文化，是中华民族优秀文化传统的凝聚升华，是中国共产党和中国人民伟大创造精神的生动体现。不论现在还是将来，革命文化都是激励我们不懈奋斗的强大精神力量。

建设和发展社会主义先进文化，一定要用好用足党领导人民创造的丰富革命文化资源，使之深深融入人们的精神世界，不断汇聚新的精神力量。

（二）吸收外来

任何一种文化都不可能与世隔绝，都需要从其他文化中汲取养分。以什么样的态度对待外来文化，考验着一个国家的文化自信。越是自信，就越能够以积极的态度对待外来文化，越能够在同外来文化的互动交流中得到丰富发展。广泛吸纳、融汇一切外来优秀文化成果，是推动中华文化繁荣兴盛的必然要求。

第一，要有开放包容的胸怀。世界文化多元多样、各有所长。每一个国家的文化都以各自方式为世界文明作出贡献，都是人类共同的精神财富。只有兼纳百家之精华，融合各种文化之所长，才能更好地促进本国文化的发展；如果自我封闭、排斥外来，就会失去发展的活力，甚至走向消亡。中华文化之所以生生不息、经久不衰，就在于它具有海纳百川、有容乃大的胸襟，具有博采众长、兼收并蓄的传统。从中华文化自身来看，本身就是一种由多民族、多地区共同缔造，融多元于一体的文化，不仅包括汉族的文化，还包括其他几十个民族的文化。从中华文化与其他文化的关系来看，虽然我们也有过封闭时期，有过闭关锁国、抱残守缺的教训，但在漫长的历史上，开放包容始终是中华文化发展的主流。比如，汉、唐时期，印度的佛教、西域的文化传入中国，在社会上广泛传播，丝绸之路、玄奘取经等成为中外文化交流的象征。宋、明时期，阿拉伯文化、波斯文化大量传入中国，马可·波罗、利玛窦等大量外国人来中国游学、传教、经商，更是促进了中外文化的融合。历史证明，开放包容不会削弱中华文化的优秀内核，反而在吸收借鉴中不断丰富壮大。在今天经济全球化和我国对外开放不断扩大的情况下，更应该以开阔的视野、博大的胸怀对待外来文化，积极参与世界文化的对话与交流，大胆吸收借鉴一切有利于我国文化建设的有益经验和优秀成果。

第二，要有辩证取舍的态度。开放包容不是盲目崇外，学习借鉴也不是照抄照搬。每一个国家的文化，都有其赖以生存的土壤，都有其发挥作用的条件。离开了一定的历史条件、社会环境，文化的价值和作用也必然发生变化。同时，外来文化也是形形色色、五花八门，良莠不齐、优劣并存。这就要求我们在对待外来文化上，一定要有分析、有比较、有鉴别，做到辩证取舍、择善而从。如果不加鉴别、好坏不分，甚至把糟粕和垃圾当宝贝加以引进，就会贻害无穷。现在，西方文化以其经济、科技实力为基础，在世界居于强势地位。西方的思想文化固然有其合理的因素，对人类发展进步有着积极作用，但也存在消极腐朽内容。那种对西方文化“全面拒斥”或“照单全收”的态度，都是不可取的。特别需要指出的是，一些势力打着文化开放的名义，对我国进行思想文化渗透，其目的就是试图把中国纳入资本主义体系。对此，我们要保持应有的警惕。

第三，要有转化再造的能力。吸收借鉴外来文化，不应当是单纯的“物理嫁接”，而是有机的“化学反应”，目的是为了转化再造、丰富发展我们自己的文化。如果生吞活剥、囫囵吞枣，必然导致消化不良。毛主席讲过：对待外来文化，应当以中国的实际需要为基础，如同我们对待食物一样，必须经过自己的口腔咀嚼和肠胃运动。中华文化一个很大的特点，就是对外来文化有着强大的整合能力，许多外来文化传入后，都实现了同中华文化的有机融合。吸收外来文化，贵在以我为主、为我所用，重在实现中国化、本土化。要把优秀的外来文化同我国的传统文化结合起来，融入中国文化的元素，打上中华文化的烙印；要同中国的现实需要结合起来，解决中国的实际问题，服务人们的生产生活实践；要同中国人民的接受习惯结合起来，创造适合中国人民思维方式、审美情趣的表现形式，为中国人民喜闻乐见。只有通过转化再造，形成中国气派、中国风格，才能在中国的土地上生根发芽、开花结果。

（三）着眼将来

我们的文化自信，不仅来自于历史的辉煌，更来自于当今中国的蓬勃生机，来自于未来发展的光明前景。放眼世界、审视自己、展望未来，世界的变化、中国的进步、人民的伟大创造为我们文化的繁荣兴盛提供了历史性机遇和广阔舞台，当代中国文化正展示出令人振奋、再现辉煌的良好势头。

第一，从世界发展大势中把握我国文化发展

前景。世界文化多样化发展趋势日益明显，一个多元的世界文化格局初现端倪。特别是国际金融危机的发生，既深刻影响和改变着世界，也深刻影响和改变着中国与世界的关系。伴随着我国综合国力和国际地位的提升，世界更加关注中国，也更加关注中国的文化，这为扩大中国文化的影响提供了重要契机。现在一些外国学者提出“世界文化东移论”，认为“21 世纪将是亚洲世纪”，认为“未来在很多方面西方要向中华文明取经”。这些观点不一定准确，甚至有“捧杀”成分。然而，中国影响在扩大、中国文化吸引力在增强，却是不争的事实。尽管受各种因素影响，中国要真正成为世界上的文化强国，还有很长的路要走，但中华文化兴盛的势头不可阻挡。只要我们把文化建设放在世界发展大背景下来审视和推进，牢牢把握世界发展大势，不断展示新优势、创造新天地，就一定能够使中国文化产生更为广泛的影响，为世界文化发展做出自己的贡献。

第二，从中国特色社会主义伟大实践中把握我国文化发展前景。经过 30 多年的改革开放，我们成功走出了一条中国特色社会主义道路。这是一条使中国经济快速健康发展、人民生活不断改善提高、社会充满生机活力的道路，也是一条不断孕育新的思想文化的道路。在 30 多年的历史进程中，我们实现的每一次大的突破，经历的每一次大的考验，取得的每一个重大成果，都孕育着新的思想、新的观念、新的意识。我们说，改革开放以来，中国人民的面貌、社会主义中国的面貌、中国共产党的面貌发生了历史性变化，其中极为重要的就是精神风貌的变化。为什么中国经济能够长期保持平稳较快发展？为什么一个幅员辽阔、人口众多的大国有如此强大的凝聚力、向心力？为什么中国能够举国一致办大事、同心同德克难事？贯穿其中的，是我们的制度优势，是中国特色社会主义实践中铸造的思想文化的力量。国家兴旺，文化兴盛。现在中国特色社会主义伟大实践正在波澜壮阔地推进，我们的发展理念、发展方向、发展道路，为文化的繁荣发展提供了有力保障，也是进行文化建设的重要资源和宝贵财富。只要我们立足中国特色社会主义实践，在人民群众的伟大创造中进行文化的创造，在历史的进步中实现文化的进步，就一定能够创造出无愧于历史、无愧于时代的灿烂文化。

第三，从文化建设自身的良好局面中把握我国文化发展前景。伴随着经济发展和社会进步，我国文化正迎来一个繁荣发展的黄金期。以胡锦涛同志为总书记的党中央把文化建设摆上更加突出的位置，提出了一系列符合时代要求的新的文化发展理念，作出了一系列关系文化建设全局的重大部署，从体制创新、政策扶持、经费投入、基本建设等方面，给予强有力的领导和全方位的推动。各个地方在文化建设上更加自觉、更加主动，纷纷提出文化强省、文化强市战略目标，社会各方面对文化发展的关注度、参与度空前提高，一股强劲的“文化热”正在形成，加快文化发展的氛围越来越浓厚。现在，我国人均 GDP 已达 3700 美元，文化消费进入快速增长期。有关单位按国际经验进行测算，我国每年文化消费应该是 4 万亿元左右，但实际消费只有 1 万亿元上下。这样的消费潜力一旦释放出来，将为文化发展提供巨大市场。随着我国文化体制改革深入推进，文化生产力进一步解放，文化事业、文化产业迅猛发展，新的文化业态不断涌现，国有文化企业与非公有文化企业共同发展，文化市场之繁荣，文化产品数量之多、品种之丰富前所未有。这一切都为文化发展创造了极为有利的条件，打开了极为广阔的空间。只要我们把握好经济社会发展对文化建设的新要求，把握好人民群众对文化生活的新期待，汇聚各个方面文化创造的积极性，就一定能实现文化发展的新跨越。

第四，从网络化、信息化的潮流趋势中把握我国文化发展前景。当今时代已进入网络化、信息化时代，互联网的裂变式发展和广泛应用，不仅带来社会生产方式、生活方式的深刻变革，而且极大地改变了文化的生产、传播和消费方式。过去我们谈网络，往往只是把它作为虚拟空间，现在互联网已成为现实社会极其重要的组成部分，大众化、媒体化、现实化趋势越来越明显。目前我国网民已达4.2亿，通过网络了解信息、浏览新闻、学习知识、休闲娱乐，已经成为人们丰富文化生活、满足精神文化需求的重要途径。不仅如此，越来越多的人通过网络参与文化建设，借助博客、播客、维客等进行文化创造，广大网民既是网络文化的享受者，又是网络文化的创造者。

网络技术在满足人们文化需求、激发人们创造热情的同时，也孕育了具有信息时代特征的文化形态，催生了网络音乐、网络游戏、网络视频、网络文学等新的文化样式，极大地提高了文化产品创作生产的效率，极大地丰富了文化产品和服务的领域、内容。有人预言，今后文化的消费享受、创作生产和交流传播大都要通过网络这个平台来实现。谁在网络文化的发展上抢得先机，谁就能占领文化的制高点。只要我们顺应网络化信息化时代潮流，抓住难得机遇，把互联网作为传播先进文化、提供公共文化服务、丰富精神文化生活的新阵地新平台，努力建设中国特色网络文化，就一定能够为我国文化发展注入新动力、开辟新领域。

三、文化自强：方向、目标与路径

文化自觉、文化自信，最终目的还是要实现文化自强。“自”，就是立足自己的实际，依靠自己的力量，突出自己的特色，走自己的文化发展道路，建设面向现代化、面向世界、面向未来，民族的科学的大众的社会主义先进文化；“强”，就是要使我们的文化具有强大的吸引力影响力、强大的活力创造力、强大的实力竞争力，把我国建设成一个中国特色社会主义的文化强国。在国际社会中，像中国这样一个发展中大国，要掌握自己的前途命运，就必须有自己的文化设计，有自己的文化力量。现在，我国的经济实力、综合国力有了显著提高，更应当深入思考“经济发展以后要干什么”的问题，把文化改革发展纳入经济社会发展总体规划，纳入科学发展考核评价体系，牢牢把握文化发展主动权，真正做到与经济建设、政治建设、社会建设协同推进，尽快形成自己的文化优势，建设文化强国。如何实现文化自强？就是要高举中国特色社会主义伟大旗帜，坚持以邓小平理论和“三个代表”重要思想为指导，深入贯彻落实科学发展观，围绕“什么是中国特色社会主义文化强国”、“怎样建设中国特色社会主义文化强国”这一重大课题，着眼实现文化的又好又快发展，研究解决好自强之魂、自强之路、自强之本、自强之源、自强之翼等问题。

（一）自强之魂——塑造社会主义文化的灵魂

文化的灵魂是什么，就是凝结在文化之中、决定着文化质的规定和方向的最深层的要素，就是核心价值观。有什么样的价值观，就有什么样的文化立场、文化取向、文化选择。讲软实力、文化力，从根本上取决于核心价值观的生命力、凝聚力。历史和现实反复表明，如果没有这个最核心的东西，一种文化就立不起来、强不起来，一个民族就没有赖以维系的精神纽带，一个国家就没有统一的意志和共同的行动。我国有 56 个民族、13 亿人口，在国际形势风云变幻的情况下，要把广大人民的思想意志凝聚好，使中华民族更好地屹立于世界民族之林，就必须铸就能够有效发挥统摄、引领和整合作用的核心价值观。正是基于全局和战略的考量，我们党明确提出建设社会主义核心价值体系是凝魂聚气、强基固本的基础工程。推进文化建设，必须把塑造社会主义核心价值观作为一项根本任务抓紧抓好，坚持不懈地用马克思主义中国化最新成果武装全党、教育人民，用中国特色社会主义共同理想凝聚力量，用以爱国主义为核心的民族精神和以改革创新为核心的时代精神鼓舞斗志，用社会主义荣辱观引领风尚。

塑造社会主义核心价值观，重要的是体现时代感、突出大众化、富有独创性。时代感，就是把握时代主题、反映时代精神、引领时代潮流。价值观是时代的产物，只有反映时代的要求，才能引领社会进步。我们现在倡导的“以人为本”、“科学发展”、“公平正义”、“和谐和睦”等理念，所以在国内外引起强烈反响和广泛共鸣，就是因为具有强烈的时代感召力。历史上，资本主义的价值观曾经发挥了进步作用，就是因为它适应了人们摆脱封建专制束缚的历史要求。时代在前进，社会在进步，在价值观念上，也必须坚持与时俱进。大众化，就是关注大众诉求，融入大众生活，具有强大的道义力量和广泛的社会认同。我国传统的“仁、义、礼、智、信”，为什么今天仍有很大影响，就是因为它们反映了人们处世、行世、立世的一些基本准则。价值观只有走进心灵、走进大众，才能有广泛的亲和力、感召力。独创性，就是要有特点、有特色，能够为人类文明发展有所贡献。不同价值观的碰撞，是大浪淘沙的过程，是不断筛选的过程。只有那些原创性强、普遍意义大的价值观念，才能经得起历史的检验、实践的淬炼。越是民族的，越是世界的。要善于总结自己的实践，提炼中国人民在长期奋斗中形成的精神内核。同时，面向世界，关注人类文明进步的趋势，阐明自己的核心理念和价值主张，敢于在超越他人中引领潮流。当然，塑造核心价值观还有表述形式的问题，要尽可能鲜明、简洁、凝练，让人们易懂、易记、易表达。

塑造社会主义核心价值观，必须把社会主义核心价值体系的要求渗透于文化建设的各个方面，融入到精神文明建设全过程。任何一种价值观念的形成，都需要营造良好的社会文化环境，让人们在生产生活的实践中更好地感知、领悟，更好地遵守、践行。西方价值观的影响，与无孔不入的渗透是密不可分的，他们的影视作品、主流媒体等无不体现着他们的价值取向、价值标准。相比之下，我们有的传播媒介、文化作品却没有他们做得那么自觉、那么巧妙，有的甚至宣扬“讲责任太累”、“讲崇高太虚”，贬损、亵渎、消解我们的主流价值观念，误导和扭曲人们的是非标准、美丑标准。一定要坚守自己的正确价值追求，增强责任意识，加强对文化产品创作生产的引导，坚决抵制庸俗、低俗、媚俗之风，确保一切文化阵地、一切文化产品、一切文化活动，都要体现社会主义核心价值体系的内容和要求，使之无所不在、无时不有，在人们心中深深扎根，充分发挥文化引导社会、教育人民、推动发展的重要功能。

（二）自强之路——坚持走科学发展的道路

路就是路径，这里主要是解决如何在已有基础上实现文化又好又快发展的问题。科学发展观是马克思主义关于发展的世界观、方法论的集中体现，不仅反映了我们党对当今世界发展趋势和中国特色社会主义事业发展方位的科学把握，也反映了我们党对当今文化发展趋势和我国文化建设规律的科学把握，为实现文化大发展大繁荣开辟了道路、指明了方向。

走科学发展之路，就要充分体现科学发展观的基本要求。科学发展观内涵十分丰富，贯彻落实科学发展观关键要紧密结合文化建设的实际，把科学发展的理念贯穿到工作的各个方面、各个环节。要始终坚持以发展为主题，把发展作为第一要务，用发展的办法解决前进中的问题，既积极为经济建设中心服务，又努力实现文化自身的繁荣发展；始终坚持以人为本，以满足人民群众精神文化需求为出发点和落脚点，做到文化发展为了人民、发展依靠人民、发展成果由人民共享，努力促进人的全面发展；始终坚持全面协调可持续，着力解决影响文化科学发展的突出问题，协调好文化建设的各个领域、各个方面，努力促进文化持续快速健康发展；始终坚持统筹兼顾，立足全局、着眼长远，正确认识和妥善处理涉及文化改革发展中的各种重大关系，不断提高文化建设的科学化水平。

走科学发展之路，就要构建科学合理的文化发展格局。党的十六大以来，我们党在对文化建设认识上的一个重大突破，就是把文化区分为文化事业和文化产业，推动形成了“两手抓、两加强”的文化发展格局。可以说，提出事业产业两手抓，顺应了发展社会主义市场经济对文化建设的新要求，把握了文化建设的内在规律，是我们在文化建设方面的一个里程碑式的飞跃。正是有了这个飞跃，在这些年的实践中，我们对文化产品的意识形态属性和商品属性有了进一步认识，对人民群众的基本文化需求和多样化需求有了进一步界定，对经济效益和社会效益的关系有了进一步把握。在此基础上，科学定位了政府和市场在文化建设中的职责和功能，明确提出了文化体制改革的方向、方针，找到了解放和发展文化生产力的有效途径，形成了用不同的思路来推进事业、产业发展的办法，开创了文化建设的新局面。实践证明，推进文化建设，必须继续坚持一手抓文化事业、一手抓文化产业，加快构建公共文化服务体系，加快发展文化产业，两轮驱动、两翼齐飞，最大限度地满足人民群众日益增长的精神文化需求。

走科学发展之路，就要转变发展方式、提高文化发展的质量和效益。加快经济发展方式转变，是关系改革开放和现代化建设全局的战略部署，是总结历史和现实正反两方面经验作出的战略抉择，是抢占发展制高点、争创发展新优势刻不容缓的重大任务。转变发展方式，不仅是经济领域的问题，文化领域同样也需要通过转变发展方式获得新的发展动力和增长空间。从当前情况看，我们在文化发展方式上存在许多亟待解决的问题。比如，在文化布局上，城乡之间、区域之间、门类之间发展还很不平衡，各类文化设施、文化服务在大中城市相对集中，在东部地区比较发达，而在农村、基层相当薄弱、相当缺乏，特别是在一些民族地区、边疆地区、贫困地区，人们的基本文化温饱还难以保障。在文化结构上，所有制结构、产业结构、产品结构、技术结构、进出口结构都还不尽合理，产品技术含量低、非公资本比重低，适合大众消费的优质文化产品还不够多。在产业集中度上，散、小、滥的问题依然存在，规模实力、抗风险能力还比较弱。我们所有出版社的年销售额加起来还不及一家贝塔斯曼，我国海外商演的年收入总和还比不上国外一个著名的马戏团。在资源配置上，既有“投资饥渴”的问题，也存在盲目投资的问题，一些地方文化项目雷同、同质化严重，造成了资源浪费。应当把转变文化发展方式作为一件大事来抓，树立长远眼光、系统思维，加强宏观调控、完善政策措施，将发挥政府职能作用和调动社会力量参与结合起来，推动文化资源向农村、基层倾斜，向革命老区、民族地区、边疆地区、贫困地区倾斜，大力实施重大文化产业项目带动战略，着力培育和发展新兴文化业态，不断优化布局、优化结构、优化配置，不断增强文化发展的后劲、提高文化发展的效益。

（三）自强之本——把握文化发展的根本依靠力量

文化发展，要紧紧依靠人民群众，同时要充分调动广大文化工作者的积极性。人民大众的广泛参与、文化工作者的热情创造，是文化兴盛的可靠保证。

人民大众是推动历史进步的主体，不仅是物质财富的创造者，也是精神文化的创造者。追溯文化的起源，无论是作为观念形态的价值理念、道德情操，还是作为艺术形式的音乐舞蹈、书法绘画、诗词歌赋，都源自人民大众的生产生活。人民大众不仅创造着文化，也不断传承发展着文化。几千年来中华文化所以能够一脉相承，靠的就是一代代中华儿女薪火相传、接力推进。在谈到文化的源和流时，毛主席曾指出：“人民生活中本来存在着文学艺术原料的矿藏，这是自然形态的东西，是粗糙的东西，但也是最生动、最丰富、最基本的东西；在这点上说，它们使一切文学艺术相形见绌，它们是一切文学艺术的取之不尽、用之不竭的唯一的源泉。”我们建设的是社会主义文化，是人民大众的文化，人民群众共建共享是一个根本特征。人民群众需要文化，文化更需要人民群众。那种认为文化是少数人把玩、少数人享用的观点，同社会主义文化观是完全背离的。在文化建设上，一定要解决好“为了谁、依靠谁”的问题，牢固树立群众观点，摒弃“小众”意识，充分尊重人民群众的主体地位和首创精神，紧紧依靠人民群众，依靠全社会的共同努力。要开辟渠道、搭建平台、创造条件，大力支持人民群众的文化创造，及时总结提炼和积极推广源于群众、生动鲜活的文化样式、文化载体，把蕴藏于人民群众之中的智慧和力量进一步挖掘出来、释放出来。

强调人民群众的主体地位，并不否认专门人才的作用和贡献。无论是文化元素的升华提炼，文化潮流的引领带动，还是文化艺术的再创造再发展，都离不开专门的文化人才。人才强文化才能强，一个人才辈出的时代，必然是一个文化兴盛的时代。我国春秋战国出现思想文化高峰、形成百家争鸣的局面，与老子、孔子、墨子、韩非子等诸子百家的卓越建树密不可分；我国唐宋时期诗词、散文发展之所以形成鼎盛局面，与李白、杜甫、白居易及唐宋八大家等的杰出贡献密不可分。欧洲文艺复兴铸就的艺术辉煌，离不开但丁、达·芬奇、米开朗基罗等的艺术创造；18 世纪下半叶欧洲古典音乐的兴盛，离不开海顿、莫扎特、贝多芬“维也纳三杰”的音乐成就。这表明，一个时代的思想文化大厦，必然要有一批大师和大家来支撑；一个民族的灿烂文化，必然要有一批泰斗和巨匠来代表；一个国家文化的繁荣兴盛，必然要有一批领军人物来领衔。要实现文化强国的宏伟蓝图，必须努力造就一批有影响的文化名家、文化大师和各领域领军人物，培养一支宏大的、适应时代要求、富有开拓精神、善于创新创造的文化人才队伍。这些年，在文化人才队伍建设方面，采取了一系列重要举措，取得了明显成效。但总的看，文化人才队伍状况与建设文化强国的时代要求还不相适应，与提升国家文化软实力的重要任务还不相适应。应当把文化人才工作摆在更加突出的位置，用战略思维、改革精神谋划和推动文化人才队伍建设，特别要加大对年轻人才、高层次人才、复合型人才的培养力度，造就一批世界级的文化代言人。要坚持尊重劳动、尊重知识、尊重人才、尊重创造，鼓励超越、宽容失败，营造有利于优秀人才健康成长、脱颖而出的良好环境，形成人尽其才、才尽其用，各类文化人才竞相涌现、创造活力充分发挥的生动局面。知识分子是文化领域最活跃、最有创造力的群体，肩负着精神文化生产、创造和传播的重要使命，搞好文化建设必须高度重视知识分子工作。要按照"尊重、包容、服务、引导"的要求，进一步完善党的知识分子政策，充分调动知识分子的积极性创造性，引导他们自觉自愿地为社会主义文化建设贡献聪明才智，最大限度地把知识分子团结在党的周围。

（四）自强之源——激活文化发展的动力源泉

文化的繁荣兴盛，需要源源不断的动力。动力是什么？一是改革，二是创新。改革是解放和发展文化生产力的必由之路，创新是文化繁荣发展的制胜之道。

体制机制管根本、管长远。只有不断深化改革，破除阻碍文化发展的体制性障碍，文化才能焕发出勃勃生机。这些年，文化体制改革由点到面、由浅入深，步伐不断加快、力度不断加大，在一些重点领域和关键环节取得了重要突破，效果逐步显现。实践证明，中央关于深化文化体制改革的决策部署是完全正确的。文化体制改革是全方位的改革，既包括宏观管理体制的改革，也包括微观运行机制的改革。在宏观管理体制上，主要是理顺文化行政管理部门与所属企事业单位的关系，加快转变政府职能，推进政企、政资、政事、政府与市场中介组织分开，使文化行政管理部门实现由办文化为主向管文化为主转变、由管微观向管宏观转变、由直接面向直属单位转为面向全社会，更好地履行政策调节、市场监管、社会管理、公共服务的职能。在微观运行机制上，一方面，围绕重塑文化市场主体，加快推进国有经营性文化单位转企改制，加快建立完善的现代企业制度、法人治理结构，打造一批文化领域国有骨干文化企业和战略投资者，大幅度提高我国文化企业的规模实力和国际竞争力。另一方面，围绕提高服务水平和能力，深化公益性文化事业单位劳动人事、收入分配等制度改革，不断增强活力，最大限度地发挥社会效益。现在，文化体制改革已进入攻坚克难的关键阶段，越是向广度深度推进，越会触及深层次矛盾和问题，越需要打攻坚战。要坚持以改革促发展、促繁荣，坚定不移地按照中央确定的方向目标，加大力度、突出重点、全面推进，着力构建充满活力、富有效率、更加开放、有利于文化科学发展的体制机制。

创新是文化的本质特征。一部人类文化发展史，实际上就是一部文化创新史。当今文化发展，创意制胜、内容为王。有人说，美国算不上文化资源大国，却是一个文化强国，强就强在创新上。好莱坞的大片、麦当劳的薯片、英特尔的芯片，被称为影响世界的"三片"，实际上都包含着独一无二的文化创意。只有不断提高文化创新能力，才能在发展水平上胜人一筹。重视文化建设是我们党的优秀传统，在这方面有许多宝贵经验值得继承和发扬。但必须看到，时代在发展、社会在变化，有些方法过去有效，现在未必有效；有些过去不合时宜，现在却势在必行；有些过去是不可逾越的，现在则需要突破。在当代中国，无论是适应建设创新型国家的战略需要，还是更好地满足人民群众多样化多层次多方面的精神文化需求；无论是在激烈的国际文化竞争中赢得主动，还是为人类文明进步作出新的贡献，都需要大力推进文化创新。应当把创新作为一种信念、一种追求，对我国丰富的文化资源和各国优秀文化成果进行创造性的开掘和利用，提高创意含量和竞争优势。要大力营造鼓励创新的社会环境，使一切创新举措得到支持、一切创新才能得到发挥、一切创新成果得到肯定，使创新成为文化领域的主旋律、最强音。

（五）自强之翼——插上文化腾飞的强劲翅膀

在当今时代，科技和市场在文化繁荣发展中的作用越来越明显。科技、市场如同鸟之双翼，借助它们的力量，文化就能飞得更高、飞得更远。

科技与文化历来如影随形，科学技术的每一次重大进步，都会给文化的传播方式、表现形式、发展样式带来革命性变化。古代中国，造纸术和印刷术的发明，使人类思想文化的传播摆脱了时空的局限，成为文化发展史上的重要里程碑。近代以来，无线电技术、摄影摄像技术、广播电视技术的发明，使人类文化进入了一个视听传播的新时代。近年来，数字技术、网络技术迅猛发展，为思想文化传播提供了新的载体，催生了新的文化业态。科技的发展，也以独特的方式增强着文化的表现力、吸引力和感染力。比如，在舞台表现上，借助现代声光电技术和影视特技，可以呈现出气势磅礴、美轮美奂、精彩纷呈的舞美效果。数码电影技术极大地丰富了电影的表现力，环幕4D电影、球幕电影、交互电影等，给人们带来前所未有的审美体验。实现文化自强，必须增强科技意识。要适应当代科技发展的新趋势，加快高新技术在文化领域的运用，推动文化与科技的融合，加快构建覆盖广泛、技术先进的文化传播体系，不断为文化注入新的内容、构建新的平台、创造新的形式，努力用先进技术建设和传播先进文化。当然，技术是手段、是途径，是为内容服务的，所有技术性的东西都依附于内容的思想深度、高度和广度。必须把形式与内容、技术与艺术有机融合起来，使之相辅相成、相得益彰，防止技术淹没思想、形式大于内容。

在社会主义市场经济条件下，市场对资源配置起着基础性作用。运用好市场机制，有利于提高资源的使用效率。现在，文化产品的生产和传播越来越离不开市场，市场越来越成为扩大文化消费、满足文化需求的重要途径。从国内外的文化发展情况看，凡是市场发育较好、市场体系现代化程度较高的地方，文化发展的活力和竞争力也比较强。目前我国文化领域的市场体系建设水平整体上还不够高，文化产品和服务的市场供求机制、价格机制、竞争机制不够健全，文化产品和资本、产权、人才、信息、技术等要素的自由流动还存在许多障碍，市场机制的作用远远没有得到充分发挥。实现文化的繁荣发展，必须积极适应社会主义市场经济发展要求，打破条块分割、地区封锁、城乡分离的市场格局，加快培育大众化文化消费市场，构建统一开放竞争有序的现代文化市场体系。在文化产品、文化要素的供给和配置上，一定要充分发挥市场的积极作用。即使是那些公共文化产品和服务，包括一些公共文化设施的建设，政府也可以采取招标竞价购买的形式从市场获取，把文化生产和消费从文化系统的“内循环”扩大到市场的“大循环”。不但要完善国内市场，还要关注国际市场，努力掌握国际文化贸易规则和营销策略，统筹国内国际两个市场两种资源，统筹对外文化交流与对外文化贸易，统筹扩大出口规模与调整出口结构，着力发展外向型文化企业，着力培育中华民族文化品牌，着力加强出口平台和营销渠道建设，进一步加快文化走出去步伐。同时要看到，市场并非万能，也有其固有的弱点，也有“失灵”的时候。发展文化不能完全依靠市场，更不能被市场牵着鼻子走、为市场所左右。必须始终把社会效益放在首位，促进社会效益和经济效益有机统一，努力做到两个效益双丰收。如果两者发生矛盾，必须以社会效益为最高准则，坚持经济效益服从社会效益，决不能为追求经济利益而放弃社会责任、损害社会效益。要切实履行政府职能，一手抓繁荣、一手抓管理，加强改进宏观调控，加强对市场的日常监管，加强对市场秩序的规范，保证中国特色社会主义文化持续发展、快速发展、健康发展。

在中国入选联合国教科文组织非物质文化遗产名录项目颁证仪式上的讲话

刘延东

（2010年8月19日）

在联合国教科文组织开展非物质文化遗产名录申报工作10周年之际，我们举行中国入选联合国教科文组织非物质文化遗产名录项目颁证仪式，这是对我国近年来非物质文化遗产保护工作成果的一次集中检阅。在此，我谨代表党中央、国务院，向入选联合国教科文组织非物质文化遗产名录项目的地区和单位表示热烈的祝贺！向长期以来为非物质文化遗产保护事业和申遗工作默默奉献的专家学者、代表性传承人、广大保护工作者和机关单位表示诚挚问候和衷心感谢！

文化是民族之魂、民族之根。在人类历史的文明长河中，勤劳、勇敢、智慧的中华民族，创造了光辉灿烂的中华文化。丰富多彩、蔚为大观的非物质文化遗产作为中华文化的重要组成部分，不仅充分体现了中华民族自强不息、坚韧不拔的生命力和创造力，凝聚着中华民族数千年的文化积淀和精神追求，也为人类文明的发展进步作出了卓越的贡献。享誉世界的四大发明、陶瓷烧制技艺、桑蚕丝织技艺等众多非物质文化遗产已为全人类所共享。

我国有26个项目入选联合国教科文组织“人类非物质文化遗产代表作名录”，充分说明了国际社会对中华文化的认可和尊重，也是中华文化“走出去”取得的一项重要成果。这一成果来之不易，是党和国家高度重视的结果，也是大家共同努力的结果，我们要倍加珍惜，更好地保护。同时，我国还有3个项目入选联合国教科文组织“急需保护的非物质文化遗产名录”，也说明我国非物质文化遗产保护工作任重道远，还需加倍努力。下面，我就进一步做好非物质文化遗产保护工作谈3点意见：

一、保护非物质文化遗产是人类社会共同的责任和义务

文化的多样性是世界文明的一个基本特征。保护不同民族文化的独特性和丰富性，是维护人类文化多样性的前提。非物质文化遗产是一个民族的历史记忆和生命基因，是文化多样性的生动体现，是人类社会可持续发展的重要基础，也是人类共有的精神财富。保护非物质文化遗产，是造福人类的千秋功业。

随着人类现代化和经济全球化进程不断加快，最能体现各国民族文化特性的非物质文化遗产传承受到越来越大的冲击，许多珍贵的非物质文化遗产濒临消亡，形势非常严峻。为保护非物质文化遗产，近年来，联合国教科文组织做了大量工作，从1989年的《保护民间创作建议书》、1998年的《宣布人类口头和非物质遗产代表作条例》、2001年的《世界文化多样性宣言》，到2003年的《保护非物质文化遗产公约》，在国际层面上建立了一整套保护非物质文化遗产的规范制度，为世界各国搭建了保护、展示和交流非物质文化遗产的重要平台。

我国政府高度重视参与国际非物质文化遗产保护工作，积极参与《保护非物质文化遗产公约》的制定，并多次当选保护非物质文化遗产政府间委员会委员国。作为一个负责任的大国，中国有责任，也有义务，为推进国际社会的非物质文化遗产保护作出应有的努力。我们将继续参与、支持联合国教科文组织的工作，并与其他国家加强交流、协作，共同为促进世界非物质文化遗产保护、维护人类文化多样性作出积极贡献。

二、我国非物质文化遗产保护工作面临难得机遇

党中央、国务院历来高度重视非物质文化遗产保护工作。特别是进入21世纪以来，我国出台了一系列重大政策，通过开展非物质文化遗产资源普查、建立国家四级名录体系、加强传承人保护等一系列重要举措，使中国的非物质文化遗产保护工作走在世界前列。非物质文化遗产保护成为中国特色社会主义文化建设的重要组成部分。

站在新的历史起点上，我国非物质文化遗产保护面临着难得的发展机遇。党的十七大从中国特色社会主义事业“四位一体”总体布局的高度，提出了兴起社会主义文化建设新高潮、推动社会主义文化大发展大繁荣的战略任务，并强调加强对各民族文化的挖掘和保护，重视非物质文化遗产保护，为非物质文化遗产保护提供了根本指导。改革开放以来我国经济社会快速发展，文化建设取得了令人瞩目的巨大成就，为非物质文化遗产保护打下了坚实的物质基础。随着人民生活水平的不断提高，全社会越来越珍视优秀传统文化，兴起了保护、弘扬优秀传统文化的热潮，各级党委、政府和全社会保护非物质文化遗产的文化自觉不断提高。作为优秀传统文化的重要内容和“活”的遗产，非物质文化遗产保护呈现出前所未有的良好局面。

三、推进我国非物质文化遗产保护工作深入开展

胡锦涛主席在致联合国教科文组织第28届世界遗产委员会会议的贺词中指出，加强世界遗产保护已成为刻不容缓的任务。这是历史赋予我们的崇高责任，也是实现人类文明延续和可持续发展的必然要求。我们要充分认识非物质文化遗产保护的重大意义，准确把握非物质文化遗产保护工作面临的新形势、新任务，自觉肩负起神圣职责，建立健全科学有效的保护体系，进一步推进我国非物质文化遗产保护工作深入开展。

（一）提高思想认识，把保护工作真正落到实处

非物质文化遗产来源于各族人民长期的生产生活实践，承载着中华民族的辉煌历史，铭刻着中华民族的伟大创造，是弘扬优秀传统文化、开展爱国主义教育的重要载体，是建设社会主义核心价值体系的重要资源。保护非物质文化遗产是落实科学发展观、建设社会主义和谐社会的内在要求。各级政府要将此作为义不容辞的职责，充分发挥主导作用，将文化建设和非物质文化遗产保护纳入当地经济社会发展的全局进行规划和部署，纳入政府重要议事日程，纳入科学发展考核评价体系，切实推动非物质文化遗产保护工作。需要引起重视的是，现在我们在积极申遗的同时，个别地方反而出现了“毁遗”事件，文化遗产在城市建设和商业开发中被毁坏。对此，我们一定要采取切实措施，坚决纠正这种短视行为，科学保护好祖先留下的不可再生的珍宝。

（二）完善工作机制，共同推进保护工作深入开展

要继续充分发挥非物质文化遗产保护工作部际联席会议的作用，形成保护工作的合力。继续完善国家、省、市、县四级名录体系建设，综合运用抢救性保护、整体性保护、生产性保护等多种方式，对非物质文化遗产项目进行全面、系统、科学的保护。建立健全以人为本的传承机制，加强非物质文化遗产展示传习场所建设，鼓励代表性传承人开展形式多样的传习活动。积极探索非物质文化遗产保护融入经济社会发展的长效机制，出台优惠政策，使非物质文化遗产成为改善民生的重要资源，成为经济发展新的增长点。同时，要加大宣传教育力度，提高公众的参与意识和保护能力，使人民群众自觉参与保护工作，共享保护成果。

（三）加强法规建设，为保护工作提供制度保障

出台非物质文化遗产保护法，是我国非物质文化遗产保护的迫切需要。目前，《中华人民共和国非物质文化遗产法（草案）》已经国务院常务会议审议通过，提请全国人大常务委员会审议。随着这部法律的公布施行，必将为保护我国珍贵的非物质文化遗产提供重要法律保障。各地也要加强有关法规建设，使非物质文化遗产保护纳入法制化轨道。

（四）加大经费投入，完善保护工作投入机制

非物质文化遗产保护是利在当代、造福子孙的公益性文化事业，各级财政要将非物质文化遗产保护经费列入财政预算，完善增长机制，加大

投入力度。同时要出台优惠政策，积极吸纳社会资金投入非物质文化遗产保护事业，形成政府主导、社会力量广泛参与的良性投入机制。

（五）拓宽交流渠道，推动非物质文化遗产国际合作

当前，非物质文化遗产国际交流与合作具有广阔的前景。要将其作为人文交流的重要内容，纳入公共外交领域，在落实国家外交战略和推动人类文明交流中发挥更大作用。要以非物质文化遗产为载体，拓宽交流渠道，搭建国际文化交流合作的平台。要在充分吸纳世界各国文明优秀成果的同时，积极探索非物质文化遗产“走出去”的途径，让各国人民充分感受中华文化的独特魅力，增强中华文化的影响力和感召力。

非物质文化遗产是人类文明的瑰宝，加强非物质文化遗产保护，不仅是国家和民族发展的需要，也是国际社会文明对话和人类社会可持续发展的必然要求。让我们紧密团结在以胡锦涛同志为总书记的党中央周围，以高度负责的态度，积极探索，锐意进取，努力开创非物质文化遗产保护工作新局面，为维护世界文化多样性、建设人类共有精神家园、推动人类文明进步作出更大贡献！

在2010年全国文化厅局长会议上的讲话

蔡　武

（2010年1月4日）

同志们：

这次会议的主题是：深入学习领会和全面贯彻落实党的十七届四中全会精神和2009年中央经济工作会议和正在举行的全国宣传部长会议精神，坚持以科学发展观为指导，以推动文化大发展大繁荣为目标，回顾2009年文化领域各项建设取得的成绩，总结工作经验，明确下一阶段文化建设的总体思路，部署和推进2010年各项文化工作。下面，我代表部党组讲几点意见：

一、积极应对复杂形势的考验，在压力中砥砺奋进，不断创造新成就、积累新经验

2009年是极不平凡的一年，是新中国迎来60华诞，举国同庆、喜庆祥和的一年，同时又是新世纪以来我国经济发展最为困难的一年，也是我们披荆斩棘、经受严峻考验的一年。国际上不稳定、不确定、不安全因素显著增多，历史罕见的国际金融危机不断蔓延深化，世界经济陷入低迷，自然灾害频发，我国经济发展受到严重冲击。面对复杂的国内外形势，在以胡锦涛同志为总书记的党中央的坚强领导下，我国全面实施并不断丰富完善应对国际金融危机冲击的一揽子计划和政策措施，有效遏止了经济增长明显下滑态势，在全球率先实现了经济形势总体回升向好，国际影响力得到极大提升。一年来，文化系统的同志们认真贯彻落实党中央、国务院的总体部署，紧紧围绕党和国家的工作大局，以新的文化发展理念为统领，正确判断形势，扎实开展工作，不断推动职能转变，改进工作作风，精神面貌更加昂扬向上，服务能力和管理水平不断提高，各项文化工作向前发展，成效显著，亮点纷呈。非常时期，紧要关头，广大文化工作者没有辜负党和人民的期待，没有错失历史赋予我们的机遇，为文化事业和文化产业赢得了发展，赢得了光荣，也赢得了信赖。经过大家的不懈努力，2009年文化建设发展态势良好，各项工作取得了新的进展。

（一）面向基层、面向群众，公共文化服务体系建设迈上新台阶

加强公共文化服务体系建设，是发展公益性文化事业的基本途径、维护公民基本文化权益的重要保障，是推动文化大发展大繁荣的必然要求，也是党和政府义不容辞的责任。2009年以来，各级财政对文化的投入持续增长。2009年，中央财政对地方各项文化工程资金投入总量达到30.59亿元，比2008年增长41.15%，除继续扶持乡镇综合文化站建设、文化信息资源共享工程、非物质文化遗产保护工程等重大文化工程以外，又新增县级图书馆、文化馆修缮及城市社区文化中心（街道文化站）设备购置等专项工程的投入。江苏省安排省级专项资金2970万元用于村文化室建设。江西省2008年投入4.3亿元，用于补助农村文化活动、免费开放博物馆纪念馆等。

公共文化服务设施建设不断加强。国家博物馆改扩建工程、国家图书馆二期暨国家数字图书馆工程、国家话剧院剧场工程、中国美术馆二期扩建工程等重大文化设施建设进展顺利。乡镇综合文化站建设工程扎实推进，到2009年底已安排中央投资21亿元，补助1.2万个文化站建设项目，2008年底前已下达的6658个项目已基本建成，中西部地区10871个乡镇综合文化站业务设备得到充实，城市社区文化基础设施功能不断完善。我们在成都召开了城市社区文化中心建设现场经验交流会。全国文化信息资源共享工程加快推进。文化信息资源共享工程进村入户成绩突出，全国已建成各级中心和基层服务点75.7万个，资源总量达90TB，其中县级支中心达到2814个，覆盖率达到96%；乡镇基层服务点15221个，覆盖率44%；村基层服务点457488个，覆盖率75%。我们在沈阳召开了文化信息资源共享工程进入农户家庭现

场经验交流会。博物馆、公共美术馆、公共图书馆等免费开放成效显著。2009 年，全国向社会免费开放的各级文化文物部门归口管理的公共博物馆、纪念馆已达 1447 家，文化辐射力得到空前提高。制定了《基层公共文化服务体系建设实施方案（2009～2013 年）》。图书馆服务方式不断创新。深圳等地推出“城市街区 24 小时自助图书馆系统”，实行借书还书“一卡通”，文化部在深圳召开现场会和专家研讨会，总结其创新经验。浙江台州、嘉兴等地探索多种形式的公共图书馆总分馆制和城乡一体化，优化了资源配置，提高了服务效益，方便了广大群众。我们先后在台州和嘉兴召开现场经验交流会，推广他们的经验。各地普遍开展图书流动服务，与阵地服务相配合，使图书馆服务惠及更多的基层群众。各地图书馆普遍开展形式多样的讲座、展览、培训，由文化部、中央国家机关工委主办、国图承办的“部级领导干部历史文化讲座”已举办 133 场，听讲部长 1 万多人次。积极探索利用网络、手机等新媒体开展公共文化服务，用先进文化占领网络阵地。在推进文化建设中，注重面向基层，服务群众。文化“三下乡”活动成效显著。春节前后，中直院团深入地震灾区、农村贫困地区、革命老区、少数民族地区和厂矿企业慰问演出 160 余场，受到基层群众的热烈欢迎。继续深入大中小学校开展“高雅艺术进校园”活动，共为近 20 万学子演出 154 场，提高青少年学生的艺术修养。吉林省 60 余个艺术表演团体赴 300 余个乡镇、1700 余个村屯，“送戏下乡”演出 3600 余场，受益观众近 200 万人次。

（二）以庆祝新中国成立 60 周年重大活动为契机，文艺创作演出进一步繁荣

2009 年是新中国成立 60 周年。为国庆营造浓烈的欢乐、喜庆、祥和的文化氛围，以爱国主义为主题，既有恢宏的大型活动又有基层群众的广泛参与，既有历史的厚重回顾又有对未来美好前景的热切期望，既有民族精神的发扬又有时代精神的彰显，是党中央交给我们文化系统的重大任务。文化部党组高度重视，精心谋划。在与中宣部联合发文，要求全国文化系统贯彻中央的统一要求，着重组织广大人民群众广泛开展各类文艺活动以外，组织强大阵容圆满完成了大型音乐舞蹈史诗《复兴之路》、大型主题展览《复兴之路》、“向祖国汇报——庆祝新中国成立六十周年献礼演出”、“向祖国汇报——新中国美术六十年”大型美术展览和国家重大历史题材美术创作工程作品展览等一系列大型庆祝活动。大型音乐舞蹈史诗《复兴之路》在人民大会堂连演 16 场，观众达 10 万人次，得到了中央领导同志和各界观众及海内外的广泛赞誉。献礼演出时间长、规模大、影响广泛，全国各地包括港澳台在内的 110 余台优秀剧（节）目在北京演出 400 余场，观众超过 30 万人次。各地文化行政部门也开展了丰富多彩的文化活动，呈现出全民欢庆的喜人场面。

艺术管理手段不断创新，精品力作不断涌现。开展首届优秀保留剧目大奖评选，近 30 年来创作演出的 1000 多部剧目中，有 18 部深受广大观众喜爱的优秀作品获得了“优秀保留剧目大奖”称号。继续实施舞台艺术精品工程。结合各项比赛和展演，改进完善文艺评奖工作，减少评奖数量，提高评奖质量，增加演出场次的要求，体现了面向市场、面向观众的正确导向，强化了评奖机制的激励和导向作用。国家重大历史题材美术创作工程经过近 5 年的创作，共评出 104 件入选作品，为国家留下了一笔宝贵的精神财富和物质财富。优秀传统艺术得到弘扬，促进各门类艺术繁荣发展。继续实施了《国家昆曲艺术抢救、保护和扶持工程》和《国家重点京剧院团保护和扶持规划》，举办了第四届中国昆剧节，集中展示了一批新创和传统昆曲剧目，资助 11 个国家重点京剧院团赴 10 余个国家和地区演出，进校园演出 333 场，传统艺术焕发出勃勃的生机。开展了第三届地方戏（南北片）优秀剧目展演、第六届儿童剧优秀剧目展演，推动地方戏曲和儿童戏曲的发展。

（三）文化遗产保护体系更加完善，保护工作扎实有效，振奋了民族精神，促进了传统文化的传承发展

文化遗产普查取得新成果。截至 2009 年 12 月 15 日，第三次全国文物普查已调查登记不可移动文物 89.2 万处。震后文化遗产抢救保护工作进入全面实施阶段。截至 2009 年 10 月，灾后文物抢救保护项目资金到位 22 亿元，已编制、评审极重灾区各类文物保护工程方案 170 多个，完成文物保护单位抢救维修保护项目储备 100 项，占国家规划项目153项的65.36%。灾后文物抢救保护项目已开工56个，完成不可移动文物修复工程12个。不可移动文物保护卓有成效。布达拉宫等西藏三大文物保护工程顺利竣工，南水北调等国家大型基本建设中的文物保护、大明宫等重点大遗址保护、涉台文物保护工作进展顺利。中华文明探源工程持续开展，举办“早期中国——中华文明起源展”。博物馆事业成效显著。启动中央地方共建国家级重点博物馆工作，8家博物馆被确定为首批中央地方共建博物馆。茂县羌族博物馆新馆建设工程正式开工建设。中国文字博物馆正式开馆。长春同志先后9次就中国文字博物馆建设作出重要批示，体现了党和国家对博物馆事业的高度重视。非物质文化遗产保护机制不断健全。全国非物质文化遗产普查基本结束，我国非物质文化遗产资源总量近56万项，收集了珍贵实物和资料达26万多件。浙江省普查覆盖面达到全省所有的行政村和乡镇（街道）；山东省建立了“完成一本书、一个档案资料室、一个珍贵实物陈列厅、一个数据库”的“四个一”普查验收模式。目前，一个以保护机构为主体，以财政投入为保障，以非遗普查和名录体系为基础，以传习机构为阵地，以传承人为载体，以生产性保护和生态保护为基本方法的非遗保护机制正在形成。文化部内设非物质文化遗产司，目前共有11个省区市文化厅（局）单独设立了非物质文化遗产处（室），共设立了30个省级非物质文化遗产保护中心。各地积极加强基础设施建设，已经兴建了一批多种性质的非物质文化遗产博物馆、传习所，打造非遗传承阵地。国家非物质文化遗产名录体系初步形成。国务院批准公布了两批1028项国家级非物质文化遗产名录。全国各省（区、市）和新疆生产建设兵团共评审公布了省级非物质文化遗产名录4315项，一些市、县也建立了本级非物质文化遗产名录。传承人的保护得到加强。文化部命名公布了三批国家级非物质文化遗产项目代表性传承人共1488名，并给予一定的物质补助。人事部、文化部共同授予35名国家级非物质文化遗产项目代表性传承人“全国非物质文化遗产保护先进工作者”称号，享受省部级劳模待遇。目前，全国省级非物质文化遗产项目代表性传承人达到5590名。积极探索文化生态的整体性保护。设立4个文化生态保护区，积极推动设立新的生态保护区。推动文化与旅游的结合，促进非物质文化遗产的生产性保护。中国非物质文化遗产传统技艺大展期间，参与民间艺人1176名、展出珍贵实物2322件，参观人数达20多万人次，销售总额突破1000万元。国际交流合作进一步加强。在四川省成功举办了第二届中国成都国际非物质文化遗产节和非物质文化遗产国际论坛，达成了《成都共识》。我国有22项非物质文化遗产项目入选联合国教科文组织公布的“人类非物质文化遗产代表作名录”、3项入选“急需保护的非物质文化遗产名录”。历时30年的“十部文艺集成志书”编纂工作圆满完成，出版298卷，共4.5亿字，对我国民族民间文化的传承、交流、繁荣和复兴产生重大而深远的影响。继续实施中华古籍保护计划和中华再造善本工程。公布了第二批国家珍贵古籍名录名单4478部，第二批全国古籍重点保护单位62家，批准建立12家国家级古籍修复中心，善本再造二期选目工作基本完成。

（四）坚持加强规范与促进发展并举，统一、开放、健康、有序的文化市场环境进一步形成

文化市场综合执法改革取得重大进展，文化市场综合执法水平进一步提高。会同相关部门联合召开全国文化市场综合执法改革经验交流会，下发《关于加快推进文化市场综合执法改革工作的意见》，文化市场综合执法改革从试点阶段转入全面开展、加快推进的阶段。截至目前，已有北京、上海、重庆、浙江、广东、海南、宁夏等7个省（区、市）基本完成综合执法改革工作，在334个地级市（包括副省级城市）中，已有65个组建了市级综合执法机构，69个成立综合文化责任主体。在2865个县（市、区）中，已有579个组建县区级综合执法机构，609个成立综合文化责任主体。北京、上海、重庆、浙江、广东等地将综合执法经费全部纳入财政预算，执法机构的执法设备和工作条件等大为改善，执法人员素质明显提升。针对互联网低俗之风、非法演出和假唱以及动漫市场、网吧市场、娱乐市场、网络游戏中存在的违法行为，开展专项治理，成效显著。据统计，2009年1~10月全国受理举报5.43万起，共办结网吧案件3.93万件，收缴非法物品4660万件。积极推进全国网吧监管平台建设，中央监管平台已与22个省级网吧监管平台实现了互联互通，网吧监管总数日均达到8.1万家。进一步规范文化市场主体和文化产品准入制度。大力推动修订实施《营业性演出管理条例实施细则》，进一步扩大对港澳台的市场主体开放，拓宽演出市场的融资渠道。制定政策规范进口电子游戏机型机、网络游戏产品、网络音乐以及美术品进出口内容审查工作，减少审批环节，提高审批效率。积极培育市场主体，促进文化市场繁荣发展。印发了《文化部关于促进民营文艺表演团体发展的若干意见》，在资金扶持、政府采购、提供演出场地和器材、简化审批手续、人才培养和表彰奖励等方面提出了切实可行的措施；制定《网吧连锁企业认定管理办法》，采取税收优惠等政策扶持，稳步推进网吧连锁企业发展，总结辽宁省网吧连锁经营的先进经验，激励网吧市场的整合与提升；与国家旅游局联合印发《关于促进文化与旅游结合发展的指导意见》，加强文化与旅游的结合与合作，以文化提升旅游市场，以旅游带动文化消费。举办网络文化博览会、实施中国现当代艺术推广计划等活动，以重大工程项目整合企业资源，提升中国文化产品在国际市场中的地位和竞争力，同时带动文化消费热点，扩大内需。

（五）文化产业特殊优势进一步凸显，对优化经济增长方式作用日益增强

国际金融危机使我国转变经济发展方式的问题更加凸显出来，转变经济发展方式已刻不容缓。发展文化产业，正是推动经济结构调整，积极应对金融危机，培养新的经济增长点的重要战略性选择。为此，我们采取积极措施，促进文化产业健康迅速发展，成绩斐然。按照中央领导同志的重要指示精神，文化部及时提交了《当前形势下加快发展文化产业的对策报告》，为制定《文化产业振兴规划》提供了重要的参考意见和建议。在国务院公布了《文化产业振兴规划》后，文化部制定了《关于加快文化产业发展的指导意见》和《文化产业投资指导目录》，一批重点园区、重点产业、重点项目、重点会展进入快速健康的发展轨道。文化部与北京市、天津市以部市合作方式建设的国家级动漫产业综合示范园区和中国动漫游戏城项目正式启动。第五届中国（深圳）国际文化产业博览交易会逆势飘红，总成交额达880.69亿元，高科技型文化产业、龙头企业及产业带动型大项目成为亮点，成交额为249.6亿元，占总成交额的28.34%。2009年中国（天津）演艺交易博览会期间演艺项目交易总额超过2.1亿元，带动旅游、餐饮、住宿、零售等同比分别增长25%以上。积极扶持动漫产业，动漫企业认定工作正式启动，为即将实施的动漫企业税收优惠政策奠定良好基础。原创动漫扶持计划和原创动漫推广计划顺利实施，第四届中国原创手机动漫大赛、首届中国动漫艺术大展成功举办，组织动漫企业参加东京国际动漫展，签约金额与合作意向近1亿元人民币。在国家政策的引导下，一批动漫企业应运而生，如吉林动漫集团正式组建，成为国内首家国有资本相对控股、民营资本广泛参与、按照现代企业制度运行、拥有完整产业链条的文化企业集团。积极搭建投融资平台，文化产业资金渠道进一步拓宽。积极推动文化产权交易平台试点，借力已挂牌的上海、深圳文化产权交易所等专业机构，设计符合我国文化产业发展规律的无形资产评估、抵质押和交易体系。文化部分别与中国进出口银行、中国银行签订了《关于扶持培育文化出口重点企业、重点项目的合作协议》和《支持文化产业发展战略合作协议》，首批向中国进出口银行和中国银行共推荐了47个文化产业项目，涉及资金76.03亿元。中国对外文化集团公司与中国进出口银行签订战略合作协议，为中央文化企业借助金融支持加快做大做强步伐提供了示范。河北省政府与农村信用社签署《关于扶持河北省重点文化企业、文化项目的合作框架协议》，实现向首批文化产业项目贷款。积极加强政策引导，文化产品和服务“走出去”的步伐不断加快。会同相关部门联合下发了《关于进一步支持文化出口重点企业和重点项目的指导意见》，发布了《2009～2010年度国家文化出口重点企业目录》和《2009～2010年度国家文化出口重点项目目录》。中央财政对2008年国家重点出口文化企业共奖励5800万元。许多地方设立了文化产业发展专项资金，用于奖励出口文化企业。

（六）思路明确、攻坚克难，文化体制改革工作取得了突破性进展

2009年是深化文化体制改革的关键一年。在

8月召开的全国文化体制改革经验交流会上，中央领导同志系统地总结文化体制改革工作的成功经验，深刻分析了当前文化体制改革面临的形势和任务，对抓住当前有利时机，推动文化体制改革在重点领域和关键环节取得新的突破提出了明确的要求。文化系统贯彻落实全国文化体制改革经验交流会精神，在改革基础相对薄弱、改革进度相对滞后的条件下，不断解放思想、转变观念，文化体制改革取得大幅度进展。通过加强理论研究、舆论宣传、典型引导、组织培训等方式，分析改革形势、明确改革方向、解读改革政策，为文化体制改革奠定了良好的思想基础。各地对文化体制改革的认识程度空前提高，所思所想不再是改与不改的问题，而是怎么改好的问题。对制约改革的深层次问题，不再迟疑观望，而是积极探索新思路、新办法，2009年云南、陕西、山西、甘肃、贵州、山东、河北等地出台了支持文化体制改革和文化企业发展的地方性政策。中宣部、文化部联合下发《关于深化国有文艺演出院团体制改革的若干意见》，明确提出了国有院团体制改革的“时间表”、“路线图”。国有文艺演出院团体制改革试点全面启动。文化部及时举办全国国有文艺演出院团体制改革工作培训班。2009年，全年共有69家国有文艺院团转企改制，是过去6年的总和。转制院团类型不断扩展，除歌舞、杂技等市场发育相对成熟、改革经验积累相对丰富的艺术品种外，一些话剧团、地方戏曲院团也积极转变体制，面向市场求发展。转制院团范围不断扩大，由省级向地市级和县级延伸。骨干演艺集团公司相继涌现。按照整合资源、调整布局、优化结构、提高效益的要求，北京演艺集团公司、陕西省演艺集团公司、上海文广演艺集团公司等演艺集团公司相继成立，成为区域性龙头演艺企业。文化部直属试点单位转企改制取得突破性进展。中国东方歌舞团、中国文化报社、文化部文化市场发展中心和中国演出管理中心转企改制，分别组建中国东方演艺集团有限公司、中国文化传媒集团有限公司、中国动漫集团有限公司。根据中央关于新闻出版单位体制改革的要求，启动了中国录音录像出版总社、文化艺术出版社、国家图书馆出版社、紫禁城出版社的转企改制工作。

（七）配合国家外交大局，官方与民间并举，文化外交的作用更加凸显

配合国家重大外事活动，文化交流活动有声有色。配合中美建交30周年等重大外交和国事活动举办系列文化活动，做好“中朝友好年”牵头工作，推动中朝文化交流健康发展，组织庆祝中俄建交60周年文艺晚会，两国元首和政府首脑共同出席，对演出给予高度评价，成功举办了欧罗巴利亚中国艺术节、“相约北京”联欢活动，全面展示了中国的文化形象，增进了我国与世界各国人民之间的相互了解和友谊。统筹国内和国外，政府和民间两种资源，努力打造中国文化走出去的平台和渠道。“对外文化工作部际联席会议”机制初步建立，这是2009年对外文化工作的重大突破。尝试建立了对美“推动中国文化走出去后援机制”，首次协助美国卡内基音乐厅举办“古今回响——中国文化庆典”专题活动，并资助上海交响乐团和香港中乐团等赴美演出。广泛调动地方参与对外文化交流的积极性，协助地方办好国际多边大型文化活动，如吴桥国际杂技艺术节、南宁国际民歌艺术节等。驻外中国文化中心作用日益凸显。2009年，文化中心成功配合我重大国事和正式访问活动达10次之多。胡锦涛、温家宝、李长春、习近平等党和国家领导人分别视察了我驻外文化中心，对文化中心的工作给予充分肯定，极大促进了驻外中国文化中心的建设。目前我驻外文化中心已达8个，我已分别与俄罗斯、罗马尼亚、新加坡签署设立文化中心的协议，在墨西哥、泰国、蒙古、西班牙设立文化中心的工作也取得重要进展。积极开展对外文化贸易。营造文化产品“走出去”的国际营销网络，开展了建立对外文化贸易统计系统的工作。以演艺业为例，2009年全国商业演出团组数约为426个，演出场次16373场，实现演出收益约7685万元。对台文化工作取得重要进展。两岸文化主管部门实现直接对话，双方达成11项共识及11项近期交流项目，形成了两岸官方共同支持和推动两岸文化交流的良性格局。两岸故宫实现直接交流，形成合作的8点共识，共同举办“雍正展——清世宗文物大展”，成为海内外新闻媒体关注的焦点。文化部积极协助举办第五届两岸经贸文化论坛，出台优惠政策，为台湾业界来大陆从事文化产业提供更好的服务。积极拓展交流渠道，采取多形式、多渠道，与台方广泛合作，成功在台举办系列大型两岸文化交流活动，“守望精神家园——第一届两岸非物质文化遗产月”等活动产生广泛影响。进一步巩固对港澳交流的良好态势。成功举办“庆祝新中国成立60周年暨第10届‘香江明月夜’大型中秋音乐会”、“祖国不会忘记——港澳同胞奉献祖国六十周年”大型图片展、庆祝澳门回归祖国10周年大型演出等文化活动，增强了港澳同胞对中华民族、中华文化的归属感。

（八）党的建设和领导班子建设得到加强，各项保障工作齐头并进

文化系统党的思想理论建设和基层组织建设得到加强。积极贯彻落实党的十七届四中全会精神，及时印发《中共文化部党组关于认真学习贯彻党的十七届四中全会精神的通知》，向部系统党政负责同志传达全会精神，举办十七届四中全会精神报告会。时隔7年，中共文化部直属机关第八次代表大会顺利召开，选举产生了新一届直属机关党委和纪委。中国对外文化集团公司成立党组织，并召开第一次党代会。进一步抓好中心组学习，同时注意加强对基层党组织中心组学习的指导。举办“先进文化、和谐文化、廉政文化”主题读书活动。整体推进文化部惩防体系建设。大力促进党风政风行风建设，加强反腐倡廉教育和廉政文化建设，与中央纪委、监察部共同举办全国廉政文化大型绘画书法展，受到社会各界一致好评。党风廉政建设和反腐败工作的成效显著，创造了风清气正、和谐向上的良好风貌。

积极实施“人才兴文”战略。以高层次人才队伍建设为重点，不断完善人才评价机制，加强人才推荐和选拔工作，积极推进文化专业人才队伍建设，干部队伍建设得到加强，业务素质进一步提高。2009年，文化部机关和直属单位先后进行了4批司局级干部集中调整补充工作，涉及138名司局级干部，占司局级干部总数的49.8%。机关13个司局中，11个司局的一把手进行了交流轮岗。全年共提拔85名司局级干部，其中40名司局级干部新进班子，有力地充实了各司局各单位的领导班子。开展了部机关第11次处级领导干部竞争上岗。2009年，文化部干部的选拔任用和集中调整工作在群众中产生了良好的反响。文化部“三定”方案的有关职能得到进一步落实。文化部对网络游戏、动漫、综合执法等领域的管理职能得到进一步明确，管理体制进一步理顺。规划工作得到加强。“十一五”规划实施情况的评估深入开展，“十二五”文化发展规划预研究工作全面启动。

文化法制建设取得可喜进展。《非物质文化遗产保护法》草案已经中央宣传思想工作领导小组讨论并原则同意，《公共图书馆法》已形成初稿。《艺术品市场管理条例》、《对外文化交流条例》取得阶段性成果。文化政策研究力度不断加大。开展对网络游戏虚拟货币的研究，与商务部、公安部、中国人民银行等部门联合出台了《关于加强网络游戏虚拟货币管理工作的通知》。圆满完成“复杂经济形势对文化工作影响研究”和“新中国成立60周年文化建设研究”等重大课题，跟踪研究“山寨文化”和“大师热”等热点问题，为中央决策提供了参考。“从城市住房开发投资中提取1%用于社区公共文化设施建设”政策的落实取得新的突破，与相关部门取得了共识，建立了协作机制。文化科技工作成绩喜人。文化部创新奖、国家文化创新工程、文化部科技创新项目的设立和实施，使创新活动渗透到文化艺术生产、流通、服务和管理等各个环节。2009年度，国家社科基金艺术学项目评审顺利完成。一批重大理论和现实性研究取得丰硕成果，艺术科研规划管理体系得到进一步完善。

一年来，文化系统不负重托，不辱使命，恪尽职守，兢兢业业，很好地完成了各项任务，为文化大发展大繁荣作出了重要贡献，向党和人民交上了一份满意的答卷。最近，李长春、刘云山、刘延东同志对文化部2009年一年工作做出重要批示，高度评价文化部各项工作的成绩，赞扬文化部改革创新、昂扬向上、求真务实的精神风貌，并对今年工作提出殷切期望。2009年的实践充分证明，文化是经济社会发展中可堪依托的精神动力和智力支持，公益性文化事业是保障人民群众基本文化权益的根本途径，经营性文化产业是国家产业升级优化和经济结构调整中值得期待的增长点，文化系统是一支能打硬仗的队伍。这些成绩的取得，与各级文化行政部门的积极努力分不开，与广大文化工作者的辛勤劳动分不开。在此，我代表部党组，向你们，并通过你们，向全国广大文化工作者致以崇高的敬意和由衷的感谢！

回顾一年来的工作实践，有不少经验值得我们认真总结，并在今后的工作中坚持和完善。这些经验主要体现在以下几个方面：

一是必须坚持围绕中心，服务大局。文化建设是全面建设小康社会四位一体格局的重要组成部分，是全面贯彻落实科学发展观，实现全面、协调、可持续发展的重要方面。文化建设必须全面贯彻胡总书记提出的“高举旗帜，围绕大局，服务人民，改革创新”的16字总要求，更加自觉地服务大局，找准方位。现在很多地方把文化发展纳入经济社会发展总体规划，把发展文化产业作为强省、强市的重要方面和突破口。事实证明，只有增强战略思维和宏观意识，把文化建设放到国家经济社会发展的大格局中来思考和谋划，才能使文化工作少走弯路，科学发展。

二是必须坚持解放思想，转变观念。一年来，我们以解放思想促进转变观念，以转变观念促进改革创新，以改革创新促进文化发展。实践充分证明，哪里有思想的解放，哪里就有改革的新思路新举措，哪里就有工作的新气象、发展的新局面。必须按照科学发展观的要求，以科学制度作保障，以科学方法来推进工作，把解放思想作为总开关，把改革创新作为必由之路，开阔视野思路，焕发创新激情，增强创新意识，鼓励大胆探索，破除制约文化科学发展的体制机制障碍，凡是有利于发展的思想都要吸收，凡是有利于发展的办法都要坚持，凡是有利于发展的经验都要学习和借鉴，在开拓创新中走出一条中国特色文化发展的新路。

三是必须坚持改革体制，创新机制。除了外部的各种制约因素外，当前文化发展的障碍主要来自文化体制改革的滞后。一年来，我们着力解决制约文化科学发展的突出问题，以前所未有的力度推进文化体制改革，全方位推进文化工作体制机制、内容形式和方法手段创新。探索建立新型文化管理体制，培育合格市场主体，推动文化事业单位内部机制改革，极大地解放和发展了文化生产力，激发了文化系统广大干部职工的活力和创造力。事实证明，必须始终坚持改革创新，坚定不移地深化文化体制改革，不僵化，不停滞，不保守，坚持与时俱进，抓住体制这个关键，深化改革，破除制约文化发展的体制机制性障碍，才能使文化建设永葆生机和活力。

四是必须把总结经验和探索规律结合起来，坚持科学决策，统筹协调。通过学习实践活动，文化系统不断深化对科学发展观的认识，用新的文化发展理念指导文化建设的能力显著提升。一年来，我们不断加强调查研究，深入研究在经济社会广泛深刻变革情况下文化发展的规律，深入研究在社会思想意识多元多变情况下坚持弘扬主旋律、坚持正确文化导向的规律，把调研工作与推动相关政策的研究制定和绩效评估结合起来；与为重要决策提供科学依据和实践经验结合起来；与项目策划和规划编制结合起来，使文化事业和文化产业都更好地按规律发展。推动以城带乡，促进东部支援西部，重点加大对西藏、新疆等少数民族地区文化工作的支持力度。很好地增强了统筹兼顾、把握全局的能力。事实证明，既要“谋一时”，也要“谋长远”，既要“谋一事”，也要“谋全局”。把握规律，统筹兼顾，才能做到协调发展。

五是必须坚持以人为本，面向基层。以人为本是科学发展观的核心，贯彻落实科学发展观，就要把以人为本的理念体现到文化工作的各个方面，探索贴近群众、服务群众、引导群众的新途径、新办法，努力保障各个社会群体在精神文化需求方面享有平等的权利和机会。一年来，我们以农村和基层为重点，加大各项文化惠民工程力度，保障文化民生；积极发展文化产业，提高文化产品和服务的供给能力，满足人民日益增长的多样化、多层次、多方面的文化需求。我们深深认识到，只有牢牢把握为人民服务这个宗旨，充分尊重人民群众主体地位，全面体现人文关怀，主动维护人民利益，为人民群众提供更加丰富的文化产品、更加优质的文化服务，才能不断夯实文化工作的群众基础和民心基础。

六是必须坚持纠正行风，改进作风。风清气正的工作环境和昂扬向上的精神风貌，必将推动文化工作事半功倍。通过一年来的努力，文化系统广大干部职工以更加团结奋进的精神风貌，更加扎实严谨、雷厉风行的工作作风，更加求真务实、真抓实干的科学态度，把工作大思路变成具体项目和工程，把原则要求变成具体措施，把软任务变成硬指标，使各项工作尽可能具体化、项目化。推动部门协调机制进一步完善，运用媒体能力得到加强，科研机构和专家学者的积极作用发挥得更加充分，政策研究和法制建设的保障作用更加突出。事实表明，这些积极的变化极大地推动了一年来各项文化工作扎实推进，百尺竿头更进一步。

二、拓展视野、开阔思路，不断增强文化建设的使命感和责任感，切实提高宏观管理能力

伴随着新中国的成长，我们的文化建设也走过了60年的风雨历程。按照传统说法，60年一个甲子，就是一个轮回。我们现在站在一个新的历史起点上。在这种时候，我们应该沉下心来，审时度势，好好地思考和谋划我们今后的路该怎样走。今天上午，长春同志新作的重要讲话全面总结了去年宣传思想文化战线的工作，深刻分析了宣传思想文化工作面临的新形势、新挑战，对今年的宣传思想文化工作提出了“六个着力”的总要求。结合学习贯彻长春同志重要讲话，我谈几点意见。

（一）立足国际国内环境，以宏观思维深刻把握文化发展面临的机遇和挑战

文化建设离不开国际的大背景，离不开我们国内政治、经济、社会发展的基础。只有正确分析形势，准确把握形势，才能找准方位，明确任务。因此，我们必须拓宽视野，树立宏观思维，从全局的高度，全面客观地分析文化建设面临的国内外环境，从而把握住时代的机遇和挑战。

当今世界，正处于大发展、大变革、大调整时期。世界多极化、经济全球化、文化多样化深入发展，国际上不确定、不稳定、不安全因素明显增多，科技进步日新月异，国际金融危机影响深远，世界经济格局发生新变化，国际力量对比出现新态势，全球思想文化交流交融交锋呈现新特点，发达国家在经济、科技等方面仍占优势，综合国力竞争和各种力量较量更趋于激烈。在经济领域，金融危机的影响仍在延续，世界经济全面复苏曲折漫长。在宣传思想文化领域，西方敌对势力对我实施西化、分化的战略企图没有改变，在战略上围堵，主权上干扰，形象上丑化，思想文化上渗透，而且手段方式更加隐蔽多样。这就使文化建设面临着一个更为复杂的国际环境，我们必须认真分析，积极应对。

在国内，经过60年特别是改革开放30年的努力，我国经济建设、政治建设、文化建设、社会建设以及生态文明建设全面推进，工业化、信息化、城镇化、市场化、国际化深入发展，综合国力不断提升，中国模式的影响不断扩大，我们面临的重要战略机遇期没有变。另一方面，我国仍处于社会主义初级阶段的基本国情没有改变，人民群众日益增长的物质文化需求与落后的社会生产力之间的矛盾这一社会主要矛盾没有变，同时我国发展呈现一系列新的阶段性特征，经济体制深刻变革，社会结构深刻变动，利益关系深刻调整，思想观念深刻变化。目前，在党中央、国务院的英明决策下，我国经济增长速度明显下滑的趋势得到遏止，出现了企稳回升的良好态势，但是金融危机的影响仍然没有完全消除，我国经济回升的基础还不牢固，内在动力仍然不足，结构性矛盾仍很突出，农业基础仍不稳固，就业形势依然严峻。因此，我国经济发展仍处在保增长的关键阶段，改革发展的任务还很艰巨。在这种背景下，我国社会深层次矛盾更加凸显，人们的思想更加具有独立性、差异性、选择性、多变性，社会思潮更加多元、多样、多变。这就对文化建设提出了更高的要求。

从文化自身的发展来看，综合国际国内各方面因素分析，可以说目前正处于历史上的最好时期之一。我们迎来了很多有利机遇：

一是党和国家对文化工作高度重视，文化在国家建设中的作用日益凸显，国家财政对文化建设的投入力度不断加大，为文化发展奠定了坚实基础。改革开放以来，党和政府十分重视文化发展和建设。特别是党的十六大以来，以胡锦涛同志为总书记的党中央，提出了要深刻认识文化建设的战略意义，牢牢把握先进文化的前进方向，弘扬和培育民族精神，深化文化体制改革，大力发展文化事业和文化产业，推动社会主义文化大发展大繁荣，兴起文化建设新高潮的战略任务，进一步明确了社会主义市场经济条件下我国文化发展的指导方针、基本原则、目标任务，为文化发展奠定了坚实的政治基础。国家对文化事业的

投入力度不断加大，1978年全国文化事业费为4.44亿元，2008年全国文化事业费达到248.04亿元，是1978年的56倍。党的十六大以来文化事业费投入占新中国成立以来文化事业费总投入的近60%。这就为文化事业的繁荣发展奠定了雄厚的基础。

二是在科学发展观的指引下，新的文化发展理念逐步形成，为文化建设提供了理论支撑、思想保障和行动指南。在科学发展观的指导下，逐步形成了新的文化发展理念，初步回答了新的历史条件下文化为什么要发展，实现什么样的发展，怎样发展和发展为了谁、发展依靠谁等一系列重大问题，为推动文化大发展大繁荣，兴起社会主义文化建设新高潮提供了重要理论依据。

三是随着经济的快速发展和人民群众生活水平的显著提高，文化需求空前旺盛，为文化建设开辟了前所未有的广阔空间。国际经验表明，当人均GDP超过3000美元的时候，文化消费会快速增长。近年来，我国经济社会持续快速发展，2008年人均GDP已超过3000美元。随着人们生活水平的迅速提高，文化需求不断增加，文化消费日益活跃，并向高品质、多样化和个性化发展，为公益性文化事业和经营性文化产业的发展提供了新的机遇。

四是全球性金融危机持续蔓延和我国经济结构调整总体战略的实施，更加凸显了文化产业的独特优势，为加快文化产业的发展提供了新的契机。胡锦涛同志在党的十七届四中全会上明确指出，为了促进经济社会又好又快发展，要进一步扩大消费需求，推进结构调整，进一步抓好节能减排。而大力发展环境友好型资源节约型产业是改变增长方式的主要途径。最近召开的中央经济工作会议又明确提出加快经济发展方式转变的战略任务。在此背景下，文化产业作为朝阳产业和内容产业，其科技含量高、资源消耗低、环境污染小、受益时间长的特点和优势充分凸显，成为培育新的经济增长点、调整经济结构的良好选择。

五是文化体制改革不断深化，为文化生产力的解放和发展逐步消除了体制机制障碍，增强了文化发展活力。根据中央的总体部署，文化系统积极推进重点环节和重点领域的改革，取得了重大进展，宏观管理体制进一步理顺，微观主体活力不断增强，市场对文化资源配置的基础性作用日益凸显，统一、开放、竞争、有序的现代文化市场体系逐步健全，以公有制为主体、多种所有制共同发展的文化产业格局和以民族文化为主体、吸收外来有益文化的文化开放格局逐渐形成。改革也推动了思想解放、观念更新，极大地调动了广大文化工作者和各类社会主体的积极性、主动性、创造性，进一步激发了全社会的文化创造活力，为解放和发展文化生产力提供了强劲的动力。

六是科学技术的迅猛发展广泛运用，为文化插上了腾飞的翅膀，促使我国文化事业实现跨越式发展。科学技术作为第一生产力，不仅体现在经济建设中，也对文化建设产生了深远的影响。上世纪80年代以来，以互联网、信息技术为代表的高新技术的突飞猛进和广泛运用，对文化建设产生了前所未有的影响。文化产品和服务的形式更加多样，传输更加畅通，传统文化产业的改造有了新的支撑，网络文化、新媒体、电子票务等新兴的文化业态也应运而生，使文化发展有了新的依托。

七是中国国际影响力的不断上升，为推动中华文化"走出去"提供了新的机遇。随着我国改革开放的不断推进和对外开放的不断扩大，我国的经济实力不断增长，中华文化的覆盖面和影响力不断扩大。特别是金融危机背景下，中国在世界上的位置更加重要，中国发展对世界的影响更加凸显，国际社会对中国发展模式和中华文化更加关注，国外民众了解中国的愿望更加强烈，对中国文化产品和服务的需求也在不断增加，为推动中华文化"走出去"提供了新的机遇。

八是全社会的文化认同、文化自觉大大增强，广大文化工作者的整体素质不断提高，精神面貌更加昂扬向上，为推动文化大发展大繁荣提供了强大的精神动力和智力支持。党的十六大以来，科学发展观日益深入人心，全国上下不断树立新的文化发展理念，推动文化大发展、大繁荣的自觉性、主动性、积极性、创造性不断增强。近年来围绕重大活动成功举办文化活动，特别是去年的国庆活动，极大地振奋了党心民心军心，民族自豪感、民族凝聚力显著增强，爱国主义精神空前高涨，文化认同、文化自觉得到极大提升。通过干部人才队伍建设，广大文化工作者的思想水平和业务能力不断提高，工作作风进一步转变，服务大局意识、改革创新意识、以人为本意识、市场经济意识不断增强，组织策划能力、统筹协调能力、调查研究能力、依法行政能力不断提高，为开创文化建设良好局面提供了有力保障。

另一方面，我们也必须清醒认识到，文化发展也面临着一些挑战，文化建设自身还存在着一些问题和不足：

一是我国文化发展的整体水平还不高，还不能很好地满足人民群众日益增长的精神文化需求。当前，人民群众精神文化需求快速增长，求知求乐求美的愿望更加强烈，维护自身文化权益的意识逐渐增强，文化消费潜力远远没有释放出来。相比之下，我们的文化产品和文化服务，无论是在数量上质量上还是水平上，都还不能满足人民群众多方面、多层次、多样化的需求，文化在推动经济社会发展中的作用还没有得到充分发挥。

二是文化发展的体制机制还不健全，文化发展的活力还不够强。随着我国社会主义市场经济体制的逐渐建立和日臻完善，市场对资源配置的基础性作用日益增强。原有的文化体制机制中，政府与市场的角色定位不清晰，常常把经营性文化产业混同于公益性文化事业，政府统包统揽，应该由政府主导的公益性文化事业长期投入不足，应该由市场主导的经营性文化产业长期依赖政府。尽管我们的文化体制改革取得了一定成效，但是，目前还有相当数量的经营性事业单位没有实现转企改制，已经转企的经营性单位的现代企业制度还没有完全建立，还缺少把资本要素、经营要素、文化资源有效整合起来的机制；事业单位的约束机制和激励机制还不健全，文化行政管理部门的职能还没有完全实现从“办文化”为主向“管文化”为主、从微观向宏观、从主要依靠行政手段向依靠行政、法律、经济手段的转变。这些问题成为制约文化生产力解放和发展的体制、机制性障碍。

三是文化软实力西强我弱，与我国国际地位和文化资源不相适应。在国家战略竞争和矛盾不断发展、国际思想文化较量更加激烈的背景下，相对于我国不断增强的政治经济影响和我国五千年文明所积累的文化资源而言，我国的文化软实力还比较弱，核心价值观引领和整合多样化的能力还不强，形成经济、政治、社会、文化四位一体格局的任务还相当艰巨，文化产业满足日益增长的市场需求的能力还不强，文化产品和服务的传播能力和社会影响力都还较弱，文化资源转化为文化业态、文化产品的水平有限，文化贸易逆差依然严重，中华文化的影响还不够深远。因此，提升我国文化软实力的任务还相当艰巨。

四是我们进行文化事务管理的能力还有所欠缺，还不能适应科学技术的迅猛发展和广泛应用所带来的挑战。温家宝总理在中科院建院60周年之际所做的题为《让科技引领中国可持续发展》的讲话中强调，中国再不能与科技革命失之交臂，必须密切关注和紧跟世界经济科技发展的大趋势，在新的科技革命中赢得主动。作为国家建设的一个重要组成部分，我们的文化工作必须与科技相融合，注重文化创新。目前，信息技术、数字技术、网络技术快速发展，使互联网日益成为思想文化信息的集散地和社会舆论的放大器，人们接受信息、发表言论、鉴赏文化、交流思想的渠道越来越多。相对而言，我们对互联网的了解远远少于我们不了解的，运用现代科学技术进行文化事务管理的能力还很有限，我们现行的管理体制还很难适应互联网时代出现的新局面，还不能完全驾驭和应对复杂多变的形势，特别是对新媒体的管理和运用还不够有效。因此，加强科技与文化融合的任务还很重。

总之，面对文化发展的机遇和挑战，我们必须肩负起新时代文化工作者的神圣使命，统筹国际国内两个大局，扎扎实实做好文化工作。既要把困难估计得更充分些，把应对措施考虑得更周密一些，又要注重从变化的形势中捕捉和把握难得的发展机遇，在逆境中发现和培育有利因素，努力把国际金融危机带来的压力转化为推动科学发展的动力。要针对目前存在的问题与不足，采取有效措施，切实提高对外开放不断扩大条件下应对急剧变化的国际形势的能力、科学技术迅猛发展趋势下应对新技术挑战的能力、社会主义市场经济体制不断完善情况下创新文化体制机制的能力、适应人民群众对文化建设的新要求、满足人民群众多样性文化需求的能力。

（二）立足文化实践，积极探索和把握社会主义初级阶段文化发展的内在规律

文化建设是一个长期的复杂的系统性工程。

要完成这样的工程，必须有完善的理论体系、科学的方式方法作支撑。这就需要我们立足文化工作的实践，不断探索在社会主义初级阶段文化发展的客观规律。

回顾历史，我们要认真总结和梳理新中国成立60年来文化建设取得的经验教训。新中国成立60年来，我们走出了一条中国特色社会主义文化发展之路，文化领域呈现出硕果累累、活力迸发的良好态势。60年的文化实践告诉我们，无论是我们积累的经验，还是曾经历的曲折，都是新时期推动文化建设的宝贵财富。比如，我们在发展的实践中得出，只有经济增长，没有文化的大发展大繁荣，不是全面发展的社会；没有文化的大发展大繁荣，经济社会的发展缺乏智力和道德的支撑，是缺乏生命力的、不可持续的发展。因此，必须高度重视文化建设在经济社会发展中的重要地位和作用。比如，我们从中国社会基本矛盾出发，把满足人民群众日益增长的精神文化需求，保障公民基本文化权益，作为文化建设的基本任务，体现了坚持以人为本的科学理念。比如，我们从确保文化先进性的要求出发，深刻认识到必须坚持党对文化工作的领导，必须用中国化的马克思主义理论成果指导文化工作实践，必须坚持社会主义核心价值体系对社会文化的引领，才能确保文化发展的正确方向。比如，我们从永葆文化生机与活力出发，进一步坚信只有坚持解放思想，改革创新，才能极大地解放和发展文化生产力。比如，我们从文化发展的内在规律出发，更加清晰地认识到文化的发展需要长期不断积累，只有重在建设，才能为人民群众奉献更多更好的精神食粮。比如，我们从文化创造的特性出发，更加清晰地认识到文化产品的生产是一种创造性的精神劳动，因此必须坚持尊重知识、尊重劳动、尊重创造、尊重人才，等等。这些基本经验，体现和深化了我们对文化建设内在规律和特点的把握，是新时期推动文化建设的重要法宝。我们必须高度重视，倍加珍惜，必须作为新时期文化建设的重要指导原则长期坚持，并在实践中不断丰富和发展。

面对现实，我们要深入分析新时期我国文化建设过程中存在的深层次问题和矛盾，积极探索解决这些矛盾的有效途径。随着改革开放的不断深入和我国经济社会的发展，经济体制深刻变革，社会结构深刻变动，利益关系深刻调整，思想观念深刻变化，这些历史性的变化深刻影响着文化建设，文化建设过程中深层次矛盾和问题日益凸显：现有的文化产品和服务的供给已远远不能满足人民群众日益增长的多样化精神文化需求；文化发展的城乡差距越来越大，地区性差异越来越突出，造成公共文化资源的供给和分配严重失衡；软件建设与硬件建设之间不协调，文化内容和艺术本体的建设和发展远远跟不上文化设施和载体的发展；现行的文化体制机制严重制约着文化生产力的解放；社会思想意识多元、多变、多样日趋明显，各种思想交流、交融、交锋，使我们面临着如何在尊重差异中确立主导，在包容多样中坚持主流的挑战。入世后国际规则的适用对我们现行的管理思路和方式产生冲击，提出了改变、改革的新要求。对此，我们要积极面对，深入思考，抓住关键，有的放矢。比如，要解决文化产品和服务供需不平衡的矛盾，就要在文化发展的思路上找出路，坚持一手抓公益性文化事业，抓覆盖城乡的公共文化服务体系，体现普惠、均衡、便利、基本性，惠及全民；一手抓经营性文化产业，放开搞活，吸引多种所有制性质的社会资本进入文化领域，形成以公有制为主体、多种所有制文化共同发展的产业格局，既要厘清政府的职责，又要充分发挥市场在配置资源方面的基础性作用和特殊优势。比如，要解决确立主导、坚持主流的问题，在文化建设的引导上，既要强调较快增加文化产品和服务供给的数量，更要强调提高文化产品和服务的质量，特别是坚持弘扬主旋律，确保社会主义核心价值体系的主导地位，要运用各种办法来实现这种导向和引领。比如，要解决城乡差别、地域差异引发的文化发展失衡问题，就必须重心下移，面向基层，大力推动公共文化服务向基层和农村延伸，建设覆盖城乡的公共文化服务设施网络。比如，要解决文化体制机制和文化生产力之间的矛盾，就必须深化文化体制改革，创新文化体制机制。再比如，面对外来文化，我们既不能封、堵，也不能听之任之，要调整方式方法，学会利用国际规则。我们要看到，我们面临的矛盾是不断变化的矛盾，因此要坚持不懈地解放思想，转变观念；要坚定不移地推进改革，扩大开放；要坚持统筹兼顾，瞻前顾后，左顾右盼，注意把握好度，积极推进科学发展、协调发展、和谐发展。

着眼长远，我们要准确把握文化发展的总体思路和评判标准。党的十七大提出了推动文化大发展大繁荣的伟大号召。我们要深入思考，文化大发展大繁荣的标志是什么？衡量文化工作好坏的标准是什么？是不是只要国家投入多了，盖起了图书馆、文化馆、博物馆、演艺中心等这些标志性文化设施就是发展繁荣了？我认为，要弄清这点，就必须以科学发展观为指导，从文化发展的根本目的出发。科学发展观的第一要义是发展，核心是以人为本。过去，我们讲文化的功能是“以文化人”，也就是教育、宣传的功能，这无疑是正确的，是我们必须坚持的，但是，只强调这一方面，还不全面。我们是执政为民的共产党，是为人民服务的政府，满足人民群众日益增长的精神文化需求，是我们搞文化建设的首要的和根本的目的。我们还要强调文化的服务功能，保障人民群众的文化权益。因此，判断文化大发展大繁荣，衡量文化工作的好坏，应从人民群众精神文化需求是否得到满足这个根本点出发进行全面考量。文化大发展大繁荣的局面应该是：精品佳作相继涌现；文化产品和服务的供给极大丰富；文化的社会效益和经济效益充分实现；人民的基本文化权益得到维护和保障；多样化精神文化需求得到满足；全社会的文化创造活力不断迸发；文化人才不断成长；中华文化的影响力和凝聚力不断提升。判定文化工作的好坏，应该以人民群众满意不满意、高兴不高兴作为根本标准。只有明确了这些基本思路，才能更加自觉、更加主动地推动公共文化服务体系建设，大力发展文化产业，加强文化遗产保护，繁荣艺术创作，扩大对外文化交流，满足广大人民群众日益增长的精神文化需求。

（三）立足科学发展，以辩证的方法处理文化发展过程中的热点难点问题和重大关系

辩证法是马克思主义的方法论，是我们判断问题、分析问题、解决问题的法宝。不论什么时候，只要采用辩证的方法，就可以避免观念片面、极端，就可以少走弯路。文化发展是一个漫长曲折的过程，会遇到很多问题，处理很多关系。在此过程中，我们要运用辩证的方法，妥善处理好关系文化发展的若干重大关系：

一是继承与创新的关系。继承优秀文化传统是我们前进的根基，在继承的基础上创新是时代发展的要求。胡锦涛同志指出，推进文化发展，基础在继承，关键在创新。我们对中华民族的传统文化要有一种敬畏之心，要为之感到自豪，要努力使中华文脉延绵不绝，发扬光大。但并不是凡是传统就都要继承，对传统文化一定要坚持“取其精华，去其糟柏”的原则，不断汲取优秀的传统文化来丰富发展当代文化，推动文化创新。观念的创新是文化创新的前提，也是一切创新的基础。体制机制创新是文化创新的核心内容，是推动文化事业发展的根本动力。文化艺术表现方式和文化工作手段的不断创新是文化创新的关键环节。科学技术特别是科技创新的成果是文化创新的必要手段，是文化得以不断丰富和发展的坚实基础与驱动力量。

二是高雅与通俗的关系。自从有文明以来，对于雅和俗，可以说，仁者见仁，智者见智。在文化上、艺术上，谈论高雅与通俗的关系，有特定的指向，那就是在艺术创作上要遵循艺术规律，要源于生活，又要高于生活，既保持生活的鲜活，又不拘泥于生活，作品不能仅诉诸于人的感官，而是要给受众以更持久的影响，把高尚的思想境界、健康的人生追求、美好的艺术情趣传递给人们。从发展变化的角度来看，雅与俗是不停地变化的，可以相互转换的。比如京剧、昆曲诞生的时候，并不被视为高雅，而是更接近大众的一种艺术品种，现在却成为公认的高雅艺术。即使是高雅艺术，在当今社会里，也不能只是在象牙塔里供少数人把玩，孤芳自赏，也必须坚持“三贴近”原则，走进社会，走进人民之中，为广大人民群众所鉴赏。高雅与通俗并存符合人民的长远利益。我们扶持高雅艺术，我们也要以极大的关注来扶持和引导通俗艺术，不搞低俗、媚俗。无论是高雅艺术还是通俗艺术，都要努力提高文艺作品的质量，打造精品。通过优秀作品，满足人民群众多样化、多层次的审美需求。

三是普及与提高的关系。艺术普及与提高的关系，与如何实现艺术的功能、如何满足人们的精神文化需求息息相关。艺术既有教育、引导人民的功能，又有娱乐、审美功能。过去我们重视艺术的教育功能，也就是如何“提高”的问题，而忽视了“普及”的重要性。对于群众精神文化生活的引导是必要的，不可或缺的。同时，我们有责任保障人民群众最基本的文化权益。因此，要坚持在“普及”基础上的“提高”，在“提高”指导下的“普及”。坚持寓教于乐，寓“提高”于满足人民群众的需求之中，春风化雨，润物无声，文化才能在提高全民族思想道德素质和科学文化素质方面发挥其不可替代的重要作用。提高不是靠空洞的说教，而是通过文化艺术的认识功能和审美功能来实现的。随着人民生活水平不断提高，我国进入了文化消费的快速增长期。我们要利用这个契机，创作生产更多体现时代精神、人民群众喜闻乐见的文化精品，发挥文化满足人们精神需求、提升人们精神境界的重要作用。

四是引领与包容的关系。文化建设是宣传思想工作的重要组成部分，确立什么样的指导思想关系到我国文化事业的性质与方向，关系到我们党是否代表先进文化的发展方向。我们要坚持中国化的马克思主义在文化领域的指导地位，坚持用社会主义核心价值体系引导全社会的价值取向，用一元化指导思想引领多样化文化。怎样确立主导、怎样引领多样，是我们需要解决的问题。在今天新的时代特征和历史条件下，我们提出，要在包容多样中立主导，在尊重差异中谋共识，在交流交融中一以贯之，形成既百花齐放、百家争鸣又朝着共同目标前进的生动局面。要防止理论上和实践中的偏差，在今天人们思想活动的独立性、选择性、差异性、多变性显著增强的情况下，在文化工作中，在坚持“二为”方向的前提下，要提倡各种风格、流派的多样化发展，不能强求一律，真正实现“百花齐放，百家争鸣”。

五是开放与防范的关系。多样性是世界文化的一个基本特征。在全球化的时代，任何一种文明或文化又都不可能独自发展，不同文化之间的相互影响是客观存在的，不以人的意志为转移。正确的方法是鼓励相互交流、相互学习、相互借鉴。我们要向世界优秀文化成果学习，博采众长、为我所用，不断丰富中华文化。同时，我们也清醒地认识到，西方敌对势力对我西化、分化的图谋没有改变，而文化是他们对我进行渗透的重要方面，有些强国仍然在推行文化霸权，力图迫使我们接受他们的价值观念。我们在文化建设中一方面要坚持面向世界，就是说不能闭关自守、孤芳自赏，必须参与国际交流、交融、交锋，在交流、交融、交锋中学习、借鉴、扬弃。另一方面，我们又必须继承弘扬民族文化，必须保持和突出我们文化鲜明的民族特色、民族特性，防止外来腐朽文化对我们的侵蚀。我们要顺应全球化和全面对外开放的时代潮流，以更加宽广的胸怀“引进来”，勇于和善于吸收、融汇世界优秀文化成果，为中华文化注入新鲜血液。在此过程中，必须处理好民族化与国际化的关系，引进来与走出去的关系，引进来与守得住的关系，在扩大开放中防范外来腐朽文化入侵。

六是社会效益与经济效益的关系。经济与文化的融合已成为当今社会发展的一种趋势。文化产品既有教育人民、引领社会的意识形态属性，也有通过市场交换、获取经济利益、实现再生产的商品属性，两种属性相应地带来了“两个效益”的关系问题。如何处理两个效益的关系，是一个重大问题。发展文化事业和文化产业都要坚持把社会效益放在首位。对公益性文化事业来说，就是要追求社会效益的最大化，不搞产业化。要坚持政府主导，财政支撑，但也要吸收社会力量，利用市场机制，更好地提供公共文化服务。对经营性文化产业来说，既要讲社会效益，也要讲经济效益。要通过正确处理两者的关系，努力实现两个效益的有机统一，当经济效益同社会效益发生冲突时，经济效益要服从社会效益。

七是行政管理与市场调节的关系。文化建设要以发展、繁荣为主题。在社会主义市场经济体制下，行政管理和市场调节的目的都是为了促进文化的繁荣发展。二者在文化建设中承担着不同的功能和职责，不能彼此混淆、相互错位。政府要明晰自身的职责，该政府管的，一定要坚决管住、管好。文化市场监管是政府文化行政部门的主要职责之一。要更加注重依法管理，并综合运用法律、经济、行政、科技等手段，积极稳妥地处理文化领域的问题。与此同时，要充分发挥市场对资金、技术、人才等文化资源配置的基础性作用，要创造良好的政策环境，发挥政府提供服务的功能，搭建各种服务平台，支持民办、多种所有制文化企业发展，引导和鼓励社会资本进入文化领域，以促进文化创造、生产的繁荣发展，满足人民群众多层次、多方面的需求。

三、紧密围绕党和国家工作大局，坚持改革和发展并重，抓住重点工作和关键环节，努力开创2010年文化工作新局面

2010年，是实现“十一五”规划目标、任务的最后一年，是夺取应对国际金融危机冲击全面胜利、保持经济平稳较快发展的关键一年。做好今年的文化工作，对于实现中央提出的各项战略任务具有十分重要的意义。与前两年相比，2010年是个平年，没有前年、去年那样集中的大事、要事。但这并不意味着我们面临的挑战少了，压力小了，风险小了。我们一定要增强忧患意识，克服麻痹思想，沉下心来，用心谋划，辛勤耕耘，抓好落实，完成“十一五”规划确定的任务，实现文化的全面协调发展。根据长春同志对宣传思想文化工作的总体要求，2010年文化工作总体思路是：按照“高举旗帜、围绕大局、服务人民、改革创新”的总要求，深入贯彻落实科学发展观，解放思想、实事求是、与时俱进，贴近实际、贴近生活、贴近群众，深化文化体制改革，一手抓文化事业繁荣，一手抓文化产业发展，进一步扩大中华文化在国际上的影响力，不断增强国家文化软实力，满足人民群众日益增长的精神文化需求，为实现我国经济社会又好又快发展提供强大的精神动力和文化条件。《2010年文化工作要点》已经发给大家，请大家提出意见，会后将根据大家提出来的意见和建议修改印发。《要点》已经对2010年工作做了全面具体的部署，实施好《要点》是我们有序、有效开展工作的保证。下面，我再强调几点意见。

（一）做好“十一五”文化发展规划的总结和“十二五”规划编制工作，构建文化工作的战略布局

规划工作是关系文化发展全局的一项综合性、战略性工作。今年既是实施“十一五”规划的最后一年，也是制定“十二五”规划的关键时期。首先要狠抓落实，要争取全面完成“十一五”规划确定的各项任务目标。深入把握“十二五”时期的阶段性特征，抓住未来5年文化发展的历史性机遇，编制好“十二五”文化发展规划，描绘未来5年文化发展的蓝图，是我们今年工作重要任务。大家要站在事业发展全局的高度，充分认识做好“十二五”规划编制工作的重要性，扎实做好规划编制的各项工作。一方面，要开展“十一五”文化发展规划执行情况的督察和评估工作，系统分析各项目标任务的完成情况，实事求是地肯定成绩，分析问题，没有落实的要抓紧落实，无法落实的要查找原因，为“十二五”规划编制提供借鉴。另一方面，要深谋远虑，做好“十二五”规划的制定工作。要加强规划编制工作的组织和领导，充分发挥各地方、各单位以及研究机构和专家学者的作用，群策群力，使编制规划的过程成为统一思想、提高认识、凝聚智慧、激发干劲的过程。要立足当前，着眼长远，统筹全局，突破部门和地方思维，突破时空、地域和产业限制。要注重文化发展专项规划与国家总体规划的衔接，争取将文化发展的重点项目列入到国家总体规划之中。要突出规划的可操作性，从解决文化建设的突出矛盾和问题入手，明确下一个5年文化建设的发展目标、基本思路、主要内容、重大工程、保障措施等，使文化发展规划真正成为“十二五”文化建设的指针。

（二）加快构建覆盖城乡的公共文化服务体系，更好地满足人民群众的基本文化需求

公共文化服务体系建设是文化事业发展的龙头。我认为在本届政府任期内，建立和完善覆盖全国城乡的，体现公益性、基本性、均等性、便利性的公共文化服务体系，并使其切实发挥作用，就是最大的目标，因为这是扎扎实实地为老百姓做的事情。在工作思路上，要坚持政府主导与社会参与并重，坚持“软件建设”与“硬件建设”并重，以管理和服务为核心，以基层和农村文化建设为重点，以活动为抓手，以项目为依托，以理论和政策研究为支撑，加强制度体系和长效机制建设，创新内容形式，丰富资源总量，推动公共文化服务体系建设的可持续发展。要加快完成“十一五”时期乡镇综合文化站项目任务，进一步推动公共美术馆、图书馆、文化馆免费开放，不断提高公共文化产品和服务的供给能力。要将文化资源和文化服务向农村和欠发达地区倾斜，不断缩小城乡公共文化服务的差距，继续组织好文化“三下乡”活动，推进高雅艺术进校园，增加对进城务工人员等特殊群体的文化服务援助，推进公共文化服务的均等化发展。要围绕社会关注的热点问题，实施好少数民族地区文化建设“春雨工程”，充分发挥文化在反对分裂、维护稳定、促进发展方面的作用。加强未成年人文化工作，继续实施优秀少儿歌曲创作推广计划，为未成年人提供优秀的文化产品。

（三）进一步繁荣艺术创作，为人民提供更多的精神食粮

文化大发展大繁荣首要特征就是优秀精神文化产品的不断涌现。要推动文化大发展大繁荣，必须进一步繁荣文艺创作，多出精品佳作，多出优秀人才。要坚持重大活动组织与长效机制建设并重，精心组织优秀文艺作品的创作生产。认真完成党中央、国务院交办的各类重大演出任务，办好第九届中国艺术节等重大节庆活动，组织好第13届文华奖和第15届群星奖等评奖活动，做好第六届全国话剧展演、第八届全国杂技比赛等展演和比赛活动，组织好上海世博会文化活动。把重大活动与改革评奖机制结合起来，减少奖项数量，加大演出场次的权重，完善对艺术人才尤其是表演人才的奖励机制，健全评奖监督机制，确保政府评奖的公开、公平、公正。要总结多年来国家财政支持艺术发展的有益经验，整合现有资源，推动设立国家繁荣文艺创作专项资金，民族音乐和芭蕾舞、歌剧、交响乐等高雅艺术发展专项资金，西部地区交响乐艺术发展专项资金，通过科学有效的管理方式和资金投入方式，提高资金的使用效率，为艺术作品创作、生产搭建广阔的平台。要加强对艺术门类的宏观指导，实现“办文化”向“管文化”的转变，结合文化体制改革，总结地方院团内部机制改革，创新发展模式的经验和做法，对交响乐、京剧、话剧、民族音乐和歌剧等艺术门类采取专题研究的办法，就下一步改革发展提出具体指导性意见。要不断探索服务群众和繁荣文艺创作的新途径。继续加强对民营院团的扶持，积极落实完善市场准入、税收优惠、职称评定和“走出去”等方面的优惠政策，发挥民营院团在繁荣文艺舞台、文化市场和文化生活中的不可替代的作用，提高他们为基层、为群众演出和服务的积极性。

（四）加强文化遗产保护工作，进一步弘扬优秀文化传统

文化遗产保护工作近年来深受社会关注。温家宝总理去年在参观非物质文化遗产展览时指出：“人之文明，无文象不生，无文脉不传。无文象无体，无文脉无魂”。我们要从继承中华民族优秀传统文化、弘扬中华文明、提高全民族的文化自觉、建设中华民族共有精神家园的高度，充分认识开展文化遗产保护的重要意义。继续摸清家底，推进全国文物普查和古籍普查工作，开展第七批全国重点文物保护单位和第三批国家级非物质文化遗产名录项目的评审。继续做好非物质文化遗产普查验收工作。实施好文化遗产保护的重点保护项目。继续开展南水北调、川气东送、高速铁路、公路建设等国家重大建设工程中的考古和文物保护。推进西安片区、洛阳片区等大遗址保护。要贯彻落实长春同志在河南博物院考察时的讲话精神，把博物馆建设成为群众爱国主义教育的重要阵地，传播先进文化、愉悦群众身心的精神家园，广大青少年接受教育的第二课堂，旅游业发展的新兴景点，对外文化交流的重要窗口，学术研究和科普教育的重要平台。精心筹备和确保成功举办国际博物馆协会第22届大会。实施西藏古籍保护工作方案，做好中华再造善本续编工作。加强代表性传承人的保护，促进传承人保护制度化、规范化。加大对入选“人类非物质文化遗产代表作名录”和“急需保护的非物质文化遗产名录”项目的保护、检查和督导力度。继续选择传统文化历史积淀丰厚、存续状态良好、非物质文化遗产资源丰富的特定区域，设立为文化生态保护实验区，探索各具特色的保护模式。加强遗产保护的基础设施建设。逐步将非物质文化遗产名录项目的展示与传习基础设施建设纳入公共文化服务体系建设和当地经济、社会发展规划。采取政府支持、民办公助等多种形式加快非物质文化遗产馆、传习所建设，鼓励企事业组织、社会团体以及其他组织和个人设立相关的专题博物馆、传习所。加强文化遗产宣传展示，充分利用“文化遗产日”和民族传统节日，组织策划一系列展览、展演、论坛、讲座等活动，广泛宣传，不断增强全民族的文化自觉。

（五）加快文化产业振兴发展，实现文化市场繁荣有序

《文化产业振兴规划》是新中国成立60年来第一次对文化产业发展做出的规划，也是指导我国文化产业发展的纲领性文件。今年的文化产业工作，就是要牢牢抓住贯彻落实《文化产业振兴规划》这个纲，以解决影响和制约文化产业科学发展的突出问题为重点，在抓宏观、抓重点、抓政策、抓落实上狠下功夫。要结合本行业和各地实际，制定《规划》实施细则和配套政策，把《规划》确定的各项政策转化为具体的思路、项目和工程，抓紧安排资金，选择成长性好、示范效应强、有地方特色的重大文化产业项目予以支持，培育一批实力雄厚，具有竞争力和影响力的大型骨干文化企业。要推进文化与科技的融合，积极改造传统产业，扶持动漫、游戏、会展等新兴文化产业发展。要拓展文化企业的投融资渠道，建设文化产业项目投融资服务平台，促进金融资本、社会资本与文化资源对接。要注重文化产业发展的有效性，根据实际情况深入分析发展的可行性和发展重点，避免低水平重复建设和不切实际的盲目投资、盲目扩张。

文化市场管理一直是社会关注的热点，也是文化部门的一项重要职能。要坚持一手抓繁荣、一手抓管理，下大力气落实管理到位的要求，切实加强文化市场管理，净化市场环境。加快全国文化市场监管平台建设，不断提高监管效能，扩展监管内容。完善进口文化产品内容审查制度，落实网络游戏内容管理措施。以查处网吧、游戏娱乐场所违规接纳未成年人，打击互联网低俗之风为重点，开展专项整治，切实维护文化市场秩序。加快诚信画廊建设，逐步构建艺术品市场诚信体系。推动成立网吧、网络游戏行业协会，加强行业自律。

（六）深入推进文化体制改革，为文化发展提供强大动力

在新的一年里，文化系统要进一步深入贯彻落实科学发展观，解放思想、转变观念，加大力度、加快进度，加强领导、统筹规划，着力推进各项改革深入开展，圆满完成。推动中国对外文化集团公司、中国东方演艺集团有限公司、中国文化传媒集团有限公司、中国动漫集团有限公司完成人员安置、社会保障衔接等转企改制各项后续工作，按照现代企业制度要求，完善法人治理结构。按照中央关于各部门各单位出版社体制改革的要求和部署，推进中国录音录像出版总社、文化艺术出版社、国家图书馆出版社、紫禁城出版社等文化部所属出版单位完成转企改制的各项工作。深入推进文化系统经营性单位转企改制，培育一批区域性龙头文化企业。将国有院团转企改制试点工作向面上推开，加快省级和地市级演艺院团的转企改制，制定基层院团体制改革的指导意见，在各省、自治区、直辖市选择一至两个试点县，推动县级院团转企改制。落实和完善各项转企改制配套政策，在资源配置和资金支持上对转制院团实行倾斜，确保院团转企改制后原有正常事业费继续拨付，并通过文化产业发展资金等予以支持，推动改善转企改制院团生产经营基本条件，以新建、改造、委托经营、租赁等多种形式，为转企改制院团配备相对固定的演出场所，真正实现“早改早受益，早改早发展”。推进文化体制改革要坚定不移，该转制的院团要义无反顾、不留后路，不能搞翻牌公司，不能脚踩事业、企业两条船，要使转企改制“可核查、不可逆”。深化保留事业体制文艺院团的内部机制和管理制度改革，按照面向市场、转换机制、增强活力、改善服务的要求，着力提高事业院团市场适应能力和发展活力。积极推进公益性文化事业单位的人事、收入分配和社会保障制度改革，全面推行聘用制和岗位责任制，引入竞争激励机制，激发内在活力，提高服务水平。

（七）积极开展对外及对港澳台文化交流，提高中华文化影响力

当代中国同世界的关系正在发生历史性变化，中国的发展日益紧密地同世界的发展联系在一起，加强中华文化“走出去”，提升国家文化软实力，成为关系全局的重要战略任务。要贯彻落实党和国家关于对外文化工作的方针政策，充分发挥文化外交的作用，进一步强化与世界大部分国家和地区的文化关系，大力推动我国文化产品和服务走向世界，不断提升中华文化的影响力和竞争力。做好“文化年”、“中国节”及庆祝建交文化活动，继续抓好“欢乐春节”活动、“相约北京”联欢活动，努力把重点文化交流项目打造成有长期影响力和政府示范性的重点文化品牌。要充分发挥“对外文化工作部际联席会议”机制的作用，加强中央各相关部门的沟通与协调，发挥中央和地方两个积极性，积极构建政府交流项目与民间市场运作相结合的工作网络，不断扩大对外文化交流的规模、层次、效益，开创对外文化工作的崭新局面。要进一步加强制度建设，创新管理方式。设立“国家对外文化交流重大项目专业咨询委员会”、对外文化交流基金、全国对外文化交流项目库、文化贸易产品信息库，搭建对外文化交流和文化贸易平台。要进一步加强阵地建设，推动在俄罗斯、蒙古、新加坡、墨西哥等国设立中国文化中心，逐步在世界范围内形成科学合理的布局，强化文化中心的平台作用和辐射功能。要积极配合国家对港、澳、台工作的整体部署，做好“情系”系列、“艺海流金”系列大型文化交流活动，推动各种形式的“文化入岛”和港澳的“人心回归”。

（八）积极推进各项保障工作，促进文化工作健康持续发展

紧紧围绕学习贯彻党的十七届四中全会精神，按照中央关于建设学习型政党的总体部署和要求，扎实做好新形势下文化系统党的建设各项工作。要加强用中国特色社会主义理论体系武装全体党员干部，不断提高文化系统干部队伍的理论素养，增强贯彻党的基本理论、基本路线、基本纲领、基本经验的自觉性和坚定性，增强高举中国特色社会主义旗帜，走中国特色社会主义道路的自觉性和坚定性。贯彻落实中央关于建设学习型党组织的意见，抓好各级党委中心组理论学习，完善文化部党组中心组学习制度。继续举办好“部级领导干部历史文化讲座”和“先进文化、和谐文化、廉政文化”主题读书活动。全面推进文化系统党风廉政建设，健全文化系统惩治和预防腐败体系，认真抓好党的作风建设，加强反腐倡廉教育。推进文化系统行业作风建设，继续加强对文艺评奖评审活动和基建项目的监督。筹备举办中国廉政文物大型展览，进一步扩大廉政文化影响力。要努力争取逐步解决财政投入偏低、人才队伍不健全、政策法规不完善、科技保障能力弱等难题，为各项文化事业发展奠定坚实基础。要逐步建立财政投入的长效机制，加大对公益性文化事业发展的系统性投入，不仅在纵向上要实现快速增长，在横向上也要缩小与教育、卫生、科技等领域的差距。要建立城乡基层公共文化服务财政保障机制，加大对重点工程和项目的投入，争取中央财政对转企改制文化企业发展专项经费的支持。进一步加强各级文化部门领导班子和领导干部队伍建设。实施文化艺术名家工程，开展首批培养对象的选拔和资助工作。着重加强国家对文化艺术人才的荣誉激励，加强行政型、专业型和经营型干部的培养、使用、引进，提高基层文化工作者业务技能和综合素质。大力培养少数民族干部和各类专业人才，鼓励优秀人才到民族地区、边疆地区和农村基层工作。进一步完善文化政策法规体系。推进《非物质文化遗产保护法》、《公共图书馆法》、《对外文化交流条例》、《艺术品市场管理条例》等法律法规的立法进程。加强文化领域重点难点问题调研，推动有关政策的具体落实。充分利用现代科学技术，推进文化创造手段和传播方式的创新，提高文化产品的感染力和传播力。积极推动科技创新，落实国家文化科技提升计划，进一步深入推进“国家文化创新工程”，做好2010年度文化部科技创新项目评审立项工作，促进文化与科技的融合，为文化发展提供强大动力。

同志们！充实忙碌的2009年刚刚过去，充满希望的2010年已经到来。时不我待，重任在肩。让我们紧密团结在以胡锦涛同志为总书记的党中央周围，开拓创新，团结前进，为推动社会主义文化的大发展大繁荣而努力奋斗！

谢谢大家！

大力弘扬改革创新精神　夺取文化体制改革的新胜利

——在2010年文化部文化体制改革工作会议
暨4家集团公司深化转企改制工作表彰大会上的讲话

蔡　武

（2010年8月18日）

同志们：

4家集团公司深化转企改制工作，在文化系统体制改革总体格局中地位重要，影响深远。今年以来，各有关司局、部直属各转制试点单位广大干部职工，认真落实部党组决策部署，以高度的政治责任感，饱满的工作热情，周密细致而又富于创意的工作举措，坚决果敢而又深入扎实的工作作风，推动4家集团公司深化转企改制工作取得重大进展，为全国文化系统深化改革加快发展作出了表率。我代表文化部党组，向获表彰的先进集体和个人表示热烈的祝贺，向你们并通过你们对奋战在改革发展第一线的广大干部职工表示崇高的敬意和亲切的慰问！

8月13日至14日，在青岛举行的全国文化体制改革工作会议，是一次事关文化改革发展全局的十分重要的会议。李长春同志对会议作出重要批示。刘云山、刘延东同志出席会议并作重要讲话。会议突出强调，要深入学习贯彻中央精神，以新的视角深刻认识文化的重要地位和作用，坚持用科学发展观统领文化改革发展，以改革创新的精神推动文化繁荣发展。我们今天召开这个会议，目的在于传达学习全国文化体制改革工作会议精神，总结今年以来文化系统体制改革工作的新进展新成效，特别是4家集团公司深化转企改制工作积累的有益经验，表彰先进典型，弘扬改革创新精神，奋力夺取文化系统体制改革的新胜利。围绕会议主题，我谈4个方面的内容。

一、深入学习领会胡锦涛总书记重要讲话精神，全面贯彻落实全国文化体制改革工作会议部署，切实增强深化改革加快发展的历史使命感

全国文化体制改革工作会议贯穿着一个鲜明的主题，就是深入学习贯彻中央一系列重要指示精神，特别是胡锦涛总书记在中央政治局第二十二次集体学习时的重要讲话精神，总结工作、交流经验，分析形势、部署任务，加快推进文化体制改革，促进文化事业和文化产业又好又快发展。

会议指出，今年以来，以胡锦涛同志为总书记的党中央对文化建设作出一系列重要论述和决策部署，特别是7月23日中央政治局专门就深化文化体制改革问题进行集体学习，胡锦涛总书记发表重要讲话，充分肯定了党的十六大以来文化体制改革和文化建设取得的成绩，全面分析了文化建设面临的国际国内形势，深刻阐述了文化体制改革和文化建设的重大意义，进一步明确了深入推进文化体制改革应当坚持的指导思想，提出了必须抓紧抓好的重点任务，并就切实加强文化体制改革组织领导提出新的要求，为当前和今后一个时期我国文化建设指明了前进方向。

会议强调，胡锦涛总书记的重要讲话总揽全局、内涵丰富、思想深刻，是对文化改革发展的一次全面系统的论述，丰富发展了中国特色社会主义文化建设理论，充分体现了党中央对文化建设的高度重视和对文化建设规律的科学把握。当前，各地区各部门特别是宣传思想文化战线，要把深入学习贯彻胡锦涛总书记的重要讲话精神作为一项十分重要的政治任务，把思想和认识统一到讲话精神上来，把工作统一到中央的决策部署上来，深化文化体制改革，加快发展文化事业和文化产业。要加快文化体制机制改革创新，推动文化体制改革在重点领域取得进展；加快构建公共文化服务体系，更好地保障人民群众基本文化权益；加快发展文化产业，不断增强文化产业整体实力和竞争力；加强对文化产品创作生产的引导，推出更多深受群众喜爱、思想性艺术性观赏性相统一的精品力作，最大限度发挥文化引导社会、教育人民、推动发展的功能。

贯彻落实胡锦涛总书记重要讲话精神和全国文化体制改革工作会议精神，我体会，要切实把握以下6个方面：

（一）切实提高对文化重要地位和作用的认识，进一步增强深化文化体制改革的责任感使命感

全国文化体制改革工作会议强调，胡锦涛总书记的重要讲话，从现代化建设的总体布局，从民族复兴的历史纵深，从国际竞争力的战略高度，对文化的重要地位和作用进行了多维审视，显示了我们党新的文化自觉。只有全面深刻地认识文化、把握文化，才能更加自觉、更加主动地承担起推动文化繁荣发展的历史责任。贯彻胡锦涛总书记重要讲话精神和全国文化体制改革工作会议精神，要求我们进一步提高文化自觉，充分认识到文化既是推动经济社会发展的重要手段，又是社会文明进步的重要目标，既是凝聚人心的精神纽带，又直接关系民生幸福，既直接贡献于经济增长，又在提升经济发展质量中发挥着重要作用，从而不断增强投身社会主义文化建设的责任感和使命感，立足本职岗位，为社会主义现代化建设“四位一体”总体布局添砖加瓦。

（二）充分认识文化体制改革的良好态势，进一步增强深化文化体制改革的信心和决心

去年南京会议以来，各地各部门认真贯彻中央部署，扎实工作、强力推进，文化体制改革取得新的突破性进展，文化事业文化产业发展迈出新的步伐，成效和态势都很好。当前，我国文化建设已进入一个新的阶段，从世界发展大势看，从中国特色社会主义伟大实践看，从文化建设自身发展趋势看，从网络化、信息化潮流看，我国文化改革发展面临着许多有利条件和难得机遇。同时，我们也要看到，文化体制改革进展还不平衡，实际工作中还存在一些薄弱环节，部分地方和单位深化改革、加快发展的工作力度还不大。贯彻胡锦涛总书记重要讲话精神和全国文化体制改革工作会议精神，要求我们深刻认识文化建设面临的机遇和挑战，进一步增强深化改革、加快发展的责任感和紧迫感，加快文化发展步伐，提升国家文化软实力和国际竞争力；加快构建有利于文化与市场对接的体制机制，提高文化发展的活力和效率；加快文化事业文化产业发展，更好地推动文化建设和经济建设、政治建设、社会建设相协调。

（三）全面把握文化体制机制创新的重点任务，进一步增强深化文化体制改革的针对性有效性

全国文化体制改革工作会议指出，文化体制改革已进入全面推开、攻坚克难的重要阶段，能否如期完成既定的改革任务，今明两年最为关键。随着改革的不断深入，改革的艰巨性和复杂性也越来越突显。我们必须攻坚克难，确保如期完成改革重点任务，否则将延缓整个文化改革发展的进程。贯彻胡锦涛总书记重要讲话精神和全国文化体制改革工作会议精神，要求我们加大工作力度，创新工作思路和办法，不断破解改革难题，着力在重点领域和关键环节取得突破，加快推进经营性文化单位转企改制，积极推进国有文艺院团改革，继续深化公益性文化单位改革，深入推进文化宏观管理体制改革，用新的体制机制保障文化繁荣发展。

（四）充分认识推进文化发展方式转变的重大意义，进一步增强深化文化体制改革的主动性、自觉性

全国文化体制改革工作会议指出，转变发展方式，是总结历史和现实正反两方面经验作出的战略抉择，是抢占发展制高点，争创发展新优势刻不容缓的重大任务。转变发展方式，不仅是经济领域的问题，文化领域同样也需要通过转变发展方式获得新的发展动力和增长空间。现在，我国文化建设快速发展，水平不断提升，但同时也存在许多亟待解决的问题。贯彻胡锦涛总书记重要讲话精神和全国文化体制改革工作会议精神，要求我们把转变文化发展方式作为一件大事来抓，坚持以科学发展观为统领，不断培养世界眼光和战略思维，不断增强忧患意识、机遇意识和发展意识，顺应时代要求，把握发展机遇，坚定不移地走科学发展道路，保证文化可持续发展、又好又快发展。

（五）深刻领会引导文化产品创作生产的总体要求，进一步完善出精品、出人才、出效益的工作机制

文化体制改革的根本目的是多出精品、多出

人才、多出效益，改革成果最终要体现到优秀精神文化产品的不断涌现上，体现到人民群众精神文化需求的不断满足上，体现到社会主义先进文化的不断壮大上。近年来，随着改革的深入推进，我国文化产品创作生产取得长足进步，总体呈现数量极大丰富、规模迅速扩大的良好态势。但与群众的需求和期盼相比，仍然存在不小差距，文化产品质量不高、精品佳作不多，迫切需要我们下大功夫加以解决。贯彻胡锦涛总书记重要讲话精神和全国文化体制改革工作会议精神，要求我们必须始终坚持社会主义先进文化前进方向，贴近实际、贴近生活、贴近群众，把社会效益放在首位，促进社会效益与经济效益有机统一。要通过深化文化体制改革，不断解放文化生产力，激发文化创造力，提升文化产品质量，推动创作生产更多无愧于时代、无愧于人民的文化精品，最大限度地发挥文化引导社会、教育人民、推动发展的重要功能，最大限度地满足人民群众多样化多层次多方面的精神文化需求。

（六）牢牢把握推进文化改革发展的正确方向，进一步加大对改革发展工作的组织领导力度

胡锦涛总书记的重要讲话突出强调，各级党委和政府要把文化体制改革和文化建设摆在全局工作的重要位置，纳入经济社会发展总体规划，纳入科学发展考核评价体系，建立健全领导体制和工作机制，坚持一手抓繁荣、一手抓管理，牢牢把握文化发展主动权。这对文化系统统筹协调，争取各有关部门支持，发挥各方面优势，共同推进文化体制改革工作具有非常重要的指导意义。贯彻胡锦涛总书记重要讲话精神和全国文化体制改革工作会议精神，要求我们从大局、全局出发，提高认识，狠抓落实，不断健全文化建设和文化体制改革的领导体制和工作机制，不断深入研究文化发展的特点和规律，不断完善和落实改革与发展的配套政策，不断加强文化领导班子建设和人才队伍建设，不断增强求真务实的工作作风，大力推进文化体制改革组织领导工作的法制化、规范化、制度化、科学化，不断提高推动文化科学发展的能力。

二、认真总结今年以来文化系统体制改革工作的新进展、新成效，进一步坚定争作新贡献、开创新局面的信心和决心

今年以来，在党中央、国务院的坚强领导下，文化系统改革力度进一步加大，改革步伐进一步加快，在重点领域和关键环节取得了新的重大突破。

（一）文化部系统4家集团公司深化转企改制工作取得重大实质性进展，为全国文化系统推进经营性文化单位规范转制作出了表率

根据中央要求，去年12月底，文化部会同中宣部下发《关于规范国有文艺演出院团转企改制工作的通知》，明确提出国有院团在转企改制过程中要成为真正的企业法人，做到“可核查、不可逆”，坚决不搞翻牌公司。今年以来，文化部先后召开14次部长办公会议，推动中国对外文化集团公司等4家文化央企深化转企改制，为全国文化系统推进经营性文化单位规范转制做示范。4家集团公司在部机关的指导和支持下，克服物质基础较薄弱、不少工作没有先例可循等客观困难，坚持以人员身份转换为主线、以职工群众支持为保障、以完善企业运行机制为依托，创造性地推进规范转制工作，取得重大进展。一是深入细致制定人员身份转换方案，使规范转制得到最大多数职工支持。部改革办及有关司局进行了长达数月的走访调研，深入细致地了解各转制单位人员具体情况，形成了推动4家集团公司转换人员身份的整体思路。4家集团公司认真履行民主程序，确保职工的知情权和参与权，充分反映职工的各项正当诉求，分别制定了符合自身实际的人员身份转换方案，得到职工的高度认同，得到部文化体制改革工作领导小组的肯定和批复，完成了规范转制最为重要的环节。二是积极推动解决社保问题，切实解除职工后顾之忧。我们大力争取相关部委和北京市政府支持，以人力资源和社会保障部发函的形式，确定4家集团公司原在职事业身份职工和离退休职工，从2010年7月1日起参加北京市企业职工基本养老保险，在待遇标准上享有目前在京文化企业最为优惠的政策。按照中央有关建立多层次养老保障体系的政策规定，各集团公司正积极筹划建立企业年金，以提高转制后退休人员的养老待遇水平，切实调动在职职工的工作积极性，增强企业凝聚力。三是以推进收入分配制度改革为抓手，实现全员劳动合同管理。各集团公司认真开展了组织结构优化、岗位制度设计、薪酬制度改革等工作，人事管理和收入分

配以“凭业绩、看贡献、重能力”取代“唯职称、唯资历、唯工龄”，一线职工收入得到显著提高，从而大大促进了全员劳动合同管理的顺利实行。目前，4家集团公司原事业单位全部1020个事业编制已经核销，现代企业制度建设深入推进。

（二）国有文艺院团体制改革全面推进、效果显著，演艺领域焕发出前所未有的创新活力

全国国有院团体制改革力度进一步加大，成效进一步突显。据不完全统计，截至今年上半年，全国转企改制院团总数达228家，仅2010年新增数即达106家，相当于2008年以前转企改制院团的总和。文艺院团转企改制的范围逐步由省级院团向地市级和县级院团延伸，在已列入统计的228家转企改制院团中，地市级和县级院团达116家。转制院团资源整合迈出重要步伐，一批区域性龙头演艺企业逐渐形成，北京、辽宁、吉林、上海、江苏、安徽、山东、河南、重庆、陕西等省市整合资源组建了省级演艺集团公司。演艺产业布局得到优化，现代演艺产品流通体系不断完善。中国对外文化集团公司整合了全国25家演出场馆，初步建成了“中演演出院线”。保留事业性质的国有院团按照“政府扶持、转换机制、面向市场、增强活力”的要求，在推进劳动人事、收入分配、社会保障、经营管理等内部机制创新方面进行了大量有益的探索。比如，中央芭蕾舞团实行全员聘任制、年薪制，对贡献突出、能力优秀的人员给予不同级别的“优秀表现奖励”“长期服务奖励”，极大地增强了院团的凝聚力和向心力。通过改革创新，国有院团文艺创作生产能力不断提升，舞台艺术产品品种和数量不断丰富，演出场次和质量明显提高，优秀传统文化和高雅艺术进一步弘扬，实现了社会效益和经济效益的有机统一。

（三）文化市场综合执法改革进展顺利，政府职能转变进一步深化

我们会同有关部门，认真贯彻落实《关于加快推进文化市场综合执法改革工作的意见》，推动全国文化市场综合执法改革取得新的成效。目前，北京、上海、天津、重庆、浙江、广东、海南、山西8个省市基本完成综合执法改革工作；江苏、山东、辽宁3个省已完成省辖市综合执法改革任务，吉林、河北、内蒙古等14个省区已制定了全省性综合执法改革的实施或工作方案，全国4个直辖市的全部区县、333个副省级和地级市中的168个已组建综合执法机构；4个直辖市的全部区县、184个副省级和地级市实现了文化、广电、新闻出版三局合并，建立了统一的行政责任主体，执法效率明显提高，执法成本大幅度下降，为净化文化市场环境提供了重要的体制机制保障。我们进一步理顺网络游戏、动漫、综合执法等领域的管理职能，形成网吧及网络游戏管理工作领导小组、文化与旅游协调发展联席会议、对外文化工作部际联席会议等工作机制，有效整合了资源，提高了效率。

（四）文化惠民工程推进顺利，公共文化服务运行机制创新取得新的成效

今年以来，我们继续推进全国文化信息资源共享工程建设，加快国家数字图书馆数字资源建设，启动县级数字图书馆推广计划，积极开展电子阅览室试点工作。下发了《关于进一步做好公共博物馆、纪念馆免费开放工作的意见》，继续推进博物馆免费开放。积极探索符合边疆民族地区需求的文化服务方式，策划实施了以“大舞台”“大讲堂”“大展台”系列活动为载体的“春雨工程——全国文化志愿者边疆行”活动。这些工程和活动推进顺利，进一步促进了公共文化服务运行机制的改革创新。

（五）坚持正确导向，弘扬主旋律，提倡多样化，引导文学艺术创作活动

我们坚持用“抓两头”的思路推动文艺的繁荣，一头抓精品工程，抓高雅艺术、经典作品的创作展演，一头抓动员组织广大群众参与的群众性文化艺术创作表演。今年以来，我们先后组织了第六届全国话剧优秀剧目展演、全国城乡基层群众小戏小品展演、第九届中国艺术节、首届全国民营艺术院团优秀剧目展演、2010国家艺术院团优秀剧目展演，举办了第13届文华奖和第15届群星奖评选活动，组织了114台各类文艺演出，150多场各具特色的群众广场演出、展览展示和送戏下乡活动，进一步促进了专业文艺团体“面向基层、面向群众”意识的提升，进一步丰富、活跃了群众文化生活。我们坚持用引导的办法，用改革评奖的办法，用加强健康的文艺批评、文艺评论的办法，引导主旋律创作，用加强市场监管、推动行业自律、发挥社会监督作用的办法，抵制文化产品创作生产中存在的“三俗”，取得了积极成效。

（六）积极推进文化发展方式转变，文化产业规模和效益不断提升

我们会同有关部门出台了《关于金融支持文化产业振兴与繁荣发展的指导意见》，文化系统一批亮点突出、示范效应明显的项目得到银行贷款支持，涉及金额136亿多元。积极搭建文化产业交易平台，取得显著成效。第六届中国（深圳）国际文化产业博览交易会总成交额达到1084.34亿元。义乌文化产品交易博览会成交额28.07亿元，同比增长51.81%。演艺、娱乐等传统产业保持较好的发展势头，网络游戏、动漫等新兴业态发展迅猛。

（七）推动中华文化“走出去”方式不断创新，中华文化的竞争力和影响力日益增强

对外文化交流的范围和渠道不断拓宽，已同160多个国家和地区建立文化交流关系，同145个国家签订政府间文化合作协定，建成海外中国文化中心9个，与148个国家约458个民间团体和文化组织建立了友好交流关系。推动文化企业进军国际市场，取得明显成效。天创国际演艺公司以独立投资方式购买了美国布兰森市的白宫剧院，并联合外国演出商共同投资制作适合西方高端演艺市场的《功夫传奇》，创造了以资本运营带动演艺产品出口的新模式。

三、加大力度、突出重点、狠抓落实，全面完成文化系统体制改革重点任务

今年以来，文化系统体制改革工作在多个方面取得重要进展，但与中央提出的目标、任务、要求相比，与文化领域其他行业的改革进展相比，文化系统体制改革工作还相对滞后，容不得丝毫自满、松懈。做好今年改革工作，要切实做到7个“突出抓好”：

（一）突出抓好文化部系统4家集团公司全面完成转企改制工作

目前，4家集团公司人员深化转制工作已取得重要实质性进展，但还远远未画上句号。有关司局和4家集团公司，要进一步理清职责、明确分工、加强协作，加快完成深化转制的各方面工作。要积极创造条件，启动转制单位事业法人注销程序，全面实现“可核查、不可逆”。与此同时，我们要积极争取有关部门支持，切实帮助转制单位在企业体制下提高人才吸引力，为转制单位加快发展提供人才保障。要抓紧制定转制过渡期企业管理与考核办法，防止出现“管理真空”。改革工作千头万绪，一定要抓好统筹兼顾，做到忙而不乱、忙而有序。

（二）突出抓好文化部系统出版社如期完成转企改制工作

要按照中央关于各部门各单位出版社体制改革的要求和部署，全力推进中国录音录像出版社、文物出版社、文化艺术出版社、国家图书馆出版社、紫禁城出版社等文化部系统出版社转企改制，确保如期完成任务。

（三）突出抓好国有文艺院团转企改制工作

在全国文化体制改革工作会议上，刘云山同志指出，去年以来，国有文艺院团改革迈出较大步伐，已有228家转企改制，但相对于2400多家的总数来说，改革的任务依然很重。下一步，对歌舞、杂技、曲艺、地方戏曲等市场发育相对成熟的国有文艺院团，要积极推进转企改制，力争取得新的进展。对介于公益性和经营性两者之间的文艺院团，主要是三类：一是文化部直属，代表国家水准、起示范作用的院团；二是体现民族特色、民族瑰宝的重点院团，含京剧、昆曲等；三是少数市场发育需要一个过程的高雅文艺院团，如芭蕾、交响乐、歌剧等，经中央文化体制改革工作领导小组办公室界定和审核，可实行事业单位企业化管理，进行内部机制改革创新，形成自我发展的内生动力。这类院团毕竟是少数，我们要积极创造条件，推动更多的经营性文艺院团转企改制。部改革办及各有关司局在抓好调研和督查工作的同时，要着重抓好落实和完善院团改革的各项政策措施，探索扶持院团改革发展的新模式，建立相应机制，把文化部掌握的有关资源向改革早、见成效的转企改制院团倾斜，为其迅速做大做强创造条件。要认真调研，积极解决演艺企业融资难问题，努力推动一批符合条件的演艺类企业上市。

（四）突出抓好文化市场综合执法改革和政府职能转变

要继续推动副省级和副省级以下城市文化市场综合执法机构的整合重建，建立统一的文化行

政主体，争取今年年底前完成副省级及副省级以下城市文化市场综合执法机构组建工作。要积极推进政企分开、政事分开、政资分开、政府与市场中介组织分开和管办分离，进一步理顺文化行政主管部门与所属企事业单位的关系，加快落实转变政府职能各项任务。要认真履行“三定”方案确定的职能，不越界、不缺位，积极、主动地同各部门、各单位统筹协调，合作共事，保证改革顺利推进。

（五）突出抓好公共文化服务运行机制创新

要深入实施文化信息资源共建共享工程，持续推进流动舞台车工程，实施推广公共电子阅览室建设项目，推进基层公共文化设施的数字化建设。继续推进公益性文化事业单位内部机制改革。进一步做好公共博物馆、纪念馆、图书馆、文化馆、美术馆的免费开放。要加大公共文化产品供给力度，改进供给方式，建立健全政府采购等方式，为人民提供丰富、优质的公共文化产品和服务。要针对当前公共文化服务体系建设存在的突出矛盾和问题，根据我国区域差异、城乡差异的具体实际，全面启动国家公共文化服务体系建设制度设计研究工作，研究探索公共文化服务体系建设的模式、路径、方式、方法和措施，推动公共文化服务体系建设实现科学发展。

（六）突出抓好《文化产业振兴规划》的贯彻落实

要推动实施一批具有示范作用和拉动作用的重大文化产业项目，发展一批优势明显、特色突出的文化产业基地和区域特色文化产业集群，着力提高我国文化产业总体实力和竞争力。要推动文化与科技结合，改造提升传统演艺、娱乐等设施和技术，大力发展文化创意、动漫、游戏等新兴文化业态，推动文化产业升级。要鼓励和引导非公有资本进入政策许可的文化产业领域，推动形成以公有制为主体，多种所有制共同发展的文化产业格局。

（七）突出抓好对文化产品创作生产的引导

要始终坚持社会主义先进文化前进的方向，积极发挥重大文化精品工程的示范作用，发挥正确、健康的文艺批评的引导作用，制定科学的评判标准和评价体系，提倡、扶持、推广反映主流价值的作品。要坚持送戏下乡，深入开展文化志愿者活动，鼓励文化工作者深入城乡基层，组织辅导广大群众就地开展丰富多彩的文艺、文化活动，活跃基层文化生活，促进和谐社会建设，提高人民群众的幸福指数。

同志们，胡锦涛总书记重要讲话和全国文化体制改革工作会议为我们进一步深化改革加快发展指明了方向，明确了思路。文化部系统4家集团公司深化转企改制工作取得了阶段性胜利，为文化系统体制改革树立了榜样。文化系统体制改革总体进展顺利，态势良好。面对新形势、新任务，让我们紧密团结在以胡锦涛同志为总书记的党中央周围，切实增强使命感和责任感，戒骄戒躁、再接再厉，推动文化系统体制改革取得新的决定性进展，为促进文化事业和文化产业又好又快发展作出应有的贡献！

文化是国家发展民族振兴的强大力量

文化部党组副书记、副部长　欧阳坚

党的十七届五中全会明确提出了今后5年的发展目标，审议通过了《中共中央关于制定国民经济和社会发展第十二个五年规划的建议》，为经济社会建设规划了宏伟蓝图，也为文化发展指明了方向。通过学习全会精神，进一步增强了我们加快文化体制改革、促进文化大发展大繁荣的责任感和紧迫感。

全会提出，要坚持以科学发展为主题、以加快转变经济发展方式为主线，谋划“十二五”发展，要更加注重以人为本，更加注重全面协调可持续，更加注重统筹兼顾，更加注重保障和改善民生，促进社会公平正义。要坚持把经济结构战略性调整作为加快转变经济发展方式的主攻方向，坚持把科技进步和创新作为加快转变经济发展方式的重要支撑，坚持把保障和改善民生作为加快转变经济发展方式的根本出发点和落脚点，坚持把建设资源节约型、环境友好型社会作为加快转变经济发展方式的重要着力点，坚持把改革开放作为加快转变经济发展方式的强大动力，促进经济建设、政治建设、文化建设、社会建设以及生态文明建设协调发展、共同进步。这是今后一个时期我国经济社会发展的总体思路和基本战略，在这样的格局中，文化建设将会有更突出的地位、更广阔的空间和更大的作为。全会给了我们这样一个强烈的信息：中国社会正在向着越来越重视文化、越来越有利于文化的方向发展。

《建议》把文化建设作为一个单独部分来论述和部署，这在我国的中长期规划当中尚属首次，足以说明文化建设在全局工作中的地位进一步突显，表明党中央对加快文化发展繁荣的决心和信心。

《建议》对文化的功能和作用进行了精辟的阐述和概括，并指出了未来文化发展要实现的目标和任务，这给了我们3点重要启示：

一是文化既是对历史的记忆，更是对未来的选择。一个民族，有什么样的文化，就有什么样的历史、现实与未来。民族的振兴，必然伴随着文化的繁荣；国家的富强，必然要有强大的文化来支撑。可以说，只有文化才是决定中国未来的重要力量。中国要成为一个强大的国家，除了靠经济、科技、军事等硬实力外，最终还是要靠文化的力量。因此，《建议》鲜明地提出，“文化是一个民族的精神和灵魂，是国家发展和民族振兴的强大力量。”这正是基于对当代中国文化所处的时代背景和历史方位的判断，基于对文化在世界发展趋势中的作用的判断。充分认识和准确把握文化新的地位和作用，通过深化文化体制改革和加快文化发展来积蓄、壮大文化的力量，是一个重大的时代命题和光荣的历史使命。

二是文化的发展，除了满足人民群众的精神文化需求之外，还发挥着引导社会、教育人民、推动发展的功能。当今世界，文化对提高民族素质、促进社会进步、推动经济发展的作用越来越重要，文化正在深刻影响着人民群众的生存方式和生活方式，深刻影响着经济社会发展的走向。人类的历史反复证明，一个国家和民族最具有生命力和创造力的标志，不在于拥有多少财富，而在于是否拥有强大的精神力量和优异的文明素质，能否占领人类道德的制高点。因此，文化的发展，才能带来民族素质的提高、社会的进步和经济的持续发展。

三是文化是一个民族区别于其他民族的根本标识，要增强民族认同感、归属感和凝聚力，就必须培育和形成共有的精神家园。维系一个民族的生存与繁衍，最重要的因素不是经济发展水平的高低和财富占有的多少，而是要有共同的价值观、道德准则和普遍遵循的行为规范。这样它才有强大的向心力，也才能立于世界民族之林。文化的复兴，必然伴随着一个民族的崛起。中华民族要实现复兴，最首要的就是要实现中华文化的复兴。

《建议》中的文化部分，从3个方面对文化下一步的发展提出了明确目标和任务。

第一，通过文化的发展和繁荣来提高全民族文明素质，这是文化发展的核心和根本目的。长期以来，我们发展的主要目的是追求产值产量，也就是以物质形态为核心的发展。虽然这种发展模式迅速扩大了我们的物质财富，提高了我们的经济总量，但经济增长的质量不高，高消耗、高污染、粗放型、低效率已使这种发展难以持续，并付出了巨大的代价。更为让人忧虑的是，在物质形态增长的过程当中，精神文明建设和文化建设却没有得到同步的推进，与社会主义市场经济相适应的道德伦理和行为规范未能广泛建立，以致在部分人群当中存在着精神迷茫、道德滑坡、行为失范的现象。在经济领域，由于诚信缺失，合作风险加剧，交易成本增大；在社会领域，关爱互助意识淡薄，人际之间存在着功利化倾向；在人的内心世界，相当一部分人把追逐钱财当成第一目标，失去了劳动、创造的乐趣，生活的幸福感有所下降。如果长此以往，将背离以人为本的原则，偏离实现人的全面发展的目标。我们绝不能让“满了口袋子，空了脑袋子”的状况再延续下去。因此，《建议》强调指出，要通过文化发展来提高全民族文明素质，尽快建立与社会主义市场经济相适应的道德伦理与行为规范，大力推进社会公德、职业道德、家庭美德和个人品德建设，在全社会倡导人文关怀，注重心理疏导，培育奋发进取、理性平和、开放包容的社会心态，引导形成知荣辱、讲正气、尽义务的社会风尚，尽快提高我们全民族的文明素质。

第二，加快文化发展繁荣必须推进文化创新，这是文化发展的根本动力。文化的生命就在于不断地推陈出新。《建议》既为我们提出了文化创新的方向，又对如何创新提出了明确的要求。长期以来，由于诸多原因，我们的思维方式更偏向于接受、传承和模仿，只侧重于把前人的成果和别国的东西简单地拿来，而缺乏自己的创新和创造。文化能否发展繁荣，取决于我们是否具有强烈的创新意识和不断创新的能力。只有具备了这样的意识和能力，才能不断创作生产出思想深刻、艺术精湛、人民群众喜闻乐见的作品，才能让人民群众在文化的享有中提高自己的创新能力，并在这一过程中，感受到创造的快乐和个人价值的实现。为此，在文化建设中，要特别强调和鼓励改革、创新，无论是在思想、内容上，还是在形式、手段上，都要勇于创新、善于创新，从而在不断增强文化发展动力的同时，培养和激发全民族的创新激情与创造能力。

第三，实现文化繁荣必须大力发展文化事业和文化产业，这是文化发展的有效途径。把文化建设区分为文化事业和文化产业，这既是我们改革开放以来的实践成果，也是理论上的一大创新。只有分清了事业和产业，才能分清政府和企业的职能，才能从过去政府大包大揽的误区中解脱出来，在政府的引导下，广泛动员各方面力量，共同推进文化建设。文化事业是政府主导，文化产业主要依托市场来发展。但我们又必须清醒认识到，文化涉及意识形态领域，因此两者在评判标准上只能有一个，那就是《建议》中所指出的，必须始终把社会效益放在首位，坚持社会效益与经济效益相统一。在文化事业方面，主要是加大财政投入，构建公共文化服务体系，保障人民群众的基本文化权益。《建议》第一次明确提出了要在“十二五”期间基本建成公共文化服务体系的路线图和时间表，要实施一批惠民工程，把农村基层和中西部地区作为重点，最大限度地解决公共文化服务中的城乡和地区差距，逐步实现公共文化服务的均等化。在文化产业方面，《建议》也是第一次提出了要在“十二五”期间把我国的文化产业建成国民经济的支柱性产业的战略目标，这是贯彻科学发展观的必然选择，是优化经济结构、转变发展方式的客观要求。《建议》强调要注意发挥市场机制的作用，大力培育骨干文化企业和战略投资者，积极鼓励非公有制经济进入文化领域，发展各种新型文化业态，丰富文化产品，增强多元化供给的能力，最大限度地满足多样化的精神文化需求。所以要加快文化建设步伐，必须对文化事业与文化产业“两手抓、两加强”，实现相互促进，协调发展。

要完成党中央既定的“十二五”文化发展的目标和任务，我们要切实抓好6个方面工作：

1. 守护好、建设好我们全体中华民族的精神家园。必须加快培育和形成既能够凝聚最广大人民群众，又具有时代精神的先进文化，以增强全民族的认同感和向心力；逐步拓展我们的文化内涵，提升我们的文化品格，为中华文化增添新的光彩，为人类文明做出新的贡献，以增强全体人民的文化自信心和民族自豪感。为此，一要梳理和整合我们博大精深的传统文化，去其糟粕，取其精华。二要以全球的眼光、广阔的胸怀，汲取世界一切对我有益的文明成果，进行合理的嫁接和改造，为我所用。三要积极宣传和倡导社会主义核心价值体系，为培育和发展先进文化奠定坚实的思想基础和广泛的社会共识。四要逐步构建面向大众、面向未来，具有最广泛代表性、各族人民普遍认同和自觉遵守的价值理念及道德规范。

2. 加大改革创新的力度，不断破除阻碍文化发展的体制机制障碍。文化体制改革的目的是解放和发展文化生产力。要通过改革，促进文化事业全面繁荣和文化产业快速发展，按照中央的统一部署，在规定的时间内基本完成文化体制改革的各项任务。通过改革创新，理顺文化宏观管理体制，增强微观主体生机和活力，健全统一、开放、竞争、有序的现代文化市场体系，形成以公有制为主体、多种所有制共同发展的文化产业格局和以民族文化为主体、吸收外来有益文化的开放格局。

3. 适应时代要求，努力创作出更多更好的文艺作品，最大限度地满足人民群众的需要。要充分发挥文化引领社会、启迪心灵、振奋精神、凝聚力量的功能，就必须既坚持正确的导向，又提供宽松、和谐的人文环境，为创作生产出越来越多的健康有益、深受广大人民群众喜爱的文艺作品创造外部条件。为此，一要对文化发展方向、文艺潮流进行积极有效的引导，既弘扬主旋律，又提倡多样化。二要加强职业素质和职业道德教育，完善文艺评论和健全评奖制度，建立激励和约束机制，以提高文艺工作者的文化品位，增强他们的社会责任感，切不要为追逐名利而放弃了良知和责任。三要大力倡导文艺工作者贴近实际、贴近生活、贴近群众，鼓励多创作社会效益和经济效益俱佳、留得住、传得开的文艺精品。

4. 努力在“十二五”期间基本建成公共文化服务体系，为广大人民群众提供基本的、均等的公共文化服务。坚持以政府为主导，以公共财政为支撑，以农村和社区为重点，有效地调动社会资源，加大投入力度，创新运行机制，加快公共文化基础设施建设，广泛开展人民群众欢迎的健康有益的文化活动，在不断提高公共文化服务水平的同时，进一步拓展公共文化服务的覆盖面，缩小城乡和区域的差距，努力实现公共文化服务的均等化，使人人都能平等地享受文化发展的成果。

5. 抓住各种有利时机，大力发展文化产业。当前文化产业发展面临着历史上最好的机遇。一是党中央高度重视，二是发展文化产业已经成为贯彻落实科学发展观和转变发展方式的迫切需要，三是广大人民群众对精神文化需求迅速增长，为文化产业发展提供了广阔的市场空间。针对目前我国文化产业小、散、弱、差的状况，要加快其发展，一要科学规划、合理建设文化产业园区和基地，以提高文化产业的集中度和创新、研发的能力。二是大力培育骨干文化企业和战略投资者，通过兼并、重组，尽快形成一批实力雄厚、竞争力强的大型文化企业集团，提高文化企业的规模化、集约化水平。三要建立和完善文化市场体系，通过打破行业垄断和地区封锁，形成全国统一开放的文化市场，搭建符合文化产业特点的投融资和产权交易的平台，为文化企业解决必要的资金来源。同时要进一步加大知识产权保护，有效维护版权所有者的合法权益。四要通过多种方式培养既懂文化又懂经营管理的复合型人才，为文化产业的发展提供必要的智力支持。

6. 加快中华文化“走出去”的步伐，不断提高我国文化软实力。我国已经成为经济总量排列世界第二的国家，在国际上的地位和影响不断提高，同时，世界各国对我国的社会制度和文化传统的关注也在日益增强，中华文化走向世界，展现其独有的风采和魅力的时机已趋成熟。我们要抓住这个机遇，乘势而上，在发展繁荣文化的同时，把我们的优秀文化成果有效地、持续地介绍给世界。为此，一要在加强政府间文化交流的同时，更加注重发挥民间、个人和企业的作用，形成广泛的、多层次的对外文化交流、合作的格局。二要让文化企业作为中华文化“走出去”的主力军，通过文化贸易来实现持续的文化“走出去”的目的。三要针对不同国家和民族的文化需求特点，量身打造既有中国文化内涵又符合各国审美心理和文化消费方式的文化产品。四要不断提炼我们优秀文化的精髓，用生动的形象、感人的故事来创作生产最能代表中华文化本质的文艺产品，增强我们文化的感染力和亲和力。五要加快我国在境外的文化机构和新闻网点建设，增强我国主流文化的传播力和影响力。力争用五年的时间，使我国的文化软实力有一个明显的提升，为向世界展示中国的良好形象作出应有的贡献。

承前启后　继往开来
努力开拓对外及对港澳台文化工作新局面

——在2010年全国地方文化厅局外事工作座谈会上的讲话

文化部党组成员、副部长　赵少华

（2010年7月10日）

同志们：

很高兴借一年一度全国地方文化厅局外事工作座谈会的机会与大家见面、座谈。借此机会，我代表文化部党组、代表蔡武部长对于各地文化厅局过去一年来为对外文化工作所做出的努力与贡献表示衷心的感谢！对孜孜不倦、辛勤耕耘在对外文化工作第一线的同志们表示亲切的慰问。

虽是一年一度的外事会，但因为今年正逢“十一五”即将结束，明年“十二五”即将开启的历史节点，也正是我们总结梳理过去、展望规划未来的关键时刻，因此今年的工作会也将具有承前启后的重要意义。下面，我将从3个方面与大家交流：一是“十一五”以来的对外文化工作情况；二是“十二五”对外文化工作的展望与主要思路；三是就下一阶段工作提几点希望和要求。

第一部分：关于“十一五”以来的对外文化工作

（一）“十一五”期间，关于对外文化工作的重要理论思想

“十一五”期间，文化建设得到了以胡锦涛同志为总书记的党中央的高度重视，党的十七大从中国特色社会主义事业“四位一体”的总体布局高度，提出了兴起社会主义文化建设新高潮、推动社会主义文化大发展大繁荣的战略任务，文化建设在中国特色社会主义事业总体布局中的地位和作用日益突出。而在当前转变经济发展方式，调整经济结构，促进经济、社会又好又快发展的过程中，文化建设的地位与作用更是日益突出。

在对外文化工作方面，2006年出台的“十一五”规划纲要，提出了要“扩大国际文化交流，积极开拓国际文化市场，推动中华文化走向世界”的总体要求。尤为重要的是，2007年胡锦涛总书记在党的十七大报告中首次提出了关于提高国家文化软实力的新理念，把推动中华文化“走出去”，提高国家文化软实力，增强中华文化影响力和竞争力作为我国全面建设小康社会、加快推进社会主义现代化建设过程中文化建设的基本目标。

“软实力”是指一国的文化价值观、社会制度、发展模式、生活方式、意识形态等的吸引力和感召力；体现为文化感染力、价值认同度、民族精神、思维形象，以及舆论引导等方面的影响力。国家软实力的竞争在各国的国家政策，尤其是对外政策的制定上得到了越来越多的体现。今年4月，温家宝总理在《求是》上发表文章中指出：国家的影响力取决于经济、科技和军事实力，但归根结底取决于文化实力。同时，李长春同志在今年4月全国宣传部长会议上的重要讲话中也再次强调，“坚持对外开放，努力形成以民族文化为主体、吸收外来有益文化的文化市场格局，推动文化‘走出去’，不断扩大中华文化的国际影响力和竞争力。”这些重要的思想和判断是我们党始终站在时代发展的前沿，准确把握文化发展规律，对对外文化工作内涵的深刻理解、阐述。同志们要认真学习领会。

中华文化“走出去”是一项长期的战略任务。改革开放以来，尤其进入新世纪，对外文化交流得到了迅猛的发展，在座的同志许多都是亲历者、亲为者，有不少的体会。我们今天回头看“十一五”期间的文化建设，在中国特色社会主义事业总体布局中的地位和作用日益突出，其中对外文化工作，迎来了难得的发展机遇。如何正确看待这一时期的对外文化工作，它表现出怎样的突出特点，对于我们将来的工作又将具有怎样的启示意义，值得我们认真地思考总结。

（二）“十一五”期间对外文化工作的主要特点

“十一五”期间的对外文化工作与国内文化建设结合越来越紧密，在国家整体外交格局中发挥越来越重要的作用，可以形容为“乘风破浪、蓬勃发展；波澜壮阔、蔚为壮观”。这一时期全国对外文化工作发生了全新、根本性的变化，呈现出空前活跃、活力迸发的良好态势，中华文化在世界多样文明中大放异彩。概括分析这一时期对外文化工作的主要特点，主要表现在以下8个方面：

特点一：对外文化工作得到中央领导的高度重视。“十一五”期间，中央领导对于对外文化工作高度重视、热忱关心。文化部办公厅的统计，这一时期，中央领导对对外文化交流的批示件的数量逐年增加，从宏观到微观，从总体对外战略思想到具体工作要求，从对整体对外文化工作的部署到单独个案的处理，高屋建瓴、又细致入微，帮助我们指点迷津、指明方向。下面我将结合具体工作再来引用和说明。

特点二：对外与对港澳台文化交流呈蓬勃兴旺发展之势。据不完全统计，我国目前已同145个国家签订政府间文化合作协定和近800个年度文化交流执行计划，与上千个文化组织保持着密切的合作关系。近年，对外文化交流项目的年均总数与人次超过了改革开放前30年的总和。应该说，“十一五”期间，从中央到地方，从政府到民间，对外文化交流的规模和范围空前扩大，内容和形式日益丰富，渠道和层次更加多样。根据外联局的不完全统计，从2006年至今，仅文化部直接参与举办的大型“文化年”、“文化节”就达30余项；今年就有中国、印度互办“文化节”，第二届阿拉伯艺术节，俄罗斯“中国文化节”，瑞士文化风景艺术节和意大利中国文化年等。

至于对港澳台的文化交流，港澳回归10年有余，与内地交往日趋紧密，文化交流呈稳定发展趋势。根据港澳台办的统计，2006年港澳与内地交流的项目总数638项，2009年达到1026项；2006年参与人员总数为8730人，2009年达到了17182人。在对台文化交流方面，随着两岸形势向积极方向发展，更是取得了突破性的进展。2006年，与台湾文化交流的项目总数为544项，人数是5010人；2009年的项目总数达到1341项，人数达11020人次。对台文化交流日渐升温。

特点三：对外对港澳台文化交流向品牌化方向发展。“十一五”期间，加大了对外交流项目的品牌化建设，形成了一批品牌项目。作为这一工作的重要组成部分，我们分别在俄罗斯、日本、韩国、印度、以色列、西班牙、意大利、比利时等国举办不同规模的中国文化节、艺术节；在国内和国外持续不断地举办了一些国际性文化交流活动如：欢乐春节、亚洲艺术节、非洲聚焦、相约北京联欢活动、阿拉伯艺术节等；以及对港澳台交流品牌，如艺海流金、香江明月夜、情系活动、两岸民间艺术节（2005年/厦门）、两岸城市艺术节；以及文化部与地方联合举办的国家级自创的对外文化交流品牌：中国上海国际艺术节、北京国际音乐节、中国成都国际非物质文化遗产节、中国武汉国际杂技艺术节、中国吴桥国际杂技艺术节、中国新疆国际民族舞蹈节、中国张家界国际乡村音乐周、南宁国际民歌艺术节、青海湖国际诗歌节、鄂尔多斯国际那达慕大会以及中国国际声乐比赛（宁波）、中国国际小提琴比赛（青岛）、中国国际钢琴比赛（厦门）等。同时，这几年随着文化创意产业和动漫游戏的兴起，相关的交流品牌也已形成，包括“中国（深圳）国际文化产业博览会”、“北京国际文化创意产业博览会”、“海峡两岸（厦门）文化产业博览交易会”、“杭州国际动漫节”、“中国（常州）国际动漫节”等，纷纷崭露头角、绽放异彩。

这些在“十一五”期间先后出台的对外交流活动品牌，经过中央和地方的共同努力打造，可以说是五彩斑斓、美不胜收，享誉国内外，形成了规模效益，品牌化特征日益明显，已成为中国对外交流的重要文化标志性品牌。对外文化交流品牌化的发展方向成为对外与对港澳台文化交流可持续发展的重要保证。

特点四：海外文化交流阵地建设全面铺开。自1998年驻外中国文化中心分别在毛里求斯、贝宁成立，目前在海外共建有9个文化中心，“十一五”期间建成3个，分别是2008年5月在德国柏林、2009年12月在日本东京和2010年6月在蒙古乌兰巴托建立的。驻外文化中心是我国政府派驻的官方机构，可以自主、常态化地开展“大文化”领域的交流活动，应是对外文化工作必争、必保、必须做好的重要战略阵地。近两年来，胡锦涛、温家宝、李长春、习近平等中央领导十分关心海外文化阵地建设，多次到驻外文化中心视察，对于中心工作给予了积极的鼓励肯定，并提出了明确的要求。胡锦涛总书记在2009年2月指示说，文化中心“要加强建设，多创造条件，逐步推开”。中央领导的重视、支持和关心让我们坚定树立信心，去攻克道道难关。目前我们与11个国家签署了成立文化中心的协定、备忘录或声明，其中4个国家的筹建工作正在紧张进行。另有20个驻外使领馆正式提出积极考虑在其驻在国建立中心的意见，有30个国家主动表示邀请中国建立文化中心的意向。这些海外的工作平台、文化交流的基地，也将为我们各省区市对外文化工作“走出去”提供更好的舞台。

特点五：对外文化贸易走上前台。在继续推动政府主导的文化交流的同时，“十一五”期间，市场化、商业化、产业化的对外文化交流合作得到了积极地探索，并取得积极进展。具体表现为，演艺产品在国际市场的份额和影响不断扩大。文化部最近对21个省区市和1个计划单列市2009年出口演艺项目进行了统计：2009年度共有170个演艺产品项目出国（出境）商演，约3600人次；出口总收入8000多万元人民币；演出总场次约16000场，观众约1660万人次。出口演艺产品包括歌舞剧、芭蕾、音乐、戏曲、民间表演等10余类。但值得注意的是，杂技类仍占主导，约为60%，其收入又约占78%。另外，文化贸易经营单位在逐渐做强做大。中国对外文化集团、上海城市舞蹈公司等，积极探索海外市场。对外文化集团通过商业模式与加拿大太阳马戏团、上海文化传媒集团等企业团体合作，打造出了《龙狮》、《时空之旅》两个国际演出品牌，其中《时空之旅》截至今年4月连续演出1798场，中外观众达180万人次（海外与本土观众比为6：4），票房净收益1.8亿元。再者，一些文化实体单位把握后金融危机的难得机遇，抢占海外市场。天创国际演艺制作交流公司的《功夫传奇》，第一次以商贷模式联合外国演出商共同投资制作，进入西方高端演艺市场，并向外国演出商收取15%版权费。该公司还收购了美国第三大演艺中心——密苏里州布兰森市的白宫剧场。去年底，俏佳人传媒股份有限公司也成功并购了美国国际视听传媒有限公司，使政府、银行和文化企业之间的合作在境外投资领域取得了新的突破，得到了李长春、刘延东等中央领导同志的充分肯定。

特点六：对外文化传播取得显著成效。“十一五”期间，对外文化传播通过图书、影视、展览、网络等多种路径和方式积极传递中国文化信息，全面介绍中国文化。每年译制、制作影视专题片数十部，制作DVD数万张，发向国外200多个使领馆。有包括工艺美术、绘画五大类、38种、近百套常设展览在国外巡展。2001年开通的“文通网”（中文）与2003年开通的“中国文化网”（中英文合版）的平均日点击量达到200万次，近5年的总点击量达30亿次。目前，我们对“两网一库”正在进行升级改造，将在“文通网”的基础上建立“全国对外文化交流资源库”，并对“中国文化网”英文版进行改版，目的是加强信息沟通，搭建共享平台，整合全国文化资源，发挥文化外宣优势，形成合力，服务国家总体战略。

特点七：对外文化工作的集成效应初步显现。这里所谓的“集成”其实是指整合资源、集“开展实施对外文化工作的各个主体”之成。自2009年起，全国对外文化工作座谈会，由外事处长会升格为主管厅局长会议；从文化部来讲，意味着对地方对外文化工作的重视程度提高了，工作要求提高了；相应也意味着要求各地对对外文化工作要提高重视、加大力度。另外，去年12月28日召开了对外文化工作部际联席会议的第一次会议，联席会议制度包括外交、教育、新闻出版、广电、财政等13个部委，目的是通过增进各部门间的沟通、协调、配合，整合资源、优势互补，加强对全国对外文化工作的组织指导和统筹协调。这次会议后，转过年来的1月3、4、5日就召开了全国文化厅局长会，紧接着又在6至9日召开了“文化部驻外文化处（组）及文化中心负责人年会”，在前后连续十天，紧锣密鼓地召开了3个大会，意义重大。因为不只部际联席会议是第一次，驻外文化处（组）及文化中心负责人年会也是这些年来的第一次。会议同时与全国宣传部长会议和文化厅局长会套开，听取了李长春、刘云山同志的重要讲话和蔡武同志的工作报告。部党组全体领导还与回国的参赞和文化中心主任们亲切见面，许多驻外的同志都非常激动和感动。这是蔡武部长和文化部党组对对外工作的重视，要求我们凝聚内外力量，谋篇布局。

在部际联席会议制度、国内外沟通机制，以及全国外事工作座谈会，这样有横有纵的工作机制的协同、集成作用下，我们以“欢乐春节”活动为主要工作抓手，加强部际协调合作，结合国外使领馆建议和要求，协调地方力量，对春节“走出去”的各类项目进行梳理分类，制定“时间表”，绘制“路线图”，分地区、分步骤，更加有序、有效地组织实施“走出去”。

在对港澳台文化交流方面，文化部在加强政策指导的同时，自2006年起，陆续将福建、上海、浙江、河南、江苏等5个省份设立为对台文化交流基地，并于2008年把广东作为对港澳文化交流基地，集成、发挥各基地的特色优势深入开展对港澳台的文化交流。

可喜的是，近年来，一些发展比较快、条件比较成熟的地方，根据本区域地缘优势和文化共性，还自发成立了区域性合作机制，例如长三角对外文化交流工作联席会议，由江浙沪三地文化外事部门联手合作，共同推进本区域的对外文化工作，提升区域文化软实力。下一步要紧密结合国家经济社会发展“十二五”规划的整体战略部署，推动区域合作，形成更多区域性的工作机制，以实现对外文化工作各方力量的整合。对已成立的、初见规模的、聚合了地缘优势整合起来的工作机制，文化部要向他们政策倾斜，给予支持；对于战略规划中要建立的合作机制，应积极筹划、组织好。地方各省区市把机制建设作为大事来做，让“集成效应”从中央向地方、向全国范围内发散。

特点八：地方对外文化队伍的生力军作用日益彰显。以上提及的所有工作都凝聚着文化部与各地方厅局的上下联手、协作配合。在“十一五”期间，地方各级政府对对外文化工作日益重视，各厅局参与文化交流的热情也日益升高。各地大力探索、积极组织举办了各类大型文化活动，有力促进了地方经济社会发展和文化繁荣，提升了地方文化的国际知名度，积累了不少好的经验。例如，四川省提出立足“一市一州一品”，丰富了本省的文化产品，中国成都国际非物质文化遗产节，更是高起点起步，取得了突出的效果；内蒙古通过召开亚洲艺术节暨亚洲文化部长圆桌会议，展示了草原文化的独特魅力；黑龙江省在“冰”上做文章，凸显地方文化特色；河南省积极打造中原文化品牌，推动少林武术和文化“风靡全球”；上海市利用其国际大都市的重要地位，在配合国家重大外交活动中发挥积极作用，今年的上海世博会已经成为全球的热点；江苏和浙江充分利用友城关系，广东、福建发挥侨乡优势；青海注意在收集整理民族民间文化特色基础上，积极开展文化交流和文化贸易，取得了较好的成效；云南在与周边国家的对外文化交流上积极活跃。宁夏举办国际文化艺术旅游博览会；广西发挥与东盟交流合作的区位优势做了很多工作；山东发挥“孔子文化”在对外文化交流中重要作用；湖北、河北等注重树立对外交流的品牌。各地方都在注意抢抓机遇，挖掘资源，发挥特色，取得了显著的成绩。

这些成绩的取得是得益于中央的英明正确决策和部党组的坚强领导，得益于中央各部门、全国各地方的努力配合协作，得益于对外文化工作战线的全体同志们深入学习实践科学发展观，努力开拓、锐意进取。但是我们也清醒地看到，我们的工作还存在着许多不足，体现在对外文化工作的机制优势和资源优势仍然没有得到充分发挥、有效释放，对外文化交流的质量、水准还需要进一步提升，文化产品和服务“走出去”的步伐还应该迈得更大、更坚实，对外文化的宣传手段和方法还应该更加丰富、有效，对外文化的干部队伍建设还需进一步加强等等。

面临即将开启的“十二五”，我们要继续以科学发展观统领对外文化工作，进一步解放思想，转变观念，抓住机遇，改革创新，加强统筹协调，资源整合，形成合力，利用“十二五”期间对外文化发展的新机遇，推动全国对外文化工作实现新的跨越。

第二部分：认真分析“十二五”期间对外及对港澳台文化工作发展形势，树立新理念，明确新思路

（一）分析形势，提高认识

新世纪的头10年，是经济全球化、政治多极化、文化多元化不断深入发展的时期。在这10年

中，国际格局经历了大变动、大调整，信息传播技术、生物科技日新月异，传统的社会规范和模式、国际关系理论遇到了挑战，相关的新理论和新议题层出不穷，诸如软实力、新兴大国、G20、金融危机、中国崛起、文化主权、气候变化、绿色环保、基因复制、恐怖主义、极端势力等议题越来越多地影响到国家和个人的生活，并对世界秩序构建发挥了越来越大的作用。世界正加速进入全新的发展和调整期。

“十二五”期间，对外文化工作将面临更加纷繁复杂的国内外形势发展变化。一方面，国内文化建设进入“两大一新”的蓬勃发展期，国家和公民对于文化的需求日益突出，对文化在国家整体协调发展中的重要作用的认识更加深入。增强国家文化软实力的任务将更加艰巨，迫切需要我们进一步提升中华文化的国际影响力，为国家发展营造良好的国际环境，塑造良好的国家形象。另一方面，中国与世界的发展日趋紧密。中国崛起的势头强劲，在国际格局中的作用更加凸现，加速了现有国际格局调整和利益的再分配。国际间对我各种遏制增多，制约和反制约的竞争加剧，我所面临的周边和国际环境将更为复杂多变。

在简单分析当前国际国内形势的基础上，我想再谈一下“十二五”期间对外及港澳台文化工作将面临的形势，概括有如下6个特点：

——对外文化发展的形势更加喜人。文化“两大一新”步入新时期，文化产业作为国民经济结构调整和转变经济增长方式的重要方面，发展势头将更为迅猛。国际上信息传播技术日新月异，为新兴国家打破传统大国在国际话语体系中的主导地位创造了可能；各国文化交流交融深入发展，思想、文化领域的传播进程加快，文化产业和文化交流合作形成世界新的经济增长点和国际热点。特别是中央领导和各级政府高度重视中华文化“走出去”，亲自部署，为对外文化工作在“十二五”期间实现跨越式发展，迎来国际国内最好的发展时期奠定了基础。

——中国的和平崛起赋予文化更加重要的地位。“十二五”是中央确立我和平发展战略机遇期的重要时段。从“十一五”以来文化重要性的日益提升，可以预见“十二五”时期文化仍将保持重要的地位。而中国的和平崛起肯定不仅是经济上的强大，最终意义应是文化的崛起，是中华文化的复兴。从这个意义上讲，在中国和平崛起的历史进程中，文化的构建和对外文化交流传播的任务将更为繁重而艰巨。

——文化在国际交往中的重要作用更加凸现。中央领导在近年的讲话中多次提出“文化外交”、“人文外交”和“公共外交”，可见文化在国家对外关系中的独特作用，文化将继续成为国家间、政府间、民众间交往的重要内容，必将发挥更大的作用。而以文为媒，对国外民众宣传和说明我发展政策，传达中华文化所蕴含的“和平”、“大同”理念，加强情感沟通，增强了解、互信，争取支持，减少猜疑和不信任，为国家和平发展营造一个更加宽松、友善的国际环境，是对外文化工作义不容辞的责任。

——塑造良好国家形象的需求更加迫切，民意压力更大。中国经济发展、社会稳定、国力持续增强，奥运会、世博会的成功举办，极大提升了中国民众对民族和文化的自信。但由于长期偏见和认识的偏差，特别是西方媒体对华片面报道造成西方民众对中国认识出现偏差，对华舆论环境和中国在国际上的整体国家形象有待进一步改善。而面对国外和国内形成的对国家形象和影响力认识的较大落差，国民要求提升我国家形象，增强我文化国际影响力的意识日益增强、愿望将更加迫切，对外文化工作将面临更大的民意压力。

——公民、社会、民间组织和企业参与对外文化交流的愿望和意识进一步增强，管理和服务难度加大。在文化日益成为中外沟通的重要途径和桥梁的同时，社会、民间和个人参与中外文化交流和传播的愿望和意识增强，政府之外的文化交流主体将更加多元，内容更加丰富，政府原有的管理模式和扶持、资助、服务机制可能将不能满足社会文化交流的需要。如近年出现的“少林寺”在国外设立少林武馆，成系统、成建制地“走出去”现象；一些发达地区在国外友城开办文化机构，将宣传地方文化和扩大经贸交流相结合，取得了一些新鲜经验，开拓了文化“走出去”的新渠道。相信随着文化体制改革的深入，“十二五”期间社会和民间对外交流将更为活跃，文化贸易领域将持续扩大。加强对外文化“走出去”的宏观指导和微观服务，逐步实现由传统的以行政审批为主导向服务为主导的管理模式转变，是我们必须面对的新课题。

——意识形态领域的斗争更加激烈。国内外敌对势力从未放弃与我在意识形态领域的较量。一些西方国家除加强在政治、经济、外交等领域对我进行硬遏制的同时，还不断加紧对我进行意识形态的渗透。通过文化、宗教、新闻信息等“软手段”对我进行侵蚀和渗透更加频密，手段更加隐秘，方式更加多样，我在意识形态和文化领域的斗争和交锋更加激烈，防渗透、防演变、维护我文化安全的紧迫性日益突出，迫切需要我们在对外文化交流过程中，提高文化主权和安全意识，强化民族文化主体意识，增强文化自身免疫力和竞争力，加强管理，防止敌对实力利用文化载体对我进行意识形态渗透。如近来境外“法轮功”组织为了弥补表演人才缺乏和表演水平低下的缺陷，利用反华势力提供的资金支持，瞄准了国内一些专业艺术院校和专业艺术团体的演员，尤其是地方艺术职业学校中年龄偏低的学生，以金钱和出国的诱惑，让他们参加“法轮功”组织的艺术比赛、参加“神韵艺术团”的演出，影响极为恶劣。

以上是对“十二五”期间，对外文化工作形势特点的分析，我们将面临更为广阔的发展空间和前所未有的大好发展的舞台，同时也将面临更为复杂多变的国际形势，机遇与挑战并存，需要我们明辨慎思，更需要我们披荆斩棘、闯出一片广阔天地。

（二）树立新的发展理念，明确新的工作思路

根据新时期国际国内形势发展要求，中央领导审时度势，提出了明确的思路。李长春同志提出了对外文化工作要“两条腿走路”的论述，要求我们“在继续推动政府间文化交流的同时，应积极探索市场化、商业化、产业化的运作方式，以企业为主体推动更多的文化产品走出去”。刘云山同志就文化产品和服务出口发表重要讲话时，提出“三个统筹：统筹国内国际两个市场，统筹对外文化交流与对外文化贸易，统筹扩大出口规模与调整出口结构”的论述。刘延东同志最近也多次对对外文化工作提出具体要求，指出：“对外文化交流要从战略、内涵、品牌、机制等方面认真研究，加强合作，善于创新；要统筹规划，打造品牌，广泛动员地方和各界力量，精心筹划，整合资源，努力争取打入主流社会，不断扩大影响，扎实提高文化软实力，使之为我内政外交服务。”中央领导的指示，为新时期对外文化工作指明了方向、规划了战略蓝图，是我们下一阶段的行动指南。

在认真学习和深刻体会中央领导的指示精神，总结对“十一五”期间的对外文化工作实践的基础上，我们对“十二五”期间对外文化工作发展理念和工作思路概括为以下几点：

首先，在对外文化工作的地位和作用上，要进一步明确对外文化在国家对外关系和国内文化建设中的重要地位和作用，明确对外文化工作在提升国家文化软实力，实现中华文化伟大复兴的进程中所承担的历史使命。作为国家总体对外战略的重要组成，文化外交与国家政治、经济外交相互配合，在国家对外交往中发挥着日益重要的作用，承担着传播中华文化和促进我与世界其它民族及文明交流沟通的重要使命，是国家形象建设的基本需求和文化软实力的重要外在体现。同时，作为国内文化建设的重要组成，对外文化交流日益成为国内文化发展和创新的外在借鉴、动力和源泉，也是中华文化“走出去”、增强我文化国际竞争力的重要载体。

第二，在对外文化发展战略上，要进一步坚持统筹国内外两个大局，将弘扬中华优秀文化与构建和谐世界、维护世界文化多样性相结合，将提升中华文化竞争力与吸收借鉴世界优秀文化相结合，内外兼修，增强文化软实力。“十二五”将是国家对外文化发展的一个新阶段。对外文化工作的长远发展战略必须是综合统筹、分析国内外两个大局所提出的远景发展蓝图。对外文化战略发展的基础在国内，更需要内外兼修。作为一个世界大国，在弘扬中华优秀文化的同时，必须同时放眼世界，结合国际关切，就国际社会关心的议题，从中国文化的视角，提出让人信服的中国观点，既不能强加于人，更不能行使“文化霸权”。文化竞争力的提升是不断学习借鉴的结果，中华文化的壮大及顽强生命力也来源于不断吸收和融合外来文化。广阔的视野、开放的胸襟、兼收并蓄的气度、蓬勃旺盛的文化创造力和强大的国家文化软实力应该是我们对外文化发展战略追求的长远目标。

第三，在对外文化工作发展的目的上，要进一步明确以人为本，以做人的工作为出发点和落脚点，满足国外民众了解和学习中国文化和国内民众了解和学习国外优秀文化的需要。文化促进人与人之间思想和情感交流，这是文化的魅力所在。新时期的对外文化工作必须秉持“以人为本”的理念，坚持做好争取人心的工作，在传播中华文化价值观时，不仅要做到入眼入耳，更重要的是要做到入脑入心，取得实效。习近平同志近期指出，加强同国外的人文交流要精心设计，要在战略上给予更多重视，在战术上科学组织协调，在工作中做到持之以恒，不求表面轰轰烈烈、热热闹闹，力求打动人心，要让人文交流往心灵深处走，不断拉近同相关国家民众的情感距离。前不久在考察韩国首尔中国文化中心时，温总理也动情地说：文化是连接两国人民灵魂的根。因此，要以人为本，以做人的工作为对外工作的出发点和落脚点。

第四，在对外文化工作的发展格局上，要进一步完善政府主导，社会和民间广泛参与的工作机制，加大政府部门间、中央和地方间、国内与国外、政府和民间的统筹协调机制建设，构建对外文化工作和发展的大格局。可以预期，“十二五”期间中国的对外文化交流将更为活跃，领域更加广阔，内容更加深入，形式更加多样。除政府部门外，越来越多的社会团体、民间组织、文化企业主体和个人将组织、资助和参与文化交流。因此迫切需要从国家大局出发，整合各方资源力量，构建全方位的对外文化工作和发展大格局，要从政策和布局上合理加强对民间文化交流的规划指导，摸索建立“官主民办”的成熟工作模式，充分发挥社会、民间和个人的积极性，灵活使用不同渠道、不同层次和不同领域的社会力量，共同做好对外文化工作，逐步实现对外文化交流主体和格局在统筹协调的大框架下协调、有序的发展。

第五，在对外文化工作的管理方式上，要进一步明确转变政府职能和角色，加快“管”“办”分离，实现由“办”向“管”的转变、管理与服务并重。转变政府职能和角色是“十二五”期间对外文化工作的一项重要任务。多年来，由于体制局限，政府在对外文化交流中的角色是“全能型”，既是宏观政策制定者、管理的监督者、同时又是项目的实施者。实现政府从“办”到“管”的转变，实现由政府“主办”到政府“主导”转变，需要更多地将具体项目分流到社会，以做到“官举民办”。政府可更多地从事宏观政策、管理法规的制定，营造良好的文化交流与文化贸易环境。

第六，在对外文化工作发展思路上，要明确交流与贸易并举，在扩大深化文化交流的同时，培育和壮大社会、民间、商业交流主体，形成交流和贸易良性互动的工作机制。回顾“十一五”，尽管有一些文化商业项目，但大部分还是一条腿走路，由政府交流唱“独脚戏”。新的时期，对于文化贸易，我们应将其提高到与交流同样重要的地位去认识和对待。温总理在今年关于调整经济结构的研讨班上指出，当经济、产业和产品体现出文化品格的时候，这个国家的经济才能进入更高的发展阶段，才能具有可持续发展和持续创造财富的能力。我想或许可以引申，在我们国家的对外贸易中体现出中国文化品格的时候，肯定也将是我们对外文化发展的更高阶段。结合对外文化交流日益社会化、民间化的发展趋势，我们将有意识逐步培育和壮大政府之外新的对外文化交流主体。只有社会、民间、商业和行业的交流主体壮大了，对外文化贸易的基础才会真正形成。而一个良好的交流环境一定是政府、社会、民间、商业和行业等多主体各司其职、相互促进、共荣的多元格局，也必将促进文化贸易的健康开展，形成交流与贸易良性互动的局面。

第七，在对外文化工作发展动力上，坚持以创新求发展，更加注重与时俱进，更新观念；更加注重学习国外的先进经验，增强中国文化产品的国际适应性和针对性；更注重国际合作，以外带内；更加注重创新工作方式和传播手段，更多运用新的高科技传播手段，以新革旧。实践证明，对外文化工作要取得实效必须“针对主流、合作主流、进入主流、影响主流”。创新工作方式就是要更好地“借力”——借助国际上了解中国文化的“热潮”、借助成功的国际文化交流经验、传播网络和平台，搭顺风车，学习最新的国际文化传播、文化产业发展经验和做法；要特别重视新技术和新传播方式的作用，充分发挥我后发优势，借鉴最新的高科技和信息技术手段，抓住数字技术革命的契机，将高科技传播方式与我丰富文化资源相结合，推进文化传播方式由传统的人际交流为主，向网络、数字产品等多种传播方式并行的转变，为对外文化发展提供持续的发展动力。

（三）明确目标任务，实施新的方案

结合上述形势发展特点和工作思路，提出“十二五”期间的目标任务、路线图和实施方案。

基本目标是：国家文化软实力明显增强，国家形象进一步改善，国家文化影响力、竞争力显著提高。表现为：文化在对外交往中的作用更加突出，与世界大部分国家的文化关系更加紧密，双边和多边文化交流与合作成效更加显著，国际文化事务话语权明显提升。对外文化交流阵地规模扩大，驻外文化机构覆盖世界大部分国家，驻外文化中心总数达到30个。对外文化管理体制更加适应我对外文化交流、对外文化宣传和对外文化贸易的需求。国内和国外、中央和地方、政府和民间的统筹协调机制基本建立，沟通更加有效，对外文化服务保障机制逐渐建立，交流网络基本形成。文化产品竞争力进一步增强，基本扭转文化贸易逆差过大的局面，中国文化产品的国际影响力显著提高。港澳台地区的民众认同日益加深，青少年的培育工作与两岸四地的文化艺术和文化产业合作不断深化。

主要任务是：“四个服务”——对外要服务于国家外交大局，服务于推动中华文化“走出去”和扩大中华文化国际影响力；对内服务祖国统一大业和国内和谐社会建设，服务并促进公共文化建设和文化产业发展。主要包括6个方面：第一要适应国家和平发展战略需要，营造和睦的国际友好环境；第二要适应国际格局调整，塑造国家良好形象；第三要适应国际文化发展新趋势，提升国家文化软实力，提升中华文化吸引力、影响力和竞争力；第四要促进对外和对港澳台文化交流深入发展，增强中华文化的主体意识，主动营造和谐开放的人文环境，积极参与公共文化服务体系建设；第五要加大对优秀文化艺术人才和智力的引进，积极介绍先进的文化发展理念和文化科技成果，促进文化艺术的繁荣与创新；第六要为文化产品与服务“走出去”铺路搭桥。

确立路线图和重点实施方案。路线图是我们贯彻“十二五”规划的主要工作重点和行动方案，是指导我们下一阶段对外文化工作的基本蓝图。

首先，在国家外交层面，要以增进文化交流和国际合作为出发点，加强文化的外交功能。积极配合国家总体外交战略，进一步深化我与世界各国的文化关系，有针对性地在重点地区和国家举办重大对外文化活动；适应国际多极化发展趋势，推进与东盟10+1、上海合作组织、中日韩、中国与非洲、中国与阿拉伯及与南亚合作联盟等区域、中国与欧盟、亚欧会议框架下合作等多边文化合作机制，以及中美、中欧、中俄、中哈等双边人文交流与合作机制，进一步密切与世界大部分国家和地区的文化关系，在国际、多边和双边文化舞台上发挥重要作用，宣传我和平、发展、合作的对外方针，倡导文化的多样性，强化国际文化事务中的话语权。

其次，要以全面、系统介绍中华文化为核心，以品牌塑造为导向，树立新时期文化中国形象。“十二五”期间对外文化交流应坚持高起点、高标准，重点突出中华文化理念和核心价值观的传播。在对外文化交流项目的设计上必须有内涵和灵魂，突出重点，分门别类，加强地区和国别的针对性，有重点、有选择地在重点国家集中开展大型国家文化年、中国文化节，推广中国传统、当代、民族等文化艺术，精心打造“欢乐春节”、“中非聚焦”、“相约北京”等大型文化交流品牌。同时，配合国家能源和经贸等外交战略，以亚、非、拉地区发展中国家为工作对象，实施文化援助合作计划，打造对发展中国家的新型文化合作平台，培育亲华的友好力量，树立文化中国的新形象。

第三，要科学合理布局，以文化中心为辐射点，推进海外文化传播阵地建设。要遵照中央领导的指示精神，“要加强建设，多创造条件，逐步推开”，在全球科学合理布局，要以中心为依托，创建并做大一批中国主题的品牌项目，实施中华文化艺术培训工程，实施地方文化“走出去”工程，实施中资企业在驻在国形象和品牌推广工程，协助国内产业走向海外市场。同时加强与孔子学院、海外广播电视网络战略协作，阵地化、常态化地弘扬传播中华文化。同时要加快驻外使领馆、文化交流机构等前沿阵地建设。

第四，要以文化贸易为突破口，大力推动中华文化"走出去"。要鼓励对外文化更多以民间和商业的方式"走出去"，建立以政府为引导，以企业为主体，以市场化运作为主要方式的工作机制，实施国家对外文化贸易促进工程，积极搭建对外文化贸易平台，扶持和指导文化院团、文化精品进入海外主流市场，促进外向型文化产业和服务贸易大发展，扩大中华文化的国际影响力。

第五，要重视国际多边文化合作，扩大文化话语权。应从保护和促进文化多样性的角度出发，配合外交大局，有重点、有步骤地开展并参与各种国际多边文化交流活动，参与营造并制定与我有利的国际文化交流环境以及游戏规则，维护中华民族文化特征，增强我国际文化话语权。国际多边文化舞台既是政府的平台，同时又是国际非政府文化组织、民间文化机构和文化学者专家的舞台。"十二五"期间，将通过举办或参与多种形式的国际多边文化活动，加快培养和扶持一批具有国际活动能力的文化机构和人才，壮大政府之外的声音，扩大我在国际文化领域的话语权和影响力，争取与我有利的国际合作计划和国际规则，服务于国内文化建设。

第六，要以制度化建设为保障，完善各项工作机制。要通过制度机制建设的不断完善，形成完备有效的工作网络。这其中需要加强的是工作评估体系，以量化的标准与工作实效评价各项工作，从而更有针对性地指导工作，提高工作的质量和水平。目前正考虑从建立激励机制开始，并将地方对外文化工作纳入激励机制体系，对在对外文化工作中积极探索、勇于创新、成绩突出的单位，予以精神和物质奖励。这次会议，外联局将对在今年海外"欢乐春节"活动中，精心组织、表现突出的地方文化厅局予以表彰，以感谢各地配合对外工作大局，克服困难，出色完成了今年"欢乐春节"的任务。但是，仅以参与"欢乐春节"作为奖励衡量的范畴是绝对不够的，不少地方可能参与"春节"活动少，但是在其他重大活动中，有非常突出的表现和贡献，应当给予奖励。因此，这次的表彰，更多的是一种昭示，也是抛砖引玉。真正成熟的、科学的激励机制和奖励办法将尽快出台，并将提交讨论。

第七，要以发挥地方资源优势为依托，以促进边疆地区文化安全与周边国家文化交流为核心，构建地方对外文化交流与区域合作新格局。对外文化交流，资源在地方，发展潜力在地方，发展成果受惠的也终将是地方。发挥地方在对外文化工作中的生力军作用，是"十二五"期间深化和扩大文化交流的重要举措。新时期的对外文化工作要注意结合国家区域发展战略，利用国家针对长三角、珠三角、西部大开发、振兴东北和中部崛起的战略部署，形成对外文化区域合作的新格局。我周边国家众多，边境地区大多是少数民族集居地，文化建设滞后，文化安全问题突出。根据我大周边战略发展，迫切需要加大边疆地区对周边国家交流的同时，带动当地文化建设，打造核心文化交流城市，汇集交流优势，对周边形成文化辐射。

结合上面的7项重点工作，我们初步提出了"十二五"期间对外文化工作的"六大工程"和"一个基金"的设想，分别是："文化中国"形象塑造工程、驻外中国文化中心建设工程、对外文化产业和贸易促进工程、中华文化品牌建设工程、大周边"文化睦邻"工程，以及港澳台中华文化传承工程，并设立"中国对外文化交流基金"。这"六大工程"和"一个基金"基本涵盖并体现了我们的工作思路、工作重点。但目前还只是六个空"车厢"，因为对于每个工程项目，都还需要设计、细化，需要将"大车厢"合理分隔、并加以充实。希望大家都能找到自己的座位，能搭上新班车，群策群力，共同开启"十二五"对外文化发展的高速列车。有关这"六大工程"，董俊新局长会在下面的讲话中详细地介绍。

第三部分：以科学发展观为指导，全力推进对外文化工作的几点要求

（一）要全面制定全国对外文化工作"十二五"发展规划纲要，认真落实各项任务要求

我们即将迎来新的5年发展期，对外文化工作也将进入新的发展阶段。文化部正在联合相关部门和各地方，着手完成全国对外文化工作"十二五"发展规划纲要，将其作为下一阶段的工作指南。各地要以科学发展观为指导，认真总结"十一五"期间对外文化工作的经验和不足，进一步深化对全局性、战略性问题的研究和思考，结合各地的文化资源优势、区域特点和重点，加强

统筹协调，精心谋篇布局，切实制定好各地对外文化工作“十二五”发展规划的执行计划，要进一步增强对外文化交流的针对性和有效性，同时分层次、分业态、分国别地制定好文化产品和服务“走出去”的工作方案，使对外文化交流和对外文化贸易相互促进，相得益彰，实现地方对外文化工作的新发展。

要加强政策法规建设，提高科学管理能力。文化部正在加紧制定《对外文化交流条例》、《外国在华文化中心设立与管理暂行规定》、《海外中国文化中心管理暂行办法》、《对外文化产品和服务“走出去”整体规划》等政策法规，这些都与各地方息息相关。各地要密切配合这些重大政策法规建设，利用当前文化建设“两大一新”的大好时机，完善对外文化立法立规工作，依法促进、引导和管理好对外文化工作。

（二）要健全机制，上下联动，内外互动，真正实现全国“一盘棋”

为认真贯彻落实“十二五”发展规划纲要的各项任务要求，要紧紧围绕制度、机制建设，加强统筹协调，整合资源，形成合力。作为政府主管文化的部门，要加快职能转变，把主要精力放在政策制定、战略研究、工作指导和规划协调上来，要配合中央各部委之间、中央地方之间以及国内国外3个层面的对外文化工作统筹协调机制，积极整合各地对外文化交流资源，发挥地方文化特色、民族特色、区域特色、国际友城特色、侨乡特色等，真正用好国内、国外两种资源，整合好国内、国外两个市场，使对外文化工作的整体效应得到充分发挥。

对外文化工作是国家整体对外工作的一个重要组成部分。各地要深刻领会中央的战略部署和要求，在中央对外文化工作的指挥下，牢固树立大局意识、全局观念，相互配合，形成联动。在对外文化交流方面，既要有国家的大品牌，也要有地方的“特产”，共同形成对外文化的“百花园”；在对外文化贸易方面，国家要鼓励和帮助地方文化产品和服务“走出去”，地方也要不断创造精品，积极开拓市场；在对外文化宣传方面，中央要加强传播手段和阵地建设，主动为地方提供信息平台服务，各地也要创新思维，善于创造条件，创造舞台，主动宣传地方文化，为中华文化的整体“走出去”服务；在文化安全方面，中央与地方更要紧密配合，共同构筑国家文化安全的坚固堡垒。

（三）要深入挖掘地方文化资源，精心打造文化精品，品牌引领对外文化交流深入开展

中华文化历史悠久，博大精深，全国各地各民族都有着丰富的文化资源。虽然各省区市情况有所不同，但地域文化、民族文化都各有特色、也十分宝贵，有些地方还有着丰富的人脉资源、渠道资源、市场资源，如何深度挖掘这些文化资源，盘活我们各地文化资产，是摆在我们文化主管部门面前的长期而重要的任务。

不论是对外文化交流，还是对外文化贸易，或者对外文化宣传，各地都要树立强烈的品牌意识。过去我们的许多文化资源是“养在深闺人未识”，对文化产品是抱着“酒香不怕巷子深”的思想，造成国外对中国文化的认识一直停留在“武术”、“杂技”、“京剧”等零散的传统文化符号上，这距离塑造我国整体文化大国的形象要求差得很远。我们要学会用现代市场经济理念来经营文化产品，把品牌意识贯穿到文化“走出去”的各个环节。只有精心打造一批有特色、有时代感、有思想性、适销对路的文化精品、产品，才能在国际文化市场上叫得响、立得住，才能有效增强中华文化的影响力和竞争力。目前各地都在逐渐认识到文化资源的重要性，在挖掘开采、提炼生产、推广销售等各个环节上多做文章，以用优质的文化品牌引领对外文化交流的深入开展。

（四）要进一步加大文化交流和文化贸易的品质内涵，加紧建设网络和平台，不断提升中华文化“走出去”的质量和层级

各地要深入学习李长春同志在今年4月9日全国宣传部长会上有关“文化与经济关系”的论述，以及刘云山同志5月15日在全国文化产品和服务出口工作座谈会上的讲话精神。对外文化工作要把软实力做“硬”，要使我们的文化交流活动和文化产品赋有深刻的思想内涵，处处体现我们的核心价值理念，组织更多高水平、高质量的文化交流活动，创造更多代表中国风格、民族特色并具有时代特点的文化产品。当前，要抓住加快经济发展方式转变和经济结构调整的有利时机，在努力做强、做大文化产业，努力为地方经济寻找新的增长点的同时，进一步统筹对外文化交流与对外文化贸易，创建文化“走出去”的新格局。

文化部也正在加紧制定有关促进和规范对外文化贸易的政策法规，着手搭建对外文化贸易平台，疏通进入国外重点文化市场的渠道，建立健全国际文化市场信息服务体系，以加大对中国文化产品的推介力度。

（五）加强人才培养、加强对外干部队伍的建设

目前，文化外事干部总数达400多名。而由地方推荐的优秀外事干部，已占派驻国外使领馆工作人员的约40%，是文化部外派工作的坚强后备。我们一定要共同努力培养一支懂文化、懂外语、懂市场、懂管理，内知国情、外知世界的对外文化骨干力量。同时，在这里还要强调，外事无小事，无论是对外还是对港澳台的文化工作，我们都要始终牢记周总理对外交干部提出的“站稳立场、掌握政策、熟悉业务、严守纪律”的十六字方针。面对新的形势和新的任务，我们将代表国家，更加频繁地工作在对外交往的第一线，这要求我们必须要有一支政治素质高、业务能力强、组织纪律严、经得起风浪考验的外事干部队伍。这也将是一项长期而重要的工作。

同志们，今天的会议既是工作交流、总结会，也是展望、动员会，是鼓舞士气、凝聚人心的重要会议。两天的会议日程安排很满，会议也准备了6份工作讨论材料和5份工作参阅材料，希望大家认真对待、集思广益、畅所欲言，多提宝贵意见建议，帮助我们共同改进、提高工作。

最后，这次会议选在云南腾冲召开，其中的一个考虑是胡锦涛总书记在云南视察时，提出了要把云南建设成为中国面向西南开放的重要桥头堡。希望通过这次会议，把云南“桥头堡”的建设作为重要议题进行探讨，更希望寓意“腾飞”的吉祥含意也能给我们的工作带来力量，使对外文化工作在“十二五”期间实现新的腾飞和跨越。

谢谢大家！

进一步做好纪检监察工作 为文化事业和文化产业发展提供坚强保证

文化部党组成员、中纪委驻文化部纪检组组长　李洪峰

胡锦涛总书记7月23日在中央政治局第二十二次集体学习时的讲话，总揽我国社会主义现代化建设总体格局，着眼推进兴起社会主义文化建设新高潮、推动社会主义文化大发展大繁荣，部署了加快文化体制改革创新、加快构建公共文化服务体系、加快发展文化产业、加强对文化产品创作生产的引导等重要任务，对于国家文化建设和文化系统的工作开展具有极为重要的现实指导意义。

文化系统纪检监察部门肩负着监督检查文化建设方针政策的贯彻落实，协助文化系统党组织搞好党风廉政建设，保障社会主义文化大发展大繁荣的光荣职责。结合贯彻落实胡锦涛同志讲话精神，文化系统纪检监察部门要坚持以科学发展观为指导，继续解放思想，进一步“围绕中心、服务大局”，创造性地开展工作，在整体推进文化系统惩治和预防腐败体系的基础上，努力提高工作的预见性、主动性、科学性、实效性，着力促进解决国家文化建设事业改革与发展进程中的突出问题，为促进社会主义文化大发展大繁荣提供坚强保证。

一、加强监督工作，保障文化体制改革健康发展

监督是派驻纪检监察部门的首要职责，也是促进文化建设事业的重要着力点。为了确保文化体制改革事业顺利进行，文化系统纪检监察部门要开拓工作领域，进一步按照目标清晰、任务明确、责任到位、落实有力的要求，开展有关监督检查工作。

一是在经营性文化单位转企改制、文化企业建立现代企业制度过程中，加强监督检查，确保各项改革既有力推进，又依法依规进行，防止发生弄虚作假、损公肥私等违法乱纪行为，防止国有资产流失，防止在人员转制过程中形成各种遗留问题和矛盾，努力保障文化体制改革既高效、又稳妥。

二是有针对性地对资本引入机制进行监督、规范，促进形成以公有制为主体，多种所有制共同发展的文化经济格局，确保公有和非公有文化经济共同处于合法、规范、健康的运行机制和经营环境之中，推动文化的发展与繁荣。

三是进一步与文化市场管理部门合作，加强文化市场的监管。在抓文化产品市场和要素市场培育的过程中，严厉打击各类非法文化市场活动，坚决抵制文化市场中各种违规违法、违反社会主义核心价值观体系、违反中华民族传统道德的丑恶和不良现象，净化文化市场，营造良好的文化市场环境。

四是促进“公益性、基本性、均等性、便利性”公共文化服务体系建设，保障人民基本文化权益，加强对文化惠民工程、老少边穷地区文化服务网络建设及其资金使用进行监督检查，会同职能部门加强对农村文化基础设施和城市社区文化设施建设投入及其使用的监督检查，确保物尽其用，用显其效。

五是严明政治纪律，把握文化作品创作生产正确方向。充分认识文化产业所具有的经济属性和意识形态属性，为增强文化产业整体实力和竞争力，建设社会主义精神文明，提高国家文化软实力，促进文化精品的生产创作营造有利环境。严肃文化产品创作生产的政治纪律，保障始终把社会效益放在首位，切实做到坚持为人民服务、为社会主义服务的方向和百花齐放、百家争鸣的方针，贴近实际、贴近生活、贴近群众，践行社会主义核心价值观体系，继承和发扬中华民族优良传统，吸收借鉴世界有益文化成果，推出更多深受群众喜爱、思想性艺术性观赏性相统一的精品力作。

二、适应政府职能转变，加强行业作风建设

按照“高举旗帜、围绕大局、服务人民、改革创新”的总要求，遵循社会主义精神文明的特点和规律，适应社会主义市场经济发展需要，深化文化体制改革，保障文化事业和文化产业协调发展，满足人民群众精神文化需要，是文化行政管理部门的工作指针和肩负的职责。在文化部政府职能转变过程中，纪检监察部门要协助党组织抓好行风政风。

一是继续加强机关作风建设。面对由办文化为主向管文化为主转变、由管微观为主向管宏观为主转变、由主要面向直属单位向面向全社会转变的现状，切实把行业作风建设摆在突出位置。要将抓工作、抓队伍、抓作风统一起来，充分发挥作风建设的促进和保障作用。坚持把弘扬新风正气与纠正不正之风统一起来，提倡学习钻研之风、勤奋工作之风、遵纪守法之风、团结和谐之风，坚决纠正各种不正之风，创建学习型、服务型、廉洁型、节约型、高效型、和谐型机关，形成良好的风气建设氛围，树立良好的政府机关形象。

积极推进行政权力公开透明运行和政府信息公开，依法保障群众的知情权、参与权、表达权和监督权。精简会议文件，把机关干部的精力从文山会海中解脱出来，集中到研究解决实际问题，推动改革发展上来。

二是把握“责任明确、行为规范、富有效率、服务优良”的要求，大力推动公共文化服务机构改进工作作风，克服目前存在的文化资源利用效率不高、工作人员服务质量不高、文化设施建设使用脱离群众的问题。大力推动图书馆、展览馆、文化馆、美术馆、乡村文化站和社区文化服务中心等文化服务机构的工作制度建设和作风建设，做到功能齐全、职责明确、服务到位、群众满意。

三是进一步推动对文化市场的整肃。针对文化艺术创作生产和传播一定程度上存在的脱离群众，搞大制作、高票价等虚化浮躁之风和“媚俗”、“恶搞”、“假唱”等现象，进一步加强市场管理，抵制所谓“潜规则”，抵制庸俗、低俗、媚俗之风，努力实现社会效益和经济效益有机统一，创作生产和传播人民群众喜闻乐见、反映主流意识形态、代表先进文化的优秀作品，满足人民群众多样化的文化需求。

三、扎实推进反腐倡廉制度建设，为社会主义文化大发展大繁荣提供坚强保障

制度建设带有根本性、全局性、稳定性和长期性的特点。今年是文化部“反腐倡廉制度建设年”。最近，贺国强、刘云山、刘延东、何勇等中央领导同志先后作出重要批示，指出，文化部深入开展“反腐倡廉制度建设年”活动，扎实推进文化系统惩防体系建设，取得了明显成效，值得总结、借鉴。文化系统纪检监察部门要再接再厉，继续发挥组织协调作用，进一步促进反腐倡廉制度建设，把文化系统惩防体系建设提升至新水平，为社会主义文化大发展大繁荣提供坚强保障。

一是加强机关反腐倡廉制度建设。首先，按照文化管理体制改革的要求，规范机关工作制度。进一步完善政务公开制度，全面推行办事公开制、服务承诺制、首问责任制、限时办结制、过错责任追究制等，继续减少和规范行政审批项目，建立规范完备的行政审批程序和制度，继续完善财务制度监管体系，做好文化经费的使用管理。其次，进一步推进文化系统反腐倡廉制度体系建设。认真查找廉政风险点，制定预防措施，构建制度防线；加强工程建设领域专项治理和制度建设；加强干部人事工作制度建设；加强财务工作管理制度建设；完善文艺评奖评审制度；加强机关作风建设；进一步加强反腐倡廉教育制度建设；进一步加强监督制度建设；进一步加强预防制度建设；进一步加强惩治制度建设。在制度层面，做好文化发展进程中的反腐倡廉建设。

二是推进公共服务机构制度建设。针对公共文化机构服务意识还不够强、服务质量还有待提高的问题，进一步增强公共文化机构工作人员服务意识，制定美术馆、展览馆、文化馆、图书馆、乡镇文化站和社区文化中心管理办法、服务标准等相关制度，明确服务规范、强化服务功能、提高服务水平，推动公共文化服务体系的规范化建设，促进各级公共文化机构形成良好的行业作风，更好地服务人民，保障人民群众的基本文化权益。

三是促进社会组织加强制度建设。针对社团管理制度还不健全的问题，研究新形势下社团管理中出现的新情况、新问题，进一步加强社团管

理制度建设，既调动社团在繁荣文化事业中的积极作用，又防范社团组织与行政主管部门因职责不清、利益关联引发的腐败问题，确保社团组织依法依规依章健康发展，维护政府部门公正廉洁的形象。

四是推动文化企业制度建设。促进完善文化法规和政策体系建设，完善文化资产管理体制和综合执法改革，保障文化产业项目带动战略的实施，在资金投入、科技运用、市场开拓、贸易交流等方面予以督察，适应社会主义市场经济体制的需要，保障促进文化产业又好又快发展。

高度重视和保障人民群众的文化权益

文化部党组成员、副部长　杨志今

胡锦涛总书记提出的当前和今后一个时期文化建设的4项重要工作之一，就是“要加快构建公共文化服务体系，按照体现公益性、基本性、均等性、便利性的要求，坚持政府主导，加大投入力度，推进重点文化惠民工程，加强公共文化基础设施建设，促进基本公共文化服务均等化”。这是党中央对加快建设覆盖城乡的公共文化服务体系、切实保障人民群众的基本文化权益提出的新的更高要求，是进一步做好公共文化服务体系建设的重要遵循。

一、以重要讲话为指针，深刻理解做好公共文化服务体系建设的重要意义

公共文化服务体系是以各级政府为主体提供的，以保障公民的基本文化权益、满足公民基本文化需求为目的的一整套设施和制度体系的总称。加快建立覆盖全社会的公共文化服务体系，是维护好、实现好、发展好人民群众基本文化权益的主要途径，在促进人的全面发展、提高全民族的思想道德和科学文化素质等方面，有着十分重要的作用。

胡锦涛总书记的重要讲话对公共文化服务体系建设的内涵和要求进行了精辟论述。结合学习重要讲话精神和工作实际，我有以下几点体会：

第一，讲话深刻阐述了公共文化服务体系建设在社会主义文化建设中的重要地位和作用。讲话指出，“发展公益性文化事业，保障人民基本文化权益，是社会主义文化建设的重要目的。建立健全公共文化服务体系是人民群众基本文化权益的重要保障。”加快建立覆盖全社会的公共文化服务体系，面向基层提供具有普惠性的公共文化产品和服务，让全体人民共享文化发展成果，是各级党委政府的重要职责，是社会主义文化建设的重要任务，是实现文化大发展大繁荣的重要基础，充分体现了我们党全心全意为人民服务的宗旨，体现了中国特色社会主义制度的优越性。

第二，讲话明确提出了公共文化服务体系建设的四项基本特点。讲话指出，公共文化服务体系建设要“体现公益性、基本性、均等性和便利性的要求”。这是中央对公共文化服务体系建设基本特点的高度概括。体现“公益性”，要求各级政府提供公共文化服务不以营利为目的，具有公益性质，公共资金要取之于民用之于民，促进人的素质的提高和全面发展。体现“基本性”，要求各级政府必须根据经济社会发展水平，向全社会提供基本公共文化服务，即保障人民群众基本文化权益，满足人民群众基本文化需求的服务。体现“均等性”，要求公共文化服务和资源必须公平分配，对公共文化设施和公共文化资源要均衡布局，使得所有人都能享受到政府提供的同等程度的公共文化服务。体现“便利性”，要求各级政府提供的公共文化服务应是近距离的、经常性的服务，是人民群众感到非常便利的服务。

第三，讲话进一步强调了“政府主导，社会参与”的原则。讲话指出，公共文化服务体系建设要“坚持政府主导，加大投入力度”，“要引导社会资金以多种方式投入文化公益事业，促进公共文化服务多元化、社会化。”提供基本的公共文化服务，保障广大人民群众的基本文化权益，是政府的重要职责。因此，在公共文化服务体系建设中，必须坚持政府主导，加大财政对公共文化的投入力度，着力解决人民群众最关心、最直接、最现实的基本文化权益问题。同时，要扩大公共文化服务渠道，积极引导社会资金以各种方式投入文化建设，推动企业和个人捐赠兴办公益性文化事业，努力形成政府主导、社会参与公共文化服务体系建设的良好局面。

第四，讲话明确提出了“促进基本公共文化服务均等化”的目标要求。讲话指出，当前公共

文化服务体系建设的基本任务就是“促进基本公共文化服务均等化”。提出“基本公共文化服务均等化”这一命题，对我国公共文化服务体系建设具有重要意义。各级政府必须着眼于城乡居民平等享受公共文化服务，加大农村文化基础设施的投入，完善城市社区文化设施，推动公共文化设施建设向城乡基层倾斜。要推进重点文化惠民工程，丰富公共文化服务内容，推进文化资源向城乡基层特别是农村基层倾斜，努力实现和保障广大人民群众的基本文化权益。

二、以重要讲话为镜子，清醒认识当前公共文化服务体系建设取得的成绩和存在的问题

全面分析和把握当前公共文化服务体系建设取得的成绩、面临的困难和问题，对我们深刻理解讲话内涵具有重要意义。“十一五”以来，在党中央、国务院的高度重视下，在各级党委、政府的支持下，公共文化服务体系建设呈现出蓬勃发展、整体推进、重点突破的良好势头，进入了快速、稳定的重要发展期。

文化事业投入大幅增长。2009年，全国文化事业费为292.32亿元，与2005年的133.82亿元相比，增幅达118.44%。“十一五”前4年，全国文化事业费总计超过900亿元，年均增幅达25.28%。“十一五”以来，国家对城市和农村地区文化建设的投入5年间增幅分别达到110.24%和140.98%，均已实现“翻一番”。人均文化事业费从2005年的10.23元增加到2009年的21.9元，增幅为114.07%。中央对地方转移支付的力度也显著增强，仅2009年就达到29亿元，“十一五”前4年总计投入63亿元，是“十五”时期总和的8倍。

公共文化设施网络发展迅速。“十一五”时期，乡镇综合文化站建设项目、县级图书馆文化馆修缮专项资金、城市社区文化中心（文化活动室）设备购置专项资金等一系列面向基层、面向农村的重大文化设施建设项目顺利实施，显著改善了基层文化设施的整体面貌。2009年，全国共有县级公共图书馆2491个，覆盖率达到87.16%。县级文化馆2862个，覆盖率达到100%。乡镇（街道）文化站38736个，覆盖率达到94.8%，基本实现了“乡乡有综合文化站”的建设目标。村文化室209600个，覆盖率达到34.2%。覆盖城乡的公共文化服务网络正在形成。

重大工程取得丰硕成果。全国文化信息资源共享工程稳步推进，至2009年底，数字资源量达92.27TB，基本建成资源丰富、技术先进、服务便捷、覆盖城乡的数字文化服务体系。2009年底，已建成1个国家中心，33个省级分中心，县级支中心达到2814个，覆盖率达到96%；乡镇基层服务点达到15221个，覆盖率达到44%；与全国农村党员干部现代远程教育合作共建村级基层服务点达到75万个，其中配备文化共享工程专用设备约47.5万个，覆盖率达75%。2010年底即可实现“村村通”。国家数字图书馆经过近5年的建设，数字资源量达到327.8TB，服务范围覆盖互联网、电子政务外网、卫星、移动通信网、数字电视网等。实施了县级数字图书馆推广计划，使县级图书馆读者都可享用到国家数字图书馆资源。送书下乡工程和流动舞台车工程的实施，使基层文化资源更加丰富。中华古籍保护计划和非物质文化遗产保护工作顺利推进，设立“文化遗产日”，文化遗产得到有效保护。

公共文化服务创新亮点纷呈。博物馆、公共美术馆、公共图书馆等免费开放成效显著。2009年，全国向社会免费开放的各级文化文物部门归口管理的公共博物馆、纪念馆已达1447家。浙江嘉兴等地探索多种形式的公共图书馆总分馆制，实行借书还书“一卡通”，优化资源配置，提高服务效益。深圳等地以技术创新为支撑，创建了“城市街区24小时自助图书馆系统”。

广东等地普遍开展流动文化服务，与阵地服务相配合，使图书馆服务惠及更多的基层群众。江苏省吴江市推动“区域文化联动一体化”，盘活文化资源，增强群众文化活动活力，丰富区域内群众文化生活。宁波市打造“群星课堂”等公益文化品牌项目，不断拓展和提升群艺馆的公共文化服务水平。

群众文化活动丰富多彩。在群星奖、中国民间文化艺术之乡等重要示范性、导向性活动的带动下，基层群众文化活动广泛开展，呈现出生机勃勃的发展局面。今年5月，在广州举办的第15届群星奖评奖活动推出了近千件优秀群众文化作品，在社会上引起了广泛反响。全国已有963个县（市、区）及乡镇获得“中国民间文化艺术之乡”

称号。今年年初，文化部组织了“大地情深”——全国城乡基层群众小戏小品展演活动，充分展示了近年来群众文化创作的丰硕成果。实施了“中国少儿歌曲创作推广计划”，组织多届少儿合唱节和“永远的辉煌”老年合唱节，为保障特殊群体文化权益起到了重要作用。

公共文化法律法规体系更加完善。《公共图书馆法》立法工作正式启动。制定《乡镇综合文化站管理办法》、《公共图书馆建设用地指标》和《公共图书馆建设标准》，各级公共文化机构的服务能力和管理水平得到提升。

我国公共文化服务体系建设虽然取得了相当大的进展，但仍然存在一些困难和问题。一是文化事业经费投入不足，尚未建立比较完善的基层公共文化服务运行经费保障机制，城乡差距和区域差距较大。二是基层公共文化服务资源设施总量不足、质量不高、配置不合理的问题依然突出，基层文化建设重硬件、轻软件，重建设、轻管理的现象比较严重。三是公共文化服务的内容、形式、方法与城乡居民的现实需求还不相适应，以群众文化需求为导向的公共文化服务模式尚未形成。四是文化管理体制和运行机制尚不健全，还存在多头管理、条块分割等问题，配套政策和法律法规不完善。五是基层文化队伍数量不足，专业素质偏低，难以适应新时期文化工作的需要。六是文化建设在地方党委政府考核指标体系中所占的比重过低，缺乏刚性的约束机制和有效的激励机制。社会力量参与文化建设的文化自觉意识尚未形成。从整体上看，公共文化服务体系建设同我国当前的经济社会发展水平还不相适应，与广大群众迫切的基本文化需求还不相适应，与实现文化大发展大繁荣的任务还不相适应。实现和保障人民群众基本文化权益的任务十分艰巨。我们必须大力贯彻落实胡锦涛总书记讲话精神，努力推进公共文化服务体系建设取得新进展。

三、以重要讲话为指导，努力推动公共文化服务体系建设再上新台阶

发展公益性文化事业，保障人民群众的基本文化权益，是公共文化建设的重要目的。各级文化部门要认真贯彻胡锦涛总书记重要讲话精神，坚持公益性、基本性、均等性、便利性，以政府为主导，以公共财政为支撑，以基层特别是农村为重点，加大投入力度，创新运行机制，加快公共文化基础设施建设，不断提高公共文化服务的质量和水平，进一步推动公共文化服务向广覆盖、高效能转变。

一是继续加强公共文化设施建设，夯实公共文化服务体系的硬件基础。以重大文化工程为抓手，以大型公共文化设施为骨干，以县、乡（镇）和社区基层文化设施为基础，统筹规划，合理布局，逐步形成覆盖城乡、结构合理、功能健全、实用高效的公共文化设施网络。继续推进地市级未达标城市图书馆、文化馆的新建、改建和扩建工程，力争在“十二五”期末全部达到国家建设标准。争取中央财政对中西部地区设施设备陈旧落后、不具备基本服务条件的地市级“两馆”进行资金补助。全面推进社区文化中心、文化室建设，把城市社区文化设施建设纳入经济社会发展规划和城市总体规划。落实中央提出的“从城市住房开发投资中提取1%，用于社区公共文化设施建设”政策。落实全国城市街道文化站和社区文化中心设备购置专项资金，对中西部地区社区文化中心（社区文化活动室）设备购置进行补助。逐步为县文化馆、图书馆等单位配备流动文化车，开展流动性文化服务。

二是稳步推进公益性文化事业单位改革，加强体制机制等软件建设。加快形成责任明确、行为规范、富有效率、服务优良的运行机制，提高公共文化服务能力。积极推进劳动人事、收入分配和社会保障制度改革，引入竞争激励机制；扩大公共文化服务投入渠道，抓紧制定支持和保障公共文化服务体系建设的投入办法，确保政府对公益性文化事业的投入逐渐增长，建立分区域的人均基层群众基本文化权益经费保障标准，建立公共文化服务经费保障机制；加快推进公共图书馆、文化馆、美术馆免费开放；加强优秀文化产品的推广与普及，探索基于群众文化需求的公共文化产品提供机制；研究制订公共文化服务考核评价指标，完善工作评价机制和绩效考评办法，形成政府、社会、服务群体共同参与的监督管理体系。加大公共文化产品供给，推广公共图书馆总分馆制，加强流动文化服务，提高服务质量和服务效率，创新公共文化服务机制；采取政府采购、补贴等措施，加强对农民、城市农民工、老年人等特定群体的文化服务，继续大力推动文化下乡，建立文化援助机制；加快推进《公共图书馆法》立法进程。修订《文化馆管理办法》，制定《城市社区文化设施管理办法》等规章，建立政策法规保障机制。

三是整合公共文化服务资源，促进公共文化资源的共建共享。以国家公共文化服务体系示范区建设为抓手和契机，以地方党委、政府为主导，突破体制障碍，加大跨部门、跨领域、跨系统的文化项目的共建共享力度，加强基层文化资源的整合。充分发挥政府、社会组织、企事业单位等各方面的积极性，促进基层公共服务资源的共享和有效利用。农村基层文化建设布局、规划和管理要与城乡统筹、小城镇建设、新农村建设等政策相衔接。通过税收优惠等政策，鼓励社会力量参与公益性文化事业建设。同时，积极引导社会资金投入文化公益事业，支持各种民办图书馆等公益性文化机构发展，促进公共文化服务方式的多元化、社会化。

四是大力实施重大文化工程，创新公共文化服务模式。高度重视数字文化服务在公共文化体系建设中的重要作用。“十二五”期间，努力将文化共享工程建成资源优质丰富、技术先进实用、服务便捷高效、网络覆盖城乡的数字文化服务阵地。实施公共电子阅览室建设项目和全国数字图书馆推广计划，推进基层公共文化设施数字化建设。按照“保护为主、抢救第一、合理利用、加强管理”的方针，实施“中华古籍保护计划”，科学、规范地开展保护工作。实施“春雨工程”，推进少数民族地区文化建设。

五是加强公共文化队伍建设，建立高素质的公共文化人才队伍。按照“存量优化、增量优选”的原则，探索能够发现人才、吸引人才、培养人才、留住人才、用好人才的体制机制，建立一支稳定的、高素质的文化队伍。按照市、县图书馆、文化馆和乡、村、社区文化站（室）的建设和服务标准，确定编制标准。建立基层尤其是农村文化从业人员资格考核制度，逐步实施基层文化单位从业人员持证上岗制度。实施“全国基层文化队伍培训工作项目”，提升队伍素质和服务能力。大力发展文化志愿者队伍。

六是把握文化发展规律，推动公共文化服务体系建设科学发展。要按照讲话要求，“深入研究人民群众对文化建设的新要求新期待，深入研究文化发展的特点和规律，努力提高推动文化科学发展能力”。“十二五”时期，在继续推进实践的同时，更加注重公共文化服务体系理论研究，针对当前公共文化服务体系建设存在的突出问题，根据我国区域差异、城乡差异的具体实际，结合公共文化服务体系示范区建设，对涉及全局性、战略性的重大问题进行研究，决策参考，指导实践，推动立法，推动公共文化服务体系建设的科学、持续发展。

加快公共文化服务体系建设，保障人民基本文化权益，是社会主义文化建设的重要目的，是繁荣发展社会主义先进文化、构建社会主义和谐社会的必然要求。我们要努力贯彻胡锦涛总书记重要讲话精神，继续把建立健全公共文化服务体系作为一项紧迫任务，努力促进基本文化服务均等化，保障人民群众文化权益，为促进经济社会发展和人的全面进步作出新的更大贡献。

正确引导　繁荣创作

文化部党组成员、副部长　王文章

学习胡锦涛总书记的重要讲话，对新时期如何把社会主义文化建设推向新的阶段，促进文化建设“两大一新”，充满信心。学习青岛全国文化体制改革会议上李长春同志批示和刘云山、刘延东同志讲话，包括蔡武部长在全国文化厅局长会上的讲话，对加深理解胡锦涛总书记的重要讲话帮助很大。新中国成立以来文化发展有几个好的阶段，当时环境、局面、成果，都很值得回顾，像解放后的1956年前一段时间、1964年前后、党的十一届三中全会后等。但是在改革开放和国际化背景下看，那时都还是和今天不能相比。当今，我国处在文化发展最好时期，也是把文化发展建设摆在前所未有的“四位一体”高度的时期。温家宝总理所作的政府工作报告把文化单列一个部分，对文化发展的本质和意义，以及文化对国家持续发展的重要作用阐述得非常透彻；胡锦涛总书记的讲话更是深刻阐释了文化发展对国家现代化发展和未来发展的重要意义，明确指出了加快文化体制改革和加强文化建设的正确方向和重要任务，充分体现了党中央对社会主义文化建设的高度重视和对文化建设规律的科学把握，为当前和今后一个时期文化建设指明了方向，对我们文化系统推动社会主义文化发展创新具有重大的指导意义。

结合分管工作来谈，在推动文化艺术繁荣方面，我们要深刻认识胡锦涛总书记讲话中提出的文化发展中存在的4个“不适应”，要进一步加强对文艺作品创作生产的引导，坚决抵制庸俗、低俗、媚俗之风，不断创新艺术管理体制机制，不断提高组织引导文艺创作的能力和水平，要把智慧和力量统一到中央的决策和部署上来。首先是要体制机制改革创新，这是促进当代艺术繁荣发展的基础。我们在文化艺术发展繁荣方面，最根本的是要推进体制机制创新，这是关系到文化艺术繁荣最根本的问题。其实质就是要努力推进文化艺术管理体制机制与社会主义市场经济体制相适应。一是从政府部门的改革来看，主要目标是要建立起以间接管理为主的宏观调控体系，体系的建立体现为管理主要是运用经济手段、法律手段、方针指导、政策引导。必要的行政手段的使用要根据特定的需要，必要但不是主要手段。另一方面，作为艺术生产的实体机构包括院团和一些画院等美术机构，建立起科学规范有效的内部管理机制非常重要，建立这样的管理机制，首先要让生产单位能够自主决策，自主经营，自我约束，自我发展，成为相对独立的艺术生产创作的经营实体，要从体制机制上与社会主义市场机制相适应。在改革方面，从政府部门到艺术生产创作机构，实现了与社会主义市场经济体制相适应的管理体制机制，我们的创作和繁荣就有了基础。

从繁荣的角度说，今天衡量繁荣的标准与以往不同，以前繁荣了城乡文化生活是繁荣，出时代精品也是一种繁荣，但是今天繁荣的坐标应是世界性的，是跟中国的当代国际社会地位相适应的繁荣。中国艺术的发展要与中国在当代国际社会的地位相适应。我们出的精品或是有代表性、标志性的作品，在世界上要产生影响，创作的作品的艺术形象以及艺术形象所表达的价值观，要能被别国的观众认同，不是要人家对我们的价值观念完全赞同，但是要让人家在我们创造的艺术形象的感染中自觉认同，这是当代艺术繁荣很重要的一个标志。这与我们看国外优秀的文艺作品，无形中受他们倡导的精神影响是一样的道理。抓精品，促繁荣，有世界眼光才可能有影响世界的作品。出精品的同时，用高品格的文化艺术产品提升社会文化品格，我们还要以更便捷的方式让基层老百姓共享文化成果。

从加强对文化产品创作生产的引导，推动文艺创作繁荣的具体措施来说，除了上面谈到的改革创新体制机制外，重视树立繁荣文艺创作的正确的指导思想也是十分重要的。胡锦涛总书记讲的“真正从群众需要出发”不断推出精品力作，值得我们认真思考。这是我们自觉践行社会主义核心价值体系，坚持社会主义文化前进方向，继承发扬中华文化优良传统，吸收借鉴世界有益文化成果，努力创作精品力作的出发点和落脚点。只有如此，我们才能做到自觉坚持“二为”方向和“双百”方针，坚持“三贴近”，不断开拓创作题材领域，坚持文艺创作源于生活，以及文艺创作真实性、形象性、多样性、独创性等基本的规律，在强调社会主义文艺与人民群众的紧密联系，提倡作家艺术家走深入生活的创作道路，支持他们积极投身于人民群众改革和现代化建设的生活，认识社会生活的发展与变革的进程的同时，要提倡和保证作家艺术家的创作自由，有个人创造性和个人爱好的广阔天地，有思想和幻想、形式和内容的广阔天地，写什么和怎么写，要由作家艺术家在艺术实践中探索和解决。要支持作家艺术家在文艺创作的天地里大胆探索、大胆创新，施展聪明才智，要充分发挥文艺的多种功能与作用，通过题材、内容、形式、风格、流派的多样性和艺术的独创性，推出思想性、艺术性、观赏性相统一的精品力作。我们要大力提倡反映和表现改革开放与现代化建设的伟大时代，塑造、讴歌站在时代前列的新的人物形象，要揭露、鞭挞一切腐败、腐朽思想和现象，通过生动形象的艺术创造鼓励人们进取，净化和提升人们的心灵境界。要提倡一切可以满足人们的艺术欣赏、健康娱乐要求的艺术创作、演出，要通过具有文化品格的生动的文艺创造，来引领和提升整个社会的文化品格，要通过精品力作的创作来塑造国家形象、人民形象和表现时代精神。

加强对文化产品创作生产的引导，推动繁荣文艺创作，加强改善文艺评论、改进完善文艺评奖机制、促进文艺与先进科技的融合、加强文艺人才队伍建设、加大对文艺创作生产的经费扶持等方面，也都不能忽视。近一两年来，文化部在推动繁荣文艺创作生产方面，倡导正确的文艺批评，改进完善文艺评奖机制，建立优秀保留剧目上演制度和搭建优秀剧目交易推广平台，举办民营艺术院团展演和国家艺术院团优秀剧目展演，以及国家财政不断加大对舞台艺术和美术等文艺创作的扶持，都是为了加强对文化产品创作生产的正确引导，推动繁荣文艺创作并保证人民群众共享文化创造的优秀成果。我们要不断努力创造良好的文艺创作、生产环境，使作为创作主体的作家艺术家们的聪明才智得以充分发挥，不断满足人民群众对优秀文艺作品欣赏的需求，开创与我国当代的经济、政治、社会和国际地位相适应的文艺繁荣的良好局面。

以改革创新的精神推进文物系统文化体制改革

文化部党组成员、国家文物局局长　单霁翔

胡锦涛总书记在中央政治局第二十二次集体学习会上的重要讲话，充分肯定了党的十六大以来文化建设和文化体制改革取得的成绩，全面分析了文化建设面临的新形势，深刻阐述了深化文化体制改革的重大意义，进一步明确了推进改革的指导思想和重点工作，充分体现了我们党和国家对社会主义文化建设的高度重视，对文化建设规律的科学把握，是对科学发展观的丰富和发展，为推动文化遗产事业的改革发展指明了前进方向，提供了强大动力。全国文物战线一定要把学习宣传贯彻胡锦涛总书记的重要讲话，作为当前的一项重要政治任务来抓，深入扎实地推进文物系统文化体制改革的各项工作。

一、深刻领会胡锦涛总书记重要讲话的精神实质，把思想认识统一到讲话精神上来

学习贯彻胡锦涛总书记重要讲话精神，首先要把思想统一到中央对文化建设和文化体制改革形势的分析判断上来，把行动统一到落实中央的要求和部署上来，切实在"四个深刻领会"上下工夫。

一是深刻领会社会主义文化建设和文化体制改革重要性，进一步提高对文化建设和文化体制改革重要地位和作用的认识。胡锦涛总书记高度概括了文化建设和文化体制改革的重大意义。这是党的十六大以来，我们党和国家对文化建设和文化体制改革重要性完整、系统、科学的论述，充分体现了以胡锦涛同志为总书记的党中央对社会主义文化建设的高度重视，是推进文物事业发展和文物系统文化体制改革的重要指导思想。

二是深刻领会社会主义文化建设和文化体制改革面临的形势，进一步增强深化文物系统文化体制改革的责任感和使命感。这要求我们按照科学发展观的要求，深化文物系统文化体制改革，推动文化遗产保护和经济建设、政治建设、社会建设协调发展，要具有更广阔的国际视野和更加强烈的改革发展意识，抢占现代信息化条件下文化遗产传播的主导权，切实维护我国的文化遗产安全，不断增强中华文化的影响力和竞争力。

三是深刻领会推进文化体制改革必须坚持的指导思想，进一步把握深化文物系统文化体制改革的方向。胡锦涛总书记明确提出了深入推进文化体制改革必须坚持的指导思想。这是我们党和国家对当前和今后一个时期文化建设规律的科学把握，具有很强的思想性、理论性、战略性和指导性，也为今后一个时期文物系统文化体制改革指明了前进方向。

四是深刻领会推进文化体制改革必须抓紧抓好的四项重点工作，进一步增强文物系统文化体制改革工作的针对性、实效性。胡锦涛总书记提出了当前和今后一个时期要重点抓好的四项工作。这要求我们加强对文物系统文化体制改革的领导，深入研究人民群众对文化遗产保护工作的新要求新期待，深入研究文化遗产事业改革发展的特点和规律，不断提高推动文化遗产事业科学发展的能力。

二、认真总结文物事业改革和发展所取得的成功经验，坚定推进文物系统体制改革的信心

党的十六大以来，以胡锦涛同志为总书记的党中央高度重视文物事业，党和国家制定出台了一系列关于文化遗产保护的重大政策措施。2010年6月12日，我国第五个文化遗产日期间，李长春同志在《人民日报》发表的《保护发展文化遗产，建设共有精神家园》重要文章，站在党和国家事业发展全局和战略的高度，全面回顾了党的十六大以来文化遗产保护工作取得的成就，正确

分析了文化遗产事业面临的形势，深刻阐述了新形势下文化遗产保护工作的重大意义，明确了文化遗产保护工作的总体思路和重点任务，就加强文化遗产工作提出了具体要求，为进一步做好文物系统文化体制改革工作指明了方向。

近年来，文物系统牢固树立机遇意识、改革意识、发展意识，坚决贯彻中央有关文化体制改革的决策部署，坚定不移地推进文物系统体制改革，取得了可喜的成就。

一是推进文物系统文化体制改革工作。2003年，我们率先将局属事业单位——中国文化遗产研究院（原中国文物研究所）作为全国文化体制改革的试点单位，开展单位内部人事制度、管理制度、分配制度等一系列改革试点工作，取得一些成功经验。通过改革，创新意识得到加强，广大职工的积极性得到调动，国家级文化遗产研究中心的平台作用得到有效发挥。近年来，按照中央文化体制改革的部署，我们已经完成文物出版社由事业单位转为企业单位的改制工作。在体制改革中，我们注意保持和发挥文物出版社的行业优势，面向市场、面向人民群众，积极调整出版结构，打造市场品牌，努力实现3个转变：在图书题材上，从注重学术研究向学术与普及文物知识并重的转变；在作者群体上，从依靠中老年名家向重点依靠中青年学者的转变；在出版发行方式上，从注重单本书发行向整体营销的转变。

二是加强文化遗产公共服务能力建设。2008年初，按照中央的统一部署，我们大力推动博物馆免费开放工作，截至2009年底，全国已有1444家博物馆、纪念馆陆续向社会实施免费开放，约占文化文物部门归口管理博物馆、纪念馆和爱国主义教育示范基地总数的77%，接待观众8.2亿人次，平均观众量比免费开放前增长了50%。博物馆免费开放是贯彻落实党的十七大精神、实现社会主义文化“两大一新”的重要举措，是文化体制改革的重要组成部分，是保障人民基本文化权益的重要途径。我国对博物馆的传统定位是“收藏、保护、研究、展示人类活动和自然环境的见证物”，展示服务和宣教工作被放到了博物馆功能次要的位置。免费开放打破了这一格局，服务公众真正成为博物馆各项工作的出发点和归宿。

为做好免费开放工作，各地积极探索，不断推进管理体制和运行机制的改革创新。陕西省文物局与省财政厅联合制定了免费开放绩效考核办法。浙江省推进博物馆管理方式从“以钱养人”转向“以钱养事”，充分发挥财政经费的引导和激励作用。为进一步使文化遗产保护成果惠及民众，实现文化遗产的社会价值，我们积极支持集安、洛阳、无锡、成都等多个城市探索以大遗址保护带动城市发展的新模式，先后建成集安高句丽遗址公园、安阳殷墟遗址公园、无锡鸿山遗址公园、成都金沙遗址公园等多处国家考古遗址公园。考古遗址公园建设，改善人民生活条件，进一步展示城市文化内涵，树立城市文化形象，营造和谐的居住环境，使文化遗产得到有效保护，城市更加靓丽，人民生活更加美好，促进经济社会协调发展。

三是探索文化遗产保护的共建合作模式。当前，我国实行的“条块结合、多级委托”的文化遗产保护管理格局，横向看，各级文物保护单位中均存在由文物、文化、国土资源、林业、宗教、旅游、建设等多部门分散管理的情况。近年来，我们积极加强同各相关部门及遗产地政府的合作，创新文化遗产保护体制，探索共建合作模式。国家文物局先后与国家测绘局、国家旅游局等部门，以及湖北省人民政府、陕西省人民政府签署有关文化遗产保护战略合作协议。《国家文物局、国家测绘局关于加强战略合作的协议》中规定，双方将加强在文化遗产资源调查、大遗址保护、大运河保护和申报世界文化遗产、重要遗产地监测等工作中的合作。双方根据文物保护的特点和要求，开展文物资源调查、监测与测量，开发文物保护相关的地理信息产品和信息管理系统，共同审核并发布有关文化遗产的重要地理信息等。与国家旅游局签署的《旅游发展与文物保护战略合作框架协议》则就全国文物旅游工作协调领导、专家巡视、联合执法等工作提出明确要求。国家文物局与湖北省人民政府《大遗址保护荆州片区共建协议》中确定了荆州片区大遗址保护项目、纪南城考古遗址公园建设等六个方面的合作项目。国家文物局与陕西省人民政府签署的《合作共建彰显华夏文明历史文化基地框架协议》则通过省局合作模式，推进陕西文化遗产保护和利用，推动西北地区经济振兴，促进区域经济社会协调发展，进而实现国家西部大开发战略构想。

四是构建文化遗产保护科技创新体系。长期以来，分散和封闭是制约文化遗产保护领域科技发展的主要瓶颈，科技活动少且杂、科技力量弱且散、科技资源共享难等症结问题十分突出。为改变这种状况，国家文物局以体制机制创新为先导，以技术体系、组织体系、制度体系的建设为着眼点，以“打破封闭、实现开放”向“优化合作、完善机制”的升级为目标，通过学科间、机构间、部门间、中央与地方间、国内与国外间高效、务实的开放合作，推动合作方式由“被动、单体、一事一议”向“主动、全面、系统”的战略性转变。2004 年，国家文物局提出了在全国范围内设立行业重点科研基地的发展目标。截至目前，分批认定的 12 家国家文物局重点科研基地通过开展理论创新、体制创新和科技创新，取得了一系列重大科研成果，凝聚和培养了一批科技创新人才，形成了开放、合作、流动、竞争的良性运行机制。2009 年 10 月，在国家文物局的支持和推动下，秦始皇兵马俑博物馆、中国科学院上海硅酸盐研究所、中国科学院上海有机化学研究所、中国科学院上海光学精密机械研究所、西安文物保护修复中心 5 家单位联合成立了行业首家专业创新联盟——陶质彩绘文物保护技术创新联盟，实现了技术研发链条的整合和优化。2010 年 4 月，国家文物局又与浙江省人民政府签署了《国家文化遗产保护科技区域创新联盟（浙江省）共建协议书》，正式启动了文化遗产保护科技区域创新联盟的试点建设工作。此外，为全面促进跨学科、跨领域、跨行业、跨部门行业创新体系的建设，国家文物局正积极探索与中国科学院建立部门间的战略合作，拟通过进一步强化基础研究、应用研究、技术开发，构建成果转移扩散的应用平台，最大限度地吸引社会优质人力资源和科技资源，为我国文化遗产事业提供更先进的科学理念和更强有力的技术支撑。

三、清醒认识文物系统文化体制改革面临的新形势新任务，进一步增强做好文化体制改革工作的使命感和责任感

当前，国家经济体制改革取得重要进展，政治体制改革有序推进，文化遗产保护领域受传统体制的影响还比较深，文物系统文化体制改革起步也相对滞后。尤其是进入新世纪以来，随着经济体制改革进一步深化和经济社会快速发展，文化遗产事业赖以生存和发展的经济基础、体制环境、社会条件发生了深刻的变化，文物系统文化体制改革的很多工作尚处于试点和探索阶段。我们要充分认识深化文物系统文化体制改革的重要性紧迫性，充分认识文化遗产事业发展的有利条件和光明前景，坚持以胡锦涛总书记的重要讲话为指导，紧密结合文化遗产保护工作实际，以高度的责任感加大工作力度，全面推进各项重点改革任务，着力构建充满活力、富有效率、更加开放、有利于文化遗产事业科学发展的体制机制。

一是要加强文物系统文化体制改革的理论研究。认真学习中国特色社会主义理论体系，充分借鉴其他文化领域体制改革的已有成果，积极探索在社会主义市场经济体制下，如何正确认识和处理公益性文化事业和经营性文化产业的关系，社会效益和经济效益的关系，促进繁荣与加强管理的关系，政府保护为主与社会广泛参与的关系；认真研究文物、博物馆事业单位深化改革、增强活力的问题，形成有利于事业发展的体制机制；继续探索文化遗产保护对相关产业的带动作用和对区域经济发展的关系问题，积极探索并逐步建立有利于加强文化遗产保护，有利于充分发挥文化遗产保护多方面的社会功能，有利于推动文化遗产事业与相关事业、相关产业密切结合、相互促进、充满生机和活力的管理体制和运行机制，推动文化遗产保护与经济建设全面协调可持续发展。

二是要探索文物、博物馆单位新体制。引导和鼓励公益性事业单位在履行好公益性服务职能的前提下，通过多种形式，借鉴市场运作机制，在发展中搞活，在搞活中发展。对于一些具有经营性质的文物、博物馆事业单位，要完善扶持政策和措施，以项目投入为手段，以激发活力为目标，为其在社会主义经济体制改革中开拓市场创造条件，不断提高竞争力，创造良好的社会效益和经济效益。要坚决按照中央要求，积极推动文物出版社的转企改制工作。要提高文物市场监管和引导能力，运用法律手段维护市场的公平竞争；推动完善行业协会自律管理机制；推动公众参与文化遗产保护，主动培育文化遗产保护志愿者队伍。

三是要总结推广体制机制创新的试点经验，扩大大遗址保护成果。实践证明，在城市核心区和城乡接合部建设考古遗址公园，对于协调文化遗产保护和城乡经济社会发展的关系，提升城市文化品位具有重要的促进作用。下一步我们将不断扩大文化遗产保护成果服务社会的范围，继续总结推广大遗址保护和考古遗址公园建设实践中创造的“强化政府主导、动员社会参与、民众共建共享”的经验，推进隋唐洛阳城遗址公园、良渚遗址公园、牛河梁遗址公园等国家考古遗址公园建设。积极鼓励各城市探索合理的营运模式，以营造文化遗产保护与经济建设和谐共融、协调发展、互利双赢的新局面。

四是要深化博物馆免费开放工作，创新博物馆运行机制。加强对博物馆免费开放工作的调研，认真总结经验和不足，着力研究解决目前存在的运行机制滞后、内部管理不顺、绩效考评和激励意识不强、展示水平和服务质量不高等问题。在博物馆免费开放过程中不断深化改革，创新管理运行模式，强化内部激励机制，建立绩效评估制度，加强资源整合。同时，努力建立起政府为主导、全社会参与的博物馆多元化投入和保障体系，畅通企业赞助和社会公益捐助等渠道。鼓励各级各类博物馆加强文化产品开发，扶持博物馆大力参与发展文化创意产业，促进其依托文物藏品、陈列展示等博物馆资源和元素，不断推出各类文化产品。

努力为文化建设提供人才保障

文化部党组成员、部长助理　高树勋

胡锦涛总书记就文化体制改革工作所作的重要讲话，总结了党的十六大以来的文化建设，充分肯定了文化建设和文化体制改革取得的成绩。这是以胡锦涛同志为总书记的党中央对文化战线的巨大鼓励和鞭策。讲话从中国特色社会主义事业“四位一体”总体布局的高度，全面分析了文化建设面临的形势，深刻阐述了深化文化体制改革的重大意义，进一步明确了深入推进文化体制改革必须坚持的指导思想，提出了必须抓好的4项重点工作，充分体现了以胡锦涛同志为总书记的党中央对社会主义文化建设的高度重视，为当前和今后一个时期我国社会主义文化建设指明了前进的方向。

胡锦涛总书记在讲话中指出，“要加强文化战线领导班子建设，加强文化事业和文化产业人才培养”，对深入推进文化体制改革，进一步加强文化人才工作，推动文化人才队伍建设提出了新任务新要求。我们要深入学习领会胡锦涛总书记重要讲话精神，进一步贯彻落实科学发展观，牢固树立“人才资源是第一资源”的观点，确立人才优先发展的战略布局，科学规划，开拓创新，突出重点，全面推进，不断开创充满活力、人才辈出的文化人才工作新局面。

一、认真领会，切实增强做好文化人才工作的责任感和使命感

文化发展，人才为本。人才是文化建设中最活跃的因素，是先进文化的创造者和传播者，人才工作在文化工作全局中具有十分重要的地位。实践证明，人才资源是第一资源，人才优势是最大的优势，推动社会主义文化大发展大繁荣，兴起社会主义文化建设新高潮，关键靠人才。

文化部历来高度重视文化人才工作，积极推进文化人才队伍建设，“人才兴文”战略已经成为我国文化建设的一项基本战略，党管人才工作新格局基本形成，以高层次、高技能人才为重点的各类文化人才队伍不断壮大，文化人才环境不断优化，文化人才工作呈现出良好的发展态势。

胡锦涛总书记在讲话中指出，当前和今后一个时期，要抓好文化体制机制改革创新、构建公共文化服务体系、发展文化产业、引导文化产品创作生产4项重点工作。要完成好这些工作，首当其冲的是人才保障。我们要认真学习胡锦涛总书记的重要讲话精神，统一思想，勇于实践，以更宽的眼界、更宽的思路、更宽的胸怀，把人才作为支撑文化建设最为宝贵、最可持续和最具潜在优势的战略资源，把选才、引才、用才作为事关文化体制改革和文化建设全局的战略性举措来认识和把握，继续大力实施“人才兴文”战略，加快人才的优先发展，进一步增强改革创新意识，不断加强和改进我们的各项人才工作，以更加扎实、更加有力的措施，通过政策引导，吸引更多优秀人才向文化行业集聚，造就一批文化领域创新型、复合型、外向型、科技型等新型人才，为深化文化体制改革和文化建设提供强有力的组织保证和人才保障。

二、科学规划，切实增强文化人才工作的统筹性和实效性

为统筹推进文化人才队伍建设科学发展，在学习贯彻全国人才工作会议精神和《全国中长期人才发展规划纲要（2010～2020年）》的基础上，结合文化人才工作实际，针对文化人才队伍建设中存在的问题和困难，科学规划文化人才发展，创新文化人才工作思路，文化部制定了《全国文化系统人才发展规划（2010～2020年）》，提出了文化人才发展的指导思想、基本原则、主要目标和具体措施，确定了当前和今后一个时期文化人才工作的主要任务，指导和推进文化人才工作，促进文化人才队伍科学发展。

为配合文化体制改革深入推进的步伐，下一步，文化人才工作将以邓小平理论和“三个代表”重要思想为指导，深入贯彻落实科学发展观，统筹推进各类文化人才队伍建设。其中，主要是抓好文化系统的党政人才、文化经营管理人才、文化艺术专业人才、公共文化服务人才、高技能文化人才、文化科技人才、文化外交人才7支人才队伍建设，把各方面优秀人才集聚到文化事业和文化产业中来。

加强文化系统党政人才队伍建设，重点是以提高领导水平和执政能力为核心，培养造就一支政治坚定、勇于创新、勤政廉洁、求真务实、奋发有为，能够推动文化工作科学发展的高素质党政人才队伍。为此，文化部将进一步加强机关司局和直属单位的领导班子思想政治建设、业务能力建设和作风建设，进一步优化班子的专业、年龄和能力结构，使之成为带领本单位科学发展的坚强领导集体。要进一步深化干部人事制度改革，加大竞争性选拔干部力度，以公开、平等、竞争、择优为原则，在更大范围发现、选拔和使用人才。同时，加大对党政领导干部的教育培训，每年选派30名左右司局级干部参加党校及有关干部学院的各类培训班，同时，加大年轻干部选拔任用和干部交流轮岗力度。

加强文化经营管理人才队伍建设，重点是以提高战略开拓能力和现代化经营管理水平为核心，培养造就一支精通文化工作、熟悉国际国内文化市场规则，具有先进管理理念和现代科学素养的复合型、外向型文化经营管理人才队伍。今后，文化部系统各单位领导班子中均应配备至少1名经营和管理能力比较强的班子成员。到2020年，文化部直属单位中层以上经营管理人才总量将超过200名。

加强文化艺术专业技术人才队伍建设，目的是以提高专业水平和业务素质为核心，培养造就一支勇于改革、勇于创新、善于开拓的高素质创新型文化艺术专业技术人才队伍。重点是培养文化艺术领域的领军人才、拔尖人才，以及文化事业繁荣发展急需的重点领域专门人才。文化部已于今年开始实施艺术类人才特别培养项目，每年选派40名左右优秀中青年专业技术人才到国外著名院校和文化机构留学深造或担任访问学者。今后，每年还要有计划地培训文化部系统专业技术人才5000人次。全国文化信息资源共享工程、非物质文化遗产保护工作、国家京剧重点院团保护和扶持计划、中华古籍保护计划等一系列文化建设重大工程、重点项目，都要将各类专业人才的培养列入其重要工作内容，把实施工程、项目与人才培养紧密结合起来。

加强公共文化服务人才队伍建设，重点是以提高公共文化服务人才队伍的政治思想素质和新形势下做好公共文化服务工作的能力为核心，培养造就一支专兼职结合、素质全面的公共文化服务人才队伍。文化部正在抓紧研究加强公共文化服务人才队伍建设的实施意见，制定相关从业人员管理条例。逐步建立公共文化服务人才队伍培养长效机制。计划在文化部直属单位和东、中、西部若干省份建立10个左右的全国性培训基地。全国文化信息资源共享工程的基层服务人员总量将达到71万人。

加强文化高技能人才队伍建设，重点是以提高职业素质和职业技能为核心，培养造就一支门类齐全、技艺精湛的文化高技能人才队伍。文化部将进一步完善艺术职业学校教育与文化企事业单位培养、政府推动与社会支持相互结合的高技能人才培养体系。建设30至50个示范性高技能文化人才培养基地和实训基地。加快文化行业特有职业工种的开发、鉴定标准的制定和相关教材的研发，加强文化行业特有职业技能鉴定工作，探索职业准入标准和机制。加强文化科技人才队伍建设，重点是以提高科技水平和创新能力为核心，以高层次创新人才为重点，培养造就一支掌握现代科技知识、具有研发能力、善于运用科技手段推动文化发展的文化科技人才队伍。文化部将依托国家文化创新工程研究中心、国家文化科技实验室、国家文化产业示范基地等创新科技人才培养模式。联合教育部门逐步建立文化科技类学科体系。在全国艺术研究院所培养200名有扎实学术功底与较强科研能力的学术带头人及科研骨干。

加强文化外交人才队伍建设，重点是以提高思想政治素质和跨文化沟通能力为核心，培养造就一支数量充足、年龄结构合理、专业面广、语种丰富的复合型文化外交人才队伍。文化部将面向文化部机关和系统各单位，以及全国文化系统选拔外事干部。在有条件的单位和地区设立驻外后备人才储备中心。有计划地选派有发展潜力的中青年干部出国进修。加强与多家外语院校合作，计划培养双语干部100名。计划选派50名优秀人员到边境省份和驻华领事机构比较集中的城市的文化厅局外事部门挂职锻炼。

同时，《全国文化系统人才发展规划（2010～2020年）》按照导向性、创新性、示范性的原则，实施以文化名家工程为龙头的9项人才工程和计划，形成了一套衔接紧密、配套齐全、内容完整的工程项目体系，基本覆盖了文化人才发展的各个方面。其中，文化名家工程着眼于培养造就造诣高深、成就突出、影响广泛的文化领域杰出人才，到2020年，文化艺术领域由国家资助的文化名家将达到600名左右。此外，还将实施文化党政干部能力建设培训工程、基层文化人才培养工程、文化产业高层次经营管理人才培养工程、文化艺术专业人才知识更新工程、非物质文化遗产保护管理和专业人才培养工程、海外高层次文化艺术人才引进计划、西部地区文化人才支持计划、优秀青年文化艺术专业人才扶持计划。这9项重点工程和计划涵盖了文化党政人才、文化经营管理人才、文化艺术专业人才、基层文化人才等各类人才队伍，兼顾了文化人才资源在专业、产业、地域间的布局趋于合理，包括了人才培养、引进、使用等各个环节，注重人才梯队建设，强调人才结构协调发展。

三、勇于创新，切实增强文化人才工作体制机制合理化和规范化

坚持党管人才原则，完善党委（党组）统一领导，组织人事部门牵头协调，有关部门各司其职、密切配合，社会力量广泛参与的文化人才工作格局，形成统分结合、上下联动、协调高效、整体推进的人才工作运行机制。完善政府宏观管理、市场有效配置、单位自主用人、人才自主择业的人才管理工作方式。特别是要发挥用人单位在人才培养、吸引和使用中的主体作用。推进文化事业单位人事制度改革，建立权责清晰、分类科学、机制灵活、监管有力，符合文化事业单位特点的人事管理制度，实现事业单位由固定用人向合同用人转变，由身份管理向岗位管理转变。

创新人才培养开发机制。建立以提高思想道德素质和创新能力为核心，完善全方位培训体系，构建人人能够成长、人人得到发展的人才培养开发机制。坚持学习与实践相结合，培养与使用相结合，促进文化人才在实践中不断增长才干，提升素质。有计划、分级分类地对文化系统人才进行培训、轮训，逐步形成抓重点、分层次、多渠道、有特色的培训工作体系。

创新人才评价发现机制。建立以品德、能力和业绩为导向，科学的社会化的人才评价发现机制。完善人才评价标准，克服人才评价中重学历、资历，轻能力、业绩的倾向。改革人才评价方式，完善人才评价手段，把评价人才和发现人才结合起来，注重通过实践检验人才。探索实施对专业技术人才、技能人才进行分类界定的方式，加快职称制度改革。

创新人才选拔任用机制。坚持德才兼备、以德为先的用人标准，建立以公开、平等、竞争、择优为导向，有利于各类人才脱颖而出、充分施展才能的选人用人机制。深化党政领导干部选拔任用制度改革，把政治素质好、实绩突出、群众公认的干部选拔到领导岗位。改革和完善文化经营管理人才选拔任用方式，充分发挥市场配置人才的基础性作用，促进文化经营管理人才合理配置和有序流动。完善和强化专业技术职务聘任制度，建立按需设岗、按岗聘任、竞争择优的聘任机制。

创新人才激励保障机制。着眼于体现人才价值、激发人才活力，以鼓励创新为目的，建立健全与工作业绩紧密联系的激励保障机制。完善事业单位岗位绩效工资制度，分配方式向关键岗位和一流人才倾斜，健全落实知识、技术、管理、技能等要素按贡献参与分配的办法。同时，兼顾收入分配的公平合理性，避免收入分配差距悬殊，充分调动和保护全体文化艺术工作者的积极性和创造性。要建立健全特殊艺术专业人才保障机制，使杂技、芭蕾、舞蹈等特殊人才消除后顾之忧，在为国家艺术事业作出贡献的同时，也得到相应的工作、生活条件保障和必要的补偿。

人才支撑发展，发展孕育人才。我们要把胡锦涛总书记重要讲话精神作为推动文化人才工作的强大动力，坚持以科学发展观为指导，大力实施“人才兴文”战略，全面推进文化人才队伍建设，为深入推进文化体制改革、兴起文化建设新高潮提供坚强有力的人才保障和智力支持。

中国文化年鉴

Chinese Culture Yearbook

文化工作综述

Cultural Wrap-up

2010年是“十一五”时期的收官之年，是承前启后的关键时期，也是文化建设备受关注、面临良好机遇的一年。党中央对文化建设作出一系列重要论述和决策部署。2月初，在中央举办的省部级主要负责同志转变经济发展方式专题研讨班上，胡锦涛、温家宝等党和国家领导人发表了重要讲话。胡锦涛总书记深刻阐述了加快经济发展方式转变的重要性和紧迫性，提出把文化建设作为全国全党要抓的重点任务之一。温家宝总理在讲话中强调文化建设的重要性，深刻阐述了文化与经济的关系。温家宝总理在政府工作报告中把“大力加强文化建设”作为要重点抓好的8个方面工作之一，在政府工作报告中把文化单独作为一个部分进行部署还是第一次，这充分说明了文化在“四位一体”战略布局中的重要地位日益凸显。3月下旬，中央政治局常委会在听取关于党的十六大以来文化体制改革及文化事业文化产业发展情况和下一步工作意见的汇报时，充分肯定了文化建设取得的成绩是党的十六大以来的一大亮点，并认为我们已经初步找到了一条中国特色社会主义文化发展道路。7月23日，中央政治局专门就深化文化体制改革问题进行集体学习，胡锦涛总书记发表重要讲话，对党的十六大以来文化建设和文化体制改革取得的成绩给予了高度评价，指出各地区各部门认真贯彻中央决策部署，积极推进文化体制改革，大力发展文化事业和文化产业，开创了中国特色社会主义文化建设的新局面。胡锦涛总书记在讲话中强调，文化是民族凝聚力和创造力的重要源泉，是综合国力竞争的重要因素，是经济社会发展的重要支撑。深入推进文化体制改革，促进文化事业全面繁荣和文化产业快速发展，关系全面建设小康社会奋斗目标的实现，关系中国特色社会主义事业总体布局，关系中华民族伟大复兴，并提出了加快文化体制机制创新、加快构建公共文化服务体系、加快发展文化产业和加强对文化产品创作生产的引导等4项重点任务。党的十七届五中全会上审议通过的《中共中央关于制定国民经济和社会发展第十二个五年规划的建议》，就推动文化大发展大繁荣、提升国家文化软实力做出了全面部署，强调了要坚持先进文化前进方向，充分发挥文化在引导社会、教育人民、推动发展中的功能，提出了要提高全民族文明素质、推进文化创新、繁荣发展文化事业和文化产业，为“十二五”时期文化建设描绘了美好的蓝图，提供了有力的遵循。这一系列的重大战略部署再次充分体现了我们党在新形势下对中国特色社会主义文化发展规律的清醒认识和自觉把握，集中鲜明地反映了我们党高度的文化自觉、文化自信和文化自强，为推动文化大发展大繁荣提供了强大的思想武器和精神动力。

在党中央、国务院的坚强领导下，通过广大文化工作者的共同努力，2010年，文化工作取得了显著进展。

一、以农村和基层为重点，覆盖城乡的公共文化服务体系建设实现新突破

坚持“硬件”建设和“软件”建设两加强，一手抓公共文化基础设施建设，一手抓公共服务能力的提高，公共文化服务体系建设呈现新局面。

公共文化基础设施网络进一步完善。2010年，全国文化基建项目11983个，比上年增加2174个；项目计划总投资390.07亿元，比上年增长6.0%；施工面积（建筑面积）1243.46万平方米，增长22.4%；建成项目5260个，比上年增加418个；竣工面积315.53万平方米，比上年增长11.1%。重大文化设施建设稳步推进，“论证一批、申报一批、建设一批”的良性机制基本形成。国家博物馆改扩建、国家话剧院剧场等工程相继竣工，国家美术馆、中国工艺美术馆·中国非物质文化遗产展示馆、中央歌剧院剧场等工程完成立项审批，方案设计工作先后启动。江西艺术中心大剧院、广东省博物馆新馆等一批地方文化设施相继建成。基层文化设施建设取得新成效。乡镇综合文化站设备购置、全国县级图书馆及文化馆修缮、流动舞台车工程、城市社区文化中心（街道文化站）及文化活动室设备购置等重大文化基础设施项目工程顺利实施。截止到2010年12月底，全国共有公共图书馆2884个，比上年增加34个；群众文化机构43382个（其中群众艺术馆374个，文化馆2890个，文化站40118个），比上年增加1423个；博物馆2435个，比上年增加183个。

公共文化服务能力不断提高。国家公共文化服务体系制度设计工作全面开展，国家公共文化服务体系示范区（项目）创建工作开始启动。全国文化信息资源共享工程取得显著成效，数字资源总量达到105TB，累计服务超过8.9亿人次。国家数字图书馆工程建设稳步推进，数字资源总量达到480TB；县级数字图书馆推广计划顺利实施，国家数字图书馆推广工程开始启动，公共文化服务的信息化、网络化水平进一步提高。公共文化设施免费开放取得新进展。目前已有1743家博物馆、纪念馆向社会免费开放，文化系统归口管理的公共博物馆全部实现免费开放。美术馆、公共图书馆、文化馆（站）免费开放工作开始启动。注重保障农民工等特殊群体的文化权益，开展了农民工的文化生活需求和现状调查。

基层群众文化活动广泛开展。坚持重大活动组织与长效机制建设并重，加强对群众性文化活动的引导和扶持，不断丰富基层群众文化生活，有效带动了基层文化活动的广泛开展，基层群众参与文化创造的积极性、主动性得到充分发挥。全国城乡基层群众小戏小品展演活动，把基层群众文化创作推上了大舞台，社会反响热烈。第12届全国老年合唱节、“歌声伴着我成长”——首届中国儿童音乐剧普及推广暨展演周、“中华红歌会”等重大文化活动成功举办。成功举办第二届“中国·福保乡村文化艺术节”，推动了村级文化建设。2010年，群众文化机构共举办展览11.74万个，比上年增长6.4%；组织文艺活动57.68万次，增长3.9%；组织各类理论研讨和讲座1.22万次，增长8.3%；举办各类训练班35.87万班次，增长17.6%；结业人次1805.62万人次，增长13.3%。

少数民族文化建设取得新进展。贯彻落实中央关于西藏、新疆工作的总体部署，率先召开全国文化文物系统对口支援新疆工作会议，全面部署文化援疆行动，完成新疆文化建设春雨工程、文化遗产保护工程、文艺译制等三大项目实施方案，得到中央领导的高度肯定和新疆干部群众的广泛好评。组织开展以“大舞台”、“大讲堂”、“大展台”系列活动为载体的“春雨工程——全国文化志愿者边疆行”活动，福建、重庆、北京、浙江等地的文化志愿者赴西藏、新疆两地开展“文化志愿者边疆行”系列志愿服务活动，共举办30余场演出、20场讲座和培训班。实施“新疆自治区县级数字图书馆推广计划”，向已建成的48个文化共享工程县级支中心配送1TB资源硬盘，丰富了边疆群众的精神文化生活，推动了边疆少数民族地区文化发展。

二、以重点领域为抓手，文化体制改革不断深化

文化系统深入贯彻落实全国文化体制改革工作会议精神，文化体制改革步伐不断加快，改革成效不断凸显。

经营性文化单位转企改制工作更加深化。文化系统一批经营性文化单位不断深化转企改制，逐步建立现代企业制度。中国文化对外集团公司、中国东方演艺集团有限公司、中国文化传媒集团有限公司、中国动漫集团有限公司等文化部直属四家集团公司深化转企改制工作取得重大进展，1020个事业编制全部核销，实现了全员劳动合同管理。转制企业不断强化经营管理，积极开拓市场，呈现良好发展态势，业务领域不断拓宽，经济效益和社会效益不断扩大，职工收入显著提高，企业凝聚力进一步增强。中国录音录像出版总社积极引入北京战略合作伙伴，着力打造以文化数字内容发行为核心业务的科技型文化企业。文物出版社、文化艺术出版社、国家图书馆出版社、紫禁城出版社等出版社积极稳妥推进各项转企改制工作，取得了阶段性进展。

国有文艺院团体制改革步伐不断加快。全国共有461家国有文艺院团实现转企改制，2010年即新增340家。省级、市级院团转制的已占40%左右。部分省份在全省范围内全面推开国有文艺院团转企改制，进展显著。演艺领域市场化、集约化程度不断提高，各地已整合成立46家演艺企业集团，区域性龙头演艺企业正在逐步发展壮大。保留事业体制的中直院团按照“政府扶持、转换机制，面向市场、增强活力”的要求，深入推动内部机制改革，取得良好成效，演出剧目和场次大幅增长，演出收入大幅度增加。

文化市场综合执法改革成效明显。北京、上海、重庆等11个省（市）基本完成综合执法改革，山东、河北、辽宁所有省辖市全部完成综合执法改革。402个地级市（含直辖市的区县）中，有280个组建了综合执法机构，290个组建了综合文化责任主体；2592个县（区）中，有1218个组建了综合执法机构，1238个组建了综合文化责任主体。综合执法人员编制数量由改革前的17220个

增加到改革后的29147个，增加了69%。综合执法队伍培训制度建设不断完善，进一步推进了执法队伍的正规化建设。积极开展综合执法考评、文化市场重大案件及执法案卷评比等活动，极大地激发了执法队伍的干劲和积极性。

三、以贯彻落实《文化产业振兴规划》为契机，文化产业发展势头强劲

一年来，文化行政部门认真贯彻落实党中央、国务院关于转变经济发展方式的重大决策和《文化产业振兴规划》，充分发挥政府引导和服务职能，积极推动文化产业发展，取得可喜进展。

文化产业基地和特色产业群建设加快推进。文化部评选命名了第四批国家文化产业示范基地和第三批国家级文化产业示范园区。截止到2010年年底，文化部累计审定204家国家文化产业示范基地，4家国家级文化产业示范园区。被命名的园区和基地以文化企业为主体，通过整合文化创意开发、产业孵化、产品交易、人才培训等各个要素，有效地发挥了引领、示范和带动作用。同时，出台《关于加强文化产业园区基地管理、促进文化产业健康发展的通知》和《国家级文化产业示范园区管理办法（试行）》，加强了对产业园区基地和示范园区的规范管理。

积极助推金融与文化产业对接取得新突破。为解决文化产业发展的投融资瓶颈问题，文化部积极采取有效举措。会同中国人民银行、证监会、保监会、中宣部等有关部门联合出台《关于金融支持文化产业振兴和发展繁荣的指导意见》，为金融支持文化产业发展提供了有力支撑。不断完善部行合作机制，与中国进出口银行、中国银行、国家开发银行、中国工商银行、北京银行、中国农业银行等银行机构签订战略合作协议，为文化企业向银行贷款创造了便利条件，使文化企业授信额度增加，贷款条件放宽，审核周期缩短。不断完善文化系统文化产业投融资公共服务平台，受到广大文化企业的欢迎。经文化部通过平台向银行推荐的项目达31个，涉及金额136亿元。14个项目获得国家文化产业发展专项资金的贷款贴息扶持，116个文化企业的127个项目获得4.52亿元国家文化产业专项资金支持。联合保监会出台《关于深入推进保险支持文化产业发展有关工作的通知》，分散和减少了项目开发和生产经营中的市场风险。与证监会合作，为文化企业上市开辟绿色通道。鼓励组建各类文化产权交易机构，积极开展无形资产和知识产权评估及交易，使其变为有效的经营资本。通过这些举措，进一步完善了服务文化产业的多层次资本市场体系，减少了文化企业的经营成本，为企业争取更加充裕优惠的资金支持创造了有利条件。

大力扶持重点文化产业取得可喜进展。积极发展动漫产业。积极向中宣部争取设立国家动漫奖，向财政部争取进一步加大对动漫产业发展的资金投入。开展重点动漫产品、重点动漫企业认定，使这些企业得以享受税收优惠和知识产权登记补贴。实施“原创动漫扶持计划”，举办第六届中国国际动漫游戏博览会、中国原创手机动漫游戏大赛、中国（常州）动漫艺术周、（贵阳）亚洲青年动漫大赛等活动，助推原创动漫内容建设。组织国内动漫企业参加东京国际动漫展、法国安纳西国际动画节等国际知名动漫展会。文化部与天津市合作建设国家级动漫产业示范园区，已有几十家企业入驻。积极会同有关部门研究有关政策助推扶持数字文化产业发展。文化与旅游的结合有了新突破。文化部与国家旅游局联合评选第一批国家文化旅游演出重点项目名录，成功举办首届中国国际文化旅游节，取得良好效果。

文化产业发展公共服务平台建设效果显著。各类文化产品交易平台日益健全，文化产品交易空前活跃。成功举办西部文化产业经营管理人才培训班、动漫专项高级研修班和投融资业务培训班，为文化产业发展提供了人才支撑。成功举办第六届中国（深圳）国际文化产业博览交易会和第五届西部文化产业博览会等各类展会，为文化产品的展示和交易搭建了平台。第六届深圳文博会总成交额达到1088.56亿元，第五届西部文博会签约金额675亿元，第五届中国北京国际文化创意产业博览会签署合作协议总金额达478亿元。中国文化产业网站内容的日常监督、审核以及安全监测机制进一步完善，“文化部文化产业投融资公共服务平台”正式上线。继续实施全国文化产业项目服务工程，服务质量继续提升。积极开展文化产业课题研究，为谋划产业发展提供了决策依据。

四、着力加强文化市场监管，文化市场发展更加繁荣有序

坚持繁荣与管理并重，不断完善文化市场体系，强化文化市场监管，努力建设统一开放竞争有序的市场体系，取得了良好成效。

文化市场更加繁荣。截止到2010年年底，全国共有文化市场经营单位24.47万家（不含经营性艺术表演团体和经营性表演场馆），比上年增加0.51万家；从业人员134.57万人，比上年增加5.08万人。其中，互联网上网服务营业场所14.04万家，娱乐场所8.59万家。文化市场经营单位全年营业总收入1069.63亿元，比上年增长10.4%。

文化市场准入制度不断完善。下放设立经营性互联网文化单位行政许可权限，取消香港、澳门经纪机构在内地设立分支机构备案，扎实推进属地管理，切实转变政府职能。改进和完善游艺游戏机市场准入机型机种内容审核工作，进一步简化了审核程序。加强网络音乐内容审查与管理，批准了近13万首网络音乐歌曲。加强网络音乐内容审查与管理，清理违规网络音乐作品和网站。出台《网络游戏管理暂行办法》，对网络游戏的管理得到加强。

文化市场监管力度进一步加大。不断加强对演出、娱乐、网络文化、动漫游戏等各市场经营秩序的监管力度，初步建立诚信文化市场管理体系。坚决打击假唱假演奏，开展"还演出市场一片蓝天——演艺群星反假唱联合行动"，社会反响强烈。严厉查处违法网络文化产品及从事非法网络文化经营活动的网站。集中整治黑网吧、违法网络文化产品及从事非法网络文化经营活动的网站，打击网吧违规接纳未成年人行为，强化违规网吧的退出机制。集中查处违法卡拉OK歌曲，维护娱乐市场秩序。整治互联网和手机媒体淫秽色情及低俗信息，有效遏制了网络游戏低俗现象的蔓延。开展文化市场知识产权保护专项执法行动，推进网吧文化内容知识产权保护，为消费者提供合法、健康的精神文化产品。文化市场技术监管平台建设进展显著，已与26个省级监管平台实现互联互通，可对全国8.1万余家网吧内的465万余台计算机终端实行即时动态监控，全国各级文化部门和综合执法机构通过技术监管平台封堵各类非法游戏共约1.12亿余次。开展"平安世博"、"平安亚运"等文化市场专项保障行动，为重大活动的顺利举办营造了良好环境。

文化市场运行机制不断完善。大力推进网吧连锁工作，开展全国和省级网吧连锁企业的认定。采取切实措施，有效防范未成年人沉迷网络游戏，指导网络游戏运营企业启动"网络游戏未成年人家长监护工程"及"网络游戏适龄提示工程"，会同教育部等部门共同研究制定未成年人使用网络游戏的专家指导意见，引导未成年人"玩健康的游戏"和"健康地玩游戏"，积极引导行业自律，指导网络游戏企业成立"网页游戏自律联盟"，这些举措有效净化了网络环境，保障了未成年人健康成长，得到了社会的广泛认可。

五、文化遗产保护工作全面推进，优秀传统文化进一步弘扬

坚持妥善处理保护与利用、传承与发展的关系，文化遗产保护力度不断加大，"重申报、轻保护"状况得到初步扭转，中华民族优秀传统文化得到进一步弘扬。

文物保护工作扎实推进。第三次全国文物普查取得可喜进展。全国2800多个县域基本单元，全部完成了实地文物调查；截至2010年12月中旬，调查登记不可移动文物80余万处，比第二次全国文物普查登记的文物总数翻了一番。"文物调查及数据库管理系统建设"项目顺利完成。南水北调工程、西气东输二线、高速铁路、高速公路等重大基本设施建设的考古和文物保护继续开展，考古工作管理力度不断加大。以西安片区、洛阳片区和丝绸之路、大运河、长城等"两片三线"为代表的大遗址保护格局初步确立。良渚、牛河梁、大明宫、隋唐洛阳城等国家考古遗址公园建设顺利推进。公布了首批12家国家考古遗址公园和23家立项名单。文物安全保护工作力度不断加大，与公安部门联合开展"全国重点地区打击文物犯罪专项行动"，9个重点省份共侦破文物案件541起，追缴文物2366件（套），其中已鉴定的一级文物14件，二级文物156件，三级文物375件。世界文化遗产保护工作稳步开展。河南登封"天地之中"历史建筑群被列入世界文化遗产名录，我国世界遗产数已达40处，位列世界第三。西湖、丝绸之路、哈尼梯田、元上都的申报准备工作正在推进，大运河遗产地各级保护规划编制和

国保单位、世界遗产申报点遴选工作已经完成。秦汉和其他时代长城资源调查田野工作已经完成。文物保护的国际合作不断加强，成功举办2010年国际博协第22届大会，增强了我国在国际博物馆事业中的话语权。

非物质文化遗产保护呈现良好局面。国家、省、地、县四级名录体系进一步完善。第三批国家级非物质文化遗产名录工作顺利推进，经评审选定353个项目报请国务院审定。全国各省、自治区、直辖市公布了7109项省级非物质文化遗产名录项目、18186项地级非物质文化遗产名录项目、53776项县级非物质文化遗产名录项目。非物质文化遗产整体性保护扎实推进。已命名的国家级文化生态保护实验区总体规划更加完善。新设立6个文化生态保护实验区。非物质文化遗产生产性保护稳步推进。西部非物质文化遗产展演活动、全国非物质文化遗产展示会、首届中国非物质文化遗产博览会成功举办，使传承人与人民大众从非物质文化遗产保护中获得了经济收益和精神享受。非物质文化遗产宣传展示活动广泛深入。重大传统节日和文化遗产日期间，全国少数民族非物质文化遗产项目调演、巧夺天工——百名工艺美术大师技艺大展和把遗产交给未来——古琴名家名曲进百校等活动丰富多彩，扩大了社会对非物质文化遗产的认知度和关注度。世博会、亚运会等重大活动期间，开展了丰富多彩的文化遗产展示，影响深远。非物质文化遗产保护人才培训力度不断加大，重点项目申报、保护区总体规划编制等工作的质量不断提高。人口较少民族非物质文化遗产的保护得到加强。“十部文艺集成志书”香港卷、澳门卷编纂工作逐步展开。联合国教科文组织非物质文化遗产名录项目的申报取得新进展。京剧、中医针灸入选“人类非物质文化遗产代表作名录”，中国水密隔舱福船制造技艺等3项列入“急需保护的非物质文化遗产名录”。目前我国共有联合国教科文组织名录项目34项，位列世界第一。非物质文化遗产保护的国际性合作得到加强，“亚太地区非物质文化遗产国际培训中心”在中国艺术研究院挂牌成立，成为我国参与国际非物质文化遗产保护工作的重要基地。

灾区文化遗产保护工作成效显著。汶川地震灾区文化遗产保护工作成效显著，都江堰古建筑群灾后抢救保护工程竣工，云南姚安龙华寺古建筑群文物本体保护主体工程基本完工。青海玉树地震和甘肃舟曲泥石流等自然灾害发生后，文化部本级和中央财政转移地方共拨付1248万元用于地震灾区非物质文化遗产保护。国家文物局迅速启动了玉树地震灾区文化遗产抢救保护工作，制定玉树地震灾后文化遗产抢救保护规划，有力地推动了灾后文化遗产保护。

古籍保护和清史纂修工作继续推进。第三批国家珍贵古籍名录及全国古籍重点保护单位评审积极推进，国务院公布了第三批2989部名录和37家重点保护单位。新版基本古籍丛书（电子版）、《中华医藏》的编纂和海外中华古籍回归顺利推进。成功举办国家珍贵古籍特展、“新疆历史文化暨古籍保护成果展（新疆部分）”。西藏古籍保护工作力度逐渐加大。清史纂修工作取得新进展，完成23个出版项目的招标工作，《清史镜鉴》结集出版。

六、全社会文化艺术创造活力进一步激发，艺术创作更加繁荣

坚持社会主义先进文化的前进方向，贴近实际、贴近生活、贴近群众，一头抓创作和生产，一头抓演出和普及，不断加强对艺术创作的引导，推动艺术创作全面繁荣，人民群众日益增长的精神文化需求得到有效满足。

第九届中国艺术节影响深远。全国31个省区市和台港澳地区均组团参加，共组织专业和群众文艺演出114台，开展下基层演出31场，举办了“中国风格——时代丹青”全国优秀美术作品展等44个展览，集中展示了我国舞台艺术、美术等领域的艺术精品，成为“艺术的盛会，人民的节日”。艺术节期间，创新组织首届优秀舞台艺术交易会，签约金额达1.8亿元，为艺术走向市场搭建了有效平台。此外，还开展了文华奖和群星奖的评奖，扩大了优秀艺术作品的影响。

重大文艺展演活动精彩纷呈。首届全国民营优秀剧目展演在京举办，23个优秀民营院团共演出28场，推动了民营艺术院团的健康发展。国家艺术院团优秀剧目展演活动共演出67场，观众超过10万人次，充分展示了文化体制改革给国家艺术院团带来的生机与活力，发挥了优秀作品和国家艺术院团的导向性、代表性、示范性作用。首届优秀保留剧目大奖获奖剧目全国巡演活动影响广泛，18台优秀剧目历时3个月，在全国及港澳台地区的100多个城市共演出419场，演出收入1300多万元，让更多的人民群众欣赏到了艺术精品。成功举办全国京剧优秀剧目展演活动、第六届全国话剧优秀剧目展演、全国昆曲优秀剧目展演周、第七届中国评剧节、第二届中国越剧节、纪念抗战胜利65周年美术作品展、中国当代艺术邀请展、第30届“哈尔滨之夏”音乐会及第九届全国声乐比赛、第八届全国杂技（魔术）比赛、荣毅仁杂技奖颁奖和全国金奖杂技（魔术）展演等活动，推动了舞台艺术和美术创作的繁荣。国家重大历史题材美术创作工程作品巡展活动在深圳、武汉、厦门、南京、香港等地开展，观众人数累计达60多万人次。《复兴之路》大剧院版反响良好，电影版开始发行。

对文艺创作的引导不断加强。加大了对文艺创作的资金投入，会同财政部设立了国家繁荣文艺创作专项资金，资金总额达1亿元。继续实施国家舞台艺术精品工程，确定2008~2009年度精品工程10台重点资助剧目，并启动了2009~2010年度精品工程的申报和评审。改革文华奖评奖机制，提高评选标准，压缩评奖数额，并单独评选文华表演奖，发挥了文艺评奖的正确导向作用，提高了政府奖的权威性和影响力。吴冠中纪念活动、曹禺百年诞辰系列活动、纪念施光南音乐会等活动成功举办，激发了广大文艺工作者向德艺双馨的艺术家学习的热情。对中直院团优秀作品和优秀人才的激励机制不断完善。实施中国民族音乐发展和扶持工程、举办首届中国西部交响乐周活动，推动了我国西部地区艺术创作。实施国家美术发展工程、全国画院优秀创作研究扶持计划、全国美术馆发展扶持计划，引导了美术创作。开展全国重点美术馆评估，推动了美术馆行业专业化建设。

文艺下乡和普及活动成效显著。广大艺术家坚持深入基层、深入群众，赴边远地区、灾区和基层进行慰问演出，让更多人民享受文化发展成果。文化部组织两支艺术家小分队在新疆万里奔波，进行了9场慰问演出，受到新疆各族群众的欢迎。青海玉树地震和甘肃舟曲泥石流等自然灾害发生后，、组织专场赈灾义演，创作救灾作品，充分发挥了文化抚慰心灵、振奋人心的作用。国有艺术院团积极开展“三下乡”慰问演出活动。元旦春节期间，中直院团进行慰问演出58场，赠送春联、年画等6万余件。“高雅艺术进校园”活动继续实施，国家级艺术院团和优秀地方院团为全国26个省（区、市）高校学生演出190场，在中西部高校举办100场艺术教育专题讲座，提高了青少年的艺术修养。

七、对外及对港澳台文化交流工作全面推进，中华文化软实力进一步增强

充分利用国际国内、政府民间两种资源，发挥中央和地方两个积极性，实行文化交流与文化贸易“两条腿”走路，坚持政府交流和民间交流并重，不断推动中华文化“走出去”，对外及对港澳台文化交流亮点频现，呈现出蓬勃发展的恢宏之势。

思想文化领域内的国际多边、双边交流与对话不断深入。中欧文化高峰论坛、中美文化论坛、中土文化界知名人士座谈会、中印文化界人士座谈会、中日文化界人士座谈会等文化精英间的对话影响广泛。温家宝总理出席了中欧文化高峰论坛，发表了重要讲话，并亲自主持了中土文化界知名人士座谈会、中印文化界人士座谈会。上合组织文化部长论坛、东盟10+1文化部长会晤和意大利中国文化年、中俄互办语言年活动中的政府间文化对话成功举办。通过开展这些对话，大力提倡文化多样性，推广和谐世界理念，加强了与西方主要国家在思想文化领域内的交流，回应了外界对中华文化的关切，增进了中国与不同国家民众间的了解和理解。

重大对外文化交流活动影响深远。欧罗巴利亚中国艺术节、意大利中国文化年、瑞士文化风景节中国主宾国、俄罗斯汉语年、俄罗斯中国文化节、第二届阿拉伯艺术节、中印互办文化节等重大文化年节活动以及其他中小型文化系列活动成功举办，有效扩大了中华文化影响力，树立了良好的国家形象。“欢乐春节”活动在42个国家和港澳地区举办，受到了广泛欢迎，品牌效应进一步凸显。第10届“相约北京”联欢活动、“中非文化聚焦”、第13届北京国际音乐节、第12届中国上海国际艺术节、第九届中国武汉国际杂技艺术节和第五届中国国际钢琴比赛（厦门）等活

动等大型综合性文化活动影响广泛。上海世博会期间的文艺演出丰富多彩，来自225个国家、地区、城市和国际组织以及中国各省区市的1289个文艺团体在世博园区举办了22900余场演出，观众多达3450余万人次，使本届世博会真正成为全球跨文化交流的盛会和充分展示世界文化多样性的大舞台。世博会期间还举办了“城市更新与文化传承”主题论坛，成功搭建了跨文化交流的平台。

驻外文化中心设施建设进展迅速。西班牙马德里和俄罗斯莫斯科文化中心完成选址，进入改造设计阶段；日本东京文化中心已启用；蒙古乌兰巴托文化中心揭牌，新加坡、泰国曼谷文化中心奠基；与4个国家签署了互设文化中心政府文件。中央领导同志见证我与外国互设文化中心政府文件的签署，为我新建文化中心揭牌，到我驻外文化中心进行视察。驻外文化中心在对外文化乃至整体外交中的突出地位和开展文化外交的独特优势进一步彰显。

文化产品和贸易服务出口取得新成效。我国文化企业和产品“走出去”平台建设不断加强，开展了中国文化产品和服务在海外市场现状专题调研，制定了《文化部促进文化产品和服务“走出去”总体规划》，启动了对外文化贸易资源库建设。举办“上海合作组织成员国文化产业合作南京论坛”等，促进了各成员国之间的信息沟通与合作。文化企业走出去力度不断加大，海外影响不断提升。国内动漫企业参加国际动漫展会，签约金额超过6亿元人民币。一些国际演艺公司在开拓了美国市场后，开始进军欧洲演艺市场。

对台文化工作取得了历史性进展。以当前两岸关系和平发展新机遇为契机，两岸交流方式不断创新，交流层次不断提高。蔡武部长以中华文化联谊会名誉会长身份率团访台并出席“两岸文化论坛”，为两岸文化交流掀开了新篇章。岛内各界普遍肯定此访的重要作用，两岸媒体均给予了正面、积极的报道。两岸城市艺术节、两岸民间艺术节、两岸文博会、妈祖观光文化节、妈祖之光大型系列综艺晚会等成功举办，入岛渠道不断拓宽。情系两岸联谊活动深入开展，增进了两岸人民的友谊。

对港澳文化交流稳步推进。“香江明月夜”大型中秋综艺晚会、“艺海流金——大美青海行”等大型文化交流活动成功举办，受到广泛欢迎。交流渠道不断扩宽，首届内地与港澳文化合作论坛成功举办，促进了港澳与内地在文化产业领域的合作。港澳大学生内地文化实践活动、粤港澳青年文化之旅和国粹港澳校园行等活动深入开展，香港青少年中国民族民间文化艺术研习考察计划开始启动，增强了香港青少年的爱国意识。爱国爱港、爱国爱澳力量不断发展壮大，促进了人心回归。

八、文化与科技结合日益紧密，艺术科研和艺术教育再上新台阶

坚持以推动文化建设为中心、以推动文化创新为着力点，积极拓宽工作渠道，文化科技、理论研究和艺术教育水平迈上了新台阶。

推进文化与科技融合的力度加大。“国家文化科技提升计划”开始启动，搭建了文化与科技融合的培育、转化、宣传、推广平台。认真总结“演艺文化的科技支撑与本体开拓”经验，推动传统艺术与现代技术融合发展。标准化工作稳步实施，确定国家标准立项项目18项，制定了《公共图书馆服务标准》，促进了文化技术与管理的进一步规范。开展“工艺创意与工艺科技”调研，拓展“文化与科技融合”的新领域。

文化创新整体水平有效提升。继续实施国家文化创新工程，确立10项国家文化创新工程项目，推动创新成果在公共文化服务、图书馆建设、文化产业、文化资源保护、舞台演艺等领域的创新。积极开展“吴江区域文化联动”、“苏演院线”等重大创新项目的培育、宣传与推广工作。成立第一个国家文化创新研究中心，开通中国文化创新网站，建设创新人才队伍，促进文化创新自觉。加强创新理论研究，组织召开“第四届文化创新高峰论坛”，出版发行《文化创新蓝皮书——2011年度中国文化创新报告》，总结了创新成果，激发创新活力，营造创新氛围。创新成果的推广与应用得到加强，文化发展活力进一步迸发。

艺术科研顺利推进。继续开展国家社科基金艺术学项目及文化部文化艺术科学研究项目评审立项工作，113项课题被列为2010年度国家社科基金艺术学项目，44项课题被列为文化部文化艺术科学研究项目。决策咨询项目《弘扬节日文化研究》、《中国国家文化安全研究》立项工作圆满

完成。《中国节日志》等重大科研项目顺利推进。全国艺术研究院所的职能得到拓展，艺术科研呈现健康发展的新局面。《国家社科基金艺术学项目成果简介汇编》编纂、出版工作正式启动。

艺术教育工作思路进一步拓宽。文化部与原部属艺术院校共建工作进一步加强第五届全国艺术院校院校长高峰论坛取得重大成果。第六届大提琴比赛、桃李杯舞蹈比赛等活动成功举办，为优秀艺术人才脱颖而出搭建了平台。艺术职业教育工作思路进一步拓宽，艺术职业院校“双师制”、校企联姻等方式，改进艺术职业教育人才培养模式。进一步规范社会艺术水平考级工作。推动了考级工作的开展，提高了公民的艺术素养。

中国文化年鉴

Chinese Culture Yearbook

文化政策法规

Cultural Policies and Regulations

中国文化年鉴

文化政策综述

2010年是“十一五”规划的收官之年，是承前启后的关键时期，也是文化建设备受关注、面临良好机遇的一年。党中央国务院对文化建设作出一系列重要论述和决策部署。2月初，在中央举办的省部级主要负责同志转变经济发展方式专题研讨班上，胡锦涛总书记发表了重要讲话，深刻阐述了加快经济发展方式转变的重要性和紧迫性，提出把文化建设作为全国全党要抓的重点任务之一。温家宝总理在讲话中强调文化建设的重要性，深刻阐述了文化与经济的关系。3月份，温家宝总理在2010年政府工作报告中，提出了要重点抓好8个方面的工作，其中第五个方面是“大力加强文化建设”，这是第一次在政府工作报告中把文化作为单独一个部分来讲。3月26日，中央政治局常委会听取了关于党的十六大以来文化体制改革及文化事业文化产业发展情况和下一步工作意见的汇报，胡锦涛总书记和各位常委同志对党的十六大以来文化建设取得的成绩给予了高度评价，并认为我们已经初步找到了一条中国特色社会主义文化发展的道路。4月上旬，李长春同志在全国宣传部长座谈会上发表重要讲话，深刻阐述了文化建设中的十大关系。6月，李长春同志在《人民日报》发表重要文章《保护发展文化遗产建设共有精神家园》，对文化遗产保护工作提出了新要求。7月23日，中央政治局组织第二十二次集体学习，专题研究文化体制改革工作，胡锦涛总书记发表了重要讲话，全面总结了党的十六大以来各地、各部门推进文化体制改革，大力发展文化事业和文化产业取得的成绩，进一步从中国特色社会主义事业“四位一体”总体布局的战略高度，全面分析了文化建设面临的形势，深刻阐述了深化文化体制改革的重大意义，明确了深入推进文化体制改革必须坚持的指导思想，提出了必须抓好的四项重点工作，充分体现了党中央对社会主义文化建设的高度重视和对文化建设规律的科学把握。这些重大决策和部署，为当前和今后一个时期我国文化建设指明了方向，为进一步深化文化体制改革，更好地推动社会主义文化大发展大繁荣提供了强大的思想武器和精神动力。

一年来，文化系统从党和国家的工作大局出发，深入贯彻党的十七大关于推进社会主义文化大发展大繁荣的重大部署，认真落实中央在国际金融危机形势下加快发展文化建设事业的决策部署，大力完善发展文化政策，为文化建设奠定了坚实基础，为文化大发展大繁荣提供了强大助力。

一、关于公共文化服务体系建设政策的研究与制定

为了推动博物馆的发展，文化部、国家文物局等七部门于1月联合发布了《关于促进民办博物馆发展的意见》，国家文物局、财政部于9月发布了《关于印发〈中央地方共建国家级博物馆管理暂行办法〉的通知》。《关于促进民办博物馆发展的意见》指出，民办博物馆具有文化普及鲜明特色的公共文化服务机构，是动员全社会广泛参与，共同构建公共文化服务体系，促进文化大发展、大繁荣，建设和谐社会的一支重要力量。《意见》针对民办博物馆准入制度不完善、扶持政策不健全、管理运行不规范、社会作用不明显等制约民办博物馆发展的现存问题提出了解决措施，为积极推动民办博物馆发展，落实中央关于深化文化体制改革的总体部署，进一步调动社会力量参与文化遗产保护和社会主义先进文化建设的积极性提供了指导性意见。《关于印发〈中央地方共建国家级博物馆管理暂行办法〉的通知》明确了共建国家级博物馆择优认定、定期评估、动态调整和稳定支持的总体原则，以及这项工作的管理职责、培育与认定条件、运行要求及考核评估办法。《办法》为规范中央地方共建国家级博物馆的建设和管理提供了具实规范，为深化博物馆改革创新，加强重点博物馆建设，促进博物馆事业又好又快发展提供了助力，有利于博物馆建设工作的有序推进。

为了推动图书馆事业的发展，文化部也发布了一系列政策性文件。1月，发布了《关于公布一、二、三级图书馆名单的通知》，公布了依据第四次公共图书馆评估定级标准，经审查和公示确定的全国1784个达到三级以上的图书馆，并希望尚未达标的图书馆积极采取措施，努力尽早达标。

《通知》还要求各级文化主管部门、图书馆和图书馆工作者，进一步增强改革意识、创新意识、服务意识，不断提高图书馆的服务水平，充分发挥图书馆在公共文化服务中的重要作用，为全面建设小康社会和社会主义和谐社会做出新的更大的贡献。11月，以办公厅名义发布了《关于印发〈公共电子阅览室建设试点工作方案〉的通知》。《方案》要求各试点省（市）高度重视公共电子阅览室建设试点工作会议精神，认真制定本省（市）公共电子阅览室试点工作实施方案，落实配套措施，推进建设试点工作，总结经验，为“公共电子阅览室建设计划”的实施打好基础，满足人民群众的基本文化需求。12月，文化部发布《关于进一步加强少年儿童图书馆建设工作的意见》，明确了少年儿童图书馆建设的重要意义，指出要从政策、经费投入、人才培养等方面对少儿图书馆建设予以支持，营造其发展的良好社会氛围，要推进公共电子阅览室建设，建立信息资源共享体系，发挥好教育职能，为满足广大未成年人日益增长的精神文化需求，全面提高未成年人的素质，促进少年儿童图书馆事业的快速发展服务。

为了推进全国文化信息资源共享工程等惠民工程，文化部于1月发布了《关于2009年全国文化信息资源共享工程督导情况的通报》。《通报》肯定了各地文化行政部门2009年文化共享工程建设取得的新进展，指出了文化共享工程建设存在文化共享工程运行保障机制不够完善等问题。《通报》要求，各地各级文化行政部门以科学发展观为指导，进一步加强组织领导，针对存在的问题认真研究解决措施，大力推进基层服务网络建设，不断丰富数字资源内容，建立长效服务机制，推动工程建设又好又快地开展，确保工程“十一五”规划任务的完成。

为分类指导东、中、西部和城乡基层文化建设，推动公共文化服务体系建设科学发展上水平，文化部、财政部于12月联合发布了《关于开展国家公共文化服务体系示范区（项目）创建工作的通知》。《通知》明确了国家公共文化服务体系范区（项目）创建工作的基本要求、总体原则、重点任务及创建类型、标准和申报条件，要求整合“十一五”公共文化服务体系建设成果，更好地研究解决公共文化服务体系建设的突出矛盾和问题，努力探索“由管微观向管宏观转变，由办文化向管文化转变”的工作方式。它的发布，对于调动地方人民政府的积极性，推动公共文化服务体系建设可持续发展，起到了积极的作用。

二、关于文化产业政策的研究与制定

为了进一步贯彻实施《文化产业振兴规划》，推动文化产业振兴和发展繁荣，培育新的经济增长点，文化部和有关部门出台了一系列政策。

为了突破文化产业发展投融资难的瓶颈，为文化产业发展提供强大动力，3月，中宣部、中国人民银行、财政部、文化部、广电总局、新闻出版署、银监会、证监会、保监会等九部门联合发布《关于金融支持文化产业振兴和发展繁荣的指导意见》，从信贷产品、授信模式、定价机制、外汇管理、保险市场等多个方面提出了金融支持文化产业发展的配套机制。5月，文化部和中国工商银行于联合下发了《关于贯彻落实支持文化产业发展战略合作协议的通知》，明确文化部与中国工商银行将在各领域择优支持文化企业的发展，为文化产业发展提供金融服务，为文化部及其下属单位、国内优质文化企业提供全方位、优质和高效的金融服务。12月，中国保险监督管理委员会于发布了《关于保险业支持文化产业发展有关工作的通知》。《通知》提出，为了促进文化产业发展，保险机构应积极推进文化产业保险的创新发展，努力开发适合文化企业特点和文化产业需要的保险产品，逐步建立文化产业保险市场运行机制和制度，加强各级文化主管部门要加强与保险监管部门的合作，为文化产业发展提供积极的保险配套政策支持，为文化产业健康、高速发展提供保障。

为了鼓励文化企业发展，3月，国家税务总局发布《关于新办文化企业企业所得税有关政策问题的通知》。《通知》明确对2008年12月31日前新办的政府鼓励的文化企业，自工商注册登记之日起，免征3年企业所得税。这一政策为培育新办文化企业，促进文化市场繁荣，满足人民群众日益增长的社会文化生活需要提供了税收政策支持。

为了推动文化产品和项目出口，在经济全球化深入发展，国际文化市场成为提升国家软实力的重要平台的新形势下，商务部、文化部等十部门于2月联合发布了《关于进一步推进国家文化出口重点企业和项目目录相关工作的指导意见》，对《国家文化出口重点企业目录》的工作推进进行了战略指导和工作部署，要求着力培养一批国际文化市场竞争主体，鼓励、支持和引导各种所有制文化企业开拓国际市场，以培育文化贸易品牌、加强营销能力建设、提升运用现代高新技术的水平、积极发展新兴业态为主要任务。《意见》为进一步扶优扶强，在市场开拓、技术创新等方面对国家文化出口重点企业和重点项目创造条件予以支持，促进我国文化出口提供了指导意见。

为了推进动漫等新兴文化产业的发展，文化部于2月发布了《关于动漫企业认定工作有关事项的通知》。《通知》要求，各级文化行政部门要充分认识动漫企业认定工作对于动漫产业发展的重大意义，加快落实首批获认定动漫企业的相关后续工作，抓紧开展2010年动漫企业认定初审和重点动漫企业推荐，并加强对已认定的动漫企业的监督检查，为进一步加强认定工作的宣传力度，加强与同级财政、税务部门的合作，健全认定机构，完善工作机制，加快材料审核，为企业申请认定做好各项服务。7月，文化部、财政部、国家税务总局联合发布了《关于公布2010年第一批通过认定的动漫企业和重点动漫企业名单的通知》，公布了一批通过认定的动漫企业，要求各相关部门按照规定对通过认定的动漫企业进行监督检查和年审，督促动漫企业自觉遵守国家有关法律、法规和政策，落实国家对动漫企业的税收优惠政策，促进动漫产业健康发展。

为了发挥骨干文化企业的示范带头作用，文化部于11月发布了《关于命名第四批国家文化产业示范基地的决定》。《决定》命名了北京数字娱乐发展有限公司等70家具有一定规模和效益、有经济实力和市场竞争力的骨干文化企业为第四批国家文化产业示范基地，并要求被命名为国家文化产业示范基地的企业，充分发挥示范、带动和辐射作用，不断推动文化内容形式、体制机制、传播手段创新，为繁荣社会主义文化、满足人民群众多样化多层次多方面的精神文化需求、促进我国经济社会全面协调可持续发展、促进我国经济发展方式转变、推动文化产业成为国民经济支柱性产业作出新的更大贡献。

为了规范文化产业示范园区的管理，文化部办公厅于7月发布了《关于印发〈国家级文化产业示范园区管理办法（试行）〉的通知》。《办法》对国家级文化产业示范园区的申报、命名、管理和考核流程及具体工作做了全面的要求和规定，明确指出示范园区要发挥经济、社会效益和对区域文化及相关产业发展起示范、带动作用的任务，要求示范园区做到统筹规划、合理布局、突出特色、内容优先、自主创新。在具体管理措施上，《办法》为规范国家级文化产业示范园区的申报、命名和监督管理工作提供了可操作的指导办法。

为了推动文化与旅游的结合，文化部、国家旅游局于10月联合发布了《关于印发〈国家文化旅游重点项目名录——旅游演出类〉的通知》。《通知》指出，各地推动文化旅游结合发展的自觉性普遍提高，创新性进一步增强，形成了良好的发展局面。各入选旅游演出项目主题积极健康，形态丰富多样，有较强的观赏性和艺术性，经营管理规范，社会效益和经济效益良好，在文化旅游区域性协调发展上进行了有益探索，对于丰富人民群众的文化娱乐生活，促进文化体制改革和艺术创新，推动文化旅游的融合发展起到了重要的示范引导作用，充分展现出我国的旅游演出向主题化、专业化、规模化、品牌化发展的良好势头。

三、关于规范文化市场发展政策的研究与制定

为了加强对文化市场的管理，文化部制定了一系列政策。5月，发布《关于建立预防和查处假唱假演奏长效机制维护演出市场健康发展的通知》，要求各级文化行政部门建立假唱、假演奏预防机制，加强宣传教育，营造守法诚信演出和经营的法制环境；加强演出活动现场监管，对易发生假唱、假演奏的现场演出活动的重点监控；加大假唱、假演奏行为查处力度；加强行业自律。6月，发布《网络游戏管理暂行办法》。该办法明确规定了经营单位应具备的条件、网络游戏内容的要求、经营活动中的各具体事项以及法律责任，为加强网络游戏管理，规范网络游戏经营秩序，为维护网络游戏行业的健康发展提供了法律依据和政策指导。7月，发布《关于贯彻实施〈网络游戏管理暂行办法〉的通知》，要求各地明确管理对象，规范主体审批，强化网络游戏内容管理，

切实加强网络游戏经营活动的监管。10月，以办公厅名义发布《关于印发〈网络游戏虚拟货币监管和执法要点指引〉的通知》，分析了网络游戏虚拟货币的市场现状及监管要点，规定了网络游戏虚拟货币市场中违法行为的判别及办法，为加强网络游戏市场监管提供了指引。12月，发布《关于进一步加强文化市场管理工作的若干意见》。《意见》指出，各级文化行政部门要落实胡锦涛总书记提出的繁荣城乡文化市场，加强文化市场监管，构建统一开放竞争有序的现代文化市场体系，推进文化市场综合执法改革，努力做到依法管理、科学管理、有效管理。《意见》还明确了文化市场管理工作的总体要求、基本原则和主要任务，要求各级文化行政部门加强文化市场管理的组织领导，正确研判文化市场发展管理的形势与任务，努力实现文化市场管理工作的历史性转变，推动我国文化市场健康有序发展，为文化大发展大繁荣营造良好的文化市场环境。

为加大知识产权的保护力度，为文化大发展、大繁荣创造公平竞争的市场环境，文化部于11月发布了《关于印发〈全国文化市场知识产权保护专项执法行动方案〉的通知》，要求在全国范围内开展文化市场知识产权保护专项执法行动，有效遏制文化娱乐、网络文化等领域的侵权盗版行为，提高知识产权保护意识和能力，规范文化市场秩序，建立完善知识产权保护长效机制。

四、关于文化科技政策的研究与制定

为了进一步完善文化创新奖奖励办法，推动文化创新，9月，文化部印发《关于发布〈文化部创新奖奖励办法〉（第三次修订）的通知》，详细规定了在新的历史条件下，文化部创新奖的评选内容、评选方法、评选流程及其他具体事项，为在文化艺术领域弘扬科学精神、倡导科学方法、传播科学思想，鼓励和调动广大文化工作者的文化创新意识，激发创新活力，建设创新队伍，使创新活动渗透到文化艺术生产、流通、服务和管理等环节，促进文化的繁荣与发展提供了激励机制，创造了积极氛围。

为了进一步提高文化工作的科技含量，6月，文化部发布了《关于印发〈国家文化科技提升计划管理办法〉（暂行）的通知》。《办法》指出，提升计划的主要任务是面向国家文化大发展大繁荣的需求，发挥科技进步在文化建设中的支撑、提升和引领作用；开展文化科技基础性研究和高新技术在文化领域的应用研究，重点解决一批具有前瞻性、全局性和引领性的重大文化科技问题。《办法》规定了文化科技项目的立项、实施、结项及相关知识产权和资产管理的要求及程序，为发挥科技进步在文化大发展大繁荣中的动力作用，增强文化建设中的科技自觉，更好地运用高新科技提升文化创新能力，有效实施国家文化科技提升计划提供了助力和实施准则。

五、关于文化遗产保护政策的研究与制定

为了加强文化生态保护区建设，1月，文化部印发了《关于加强国家级文化生态保护区建设的指导意见》。《意见》要求在文化生态环境急剧变化的新形势下，充分认识国家级文化生态保护区建设的重要性，以科学发展观为指导，切实落实国家级文化生态保护区建设的各项基本措施，为进一步深化非物质文化遗产保护，加强国家级文化生态保护区建设服务。《意见》还指出，加强国家级文化生态保护区建设，对推动非物质文化遗产的整体性保护和传承发展，维护文化生态系统的平衡和完整；对提高文化自觉，建设中华民族共有精神家园，增进民族团结，增强民族自信心和凝聚力；对促进经济社会全面协调和可持续发展，有重要的积极作用。

为了引导各地妥善处理文化遗产保护与开发的关系，文化部办公厅、国家文物局办公室于7月发布了《关于把握正确导向做好文化遗产保护开发工作的通知》。《通知》在肯定近年来文化遗产保护工作所取得的成绩的同时，也针对解决文化遗产保护开发过程中的问题提出了具体意见，要求在文化遗产保护开发工作中坚持社会效益优先的原则，保护为主，合理利用，确保文化遗产的权威性、严肃性，严禁损害优秀传统文化的行为，把握方向，积极引导文化遗产保护开发工作。以利于更好地发挥文化遗产对于提高人文素质、优化城乡面貌、彰显地域魅力、促进经济社会发展的重要作用。

六、关于文化领域人才队伍建设政策的研究与制定

为了进一步实施“人才兴文”战略，提高文化队伍的整体素质，8月，文化部发布《关于印发

〈全国文化系统人才发展规划（2010－2020年）〉的通知》。《规划》要求开展多项人才工程，有重点、有层次地统筹推进人才队伍建设，加快体制机制创新，为推动我国由文化资源大国向文化发展强国迈进，提供强有力的人才保证。

为了加强基层文化队伍建设，9月，文化部发布《关于开展全国基层文化队伍培训工作的意见》。《意见》要求坚持以科学发展观为指导，按照“培养造就规模宏大，结构优化、布局合理、素质优良的人才队伍”的总体要求，坚持培训工作重心下移，完善培训内容，创新培训方式，加强培训师资队伍建设，着力提高基层公共文化服务队伍的政治思想素质和新形势下做好公共文化服务工作的能力，努力培养一支高素质的基层文化干部队伍。要建立健全基层文化队伍培训工作体制和机制，推动公共文化服务向广覆盖、高效能转变，为满足人民群众基本文化需求、促进基本公共文化服务均等化提供重要保证，也为兴起社会主义文化建设新高潮、推动文化大发展、大繁荣提供智力支持。

为了推动驻外干部队伍建设，2月，文化部印发了《文化部关于贯彻落实〈关于进一步加强外交队伍建设的意见〉的具体意见》。《意见》结合文化部和文化外交队伍的建设实际，阐述了进一步加强新形势下文化外交队伍建设的重要性、紧迫性和总体要求，要求加强文化外交对外思想政治建设、能力建设，抓好文化参赞队伍建设，加强交流，培养外事干部的综合素质，科学合理地配置驻外机构编制与人员，加强后备人才建设，加强统筹协调，建立健全跨司局协调机制，在工作安排、干部配备、财力投入等方面密切配合，形成合力，共同做好各项工作，切实加强文化外交队伍建设，努力开创外交工作新局面。

为了加强综合执法队伍建设，中央机构编制委员会办公室于3月发布了《关于整合组建文化市场综合执法机构加强文化市场综合执法人员编制管理的实施意见》。《意见》就文化市场监管实行“统一领导、统一协调、统一执法”的要求，提出要深入贯彻落实科学发展观，按照繁荣发展社会主义先进文化的要求，适应经济社会发展的需要，坚持依法行政，加强市场监管，推进文化市场综合执法，整合组建机构、理顺体制机制、规范编制管理，组建统一高效的文化市场综合执法机构，形成权责明确、行为规范、监督有效、保障有力的执法体制。11月，文化部发布了《关于印发〈全国文化市场综合执法队伍培训规划（2011－2015年）〉的通知》。《规划》提出了全国文化市场综合执法队伍培训的总体目标、主要工作、保障措施及具体进度安排，为做好新形势下文化市场综合执法工作，全面加强文化市场监管，促进文化市场健康有序发展提供人才保证和智力支持。为了配合这一规划的具体工作落实，文化部发布了《关于加强文化市场综合执法装备配备工作的指导意见》，要求各级文化行政部门和综合执法机构在2至3年内，全面完成执法装备配备工作，促进文化市场综合执法队伍专业化、规范化、信息化建设。

文化法制工作综述

2010年的文化法制工作取得重要进展，主要表现在：以《非物质文化遗产法》为代表的重点立法项目取得突破；“五五”普法总结验收工作顺利完成，法制宣传教育的形式更加多样；文化市场综合执法改革继续推进，队伍建设取得明显成效。这一切表明依法治国，建设社会主义法治国家的基本方略在文化领域得到了越来越有效的贯彻。

一、文化立法工作取得重要进展

1. 法律层面

非物质文化遗产法取得重大进展。2010年，国务院法制办公室会同文化部广泛征求意见、多次实地调研，并就重点、难点问题进行专题论证，不断修改完善，形成了《中华人民共和国非物质文化遗产法（草案）》，取得重大突破和历史性进展。6月12日，温家宝总理主持召开国务院第115次常务会议，讨论通过了《中华人民共和国非物质文化遗产法（草案）》，并提请全国人民代表大会常务委员会审议。7月13日，十一届全国人大教科文卫委员会第二十四次全体会议进行了审议。8月23日至28日，第十一届全国人民代表大会常务委员会第十六次会议首次审议《非物质文化遗产法（草案）》。23日上午，受国务院委托，文化部部长蔡武在全体会议上做了说明。9月~11月，为了做好研究修改工作，文化部配合全国人大法律委、法工委、教科文卫委在京召开专家座谈会，听取意见；配合全国人大法律委、法工委，赴云南、贵州进行立法调研，并根据征求意见及调研结果，共同研究修改草案。12月21日上午，全国人大常委会第十八次会议对《非物质文化遗产法（草案）》进行二审，委员们普遍认为草案基础很好、可行，并提出了一些建设性的意见。

继续推进公共图书馆立法工作。文化部积极推进《公共图书馆法》立法工作，在此前进行立法专题研究和多次征求专家意见的基础上，起草完成了征求意见稿，并且广泛征求相关部门、地方文化厅局和公共图书馆业界的意见。文化部对征求意见情况进行了汇总研究，并继续开展相关调研、论证工作，对征求意见稿进一步修改完善，争取2011年将成熟的送审稿上报国务院审议。

2. 行政法规层面

加快《博物馆条例》的立法进程。国务院法制办会同国家文物局、文化部对博物馆立法工作涉及的重点、难点问题进行了深入调研和论证，广泛听取各方面意见，对文本进行修改完善。

国务院下发了《国务院关于鼓励和引导民间投资健康发展的若干意见》(国发〔2010〕13号)，鼓励民间资本参与发展文化产业，进一步拓宽了民间投资的领域和范围，加大了政府的服务和支持力度。国务院下发了《国务院关于加强法治政府建设的意见》(国发〔2010〕33号)，根据《国务院关于第五批取消和下放管理层级行政审批项目的决定》（国发〔2010〕21号）的规定，文化部取消了“香港、澳门演出经纪机构在内地设立分支机构审批”，将“设立经营性互联网文化单位审批”和“设置社会艺术水平考级机构审批”两项审批职能下放管理层级至省级人民政府文化行政主管部门。这些法规性文件对于推动文化领域进一步转变政府职能、全面提升依法行政能力和水平必将产生积极和深远的影响。

3. 规章层面

文化部发布了《网络游戏管理暂行办法》（文化部第49号），规范了网络游戏行业经营行为，明确文化行政部门的行业主管职责，以更好地加强行业管理、促进网络游戏行业健康发展。为了扩大公共文化服务、加强文物和非物质文化遗产保护、促进文化市场综合执法，进一步满足人民群众的文化需求，各地制定了《山东省文物保护条例》、《云南省和顺古镇保护条例》、《南京市历史文化名城保护条例》、《四川凉山彝族自治州非物质文化遗产保护条例》、《贵州省玉屏侗族自治县非物质文化遗产保护条例》、《上海市人民政府关于修改〈上海市文化领域相对集中行政处罚权办法〉的决定》等地方性法规和政府规章，为文化事业和文化产业的发展繁荣提供了法律保障。

二、文化法制宣传教育扎实有序

2010年，文化系统坚持把法制宣传教育工作作为提高文化管理水平的重要举措，认真贯彻“五五”普法《规划》，加大工作力度，完善制度建设，创新普法形式，不断增强文化系统领导干部和工作人员的宪法意识、依法行政意识、公民文化权益保障意识、知识产权保护和文化遗产保护意识，提高学法用法能力，为加快文化立法进程、提高执法水平，推进文化体制改革，促进文化繁荣发展奠定了坚实的思想基础，营造了良好的氛围。

1. “五五”普法总结验收工作顺利完成。根据全国普法办的统一部署，3月，文化部发布了《关于组织开展“五五”普法检查验收工作的通知》，对各级文化行政部门贯彻执行《中央宣传部、司法部关于在公民中开展法制宣传教育的第五个五年规划》和《文化部关于在全国文化系统中开展法制宣传教育的第五个五年规划》的情况进行检查验收。各省、自治区、直辖市文化部门进行了自查，并报送了本地区和本单位的“五五”普法总结。在此基础上，文化部对文化系统法制宣传教育工作情况和经验进行了全面梳理，及时向全国普法办报送了材料，为制定“六五”普法规划提供了依据。根据总结验收情况，筹备“五五”普法先进个人和集体的表彰活动。

2. 深入贯彻国务院依法行政工作会的部署。8月，国务院召开全国依法行政工作会，研究部署进一步推进依法行政工作。会前，文化部就文化系统贯彻落实《依法行政纲要》的基本情况进行了全面总结。《纲要》颁布以来，文化系统按照《纲要》提出的各项任务和要求，扎实推进依法行政工作，取得明显成效：文化立法工作稳步推进，立法质量逐渐提高；执法体制机制不断完善，执法行为日趋规范，执法监督机制逐步建立；普法工作深入开展，学法用法能力不断提高，为推动文化的繁荣发展提供了坚强的保障。会后，文化部对会议精神进行了学习传达，对会议的贯彻落实工作进行了专题研究和部署。同时，根据温家宝总理讲话精神和会议的部署，文化部明确将以加强制度建设、规范行政权力运行为重点，加快推进体制机制创新，大力提升依法行政能力，全面提高文化系统依法办事水平，为推动文化大发展大繁荣营造良好的制度环境。

3. 召开全国非物质文化遗产法律保障机制研讨会。为实现文化法制建设与业务工作的紧密结合，12 月，在全国人大常委会即将对《中华人民共和国非物质文化遗产法（草案）》进行二审之际，文化部召开了“全国非物质文化遗产法律保障机制研讨会”。来自全国各省、自治区、直辖市文化厅局负责法制和非物质文化遗产工作的同志参加了会议。会议邀请全国人大和国务院有关领导就非物质文化遗产法和依法行政工作进行了专题讲座，并围绕有效推进非物质文化遗产法律保障机制建设以及非物质文化遗产法通过后的宣传工作进行了研讨。

4. 编辑发行文化法制通讯，建立文化法制信息平台。为促进文化法制信息交流，2010 年，文化部法制工作机构编发了《文化法制通讯》，作为展示文化法制工作的窗口、加强理论研究的平台和凝聚文化法制队伍的纽带。2010 年编辑发行了 4 期《文化法制通讯》。同时，文化部建立了文化法制手机信息平台，定期编辑文化法制信息发送给文化部机关公务员及各地文化法制联络员，实现了法制宣传教育的高效便捷。

5. 其他文化法制基础工作。编辑发行《文化法规汇编 2009》，作为法制宣传教育基础材料。根据政府信息公开的要求，在文化部网站上及时公布最新文化法规、规章和规范性文件。对文化部网站上涉及文化政策法规的公众留言及时进行了回复。

三、行政执法监督工作向纵深展开

各类专项执法行动顺利开展。为落实《国务院办公厅关于印发打击侵犯知识产权和制售假冒伪劣商品专项行动方案的通知》（国办发〔2010〕49 号），贯彻全国知识产权保护与执法工作电视电话会议和温家宝总理重要讲话精神，在全国范围内开展了文化市场知识产权保护专项执法行动。此外，还针对社会反映强烈的突出问题，重点打击网吧接纳未成年人、黑网吧、假唱及非法演出等违法经营行为。下发了《关于开展 2010 年全国文化市场交叉执法检查工作的通知》，组织开展交叉执法检查，抽查文化市场，评议执法案卷。并派出 11 个督查组进行明查暗访，有力推动了专项行动向纵深方向发展。部署开展了“平安世博”、“平安亚运”文化市场专项保障行动，下发《关于开展“平安世博”文化市场专项保障行动的通知》，组织江浙沪三地及长三角地区 16 个主要城市文化行政部门和文化市场综合执法机构，共同签订《长三角地区文化市场综合执法区域协作工程》合作框架协议，确定建立联席会议机制，加强信息通报、协调配合、联合执法，探索综合执法区域协作长效机制。指导广东省组织开展“平安亚运”文化市场专项保障行动。

积极推进文化市场综合执法改革。配合中央编办印发《关于整合组建文化市场综合执法机构，加强文化市场综合执法人员编制管理的实施意见》（中央编办发［2010］47 号），对综合执法改革中的机构编制人员等问题做出原则规定。同时，通过建立改革进展月度统计制度、季度通报制度、信息简报制度，动态跟踪各地改革进展情况。此外，联合中宣部改革办开展督查调研。对综合执法改革进展较快的省份，下拨培训补助，用于地市和县区基层执法人员的培训等工作。

大力加强文化市场综合执法队伍建设。联合有关部门就文化市场执泆队伍情况进行调研，下发《文化部关于印发〈全国文化市场综合执泆队伍培训规划（2011 ~2015 年）〉的通知》。

组织开展综合执法考评工作。根据《文化市场行政执法考评办法》，按照自评、初评、公示、终评等程序，对各省（区、市）2009 年度文化市场综合执法工作进行了考评，并印发《2009 年全国文化市场行政执法（综合执法）考评成绩》，对各地 2009 年文化市场平安创建活动、指导文化市场综合执法、技术监管平台建设及综合执法监督等情况进行考评。评选公布了 2009 年全国文化市场十大案件和 2009 年全国优秀文化市场综合执法案卷。进一步总结交流城市综合执法工作经验，探讨加强综合执法队伍建设，提高执法队伍监管能力的方式方法。

实施《国家知识产权战略》。根据《实施国家知识产权战略纲要任务分工》，文化部承担了两项牵头任务（分别是建立健全传统知识保护制度和加强民间文艺保护，促进民间文艺发展）以及7项具体任务。为着力解决文化系统存在的知识产权保护问题，文化部制定了2010年实施工作计划。在全国知识产权宣传周活动期间，积极参加组委会举办的各项活动，并在文化部网站上开展宣传活动。

文化规划工作综述

2010年是“十二五”规划编制的关键一年。文化部在2009年规划前期研究的基础上，提前准备，拟定了时间表，有计划、有步骤，集中力量开展“十二五”规划的编制工作，主要从以下几个方面进行：

一、召开研讨会议，开展规划调研，为规划编制打下坚实基础

4月份，文化部在中央文化管理干部学院举办了全国“十二五”文化发展规划工作研讨会，欧阳坚副部长到会做重要讲话，国家发改委、中宣部和清华大学的专家和学者在会上分别做专题讲座，有关司局、各省、自治区、各直属单位负责规划编制工作的同志140多人参加了此次会议。通过全国性规划研讨会议的召开，进一步提高了文化系统对于“十二五”文化发展规划编制工作的认识，安排部署下一阶段的工作任务；使同志们理清了规划思路，充实规划知识，提高规划技术；加强了规划编制工作人员之间的沟通与联系。与会代表普遍反映会议召开及时，为下一步规划编制工作的开展打下了良好基础。

5月份至7月份，文化部集中开展了规划调研工作。由欧阳坚副部长带队，赴辽宁、唐山、广东分别开展了规划的实地调研，进一步了解实际情况，摸清问题和困难。同时，召开两次规划工作小组会议，继续不断深入研究各领域“十二五”时期的主要发展思路、目标等内容，形成较为完善的规划材料。文化部还委托了中国艺术研究院公共政策研究中心和中国传媒大学文化产业研究院就“十二五”期间文化事业和文化产业发展保障政策开展了课题研究，形成了高质量的课题研究成果。

二、认真思考，反复研究，形成了多份规划方面的重要材料

1月份，文化部向中宣部提交了“文化事业与文化产业发展战略研究”课题报告，这是关于“十二五”时期文化发展的思路性、前瞻性的研究报告，对于规划编制有着重要的借鉴作用。

8月份，文化部在较为成熟的规划研究材料基础上，对1月份向中宣部提交的“文化事业与文化产业发展战略研究”课题报告进行了充实和完善，形成了报送中宣部的《文化部“十二五”发展改革研究报告》和报送发改委的《文化部办公厅关于报送建议纳入国家“十二五”规划纲要相关内容材料的复函》两份重要材料，供发改委起草国家“十二五”规划、中宣部起草《国家“十二五”时期文化改革发展规划纲要》做参考，也为下一步《文化部“十二五”文化发展规划》的编制提供了更为完善的基础材料。

三、集中力量开展规划文本的起草编制工作

10月，正式进入了规划文本编制阶段。文化部成立了《文化部“十二五”文化发展规划》起草小组，以党的十七届五中全会精神为指导，认真研究、反复讨论，集中起草了《文化部“十二五”文化发展规划》文本。文本形成后，经过在全国文化厅局长会议、规划专家论证会议上的多次讨论，在文化部内部各业务司局、各地方文化厅局范围内书面征求了相关意见，并进行多次修改完善，形成了较为成熟的规划文本。在规划起草过程中主要贯彻了以下3项原则。一是加强学习，认真学习吸收中央关于文化建设的最新指示精神，在规划中加以体现；二是发扬民主，充分吸收各方面意见，使规划编制的过程成为统一思想、汇集才智的过程；三是做好衔接，按照专项规划和区域规划服从本级和上级总体规划，下级规划服从上级规划的原则，做到与国家总体规划的良好衔接。通过以上原则的实施，保证规划编制的科学性、合理性、严谨性和可行性，成为一部立得住、做得实的文化发展规划。

四、开展“十一五”规划的总结工作

6月份，文化部办公厅发出了《关于开展“十一五”文化发展规划执行情况总结工作的通知》，通过对“十一五”文化发展规划执行情况的总结，认真分析研究了“十一五”规划取得的成效和存在问题及原因。经过对执行情况总结报告的汇集整理，有关人员对2009年起草的《关于“十一五”文化发展规划执行情况检查的报告（初稿）》进行了研究修改，形成了较为完善的总结报告。

五、配合国家发改委区域性规划和行业性规划的制定开展研究

3月，文化部派人赴成都、重庆参加了国家发改委牵头组织的成渝经济区区域性规划编制实地调研，与地方文化厅局配合，提交了当地文化发展调研报告，提出了支持当地文化发展的政策措施建议。文化部还就《支持云南省加快建设我国向西南开放桥头堡的若干意见》、《海峡西岸经济区发展规划（征求意见稿）》等23份区域性、行业性发展规划提出了修改意见。同时，为了体现对于西部地区文化建设的支持，贯彻落实国务院办公厅《关于进一步支持甘肃经济社会发展的若干意见》精神，下发了《文化部关于进一步支持甘肃文化建设的意见》。这些工作为地方文化部门争取到了更多资源和支持，充分展示了文化部加强行业发展的声音，使区域性规划中更加突出了文化的地位作用，更符合文化整体的发展方向，取得了很好的效果，受到了地方文化厅局的高度肯定。

六、加强协调配合，完善规划编制工作机制

规划工作是一项综合性很强的工作，需要文化部各业务司局和各地方文化厅局积极支持，需要规划工作主管部门和有关规划专家的指导和帮助。因此，在规划编制过程中，文化部进一步加强了与国家发改委、中宣部的联系，掌握最新的工作动态，使规划编制的计划安排与国家规划编制的工作节奏紧密配合。加强与规划权威研究机构的联系，通过课题委托等方式，联络了一批专家学者，为规划工作提供外脑支持。积极利用规划工作小组、规划联络员的工作机制，在规划重要材料的写作等方面充分依靠各司局的力量。同时，广泛了解各地方对于文化部制定规划的需求，对各地方制定地区性的文化发展规划给与支持和指导，加强了与地方文化厅局之间的协调配合。

专 题

文化政策选编

国家文物局　民政部　财政部
国土资源部　住房和城乡建设部
文化部　国家税务总局
关于促进民办博物馆发展的意见

文物博发［2010］11号

各省、自治区、直辖市文物局、民政、财政、国土资源、住房和城乡建设、文化厅（局、委）、国家税务局、地方税务局：

民办博物馆是为了教育、研究、欣赏的目的，由社会力量利用非国有文物、标本、资料等资产依法设立并取得法人资格，向公众开放的非营利性社会服务机构。进入新世纪以来，文化体制改革逐步深化，民办博物馆发展迅速。但是由于民办博物馆在我国还是一个新事物，尚处于探索阶段，还存在着准入制度不完善、扶持政策不健全、管理运行不规范、社会作用不明显等问题，严重制约了民办博物馆的健康发展。

为贯彻党的十七大关于推动社会主义文化大发展大繁荣的精神，落实中央关于深化文化体制改革的总体部署，进一步调动社会力量参与文化遗产保护和社会主义先进文化建设的积极性，现就积极鼓励、大力支持民办博物馆发展提出以下意见：

一、高度重视，积极促进民办博物馆健康发展

（一）民办博物馆来自于民间、成长于民间、服务于民间，是我国经济社会持续稳定发展大背景下公民文化需求增长的必然结果，是具有文化普及鲜明特色的公共文化服务机构，是动员全社会广泛参与，共同构建公共文化服务体系，促进文化大发展、大繁荣，建设和谐社会的一支重要力量。

（二）各地、各有关部门要切实提高对支持民办博物馆发展重要性的认识，明确和坚持积极鼓励，大力支持，正确引导，依法管理的指导思想，将民办博物馆纳入国民经济和社会发展规划，纳入博物馆事业发展规划，因地制宜，分类指导，制定符合各地民办博物馆发展的目标、措施和相关政策，支持、鼓励和引导民办博物馆的科学发展。民政、财政、国土资源、住房城乡建设、文化、税务、文物等行政部门和行业组织要加强协调，形成合力，加强调查研究，对民办博物馆在创办、开放、发展中遇到的具体困难和问题，给予必要的关注，及时帮助切实解决，保障民办博物馆健康发展。

二、加强扶持，为民办博物馆创造良好的发展环境

（三）规范民办博物馆准入制度。加快出台《博物馆条例》，完善博物馆管理基本制度体系，明确民办博物馆与公立博物馆同等的法律地位。文物、民政行政部门制订民办博物馆登记管理办法，细化民办博物馆准入标准，完善审批程序，健全民办博物馆准入制度。依照《中华人民共和国文物保护法》等法规的规定，加强对拟申办民办博物馆藏品来源合法性和真实性审查，明确博物馆对藏品的合法所有权。鼓励社会力量兴办填补博物馆门类空白和体现行业特性、区域特点的专题性博物馆。兴办民办博物馆应符合城乡规划。对符合设立条件的民办博物馆，要按照《民办非企业单位登记管理暂行条例》和《博物馆管理办法》等有关规定，及时审核和给予登记注册。要加强对民办博物馆凭证执业、依法办馆的监督，按照法律法规和规章的规定，做好民办博物馆的登记、年检、执业和监督管理工作。要开展经常性的执法检查活动，严厉打击非法办馆行为，坚决取缔无证执业，规范竞争行为，营造公平有序的发展环境，保障合法博物馆的正当权益。

（四）切实帮助解决民办博物馆的馆舍与经费保障问题。推广民办公助、公建民营等形式，在有条件的地区，建立政府对民办博物馆单位的资助机制。各地可利用在布局结构调整后闲置的房产，支持民办博物馆发展。可在旅游景区和文化产业园区内规划建设民办博物馆，为民办博物馆提供馆舍和基础设施运行保障。对符合国家《划拨用地目录》规定的非营利性民办博物馆的建设用地，经县级以上人民政府批准，可以划拨方式供地。民办博物馆建设必须贯彻节约集约用地的原则，严格执行《博物馆建设用地指标》的规定，严禁改变博物馆用地的土地用途，不得以划拨土地使用权抵押。民办博物馆因故终止的，其用地由国家依法收回后继续作为博物馆建设用地。协调金融机构为符合条件的民办博物馆提供贷款。鼓励企业、事业单位、社会团体以及个人等社会力量向民办博物馆提供捐赠。鼓励民办博物馆依托藏品、展览研发推广博物馆文化产品。民办博物馆在接收捐赠、门票收入、非营利性收入等方面，可按照现行税法规定享受有关优惠政策。

（五）加强对民办博物馆的专业指导和扶持。文物行政部门要积极探索新形势下民办博物馆的管理体制、机制和办法，根据民办博物馆自愿办馆、自筹资金、自负责任、自主管理的特点，通过法规、政策、标准、评估、督导等措施为博物馆的目标管理和质量管理提供服务。民办博物馆在行业准入、等级评定、人员培训、职称评定、科研活动、陈列展览，以及人才、学术的交流、合作、奖励、政府政策信息服务等方面，与国有博物馆一视同仁，同等待遇。对具有门类特点、行业个性或地域文化、民族（民俗）唯一性的民办博物馆，以及致力于抢救濒危文化遗产、填补某领域文化空白或稀缺的新建民办博物馆，给予必要和适当的倾斜性扶持。鼓励国有博物馆对民办博物馆的藏品保护、陈列展览、科学研究等业务活动实施帮扶。加强博物馆行业协会建设，制定行业规范，鼓励民办博物馆加入行业协会，促进行业自律。

（六）努力形成有利于民办博物馆健康发展的社会舆论氛围。要充分利用广播、电视、报纸、网络等媒体，大力宣传政府鼓励、支持、引导民办博物馆发展的方针政策，宣传民办博物馆在社会主义先进文化建设中的重要地位和作用，宣传民办博物馆中涌现出的先进典型，扩大民办博物馆的影响。对优秀民办博物馆以及在民办博物馆事业方面做出突出贡献的单位和个人，给予表彰。

三、依法办馆，全面提高民办博物馆的质量

（七）建立健全民办博物馆内部管理制度。文物、民政行政部门要把民办博物馆纳入质量监管体系，通过评估定级和年度检查、考评等方式，指导民办博物馆严格遵守国家相关政策法规和技术标准规范以及国际博物馆协会职业道德准则，健全以理事会（董事会）、监事会为核心的法人治理结构，完善博物馆章程和发展规划，依法自我管理、科学运行，承担相应的社会义务。要落实民办博物馆的法人财产权，对举办者和其他投资者投入民办博物馆的藏品、资产、国有资产、受赠的财产、收取的费用以及办馆积累，应当分别登记建账，并依法享有法人财产权。民办博物馆存续期间，对博物馆所有资产依法享有占有、使用、收益和处分的权力，任何组织和个人不得侵占和非法干涉。

（八）规范民办博物馆的藏品管理。藏品是博物馆赖以生存的物质基础，保障藏品安全并充分发挥其社会作用是博物馆的基本义务。民办博物馆应当依照《中华人民共和国文物保护法》、《博物馆管理办法》、《博物馆藏品管理办法》等法规和国际博物馆协会职业道德准则要求，加强藏品收集，建立、健全藏品收藏、保护、研究、展示等相关规章制度，建立健全藏品总账、分类账及每件藏品的档案，并报所在地市（县）级文物行政部门备案。民办博物馆处置无保存价值的藏品，以及民办博物馆终止时的藏品处置，必须进行严格的评估，并报所在地省级文物行政部门审批。民办博物馆不再收藏的藏品应优先转让给其他博物馆收藏。处置藏品所得应当用于博物馆收藏新的藏品、改善藏品保管条件和博物馆日常维护等用途。

（九）切实加强民办博物馆展示服务工作。民办博物馆要落实“以质量求生存、以特色求发展”的办馆理念，加强人才队伍建设，加强科学研究，大力提升展示服务水平。要把博物馆的特色和品牌建设作为直接关系民办博物馆生存的大事来抓紧抓好，满足社会对优质博物馆文化资源的需求。文物行政部门要加强对民办博物馆陈列展览、社会教育和服务活动的指导，严格基本陈列内容审查，抵制低俗之风。民办博物馆要完善开放服务制度，开展进校园、进社区活动，纳入当地旅游线路，开展博物馆文化旅游活动。根据公平、择优的原则，采用公开招标和政府购买服务的方式，支持民办博物馆参与公共文化服务体系和国民教育体系建设。对于社会服务功能发挥良好、成绩突出的民办博物馆，可按规定命名为爱国主义教育基地和青少年教育基地。鼓励民办博物馆积极参与对外文化交流。

2010 年 1 月 29 日

文化部　财政部关于开展国家公共文化服务体系示范区（项目）创建工作的通知

文社文发〔2010〕49 号

各省、自治区、直辖市文化厅（局）、财政厅（局），新疆生产建设兵团文化广播电视局、财政局：

为贯彻落实党的十七届五中全会、胡锦涛总书记在中央政治局第二十二次集体学习时的重要讲话精神和全国文化体制改革工作会议精神，充分发挥典型的示范、带动作用，分类指导东、中、西部和城乡基层文化建设，推动公共文化服务体系建设科学发展上水平，文化部、财政部“十二五”期间将共同开展“国家公共文化服务体系示范区（项目）创建工作”［以下简称示范区（项目）创建工作］。

国家公共文化服务体系示范区（项目）创建工作的基本要求是：按照公益性、均等性、基本性、便利性的要求，在全国创建一批网络健全、结构合理、发展均衡、运行有效的公共文化服务体系示范区，培育一批具有创新性、带动性、导向性、科学性的公共文化服务体系项目，为我国公共文化服务体系建设探索经验、提供示范，推动公共文化服务体系建设科学发展。创建工作对于进一步发挥典型的示范、影响和带动作用，充分调动地方人民政府的积极性，整合、集成“十一五”公共文化服务体系建设成果，更好地研究解决公共文化服务体系建设的突出矛盾和问题，推动公共文化服务体系建设可持续发展具有重要意义。各地文化、财政部门要

密切配合，加强领导，把示范区（项目）创建工作与当地经济社会发展紧密结合，加大投入力度，引导和动员广大群众和社会力量积极参与，确保创建工作取得实效。

现将《国家公共文化服务体系示范区（项目）创建工作方案》和《国家公共文化服务体系示范区（项目）创建标准》等印发给你们，请按要求认真做好落实工作。自本通知下发之日起，启动第一批示范区（项目）创建申报工作。根据申报标准和相关要求，原则上每省（区、市）1个创建示范区名额（候选名额不超过2个），2个创建示范项目名额（候选名额不超过4个）。经专家委员会审核达不到申报要求的省份名额空缺。

请各地文化、财政厅（局）按照通知要求，认真组织本省（区、市）第一批示范区（项目）创建申报工作，于2011年2月15日前将本省（区、市）人民政府关于申报创建国家公共文化服务体系示范区（项目）的推荐函、创建国家公共文化服务体系示范区（项目）申报书、创建国家公共文化服务体系示范区（项目）建设规划、公共文化服务体系制度设计研究方案，以及介绍申报创建示范区（项目）情况的光盘（限15分钟以内）、各申报单位负责人介绍申报创建示范区（项目）情况的报告（包括配合使用的PPT），报送至国家公共文化服务体系建设示范区领导小组办公室（文化部社会文化司）。逾期将视为主动放弃，不再受理。

联系人：白雪华　钟华

联系电话：010—59881740　59881741

传真：010—59881776

电子邮箱：swswhg@ yahoo. cn

特此通知。

附件：1.《国家公共文化服务体系示范区（项目）创建工作方案》

2.《国家公共文化服务体系示范区（项目）创建标准》

3.《创建国家公共文化服务体系示范区申报书》

4.《创建国家公共文化服务体系示范项目申报书》

2010年12月31日

附件1：

国家公共文化服务体系示范区（项目）创建工作方案

公共文化服务体系建设是今后我国经济社会发展的一项长期战略任务，是各级政府的重要职责。为贯彻落实党的十七届五中全会、胡锦涛总书记在中央政治局第二十二次集体学习时的重要讲话精神和全国文化体制改革工作会议精神，落实《2010年文化工作要点》提出的“建立若干公共文化服务体系建设示范区充分发挥典型的示范、影响和带动作用，分类指导东、中、西部和城乡基层文化建设”的要求，努力探索“由管微观向管宏观转变，由办文化向管文化转变”的工作方式，结合国家公共文化服务体系制度设计研究，文化部、财政部拟将共同开展“国家公共文化服务体系示范区（项目）创建工作”［以下简称示范区（项目）创建工作］。现制定如下工作方案：

一、指导思想

根据党中央、国务院关于公共文化服务体系建设的战略部署，以保障广大人民群众基本文化权益为出发点，以政府为主导，以公共财政为支撑，以全民为服务对象，以基层特别是农村为重点，坚持公益性、基本性、均等性、便利性的要求，在全国创建一批网络健全、结构合理、发展均衡、运行有效的公共文化服务体系示范区，培育一批具有创新性、带动性、导向性、科学性的公共文化服务体系示范项目，充分通过发挥典型的示范、影响和带动作用，调动各地政府的积极性，集成、整合、提升“十一五”公共文化服务体系建设成果，为我国公共文化服务体系建设探索经验、提供示范，推动公共文化服务体系建设科学发展，促进基本公共文化服务均等化，进一步推动公共文化服务向广覆盖、高效能转变。

二、基本做法

（一）按照创建标准要求，确定一批具有典型示范性意义的地区和项目，着力解决制约公共文化服务体系建设的突出矛盾和问题，提高公共文化服务体系建设能力和服务能力，积极探索不同类型地区的公共文化服务体系建设模式，以及文化与经济、社会协调可持续发展的机制和模式。

（二）与国家公共文化服务体系制度设计研究相结合，同步实施，同步推进。国家公共文化服务体系制度设计研究工作针对当前公共文化服务体系建设存在的突出问题，根据我国区域差异、城乡差异的具体实际，结合国家公共文化服务体系示范区创建设工作，对涉及全局性、战略性的重大问题进行研究，提出相关政策建议和具体解决方案，形成一系列推进公共文化服务体系建设的政策、手段和措施，努力建立公共文化服务体系建设的长效机制。开展制度设计研究是示范区（项目）创建工作的重要内容，制度设计研究成果是示范区（项目）验收的前置条件。示范区（项目）应承担课题研究任务，成为课题研究的实践基地，深化推动课题研究，使之具有实践性和可操作性。课题研究应紧密结合示范区（项目）创建工作进行，为示范区（项目）创建工作之提供理论指导和政策支持，推动公共文化服务体系科学发展。

（三）与全国文化先进单位评选表彰和文化馆、图书馆等公共文化机构评估定级工作相衔接。示范区（项目）创建工作围绕公共文化服务体系建设的主要目标和工作内容展开，着重推动突出困难和问题的解决，通过规划管理和创建过程，引导公共文化服务体系建设科学有序推进。鼓励地方探索经验，形成典型和特色，示范区（项目）创建标准和工作要求与创建全国文化先进单位和文化馆、图书馆等公共文化机构评估定级等工作有机统一、相互衔接。

三、创建原则

科学规划、突出重点。落实中央关于公共文化服务体系建设的部署要求，进行科学合理的规划，既有长远的发展目标，又有近期实施的统筹安排和具体措施，既有整体规划，又有重点攻关，集中力量解决公共文化服务体系建设中的重点、难点问题。

制度建设、机制创新。结合实践，开展公共文化服务体系建设制度设计研究，充分发挥理论引领和专家的指导作用，通过体制机制创新，建立符合社会主义市场经济要求和文化自身发展规律的公共文化服务体系建设新机制。

统筹城乡、突出特色。按照推进城乡经济社会发展一体化的要求，从满足基层群众特别是农民群众的文化需求出发，密切结合当本地的实际情况，根据本地区的特点和优势，注意城乡统筹城乡，探索各具特色的公共文化服务体系建设模式。

保证基本、惠及全民。切实保障广大群众的基本文化权益，积极探索实现公共文化服务普惠、均等的路径、方式、方法，调动全社会参与公共文化服务体系建设的积极性，促进基本公共文化服务均等化。

加强合作、共建共享。按“政府组织，专家指导，公众参与，多方兴办”的工作方式，通过多部门协调联动和政策配套，发挥各级政府和有关部门的作用，共同参与示范区（项目）建设。

四、创建类型和申报基本条件

（一）创建类型

1. “国家公共文化服务体系示范区”：结合当地实际，坚持公益性、基本性、均等性、便利性，在满足群众基本文化需求的基础上，积极探索如何形成网络健全、结构合理、发展均衡、运行有效、惠及全民的公共文化服务体系，进一步推动公共文化服务广覆盖、高效能，为构建基本完善的公共文化服务体系提供实践示范和制度建设经验。

2. “国家公共文化服务体系示范项目”：就公共文化服务体系的某一方面、某一构成要素进行探索，为完善公共文化服务体系的构成要素、组成方面提供实践示范和制度建设经验。

（二）申报主体

示范区的申报主体：地级市（区）人民政府（含省直辖的县级人民政府）为主。

示范项目的申报主体：地级市（区）文化管理部门（含省直辖的县级文化管理部门）为主。

（三）申报基本条件

申报创建“国家公共文化服务体系示范区”的申报基本条件为：文化工作基础较好；地方政府积极性高；公共文化服务体系建设取得突出成绩；制度设计研究取得一定成果；在全国产生较大影响，具有较强的综合示范带动作用。

申报创建“国家公共文化服务体系示范项目”的申报基本条件为：公共文化服务体系建设基础

较好；在某一方面积极探索并取得显著成效，对推动全国公共文化服务体系建设工作产生较大影响；具有较强的典型性、示范性，形成较为成功的典型经验和做法。

五、重点任务和重点创建内容

（一）重点任务

1. 紧密结合实际，制定并实施具有地区特色的公共文化服务体系建设规划。根据当地经济、社会和文化发展的状况，在分析优势条件和制约因素的基础上，确定示范区（项目）创建工作重点，提出示范区（项目）创建工作的规划和目标，制定支持和保障公共文化服务体系建设的投入办法，着力解决影响和制约公共文化服务体系建设的突出问题，力争取得有全国示范意义的经验和理论研究成果，建立符合群众基本文化需求、具有地方特色的公共文化服务体系。

2. 整体推进公共文化服务体系建设，努力实现共建共享。以示范区（项目）创建工作为平台，将分散在不同部门的公共文化服务资源和项目有效整合，实现基层公共文化服务资源的共建共享，形成综合、系统、运行有效的公共文化服务网络，体现便民惠民，提高整体服务能力，发挥综合效益。

3. 深化改革，建立健全公共文化服务保障体系。深化公益性文化事业单位改革，推动形成责任明确、行为规范、富有效率、服务优良的管理体制和运行机制，包括公共文化服务的人、财、物保障机制，公共文化服务的需求和供给保障机制，公共文化服务体系建设评价指标体系和绩效评估与考核机制，社会力量参与公共文化服务的激励机制等。

4. 加强能力建设，提高服务水平。实行“硬件”建设与“软件”建设并重，加强以管理和服务为核心的“软件”建设，在“管好”、“用好”基层公共文化设施上下功夫，努力提高公共文化服务的能力和水平。在推进公共文化服务创新，加强队伍建设，提高公共文化服务设施利用率等方面取得较大进展。

（二）重点创建内容

1. 建立覆盖城乡、结构合理、功能健全、实用高效的公共文化设施网络。以大型公共文化设施为骨干，以县、乡（镇）和社区基层文化设施为基础，统筹规划，合理布局，根据服务人口制定公共文化设施建设规划，示范区千人占有公共文化服务设施面积、公共文化服务设施设置率和覆盖率、公共文化服务的受益率等指标达到本省（自治区、直辖市）的先进水平。整合各类公共文化设施，实现资源共享、联合服务，使公共文化设施整体效益得到发挥。

2. 建立比较完善的公共文化服务人才、资金和技术保障体系。建立公共文化专业人员的资格要求和聘任制度，公共文化专业人才、志愿者、业余文化骨干三支队伍健全。加大投入力度，改进投入方式，建立起稳定高效的公益性文化事业经费保障长效机制。建立公共文化服务机构的设备配置标准（含公共图书馆购书费标准），按照标准落实资金，配备技术设备并培训技术人员。建立公共文化远程服务网络。公共文化服务的人、财、物得到基本保障。

3. 建立比较完善的公共文化产品服务供给体系。建立群众基本文化需求的反馈机制，以及城乡群众基本文化服务内容及量化指标，明确公共文化资源供给主体、方式、渠道并已经落实。公共文化机构实行经常性开放和免费服务，有针对性地设立和实施重大文化惠民项目，群众文化活动常态化，群众受众率和参与率达到本省（自治区、直辖市）的先进水平，群众的基本文化权益得到切实保障。处理好政府与市场的关系，逐步做到凡适合面向市场的基本公共文化服务，都可以从市场招标购买，把公共文化服务的供给从文化系统的“内循环”转变为市场的“大循环”。

4. 建立比较完善的公共文化服务组织支撑体系。建立政府统一领导、相关部门分工负责、社会团体积极参与的管理体制和工作机制。形成政府宏观管理、行业组织指导专业发展与行业自律、公共文化机构法人治理结构模式相结合的公共文化服务组织体系。建立政府与公共文化服务机构的专家咨询制度、公共文化机构运营的公众参与制度。

5. 建立公共文化服务绩效评估制度。建立政府、文化行政部门、公共文化机构、重大文化项目工作考核和绩效评估指标体系并实施，制定并实施各级公共文化机构的服务标准和评估标准（包括公共文化服务公众评价机制及“公共文化服务居民满意指数”），形成政府、社会、服务群体共同参与的监督管理体系，公共文化服务机构的服务能力和服务水平有较大提高。

6. 建立制度设计成果资源共享机制。及时总结经验和教训，并加以宣传和推广。针对公共文化服务体系建设的突出问题，形成课题研究成果，为国家制定有关政策提供依据，为同类地区的发展提供借鉴。

六、创建标准

以党的十七届五中全会、全国文化体制改革工作会议精神和《中共中央办公厅、国务院办公厅关于进一步加强农村文化建设的意见》（中办发〔2005〕27 号）、《中共中央办公厅、国务院办公厅关于加强公共文化服务体系建设的若干意见》（中办发〔2007〕21 号）、《公共文化体育设施条例》、《国家“十一五”文化发展规划纲要》和公共图书馆、文化馆（站）等公共文化设施建设标准、用地指标、评估定级标准等为遵循，制定具体创建标准。

在《创建标准》的基础上进行细化，形成《国家公共文化服务体系示范区（项目）验收标准》，对各个创建单位进行审查验收。

七、创建周期

创建周期为 2 年。从 2011 年开始，每两年进行一次示范区（项目）申报、创建、验收工作，验收合格，命名颁牌。2012 年、2014 年、2016 年分别公布第一、二、三批国家公共文化服务体系示范区（项目）命名名单。

八、创建示范区（项目）评定程序

创建示范区评定采取地方人民政府主动申报的办法，经省级文化、财政主管部门审核，并报省级人民政府同意后上报，经专家委员会评审，由文化部、财政部批准确定。

创建示范项目评定采取地方文化行政部门主动申报的办法，经省级文化、财政主管部门审核同意后上报，经专家委员会评审，由文化部、财政部批准确定。

（一）申报。根据创建示范区（项目）申报基本条件，参照文化部、财政部制定的《国家公共文化服务体系示范区（项目）创建标准》，采取逐级上报的方式申报创建示范区（项目）。每批每省申报创建示范区候选名额不超过 2 个，申报创建示范项目候选名额不超过 4 个。

（二）评审。文化部组织专家委员会对各地申报的创建示范区（项目）进行论证和初评审，提出创建名单。

（三）确定。文化部、财政部根据评审结果，考虑区域、结构、代表性等综合因素，确定“国家公共文化服务体系示范区”和“国家公共文化服务体系示范项目”创建资格名单并公示。

（四）验收和公示。列入资格名单的创建单位在专家委员会指导下开展示范区（项目）创建工作，两年后，文化部组织专家委员根据《国家公共文化服务体系示范区（项目）验收标准》，对各个创建单位进行审查验收。验收合格后将最终名单在媒体公示 7 天。验收不合格的取消创建资格命名和授牌。

（五）命名和授牌。通过验收和公示的创建示范区（项目），经文化部、财政部审批同意，命名为“国家公共文化服务体系示范区”和“国家公共文化服务体系示范项目”并授牌。

建立动态管理机制。文化部、财政部将定期对已通过验收命名的示范区（项目）按照与时俱进修订的创建和验收标准进行复查，对后续工作后续保障不力、有明显退步、在一定期限内经整改达不到标准和要求的示范区（项目）予以摘牌，撤消其示范区（项目）资格。

九、工作机制

（一）示范区（项目）创建工作领导小组及职责

为加强领导，成立国家公共文化服务体系示范区（项目）创建工作领导小组，由文化部、财政部领导任组长，两部相关司局负责同志担任成员，统筹指导示范区（项目）创建工作。主要职责是：

1. 制定创建示范区（项目）申报条件和标准；

2. 审查批准创建国家级示范区和示范项目；

3. 指导示范区（项目）创建工作，协调解决示范区（项目）创建和发展中的重大问题；

4. 对示范区（项目）创建情况进行检查、监督，决定有关奖惩。

（二）示范区（项目）创建工作办公室

工作办公室设在文化部社会文化司，负责示范区（项目）的日常管理工作。其主要职责是：

1. 汇总各地申报材料，组织专家对各创建示范区（项目）的申报材料进行初审，向文化部提出创建国家级示范区（项目）建议名单；

2. 受领导小组委托，指导各创建示范区（项目）开展工作；

3. 组织开展相关的公共文化服务体系建设业务和管理培训；

4. 推动各地区之间、各创建示范区（项目）之间的交流与合作；

5. 研究总结、宣传推广示范区（项目）创建工作经验。

（三）专家委员会

为统筹指导示范区（项目）创建和制度设计研究工作，成立“国家公共文化服务体系建设专家委员会”。其主要职责是：

1. 负责审订创建示范区（项目）评审标准和课题研究体系；

2. 受领导小组的委托，对各省（市、自治区）申报的创建国家级示范区和示范项目进行评审和实地考察，提出意见；

3. 对示范区（项目）创建工作进行咨询和技术指导；

4. 协助开展创建示范区（项目）和课题的评估、验收等工作。

（四）地方文化、财政厅（局）

负责统筹本省示范区（项目）创建工作，对本省申报的创建示范区（项目）进行审核并报省级人民政府批准，向文化部、财政部统一申报，并负责督促指导本省示范区（项目）创建工作。

十、激励机制

（一）通过验收的创建单位，命名为“国家公共文化服务体系示范区”和“国家公共文化服务体系示范项目”并授牌。

（二）为了鼓励和调动地方创建的积极性，中央财政对“国家公共文化服务体系示范区”和“国家公共文化服务体系示范项目”给予补助和奖励。

附件2：

国家公共文化服务体系示范区（项目）创建标准示范区创建标准

东　部

坚持公益性、基本性、均等性、便利性，深化改革，加强城乡统筹，突出软件建设，率先建成符合当地实际情况、比较完整、覆盖城乡、可持续的基本公共文化服务体系，推动公共文化服务持续发展的长效机制基本形成，广大群众特别是农民群众基本文化权益得到有效保障，对公共文化服务的满意度明显提高，进一步推动公共文化服务向广覆盖、高效能转变。

一、公共文化设施网络建设方面

1. 图书馆、博物馆、文化馆（站）、影剧院等公共文化设施完善，布局合理，方便群众参加活动。实现市有图书馆、博物馆、文化馆等公共文化设施，县有图书馆、文化馆，乡镇（街道）有综合文化站，行政村（社区）建有文体活动室（文化广场）。

2. 图书馆建设。市、县两级图书馆达到部颁二级以上标准；公共图书馆人均占有藏书1册以上；市、县两级图书馆平均每册藏书年流通率1次以上；人均年增新书在0.04册次以上；人均到馆次数0.5次以上。

3. 群众艺术馆、文化馆建设。市辖两级群众艺术馆、文化馆达到部颁二级以上标准，县文化馆达到部颁二级以上标准。

4. 乡镇（街道）综合文化站建设。100%的乡镇（街道）建有单独设置的综合文化站，其设备配置、活动开展、人员配备、综合管理等达到发展改革委、文化部制定的《乡镇（街道）文化站建设标准》。

5. 村（社区）文体活动室（文化广场）建设。结合村级（社区）行政组织办公场所建设，100%的行政村（社区）建设面积不低于200平方米的文化活动室（中心），每个文化活动室都建成全国文化信息资源共享工程基层服务点。

6. 公共电子阅览室（含文化信息资源共享工程支中心、基层服务点）建设。依托公共图书馆、文化馆（站），市及所辖县建有标准配置的公共电子阅览室。100%的乡镇（街道）、社区建有标准配置的公共电子阅览室，实现全覆盖。

二、公共文化服务供给方面

7. 以统筹城乡发展，推动基本公共文化服务均等化为目标，公共文化服务面向基层、面向农村，实现重心下移、资源下移。积极组织城市文化行政部门和单位开展农村文化服务活动。农村和社区依托传统节日、重大庆典活动和民族民间文化资源，开展群众喜闻乐见、丰富多彩的文体活动，群众受众率和参与率达到本省（区、市）的先进水平，人均参加文体活动的时间每周不少于7小时。

8. 弱势群体和特殊人群的基本文化服务权益得到有效保障。城市各类公共文化设施免费或优惠向农民工、老人、少年儿童和残疾人开放，设置方便残障人士以及老年人、少年儿童的活动区域和服务项目。市县两级图书馆设立盲人阅读区，配备设备和盲文读物。县级以上文化馆经常性组织针对上述特殊人群的各类文体活动，开展面向农民工的文化培训等。

9. 社会力量积极参与公共文化产品的生产和供给，引入竞争机制，面向市场，采取项目补贴、资助和政府招标采购等方式，通过集中配送、连锁服务等多种方式，有效解决公共文化产品供给问题，实现提供主体和提供方式多元化。

10. 图书馆、文化馆（站）、博物馆实现免费开放。各级公共文化设施电子阅览室为社会公众提供免费上网服务时间每周不少于56小时。

11. 图书馆每周开放时间不少于56小时。文化馆（站）、博物馆每周开放时间不少于42小时。

12. 基本实现每个行政村每月看1场以上电影、每年看5场以上戏剧或文艺演出，每年组织8次以上规模较大的群众文体活动。

13. 创新公共文化服务方式。市、县图书馆建立统一采购、统一编目、统一配送的总分馆制，实现通借通还。市、县两级图书馆、文化馆配备一台以上流动服务车，图书馆每年下基层服务次数不低于50次，文化馆每年组织流动演出12场以上，流动展览10场以上。

14. 全国文化信息资源共享工程建设。基本形成资源丰富、技术先进、服务便捷、覆盖城乡的数字文化服务体系，县县有支中心、乡乡有基层服务点，实现“村村通”；100%的基层群众可以通过多种方式使用文化信息资源及享受数字图书馆、数字文化馆、数字博物馆、数字美术馆等的资源服务。

15. 依托全国文化信息资源共享工程和国家数字图书馆工程，市一级建设3个以上地方特色数字资源库，建立网上图书馆、网上博物馆、群众活动远程指导网络。

三、公共文化服务组织支撑方面

16. 政府有公共文化服务体系建设相关规划和政策，建立政府统一领导、相关部门分工负责、社会团体积极参与的管理体制和工作机制。以农村和基层为重点，制定统筹城乡文化发展的相关规划、政策、措施。建立政府与公共文化服务机构的专家咨询制度、公共文化服务机构运营的公众参与制度，形成政府宏观管理、行业协会参与、公共机构法人治理的管理模式，建立城市对农村的文化援助机制。

17. 切实按照国务院《公共文化体育设施条例》和文化部、国土资源部、建设部编制的《公共图书馆建设用地指标》、《公共图书馆建设标准》、《文化馆建设用地指标》、《文化馆建设标准》、《乡镇综合文化站建设标准》、《城市社区体育设施建设用地指标》等标准，无偿划拨公共图书馆、文化馆（站）、博物馆、体育馆（场）等公益性文化设施建设用地，公共文化设施门类齐全，布局合理、服务便捷。

18. 以示范区建设为平台，将分散在不同部门的公共文化服务资源和项目有效整合，实现基层公共文化服务资源的共建共享，形成综合、系统、运行有效的公共文化服务网络，体现便民惠民，提高整体服务能力，发挥综合效益。

19. 加快推进公益性文化事业单位改革，形成责任明确、行为规范、富有效率、服务优良的管理体制和运行机制。制定并落实吸引社会力量参与公益文化事业建设有关政策，民营文艺团体、民间文艺社团和农民自办文化初具规模，成为政府公共文化服务的重要补充。

四、资金、人才和技术保障措施落实方面

20. 公共文化服务体系建设纳入政府重要议事日程，纳入当地国民经济和社会发展总体规划，纳入对地方政府的考核指标体系，纳入政府目标管理责任制，纳入财政预算，纳入城乡建设整体规划。

21. 公共文化服务体系建设经费得到落实。建立完善公共文化投入保障机制，近三年财政文化体育与传媒支出不低于同级财政经常性收入的增长幅度，人均文化支出（按常住人口计算）高于本省平均水平。

22. 乡镇（街道）综合文化站的人员编制3名以上，行政村和社区有至少1名财政补贴的文化管理员（文化指导员）。

23. 市级文化单位业务人员占职工总数不低于70%，县级文化事业单位业务人员占职工总数不低于80%。

24. 县级文化单位在职员工参加脱产培训时间每年不少于15天，乡镇街道、村、社区基层文化专兼职人员参加集中培训时间每年不少于5天。

25. 利用网络、声讯、通讯等现代信息技术建立公共文化服务平台和公共文化服务技术支撑系统，实现当地文化信息资源的共建共享。

五、公共文化服务评估方面

26. 建立并实施公共文化服务绩效评估制度。形成政府、社会、服务群体共同参与的监督管理体系，建立起政府、文化和财政部门、公共文化机构、重大文化项目工作考核机制。

27. 实行文化工作目标责任管理制，将服务农村、服务基层情况和群众满意度作为重要考核指标。

六、其他方面

28. 在公共文化服务体系建设进程中，积极探索实践，创新公共文化服务体系建设体制机制，创新公共文化服务方式和手段，并已取得显著成绩，在全省乃至全国产生较大影响，具有典型示范作用和推广价值。

29. 结合具体实践，参与文化部国家公共文化服务体系制度设计课题研究工作，针对公共文化服务体系建设的共性问题，总结经验，并形成课题研究成果，为国家制定有关政策提供依据，为同类地区的发展提供借鉴。课题报告通过专家组验收。

30. 涉及广播电视、新闻出版、体育等部门的工作内容，按照部门要求达到相应标准。

31. 涉及工会、共青团、妇联等部门的工作内容，达到中央关于公共文化服务体系建设的相关政策要求。

中　部

坚持公益性、基本性、均等性、便利性，深化改革，加强城乡统筹，突出软件建设，初步建成符合当地实际情况、比较完整、覆盖城乡、可持续的基本公共文化服务体系，推动公共文化服务持续发展的长效机制初步形成，广大群众特别是农民群众基本文化权益得到有效保障，对公共文化服务的满意度明显提高。

一、公共文化设施网络建设方面

1. 图书馆、博物馆、文化馆（站）、影剧院等公共文化设施完善，布局合理，方便群众参加活动。实现市有图书馆、博物馆、文化馆等公共文化设施，县有图书馆、文化馆，乡镇（街道）有综合文化站，行政村（社区）建有文体活动文化室（文化广场）。

2. 图书馆建设。市、县两级图书馆达到部颁三级以上标准；公共图书馆人均占有藏书0.6册以上；市、县两级图书馆平均每册藏书年流通率0.7次以上；人均年增新书在0.03册次以上；人均到馆次数0.3次以上。

3. 群艺馆、文化馆建设。市辖两级群艺馆、文化馆达到部颁三级以上标准，县文化馆达到部颁三级以上标准。

4. 乡镇（街道）综合文化站建设。80%的乡镇建有单独设置的综合文化站，其设备配置、活动开展、人员配备、综合管理等达到发展改革委、文化部制定的《乡镇（街道）文化站建设标准》。

5. 村（社区）文化活动室（文化广场）建设。80%的行政村（社区）建立面积不低于100平方米的文化活动室（中心），每个文化活动室都建成全国文化信息资源共享工程基层服务点。60%行政村建立农家书屋，藏书2000册以上。

6. 公共电子阅览室（含文化信息资源共享工程支中心、基层服务点）建设。依托公共图书馆、文化馆（站），市及所辖县建有标准配置的公共电子阅览室。80%的乡镇（街道）、社区建有标准配置的公共电子阅览室。

二、公共文化服务供给方面

7. 以统筹城乡发展，推动基本公共文化服务均等化为目标，公共文化服务面向基层、面向农村，实现重心下移、资源下移。积极组织城市文化部门和单位开展农村文化服务活动。农村和社区依托传统节日、重大庆典活动和民族民间文化资源，开展群众喜闻乐见、丰富多彩的文体活动，群众受众率和参与率达到本省（自治区、直辖市）的先进水平，人均参加文体活动的时间每周不少于5小时。

8. 弱势群体和特殊人群的基本文化服务权益得到有效保障。城市各类公共文化设施免费或优惠向农民工、老人、儿童和残疾人开放，设置方便残障人士以及老年人、少年儿童的活动区域和服务项目。市县两级图书馆设立盲人阅读区，配备设备和盲文读物。县级以上文化馆经常性组织针对上述特殊人群的各类文体活动，开展面向农民工的文化培训等。

9. 社会力量积极参与公共文化产品的生产和供给，引入竞争机制，面向市场，采取项目补贴、资助和政府招标采购等方式，通过集中配送、连锁服务等多种方式，有效解决公共文化产品供给问题，实现提供主体和提供方式多元化。

10. 图书馆、文化馆、博物馆实现免费开放。各级公共文化设施电子阅览室为社会公众提供免费上网服务时间每周不少于42小时。

11. 图书馆每周开放时间不少于56小时。文化馆（站）、博物馆每周开放时间不少于42小时。

12. 基本实现每个行政村每月看1场以上电影、每年看3场以上戏剧或文艺演出，每年组织5次以上规模较大的群众文体活动。

13. 开展延伸服务。市、县图书馆建立总分馆制等多种模式的服务体系。市、县两级图书馆、文化馆配备一台以上流动服务车，具备开展公共文化流动服务的能力。

14. 全国文化信息资源共享工程建设。基本形成资源丰富、技术先进、服务便捷、覆盖城乡的数字文化服务体系，县县有支中心、乡乡有基层服务点，实现“村村通”；100%的基层群众可以通过基层服务点，70%的行政村和城市社区居民可享受数字图书馆、数字文化馆、数字博物馆、数字美术馆的资源服务。

三、公共文化服务组织支撑方面

15. 政府有建设公共文化服务体系的相关规划和政策，建立政府统一领导、相关部门分工负责、社会团体积极参与的管理体制和工作机制。以农村和基层为重点，制定统筹城乡文化发展的相关规划、政策、措施。建立政府与公共文化服务机构的专家咨询制度、公共文化服务机构运营的公众参与制度，形成政府宏观管理、行业协会参与、公共文化机构法人治理的管理模式，建立城市对农村的文化援助机制。

16. 切实按照国务院《公共文化体育设施条例》和文化部、国土资源部、建设部编制的《公共图书馆建设用地指标》、《公共图书馆建设标准》、《文化馆建设用地指标》、《文化馆建设标准》、《乡镇综合文化站建设标准》、《城市社区体育设施建设用地指标》等标准，无偿划拨公共图书馆、文化馆（站）、博物馆、体育馆（场）等公益性文化设施建设用地公共文化设施门类齐全，布局合理、服务便捷。

17. 以示范区建设为平台，将分散在不同部门的公共文化服务资源和项目有效整合，实现基层公共文化服务资源的共建共享，形成综合、系统、运行有效的公共文化服务网络，体现便民惠民，提高整体服务能力，发挥综合效益。

18. 加快推进公益性文化事业单位改革，形成责任明确、行为规范、富有效率、服务优良的管理体制和运行机制。制定并落实吸引社会力量参与公益文化事业建设有关政策，民营文艺团体、民间文艺社团和农民自办文化初具规模，成为政府公共文化服务的重要补充。

四、资金、人才和技术保障措施落实方面

19. 公共文化服务体系建设纳入政府重要议事日程，纳入当地国民经济和社会发展总体规划，纳入对地方政府的考核指标体系，纳入政府目标管理责任制，纳入财政预算，纳入城乡建设整体规划。

20. 公共文化服务体系建设经费得到落实。建立完善公共文化经费投入机制，近三年财政文化体育与传媒支出不低于同级财政经常性收入的增长幅度，人均文化支出（按常住人口计算）高于本省平均水平。

21. 乡镇（街道）综合文化站的人员编制3名以上，行政村和社区有至少1名财政补贴的文化管理员（文化指导员）。

22. 市级文化单位业务人员占职工总数不低于70%，县级文化事业单位业务人员占职工总数不低于80%。

23. 县级文化单位在职员工参加脱产培训时间每年不少于15天，乡镇街道、村、社区基层文化专兼职人员参加集中培训时间每年不少于5天。

24. 利用网络、声讯、通讯等现代信息技术建立公共文化服务平台和公共文化服务技术支撑系

统，实现当地文化信息资源的共建共享。

五、公共文化服务评估方面

25. 建立并实施公共文化服务绩效评估制度。建立起政府、文化行政部门、公共文化机构、重大文化项目工作考核机制。

26. 实行文化工作目标责任管理制，将服务农村、服务基层情况和群众满意度作为重要考核指标。

六、其他方面

27. 在公共文化服务体系建设进程中，积极探索实践，创新公共文化服务体系建设体制机制，创新公共文化服务方式和手段，并已取得显著成绩，在全省乃至全国产生较大影响，具有典型示范作用和推广价值。

28. 结合具体实践，参与文化部国家公共文化服务体系制度设计课题研究工作，针对公共文化服务体系建设的共性问题，总结经验，并形成课题研究成果，为国家制定有关政策提供依据，为同类地区的发展提供借鉴。课题报告通过专家组验收。

29. 涉及广播电视、新闻出版、体育等部门的工作内容，按照部门要求达到相应标准。

30. 涉及工会、共青团、妇联等工作的达到中央关于公共文化服务体系建设的相关政策要求。

西 部

坚持公益性、基本性、均等性、便利性，深化改革，加强城乡统筹，突出软件建设，初步建成固定设施、流动设施与数字文化阵地相结合的公共文化服务网络，公共文化服务持续发展的保障机制初步形成。广大群众特别是农民群众基本文化权益得到有效保障。

一、公共文化设施网络建设方面

1. 图书馆、博物馆、文化馆（站）、影剧院等公共文化设施网络体系初步形成，并建成与当地人口分布和地域条件相适应的流动文化设施网络，市县两级图书馆、文化馆都具备流动文化服务能力，广大群众能够就近方便的享受公共文化服务。

2. 图书馆建设。市、县两级图书馆 80% 达到部颁三级以上标准；公共图书馆人均占有藏书 0.4 册以上；市、县两级图书馆平均每册藏书年流通率 0.5 次以上；人均年增新书在 0.02 册次以上；人均到馆次数 0.2 次以上。

3. 群艺馆、文化馆建设。市辖两级群艺馆、文化馆 80% 达到部颁三级以上标准，县文化馆达到部颁三级以上标准。

4. 乡镇（街道）综合文化站建设。80% 的乡镇建有单独设置的综合文化站，其设备配置、活动开展、人员配备、综合管理等达到发展改革委、文化部制定的《乡镇（街道）文化站建设标准》。

5. 公共电子阅览室（含文化信息资源共享工程支中心、基层服务点）建设。依托公共图书馆、文化馆站，市及所辖县建有标准配置的公共电子阅览室。60% 的乡镇（街道）、社区建有标准配置的公共电子阅览室。

二、公共文化服务供给方面

6. 以统筹城乡发展，推动基本公共文化服务均等化为目标，公共文化服务面向基层、面向农村，实现重心下移、资源下移。积极组织城市文化部门和单位开展农村文化服务活动。农村和社区依托传统节日、重大庆典活动和民族民间文化资源，开展群众喜闻乐见、丰富多彩的文体活动，群众受众率和参与率达到本省（自治区、直辖市）的先进水平，人均参加文体活动的时间每周不少于 3 小时。

7. 社会力量积极参与公共文化产品的生产和供给，引入竞争机制，面向市场，采取项目补贴、资助和政府招标采购等方式，通过集中配送、连锁服务等多种方式，有效解决公共文化产品供给问题，实现提供主体和提供方式多元化。

8. 图书馆、文化馆、博物馆实现免费开放。各级公共文化设施电子阅览室为社会公众提供免费上网服务时间每周不少于 42 小时。

9. 图书馆每周开放时间不少于 56 小时。文化馆（站）、博物馆每周开放时间不少于 42 小时。

10. 基本实现每个行政村每月看 1 场以上电影、每年看 2 场以上戏剧或文艺演出，每年组织 3 次以上规模较大的群众文体活动。

11. 全国文化信息资源共享工程建设。基本形成资源丰富、技术先进、服务便捷、覆盖城乡的数字文化服务体系，县县有支中心、乡乡有基层服务点，实现“村村通”；100% 的基层群众可以通过基层服务点使用文化信息资源及享受数字图书馆、数字博物馆、数字美术馆的资源服务。

三、公共文化服务组织支撑方面

12. 政府有建设公共文化服务体系的相关规划和政策，建立政府统一领导、相关部门分工负责、社会团体积极参与的管理体制和工作机制。以农村和基层为重点，制定统筹城乡文化发展的相关规划、政策、措施。建立政府与公共文化服务机构的专家咨询制度、公共文化服务机构运营的公众参与制度，形成政府宏观管理、行业协会参与、公共文化机构法人治理的管理模式，建立城市对农村的文化援助机制。

13. 切实按照国务院《公共文化体育设施条例》和文化部、国土资源部、建设部编制的《公共图书馆建设用地指标》、《公共图书馆建设标准》、《文化馆建设用地指标》、《文化馆建设标准》、《乡镇综合文化站建设标准》、《城市社区体育设施建设用地指标》等标准，无偿划拨公共图书馆、文化馆（站）、博物馆、体育馆（场）等公益性文化设施建设用地，公共文化设施门类齐全，布局合理、服务便捷。

14. 以示范区建设为平台，将分散在不同部门的公共文化服务资源和项目有效整合，实现基层公共文化服务资源的共建共享，形成综合、系统、运行有效的公共文化服务网络，体现便民惠民，提高整体服务能力，发挥综合效益。

15. 加快推进公益性文化事业单位改革，形成责任明确、行为规范、富有效率、服务优良的管理体制和运行机制。制定并落实吸引社会力量参与公益文化事业建设有关政策，民营文艺团体、民间文艺社团和农民自办文化初具规模，成为政府公共文化服务的重要补充。

四、资金、人才和技术保障措施落实方面

16. 公共文化体系建设纳入政府重要议事日程，纳入当地国民经济和社会发展总体规划，纳入对地方政府的考核指标体系，纳入政府目标管理责任制，纳入财政预算，纳入城乡建设整体规划。

17. 公共文化服务体系建设经费得到落实。建立完善公共文化经费投入机制，近三年财政文化体育与传媒支出不低于同级财政经常性收入的增长幅度，人均文化支出（按常住人口计算）高于本省平均水平。

18. 乡镇（街道）综合文化站的人员编制3名以上，行政村和社区有至少1名财政补贴的文化管理员（文化指导员）。市级文化单位业务人员占职工总数不低于70%，县级文化事业单位业务人员占职工总数不低于80%。

19. 县级文化单位在职员工参加脱产培训时间每年不少于15天，乡镇街道、村、社区基层文化专兼职人员参加集中培训时间每年不少于5天。

20. 利用网络、声讯、通讯等现代信息技术建立公共文化服务平台和公共文化服务技术支撑系统，实现当地文化信息资源的共建共享。

五、公共文化服务评估方面

21. 建立并实施公共文化服务绩效评估制度。建立起政府、文化行政部门、公共文化机构、重大文化项目工作考核机制。

22. 实行文化工作目标责任管理制，将服务农村、服务基层情况和群众满意度作为重要考核指标。

六、其他方面

23. 在公共文化服务体系建设进程中，积极探索实践，创新公共文化服务体系建设体制机制，创新公共文化服务方式和手段，并已取得显著成绩，在全省乃至全国产生较大影响，具有典型示范作用和推广价值。

24. 结合具体实践，参与文化部国家公共文化服务体系制度设计课题研究工作，针对公共文化服务体系建设的共性问题，总结经验，并形成课题研究成果，为国家制定有关政策提供依据，为同类地区的发展提供借鉴。课题报告通过专家组验收。

25. 涉及广播电视、新闻出版、体育等部门的工作内容，按照部门要求达到相应标准。

26. 涉及工会、共青团、妇联等工作的达到中央关于公共文化服务体系建设的相关政策要求。

示范项目创建标准

形成了较为完善的公共文化服务网络，投入稳定，设施完备，队伍健全，活动丰富，服务效果显著，具有较好的工作基础。此外，还应具备以下条件：

1. 创新性。在公共文化服务体系建设机制和体制、内容和形式、方法和手段等方面有所创新。

2. 导向性。具有地方特色和较强的典型性，

在全省（区、市）产生广泛影响，有较大的借鉴和推广应用价值。

3. 带动性。与实践紧密结合，创造了好的作法和经验，对公共文化服务体系建设起到了积极的带动作用。

4. 科学性。结合具体实践，承担或参与文化部国家公共文化服务体系制度设计课题研究工作。

中央宣传部　中国人民银行　财政部　文化部　广电总局　新闻出版总署　银监会　证监会　保监会关于金融支持文化产业振兴和发展繁荣的指导意见

银发〔2010〕94号

各省、自治区、直辖市党委宣传部，中国人民银行上海总部、各分行、营业管理部、各省会（首府）城市中心支行，各省、自治区、直辖市财政厅（局）、文化厅（局）、广播影视局、新闻出版局、银监局、证监局、保监局，各政策性银行、国有商业银行、股份制商业银行、中国邮政储蓄银行：

为贯彻落实《国务院关于印发文化产业振兴规划的通知》（国发〔2009〕30号）精神，进一步改进和提升对我国文化产业的金融服务，支持文化产业振兴和发展繁荣，现提出以下指导意见：

一、充分认识金融支持文化产业发展的重要意义

（一）文化产业快速发展迫切需要金融业的大力支持。金融是现代经济的核心，在全面建设小康社会、加快现代化建设的进程中，金融引导资源配置、调节经济运行、服务经济社会，对国民经济的持续、健康、稳定发展具有重要作用。文化产业是国民经济的重要组成部分，近年来，中央实施重要战略部署和政策措施，深化文化体制改革，加快发展文化产业，文化产业呈现出良好的发展态势，正成为经济发展新的增长点，在保增长、扩内需、调结构、促发展中发挥着重要作用。加大金融业支持文化产业的力度，推动文化产业与金融业的对接，是培育新的经济增长点的需要，是促进文化大发展大繁荣的需要，是提高国家文化软实力和维护国家文化安全的需要。各金融部门要把积极推动文化产业发展作为一项重要战略任务，作为拓展业务范围、培育新的盈利增长点的重要努力方向，大力创新和开发适合文化企业特点的信贷产品，努力改善和提升金融服务水平，促进我国文化产业实现又好又快发展。

二、积极开发适合文化产业特点的信贷产品，加大有效的信贷投放

（二）推动多元化、多层次的信贷产品开发和创新。对于处于成熟期、经营模式稳定、经济效益较好的文化企业，要优先给予信贷支持。积极开展对上下游企业的供应链融资，支持企业开展并购融资，促进产业链整合。对于具有稳定物流和现金流的企业，可发放应收账款质押、仓单质押贷款。对于租赁演艺、展览、动漫、游戏，出版内容的采集、加工、制作、存储和出版物物流、印刷复制，广播影视节目的制作、传输、集成和电影放映等相关设备的企业，可发放融资租赁贷款。建立文化企业无形资产评估体系，为金融机构处置文化类无形资产提供保障。对于具有优质商标权、专利权、著作权的企业，可通过权利质押贷款等方式，逐步扩大收益权质押贷款的适用范围。

（三）积极探索适合文化产业项目的多种贷款模式。对于融资规模较大、项目较多的文化企业，鼓励商业银行以银团贷款等方式提供金融支持。探索和完善银团贷款的风险分担机制，加强金融机构之间的合作，有效降低单个金融机构的信贷风险。对处于产业集群或产业链中的中小文化企业，鼓励商业银行探索联保联贷等方式提供金融支持。

三、完善授信模式，加强和改进对文化产业的金融服务

（四）完善利率定价机制，合理确定贷款期限和利率。各金融机构应在风险可控、商业可持续原则的基础上，根据不同文化企业的实际情况，建立符合监管要求的灵活的差别化定价机制。针对部分文化产业项目周期特点和风险特征，金融机构可根据项目周期的资金需求和现金流分布状况，科学合理确定贷款期限。对于列入国家规划重点支持的文化产业项目或企业，金融机构在有效防范风险的基础上可适当延长贷款期限。

（五）建立科学的信用评级制度和业务考评体系。各金融机构在确定内部评级要素，设计内部评级指标体系、评级模型和计分标准的过程中，应充分考虑文化企业的特点，建立和完善科学、合理的信用评级和信用评分制度。要充分借鉴外部评级报告，建立内外部评级相结合的评级体系。要进一步改进和完善业务考评程序和考核方法，建立专门针对文化产业金融服务的考评体系，将加强信贷风险管理和积极促进文化产业发展相结合，建立正向激励机制。在落实工作责任和考核整体质量及综合回报的基础上，对中小文化企业的贷款项目，根据实际情况和有关规定追究或免除有关责任人的相应责任，做到尽职者免责，失职者问责。

（六）进一步改进和完善对文化企业的金融服务。各金融机构要增强服务意识，设立专家团队和专门的服务部门，主动向文化企业提供优质的金融服务。对于国家重点支持的文化企业和项目，要优化简化审批流程，提高贷款审批效率。在满足金融机构授信客户准入标准的前提下，可对举办培训的企业和接受培训的人员予以信贷支持。银行业金融机构与非银行金融机构应积极加强合作，综合利用多种金融业务和金融产品，推出信贷、债券、信托、基金、保险等多种工具相融合的一揽子金融服务，做好文化企业从初创期到成熟期各发展阶段的融资方式衔接。

（七）积极开发文化消费信贷产品，为文化消费提供便利的支付结算服务。各金融机构应积极培育文化产业消费信贷市场，通过消费信贷产品创新，不断满足文化产业多层次的消费信贷需求。可通过开发分期付款等消费信贷品种，扩大对演艺娱乐、会展旅游、艺术品和工艺品、动漫游戏、数字产品、创意设计，图书、报刊、音像制品、电子出版物、网络出版、数字出版等出版产品与服务、印刷、复制、发行，高清电视、付费广播电视、移动多媒体广播电视、电影产品等综合消费信贷投放。加强网上银行业务推广，提高软件、网络及计算机服务，设计服务和休闲娱乐等行业的网络支付应用水平。进一步发挥人民银行支付清算和征信系统的作用，加快完善银行卡刷卡环境，推动文化娱乐、广播影视、新闻出版、旅游广告、艺术品交易等行业的刷卡消费，促进文化市场的繁荣发展。

（八）继续完善文化企业外汇管理，提高文化产业贸易投资便利程度。便利文化企业的跨境投资，满足文化企业对外贸易、跨境融资和投资等合理用汇需求，提高外汇管理效率，简化优化外汇管理业务流程，促进文化企业提高外汇资金使用效率，降低财务成本，提高我国文化企业核心竞争力。

四、大力发展多层次资本市场，扩大文化企业的直接融资规模

（九）推动符合条件的文化企业上市融资。支持处于成熟期、经营较为稳定的文化企业在主板市场上市。鼓励已上市的文化企业通过公开增发、定向增发等再融资方式进行并购和重组。探索建立宣传文化部门与证券监管部门的项目信息合作机制，加强适合于创业板市场的中小文化企业项目的筛选和储备，支持其中符合条件的企业上市。

（十）支持文化企业通过债券市场融资。支持符合条件的文化企业通过发行企业债、集合债和公司债等方式融资。积极发挥中债信用增进投资股份有限公司等专业机构的作用，为中小文化企业通过发行短期融资券、中期票据、集合票据等方式融资提供便利。对符合国家政策规定的中小文化企业发行直接债务融资工具的，鼓励中介机构适当降低收费，减轻文化企业的融资成本负担。对于运作比较成熟、未来现金流比较稳定的文化产业项目，可以以优质文化资产的未来现金流、收益权等为基础，探索开展文化产业项目的资产证券化试点。

（十一）鼓励多元资金支持文化产业发展。发挥保险公司机构投资者作用和保险资金融资功能，在风险可控的前提下，鼓励保险公司投资文化企业的债权和股权，引导符合条件的保险公司参与文化产业投资基金。适当放宽准入条件，鼓励风险投资基金、私募股权基金等风险偏好型投资者积极进入处于初创阶段、市场前景广阔的新兴文化业态。

五、积极培育和发展文化产业保险市场

（十二）进一步加强和完善保险服务。在现有工作基础上，各保险机构应根据文化企业的特点，积极开发适合文化企业需要的保险产品，并按照收益覆盖风险的原则合理确定保险费率。对于宣

传文化部门重点扶持的文化企业和文化产业项目，应建立承保和理赔的便捷通道，对于信誉好、风险低的，可适当降低费率。加快培育和完善文化产业保险市场，提高保险在文化产业中的覆盖面和渗透度，有效分散文化产业的项目运作风险。

（十三）推动保险产品和服务方式创新。各保险机构应在现有保险产品的基础上，探索开展知识产权侵权险，演艺、会展、动漫、游戏、各类出版物的印刷、复制、发行和广播影视产品完工险、损失险，团体意外伤害保险等适合文化企业特点和需要的新型险种和各种保险业务。鼓励保险公司探索开展信用保险业务，弥补现行信用担保体制在支持服务业融资方面的不足。进一步加强和完善针对文化出口企业的保险服务，对于符合《文化产品和服务出口指导目录》条件，特别是列入《国家文化出口重点企业目录》和《国家文化出口重点项目目录》的文化出口企业和项目，保险机构应积极提供出口信用保险服务，鼓励和促进文化企业积极参与国际竞争。

六、建立健全有利于金融支持文化产业发展的配套机制

（十四）推进文化企业建立现代企业制度，完善公司治理结构。按照创新体制、转换机制、面向市场、增强活力的原则，推动文化企业建立现代企业制度，引入现代公司治理机制和现代企业财务会计制度，规范会计和审计流程，提高信息披露透明度，增强财务管理能力，为金融支持文化产业发展奠定良好的制度基础。

（十五）中央和地方财政可通过文化产业发展专项资金等，对符合条件的文化企业，给予贷款贴息和保费补贴。支持设立文化产业投资基金，由财政注资引导，鼓励金融资本依法参与。

（十六）建立多层次的贷款风险分担和补偿机制。鼓励各类担保机构对文化产业提供融资担保，通过再担保、联合担保以及担保与保险相结合等方式多渠道分散风险。研究建立企业信用担保基金和区域性再担保机构，以参股、委托运作和提供风险补偿等方式支持担保机构的设立与发展，服务文化产业融资需求。探索设立文化企业贷款风险补偿基金，合理分散承贷银行的信贷风险。

（十七）完善知识产权法律体系，切实保障各方权益。抓紧制定和完善专利权、著作权等无形资产评估、质押、登记、托管、流转和变现的管理办法，根据《中华人民共和国物权法》修订有关质押登记规定。积极培育流转市场，充分发挥上海文化产权交易所、深圳文化产权交易所等交易平台的作用，为文化企业的著作权交易、商标权交易和专利技术交易等文化产权交易提供专业化服务。进一步加强对文化市场的有效监管和知识产权保护力度，完善各类无形资产二级交易市场，切实保障投资者、债权人和消费者的权益。

七、加强政策协调和实施效果监测评估

（十八）加强信贷政策和产业政策的协调。制定并定期完善《文化产业投资指导目录》，发布更新文化产业发展的项目信息。加大对符合产业政策导向的文化企业的信贷支持，对纳入《文化产业投资指导目录》“鼓励类”的文化产业项目，金融机构优先予以信贷支持，对“限制类”的文化产业项目要从严审查和审批贷款。

（十九）建立多部门信息沟通机制，搭建文化产业投融资服务平台。建立文化企业投融资优质项目数据库，通过组织论坛、研讨会、洽谈会等形式，加强文化项目和金融产品的宣传、推介，促进银、政、企合作，对纳入数据库并获得宣传文化部门推荐的优质项目，金融机构应重点支持。

（二十）加强政策落实督促评估。人民银行各分支机构会同同级宣传文化、财政、银监、证监、保监等部门，根据本指导意见精神，结合辖区实际，制定和完善金融支持文化产业发展的具体实施意见或办法，切实抓好贯彻实施工作。各金融机构要逐步建立和完善金融支持文化产业发展的专项统计制度，加强对文化产业贷款的统计与监测分析。人民银行各分支机构可根据辖区实际情况，建立金融支持文化产业发展的专项信贷政策导向效果评估制度。

2010年3月19日

国家税务总局关于新办文化企业企业所得税有关政策问题的通知

国税函〔2010〕86号

各省、自治区、直辖市和计划单列市国家税务局、

地方税务局：

现就有关新办文化企业企业所得税有关政策问题通知如下：

根据《财政部海关总署　国家税务总局关于支持文化企业发展若干税收政策问题的通知》（财税〔2009〕31号）第八条和《财政部　海关总署　国家税务总局关于文化体制改革试点中支持文化产业发展若干税收政策问题的通知》（财税〔2005〕2号）第一条的规定，对2008年12月31日前新办的政府鼓励的文化企业，自工商注册登记之日起，免征3年企业所得税，享受优惠的期限截止至2010年12月31日。

2010年3月2日

财政部　国家税务总局　民政部关于公益性捐赠税前扣除有关问题的补充通知

财税〔2010〕45号

各省、自治区、直辖市、计划单列市财政厅（局）、国家税务局、地方税务局、民政厅（局），新疆生产建设兵团财务局、民政局：

为进一步规范公益性捐赠税前扣除政策，加强税收征管，根据《财政部　国家税务总局　民政部关于公益性捐赠税前扣除有关问题的通知》（财税〔2008〕160号）的有关规定，现将公益性捐赠税前扣除有关问题补充通知如下：

一、企业或个人通过获得公益性捐赠税前扣除资格的公益性社会团体或县级以上人民政府及其组成部门和直属机构，用于公益事业的捐赠支出，可以按规定进行所得税税前扣除。

县级以上人民政府及其组成部门和直属机构的公益性捐赠税前扣除资格不需要认定。

二、在财税〔2008〕160号文件下发之前已经获得公益性捐赠税前扣除资格的公益性社会团体，必须按规定的条件和程序重新提出申请，通过认定后才能获得公益性捐赠税前扣除资格。

符合财税〔2008〕160号文件第四条规定的基金会、慈善组织等公益性社会团体，应同时向财政、税务、民政部门提出申请，并分别报送财税〔2008〕160号文件第七条规定的材料。

民政部门负责对公益性社会团体资格进行初步审查，财政、税务部门会同民政部门对公益性捐赠税前扣除资格联合进行审核确认。

三、对获得公益性捐赠税前扣除资格的公益性社会团体，由财政部、国家税务总局和民政部以及省、自治区、直辖市、计划单列市财政、税务和民政部门每年分别联合公布名单。名单应当包括当年继续获得公益性捐赠税前扣除资格和新获得公益性捐赠税前扣除资格的公益性社会团体。

企业或个人在名单所属年度内向名单内的公益性社会团体进行的公益性捐赠支出，可按规定进行税前扣除。

四、2008年1月1日以后成立的基金会，在首次获得公益性捐赠税前扣除资格后，原始基金的捐赠人在基金会首次获得公益性捐赠税前扣除资格的当年进行所得税汇算清缴时，可按规定进行税前扣除。

五、对于通过公益性社会团体发生的公益性捐赠支出，企业或个人应提供省级以上（含省级）财政部门印制并加盖接受捐赠单位印章的公益性捐赠票据，或加盖接受捐赠单位印章的《非税收入一般缴款书》收据联，方可按规定进行税前扣除。

对于通过公益性社会团体发生的公益性捐赠支出，主管税务机关应对照财政、税务、民政部门联合公布的名单予以办理，即接受捐赠的公益性社会团体位于名单内的，企业或个人在名单所属年度向名单内的公益性社会团体进行的公益性捐赠支出可按规定进行税前扣除；接受捐赠的公益性社会团体不在名单内，或虽在名单内但企业或个人发生的公益性捐赠支出不属于名单所属年度的，不得扣除。

六、对已经获得公益性捐赠税前扣除资格的公益性社会团体，其年度检查连续两年基本合格视同为财税〔2008〕160号文件第十条规定的年度检查不合格，应取消公益性捐赠税前扣除资格。

七、获得公益性捐赠税前扣除资格的公益性社会团体，发现其不再符合财税〔2008〕160号文件第四条规定条件之一，或存在财税

〔2008〕160号文件第十条规定情形之一的，应自发现之日起15日内向主管税务机关报告，主管税务机关可暂时明确其获得资格的次年内企业或个人向该公益性社会团体的公益性捐赠支出，不得税前扣除。同时，提请审核确认其公益性捐赠税前扣除资格的财政、税务、民政部门明确其获得资格的次年不具有公益性捐赠税前扣除资格。

税务机关在日常管理过程中，发现公益性社会团体不再符合财税〔2008〕160号文件第四条规定条件之一，或存在财税〔2008〕160号文件第十条规定情形之一的，也按上述规定处理。

2010年7月21日

文化部关于印发《全国文化系统人才发展规划（2010～2020年）》的通知

文人发〔2010〕28号

各省、自治区、直辖市文化厅（局），新疆生产建设兵团文化局，本部各司局、各直属单位：

现将《全国文化系统人才发展规划（2010～2020年）》印发给你们，请结合实际认真贯彻执行。

2010年8月6日

全国文化系统人才发展规划（2010～2020年）

为贯彻落实党的十七大提出的更好实施人才强国战略的总体要求，根据《国家中长期人才发展规划纲要（2010～2020年）》，着眼于为推动文化大发展大繁荣，兴起社会主义文化建设新高潮提供强有力的人才保证，进一步实施“人才兴文”战略，特制定本规划。

一、序言

人才是指具有一定的专业知识或专门技能，进行创造性劳动并对社会作出贡献的人，是人力资源中能力和素质较高的劳动者，是我国经济社会文化发展的第一资源。文化人才是党和国家人才队伍的重要组成部分，是先进文化的建设者和传播者。

2010～2020年，我国正处在全面建设小康社会的关键阶段，也是推动社会主义文化大发展大繁荣的重要时期。小康大业，人才为本；文化繁荣，人才为先。加快文化人才发展，既是在日益频繁的国际文化交流交融中赢得主动的战略选择，也是提升国家文化软实力、推动文化事业持续快速发展的必然要求，必须进一步贯彻落实科学发展观，把文化人才队伍建设纳入文化发展的总体布局，加快文化人才资源开发，实施“人才兴文”战略。

文化部历来高度重视文化人才工作，积极推进文化人才队伍建设，“人才兴文”战略已经成为我国文化事业发展的一项基本战略，科学人才观初步确立，党管人才工作新格局基本形成，以高层次人才、高技能人才为重点的各类文化人才队伍不断壮大，知识层次不断提高，网络服务、动漫游戏等领域的新型人才大量涌现，文化人才成为知识密集和专业化强、个性鲜明和创造力强的人才群体，有利于人才发展的政策体系不断完善，人才环境逐步优化。同时必须清醒地看到，文化人才队伍发展同我国文化事业发展的需要还有许多不适应的地方，文化人才队伍建设还存在不少问题和困难，主要是：人才创新能力有待进一步提高，高层次文化艺术专业人才的培养和支持力度不够，人才结构和布局不够合理，人才流动的体制性障碍尚未消除，用人机制有待完善，人才资源开发投入匮乏，等等。

未来十几年，是我国社会主义文化建设的重要战略机遇期，也是文化人才发展的关键时期。面对新形势新任务，必须增强文化人才工作的责任感、使命感和紧迫感，自觉适应文化事业发展的需要，科学规划，开拓创新，突出重点，全面推进，不断开创充满活力、人才辈出的文化人才工作新局面。

二、文化人才发展的指导思想、基本原则和主要目标

（一）指导思想

高举中国特色社会主义伟大旗帜，以邓小平理论和“三个代表”重要思想为指导，深入贯彻落实科学发展观，坚持党管人才原则，坚持服务发展、人才优先、以用为本、创新机制、高端引

领、整体开发的指导方针，尊重劳动、尊重知识、尊重人才、尊重创造，牢牢把握社会主义先进文化的前进方向，认真遵循社会主义文化建设规律和文化人才成长规律，更好实施“人才兴文”战略，以文化繁荣吸引凝聚人才，以人才辈出繁荣发展文化，加大高层次人才、高技能人才队伍建设力度，统筹推进各类人才队伍建设，加快人才发展体制机制改革和政策创新，为推动文化大发展大繁荣、兴起社会主义文化建设新高潮提供坚强有力的智力支持和人才保证。

（二）基本原则

坚持以科学发展观为指导。坚持以科学发展观统领文化人才工作，牢固树立新的文化人才发展理念，在实践中不断深化对文化人才发展方向、思路、规律的认识，不断提高文化人才工作的科学化水平。

坚持以为文化大发展大繁荣提供人才支持为根本出发点。把服务文化事业发展作为人才工作的根本落脚点，确立人才优先发展的战略地位，以人才优先发展促进文化事业繁荣发展和人的全面发展。

坚持以改革创新为动力。解放思想、与时俱进，转变观念、创新思路，进一步深化人事人才制度改革，建立充满生机与活力的人才管理体制机制，将改革创新贯穿于文化人才队伍建设的全过程。

坚持以能力建设为主题。遵循人才资源开发规律，注重培养人才的学习能力、实践能力，着力提高人才的创新能力。坚持学习与实践相结合，培养和使用相结合，努力把人才资源优势转化为推动文化发展的强大动力。

坚持以高层次人才培养使用为重点。把高层次人才建设放在突出位置，努力造就一批有较大影响的文化领域领军人才和学术带头人。坚持重要人才重点培养使用，在育才、引才、用才的政策措施方面有新突破，重点带动、整体推进，推动文化人才队伍建设全面发展。

（三）主要目标

到2020年，文化人才工作的总体目标是：培养造就规模宏大、门类齐全、结构合理、梯次分明、素质优良的文化人才队伍，为推动我国由文化资源大国向文化发展强国迈进奠定坚实的人才基础。

结构目标：

文化人才队伍规模不断壮大。到2020年，文化从业人员总量从现在的195.6万人增加到280万人，增长43%左右。文化人才总量占全社会总人口比例得到较大幅度提升，占全国人才资源总量的比例达到2%左右。

文化人才素质明显提高。各类人才的思想素质、文化水平、业务能力得到全面提升，人才竞争比较优势明显增强。到2020年，具有大学以上学历的达到60%，专业技术人才中具有中级以上职称的达到60%左右。

文化人才结构进一步合理。人才结构与文化事业和文化产业结构基本适应，人才队伍的专业结构、年龄结构、层次结构、地域结构进一步优化，人才资源在专业、产业、区域之间的布局趋于合理。文艺创作、文化经营管理、公共文化服务等紧缺专业人才数量和质量有较大提高，文化科技人才规模有较大发展，新兴文化产业所需的文化创意人才、动漫人才等培养和引进力度有较大加强。

文化人才环境进一步优化。打通文化人才进出渠道，有利于文化人才健康成长、优秀青年拔尖人才脱颖而出的人才培养、引进、使用、评价和激励机制进一步完善。在国家重大文化工程建设的整体规划和综合绩效评估中，将文化人才特别是高层次文化人才的培养工作作为重要内容和考评指标。

三、人才队伍建设主要任务

（一）突出培养高层次文化艺术专业人才

发展目标：围绕进一步繁荣发展文化艺术，以提高文化创新能力为核心，以领军人物和拔尖人才为重点，建设一支学风严谨、业务精湛、品德优良、成就突出的高层次文化艺术专业人才队伍。到2020年，全国文化系统高级专业技术职务人员达到6.5万人左右。

主要举措：充分发挥政府在高层次文化人才培养中的导向和扶持作用，组织实施“文化名家工程”，在文化艺术领域培养一批造诣高深、成就突出、影响广泛的杰出人才。建立重点专家联系制度，在全国直接联系和掌握200名文化艺术界专家，适时组织专家参加重大问题研讨交流活动，关注专家的工作动态。健全落实走访慰问文化艺术杰出人才制度。建立专家咨询机制，组织高层次人才为文化发展的重大决策以及重大工程项目提供咨询服务，充分发挥他们在科学决策中的参谋和咨询作用。探索建立专家学术休假制度、学术（艺术）助手制度和师承制度等高层次人才培养制度。引进海外高层次文化艺术人才。加大对优秀青年文化艺术人才的发现、培养、使用和扶持力度。鼓励支持文化研究机构和大型文化企业建立博士后工作流动站。利用多种宣传途径，广泛宣传报道专家及其优秀成果，扩大他们的社会影响和知名度，创造良好的舆论环境。

（二）大力开发文化发展重点领域急需紧缺专门人才

发展目标：适应文化事业繁荣发展的需要，以急需紧缺专业人才为重点，加大重点领域专门人才开发力度。加强人才需求预测，发布重点领域急需紧缺人才目录，支持和吸引人才向重点领域集聚。到2020年，文艺编创、文化创意、文化经营管理、公共文化服务、非物质文化遗产保护等各类人才数量有较大幅度增加，急需紧缺人才基本得到满足，整体素质显著提升。

主要举措：争取设立国家繁荣文艺创作资金，对优秀艺术人才进行培养、资助和奖励，改善编创人才队伍结构，提升编创水平。以国家文化产业研究中心和相关高校为依托，在全国建立3～5个文化产业人才培训基地或培训中心，建立和完善文化产业人才的培训体系。开展动漫游戏产业人才标准化建设，培养10～20万具有高等教育学历、较高动漫研发技能的高级动漫人才，30～50万具有中等教育学历、一定动漫生产技能的中级动漫人才。开展网络文化市场管理人才培训工程，组织编制培训教材，每年定期举办1期集中培训班、1～2期分片培训班，分层次、有计划地对各级网络文化市场管理干部开展培训工作。编制文化旅游人才培训规划，确立一批文化旅游人才培训基地。开展全国文化产业金融工作人才培训工程，培养一批既了解文化产业、又熟悉金融业务，有较高文化产业投融资服务和运作水平的复合型人才。

文化领域急需紧缺专门人才一览表

急需紧缺专门人才类别	发展目标（新增）	
	2015年（人）	2020年（人）
文化企业管理、市场开发营销、资本运作、国际文化贸易等文化产业经营管理人才	400000	600000
文艺编导评论、戏曲、非物质文化遗产保护、公共文化服务等文化艺术人才	200000	300000
动漫游戏、网络文化等创意策划、管理服务人才	450000	750000

（三）统筹推进各类文化人才队伍建设

1. 文化党政人才队伍

发展目标：按照加强党的执政能力建设和先进性建设的要求，以提高领导水平和执政能力为核心，以司局级、处级领导干部为重点，大力提高文化系统党政人才科学判断形势的能力、驾驭文化建设发展的能力、应对复杂局面的能力、依法行政的能力，造就一支政治坚定、勇于创新、勤政廉洁、求真务实、奋发有为，能够推动文化事业科学发展的高素质党政人才队伍。到2020年，文化部机关大学本科及以上学历人员占90%，专业化水平明显提高，结构更加合理。

主要举措：适应科学发展要求和干部成长规律，开展大规模干部教育培训。积极选派干部参加中央党校、国家行政学院以及有关干部学院举办的各类培训班。有计划、有针对性地组织干部到国（境）外培训，尝试与高校及社会培训机构合作开展培训，计划每年选派文化部30名左右司局级干部参加党校及有关干部学院的各类培训班。坚持德才兼备、以德为先用人标准，坚持民主、公开、竞争、择优改革方针，按照规定的程序和原则做好文化部司局级干部选拔任用工作，到2020年，平均每年提拔使用30名左右司局级干部充实进入文化部机关各司局、各直属单位领导班子。加大年轻干部选拔任用力度，推进干部定期交流、轮岗。建立健全文化法制队伍，编制综合执法队伍轮训规划，在全国启动文化市场综合执法队伍轮训工作。文化部组织开展地市级以上执法队长进修研讨班，省级文化部门举办县区级以上执法队长能力提升班，地市级文化部门举办执法人员基本业务培训班。加强对机关行政人员的考核监督，有效保证文化行政效率和文化行政队伍的廉洁性。

2. 文化经营管理人才队伍

发展目标：适应产业结构优化升级和实施“走出去”战略，以提高战略开拓能力和现代化经营管理水平为核心，以战略企业家和职业经理人为重点，加快推进文化经营管理人才职业化、市场化和国际化，大力提高文化经营管理人才对艺术生产和艺术市场需求的预见分析决策能力、运用现代市场经济理论和管理理论指导发展的组织能力、开拓市场和吸纳社会资金的协调能力，培养造就一批精通文化工作、熟悉国际国内文化市场规则、具有先进管理理念和现代科学素养的复合型、外向型文化经营管理人才。到2020年，文化部系统各单位领导班子中均应配备1名经营能力比较强的成员，文化部直属单位中层以上经营管理人才总量超过200名。

主要举措：遵循经营管理人才的成长规律，培养经营管理人才职业精神，加大对从事文化经营管理的中层干部的培养力度，推动和支持高等院校设立文化产业专业院系，加强文化产业学科建设。依托知名企业、国内外高水平大学和其他培训机构，加强文化经营管理人才培训，不断增强适应文化市场和文化产业发展的能力。健全经营管理者聘任制和任期目标责任制，建立完善适应市场经济的文化经营管理人才激励约束机制。建立文化经营管理人才库。培养和引进一批文化单位发展急需的战略规划、资本运作、项目管理、财务管理等方面专门人才。逐步转变沿用党政领导干部选拔模式选拔经营管理人才的传统做法，以竞争择优为核心，以市场配置为着力点，培养和引进并重，坚持党管干部原则同市场化选聘经营管理者机制相结合，改革和完善文化经营管理人才选拔任用方式。

3. 文化艺术专业技术人才队伍

发展目标：适应社会主义现代化建设的需要，以提高专业水平和业务素质为核心，以高层次人才和紧缺人才为重点，打造一支勇于改革、勇于创新、善于开拓的高素质创新型文化艺术专业技术人才队伍。到2015年，专业技术人才总量达到103万人。到2020年，专业技术人才总量达到116万人。

主要举措：进一步扩大专业技术人才队伍培养规模，提高专业技术人才创新能力。发挥各类社会组织培养专业技术人才的作用。与教育部有关部门合作，实施艺术类人才特别培养项目，每年选派40名左右专业技术人才到国外著名院校或文化艺术机构留学或担任访问学者。制定双向挂职、短期工作、项目合作等灵活多样的人才柔性流动政策，促进专业技术人才合理分布。每年选派文化部系统10～20名专业技术人才到地方文化单位挂职锻炼，每年从地方选派20人到文化部系统各单位进行交流。加大优秀青年人才的培养力度，增强文艺人才队伍的活力和发展后劲。以增强创新能力、提高综合素质为目标，实施专业技术人才继续教育计划，每年培训文化部系统专业技术人才5000人次。继续完善国际合作、岗位实践、在职进修、交流培养等多途径培训方式，促进专业技术人才扩充知识容量、更新知识内容、改善知识结构、提高专业技能、增强创新能力。依托非物质文化遗产保护工作、国家京剧重点院团保护和扶持计划、昆曲振兴计划、中华古籍保护计划等文化建设各重大工程、重点项目，加强各类专业技术人才的培养，提高人才的创新能力和专业能力。今后，文化部实施的各类重大工程、重点项目应将相应领域专业人才的支持、资助和培养列入重要工作内容。

4. 公共文化服务人才队伍

发展目标：适应加快推进覆盖全社会的公共文化服务体系建设、更好保障人民基本文化权益的要求，以提高公共文化服务人才队伍的政治思想素质和新形势下做好公共文化服务工作的能力为核心，切实加强基层专职文化队伍建设，积极发展基层业余文化队伍，努力培养一支专兼职结合、素质全面的公共文化服务人才队伍。

主要举措：研究加强公共文化服务人才队伍建设的实施意见，制定相关从业人员管理条例。积极发挥乡土文化人才活跃基层文化生活的作用。加强对非物质文化遗产传承人的扶持、资助。逐步建立公共文化服务人才队伍培训长效机制。按照均衡设置的原则，分别在文化部直属单位和东、中、西部若干省份，建立10个全国性培训基地，积极发展省、市、县各级文化队伍培训网络，加强东、中、西部文化部门对口交流。探索建立从业人员职业资格制度。加强对从业人员的规范化管理。吸收政治思想好、文化水平高的大中专毕业生到文化站工作。实行岗位管理制度，根据文化站的性质、任务、特点，设置工作岗位，做到按需设岗、按岗任人、竞争上岗、择优聘用、严格考核。加大力度推进全国文化信息资源共享工程的人才队伍建设。文化共享工程的基层服务网络实现“村村通”。到2020年，文化共享工程各省级分中心均配备具有大学本科学历的专职技术人员和资源加工人员，各市县级支中心大学本科学历的专职技术人员和资源加工人员达到50%以上，各基层服务点均配备具有大专以上学历的专业人员对设备进行操作和管理，基层服务点人员总量需求达到71万人。通过集中面授、网络教学、卫星播放、光盘观看等方式加大对基层服务人员的培训。与有关部门联系，积极发挥大学生志愿者专业知识扎实、现代信息技术能力强、勇于创新等优势，使其在文化共享工程基层服务中发挥更大作用。鼓励东部地区与西部地区加强交流合作，为西部地区提供人才和智力支持。

5. 高技能文化人才队伍

发展目标：适应产业结构优化升级的要求，以提高职业素质和职业技能为核心，形成一支门类齐全、技艺精湛的高技能文化人才队伍。到2015年，高技能文化人才总量达到52万人。到2020年，高技能文化人才总量达到60万人，文化部系统高级技工水平以上的技能人才比例达50%以上，其中技师、高级技师比例达15%以上，并带动中、初级技术劳动者队伍梯次发展。

主要举措：完善艺术职业学校教育与文化企事业单位培养、政府推动与社会支持相互结合的高技能人才培养培训体系。理顺艺术职业教育管理体制，加强职业培训，统筹艺术职业教育发展，整合利用现有各类职业教育培训资源，建设一批示范性高技能文化人才培养基地和实训基地。重点扶持一批上规模、有质量的艺术职业学校，更新教学内容和教学方法，及时调整专业设置，大力推行校企合作。加快文化行业特有职业工种的开发、鉴定标准的制定和相关教材的研发，加强文化行业特有职业技能鉴定工作，探索职业准入机制，促进技能人才评价多元化。建立文化行业高技能人才信息库。开展职业技能竞赛活动，完善高技能文化人才评选表彰制度，鼓励优秀高技能人才开展带徒传技、同业交流、技术创新等活动。

6. 文化科技人才队伍

发展目标：适应文化与科技日益融合的趋势，以提高科技水平和创新能力为核心，以高层次创新人才为重点，建设一支掌握现代科技知识、具有研发能力、善于运用科技手段推动文化发展的文化科技人才队伍。

主要举措：依托国家文化创新工程研究中心、国家文化科技实验室等基地，创新科技人才培养模式。联合教育部门逐步建立文化科技类学科体系，完善人才培养渠道。进一步充实科技专家库，并利用该资源搭建专家服务社会的平台。加强艺术科研院所建设，安排5个周期，在全国艺术研究院所选拔200名科研骨干进行系统规范化专业培训，培养一批有扎实学术功底与较强科研能力的学术带头人及科研骨干。

7. 文化外交人才队伍

发展目标：适应进一步扩大中华文化国际影响力的需要，以提高文化人才思想政治素质和跨文化沟通能力为核心，以复合型外交人才为重点，培养一支数量充足、年龄结构合理、专业面广、语种丰富的文化外交人才队伍。到2020年，文化部系统驻外后备人才队伍达到600人。

主要举措：拓宽外事干部的选拔渠道，坚持“凡进必考”原则，面向全国文化系统进行选拔。在文化部部分有条件的直属单位设立驻外后备人才储备中心。科学合理地制定培训规划，坚持把驻外人员培训班品牌化，择优引入国外奖学金项目，有计划地选派有发展潜力的中青年干部出国进修。分期、分批组织外事干部到中国外交干部培训学院等机构进行培训。加强与外语院校的合作，计划培养双语干部100名。计划选派50名优秀人员到边境省份和驻华领事机构集中的城市的文化厅局外事部门挂职锻炼，增加基层工作经验。

巩固和扩大国际职员队伍，积极应聘国际组织中高级和关键职位，把国际组织作为培养、锻炼干部的重要平台。

四、体制机制创新

（一）改进完善文化人才管理体制

1. 完善党管人才的领导体制

目标要求：坚持党管人才原则，创新党管人才方式方法，完善党委（党组）统一领导，组织人事部门牵头协调，有关部门各司其职、密切配合，社会力量广泛参与的文化人才工作格局。发挥党委（党组）领导核心作用，统筹文化人才发展和文化事业发展，切实履行好管宏观、管政策、管协调、管服务的职责，提高党管人才工作水平。

主要任务：健全各级文化人才工作领导机构，建立科学的决策机制、协调机制和督促落实机制，形成统分结合、上下联动、协调高效、整体推进的人才工作运行机制。建立文化人才工作目标责任制和考核制度，将文化人才工作作为重要考核内容，设立专门的考核指标。发挥各级文化行政事业单位、社会组织、人民团体的积极性，形成文化人才工作整体合力。

2. 完善人才管理工作方式

目标要求：完善政府宏观管理、市场有效配置、单位自主用人、人才自主择业的人才管理工作方式。逐步建立规范有序的文化人才市场，发挥市场配置资源的基础性作用。

主要任务：发挥用人单位在人才培养、吸引和使用中的主体作用。推进文化事业单位人事制度改革，建立权责清晰、分类科学、机制灵活、监管有力，符合文化事业单位特点的人事管理制度，实现事业单位由固定用人向合同用人转变，由身份管理向岗位管理转变。完善人才流动配置机制，建立文化人才公共服务平台，制定文化人才需求信息发布制度，积极培育文化行业人才服务机构，不断拓展服务领域、创新服务方式，引导各类文化人才合理分布。克服人才管理中存在的行政化、“官本位”倾向，扩大和落实单位的用人自主权。配合文化体制改革深入推进的步伐，健全符合现代企业制度要求的企业人事制度。坚持一视同仁、平等对待，注重发挥非公有制文化单位人员的积极性。建立人才管理“试验区”，不断探索文化人才建设新举措、人才培养新模式，不断完善保护人才和用人主体合法权益的法律法规。

（二）创新文化人才工作机制

1. 人才培养开发机制

目标要求：建立以提高思想道德素质和创新能力为核心，完善全方位教育体系，构建人人能够成长、人人得到发展的人才培养开发机制。根据各类文化人才的特点，充分发挥教育培训在文化人才培养中的基础性作用，大力加强培训体系建设，坚持学习与实践相结合，培养与使用相结合，促进文化人才在实践中不断增长才干，提升素质。统筹规划继续教育。

主要任务：根据文化事业发展需求，不断优化文化人才培养结构。构建职业教育的保障机制，改革职业教育模式。完善在职人员继续教育体系，强化用人单位在人才培训中的主体地位，坚持按需施教、学以致用的原则，积极拓展培训空间，创新培训手段，有计划、分级分类地对文化部系统党政人才、专业人才、经营人才进行培训、轮训，逐步形成抓重点、分层次、多渠道、有特色的培训工作体系。将高等院校教育与在职培训、实践锻炼紧密结合，按照分级负责、分类管理、全员培训原则，逐步形成组织调训、干部培训、在职教育、挂职实践和远程教育“五位一体”的工作格局，提高教育培训成效。

2. 人才评价发现机制

目标要求：建立以品德、能力和业绩为导向，科学的社会化的人才评价发现机制。完善人才评价标准，克服人才评价中重学历、资历，轻能力、业绩的倾向。改革各类人才评价方式，完善人才评价手段，积极探索主体明确、各具特色的评价方法，把评价人才和发现人才结合起来，注重通过实践检验人才。

主要任务：探索实施对专业技术人才、技能人才进行分类界定的方式，逐步完善职业技能鉴定、职业资格认证的考核方法，推进评价体系多元化。加快推进职称制度改革，完善专业技术职务任职评价方法，提高社会化程度。研究制定符合艺术人才成长规律的有关专业评审条件，继续完善专家评委库，构建评审申报工作系统，保证职称评审的权威性和公正性。积极探索动漫、游戏软件研发、演出经纪等新兴行业专业技术人员、技能人才的评价方式。建立以岗位绩效考核为基础的事业单位人员考核评价制度。健全完善党政领导干部考核评价机制，建立符合科学发展观的干部考核体系，完善定期考核和日常考核制度。建立在重大文化工程、重点文化项目实施中发现、识别人才的机制。

3. 人才选拔任用机制

目标要求：坚持德才兼备、以德为先的用人标准，建立以公开、平等、竞争、择优为导向，有利于各类人才脱颖而出、充分施展才能的选人用人机制。深化党政领导干部选拔任用制度改革，改革和完善文化经营管理人才选拔任用方式。推进文化事业单位聘用制度和岗位管理制度，健全事业单位人员选拔任用制度。

主要任务：完善党政领导干部公开选拔、竞争上岗等竞争性选拔干部方式，注重实绩和能力，推行任期制。完善公务员任用机制，突出岗位特点，注重实绩能力，通过遴选、调任、公开选拔等方式，切实把基层政治素质好、实绩突出、群众公认的优秀人才选拔到文化部机关。增强公务员制度活力，研究建立与现行管理制度接轨、符合文化部实际的专业技术类公务员管理和聘任制公务员制度。实行组织选拔任用与市场选聘相结合，充分发挥市场配置人才的基础性作用，促进文化经营管理人才资源能够合理配置和有序流动。深化文化事业单位人事制度改革，完善和强化专业技术职务聘任制度，建立按需设岗、按岗聘任、竞争择优的聘任机制。探索建立首席专家等高端人才选拔使用制度。

4. 人才激励保障机制

目标要求：着眼于体现人才价值、激发人才活力，以鼓励创新为目的，建立健全与工作业绩紧密联系的激励保障机制。完善各类人才薪酬制度。坚持精神激励和物质奖励相结合，表彰奖励为文化事业作出突出贡献的文化工作者。配合文化体制改革的进程，形成以养老保险和医疗保险为重点，国家、社会和单位相结合的人才保障体系。

主要任务：完善事业单位岗位绩效工资制度，分配方式向关键岗位和一流人才倾斜，健全落实知识、技术、管理、技能等要素按贡献参与分配的办法。规范和完善国有文化企业负责人薪酬管理办法。建立健全文化行业特殊艺术专业人才保障机制，尽快建立符合艺术专业人才特点的、在专业艺术表演团体中从事特殊专业（舞蹈、杂技、戏曲武功等）的人才退出机制。申请专项资金，实施特殊专业人才自主择业保障金计划。实施艺术院团优秀演员再教育工程，通过艺术院团与艺术院校共建，从我部系统演职人员再培训入手，逐步解决学历提升、退出转岗问题。研究制定合理高效的保障机制，对于曾为文化发展作出杰出贡献的、有重大影响的老艺术家、老专家，切实给予关心和照顾。定期开展专家休假活动。不断完善“文华奖”等文艺奖项评奖办法。规范文化人才表彰奖励制度，继续开展文化部优秀专家选拔，进一步完善“三先”表彰工作。对于在国际重大比赛中获得重要奖项的人员，以及对文化事业作出重大、杰出贡献的优秀人才进行表彰奖励。与有关部门协调，改进社会资金资助艺术事业有关办法，有效吸引社会力量支持和兴办艺术事业，培养更多的艺术人才。

五、重点工程

（一）文化名家工程。着眼于培养造就一批造诣高深、成就突出、影响广泛的文化领域杰出人才，协同有关部门每年重点扶持、资助一批文化名家承担重大课题、重点项目、重要演出，开展创作演出、展演交流、出版专著等活动。到2020年，文化艺术领域由国家资助的文化名家达到600名左右。

（二）文化党政干部能力建设培训工程。着眼于提高文化党政干部的思想政治素质、知识素养和实践能力，文化部每年定期举办部机关处级干部任职培训班，文化厅（局）、地（市）文化局、县（市）文化局领导干部任职培训示范班，地（市）、县（市）分管文化工作的“市长与文化建设研讨暨培训班”，乡镇文化站长培训班，新疆、西藏文化干部民族团结培训班，少数民族文化干部培训班，每期培训学员50名。积极开展国（境）外培训，进一步拓宽干部的视野和眼光。

（三）基层文化人才培养工程。以提高基层文化人才的政治素质、文化素质、业务素质和服务能力、管理能力为重点，研究设立基层文化人才培养工作指导委员会，建立公共文化服务专家库，每年定期组织专家对各地公共文化服务体系建设情况进行考察指导。因地制宜，分级培训，在全国具备条件的地区设立区域培训基地，编纂培训教材，采取示范性培训、基地培训、基层培训和交流培训相结合的培训方法，到2020年，对县、乡、村24万名专职文化工作者和391万名业余文化工作者（包括基层文化指导员、大学生村官等）进行轮训，提高公共文化服务本领和基层文化管理能力。支持基层文化站开展业务交流，鼓励发达地区基层文化人才对西部地区基层文化人才进行对口帮扶。

（四）文化产业高层次经营管理人才培养工程。着眼于提高文化产业现代化经营管理水平和国际竞争力，培养一批了解艺术生产和现代企业制度的复合型经营管理人才。到2020年，重点扶持培养200名具有战略思维和全球视野、熟悉国内外文化市场、开拓创新能力强的优秀文化产业经理人。继续做好部、省联合举办文化干部培训班，指导各地加大策划、营销、管理等课程安排和师资安排，支持和鼓励社会资本进入文化产业人才培训领域。采取“请进来，走出去”的做法，“请进来”即统筹安排与海外合作进行人才培训和智力引进工作。邀请国外文化产业发达国家和地区主管文化产业的政府官员、文化机构和企业负责人、营销专家来华讲授文化产业相关课题。“走出去”即组织出访文化产业发达的国家和地区考察，与各国主管文化产业的政府部门、文化机构和文化企业交流，加强与文化产业发展态势较好的国家联系，形成常规研讨项目，建立文化产业培训基地。以国家文化产业示范基地和示范园区为基础，举办文化产业管理方向的MPA班、文化产业经营管理人才培训班等。

（五）文化艺术专业技术人才知识更新工程。围绕我国文化事业繁荣发展和创新能力的提高，以中高级专业技术人员为重点，以新理论、新知识、新技术、新方法为主要内容，搭建文化艺术单位与部分高等艺术院校、知名综合性大学和研究机构相互合作、资源共享平台，在文化艺术各重点领域开展大规模知识更新继续教育，到2020年，累计培训10万名文化艺术专业技术人才，基本建立文化艺术专业技术人才知识更新培训机制，建设一批国家级文化艺术专业技术人才继续教育基地。

（六）非物质文化遗产保护管理和专业人才培养工程。着眼于科学有效地开展非物质文化遗产的抢救和保护，一是对全国省、市、县三级从事非物质文化遗产保护工作的主管部门、非物质文化遗产保护中心、国家级非物质文化遗产名录项目保护单位（约4000个）的从业人员开展培训，培训人数共计达到2万人次。2010～2020年，文化部每年各举办30期示范培训班（根据培训对象，各举办10期），每次培训40人。重点加强非物质文化遗产保护的理论、知识产权等政策培训及相关法律法规培训，交流实践经验，提高管理和业务能力。二是对国家级非物质文化遗产名录项目代表性传承人举办分类培训。2010～2020年，文化部每年各门类举办1期示范培训班，共计10期，每次培训40人，加强非物质文化遗产保护政策培训，交流传承经验。三是与科研院所、高等院校、艺术团体合作，培养一批理论研究强、实践经验丰富的专家学者人才，为非物质文化遗产抢救保护提供可操作的和完整的理论依据、政策咨询，帮助国家制定务求实效的系列政策法规，发挥他们对非物质文化遗产保护的主导作用。定期开展非物质文化遗产保护表彰工作，表彰奖励作出突出贡献的非物质文化遗产名录项目代表性传承人和非物质遗产保护工作先进集体和先进个人。

（七）海外高层次文化人才引进计划。重点围绕文化事业发展战略目标，针对文化行业急需紧缺人才情况，分层次、有计划地引进一批能够提升专业水平、发展新兴学科的学术专家、文化艺术领军人才和优秀经营管理人才、高技能人才。用5～10年引进100名左右海外高层次文化人才回国（来华）工作。

（八）西部地区文化人才支持计划。加快西部地区文化人才资源开发，鼓励文化人才向西部流动。支持和资助优秀文化专业人才支援西部建设，对其文艺创作、科研项目、学术交流、考察深造等给予政策倾斜和资金扶持。在设立的专业人才培训项目中，增加西部地区的培养名额。每年组织文化部系统100名左右文化艺术专业人才到西部地区工作或提供服务。继续举办西部地区经营管理人才培训班。加强西部地区与中部、东部地区文化人才的交流与合作，继续做好双向挂职锻炼工作。逐步建立中央和东部发达省市文化部门和机构对西部地区文化人才支持网络体系。

（九）优秀青年文化艺术人才支持计划。着眼于人才基础性培养和战略性开发，提升我国未来人才竞争力，采取项目资助、培训研修、横向交流等方式，健全激励机制，加强考核管理，鼓励和支持他们参加国家和省部级重点工程项目，在文化艺术等领域重点扶持一批业务精湛、成就突出、勇于创新、品德高尚的青年拔尖人才。到2020年，扶持优秀青年人才1000人。

六、组织实施

（一）加强对人才规划实施工作的领导。人才规划各项任务目标的实现，要依靠全国各地各级文化行政部门的有效组织领导。各级文化行政部门要把人才发展摆在更加突出的位置，认真抓好人才规划的组织实施，加强对规划落实情况的评估和督促检查。文化部将统筹指导部系统文化人才工作，支持地方文化人才队伍建设。各地区、各单位要以本规划为指导，根据实际，制定具体的人才队伍建设规划和实施方案。

（二）营造实施纲要规划的良好社会环境。大力宣传党和国家人才工作的重大战略思想和重大部署，认真宣传实施文化人才发展规划的重要意义、指导思想、目标任务和政策措施，宣传人才规划实施中的新进展、新成效。各地文化行政部门要加强与各方面的联系和协调，争取各方面对文化人才队伍建设工作的支持，为推动文化人才发展营造良好的社会氛围，保证文化人才队伍建设各项措施的顺利实施和文化人才建设目标的实现。

（三）加强人才基础性建设。加强对各类文化人才成长规律的研究，创新人才工作方式手段，不断健全和完善全国文化人才统计软件和文化部专家信息库，实现文化人才资源的及时统计分析和副高级以上专家信息的定期更新充实。进一步加强文化人才工作队伍建设，加大教育培训力度，不断提高人才工作队伍的整体素质和业务水平。

文化部关于加强国家级文化生态保护区建设的指导意见

文非遗发〔2010〕7号

各省、自治区、直辖市文化厅（局），新疆生产建设兵团文化局：

根据《国务院关于加强文化遗产保护的通知》（国发〔2005〕42号）、《国务院办公厅关于加强我国非物质文化遗产保护工作的意见》（国办发〔2005〕18号）精神和《国家“十一五”时期文化发展规划纲要》要求，文化部开展了文化生态保护区建设工作。为进一步深化非物质文化遗产保护，加强国家级文化生态保护区建设，现提出以下指导意见：

一、国家级文化生态保护区建设的重要意义

国家级文化生态保护区是指以保护非物质文化遗产为核心，对历史文化积淀丰厚、存续状态良好，具有重要价值和鲜明特色的文化形态进行整体性保护，并经文化部批准设立的特定区域。

随着经济全球化趋势的增强和现代化进程的加快，我国的文化生态环境正发生急剧变化。《国家“十一五”时期文化发展规划纲要》明确提出，要“确定10个国家级民族民间文化生态保护区”。随着非物质文化遗产保护工作的深入开展，我国将逐步设立一批国家级文化生态保护区。设立国家级文化生态保护区，以非物质文化遗产为核心加强文化生态保护，对于推动非物质文化遗产的整体性保护和传承发展，维护文化生态系统的平衡和完整；对于提高文化自觉，建设中华民族共有精神家园，增进民族团结，增强民族自信心和凝聚力；对于促进经济社会全面协调和可持续发展，具有重要的意义。

各地文化行政部门要进一步提高对国家级文化生态保护区建设重要性的认识，增强责任感和紧迫感，切实做好国家级文化生态保护区建设工作。

二、国家级文化生态保护区建设的方针和原则

国家级文化生态保护区建设要以科学发展观为指导，认真贯彻非物质文化遗产保护工作“保护为主、抢救第一、合理利用、传承发展”的指导方针。在文化生态保护区的建设工作中，应坚持以保护非物质文化遗产为核心的原则；坚持人文环境与自然环境协调、维护文化生态平衡的整体性保护原则；坚持尊重人民群众的文化主体地位的原则；坚持以人为本、活态传承的原则；坚持文化与经济社会协调发展的原则；坚持保护优先、开发服从保护的原则，坚持政府主导、社会参与的原则。

三、国家级文化生态保护区设立的条件

——传统文化历史积淀丰厚、存续状态良好，并为社会广泛认同；

——非物质文化遗产资源丰富，分布较为集中，且具有较高的历史、文化、科学价值和鲜明的区域特色、民族特色；

——非物质文化遗产所依存的自然生态环境和人文生态环境良好；

——当地群众的文化认同与参与程度较高；

——当地人民政府重视文化生态保护区建设工作，保护措施有力。

四、国家级文化生态保护区设立的程序

各省、自治区、直辖市文化厅（局）要组织专家对申请设立国家级文化生态保护区的地区进行实地考察，并对申请地区编制的《文化生态保护区规划纲要》进行论证，经省级人民政府同意后，将申请地区人民政府和省、自治区、直辖市文化厅（局）设立文化生态保护区的申请、省级人民政府同意设立文化生态保护区的函件、专家论证意见以及《文化生态保护区规划纲要》等申报材料一并报送文化部。

在对各地报送的国家级文化生态保护区的申报材料进行认真审核的基础上，文化部组织专家对申请地区进行实地考察，并对《文化生态保护区规划纲要》进行论证、评审。经论证、评审通过的申请地区，文化部将设立为国家级文化生态保护实验区。国家级文化生态保护实验区建设取得一定成果和经验后，文化部组织专家进行验收，验收合格后命名为国家级文化生态保护区。

五、国家级文化生态保护区建设的基本措施

（一）科学制定文化生态保护区总体规划。制定总体规划是建设文化生态保护区的前提条件。要在调查研究、统筹协调和科学论证的基础上，组织制定文化生态保护区总体规划。总体规划应当体现人与自然和谐相处、文化遗产保护与区域经济社会全面协调发展的要求，突出非物质文化遗产资源的独特价值、文化内涵和民族特色、地方特色。总体规划要详实具体，内容应包括文化生态保护区文化资源与文化生态的现状与分析；文化生态保护区的建设目标、工作原则与保护内容；文化生态保护区的保护范围与重点区域；文化生态保护区的保护方式、保护措施与保障措施；总体规划的分期实施方案等。要将《文化生态保护区总体规划》纳入当地经济社会发展总体规划。

（二）确定重点区域进行整体性保护。在文化生态保护区中选择若干自然生态环境基本良好、传统文化生态保持较为完整的街道、社区或乡镇、村落等，作为实施整体性保护的重点区域。要注意保持重点区域的历史风貌和传统文化生态，不得改变与其相互依存的自然景观和环境。要注重非物质文化遗产的不同项目之间，非物质文化遗产与物质文化遗产之间，文化遗产与自然环境、人文环境之间的关联性，将单一项目、单一形态的保护模式，转变为多种文化表现形式的综合性保护。文化生态保护区内涉及文物、历史文化街区、名镇、名村、自然保护区、风景名胜区的，应当执行国家有关法律、法规的规定。

（三）加强非物质文化遗产名录项目的保护。要根据各级非物质文化遗产名录项目特别是国家级名录项目的不同类别特点，因地制宜、因类制宜地采取针对性保护措施，做好保护工作。对传统表演艺术类的项目，要注重传统剧（节）目及其资料的挖掘和整理，及时抢救记录老艺人及其代表性剧（节）目；对传统技艺类的项目，要注重代表性传承人的技艺传承及原材料保护，征集代表性传承人主要代表作品，鼓励探索生产性保护方式；对民俗类的项目，注重在相关社区的宣传、教育和民俗活动的开展，促进群体传承。对区域内濒危的非物质文化遗产名录项目，要优先抢救保护。要建立非物质文化遗产档案和数据库。

（四）加强非物质文化遗产名录项目代表性传承人的保护。要继续对文化生态保护区内各级非物质文化遗产名录项目代表性传承人进行认定和命名，为其开展传习活动提供必要的场所，资助其开展授徒传艺、教学、交流等活动，对高龄和无固定经济来源的代表性传承人，可发放一定的生活补贴，对传承工作有突出贡献的代表性传承人给予表彰、奖励；对学艺者采取助学、奖学等方式，鼓励其学习、掌握非物质文化遗产，成为

后继人才。

（五）加强非物质文化遗产基础设施建设。非物质文化遗产基础设施是展示和传习非物质文化遗产的重要场所。国家级文化生态保护区要在统筹规划的基础上，建设一个以上的国有综合性非物质文化遗产展示馆，根据当地实际建设非物质文化遗产专题展示馆，为各级非物质文化遗产名录项目建设传习所；鼓励个人、企事业单位等社会力量建设多种形式的非物质文化遗产专题展示馆和传习所；要注重非物质文化遗产珍贵实物资料和传承人代表性作品的征集，并进行科学的展示陈列，充分发挥非物质文化遗产基础设施在保护、传承、展示、宣传非物质文化遗产等方面的积极作用。

（六）加强文化生态保护区理论和政策研究。文化生态保护区内有种类繁多的非物质文化遗产，对这些非物质文化遗产的历史与现状，对它们的文化艺术价值、对它们的传承发展和开发利用的规律要进行深入研究。同时，鼓励在文化生态保护区内建立相应的研究机构，积极开展与文化生态保护区有关的理论研究和政策研究。充分发挥研究机构和高等院校的作用，利用国内外学术研讨会、理论论坛、座谈会、交流会等方式，深入研究文化生态保护区建设中遇到的新情况、新问题，为文化生态保护区的建设提供理论依据和决策参考。

（七）加强非物质文化遗产教育传承。在文化生态保护区内要整合文化、教育等多方资源，将非物质文化遗产保护知识纳入当地教育体系，积极推进非物质文化遗产进课堂、进教材、进校园，通过组织代表性传承人进学校开展授课辅导活动，编写非物质文化遗产传承普及和辅导读本，在中小学开设非物质文化遗产项目选修课程，在保护区内的职业学校和高等院校设立非物质文化遗产相关专业等方式，使非物质文化遗产成为对青少年进行传统文化教育和爱国主义教育的重要载体，培养新的传承群体，探索多种形式的传承方式。

（八）加强非物质文化遗产保护人才队伍建设。人才队伍是做好非物质文化遗产保护工作的关键。要通过组织培训班、现场考察学习、经验交流等方式，开展文化生态保护人员培训工作，提高保护人员的业务水平和工作能力。要与高等院校、科研院所密切协作，设置非物质文化遗产保护相关专业，培养一批非物质文化遗产保护专业人才，为文化生态保护区建设提供人才支撑。

（九）突出社会公众的文化主体地位。文化生态保护区内广大人民群众的参与程度是衡量保护区建设成效的决定因素。要充分理解和尊重文化生态保护区内社会公众的意愿，增进社会公众的文化认同感和自豪感，对积极有益的民俗活动给予支持，鼓励民众积极参与非物质文化遗产生产性保护、民俗节庆活动等，激发社会公众的保护意识，提升社会公众的文化自觉，充分调动社会公众参与文化生态保护区建设的主动性和创造性。

（十）营造有利于文化生态可持续发展的良好社会氛围。充分利用报刊、广播电视、互联网等新闻媒体对文化生态保护区建设进行宣传报道，利用“文化遗产日”、民族传统节日，大力开展丰富多彩的群众文化活动，鼓励开展健康有益的民俗文化活动，增强人们自觉参与文化生态保护的意识，努力营造文化生态保护的良好氛围。

六、国家级文化生态保护区建设的工作机制

（一）发挥政府主导作用。国家级文化生态保护区建设要充分发挥政府主导作用，加强领导，建立由有关政府领导牵头，各相关部门共同参与的领导机构。要将文化生态保护区建设纳入本地区经济社会发展规划和工作考核目标，并根据文化生态保护区总体规划和当地特点制定出台文化生态保护区建设的相关政策。在文化行政部门设立日常工作机构，实施具体工作。

（二）加大资金投入。要将文化生态保护区建设纳入本地区公共文化服务体系建设，所需经费列入本级财政预算。同时通过政策引导等措施，鼓励个人、企业和社会组织对文化生态保护区建设予以资助，多渠道吸纳社会资金投入。

（三）建立专家咨询机制。要成立文化生态保护区建设专家咨询机构，充分发挥专家的工作指导、咨询、参谋作用，结合工作实际开展理论研究，为文化生态保护区建设提供智力支持。

（四）调动社会各方面力量参与保护区建设。采取多种方式，广泛调动有关学术研究机构、高等院校、企事业单位、社会组织、个人等各种社会力量的积极性，形成合力，共同开展文化生态

保护区建设工作。

（五）加强指导检查。各级文化行政部门要把文化生态保护区建设作为文化建设的一项重要工作。文化部和各省、自治区、直辖市文化厅（局）要对文化生态保护区总体规划的实施情况进行指导和检查，及时发现问题，纠正偏差，总结经验，改进工作。对文化生态保护区建设成绩突出的地区，给予表彰奖励。

2010 年 1 月 11 日

文化部关于进一步加强地方对外文化工作的若干意见

文外发〔2010〕30 号

为进一步加强全国地方对外文化工作，积极鼓励各地创新机制、挖掘资源、发挥优势、形成合力，共同推动中华文化走向世界，全面提升国家文化软实力，现就进一步加强地方对外文化工作提出以下意见：

一、加强地方对外文化工作的重要意义

（一）地方对外文化工作是全国对外文化工作的重要组成部分，是服务国家整体对外工作大局、推动中华文化“走出去”、提升国家文化软实力的重要力量，是推动地方经济、社会、文化发展和塑造地方对外形象的重要手段。

（二）各地党委和政府历来高度重视和关心对外文化工作，将其纳入本地社会经济文化发展的整体规划，大力推动对外文化工作发展，取得了重大进展和成就。地方对外文化工作在提高各族群众文明素质，促进地方社会发展与文化繁荣，维护国家文化安全等方面发挥了重要作用，同时也为增进中国人民与世界各国人民的了解和友谊，加强中国与世界各国的友好交流与合作，树立良好的国家形象和提升国家软实力等方面做出了积极贡献。

（三）加强地方对外文化工作，是一项长期而重大的战略任务。在地方对外文化工作取得巨大进步的同时，也必须充分认识到，目前仍存在一些亟待解决的突出困难和制约因素。必须从贯彻落实科学发展观、兴起社会主义文化建设新高潮、推动社会主义文化大发展大繁荣的战略高度，深刻认识加强地方对外文化工作的重要性和紧迫性，采取更加切实、有效的政策措施，大力加强，有力推进。

二、加强地方对外文化工作的指导思想、基本原则和目标任务

（四）指导思想。高举中国特色社会主义伟大旗帜，以邓小平理论和“三个代表”重要思想为指导，深入贯彻落实科学发展观，牢牢把握社会主义先进文化的前进方向，紧紧围绕国家外交大局和国内文化建设，以建设社会主义核心价值体系为主线，以促进地方优秀文化“走出去”为重点，以加强体制机制建设为保障，促进地方对外文化工作与全国文化建设、与地区经济社会建设协调发展，更加自觉、主动地为推动社会主义文化大发展大繁荣作贡献。

（五）基本原则。必须坚持全国“一盘棋”，认真贯彻落实党中央制定的关于外交和文化事业的方针政策，紧紧围绕国内和国际两个大局，坚决维护国家利益和文化安全。要兼收并蓄，勇于和善于吸收、融汇世界优秀文化成果，在比较中鉴别，在交流中借鉴，繁荣社会主义文化事业，满足人民群众日益增长的精神文化需求。坚持整合资源，形成合力，充分发挥地方文化优势，为我国对外文化工作注入新的活力，丰富新的内容，开辟新的领域，创造新的手段。坚持与时俱进，不断改革创新交流形式和内容，激发文化创新活力，注重将传统文化和现代传播方式相结合，当代文化与现代科技相结合，注意研究和把握外国受众的特点，遵循跨文化交流的规律，提高文化的感染力和影响力。借鉴和利用国际通行的商业模式和渠道，发挥市场机制的作用，推动文化企业和产品“走出去”，扩大我文化产品和服务的国际市场份额，提升文化竞争力。必须始终维护国家文化主权和文化安全，抵御有害文化入侵，注重依法管理，加强科学有效监管，有效维护国家文化安全。注重队伍和阵地建设，加快培养一支素质较高，精通业务，高效精干，结构合理的对外文化工作队伍；积极配合中央部署，采取多种模式，大力推进驻外中国文化中心建设。

（六）目标任务。对外要服务于国家外交大局，服务于推动中华文化“走出去”和扩大中华文化国际影响力的战略需要；对内服务于祖国统一大业和国内和谐社会建设，服务并促进公共文

化建设和文化产业发展。通过形式多样的文化交流，推动中华文化走向世界，不断扩大中华文化的国际影响力和竞争力。积极开展对外文化贸易，大力促进文化产业的发展。积极引进、借鉴世界优秀的文明成果和先进的管理经验，促进文化创新。

三、加强地方对外文化工作的政策措施

（七）加强文化资源的发掘、传承、创新和利用，推动地方特色文化“走出去”。结合地域文化特点发掘、整理、创新和利用文化资源，一方面要善于发掘和整理各地方优秀文化遗产，结合文化遗产保护，发掘、整理、传承、开发优秀传统文化，让更多的优秀传统文化绽放新的光彩；另一方面要勇于创新，在创新中传承，在发展中弘扬，创造大量体现中国精神、中国风格和时代风貌的优秀作品，不断发掘和提炼作品的中华文化和思想内涵，探索中外文化交流的结合点，以国外受众喜闻乐见的形式，推动中国优秀文化在世界传播。

（八）将对外文化工作纳入友好省州市交流与合作的框架。各地应本着“针对主流、注重实效、量力而行”的原则，加强与国外友好省州市文化交流的计划性和针对性，主动推动地方文化“走出去”。要建立长效机制，注重在公共文化服务、舞台艺术交流、文化遗产保护、文化人才培养、文化产业发展等方面开展实质性交流合作。地方与国外友好省（州）、市准备签署的文化交流意向书、计划、协议，以及举办重大文化活动等意向草案，须主动提前报送文化部外联局审批或备案。

（九）拓宽领域，培育多元对外文化工作主体。在推动政府间官方文化交流的同时，应着力培育和广泛吸纳社会、企业和个人参与对外文化交流。结合当地文化体制改革，制定措施，壮大政府以外的对外文化工作主体，逐渐实现从政府为主体向以社会、企业、个人等多元为主体转变；以官方主要渠道向民间、市场化运作为主要方式转变，推动地方文化产品以多种途径“走出去”。

（十）着力培育扶持一批涉外优秀团体和企业。着力培育一批优秀的涉外社会文化机构，打造一批具有国际竞争力的外向型文化企业。采取政府扶持、评比等方式，对优势资源进行整合，对涉外文化社会机构和企业进行分级管理，明确并扶持重点机构和企业，组建有实力的大型涉外文化企业集团，支持优势涉外文化企业做大做强。

（十一）进一步加大对外文化贸易工作力度。各地应在国家文化行政部门的指导下，根据本地区文化产业发展状况和特点，规范和促进本地区对外文化贸易工作，将其纳入本地区对外文化工作的总体规划；发掘、培育有地域特色的外向型文化产品，广开渠道，搭建平台，加强信息服务，努力开拓国际文化市场，积极推动本地区文化产品和服务“走出去”。

（十二）努力推进少数民族文化对外交流。切实增加少数民族文化在国家对外文化交流中的比重，打造一批少数民族文化对外交流精品，巩固少数民族对外文化交流已有品牌，进一步提升少数民族文化的国际影响力。大力推动少数民族文化与海外华人华侨、台湾同胞、港澳同胞的交流，增强中华文化的认同感，为促进国家和平统一服务。

（十三）加大管理工作力度，切实维护国家文化安全。各地文化行政部门在开展对外文化工作时，要进一步增强文化安全意识，对涉及国家文化主权、民族、宗教、文化遗产跨境纠纷、海外非政府文化组织等内容的文化交流活动重点关注、谨慎处置，及时和公安、安全等部门沟通，并报告文化部主管司局。要加强地方对外文化活动的审批管理力度，与相关部门密切配合，防止突发性涉外文化安全事件的发生。

（十四）加强知识产权保护。对地方知名的涉外文化品牌和项目实施保护措施，对涉及知名文化品牌和团体的对外文化交流项目，要从严审批，严格身份确认，杜绝在海内外文化交流中的各种侵权行为。

四、加强对地方对外文化工作的政策机制保障

（十五）完善对外文化工作体制机制，健全机构，加强管理。各省、自治区、直辖市文化厅（局）、新疆生产建设兵团文化广播电视局、计划单列市文化局等文化行政部门要有专门机构负责对外文化工作。要明确职责任务，加强依法科学管理。设有专门外事机构和人员编制的地方文化厅（局），其交流项目将优先列入国家对外文化交流计划并获得国家资助，其文化外事工作者将优

先选派到驻外文化机构工作。

（十六）统筹协调对外文化工作，积极发挥各地文化优势，整合资源、形成合力。围绕地方经济社会发展中心工作和对外开放需要，各地文化行政部门要主动加强与宣传、外宣、外事、教育、新闻出版、广播影视、侨务、商务、旅游和体育等部门的合作，具备条件的地方可建立政府跨部门“对外文化工作联席会议”机制，统筹协调，整合资源，优势互补，共同推动地方文化“走出去”。

（十七）加强区域统筹协调机制建设。结合本地区对外文化工作实际，建立省际和区域对外文化工作合作机制，鼓励优势互补、强强联合，有效带动和推进不同地区文化走出去。以项目为依托，发挥地缘和区位优势，加强长三角、珠三角、环渤海、东北、中南、西北、西南等地区的对外文化工作区域合作。

（十八）建立中外文化项目合作机制。应制定优惠政策和措施，积极鼓励并扶持地方社会文化机构和企业主动加强与国外社会文化、演艺机构、动漫制作等领域进行实质性的合作，优势互补，风险共担，互惠互利，联手参与国际文化交流和市场竞争。

（十九）鼓励建立基金会和补贴制度。支持地方政府建立有关对外文化基金会和补贴制度，对重点文化交流产品和项目开发给予信贷资金扶持和风险补贴，支持优势涉外文化企业的创新和发展。

（二十）加强对外文化区域合作。边境地区要在中央的指导下，开展广西与东盟、云南与大湄公河流域、新疆和上合组织成员国、东北与朝鲜、日本、俄罗斯东部地区以及内蒙古与蒙古国、俄罗斯等对外文化交流区域合作，并在推动海峡西岸经济区、海南国际旅游岛的建设过程中，积极发挥区域合作优势，加强对外文化交流与合作。

（二十一）支持地方设立对外文化信息交流平台。文化部在加强“两网一库”建设的同时，鼓励地方对外文化信息交流平台与全国对外文化交流信息交流平台的对接，实现与文化部和驻外使领馆的信息资源共享。

（二十二）加强地方对外文化事业发展经费保障，加大地方政府对对外文化工作的投入。各地文化厅（局）要将对外文化工作所需经费（包括基本经费和项目经费）列入本部门年度预算，设立地方对外文化工作的专项经费，从资金上切实保证本地对外文化交流工作的顺利开展。地方在筹划对外文化交流活动过程中，应主动加强与国家对外文化交流计划项目财政预算的匹配。应加强经费的预算和管理，结合项目的前期投入和后期效果评估，建立对外文化项目科学的综合评价体系，最大程度发挥经费的效用。

（二十三）加强地方对外文化工作人才队伍建设。要营造有利于优秀人才脱颖而出的体制机制和环境，选派政治素质好、忠诚于党的事业、业务能力强、精通外语、掌握政策、严守纪律的干部负责对外文化工作。地方要重视、加强对人才的培养、培训和奖励考评工作，选派优秀干部到文化部挂职锻炼，或到驻外使领馆文化处、组和文化中心工作。

（二十四）建立评估和奖励机制。文化部逐步建立和完善对地方对外文化工作的评估机制，科学评价工作实绩，不断总结经验，提高水平。在此基础上，建立较完备的奖励措施，设立各类奖项，对地方在对外文化交流、对外文化贸易、对外文化传播等方面大胆创新改革、做出突出成绩的予以奖励，并配发相应项目资助资金。

五、加强对地方对外文化工作的指导

（二十五）切实把地方对外文化工作摆上更加重要的位置。各地文化行政部门要进一步提高对对外文化工作重要性的认识，增强责任感和紧迫感，切实把对外文化工作纳入重要议事日程，纳入当地经济社会发展总体规划，纳入科学发展考评体系。加强对对外文化工作的调查研究，经常听取工作汇报，及时指导和部署，狠抓落实。关心支持对外文化工作部门和机构的建设，重点研究解决对外文化工作中的新问题，破解制约对外文化发展的难题，充分调动和有效保护对外文化工作者的积极性、创造性。

（二十六）推动形成分工协作、齐抓共管的良好局面。在地方党委统一领导下，建立健全政府统筹协调、业务部门主管、有关部门密切配合、社会各界广泛参与的对外文化工作格局。各有关部门编制规划、部署工作，要把对外文化工作作为重要内容，加大支持力度，确保目标任务完成。

要及时总结对外文化工作经验，充分发挥各方面的积极作用，不断开创对外文化工作的新局面。

各地区、各部门要按照本意见，结合实际，制定贯彻实施的具体措施和办法。有关部门要加强对本意见贯彻执行情况的督促检查。

2010年7月29日

文化法规选编

全国人民代表大会常务委员会关于修改《中华人民共和国著作权法》的决定

（2010年2月26日第十一届全国人民代表大会常务委员会第十三次会议通过）

第十一届全国人民代表大会常务委员会第十三次会议决定对《中华人民共和国著作权法》作如下修改：

一、将第四条修改为：“著作权人行使著作权，不得违反宪法和法律，不得损害公共利益。国家对作品的出版、传播依法进行监督管理。”

二、增加一条，作为第二十六条：“以著作权出质的，由出质人和质权人向国务院著作权行政管理部门办理出质登记。”

本决定自2010年4月1日起施行。

《中华人民共和国著作权法》根据本决定作修改并对条款顺序作调整后，重新公布。

国务院关于第五批取消和下放管理层级行政审批项目的决定

国发〔2010〕21号

各省、自治区、直辖市人民政府，国务院各部委、各直属机构：

2009年以来，按照国务院的统一部署和行政审批制度改革的要求，行政审批制度改革工作部际联席会议依据行政许可法等法律法规的规定，组织对国务院部门的行政审批项目进行了新一轮集中清理。经严格审核论证，国务院决定第五批取消和下放管理层级行政审批项目184项。其中，取消的行政审批项目113项，下放管理层级的行政审批项目71项。

各地区、各部门要认真做好取消和下放管理层级行政审批项目的落实和衔接工作，切实加强后续监管。要按照深化行政管理体制改革、转变政府职能的要求，继续深化行政审批制度改革，进一步减少行政审批项目，规范审批流程，创新审批方式，健全行政审批制约监督机制，加强对行政审批权运行的监督。

附件：1. 国务院决定取消的行政审批项目目录（113项）

2. 国务院决定下放管理层级的行政审批项目目录（71项）

2010年7月4日

附件1：

国务院决定取消的行政审批项目目录（113项）

部门	项目名称	设定依据
文化部	香港、澳门演出经纪机构在内地设立分支机构审批	《营业性演出管理条例》（国务院令第528号）

附件2：

国务院决定下放管理层级的行政审批项目目录（71项）

部门	项目名称	设定依据	下放管理实施机关
文化部	设立经营性互联网文化单位审批	《国务院对确需保留的行政审批项目设定行政许可的决定》（国务院令第412号）	省级人民政府文化行政主管部门
文化部	设置社会艺术水平考级机构审批	《国务院对确需保留的行政审批项目设定行政许可的决定》（国务院令第412号）	省级人民政府文化行政主管部门

网络游戏管理暂行办法

中华人民共和国文化部令第49号

《网络游戏管理暂行办法》已经2010年3月17日文化部部务会议审议通过，现予发布，自2010年8月1日起施行。

部长：蔡武

2010年6月3日

第一章　总　则

第一条　为加强网络游戏管理，规范网络游戏经营秩序，维护网络游戏行业的健康发展，根据《全国人民代表大会常务委员会关于维护互联网安全的决定》和《互联网信息服务管理办法》以及国家法律法规有关规定，制定本办法。

第二条　从事网络游戏研发生产、网络游戏上网运营、网络游戏虚拟货币发行、网络游戏虚拟货币交易服务等形式的经营活动，适用本办法。

本办法所称网络游戏是指由软件程序和信息数据构成，通过互联网、移动通信网等信息网络提供的游戏产品和服务。

网络游戏上网运营是指通过信息网络，使用用户系统或者收费系统向公众提供游戏产品和服务的经营行为。

网络游戏虚拟货币是指由网络游戏经营单位发行，网络游戏用户使用法定货币按一定比例直接或者间接购买，存在于游戏程序之外，以电磁记录方式存储于服务器内，并以特定数字单位表现的虚拟兑换工具。

第三条　国务院文化行政部门是网络游戏的主管部门，县级以上人民政府文化行政部门依照职责分工负责本行政区域内网络游戏的监督管理。

第四条　从事网络游戏经营活动应当遵守宪法、法律、行政法规，坚持社会效益优先，保护未成年人优先，弘扬体现时代发展和社会进步的思想文化和道德规范，遵循有利于保护公众健康及适度游戏的原则，依法维护网络游戏用户的合法权益，促进人的全面发展与社会和谐。

第五条　网络游戏行业协会等社团组织应当接受文化行政部门的指导，依照法律、行政法规及章程制定行业自律规范，加强职业道德教育，指导、监督成员的经营活动，维护成员的合法权益，促进公平竞争。

第二章　经营单位

第六条　从事网络游戏上网运营、网络游戏虚拟货币发行和网络游戏虚拟货币交易服务等网络游戏经营活动的单位，应当具备以下条件，并取得“网络文化经营许可证”：

（一）单位的名称、住所、组织机构和章程；

（二）确定的网络游戏经营范围；

（三）符合国家规定的从业人员；

（四）不低于1000万元的注册资金；

（五）符合法律、行政法规和国家有关规定的条件。

第七条　申请“网络文化经营许可证”，应当向省、自治区、直辖市文化行政部门提出申请。省、自治区、直辖市文化行政部门自收到申请之日起20日内做出批准或者不批准的决定。批准的，核发“网络文化经营许可证”，并向社会公告；不批准的，应当书面通知申请人并说明理由。

“网络文化经营许可证”有效期为3年。有效期届满，需继续从事经营的，应当于有效期届满30日前申请续办。

第八条　获得“网络文化经营许可证”的网络游戏经营单位变更网站名称、网站域名或者法定代表人、注册地址、经营地址、注册资金、股权结构以及许可经营范围的，应当自变更之日起20日内向原发证机关办理变更手续。

网络游戏经营单位应当在企业网站、产品客户端、用户服务中心等显著位置标示“网络文化经营许可证”等信息；实际经营的网站域名应当与申报信息一致。

第三章　内容准则

第九条　网络游戏不得含有以下内容：

（一）违反宪法确定的基本原则的；

（二）危害国家统一、主权和领土完整的；

（三）泄露国家秘密、危害国家安全或者损害国家荣誉和利益的；

（四）煽动民族仇恨、民族歧视，破坏民族团结，或者侵害民族风俗、习惯的；

（五）宣扬邪教、迷信的；

（六）散布谣言，扰乱社会秩序，破坏社会稳定的；

（七）宣扬淫秽、色情、赌博、暴力，或者教唆犯罪的；

（八）侮辱、诽谤他人，侵害他人合法权益的；

（九）违背社会公德的；

（十）有法律、行政法规和国家规定禁止的其他内容的。

第十条 国务院文化行政部门负责网络游戏内容审查，并聘请有关专家承担网络游戏内容审查、备案与鉴定的有关咨询和事务性工作。

经有关部门前置审批的网络游戏出版物，国务院文化行政部门不再进行重复审查，允许其上网运营。

第十一条 国务院文化行政部门依法对进口网络游戏进行内容审查。进口网络游戏应当在获得国务院文化行政部门内容审查批准后，方可上网运营。申请进行内容审查需提交下列材料：

（一）进口网络游戏内容审查申报表；

（二）进口网络游戏内容说明书；

（三）中、外文文本的版权贸易或者运营代理协议、原始著作权证明书和授权书的副本或者复印件；

（四）申请单位的“网络文化经营许可证”和“营业执照”复印件；

（五）内容审查所需的其他文件。

第十二条 申报进口网络游戏内容审查的，应当为依法获得独占性授权的网络游戏运营企业。

批准进口的网络游戏变更运营企业的，由变更后的运营企业，按照本办法第十一条的规定，向国务院文化行政部门重新申报。

经批准的进口网络游戏应当在其运营网站指定位置及游戏内显著位置标明批准文号。

第十三条 国产网络游戏在上网运营之日起30日内应当按规定向国务院文化行政部门履行备案手续。

已备案的国产网络游戏应当在其运营网站指定位置及游戏内显著位置标明备案编号。

第十四条 进口网络游戏内容上网运营后需要进行实质性变动的，网络游戏运营企业应当将拟变更的内容报国务院文化行政部门进行内容审查。

国产网络游戏内容发生实质性变动的，网络游戏运营企业应当自变更之日起30日内向国务院文化行政部门进行备案。

网络游戏内容的实质性变动是指在网络游戏故事背景、情节语言、地名设置、任务设计、经济系统、交易系统、生产建设系统、社交系统、对抗功能、角色形象、声音效果、地图道具、动作呈现、团队系统等方面发生显著变化。

第十五条 网络游戏运营企业应当建立自审制度，明确专门部门，配备专业人员负责网络游戏内容和经营行为的自查与管理，保障网络游戏内容和经营行为的合法性。

第四章 经营活动

第十六条 网络游戏经营单位应当根据网络游戏的内容、功能和适用人群，制定网络游戏用户指引和警示说明，并在网站和网络游戏的显著位置予以标明。

以未成年人为对象的网络游戏不得含有诱发未成年人模仿违反社会公德的行为和违法犯罪的行为的内容，以及恐怖、残酷等妨害未成年人身心健康的内容。

网络游戏经营单位应当按照国家规定，采取技术措施，禁止未成年人接触不适宜的游戏或者游戏功能，限制未成年人的游戏时间，预防未成年人沉迷网络。

第十七条 网络游戏经营单位不得授权无网络游戏运营资质的单位运营网络游戏。

第十八条 网络游戏经营单位应当遵守以下规定：

（一）不得在网络游戏中设置未经网络游戏用户同意的强制对战；

（二）网络游戏的推广和宣传不得含有本办法第九条禁止内容；

（三）不得以随机抽取等偶然方式，诱导网络游戏用户采取投入法定货币或者网络游戏虚拟货币方式获取网络游戏产品和服务。

第十九条 网络游戏运营企业发行网络游戏虚拟货币的，应当遵守以下规定：

（一）网络游戏虚拟货币的使用范围仅限于兑换自身提供的网络游戏产品和服务，不得用于支付、购买实物或者兑换其他单位的产品和服务；

（二）发行网络游戏虚拟货币不得以恶意占用用户预付资金为目的；

（三）保存网络游戏用户的购买记录。保存期限自用户最后一次接受服务之日起，不得少于180日；

（四）将网络游戏虚拟货币发行种类、价格、总量等情况按规定报送注册地省级文化行政部门备案。

第二十条　网络游戏虚拟货币交易服务企业应当遵守以下规定：

（一）不得为未成年人提供交易服务；

（二）不得为未经审查或者备案的网络游戏提供交易服务；

（三）提供服务时，应保证用户使用有效身份证件进行注册，并绑定与该用户注册信息相一致的银行账户；

（四）接到利害关系人、政府部门、司法机关通知后，应当协助核实交易行为的合法性。经核实属于违法交易的，应当立即采取措施终止交易服务并保存有关纪录；

（五）保存用户间的交易记录和账务记录等信息不得少于180日。

第二十一条　网络游戏运营企业应当要求网络游戏用户使用有效身份证件进行实名注册，并保存用户注册信息。

第二十二条　网络游戏运营企业终止运营网络游戏，或者网络游戏运营权发生转移的，应当提前60日予以公告。网络游戏用户尚未使用的网络游戏虚拟货币及尚未失效的游戏服务，应当按用户购买时的比例，以法定货币退还用户或者用户接受的其他方式进行退换。

网络游戏因停止服务接入、技术故障等网络游戏运营企业自身原因连续中断服务超过30日的，视为终止。

第二十三条　网络游戏经营单位应当保障网络游戏用户的合法权益，并在提供服务网站的显著位置公布纠纷处理方式。

国务院文化行政部门负责制定《网络游戏服务格式化协议必备条款》。网络游戏运营企业与用户的服务协议应当包括《网络游戏服务格式化协议必备条款》的全部内容，服务协议其他条款不得与《网络游戏服务格式化协议必备条款》相抵触。

第二十四条　网络游戏经营单位根据法律法规或者服务协议停止为网络游戏用户提供服务的，应当提前告知用户并说明理由。

第二十五条　网络游戏经营单位发现网络游戏用户发布违法信息的，应当依照法律规定或者服务协议立即停止为其提供服务，保存有关记录并向有关部门报告。

第二十六条　网络游戏经营单位在网络游戏用户合法权益受到侵害或者与网络游戏用户发生纠纷时，可以要求网络游戏用户出示与所注册的身份信息相一致的个人有效身份证件。审核真实的，应当协助网络游戏用户进行取证。对经审核真实的实名注册用户，网络游戏经营单位负有向其依法举证的责任。

双方出现争议经协商未能解决的，可依法申请仲裁或者向人民法院提起诉讼。

第二十七条　任何单位不得为违法网络游戏经营活动提供网上支付服务。为违法网络游戏经营活动提供网上支付服务的，由文化行政部门或者文化市场综合执法机构通报有关部门依法处理。

第二十八条　网络游戏运营企业应当按照国家规定采取技术和管理措施保证网络信息安全，包括防范计算机病毒入侵和攻击破坏，备份重要数据库，保存用户注册信息、运营信息、维护日志等信息，依法保护国家秘密、商业秘密和用户个人信息。

第五章　法律责任

第二十九条　违反本办法第六条的规定，未经批准，擅自从事网络游戏上网运营、网络游戏虚拟货币发行或者网络游戏虚拟货币交易服务等网络游戏经营活动的，由县级以上文化行政部门或者文化市场综合执法机构依据《无照经营查处取缔办法》的规定予以查处。

第三十条　网络游戏经营单位有下列情形之一的，由县级以上文化行政部门或者文化市场综合执法机构责令改正，没收违法所得，并处10000元以上30000元以下罚款；情节严重的，责令停业整顿直至吊销“网络文化经营许可证”；构成犯罪的，依法追究刑事责任：

（一）提供含有本办法第九条禁止内容的网络游戏产品和服务的；

（二）违反本办法第八条第一款规定的；

（三）违反本办法第十一条的规定，上网运营未获得文化部内容审查批准的进口网络游戏的；

（四）违反本办法第十二条第二款的规定，进口网络游戏变更运营企业未按照要求重新申报的；

（五）违反本办法第十四条第一款的规定，对进口网络游戏内容进行实质性变动未报送审查的。

第三十一条　网络游戏经营单位违反本办法第十六条、第十七条、第十八条规定的，由县级以上文化行政部门或者文化市场综合执法机构责令改正，没收违法所得，并处10000元以上30000元以下罚款。

第三十二条　网络游戏运营企业发行网络游戏虚拟货币违反本办法第十九条第一、二项规定的，由县级以上文化行政部门或者文化市场综合执法机构责令改正，并可根据情节轻重处30000元以下罚款；违反本办法第十九条第三、四项规定的，由县级以上文化行政部门或者文化市场综合执法机构责令改正，并可根据情节轻重处20000元以下罚款。

第三十三条　网络游戏虚拟货币交易服务企业违反本办法第二十条第一项规定的，由县级以上文化行政部门或者文化市场综合执法机构责令改正，并处30000元以下罚款；违反本办法第二十条第二、三项规定的，由县级以上文化行政部门或者文化市场综合执法机构责令改正，并可根据情节轻重处30000元以下罚款；违反本办法第二十条第四、五项规定的，由县级以上文化行政部门或者文化市场综合执法机构责令改正，并可根据情节轻重处20000元以下罚款。

第三十四条　网络游戏运营企业违反本办法第十三条第一款、第十四条第二款、第十五条、第二十一条、第二十二条、第二十三条第二款规定的，由县级以上文化行政部门或者文化市场综合执法机构责令改正，并可根据情节轻重处20000元以下罚款。

第三十五条　网络游戏经营单位违反本办法第八条第二款、第十二条第三款、第十三条第二款、第二十三条第一款、第二十五条规定的，由县级以上文化行政部门或者文化市场综合执法机构责令改正，并可根据情节轻重处10000元以下罚款。

第六章　附　则

第三十六条　本办法所称文化市场综合执法机构是指依照国家有关法律、法规和规章的规定，相对集中地行使文化领域行政处罚权以及相关监督检查权、行政强制权的行政执法机构。

第三十七条　文化行政部门或者文化市场综合执法机构查处违法经营活动，依照实施违法经营行为的企业注册地或者企业实际经营地进行管辖；企业注册地和实际经营地无法确定的，由从事违法经营活动网站的信息服务许可地或者备案地进行管辖；没有许可或者备案的，由该网站服务器所在地管辖；网站服务器设置在境外的，由违法行为发生地进行管辖。

第三十八条　网络游戏的网上出版前置审批和出版境外著作权人授权的互联网游戏作品的审批，按照《中央编办对文化部、广电总局、新闻出版总署〈“三定”规定〉中有关动漫、网络游戏和文化市场综合执法的部分条文的解释》（中央编办发〔2009〕35号）的规定，由有关部门依据相关法律法规管理。

第三十九条　本办法自2010年8月1日起施行。

文化部关于印发《文化部直属事业单位对外投资管理暂行办法》的通知

文财务发〔2010〕21号

各直属单位：

为进一步加强文化部直属事业单位对外投资管理，根据《中央级事业单位国有资产使用管理暂行办法》（财教〔2009〕192号）和《文化部直属事业单位国有资产管理暂行办法》（文财务函〔2009〕2690号）的有关规定，我部制定了《文化部直属事业单位对外投资管理暂行办法》。现将该《办法》印发给你们，请遵照执行。

特此通知。

附件：文化部直属事业单位对外投资管理暂行办法

2010年5月28日

文化部直属事业单位对外投资管理暂行办法

第一章　总　则

第一条　为加强对文化部直属事业单位（以

下简称直属单位）对外投资行为的管理，完善对投资企业的监管，保证投资安全，有效防范风险，根据《中央级事业单位国有资产使用管理暂行办法》（财教〔2009〕192号）和《文化部直属事业单位国有资产管理暂行办法》（文财务函〔2009〕2690号）等有关规定，制定本办法。

第二条　对外投资是事业单位国有资产管理的重要组成部分，直属单位应按照国家的有关法律、法规和科学、规范的操作程序，开展对外投资业务。

第三条　直属单位对外投资应遵循服务事业发展、严格控制审批、实现保值增值的原则。

第二章　管理职责

第四条　文化部财务司（以下简称财务司）对直属单位对外投资实施监督管理。其主要职责是：

（一）制定文化部直属单位对外投资管理办法；

（二）按权限，审核或审批直属单位对外投资事项；

（三）指导直属单位对外投资管理；

（四）对直属单位对外投资进行监督。

第五条　直属单位负责对本单位对外投资实施具体管理。其主要职责是：

（一）审议并提出本单位对外投资事项；

（二）按规定办理本单位对外投资事项的报批手续；

（三）确保对外投资资产的保值增值，督促被投资单位按照企业章程及时、足额上缴投资收益；

（四）监督和指导被投资企业按时编制和报送年度企业财务决算。

第六条　直属单位应根据本办法，结合本单位的实际情况，制定本单位对外投资管理制度，报文化部备案。

第三章　对外投资的范围和内容

第七条　直属单位对外投资包括以本单位占有、使用的货币资金、实物资产和无形资产等方式向其他单位的投资。包括债券投资和其他投资。

第八条　直属单位对外投资，应根据本单位事业发展的需要，从事与其事业业务相关的投资活动，不得从事纯粹以盈利为目的的其他投资业务。

第九条　直属单位不得购买各种企业债券、各类投资基金和其他任何形式的金融衍生品或进行任何形式的金融风险投资，国家另有规定的除外。

第十条　直属单位不得买卖期货、股票，国家另有规定的除外。

第十一条　直属单位不得用下列国有资产进行对外投资：

（一）财政拨款、财政拨款结转和结余资金；

（二）文化部下达的专项经费及其他渠道取得的专项资金；

（三）维持事业正常发展和保证事业计划完成的设施设备等各项资产。

第十二条　直属单位应在保证本单位正常运转和事业发展的前提下，严格控制货币性资金对外投资。

第四章　对外投资的决策程序

第十三条　直属单位开展对外投资业务，必须履行以下决策程序：

（一）成立由单位法定代表人牵头，对外投资管理、财务、审计、监察等部门负责人参加的对外投资工作小组。

（二）提出项目建议书。重点对投资项目初步设想、投资环境进行分析，对社会效益和经济效益进行估算，充分论证项目的必要性。

（三）编制对外投资可行性研究报告。根据项目性质，进行可行性研究，重点对投资项目的经营目标、投资规模、投资方式、投资的风险与收益等做出评价。

（四）实施项目评估。建立健全投资项目评估制度，可邀请专家参与论证，进行集体决策，并对决策过程做好完整的书面记录。

（五）进行项目决策。制定对外投资实施方案，明确实施的程序、出资金额、方式和项目实施责任人等。

第十四条　直属单位对外投资，应当按照规定权限履行申报审批程序。未经批准，不得对外投资。

单项价值在800万元以上（含800万元）的，经文化部审核后报财政部审批；单项价值在800万元以下的，经文化部审批后报财政部备案。

第十五条　直属单位申请利用国有资产对外

投资，应提供如下材料，并对材料的真实性、有效性、准确性负责：

（一）对外投资事项的书面申请；

（二）拟对外投资资产的价值凭证及权属证明，如购货发票或收据、工程决算副本、国有土地使用权证、房屋所有权证、股权证等凭据的复印件（加盖单位公章）；

（三）进行对外投资的可行性分析报告；

（四）拟同意利用国有资产对外投资的会议决议或会议纪要复印件；

（五）单位法人证书复印件、拟合作方法人证书复印件或企业营业执照复印件、个人身份证复印件等；

（六）拟创办经济实体的章程和工商行政管理部门下发的企业名称预先核准通知书；

（七）本单位与拟合作方签订的合作意向书、协议草案或合同草案；

（八）上年度财务报表；

（九）经中介机构审计的拟合作方上年财务报表；

（十）其他需补充提供的材料。

第十六条　投资项目实施过程中发生下列情况变化之一的，应当重新履行决策报批手续。

（一）投资总额超过批准的金额；

（二）出资方式发生变化；

（三）合作方发生变化；

（四）合作方式发生变化等。

第五章　对外投资的操作程序

第十七条　直属单位开展对外投资业务，有合作方的必须签订投资合作协议，投资合作协议签订前应当征询单位法律顾问或有关专家的意见，在协议履行过程中，必须取得合法确凿的各类投资凭证，并予归档或指定专人保管。

第十八条　直属单位对外投资根据不同的出资方式，应按以下程序操作：

（一）以货币资金方式出资的，由项目实施责任人递交请款报告，经单位法定代表人审批，由单位财务部门办理付款手续，将款项存入工商局确认的入资银行专用账户内，在办完注册手续后，领取《划转入资资金通知书》，将入资资金划转到企业的基本账户。

（二）以固定资产方式出资的，由项目实施责任人递交书面报告，经单位法定代表人审批后，委托具有专业资质的资产评估中介机构对相应固定资产进行现值评估。

（三）以无形资产方式出资的，由项目实施责任人递交书面报告，经单位法定代表人审批后，委托具有专业资质的资产评估中介机构对相关无形资产进行现值评估。

第十九条　直属单位应根据以下规定确认对外投资金额：

（一）以货币资金方式出资的，按实际支付的金额和验资报告记账。

（二）以固定资产或无形资产方式出资的，按具有专业资质的资产评估中介机构评估确认的价值和验资报告记账。以固定资产进行投资的，应及时办理固定资产财务注销和对外投资入账手续。

第二十条　直属单位应设置“对外投资”会计科目，所有的对外投资应记入此科目，作为单位的资产组成部分。

第二十一条　直属单位应当将对外投资资产的相关信息在本单位财务会计报告中充分披露。对外投资取得的收益应按照事业单位财务和会计制度及预算管理的有关规定纳入单位预算，统一核算，统一管理。

第二十二条　直属单位不得以借贷方式作虚假投资，不得抽逃投资资金。因历史原因已形成的注册资本金不实问题，各单位应及时进行清理并采取补救措施。

第六章　对外投资的处置

第二十三条　对外投资的处置包括转让、清算和回收等环节。直属单位应加强对外投资资产的处置管理。

（一）对被投资企业产权的转让，直属单位应委托具有专业资质的资产评估中介机构进行评估，按照《企业国有产权转让管理暂行办法》（国务院国资委、财政部令第 3 号）有关规定实施公开转让。

（二）对被投资企业的注销清算，应按照《中华人民共和国公司法》的有关规定，由直属单位组成清算小组，委托具有专业资质的中介机构进行审计，追索债权，清理债务，并按规定制定偿债方案，经债权人同意后进行分配。在注销清算完毕后，被投资企业应办理国有资产产权注销手续和工商登记注销手续。

（三）通过转让或清算回收的对外投资资产，直属单位应根据转让或清算回收交割凭证，及时足额收取。

第二十四条　直属单位应认真审核与对外投资处置有关的文件、会议记录等相关资料，并按照规定及时进行对外投资处置的账务处理，确保对外投资处置的真实、合法、有效。

第七章　监督管理与责任追究

第二十五条　直属单位作为投资企业的出资人（股东）应建立必要的管理制度，加强对被投资企业经营活动的监督，切实履行出资人（股东）职责。单位法定代表人应密切关注被投资企业的经营、投资和担保等行为，对对外投资的资产安全负责。

第二十六条　直属单位应指定具体职能部门负责对外投资的管理，按时完成单位领导和上级主管部门布置的各项工作任务，报告单位对外投资项目的有关情况，对投资项目进行日常跟踪管理，定期进行投资质量、投资效益和投资风险分析，发现异常情况，应及时向单位领导报告，研究制定相应对策和采取相应措施；收集投资企业的有关决议、财务报告等重要文件，并建立档案进行管理。

第二十七条　对全资和控股的企业，直属单位应加强并规范被投资企业的法定代表人和其他管理人员（包括董事、总经理、财务主管等参与企业日常经营决策的人员，以下简称“管理人员”）的行为，切实履行出资人的职责，包括但不限于以下方面：

（一）直属单位领导班子应通过民主决议，确定被投资企业的管理人员。被投资企业的管理人员应当具备良好的职业道德，具有较强的风险意识和责任意识，较好地掌握财会、经营管理等方面的专业知识。

（二）管理人员对国有资产保值、增值负有责任。管理人员应按照法律、法规规定的权力和义务，定期报告被投资企业的经营情况和财务状况，及时报告被投资企业所发生的重大事项。

（三）直属单位应制定被投资企业管理人员考核机制。强化企业管理人员的政治意识、责任意识，促进工作能力的提高，确保被投资企业的持续、健康发展。

第二十八条　对参股的企业，直属单位应派出股权代表参与企业的管理和监督；如未委派股权代表，应通过专门的管理机构，了解企业的经营和财务情况。在参与企业重要事项的表决时，派出的股权代表应事先征求直属单位的意见，并按规定进行表决。

第二十九条　直属单位应对全资和控股企业实行专项考核，并对考核结果进行比较分析，找出资产减值的原因，制定科学、合理的解决方案。

第三十条　对于经营活动长期停滞、资不抵债且扭亏无望的被投资企业，直属单位应及时进行清理，以维护和保障国有资产的权益。

第三十一条　直属单位应建立对外投资责任追究制度，对在对外投资业务中，因违反本办法的规定造成重大决策失误的相关责任人员，按照《财政违法行为处罚处分条例》相应条款进行处理，违反法律法规的，还应依法追究法律责任。

第八章　附　则

第三十二条　本办法适用于文化部直属单位对外投资的管理。

第三十三条　本办法由文化部财务司负责解释。

第三十四条　本办法自发布之日起执行。

文化部关于发布《文化部创新奖奖励办法》（第三次修订）的通知

文科技发〔2010〕31号

各省、自治区、直辖市文化厅（局），新疆生产建设兵团文化广播电视局，本部各司局，各直属单位，原部属艺术院校：

为在文化艺术领域鼓励和培育文化创新意识，激发创新活力，建设创新队伍，使创新活动渗透到文化艺术生产、流通、服务和管理等环节，促进文化的繁荣与发展，现将第三次修订的《文化部创新奖奖励办法》予以印发，请遵照执行。2009年1月7日印发的《文化部创新奖奖励办法》同时废止。

特此通知。

附件：文化部创新奖奖励办法（第三次修订）

2010年9月26日

附件：

文化部创新奖奖励办法

（第三次修订）

第一条　为在文化艺术领域弘扬科学精神、倡导科学方法、传播科学思想，鼓励和调动广大文化工作者文化创新的积极性，促进文化的繁荣与发展，结合文化行业的实际情况，制订本办法。

第二条　文化部创新奖授予在文化行业各领域的文化实践中以科学理论、科学方法、科学技术实施创新，并取得显著的社会效益、经济效益，为促进文化的发展与繁荣作出突出贡献的单位及项目完成人：

（一）在文化体制改革中引入先进的管理理念，运用科学的管理方法，提高运营效率和水平；

（二）在艺术创作和生产中应用先进科学技术创造新的表现形式和积极探索新的表现手法，增强艺术表现力；

（三）在工艺创意和工艺科技中运用科学方法、科学技术探索创新的发展模式，实现工艺创新，促进发展；

（四）在文化服务中运用先进科学技术实施创新，拓展服务功能，提高公共文化服务设施的文化服务供给能力；

（五）在文化市场监管中利用现代高新技术实施有效管理，提高市场监管水平，促进文化市场健康、有序发展；

（六）在文化产业发展中与高新技术结合，提升文化产品的技术含量，改造传统文化产业，创新文化生产方式、催生新的文化业态；

（七）在艺术教育与人才培养中应用先进科学技术手段，提高教育、教学水平；

（八）在非物质文化遗产保护、开发和利用中运用现代高新技术，实现非物质文化遗产保护和发展，促进中华民族优秀传统文化的传承；

（九）在对外和对港澳台文化工作中，创新理论和工作机制，探索对外和对港澳台文化工作新领域和新模式，增强对外文化交流、对外文化贸易和对外文化宣传的实际效果，提升中华文化的国际影响力和竞争力。

第三条　文化部创新奖的评选每三年一届，每届奖励项目总数不超过20项，对其中特别优秀的项目授予特等奖，特等奖项目不超过4项。

第四条　获得文化部创新奖的项目由文化部颁发奖状、奖金和证书。奖励人数每项限额为10人，奖金数额为每项2万元；特等奖项目奖励人数每项限额为15人，奖金数额为每项5万元。

第五条　文化部创新奖的评审遵循公平、公正的原则。

第六条　文化部创新奖是对文化实践过程的奖励。文化部创新奖针对项目的创新性、科学性、实践性、有效性、示范性等五个方面进行综合评价。

创新奖项目应有一套完整的科学理论、科学方法作指导，将科学理论、方法和技术创造性地应用在文化工作中，取得显著的社会效益或经济效益，具有较大的借鉴和广泛的推广应用价值。

第七条　文化部创新奖参评项目还须具备下列条件：

（一）申报时间距完成时间不超过3年；

（二）在参评期间不涉及法律纠纷；

（三）申报材料真实、完整。

第八条　各省、自治区、直辖市文化厅（局）负责向文化部推荐本行政区域内的参评项目；文化部直属单位及原文化部直属高等艺术院校可直接向文化部申报参评项目。参评项目申报工作包括材料报送、资格审查和选拔推荐等。申报时间以当年所发申报通知为准。

第九条　文化部设立文化部创新奖评审委员会，负责文化部创新奖的评审工作。

（一）评审委员会设主任委员1人，副主任委员2人，秘书长1人，委员若干人。委员由文化部聘任，任期一届。

（二）评审委员会下设评审办公室。评审办公室设在文化部文化科技司，负责日常工作。

（三）根据评审工作需要，评审委员会可设若干专业评审组。专业评审组设组长1人，副组长1～2人，成员若干人。专业评审组正、副组长由文化部创新奖评审委员会的委员担任。

各评审组成员由评审办公室根据当年创新奖项目推荐的具体情况确定，原则上从文化行业专家资源库中选出，经评审委员会秘书长审核，报评审委员会主任委员批准。

第十条　评审办公室对申报的参评项目进行资格审查，符合条件的提交评审委员会评审。

第十一条　文化部创新奖评审分为初评和终评。

（一）各评审专业组对评审办公室提交的参评项目申报书及相关材料进行分组审查，并以分组投票的方式产生初评结果。

（二）评审委员会以会议方式对初评结果进行评审，以记名投票表决方式产生终评结果。评审会议应当有2/3以上的评审委员参加，票数超过实到评审委员半数以上，评审结果有效。

（三）评审委员因故不能参加会议，须提前向评审办公室请假，评审办公室按程序增补新的评审委员。

（四）评审实行回避制度。参评项目参与者不得参与评审委员会及相关评审组。

第十二条　评审结果由文化部审核批准后予以公示。公示期为20天。

第十三条　在公示期内如对公示的获奖项目有异议，可以书面形式向评审办公室提出。

异议书须写明项目名称、事实理由、异议人的真实姓名、工作单位、联系方式等事项，并提供必要的证明材料。评审办公室应当自收到异议书之日起30日内会同该项目推荐单位协商提出处理意见并报评审委员会裁决。

评审办公室负责将评审委员会裁决结果以书面形式通报异议人及项目完成单位。

第十四条　参评单位及项目完成人在申报和评审过程中弄虚作假或者以其他不正当手段骗取奖励的，一经查实，由文化部撤销奖励，并追回奖状、证书和奖金，并在适当范围内予以通报。

第十五条　参与文化部创新奖评审活动的评审委员和有关工作人员必须严格遵守评审纪律和相关规定。评审委员在评审工作中违反规定徇私舞弊的，取消其评审委员资格。评审办公室人员有上述行为的，由有关部门予以严肃处理。

第十六条　文化部创新奖评审全程接受驻文化部监察局的监督。

第十七条　每一届文化部创新奖的评审可由评审办公室根据本办法制定具体的实施细则。

第十八条　本办法由文化部负责解释。各省、自治区、直辖市文化厅（局）可参照本办法设立本行政区的文化创新奖。

第十九条　本办法自2010年9月26日起实施。2009年1月7日印发的《文化部创新奖奖励办法》同时废止。

文化部关于进一步加强文化市场管理工作的若干意见

文市发〔2010〕46号

各省、自治区、直辖市文化厅（局），新疆生产建设兵团文化广播电视局，北京市、天津市、上海市、重庆市文化市场行政执法总队：

经过多年发展，文化市场已成为人民群众文化消费的主渠道，管理工作也取得显著成效，法规体系基本建立，市场秩序不断规范，管理水平逐步提高，对促进文化产业发展、满足人民群众精神文化需求发挥了重要作用。与此同时，管理工作仍不适应文化市场发展和新形势要求。胡锦涛总书记在中央政治局第二十二次集体学习时发表重要讲话，要求繁荣城乡文化市场，加强文化市场监管，构建统一开放竞争有序的现代文化市场体系，推进文化市场综合执法改革，努力做到依法管理、科学管理、有效管理。为贯彻十七届五中全会和胡锦涛总书记重要讲话精神，现就进一步加强新形势下文化市场管理工作提出以下意见。

一、正确研判文化市场发展管理的形势与任务

（一）全面把握文化市场管理工作面临的新形势。在全面建设小康社会进程中，人民群众的精神文化需求日趋旺盛，文化建设的战略地位日益凸显。党中央从中国特色社会主义事业总体布局和实现中华民族伟大复兴的战略高度出发，提出要促进文化事业全面繁荣和文化产业快速发展，构建统一开放竞争有序的现代文化市场体系。随着国家文化体制改革逐步深化，文化市场综合执法改革全面推进，文化管理体制发生重大变化，文化市场由分头管理、多头执法向统一领导、综合执法转变，管理范围迅速扩展。文化与信息网络技术深度融合，打破了传统的文化市场分类方式和管理模式，在促进文化市场发展的同时，也

带来了一些新情况新问题。新形势对文化市场管理工作提出了更高的要求，迫切需要对文化市场管理理念、思路、方法和手段进行及时调整创新。

（二）清醒认识文化市场管理工作中存在的问题。从全国范围看，大市场、小队伍的状况普遍存在，文化市场管理任务日趋繁重、难度逐步加大与管理投入相对不足的矛盾越来越突出，特别是中西部地区，文化市场管理机构和队伍建设长期滞后，人员编制、经费投入、设备装备、综合素质等难以适应现代文化市场管理需要。由于监管薄弱、效率不高等原因，一些地区文化市场仍然存在一些问题，含有色情淫秽、反动内容的非法文化产品时有发现，违法违规行为屡禁不止，扰乱市场秩序，败坏社会风气，危害社会稳定和国家文化安全。亟需加大政府投入，提高保障能力，加强队伍建设，提高管理水平。

（三）努力实现文化市场管理工作的历史性转变。文化市场管理工作直接面向社会，突发事件多，社会热点多，工作责任大。各级文化行政部门和综合执法机构要从加强和改进党在意识形态领域的执政能力、推动和保障社会主义文化大发展大繁荣的高度，增强使命感和责任感，努力实现从注重事前静态审批向注重事中和事后动态监管转变，从注重市场主体、产品和服务准入向注重市场交易机制和规范建设转变，从注重刚性管制方式向寓监管于服务的刚柔相济方式转变，从主要依靠人工巡查向人工巡查与技术监管相结合转变，把文化市场管理提高到新水平。

二、文化市场管理工作的总体要求和基本原则

（四）总体要求。贯彻落实科学发展观，深入推进文化市场管理体制改革，不断完善管理机制，全面加强文化市场管理，努力提高管理能力和水平，构建现代文化市场体系，规范文化市场秩序，净化社会文化环境，依法维护消费者文化权益和国家文化安全，为推动社会主义文化大发展大繁荣提供坚实保障。

（五）基本原则。面对新的形势，文化市场管理工作应当创新管理理念，在具体工作中坚持以下基本原则。

——坚持依法管理的原则。加强法制建设，健全文化市场法规体系，完善文化市场运行的基本规则，保护经营主体的合法权益；规范行政许可和执法行为，落实行政管理和执法责任制，做到有法可依、有法必依、执法必严、违法必究。

——坚持市场配置的原则。按照建设法治政府和服务型政府的要求，转变政府职能，减少微观事务、简化行政审批、避免直接干预；充分发挥市场对文化资源配置的基础性作用，坚持宏观调控与市场调节相结合，优化资源配置，实现总量增长与结构优化的有机统一。

——坚持分类指导的原则。针对文化市场不同行业发展的特点和管理现状，分别制定科学合理的管理办法，确定与之相适应的管理模式和手段；根据不同地区文化市场发展水平、特点以及存在的主要矛盾和问题，确定符合当地实际的主要任务、管理重点和工作措施。

——坚持政府投入的原则。加强文化市场监督管理，是政府部门的法定职责，其所需要的行政成本，应由公共财政承担、政府投入，不能由被管理对象承担。要不断加大政府投入，为文化市场管理工作提供基本保障。

——坚持综合协调的原则。建立健全与相关部门的协调机制，统筹执法资源，实现信息共享、联合行动、区域协作，形成管理合力；加强行业自律和市场主体自我约束，实现社会监督、行业监督和行政监督的协调统一。

三、文化市场管理的主要任务

新时期文化市场管理工作要服从和服务于推动社会主义文化大发展大繁荣的大局，找准工作定位，履行工作职责，切实做到不缺位、不越位。

（六）健全文化市场管理法规制度。按照与市场经济规律相符合，与文化市场发展趋势相适应，与文化市场管理体制改革相衔接的要求，全面梳理文化市场法律法规，做好法规制度的立、改、废工作。完善文化市场法规体系，推动出台《艺术品市场管理条例》、《文化市场行政执法管理条例》以及《电子游戏游艺市场管理办法》、《手机娱乐管理办法》，修订《娱乐场所管理条例》和《互联网上网服务营业场所管理条例》。

（七）构建现代文化市场体系。拟订文化市场发展规划，运用法律、经济和必要的行政手段，调整市场布局，优化市场结构，引导和调节文化市场。培育和健全各类文化产品市场和要素市场，

打破条块分割、地区封锁、城乡分离的市场格局，促进文化产品和生产要素的合理流动，推动城乡文化市场统筹发展，构建统一开放竞争有序的现代文化市场体系。壮大文化市场主体，推动文化市场规模化、连锁化、品牌化发展，完善现代流通体系，培育大众性文化消费市场和新兴文化经营业态，引导和促进文化消费，满足人民群众多样化、多层次、多方面的精神文化需求。

（八）完善文化市场准入、运行和退出制度。完善文化市场主体和产品准入制度，加强文化市场主体和内容管理。依法对文化产品进行内容审查。推动建立科学合理的文化市场运行机制，加快文化市场诚信体系和标准体系建设，规范市场经营主体之间、经营者与消费者之间的关系，营造公平竞争的市场环境。通过政府指导、信息发布、表彰奖励、“黑名单”等制度，建立优秀市场经营主体以及文化产品的扶持和奖励机制、不合格市场经营主体以及文化产品的自动退出和强制退出机制。

（九）建立完善文化市场综合执法体制。深入推进文化市场综合执法改革，推动文化、广电、新闻出版等部门执法力量整合，建立“权责明确、行为规范、监督有效、保障有力”的文化市场综合执法体制。各级文化行政部门要依照规定，统筹协调、监督指导文化市场综合执法工作。各级文化市场综合执法机构作为宣传文化系统共同的行政执法力量，应当接受文化（文物）、广播影视、新闻出版（版权）部门的相关业务指导，落实“扫黄打非”、综合治理等协调机构的工作部署，以保护知识产权、净化社会文化环境、维护消费者合法权益和国家文化安全为重点，全面履行文化市场监管职责，不断推进综合执法工作的法制化、科学化、规范化。

（十）加强文化市场管理和综合执法队伍建设。按照专业化、规范化、信息化的要求，建设一支政治强、业务精、纪律严、作风正、形象好的文化市场管理和综合执法队伍。制定队伍建设规划，明确加强队伍能力建设、制度建设、装备建设、形象建设和廉政建设的目标、任务、措施和要求。根据当地经济社会发展水平和文化市场管理需要，保障执法经费，配备执法车辆，购置必备的调查取证、内容审查、技术监控等执法装备，改善执法条件和待遇，推进综合执法队伍的规范化建设。统一执法规范、程序、文书和标志。制定培训规划，优化和整合培训资源，培养一批专家型文化市场管理和执法业务骨干。健全县级文化市场管理和执法队伍，建立完善乡镇文化市场管理体制机制。

（十一）建设全国文化市场技术监管体系。积极利用信息网络技术，创新文化市场管理手段。按照“总体规划、分步实施、全国联网、分级运营”的原则，编制文化市场技术监管系统总体规划和标准规范，逐步建成统一高效的全国文化市场技术监管系统，承担文化市场的宏观决策、市场准入、综合执法、动态监管和公共服务等核心应用。全面应用文化市场综合执法办公系统，推进综合执法工作的信息化。完善“12318”全国文化市场举报监督体系，提高社会力量参与文化市场管理的水平。

四、加强文化市场管理的组织领导

（十二）加强对文化市场管理工作的统一领导。建立健全统一的文化市场管理领导体制，充分发挥文化市场管理工作领导小组的作用，加强对文化市场管理和综合执法工作的统一领导，形成“党委领导、政府管理、行业自律、社会监督”的文化市场管理格局。

（十三）合理划分各级管理部门的职责。要合理划分中央与地方各级文化行政部门对文化市场管理的职责。文化部主要负责全国文化市场宏观管理，通过制定法规、出台政策、建立制度，加强培训和监督检查，统筹和指导全国文化市场管理工作。省级文化行政部门要结合本地实际，贯彻落实中央出台的各项法规政策，承办文化部委托的审批管理工作，协调有关部门制定地方性文化市场管理法规政策，指导地、县级文化行政部门开展文化市场管理工作。地、县级文化行政部门要根据中央和省级文化行政部门的要求，按照属地管理原则，履行和承担文化市场管理的主体责任。各级文化市场综合执法机构经省（自治区、直辖市）人民政府授权实行统一综合执法的，对同级人民政府负责。受委托进行统一执法的机构，对委托机关负责，接受委托机关的监督、指导和考核。下级综合执法机构同时接受上级综合执法机构的业务指导。

（十四）加强对文化市场管理的统筹协调。要按照“政策制定职能与监督处罚职能相对分离”的原则，统筹协调文化市场行政管理与行政执法工作。文化行政部门主要负责文化市场的宏观管理，健全文化市场管理法律法规、政策体系、标准规范，履行市场准入和内容审查职能，负责文化市场运行管理，指导、监督受委托的综合执法机构依法开展综合执法工作，提出执法要求，考核执法绩效，提供专业服务。文化市场综合执法机构根据授权或委托，对文化市场实行统一执法，负责具体执法工作，行使文化市场行政处罚权以及与其相关的行政检查权和行政强制权，健全执法工作制度，完善执法程序，落实行政执法责任制和执法过错追究制，依法执法，完成政府或委托部门交予的执法任务，接受法制监督和行政监察。文化行政部门和综合执法机构要在文化市场管理工作领导小组的统一领导下，既分工负责、各司其职，又统筹协调、密切配合，及时相互通报政策法规、审批审查和行政处罚情况，共同做好文化市场管理工作。

（十五）加强对文化市场管理工作的绩效考核。按照围绕中心、服务大局的原则，建立文化市场管理和综合执法工作绩效考核体系，完善文化市场政策评估、反馈机制，推进新形势下文化市场管理和综合执法工作的创新和进步。建立健全中央、省、地、县四级文化市场管理绩效考评机制。省、地、县文化行政部门要对文化市场管理和委托执法的综合执法机构进行年度绩效考评，细化工作，量化任务。要结合绩效考评工作，建立表彰奖励制度，调动基层文化市场管理人员和执法人员的积极性和主动性，推动我国文化市场健康有序发展。

2010年12月20日

文化部关于贯彻实施《网络游戏管理暂行办法》的通知

文市发〔2010〕27号

各省、自治区、直辖市文化厅（局），新疆生产建设兵团文化广播电视局，北京、天津、上海、重庆文化市场行政执法总队：

我国第一部网络游戏管理的部门规章《网络游戏管理暂行办法》（文化部令第49号，以下简称《办法》）于2010年8月1日起施行。《办法》的实施是坚持依法管理网络游戏、切实将网络游戏管理到位的重要手段，是规范网络游戏经营秩序、维护健康和谐的网络文化环境的重要举措。各地要以敢于管理、善于管理的精神，切实做好《办法》的贯彻实施工作，现将有关事项通知如下：

一、明确管理对象，规范主体审批

（一）进一步明确管理对象。《办法》所称网络游戏主要包括以客户端、网页浏览器和其他终端形式运行的网络游戏，以及通过信息网络向公众提供的单机版游戏。其他终端，是指移动电话、个人数字处理器、联网的游戏机和接入信息网络的各类信息设备。

（二）严格规范主体审批。省级文化行政部门应当按照《办法》规定的条件和程序，负责对从事网络游戏上网运营、网络游戏虚拟货币发行和网络游戏虚拟货币交易服务等经营活动的单位实施主体准入，制定审批工作流程。经审核合格的，在取得文化部统一的序列编号后核发“网络文化经营许可证”，并及时向社会公告审批结果。

对不需要取得“网络文化经营许可证”从事网络游戏研发生产的单位，要强化内容和授权行为的管理。

二、强化网络游戏内容管理

（三）推行电子政务，依法公开信息。网络游戏经营单位可通过文化部“网络游戏内容审查网上申报及进度查询系统”履行报审或备案程序。文化部依法公开通过审查和备案的网络游戏产品信息，供社会实时查询，接受社会监督。

（四）加强进口网络游戏内容审查。申请进口网络游戏内容审查的网络游戏运营企业应当确保所报审的网络游戏研发完整，与正式运营（或公测）的版本相一致，并按照《办法》第十一条等相关要求备齐全部材料，报文化部进行内容审查。网络游戏运营企业在内容审查未通过前，不得开放用户注册或向用户收费，不得以商业合作、广告销售等方式开展经营活动。

（五）规范国产网络游戏备案。申请国产网络游戏备案的网络游戏运营企业应当按照《办法》第十三条等相关要求备齐全部材料，报文化部履行备案手续。国产网络游戏备案实行独家申报制度，即一款国产网络游戏只能由一家网络游戏运营企业进行申报。

联合运营国产网络游戏的，应当由该网络游戏的著作权人进行申报。国产网络游戏著作权人不从事该网络游戏运营的，可授权一家联合运营该网络游戏的网络游戏运营企业独家申报备案。

国产网络游戏联合运营是指同一款国产网络游戏分别由多个网络游戏运营企业运营，并且所有参与该网络游戏运营的网络游戏运营企业都依法获得该网络游戏著作权人的许可。

（六）加强网络游戏动态监管。省级文化行政部门和文化市场综合执法机构应当按照《办法》第十四条的规定，加强对网络游戏内容实质性变动的管理。网络游戏运营企业应当对网络游戏内容实质性变动进行自查，并履行审查或备案手续。对存在异议的，由文化部网络游戏内容审查专家委员会裁定。

三、加强网络游戏经营活动的监管

（七）采取切实有效的措施保护未成年人。网络游戏运营企业应当按照《办法》第十六条的要求，制定用户指引和警示说明。用户指引和警示说明应当包括游戏内容介绍、正确使用游戏的方法以及防止危害发生的方法。要根据网络游戏的实际情况，制定限制未成年人登录游戏和使用游戏的具体规定，并采取相应的技术措施和管理规范。要进一步完善网络游戏未成年人家长监护工程和适龄提示工程，为未成年人玩健康的游戏、健康地玩游戏提供制度保障。

（八）有序推进实名注册制度。网络游戏运营企业要建立和完善有效的实名注册系统，该系统应当包括网络游戏用户的真实姓名、有效身份证件号码、联系方式等信息。网络游戏运营企业应当按国家有关信息安全的规定保存用户注册信息，并在实名注册系统中向用户明确告知个人信息及隐私保护政策。

各级文化行政部门和文化市场综合执法机构要监督网络游戏运营企业加快现有注册系统的改造。对2010年8月1日之后运营的网络游戏产品和注册用户，网络游戏运营企业应当在《办法》施行起3个月内，使用合规的实名注册系统；对2010年8月1日之前运营的网络游戏产品和注册用户，网络游戏运营企业应当在《办法》施行起六个月内，完成实名注册信息增补系统的建设并投入使用。

（九）明确国产网络游戏联合运营规范。被授权独家申报的网络游戏联合运营企业，应当向文化部提交所有联合运营该网络游戏的网络游戏运营企业名单和各自获得合法授权的许可文件。国产网络游戏联合运营企业数量发生变化的，应当自新增或减少联合运营企业行为发生之日起30日内，向文化部备案。国产网络游戏授权权利人要加强授权管理，对被授权的网络游戏运营企业的宣传、推广等经营行为负连带责任。

（十）建立和完善自审制度。网络游戏运营企业应当配备经文化部培训的专门人员负责网络游戏内容和经营行为的自查与管理，并向省级文化行政部门提交包括本企业自审制度、自审人员详细信息在内的相关材料，由省级文化行政部门报文化部备案。

（十一）规范网络游戏授权与转授权行为。网络游戏经营单位应当按照《办法》第十七条的规定，认真核查被授权人的网络游戏运营资质。网络游戏经营单位明知或应知被授权人无网络游戏运营资质而授权其通过信息网络向公众提供网络游戏的，按照《办法》第三十一条的规定予以查处。网络游戏经营单位违反《办法》第十七条的规定，所授权的网络游戏含有《办法》第九条所禁止的内容，并且产生恶劣影响的，按照《办法》第三十条第一项的规定从重处罚。

网络游戏在上网运营过程中，运营权发生转移的，变更双方应当采取积极措施保障网络游戏用户的合法权益。运营权发生转移时，网络游戏用户因使用该款游戏而产生的合法权益，由拥有网络游戏用户数据的网络游戏经营单位承担保障责任。网络游戏运营企业上网运营进口网络游戏所获得独占性授权的权限过期，继续通过信息网络向公众提供该网络游戏的，依法予以查处。

（十二）推行《网络游戏服务格式化协议必备条款》。为保障网络游戏用户合法权益，按照诚实、信用、公平的原则，文化部制定《网络游戏服务格式化协议必备条款》（见附件）。网络游戏运营企业与用户的服务协议应当包含《网络游戏服务格式化协议必备条款》的全部内容，并且不得存在与其相抵触的其他条款。《网络游戏服务格式化协议必备条款》的实施，应与网络游戏用户实名注册工作同步开展。

（十三）加强网络游戏虚拟货币交易服务管理。网络游戏虚拟货币交易服务企业不得为未经文化部审查或备案的网络游戏、无网络游戏运营资质的企业运营的网络游戏和中华人民共和国境外运营的网络游戏提供交易服务。

（十四）封堵非法游戏及违法经营活动的支付渠道。任何单位不得为非法网络游戏和网络游戏违法经营活动提供第三方支付、网上银行支付和其他支付结算服务等各种形式的支付服务。在明知或应知所提供交易服务的对象是非法网络游戏的情形下，仍继续为其提供支付服务的，由文化行政部门或者文化市场综合执法机构依据《非金融机构支付服务管理办法》等法律法规通报有关部门依法处理。

四、加强领导、扩大宣传、强化监督

（十五）加强组织领导和检查。各级文化行政部门和文化市场综合执法机构要加强对贯彻实施《办法》的组织领导，充分发挥网吧及网络游戏管理工作协调小组的作用，会同有关部门把《办法》规定的各项制度、措施和要求落到实处，建立健全网络游戏综合治理的长效机制。

省级文化行政部门要对《办法》的贯彻实施工作进行督导，并将相关情况报送文化部。文化部将在2010年底对各地的贯彻实施工作进行检查，检查结果将作为文化市场行政执法考评的重要指标。

（十六）加大舆论宣传的力度。各级文化行政部门要在2010年8月开展《办法》专题宣传月活动，充分利用报刊、广播、电视、信息网络等媒体，就《办法》的制度规定和贯彻落实进行全面报道。对贯彻落实有力的网络游戏经营单位要及时表彰，对管理制度落实不到位、执行不力的网络游戏经营单位要在依法查处的同时，在新闻媒体上予以曝光批评。

（十七）强化社会监督和评议。各级文化行政部门和文化市场综合执法机构要建立和完善举报制度，做到有报必查并及时反馈查处结果。要与学校、家长、媒体、社会紧密配合，协助落实家庭、学校教育的监护责任，形成合力。要根据舆情和举报，定期组织教育工作者、消费者、有关部门及新闻媒体代表开展对特定网络游戏产品的评议活动。行业组织要积极引导企业进行自身产品、经营行为的自审自查，对行业组织通报的违规行为，有关文化行政部门和文化市场综合执法机构要及时查处。

特此通知。

附件：《文化部网络游戏服务格式化协议必备条款》

2010年7月29日

附件：

文化部网络游戏服务
格式化协议必备条款

根据《网络游戏管理暂行规定》（文化部令第49号），文化部制定《网络游戏服务格式化协议必备条款》。甲方为网络游戏运营企业，乙方为网络游戏用户。

1. 账号注册

1.1 乙方承诺以其真实身份注册成为甲方的用户，并保证所提供的个人身份资料信息真实、完整、有效，依据法律规定和必备条款约定对所提供的信息承担相应的法律责任。

1.2 乙方以其真实身份注册成为甲方用户后，需要修改所提供的个人身份资料信息的，甲方应当及时、有效地为其提供该项服务。

2. 用户账号使用与保管

2.1 根据必备条款的约定，甲方有权审查乙方注册所提供的身份信息是否真实、有效，并应积极地采取技术与管理等合理措施保障用户账号的安全、有效；乙方有义务妥善保管其账号及密码，并正确、安全地使用其账号及密码。任何一方未尽上述义务导致账号密码遗失、账号被盗等情形而给乙方和他人的民事权利造成损害的，应当承担由此产生的法律责任。

2.2 乙方对登录后所持账号产生的行为依法享有权利和承担责任。

2.3 乙方发现其账号或密码被他人非法使用或有使用异常的情况的，应及时根据甲方公布的处理方式通知甲方，并有权通知甲方采取措施暂停该账号的登录和使用。

2.4 甲方根据乙方的通知采取措施暂停乙方账号的登录和使用的，甲方应当要求乙方提供并核实与其注册身份信息相一致的个人有效身份信息。

2.4.1 甲方核实乙方所提供的个人有效身份信息与所注册的身份信息相一致的，应当及时采取措施暂停乙方账号的登录和使用。

2.4.2 甲方违反 2.4.1 款项的约定，未及时采取措施暂停乙方账号的登录和使用，因此而给乙方造成损失的，应当承担其相应的法律责任。

2.4.3 乙方没有提供其个人有效身份证件或者乙方提供的个人有效身份证件与所注册的身份信息不一致的，甲方有权拒绝乙方上述请求。

2.5 乙方为了维护其合法权益，向甲方提供与所注册的身份信息相一致的个人有效身份信息时，甲方应当为乙方提供账号注册人证明、原始注册信息等必要的协助和支持，并根据需要向有关行政机关和司法机关提供相关证据信息资料。

3. 服务的中止与终止

3.1 乙方有发布违法信息、严重违背社会公德、以及其他违反法律禁止性规定的行为，甲方应当立即终止对乙方提供服务。

3.2 乙方在接受甲方服务时实施不正当行为的，甲方有权终止对乙方提供服务。该不正当行为的具体情形应当在本协议中有明确约定或属于甲方事先明确告知的应被终止服务的禁止性行为，否则，甲方不得终止对乙方提供服务。

3.3 乙方提供虚假注册身份信息，或实施违反本协议的行为，甲方有权中止对乙方提供全部或部分服务；甲方采取中止措施应当通知乙方并告知中止期间，中止期间应该是合理的，中止期间届满甲方应当及时恢复对乙方的服务。

3.4 甲方根据本条约定中止或终止对乙方提供部分或全部服务的，甲方应负举证责任。

4. 用户信息保护

4.1 甲方要求乙方提供与其个人身份有关的信息资料时，应当事先以明确而易见的方式向乙方公开其隐私权保护政策和个人信息利用政策，并采取必要措施保护乙方的个人信息资料的安全。

4.2 未经乙方许可甲方不得向任何第三方提供、公开或共享乙方注册资料中的姓名、个人有效身份证件号码、联系方式、家庭住址等个人身份信息，但下列情况除外：

4.2.1 乙方或乙方监护人授权甲方披露的；

4.2.2 有关法律要求甲方披露的；

4.2.3 司法机关或行政机关基于法定程序要求甲方提供的；

4.2.4 甲方为了维护自己合法权益而向乙方提起诉讼或者仲裁时；

4.2.5 应乙方监护人的合法要求而提供乙方个人身份信息时。

文化部办公厅关于印发《国家级文化产业示范园区管理办法（试行）》的通知

办产发〔2010〕19 号

各省、自治区、直辖市文化厅（局），新疆生产建设兵团文化广播电视局：

为规范国家级文化产业示范园区的申报、命名和监督管理工作，现将《国家级文化产业示范园区管理办法（试行）》印发给你们，请遵照执行。

特此通知。

2010 年 7 月 8 日

附件：

国家级文化产业示范园区管理办法（试行）

第一章 总 则

第一条　为满足人民群众的文化消费需求，促进我国文化产业健康持续发展，推动国家级文化产业示范园区（以下简称园区）建设，规范园区申报、命名和监督管理，特制定本办法。

第二条　本办法所称园区是指进行文化产业资源开发、文化企业和行业集聚及相关产业链汇聚，对区域文化及相关产业发展起示范、带动作用，发挥园区的经济、社会效益的特定区域。

第三条　园区建设应遵循统筹规划、合理布局、突出特色、内容优先、自主创新的原则。

第四条　文化部负责国家级文化产业示范园

区的申报、命名、管理和考核。

第五条　省级文化行政主管部门负责本辖区省级的文化产业园区的申报、命名、管理和考核，并负责对国家级文化产业示范园区的指导和监管。

第六条　园区每两年申报、命名一次，每次命名不超过两个。原则上每个省级行政区内园区总量不超过两个。园区每两年考核一次。

第二章　申报与命名

第七条　申报国家级文化产业示范园区应具备以下条件：

（一）符合国家文化产业规划、当地整体规划和产业发展规划，在土地、消防、安全、节能、环保、卫生等方面符合国家相关规定和标准。

（二）具有完善的基础设施，能够充分利用区域优势，为文化企业发展提供必要的硬件环境。园区内非文化类商业及其他配套面积不得超过园区总建设面积的20%。

（三）有丰富的文化内容和明确的文化产业特色，成绩显著，在全国或本省及区域内具有代表性和示范性。

（四）已经集聚了一定数量的文化企业，园区内文化企业数量占园区企业总数的60%以上。园区内文化产业产值、交易额等经济效益指标居于国内领先地位。园区内文化企业所生产的文化产品和所提供的文化服务内容健康。

（五）有专门的管理机构和管理人员，管理制度健全，没有发生违法违规行为。

（六）有配套的公共服务体系，能够为进入园区的企业提供企业孵化、融资中介、技术、信息、交易、展示等公共服务。

（七）建设和运营管理单位是法人单位。

（八）规范运营两年以上，且经济和社会效益业绩显著。

（九）法律法规确定的其他条件。

第八条　对于预期社会效益和经济效益好、成长性高、有发展前景、具有引领和示范作用，但尚未具备国家级文化产业示范园区条件的文化产业园区，文化部可命名为国家级文化产业试验园区。

第九条　申报园区，由其建设单位作为申报单位向所在地省级文化行政主管部门提出申报申请，由省级文化行政主管部门进行初审。

第十条　对初审合格的由省级文化行政主管部门负责向文化部提出国家级文化产业示范园区命名申请，并按本办法第七条规定的内容提交《国家级文化产业示范园区申请报告》。

第十一条　文化部文化产业司负责组织相关部门及专家对《国家级文化产业示范园区申请报告》进行评审，形成评审意见。

第十二条　对评审合格的，经文化部部务会议讨论通过后，在文化部网站和《中国文化报》上公示，公示时间为20天。

第十三条　公示结束后，文化部对符合条件的命名为国家级文化产业示范园区。

第三章　管理和考核

第十四条　文化部文化产业司负责园区的指导和监督管理工作，按本办法组织执行相关命名评审及管理工作；组织开展园区之间的交流活动；组织园区考核工作；推动园区对外交流与合作；协调园区申请贷款和专项资金扶持。

第十五条　园区所在地的省级文化行政主管部门负责协调、指导园区建设和对园区的监管，并配合地方人民政府出台相关的优惠政策和支持措施。

第十六条　园区对规划和重要文化产业项目作重大调整时，须报文化部文化产业司备案。

第十七条　园区每年4月须向省级文化行政主管部门和文化部文化产业司报送年度发展情况。

第十八条　文化部文化产业司依照本办法规定组织相关部门及专家，对已命名的园区进行建设目标考核，考核每两年进行一次。考核结果分为通过考核、限期整改、撤销命名3种。限期整改的期限不超过6个月。

第十九条　对园区的考核包括以下方面：

（一）园区发展方向符合国家有关政策法规和本办法要求；

（二）园区发展规划实施情况；

（三）园区管理及整体运营是否遵纪守法；

（四）园区服务体系建设情况；

（五）园区内文化企业发展情况；

（六）省级文化行政主管部门对园区管理的意见。

第二十条　园区有下列行为之一的，文化部将撤销其“国家级文化产业示范园区”称号：

（一）损害消费者利益的，并造成严重不良社会影响的；

（二）宣传虚假文化产品和服务信息并造成严重社会影响的；

（三）经营管理不善，不能达到园区认定条件的；

（四）考核不合格，并在规定期限内整改不达标的；

（五）申报时提供虚假材料或采取其他手段骗取园区资格的；

（六）有重大违法违规行为，受到法律、行政处罚的；

（七）其他对社会造成不良影响的行为；

（八）因政策或经营方向调整而改变园区性质的。

第四章　附则

第二十一条　本办法由文化部负责解释。

第二十二条　本办法自公布之日起施行。

中国文化年鉴

Chinese Culture Yearbook

文化体制改革

Cultural Restructuring

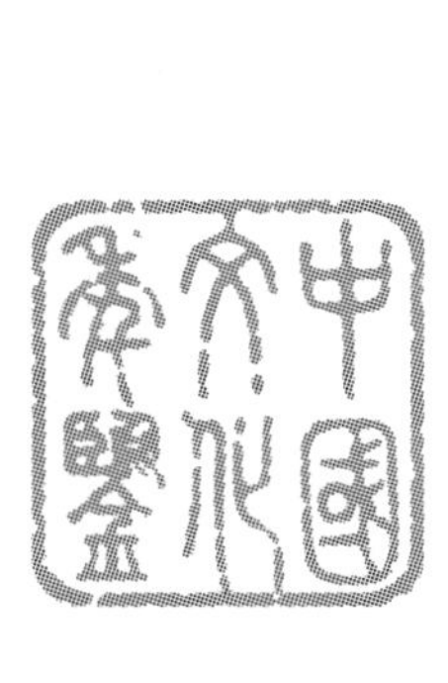

综 述

2010年，在党中央、国务院的坚强领导下，文化部积极贯彻落实中央关于深化文化体制改革的决策部署，把国有文艺院团体制改革作为文化系统体制改革工作的关键环节，全面推动经营性文化单位转企改制、文化市场综合执法、完善公共文化服务体系、优化文化产业发展结构、转变政府职能、创新对外文化交流体制机制等改革工作，成效显著，亮点纷呈。

一、国有文艺院团体制改革取得突破性进展

截至2010年底，全国共有461个国有文艺院团已完成或正在进行转企改制，其中，2010年转企院团数量达340个。从层级看，中央直属院团1个，省级院团82个（总数为197个，已转企改制的约占41.6%），地市级院团226个（总数为557个，已转企改制的约占40.6%），县级院团152个（总数1331个，已转企改制的约占11.4%）。从剧种上看，歌舞团69个，杂技团35个，话剧团24个，曲艺团13个，地方戏曲院团179个，其他类院团84个。部分省份在全省范围内全面推开了国有文艺院团转企改制工作，安徽在基本完成省级院团改革任务的基础上，大力推进市、县级院团转企改制，有74家国有文艺院团已完成或正在进行转企改制；江苏省42家院团已启动转企改制工作，其中26家已完成转制各项任务。演艺资源整合迈出新步伐，136家国有文艺院团把转企改制与整合资源、兼并重组结合起来，组建了46家演艺集团。绝大多数转制院团演出场次、演出收入和职工工资都有明显增加，演职人员的创作热情和敬业精神明显提高，院团发展的生机与活力明显增强。

二、文化部系统经营性事业单位转企改制步伐不断加快

中国对外文化集团公司、中国东方演艺集团有限公司、中国文化传媒集团有限公司、中国动漫集团有限公司等4家文化部系统集团公司的转企改制工作取得重大实质性进展。4家集团公司已将原事业单位1020个事业编制全部核销，实现了全员劳动合同管理，原在职事业身份职工和离退休职工加入了北京市基本养老保险体系，完成转企改制主要任务。一年来，4家集团公司业务领域不断拓宽，经济效益和社会效益不断扩大，职工收入显著提高，企业凝聚力进一步增强。中国东方演艺集团有限公司演出收入比2009年同期增长了318%，经营收入增长了219%，员工收入增长了214%，实现了3个翻番。中国对外文化集团公司组建的中演演出院线已整合全国30家剧场，年演出场次超过3000场，票务通业务不断拓展，初步形成相对完整的文化展演产业链，目前正在积极筹划股份制改造。中国动漫集团有限公司参加第九届东京国际动漫展，与韩国、日本知名动漫企业签署了合作协议，对动漫业的示范带动作用得到充分发挥。中国文化传媒集团有限公司与中国联通集团签署了战略合作协议，创办了《中国文化手机报》，开拓了新的发展空间。文化部系统出版社转企改制工作进展顺利。中国录音录像出版总社先后完成了债权债务清理、转制方案报批、清产核资、财务审计等工作，并引入北京首都创业集团有限公司作为战略合作伙伴，着力打造以文化数字内容发行为核心业务的科技型文化企业。文物出版社、文化艺术出版社、国家图书馆出版社、紫禁城出版社积极稳妥推进各项转企改制工作，也取得了阶段性进展。

三、文化市场综合执法改革加速推进

文化部进一步加大文化市场综合执法改革的推进力度，改革成效明显。北京、上海、重庆等13个省（市）基本完成综合执法改革，北京、广东、新疆等25个省（区、市）已成立或调整充实了省级文化市场管理工作领导小组。已有71%的地级市（含直辖市的区县）和54%的县（区）组建了综合执法机构，72%的地级市和58%的县区组建了综合文化责任主体，并实现了文化、新闻、广电三局合并。综合执法队伍培训制度建设不断完善，进一步推进了执法队伍的正规化建设。积极开展综合执法考评、文化市场重大案件及执法案卷评比等活动，极大地激发了执法队伍的干劲和积极性。文化市场执法成本明显降低、效率明显提高，文化市场管理机制得到明显改善。

四、公共文化服务运行机制日益完善

按照“增加投入、转换机制、增强活力、改善服务”的要求，全国各地的公共博物馆、图书

馆、文化馆等事业单位，都先后实行了人事、分配、社保等方面的改革，不同程度地建立了绩效考核评价的机制，使工作效率不断提高、服务水平不断改善、运营成本逐步下降。截至2010年底，全国有1743个公共博物馆、纪念馆已实行免费开放，接待观众人次超过4亿，比免费前增加了50%，成为了名副其实的文化惠民工程。2011年将启动公共图书馆、美术馆、文化馆的免费开放工作，力争到2012年底基本实现所有公益性文化设施和服务全部向公众免费开放。国家数字图书馆推广工程全面启动，县级数字图书馆推广计划建设任务全面完成。公共电子阅览室试点工作稳步开展。全国文化信息资源共享工程基层服务点建设基本完成“村村通”的目标，数字资源总量达105TB，累计服务超过8.9亿人次，最大限度地保障人民群众的基本文化权益。

五、文化产业发展方式逐步改善

文化部会同相关部委出台《关于金融支持文化产业振兴和发展繁荣的指导意见》，并与中国工商银行、中国农业银行等签订了战略合作协议，一批亮点突出、示范效应明显的项目在部行合作机制下得到银行贷款支持，涉及金额136亿多元。实施“原创动漫扶持计划”，助推原创动漫内容建设。文化产业基地和特色产业群建设加快推进，初步培育出一批骨干文化企业，70家文化企业被命名为第四批国家文化产业示范基地。健全国内各类文化产品交易平台，第六届中国（深圳）国际文化产业博览交易会总成交额达到1084.34亿元。进一步规范文化市场，加强对演出娱乐、网络文化、动漫游戏等各行业经营秩序的监管力度，诚信文化市场管理体系初步建立，有效净化了网络环境，保障了未成年人健康成长。

六、政府职能实现进一步转变

文化部履行好政策调节、市场监管、宏观管理、公共服务的职能，在实现“三个转变”上取得了新的进展。坚持政府主导，大力推动公共文化基础设施建设。国家博物馆改扩建、国家话剧院剧场等文化设施工程相继竣工，为保障群众文化权益发挥了重要作用。积极推动文化政策法规建设，《中华人民共和国非物质文化遗产法》已于2011年2月25日第十一届全国人大常委会第十九次会议审议通过，并将于2011年6月1日起施行。积极推进行政审批制度改革，不断改进工作方式方法，与各部门加强统筹协调，形成文化与旅游协调发展联席会议、对外文化工作部际联席会议等工作制度。积极参与国民经济与社会发展“十二五”规划和国家“十二五”时期文化改革发展规划的编制工作，在国家级规划中体现文化系统关于文化建设的发展思路，起草文化部“十二五”文化发展规划，积极参与成都、重庆、云南等地区区域性规划和行业性规划的制定，在区域发展规划中更加突出了文化的地位、作用。

七、对外文化交流体制机制不断创新

国务院相关部门之间、中央与地方、国内与国外、文化部与直属院团的对外文化工作协调机制不断建立和完善，特别是对外文化工作部际联席会议制度，为科学统筹我国对外文化工作提供了重要平台。对外文化交流不断深入，文化外交的作用日益彰显。思想文化领域的深层交流日益拓展，中欧文化高峰论坛、中美文化论坛、中土文化界知名人士座谈会、中印文化界人士座谈会等文化交流活动影响广泛。坚持文化交流与文化贸易并举，文化企业和文化产品“走出去”力度不断加大。对外文化阵地不断拓展，3个文化中心相继奠基或揭牌，4个国家与我国签署了建立文化中心的政府文件。文化产品和服务出口取得新成效。天创国际演艺公司联合外国演出商共同投资制作适合西方高端演艺市场的《功夫传奇》，创造了以资本运营带动演艺产品出口的新模式，2010年又与维也纳控股集团和维也纳施塔德哈勒公司合作成立了维也纳北京天创公司，正式进军欧洲演艺市场。

中国文化年鉴

Chinese Culture Yearbook

公共文化服务

Public Cultural Services

综　述

2010年，文化部以邓小平理论和“三个代表”重要思想为指导，全面贯彻落实科学发展观，依循“保基本、强基层、建机制”的基本路径，坚持理论建设和实践推动并重、软硬件建设并重、“点、线、面”并重，以城乡基层为重点，按照体现公益性、基本性、均等性、便利性的要求，加快构建结构合理、发展平衡、网络健全、运行有效、服务优质的公共文化服务体系。

一、按照“三个转变”的工作要求，以“软件”建设为切入点，加强公共文化服务体系的顶层设计

按照“由管微观向管宏观转变，由办文化为主向管文化为主转变，由面向直属单位向面向全社会转变”的工作要求，文化部切实加强公共文化服务体系制度设计课题研究，积极开展公共文化服务体系示范区（项目）创建工作，加强公共文化服务体系的顶层设计，提高在“面”上的管理水平和调控能力，充分调动各级地方政府和文化行政部门的积极性和创造性。

（一）认真谋划公共文化服务体系示范区（项目）创建工作

按照今后一个历史时期公共文化服务体系建设的思路，公共文化服务体系建设在工作重点、方式方法上要实现“三个转变”，即由实践推动向理论建设与实践推动并重转变，由硬件建设向软硬件并重转变，由“点、线”推动向“点、线、面”并重转变。既要继续抓好“点线”，谋划实施重大文化项目，又要注意调动和发挥地方政府的积极性和创造性，进一步明确各级地方政府在公共文化服务体系建设中的责任，加强在“面”上的管理和调控。

为进一步强化地方党委、政府的主导责任，努力突破体制障碍，盘活文化资源，加大跨部门、跨领域、跨系统文化项目的交流与合作，实现基层公共文化资源综合利用，共建共享，2010年，文化部认真谋划了国家公共文化服务体系示范区（项目）创建工作。2010年12月31日，文化部、财政部印发了《国家公共文化服务体系示范区（项目）创建工作方案》，分东、中、西部制定了创建标准，明确了创建工作的目标、任务和主要措施。文化部拟于“十二五”时期，在全国东、中、西部创建一批结构合理、发展平衡、网络健全、运行有效、惠及全民的公共文化服务体系示范区，培育一批具有创新性、带动性、导向性、科学性的公共文化服务体系示范项目，为我国公共文化服务体系建设探索路径、积累经验、提供示范，分类指导东、中、西部和城乡基层公共文化服务体系建设，推动公共文化服务体系建设科学发展上水平。根据创建工作安排，从2011年开始到2016年，文化部、财政部将按两年一个创建周期，分三批公布90个左右的示范区和192个示范项目，覆盖全国东、中、西部1/3以上的地级市，形成规模示范效应，带动地方政府加大对公共文化事业的支持和投入力度，为公共文化服务体系建设提供实践示范和制度经验。

国家公共文化服务体系示范区（项目）创建工作的申报主体以地级市为单位，主要考虑地级市体量适中，涵盖城乡，统筹公共文化服务体系建设能力强。根据文件要求，首批创建申报工作每省原则上只有1个示范区和2个示范项目名额。各省文化厅（局）、财政厅（局）要在各地级市积极申报的基础上，经过反复比较和实地考察，确定本省进入候选的示范区和示范项目，并与有关申报单位进行协商，确定示范区先后顺序，经省级人民政府同意后报送文化部。在评审过程中，文化部将要求专家要把各省的推荐意见作为重要参考，综合考虑申报单位所在省的整体情况。

文化部通过开展示范区创建工作，引导各申报单位参照创建标准，对本地公共文化服务体系建设情况进行充分摸底调查，了解本地区制约公共文化服务体系建设的关键问题，厘清公共文化服务体系建设思路和方向。文化部要求各申报单位，按照规划先行的原则，明确本地公共文化服务体系建设的优先顺序和重点任务，结合创建标准逐条落实创建阶段性任务和目标，明确时间表和路线图，制定详细的公共文化服务体系建设规划，针对突出问题拿出解决方案，推动本地公共文化服务体系建设科学发展上水平。

（二）积极开展公共文化服务体系制度设计课题研究

为解决当前公共文化服务体系建设中存在的突出矛盾和问题，文化部根据我国区域差异、城乡差异的具体实际，设计公共文化服务体系政策理论研究课题体系，与典型示范和地方实践相结合，研究探索公共文化服务体系建设的模式、路径、方式、方法和措施，推动公共文化服务体系建设在科学理论指导下实现可持续发展。8月，文化部按照“文化部组织、专家委员会统筹、首席专家领衔、省文化厅（局）承担、示范区保障”的“五级联动”工作机制，全面启动国家公共文化服务体系制度设计研究工作。通过制度设计研究工作，达到决策参考、指导实践、推动立法；吸纳一流专家，建立一支政府公共文化机构、专家学者组成的公共文化服务体系政策理论研究队伍，为政府决策提供参考咨询；形成一系列工作机制和抓手，进一步推进公共文化服务体系建设。

国家公共文化服务体系制度设计研究坚持以下4项基本原则：一是坚持“联系实际，注重实效”的原则。课题研究要立足地区和城乡差异，着眼于解决公共文化服务体系建设的具体问题，开展有针对性的研究，提出符合实际、可操作性的解决方案。二是坚持“结合示范区建设，同步推进”的原则。课题研究与国家公共文化服务体系建设示范区（项目）建设工作紧密结合，为示范区（项目）工作提供咨询、论证和专业指导，积极参与示范区（项目）建设。三是坚持“突出重点，全面推进”的原则。对于实际工作中亟待解决的、具有紧迫性的课题要优先考虑、突出重点，集中力量加以攻关，在人员、经费等方面给予重点支持，重点推进。四是坚持“加强协作，资源共享”的原则。依托网络技术，建立畅通的课题工作平台，加强协作和沟通，实现现有资源和成果共享。

在广泛调研的基础上，文化部设计了公共文化服务体系制度设计课题体系，成立了专家组，启动重点课题研究。一是确定课题体系。在深入调研和反复论证的基础上，形成了国家公共文化服务体系制度设计课题体系，主要包括：群众文化需求和基本文化权益研究、政府公共文化服务主体地位研究、公共文化单位免费开放与公益性服务研究等10个一级课题和32个二级课题。二是成立专家组。为充分发挥专家学者“思想库”、“智囊团”作用，专家组按照专家学者、行政管理人员和公共文化机构工作人员“三三制”的原则组建，主要承担负责重点课题研究工作以及为地方文化厅局课题研究进行理论指导和制度设计。三是启动重点课题研究工作。在对各高校和科研机构研究实力进行调研摸底的基础上，文化部社会文化司分别与清华大学中国发展规划研究中心、北京大学中国教育财政科学研究所、北京大学信息传播研究所、中国传媒大学及深圳市特区文化研究中心等重点课题承担单位签订了合作框架协议，并在上述单位建立“公共文化服务体系建设学术联系点”，分别就“文化部‘十二五’公共文化服务体系建设规划”、“公共文化服务经费保障机制研究”、“公共文化服务人才队伍建设研究”、“公共文化单位免费开放研究”、“公共文化服务评价考核体系研究”等重点课题共同开展研究工作，并在人才培养、项目合作等方面深入合作。四是组织地方文化厅（局）开展研究。文化部向各省区市文化厅（局）发布课题清单，共有25个省区市申报课题，经国家公共文化服务体系建设专家组评审，确定浙江、湖北、重庆三省市承担综合性课题研究，北京、河北等18个省区市及文化部全国文化信息资源建设管理中心承担专题性课题研究，并分别与承担课题研究工作的省区市文化厅（局）和单位签署委托协议书。

为保证制度设计研究的完整性、连贯性和实效性，文化部建立了专家对课题、课题对省份、省份对专家的推进方式。课题研究采取首席专家制，每个课题由首席专家牵头负责领衔攻关。建立各省（区、市）与专家沟通联系、密切协作的工作机制，首席专家指导各省（区、市）开展制度设计研究工作，各省（区、市）在接受首席专家指导的同时，成立相应的课题组，组织人员开展课题研究工作，“十二五”公共文化服务体系建设规划等重点课题在2010年7月底前已经形成阶段性成果。免费开放的课题成果为文化部、财政部推进美术馆、公共图书馆、文化馆（站）免费开放工作提供了决策参考，课题成果将直接被运用到免费开放的实施方案中。

（三）认真总结“十一五”时期公共文化服务体系建设的成果和经验，谋划“十二五”时期主要工作

2010年是“十一五”规划的收官之年，也是谋划“十二五”规划的关键一年。文化部把总结“十一五”经验、谋划“十二五”工作作为2010年的重要工作之一，认真学习贯彻《中共中央关于制定国民经济和社会发展第十二个五年规划的建议》精神，密切配合中宣部《国家文化发展和改革纲要》和文化部“十二五”规划的起草工作，汇聚各方面力量，牵头起草了《公共文化服务体系建设“十二五”规划》、《公共图书馆事业发展“十二五”规划》、《全国文化信息资源共享工程建设“十二五”规划》三部各有侧重的专项规划草案，组成了层次清晰、密切联系的规划体系，初步提出了“十二五”期间社会文化工作的主要思路、具体发展目标和主要任务，为“十二五”时期稳步推进公共文化服务体系建设奠定了坚实的基础。

二、充分发挥典型的示范、引导和带动作用，以点带面，推进城乡公共文化服务体系建设

按照蔡武部长“公共文化服务体系建设除了面上规划、政策指导之外，关键是要有典型引路”的指示要求，文化部高度重视发挥典型的示范、引导和带动作用，在乡村、县、市三级推出了一批在公共文化服务体系建设方面取得突出成绩的先进典型。

（一）在云南省召开全国村级文化建设座谈会，总结推广云南省腾冲县中和乡大村和昆明市福保村村级文化建设的经验

2010年11月24日，文化部在云南昆明召开全国村级文化建设工作座谈会，总结推广云南等地村级文化建设经验，研究部署村级文化建设工作。座谈会上，云南省、安徽省、广西壮族自治区文化厅分别介绍了当地加强村级文化建设的主要经验和做法。云南省将文化建设重心下移，探索建立了“文化乐民、文化育民、文化富民”的村级文化建设有效模式；安徽省通过举办中国农民歌会，打造具有导向性、示范性、代表性的村级文化建设品牌；广西壮族自治区整合科教文卫体等系统资源，在所有行政村建设“五合一”村级公共服务平台。云南省腾冲县中和乡大村、云南省昆明市官渡区六甲乡福保村、吉林省榆树市新庄镇直立村介绍当地文化建设经验。大村把“文化惠民”与服务“三农”有机结合起来，充分发挥文化建设提高农民素质、促进农村和谐的积极作用。福保村积极发展农村特色文化产业，实现文化建设和经济发展的良性互动。直立村实现了有线电视和光缆信号入户，建成了文化信息资源共享工程基层点和村文化活动室，为农民群众致富提供了有利平台。

会议还研究部署了村级文化建设工作，提出村级文化建设要按照体现公益性、基本性、均等性、便利性的要求，以保障农民群众基本文化权益为宗旨，以提高农民素质、促进农村和谐、维护农村稳定为目标，加大村级公共文化资源供给，加强文化阵地、基层队伍和机制体制建设，逐步形成“政府引导、群众主体、社会参与”的村级文化建设格局，为社会主义新农村建设提供坚强的文化保障。一是大力加强村级文化阵地设施建设，基本实现每个行政村有文化活动室。村文化活动室可以“一室多用”，努力做到共建共享，成为集文化、教育、体育、基层党建等于一体的综合性服务平台。二是加强公共文化机构对村文化建设的指导和服务，推动公共文化资源配置向村倾斜。各级公共文化机构实现重心下移、服务下移；通过文化共享工程建设推动数字文化信息资源“进村入户”；建立村级群众文化活动长效机制，实现村级文化活动“天天有”。三是尊重农民群众在村级文化建设中的主体地位，积极鼓励和支持社会力量参与村级文化建设。发展“一村一品”特色文化，鼓励农民自办文化，建立城市对农村的援助机制，鼓励企业、社会组织参加基本公共文化产品生产和供给，完善公共文化服务市场化供给机制。四是加强村级文化队伍建设。通过多种方式逐步培育和建立起村文化服务队伍，重点支持一批优秀乡土文化人才和特色群众文化团体的发展，加大培训力度。五是建立村级文化建设保障机制。建立村级文化建设组织保障机制，加大经费支持，建立文化部门对村级文化建设的指导、督查机制。

加强村级文化建设是文化工作重心下移、资源下移、服务下移的具体举措。通过这次会

议，提高了各级文化行政部门和文化工作者对农村基层文化建设重要性的认识，增强了搞好村级文化工作的责任感和使命感。云南省大村和福保村的经验，对各地村级文化建设具有重要的借鉴意义。全国各级文化行政部门在学习、借鉴云南经验的基础上，充分发挥积极性和创造性，大力推动村级文化建设，加强公共文化资源的整合和优化配置，促进城乡公共文化服务均等化，切实保障农村群众基本文化权益。会议受到新闻媒体的广泛关注。新华社、《人民日报》、《光明日报》、中央电视台、中央人民广播电台等中央主要媒体及主要新闻网站对会议情况进行了集中报道。

（二）在河北省霸州市召开全国城乡基层公共文化服务体系建设现场经验交流会，总结推广霸州市持之以恒推进县级公共文化服务体系建设的经验

2010 年 7 月 21 日，刘云山在中办秘书局转报的河北省委办公厅《河北信息》第 812 期《十四年永葆城乡文化活动的奥秘所在——对河北省霸州市矢志不渝推进城乡公共文化服务体系建设的调查》一文上批示“树刚、蔡武同志：要总结推广霸州市持之以恒推进公共文化服务体系建设的做法和经验。”7 月 22 日，蔡武部长批示：“请社文司牵头，会同艺术司、市场司、产业司、非遗司等，共同对霸州的经验加以总结，并研究提出宣传、推广的方案，商中宣部落实。”为贯彻落实刘云山和蔡武的批示精神，文化部社会文化司先后两次会同有关司局前往霸州开展调研，深入了解霸州公共文化服务体系建设的做法和经验，并于 12 月联合中宣部在河北霸州召开县级公共文化服务体系建设现场经验交流会，推广河北霸州 14 年持之以恒加强公共文化服务体系的经验。河北省霸州市作为我国中部地区经济欠发达的县级市，14 年来持之以恒地坚持“文化兴市”理念，依托本地区丰富的文化资源和深厚的文化底蕴，以政府为主导，广大群众和社会力量积极参与，有针对性地解决公共文化服务体系建设中面临的难点和问题，在设施网络、资源供给、服务能力、人才队伍、活动开展、经费保障等方面全面推进，使公共文化服务体系建设步入良性、可持续发展轨道，初步探索出了具有地方特色的县级公共文化服务体系建设的模式和路子。座谈会上，文化部在总结推广“政府主导、社会自觉、软件入手、产品领先、设施承载、机制保障、服务连锁、民众共享”的“霸州模式”的同时，还交流了青岛市城阳区、宁波市鄞州区、成都市龙泉驿区等开展公共文化服务体系建设的典型经验，在全国大力推广，进一步推动农村公共文化服务体系建设。会议还就《文化部关于加强村级文化建设的指导意见》（征求意见稿）做了讨论。

（三）地市级层面，筹备在山东省烟台市召开的“全国地市级公共文化服务体系建设现场经验交流会”，总结推广烟台等地级市公共文化服务体系建设经验

地市级是全面推进我国公共文化服务体系建设的重要层级。2009 年底，我国共有地级行政区划共 333 个，地级市为 283 个。与国家和省（区、市）级相比，地市级区域单元规模适中、区域管理层级比较适宜，区域内地域之间、城乡之间、群体之间的差距相对较小，城市和乡村的关联度比较紧密，比较适合发挥城市功能、推进以城带乡，进而全面和深入地统筹城乡协调发展，率先实现区域内公共文化服务的均等化。与县、镇（乡）级比较，地市级各种资源的配套相对比较齐全，在组织和政策的指导能力、资源和队伍的配置能力、产品和服务的供给能力，以及技术平台的支撑能力等多方面具有明显优势，比较适合实施以点带面、以城带乡、聚焦基层、均衡发展，也比较适合因地制宜地开展工作指导和制度设计，推进公共文化服务的体系化、制度化建设。地市级率先基本完成公共文化服务体系，能够对县、乡，特别是城乡基层公共文化服务给予十分有力的支持，对省级和国家公共文化服务体系建设也能够确立一个十分重要的支撑点。

为认真总结和推广地市级公共文化服务体系建设的典型经验，2010 年文化部对湖南长沙、山东烟台等地市级公共文化服务体系建设的典型进行了深入的调研和总结。山东省烟台市重视规划建设，制定了公共文化服务体系建设 3 年规划，形成完善的市、县、镇、村四级公共文化设施网络，每万人拥有文化设施 1200 平方米，达到全国先进水平。积极打造“专业艺术院团演出季”和群众文化活动品牌，推动群众文化活动立体化、全天候、无缝覆盖，实现“天天有展览，周周有演出，月月有主题，欢乐伴全年”。烟台市按照“部门协调，社会参与，市场运作，群众受益”的工作模式，每年举办公益文化项目推介活动，策划宣传推介文化项目1650个，合作成功项目1058个，实际利用资金1.4亿元。河北邯郸以“欢乐乡村”活动为突出抓手和有效载体，积极推动市级公共文化服务体系建设。湖南省长沙市“面向新群体、采取新形式、打造新品牌”，积极推动公共文化设施网络化、服务多元化、活动品牌化，推进市一级公共文化服务体系建设。长沙市坚持公共文化资源向基层、向弱势群体倾斜，通过向农民工发放文化娱乐消费券，实现了“政府买单、群众看戏”。广东省东莞市努力探索普惠、高效的公共文化服务方式，着力实现免费服务常态化、推动流动服务制度化、加快区域服务一体化。克拉玛依市大力整合各类文体设施及文化人才资源，共有22所中小学校和15家企业文化体育场馆全部向社会免费开放，实现了文化资源的共建共享。浙江嘉兴等地探索多种形式的公共图书馆总分馆制，实行借书还书“一卡通”，优化了资源配置，提高了服务效率。广东等地普遍开展流动文化服务，使图书馆、博物馆、文艺演出等服务惠及更多的基层群众。在深入调研总结烟台、长沙等地市公共文化服务体系建设的基础上，文化部拟于2011年在山东省烟台市召开全国地市级公共文化服务体系建设现场经验交流会，总结推广山东烟台、湖南长沙、安徽马鞍山、河北邯郸、新疆克拉玛依等地加强公共文化服务体系建设的典型检验，充分发挥典型的示范、引导和带动作用。

三、广泛应用科学技术和现代传播手段，强化公共文化服务的技术支撑，推动数字文化建设

文化部深刻认识到必须高度重视信息技术在公共文化服务体系建设中的基础性和战略性地位，把运用高新技术作为推动文化建设、提高文化创新能力和传播能力的新引擎。坚持以群众需求为导向，加强信息技术应用的整体系统部署，促进业务流程和组织结构的优化重组，丰富公共文化服务内容，创新公共文化服务手段，利用现代科技手段强化公共文化服务的技术支撑，大力推动数字文化建设。2010年，文化部加快推进重大数字文化建设工程，全国文化信息资源共享工程“十一五”时期建设任务圆满完成，“县级数字图书馆推广计划”、“数字图书馆建设与服务联席会议成员单位援疆行动”、“公共电子阅览室建设试点工作”等重要项目相继实施。

（一）全国文化信息资源共享工程“十一五”时期建设任务圆满完成

全国文化信息资源共享工程是文化部、财政部自2002年起共同组织实施的国家重大文化建设工程，工程应用现代科学技术，将中华优秀文化信息资源进行数字化加工和整合，通过覆盖城乡的服务网络体系，以多种传播方式，实现优秀文化信息资源在全国范围内的共建共享。工程自启动以来，中央和各级地方财政已投入专项建设资金50多亿元，为工程的顺利实施提供了保障。8年来特别是“十一五”期间，文化共享工程建设取得了显著的进展，初步建立了层次分明、互联互通、多种方式并用的数字文化服务网络。截至2010年，中央财政共下拨全国文化信息资源共享工程建设地方经费26.04亿元，已建成1个国家中心，33个省级分中心；县级工程支中心达到2867个，覆盖率达到95%；乡镇基层服务点达到22963个，覆盖率达到67%；村级服务点基本实现“村村通”。通过广泛整合图书馆、博物馆、美术馆、艺术院团及广电、教育、科技、农业等部门的优秀数字资源，全国文化信息资源共享工程资源总量达到108TB，内容包括各类视频资源70132小时、73157部/集，电子图书52691种、396万册，电子期刊3604种、530万篇。其中，少数民族语言视频资源1510小时，电子图书1250种，涉及藏语、蒙古语、维吾尔语、哈萨克语、朝鲜语5种语言。在中央财政专项经费的支持下，各地深入挖掘、整合、制作出一批具有本地特色文化内涵的优秀资源，达到207个专题库，10.35TB，资源建设能力得到极大提高。与全国农村党员干部现代远程教育工程和农村中小学现代远程教育工程合作共建基层服务点83.1万个，基本实现了县县有支中心和“村村通”的建设目标，累计服务8.9亿人次。文化共享工程走进农村、走进社区、走进军营、走进学校、走进企业，初步满足了基层群众“求知识、求富裕、求健康、求快乐”的

需求。

2010年，全国文化信息资源共享工程基层服务点建设稳步推进，文化共享工程通过集中面授、网络教学、卫星播放、光盘辅导等方式加大基层工作人员的培训力度。文化部全国文化信息资源建设管理中心通过网络培训近10万人次；各地因地制宜，分别采用面授、远程等多种形式开展培训工作，共计培训超过36万人次。2010年，共享工程管理中心重点支持西部地区开展人员培训，特别支持西藏、新疆少数民族地区开展了6期文化共享工程基层骨干培训班，培训300余人次。在西藏举办了1期县级支中心业务骨干培训，在新疆生产建设兵团举办了1期业务骨干培训，在新疆自治区举办了3期业务骨干培训，在文化共享工程培训基地——浙江省萧山区支中心举办了1期新疆文化共享工程市县支中心负责人内地培训班，有力地推动了西部地区文化共享工程基层骨干队伍建设。同时，管理中心编辑制作了网页制作、网站建设两种视频培训教材，下发各地使用。

2010年，由文化部、财政部共同主办的全国文化信息资源共享工程“十一五”成果展在中国美术馆举行。展览通过文字、图片、多媒体展示、资源服务演示等多种形式，全面介绍了文化共享工程发展历程，展示了“十一五”时期服务网络建设、资源建设、基层服务等方面取得的成果。中共中央政治局常委李长春，中共中央政治局委员、中央书记处书记、中央宣传部部长刘云山同志参观了成果展。李长春认真听取了全国文化信息资源共享工程建设情况汇报，详细询问工程取得的成果及“十二五”发展规划，并与基层文化工作者和北京海淀行知实验学校的小学生亲切交谈。李长春同志对“十一五”时期工程建设取得的成绩给予了高度评价，指出要深入总结过去5年工程建设的成功做法和有益经验，科学谋划未来5年工程发展的目标任务和具体措施，推动工程建设不断取得新进展，为满足人民日益增长的精神文化需求作出更大贡献。

（二）启动“县级数字图书馆推广计划”，推进全国县级公共图书馆数字化建设

为贯彻落实李长春同志关于用先进文化占领新媒体阵地，大力推进公共图书馆服务创新的指示精神，加快构建服务基层的数字资源保障体系，推广利用国家数字图书馆建设成果，使文化信息资源惠及更多基层群众，文化部计划用2010年一年时间，在全国实施“县级数字图书馆推广计划”，目前，已完成第一批建设任务，取得初步成效。

国家图书馆积极推进国家数字图书馆建设成果的全民共享，截至目前，国家数字图书馆资源总量达327.8TB，推出了基于互联网、手机、数字电视等多种媒体的服务方式，初步搭建起数字图书馆服务网络。国家图书馆从2005年开始在全国推广“中国国家数字图书馆地方分馆”建设项目，并将分馆打造成国家数字图书馆数字资源推广窗口、数字化服务前沿阵地、新型馆员培训基地和基层用户教育基地。目前，已在全国15个省区建设了16个数图分馆，2010年8月，“国家数字图书馆新疆维吾尔自治区分馆”开通服务，成为西北地区的首家分馆。

2010年初，文化部组织国家图书馆实施“县级数字图书馆推广计划”，利用全国文化信息资源共享工程的传输平台，将国家数字图书馆的资源与服务推送到全国2940个县级图书馆，使所有县级图书馆都具备数字图书馆服务能力。“县级数字图书馆推广计划”充分整合利用国家数字图书馆和全国文化信息资源共享工程（以下简称“共享工程”）的资源优势，通过共享工程服务网络把国家数字图书馆的优秀文化信息资源传输到全国县级图书馆，提升县级图书馆信息化整体服务水平，增强公共文化服务能力，用先进文化占领新媒体阵地。国家数字图书馆工程是我国第一个国家级数字图书馆工程，将建成世界上最大的中文数字信息保存与服务基地，为全国乃至全球提供数字信息资源服务，共享科技和文化发展成果。目前，国家数字图书馆数字资源量累计达到320TB，主要内容包括电子图书、电子期刊、电子报纸、专题讲座、地方志、音乐歌曲等，并通过共享工程网络体系服务社会公众。通过实施“县级数字图书馆推广计划”，各县级图书馆数字资源量将大大增加，最低将达到2.2TB，成为面向基层群众提供数字文化服务的重要阵地，成为基层群众享受公共文化服务的重要场所。

“县级数字图书馆推广计划”分期进行，一期行动向全国320个县级图书馆分别配送数字资源；二期“灾区援建行动”，将国家图书馆数字资源推送到汶川地震灾区；三期“援疆行动”，构建覆盖全新疆的数字图书馆服务网络。目前，全国有655个县级图书馆基本完成“县级数字图书馆推广计划”。2010年2月1日，文化部举行了“县级数字图书馆推广计划”启动仪式。2月2日，共享工程国家中心与国家图书馆对各省工作人员进行资源安装、服务培训。各省文化行政部门对此高度重视，精心部署，克服了时间紧、任务重等困难，加班加点，在春节前圆满完成了第一批建设任务，在全国320个县级图书馆安装资源及人员培训任务。每个县级图书馆接收了1TB数字资源（相当于25万册图书或926小时视频节目），主要包括2007年以后出版的5000种电子图书，2009年出版的200种电子期刊，涵盖农村科技、医疗卫生、基层管理、大众阅读、家庭理财、务工技能、饮食起居、文化生活等内容，旨在传播知识、陶冶情操，提高公众的人文素养和科学素养。2010年7月，山东在全国率先实现“县级数字图书馆推广计划”全覆盖，全省17个市、140个县级公共图书馆都具备数字图书馆服务能力，并带动1861个乡镇（街道）综合文化站提升了服务能力，为保障广大人民群众的基本文化权益开辟了更加便捷有效的途径。

第一批资源下发后，各地普遍反映，资源下发及时，内容贴近实际，实用性强。在春节假日期间，各地充分利用这批资源开展了丰富多彩的文化惠民服务活动，有的地区举办了“新春文化庙会”，介绍春节的各种有关知识，吸引基层群众参加猜灯谜活动，有的地区组织了“送文化年货·迎和谐新春”为主题的文化下乡活动，为农民朋友送上种养殖技术等方面的资料，还有的地区在县级图书馆电子阅览室推出了“春节网上文化公益服务”活动，让未成年人和农民工免费观赏优秀电影剧目、名家讲座、进城务工技能、动漫视频等，为他们献上了一份年味十足的网络文化大餐。

在推进县级数字图书馆推广工作的同时，为贯彻落实中央新疆工作座谈会精神，推动新疆维吾尔自治区文化建设的跨越式发展，2010年文化部启动“县级数字图书馆援疆行动”。这是文化部实施文化援疆和文化兴疆工作的一项重要举措，是开展对口援疆工作的第一个重大项目，对于构建覆盖全疆的数字图书馆服务网络，促进新疆公共文化服务体系建设具有积极的推动作用。“县级数字图书馆援疆行动”将首先开展77个县级图书馆和文化共享工程县级支中心的建设，之后分两批于10月底之前完成155个县级数字图书馆的建设任务。“县级数字图书馆援疆行动”的实施，将使新疆所有县级图书馆具备数字图书馆服务能力，并进一步向基层辐射，逐步实现先进文化资源在新疆地区的全覆盖，促进新疆基层公共文化事业的跨越式发展。

此次“县级数字图书馆援疆行动”配送的数字资源包括5000种电子图书、200种电子期刊、《百年守望》等84集视频资源、政府公开信息数据22万余条、反映社会主义现代化建设成果的5大专题网络信息资源。针对新疆地区多民族聚居的特点，此次配送的数字资源特别准备维、哈、蒙等少数民族语言资源，包括550种少数民族语言图书、12种138期少数民族语言期刊、100集少数民族语言视频资源，以及1000余幅少数民族自治区建设成就展图片资源等。提供汉、维、哈、蒙、藏等五种语言检索。国家图书馆还精心挑选20万册图书，赠送给新疆基层的图书馆，涵盖文学、历史、经济、法律、农业、计算机、自动化等不同类别，并配有部分少儿读物、教参教辅及少数民族语言类图书。

为配合“县级数字图书馆援疆行动”，6月23日，全国文化信息资源建设管理中心和国家图书馆在文化共享工程新疆分中心，就县级数字图书馆的资源安装、维护与服务等，对新疆44个县的业务骨干进行专题培训。管理中心将提供专项经费，委托新疆分中心，将文化共享工程县级支中心、乡镇基层服务点基础培训教材翻译为维吾尔、哈萨克语。2010年下半年，在南疆、北疆各举办一期新疆县级支中心和新疆生产建设兵团团场工作骨干培训班，组织部分新疆县级支中心业务骨干到浙江萧山文化共享工程培训基地学习交流。“十二五”期间，分批组织新疆所有县级支中心的业务骨干赴内地轮训。积极支持新疆、新疆生产建设兵团文化共享工程分中心的建设，有重点地加强技术、人才培养等方面的指导。全国文化信息资源建设管理中心还进一步加大对维吾尔、哈萨克等少数民族语言资源的译制力度。2010 年译制 100 小时的维吾尔语、100 小时哈萨克语的多媒体资源。"十二五"期间，每年译制新疆少数民族语言资源 1380 小时，同时，建设文化共享工程少数民族语言文字网站，将 55 个文化专题资源库译制为双语资源库，译制 12 个新疆特色资源库，通过互联网、卫星、光盘、电视等方式提供服务。

（三）公共电子阅览室建设试点工作稳步推进

2010 年 9 月，文化部在天津市组织召开全国公共电子阅览室建设试点工作会议，传达中央领导同志关于加快推进公共电子阅览室建设的指示精神，明确公共电子阅览室建设试点工作的指导思想和目标任务，部署有关工作。

按照中共中央领导同志推动公共图书馆、文化馆、青少年活动中心、社区文化活动室、学校等电子阅览室开辟面向未成年人的公益性上网场所，为青少年健康成长营造良好社会文化环境的要求，文化部高度重视公共电子阅览室建设，从 2010 年上半年开始，文化部先后召开九省市文化厅（局）、图书馆代表座谈会和专家座谈会，并开展实地调研，形成公共电子阅览室建设的基本思路：公共电子阅览室建设要以科学发展观为指导，以保障人民群众基本文化权益为宗旨，依托图书馆、文化馆、文化共享工程基层服务点等公共文化服务网络，以及文化共享工程、国家数字图书馆的资源，为广大人民群众提供内容健康、服务规范、环境良好的公益性互联网服务，重点解决未成年人的上网问题，使其成为网络环境下公共文化服务的新平台、新渠道。在此基础上，文化部研究制定了《"公共电子阅览室建设计划"实施方案》、《公共电子阅览室建设试点工作方案》，决定自 2010 年 10 月开始到 2011 年底，在北京、天津、辽宁、山东、上海、浙江、广东、安徽、陕西等九省（市）开展公共电子阅览室建设的工作试点。

公共电子阅览室建设试点工作的任务包括 6 个方面：一是在试点地区建设一批规范化的公共电子阅览室。按照地市不少于 40 台、县不少于 25 台、乡镇（街道、社区）不少于 10 台、行政村不少于 5 台电脑终端的标准配置设备，以宽带形式接入互联网，建立电脑桌面一站式导航服务，建设规范化的公共电子阅览室。各试点省结合国家公共文化服务体系示范区的建设，确定一至两个地级市作为重点，选择不同层级、不同类别、具有一定代表性的单位开展试点，包括各级图书馆、文化馆、工人文化宫、少年宫、妇女儿童活动中心、乡镇（街道）文化站、社区文化中心（村文化室）、各类学校、工业（产业）园区以及其他具备条件的企事业单位等。二是推进免费开放。各试点单位的公共电子阅览室首先要对未成年人实行免费开放，具备条件的，要向全体社会公众免费开放。三是丰富数字资源供给。全国文化信息资源建设管理中心和国家图书馆提供一批专题资源，分批发送到试点省份使用，并对这批资源的使用情况进行跟踪，根据各地反馈情况及时进行调整和补充。各试点省份要结合当地实际，建设适合少年儿童和其他群体需要的特色资源。四是建立技术支撑平台。各试点省份运用现代技术手段，安装信息浏览监控和屏蔽软件，加强对未成年人的保护。要建立和完善网络安全和资源管理的技术平台，实现对全网的即时监控、资源利用情况的统计与反馈。五是建立健全公共电子阅览室管理制度。制定实施《公共电子阅览室管理规范》，建立健全用户上网实名登记、巡查监督、限时上网、工作信息填报、资源利用统计与反馈等制度。六是探索社会力量参与公共电子阅览室建设的机制。鼓励、支持国有、民营企业，开发和推广有益于未成年人健康成长的数字文化资源；鼓励企业以优惠条件为公共电子阅览室提供网络接入等服务。

（四）数字图书馆建设与服务联席会议取得丰硕成果

2010 年，文化部组织召开了第九次和第十次全国数字图书馆建设会议，以数字图书馆建设与服务联席会议的名义发布了《数字图书馆服务政策指南》、《数字图书馆资源建设指南》、《数字图书馆安全管理指南》及《数字图书馆资源建设和服务中的知识产权保护政策指南》4 个重要的政策性文件，对全国数字图书馆的共建共享起到了积极的引导和促进作用。同时开展数字图书馆建设与服务联席会议成员单位援疆行动，合作内容主要涉及资源建设、图书馆服务和人员培训三个方面。

（五）建设国家立法决策和党政军数字服务平台

国家图书馆利用数字图书馆建设成果建立了“中南海网站”和“国家图书馆立法决策服务平台”，服务国家立法决策。2002 年，“中南海网站”直接面向国务院办公厅提供网络信息服务；2007 年，开始服务中共中央办公厅。2008 年 12 月推出了“国家图书馆立法决策服务平台”，中央和国家机关可全面、及时、准确、有效地获得国图信息咨询和决策参考服务。目前，国家图书馆立法决策服务全国人大平台等 9 个平台均已开通服务。2009 年底，国家图书馆与中共中央党校图书馆签署协议，开展数字资源建设、服务全方位合作，实现与全国党校系统图书馆在技术、资源、人才和服务等方面的共建共享。2010 年 7 月，双方共同启动“国家数字图书馆走进党校”活动，将首批 1TB 的数字资源推送到 48 个副省级以上党校图书馆，不断满足各级党校教学科研和干部教育事业的文献信息需求。

四、积极开展全国基层文化队伍培训工作，提高基层文化队伍素质

基层文化队伍是文化部门面向农村、面向群众开展管理、服务的直接承担者，是组织实施基层公共文化服务体系建设的主要力量。基层文化队伍的整体素质如何，直接关系到公共文化服务的水平和成效。为加强全国基层文化队伍建设，2010 年文化部下发了《文化部关于开展全国基层文化队伍培训工作的意见》，加强全国基层文化队伍培训。11 月，文化部在云南省昆明市召开全国基层文化队伍培训工作会议，贯彻中宣部、中组部等六部（委、办）联合下发的《关于加强地方县级和城乡基层宣传文化队伍建设的若干意见》和《文化部关于开展全国基层文化队伍培训工作的意见》精神，总结交流各地经验，部署基层文化队伍培训工作。

会议对文化部印发的《关于开展全国基层文化队伍培训工作的意见》进行了说明，对基层文化队伍培训工作进行了部署。一是明确培训对象和目标任务。争取用 5 年时间，对现有 24.27 万名县乡专职文化工作者和 366.85 万名业余文化工作者进行系统培训，包括县文化馆、图书馆、艺术表演团体和乡镇文化站（街道文化站）工作人员，以及这些基层文化单位指导的村（社区）文化活动室、农村文化中心户、群众业余文艺团队等业余文化工作者和社区文化志愿者等。二是切实加强能力建设。培训工作以“学得会、用得上、有实效”为出发点，突出基层文化工作者在学习培训中的主体地位，致力于提高基层文化队伍的政策理论水平、知识素养、实践能力等。三是坚持分级负责、分类实施。各级文化行政部门负责组织实施培训工作和考核。建立健全覆盖全国的基层文化队伍培训机构网络，鼓励高等院校和具备资质的社会培训机构参与基层文化队伍培训，激发文化系统各级各类培训机构的办学活力。培训工作注意区分专职队伍和业余队伍，根据各类人才队伍的岗位特点和工作需求，分门别类开展培训工作。四是增强培训内容和形式的针对性、实效性。培训工作要注重以人为本、坚持按需施教。增强培训内容的针对性，以政策法规、业务知识、文化素质培养、能力建设等内容为基础，精心设计培训课程。丰富培训方式，采取集中培训、上门培训、对口支援、远程培训和脱产研修等多种形式，将课堂系统讲授式教学与研究式、案例式、体验式教学相结合。五是把加强师资培训作为重要环节。逐步建立一支较高水平的专兼职相结合的师资队伍，通过进修学习、岗位培养、挂职锻炼等方式不断提高他们的政治素质、理论水平和业务能力，保证专职教师每年接受系统培训的时间不少于 1 个月。

全国基层文化队伍培训有 3 个特点：一是坚持“分级负责，分类实施”的原则，由文化部负责培养省级师资；省级和地市级培训县、乡级专业文化队伍。县级文化行政部门组织培训业务文化队伍。二是建立完善基层文化队伍培训网络。在全国确定 9 个基础条件好的升级文化培训机构或公共文化单位、高等院校、科研院所作为文化部全国基层文化队伍培训基地，形成辐射全国、带动周边、各具特色、功能互补的培训基地网络。三是培训将以“学得会、用得上、有实效”为出发点，突出基层文化工作者在学习培训中的主体地位，坚持把素质和能力培养贯穿于培训的全过程。

五、积极推进古籍保护工作

2010 年，文化部组织开展了第三批国家珍贵

古籍名录及全国古籍重点保护单位评审工作。同时加大西藏、新疆古籍保护工作力度，推动海外中华古籍回归工作。

1月26日，由文化部、新疆维吾尔自治区人民政府、全国古籍保护工作部际联席会议成员单位共同主办的“西域遗珍——新疆历史文献暨古籍保护成果展”在国家图书馆开幕。本次展览是新中国成立以来第一次在北京对新疆珍贵历史文献的全面展示，也是对新疆古籍保护工作成果的一次检阅。展览通过展板和实物，展示了党和国家领导人对新疆文化建设的关怀，以及新疆古籍保护工作取得的丰硕成果。展览展出了全国23家收藏单位320余件展品，其中超过半数为现今仅存的孤本，21部古籍已入选《国家珍贵古籍名录》。展品分四大单元全面展示了新疆多民族、多语言、多文化、多宗教、历史悠久的鲜明特点。展品类型包括汉文和20余种民族文字的木简、文书、古籍、舆图、拓片，展品时间跨度从先秦至明清。配合展览，展厅中还组织了石刻传拓、雕版印刷、新疆特有桑皮纸制作、西域文献修复、大屏幕演示、游戏互动以及十二木卡姆、玛纳斯等非物质文化遗产演出。同时，展览期间还将举办相关专题讲座，专家学者将结合展览，为听众解读丰富的独具特色的新疆文化。

新疆维吾尔自治区保存着大量珍贵文献典籍，目前已知的古籍数量达50万册件。除汉文古籍外，还有回鹘文、龟兹文、婆罗米文、察合台文、阿拉伯文、波斯文、维吾尔文、哈萨克文、托忒蒙古文、柯尔克孜文、满文、锡伯文、乌孜别克文、塔塔尔文、藏文等多种文字的古代典籍，这些多文种古籍，流传久远，卷帙浩繁，是中华民族悠久历史文化的见证，是中华民族和人类文明的宝贵遗产。新中国成立以来，特别是改革开放以来，党和政府高度重视新疆文化建设，做出了一系列重大决策和部署。2007年，“中华古籍保护计划”开始实施，新疆维吾尔自治区先后有11家单位的64部古籍入选《国家珍贵古籍名录》，新疆维吾尔自治区图书馆被命名为“全国古籍重点保护单位”。2010年，中央新疆工作座谈会召开后，文化部将“新疆古籍保护专项工作”列为文化援疆项目，新疆维吾尔自治区古籍保护工作取得了积极进展。各古籍收藏单位基础设施建设进程加快，古籍普查、征集、整理、修复、展陈、出版、研究等各项工作有序开展，古籍保护工作取得了一定进展，但由于基础薄弱，仍存在古籍保存条件差、修复手段落后、经费紧缺、从事古籍保护工作的人才严重匮乏、古籍学科建设相对滞后，古籍老化破损比较严重等突出问题，加强新疆维吾尔自治区古籍保护工作刻不容缓。

为贯彻落实《国务院办公厅关于进一步加强古籍保护工作的意见》、《国务院关于进一步繁荣和发展少数民族文化事业的若干意见》精神以及2010年5月中共中央、国务院召开的新疆维吾尔自治区工作座谈会精神，加强新疆古籍保护工作，弘扬中华民族优秀传统文化，促进新疆经济、社会协调发展，根据新疆古籍保护工作的需要，1月13日，文化部将联合教育部等8家单位印发《关于支持新疆维吾尔自治区古籍保护工作的通知》（以下简称《通知》）及《新疆维吾尔自治区古籍保护工作方案》。《通知》将确立新疆古籍保护工作的指导思想和基本方针，提出工作目标，明确工作任务，同时在组织机构和保障措施方面也提出明确要求。下一步，将重点做好以下8项工作：一是开展古籍普查；二是研制民族文字古籍工作相关标准、规范、技术软件；三是开展古籍保护人才培养工作；四是加强民族文字古籍修复工作；五是改善古籍的保管条件；六是开展古籍再生性保护工作；七是加强古籍整理、出版和利用；八是加强民间古籍的登记、征集和管理。

六、面向老人、少年儿童、农民工等特殊群体开展公共文化服务，促进文化发展成果的全民共享

（一）高度重视发展全国少年儿童图书馆事业

中央高度重视发挥各级图书馆、少儿图书馆在未成年人教育培养工作中的重要作用。2010年5月，中共中央政治局常委李长春作出重要批示：“各级图书馆为未成年人开辟公益性上网场所，这要作为一件民心工程加大力度，加快进度，尽快落实。”5月31日，中共中央政治局委员、国务委员刘延东出席国家图书馆少年儿童馆暨少儿数字图书馆开馆仪式并作重要讲话，强调要进一步加大对公共图书馆、少儿图书馆和中小学图书馆的投入，不断推出适合少年儿童身心特点的读书服务项目，并充分利用全国文化信息共享工程服务

平台、县级数字图书馆推广计划和各种新媒体，把对少年儿童的数字化服务拓展到全国。根据中央领导指示精神，文化部积极推动少年儿童图书馆建设，努力提高针对少年儿童群体的公共文化服务水平。

一是以满足广大少年儿童的精神文化需求为出发点和落脚点，积极推动少年儿童图书馆事业发展。5 月 31 日，在“六一”国际儿童节前夕，国家图书馆少年儿童馆暨少儿数字图书馆开馆。国家图书馆少年儿童图书馆根据少年儿童的阅读习惯与特点，吸纳国内外少年儿童图书馆的设计经验，设置了文献阅览区、展示区、主题活动区与数字共享空间 4 个区域。文献阅览区提供少儿经典图书、近年新出版少儿读物 2 万余册开架阅览，其中期刊 210 种，报纸 31 种；数字共享空间设有计算机 24 台，电子触摸屏 4 台，虚拟阅读机 2 台；展示区将以绘画、照片展览的形式，展示少年儿童图书馆组织的各种活动中少年儿童的作品；主题活动区将定期举办各种活动，为广大少年儿童提供互相交流、共同提高的学习空间。少年儿童图书馆全年面向 6 岁至 15 岁的学龄儿童开放。国家少儿数字图书馆利用信息网络技术打造网上绿色阅读平台，把国家图书馆的少儿服务延伸到全国。目前数字资源总量已达 10TB，读者遍布国内各省区市以及美、日、韩、法、加拿大等 15 个国家。中共中央政治局委员、国务委员刘延东出席了开馆仪式并视察了少年儿童图书馆。她强调，要不断推出适合少年儿童身心特点的读书服务项目，增强少年儿童的学习能力和创造能力，努力培育少年儿童崇高的思想道德品质。刘延东对国家图书馆推出面向未成年人的服务举措给予充分肯定。她指出，设立国家图书馆少儿图书馆和少儿数字图书馆，对于便利少儿读者多读书、读好书，更好地满足未成年人精神文化需求，意义重大，对于全国公共图书馆、少儿图书馆建设具有示范作用，希望国家图书馆发挥行业龙头作用，加强业界合作，引领全国公共图书馆开展未成年人服务。刘延东同志要求，各地区和有关部门要进一步加大对公共图书馆、少儿图书馆和中小学图书馆的投入，努力为未成年人提供普遍、均等、公益性的服务，尤其要关注对偏远地区、贫困地区未成年人的服务。要充分利用全国文化信息共享工程服务平台、县级图书馆推广计划和各种新媒体，总结经验，完善设施，把对少年儿童的数字化服务拓展到全国。

二是积极推动全国少儿图书馆服务模式和服务内容不断创新。经调查了解，不少图书馆积极开展流动图书馆、流动图书站点、流动图书车等流动服务，与阅读、讲座、培训等阵地服务相结合，惠及更多的基层小读者；积极开发特色数字馆藏，充分利用计算机和网络技术开展符合少年儿童特点的数字化服务。国家图书馆少儿数字图书馆借助国家数字图书馆建设的成果，为未成年人提供了一个网上绿色阅读平台，采用活泼新颖、寓教于乐的表现形式，综合考虑不同年龄段孩子的发展特点，设置了书刊阅读、校外课堂、展览讲座、我爱动漫、才艺展示、国图漫步、网站导航、活动预告等 8 个版块，可提供服务的数字资源总量达 10TB（1TB 的资源数量相当于 25 万册电子图书或 926 小时的视频节目）。国家图书馆少儿数字图书馆依托国家图书馆丰富的馆藏数字化资源，采用视频、音频、多媒体动画等表现形式，提供普通中文书刊、动漫图书、连环画、各类文化展览、在线讲座、经典诗文赏析、中英文学习软件、音乐欣赏等多种少年儿童所喜闻乐见的资源内容。国家图书馆少儿数字图书馆网站还为孩子们提供了交流和互动的场所，少年儿童可以将自己的书画作品、文章心得、手工制作、科技发明在网站中进行展示。国家图书馆少儿数字图书馆还充分利用“全国文化信息共享工程”服务平台、“县级数字图书馆推广计划”，将数字化服务拓展到全国各级少儿图书馆、公共图书馆、中小学、社区和农村，为全国的少年儿童提供服务。

三是加强对少儿图书馆建设的统筹安排和部署。9 月 20 日，文化部组织召开了全国少年儿童图书馆工作会议，深入研究我国少儿图书馆事业面临的新形势、新任务，交流工作经验，部署今后一个时期我国少儿图书馆事业发展工作。会议认为，改革开放 30 年来特别是近一个时期以来，我国少儿图书馆事业蓬勃发展，办馆条件明显改善，基础业务建设日趋规范，自动化、信息化、网络化水平不断提升，服务效能明显提高，科学管理初见成效。但与我国亿万少年儿童日益增长的文化信息需求相比，与我国经济建设的成就相比，与发达国家相比，我国的少儿图书馆事业仍存在较大差距，特别是在中西部地区、农村地区、老少边穷地区，少儿图书馆事业发展还存在许多困难。比如，一些地方对少儿图书馆的建设不够重视，投入不足的现象较为普遍；少儿图书馆设施建设滞后，基层少儿图书馆的建设尤为落后；一些少儿图书馆的思想观念、服务意识和手段还跟不上时代要求，存在着坐等、守摊现象等。这些问题影响了少儿图书馆事业的发展，制约了少儿图书馆服务效能的发挥。

会议要求，当前和今后一个时期，要按照中央的要求，针对少儿图书馆建设中存在的突出问题，着重做好以下6个方面的工作：一是加大投入，完善基础设施。各级文化主管部门结合“十二五”规划的制订，积极争取各级党委和政府的支持，加大对少儿图书馆建设的经费投入。有条件的地区要建立独立建制的少儿图书馆，各级公共图书馆都要开设专门面向未成年人服务的少儿阅览室，结合乡镇综合文化站等建设项目在乡镇、街道、社区建设少儿分馆，努力构建包括少儿图书馆、公共图书馆少儿阅览室、少儿分馆在内的覆盖城乡的服务网络体系。二是加强读者服务，提升社会效益。各级少儿图书馆要始终把社会效益放在首位，切实加强读者服务工作。要加强优秀图书、期刊、视听产品及电子文献的采集力度，为少年儿童提供知识性、趣味性、科学性强的读物。要利用现代信息技术，大力加强数字资源建设和数字图书馆服务。要坚持阵地服务与流动服务相结合，积极主动地为农民工子女、农村留守儿童服务。三是推进阅读活动，打造“第二课堂”。要针对不同年龄段少年儿童的特点，精心设计和组织开展内容鲜活、形式新颖、吸引力强的读书、阅读推广活动，营造有利于少年儿童阅读的氛围和条件，吸引少年儿童走进图书馆。四是加强公共电子阅览室的建设，营造绿色网络空间。要切实加强对未成年人上网的引导，切实加强安全管理，为提高少年儿童的信息素养，为他们认知世界、展示才华、增进交往、健康成长服务。五是加强人才培养，提高专业化水平。根据新形势、新需要，加强岗位培训培养，开展学术研讨交流，进一步加强少儿图书馆人才队伍建设。六是加强理论研究和政策指导，加强规范和标准研究。积极依靠中国图书馆学会、国家图书馆以及各省级图书馆，加强对少儿图书馆建设的指导。加强有关工作规范和标准的研究，争取及早制定出台相关标准，指导全国少儿图书馆的建设。

（二）加强农民工文化工作，切实保障农民工群体的文化权益

为深入贯彻党的十七大和十七届五中全会精神，推动各地认真落实《国务院关于解决农民工问题的若干意见》（国发〔2006〕5号），全面总结“十一五”时期及今年以来农民工文化工作取得的成效，总结各地新鲜经验和创新举措，深入了解和分析当前农民工文化工作面临的新形势和突出问题，为下一步提出“十二五”时期及2011年农民工文化工作思路奠定基础。按照中央和部领导关于开展农民工文化生活状况调研的指示，文化部于11～12月组织开展农民工文化生活状况调研工作。

调研内容主要包括农民工文化生活的基本状况；农民工文化工作的基本状况、内容形式、特点亮点、措施和成效；农民工文化工作存在的困难、问题和对策建议；保障农民工文化服务可持续发展的政策措施和体制机制；下一步推进农民工文化服务的新思路和新举措。在调研的基础上，文化部将联合有关农民工工作部门起草和出台《关于进一步加强农民工文化工作的指导意见》等规范性文件。

（三）推进残疾人数字图书馆建设

2008年10月，国家图书馆与中国残疾人联合会、中国盲文出版社联合建设的“中国盲人数字图书馆网站”开通，成为国内首个依据无障碍化国际标准建成的、专为视障群体服务的国家级网络图书馆，通过读屏软件为盲人朋友提供丰富的数字资源。同样由三方共同承担的“中国残疾人数字图书馆”作为2010年度国家文化创新工程项目成功立项，研究面向残障人士的数字图书馆建设问题，进行信息无障碍技术手段的开发与应用，使之建设成为残疾人朋友“获取信息的窗口，学习知识的海洋，图书馆服务的平台”。

七、着眼于改革创新，以“群星奖”评奖为龙头，引导和带动全国群众文化活动的开展

（一）第15届“群星奖”评奖工作

根据《文化部办公厅关于举办第十五届“群

星奖”评奖工作的通知》（办社文函〔2010〕47号）要求，2010年5月文化部在广东省举行了第九届中国艺术节、第15届“群星奖”决赛，从全国报送的955个作品和项目中，评选出作品类“群星奖”220个、项目类“群星奖”110个，并根据评选条件评选出100位“群文之星”；其余参加决赛和展演的81个作品获“第九届中国艺术节优秀演出奖”。通过改革奖项设置、包括设立“群文之星”、公共文化服务项目奖、建立获奖节目巡演机制、评奖监督制度等措施，大大提高了九艺节“群星奖”的社会影响力和社会效益。群星奖作品全国巡演15个省市，观众总数超过10万人次，使本届“群星奖”成为历届参赛人员最多、最具创新性、影响最大的一次评奖活动，促进了公共文化服务水平的提高。激励全国群众文化活动者再接再厉，创作和演出更多更好的文艺作品。同时希望他们不断创新公共文化服务方式，提高公共文化服务水平，为丰富群众文化生活，满足群众精神文化需求，促进社会主义文化大发展大繁荣作出新的贡献。

（二）“大地情深”——全国城乡基层群众小戏小品展演活动

为丰富春节期间基层群众的精神文化生活，充分展示近年来群众小戏小品创作演出的丰硕成果，促进群众文化活动的发展和繁荣，文化部和中国文联于1月31日至2月7日在北京成功举办了“大地情深”——全国城乡基层群众小戏小品展演活动。此次展演活动，是新中国成立以来规模最大的一次城乡基层群众小戏小品展演活动，把基层群众文化创作推上了首都大舞台，充分展现了近年来全国城乡基层群众小戏小品创作演出的丰硕成果，反映了当前基层文化建设发展繁荣、群众文化生活丰富多彩的生动局面，受到了党和国家领导人的高度肯定。李长春、刘云山、刘延东同志出席观看了展演开幕式演出，并与全体演员合影留念。中共文化部党组高度重视，专门召开部党组会议，研究部署展演活动的各项具体工作。在中央领导同志的关心和中共文化部党组的周密部署下，展演活动取得圆满成功，受到首都群众和社会各界的广泛好评，营造了欢乐祥和的节日氛围。长春同志批示指出：“群众性文艺活动更具有‘三贴近’属性，是文化大发展大繁荣的重要内容，也是重要标志”。延东同志称赞活动“精彩纷呈”，要求文化部组织人员“深入火热生活，创作更多更好的精品佳作”。活动社会反响热烈，相关新闻报道300余篇。

此次展演活动具有以下特点：

1. 节目贴近生活，人员参与广泛。参加此次展演共有79个小戏小品节目，分别是从全国各省、自治区、直辖市、新疆生产建设兵团和中国人民解放军总政治部宣传部、中国人民武装警察部队政治部、全国总工会等35家单位报送的269个节目中精选出来的。其中小戏涉及花鼓小戏、临县道情、曲沃碗碗腔、小淮剧、小锡剧、小白剧、客家山歌剧、太原秧歌剧、河北梆子、小评剧、楚剧等近20个剧种。小品内容涉及新农村建设、农民工进城、军民鱼水情、民族团结、邻里关系、青年励志、计划生育、安居工程、子女就业等社会生活的方方面面。演职人员近千人，来自各行各业，有公务员、军人、教师、学生、公司职员、社区居民、农村群众、退休人员甚至残疾人、外国友人等。展演期间除开幕式外，共组织了11台剧场演出、2次送戏下基层交流演出、2次中学生艺术欣赏和思想道德教育情景课、1次省部级领导干部历史文化讲座（艺术欣赏专场）和1次慰问农民工专场演出。

2. 媒体广泛关注，社会反响强烈。展演活动吸引了众多市民和新闻媒体，成为群众和社会舆论关注的热点和焦点。据不完全统计，以展演活动为主题的相关报道共300余篇（目）。新华社、《人民日报》、《光明日报》等五六十家媒体头版或专版报道展演情况。《新闻联播》长时间播发消息；中央电视台3套和11套黄金时段两次超长时间播出开幕式演出实况录像。通过广泛深入的宣传报道，形成了角度多元和形式多样的立体宣传热潮。观众们说：“这样的戏我们最爱看”、“说的好像都是发生在自己身边的事情，让我们感受到了生活的新变化”。参加中学生教育情景课的老师们说：“小戏小品的舞台成了学生们思想道德教育的课堂，为学生们上了一台生动精彩的思想道德课。观看这些优秀的演出剧目可以增强学生们的爱国情感，帮助他们树立正确的理想信念，培养良好的道德品质，促进孩子们的全面发展”。专家们用“满堂生活，一腔热情”、“万点星光不尽春”、“群众的文化节日，百姓的艺术盛会”来形容此次展演活动，认为活动组织规模大，节目质量高，具有强烈的时代感，犹如春风扑面，令人耳目一新。

总结此次展演活动突出了3点经验：一是弘扬了社会主义核心价值观，突出了主旋律，导向积极，具有昂扬向上的精神感召力；二是从群众中来，到群众中去，真正把人民群众作为文艺创作的表现主体和服务主体，通过群众演员朴素真实的表演，把群众身边人身边事演绎得真实、生动、感人；三是采取群众喜闻乐见的形式，体现了思想性、艺术性和观赏性相统一的原则，艺术水平高，观赏性强，具有较强的艺术感染力，受到广大观众的喜爱。

通过此次活动，进一步深化了对全国基层群众文化工作的认识：

1. 加强基层文化建设，必须贯彻落实科学发展观，坚持“三贴近”原则。文化的生命力在于人民群众的生活实践。近年来，党中央从贯彻以人为本的科学发展观的高度，高度重视保障人民群众的文化权益，维护文化民生，提出了文化建设“贴近实际、贴近生活、贴近群众”的重要原则。这次展演活动以贯彻落实“三贴近”为宗旨，尊重和凸显人民群众在文化建设中的主体地位，激发广大人民群众参与文化创造的热情，让广大人民群众共享文化发展的成果，体现了公共文化服务普及和均等的特点。实践证明，群众文化活动作为活跃城乡基层文化生活的重要载体和形式，必须以“三贴近”为指导，坚持弘扬社会主义先进文化的主旋律，坚持文化建设面向基层、重心下移的正确导向，只有这样，才能紧扣时代脉搏，顺应国情民心，得到群众的认同和欢迎，实现文化的发展与繁荣。

2. 做好群众文化工作，必须注意积累，建立有利于出精品、出人才的长效机制。近年来，各级党委、人民政府深入贯彻落实中央精神，切实采取措施，加大公共文化服务体系建设力度，基层文化建设取得很大成绩。这次展演活动是近年来基层文化建设成就的集中展示，也是群众文化生活日益活跃的一个缩影。各地文化行政部门常年坚持组织开展各种导向性、示范性重大文化活动，带动基层常态群众文化活动的开展，创作了一批具有鲜明时代感和浓郁生活气息的优秀群众文艺作品，涌现了一批长期扎根生活、具有蓬勃朝气和创造力的基层文化骨干，形成了一批在当地乃至全国具有广泛影响力的群众文化活动品牌。没有各地群众文化活动的长期积累和蓬勃发展，此次展演活动不可能一蹴而就，涌现出如此多的精品佳作。

3. 活跃群众文化生活，各级文化行政部门必须创造条件，为群众文化活动搭建更大的空间和舞台。群众文化活动是人民群众表达情感、愿望和对美好生活向往的重要途径，是以文化人、润物无声的最好方式。一方面群众文化活动肩负着用艺术的形式传播现代文明、用先进的文化引领时代风尚的社会责任，在提高民族素质、构建和谐社会等方面具有重要作用；另一方面，“自己演自己”也是人民群众自我教育的重要方式，这种内生式的教育效果是其他方式很难替代的。时代呼唤大众的声音，在重视打造高端文化艺术精品的同时，群众文化活动也需要更多的机会走上“前台”，走上“版面”，占据“黄金时段”，需要更多的关注支持和更为广阔的展示舞台。此次展演活动让来自基层的群众登上了首都的大舞台，中央领导同志出席观看，起到了很好的导向示范作用。

（三）“中华红歌会”活动，唱响时代主旋律

为进一步在全国掀起红歌传唱活动新高潮，大力弘扬以爱国主义为核心的民族精神和以改革创新为核心的时代精神，构建社会主义核心价值体系，激励和动员全国人民积极投身社会主义建设事业，建设先进文化，构建和谐社会，文化部和重庆市人民政府于10月25～30日在重庆市举办了首届“中华红歌会”。活动以“高唱红歌，振兴中华”为主题，按照“政府主导、社会参与”的思路，围绕爱党爱国爱社会主义、建设社会主义核心价值体系为主题，激励和动员全国人民在中国共产党的领导下，积极投身社会主义建设事业，为促进全面小康建设、构建和谐社会创造良好的文化氛围。举办“中华红歌会”，提振人民精气神，努力培育全国群众文化活动品牌，把重庆打造成为中华红歌传播、创作基地。

中央政治局常委李长春发来贺信，称赞中华红歌会是开展革命传统教育和爱国主义教育的好形式好载体，提倡在全社会唱响共产党好、社会主义好、改革开放好、伟大祖国好、各族人民好的时代主旋律，更好地发挥文化引导社会、教育人民、推动发展的功能。中央政治局委员、书记处书记、中宣部部长刘云山，中央政治局委员、国务委员刘延东，中央军委委员、中国人民解放军总政治部主任李继耐，分别打电话对中华红歌会的成功举办表示热烈祝贺。中央政治局委员、重庆市委书记薄熙来，文化部党组书记、部长蔡武，文化部副部长杨志今，著名老艺术家傅庚辰、郭兰英、吕远、胡松华等出席了活动。

本次“中华红歌会”具有以下特点：

1. 精心谋划，切实扩大红歌传唱活动的群众参与度。本次中华红歌会共有海内外的63个合唱团、3000多人报名参加，规模大，覆盖面广。活动期间除举办开、闭幕式晚会和4场红歌汇演等主体活动外，还精心组织了红色记忆展、红歌讲坛、新歌征集、“进校园、进社区、进广场”等配套活动。参加此次中华红歌会的全国24个省区市的36支队伍深入到重庆市主城九区的8个广场、2个社区及2所学校，与当地的53支合唱队伍同台演出。同时，重庆市组织10台30场“唱读讲传”精品节目展演活动，广泛开展“主城九区红歌月月赛”、“全市社区红歌大赛”等活动，吸引了大批市民参加。参加红歌会的傅庚辰、吕远等老一辈著名作曲家对深入基层、面向群众的做法非常赞赏，他们认为，音乐的主人是人民群众，红歌更是全国人民的共同财富。红歌传唱活动就是应该深入到人民群众中间，通过相互传唱、人人参与的方式，让每个人都能从歌声中获得力量，看到光明的未来。

2. 传承创新，不断增强红歌的时代感与亲和力。本次中华红歌会着力唱响红色经典歌曲，当《绣红旗》、《保卫黄河》、《映山红》、《唱支山歌给党听》等震撼人心的旋律响起时，现场观众常常被歌声中饱含的深情打动，流下激动的眼泪。特邀前来的台湾地区代表队演唱的《月亮代表我的心》、香港特别行政区代表队演唱的《狮子山下》、新加坡华人合唱团演唱的《绿岛小夜曲》等曲目都受到现场观众的热烈欢迎。组委会在传承经典的同时，进一步扩充了红歌的内涵和外延，强调红歌不仅包括诞生于革命时期的经典老歌，也包括歌颂新生活、歌颂社会主义建设新篇章的现代新作。扩充了选唱曲目表，把改革开放以来各族人民广为传唱的健康向上的优秀歌曲纳入进来，使红歌阵容更具时代性和亲和力。专门设置新歌征集评选活动，短短20天就收到海内外参评作品2000多件。此外，重庆市还组织创作出一批适合青少年和各年龄段群体的新儿歌、新红歌、新童谣，为红歌传唱活动注入了新的活力。

3. 深入研讨，引导红歌传唱活动健康发展。本次中华红歌会邀请了众多老一辈艺术家对红歌传唱活动的重要意义、红歌传唱活动发展方向、经典红歌如何与时代精神相结合等进行了深入研讨。中国人民解放军艺术学院教授、著名音乐评论家周荫昌认为，首先要淡化竞赛色彩，远避功利，更多地强调广大群众的参与性，让他们在参与中得到享受，在享受中接受熏陶，在熏陶中感到鼓舞；其次要大力抓新产生的优秀作品，多推新歌好歌，多出贴近现实、紧跟时代发展的好作品，使中华红歌会能健康持久的举办下去。音乐家、原文化部副部长、原中国文联主席周巍峙认为，人民的精神文化生活需要多方面的营养，人民对歌曲的需要也是越来越丰富多彩，爱国的、革命的、战斗的、向上的、健康的歌曲都应该提供给人民。著名作曲家、中国音乐家协会名誉主席傅庚辰认为，唱红歌是一种忠诚，是对革命历史、对奋斗理想的忠诚。我们的音乐作品要能够给人民以鼓舞，给人民以欢乐。推动红歌传唱和新歌创作，是对建设社会主义精神文明和弘扬社会主义核心价值观的一大贡献。

（四）“永远的辉煌”——第12届中国老年合唱节

合唱是深受广大老年人喜爱的文化活动，具有广泛的群众基础，通过举办中国老年合唱节展示我国老年人积极乐观、昂扬向上、奋发进取、老有所为的精神风貌，营造欢乐祥和、健康文明的社会文化氛围，弘扬中华民族敬老、爱老、助老的传统美德，丰富和活跃老年人的精神文化生活，推动老年歌咏活动的广泛开展。“永远的辉煌”中国老年合唱节是1999年8月根据中央领导有关加强老年人文化建设工作要求，针对老年人文化需求而专门设立的国家级大型文化活动，至今已举办11届。

为贯彻落实党的十七大和十七届四中全会精神，落实全国老龄工作委员会第12次全体会议精神，推动老年文化工作的发展，认真落实科学发展观要求，加强老年文化工作，丰富老年人精神文化生活，展示老年合唱活动的丰硕成果，进一步促进合唱事业的繁荣和发展，展示昂扬向上的精神风貌，推动和谐社会建设，9月23日至27日，文化部和浙江省人民政府在嘉兴市南湖区共同举办了“永远的辉煌”第12届中国老年合唱节。同时还组织老年合唱团开展“三进”活动，即：进社区、进企业、进新农村；举办“永远的辉煌”全国老年美术书法摄影邀请展览；召开全国群众合唱活动经验交流会；举办群众合唱指挥培训班。

八、谋划和实施“春雨工程”——全国文化志愿者边疆行活动

搞好边疆民族地区文化建设，是文化建设中十分重要而紧迫的内容；实现好边疆民族地区广大人民群众基本文化权益，满足人民群众基本文化需求，是当前我国公共文化服务体系建设的重要目标之一；支持援助边疆地区文化事业建设是实现边疆民族地区文化跨越式发展的重要举措。当前我国55个少数民族，人口约1.6亿，大部分分布在5个自治区和19省市及边疆地区。边疆民族地区特殊的地理位置，决定了边疆民族地区在党和国家工作全局中具有特殊重要的战略地位。

为贯彻落实《国务院关于进一步繁荣发展少数民族文化事业的若干意见》（国发〔2009〕29号）和全国少数民族文化工作会议以及中央关于加强西藏、新疆工作的指示精神，进一步推动少数民族和民族地区文化事业大发展大繁荣，文化部于2010年策划和组织实施了“春雨工程——全国文化志愿者边疆行”试点活动（以下简称“边疆行”活动），把志愿者、文化和边疆三要素有机结合起来，通过内地五省区和新疆、西藏对口交流活动，构建内地与边疆民族文化交流的新平台。该活动是文化部“十二五”期间少数民族文化建设“春雨工程”的内容之一，旨在发挥文化春风化雨、润物无声、潜移默化的作用，通过开展“大舞台”、“大讲堂”、“大展台”3个系列品牌活动，丰富和活跃边疆人民的精神文化生活，促进内地和边疆各民族间的文化交流，逐步提高边疆民族地区公共文化服务水平。“边疆行”活动作为推动少数民族和民族地区文化建设繁荣发展的重要抓手，是文化部在“春雨工程”内容建设上的重要实践。文化部计划每年举办一次，争取利用五年时间，搭建内地和边疆地区文化交流的新平台，逐步提高边疆民族地区公共文化服务水平。

8月16日，文化部在北京奥运城市文化广场举行了2010年“春雨工程——全国文化志愿者边疆行”试点活动启动仪式，拉开了“边疆行”活动的序幕。文化部研究确定西藏自治区、新疆维吾尔自治区、北京市、浙江省、重庆市、福建省文化厅（局）作为首批试点单位，安排北京市、浙江省赴新疆维吾尔自治区，重庆市、福建省赴西藏自治区分别开展“大舞台”、“大讲堂”、“大展台”活动，受到当地各族群众热烈欢迎。活动共招募了上千名文化志愿者，从中选拔了152名符合条件的文化志愿者。这些文化志愿者分别来自北京、浙江、福建、重庆4个省市专职业艺术院团、群众文艺团队，还有部分是民间艺术家。他们在西藏和新疆民族地区开展了形式多样的文化志愿服务活动。据不完全统计，除拉萨市和乌鲁木齐市外，文化志愿者们还深入到西藏、新疆8个县及所属乡镇的广场、工地、学校等场所，共举办文艺演出30余场、专家知识讲座20场、民间艺人技能表演等，吸引各族观众2万余人次；连续举办舞台灯光设备技能培训15天，使新疆和田地区基层文化工作者学会流动演出车、电影放映等设备的安装使用；还举办了“这里是北京”、“锦绣浙江”两场摄影图片展览，乌鲁木齐和阿克苏地区参观人数上万人。同时，“大讲堂”活动延伸到内地，西藏自治区68名基层文化工作者分别赴重庆市和福建省参加为期10天的“大讲堂——西藏文化管理干部培训班”活动，学习考察重庆和福建省的文化建设情况。

此次“春雨工程”——全国文化志愿者边疆行活动具有以下特点：

1. 以民族团结为主题，推动边疆民族地区和内地文化共同繁荣发展。整个活动彰显了文化志愿者将多元文化传递给祖国边疆的志愿精神，弘扬了“各民族共同团结奋斗，共同繁荣发展”的民族工作主题。通过活动的开展，增强边疆各族人民对伟

大祖国的认同、对中华民族的认同、对中华文化的认同、对中国特色社会主义道路的认同，推动边疆各民族和睦相处、和衷共济、和谐发展。

2. 以文化援助为重点，搭建各民族文化交流互动的新平台。根据国家援助新疆西藏的总体部署，文化部确定了北京市、浙江省、重庆市、福建省作为对口文化志愿服务的试点省，将边疆民族地区各族人民群众文化需求与文化援助内容相结合。这次活动不仅创新了文化援疆援藏工作的形式和内容，而且搭建了一个新的平台，进一步调动了内地支援边疆文化建设的积极性，加大了内地省份支援新疆和西藏文化建设的力度。以这次试点活动为例，在完成这次“边疆行”活动的基础上，北京市还向新疆和田地区赠送了700万元文化援建经费和流动舞台车等设备，福建省向林芝地区赠送了10万元文化援建经费，援助支持当地的文化事业发展。

3. 以文化志愿者为骨干，在文化志愿服务方面进行初步尝试。本次活动把文化、志愿、边疆三个元素统一起来，使内地各省市的文化资源与“边疆行”的文化服务内容相结合，文化工作者的职责与志愿服务精神的荣誉相结合，在文化志愿服务方面进行初步尝试。文化部首次引用“文化志愿者”称号，指具有文化艺术才能，自愿奉献时间和精力，为文化事业发展、社会进步奉献文化艺术才华的人士。按照边疆民族地区提出的需求方案，本次活动确定了文化志愿者的招募办法，在社会和文化系统进行选拔。这些文化志愿者深入西藏和新疆民族地区开展了将近一个月的文化艺术演出、讲座、展览等系列文化活动，无偿为当地各民族群众提供和展示优秀的文化艺术成果，指导辅导当地文艺工作者，提高边疆地区公共文化服务水平，取得了良好效果。

4. 以“大舞台”、“大讲堂”、“大展台”为主要形式，丰富边疆各族人民文化生活。这次“边疆行”活动包含的文化志愿服务内容主要以“大舞台”、“大讲堂”、“大展台”3种形式展开。“大舞台”演出以声乐、器乐、舞蹈、杂技、魔术等表演形式为主，尤以杂技、魔术最受欢迎。“大讲堂”活动主要以专家讲座和文艺辅导为主。“大展台”活动以专题摄影展览的形式进行，北京市文化志愿者在乌鲁木齐市图书馆举办了为期15天的以“这里是北京”为主题的摄影作品展，浙江省文化志愿者在新疆华夏艺术馆、阿克苏地区及兵团农一师举办了为期20天的以“锦绣浙江”为主题的浙江文化建设成就展。5名浙江民间手工艺大师现场表演了剪纸、湖笔、西瓜灯、米塑、萧山花边等国家级和省级非物质文化遗产项目。

本次活动涉及西藏和新疆首府城市、地州市、边境县、乡镇和村，深入到社区、军营和重点建设工地。文化志愿者与当地各族群众近距离接触，与当地基层文化工作者面对面学习交流，产生了良好的社会效益。演员们与观众共同演唱，专家们手把手教学舞台设备的使用和安装，民间艺人现场做展示。西藏自治区文化厅党组书记刘建敏介绍说，由于特殊的地理环境等因素，很多老百姓都是有生以来第一次在现场看到杂技节目。为期一个多月的活动成为新闻媒体关注的热点，据不完全统计，以活动为主题的相关报道200余篇。新华社、中央电视台、《人民日报》、《光明日报》、中央人民广播电台等媒体以及新华网、中国新闻网、人民网、新浪网、中国日报网都做了大量报道。《光明日报》、《经济日报》、《中国文化报》刊发了专版，中央电视台《朝闻天下》、《晚间新闻》、《整点新闻》栏目也专门做了报道。

专　题

文化部关于进一步加强少年儿童图书馆建设工作的意见

文社文发〔2010〕42号

各省、自治区、直辖市文化厅（局），新疆生产建设兵团文化广播电视局，国家图书馆，全国文化信息资源建设管理中心：

少年儿童图书馆是我国图书馆事业的重要组成部分，是以广大未成年人为对象的重要的社会教育机构，是未成年人的第二课堂。加强少年儿童图书馆建设，是保护广大未成年人的文化权益、建立健全公共文化服务体系的重要举措。为满足广大未成年人日益增长的精神文化需求，全面提高未成年人的素质，现就进一步加强少年儿童图书馆建设，提出如下意见：

一、提高认识，切实加强少年儿童图书馆建设

未成年人是祖国的未来，加强对未成年人的教育培养，是关系到党和国家事业兴旺发达的重大战略性任务。少年儿童图书馆作为未成年人社会教育的重要基地，是少年儿童课外阅读和自学的主要场所，对学校教育起着补充、延伸、深化的作用。新中国成立以来，特别是改革开放以来，我国的少年儿童图书馆事业有了长足的发展，成绩显著，在构建公共文化服务体系、丰富未成年人精神文化生活、促进未成年人健康成长方面发挥了重要作用。但是，与广大未成年人日益增长的精神文化需求相比，与我国经济社会协调发展的要求相比，与发达国家相比，我国少年儿童图书馆事业还存在着较大的差距。主要表现在投入不足、设施落后、文献资源总量少、品种单调、服务网络不健全等。各级文化行政部门要进一步增强责任意识、大局意识，把加强少年儿童图书馆的工作，作为当前和今后一个时期文化建设的一项重大任务，在政策、经费投入、人才培养等方面予以重点支持，促进少年儿童图书馆事业的快速发展。

二、加大投入，积极构建覆盖城乡的少年儿童图书馆服务体系

各级文化行政部门要结合“十二五”规划的制订工作，积极争取各级党委和政府的支持，把少年儿童图书馆的建设纳入当地国民经济和社会事业发展总体规划，纳入文化发展规划，加大经费投入，加强设施建设，特别要对基层、农村地区给予重点扶植。各级公共图书馆都要开设专门的少年儿童阅览室。有条件的地区，要参照《公共图书馆建设标准》建立独立建制的少年儿童图书馆。要结合乡镇综合文化站建设项目，街道（社区）文化中心（文化活动室）建设项目，国家公共文化服务体系示范区（项目）创建工作等，在乡镇、街道、社区等建设少年儿童图书馆分馆（少年儿童阅览室），努力构建包括少年儿童图书馆、少年儿童阅览室、少年儿童图书馆分馆在内的覆盖城乡的服务网络体系。要研究制定鼓励政策，吸纳社会资金，鼓励、支持社会力量参与少年儿童图书馆的建设。

三、丰富文献信息资源，逐步建立资源共建共享体系

少年儿童图书馆和公共图书馆要加强文献信息资源建设工作，要针对广大未成年人的特点，采集知识性、趣味性、教育性强的图书、报刊、音像制品和电子出版物等，特别重视未成年人喜闻乐见的动漫作品、多媒体等新型载体资源的采集，努力满足未成年人的需求。各级文化行政部门要按照文化部颁布的少年儿童图书馆评估标准中的有关规定，保障少年儿童图书馆（室）的文献购置经费，保证少年儿童图书馆（室）文献藏量合理增长，达到规定的标准。国家图书馆应编制《少年儿童图书馆（室）基本藏书目录》，作为各级少年儿童图书馆文献入藏的参考。要积极支持、鼓励少年儿童图书馆开展联合编目、馆际互借等资源共建共享工作，逐步建立少年儿童文献信息资源共建共享体系。

四、发挥教育职能，深入开展阅读指导和服务工作

少年儿童图书馆、公共图书馆要大力开展各种阅读指导活动，把思想道德建设内容融于读书之中，充分发挥图书馆的教育职能。要区分不同年龄段未成年人的特点，创新服务理念，引入新媒体等现代信息技术，积极开展图书推介、讲座、展览等活动，精心设计和组织内容鲜活、形式新颖、吸引力强的读书活动，吸引未成年人走进图书馆、利用图书馆。要积极与中小学校开展合作，共同开展阅读指导、信息素养教育。要始终把社会效益放在首位，对未成年人实行免费开放，双休日、节假日要对未成年人开放。少年儿童图书馆、公共图书馆要配置流动图书车及有关设备，开设盲文阅览室，坚持阵地服务与流动服务相结合，组织面向残障儿童、城市流动儿童、农村留守儿童等特殊群体的服务活动，切实保障特殊未成年人群体的文化权益。

五、推进公共电子阅览室建设，努力为未成年人提供安全、绿色的公益性上网服务

少年儿童图书馆、公共图书馆均要建设标准规范的公共电子阅览室，免费对广大未成年人开放，满足未成年人健康的网络文化需求。要完善规章制度，切实加强公共电子阅览室的管理，努力为未成年人提供安全、绿色的公益性上网场所，营造有利于未成年人健康成长的网络环境。要不断丰富和充实未成年人喜闻乐见的数字资源，大力开展数字图书馆服务，着力提高未成年人的信息素养，引导广大未成年人正确使用互联网，发挥互联网在未成年人增长知识、了解世界、展示才华等方面的独特作用。

六、加强人才培养，不断提高队伍的专业化水平

各级文化行政部门要根据少年儿童图书馆事业发展的新形势，大力加强少年儿童图书馆人才队伍建设，努力提高工作队伍的专业化水平。要加强理论研究和学术研讨，促进图书馆员的知识更新，全面提高少年儿童图书馆人才队伍的专业素养和知识水平。要加强职业道德教育，进一步增强图书馆员服务意识，使他们成为合格的教育工作者。要适应信息化、网络化的需要，着力培养一批熟练掌握计算机、网络技术的专门人才。要在充实图书馆学专业人才队伍的同时，积极吸纳懂教育学、儿童心理学、儿童文学等专业的优秀人才，形成学科比例协调的人才管理队伍。要充分利用志愿者等社会人才资源，为少年儿童图书馆建设服务。各级文化行政部门要进一步关心少年儿童图书馆工作者的工作和生活，为他们创造良好的工作条件。

七、扩大宣传，为少年儿童图书馆事业发展营造良好的社会氛围

各级文化行政部门及少年儿童图书馆、公共图书馆要加强同各类新闻媒体的联系，争取新闻媒体的支持，加强舆论导向，提高社会各界对少年儿童图书馆事业的认识，共同推动少年儿童图书馆事业的发展。要配合“图书馆服务宣传周”、“世界读书日”等活动全方位展示少年儿童图书馆的形象，进一步宣传少年儿童图书馆的职能、作用。要重视对各项服务工作的宣传，使宣传工作日常化，不断吸引读者，扩大读者队伍，充分发挥少年儿童图书馆的社会作用。

2010年12月9日

文化部关于开展全国基层文化队伍培训工作的意见

为贯彻落实全国文化体制改革工作会议精神，根据《国家中长期人才发展规划纲要（2010～2020年）》、中办《2010～2020年干部教育培训改革纲要》、中办国办《关于进一步加强农村文化建设的意见》、《关于加强公共文化服务体系建设的若干意见》和中宣部等六部门下发的《关于加强地方县级和城乡基层宣传文化队伍建设的若干意见》等有关文件精神，为提高基层文化工作者的综合素质和服务能力，文化部决定“十二五”期间大力推动全国基层文化队伍培训工作。现提出如下意见：

一、充分认识加强基层文化队伍培训工作的重要性和紧迫性

培养一支高素质的基层文化队伍，是加强基层公共文化服务体系建设的重要内容，是满足人民群众基本文化需求、促进基本公共文化服务均等化的重要保证，是推动公共文化服务向广覆盖、高效能转变的重要途径，也是兴起社会主义文化建设新高潮、推动文化大发展大繁荣的必然要求。“十一五”时期，各级文化行政部门重视人才队伍培训工作，取得了明显成效。但针对基层文化队伍的培训仍缺乏系统性、规范性，保障力度不够，培训效果不明显，不能满足基层文化队伍建设的需要。各级文化行政部门必须从全局和战略高度深刻认识基层文化队伍培训工作的重要意义，进一步增强做好新形势下基层文化队伍培训工作的责任感和紧迫感，不断开创基层文化队伍培训工作新局面。

二、基层文化队伍培训工作的指导思想、基本原则和主要目标

（一）指导思想

坚持以科学发展观为指导，按照“培养造就规模宏大，结构优化、布局合理、素质优良的人才队伍”的总体要求，大力实施“人才兴文”战略，坚持培训工作重心下移，运用多种方式加大培训力度，着力提高基层公共文化服务队伍的政治思想素质和新形势下做好公共文化服务工作的能力，努力培养一支高素质的基层文化干部队伍，积极发展业余文化队伍，为推进公共文化服务体系建设，实现文化大发展大繁荣，兴起社会主义文化建设新高潮提供人才保障和智力支持。

（二）基本原则

服务大局，按需培训。培训工作着眼于提高

基层公共文化服务能力，围绕公共文化服务体系建设，适应经济社会发展需要。突出基层文化工作者在学习培训中的主体地位，强化培训需求导向，更好地为基层文化工作者成长服务、为公共文化服务体系建设服务。

联系实际，注重实效。以“学得会、用得上、有实效”为出发点，坚持把素质和能力培养贯穿于培训的全过程，学以致用，用以促学，提高基层文化工作者的业务素质和服务能力。

与时俱进，改革创新。适应新时期社会发展和基层文化工作的需要，整合培训资源，优化师资队伍，创新培训内容，改进培训方法，提高培训吸引力，增强培训效果。

（三）主要目标

——用5年时间，对现有24.27万县乡专职文化队伍和366.85万左右的业余文化队伍（包括业余文艺骨干、村/社区文化活动室工作人员等）进行系统培训，使专兼职结合的基层文化队伍素质显著提高，公共文化服务能力明显增强。

——逐步建立基层文化队伍培训长效机制，建立健全覆盖全国的基层文化队伍培训网络，建立网络远程培训服务平台，编辑出版基层公共文化服务系列教材，培养一支稳定的高素质的师资队伍，推动培训工作科学化、系统化、常态化。

——培训工作与深化公益性文化事业单位人事制度改革相结合，推进基层文化队伍培训规范化建设，实行培训合格持证上岗制度，加强岗位管理，逐步提高公共文化队伍整体素质。

三、建立健全基层文化队伍培训工作体制和机制

（一）建立分级负责、分类实施的培训组织体系

各级文化行政部门负责组织实施基层文化队伍培训工作。文化部负责指导各地培训工作、组织教材编写、建设远程培训平台，制作考试题库、培养省级师资、举办示范性培训；省、市级文化行政部门负责组织培训县乡级专业文化队伍；县级文化行政部门负责组织培训业余文化队伍。各地文化行政部门负责组织培训考试。

（二）充分发挥培训基地的辐射、带动作用

制定培训基地建设标准，采取申报与招投标方式相结合，确定10个工作基础较好、培训积极性较高的省级文化培训机构或文化单位、高等院校、科研院所作为基层队伍培训基地，辐射全国或周边省区，承担文化部委托、本省及周边省区相应数量和规模的基层文化队伍骨干培训任务。

（三）构建优势互补、开放竞争的培训工作机制

各地文化行政部门通过政府委托培训和招投标相结合的方式，遴选优质培训资源，鼓励高等院校和具备资质的社会培训机构参与基层文化队伍培训，激发文化系统各级各类培训机构的办学活力。

（四）加强培训工作的规范化管理

要规范完善基层文化队伍培训的各项规章制度，将培训工作纳入制度化、规范化轨道。县级文化馆、图书馆工作人员参加脱产培训的时间每年不少于15天。乡镇（街道）、村（社区）基层文化专兼职人员参加集中培训时间，每年不少于5天。

（五）健全培训考核评估与督查制度

建立目标管理责任制，将培训任务进行层层分解，落实专门机构和人员。建立干部培训档案，将培训工作与建立持证上岗制度、职称评定、职务晋升相挂钩，并作为绩效考核的重要方面。将培训工作纳入文化行政部门、文化单位年终考核指标，纳入图书馆、文化馆站评估工作。文化部定期开展基层文化队伍培训督查工作，对培训工作完成好的部门和单位进行表彰，不合格的部门和单位通报批评。

四、完善培训内容，创新培训方式

（一）充实和丰富培训内容

培训工作以政策法规、业务知识、文化素质培养、能力建设等内容为基础，根据基层文化工作实际需要，设计培训课程，不断丰富和完善培训内容。

（二）创新培训方式方法

丰富培训方式，采取集中培训、上门培训、对口支援、远程培训和脱产研修等多种形式。创新教学方法，鼓励采取案例教学、现场教学、讨论教学等多种方法。

（三）充分利用现代信息技术手段

建立开放、兼容、共享的网络远程培训服务平台，依托全国文化信息资源共享工程服务网络，

面向基层专兼职文化工作者提供随时随地的在线学习、在线考试等服务，鼓励基层文化工作者利用业余时间自主学习。

五、加强培训师资队伍建设

（一）加快建立一支素质优良、规模适当、结构合理、专兼结合的培训师资队伍

各级文化行政部门要建立基层文化队伍培训师资库，实现资源共享。依托现有各级文化干部培训机构、文化共享工程各级中心和图书馆、文化馆等文化单位，建立一支业务能力强、爱岗敬业的专职教师队伍；选聘实践经验丰富、理论水平较高的党政领导干部、文化部门和公共文化机构管理人员、高校和科研机构专家学者担任兼职教师，充分发挥兼职教师的作用。

（二）强化师资队伍培训，逐步建立省、市两级师资队伍执教资格制度

文化部负责为各省培训骨干师资，各级文化行政部门有计划、分步骤地组织优秀师资到高等院校和上级培训机构进修学习，保证专职教师每年接受系统培训的时间不少于1个月，切实提高教师理论水平和业务能力。

六、保障措施

（一）加强领导

各省（自治区、直辖市）文化厅（局）要把基层文化队伍培训工作作为一项战略性、基础性工作来抓，建立目标管理责任制，将培训任务进行层层分解，采取切实措施，加强督促检查和考核评价，确保培训任务圆满完成。

（二）制定规划

基层文化机构根据工作需要和人才培养需要，提出培训需求，各省（自治区、直辖市）文化厅（局）依据基层文化队伍实际情况，研究制定当地“十二五”期间基层文化队伍培训工作规划以及分年度计划。

（三）落实经费

积极争取各级财政，加大对基层文化队伍培训的投入，建立基层文化队伍培训长效机制。要根据本地实际，精心策划好基层文化队伍培训项目，将培训经费列入年度预算，专款专用，不断提高经费使用效益，为开展基层文化队伍培训提供有力的经费保障。

（四）加强宣传

及时总结基层文化队伍培训经验，树立典型，加强经验交流与推广，促进培训工作开展。要采取各种方式，加强培训工作的宣传，推动培训工作扩大影响，为基层文化队伍建设创造有利条件。

2010年10月8日

文化部办公厅关于公布第15届“群星奖”获奖名单的通知

各省、自治区、直辖市文化厅（局）、新疆生产建设兵团文化广播电视局：

根据《文化部办公厅关于举办第十五届“群星奖”评奖工作的通知》（办社文函〔2010〕47号）要求，2010年5月在广东省举行了第九届中国艺术节、第15届“群星奖”决赛，从全国报送的955个作品和项目中，评选出作品类“群星奖”220个、项目类“群星奖”110个，并根据评选条件评选出100位“群文之星”；其余参加决赛和展演的81个作品获“第九届中国艺术节优秀演出奖”。现予以公布。

希望各地文化厅（局）和有关单位对获奖单位和人员给予表彰、奖励，激励他们再接再厉，创作和演出更多更好的文艺作品。同时希望他们不断创新公共文化服务方式，提高公共文化服务水平，为丰富群众文化生活，满足群众精神文化需求，促进社会主义文化大发展大繁荣作出新的贡献。

特此通知。

附件：1. 第15届“群星奖”获奖名单

2. 第九届中国艺术节优秀演出奖

文化部办公厅

2010年6月7日

附件1：

第15届“群星奖”获奖名单作品类群星奖

戏剧

地区、单位	作品名称
天津	打工妹的PARTY
河北	那片枣树林

河北	审女婿
山西	农家乐
山西	人偶情
山西	掏鸦窝
山西	人约黄昏后
内蒙古	摘花椒
辽宁	差钱了
吉林	红玫瑰花
黑龙江	旗 帜
上海	婚 纱
上海	花开灿烂
江苏	喜搬家
江苏	回家过年
江苏	带锁的日记
江苏	追 鱼
江苏	我是你的留守妻
浙江	格式化
浙江	短 信
浙江	南瓜变奏曲
江西	换招牌
山东	暖水袋　痒痒挠
山东	随 礼
湖北	棋 缘
湖北	小羊、野猪、螳螂剪刀
湖北	推销奇遇
湖南	今天有客来
湖南	从头再来
湖南	春 雨
广东	守 候
广东	博士浪漫曲
广东	她和她
广东	大话环保
广东	局长家事
广东	成 长
广东	守望湿地
海南	黎山恋歌
广西	楼上楼下
广西	仙姑岭茶歌
重庆	如果我有一双翅膀
四川	陌生的朋友
四川	大年三十
贵州	彩蝶纷飞
云南	“猪”联璧合
云南	白曲声声
陕西	老城根
陕西	街头巷尾
宁夏	硒砂瓜甜
新疆	达西村的好日子
总政	考 核
总政	墙
武警	英 雄
武警	暗 访
武警	胃口问题
武警	笑比哭难
全总	大年初一

音乐

地区、单位	**作品名称**
北京	因为爱你
北京	乡村百姓家
天津	北运河，我心中的歌
天津	精卫填海
河北	枣儿红了
山西	牛斗虎
山西	蒲州梆子腔
内蒙古	家乡的古神树
辽宁	乐·缘·情
辽宁	幸福嗑儿唠不完
辽宁	春韵
辽宁	军徽你最美
吉林	萨日朗
黑龙江	男人的摇滚
上海	海上变奏曲
上海	永远在一起
上海	老爸老爸 顶呱呱
上海	古镇音画
上海	上海市中国福利会少年宫小伙伴艺术团合唱团
江苏	荡湖船
江苏	梦中的大西北
浙江	网络女孩
浙江	对鸟新唱
浙江	艾格仑登哟
浙江	招潮蟹儿

浙江	浙江省温州市合唱团
安徽	锄茶棵
江西	晒得日子亮又圆
山东	枫叶日记
河南	豫之韵
湖北	鼓盆歌
湖北	古琴台
湖北	心中的伞
湖北	伯牙情思
湖北	月照黄鹤楼
湖北	湖北省凌云集团武汉星海合唱团
湖南	岳北山歌
湖南	雄鸡争艳
广东	羊城打工谣
广东	梦·乡情
广东	月下情歌
广东	盘王歌
广东	广东省中山合唱团
广东	广东省深圳音协合唱团
广西	流水欢歌迎客来
重庆	船到码头把酒喝
重庆	重庆市渝中区教师合唱团
四川	岷江随想
四川	朵洛荷
贵州	蓝色乌江
贵州	月亮山的木鼓声
云南	盏西哦然
云南	嫁女调
云南	进寨歌
西藏	同乡的年轻人
陕西	望秦
青海	喝一碗凉水是喜欢
新疆	过路人
总政	我的那个他
总政	90 后当兵来
武警	将军与士兵
全总	唢呐情

舞蹈

地区、单位	**作品名称**
北京	好戏没散
山西	做军鞋
山西	亲圪蛋下河洗衣裳
山西	布老虎
山西	浑身板
山西	原平凤秧歌
内蒙古	鲁日格勒
辽宁	强劲的东北风
吉林	鼓韵
上海	双面胶
上海	玩瓜
上海	2010 海上风
江苏	姑苏井
浙江	蚕匾上的婚礼
浙江	龙裤的诉说
浙江	竹儿青 妹儿红
浙江	九龙柱
安徽	瞧这帮鼓架子
安徽	淮水欢歌
江西	快乐奶仔
河南	宝宝会走了
河南	我可喜欢你
河南	母爱同行
湖北	薅黄瓜
湖北	来凤土家摆手舞
湖南	乖乖花瑶寨
湖南	排排坐
广东	传
广东	接送
广东	选村官
广东	快乐建筑工
广东	走山
广东	绣
广东	阳光总在风雨后
广东	工地节奏
广东	围屋·女人
广东	猫鼠之夜
广东	领潮争先
海南	黎乡雨趣
海南	迎亲
广西	哪嗬咿嗬嗨
重庆	烛光
重庆	āáǎà

四川	彝寨鼓韵
贵州	南猛芦笙舞
贵州	花满坡
贵州	山谣
云南	甩铃
云南	阿克力
云南	阿昌女子蹬窝罗
西藏	欢乐踢踏舞
西藏	阿嘎舞
甘肃	裕固风情
青海	雪域欢歌
宁夏	馓子飘香
宁夏	栲栳
新疆	风中胡杨
新疆	瑞雪迎春
兵团	那孜库姆
总政	咱连的大饺子
武警	走进绿色的花季

曲艺

地区、单位	作品名称
北京	绣飞龙
北京	岁月如歌
天津	老来乐
河北	这事儿妈做主
山西	防不胜防
山西	家有醋妻
山西	鼓曲神韵
山西	相女婿
内蒙古	呼和浩特赞
内蒙古	遨游太空
辽宁	羊有德
辽宁	家乡好
吉林	小村黄昏
黑龙江	春风化雨
上海	登高
上海	存心不还
浙江	青风收徒
浙江	午夜电话
安徽	三个巴掌
福建	水榭欢歌
福建	千家罗绮管弦鸣
江西	宝朵招工
山东	惊变
山东	新风曲
河南	品相声
河南	中州自古美名传
湖北	汉腔楚韵唱湖北
湖北	村官轶事
湖南	查家底
广东	三个萝卜一个坑
广东	国医第一刀
广东	我们是快乐的打工妹
广东	西关食通天
重庆	台上台下
重庆	江姐闯关
重庆	赞三峡
四川	开学第一天
云南	小卜哨与小象
总政	百井浇开幸福花
武警	草原警民情

项目类群星奖

地区、单位	项目名称
北京	北京奥运文化广场
北京	北京市文化志愿者体系建设
北京	北京记忆——大型北京文化多媒体数据库
天津	“和平杯”中国京剧票友邀请赛
天津	天津国际少年儿童艺术节
天津	全国图书馆联合编目中心少年儿童图书馆中心
河北	河北省群众艺术馆《文艺演唱材料》刊物
河北	邯郸中原民间艺术节
河北	石家庄市新春鼓王争霸赛暨中国北方鼓乐展示大会
河北	狮城之春——沧州文化艺术节
山西	中国运城国际关公文化节
山西	山西省广场文化艺术节
山西	“手牵手，让梦想成真”公益培训活动

内蒙古 包头市鹿城文化艺术节
内蒙古 呼和浩特市春节元宵文化庙会
内蒙古 赤峰市城乡基层文艺会演
辽宁 辽宁省农民文化艺术节
辽宁 沈阳大学生文化节
辽宁 本溪市群众艺术馆“667 手拉手辅导组”
辽宁 丹东市“五百迎春”系列群众文化活动
吉林 吉林省图书馆联盟
吉林 长春市图书馆“未成年人思想道德建设工程”
吉林 吉林市“松花江之夜大型广场周末休闲舞会”
黑龙江 黑龙江省“城市之光”和“金色田野”大型主题群众文化系列活动
黑龙江 中国·哈尔滨之夏音乐会
黑龙江 大兴安岭管乐品牌文化活动
上海 中国上海国际艺术节“天天演”活动
上海 上海市社区文化指导员派送
上海 上海教育系统高雅艺术进校园活动
江苏 金陵合唱节
江苏 “欢乐家园”广场文化活动（文心大舞台）
江苏 “文化江海行”广场文艺演出
江苏 “动感彭城”广场文化活动
江苏 金陵图书馆——“金图讲坛”系列讲座活动
浙江 “天天演”文化惠民工程
浙江 庆元县“月山春晚”
浙江 秀洲·中国农民画艺术节
浙江 浙江“唱响文明赞歌”文化关爱老少边贫地区系列活动
浙江 杭州市群众艺术馆群众文化“集约化、一体化”运行机制创新项目
安徽 中国农民歌会
安徽 “百团千场万人”文化下乡
安徽 《安徽群众文化》（双月刊）
安徽 铜陵市社区文化家园
福建 福建艺术扶贫工程
福建 福建省村级文化协管员培训
福建 福州市激情广场大家唱
江西 江西省修水县“双井之春”音乐会
江西 赣州市兴国山歌艺术节
江西 宜春市上高县农民摄影
江西 青云谱区“梅湖墨香”特色书画展览
山东 山东省艺术馆“齐风鲁韵”传习大课堂
山东 山东省图书馆“大众讲坛”讲座
山东 青岛市图书馆小小莫扎特音乐馆活动
山东 青岛市文化大拜年系列活动
山东 中国·蓬莱“和平颂”国际青少年文化艺术节
河南 郑州市文化茶馆建设
河南 周口市周末一元剧场
河南 激情广场大家唱，舞动漯河大家跳活动
河南 郑州市图书馆文化阳光进高墙活动
河南 洛阳市“河洛欢歌·广场文化狂欢月活动”
湖北 湖北省中小学生幼儿美术、书法比赛活动
湖北 “武汉之夏”系列群众文化活动
湖北 鄂州市“周周乐”广场文化活动
湖北 荆州“小太阳”读书节暨全民阅读活动
湖南 快乐阅读 健康成长——湖南省少年儿童大型读书活动
湖南 长沙市群众文艺“百团汇演”
湖南 株洲合唱节——群众文化品牌活动
湖南 中国汨罗江龙舟节

地区	项目
广东	广东省群众艺术花会（广东省群众音乐舞蹈花会、广东省群众戏剧曲艺花会、广东省少儿艺术花会）
广东	城市街区24小时自助图书馆体系建设与服务推广
广东	广州岭南书画艺术节
广东	绚丽大舞台——东莞市文化广场千场文艺演出
广东	中山农村群众歌咏活动
海南	海南省东西南北中广场文艺会演
广西	南宁国际民歌艺术节“绿城歌台”广场文化活动
广西	“柳江之夏”群众文化活动
广西	大型群众文化活动——“漓江之声”
广西	“激情广西·大家唱”群众文化活动
重庆	重庆市红歌传唱活动
重庆	少年儿童爱心图书接力服务活动
重庆	观音桥广场文化之声
四川	丹巴嘉绒藏族风情节
四川	文化金牛大擂台
四川	大地书香新农村家园工程
四川	艺术龙泉驿·市民艺术学校
四川	绵竹年画节
贵州	水城农民画
贵州	公益性群众文化摄影活动
贵州	梵净山文化旅游节
云南	云南省民族民间歌、舞、乐展演
云南	盘龙江文化艺术节
云南	景颇族《目瑙纵歌节》
云南	《云南群众文化》季刊
西藏	全区大型群众文化调演活动
陕西	陕西省农民文化节
陕西	延安过大年
陕西	夏日文化广场演出活动
甘肃	甘肃省群星艺术节
甘肃	兰州春节文化庙会
甘肃	中国庆阳端午香包民俗文化节
青海	西宁社火
青海	玉树赛马会
宁夏	中国西部民歌（花儿）歌会
新疆	新疆维吾尔自治区乡村百日文体活动竞赛
新疆	乌鲁木齐市图书馆文化讲坛
新疆	新疆莎车县十二木卡姆文化艺术节
兵团	五家渠广场文化艺术节
总政	北京军区空军文化服务队文化服务活动
武警	武警部队基层文化骨干培训工程
全总	全健排舞

群文之星

地区、单位	姓名	单位名称及职务
北京	李清梅	房山区文化馆馆长
北京	王　炜	首都图书馆地方文献中心副主任
北京	何晓丹	北京市西城区文化馆馆员
天津	寇　援	天津市群众文化学会会长
天津	于振坤	天津市北辰区天穆镇文化站站长
天津	徐隆洁	天津图书馆副馆长
河北	马维彬	河北省群众艺术馆馆长
河北	樊红霞	藁城文化馆副馆长
河北	石素辉	石家庄市群众艺术馆副馆长
山西	郭彦新	山西省群众艺术馆馆长
山西	李文刚	山西省联通公司（退休）
山西	王秦安	山西绛州鼓乐艺术团团长、研究馆员
山西	史三宝	山西省孝义市文化馆馆员

山西	郑淑玲	太原市小店区文化馆副馆长、副研究馆员
内蒙古	白凌空	包头市文化局副局长
内蒙古	吴玉华	呼伦贝尔莫力达瓦达斡尔族文化馆馆长
内蒙古	王黑小	呼和浩特市文化局局长
辽宁	王晓滨	辽宁省本溪市群众艺术馆馆长
辽宁	鲁　滨	辽宁省群众艺术馆党总支书记
吉林	刘慧娟	长春市图书馆馆长
吉林	赵艳雯	吉林省群众艺术馆研究馆员
黑龙江	宋宏伟	黑龙江省文化厅 副厅长
黑龙江	李建军	拜泉县文化馆馆长
上海	顾亚平	上海市黄浦区文化局文化艺术管理科科长
上海	全昌杰	上海市闵行区群众艺术馆馆长
上海	胡蕴琪	虹口区青少年活动中心艺术指导
上海	陈白桦	中国福利会少年宫主任
上海	黄　涛	上海市宝山区文化馆副馆长
江苏	李为民	江苏省南京市文广新局社会文化处处长
江苏	牛小艾	江苏省常熟市文化馆馆员
江苏	蔡晓英	江苏江阴市文化馆办公室主任
浙江	马建华	浙江省群众艺术馆声乐专家、研究馆员
浙江	邹跃飞	浙江省温州市群众艺术馆副馆长
浙江	蔡泉根	浙江省宁波市镇海区文化广电新闻出版局干部
浙江	章利萍	浙江省绍兴市绍兴县文化发展中心副处长
浙江	缪惠新	浙江省嘉兴市秀洲区文学联合会副主席
安徽	王唯唯	安徽省文化馆馆长
安徽	宁小双	阜阳市文化馆馆长
安徽	孙卫东	安徽省芜湖市文化委员会科长
福建	吴志跃	福建省艺术馆书记、馆长，省非物质文化遗产保护中心主任
福建	池小霞	福州市群众艺术馆副馆长
江西	胡　伟	江西省修水县文化局副局长、文联副主席、文化馆馆长
江西	陶学湖	江西省新建县文化馆馆长
山东	王　洁	青岛市群众艺术馆馆长
山东	付军燕	商河县文化馆馆长
山东	王寿宴	山东省艺术馆馆长
河南	陈明义	华中化工有限公司，舞动漯河大家跳的领头人
河南	曹尔瑞	开封市蓓蕾少儿艺术培训学校高级教师
河南	张剑华	河南省群众艺术馆影视戏剧部主任
湖北	龚泽生	武汉市群众艺术馆馆长
湖北	童爱武	武汉市洪山区青菱乡农民艺术团创办人
湖北	黄念清	湖北省文化厅社会文化处副处长
湖北	唐静平	湖北省群众艺术馆文艺部主任
湖北	文敏芝	武汉邮政艺术团团长
湖北	周曼丽	湖北省群众艺术馆少儿部主任
湖南	杨　柳	湖南省少儿图书馆副研究馆员
湖南	夏明庚	湖南省岳阳市汨罗市文化局干部

湖南	杨建伟	湖南省长沙市文化局干部
广东	杨素贤	深圳市文化局社文处处长
广东	郑集思	广东省中山市文化广电新闻出版局局长
广东	李南生	深圳市文体旅游局党组成员副巡视员
广东	杨继春	东莞市大岭镇文体中心副主任
广东	杨怀二	广州市花都区文广新局社文科副科长
广西	苏韶芬	广西桂林市群众艺术馆馆长
广西	黄毅环	广西贺州市群众艺术馆副馆长
海南	陈　良	海南省文化广电出版体育厅社会文化处处长
海南	孙　冰	海南省白沙黎族自治县文体局干部
重庆	陈　骅	重庆市群众艺术馆副馆长
重庆	高　兴	重庆市群众艺术馆艺术指导
重庆	凌　淋	重庆市沙坪坝区文化馆辅导干部
四川	谭发祥	四川省攀枝花市图书馆书记、馆长
四川	李　昭	成都市青羊区文化馆音乐干部
四川	曾远敏	成都市龙泉驿区文化馆馆长
贵州	郑铁牛	贵州省群众艺术馆馆员
贵州	邓　勇	贵州省贵阳市南明区少年宫舞蹈教师
贵州	龙世忠	雷山县文化馆馆长
云南	周　玲	云南省文化馆理论期刊部主任
云南	郭建荣	巍山县马鞍山乡青云新村文化站工作人员
云南	张庆茂	保山市文化馆馆长
西藏	贡布欧珠	西藏自治区群艺馆馆长
西藏	春　梅	西藏昌都地区群艺馆副馆长
陕西	王升荣	西安市群众艺术馆馆长
甘肃	赵中东	兰州市文化广播影视新闻出版局副局长
甘肃	祁　燕	兰州金鹏艺术团团长
青海	杜　燕	西宁市群众艺术馆副馆长
青海	扎　哇	玉树州群众艺术馆馆长
青海	索南公保	青海省文化馆馆员
宁夏	靳宗伟	宁夏文化馆馆员
宁夏	张淑萍	宁夏贺兰县文化馆馆长
新疆	计　津	乌鲁木齐市图书馆党支部书记、副馆长
新疆	张斯琴	新疆青河县文化馆馆长
新疆	傅增堂	新疆巴音郭楞蒙古自治州文化局局长
兵团	尹慧莲	新疆兵团农六师五家渠市文化局副局长
总政	董吉顺	解放军总政治部直属工作部政治委员
总政	马来西	山东省军区战士业余演出队队长
总政	杨小波	浙江省军区战士业余演出队队员
武警	张冠华	武警北京指挥学院政工教研室教授
武警	张建新	武警广东省总队政治部业余演出队队长
武警	王　迅	武警四川省总队政治部业余演出队演员
全总	杨子青	中国职工文体协会排舞专业委员会秘书长

附件2：

第九届中国艺术节 优秀演出奖名单

戏剧

地区、单位	作品名称
北京	十二尺巷
上海	情系端午
河南	无言的爱
湖南	街头轶事
广东	醉舞清风
广东	通往天堂的电话
广东	我是中国人
四川	巴山背二歌
西藏	安居工程
新疆	离不开

音乐

地区、单位	作品名称
北京	北京节日合唱团
天津	爱搭个的天津人
河北	河北省“太行之声”合唱团
山西	太原市青年宫好孩子合唱团
内蒙古	呼和浩特市教师合唱团
辽宁	大连海之声合唱团
吉林	我的长白山
吉林	吉林老山参合唱团
黑龙江	齐齐哈尔市教师合唱团
上海	农家四月艳阳天
浙江	要吃海鲜舟山来
福建	长乐爱之声合唱团
江西	萍乡市业余合唱团
山东	青岛市群众艺术馆“群星”少儿合唱团
河南	郑州市音乐家协会爱乐合唱团
湖南	湖南省知音合唱团
广东	金斗湾
广东	南粤社日
广东	客家集锦
广东	广州市越秀区爱乐合唱团
广东	萝岗香雪女声合唱团
广东	珠海市香洲区艺帆合唱团
广东	让我们舞起来
贵州	贵阳群星合唱团
云南	美丽丙中洛
云南	云南聂耳合唱团
甘肃	甘肃省老龄委夕阳红合唱团
青海	青海省爱乐合唱团
宁夏	宁夏合唱艺术团
新疆	新疆移动全球通会员之声合唱团
兵团	天北锦韵合唱团
总政	75203部队战士合唱团
武警	向祖国报到

舞蹈

地区、单位	作品名称
天津	袖舞祥云
吉林	关东老扤
浙江	宝宝和大公鸡
安徽	庆丰收
福建	姑嫂看戏
福建	手拉手
山东	男人背后的女人
山东	欢腾的鼓乡
湖北	武当情
广东	东海人龙舞
广东	独占鳌头
广东	鱼灯乖乖
广东	醒狮
广东	办公室风景
重庆	花灯闹春
四川	蛾蛾飞
贵州	灵镯
西藏	乡沄
陕西	圪梁梁

曲艺

地区、单位	作品名称
天津	总理与病童
天津	擂鼓战金山
天津	画脸谱

河北	爸爸回家
河北	雪花
内蒙古	江格尔颂
内蒙古	归心似箭
黑龙江	奶奶探路
上海	桂花立规矩
江苏	拆墙记
安徽	主任的情人
安徽	嫁给谁
山东	小马过河
河南	吃回扣
湖南	花枝俏
广东	打工轶事
广东	繁花似锦
总政	士兵对话
武警	捕鼠记

在全国县级公共文化服务体系建设现场经验交流会上的讲话

中宣部副部长、文化部党组书记、部长　蔡武

（2010 年 12 月 21 日）

同志们：

在“十二五”开局之年即将到来之际，中宣部和文化部在河北霸州召开全国县级公共文化服务体系建设现场经验交流会。这是宣传文化战线进一步深入贯彻落实党的十七届五中全会精神、中央经济工作会议精神、胡锦涛总书记在中央政治局第二十二次集体学习时重要讲话精神、全国文化体制改革工作会议精神，以及今天上午刚刚闭幕的全国服务农民服务农村基层文化建设先进集体表彰会精神的具体举措，也是推进县级公共文化服务体系建设的一次重要会议。会议主题是贯彻落实科学发展观，深入研究统筹城乡文化发展，明确县级公共文化服务体系建设的思路和措施，进一步推动城乡基层公共文化服务体系建设。刚才，河北省委副书记、河北省省长陈全国对河北省文化建设和文化体制改革情况作了介绍，河北省霸州市等典型发言各具特色，很实在，很生动，对各地加强县级公共文化服务体系建设具有很好的借鉴意义。确如刚才志今同志所说，听了这几位典型经验的介绍，很受鼓舞，很受启发，这些情况，是我们如果长期坐在办公室里想象不到的。党的十六大以来，特别是 2003 年我们推进文化体制改革以来，把建设覆盖城乡的公共文化服务体系作为我们文化战线的首要任务强力推进，应该说取得了很大的成效。所以我是主张我们中央各部委的同志们，要经常离开办公室，深入到我们的基层、边疆、农村去看一看，在人民群众生动的创造实践中间去感受，这会有很多启发，会开启我们的思路，会转变我们的观念，会激发我们的精神，把这项利国利民的事业做好。

今天上午，云山同志在第四届服务农民服务基层文化建设先进集体表彰会上做了重要讲话。他指出“广泛开展文化服务，把美好的精神食粮提供给亿万人民，让人民群众共享文化发展成果，是全面建设小康社会新阶段赋予宣传思想文化工作的重要使命，是宣传思想文化战线必须履行好的重要职责。”他强调，要坚持先进文化前进方向，始终把人民大众作为文化服务主体；加强城乡基层文化设施建设，加快构建覆盖广泛的文化服务网络；加强对创作生产的引导，以更多群众喜闻乐见的文化产品丰富文化服务内容；不断创新方式方法，开辟更多有效的文化服务渠道；创造良好条件，建设一支扎根基层、热爱群众的文化服务队伍。各级宣传文化战线工作者要认真学习贯彻云山同志讲话精神，安排工作、部署工作、制定规划、出台政策，都要立足基层，充分考虑群众的实际需要，着力扩大文化服务的覆盖范围，让更多的群众得到文化实惠。

县级公共文化服务体系是公共文化建设的基础和重要组成部分，是实现文化建设面向农村、面向基层的关键环节。近年来，全国宣传文化系统坚持资源下移、服务下移、重心下移，一手抓政策推动，一手抓典型示范，加快推进公共文化服务体系建设。前不久文化部在云南召开了全国村级文化建设工作座谈会，总结推广了云南大村、福保村等村级文化建设的典型经验。12 月 15 日，李长春同志在《文化部关于全国村级文化建设工作座谈会有关情况的报告》上作出重要批示：“会议开得很必要，很及时，望抓好落实”。今天，我们在霸州召开现场经验交流会，总结推广河北霸州等县级公共文化服务体系建设的典型经验；下一步还将启动国家公共文化服务体系示范区创建

工作，树立一批地市级公共文化服务体系建设典型。通过分层级树立典型，以点带面，全面推进公共文化服务体系建设。

河北省霸州市作为我国中部地区经济欠发达的县级市，十几年来持之以恒地坚持“文化兴市”理念，形成文化自觉，依托本地区丰富的文化资源和深厚的文化底蕴，以政府为主导，广大群众和社会力量积极参与，有针对性地解决公共文化服务体系建设中面临的难点和问题，在设施网络、资源供给、服务能力、人才队伍、活动开展、经费保障等方面全面推进，使公共文化服务体系建设步入良性、可持续发展轨道，初步探索出了具有地方特色的县级公共文化服务体系建设的模式和路子。中共中央政治局委员、书记处书记、中宣部部长刘云山对“霸州经验”给予高度评价，做出重要批示，要求中宣部、文化部对霸州14年来持之以恒推进公共文化服务体系建设的做法和经验认真总结推广，进一步推动城乡基层公共文化服务体系建设。山西省清徐县、浙江省宁波市鄞州区、广西壮族自治区武宣县、四川省成都市龙泉驿区等地方，也介绍了他们从实际出发，因地制宜，积极探索县级公共文化服务体系建设的新途径、新路子，特色鲜明，成效显著，取得了丰硕的成果。这些经验，值得各地好好学习借鉴，转化为推动本地公共文化服务体系建设的新思路、新举措。

下面，我代表中宣部和文化部就加强县级公共文化服务体系建设，讲几点意见。

一、高度重视，切实增强推进县级公共文化服务体系建设的责任感、使命感

“十一五”时期是我国文化建设的创新发展期。五年来，以胡锦涛同志为总书记的党中央，从全面建设小康社会、推进社会主义现代化建设的高度，深刻分析国内国际形势，准确把握文化发展规律，提出了一系列具有战略性、前瞻性和指导性的重要文化发展理论，为深化文化体制改革，推动社会主义文化大发展大繁荣提供了强大精神动力和智力支持。各地区、各部门认真贯彻落实党中央、国务院的决策部署，解放思想、与时俱进，逐步树立起新的文化发展理念，冲破传统体制束缚，大力推进体制机制创新，在推动文化建设的实践中，逐步探索出一条有中国特色的文化发展道路，开创了中国特色社会主义文化建设的新局面。

作为中国特色社会主义的重要特征，作为文化建设的重要组成部分，覆盖全社会的公共文化服务体系建设的重要地位日益突出。“十一五”时期同时也是公共文化服务体系建设的快速发展期。自2005年，党的十六届五中全会首次提出要“逐步形成覆盖全社会的比较完备的公共文化服务体系”以来，公共文化服务体系建设已经摆上了党和国家改革发展的大局。2007年，中央政治局专门就公共文化服务体系建设召开会议，胡锦涛总书记作了重要讲话。党的十七大把“覆盖全社会的公共文化服务体系”，作为实现全面建设小康社会的重要目标之一。今年胡锦涛总书记7月23日重要讲话中，将“加快构建公共文化服务体系”作为当前和今后一段时期推进文化体制改革工作的4项重要任务之一。5年来，在党中央、国务院的高度重视下，公共文化服务体系建设的思想、理论逐步完善并日益深入人心，推进公共文化服务体系建设越来越成为各级党委政府和广大文化工作者的基本共识和自觉行动。各地投入不断加大，设施体系逐步完善，公共文化产品日益丰富，服务方式和手段不断创新，队伍素质稳步提高，呈现出整体推进、重点突破、快速发展的良好势头，主要表现在：一是文化经费投入大幅增长。“十一五”前4年，全国文化事业费总计超过900亿元，年均增幅25.28%，是“十五”总和的1.81倍。中央对地方转移支付力度明显加大，“十一五”前4年总计投入63.69亿元，是“十五”总和的7.85倍。二是县乡村三级基层公共文化设施得到很大改善。“十一五”期间，乡镇综合文化站建设项目、县级图书馆文化馆修缮项目、城市社区文化中心（文化活动室）设备购置项目等一系列面向基层、面向农村的重大文化设施建设项目顺利实施，显著改善了基层文化设施的整体面貌。到2009年，全国共有县级公共图书馆2491个，县级文化馆2862个，乡镇（街道）文化站38736个，村文化室209600个，覆盖城乡的公共文化服务网络正在形成。三是重点文化工程在县级顺利推进。到2010年底，全国文化信息资源共享工程资源总量达到105TB，在基层服务点建设方面，已实现县县有支中心和“村村通”的目标。

广播电视“村村通”、农家书屋、数字电影放映工程、送书下乡工程、流动舞台车工程等一系列面向基层、面向农村的重大文化设施建设项目顺利实施，丰富了基层的文化资源。四是基层公共文化服务形式不断创新。比如，浙江嘉兴等地探索多种形式的公共图书馆总分馆制，实行借书还书“一卡通”，优化了资源配置，提高了服务效率；广东等地普遍开展流动文化服务，使图书馆、博物馆、文艺演出等服务惠及更多的基层群众。五是基层群众文化活动日益丰富。各地充分挖掘特色文化资源，组织开展丰富多彩的群众文化活动，活跃群众精神文化生活。河北省霸州市2006年开始启动“月月唱大戏”活动，5年来从未间断，观众超过10万人次。山西省清徐县采取政府购买的方式，每年逢年过节将2000多场次的演出送到农村基层。江苏省吴江市开展“十镇巡演”和“区域文化联动”活动，让数十万农村群众和外来务工人员享受到了丰富的文化大餐。在这里我补充一句，刚才我讲到清徐县政府采取政府购买的方式，每年逢年过节将2000多场次的演出免费送到农村基层，按照我们现在的国情，我们在基本的文化权益和基本的文化需求里面，不包括看戏这一项，因为我们现在还达不到这个水平，我们的公共文化服务还只能是广覆盖、低水平的，那么为了体现我们对农村基层的文化关怀，逢年过节的时候可以采用政府采购的办法，给农村送戏，但是正常情况下，特别是在我们的演艺院团实行体制改革，转企改制成为市场主体之后，看戏的问题主要还是要通过市场调节来解决。财政条件好一点的地方，逢年过节免费送戏下乡是可以的，不要常年所有的看戏都变成免费的，这可能不符合在市场经济条件下演艺市场发展的规律。这一点也请大家注意。

在充分看到成绩的同时，我们也要清醒看到，由于我国仍处于社会主义初级阶段的基本国情没有根本改变，社会的基本矛盾仍然是落后的社会生产力与人民群众日益增长的物质文化需求之间的矛盾没有根本改变，我们的文化建设同经济社会各项事业一样，城乡之间、区域之间的发展很不平衡，统筹城乡文化发展的任务还相当艰巨。公共文化服务体系建设总体水平不高，投入总量不足、投入结构不合理，广大农村和中西部地区文化发展相对滞后，特别是县级公共文化服务体系建设基础薄弱，县乡村文化设施相对落后、财政保障机制不健全、基本公共文化服务供给不足问题十分突出。公共文化服务体系政策法规不完善，政府主导和全社会推动公共文化服务体系建设的自觉意识在一些地方还没有完全形成。总体上看，我国文化建设是“四位一体”战略布局中的“短板”这样一个问题还没有完全解决。这些问题在一定程度上影响了社会主义精神文明建设和人民群众素质的提高，影响了文化建设和经济社会的协调发展，影响了新农村建设的整体推进，迫切需要我们采取得力的措施加以解决。

县级是我国经济发展和社会治理的重要基础。县级公共文化服务体系是国家公共文化服务体系城乡统筹的结合部，承上启下的关键环节，涵盖县（区）、乡镇（街道）、村（社区），“麻雀虽小，五脏俱全”，具有系统性和完整性，地位举足轻重。目前，我国总体上已进入以工促农、以城带乡的发展阶段，进入着力破除城乡二元结构、形成城乡经济社会发展一体化新格局的重要时期。新情况新变化、新形势新任务，对县级文化建设特别是县级公共文化服务体系建设提出了新的更高要求。我们要从统筹城乡文化发展的全局角度和战略高度，充分认识县级公共文化服务体系建设的重要地位和作用，进一步增强做好工作的自觉性和主动性。

（一）加强县级公共文化服务体系建设，是贯彻落实科学发展观，统筹城乡文化发展的关键

“十二五”时期是我国全面建设小康社会的关键时期，也是贯彻落实科学发展观，实现城乡经济社会文化全面、协调、可持续发展的重要时期，任务十分艰巨。当前，我国发展中不平衡、不协调、不可持续的问题依然突出，城乡二元结构尚未根本改变，城乡发展差距也有扩大的趋势。这种差距，既体现在经济社会方面，也体现在文化方面。多年来，我国文化建设普遍存在“重城市、轻农村”的现象，农村文化经费投入严重不足，文化建设欠账多、问题多，城乡文化发展很不平衡。2009年，城市文化投入占全国文化事业费的70.6%，农村仅占29.4%，城市比农村高40.6个百分点；城市人均文化事业费达到了33.27元，而农村人均文化投入只有12.1元。县既包括城镇，也包括广大的基层农村。要破除城乡二元结构，推进城乡一体化和城镇化，县一级非常关键。党的十七大报告中指出："要重视城乡文化协调发展"，统筹城乡文化发展是构建城乡经济社会发展一体化新格局的具体举措。因此，要通过加快建设县级公共文化服务体系，促进公共文化服务向农村基层的延伸和覆盖，努力弥补农村文化建设的历史欠账，不断提高县域公共文化服务水平，使文化资源在城乡之间合理配置、科学组合，推动城乡文化全面协调可持续发展。

（二）加强县级公共文化服务体系建设，是改善文化民生、推进社会主义新农村建设的重要方面

文化是民生的重要组成部分，是人民幸福指数的重要衡量尺度，是群众生活质量提高的重要标志。今天上午双服务表彰会上，刘云山同志指出，"我们讲改善民生，文化应该是一个很重要的组成部分；我们讲生活质量，文化应该是一个显著的标志；提高社会公共服务水平，文化服务应该是一个不可或缺的重要方面"。县级公共文化服务体系建设涵盖县、乡、村，直接面对千家万户，涉及亿万群众的切身利益，不仅是一个重要的文化问题，也是重要的民生问题。胡锦涛总书记在7月23日重要讲话中指出"公共文化服务体系建设是人民群众基本文化权益的重要保障。"十七届五中全会提出，"着力保障和改善民生，必须逐步完善符合国情、比较完整、覆盖城乡、可持续的基本公共服务体系，提高政府保障能力，推进基本公共服务均等化"。所谓均等化，就是不分男女老少、不分富人穷人、不分城市农村、不分东中西部，都平等地享受基本公共服务。公共文化作为基本公共服务的重要内容，能否实现均等化，直接关系到民生的改善，关系到社会的公平公正。这些年来，我国公共文化服务体系建设取得长足进步，但县级公共文化服务体系建设依然是薄弱环节，有相当一部分县尤其是西部地区县和广大农村地区的文化发展还相当落后，在资源、内容、形式和手段等方面还远远不能满足城乡群众对文化生活的新期待新要求。群众的基本文化需求得不到满足、基本文化权益得不到保障，就无法实现文化建设的根本目的，更谈不上文化的大繁荣大发展。必须大力加强县级公共文化服务体系建设，让更多的文化资源和文化服务向基层农村倾斜，向弱势群体、特殊人群倾斜，切实保障人民群众的基本文化权益，使广大城乡基层群众共享改革发展的文化成果。必须把农民作为新农村建设的主体，以现代文化知识武装农民头脑，以新文化培育新农民、以新农民建设新农村，从根本上提高农民群众的思想道德和科学文化素质，为社会主义新农村建设奠定坚实的人才基础，提供强大的精神动力和智力支持。

（三）加强县级公共文化服务体系建设，是维护社会稳定，构建和谐社会的有效途径

当前，由于经济、社会发展发展不均衡，我国城乡仍然存在一些突出的社会矛盾和问题，这些矛盾和问题在县域内都有集中体现，处理不好，将会影响到城乡社会的和谐稳定。这就迫切需要加强县级公共文化服务体系建设，发挥好文化引导社会、教育人民、推动发展的功能，通过提供积极向上、健康有益的精神文化产品和服务，丰富群众文化生活，发挥文化"以文化人，润物无声"的作用，着力培育良好社会风尚，着力疏导情绪、化解矛盾、关爱人心、抚慰心灵，增进群众对政府的理解和支持，增加群众对未来的希望和信心，激发群众对发展的热情和劲头，促进人际之间的和睦和社会关系的和谐，把基层群众的注意力吸引和引导到改革发展上来，自觉维护安定团结的良好局面。霸州等地的实践已经证明，加强城乡基层公共文化服务体系建设，以优秀健康的先进文化促进情感的交流，形成人心思进、人心思齐、人心思稳的良好氛围，对化解城乡基层社会矛盾，维护社会和谐稳定具有重要意义。

"郡县治，天下安"。自秦朝行郡县制两千年以来，县级始终是我国政权体系中最重要的层级。随着地方探索省直接管理县（市）体制的深入，县将被赋予更多的经济社会发展自主权，在公共文化服务体系建设上的地位和作用将更加突出。党中央国务院公共文化服务体系建设的战略部署能否落实到基层，关键在县；公共文化服务体系建设能否得到长效开展，关键在县；基层公共文化资源能否得到有效整合，重大文化惠民工程能否取得实效，关键在县；城乡文化差距能否缩小，基本公共文化服务均等化能否落实，关键在县。因此，各级宣传文化部门必须充分认识加强县级公共文化服务体系建设的重要性和紧迫性，增强使命感和责任感。

二、贯彻落实党的十七届五中全会精神，加快推进县级公共文化服务体系建设

党的十七届五中全会把“推动文化大发展大繁荣、提升国家软实力”作为“十二五”时期国民经济和社会发展的重要任务之一，并明确提出了“十二五”时期“基本建成公共文化服务体系”的目标。最近召开的中央经济工作会议又强调“要加快构建覆盖城乡的公共文化服务体系”。要认真贯彻落实党的十七届五中全会精神和中央经济工作会议精神，贯彻云山同志在这次服务基层服务农民文化建设先进集体表彰会上的讲话精神，把加强县级公共文化服务体系建设作为公共文化服务体系建设的重点和统筹城乡文化发展的着力点，按照体现公益性、基本性、均等性、便利性的要求，进一步强化县级统筹能力和建设职责，以县（区）为主导，以乡镇（街道）为依托，以村（社区）为重点，以城乡人民群众为服务对象，到2015年，全国所有的县（区）基本建成符合当地实际、比较完整、覆盖城乡、可持续的公共文化服务体系，为实现公共文化服务体系“广覆盖、高效能”打下坚实基础。

具体而言，要抓好以下几个方面的工作：

（一）进一步完善县级公共文化设施网络，实现公共文化设施的有效覆盖

云山同志在上午会上强调，“要紧密结合‘十二五’经济社会发展规划和文化改革发展规划纲要的编制实施，因地制宜、科学谋划、合理布局，努力形成覆盖到位、便捷高效的服务体系”。在“十二五”时期，要继续以农村和基层为重点，加大公共财政投入力度，进一步加强县图书馆、文化馆、乡镇综合文化站和村文化活动室建设，积极发展固定设施与流动文化设施、数字文化阵地相结合的城乡基层文化设施网络。一要巩固县县有图书馆、文化馆，乡乡有文化站的建设成果，消除建设中的死角和缺口。继续支持革命老区、民族地区、边疆地区、贫困地区建设和改造基层文化服务设施网络，切实解决一些老少边穷地区设施面积狭小、破旧、设备落后等问题。要积极探讨在县城建设功能综合的影剧院，作为重要公共文化设施。我在这里插一句，我们为什么要提出在县城建设带有影剧院功能的综合文化设施，就是我们发现，现在我们的中心城市，文化中心、演艺中心、大剧院、博物馆、图书馆这些基本上已经都建起来了，规模非常大，在农村乡镇这一级，我们通过文化惠民工程，比如说，数字电影放映工程每个月免费给农民送一场电影，“三下乡”逢年过节演艺团体下乡。大城市里电影是院线建设，但是现在院线建设向县城的辐射很少，县城里的人没有院线看不到电影又没有免费送电影，城市里大剧院演艺团体演出的精品剧目有流动舞台车到农村去演，县城的人既进不了大剧院也见不到流动舞台车，成为一个空白点。针对这样一个情况，我们提出在“十二五”期间，要考虑在县城建设功能综合的文化中心，作为重要的公共文化设施，可以放电影，可以演戏，也可以开大会。二要以服务人口为依据，完善城乡基层公共文化设施建设标准，推进“两馆一站”设施规范化建设，支持改建和扩建未达标的馆站，县级图书馆、文化馆建设要全部达标。三要建立起灵活机动、方便群众的流动服务网络。如流动图书车、流动舞台车、流动放映车等。四要大力发展县（区）、乡（镇、街道）、村（社区）数字文化阵地。要加快数字图书馆、文化信息资源共享工程建设，乡（镇、街道）和村（社区）要加快公共电子阅览室建设，大力发展公益性上网场所，使数字文化阵地成为推进公共文化服务均等化的重要平台。五要完善配套措施，保障正常运行，切实做到建成一个、用好一个、管好一个，确保文化设施发挥更大作用。积极拓宽社会融资渠道，鼓励社会资本进入基层文化设施建设领域，增加公益性文化设施总量，更好地方便群众就近参与公共文化艺术鉴赏，享受公共文化服务。

（二）提高县级公共文化机构的服务能力

要软硬件并重，积极探索建立适合县域特点、适应群众需要的公共文化服务运行机制，提高县级公共文化机构的服务能力。一要明确中央、省、市级公共文化机构在县级公共文化服务体系建设中的责任，按照各自的职责，做到“重心下移、资源下移、服务下移”，帮助县级公共文化机构提高服务能力。二要明确县（区）、乡（镇、街道）公共文化机构在县级公共文化服务体系建设中的职责。县图书馆、文化馆要承担起设施提供、活

动组织、业务指导、人员培训、资源配置等方面的具体职责，加强对乡镇综合文化站的指导和辅导。乡镇综合文化站要承担起向基层群众提供公共文化服务、指导村级文化建设、协助管理文化市场等职责。三要在继续推进纪念馆、爱国主义教育基地向社会免费开放的同时，扎实推进县图书馆、文化馆以及乡镇综合文化站免费开放，逐步实现设施场地免费开放，基本服务项目健全并免费向群众提供，使图书馆、文化馆（站）资源利用率和群众满意度明显提高。四要不断创新服务内容、服务形式、服务手段、服务机制，拓宽服务渠道。要推广图书馆总分馆制、区域文化联动、流动服务等经验和做法，更多地服务于偏远地区群众、残疾人、未成年人、老年人、外来务工人员。

（三）加大县级公共文化产品的生产和供给

要积极适应社会生活的新变化和群众接受习惯的新特点，运用多种资源、多种手段，通过政府资助、市场调节、志愿服务等多种形式，促进公共文化服务方式的多样化、社会化。要下决心解决基层公共文化服务供给和需求不对称的问题，深入了解和研究基层群众的文化需求，探索建立群众文化需求的动态反馈机制，多生产基层群众买得起、看得懂、用得上的文化产品，多提供基层群众欢迎的文化服务。一是省、市文化部门要通过举办优秀群众文艺作品巡演、巡展等活动，加强对获奖的优秀群众文化产品的交流、推广和普及，将贴近实际、贴近生活、贴近群众的优秀群众文化产品纳入公共文化服务内容，送到农村基层。二是要支持和鼓励群众业余文艺创作和其他基层公共文化产品的生产，对重点公共文化产品的生产给予资助和奖励。同时，做好公共文化产品的引进、推广和普及等工作。三是要不断充实、扩大全国文化信息资源共享工程的内容提供和推送，采用多种途径，实现文化信息进村入户。四是要完善公共文化产品和服务的市场化提供机制，推广政府购买、集中配送、联网服务等新做法，把健康向上的公共文化产品和服务送到城乡基层。五是要加强政策扶持，积极鼓励、引导社会力量以多种方式参与公共文化产品的生产和提供，构建贯通城乡的文化产品流通网络，把公共文化产品的供给从文化系统的“内循环”扩大到市场的“大循环”。

（四）广泛开展城乡基层群众文化活动

群众文化活动，是县级公共文化服务体系建设的工作载体和重要方面。我国广大的县域有着深厚的文化传统，蕴含着丰富的物质文化遗产和非物质文化遗产资源。一要依托当地的文化传统，在加强文化遗产保护和传承的同时，充分利用本地区丰富的文化遗产资源，结合重大节日和传统节日，广泛开展丰富多彩、喜闻乐见的群众文化活动，不断提高活动的受众面和群众参与率。二要以“群星奖”、“中国民间文化艺术之乡”为龙头，结合当地的文化特色，推出一批优秀的、具有可持续发展价值的文化品牌，充分发挥其导向性、示范性和带动性作用，实现县级群众文化活动的整体推进、全面提高。三要继续组织开展好文化科技卫生“三下乡”、“送欢乐下基层”、“绿色”电脑进农村等活动，完善长效机制，做到常下乡、常在乡。边疆县要结合文化部开展的“文化志愿者边疆行”活动，推动内地和边疆少数民族地区文化交流，使群众文化活动的样式和内涵更加丰富。

（五）加强县级公共文化资源的整合

一要努力突破体制障碍，着力解决县级公共文化设施分散、使用效率不高的问题，发挥不同部门文化资源相互补充、相互促进的作用，加大跨部门、跨领域、跨系统的文化项目的交流合作，实现基层公共文化资源的综合利用，共建共享，盘活各种文化资源，充分为广大基层群众服务，使公共文化服务更好地向城乡基层末梢延伸。二要支持乡村文化设施扩展功能、共建共用，成为宣传教育、文化娱乐、信息服务、科学普及的阵地。村文化活动室要依托村级行政组织办公场所建设，与党员活动室建设等结合起来，体现多功能和综合性。鼓励企业、学校的文体设施向社会开放，实现资源共享。要与教育部门协商，积极利用农村中小学重组合并后的空置校舍，推动每个行政村建立农民需要、富有特色、简便实用的多功能文化活动中心。我们上个月在云南举行村级文化建设座谈会，大村的经验就证明了这一点。大村的文化活动中心是原来并校之后空置的小学校舍，三层楼，设施非常齐全，中央领导同志在考察工作的时候说，这个经验好，要加大推广的力度。刚才广西武宣县的介绍里也有这方面成功的经验，就是把农村中小学重组合并后的空置校舍充分利用起来，每个行政村建立农民需要、富有特色、简单实用的多功能文化活动中心，这是一个非常好的思路。三要从实际出发，以乡村公共文化设施为依托，统筹推进村村通、文化共享工程、公共电子阅览室建设、国家数字图书馆推广计划、农家书屋、农村电影放映等各项文化惠民工程，发挥对农民群众服务的综合效益。

（六）加强县级文化队伍建设

一要贯彻中宣部、中编办等六部委《关于加强地方县级和城乡基层宣传文化队伍建设的若干意见》精神，明确核定县、乡镇综合文化站人员编制，并参照当地教师标准，提高基层文化工作人员基本待遇。云山同志在今天上午的会上强调说，中宣部、中编办等六部委《关于加强地方县级和城乡基层宣传文化队伍建设的若干意见》是一个含金量非常高的文件，比如，对乡镇文化站明确提出了编制和人员的要求，至少要有 2 名专职人员，作为事业编制，财政供养。这个文件是经过中央政治局常委讨论、六部委联合下发的，各地要全面落实六部委的文件，要发挥大学生村官、文化协管员在村级文化建设中的重要作用，培育一批农民文化带头人和文艺骨干。二要加强对县级文化队伍的培训。文化部门开展的全国基层文化队伍培训工作培训对象主要指县、乡、村三级专兼职文化队伍，包括县文化馆、图书馆、艺术表演团体和乡镇文化站（街道文化站）工作人员，以及这些基层文化单位指导的村（社区）文化活动室、农村文化中心户、群众业余文艺团队等业余文化工作者和社区文化志愿者等。不是所有的人都集中在省城、北京等这些地方培训，而是分级培训。文化部负责指导各地培训工作、组织教材编写、建设远程培训平台、制作考试题库、培养省级师资、举办示范性培训；省级、地市级文化行政部门负责组织培训县、乡级专业文化队伍；县级文化行政部门负责组织培训业余文化队伍。各地文化行政部门负责组织培训考试。将争取用 5 年时间，对全国现有 24.27 万县乡专职文化队伍和 366.85 万左右的业余文化队伍进行系统培训。对他们参加培训，各地要给予经费和时间上的保证。要依托全国文化信息资源共享工程服务网络，提供不离岗的在线学习、在线考试等服务，鼓励公共文化从业人员自主学习、自主提高。三要制定相关政策，建立文化志愿者的选拔、培训、激励机制，鼓励和引导社会人员参与公益性文化服务，成为专业文化队伍的有益补充，形成一支扎根基层、服务群众的业余文化队伍。

三、加强组织领导，为县级公共文化服务体系建设提供有力保障

加强公共文化服务体系建设，重心在基层，着力点也在基层。各级宣传文化部门要切实提高对县级公共文化服务体系建设重要性的认识，把加强县级公共文化服务体系建设作为贯彻党的十七届五中全会精神、落实科学发展观、推动文化大发展大繁荣的关键措施，实现工作重心下移、资源下移和服务下移，努力为基层文化建设创造更好的条件。

（一）加强领导，建立健全县级公共文化服务体系建设的组织保障

各级政府都要把加强县级公共文化服务体系建设作为公共文化服务体系建设的重点，各级宣传文化部门要增强责任感、使命感和紧迫感，切实承担起组织和领导责任。要抓住研究制定“十二五”规划这一契机，认真谋划本地区县级公共文化服务体系建设的发展战略，优化发展布局，明确发展重点。要把县级公共文化服务体系建设纳入各级党委、政府重要议事日程，加强组织领导、加强统筹协调、加强政策扶持、加强督促检查。各地要由宣传部门牵头，文化、广电、新闻出版等部门参加，建立沟通协商机制，共同承担县级公共文化服务体系建设中管理和运营职责，整合资源，形成合力，提高县级公共文化服务的能力和效率。

（二）加强理论研究和制度设计，探索县级公共文化服务体系建设长效机制

一是在公共文化服务体系理论研究和制度设计中，要把县级公共文化服务体系建设的理论政策研究和制度建设作为重点，研究建立基层群众文化需求动态反馈、县、乡、村公共文化服务经费保障、绩效评价和监督等机制，探索推进县、乡、村公共文化服务体系建设的长效机制，推动县级公共文化服务体系的良性运行和可持续发展。二是在国家公共文化服务体系示范区（项目）创建工作中，探索和总结县级公共文化服务体系建

设的模式、途径、方式和措施，分类指导东、中、西部的县级文化建设。继续开展全国文化先进县创建活动，进一步强化县级党委、政府主导责任，完善县级公共文化服务设施网络、资源供给、人才队伍、经费保障、绩效评价和监督等机制，推动县级公共文化服务体系建设科学发展上水平。三是加快文化立法，推进县级公共文化建设和服务的规范化、法制化建设。文化部要加快推进《非物质文化遗产法》、《公共图书馆法》尽快出台。昨天，全国人大常委会开幕，这次会议期间，《非物质文化遗产法》要进入二审，一审已经顺利通过了，这是二审，按照我们的法律规定，一般是三审通过，估计最晚，《非物质文化遗产法》在明年的一季度人大正式通过，成为我们文化系统继《文物保护法》之后的第二部立法，我们现在正在考虑推进第三部法《公共图书馆法》尽快出台，现在正在征求意见。要贯彻落实图书馆、文化馆建设标准等规章，制定图书馆、文化馆（站）服务标准。各地也要结合本地实际，适时出台加强公共文化服务的地方性规章，推进县级公共文化服务体系建设的制度化、规范化和法制化。

（三）深化改革，提高县级公益性文化单位活力

在文化事业领域的重要目标之一，就是要推动形成责任明确、行为规范、富有效率、服务优良的公共文化服务运行机制。县级文化行政管理部门也要实现“从办文化向管文化转变，从管微观向管宏观转变，从面向直属单位向面向全社会转变”，制定符合社会需要的公共文化政策，探索符合本地区实际的公共文化服务模式和方法。按照国家事业单位改革的要求，推进县级文化机构人事、分配和社会保障制度改革，推行全员聘用制和岗位责任制，完善绩效考评机制，激发县文化馆、图书馆、乡镇综合文化站的发展活力。要及时总结和推广县文化馆、图书馆和乡镇综合文化站改革的典型经验，建立全国和地区性的县文化馆、图书馆、乡镇综合文化站工作交流平台，研究、探索县级文化事业单位改革与发展机制。

（四）完善政策措施，建立健全县级公共文化服务投入保障机制

扩大公共财政覆盖农村的范围，保证一定数量资金用于县、乡镇和村公共文化服务，并向边远、贫困和民族地区倾斜。要明确各级政府在县级公共文化服务投入中的责任。建立和完善中央和地方按项目、按比例分担的基层公共文化服务体系建设和运营的经费保障机制，纳入各级财政预算，予以全额保障。中央和省、地市级政府要加大对县级公共文化领域的转移支付力度。各级政府文化领域新增加的财政投入应主要用于农村和基层，促进基本文化服务均等化。抓紧制定支持和保障县级公共文化服务体系建设的投入办法，确保各级政府对城乡基层公共文化事业的投入逐渐增长，加大投入力度，改进投入方式，形成稳定的县级公共文化服务投入保障机制。要扩大县级公共文化服务投入渠道，形成以政府投入为主、社会力量积极参与的多元化公共文化服务投入机制，积极引导社会资金以多种方式投入县级文化建设，鼓励企业和个人捐赠兴办公益性文化事业，促进县级公共文化服务多元化、社会化。我们现在在各级政府的事业费投入中，文化事业的投入比例还是偏低的，大概 2009 年之前，中央财政事业投入中，文化只占了 0.38% 左右，这个比例过低。我们一直在研究，能不能提出一个目标，比如说在“十二五”期间，在各级财政的事业费投入中，文化事业的投入能够达到占 1%，这是一个可以参考的指标。另外一个指标就是要求对文化事业投入的增幅不低于同级财政的经常性收入增长的幅度。如果这两个指标能够实现，那我们“十二五”期间的文化投入，就会有一个较大幅度的增长，得到一个很大的保障。

（五）加强管理，健全县级公共文化绩效评价和监督机制

发挥绩效评估对于引导政府行为的导向作用，建立科学刚性的公共文化服务绩效评估体系。省和地市级党委、政府要将县级公共文化服务指标纳入科学发展考核评价体系，纳入县级党政领导干部的绩效考核体系，并增大权重。县级政府要建立健全对乡镇和村级公共文化服务的考核、激励、问责和监督机制，形成层层监督、环环相扣、过程监控、结果考核的责任落实机制。建立健全对县、乡级公共文化机构、重大文化项目工作考核机制，形成科学合理的绩效评价指标体系。在考核中，要充分尊重人民群众在公共服务评价中的主体地位，以人民认可不认可、满意不满意作为评价的重要标准。

同志们，加强县级公共文化服务体系建设，是广大宣传文化工作者的光荣使命。我们要认真贯彻十七届五中全会精神，按照“高举旗帜、围绕大局、服务人民、改革创新”的总要求，总结经验，改革创新，大力推进“十二五”时期城乡基层公共文化服务体系建设，为实现文化大发展大繁荣，推动社会主义和谐社会建设作出新的更大的贡献！

在全国村级文化建设工作座谈会上的讲话

文化部党组副书记、副部长　欧阳坚

（2010年11月19日）

同志们：

在全国上下深入学习贯彻党的十七届五中全会精神之际，我们在这里召开全国村级文化建设工作座谈会，部署村级文化建设工作。这次会议是推动农村公共文化服务体系建设的一次重要会议，也是文化部以村级文化建设为主题召开的首次全国性会议。刚才，志今同志宣读了中央政治局委员、国务委员刘延东同志致全国村级文化建设工作座谈会的贺信。延东同志的重要指示，我们要认真领会，切实贯彻。高峰副省长对云南民族文化强省建设情况作了介绍，云南、安徽、广西三省（区）文化厅分别就村级文化建设、打造“农民歌会”活动品牌、构建村级公共文化服务平台作了发言；云南省腾冲县中和乡大村、昆明市官渡区福保村和吉林省榆树市直立村作为“村官论坛”的代表，分别介绍了推动村级文化建设的心得体会。他们的发言很实在，很生动，对各地开展农村文化建设具有重要借鉴作用。我很受教益，深受启发。

作为西部边疆地区民族大省，云南省经济并不发达，但是在省委、省政府的高度重视和支持下，云南省的农村文化建设走在了全国的前列，创造出了独具特色的“云南经验”。像刚才介绍的腾冲县的大村，把“文化惠民”与服务“三农”有机结合起来，使文化建设充分发挥了提高农民素质、促进农村和谐的重要作用；昆明市的福保村积极发展农村特色文化产业，实现了文化建设和经济发展的良性互动，走出了一条农村文化建设的新路子。今年以来，李长春、刘延东同志分别到云南考察工作，考察了云南省村级文化建设，并给予了很高的评价。蔡武部长也对云南省村级文化建设多次作出批示，指出“福保村以文化建设带动‘三农’建设，提供了一个典型，可以认真总结推广其基本经验”，并指示要开展调研，积极探索“公共文化服务体系建设如何在乡村一级落实”。因此，如何加强村级文化建设，把建设重心下沉到村、落实到村，已经成为当前文化部推进农村公共文化服务体系建设的一项重点工作。

刚才，社会文化司于群同志就《关于加强村级文化建设的指导意见》（征求意见稿）做了简要说明。希望大家在会上认真讨论，提出修改完善的意见和建议。

下面，我结合农村公共文化服务体系建设的总体形势，受蔡武部长委托，就如何推进村级文化建设谈3个方面意见。

一、正确认识当前农村公共文化服务体系建设面临的形势和任务

农村文化建设是全面建设小康社会的内在要求，是构建社会主义和谐社会的重要内容，是推进社会主义新农村建设的基本任务，也是党中央、国务院和各级文化部门长期以来着力构建的公共文化服务主阵地。党的十七届五中全会明确指出：“十二五”时期，要着力保障和改善民生，逐步完善符合国情、比较完整、覆盖城乡、可持续的基本公共服务体系，提高政府保障能力，推进基本公共服务均等化。因此，我们必须以新的视角、新的理念来看待农村文化，深刻认识加快农村公共文化服务体系建设的重大意义：

首先，加强农村文化建设关系着农村社会的和谐与稳定。农村是国家建设和发展的基础。当前，我国仍处在体制深刻转换、结构深刻调整、社会深刻变革的历史时期，工业化、城镇化推进速度加快，行政村的内部结构和外部形态都在不断发生着变化，有的行政村变成了农村社区，农民由分散居住变成了集中居住，由从事农业劳动为主变为从事工业劳动和三产服务，其生产方式和生活方式都发生了根本性变化。这些变化总体上给农村带来了发展和进步，但是，也容易给部分农民群众带来精神上的不适应和心理上的失衡。

在这种情况下，宗教势力、一些腐朽落后的思想和生活方式很容易趁虚而入。面对这样的形势，我们必须进一步加强农村文化建设，用社会主义先进文化占领农村阵地，以文艺的形式，宣传党的路线方针政策，传递党和政府的人文关怀，调整农民群众的心理，抚慰农民群众的心灵，促进农村居民之间的沟通和交流，形成团结互助、和睦相处的社会新风尚，提高农民群众的归属感和向心力，使农村成为农民社会生活的共同体和大家共有的精神家园，从而促进农村社会的和谐与稳定。

其次，加强农村文化建设关系着新农村建设和全面建成小康社会目标的实现。社会主义新农村建设涵盖了经济建设、政治建设、文化建设和社会建设各个方面。农村经济发展了，广大农民富裕起来了，还不是真正的小康；真正的小康必须是经济建设、政治建设、文化建设和社会建设协调发展的小康。改革开放以来，农业生产和农村经济获得了巨大发展，农民的温饱问题已经基本解决，但农村文化建设却相对滞后，这已制约着农村经济的发展，制约着建设小康社会的进程。要从根本上解决"三农"问题，就必须在以促进经济发展为中心的同时，切实加强农村社会和文化事业建设，提高农民素质，实现农村物质文明、政治文明和精神文明协调发展。为此，我们必须大力加强农村文化建设，提高农民的思想道德和科学文化素质，培养有文化、懂技术、会经营的新型农民，为社会主义新农村建设提供强大的精神动力和智力支持。

第三，加强农村文化建设关系着文化民生和农民福祉。"十二五"期间，党和国家的一项重点工作就是要顺应各族人民过上更好生活的新期待，更加注重保障和改善民生。文化是人的生活的重要内容，是民生的重要组成部分，是人民群众生活质量提高的重要标志。我国有7.1亿人生活在农村。广大农民群众对文化的需求日益增强。尤其是落后地区的农民群众希望享受到公共文化服务，希望通过文化致富和改变自己的命运；富裕起来的农民群众也希望享受和参与更加丰富多彩的文化生活，来娱乐身心、提振精神。我们应该顺应农民对文化的新期待，加强农村文化建设，丰富农民文化生活，满足广大农民的精神文化需求，保障农民的基本文化权益，让每一位农民分享改革发展的成果。

"十一五"以来，我国公共文化服务体系建设呈现出蓬勃发展、整体推进、重点突破的良好势头。一是农村文化事业投入大幅增长。"十一五"以来，国家对农村地区文化建设的投入5年间增幅达到141%。二是农村公共文化设施网络发展迅速。到2009年，全国共有县级公共图书馆2491个，县级文化馆2862个，乡镇（街道）文化站38736个。覆盖城乡的公共文化服务网络正在形成。三是重大文化工程取得丰硕成果。到2009年底，全国文化信息资源共享工程已建成县级支中心2814个，覆盖率达到96%；乡镇基层服务点达到1万5千多个，覆盖率达到44%；与全国农村党员干部现代远程教育合作共建村级基层服务点也达到75万个。今年底即可实现广播电视"村村通"。县级数字图书馆工程顺利推进。送书下乡工程和流动舞台车工程的实施，丰富了基层的文化资源。四是农村公共文化服务创新亮点纷呈。比如，浙江嘉兴等地探索多种形式的公共图书馆总分馆制，实行借书还书"一卡通"，优化了资源配置，提高了服务效率；广东等地普遍开展流动文化服务，使图书馆、博物馆、文艺演出等服务惠及更多的农村群众。

但我们也要看到，由于各方面原因，农村文化建设，特别是村一级的文化建设，至今仍是公共文化服务体系建设最薄弱的环节，还存在许多亟待解决的问题：一些地方基层党委政府对农村文化建设的重视还不够，没有将农村文化建设纳入各级政府和领导干部政绩考核，没有纳入当地经济社会发展规划，没有建立稳定的农村公共文化经费保障机制。这就导致了农村基层文化投入少、设施不完善、文化资源匮乏、文化活动较少。农村文化建设的滞后，影响了社会主义精神文明建设和人民群众素质的提高，影响了文化建设和经济社会的协调发展，影响了新农村建设的整体推进。这些问题迫切需要我们采取措施加以解决。

二、应把农村公共文化服务体系建设重点放到村

文化建设的重点和难点在农村，农村公共文化服务体系建设的重点和难点在村一级。村级文化建设是我国农村文化建设的基础，是公共文化服务体系建设的终端，是促进公共文化服务均等化的着力点。因此，村级文化建设对于提高农民文明素质，增强农村社会凝聚力，形成农村社会生活共同体，提高党的执政能力和巩固党的执政基础，促进农村经济发展和社会进步具有不可替代的作用。当前和今后一段时期，我们将深入贯彻落实科学发展观，按照体现公益性、基本性、均等性、便利性的要求，以保障农民群众基本文化权益为宗旨，以提高农民素质、促进农村和谐、维护农村稳定为目标，加大政府对村级公共文化资源的供给，加强文化阵地建设、基层队伍建设、机制体制建设，提高服务能力，逐步形成“政府主导、群众主体、社会参与”的村级文化建设格局，夯实农村基层文化建设的基础，为社会主义新农村建设提供坚强的文化保障。

为此，应抓好以下 7 项工作：

（一）大力加强村级文化设施建设

公共文化设施是加强公共文化服务体系建设的载体。村文化活动室是农村公共文化服务网络最基础的环节，是村文化活动的主要阵地，是农民群众就近参加文化活动的重要场所。但是，据统计，目前全国行政村共有 59.7 万个，但有文化室的仅有 25 万个，覆盖率仅为 42.71%。因此，各地文化部门要高度重视村文化活动室建设和管理。将村文化活动室建设纳入县乡经济社会发展总体规划和公共文化服务体系建设规划，在今后的五年内基本实现每个行政村都有文化活动室的目标。同时，要根据经济社会发展水平、人口状况和服务需求，确定文化活动室设施建设标准，实现村文化活动室设施建设的标准化、规范化。已经建有村文化活动室的，要加强设备配备，有条件的地区要每年安排专项资金用于村综合文化室设备更新和维护。尚未建设村文化活动室的，通过对村公共设施的整合，或是多方筹资新建，尽快建成村文化活动室。村文化活动室的建设，可以按照财政投入和村民共建相结合的方式，设立村文化设施建设专项资金，动员社会参与，共同投资建设。

（二）整合资源，完善综合服务功能

农村基层文化建设，涉及多个部门，具有公益性、综合性的特点。村文化建设，一定要努力突破体制障碍，着力解决公共文化设施分散、使用效率不高的问题，发挥不同部门文化资源相互补充、相互促进的作用，加大跨部门、跨领域、跨系统的文化资源和项目的交流合作，实现基层文化资源的综合利用，共建共享。另外，要明确村文化活动室和数字文化信息服务点的基本职责、服务规范、管理办法，保证其正常开放和服务。村文化活动室可以“一室多用”，整合各部门面向农村实施的各项重大工程，搭建起集文化、教育、体育、基层党建等于一体的综合性服务平台。

（三）完善管理机制，发挥宣传教育作用

村文化活动室既是农民群众就近参与文化活动的场所，又是农民群众自我管理的公共文化设施。要推广配备政府补贴的兼职文化协管员具体管理村文化设施的做法，依靠群众实现村文化阵地的自我管理、自我服务。文化阵地要积极宣传党的各项方针、政策，使农民群众更好地理解、支持党和政府工作。要积极开展文明创建活动，引导广大农民群众移风易俗，培养健康文明的生活方式。利用黑板报、网络、广播、电视、短信和文化示范户宣讲等多种形式，结合身边的人和事，组织开展适合农村和农民特点的法治宣传教育活动，普及法律知识，引导农民增强法治意识。要利用互联网等现代手段，开展实用技术、市场营销和农民工就业技能等多方面的教育培训，培育有文化、懂技术、会经营、善管理的新型农民。

（四）推动公共文化资源配置向村倾斜

在“十二五”期间，要实现基本建成公共文化服务体系的目标，就必须“重心下移、资源下移、服务下移”，把更多的支持和保障落实到村。为此，一要加强县乡公共文化机构对村文化建设的指导和服务。县级文化馆、图书馆、剧团是村文化活动的业务指导中心，承担对村文化建设进行业务指导、人员培训、资源配置等方面的具体职责。乡镇综合文化站主要承担辖区内公共文化服务、指导村级文化建设和协助管理农村文化市场等职能。县乡公共文化机构要在村文化活动室建设一批基层服务点或示范点，组织流动图书车、文艺小分队，开展形式多样的送书下乡、送戏下乡等活动，积极面向村民开展流动文化服务。乡镇综合文化站要发挥面向村基层的优势，不断挖掘民族民间文化，培育乡土文化人才。二要结合当前农村文化建设的新特点、新趋势，面向乡村大力推进数字文化信息服务。与全国农村党员现代远程教育工程、农村中小学远程教育工程、广播电视“村村通”工程建设相结合，加大全国文化信息资源共享工程村级服务点建设力度，推进文化信息资源和服务的“进村入户”。要加强村级公共电子阅览室建设，争取到2015年基本实现50%的村建有公共电子阅览室，努力形成资源丰富、技术先进、服务便捷、覆盖农村的数字化信息服务体系，确保农民群众享受到优质、便捷的数字文化服务。三要组织优秀文艺资源进乡村。整合县、乡演出资源，通过组织村文艺调演、会演、巡演，举办农民文化节、基层文艺团队汇演等形式，积极培育群众文化活动品牌，提升农村文化活动水平。建立文化惠民剧目库，汇聚一批具有地方特色的优秀剧目。按照健康有益、便捷长效的原则，建立村级群众文化活动长效机制，实现村级文化活动和服务“天天有”的目标。

（五）发挥农民群众在村级文化建设中的主体地位

村级作为一级基层自治组织，要依靠村委会实现自我管理、自我发展，让广大群众成为村级文化建设的受益者和参与者。具体要求是：一要大力发展“一村一品”特色文化。要加大对农村优秀民间文化资源的发掘、保护和开发，变资源优势为产业优势。继续开展“中国民间文化艺术之乡”命名活动。积极培育具有地方特色的文化品牌，有条件的村要努力形成“一村一品”，并使“一村一品”活动上规模、出效益。把新农村文化建设和保护文化遗产、美化人居环境相结合，实现文化建设与经济社会发展的良性互动。二要积极发展农民自办文化。农民自办文化的健康发展，是加强农村文化建设的一条重要途径。农民自办文化，自然就实现了面向基层、面向农村、面向市场，并且机制灵活，具有很强的生命力。我们要通过民办公助、政策扶持等方式，鼓励农民开展各种面向农村、面向农民的文化服务和经营活动。通过制定税收、用地、用电等优惠政策，鼓励乡镇企业和农民投资建设村级文化设施；鼓励农民群众自筹资金、自己组织、自负盈亏、自我管理，兴办农民书社、放映队、演出团体等。引导文化专业户相互联合，进行市场化运作，逐步向多种所有制文化企业发展。另外，要扶持一批“文化示范户”，使其成为健康文化的引领者和文化致富的带头人。

（六）为社会力量参与村级文化建设搭建平台

要建立城市对农村的援助机制。采取“城乡共建、对口帮扶”的办法，推动、组织县级有关部门与村“结对子”，开展“一帮一”活动，协调有关单位和企业、个人，给予各种捐赠和支持，把分散的文化经费和资源引入到村文化建设。采取社会捐建的办法，发动城市居民、农村在外工作的知名人士、企业家或社会团体，支持村级文化建设。充分尊重农民群众的文化需求和文化选择，建立群众文化需求的反馈机制，有针对性地为农民群众提供文化产品和服务。把政府主导与市场运作有机结合，鼓励企业、社会组织参加基本公共文化产品的研发、生产和供给，逐步建立公共文化服务的市场化运行机制。推广政府购买、服务外包、集中配送、联网服务等新做法，把健康向上的文化产品和服务及时有效地送到农村基层。

（七）建设一支素质较高的村级文化队伍

做好新形势下的农村文化工作，队伍是关键、是保证。因此，必须尽快提高村级文化队伍的业务素质和服务能力。为此，一要不断壮大村级文化队伍。结合村级文化建设的特点和实际需求，推出和选聘一批村的文化能人、文化干事、文化顾问、文化志愿者，逐步培育和建立起扎根基层、贴近群众、热心文化的村级文化服务队伍，使之成为村级文化建设的生力军。二要扶持乡村民间文化队伍。把乡村民间文化人才开发纳入人才发展规划，在人才政策和人才服务方面一视同仁、同等对待。鼓励和引导农民群众“自创自办、自编自演、自娱自乐”，扶持一批优秀的乡土文化人才和特色乡土群众文化团体。积极扶持乡村民间文化队伍创建品牌、增加收益、扩大影响、不断壮大，在村级文化建设中更好地发挥辅助作用。三要加强村级文化队伍培训。县级文化馆、图书馆和乡镇综合文化站要采取“请进来、走出去”的方式，加强对农村文化骨干的辅导和培训。依托全国文化信息资源共享工程服务网络，提供“不离村、不脱岗”的在线学习、在线考试等服务，鼓励自主学习、自我提高。

三、加强领导和指导，为村级文化建设提供有力保障

各级文化部门要进一步提高认识、加强领导、创造条件，推动村级文化建设不断迈上新的台阶。

（一）加强组织保障

各级文化部门要积极推动各级党委、政府把村级文化建设纳入当地国民经济和社会发展总体规划，列入政府工作的重要议事日程，纳入目标管理和绩效考核体系，制定有利于村级文化建设和发展的政策。县级文化部门要在县政府领导下，制定并实施好县域村级文化建设规划。乡镇政府要明确一位领导分管文化工作，负责对辖区内各村文化工作的组织、实施、检查、考核。村党支部、村委会要把村级文化建设的各项任务落实到人，使村级文化建设真正做到有人抓、有人管、有人做。

（二）加大经费支持

经费匮乏是影响村级文化建设可持续发展的关键问题。要积极争取各级财政将村级文化建设纳入公共财政保障范围，加大投入力度，强化经费支持。推动省、市、县三级政府建立农村文化专项资金，并确保一定比例专门用于村级文化设备购置、活动开展和人员培训。通过补贴、奖励、项目拨款等方式，加强对村级文化建设的经费支持。加强资金管理，提高财政资金的使用效益。另外，尊重广大农民群众的意愿，引导村级集体资金、社会资金以多种方式投入村级文化建设，鼓励企业和个人捐赠兴办村级公益性文化事业，促进村级文化建设的多元化、社会化。

（三）发挥典型的示范、带动作用

农村文化建设要有典型引路。像这次在会上发言的云南、安徽、广西三省（区）对村级文化建设进行了积极探索，积累了成功的经验；大村、福保村和直立村，为村级文化建设提供了鲜活的案例，对各地开展村级文化建设将起到很好的示范、带动作用。各地文化部门要善于挖掘和总结本地的好经验，不断推出先进典型，加大宣传推广力度，以点带面，逐步形成具有地域特点、符合实际的农村文化建设模式。

（四）建立督查、考核机制

各级文化部门要把村级文化建设列入创建国家公共文化服务体系示范区（项目）和创建文化先进单位（县、乡）的评价指标体系。并将深入村一级开展服务情况作为基层文化单位考核的重要内容。文化部将适时牵头对村级文化建设进行督查，重点检查各项重大文化工程在村级的落实情况、村级文化设施建设情况、公共文化机构面向村级开展服务情况、公共财政投入保障情况、群众文化活动与服务开展情况和村级文化队伍建设情况。

同志们，新形势新任务对公共文化服务建设提出了新的更高要求。我们要认真贯彻党的十七届五中全会精神，深刻认识加强村级文化建设的重要意义，制定规划、加强指导、增大扶持力度，努力为村级文化建设创造良好条件，为切实保障农民群众文化权益作出应有的贡献！

在国家公共文化服务体系制度设计研究工作会议上的讲话

文化部副部长　杨志今

（2010 年 6 月 25 日）

各位专家、同志们：

今天，在这里召开国家公共文化服务体系制度设计研究工作会议，主要是部署制度设计研究工作任务，明确工作思路和目标，进一步推动我国公共文化服务体系建设。借此机会，我谨代表文化部，向出席会议的国家公共文化服务体系建设专家组各位专家和全国文化系统的同志们表示热烈的欢迎！向给予会议大力支持的重庆市委、市政府和重庆市文广局表示衷心的感谢！向长期以来关注和支持公共文化服务体系建设的新闻界的朋友们表示诚挚的谢意！

刚才，社文司的同志介绍了国家公共文化服务体系制度设计研究方案和工作进展情况，专家和有关省、区、市文化厅局的代表也做了很好的发言，听了以后很受启发。开展公共文化服务体系制度设计研究工作是文化部今年的工作重点之一。《2010 年文化工作要点》中明确要求“启动公共文化服务体系软件建设工程，推动公共文化服务体系政策理论研究工作的开展，探索建立若干公共文化服务体系建设示范区（县），分类指导东、中、西部和城乡基层公共文化服务体系建设”。文化部召开公共文化服务体系建设政策理论

研究的工作会议还是第一次，部党组对这次会议非常重视，蔡武部长亲自审定会议方案，并作出重要指示，为开好这次会议提供了遵循。我到文化部工作虽然时间不长，但深感部党组和蔡武部长对公共文化服务体系建设工作的高度重视。蔡武部长曾说，这两年他在总结文化部全年工作时，排在第一位的工作就是公共文化服务。这次会前，他专门找我谈话，讨论公共文化服务方面的工作。为举办这次会议，国家公共文化服务体系建设专家组还在重庆市进行调研，实地了解基层文化建设的情况。会议期间，专家们将围绕课题研究开展专题培训，并与各省（区、市）文化厅（局）的同志进行面对面的交流。刚才，文化部社文司与课题承担省份签订了委托协议书，为做好课题研究提供了重要依据。

下面，我就做好制度设计研究工作谈几点意见，供参考。

一、充分认识开展国家公共文化服务体系制度设计研究工作的重要意义

公共文化服务体系建设是今后我国经济社会发展的一项长期的战略性任务，是各级党委和政府的重要职责。加强公共文化服务体系建设，是维护好、实现好、发展好人民群众基本文化权益的重要途径。党的十七大把建设“覆盖全社会的公共文化服务体系”，作为实现全面建设小康社会的重要目标之一。提出“满足人民基本文化需要，保障人民基本文化权益，让人民共享文化发展成果”的明确要求。温家宝总理在今年“两会”上所作的《政府工作报告》中，第一次把文化建设单独作为一个部分来阐述，明确将“大力加强文化建设”作为政府今年重点要抓好的八项工作之一，特别用了很大篇幅来部署文化工作和公共文化服务体系建设任务。中共中央政治局常委李长春在视察文化部时指出，加快建设覆盖城乡的公共文化服务体系，更好地保障人民群众的基本文化权益，这项工作针对 13 亿人，具有普惠性质，是当前文化工作中最重要的任务。这些都充分表明，党中央和国务院对文化建设的认识和重视达到了一个新的高度。

近年来，在党中央和国务院的坚强领导下，我国公共文化服务体系建设取得了显著成绩，公共文化设施网络不断健全，经费投入不断增加，重大文化工程项目实施顺利，公共文化服务内容不断丰富，服务能力有了很大提高。但公共文化服务体系建设还存在一些不容忽视的问题，比如，广大人民群众日益增长的精神文化需求同公共文化服务的能力和水平不高的矛盾还比较严重，城乡公共文化发展不平衡的问题还相当突出，公共文化建设政策体系和长效机制还没有形成，公共文化基础设施还比较落后，公共文化资源总量偏少、质量不高等等。就大的方面来看，改革开放 30 多年来，相对于物质生活条件的改善，广大群众精神文化生活条件的改善，应该说是比较滞后的，这方面我们的欠账太多了，现在是到了加速还账的时候了。今后在关注强调民生的同时，文化民生的重要性和紧迫性将会越来越凸现出来。这方面在座的各位都有切身的感受。公共文化服务体系建设取得的经验值得认真总结和推广，存在的问题需要在开展调查研究的基础上制定出切实有效的解决办法。

深入开展制度设计研究是总结经验、探索规律、解决问题的重要举措，是推进公共文化服务体系建设迈上新台阶的必然要求。只有通过深入开展制度设计研究，从具体实践中发现普遍规律，提出符合各地实际的不同模式以及针对性和可操作性较强的解决方案，逐步建立和完善符合中国国情、符合市场经济规律、符合文化自身发展要求的公共文化服务制度设计体系，进一步增强工作的前瞻性和科学性，才能为公共文化服务体系建设提供有力的理论依据和决策参考，推动公共文化服务体系建设再上新台阶。

二、明确国家公共文化服务体系制度设计研究的思路、任务和原则

当前，文化部正在开展制定“十二五”规划相关工作。在谋划“十二五”工作思路时，把加强公共文化服务体系“软件”建设明确为今后工作重点，要求结合工作实际，梳理出一系列重大研究课题，委托各省（区、市）文化厅（局）、约请有关院校和学术科研机构共同开展调研论证工作，形成研究成果。从今年开始，文化部把开展制度设计研究作为公共文化服务体系“软件”建设的一项重要内容予以推进。制度设计研究的主要任务是：围绕谋划“十二五”工作思路，针对当前公共文化服务体系建设存在的突出问题，根

据我国区域差异、城乡差异的具体实际，结合公共文化服务体系示范区建设，对涉及全局性、战略性的重大问题进行研究，提出相关政策建议和具体解决方案。同时，通过制度设计研究，吸纳一流专家，建立一支政府公共文化机构、专家学者组成的公共文化服务体系政策理论研究队伍，为政府决策提供参考咨询；形成一系列推进公共文化服务体系建设的政策、手段和措施，努力建立公共文化服务体系建设的长效机制。

开展国家公共文化服务体系制度设计研究，对于文化部门来说还是第一次。做好这项工作，必须着眼于服务公共文化服务体系建设的工作大局，着眼于推动公共文化服务体系建设科学发展，突出战略性和前瞻性；必须在文化部门主导下，加强与高校科研机构的密切协作，建立有效的工作机制，依靠各级文化部门、公共文化机构、专家学者共同组成的研究队伍，齐心协力，共同完成课题研究任务。在工作中，要把握好以下几个原则：

一是必须坚持与实践相结合。与高校和科研机构的科研课题不同，制度设计研究目的不仅仅是形成具体的理论研究成果，更重要的是针对我国东中西和城乡的实际差异，着力解决当前影响和制约公共文化服务体系建设中的突出矛盾和问题，探索解决实际问题的路径、机制、对策、措施。特别是要把制约当前公共文化服务体系深入发展的关键性问题摆在优先的位置，集中力量加以攻关，争取早出课题研究成果，为政府决策和策划项目提供依据和参考。

二是必须坚持与示范区（项目）工作相结合。文化部即将开展创建国家公共文化服务体系建设示范区（项目）工作。开展制度设计研究是示范区（项目）建设的重要内容，制度设计研究成果是示范区（项目）验收的前置条件。示范区（项目）要成为课题研究的实践基地，深化推动课题研究，使之具有实践性和可操作性。课题研究要为示范区（项目）建设提供理论指导和政策支持，推动公共文化服务体系科学发展。

三是必须坚持与专家指导相结合。公共文化服务体系建设是一项专业性强、涉及门类广的工作，理论研究相对薄弱，迫切需要一支理论造诣深厚的专家队伍，充分发挥思想库、智囊团的重要作用。为保证制度设计研究的完整性、连贯性和实效性，我们确定了专家对课题、课题对省份、省份对专家的工作机制，明确了各个层面的任务环节和责任环节。各省（区、市）文化厅（局）也要成立相应的课题组，接受国家公共文化服务体系建设专家组专家的指导，按照文化部和专家组的统一要求，具体开展课题研究工作，在规定的时限内完成任务，提交课题研究成果。

三、努力推动国家公共文化服务体系制度设计研究取得实实在在的效果

开展公共文化服务体系制度设计研究，是推动公共文化服务体系科学发展上水平的重要举措，是各级文化部门的一项战略性、基础性工作。现在，工作思路已经明确，工作任务已经部署，关键在于落实。在这里，我强调几点：

一是要加强领导，落实责任。探索公共文化服务体系建设的普遍规律，提出切实可行的对策、手段和措施，是各级文化部门的共同任务。文化部将统筹安排制度设计研究工作，负责课题体系设计，推进重点课题研究工作，指导地方文化厅（局）制度设计研究工作，负责组织制度设计课题的申报、验收等工作。各省（区、市）文化厅（局）要切实承担起组织实施本地制度设计研究工作的职责。特别是与文化部签订委托协议书的省份，要按照协议书约定的任务要求，针对实际，制定详实具体可操作的课题研究方案，在人财物等方面落实保障措施，在规定的时限内保质保量完成文化部委托的课题研究任务。在开展制度设计研究时，各地要注意选取本地区工作基础好、地方政府重视的市、县，作为课题研究的承担主体和实践基地，为下一步开展创建示范区（项目）工作做好前期准备工作。

二是要依靠专家，加强协作。开展制度设计研究，必须要建立与高校和科研机构的合作机制，充分发挥专家思想库、智囊团的重要作用。文化部将依托国家公共文化服务体系建设专家组，建立健全专家库，完善与专家沟通联系、密切协作的工作机制。各省（区、市）在接受国家公共文化服务体系建设专家组指导的同时，也可参照文化部做法，成立相应的专家组，组织专家学者开展课题研究工作。专家组各位专家也要切实履行职责，发挥团队作用，认真做好与课题承担省份

的对接，指导各省（区、市）开展制度设计研究工作。

三是要突出重点，有序推进。开展制度设计研究，既要统筹安排，也要区分轻重缓急，既要突出重点，也要积极稳妥。对于实际工作中急待解决的、具有紧迫性的课题要优先考虑，在人员、经费等方面给予重点支持。各级文化部门和承担课题研究的相关单位要抓住策划明年财政预算项目的时机，抓紧推进"'十二五'公共文化服务体系建设规划"、"公共文化服务经费保障机制研究"、"公共文化服务人才队伍建设研究"、"公共文化服务评价考核体系研究"、"公共文化单位免费开放研究"等重点课题研究。承担重点课题的单位要按照预定计划加紧推进课题研究工作，力争在7月初提交阶段性成果。

四是要加强服务，提供保障。建立一个协同配合、运转有效的工作机制，提供有力的服务保障，是决定制度设计研究工作成效的重要方面。社文司作为课题研究的牵头部门，要主动加强与专家组、课题承担省份的联系与沟通，建立定期沟通机制，指导、督促课题的顺利开展。同时，要积极争取财政支持，对专家组和课题承担单位开展课题研究提供经费支持；要搭建成果展示平台，及时反映课题研究成果，为中央决策提供参考咨询。中国文化传媒集团国家公共文化发展中心作为课题研究办公室，要切实做好服务工作，加快建设网上工作交流与成果发布平台，为课题研究的顺利进行创造有利条件。

同志们，公共文化服务体系建设前景广阔，任务艰巨，使命光荣。切实做好这项工作，需要各级党委和政府的高度重视与大力支持，需要全社会特别是广大群众的积极参与，也需要广大文化工作者和各位专家的共同努力。希望大家齐心协力，勤奋工作，为推动我国公共文化服务体系建设贡献智慧和力量。

专业艺术

Professional arts

中国文化年鉴

Chinese Culture Yearbook

综 述

2010年，艺术司在部党组和分管部长的正确领导下，深入贯彻落实科学发展观，坚持文艺的“二为”方向和“双百”方针，贴近实际、贴近生活、贴近群众，不断加强对艺术产品创作生产的引导，推动艺术创作的全面繁荣，坚持解放思想，改革创新，求真务实，开拓进取，圆满完成了各项工作任务。

一、2010年的主要工作

（一）成功举办第九届中国艺术节

与广东省密切合作，精心组织，“九艺节”规模创历届艺术节之最。全国31个省区市和港澳台地区均组团参加，共组织专业演出77台，开展下基层演出31场，举办了“中国风格·时代丹青”全国优秀美术作品展览等一系列展览，集中展示了我国舞台艺术、美术等领域的艺术精品，成为“艺术的盛会、人民的节日”。艺术节期间，组织展开了第13届文华奖评奖，扩大了优秀艺术作品的影响，创新组织了首届优秀舞台艺术演出交易会，签约金额达1.8亿元，为艺术走向市场搭建了平台，李长春同志和蔡武部长视察后给予充分肯定。

（二）重大文艺展演活动精彩纷呈

首届全国民营艺术院团优秀剧目展演在京举办，23个优秀民营院团共演出28场，推动了民营艺术院团的健康发展。国家艺术院团优秀剧目展演活动共演出67场，观众超过10万人次，充分展示了文化体制机制改革给国家艺术院团带来的生机与活力。文化部“首届优秀保留剧目大奖作品全国巡演”活动影响广泛，18台优秀剧目历时3个月，在全国和港澳台地区的100多个城市共演出419场，演出收入1300多万元，让更多的人民群众欣赏到了艺术精品。成功举办全国京剧优秀剧目展演活动、第六届全国话剧优秀剧目展演、全国昆曲优秀剧目展演周、第七届中国评剧节、第二届中国越剧节、纪念抗战胜利65周年美术作品展、中国当代艺术邀请展、第30届“哈尔滨之夏”音乐会及第九届全国声乐比赛、第八届全国杂技（魔术）比赛、荣毅仁基金会杂技奖颁奖和全国优秀杂技（魔术）节目展演等系列活动，推动了舞台艺术和美术创作的繁荣。国家重大历史题材美术创作工程作品巡展在深圳、厦门、武汉、南京、香港等地举办，观众累计超过60万人次。《复兴之路》在国家大剧院演出，反响良好，电影版开始发行。“新年京剧晚会”、“全国政协新年茶话会”、“在京老同志迎春茶话会”、“中共中央国务院新春团拜会”、“元宵节联欢晚会”、“文化部春节电视晚会”、首都各界庆祝新中国成立61周年音乐会等重要演出成功举办，营造了浓厚的节日氛围。

（三）不断加强对艺术作品创作生产的引导

加大了对文艺创作的资金投入，会同财政部设立了国家繁荣文艺创作专项资金，资金总额达1亿元。继续实施国家舞台艺术精品工程，确定2008～2009年度精品工程10台重点资助剧目和2009～2010年度精品工程资助剧目。改革文华奖评奖机制，扩大参评范围，提高评选标准，压缩奖项数量，引导参评剧目和演员坚持“三贴近”，树立文艺评奖的正确导向。单独评选文华表演奖，提高了政府奖的权威性和影响力。进一步转变政府职能，实现“由办到管”的转变，将一些艺术展演比赛交由地方负责举办，取得良好效果。与其他部门共同举办吴冠中纪念活动、曹禺百年诞辰系列活动、纪念施光南音乐会等活动。召开国家艺术院团获奖剧目和演员表彰会，不断完善对国家艺术院团优秀作品和优秀人才的激励机制，引导广大文艺工作者向德艺双馨的艺术家学习。通过召开座谈会、举办论坛、组织调研等方式，研究推动京剧、美术、杂技艺术和新兴剧种发展的有关措施。起草《地方戏保护和扶持实施方案》。加强艺术资料信息化建设，启动建设艺术数据库。实施中国民族音乐发展和扶持工程和举办首届中国西部交响乐周活动，推动民族音乐和西部地区的艺术创作。开展了全国重点美术馆评估，完成了2010年全国画院优秀创作研究扶持计划和全国美术馆发展扶持计划项目评选，引导推动当前美术创作。

（四）文化下乡和普及活动成效显著

广大艺术家坚持深入基层，赴边远地区、灾区和基层进行慰问演出，让更多人民享受文化发展成果。组织两支艺术家小分队在新疆万里奔波，进行了9场慰问演出，受到新疆各族群众的欢迎。组织国家艺术院团积极开展“三下乡”慰问演出活动。元旦春节期间，5个中直院团进行慰问演出58场，举办了送春联、年画下乡活动，现场为农民书写春联2000多幅，赠送春联、年画6万余件。中国儿童艺术剧院、中央芭蕾舞团和中央民族乐团赴东北农垦系统开展慰问演出。“高雅艺术进校园”活动继续实施，国家级艺术院团和优秀地方院团为全国26个省（区、市）高校学生演出190余场，提高了青少年的艺术修养。

二、几点体会

一年来，艺术司全体同志团结合作，奋力拼搏，克服困难，真抓实干，在原来工作的基础上开创了新局面。回顾一年来的实践有以下几点体会：

一是坚持高举旗帜，推动艺术事业的科学发展。一年来，认真学习贯彻党中央国务院关于文化建设的一系列重要论述和战略部署，坚持以科学发展观为指导，坚持社会主义先进文化的前进方向，运用系统思维、辩证思维和创新思维，坚持两手抓、两加强，促进艺术事业全面、协调、可持续发展。一手抓艺术精品的创作生产，一手抓面向基层的演出普及，满足人民群众日益增长的精神文化需求；一手抓国有艺术院团，一手抓民营艺术院团，形成相互学习、相互补充的良好局面；一手抓创新剧目，一手抓保留剧目，在继承传统的基础上努力创新，不断增加文化积累；一手抓京剧、昆曲、歌剧、芭蕾舞、交响乐等大型艺术品种，一手抓地方戏曲、音乐、舞蹈、杂技、曲艺、木偶、皮影等群众喜闻乐见的艺术品种，努力实现各艺术门类的协调发展和全面繁荣，以满足广大人民群众多层次、多样化的文化需求。

二是坚持围绕大局，突出艺术工作的重点。艺术司的工作千头万绪，非常繁忙，为了避免“日计有余，岁计不足”，必须围绕党和国家工作的大局，按照部党组的统一部署，突出重点，全力抓好事关全局、具有导向性、代表性、示范性的重大活动。2010年是实施“十一五”规划的最后一年，艺术司抓住这一重要的节点，精心安排全年工作计划，使第九届中国艺术节和首届全国民营艺术院团优秀剧目展演、2010年国家艺术院团优秀剧目展演、首届全国优秀保留剧大奖作品全国巡演、全国京剧优秀剧目展演、第八届全国杂技（魔术）比赛、荣毅仁基金会杂技奖颁奖晚会等系列重大展演活动，分步实施，形成阶段性的重点贯穿全年，不仅在社会上引起热烈反响，而且以点带面，推动了全国舞台艺术的繁荣发展。

三是坚持服务人民，打造艺术工作的亮点。艺术司始终坚持文艺的“二为”方向不动摇，把面向基层、服务人民，贴近实际、贴近生活、贴近群众作为艺术工作应当遵循的重要原则，把人民群众满意不满意作为检验艺术工作的重要标准，千方百计满足人民群众的精神文化需求。一年来，引导广大文艺工作者深入基层，创作群众喜闻乐见的艺术作品。在各项评奖中，加大了对演出场次的要求，树立了正确的创作导向；在各项展演中，把市场运作与公益性演出结合起来，采取低票价，照顾农民工等低收入群体，组织中直院团和著名艺术家深入老、少、边、穷和地震灾区慰问演出，让基层广大人民群众共享艺术发展成果。例如，首届全国优秀保留剧目大奖作品全国巡演，所到之处，受到广大群众热烈欢迎，得到了媒体的广泛关注和社会各界的好评，成为今年艺术工作的亮点。

四是坚持改革创新，突破艺术工作的难点。认真贯彻落实李长春2010年视察中央歌剧院时的讲话精神，积极推进国家艺术院团的体制和机制改革。东方演艺集团转企改制取得实质性进展，其他国家院团深化内部机制改革取得显著成效。通过举办2010年国家艺术院团优秀剧目展演，探索和建立了新形势下推动国家院团艺术创作的工作机制，进一步调动了国家艺术院团和广大文艺工作者的积极性、创造性。艺术创作成绩显著，演出场次和收入大幅度提高，推出了一批优秀艺术作品和优秀艺术人才，展现了国家艺术院团崭新的精神面貌，在全国艺术院团中发挥了导向性、代表性、示范性作用，受到了中央领导同志的表扬。

一年来，艺术司的工作取得了新的进展，但同时，艺术司工作与文化大发展大繁荣的要求、与人民群众日益增长的精神文化需求相比，仍然存在差距。促进艺术创作持续繁荣发展的机制不够完善，各艺术门类发展不够均衡，对艺术事业的投入应进一步加大，对艺术创作生产的引导需要进一步加强，艺术人才队伍的素质需要进一步提高。这些问题都需要在今后的工作中认真研究解决。

专　题

国家舞台艺术精品工程

一、2007~2008 年度国家舞台艺术精品工程授牌仪式在京举行

2007~2008 年度，国家舞台艺术精品工程授牌仪式于 2010 年元月 4 日在京举行。文化部领导蔡武、欧阳坚、陈晓光、周和平、赵少华、李洪峰、单霁翔、丁伟出席会议，并为获奖院团颁发奖牌。话剧《矸子山上的男人女人》等 10 部作品荣获重点资助剧目称号，京剧《江姐》等 20 部作品荣获年度资助剧目称号。

国家舞台艺术精品工程从 2002 年实施至今，极大地鼓舞了全国各级各类艺术团体和广大文艺工作者的创作积极性，推出了一大批优秀剧目和优秀人才，推动了舞台艺术的繁荣发展。2008 年，文化部、财政部决定继续实施国家舞台艺术精品工程（二期），继续对舞台艺术发展提供资金支持。这次授牌的就是二期工程第一个年度资助的优秀作品。

2010 年，文化部对精品工程优秀资助剧目的评选，进行了积极的改进与提升。改变了以往专家评委到院团所在地观看现场演出的评审方式，充分利用现代录像制作技术，采取组织专家评委集中观摩影像资料的方式评审验收，有效地节省了时间，节约了成本，得到了各方面的广泛好评。在申报范围的规定中，除原有大型作品外，还增加了深受群众欢迎，特别是广大基层民众、农民喜爱的农村小戏等小型作品。在申报资格上，场次要求比原来翻了一番。这些积极改进，是为了真正使优秀剧目面向市场、面向观众，体现了正确的文艺导向，有利于艺术创作的持续繁荣与发展。

文化部、财政部正在积极调研，准备 2010 年启动“国家繁荣文艺创作专项资金”，不断改革财政资金投入方式，提高专项资金的使用效益，完善精品工程各项运作机制，推出更多更好的艺术作品。

在授牌仪式上，文化部部长蔡武做了重要讲话，欧阳坚副部长主持会议。出席全国文化厅局长会议的代表参加了本次授牌仪式。

二、蔡武部长在 2007~2008 年度国家舞台艺术精品工程授牌仪式上的讲话

同志们：

首先，让我们以热烈掌声向获得 2007~2008 年度国家舞台艺术精品工程资助的 30 个艺术院团全体演职员表示衷心的祝贺！

国家舞台艺术精品工程从 2002 年实施至今，极大地鼓舞了全国各级各类艺术团体和广大文艺工作者的创作积极性，推出了一大批优秀剧目，推动了舞台艺术的繁荣发展；培养了一大批艺术人才，为舞台艺术的繁荣发展提供了人才保证；精品工程剧目在演出市场受到广大观众的热烈欢迎，为满足人民群众的精神文化需求作出了贡献。值得注意的是，在对外文化交流、弘扬中华民族文化、提高国家软实力等方面，精品工程剧目也发挥了积极作用。

2008 年，文化部、财政部决定继续实施国家舞台艺术精品工程（二期），继续对舞台艺术发展提供资金支持。这次授牌的就是二期工程第一个年度资助的优秀作品。

为了贯彻中央领导关于文艺评奖的重要指示精神，2010 年文化部对精品工程优秀资助剧目的评选，进行了积极的改进与提升。

一是改变了以往专家评委到院团所在地观看现场演出的评审方式，充分利用现代录像制作技术，采取组织专家评委集中观摩影像资料的方式评审验收，有效地节省了时间，节约了成本，得到了各方面的广泛好评。

二是扩大了资助作品的范围。在申报范围的规定中，除原有大型作品外，还增加了深受群众欢迎，特别是广大基层民众、农民喜爱的农村小戏等小型作品。

三是在申报资格上，场次要求比原来翻了一番。原来昆曲、歌剧要求 20 场以上，其他作品 50 场以上，新的要求是昆曲、歌剧 50 场以上，其他作品 100 场以上。个别不够场次的优秀剧目在明年

验收前，也必须达到以上演出场次要求。

总之，我们在新一轮的精品工程评审上的积极改进，是为了真正使我们的优秀剧目面向市场、面向观众，体现了正确的文艺导向，有利于艺术创作的持续繁荣与发展。

这种正确导向与积极措施，在不久前文化部开展的首届优秀保留剧目大奖评选中也得到了体现。评选出的18部优秀保留剧目大奖作品，是新时期以来首演且近年来仍在演出、演满400场以上的精品力作。这其中，有8部是精品剧目，占总量的44%，充分说明了精品工程在打造优秀保留剧目、促进文艺事业的可持续发展上发挥了积极作用。

文化部、财政部正在积极调研，准备2010年启动“国家繁荣文艺创作专项资金”，不断改革财政资金投入方式，更进一步地，在国家舞台艺术精品工程已经取得成绩的基础上，完善精品工程各项运作机制，推出更多更好的艺术作品，提高专项资金的使用效益。

精品工程为全国各级各类院团和广大文艺工作者提供了很好的机遇和平台。希望全国艺术院团和文艺工作者积极努力；也希望此次获得资助的30个院团，再接再厉。希望你们创作出思想性、艺术性、观赏性有机统一、能够经得住时间和观众检验的优秀剧目，为满足广大人民群众不断增长的精神文化需求作出新的更大的贡献。

谢谢大家！

2010年1月4日

三、2007～2008年度国家舞台艺术精品工程（二期）年度重点资助剧目

剧目	名称	演出单位
话剧	《矸子山上的男人女人》	辽宁人民艺术剧院
豫剧	《清风亭上》	河南省豫剧二团
黄梅戏	《雷雨》	安徽省黄梅戏剧院
越剧	《梁山伯与祝英台》	浙江小百花越剧团
陇剧	《官鹅情歌》	甘肃省陇剧院
花鼓戏	《老表轶事》＊	湖南省花鼓戏剧院
话剧	《士兵突击》	北京军区政治部战友文工团
杂技剧	《西游记》	广州杂技团
京剧	《走西口》	山西省京剧院
儿童剧	《青春跑道》＊	苏州市滑稽剧团

注：带＊者为滚动入选作品

滚动进入2008～2009年度资助剧目名单

剧目名称	演出单位
豫剧《常香玉》	河南省豫剧一团
花鼓戏《十二月等郎》	湖北省荆门市艺术剧院
舞剧《西施》	无锡歌舞剧院
话剧《马蹄声碎》	南京军区政治部文工团
话剧《秀才与刽子手》	上海话剧艺术中心
音乐剧《桂花雨》	广西壮族自治区歌舞剧院

四、2008～2009年度国家舞台艺术精品工程（二期）年度重点资助剧目

剧目	名称	演出单位
京剧	《成败萧何》	上海京剧院
花鼓戏	《十二月等郎》	荆门市艺术剧院
秦腔	《大树西迁》	陕西省戏曲研究院
歌剧	《太阳雪》	总政歌剧团
舞剧	《月上贺兰》	银川艺术剧院
评剧	《我那呼兰河》	沈阳评剧院
晋剧	《傅山进京》	太原市实验晋剧院青年剧团
豫剧	《香魂女》	河南省豫剧三团
评剧	《寄印传奇》	天津评剧院
杂技剧	《你好，阿凡提》	新疆杂技团

五、2009～2010年度国家舞台艺术精品工程（二期）年度资助剧目

窝头会馆	话剧	北京人民艺术剧院

第七片花瓣	话剧	天津市儿童艺术剧团
响九霄	京剧	河北省京剧院
解放	说唱剧	山西戏剧职业学院
花落花开	二人台	内蒙古呼和浩特市民间歌舞剧团
黑石岭的日子	话剧	辽宁人民艺术剧院
牛子厚	京剧	吉林省京剧院
鲜儿	龙江剧	黑龙江省龙江剧院
长生殿（精华版）	昆曲	上海昆剧团
顾家姆妈	滑稽剧	苏州市滑稽剧团
藏书之家	越剧	浙江小百花越剧团
万世根本	话剧	安徽省话剧院
王茂生进酒	闽剧	福建省福州闽剧院
赣风	歌舞	江西省歌舞剧院
画龙点睛	吕剧	山东省吕剧院
常香玉	豫剧	河南豫剧一团
家住长江边	舞蹈诗	湖北艺术职业学院
古画雄魂	湘剧	湖南长沙市湘剧院
与妻书	话剧	广东话剧院
下南洋	琼剧	海南省琼剧院
天上的恋曲	壮剧	广西壮族自治区壮剧团
鸣凤	川剧	重庆市三峡川剧团
巴山秀才	川剧	四川省川剧院
天蝉地傩	舞剧	贵州民族歌舞剧院
梭椤寨	花灯剧	云南省花灯剧院
魅力西藏	歌舞	西藏自治区歌舞团
柳河湾的新娘	秦腔	西安秦腔剧院有限公司
苦乐村官	陇剧	甘肃省陇剧院
藏羚羊	京剧	青海省戏剧艺术剧院浙江京剧团
花儿	舞剧	宁夏回族自治区歌舞团
阿嘎加依	歌舞诗	新疆阿勒泰地区歌舞团
天雪	豫剧	新疆生产建设兵团豫剧团
西游记（第一部）	儿童剧	中国儿童艺术剧院
这是最后的斗争	话剧	中国国家话剧院
生命档案	话剧	总政话剧团
铁道游击队	舞剧	总政歌舞团
李贞回乡	湘剧	湖南省湘剧院
大别山人	楚剧	湖北省地方戏曲艺术剧院
红沙河	京剧	北京军区战友文工团
三峡人家	方言话剧	重庆三峡歌舞剧团
北风紧	京剧	福建京剧院
柳毅传书	越剧	南京市越剧团

第九届中国艺术节

一、蔡武部长致第九届中国艺术节开幕词

尊敬的刘延东国务委员，尊敬的汪洋书记、各位领导，各位嘉宾，同志们，朋友们：

今晚，第九届中国艺术节在美丽的羊城隆重开幕了。我谨代表艺术节组委会和文化部，向参加艺术节的全国各地文艺工作者和海内外嘉宾朋友表示热烈的欢迎！向为艺术节作出巨大贡献的广东省委、省政府，广州市委、市政府，以及热情好客的广东人民表示衷心的感谢！

创办于1987年的中国艺术节，是我国规模最大、水平最高的艺术盛会，自创办伊始就得到了党和国家的高度重视。胡锦涛总书记指出："中国艺术节作为我国文化艺术的盛会，是优秀文艺作品争奇斗艳的园地，是艺术家展示才华的舞台，也是人民群众欢乐喜庆的节日。"中国艺术节自创办以来，一直坚持正确的文艺方向，为推动我国文艺事业的发展繁荣，丰富人民群众的精神文化生活，促进经济社会的协调发展作出了积极贡献。

五月是花团锦簇的时节，艺术节就像美丽的鲜花一样，在广州竞相开放，恒久弥香。本届艺术节将秉承“艺术的盛会，人民的节日”的宗旨，以精彩纷呈的舞台艺术展演，丰富多彩的群众文化活动，精品荟萃的艺术展览交易，深入群众的基层慰问演出，集中展现近年来全国文艺创作和文化建设的丰硕成果，展示祖国艺术百花园里绚丽多姿、欣欣向荣的美好景象。涓涓艺术之水，将在南粤大地汇成一条浪花飞涌的长河，升腾起中国特色、中国风格、中国气派的壮丽乐章。

当前，推动社会主义文化大发展大繁荣面临极好机遇。国家发展，民族振兴，不仅需要强大的经济力量，更需要强大的文化力量。让我们紧密团结在以胡锦涛同志为总书记的党中央周围，贯彻落实科学发展观，坚持先进文化的前进方向，积极投身我国改革开放和现代化建设的伟大实践，努力创作出更多为人民群众所喜闻乐见的优秀作品，为实现中华民族伟大复兴作出新的更大贡献。我们相信，中华民族不仅能够创造经济奇迹，也一定能够创造新的文化辉煌。

预祝第九届中国艺术节圆满成功！

谢谢！

2010 年 5 月 10 日

二、杨志今副部长致第九届中国艺术节闭幕词

各位领导，各位嘉宾，同志们，朋友们：

在这南国迷人的初夏之夜，第九届中国艺术节即将在岭南明珠广州落下帷幕。我谨代表艺术节组委会，向艺术节的成功举办表示热烈的祝贺！向出席今晚闭幕式的各位领导、各位来宾和观众朋友们表示诚挚的欢迎！向参加艺术节的全体中外艺术家和组委会全体工作人员表示崇高的敬意！向为艺术节作出突出贡献的广东省委、省政府，广州市委、市政府以及深圳、佛山、中山、东莞四个分会场城市各有关部门和全体广东人民表示衷心的感谢！

在过去的 15 天里，来自全国各个省区市，港澳台和海外的近万名艺术家，带着近百台艺术作品，满怀激情与梦想，欢聚南粤大地，尽情挥洒灵感与真情。比赛竞技与节目交易硕果累累；舞台演出与展览展示高潮迭起；文化惠民与群众参与交相辉映。千姿百态、精彩纷呈的艺术之花在岭南大地绚丽绽放，汇成了艺术的海洋。沉浸其间，人民群众品味了精美的艺术盛宴，度过了一个欢乐祥和的美好节日。本届艺术节气势恢宏、主题鲜明，全面反映了当前我国艺术发展的最高水准，真正办成了具有国家水准、国际影响的艺术盛会和人民节日。这次艺术节的成功举办，归功于党和政府的高度重视和正确领导，归功于广大文艺工作者的执着追求和奋勇拼搏，归功于社会各界对文化事业的热忱关心与大力支持。

当前，我国的发展正站在一个新的历史起点上。风云际会、波澜壮阔的当代中国现代化建设，为我国文艺的大发展大繁荣提供了难得的历史机遇。中华民族的伟大复兴，呼唤一切有作为的艺术家无怨无悔地为这一崇高事业而不懈奋斗。让我们紧密团结在以胡锦涛同志为总书记的党中央周围，高举中国特色社会主义伟大旗帜，深入贯彻落实科学发展观，以高度的社会责任感和历史使命感，把握时势，珍惜机遇，勤奋工作，开拓创新，努力创作更多具有鲜明时代精神和民族气派的精品力作，不断满足人民群众日益增长的精神文化需求，为全面建设小康社会，实现中华民族的伟大复兴作出更大的贡献！

受本届艺术节主席、中共中央政治局委员、国务委员刘延东同志的委托，现在，我宣布：第九届中国艺术节胜利闭幕！

谢谢大家！

2010 年 5 月 25 日

三、第九届中国艺术节工作总结

（一）基本概况

5 月 10 日至 25 日由文化部和广东省人民政府主办、广州市人民政府承办的第九届中国艺术节（以下简称“九艺节”），在广东省广州市隆重举办。“九艺节”在党中央、国务院的关心支持下，在文化部、广东省人民政府的重视指导和中共广州市委、广州市人民政府的共同努力下，取得了圆满成功。中共中央政治局常委李长春为“九艺节”发来了贺信；中共中央政治局委员、国务委员刘延东和中共中央政治局委员、中共广东省委书记汪洋出席“九艺节”开幕式，刘延东宣布“九艺节”开幕。出席“九艺节”开幕式和参加“九艺节”活动的还有全国政协副主席何厚铧以及中央、国务院、全国人大和有关部委的负责同志、

组委会委员。开幕式文艺演出“中国盛典”气势恢弘、流芳溢彩，既展示了岭南秀美典雅的文化风韵，又展现了中华大地激情满怀、昂扬奋进的勃勃生机。艺术节闭幕式举行了盛大的颁奖晚会“为今天喝彩”，为成果丰硕的“九艺节”画上了圆满句号。

1. 优秀剧目精彩纷呈 彰显国家艺术水准

艺术节期间总计有各类文艺演出 114 台。其中 77 台剧目是经严格评审入选“九艺节”的参评剧目和参演剧目。77 台剧目中，65 台为文华奖参评剧目，12 台是参演剧目，在广州市和深圳、东莞、佛山、中山 4 个分会场的 25 个剧场演出了 176 场，盛况空前，观众总数达 22 万人次，上座率达九成以上，有的演出一票难求，如：广东省木偶艺术剧院有限公司演出的人偶剧《八层半》，早在艺术节开始前的一个月，演出票即告售罄。

65 台参评剧目代表着当今舞台艺术创作的最新水平，涵盖了京剧、昆剧、地方戏、话剧、儿童剧、歌剧、舞剧、音乐剧、人偶剧、杂技剧等多种艺术门类，参评剧目的演出院团来自全国 31 个省区市和军队文艺团体，还有的来自民营艺术院团。剧目数量、艺术门类之多和参评范围之广创历届艺术节之最。其中台湾唐美云歌仔戏剧团和厦门歌仔戏剧团合作的参评剧目《蝴蝶之恋》，标志着台湾省的剧目首次参加艺术节的演出。

参评剧目中戏曲类有 33 台，占参评剧目总数的近 50%。包括评剧、越剧、黄梅戏、豫剧、秦腔、川剧、河北梆子、晋剧、吕剧、越调、婺剧、花鼓戏、湘剧、粤剧、潮剧、山歌剧、歌仔戏、琼剧、陇剧等近 20 个剧种；话剧、儿童剧类有 12 台；歌剧、音乐剧、杂技类 9 台；舞剧、歌舞类 11 台。

各少数民族自治区都有优秀剧目参评获奖。西藏自治区话剧团的话剧《扎西岗》、内蒙古鄂尔多斯歌舞剧团的歌舞《鄂尔多斯婚礼》、宁夏银川艺术剧院的舞剧《月上贺兰》、广西歌舞剧院的音乐剧《桂花雨》和新疆杂技团的杂技剧《你好，阿凡提》等获得文华大奖特别奖，反映出少数民族地区舞台艺术创作水平不断提高。

经过激烈角逐和专家评审，《长生殿》等 10 个剧目荣获文华大奖，《李亚仙》等 20 个剧目获文华大奖特别奖，《村官李天成》等 35 个剧目获文华优秀剧目奖。另有于魁智等 25 名演员荣获 2010 年中国文化艺术政府奖——文华表演奖。

2. 全国优秀美术作品展览荟萃名家力作

为充分展示近年来美术创作的优秀成果，进一步推动美术事业的发展，“九艺节”期间 5 月 10 日至 25 日在广州市艺术博物院举办了“中国风格·时代丹青——全国优秀美术作品展览”，参展作品涵盖了国画、油画、版画等艺术门类，吴冠中、靳尚谊、范曾、黄永玉等 300 多名著名艺术家踊跃参展，艺术水平之高，观众之踊跃，创历届美展之最。在 16 天的展期中，共接待全国各地的观众 10.6 万人次。社会效益良好，各界反响积极。

展览举办期间，广州连降暴雨。恶劣的天气没能影响观众参观展览的热情。广州艺术博物院陈伟安院长表示，这是多年来该院参观人数最多的一个展览，观众量同比增长达到 460%。一些美术院校的学生和美术爱好者在展览现场仔细观摹；一位带着孩子远道而来的外地观众，看过展览后激动不已地表示，能够如此集中欣赏到这么多的名家力作，真是非常幸运。为满足广大市民的要求，广州艺术博物院延长了参观时间，制作了展览的网上展览厅，以便让更多的观众通过网络参观展览。

3. 成功举办首届中国（广州）优秀舞台艺术演出交易会（简称演交会）

创新办节思路，将舞台艺术创作与演出市场成功对接，演交会做了有益尝试。中共中央政治局常委李长春亲临演交会视察并给予了充分肯定，他指出，演交会是文化产品走向市场的重大创新，是市场在文化资源配置中发挥作用的成功尝试。中共中央政治局委员、广东省委书记汪洋，文化部部长蔡武、副部长王文章和广东省省长黄华华等领导同志分别视察了演交会，并给予高度评价。

本次演交会共吸引了 61 位国际知名演艺机构负责人，和来自全国 320 多家艺术院团、剧院、演艺机构的 633 位负责人参加，6 万多名各界人士参观了演交会。签约项目共 66 个，交易项目演出 1540 场，累计交易金额 17748.46 万元。新闻媒体和社会各界给予了极大关注，成为本届艺术节的一大亮点。

“九艺节”的举办还极大地推动了广东省和广州市的文化基础设施建设，带动了地方经济的发展。为改造艺术节演出剧场，广州市共投资9 000余万元集中改造了8个剧场，满足了艺术节文艺演出的需要，同时也为当地今后一个时期文化事业的发展奠定了良好基础。

（二）“九艺节”体现创新特色

推动文化大发展大繁荣，掀起文化建设新高潮的新形势，要求我们要进一步拓宽思路，更新观念，以科学发展观为指导，不断创新办节思路和模式，把艺术节办出特色，办出水平，办出成效。创新是“九艺节”的重要特色。

1. 剧目建设不断创新和突破

65台参评文华奖的剧目总体艺术质量超过往届，深受观众欢迎，思想性、艺术性和观赏性俱佳，体现了“三贴近”的原则。

现代戏创作取得了长足进展。在坚持传统戏、新编历史剧、现代戏“三并举”剧目政策的基础上，现实题材作品创作成果显著，33台戏曲作品中，描写现实题材的共12台，占36%。在12部话剧、儿童剧参评剧目中，有8部为现实题材，占这类参评剧目的66%。沈阳评剧院演出的评剧《我那呼兰河》，以诗化的叙事风格诠释凝重的主题，舞台呈现大气磅礴、回肠荡气，提高了评剧的现代艺术品格，为戏曲现代戏创作提供了经验。甘肃省陇剧院演出的反映新农村建设的陇剧《苦乐村官》、河南省豫剧三团的豫剧《村官李天成》。辽宁人民艺术剧院演出的反映矿区工人生活变迁的话剧《黑石岭的日子》，重庆市三峡歌舞剧团演出的反映移民工程的话剧《三峡人家》。陕西省戏曲研究院演出的反映知识分子心灵和人格的秦腔《大树西迁》、武汉市京剧院演出的反映城市普通民众生活的京剧《生活秀》，广东歌舞剧院演出的反映老年人感情需求的舞剧《骑楼晚风》，广东省木偶艺术剧院有限公司演出的儿童剧《八层半》等，体现出创作者对人生和个体生命的人文关怀。艺术家们注重挖掘人物的内心世界，塑造生动的人物形象，增强了作品的艺术魅力，提升了艺术质量，赢得了观众的共鸣。

革命历史题材作品的创作有创新。话剧类节目中，广州军区战士文工团创演的、反映中国人民解放军解放海南岛的《红帆》、总政话剧团创演的、走进伟人心灵深处的《毛泽东在西柏坡的畅想》、广州话剧艺术中心有限公司创演的、写毛泽东送子毛岸英去朝鲜战场的《风雪润之》等。其他艺术门类中有反映中国人民解放军进藏的歌剧《太阳雪》、广东粤剧院红豆粤剧团的《刑场上的婚礼》、安徽省黄梅戏剧院的《风雨丽人行》、江苏省演艺集团京剧院的《飘逸的红纱巾》等。

传统戏的整理改编有了深度拓展。如上海昆剧团的昆剧《长生殿》、中央歌剧院的歌剧《霸王别姬》、重庆市川剧院的川剧《李亚仙》、湖北省歌剧舞剧院的舞剧《王昭君》、中央音乐学院和江苏省演艺集团昆剧院联合演出的清唱剧《1699·桃花扇》等，从主题立意、思想内涵到舞台呈现都有新的展现。昆剧《长生殿》以帝王情缘写兴亡之感，实现了传统与现代的完美结合。表演艺术家以严谨规范的程式表演，呈现出柔和静雅的美感形态。中国原创歌剧《霸王别姬》具有浓郁的抒情意蕴和中国特色。在音乐表现上遵循歌剧艺术规律，吸收民族传统元素，力求达到内容和形式的统一。

新编历史剧的创作也有突破，走出了历史与现实简单比附的狭窄创作观念误区，以对历史与社会的反思为切入点，以深刻的人文精神为支撑，使作品的文化品位大幅度提升。如上海京剧院的《成败萧何》、河南省越调剧团的《老子》、天津评剧院的《寄印传奇》、河北省京剧院的《响九霄》、福建省京剧院的《北风紧》、山西省太原市实验晋剧院的《傅山进京》、北京京剧院的《下鲁城》、浙江婺剧团的《梦断婺江》及广州话剧艺术中心的话剧《南越王》等等。

不论是整理改编的优秀传统戏和以史为鉴的新编历史剧，还是反映现实生活、歌颂时代精神的现代戏，都尝试着以承袭中国传统文化精神内涵为基点，努力构筑与时代相共鸣的美学品格，以新的文化理念和新的艺术形态，阐释着戏剧艺术对当代社会生活的关注与思考。

在借鉴融合中创新，丰富了作品的艺术感染力。近年来，艺术家们注重深入开掘民族民间丰厚的艺术资源，利用先进的舞台科技手段，极大地丰富和提高了作品的艺术感染力和表现力。广州芭蕾舞团将我国戏剧大师吴祖光先生的早期名作《风雪夜归人》改编成芭蕾舞，走出了一条融汇中西文化的民族芭蕾舞剧创作之路。广州军区政治部战士文工团杂技分团演出的杂技剧《生命

·阳光》将情节情景融入杂技技巧表演中，使整台演出有了鲜明的象征意义。陕西榆林市民间艺术团创作演出的秧歌剧《米脂婆姨绥德汉》，立足陕北民歌，重新整合民族民间艺术资源，并运用声、光、电、升降台等现代科技手段丰富舞台表现力。广西歌舞剧院的音乐剧《桂花雨》、北京松雷蝶之舞剧团和东莞松雷蝶之舞剧团联手打造的音乐剧《蝶》及四川人民艺术剧院的音乐剧《未来组合2008》，这些作品对音乐剧这种现代艺术形式的运用已渐趋成熟，将音乐、歌舞和现代舞台科技手段巧妙结合，在艺术感受上令人耳目一新。

除了艺术资源的整合，创作者们还潜心于向艺术本体的开掘，戏曲演员以四功五法的扎实基本功为根基，将戏曲程式灵活运用于人物形象塑造之中，丰富了戏曲艺术的表现手段。在唱念做舞的规范中给予观众更多的美感享受。

2. 创新办展思路，打造国家级美术展览

（1）创新参展作品的遴选方式。在部领导的指导下，全国优秀美术作品展览大胆突破了传统的办展思路，将展览定位在代表当今最高水平的国家级美术展览。在参展作品的选择上，全国优秀美术作品展览创造性地采取了推荐选拔和重点邀约相结合的方式。作品囊括了吴冠中、黄永玉、孙其峰、杨之光、方增先、刘文西、范曾、刘大为等著名国画家，靳尚谊、詹建俊、朱乃正等著名油画家，以及徐匡、李焕民、宋源文、广军等著名版画家。300多位参展艺术家名家云集、阵容强大，使全国优秀美术作品展览成为政府主办的最高规格、代表美术创作最高水平的展览。

（2）严格艺术标准，精品力作彰显中国风格。全国优秀美术作品展览的又一创新是不设评奖，参展即视为对艺术家及其作品的褒奖和肯定。由文化部聘请专家组成的展览艺术委员会负责参展作品的评审工作。遵循严格的艺术标准和公平、公正、公开的评审原则，规定无论是各地推荐的艺术家还是艺术委员会特邀的艺术家，其作品都必须通过艺术委员会规定的评审程序认定之后才可参展。艺术委员会的专家们不辞辛苦、尽职尽责，参展艺术家也非常理解和配合。尽管很多著名艺术家都是艺术委员会特邀参展的，但他们都本着对展览负责的态度，认真选择自己的作品，以期达到最好的展览效果。已经86岁高龄的黄永玉先生近年来已经很少参加展览，这次他特别挑选了2009年的巨幅新作《朝发辰阳》参展，该作品色彩艳丽、技法纯熟，显示出黄永玉先生杰出的艺术创造力。著名画家刘勃舒先生虽病体初愈，也送来了新作《奔腾》，令人感动。

经过展览艺术委员会的严格评选，本次参展的326件作品，艺术水平精湛，较为全面地反映出近年来全国美术创作的新探索和新成果，多角度、多层次、多方位地反映了火热的社会生活和人民的精神风貌。

（3）协调组织，共襄美术界盛举。为了确保展览成功，部领导在展览策划之初明确提出要集美术界之力，汇聚人才、整合资源，使全国优秀美术作品展览真正成为面向全国美术界的展览。因此在展览的组织筹备过程中，文化部制定了严格的评审规则和工作程序，要求全国各省级文化行政主管部门参与作品推荐，广泛动员和团结包括总政、美术家协会、美术院校、美术馆、画院、专业团体在内的各方面的美术力量以及新闻媒体共同参与展览的组织筹备和宣传报道工作。各方面的美术力量在政府的组织协调下，团结协作，充分发挥各自的资源优势和专业优长。中国国家画院作为展览的承办单位之一，克服了时间紧、任务重的困难，集全院之力投入到展览筹备工作之中，在短短3个月的时间内出色地完成了作品评审承办工作、画册编辑出版、展览设计等各项任务，并与各有关方面和谐、融洽的合作，有力地保障了展览的顺利举办。

3. 演交会创新办节模式，进一步推动文化产品走向市场

（1）充分利用第九届中国艺术节的资源平台和现代科技手段。“九艺节”汇聚了近年来国内演出市场上最为优秀的演艺资源，同时，也汇聚了国内演出界的最强阵容，为演交会的成功举办搭建了一个巨大的资源平台。演交会首次推出了全媒体数据发布系统，参观者可以通过该系统方便地检索到参展剧目的内容简介、主创及演员阵容规模、演出所需剧场条件等各项信息，还可以直观地浏览剧目剧照、演出片段等，甚至可以实现演出商与演出单位之间的远程签约。

（2）充分发挥市场配置演艺资源的作用。本次演交会采取“政府支持、院团参与、市场运作”

的方式，从筹备、招展到交易都充分运用市场手段。一是借鉴商贸展会的方式。通过搭建交易平台，推动艺术院团、文艺产品和演艺机构对接与互动，解决创作、生产与演出中信息不对称、渠道不畅通、对接不方便等问题，降低买卖双方的成本，让剧目真正走向市场，争取更好的社会效益和经济效益。二是全方位进行推广。通过网站、观摩活动，让采购商全方位地了解演艺产品。三是借助市场力量。引入专业展览公司策划展会、引入中演院线等专业演出机构参与招展招商、引入专业公司参与现场管理，确保了演交会的质量。

（3）吸引广大国际演艺机构参与交易。演交会得到国际演艺界的高度关注和积极参与。一是国际交易项目多。国际及港澳台的成交项目29个，占项目总数的43.33%，金额11 319.26万元，占成交总额的63.77%。共演出253场，占16.42%；交易金额1 531.31万元，占8.62%。二是众多国际演艺界知名人士参加。邀请了众多具有中国剧目演出运作经验的国际演艺机构代表出席，有34家国际知名演艺机构、61位各国演艺界重要嘉宾出席。三是港澳台踊跃参展。在不到两个月的时间，港澳艺术院团和演艺机构就有12个报名参展。

（4）面向专业化对象开展工作。演交会定位为舞台艺术展示交易，参展的产品集中在成品剧目和演艺生产要素；参展的机构主要是文艺院团、演出剧院、演艺机构和群文组织；参加的人员为国内外演艺机构代表、演艺界专业人士和全国宣传文化系统相关人员。对参展内容、参加机构和参加人员的严格控制和把关，确保了本次“演交会”的专业性。

4. 不断改革完善文艺评奖机制，正确引导文艺创作

为进一步贯彻落实中央领导同志改革调整文艺评奖的指示精神，运用和发挥好评奖机制的激励和导向作用，本届文华奖进行了评奖机制的改革，包括：改变了参评方式，突破了在艺术节上评选表演奖的限制，首次面向全国单独评选文华表演奖，进一步调动了全国艺术院团和广大演员的积极性；扩大了参评范围，在鼓励专业艺术院团申报参评的同时，也鼓励民营和其他所有制艺术院团申报参评；提高了参评标准，明确要求参评剧目和演员必须达到一定的演出场次，引导、鼓励参评剧目和演员贴近实际、贴近生活、贴近群众，更好地为人民服务。评奖机制的改革，在全国文艺院团引起了强烈反响，受到了广泛好评，进一步提高了政府奖的权威性和影响力。

在第13届文华奖评奖工作中，我们坚持以中央领导同志改革完善文艺评奖的指示精神为指导。首先，提高了对参评剧目演出场次的要求：歌剧、昆曲50场，京剧60场，其他艺术门类应达到100场；其次，鼓励各类所有制艺术院团创演的剧目参评，如：广东省申报的民营艺术院团创演的音乐剧《蝶》在本届文华奖评选中荣获“文华大奖特别奖”；第三，大力压缩奖项数量，文华大奖由上届的17个缩减至10个，整体奖项数量由上届的292个缩减到189个。

5. 人民群众共享“九艺节”的文化成果

为进一步体现“艺术的盛会，人民的节日”的办节宗旨，让人们群众共享“九艺节”的文化成果。在剧场演出的同时，九艺节组委会专门组织参加本届艺术节演出的艺术家小分队深入基层，将精彩的文艺节目送到社区、学校、企事业单位、厂矿、部队，开展丰富多彩的文化惠民活动。从5月9日至25日，共有来自全国各地的25个艺术表演团队参加了此次活动，演出30余场，受到各界群众的热烈欢迎。

艺术家小分队名家云集、名团荟萃；演出品种丰富、形式多样，观众反响强烈。参加下基层演出活动的有著名艺术家尚长荣、戴玉强、廖昌永、倪惠英、谷好好、欧凯明、张页川等一大批著名艺术家和国家话剧院、中央歌剧院、上海京剧院、总政歌剧院等艺术院团。大家不辞辛苦，不计报酬，受到了基层观众的交口称赞。

参加“九艺节”下基层演出活动的演出剧目涵盖了京剧、昆曲、话剧、豫剧、川剧、黄梅戏、粤剧、评剧、晋剧、湘剧、花灯戏、歌仔戏、歌舞、木偶、杂技等15个艺术品种。各院团为下基层演出专门排练了短小精悍的节目。西藏自治区话剧团把歌舞和话剧有机结合，整台节目载歌载舞，《洗衣歌》等节目历演不衰，深受部队官兵喜爱；新疆杂技团杂技节目难度高，艺术性强，具有浓郁的民族特色，《阿凡提与小毛驴》、《大板城的姑娘》等节目经过艺术家们诙谐幽默的演绎，

赢得了一片喝彩和掌声。中央歌剧院、总政歌剧团、国家话剧院等团体，都以其精湛的技艺，深深吸引了众多观众。

四、第九届中国艺术节“中国风格 · 时代丹青——全国优秀美术作品展览”

为充分展示近年来美术创作的优秀成果，彰显中华文化精神在当代的传承、创新与发展，进一步推动美术事业繁荣发展，文化部和第九届中国艺术节组委会共同主办的第九届中国艺术节“中国风格 · 时代丹青——全国优秀美术作品展览”于5月10日至25日在广州市艺术博物院隆重举办，取得圆满成功。在16天的展期中，共接待全国各地的观众10.6万人次。全国优秀美术作品展览创新办展思路，汇集名家名作，不仅获得美术界内的一致好评，而且赢得了广大观众的普遍赞誉，社会反响强烈，取得良好的社会效益。

（一）名家云集佳作荟萃，全国优秀美术作品展览精彩纷呈

1. 名家云集盛况空前，打造国家级美术展览的权威品牌

在文化部领导的直接指导下，全国优秀美术作品展览大胆突破以往中国艺术节中美术展览的办展思路，明确将该展定位为面向全国美术界的、能够代表当前美术创作最高水平的、国家级美术展览，要充分显示国家级美术展览应有的权威性、导向性、学术性和公正性。因此，在参展作品的选择上，全国优秀美术作品展览创新了评选模式，采取“自下而上”的选拔推荐和“自上而下”的重点邀约相结合的方式。一方面，各地文化行政主管部门将本地区近年来在各类全国性美术展览中涌现出的优秀作品向艺术委员会做出推荐；另一方面，由文化部聘请具有广泛代表性和权威性的艺术委员会对目前中国画、油画、版画界的艺术家进行系统梳理，特别邀请部分创作成就突出的优秀艺术家参展。两种途径相结合，避免了目前某些全国性美术展览中出现的部分功成名就的艺术家参展积极性不高或因评委身份受到限制的遗憾和不足。

展览得到包括吴冠中、黄永玉、孙其峰、杨之光、方增先、刘文西、范曾、刘大为等著名国画家，靳尚谊、詹建俊、朱乃正等著名油画家，以及徐匡、李焕民、宋源文、广军等著名版画家在内的著名艺术家的积极支持和响应。著名画家刘勃舒先生尽管病体初愈，却为展览欣然提笔，将新创作的《奔腾》送来参展，令人感动。应该说，从92岁高龄的吴冠中先生到不满25岁的最年轻的参展者，老中青三代相结合的参展者序列，不仅几乎囊括了目前我国国画、油画、版画领域中最优秀的艺术家，而且也包括了不少美术界的后起之秀。参展艺术家的广泛性和代表性，使全国优秀美术作品展览成为近年来美术界盛况空前的一次展览，为美术界提供了高水准的交流平台，也为广大观众提供了难得的艺术盛宴，进一步完善了目前国内美术展览的生态格局，对推动全国美术创作的繁荣发展发挥积极的作用。

2. 严格艺术标准，精选紧扣时代脉搏彰显中国风格的优秀作品

全国优秀美术作品展不设评奖，参展即视为对艺术家及其作品的褒奖和肯定。这实际上大大提高了参展作品的入选的“门槛”，由文化部聘请专家组成的展览艺术委员会对参展作品的评选非常严格。无论是各地推荐的艺术家还是艺术委员会特邀的艺术家，其作品都是经过艺术委员会的严格评审之后，才确认参展。特别是很多著名艺术家虽然都是艺术委员会特邀参展的，但都非常配合评选工作，谦虚地接受艺术委员会的建议，认真地挑选作品，以期达到最好的展览效果。

此次在“中国风格 · 时代丹青”的展览主题之下汇聚的参展作品，不仅形式多样，题材丰富，多角度、全方位地反映了当代中国人民的精神风貌、火热的社会生活、国家的强盛和社会的进步；而且既有老一辈艺术家的上乘之作，也有近年来颇具影响力的新人新作，体现了艺术创作薪火相继、传承有序的继承与发展状态。艺术家们以紧扣时代脉搏的敏锐笔触，创作出了属于当代中国的优秀艺术，不仅显示了可贵的创新意识和传承精神，也使展览呈现出学术的包容性、风格的多元性的特点，在充分的尊重和体现各种类型的学术观点的同时，凸显出中国当代主流美术的价值追求，反映了中国艺术家在追求中国文化主体精神的当代建构方面和在探索美术创作的中国风格、中国气派的道路上做出的积极的尝试、探索以及取得的新成果。

（二）10万观众踊跃参观，全国优秀美术作品展览社会反响强烈

不同于以往的美展大多只是圈内人关注，此次全国美术作品展览不仅赢得了美术界人士的一致赞赏，还得到广大群众的热烈欢迎。展览举办期间，尽管广州市多次遭受暴雨袭击。但是恶劣的天气却丝毫没有阻碍观众们参观展览的热情，不论刮风下雨，广州艺术博物院门前总是聚集着前来参观展览的群众。广州艺术博物院陈伟安院长表示，这是他担任院长数年以来该院参观人数最多的一个展览，短短半个月的展期就接待观众10.6万人次，观众量同比增长幅度达到460%。参观展览的不仅有慕名而来的广大市民，也有来自全国各地的代表团，还有各大院校、中学、小学的学生们。尤其是周末，在展览现场临摹、写生的学生几乎坐满展场每个角落，展览为他们提供了近距离学习名家名作的难得机会。美术院校老师带着学生们，边参观边讲解；许多家长带着孩子，细细观摩；更多的观众拿着笔记本，边看边记，希望能把这些难得一见的精品佳作都一一记录。观众们纷纷表示，展品如此丰富，且件件精品，幅幅佳作，令人目不暇接。

优秀的美术作品带给广大观众的是最直接的审美愉悦和美好的精神享受，展览中吴冠中、黄永玉、靳尚谊、詹建俊、范曾、刘大为等著名艺术家的作品尤受观众追捧，总是围满观众，可以感受到人民群众对于优秀艺术家的推崇和尊重，对于优秀艺术作品的赞赏和喜爱。特别值得一提的是，为满足广大市民的要求，广州艺术博物院不仅尽量调整延长参观时间，而且制作了此次展览的网上展览厅，让更多未能亲临现场的观众能够通过网络观看虚拟的3D效果展览。

（三）全国优秀美术作品展览的成功经验

创新办展思路，规范工作程序，以周密组织协调工作团结美术界各方面的力量共襄盛举，是全国优秀美术作品展览最主要的成功经验。为了圆满完成全国优秀美术作品展览任务，部领导在展览筹备之初，就明确提出必须创新办展思路，更广泛地团结美术界的力量，汇聚人才、整合资源，使全国优秀美术作品展览真正成为面向全国美术界的展览。因此在展览的组织筹备过程中，文化部首先聘请专家组成艺术委员会，而且组织制定了包括评审规则、工作程序在内的一系列工作要求，通过严格、规范的工作程序，保证了展览组织筹备特别是评选等各项工作的严肃性、权威性、公正性。同时，文化部要求全国各省级文化行政主管部门参与作品推荐，广泛动员和团结包括总政、美术家协会、美术院校、美术馆、画院、专业团体在内的各方面的美术力量以及新闻媒体共同参与展览的组织筹备和宣传报道工作。各方面的美术力量在政府的组织协调下，突破系统、体制的局限，团结协作，充分发挥各自的资源优势和专业优长。特别是中国国家画院作为展览的承办单位之一，克服了时间紧、任务重的困难，集全院之力投入到展览筹备工作之中，在短短3个月的时间内按照组委会的要求，高效率、高质量地完成了作品评审的承办工作，以及与艺术家的联络沟通、画册编辑出版、展览设计等各项任务，并与各方面的美术力量保持和谐、融洽的合作，有力地保障了展览的顺利举办。

全国优秀美术作品展览作为政府主办的国家级美术展览，是为美术界提供了一个高层次、更广空间的展示和交流平台，相信也能够凝聚更多的优秀美术人才，团结美术界的力量，共同促进和推动美术创作的持续繁荣和健康发展。同时，全国优秀美术作品展览以政府为主导，发挥专家力量，依托专业美术机构，最大限度地协调和团结各方面的美术力量的展览组织工作的成功做法，也对今后同样类型的文化活动的举办起到积极的借鉴作用。

（四）"九艺节"广受媒体关注，扩大了在国内外的影响

新闻媒体广泛关注"九艺节"的举办。据不完全统计，平面、广电类媒体共刊播各类稿件、图片4 000多篇（幅）。《人民日报》发稿9篇；《光明日报》刊发8篇新闻；中央电视台播发30多条相关新闻；文艺频道对开幕式进行了现场直播；5月16日、17日、27日的《新闻联播》分别报道了艺术节的有关情况；人民网共刊发、转载"九艺节"相关报道约160多篇；新华网共刊发、转载"九艺节"相关报道360多篇；《中国文化报》发稿200多篇，并出6个特刊，59个"九艺节"专版。中国文化传媒网共推出100多篇动态新闻报道。进一步扩大了“九艺节”在国内外的影响。

第十三届文华奖

一、2010年中国文化艺术政府奖——文华表演奖评选及获奖演员名单

编者按：由文化部主办的2010年中国文化艺术政府奖——文华表演奖，经专家委员会评审和社会公示，并报文化部批准，评奖结果正式揭晓。

5月25日，在第九届中国艺术节闭幕式上举行了颁奖仪式。本届文华表演奖共评出25名获奖演员，他们是（按行政区划排序）：于魁智、朱妍、孟广禄、裴艳玲、谢涛、冯玉萍、蔡正仁、陈少云、李洁、李政成、茅威涛、林为林、蒋建国、韩再芬、曾静萍、章兰、李树建、沈铁梅、陈智林、冯咏梅、班典旺久、李梅、柳萍、魏积安、冯瑞丽。

为进一步贯彻落实中央领导关于改革调整文艺评奖的指示精神，运用和发挥好评奖机制的激励和导向作用，完善艺术人才尤其是表演艺术人才的奖励机制，自2010年开始，文化部对原来与编、导、音、美一起评选的文华奖之一的文华表演奖首次单独评选，仍然每两年评选一次，其目的是将文华表演奖打造成国家舞台表演艺术的权威奖项，提高这一奖项的权威性和社会影响力，提高舞台表演艺术水平，推出优秀舞台表演艺术人才。

这次文华表演奖的评选体现了5个特点：第一，改变了参评方式，由以往从艺术节参评剧目中评选优秀演员，改为全国各地文化主管部门、国家艺术院团和总政宣传部艺术局从更大范围内推荐全国著名优秀演员参评。第二，扩大了参评范围，在鼓励国有专业艺术院团演员申报参评的同时，也鼓励民营和其他所有制艺术院团的演员申报参评。第三，减少了评奖数量，由上一届的99名减少到本届的25名。第四，提高了评选标准，明确要求参评演员应具有鲜明的表演风格和广泛的社会影响，对演员的艺德和演出场次提出了明确要求，参评演员应在2005年至2009年期间的新创作或改编、整理的剧目中担任主要演员，年均演出场次应在100场以上，目的是鼓励参评演员进一步贴近实际、贴近生活、贴近群众，更好地为人民群众服务。第五，加大了奖励力度，除获奖证书、奖杯外，每名获奖演员还获得10万元奖金。

演员姓名	艺术门类	所属院团
于魁智	京剧	国家京剧院
朱　妍	芭蕾	中央芭蕾舞团
孟广禄	京剧	天津市青年京剧团
裴艳玲	京剧	河北省京剧院
谢　涛	晋剧	山西太原市实验晋剧院
冯玉萍	评剧	沈阳评剧院
蔡正仁	昆曲	上海昆剧团
陈少云	京剧	上海京剧院
李　洁	京剧	江苏省演艺集团京剧院
李政成	扬剧	江苏省扬州市扬剧团
茅威涛	越剧	浙江小百花越剧团
林为林	昆曲	浙江昆剧团
蒋建国	黄梅戏	安徽省黄梅戏剧院
韩再芬	黄梅戏	安徽省安庆再芬黄梅戏艺术剧院
曾静萍	梨园戏	福建省梨园戏实验剧团
章　兰	豫剧	山东省聊城市豫剧院
李树建	豫剧	河南省豫剧二团
沈铁梅	川剧	重庆市川剧院
陈智林	川剧	四川省川剧院
冯咏梅	滇剧	云南省玉溪市滇剧团
班典旺久	藏剧	西藏自治区藏剧团
李　梅	眉户戏	陕西省戏曲研究院
柳　萍	秦腔	宁夏回族自治区银川市秦腔剧团
魏积安	话剧	总政话剧团
冯瑞丽	歌剧	总政歌剧团

二、第13届中国文化艺术政府奖——文华大奖、文华大奖特别奖、文华优秀剧目奖、文华单项奖和第九届中国艺术节优秀表演奖、表演奖获奖结果

第13届中国文化艺术政府奖——文华大奖、文华大奖特别奖、文华优秀剧目奖、文华单项奖和第九届中国艺术节优秀表演奖和表演奖，经专家委员会认真评审并报文化部批准已经确定，共评选出10个文华大奖，20个文华大奖特别奖，35个文华优秀剧目奖，99个文华单项奖。33名演员获第九届中国艺术节优秀表演奖，44名演员获第九届中国艺术节表演奖。现将获奖结果公布如下：

文华大奖

戏曲类

《长生殿》 昆曲 上海昆剧团
文汇新民联合报业集团唐斯复工作室
《我那呼兰河》 评剧 沈阳演艺集团沈阳评剧院
《老子》 越调 河南省越调剧团
《成败萧何》 京剧 上海京剧院
《寄印传奇》 评剧 天津评剧院

话剧、儿童剧类

《红帆》 话剧 广州军区政治部战士文工团
《毛泽东在西柏坡的畅想》 话剧 总政话剧团

舞剧、歌舞类

《风雪夜归人》 芭蕾舞剧 广州芭蕾舞团

歌剧、音乐剧、杂技类

《霸王别姬》 歌剧 中央歌剧院
《生命·阳光》 杂技主题晚会 广州军区政治部文工团杂技分团

文华大奖特别奖

戏曲类

《李亚仙》 川剧 重庆市川剧院
《生活秀》 京剧 武汉京剧院、武汉爱乐乐团
《苦乐村官》 陇剧 甘肃省陇剧院
《北风紧》 京剧 福建京剧院
《响九霄》 京剧 河北省京剧院
《蝴蝶之恋》 歌仔戏 厦门市歌仔戏剧团 台湾唐美云歌仔戏团
《刑场上的婚礼》 粤剧 广州粤剧院红豆粤剧团

话剧、儿童剧类

《黑石岭的日子》 话剧 辽宁人民艺术剧院
《八层半》 人偶儿童剧 广东省木偶艺术剧院有限公司
《古丢丢》 儿童剧 武汉人民艺术剧院
《扎西岗》 话剧 西藏自治区话剧团

舞剧、歌舞类

《米脂婆姨绥德汉》 秧歌剧 陕西省榆林市民间艺术团
《骑楼晚风》 舞剧 广东歌舞剧院
《王昭君》 民族舞剧 湖北省歌剧舞剧院
《鄂尔多斯婚礼》 舞蹈诗 内蒙古鄂尔多斯歌舞剧团
《月上贺兰》 回族舞剧 宁夏回族自治区银川艺术剧院

歌剧、音乐剧、杂技类

《1699·桃花扇》 无伴奏合唱昆曲清唱剧 中央音乐学院、江苏省演艺集团
《蝶》 音乐剧 北京松雷·蝶之舞剧团东莞松雷·蝶之舞剧团
《桂花雨》 音乐剧 广西壮族自治区歌舞剧院
《你好，阿凡提》杂技 新疆杂技团

文华优秀剧目奖

戏曲类

《村官李天成》 豫剧 河南省豫剧三团
《傅山进京》 晋剧 山西省太原市文化广电新闻出版局、山西省太原市实验晋剧院青年剧团
《梭罗寨》 花灯剧 云南省花灯剧院
《大树西迁》 秦腔 陕西省戏曲研究院青年团
《顾家姆妈》 苏州滑稽戏 苏州市滑稽戏剧团
《女人九香》 河北梆子 河北省石家庄市河北梆子剧团
《古画雄魂》 湘剧 湖南省长沙市湘剧院
《生命童话》 花鼓戏 湖北省实验花鼓剧院
《下南洋》 琼剧 海南省琼剧院
《九斤姑娘》 越剧 浙江越剧团
《还官记》 潮剧 广东省揭阳市文化广电新闻出版局、广东省揭阳市潮剧团
《下鲁城》 京剧 北京京剧院
《梦断婺江》 婺剧 浙江婺剧团
《宰相胡同》 评剧 长春评剧院
《大明贤后》 豫剧 山东省聊城市豫剧院

《风雨丽人行》 黄梅戏 安徽省黄梅戏剧院有限责任公司
《大唐黜官记》 吕剧 山东省吕剧院
《东吴郡主》 潮剧 广东潮剧院
《飘逸的红纱巾》 京剧 江苏省演艺集团京剧院
《女人街》 越剧 杭州越剧院
《桃花雨》 山歌剧 广东省梅州市山歌剧团

话剧、儿童剧类

《三峡人家》 方言话剧 重庆三峡歌舞剧团
《春雪润之》 话剧 广州话剧艺术中心
《万世根本》 话剧 安徽省话剧院
《第七片花瓣》 儿童剧 天津儿童艺术剧院
《风刮卜奎》 话剧 黑龙江省齐齐哈尔市话剧团
《日出而作》 话剧 河北省话剧院

舞剧、歌舞类

《赣风》 歌舞 江西省歌舞剧院
《天蝉地傩》 舞剧 贵州民族歌舞剧院
《天山芙蓉》 舞剧 湖南省歌舞剧院
《中国 · 撒拉尔》 歌舞诗 青海省民族歌舞剧院
《中华吟》 歌舞 黑龙江省歌舞剧院

歌剧、音乐剧、杂技类

《太阳雪》 歌剧 总政歌剧团
《未来组合2008》 音乐剧 四川人民艺术剧院
《壮锦》 壮族歌剧 广西百色市右江民族歌舞团

文华单项奖

剧作奖

戏曲类

《女人九香》 孙德民、兰万玲
《傅山进京》 郑怀兴
《村官李天成》 姚金成、张 芳、韩尔德
《我那呼兰河》 黄伟英
《顾家姆妈》 陆伦章
《老子》 孟 华
《北风紧》 林戈明、雪 翔
《大树西迁》 陈 彦
《苦乐村官》 曹 锐
《下南洋》 罗怀臻
《生活秀》 王海涛
《生命童话》 胡应明
《梭罗寨》 陈彤彦、马良华

话剧、儿童剧类

《红帆》 唐 栋、蒲 逊
《毛泽东在西柏坡的畅想》 孟 冰
《三峡人家》 伟 巴
《古丢丢》 邱建秀
《黑石岭的日子》 李宝群

舞剧、歌舞类

《米脂婆姨绥德汉》 白阿莹
《骑楼晚风》 许 锐

歌剧、音乐剧、杂技类

《太阳雪》 冯柏铭
《桂花雨》 安荣青、张仁胜
《未来组合2008》 李 亭
《霸王别姬》 王 健、萧 白

导演奖

戏曲类

《梭罗寨》 导演：孙晋昆
《我那呼兰河》 导演：查明哲
《老子》 导演：李利宏、陈新丰
《生活秀》 导演：杨小青；副导演：冯幼林、马 涛
《生命童话》 导演：余笑予、丁素华
《长生殿》 总导演：曹其敬；导演：沈 斌、张铭荣
《寄印传奇》 导演：欧阳明
《村官李天成》 导演：张 平、李 雁
《顾家姆妈》 导演：熊源伟；副导演：高仲欣、孔祥瑜
《李亚仙》 导演：谢平安；副导演：铁梅
《成败萧何》 导演：石玉昆；副导演：王国建
《蝴蝶之恋》 导演：韩剑英、安凤英
《古画雄魂》 导演：黄国强；副导演：宋纪刚
《大唐黜官记》 导演：谢平安、周丽斌

话剧、儿童剧类

《红帆》 导演：傅勇凡；副导演：杨艺徽

《毛泽东在西柏坡的畅想》 导演：宫晓东；副导演：嵇瑞星
《黑石岭的日子》 导演：查明哲；执行导演：蔡菊辉
《八层半》 总导演：傅勇凡；导演：王　玲
《三峡人家》 导演：王小琮；副导演：孙世奇
《春雪润之》 导演：王筱頔

舞剧、歌舞类

《骑楼晚风》 总编导：王　舸；编导：周莉亚、夏　铭
《风雪夜归人》 总导演：陈健骊；编导：傅兴邦
《王昭君》 总编导：门文元、梅昌胜；副总编导：刘　震；编导：王海洋
《天蝉地傩》 导演：丁　伟
《米脂婆姨绥德汉》 总导演：陈薪伊；导演：姚晓明、李　芸；副导演：燕小军、赵　青

歌剧、音乐剧、杂技类

《太阳雪》 导演：黄定山；副导演：王婷婷
《未来组合 2008》导演：唐毓椿；副导演：冯建华、王　根、朱天天
《生命 · 阳光》 总导演：李亚萍；副总导演：高俊生、闫　兵
《你好，阿凡提》总导演：钟　浩；导演：安尼瓦尔 · 麦麦提；执行导演：艾力 · 买买提热依木、于天永
《霸王别姬》 总导演：曹其敬；导演：王湖泉
《1699 · 桃花扇》总导演：顾　欣；导演：王　斌

音乐创作奖

戏曲类

《下鲁城》 作曲：朱绍玉
《大树西迁》 作曲：王激、薛天信、谭建春
《我那呼兰河》 唱腔作曲：陈锦生、陈　忠；作曲：徐占海
《女人九香》 作曲：姬君超、卜永杰
《寄印传奇》 唱腔设计：樊继忠、左玉山、剧文林、元以羊、赵玉兴
《傅山进京》 作曲：刘和仁、刘和跃
《苦乐村官》 作曲：李道国、田继宁、杨　波、王海阔
《村官李天成》 作曲：赵国安
《蝴蝶之恋》 音乐设计：江松明、朱伟捷、刘文亮（台湾）
《宰相胡同》 作曲：史　林、崔　岩、郑桂芳、姜建东
《长生殿》 作曲：顾兆琳
《李亚仙》 作曲：陈安业、王晓刚
《生活秀》 音乐设计：傅江宁、程　杰、万江峰

舞剧、歌舞类

《风雪夜归人》 方　鸣
《天蝉地傩》 李沧桑
《中华吟》 编配：黄松哲；作词：费守疆
《鄂尔多斯婚礼》刘钢宝、乌力吉、潘建华
《米脂婆姨绥德汉》 赵季平、崔炳元、韩兰魁、李兴池
《中国 · 撒拉尔》 苑飞雪、多杰杨忠

歌剧、音乐剧、杂技类

《太阳雪》 张千一
《你好，阿凡提》戴劲松、阿不来提 · 阿布力克木
《霸王别姬》 萧　白
《1699 · 桃花扇》廖乃雄、孙建安

舞台美术奖

戏曲类

《长生殿》 舞台设计：刘元声、刘福升
《寄印传奇》 舞台设计：马连庆
《生命童话》 舞台设计：刘　复、刘　一
《苦乐村官》 灯光设计：蒙　秦、段晓玮
《梭罗寨》 服装设计：沈莉霞
《成败萧何》 舞台设计：薛殿杰、郑加杰
《顾家姆妈》 舞台设计：王　欢
《傅山进京》 灯光设计：邢　辛
《北风紧》 舞台设计：黄永碟、黄清杨

《蝴蝶之恋》　灯光设计：林宏恩、许志民

话剧、儿童剧类

《三峡人家》　舞台设计：刘天野、刘以佳

《红帆》　舞台设计：秦立运

《八层半》　舞台设计：秦立运

舞剧、歌舞类

《风雪夜归人》　舞台设计：孙天卫、林安康；服装设计：麦　青

《米脂婆姨绥德汉》舞台设计：季乔

《天蝉地傩》　舞台设计：龚勋、沈东辉；服装设计：阿　宽、吴杰

《赣风》　舞台设计：戴延年、陈立平

《骑楼晚风》　舞台设计：秦立运

歌剧、音乐剧、杂技类

《未来组合2008》舞台设计：王履玮

《桂花雨》　舞台设计：刘科栋；服装设计：王　彦

《生命·阳光》　灯光设计：沙晓兰、张顺昌

第九届中国艺术节优秀表演奖

戏曲类

《寄印传奇》　曾昭娟

《生活秀》　刘子微

《村官李天成》　贾文龙

《古画雄魂》　曹汝龙

《顾家姆妈》　顾　芗

《成败萧何》　安　平

《长生殿》　张静娴

《下鲁城》　杜镇杰

《老子》　申小梅

《苦乐村官》　边　肖

《女人九香》　刘莉沙

《东吴郡主》　张怡凰

《刑场上的婚礼》欧凯明

话剧、儿童剧类

《第七片花瓣》　路国琦

《风刮卜奎》　艾　平

《红帆》　刘晓翠

《黑石岭的日子》宋国锋

《三峡人家》　朱启瑞

《八层半》　邹科廉

《春雪润之》　张页川

舞剧、歌舞类

《风雪夜归人》　傅　姝、王志伟

《米脂婆姨绥德汉》　贺　斌

《月上贺兰》　山　翀

《天蝉地傩》　赵　梁

《骑楼晚风》　杨笑妹

《中华吟》　马　滨

歌剧、音乐剧、杂技类

《生命·阳光》　李　童、张　婉

《霸王别姬》　阮余群

《太阳雪》　戴玉强

《你好，阿凡提》买买提江·肉孜

《1699·桃花扇》施夏明

第九届中国艺术节表演奖

戏曲类

《下南洋》　张卫山

《梭罗寨》　高爱洁

《北风紧》　田　磊

《刑场上的婚礼》崔玉梅

《九斤姑娘》　王滨梅

《还官记》　林柔佳

《生命童话》　丁明安

《李亚仙》　孙勇波

《梦断婺江》　陈美兰、朱元昊

《蝴蝶之恋》　庄海蓉、唐美云（台湾）

《大树西迁》　刘照亮

《风雨丽人行》　周源源

《女人街》　周好俊

《大唐黜官记》　盖　勇

《宰相胡同》　贾书层

《傅山进京》　王　波

《我那呼兰河》　张立晶

《桃花雨》　潘　倩

话剧、儿童剧类

《红帆》　陈平平

《扎西岗》　索朗次仁

《日出而作》　樊艳芳

《八层半》　梁美娜

《三峡人家》　刘　莹

《万世根本》　宁晓志、徐士银

《风刮卜奎》　罗久江

《毛泽东在西柏坡的畅想》　王丽云
《黑石岭的日子》张玉春

舞剧、歌舞类

《月上贺兰》　王　磊
《中华吟》　张美薇
《天山芙蓉》　马　波
《米脂婆姨绥德汉》　王晓怡
《王昭君》　殷　硕
《鄂尔多斯婚礼》萨日娜
《骑楼晚风》　黄　倩

歌剧、音乐剧、杂技类

《壮锦》　廖鸿飞
《霸王别姬》　孙　砾、王海民、李　爽
《桂花雨》　赵　宇
《蝶》　刘　岩
《1699 · 桃花扇》罗晨雪

舞台艺术

一、首都戏剧界纪念京剧大师尚小云诞辰110周年

1月18日，由文化部、中国文联主办，文化部艺术司、中国戏剧家协会承办的“京剧大师尚小云先生诞辰110周年纪念大会”在北京人民大会堂举行。全国政协副主席、中国文联主席孙家正，中国文联党组书记、副主席胡振民，文化部副部长王文章，中国文联副主席李牧出席大会。

作为“尚派”艺术创始人和现代中国京剧的代表人物，尚小云与梅兰芳、程砚秋、荀慧生并称“四大名旦”。2010年是尚小云诞辰110周年，文化部和中国文联共同主办纪念大会，旨在纪念尚小云在京剧艺术的传承和发展中所做出的杰出贡献，学习和继承他宝贵的艺术经验和高尚的艺德，振兴京剧艺术，弘扬中华民族优秀文化。

王文章高度评价尚小云对京剧事业做出的贡献：“在京剧艺术继承、创新、发展的进程中，尚小云先生精益求精的敬业精神，勇于探索的创新精神，与时俱进的开拓精神，惜才爱才的无私精神，品格刚正的爱国精神，服务大众的奉献精神，都将是我们继承和发扬的宝贵财富。”王文章指出，京剧艺术的发展要与当代社会全面、可持续发展的要求相适应，与继承弘扬民族优秀文化遗产的时代要求相适应，与社会主义文化大发展大繁荣相适应。

二、王文章副部长在尚小云先生诞辰110周年纪念大会上的讲话

各位领导、各位专家艺术家、同志们：

大家上午好！

今年，是我国著名京剧表演艺术家尚小云先生诞辰110周年。文化部和中国文联，今天在这里隆重召开纪念大会，纪念尚小云先生在京剧艺术的传承和发展中所做出的杰出贡献，学习和继承他宝贵的艺术经验和高尚的艺德，对于振兴京剧艺术，弘扬民族优秀文化，具有重要的意义。首先，请允许我代表文化部，代表蔡武部长，对出席今天纪念大会的各位领导表示衷心感谢，对莅会的各位艺术家、专家学者和朋友们表示热烈的欢迎。

以京剧为代表的中国戏曲，以其独特的演剧体系，在世界剧坛独树一帜。在京剧发展的历史中，不可胜数的具有独创性的艺术家，形成了京剧艺术群星闪耀的璀璨星空。尚小云先生作为“尚派”艺术创始人和现代中国京剧的一位代表人物，与梅兰芳、程砚秋、荀慧生并称“四大名旦”，他们的艺术创造相互辉映，构成了京剧史上艺术创造成绩最为辉煌的时期之一。尚小云先生德艺周厚，誉满梨园；技艺精湛，流派彰显。他高劲圆亮的唱腔艺术和矫健优美的武功技艺，开创了文武并重、歌舞兼长的“尚派”表演艺术；他加工旧剧，编创新戏，关注普通人特别是妇女的生存状态和人生意义，他的艺术实践体现的思想的进步，具有艺术变革的时代意义；他热爱中国共产党，追求思想进步，以高尚的情怀和品格铸就了“尚派”艺术的内在精神；他心底无私，不遗余力，为京剧艺术培养了大批后继人才；他不畏艰辛，无怨无悔，扎根西北，为京剧艺术服务人民大众开拓了一片新天地。

“尚派”艺术以其卓越的艺术成就，丰富了京剧表演艺术，彰显了京剧艺术表演的鲜明个性特征，在中国京剧史上铸起了一座艺术丰碑。我们纪念尚小云先生，要深入回顾总结“尚派”艺术在京剧传承发展中的地位和价值，更好地从尚小云先生创造“尚派”艺术的宝贵经验中汲取营养，要在前人的基础上努力创作和演出人民大众喜欢

的传世佳作，努力培养技艺精湛、德艺双馨的新一代的京剧领军人物；要认真继承，努力创新，使京剧艺术在今天继续与人们的审美趋向相一致，那么，京剧艺术赖以独立存在的本质特征与新的时代精神的融合，就会使其永葆艺术的青春。在京剧艺术继承、创新、发展的进程中，尚小云先生精益求精的敬业精神，勇于探索的创新精神，与时俱进的开拓精神，惜才爱才的无私精神，品格刚正的爱国精神，服务大众的奉献精神，都将是我们继承和发扬的宝贵财富。

一部京剧史，是一部不断传承，不断创新的艺术创造史。历史的经验告诉我们，只有重视京剧艺术表演精粹的传承与弘扬，京剧艺术才能延绵不断；只有重视京剧艺术的创新与发展，京剧艺术才能流传久远。正是一代代杰出的艺术家不断创造超越了先辈的成就，才葆有了京剧艺术不断发展的活力。今天，京剧艺术的发展要与当代社会全面、可持续发展的要求相适应，与继承弘扬民族优秀文化遗产的时代要求相适应，与社会主义文化的大发展、大繁荣相适应。那么，就要求我们创造各种条件，营造良好氛围，培养和造就新一代的京剧艺术人才；要求我们按照“三并举”的方针不断推出优秀剧目。同时，要加强京剧理论特别是京剧艺术表演体系的研究，并重视对京剧艺术实践进行科学的理论概括，全面推动京剧艺术在当代的科学发展。

我们相信，尚小云先生诞辰110周年纪念活动一定会取得圆满成功，它对促进京剧特别是各流派艺术的继承与发展，乃至对促进整个戏曲事业的发展都会产生深远的影响。我们相信，作为国宝的京剧艺术之花，必将在今后绽放得更加绚丽多彩。

谢谢大家。

2010年1月18日

三、荀慧生先生诞辰110周年纪念活动举行

2010年是著名京剧表演艺术家荀慧生先生诞辰110周年。为了纪念这位在中国京剧艺术发展史上具有重要影响的一代宗师，由文化部艺术司主办，国家京剧院、中国京剧艺术基金会、北京市京剧昆曲振兴协会、北京市戏剧家协会、北京靖云科技发展有限公司承办的“荀慧生先生诞辰110周年纪念活动”，于元月在北京、天津、上海三地相继举行。此次纪念活动包括恢复6出濒临失传的荀派经典剧目，召开“荀学”理论研讨会，在京津沪三地举行10场纪念演出。

1月1日至2日，荀派老中青三代演员齐聚北京梅兰芳大剧院，2天4场精彩演出，向观众集中展示了《辛安驿》、《晴雯》、《棋盘山》、《鱼藻宫》、《红娘》、《卓文君》、《香罗带》、《绣襦记》等一批独具魅力的荀派花旦戏，国家京剧院优秀青年演员宋奕萱，吉林省京剧院一级演员王萍，上海京剧院一级演员熊明霞，国家京剧院二级演员唐禾香，江苏长荣京剧院“荀派”男旦新秀朱俊好，甘肃省京剧团一级演员张虹和北京京剧院优秀青年演员常秋月等分别主演了上述剧目。其中，由国家京剧院一级演员耿巧云、吕慧敏，优秀青年演员陈静、张佳春、巩丽娟，以及黑龙江省京剧院一级演员姚惠平，天津京剧院二级演员陈嫒和北京京剧院优秀青年演员朱虹等八位花旦联袂演绎的京剧《红娘》，群星荟萃、精彩纷呈。作为庆典演出的重要组成部分，1月2日的“2010年名家名段新年京剧演唱会”更是分外夺目，由14个院团的26位荀派老中青三代名家共同登台献艺，同时，特邀梅葆玖、李长春、冯志孝、孙明珠、李海燕、袁慧琴等艺术家加盟演出。

为了更好的展现经典，本次纪念活动特邀“荀派”传人董金凤、王紫苓、孙元喜、孙毓敏、张逸娟、李薇华，“荀派”再传弟子龚苏萍等著名荀派表演艺术家担任恢复剧目的艺术指导。荀派三大领军人物孙毓敏、刘长瑜、宋长荣亲临现场指导演出，并为观众讲解荀派艺术。

1月1日晚，中共中央政治局常委、全国政协主席贾庆林在文化部部长蔡武、副部长王文章的陪同下，应邀观看了演出。

四、王文章副部长在纪念曹禺诞辰100周年座谈会上的讲话

话剧作为外来艺术，在中国已经走过了100多年的辉煌历程，成为我国“民族化”的艺术，它不仅在我国深深扎根，而且取得了丰硕的成果。作为话剧最负盛名的剧作家之一，曹禺先生一生创作完成了《雷雨》、《日出》、《原野》、《北京人》等10多部享誉剧坛的剧作。他1933年创作的话剧《雷雨》，不仅奠定了他在中国话剧史上的

地位，而且也成为中国话剧艺术走向成熟的标志。曹禺先生的剧作以深邃的思想之光和精湛的艺术表现，把中国话剧艺术推上了新的高度，为话剧艺术谱写了精彩的传世华章。他的作品，不仅提高了中国戏剧文学的水平，而且对导演艺术、表演艺术和舞台美术的发展也产生了极为深刻的影响。

曹禺先生在其漫长的艺术生涯中，为推动中国文学艺术事业的发展和繁荣建立了不朽的功勋。特别是在推动和发展中国话剧艺术事业上，他的卓越贡献更是多方面的：作为剧作家，他的代表作已经成为中国近百年文学艺术的经典；作为戏剧教育家，他为中央戏剧学院的创建，为培养戏剧影视人才，作出了特殊贡献；作为北京人民艺术剧院创建者之一，他与北京人艺的同志们一起，经过几十年的奋斗，把北京人艺建成一个具有中国演剧体系和风格的著名剧院。

今天，我们在这里缅怀曹禺先生的业绩，追忆曹禺先生的足迹，弘扬曹禺先生对戏剧艺术事业毕生挚爱的可贵精神，学习和继承他宝贵的艺术经验和高尚的艺德，对于学习和研究曹禺先生的创作，继承中国话剧优秀传统，推动社会主义文化大发展大繁荣，具有十分重要的意义。我们纪念曹禺先生，要深入回顾总结他在中国话剧发展中的地位和价值，更好地从曹禺先生宝贵的艺术经验中汲取营养，要在前人基础上努力创作人民大众喜爱的具有强烈思想震撼力和艺术感染力的精品力作，努力培养新一代德艺双馨的剧作家；要深入学习他潜心戏剧创作、珍爱戏剧舞台、心系广大观众的敬业精神，勇于探索追求、不断开拓进取的的创新精神，以及忘我工作、服务大众的奉献精神。这些都是我们应该继承和发扬的宝贵精神财富。曹禺先生始终关注现实生活，始终保持对所经历的生活的深刻感受和对社会、人生的思考，对所关怀所同情的人物命运的关注以及对艺术规律的不断探求，这些成为激发他不断创新的动力之源。这种创作态度和精神，仍值得当今从事戏剧创作的人们思考和学习。

目前，我国处于文化建设发展最好时期，戏剧艺术事业呈现发展和繁荣的良好态势，戏剧创作题材丰富，表现形式多样，精品佳作迭出。但是，戏剧艺术事业的发展与人民群众日益增长的精神文化需求相比，仍然存在着差距。当前，全国文化系统都在深入学习贯彻胡锦涛总书记7月23日的重要讲话精神，加强对文化产品创作生产的引领。这就要求我们创造各种条件，营造良好氛围，培养和造就优秀的戏剧艺术人才；要求我们坚持文艺的“二为”方向和“双百”方针，弘扬社会主义核心价值体系，按照“三贴近”的要求，不断推出更多深受群众喜爱，思想性、艺术性、观赏性统一的精品力作，陶冶人的情操、提升人的精神境界，促进人的全面发展。

我们相信，纪念曹禺先生诞辰100周年系列活动一定会取得圆满成功。广大戏剧工作者一定会以曹禺先生为社会、为人民而创作的精神为榜样，并继承他留给人们的宝贵的文化财富，不断开拓进取，勇于创新，为我国戏剧事业和文学艺术事业的繁荣与发展作出新的更大的贡献。

谢谢大家。

2010年9月24日

五、第六届全国话剧优秀剧目展演

3月16日，“第六届全国话剧优秀剧目展演”新闻发布会在重庆召开。本次活动由文化部、重庆市人民政府主办，文化部艺术司、重庆市文化广播电视局联合承办，于4月2日至16日在重庆举行。

“全国话剧优秀剧目展演”是文化部举办的在全国话剧界具有展示意义的重要艺术活动。活动每3年一届，已成功举办过5届，推出了一大批思想性、艺术性和观赏性三性统一且形象鲜活、内涵丰富、具有独特艺术表现力和感染力的优秀话剧作品，有力地推动了话剧艺术繁荣发展。

“第六届全国话剧优秀剧目展演”是自2007年话剧百年纪念大会暨第五届全国话剧优秀剧目展演活动之后，全面展示近三年来我国话剧艺术创新发展的优秀成果，推出新剧目的话剧艺术盛会。

中国话剧已经走过了百年的辉煌历程。100多年来，话剧艺术以其独特的“战斗性、群众性、现实性”特点，在中华民族启蒙和救亡运动中发挥了重要作用，在新中国革命和建设中发挥了重要作用。党和政府历来十分重视话剧艺术的发展。江泽民同志有过科学的论断，他说：“话剧艺术是其他艺术形式不可替代的。”充分肯定了话剧艺术的独特性和重要历史作用。在2007年举行的纪念中国话剧诞辰100周年大会上，中央政治局常委李长春指出："话剧是中国特色社会主义文化事业的重要组成部分，是中国人民创造美好生活、实现民族振兴的记录者和鼓舞者，是传播先进文化、满足人民群众文化需求的重要渠道。"

无论是中央领导的指示精神，还是百年的辉煌历史，都要求广大话剧艺术工作者深入火热的生活、深入基层、深入群众，创作出火热时代中的英雄人物与平凡岗位上的鲜活人物的命运、品格和内心世界，具有更丰富、更深刻、更异彩纷呈的话剧作品，为构建社会主义核心价值体系，促进话剧艺术的发展与繁荣而努力。

此次话剧展演剧目中，有赞扬领袖智慧、人格魅力和讴歌革命先辈牺牲精神的剧目；有关注社会现实、描写生活百态的剧目；有描写在平凡岗位做出非凡业绩的时代楷模的剧目；有表现民族优秀传统文化、呼唤社会和谐的剧目；还有反映重大历史事件的剧目。这些剧目内容丰富，题材多样，充分显示了话剧艺术工作者勇于创新的艺术追求和不懈的探索精神。

此次话剧展演从全国各省、自治区、直辖市以及中直单位和部队申报的56台剧目中遴选出22台优秀话剧剧目。活动分开幕式、优秀剧目展演、闭幕式及颁奖仪式等内容，分别在重庆大剧院、重庆人民文化宫剧场、重庆人民大厦剧场、重庆巴渝剧院、重庆南岸艺术中心、重师剧院等6个演出剧场上演近50场次。此次展演将实行10元低票价，有的参演剧目还将走进社区，走进工地、走进校园。

4月2日至16日，由文化部、重庆市人民政府主办，文化部艺术司、重庆市文化广播电视局承办的第六届全国话剧优秀剧目展演在重庆举行，历时15天。本届话剧展演推出了23台思想性、艺术性和观赏性俱佳，且形象鲜活、内涵丰富、具有独特艺术表现力和感染力的优秀话剧作品。

据统计，展演期间观看话剧演出的观众累计达5万人次，实际演出票房收入近100万元，单场平均上座率高达87%。通过实行低票价和组织话剧院团进社区、进校园、进部队活动的方式，让优秀话剧实实在在地走进了人民大众，丰富了城乡居民、在校学生及基层部队官兵的精神文化生活，扩大了话剧艺术的群众基础，普及了话剧艺术，营造了全民共享话剧艺术创新发展成果的浓厚社会氛围。

（一）领导高度重视，部市协调统一

第六届全国话剧优秀剧目展演从筹备之初，得到了部领导的重视和关怀。王文章副部长认为"重庆具有深厚的话剧传统，又有举办的积极性。"在重庆举办此次活动"很好。"在王文章副部长的指示下，文化部艺术司主持召开了此次话剧展演前期工作会，对相关工作精心安排，细致准备，严密组织。重庆市委、市政府领导亲临指导，对各项工作给予了极大的支持，并数次观看演出，给予了高度评价。重庆市文化广播电视局作为展演承办方，专门成立工作小组，确保活动有序进行。展演期间，各参演院团千余名演职员先后抵达重庆进行演出，在食宿行和车辆保障上，均无出现任何差错和失误，做到了安全顺利、圆满成功。

（二）剧目内容丰富，演出样式多样

参加此次展演的23台话剧剧目是自2007年话剧百年纪念大会暨第五届全国话剧优秀剧目展演3年来创作演出的精品佳作，题材广泛，内容丰富，风格多样，数量多，质量高，体现了当前全国话剧创作的水平和成就。

在革命历史题材剧目创作中，广州话剧艺术中心的《春雪润之》、天津人民艺术剧院的《北平·1949》和总政话剧团的《毛泽东在西柏坡的畅想》，从不同角度再现了一代伟人的光辉形象，体现了革命领袖对国家、对民族前途和命运的沉思和考量。广州军区政治部战士文工团的《红帆》、广东话剧院的《与妻书》等剧目，则塑造了一批为革命事业抛头颅、洒热血的英雄人物形象，颂扬了革命先烈崇高的精神信念和不屈的战斗精神。

从取材现实生活剧目看，既有反映重大历史事件的《一九七七》（上海话剧艺术中心）、《万世根本》（安徽省话剧院）等，也有深入基层，体现时代变迁下的普通厂矿、农村生活的《黑石岭的日子》（辽宁人民艺术剧院）、《喊山》（河北省承德话剧团）、《日出而作》（河北省话剧院）等；还有直面现实，弘扬正气、痛击邪恶的《这是最后的斗争》（中国国家话剧院）、《乡村检察官》（内蒙古自治区话剧团）等。总政话剧团创作演出的《生命档案》以军队档案战线上的英模人物刘义权的真人真事为蓝本，成功地塑造了令人心灵震撼的舞台形象，表现了当代军人的核心价值观。

《吼叫水》（兰州军区政治部战斗文工团）、《天地文通》（贵州省话剧团）、《大商无算》（山东省话剧院）、《我的父母之乡》（福建省人民艺术剧院）、《风刮卜奎》（黑龙江省齐齐哈尔市话剧团）、《高速时代》（内蒙古自治区话剧院）等剧目视角、题材、主题、风格迥异，但都显现各自的艺术风采与艺术魅力，充分显示了话剧艺术工作者勇于创新的艺术追求和不懈的探索精神。

此次展演中还有一类彰显地域特色、具有鲜明地方文化特征的剧目。如重庆市话剧团的《河街茶馆》、河南省话剧团的《宣和画院》、重庆三峡歌舞剧团的《三峡人家》、甘肃省话剧院的《兰州好家》等，把重庆、开封方言和万州“竹琴”及兰州“曲子”等地方特色素材大量运用在剧情和表现手段中，极大地丰富了剧作的内容和观赏性，编织了风土人情的长卷。

尤为可喜的是，以现实生活为题材的话剧创作取得丰硕成果，在参演剧目中不仅占有近六成的比例，3 部一等奖《生命档案》、《这是最后的斗争》、《黑石岭的日子》均为现实生活题材作品。反映出广大话剧艺术家坚持了“三贴近”创作原则，充分体现了话剧艺术“现实性、人民性、战斗性”的特点。

（三）强化市场运作，推进机制改革

本次展演始终紧密结合深化文艺院团体制改革的精神开展工作，更新工作理念，创新运作机制，努力将培育参演院团的市场意识作为组织活动的一项重点工作来抓。通过一系列“按市场规律办事”的创新举措，强化了参演院团的“市场运作”和“观众至上”观念。

此次展演要求参演院团提高运作效率、压缩演出成本，并以低票价吸引广大普通市民观众走进剧场、以票房收入补充活动经费，从而增强了参演院团的市场观念，同时也在一定程度上降低了政府组织开展文化活动的成本，增强了承办单位的市场运作意识、宣传推广意识和票务营销责任心，逐步实现文化主管部门从“办文化”到“管文化”职能的转变。

（四）票房一路飘红，文化惠及民生

此次展演筹备之初，部领导提出了展演活动要坚持“文化惠民”和“让人民群众共享戏剧发展成果”的方针，要让更多基层群众走进剧场，感受话剧艺术的魅力。

为贯彻部领导的指示精神，更好地培育话剧观众群体，此次展演一律实行最低 10 元、最高不超过 200 元的低票价，让广大人民群众感受到了实惠，极大地满足了各个层次话剧观众的观演需求，在重庆引发了一个观看话剧、评说话剧的热潮，众多市民纷纷购票进场观看演出，包括许多单位、公司的普通员工和进城务工人员，以及城市中低收入群体和在校大中学生等。据统计，演出过程中，单场平均上座率高达 87%，其中不少剧目出现了场场爆满、一票难求的现象。

同时，组委会还组织中国国家话剧院、山东省话剧院、总政话剧团等院团开展了话剧进社区、进校园、进军营活动，公益性免费演出 6 场次，给重庆 5 个区（县）20 多个社区和学校的 10000 多名居民、学生以及 2000 多名部队官兵送去了以话剧演出为基础的高水准文艺演出；针对城市低保家庭住户，采取赠票方式邀其观看；积极与重庆高校合作，针对没有收入来源的在校学生，推出五折优惠票和 10 元学生群体票等优惠措施。

（五）观众反响强烈，社会效益彰显

部领导非常重视此次展演的宣传工作，并提出了具体要求。展演筹备以来，艺术司积极与人民日报社、光明日报社、中国文化报社、《中国戏剧》杂志社及中央电视台等媒体联系，邀其派记者赴重庆专题报道展演活动。重庆市文化广播电视局也积极寻求重庆市委宣传部的支持，在重庆报业集团、重庆广电集团（总台）所属报刊及电台、电视台上开辟专栏进行报道。通过有计划、有步骤地充分利用报刊、电视、广播、网络等各种宣传载体，展演活动获得了全方位、多角度、深层次、全过程的立体宣传。据不完全统计，各媒体共计报道活动开展情况 1500 多篇次（其中平面媒体报道约 110 次，电视媒体播报活动专题新闻及展演宣传片近 700 次，电台和网络播报展演消息 700 余条），为展演营造了浓厚的舆论氛围，让广大市民和读者在第一时间及时准确地知晓和掌握了展演活动的最新情况，扩大了展演的社会影响力，引发了社会各界对展演的高度关注和强烈的社会反响。

话剧在中国已经走过了 100 多年的辉煌历程，

在党和政府对文化建设的重视和关怀下，我们举办第六届全国话剧优秀剧目展演，不仅推出了一批思想性、艺术性、观赏性俱佳的话剧精品力作，而且带动了话剧演出市场的持续繁荣，这都必将在新时期新阶段对话剧发展带来深远影响，在加强文化“两大一新”建设的同时，进一步促进话剧艺术的发展和繁荣。

六、第六届全国话剧优秀剧目展演获奖名单

一等奖

《生命档案》总政话剧团

《这是最后的斗争》中国国家话剧院

《黑石岭的日子》辽宁人民艺术剧院

二等奖

《春雪润之》广东省广州话剧艺术中心

《北平·1949》天津人民艺术剧院

《红帆》广州军区政治部战士文工团

《喊山》河北省承德话剧团

《一九七七》上海话剧艺术中心

《三峡人家》重庆三峡歌舞剧团

参演剧目奖

《毛泽东在西柏坡的畅想》总政话剧团

《日出而作》河北省话剧院

《吼叫水》兰州军区战斗文工团

《万世根本》安徽省话剧院

《天地文通》贵州省话剧团

《与妻书》广东话剧院

《宣和画院》河南省话剧院

《兰州好家》甘肃省话剧院

《大商无算》山东省话剧院

《我的父母之乡》福建人民艺术剧院

《风刮卜奎》黑龙江省齐齐哈尔市话剧团

《乡村检察官》内蒙古自治区话剧院

参演剧目

《高速时代》江苏省南京市话剧团

特别奖

《河街茶馆》重庆市话剧团

组织工作奖

重庆市文化广播电视局

七、首届全国民营艺术院团优秀剧目展演表彰大会

近年来，随着文化体制改革的不断深入，我国民营艺术院团如雨后春笋，异军突起，焕发出蓬勃生机。中央领导同志非常重视民营艺术院团的发展壮大，文化部积极落实中央领导同志关于民营艺术院团发展的有关指示精神。为展示民营艺术院团的优秀成果，促进民营艺术院团的健康发展，文化部在北京举办了首届全国民营艺术院团优秀剧目展演。从6月23日至7月11日，来自全国23家民营艺术院团的14台优秀剧目在北京演出。7月13日，首届全国民营艺术院团优秀剧目展演表彰大会在钓鱼台国宾馆隆重召开。文化部党组书记、部长蔡武，党组成员、副部长王文章出席了表彰大会，并向参加本届展演的23个民营艺术院团颁发了纪念牌和荣誉证书。参加展演的每个剧目除免除全部场租和获得60%的票房收入外，还将从文化部获得30万元人民币奖励。参演院团所在省、自治区、直辖市文化厅（局）分管艺术创作的领导同志，专家代表，参演院团代表，中直艺术院团代表近百人参加了表彰大会。

民营艺术院团是我国社会主义文化事业的重要组成部分，是我国舞台艺术发展的重要力量。目前，全国民营艺术院团已有6800余家。参加本次展演的14台剧目，涵盖了豫剧、晋剧、黄梅戏、越剧、吕剧、锡剧、二人转、木偶、皮影、动漫舞台剧、音乐剧、杂技等众多艺术门类，其中既有革命历史题材剧目《铡刀下的红梅》，也有新编历史剧《龙兴晋阳》、《玉飞凤》，有新编古装传奇剧《状元未了情》，也有经典传统戏《女驸马》、《姊妹易嫁》，还有曲艺·二人转《东北风》、动漫歌舞剧《魔幻仙踪》，魔术《汪其魔魔术晚会》，音乐剧《蝶》，杂技剧《卖火柴的小女孩》、《飞翔》，民族音乐会《丝乐山谷》，和一台木偶、皮影组台演出。这些丰富多彩的艺术门类和艺术形式，体现了民营艺术院团多样化的艺术追求，和为满足人民群众的需求而做出的不懈努力与积极的创作实践。

本次展演实行低票价，最低20元。除在剧场演出外，文化部还组织参演院团深入到社区、部队、学校、工地等基层单位进行慰问演出，让更多的基层群众看到优秀剧目。整个展演活动观众达3万余人次，在社会各界引起了强烈的反响。如：河南小皇后豫剧团的豫剧《铡刀下的红梅》演出结束后，广大观众深深被剧中人物的英雄气

概感染，出现了演员谢幕时台上台下同唱“没有共产党，就没有新中国”的感人场面；吉林省东北风二人转艺术团演出的《东北风》，观众笑声、掌声不断，好评如潮：“真没想到民间艺人们的绝活这么精彩!”、“表演风格和我印象中的二人转有所不同，既传统又现代，而且很干净”；由蒙古族、藏族、苗族和维吾尔族4支民族乐队联合演出的民族音乐会《丝乐山谷》豪放而细腻，让观众在这场原汁原味的民族音乐盛宴中如痴如醉。14台参演剧目的演出，向首都观众展现了令人耳目一新的民营艺术院团风采，在观众中掀起了观看民营艺术院团演出的热潮，许多场次出现了一票难求的局面。

展演期间，文化部还分别在6月30日和7月12日召开了全国民营艺术院团发展座谈会和艺术评论座谈会。参演院团代表、各艺术门类学会专家代表、社会各界代表参加了会议。座谈会上，参加首届全国民营艺术院团优秀剧目展演的院团代表们结合实际，介绍了各院团突出并富有个性的主要发展成绩。院团代表们一致认为，能够参加此次展演觉得很温暖，感受到了党和政府的关怀，感受到了党和政府“娘家人”的关心。各艺术门类学会的专家代表、社会各界代表结合观看演出剧目的感受，提出了对民营艺术院团艺术建设和艺术发展的评论和建议，希望不同艺术门类的专业学会将民营艺术院团这只蓬蓬勃勃发展的重要力量自觉纳入各自管理和服务的范围。专家们共同认为，文化部举办首届全国民营艺术院团优秀剧目展演，是文化部贯彻落实科学发展观的具体实践，非常及时，意义重大。

今后，文化部还将以此次全国民营艺术院团优秀剧目展演为契机，进一步加大对民营艺术院团的扶持力度，推广优秀民营艺术院团的成功经验，促进民营艺术院团的可持续健康发展，使民营艺术院团和国有艺术院团一起，为推动社会主义文化大发展大繁荣作出贡献。

八、蔡武部长在首届全国民营艺术院团优秀剧目展演表彰大会上的讲话

同志们：

大家好!

近年来，随着文化体制改革的不断深入，民营艺术院团如雨后春笋，异军突起，焕发出蓬勃生机。中央领导同志非常重视民营艺术院团的发展壮大，先后多次到民营艺术院团进行调研，观看民营艺术院团的演出，并做出重要批示。7月11日晚，中共中央政治局常委李长春同志，中共中央政治局委员、中央书记处书记、中宣部部长刘云山同志，中共中央政治局委员、国务委员刘延东同志出席观看了由上海萧雅文化艺术有限公司演出的越剧《状元未了情》，也是我们这次民营艺术院团优秀剧目展演的闭幕演出，充分体现了中央领导同志对民营艺术院团的关心和重视。

这次首届全国民营艺术院团优秀剧目展演，来自全国23家民营艺术院团演出了14台28场优秀剧目。民营艺术院团的艺术家还深入到工厂、农村、部队、社区、工地、学校等基层单位进行了9场慰问演出，在社会各界引起了热烈的反响，展演活动取得了圆满成功。在此，我代表文化部党组向参加本次展演的民营艺术院团和全国民营艺术院团广大的文艺工作者们表示热烈的祝贺和诚挚的问候!

刚才，几位民营艺术院团代表的发言，朴实无华、感情真挚，抒发了民营艺术院团的心声，体现了民营艺术院团扎根基层、服务人民的执着追求和坚定信念，令人感动。今天，我们召开表彰大会，就是要宣传民营艺术院团的先进事迹，推广民营艺术院团的成功经验，促进民营艺术院团可持续健康发展，推动社会主义文化大发展大繁荣。

下面，我讲几点意见：

（一）民营艺术院团在推动文化大发展大繁荣中的重要作用

在改革开放和文化体制改革的时代背景下，民营艺术院应运而生，并在市场搏击中不断发展壮大，为满足基层人民群众的精神文化需求，为推动文化大发展大繁荣，发挥着越来越重要的作用。

1. 民营艺术院团是文化体制改革的产物

艺术院团的改革，是我国文化体制改革的重要组成部分，是文化系统体制改革的中心环节。党的十一届三中全会以后，伴随着市场经济体制改革的深入发展，原有计划经济体制下形成的艺术院团结构和格局的弊端也日益暴露出来，越来越不适应文化事业发展的要求。在总体布局上，

与行政管理体制相对应，层层建立专业文艺团体，重复设置，人财物浪费；在结构上，单一公有制，全部文艺团体由国家财政包起来；在分配上，严重平均主义“大锅饭”，演不演戏，演多少场戏，演出水平高低与收入没有联系；在劳动人事制度上，缺乏正常的人员流动和淘汰机制，机构臃肿，冗员过多，缺乏活力，成为制约艺术发展的体制性障碍。随着社会主义市场经济的不断发展和人民生活水平的不断提高，旧的文化体制难以适应社会主义市场经济体制的客观要求，艺术院团的现状同样难以满足人民群众日益增长的多样性、多层次、多方面的精神文化需求。我们必须通过文化体制改革，建立起既符合市场经济规律，又符合文化艺术自身发展规律的管理体制和运行机制。根据社会主义初级阶段的基本国情，党的十六大作出了深化文化体制改革的决定，目标之一就是要形成以公有制为主体、多种所有制共同发展的演艺市场格局。经过全国各地文化系统及社会各界的共同努力，各类社会主体积极投资演艺领域，广大艺术工作者冲破旧体制的樊篱，各类民营艺术院团应时而生，蓬勃发展，从改革之初到现在，全国民营艺术院团已发展到6800余家。这些民营艺术院团始终坚持面向基层、服务人民的办团宗旨，积极开发巨大的城乡演出市场，把服务群众和占领市场有机结合起来，把剧团改革和艺术创新有机结合起来，成功走出了一条社会主义市场经济条件下民营艺术院团繁荣发展之路，显示出文化体制改革的无限生机。实践再一次证明，大力发展民营艺术院团是满足广大人民群众日益增长的精神文化需求的客观需要；深化改革，是社会主义市场经济条件下解放和发展艺术生产力的唯一选择。

2. 民营艺术院团是我国社会主义文化艺术事业的重要组成部分

据不完全统计，2009 年，全国现有各级文化部门主办的各类艺术表演团体 2494 家，每个院团平均每年演出 169 场，共演出 42 万场，观众为 4.31 亿人次。国有文艺院团的发展与人民群众精神文化需求不相适应，不能完全满足人民群众的观赏需求。边远山区、农牧区、基层厂矿、农村外出务工人员中间文化生活还相当贫乏，文化空白点还比较多。伴随着文化体制改革的不断深入，民营艺术院团紧紧抓住历史机遇，不断发展壮大，以富有活力的体制机制，短小精悍的演出队伍，自主经营、自主决策、自负盈亏、自我发展，以新型市场主体的身份主动投身市场竞争，积极开拓演出市场，在市场中求生存，在演出中求效益，走出了一条面向基层、面向群众、面向市场的繁荣发展之路。他们与国有院团互为补充，为繁荣基层演出市场、丰富基层特别是广大农村人民群众文化生活、构建和谐社会发挥着不可替代的重要作用。

3. 民营艺术院团是我国舞台艺术发展的重要力量

民营艺术院团在艺术创作上努力追求思想性、艺术性、观赏性的统一，积极适应观众需求，市场反应快速敏捷，成为我国舞台艺术发展的重要力量。民营艺术院团常年在基层演出，对广大群众而言有一种天然的亲和力。为了让观众看得高兴，民营艺术院团千方百计地考虑和尊重观众的感受，努力探索老百姓喜闻乐见、易于接受的演出方式，找到了优秀传统剧目适应现代社会要求、适应老百姓观赏习惯的途径。同时，民营艺术院团还充分调动演职人员的积极性、主动性和创造性，不断推出优秀新创剧目，接受市场和观众检验。如山西清徐嫦娥文化艺术有限公司演出的大型新编历史剧《龙兴晋阳》，就是一部可喜的新创剧目，荣获了第 11 届中国戏剧节优秀剧目奖；河南小皇后豫剧团的《铡刀下的红梅》是该团新创作的剧目，深受观众欢迎，并获得中宣部“五个一工程”剧目奖、文化部国家舞台艺术精品工程十大精品剧目等殊荣；还有参加本次展演的动漫歌舞剧《魔幻仙踪》、音乐剧《蝶》等都在形式上别开生面，一经上演就深受广大青年观众的好评。民营艺术院团这种不懈的艺术追求、不断探索创新的精神值得充分肯定。历史的经验早已经证明，我们所熟知的戏剧表演艺术大师，如梅兰芳，常香玉等，都不是政府部门封的，而是在长期的艺术实践中为广大观众所接受，所欣赏，所追捧而形成的。

4. 民营艺术院团是繁荣城乡基层文化市场的生力军

据不完全统计，当前全国民营艺术院团已超过 6800 家，年演出场次在 200 万场以上。民营艺术院团在政府文化行政部门的支持下，自觉坚持文艺的“二为”方向，常年扎根基层、服务人民，已成为繁荣城乡基层文化市场的生力军。参加本次展演的23个民营艺术团队，都来自于民间，成长于民间，服务于民间。比如河南小皇后豫剧团，建团之初就把演出市场定位在基层，17年来，在豫、晋、冀、鲁、皖、苏、粤等省的广大农村和基层工矿巡回演出6000余场，观众多达3000万人次；山西清徐嫦娥文化艺术有限公司下属3个团年演出量为1500多场，足迹遍布晋、陕、蒙、冀等地；四川王文坤皮影班每年演出700多场、最多时达到1000余场；吉林省东北风文化传播有限公司成立5年来，在7个固定演出场所和21个流动演出场所共演出56000余场、接待观众2400万人次。民营艺术院团为活跃基层演出市场、丰富人民群众精神文化生活做出了很大贡献。这种扎根基层、服务人民的精神十分可贵。我们常说，艺术源自人民群众的生活，人民群众是艺术创作和欣赏的主体，艺术要为人民大众服务。民营艺术院团很好地实践了这样一种崇高的理念。

5. 民营艺术院团是继承和弘扬我国优秀传统文化的重要载体

我国的舞台艺术传承着中华民族的优秀传统文化，蕴含着深妙的文化精髓和思想内涵，并以独特的艺术魅力吸引人、感染人，丰富着人们的精神世界，在传承民族文化、弘扬民族精神，满足人民群众日益增长的精神文化需求中发挥着十分重要的作用。本次参演剧目涵盖了豫剧、晋剧、黄梅戏、越剧、吕剧、锡剧、木偶、皮影、二人转、动漫舞歌剧、音乐剧、民乐、杂技等众多艺术门类，不仅题材广泛，而且承载着继承和弘扬我国民间优秀文化传统的神圣使命。以《木偶、皮影专场》为例，这一专场汇集了潮州金石龙阁木偶剧团、锦州木偶团、北京艺无限人偶艺术剧团、四川王文坤皮影班、梦泽影戏馆、黑龙江华艺皮影艺术团、幸福皇城演艺中心等7个民营文艺表演团体，其演出剧目既有古代传统题材的《杨八姐闯幽州》、《斩蔡阳》、《霸王别姬》，也有民间神话题材的《猪八戒背媳妇》等，这些经受了时间的检验，深受广大观众欢迎的优秀传统剧目，不仅使木偶、皮影等表演技艺的精粹得以传承和延续，而且使这些铭刻有中华优秀文化传统的非物质文化遗产得以弘扬和光大。我国的传统艺术品种，特别是地方戏曲，其生存、发展的沃土在人民群众之中。我国丰富的非物质文化遗产，必须实行活态保护，必须通过积极有效的传承来保护。如果脱离了生活，脱离了实践，脱离了人民，只让传统艺术成为博物馆的展品，成为化石，就会失去生命和活力，谈不上弘扬和光大。

（二）进一步促进民营艺术院团可持续健康发展

当然，我们也应看到，民营艺术院团在发展中也存在着缺少谙熟市场的职业经理人、有些演出剧目艺术质量不高、优秀演员后继乏人，个别院团违规经营等问题，面临着发展资金匮乏以及缺少系统性扶持政策等困难，这些问题和困难在很大程度上制约了民营艺术院团的进一步发展。当前，我国的文化艺术事业正处于历史上最好的时期之一，为了满足广大人民群众日益增长的精神文化需求，推动舞台艺术的全面繁荣，在重视和推动国有文艺院团改革发展的同时，要高度重视民营艺术院团的发展，要对他们加强引导和扶持，进一步促进民营艺术院团的可持续健康发展。

我们将在以下7个方面加大对民营院团的扶持力度：

一是大力鼓励社会资本投资兴办民营艺术院团，鼓励艺术家向前辈艺术家学习，担纲、出头、组建现代的“戏班子”，大胆从体制上创新，扶持各类人才和民间艺人自筹资金组建民营艺术院团。支持民营艺术院团或民营企业参与国有文艺演出院团转企改制和股份制改造。也支持国有院团演职人员离职自主创办民营艺术院团。

二是深化行政审批制度改革，鼓励地方试点推进院团营业性演出许可的改革。民营艺术院团举办非涉外营业性演出活动时，不再报演出地县级文化行政部门审批，改为事先告知性备案。具体办法可由试点地区文化厅局拟定。

三是加大对民营艺术院团的资金支持。各级文化行政部门要积极争取设立民营艺术院团专项扶持资金，努力协调金融机构为民营艺术院团提供贷款，运用扶持资金为民营艺术院团提供贷款贴息服务，对优秀民营艺术院团实行以奖代补政策。要鼓励和允许民营艺术院团参加政府采购的送戏下乡等演出任务的招标。将符合条件的民营艺术院团纳入重点院团，予以重点扶持。鼓励县、乡文化馆、文化站、社区文化中心免费或低价为民营艺术院团提供排练和演出场地。

四是加强对民营艺术院团演职人员的培训和管理。我们将组织国有院团为民营艺术院团开展业务辅导，组织民营艺术院团演职员到国有院团和艺术院校学习、培训。民营艺术院团演职员的专业技术职称评定与国有院团享有同等待遇。加强对民间演出经纪人的培训和管理，组织开展法规培训和业务指导，提高经纪人业务素质和守法意识；文化主管部门在对民营艺术院团依法监督管理的同时，要加强对民营艺术院团经营、发展的帮助和指导，切实维护民营艺术院团和消费者的合法权益。

五是推动民营艺术院团的优秀剧目走出去。我们将积极推荐有特色、高水准的民营艺术院团参加对外演出和国际文化交流，开拓国外演出市场。对参加政府组织、鼓励的对外文化交流项目的民营艺术院团，给予资金补助，同时也鼓励民营艺术院团依法邀请国外院团或个人开展合作演出和业务交流。

六是加大对民营艺术院团的宣传表彰力度。文化部将在今后定期表彰一批服务农民、服务基层的优秀民营艺术院团。组织新闻单位加强对民营艺术院团的宣传报道，总结推广先进典型和经验，宣传民营艺术院团的优秀剧节目、优秀演员，提升行业形象。

七是要求行业协会为民营艺术院团做好服务，搭建民营艺术院团与文化行政部门沟通的桥梁。建立全国民营艺术院团基本信息数据库和演出信息数据库，建立民营艺术院团演职员合理流动的社会化管理机制，提高演职员诚信意识，加强城乡基层演出市场诚信体系建设。

此外，我们还会加强优秀剧本的采集、推荐工作。由政府出资组织创作或购买一批适合乡村演出、有利于巩固社会主义和谐社会思想道德基础的优秀剧作，推荐给基层民营院团无偿使用，一方面有利于解决民营艺术院团原创剧目严重不足的突出问题，促进其艺术生产能力的提高，另一方面也可以使广大人民群众享受到优秀的文艺成果，把“三贴近”真正落到实处。

民营院团的生存发展离不开政府的引导和扶持，离不开社会各界的关注和支持，更离不开民营艺术院团自身的努力。

下面，我就民营艺术院团今后的发展提几点希望：

一是要进一步提高演出剧目的思想内涵。优秀的文艺作品不仅是一个国家、一个时代精神文明水平的集中反映，而且对社会主义的精神文明建设具有重要影响。大力繁荣体现社会主义核心价值观的文艺创作，对于构建社会主义和谐社会、促进社会的全面发展进步，对于满足人民群众日益增长的精神文化需求，都具有重要的战略意义。民营艺术院团要坚持文艺创作的正确导向，牢记时代赋予的使命和责任，其创作和演出应该坚持正确的价值取向和崇高的审美理想，要讴歌真善美，鞭挞假恶丑，传播先进文化，抵制腐朽文化，用优秀的剧目引导人、激励人、启迪人、影响人，不断提高民营艺术院团演出的思想品位，树立良好的社会形象，正确处理好社会效益与经济效益的关系。

二是要进一步提高演出剧目的艺术质量。艺术质量是剧团的生命线，只有坚持精品意识与品牌意识，才能在激烈的市场竞争中立于不败之地。因大多数民营艺术院团缺乏原创能力而以演出传统戏为主，所以容易固步自封，满足现状，停滞不前。尤其是个别民营艺术院团盲目追求经济效益，不注重演出剧目的艺术品位，甚至出现低俗化、庸俗化和媚俗化的倾向，应该引起我们高度重视。在现代传媒高度发达的今天，我们绝不可低估群众的审美能力，一方面要建立优秀保留剧目演出制度，在演出水准上精益求精；另一方面也要精心打造“名角、名剧、名团，”应注重借助名角的品牌效应，以名角创作名剧，以名剧打造名团，提高演出质量，注重形成特色，创新演出形式，全面提高剧目的演出质量。

三是要进一步坚持“三贴近”原则，更好的为基层人民群众服务。民营艺术院团从发展之初，就承袭了一个优秀的传统，那就是把舞台搭建在基层，把优秀的精神食粮奉献给人民。只有继承和弘扬扎根基层服务人民的优秀传统，民营艺术院团才能从生活肥沃的土壤中获取充足的营养，才能创作出为广大人民群众喜闻乐见的优秀文艺作品。嫦娥文化艺术有限公司正是本着“只要是羊群能上去的地方，我们剧团的戏就能上去”的信念，而深受广大基层群众的欢迎和爱戴。我们民营艺术院团只要把老百姓装在心里，真心实意为老百姓多演戏、演好戏，老百姓就喜欢你、拥戴你；我们的民营艺术院团，只要坚持扎根基层，就能赢得市场，赢得观众，就能在为人民服务的过程中体现出自身的价值。

四是要进一步在继承、借鉴的基础上创新，推动自身可持续健康发展。民营艺术院团要坚守民族文化立场，认真继承中华文化的优秀传统，发掘丰厚的民族民间文化资源，并从传统文化与时代精神结合上进行新的艺术创造。要吸收借鉴世界上一切有利于民营艺术院团发展的有益经验和优秀成果，不断增强民营艺术院团影响力。现在国外一些知名的民营演出团体，无论是在剧目生产，还是在演出营销等方面都积累了丰富的经验，值得我们借鉴和学习。基础较好、具备条件的民营艺术院团要努力吸纳社会资金，逐步做大做强，要面向国际国内两个市场，积极开展对外文化交流与合作，传播中华民族优秀文化，实现民营艺术院团的可持续健康发展。

文化发展的最终目的是要保障人民群众享受文化发展的成果，维护人民群众的基本文化权益。当前，我国民营艺术院团的发展面临着难得的机遇，我们要抓住机遇，乘势而上，进一步促进民营艺术院团的繁荣发展。让我们紧密团结在以胡锦涛同志为总书记的党中央周围，深入贯彻落实科学发展观，继承创新、开拓进取，努力创作优秀的舞台艺术作品，满足人民群众的精神文化需求，为推动文化大发展大繁荣，掀起社会主义先进文化建设新高潮而努力奋斗。

谢谢大家。

2010 年 7 月 13 日

九、文化部隆重举办首届优秀保留剧目大奖作品全国巡演活动

9 月 1 日，文化部首届优秀保留剧目大奖作品全国巡演启动仪式在革命老区遵义隆重举行。受文化部副部长王文章委托，文化部艺术司司长董伟出席启动仪式并讲话。启动仪式结束后，北京军区战友文工团演出了获奖剧目大型声乐套曲《长征组歌》，受到革命老区人民热烈欢迎。首届优秀保留剧目大奖全国巡演活动，是文化部贯彻落实胡锦涛总书记重要讲话精神，促进我国舞台艺术繁荣发展的重要举措，是文艺评奖机制的一次重大改进。对于树立正确的文艺导向，弘扬社会主义核心价值观，让全国人民共享舞台艺术的优秀成果，具有重要意义。

本次巡演，由政府倡导、院团自主运作，充分发挥各地文化主管部门和参演院团的积极性，把市场运作与公益性演出结合起来，最大限度地满足人民群众的观赏需求。获得文化部首届优秀保留剧目大奖的 18 台优秀保留剧目将在全国 31 个省区市和港、澳、台地区展开巡演，途经 100 多个城市，演出总场次接近 500 场，其规模之大、范围之广都是前所未有的。除了在大城市演出外，还注重到西部地区演出、深入基层农村演出以及对部队指战员的慰问演出。结合巡演活动，很多院团还安排了与演出地艺术院团座谈交流、到高校举办讲座、培养青年观众等公益活动。文化部艺术司司长董伟在讲话中强调“评奖不是目的，获奖也不是终点。优秀保留剧目，只有在面向广大观众的不断演出中才能体现出自身的艺术价值，通过组织全国巡演活动，让更多的人民群众欣赏到这些优秀保留剧目，充分发挥优秀保留剧目的示范作用，引导全国艺术院团，重心下移，面向基层，创作生产出更多无愧于时代，无愧于人民的优秀作品。”

巡演活动开展以来，受到全国各地观众的热烈欢迎，反响强烈。河北省河北梆子剧院获奖作品《钟馗》率先在全国开始巡演，将在北京延庆、秦皇岛、营口、大连、瓦房店、本溪、长春演出 17 场，初战告捷。山西省话剧院《立秋》剧组赴藏慰问演出，不仅是一次意义深远的文化交流活动，也是民族团结的生动写照。在海拔 3600 多米的地方，演职员克服高原缺氧等困难演出 3 场，受到西藏人民一致好评。北京京剧院《三打陶三春》在哈尔滨和黑河演出，80 后青年新秀挑梁担纲主演，焕发出青春优势，格外彰显艺术魅力。兰州大剧院《大梦敦煌》巡演长三角亮相世博，生动形象地向国内外观众展现了敦煌文化的独特魅力，激起了关注敦煌文化的热潮。重庆川剧院《金子》巡演走进湖北、贵州，作为鄂渝黔文化交流的使者，搭起三地文化交流合作的桥梁，让当地观众品味了独具特色的艺术盛宴。浙江小百花越剧团《五女拜寿》行当齐全，流派纷呈，女子越剧的声腔魅力尽揽，迄今已在国内上演500余场，演员阵容也更替了几代人。该剧对世情人性的逼真描摹，弘扬了中华传统美德，巡演异常火爆，一票难求。福建省实验闽剧院《贬官记》在海南海口和江西新余演出，以浓郁的地方特色，既现实又空灵虚拟的创作手法，寓深层的现实意义于喜剧之中。该剧还将赴澳门和台湾演出。莆仙戏《春草闯堂》赴港巡演前早已名传香江，引起香港市民期待。当地的莆仙老乡很久没有看家乡戏了，在香港能听到久违的乡音让他们倍感亲切，也为莆仙戏香港国门内在海外发展带来机遇。山东省吕剧院《苦菜花》为纪念抗日战争胜利65周年特地下部队慰问演出，具有特殊意义。每次演出都受到部队全体指战员的热烈欢迎，得到很高的评价。

北京军区战友文工团演出获奖剧目大型声乐套曲《长征组歌》后，一位院团负责人激动地说："在革命老区遵义举行启动仪式，观看《长征组歌》意义非凡，遵义会议是我党的一个伟大转折，在遵义举行启动仪式也体现了文艺评奖导向的重大转变，我们艺术院团要真正实现重心下移，面向基层，必须推出一批艺术质量高、市场效益好、生命力旺盛、人民群众喜爱的优秀作品。"70多岁的遵义市民张大爷在观看完演出后动情地说："多少年没有看到这么好的节目了，真鼓舞人心啊！它重新唤起了我们心中的长征精神。"一位打扮时髦的90后青年散场后久久不愿离去，他说演出深深震撼了自己，《长征组歌》的艺术魅力说明时尚不是盲目的标新立异，艺术精品、文化经典对提高我们青年一代的文化修养至关重要。

11月16日，历时3个月的文化部首届优秀保留剧目大奖作品全国巡演活动在京圆满落下了帷幕，文化部隆重举行闭幕座谈会，文化部部长蔡武参加会议并作重要讲话，副部长王文章主持会议。相关艺术院团和艺术家代表与会作专题发言。

为了正确引导艺术创作方向，鼓励艺术院团实行优秀保留剧目演出制度，促进艺术创作的繁荣发展，2009年，文化部首次开展了优秀保留剧目大奖的评选工作，由全国申报的1 200余部1978年以后首演且近年来仍有较多演出、演出场次超过400场的作品中，评选出川剧《金子》等18部作品荣获"首届优秀保留剧目大奖"，在全社会引起广泛影响。2010年，文化部举办了首届优秀保留剧目大奖作品全国巡演活动。

本次巡演规模宏大，受到广大人民群众的热烈欢迎。8月至10月，18台优秀保留剧目走遍了全国31个省区市和港、澳、台地区，途经100多个城市，演出总场次419场，演出收入1 300多万元，观众40多万人次，其规模之大、范围之广是文化系统建国以来前所未有的。巡演还把市场运作与公益性演出结合起来，实行低票价，最大限度地满足广大人民群众的观赏需求。在西藏、青海、甘肃、宁夏等偏远省区地区以及部队、学校、灾区和农村进行多场慰问演出，满足了当地人民对艺术精品的观赏需求。

巡演体现了艺术家队伍是一支吃苦耐劳、敢打硬仗、作风过硬的队伍，是一支德艺双馨的队伍。由于巡演时间紧、范围广、路程远，艺术家们付出了超乎寻常的辛劳和努力，发扬"轻伤不下火线"的艰苦奋斗精神，克服高原反应、台风、暴雨等不利因素，努力为广大观众献上精彩的艺术精品。巡演为艺术人才的培养提供了机遇，许多青年演员担纲主要角色，加快了他们的成长历程。巡演使艺术家从火热的生活中吸取了养分，密切了他们与人民群众的血肉联系，展现了当代艺术家不畏艰难、执着奉献的高尚情操，勤学苦练、争创一流的拼搏精神。

巡演运作机制是政府文化主管部门评奖展演机制的成功创新。本次巡演，以政府搭台、市场运作、让人民共享艺术发展的优秀成果为宗旨，在规定时间内，院团完成一定的场次任务后，文化部予以奖励。这一模式有效地调动了艺术院团和演出公司、剧场、院线以及地方政府等多方面的积极性。以往的展演、调演由政府提供资金支持，统一安排。优秀保留剧目巡演，发挥品牌效益，变事前资助为事后奖励，促使艺术院团积极承担市场风险，增强市场营销能力，增加了演出场次，取得了良好成效，为今后的演出活动提供了有益经验。

巡演得到新闻媒体的持续、高频度报道，社会反响热烈。本次巡演，吸引了众多媒体的关注。新华社、《人民日报》、新浪网、搜狐网、中国网等中央、地方媒体刊发了大量的演出报道、图片、视频等新闻。中央电视台新闻联播、新闻直播间、朝闻天下等栏目多次进行报道。《光明日报》、《中国文化报》和新浪网都开设了巡演专栏，有力地提高了巡演活动在观众中的知名度。巡演期间，各地观众争相观看演出，多次出现电视转播、一票难求的喜人场景，地方领导多次观看演出并接见演员，给予充分肯定。有的还发来了感谢信，对文化部举办此次巡演活动表示由衷的感谢。

首届优秀保留剧目大奖全国巡演获得了圆满成功，是文化部文艺评奖机制的一次重大改进，是促进我国舞台艺术繁荣发展的重要举措。取得的成绩，令人振奋、使人欣喜。对于树立正确的文艺创作导向，鼓励艺术院团面向基层、贴近实际、贴近生活、贴近群众，促进舞台艺术的传承与发展，增加中华民族当代文化积累具有重要意义。

十、蔡武部长在文化部首届优秀保留剧目大奖作品全国巡演闭幕座谈会上的讲话

同志们：

历时3个月的文化部首届优秀保留剧目大奖作品全国巡演活动圆满落下了帷幕。各位院团长、各位艺术家为巡演活动的成功举办，付出了艰苦的努力。在此，我代表文化部向各个院团所取得的成绩表示热烈祝贺，向各位艺术家表示衷心的慰问和诚挚的敬意。

首届优秀保留剧目大奖评奖及巡演活动，是文化部全面贯彻落实科学发展观，全面贯彻落实党的十七大和十七届五中全会精神，促进我国舞台艺术繁荣发展的重要举措，也是文艺评奖机制的一次重大改进。其重要意义体现在4个方面：

一是对于树立正确的文艺创作导向，发挥文艺作品引领社会、教育人民、推动发展的功能具有重要意义。要在包容多样中确立主导，在尊重差异中加以整合，确立先进文化的主导地位和发展方向。而引导的主体就是我们的优秀作品，就是那些思想性、艺术性、观赏性相统一的，人民群众喜闻乐见的精品力作，以及我们的骨干演出院团。我们的优秀保留剧目以及创作演出这些剧目的院团就具备上述的条件，应该承担起引导的重任和义务。

二是对于鼓励艺术院团面向基层、面向群众具有重要意义。这也符合“二为”方向和“双百”方针。人民是艺术的主人，人民群众的生活实践是我们创作的源泉，人民群众是艺术欣赏的主体。艺术创作一方面要满足人民群众日益增长的、多样化的精神文化需求，另一方面要引导和教育人民群众，提高他们的综合素质和审美情趣。文化部首届优秀保留剧目大奖评奖及巡演活动，就是要鼓励艺术院团真正沉下去，面向基层、面向群众，贴近实际、贴近生活、贴近群众。

三是对于促进舞台艺术的传承与发展具有重要意义。艺术不可能是无本之木、无源之水，只有继承优秀传统文化，艺术才能获得不尽的生命源泉。另一方面，艺术的生命活力在于创新。只有在继承的基础上创新，舞台艺术才能真正得到发展。

四是对于增加中华民族当代文化积累具有重要意义。每一个辉煌的时代都会留下灿烂的文化遗产。这些灿烂文化遗产的延续，就构成了一个民族生生不息的灵魂和固有的精神家园。我们所处的时代是一个伟大的、沸腾的时代，是前所未有的大变革的时代。生于斯、长于斯的文艺工作者要有历史责任感和使命感，讴歌这个伟大的时代，创作出无愧于时代无愧于人民的精品力作，并传之后世，成为我们这个时代在中华民族文化积累中的历史记忆。

本次巡演规模宏大，受到广大人民群众的热烈欢迎。8至10月，18台优秀保留剧目走遍了全国31个省、市、自治区和港、澳、台地区，途经100多个城市，演出总场次419场，演出收入1 300多万元，观众40多万人次，其规模之大、范围之广是文化系统新中国成立以来前所未有的。

巡演还把市场运作与公益性演出结合起来，实行低票价，最大限度地满足广大人民群众的观赏需求。在西藏、青海、甘肃、宁夏等偏远省区地区以及部队、学校、灾区和农村进行多场慰问演出，满足了当地人民对艺术精品的观赏需求。

巡演体现了艺术家队伍是一支吃苦耐劳、敢打硬仗、作风过硬的队伍，是一支德艺双馨的队伍。由于巡演时间紧、范围广、路程远，艺术家们付出了超乎寻常的辛劳和努力，发扬“轻伤不下火线”的艰苦奋斗精神，克服高原反应、台风、暴雨等不利因素，努力为广大观众献上精彩的艺术精品。巡演为艺术人才的培养提供了机遇，许多青年演员担纲主要角色，加快了他们的成长历程。巡演使艺术家从火热的生活中吸取了养分，

密切了他们与人民群众的血肉联系，展现了当代艺术家不畏艰难、执着奉献的高尚情操，勤学苦练、争创一流的拼搏精神。

这次巡演的运作机制是文化主管部门在转变政府职能（即从办文化向管文化转变，从管微观向管宏观转变，从主要面向直属单位向面向全社会转变）的过程中，对评奖和展演机制的成功创新。本次巡演，以政府搭台、市场运作、让人民共享艺术发展的优秀成果为宗旨，在规定时间内，院团完成一定的场次任务后，文化部予以奖励。这一模式有效地调动了艺术院团和演出公司、剧场、院线以及地方政府等多方面的积极性。以往的展演、调演由政府提供资金支持，统一安排。优秀保留剧目巡演，发挥品牌效益，变事前资助为事后奖励，促使艺术院团积极承担市场风险，增强市场营销能力，取得了良好成效，为今后的演出活动提供了有益经验。

在新时期、新阶段，文化艺术发展面临着许多新问题、新情况，需要从过去的“一个适应”转变为“两个适应”。过去我们强调文艺为政治服务，适应政治的需要。但现在情况发生了变化。我们既要遵循艺术自身的发展规律，同时也要适应社会主义市场经济体制的要求。这就需要我们有所创新，从过去旧的体制向新的体制转变。至于这个新的体制究竟是一个什么样的体制，我们还在改革和探索的过程中。我们要学习其他领域改革的经验和教训，力争使文化体制改革少走弯路。

巡演受到新闻媒体的持续、高频度报道，社会反响热烈。本次巡演，吸引了众多媒体的关注。据初步统计，在整个巡演活动3个月的时间里，各类媒体共发稿230篇，其中平面媒体报道153篇，广播电视媒体14条，网络媒体原创报道23条，网络媒体转载40余条。在百度中搜索“文化部首届优秀保留剧目全国巡演”词条，可得到4750个结果。新华社、《人民日报》、搜狐网、中国网等中央、地方媒体刊发了大量的演出报道、图片、视频等新闻。中央电视台新闻联播、新闻直播间、朝闻天下等栏目多次进行报道。《光明日报》、《中国文化报》和新浪网都开设了巡演专栏，有力地提高了巡演活动在观众中的知名度。巡演期间，各地观众争相观看演出，多次出现电视转播、一票难求的喜人场景，地方领导多次观看演出并接见演员，给予充分肯定。有的还发来了感谢信，对文化部举办此次巡演活动表示由衷的感谢。

首届优秀保留剧目大奖全国巡演获得了圆满成功，取得的成绩，令人振奋、使人欣喜。刚才，各位艺术家和院团长的发言也给我们带来了弥足珍贵的经验和启示。今天出席大会的除优秀保留剧目大奖作品艺术院团的负责同志和艺术家代表外，还有各有关省、自治区、直辖市文化厅（局）、解放军艺术创作主管部门的负责同志。借此机会，我向全国的艺术院团和艺术家们提出几点希望：

第一，始终坚持正确的文艺方向，坚持面向基层、服务人民，让广大人民群众共享艺术发展的优秀成果。

艺术创作繁荣发展的根本保证是坚持党的正确文艺方针。首届优秀保留剧目大奖评奖及巡演活动，就是对为人民服务、为社会主义服务的“二为”方向和百花齐放、百家争鸣的“双百”方针，以及贴近实际、贴近生活、贴近群众的“三贴近”原则的积极践行。

我一直在想一个问题，“二为”方向、“双百”方针、“三贴近”原则我们讲了很多年，在新时期、新阶段，我们要不要对它们的内涵有新的发展和新的总结？过去的实践证明，“二为”方向、“双百”方针以及“三贴近”原则是完全正确的，是指引中国特色社会主义文艺发展的可靠保障。但是在不同的历史时期、不同的发展阶段，怎样赋予它们新的时代精神，需要我们认真总结实践经验，进而上升到理论层面，充实“二为”方向和“双百”方针的内涵，从而指导新时期、新阶段的文艺工作，引领文化艺术事业沿着正确的方向不断前进。

前不久，胡锦涛总书记在十七届中央政治局第二十二次集体学习时的讲话中指出，要加强对文化产品创作生产的引导。创作生产更多无愧于时代、无愧于人民的文化精品，最大限度发挥文化引导社会、教育人民、推动发展的功能。《讲话》充分体现了以胡锦涛同志为总书记的党中央对中国特色社会主义文化建设规律的科学把握、高度的文化自觉和文化建设的高度重视，为当前和今后一个时期我国文化建设指明了方向。希望全国的文化艺术工作者都能深入学习胡总书记讲话精神，学习贯彻党的十七届五中全会精神，始终坚持文艺的“二为”方向，贴近实际、贴近生活、贴近群众，以强烈的使命感和责任感，服务人民大众。当前，全国和地方还有很多文艺评奖，希望这些奖项的获奖作品都能以优秀保留剧目为榜样，面向基层、面向群众、面向市场，把舞台搭建到基层，在演出中实现艺术作品的社会效益和经济效益相统一，让广大人民群众共享艺术发展的优秀成果，同时在实践中发挥好文艺作品引导社会、教育人民、推动发展的功能。

文化产品、艺术作品具有双重属性，既有意识形态属性，也有商品属性。要从这两个属性出发，处理好两种功能的关系，一是引导社会、教育人民、推动发展的功能，二是满足人民群众日益增长的、多样化的精神文化需求的功能。我们讲适应社会主义市场经济体制的要求，其中重要的一条，就是努力实现社会效益和经济效益的统一。当社会效益和经济效益发生冲突时，首先要保证社会效益，这也是文化艺术的功能所决定的。

第二，鼓励艺术创新，推出更多思想性、艺术性、观赏性相统一，人民群众喜闻乐见的精品力作。

创新是艺术的灵魂。荣获首届优秀保留剧目大奖称号的18部作品，无论是诙谐幽默、表演精湛、被600多个剧团移植演出的《春草闯堂》，多方面吸收与借鉴其他剧种优长的川剧《金子》，还是突破了中国民族舞剧原有的局限、具有划时代意义的舞剧《丝路花雨》，无不生动地揭示了继承与创新的深刻内涵，显示出巨大的艺术魅力。

要进行艺术创新，既要对优秀传统文化怀有敬畏之心，不可轻薄、轻视，不能不分青红皂白一律采取反传统的态度，又要有超越前人超越自我的勇气，不断焕发创作激情、增强原创能力；要把握人民群众审美需求的新特点，紧跟时代步伐，体现时代精神，不断满足广大观众的审美需求，引导和提升观众的审美趣味。要进一步解放思想，大力推进艺术观念、内容、风格、流派的创新，推进体裁、题材、形式、手段的发展；在推动艺术与科技的融合中抢占发展的制高点，提高作品的感染力和传播力。要鼓励创新，包容失败，用更加包容的态度、更加宽广的胸怀、更加长远的眼光，使艺术家各得其所、各尽所能，努力营造有利于创新的制度和环境，大力推进艺术院团的观念创新、体制机制创新、内容形式创新和传播手段创新，在艺术上不断取得突破。

谈到创新，一定要正确处理继承与创新的关系。“不善于继承，没有创新的基础，不善于创新，缺乏继承的活力。”现在的新创作作品，可能成为以后的保留剧目。要把艺术创新与挖掘利用民族文化的丰厚资源结合起来，与学习吸收人类一切有益文明成果起来，与借鉴融合其他艺术门类的优点和长处结合起来，在继承优良传统、尊重艺术规律的基础上，博采众长、推陈出新，不断催生新的艺术样式和表现形式，推动艺术不断向前发展。

第三，不断深化改革，逐步建立科学合理的艺术生产机制。

改革是艺术发展的动力。改革的目的是破除阻碍文化艺术发展的体制机制性障碍，是为了解放和发展文化生产力，是为了充分调动广大艺术工作者的积极性、创造性和主动性。当前，文化体制改革正在不断推进。这就要求艺术院团积极转变观念、增强活力、面向市场，在劳动人事、收入分配、艺术生产等方面进行不断探索，逐步建立科学的艺术生产机制。

首先，建立科学的艺术生产决策机制。优秀保留剧目的久演不衰充分证明了艺术决策的必要性和重要性。对艺术生产进行科学决策，就要把能不能立得住、传得开、留得下，当作一项重要的指标。不能单纯为了获奖，投入大量人力物力，获奖后“刀枪入库、马放南山”。更不能急功近利，为了迎合社会上的不良风气，迎合市场。要自觉践行社会主义核心价值体系，坚决抵制低俗之风。要进行市场论证，充分发挥艺委会的作用，避免决策的随意性和盲目性，使生产的产品既叫好又叫座。

其次，进一步建立科学的演出机制。在适应社会主义市场经济体制的要求、适应艺术发展的客观规律、适应时代的要求、创新演出运营机制方面，我们还需要不断学习、积累经验、把握规律、提高效益。本次巡演，很多院团大力开拓演出市场，自觉应对各种演出条件，广交朋友，积累演出资源，在市场运作方面开展了很好的工作。这都是非常可喜的现象。我们应该坚持这样做，希望各院团把各自的经验总结出来，让全国其他院团学习借鉴，共同提高演出效益。通过一段时间的尝试，力争使全国的艺术院团普遍建立优秀保留剧目轮换上演机制或演出季制度，最大程度发挥优秀作品的品牌效应，有效利用艺术人才、剧场等资源优势，取得最大的社会效益和经济效益。

第三，要建立科学的艺术评价机制。这次巡演证明，优秀保留剧目大奖获奖作品不愧为经受了时间和观众检验、深受人民群众欢迎的优秀作品，同时也反证了优秀作品应该、也能够常演不衰、拥有强大的生命力。评奖不是目的，获奖也不是艺术创作终点。巡演是评奖的延续和补充，是评奖过程中不可分割的一个整体。今后，文化部优秀保留剧目大奖的评选两年为一届，第一年评奖、第二年巡演，并将作为制度坚持下去。文化部将以优秀保留剧目大奖的评选和巡演为契机，继续改进和完善文艺评奖的评选机制，发挥文艺评奖的示范和导向作用，推出人民群众喜闻乐见的精品佳作。人民群众是文化产品的创造者和享有者，文化精品来源于人民群众，服务于人民群众，最终应该由人民群众来评判。艺术工作者要生产更多更好的艺术作品，不断满足人民群众多样化、多层次、多方面的精神文化需求。

第四，加快培养艺术人才队伍，推出一大批德艺双馨的艺术家，为艺术事业的可持续发展提供人才保障。

人才是艺术事业的根本，舞台实践是培养艺术人才的摇篮和必由之路。培养大批优秀艺术人才、充分发挥艺术人才的积极性、主动性和创造性，是促进舞台艺术可持续发展的战略举措。长时间、高密度的巡演，为广大文艺工作者特别是青年文艺工作者提供了展示艺术才华的机遇。而深入基层，艰苦的磨炼又使他们经受了精神的洗礼，升华了精神境界。

各级政府和艺术院团要更加重视人才培养工作。要努力营造有利于人才脱颖而出的环境和机制，要尊重知识、尊重人才、尊重创造、尊重劳动。要具有海纳百川的胸襟和伯乐识马的眼力，善于发现人才，大胆使用人才。在使用中培养和锻炼人才。要知人善任、人尽其才，要采取切实措施，建立人才激励机制，要与艺术家交朋友，做艺术家的贴心人，用良好的环境吸引人才，用艺术事业留住人才，用真挚的感情团结人才，用科学的制度和健全的法规管理人才，逐步形成各艺术门类艺术人才结构合理、人才辈出、青年艺术人才茁壮成长的良好局面。

第五，精心组织、积极谋划、科学安排，推动优秀保留剧目走出国门，参与国际文化市场竞争，扩大优秀中华文化的影响力，提升国家的文化软实力。

在这方面，我们还有许多工作要做。比如，怎样让外国观众看懂我们的优秀保留剧目，怎样适应他们的欣赏需求？怎样适应国外演出市场的要求，组织剧目的运营、包装、广告、宣传等？怎样做到文化交流和贸易并重？怎样拓宽资金渠道，不仅要有政府的资助，也要吸引更多社会资金的投入？

所有的保留剧目已经经过了国内市场和观众的检验，有着强大的生命力和竞争力。只要我们精心组织、积极谋划、科学安排，就一定能把这些优秀保留剧目推向世界，让更多外国公众通过这些剧目认识和理解优秀的中华文化。

当前，我国正处在文化发展的最好时期，全社会对文化艺术重要性的认识不断提高。今年，国家财政设立的繁荣艺术创作专项资金，资金总额达到1亿元。文化部、财政部正在积极筹备设立国家艺术基金，以更开放和灵活的方式筹集资金，扶持艺术发展。社会资金资助艺术事业好消息不断传来。民营企业泛海集团出资亿元赞助中国艺术研究院设立中华艺文奖（暂定名）。我国的人口大省河南省，从民营企业到国有企业，都积极为艺术院团捐赠资金和物资，省直各院团目前到位的资金已经超过700万元。当地政府对艺术院团的扶持政策、对艺术人才的奖励政策也陆续出台。另外，走进剧场欣赏艺术的生活习惯也正在养成。看戏渐渐成为一种社交形式和社会时尚。许多观众通过请朋友看戏以增进友谊。

艺术事业不是一蹴而就的，而是需要长期、艰苦的努力和积累。当前，我国正在认真总结国民经济发展的第十一个五年规划取得的成就，制定“十二五”发展规划。在文化部“十二五”规划中，艺术发展也提出了明确的任务和目标，将通过实施国家艺术作品引导扶持工程，推出更多的优秀作品和优秀人才，推动各艺术门类、各地区艺术创作的协调、可持续发展，更好地满足人民群众的精神文化需求。

站在新的历史起点上，让我们紧密团结在以胡锦涛为总书记的党中央周围，努力创作优秀的舞台艺术作品，丰富人民群众的精神文化生活，为推动社会主义文化大发展大繁荣，掀起社会主义先进文化建设新高潮而努力奋斗。

2010 年 11 月 16 日

十一、全国新兴剧种暨吉剧发展学术研讨会

7 月 16 日至 18 日，由文化部艺术司、中国戏曲学会、吉林省文化厅联合主办，中国艺术研究院戏曲研究所、吉林省艺术研究院承办的“全国新兴剧种暨吉剧发展学术研讨会”在吉林省长春市举行。文化部艺术司司长董伟，文化部艺术司戏剧处处长吕育忠，中国戏曲学会会长薛若琳，吉林省委宣传部副部长许云鹏，吉林省文化厅厅长林君，副厅长张保宗等领导出席会议。在开幕式上，林君厅长致开幕词，董伟司长讲话，薛若琳会长作“主旨发言”。来自全国的戏曲专家，12 个新兴剧种院团代表以及相关省、自治区、市县的文化厅局领导共 60 余人参加了会议。《光明日报》、《中国文化报》、《文艺报》、新华社吉林分社、《吉林日报》、《新文化报》、吉林省电视台、吉林省电台、长春电视台等多家媒体对此次研讨会进行了跟踪报道。在为期 3 天的研讨会上，代表们就新中国成立 60 年来新兴剧种的发展历程、成就与现状、音乐唱腔及未来发展趋势等问题进行了深入的研讨。还观看了现代吉剧《希望的田野》和二人转专场演出。

（一）新兴剧种的现状及其发展历程与取得的成就

据粗略统计，自上世纪 50 年代末、60 年代初诞生了约 64 个新兴剧种。1989 年，中国戏曲学会与吉林省艺术研究所举办新兴剧种研讨会时，还有约 47 个新兴剧种。而目前存活的新兴剧种仅有 15 个左右，参加此次研讨会的院团有：北京市曲剧团、河北省唐山演艺集团唐剧团、辽宁省盖州市辽剧团、吉林省吉剧团、吉林省松原市满族艺术剧院（新城戏）、吉林省农安县黄龙戏剧团、黑龙江省龙江剧院、甘肃省陇剧院、贵州省黔剧团、云南省楚雄民族艺术剧院（彝剧）、湖南省花垣县苗剧团等，此外还有山西省孝义碗碗腔剧团、广东省梅州市山歌剧团等。

新中国成立后，在党的“百花齐放、推陈出新”方针的指引下，诞生了一批新兴剧种。经过半个世纪的大浪淘沙，那些文化积淀深厚，符合戏曲发展规律，深受群众喜爱的新兴剧种艺术上日渐完善和成熟，涌现出一批思想性、艺术性和观赏性都非常好的优秀剧目，例如松原满族新城戏《铁血女真》，龙江戏《荒唐宝玉》、《木兰传奇》曾荣获文华大奖；甘肃陇剧《官鹅情歌》曾荣获国家舞台艺术精品工程十大精品殊荣；陇剧《苦乐村官》获“文华大奖特别奖”；吉剧《关东雪》、《一夜皇妃》，黄龙戏《魂系黄龙府》，陇剧《天下第一鼓》，漫瀚剧《契丹女》，北京曲剧《烟壶》，唐剧《乡里乡亲》、《人影》，蒙古剧《满都海丝琴》，梅州山歌剧《桃花雨》，满族新城戏《洪皓》等分获文华新剧目奖、文华优秀剧目奖和五个一工程奖。同时，新兴剧种也涌现出一批优秀演员，如龙江剧的白淑贤，北京曲剧的许娣、张绍荣，漫瀚剧张凤莲，蒙古剧的武利平，满族新城戏的刘海波，黄龙戏的马忠芹，陇剧的边肖、雷通霞，孝义碗碗腔的张建琴等都是“梅花奖”获得者，其中白淑贤荣获中国戏剧“二度梅”。新兴剧种院团大都长期在城镇村庄、田间地头扎根基层、面向百姓进行演出，丰富、活跃了人民群众的文化生活，成为城市文化市场和我国社会主义文化事业的重要组成部分。

龙江剧、陇剧等是目前发展态势较好的新兴剧种，总结这些剧种院团成功的原因，一是政府持续不断的资金投入，二是领导重视，三是戏曲从业人员的执着追求。随着甘肃经济的持续发展，甘肃省确定了以戏剧艺术作为龙头带动甘肃文化大省建设的战略部署，逐年加大对文化的资金投入，甘肃省陇剧院抓住机遇，不断推出新的优秀剧目，在市场中发展壮大。例如《枫洛池》、《天下第一鼓》、《敦煌魂》、《官鹅情歌》、《苦乐村官》等一批优秀剧目，其中《枫洛池》已演出三千多场，深受广大群众的喜爱。黑龙江龙江剧院近 30 年来不断推出《双锁山》、《荒唐宝玉》、《木兰传奇》和《鲜儿》等优秀剧目，主要是由于推

出了以白淑贤领衔的一批龙江剧精英队伍，从而产生了一系列优秀剧目和优秀后继接班人，使龙江剧成为在全国有影响的剧种。吉林省是新兴剧种成活率比较高、发展比较好的省份，吉剧、满族新城戏、黄龙戏都是建国后诞生的剧种，目前这些剧种非常活跃。在诞生之初，吉林省就提出了“不离基地，采撷众华，融合提炼，自成一家”的剧种建设方针，并通过“上靠好领导，下靠一帮人”的上下协作，使吉林省新兴剧种得到了良好的发展。吉剧自诞生以来先后创演了1000多个剧目，引起了全国戏剧界的瞩目。

尽管新中国成立初期形成的新兴剧种是在文艺改革过程中跃进式的产物，但仍有许多是在民间文艺、民族艺术的基础上发展而来的，有比较深厚的艺术基础和群众基础，一经形成就受到本地区、本民族人民群众的喜爱，并在不断丰富完善中健康发展。我国许多省、自治区原来没有本地区的代表性剧种，如吉林省、黑龙江省、甘肃省、云南省、贵州省等，自从吉剧、龙江剧、陇剧、彝剧、黔剧诞生后，这些以本地或本民族代表性民间艺术为基础形成的地方戏曲剧种深受群众的喜爱，在发展过程中也能坚持不断从母体中吸取营养，充分发挥地域文化特色和新兴剧种的创新特性，获得了较好的发展，取得了不俗的成就。

总之，就艺术自身而言，一些深深地扎根于地域文化，紧紧地依靠母体优势，并且符合戏曲发展规律的新兴剧种，她们就获得生机和充满活力，这是新兴剧种在成长和发展的历程中值得总结的艺术经验。但是，新兴剧种也面临一些问题，尤其是在几个艺术品种合并的过程中，新兴剧种就会受到一些冲击，例如内蒙古自治区的蒙古剧，她是20世纪80年代诞生的新兴剧种，是内蒙古自治区唯一的以蒙古族语言表演的地方戏剧种，是蒙古民族的戏剧品种，深受蒙古族艺术家和蒙族群众的喜爱。原内蒙古自治区蒙古剧剧团是呼和浩特市唯一的蒙古剧专业剧团，1997年该团排演了《满都海丝琴》，获得了“文华奖”、“五个一”工程奖、中国艺术节大奖和中国戏剧节优秀剧目奖等。但是2000年，该团被合并到内蒙古民族歌舞剧院。此后10多年，剧团的主演和乐队转而演出歌舞，再没有排演蒙古剧，演员们陆续流失，后继乏人，使刚刚诞生不到30年的一个新兴剧种，一下子失去了活力，这是值得注意的。这种情况的出现，一方面说明蒙古剧的文化积淀还不够浓厚，剧目的积累也比较少，在市场中还没有一批成熟的剧目来支撑；一方面说明在合并中要关注新兴剧种的成长和发展，尽可能的为她们提供较好的生态环境。

（二）新兴剧种发展对策与建议

尽管新兴剧种形成的时间并不长，但其母体往往有较长的历史，因此新兴剧种在承载地域传统文化、人文精神、审美价值等方面具有重要的意义。随着我国非物质文化遗产保护工作的深入，新兴剧种也日渐引起人们的重视，黔剧、陇剧等已进入国家级非物质文化遗产名录，许多新兴剧种也在积极申报各级非物质文化遗产，越来越受到人们的重视。这无疑为新兴剧种的发展带来非常好的契机。

针对当前新兴剧种发展中存在的问题，与会代表们提出了许多有建设性的对策与建议。（1）新兴剧种的发展历史证明，政府重视、领导关心是新兴剧种发展的重要原因，那些充满生机和活力并且健康发展的新兴剧种，无不体现领导的深切关怀。因此，各级文化主管部门应给予新兴剧种高度的重视和大力扶持，各级政府要加大对新兴剧种的资金投入。（2）新兴剧种是地方戏，与历史上其他地方戏在产生和发展方面需要的主客观条件基本上是一样的，因此，新兴剧种应当借鉴地方戏发展与繁荣的艺术规律，不断地反思自身在艺术发展道路上存在的问题，随时总结自身的艺术经验，使新兴剧种健康有序地发展。（3）地域文化特色是新兴剧种的亮点之一，因此新兴剧种要保持和发扬独特的地域文化特色。新兴剧种诞生时，都离不开“基地”，即离不开自己成长的那片土壤。同时，新兴剧种也不断地从“母体”中吮吸大量的乳汁，使自己茁壮成长。因此，新兴剧种对“生我”“养我”的这片文化厚土和丰富的“母体”营养，今后还要不断地继承和发展。（4）新兴剧种要保持开放的姿态，不断发展创新。新兴剧种一般来讲比较年青，不但要很好地继承传统，从传统那里多学些艺术经验和手段，来丰富壮大自己，同时，也要在创新精神的指导下，多吸收当代艺术的精华，使自己更加具有现代的审美趣味。（5）音乐唱腔是地方戏的灵魂，新兴剧种要不断丰富和完善音乐唱腔。对于新兴剧种来说，一套优美动听的音乐声腔，具有指标意义和生命意义。纵观新兴剧种的音乐，大部分仍处于发展阶段而不是成熟阶段，因此还要下大力气、花大功夫打造好自己的音乐体系，使之具有音乐魅力，令广大观众喜闻乐见。（6）剧目建设和人才培养是新兴剧种发展繁荣的重要因素，各院团应创作出更多、更好的优秀剧目，培养更多的优秀人才，使新兴剧种持续、稳定、健康地发展。艺术经验证明，中国戏曲任何一个剧种诞生之后，有没有一批观众喜爱的剧目，是检验这个剧种能否站稳脚跟的重要标准。因此，剧目建设是重中之重，是立命之本。剧目建设能够带动人才的培养，例如编剧人才、导演人才、表演人才和音乐人才等，仅以演员来说，他们的知名度和成功常常是在演出优秀剧目中造就其表演才华的，所以，剧目建设和人才培养是紧紧联系在一起的一个事物的两个方面。

研讨会期间，戏曲专家和院团代表对新兴剧种的未来发展问题进行了热烈的讨论，认为新兴剧种要发挥其产生于民间、来自于民间、服务于民间的特点和优势，在市场中求生存，在演出中谋发展，不断发展壮大。2011 年恰逢建党 90 周年，文化部应在京举办一次全国新兴剧种优秀剧目展演活动，贯彻“双百”方针和“二为”方向，展示新兴剧种的成就及艺术特色，扩大新兴剧种的影响，让更多的人关注新兴剧种，以促进新兴剧种更好的发展。

1989 年，中国戏曲学会与吉林省艺术研究所举办了“建国后新兴剧种发展趋势暨吉剧诞生 30 年学术研讨会”，并出版了论文集《新剧种论》。此次研讨会是第二届新兴剧种学术研讨会，与会代表提交的论文将结集出版。

十二、全国昆曲优秀剧目展演周

6 月 3 日至 9 日，由文化部主办，文化部艺术司和江苏省文化厅共同承办的“全国昆曲优秀剧目展演周”在南京举行。7 天时间里，先后有江苏省演艺集团昆剧院的《梁山伯与祝英台》、北方昆曲剧院的《关汉卿》、上海昆剧团的《紫钗记》、江苏省苏州昆剧院的《玉簪记》、浙江永嘉昆剧团的《荆钗记》、湖南省昆剧团的《折子戏专场》（《醉打山门》、《藏舟》、《寻梦》、《武松杀嫂》）和浙江省昆剧团的《公孙子都》7 台优秀剧目分别在紫金大戏院和南京文化艺术中心上演，在古都南京掀起了一股观看昆曲的热潮。

这次展演是对《国家昆曲艺术抢救、保护和扶持工程》实施 5 年来在剧目建设和人才培养方面所取得成果的展示，也是全国现有的全部 7 家昆曲专业院团在南京的一次整体亮相。本次“展演周”总体上座率 90% 以上，不少场次一票难求，在取得良好经济效益的同时，取得了很好的社会效益。

本次展演明确提出了 4 个目标：一是争取最广泛的受众；二是实现最好的舞台演出效果；三是形成对保护非遗的最好评价；四是努力激发、提升民众对保护非遗的认知和热情。为实现这些目标，本次展演采取了一系列积极有效的措施：

（一）加强戏剧评论，提高艺术质量，推动昆曲事业繁荣发展

为了提高本次展演的专业性与学术含量，文化部邀请了全国 10 位著名的昆曲表演艺术家和戏剧专家参与本次活动，在每场演出后的次日上午召开评论会，请各位专家就剧本、导演、表演、舞美、灯光等各方面对剧目进行深入、全面的评析，并就具体加工修改意见与主创人员进行切磋、交流，提出有益的建议与意见。专家学者们为参演剧目提供的精彩点评，使院团与演员都受益匪浅。专家精彩点评还被整理、组织成文，通过网络媒体、传统媒体及时发布，其及时性与权威性得到广大受众的一致好评，被众多媒体纷纷转载。这种形式的座谈会的举办，对加强昆曲从业者之间的交流、加强艺术工作者与观众之间的交流、对推动昆曲事业的繁荣发展，都具有重要的意义。

（二）面向市场，面向观众，加强宣传与营销，实现经济效益与社会效益的双丰收

本次活动的宣传语为“悠远六百年，流芳华夏；争艳南北曲，荟萃故园。”凝练地向受众传达了活动的主旨与特殊意义。5 月 14 日，召开了新闻发布会发布“展演周”的相关信息，并同时启动全面的宣传方式：广告牌、海报、宣传单、报刊、广播电视、宣传栏、报纸插页、车身广告、网络……在短短的 20 天时间里，取得了良好的宣传效果，展演活动得到了众多受众的关注，票房销售也取得了超乎意料的成效。为了更好地达到宣传介绍的目的，强调展演周的整体审美效果，展演统一制作了一本包含所有参演剧目信息的节目单，除了“剧团介绍”、“剧情介绍”、“主创人员”、“演员表”等常规信息之外，还在节目单中增设了“观剧导引”这项内容，阐述该剧的特色、亮点及文化内涵，以期帮助观众更好地理解剧目、更流畅无碍地欣赏昆曲。

此次展演把主要受众群定位为以高校学子为主的青年观众，以及广大的昆曲爱好者。展演前夕，在常规的宣传之外，还有针对性地在南京图书馆和南京各大高校安排了“昆曲的文化内涵和艺术魅力”等一系列专题讲座，向广大市民和广大青年学子宣传、介绍了昆曲悠久的历史传统和丰富多彩的艺术特征，普及了欣赏昆曲艺术的要领，调动起了更多观众对昆曲的热情与参与活动的积极性，激发了高校学子们的兴趣，有效推动了更多青年人走进剧场、观看昆曲。

在营销方面，此次展演坚持“只售票、不赠票”的原则，通过售票来实现观众对艺术的认识与选择，来完成艺术与观众之间的真正交流。展演开设了现场售票、电话订票、网络订票等多渠道售票方式。考虑到南京的高校学生及社会上昆曲爱好者的购买力，本次展演的票价做了合理的拟定，为了体现惠民精神，其中90%价位为20元至60元的低价票，并设置了7场戏的优惠套票。此外也设置了10%的100元至300元不等的高价票，适应文化市场两端的需求。在有效的宣传与推广下，出票率与上座率都高达90%以上，部分剧目如江苏省演艺集团昆剧院的《梁山伯与祝英台》、江苏省苏州昆剧院的《玉簪记》，还出现了一票难求的热烈场面。

为进一步增强剧团、演员与民众的交流，强化观演互动的效果，拓展展演活动的社会效益，展演还要求各参演院团在每场演出之前，就院团的特色与剧目的特点做出简短介绍，以便于观众更深入地了解院团与剧目；所有唱词、道白都配上字幕，大部分为双语字幕，唱词还标明了昆曲的宫调、曲牌，从而尽可能地扫清了观众的观赏障碍。演出结束后，演员及相关主创人员还与观众进行了直接互动，由演出方回答热心观众提出的问题。此次昆曲展演中，观众既文明观摩，又反应热烈，给院团留下了美好的回忆，产生了良好的社会影响。

通过演出前的各类宣传、专题讲座、演出中的介绍、演出后的交流、演出之外的评论，“展演周”基本实现了“最广泛的受众”、“最好的演出效果”、“对保护非遗的最好评价”与“最大程度地激发民众热情”的四大要求。既向广大人民群众献上了丰富多彩的演出，又全面展示了目前我国昆曲艺术所取得的丰硕成果，取得了两个效益的双丰收，形成了两者之间的良性互动、良性循环，在向广大群众宣扬了国家在抢救、保护、扶持包括昆曲艺术在内的非物质文化遗产上的力度与作为的同时，也有效激发了民众对我国传统文化应有的自豪感与责任感。

十三、第九届全国声乐比赛

为全面促进我国声乐艺术事业发展，以一流艺术标准选拔一流艺术人才，文化部自1986年起，设立全国声乐比赛，迄今已成功举办8届，该项赛事在规范声乐艺术教学、发现优秀艺术人才等方面发挥了重要作用。在历届声乐比赛中涌现出的众多艺术人才，至今活跃在国内外声乐艺术舞台上，成为我国声乐艺术事业的代表性人物。

8月6日至14日，第九届全国声乐比赛在黑龙江省哈尔滨市成功举办。经过近10天的激烈竞争，来自全国各地的200余名选手角逐出包括美声项目组、民族项目组和流行音乐项目组在内的名次奖项。本届比赛选手报名踊跃，评委构成权威，赛事组织严密，取得了良好的社会反响。

（一）高质量参赛选手保证了赛事的整体水平

全国声乐比赛作为由文化部主办的国家级声乐专业赛事，在历届部领导的高度重视和关怀下，20余年来始终将选拔优秀声乐艺术人才、推动声乐艺术事业健康可持续发展作为办赛重要宗旨，在全国声乐艺术领域树立了公正权威的赛事形象，优质的赛事品牌也成为吸引优秀艺术人才参与赛事的重要因素。本届声乐比赛自面向全国下发比赛通知后，咨询电话立刻成为热线，各地文化厅局也立即开始组织本省优秀选手参赛，由于报名人数众多，为保证参赛选手质量，辽宁、浙江、陕西等地还自发组织省内选拔。

截至报名结束时，共收到来自全国各地累计

报名665人，其中美声项目组305人，民族项目组241人，流行音乐项目组119人。纵观参赛人员情况，既有来自中央音乐学院、中国音乐学院、上海音乐学院等专业艺术院校的在校学生、青年教师，又有中央直属艺术院团的专业演唱人员，既有来自地方的声乐艺术新秀，又有来自军队的顶尖参赛选手。参赛选手不但覆盖面广，具有广泛的代表性，而且参赛水平普遍提高，很多人已经是比较成熟的舞台表演艺术人才，在其他较有影响力的赛事中取得了一定成绩。

参赛选手的雄厚实力为保证比赛质量奠定了良好基础，为进一步提高现场比赛水平，本届比赛在三轮现场比赛前增设录像资料审核环节。文化部特聘声乐界专家综合考察选手的演唱技巧、艺术理解及舞台表现力，最终从600余名选手中筛选出220名参加哈尔滨现场比赛。“优中选优”成为本次比赛每轮晋级的共同特点。

（二）高水平专家评委实现了赛事评比的权威公正

为保证赛事评委工作的公正性和权威性，全国声乐比赛的评委资格历来将“德艺双馨”作为首要标准。在保证评委艺术造诣和学术品德的同时，还充分考虑评委身份的代表性，在本届评委构成中，既有来自国内一流专业艺术院校的声乐教育家，又有长年活跃在国内外艺术舞台的表演艺术家，既有包括中央歌剧院、中国歌剧舞剧院等中央直属艺术院团的国家一级演员，又有来自地方艺术院团的重要领军人物。

评委身份的多样性，保证了评审工作的普遍代表性，而诸位评委在集体评审工作中一致表现出的强烈使命感与责任心，也赢得了参赛选手的高度认可，被誉为“绿色评委”。在连续数天的工作中，评委们每天都要观赛到深夜，有时还要继续开会评议到后半夜，有些专家更是不顾年事已高，主动为工作加码。我国著名声乐艺术教育家郭淑珍先生已年逾八旬，在初赛进复赛的连夜投票结束后，她不顾大家劝说，坚持要求参加接下来的现场宣读环节。当郭先生出现在现场时，选手们立刻雀跃起来，大家都没想到如此德高望重的专家会亲莅现场，郭先生以一名老教师的身份，针对大家在比赛中普遍存在的问题，提出了进一步改善的建议，并鼓励大家在今后的艺术道路上继续努力，郭先生深情的讲话引发了台下热烈的掌声。有些选手虽然未能进入下一轮比赛，但他们表示要留下来继续观摩其他选手的比赛，大家说：“就像老师指出的，这是一次难得的学习机会，今天有郭老师这一节课，我们已经很值了！”

这样的例子，发生在每一天的比赛现场，也发生在每一位评委身上。评委们纷纷利用比赛间休时间，认真解答选手的问题，用自己丰富的舞台艺术实践经验帮助年轻人，指导他们少走弯路，更快更好地提高自身艺术修养——比赛现场既是严肃紧张的赛场，更是温暖如春的课堂。评委们诲人不倦的高度责任心充分体现出本届比赛在人文关怀上的鲜明特点，也真正实现了艺术比赛交流学习、提高技艺、鼓舞信心的最高意义。

（三）科学严谨的评选标准明确了声乐艺术的发展方向

一流的参赛选手和一流的专家评委为一流的赛事水平奠定了基础，而高标准的赛事选拔要求和科学严谨的比赛评选办法则成为最大限度发挥选手水平、实现评选目标的制度保障。科学规范的评选章程不但是保证本届比赛顺利进行的重要制度，其在曲目要求上的细化标准更体现出赛事在声乐艺术教学、表演发展方向上的指导性意见，是政府文化部门在艺术发展领域体现自身导向性、代表性、示范性的具体体现。

为此，在声乐比赛筹备之初，文化部艺术司邀请多位声乐界表演艺术家、教育家，累计召开9次专题论证会，针对美声、民族、流行音乐各组不同特点，认真听取各方意见，制订出具有针对性的曲目要求。由于美声唱法教学体系较为完善，章程对各轮比赛曲目的音乐风格、创作流派、语种类别、音高调式等均做出严格要求；考虑到民族唱法与中国戏曲的密切关系，民族项目组专家特别要求考察选手在中国戏曲演唱方面的功底，以进一步提升选手对我国传统戏曲艺术的重视程度；为进一步增强中国流行音乐的专业艺术性，流行组选手要求每轮至少演唱一首外文作品，尤其在音乐剧经典片段的演唱上，设有明确的曲目类型要求，以此鼓励青年歌手进一步关注世界流行音乐发展态势，提升自身艺术表演水平。

尤其需要指出的是，这种对曲目类型的严格

细致要求并非仅体现在比赛的决赛环节，为保证赛事水准，全面展现选手的艺术实力，本届比赛要求选手在初、复、决赛三轮比赛中，每轮演唱3首不同类型作品，且彼此不得重复，累计演唱作品达9首，这在国内同领域赛事中并不多见。演唱曲目数量和难度上的高标准要求，为下一阶段声乐艺术教学、表演提出了明确要求，极大激发起选手学习新曲目、全面提升文化底蕴和艺术造诣的决心和动力。

在严格曲目要求、明确选手所应具备素质的同时，考虑到国内声乐教学的普遍发展现状，专家评委在具体比赛环节中也尽量体现人性化关怀。初赛评比结束时已是午夜时分，专家评委不顾连日辛苦、克服极度疲劳，认真审查进入复赛选手在后两轮比赛中的演唱曲目，发现不符合曲目要求的情况时，第一时间通知选手修正曲目。严格来讲，这种在比赛期间更改曲目的情况并不符合国际惯例，但通过这样一次严格的复查、核对工作，不但使一些选手能够得到继续在赛场上锻炼的机会，更重要的是，让所有参赛选手更加清晰地认识到曲目考核要求及其体现的导向性，为自身进一步发展提高树立了更加明确的标准。

第九届全国声乐比赛在专家评委和工作人员的共同努力下，终于取得圆满成功。回顾本届赛事，我们也进一步积累了工作经验，并对如何继续办好该项赛事有了新的认识。

首先，本届比赛在规范赛事章程、尤其是明确曲目要求方面，做出了很大努力，并且在全国声乐领域引起了积极反响，在下一届比赛中，我们将进一步完善比赛章程，为更加有效地指导声乐艺术人才培养与发展提供参照。第二，为了更有效地帮助选手提高专业水平，参考国际比赛做法，我们将进一步延展比赛活动内容，通过设立专家席、举办大师班等方式，为选手搭建直接与评委专家对话的平台，方便选手听取专家点评，使选手们不但知晓自己的排名，更能清晰认识到自身目前存在的问题，帮助青年人加速艺术成熟进程。第三，为进一步扩大参赛选手范围、提高参赛选手质量，建议于集中现场比赛前，在全国划分出若干赛区，委派专家组赴各赛区现场选拔人才，这样做一方面可以避免以录像形式选拔选手可能造成的误判情况，另一方面也可以避免众多选手长途跋涉参加资格赛的诸多不便，更可以进一步扩大声乐艺术事业的影响力，丰富当地群众精神文化生活。第四，作为赛事主办单位，文化部将进一步提早比赛通知下发时间，使广大声乐艺术表演人才能够更加充分地准备比赛，全面展示自身艺术实力。

第九届全国声乐比赛虽然已经落下帷幕，但通过本届比赛选拔出的优秀声乐艺术表演人才正如一颗颗“希望之星”，冉冉升起在我国舞台艺术的浩瀚星空，本届比赛在全国声乐艺术教育、表演领域引发的良性效应，也必将在今后一段时期内逐渐显现出来。2010年，我们载着丰厚的成果回到各自的艺术工作岗位，继续辛勤耕耘；2012年，我们将带着新的期待再次相会在全国声乐比赛的现场，以更加饱满的艺术热情和更富魅力的舞台呈现，共同促进我国声乐艺术事业新时代的进一步发展与繁荣！

十四、第九届全国声乐比赛获奖名单

8月6日至13日，由文化部、黑龙江省哈尔滨市人民政府共同主办的第九届全国声乐比赛在哈尔滨举行。现将获奖名单公布如下。

美声项目组

一等奖（1名）

谢　天　　中央音乐学院

二等奖（3名）

白慧迪　　天津歌舞剧院

冯国栋　　中央音乐学院歌剧中心

费琪芳　　广州军区政治部战士文工团

三等奖（6名）

王　凯　　中国音乐学院

李　石　　上海音乐学院

宋沣润　　中国交响乐团

吴志峰　　空军政治部文工团

曲伟青　　中央音乐学院

牛莎莎　　中央歌剧院

优秀演唱奖（13名）

陈佩鑫　　中央歌剧院

周　楠　　中央音乐学院

阿依古丽吾拉木　新疆艺术学院

王珠峰　　武汉音乐学院

金　今　　浙江歌舞剧院有限公司（原浙江歌舞剧院）

李晶晶　　中央歌剧院
杨丹旎　　沈阳音乐学院南校区
李宜轩　　星海音乐学院
郭芷伊　　哈尔滨歌剧院
曾睿娟　　武汉音乐学院
汪　浩　　四川师范大学
陈　雪　　广西艺术学院
蔡俊军　　加拿大哥伦比亚大学音乐学院

民族项目组

一等奖（1名）
吴　静　　解放军总政歌剧团
二等奖（2名）
伊泓远　　空军政治部文工团
黄训国　　中国音乐学院
三等奖（3名）
方鹂鹂　　江苏省演艺集团
侯赛男　　黑龙江艺术职业学院
兰　天　　解放军总政歌剧团
优秀演唱奖（16名）
曲　丹　　空军政治部文工团
尉金莹　　中央民族乐团
陈　阳　　第二炮兵政治部文工团
马　征　　武汉音乐学院
张　辛　　中国音乐学院
沈德鹏　　沈阳音乐学院
吴琍智　　中国音乐学院
龚　爽　　中国音乐学院
杨　瑾　　西安音乐学院
席燕娟　　上海市歌舞团
郑海兵　　武警福建总队政治部文工团
范双燕　　星海音乐学院
宋阿依姆　　四川省歌舞演艺有限责任公司（原四川省歌舞剧院）
孙　博　　中国歌剧舞剧院
廖鸿飞　　南宁市艺术剧院
白洁琼　　济南军区政治部文工团

流行音乐项目组

一等奖（1名）
曹芙嘉　　第二炮兵政治部文工团
二等奖（2名）
金美儿　　北京百碟文化艺术有限公司
么多多　　第二炮兵政治部文工团
三等奖（3名）
周　鹏　　武警政治部文工团
黄琦雯　　中国歌剧舞剧院
陈　燕　　贵州省民族歌舞剧院
优秀演唱奖（4名）
陈真军　　浙江歌舞剧院有限公司（原浙江歌舞剧院）
陈　韬　　杭州市歌舞剧院
赵媛媛　　南京艺术学院
李炜铃　　上海音乐学院

十五、文化部在京召开全国京剧工作座谈会

为进一步加强全国京剧院团艺术建设，交流总结《国家重点京剧院团保护和扶持规划》实施以来取得的经验和成果，研究推动京剧艺术发展的具体措施，部署2010年年底举办的全国京剧优秀剧目展演活动，文化部于9月15日在京召开了全国京剧工作座谈会。

文化部副部长王文章出席会议并讲话。座谈会由文化部艺术司司长董伟主持，艺术司巡视员蔺永钧，全国有京剧院团的省（自治区、直辖市）文化厅（局）和总政宣传部艺术局负责人，11个国家重点京剧院团和17个省级重点京剧院团负责人、中国戏曲学院和北京军区战友文工团代表，县级、民营京剧院团代表参加会议。

2006年，按照党和国家“保护和扶持京剧艺术”的指导方针，文化部与财政部联合制定了《国家重点京剧院团保护和扶持规划》。规划实施5年来，11个国家重点京剧院团共新创剧目76台，整理改编剧目266台，演出13931场（其中境内演出12922场，境外演出1009场）；17个省级重点京剧院团新创剧目57台，整理改编剧目111台，演出11541场（其中境内演出11094场，境外演出447场）。

王文章副部长在讲话中指出：党和政府历来重视和关心京剧艺术。5年来，全国各级文化行政部门、各京剧院团和广大京剧艺术工作者以高度的使命感和责任感保护和扶持京剧艺术，积极推动京剧优秀新剧目的创作生产，重点扶持了一批具有广泛社会影响的京剧优秀新剧目；实施了形式多样的人才培养计划，为优秀人才脱颖而出营造了良好环境；大力扶持公益性演出，实现了社

会效益和经济效益的双赢；举办了一系列大型京剧艺术活动，进一步扩大了京剧艺术的影响；京剧“走出去”取得了新的进展，在国际上产生了良好影响。

他同时指出，与经济社会全面可持续发展的要求相比，与人民群众日益增长的精神文化需求相比，与文化大发展大繁荣的要求相比，京剧艺术的传承和发展仍然面临着许多困难，还存在不小的差距。当前，全国文化系统正在深入学习胡锦涛总书记7月23日在中央政治局第二十二次集体学习时的重要讲话精神，加强对文化产品创作生产的引导。我们要认真总结经验，抓住机遇，乘势而上，进一步促进京剧艺术的繁荣发展。

王文章对推动京剧艺术的传承和发展提出了4点要求。一是加大京剧现实题材剧目的创作力度，促进京剧艺术的创新和发展。京剧艺术的传承是第一位的。要在传承的基础上，反映时代精神和现实生活，反映现代人的思考和追求。二是重视流派传承，大力培养人才。要突破体制机制障碍，解放艺术生产力，充分发挥艺术家的积极性、主动性、创造性，在面向市场、面向观众的过程中传承和发展流派。但也不要受流派束缚，要吸收当代艺术的新元素，加以融会贯通和创造。三是进一步加强京剧艺术理论建设，推动京剧艺术表演体系、理论体系的建立和完善，用在实践基础上形成的理论指导实践。四是努力开拓演出市场，实施“走出去”战略，提升文化软实力。各级政府部门要加大对京剧院团的扶持，不仅要扶持重点京剧院团，也要扶持其他京剧院团和民营京剧院团，推动京剧院团“走出去”。同时建立经常性的演出制度如保留剧目演出制度、演出季等。

5位国家重点京剧院团代表和3位省级重点京剧院团代表从剧目建设、人才培养、市场营销、公益演出、对外交流等方面，汇报了《国家重点京剧院团保护和扶持规划》实施以来院团建设的成绩和体会。县级、民营剧团代表则分别汇报了基层院团在服务农村、开拓市场方面取得的经验。中国戏曲学院代表汇报了承办“中国京剧优秀青年演员研究生班”和“京剧流派艺术研习班”的情况。

王文章副部长的讲话引发了与会代表的热议。在当天下午召开的分组讨论会上，代表们一致认为，王文章副部长的讲话实事求是地总结了《国家重点京剧院团保护和扶持规划》实施5年来的成绩，他关于在继承的基础上加大现实题材剧目的创作、重视京剧流派的传承和人才培养的意义、加强京剧艺术理论研究以及应该怎样“走出去”、提升文化软实力等问题的阐述，引人深思，给人启迪。这是一个承前启后、继往开来的重要讲话，为全国京剧工作今后发展指明了方向，极大地鼓舞了广大京剧艺术工作者投身京剧事业、振兴京剧事业的信心。

会上，还部署了文化部将于2010年年底举办的全国京剧优秀剧目展演相关工作。

十六、中国文化周亮相美国加州

美国当地时间10月14日，由中国文化部中外文化交流中心、美国加州长滩州立大学以及俏佳人传媒股份有限公司联合主办的2010年中国文化周活动开幕式在美国加州长滩州立大学举行。正在美国访问的中国文化部副部长王文章出席开幕式并致辞。美国加利福尼亚州副州长阿贝尔·马尔多纳多、中国驻洛杉矶总领馆总领事张云、中国文化部艺术司司长董伟、中国驻美国大使馆公使衔文化参赞李冬文、中国驻洛杉矶总领馆文化参赞陈怀之、美国加州长滩州立大学校长肯·亚利桑德和俏佳人传媒、美国ICN电视联播网总裁李燕等出席了开幕式。

王文章首先代表中华人民共和国文化部和蔡武部长向此次中国文化周的举办表示诚挚的祝贺。他说，今年5月，在胡锦涛主席和奥巴马总统的关心和支持下，中美两国政府在北京举行了中美人文交流高层磋商机制成立仪式暨第一次会议，中方刘延东国务委员和美方希拉里·克林顿国务卿出席并代表两国政府签署了《关于建立中美人文交流高层磋商机制的谅解备忘录》。双方强调中美人文交流高层磋商机制是两国除在政治、外交、经济、金融等领域开展战略性沟通外，专门就人文领域交流合作而设立的一个重要对话平台。它服从和服务于建设21世纪积极合作全面的中美关系的总目标。双方一致认为，该机制的建立，将进一步深化中美人文交流与合作，有助于为两国关系实现长期、稳定、良好发展奠定坚实的基础。

王文章指出，中美两国在文化方面有很强的借鉴性、互补性。中国有五千年的悠久历史，具有丰富的文化资源和文化遗产，当前正致力于当代文化创新和发展，显示出新的蓬勃生机；尽管美国建国的历史不长，但美国文化因其多元、包容、开放的特点，形成了独特的文化体系，显示出旺盛的生命力。中美人文交流是中美文化交流重要而不可缺少的组成部分。事实证明，文化交流在增进中美两国和两国人民间的了解和友谊，维护两国关系的稳定发展等方面一直发挥着重要而独特的作用。

王文章指出，中美文化交流的发展，既需要两国政府的大力支持，更需要两国民间机构和个人的不懈努力。今天，我非常高兴地看到，在俏佳人传媒公司、中外文化交流中心和美国加州长滩州立大学的共同努力下，中国文化周项目顺利启动。通过参与这些活动，美国朋友们一定会增加对中国文化的了解，更多地感受来自中国人民的友好情谊。中国文化部愿与美方一道，继续共同努力推动中美文化交流与合作向前发展，为两国人民的福祉和两国关系的稳定作出贡献。

阿贝尔·马尔多纳多说，此次中国文化周的目的是加强中美两国民众之间的沟通和理解，是中美加强文化交流的具体体现，特别是能够加强加州、中国之间的了解，促进加州多元文化的发展。

随后，王文章代表中国文化部向美国加州长滩州立大学图书馆赠送了关于中国文化、旅游的图书和音像制品。开幕式上还放映了10部优秀中国电影的片花，展出了福建土楼的模型和重庆风情图片，启动了中美青少年动漫大赛。

据了解，本次中国文化周活动旨在进一步增进美国民众特别是美国大学生对中国文化的了解和认知，并在中美两国青年之间搭建友谊的桥梁。

十七、中国艺术家在美国中国文化周精彩亮相

10月13日至18日，受文化部的派遣，国家话剧院院长周志强，中国剧协主席、上海京剧院著名表演艺术家尚长荣，中国剧协副主席、浙江小百花越剧团团长茅威涛等4人组成艺术家代表团出访美国。在美国期间，艺术家们参加了ICN电视网旧金山电视台开台仪式，在斯坦福大学和加州大学洛杉矶分校举办了中国当前舞台艺术发展的演讲。他们生动传神的表演、凝练精辟的分析、深入浅出的解说，受到观众和媒体的热烈欢迎。

美国ICN电视联播网拥有16个卫星、有线或无线频道，受众为7000万美国电视观众，主要播出中国文化、财经、新闻、旅游、美食、教育等内容的电视节目。为了向北美观众宣传中国舞台艺术的发展状况，该台决定从10月中旬到11月中旬举办“中国舞台艺术精品电视展播月”。作为中国文化周的重要内容，10月14日晚，该台举办了旧金山电视台开台仪式。中国文化部王文章副部长、中国驻旧金山总领馆总领事高占生、中国文化部艺术司司长董伟、中国驻美国大使馆公使衔文化参赞李冬文等人出席了开台仪式。在中美官员发表祝贺之后，董伟司长向来宾介绍了中国艺术家。年逾七旬的尚长荣宝刀不老，声如洪钟，演唱了京剧《贞观盛事》中魏征的唱段“共铸盛世太平年”。身穿旗袍的佳人茅威涛以委婉优美的“咏梅”、“暗香”塑造了飘逸潇洒的东方才子形象。他们的演唱赢得全场来宾的喝彩。尚先生还即席题词“凝天地之灵气，建交流之桥梁”。

享有“西部哈佛”盛誉的斯坦福大学位于帕拉阿图市，距离旧金山1小时车程。该校高塔巍峨，红楼掩映，绿树环绕，在校教授中有10人获得过诺贝尔奖，世界著名的“硅谷”就是由该校创造发展起来的。15日下午，该校东亚语言文学系与东亚图书馆在音乐系演奏厅联合主办了中国艺术家代表团的演讲活动。周志强院长结合国家话剧院2010年演出的11部作品，向观众介绍了话剧艺术在中国的繁盛现状。当他讲到《这是最后的斗争》将于2011年来美国演出时，台下响起了热烈的掌声。茅威涛结合越剧的形成历史和她本人的从艺史，描绘了越剧清丽、温婉的风格特性。尚长荣先生从唱、念、做、打入手，介绍了中国戏曲的独特表演形式。

加州大学洛杉矶分校是全美最大的公立大学加州大学的最大校区。加州大学以其世界一流的教育和研究令世界瞩目。18日下午，中国艺术家们来到这里，进行了第二场演讲交流活动。与斯坦福大学相比，艺术家们的演讲更加自然、更加生动。为了拉近与美国观众的距离，尚长荣还用京剧唱腔吟诵了一段莎士比亚戏剧《李尔王》的选段，引起观众的强烈兴趣和共鸣。

作为活动主办方之一，俏佳人公司在现场免费赠送了一批由尚长荣等表演的戏曲 DVD，观众争先恐后索要光盘、签名，并与艺术家们合影留念。

十八、文化部艺术家小分队赴新疆慰问演出

6月22日至25日，正值全国文化文物系统对口支援新疆工作会议召开暨文化部正式启动“文化援疆”工作之际，由国内知名艺术家及新疆自治区文化厅直属院团的演员组成的文化部演出小分队赴新疆喀什、克州等地对当地基层各族群众和解放军指战员、武警官兵以及新疆生产建设兵团的相关单位进行慰问演出，就此拉开“文化援疆”的序幕。

文化部艺术家小分队主要由来自中央歌剧院、中国歌剧舞剧院、总政歌舞团、总政话剧团、铁路文工团等国内一流院团的知名艺术家如歌唱家关牧村、马梅、雷佳、董蕾蕾，音乐人刀郎，表演艺术家魏积安、梅丽萍，魔术大师杨德来、朱桂兰，青年舞蹈家玉米提以及新疆艺术剧院歌舞团、新疆艺术剧院民族乐团、新疆杂技团的演员组成。艺术家们或者刚从青海玉树灾区返京、或者推辞掉商业演出、或者暂停录音工作，不计酬劳、不辞辛苦，克服旅途的疲惫与高温天气带来的不适，在短短3天时间里奉献了4场饱含深情的演出，加深了党中央、国务院与新疆各族群众的感情。6月23日，演出小分队一行在喀什市进行了首场慰问演出。当晚，可容纳千名观众的喀什地区体育馆座无虚席，现场不时传来热情的欢呼声和经久不息的掌声。由于音响临时故障，中国歌剧舞剧院的青年歌唱家董蕾蕾随即用清唱率先征服了全场观众；著名表演艺术家魏积安和梅丽泙的小品让全场观众捧腹大笑；魔术大师杨德来、朱桂兰表演的魔术让观众不时发出惊叹声；而当著名女中音歌唱家关牧村出场时更是点燃了全场热情，她在演唱完《打起手鼓唱起歌》、《吐鲁番的葡萄熟了》两首歌曲之后，应观众的热情要求，又加唱一曲《祝酒歌》。演出结束后，观众们久久不愿离去，纷纷与艺术家们合影留念。一名热心观众表示：“以前都只能在电视上见到的人，今天竟然就出现在了眼前。他们表演的太好了，而且他们一点也没有的名人的架子。我们太激动了。我们感谢他们为我们带来的演出，更加感谢党中央对我们的关怀。我们相信，我们的生活会越来越好。”6月24日至25日，小分队又分别在喀什地区疏附县、驻南疆军区某部以及克孜勒苏柯尔克孜自治州阿图什市进行了三场慰问演出。小分队所到之处都受到当地各族群众和广大官兵的热烈欢迎。在喀什为南疆驻军官兵进行慰问演出时，总政歌舞团歌唱演员雷佳向战士们近距离献歌，掀起了现场的一阵阵高潮。从新疆走向全国的著名音乐人刀郎一向深受广大官兵们的喜爱，最终慰问演出在刀郎与台下战士们的高声合唱中完美落幕。

文化部艺术家小分队赴新疆慰问演出产生了非常好的社会影响。特别是在喀什市、疏附县、阿图什市和南疆军区的演出得到了当地领导、各族观众以及广大解放军官兵的高度赞誉和一致肯定，普遍认为，小分队不仅带来了党中央、国务院对新疆各族人民的关心与关怀，而且也带来了国家文化部对新疆的支持与厚爱，更带来了全国人民对新疆的深情厚谊，用高雅、精美的精神食粮丰富了各族群众的文化生活。

很多观众纷纷表示，希望今后文化部每年都能派出高水准的艺术家来新疆演出。

十九、文化部第二批艺术家小分队赴新疆慰问演出

近日，文化部组织第二批艺术家小分队赴新疆石河子、阿勒泰和哈密等地区，5天转战5个演出场地，往返7500多公里，从影剧院到学校操场，从县城的市民广场到体育场馆，为近3万边疆群众进行了慰问演出。

一是把优秀节目送到边疆群众身边。众多艺术家为边疆群众带去了歌曲、舞蹈、戏曲、魔术、相声等精彩纷呈的节目。国家京剧院一级演员、京剧表演艺术家杨春霞是小分队里年纪最大的老艺术家。接到去新疆演出的任务后，她说，“虽然我的身体不是很好，但我为观众演唱的热情还是很高的。我要把自己最美好的歌声献给新疆的各族观众，让他们感受到我们文艺工作者的深情厚谊。”刚刚结束在澳大利亚悉尼歌剧院演出的中国歌剧舞剧院国家一级演员、女高音歌唱家万山红，推掉了上海中秋晚会的录制，报名来到新疆。“把艺术带到祖国的西北边陲，是一名文艺工作者义不容辞的责任，特别是作为从艺30多年的老演

员，自己更应肩负起这样的责任。”

二是为基层观众带去幸福与欢乐。艺术家小分队出发前一致表示，要尽可能多去一个地方，多演出一场，多唱一首歌。来自总政歌舞团的男高音歌唱家王宏伟演唱了《一杯美酒》等4首歌曲引得台下观众不停欢呼，他们一边跟着唱，一边跟着节奏使劲鼓掌。他说，“因为自己的根在新疆，作为一名歌手，只要有机会，都愿意回到家乡，为父老乡亲送上自己的祝福。”60岁的哈密市民李先生在女儿一家的陪同下看完演出非常激动地说：“演出太精彩了！有我喜欢的豫剧、京剧，也有孩子们喜欢的流行歌曲，这是给我们基层老百姓送来的一份文化大餐。”“一天的幸福可以让我们快乐100天，今天的幸福却可以让我们快乐1000天。”一位哈萨克族观众在演出结束后激动地说。

三是以感恩的心回报父老乡亲。中国歌剧舞剧院国家一级演员高保利接到慰问演出的任务时，毫不犹豫地推掉了多场商业演出，“我对新疆的期待不仅仅在于这里的美景和浓郁的西域特色，还有这里的原生态艺术。我自己就是一位原生态歌曲演唱者，希望能通过这次交流，学习和吸收更多新疆的原生态音乐。”第二次参加文化部艺术家演出小分队赴新疆慰问演出的新疆军区政治部文工团维吾尔族青年舞蹈家玉米提说，“作为一个土生土长的新疆人，能为父老乡亲演出，我感到很自豪很骄傲。正是他们的支持和鼓励才使我有了今天的小小成绩，我是带着一颗感恩的心去演出，希望能带给所有观众更多的欢乐。”

二十、第八届全国杂技（魔术）比赛

12月3日，由文化部、广东省人民政府共同主办的第八届全国杂技（魔术）比赛在广州番禺长隆国际马戏大剧院开幕。广东省委常委、副省长肖志恒和文化部副部长王文章先后在开幕式上致辞，随后在长隆集团国际大马戏2010年全新推出的史诗性魔幻马戏《魔幻传奇》的盛大祝贺演出中拉开序幕。

每届比赛都是收获的节日。这届比赛参赛节目是从全国各省、自治区、直辖市，新疆生产建设兵团和解放军总政治部、铁道部等单位报送的节目中遴选产生，共选出22个杂技节目和8个魔术节目，组成2台杂技1台魔术进行比赛，分别从4日持续到7日，在广州友谊剧院、长隆国际马戏大剧院、长隆酒店国际会展中心3个场所举行。赛场上，一批精心准备、经历市场长期打造的杂技节目崭露头角。有的参赛节目坚持在杂技本体方面锐意进取，在技巧上取得新的突破，展示了罕见的技巧水平；有的从表演形式上精心构建，把节目做成时尚大气的艺术精品；有的推出了新研发的道具，赋予传统节目以全新面貌。

杂技比赛承续了历来的激烈竞争局面，中国杂技团专门为比赛准备的首次亮相的节目《纳海弄潮——绳技》以一组组难以想象的创新高难技巧组合，颠覆了这个节目原有的套路和特性，把一个原本主体特性属于文活的节目演绎得刚柔相济、美不胜收，生动的渔家欢乐劳动场景这一整体创意，带来了温馨欢快的生活情趣。战士杂技团《奔腾——男子抖杠》节目以一组男子1440度侧身转体和后空翻四周，以及双层抖杠翻腾两周、双层抖杠双人翻腾这样罕见的高难技巧，成为赛场上突出的亮点。演员高难技巧完成得干净利落质量极高，在昂扬的气势中，表达着一种奋发向上的激情和一往无前的勇气，凸显了杂技艺术的精粹，使现场观众感受到极大的震撼。上海杂技团以传统优势项目《跳板》节目参赛，在新编排的《腾越——跳板》中，各种流畅的砸、翻、接的技巧令人目不暇接。多彩多姿的跟斗此起彼落，独具特色的腾飞大气磅礴，一时间满台翻飞腾越，在一种时尚的都市气息中带给观众耳目一新的惊喜。同台竞技的同类节目武汉杂技团《大跳板》坚持了传统的表达样式，整个节目难中见险、险中见美，“高跷后空翻两周”、“后空翻两周上双层高椅”、“独脚立720°旋”和“独脚立后空翻三周”等高难技巧气势磅礴。首次参加全国杂技比赛的长隆国际马戏大剧院《神话——双人吊环》出手不凡，惊艳亮相，充分发挥了空中节目舒展宽广的特性，在起落升降旋转飘逸中，以高空惊险的拉、吊、抛、挂表演，演绎着一段缱绻浪漫的恋曲。天津市杂技团和河北省吴桥杂技学校共同推出的《转毯》这个节目，大胆地把常见的转毯节目和传统的戏剧艺术舞台形象造型结合，以我国京剧表演艺术的小花旦形象，把一组组转毯技巧表演得俊俏绮丽，四下翻飞的花毯满台生辉。这个节目的演出以学员为主体，较好地体现了培养杂技新人的发展成就。

浙江曲艺杂技总团魔术节目《牌影》和深圳辛宽魔幻艺术团魔术节目《扇韵》在魔术比赛中脱颖而出。《牌影》这个节目在原有的传统牌技节目基础上加以创新，以一组原创性强的空手抓牌的神奇变幻和双手360度二次开圆扇+四色扇+S开扇、手背开扇、红白套路等精彩手法技巧引人入胜。《扇韵》节目以来去无踪的神奇手法变来喜气的中国结、各式各样的中国扇，并从扇取出描画的花朵，在舞台上呈现彩扇争艳的场景。

正如王文章副部长在致辞中所说："以推出新人新作为宗旨的全国杂技比赛，正是促进杂技艺术繁荣发展的有力举措"，这届比赛使我们再次看到了全国各地院团在推出新人新作方面的新成果。创意的新颖，技巧的发展，道具的研发，众多新生力量初露头角，一起构成了这届比赛满目生辉的绚丽景观。

这届比赛还出现了一些探索性的创新表现。新疆生产建设兵团杂技团《构——行为艺术》标示为"行为艺术"，在编导手法上意在与杂技长期以来形成的舞台艺术拉开距离形成另类的追求，寻求一种杂技技巧舞台形式的现代表达。另一个《击球》节目也在编排中尝试运用了象征性的现代表现手法。这种舞台上从来没有出现过的探索性的创作手法，在同行和观众中引起了关注和思考。

其他参赛节目也有很多可圈可点之处。济南市杂技团《转台高椅》节目坚持本体创新，把杂技顶功难度集于一体，把传统的椅子顶置于不断转动中，以增强平衡技巧的惊险和美感。10把椅子上深度拉腰顶、单手顶拉叉，单手顶左右倒把水平顶、以及单手推桩子等动作，构成了高椅节目新的发展高度。中国杂技团《蹦拐顶技》节目，体现了创新理念和追求，这个节目的道具设计新颖奇特，通过出人意料的桌面倾斜，不仅把节目走向推向了一个高、难、险的新境界，还为杂技舞台带来了强烈的时代感，使得观众在一种想象之外的惊喜中获得了新的艺术体验。战士杂技团《男子顶技》节目和浙江曲艺杂技总团《扛人蹬伞》节目，以精湛的技巧和抒情的人体造型，在如画的舞台背景中展开了完美的艺术表达。江苏省盐城市《想——软钢丝》节目一方面在道具上力求新颖的表现，一方面坚持高难技巧的突破，其中倒立手摇无扛肩独轮车、头顶倒立、单拐倒立等技巧给人印象至深。郑州星光演出有限公司杂技《荡圈钻圈》节目从道具创新入手，给传统《钻圈》节目带来了时尚大气的现代气息。

第八届全国杂技（魔术）比赛的一个突出亮点还在于改写了自1984年首届全国杂技比赛创办以来过去七届全部由地方政府承办的历史，首次由民营企业广东长隆集团有限公司参与承办。比赛开幕式、B台比赛、闭幕式都在长隆国际马戏大剧院举办，魔术比赛也在长隆园区进行。长隆集团为比赛提供了一流的场地、食宿、交通条件，安排了一支高效的工作班子和服务团队，为比赛的各项工作提供了种种便利条件，为赛事取得成功提供了切实的保证。这一切都给赛事主办单位和参赛团队领队和演员留下了深刻的印象。他们为比赛提供的开幕式祝贺演出晚会时尚华丽、气势非凡，带给参赛院团领导和演员以强烈的震撼，引发了很多思考和启迪。

这届赛事有多家民营文化企业参赛，其中广东的3支队伍全部是民营企业。这些民营院团的积极参赛表明，真正在市场上摸爬滚打的民营文化企业已经开始形成实力，在艺术创作和人才培养方面都取得了很大的成绩，展示了文化产业发展的无限生机。近年来，一批国有杂技院团完成了转企改制，开始真正走向市场。面对市场挑战，面对经营的困惑，很多院团领导深有感触地表示，这次来长隆不虚此行，通过对长隆国际大马戏的发展现场体会，通过这家民营文化企业在赛场上的精彩亮相，大家从中看到了文化产业大繁荣大发展的美好前景和希望。

在刚刚举办的"中国杂技（魔术）艺术发展论坛"上，提出了一些当前中国杂技发展中存在的问题和薄弱环节，其中关于"杂技艺术本体的创新不够，高精尖的单个节目数量减少"；"杂技艺术各门类之间发展失衡，高空、滑稽、马戏、大型魔术等仍然是我国的弱项"这些问题，在比赛中都有所反映。12月17日，《人民日报》刊登了长春同志《切实加强对文化产品创作生产的引导 多出精品力作 多出优秀人才》的重要文章。我们感到，要更好地发挥全国比赛的激励机制，在今后的比赛中应该特别加强对高精尖节目创作的引导，加强对克服我国杂技薄弱环节的鼓励，不断解决杂技发展存在的问题，推动杂技艺术和产业的发展。

二十一、第八届全国杂技（魔术）比赛获奖名单

12月3日至7日，由文化部、广东省人民政府主办，文化部艺术司、广东省文化厅、广东长隆集团有限公司承办的第八届全国杂技（魔术）比赛在广州举行。经评奖委员会认真评审并报文化部批准，评选出各类奖项37个。获奖名单如下：

节目奖

1. 杂技类

金奖（6个）

《奔腾——男子抖杠》　广州军区战士杂技团
《腾越——跳板》　上海杂技团
《纳海弄潮——绳技》　中国杂技团有限公司
《大跳板》　中国武汉杂技团
《转毯》　天津杂技团 河北省吴桥杂技学校
《神话——双人吊环》　广州长隆国际马戏大剧院

银奖（8个）

《墨荷——蹬伞》　浙江曲艺杂技总团
《墨韵——绳技》　福建省杂技团
《塑——男子顶技》　广州军区战士杂技团
《红色记忆——转台高椅》　济南市杂技团
《构——行为艺术》　新疆生产建设兵团杂技团
《猫不在家——蹦拐顶技》　中国杂技团有限公司　北京市杂技学校
《火之灵——技巧造型》　深圳宝安区福永杂技艺术团
《勇者——手技》　河北省吴桥县杂技团

铜奖（7个）

《孖——少儿顶技》　重庆三峡杂技艺术团
《海精灵——少儿顶技》　福建省杂技团
《想——软钢丝》　江苏省盐城市杂技团
《追梦——秋千飞人》　安徽省杂技团
《草原轻歌——双人技巧》　青海民族歌舞剧院杂技团
《龙门跃——荡圈钻圈》　郑州星光演出有限公司郑州市杂技团
《对话——击球》　新疆生产建设兵团杂技团

2. 魔术类

金奖（2个）

《牌影》　浙江曲艺杂技总团
《扇韵》　深圳市辛宽魔幻艺术团

银奖（2个）

《求鱼》　兰州军区战斗文工团
《晨梦》　杭州杂技总团

铜奖（4个）

《马去羊来道吉祥》　连云港市其魔魔术杂技团
《牌·尊》　河北省杂技集团魔术团
《手之密语》　济南市杂技团
《FADE》　中国高校魔术联盟

单项奖

1. 杂技类

编导奖

李亚萍、许瑾、王宇飞、闫兵、蒋帆　广州军区战士杂技团

李驰、娜尔斯、蒋可钰、高伟　广州长隆国际马戏大剧院

胡嘉禄　上海杂技团

教师奖

郑丽英、陈丽玲　福建省杂技团

林宝玉、辛薇、马渝惟、刘淑芳、谭文盛、白雨来、沙国庆、郑志伟、阿斯木古丽·亚森

表演奖

李童　广州军区战士杂技团

2. 魔术类

表演奖

李洁　　杭州杂技总团

道具奖

辛之宽、辛亚飞　　深圳市辛宽魔幻艺术团

组织奖

广东省文化厅

广东长隆集团有限公司

二十二、2009～2010 年度荣毅仁基金会杂技艺术奖颁奖

为鼓励和支持我国杂技健儿创造优异成绩，促进杂技艺术进一步繁荣发展，在党和国家领导同志的关怀下，荣毅仁基金会从 2004 年起设立了“荣毅仁基金会杂技艺术奖”，对获得国际国内重要杂技奖项的节目进行奖励。在 2009～2010 年度荣毅仁基金会杂技艺术奖的评选中，山东省杂技团的《试比天高——蹬人》等 7 个节目获得一等奖，福建省杂技团的《舞者——绳技》等 10 个节目获得二等奖。一等奖奖励 60 万元。12 月 15 日晚，由文化部主办的 2009～2010 年度荣毅仁基金会杂技艺术奖颁奖晚会在北展剧场举行。

杂技艺术是我国优秀传统艺术，有着 3 000 多年的历史。近年来，在党和政府的关心支持下，通过杂技艺术工作者的共同努力，我国的杂技艺术在艺术性和观赏性上都取得了长足进步，从过去单一的技巧展示，发展成为主题杂技晚会、杂技剧等以技巧为核心、综合运用各种艺术手段的表现形式，在对外文化交流、传播中华文化中发挥着非常重要的作用。广大杂技艺术工作者以其精湛的技艺技巧和创新的艺术追求，在国际杂技赛场上屡获殊荣，赢得了荣誉，摘取了有上百年历史的摩纳哥蒙特卡罗国际马戏节“金小丑奖”、法国“明日”国际马戏节“共和国总统奖”、摩纳哥蒙特卡罗初登舞台国际马戏节“金 K 奖”等所有国际顶尖赛事的最高奖项，其中，10 次摘取国际杂技界最高奖“金小丑”奖，17 次荣获法国“明日”国际杂技节最高奖“法兰西共和国总统奖”，其他赛场获奖近 400 个。我国因此被誉为“世界杂技大国”“世界杂技金牌储藏库”。

颁奖仪式上，文化部副部长欧阳坚、荣毅仁基金会主席荣智健为一等奖获奖单位颁奖，文化部副部长赵少华、中国文联副主席李牧为二等奖获奖单位颁奖。文化部副部长王文章主持颁奖仪式。随后进行的杂技表演汇集了第八届全国杂技（魔术）比赛获奖节目及近两年来在国际权威杂技赛事中获奖的杂技节目。中国杂技团、天津杂技团、广州军区战士杂技团、上海杂技团、浙江省曲艺杂技总团等的精彩表演，博得了全场观众的热烈掌声。

为推动我国杂技艺术的发展，文化部近期陆续举办了包括第八届全国杂技（魔术）比赛、全国优秀杂技（魔术）节目展演在内的系列活动，12 月 16 日首次举办了中国杂技（魔术、滑稽）艺术发展论坛，邀请中国杂技界专家学者，共商中国杂技艺术与产业发展的举措，进一步促进中国杂技艺术的繁荣发展。

2009 年度荣毅仁基金会杂技艺术奖获奖名单

一等奖（空缺）

二等奖（3 个）

1. 福建省杂技团《舞者——绳技》

曾获第 33 届蒙特卡罗国际马戏节——“银小丑奖”

2. 中国铁路文工团杂技团《命运的摇篮——双人晃管》

曾获第 30 届法国“明日”国际马戏节——“金奖”

3. 上海杂技团《玉兰初蕊——转动造型》

曾获第 21 届摩纳哥初登舞台国际马戏节第一“金 K 奖”

2010 年度荣毅仁基金会杂技艺术奖获奖名单

一等奖（7 个）

1. 山东省杂技团《试比天高——蹬人》

曾获第 34 届蒙特卡罗国际杂技节金小丑奖

2. 广州军区战士杂技团《奔腾——男子抖杠》

曾获第八届全国杂技（魔术）比赛金奖

3. 上海杂技团《腾越——跳板》

曾获第八届全国杂技（魔术）比赛金奖

4. 中国杂技团《纳海弄潮——绳技》

曾获第八届全国杂技（魔术）比赛金奖

5. 武汉杂技团《大跳板》

曾获第八届全国杂技（魔术）比赛金奖

6. 天津杂技团、吴桥杂技学校《转毯》

曾获第八届全国杂技（魔术）比赛金奖

7. 广东长隆国际马戏大剧院《神话——双人吊环》

曾获第八届全国杂技（魔术）比赛金奖

二等奖（7个）

1. 浙江曲艺杂技总团《墨荷——蹬伞》

曾获第八届全国杂技（魔术）比赛银奖

2. 广州军区战士杂技团《塑——男子顶技》

曾获第八届全国杂技（魔术）比赛银奖

3. 济南市杂技团《红色记忆——转台高椅》

曾获第八届全国杂技（魔术）比赛银奖

4. 新疆生产建设兵团杂技团《构——行为艺术》

曾获第八届全国杂技（魔术）比赛银奖

5. 中国杂技团、北京市杂技学校《猫不在家——蹦拐顶技》

曾获第八届全国杂技（魔术）比赛银奖

6. 深圳宝安区福永杂技团《火之灵——技巧造型》

曾获第八届全国杂技（魔术）比赛银奖

7. 河北省吴桥县杂技团《勇者——手技》

曾获第八届全国杂技（魔术）比赛银奖

二十三、第二届中国越剧艺术节

10月25日，由文化部、浙江省人民政府主办，浙江省文化厅、宁波市人民政府、嵊州市人民政府承办的第二届中国越剧艺术节在宁波开幕，11月28日在嵊州闭幕，历时35天。本届越剧艺术节秉承“越剧艺术的盛会，人民群众的节日”的宗旨，以精彩纷呈、高潮迭起的舞台演出，遍及城乡、形式多样的群文活动，内涵隽永、形象生动的展览展示，成为浙江乃至全国的一件文化盛事，必将在我国越剧发展史上产生广泛而深远的影响。

（一）基本概况

第二届中国越剧艺术节是继2006年庆祝越剧诞辰百年大会和首届中国越剧艺术节之后又一次规模影响大，时间跨度长，参与人数多，节日氛围浓的越剧艺术的盛会。本届越剧艺术节坚持改革创新的理念，积极探索“政府主导、社会参与、市场运作”的运作机制，促进越剧与人民、越剧与时代、越剧与市场的结合，是推动中国越剧艺术事业繁荣发展的一次艺术盛会，也是文化艺术领域坚持“两面向”、“三贴近”，实施文化惠民，构建和谐社会的一次欢乐节日。

越剧艺术节于10月25日在宁波隆重开幕。全国政协副主席阿不来提·阿不都热西提宣布艺术节开幕，文化部副部长王文章，中共浙江省委常委、宣传部长茅临生分别代表文化部和浙江省致辞，浙江省人民政府副省长郑继伟主持开幕式。闭幕式于11月28日在嵊州举行。浙江省政协主席周国富，中共浙江省委副书记夏宝龙，中共浙江省委常委、宣传部长茅临生，省人大常委会副主任吴国华，省政府副省长郑继伟，省政协副主席黄旭明以及文化部艺术司司长董伟等领导同志出席了闭幕式。

本届越剧艺术节以越剧为主题，圆满组织实施了14项主体活动。同时，各承办城市充分发挥地域特色与优势，组织丰富多彩的群众文化活动，使专业艺术与群众文化交相辉映，相得益彰。最重要的主体活动是举办全国越剧优秀剧目交流演出，来自福建、江苏、上海、浙江22家专业越剧院团的22台优秀剧目献演42场，评出第二届中国越剧艺术节越剧优秀剧目交流演出金奖剧目7台，银奖剧目7台，铜奖剧目7台及3个特别奖，评出第二届中国越剧艺术节越剧优秀剧目交流演出“十佳演员”、“十佳新秀”；此外还有举办“越剧与城市文化”高峰论坛；举办各类展览展示、学术研讨、征文活动及交流项目近10项；举办广场演出30余场，越剧“四进”活动60余场等。整个越剧艺术节期间，4000余名演职人员参加了各类展示和交流演出活动，6000余名中外来宾参加了越剧艺术节各项活动，50余万群众共享了越剧艺术节成果。近100家海内外媒体，200多名记者对越剧艺术节进行了广泛深入的报道。

（二）主要特点

第二届中国越剧艺术节全面展示越剧艺术的魅力，展现浙江的时代风采，呈现出以下5个方面的鲜明特点。

1. 越剧艺术精品集中呈现。参加越剧艺术节交流演出的剧目均由专家从全国各地申报的剧目中精选而出，题材内容丰富，艺术水准一流，多为各院团近年来的招牌作品和扛鼎力作。这些剧目原创性特征明显，地域特色鲜明，现代题材作品分量加大，实验性探索性增强，集中呈现了中国越剧新作中的精品。与此同时，本届越剧艺术节名家云集，王文娟、金采凤、吕瑞英、毕春芳等老一辈艺术家讲述艺术人生，寄语越剧未来发展。茅威涛、赵志刚等20余位“文华表演奖”、“梅花奖”获得者登台献艺，一大批新人新秀崭露头角，成为一道靓丽的风景。

2. 越剧理论探索形成共识。在越剧艺术节重头活动——“越剧与城市文化”高峰论坛上，来自北京、上海、江苏、福建等地的知名专家学者、表演艺术家、文化官员共聚一堂，围绕主题，各抒己见，回顾越剧百年历史，分析越剧发展面临的困难和瓶颈，在越剧面临城市化大趋势下应有的坚守、顺应、流变、创新等方面形成了共识。越剧艺术节评委会专家结合剧目评选，点评越剧艺术的当下，畅想越剧艺术明天的发展，对越剧在重视自身传统的基础上大胆创新提出了许多真知灼见。

3. 文化惠民宗旨充分体现。文化惠民是本届艺术节的根本宗旨和一大亮点。戏迷竞赛、广场活动掀起高潮，“全国越剧戏迷超级挑战赛”吸引了全国80多个县市1500余名选手参加，来自全国9个城市的10支团队参加了全国越迷团队会演，献演5台大戏、5场折子戏，8万市民享受了这一越剧盛宴。“我与越剧”征文活动收到天津、上海、新疆等10余省市作者稿件150余篇。越剧电影展映周掀起观影热潮。江苏、上海、福建等省市的30名选手入围“相约越乡”全国越剧票友擂台赛年度总决赛。“同唱一台戏”北京越剧大舞台活动拉开艺术节序幕，6家院团演出15场，观众超2万人次。明星版越剧《五女拜寿》、《梁祝》全国巡演活动在10多个省市演出20余场，观众人数近20万。全国越剧优秀剧目展演坚持低票价，让更多观众享受专业院团的精彩演出。

4. 民间越剧表演异军突起。以艺术节为平台，创新办节机制，构建展示平台，大力推进专业艺术院团与民间艺术团体齐头并进，鼓励民间越剧艺术团体大发展。中国民间越剧团（社）折子戏大赛吸引全国十余省市多家民营剧团的积极参与，24家民营越剧团入围决赛。全国越迷团队会演面向全国业余戏迷团队和组织，最终天津、上海等10个城市10支特点鲜明、风格各异的团队入围会演。

5. 办节机制创新走出新路。首次引入承办城市申办机制，充分发挥宁波、嵊州优势，充分调动各方面积极性。在剧目展演机制上，注重市场意识和市场行为，加大市场运作和推广力度，50%的场次上座率达到100%，其他场次上座率也平均达到90%，观众人数逾5万人次，票房近170万元。同时，加强越剧精品的市场推介，举办越剧精品演出洽谈会，来自12个省、市的30多家演出公司、中介机构、剧场及参演院团达成演出意向场次3400余场，演出交易量近1.02亿元。

（三）主要成效

第二届中国越剧艺术节取得了丰硕成果，产生了积极良好的社会效益，主要体现在以下4个方面。

1. 提升了中国越剧艺术节的品牌。艺术节吸引了浙江、江苏、上海、福建等省市专业越剧艺术团体的积极参与，吸引了全国各地越剧民间团体和戏迷的广泛参与，吸引了海内外专家、学者以及新闻媒体的高度关注和全面介入，有效提升了艺术节的知名度和影响力，为把中国越剧艺术节打造成为高端精品文化节会品牌，打下了良好基础。

2. 凝聚了推动越剧发展的力量。全国越剧优秀剧目交流演出、越剧发展高峰论坛等活动，加强了专业院团的横向交流，扩大了区域合作，锻炼了演出队伍，拓宽了交流渠道，推动了越剧艺术精品涌现和人才辈出。面对新的探索与挑战，艺术节展示了近年来我国越剧艺术繁荣发展的最新成果，是对越剧艺术新的目标、新的方向、新的趋势在更深、更高层面上的一次探索与展望，必将对越剧艺术的发展产生深远的影响。

3. 培育了越剧艺术的市场。专业院团的精彩展演吸引了广大观众，引起了演出机构、民间团体的关注，开拓了越剧艺术的市场和生存空间，实现了专业院团优秀剧目“孵化器”的功能。群众性越剧活动的举办，促进了民间越剧团体的发展，夯实了越剧发展的基础，实现了艺术节人民参与、人民享受、人民满意的宗旨，有效地促进越剧民间团体成为越剧艺术的“播种机”，服务更为广泛的基层观众群体。

4. 推动了浙江文化大省建设。各承办城市抓住越剧艺术节举办契机，推动艺术创作生产和人才培养，完善文化基础设施建设，提升市民文明素质和城市文明程度。其中，由嵊州籍企业家宋卫平先生出资1亿港元捐建的嵊州越剧艺术学校落成并投入使用，成为越剧发展史上精彩亮丽的一页。越剧艺术节已经成为发展文化事业、丰富文化生活，构建社会主义和谐社会的重要载体，对于提升浙江文化软实力，推动文化大省建设具有重要意义。

（四）几点启示

第二届中国越剧艺术节的成功举办，为今后文化节会的举办和文化工作的开展提供了有益的启示。主要体现在以下6个方面。

1. 必须有高效有力的组织领导。文化部以及浙江省委、省政府领导十分关注越剧艺术节的组织工作，多次听取筹备工作汇报，多次就越剧艺术节各项工作作出重要批示，确保了正确的办节指导思想。各承办单位特别是宁波市政府、嵊州市政府对越剧艺术节筹备工作整体把握，精心筹划，扎实推进，有效落实各项工作。

2. 必须坚持正确的办节思路。越剧艺术节以“越剧艺术的盛会，人民群众的节日”为宗旨，充分发挥越剧艺术节对越剧艺术的繁荣和丰富人民群众文化生活的推动作用。在办节思路上，坚持实践“荟萃越剧艺术精品，展示地域特色，实现文化惠民，创新运作方式”的目标定位。在项目运作上，注重专业艺术与群众文化的结合，社会效益与经济效益的结合。

3. 必须积极创新运作方式。注重创新机制，建立政府主导、社会参与、市场运作的多元运作机制，积极探索节会运作的新路子。注重发挥市场机制力量，积极探索符合艺术规律、适应市场需求的市场化、社会化办节路子，使越剧艺术节成为越剧艺术交流的大舞台，越剧市场培育的好载体。

4. 必须有效发挥新闻媒体的作用。为配合越剧艺术节各项活动，着力营造浓郁热烈的舆论氛围，组委会制定详细宣传工作方案，广泛发动各方力量，深入开展形式多样的宣传活动。举行一系列新闻发布会，为新闻媒体提供各种信息资料、采访线索，提升新闻报道的及时性和深度，保证了新闻宣传的持续性和有效性。中央电视台、浙江卫视录播了开闭幕式晚会，扩大了节会的影响力。各承办市加大社会宣传力度，营造了浓厚的节庆氛围。

5. 必须落实扎实有效的保障措施。各承办市十分重视安全保障工作，落实责任，严密部署，精心组织，切实抓好社会治安环境、交通秩序、重大活动安全保卫及食品卫生安全、供电保障等工作，确保越剧艺术节平安顺利举行。

6. 必须做好细致周密的接待工作。针对本次越剧节规格高，持续时间长，参加人员多等特点，各承办市专门成立了接待工作小组，充分调动各方力量，统筹各方资源，从有关部门、单位抽调一批有接待经验、工作能力强的人员，全力以赴地做好各项接待工作。按照统一部署，制定了周密的接待工作的总体方案和具体计划，细化工作分工，明确工作要求，落实工作职责，使接待工作有条不紊、忙而不乱。

中国越剧艺术节自2006年创办以来，逐渐成为浙江省人民文化生活中的一件大事，成为荟萃越剧艺术精品，促进文化发展，实践文化惠民，满足广大人民群众精神文化生活需求的艺术盛会。本届越剧艺术节的成功举办，为今后举办国家级艺术活动积累了宝贵的经验。艺术司将借这次越剧艺术节成功举办的契机，坚持以科学发展观为统领，深入贯彻落实浙江省委、省政府推动文化大繁荣大发展的战略部署，着力推进越剧艺术的创新发展，加快浙江文化大省建设步伐，为全面建设惠及全省人民的小康社会作出新的贡献。

二十四、第七届中国评剧艺术节

魅力金秋，姹紫嫣红。9月，第七届中国评剧艺术节在唐山隆重举行。评剧，这棵燕赵大地上的一棵小幼苗，经过百年风雨，已成长为枝叶纷披，亭亭玉立的大树了。这其中的沧桑、艰难和战斗、奋起，却不是三言两语所能说尽。经过6届评剧节的洗礼，她丰富发展，充实提高，今天，在文化体制改革的大潮中，如一盛装少妇，姗姗走来，来到热爱她的百姓中间。

这一届的评剧节囊括了全国13个评剧艺术院团的16台剧目，参加评奖演出和祝贺演出。这些剧目有着如下的突出特点：

剧目丰富多彩，人物鲜活灵动，现代题材占了绝大多数。

评剧诞生在民间，百年来，为世世代代百姓所喜闻乐见。这次评剧节沿袭了评剧以编演现代生活为主流的优良传统，在评奖和祝贺演出剧目中，现代题材就占了13台，占总参赛剧目的80%

以上，这些剧目从不同侧面，不同角度，满怀激情地歌颂了革命斗争时期和改革开放年代，血与火的战斗和滚滚沸腾的新生活，塑造了不同年代性格鲜明呼之欲出的新人物，新风貌。现代评剧《红叶》以真人真事的纪检干部王瑛为原型，热情歌颂了党的纪检干部心系百姓，关心人民，鞠躬尽瘁，死而后已的高贵品德。王瑛如层层红叶，殷红、透明，剧中徐徐传来的川江号子，艺术地揭示了她肩上的担子，心中的责任以及她一往无前的执着精神。大段的精彩唱腔，穿插的精彩细节，成功地塑造了闪闪发光的王瑛“这一个”的光彩形象。

现代评剧《三进门》和《变迁》虽是同一题材，角度却各有千秋。不管是以精巧的故事见长，还是大手笔地正面歌颂蓬勃昂扬的建设者，都以扑面而来的时代感，强烈地吸引和感染着我们把“三年大变样”带到了戏剧舞台上。似乎闻到了浓烈的草原气息，以歌舞为主的内蒙古乌兰牧骑演出团，这次带来了现代评剧《情在山乡》，这个戏是以现代企业家孙连奎为原型编演的，讲述了原插队鸡冠山村知青孙连奎成为现代优秀企业家之后，放弃如日中天的事业，承担起带领第二故乡脱贫致富重任的故事。我们在尚有的瑕疵演出中，似乎看到这个活跃在内蒙古草原的优秀剧团近30年来，每年超过300场辛劳演出，不管刮风下雨，还是大雪纷扬，他们90%的时间都在千里草原，都在百姓之中。

《东藏圣火》展示了东北抗联时期一幅幅油画，描写了在阜新西北部崇山峻岭的瑞应寺里的斗争，塑造了抗联战士，美丽的蒙古族姑娘萨仁花为保护抗联伤员，牺牲年轻生命壮举。谱写了大经师喇嘛道尔吉和众僧俗团结一致，央勇抗击日寇的壮丽凯歌。由5个评剧小戏《相亲风波》、《选举之前》、《家务事》、《葡萄园》、《咖啡情》组成的《咱们村里新鲜事》犹如一束带着泥土，洒满朝露的鲜花，从各个侧面，展现了当下农村各具特色的新鲜事儿，这些小戏由男女青年舞蹈串连在一起，像串串珠玉，晶莹剔透，清新明丽。

还有《家有九凤》故事婉转韵致，写尽了一代女人的悲欢，母亲同她的9个女儿给我们留下了深刻的印象。《青柳》写出了女人命运的曲折坎坷，我们似乎看到了青柳那美好的心灵。

这届评剧节，戏中的主人公绝大多数是女人，这些女人来自不同地域，不同行业，却都是那样的鲜活灵动，亲切美好，她们摆脱了高大全模式，是那样亲切普通，她们对工作的赤诚和对百姓热沉的热爱，使她们的形象鲜活，丰满，有血有肉，这样的形象有着恒久的生命力。这些戏里的人物，山里的，山外的，历史的，当今的，与色彩斑斓的生活一起，构成了一幅幅浓彩重墨的画卷，一套套清晰明丽的笔墨，这多样的生活，多彩的人物，使评剧节千姿万态，姹紫嫣红。

这次评剧节第二个特点是表现在对传统剧目的整理和对名著改编的新追求。

评剧节压轴演出的《马寡妇开店》，由于主角的精彩演出和二度创作的美轮美奂而引起了轰动，达到了一票难求的的程度。《马寡妇开店》是在评剧奠基人成兆才的原创作基础上，又经过著名剧作家王新纪重新整理改编，由著名导演徐春兰重新编排，由中国评剧院倾力演出的。由于唐山评剧团著名女小生张峻玲的加盟演出，而使这个戏更加突出精彩和珠联璧合。《马寡妇开店》对两个主要人物马寡妇和狄仁杰都做了细腻而准确的刻画，特别在揭示他们各不相同而又同样生动丰富的感情世界上，摒弃了那些庸俗、简单而低调的东西，在细腻开掘心理描写上做文章。毋庸讳言原本的《开店》，把狄仁杰塑造成一个封建礼教的卫道者，一副维护封建道德的老面孔，而对于马寡妇，也时有低俗和简单的描写。这次改编本，突出了狄仁杰可爱的书生气和正直善良，并对他的情感世界也剥笋抽丝似地层层揭示的恰到好处。而他对马寡妇的感情也在剧中步步升温，直至心心相印。这样感情发展的脉络得以合理的发展。而马寡妇对狄仁杰的仰慕也是从外貌到内心逐步产生直到深挚炽烈。这样，一个寡妇，一个书生，两个世俗男女，他们的爱情也像陈妙常和潘必正、崔莺莺和张生一样美好，一样高尚，一样晶莹剔透。而在剧中，由原来小书童改老仆人和增加店小二的谐趣性，都是改动不大却点睛之笔。

《马寡妇开店》在二度创作上也有可圈可点之处，如不同时空的运用；舞台天幕的清丽和雅致；灯光运用的幽暗与和谐，唱腔和背景音乐的细致和绵长，这一切，都营造了一个氛围，都在一种美的和谐之中，使观众达到了一种美的享受！《马寡妇开店》给人的启示也是多方面的，在我们浩如烟海的传统剧目中，只要生一双慧眼，又肯下气力认真开掘，执著而锲而不舍的努力，就会有更多又新又美的剧目被发掘出来。

名著改编是丰富评剧剧目的行之有效的办法，这里丰润县评剧团的《红楼系列》是个可贵的尝试，他们在几届评剧节，先后演出了自己改编的《曹雪芹》、《刘姥姥》、《贾母》、《焦大与陈嫂》等剧目，第七届评剧节，他们又拿出了《晴雯》。《晴雯》以晴雯撕扇和补裘两个情节结构全剧，揭示了贾府丫环“奴下奴”的悲剧命运，剧中塑造了晴雯孤傲、清高的性格和对自己不幸遭遇的抗争精神。最后，晴雯怀着对美好理想和纯真爱情的追求，离开人世。丰润评剧团也是个上山下乡每年演出200场以上的优秀表演艺术团体，他们改编的红楼系列戏，以通俗好看、生活气息浓郁而受到广大农民观众的青睐，打进农村市场。我国四大名著之首的《红楼梦》因此走进了千家万户，这个意义是深远的而不同寻常的。

这次评剧节也还有些不尽完美之处，如有些剧目的选择和演出稍显匆忙；剧目的评论和研讨还没完全跟上，但我们相信一定会在以后的评剧节中，更加成熟、完满起来。

评剧的锣鼓，从成兆才在唐山永盛茶园演出《马寡妇开店》敲响时算起，已有100年了，我们相信这锣鼓和着新时代的节拍还会更加有力敲下去。祝福评剧。

二十五、2010年全国京剧优秀剧目展演

时值徽班进京220周年和京剧列入联合国教科文组织“人类非物质文化遗产代表作名录”之际，为展示《国家重点京剧院团保护和扶持规划》实施5年来所取得的成果，进一步推动京剧艺术的繁荣发展，由文化部主办、文化部艺术司承办的2010年全国京剧优秀剧目展演于12月2日至2011年1月20日在北京举行。参加展演的45台剧目将在国家大剧院、梅兰芳大剧院、长安大戏院、民族文化宫大剧院、中国评剧大剧院和大兴剧院6个剧场上演，共演出84场。这是近年来最大规模的一次全国性京剧艺术盛会，将在年底掀起一个观看京剧演出、探讨京剧发展、关心京剧未来的高潮。

本次展演具有如下几个鲜明的特点：

一是参演剧目题材丰富，内容广泛。展演汇集了来自全国26个省、自治区、直辖市38个参演单位的36台大戏和9台折子戏专场，既有新编历史剧《曹操与杨修》、《徐九经升官记》、《北风紧》和整理改编传统戏《满江红》、《孙安动本》、《宝莲灯》，又有京剧现代戏《华子良》、《生活秀》、《飘逸的红纱巾》等。

二是继承传统，不断创新，剧目思想性、艺术性和观赏性统一。如获首届中国京剧艺术节唯一金奖的《曹操与杨修》、银奖的《徐九经升官记》，文华大奖的《成败萧何》，国家舞台艺术精品工程十大精品剧目的《华子良》、《走西口》等。此外，还有许多剧目获得“文华优秀剧目奖”、“国家舞台艺术精品工程年度资助剧目”及第五届中国京剧艺术节奖项等。

三是名家云集、名剧荟萃，共襄京剧盛举。此次展演云集老中青三代著名演员，如裴艳玲、尚长荣、叶少兰、朱世慧、陈少云、于魁智、李胜素、孟广禄、张建国、耿巧云、杜镇杰、王蓉蓉、王平、史依弘、凌珂、王艳、赵秀君、刘桂娟、张克、李佩红、杨赤、倪茂才、李洁、翁国生等。在参演剧目中，还有两台来自中国戏曲学院京剧流派班学员参演的折子戏专场。

四是送戏下基层，文化成果惠及民生。为进一步扩大展演影响，吸引更多的京剧爱好者和观众走进剧场观看演出，营造人人关心、支持京剧发展的良好社会氛围，此次展演遵循“低票价”的惠民原则，低票价比例约占30%。此外，还安排部分剧目在北京大兴剧院演出，重点照顾乡镇、社区群众、农民群众以及农民工、残疾人、五保户等特殊群体，票价一律在10至20元之间。此举旨在送戏到基层，让人民群众共享艺术繁荣发展的成果。

2010年全国京剧优秀剧目展演开幕式于12月7日在国家大剧院举行，开幕演出为国家京剧院的《满江红》。

二十六、中国西部交响乐周

“中华红歌会”的余音还在缭绕，山城重庆又奏响了丰富的交响音乐盛会。12月18日，由文化部、重庆市人民政府主办的中国西部交响乐周在重庆市拉开帷幕。在接下来的10余天里，来自西部10个省区市的12个乐团将为山城百姓奉献20

余场精彩的交响乐演出，这是近年来西部地区交响乐团参演队伍最多、演出规模最大的一次交响音乐展演。

18日晚，由重庆交响乐团带来的、集中国西部交响乐原创音乐和西方交响乐经典曲目等于一体的开幕音乐会，给观众带来耳目一新的感觉。其中交响组曲《故乡风情画》，不仅包含了老百姓耳熟能详的四川清音《忆我郎》、四川扬琴《伯牙碎琴》、金钱板《媳妇问婆婆》和二胡独奏《昭君出塞》、《将军令》等节目，还将原生态演唱与器乐演奏融合在一起，拉近了观众与交响乐的距离。

本次中国西部交响乐周活动以“音乐的盛会，人民的节日”为主题，旨在促进西部地区交响乐艺术的普及和提高，其中乐团展演和进广场、进学校、进社区的“三进”演出让高雅艺术贴近大众，将营造出山城重庆全民欣赏高雅艺术的浓厚氛围。

组委会在19日举办了中国西部交响乐发展论坛和中国西部交响乐团团长联席会。在联席会上，中国西部交响乐团共同签署了《重庆宣言》，审议通过《中国西部交响乐团阵线章程》，成立了首届中国西部交响乐团阵线理事会。

美　术

一、文化部送春联、送年画下基层

2010年春节前夕，文化部组织全国著名书法家和民间剪纸艺人深入四川、甘肃、陕西地震灾区，开展“吉祥新春，温暖同行——文化部送春联、送年画下基层活动”，将精心准备的春联、年画、剪纸等艺术作品送到百姓家中，慰问当地广大干部群众，为灾区人民送去了党和政府的关心和新春的祝福。许多刚刚搬进重建新居的群众，欢天喜地贴上新春联、新年画，迎来喜庆祥和的虎年新春。

（一）名家挥毫泼墨，写出新春祝福

文化部“吉祥新春，温暖同行——送春联、送年画下基层活动”共邀请了全国近30位著名书法家分赴地震重灾区，为当地群众书写春联。在汶川县映秀镇老街村活动现场，著名书法家王镛难得能直起身子稍微休息一下，他一直弯着腰，为热情的灾区人民写下新年的祝福。“呵呵，写得腰都疼了，大家太热情了。”王镛笑着说。深入灾区亲身感受党和政府对灾区人民的关心帮助，感受灾区人民通过辛勤努力发生的可喜变化，并为山村群众写春联，对大多数书法家们来说是头一次，因此也具有特别的意义。在甘肃省天水市、陇南市地震灾区的村镇，60多岁的著名书法家张景岳不顾五六个小时的车程颠簸和腰疾不适，仍然坚持一站就是一两个小时，为群众写春联。春联不仅有吉祥祝福、虎年贺岁的传统内容，还有歌颂灾后重建幸福生活的新内容，“和谐社会春光美，重建家园福满门”，“家园重建谢党恩，万众一心爱祖国”几乎成为活动现场最抢手的春联。书法家们挥毫泼墨，现场书写春联近2000副，写出了对灾区群众的美好祝愿；灾区群众拿到名家手写的春联更是喜上眉梢，真真切切感受到党和政府送来的温暖关怀。为了能满足更多群众的需求，文化部特别邀请著名书法家书写并印制了5万份春联，赠送给地震灾区的群众。陕西省宁强县的下岗职工刘丽拿到春联一连说了好几个“谢谢”，“党和国家不仅为我们重建家园，还组织书法家给我们送来了特殊的节日礼物。我觉得特别温暖。”一位刚刚拿到春联的老大娘欣喜地说：“以前都要跑好远，到集市上买春联，现在把春联送到家门口来了，还都是大师写的，我们真是太高兴了。贴上春联，新年就更热闹了！”

（二）年画剪纸艺术，送来喜庆欢乐

为了营造更为喜庆热烈的节日气氛，文化部此次还邀请了6位全国著名的剪纸艺人，跟随书法家们一起到灾区开展活动。她们中有国家非物质文化遗产项目传承人，有中国工艺美术大师，也有优秀的青年剪纸艺术家，她们通过灵巧的双手将一件件充满着喜庆寓意和吉祥祝福的剪纸艺术品带给广大灾区群众。来自内蒙古的中国工艺美术大师、剪纸艺人刘静兰不仅在现场剪出了大大小小各种形式的艺术作品，还耐心细致地辅导当地的羌族女子学习剪纸。国家非物质文化遗产庆阳剪纸的传承人金香莲已经71岁高龄，但是为了能够尽可能多地给灾区群众送剪纸作品，她不仅每天现场要剪出一两百件作品，甚至晚上只睡三四个小时，熬夜赶制一些大幅的剪纸作品，她说：“这次活动留下的不仅是亲手剪出的作品，还有对灾区人民的牵挂和祝福。”青年剪纸艺人卢雪特别创作了一组地震题材的作品，

再现了地震中若干感人的场景，并将其捐赠给四川博物院作为永久收藏。除了剪纸作品，文化部此次还印制了一万多份年画赠送给灾区群众，这些年画都是中国美术馆馆藏的年画精品，也受到群众的热情欢迎。

（三）弘扬春节文化内涵，为群众奉献更加丰富的精神文化产品

文化部党组对此次送春联、送年画下基层活动非常重视，王文章副部长亲自带队参加赴四川灾区的慰问活动，艺术司巡视员蔺永钧、《中国文化报》总编卜键陪同前往。艺术司司长董伟、副司长张凯华分别带队赴甘肃、陕西两省灾区开展活动。四川、甘肃、陕西三省文化部门积极配合，组织本省的部分画家、书法家积极参与配合活动的开展。文化部组织著名书法家、剪纸艺术家送春联、送年画到地震灾区，打破了以往文化下乡以文艺演出为主的单一形式，进一步拓宽和丰富了为群众服务的形式和内容。书法家、画家们走出书斋、画室，走到最基层的群众中去，直接地将优秀的艺术作品奉献给群众，不仅满足基层群众的需求，对他们自身也是一次激励和振奋，这次到基层去的都是全国著名的书法家，最优秀的艺术家为最基层的群众服务，他们为全国的文艺工作者做出表率和榜样，激励更多的艺术家能够深入群众，将美好的艺术作品奉献给人民。送春联、送年画到广大群众中，尤其符合中国春节文化传统，从文化内涵和民族精神层面张扬了春节的文化意义，符合广大群众新春祈福纳祥美好愿望。艺术家们每到一个地方，都受到当地群众的热烈欢迎。在四川，艺术家们被村民们团团围住索要春联、剪纸、绘画，人们希望这难得的作品能为自家的新年添福增彩；在甘肃，乡亲们特意从家里拿出了柿饼、核桃等土特产，表达对艺术家的感谢之情；在陕西，当地文艺队跳起了欢快的羌族舞蹈，感谢从北京远道而来的艺术家们。无论是春联、年画还是剪纸，灾区的人民群众通过一件件优秀的文艺作品，感受到的是艺术家们的深情和祝福，党和政府的关怀和温暖。

二、全国美术馆专业委员会2009年年会

2009年7日，全国美术馆专业委员会2009年年会在北京召开。全国各地近30家美术馆馆长及部分美术馆书记、中层干部出席了会议，文化部艺术司司长董伟出席会议并发表讲话。

董伟司长指出，全国各地的美术馆为庆祝新中国60年华诞开展了不同形式的展览和庆祝活动，所作出的成绩是突出的，为此向全国美术馆界表示由衷的敬意和感谢。同时对专委会一年来取得的工作成绩予以肯定，总结过去面向未来，2011年又会迎来新的亮点，做好2010年世界博物馆大会的相关工作。

范迪安馆长在工作报告中总结了全国美术馆事业新的发展态势，指出2009年全国美术馆的主要工作特色和成绩表现为6个方面：（1）围绕庆祝新中国成立60周年，各地策划和举办了丰富多彩的主题展览，营造了国庆文化氛围，形成了广泛社会影响；（2）以提高公共文化服务水平为目标，创新服务内容和方式，举办了大量的公共教育活动；（3）进一步扩大国际艺术交流，推出中国美术“走出去”，在国外举办了大量展览和学术活动；（4）加强了馆际协作交流，形成资源共享，学术合作，举办了大量以不同馆藏品构成的主题展和巡展，通过专委会平台沟通了信息，推动馆际协作；（5）进一步加强了内部管理、队伍建设和建章立制；（6）进一步加强了硬件建设，一批场馆得以改扩建和新建，提高了美术馆的专业化水平。

会议还回顾了专委会一年来的工作，交流了各馆好的经验，对开展“全国美术馆评估”、2010年在上海举办“国际现当代美术馆专业委员会年会”及举行“全国美术馆年度精品展览评选”活动等事宜进行了讨论，形成了专委会下一年工作计划。

三、第十一届全国美术作品展

12月25日，由文化部、中国文联、中国美协联合举办的“第11届全国美术作品展暨首届中国美术奖·创作奖、获奖提名作品展览”2009年在中国美术馆隆重开幕。中宣部、文化部、中国文联、中国美协等领导及众多老艺术家、韩国美术家代表团、中国澳门美术家代表团、新闻媒体及社会各界人士几百余人参加了展览的开幕仪式。这次展览期至2010年2月3日，占用中国美术馆的全部展馆。

“第11届全国美展暨首届中国美术奖创作奖获奖作品、提名作品展”是中国最高规格、最大

规模的国家级美术作品展览，每5年举办一次。

第11届全国美展恰逢新中国成立60周年，作为“向祖国汇报系列活动之一”这次美展被中宣部列为新中国成立60周年重大活动项目，集中展示了一大批体现时代精神风貌的精品力作。第11届全国美展分为中国画、油画、版画、雕塑、壁画、水彩、粉画、漆画、陶艺、艺术设计、动漫、综合、港澳台10个展区，自2009年8月开始在各展区展开。各展区从几千件作品中分别评选出的150多件获奖提名作品于中国美术馆举行全国美术作品展览获奖作品展，可谓是百里挑一。中国美术界最高奖项首届“中国美术奖”也在第11届全国美展中评选产生。

第11届全国美术作品展既是对当前美术队伍的一次检阅，也是对5年来美术创作成果的一次检阅。本届获奖作品在内容、题材、表现形式上呈现出前所未有的多样性、开放性、包容性和观赏性。从多角度表现了艺术家的社会责任感、时代精神和人文关怀。本届展览新人辈出，展现出了大批青年美术家们的创造潜能和艺术风采，当代中国美术所呈现的繁荣兴盛的局面令人振奋。

王文章副部长说，全国美术作品展伴随着新中国的成长历程已经成功地举办了11届，影响日益深远，为文化繁荣起到了积极的推动作用。作为国家美术发展的重要系统工程，全国美术作品展为构建中国美术价值体系、引领美术思潮、繁荣美术创作、塑造国家形象都具有重要意义。五年一届的美术作品展是美术界的盛会，也是中国大众的文化盛会，将为广大观众提供丰富多样的文化享受。全国美术作品展已经成为历史最长、最具权威性和影响的国家品牌。

四、新中国城市雕塑建设成就展

4月2日，由建设部、文化部共同主办的“新中国城市雕塑建设成就展”在中国美术馆隆重开幕。展览集中展示了新中国60年城市雕塑建设的最高成就。

2009年末，受住房和城乡建设部、文化部委托，由全国城市雕塑建设指导委员会组织开展的“新中国城市雕塑建设成就奖”在京揭晓，“人民英雄纪念碑浮雕”、“侵华日军南京大屠杀遇难同胞纪念馆的大型雕塑”、“宋庆龄像”等60个城市雕塑项目获得“新中国城市雕塑建设成就奖”，“丰收门”雕塑等40个项目获得“新中国城市雕塑建设成就提名奖”。这些作品，涵盖了新中国60年来各个历史时期城市雕塑的代表作品，分布于全国各大城市的公园、街道、广场、名胜古迹，不仅成为城市的文化景观，也早已融入到居民的日常生活当中，从一个侧面记录了社会发展的历史足迹。“新中国城市雕塑建设成就展”通过作品图片和部分雕塑小稿展示了此奖项的获奖作品。

据全国城市雕塑建设指导委员会艺术委员会主任、中国艺术研究院美术所所长、著名雕塑家吴为山介绍，评选出来的作品全面反映了新中国城市雕塑建设60年的发展脉络。对重大历史题材、历史事件的刻画，不仅使这些作品成为城市雕塑的经典之作，也反映了波澜壮阔的中国革命历史，如北京天安门广场的《人民英雄纪念碑》、南京的《侵华日军南京大屠杀遇难同胞纪念馆的大型组雕》、辽宁大连的《苏军烈士纪念碑》、四川的《中国工农红军强渡大渡河纪念碑》、南京的《雨花台烈士就义组雕》、天津的《平津战役胜利纪念碑组雕》、北京的《中国人民抗日战争雕塑园抗战组雕》等，一直到最新落成的四川汶川特大地震国家纪念碑《汶川时刻》、《四川汶川特大地震记事浮雕墙》，将一部凝固的历史留在了人们的记忆中。对历史人物的塑造，也是这些作品的重要主题，如《老子》、《蒲松龄》、《郑成功》、《林则徐》、《孙中山像》、《宋庆龄像》、《毛泽东铜像》、《周总理像》、《陈毅像》、《走向胜利》、《李大钊像》、《刘胡兰》、《朱自清》、《鲁迅》、《中国现代文学馆组雕》等，以城市雕塑的形式塑造这些人物，记录了民族历史的发展轨迹。而展示城市发展风貌、抒写时代精神，则是这些作品的总体特征，如深圳的《拓荒牛》表现了开拓进取的精神，青岛五四广场《五月的风》寓意了改革开放的强劲东风；还有香港的《紫荆花》、澳门的《盛世莲花》、北京的《和平少女》、广州的《五羊石像》、兰州的《黄河母亲》、三亚的《鹿回头》、拉萨的《高原之宝》，无不具有深厚的文化内涵和独特的地域风采，成为城市的标志性文化景观。

五、文化部、中国文联召开吴冠中纪念座谈会

2010年6月25日，我国当代著名艺术家吴冠

中先生因病溘然长逝。为缅怀吴冠中先生德艺双馨的崇高风范，激励广大文艺工作者以吴冠中先生为榜样，为我国文化事业发展作出积极贡献，文化部、中国文联8月9日召开吴冠中纪念座谈会。文化部党组书记、部长蔡武，中国文联党组书记、副主席胡振民出席会议并讲话。文化部党组成员、副部长王文章主持座谈会。

蔡武指出，吴冠中先生是我国当代杰出的艺术家、艺术教育家。在数十年漫长而艰辛的艺术实践中，他寂寞耕耘，不断进行大胆的创造性尝试，并坚持从民族的欣赏习惯出发，努力探索既能反映时代风貌、又为人民喜闻乐见的艺术形式，在中西绘画融合方面走出了一条与众不同的道路。吴冠中先生一生淡泊名利，生活简朴。生前他精心挑选了自己的数百件作品无偿捐赠给中国美术馆、故宫博物院、上海美术馆、香港艺术馆、浙江省博物馆、鲁迅博物馆、中国美术学院等，把自己的艺术作品献给了祖国，献给了人民，显示了无私奉献的高尚品格和博大胸怀。他爱憎分明，性情率真，光明磊落，敢于发表个人意见，体现了一位知识分子强烈的社会责任感和文化使命感。

蔡武号召广大文艺工作者向吴冠中先生学习，不仅要学习他密切联系人民群众、深入社会生活、反映时代精神、勇于探索创新的艺术品格，更要学习他高尚的人格和品德，学习他对国家和人民的挚爱，学习他淡泊名利、志存高远、不流俗、不媚俗，始终坚守艺术的冰清玉洁。他强调，广大文艺工作者要深入学习、全面贯彻落实胡锦涛总书记在主持中共中央政治局第二十二次集体学习时的重要讲话精神，高举旗帜、围绕大局、服务人民、改革创新，积极响应党和国家的号召，向以吴冠中为代表的优秀艺术家群体学习，不断攀登艺术高峰，努力成为德艺双馨的人民艺术家，为社会主义文化大发展大繁荣作出积极贡献。

胡振民指出，吴冠中先生在长期的艺术生涯中始终关注现实生活，关注民族文化艺术的复兴。他主张融汇中西、贯通古今，把传统与现代、具象与抽象融合起来，坚持不懈地探索东西方绘画的不同美学观念，鲜明地提出并践行油画民族化、中国画现代化的创作理念，创作出许多富有民族气派、时代特色、个性风格的艺术作品，为我国当代艺术的开拓创新和多元发展树立了典范。

王文章说，举办吴冠中纪念座谈会，不仅是表达对吴冠中先生的深切缅怀，更重要的是要学习、继承和发扬他为人、为艺的高尚情操和精神。他希望广大文艺工作者争当德艺双馨的文艺工作者，各级文化主管部门积极营造有利于人才辈出、精品涌现的良好环境，为社会主义文化大发展大繁荣作出积极贡献。

中宣部文艺局副局长汤恒、文化部办公厅主任杨建昆、文化部艺术司司长董伟、文化部艺术司副司长诸迪、中国艺术研究院副院长田黎明、中央美术学院教授詹建俊、清华大学美术学院教授刘巨德、中国艺术研究院中国美术创作院名誉院长郭怡孮等参加座谈会。中央美术学院教授邵大箴，清华大学美术学院教授袁运甫，中国美术馆原馆长杨力舟，中国美术家协会党组书记、常务副主席吴长江，中国美术馆馆长范迪安，中国国家画院院长杨晓阳，中国美术学院院长许江，上海美术馆执行馆长李磊在会上从不同角度追忆了吴冠中先生。

邵大箴表示，吴冠中先生强调艺术家要说真话，尤其在自己的作品中要表达真实感情，“不要戴着假面具跳舞”——这句话击中了中国当代美术的要害。虽然吴冠中先生并非每件作品都是精品力作，但是他每件作品都表达了真实感情。说真话、不说假话、表达真实感情，这是吴冠中先生对当代中国美术的很大贡献。

袁运甫感慨地回忆起与吴冠中先生相处的场景。“吴冠中先生说有一点他感到最满足，当初在法国与赵无极、朱德群和熊秉明彻夜讨论到底是回来还是不回来，他选择了回国。吴冠中先生说：我是中国人，我要离开了祖国就没有我的前途。这始终是他引以为豪的。”

“吴冠中先生的独立人格给我们做了很好的榜样。他对艺术的执著追求到了如醉如痴的境界，发奋到了废寝忘食的地步，无论身处什么样的政治环境，遇到什么样难以预测的风浪，他都不舍弃自己对祖国美好河山的爱恋和体验，都不舍弃自己对绘画艺术的追求和创新，其青春活力一直保持到年届九旬。”杨力舟说。

吴长江指出，吴冠中先生在致力于审美精神、造型语言融汇和革新的同时，还将艺术与生活的关系看做艺术创作观念和实践的重点。他提出

“风筝不断线”的观点，认为生活与艺术本无鸿沟，无论什么样的艺术风格，总无法脱离与现实生活之间的紧密联系，唯有如此，才能使作品具有深厚的基础，才能使观众产生共鸣。

范迪安表示，吴冠中先生的艺术风格值得今人学习和深思，其中最重要的一点，就是以宽阔的胸怀和开放的眼光看待中西艺术的相同性。人们看东西方艺术，总看到差异多、相同少，但吴冠中先生独具慧眼，认为东西方艺术的目的都是谋求情感的表达，都是谋求艺术的创新。

李磊说：“吴冠中先生从2005年到2009年，先后3次无偿捐献给上海美术馆87件代表性作品。这些作品是吴冠中先生深情的重托，更是我们沉甸甸的责任。”

吴冠中先生的母校是国立艺术院，也就是现在的中国美术学院。中国美术学院院长许江回忆了与吴冠中先生交往的点点滴滴。2009年12月，他去看望吴冠中先生。临走告别时，吴冠中先生轻声说：“吴大羽先生曾说过：怀同样心愿者无别离。”

六、建构之维——2010中国当代艺术邀请展

8月18日下午，“建构之维——2010中国当代艺术邀请展”在中国美术馆隆重拉开帷幕。文化部党组成员、副部长王文章，文化部艺术司司长董伟、副司长诸迪，中国艺术研究院、中国美术馆的有关负责人，以及美术界、文艺界的著名专家学者、当代艺术各个不同领域的艺术家代表汇聚一堂，参加了“建构之维——2010年中国当代艺术邀请展”的开幕式。开幕式由中国美术馆副馆长梁江主持。

本次展览由中国艺术研究院、中国美术馆联合主办，由中国艺术研究院当代艺术院承办，参展的艺术家有罗中立、方力钧、张晓刚、曾梵志、汪建伟、王广义、徐冰、许江、韦尔申等20位中国当代艺术院特聘的艺术家，他们是过去30年来各个时期具有代表性的艺术家，也是中国当代艺术界的领军人物。本次展览是中国当代艺术院成立之后，以开放、交流和向公众展示的方式，向公众所作的首次汇报，意义重大。

以“建构之维”作为本次展览的主题，其意旨在于，一方面呈现中国当代艺术多元的创作格局与艺术家各具个性的探索，反映当代艺术与中国社会文化现实的联系与互动，另一方面，突出“建构”的意义，提示当代艺术在当代文化发展中所表现出来的建设性价值。展览及相关学术文献的出版，以及30余位理论家参加的学术研讨会，将展开对于中国当代艺术发展脉络的进一步梳理与分析，以求辩证评价和认识中国当代艺术的文化意义与创造特征，总结有益的经验，对中国当代艺术的未来发展产生积极的引导和推动作用。此次展览共展出50余件（组）作品，除了各艺术家的代表性作品外，数十件新作是首次与公众见面。

本次展览的学术目标体现在以下四个方面。第一，呈现当代艺术在各个历史段落与中国社会文化现实的联系与互动，注重其在参与当代文化建设过程中所呈现出的特征与意义。第二，突出“建构”所呈现的艺术、文化、精神价值，强调在不同维度上的开放与多元性。第三，凸显艺术个案的研究价值。以参展艺术家的个案为坐标，勾勒中国当代艺术的基本发展脉络与多元化的创作格局。第四，通过中国美术馆这一公共文化空间，让当代艺术进一步走向社会，贴近大众，让公众更全面地了解和欣赏中国的当代艺术作品。

开幕式上，文化部艺术司副司长诸迪受文化部副部长王文章的委托做了热情洋溢的讲话。他指出改革开放为中国当代文化和艺术的多样发展提供了历史性的机遇，当代艺术作为新的艺术型态，以探索和创新的精神面向丰富的社会现实，多方面地反映时代变革的气象，拓宽了艺术表现的语言，拓展了社会审美的视野，呈现出活跃的生机和创造的活力，它的积极成果已成为思想解放、社会进步和文化现代化建设的重要表征，并在国际当代文化艺术的交流与对话中体现出鲜明的当代意识，也体现了当代中国所具有的文化包容性与开放性。诸迪高度肯定了此次展览的意义与学术价值，表达了对中国当代艺术未来发展的期望。

中国当代艺术院院长罗中立在致辞中，对各级领导对本次展览的关心表示谢意，同时也表达了对中国当代艺术未来的建设与当代艺术发展前景的充分信心。

中国美术馆馆长范迪安致辞，感谢文化部领

导对此次展览的关注，感谢参展艺术家对展览的支持。同时希望中国的当代艺术能在未来的发展中彰显源自中国社会发展现实的时代精神，以建构的姿态为发展取向。

随后，中国美术学院院长许江作为艺术家代表发言，他代表参展艺术家感谢各主办方的关心与支持，简要介绍了中国当代艺术的发展历程，并表示将不断地为中国当代艺术的发展贡献自己的力量。

开幕式后，有关领导及嘉宾参观了该展览。

七、纪念中国人民抗日战争胜利65周年美术作品展

9月3日是中国人民抗日战争胜利65周年纪念日，也是世界反法西斯战争胜利纪念日。在世界各国以各种形式纪念这一伟大历史时刻的时候，由文化部主办，文化部艺术司和中国美术馆共同组织承办的“胜利属于人民——纪念中国人民抗日战争胜利65周年美术作品展览”9月2日在中国美术馆前广场隆重举行，展览持续到9月16日。

“利刀劲笔”谱写中国美术史上的壮丽篇章。中国人民抗日战争，开辟了世界第一个大规模反法西斯战场。与此同时，中国艺术家用手中的画笔作为武器，将民族危难之时的责任担当转化为一幅幅鼓舞人心，激发斗志的美术作品，构成以美术作品为主线的抗日战争美术史。新中国成立以来，抗战题材创作融汇于革命历史画的创作之中，站在当代人的审美视角和人文立场，诠释和弘扬了以爱国主义为核心的伟大民族精神，极大地提升了对抗战历史主题的表现深度，体现出当代艺术家对民族、对社会、对历史的强烈责任感和使命感。抗战精神和抗战史实通过艺术的方式一次次得以传播，不断积累和拓展着中华民族宝贵的精神资源，成为激励中华民族前进的动力之一。

“恢宏力作”展现气吞山河的革命英雄主义气概。本次展览展出中国美术馆馆藏抗战主题美术作品以及其他艺术机构收藏的重要作品约80余件，包括中国画、油画、版画、雕塑等艺术品类。其中既有抗战时期的饱含激情之作，也有新中国成立之后革命历史画的主题画卷。展览根据创作主题，共分3个部分内容，第一部分是“国难当头”，这一部分作品主要表现日本军国主义的野蛮侵略，抗战时期的美术家面对国破家亡的现实，艺术观念不约而同汇聚到贴近现实的主流之中，留下了大忧患时代的心灵震颤与苦难中国的深刻印记。第二部分为“同仇敌忾”，此部分作品，通过对抗战场景的描绘，对历史事件和人物的刻画，展示出中国人民必胜的信念和同仇敌忾的凝聚力，颂扬了中华儿女在正面战场和敌后奋勇杀敌的英雄气概。第三部分为“胜利之光”，此部分作品主要表现中国人民通过艰苦卓绝的斗争，勇往直前，最终走向胜利，获得民族解放。此部分作品以鲜明的时代特征、饱满的激情记录了抗战走向胜利的重大历史时刻，表达出中国人民热爱和平的美好愿望。

中国美术馆以艺术这个独特的方式来纪念65年前中国人民抗日战争胜利，其意义就在于以纪念中国人民抗日战争胜利65周年为契机，深入推进社会主义核心价值体系建设，大力弘扬爱国主义精神，增强民族自尊心、自信心、自豪感，牢固树立在中国共产党领导下走中国特色社会主义道路、实现中华民族伟大复兴的共同理想，促进世界和平与发展。

八、全国画院优秀创作研究扶持计划启动

为鼓励和支持国有画院积极开展形式多样、内容丰富的美术创作研究活动，推动画院出精品、出人才、出效益，文化部启动全国画院优秀创作研究扶持计划，相关申报工作也全面展开。

画院是我国美术创作研究的专业机构，承担着建设社会主义先进文化、继承和发展民族美术事业的重任。为实现对画院创作和研究工作的有效引导与扶持，文化部艺术司自2010年起，开始实施作为“国家美术发展工程”重要组成部分的全国画院优秀创作研究扶持计划，对于入选该计划的创作研究项目予以奖励性扶持。全国画院优秀创作研究扶持计划支持和鼓励国有画院的艺术家积极深入生活、深入实践、深入群众，提倡和鼓励艺术家创作表现时代精神和人民心声的现实题材作品；提倡和鼓励国有画院挖掘地域文化资源，积极推动本地区美术创作研究和文化的传承发展。

该计划面向全国国有画院展开。凡是2010年启动的已完成或最迟于2011年3月底前执行完毕的创作研究项目，均可申报。每个创作项目参与

的艺术家原则上不少于10人，并以申报单位专职艺术家为主；研究项目参与人员数不限，负责人应为申报单位专职研究人员。无论是创作项目还是研究项目，均须配备相应的推广计划和宣传方案，具备一定的社会影响力。2010年启动并已经完成的创作研究项目，需提供较为完备的项目成果展示的相关资料，包括画册、展览资料、学术专著、新闻报道等。

地方各级画院须将相关申报材料报送各省区市文化厅（局），中央和国家有关部门所属画院的相关申报材料报送到该计划评审工作办公室（设在文化部艺术司）。各省区市及中央有关单位申报项目原则上不超过3个。

申报工作分为两个阶段，10月31日前各地申报，11月5日前各地推荐结果汇总至该计划评审工作办公室。最终入选该计划的创作类项目、学术研究类项目将分别获得文化部奖励性扶持资金10万元至20万元、5万元至10万元。

九、齐白石艺术国际论坛（2010·北京）

10月15日至16日，“齐白石艺术国际论坛（2010·北京）”在首都北京隆重举行。此次论坛由中华人民共和国文化部艺术司、北京市文化局主办，北京画院承办。此次论坛活动共有齐白石艺术研究专家学者93人参加，3个论坛共有53位研究者发言人，其中来自美国、日本、英国、韩国、新加坡以及捷克的学者以及美术馆馆长共计32人。论坛成果丰硕，论坛讨论问题从齐白石艺术特色到中国画在21世纪的发展，成为推动齐白石艺术研究的重要举措，对于当前的艺术创作具有重要的指导意义，也必将在国际范围内为弘扬中国传统文化发挥重要的作用。

论坛期间《北京画院藏齐白石全集》也一并出版发行。该书邀请著名美术史论家担任分卷主编，共同参与研究和编稿工作，将所藏北京画院的全部齐白石作品及相关文献进行梳理收录其中。此部全集是迄今为止关于中国艺术家个案艺术研究中，出版规模最大、收录项目最多、门类最全、艺术水准最高的一部研究著述，集数据性、艺术性、学术性于一体，强调鉴赏价值、收藏价值、研究价值，是数十年来关于齐白石艺术研究中的辉煌巨制。另外北京画院编辑出版论文集两卷，收录齐白石研究文章42篇。同时北京画院还精心策划了“真有天然之趣——北京画院藏齐白石精品展”，于10月16日至11月7日在北京画院美术馆展出。中央美术学院与北京市文物公司联合举办，中央美术学院国家艺术与文化政策研究所、北京画院美术馆协办的“齐白石——从群众中来，到群众中去”艺术展也于10月15日在中央美术学院美术馆拉开帷幕。北京画院还推出了大型电视专题片《齐白石》，纪录片通过大量的实景拍摄、专家访谈，全面而深刻地介绍了齐白石的艺术人生。

“齐白石艺术国际论坛（2010·北京）”是一次集研讨、展览、出版于一体的文化盛事，它的成功举办不仅向世界再次展现齐白石和中国艺术的价值与意义，还将搭建齐白石艺术研究与交流的广阔平台，与会嘉宾从多角度共同展开学术交流，努力实现齐白石研究在深度上的挖掘和广度上的拓展；探讨中国画在当下的意义和发展方向；分析齐白石艺术作品的收藏市场；研究如何提高中国画在世界美术格局中的地位和作用，对中国画在当下的意义和发展方向提出有益的参考，对于中国传统艺术精粹进行了有效推广和传播。

十、吴冠中艺术回顾大展

11月20日，由文化部与浙江省人民政府主办的“东西贯中——吴冠中艺术回顾大展”在浙江美术馆开幕。这是迄今为止吴冠中艺术作品规模最大的一次展览，集中展示了吴冠中生前捐赠给海内外主要美术馆等艺术机构的绝大部分作品，包括新加坡国家美术馆、中国美术馆、浙江美术馆、上海美术馆、香港艺术馆、故宫博物院、北京鲁迅博物馆藏的作品共350余件。

展览前夕，吴冠中的长子吴可雨将父亲的《云南行》速写48图和手稿3篇捐赠给浙江美术馆永久收藏。《云南行》速写集记录了吴冠中先生于1978年到云南写生的足印，具有极高的艺术价值和文献史料价值。本次展览的作品创作年代从1954年至2010年，横跨半个多世纪。而展览开创性地把各大美术馆、博物馆的馆藏吴冠中作品集中展出，不仅促进了馆际之间的交流，也间接呈现了很多作品之间内在的关系。例如，一幅名为《瀑布》的作品，其创作的手稿由浙江美术馆藏，成品则在香港艺术馆。

吴冠中捐赠给各大美术馆、博物馆的作品都

是艺术精品，此次展出的作品市场价值无法估量，浙江美术馆为此将安保措施提升到空前级别，从作品运输、保险、点交、开箱到保管、布展等，都有一整套严密的程序，特别是武警押运、海关监督等环节，以确保作品万无一失。

为了让观众更好地理解吴冠中的艺术及精神，开幕式当天，主办方邀请了8位美术馆馆长及相关专家现场讲解。展览期间，浙江美术馆还提供语音导览、触摸屏导览以及志愿者导览服务，并举办海内外研究学者的专场学术报告会。展览截至12月25日。

十一、国家重大历史题材美术创作工程作品香港展

12月18日，由中国美术馆、（香港）中华文化城有限公司联合主办的“历史与艺术——国家重大历史题材美术创作工程作品香港展”在香港展览中心隆重开幕。全国政协副主席董建华先生，国家重大历史题材美术创作工程艺术委员会主任、文化部副部长王文章先生，中央人民政府驻香港特别行政区联络办公室副主任郭莉女士，香港特别行政区政府民政事务局局长曾德成先生，国家重大历史题材美术创作工程办公室主任、文化部艺术司司长董伟先生，全国政协常委、中国美术家协会名誉主席靳尚谊先生，全国政协常委、国务院参事室副主任王明明先生等出席开幕式。展览由文化部艺术司、中央人民政府驻香港特别行政区联络办公室宣传文体部、香港特别行政区政府民政事务局为支持单位，香港中国企业协会、香港岛各界联合会等机构为协办单位。

开幕式由中国美术馆馆长范迪安主持。文化部副部长王文章、中国美协名誉主席靳尚谊、香港特区政府民政事务局局长曾德成、中联办宣传文体部部长郝铁川致辞。香港各界人士400多人参加了开幕式。

本次展览在国家重大历史题材美术创作工程作品中精选55件作品组成香港展，这是内地美术作品赴香港的大型展览。香港展览中心经设计，以暖红色彩为基调，场面宏大庄重，格调高雅，气氛热烈，营造了“工程展”的艺术氛围。

12月18日下午，举行了展览研讨会。研讨会由中国美术馆副馆长梁江主持。中国美术馆馆长范迪安，中国美协名誉主席靳尚谊，国务院参事室副主任王明明，中国艺术研究院中国油画院院长、工程展油画《宋庆龄》的作者杨飞云，中国艺术研究院美术研究所所长、中国雕塑院院长、工程展雕塑《聂耳》的作者吴为山，文化部艺术司文学美术处处长安远远，中联办宣传文体部副巡视员兼处长米继红，香港美术界和文化界著名人士文楼、万青力、萧晖荣、沈平、黎日晃、萧滋、许恩琦等出席。

香港艺术界代表盛赞展览为香港公民提供了一次认识中国近现代历史和欣赏高层次艺术的机会，也高度评价展览所呈现的艺术殿堂式的视觉效果。借由研讨会，与会代表还畅谈了加强内地与香港艺术交流的前景。

中国美术馆为实施好本次展览，组织精干队伍，从策划到运输、设计、安装、宣传，各环节精心组织，使展览以国家美术馆的专业水平呈现于香港。

十二、第七届“我在中国美术馆画画儿”系列儿童教育活动

12月2日、3日两天，中国美术馆陆续接待了来自北京市织染局小学、分司厅小学和北京市第二中学的800余名师生。同学们在美术馆公共教育部工作人员和老师的带领下饶有兴致地参观了正在展出的“立体主义时代——西班牙电信艺术珍藏展”、“天高云淡——纪念宋步云诞辰100周年艺术回顾展”等展览，并进行了观摩、创作活动。历时一个月左右的第七届“我在中国美术馆画画儿”系列儿童教育活动在师生的观摩、创作中拉开了序幕。

“我在中国美术馆画画儿”是中国美术馆的传统特色儿童教育项目。此次推出的第七届“我在中国美术馆画画儿”活动将跨越2010年12月初至2011年1月初，历时一个月之久，包括儿童观摩与创作、教师特色教研、儿童绘画大赛评选与颁奖等环节。美术馆公共教育部还结合同期展出的“立体主义时代——西班牙电信艺术珍藏展”设计推出了展览导赏手册、教育手册和亲子活动手册，免费供前来参加活动的机构和个人使用。预计将有数千名儿童在老师和家长带领下参加系列儿童教育活动。

12月2日下午，来自织染局小学的全体师生共200余人来到中国美术馆进行了观摩、创作活

动。织染局小学的王校长表示："非常支持中国美术馆组织的此类儿童教育活动，一定积极创造条件，让孩子们更多地开阔眼界，丰富审美体验，这是对孩子成长非常有意义的一件事。"织染局小学的孩子们对此次活动也表示出浓厚的兴趣，艺术作品的无穷魅力让这些孩子们久久不愿离去。

12月3日，分司厅小学的学生在美术老师的带领下参观了"立体主义时代"等同期展览。美术老师以提问和鼓励的方式引导孩子们从不同的角度欣赏作品，将孩子们的参与热情充分调动起来，并引发了他们对创作的欲望。当天下午参观展览之后，20位分司厅小学的美术特长生来到专用教室，美术老师带领他们在这里上了一堂别开生面的美术课。老师结合西班牙立体主义展览作品特点，启发、指导孩子们用剪纸拼贴的形式进行了一次创作体验活动。孩子们通过创作拼贴作品，进一步体验了立体主义作品的特色，也深深感到拉近了与艺术大师的距离。最后，同学们将自己完成的作品布置在小教室的墙面并与之合影留念。美术课在同学们的作品展示中达到了高潮。

国家艺术院团

一、蔡武部长在国家艺术院团优秀剧目展演表彰大会上的讲话

同志们：

大家好！

首先，我代表文化部党组向全体获奖剧目和获奖人员表示热烈祝贺，向参加国家艺术院团优秀剧目展演的全体演职人员表示衷心的感谢！

国家艺术院团是中国舞台艺术的"国家队"和"排头兵"，代表着国家舞台艺术发展的最高水平，肩负着建设国家主流文化的重要战略任务。抓好国家艺术院团的艺术创作与演出，充分发挥国家艺术院团的导向性、代表性和示范性作用，对于引领和带动全国文艺创作的繁荣发展具有重要意义。文化部决定从今年起，定期举办国家艺术院团优秀剧目展演活动。

今年的展演活动汇集了一大批脍炙人口的经典保留剧目和近年来涌现的优秀新创剧目，荟萃了国家艺术院团各艺术门类的艺术家和优秀中青年演员，可以说是新时期以来国家艺术院团优秀艺术作品和优秀人才的一次集中检阅。同时，展演坚持面向社会、面向市场、服务大众，在低票价基础上，开展了一系列演出交易推介、理论研讨、艺术讲座等活动，积极推进国家艺术院团与广大观众和演出机构的交流与互动，使广大人民群众共享国家艺术院团的发展成果。

中央领导同志高度重视国家艺术院团优秀剧目展演活动。贾庆林、李长春、刘云山、刘延东等中央领导同志分别出席观看了国家艺术院团的演出，并对活动和演出剧目给予了充分肯定和高度评价。展演期间，9个国家艺术院团的32台剧节目总计演出60余场；演出交易会上，9个国家艺术院团与各地演出机构正式签约219场，金额达3562万元，签署演出意向379场，协议金额超过4431万元；展演受到了广大观众的热烈欢迎，绝大多数演出场次的出票率和上座率超过了95%，很多场次出现了一票难求的景象。国家艺术院团的创作和演出，不但接受了广大观众的检验，也接受了市场的检验，交上了一份合格的答卷。展演活动也得到了新闻媒体的广泛关注和一致好评。新华社、《人民日报》、《光明日报》、中央电视台等媒体对活动进行了全面深入的报道，进一步扩大了社会影响。

展演活动充分展示了国家艺术院团的整体实力和艺术风采，锻炼和推出了一批优秀的艺术人才，尤为重要的是，展演活动展示了文化体制改革给国家院团带来的生机与活力，探索和建立了新形势下推动国家院团艺术创作的工作机制，调动了国家艺术院团艺术家们的积极性、创造性和主动性。历时一个月的展演活动达到了预期效果，赢得了广泛社会赞誉，取得了圆满成功。

今天，我们隆重召开表彰大会，对展演活动中获奖的剧目和个人进行奖励，同时，要总结和推广此次展演活动中的成功经验，进一步促进国家艺术院团的体制机制创新、艺术创作生产和艺术人才培养，推动我国艺术事业的大发展大繁荣。

下面，结合本次展演活动，我谈几点意见。

（一）国家艺术院团要在艺术产品创作生产的引导中发挥表率作用

7月23日，胡锦涛总书记在中央政治局第二十二次集体学习时强调，要顺应时代要求，深化文化体制改革，推动社会主义文化大发展大繁荣。

要求加强对文化产品创作生产的引导。创作生产出更多无愧于时代、无愧于人民的文化精品，最大限度发挥文化引导社会、教育人民、推动发展的功能。胡锦涛总书记把加强对文化产品创作生产的引导作为当前和今后一个时期文化改革发展必须抓好的四项重点工作之一加以特别强调，内涵非常深刻，对我们国家艺术院团的发展具有重大指导意义。国家艺术院团应当认真学习和领会胡锦涛总书记的重要讲话精神，在文化产品创作生产的引导中发挥表率作用。

1. 加强对文化产品创作生产的引导，必须坚持社会主义先进文化的前进方向。文化是民族精神的火炬，是时代前进的号角。用优秀的作品去感染人民、鼓舞人民、教育人民，逐步形成全社会共同的理想和价值取向，高尚的道德和文明的风尚，增强对国家和民族的认同感和凝聚力，是文化工作的目标和追求。国家艺术院团必须高扬社会主义先进文化的旗帜，坚持“二为”方向和“双百”方针，弘扬主旋律，提倡多样化，大力发展先进文化，支持健康有益文化，努力改造落后文化，坚决抵制腐朽文化。要积极弘扬社会主义核心价值体系，大力唱响共产党好、社会主义好、改革开放好、伟大祖国好、各族人民好的主旋律，体现社会主义共同理想，体现以爱国主义为核心的民族精神和以改革创新为核心的时代精神。让弘扬主旋律的优秀文化作品，在全社会得到广泛传播。

2. 加强对文化产品创作生产的引导，必须坚持贴近实际、贴近生活、贴近群众。本次展演中，话剧《这是最后的斗争》、《向上走、向下走》等剧目，关注现实、关注民生，赢得了观众和专家的高度评价。国家艺术院团要牢固树立以人民为中心的创作导向，尊重人民主体地位，把人民群众作为艺术作品的表现主体，要倾听并回应人民群众的心声和呼唤，体现和传达人民群众的思想、情感、愿望和理想。要鼓励国家艺术院团的艺术家们深入实际、深入生活、深入群众，创作生产出更多反映当代现实生活、充满人文关怀的艺术作品。要真正从群众需要出发，继承和发扬中华文化优良传统，吸收借鉴世界有益文化成果，推出更多深受群众喜爱，思想性、艺术性、观赏性相统一的精品力作。要把满足人民群众的精神文化需求作为根本目的，把人民群众认可不认可、满意不满意作为检验文艺作品的根本标准。

3. 加强对文化产品创作生产的引导，必须坚持深化文化体制改革。改革创新是艺术发展的动力。改革的目的是破除阻碍文化艺术发展的体制机制性障碍，解放和发展文化生产力，是为了充分调动广大艺术工作者的积极性、创造性和主动性。国有表演院团的转企改制是文化体制改革的中心环节。在中央领导同志的亲自关怀指导下，国家艺术院团的体制机制改革取得了显著成效。中国东方歌舞团整体转制，短短半年已经取得了显著成效，面貌焕然一新。考虑到国家院团是代表国家水平，体现民族特色的代表性院团，中央批准其他国家院团在保留事业性质的同时，深化内部机制改革，实行企业化管理。我们要深刻领会中央部署的深刻含义，以改革创新精神，坚持面向市场，改革劳动人事和用工制度，改革内部分配制度，改革和完善社会保障机制，成为运行顺畅、充满活力的艺术创作和演出单位。国家艺术院团要成为全国不同类型演艺院团改革创新的样板和模范，真正发挥好“国家队”和“旗舰”的作用。

4. 加强对文化产品创作生产的引导，必须坚持把社会效益放在首位。本次展演活动在坚持高品质的同时，坚持了低票价原则，让更多群众能欣赏到国家艺术院团的精彩演出，取得了社会效益和经济效益的有机统一。在社会主义市场经济条件下，国家艺术院团必须处理好社会效益和经济效益的关系，切实担负起国家艺术院团的社会责任。要提高对市场机制的认识，既要重视票房和演出收入，又不能唯票房和演出收入；要坚持用思想精深、艺术精湛、品质高雅的文艺产品来打动观众、占领市场，坚决抵制庸俗、低俗、媚俗之风。

（二）国家艺术院团要在全国艺术院团中发挥导向性、代表性和示范性作用

国家艺术院团的地位和职责，决定了我们必须增强责任感和使命感，切实发挥导向性、代表性和示范性作用。国家艺术院团拥有光荣的传统和辉煌的历史，在我国社会主义文艺建设进程中扮演着中流砥柱的重要角色。国家艺术院团一大批经典性的艺术作品和一大批德艺双馨的艺术名家，构成了我国当代艺术史上的华彩篇章。在新的历史时期，国家艺术院团同样创作积累了一批在全国有影响力的优秀作品，同样拥有一批全国一流的艺术人才。国家艺术院团有责任，也完全有能力在全国艺术创作中起到旗帜、表率和引领作用。在全球化背景下，国家艺术院团的导向性、代表性和示范性应当具有全新的视野和更高的要求。当今时代，文化越来越成为民族凝聚力和创造力的重要源泉，越来越成为综合国力竞争的重要因素。面对日益激烈的国际竞争，国家艺术院团必须直面西方强势商业文化的冲击和影响，占领文化战略高地，不断推出具有国际影响力和竞争力的精品佳作和艺术品牌，才能切实在全国院团中起到导向性、代表性和示范性作用。

要实现国家艺术院团的基本定位和根本要求，对内来讲，就是要求国家艺术院团的艺术创作能够代表国家一流水平，能够引领全国舞台艺术发展；对外来讲，就是要求国家艺术院团的艺术作品代表中国艺术形象，具有世界影响。我们应当有这样的抱负和信心。本次展演活动举办的演出交易会，对进一步推动国家院团演出推广，扩大国家艺术院团的辐射力和影响力，具有重要意义。以后可以邀请更多有实力的演出机构，包括国外演出机构来共同参与展演活动，把国家院团优秀的文化产品推向全国，推向世界。

要实现国家艺术院团的基本定位和根本要求，有两个重要标志：一是不断推出代表国家水平的精品力作。既要唱响时代最强音，弘扬社会主义核心价值体系，又要努力满足人民群众多样化多层次的文化需求。既要注重优秀保留剧目的排演传承，也要努力推出更多具有时代特征和民族特色的高品质的艺术新作。本次展演活动既展示了如京剧《满江红》、《柳荫记》、《大闹天宫》、《杨门女将》，芭蕾舞剧《奥涅金》、《天鹅湖》等一批优秀保留剧目，受到了观众的广泛欢迎，也推出了一批如儿童剧《西游记》、话剧《这是最后的斗争》、歌剧《热瓦普之恋》等备受好评的新创剧目，彰显了国家艺术院团的实力。二是要培养一批德艺双馨、成绩突出的艺术家，一批既懂艺术，又善经营的艺术管理人才，一批掌握现代科学技术的专门人才。人才是第一资源，国家艺术院团要不断推出艺术精品，必须要以优秀的人才作为支撑。因此，国家艺术院团要坚持“人才兴文”战略，努力创造优秀人才锻炼成长、脱颖而出的良好氛围；要充分调动艺术工作者的积极性、主动性和创造性，使优秀人才能够人尽其才、才尽其用；要积极搭建平台，提供优惠条件，吸引全社会优秀艺术人才共同推动国家艺术院团的发展。本次展演得到了国家艺术院团广大文艺工作者的衷心拥护和全力支持，不管是艺术名家还是年轻演员都不辞辛苦、爱岗敬业、无私奉献，体现了扎实的工作作风和良好的精神风貌。我听说，国家京剧院年过八旬的吕瑞明老院长亲自修改剧本、指导创作。保留剧目《杨门女将》今年正值问世51周年，首演时的主要演员王晶华、冯志孝、寇春华、李立水等老一辈艺术家虽已年过七旬，但仍然克服困难，坚持登台演出，起到了积极的“传、帮、带”作用，我听后非常感动。很多“80后”的青年演员也都参加了本次展演活动，展现了他们精湛的艺术技艺，给人留下了深刻印象。这些优秀的艺术工作者是国家艺术院团持续繁荣发展的基石和保障。

（三）国家艺术院团必须大力提倡艺术创新

文艺创作的繁荣关键在于创新。我们正处于一个快速发展变革的时代，人民群众的审美需求以及文艺发展的形态都呈现出日新月异的趋势。国家艺术院团只有进一步增强创新意识、大力推动艺术创新，才能在日趋激烈的文化竞争中保持优势，发挥好导向性、代表性、示范性作用。

胡锦涛总书记在中国文联第八次全国代表大会、中国作协第七次全国代表大会上强调：“不善于继承，没有创新的基础，不善于创新，缺乏继承的活力。”国家艺术院团要正确把握艺术继承与创新的关系，要把文艺创新与传承优秀民族文化结合起来，与借鉴人类文明一切优秀成果结合起来，充分尊重艺术规律、尊重艺术家独特的创造性，推出更多具有时代精神，具有中国特色、中国风格、中国气派的文艺佳作。国家艺术院团要鼓励创新，包容失败，努力营造有利于创新的制度和环境，大力推动国家艺术院团的观念创新、体制机制创新、内容形式创新和传播手段创新，在艺术创作上不断取得新的突破。

就国家艺术院团的艺术品种来看，既有歌舞、京剧、民乐等传统艺术，也有歌剧、芭蕾、交响乐等外来艺术。国家艺术院团的艺术创新主要可分为“传统艺术的现代化”和“外来艺术的民族化”两类。所谓“外来艺术的民族化”，主要是要强调如何在保持外来艺术品种的特质的基础上，更好地表现中华民族的文化、精神和中国人民的思想感情。此次展演中，中央芭蕾舞团的舞剧《牡丹亭》、中央歌剧院的歌剧《热瓦普恋歌》等剧目都在外来艺术的“民族化”“本土化”上进行了大胆的尝试，尽管在某些方面还不够成熟，存在这样那样的问题，但是这种在艺术创新上孜孜以求、不断探索的精神是值得我们鼓励的。所谓“传统艺术的现代化”，也主要是指如何在保持传统艺术特质和韵味的基础上，更好地表现现实生活和时代精神，并努力追求和创造当代的艺术风格和流派。此次国家艺术院团展演的很多经典保留剧目，比如京剧《满江红》、京剧《柳荫记》都根据当代观众的审美需求，在舞台呈现甚至在剧本上做了新的调整，取得了很好的效果。我也观察到，中央民族乐团演出的民族音乐会大胆起用了一批有实力的新人担当音乐会的主演，呈现出民族音乐发展朝气蓬勃的喜人景象。我们充分相信，国家艺术院团坚持继承优良传统，大力提倡艺术创新，就一定能在新时期创造新的辉煌。

同志们，国家艺术院团在社会主义先进文化建设中肩负着神圣职责和重要使命，让我们团结一致、开拓进取，进一步深化文化体制机制改革，把最优秀的精神食粮奉献给人民群众，为推动社会主义文化大发展大繁荣作出更大贡献。

二、蔡武部长在中直院团深入推进机制改革工作会议上的讲话

同志们：

今年1月15日，李长春同志到中央歌剧院看望广大演职人员，与中直院团的领导和专家进行座谈，并发表了重要讲话。这充分体现了党中央、国务院对中直院团发展的殷切希望和对中直院团全体员工的关心支持。李长春同志的讲话是指导中直院团今后一个时期改革发展的指针，必须认真学习、深刻领悟、积极贯彻、抓好落实。今天，我们召开这个工作会，其目的就是贯彻落实李长春同志视察歌剧院讲话精神，推动中直院团体制机制改革，促进中直院团的发展。刚才，各个院团代表分别介绍了本单位推进体制机制改革、繁荣艺术生产的有益探索和今后的工作设想。可以看出，各个院团都认真地学习了李长春同志讲话精神，在推动院团改革发展方面进行了深入思考、采取了有效措施，这些都值得充分肯定。为了更好地落实李长春同志讲话精神，我代表部党组讲几点意见：

（一）充分认识中直院团的重要地位和作用，不断增强工作的责任感和使命感

中华文明五千年绵延发展的历史充分证明，文化是民族的血脉和灵魂，是国家发展的精神动力。新中国成立60年来的实践告诉我们，要实现我国社会主义现代化建设和中华民族伟大复兴的宏伟目标，必须大力加强文化建设，坚持用社会主义先进文化引领全国各族人民奋勇前进。党的十七大从中国特色社会主义“四位一体”的总体战略布局出发，发出了推动社会主义文化大发展大繁荣、掀起社会主义文化建设新高潮的号召，进一步明确了现阶段我国文化工作的主题，为文化建设指明了方向。在这种时代背景下，中直院团作为我国艺术创作生产的“国家队”、实施国家文化发展战略的主力军，使命崇高，责任重大。

党中央和国务院高度重视中直院团的发展，在很多方面给予了大力支持。历任党和国家领导人多次做出重要指示，并亲自观看中直院团的演出。去年年底，胡锦涛同志给中央芭蕾舞团发来贺信，刘延东同志亲赴中芭调研，今年年初，李长春同志亲自视察中央歌剧院，体现了党中央、国务院对中直院团的殷切关怀。胡锦涛同志在致中央芭蕾舞团建团50周年的贺信中，希望中央芭蕾舞团始终坚持“二为”方向和“双百”方针，继承优良传统，不断开拓进取，积极探索艺术创作规律，努力推出更多精品力作，真正建成具有世界一流水平、鲜明民族特色、深受观众喜爱的艺术团体。这不仅是对中央芭蕾舞团的期望，也是对我们所有中直院团的期望。李长春同志在视察中央歌剧院时，充分肯定了中直院团已经取得的骄人成绩，同时也对中直院团的改革和发展寄予厚望，希望中直院团在各个方面发挥示范、带头和骨干作用，成为我国文艺事业的“排头兵”，为推动社会主义文化大发展大繁荣作出应有贡献。我们一定要深刻领会胡锦涛同志和李长春同志的指示精神，充分认识中直院团的地位和作用，不

断增强完成历史重任的责任感和使命感，努力在“出精品、出人才、出效益”方面发挥导向性、代表性和示范性作用。具体来讲，就要从以下几个方面进行努力：

第一，繁荣艺术创作，努力成为舞台艺术精品诞生和传播的国家最高殿堂。一个时期文化的积淀，最终的成果是凝聚在文化的精品和传世之作上。社会主义文化大发展大繁荣的重要标志之一就是优秀文艺作品不断涌现。作为国家级艺术院团，要发挥艺术创作的旗帜、表率、引领作用，就必须把优秀剧目的创作和演出作为核心功能，努力把自己打造成体现国家水平、具有国际影响力的艺术殿堂。要始终坚持“二为”方向，坚定不移地弘扬社会主义核心价值观，努力创作、演出能够代表国家艺术形象、体现国家最高艺术水平、深受人民群众喜爱的，思想性、艺术性、观赏性俱佳的精品力作。要把弘扬主旋律和提倡多样化更好地结合起来，既要唱响时代最强音，用社会主义的核心价值体系来引领社会思潮，鼓舞人们继续投身于中华民族走向复兴的伟大实践，又要注意满足人民群众多样化、多层次的精神文化需求。既要注重对优秀保留剧目的排演传承，也要努力推陈出新、博采众长，推出更多反映时代特征、形式新颖的扛鼎之作。

第二，加大人才培养力度，努力成为优秀人才成长发展的摇篮。人才是最宝贵的资源，是各项事业发展的根本。中直院团要生产艺术精品，拓宽市场渠道，扩大社会影响，提高整体实力，都要靠优秀的人才作为支撑。因此，必须切实贯彻“尊重劳动、尊重知识、尊重人才、尊重创造”的方针，树立人才资源是第一资源的观念，把人才培养作为紧迫的基础工作、战略任务来抓，努力创造优秀人才锻炼成长的良好氛围，将中直院团打造成为艺术大师的摇篮、优秀管理人才和技术人才的集聚地。要认真抓好各类人才队伍建设，努力培养一批德艺双馨、成就突出的艺术家，一批既懂艺术，又善经营的复合型经营管理人才和一批掌握现代信息技术的专门技术人才。要充分调动广大干部职工的积极性、主动性、创造性，关心老艺术家的创作和生活，充分发挥他们的传、帮、带作用，加强对中青年艺术人才的培养，营造有利于优秀文化人才大量涌现、健康成长和人尽其才、才尽其用的良好环境。要充分发挥中直院团的影响力，吸引更多社会人才、国外人才和高校培养的优秀人才，为他们搭建成长的舞台。要加强与艺术高校的深度合作，有针对性地培养人才，增强各艺术院团发展的后劲。

第三，认真完成政治演出和公益性演出任务，努力成为开展公共文化服务的“排头兵”。中直院团肩负着为国家服务、为社会服务的神圣使命。几十年来，中直院团在承担党和国家重大政治演出任务、开展公益性演出等方面做出了突出贡献。今后，各院团还要进一步强化自身的责任意识，认真履行政治责任和社会责任。要积极配合党和国家的重大政治活动、重大庆典，保质保量地完成党和国家交给的政治演出任务。要坚持开展“三下乡”，深入工厂、矿山、城市社区、农村、边疆，为基层人民群众奉献优秀的精神食粮，为实现人民群众的基本文化权益、努力履行提供公共文化服务的职责。要紧密结合“高雅艺术进校园”活动，加大艺术普及力度，致力于提高全民族文化素质。要充分发挥国家艺术院团、优秀艺术家的影响力，积极开展赈灾义演、爱心捐赠等社会公益活动，带头践行社会主义荣辱观，支持社会事业发展，净化社会环境。

第四，积极开拓市场，努力成为具有强大竞争力的文化市场“主力军”。积极开拓市场，面向市场，是文艺院团在社会主义市场经济条件下发展壮大的唯一出路，也是实现社会效益和经济效益结合的有效途径。这是因为，在社会主义市场经济条件下，文化产品和服务既有教育人民、引导社会的意识形态属性，也有通过市场交换、获取经济利益、实现再生产的商品属性。人们越来越多地通过市场满足文化需求，文化产品和服务的社会效益和经济效益也就通过市场得到了有效实现。中直院团基本上保留了事业体制，但如果不面向市场，增强自己的活力和竞争力，在文化领域向多种所有制开放的条件下，就可能被逐渐边缘化；在日趋激烈的国际文化市场竞争中，就不可能具备进入国际市场、参与国际竞争的实力和条件；而艺术产品如果没有接受市场检验，不能产生经济效益，也很难讲有好的社会效益。缺乏竞争力的艺术产品，不为市场所接受的艺术产品，久而久之，就会成为博物馆的陈列品而失去鲜活的生命力。因此，保留事业体制的中直院团也必须要充分认识长春同志所指出的，保留事业单位性质不变，是介于典型的公益性文化单位和经营性文化单位之间的由国家重点扶持的文艺院团。要实行事业单位企业化管理，充分认识市场在资源配置中的基础性作用，坚持把面向市场和面向群众结合起来，在面向市场中求发展，在服务群众中求效益。要坚持把社会效益放在首位，在确保正确导向的前提下，努力运用市场机制，遵循市场规则，积极开拓国际国内市场，参与市场竞争，努力实现社会效益和经济效益的统一。而要适应市场竞争的需要，就必须通过内部机制的改革，来激发和调动广大演职人员的积极性、主动性、创造性，形成富有活力的管理和运行机制。

第五，加快推进中华文化“走出去”力度和步伐，努力成为提升我国文化影响力和竞争力的中坚力量。中直院团拥有丰富的艺术资源、优秀的艺术人才，因此，在推动中华文化走出去、提高国家软实力方面，具有得天独厚的优势。新中国成立以来，中直院团作为文化外交的重要使者，配合国家的外交和战略大局，积极参与对外文化交流和国家重大活动的演出，充分展现了国家级院团的艺术水准和中华文化的独特魅力，在增进与有关国家的友谊、扩大中华文化影响力方面，发挥了难以比拟的作用。今后，中直院团要把推动中华文化“走出去”，增强国家文化软实力作为一项重要战略任务予以推动。一方面，要努力成为政府对外文化交流活动的骨干，以高度的政治责任感、认真负责的态度，全力完成每一次政府组织的对外交流任务，树立国家文化形象。另一方面，要努力成为参与国际文化市场竞争的重要力量，敢于和发达国家的超级演艺团体一比高低，积极竞争，积极开拓商业演出渠道，全力打造世界知名品牌，不断扩大我国文化产品和服务在国际文化市场中的份额，逐步提高我国文化的国际竞争力和影响力。要采取多种方式，不断拓宽我国优秀艺术作品“走出去”的领域，丰富“走出去”的内容和形式，扩大“走出去”的辐射面，使中直院团向具有国际一流水平、世界影响力的艺术院团迈进。

（二）进一步繁荣艺术生产，不断增强艺术创造活力

长期以来，中直院团认真贯彻落实党的文艺方针政策，以弘扬优秀文化为己任，创作、排演了一批反映现实生活和民族精神、具有强烈思想性和艺术魅力的精品剧目，培养和集聚了一批造诣深厚、德高望重的优秀艺术家，文艺创造活力不断迸发。但是我们也要看到，中直院团的艺术创作、生产和传播，还存在着与人民群众日益增长的精神文化需求不相适应，与社会主义市场经济的发展不相适应，与全方位、宽领域、多层次的对外开放格局不相适应，与科学技术的迅猛发展不相适应的情况，我们创作演出的文艺产品中，经得住历史检验、市场检验的艺术精品还不多；有的院团还没有充分发挥“国家队”的代表性、示范性和导向性的作用。因此，我们必须采取有效措施，进一步推动艺术生产，增强艺术创造活力：

第一，进一步增强主流文化战略意识，大力构建社会主义核心价值体系。体现社会主义核心价值观念是社会主义文艺的本质特征。用优秀的作品去感染人民、鼓舞人民、教育人民，逐步形成全社会共同的理想和价值取向、高尚的道德和文明的风尚，增强对国家和民族的认同感和凝聚力，是文化工作的目标和追求。作为中直院团，必须牢固树立大局意识，从建设社会主义核心价值体系的高度认识艺术生产的重要性，牢牢把握社会主义先进文化的前进方向，坚定不移地坚持“二为”方向和“双百”方针。要抓好重大历史题材和现实题材的创作，热情讴歌改革开放和中国特色社会主义事业取得的伟大成就，深刻展现当代中国人民解放思想、开拓创新、迎难而上、共克时艰的良好精神风貌，充分反映中华民族五千年的辉煌文明和当代文化建设的最新成果；要大力唱响共产党好、社会主义好、改革开放好、伟大祖国好、各族人民好的时代主旋律，体现社会主义共同理想，体现以爱国主义为核心的民族精神和以改革创新为核心的时代精神；要切实做到“贴近实际、贴近生活、贴近群众”，把人民群众创造历史的实践活动视为文艺创作的源头活水，着力反映火热的现实生活和改革开放的伟大成就；要通过丰富多彩的题材体裁、艺术形式和表现手法，把积极的人生追求、高尚的情感境界和健康的生活情趣传递给人民，使我们的文艺创作成为社会主义现代化道路上统一思想的号角、指引行动的旗帜、催人奋进的鼓点。在引领文艺创作潮流，弘扬主旋律，引领主流文化方面，中直院团要作出“表率”，成为“领头雁”，当好“排头兵”。

第二，进一步增强精品意识，着力打造更多无愧于历史、无愧于时代、无愧于人民的精品力作。优秀作品是艺术院团立身之本、发展之基。创作演出能够代表国家艺术形象、体现国家最高艺术水平、具有时代精神和正确导向的精品力作，是中直院团的根本任务。要制定推出精品力作的规划，采取切实的措施和有效的办法为精品力作的生产创造良好的、宽松的环境，严格按照既定的工作规划不懈努力，扎实推进。要建立科学有效的艺术生产决策机制，进行认真严格的选题和论证程序。要鼓励和帮助艺术家们深入生活，加强生活积累，提高作品的思想内涵和艺术水准。艺术家们要有“十年磨一剑”的精神，克服浮躁心态，克服急功近利，耐得住寂寞，坐得起冷板凳，精雕细琢、反复打磨，不断挖掘作品的深刻主题，不断丰富作品的表现力，不断提升作品的艺术境界。对于基础较好的作品，要努力增加演出实践，充分听取人民群众和社会各界的意见和建议，在演出中不断打磨提高。这种在演出中修改、在演出中提高、在演出中打造精品的做法值得推广。舞台艺术作品就是要在不断的演出中接受检验，使自己的作品真正经得起时间和人民的检验。只有这样，才能提高生存能力和艺术生命力。

第三，进一步增强创新意识，大力提倡艺术创新，构建完善的艺术创新体系。创新是艺术的灵魂。艺术的发展历程表明，今天被尊为经典的艺术作品都曾是历史上艺术创新的成果，正是由于不断的创新发展才赋予了这些艺术作品独特的艺术魅力和永恒的生命力。中直院团要进一步解放思想、与时俱进，大力推进观念创新、体制创新、机制创新、内容创新、形式创新、传播手段创新、业态创新、科技创新。要大力推动艺术本体的创新，在题材的拓展、艺术思想的挖掘、人物形象的塑造、艺术表现方式等方面有所突破。要树立起关心创新、支持创新、崇尚创新、勇于创新的精神，形成鼓励实践、宽容失误、激励创新的理念，以观念的创新带动艺术实践的创新。要积极运用现代科技最新成果推动文艺创新，运用现代声光电技术改进舞美、灯光、音响、布景设计，运用现代高新技术手段丰富艺术想象力，提高文艺作品的表现力和感染力，使科学技术成为艺术发展创新的重要推动力。谈到创新，一定要正确处理继承和创新的关系，要把文艺创新与挖掘利用民族文化的丰厚资源结合起来，与学习吸收人类一切有益文明成果结合起来，与借鉴融合其他艺术门类的优点和长处结合起来，在继承优良传统、尊重艺术规律的基础上，博采众长，推陈出新，不断催生新的文艺样式和表现形式，推动文艺向前发展。从所涉及的艺术品种而言，中直院团中，既有代表我国传统艺术的，如国家京剧院、中国歌剧舞剧院、中央民族乐团等，也有从国外引入的，如中央歌剧院、中国交响乐团、中央芭蕾舞团、国家话剧院等。在艺术生产过程中，我们既要牢牢立足优秀的民族文化传统，让传统艺术在坚实肥沃的中国文化的大地上生根发芽，绽放奇葩；又要大胆借鉴一切世界文明成果，在此基础上，创造一批中国人自己原创的、表现中华民族精神、具有中国特色、中国风格、中国气派的优秀作品。作为中国“皇家”院团，搞民族传统文化的，要成为当之无愧、无人比肩的最典型的代表；从事引进品种的，要努力成为能与世界一流院团相媲美、毫不逊色又有自己鲜明特色的国际一流院团，我们要有这个雄心壮志。

第四，进一步增强市场意识，努力创作为广大人民群众喜闻乐见的艺术作品。中直院团的创作不是为孤芳自赏，也不是为了评奖，最终都要走向市场、面对观众。因此，必须不断增强市场意识，坚持以人为本，尊重人民群众的审美需求和艺术选择，倾听并回应大众的心声和呼唤，体现和传达人民群众的思想、感情、愿望和理想。特别是要关注普通群众，关注现实生活，创作生产出更多反映人民主体地位和当代现实生活、充满了人文关怀的优秀精神文化产品。要使我们的创作尽量贴近百姓真实生活，使我们的艺术趣味尽量符合人们的审美欣赏习惯，使我们的作品尽量为大多数群众所接受和喜爱。要坚持面向群众与面向市场相统一、社会效益与经济效益相统一、尊重艺术规律与尊重市场规律相统一，推出一批“既叫好又叫座”的作品，使文艺创作和文化市场互相促进、共同繁荣。在推动中华文化“走出去”的过程中，也要密切关注国际文化市场的需求，适应国外受众的思维方式、审美特点和接受习惯，努力创作一批体现国家水准、同时也深受国外受众欢迎、具有国际市场号召力的文艺作品，并主动与世界各国文艺界建立广泛联系，加强创作研讨和业务交流，学习借鉴国外先进创作理念，取长补短，为我所用，不断提高自身艺术水平。

（三）进一步深化机制改革，探索艺术院团发展新途径

近年来，中直院团在推进体制改革、机制创新方面，取得了显著成效。去年11月12日，由中国东方歌舞团转企改制组建的中国东方演艺集团有限公司正式挂牌成立，这标志着我们在塑造新型演艺市场主体、打造演艺业领军企业方面取得了重要的突破，也为全国的国有文艺院团体制改革树立了良好的典范。其他中直院团积极转变观念、解放思想，面向市场、增强活力，在劳动人事、收入分配、社会保障、经营管理等内部机制方面进行了卓有成效的探索，呈现出生机勃勃、蒸蒸日上的良好态势。各中直院团在改革实践中，都分别摸索出一些好的经验、好的做法，如国家话剧院完善“演出季”，形成固定演出模式；中央芭蕾舞团实行全员聘任制、年薪制，较好地调动了广大演职员的积极性；国家京剧院利用北京作为文化中心的优势，积极开拓京剧演出市场，推出了“新春”、“五一”、“金秋”三大演出季以及“名家名段演唱会”，提出了“避开热档，占领间隙，走出北京，走出国门”的演出营销策略；中央歌剧院积极探索歌剧演出方式，建立和完善“国际歌剧季”，面向市场积极推进商业性演出。这说明，中直院团的体制、机制改革初见成效，激发了艺术生产活力，增强了院团的发展后劲。但是我们应该看到，目前中直院团现有的内部机制改革工作还还不够深化、不够全面，还没有完全到位，继续深化改革的任务还很繁重。保留事业体制的院团还存在一些共性问题：组织管理比较松散，缺乏人才流动机制和淘汰机制；分配上还没有完全摆脱平均主义，且待遇偏低，导致人才流失严重；没有实现与社会保障体系的衔接，退出舞台人员缺乏有效保障；缺乏开拓市场的经验和进行经营管理的人才；还没有完全实现面向群众、面向市场，社会效益和经济效益还不高，缺乏生机与活力。实践证明，形成于计划经济体制下的僵化的事业单位管理体制，已经完全不能适应社会主义市场经济条件下文化艺术的发展要求，体制机制障碍已经成为艺术生产繁荣、文化事业进步的最大障碍，不进行彻底的改革，就难以实现中央提出的“两大一新”的文化建设目标，难以满足广大人民群众日益增长的精神文化需求，难以适应社会主义市场经济体制日益完善的现实。

中央领导同志明确指出，转企改制的中国东方演艺集团公司要继续完成各项改革任务，迅速做强做大，争取成为可与日本宝塚剧团媲美的演艺市场“航空母舰”；其他保留事业体制的院团，也不同于其他公益性文化事业单位，必须按照“国家扶持、转换机制、面向市场、增强活力”的方针进行机制创新。这为中直院团的发展指明了方向。国家扶持是政府的责任和义务，文化部门会努力争取各项扶持经费与扶持政策，并在转变投入方式、加大投入力度、增强投入效益、加强投入监管方面积极转变管理职能。作为保留事业体制的中直院团，也不是由国家全部地或部分地包养起来，事实证明这种“院团吃国家的大锅饭、演职员吃院团的大锅饭”的包养体制，既不能带来良好的社会效益，更难以实现良好的经济效益，只能是越养越死，越包办越没有活力。自身要做的就是积极面向市场、面向观众，转换机制，增强活力。今天我们文化建设发展的外在物质条件、体制条件、社会环境都在发生着巨大的变化，我们必须积极主动地去适应这种变化，积极主动地探索一条适合中直院团发展的新路。

继续深化中直院团的机制改革，要做好以下几个方面：

第一，完善内部治理结构，着力探索事业体制院团的新型管理机制。院团保留事业体制，决不能抱残守缺，不思进取，或者只在内部机制的边缘地带进行小修小补。中直院团要在国有文艺院团中率先走出一条彻底改革旧有事业单位的路子，首先就要在治理结构的完善上下功夫。目前这套完全参照行政管理层级设定管理职能、行政化、机关化的体制，缺少有效的治理能力，缺少与艺术生产的协调机制，必须进行改革。我们可以参照国际上一些非营利性的公益院团行之有效的做法经验，完善事业体制院团的治理结构。如建立理事会制度，在这样的构架下，明确行政管理部门的管理职能、吸引社会力量对艺术的扶助、理顺艺术生产和市场营销的关系等等，完善的治理结构可以规范权力责任、保障院团的运营秩序、提高效率、降低管理运营成本。要通过完善治理结构，建立充满艺术创新活力、拥有广泛社会影响力、具有强大市场开拓能力的新型事业体制院团。

第二，改变用人机制，充分盘活艺术生产的人力资源。完善的用人机制是激发艺术家创造活力、促进艺术院团发展的有效保障。事业单位体制下僵化的用人机制，难以适应艺术人才特殊的成长规律，难以满足舞台艺术对人才的特殊需要，长期以来，这个问题一直困扰着许多国有文艺院团，不彻底解决用人机制问题，事业体制院团就难以焕发活力。因此，必须下决心，认真加以解决。目前，大多数中直院团都开始进行全员聘任、竞聘上岗等用人机制的改革，在优化人力资源、提高演职员工积极性方面起到了积极的作用。今后，要重点探索建立一整套能够促进人才合理流动、管理人员能上能下、专业技术人员能进能出、杰出优秀艺术家有作为有尊严的合理用人机制。改变用人机制的关键，就是在市场经济环境下，既要考虑人才“进得来”的问题，还要考虑“退得出”的机制，实现人力资源配置的市场化。要逐步建立起单位自主用人、人员自主择业、政府依法监督、配套措施完善的管理体制，规范合理妥善处理演职员完成院团任务和自主发挥个人专长之间关系，明确双方的责、权、利和义务，适应市场经济的发展和社会的发展。重点是对于转岗或未聘人员按照国家有关规定给予妥善安置，建立完善的舞台艺术从业人员退役保障体系。目前中芭等单位利用奖励的办法在这方面进行了一些有益的尝试，应该继续深入探索，成熟时可以推广。

第三，改革分配制度，不断激发广大演职员工的创造热情。在艺术生产和运行过程中，不同的演员对舞台艺术贡献的大小和市场号召力的差距是巨大的，不同的经营管理者，市场运营的能力及其所创造的经济收益差距也是巨大的。国有文艺院团长期存在着平均主义的分配方式，干多干少一个样，严重制约着广大演职人员的积极性和创造性。在内部机制改革的过程中，“大锅饭”被部分打破，但是还是难以完全体现按劳取酬、按贡献分配的原则。这就需要从整体上改革分配制度，按照市场的原则引入竞争激励机制、完善奖惩机制、打破平均主义，真正体现按劳分配。要鼓励和支持优秀拔尖人才脱颖而出，良好的分配制度要能够吸引大批艺术专业人才和经营管理人才投身演艺事业，通过改革，激发活力，调动积极性、主动性、创造性，提高艺术创作生产的质量。目前有的中直院团在分配制度改革方面有了很好的探索，如在聘任劳动合同中体现详细全面的报酬方式、根据演出量和水平确定劳务报酬、编制内外人员一律竞聘上岗、同工同酬等等。今后要进一步结合市场规律、艺术规律和公平效率原则，对分配做出制度性的安排。

第四，完善艺术生产管理机制，大力提高中直院团的市场经营能力。随着我国市场经济的不断完善和文化产业的迅速发展，演艺市场正在从弱小走向壮大，从不规范走向有序，从不完善走向健全。中直院团拥有雄厚的实力和独特的资源，要发挥优势、主动迎接市场的挑战，大力开拓演出市场，努力培育在市场中求生存的能力、敏锐发现在市场中求发展的良机、充分利用市场手段配置资源的方式。充分培育市场开拓能力，就是要强化内功，建立和完善艺术生产经营的管理机制，提高艺术生产的效率，使我们的艺术生产真正成为有效的供应。如建立艺术决策机构，对艺术生产进行科学论证、科学决策；建立演出市场论证机制，提供符合实际的市场预测，避免决策的随意性和盲目性，使生产的艺术产品既叫好又叫座；建立严格的演艺人员选拔机制，保证作品的艺术质量；建立艺术产品的营销机制，按照演艺市场规律强化市场营销、强化推广环节，充分尊重社会各阶层观众的审美需求等等。通过一整套有机的经营管理机制，保障艺术生产的有效性。国家话剧院通过全面推行制作人制度明确艺术经营管理权、执行权，通过营销责任制建立自主营销体系，中国儿童艺术剧院建立商业推广机制和公益项目策划实施机制，在这方面已经开始起步。

第五，努力争取社会资金资助，广泛扩大中直院团的社会影响。中直院团在长期的艺术实践和艺术积累中形成了自己的艺术品牌、社会口碑，要重视和加强艺术院团品牌的培育与维护，无形资产对于艺术院团来说是最主要的宝贵财富。要善用金字招牌，利用长期形成的美誉度和影响力来获取多方面的社会支持。中直院团要逐渐形成一个国家投入、市场赢利、社会资助三足鼎立的资金来源结构，靠市场运营获得生存基础、靠国家扶持获得发展助力、靠社会参与获得广泛的社会群众基础。由于历史的原因，我们中直院团在争取社会资源方面普遍存在不足，今后要加强这方面的工作，形成有效的社会资助机制。随着我国经济的迅速发展和社会的日益进步，利用社会资源发展文化事业方面潜力巨大。如果说一个企业制院团的活力体现在市场能力上，那么一个事业制院团的活力则体现在获得社会资源的能力上。中央歌剧院设立歌剧资金筹集办公室、准备建立歌剧基金会，中国交响乐团通过董事会筹集资金、拓展与社会各界的联系，中央芭蕾舞团积极争取社会赞助，就是广开渠道、多方争取事业发展资源的好举措。

最后，我还要强调，文化部各司局要大力支持中直院团内部机制改革，为改革提供更加良好的政策环境。院团机制在改革，文化部机关也在深化行政体制改革，最重要的就是真正实现“三个转变”。各司局对中直院团要发挥好指导和服务的职能，所谓指导，就是要要求、支持和帮助中直院团落实党和政府的各项方针、政策，把握导向，坚持“二为”方向和“双百”方针；所谓服务，就是要进一步简政放权，由直接管理逐步变为间接管理，致力于为院团的改革发展创造良好的政策环境，帮助院团解决重要问题，排忧解难，帮助院团开拓市场，争取社会资助，落实政府扶持措施等。机关司局还要转变机关作风，深入院团调查研究，掌握第一手情况，以求真务实的精神，提高指导管理水平。

同志们，我们正处在一个万象更新、充满希望的时代，社会主义文化建设如火如荼，备受关注。温家宝总理在政府工作报告中把文化作为今年工作的重要方面。面对时代的呼唤、国家的重托、人民群众的期待，让我们团结起来，开拓创新，为推动社会主义文化大发展、大繁荣作出更大贡献！

三、文化部表彰和奖励荣获国家、国际大奖的国家艺术院团剧目和演员

8月4日，文化部在京召开国家艺术院团获奖剧目和演员表彰会，奖励荣获第13届文华大奖的中央歌剧院《霸王别姬》100万元，奖励荣获第六届全国话剧优秀剧目展演一等奖的国家话剧院《这是最后的斗争》60万元，奖励荣获第六届全国儿童剧优秀剧目展演二等奖的中国儿童艺术剧院《西游记》60万元，并对在第九届美国杰克逊芭蕾舞比赛中获得女子金奖、男子铜奖、双人舞特别奖和第24届保加利亚瓦尔纳国际芭蕾舞比赛中获得成人组男子银奖和女子银奖的中央芭蕾舞团4名演员给予奖励。

文化部部长蔡武、副部长王文章出席会议并颁奖。艺术司、财务司、外联局和九个国家艺术院团负责人以及艺术家、演员代表150多人参加会议。艺术司司长董伟主持表彰会。

会上，中央歌剧院院长俞峰，国家话剧院党委书记、副院长严凤崎，中央芭蕾舞团团长冯英，中国儿童艺术剧院院长周予援，以及中央歌剧院青年演员阮余群、国家话剧院一级演员雷恪生、中国儿童艺术剧院一级演员刘晓明、中央芭蕾舞团青年演员曹舒慈等艺术家和演员代表发言，畅谈了在深化院团改革和艺术生产创作中的经验和体会。中央歌剧院院长俞峰说，今年年初中央政治局常委李长春同志来院视察，为我们的艺术改革指明了方向，增强了动力，全院上下团结一心，一定要有所作为。这次时隔18年，再一次获得文华大奖，深深体会到打造舞台艺术精品的艰辛和喜悦，中国歌剧的春天已经来临。国家话剧院党委书记、副院长严凤崎说，国家话剧院要以现实主义戏剧题材作为创作的首要任务和职责，充分认识到自己必须履行的社会职责，担负起传播主流戏剧文化的重要使命。中国儿童艺术剧院院长周予援说，中国儿艺将始终坚持走“精品之路”，坚持走“类型多样化”的道路。我们将经典和精品的意识深深地融入到艺术实践探索当中；在“继承、发展、创新”的基础上不断探索快乐戏剧之路、市场与公益结合之路，实践着中国儿艺的

导向、示范和代表作用。中央芭蕾舞团团长冯英说，去年4名演员在国际芭蕾舞比赛中取得了优异成绩，得到了文化部的嘉奖，今年中芭又有4名演员在国际芭蕾舞比赛获奖，这是文化部大力扶植优秀艺术人才培养、鼓励优秀人才走出去参加国际赛事的结果。今后将制定人才培养的长远计划，积极参加国际比赛，向世界充分展示中国青年艺术家的风采，展示国家的艺术形象。著名表演艺术家雷恪生的发言，引起了大家的强烈共鸣。当他在发言的最后发自肺腑地说道："舞台是神圣的，我不能离开，观众是可爱的，他们喜欢我演的话剧。再苦再累——我愿意！"时，全场响起了热烈的掌声，为老艺术家对话剧艺术的执著和对艺术事业的热爱喝彩！青年芭蕾舞演员曹舒慈的发言同样引起了与会同志的一致赞叹。她在伤病的情况下，仍然以顽强的毅力，在国际芭蕾舞赛场上顽强拼搏，最终夺得了金奖，使五星红旗在国际芭蕾舞台上高高飘扬，为祖国赢得了荣誉。各位院团长和艺术家代表的发言言语朴实，情真意切，令人感动，催人奋进，很有启发。

大家纷纷表示，近年来文化部采取各种措施，积极支持直属艺术院团的体制机制改革、艺术生产和人才培养，大大激发了国家艺术院团和艺术家的创作积极性和主动性，剧目艺术质量和演出收入都有了明显的提高。这次文化部表彰奖励获奖剧目和演员，是对国家艺术院团艺术创作取得成绩的充分肯定，必将激励各国家艺术院团创作出更多更好的思想性、艺术性、观赏性相统一的精品力作。

蔡武部长做了重要讲话。他强调，国家艺术院团要深入学习贯彻胡锦涛总书记在十七届中共中央政治局第二十二次集体学习时的重要讲话精神，深刻领会讲话提出的必须抓好的4项重点工作，继续深化国家艺术院团体制机制改革，加强文艺产品创作生产的引导，推动文化大发展大繁荣。蔡武部长在讲话中号召国家艺术院团的演职员要向德艺双馨的艺术家吴冠中、阎肃同志学习，学习他们的高尚品德和爱国情怀，对祖国和人民的无限挚爱；学习他们扎根生活实践，不浮躁、不空泛，脚踏实地，和人民群众血脉相连；学习他们勇于创新，追求一流，从不满足已有的艺术成就，永远不保守、不封闭、不僵化，努力形成独特的艺术风格；学习他们淡泊名利，志存高远的艺术品德，不流俗、不媚俗。蔡武部长指出，人是艺术事业之本。在艺术发展中，人才的培养、造就和使用是最重要的。他希望中直院团培养出一代又一代德艺双馨的人民艺术家，奉献出更多的无愧于时代和人民，反映时代精神、具有民族特色的精品力作。

王文章副部长宣读了文化部的奖励决定，代表文化部向获奖院团和演员表示祝贺。他在讲话中指出，国家艺术院团拥有光荣的传统和辉煌的历史，是中国舞台艺术的"国家队"和"排头兵"，在全国艺术创作生产中具有重要的导向性、代表性和示范性作用。他对国家艺术院团今后的发展提出5点要求：一是要深入学习贯彻胡锦涛总书记在十七届中共中央政治局第二十二次集体学习时的重要讲话精神，继续深化体制机制改革，健全内部管理机制，进一步解放和发展文化生产力，这是国家艺术院团发展的基础；二是大力推进艺术创新，国家艺术院团要在艺术创新方面引领时代发展，创作更多思想性、艺术性、观赏性相统一，具有较高文化品位的标志性、代表性作品；三是要建立保留剧目演出制度，对保留剧目不断磨炼、加工、提高，奉献给广大群众，并逐步建立"演出季"制度；四是抓好艺术人才培养和队伍建设，广揽优秀人才，同时充分发挥和调动现有的老中青艺术家的作用和潜力。五是努力打造国家艺术院团的知名品牌，推动中华优秀文化走向世界。

四、2010国家艺术院团优秀剧目展演

为充分发挥国家艺术院团的导向性、代表性和示范性作用，展示国家艺术院团优秀成果，丰富人民群众精神文化生活，8月3日至9月4日，由文化部主办、文化部艺术司、国家大剧院承办的2010国家艺术院团优秀剧目展演在北京举行。国家京剧院、中国国家话剧院、中国歌剧舞剧院、中国东方演艺集团有限公司、中国交响乐团、中国儿童艺术剧院、中央歌剧院、中央芭蕾舞团、中央民族乐团9个文化部直属艺术表演团体联合在国家大剧院、保利剧院、梅兰芳大剧院、北京音乐厅、中国儿童剧场、世纪剧院、北大百年讲堂演出32台剧目。

党中央、国务院高度重视国家艺术院团建设，

对国家艺术院团的改革和发展寄予厚望。近年来，文化部出台了一系列政策和措施，大力推动国家艺术院团的艺术创作、市场演出和人才培养。各院团以强烈的社会责任感和历史使命感，解放思想、开拓创新，积极推进体制机制改革，呈现出生机勃勃、蒸蒸日上的良好态势。本次展演活动是近年来国家艺术院团规模最大、历时最长的一次集中演出，将充分展示新时期国家艺术院团的精神面貌和崭新艺术风采。

（一）本次展演活动将成为展示优秀作品的舞台

本次展演门类齐全，涵盖了京剧、话剧、儿童剧、歌剧、舞剧、音乐剧、歌舞晚会、交响音乐会和民族音乐会等各艺术门类，鲜明地体现出国家艺术院团的不同艺术风格和艺术特色。在剧目上，汇集了国家艺术院团自新中国成立以来，尤其是近年来创作积累的一批优秀剧目。其中，既有京剧《满江红》、《柳荫记》、《杨门女将》、《大闹天宫》，芭蕾舞剧《奥涅金》、《天鹅湖》等经典保留剧目；也有京剧《曙色紫禁城》，话剧《这是最后的斗争》、《红玫瑰与白玫瑰》、《都市囧人》，音乐剧《在那遥远的地方》，歌舞《秘境之旅》，歌剧《霸王别姬》，儿童剧《太阳鸟》、《西游记》，芭蕾舞剧《牡丹亭》等一批近几年国家艺术院团新创的代表性作品。此外，中央歌剧院创作的歌剧《热瓦甫恋歌》、中国东方演艺集团有限公司创作的歌舞《爱的伊甸园》两部作品在本次活动中进行了首演。

（二）本次展演活动将成为培养优秀人才的摇篮

本届展演活动，得到了国家艺术院团文艺工作者的高度重视和全力支持，老中青三代艺术家都倾力参与了参演剧目的创作和演出工作。

在参演演员中，既能看到于魁智、李胜素、袁慧琴、秦海璐、辛柏青、王丰、刘珊、李心草、朱妍、张剑等一大批国家艺术院团的领军人物和优秀中青年演员；也能看到具有国际影响的中国交响乐团新任常任指挥普拉松，著名华裔女高音歌唱家迪里拜尔的精彩演出；同时，杨赤、戴玉强、金曼、谭晶等一批优秀的艺术家也应邀参与了本次展演活动；王晶华、冯志孝、寇春华、金立水、沈健瑾、张连祥、雷恪生等一批老一辈艺术家届时也将登台亮相，值得我们期待和关注。本届展演活动，将是国家艺术院团的艺术家们施展才华的重要舞台，也将成为培养和推出国家艺术院团新一批优秀人才的摇篮。

（三）本次展演活动将努力打造国家艺术院团演出品牌

国家艺术院团优秀剧目展演活动，将致力于打造一个能够展现国家艺术院团风采、体现国家文化形象的演出品牌。围绕展演活动，国家艺术院团的知名艺术家将举办形式多样的艺术讲座，与观众进行交流互动；举办国家艺术院团艺术建设专题研讨会；举办国家艺术院团优秀剧目交易推介活动，扩大国家艺术院团的演出推广和品牌优势。

国家艺术院团展演活动，将建构起一个国家艺术院团优秀剧目和优秀人才展示推广的重要平台，通过政府搭台、市场运作、社会参与等方式，不断扩大展演活动的社会影响力和示范作用，使之成为一个在全国甚至国际上有影响的知名演出品牌。

开幕式演出为国家京剧院演出的新编保留剧目《满江红》，由于魁智、李胜素、杨赤等领衔主演，该剧于8月3日在国家大剧院戏剧场上演。

北京银行对此次国家院团优秀剧目展演给予了赞助。

五、2010国家艺术院团演出推广交易会

作为“2010国家艺术院团优秀剧目展演”的重要组成部分，2010国家艺术院团演出推广交易会8月21日在京举行。中国国家京剧院、中国国家话剧院、中国歌剧舞剧院、中国东方演艺集团有限公司、中国交响乐团、中国儿童艺术剧院、中央歌剧院、中央芭蕾舞团、中央民族乐团9个国家艺术院团分别与相关单位签约各类演出共219场，金额达3562万元。中演演出院线也与9个院团签署了共计270场次的演出意向，协议金额预计超过3000万元。

新时期要进一步深化包括演出营销机制在内的改革创新，不断创新演出营销方式，进一步贴近实际、贴近生活、贴近群众，把更多优秀的精神食粮奉献给观众。

文化部艺术司司长董伟说，正在举行的“2010国家艺术院团优秀剧目展演”是近10年来

国家艺术院团规模最大、历时最长的一次集中演出，而本次演出推广交易会则是新中国成立以来国家艺术院团规模最大、规格最高、参加人数最多、参展剧（节）目艺术水准最为优秀的演出推广交易会，也是文化部首次为国家艺术院团举办的专门的推介活动。交易会旨在为国家艺术院团和演出商、剧场之间搭建沟通、交流、交易的平台，推动国家艺术院团进一步面向市场、面向群众，促进国家艺术院团优秀剧目的演出推广。今后文化部每年都要举办国家艺术院团优秀剧目展演。

在随后举行的研讨会上，中国国家京剧院、中国东方演艺集团有限公司、山东省文化厅、武汉市演出公司、梅兰芳大剧院、国家大剧院、中国对外文化集团公司和广州大剧院的负责人在会上发言。大家一致认为，这次演出推广交易会对提升国家艺术院团的市场运作能力有重要的意义。

来自文化部相关直属单位、地方文化厅（局）、全国各地主要剧院（场）、各类演出经纪公司、主要文化产业研究机构的代表共300余人参加了此次活动。

中国文化年鉴

Chinese Culture Yearbook

文化市场

Cultural market

综 述

2010年文化市场司在部党组的领导下，根据年度工作计划安排，坚持把握形势、围绕重点、服务大局的原则，以加强文化市场监管为重点，积极推进文化市场健康发展。

一、逐步调整明确文化市场管理工作定位

（一）积极主动下放行政审批项目

按照国务院行政审批制度改革的总体部署，在取消和下放涉及文化市场审批职能21项的基础上，2010年，下放“设立经营性互联网文化单位”的行政审批，委托省级文化行政部门开展“国产电子游戏机内容审核”，并将“香港、澳门演出经纪机构在内地设立分支机构”的审批改为备案，推进属地管理，切实转变政府职能。

其中，下放经营性互联网文化单位行政许可审批工作采用省级文化行政部门审批、文化部统一编码备案的方式管理，此举能宏观把握网络文化经营单位的审批情况，收效良好。审批权限下放后，各地根据要求有序开展审批工作，截至年底共审批了264家。其中北京97家，广东46家，上海36家，福建14家，四川11家，江苏8家，天津、河北、吉林各4家，湖北5家，山东、安徽各2家，河南6家，浙江9家，江西7家，湖南3家，辽宁、重庆、广西、新疆、云南各1家。

（二）妥善处理全国卡拉OK内容管理服务系统等问题

按部领导指示要求，文化市场司本着政企分开、政事分开、事企分开的原则，经与中国动漫集团协商，对全国卡拉OK内容管理服务系统建设工作进行拆分调整，文化市场发展中心转制后不宜再承担政府监管职能，但可继续开展有关增值服务，同时建议将系统更名为全国卡拉OK信息服务系统，进一步理顺文化行政管理部门与所属企事业单位的关系。

（三）调整文化市场管理工作定位

4月，欧阳坚副部长在辽宁鞍山召开的全国文化市场管理工作座谈会上发表重要讲话，系统提出了文化市场管理的工作定位、职责分工和工作原则。对于各级文化市场管理部门履行管理职责，完成工作任务，具有重要的现实指导意义。12月，召开2010年文化市场管理工作年会，印发《文化部关于进一步加强文化市场管理工作的若干意见》，进一步明确文化市场管理的总体要求、基本原则、主要任务，使文化市场管理部门进一步找准工作定位，在今后的工作中注意切实做到不越位、不缺位，努力做到依法管理、科学管理、有效管理。

二、切实履行“指导文化市场综合执法”职责，积极推进文化市场综合执法改革

（一）召开会议部署加快推进改革

1月，在广州召开全国文化市场行政执法工作会议，全面部署2010年综合执法工作。4月，召开全国文化市场综合执法改革工作视频会议，通报改革进展情况，分析工作中存在的主要问题，对下一阶段工作提出要求，天津、河北、辽宁等25个未完成综合执法改革任务的省级文化行政部门和执法机构共计160余人参加会议。

（二）配合中央编办印发推动改革文件

3月，配合中央编办印发《关于整合组建文化市场综合执法机构，加强文化市场综合执法人员编制管理的实施意见》（中央编办发〔2010〕47号），对综合执法改革中的机构编制人员等问题做出原则规定。

（三）动态跟踪各地改革进展

建立改革进展月度统计制度、季度通报制度、信息简报制度。每月10日前统计各地改革进展，掌握全国改革进度；每季度以办公厅名义下发各地改革进展通报，并抄送地方党委政府；共编发25期经验交流《文化信息》，42期综合执法《文化信息》，在文化市场网编发各地执法动态716条。

（四）联合中宣部改革办开展督查调研

3~9月，经文化部领导批准，并商中宣部改革办同意，分4次组织9个调研督查组赴河南、广西、贵州、江西、福建、湖南、安徽、陕西、宁夏、黑龙江、天津、山西、云南等13个省份开展综合执法改革调研督查。调研中，听取文化行政部门汇报，召开座谈会，与地方宣传部门交换意见；调研结束后，以文化部办公厅名义下发调研督查反馈意见。10月，商请中宣部改革办对改革

进展相对滞后的广西、甘肃、内蒙古、福建、江西、陕西等6个省份进一步加强督导，得到了中宣部的大力支持。对综合执法改革进展较快的省份，每省下拨培训补助25万~30万元，用于地市和县区基层执法人员的培训等工作。

截至年底，北京、上海、重庆、浙江、广东、海南、山西、安徽、吉林、河北、河南、贵州等12个省（区、市）基本完成综合执法改革，山东、辽宁所有省辖市全部完成综合执法改革。除新疆、西藏和宁夏外，其他28个省（区、市）均已制定印发关于加快推进全省改革的实施意见或工作方案。广东、上海、重庆、浙江、黑龙江、宁夏、北京、贵州、海南、新疆、吉林、河南、辽宁、四川、河北、安徽、山东、湖北、内蒙古、陕西、天津、江西、湖南、青海、福建等25个省（区、市）已成立或调整充实了省级文化市场管理工作领导小组。除新疆、西藏外，402个地级市（含直辖市的区县）中，295个组建了综合执法机构，占73%；301个组建了综合文化责任主体，占75%；248个成立了文化市场管理工作领导小组，占62%。2592个县（区）中，1622个组建了综合执法机构，占63%；1510个组建了综合文化责任主体，占58%；869个成立了文化市场管理工作领导小组，占34%。据初步统计，改革后，全国各级文化市场执法机构由2802个增至2839个，执法人员由17220个增加到29147个，增加12000人左右，增长了69%。

三、加强各行业经营秩序监管，建立诚信文化市场管理体系

（一）娱乐市场：加强和改进电子游戏机内容审查工作

发布《文化部关于改进和完善游戏游艺机市场准入机型机种指导目录使用管理工作的通知》（文市函〔2010〕776号），将审查职能委托到省级文化行政部门，同时改进原有固定时间、集中整机审查的方式，采取电子申报、即时更新，把内容审查和监管作为地方文化管理部门日常工作，进一步提高工作效率、简化审核程序。通知下发后，举办了全国游戏游艺机市场管理培训班，编印《游戏游艺机市场准入机型机种指导目录审核工作指南》，指导各省着手对本地区游戏机生产企业进行摸底，制定符合本地区管理实际的落实方案，改进和完善游艺游戏机市场准入机型机种内容审核工作。10月，发布了《第二批游戏游艺机市场准入机型机种指导目录》。

（二）演出市场：研究对假唱、假演奏等违规行为监管的长效机制，加强演出市场诚信建设

经过对假唱案例查处过程的分析，听取技术专家和演出商代表的意见，在深入调研的基础上，文化部发布了《关于建立预防和查处假唱假演奏长效机制维护演出市场健康发展的通知》（文市发［2010］16号），从完善预防、加强现场监管、加大执法、行业自律、社会监督的角度，建立打击假唱、假演奏的长效机制，切实保护观众合法权益，维护演出市场健康发展。通知下发后，6月1日至28日，在全国开展了“还演出市场一片蓝天——演艺群星反假唱联合行动”。众多艺术家、文化部直属院团及部分省、自治区、直辖市艺术表演团体、部队文艺系统、艺人经纪公司及港台地区歌手联合发布《演艺群星反假唱联合行动宣言》，表达了反假唱的决心。中国东方演艺集团、歌剧舞剧院、中央民族乐团等部分在京演出单位，黑龙江、天津、湖北等10多个省设立了反假唱活动的分会场，举办宣言发布等活动，200多位艺术家、演员代表在反假唱联合行动宣言上签名，谴责假唱行为。在社会引起高度关注，公众对政府反假唱的行为表示支持和赞同。

（三）旅游演出市场：积极推动文化与旅游的深度结合

一是开展《国家文化旅游重点项目名录——旅游演出类》的申报评选工作。为进一步促进演出和旅游的深度融合，打造旅游演出品牌，文化部、国家旅游局联合开展了《国家文化旅游重点项目名录——旅游演出类》的申报评选工作，共评选出《宋城千古情》、《禅宗少林音乐大典》、《印象刘三姐》、《丽水金沙》、《长恨歌》等35台旅游演出项目进入第一批名录。入选的旅游演出项目主题积极健康，形态丰富多样，经营管理规范，社会效益和经济效益良好，对于推动文化旅游的融合发展起到了重要的示范引导作用。其中天创国际演艺制作交流有限公司、杭州金海岸文化发展股份有限公司、深圳华侨城集团公司、四川德阳杂技团等单位创作或运营多台较高水准的旅游演出节目，形成了比较完善的商业模式、运

营机制和团队；湖南张家界、四川九寨沟等旅游演出聚集区有序竞争又融合互补，每台节目都有较强的艺术特色，各个节目之间互相呼应，在文化旅游区域性协调发展方面进行了有益探索。

二是举办首届中国国际文化旅游节。为贯彻落实文化部、国家旅游局《关于促进文化与旅游结合发展的指导意见》（文市发〔2009〕34号），加快推进文化与旅游的协调发展，文化部、国家旅游局、湖南省人民政府于10月23日至11月13日在湖南省张家界市举办了首届中国国际文化旅游节，文化旅游节期间，举办了全国文化旅游产品博览会、旅游演出节目展演等活动，集中展示了我国文化旅游相结合的最新成果。

（四）艺术品市场：积极推进立法工作

一是积极推进艺术品市场立法工作。《艺术品市场管理条例》数易其稿，多次修改，现还在进一步完善之中。

二是编写《2010年艺术品市场白皮书》。该报告由文化部文化市场司主编，中央美术学院国家艺术与文化政策研究所下设机构艺术市场分析研究中心提供学术支持，由湖南美术出版社出版发行，是目前艺术品市场数据权威的工具书。

三是联合海关总署，编印《美术品进出口管理工作实务手册》。对美术品进出口审批下放后，各地审批过程中存在的问题进行解答，进一步简化美术品进出口单位的申报程序，便于文化和海关的有效管理。

（五）网吧市场：优化市场结构，加强内容监管，强化网吧退出机制

一是大力推进网吧连锁工作。根据中央领导指示，4月1日，文化部、中央文明办共同在辽宁省鞍山市召开全国推进网吧连锁工作现场经验交流会，总结辽宁、江苏、上海等地的先进经验和优秀做法，并对下阶段的推进工作进行部署。辽宁鞍山会议后，各地加大力度，加快进度，通过整合现有市场存量的方式推进连锁工作，着力解决重点问题、难点问题和深层次问题。根据《网吧连锁企业认定管理办法》的相关规定，截至年底，文化部共认定了瑞得在线、中录时空、零度聚阵、中电华通等4家全国网吧连锁企业。各地的省级网吧连锁企业认定工作也陆续开展。

二是强化网吧内文化内容日常监管，推进网吧文化内容知识产权保护，为消费者提供合法、健康的精神文化产品。针对影著协向网吧收取影视版权费用事宜，与影著协多次沟通，并从网吧行业发展角度出发，提出意见，要求平衡产业发展与版权保护二者的关系。同时，积极与最高院协调，促成《最高人民法院关于审理涉及网吧侵犯影视作品信息网络传播权纠纷案件若干问题的意见》的出台，打击部分机构以维权为名的商业牟利行为。

三是保护未成年人身心健康，加大违规处罚力度。3月，为进一步加大网吧违规接纳未成年人的处罚力度，出台了《文化部关于加大对网吧接纳未成年人违法行为处罚力度的通知》，大幅提高了网吧违规接纳未成年人的行政处罚标准，加大处罚力度，强化了违规网吧的退出机制。通过严格执法，网吧接纳未成年人现象的发生率大大降低。

（六）网络音乐市场：改进和加强内容审查与管理

一是充分利用技术手段，强化内容审查。截至年底，文化部通过“文化部网络音乐在线申报系统”共受理了1413单网络音乐报备请求，批准了13万余首网络音乐歌曲。

二是研究无线音乐市场管理政策。通过召开网络音乐公司、唱片公司及唱片业协会等三方代表座谈会及移动运营商内容管理工作会，充分讨论了网络音乐市场特别是无线音乐市场存在的主要问题和规范发展的对策。

（七）网络游戏市场：以法制建设为基础，建立完善自律与他律相结合的健康发展机制

一是出台《网络游戏管理暂行办法》。6月3日，文化部出台了《网络游戏管理暂行办法》（文化部第49号令），并于8月1日起实施。《办法》对网络游戏的经营主体、内容管理、运营服务、经营活动等环节全方位地提出了管理要求和制度安排，这些措施既在法规层级上固化了文化部以往行之有效的管理制度，又针对网络游戏市场现阶段出现的突出问题细化了管理措施，强化了政策的可操作性和可实施性。《办法》的出台为网络游戏管理提供了监管依据，对网络游戏市场有效监管和网络游戏行业的健康发展起到积极的推动作用。

《办法》作为我国第一部针对网络游戏进行管理和规范的部门规章，得到了中央领导同志和社会各界的高度评价。李长春批示：“这是敢于管理、善于管理的重要举措。望狠抓落实，并不断总结完善。”刘延东批示：“出台网络游戏管理规章对加强管理，保护青少年身心健康意义重大。目前文化部的措施积极，社会反响是好的。今后要做好这项工作，还需与相关部门密切配合、分工负责，在实践中探索综合治理的长效机制”。社会各界对《办法》的出台也给予了广泛的关注，称《办法》是网络游戏行业的基本法，将在未成年人保护、用户权益保障、市场秩序规范等方面起到积极作用。

《办法》自8月1日正式施行以来，取得了较好的效果，网络游戏市场环境有了明显改善，经营秩序得到显著好转。网络游戏企业按照《网络游戏管理暂行办法》及《关于贯彻实施〈网络游戏管理暂行办法〉的通知》的要求，以实名注册系统、未成年人保护、内容自审自查、网络游戏虚拟货币及《网络游戏服务格式化协议必备条款》为重点加快技术改造，加强内部培训，优化管理流程，各项措施的落实工作正有序推进。年底前，还将制定下发《网络游戏产品核查登记表》，督促网络游戏企业将游戏产品进行对照检查，逐项落实《办法》及《通知》的各项规定及要求。

二是完善自律与他律相结合的健康发展机制，防范未成年人沉迷网络游戏。“网页游戏自律联盟”的成立、“网络游戏适龄提示工程”及“网络游戏未成年人家长监护工程”的开展和推广，以及《未成年人健康参与网络游戏提示》的出台，在规范市场秩序方面取得了较好的成效。文化部指导网络游戏运营企业启动实施“网络游戏未成年人家长监护工程”，为家长履行未成年人监护第一责任人的义务提供了平台，目前参与实施该工程的网络游戏企业已实现了全行业的覆盖。文化部会同教育部等部门共同研究、制定未成年人使用网络游戏的专家指导意见，引导未成年人“玩健康的游戏”和“健康地玩游戏”。指导游戏企业开展游戏产品“适龄提示”工程的试点工作，在净化网络环境、保障未成年人健康成长方面进行了有益的尝试，得到了社会尤其是广大家长的认可。

四、开展各类整治行动，全面加强文化市场监管

（一）针对社会反映强烈的重点问题，组织开展专项行动

一是部署开展“元旦春节期间文化市场专项整治行动”，部署加强暑期文化市场监管，下发整治通知，督促各地在元旦春节以及暑期等重点时段加强网吧、网络游戏、网络音乐、演出等市场监管，重点打击网吧接纳未成年人、黑网吧、假唱及非法演出等违法经营行为。并下发《关于开展2010年全国文化市场交叉执法检查工作的通知》，抽调部分省份综合执法机构负责人，组织开展交叉执法检查，抽查文化市场，评议执法案卷。派出11个督查组进行明查暗访，对辽宁等8个省份进行了实地检查，有力推动了专项行动向纵深方向发展。

二是部署开展“平安世博”、“平安亚运”文化市场专项保障行动，组织实施长三角、珠三角工程，为上海世博会、广州亚运会的成功举办创造和谐稳定的社会文化环境。下发《关于开展“平安世博”文化市场专项保障行动的通知》，从4月1日至6月30日在全国范围内开展以“平安世博、精彩文化”为主题的专项保障行动，以确保世博期间文化市场不出现严重政治性问题、不发生重大安全事故。组织江浙沪三地及长三角地区16个主要城市文化行政部门和文化市场综合执法机构，共同签订“长三角地区文化市场综合执法区域协作工程”（简称“长三角工程”）合作框架协议，确定建立联席会议机制，加强信息通报、协调配合、联合执法，探索综合执法区域协作长效机制。督促指导广东省组织开展“平安亚运”文化市场专项保障行动，实施珠三角工程。

三是部署开展文化市场知识产权保护专项执法行动。为落实《国务院办公厅关于印发打击侵犯知识产权和制售假冒伪劣商品专项行动方案的通知》（国办发〔2010〕49号），贯彻全国知识产权保护与执法工作电视电话会议和温家宝总理重要讲话精神，自2010年10月至2011年3月，在全国范围内开展文化市场知识产权保护专项执法行动。行动以打击网络游戏、网络音乐、网络动漫、电子游戏及卡拉OK歌曲等的侵权盗版行为为重点内容，以环渤海、长三角和珠三角地区为

重点地区，以歌舞娱乐、游艺娱乐、网络文化为重点领域，以社会反响较为强烈的典型案件为重点抓手。

（二）积极探索网络文化执法模式，加强网络文化市场监管

一是先后发布4批违法网络文化产品或网站黑名单，部署对违法网络文化产品及从事非法网络文化经营活动的网站进行重点查处。其中，包括“嗨嗨舞曲”、“疯狂DJ联盟”等87家未经批准擅自从事网络音乐经营或者提供含有色情淫秽及低俗内容的“粗口歌”下载、播放服务的非法网络音乐网站；154家未经批准擅自从事网络游戏经营或者提供含有赌博、低俗等内容的非法网络游戏网站；60家提供非法网络游戏“私服”“外挂”服务的网站；53家未按照规定进行国产网络游戏备案的网站。对117家未经批准擅自从事网络音乐经营活动的网站进行清理，对92家涉嫌存在违规经营活动的网络游戏企业发出限期整改通知书。

二是坚决制止利用低俗手段宣传推广网络游戏行为。下发《关于加强网络游戏市场推广管理制止低俗营销行为的函》，针对一些网络游戏企业低俗推广的问题以及践踏道德底线、违背公序良俗的行为，表明态度，明确监管措施，加大处罚力度，责令北京、上海等地文化行政部门限期约谈有关企业负责人，督促立即采取整改措施消除不良社会影响，有效遏制网络游戏低俗推广现象的蔓延。

三是深入整治互联网和手机媒体淫秽色情及低俗信息，持续加大对含有禁止内容的非法文化产品的打击整治力度。对网络恶搞歌曲《全世界都在笑中国傻》、非法游戏产品《上海毁灭40天》、《民国无双》等进行了专项查处。

（三）首次组织集中查处违法卡拉OK歌曲

针对少数歌舞娱乐场所中的歌曲点播系统含有国家法律法规禁止内容的曲目或屏幕画面，以及一些兼营歌舞娱乐的酒吧、饭店为支持台独、藏独或其他分裂国家活动的艺人、乐队提供演出场所等问题，紧急下发《关于查处违法卡拉OK歌曲的通知》，发布违法卡拉OK歌曲黑名单，部署各地全面排查歌舞娱乐场所内的歌曲点播系统或曲库，依法查处含有所列违法卡拉OK歌曲及擅自将歌曲点播系统与境外的曲库联接的歌舞娱乐场所；严禁审批所列艺人、乐队参加营业性演出活动及演唱违法歌曲；严禁上传、添加或下载违法卡拉OK歌曲到歌舞娱乐场所的歌曲点播系统或曲库。

（四）继续打击营业性演出活动的“假唱”、“假演奏”行为

3月，作为文化部重点督办的“四川成都双流假唱案”正式结案，标志着文化部打击“假唱”、“假演奏”工作取得重点突破。此后，又相继对北京陈坤演唱会、江苏南京李宇春演唱会、山东潍坊国际风筝节开幕式、河南郑州刘若英演唱会等多场营业性演出活动进行了现场监管，杜绝“假唱”等违法行为的发生。

（五）积极探索加强动漫市场监管

下发《关于查处违法动漫产品的通知》，发布第一期违法动漫产品查缴目录，组织各地加大对动漫游戏展会的执法检查力度，严厉查处含有侵权盗版、色情暴力等国家法律法规禁止内容的动漫游戏产品；全面清理动漫游戏产品制作、发行及集中经营场所，重点查缴列入黑名单的违法动漫游戏产品；重点保护民族原创动漫品牌。

（六）利用技术手段加强对违法有害信息的封堵力度

积极发挥全国网络文化市场计算机监管平台作用封堵有害信息，取得显著效果。1～9月份，全国各级文化部门和综合执法机构已通过技术监管平台封堵各类非法游戏共1.12亿余次，其中屏蔽非法游戏网站6663万余次，封堵非法网络游戏139万余次，阻截非法单机游戏42.6万余次。自2009年7月至2010年9月，各级技术监管平台累计报警2.4亿余次，日均报警53万余次，有效阻止了非法网络游戏等通过网吧等互联网上网服务营业场所传播。

五、加强文化市场综合执法队伍建设，提升文化市场监管能力

（一）加强综合执法队伍培训制度建设

联合有关部门就文化市场执法队伍情况进行调研，下发《文化部关于印发〈全国文化市场综合执法队伍培训规划（2011～2015年）〉的通知》，为加强综合执法队伍建设奠定坚实基础，进一步推进综合执法队伍的正规化建设。同时，统

筹规划各省（区、市）文化市场行政执法培训资源。下发《文化部文化市场司关于2010年全国文化市场行政执法培训有关安排的函》（市函〔2010〕34号），委托7个省安排9个培训项目纳入全国统一培训规划。

（二）组织开展综合执法考评工作

根据《文化市场行政执法考评办法》，按照自评、初评、公示、终评等程序，对各省（区、市）2009年度文化市场综合执法工作进行了考评，并印发《2009年全国文化市场行政执法（综合执法）考评成绩》，对各地2009年文化市场平安创建活动、指导文化市场综合执法、技术监管平台建设及综合执法监督等情况进行考评。考评结果同时上报，作为中央综治委对各省（区、市）社会治安综合治理工作考评的重要参考数据。按照《2010年文化市场司工作要点》，以文化市场综合执法改革、"平安世博"及"平安亚运"专项保障行动、日常监管等为重点，印发《2010年全国文化市场行政执法（综合执法）考评细则》，对2010年考评工作进行部署。

（三）开展十大案件及执法案卷评比活动

评选公布了2009年全国文化市场十大案件，内容涵盖演出、文物、网络游戏、音像、书刊、报纸、网络影视、卫星电视等不同市场门类，网络游戏、网络影视、卫星电视等领域案件大幅增长。四川双流"9·19"假唱案、北京"黑帮"主题非法网络游戏案等社会较为关注的案件均入选2009年度十大案件。评选出2009年全国优秀文化市场综合执法案卷，其中一等奖10名，二等奖20名，三等奖30名、组织奖6名。组织评选了2010年上半年文化市场重大案件，拟对2010年全国文化市场重大案件办案有功集体进行表彰奖励。

（四）加强对重大案件的督查督办力度

2010年以来，先后下发《文化市场查处通知》100份、《转办函》26份。直接督办了陕西国际文化交流基金会伪造文化部审批文件案、广东盗版音像制品包装窝点案等案件。各地先后查处了一批违法演出、娱乐、网络游戏、网络音乐以及出版物案件。

（五）总结交流城市综合执法工作经验

11月23日至26日，在上海召开全国城市文化市场综合执法工作经验交流会。全面、系统总结交流上海等城市综合执法工作经验。探讨加强综合执法队伍建设，提高执法队伍监管能力的方式方法。

（六）积极推进文化市场技术监管平台建设，充分利用技术手段监管文化市场

截至10月底，文化部网络文化市场计算机监管平台已与25个省级监管平台实现互联互通，可对全国8.1万余家网吧内的465万余台计算机终端实行即时动态监控。

在网吧监管平台基础上，研究起草了全国文化市场技术监管系统框架方案，编制了2011～2015年项目文本，启动2010年文化市场技术监管平台建设工作，通过招标和委托等形式，确定了总体规划设计和标准规范编制、一期项目以及8个项目分市场需求调研项目。完成全国网络文化市场计算机监管平台系统初验工作，基本完成中央监管平台软件初验和硬件终验准备工作。继续推动网吧监管平台建设，加强中央监管平台与省级监管平台互联互通工作，督促未建平台省份加快建设进度。

专　题

2010年中国网络音乐市场年度发展报告

一、中国网络音乐市场平稳发展

2010年是中国网络音乐市场调整中平稳发展的一年，国家相关行业主管部门加大了管理力度，进一步规范市场经营行为。中国网络音乐行业加强了行业自律和行业沟通，不断探索符合大众需求和市场发展规律的业务形式，整个网络音乐市场朝着规范、有序的方向发展。

2010年，中国网络音乐市场保持了较好的运行态势，在线音乐和无线音乐两大领域都实现了用户规模的稳步增长和市场规模的迅速发展，市场整体版权保护状况不断改善，商业模式探索逐渐成熟，市场呈现良好的发展态势。

作为市场主体的网络音乐企业的数量在2010年平稳增长。截至年底，获得文化行政部门审批，具有网络音乐业务经营资格的企业有240家，比2009年增长14.3%。

市场规模方面，2010年，我国网络音乐总体市场规模达到23亿元（以服务提供商总收入计），比2009年增长约14.4%。其中在线音乐市场收入平稳上升，收入规模为2.8亿元，比2009年增长64%。无线音乐在市场规模达到20.2亿元（以服务提供商总收入计），较2009年增长9.8%，在网络音乐总体规模中所占的比例超过了87.8%，是支撑和推动网络音乐市场发展的中坚力量。2010年，电信运营商通过无线音乐获得了279亿元的收入，同比增长3.5%。

在用户规模上，网络音乐用户数也呈现出了快速增长的态势。我国在线音乐总体用户规模已达到3.6亿元，使用率达到79.2%，增长率为12.9%。同时，互联网用户对音乐服务的使用率也一直保持在较高水平。在用户特征方面，呈现出男性比例高、年龄层次较年轻、文化程度高、用户喜欢的音乐类型广泛、获取音乐产品途径多样等特点。中国无线音乐市场用户数规模达6亿人次，在移动用户中渗透率高达70%，使用率仅次于手机在线聊天、阅读和搜索。无线音乐用户数的持续增长一方面归因于移动用户数的增长及电信运营商对于无线音乐业务的持续推动，另一方面3G网络的日益普及，网络环境日趋成熟，各种无线音乐应用变得更多，这些大大提高了用户的渗透率。

2010年，网络对音乐传播和推动作用进一步显现，众多原创音乐作品的产生和音乐人才的涌现都得益于网络。网络音乐作品《爱情买卖》、《浅爱》等被大量收听和下载，“旭日阳刚”组合、“西单女孩”也通过网络成为家喻户晓的明星。

二、网络音乐市场存在的问题

虽然我国网络音乐市场整体发展态势良好，但也应该看到，发展中也伴随一些亟待解决的问题。

版权问题依然是困扰网络音乐发展的最主要的问题。无论是在互联网还是在手机终端，音乐作为网络文化产业的重要部分，始终受到广大用户的喜爱。然而网络音乐盗版的肆无忌惮，使得从业者无法建立清晰的盈利模式。

消费者免费消费习惯短期难以改变。中国的广大网民长期以来养成了免费使用网络资源的习惯，这一习惯在网络音乐市场中进一步延伸，付费消费的习惯短时间内难以改变。另外，众所周知的盗版问题，也是消费者免费消费的源头，这也造成了网络音乐的商业模式单一，赢利困难。

原创网络音乐作品和人才缺乏。由于盗版猖獗、盈利模式不清晰等问题，网络音乐虽然作为网络文化产业的使用频率最高的应用形式，但其原创音乐创作者却在逐渐减少，纷纷转行作影视或其他行业。唱片公司投入和产出不成正比，导致其出歌数量逐年减少。

无线音乐的商业模式有待突破。运营商在市场中占据了绝对的主导地位，能够直接影响价值链各方的行为和收益。市场创造的大部分利润都归运营商所有，其他产业各方的收入更多的受运营商政策而非自身业务状况的影响，这种模式不利于各方的积极性，也不利于产业的长期发展，更加公平公正的商业模式需要建立起来。

三、市场监管进一步加强

中国网络音乐市场的健康发展离不开政府相关部门的管理与引导。作为网络音乐的主管部门，文化部已经形成了主体准入、内容审查、市场监管、执法监督等一整套网络音乐市场管理体系。2010年，文化部继续按照国务院赋予的相关职能，进一步加强了对网络音乐市场的监管。

首先加强网络音乐经营主体的管理。目前经过文化部批准的获得网络运营资格的网络音乐经营单位有240余家。未经许可，擅自从事网络音乐运营的现象还是不断发生，这个问题将成为文化部继续监管的重点工作。2010年，文化部关闭了300多家未经批准擅自从事网络音乐经营的音乐网站，并组织主要网络音乐经营单位相关负责人进行了专项培训，网络音乐违法经营行为得到了遏制。

加强了对网络音乐内容的管理，严厉查处含有不良内容的网络音乐产品。4月，文化部再次部署对“粗口歌”等违法网络文化产品的查处工作，被查处的“嗨嗨舞曲”、“深港DJ舞曲”等10家网络音乐网站提供“粗口歌”等含有禁止内容的网络音乐产品，内容低俗、格调低下，社会影响恶劣。通过查处，网络音乐内容和环境得到了进一步的净化。

加大行政执法力度，开展打击网络音乐市场侵权盗版专项行动。为落实《国务院办公厅关于印发打击侵犯知识产权和制售假冒伪劣商品专项行动方案的通知》（国办发〔2010〕49号），贯彻全国知识产权保护与执法工作电视电话会议和温家宝总理重要讲话精神，针对网络音乐市场侵权盗版问题严重的现象，文化部积极联合有关部门进行执法资源整合，建立健全了跨部门、跨区域的协查机制，开展打击网络音乐市场侵权盗版专项行动，并分批下发违法违规歌曲名单进行清理查处。

四、网络音乐市场发展趋势

展望未来中国网络音乐市场发展，主要呈现出如下趋势：

在线音乐和无线音乐将进一步融合。未来随着无线网络的发展，在线和无线音乐的界限将会模糊。网络音乐内容提供商、运营商如能把握机会，将两块业务很好地结合，相信会取得更大的发展。

3G网络对网络音乐的影响进一步显现。3G网络的日益普及，网络环境日趋成熟，多种多样3G终端也迅速普及，带有Windows Mobile、Symbian、Android等智能操作系统的无线终端更加智能化，各种无线音乐应用变得更多，这些使无线音乐成为网络音乐市场中最具增长力的细分领域。

网络首发成为原创音乐发布的重要途径。2000年的2月5日零点，中国第一首网络首发歌曲以MP3格式出现在“人民时空”的音乐平台发布，拉开音乐作品网络首发的序幕。经过10多年的发展，如今的互联网和移动互联网已经成为唱片公司和歌手新歌、MV发布推广的主要选择，网络首发也成为网络音乐服务提供商吸引用户、聚集用户的一个重要手段。

网上商店成为无线音乐下载最新亮点。国际知名的苹果公司开辟了在线应用商店模式，谷歌、黑莓、三星等厂商也纷纷效仿，诺基亚、摩托罗拉、联想等移动终端商都重金投入，力图开拓出自己的一片天地。中国移动、中国电信、中国联通这样的通信运营商，也开始了自己在线软件商店的建设。

社区网站为音乐传播模式带来变革。以开心网、校内网等为代表的社交类网站迅速发展，其内嵌的网络音乐播放插件和用户分享、口碑传播的模式促进了网络音乐传播方式的变革，让小型唱片公司和非主流创作者可以更容易地传播他们的作品。社区网站的粘性和互动性将为网络音乐传播带来巨大的变革。

网络音乐将由简单统一向个性化发展。网络音乐的服务形式已从单纯的音乐内容提供，发展到现在音乐分享交流阶段。更多用户不满足于被动的收听音乐，而是热衷于分享。网络音乐未来将发展到音乐精准推荐的阶段，用户需要网络音乐内容提供商能实现智能化推荐音乐。这对网络音乐内容服务商和运营商提出了较高的要求，需要对用户行为进行精确的识别，并且智能化为用户提供分类服务。

音乐云将成为服务热点，前景尚不明朗。A8音乐于2010年年初提出了“音乐云”服务的概念，拉开了中国网络“音乐云”序幕，其他厂商纷纷跟进。所谓“音乐云”，简单的讲就是用户通过音乐软件，可以将存储在云端的音乐内容在手机、PC和电视等多种设备上进行播放、分享，无需用户再费时费力从电脑存储器中拷贝到其他终端设备。这一崭新模式能否在中国网络音乐市场形成一定程度的洗牌，目前看来前景尚不明朗。

网络音乐终端将更加多元化和便捷。网络音乐终端将更加多元化，未来用户更多会在个人电脑、手机上玩音乐，实现在车载终端、网络游戏终端、KTV，或者企业的终端、家庭终端上下载并收听音乐，使网络音乐的体验无处不在。

资本市场将进一步关注中国网络音乐市场。随着产业环境的改善，以及中国网络音乐主管部门对网络音乐市场的管理力度的加强，中国网络音乐市场环境将在未来一两年内将得到较大改善。同时，国内的网络音乐经营企业开始探索和创新出适合中国国情的网络音乐盈利模式，并有部分网络音乐经营企业开始盈利。以上情况的出现，势必引起资本市场尤其具有音乐产业背景的投资机构的关注。

2010年中国网络游戏市场年度报告

一、中国网络游戏市场机遇与挑战并存

2010年，中国网络游戏市场增长率已经降到26.2%，增长速度连续两年下滑。互联网和移动

网游戏市场规模合计为 349 亿元。其中互联网游戏323 亿元，增长率 25.2%；移动网游戏 26 亿元，增长率40.7%。除了互联网游戏和移动网游戏外，广电网游戏也逐步形成了一个值得关注的市场。

图 1　2006～2010 中国网络游戏市场规模及增长

2010 年，互联网游戏用户总数突破 1.2 亿人，同比 2009 年增长超过 37%。尽管网络游戏市场规模的增长速度在明显放缓，但是用户的增长速度超过了规模的增长。这从一个侧面反映出市场发展的根本动力仍然健康，只是市场的发展热点和重点在发生转移，市场从全生命周期角度看还远未达到成熟期，仍处在快速发展的成长期。

2010 年，文化部依据法定职责，认真履行网络游戏内容管理职责，共审批或备案了 204 款网络游戏。其中，进口网络游戏 28 款，相比 2009 年减少 7 款；国产网络游戏 176 款，相比 2009 年增加 96 款。

2010 年，互联网游戏仍然占据中国网络游戏市场主导地位，其规模是移动网游戏市场规模的12.6 倍。但 2010 年移动网游戏的占比近 5 年来首次上升，同比增长 0.7 个百分点，达到 7.3%。2010 年，客户端游戏仍占互联网游戏市场 90% 以上份额，但网页游戏在吸引新用户，满足新需求的同时，也在侵占客户端游戏市场。网页游戏市场份额比 2009 年上升 4.27 个百分点，达到7.6%。移动网游戏仍以下载的单机游戏为主。

2010 年，市场竞争结构的变化主要体现在 3 个方面：一是前十大厂商包括深圳腾讯、广州网易、盛大网络、完美时空、搜狐畅游、巨人网络、久游网、金山软件、网龙网络和世纪天成份额总和下降，二线七大厂商包括蓝港在线、麒麟网、光宇华夏、趣游科技、千橡互动、昆仑万维和成都梦工厂份额总和上升，其他厂商份额总和下降；二是广州网易市场份额上升 1.8 个百分点，超越盛大网络，国内市场占有排名跃居第二；三是深圳腾讯市场占有率劲升 8 个百分点，达到了28.9%，超过了第二、三名的总和。因此从 2010 年末的竞争局势来看，市场表现出的是竞争结构调整，并没有出现明显的集中化趋势，市场的创新环境还未被高度垄断所破坏。

2010 年，中国自主研发互联网游戏产品在国内市场的运营收入达到 185.1 亿元，同比增长17.3%。相比互联网游戏市场整体收入 25.2% 的增长，自主研发产品收入增长乏力。2010 年，自主研发产品的收入增长显著低于进口游戏，这就导致其在市场中的占比从 2009 年的 61.2% 下跌到2010 年的 57.3%。

2010 年，针对国内网络游戏开发厂商进行的研发状况调查显示，目前国产游戏研发力量仍显不足，在研产品形态不丰富，研发水平仍有待提高。游戏产品的同质化在 2010 年依然存在，而且从企业的在研产品类型及收费模式看，未来一到两年产品盈利模式单一的状况也很难根本好转。产品创新任重道远，模式创新更需行业内外多方力量在未来相互协作，共同努力。

二、《网络游戏管理暂行办法》的颁布奠定了系统化、规范化市场管理的基础

在文化部网络游戏市场管理历程中，2010 年是具有里程碑意义的一年。6 月 3 日，文化部颁布了《网络游戏管理暂行办法》(以下简称《办法》)，这是我国第一部专门针对网络游戏进行规范和管理的部门规章，它对中国网络游戏健康有序的发展，具有重大且深远的影响。在认真贯彻落实《办法》的基础上，文化部针对网络游戏行业存在的突出问题和难点问题，与相关部门积极配合，从主体准入、内容管理、运营监管和执法监督四环节进一步加大网络游戏管理力度，有效规范了市场秩序，营造了健康、良好的市场环境。

《办法》自 6 月出台 8 月正式施行以来，新闻媒体对《办法》予以了高度的关注和广泛的报道。新华社、《人民日报》、中央电视台、新华网、人民网、新浪网等媒体开设专题或登载专文，对《办法》的实施进行了系统、全面的报道。中央电视台于《办法》施行前后，以未成年人保护措施、网络游戏实名注册制度、网络游戏虚拟货币管理等为重点，全方位和多角度地报道了《办法》实

施贯彻情况，反映出各界的高度关注和良好评价，并希望《办法》的施行能够有效解决当前网络游戏行业存在的突出问题，引导网络游戏行业健康有序地发展。

根据《国务院关于第五批取消和下放管理层级行政审批项目的决定》（国发〔2010〕21 号），文化部于 8 月 1 日起，将设立网络游戏经营单位主体许可的行政审批事项下放至省级文化行政部门。为宏观把握网络文化经营单位的审批情况，文化部采用了统一编码备案的方式加以管理，收效良好。

在市场监管中，2010 年，文化部办公厅先后印发了《关于查处第八批违法网络文化产品经营活动的通知》（办市函〔2010〕89 号）、《关于查处第九批违法游戏产品及经营活动的通知》（办市函〔2010〕208 号），通报了涉嫌违法、违规的 78 家运营单位及其游戏产品，并要求各地文化行政部门和文化市场执法机构根据《通知》的要求进行调查和查处。根据群众举报以及网络游戏内容审查备案中发现的问题，文化部共下发《经营性互联网文化活动监管通知书》159 个，要求企业对经营活动中的违规行为进行整改。

针对一些网络游戏企业利用低俗营销手段进行网络游戏推广活动，误导网络游戏用户的问题，文化部于 7 月 6 日印发《关于加强网络游戏市场推广管理制止低俗营销行为的函》，明确提出 4 点要求，遏制这种现象的蔓延。此举得到了社会舆论的广泛支持。

在文化部的指导下，2 月，由完美时空、深圳腾讯、广州网易、盛大网络、巨人网络、搜狐畅游 6 家网络游戏骨干企业自主发起了“家长监护工程”；5 月，36 家网络游戏企业也相继开展了“家长监护工程”。此工程是一项由政府倡导，网络游戏企业自主发起并参与实施，旨在加强家长对未成年人参与网络游戏的监护，引导未成年人健康、绿色参与网络游戏，构建和谐家庭关系的行业自律行动。“家长监护工程”的实施为家长履行对未成年人参与网络游戏的监护职责搭建了平台，是网络游戏企业行业自律意识及社会责任感增强的集中体现。工程实施以来，收效良好。

2010 年，北京、上海两市试点开展了网络游戏适龄提示工程。该工程是指网络游戏运营企业根据游戏的复杂激烈程度、价值导向性等特点，对该款游戏所适宜的玩家年龄进行提醒，从而指导未成年人及其监护人正确选择适合本年龄阶层的游戏产品，提高其网络休闲娱乐的合理性和健康性。为引导未成年人“玩健康的游戏”和“健康地玩游戏”，文化部网络游戏内容审查委员会、中国教育学会中小学信息技术教育委员会、中国青少年网络协会于 2010 年联合发布了《未成年人健康参与网络游戏提示》，倡议社会各界一致行动起来，从主动控制游戏时间、不参与可能花费大量时间的游戏设置、注意保护个人信息、不要将游戏当做精神寄托、养成积极健康的游戏心态五方面促进未成年人健康游戏健康成长。

根据 2008 年《中华人民共和国文化部与大韩民国文化体育观光部关于游戏产业及文化合作谅解备忘录》，中韩建立了游戏产业合作协调机制。2010 年 9 月，中韩游戏合作协调机制第二次会议在韩国首尔召开。中韩双方签署了中韩游戏合作协调机制第二次会议纪要，并商定在机制框架下，继续保持沟通和磋商，并计划于 2011 年下半年在中国召开协调机制第三次会议。

三、中国网络游戏出口持续快速增长

2010 年，国产游戏产品出口规模相比 2009 年增长继续加快，海外市场收入将近 2.3 亿美元，较 2009 年增长 116%，出口数量超过 100 款。有更多的国产游戏企业开始进军海外市场，还有部分游戏企业通过海外投资开始参与国际资本竞争。

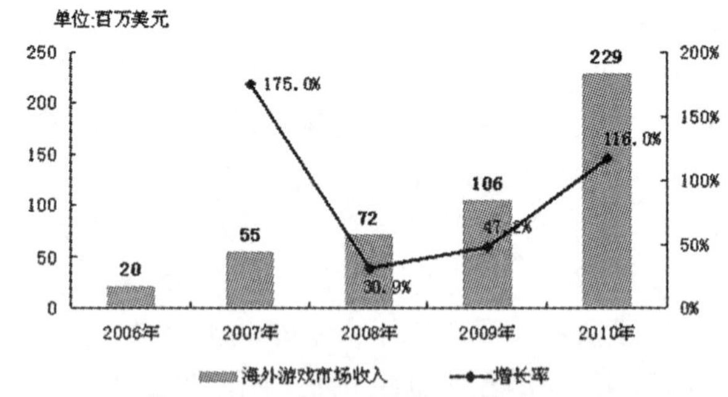

图 2　2006 ~ 2010 中国网络游戏产品海外出口规模

在出口的 108 款网络游戏中，互联网客户端游戏占据了 62.8%，互联网网页游戏占据了 28.3%，移动网游戏占据了 8.9%。

2010 年，版权出口仍占据中国游戏出口最大份额。这种方式规避了海外市场的风险，在国内市场仍是游戏企业最主要的收入来源的情况下，版权出口方式有利于企业集中精力在国内市场上。而海外独立运营也越来越成为中国游戏出口的重要方式。这种方式的优势一是贴近海外市场，运营更有针对性；二是自主性高，利润率也更高。但这种方式主要适用于有较多海外市场运作经验的企业，2010 年海外独立运营收入 70% 以上由完美时空和网龙网络两家企业贡献。

四、网络游戏行业投融资活跃，重点有所转变

在 2010 年中国的网络游戏企业的业务投资行为仍然较为活跃，全年公布的投资事件共有 20 起。总体来看，网络游戏行业的投资呈现三大特点。一是投资对象以网络游戏开发企业为主。行业资本投资于游戏开发企业的案例占到投资案例总数的一半。二是新游戏形式继续受重视。移动网游戏、网页游戏、广电网游戏的开发和运营投资在 2010 年共有 5 起。三是跨界的投资形成趋势。网络游戏公司投资影视、文学已经成为大企业的重要业务拓展模式，而 2010 年还出现了影视公司投资网络游戏，PC 厂商投资广电网游戏。

2 月 11 日，A 股首家网游企业深圳市中青宝网网络科技股份有限公司登陆深交所创业板，股票代码 300052。2010 年网络游戏企业公布的融资事件总共 17 起，其中中视网元、暴雨娱乐、北京联易互动、掌中无限、小米科技等都获得了超过 1 亿元人民币的投资。移动网游戏也持续获得投资方的青睐，摩卡世界获得日本风险投资机构 200 万美元的投资，当乐网获得启明创投 1200 万美元的投资。而 2009 年备受关注的儿童虚拟社区和社交游戏则在 2010 年遭受冷遇，只有爱帮网获得了腾讯的投资。

五、平台、融合、普及和开放将成为中国网络游戏市场关键词

（一）网游市场规模将持续快速扩张，预计未来 3 年年均复合增长超过 20%

在多种因素的影响下，中国网络游戏市场未来 3 年将仍然处于快速成长期。预计 2013 年末市场规模将超 650 亿元，3 年年均复合增长率（CAGR）将达到 24.2%。虽然移动网游戏和广电网游戏的增长速度在未来 3 年里将超过互联网游戏的增长速度，但从增量来看，互联网游戏仍将远远大于上述两者之和。

（二）以网页游戏为代表的新游戏类型快速成长，将成为市场增长的主力

2010 年，中国网页游戏市场的爆发，印证了之前市场各方对网页游戏巨大潜力的预判。浏览器作为网络应用的通用客户端，无论对用户使用各类网络应用来说，还是对企业开发网络应用及商业模式构建来说，都比游戏专用客户端更灵活、更方便，长期看成本也更低。所以说，桌面应用的网络化已经不是网络游戏这一类产品的发展趋势，而是整个软件产品和产业的大趋势。

（三）平台价值的发挥必须依靠优秀产品，产品研发将不断加强

用户平台能有效地吸引和保留游戏用户，降低游戏的推广费用，并能通过对平台中游戏内容的整合增加游戏粘性，延长游戏生命周期。未来几年中国国产游戏原创的动力不会减弱。中国网络游戏市场和行业的未来，终究还是要靠自主知识产权产品来支撑。

（四）各类新内容平台的涌现，将使得未来几年网游市场很难出现一家独大局面

2010 年，互联网产业出现的一些新局面将会降低市场中对深圳腾讯一家独大局面的预期。一是各类互联网应用平台逐步进入网络游戏市场。二是微博、社交网站继续强势成长，使得 QQ 等 IM（即时通信）工具的用户注意力被分流，在 IM 工具上的活力开始降低。三是新的用户娱乐平台也在成长。从趋势看，各类新用户平台的出现，使得腾讯游戏成功所依赖的 QQ 平台优势逐步被稀释。

（五）融合下的新游戏平台将推动游戏普及，游戏将逐步成为全家的娱乐活动

2010 年，互联网网页游戏的爆发展示的不仅仅是新游戏类型的生命力，更是软件应用网络化趋势在游戏行业的体现。与此同时，移动网游戏市场在 iPhone、iPad + App Store 的新平台带领下终于迎来了行业期待已久的火热。而原来与中国网络游戏行业看似离得较远的电视机厂商、视频设备嵌入式解决方案厂商、PC 厂商 2010 年都推出了各自的游戏硬件方案，这让三网融合、三屏融合在游戏应用上首先实现了落地。2010 年的这些新动向，最终在市场上将会带来游戏用户群范围的扩大，并随之而来的是游戏用户平均年龄和

平均收入的同步上升。尤其是广电网游戏在未来将可能带动中国的家庭进入游戏市场，推动游戏的普及。

六、2011年网络游戏市场管理以完善和重点加强为主旨

2011年，文化部将以贯彻执行《网络游戏管理暂行办法》为重点，在法规建设、主体准入、内容管理、运营监管、执法监督、行业自律等方面开展网络游戏市场管理工作。

（一）完善法规建设

2011年，为适应互联网文化新的行业发展需求和市场管理需求，文化部将根据国务院“三定”规定和中央编办〔2009〕35号文件精神，对《互联网文化管理暂行规定》进行修订，完善法规建设。

（二）对《网络游戏管理暂行办法》的贯彻实施情况进行核查

为全面深入地推进《办法》的贯彻落实，解决执行中存在的问题，评估执行效果，文化部将在2011年上半年，以经营单位自查和文化行政部门复核的方式，开展《办法》贯彻实施情况的专项检查工作，指导各级文化行政部门和文化市场综合执法机构加大网络游戏管理力度，督促网络游戏经营单位执行各项措施，切实将《办法》的制度安排落实到位。

（三）进一步加大未成年人保护力度

为进一步加大未成年人保护力度，引导企业增强自律意识，文化部将于2011年在总结“网络游戏未成年人家长监护工程”及适龄提示工程试点经验的基础上加以推广，努力做到全行业覆盖。

（四）强化网络游戏经营单位的自审制度

2011年，文化部将强化网络游戏经营单位自审制度的落实，严格要求网络游戏运营企业配备经文化部培训的专门人员负责网络游戏内容和经营行为的自查与管理。通过自审制度的强化，增强网络游戏经营单位的自律意识，从而规范网络游戏市场秩序。

2010年度网吧市场年度报告

一、网吧市场发展总体情况

据中国互联网络信息中心《第27次中国互联网络发展状况统计报告》：截至2010年底，中国网民人数已经达到4.57亿人，其中在网吧上网的网民占网民总数的35.7%，达到1.63亿人，年增长率为21.1%，同比2009年7%的增长率增速明显。

2010年，全国的网吧总量为14.4万家，市场的电脑终端保有量为1428万台。由于网吧行业持续微利及结构性调整压力，网吧市场规模同比2009年下降12.96%，为771.169亿元人民币。

2010年，全国网吧从业人员60.5万名，以18至23岁的年轻人居多，占53%；网吧从业人员的整体教育水平不高，以高中/中专学历、初中及以下学历的人群为主体，占77%，本科及以上学历的人群仅占9%；此外，网吧行业的员工流动性较大，工作年限不满1年的约占66%。

2010年，从网吧用户的互联网应用分析来看，网络游戏仍然是网吧用户的主导应用。与2009年相比，电子商务类的网络购物、网上支付和网上银行的应用比例普遍提高。

2010年，从网吧产业链的角度分析，呈现出以下几个突出特点：网吧硬件市场中电脑主机配件市场竞争更加激烈，网吧软件提供商的控制力逐渐削弱，服务提供商开始探索新的商业模式，广告运营商的地位日渐式微，网吧金融、托管市场日益成熟，行业协会主动服务意识显著增强。

受外部环境影响，2010年，网吧市场自身也随之发生一些新变化：网吧连锁率进一步提高，但直营连锁发展相对缓慢；由于制造业的整体西移，网吧市场呈现“西进”现象；网吧违规接纳未成年人现象得到有效遏制；网吧知识产权保护意识进一步增强；网吧支撑环境日益健全等等。

二、连锁网吧市场发展概况

4月，文化部、中央文明办在辽宁省鞍山市召开了全国推进网吧连锁工作现场经验交流会。会议召开以来，各地加大力度，加快进度，网吧连锁推进工作取得显著成效。截至2010年底，全国网吧连锁率近30%，共有4家全国网吧连锁企业通过文化部认定，351家省级网吧连锁企业通过省级文化行政部门认定。

各级文化行政部门积极探索适合本地区连锁发展的新模式、新路子，创造出许多可资借鉴、可供推广的模式。比如，推动网吧联合经营发展的“安徽模式”、多部门联动推进的“江苏模式”、

鼓励网吧连锁管理企业参与网吧管理的“浙江模式”、以内容配送为主导的“四川模式”以及将无违规评估指标引入连锁企业管理的“上海模式”等等。

在政府的积极推动下，网吧连锁企业也不断开拓创新，在经营模式、增值服务等方面下工夫，多方拓展业务范围，寻求新的赢利点。比如，“网络咖啡+网吧”模式、“网络游戏+网吧”模式、“传统演艺+网吧”模式、“融资租赁+网吧”模式、“委托管理+网吧”模式、“电子竞技+网吧”模式等，不同行业间的融合日益凸显、不同模式间的借鉴逐步增多。

三、“十一五”期间网吧管理的主要成效

2010年“十一五”规划的收官之年。5年来，我国的网吧市场呈现出“四下降”、“四提升”的趋势：“四下降”就是网吧案件数量明显下降、网吧违规举报明显下降、网吧提案议案明显下降、网吧负面报道明显下降；“四提升”就是网吧监管水平明显提升、网吧连锁比率明显提升、网吧服务质量明显提升、网吧行业形象明显提升。具体体现在：

（一）网吧管理长效机制已基本构建

在各地区、各部门的共同努力下，分工负责与齐抓共管、条块结合与以块为主、日常巡查与技术监管、宏观调控与市场机制、行业自律与社会监督相结合的网吧管理长效机制已基本构建，这是五年来网吧管理取得明显成效的重要制度保障。

（二）网吧市场总量与布局进一步优化

通过近几年的调控和规划，各地网吧总量与市场需求日趋协调，布局也逐步趋于合理，很大程度上改变了网吧以往“小、散、乱、差”的局面，呈现出总量控制、区域协调的良好态势。

（三）网吧违规接纳未成年人问题明显好转

防止未成年人进入问题始终是网吧管理的头等大事。为切实做好此项工作，各级文化行政部门和文化市场综合执法机构逐步严格量化标准，加大处罚力度，严厉打击网吧违规接纳未成年人行为。仅2010年，全国受理网吧举报2万多件，立案调查3万余件，移交案件833件，办结案件2.8万余件。责令经营单位改正3.6万余家次，警告经营单位6.9万余家次，罚款8839万余元，没收违法所得39.1万余元，责令停业整顿6999家次，吊销许可证83家。

（四）网吧连锁工作扎实有效推进

自2003年以来，特别是2010年4月全国推进网吧连锁工作现场经验交流会议以来，各地结合实际进行创新，大力推进网吧连锁工作。据统计，目前网吧连锁率为30%左右。同时，各地积极探索适合本地区连锁发展的新模式、新路子，创造出许多可资借鉴、可供推广的先进经验和优秀做法。

（五）黑网吧及变相黑网吧得到有力遏制

以工商、公安部门为主导，在各相关部门的配合下，近年来，取缔黑网吧及变相黑网吧工作力度大、成效大。据统计，6年来累计查处取缔黑网吧13万余家，最大程度地挤压了其生存的空间，有效地规范了网吧市场秩序，为合法网吧的健康发展扫清了障碍。

四、2011年网吧管理思路

一是维持原有总量布局规划不变，大力推进网吧连锁。各级文化行政部门要继续严格执行不新批一个单体网吧的政策，要按照2010年全国推进网吧连锁工作现场经验交流会的精神，加快进度，加大力度，着力解决网吧连锁过程中的重点和难点问题，加强与相关部门的沟通协作，探索适合当地市场实际的连锁方式，多样化、多途径地推进连锁，积极落实服务规范、财务管理、形象标识和计算机远程管理的“四个统一”。

二是加大执法力度，增加违法成本。要把农村及城乡结合部作为执法重点，坚持严管重罚，强化市场退出机制。要奖优罚劣，创造优胜劣汰、公平竞争的政策环境和市场环境，保障网吧的合法经营。要按照文化部《关于加大对网吧接纳未成年人违法行为处罚力度的通知》，进一步加大处罚力度，实行一次性死亡法。要发挥网吧和网络游戏管理工作协调小组作用，积极配合工商、公安部门继续打击取缔黑网吧。

三是加快行业协会建设。文化部将力争在年底前完成全国网吧行业协会的筹建工作；各地要加快本地网吧行业协会的建设，对已有协会，要加强指导，切实发挥协会的桥梁和纽带作用，促进行业自律。

五、网吧市场发展趋势

随着社会信息化进程的加快和人民生活水平的提高，网吧市场将呈现以下几个突出特点：首先，以外来务工人员为主体的中低收入人群依然是网吧的消费主体；其次，在中西部地区、农村地区，网吧仍是人们获取信息、上网娱乐的主要渠道；再次，家庭、办公场所上网设施的改进以及移动信息网络的普及，必将导致大中城市网吧数量的缩减和用户增幅的放缓；第四，政府投入建设的公共电子阅览室在满足青少年和低收入阶层群众上网需求上将起到重要作用；最后，以上网收费为主营业务的网吧经营进入微利甚至无利时代，亟需拓展业务，改进服务，以适应用户多元化需求。

在新形势下，网吧市场面临着重要的转型机遇期，需要改变单纯的上网服务场所功能，要积极拓展主营业务，依法开展信息服务、远程教育、电子政务、电子商务等增值服务，努力打造多元化的新型终端平台。

2010中国艺术品市场年度报告

一、市场概况

2010年，我国艺术品市场的整体规模继续呈现快速增长，市场交易总额达到1700亿元，年增长率为42%，较之2007年阶段性峰值的1561亿元，实现了历史性的突破。其中艺术原创作品和古董艺术品的交易总额为989亿元，占全球市场份额的23%，首次超越英国上升至全球第二位。而对比我国电影市场同期102亿元的票房收入，也可以看到艺术品市场在目前我国文化产业中所占据的重要地位。

2010年，我国艺术品拍卖市场成长迅速，艺术品拍卖企业的注册数量已达到300余家，取得一类文物拍卖资质的拍卖企业共有93家。其中有157家艺术品拍卖企业举办艺术品拍卖活动，占比达52%，同比增长了31%。157家艺术品拍卖企业年内共举办320场1694场次的拍卖活动，同比分别增长了15%和99%。艺术品上拍量为30万件，成交量为23万件，总成交率为66%。年度总成交金额达到创纪录的589亿元，同比增长了177%，超过阶段性峰值2007年的223亿元，又一次实现了历史性的跨越。其中美术品拍卖收益（包括绘画、装置、雕塑、素描、摄影、版画）达到了204亿元，同比增长16%，并以占全球份额的33%首次超越美国名列世界第一。

2010年，我国画廊业的进步明显，画廊总数量达到1512家，主要分布于大中型城市之中。北京、上海、香港、台北是我国画廊业的主要聚集区。北京地区的画廊有605家，占比40%，上海地区有237家画廊，占比16%；港澳台地区有120家画廊，占比8%。2010年，以中国画廊业和艺术品经纪单位为核心的一级市场交易额快速增长，达到了409亿元，年增长率为98%。此外，我国艺术衍生品市场的交易额也增长明显，全年达到50亿元的交易水平。

2010年，我国艺术品整体价格提高较快，其中尤以书画、古董的价格增长明显。在拍卖市场中，艺术品成交均价为26万元/件，同比增长了70%，共有22件艺术品的拍卖成交价格超过了亿元，4.4亿元成交的北宋黄庭坚《砥柱铭卷》是目前我国艺术品拍卖市场的最高成交纪录。国内的画廊市场以交易当代艺术品为主，进入2010年之后画廊交易渐趋活跃，年内占比65%的画廊实现赢利，30%的画廊营收持平，交易数量和交易价格接近2007年的历史最好水平。艺术品博览会等交易市场总体情况向好，市场规模有所恢复，参展商数量同比上升了48%，销售价格整体提高30%。

二、影响力分析

2010年，我国艺术品市场在延续了2009年良好拓展态势的基础上，已经成为具有广泛影响力的规模性产业平台。同时作为文化产业的重要组成部分，我国艺术品市场正通过与其他产业间的互动协作，积极参与我国的产业创新转型和经济结构调整，全力推动社会文化的传承与进步，扩大了对社会、经济、文化诸方面的综合影响力。

我国艺术品市场在促进社会繁荣稳定和谐发展中起到积极作用。近年来，关注民生和以社会幸福感来衡量发展水平的新观念正在改变我国社会发展的已有“范式”，而艺术品市场的繁荣，既立基于规模性的产业平台积极推动社会文化消费，全面提高民众的生活水平和生活质量，又通过提供民众所需的艺术产品，极大地满足社会的精神生活追求，因此我国艺术品市场的健康发展是影响社会民生的重要因素，也是构成社会幸福感的重要部分。北京、上海两地的画廊聚集区，以北京798艺术区为例，2010年参观人次累计已逾500万，已经成为当代文化消费的重要场所，成为民众文化休闲生活的风尚地标。

我国艺术品市场在推动国内产业创新转型和经济结构调整中发挥重要影响。目前我国正处于经济结构战略调整和产业创新转型的关键时期，“十一五”期间文化产业一直以高于GDP增长的速度发展，取得了突破性的成绩，而在“十二五”期间文化产业将成长为“国民经济支柱性产业”。作为文化产业重要组成部分的我国艺术品市场，虽然目前整体规模较小，发展时间较短，但是近年来与其他产业的结合较为紧密，产业拉动效应进一步放大。例如画廊业、艺术品拍卖业、艺术品博览会等商业活动涉及面广，不仅和画材、装饰、包装、展会服务、印刷等专业领域密切相关，更辐射到金融、餐饮、物流、航运、旅游等产业领域。随着我国艺术品市场进入高速成长期，它将进一步带动金融、保险、物流、咨询、评估等服务业的产业创新，创生出如艺术品金融、艺术保险、艺术品物流、艺术品咨询和鉴价评估等新型的服务业态和商业模式，有助于消费环境和产业发展环境的重新塑造。而艺术品市场向艺术授权、艺术复制品、艺术衍生品等领域的拓展，也将积极参与制造业等传统生产部门的升级换代，通过设计、创意、品牌、授权等运营方式，推动传统产业向高技术和高文化附加值的新兴工业化方向发展，加速实现我国经济结构的战略调整。

我国艺术品市场以产业化的形态方式积极推动社会文化的传承与进步。艺术品市场除具有市场经济的属性之外，又由于经营内容的特殊性具有了更多的文化色彩，因此我国艺术品市场不仅是一种新兴的产业平台，更在社会文化的传承、推广和交流上承担着重要使命。2010年，中国艺术品拍卖企业共举办了320场拍卖活动，400余次拍卖预展，其中96%的拍卖展示内容为古代艺术品和近现代艺术品，对于中国传统文化的传播、展现和推广起到了积极的作用，提高人民群众的文化修养，培养保护文物艺术品的社会意识，为国家博物馆提供了新藏品，为民营美术博物馆的发展创造了有利条件。遍布全国各地的1512家画廊，2010年共举办当代艺术品展览活动4000余次，以北京地区的画廊为例，605家画廊共举办了当代艺术展览1000余次，同比增长了25%，北京的798艺术区、草场地艺术区已经成为中国当代艺术推广展示的重要窗口。2010年，我国艺术品市场已经在纯艺术品拍卖市场收益上名列世界第一，在艺术品市场交易规模上名列世界第二，展现了与目前我国经济发展水平相称的国际市场地位，而我国艺术品市场也通过为中外文化交流和艺术品国际流通搭建平台的方式，积极体现了我国的文化软实力。

三、市场结构分析

（一）经营主体分析

以经营主体而论，一个相对成熟的艺术品市场应由艺术经纪、画廊、艺术品拍卖和艺术品博览会等经营主体共同参与。其中艺术品市场一级市场的经营主体以画廊、文物商店为代表，二级市场以艺术品拍卖企业为核心，两者在艺术品市场中发挥着主导性的影响，而艺术经纪、艺术品博览会等以专业化的服务方式，承担着一级市场和二级市场间的沟通纽带和艺术品交易补充性渠道的使命。

2010年，我国艺术品市场呈现出日渐成熟的发展趋势。国内的画廊、艺术品拍卖企业和艺术品博览会虽各司其职，但又以艺术品交易为主轴，逐渐加强了彼此之间的扭合与协作，推动了我国艺术品市场结构性优化的进程。此外，各经营主体尤注重自身专业化的探索，不断提升专业水平和竞争能力，而新型的经营主体如艺术投资基金、艺术品产权交易所在经营理念、运营方式等方面推陈出新，体现了我国艺术品市场的创新实践。

1. 画廊

2009年，由于受到全球复杂经济形势的影响，我国画廊业遭遇经营困难，整体销售数量下降，交易价格下滑，客户流失，37%左右的国内画廊明显感受到艺术品市场的调整压力，以798艺术区为代表的我国画廊聚集区，经历了艺术滞销、画廊搬离和倒闭的困难时期。2010年，虽然全球经济恢复缓慢，但在我国经济持续向好和政府大力发展文化产业的背景下，我国画廊业经营普遍好转，北京、上海等大城市的画廊经营恢复水平明显优于其他城市。

根据2010年的调查数据，国内购买力的提升已成为对我国画廊业现阶段经营的重要支撑。以国内客户为主要购买者的画廊比例达到了40%，占比87%的画廊拥有国内的客户群。2010年，在我国画廊客户构成比例上，国内买家和海外买家的比例为6：4，国内购买力所占比例提高较快。2010年，我国画廊的国内买家中新买家的比例约占50%，增长幅度较快，反映了国内购买力对于艺术品的浓厚兴趣，并进一步扩大了国内的收藏家队伍。成熟的购买力是我国画廊业经营的重要基础，80%的国内画廊的经营数据表明在2010年“老买家”的再度活跃是自身经营转好的主要支撑，而经过2008年、2009年两年的磨砺，这部分购买力的专业化程度也有了明显提高。在我国经济和艺术品市场整体发展态势的带动下，2010年海外购买力重新入场迹象明显，海外藏家也成为我国画廊业经营的支撑力量，但从国家地区而论，主要以亚洲地区为主，以我国台湾地区、新加坡、印尼、韩国等尤为突出，而欧美地区的买家仍处于恢复性的增长，所占比例有所提高。

2010年，我国画廊针对以上特点，在经营上进行了有目的地调整，具体表现在以下几个方面：

（1）加大资金投入。以北京798艺术区的佩斯北京等国际画廊为例，面对国际金融危机做足准备，因此受到影响较小，并且在2010年以来增加了投资，更着眼于长远的经营目标，积极培养新的市场需求。

（2）经营内容差异化。一些国际画廊坚持推广高端艺术家，在代理经营具有国际知名度的中国艺术家作品方面形成特色。以北京公社、偏锋新艺术空间、星空间、Boers－Li画廊等为代表的国内画廊，则强调对新艺术家群体的关注和推广。经营内容的差异化，有助于通过多样化的展览方式来反映中国艺术创作现状的多样性。

（3）挖掘学术性。例如佩斯北京举办题为“伟大的表演”展览，汇集了30多位中国当代艺术家的创作，内容涵盖影像、装置、绘画、摄影等作品类型，以“行为”为视角梳理上世纪90年代以来艺术创作的脉络；久画廊举办的“张文新绘画60年”展览，通过对画家60年创作生涯的作品展示，是新中国美术的案例研究。

（4）国际化合作。例如程昕东国际当代艺术空间，近年来一直立足北京而大力拓展国际合作空间，2009年在古巴国家美术馆策划举办“中国当代艺术展览”，2010年首次在北京的画廊空间中举办“古巴先锋艺术展”，充当了我国和拉美地区之间艺术交流的民间使者角色，弥补了政府间文化交流的空白。

（5）积极筛选艺术资源。由于着眼于长期的发展目标，国内画廊对于和艺术家、策展人等的合作更为慎重。除了关注艺术创作的价值以及市场未来潜力之外，合作度、专业化、个人品格等都已成为重要的筛选标准。对艺术资源的有意识筛选，是我国画廊业逐步成熟的特征之一。

（6）操作运营规范化。面对激烈的竞争，国内画廊普遍认识到独家代理艺术家作品的必要性，开始注重画廊与艺术家之间的稳定合作，以争取经营战略上的主动性，尤其关注与优秀的年轻艺术家展开合作，并通过规范的运营和操作，长期发掘具有潜力或正在崛起的艺术家群体。

（7）提高增值服务能力。部分国内画廊以艺术学院为依托，联合艺术批评家，在办展期间以艺术研讨会、艺术论坛等方式进行公众美术教育，以作品的学术价值带动作品的市场价格；部分画廊从积极引导收藏为切入点，为收藏家和艺术爱好者提供包括艺术市场分析、艺术家价格分析、作品收藏培训等专业服务，积极与藏家展开互动，稳步发展收藏群体。

（8）开拓营收途经。经过国际金融危机的磨砺，国内画廊在加强艺术品推广交易获得更多收益的同时，也充分认识到拓展更多营收渠道的重要性。部分画廊借助于艺术区日渐增长的人气，在艺术衍生品、艺术创意产品上下足了工夫，推出了让艺术爱好者喜闻乐见的艺术系列产品；部分画廊积极调整原有空间，以形成餐饮、休闲等服务性空间来满足艺术观赏者的综合需求，增加经营收入。

除了具体操作层面上的调整，2010年国内画廊业也在加强行业沟通、规范行业行为、提高行业素质等方面形成广泛共识。2009年，广东百余家画廊成立了广东画廊协会，2010年在政府相关部门支持下北京画廊协会也进入到了筹备登记的阶段。画廊行业协会的成立，有助于与政府相关部门的沟通，有助于画廊间的资源互补和经营主体的操作规范，同时也扭合了行业内的发展力量，塑造了行业的整体形象，协调了行业间的相互关系，加强了与海外画廊界的互动，为我国画廊业提供了可持续发展的条件。

2. 艺术品拍卖

经过2009年的调整和提升，我国艺术品拍卖企业在2010年普遍取得了良好的经营业绩，一些品牌企业的经营业绩更为突出，并以跨越式的发展获得了国际声誉，提高了行业在国际市场中的地位。

2010年，我国艺术品拍卖的具体特征是：

（1）中心化的趋势更加明显，北京作为亚洲地区艺术品拍卖中心的地位已经确立。2010年，北京地区文物拍卖企业共82家，其中一类文物拍卖资质的拍卖企业有31家，占全国总数的1/3，共举办各类文物艺术品拍卖会198场，同比增长26%，上拍文物19万件，同比增长36%，成交额达到了创纪录的360亿元，年增长率为186%，所占全国市场份额为61%。作为传统的艺术品拍卖重镇的港澳台地区，虽然2010年创出了110亿元的新纪录，年增长率也达到了110%，但所占市场份额从2009年的25%下降到了19%。此外江浙地区、广州地区的艺术品拍卖企业在2010年也取得了很好的业绩增长，但其市场占有率分别为15%和3%，与北京地区拉开了距离。

（2）行业领先企业的市场权重增大，具有核心竞争力的国内拍卖公司占据了大部分市场份额。2010年，中国艺术品拍卖市场的总成交额为589亿元，但北京保利、中国嘉德等10家行业领先拍卖企业共成交了369亿元，占年度总成交额比例的63%，成为我国艺术品拍卖市场发展的主导力量。

（3）企业竞争进入到了专业化时代。2010年，北京保利以总成交额92亿元位居榜首，中国嘉德以总成交额76亿元紧随其后，香港佳士得和香港苏富比分别以47亿元、45亿元位列第三位、第四位，内地艺术品拍卖企业开始全面超越海外传统老牌企业。其中的原因为①内地艺术品拍卖企业更重视发展规模，香港企业主要走精品路线；②内地拍卖企业经营的覆盖面广、涉猎面宽，香港企业拍卖品种以瓷器杂项、珠宝翡翠、油画和当代艺术品为主；③内地艺术品拍卖企业通过对自身专业化的提升，追赶并超越海外的传统品牌，具体表现在拍品资源竞争、拍卖模式创新、拍品种类拓展等方面。

2010年，我国艺术品拍卖企业在市场经营策略上进一步探索，呈现出了以下特点：

（1）专场划分更加细致，艺术品拍卖的指向性更为明确，成为我国艺术品拍卖行业的发展趋势。例如2010年中国嘉德春秋两季的大型拍卖会，各推出31个和40个专场，同比增长了55%和82%，规模明显扩大。专场指向明确而定位精准，它的数量增加，既对购买力产生一定的引导作用，也使得参与竞买者的目标更为具体，有利于企业对客户群体的细化，并为其提供更为专业化的服务。

（2）“名人收藏”、“名作专场”成为经营的要点，成为业绩增长的支撑。在2010年秋季艺术品拍卖会的53个“白手套”专场（即专场成交率100%）中共有28个“名人收藏”专场，占比53%。国内拍卖企业在专场的策划设计上，更注意突出重点的拍品，注重对稀缺性艺术资源的广泛宣传，推高了“名作”的价格，提升了企业的业绩。北京保利春季拍卖的“黄庭坚《砥柱铭卷》”、秋季拍卖的“松石间意——宋徽宗御制清乾隆御铭琴”等单件作品拍卖专场，反映了国内艺术品拍卖企业的专业化水平，也是经营日趋细分化的趋势反映。

（3）加强国际征集力度，推动“海外回流”，形成国际艺术资源对国内市场的优化配置。由于晚清民国以来我国文物艺术品的大量外流，据不完全的统计海外流散的我国文物艺术品数量达到千万件（套），除了分散于47个国家共200多间美术馆内的164万件（套）之外，绝大多数为海外民间收藏。在2008年以前通过拍卖途径“海外回流”的数量累积达到了8万件（套），2010年我国艺术品拍卖企业纷纷加大国际征集力度，尤其针对美国、日本、法国、英国等民间收藏我国文物艺术品数量较大的国家和地区，通过刊登广告、建立办事处等方式，推动了“海外回流”文物艺术品数量和质量的提升。据统计，2010年“海外回流”文物艺术品上拍量达到了3万余件，占全年总上拍量的10%；“海外回流”文物艺术品的质量也明显提高，2010年我国艺术品拍卖成交价前10名中就有4件作品明确是“海外回流”的文物艺术品。

（4）积极拓展经营内容，拍卖结构多元化。2010年，我国艺术品拍卖企业在传统拍卖内容如书画、瓷器等方面继续做大做强之外，更积极拓展艺术品拍卖的新空间。如中国嘉德秋季拍卖会引入美国收藏资源推出“简约隽永——明式黄花梨家具精品”，是全球最大规模的明式黄花梨家具拍卖专场，并取得了2.59亿元的成绩。我国艺术品拍卖企业还针对国内高端奢侈品消费旺盛的需求，推出红酒、手表等全新的拍卖专场，引导购买力从单纯的消费转向具有文化感的投资收藏。

（5）注重与社会的广泛合作，努力造就良好的经营环境，拓宽营销的手段。2010年，我国艺术品拍卖企业普遍加大了在媒体投放上的力度，同时也通过组织论坛、展览展示、艺术教育等多种形式的项目合作，积极推广企业品牌和经营内容，正确引导社会购买力的参与理念和购买方向，取得了很好的社会效应。

（6）提倡增值服务，服务新老买家，为未来的可持续性发展打好基础。2010年，进入我国艺术品拍卖市场的新买家比例高达54%，针对这一情况我国艺术品拍卖企业普遍加大了客户服务的力度，一些大型艺术品拍卖企业还增设了客户服务部，并专人专岗以提高服务质量。对“老客户”注重“一对一”的服务方案，如通过与国内金融信托机构的合作，增加了艺术品抵押的融资渠道，为需要盘活艺术资产的买家提供了相应的增值服务。

2010年，作为我国艺术品市场重要力量的艺术品拍卖企业，在行业规范发展上取得了突破性的进展。7月1日开始实施的《文物艺术品拍卖规程》，是我国拍卖行业恢复发展20多年来第一部行业标准，其针对的就是我国文物艺术品拍卖发展中亟待解决的问题，如规模化发展程度不高、行业自律规范不健全、拍卖活动的不诚信经营和不正当竞争的现象等等。从2010年实施的情况来看，《规程》的出台推动了艺术品拍卖行业整体的经营规范与管理水平的标准化，有利于社会对我国艺术品拍卖企业的认识和监督。

3. 艺术品博览会

2010年，我国艺术品博览会整体发展势头良好，已经走出国际金融危机的外部影响，活跃度和市场影响力明显增强。在京、沪、港三足鼎立的基本格局上，老牌艺术品博览会强调对展会质量、VIP服务等方面的严格把握，新生的艺术品博览会则依据差异化的经营和精确定位逐渐站稳脚跟。

2010年，我国艺术品博览会的发展特点是：

（1）地区分布更趋合理。2000年以来，我国艺术品博览会逐渐形成京、沪、港三足鼎立的格局，2010年在地方文化产业发展迅速、艺术品市场行情热络的背景下，一些新成立的艺术品博览会开始打破旧有格局，使得我国艺术品展会的地区分布更趋合理。如首届“艺术广东·国际收藏品及艺术品博览会”，在地区资源优势和行业合作的支持下站稳脚跟，现场销售活跃，参展商普遍获得成交，海外参展商的作品受到青睐。

（2）影响力日渐扩张。我国艺术品展会既是大型的艺术品交易活动，也是大型的文化艺术活动，因此近年来影响力逐渐扩大，成为涉及城市发展和市民生活的重大文化事件。2010年，我国艺术品展会的参观人次累计达到450万，年增长率为43%。

2010年，我国艺术品博览会的经营特点是：

（1）注重展会质量，提高参展门槛。2010年，我国艺术品博览会在强调展会质量上形成共识，对于参展商审核标准的提高是重要举措。例如“2010艺术北京”在招展过程中，首先和专家一起建立参展商的核心名单，并在确定参展商名单之后，加强与各参展单位的联络沟通，通过对参展作品的积极建议，为展会质量的提升打下基础。

（2）全面整合资源，推动国际合作。2010年，我国艺术品博览会纷纷锁定“亚洲”概念，在参展商分布上渐趋合理。以“艺术北京”为例，全年共有150家参展机构参与展会，中国大陆、港澳台地区、国外画廊各占一定份额，其中海外参展机构占比为34%，比2009年增长了6个百分点。

（3）关注本土需求，丰富展会内容。由于国内传统艺术的资源丰厚和购买力持续增长，2010年，我国艺术品博览会经营重点向经典艺术有所倾斜，老牌的古玩博览会运营情况良好，“艺术北京”等当代艺术品博览会相继推出了经典艺术的展会项目，香港地区的“亚洲国际古玩及艺术品博览会”和广州的“艺术广东”以“欧洲艺术品博览会”（TEFAF）为标尺，打造综合性艺术交易平台，丰富展会内容。

（4）吸收艺术新资源，引导消费新观念。2010年，我国艺术品博览会面对国内消费结构的调整和拉动内需的政策激励，通过积极吸收当代艺术新资源的方式，降低艺术品的价格门槛，提倡艺术消费的全新观念。如2010年中国国际画廊博览会推出的年轻艺术家展示项目，平均销售价格在5万元以内，吸引了新买家的入场购买，带动了艺术消费的方向。

（5）动员学术力量，发掘展会亮点。2010年，我国艺术品博览会也在结合学术力量发掘新亮点上下足工夫，例如艺术香港和亚洲艺术文献库（AAA）合作推出的公共艺术教育项目，“艺术北京”和吴作人国际美术基金会合作的“经典美术主题展”等，改变了艺术品博览会商业化的单纯属性，在社会公共美术教育等社会公益性领域做出了有益尝试。

（6）推动跨界合作，搭建多赢平台。2010年，我国艺术品博览会在跨界合作上有所突破。所谓的跨界合作，一方面体现在企业对艺术品博览会的资金赞助，一方面体现在企业参与艺术品博览会的内容建构。在推动企业赞助的跨界合作上，2010年我国艺术品博览会已经从汽车、电子、IT、奢侈品、媒体等赞助机构拓展至金融、保险等领域，中国建设银行、中国人民保险公司、德意志银行等是其中的代表，从赞助的资金额度上也有明显的提高。在企业参与艺术品博览会的内容建构上，2010年“艺术北京”增设的“时尚北京2010”，展示了20位中国年轻时尚摄影师的作品，是与时尚相结合的新展示平台，也是多赢合作的拓展。

（7）提高服务质量，提升专业形象。2010年，我国艺术品博览会在加强针对参展商的专业服务质量的基础上，不断提高招商的专业水准和针对性服务。在VIP客户服务方面，除传统的“VIP专场”之外，根据自己的定位并结合所在城市的优势，不断改进服务水准。例如2010年“艺术香港”举办了多场次的座谈会、研讨会、艺术外围展等活动；由亚洲艺术文献库举办的官方座谈活动——“后室谈”，邀请了多位来自博物馆界的顶尖人士，就艺坛最新发展发表见解，为收藏家献计献策。

4. 其他

我国艺术品市场中的其他经营主体，包括艺术经纪、艺术投资基金和文化产权交易所等，其中艺术经纪的历史相对悠久，而艺术投资基金和文化产权交易所都是新生事物。

（1）艺术经纪。艺术经纪是近年来我国艺术品市场中渐趋活跃的经营主体之一，作为具有悠久历史的传统角色，目前其在市场中的作用主要表现在两个方面：①通过“撮合”，活跃和润滑艺术品市场的交易活动；②通过经纪代理的方式，为艺术资源寻找市场需求。2010年，随着我国艺术品市场的快速发展，艺术经纪的作用也日渐增长，其经营活动也日趋细分。

从服务对象而言，艺术经纪可以分为服务于“买家”的艺术经纪和服务于艺术家的艺术经纪。服务于“买家”的艺术经纪，其经纪行为又可以分为“买”和“卖”两种，即帮助“买家”购入艺术资产和帮助“买家”处置艺术资产。2010年，服务于“买家”的艺术经纪以及经纪活动增长明显，其收益体现为交易中的“差价”或交易后的“佣金”两种形式，尤以交易后按照事先约定的比例提取“佣金”的形式更为常见。其主要原因是国内艺术品买家群体日益扩大，而新入场的买家群体对于艺术品及其交易活动缺乏基本认识和经验体会，需要借重于专业性的顾问咨询，由此扩大了对艺术经纪的现实需求。目前服务于艺术家的艺术经纪也呈现出增长态势，其活动既有从中心向非中心区域逐级扩散的方向，也有国内、国外之间双向互动拓展的空间，其收益也体现为“差价”和“佣金”两种形式，并以“差价”销售为主。

2010年，艺术经纪的特点：①在传统艺术品经纪的方面，“海外回流”、向我国西部以及向国内二、三级城市拓展成为主要特征；②在当代艺术品经纪方面，走出国门，融入国际市场，是目前的重要趋势。目前艺术经纪的价格分布为：3万元以下的占比32%，3万元至50万元的占比46%，50万元至200万元的占比14%，200万元至350万元的占比4%，350万元以上的占比6%。艺术经纪的销售渠道，主要有委托销售（店面寄售和委托拍卖）占45%、私人定制服务占12%、艺术品展会销售占30%、网络在线销售占13%。由于目前艺术经纪主要服务于相对稳定的对象，销售渠道多样而分散，身份相对特殊，活动相对隐秘，所以艺术经纪的交易对象、交易金额和交易收益无从掌握，但随着艺术经纪活动的增加和对此的规范要求，组织成立艺术品经纪公司是艺术经纪阳光化的途径和出路。

（2）艺术投资基金。艺术投资基金是近年来随着艺术市场的发展和艺术投资热所产生的新生事物，其特征就是艺术品的投资化。目前我国的艺术投资基金还处于起步阶段，但由于得益于国内艺术市场的跨越式增长以及社会流动性膨胀、个人投资渠道狭窄等因素，尤其是在2010年我国政府对于房地产市场的宏观调控力度增强、股票市场受制于国内外宏观经济的变动而前景不明，艺术投资基金在我国获得了快速增长的历史机遇。

国内的艺术投资基金分为“私募”和“阳光化”两种类型。“私募”的艺术投资基金，大多依靠相互熟识或关系紧密的朋友圈而组成，但资金规模较小，一般是在3000万元左右，投资行为比较私密。所谓“阳光化”的艺术投资基金，有根据我国《合伙人企业法》的相关规定而注册成立的专业性投资公司，有由信托业发起成立的艺术品“阳光私募基金”（发行对象为满足《信托公司集合资金信托计划管理办法》规定的合格投资者），有“基金的基金”（FUND OF FUND，在原有的基金中成立艺术品投资的基金项目）。“阳光化”的艺术投资基金，资金规模较大，目前在国内已经出现筹资规模超亿元的艺术投资基金。

目前我国艺术投资基金的数量还不多，大约有50家不同形式的基金存在。其中活跃度比较高的约有20家，其投资方向大多为中国传统艺术品，而以中国油画、中国当代艺术和以西方艺术品为投资方向的艺术基金占比较少。在投资期限和投资回报率的设计上，国内艺术品投资基金的投资周期大多在3～5年，预设的年投资回报率为18%～35%。

2010年，我国艺术投资基金仍处于快速发展的阶段，目前进入注册程序的艺术投资基金有30家左右。由于我国艺术投资基金历史较短，经验不足，成功案例不多，所以要避免一拥而上，与此同时目前基金从业人员大多为金融管理人士，艺术素养不足，亟待专业化的提升。

（3）文化产权交易所。文化产权交易所的学理论证早在新世纪之初就已展开，但它的启动运作则是近两年的事情。文化产权交易所的出现，是我国文化市场与资金市场结合发展的必然，也是我国文化产业探索尝试的新生事物。作为全新的经营主体，文化产权交易所力图针对艺术市场的融资难，实现文化资源产业化的良性转换，并在管理体制、管理理念的创新上推动我国文化产业发展。

目前，艺术品产权交易主要使用“权益拆分”的概念，就是将一件实物的所有权及在此基础上产生的各种收益进行拆分。投资人可以通过认购拆分的份数，来获得投资标的物部分所有权和相关权益，从而也获得基于这些权益所带来的当期或长远的收益。从运作形式来看，我国艺术品产权交易分成两种：①“深圳文交所”、“上海文交所”所发售的艺术品资产包，资产包的拆分份数较少，参与投资的门槛较高，属于小众市场；②“天津文交所”为代表的份额交易，面向普通大众，交易门槛较低，属于全开放的交易形式。

2010年，在政策导向和政府支持的大背景下，深圳、上海等地文化产权交易所相继进入实际操作。7月3日，深圳文化产权交易所“1号艺术品资产包”正式推出，成为我国首个基于权益拆分模式的艺术品资产包。除深圳、上海之外，现有20多个省市正在筹建文化产权交易平台。

目前，我国文化产权交易所仍处于探索起步的发展阶段，亟待解决的问题包括：①艺术品的保真与防伪；②艺术品的估价；③建立健全的监管体系；④通过制度化的建设，探索注重风险控制、具有公信力和可持续发展的模式。

（二）经营产品分析

目前，我国艺术品市场所经营的艺术产品，种类繁多，形式各异，大致可分为艺术原创作品和艺术衍生品两大类。艺术原创作品是指艺术创作者以线条、色彩或者其他方式创作的具有审美意义的造型艺术作品，包括绘画、书法、雕塑、雕刻、摄影、装置等作品。深圳、上海、天津成立的文化产权交易所，尽管交易方式并不相同，但是进行份额和将艺术品进行类证券化交易的实物基础仍是原创艺术作品。艺术衍生品包括艺术复制品和艺术授权产品两类，它们都是基于艺术授权经营模式的艺术产业化成果。艺术复制品是指经艺术创作者许可并签名限量在200件以内的复制产品；艺术授权产品是指经艺术创作者授权制作生产的各类产品。在2010年我国艺术品市场中，艺术原创作品的经营仍是艺术市场交易的核心部分，艺术衍生品、艺术授权产品是经营产品的新类型，也是我国艺术品市场的新增长点。

1. 艺术原创作品

2010年，艺术原创作品仍是我国艺术品市场最主要的经营品类，一级市场、二级市场中的原创艺术作品全年交易额接近1000亿元，中国书画、中国古董、中国油画及当代艺术品仍是原创艺术作品交易的基本类型。

以艺术品拍卖市场为例，2010年中国书画作品的上拍量为162177件，成交量为125659件，成交率为77%，成交金额356亿元，占总成交金额的61%；中国瓷器杂项的上拍量为129688件，成交量为94828件，成交率为73%，成交金额为179亿元，占总成交金额的30%；中国油画及当代艺术品的上拍量为12466件，成交量为8985件，成交率为72%，成交金额为53亿元，占总成交金额的9%。其中2010年中国书画在上拍量、成交量、成交金额以及所占市场金额比例等方面仍处于全面领先的地位，除了市场流通量大、价值认同度高、购买人群基数大等优势因素之外，中国书画作品的火热行情、书画大师作品的价格暴涨等短期市场因素也起了很大的作用。

2010年，我国艺术原创作品的整体价格上涨很快，带动了我国艺术品市场的规模化增长。以艺术品拍卖市场为例，2010年总上拍量为30万件，总成交量为23万件，总成交率为75%，总成交金额为589亿元，与2009年相比总上拍量增加10万件，成交量增加9万件，成交额增长376亿元，同比增长177%。2010年中国书画、中国瓷器杂项、油画及当代艺术品等三大市场交易品类在上拍量、成交量和成交金额等方面都出现了同步增长的良好态势，其中作品的价格增长因素推动了成交金额的明显放大。2010年，中国书画的拍卖成交金额增加了248亿元，同比增长了229%；瓷器杂项的拍卖成交金额增加100亿元，同比增长125%；油画和当代艺术品的成交金额增加28亿元，同比增长114%。其中中国书画作品的价格增长更为突出，目前中国古代书画、中国近现代书画的整体价格处于历史高位，应该警惕这部分市场的泡沫化趋势。瓷器杂项、油画及当代艺术品，虽然也出现了整体价格走高、精品价格高企的市场变化，但相对而言行情比较稳定，仍具一定的价格发展空间。

在市场高端价格方面，2010年我国拍卖市场中成交价格超过亿元的拍品共计22件，其中中国书画作品占了16件，占比73%，累计成交金额达31亿元，占中国书画拍卖总成交金额的10%，说明高端艺术品价格对于我国艺术品市场的影响力明显增强。

具体而言，2010年中国古代书画市场继续呈现整体规模增长和精品屡创新高的特征。中国古代书画作品的上拍量为29204件，成交量为22393件，成交率为77%，成交金额为121亿元，同比增长了216%。在单价上，2010年北京保利春季拍卖的北宋黄庭坚《砥柱铭卷》以4.37亿元成交，是全年我国艺术品拍卖市场的最高成交纪录，也是迄今中国书画作品拍卖的世界纪录。

中国近现代书画，市场流通量大，成交金额占据了我国艺术品市场的半壁江山。在2010年艺术品拍卖市场中，中国近现代书画的成交量为74450件，占中国书画拍卖市场总成交量的59%，成交金额为204亿元，占中国书画拍卖市场总成交金额的57%。2010年，张大千、李可染、徐悲鸿的代表作品先后在艺术品拍卖市场上拍出超过亿元的高价，其中徐悲鸿创作的人物画作品《巴人汲水图》更以1.71亿元成交，成为迄今中国近现代书画拍卖的世界纪录。

中国瓷器杂项的内容广、品类多、受众大，在我国艺术品市场中的地位突出。在2010年我国艺术品拍卖市场中，中国瓷器杂项在上拍量、成交量、成交金额等方面都有明显增加，瓷器杂项的成交均价为19万元/件，同比增长43%，价格上涨幅度较大。2010年，瓷器杂项的市场交易延续了2009年的行情热点，瓷器、玉器、珠宝、家具、文玩等五大品类的成交金额均在10亿元以上，其中瓷器的上拍量为19203件，成交量为12657件，成交率66%，成交金额为55亿元，占瓷器杂项市场交易金额的31%，在市场中继续占据重要的地位。玉器、珠宝紧随其后，均占据了12%的市场交易份额。此外佛像类作品的价格逐渐企稳，犀角雕的成交额同比增加8倍，是2010年增长幅度最大的品类。综合来看，2010年资源属性强的古董价格涨幅居前，除犀角雕外，和田玉、寿山石、紫檀家具、黄花梨家具的市场行情，又得益于相关原材料价格不断攀升的重要支撑，而“黄花梨五年以后将彻底绝迹”，“寿山石矿区严禁开采”等也将进一步推高行情的未来走势。其他杂项品类，如古琴、金银器、漆器等，过去一直是相对的“冷门”，但在2010年也出现了突破性的行情。邮票、金银币、红酒等，同样得到了买家的青睐，资金的大量流入引发了整体价格的上涨。

2010年，中国油画及当代艺术的行情逐渐回暖，画廊交易开始回升，在艺术品博览会上中青年优秀艺术家作品的成交呈现良好势头。一级市场的行情回暖带动了艺术品拍卖市场的价格变化。2010年，香港佳士得拍卖公司油画及当代艺术的成交金额为10亿港元，仅次于2007年的水平，与2009年相比增幅达到54%；2010年，北京保利当代艺术拍卖的成交金额为8亿元，与2009年相比增幅达113%，为历史最高纪录，反映了中国当代艺术品国内拍卖市场在经历了两年调整之后的再度崛起，其复苏水平明显强于海外市场。其中中国油画的价格增长居前，2010年中国油画的上拍量为10821件，成交7930件，成交率73%，成交额50亿元，占据中国油画及当代艺术拍卖市场成交金额的94%。从作品价格来看，“老油画”、写实油画和当代艺术的经典作品仍是市场交易的热点。雕塑、影像等作品行情则恢复得相对缓慢，中青年艺术家作品也有待市场的后期发展，这些都说明了中国油画及当代艺术市场冷热不均的现状特点。

2. 艺术复制品

艺术品市场中所流通的艺术复制品，包括了以传统手工方式制作的产品如临摹绘画、高仿陶瓷与木版水印等，以现代印制技术制作的产品如丝网印刷等，以当代技术制作的产品如数码输出品等。一些艺术复制品虽然得到了艺术家的授权并具有艺术家本人的签名，并借助现当代技术精密制作取得接近于原作的视觉效果，但是艺术复制品的根本属性仍是原作的拷贝，同时在材质、触感、品质、韵味等方面都逊色于原作。长期以来，艺术复制品在继承发扬民族传统、传播当代文化艺术等方面发挥了积极作用，其实用价值大于收藏价值和投资价值。但是随着国内艺术审美水平和艺术消费力的逐年提高，近年来艺术复制品在装饰布置、礼品馈赠等方面的社会需求日益增加，国内艺术复制品的消费规模随之扩大，与此同时一些名家参与制作的限量版艺术复制品，也受到了收藏群体的广泛青睐，填补了艺术收藏的低端价格市场。

2010年，国内艺术复制品的收藏活动，主要以精品复制品为对象，原作价值、原作社会知名度、复制技艺和复制数量，是艺术复制品收藏价值的四个衡量因素。一些制作精良、限量发行的高品质复制品，体现了对原作的理解和消化，同时具有制作工序多、制作周期长的特点，因此在画廊市场中标价较高，达到了万元以上的价格水平，如798艺术区的艺·凯旋艺术空间推出的王沂东限量复制版画作品的成套售价达到20万元以上。一些高端艺术复制品，例如北京百雅轩前几年推出了吴冠中系列复制版画，最初售价在5万元左右，但在吴冠中去世之后因市场需求的急剧增长，价格涨幅接近100%。

2010年，随着我国艺术品市场的加速增长，艺术复制品市场也出现了规模性的发展趋势。以北京百雅轩为例，艺术复制品的店面月平均销售达到200万元，其中在吴冠中去世之后的2个月内其艺术复制品的销售额就达到了600万元。高端艺术复制品的价格增长带动了整体市场的规模性发展。以北京798艺术区为例，区内艺术复制品交易达到3000万元的市场规模，低端艺术复制品的价格虽然多在万元以内，但旺盛的市场需求已经产生了规模化的效应。

一级市场的发酵，也逐步影响了艺术复制品在拍卖市场中的价格变化。一些高端的艺术复制品不仅进入到了艺术品拍卖市场，而且取得了较好的拍卖成绩和投资回报率。2010年，香港佳士得秋季拍卖的吴冠中签名版画《白首忆童年》(19/50)，画廊原售价为6万元，拍卖成交价为14万港元，价格增长了131%。

随着中国当代艺术海外市场的出现，中国当代艺术复制品也走出国门，行销海外。例如2004年张晓刚等5位中国当代艺术家签名版丝网版画《中国当代艺术精品版画集》，2005年在韩国画廊销售价为每套1万美元，2010年在东南亚市场的转让价格达到8万美元，其中张晓刚、曾梵志等的单价销售也达到1.2万美元。

艺术复制品作为正在发展中的市场经营产品，仍面临着许多亟待解决的问题。其中建立相应的制作流程规范和产品标准体系，对于进一步规范艺术复制品的制作与销售具有现实意义，此外在注重高端艺术复制品收藏市场拓展的同时，进一步开发大众消费市场，建立多渠道的分销代理网络，也是艺术复制品可持续性发展的市场要素。

3. 艺术授权产品

艺术授权产品是艺术品市场中的重要品类，是将艺术作品的无形价值作为版权商品进行市场推广的产物。广义的艺术授权由产品授权、企业艺术合作、城市艺术应用等三方面组成，狭义艺术授权专指的是产品授权部分，包括画作授权、商品授权、数字授权等。艺术授权，从艺术家角度而言，不仅取得了除原作交易之外的商业回报，同时通过艺术授权过程中的包装、推介、展示和交易行为，对艺术家进行了更广泛的社会化宣传；从被授权商的角度而言，是运用艺术塑造品牌、提升产品附加值、增加获利的新营运方式。而艺术授权产品的出现，既在一定程度上增加了原作的市场价值，也通过跨界的合作推广延长了艺术品的产业链条，形成多赢的商业模式，拓展了艺术品市场的疆域，提高了艺术品市场的产业化水平与在文化产业中的地位。

艺术授权在国外已有20多年的发展历史，发展至今已经形成相对成熟的商业模型，如在欧美地区有每年定期举办的艺术授权博览交易会，目前全球授权零售市场总产值约为2000亿美元，其中艺术授权与出版占到了10%的市场份额，约为180亿美元，产业年增长速度保持在5%，有着很好的市场发展前景。2009年，在美国拉斯维加斯的艺术授权交易展中，台湾地区的参展商实现了2000万美元的成交额。

国内艺术授权市场虽然刚刚起步，但近年来随着文化产业的发展，市场拓展速度明显加快。2010年，我国艺术品拍卖市场的总成交金额为589亿元，根据国际标准进行测算我国艺术授权所带来的生产总值可达到1767亿元的水平。为了推动国内艺术授权市场的发展，2010年北京文化发展基金会联合ARTKEY等艺术授权品牌企业创设艺术授权专项基金，并在2009年首次举办艺术授权交易会的基础上成功举办第二届展会，参展商规模达到100多家。通过展会及其论坛，参展商共同尝试艺术和品牌的深度结合，促成上下游产业的链接，借艺术授权之力，提升中国产品附加值，扩大文化对外贸易，为中国文化创意产业发展提供一条新的路径。

从目前市场流通的艺术授权产品来看，艺术授权商、被授权商通过复制、展示、改作、出租等操作方式与各种商业用途相结合，从包括卡片、月历、包装纸、明信片等平面性的艺术授权产品，逐步扩展为针对客户消费新变化的立体雕塑、动态影像等多种产品形式。2010年，国内的艺术授权企业，一方面加强了与大众消费零售市场的互动联系，通过对食品、日用品、装饰品、礼品等行业的厂商、经销商的艺术授权，进一步扩大了艺术授权的范围与艺术授权的产品种类；一方面增强了对我国民族文化传统的挖掘和整理，更多地引入民族文化艺术的元素，提升了国内艺术授权产品的附加值和核心竞争力，着力拓展海外销售的市场与对外贸易的渠道。

2010年，我国艺术授权产品的销售规模日趋扩大。以北京798艺术区为例，2010年园区内尤伦斯艺术中心艺术授权产品的月销售达到100万元。此外民办非赢利艺术机构今日美术馆，艺术衍生品部店面月销售额也达到了80万元。我国艺术授权产品的销售，除了店面的销售形式之外，艺术品博览会现场销售和网上销售也是常见的途径。如艺术北京博览会，在2010年联合10家艺术授权产品企业共同进行博览会平台的推广交易，其中来自台湾地区的秋刀鱼艺术中心在展会期间的零售额达到20万元。艺术授权产品的网上销售也越趋活跃，一些艺术授权产品的品牌网店年销售额达到了100万元以上。

作为国内刚刚起步的市场经营产品，艺术授权产品的加速发展将面临知识产权保护不足、中介组织不完整和产业分工不细致等方面的现实问题。要将中国文化藉由艺术授权及其产品推向国际，应继续参考国际成功艺术授权经验，从速建构具有中国特色的艺术授权产业模式。

（三）购买力分析

1. 艺术收藏

艺术收藏是艺术品市场购买力的重要组成。成熟的艺术收藏一般由三部分组成，即美术博物馆收藏、企业收藏和私人收藏，三者彼此独立又相互依赖。2010 年，我国的艺术收藏随着国家的政策支持、企业的社会责任感和个人财富的增长，美术博物馆收藏、企业收藏和私人收藏在藏品的数量和品质等方面都呈现出了不同程度的提升。

（1）美术博物馆收藏。2010 年，政府主管部分针对公立美术馆的艺术收藏，继续给予一定的政策倾斜和资金支持，各地公立美术馆的艺术收藏经费均有所增加。2010 年，文化部出台《全国重点美术馆评估办法》，将“年收藏经费总额不低于 300 万元”作为国家重点美术馆评估达标的硬性指标之一，并随即在全国范围组织评估，极大保障了省市级美术馆的收藏资金的底线。目前，全国重点美术馆的收藏经费提高较快，多由财政部门专门划拨，如中国美术馆 2500 万元/年，上海美术馆 1200 万元/年，浙江美术馆 2000 万元/年，广东美术馆 1500 万元/年，深圳美术馆 800 万元/年，但是收藏资金的增加幅度明显滞后于我国艺术品市场价格的增长速度，因此美术馆介入艺术品市场的案例不多，美术馆藏品来源仍主要依赖于艺术家及其家属的无偿或有偿的捐赠。

2010 年，民营非盈利性美术馆的艺术收藏增长明显，大多依靠社会性的资金捐助和藏品捐助，但政府在促进社会捐助制度和免税扶持政策等方面的力度仍显不足，在一定程度上局限了民营非盈利美术馆在艺术收藏上的可持续性发展，因此相关政策从速出台将是突破瓶颈的关键所在。

（2）企业收藏。近年来，我国的企业收藏发展速度较快，成为艺术品市场中越来越重要的参与力量。2010 年，国内企业收藏资金的增幅较大，大约在 300 亿元，涉及的领域也更加丰富，除了传统艺术品之外，当代艺术的收藏比例明显增加，也出现了针对外国艺术品的国内企业收藏。如创立于台湾地区现落户成都的山艺术机构，依托于企业的背景并结合国内的学术力量，已经形成了 1000 多件俄罗斯美术作品的收藏系列，囊括从列宾到马克西莫夫等俄罗斯名家的精品，是亚洲地区最好的俄罗斯美术品的企业收藏。泰康人寿保险公司经过多年的努力，也形成了针对 20 世纪中国美术代表性艺术家的藏品系列，2010 年泰康人寿保险公司更通过泰康空间的创办，开始系统收藏年轻艺术家的创作并已形成一定的规模。一些企业在拥有一定数量的藏品之后，也着手进行企业收藏的长远规划，其中创办企业美术馆成为了普遍的共识，如上海新理益集团在中国古代书画、新中国美术经典等方向上已经形成了具有特色的收藏系列，2010 年在上海浦东择址创办龙美术馆，并将在 2011 年正式对外开放。

从 2010 年的整体情况来看，虽然我国的企业收藏发展迅速，但是在参与者的身份、所属的地域和城市分布等方面越来越呈现不平衡的现象。如民营企业的参与度较大，沿海发达地区的参与度较大，在北京、上海等大都市相对的集中，国营企业的缺失是其中突出的问题。此外由于企业收藏是近年来才出现的新生事物，因此在目标定位、程序规范、藏品管理、回馈社会等方面有待进一步地改进和完善，而如何引导企业收藏方向，并进而引领艺术品市场走向、确立价值标准、推动市场可持续性发展也是目前亟待深化的课题。

（3）私人收藏。得益于我国社会稳定和经济发展，2010 年国内个人财富仍处于快速增长的周期。2010 年，我国个人资产在千万级和百万级的财富人群的增长比例分别为 6% 和 8%，尤其是在沿海开放地区的北京、广东、上海、浙江、江苏五省市，个人财富的集中度更高，财富人群所占全国比例高达 60% 以上，对艺术收藏的兴趣度也更为强烈，在艺术品收藏的实际花费水平上也比内地高出 20% ~30%。从收藏偏好上看，2010 年我国财富人群更多关注于手表、珠宝和古代书画等品类，当代艺术收藏的比例虽比 2007 年有所下降，但收藏人群的资金投入则有增无减，一些财富人群更将收藏当代艺术品视为新的生活方式。据统计，目前具体影响私人收藏的要素包括个人趣味（62%）、地域影响（16%）、专业建议（15%）、价值及价格（9%）、家庭背景（5%）等。

2010 年，我国私人收藏的行业背景，仍集中在个人财富增长最快的领域，如金融投资、房地产、能源、基础建设、高科技、制造等行业，其中金融投资背景的私人收藏占比50%，能源、基础建设背景的占比有所增长，房地产、高科技、制造背景的占比有所减少。在专业化的发展方面，2010年我国私人收藏取得了明显进步，注重学术价值、历史文化价值和系列化收藏已经成为普遍的共识。私人收藏专业化程度的提高，改变了我国私人收藏的旧有面貌，也推动了我国艺术品市场向专业化的发展变化。

2010年，国内私人收藏对国际艺术品市场的影响力也在逐渐增强，以香港苏富比拍卖公司为例，购买金额超过1000万港币的大客户中，中国买家的人数比北美、欧洲大陆多出1倍，成交金额高出3倍。由于全球化所带来的信息化和便利化，中国买家屡屡在海外艺术品市场大展拳脚，11月来自中国的买家在英国伦敦以5160万英镑拍得乾隆洋彩镂空瓷瓶，创造了中国艺术品交易的最高纪录，引发了世界舆论的广泛关注。

由于私人收藏的个人化程度较高，因此推动国内私人收藏的发展，就必须针对文化价值进行有效引导，同时沟通平台与交流机制的建立，对于确立符合中国文化价值观的收藏标准也具有积极意义。2010年，由上海市政府组织举办的“第二届华人收藏家大会”，在首届成功举办的基础上，进一步将大会拓展为华人收藏家彼此联系、协作互动的重要平台。大会主办方邀请来自美国、加拿大、新加坡、印度尼西亚、马来西亚、日本、荷兰、德国等国家和中国香港、澳门、台湾、大陆地区的600余位嘉宾出席会议。围绕“历史传承和时代创新”的主题，以大会演讲、论坛发言、嘉宾对话等多种形式，在增强收藏的社会责任、树立正确的收藏观、相互协作推动华人收藏事业发展等方面进行深入研讨。大会还同期举办“京沪收藏家藏品邀请展”，集中展示北京和上海两地部分收藏家的藏品，反映近年来国内私人收藏在传统艺术品领域的发展现状。2010年，由国家发改委国际合作中心、四川成都市委宣传部等主办的“第二届中国当代艺术收藏家年会”，则更侧重于当代艺术收藏领域的讨论方向，针对的是我国当代艺术收藏缺乏价值共识的现状，提倡建立符合我国自身发展的收藏理念、收藏价值标准，宣传艺术收藏代表国家、民族和具备文化传承使命的当代收藏文化。“中国当代艺术收藏家年会”2009年在北京创办，通过努力已经打造成国内当代艺术收藏家沟通信息和交换理念的高端平台。

“华人收藏家大会”和“中国当代艺术收藏家年会”都是由政府主导或参与的专业化论坛，体现了国家政府对于我国私人收藏事业发展的关心和支持，而它们所建立起来的沟通平台和交流机制，将积极改变私人收藏原有的个人化格调趣味，更多地体现社会责任和社会效力。

2. 艺术品消费

从艺术品市场购买力结构而言，艺术收藏往往处于相对高端的位置，购买方向主要针对的是稀缺性的艺术资源，艺术品消费偏重于大众化，虽然所处位置较低，但艺术品消费既是艺术收藏的发展基础，也是促进文化产业发展的要素之一，其重要性不言而喻。

根据国际通行的划分标准，当人均GDP达到3000美元，国民的文化与艺术消费将进入快速增长周期。2010年，我国人均GDP达到了4361美元，国内艺术品消费已呈现出明显的扩张趋势。在消费方向上除了艺术复制品之外，艺术原创作品和艺术授权产品成为了新的拓展方向，这与现阶段我国艺术品市场注重艺术新资源的开发密不可分，如画廊市场对青年艺术家作品资源的大量引入，艺术授权市场对艺术衍生品的创研创新，为国内艺术消费者提供了更多元化的产品选择。艺术品消费介入艺术原创作品的市场，表现了艺术品消费对艺术产业上游的支持，艺术品消费介入艺术授权产品的市场，又表现为艺术品消费对艺术产业下游的渗透。

2010年，针对国内画廊从业者的调研显示，有55%的从业者认为艺术品消费将成为市场主流，认为艺术投资将主导市场的比例则从2009年的19%下降到了2010年的10%。2010年，艺术消费者在我国画廊市场购买力中的占比增长了45%，单价消费区间也从2009年的2000元至20000元上调到5000元至30000元的新水平。

艺术品消费者是艺术品消费的主体，是指以货币交换购买艺术品以实现其审美需求的消费人群。由于消费者生活在复杂纷繁的社会环境中，其消费行为反映了社会发展、文化熏陶、心理差异等现实因素。2010年，针对国内艺术消费人群的调研数据表明，占比64%的消费者接受1万元以下的价格，占比23%的消费者接受1万至5万元的价格，占比6%的消费者接受10万元以上的价格，可见5万元以下的艺术消费具有广泛的消费人群；占比24%的消费者抱有投资的目的，占比68%的消费者则以装饰家居和长期保存为目的，可见目前大众购买艺术品的主要原因是出于装饰家居的用途；占比72%的消费者会把作品挂在客厅或者卧室，并有占比83%的消费者会向来家做客的朋友介绍自己所买的艺术品，只有占比3%的消费者会将作品封存起来加以保管；艺术消费所占家庭资产的比例，占比70%的消费者会拿出收入的10%用于艺术消费，而占收入比超过30%的仅有9%。

虽然现阶段国内艺术品消费扩张很快，但仍具有一定的盲目性。因此重视并有效引导艺术消费者的审美需求，调整艺术产品结构，开发出更多原创性强且消费者喜闻乐见的艺术产品，是进一步扩大国内艺术品消费市场的重要工作。此外，除了画廊、画店等店面销售方式，如何打造更多样化的销售途径，也是目前亟待发展的方向。2010年，国内涌现了不少以“买得起的艺术”为题进行的艺术品展会，如北京东城区地坛仲夏文化庙会，就旗帜鲜明地打出了“艺术消费”的口号，展会期间吸引了30多家艺术机构参与，展会销售情况良好；例如“嘉德在线”以“艺术生活化”为宗旨、“大艺网”以美术院校在校生作品网上销售为目的，都是借助网络传播平台和网上交易手段，推动艺术品消费的实践案例。

3. 艺术投资

投资热是目前中国艺术品市场最显著的变化。艺术品投资的最初目的是为了分享我国艺术品市场快速发展的红利，但是随着资本对利润最大化的追逐，艺术投资的投机性也愈见鲜明。

2008年，全球金融危机的爆发并没有改变中国社会财富和个人财富快速增长的趋势，2009年全球宽松货币政策以及由此产生的通胀预期更推导了流动性资金加速流入艺术品市场。2010年，国内热钱的动向出现明显变化，随着政府调控政策的出台，房地产、股票的投资意愿受到抑制，2010年上半年金融市场就有10%的资金流出，我国艺术品市场出现了资金净流入的现象，全年市场增量资金规模在700亿元以上。资金向艺术品市场流动的原因，除反映国内投资者通过资产配置来分散风险的意识日益增强之外，国内艺术品市场迅猛发展所带来的丰厚收益，也是吸引投资者参与的重要原因。艺术投资的目的就是为了获利，因此投资性资金的大量流入在迅速扩大艺术品市场规模的同时，也给艺术品市场带来了更多的不确定性，增加了市场行情不稳定和过度波动的风险。

2010年，我国艺术投资的理念深入人心，艺术品作为投资的标的物广为人知，结合艺术投资的市场创新层出不穷，如艺术投资基金、艺术产权交易、艺术抵押贷款、艺术理财产品等等。其中更值得关注的是艺术投资的机构化趋势，具体表现在两个方面：①机构资金的入场，主要是指除政府采购之外的企业等法人机构的购买行为，行业背景更趋广泛，如金融、房地产、制造、能源和建筑等，地域分布更趋分散，如在沿海开放城市之外，西北、东北、西南地区成为了新的增长点；②艺术品投资基金的资金入场，包括私募和公募的不同类型。

艺术投资的机构化在我国艺术品市场中的表现有：①投资资金的规模化优势，一些艺术投资的资金规模达到数亿元，而在艺术品拍卖市场中动辄千万元级的竞买出价，已经将个人购买力如传统收藏家迅速地“边缘化”；②投资目标的精确化选择，由于机构投资是以系列化的名家精品为目标，投资基金也以抗风险且增值快的艺术品为投资标的，因此两者都会选择文化价值大、社会共识度高和稀缺性的艺术资源，例如中国古代书画家名作、近现代大师名作、中国古董精品等，这样势必造成“名家”尤其是“名作”的价格飙升，最终导致2010年频频出现过亿元的拍卖高价；③投资操作的企业化运营，在艺术投资基金规模逐渐扩大、艺术投资方式创新的背景下，企业化运营成为必由之路。目前艺术投资的企业化运营，更加注重跨界的经营团队建设、深入的行情分析研究、国际化的资源配置和营销渠道，这些成为我国艺术品市场专业化发展的又一例证。

四、国际市场概况

2010年，全球艺术品市场出现了明显复苏，尽管这种复苏主要得益于世界各国大规模的财政扩张政策和宽松货币政策的组合性刺激，复苏的基础仍有待进一步夯实，但是资本市场中宽松的流动性、宏观经济的复苏对全球艺术品市场产生了积极的影响。

2010 年，全球艺术品市场的复苏主要表现在：艺术品市场信心指数明显回升，画廊和博览会交易重新热络，拍卖市场成交率逐步提高。根据 2010 年欧洲美术基金会的统计数据，全球艺术品市场交易总额达到 430 亿欧元（约合 4300 亿元人民币），同比增长了 52%；全年艺术品成交总量为 3510 万件，同比增长了 13%；全年 51% 的艺术品交易是由画商、古董商完成，49% 的交易来自艺术品拍卖，客观地反映了一级市场、二级市场全面复苏的事实。

2010 年，全球艺术品市场的行情热点依然集中在经典艺术方面，购买者更倾向于收藏成名艺术家及其名作，由此古代大师、19 世纪艺术和现代艺术行情普遍走高，毕加索的绘画、贾科梅蒂的雕塑屡屡创出全球艺术品拍卖的新纪录。与经典艺术的高价交易带动全球艺术品市场复苏的情况所不同的是，战后艺术和当代艺术的市场仍相对滞后，复苏进程相对缓慢。

以国家而论，美国、中国是 2010 年全球艺术品市场中最强劲复苏的两个国家：美国继续在全球艺术品市场交易中占据主导地位，2010 年美国艺术品市场交易额为 225 亿美元，占全球市场份额的 34%；2010 年中国艺术品市场成功超越英国，紧随美国之后成为全球第二大艺术市场，交易总额翻了一番，全球占比 23%；2010 年英国艺术品市场交易额为 95 亿欧元，全球占比 22%。在 2010 年全球艺术品拍卖市场方面，全球成交总额为 208 亿欧元（约合 2084 亿元人民币）。其中美国艺术品拍卖市场的成交额为 100 亿美元，占全球拍卖市场份额的 31%；中国为 589 亿元人民币，全球占比 28%；英国为 42 亿欧元，全球占比 20%。欧盟各国总计为 72 亿欧元，全球占比 35%。无论从市场整体还是单纯从拍卖市场来看，美国仍然巩固了其在全球艺术品市场中的中心地位，中国则从新兴艺术市场的代表跃升为全球艺术品市场中的核心力量，反映了全球艺术品市场格局的根本性变化和艺术市场中心向东方转移的趋势。

（一）国际地位和市场作用

1. 增长带动全球复苏

2010 年，我国艺术品市场不仅继续成为全球新兴艺术市场的领头羊，同时也以自身的强劲增长推动全球艺术品市场的复苏进程。2010 年，我国艺术品市场交易规模达到 1700 亿元，我国艺术品拍卖市场交易总额达到了 589 亿元，增长率为 177%，在 2009 率先实现复苏的基础上，取得了实质性的市场增长，表现明显优于全球水平。

近两年我国艺术品市场表现优异，对于全球艺术品市场的贡献度日益增大。例如 2009 年我国艺术品市场的进口总额约为 40 亿元，出口总额约为 20 亿元，贸易逆差约为 20 亿元；2010 年我国艺术品市场的进口总额约为 50 亿元，同比增长 25%，出口总额约为 25 亿元，同比也增长了 25%。2010 年，艺术品贸易逆差的继续扩大，这是我国艺术品市场拉动全球艺术品市场复苏的重要证明。

2. 市场地位核心化

继欧洲美术基金会发布研究报告称“2010 年我国艺术品市场首次超越英国名列世界第二”之后，法国 ARTPRICE 网站发布的《2010 艺术市场趋势报告》又将全球纯美术品拍卖第一的桂冠戴到了我国艺术品市场头上。《报告》以 2010 年绘画、雕塑、装置、素描、摄影、版画的艺术品拍卖收益为统计对象，全年中国纯美术品拍卖收益达到 30 亿美元（折合 195 亿元人民币），全球占比 33%，同比增加了 16 个百分点，名列世界第一，成为全球纯美术品拍卖的第一大市场。与此同时，美国、英国、法国的全球占比均出现下降，其中以法国更为明显，降幅近 8 个百分点。

2010 年，我国艺术品市场的快速发展，带来的是我国在全球艺术品市场地位的同步提升。我国艺术品市场地位的变化，打破了美国、英国等西方国家对于全球艺术品定价权的长期垄断，提升了我国艺术品市场在全球范围内的影响力和话语权，奠定了我国在全球艺术品市场中的核心地位。

3. 推动全球市场新格局

进入 21 世纪以来，全球化是艺术品市场发展的大趋势，具体表现在全球艺术品市场交易信息化的程度和交易方式的转变，而其结果必然导致全球艺术品市场的结构性巨变。

艺术品市场的发展离不开信息交换，全球化所带来的信息化是21世纪全球艺术品快速发展的重要基础。信息化技术的不断创新和信息化平台的强劲发展，不仅使信息交互更加快捷，信息传播更为及时，而且极大地提高了艺术品市场的效率。全球化也带来了艺术品市场交易方式的转变，①国际性大型展会交易成为发展趋势，艺术品交易进入"博览会的时代"；②在线销售艺术品日趋普及，艺术品网上交易活跃，大型艺术商业网络平台已经出现；③艺术跨界合作更加广泛，艺术市场和商业、金融的结合更为紧密，推动艺术市场的不断创新。

在全球化的背景下，全球艺术品市场的格局也发生了革命性的变化。新兴艺术市场不断挑战艺术品市场的旧有格局，作为新兴艺术市场代表的中国，在短短5年内完成了"超英赶美"的发展奇迹，不仅成为纯艺术品的全球最大拍卖体，而且推动了全球艺术品市场的格局更新。

4. 促进交易中心东移

历史地来看全球艺术品市场交易中心的每次转移，其背景无不立足于世界社会经济大格局、大趋势的巨变。1875年至1918年以欧洲工业革命为背景，巴黎成为了全球艺术品交易的中心；1918年至1959年随着美国的崛起，纽约最终取代了巴黎成为全球艺术品交易中心，并开始掌握艺术品市场的定价权和发言权。1980年至1990年由于日本等亚洲国家的崛起，全球艺术品市场格局受到一定程度上的冲击。1990年至2007年中国、俄罗斯、印度、中东等国家和地区为代表的艺术新兴市场腾飞，全球艺术品市场出现了多中心的发展趋势。2008年全球金融危机以来，中国艺术品市场在2009年率先实现复苏，并在2010年继续成为全球艺术品市场的复苏引擎，将全球艺术品交易中心由西方向东方的转移变成了现实，而我国艺术品市场在全球范围内的影响力和话语权正发生着根本性的变化。

（二）我国成为全球艺术品市场的新中心

1. 北京发展成为全球文化艺术的交流交易中心，香港地区发展成为全球艺术品新的交易中心，共同挑战纽约的市场地位

2010年，纽约艺术品拍卖收益为27亿美元，北京以23亿美元排名世界第二，伦敦以18亿美元排名第三，其他依次为香港、巴黎、上海和杭州，北京和香港的地位突出。

2. 2010年，我国艺术品市场规模位居全球第二，纯艺术品拍卖市场规模位居世界第一，艺术品价格增长幅度位居世界前列

2010年，齐白石（排名第二）、张大千（排名第四）、徐悲鸿（排名第六）和傅抱石（排名第九）入围全球艺术品年度拍卖总额排名前十位，2009年只有齐白石1人入围；曾梵志、陈逸飞、王沂东、张晓刚、刘小东和刘野等中国当代艺术家也入围全球十大当代艺术家排行榜，作品单价已与西方当代艺术家杰夫·昆斯、理查德·普林斯不相上下。2010年，我国拍卖市场百万美元作品的增长率为490%，超越美国、英国名列世界首位。百万美元作品成交的增长率，标志着高端艺术品成交的市场活跃度。2010年，我国艺术品市场相关数据的明显提升，不仅反映了高端艺术品成交的活跃和市场景气的现状，同时也证明了我国艺术品市场向艺术资源核心交易方向推进。

3. 我国拍卖公司在全球化的竞争中表现不俗，初步具备与老牌国际拍卖公司竞争的实力

2010年，在全球十大拍卖公司的排行中，我国占据了7个席位。北京保利、中国嘉德、北京匡时、北京九歌、西泠印社、北京海士德分别排名第三、第四、第七、第九、第十，虽然与排名第一、第二的佳士得、苏富比还有一定的距离，但是我国艺术品拍卖公司对于老牌国际拍卖公司的竞争压力不断增强，拍卖中心的市场地位已经形成。

五、制约因素分析

2010年，中国艺术品市场的蓬勃发展有目共睹，然而我们也应该看到制约我国艺术品市场发展的因素依然客观存在，亟待社会各界共同关注，合力推动我国艺术品市场的健康发展。

（一）政策引导

我国艺术品市场的可持续性发展离不开国家政策的引导和推进。近年来我国艺术品市场取得长足的进步是在国家行政主管部门和海关、工商、税务等有关部门不断修订有关政策的保证下取得的，但是随着市场的迅速发展，也显现出了一些政策上与市场发展的不适应乃至桎梏的现象。

完善现行的税收政策，推动我国艺术品市场的发展。在我国，艺术品被列为进口商品的第21类，与奢侈品列为一类，其中与我国签订优惠贸易国的国家，艺术品原作的进口税率为12%，复制品的税率为14%，没有与我国签订优惠贸易协定的国家，艺术品进口关税为50%。但实际情况是，由于关税、进口环节增值税、消费税等多种税费的累积，即使采用12%的进口税率，艺术品进口的综合税率往往也超过了30%。目前艺术品经营企业一般按照文化企业或者零售业来征税，缴纳的地方税种主要包括营业税、城建税、教育附加费、企业所得税、代扣代缴个人所得税、印花税等税种。由于我国目前文化产业缺少具体的税收优惠政策，因此最重要的产业政策引导手段——税收，在艺术品行业还不能得到体现。

从速建立艺术品捐赠制度，倡导企业和个人的艺术品捐赠行为。世界各国尤其是发达国家，除了针对艺术品市场交易的税收优惠政策之外，对企业和个人的艺术品捐赠也制定有抵税或免税的相关政策。目前我国艺术品捐赠制度尚不完善，政策引导仍不明晰，具体表现在：①艺术品捐赠免税额度过低，②接受捐赠的主体如博物馆、美术馆、艺术基金会等缺少确权登记。对比国际通行的捐赠免税政策，一方面我国艺术品捐赠免税额度通常维持在个人所得税应纳税所得30%、企业所得税应纳税所得12%的额度，超过的部分不可抵扣，另一方面可以接受捐赠的非营利性艺术机构也缺少确权登记，这些都直接导致艺术品捐赠途径过窄，进而影响我国艺术品捐赠事业的健康发展。

此外针对近年来“海外回流”文物艺术品交易活跃的市场现状，在文物艺术品进境管理、回流文物艺术品的境内滞留期限、回流文物艺术品的复出境手续办理、文物艺术品境内登记标准设定和经营资格管理等方面，亟待相关政策的修订和细则的完善。而政府在制定新的规定时，也应该认真召开听证会，广泛听取专业意见，以制定出既有利于文物艺术品的保护，又能促进艺术品市场健康发展的政策法规。

（二）加强监管

我国艺术品市场的可持续发展离不开市场监管体制的创新和完善。在我国，目前针对艺术品市场的监管体制仍处于初创的阶段，在监管理念和方式方法上有所欠缺，尤其是针对艺术经纪和交易行为的监管亟待改进。在行业分类上国内尚未制定出一套适合我国国情的市场分类，由于艺术品市场的特殊性不同于一般商品市场或是文化市场，因此有效的监管也就难以实施。对于文物艺术品市场存在的制假贩假行为，目前监管的领域和打击的力度仍显不足，社会的反应较大，因此必须形成文物、艺术品、工商、税务、协会等主管部门综合治理的联席机制，加大监管和打击的力度，以达到净化市场的目的。

针对性监管体制的确立，有助于中国艺术品市场的良性发展，控制风险，规避泡沫，但是监管体系的建立健全，又依赖于有效的市场主体行政备案、税收监管、核查机制等多方面合作开展，这在一定程度上增加了实际工作中的难度，因此加大宣传力度，动员和联合社会力量，提高行业从业人员的专业素质，也是目前监管工作的重要方向。

（三）学术引领

2010年，中国艺术品市场发展成就是有目共睹的事实，然而火热的行情背后，国内艺术品市场也出现片面追求经济效益的现象，成为我国艺术品市场长期健康发展的隐忧。

艺术品市场是相对特殊的商品市场，不仅仅要求交易的作品满足商品的属性，同时也要求交易的作品应该以艺术价值为优先，不背离社会的共识和时代的精神。在目前的情况下，艺术品的商品属性已经得到了普遍的关注，而艺术价值的衡量则有赖于国内学术力量的参与和介入，当商品属性被放大之后，艺术价值的挖掘如果跟不上前者的步伐，就形成一个偏离学术价值的艺术品市场，最终会严重混淆艺术价值的标准，不利于我国艺术品市场的长远发展。因此加强学术引领，强化艺术价值，也是目前工作的重要内容之一。

（四）科学评估

艺术品的唯一性和学术性本身很难有一个稳定不变又被普遍认同的价值评定，针对艺术品的评估又因其特殊性而难以按照一般商品来进行，这就造成了对艺术品市场价格水平合理性的判断和认定的难度，最终导致公正合理的“价格评价体系”的现实缺失。在此基础上艺术品市场风险的有效控制难度加大，制约了保险、金融等辅助、支持和介入的力度。

建立艺术品评估的机制，提倡艺术品评估的科学性，是解决问题的关键。其中第三方鉴定机构的建立则是关键中的关键。目前我国第三方鉴定机构的发展还存在一定的困难，如鉴定专家的选择、鉴定评估程序的规范、团队维护和发展等等，而如何在机制上保障团队专家的基本权益，同时保证鉴定团队的客观公正，也是亟待深入思考的课题。

（五）诚信建设

诚信的缺失，是我国艺术品市场发展的最大障碍。艺术品市场的各个交易主体都存在着不同程度的诚信缺失，包括艺术品的鉴定评估部门也一直处于无序的状态。艺术品市场信用管理体系的建立已经刻不容缓，应该积极稳妥地根据不同地区的不同情况，采取试点先行的措施，逐步推广信用管理制度。自2004年以来，文化部正式启动“诚信画廊”评选，每两年举行一次，并于2008年启动复查程序，有7家画廊被取消资格。这一举措也表明了政府主管部门对诚信体系建设的决心和力度。

除此之外，诚信体系建设还应囊括艺术品市场的各个参与群体，形成一套行之有效、可持续发展的信用体系。缺乏完整的信用体系，也让艺术市场相关服务体系难以良好发展。而艺术品市场的信用管理是综合的管理体系，涉及法律、道德、管理、服务、信息等多方面的统筹规划，这也有待于政府相关主管部门加大力度统合协调。

（六）综合保障

目前，我国艺术品市场的综合保障体系仍然不完善，如保险、物流、仓储等方面。对艺术品市场的参与者而言，配套保障体系是关系切身利益的重要部分，近年来在这些问题上产生的争议和矛盾比较常见，因此综合保障体系的完善是目前我国艺术品市场的迫切需要。

艺术物流、艺术仓储、展览展示等服务的专业水平亟待提高。尽管近年来，我国艺术品市场的综合保障体系有一定的发展，但专业化水平相对国际而言仍有一定差距，也滞后于国内艺术品市场的发展速度。以艺术物流为例，艺术物流在国外有数十年的历史，市场相当成熟，一般大型展会和博物馆级藏品交流展览都会委托专业的艺术物流公司执行。国内的艺术物流尚属于起步的阶段，除一些国家级美术博物馆采用专业艺术物流服务之外，大量的画廊、拍卖行、美术馆、艺术家和收藏家仍以普通货物运输的方式运输艺术作品。把艺术品当成货物运输往往会出现一些纰漏，导致艺术作品的损坏，由此引发的争议和诉讼时有发生。除专业程度不足之外，国内艺术物流的发展瓶颈还表现在收费昂贵上，这与企业管理不足、企业规模较小有着密切的关系。

艺术保险的普遍缺失。按照国际惯例，艺术品保险范围包括艺术品失窃后的赔偿和损坏后的赔偿。在国外艺术品保险比较发达的国家，通常针对各种艺术运作的行为而设计相对应的保障方案，从而针对艺术品所面对的各种危险性提供比较完整的保险方式。目前我国自有的艺术保险服务，一般是委托于展览服务公司或艺术物流公司，通过他们与保险公司的洽谈合作进行保险，尚没有独立、专门的保险公司承接相关的保险业务，这主要在于艺术品保险本身涉及较强的专业性和特殊性。而我国艺术品保险事业的明显滞后，也和国人艺术品投保意识的缺失密不可分，因此加强艺术品保险意识，推动我国艺术品保险事业的开展，同样是目前亟待加强的工作内容。

六、发展趋势分析

（一）政策推动力度加大

胡锦涛总书记在中共中央政治局第二十二次集体学习时的重要讲话，《十二五规划纲要》将“传承创新，推动文化大发展大繁荣”提上日程，《关于金融支持文化产业振兴和发展繁荣的指导意见》等一系列政策法规的出台，为我国艺术品市场进一步发展创造了良好的环境。随着“十二五规划纲要”的逐步落实和政府配套政策的持续出台，作为我国文化产业的重要组成部分的艺术品市场，将迎来难得的历史发展机遇，而政策推动力度的加大也成为我国艺术品市场长期向好的发展趋势的重要保障。

（二）社会资金加速流入

作为全球新兴艺术市场的代表，我国艺术品市场的快速发展引人注目，社会资金的流入日趋明显。从资金流入的来源上，除了国内资金之外，在全球化的背景下国际资本的流入将成为未来趋势。这在很大程度上保障了我国艺术品市场规模性发展的需求，从而进一步巩固我国艺术品市场的国际领先地位，扩大我国艺术品市场的国际影响力。

（三）市场创新和多样化发展

随着市场的不断优化和创新，我国艺术品市场的交易主体和交易方式也将呈现多样化的发展趋势。例如深圳、上海、天津、郑州、成都等各地文化产权交易所不断进行艺术品份额化和类证券化的探索，使我国文化产权交易所成为画廊、拍卖公司、艺术品博览会、艺术经纪等传统艺术品交易主体的新补充。虽然文化产权交易所目前尚处于初步运营的阶段，对于艺术品市场的实际贡献度有限，但它的出现反映了我国艺术品市场的创新能力，并将带动我国艺术品市场的创新思考和多样化拓展。

（四）市场规范与专业化提升

规范市场已经成为我国艺术品市场未来发展的重要基础。在政府配套的政策法规支持下，在行业协会自律发展的积极要求下，我国艺术品市场将迎来专业化提升的良好契机。广泛学习国外经验，结合我国国情，循序渐进地探索适合我国发展模式的艺术品市场机制，将是我国艺术品市场未来工作的重中之重。

2010年演出市场分析报告

2010年演出市场有几个特点：

一、演出总量呈上升趋势

据北京演出行业协会每年一次的市场统计和分析，2010年北京市各类营业性演出场次共计19095场，观众人数共计1096.5万人次，演出收入共计10.9亿元。

北京市演出行业协会2008、2009两年的统计数据，演出场次分别为13232场和16397场，观众人数分别为808.9万人次和1167万人次，演出收入分别为6.27亿元和9.33亿元。

与2009年相比，北京演出市场的演出场次增长16.45%，观众人数下降6%，演出收入增长17.8%。(需要注意的是，演出场次增加，观众人数反而下降，说明单场演出上座率不足。哪类演出单场上座率下降，值得玩味，可惜没有详尽的统计资料）

北京市的统计分析2008年的数据来源为54家营业性演出场所，2009年为61家，2010年为82家，虽然基数不同，数据的比率不够准确，但仍能从中看出历年演出总量的递增。由于全国其他省市的演出项目有相当数量是从北京辐射出去的，由此可以推断，2010年全国演出总量仍呈增长趋势。

二、演出形式呈多样化趋势

近年来，从传统的剧场演出到各种混搭类型的组台演出、旅游演出、节庆演出、动漫演出和音乐节，演出的表现形式呈现出多元发展的趋势。2010年的演出市场依然延续这一趋势。

（一）话剧演出持续增速

这几年，话剧演出一直很活跃。以北京和上海为例，2010年北京话剧演出2919场，占各类演出总场次15%，比2009年（1580场）增加1339场，增幅84.7%。上海的话剧市场也以年均20%左右的增幅快速发展，成为上海市场规模最大、创排速度最快、最具盈利模式的剧种之一。不仅北京人艺在首都剧场演出的《日出》、《雷雨》，在国家大剧院演出的《北京人》和《原野》受到观众广泛好评，一些直接贴近生活的话剧，如白领话剧、搞笑话剧、悬疑话剧、先锋话剧等以娱乐和释压为主的话剧形式也都不同程度获得成功，其中尤以《麻花》系列的演出受到观众的广泛欢迎。

（二）旅游演出依然火热

旅游实景演出市场火热，收益参差不齐。2010年，旅游演出市场火热，其中以特色民间文化资源为依托打造的实景演出是旅游演出的重要形式，也是推动旅游演出市场火热的重要因素。大型实景演出多沿袭大制作大品牌模式，投入动辄上亿元，数量众多，但是收益参差不齐，《印象·大红袍》于3月29日首演，上座率达70%以上，已实现盈利，而同为印象系列的《印象·海南岛》演出后则遇冷，收入惨淡，以致投资回收困难，不得已以低价2750万元转让55%股权。

（三）音乐节数量激增

以流行和摇滚为主的音乐节是近年演出市场兴起的一支新军，演出数量激增，并成为城市营销的新宠。2010年，全国音乐节数量飙升至92

场，比2009年增长109%，演出区域也由北京、上海、广州等城市逐渐扩展到辽宁、福建、重庆、河北等地，由一线城市向二三线城市扩张。历时10年的“迷笛”、已举办5届的“摩登天空”等音乐节已形成品牌，每届十数万人的参与，其市场效益、宣传效果、引导作用以及安全环境，均应引起文化主管部门和相关政府部门的充分重视。

（四）海外驻演成功

2010年，《功夫传奇》在美国布兰森白宫剧院及《少林武魂》在美国大雾山旅游区东上海剧院驻演成功，标志着中国演出走出去迈出具有历史意义的一步。白宫剧院及东上海剧院分别是由天创国际及东上海集团收购的海外剧院，通过建立海外演出基地的模式，打破制约中国演出产品海外推广的瓶颈，为中国演出走出去探索了一种可借鉴模式。

演出形式的多样化，体现出不同观众群体的多样化需求，也体现了市场容量的扩充，是新《条例》和《细则》鼓励社会资本进入演出市场带来的成果。很难说哪种形式更好，更有利于市场的发展。真正推动市场繁荣发展的，是多样化本身，这也是政府主管部门应当给予积极支持和鼓励的。

三、演出票价依然居高不下

高票价主要集中在大城市的大剧场的大牌明星的演出，其中既有大城市的消费水平、大剧场的造价、大明星的票房号召力等合理成本因素，也有物价飙升、人为炒作和权力干涉等各种不合理的成本因素；它既是饱受社会诟病的因素，又是推动演出市场得以发展的经济因素。

以北京为例：2010年北京市各类演出平均票价201元左右，比2009年略有降低。按演出剧场划分如下：

（1）人民大会堂、首都体育馆、工人体育馆、工人体育场、五棵松体育馆等大型演出场馆的平均票价772元，比2009年平均票价637元上升21%，平均上座率80%；

（2）国家大剧院、保利剧院、北展剧场等多功能综合剧场的演出平均票价221元，比2009年平均票价229元略有下降，平均上座率73.8%；

（3）戏剧、音乐、儿童剧为主的专业剧场平均票价110元，比2009年平均票价146元下降24%，平均上座率69%；

（4）以旅游为主的专业剧场平均票价70.5元，平均上座率60%；

（5）其他类及各类小剧场平均票价91元，平均上座率65%；

（6）“周末演出计划”演出平均票价15元。

可以看出，除（1）类场所演出票价上升了21%，其他都略有下降。原因是2010年在统计演出单位时增加了一些小剧场，小剧场演出票价大都偏低，所以整体的平均票价有所下降。但是大型场馆的票价还是居高不下，演唱会最高票价分别为1080元、1280元、1380元、1680元、2500元、2800元等。2010年，北京演唱会的收入是3亿元，比2009年的1.4亿元增加114%。

2010年，北京82家营业性演出场所演出总收入10.9亿元，比2009年增长17.8%。其中（1）类场馆3.83亿元，占34.8%，增长1.52亿元；（2）类剧场4.3亿元，占39.1%，比2009年略有下降；（3）类场馆7428万元，占6.7%，减少3622万元；（4）类场馆10812.9万元，占9.8%，比2009年减少696万元；（5）类场馆10652万元，占9.68%。除大型演出场馆的收入增长1.52亿元，其他都有所下降，而大型场馆的演出收入占演出总收入的1/3以上，其中演唱会收入3亿元。由于2010年外国艺术团体在京演出523场，比2009年下降58%，港台艺术团体及个人在京演出129场，比2009年增加98%，演唱会既是高票价的“票仓”，也是演出市场经济总量增长的助推器。

因此，对“高票价”不宜一概否定，罪魁祸首不是票价，而是造成票价成本的不合理因素，包括市场结构、管理体制及人为的权力因素。就“高票价”本身而言，则既有其弊亦有其利。

四、演出院线与剧院联盟方兴未艾

近年来，演出市场出现了两个值得关注的动向：一是跨地域的演出联盟模式，如北方剧院联盟、西部演出联盟、东部剧院联盟、长三角演出联盟和珠三角演出联盟，此外还有省内演出联盟如安徽演出联盟、江西演出院线联盟等；二是演出院线模式，如保利院线、中演院线，逐步形成两大院线、五大省际联盟、省内演出联盟蓬勃发展的格局。2010年5月，中演院线在广州启动，采取演出商进行运作的松散加盟模式，目前已有近30家单位加盟。保利院线则在2010年新增5家剧院，形成包括北京保利剧院、上海东方艺术中心、武汉琴台剧院等近20家剧院的规模。

相较于松散的剧场联盟，演出院线是利益结合更为紧密的共同体，是盈利模式更为机制化的营销体制。剧场只收取场租、不承担风险的做法在业界饱受诟病。演出院线由于捆绑了院团和剧场的利益，受共同利益的驱使，势必以风险共担的票房分账方式取代一方坐地收钱、一方独担风险的盈利模式，院团要不断创新节目，剧场要优化物业管理，提升服务基准，双方共同获取演出的最大收益。

透过院线和联盟的模式，有利于推动其在经营活动中遵守行业自律的准则、诚信的准则、商业运作的规范准则、对违规行为的处罚等等。这些规则对每个成员形成制约，从而凝聚会员。这样，演出院线和演出联盟就具有了双重的意义：既是一个惠及演出商的运作模式，又有助于推动行业自律。

五、演出行业协会工作取得新进展

2010年，演出行业协会的工作取得突破性的进展，首先，大幅提升了行业及社会的认可度。主要标志一是上海世博局委托中国演出家协会对"世博会文化演艺活动场地的舞美搭建工程进行监督，对舞美搭建的质量进行验收，在世博会运营期间负责督导舞美技术操作的安全和规范工作"；二是北京市公安局推出大型演出活动"社会化管理"举措，委托中国演出家协会对北京市从事大型演出活动的演出经纪公司、舞美工程公司进行资质等级评定及对临建舞美工程进行验收，并帮助协会制定相关行业自律规范。此前，虽也有文化部市场司委托中国演出家协会开展演出经纪人、演员等从业人员资格认定工作，开展动漫演出、旅游演出评选及演艺群星反假唱联合行动等，但毕竟是上级主管部门对所属协会的支持，是基于扶助协会的目的；而上海世博局与北京市公安局对协会的委托，则是基于对协会既有影响力的认知，并不存在扶持协会的用意。表明演出行业协会在社会上渐趋增长的影响力，由此而产生的社会信赖感，辐射的影响力，为演出行业协会开创新的业务领域打开了通路。

另一个突破性进展，是具有了自身的主动性和开创性，而不仅是被动地完成领导交办或日常事务性工作。中国演出家协会主动与文化部科技司和全国剧场标准化技术委员会沟通，在上海召开了"全国临时搭建舞台安全技术标准编制会议"，以协会拟订的安全标准为蓝本，编制了《临时搭建演出场所舞台看台安全技术标准》（草案）。该《标准》征求了十几个省市的数十位专家意见，几经修改，目前已经基本定型，近期将以部颁行业标准下发。《临时搭建演出场所舞台看台安全技术标准》不仅填补了我国演出行业标准化体系的一项空白，解决了《营业性演出管理条例实施细则》对临建舞台的验收要求，也为演出行业协会在舞美舞台工程领域拓展业务打开了局面。

六、行业规范亟待健全

2009版《营业性演出管理条例实施细则》在放宽行业准入门槛增加市场总量、推动市场繁荣的同时，由于原有的一些问题未得到解决，新入行者又带来一些新的问题，新老问题交织在一起；行政主管部门在简政放权、转变职能的同时，未能建立起另一套社会化的行之有效的管理机制，除国有演出单位尚有体制的约束，其他演出领域只剩下政策的制约，没有实际的"抓手"，政策又做不到令行禁止，形成事实上的管理缺位。《实施细则》出台一年来，对艺人经纪公司和经纪人公开的无照经营行为，对泛滥的假唱、假演奏行为，对演出市场各种不规范的交易行为和欺骗行为，政府主管部门实际上是处于无奈地位的。

目前演出市场存在的问题，不是政策的缺失，而是管理手段的缺乏，甚至是管理意志的不足。推动演出市场和演出行业的规范化建设，就现阶段而言，不是更多地制定更完善的政策，而是实施有效的管理，对现行政策能够做到令行禁止，当可收立竿见影之功效。

2010年文化市场大事记

1月15日，网页游戏行业规范自律联盟成立。

1月28日，在广州召开2010年全国文化市场综合执法工作会议。

2月5日，启动网络游戏未成年人家长监护工程首批试点。

3月22日至24日，在辽宁鞍山召开全国推进网吧连锁工作现场经验交流会暨全国文化市场管理工作座谈会。

4月1日至6月30日，在全国范围内开展“平安世博”文化市场专项保障行动。

6月1日至28日，开展“还演出市场一片蓝天——演艺群星反假唱联合行动”。

6月3日，出台我国第一部网络游戏行业管理的部门规章《网络游戏管理暂行办法》（文化部第49号令），该办法于2010年8月1日起施行。

8月2日，下发《文化部办公厅关于下放经营性互联网文化单位行政许可审批工作的通知》，将设立经营性互联网文化单位许可的行政审批事项下放给省、自治区、直辖市人民政府文化行政部门。

7月至10月，开展《国家文化旅游重点项目名录——旅游演出类》评选活动。

10月23日，文化部与国家旅游局联合举办的首届中国国际文化旅游节在湖南省张家界开幕。

10月21日至24日，文化部与科技部、工信部等八部委联合举办第八届中国国际网络文化博览会。

11月23日，下发《文化部关于加强文化市场综合执法装备配备工作的指导意见》（文市发〔2010〕39号）和《文化部关于印发〈全国文化市场综合执法队伍培训规划（2011～2015年）〉的通知》（文市发〔2010〕41号），进一步推进文化市场综合执法改革工作。

11月23日至26日，在上海市召开全国城市文化市场综合执法工作经验交流会，总结交流上海等城市综合执法工作经验。探讨加强综合执法队伍建设，提高执法队伍监管能力的方式方法。

12月29日，印发《文化部关于进一步加强文化市场管理工作的若干意见》。

中国文化年鉴

Chinese Culture Yearbook

文化产业

Cultural Industries

综　述

2010年是“十一五”的收官之年，也是我国文化产业发展史上又一个里程碑之年。党的十七届五中全会按照转变经济发展方式和促进社会主义文化大发展大繁荣的要求，提出了推动文化产业成为国民经济支柱性产业的宏伟目标，为“十二五”时期文化产业的发展描绘了美好蓝图。一年来，文化产业工作在党中央、国务院的正确领导下，在各级文化行政部门的积极努力下，以贯彻《文化产业振兴规划》为契机，不断开创发展的新局面。目前，全国文化产业发展态势良好，进入了在新的历史起点上取得突破性进展的新时期、新阶段。

一、完成国务院《关于文化产业发展工作情况的报告》

根据《全国人大常委会2010年监督工作计划》，全国人大常委会4月下旬听取和审议国务院关于文化产业发展工作情况。蔡武部长受国务院委托向十一届全国人大第十四次会议做了《关于文化产业发展工作情况的报告》，介绍了我国文化产业发展的基本情况，并提出了今后加快文化产业发展的工作计划。报告得到全国人大和社会各界的高度评价和充分肯定，为文化产业的后续发展营造了良好的社会环境。全国人大常委会组成人员对近年来我国文化产业的发展给予高度评价的同时还提出了许多意见建议，体现了全社会对文化产业的关注与重视。根据审议意见和部领导的批示，经多次征询全国人大教科文卫委员会等部门的意见后，文化部逐步完善、修改，最终形成了《关于落实全国人大常委会对文化产业发展工作情况审议意见的报告》，目前已经报请国务院审定并转报全国人大常委会。

二、出台九部门《关于金融支持文化产业振兴和发展繁荣的指导意见》，推进文化产业投融资体系建设

3月份，文化部联合中国人民银行等九部门制定出台了《关于金融支持文化产业振兴和发展繁荣的指导意见》，这是新中国成立60年来第一个文化与金融结合的文件，为金融支持文化产业发展提供了一个根本性的政策保证。《人民日报》12月17日年终盘点认为“它是2010年最‘给力’的文化改革的政策措施，填补了文化产业发展的‘短板’”。作为配套落实政策，文化部还会同保监会下发了《关于大力推进保险支持文化产业发展有关工作的通知》，进一步细化保险支持文化产业发展的政策措施。

通过与财政部和地方厅（局）协调，文化部为116个文化企业的127个项目争取到4.52亿元国家文化产业专项资金支持。与6家大型商业银行机构签订战略合作协议，健全深化部行合作机制。2009年以来，经文化部重点推荐的文化产业贷款项目达30多个，贷款金额累计130多亿元。其中，14个项目获得了国家文化产业发展专项资金的贷款贴息扶持。推动筹建中国北京文化产权交易所有限公司，不断加强与证券、文化产权交易、资产评估、保险等机构的交流与合作，加快建设服务于文化产业的多层次资本市场体系。配合商务部、财政部完成2010年文化产业发展专项资金对出口重点企业的绩效奖励分配方案，总额6100万元，其中文化类企业达到3450万元。

三、进一步加强文化产业基地园区建设、发展和管理

在2009年基地巡检的基础上，文化部发布《关于加强文化产业园区基地管理、促进文化产业健康发展的通知》，修订出台《国家级文化产业示范园区管理办法（试行）》，加强对基地、园区的规划、指导和监管。强调严格调控文化产业园区、基地的发展数量，坚决防止盲目投资、过多过滥。明确认定标准，严格认定程序，实施动态管理，建立退出机制，进一步加强对文化产业园区、基地的规划、认定、指导和监管工作。

根据《国家文化产业示范基地评选命名管理办法》，2010年，文化部开展了第四批国家文化产业示范基地和第三批国家级文化产业示范园区的评选命名工作，并于12月9日在天津召开文化部第四批国家文化产业示范基地命名授牌大会，新增选北京数字娱乐发展有限公司等70家企业为国家文化产业示范基地。蔡武部长在大会上做了《推动文化产业成为国民经济支柱性产业 实现

“十二五”时期文化产业又好又快发展》的重要讲话，全面回顾了“十一五”时期文化产业发展情况，总结了推动文化产业发展的重要经验启示，提出了“十二五”时期文化产业发展的基本思路、主要任务以及一系列政策措施。讲话受到与会代表和媒体的广泛认可，为“十二五”时期文化系统文化产业工作提供了重要指引。

四、推动动漫产业快速发展

2010年，文化部会同财政部、税务总局开展第二批动漫企业认定工作和第一批重点动漫产品、重点动漫企业认定工作。截止到2010年底，共认定动漫企业270家，重点动漫企业18家，重点动漫产品35款，经过认定的动漫企业可以享受营业税、增值税等五大税种的优惠，重点动漫产品将被列入“国家重点动漫品牌保护计划”，获得中央财政知识产权登记补贴。实施“原创动漫扶持计划”，为评选出50部优秀动漫作品、58个动漫创作者（团队）提供扶持资金1390万元。举办第六届中国国际动漫游戏博览会、中国原创手机动漫游戏大赛、中国（常州）动漫艺术周、（贵阳）亚洲青年动漫大赛等活动。组织国内动漫企业参加东京国际动漫展、法国安纳西国际动画节等国际知名动漫展会，签约金额超过6亿元人民币，加快动漫产业“走出去”步伐。总投资45亿元的天津国家动漫综合示范园区硬件和技术平台建设完成，北京中国动漫游戏城建设正积极推进中。分别开展动漫知识产权保护专项调研、动漫统计专项调查、动漫公共素材库等专项工作，为推动我国动漫产业的快速发展起到重要的推动作用。

五、深入开展理论研究工作，多层次、多渠道培养文化产业各类人才

4月中旬，在北京召开2010年文化产业课题研究工作会议，总结评估2009年课题研究成果，会上评选出3个优秀课题，下达了2010年14个研究课题，并将其中2项课题纳入国家社科基金项目，4项课题被列入文化部部级课题。

8月初，文化产业司在青海举办了第七期西部文化产业经营管理人才培训班，来自西部各个地区的120余位学员参加学习。同时还不断加大专项业务培训，在上海、浙江、湖南等地举办动漫产业发展高级研修班，在动漫市场运营、漫画创作、新媒体动漫等方向开展培训；举办全国文化系统文化产业金融工作培训班，邀请专业人员对广大文化产业干部进行金融业务培训，并从9月份起陆续在山西、内蒙古、江苏等地协助地方文化厅（局）举办7期投融资业务培训班。

六、继续搭建文化产业交易与合作平台

2010年，在地方政府和文化部门的大力支持下，由文化部联合国家相关部委和地方政府共同举办的第六届中国（深圳）国际文化产业博览交易会、2010中国义乌文化产品交易博览会、第五届中国西部文化产业博览会、第五届中国北京国际文化创意产业博览交易会等各类文化产业展会相继在各地成功举办。展会的规模、成交量、专业化水平、国际化程度等各项指标均刷新历史记录，累累硕果日益彰显其促进文化资源开发、产品交易、信息交流、项目合作的平台功能。

各地参展十分踊跃，一系列文化资源得到充分展示。总成交额今年再创新高，实现总额超过2000亿元的的巨大成效。其中第六届深圳文博会总成交额达到1088.56亿元，投资规模超亿元的项目有131个，签约总额788.75亿元，起到了很好的示范引导作用。第五届西部文博会也较上届有大幅增加，大会签约项目共67个，签约金额达675亿元。北京文博会力推大型项目和银企合作，亿元以上项目签约额占到总签约额的68%，金融服务文化产业涉及合作协议金额超过40亿元，比上届翻了三番。

七、着力打造文化产业公共服务平台

继续实施全国文化产业项目服务工程，着力建设文化产业项目资源库，并在深圳文博会期间发布了《2010年文化产业投融资手册》。在落实2009年中国文化产业网工作会议精神的基础上，依托文化部信息化建设工程，继续加大支持力度，做好中国文化产业网站内容的日常监督、审核以及安全监测工作，积极打造文化产业政策发布、信息交流及公共服务的数字化信息化平台。委托中国文化传媒集团公司运营的国家动漫公共信息服务平台和国家动漫产业网投入运行。文化部、财政部和北京、上海、天津、湖南、江苏、黑龙江等地合作的动漫公共技术服务平台的建设也取得明显成绩。年初，文化部启动了“文化部文化产业投融资公共服务平台”建设工作。目前，平台已开通文化企业信贷申报评审系统，并建成信

息资讯、政策法规、文化产权交易、文化企业上市、行业知识等栏目内容。

专　题

一、全国人大常委会充分肯定《关于文化产业发展工作情况的报告》

2011年4月28日，第十一届全国人民代表大会常务委员会第十四次会议听取了蔡武部长受国务院委托所做的关于文化产业发展工作情况的报告。蔡部长汇报了近年来国务院为推动文化产业加快发展所做的主要工作，介绍了我国文化产业发展的基本情况，并提出了今后加快文化产业发展的工作计划。

全国人大常委会对国务院及文化部等相关部门的工作给予充分肯定，对报告普遍表示赞同。会议出席人员普遍认为，国务院及文化部等相关部门认真贯彻落实中央重大战略部署，推动了我国文化产业的快速发展。

根据全国人大的审议意见，经多次征询全国人大教科文卫委员会、广电总局、新闻出版总署、国新办等部门的意见后，文化部逐步完善、修改，最终形成了《关于落实全国人大常委会对文化产业发展工作情况审议意见的报告》，上报国务院，从而圆满地完成了此项汇报工作。

二、九部门指导意见出台，开启金融与文化产业全面对接新局面

3月26日，文化部等九部门联合出台了《关于金融支持文化产业振兴与发展繁荣的指导意见》（银发〔94〕号）。这是国家层面上，金融与文化产业全面对接的第一个政策性指导文件，为建立健全文化产业投融资体系、解决文化企业投融资难题提供了有力政策保障。4月，文化部召开全国文化系统文化产业金融工作电视电话会议，贯彻落实金融与文化产业对接的第一个政策性文件《关于金融支持文化产业振兴和发展繁荣的指导意见》（以下简称《指导意见》），邀请中国人民银行、证监会、保监会等相关部门对《指导意见》进行深入解读，对下一阶段文化系统积极与金融部门合作加快推动文化产业发展工作作出部署。

围绕文件精神，一年来，文化部联合有关部门印发《关于大力推进保险支持文化产业有关工作的通知》等落实文件，政策环境不断完善。运用财政激励手段，通过2010年度文化产业发展专项资金给予文化部主管文化行业中116个优秀企业的127个项目共4.52亿元资金支持，充分调动发展热情。加强与银行的合作，推动30多个重点文化项目获得银行贷款支持，贷款金额130多亿元，融资规模不断扩大。此外，还建设文化产业投融资公共服务平台，联合保监会开发试点保险产品，联合北京市推动中国北京文化产权交易所成立，配套服务不断丰富。

三、第四批国家文化产业示范基地命名授牌会议在津举行

12月9日，文化部在天津市举办第四批国家文化产业示范基地命名授牌活动，北京数字娱乐发展有限公司等70家行业龙头企业入选国家文化产业示范基地。文化部党组书记、部长蔡武发表了重要讲话，中共天津市委副书记、市长黄兴国致辞，文化部党组副书记、副部长欧阳坚主持了授牌仪式。文化部文化产业司司长刘玉珠宣读了命名决定。北京儿童艺术剧院股份有限公司和深圳华强文化科技集团股份有限公司代表示范基地做了大会发言。文化部相关司局以及各省、自治区、直辖市和新疆生产建设兵团的文化厅（局）负责同志和文化产业处负责人、第四批国家级文化产业示范基地的部分代表140多人参加了命名授牌活动。

这次会议既是一次命名活动，也是在“十一五”收官、“十二五”即将开局之时，文化部党组贯彻落实党的十七届五中全会精神，进一步动员部署文化系统文化产业发展工作的一次重要会议。蔡武部长在会上做了《推动文化产业成为国民经济支柱性产业 实现“十二五”时期文化产业又好又快发展》的重要讲话，全面回顾了“十一五”时期文化产业发展情况，总结了推动文化产业发展的5点启示，提出了“十二五”时期文化产业发展的基本思路、主要任务以及一系列政策措施。与会代表和新闻记者一致认为，蔡部长的讲话求真务实、目标明确、思路清晰，措施有力，对于今后一段时期加快文化产业发展具有十分重要的指导意义。《人民日报》、新华社、中央电视台等重要新闻媒体针对此次会议做了大量报道，在全

社会引起巨大的反响。

为树立典型，以点带面，文化部此前已经命名了2批4家国家级文化产业示范园区和3批134家国家文化产业示范基地。活动举办期间，还召开了国家文化产业示范基地建设座谈会，欧阳坚副部长做主旨发言，并表示在当前和今后一段时间内，文化部门将进一步加强对文化产业园区、基地发展的规划、引导和管理，按照控制总量、提高质量；整合资源、扶优扶强；把好入口、开通出口的总体原则，进一步完善基地的服务体系和应有功能，充分发挥文化产业示范基地的引领、示范作用，加快推动我国文化产业的规模化和集约化发展。

四、全国文化产业工作会议顺利召开

1月份，全国文化产业工作会议在湖南长沙隆重召开。文化部党组副书记、副部长欧阳坚出席会议并讲话，湖南省副省长郭开郎致辞。来自各省、自治区、直辖市文化厅（局）的有关负责同志和部分企业代表近百人参加会议。会议结合《文化产业振兴规划》和《文化部关于加快文化产业发展的指导意见》等文件精神，肯定了2009年文化产业工作取得的成绩，同时也指出了存在的问题和不足，并明确了2010年文化产业工作的重点，对全国新一年的文化产业工作作出部署。

欧阳坚在讲话中全面总结了近年来我国文化产业的发展成果，深入分析了文化产业发展特点、存在的问题和不足，以及当前我国文化产业发展的历史机遇，明确了未来几年我国文化产业发展目标、发展战略和具体措施。提出了骨干企业带动战略、科技创新推动战略、产业集聚发展战略、文化品牌塑造战略、人力资源开发战略、文化“走出去”战略等六大文化产业重点战略，以及积极贯彻落实《文化产业振兴规划》，做好“十二五”文化规划编制工作；深化文化体制改革，培育骨干文化企业；建立健全文化产业投融资体系，扩大文化产业的投资规模；加强文化产业基地园区的建设和管理，增强规模效益和集聚效应；加大政策引导，实施一批重大文化产业项目；推动文化产业重点领域加快发展，培育新兴文化业态；完善现代文化市场体系，营造良好的发展环境；刺激居民文化消费需求，加快培育文化消费市场；加强人才培养，强化智力支撑；扩大对外文化贸易，加快中国文化“走出去”等10项具体工作措施。

五、第七期西部文化产业经营管理人才培训班在青海举办

为加强西部文化产业人才培养，推动西部文化产业加快发展，8月1日至6日，由文化部文化产业司、青海省文化和新闻出版厅共同主办的文化部第七期西部文化产业经营管理人才培训班，在青海省多巴国家高原体育训练基地举办。

来自青海、内蒙古、广西、重庆、四川、贵州、云南、西藏、陕西、甘肃、宁夏、新疆等12个省（区、市）的文化行政管理部门负责人、文化产业经营管理者和青海省国家级、省级文化产业示范基地（园区、单位）的负责人共120余人参加了此次培训。文化部文化产业司司长刘玉珠、青海省政协副主席鲍义志、青海省文化新闻出版厅厅长曹萍等领导出席开班仪式，文化部文化产业司副巡视员吴江波主持开班仪式。

培训班以专家授课和实地考察相结合的方式进行。文化部文化产业司司长刘玉珠以《文化产业政策解读》为题，给学员们讲授了目前文化产业发展的历史机遇、“十二五”时期文化产业的发展重点、政府在发展文化产业中的主要职能以及今后一段时期文化部门发展文化产业所要做的主要工作。中国人民大学文化科技园副总经理曾繁文，北京综艺博览文化交流有限公司总经理刘国超，国家行政学院社会和文化部副主任祁述裕，云南大学文化产业研究院院长李炎分别从不同角度就加大西部文化资源开发，推动西部文化产业的发展和学员做了交流。授课结束后，学员们还赴国家文化产业示范基地黄南州同仁县吾屯热贡文化艺术村和青海省省级文化产业示范基地热贡画院、青海仁俊热贡艺术有限责任公司等地进行了实地考察。

西部文化产业经营管理人才培训班是文化部为贯彻西部大开发战略，解决西部地区文化产业人才缺乏的重要举措。自2004年在新疆举办首届“西部地区文化产业经营管理人才培训班”以来，已举办过6期，来自西部12个省、自治区、直辖市从事文化产业管理工作的1000多名学员参加了培训，对提升西部文化产业人才队伍质量起到重要的作用。

六、国家级综合性文化产业博览会取得良好成效

2010年，文化部联合国家相关部委和地方政府共同举办的第六届中国（深圳）国际文化产业博览交易会、2010中国义乌文化产品交易博览会、第五届西部文化产业博览会、第五届中国北京国际文化创意产业博览交易会等各类文化产业展会相继在各地成功举办。展会的规模、成交量、专业化水平、国家化程度等各项指标均刷新历史记录，累累硕果日益彰显其促进文化资源开发、产品交易、信息交流、项目合作的平台功能。

各地参展十分踊跃，一系列文化资源得到充分展示。中国义乌文化产品交易博览会2010年第一次升格为文化部主办。通过利用其成熟的市场运作经验，开放发达、高度国际化的市场资源，汇聚了来自境外15个国家和地区、国内25个省（市、区），共998家文化企业参展。全国31个省、自治区、直辖市及港澳台地区共有1797家政府、企业和机构组团全部参展第六届深圳文博会，首次实现“满堂红”和“全家福”。

总成交额再创新高，实现总额超过2000亿元的巨大成效。其中第六届深圳文博会总成交额达到1084.34亿元，投资规模超亿元的项目有131个，签约总额788.75亿元，起到了很好的示范引导作用。第五届西部文博会也较上届有大幅增加，大会签约项目共67个，签约金额达675亿元。北京文博会力推大型项目和银企合作，亿元以上项目签约额占到总签约额的68%，金融服务文化产业涉及合作协议金额超过40亿元，比上届翻了二番。

文化创意与科技、旅游紧密结合，催生的全新文化业态和产业融合发展成为2010年文化产业博览会的一大亮点。深圳文博会仅高科技型文化产业的成交额就达到403.16亿元，比上届增长61.52%；文化与旅游相结合产业成交额也突破100亿元。全国第一个3D数字沙盘、首款基于E—ink技术的彩色电纸书、各色数字虚拟技术打造的互动新媒体……竞现北京文博会，在给数万观众带来视觉盛宴的同时，展现了文化创意产业的广阔发展前景。

文博会在打造文化产业交易平台的同时，也通过内容丰富、形式多样的活动积极为城市文化建设服务。西部文博会精心组织了“中国西安国际民间影像节颁奖晚会”等10个专项活动和“2010大唐西市文化遗产节”等10个分会场活动。4天的展期，观众流量达55万人次，比上届增加了1倍多。体现文化底蕴与艺术创新的500件来自全国创新设计的“北京礼物”悉数亮相北京文博会，受到中外观众热捧。

秉承“政府支持、社会参与、市场运作、以展兴业”的办展思路，经过历届的持续努力，这些国家级文博会正逐步成为展示文化体制改革成果的重要窗口、推动文化产业交易与合作的重要平台。“十二五”期间，文化部将按照扩大规模、提升效益、构建品牌的要求进一步做好展会的规范发展，健全文化产业的交易合作机制，为推动文化产业成为国民经济支柱性产业作出积极贡献。

七、第六届中国国际动漫游戏博览会暨2010卡通总动员成功举办

7月8日至12日，由文化部和上海市人民政府主办的第六届中国国际动漫游戏博览会暨2010卡通总动员在上海展览中心成功举办。本届展会是文化部承担国家动漫游戏行业主管职责之后，文化部与地方政府联合主办、重点打造的一个国家级重点动漫游戏展会，也是两个会展品牌同城异地分别举办数年之后合二为一的第一次登台亮相。这是文化部加强动漫游戏展会管理、促进资源整合的一大举措。整合后的博览会参展企业数量和质量，参观人数以及交易总量，均超过了历届，取得了圆满成功。

（一）企业为主，促进全产业链发展

本次展会以“扶持原创、培育市场、整合资源、振兴产业”为主题，旨在打造国内外动漫游戏企业联系交流、合作交易的良好平台。在突出群众参与的同时，坚持市场化运营，由动漫游戏企业唱主角，打通动漫游戏整个产业链，从参展到主题论坛，都有包括原创动漫企业、网络游戏、电子游戏、玩具等衍生产业的各类企业参加，为产业链上下游合作对接提供了良好的平台。据统计，本届展会观展人数近22万人次，参展商256家，其中国外展商占8%，动漫原创企业137家，衍生产品制造开发企业70家，电子游戏企业46家，网游企业3家。本届博览会

还成功举办了动漫游戏投融资论坛、动漫衍生产业研讨会两个主题论坛。

（二）奖项创新，深度开发产业链

博览会整合后首次开设博览会原创动漫大奖，并在奖项的设置上首次覆盖了包括漫画、动画、网络动漫、手机动漫、动漫演出的全产业链。还将漫画发行量、动画电影票房、收视率等市场化指标作为评奖的重要标准，将艺术性和产业贡献、市场价值有机结合。业内人士评价本届博览会原创动漫大奖的获奖作品确实代表了中国动漫发展的水平和方向。

（三）整合资源，成为引导和规范动漫游戏会展活动的重要方式

近年来，我国动漫游戏产业发展迅猛，动漫游戏会展交易活动数量逐年增加。据统计，2009年，由政府部门参与主办的主要涉外和国际性动漫游戏会展交易活动22个，其中中央政府部门参与主办的有10个，占45.5%；很多城市还出现多个展会同时举办的现象。但由于发展过快，动漫游戏会展交易活动缺乏宏观管理和有效控制，存在同质化现象，政府过度参与，也造成资源浪费，增加了企业负担。这次将两个会展活动成功整合并圆满举办，不仅减少了参展企业的投入，也有利于活动扩大影响、提高效益，为打造我国乃至世界的动漫游戏会展品牌提供条件。下一步，文化部将与有关部门紧密合作，继续坚持发展重点动漫游戏会展活动、整合行业资源，发挥品牌活动的带动效应，推动动漫游戏产业又好又快发展。

八、实施“原创动漫推广计划”，举办第五届中国原创手机动漫游戏大赛，推动原创动漫发展

在中央财政扶持动漫产业发展专项资金的支持下，文化部办公厅于2009年6月25日印发了《关于“原创动漫扶持计划（2009）”申报工作的通知》，启动了“原创动漫扶持计划（2009）”。征集期间，提交申报材料的原创漫画作品168部，创作者（团队）57个；原创动漫演出作品74部，创作者（团队）46个；原创网络动漫作品514部，创作者（团队）104个；原创手机动漫作品1985部，创作者（团队）75个。经过资格审查、初评评审、终评评审和公示，2010年2月，文化部共确定获得“原创动漫扶持计划（2009）”扶持的漫画作品10部（扶持资金30万元/部），漫画创作者（团队）10个（扶持资金20万元/个），动漫演出作品10部（扶持资金25万元/部），动漫演出创作者（团队）8个（扶持资金10万元/个），动漫Cosplay团队10个（扶持资金5万元/个），网络动漫作品15部（扶持资金10万元/部），网络动漫创作者（团队）15个（扶持资金7万元/个），手机动漫作品15部（扶持资金10万元/部），手机动漫创作者（团队）15个（扶持资金7万元/个），拨付扶持资金共计1390万元。

第五届中国原创手机动漫游戏大赛以“动漫新时代、G3新生活”为主题，由文化部、工业和信息化部、共青团中央、教育部、湖南省人民政府、中国移动通信集团公司共同主办，致力于挖掘创意人才，打造动漫游戏原创精品，为创意人才提供更多的发展平台和就业岗位。

大赛自2010年1月28日在长沙启动以来，获得了社会极大的关注和反响。截止到12月底，参赛单位共计1523家，其中动漫参赛单位1420家，游戏参赛单位80家，征集作品总数为114389件，其中动漫作品数为113689件，游戏类作品为691件；各类作品的数量及质量上都较之上届同期有了明显飞跃。参与大赛活动的体验客户数达到3000万人，累计下载次数达到4000万次。历经作品征集、公众下载投票、专家评审等几大阶段后，最终“获奖名单”在2011年1月18日揭晓。作品：《寻找自我的世界》、《生日礼物》、《乌龙院（正版）之功夫少林》和《动漫真人秀》分别获得了漫画类、动画类、游戏类和G3创新金奖。4个金奖分别获得了10万元的奖金，8个银奖分别获得2万元的奖金。

近年来，文化部把原创动漫建设作为提升动漫产业实力的重要抓手，通过提供财政扶持资金，利用评奖激励等手段推动原创动漫内容建设，有效地提升了我国动漫产业的整体竞争力。

九、文化部文化产业投融资公共服务平台上线

“文化部文化产业投融资公共服务平台”是由文化部主办、委托中通诚资产评估有限公司和深圳国际文化产业博览交易会有限公司运行管理的，以促进文化产业和金融业结合发展，不断完善我国文化产业投融资体系，建立健全服务于文化产

业的多层次资本市场，推动我国文化产业又好又快发展为目标的网络公共服务平台。平台主要功能是发布最新资讯、政策法规、项目及产品、行业资料等信息，在线受理信贷申请、产权交易、补贴申报等业务，开展项目推介、上市推荐、产品发布、业务咨询等服务。

5月14日，“文化部文化产业投融资公共服务平台”正式上线。平台上首先开通的功能是“文化企业信贷申报评审系统”。该系统是文化部为加强文化企业与银行机构之间联系和有效沟通，建立起便捷的文化产业信贷渠道，推动文化产业健康快速发展而建设的互联网在线服务系统。

“文化企业信贷申报评审系统”的主要功能是为符合条件的文化企业提供在线申请银行贷款服务。文化企业可以通过系统窗口查看系统中银行机构所提供的信贷产品，并选择合适的银行提出贷款申请。企业的贷款申请经过各地文化部门的审核推荐，专业资产评估机构的评估分析，最终由文化部将其中发展潜力良好、符合国家文化产业发展引导方向的文化产业项目推荐给与文化部有良好合作关系的银行机构。

首批进入“文化企业信贷申报评审系统”的银行机构，除了中国进出口银行、中国银行和中国工商银行等与文化部签署战略合作协议的银行以外，还有国家开发银行、北京银行、中国农业银行等与文化部建立良好合作关系的银行。各家银行机构的信贷产品各具特色，基本可以满足不同规模文化企业文化产业项目的贷款申请。同时，这五家银行遍布全国各地的分支机构，在通过系统接收到文化企业贷款申请后，可以方便快捷地提供后续服务。

此外，同时开通的还有新闻资讯、政策法规、文化产权交易、文化企业上市、行业知识等栏目内容。

下一步，文化部计划进一步完善“文化部文化产业投融资公共服务平台”功能，联合有关部门，陆续开通文化产权交易、企业上市推荐、无形资产评估、贷款贴息和保费补贴申报等系统，不断丰富平台内容，将“文化部文化产业投融资公共服务平台”逐步建设成集文化产业投融资信息交流、政策对外发布、金融业务在线办理、金融品种发行、项目咨询投资、产品展示交易、行业知识普及等服务于一体的综合性网络公共服务平台。

附录：重要报告和政策性文件

一、国务院关于文化产业发展工作情况的报告

二、蔡武同志在第四批国家文化产业示范基地命名授牌会议上的讲话

三、中央宣传部、中国人民银行、财政部、文化部、广电总局、新闻出版总署、银监会、证监会、保监会关于金融支持文化产业振兴和发展繁荣的指导意见

四、保监会、文化部关于保险业支持文化产业发展有关工作的通知

五、文化部办公厅关于印发《国家级文化产业示范园区管理办法（试行）》的通知

六、文化部关于加强文化产业园区基地管理、促进文化产业健康发展的通知

七、文化部关于命名第四批国家文化产业示范基地的决定

八、文化部办公厅关于印发“原创动漫扶持计划（2009）”获扶持作品、创作者（团队）名单的通知

九、文化部 财政部 国家税务总局关于公布2010年第一批通过认定的动漫企业和重点动漫企业名单的通知

十、文化部关于公布2010年第一批通过认定的重点动漫产品名单的通知

国务院关于文化产业发展工作情况的报告

文化部党组书记、部长　蔡武

（2010年4月28日）

委员长、各位副委员长、秘书长、各位委员：

我受国务院委托，向全国人大常委会报告近年来文化产业发展工作情况，请予审议。

一、为促进文化产业发展所做的工作

文化产业是从事文化产品生产和提供文化服务的经营性行业。《国家“十一五”时期文化发展规划纲要》将影视制作业、出版业、发行业、印刷复制业、广告业、演艺业、娱乐业、文化会展业、数字内容和动漫产业等列为九个重点发展的

文化产业门类。迄今为止，国际上对文化产业的定义、行业界定以及分类标准还没有形成统一的意见。欧盟、日本称为“内容产业”，英国、新加坡等国称为“创意产业”，美国称为“娱乐业”或“版权产业”，韩国称为“文化产业”。

近年来，国务院及其所属部门在重视发展公益性文化事业的同时，采取多种措施，推动文化产业加快发展。主要做了以下工作：

（一）推动文化建设理论创新，确立文化产业在文化建设和经济社会发展中的重要地位

党的十六大以来，党中央和国务院在文化建设方面提出了一系列指导性、针对性、实践性极强的判断和论述，在文化发展方向、目的、思路、战略等方面形成了新的文化发展理念，提升了文化建设以及文化产业的作用和地位。党的十六大指出，“当今世界，文化与经济和政治相互交融，在综合国力竞争中的地位和作用越来越突出。文化的力量，深深熔铸在民族的生命力、创造力和凝聚力之中”，要“积极发展文化事业和文化产业”，并指出“文化产业是市场经济条件下繁荣社会主义文化、满足人民群众精神文化需求的重要途径”、“发展各类文化事业和文化产业都要贯彻发展先进文化的要求，始终把社会效益放在首位”。党的十七大站在新的时代起点上，做出政治、经济、文化、社会四位一体的全面建设小康社会战略部署，发出了“推动社会主义文化大发展大繁荣”、“兴起社会主义文化建设新高潮”的号召，明确提出要积极发展公益性文化事业，大力发展文化产业，并将“文化产业占国民经济比重明显提高、国际竞争力显著增强，适应人民需要的文化产品更加丰富”列入全面建设小康社会的奋斗目标。今年2月，胡锦涛总书记在省部级主要领导干部深入贯彻落实科学发展观加快经济发展方式转变专题研讨班开班式上发表重要讲话，把加快发展文化产业作为加快经济发展方式转变的八项重点工作之一，要求加快发展经营性文化产业，加快开拓文化市场，并指出:“从国际经验来看，发展文化产业，有利于优化经济结构和产业结构，有利于拉动居民消费结构升级，有利于扩大就业和创业。”今年3月，温家宝总理在十一届全国人大三次会议上作政府工作报告时深刻指出：“国家发展、民族振兴，不仅需要强大的经济力量，更需要强大的文化力量。文化是一个民族的精神和灵魂，是一个民族真正有力量的决定性因素，可以深刻影响一个国家发展的进程，改变一个民族的命运。没有先进文化的发展，没有全民族文明素质的提高，就不可能真正实现现代化。”

（二）深化文化体制改革，培育文化市场主体

文化体制改革是文化产业发展的动力。2003年6月，党中央召开了文化体制改革试点工作会议。2005年12月，党中央、国务院发布《关于深化文化体制改革的若干意见》，要求在试点的基础上，全面深化文化体制改革，推进文化事业单位改革、深化文化企业改革、培育现代文化市场体系以及健全宏观管理体制等。

目前，全国共有123家文化系统国有文艺院团完成转企改制，其中2009年转企改制的有69家，超过了过去6年的总和。2009年，中国东方歌舞团、文化部文化市场发展中心等4家文化部直属的事业单位转企，起到了有力的示范作用，推动了文化系统体制改革向纵深推进，向面上拓展。电影制片、发行、放映单位转企改制步伐加快，24家需转制的电影制片厂已完成22家，29家需转制的省级电影公司已完成26家。中国电视剧制作中心等45个电视剧制作单位完成转企改制。全国18万家印刷单位和30个省级新华书店系统已全部转制为企业，580家图书出版社除保留事业体制的少数出版社外，其他将于今年年底前全部改制为企业，1069家非时政类报刊出版单位转制或登记为企业法人。

同时，国务院发布了《关于非公有资本进入文化产业的若干决定》，为非公有制文化企业发展创造良好的政策环境和平等竞争机会。2005年，文化部、财政部、原人事部、税务总局联合印发了《关于鼓励发展民营文艺表演团体的意见》。2009年，文化部发布《关于促进民营文艺表演团体发展的若干意见》，进一步鼓励社会资本投资兴办民营文艺表演团体。目前，在演出、娱乐、艺术品、网络文化、动漫游戏、出版物发行、印刷复制等领域，基本实现了对国内非公有资本全方位、全过程开放。

（三）颁布实施《文化产业振兴规划》，推动文化产业成为国家战略性产业

在全球性金融危机中，我国文化产业逆势而上，受到了党和政府以及社会各界的高度关注。

党中央、国务院领导同志指出，要使文化产业成为应对金融危机的一个新增长点，要让中国的文化走向世界，向世界展示中国的优秀文化。在这样的背景下，国务院于去年7月通过了《文化产业振兴规划》，标志着文化产业已经上升为国家的战略性产业。

《文化产业振兴规划》要求，“在重视发展公益性文化事业的同时，加快振兴文化产业，充分发挥文化产业在调整结构、扩大内需、增加就业、推动发展中的重要作用”。按照中央“保增长、扩内需、调结构、促改革、惠民生”的精神，《文化产业振兴规划》明确了文化产业发展的指导思想、基本原则和目标，明确了发展重点文化产业、实施重大项目带动战略、培育骨干文化企业、加快文化产业园区和基地建设、扩大文化消费、建设现代文化市场体系、发展新兴文化业态、扩大对外文化贸易等八项重点任务，提出了降低准入门槛、加大政府投入、落实税收政策、加大金融支持、加强组织领导、深化文化体制改革、培养文化产业人才、加强立法工作等一系列政策措施和保障条件。《文化产业振兴规划》的发布实施，极大地提振了文化产业界应对金融危机、实现平稳发展的信心和决心，为文化产业在金融危机中逆势而上、做强做大带来了机遇。

（四）加大政策支持力度，努力营造良好的发展环境

2005年，国务院发布了《关于非公有资本进入文化产业的若干决定》，中央办公厅、国务院办公厅印发了《关于进一步加强和改进文化产品和服务出口工作的意见》。2006年，国务院发布《国家“十一五”时期文化发展规划纲要》，这是新中国成立以来颁布实施的第一个国家文化发展规划。国务院办公厅下发了《关于鼓励和支持文化产品和服务出口若干政策》。2008年，国务院办公厅印发了《关于文化体制改革中经营性文化事业单位转制为企业和支持文化企业发展两个规定的通知》（国办发〔2008〕114号）。作为国办发〔2003〕105号文件的延续和扩展，该文件内容涉及国有文化资产管理、资产和土地处置、收入分配、社会保障、人员分流安置、财政税收、法人登记、工商管理等多方面，并将适用范围由试点地区和试点单位扩展到所有文化企业。国务院所属相关部门也单独或联合出台了一系列支持文化产业发展的政策文件。

在财政支持方面，中央财政已经设立了“扶持文化产业发展专项资金”。全国有26个省（区、市）设立了文化产业发展专项资金，省级财政投入约25亿元。江苏、上海、天津、陕西等10多个省市已经或正在抓紧设立文化产业投资基金或投资公司。目前，有关部门正在积极筹备设立中国文化产业投资基金。

在税收优惠方面，为促进文化产业发展，国家对出版业给予了降低增值税税率、出版物增值税先征后退政策、县以下新华书店免征增值税等税收优惠政策。动漫、电影企业也享受到了国家减免增值税、营业税等税收优惠政策。

在金融支持方面，宣传、财政、人民银行、文化、广电、新闻出版等部门联合下发了《关于金融支持文化产业振兴和发展繁荣的指导意见》。文化部、广电总局、新闻出版总署等部门分别与中国银行、中国工商银行、中国农业银行、中国进出口银行等金融机构签订了合作协议，为文化企业向银行贷款创造便利条件。银行业针对文化产业的金融创新不断推出，招商银行以票房收益为质押为电影《集结号》发放项目贷款5000万元；中国建设银行深圳分行通过“联贷联保”，解决了大芬油画村内文化企业贷款抵押不足的问题；北京银行、交通银行北京分行对文化企业开辟贷款绿色通道，并推出无形资产质押贷款试点。中国证监会等金融监管机构鼓励支持文化企业在国家政策允许的条件下，充分利用上市融资、发行企业债券、引进境内外战略投资等多种渠道融资。目前，在A股主板、创业板和H股上市的文化企业有18家。

二、我国文化产业发展的基本情况

随着文化体制改革的不断深入和人民群众精神文化需求的不断增强，我国文化产业已经从探索、起步、培育的初级阶段，进入快速发展的新时期，呈现出朝气蓬勃的新局面。

（一）文化产业快速增长，新兴业态迅猛发展

据统计，2004年以来，全国文化产业年均增长速度在15%以上，比同期GDP增速高6个百分点，保持了高速增长的势头。2008至2009年，面对金融危机的冲击，文化产业逆势上扬，其消耗少、污染低、附加值高等优势进一步得到凸显，成为经济寒冬中的一股暖流。2008 年，全国文化部门艺术表演团体总收入 80.3 亿元，比 2007 年增长 16%。全国广播影视创收收入达 1350.6 亿元，比 2007 年增长 18%。2009 年上半年，我国文化产业增速达到 17%，大大超过 GDP 和第三产业的增速。2009 年，国产故事片产量达 456 部，城市影院票房达 62 亿元，同比增长超过 40%。新闻出版业总产值突破 1 万亿元，同比增长 20%。其中，日报年出版总量达到 440 亿份，出版规模已连续 9 年位居世界首位；年出版图书 27.57 万种，总销售额 1456 亿元，出版品种与销售总额位居世界第二位；印刷复制业总产值达到 5746 亿元，位居世界第三位。总体看来，文化产业增长势头强劲，对国民经济的贡献率不断上升、促进作用日益凸显。

随着网络、数字、信息技术的发展，动漫游戏、数字音乐、数字电影、网络视频、移动多媒体广播电视、公共视听载体、数字出版、网络出版、手机出版等新兴文化产业迅速崛起，拓宽了文化产业的领域。2009 年，全国动画片创作生产数量达到 322 部 17 万分钟，比 2008 年增长 31%。原创动画《喜羊羊与灰太狼》票房过亿元，刷新了国产动画电影票房纪录；网络游戏市场规模达到 258 亿元，比 2008 年增长 39.5%；数字出版总产值达到 750 亿元，年增长 50% 以上；国产电纸书、电子阅读器销售量达 71.6 万台，承载图书 3000 多万册，销售总额超过 25 亿元；网络视频市场规模达 5.83 亿元，网络视频用户近 2.4 亿户。我国自主创新的移动多媒体广播电视（CMMB）取得了突破性进展，城市 2K 数字电影银幕已达 2000 块，农村电影数字化放映全面推广。

（二）文化产业成为各地经济发展的新亮点，在促进经济发展方式转变中的作用日益突出

现在，不少地方文化产业的增长速度高于国民经济的整体增长速度，成为提供就业机会的重要行业、产业结构优化的朝阳行业和经济增长的支柱产业，为促进当地经济增长、加快经济发展方式转变作出了积极贡献。北京、上海、广东、湖南、云南等省市文化产业增加值占 GDP 的比重已超过 5%。湖南省文化产业增加值占 GDP 的比重，由 1990 年的 1.4% 上升到 2008 年的 5.1%，文化产业对经济增长的贡献率由 2003 年的 2.3% 上升到 2007 年的 6.5%。云南省 2008 年文化产业增加值达 300 亿元，占 GDP 比重为 5.8%。近 5 年来，深圳市文化产业增加值以年均约 20% 的速度增长，占全市 GDP 比重达到了 7%。

（三）文化产品和服务日益丰富，文化产业成为满足人民群众精神文化需求的重要途径

文化产业的快速发展，调动了全社会参与文化建设的积极性，打破了计划经济体制下国办文化的单一局面，形成了多门类、多层次、多样化的文化生产和服务体系。截至 2008 年，全国共有各类文艺表演团体近万家，演出经纪机构 1305 个，文化娱乐场所 84356 家，县级广播电视台 1969 座，地级以上电台 257 座、电视台 277 座，公共广播节目 2436 套，公共电视节目 3199 套，各类广播电视节目制作经营机构 3343 家，主流电影院线 34 条，院线内影院 1545 家，银幕 4097 块，报纸 1943 种，期刊 9821 种，图书出版社 580 家，音像出版社 378 家，电子出版单位 240 家，出版物发行单位 12 万家，印刷单位 18 万家。随着文化市场主体的日益增多，文化产品和服务的数量更加丰富，质量不断提升，人们多样化、多层次的文化需求进一步得到满足。

（四）文化产品和服务“走出去”步伐不断加快，中华文化国际影响力日益提升

2009 年，我国境外商业演出团组数约为 426 个，演出场次 16373 场，实现演出收益约 7685 万元。国产影片海外销售收入达 4 亿美元左右，各类电视节目出口超过 1 万小时，外销金额共约 5898 万美元。2009 年 1～11 月，我国核心文化产品出口 94 亿美元，图书版权进出口比例由 2003 年的 9∶1 下降为 2009 年的 3.4∶1。成功举办的法兰克福国际书展中国主宾国活动，实现版权输出 2417 项。以天创国际演艺制作交流有限公司、中国国际电视总公司、安徽出版集团有限责任公司等为代表的文化企业加快“走出去”步伐，并开始实施“本土化”战略，抢占国际文化竞争的主动权。

（五）文化产业投资和文化资源开发持续升温，文化产业集群不断形成

我国是具有五千年悠久历史的文明古国，发展文化产业的历史文化资源非常丰厚，资源优势转化为产业优势的潜力巨大。文化产业高附加值的特性吸引了投资者的目光，大量资本和人力资源涌进文化领域，文化产业成为社会资本追逐的新热点。如以电子制造业和电子专业市场为主导产业的深圳华强集团，大规模投资文化产业，成为国内文化主题公园的新锐。化工企业广西维尼纶集团有限公司参与投资制作的全球第一部山水实景演出《印象·刘三姐》，成为广西文化旅游的靓丽名片。以房地产开发为主导产业的大连万达集团，文化产业已上升为企业的四大支柱产业之一，旗下的电影院线公司拥有400块电影银幕，2009年电影院线票房收入居全国第一。

随着社会资本的大量进入和政府支持力度的加强，许多文化产业园区相继建设和投入使用，文化产业集群化发展趋势日益明显。北京市已有文化产业集聚区21个，文化企业达到8000多家。上海市有文化产业园区75家，集聚了2500多家文化企业和2万多名高层创意人才。江苏省建成或在建的文化产业园区有60多家。文化部和北京市、天津市分别共建的中国动漫游戏城和国家动漫产业综合示范园正式启动，国家中影数字制作基地建设工程顺利实施，新闻出版总署与上海市共同推进张江数字出版基地建设，与重庆市共同建设北部新区数字出版基地，有力地推动了我国文化产业的快速发展。

（六）社会资本进入步伐加快，文化产业多元化投资格局开始形成

随着文化体制改革的不断深入，国有文化市场主体逐步壮大，成为发展文化产业的主导力量。中国对外文化集团公司、上海文广演艺（集团）有限公司、江苏演艺集团有限公司、中国电影集团公司、中国国际电视总公司、中国出版集团公司、江苏凤凰出版传媒集团公司、北方出版传媒（集团）股份有限公司等一大批国有或国有控股文化企业的整体实力不断增强。

目前，全国共有民营文艺表演团体近7000家，民营电视节目制作企业超过2800家，民营电影制片发行公司近400家，全国性民营出版物连锁经营企业已达8家，民营出版物发行企业达11万个，中外合资、合作或外商投资书报刊发行企业40多家，印刷企业达2500多家，期刊版权合作50多家，中外图书合作年均600多种。上海盛大网络发展有限公司、深圳华强文化科技集团、华谊兄弟传媒公司等一批民营文化企业成为发展文化产业的生力军，以公有制为主体、多种所有制共同发展的文化产业格局正在形成。

三、当前文化产业发展中存在的问题

当前文化产业发展中还存在一些问题和困难。具体表现在：

（一）文化产业总量还不够大、水平还不够高

随着我国经济的快速发展，人民群众精神文化需求呈现快速增长态势，特别是随着文化程度的提高和闲暇时间的增多，人民群众对文化产品和服务的需求更加多样化。相比之下，文化产品和服务的供需矛盾和“结构性短缺”突出，“有效供给”相对不足，与人民群众快速增长的精神文化生活需求还有一定差距。

尽管国际社会尚未形成统一的文化产业划分标准，各国文化产业的统计口径还不一致，但也可以看出，我国文化产业总量还不够大、水平还不够高，文化产业在整个国民经济中所占的份额相对较小，对经济结构的调整作用发挥不够，对国民经济的贡献及影响远远低于美国、日本等发达国家。文化产业要真正成为国民经济的支柱产业，还有待采取有力措施加以推进。

（二）文化产业集中度不高，缺乏骨干企业和知名品牌

由于起步较晚和文化领域条块分割、市场壁垒等原因，我国的文化企业“软小散滥”问题比较突出，规模普遍偏小，产业规模化和集约化程度不高，产业布局不均衡，大规模、高水平、产业链完整的龙头企业少，缺少文化领域的战略投资者和骨干企业。文化企业的自主创新能力不高、核心竞争力不足，知识产权的作用发挥不充分，企业的创意、研发、制作水平较低，内涵深刻、风格独特、形式新颖、技术先进的精品力作和知名的文化品牌较少，与西方文化产业相抗衡和竞争的能力还远不够。

（三）政策、法规体系不健全，投入、人才保障不完善

近年来，国家出台了一系列扶持和促进文化产业发展的政策措施，但从总体上看还不够完善。文化产业的发展还未被充分纳入经济社会发展全局，文化立法比较薄弱，文化产业发展缺乏强有力的法制保障，产业政策还需进一步增强针对性和可操作性。对文化产业的行政管理仍然存在一些体制性、政策性障碍，产业规划不明晰，行业管理不规范，特别是对网络文化等新兴业态的管理仍然依赖传统的管理经验和模式。盗版侵权问题仍比较突出，知识产权保护有待加强。

虽然各级财政对文化建设的投入不断增加，但由于长期以来文化建设经费基数低、单位底子薄、基础条件差，财政投入的增长与文化发展的需求之间仍有不小的差距。与教育、科技、卫生等相比，国家对文化投入总量仍显不足，文化产业发展基础条件薄弱。

文化产业的创意人才、经营管理人才、技术开发人才、市场营销人才，尤其是既懂文化又懂经营的复合型高级人才短缺，人才培养和激励保障机制有待加强。文化产业统计工作刚刚起步，统计指标体系还在完善，统计工作尚未全面覆盖从事文化产业的所有单位和个人。现代科技与文化的融合愈加紧密，但传统文化产业利用新技术的动力不强、活力不足。文化产业标准化体系建设比较滞后，影响了产业发展水平提升和规模扩大。

（四）文化贸易逆差仍然较大，文化产业“走出去”步伐有待进一步加快

近年来，虽然我国文化产品和服务出口数量有所增长，但文化贸易逆差的现象仍未得到根本的改变，文化产品和服务出口渠道比较狭窄，出口价格远远低于进口的同类产品，我国文化产品的国际竞争力和传播力还有待于进一步提升。以演艺产品为例，我国引进和派出的文艺演出每场收入比约为10∶1，我国全部海外商业演出的年收入不到1亿美元，不及国外一个著名马戏团一年的海外演出收入。与此同时，国际文化市场竞争日趋激烈，国外文化产品进入我国文化市场的态势逼人。

（五）盲目发展的苗头一定程度存在，规划、引导和调控有待进一步加强

目前，各地发展文化产业热情高涨，竞相上马大型文化产业项目，文化产业园区基地遍布各地，各种资本也纷纷涌入文化产业。这一方面体现了各界对文化产业发展的良好预期，也是加快文化产业发展的重要前提，对产业发展起到了积极推动作用，但同时，盲目发展、资源浪费、同质化竞争的问题已经出现，需要引起重视。如全国有几十个城市都在准备或已开工建设大型动漫主题公园或文化主题公园；不少风景区都拟上马大型实景演出；有的文化产业项目以文化之名搞房地产开发。这些势头如不及时加以规划、引导和调控，很可能又将重蹈当年的“开发区热”的覆辙，影响到文化产业的科学发展。

四、发展文化产业的下一步工作计划

当前和今后一个时期，加快文化产业发展的总的指导思想是，全面贯彻党的十七大精神，坚持以邓小平理论和“三个代表”重要思想为指导，深入贯彻落实科学发展观，自觉将文化产业发展融入转变经济发展方式的全局，贯彻落实《文化产业振兴规划》，坚持社会效益优先、经济效益与社会效益相统一，深化文化体制改革，转变发展方式，优化产业结构，培育市场主体，推进产业创新，扩大文化消费，实现文化产业又好又快发展。

文化产业发展的主要目标是，文化产品和服务更加丰富多彩，社会主义核心价值观得到进一步弘扬，人民群众精神文化需求得到进一步满足；文化产业发展速度明显高于同期国内生产总值增长速度，在国民经济中所占比重逐步提高；文化市场主体活力显著增强，文化创新能力显著提升，形成一批具有较强实力的文化企业和企业集团，文化产业结构更加优化、布局更加合理；文化产品市场和要素市场更加健全，文化市场秩序更加规范，文化产业发展保障体系更加完备；文化产品和服务出口额明显提高，中国文化产品的国际影响力和竞争力明显增强。

（一）全面落实《文化产业振兴规划》，研究制定“十二五”时期文化产业发展规划

认真落实《文化产业振兴规划》，积极进行文化产业的资源整合和结构调整，巩固文化产业逆势上扬的良好态势，做到结构好、布局好、效益好、可持续，不断增强文化产业的整体实力和国际竞争力。按照科学发展观的要求，将文化产业发展纳入经济社会发展总体规划，建立相关的考核、评价和责任制度，作为评价地区发展水平、衡量发展质量和领导干部工作实绩的重要内容。进一步将文化产业发展融入转变经济发展方式的全局，以文化产业的发展促进经济发展方式转变。

对《国家“十一五”时期文化发展规划纲要》执行情况进行督促检查，推动重大计划、重点工程、重大项目如期完成。认真总结近年来文化产业发展的成功经验，结合国家“十二五”时期经济社会发展规划的编制工作，研究制定“十二五”时期文化产业发展规划，提高规划的指导性、操作性、约束性。指导、推动各地做好本地区文化发展规划的研究编制工作。

（二）着力推进文化体制改革，增强文化产业微观活力

以转企改制、重塑市场主体为中心环节，加快推进经营性新闻出版单位转企改制和兼并重组，加快电影制片、发行、放映单位和文艺院团转企改制，抓好党报党刊发行体制和广播电视节目制播分离改革。通过把经营性文化事业单位转制为规范的文化企业，为文化产业发展奠定坚实的微观基础。着力培育一批骨干文化企业，增强我国文化产业的整体实力和国际竞争力。坚持政府引导、市场运作，科学规划、合理布局，在重点文化产业中选择一批成长性好、竞争力强的文化企业或企业集团加大政策扶持力度，培育一批骨干文化企业和战略投资者。打破行业垄断和地区封锁，推动跨地区、跨行业、跨媒体、跨所有制联合或兼并重组，壮大企业规模，提高集约化经营水平，促进文化领域资源整合和结构调整。鼓励多种类型、多种所有制文化企业的协调发展，落实国家关于非公有资本、外资进入文化产业的有关规定，积极吸收社会资本进入文化创意、影视制作、演艺娱乐、动漫、印刷、出版物分销等领域，逐步实现以股份制企业为主体、国有企业为骨干、民营企业为依托，互为补充、充满生机的文化产业格局。

（三）加强文化产业园区基地建设与管理，发挥重大项目的带动作用

加强对文化产业园区和基地建设的统筹规划，坚持标准、突出特色、提高水平，促进资源合理配置和产业分工，防止一哄而上、盲目建设。有选择地建立和完善若干个集创意研发、产业孵化、产品交易、人才培训为一体的示范园区，为文化企业提供技术、信息、交易、展示平台，为文化产业规模化、集约化、专业化发展创造条件、奠定基础，提升产业集中度和创新能力。对符合规划的园区和基地，在基础设施建设、土地使用、税收政策等方面给予支持。建设一批文化创意、影视制作、出版发行、印刷复制、演艺娱乐和动漫等产业示范基地，支持和加快发展具有地域和民族特色的文化产业群，建设一批提供研发设计、信息咨询、生产制作、合作交流等服务的公共服务平台。

发展重点文化产业，实施重大项目带动战略。以演艺娱乐、影视制作、出版发行、文化会展、网络文化、数字内容和动漫等产业为重点，加大扶持力度，实现跨越式发展。以文化企业为主体，充分调动社会各方面力量，加快组织实施一批成熟度高、成长性好、具有先导性、示范性和产业拉动作用的重大工程和重点项目，推进中国动漫游戏城、国家中影数字电影制作基地建设工程二期、国家“知识资源数据库”出版工程等重大文化产业项目。

（四）加大政府投入和金融支持，增强产业发展后劲

中央和地方各级人民政府将加大对文化产业的投入，通过贷款贴息、项目补贴、补充资本金等方式，支持国家级文化产业基地建设，支持文化产业重点项目及跨区域整合，支持国有控股文化企业股份制改造，支持文化产业基础设施建设，支持新产品、新技术研发。大幅增加中央财政“扶持文化产业发展专项资金”规模，不断加大支持力度。落实中国人民银行等九部门《金融支持文化产业振兴和发展繁荣的指导意见》，开发适合文化产业特点的信贷产品，加大有效信贷投放，完善授信模式，合理确定贷款期限和利率，鼓励和引导文化企业面向资本市场融资，扩大文化企业的直接融资规模，促进金融资本、社会资本与文化资源的对接，建立和完善文化资产评估体系，发挥好文化产权交易所作用。设立中国文化产业投资基金，由中央财政注资引导，吸收国有骨干文化企业、大型国有企业和金融机构认购，通过股权投资等方式，推动资源重组和结构调整。

（五）加强各项基础性工作，为产业发展提供强有力的支撑

加快文化产业立法进程，着手起草《文化

产业促进法》，尽快出台《电影产业促进法》，为文化产业发展提供法制保障。加快完善支持文化产业发展的财政、金融、税收、土地等方面的政策措施。加强文化产业统计工作，制定产业投资指导目录，加快推动文化产业标准化体系建设。

进一步转变政府职能，建立起适应文化产业发展要求的宏观管理体制。进一步理顺对新兴文化业态的管理体制。整合行政和执法资源，建立统一高效的文化市场综合执法机构，提高管理能力，加大“扫黄打非”和版权执法工作力度，依法查处和制裁破坏文化市场秩序的非法经营行为，净化文化市场，维护诚信、公平、竞争有序的市场秩序。充分发挥使领馆文化处（组）、海外中国文化中心等驻外文化机构作用，积极协助文化企业开拓海外市场，构建通往国际市场的平台和渠道。

培养文化产业人才，着力加强领军人物和各类专门人才的培养。建立健全业务培训和继续教育，培养懂文化、善创意、会经营的高端复合型人才和各类操作型、技能型、实用型人才。完善文化产业人才职称评定制度，完善公平竞争和分配激励机制，鼓励和支持优秀拔尖人才脱颖而出。吸引财经、金融、科技等领域的优秀人才进入文化产业领域，注重海外文化创意、研发、管理等高端人才的引进，为文化产业发展提供强有力的人才保障。指导组建全国性、区域性文化产业行业组织，发挥好行业组织作用。

（六）建设现代文化市场体系，发挥市场机制的基础性作用

建立健全门类齐全的文化产品市场和文化要素市场，促进文化产品和生产要素的合理流动，充分发挥市场在资源配置过程中的基础性作用。着力构建传输快捷、覆盖广泛的文化传播体系，在演艺、影视、图书等领域，大力发展统一配送和连锁经营，培育一批辐射力强的全国性和区域性文化产品流通企业，建设若干辐射全国的区域文化产品物流中心，减少流通环节、降低交易成本。发展文艺演出院线，覆盖主要城市演出场所，支持全国文化票务网络建设。推进有线电视网络整合，组建国家级有线电视网络公司。推进电影院线跨地区整合以及数字影院的建设和改造。支持国有出版发行企业跨地区兼并重组，扶持农村出版物市场和连锁网点建设，建立贯通城乡的新闻出版产业流通网络。发展文化中介机构。

（七）扩大文化消费，拉动文化内需

不断适应城乡居民消费结构的新变化和审美、娱乐、休闲的新需求，创新文化产品和服务，培育新的消费热点。加强原创，打造具有核心竞争力的知名文化品牌。努力降低成本，完善流通网络，扩大传播覆盖，提供价格合理、丰富多彩的文化产品和服务。支持建设和改造电影院、剧院等文化消费的基础设施，为文化消费创造必要的物质条件。引导个性化、时尚化、品牌化消费，促进节假日和会展的文化消费。推动文化产业与旅游融合发展，以文化提升旅游，以旅游传播文化。促进文化与商贸、通信、会展、教育培训、健身、休闲等行业相结合，促进服务性消费，带动相关产业发展。大力发展平面设计、外观设计等艺术创意和设计产业，推动在轻工、纺织等制造业中进一步融入文化元素，提高制造业的文化内涵和审美效果，促进文化创意衍生品生产，扩大和带动家具、家电、家纺、家饰等消费。

（八）加强科技支撑，推动文化产业升级

充分发挥科技对文化产业发展的支撑作用，运用数字、网络等高新技术促进文化创意、动漫、3D 电影、数字出版等新兴文化业态发展。发展网络文化、移动多媒体广播电视，开发移动文化信息服务、数字娱乐产品等业务，为各种便携显示终端提供内容服务。加快广播电视数字化和电影放映数字化进程。提高信息化水平，制定和完善网络标准，推动信息技术创新和应用，促进互联互通和资源共享，推进宽带通信网、数字电视网、下一代互联网三网融合。发展纸质有声读物、电子书、手机报和网络出版物等新兴新闻出版业态，发展高新技术印刷。加强核心技术研发，运用高新技术改造提升传统演艺、娱乐、电影等设施和技术。

（九）扩大对外文化贸易，推动中国文化走向世界

落实鼓励文化产品和服务出口的优惠政策，在市场开拓、技术创新、海关通关等方面给予支持。大力扶持具有民族特色的音乐舞蹈杂技、展览、广播影视、出版物、动漫游戏等产品和服务的出口，打造一批国际知名文化品牌。鼓励文化企业通过独资、合资、控股、参股等多种形式在境外兴办实体、设立分支机构，实现文化企业在境外的落地和本土化。对符合国家出口指导目录规定的文化企业境外投资，在政策、资源、信息、服务等方面予以支持。办好中国（深圳）国际文化产业博览会、中国国际广播影视博览会、北京国际图书博览会等重点文化会展，支持文化企业参加境外艺术节、影视展、图书展等国际文化展会和活动。

各位委员：

在社会主义市场经济体制条件下，文化建设既是社会主义精神文明建设的重要组成部分，也是经济建设的重要组成部分，因此，必须遵循文化发展的客观规律，适应社会主义市场经济的客观要求，坚持文化事业和文化产业双轮驱动、两翼齐飞的思路。文化事业发展必须坚持“以政府为主导，以公共财政为支撑，以公益性文化事业单位为骨干，以基层为重点，鼓励全社会积极参与，创新公共文化服务体系”的方针，构建覆盖城乡的公共文化服务体系，体现公益性、均等性、基本性和便利性，以保障人民群众的基本文化权益，满足人民群众的基本文化需求。文化产业发展则必须坚持发挥市场在资源配置中的基础性作用，按照“创新体制、转换机制、面向市场、增强活力”的要求，坚持体制机制改革和创新，提高文化产业的整体实力和国际竞争力，努力满足人民群众日益多元化、多层次、多方面的文化消费需求。无论是文化事业还是文化产业，都必须坚持社会主义先进文化的方向，坚持社会效益优先，努力实现社会效益与经济效益相统一。

各位委员：

全国人大常委会听取和审议关于文化产业发展工作情况的报告，体现了对文化建设的关心和支持，必将有力地推进我国文化产业发展。我们将认真研究和落实各位委员的意见和建议，不断改进工作，努力推动我国文化产业又好又快发展。

谢谢！

推动文化产业成为国民经济支柱性产业　实现“十二五”时期文化产业又好又快发展

——在第四批国家文化产业示范基地命名授牌会议上的讲话

文化部党组书记、部长　蔡　武

（2010 年 12 月 9 日）

同志们：

今天文化部在天津隆重举行第四批国家文化产业示范基地命名授牌活动。我代表文化部向获得国家文化产业示范基地称号的单位表示热烈的祝贺。希望你们珍惜荣誉、百尺竿头、更进一步，更好地保持和体现作为国家文化产业示范基地的先进性和示范性，努力成为中国文化产业发展的领军企业。在此，也通过你们转达文化部党组对广大文化企业和文化产业界人士的亲切问候，你们是文化产业发展的主体，你们的身上孕育着文化产业发展的创意与活力。文化部和各级文化部门将以自身实际的工作更好地服务广大文化企业发展，推动文化产业发展。

这次会议既是一次命名活动，更是在“十一五”收官、“十二五”开局之时，文化部党组贯彻落实党的十七届五中全会精神，进一步动员部署文化系统文化产业发展工作的一次重要会议。

今年以来，全国文化产业界一直处在一种十分振奋、欢欣的精神状态之中。2 月初，在中央举办的省部级主要负责同志转变经济发展方式专题研讨班上，胡锦涛总书记发表重要讲话，深刻阐述了加快经济发展方式转变的重要性和紧迫性，提出把文化建设作为全国全党要抓的重点任务之一，把加快发展文化产业作为加快经济发展方式转变的八项重点工作之一。温家宝总理在讲话中强调文化建设的重要性，深刻阐述了文化与经济的关系。3 月 5 日，温家宝总理在今年政府工作报告中，提出了要重点抓好 8 个方面的工作，其中第 5 个方面是“大力加强文化建设”，同时政府工作报告中明确提出要发展文化产业，鼓励文化创新，培育骨干文化企业，生产更多健康向上的文化产品，满足人民群众多样化的文化需求。4 月上旬，李长春同志在全国宣传部长座谈会上发表重要讲话，深刻阐述了文化建设中的十大关系，其中就文化产业的发展提出了若干重要论断，这篇重要讲话6月16日发表在《求是》杂志上。4月28日，全国人大常委会专题听取了我受国务院委托所做的关于文化产业发展工作情况的汇报，全国人大常委会组成人员对近年来我国文化产业的发展给予了高度评价并提出了许多意见建议，体现了全社会对文化产业的关注与重视。7月23日，胡锦涛总书记在中共中央政治局第二十二次集体学习时，就文化建设发表了重要讲话，深刻指出，国际经验表明，文化产业已经成为经济新的增长点，日益成为国民经济新的战略性支柱产业，对加快发展文化产业提出了明确要求。10月，党的十七届五中全会强调了要坚持先进文化前进方向，充分发挥文化在引导社会、教育人民、推动发展中的功能，提出了要提高全民族文明素质、推进文化创新、繁荣发展文化事业和文化产业，要推动文化产业成为国民经济支柱性产业，为“十二五”时期文化建设描绘了美好的蓝图。

今年以来，党中央关于文化建设一系列的重大战略部署再次充分体现了我们党在新形势下对中国特色社会主义文化发展规律的清醒认识和自觉把握，集中鲜明地反映了我们党高度的文化自觉、文化自信和文化自强，为推动文化大发展大繁荣提供了强大的思想武器和精神动力。这是今年以来文化战线最重要最显著的发展变化。

在这一系列重大部署和举措中，文化产业被提升到前所未有的高度，同时也给文化产业工作赋予了很多新的任务，提出了更高的要求。我们强烈感受到，我国文化产业发展进入了历史上最好的时期，进入了在新的历史起点上取得突破性进展的新时期、新阶段。

我们要认真总结“十一五”以来文化产业发展的成就，深入贯彻落实党中央、国务院关于文化产业发展的一系列重大战略思想、重要战略部署，谋划“十二五”时期文化产业的新发展，推动“十二五”时期文化产业又好又快发展。

一、“十一五”期间文化产业快速发展，成为国民经济支柱性产业的潜力初步显现

（一）“十一五”期间文化产业的新发展

“十一五”期间，演艺业、动漫业、文化旅游、文化娱乐、艺术品、网络文化等文化产业蓬勃发展，群众文化消费十分活跃，社会力量投资文化产业热情高涨，文化产品丰富多样，新型文化业态不断涌现，文化生产能力大为提升，文化产业在国民经济中所占比重逐步增加，在满足人民群众文化消费需求、促进文化发展和繁荣、加快经济发展方式转变方面发挥了重要作用。

文化产业快速增长，在促进经济发展方式转变中的作用日益突出。“十一五”时期全国文化产业年均增长速度在15%以上，比同期国内生产总值增速高6个百分点，保持了快速增长的势头。2008年至2009年，面对金融危机的冲击，文化产业逆势上扬，其消耗少、污染低、附加值高等优势进一步得到凸显，成为经济寒冬中的一股暖流。2009年文化产业增加值为8400亿元左右，比2008年现价增长10%，快于同期GDP的现价增长速度3.2个百分点。

新兴产业发展迅猛，文化产业业态更加丰富。随着网络、数字、信息技术的发展，动漫游戏、数字音乐、移动多媒体等新兴文化产业迅速崛起，拓宽了文化产业的领域。2009年，全国动画片创作生产数量达到322部17万分钟，比2008年增长31%。原创动画《喜羊羊与灰太狼》票房过亿元，刷新了国产动画电影票房纪录；网络游戏市场规模达到258亿元，比2008年增长39.5%。

文化产业成为各地经济发展的新亮点，成为经济结构调整的重要着力点。不少地方文化产业的增长速度高于国民经济的整体增长速度，成为提供就业机会的重要行业、产业结构优化的朝阳行业和经济增长的支柱产业，为促进当地经济增长、加快经济发展方式转变做出了积极贡献。以北京、上海、天津为代表的城市合理利用工业遗产、老旧厂房和近代建筑，建成了一批独具魅力的文化产业集聚区；河南、陕西、山西、安徽等地将传统与现代相结合，通过文化产业让古老而厚重的传统文化焕发了青春；江苏、浙江、广东、湖南等地数字文化产业快速发展，文化产业与高科技结合亮点频现；四川、云南、广西、青海等西部省（区）积极开掘、合理利用当地丰富的少数民族文化资源，通过发展文化产业帮助少数民族同胞增收致富。

文化产业投资和文化资源开发持续升温，文化产业集群不断形成。文化产业高附加值的特性

吸引了投资者的目光，大量资本和人力资源涌进文化领域，文化产业成为社会资本追逐的新热点。如以电子信息产业为主导产业的深圳华强集团，大规模投资文化产业，成为国内文化主题公园的新锐。化工企业广西维尼纶集团参与投资制作的全球第一部山水实景演出《印象·刘三姐》，已经成为中国文化旅游的一枝奇葩。

过去的5年，一批文化产业园区相继建设和投入使用，文化产业集群化发展趋势日益明显。国家级文化产业示范园区和国家文化产业示范基地有效地发挥了引领、示范和带动作用。北京市市级文化创意产业集聚区数量已达30家，覆盖了北京市全部区县、八大重点行业。上海市有文化产业园区75家，集聚了2500多家文化企业和2万多名高层创意人才。江苏省建成或在建的文化产业园区有60多家。文化部和北京市、天津市分别共建的中国动漫游戏城和国家动漫产业综合示范园正式启动。

文化产品和服务"走出去"步伐不断加快，中华文化国际影响力日益提升。2009年，我国境外商业演出团组数约为426个，演出场次16373场。以中国对外文化集团公司、天创国际演艺制作交流有限公司等为代表的文化企业加快"走出去"步伐，并开始实施"本土化"战略，抢占国际文化竞争的主动权。

总体看，经过"十一五"时期的发展，文化产业已经成为繁荣社会主义文化、丰富人民群众文化生活、提高国民文化素质的重要途径；已经成为提升经济、产业和产品的文化内涵、促进国民经济增长的重要引擎；已经成为促进经济发展方式转变、优化经济结构和产业结构、扩大就业和创业的重要产业；已经成为提升国家和区域文化品格、增加吸引力、扩大影响力、提高竞争力的重要动力。以《文化产业振兴规划》的出台为标志，文化产业的发展进入了一个新的历史阶段。

（二）"十一五"期间文化产业快速发展给我们的深刻启示

1. 党和国家以及各级党委、政府高度重视是文化产业快速发展的重要保证。"十一五"期间，党中央、国务院在文化建设方面提出了一系列具有指导性、针对性、实践性的判断和论述，在科学发展观的指引下，在文化发展方向、目的、思路、战略等方面形成了新的理念，提升了文化建设以及文化产业的作用和地位。理论创新为文化产业的发展指明了方向。党的十七大将"文化产业占国民经济比重明显提高、国际竞争力显著增强，适应人民需要的文化产品更加丰富"列入全面建设小康社会的奋斗目标。特别是今年以来，胡锦涛总书记、温家宝总理、李长春同志就文化产业发展多次做出重要指示，体现了中央对文化产业发展的高度重视和寄予的殷切希望。

同时，各级党委政府对文化产业发展也非常重视。许多地方明确提出把文化产业作为国民经济支柱产业和建设文化强省强市的主要目标来抓。全国有26个省（区、市）设立了文化产业发展专项资金，省级财政投入约25亿元。天津、江苏、上海、陕西等10多个省市已经或正在抓紧设立文化产业投资基金或投资公司。

2. 逐步加强的文化产业规划与政策体系建设是文化产业快速发展的重要支撑。2006年，中共中央办公厅、国务院办公厅印发了《国家"十一五"时期文化发展规划纲要》，其中将文化产业列为专章进行了规划。2009年7月，在应对全球性金融危机的背景下，国务院发布了《文化产业振兴规划》，对文化产业的发展做出了全面部署，极大地提振了文化产业界应对金融危机、实现平稳发展的信心和决心。随后，文化部发布的《关于加快文化产业发展的指导意见》确定了演艺业、动漫业、文化娱乐业、游戏业、文化会展业、文化旅游业、艺术品与工艺美术、艺术创意与设计、网络文化、文化产品数字制作与相关服务等10个重点领域，并明确了各个领域的发展方向。

5年来，国务院有关部门出台了一系列支持文化产业发展的政策措施，为我国文化产业快速发展提供了有力的政策支撑。在财税支持方面，中央财政设立了"扶持文化产业发展专项资金"。财政部、税务总局制定了支持文化体制改革、文化企业和动漫产业发展的税收优惠政策。在金融支持方面，中宣部、财政部、中国人民银行、文化部等部门联合下发了《关于金融支持文化产业振兴和发展繁荣的指导意见》，从信贷、证券、保险等多方面支持文化产业发展。文化部与中国银行、中国工商银行、中国进出口银行等金融机构签订了合作协议，为文化企业向银行贷款创造便利条件。

3. 不断提高的城乡居民消费水平为文化产业发展提供了强劲的需求动力。文化消费需求高度依赖于物质生产水平和收入水平的高低。近年来，随着我国国民经济的持续快速发展，城乡居民的收入水平大幅上升，2008年我国人均GDP已经超过了3678美元，居民的消费需求结构发生重大变化。我国城镇居民的恩格尔系数在1995年末期下降到50%以下，1999年继续下降到41.9%，2000年下降到40%，2008年下降到37.9%。我国城镇居民满足吃、穿为主的生存型消费需求阶段已经结束，逐步向以发展型和享受型消费的阶段过渡。居民在基本物质生活进一步得到满足的同时，对精神文化生活有了更多更高的需求。城乡居民文化消费稳步增长，新兴文化消费形式不断涌现，为推动文化产业快速发展提供了巨大的需求动力。特别是东南沿海一些城市和地区人均GDP已经达到世界中等收入国家，完全可以先行一步，率先启动，跨入文化产业的快速发展期。中西部地区虽然经济发展相对滞后，但拥有丰厚的民族文化资源，也可以突出地域特色，发挥区位优势，走跨越式发展道路，逐步使文化产业成为地方经济的支柱产业。

4. 不断推进的文化体制改革和公共服务平台建设是文化产业快速发展的基础条件。近年来，我国文化体制改革步伐明显加快。目前，全国已有123家文化系统国有文艺院团完成转企改制，其中2009年转企改制的有69家，超过了过去6年的总和。2009年，中国东方歌舞团、文化部文化市场发展中心等4家文化部直属事业单位转企，起到了示范作用，推动了文化系统体制改革向纵深推进，向面上拓展。同时，国务院发布了《关于非公有资本进入文化产业的若干决定》，为非公有制文化企业发展创造了良好的政策环境和平等竞争机会。目前，在演出、娱乐、艺术品、网络文化、动漫游戏等领域，基本实现了对国内非公有资本全方位、全过程开放。

随着文化体制改革的不断深入，一方面，文化市场主体的数量逐步增多、实力大大增强；另一方面，政府职能也发生了显著的转变，建立服务型政府的理念深入人心，文化部门主要承担提供公共产品、公共服务和弥补市场缺陷的角色，做市场做不到或做不好的事情，改变以往在市场方面介入过多的“越位”和在提供公共产品方面明显“缺位”现象，服务于文化产业发展的能力明显提升。

2006年12月，文化部启动了全国文化产业项目服务工程。服务工程的主要内容是在中国文化产业网站上设立国家文化产业项目资源库，扩大我国文化产品和服务及投融资项目的交易量，为各类资本投资文化产业提供全面、便捷、有效的服务。

为加快文化产业和金融结合发展，切实解决文化企业和资本市场之间信息与资源不对称问题，今年初，文化部启动了“文化部文化产业投融资公共服务平台”建设工作。目前，平台已开通文化企业信贷申报评审系统，并建成信息资讯、政策法规、文化产权交易、文化企业上市、行业知识等栏目内容。

在动漫公共服务平台建设方面，文化部、财政部在北京、上海、天津、湖南、江苏、黑龙江等地建设了一批动漫公共技术服务平台。国家动漫公共信息服务平台和国家动漫产业网也已经投入运行。

5. 加强理论研究和人才培养是文化产业快速发展的智力支持。早在上个世纪90年代初，文化部就曾经组织了多次文化产业理论研讨会、论坛、培训班，并于1993年11月，提出了“发展文化产业”的命题，文化产业渐渐引起社会和理论界的关注和重视，文化系统由“以文补文”、“以文养文”逐步转入发展文化产业的轨道。1999年以来，文化部先后与上海交通大学、北京大学、清华大学等高校合作建设国家文化产业研究中心、研究基地，对涉及文化产业发展的一系列重大问题进行广泛深入的前瞻性研究，推动了文化产业理论研究向纵深发展，培养了一大批文化产业理论和政策研究人才。在理论研究方面，最突出的成是提出文化事业和文化产业“两轮驱动”、“双翼齐飞”的文化发展思路，廓清了长期困扰人们的关于文化建设中能不能、要不要发挥市场作用的问题，纠正了一度流行的“文化产业化、市场化”的错误观点。

针对文化产业人才缺乏的“瓶颈”问题，文化部采取多种措施，加大人才培养力度。2004年以来，连续7年在西部地区轮流举办文化产业经营管理人才培训班。2007年，联合中国社会科学院研究生院开办了文化产业管理方向的MPA班。2008年以来，举办了多期国家原创动漫高级研修班，培养动漫产业人才。2009年，举办了全国文化厅局长文化产业研修班。今年，又举办了全国文化系统文化产业金融工作培训班，并资助支持地方文化厅（局）举办了7期投融资业务培训班。通过不懈的努力，近几年我国文化产业专门人才缺乏、从业人员素质不高的状况有所改善。

总之，在以胡锦涛同志为总书记的党中央高度重视和坚强领导下，文化战线通过这些年的不断努力，逐步找到了推动文化产业发展的有效途径，形成了一套行之有效的工作机制。以上5条重要启示，在“十二五”期间仍值得我们遵循和借鉴。

二、紧紧抓住“十二五”时期重要机遇，着力打造服务平台，努力推动文化产业成为国民经济支柱性产业

党的十七届五中全会明确提出，“十二五”期间，要推动文化产业成为国民经济的支柱性产业。2009年，我国文化产业增加值约占同期GDP的2.5%，离支柱产业还有不小的距离。文化产业存在着总量还不够大，产业集中度不高，科技含量较低，知名品牌偏少，政策法规体系不健全，经营管理、文化创意人才短缺等等问题，要真正成为国民经济的支柱性产业，还需要我们明确思路，采取有力措施大力加以推进。

目前，文化部正在根据《中共中央关于制定国民经济和社会发展第十二个五年规划的建议》起草《“十二五”时期文化产业倍增计划》，将提出5年内文化部门管理的文化产业增加值比2010年翻一番的发展目标。

要实现这一目标，必须从打造公共平台、完善政策体系入手。今年7月，我在《经济日报》发表了题为《努力强化服务职能 着力打造服务平台 推动文化产业实现跨越式发展》的文章，提出了打造政策支撑、公共服务、投融资、贸易合作、人才培养五大平台推动文化产业发展的观点。“十二五”期间，文化部将从完善政策体系、打造五个平台、完善文化市场体系建设的思路入手，加快推动文化产业成为国民经济支柱性产业，不断提高文化产业对加快经济发展方式转变的贡献。

（一）完善政策法规体系，为加快文化产业发展营造良好的政策环境

“十二五”期间，文化部将积极协调有关部门进一步完善支持文化产业发展的财政、税收、技术创新、土地等方面的政策，同时，抓紧起草《文化产业促进法》，加快文化产业立法进程，争取把行之有效的文化产业政策，上升为国家法律法规，为文化产业发展提供法制保障。

在政府投入方面，要充分发挥政府资金对文化产业的扶持和引导作用。根据扶优扶强的原则，利用文化产业发展专项资金，支持龙头骨干企业、文化产业示范基地、文化产业示范园区以及重大文化产业项目。发挥文化产业投资基金作用，通过股权投资等方式，推动资源重组和结构调整，促进国家文化发展战略目标的实现。

在税收政策方面，要根据普惠制的原则，让税收政策惠及所有文化企业。一方面要认真贯彻落实已有的关于推动经营性文化事业单位转制、扶持文化企业发展、支持文化产品和服务出口、鼓励技术创新的税收扶持政策；另一方面，要积极协调有关部门，对演出业、艺术品业、工艺美术等行业反映出的税负较高问题，认真加以研究，逐步完善相应的税收政策。

在技术创新方面，我们将引导演艺、娱乐、艺术品、动漫、网络文化等行业开展“三网融合”技术应用，提高文化产业网络技术应用水平。鼓励建设网络文化一体化生产销售平台，扩大网络文学、网络音乐、网络美术在线和移动生产销售。加快演艺、娱乐、舞台装备等基础设施改造更新，鼓励生产具有自主知识产权的新型数字娱乐、音响、舞台技术装备。加强重点技术攻关项目研发力量，扶持具有自主知识产权的核心技术研发、推广和应用，重点项目包括中国风格动漫技法数字化与推广、具有核心自主知识产权的视频游戏软硬件研发系统、手机娱乐内容关键技术及典型应用支持平台、游戏开发和应用、数字音频智能搜索引擎研发及产业应用等。

在土地政策方面，要争取将文化产业设施建设用地纳入城市规划、土地利用总体规划和年度计划，在国家土地政策许可范围内，争取优先保证文化产业集聚发展用地，优先安排国家级文化

产业园区、基地和实验区建设用地；鼓励各地将城市转型中退出的工业企业原有用地优先用于发展文化产业，新农村建设中适当考虑文化产业发展用地。支持利用工业厂房、仓储用房、传统商业街和历史文化保护街区等存量房地资源转型兴办文化产业。争取将剧场等文化基础设施同公益性文化事业一样纳入国家的发展规划，更多地考虑其公益性的一面，加大政府投入，同时对民营机构投资兴办剧场等文化基础设施的，政府给予土地、财政、金融等方面的支持，调动各方面建设文化产业基础设施的积极性。

在鼓励文化产品出口方面，要进一步落实国家鼓励和支持文化产品和服务出口的优惠政策，在市场开拓、技术创新、口岸通关等方面给予支持。大力扶持具有民族特色的音乐、舞蹈、杂技、展览、动漫游戏等产品和服务的出口，打造一批国际知名文化品牌。鼓励文化企业通过独资、合资、控股、参股等多种形式在境外兴办实体、设立分支机构，实现文化企业在境外的落地经营。支持文化企业参加境外艺术节等国际文化展会和活动。

（二）建设好文化产业公共平台，为加快文化产业发展提供基础条件

“十二五”期间，我们将根据基础性、开放性和公益性的原则，整合集成各类资源，策划建设一批包括公共技术支撑、投融资服务、信息发布、资源共享、统计分析等功能在内的文化产业公共综合服务平台，为文化企业提供非盈利性的第三方公共服务，降低文化企业的创业和运营成本，形成产业集聚和规模效应。有选择地建立若干个集创意研发、产业孵化、产品交易、人才培训为一体的文化产业示范园区，为文化企业提供技术、信息、交易、展示的服务平台，为文化产业规模化、集约化、专业化发展创造条件，提升产业集中度和创新能力。对符合规划、公共服务能力突出的园区和基地，争取在基础设施建设、土地使用、税收政策等方面给予支持。充分发挥好各个文化产业示范园区和示范基地的服务平台作用。

要通过文化产业公共技术平台，充分发挥科技对文化产业发展的支撑作用，运用数字、网络等高新技术促进文化创意、动漫等新兴文化业态发展，提高文化产业信息化水平。推动文化领域技术创新和应用，促进互联互通和资源共享。抓住三网融合发展的机遇，催生发展新的文化业态。加强核心技术研发，运用高新技术改造提升传统演艺、娱乐等设施和技术。

（三）健全文化产业投融资体系，为加快文化产业发展破除资金瓶颈

进一步协调金融监管机构，共同研究制定金融扶持文化产业发展的政策和办法。与银行等金融机构建立长期合作关系，不断扩大合作领域。支持组建文化信贷担保公司，争取建立文化企业贷款贴息机制。支持组建多种形式的文化产业创业、风险投资基金。通过改进无形资产评估和抵押办法，促进银行开展文化企业授信工作，为文化企业融资创造条件。鼓励具备条件的文化企业上市融资和发行企业债券、融资票据。丰富“文化部文化产业投融资公共服务平台”内容，陆续研发开通文化产权交易、企业上市推荐、无形资产评估、保险业务办理、贷款贴息和保费补贴申报等系统。

（四）办好文化产业展会和重大活动，为文化产业发展拓展空间和出口渠道

继续坚持市场化、专业化办展方向，突出地域特色、民族特色，促使文化产业博览会向差异化、品牌化方向发展，进一步提高文博会的吸引力、影响力和效益。继续办好中国（深圳）国际文化产业博览会、中国北京国际文化创意产业博览会、中国西部文化产业博览会、中国东北文化产业博览会、国际动漫游戏博览会等重点文化会展。其中要重点打造中国（深圳）国际文化产业博览交易会和中国西部文化产业博览会，将其培育成为具有国际影响的交易额超千亿元的文化产业展会。同时，支持文化企业参加境外文化产业展会和活动，利用国外大型文化活动扩大中国文化产品的国际影响。

（五）培养和吸纳优秀人才，为加快文化产业发展提供智力支持

“十二五”期间，我们拟实施“文化产业人才培养工程”，重点培养7支文化产业人才队伍：一支高素质的文化产业行政管理人才队伍、一支善于市场运作的文化企业经营管理人才队伍、一支具有创新思维的文化创意人才队伍、一支文化资源开发、推广与传播人才队伍、一支掌握先进技能的专业技术人才队伍、一支熟悉金融市场的文化产业资本运营人才队伍，一支有创新能力的理论政策研究队伍。其中，要着力加强领军人物和各类专门人才的培养，引导广大文化工作者大力弘扬德艺双馨精神，努力把最好的精神产品奉献给人民群众。

在人才培养的具体举措上，我们将建立加强与知名企业、国家文化产业研究中心、国家文化产业创新与发展研究基地以及著名高校的合作，在全国建立3~5个文化产业人才培训基地或培训中心，健全文化产业在职人员业务培训和继续教育制度，培养讲政治、懂文化、善创意、会经营、专业能力强、有国际视野的高层次复合型人才和各类操作型、技能型、实用型人才。同时，采取“请进来，走出去”的做法培养人才。“请进来”即大力引进海外文化创意、研发、管理等高端人才，邀请国外文化产业发达国家和地区主管文化产业的政府官员、文化机构和企业负责人、营销专家来华讲授文化产业相关课程。“走出去”即组织到文化产业发达的国家和地区学习、培训、考察，加强与各国主管文化产业的政府部门、文化机构和文化企业交流。

（六）建设现代文化市场体系，扩大文化消费，发挥市场机制的基础性作用

建立健全文化产品市场和文化要素市场，促进文化产品和生产要素的合理流动，充分发挥市场在资源配置过程中的基础性作用。不断适应城乡居民消费结构的新变化和审美、娱乐、休闲的新需求，创新文化产品和服务，培育新的消费热点。加强原创，打造具有核心竞争力的知名文化品牌。努力降低成本，完善流通网络，扩大传播覆盖，提供价格合理、丰富多彩的文化产品和服务。构建传输快捷、覆盖广泛的文化传播体系，发展文艺演出院线，覆盖主要城市演出场所，支持全国文化票务网络建设。支持建设和改造剧院等文化消费的基础设施，为文化消费创造必要的物质条件。引导个性化、时尚化、品牌化消费，促进节假日和会展的文化消费。推动文化产业与旅游融合发展，以文化提升旅游，以旅游传播文化。

加强文化市场管理，进一步理顺对新兴文化业态的管理体制，整合行政和执法资源，建立统一高效的文化市场综合执法机构，提高管理能力，依法查处和制裁破坏文化市场秩序的非法经营行为，加强知识产权保护，净化文化市场，维护诚信、公平、竞争有序的市场秩序。

三、当前做好文化产业工作需要注意的几个问题

当前，各级文化行政部门要深入学习领会十七届五中全会对文化产业提出的新要求，自觉把思想统一到五中全会精神上来，按照“推动文化产业成为国民经济支柱性产业”的总要求、新要求来重新审视文化产业和文化产业工作，及时调整工作安排。这里，我提出几个问题请大家思考和把握。

（一）明确文化产业发展的定位，防止出现偏差

在社会主义市场经济条件下，文化建设既是社会主义精神文明建设的重要组成部分，也是经济建设的重要组成部分，因此，必须遵循文化发展的客观规律，适应社会主义市场经济的客观要求，坚持文化事业和文化产业双轮驱动、两翼齐飞的思路。文化事业发展必须坚持“以政府为主导，以公共财政为支撑，以公益性文化事业单位为骨干，以基层为重点，鼓励全社会积极参与，创新公共文化服务体系”的方针，构建覆盖城乡的公共文化服务体系，体现公益性、均等性、基本性和便利性，以保障人民群众的基本文化权益，满足人民群众的基本文化需求。这里，特别强调“政府主导”。这是政府义不容辞的责任，要确保投入，重视建设，狠抓落实，强化领导。同时，要运用各种方法，鼓励社会力量参与公共文化产品和服务的提供。而文化产业发展则必须注重发挥市场在资源配置中的基础性作用，按照“创新体制、转换机制、面向市场、增强活力”的要求，坚持体制机制改革和创新，致力于培育合格的市场主体、规范的文化市场，提高文化产业的整体实力和国际竞争力，以提供高质量的丰富多彩的文化产品和服务，努力满足人民群众日益多元化、多层次、多方面的文化消费需求。在谈经营性文化产业的时候，也不能忘了把公益性文化事业作为一项基本前提。文化系统的同志要弄清楚文化的两种属性，弄清政府的责任，区分公益性文化

事业和经营性文化产业的不同任务。一段时间以来，一些文章或演讲中有人提到所谓“文化的市场化、产业化”问题，我们要纠正这种说法，要不断重申我们从来没有提出要把文化“市场化”、“产业化”这样的命题。这个命题本身是片面的、不科学的，甚至是错误的。凡是公益性文化事业、公共文化服务体系，都必须是政府主导，依靠财政投入，以公益性文化事业单位为骨干，保障人民群众的基本文化权益，满足人民群众基本的文化需求，这是政府的责任，不存在“市场化”的问题。只有在经营性文化产业领域，才要发挥市场在资源配置中的基础性作用。同时，要注意振兴文化产业不是政府直接办企业、办产业，政府的职能是为文化产业的发展提供良好的环境，搭建好服务平台，做好政策引导，搞好市场监管，政府不越俎代庖。这里要特别强调，文化产业的发展一定要走科学发展之路，做到又好又快，“十二五”时期文化产业发展要更加注重内涵、质量、效益，坚决克服一哄而上、盲目发展的倾向。

（二）在文化产业发展过程中始终注重对文化产品创作生产的内容引导

文化是一个民族的精神和灵魂，是国家发展和民族振兴的强大力量，必须坚持社会主义先进文化前进方向，弘扬中华文化，建设和谐文化，发展文化事业和文化产业，满足人民群众不断增长的精神文化需求，充分发挥文化引导社会、教育人民、推动发展的功能，建设中华民族共有精神家园，增强民族凝聚力和创造力。这一点，是今年全国人大常委会审议国务院关于文化产业发展工作情况的报告时，委员们意见比较集中的一个问题。不少同志对当前文化产业发展过程中精品力作少、创作低俗化的问题意见很突出，有的甚至提出了批评。这里我要强调，无论是文化事业还是文化产业，都必须坚持社会主义先进文化的方向，坚持社会效益优先，努力实现社会效益与经济效益相统一。文化产业是产业，但首先是文化。因此，如何在文化产业发展过程中既要实现经济效益，又要确保其社会效益，坚持社会主义先进文化的方向，是每个文化企业都必须面对的问题，也是政府文化主管部门必须要研究思考的问题。

过去，文艺院团、文化生产单位都是文化部门直属的事业单位。抓直属院团的艺术生产，我们有一套办法和经验。但转企改制之后，这些院团和其他民营文化企业一样成为市场主体，都是我们服务和管理的对象，而且社会资本投资兴办的文化企业数量更大。如何对文化企业的创作生产进行内容引导，如何确保以社会主义核心价值观来引领这些新的文化产业主体的创作和生产，是文化行政部门的一个新课题，也是一个挑战。在改变了对文化生产单位的隶属管理后，在实现了“三个转变”后，政府文化主管部门对文化产品的创作生产还有没有引导力、调控力，是我们必须深入探索和实践的。既要坚持发挥好中国特色社会主义的政治优势，来引导文化创造的方向，更要研究综合运用专项资金、税收调节、投融资推荐、表彰奖励、人员培训、文艺批评、市场监管、行政执法等多种手段来保证和促进在文化产业发展进程中坚持社会主义先进文化的前进方向，始终把社会效益放在首位，努力实现社会效益和经济效益的有机统一。在文化产业发展过程中同样要坚持“为人民服务、为社会主义服务”的方向，要深入贯彻“百花齐放、百家争鸣”的方针，激发文化创造力，推动创作生产更多深受群众喜爱，思想性、艺术性、观赏性相统一的精品力作，培养和造就更多引领时代、德艺双馨的文化人才，真正发挥出文化引导社会、教育人民、推动发展的重要功能。

（三）围绕“支柱性产业”这一新定位谋划文化产业新发展

五中全会提出要“推动文化产业成为国民经济支柱性产业”，那么什么是“国民经济支柱性产业”，怎样才能真正成为“国民经济支柱性产业”，就成为摆在我们各级文化行政部门负责人面前需要认真研究和思考的问题。

一般认为，支柱性产业需具备几个特点：一是产业规模较大，占 GDP 的 5% 以上；二是发展较快，市场需求高；三是就业涵盖广；四是关联度大；五是节约资源和能源。对照这一要求，目前文化产业的发展现状与之还有差距，所以才要“推动成为”。

我们要进一步组织研究作为国民经济支柱性产业的文化产业的内涵、外延、特点和规律，研究文化产业影响和贡献国民经济，促进和扩大就业等方面的优势与发展潜力，研究文化产业与其他产业的关联，研究尽快推动文化产业成为支柱性产业的政策措施。各地也要根据当地经济社会发展的实际情况，研究提出使文化产业成为当地国民经济支柱性产业的主要标准和发展路径，从而真正推动文化产业成为经济发展新引擎，为加快转变经济发展方式做出更大贡献。

（四）统筹协调，整合资源，形成推动文化产业发展的合力

当前，各地正在紧锣密鼓地编制“十二五”规划。各级文化行政部门要紧扣国家“十二五”规划对文化产业的新定位，抢住机遇，乘势而上，主动而为，在本地区“十二五”规划过程中努力有所作为，在本地区“十二五”的总规划中为文化产业留出一席之地，为文化产业发展构筑规划和政策的空间。各地在“十二五”规划编制过程中，要主动争取党委、政府和发展改革、财政、工信、商务、国土、建设、科技、教育、金融、统计、工商、税务等部门的理解和支持，加强协调沟通，主动争取支持。要认真总结评估《国家“十一五”时期文化发展规划纲要》和《文化产业振兴规划》的执行情况，科学研究编制“十二五”时期文化产业发展规划，提高规划的指导性、操作性、约束性。更加注重文化产业的资源整合和结构调整，巩固文化产业发展的良好态势，更加注重文化产业发展的质量、效益和结构，坚持社会效益优先，努力做到结构好、布局好、效益好、可持续。按照科学发展观的要求，将文化产业发展纳入国家和地方正在编制的国民经济和社会发展规划，建立相关的考核、评价和责任制度，作为评价地区发展水平、衡量发展质量和领导干部工作实绩的重要内容。进一步将文化产业发展融入转变经济发展方式的全局，以文化产业的发展促进经济发展方式转变。

文化系统内部的资源也要整合。还要促进文化产业与商贸、通信、会展、教育培训、健身、休闲等行业相结合，促进服务性消费，带动相关产业发展。大力发展平面设计、外观设计等艺术创意和设计产业，推动在轻工、纺织等制造业中进一步融入文化元素，提高制造业的文化内涵和审美效果，提高产品的附加值。要抓住机遇，进一步突出文化的渗透力，发挥文化的软件作用，在提升相关产业发展品质的同时，扩大文化自身的影响力。

还有一点要提醒大家，《中共中央关于制定国民经济和社会发展第十二个五年规划的建议》中明确提出“实施主体功能区战略。按照全国经济合理布局的要求，规范开发秩序，控制开发强度，形成高效、协调、可持续的国土空间开发格局”。按照这一要求，各地也将编制本地区的主体功能区规划，我们要主动与有关部门对接，力争在当地主体功能区规划中有文化产业的一席之地。

（五）自觉顺应时代要求，及时调整工作重心、工作思路、工作方法

过去各级文化行政部门习惯于直接抓创作、抓艺术生产，擅长于抓文化事业。某种意义上，文化行政部门的工作是财政保障型，财政给多少钱，我们办多少事。抓事业，我们不少同志是得心应手，但抓产业，有些同志还有些不知所措。十七届五中全会提出要推动文化产业成为国民经济支柱性产业，过去我们习惯和擅长了的工作思路、工作方法与中央现在的新要求还有不相适应之处，各级文化行政部门必须对照这一要求，及时更新观念，调整工作重心、工作思路、工作方法，坚持一手抓公益性文化事业、一手抓经营性文化产业。

按照“国民经济支柱性产业”的定位，某种意义上，今后的文化行政部门既是宣传文化部门中的一员，也应是政府产业部门、综合经济部门中的一员。文化行政部门今后想问题、出政策、干工作都要与国民经济支柱性产业相称才行。要学习和运用经济政策、财税政策、金融政策，学会利用现代公共管理理论、经济理论和科技手段，学习借鉴经济部门，解决文化产业发展中的问题，推动文化产业发展。要充分学习借鉴国外文化产业发展经验，加强与国外文化产业的交流，提升我国文化产业发展水平。我想，有了这样的认识，有了这样的行动，“十二五”的五年，不仅我国的文化产业会有一个新的发展、大的发展，我们文化行政部门自身的工作也会有一个新的转变、大的发展，从单一的事业管理到事业与产业并重。我想，经过我们各级文化部门共同的努力，我们一定能够担当起党中央、国务院赋予我们的文化产业这一“国民经济支柱性产业”行业主管部门的职责。

同志们，党的十七届五中全会对“十二五”时期的文化工作做出了总体部署，确立了文化产业的新定位，吹响了文化产业新发展的号角。作为政府文化主管部门，我们的使命更加光荣，责任更加重大，我们要勇挑重担，开拓进取，科学谋划，扎实工作，落实好党中央国务院的战略部署，努力推动文化产业成为国民经济支柱性产业，实现“十二五”时期文化产业又好又快发展！

近年来，天津市市委、市政府高度重视文化产业，天津文化产业快速发展。这次会议，天津市做了大量具体的工作。我代表文化部对天津市表示衷心的感谢。

值此年终岁尾之际，感谢大家一年来对文化部工作的支持，祝愿大家续写“十一五”的成就，开创“十二五”的新辉煌。祝同志们身体健康，合家幸福。

谢谢大家！

中央宣传部、中国人民银行、财政部、文化部、广电总局、新闻出版总署、银监会、证监会、保监会关于金融支持文化产业振兴和发展繁荣的指导意见

银发〔2010〕94号

各省、自治区、直辖市党委宣传部，中国人民银行上海总部、各分行、营业管理部、各省会（首府）城市中心支行，各省、自治区、直辖市财政厅（局）、文化厅（局）、广播影视局、新闻出版局、银监局、证监局、保监局，各政策性银行、国有商业银行、股份制商业银行、中国邮政储蓄银行：

为贯彻落实《国务院关于印发文化产业振兴规划的通知》（国发〔2009〕30号）精神，进一步改进和提升对我国文化产业的金融服务，支持文化产业振兴和发展繁荣，现提出以下指导意见：

一、充分认识金融支持文化产业发展的重要意义

文化产业快速发展迫切需要金融业的大力支持。金融是现代经济的核心，在全面建设小康社会、加快现代化建设的进程中，金融引导资源配置、调节经济运行、服务经济社会，对国民经济的持续、健康、稳定发展具有重要作用。文化产业是国民经济的重要组成部分，近年来，中央实施重要战略部署和政策措施，深化文化体制改革，加快发展文化产业，文化产业呈现出良好的发展态势，正成为经济发展新的增长点，在保增长、扩内需、调结构、促发展中发挥着重要作用。加大金融业支持文化产业的力度，推动文化产业与金融业的对接，是培育新的经济增长点的需要，是促进文化大发展大繁荣的需要，是提高国家文化软实力和维护国家文化安全的需要。各金融部门要把积极推动文化产业发展作为一项重要战略任务，作为拓展业务范围、培育新的盈利增长点的重要努力方向，大力创新和开发适合文化企业特点的信贷产品，努力改善和提升金融服务水平，促进我国文化产业实现又好又快发展。

二、积极开发适合文化产业特点的信贷产品，加大有效的信贷投放

（一）推动多元化、多层次的信贷产品开发和创新。对于处于成熟期、经营模式稳定、经济效益较好的文化企业，要优先给予信贷支持。积极开展对上下游企业的供应链融资，支持企业开展并购融资，促进产业链整合。对于具有稳定物流和现金流的企业，可发放应收账款质押、仓单质押贷款。对于租赁演艺、展览、动漫、游戏，出版内容的采集、加工、制作、存储和出版物物流、印刷复制，广播影视节目的制作、传输、集成和电影放映等相关设备的企业，可发放融资租赁贷款。建立文化企业无形资产评估体系，为金融机构处置文化类无形资产提供保障。对于具有优质商标权、专利权、著作权的企业，可通过权利质押贷款等方式，逐步扩大收益权质押贷款的适用范围。

（二）积极探索适合文化产业项目的多种贷款模式。对于融资规模较大、项目较多的文化企业，鼓励商业银行以银团贷款等方式提供金融支持。探索和完善银团贷款的风险分担机制，加强金融机构之间的合作，有效降低单个金融机构的信贷风险。对处于产业集群或产业链中的中小文化企业，鼓励商业银行探索联保联贷等方式提供金融

支持。

三、完善授信模式，加强和改进对文化产业的金融服务

（一）完善利率定价机制，合理确定贷款期限和利率。各金融机构应在风险可控、商业可持续原则的基础上，根据不同文化企业的实际情况，建立符合监管要求的灵活的差别化定价机制。针对部分文化产业项目周期特点和风险特征，金融机构可根据项目周期的资金需求和现金流分布状况，科学合理确定贷款期限。对于列人国家规划重点支持的文化产业项目或企业，金融机构在有效防范风险的基础上可适当延长贷款期限。

（二）建立科学的信用评级制度和业务考评体系。各金融机构在确定内部评级要素，设计内部评级指标体系、评级模型和计分标准的过程中，应充分考虑文化企业的特点，建立和完善科学、合理的信用评级和信用评分制度。要充分借鉴外部评级报告，建立内外部评级相结合的评级体系。要进一步改进和完善业务考评程序和考核方法，建立专门针对文化产业金融服务的考评体系，将加强信贷风险管理和积极促进文化产业发展相结合，建立正向激励机制。在落实工作责任和考核整体质量及综合回报的基础上，对中小文化企业的贷款项目，根据实际情况和有关规定追究或免除有关责任人的相应责任，做到尽职者免责，失职者问责。

（三）进一步改进和完善对文化企业的金融服务。各金融机构要增强服务意识，设立专家团队和专门的服务部门，主动向文化企业提供优质的金融服务。对于国家重点支持的文化企业和项目，要优化简化审批流程，提高贷款审批效率。在满足金融机构授信客户准人标准的前提下，可对举办培训的企业和接受培训的人员予以信贷支持。银行业金融机构与非银行金融机构应积极加强合作，综合利用多种金融业务和金融产品，推出信贷、债券、信托、基金、保险等多种工具相融合的一揽子金融服务，做好文化企业从初创期到成熟期各发展阶段的融资方式衔接。

（四）积极开发文化消费信贷产品，为文化消费提供便利的支付结算服务。各金融机构应积极培育文化产业消费信贷市场，通过消费信贷产品创新，不断满足文化产业多层次的消费信贷需求。可通过开发分期付款等消费信贷品种，扩大对演艺娱乐、会展旅游、艺术品和工艺品、动漫游戏、数字产品、创意设计，图书、报刊、音像制品、电子出版物、网络出版、数字出版等出版产品与服务、印刷、复制、发行，高清电视、付费广播电视、移动多媒体广播电视、电影产品等综合消费信贷投放。加强网上银行业务推广，提高软件、网络及计算机服务，设计服务和休闲娱乐等行业的网络支付应用水平。进一步发挥人民银行支付清算和征信系统的作用，加快完善银行卡刷卡环境，推动文化娱乐、广播影视、新闻出版、旅游广告、艺术品交易等行业的刷卡消费，促进文化市场的繁荣发展。

（五）继续完善文化企业外汇管理，提高文化产业贸易投资便利程度。便利文化企业的跨境投资，满足文化企业对外贸易、跨境融资和投资等合理用汇需求，提高外汇管理效率，简化优化外汇管理业务流程，促进文化企业提高外汇资金使用效率，降低财务成本，提高我国文化企业核心竞争力。

四、大力发展多层次资本市场，扩大文化企业的直接融资规模

（一）推动符合条件的文化企业上市融资。支持处于成熟期、经营较为稳定的文化企业在主板市场上市。鼓励已上市的文化企业通过公开增发、定向增发等再融资方式进行并购和重组。探索建立宣传文化部门与证券监管部门的项目信息合作机制，加强适合于创业板市场的中小文化企业项目的筛选和储备，支持其中符合条件的企业上市。

（二）支持文化企业通过债券市场融资。支持符合条件的文化企业通过发行企业债、集合债和公司债等方式融资。积极发挥中债信用增进投资股份有限公司等专业机构的作用，为中小文化企业通过发行短期融资券、中期票据、集合票据等方式融资提供便利。对符合国家政策规定的中小文化企业发行直接债务融资工具，鼓励中介机构适当降低收费，减轻文化企业的融资成本负担。对于运作比较成熟、未来现金流比较稳定的文化产业项目，可以以优质文化资产的未来现金流、收益权等为基础，探索开展文化产业项目的资产证券化试点。

（三）鼓励多元资金支持文化产业发展。发挥

保险公司机构投资者作用和保险资金融资功能，在风险可控的前提下，鼓励保险公司投资文化企业的债权和股权，引导符合条件的保险公司参与文化产业投资基金。适当放宽准入条件，鼓励风险投资基金、私募股权基金等风险偏好型投资者积极进入处于初创阶段、市场前景广阔的新兴文化业态。

五、积极培育和发展文化产业保险市场

（一）进一步加强和完善保险服务。在现有工作基础上，各保险机构应根据文化企业的特点，积极开发适合文化企业需要的保险产品，并按照收益覆盖风险的原则合理确定保险费率。对于宣传文化部门重点扶持的文化企业和文化产业项目，应建立承保和理赔的便捷通道，对于信誉好、风险低的，可适当降低费率。加快培育和完善文化产业保险市场，提高保险在文化产业中的覆盖面和渗透度，有效分散文化产业的项目运作风险。

（二）推动保险产品和服务方式创新。各保险机构应在现有保险产品的基础上，探索开展知识产权侵权险，演艺、会展、动漫、游戏、各类出版物的印刷、复制、发行和广播影视产品完工险、损失险，团体意外伤害保险等适合文化企业特点和需要的新型险种和各种保险业务。鼓励保险公司探索开展信用保险业务，弥补现行信用担保体制在支持服务业融资方面的不足。进一步加强和完善针对文化出口企业的保险服务，对于符合《文化产品和服务出口指导目录》条件，特别是列入《国家文化出口重点企业目录》和《国家文化出口重点项目目录》的文化出口企业和项目，保险机构应积极提供出口信用保险服务，鼓励和促进文化企业积极参与国际竞争。

六、建立健全有利于金融支持文化产业发展的配套机制

（一）推进文化企业建立现代企业制度，完善公司治理结构。按照创新体制、转换机制、面向市场、增强活力的原则，推动文化企业建立现代企业制度，引入现代公司治理机制和现代企业财务会计制度，规范会计和审计流程，提高信息披露透明度，增强财务管理能力，为金融支持文化产业发展奠定良好的制度基础。

（二）中央和地方财政可通过文化产业发展专项资金等，对符合条件的文化企业，给予贷款贴息和保费补贴。支持设立文化产业投资基金，由财政注资引导，鼓励金融资本依法参与。

（三）建立多层次的贷款风险分担和补偿机制。鼓励各类担保机构对文化产业提供融资担保，通过再担保、联合担保以及担保与保险相结合等方式多渠道分散风险。研究建立企业信用担保基金和区域性再担保机构，以参股、委托运作和提供风险补偿等方式支持担保机构的设立与发展，服务文化产业融资需求。探索设立文化企业贷款风险补偿基金，合理分散承贷银行的信贷风险。

（四）完善知识产权法律体系，切实保障各方权益。抓紧制定和完善专利权、著作权等无形资产评估、质押、登记、托管、流转和变现的管理办法，根据《中华人民共和国物权法》修订有关质押登记规定。积极培育流转市场，充分发挥上海文化产权交易所、深圳文化产权交易所等交易平台的作用，为文化企业的著作权交易、商标权交易和专利技术交易等文化产权交易提供专业化服务。进一步加强对文化市场的有效监管和知识产权保护力度，完善各类无形资产二级交易市场，切实保障投资者、债权人和消费者的权益。

七、加强政策协调和实施效果监测评估

（一）加强信贷政策和产业政策的协调。制定并定期完善《文化产业投资指导目录》，发布更新文化产业发展的项目信息。加大对符合产业政策导向的文化企业的信贷支持，对纳入《文化产业投资指导目录》"鼓励类"的文化产业项目，金融机构优先予以信贷支持，对"限制类"的文化产业项目要从严审查和审批贷款。

（二）建立多部门信息沟通机制，搭建文化产业投融资服务平台。建立文化企业投融资优质项目数据库，通过组织论坛、研讨会、洽谈会等形式，加强文化项目和金融产品的宣传、推介，促进银、政、企合作，对纳入数据库并获得宣传文化部门推荐的优质项目，金融机构应重点支持。

（三）加强政策落实督促评估。人民银行各分支机构会同同级宣传文化、财政、银监、证监、保监等部门，根据本指导意见精神，结合辖区实际，制定和完善金融支持文化产业发展的具体实施意见或办法，切实抓好贯彻实施工作。各金融机构要逐步建立和完善金融支持文化产业发展的专项统计制度，加强对文化产业贷款的统计与监

测分析。人民银行各分支机构可根据辖区实际情况，建立金融支持文化产业发展的专项信贷政策导向效果评估制度。

中央宣传部
中国人民银行
财政部
文化部
广电总局
新闻出版总署
银监会
证监会
保监会
2010年3月19日

保监会、文化部关于保险业支持文化产业发展有关工作的通知

保监发〔2010〕109号

各保监局，各省、自治区、直辖市文化厅（局），新疆生产建设兵团文化局，各计划单列市文化局，各中资保险公司：

为贯彻落实党的十七届五中全会精神，深入实施《国务院关于印发文化产业振兴规划的通知》（国发〔2009〕30号）和《国务院关于保险业改革发展的若干意见》（国发〔2006〕23号），根据中央宣传部、中国人民银行、财政部、文化部、广电总局、新闻出版总署、银监会、证监会、保监会《关于金融支持文化产业振兴和发展繁荣的指导意见》（银发〔2010〕94号）等文件的有关规定和要求，现将保险业支持和服务文化产业发展有关工作通知如下：

一、高度重视，积极培育和发展文化产业保险市场

党的十七届五中全会指出，要推动文化大发展大繁荣、提升国家文化软实力，繁荣发展文化事业和文化产业，推动文化产业成为国民经济支柱性产业。国家制定的《文化产业振兴规划》也指出，文化产业是市场经济条件下繁荣发展社会主义文化的重要载体，是满足人民群众多样化、多层次、多方面精神文化需求的重要途径，也是推动经济结构调整、转变经济发展方式的重要着力点。近年来，文化产业已成为经济发展新的增长点和国民经济的重要组成部分。

金融是现代经济的核心。作为现代金融业的重要组成部分，保险具有经济补偿、资金融通和社会管理功能，是市场经济条件下风险管理的基本手段，在促进改革、保障经济、稳定社会、造福人民等方面有着重要作用。保险业通过提供风险保障、推出便捷服务、发挥投融资功能，支持文化产业发展繁荣，不仅有利于推动文化产业又好又快发展，而且有利于拓宽保险服务领域，扩大保险覆盖面，培育新的增长点。保险机构要切实提高认识，积极培育和发展文化产业保险市场，努力开拓新的保险服务领域，服务文化产业振兴和发展繁荣。

二、开拓创新，大力开发服务文化产业发展的保险产品

按照《关于金融支持文化产业振兴和发展繁荣的指导意见》要求，保险机构要积极推进文化产业保险的创新发展，努力开发适合文化企业特点和文化产业需要的保险产品，逐步建立文化产业保险市场运行机制和制度。在现有传统财产保险业务的基础上，保监会和文化部将共同组织开发、分批确定文化产业保险险种，并推进有关试点工作，有重点地推动当前文化产业保险市场发展。第一批试点险种和公司见附件，试点经营期限为两年。与试点险种承保责任性质相近并符合文化企业特定需求的险种，列入试点工作支持范围。

支持寿险公司积极开发为文化企业提供人才激励配套的养老和医疗保险产品。鼓励其他保险公司积极开发适合文化企业特点和文化产业需要的保险产品，共同促进文化产业保险的创新发展。

三、优化管理，提升促进文化产业发展的保险服务水平

对于文化主管部门重点扶持的文化企业和文化产业项目，保险机构要着眼于有效分散风险，加强经营管理工作，提高工作效率和服务质量，建立文化产业保险承保和理赔的便捷通道。同时，建立文化产业保险风险数据库，按照收益覆盖风险的原则合理确定保险费率；对于信誉好、风险低的文化企业和文化产业项目，适当降低费率。

中国出口信用保险公司对于符合《文化产品和服务出口指导目录》条件、文化主管部门重点

扶持的文化出口企业和项目，应给予积极的支持。加快出口信用保险和海外投资保险服务创新，推动文化产业出口和海外投资业务的信用保险承保，防范化解文化产品、服务和文化企业“走出去”中的政治风险和商业风险，促进文化企业海外投融资业务发展。

鼓励保险机构为文化企业制订一揽子保险计划，提供“一站式”服务。支持保险公司深入进行相关行业风险研究，协助文化企业制定风险管理措施，提升风险预防水平，减少事故发生频率和损失程度。

鼓励文化企业和保险公司采用保险中介服务，支持设立专门为文化企业服务的保险中介机构，支持现有保险中介机构经营文化产业保险产品。支持专业、权威的文化产业评估、鉴定服务机构，为文化产业保险市场发展提供服务。

四、改进服务，发挥保险支持文化产业发展的融资功能

发挥保险资金的融通功能和保险公司机构投资者作用，在遵循市场原则和风险可控的前提下，鼓励保险公司投资文化企业发行的债券，支持符合条件的保险公司投资符合条件的文化产业投资基金。

加强相互合作，保险机构可与信贷、债券、信托、基金等多种金融工具相结合，为文化企业提供一揽子金融服务。鼓励保险公司探索开展信用保险业务，弥补现行信用担保体制在支持文化产业融资方面的不足。

五、加强协调，建立保险支持文化产业发展的配套机制

各级文化主管部门要加强与保险监管部门的合作，主动与当地保险机构进行沟通交流，掌握并主动提供产业发展的政策和数据信息，宣讲本地区文化产业发展的现状、特点和重点，争取保险机构相应的支持。指导和协调本地区的文化机构和企业，引导其建立现代企业制度，引入现代公司治理机制和财务会计制度，规范会计和审计流程，提高信息披露透明度，为保险支持文化产业发展奠定良好制度基础。整合文化产业和保险资源，进一步完善“文化部文化产业投融资公共服务平台”功能，研究开发文化产业保险业务的网络受理系统。

各级文化主管部门和保险机构要注意借鉴国内外开展文化产业保险业务的经验和做法，通过调研论证、培训座谈等多种形式，积极宣传和动员本地区文化企业参与保险、运用保险手段分散风险，加强文化产业项目推介工作，不断完善保险支持文化产业发展的各项措施。同时，认真做好文化产业保险试点情况的统计和监测分析，并及时向保监会和文化部报告。

各级文化主管部门要加强与中央和地方财政部门的沟通与协调，争取有关政策支持。

附件：第一批文化产业保险试点险种及公司

保监会
文化部
2010 年 12 月 29 日

附件：

第一批文化产业保险试点险种及公司

一、试点险种：

1. 演艺活动财产保险
2. 演艺活动公众责任保险
3. 演艺活动取消保险
4. 演艺人员意外和健康保险
5. 展览会综合责任保险
6. 艺术品综合保险
7. 动漫游戏企业关键人员意外和健康保险
8. 动漫游戏企业关键人员无法从业保险
9. 文化企业信用保证保险
10. 文化企业知识产权侵权保险
11. 文化活动公共安全综合保险

二、试点公司：

1. 中国人民财产保险股份有限公司
2. 中国太平洋财产保险股份有限公司
3. 中国出口信用保险公司

文化部办公厅关于印发《国家级文化产业示范园区管理办法（试行）》的通知

办产发〔2010〕19 号

各省、自治区、直辖市文化厅（局），新疆生产建设兵团文化广播电视局：

为规范国家级文化产业示范园区的申报、命

名和监督管理工作，现将《国家级文化产业示范园区管理办法（试行）》印发给你们，请遵照执行。

特此通知。

附件：《国家级文化产业示范园区管理办法（试行）》

2010年7月19日

附件：

国家级文化产业示范园区管理办法（试行）

第一章 总 则

第一条 为满足人民群众的文化消费需求，促进我国文化产业健康持续发展，推动国家级文化产业示范园区（以下简称园区）建设，规范园区申报、命名和监督管理，特制定本办法。

第二条 本办法所称园区是指进行文化产业资源开发、文化企业和行业集聚及相关产业链汇聚，对区域文化及相关产业发展起示范、带动作用，发挥园区的经济、社会效益的特定区域。

第三条 园区建设应遵循统筹规划、合理布局、突出特色、内容优先、自主创新的原则。

第四条 文化部负责国家级文化产业示范园区的申报、命名、管理和考核。

第五条 省级文化行政主管部门负责本辖区省级的文化产业园区的申报、命名、管理和考核，并负责对国家级文化产业示范园区的指导和监管。

第六条 园区每两年申报、命名一次，每次命名不超过两个。原则上每个省级行政区内园区总量不超过两个。园区每两年考核一次。

第二章 申报与命名

第七条 申报国家级文化产业示范园区应具备以下条件：

（一）符合国家文化产业规划、当地整体规划和产业发展规划，在土地、消防、安全、节能、环保、卫生等方面符合国家相关规定和标准。

（二）具有完善的基础设施，能够充分利用区域优势，为文化企业发展提供必要的硬件环境。园区内非文化类商业及其他配套面积不得超过园区总建设面积的20%。

（三）有丰富的文化内容和明确的文化产业特色，成绩显著，在全国或本省及区域内具有代表性和示范性。

（四）已经集聚了一定数量的文化企业，园区内文化企业数量占园区企业总数的60%以上。园区内文化产业产值、交易额等经济效益指标居于国内领先地位。园区内文化企业所生产的文化产品和所提供的文化服务内容健康。

（五）有专门的管理机构和管理人员，管理制度健全，没有发生违法违规行为。

（六）有配套的公共服务体系，能够为进入园区的企业提供企业孵化、融资中介、技术、信息、交易、展示等公共服务。

（七）建设和运营管理单位是法人单位。

（八）规范运营两年以上，且经济和社会效益业绩显著。

（九）法律法规确定的其他条件。

第八条 对于预期社会效益和经济效益好、成长性高、有发展前景、具有引领和示范作用，但尚未具备国家级文化产业示范园区条件的文化产业园区，文化部可命名为国家级文化产业试验园区。

第九条 申报园区，由其建设单位作为申报单位向所在地省级文化行政主管部门提出申报申请，由省级文化行政主管部门进行初审。

第十条 对初审合格的由省级文化行政主管部门负责向文化部提出国家级文化产业示范园区命名申请，并按本办法第七条规定的内容提交《国家级文化产业示范园区申请报告》。

第十一条 文化部文化产业司负责组织相关部门及专家对《国家级文化产业示范园区申请报告》进行评审，形成评审意见。

第十二条 对评审合格的，经文化部部务会议讨论通过后，在文化部网站和《中国文化报》上公示，公示时间为20天。

第十三条 公示结束后，文化部对符合条件的命名为国家级文化产业示范园区。

第三章 管理和考核

第十四条 文化部文化产业司负责园区的指导和监督管理工作，按本办法组织执行相关命名评审及管理工作；组织开展园区之间的交流活动；组织园区考核工作；推动园区对外交流与合作；协调园区申请贷款和专项资金扶持。

第十五条 园区所在地的省级文化行政主管

部门负责协调、指导园区建设和对园区的监管，并配合地方人民政府出台相关的优惠政策和支持措施。

第十六条　园区对规划和重要文化产业项目作重大调整时，须报文化部文化产业司备案。

第十七条　园区每年四月须向省级文化行政主管部门和文化部文化产业司报送年度发展情况。

第十八条　文化部文化产业司依照本办法规定组织相关部门及专家，对已命名的园区进行建设目标考核，考核每两年进行一次。考核结果分为通过考核、限期整改、撤销命名 3 种。限期整改的期限不超过 6 个月。

第十九条　对园区的考核包括以下方面：

（一）园区发展方向符合国家有关政策法规和本办法要求；

（二）园区发展规划实施情况；

（三）园区管理及整体运营是否遵纪守法；

（四）园区服务体系建设情况；

（五）园区内文化企业发展情况；

（六）省级文化行政主管部门对园区管理的意见。

第二十条　园区有下列行为之一的，文化部将撤销其“国家级文化产业示范园区”称号：

（一）损害消费者利益的，并造成严重不良社会影响的；

（二）宣传虚假文化产品和服务信息并造成严重社会影响的；

（三）经营管理不善，不能达到园区认定条件的；

（四）考核不合格，并在规定期限内整改不达标的；

（五）申报时提供虚假材料或采取其他手段骗取园区资格的；

（六）有重大违法违规行为，受到法律、行政处罚的；

（七）其他对社会造成不良影响的行为；

（八）因政策或经营方向调整而改变园区性质的。

第四章　附　则

第二十一条 本办法由文化部负责解释。

第二十二条 本办法自公布之日起施行。

文化部关于加强文化产业园区基地管理、促进文化产业健康发展的通知

文产函〔2010〕1169 号

各省、自治区、直辖市文化厅（局）、新疆生产建设兵团文化广播电视局，各计划单列市文化局：

近年来，在党和政府的高度重视下，我国文化事业和文化产业发展迅速，为满足人民群众日益增长的精神文化生活需求发挥了重要作用。与此同时，各地党委、政府也纷纷采取各种积极措施，有力推动了当地文化产业发展，特别是通过文化产业园区、基地建设来促进文化产业发展已经成为许多地方的一项重要措施。值得注意的是，当前文化产业园区、基地发展进程中出现了一些不容忽视的不良倾向，一哄而上、盲目发展的问题比较突出。有的地方建设的文化产业园区功能定位雷同，文化含量低，浪费资源；有的地方和部门热衷于给文化产业园区、基地命名“挂牌”，而忽视其条件和内涵；有的地方以文化产业之名违规占地，搞房地产及其他产业开发；有的地方在历史文化资源的开发利用中存在偏差；众多城市竞相上马建设动漫产业园区、基地或文化主题公园。这些势头如不及时加以引导和调控，势必影响到文化产业的科学发展，需要引起高度重视。

为有效解决人民群众日益增长的多样化多层次文化消费需求，深入贯彻落实科学发展观，促进文化产业健康发展，现就加强文化产业园区、基地管理的有关事项通知如下：

一、加强规划，引导促进文化产业园区基地健康发展

本通知所称的文化产业园区、基地是指主要从事演艺、动漫、文化娱乐、游戏、文化会展、文化旅游、艺术品和工艺美术、艺术创意和设计、网络文化、文化产品数字制作与相关服务等文化产业门类活动的园区、基地。当前，尤其要将动漫产业园区、基地和动漫主题公园、文化主题公园作为调控和监管的重点。

各级文化行政部门要加强对文化产业园区、基地布局的统筹规划，坚持标准、突出特色、提高水平，促进各种资源合理配置和产业分工。要

按照《文化产业振兴规划》和《文化部关于加快文化产业发展的指导意见》确定的重点行业，从当地文化产业发展实际出发，综合考虑经济基础、市场空间、消费水平、比较优势、文化生态、资源禀赋等条件，明确本地区文化产业园区、基地的布局、规划、定位和发展目标。

要坚持命名和认定的标准，科学调配公共资源，严格调控文化产业园区、基地的发展数量，严格控制新命名的文化产业园区基地的数量，坚决防止盲目投资、重复建设、一哄而上、过多过滥。坚决防止在文化产业发展过程中不切实际地将一些不符合条件的单位命名为文化产业园区、基地，或以文化产业园区、基地名义开展与文化产业无关的建设、经营活动。

二、严格建设程序和条件，有效遏制文化产业园区基地盲目发展的势头

各级文化行政部门要从规划、内容、投资、建设、运营等环节全方位对本地区文化产业园区、基地加强指导、引导。国家级文化产业示范园区、基地由文化部负责认定，省级文化产业示范园区、基地和投资1亿元以上的文化产业园区、基地由省级文化行政部门认定或审核后报文化部备案。投资建设文化产业园区、基地，须根据《国务院关于投资体制改革的决定》（国发〔2004〕20号）的要求，严格按照核准权限和投资规模履行政府核准手续。在核准过程中，文化行政部门要充分发挥行业主管部门职能，对申报的项目提出核准意见。

审核的内容主要包括：具有明确的文化内容和定位，园区内文化企业所生产的文化产品和所提供的文化服务内容健康向上；发展目标明确，具有切实可行的发展规划，符合国家文化产业规划、当地经济社会发展整体规划，在土地、消防、安全、节能、环保、卫生等方面符合国家相关规定和标准；本辖区内是否存在已建或正在建设的同类型园区；投资和经营主体是否明确等内容

文化行政部门的审核意见要及时抄告发展改革、土地、城乡规划、公安、工商等部门。文化行政部门要按照《关于金融支持文化产业振兴和发展繁荣的指导意见》（银发〔2010〕94号）的要求，将对文化产业园区的审核意见告当地有关金融机构。对未通过文化行政部门审核的文化产业园区项目，文化行政部门要及时告知当地有关金融机构，请其谨慎评估申贷项目风险。各文化企业在按照财政部《文化产业发展专项资金管理暂行办法》（财教〔2010〕81号）申报专项资金时，涉及文化产业园区、基地的，企业所在地省级文化行政部门应提出明确审核意见。

三、扶优扶强，发挥好文化产业园区基地对文化产业发展的促进作用

要通过宏观调控和政策引导，以特色文化资源优势和科学技术的结合，以龙头企业、重大项目为依托，培育壮大文化内容突出、特色鲜明、创新发展、符合市场需求的文化产业园区、基地。对通过文化行政部门审核，国内外影响大、文化含量高、规模效益好、管理规范、示范引导辐射作用强的文化产业园区、基地及园区内文化企业要重点扶持，按照财政部《文化产业发展专项资金管理暂行办法》（财教〔2010〕81号）和地方有关政策，积极支持和帮助其申报贷款贴息、项目补助、绩效奖励等资金；按照《关于金融支持文化产业振兴和发展繁荣的指导意见》（银发〔2010〕94号），在投融资方面对文化产业示范园区、基地进行重点扶持，优先将示范园区、基地内有贷款需求的企业和项目推荐给与文化部建立部行合作机制的银行机构，积极促成优质文化项目进入文化产权交易市场进行融资，大力培育、辅导并推荐符合条件的文化企业上市融资，联合金融机构探索针对文化产业示范园区、基地内文化企业的信用评级制度。

四、履行政府职能，加强管理与服务

各级文化行政部门要深入贯彻落实科学发展观，高度重视文化产业园区、基地的发展与管理，加强组织领导，切实履行行业管理职能，全面掌握和认真分析本地区文化产业园区、基地发展的实际情况，研究制定管理办法，有针对性地加强和改进管理与服务。要积极争取地方党委和政府的支持，加强与发展改革、财政、土地、城乡规划、科技、教育、广电、新闻出版、旅游、商务、人民银行、银监、证监、保监、公安、税务、工商等部门及金融机构的沟通协作。

文化行政部门要加强对文化产业园区、基地的规划、指导和监管工作。对存在严重问题或已不符合条件的，要及时将有关情况告知相关部门

并提出处理建议；对各级文化行政部门命名的文化产业示范园区、基地，要明确认定标准，严格认定程序，开展定期考核，实施动态管理，建立退出机制。对问题突出、不能发挥示范作用的，要及时撤销其命名。

要积极支持各地建立文化产业园区、基地综合评价体系，从文化内涵、经济实力、产业结构、人才状况、研发创新能力、集约程度、行业影响、社会贡献和管理效能等方面对文化产业园区、基地建设发展情况的全面评估，依据评估结果对其进行监督指导。

特此通知。

2010 年 6 月 9 日

文化部关于命名第四批国家文化产业示范基地的决定

文产发〔2010〕40 号

各省、自治区、直辖市文化厅（局），新疆生产建设兵团文化广播电视局：

近年来，在党的十七大关于大力发展文化产业的精神指引下，在国家文化产业政策和文化体制改革的有力推动下，我国文化产业发展迅速，涌现出一大批具有一定规模和效益、有经济实力和市场竞争力的骨干文化企业，为繁荣社会主义文化、满足人民群众多样化多层次多方面的精神文化需求、促进我国经济社会全面协调可持续发展作出了积极贡献。

为进一步深入贯彻党的十七届五中全会精神，认真落实《文化产业振兴规划》，树立典型，加强示范，以点带面，加快文化产业基地和区域性特色文化产业群建设，推动我国文化产业跨越式发展，根据《文化部关于加快文化产业发展的指导意见》提出的发展重点和主要任务，按照《国家文化产业示范基地评选命名管理办法》，文化部决定命名北京数字娱乐发展有限公司等 70 家企业为第四批国家文化产业示范基地。

希望被命名为国家文化产业示范基地的企业，珍惜荣誉，再接再厉，充分发挥示范、带动和辐射作用，不断推动文化内容形式、体制机制、传播手段创新，为繁荣社会主义文化、满足人民群众日益增长的精神文化需求、促进我国经济发展方式转变、推动文化产业成为国民经济支柱性产业作出新的更大贡献！

特此决定。

附件：第四批国家文化产业示范基地名单

文化部

2010 年 11 月 23 日

附件：

第四批国家文化产业示范基地名单

1. 北京数字娱乐发展有限公司
2. 北京京都文化投资管理公司
3. 北京贯辰传媒有限公司
4. 北京人大文化科技园建设发展有限公司
5. 北京钧天坊古琴文化艺术传播有限公司
6. 中央新闻纪录电影制片厂（动漫）
7. 北京中外名人文化产业集团有限公司
8. 天津神界漫画有限公司
9. 天津市猛犸科技有限公司
10. 天津市津宝乐器有限公司
11. 大厂评剧歌舞团演艺有限责任公司
12. 河北金音乐器集团有限公司
13. 蔚县圆通文化创意有限责任公司
14. 阳城县皇城相府（集团）实业有限公司
15. 山西晋阳嫦娥文化艺术有限公司
16. 内蒙古鄂尔多斯市达拉特旗响沙湾旅游有限公司（文化旅游）
17. 内蒙古力王工艺美术有限公司
18. 大连圣亚旅游控股股份有限公司（文化旅游）
19. 沈阳三农博览园有限公司
20. 吉林省宇平工艺品制造有限公司
21. 吉林禹硕动漫游戏科技股份有限公司
22. 黑龙江冰尚杂技舞蹈演艺制作有限公司
23. 哈尔滨太阳岛风景区资产经营有限公司
24. 上海天地软件创业园有限公司
25. 上海今日动画影视文化有限公司
26. 扬州智谷投资管理有限公司
27. 江苏周庄文化创意产业投资发展有限公司
28. 江苏金一文化发展有限公司
29. 杭州神采飞扬娱乐有限公司
30. 宁波音王集团有限公司
31. 衢州醉根艺品有限公司
32. 桐城市佛光铜质工艺品有限公司

33. 蚌埠光彩投资有限责任公司
34. 中国宣纸集团公司
35. 艾派集团（中国）有限公司
36. 莆田市集友艺术框业有限公司
37. 福安市珍华工艺品有限公司
38. 萍乡市升华实业有限公司
39. 同方泰豪动漫产业投资有限公司
40. 山东周村古商城旅游发展有限公司（文化旅游）
41. 威海刘公岛实业发展有限公司
42. 潍坊杨家埠民俗艺术有限公司
43. 开封清明上河园股份有限公司
44. 镇平石佛寺珠宝玉雕有限公司
45. 项城市汝阳刘笔业有限公司
46. 海豚传媒股份有限公司
47. 武汉艾立卡电子有限公司
48. 湖南大剧院
49. 拓维信息系统股份有限公司
50. 广东中凯文化传媒有限公司
51. 广州珠江钢琴集团股份有限公司
52. 羊城创意产业园
53. 深圳华强文化科技集团股份有限公司
54. 深圳市永丰源实业有限公司
55. 深圳市同源南岭文化创意园有限公司
56. 海南天涯在线网络科技有限公司
57. 广西钦州坭兴陶艺有限公司
58. 重庆商界传媒有限公司
59. 凉山文化广播电影电视传媒有限公司
60. 贵州平坝县天龙旅游投资开发有限公司（文化旅游）
61. 大理风花雪月文化传播有限责任公司
62. 拉萨市城关区古艺建筑美术公司
63. 宝鸡市文化旅游产业开发建设有限公司
64. 西安大唐西市文化产业投资有限公司
65. 陕西富平陶艺村有限责任公司
66. 敦煌飞天文化产业发展有限责任公司
67. 青海藏羊地毯集团有限公司
68. 青海工艺美术厂有限责任公司
69. 宁夏华夏西部影视城有限公司（文化旅游）
70. 新疆国际大巴扎开发有限公司

文化部办公厅关于印发“原创动漫扶持计划（2009）”获扶持作品、创作者（团队）名单的通知

办产函〔2010〕46号

各省、自治区、直辖市文化厅（局），中国儿童艺术剧院：

为促进我国原创动漫产业发展，在中央财政扶持动漫产业发展专项资金的支持下，在“原创动漫扶持计划（2008）”的基础上，文化部办公厅于2009年6月25日印发了《关于“原创动漫扶持计划（2009）”申报工作的通知》（办产函〔2009〕355号），启动了“原创动漫扶持计划（2009）”。

征集期间，提交申报材料的原创漫画作品168部，创作者（团队）57个；原创动漫演出作品74部，创作者（团队）46个；原创网络动漫作品514部，创作者（团队）104个；原创手机动漫作品1985部，创作者（团队）75个。经过资格审查、初评评审、终评评审和公示，共确定获得“原创动漫扶持计划（2009）”扶持的漫画作品10部（扶持资金30万元/部），漫画创作者（团队）10个（扶持资金20万元/个），动漫演出作品10部（扶持资金25万元/部），动漫演出创作者（团队）8个（扶持资金10万元/个），动漫Cosplay团队10个（扶持资金5万元/个），网络动漫作品15部（扶持资金10万元/部），网络动漫创作者（团队）15个（扶持资金7万元/个），手机动漫作品15部（扶持资金10万元/部），手机动漫创作者（团队）15个（扶持资金7万元/个）。现将“原创动漫扶持计划（2009）”获扶持作品和创作者（团队）名单予以印发。

获得“原创动漫扶持计划（2009）”扶持的动漫作品和人才体现了2009年度我国漫画、动漫演出、网络动漫、手机动漫的创作水平和发展方向。请有关省、自治区、直辖市文化厅（局）组织向获得扶持的作品和人才颁发证书，进一步扩大文化部“原创动漫扶持计划”的影响，扩大优秀原创动漫作品和人才的影响，激励广大动漫创作者投身动漫事业。有条件的地方，可以对获得“原

创动漫扶持计划（2009）”的作品和人才给予配套扶持资金。

“原创动漫扶持计划（2009）”的扶持资金额较之“原创动漫扶持计划（2008）”有了明显提高。有关省、自治区、直辖市文化厅（局）要高度重视对扶持资金使用的指导和监督检查，各获扶持单位（个人）要严格按照要求确保将扶持资金用于提升动漫作品创作、扩大动漫作品传播，切实保证财政资金的扶持成效和规范使用。对获扶持单位（个人）使用扶持资金、提高创作质量、扩大作品影响等相关资金使用的效益情况请及时以信息的形式报送文化部，对发现的资金使用中的问题要及时向文化部报告。

文化部将于近期将扶持资金拨付至有关省、自治区、直辖市文化厅（局）。为确保资金使用成效，建立激励和约束机制，扶持资金分两次拨付获扶持单位（个人），请有关省、自治区、直辖市文化厅（局）于2010年3月底前将各扶持项目扶持资金额的60%拨付获扶持单位（个人），7月至8月对各获扶持单位（个人）的资金使用情况和成效进行中期检查，并根据检查情况于8月将扶持资金总额的40%拨付获扶持单位（个人），11月至12月对各项目单位的资金使用情况和成果进行年终检查。请有关省、自治区、直辖市文化厅（局）分别于8月和12月向文化部报送“原创动漫扶持计划（2009）”扶持资金使用情况和成果的中期报告和总结报告。文化部将适时组织对“原创动漫扶持计划（2009）”扶持资金使用情况的监督检查。

中国儿童艺术剧院所获扶持资金的使用参照本通知执行。

特此通知。

附件：“原创动漫扶持计划（2009）”获扶持作品、创作者（团队）名单

2010年2月21日

附件：

“原创动漫扶持计划（2009）”
获扶持作品、创作者（团队）名单

漫画作品

作品名称	作　者	申报单位	扶持资金金额	所在地
《北京》	夏吉安、陆明、成成、张建伊、宋洋、刘玮、聂峻、邹建、梁毅、王浣	北京天视全景文化传播有限责任公司	30 万元	北京
《可记忆的中国》	熊亮、向华、熊磊、吴翟、马玉	奇异堡童书工作室	30 万元	北京
《机器妈妈》	王小洋	广州漫友文化科技发展有限公司	30 万元	广东
《济公》	徐超、吴剑昆、郭靖、陈菲	天津神界漫画有限公司	30 万元	天津
《神精榜》	颜开、陈翔、郑旭升	北京颜开文化发展有限公司	30 万元	北京
《呼吸的意义》	赵宇	赵宇	30 万元	北京
《白山神》	韩雨江、范文博、李宏蕾、姜晶	吉林省凯帝动画科技有限公司	30 万元	吉林
《朋友刀刀》	甘峰	甘峰	30 万元	上海
《本杰明》	张彬	广州漫友文化科技发展有限公司	30 万元	广东
《罗林科普漫画》	龚毅坚、唐庆清、牟岩峰、陆夏莺、王远超、蔡伟、李万贤	上海漫唐堂文化传播有限公司	30 万元	上海

漫画创作者（团队）

申报单位或个人	作　者	代表作品	扶持资金金额	所在地
天津神界漫画有限公司	胡可、张林昊、唐韬、徐超、吴剑昆	《济公》、《棒槌》系列，《逍遥奇侠》	20万元	天津
杭州夏天岛影视动漫制作有限公司	姚非拉、齐潇、于彦舒、夏达	《和拉尔弗去旅行》、《黑白无双》、《猪仔仔时光机》等	20万元	浙江
北京颜开文化发展有限公司	颜开、陈翔、郑旭升、石骁	《星海镖师》、《神精榜》、《4.9×4.9》	20万元	北京
敖幼祥动漫工作室	敖幼祥、陈晓韵、李思阳、陈诺	《乌龙院大长篇——活宝》、《酷头哈妹》等	20万元	广东
广州协作咨询顾问有限公司（盒子创造社）	陈东、彭阳军、陈雷、李煌、郭婉怡、陈缘风、林小能、潘文洁、黎锦华	《人生，下一站》、《外漂生活》等	20万元	广东
北京洋洋兔文化发展有限责任公司	孙元伟、王宇、李培、何禹葭	《小布丁》、漫画《孙子兵法》、漫画《三十六计》	20万元	北京
北京权迎东动漫工作室	权迎东、王飞、石径、尤宝蓝、玄明顺	《水浒英雄传》、《西游记》、《24孝》等	20万元	北京
聂峻工作室	聂峻、葛竞、宋显奎、陈昊	《不想长大》、《寻找布列松》、《鲜花与佐伯》等	20万元	北京
上海漫唐堂文化传播有限公司	刘辉、唐庆清、龚毅坚、吴江、蒋凯、陆夏莺、邓天乐、蔡伟、牟岩峰、李万贤	《CG城的精灵》、《现代动漫插画技法》等	20万元	上海
赵鹏工作室	赵鹏、汤晓艳	《小霸王哪咤》、《镜中国》、《魔书的秘密》等	20万元	陕西

动漫演出作品

作品名称	申报单位	扶持资金金额	所在地
《小蝌蚪找妈妈》	中国儿童艺术剧院	25万元	北京
《北京传说》	北京儿童艺术剧院股份有限公司	25万元	北京
《彩虹猪向前冲》	哲腾（北京）文化传播有限公司	25万元	北京
《哥德堡号与魔法圣杯》	北京缤纷无限儿童艺术剧团	25万元	北京
《无敌三脚猫》	北京欢乐同福影视文化有限公司	25万元	北京
《九色鹿》	北京小布丁卡通艺术团	25万元	北京
《劳动最光荣》	上海小韦伯文化艺术发展有限公司	25万元	上海
《魔盒与歌声》	重庆享弘数字影视有限公司	25万元	重庆
《喜羊羊与灰太狼之记忆大盗》	广东原创动力文化传播有限公司	25万元	广东
《八层半》	广东省木偶艺术剧院有限公司	25万元	广东

动漫演出创作者（团队）

申报单位	代表作品	扶持资金金额	所在地
赛塔（北京）文化有限责任公司	《点头 yes 摇头 no》	10万元	北京
中视尚美国际文化传媒（北京）有限公司	《露露猪猪——乐器也疯狂》	10万元	北京
哲腾（北京）文化传播有限公司	《彩虹猪之梦幻魔方》	10万元	北京
北京丑小鸭卡通艺术团	《猫和智慧鼠》	10万元	北京
上海城市动画有限公司	《海宝来了》	10万元	上海
无锡天使动漫文化发展有限公司	《天使部落》	10万元	江苏
广东原创动力文化传播有限公司	《喜羊羊与灰太狼之三个愿望》	10万元	广东
陕西中贝元儿童文化艺术有限公司	《小狗巴克成长系列》	10万元	陕西

动漫 Cosplay 团队

申报单位	代表作品	扶持资金金额	所在地
北京易飞思信息技术有限公司	《哪吒闹海》	5 万元	北京
北京千色境界动漫文化传播有限公司	《杨家将——吼天喝月》	5 万元	北京
北京紫薇恒星科技有限公司	《裔出三国——鬼舞无双》	5 万元	北京
RK 雇佣兵动漫社团	《新龙门客栈》、《英雄》 等	5 万元	北京
乐园之扉 Cosplay 研究会	《乾坤》	5 万元	吉林
杭州 304 动漫社团	《战国无双》、《秦时明月》、《险境传说》	5 万元	浙江
广州漫友文化科技发展有限公司	《卓越之剑》	5 万元	广东
广州漫友文化科技发展有限公司	《长安幻夜》	5 万元	广东
广西哈虎网络科技有限公司	《最游记》	5 万元	广西
厦门大拇哥动漫股份有限公司	《奇幻小侠之穿越时空》	5 万元	福建

网络动漫作品

作品名称	作　者	单　位	扶持资金金额	所在地
《打，打个大西瓜》	杨宇	成都市青羊区饺克力动画设计工作室	10 万元	四川
《绿豆蛙爱情》系列	施功晨、梁新强、姜浩、姚恒慧	上海蓝雪数码科技有限公司	10 万元	上海
《小破孩》 系列	田易新、王浩、吴晋、包平	上海拾荒动画设计有限公司	10 万元	上海
《炮炮兵之下一站新天地》	陈雷、鲁力、郭征	常州卡米文化传播有限公司	10 万元	江苏
《龟兔对决》	母健弘		10 万元	天津
《蘑菇点点》系列	王含璟、屈虹、汤俐玮、张娜、周晓君	上海动酷数码科技有限公司	10 万元	上海
《豆儿欢动》系列	罗璇、温波、董嘉旭、李谦、许家炜、郭牛、吴天琛	北京蓝月谷文化传媒有限公司	10 万元	北京
《红先生》 系列	蒋建秋、张洋、邢嘉翼、覃菊萍	北京短歌行动画有限公司	10 万元	北京

《狂想曲》	张春、章平	彼岸天（北京）文化有限公司	10万元	北京
《越策越开心》	雷瑛、李咏、蔡莲花	湖南金鹰卡通有限公司	10万元	湖南
《cute lovers》系列	陈宁培	天问轩动漫工作室	10万元	广东
《出走》	林志、游源、郭开达、俞荣兴	福建天狼星动漫有限公司	10万元	福建
《细哥细妹军训记》	刘映新、钟映斌、钟正昂、戴林	梅州市汉唐影视动漫传播有限公司	10万元	广东
《酷巴熊之公交车安全锤》	涂勇强、简波、陈勇、陈兰、王晓燕、史雪峰、覃智波	成都牧鹰数码艺术设计有限公司	10万元	四川
《无赖熊猫》	李智超	广州漫友文化科技发展有限公司	10万元	广东

网络动漫创作者（团队）

申报单位或个人	代表作品	扶持资金金额	所在地
成都市青羊区饺克力动画设计工作室	《打，打个大西瓜》	7万元	四川
湖南金鹰卡通有限公司	《走亲访友》、《越策越开心》、《快乐一家》等	7万元	湖南
上海拾荒动画设计有限公司	《小破孩》系列	7万元	上海
成都牧鹰数码艺术设计有限公司	《酷巴熊》系列	7万元	四川
北京蓝月谷文化传媒有限公司	《豆儿欢动》系列	7万元	北京
天问轩动漫工作室	《cute lovers》系列	7万元	广东
L-KEY工作室	《天堂密码》等	7万元	浙江
北京短歌行动画有限公司	《像一把刀子》等	7万元	北京
常州卡米文化传播有限公司	《炮炮兵》系列	7万元	江苏
湖南山猫卡通有限公司	《山猫吉咪字母世界历险记》等	7万元	湖南
多动正工作室	《小狐狸克蕾尔》系列	7万元	北京
彼岸天（北京）文化有限公司	《狂想曲》等	7万元	北京
福建天狼星动漫有限公司	《出走》、《妙计双响炮》、《奇域果》	7万元	福建
花木马动漫工作室	《逝去的记忆》、《风雪山神庙》	7万元	北京
高路水墨精英团队	《将进酒》、《山居吟》、《童趣》等	7万元	山东

手机动漫作品

作品名称	作　者	申报单位	扶持资金金额	所在地
《轮回》	胡锴	广州涌泉信息技术有限公司	10 万元	广东
《小破孩》系列	田易新、王浩、吴晋、包平	上海拾荒动画设计有限公司	10 万元	上海
《寻找布烈松》系列	应亚峰、陈炯、祁箐璐、陈巧燕	杭州祖玛科技有限公司	10 万元	浙江
《阿拉兔》系列	韩李李、姚嘉	上海意展数码科技有限公司	10 万元	上海
《酷巴熊》系列	涂勇强、简波、陈勇、陈兰、王晓燕、史雪峰、覃智波	成都牧鹰数码艺术设计有限公司	10 万元	四川
《虫苹果的爱情》		湖南金鹰卡通有限公司	10 万元	湖南
《超强谜语》系列	陈涛、童凯、章晓莳、黄贞英	杭州网趣数码科技有限公司	10 万元	浙江
《长相忆》	王伟	北京搜狐互联网信息服务有限公司	10 万元	北京
《胖兔子粥粥》系列	张明	中健推（北京）文化有限公司	10 万元	北京
《芒果仔》系列	任雯敏、王云、陈结萍、伍卓敏	广州市禾信科技有限公司	10 万元	广东
《修床》	银锋、史浩、青龙、李丽莉	呼和浩特市漫影传媒有限责任公司	10 万元	内蒙古
《cute lovers》系列	陈宁培、宁丹丹	天问轩动漫工作室	10 万元	广东
《漫动八仙》		喜乐互动工作室	10 万元	湖南
《手机小子》	林志、张能伟、郭开达、俞荣兴	福建天狼星动漫有限公司	10 万元	福建
《三国演义》	陈维东、梁海龙、李小楠	天津神界漫画有限公司	10 万元	天津

手机动漫创作者（团队）

创作者（团队）名称	代表作品	扶持资金金额	所在地
广州市禾信科技有限公司	《摩丝摩丝》系列、《大小 BB》系列、《芒果仔》系列等	7 万元	广东
上海拾荒动画设计有限公司	《小破孩》系列	7 万元	上海
上海意展数码科技有限公司	《阿拉兔成长日记》、《无尽的游戏》、《阿拉兔工厂》等	7 万元	上海
北京鑫联必升动画有限公司	《冬天来了》、《钢琴》、《快乐音符》等	7 万元	北京
成都牧鹰数码艺术设计有限公司	《酷巴熊之 12 星座》、《酷巴熊之巴蜀小吃》、《酷巴熊之我是书法家》等	7 万元	四川
厦门艾乐米网络科技有限公司	《乐游记》系列、《雪糕奇遇记》系列	7 万元	福建
沈阳治图文化传媒有限公司	《招财童子之大拜年》、《五谷财运包》、《金财转运红包》	7 万元	辽宁
广州涌泉信息技术有限公司	《餐间散步法》、《大笑减肥法》、《过午不食法》等	7 万元	广东
大连胡军漫画文化发展有限公司	《摩登西厢》系列、《淘气冬冬》系列、《摩登水浒》系列等	7 万元	辽宁
中健推（北京）文化有限公司	《胖兔子粥粥之嘹亮》、《胖兔子粥粥之成长》、《胖兔子粥粥之摆摊》等	7 万元	北京
呼和浩特市漫影传媒有限责任公司	《趣味和尚》、《我是二愣子》、《郎门客栈》等	7 万元	内蒙古
广州市泰泽动漫设计有限公司	《等待什么》、《在你左右》、《大月饼》等	7 万元	广东
无锡哈皮动画有限责任公司	《感动》、《休闲时光》等	7 万元	江苏
喜乐互动工作室	《布袋熊》、《吐血的父亲》、《老家那面墙》等	7 万元	湖南
杭州玄机科技信息技术有限公司	《秦时明月》等	7 万元	浙江

文化部 财政部 国家税务总局关于公布2010年第一批通过认定的动漫企业和重点动漫企业名单的通知

文产发〔2010〕45号

各省、自治区、直辖市文化厅（局）、财政厅（局）、国家税务局、地方税务局，各计划单列市文化局、财政局、国家税务局、地方税务局：

根据《动漫企业认定管理办法（试行）》的有关规定，经审核，现将2010年第一批通过认定的动漫企业名单和重点动漫企业名单予以公布。

请根据本通知认真做好“动漫企业证书”的发放工作，按照规定对通过认定的动漫企业进行监督检查和年审，督促其自觉遵守国家有关法律、法规和政策，落实国家对动漫企业的税收优惠政策。

特此通知。

附件：1. 2010年第一批通过认定的动漫企业名单

2. 2010年第一批通过认定的重点动漫企业名单

文化部 财政部 国家税务总局

2010年12月20日

附件1：

2010年第一批通过认定的动漫企业名单

（170家）

北京市

北京迪生动画制作有限公司

北京金松林电脑动画制作有限责任公司

北京中科有容数字传媒科技有限公司

北京万豪天际文化传播有限公司

北京若森数字科技有限公司

天津市

天津中腾影视文化有限公司

天津缘成伟业动画科技有限公司

天津市易玛通科技发展有限公司

村人（天津）漫画有限公司

河北省

河北玛雅影视有限公司

保定中科帷幄数码科技有限公司

山西省

山西舶奥动画制作有限公司

山西博奥文化传媒有限公司

内蒙古自治区

内蒙古江格尔文化传播有限公司

内蒙古伊克赛传媒有限公司

呼和浩特市漫影传媒有限责任公司

辽宁省

沈阳治图文化传媒有限公司

沈阳阿拉丁数字科技有限公司

沈阳福娃娃影视动画有限公司

沈阳明天文化传播有限公司

沈阳四维数码科技有限公司

沈阳大圆动画艺术有限公司

沈阳鹏宵动画艺术有限公司

沈阳优玛动漫游戏制作有限公司

沈阳非凡创意动画制作有限公司

沈阳博士兔动漫制作有限公司

沈阳深海动画数字媒体有限公司

沈阳橙果文化传播有限公司

满江红（沈阳）影视文化有限公司

大连博涛多媒体技术有限公司

大连金象文化传媒发展有限公司

大连新锐天地传媒有限公司

大连东方龙动画发展有限公司

吉林省

吉林禹硕动漫游戏科技股份有限公司

黑龙江省

哈尔滨市盛源文化传播股份有限公司

哈尔滨鑫时空科技有限公司

上海市

上海美术电影制片厂

上海炫动传播股份有限公司

上海拾荒动画设计有限公司

上海漫唐堂文化传播有限公司

上海张江动漫科技有限公司

上海动酷数码科技有限公司

上海城市动漫出版传媒有限公司

上海河马动画设计有限公司

上海幻维数码创意科技有限公司

上海红艺动画影视制作有限公司

上海京鼎动漫科技有限公司

上海韬图动漫科技有限公司
上海温蓝信息技术有限公司
上海新岸数码科技有限公司
上海玖峰数码科技有限公司
上海艾正文化艺术传播有限公司

江苏省

江苏广电影视动漫传媒有限责任公司
江苏妙思动漫有限公司
南京阿法贝多媒体有限公司
南京飞麟影视制作有限公司
南京合谷科技信息技术有限公司
南京水晶石电脑图像开发有限公司
无锡妙思动画设计有限公司
无锡光年动漫文化有限公司
无锡广新影视动画技术有限公司
无锡天使动漫文化发展有限公司
无锡雪豹十月数码动画制作有限公司
无锡世纪宏柏数码动画有限公司
无锡兄弟凯悦动画制作有限公司
无锡亿唐动画设计有限公司
无锡梦幻动画发展有限公司
无锡市灿烂动画有限公司
无锡市多乐影视文化传媒有限公司
无锡市格调数码科技有限公司
无锡市偶形文化传播有限公司
无锡市天空影像动画有限公司
苏州欧瑞动漫有限公司
常州龙城之巅文化传媒有限公司
常州新时途文化传媒有限公司
常州意工厂创意产业发展有限公司
常州市后天动漫艺术有限公司
常州市鼎泰投资实业有限公司
南通妙吧影视动漫有限公司
杰晖数码动漫科技（泗阳）有限公司
慈文紫光数字影视有限公司

浙江省

杭州夏天岛影视动漫制作有限公司
杭州东方国龙影视动画有限公司
杭州漫齐妙动漫制作有限公司
杭州小奇兵卡通影视有限公司
杭州路行动画设计有限公司
杭州神笔动画制作有限公司
杭州尤厶动画制作有限公司
杭州网趣数码科技有限公司
杭州辉煌时代动画制作有限公司
杭州汉唐影视动漫有限公司
宁波水木动画设计有限公司

安徽省

安徽时代漫游文化传媒股份有限公司
安徽飞天文化传媒有限公司
安徽同人文化传播有限公司
安徽樱艺缘文化传播有限公司
安徽吴楚科技文化传播有限责任公司
合肥乐堂动漫信息技术有限公司
合肥金诺数码科技股份有限公司
马鞍山视聆通软件园有限公司

江西省

江西笛卡传媒有限公司
江西省经典文化传媒有限公司
新余市瀚皇典文化传播有限公司

福建省

福建省时代华奥动漫有限公司
福建天狼星动漫有限公司
福建神画时代数码动画有限公司
福建育港信息技术有限公司
福州华宏数码动画有限公司
厦门青鸟动画有限公司
厦门嘉影动漫有限公司
厦门冰讯数码动画有限公司
厦门大雅传奇文化传播有限公司
厦门艾乐米网络科技有限公司
厦门市突破数码科技有限公司
维帝（厦门）动漫有限公司
风云动画科技（厦门）有限公司

山东省

济南海水科技有限公司
潍坊太阳风数字科技有限公司

河南省

河南省漫画时代传媒有限公司
河南华豫兄弟动画影视制作有限公司
郑州索易动画有限公司
郑州闪闪红星动画有限公司

湖北省

海豚传媒股份有限公司

武汉银都文化传播有限公司
武汉普润软件技术有限公司
武汉诺克斯信息技术有限公司
武汉乐酷网络科技有限公司

湖南省

湖南天闻动漫传媒有限公司
湖南宏梦传媒有限公司
湖南宏梦信息科技有限公司
湖南拓肯文化传播有限公司
湖南梦浩动漫制作有限公司
湖南三原动漫传媒有限公司

广东省

广东原创动力文化传播有限公司
广东咏声文化传播有限公司
广州艺洲人文化传播有限公司
广州蓝弧文化传播有限公司
广州笑笑吧动漫有限公司
广州涌泉信息技术有限公司
广州灵动创想文化科技有限公司
广州市三横文化传播有限公司
广州市达力传媒有限公司
环球数码媒体科技研究（深圳）有限公司
深圳神笔动画设计有限公司
深圳博克斯数码动画有限公司
深圳互动未来科技有限公司
深圳市方块动漫画文化发展有限公司
深圳市中境动漫文化传播有限公司
深圳市欢乐动漫有限公司
深圳市星缘文化传播有限公司
深圳市腾龙堂动漫文化传播有限公司
深圳市华夏动漫科技有限公司
深圳华强文化产品发展有限公司
江门市梓晴科技有限公司

重庆市

重庆视美动画艺术有限责任公司
重庆享弘数字影视有限公司
重庆奇易门动画科技有限公司
重庆漫想族文化传播有限公司

四川省

成都百汇文创科技有限公司
成都风之翼动画制作有限公司
成都恒风动漫制作有限公司
成都力方数字科技有限公司
成都蓝鲸动漫文化有限公司

贵州省

贵州青年影视文化中心
贵州电子巢动画制作有限公司
贵州天授卡通影视有限公司
贵阳黔龙动漫产业管理有限公司
遵义奇利动画影业有限责任公司

宁夏回族自治区

宁夏新科动漫产业有限公司
宁夏荧屏天天传媒广告有限公司

附件2：

2010年第一批通过认定的重点动漫企业名单

（18家）

北京市

央视动画有限公司
北京辉煌动画公司
北京梦幻动画科技有限公司

天津市

天津神界漫画有限公司

上海市

上海今日动画影视文化有限公司

江苏省

江苏卡龙动画影视传媒股份有限公司
江苏久通动漫产业有限公司

浙江省

浙江中南集团卡通影视有限公司

江西省

江西泰豪动漫有限公司

湖北省

江通动画股份有限公司

湖南省

湖南宏梦卡通传播有限公司
湖南蓝猫动漫传媒有限公司
湖南金鹰卡通有限公司
湖南互动传媒有限公司
湖南山猫卡通有限公司
湖南浩丰文化传播有限公司

广东省

广州奥飞文化传播有限公司
广州漫友文化科技发展有限公司

文化部关于公布2010年第一批通过认定的重点动漫产品名单的通知

文产函〔2010〕1792号

各省、自治区、直辖市文化厅（局），各计划单列市文化局：

根据《动漫企业认定管理办法（试行）》的有关规定，经审核，现将2010年第一批通过认定的重点动漫产品名单予以公布。

特此通知。

附件：2010年第一批通过认定的重点动漫产品名单

文化部

2010年8月16日

附件：

2010年第一批通过认定的重点动漫产品名单

产品名称	产品类型	所属单位
《美猴王》	动画	央视动画有限公司
《三国演义》	动画	北京辉煌动画公司
《快乐奔跑》	动画	北京梦幻动画科技有限公司、北京电影学院、无锡广播电视集团、北京卡酷动画卫视等
《四大名著》系列	漫画	天津神界漫画有限公司
《济公》	漫画	天津神界漫画有限公司
《寻找自我的世界》	漫画	天津神界漫画有限公司
《逍遥奇侠》	漫画	天津神界漫画有限公司
《三国演义》	手机动漫	天津神界漫画有限公司
《中华小子》	动画	上海今日动画影视文化有限公司
《太空足球》	动画	江苏卡龙动画影视传媒股份有限公司
《佩佩小猪》	手机动漫	江苏久通动漫产业有限公司
《炮炮兵》	网络动漫	常州卡米文化传播有限公司
《郑和下西洋》	动画	浙江中南集团卡通影视有限公司
《魔幻仙踪》	动画	浙江中南集团卡通影视有限公司
《天眼有奇招》	动画	浙江中南集团卡通影视有限公司
《劲爆战士》	动画	浙江中南集团卡通影视有限公司
《阿香日记》	手机动漫	江西泰豪动漫有限公司
《独脚乐园》	动画	河南天乐动画影视发展有限公司
《天上掉下个猪八戒》	动画、漫画	江通动画股份有限公司
《虹猫蓝兔七侠传》	动画	湖南宏梦卡通传播有限公司

《虹猫仗剑走天涯》	动画	湖南宏梦卡通传播有限公司
《神厨小富贵》	动画	湖南宏梦卡通传播有限公司
《奇奇颗颗历险记》	动画	湖南宏梦卡通传播有限公司
《蓝猫淘气 3000 问》	动画	湖南蓝猫动漫传媒有限公司
《蓝猫龙骑团》	动画	湖南蓝猫动漫传媒有限公司
手机动漫制作平台系统	动漫软件	湖南互动传媒有限公司
《美丽人生》	手机动漫	湖南互动传媒有限公司、湖南金鹰卡通有限公司
《越策越开心》	网络动漫	湖南金鹰卡通有限公司
《山猫吉咪之快乐篇》	动画	湖南山猫卡通有限公司
《山猫吉咪字母世界历险记》	动画	湖南山猫卡通有限公司
《小宝系列》	手机动漫	湖南浩丰文化传播有限公司
《金鹿游中华》	动画	湖南金鹿梦场影视传媒文化有限公司
《雷速登之闪电冲线》	动画	广州奥飞文化传播有限公司
《战龙四驱》	动画	广州奥飞文化传播有限公司
《漫画世界》	漫画期刊	广州漫友文化科技发展有限公司

中国文化年鉴

Chinese Culture Yearbook

文化科教

Cultural Science and Education

综　述

2010年是文化科技司勤学好思、求真务实、继往开来的一年。全司同志在部党组和分管部长领导下，在与各相关司局、相关直属单位的合作中，紧紧围绕推动文化“两大一新”的工作目标，牢牢把握推进文化与科技融合的机遇，以科技创新支撑、提升、引领文化建设，以艺术科研回望、守望、展望文化建设，以艺术教育夯实、激发、给力文化建设，使各项工作都产生了良好的效益，发挥了积极的作用。

一、工作特点

第一，文化科技司的工作内涵大大丰厚于司局名称。其文化科技、艺术科研和艺术教育3个方面虽然有相通之处，但各自的独特性也较为鲜明，分别对应着科技部、哲社办和教育部，通过有效沟通，实现整体推进是一个重要的工作特点。

第二，文化科技司的工作抓手在文化建设中体现为幕后性、过程性和长期性。要甘于幕后也要聚焦台前，要抓住过程也要预期结果，要致力长期也要把握时效，这也成为一个重要的工作特点。

第三，文化科技司的工作赶上各级领导强调“推进文化与科技融合”的最好时期。尽管文化科技司的工作不太容易成为当前文化工作的重点，但司里会按照胡锦涛总书记关于当前和今后一个时期要重点抓好的几项工作（即加快文化体制机制改革创新，加快构建公共文化服务体系、加快发展文化产业、加强对文化产品创作生产的引导）来把握全局工作的制高点，以此来突出部门工作的重点，并力争使其呈现为亮点。

二、工作重点

（一）关注省级艺术研究院所的职能拓展与效能提升，强调在“后集成”时期要通过体制机制改革增强活力

省级艺术研究院所是文化建设的重要力量。作为《十部文艺集成志书》的主要承担机构，在完成“集成”编撰的过程中培养了一大批艺术科研骨干，也形成了相对单一的工作机制。在“集成”完成后的“后集成”时期，艺术研究院所因为没有了长期、硬性的工作任务而使其职能空洞化。

为破解这一难题，文化科技司在2010年年初以“拓展职能，提升效能”为主题，提出了艺术研究院所应在利用“集成”积累、深化艺术科研基础上，拓展出文化行政管理、服务工作的预研究、非物质文化遗产保护、艺术档案管理、艺术创作、与高校联合办学等方面的职能，提出艺术研究院所建设和发展要形成自身规划、文化主管部门支持、文化部主管司局引领的“三个合力”。几天前，在福建召开了一年一度的“全国艺术研究院所的建设工作会议”，文化部党组成员李洪峰到会做了重要讲话。根据李洪峰的讲话精神，更加坚定了艺术研究院所必须准确定位，拓展职能，才能有出路。同时，明确了在新的文化发展形势下，艺术研究院所还可以在文化与科技融合、在工艺创意与工艺科技方面继续拓展职能。

此外，在全国艺术科学“十二五”规划中，文化科技司明确提出要把调动全国艺术科研的力量与激活艺术研究院所的活力结合起来。这种支持，不是说通过政策倾斜，多给艺术研究院所几个课题，而是要充分利用艺术研究院所在收集、整理、积累各地区文化艺术第一手资料方面的优势，主动做一些组织工作来促进提升课题申报质量。比如就大家当前共同关心的艺术资源数字化问题设计集体攻关课题；比如组织涉及不同行政区划的跨领域、跨系统的合作研究；比如对一些相对弱势地区进行课题立项工作的会诊、提升工作等。

（二）实施“国家文化科技提升计划”，精心打造文化与科技融合的国家平台，积极服务并有效促进文化创新

“国家文化科技提升计划”是文化科技司2010年新启动的国家项目，是对既往“文化部科技创新项目”的提升与拓展，目的是建立文化与科技融合的培育、转化、推广平台。这项工作得到了各级文化部门的高度重视和积极响应，在不到一个月的时间里，共收到140余份项目申请书，体现出当前文化建设中文化与科技融合的迫切需求。评审过程中，重点向构建公共文化服务体系倾斜，已确立的13个科技项目中有5个关系到公共文化服务，主要有“公共图书馆现代科技应用研究”、“公共文化服务与交流中移动技术应用模式研究”、“基于三网融合的公共文化传播新模式研究及示范”等。其中“公共图书馆现代科技应用研究”项目是设定课题，承担单位为深圳图书馆。这是在该馆完成“ILAS检索系统”和“城市街区24小时自助图书馆”项目后的进一步推动。“城市街区24小时自助图书馆”是文化科技司2007年立项并于2009年验收结项的课题，该课题2009年底受到李长春肯定并要求逐步推广。2009年12月，鼓励该馆立足国内，放眼世界，以全球公共图书馆面临的科技发展与应用难题为突破点，深入探讨公共图书馆科技应用的科学化、标准化、智能化、区域化等问题，进而构建公共图书馆科技应用的基本构架与应用模型。希望通过培育、宣传、推广这些具备前瞻性、战略性、引领性的重大文化科技问题，能够促进文化与科技的深度融合，真正发挥科技对文化建设的支撑、提升和引领作用。

（三）在加快发展文化产业方面，加强与文化产业司合作，共同推出相关科研课题。同时，与科技部高新司沟通，力争形成推进文化与科技融合的机制和抓手

“艺术学”作为国家哲社基金的单列学科由文化部负责组织评审。一方面要推动艺术学本体的研究，另一方面也要推动相关文化建设的攻关项目研究。有不少司局和直属单位的工作都有一定的科研需求，文化科技司密切关注这些需要并进行了一系列合作。曾与信息共享工程合作，共同设立了国家数据库专项课题。后来也与产业司等相关司局有过合作的探讨，其中与产业司的合作在2010年得以实现。2010年的国家社科基金艺术学项目以及文化部艺术科研项目评审中，与产业司协商共同设立了“文化产业专项课题”。合作分两个层面，一是请产业司推荐课题参加国家课题的评审，在15个推荐课题的基础上，经过统一的专家评审上了2个。在全国申报课题约6%入选的比例中，这个比例已经非常之高。第二个层面是在国家落选课题中进行文化部课题的评审，其中又有4个课题入选。这样的合作一方面提升了文化产业课题研究的质量和水平，另一方面也增强了课题研究的现实性、针对性和时效性。

10月，为起草文化发展“十二五”规划，中宣部设立了12个调研课题，由有关部委分别牵头进行调研。其中“文化与科技融合专题”由科技部牵头，赴大连、无锡等地进行调研，文化科技司积极参与。回来后趁热打铁，积极促成了与科技部高新司加深合作的会谈。提出4项建议，包括建立文化与科技融合的部际协商机制，搭建文化与科技融合的示范园区，设立文化与科技融合的专项资金，共同表彰文化与科技融合的工作业绩等，科技部高新司也基本上认可这一思路，并且从他们实际工作的角度给予很好的补充。特别是提出，可以在科技部“现代服务业专项工作规划”中预留空间，扶持文化与科技融合的重大项目。

（四）在加强对文化产品创作生产的引导方面，强调“演艺文化的科技支撑与本体拓展”，研究装备改善对舞台演艺、实景演艺艺术水准提升和主流价值传扬的意义

“舞台”是文化与科技融合的重要载体。改革开放30年来，从中国演艺文化的发展中，可以深刻体会到科学技术与演艺文化结合所带来的突破与震撼。为了鼓励更多的艺术家、科技工作者发挥科技的力量，提高演艺产品的质量，10月底，文化科技司在深圳举办了“演艺文化的科技支撑与本体开拓”经验交流会，参会人员包括各文化厅局科技工作负责人、演艺界导演、舞台工作者等。会议邀请了国内相关方面的著名艺术家担任演讲嘉宾，分别从演艺科技的作用、意义、手段等方面阐释了文化与科技密不可分、相辅相成的关系。其中，张继钢导演做了《是想象力让艺术和科技走在了一起》，付宇导演做了《科技促进演艺产业的腾飞与发展》的主题演讲，引起了社会广泛的关注。两天的会议加一天的讨论调研，所有的与会人员都有了深刻的启发，大家进一步意识到，随着社会的发展，经济结构的转型，科学技术在中国当代文化发展中起着至关重要的作用，每一个文化工作者都要树立起科技自觉，积极运用现代科技推动与文化各领域的融合，用先进的生产手段和表现形式，增强文化产品的感染力和影响力，拓展文化产品的消费方式和传播能力。

（五）拓展工作抓手，全方位进行“工艺创意与工艺科技”调研，在梳理工作思路谋划工作抓手的同时，发出文化主管部门关注工艺文化的强烈信号，取得了很好的社会效应

检查文化科技司的既往工作抓手，图书馆也好，舞台科技也好，所做的都是幕后工作；科技司的工作要走到台前，还应拓展新的工作抓手。工艺文化从来就是艺术和科技融合得最紧密、最有效的文化。无论是实用工艺还是陈设工艺，也无论是雕塑工艺、锻冶工艺、木作工艺、髹饰工艺还是织染工艺、编扎工艺、画绘工艺、剪刻工艺等，都将因生产工具、生产材料、生产流程的科技进步而产生重大的文化效益。为此，科技司在11月至12月份重点进行了工艺创意与工艺科技的调研，分别去了云南、江西、江苏、山东、浙江、福建等地，总体感觉，调研地区的工艺科技与工艺产业发展水平还是相对落后的，主要表现为在生产规模较小，产业化水平较低；创新意识不强，产品结构单一；与其他文化产业相比，政府在税收、优惠政策等方面支持不够；工艺研发和产业化之间存在鸿沟；新材料新技术开发方面缺乏资金支持；专利、品牌保护能力较弱，受“盗版”冲击严重；工艺标准化程度较低等。大家普遍认为，文化部能够关注到工艺创意与工艺科技领域，带头抓这件事，是件好事。被调研的地区、部门都迫切需要我们抓起来，特别是调整相关政策，推进科技创新，建设工艺创意和工艺科技服务平台等。感到扶持工艺创意与工艺科技应成为文化科技司新的、重要的工作抓手。

（六）深入调研并思考职业教育“双师制”、校企联姻等事宜，进一步关注课程体系改革对培养符合社会需求的适用人才的意义。同时，进一步思考与原部属院校共建的问题

7月，中共中央国务院印发了《国家中长期教育改革和发展规划纲要（2010～2020）年》，这是未来10年指导中国教育发展的纲领性文件，对于科技司积极实施的院校共建、艺术职业教育管理等工作有着重要的指导意义。科技围绕教改纲要中提出的“创新人才培养模式”等问题召集全国十几所艺术职业院校的院校长座谈，就如何实施艺术职业教育“双师制”、校企联姻等问题展开讨论。近几个月，又先后去了云南、福建、山东、浙江、江苏等省，调研当地艺术学校的发展现状，有两点深刻的感受，一是艺术职业教育人才培养模式改革势在必行。随着高等教育大众化，艺术职业教育受到了严峻的挑战和冲击，要想在新的竞争格局中确立自己的优势地位，提升职业教育品牌，就必须遵循市场经济的新要求，把握文化发展的人才需求状况，除培养传统的演艺人才之外，动漫人才、“非遗”传承人、文化产业管理人才等人才培养方向也应相应拓展。为此，科技司组织了艺术职业院校的相关专家，修订已沿用10多年的中等艺术学校指导性教学计划、制定高等艺术职业院校指导性教学方案，为培养实用性艺术职业人才做好基础性工作。同时，还要大力实施“校企联姻”，进行产学结合、按需培养的有益尝试，摸索一条既出人才，又出精品的切实可行的艺术职业人才培育之路。二是西部地区艺术职业教育工作相对落后，急需支持与指导。为此，科技司拟定了支持西部艺术职业教育发展的具体工作项目，实施发达地区与西部地区，办学资源丰富地区与师资短缺地区共建合作战略。

2010年是文化部与教育部签署院校共建协议的第6个年度，设立共建项目、逐步构建共建体系是2010年工作的重点。一是建立与共建院校的广泛联系。6月，组织召开了“第五届全国艺术院校院校长高峰论坛”，召集全国60余所高等艺术院校、高等艺术职业院校、中等艺术职业学校的院校长参加会议，就共建定位、共建内容、共建手段等问题广泛交流了意见，进行了深入的探讨。二是搭建共建院校与文艺院团沟通的桥梁。上半年，积极配合文化体制改革中的艺术院团转企改制工作，对中央芭蕾舞团进行专题调研，提出了在艺术人才提升学历、进行专业培训、进行上岗资格认定等方面的具体措施和方案。三是积极服务于共建院校的人才培养工作。5月和11月，先后在厦门、上海举办了“第六届大提琴比赛”以及“桃李杯舞蹈比赛——国标舞”比赛，以选拔培养高精尖优秀艺术人才为出发点，并与文艺院团所需人才相结合，吸引了全国各艺术院校的学生参加，起到了良好的效果。

三、其他工作

（一）积极实施“国家文化创新工程”，充分发挥政府对文化创新工作的引领作用

“国家文化创新工程”是文化科技司代部实施的一项工作。它以鼓励文化创新为手段，以激发文化创造活力为旨归，以提升文化竞争力为目标。2010年，一是加强文化创新实践指导，确立《中国残疾人数字图书馆》等10个项目为“2010年度国家文化创新工程项目”，倡导创新理念在公共文化服务、图书馆建设、文化产业、文化资源保护、舞台演艺等领域的推广与应用，增强文化发展活力。二是加强创新成果宣传推广，重点抓好《吴江区域文化联动》、《苏演院线》等重大创新项目的培育、宣传与推广工作，提升文化创新整体水平。三是加强创新人才培养，成立第一家国家文化创新研究中心，开通中国文化创新网站，建设创新人才队伍，引导文化创新自觉。四是加强创新理论研究，组织召开“第四届文化创新高峰论坛”，出版发行《文化创新蓝皮书——2011年度中国文化创新报告》，总结创新成果、激发创新活力、营造创新氛围。

（二）继续评审文化部科技创新项目，搭建文化与科技融合的基础平台

“文化部科技创新项目”作为工作抓手已实施多年，曾经培育推广过诸如“深圳24小时自助图书馆”等许多重要的科技项目。5月举行的2010年度文化部科技创新项目评审工作，共收到189份项目申请，经过组织专家评审，最终确定吉林省文化厅申报的“多功能全色电脑激光摇头灯”等58项为2010年度文化部科技创新项目。此外，科技创新项目验收工作业已进行。9月17日，科技司在广州组织召开“数字化RDM控制大功率LED舞台摇头电脑灯”和“舞台灯具光度数据照相测试法”验收会。最终，这两个拥有较强技术实力和较高研发水平的科技项目通过了专家验收，即将投入生产使用。

（三）拓宽标准化工作思路，构筑文化与科技融合的服务平台

文化领域的“标准化”建设是促进文化技术与管理规范发展的重要手段。2010年以来，依托8个文化行业标准化技术委员会的力量，一是组织完成了国家标准《公共图书馆服务标准》制定工作，已报送国标委审批、编号、发布。二是组织申报了国标委2010年度国家标准立项项目，共收到立项申请18项，经审核，已报送国标委。三是下达2010年第一批行业标准制修订计划6项。四是重点实施了剧场标准调研及制定工作，7月至8月，科技司分别组织全国图书馆标准化技术委员会秘书处所在单位国家图书馆、全国剧场标准化技术委员会秘书处所在单位中国艺术科技研究所牵头组成调研组，对我国文化行业标准化工作现状与发展趋势、剧场建设与管理等进行调研，计划明年制定“剧场星级标准”，加强文化标准的应用与推广。

（四）圆满完成《中国文化年鉴》2009版及2010版的编撰工作，充分发挥年鉴的史料价值

《中国文化年鉴》作为文化部唯一一本全面记录中国文化建设发展的的史料性书籍，内容涵盖各级文化部门的主要工作思路、工作方法、工作动态和工作成果，具有很强的借鉴性和指导性，是一册非常重要的文化工作高端出版物。对此，科技司高度重视，1月份下发组稿通知，截至目前，在各司局、各直属单位、各文化厅局的大力支持下，《中国文化年鉴》2009版及2010年版都已完成编撰工作，即将出版发行。

（五）理顺社会艺术水平考级管理工作，充分发挥政府对艺术普及工作的引导作用

顺应文化部有关考级职能转变的现实情况，年初，组织专家组赴各地调研，了解社会艺术教育发展的现状，在积极制订和完善考级行业标准的同时组织专家完成了《社会艺术水平考级管理办法》修订稿，并拟于2011年发布。

专　题

国家文化科技提升计划管理办法（暂行）

第一章　总　则

第一条　为发挥科技进步在文化大发展大繁荣中的动力作用，增强文化建设中的科技自觉，更好地运用高新科技提升文化创新能力，有效实施国家文化科技提升计划（以下简称“提升计划”），特制定本办法。

第二条　提升计划主要任务是面向国家文化大发展大繁荣的需求，发挥科技进步在文化建设中的支撑、提升和引领作用。开展文化科技基础工作和高新技术在文化领域的应用研究，重点解决一批具有前瞻性、全局性和引领性的重大文化科技问题。

第三条　提升计划的管理原则：

（一）面向文化需求，强化科技含量；

（二）开发社会资源，提升研发能力；

（三）培育示范项目，统筹协调发展。

第四条　提升计划根据支持的方向和作用，分为重大战略导向项目、前沿项目、基础项目、研究基地与实验室项目、成果转化与推广项目。

（一）提升计划重大战略导向项目：有计划、有重点地部署若干涉及重大文化发展战略任务的科技项目，主要支持有利于国家文化安全保护、公共文化服务、文化产业升级、文化软实力提升、文化市场监管、艺术表现与传播、文化资源可持续开发利用、新型文化业态培育等重点领域的文化科技研究与集成技术开发。

（二）提升计划前沿项目：主要支持文化科技中长期发展所需的前沿性、前瞻性技术以及对文化发展有重大影响的高新科技研究。

（三）提升计划基础项目：主要支持对文化资源保护和文化发展具有重要影响的科学数据的采集与分析研究，重大公益性科技问题前期预研，文化领域重要标准研究、监督检测技术研究，以及软科学研究等。

（四）提升计划研究基地与实验室项目：支持对象为文化部遴选的文化科技研究基地与实验室，围绕建设与培育目标有计划地装备基地与实验室，重点支持文化科技的基础条件建设与文化科技专业人才培养。

（五）提升计划成果转化与推广项目：以先进、成熟、适用的科技成果为依托，有计划、有组织、有重点地提升文化科技成果的应用转化推广能力，提高文化科技对文化发展的贡献率，实现规模效益。

第五条　提升计划管理包括需求征集、项目评审、立项批复、实施与过程管理、结项验收等环节。

第六条　提升计划的管理方式采取有限目标、分年度实施，实施周期一般为1～3年。

第七条　提升计划经费单独核算，专款专用。

第二章　组织管理

第八条　文化部负责提升计划的组织实施，主要职责是：

（一）制订提升计划发展战略、目标和任务；

（二）确定提升计划各项目内的任务设置；

（三）制定提升计划实施细则及相关管理规定；

（四）组建提升计划专家委员会，组织项目相关专家评审组；

（五）发布提升计划项目申报指南；

（六）审定各类项目立项建议，批复立项，签订计划任务合同书；

（七）编制年度计划及年度预算；

（八）督促、检查提升计划的实施，协调并处理各类项目执行中的重大问题。

第九条　提升计划的日常管理工作由文化部文化科技司负责。

第十条　提升计划设立专家委员会，专家委员会成员由文化部文化科技司遴选与聘任，主要为提升计划的发展战略、计划、目标、任务等重大事项的决策提供咨询。

第十一条　在提升计划有关评估评审工作中，项目专家评审组成员按有关规定实行回避制度。

第三章　立　项

第十二条　提升计划面向全社会公开征集文化科技项目建议。地方文化厅（局）、文化部直属单位和文化科技研究基地与实验室，汇总属地或本单位所提出的项目建议。

第十三条　文化部文化科技司制定并发布年度项目申报指南，项目的申请自申报指南发布之日起受理。

第十四条　申请者应根据提升计划项目申报指南编写项目申请书。

第十五条　申请单位在立项申请或承担单位在承接任务的同时，应编制项目概算或项目预算。概算或预算编制应符合《国家文化科技提升计划项目经费管理办法》（暂行）及相关制度规定的要求。

第十六条　提升计划项目的申请只能由法人单位提出。由多家单位联合申请的，联合单位不得超过5家，其中第一申请单位为项目的牵头申请单位，项目负责人产生于牵头申请单位。鼓励企业、高等院校、科研院所以产学研结合的方式联合申请。

第十七条　申请单位应符合的基本条件：在中华人民共和国大陆境内登记注册一年以上的企事业法人单位（按指南发布之日计算），包括：高等院校、科研机构等事业法人，内资或内资控股的企业法人等。

第十八条　项目负责人应符合的基本条件：

（一）具有中华人民共和国国籍，遵守中华人民共和国宪法，拥护社会主义制度和中国共产党的领导；

（二）具有较高的学术水平和较强的组织、协调能力；

（三）原则上年龄一般不超过57岁（含）（按指南发布之日计算）；

（四）在同一批发布的申请指南中只能申请一项提升计划项目。

第十九条　申报程序：在申报指南规定的受理时限内，申报单位通过地方文化厅（局）向文化部文化科技司申报。文化部直属单位、文化科技研究基地和实验室可直接向文化部文化科技司申报。

第二十条　提升计划重大战略导向项目、前沿项目、基础项目、成果转化与推广项目的立项程序是：文化部文化科技司遴选与聘请相关研究方向的同行专家组成专家评审组，依据项目申请书进行书面评审及答辩会审，提出立项意见。文化部根据专家评审组的意见审定、批复立项。

第二十一条　提升计划研究基地与实验室项目的立项程序是：文化部文化科技司组织专家评审组对项目申请单位进行实地考察与综合评审，结合文化科技发展与布局的需要和专家评审组的意见提出建议，报文化部审定、批复立项。

第二十二条　涉及国家文化安全、重大战略导向等需要国家特殊或紧急部署的有关项目，文化部文化科技司委托专家委员会进行咨询，专家委员会向文化部提出立项咨询意见。文化部文化科技司结合专家委员会的立项咨询意见，提出有关项目的主要承担单位组成建议，组织对有关项目实施方案的论证，报文化部审定后立项。

第二十三条　在遵守国家保密规定的前提下，提升计划的立项等信息及时向社会公开，接受公众监督。

第四章　项目实施

第二十四条　项目任务书是项目实施的依据。文化部文化科技司根据项目立项批复意见，与项目承担单位及项目负责人共同签订项目任务书。

第二十五条　项目承担单位的主要职责是：负责项目经费管理，为项目实施提供自筹资金或其他条件保障，确保项目按计划执行，负责项目执行过程中形成的国有固定资产和研究成果的管理。

第二十六条　项目实施实行重大事项报告制度。项目实施过程中，涉及项目研究目标、主要研究内容、技术骨干等重大事项的变更，项目承担单位和项目负责人应按程序报文化部文化科技司。

第二十七条　项目实行年度报告制度。项目承担单位按要求编制年度计划执行情况报告并上报有关信息报表，于每年11月15日前上报文化部文化科技司；执行期在当年度不足三个月的项目可在下一年度一并上报。

第二十八条　项目实施实行中期评估制度。实施周期在两年以上的项目，必须进行中期评估，目的是进一步明确项目的研究计划和目标，调整和优化项目经费和人员配置。中期评估由文化部文化科技司组织相关专家进行，重点评估项目的工作状态、配套条件落实、经费管理和预期前景。评估意见作为项目调整或终止的重要依据。

第二十九条　项目在实施过程中存在以下问题的，文化部文化科技司视情况予以调整或终止：

（一）技术等情况发生重大变化，造成项目原定目标及研究方案需要修改；

（二）项目承担单位承诺的条件不能落实，影响项目正常实施；

（三）项目所依托的工程已不能继续实施；

（四）有严重弄虚作假行为；

（五）由于其他不可抗拒的因素，致使研究工作不能正常进行。

第三十条　提升计划终止的项目，原承担单

位应当对已开展工作、经费使用、已购置设备仪器、阶段性成果、知识产权等情况做出书面报告，报文化部文化科技司核查备案。

第三十一条　对不按时上报年度报告材料或信息，以及不接受监督检查的项目，采取缓拨、减拨、停拨经费等措施，要求承担单位限期整改。整改不力的项目承担单位，视情节分别给予通报批评、追回已拨付经费、取消其参与提升计划活动资格等处理。

第三十二条　项目承担单位或项目负责人弄虚作假、剽窃他人科技成果，一经查出，撤销立项，追回已拨付项目经费，并向社会公开，5 年内不得承担或参与提升计划。

第五章　结　项

第三十三条　提升计划项目的结项可采取评估、验收两种方式。

第三十四条　提升计划项目按计划任务书要求完成后，项目承担单位应在 3 个月之内向文化部文化科技司提出书面结项申请，并提交项目的结项报告和全套研究资料。

第三十五条　提升计划项目承担单位在执行期结束后 3 个月仍未提出结项申请的，文化部文化科技司将对项目承担单位或项目负责人进行通报。项目因故不能按期完成的，项目承担单位应提前 3 个月申请延期，经文化部文化科技司批准后按新方案执行；如未能批准，项目仍需按原定期限进行结项。

第三十六条　结项形式主要包括：会议审查结项，函审结项，实地考核结项，功能演示（检测）结项等。根据项目的特点和结项需要，可以选择其中一种形式，也可联合多种形式进行结项。

第三十七条　结项工作由文化部文化科技司组织相关专家进行。

第三十八条　提升计划项目的结项结论分为通过、不通过两种。

（一）项目计划目标和任务已按照考核目标要求完成，经费使用合理，为通过结项。

（二）凡具有下列情况的，为不通过结项：

1. 项目的目标任务完成不到 85% 的；

2. 所提供的结项文件、资料、数据不真实，存在弄虚作假；

3. 未经批准，项目承担单位、项目负责人、考核目标、研究内容等发生变更；

4. 超过计划任务书规定的执行期半年以上未完成，并且事先未做出书面说明；

5. 项目经费使用存在严重问题。

第六章　知识产权和资产管理

第三十九条　提升计划项目承担单位要加强知识产权管理，严格执行国家科技计划关于知识产权管理工作的规定。

第四十条　建立规范、健全的项目资料和科技报告档案。项目承担单位应按时向文化部文化科技司上报相应的资料和数据。

第四十一条　提升计划项目实施形成的研究成果，包括论文、专著、专利、软件、数据库等，均应标注“国家文化科技提升计划资助”。

第四十二条　提升计划项目实施过程中形成的无形资产，由项目承担单位负责管理和使用。项目研究成果转化及无形资产使用产生的经济效益按国家有关规定执行。

第四十三条　用提升计划经费购置或试制的固定资产属于国有资产，资产的管理按照国家有关规定执行。

第七章　附　则

第四十四条　文化科技提升计划项目经费管理办法另行制定。

第四十五条　本办法自发布之日起施行。

第四十六条　本办法由文化部负责解释。

2010年度国家文化科技提升计划立项项目名单

序号	项目名称	项目申请单位	补助经费（万元）
1	公共图书馆现代科技应用研究	深圳图书馆	150
2	公共文化服务与交流中移动技术应用模式研究	国家图书馆	40
3	基于三网融合的公共文化传播新模式研究及示范	中国传媒大学 北京中传广信高科技有限公司	40
4	国家文化资源信息平台建设	文化部民族民间文艺发展中心 深圳市智骏数据科技有限公司 中外文化交流中心	150
5	上海市社区文化活动中心中央信息管理系统建设项目	上海东方数字社区发展有限公司	120
6	国家互联网文化音视频传播技术研究	文化部全国文化信息资源建设管理中心 北京天天宽广网络科技有限公司	40
7	音乐数字化研究及应用	中国普天信息产业股份有限公司	50
8	云南少数民族乐器数字化音源库	云南省民族艺术研究院 昆明光维文化开发有限责任公司	40
9	动漫游戏产业公共服务平台技术支撑体系研究	中国动漫集团有限公司 中国科学院软件研究院 北京盈科大成科技有限公司	40
10	文化产业统计口径平台建设	文化部文化产业司 文化部财务司	40
11	移动式公共文化方舱系统	中国艺术科技研究所 重庆市迪马工业有限责任公司 总装备部工程设计研究总院	40
12	中国剧院后评估（POE）体系研究	清华大学 国家大剧院 中国传媒大学信息工程学院 中国艺术科技研究所	38
13	数字化大型调音台装置研究	宁波音王集团有限公司	20

2010年度国家文化科技提升计划项目简介

项目名称：公共图书馆现代科技应用研究

项目承担单位：深圳图书馆

“公共图书馆现代科技应用研究”是国家文化科技提升计划2010年度3个设定课题之一。该项目以国家科技惠民、文化惠民战略为指导，以全面发挥科技进步在文化建设中的支撑、提升和引领作用为宗旨，以全球公共图书馆面临的科技发展与应用难题为突破点，立足国内，放眼世界，深入探讨公共图书馆科技应用的科学化、标准化、智能化、区域化与全球化问题，力图构建起公共图书馆科技应用的基本构架与应用模型。

项目主要研究内容包括：

（1）我国公共图书馆科技应用现状及发展趋势研究——在现有理论成果和实践经验的基础上，探讨公共图书馆科技应用的普遍性、关键性、前瞻性问题，客观把握我国公共图书馆科技应用需求、应用现状和发展趋势，分析梳理科技应用现有经验和不足，展望公共图书馆科技应用的前景和主要趋势。

（2）我国公共图书馆科技应用的基本构成研究——结合公共图书馆的特点，跟进当前最新技术的应用，设计出带有普遍性和前瞻性的公共图书馆科技应用基本构成，包括关键技术和关联系统。

（3）我国公共图书馆科技应用模型及规范化研究——通过公共图书馆科技应用实例分析和研究，形成我国公共图书馆科技应用基本模型和相关技术规范，包括测评、引进、实施、转换、效果评估等环节。

通过本项目的研究，将为我国公共图书馆的科技应用提供专业化的建设性和指导性意见，提供可借鉴的应用模型和范例，从而进一步提高公共图书馆科技应用意识，促进科技应用的规范化，提升我国公共图书馆科技应用整体水平，提高公共图书馆科技应用的政府投资效益。

项目名称：公共文化服务与交流中移动技术应用模式研究

项目承担单位：国家图书馆

本项目的研究目的是利用移动终端技术和移动互联网技术解决基层群众的文化需求困难，提升基层文化的科技服务水平；利用移动终端技术和移动互联网技术促进对外文化交流和对外文化宣传工作，提升对外文化交流影响力和我国的文化软实力；针对移动终端组织建设中华优秀文化资源，充实移动互联网内容，净化移动互联网络文化环境，倡导健康文化生活。

本项目主要研究面向公共文化服务和对外文化交流的移动服务资源建设，面向公共文化服务和对外文化交流的移动服务模式建设，面向手机应用程序商店的服务开展，研究资源和服务通过手机应用程序展示的方式，面向公共文化服务和对外文化交流的移动服务平台建设。

面向公共文化服务和对外文化交流的移动服务中，适用资源的类型、内容和格式规范是本课题研究的关键问题之一。建设面向公共文化服务和对外文化交流的移动服务平台是本项目需要解决的另一个关键问题。利用苹果的App Store、谷歌的Android Market等手机应用程序商店，推送我国优秀文化资源是本项目研究的又一关键问题。

本项目的研究将为公共文化服务和对外文化交流提供智力支持和决策依据，为基层公共文化服务提供崭新的服务手段，并推送先进文化资源；本项目的研究成果对于我国先进文化在全世界范围内传播具有重要帮助，有助于我国文化软实力的提升。因此，本课题的研究具有显著的社会效益，对于公共文化服务和对外文化交流的发展具有显著的促进、带动作用。

项目名称：基于三网融合的公共文化传播新模式研究及示范

项目承担单位：中国传媒大学、北京中传广信高科技有限公司

本项目将以有线电视网为基础，利用三网融合，整合单一所有权或混合所有权的公共文化资源，让相对稀缺的数字文化资源得到最优化配置，利用新兴的传播模式和传播媒介，实现文化事业和产业的大发展。

从技术角度，以有线电视网为基础，如何利

用三网融合平台，提升公共文化传播能力？这是本课题研究所要解决的关键技术问题，其具体内涵包括：

（1）系统方面的体系问题：如何整合三网融合与公共文化传播，构建基于三网融合的公共文化传播体系框架？

（2）内容方面的内容规范/描述问题：如何在异构网络中规范文化内容描述？如何提供跨异构网络的公共文化内容？

（3）业务方面的服务模式问题：如何对传统的文化服务模式进行改造，在三网融合中形成新的服务模式？

通过对三网融合下公共文化传播能力和特点的深入分析研究，以有线电视网络为基础，结合公共文化传播的需求，构建基于三网融合的公共文化传播体系框架；提出跨网络的公共文化内容分类、编目、采集规范，形成三网融合中文化内容基础服务能力；在基于三网融合的公共文化传播体系框架下，研究三网融合中的的文化资讯等公共文化服务新模式，为跨网络的文化媒资库建设提供内容体验方式；联合企业、研究院所，形成文化科技创新的产学研机制，对课题研究成果进行应用示范。通过课题建设，培养文化科技领域高层次科技人才，建立长期的文化科技培训、培养基地和产学研实训基地。

项目名称：国家文化资源信息平台建设

项目承担单位：文化部民族民间文艺发展中心、深圳市智骏数据科技有限公司、中外文化交流中心

“国家文化资源平台建设”是国家文化科技提升计划2010年度3个设定课题之一。旨在国家支持下，通过对文化资源信息元数据、管理、保护等系统的研究，为我国艺术科研院所搭建起一个按照国家统一标准的、对文化艺术基础资源进行抢救、保护、管理、共享的文化资源信息平台。

该项目的主要内容是研发建立文化资源信息分类体系框架、采集系统、数据管理系统、安全保护与长期保存系统、数据库通用技术。其重要意义在于通过建立国家主导、各级地方文化部门参与的文化资源建设和文化信息利用模式，充分发挥国家文化资源信息平台的示范作用和引领作用；通过采用最新科技与文化资源融合，搭建文化资源采集、加工、数字化管理、网络传输发布等系统平台，为保存文化艺术资源提供支撑，为传播优秀文化提供平台；将文化资源转化为内容资源，为文化产业、文化遗产保护、文化艺术创新提供加值服务；通过国家文化资源信息平台建设，保障国家文化主权和文化安全。

项目名称：上海市社区文化活动中心中央信息管理系统建设项目

项目承担单位：上海东方数字社区发展有限公司

上海市社区文化活动中心是上海公共文化服务体系建设的基础平台。社区文化活动中心中央信息管理系统建设项目是基于互联网信息集成应用技术，结合社区文化活动中心服务功能及管理要求，研发建设的互联网中央信息服务管理系统。系统包括：

（1）社区文化活动中心信息管理系统：可支撑220家上海社区文化活动中心日常业务的信息化管理，生成各类数据及综合报表，并通过权限管理体系实现灵活授权，给各级政府提供决策支持。

（2）社区文化活动中心活动人群管理系统：通过建立刷卡活动机制，满足会员用户的信息管理需要，并提供用户卡管理、积分管理、用户行为管理以及活动人群特征分析功能。

（3）上海市社区文化网：以集中式的门户网站形式，为全市社区文化活动中心提供一站式在线联动交互服务。

系统建成后，一是，有望解决公共设施管理跨度大、资源供需不均、综合信息化支撑能力及服务均衡专业性薄弱等问题，全方位掌握服务动态、集成服务数据、规范服务标准、汇集服务需求等各种管理诉求；二是，实现全市统一的公共文化服务（设施）动态数据管理机制、终端需求分类汇总、供需对接机制及第三方评估机制；三是，实现有效服务市民百姓、服务基层文化阵地、服务各级文化主管部门，以服务促管理，以管理强服务，科学提升基层公共文化服务的共建共享机制功能，真正提升公共文化服务能级，更好地实现和保障人民群众的基本文化权益。

系统对于其他多网点、连锁化、层级化的公共文化服务设施的管理同样适用，可以推广复制，并开展延伸服务，对公共文化服务能力的提升，对文化事业，乃至文化产业的发展带来积极的促进和借鉴。

项目名称：国家互联网文化音视频传播技术研究

项目承担单位：文化部全国文化信息资源建设管理中心、北京天天宽广网络科技有限公司

互联网文化音视频传播公共网络平台是国家文化软实力的象征，是一项把文化数字资源送给千家万户的新渠道，同时也是用健康积极的文化信息资源占领互联网阵地，将一些低俗暴力的内容挤出互联网的有力武器。目前文化信息资源共享工程在全国有47.5万个分布节点，但这些节点没有通过网络互相连接起来为群众的文化生活服务。本科研项目就是通过调研目前文化信息资源共享工程系统中各个分布节点的设备能力、存储能力和网络带宽等情况，建立一个适合文化信息资源共享工程网络结构的云计算模型。这个云计算模型需要涵盖所有的分布节点，并且具有扩展能力，能够平滑地增加和减少节点数量，可以实现对这些分布节点的可控化管理，通过自动化管理实现对那些处理能力和存储能力存在差异的节点的自动区分，做到负载均衡，同时能对云内节点的资源进行统一调度，实现处理能力、存储能力、网络能力的统一管理。此外，利用CDN技术和P2P技术进一步扩展系统的并发能力，最终形成一个核心层采用CDN技术和云计算技术、边缘分发层采用P2P技术的全国文化音视频传播公共网络平台，从而充分发挥文化信息资源的社会效益。最后，建立一个测试数据分析系统，通过测试数据分析技术，对测试结果进行充分分析，进而发现系统中的各种问题，对系统进行不断的优化和改进。

项目名称：音乐数字化研究及应用

项目承担单位：中国普天信息产业股份有限公司

随着国家对文化产业发展的不断重视，文化科技将成为文化产业中重要的一环，其中数字化音乐必然成为文化科技产业发展的方向之一。

"音乐数字化研究与应用"的总体目标即利用计算机技术对音乐资源进行数字化转换及存储，特别是针对数字乐谱元数据理论开展研究，连同乐谱、音频、视频等音乐资源进行数字化转换，并且按照一定的分类结构进行存储，构造一个音乐资源中心。与此同时，基于数字化音乐资源，开发更多方便团体演奏、个人使用和学习的应用工具，将文化与科技相结合的成果逐步市场化，弥补国内市场的空白。

项目以乐谱、音频、视频等音乐资源为主要研究对象，其中以数字乐谱元数据为重点研究方向，以理论研究为基础，并结合实际应用，按照"可行、可视、可听"的原则，逐步实现目标。

项日完成时将形成比较完整的数字乐谱元数据格式，完成资源中心结构框架及入库流程的定义，并将已收集资源开始入库。此外，将完成第一版乐团排演管理系统的研发，并在乐团中开始试用。

音乐数字化的研究与应用不仅能够在我国开发出一个全新且潜力巨大的数字乐谱元数据市场，有助于版权保护，使国内外文化能在一个良好的文化氛围中继承和传播，而且对于企业与个人自主研发基于此数字乐谱元数据格式的应用软件也有积极的带动作用，此外，对于繁荣我国音乐文化市场、规范音乐文化知识产权等领域也有着积极地推动作用。

项目名称：云南少数民族乐器数字化音源库

项目承担单位：云南省民族艺术研究院、昆明光维文化开发有限责任公司

云南少数民族乐器历史悠久、种类众多，不仅制作方式独特，在音色、音律和演奏方式上也别具一格，在我国民族乐器中占有重要的一席，但随着社会进程的发展，许多传统乐器面临制作方式、演奏艺人的失传。课题利用现代科技音源采集、处理技术，将云南独特、濒危的少数民族乐器音色、音律和演奏方式、技巧等转化成数字化的音源模式，建立起云南系统全面的少数民族乐器音源库。使数字化音源库成为高科技、深层次、可持续发展的非物质民族文化遗产保护新方式。由于云南少数民族居住地域分散且多在高原山区，音源采集困难，所以力争在6~8年内，分4期将云南少数民族乐器系统全面的进行数字化采录，本课题为第一期，将录入云南少、小民族濒危、特色乐器20种左右数据。

音源库的制作标准为96Bit/96khz立体声拾音对真实乐器进行采样，有完整音阶、个别半音阶和少数民族独有音律、音程、演奏技巧，单个乐器音色预置10种以上，分层表现音色力度，不同模式的演奏法。支持Giga、VSTi音色格式，并可以用于苹果系统下LOGIC PRO工作站，支持VST的Steinberg Cubase、Nuendo FL Studio、Ableton LIVE、Samplitude等软件系列。

音源库完成后，可加入世界音乐制作的音源共享资源系统中，使云南少数民族特色音源成为世界共享的有偿音乐制作资源，在民族文化保护、传承的基础上形成良性循环发展的民族乐器产业链，并借助广泛的现代音乐制作运用，提高云南少数民族乐器的传播范围、传承方式和影响力。本课题在国内外同类型研究中具有唯一性，从音源数字化的角度对民族传统乐器的传播和诠释进行了重新定位和开发，提高民族音乐的普及和自我创新能力，对保护和弘扬传统民族民间音乐起到巨大的促进作用，不仅在非物质文化遗产保护方面做出贡献，而且可使文化遗产转化为可开发传播资源，取得一定的经济效益。

项目名称：动漫游戏产业公共服务平台技术支撑体系研究

项目承担单位：中国动漫集团有限公司、中国科学院软件研究所、北京盈科大成科技有限公司

目前，全国已建和在建的动漫游戏公共服务平台以达数百个之多。初步缓解了广大中小型动漫游戏企业普遍存在的资金短缺、技术水平低下及高端创意与技术人才匮乏的问题。但各地建设的动漫游戏公共服务平台不少存在着“重硬轻软”和“孤岛式服务”的现象，迫切需要从动漫游戏产业链的发展角度出发，建立动漫游戏产业公共服务平台技术支撑体系，实现全国范围内动漫游戏技术与服务信息的资源共享。

本项目主要通过对动漫游戏产业公共服务模式理论研究，总体技术构架研究，门户网站体系建设研究，关键支撑技术研究，技术规范标准化研究，门户网站原型系统实现的研究，来拟解决如下问题：

（1）动漫游戏产业公共技术服务模式进行理论研究

（2）动漫游戏产业公共服务平台总体架构研究

（3）平台网站体系建设研究

（4）平台关键支撑技术研究

（5）平台技术规范研究

最终，通过发挥各承担单位的研发技术实力，强强联合、优势互补，形成动漫游戏产业公共服务平台的调研报告、服务模式研究报告、总体构架设计报告、关键技术研究报告各一份，并实现平台门户网站原型系统。

预期将会对经济、社会效益及文化产业发展起到如下带动作用：

（1）有利于实施我国原创动漫扶持计划，培育动漫精品，促进我国动漫产业的整体发展

（2）有利于进一步完善我国动漫游戏产业公共支撑体系，实现公共服务资源共享

（3）有利于我国动漫人才的培养和技术水平的提升

（4）整合服务资源，形成合力、进一步缩短与动漫强国的差距

项目名称：文化产业统计口径平台建设

项目承担单位：文化部文化产业司、文化部财务司

“文化产业统计口径平台建设”是国家文化科技提升计划2010年度3个设定课题之一。本课题以《文化产业振兴规划》及《文化部关于加快文化产业发展的指导意见》为指导思想，结合产业运行的客观规律、发展现状和分布特征，遵循产业分类的一般规律，制定《文化部文化产业统计分类标准》，开展文化产业统计现状调研，在此基础上设计文化产业数据快报方案，从而建设文化产业统计口径平台。

课题拟解决3个关键问题，一是如何针对文化部重点发展的十大产业确定详细分类标准；二是如何将不同来源、不同口径文化产业数据进行整合衔接；三是如何根据产业的基本特征与现有的统计条件，设计科学可行的数据快报方案。

课题预期成果包括《文化产业统计分类标准》研究报告、文化产业统计现状调研报告和文化产业数据快报方案。通过文化产业统计口径平台的建设与应用，统计全国文化产业发展数据，并从不同区域、不同业态进行多角度分析，对促进我国文化产业的发展有如下几点重要意义：第一，有利于整体掌握文化产业各行业的发展状况，总

结各行业的发展经验与规律特征，为科学地把握文化产业发展趋势提供全局性的数据参考；第二，有利于宏观、中观和微观不同层面的各项文化产业政策措施的制定，通过统计数据及时反映产业发展动向，通过政府的政策调控弥补市场机制的不足，以促进我国文化产业持续、快速、健康地发展；第三，有利于动态监测文化产业政策措施的实施效果，发现政策制定及实施中存在的问题并及时予以调整，突破薄弱环节，合理配置资源，更好地发挥文化产业各项政策的引导功能。

项目名称：移动式公共文化方舱系统

项目承担单位：中国艺术科技研究所、重庆市迪马工业有限责任公司、总装备部工程设计研究总院

“移动式公共文化方舱系统”是通过借鉴国内外航运、铁路、公路等标准化的集装箱化运输方式和军事上系列化、标准化功能方舱的开发与运用模式，结合国内各地区的不同情况和特点，研究和设计出一套能够符合公共文化需求的系列化、标准化的车载公共文化方舱系统。通过车舱分离，解决和克服当前因一体化专用车辆带来的一系列技术问题和使用局限，通过进行功能上的二次开发，研制出适合不同地区特点、符合各种不同需要的，既可以车载移动使用又能够落地半固定使用的舞台类、图书类、文物类、放映类、设备类等各种功能化的文化方舱，用先进的技术更好的服务于不断发展的公共文化需要。

方舱是与集装箱类似的一种标准化的运输载体，比集装箱更容易进行功能化的改装，在军事上得到了广泛的应用，方舱具有标准统一的尺寸和装卸结构，可利用常规货运车辆进行搬运，还可依靠自身的撤装附件完成车辆的装卸。像流动舞台、流动图书馆等公共文化所需的各种功能，全都可以采取方舱的形式进行开发设计。例如舞台方舱展开时是一个舞台，收起后是一个标准化的运输箱体，脱离了车辆的约束，容易形成统一系列化、标准化的产品，降低使用和维护费用，使更多的资金用于功能需求而不是运载车辆上。同时也因车舱分离后，更容易满足各种不同的运输方式和使用需要。

如果方舱技术能够成功的应用于公共文化事业，并成为文化行业统一的标准。目前各种不同结构功能单一的各类专用车辆（流动舞台车、流动图书车等）将会被统一的、标准化的具备各种不同功能，满足不同层面需求的系列化功能方舱所替代。围绕标准化的文化方舱进行新型功能方舱的研制和开发，可减少研制周期和降低生产成本，更利于新技术在文化领域的推广和应用。

项目名称：中国剧院后评估（POE）体系研究

项目承担单位：清华大学、国家大剧院、中国传媒大学信息工程学院、中国艺术科技研究所

上世纪90年代以来，在全国范围内兴起了一股剧院建设热潮，其中很多问题尚未得到深入剖析和总结，剧院建筑缺乏规范的使用情况的反馈。剧场后评估体系（POE）的建立，对克服我国剧院建筑设计项目管理和决策的经验主义和主观主义、避免剧院建设中的重复性、低水平地建设具有重大的意义。

剧场使用后评估（POE）是指在建筑物建成若干时间后，以一种规范化、系统化的程式，收集使用者对环境的评价数据信息，经过科学的分析，了解他们对目标环境的评判；通过与原初设计目标作比较，全面鉴定设计环境在多大程度上满足了使用群体的需求；通过可靠信息的汇总，对以后同类建设提供科学的参考，以便最大限度地提高设计的综合效益和质量。

由剧场方面的各类技术专家（包括建筑师、心理学专家、社会学家）共同组成的评估组，侧重于行为心理方面的考察，运用科学仪器测量、心理问卷、现场观察等方法，对环境使用者（个人、集团、机构）进行动态效果（物理的、心理的）验证，全面地鉴定环境设计在多人程度上满足了使用群体的需要；通过可靠信息的汇总，与原初设计目标作比较，发现设计上的问题，为以后同类建设设计和环境设计提供科学的参考，以便最大限度地提高设计的综合效益和质量。

按评估层次（涉及评价的目标、范围及深度）划分，P O E 分为指示性 P O E、评价性 P O E 以及诊断性 POE 3 个层面；使用后评估的价值也可分为短期价值、中期价值和长期价值3个部分。

项目研究的最终目标是建立一套适合我国剧场项目使用后评估的框架体系。

项目名称：数字化大型调音台装置研究

项目承担单位：宁波音王集团有限公司

在国家大力推广文化产业的同时，全国各地的文化场所也随之增长。在一些高端的新音乐厅、艺术中心、歌剧院等艺术殿堂领域和政府及国家级的重要活动，对高端的大型数字调音台的需求也在增加。以往上述这些场所肯定巨资采购国外的产品，因为他们在国内找不到可替代的产品。音王集团正是看到了这块市场，决定大额投入开发高、精、坚的大型专业级别数字调音台。产品不仅有模拟调音台的稳定性和数字调音台操控性，而且它的体积更小、重量更轻，还将在以下几个部分做更深入的研究。

（1）数字性能与模拟界面无缝融合

在融合了剧院专用模拟调音台的特点和数字调音台在操控性方面所具有的创新和方便。灵活的操作界面选择方式，允许单人或多人同时操作；先进的总线系统可胜任复杂的调音工作；强大的系统处理能力，可满足绝大部分应用场合的需要；电源、DSP、控制等多冗余备份，使数字调音台的稳定更具保障，音质还原的保真度更加出众。

（2）产品参数一致性设计

大型调音台的通道数很多，用到的元件就更多，导致产品各个通道间的性能参数公差较大一直是困扰众多调音台厂家的难题．对此我们将采用新设计的电路和引进高性能的元件将各个通道间的参数控制在0.2dB以下。

（3）低相位失真设计

从单纯的理解上看，相位失真只是把所有的信号向后推迟了一会儿，我们不过是晚了那么一点时间听到声音罢了。但是，实际情况绝非如此，相位失真实际上对于听感的影响是十分微妙的，在高水平的对比中，它甚至能够称为分出胜负的关键。在新设计的产品中使用高精度的调节电路确保产品的相位失真控制在6度以下。

（4）低频响失真

国内外的同类产品的频响失真一般只能控制在2Hz～20KHz ±1dB以内。新开发的系列数字调音台将努力控制在5Hz～65kHz ±0.5dB以内。

（5）高共模抑制比CMRR设计

共模抑制比作为一项重要的调音台技术指标来衡量设备的性能，由于CMRR的测试以及定位都有很大的难度。现有的绝大部分厂家都不在其说明书上标注此数据，也不将其纳入检验范围。CMRR定义为放大器对差模信号的电压放大倍数，CMRR越高说明调音台的差动输入放大电路抑制共模信号的能力越强，也就是调音台的抗干扰能力越强。我们将采用高标准的设计规格来确保我们新开发产品的CMRR大于－85dB（50Hz～10kHz）。

（6）模拟输入模拟输出时间延迟时间

DSP不可避免的后果是控制台输入插座和输出插座之间的可测时间延迟，而模拟控制台不会出现这个问题。我们力争将等待时间缩短到最小，设计目标为1.25米/秒，与有竞争力的产品的2.5到8米/秒相比有很大的提高。

改革开放30年来，中国调音台市场从无到有，从小到大、从总量快速扩张到结构明显升级，逐步形成了有中国特色的多样化、多层次的消费市场。调音台市场规模比改革初期扩大了几倍乃至几十倍，其发展成就令世人瞩目。国内这个行业目前主要存在的问题就是缺少一些象CADAC和MADIS这样的顶级商业用专业调音台。这些顶端的商业用专业调音台所创造的附加值——品牌效应和对行业的拉动作用是非常巨大的。由于高端的大型专业调音台的研究和生产涉及到很多领域，是否能生产出优质高档的数字调音台，也是衡量一个国家电声工业水平的重要标志之一。该系列数字调音台的研制成功将大大改变这种现状。

文化部创新奖奖励办法

（第三次修订）

第一条　为在文化艺术领域弘扬科学精神、倡导科学方法、传播科学思想，鼓励和调动广大文化工作者文化创新的积极性，促进文化的繁荣与发展，结合文化行业的实际情况，制订本办法。

第二条　文化部创新奖授予在文化行业各领域的文化实践中以科学理论、科学方法、科学技术实施创新，并取得显著的社会效益、经济效益，为促进文化的发展与繁荣做出突出贡献的单位及项目完成人：

（一）在文化体制改革中引入先进的管理理念，运用科学的管理方法，提高运营效率和水平；

（二）在艺术创作和生产中应用先进科学技术创造新的表现形式和积极探索新的表现手法，增强艺术表现力；

（三）在工艺创意和工艺科技中运用科学方法、科学技术探索创新的发展模式，实现工艺创新，促进发展；

（四）在文化服务中运用先进科学技术实施创新，拓展服务功能，提高公共文化服务设施的文化服务供给能力；

（五）在文化市场监管中利用现代高新技术实施有效管理，提高市场监管水平，促进文化市场健康、有序发展；

（六）在文化产业发展中与高新技术结合，提升文化产品的技术含量，改造传统文化产业，创新文化生产方式、催生新的文化业态；

（七）在艺术教育与人才培养中应用先进科学技术手段，提高教育、教学水平；

（八）在非物质文化遗产保护、开发和利用中运用现代高新技术，实现非物质文化遗产保护和发展，促进中华民族优秀传统文化的传承；

（九）在对外和对港澳台文化工作中，创新理论和工作机制，探索对外和对港澳台文化工作新领域和新模式，增强对外文化交流、对外文化贸易和对外文化宣传的实际效果，提升中华文化的国际影响力和竞争力。

第三条　文化部创新奖的评选每 3 年一届，每届奖励项目总数不超过 20 项，对其中特别优秀的项目授予特等奖，特等奖项目不超过 4 项。

第四条　获得文化部创新奖的项目由文化部颁发奖状、奖金和证书。奖励人数每项限额为 10 人，奖金数额为每项 2 万元；特等奖项目奖励人数每项限额为 15 人，奖金数额为每项 5 万元。

第五条　文化部创新奖的评审遵循公平、公正的原则。

第六条　文化部创新奖是对文化实践过程的奖励。文化部创新奖针对项目的创新性、科学性、实践性、有效性、示范性等 5 个方面进行综合评价。

创新奖项目应有一套完整的科学理论、科学方法作指导，将科学理论、方法和技术创造性地应用在文化工作中，取得显著的社会效益或经济效益，具有较大的借鉴和广泛的推广应用价值。

第七条　文化部创新奖参评项目还须具备下列条件：

（一）申报时间距完成时间不超过 3 年；

（二）在参评期间不涉及法律纠纷；

（三）申报材料真实、完整。

第八条　各省、自治区、直辖市文化厅（局）负责向文化部推荐本行政区域内的参评项目；文化部直属单位及原文化部直属高等艺术院校可直接向文化部申报参评项目。参评项目申报工作包括材料报送、资格审查和选拔推荐等。申报时间以当年所发申报通知为准。

第九条　文化部设立文化部创新奖评审委员会，负责文化部创新奖的评审工作。

（一）评审委员会设主任委员 1 人，副主任委员 2 人，秘书长 1 人，委员若干人。委员由文化部聘任，任期一届。

（二）评审委员会下设评审办公室。评审办公室设在文化部文化科技司，负责日常工作。

（三）根据评审工作需要，评审委员会可设若干专业评审组。专业评审组设组长 1 人，副组长 1 ~2 人，成员若干人。专业评审组正、副组长由文化部创新奖评审委员会的委员担任。

各评审组成员由评审办公室根据当年创新奖项目推荐的具体情况确定，原则上从文化行业专家资源库中选出，经评审委员会秘书长审核，报评审委员会主任委员批准。

第十条　评审办公室对申报的参评项目进行资格审查，符合条件的提交评审委员会评审。

第十一条　文化部创新奖评审分为初评和终评。

（一）各评审专业组对评审办公室提交的参评项目申报书及相关材料进行分组审查，并以分组投票的方式产生初评结果。

（二）评审委员会以会议方式对初评结果进行评审，以记名投票表决方式产生终评结果。评审会议应当有 2/3 以上的评审委员参加，票数超过实到评审委员半数以上，评审结果有效。

（三）评审委员因故不能参加会议，须提前向评审办公室请假，评审办公室按程序增补新的评审委员。

（四）评审实行回避制度。参评项目参与者不得参与评审委员会及相关评审组。

第十二条　评审结果由文化部审核批准后予

以公示。公示期为20天。

第十三条　在公示期内如对公示的获奖项目有异议，可以书面形式向评审办公室提出。

异议书须写明项目名称、事实理由、异议人的真实姓名、工作单位、联系方式等事项，并提供必要的证明材料。评审办公室应当自收到异议书之日起30日内会同该项目推荐单位协商提出处理意见并报评审委员会裁决。

评审办公室负责将评审委员会裁决结果以书面形式通报异议人及项目完成单位。

第十四条　参评单位及项目完成人在申报和评审过程中弄虚作假或者以其他不正当手段骗取奖励的，一经查实，由文化部撤销奖励，并追回奖状、证书和奖金，并在适当范围内予以通报。

第十五条　参与文化部创新奖评审活动的评审委员和有关工作人员必须严格遵守评审纪律和相关规定。评审委员在评审工作中违反规定徇私舞弊的，取消其评审委员资格。评审办公室人员有上述行为的，由有关部门予以严肃处理。

第十六条　文化部创新奖评审全程接受驻文化部监察局的监督。

第十七条　每一届文化部创新奖的评审可由评审办公室根据本办法制定具体的实施细则。

第十八条　本办法由文化部负责解释。各省、自治区、直辖市文化厅（局）可参照本办法设立本行政区的文化创新奖。

第十九条　本办法自2010年9月26日起实施。2009年1月7日印发的《文化部创新奖奖励办法》同时废止。

立足文化创新高端定位 提升文化创新整体水平

一、10项目入选2010国家文化创新工程

2010年度“国家文化创新工程”项目评选工作日前圆满结束。在文化部文化科技司的主持下，《中国残疾人数字图书馆建设》等10个项目获得立项。

“国家文化创新工程”是在文化部创新奖基础上实施的一项项目提升、推广工程，旨在以文化创新项目为对象，发挥政府的宏观引导作用，动员社会各方力量，全面推动理论创新、体制机制创新、内容形式创新、文化业态创新、公共文化服务创新，为实现“两大一新”的文化建设目标作出贡献。2009年，《图书馆服务模式创新——自助图书馆的研制与实施》等7个项目被确立为首批“国家文化创新工程”立项项目。

从首届项目的实施以及本年度项目的立项上可以看出，“国家文化创新工程”立足于文化创新的高端定位，在探索文化创新的有效路径、提升文化创新的整体水平上效益凸显。

二、文化创新的国家级“孵化器”

党的十七大报告中提出：“推进文化创新，增强文化发展活力。在时代的高起点上推动文化内容形式、体制机制、传播手段创新，解放和发展文化生产力，是繁荣文化的必由之路。”这一论断将“文化创新”提升到国家发展的战略高度，同时也精辟地指出了当下文化创新的高端定位。

2004年，文化部设立了“创新奖”，对立足时代前沿、弘扬科学精神、运用现代科技、惠及广大群众的文化项目予以表彰，在文化界引起很大反响，对于培育创新意识、激发创新活力、营造创新氛围、建设创新队伍等，发挥着重要作用。不过，囿于地域、环境、人才等因素的制约，许多“创新奖”项目还有进一步提升的空间，许多创新成果的影响面较窄，很有推广的必要。为此，在财政部的支持下，文化部又启动了“国家文化创新工程”，作为“文化部创新奖”的有益补充和拓展提升。

2009年是“国家文化创新工程”实施的第一年，作为一项鼓励文化创新、破除文化发展瓶颈，提升文化竞争力的重要工作，它的实施没有任何可借鉴性，其本身就是一种创新，需要在实践中不断摸索与完善。承担该项工程组织工作的文化科技司，一是坚持“新中选优、以点带面”，从历届文化部创新奖的获奖项目中选取了7个具有导向性、示范性、实践性的成熟项目，确立为首批年度“国家文化创新工程”资助项目，加以重点培育与推广；二是谋划“依托高校、以研促创”，在武汉大学设立“国家文化创新研究中心”，发挥大学的科研优势，为文化创新提供智力支持；三是运筹“加强调研、以论壮行”，通过出版2010年度《文化创新蓝皮书——中国文化创新报告》，

对文化创新理念进行梳理和总结。通过这些努力，初步完成了“国家文化创新工程”项目培育、基地建设和理论阐述等方面的工作，为创新成果搭建起一个国家级的提升、孵化平台。

一年来，首批“国家文化创新工程”项目的实施取得了显著的进展。由深圳图书馆等单位共同承担的《图书馆服务模式创新——自助图书馆的研制与实施》项目实施以来，从 2009 年 12 月到 2010 年 3 月，短短 3 个多月的时间，深圳图书馆接待自助图书馆参观共 220 批次，达 3932 人次，不少图书馆意欲购买自助图书馆设备。目前，陕西省图书馆、首都图书馆、上海陆家嘴图书馆、合肥市图书馆共安装 6 台；陕西省馆、上海陆家嘴图书馆拟在 2010 年再引进 10 台；北京、上海、广州等城市也已开始进行自助图书馆项目的规划。在此进程中，文化科技司司长于平多次撰文强调《全球化进程中的文化科技自觉》、强调《文化科技自觉引领下的高端文化创新》和《文化科技：文化生产力解放的新引擎》。实践证明，“国家文化创新工程”项目不仅在观念上进一步引发了文化工作者的文化自觉、科技自觉，而且以点带面，在实践层面切切实实地提升了文化创新的整体水平，有力地推动了文化艺术的繁荣发展。

三、文化科技自觉引领下的集成创新

2010 年是“国家文化创新工程”实施的第二年，为了更为科学合理地组织实施这项工作，使其效益最大化，评审委员会进一步完善项目遴选机制，强调“求实”与“求新”相结合。求实，即选择确有创新理念、具有推广价值的项目加以重点扶持，务求取得实效；求新，则是大力开拓项目征集渠道，利用专家力量、结合调查研究，发现、培育一些具有前沿观念的创新项目加以扶持。

就 2010 年度“国家文化创新工程”立项项目而言，具有如下几项突出的特点：

（一）围绕中心，关注人民群众的文化权益

本年度进入终评的 24 个项目是从 191 个文化部创新奖入围项目和若干委托项目中遴选出来的。经过评审，最终入选的 10 个项目中，涉及公共文化服务的 2 项，演出实践和体制改革的 2 项，图书馆建设与服务的 2 项，文化资源保护的 1 项，文化产业的 1 项，教学实践与人才培养的 2 项，涵盖了文化建设的重点领域。立项项目围绕文化建设的中心工作，所要解决的是涉及文化发展和人民群众文化权益的、亟须解决的热点和难点问题，具有突出的现实意义、时代特点和实践特征。

（二）立足前沿，树立高度的文化科技自觉

当前的文化改革与发展，就其根本而言是要解放和发展文化生产力。解放和发展文化生产力，既需要依托于体制创新，根据生产力的发展，相应调整生产关系，同时也要树立高度的文化科技自觉，充分发挥科技进步对文化建设的支撑、提升和引领作用。本年度 10 个立项项目，立足于时代前沿，深刻把握现代科技发展对于文化工作的深远影响，积极运用现代科技手段来改造传统文化业态、催生新兴文化业态，树立了高度的文化科技自觉。

（三）定位高端，优选项目的系统集成创新

经过前期的努力，立项项目具有良好的基础条件，它们并不局限于某一方面的突破，而是在理论观念、体制机制、内容手段等各个方面都进行了有益的尝试，它们所要进行的是系统集成创新。

（四）突出示范，发挥项目的引导促进作用

立项的项目具有推广性、示范性与普适性，在经过进一步培育、提升之后，能够被借鉴、被推广；能够以点带面，充分发挥项目的引导促进作用，为激发全系统、全社会文化创新的意识和文化创造的活力做出积极的贡献。

四、整合优势资源深化文化建设

“国家文化创新工程”项目立项后，除了得到国家财政的支持之外，文化科技司还将通过一系列措施，整合优势资源，做好项目的提升、推广工作。比如，针对具体的项目召开项目现场会，组织相关专家为项目的实施出谋划策，力求创新项目培育出具有实效的创新成果。

在下一步的工作中，关键是要做好“求深”与“求广”相结合。

求深，就是要抓住文化创新成果推广这个着力点，通过召开推广会、现场会等方式，使创新成果更深地扎根于文化实践；求广，就是要利用报刊、电视等媒体对成果进行大力宣传推广，使文化创新理念深入人心、惠及百姓。通过这些措施，真正以“国家文化创新工程”项目为平台，整合优势资源深化文化建设。

2010年度国家文化创新工程项目立项名单

序号	项目名称	申报部门	承担单位	类别
1	中国残疾人数字图书馆	国家图书馆	国家图书馆、中国残疾人联合会信息中心、中国盲文出版社	图书馆建设与服务
2	山东省文化共享工程创新运行应用模式	山东省文化厅	山东省文化厅 山东省图书馆	图书馆建设与服务
3	辽宁省营口市文艺表演团体转企改制	辽宁省文化厅	辽宁省营口市文化广播电影电视局	演出实践与体制改革
4	“苏演院线”连锁经营	江苏省文化厅	江苏省演艺集团	演出实践与体制改革
5	徽州文化生态保护区实验区建设工程	安徽省文化厅	安徽省文化厅、安徽省黄山市文化委、安徽省宣城市绩溪县文化广播电视局	文化资源保护
6	中华节庆文化动漫博览园	陕西省文化厅	西安曲江经典创意文化交流有限公司、西安智人软件科技有限公司	文化产业
7	深圳市民文化大讲堂	中国文化报社	中共深圳市委宣传部 深圳市社会科学联合会 《中国文化报》深圳记者站	公共文化服务
8	福建艺术扶贫工程	福建省文化厅	福建省艺术馆	公共文化服务
9	基于激发文化科技活力的研学合作模式研究	中国艺术科技研究所	中国传媒大学信息工程学院	教学实践与人才培养
10	百万市民艺术培训工程	沈阳音乐学院	沈阳音乐学院南校区	教学实践与人才培养

2010年度国家文化创新工程项目简介

项目名称：中国残疾人数字图书馆

中国残疾人数字图书馆以互联网为载体，力求改善残障人士与社会隔离的状况，为广大残障人士提供平等参与社会生活的条件。

项目创新点：一是在于开放式服务平台的开发。以网络为媒介的服务平台的建立，极大地解决残疾人这个特殊群体行动不便的窘境，把储存在网络平台上的数字资源最大化地传输给坐在电脑旁的残障读者。二是信息无障碍读取技术的先进性。本项目分别从多媒体相关资讯的可及性、网页结构和表现的可及性、网页开发和输入输出装置相关技术处理的技术可及性、网站浏览机制的可及性等方面入手，针对残疾人使用习惯，进一步完善个性化定制服务、升级无障碍支持软件，从技术手段层面加强信息读取无障碍的可及性。三是贴近残疾人群体的现实性。在栏目设置和资源遴选上，广泛听取盲人朋友的意愿，所上新书均来自盲人朋友的挑选，紧贴盲人朋友的需求以及网站的阶段性建设逐步更新。四是体现了和谐社会公共文化服务的共享。本项目旨在探索适合残障人士用户需求的无障碍数字图书馆建设模式，以响应国务院“公益机构无障碍服务精神落实到实处”的通知精神，为图书馆界开发新的服务领域提供借鉴，为全国图书馆行业的技术性创新注入新鲜活力。五是拓宽特殊人群接受均等文化服务的渠道。本项目紧贴无障碍理念，摸索网站平台与现实平台的对接机制，将极大方便残障读者享用公共文化盛宴，为残疾人士打开一扇学习知识、提升自我、改变命运的大门。

项目名称：山东文化共享工程创新运行应用模式工程

本项目结合全国文化信息资源共享工程在山东省的实施，将现代信息技术与创新型的多样化服务模式相结合，在山东省基层公共文化服务领域广泛应用，实现公共文化资源传播模式和服务模式的创新。

项目创新点：一是资源传输体系的创新。在全省建立以互联网为主导的复合型多样化资源传输体系，实现海量信息资源向基层传输。二是合作共建机制的创新。破解农村基层网络建设难题，在乡村社区基层站点与党员现代远程教育进行合作共建，建立并完善了省、市、县、乡、村（社区）五级网络架构，有效实现共享工程与远程教育8万多个基层站点在资源传递、资源共享、终端服务方面的技术对接，实现双网合一、共享共用。三是文化信息资源整合的创新。建立文化共享工程省级资源库，妥善解决传播权、使用权问题，将各级图书馆馆藏的大量数字资源纳入共享工程资源体系，实现海量资源全民共享。四是终端建设和基层服务模式的创新。拓展基层站点的设备配置和服务功能，建立具有电子阅览室和自主学习功能的扩展型规范化站点，以未成年人和进城务工人员等低收入群体为重点服务对象，传播先进文化，成为新型的文化共享工程服务基层阵地。五是多媒体资源分发点播技术的应用创新。采取CDN网络智能分发、CDN + P2P网络视听平台、分布式镜像、用户就近访问的策略，形成多点分发、分布存储、负载均衡的资源传输服务系统，解决了流媒体资源的网络传输和点播服务问题。六是系统运行监管的创新。部署“业务协作交流平台”和“信息浏览监控平台”，实现网络各级节点之间的在线协作交流和监控管理。

项目名称：辽宁省营口市文艺表演团体转企改制

辽宁省营口市艺术剧院有限责任公司成立于2009年年底，由营口市青年京剧团、营口市评剧团、营口市歌舞团转企改制组建而成。转企改制工作按照“可核查，不可逆”的要求，坚持一步到位，“不留壳、不借壳、不造新壳”，3个文艺表演团体一次性全部转企改制，原单位彻底注销。

在转企改制中，制定实施科学的措施，解决“人往哪里去”的问题。明确了人员安置的5条原则：一是坚持“先开渠，后放水”的原则。对需要转岗的人员，首先解决好转岗的途径，然后再进行安置。二是坚持尊重个人意愿，体现友情安置的原则。三是坚持“老人老政策，新人新办法”的原则。四是坚持壮大文化企业，加强基层文化建设的原则。把骨干力量留在新企业，把部分有专业特长但没被聘用的人员充实到社区。五是坚持稳定的原则。政府负责安置，人员不能推向社会，确保社会稳定。

按照这5条原则，采取多种渠道和办法对改制单位人员进行了妥善安置。一是让经营管理和演出人才留得下。二是让符合“5·30”条件的人员退得出。对按距法定退休年龄不满5年或工龄满30年以上的人员实行提前退休。三是让其他人员转得走。对文艺院团中有文艺特长但未被聘用或自愿转岗人员，由政府购买公益性岗位，安置到社区做文化辅导员。四是对情况特殊人员，采取灵活办法。

营口市文艺表演团体转企改制，整合了本地区的文艺资源，实行企业的劳动人事、收入分配、社会保障制度；推动文艺表演团体自身发展、满足人民群众精神文化需求的需要；为辽宁省文艺表演团体文化体制改革作示范，为全国文化体制改革提供有益经验。

项目名称：“苏演院线”连锁经营

“苏演院线”是江苏省演艺集团为了构建“中国南方演艺航母”，推进“演艺产业化、产业立体化”而投资设立的新型专业化文化经营公司。

“苏演院线”参照电影院线体制建立文艺演出院线，吸引各地剧院加盟，实行统一的标准化管理和市场化的节目配给，形成强而有力的品牌优势，可以大幅提高剧院资产使用效率，活跃文化市场氛围，满足人民日益增长的精神文化需求。

“苏演院线”的创新性和示范性在于：

（1）“苏演院线”是全国第一家以市、县基层为目标市场，以市、县剧院为核心资源并链接其他文化资源进行产业化运作的艺术演出院线。

（2）“苏演院线”是全国目前唯一一家由国有主流文化艺术团体创办的、以内容提供为主的文艺演出院线。

（3）“苏演院线”是全国第一家以建立剧院行业标准为先导优势的演出院线。“苏演院线”的创意经营理念，跳出了就剧院经营剧院的传统模式，将剧场打造成为一个创意文化汇聚的平台。

“苏演院线”未来3年发展目标是：以县、市剧院为重点，2010年发展加盟30家，2011年达到50家，2012年达到100家，2013年达到120家，2014年达到150家。院线扩张辐射整个长三角地区，做到“三贴心、心连心、常惠民”，做到“百城一线，好戏连连”。目前已经实现合作的连锁剧院达到15家。

项目名称：徽州文化生态保护实验区建设工程

徽州文化生态保护实验区是我国第二个文化生态保护实验区，也是我国第一个跨省区的文化生态保护实验区。保护区涵盖宋至明清徽州一府六县（歙、黟、婺源、休宁、祁门、绩溪）地域，包括今安徽省黄山市、绩溪县和江西省婺源县，面积13881平方公里，人口200余万人。

实验区建设突出四大创新点：

一是保护机制的创新。徽州文化生态保护实验区突破了行政区划的界限。徽州文化生态保护实验区领导小组（省长为领导小组组长）和专家委员会起到了加强组织领导，加强协调指导，形成工作合力的作用。安徽、江西两省文化厅在文化部的统筹指导下，密切合作，指导、协调黄山市、绩溪县和婺源县三地开展徽州文化生态保护工作。

二是保护理念的创新。树立传承是最好保护的观念，变被动保护为积极保护，变静态保护为动态保护，变粗放保护为精细保护，变抽象保护为具体保护，变单一保护为整体保护。深刻挖掘徽州文化的社会性和时代性，针对不同文化项目的表现特征、生存状态、传播途径等属性，结合实际工作条件，制定各不相同的传承保护方案。

三是保护内容的创新。以无形的非物质文化遗产为核心，以有形的物质文化遗产为载体，通过生态修复工程、古村落保护工程等一系列工作，整体保护徽州各类文化遗产的生存空间。

四是保护方法的创新。从对一件文物、一个项目的保护，扩展到对文化遗产整个生存空间的保护，将特定对象与当地自然环境、社会环境视为一个整体，进行系统的整体性的文化生态的保护。这不仅是保护范围的扩大，更是保护方法的革新。

项目名称：中华节庆文化动漫博览园

本博览园采用最新信息技术手段，以文字、影像、动漫和网游为表现形式，通过观赏、参与、体验、交互和互动游戏等妙趣横生、喜闻乐见的功能，创新性、趣味性、多层面展现春节、中秋、端午等重大传统节庆所蕴含的民俗文化。

在文化传播信息载体上，探索传统文化与网络信息技术的融合；在文化内容建设上，探索传统节庆与现代节庆的融合；在功能效应上，探索资源集成与分众推送的融合，实现对所有运营网点的运营流程和运营数据的统一管理，通过技术过滤提供健康、安全、绿色的互联网内容服务。

计划在时机成熟时，将虚拟的网上“中华节庆文化动漫博览园”在西安、深圳、上海、北京、昆明、南宁等国际大都市落地生根，形成各种游览性实景博览苑。使实景苑与网博园相互依存、彼此借力，实现中华节庆文化内容与高新技术形式的完美结合，通过当代新技术手段，创建“孔子学院”之外，又一个全方位、广角度、无界域向全球推广中华文化神奇魅力的新型载体和传播媒介。

项目名称：深圳市民文化大讲堂

深圳市民文化大讲堂于2005年6月开办，是全国较早推出的由党委政府牵头专为公众举办的公益性大讲堂，它探索出了一种政府为市民提供公共文化服务的新形式，搭建了一个传播社会主义核心价值观的新平台，构建了一个培养市民健康文化生活的新载体，开拓了一条高雅文化走向社会、走进市民生活的新途径，构建一个先进文化全民共享的新模式。

项目实施的创新点在于：

一是观念和理念创新。深圳市民文化大讲堂提出要打造一个先进文化的全民共享新模式的理念，走的是一条立足实际办文化、服务大众讲文化、推动发展兴文化的新路子。二是内容和形式创新。在内容方面注重做到“两个结合”，即“宽严结合”和“庄谐结合”。在形式上坚持“讲座内容系列化”，探索演讲形式多元化，着力推动大讲堂进机关、进军营活动。三是文化传播方式创新。争取实现大讲堂的广播电台传播；力争在市和中央报刊开辟宣传专栏；探索新的信息发布模式等。四是机制和体制创新。探索建立包括专家资料库和讲座题库的大讲堂资料库，同时加强大讲堂俱乐部的建设。

文化大讲堂将贯彻落实科学发展观和深圳市委市政府“文化立市”、“建设学习型城市”等发展战略作为目标定位，以提高市民综合素质为着眼点，努力提高与大众的关联度，增强其扩散效应，使其真正成为“市民主体、市民参与、市民享用”的文化殿堂。

项目名称：福建艺术扶贫工程

2004年起，福建省艺术馆向全省文化馆发出倡议，引领全省文化馆一并行动，在全省范围铺开“福建艺术扶贫工程”。五年多来，福建全省文化馆持之以恒，常年定点、定员、定期下乡，为偏远山区学校儿童免费开展艺术辅导和培训，开展城市孩子和农村孩子结对帮扶活动，让他们的作品相互交流，让他们在同一个舞台演出，创造条件为农村的孩子搭建一个展示艺术才华的平台，开辟了农村公共文化服务新路子。全省文化馆挂钩学校216所，有600多位专业人员常年坚持参与辅导授课，受益学生达20多万人次。学生、家长、教师都非常欢迎，所在学校和当地政府也非常满意。为保障农村群众的基本文化权益作出有益探索。

在前期5年工作基础上，福建艺术扶贫工程将在2010～2012年进入第二期实施阶段。在提供公共文化服务，尤其是对农村贫困地区，在服务内容和服务形式方面，突破了旧有文化馆工作的服务局限，把城市文化资源无偿输入偏远农村，把文化下乡转化扎根为乡下文化，把各方力量感召到扶贫帮困的队伍中来，把文化馆专业人员的思想认识提升到社会服务新高度，彰显公益型文化事业单位的公共文化服务职责所在，并根据各地实际情况，增加传统艺术培训科目，增加乡土民俗知识教育内容，开展非物质文化遗产项目进校园活动，提高农村基层文化活动内涵。

项目名称：基于激发文化科技活力的研学合作模式研究

文化科技研究机构与高校进行研学结合、合作发展，能够在最小的投入下，快速实现最大社会效益与经济效益，以及人才效用的产出。既提高了文化科技工作推进的有效性，也保障了文化科技重大项目攻关的成功性。

采用研学结合的合作模式，将加快文化科技人才培养的速度，改善文化科技研究机构自身的结构，并可通过项目拉动的作用，达到激发文化科技活力、集聚文化科技力量的目的，对于各地方文化科技研究单位有着良好的示范意义和启迪作用。

本项目的创新点在于突破体制方面的制约，实现推进文化科技进步目标下的研学合作双方优势互补与特色发挥；结合合作双方的实际，按照科学发展观和科学规律进行合作模式的制度设计，运行“发展、双赢、高效”的实践与管理机制；在人才与智力资源方面，贯穿“不为所有，但为所用”和“不求留人，但求留智”的大人才理念；在科研条件建设与利用方面，贯穿“互通有无，突出优势，互补建设”的基本思路；在激发文化科技活力方面，贯穿“以科研项目带动科研能力与科技水平等综合实力的快速提升”这一根本性的举措。

在项目实施过程中，该项目以合作双方各自的优势和特色，围绕文化艺术科技领域的人才培养、科研开发和社会服务等三大方面，全面加强研学结合与交流，探索和建立创新合作模式与运转机制；着力实现合作双方研学的优势互补与协同发展，打造文化科技创新基地；形成基于激发文化科技活力的研学合作模式。

项目名称：百万市民艺术培训工程

该项目坚持以人为本，以文化艺术传播为手段，以提高市民综合素质和文化品位为目的，立足精神文明建设。根据项目实施方案，沈阳音乐学院南校区教学实践先锋楼近千间琴房于每个双休日向市民开放，提供声乐演唱、器乐演奏、舞蹈、影视表演、服装设计、合唱及“名人名家大讲堂”等60余个专业课程，市民根据个人爱好免费学习。

该项目创新点：一是彰显艺术走向大众及服务社会的办学宗旨；二是为在校学生搭建了极好的实践平台；三是“墙内开花墙外红”，不断向校外拓展及延伸；四是扩大培训范围带动相关产业，使数以百万计、千万计市民参与艺术活动，掀起全民学艺术高潮，构建和谐社会，提高民族整体素质；五是探寻艺术教育的初衷与全新的办学模式。

此项目得到了沈阳市委、市政府的大力支持，已纳入沈阳市“双百万”艺术惠民工程，即“百万市民培训工程”、“百万市民共享工程”。对于深挖沈阳市特有的精神文化内涵，弘扬优秀艺术文化，丰富社会文化生活，促进人文建设，加速沈阳全面振兴，具有十分重要的意义。

在2010年度文化部科技创新项目评审会上的讲话（节选）

文化部文化科技司司长　于　平

（2010年5月6日）

2009年1月8日文化部印发了《文化部科技创新项目管理办法（暂行）》。这个“办法”所适用的科技创新项目，是在深入学习实践科学发展观、全面推进文化建设和文化创新的大好形势下而设立的部级科研项目，其目的是促进科学技术在文化领域的广泛应用，鼓励广大文化工作者积极参与文化创新活动，使科技创新更有效地为文化建设服务，从而实现对文化部科技创新项目的规范化、科学化管理。

文化部科技创新项目最初就称为是文化部科技项目，是推动文化科技研究的一个重要工作抓手。此项工作在开展过程中，发现并推出了一批当时只处于萌芽状态但日后却引起业界、中央领导乃至全社会关注的重大科技创新项目。如深圳图书馆的“城市街区24小时自助图书馆系统”项目。这个项目是我司2007年立项的科研项目，2008年通过我司组织的阶段性技术成果验收，2009年6月通过了我司对该项目进行的全面验收，并于2009年荣获“第三届文化部创新奖”，随后被列入首批国家文化创新工程，并已获得五项国家专利，其中1项国家发明，4项国家实用新型。虽然该项目自主开发的技术内容不是很多，但它却打开了图书馆服务社会的新思路，引起了一场图书馆管理工作的革命，是一种管理制度的创新，也是服务社会的创新。2009年11月20日，中共中央政治局常委李长春在深圳调研时，现场察看24小时自助图书馆系统，体验借书还书过程。对该项目给予了充分肯定。称赞这种形式方便了群众，是公共文化服务体系建设的一大创新亮点。

随着文化科技管理工作的不断发展，文化部科技项目管理也在不断完善中，文化部科技创新项目此时应运而生。2009年6月30日，我司在北京召开了2009年度文化部科技创新项目评审会，经过与会专家的认真评审，并报主管部领导审批，共有“十二五”文化科技发展规划预研究等29个项目获2009年度文化部科技创新项目立项。2009

年12月21日，我们印发了《关于申报2010年度文化部科技创新项目的通知》，为了加强文化科技发展的规划性和导向性，保证文化部科技创新项目申报工作的合理、有序开展，确定将舞台技术研究等八个领域作为2010年度全国文化科技研究的重点领域和范围。

今年的项目申报，得到全国文化系统科研机构、科研人员和社会各界有关人士的积极响应，截至3月26日共收到项目189项，其中21个文化厅局申报134项，5个直属单位申报17项，7个共建院校37项，文化部文化产业司、财务司申报1项。涉及舞台科技、乐器改革、社会文化、图书馆建设与服务、博物馆建设与服务、文化遗产保护、文化市场、文化产业、艺术教育等文化行业各领域，数量超过去年的108项。

这次科技创新项目评审，是文化部科技创新项目立项的重要环节，直接关系到今年科技创新项目的质量、水平和导向。关于今年的科技创新项目评审会，我讲几点意见：

一、充分认识科技创新项目在文化建设中作用

设立文化部科技创新项目是文化发展的需要。党和国家历来非常重视科学技术在文化建设中的作用，中央领导同志一再强调，要充分认识科技进步对文化发展的巨大作用，更好地用先进技术建设先进文化、传播先进文化。在科学技术迅猛发展的当今时代，信息传播领域正在发生革命性变化，文化发展对科技进步的依赖程度越来越大，科技与文化的融合从来没有像今天这样紧密。在这样大的时代背景下，我们必须从战略的高度重新审视科学技术在文化发展中的重要地位和作用，把现代科学技术的快速发展作为文化建设的难得机遇，切实改变传统生产传播方式下形成的思维定式，深入研究科技进步推动文化发展的内在规律，积极推动文化与科技的融合，不断提高文化发展的科技含量。因此，今年的科技创新项目评审，要从事关文化发展战略的重要性来认识。

二、以科学、严谨和负责的态度做好评审工作

科技创新项目评审是一项严肃的工作。为体现文化部科技创新项目评审的科学、客观、公正。我在这里提两点希望，与大家共勉：

一是要坚持公平公正的原则。评审本身要求坚持原则、秉公办事，保证科技创新项目的科学性和先进性。请各位专家认真按照《文化部科技创新项目管理办法（暂行）》的有关评审要求，既客观公正，又严格把关。《文化部科技创新项目管理办法》第四条明确了科技创新项目应具备条件：有较高科学价值，是文化建设中急需解决的关键技术或行业共性问题，有一定的推广应用前景并可产生良好的社会效益和经济效益。所以，希望各位评审专家根据这条规定，公平公正地开展评审工作。

二是要充分体现科技创新项目的引领作用。项目评审代表着文化部部级科技项目的水平，也体现着各位评委的评审水平。通过评审，要把能够切实解决文化发展中的重大科技问题，把文化建设中急需解决的关键技术或行业共性问题，并能够产生积极的社会效益和经济效益的好项目评出来，尽快提升文化部科技自主创新能力、促进科技成果转化和产业化引领，为文化事业的“两大一新”和可持续发展提供有力的科技支撑。

最后，希望本次评审会确定的科技创新项目可以引领所在领域快速发展，为文化事业的发展产生巨大的推动力。在座的各位评委都是对本领域热点问题有深入研究的专家或是本领域行政主管部门把握行业发展趋势及方向的主管领导，希望各位评委本着向文化部负责的态度；带着高度的责任感、使命感；坚持公平、公正、实效的原则进行项目评审。

2010年度文化部科技创新项目立项名单

编号	类别	项目名称	承担单位	申报部门	项目负责人	文化部补助（万元）
1	舞台科技	多功能全色电脑激光摇头灯	吉林省文化科技研究所	吉林省文化厅	王守荣	2
2		专家智能控制系统调节混响时间的技术研究	青岛大学	山东省文化厅	姜安宝	0
3		适用于基层群众文化活动的嵌入式一体化便携扩声系统研制	山西天拓共享文化传播有限公司	山西省文化厅	孙爱国	0
4		智能化数字媒体矩阵	广州市迪士普音响科技有限公司	广东省文化厅	王齐祥	0
5		光纤/网络/智能/正弦波交流电源调压调光控制器	广州斯全德灯光有限公司	广东省文化厅	叶剑辉	0
6		TS系列可调指向性同轴组合扬声器系统	宁波音王集团有限公司	浙江省文化厅	郑建国	0
7		交互式舞台多媒体投影软景技术研究	上海戏剧学院	上海戏剧学院	刘志新	0
8		《舞台管理导则》	中国艺术科技研究所	中国艺术科技研究所	徐　奇	0
9		剧场等演出场所演出安全管理体系的研究	中国艺术科技研究所	中国艺术科技研究所	李国棋	5
10		舞台灯光三维虚拟设计系统研究	中国传媒大学信息工程学院	中国艺术科技研究所	吕朝辉	0

11	乐器改革	传统竹笛调音改进及竹质材料优化处理工艺研究	黄山学院	安徽省文化厅	胡　亮	0
12		09型拆接式人造皮大三弦及配套设备的设计与研制	中国音乐学院	中国音乐学院	肖剑声	0
13	社会文化、图书馆建设与服务	共享工程在公共文化服务体系中的创新模式研究	文化部全国文化信息资源建设管理中心	文化部全国文化信息资源建设管理中心	崔建飞	0
14		运用现代技术联合建设特色文化数据库群模式研究	福建省图书馆	福建省文化厅	郑智明	0
15		构筑城乡统筹儿童与青少年课外教育联盟研究——以重庆市为试点	重庆市少年儿童图书馆	重庆市文化广播电视局	刘　红	0
16		吉林省图书馆联盟建设研究	吉林省图书馆	吉林省文化厅	石丽珍	0
17		大规模网络学术文献并行处理与自动分类研究	山东理工大学	山东省文化厅	王效岳	0
18		缩微文献影像数据库建设标准的研究	天津图书馆	天津市文化广播影视局	李　茁	5
19		数字资源分布式建设与共享平台的开发利用	河南省图书馆、河南识为软件科技有限公司	河南省文化厅	王爱功	0
20		基于新媒体技术构建青少年素质教育科普服务平台——公共图书馆的科普乐园	首都图书馆	北京市文化局	倪晓建	0
21		基于开放时空序列的古文献知识组织和服务模式研究	武汉大学遥感信息工程学院	湖北省文化厅	孟令奎	0

22	社会文化、图书馆建设与服务	山西省公共图书馆服务体系	山西省图书馆	山西省文化厅	李小强	0
23		RFID 技术在图书馆的应用模式与业务规范	深圳图书馆	广东省文化厅	刘　哲 郑晓军	0
24		全国图书馆参考咨询服务联盟平台建设与创新服务模式研究	广东省立中山图书馆	广东省文化厅	莫少强	2
25		县域公共图书馆服务体系的创新模式研究	绍兴县文化发展中心	浙江省文化厅	季承人 李鸿翔	0
26		UHF RFID 图书馆应用模式研究	浙江图书馆	浙江省文化厅	刘晓清	5
27		全国图书馆节能减排现状调查与对策分析	中国图书馆学会	国家图书馆	汤更生	0
28		数字图书馆新媒体技术服务研究	国家图书馆	国家图书馆	李春明 龙　伟	5
29	博物馆建设与服务、文化遗产保护	“非遗”展览、展示运营模式研究	重庆市文化艺术研究院	重庆市文化广播电视局	段　明	0
30		采用科技手段保护蜀锦技艺及蜀锦博物馆创新改造项目	成都蜀锦织绣有限责任公司、成都市非物质文化遗产保护中心	四川省文化厅	钟秉章	0
31		羌族非物质文化遗产地理信息系统	四川省音乐舞蹈研究所	四川省文化厅	吕　波	5
32		齐长城保护总体规划	山东省文物科技保护中心	山东省文化厅	孙　博 陈　雯	1
33		濒危鲁绣传统技艺保护研究	山东省博物馆	山东省文化厅	郭思克	5
34		宁夏回族濒危非物质文化遗产传承保护方式研究	宁夏非物质文化遗产保护研究中心	宁夏回族自治区文化厅	靳宗伟	5

35	博物馆建设与服务、文化遗产保护	中原记忆——河南省非物质文化遗产数字博物馆	河南省非物质文化遗产保护中心、郑州大学	河南省文化厅	甘　源	5
36		文化生态区科学规划及其实施问题研究	河南大学	河南省文化厅	邢　勇	0
37		“年轮”——非物质文化遗产资源数据库	宜昌市非物质文化遗产研究会	湖北省文化厅	罗晓路	0
38		天工大成——景德镇御窑文化生态区规划研究	江西省文物保护中心	江西省文化厅	刘昌兵	0
39		山西省非物质文化遗产资源数据库	山西省非物质文化遗产保护中心	山西省文化厅	赵中悦	0
40		用于丝质艺术品保护的环保型抗氧化剂研究	北京服装学院	北京市文化局	张聚华	0
41		中国传统戏曲资料的抢救与整理	中国戏曲学院	中国戏曲学院	陈亚琴	0
42		中国传统戏曲服装制作工艺数据库	中国戏曲学院、苏州剧装戏具合作公司	中国戏曲学院	李荣森	5
43		舞蹈特色馆藏资源多媒体展示	北京舞蹈学院	北京舞蹈学院	李　续 赵铁春	5
44		基于 Silverlight 的皮影数字博物馆展示技术改造	中国美术学院	中国美术学院	王　赞	0

45		喷气织锦文化	江苏万工科技集团有限公司	江苏省文化厅	周　平	0
46		第四代媒体检索关键技术研究	中国石油大学（华东）	山东省文化厅	刘玉杰	0
47		以电子艺术餐厅为切入点创建文化消费产业的新模式	上海东方文化发展中心	上海市文化广播影视管理局	沈根林	0
48		音像图书数字内容网络 P2P 可控传播系统	上海唐舜电信科技有限公司	上海市文化广播影视管理局	沈逸林	0
49		文化市场行政综合执法快速反应指挥管理系统	山西省文化市场稽查总队	山西省文化厅	申秦胜	0
50	文化市场、文化产业	客家文化研究与动漫创作及新媒体传播工程	梅州市汉唐影视动漫传播有限公司、嘉应学院客家研究院	广东省文化厅	房学嘉 刘映新	0
51		浙江省文化市场数字化智能网络监管系统	浙江省文化厅	浙江省文化厅	姚颂和	0
52		多媒体多点触摸互动娱乐桌研究	上海戏剧学院	上海戏剧学院	张敬平	0
53		艺术品市场统计指标体系设计	中央美术学院	中央美术学院	赵　力	0
54		“晴盲共游”交互娱乐产品开发与模式研究	中国美术学院	中国美术学院	吴佩平	0
55		戏剧舞台虚拟投影设计制作及教学方法	中国戏曲学院继续教育部	中国戏曲学院	韩　波	0
56		“舞台虚拟导演创作系统”软件研发	中国戏曲学院戏曲文化创意研究所	中国戏曲学院	于少非	5
57	艺术教育	传统木版水印在当代美术教育中的存续方式和创新研究	中国美术学院	中国美术学院	郑巨欣	5
58		艺用解剖与医用解剖兼容研究及艺术教育应用软件研发	中国美术学院	中国美术学院	曹兴军	0

2010 年验收项目一览表

序号	项目名称	完成单位	验收形式	备注
1	2－2009 移动终端自助信息服务模式研究	文化部全国文化信息资源建设管理中心	结题报告	2010 年验字 1 号
2	23－2009 数字化 RDM 控制大功率 LED 舞台摇头电脑灯	广州市番禺区珠江灯光音响实业有限公司	会议验收	2010 年验字 2 号
3	24－2009 舞台灯具光度数据照相测试法	广州市番禺区珠江灯光音响实业有限公司	会议验收	2010 年验字 3 号
4	32－2010 齐长城保护总体规划	山东省文物科技保护中心	会议验收	2010 年验字 4 号

2010 年度国家社科基金艺术学项目立项名单

立项批准号	项目名称	立项类别	项目负责人	项目负责人所在单位
10AA001	新疆的生活与文化	国家重点	韩子勇	新疆维吾尔自治区文化厅
10AB002	中国古代戏曲理论史通论	国家重点	俞为民	南京大学
10AD003	西藏文明东向发展中的本教及本教音乐	国家重点	嘉雍群培	中央民族大学
10AE004	舞蹈编导理论与实践研究	国家重点	吕艺生	北京舞蹈学院
10AF005	中国画院史	国家重点	杨晓阳	中国国家画院
10AF006	新媒体艺术形态研究	国家重点	鲁晓波	清华大学
10BA007	比较艺术学视野中的宋乐、诗、画关系研究	国家一般	沈亚丹	东南大学
10BA008	艺术起源怀疑论	国家一般	高　玉	浙江师范大学
10BA009	图像时代古典文学的视觉再现	国家一般	饶道庆	温州大学
10BA010	中国古典艺术理论体系建构研究	国家一般	夏燕靖	南京艺术学院
10BA011	苏州艺术通史	国家一般	朱栋霖	苏州大学
10BA012	“小沈阳现象”的后现代文化研究	国家一般	石凤珍	山西大同大学
10BB013	河南剧团改制与戏曲市场发展前景研究	国家一般	冯建志	南阳师范学院
10BB014	闽方言戏曲的文化担当及边缘放逐	国家一般	康海玲	集美大学
10BB015	山西戏曲剧种文化生态调查与研究	国家一般	柴国珍	太原师范学院
10BB016	河洛大鼓的考察与研究	国家一般	马春莲	洛阳师范学院
10BB017	近 30 年外国戏剧研究对中国戏剧的影响	国家一般	宫宝荣	上海戏剧学院
10BB018	文明新戏演出史研究	国家一般	黄爱华	杭州师范大学

续表

立项批准号	项目名称	立项类别	项目负责人	项目负责人所在单位
10BB019	《格萨尔》遗产的戏剧人类学研究——以青海果洛地区藏族“格萨尔剧”演述形态为例	国家一般	曹娅丽	青海民族大学
10BB020	当代昆曲导演艺术论	国家一般	贾志刚	中国艺术研究院
10BB021	越剧文化研究	国家一般	蒋中崎	浙江省文化艺术研究院
10BC022	中国电视发展图史（1958～2013）	国家一般	陈　刚	中国传媒大学
10BC023	新世纪以来中国电视剧的发展和问题研究	国家一般	许　婧	中国艺术研究院
10BC024	新世纪中国电视剧与民族国家想象	国家一般	李兴阳	南京大学
10BC025	新兴媒体竞合下中国广播现状与发展研究	国家一般	姚　争	浙江传媒学院
10BC026	中小城市数字影院现状与发展模式研究	国家一般	金洪申	聊城大学
10BC027	动画电影视阈中的汉传佛教文化	国家一般	张启忠	中国传媒大学
10BC028	新媒体语境中影视艺术的理论重构	国家一般	谷时雨	中国艺术研究院
10BC029	1987～2009 台湾电影研究	国家一般	孙慰川	南京师范大学
10BC030	全球化思潮中中国电影的民族主体性建构	国家一般	邹贤尧	浙江师范大学
10BC031	纪录片内涵扩大与创作手法、作品形态互动相关发展研究	国家一般	倪祥保	苏州大学
10BD032	泰国、柬埔寨、缅甸编锣乐队与乐器的乐律研究	国家一般	饶文心	浙江艺术职业学院
10BD033	浙江民间乐社研究	国家一般	杨和平	浙江师范大学
10BD034	电子、计算机音乐史	国家一般	黄枕宇	中央音乐学院
10BD035	黑龙江音乐史研究	国家一般	吴　岩	哈尔滨师范大学

续表

立项批准号	项目名称	立项类别	项目负责人	项目负责人所在单位
10BD036	王邦直律学思想研究	国家一般	王守伦	潍坊学院
10BD037	维吾尔民族传统歌唱方法研究	国家一般	赛雅拉·阿巴索夫	新疆艺术学院
10BD038	中国音乐美学学科发展史（1978～2008）	国家一般	韩锺恩	上海音乐学院
10BD039	音乐结构：元素、构态、对位及其二重性	国家一般	贾达群	上海音乐学院
10BD040	南宋雅乐研究	国家一般	田耀农	杭州师范大学
10BE041	佛教乐舞造型研究	国家一般	牛抒真	人民音乐出版社
10BE042	中国当代舞蹈创作思潮研究	国家一般	慕　羽	北京舞蹈学院
10BF043	当代中国美术与国家形象塑造研究	国家一般	杨　力	中央美术学院
10BF044	唐代民间书刻研究	国家一般	王元军	首都师范大学
10BF045	中国山水画写生方式的传承与流变	国家一般	王永亮	中国国家画院
10BF046	河东文化背景下的运城地区民间美术调查研究	国家一般	孙建军	中国艺术研究院
10BF047	维也纳美术史学派研究	国家一般	陈　平	上海大学
10BF048	20世纪早期“中西合璧”思想和实践及其对当代美术创新的意义	国家一般	封　钰	南京大学
10BF049	北宋国子监画学研究	国家一般	彭　亚	河南大学
10BF050	两宋时期佛教图像研究	国家一般	李静杰	清华大学
10BF051	20世纪中国女性绘画的研究	国家一般	孔　紫	中国国家画院
10BF052	碑别字字源汇释	国家一般	陆明君	中国艺术研究院
10BF053	欧洲风景画研究	国家一般	戴小蛮	湖南师范大学
10BF054	国家重大历史题材美术创作工程研究	国家一般	徐　涟	中国文化报社

续表

立项批准号	项目名称	立项类别	项目负责人	项目负责人所在单位
10BF055	20世纪以来的西方艺术设计理论体系研究	国家一般	蔡　军	清华大学
10BF056	中国西部地区少数民族民间制陶研究	国家一般	邱耿钰	清华大学
10BF057	西方现代设计中的中国元素	国家一般	袁熙旸	南京艺术学院
10BF058	集成光纤照明技术在城市景观与公共艺术中的研究与应用	国家一般	施　慧	中国美术学院
10BF059	中国民间工艺美术研究	国家一般	潘鲁生	山东工艺美术学院
10BF060	中国琉璃艺术史	国家一般	徐宏力	青岛大学
10BF061	当代中国社会结构状况下的设计艺术发展研究	国家一般	刘　佳	中国艺术研究院
10BF062	山西历代佛寺建筑与环境艺术研究	国家一般	赵　慧	太原理工大学
10BF063	设计艺术的民族特色研究	国家一般	李砚祖	景德镇陶瓷学院
10BG064	文化科技发展思路与对策研究	国家一般	严先机	中国艺术科技研究所
10BG065	后金融危机时期促进文化产业发展和扩大文化消费政策研究	国家一般	张　力	北京交通大学
10BG066	中国特色的艺术商品运作机制研究——对美国艺术商品流通运作机制的借鉴	国家一般	季若霄	四川师范大学
10BG067	中国文化服务贸易国际竞争力研究	国家一般	韩骏伟	中国传媒大学
10BG068	文化类无形资产评估与实际操作研究	国家一般	张大为	北京产权交易所
10BG069	促进我国文化产业会展规范发展对策研究	国家一般	洪振强	华中师范大学
10CA070	新中国插图艺术史	国家青年	孙海婴	广东轻工职业技术学院
10CA071	红学与史学	国家青年	石中琪	中国艺术研究院

续表

立项批准号	项目名称	立项类别	项目负责人	项目负责人所在单位
10CA072	艺术语境研究	国家青年	孙晓霞	中国艺术研究院
10CB073	戏曲诗学	国家青年	方李珍	福建省艺术研究院
10CB074	京剧史料学研究	国家青年	吴新苗	中国戏曲学院
10CB075	徐慕云戏剧美学思想研究	国家青年	毛　忠	中国艺术研究院
10CB076	京剧唱片声音史与社会思潮（1900～1945）	国家青年	孔培培	中国艺术研究院
10CC077	近代中国视觉文化研究	国家青年	唐宏峰	中国艺术研究院
10CC078	新世纪欧美类型电影创作新趋势研究（2000～2010）	国家青年	王　田	中国传媒大学
10CC079	先锋视角下的中国当代电影——中国当代电影的探索策略研究	国家青年	程　波	上海大学
10CC080	中国主流电影问题史研究	国家青年	段运冬	西南大学
10CC081	审查与扶持——欧洲电影政策史研究	国家青年	李　洋	东北师范大学
10CD082	宋以来宫调理论变迁及其与音乐实践的关系	国家青年	李宏峰	中国艺术研究院
10CD083	东南亚华族传统音乐文化生存现状及其特征研究	国家青年	王静怡	青岛大学
10CD084	琴僧：连接古琴音乐与佛教文化的群体	国家青年	司冰琳	首都师范大学
10CD085	中国古代汉族民歌音乐资料的整理与研究	国家青年	板俊荣	南京晓庄学院
10CD086	京剧“四大名旦”唱腔艺术研究	国家青年	仲立斌	华南师范大学
10CD087	1937～1949年：解放区文艺运动中的民间音乐问题研究	国家青年	陈宗花	河南大学
10CD088	安徽音乐史	国家青年	王安潮	安徽师范大学
10CD089	云南省石屏彝族“花腰”歌舞音乐及其文化形态研究	国家青年	何婷婷	云南省民族艺术研究院

续表

立项批准号	项目名称	立项类别	项目负责人	项目负责人所在单位
10CD090	当代社会变迁中的哈密木卡姆研究	国家青年	宋　沛	新疆教育学院
10CE091	山西晋南鼓舞的人类学研究	国家青年	卫艳蕾	太原师范学院
10CF092	敦煌壁画造型动漫角色设定研究	国家青年	林严冬	兰州大学
10CF093	宋代画学研究	国家青年	陈谷香	浙江大学
10CF094	中国画现代转型理论研究：以20世纪上半叶中国画讨论为中心	国家青年	于　洋	首都师范大学
10CF095	西方近代美术初传中国对本土美术的影响	国家青年	徐振杰	山东建筑大学
10CF096	江苏南通近代历史建筑艺术研究	国家青年	杨　科	南通大学
10CF097	特殊医疗机构的室内环境研究——临终关怀机构的室内环境设计研究	国家青年	刘　静	江汉大学
10CG098	文化信贷与担保的法律问题研究——以《文化产业振兴规划》为背景	国家青年	张　域	文化部
10CG099	文化遗产领域公共文化服务体系研究	国家青年	彭跃辉	中国文化遗产研究院
10CG100	文化产品的价格形成与文化公共品的价格管理研究	国家青年	郭丽岩	国家发展和改革委员会经济研究所
10CG101	民族村寨文化遗产保护与社会发展案例研究	国家青年	王学文	文化部民族民间文艺发展中心
10CG102	我国艺术表演团体改革的政策与路径研究	国家青年	陈　庚	武汉大学
10CG103	文化产业发展与公共文化服务体系建设研究	国家青年	杨乘虎	中国传媒大学

续表

立项批准号	项目名称	立项类别	项目负责人	项目负责人所在单位
10EA104	宁夏非物质文化遗产现状调查与发展研究	国家西部	陶雨芳	宁夏回族自治区文化厅
10EB105	川剧高腔音乐研究	国家西部	张永安	重庆市文化艺术研究院
10EC106	华语电影传统的分化与发展研究（1945～1965）	国家西部	刘宇清	西南大学
10ED107	中国南方少数民族乐器与东南亚相关民族乐器之比较研究	国家西部	陈坤鹏	广西艺术学院
10ED108	新疆地区当代交响音乐创作研究	国家西部	王宝龙	新疆艺术学院
10EE109	云南当代舞蹈发展史（1949～2009）	国家西部	陈　申	云南民族大学
10EF110	早期藏式佛教美术研究	国家西部	白日·洛桑扎西	西藏大学
10EF111	云南现当代美术资料库	国家西部	路炜峰	云南艺术学院
10EG112	震后羌族非物质文化遗产修复现状调查与保护模式研究	国家西部	廖　恒	四川音乐学院
10EG113	“转场”——新疆哈萨克族游牧生活研究	国家西部	黄适远	新疆艺术研究所

2010年度文化部文化艺术科学研究项目立项名单

立项批准号	项目名称	项目负责人	项目负责人所在单位
10DA01	中国当代公共艺术研究	吴士新	中国艺术研究院
10DA02	新中国60年甘肃文化艺术事业发展研究	徐 枫	甘肃省文化艺术研究所
10DA03	全球化语境中的中国当代艺术价值观研究	黄宗贤	四川大学
10DB04	转型期视野下的福建当代民间仪式戏剧研究	张 帆	福建省艺术研究院
10DB05	非物质文化遗产保护视野下戏剧史家及其理论的当代价值研究	王 雯	江汉大学
10DB06	中国话剧与城市空间研究	胡志毅	浙江大学
10DB07	《大公报》与京津戏剧（1902～1949）	杨秀玲	天津市艺术研究所
10DB08	日本的中国戏曲研究及其对中国的影响——以明治时期（1868～1912）为中心	黄仕忠	中山大学
10DB09	当代台湾香港澳门话剧创作研究	胡星亮	南京大学
10DB10	中国曲艺当代发展问题的研究	田 莉	中国艺术研究院
10DB11	江南民间传统曲艺宣卷与“宝卷学”研究	史 琳	常熟理工学院
10DB12	陕西戏曲现代戏发展研究	杨云峰	陕西省艺术研究所
10DC13	新媒体视域下的中国动漫艺术创新力研究	唐 艺	南京理工大学
10DC14	“新世纪十年”（2000～2010）红色题材影视剧研究	张慧瑜	中国艺术研究院
10DC15	阐释学视阈下的纪录片叙事策略研究	靳 斌	广播电影电视管理干部学院
10DC16	从实践到理论：中国电影声音创意研究	姚国强	北京电影学院
10DD17	中国古代音乐官署职能研究	殷 莹	天津师范大学
10DD18	中国古代雅乐的传承与发展研究	曹贞华	中国艺术研究院

续表

立项批准号	项目名称	项目负责人	项目负责人所在单位
10DD19	中国古代音乐重要美学范畴研究	宋　静	首都师范大学
10DD20	江西红歌的文化内涵及音乐形态研究	廖夏林	东华理工大学
10DD21	海峡两岸南音传承比较研究	王　珊	泉州师范学院
10DD22	新中国60年大众歌声流变及其成因研究	蔡　梦	首都师范大学
10DE23	汶川地震灾区恢复重建中羌族舞蹈文化环境的抢救与保护	李延浩	四川大学
10DE24	民族民间舞在台湾的传承研究	陈　雯	福建艺术职业学院
10DF25	虎丘泥人研究与抢救保护	高福民	苏州市职业大学
10DF26	中国民间竹器物文化研究	沈　法	宁波大学
10DF27	求“真”之路——中国现实主义油画的发展演进	王冬梅	山东建筑大学
10DF28	江南水乡传统民居建筑色彩研究	翟　音	浙江理工大学
10DF29	新干大洋洲青铜器的造型与装饰艺术	彭明瀚	江西省博物馆
10DF30	康有为与清代碑学研究	金　丹	南京艺术学院
10DF31	中日书法交流史	朱仁夫	湖南理工学院
10DF32	中国古代画论研究补遗——以书画类古籍题跋为线索	郭建平	国家图书馆
10DF33	中国传统工艺与设计管理思想体系研究	郑巨欣	中国美术学院
10DF34	中国画海洋画艺术创作研究	丁万里	日照市美术馆
10DG35	河南省文化改革发展试验区创新及可持续发展研究	葛　磊	河南省艺术研究院
10DG36	我国艺术表演团体核心竞争力的培育与提升	黄忆南	中国艺术研究院
10DG37	科学发展观视阈下农村社区公益性文化工程建设研究	门献敏	信阳师范学院
10DG38	非物质文化遗产传承人及其保护政策研究	苑　利	中国艺术研究院
10DG39	文化体制改革视域下的中国文化发展战略研究	郭长虹	文化部
10DG40	我国国有艺术表演团体体制改革研究	隋吉林	中央文化管理干部学院

续表

立项批准号	项目名称	项目负责人	项目负责人所在单位
10DG41	"十二五"文化产业发展规划研究	祁述裕	国家行政学院
10DG42	动漫文化与儿童成长研究	贺梦凡	湖南蓝猫动漫传媒有限公司
10DG43	国家艺术创意设计产业发展思路与政策建议	肖　平	南京航空航天大学
10DG44	文化主题公园管理与发展对策研究	顾　江	南京大学

全国艺术科学"十一五"研究状况及"十二五"发展趋势调研报告

全国艺术科学规划领导小组办公室

（2010年7月）

一、绪　论

新世纪以来，我国文化艺术事业持续发展、繁荣，"十一五"规划时期，艺术科学研究保持了良好的发展势头，学科优势得到加强，理论方法不断更新，研究格局日趋合理。较之"十五"规划时期，艺术学科的发展出现了一些值得关注和总结的新变化与新现象。

（一）国家社科基金艺术学项目的规范化管理与导向性作用进一步加强，推动我国艺术科学全面、持续、健康发展

根据全国哲学社会科学规划办公室关于进一步规范和加强艺术、教育、军事3个单列学科管理的意见，文化部教育科技司（后更名为文化科技司）暨全国艺术科学规划领导小组办公室自2007年起，将原"全国艺术科学规划课题"统一更名为"国家社会科学基金艺术学项目"，并将原来的评审立项周期由每二年一次改为一年一次，同时取消原自筹经费项目类别，分为重点项目、一般项目、青年项目和西部项目四大类，并专设文化部文化艺术科学研究项目。在《全国艺术科学"十一五"（2006～2010年）规划》及历年课题指南中，坚持围绕党和国家经济、政治、文化及和谐社会建设的大局，紧密联系我国改革开放、发展中国特色社会主义特别是文化艺术建设的实际，深化、拓展21世纪新的历史时期我国文化艺术建设实践中的重大现实问题研究；坚持既立足当代又继承民族优秀传统文化艺术，既立足本国又充分吸收世界文化艺术的优秀成果，积极构建以具有鲜明的中国特色与时代特征的思维表达方式，深刻揭示与系统阐述艺术规律的艺术学学科理论体系；坚持突出重点，兼顾一般，控制规模，提高质量的总体原则，倡导扎实严谨、精益求精的科学治学精神；坚持将规划选题、项目的评审立项与学科建设、队伍建设、人才培养及文化艺术科研结构调整、合理布局结合起来，不断加强项目评审、中期管理、鉴定结项及成果宣传推广等制度的建设，为我国艺术科学的发展指明了方向，并为研究提供了重要的平台。立项课题基本代表着我国艺术科学研究工作的方向和水平，对于推动艺术科学理论创新体系建设、培养艺术科学人才队伍、提高艺术科学研究管理水平，进而为构建社会主义和谐社会提供良好的文化条件和精神支撑，都具有十分重要的作用。

（二）传统史论研究向纵深方向发展，涌现出一大批具有学科建设意义的学术成果

传统史论研究一直是我国艺术学科，乃至整个人文社会科学的强项，这与我国文化历史悠久的国情和注重以史为鉴的学术传统有关，是我们的学术优势和学科优势。"十一五"期间，随着艺术学研究领域的不断扩大，艺术学各分支学科研究更趋深入，传统史论研究向纵深方向发展，一大批具有重要学术价值的史论研究著述相继问世，如：《中华艺术通史》、《中国艺术史》、《中国艺术史纲》、《中国近代戏曲史》、《中国戏曲通鉴》、《中国近代戏曲编年》、《中国曲艺志》、《南宋戏曲史》、《明代戏曲史》、《中国曲艺音乐集成》、《中国电影图史》、《中国当代电影发展史》、《中国电影专业史研究》等。其中，《中华艺术通史》的问世，堪称新世纪第一个10年中国艺术研究界为中华文化建设贡献出的一部艺术史经典之作，是我国乃至世界第一部以“通”的观念来统领的大型综合性中华艺术通史。《中国近代戏曲史》是我国戏曲史研究领域的一次新的探索与开拓，是第一部编撰近代戏曲历史的史学专著，该成果上接《中国戏曲通史》，下连《中国当代戏曲史》，填补了两部戏曲史之间的空白，承上启下，意义重大。《中国曲艺志》全面、系统、科学地记述了我国曲艺的历史和现状，它的编纂完成，改变了曲艺艺术“有史无书”的贫困面貌，为曲艺学的真正确立，奠定了坚实的学术基础。《中国电影图史》是迄今第一部完整展现中国电影发展历史的电影史著作，该著作较为全面、客观地记录、展现了100年来包括大陆、台湾、香港和澳门四地的中国电影发展演变进程及成就。这些成果的完成，不仅具有重要的奠基意义，同时也为学界提供了更多有价值的新史料、新观念和新的研究方法。

这期间，“艺术批评”在整个艺术学科发展中的“轻骑兵”和“急先锋”的作用获得有效发挥，它为艺术史研究提供鲜活的素材，又为艺术理论的开拓寻找新方向。“艺术批评”学科研究范围也得到进一步扩展，比如艺术生态批评、对小类型艺术门类（如魔术杂技）的艺术批评、对新媒体艺术（如动漫、数字设计艺术等）艺术批评规律的研究方兴未艾。研究领域深入到艺术批评的诸多具体和微观问题，如《艺术批评的语句分析》等。

（三）应用对策性研究得到重视并进一步加强，其重要作用日益凸显

“十一五”是我国文化艺术发展的一个十分重要的关键期，党的十七大明确提出要推动社会主义文化大发展大繁荣，掀起社会主义文化建设新高潮的文化发展新思路，文化体制改革的推进、文化软实力的提升、新兴文化业态的培育、文化传播新方式的尝试、文化艺术市场的拓展等事关文化产业、文化事业发展的一系列新课题也在实践中凸显。应用对策性研究在《全国艺术科学“十一五”（2006～2010年）规划》中得到充分重视与体现；一些敏锐的学者及时调整研究思路，在不放弃长线基础研究的同时，加强了紧贴时代、反映迅速的应用对策研究；一批涉及文化发展战略研究、公共文化政策研究、文化软实力研究、文化“走出去”研究、农村公共文化服务体系研究、文化市场监管研究等重要领域的成果不断涌现，如：《中国文化发展战略研究》、《文化创意产业背景下我国戏剧产业化研究》、《西部欠发达地区文化产业发展对策研究——以广西、云南文化产业快速发展的实证研究为例》、《我国文化艺术产业、文化艺术市场与文化经济政策研究》、《我国文化服务业发展及政策研究——基于产业特性视角》、《中国电影全面实施产业化政策以来电影产业成果及问题研究》、《文化行业中的标准化问题理论与实证研究》等应用对策性研究成果得到有关政府部门及社会的认可，《西部人文资源的保护、开发和利用》等应用对策性研究成果寓学理性于现实课题之中，既是重要的对策性研究课题，又具有重要的学术与历史价值，其最终成果《从遗产到资源——西部人文资源研究报告》，是21世纪之初在西北五省区、部分西南省区所进行的一次较为全面的文化调查及评估报告，包括西北地区戏曲、民间习俗、民间手工艺、民间舞蹈、建筑文化、少数民族习俗与信仰、工艺资源与农民生活等领域文化艺术资源的个案调查报告，以及概述西部人文资源研究的历史与现状、西部人文资源所面临的生态压力、西南少数民族村寨文化变迁、人文资源开发问题、贵州梭嘎生态博物馆的经验调查等14个专题的研究结论，提供了翔实可靠、丰富多样和弥足珍贵的当代西部人文资源的田野调查资料，为政府有关部门对我国文化国情的调研与掌握、以及对开发大西北的国家战略，提供了参考，具有重要现实意义。

（四）新兴文化业态进入艺术研究的视野，成为艺术研究新的增长点和新的研究方向

党的十七大报告中关于扶持和发展“新兴文化业态”的论述，提出了文化发展的新课题。“十一五”期间，随着科学技术的迅猛发展和广泛运用，文化与科技融合的步伐愈益加快，文化业态不断更新，动漫游戏、广播电视、出版业等与互联网融合、对接，衍生出网络游戏、网络视听、网络出版、网络动漫、网络文学等文化新业态；广电网与移动通讯网融合、对接，衍生出手机短信和彩信、手机广播电视、移动多媒体广播电视等文化新业态；数字出版和高端印刷使图书具有了视频、音频等功能，可以按需印刷，形成了新的出版业态。这些新的发展态势迅速成为艺术研究新的关注点和新的研究方向。

“十一五”期间，中国动漫产业的快速发展带动了该领域的学术研究。《中国动画片的产业经济学研究》、《动漫产业》、《世界动漫产业发展概论》、《世界动画史》等专著相继出版，研究领域涉及动漫的各个层面，具有较高的学术价值并在业内产生较大影响。新世纪以来，随着数字化媒体技术的迅速扩张，国际交流的频繁多样，新媒体艺术教育的日益专业化，新媒体艺术研究从早期的现象追踪转向全面的历史描述和理论探讨，从分散、自发的状态走向自觉的、体系化的研究，推出了《新媒体艺术》、《新媒体艺术史纲》、《数字媒体与艺术发展》、《数字媒体艺术史》、《新媒体艺术透视》、《新媒体艺术论》等一批成果。

（五）边缘化、萎缩化的传统艺术学门类研究找到新的突破口，获得新的生机与活力

“十一五”期间，随着非物质文化遗产保护得到全社会重视和国家政策的有力支持，《昆曲大典》、《京剧艺术大典》、《西部人文资源的保护、开发和利用》、《西北人文资源环境基础数据库》、《中国民间工艺美术传承人口述史数据库》、《非物质文化遗产传承及保护规律研究》等一批系统性较强、具有较高学术价值的非物质文化遗产保护研究得以展开。同时，具有学科奠基性的研究获得初步成果。2006年，《非物质文化遗产概论》作为国内第一部有关中国非物质文化遗产保护基础理论研究专著出版，该书从国际国内两个视角，系统、深入地回答了有关非物质文化遗产保护一系列基本理论与实践问题，提供了切实可行的思路。2008年，根据高校及社会对于“非物质文化遗产”教材的迫切需要，《非物质文化遗产概论》教材版出版。

“十一五”期间，非物质文化遗产研究获得政策引导、课题扶持和资金保障，使一些传统边缘学科找到新的突破口，获得新的动力与发展空间，重新焕发生机。以往的戏曲史研究，更多关注以京剧为代表的全国性大剧种和以昆曲为代表的文人戏曲的角度和层面，随着戏曲研究领域的不断拓展特别是非物质文化遗产保护工作的广泛深入开展，使长期被忽视的大量地方及少数民族剧种、民间戏曲等作为中国戏曲史重要组成部分的地位与价值及其保护研究的紧迫性，成为学界在新的时代条件下的普遍共识，并成为“十一五”期间戏曲研究的新热点。

（六）公共文化服务体系及相关政策策略研究异军突起，出现一批引人注目的学术成果

“十一五”期间，文化发展战略问题在国家宏观政策层面得到空前重视与加强，推动我国文化发展战略研究工作取得重要进展。2005年10月，文化部在中国艺术研究院设立“文化发展战略研究中心”，整合中国艺术研究院及社会各界学术资源，为国家文化建设提供学术支持，该中心承担、完成并出版的国家社科基金艺术学特别委托项目成果《中国文化发展战略研究》，系统论述了文化事业、文化产业的发展政策与策略、文化核心价值观传承与重构、非物质文化遗产的保护、国家文化安全、国家形象的塑造与传播、中国文化“走出去”战略、公共文化服务体系的建构等诸多重要的理论问题与现实问题。2008年立项的国家社科基金重大项目《提高我国文化软实力研究》，从我国综合国力发展的战略高度出发，立足于我国文化软实力的现状和国家需求展开研究，集中探讨我国文化软实力的性质、内涵以及提高我国文化软实力的历史经验与现实路径。2009年立项的国家软科学研究计划重大公开招标项目《中国特色自主创新道路研究——如何提高国家文化软实力》，依据我国文化发展的自身态势，从跨学科角度，把我国文化的发展战略研究放在中西学术融通的环境下，充分考察、呈现与提出发展我国国家文化软实力的战略策略，并将这些战略落实到具体的文化产业政策、社会教育方针和对外交流上，探寻中国特色自主创新的文化发展道路。《中国文化战略与安全研究》、《当代文化发展新趋势研究》、《大国策：通向大国之路的中国文化发展战略》等专著的出版也成为这一领域有代表性的成果。

公共文化服务体系及政策研究也取得了一批重要成果。国内第一部系统探讨公共文化服务体系问题的专著《公共文化服务体系研究》，首次从政策的理论起点——公民文化权利，以及中国当代政治背景——建设公共服务型政府来论述构建公共文化服务体系的合法性，理论框架涉及公共文化服务体系的主要构成、支持与保障系统、绩效管理与评估等；《国家公共文化服务体系论》以严密的理论体系论述了国家公共文化服务体系的命题背景、基本框架、基本原则、文化体制障碍，对中国语境下的公民基本文化权益进行了界定与论述，并通过对公共文化服务体系的项目目标及功能测值方法、人力资源动员保障系统、文化产业的制度支持，财政投入机制与方式，财政投入管理方式等的详尽论述，形成了国家公共文化服务体系完整的理论体系，对于研究和理解中国公共文化政策领域的实践和发展具有一定借鉴意义，为在公共文化生活空间关注文艺问题提供了独特的研究视野和角度。

二、艺术基础理论

艺术基础理论是对艺术实践的理论总结。“十一五”期间，艺术基础理论研究取得了长足的进步，并取得了引人注目的成果。重视学科建设、注重思辨性研究、拓展学术空间、开掘理论深度是其总体特点。

（一）艺术学原理研究成果丰富

艺术学原理研究包括对艺术基本理论的研究以及艺术学的学科性质与地位、学科结构、方法、教学体系的完善等研究内容。

近5年来，艺术学的基础理论研究依然是艺术学中最活跃的部分，这和前五年的情况有联系也有区别，差异表现在有半数以上的论文主要论证和论及艺术学的学科地位和学科性质。据中国期刊网的全文数据库统计显示，2006年艺术学基础理论的文章18篇，2008年艺术学基础理论的文章则达到31篇，发文字数也从11万字提高到了20万字。

关于艺术学学科结构如何建构问题的讨论，有助于一个相对合理的一级学科结构的形成，如《作为门类学科的艺术学学科群之构想——艺术学学科建设再思考》、《我国艺术学学科建设的态势》、《关于艺术学学科体系的几点思考》等。

1. 关于中国艺术学的建立与发展、特质问题受到关注

艺术学的独立，虽然是在西方完成的，但在当代中国艺术学的建设上，我国学者充分注意到了民族特色的问题。有学者指出：“无论是西方的传统美学、还是20世纪上半叶的德国艺术科学和当代西方的艺术哲学，它们都不可能替代中国艺术学研究，我们必须有自己独特的研究对象和内容。”《关于国际背景下的中国艺术学特色若干问题的思考》、《建立现代形态和民族特色的中国艺术学之可能性探讨》、《建立中国特色艺术学》、《艺术学的中国形态》、《改革开放以来的“中国艺术学”研究：困境与突破》等，都对这一问题做了有益的探讨。

2. 艺术学学科历史的研究取得新进展

艺术学虽然只有百余年的历史，但对它的回顾和总结，能够起到校正发展方向、把握潮流趋势、与时俱进的作用。一门学科的历史意识，是一门学科健康发展所不可缺少的自省性。因此，对艺术学的历史进行描述的文章，也成为“十一五”时期艺术学理论建设的重要部分，这包括两个方面：一是整体上研究艺术学发展的历史轨迹，如论文《中国艺术学60年》、《艺术学的“三级跳”与新“节点”》、《中国艺术学85年》、《与改革同步的艺术学——评我国艺术学学科三十年发展历程》等，专著《跨学科研究：20世纪中国艺术学》等；一是对著名艺术学历史人物的个案研究，如对宗白华、邓一蛰、马采艺术学思想的研究等。

3. 关于艺术学的应用研究问题也有新的拓展

艺术学的应用性研究已引起普遍关注，当前主要集中在两方面的讨论：一是艺术学与文化创意产业的关系，一是艺术学与非物质文化遗产的研究与保护。

（二）艺术社会学的新成就

艺术社会学是艺术学中一门重要的分支学科，自20世纪80年代以来，国内学者出版了一批有影响的学术成果。新世纪以来，产生了该领域两部重要研究成果《艺术社会学导论》、《文艺社会学史纲》。近年，《现代文艺社会学》、《文艺社会

学》、《艺术社会学描述》等艺术社会学专著修订再版。艺术社会学专题性研究方面取得一定成果，根据“中国期刊全文数据库”检索，有关“艺术社会学”的专题论文共24篇，包括艺术社会学基本理论研究12篇，应用研究5篇，西方艺术社会学评介7篇。

“十一五”期间，艺术社会学研究关注的主要议题如下：

一是重建艺术社会学的反思。有学者在本世纪初提出“重建文艺社会学”的口号后，如何在消除庸俗社会学影响的同时，切实加强艺术社会学的学科建设，建立中国特色的艺术社会学学科体系，已成为近年来艺术社会学研究的热点之一。李普文《超越实验》提出，所谓重建，就是要重新梳理艺术与社会的关系，把艺术社会学建立在新的哲学社会学的理论之上。周平远《从文艺社会学看中国文论30年》认为，重建文艺社会学应该坚持“辩证综合”的基本原则，致力于建设一种具有“多维论”性质的现代文艺社会学。刘金龙《艺术社会学研究的多维度审视》通过分析艺术与社会的互动关系，从艺术与社会的复杂关系中探讨艺术社会学的研究维度。

二是艺术社会学与文化研究的关系。从20世纪80年代末以来，中国艺术开始由“审美”向“文化”转型，艺术社会学出现了与文化研究合流的新动向。这是否意味着将文化社会学作为今后艺术社会学的发展前景呢？姚文放《文艺社会学的搁置与重建》认为，文艺社会学不可能完全消融在文化社会学之中，它终究要寻找自己的路且任重而道远。

三是中国当代艺术的社会学转型。新世纪伊始中国社会发生的深刻变化，带来社会政治结构、经济结构和文化结构的转变，促使中国艺术发生了从“文化学”向“社会学”的转型。2005年9月召开的“中青年批评家论坛暨第二届深圳美术馆论坛”的主题为“当代艺术的社会学转向”，在学界产生强烈反响。《艺术与社会：26位著名批评家纵谈中国当代艺术的转向》一书，收录了这次会议的论文。2006年发表的《当代艺术的社会学转向》、《“当代艺术的社会学转向”意味着什么？》、《当代艺术与社会运动》等文章，继续探讨中国当代艺术的社会学转型问题。有学者认为，中国当代艺术的社会学转型对当代艺术创作和艺术理论研究，具有双重的拓展意义。

四是当代形态的艺术社会学构想。重建艺术社会学的反思，促使一些学者深入思考当代形态的艺术社会学构想。陶东风提出，新兴的文化研究突破了长期以来在我国占支配地位的艺术社会学研究模式，是一种经过重建的文艺社会学。因为文化研究的一个重要特点，是在吸收语言论转向的基础上建构一种超越自律与他律、内在与外在的新的文艺—社会研究的方法。张晓刚的专著《跨学科研究：20世纪中国艺术学》认为，以文本为中心的理论批判的艺术社会学和以艺术社会机制为研究重点的经验的、应用的艺术社会学，对于艺术社会学学科建设来说都有着自身的独特优势和不可替代的价值。

五是艺术社会学应用研究。近年来，一些学者围绕艺术与日常生活的审美关系、艺术产品的大众化、艺术的商品化、艺术文化产业、艺术消费、网络时代的艺术等在当代艺术生产实践中产生的新问题，从艺术社会学的角度进行卓有成效的探讨。《关于网络时代文艺社会学的思考》、《析波普艺术中的社会学现象》、《艺术社会学视角下的南宁国际民歌艺术节之“民歌新唱”》等文章堪称应用性研究的代表作。

（三）“艺术批评”学科的研究有了一定程度的深化和扩展，取得了显著成就

艺术批评总体上呈现3个特点：一是《全国艺术科学“十一五”（2006～2010年）规划》重视将“艺术批评”的研究引导到具体艺术门类上。如对一些小的艺术门类（如魔术杂技）和新的艺术门类（如新媒体）的艺术批评研究放在了一个重要的位置上。二是“艺术批评”学科科研成果总量增幅很大。以“艺术批评”论文为例，“十一五”期间论文数是“十五”期间的5倍，著作数量也有明显增加。三是“艺术批评”学科研究范围有了进一步扩展，比如艺术生态批评、对小类型艺术门类（如魔术杂技）的艺术批评、对新媒体艺术（如摄影、动漫、数字设计艺术等）的艺术批评规律的研究方兴未艾。研究领域有了进一步的深入，深入到艺术批评的诸多具体、微观的问题，如《艺术批评的语句分析》等。成果形式也趋多种多样，除著作、论文外，还有调查报告、年度报告等多种形式。

1. 在“十一五”期间，艺术批评科研立项情况

国家社科基金规划项目：从课题指南情况来看，主要是两方面：一是“中国文学”部分的“文学批评及其倾向研究”；二是“外国文学”部分的“外国重要理论家和批评家研究”、“外国重要文艺思潮、批评理论反思研究”和“西方女性主义文学批评研究”等。从实际资助项目来看，每年资助的涉及到艺术批评的课题平均有7~8个，课题主要以中外文学批评为主，间或也资助类似“中国古代戏曲批评文体研究”等具体门类艺术批评研究项目。

国家社科基金艺术学项目：与以往5年规划不同，在“十一五”期间关于艺术批评学科的综合性课题没有出现，除2007年度立项的《中国艺术科学总论》、《中国艺术学学科体系建设研究》等课题包括“艺术批评学”研究外，各年度“课题指南”更为重视引导研究者加强对具体艺术门类、尤其是新兴艺术门类艺术批评问题的研究，如“中国现当代戏剧戏曲理论与批评研究”、“中国电影、电视剧理论与批评研究”、“中国舞蹈批评史”、“舞蹈美学与舞蹈批评研究”、“中国杂技、魔术理论与批评研究”、“美术基础理论与批评研究、书法、篆刻理论与批评研究”等。

省级艺术科学规划课题：从“十一五”开始，广东、山东等10余省份正式确定了省级艺术科学课题资助规划。从各自公布的省级艺术科学规划课题指南来看，艺术批评学的研究均占有独立的地位。如《山东省艺术科学“十一五”规划课题指南》“分类研究项目”中，既有独立的“艺术批评学”科目，也有各门类艺术批评学的研究科目。甚至有些省级艺术科学课题规划还进行了优秀课题评奖等活动，包括艺术批评学在内的一些课题获得奖励。

2. 在“十一五”期间，艺术批评学术著作出版情况

综合来看，“艺术批评学”基础理论的研究成果（著作部分）并不突出。除《艺术批评学》外，少有综合性艺术批评学基础理论著作出版。分论部分，首先是文学批评类占据主要位置，据国家图书馆数据，2006~2009年出版文学批评史论类著作（含译著）达165部，其次是美术批评（含设计）类著作有近20部，再次是电影电视批评类著作约12~13部，音乐批评类著作约7~8部。其他艺术门类只见零星著作出版。

3. 在“十一五”期间，艺术批评论文发表情况

2006~2010年，以艺术批评为题名的文章有108篇、主题涉及到艺术批评的文章有698篇。以艺术评论为题名的文章有27篇、主题涉及到艺术评论的文章有435篇。分论部分，和著作情况类似，文学批评类论文数量遥遥领先于各门类艺术批评论文数量。据中国知网（CNKI）数据，题名为“文学批评”的论文达1280篇、主题涉及到文学批评的论文有6400多篇。而其他具体门类题名为批评的文章一般不超过100篇，主题涉及到该门类艺术批评的论文也一般不超过200篇。比如：以美术批评为题名的文章有50篇、主题涉及到美术批评的论文有182篇。以音乐批评为题名的文章有32篇、主题涉及到音乐批评的论文有92篇。以戏剧批评为题名的文章有24篇、主题涉及到戏剧批评的论文有89篇。以电影批评为题名的文章有56篇、主题涉及到电影批评的论文有192篇。

4. 在“十一五”期间，艺术批评学术活动、国际交流和学术会议情况

举办了2007年度全国艺术学学科建设与发展学术研讨会、2008年度中国艺术学学科建设学术研讨会、2006、2007、2009年度3届全国艺术学学术研讨会和2007年度艺术理论创新与艺术学学科建设学术研讨会。从会议综述来看，艺术批评学的问题在学术会议上得到了讨论。

（四）艺术史学研究领域继续向纵深发展

“十一五”期间，艺术史研究领域取得丰硕成果，成为这一时期艺术科学研究的一大亮点。其中，历经10年精心打磨完成的国家社科基金艺术学“九五”规划重大课题成果《中华艺术通史》最引人瞩目。该著作汇集了以中国艺术研究院为主的全国艺术史论领域数十位专家学者，在“十一五”期间全部完成并由北京师范大学出版社出版。全书共14卷，以涵盖我国从原始社会到清末的全部传统艺术门类厚重而精粹的综合性史论内容，初步形成了富有我国浓郁民族特色的美学与艺术理论体系。《中华艺术通史》的问世，堪称新

世纪第一个10年中国艺术科学界为中华文化建设贡献的一部艺术史经典之作，是我国乃至世界第一部以“通”的观念来统领的大型综合性中华艺术通史。该成果总结概括了20世纪中国艺术史研究的学术成果并予以全新的综合创新，将对21世纪中国艺术史研究产生持续而有力的影响。

“十一五”期间出版的另一部大型艺术史著作《中国艺术史》（史仲文总主编），则按艺术门类分卷，分别为《绘画卷》、《建筑雕塑卷》、《书法篆刻卷》（上册、下册）、《工艺美术卷》、《音乐卷》、《舞蹈卷》、《戏曲卷》、《杂技卷》、《曲艺话剧电影摄影卷》。这部艺术史虽为门类艺术史之集合而非综合性艺术通史，却能按照统一的编撰宗旨和编写体例在一定时间内组织庞大的专家队伍来完成这一带有总结性的浩大工程，成为中国艺术史研究上又一个重要收获。其特点是篇幅更加庞大，而且将中国现代新出现的话剧、电影、摄影等艺术种类纳入研究视野。

这一时期艺术史研究著作中比较重要的还有《中国艺术史纲》，全书分为上、下两册，是作者在长期艺术史教学基础上独立完成的中国艺术史著作，该书注意到各门艺术的一体性和不可分割性，力图对中国古代艺术进行综合研究，以展现中国古代艺术和艺术理论的整体风貌，揭示其生成演变的复杂原因。这一时期，除综合性艺术史研究成果外，有关中国各门类艺术史的研究也有显著的推进。

三、戏剧戏曲学（含曲艺、木偶、皮影）

戏曲、话剧、曲艺等传统艺术学科研究或因对象式微，或因方法陈旧曾一度发生边缘化危机，研究队伍也曾出现转行流失与后继乏人的局面，但是随着新世纪我国传统文化复兴的热潮，尤其是非物质文化遗产保护在全社会的兴起，戏曲、曲艺等学科顺应时代要求，乘势发展，重新焕发生机和活力。

（一）“十一五”期间戏曲学科研究的主要进展与重要成果

“十一五”期间，随着学术研究队伍和研究力量的不断增强和各种学术平台的建立与夯实，戏曲研究领域涌现出一批重要的研究课题和学术成果。根据中国知网“中国学术文献网络出版总库”中“主题：戏曲”的检索，2006年1月1日至2010年4月14日共收入有关戏曲研究的论文13209篇，几乎涉及戏曲研究的各个领域。在此期间，戏曲学研究专著的编撰与出版也成果颇丰，一大批具有重要学术价值的史论著述相继问世，为学界提供了较多有价值的新史料、新观念和研究方法。随着戏曲学研究领域不断扩大，戏曲各分支学科研究更趋深入，诸多运用新的研究观念、方法和涉及新的研究领域的课题也陆续被立项。据《全国艺术科学规划历年立项课题汇编》统计，“十一五”期间，戏曲学共立项课题近30项，为戏曲研究积累了新的成果。纵观“十一五”期间的戏曲学科研究与建设，许多研究热点、进展和成果非常值得我们关注。

1. 戏曲史研究领域不断拓展和丰富

戏曲史研究是戏曲研究的基础领域。“十一五”期间的戏曲史研究与著述成果尤为突出，主要表现在3个方面：一是试图运用新的体例与形式来构建戏曲史。如《中国戏曲通鉴》、《中国近代戏曲编年》等采取编年的形式来演述中国戏曲发展的历史，既清晰地显示近代戏曲变革发展的轨迹，也呈现出戏曲变革发展与近代社会大变动的关系，这既是戏曲史学研究形式上的变化，更有研究观念、内容上的发展。二是对前辈学者史学构建的细化和拓展。自王国维《宋元戏曲史》到张庚、郭汉城主编的《中国戏曲通史》，前辈学者构建了戏曲史学的主要范畴和基本框架。“十一五”期间出版的《南宋戏曲史》、《明代戏曲史》、《中国近代戏曲史》等断代史著作虽在戏曲史观念上并未超越前辈学者的研究范畴，但至少拓展和细化了各个时代的戏曲史学构建。三是对戏曲史的各种专题研究格外关注，体现出学界研究视野的扩大与研究层次的深入。如《晚清戏曲的变革》、《劝善金科研究》、《戏曲班社研究》、《汤显祖与晚明戏曲的嬗变》、《祁彪佳与〈远山堂曲品·剧品〉研究》、《清代北京戏曲演出研究》、《中国戏曲传播接受史》、《明清曲家考》等著述，将宫廷戏曲、戏曲班社、戏曲的传播接受等以往戏曲史所忽略的部分，纳入到研究视野中，从不同的研究角度大大丰富和深化了戏曲史的研究领域。

2. 戏曲理论研究向本体回归

相对于以往的戏曲理论研究，近年来的戏曲

理论研究表现出两方面的发展转向：一方面从过去关注戏曲文学层面转向重视戏曲舞台艺术层面，这既体现在理论文献的整理上，也体现在对戏曲相关理论的总结中。“十一五”期间，无论是以往偏重文学研究的高等教育系统，还是以中国艺术研究院为代表的一直关注戏曲舞台的文化系统研究机构，已在戏曲艺术的本质是舞台艺术方面形成共识，其戏曲理论研究也正是围绕这一方面展开。这一时期出现的《中国戏曲的艺术精神》、《当代戏曲发展轨迹》、《当代戏曲发展学》、《戏曲表导演论集》、《齐如山剧学研究》、《中国古代禁毁戏剧史论》、《中国杂剧艺术通论》等具有较高理论价值的成果都体现出这种倾向。另一方面，由于新中国成立后的戏曲革新使得戏曲创作朝着精致化的方向发展，特别是新时期以来西方戏剧理论的大量引入和借鉴，戏曲理论也体现出戏剧化、精致化的倾向。随着近年来学界逐渐意识到中国戏曲的本质是民间艺术，是一种诗化、写意的舞台艺术，开始在戏曲理论研究中寻找适合戏曲艺术自身的理论话语，体现出试图扭转戏曲理论研究中的“戏剧化”倾向，逐步向戏曲本体回归。

3. 地方戏曲剧种与民间戏曲研究成为新热点

戏曲剧种与民间戏曲曾是戏曲研究的薄弱环节。随着20世纪80年代在以中国艺术研究院为代表的研究机构推动下，戏曲剧种、民间戏曲研究愈益受到重视，学界举行了全国弋阳腔、梆子腔研讨会，极大地推动了戏曲剧种与民间戏曲的研究。“十一五”期间，特别是民间戏曲、地方戏研究成为戏曲研究新的热点，其中既有非物质文化遗产保护工作广泛深入展开所产生的巨大推动力，也根源于学界戏曲研究观念的变化。以往的戏曲史论研究，更多的关注以京剧为代表的全国性大剧种和以昆曲为代表的文人戏曲的角度和层面。随着戏曲研究领域的不断拓展，特别是非物质文化遗产保护工作为许多地方剧种、民间戏曲展现其生存发展的历史、现状创造了条件和契机。2006年的“山西长治赛社与乐户文化国际研讨会”、“中国四平腔学术研讨会”、“戏曲保护与区域文化发展论坛”，2007年的“地方戏与川昆论坛”、“中国非物质文化遗产珍稀剧种展演暨学术研讨会”等等，都对戏曲剧种和民间戏曲的研究产生了深远而积极影响。《中国越剧大典》、《中国秦腔》、《广东戏曲简史》、《丝绸之路戏曲研究》、《河南曲剧》、《山西戏曲唱腔体式研究》、《江西弋阳腔戏曲新探》、《东路二人台——从无意识发生到介入式延续》、《扬州戏剧文化史论》等也成为这一时期产生的重要成果。因此地方戏曲剧种与民间戏曲研究的深入将成为戏曲研究中一个长期而必然的趋势。

4. 昆曲研究的进一步深入

昆曲自2001年5月18日被列入首批“人类口头与非物质遗产代表作”后倍受社会关注，仅2007年关于昆曲的大规模研讨会就有6次之多，学界日益意识到昆曲等古老剧种对国家与民族文化的重要性。近年来，从昆曲舞台艺术的保护、发展和创新，到昆曲艺术的整理、保护和研究等方面都有许多重要的成果。如作为“十五”戏曲学重要研究成果的《昆曲与传统文化研究丛书》（10种）2003年出版后产生巨大影响。该丛书突破了单纯研究昆曲的局限，以昆曲与传统文化的关系为切入点，通过该剧种丰富内涵的阐释，为中国戏曲剧种研究的深入推进提供了很好的示范。特别是被列入《国家“十一五”文化发展规划纲要》之“文化保护”内容的国家重点课题《昆曲大典》自2004年启动以来，经过5年多近百位学者的共同努力，现已进入审稿出版阶段，成为截至2001年昆曲发展史上规模最大、最系统、最全面的保护、抢救、整理与研究，无疑将大大推动昆曲艺术的传承和发展。“十一五”期间还先后出版了“昆曲艺术家传记文献丛书”中侯少奎、岳美缇、李楚池、张继青等昆曲艺术家的传记，延续了上世纪50年代对表演艺术家进行艺术总结的经验，用丛书形式汇集了活动在昆曲艺术领域的表演艺术家、研究者等，在其艺术生涯中累积而成的经验和研究，实际上成为对一代昆曲工作者进行的系统的传记文献。此外，“十一五”期间还有《中国昆曲装扮艺术》、《幽兰飘香 》、《昆剧锣鼓》、《昆曲之路》、《昆剧舞台美术源流考》、《昆曲与江南社会生活》、《古韵悠扬水磨腔》等昆曲研究专著。而作为国家重点课题《昆曲大典》的延伸，《昆曲口述史》、《昆曲舞台文献整理丛刊》等课题的立项与完成将进一步推动昆曲研究走向深入。

5. 少数民族戏剧研究方兴未艾

随着非物质文化遗产保护工作的深入开展，少数民族戏剧所独具的民族特色及其原生态的魅力越来越受到学界的关注。较之以往学界更侧重于全国性大剧种的关注与研究，并将其当作成熟形态戏曲艺术样式的范本，学界在少数民族戏剧发展与保护问题上的观念发生了巨大变化，愈益明确了少数民族戏剧作为中华民族戏剧艺术的重要组成部分，其发生发展遵循着戏剧艺术总体规律，同时也具有自身特定的时代与艺术特征，由此形成中国戏曲艺术“百花齐放”的多样性，尊重、维护而不要“人为”破坏各地方戏曲剧种特别是少数民族戏剧原生态的艺术样式，已成为学界保护与发展中国戏曲剧种的重要思路之一。“十一五”期间，《中国少数民族剧种发展史》、《中国少数民族戏剧史》以及《四川少数民族戏剧》、《中国藏戏史》、《青海藏戏艺术》、《青海黄南藏戏》、《藏戏与歌舞艺术》等重要著作的相继完成或出版，填补了我国少数民族戏剧没有专史的空白。

6. 一批具有重要史料和学术价值的戏曲文献与戏曲图谱的编辑出版

“十一五”期间，戏曲文献整理与研究方面先后出版了《历代曲话汇编》、《日本所藏稀见中国戏曲文献丛刊》第一辑（共18册）、《郑振铎藏古吴莲勺庐抄本戏曲百种》（全25册）、《中国京剧流派剧目集成》（共20集）、《戏曲文献研究丛稿》、《福建戏曲文献研究》等；戏曲图谱方面则有《中国戏曲脸谱·秦腔脸谱》、《中国京剧戏衣图谱》、《中国戏曲脸谱·川剧脸谱》、《京剧净角经典脸谱》、《梅兰芳访美京剧图谱》（中英文本）等，为戏曲史研究提供了珍贵丰富的史料和图象资料。

7. 木偶戏、皮影戏的研究在“十一五”期间取得了巨大进展

根据中国知网的检索，2006年1月1日至2010年4月14日全国期刊共刊载有关木偶戏研究的论文近300篇；重要专著有《泰顺药发木偶戏》、《泉州提线木偶戏》、《傀儡演真情》、《民间木偶》等。关于皮影戏的论文则有400余篇，重要专著有《中国皮影艺术史》、《光影岁华》、《冀东皮影戏》、《海宁皮影戏》等，特别是国家社科基金艺术学“十五”规划2001年度项目《中国皮影艺术史》的完成和出版，填补了该领域一直没有系统研究皮影戏发展历史专著的空白，成为我国第一部皮影史专著。此外，木偶戏、皮影戏也逐渐成为许多戏曲学研究专业硕士、博士学位论文的选题，如《中国古代木偶戏史考述》、《遂昌木偶戏的调查与研究》、《中国传统影戏演出形态研究》、《中国影戏与民俗研究》、《中国影戏的艺术特征及其与姊妹艺术的关系》、《乡民、艺人与仪式剧》等。

（二）话剧研究取得长足的进步

“十一五”期间，作为中国现代舞台艺术的重要组成部分，话剧演出日益增多，话剧市场渐趋活跃，话剧理论和历史的研究取得了长足的进步，研究方法和研究视野也有新的拓展。

1. 话剧史研究更加注重文化价值和艺术内涵的纵深研究

着眼于现代史学的发展，话剧史研究不再局限于戏剧运动史和戏剧文学史的范畴，而是在不断地丰富资料和更新观念的过程中，开掘和深化话剧史的文化价值和艺术内涵。已立项为国家社科基金艺术学“十一五”规划戏剧研究项目并陆续完成的包括：《文明新戏社团流派研究》将早期文明戏的发生、发展、剧团构成、演出剧目做了比较详细的梳理和分析，从而丰富了早期话剧的艺术风貌；《中国话剧舞台艺术发展史》则从舞台艺术的演出面貌出发，研究了作为剧场艺术的话剧的发展过程；此外，《文化思潮与中国当代戏剧（1978～2000）》，《文化创意产业背景下我国戏剧产业化研究》，《走在现实主义道路上的辽宁人民艺术剧院》等，都从不同侧面，开掘了话剧作为综合性艺术的丰富性和多样性，扩展了中国话剧研究的视域，提升了其文化价值。

“十一五”期间，一些新的话剧史研究著作也陆续出版，并显示了学术实力：《百年中国话剧图史》以中国话剧近2000幅演出历史图片为基石，搭建了中国话剧百年来的形象画廊，生动地展现了中国话剧从稚拙到繁荣的演剧形态的变迁与发展；《中国近现代话剧图志》以馆藏话剧图片为基础，对百年来的话剧演出进行了形象化的叙述；《二十世纪中国戏剧面面观》对于一个世纪以来的戏剧文化现象、戏剧思想进程、重要的艺术思潮、

流派、演出形貌等作了研究与总结。

2. 跨文化研究成为戏剧研究的重要课题，填补了以往的空白领域

不同国度、地区之间的文化交流与融合、对话与合作，互动与发展，成为包括话剧史在内的戏剧研究的重要课题，有些选题涉及以往不曾关注、或因资料不足而忽视的领域。专著《谁的蝴蝶夫人——戏剧冲突与文明冲突》从分析西方剧作中的异族人、东方人形象出发，对西方戏剧的东方想象、文化猎奇、殖民叙事、强势话语进行剖析，从而对西方中心主义的文化命题做出批判，并提出了“跨文化戏剧”的新的艺术构想；《东南亚华语戏剧史》以全球华人艺术的视野，系统研究了泰、马、新、印尼、菲等东南亚诸国华语戏曲、话剧及多种表演形式的沿革、形态等，深入揭示了东南亚华语戏剧的整体面貌和内在规律，成为第一部系统、完整研究东南亚华语戏剧的史论专著；《香港话剧史稿》，具有在香港戏剧研究方面填补空白的学术意义。

3. 当代戏剧研究的丰富和深入

《叙事者的舞台——中国当代话剧舞台叙事形式的变革》敏锐地捕捉到了新时期以来我国话剧舞台创作思维发生的重大观念性转变，指出现代戏剧已经从作品的外部叙述转向文本或主人公内心的内部叙事，带动了话剧舞台表现形式的变革与创新；《新时期戏剧艺术研究》则是一部展示舞台艺术发展风貌、总结新时期以来艺术探索经验得失的学术著作；《北京新时期戏剧史》、《小剧场戏剧论稿》、《中国实验戏剧》等都从当代话剧的舞台面貌出发，从不同侧面考察了中国话剧的生存状态，描述了其基本的发展趋势和运行轨迹，对一些艺术特点也进行了归纳和总结，为今后深化研究提供了一定的学术基础。

4. 戏剧理论与批评渐趋深入

专著《20世纪中国戏剧理论批评史》从理论批评的视角出发，描述了中国话剧在话语、文体、理念的体系化建构中的不断努力；《中国戏剧论辩》（上、下卷）作为国家“十一五”重点出版项目，对中国话剧史上出现的新旧剧论争、国剧运动讨论等问题进行了剖析和论评；《戏剧与符号》则从戏剧符号学的视角，研究了戏剧舞台的形象符号的能指与所指的意义及其美学价值，丰富了中国话剧的理论宝库；译著《戏剧舞台灯光设计》形象地展现了现代舞台美术观念的创新，以及舞台灯光表现手段的新发展。

5. 导、表演理论研究以及舞台艺术总结有了可喜的进展

专著《导演者——从梅宁根到巴尔巴》对西欧导演流派的形成和学科的发展进行了细致的考察，对不同历史时期的代表性人物进行了重点介绍，从中阐释了导演艺术的美学追求和发展演变的历程；译著《敞开的门（谈表演和戏剧）》强调戏剧对于人类感觉的独特刺激，指出戏剧应当通过惊讶、刺激、游戏把观众导向真理；《戏剧表导演的中国学派》，试图从话剧民族化的审视角度，阐释富有民族气派、现代精神、本土特色的中国话剧导表演艺术的美学特点；北京人民艺术剧院出版了“北京人艺经典戏剧文库”《焦菊隐画传》、《〈天下第一楼〉的舞台艺术》、《〈骆驼祥子〉的舞台艺术》、《〈窝头会馆〉的舞台艺术》等，对具有北京人艺风格、富有鲜明艺术特色的舞台作品，进行了系统的梳理、总结和探讨，这些著作不仅展示了戏剧创造从文本、到排练、到演出的完整过程，而且为后世研究者提供了准确的第一手资料。

6. 中外戏剧作品、史料的集纳与出版有了较大的拓展

2007年适逢中国话剧百年庆典，《百年中国话剧剧作选》（共20卷，中国话剧研究会编辑出版）不仅选取了话剧从创始迄今出现的百多部剧作文本，而且涵盖了台港澳的戏剧创作成就；《中国新时期戏剧研究资料》、《叩问中国戏剧命运》等著作的出版，都在一定程度上集纳涵括了重要的研究资料，扩展了话剧的学术基础；《萨拉·凯恩剧作集》、《迈克·弗雷恩戏剧集》将西方当代戏剧创作的较新成就引入国内，有助于人们了解西方戏剧的艺术特征和美学取向；《剑桥插图英国戏剧史》、《20世纪德语戏剧的美学特征——以代表性作家的代表作为例》、《莱辛戏剧七种》等的出版，皆有助于中国戏剧文化的丰富和发展。

（三）曲艺学科的研究状况总体上成绩较为显著

1.《中国曲艺志》和《中国曲艺音乐集成》全部编纂完成并出版

作为国家社科基金艺术学重大项目《中国民

族民间文艺集成志书》（共10部）组成部分的《中国曲艺志》和《中国曲艺音乐集成》于2010年上半年全部编纂完成并出版，具有中国曲艺学科文献资料建设奠基意义，基本摸清了中国曲艺的历史家底，明确记述了中国56个民族的曲艺品种及其分布与形态特征，为开展曲艺的全面深入研究，健全和完善曲艺的学科体系，奠定了牢固的基础。

2. 具有重要学科建设意义的曲艺类研究项目相继启动或完成

涵盖“曲艺”学科条目的《中国大百科全书》第2版作为2009年新中国成立60周年献礼图书出版，标志着曲艺学科的知识框架在《中国曲艺志》等基础性成果的支撑下获得了全面更新；“十一五”期间一些全国性“曲艺”学科研究项目陆续立项，如国家社科基金艺术学西部项目《河西曲艺研究》、一般项目《河南曲艺信息资料数据库建设与研究》、《扬州评话史研究》、《东北大鼓艺术流变研究》、文化部项目《相声表演艺术研究》、《非物质文化遗产“南音”的保护与发展研究》、《河西宝卷研究》等，将推动曲艺学科的建设。

3. 涉及曲艺历史、理论、人物、文献等方面的研究成果丰富多彩

主要有：曲艺历史研究成果《书坛口述历史》、《河南曲艺史》、《辽宁曲艺史》、《四川曲艺史话》、《苏州评话弹词史》和《中华艺术通史》（“曲艺”部分）等；曲艺理论研究成果《云南曲艺概论》、《苏州评弹艺术论》、《中国散曲综论》、《四川曲艺概述》、《粤曲》等；曲艺人物研究成果《霍树棠与奉派东北大鼓》、《粤曲名伶小明星》、《马长青三弦艺术人生录》、《一生守候》、《骆玉笙年谱》等；曲艺文献研究成果《中国鼓词总目》、《弹词目录汇抄·弹词经眼录》、《扬州清曲》、《中国传统二人转大全》、《苏州评弹书目库》等或具有填补空白意义，或具有推进深化作用。

四、电影、广播电视及新媒体艺术

“十一五”期间，中国电影、广播电视及动漫和新媒体艺术发展迅猛，学术研究也呈现出多元、务实和理性的活跃态势，应用意识及创新意识增强，实证研究和跨学科研究方法被广泛采用，各类宏观视野性、阶段总结性著作大量涌现。

（一）与国家重大政治文化事件相呼应的电影学研究

这一时期的电影学研究伴随着中国电影诞生100周年、纪念中国改革开放30周年和新中国成立60周年等重大政治文化纪念活动而有力推进，为这一时期的电影学研究提供了十分重要的契机，并获得了重大进展，取得了重要的研究成果。同时，随着国家经济的快速发展，综合国力的增强，文化现代化和越来越凸现的国家意识的提倡，全球化背景下的民族性显现问题等也为电影研究提供了新的理论热点。电影学研究已经远远超出了作为专业学科的电影研究领域，而向多学科交叉的方向发展，构成了这个时期电影学研究的新特点。

1. 电影史研究继续2005年中国电影百年纪念的余绪，推出一系列重要研究成果

2006年，由大陆、台湾和香港三地电影史学专家共同组成编委会，大陆著名电影史学家程季华、台湾著名电影导演李行和香港电影工作者总会会长吴思远担任编委会主席，集两岸三地数十位电影史学专家历时4年完成的《中国电影图史》较为全面、客观地记录、展示了100年来包括大陆、台湾、香港和澳门四地的中国电影的发展演变进程及成就，规模宏大、史料丰富、视野开阔、分量厚重，成为迄今第一部完整展示中国电影发展历史的电影史著作；《中国电影学专业发展史》作为由《中国电影文化史》、《中国电影理论史》、《中国电影编剧史》、《中国电影导演发展史》、《中国电影表演发展史》、《中国电影摄影艺术发展史》、《中国电影美术发展史》、《中国电影动画发展史》、《中国电影声音发展史》、《中国电影音乐发展史》、《中国电影技术发展史》、《中国电影制片发行史》、《中国电影教育发展史》等13部专著构成的大型系列丛书，从专业发展的角度对电影各专业领域的发展脉络、本质、特征、本体、类型、风格、审美、规律、现象及研究方法等进行了系统的学术理论总结；《民国电影专史丛书》对民国时期电影，特别是战时大后方电影进行了比较深入的史料收集和历史研究，为这一时期区域电影历史研究填补了某些空白，与《百年中国电影研究书系》、《电影丛书》等共同构成了中国电

影历史研究蔚为壮观的学术景象。除此以外，还有一些具有个人研究特点的电影史研究著作，从不同的方面对中国电影史进行了多角度多类别多形式的研究，《中国电影史》作为普通高校的适用教材，在对中国电影历史的多维视野研究阐释上有所开拓；《中国早期沪外地区电影业的形成（1896～1949）》则采用了方志研究的方法，比较系统地描绘了早期中国电影除上海以外的电影版图划分；《影像时代——中国电影简史》、《百年中国影视的历史影像》等也从不同视角对中国电影史进行了综合性研究。在早期电影研究方面，研究者对于中外电影比较给予了越来越多的关注，由此展开对中国早期电影的文化研究，《欧美电影与中国早期电影（1920～1930）》在"民族认同"主题的统领下，用比较研究的方法探索了欧美电影与中国早期电影的影响关系，在史料的挖掘与整理上作出了可贵的努力，具有代表性；香港电影史的研究写作也是这个时期逐渐被中国电影史学界关注的话题，研究著作和论文数量逐年增加，研究不断深入，《早期香港电影史（1897～1945）》、《香港电影史（1897～2006）》、《映画：香港制造》、《香港电影的文化历程（1958～2007）》等，不仅进一步梳理了香港电影发展的历史过程和当代发展走向，而且从艺术、产业、文化等方面对香港电影进行了多方位的考察，显示出了香港电影研究的新面貌。

2. 史志史料方面的成果也十分显著

《中国电影编年纪事》用丰富详实的资料把中国电影百年来的重要历史事件以历史编年的方式编辑出版，为中国电影史的研究提供了丰富的线索；《中国电影研究资料：1949～1979》则汇集了这个时期的中国电影研究文献，是研究这个时期中国电影史的重要参考。除了上述著作外，在电影理论刊物、大学学报上，中国电影史研究的论文更加丰富，这些论文视野开阔，理论方法多样，主要集中在对中国电影历史的重新审视、史实挖掘、文化分析、中外比较研究等方面，对"重写电影史"、"口述历史"等话题显示出了很强的积极性，也获得了十分宝贵的学术收获，成为中国电影史研究的一个十分活跃和重要的领域，对中国电影史研究的不断推进发展具有十分积极的意义。

3. 当代中国电影的研究较之历史研究呈现出更为活跃的局面

这些研究涉及电影现象研究、市场产业研究、新生代电影导演研究、主旋律电影研究等。《中国当代电影艺术发展史》是一部具有当代中国电影研究特色的著作，其分类方法不同于以往的电影史著作所习惯的编年史方法，而是采用题材与类型进行分类叙述的方法，对新中国以来的中国电影历史进行了新的描述。如何在已有的成果基础上，运用新的思路，新的理论方法使电影史研究不断走向深入，不断有新的开拓成为学者们共同关注的突出问题。一方面在新材料的挖掘上能够有所突破，填补一些空白，同时，对以往的电影历史叙述中的一些误读、不实阐释进行校正，使中国电影的历史描述更为接近历史的真实场景；另一方面，对中国电影史研究中的习惯性认知体系进行重新审视，借助一些新的理论方法，从多侧面对中国电影历史研究在方法论上有所开拓，力图对中国电影历史的解读上有所发现并与不同时期中国社会政治、文化、城市发展等情况实现更为合理的对接，对中国电影的民族性、现代性等问题作出更为合理的、更有说服力的说明与阐释。

4. 电影理论研究方面呈现出非常积极的态势，研究论题十分广泛

《电影形态学》、《电影语言修辞研究》、《电影理论基础》等从电影基础理论和本体方面对电影理论形态和电影的一些根本性问题进行了新的梳理阐释，搭建了电影史、电影特型、元素和理论支撑的新的阐释框架；《现代电影美学体系》、《电影艺术观念》等在电影美学领域展开研究，探讨了现代电影，特别是高科技背景下的电影美学的特质，美学与文化、视听理论的交叉性研究，反映了电影理论和美学研究的某些新的趋向。

5. 电影类型研究、电影传播学研究、电影心理学研究、女性电影研究等新的交叉性学科的研究方向，为电影理论研究增加了新的视角

特别是类型研究和女性电影研究在电影理论研究态势中受到研究者的关注。女性电影研究与近年来越来越多表达女性意识的电影和文化理论发展有着直接的关系。类型电影研究与商业电影和产业研究的快速展开有着明显的联系。关于商

业电影的研究、市场研究、联带主流电影与商业电影的艺术融合、电影民族性、华语电影概念的引入、国营和民营电影企业发展战略等方面的研究都成为电影学研究中十分显要的话题。新技术电影的研究随着多媒体技术和数字技术在电影中的广泛运用受到重视。新媒体的出现，如电视、网络、手机等对视频节目的大量需求，使电影传播学研究、媒体研究正在不断地加入到电影学研究的范畴中来，呈现出活跃的态势和明显的时代性特征。

（二）向学科纵深领域发展的广播电视研究

根据《中国广播电视年鉴》（2007～2009）统计，内地出版的广播电视书籍（含专著、报告、年鉴、丛书等）：2006 年 256 部，2007 年 242 部，2008 年 373 部。另外，2009 年中国内地出版的电视研究著作为 243 部。通过对这些著作的分析，可以看到中国广播电视在“十一五”期间取得的成绩。

1. 在学科建设、史志研究和基础理论研究方面取得阶段性成果

在学科建设上，中国传媒大学赵玉明主持的教育部人文社会科学重点研究基地重大课题“广播电视学学科体系建设研究”自 2005 年立项以来，已取得一些阶段性成果，如《广播电视史学研究》、《广播电视传播学研究》、《广播电视文化艺术学研究》、《广播电视理论研究》等；中国传媒大学“211 工程”二期项目科研成果《电视剧艺术学丛书》，如《中国电视剧艺术学学科论》和《电视剧原理》第一、二卷，《电视剧艺术类型论》等具有新世纪新学科前沿色彩的成体系的基本理论和历史研究。

在史志研究上，中国传媒大学“211 工程”项目成果《中国广播电视文艺大系（1977～2000）》，由《理论·批评卷》、《广播剧卷》、《电视纪录片卷》、《电视小品卷》、《广播电视文学节目卷》、《电视戏曲卷》、《电视综艺节目卷》、《史料·索引卷》组成，具有珍贵的历史文献价值。刘习良主编的《中国电视史》史料翔实，以点带面，以论带史，努力解求新问题和提出新见解，系统阐释了中国电视在 40 余年发展过程中观念、体制、结构、形式、功能上出现的问题，是目前论述中国电视发展最为全面的史学专著。

电视基础理论研究不断向多视角多学科拓展，与美学、艺术学、文化学、社会学、受众学、叙事学、语言学、心理学、批评学等领域合理嫁接，深化了电视研究的学理性。如《影视文化对未成年人的影响和对策研究》弥补了我国影视学界对新媒体环境下未成年人素质教育进行实证研究的欠缺；《电视批评：理论·方法·实践》是我国第一部将电视批评理论与实践结合的综论性著作。在类型电视节目的研究中，学界对综艺娱乐节目、纪录片、民生新闻等保持着较高的研究热情，出现了相当数量的创新性成果；广播理论界对广播媒介事件、广播媒体生存策略和广播行业科学规范发展的关注，体现出较强的理论自觉性。

2. 在媒介研究与产业发展报告方面，涉及面广且深，具有可操作性

首次由政府部门编写的蓝皮书《中国广播电影电视发展报告》从 2006 年始每年发布一册，全面深入地反映上一年度中国广播影视的发展状况、特点和问题，兼顾分析预测未来的发展趋势；《中国电视网络影响力报告》从 2008 年起每年以排行榜的形式推出，提出了一种全新的电视评价指标，首次从网络角度考察电视的社会影响力，成为我国广播电视领域第一个具有自主知识产权的创新性理论成果。

3. 在国际传播和国际传媒发展研究方面展开深入研究

随着我国广播电视国际传播力的全面提升，一系列有关国际主要传媒从理念到产业深入研究的成果出现，如广电总局重点研究课题《东盟广播电视发展情况研究》、《发达国家广播影视管理体制和管理手段研究》，中国国际广播电台专题调研《国际传播发展战略研究》，这些成果注重系统性、针对性和准确性，为构建我国现代国际广播体系奠定了基础。

（三）携带时代新气象、取得学科新进展的动漫研究

“十一五”期间，中国动漫产业发展较快，带动了该领域的学术研究，取得了较大进展。上海、广东、湖南等动漫大省和北京大学、北京电影学院、中国传媒大学等高校的动漫研究机构积极探索和拓展，推出了一批新成果，其他多个省市和高校也开始引入动漫的产、学、研机制，有关研

究报告、专著、论文等成果不断涌现。根据“中国期刊全文数据库”检索，2006～2010年，有关动漫的研究论文共307篇；专著类亦出现了《中国动画片的产业经济学研究》、《动漫产业》、《世界动漫产业发展概论》、《世界动画艺术史》等，研究领域涉及动漫的各个层面，在业内产生较大影响，具有较高学术价值。

上述研究成果在中国动漫理论建设方面取得了一定进展。其一，理清了动漫的相关概念，界定、阐释了动漫、动漫产业等概念及其内涵和外延，界定、阐释了网络动漫和手机动漫等新媒体动漫；其二，在动漫艺术和动漫史的研究层面取得新的进展，分析了动漫艺术的总体特性，并在分析中国动漫艺术特色、梳理中国动漫发展历程的同时，回顾了日本、韩国、中国台湾和欧美等动漫较发达地区的动漫发展历史及艺术特色，指出了目前中国动漫在艺术创作层面的优势以及原创性差、缺乏有影响的动画明星形象、过于注重寓教于乐导致作品缺乏幽默和童趣、量大质差等不足，并对中国文化是中国动画创作的资源还是包袱的争论进行了梳理；其三，拓展了动漫理论研究的领域，除动漫艺术外，还涉及了动漫教育、在线动漫研究、动漫鉴赏、动漫保护等方面的课题；其四，在动漫理论的重要分支——动画理论研究的学科分类上也有一定建树，将我国的动画理论研究分为动画本体论研究、动画史研究、动画批评、动画创作研究与动画产业研究5个类别。

中国动漫产业发展研究是“十一五”期间中国动漫研究的重点，上述成果具体介绍了国内外动画产业、漫画产业、手机动漫产业、网络动漫产业、动漫游戏产业的现状、发展和市场的运行情况；系统分析了中国动漫产业的演进与趋势，市场及细分市场的供求规模、竞争格局、产业投融资并购的现状、趋势；深入分析了区域发展、衍生产品市场、国内外重点企业运营状况、成功动漫人物案例、行业竞争和金融危机环境下动漫产业的发展、动漫产业的投资潜力、存在风险与未来前景、目前中国新媒体动漫中网络动漫和手机动漫的产业价值链及其用户特征和市场特点等；在肯定中国动漫产业快速发展的同时，也指出缺乏完善的风险分担机制、合法的权力保护机制及有效的产业链运行机制等问题，是影响中国动漫发展的关键性因素，这对产业决策、市场营销等都具有重要的实践指导意义。

（四）向理论化、体系化方向坚实迈进的新媒体艺术研究

新世纪以来，国内新媒体艺术研究逐步展开，根据“中国期刊全文数据库”检索，有关新媒体艺术的研究文章共112篇，最早一篇发表于2001年，《影像数字化的历史沿革与媒介功能研究》和《博物馆数字化资源在创意产业中的运用》相继立项为国家社科基金艺术学“十一五”规划2007年度国家一般项目和文化部项目。随着数字化媒体技术的迅速扩张，国际交流的频繁多样，新媒体艺术教育的日益专业化，新媒体艺术研究从早期的现象追踪转向全面的历史描述和理论探讨，从分散、自发的状态走向自觉的、更系统化的研究；2006年以后，新媒体艺术在材料、形式、传播等方面的创新，对传统艺术观念、美学和接受方式的挑战，成为讨论的重点，其理论建构也引起专家学者的重视。

1. 系统梳理了新媒体艺术的历史与现状

在国内外文化交流日趋活跃的背景下，国内学者较全面地掌握了西方新媒体艺术的形成与流变，《新媒体艺术》、《新媒体艺术史纲》、《数字媒体与艺术发展》、《数字媒体艺术史》、《新媒体艺术发展综述》等专著的出版，为新媒体艺术的教学和进一步研究打下了良好基础。

2. 对新媒体艺术进行了基本分类

新媒体艺术种类繁多，相互交叉，虽然学界并未对新媒体艺术的分类完全达成共识，但在论述中基本涵盖了新媒体艺术的各个方面，如计算机艺术、视频艺术、视频装置艺术、全息摄影、交互艺术、虚拟现实等。

3. 探讨了新媒体艺术的审美特征

在历史描述、现状观察和分类概括的基础上，新媒体艺术研究概括了它的审美特征，这体现在《新媒体艺术透视》、《审美文化新视野》等著作以及相关论文中，其中融合性、虚拟性、互动性、技术生成性等特征得到讨论；同时，新媒体艺术研究也开始关注研究方法和自身理论的建构，《新媒体艺术论》、《论新媒体艺术研究的特殊内容与方法》、《新媒体艺术的理论误读辨析》、《新媒体艺术的审美评价》等探讨了新媒体艺术的研究对象、方法、评价等理论问题。

4. 新媒体艺术的具体门类研究

《新媒体艺术摄影教程》等专著，还有数量较多的论文和学位论文等，这些研究侧重技术性和专业性，显示出新媒体艺术研究向纵深发展的趋势。

五、音乐学

从出版物和研究课题结项目录来看，音乐学各分支学科在“十一五”期间继续呈现活跃繁荣的发展态势，同时，音乐学界对自身发展的后劲与活力问题也有忧患意识和深入思考。

（一）音乐学科各门类研究状况

“十一五”期间音乐学各领域的研究成果，集中体现在著作出版、课题申报和期刊论文3个方面。据不完全统计，“十一五”期间出版的音乐研究类著作，计300余部，涉及民族音乐学、中国音乐史、西方音乐史、音乐教育、作曲技术与表演理论等诸多学科，还有各类音乐教材。从期刊论文的总体面貌来看，仍然是以音乐史（包括中国、西方音乐史；古代、近、现、当代音乐史研究）和传统音乐研究为热点，作曲、表演等技术理论次之，音乐教育研究再次之。这种研究方向的侧重面与“十一五”期间结项课题的研究方向也是一致的。这表明我国传统音乐文化有着丰富的、持续的研究价值，学界仍不断挖掘出新的研究视点；研究队伍持续蓬勃发展，生力军不断充实；学术论文、著作出版数量较“十五”期间有明显增加，在一定程度上反映出音乐学研究领域蓬勃发展的局面。

1. 传统音乐研究依然是本时期音乐学各领域出版数量最多的门类

一批基础理论学术成果以《中国传统音乐学丛书》形式出版，包括：《中国传统音乐乐谱学》、《中国音乐文献学》、《中国传统律学》等著作，整套丛书共出版7册，并于2009年获得国家级教学成果二等奖；基础理论研究重要但难产，而此阶段却很有收获，《唐代二十八调理论体系研究》的作者对这个古代音乐理论体系作出“双宫双羽”结构的个人阐释，是唐俗乐二十八调研究中的又一成果；《东西方乐律学研究方法及发展历程》是继缪天瑞先生在1996年最后一版《律学》出版后的一次系统整合与更新，以现代学科理论对四大文明古国的乐律学传统音乐理论体系进行重新诠释，是对古老理论的建设性继承与发展。

同时，学者们或以乐种为对象，或以仪式为对象，从不同维度研究音乐事象在传统文化中的角色、意义以及在社会发展过程中的作用。5卷本《西安鼓乐全书》为这方面最具代表性的成果，这是作者倾50年之功完成的西安鼓乐音乐志及分量厚重的研究总集，此书的出版不仅是“十一五”期间的重要收获，也是西安鼓乐研究史上的重要里程碑；《思想—行为：仪式中音声的研究》从理论构架、研究方法、课题定位等方面，提出关于中国传统仪式音乐研究的一些新见解；《佛韵觅踪：西双版纳傣族安居节佛教音乐民俗考察》、《中国萨满音乐文化：以东北阿尔泰语系民族为例的地方性叙述》、《天府天籁：成都道教音乐研究》等论著，集中代表了本时期民族音乐学研究成果的较高水准。

2. 区域音乐文化研究的学术力量也有较大提高

区域音乐研究涉及维吾尔族传统音乐、哈萨克族音乐、云南民族音乐、徐州民间音乐、赣传统音乐、江西苏区音乐、晋南传统音乐、桂东南民间音乐等，取得了一定的成果，如《中国新疆维吾尔木卡姆音乐》、《近现代潮汕音乐》、《昆明洞经音乐》、《闽调台腔：闽台歌仔戏音乐研究》等。

3. 音乐史研究取得重要成果

中国古代音乐史研究方面，《六朝音乐文化研究》从人文生态、音乐体裁、艺术风格、思想观念、文化交流等方面探讨了六朝音乐在接续秦汉文化传统、融汇西域等外来音乐文明，开创隋唐音乐新纪元进程中的重要地位，是本时期断代史研究的重要成果；音乐考古研究方面的主要成果包括：《商周乐器文化结构与社会功能研究》《弦动乐悬：两周编钟音列研究》、《西周乐悬制度的音乐考古学研究》等；中国近现代音乐史研究方面，《中国近代音乐思潮研究》、《近代中国音乐思想史论》对20世纪上半叶的各类音乐思潮进行了剖析，是本时期近现代音乐思想研究方面的代表成果；《俄侨音乐家在上海》、《上海犹太社区的音乐生活》、《留日知识分子对日本音乐理念的摄取：明治末期中日文化交流的一个侧面》、《黎锦晖与黎派音乐》等则多为对音乐家群体及个人的个案研究；西方音乐史研究方面，《莫扎特的德意志兰》、《悲情肖邦：肖邦音乐中的悲情内涵阐释》、《舒伯特钢琴奏鸣曲“未完成问题”研究》、《西方音乐表演观念史》是少数著作中质量较高的几部，其余有关西方音乐的出版物多为翻译之作，且大部分为作曲家生平与作品介绍。

4. 作曲技术理论研究取得一定进展与收获

《复调的产生》、《音乐节奏结构的形态与功能》、《结构诗学：关于音乐结构若干问题的讨论》等著作，对音乐结构中若干要素的功能、意义及发展史进行了探讨；《高为杰现代音乐创作技法研究》、《斯克里亚宾晚期音乐观念与创作的研究》、《约翰·科瑞里亚诺管弦乐写作技术研究》、《布里顿两部歌剧的研究》等多为对作曲家或作品的个案研究。

5. 表演艺术研究也有收获

《指挥艺术概论》、《乐队训练学》详细阐述了指挥及乐队训练中的各种问题与处理方法，是作者多年实践经验的总结；《声乐语音学》、《声乐艺术语言学》则从语言学角度对声乐表演提出建议，有利于深化对声乐艺术的理论研究。

6. 音乐教育研究方面的出版物，可分为“学科论”和“中小学音乐教法”两部分

前者包括对音乐教育体制、教育理论、课程体系的反思，以及音乐教育与相关学科的关系等，代表作有：《后现代音乐教育学》、《音乐教育与心理统计基础》，以及译著《音乐学科教学法概论》、《音乐教育学导论》等。后者主要对中小学音乐教材、教学法的探索，有些还涉及传统音乐的母语音乐教育问题，如《新疆民族音乐教育研究》等。

7. 城市流行音乐与音乐人类学研究亦受到关注

在这方面，《音乐人类学导引》和《中西音乐文化比较的心路历程》较为突出。

8. 音乐美学、音乐治疗、音乐社会学、影视音乐、音乐编辑等方面也有少量著作问世

某些专业尚处于起步阶段，但已形成新兴学科专业化的发展势头，比如音乐治疗学、音乐编辑学、新媒体音乐等。

（二）课题立项、学科论文在选题与方法论等方面有明显拓展与突破

1. 国家社科基金艺术学规划项目的立项，同样是反映学科发展趋势的晴雨表

据不完全统计，截至 2009 年底，“十一五”期间共有 46 项音乐学项目结项，其中传统音乐和音乐史方面的项目占多半，这与前一节中所提到的出版成果在内容侧重方面的情况相一致；“十一五”期间共有 67 项音乐学项目立项，数量上远胜于“十五”时期，内容涉及民族音乐学、音乐史学、音乐教育学、乐律学、传统音乐遗产保护、新媒体技术等。“十一五”期间的结项和立项项目中，有些课题设计很有学术新意，若干立项项目提出了当前研究中较为重要的问题，如《江南丝竹——乐种文化与乐种形态的综合研究》，结项成果是在过去几十年该乐种研究基础上的最新成果，其不落窠臼处在于将音乐形态与文化角色有机结合，对长期以来形态、文化“两层皮”的方法弊端有所突破。基于各种原因的“移民”现象在中国自古至今存在，由此产生文化品种的迁徙和离散族群所特有的“文化飞地”，但对这种文化特质还鲜有研究，《上海城市文化中的移民“飞地”音乐研究》虽然还称不上是离散理论的个案，但在当今国家大规模建设、移民现象再次大规模呈现的社会背景下，深入开展“飞地”文化现象的研究，对我们建设和谐社会具有启示意义，尽管该课题的时空定位本身只是个小案例，但这种学术观点很有意义。《山西乐户研究》、《晋北民间庙会中的仪式音乐班社研究》等结项项目，虽然从标题上看属于地方性知识，但由于山西乐人在历史长河中曾经扮演过国家音乐行为的执行者，而山西一些呈高度体系化的乐种也被认为是唐宋以来音乐品种的现代遗绪，所以研究山西乐人及乐种就不只是一种地方性知识，而是在传统音乐研究中有着牵一发而动全身的意义。《传统的蜕变——中国现代民族管弦乐队百年鉴思》、《中国传统笙管乐的乐律学研究》、《隋唐五代礼乐制度研究》、《唐教坊曲子的曲调考证研究》、《中国古代应用律学体系研究》、《西方音乐史学理论研究》等项目都反映出在既有成果基础上的新拓展。少数民族音乐文化研究的项目虽然占总量的比例较少，但可喜的是已经结项的少数民族项目的负责人都是

本民族学者，项目设计也不再是过去以描述为主的表象研究，显示出少数民族学者队伍的学术能力及专业训练都显著增强。

2. 一批在博士学位论文基础上完成的专著，显示出新生学术力量正在成长及其专业领域的拓展

古代音乐美学思想研究方面，代表作有《中国古代音乐审美观研究》、《礼崩乐盛——以春秋战国为中心的礼乐关系研究》，后者重点探讨传统礼乐文化结构的内在矛盾，论证了“礼乐张力”和人性自觉在中国音乐发展中的重要意义；民族音乐学方面，主要成果包括《历史地阐释：上海南汇丝竹乐清音的传承与变迁研究》、《阴阳鼓匠：在秩序的空间中》、《腔里拉魂：从拉魂腔到柳琴戏的传承与变迁》等。

音乐学论文方面，根据“中国知网”所载论文的不完全统计，“十一五”期间各种音乐学术类期刊共计发表论文4000余篇。其中，民族音乐学方面的论文数量依然遥遥领先。各学科的基础理论研究，如乐律学、音乐考古学等方面在研究方法上都有很大发展，选题也有拓展；近现代音乐史研究方面，《论“文革”时期的艺术歌曲》、《论“文革”中的音乐大批判》、《“文革”时期对西方音乐的批判——用“阶级分析”的方法解读西方音乐作品的极左典型》、《钢琴伴唱〈红灯记〉及其音乐分析》等论文，为本学科研究不断突破禁区，向更深层次拓展提供了参考。

六、舞蹈学（含杂技、魔术）

“十一五”期间，随着“科教兴国”战略的深化、政府教育投资的加大，国家对文化遗产挖掘与保护的重视与投入，全方位的“舞蹈学”以及杂技、魔术学科研究队伍日益壮大，学术水平逐步提高，学术著述日趋科学，学术创新日渐显现，舞蹈学正以稳健步态前行。

（一）舞蹈学理论研究状况

“十一五”期间，舞蹈学科出版著作丰厚，据不完全统计，仅国家图书馆馆藏目录和北京舞蹈学院图书馆馆藏目录所搜集的2006～2010年度舞蹈理论类出版著作即超过200部。

1. 舞蹈史研究呈现新特点

（1）集体攻关、集合新生代学者建树的著作出现，而个人学术专著较少；（2）文献汇编和回忆录性质的舞史类书籍多有问世；（3）老一辈舞史专家集毕生学术论著于一册，纷纷出版论文集；（4）地方性舞蹈史专著开始出现；（5）基于几十年积累的《中国民族民间舞蹈集成》出版，加之近年蓬勃开展的非物质文化遗产保护工作，一大批具有地方舞蹈史性质的民族民间舞蹈著作出现；（6）第一部舞蹈史研究方法的理论性专著出版；（7）出现了一些具有一定学术价值的地域性舞蹈史研究论文。

集体性著作主要有：长达百余万字的《中国艺术史·舞蹈卷》，集合了中国舞蹈史学界第一、二代大部分专家学者，汇集了他们多年的研究心得和学术成果；专题性著作有《解读敦煌——天上人间舞蹁跹》、《中国古代舞蹈审美历程》；文献史料性著作有《吴晓邦舞蹈文集》、《新中国舞蹈艺术奠基石》、《功崇惟志写春秋》等；舞史研究文集有《缤纷舞蹈文化之路》、《舞论》等；地方性舞蹈史专著有《云南民族舞蹈史》、《河北舞蹈史》等；地方性民族民间舞蹈史性质的著述有《中华舞蹈志》四川卷、新疆卷、云南卷、江苏卷、山西卷、陕西卷等，《燕赵文艺史话》（第三分册舞蹈卷）等；《舞蹈史论研究方法初探》则是国内舞蹈史研究第一本探讨学科方法论的著作。

外国舞史方面，包括《太极文化与东亚舞蹈文化》、《东方舞苑纵横——从舞者到学者的于海燕》、《印度舞蹈源流——印度舞蹈与中国舞蹈影响研究》、《非洲舞蹈》、《华尔兹史话》、《俄罗斯芭蕾秘史》、《西方芭蕾舞与现代舞简史》、《外国舞蹈史及作品鉴赏》等；人物传记译著有《皮娜·鲍什：顶着恐惧而舞》、《舞遍全球》。

2. 舞蹈基础理论研究在原有基础上进一步拓展

（1）对基础理论的研究力度加大，注重本体理论、舞蹈鉴赏和舞种研究，应用理论、舞蹈编导、舞蹈教育等成为学术关注的焦点；（2）在继承传统研究思路的基础上，对学科方法论的探索步伐加大，突出跨学科研究的意义；（3）民间舞蹈的文化人类学研究渐有起色，个案研究逐步显现学术特点与学科价值；（4）舞蹈的文化学研究令人瞩目，《太极文化与东亚舞蹈文化》的出版证明了地方舞蹈学者的研究能力，译著《印度舞蹈源流——印度舞蹈与中国舞蹈影响研究》和《非

洲舞蹈》的出版，填补了学科空白，《舞与神的身体对话》将外国舞蹈领域跨学科比较研究推向了新高度。

舞蹈概论方面，“十一五”期间，共出版有10余部专著。吕艺生著《舞蹈学研究》于2006年出版，其中包括舞蹈学学科建设研究、舞蹈史学研究、舞蹈美学研究、舞蹈教育研究、舞蹈文化理论研究等部分；中国艺术研究院舞蹈研究所集体研究成果《说舞——舞蹈学研究文萃》。其中，舞蹈理论探索、舞蹈史研究、舞蹈文化学等领域，对科学发展观与舞蹈学建设、芭蕾舞的社会起源、非洲舞蹈等方面作了深入研究。

舞蹈鉴赏，可视为舞蹈美学的一个分支，通过对舞蹈艺术进行深入具体的美学研究，把美学理论和舞蹈创作与鉴赏实践结合起来。此类专著面向大众读者群，往往带有普及舞蹈知识的性质。其中，《舞蹈鉴赏》一书由舞蹈鉴赏基础知识和舞蹈经典作品的鉴赏两编组成，包括舞蹈的起源和发展、舞蹈基本知识要点、舞蹈艺术三大要素、3种度量和6字对比、舞蹈鉴赏核心对象、舞种风格流派及其鉴赏、舞蹈鉴赏的基本过程等部分内容；《中外舞剧分析与鉴赏》不仅收录了国内外经典芭蕾舞剧的剧作及其说明分析，而且在对舞剧进行分析过程中，采用了一些新的方法、视角与切入点。这方面成果还有：《舞蹈鉴赏》、《大学舞蹈鉴赏》、《舞蹈欣赏与创作》。

舞种研究方面，“十一五”期间，各舞种都有各自的研究成果，但中国古典舞研究更显成熟和深入，专著《中国古典舞研究》、论文集《中国古典舞评说集》具有一定代表性，论文集中收录作者有关古典舞研究的文章，如《十论中国古典舞》、《驳传统舞蹈还需“舞蹈化”的奇谈》、《中国特色社会主义和民族舞蹈艺术的文化定位》等论文，涉及中国古典舞发展的关键性问题，具有很强的学理性、思辨性，在舞界引起极大关注；舞蹈学院教学重要科研成果文集《中国古典舞研究》择取自1978年以来北京舞蹈学院专家、教师的文章，记载了这一时期对古典舞建设和发展的理念。

3. 舞蹈应用理论方面的成果，多集中于舞蹈编导和舞蹈教育两方面

舞蹈编导方面，主要有《舞蹈编导研究》、《舞蹈编导原理与教学》、《舞蹈编导基础理论初探》，以及译著《舞蹈创编法》。《中国当代舞蹈创作与研究——舞动奇迹三十年》，研究舞蹈的形式创建、内容建构、作品评价、舞蹈编导类群，并对舞蹈运动、舞蹈论争、舞蹈思潮、舞蹈创作演出体制等做了介绍。体育舞蹈著作异军突起，数量可观，但多为大众读物，学理成果鲜见。

舞蹈教育方面，主要有《舞蹈教育教学研究系列丛书》。该书分上、下两篇，上篇为原理篇，着重分析和研究有关舞蹈编导理论方面的问题；下篇为教学篇，结合几年来舞蹈编导的教学实践，探讨了大学阶段舞蹈编导专业教学方面的问题。

“十一五”期间，还翻译有一批舞蹈基训教材，主要有前苏联舞蹈大师A·洛普霍夫、A·施里亚耶夫、A·鲍恰罗夫的世界名著《性格舞蹈基础》、英国国标舞权威亚历克斯·摩尔的世界名著《摩登舞》等。

4. 跨学科和跨文化舞蹈研究

舞蹈跨学科的研究方法主要在于打破了传统舞蹈研究着重对编导创作、演员表演和作品内容进行研究的旧有模式，通过与相关现代科学手段的结合，实现对身体问题的整合性研究。近年来，欧美出现了为数众多的舞蹈跨学科研究成果，出现了许多跨学科的新模式，舞蹈医学、舞蹈生理学、舞蹈精神病学、舞蹈解剖学，以及舞蹈人类学、舞蹈考古学、舞蹈与宗教研究等方兴未艾，舞蹈学科的边界越来越宽，打通了舞蹈作为人体艺术与自然科学、人文学科连接的通道，代表性研究成果有《舞蹈心理学研究》、《运动人体科学》。

舞蹈文化学领域成果显著。《新世纪中国舞蹈文化的流变 》一书关注曾经作为“小众艺术”的舞蹈艺术，通过对新世纪以来重要舞蹈作品的评述探讨，探究各舞种在新世纪如何完成对传统文化的传承，并应对新的艺术市场、新的艺术发展机遇等问题，此外，还有《中国传统文化与舞蹈》、《舞蹈文化概论》等；“十一五”期间，一批舞蹈学博士、硕士论文也在跨文化舞蹈研究方面做出努力，博士论文主要有《假面阴阳——安徽贵池傩舞的田野考察与研究》《中、日、韩三国古典舞蹈比较研究》等，硕士论文主要有《现代舞中国化进程中的审美冲突分析》等。

5. 民族民间舞蹈研究呈现多元和纵深发展，在研究方法及学术视野上都有所拓展

《仪式、歌舞与文化展演：陕北·晋西的“伞头秧歌”研究》以“伞头秧歌”为研究对象，在民俗文化特定的时空范围内，以民俗学表演理论为基本的研究方法，高度整合了秧歌表演的仪式过程、结构功能和象征意涵，归纳出传统中国节日庆典的狂欢精神，为节日庆典及民俗展演的研究拓展了学术空间。

《东巴舞蹈传人——习阿牛阿明东奇》通过田野调查的访谈，体现了舞人所承载的大量历史讯息，传承人自觉而严格地恪守着文化传统的种种规范与程式；《中国纳西族东巴舞谱研究：兼论巫与舞、舞蹈与舞谱》则从史学角度对纳西族的东巴舞谱进行研究，涉及东巴舞谱的理论观点和背景资料，东巴舞谱的内容与分类、东巴舞的象形文字注释、东巴舞谱的记述和分析、东巴舞谱的特点与比较，从文化比较观看东巴舞的起源。

《闹节——山东三大秧歌的仪式性与反仪式性》对山东省三大秧歌——商河县的鼓子秧歌、烟台地区的海阳秧歌、青岛地区的胶州秧歌进行考察，通过对其仪式性与反仪式性的比较研究，揭示秧歌这一民间表演形式背后的文化内涵与意义及其历时性发展和沿革，研究论证当前民族民间文化遗产如何被传承和发展的现实问题；《永久的记忆——川西北羌藏文化民俗图集》汇集了作者20世纪80年代初深入四川阿坝藏族、羌族自治州进行考察时拍摄的图片，涉及羌藏文化艺术和民族风俗与生态，主要介绍汶川县、茂县、理县和黑水县具有悠久历史的祈求神灵佑护的祭祀方式、悼念英烈、歌颂圣战的仪式和用于求偶、欢乐身心的歌舞艺术，对民间舞蹈研究具有重要资料价值。

（二）杂技、魔术理论研究的学术拓展

杂技、魔术创作在国际交流和杂技艺术发展的大环境下呈现出“井喷”现象，魔术也因电视媒体的介入传播，迎来艺术高峰。

“十一五”期间，几部重要的杂技、魔术论著进一步丰富了杂技基础理论的格局。《中国艺术史·杂技卷》、《杂技概论》、《中国国粹艺术读本：杂技》、《中华文明史话：杂技史话》、《吴桥杂技》分别在史学和基础理论建设上完善了杂技史论研究的本体建设；《一类新的魔术染色“A New Type of Magical Coloring”》、《加强魔术资料的抢救保护和开发利用是中国魔术艺术发展的当务之急》、《杂技魔术与巫傩文化》等论文则突出了魔术的应用理论和以运用人类学等方法相结合的交叉研究。

《中国艺术史·杂技卷》从史学角度切入，梳理了原始时期、先秦、汉、魏晋南北朝、隋唐五代、宋辽金、元明清、民国的杂技历史；《杂技概论》从杂技的探源到杂技的本质、艺术特征、杂技和其他艺术的关系，对杂技审美属性、种类、创作、作品、欣赏、传播、教育、发展，以及杂技美学和杂技艺术的基本概念、范畴及其艺术规律的理论创见，具有重要的理论价值；《中华文明史话：杂技史话》从杂技的萌芽、先秦杂技、汉代百戏技艺、三国两晋南北朝时期杂技、隋唐时代宫廷杂技的盛世、宋代繁荣的都市杂技到明清后的衰落，以中英文双语形式提供了一份翔实的文本。

七、美术学（含设计艺术）

全国美术与设计艺术学科研究的整体态势呈现出新的特点：个体性研究增加而集体性研究减少，专门领域内的研究向纵深发展，个案研究、边缘性研究较多，地域性美术研究逐渐增多，一些新兴学科概论性著作也逐渐增加。整体说明了学科研究领域层面在不断扩大，基础研究也在不断深入。

（一）美术和设计艺术研究状况的总体评估

“十一五”期间，美术与设计艺术研究领域的发展变化较大。随着高等美术教育规模的不断扩大，研究生教育日益普及，高等院校向研究性大学的转换，高校教师的研究性成果倍增，研究机构纷纷成立，全国美术与设计艺术学科研究逐步发展，主要表现为两方面：一是国家项目的推动及省（区、市）、部门各级项目的立项与资助力度不断增强，大多数有研究前景的个人与集体项目都能获得不同渠道的支持；二是研究生学位论文倍增，尽管存在一定问题，但总体上还是推动了学科研究的发展，其中的开题、评审、答辩等环节，在掌控论文的学术质量上发挥了一定作用。

与美术史论的传统学术研究相比，创作实践

方面的研究更为活跃。美术市场、出版及展览空前繁荣，带动当代艺术浪潮，对现状的研究也随之展开，美术批评理论随着批评实践活动有所推进，催生新的创作理念。尤其是设计艺术理论研究，虽处于初创时期，但已初具规模，这与设计艺术教育的普及和学科基本教育规模与实践性有关，其研究成果大多还体现在教材与基础理论问题上。

（二）传统美术学各门类研究取得的新成就、出现的新特点

1. 基础理论研究比较平淡，设计艺术理论研究较为突出

“十一五”期间的美术基础理论比较薄弱，与“十五”时期相比，研究范围无突破，数量基本持平，以高等院校教材或辅助教材为主，包括3种版本的《美术概论》以及《影视美术概论》、《设计艺术概论》等，强调个体性研究，突出一家之言，走出了集体编著的大一统模式，展开多元论述；在门类美术基本理论研究方面，近十年来还局限于影视美术，未见其他门类美术著述；在博士论文方面，则有专题性的理论研究《话语的转型：以宗白华的中国画理论为解析案例》，探讨了20世纪中国美术理论话语的现代问题。

在“十一五”国家社科基金艺术学美术类立项项目中，基础理论方面的选题比例较小，占美术类课题总量约17%，其中包括对西方艺术理论的研究、设计艺术理论、批评理论及各项专题理论研究，未见原理论研究。

与美术基本理论研究现状相比，设计艺术理论的研究成果略为突出，作者队伍也趋向年轻化。其成果形式还是以教材为主，如《设计艺术学概论》、《设计学概论》、《设计概论》（胡守海）、《室内设计原理》等；专题性研究则有博士论文《包豪斯与中国设计艺术的关系研究》、《器以藏礼：中国设计制度研究》等。

2. 美术史研究时有重要成果出现，艺术研究方法探讨较为深入，中国书法史研究异军突起

“十一五”期间的美术史研究依然是重头，成果数量不少，但以教材居多，特别是中外美术通史写作，虽然看似以个人撰著为主，体现研究主体的学术立场和观点，实际上还是取通用的体例及通常的史学观，新的建树较少。“十一五”期间，据不完全统计，中国美术史和外国（西方）美术史各出版13部著作，基本都属于简编。其中，值得关注的是中国工艺美术史出版6部，有5部是个人专著，这与“十一五”期间国家非物质文化遗产保护工作的大力开展、设计艺术学科的兴起与普及、文化研究及新美术史学观的兴起等密切相关。外国美术史写作中比较值得关注的是《西方美术史学史》，包括《罗马艺术》、《作为精神史的美术史》、《罗马晚期的工艺美术》等专著在内的丛书“美术史里程碑”。

美术史的研究方法是这一时期倍受关注的问题。图像学、艺术形态学、艺术社会学及艺术心理学等研究方法，甚至包括政治学、经济学、意识形态研究、比较研究等不同学科的研究方法，也不断渗入中国美术史学界，挑战传统的历史文献学及其风格样式研究。较有影响的是美籍华人学者巫鸿的著作被介绍到大陆，如《礼仪中的美术》与《武梁祠：中国古代画像艺术中的思想性》。

中国近现代美术研究在“十一五”期间依然是热点。已出版的专著有《20世纪中国艺术史》、《中国现代美术史文献集》第一辑、《中国现代美术史教程》；再版的有阮荣春等著《中国近现代美术史》、潘耀昌等著《中国近现代美术史》；张晓凌负责的“十五”国家重点课题“中国现代美术史”课题组相继在北京、杭州组织召开编委会，该项目将在2010年下半年结题；郑工的《民国时期美术思潮》（2001年立项，原题为“二十世纪中国美术大论辩”）将在2010年底出版；“十一五”期间，多有选题各异的博士学位论文出版，如《现代化与中国百年美术》、《中国近现代设计艺术史论》、《周湘与上海早期美术教育》、《徐悲鸿的中国画改良》等。相比“十五”期间，扩大了研究范围，加强了研究深度，以现代化理论为核心，注重社会文化的整体转型，同时也在进一步整理资料，敞开学术视野，消除偏见。

中国书法史论研究在“十一五”期间异军突起。在学科整合的过程中开始有所沟通，学科建设迅速发展，“十一五”期间推出了一批成果，如《中国书法史》丛书、《中国书法艺术》；专题研究成果见于南方出版社的“书法研究博士文库”（第

1 辑）、博士后出站报告《汉代书刻文化研究》等。

3. 区域美术（含民族美术）研究比较活跃

“十一五”期间，区域美术研究比较活跃，这一时期通史性写作基本处于停滞状态，地域性美术研究受到地方政府及有关文化教育单位的重视，作为地方文化建设的一项重要内容或有地方特色的研究项目进行扶持。区域美术研究的特点，一是文化中心区域，二是文化边缘区域。如北京的地区性美术研究就有两项成果，即《20 世纪北京绘画史》、《北京美术史》。前者聚集了国内颇有建树的美术史论家，如李树声、薛永年、水天中、单国强等，后者主要是一批青年学者，二者体例不同，水平各异，较之“十五”期间出版的《上海美术志》和《20 世纪上海美术年表》，在研究思路和具体做法上已不相同；澳门文化局近年也资助一批有关澳门美术与设计方面的研究项目，已结题并待出版的成果有《澳门绘画史》、《澳门设计艺术》，由澳门基金会编辑出版一套《澳门史新编》收录的有《澳门早期美术史：远古至 1850 年》、《澳门美术史》（国家社科基金艺术学项目）、《澳门美术史的分期与分类》。区域研究成果还有《云南民族美术史》、《西藏美术史》、《山西美术史》、《香港美术史》、《台湾美术史》等。还有一些民族美术史的研究课题在“十一五”期间陆续立项，如《土家族工艺美术史》、《中国北方游牧民族的造型艺术与文化表意》、《丝绸之路与西北民族美术史研究》、《中国少数民族刺绣工艺文化研究》、《中国朝鲜族百年美术发展历程与特性研究》等。

（三）呼应时代要求的一些边缘性文化研究日渐进入学科中心

1. “非遗热”推动边缘学科发展

“十一五”期间，美术学及设计艺术学处于学科的基本建设阶段，新的边缘类型学科出现不多，其队伍基本是由民间美术、工艺美术及设计艺术等相关领域的研究人员构成，理论基础较为薄弱。非物质文化遗产保护工作兴起后，带动了民间美术与民间工艺美术的文化研究热潮，但真正理论上的带动却是文化人类学及民俗学，如《本土精神：非物质文化遗产与民间美术研究文集》、《非物质文化遗产新视野下的福建民间美术》、《节庆狂欢：民间美术中的节俗文化》等。

2. 艺术市场的活跃为美术研究开拓新空间

随着 2007 年当代艺术市场的火爆，艺术市场学也为人们所关注。有些学者开始研究艺术市场的运作规律，涉及种种与艺术品交易有关的经济现象，思考其中的理论问题，并涉及当代艺术的存在意义及评价体系，重新判定艺术与社会意识形态之间的关系，重新判定艺术与经济社会之间的关系，重新面对艺术的公共性，面对在新的城市空间中艺术的存在方式及交流方式。艺术社会学的内容必须置换，重新书写，其研究方式也不是传统的历史学所能胜任。这方面的研究正处于开始阶段，研究成果多是调研报告，以及建立在宏观基础上的分析判断。由于中国艺术市场的不规范，许多统计数字不可靠，资料来源也很复杂，给深入而客观的研究带来很大困难。有些学位论文涉及艺术市场机制、艺术市场语境下的当代艺术发展问题，关于中国艺术市场史的研究也已起步。

2006 年，中央美术学院成立了艺术市场分析研究中心，编著了丛书“艺术财富”，包括《艺术财富：全球艺术市场新格局》、《艺术财富：全球化与中国艺术市场》、《艺术财富：金融危机下的艺术市场》等，陆续出版了 2006 ~ 2010 年中国艺术品市场的研究报告；自 2009 年起，文化部文化市场发展中心连续发布了 2008 年与 2009 年的《中国艺术品市场年度研究报告》；2010 年 4 月，中关村科技园区雍和园管理委员会、艺术北京当代艺术博览会主办了“2010 艺术经济论坛——后金融危机时代的艺术市场与艺术收藏”，其议题有宏观经济背景与目前艺术市场、中国经济发展和艺术市场复苏、亚洲当代艺术市场是否能够走出危机以及亚洲艺术市场的前景。

3. 创作理论与实践研究出现新突破

美术创作理论与实践的研究历来是美术学研究的薄弱环节。大多数著述都停留在基础性技法理论教材的编撰，也有结合自身艺术创作实践，总结经验，提出看法，有的也试图建构一个系统的创作理论框架，实现自己的艺术主张。在新媒介、新材料不断出现的当代社会，艺术的创新性不断为人所重视，而创作理论与实践研究却有所不足。研究比较活跃的应属设计艺术学科，如新媒体艺术、图形创意研究、传统文化元素在现代设计中运用等，论文数量较多，也有一定见地。传统绘画与雕塑领域，创新性研究不多。在“十一五”期间立项的一些国家社科基金艺术学项目与文化部项目，有望在这方面取得进展，如2007年度《中国画写意传统中的世界性研究》（国家重点）、《中西绘画图式与时空观念比较》（国家一般）；2008年度《书法创作理论研究》（文化部项目）；2009年度《当代中国水墨语言体系研究》（国家一般）、《中国北派山水画的自然形态与笔墨形态研究》（国家一般）、《基于工作过程的服装设计理论与方法论研究》（国家一般）、《数字传媒设计中中国元素的融入及其应用研究》（国家一般）等。

八、文化艺术管理

文化艺术管理研究在“十一五”期间发展迅速，成果显著，主要得益于国家层面对文化艺术的高度重视和政策引导，成就最突出的文化发展战略研究、公共文化服务体系研究和文化产业研究三个领域在学科建设、理论创新和学术成果等方面都有突破性进展。

（一）文化发展战略研究学术成果渐趋丰富，学科体系逐渐成形

在有关政府部门及中国艺术研究院文化发展战略研究中心等国家级学术研究机构的推动下，文化发展战略研究逐渐拓展至其他学术机构和大专院校，各界学者越来越关注文化战略研究，并从各自领域出发，对文化发展战略进行研究，渐成规模，其理论成果为文化战略学科体系的建立提供了学术基础。

1. 文化战略研究总论从学理上阐述文化战略的由来及含义，阐明其演变及基础理论

在“十一五”期间，关于文化战略总体构想的专著主要有《中国文化战略与安全研究》、《中国文化发展战略研究》、《大国策：通向大国之路的中国文化发展战略》、《当代文化发展新趋势研究》等，相关的学术论文有《社会主义文化发展的战略构想》、《经济全球化视野下的中国文化战略选择》等论及文化发展的基本规律，探讨在全球经济一体化、文化多元化国际背景下，我国文化发展面临的重大机遇和严峻挑战，提出制定和实施文化发展战略是我国面临的一项重要战略任务，并从学理上阐述文化战略的由来及含义，阐明其演变及基础理论，重点讨论加强文化发展战略研究对于发展文化事业和文化产业、落实以人为本的科学发展观、构建社会主义和谐社会、提高中国文化软实力和维护国家文化安全等方面的重要意义，为文化战略学科奠定了理论基础，并为学科体系的进一步展开提供了理论框架。

2. 文化战略目标研究成果显著

我国文化战略的目标是提高国家文化软实力，推动社会主义文化发展繁荣，实现中华民族的伟大复兴，建设社会主义文化强国。要实现这一目标，需选择适当的战略路径，制定有效的发展策略。《中国：软实力方略》、《软文化·真实力——为什么要提高国家文化软实力》、《论剑：崛起进程中的中国式软实力（一）》、《软实力：中国视角》、《文化主权与国家文化软实力》等著作，《软实力与中国文化战略的发展走向》、《国家文化软实力的主要构成》、《主流文化的体系建构与国家文化软实力》等论文对此进行了深入探讨。

软实力包括意识形态、价值观念、社会制度、发展模式、民族凝聚力、文化吸引力、国际影响力与形象等，但是其核心元素在于价值观。2008年，旨在形成完整知识谱系和体系化研究成果的《中国特色社会主义文化理论研究》被立项为国家社科基金艺术学委托项目，包括《原典马克思主义文化理论研究》、《马克思主义文化理论中国化进程及其成果形态研究》、《基于改革开放背景的文化自觉与文化创新研究》、《科学发展观和以人为本命题条件下的文化发展规律研究》四个子课题；《中国主流电影与文化核心价值观的建构》、《中国电影的精神地图——论主流电影与文化核心价值观的传播路径》、《和谐·仁爱·自然——中国传统文化核心价值观的历史阐释》等论文系统梳理与重新阐释了中国传统文化的核心价值观，这是社会主义核心价值体系构建的重要资源，推进中华文化发展的无形力量，切实加强文化核心价值体系的建设，是文化战略的核心。

提高文化软实力还需在全面扩大对外开放的基础上，借助现代信息传播媒介，拓展我国文化传播的范围，提高我们文化在国际上的竞争力，《构建中国崛起的对外文化战略》、《建构先进国家的文化形象 凝聚和谐发展的无形力量》、《中国主

流电影中的国家形象》、《用流行文化传播国家文化软实力》、《中国电影“走出去”与文化软实力建设》等论文提出建设覆盖面广、内涵丰富的强有力的传播体系，促进价值观的认同，提高文化的传播力和影响力。

3. 文化发展战略措施研究针对性强、应用功能突出

文化发展战略的措施涉及文化创新、公共文化服务、文化市场、知识产权、文化遗产、区域与城乡文化发展、对外文化交流和文化人才队伍建设诸多方面，是文化发展战略体系的核心内容。学者们在强调政府宏观调控功能、优化资源配置、制定文化政策和战略规划，以及在文化发展、文化保护上应起重要作用的同时，也进一步强调了基层文化建制。

《非物质文化遗产保护与国家文化发展战略》提出，要从国家文化发展高度认识文化遗产保护的重大意义，认为非物质文化遗产是认知我国实施文化战略的重要途径和实施方式。正确认识非物质文化遗产保护所面临的主要问题，把握非物质文化遗产的传承规律，脚踏实地做好非物质文化遗产的保护工作，乃是关涉国家核心竞争力的重大问题。

《“国家文化安全”的现实问题以及历史境遇》从国家文化安全的高度论证了中国传统文化传承的断层与缺席带来的危害，从传统意义上的国家安全概念和现代意义上的空间和时间维度分析了全球化背景下中国当前国家文化安全所存在的现实问题及历史境域，指出保障国家文化主权的独立和完整的战略意义。

4. 研究国外文化战略的成果有品位有影响

世界上一些发达国家都高度重视文化的战略地位，这些国家在文化发展方面有明确的战略目标和规划，制定了较为完善的文化法律和文化政策，把发展文化产业作为战略支柱产业的同时，亦注重文化产品的输出和扩大本国文化的国际影响力，它们不但构成了我国文化发展的外部环境和我国文化战略研究重要的参照系，而且也为我国文化发展提供了成功经验，对我国文化发展战略的制定具有重要的借鉴意义。研究欧美等国文化发展战略的主要论文有《美国文化产业与对外文化战略》、《葛兰西——政治战略与文化战略》、《美国外交中的文化价值观因素》、《论冷战后美国对外文化战略及我国应对之策略》、《全球背景下的欧洲文化策略》等，起到了利用他山之石的功效。

（二）公共文化服务体系研究向规范化和学理化发展

公共文化服务体系研究属于文化政策研究范畴，是中国现阶段文化政策的具体问题。自研究概念提出以后，相关研究不是很多，尚不成熟，理论研究落后于实践。国内第一部论文集是文化部社会文化图书馆司、中国文化报社主编的《中国公共文化服务体系建设论丛》，该书集中了一些学者对构建公共文化服务体系最初的理论探索，及公共文化服务从业人员对实践的总结与思考；深圳学者集体撰写的《公共文化服务体系研究》是国内第一部较成体系的探讨公共文化服务体系问题的专著。该书首次从政策的理论起点——公民文化权利，以及中国当代政治背景——建设公共服务型政府来论述构建公共文化服务体系的合法性，涉及公共文化服务体系的主要构成、支持与保障系统、绩效管理与评估等；《国家公共文化服务体系论》以严密的理论体系论述了国家公共文化服务体系的命题背景、基本框架、基本原则、文化体制障碍，对中国语境下的公民基本文化权益进行了界定与论述，对于研究和理解中国公共文化政策领域的实践和发展具有一定借鉴意义，为公共文化生活空间关注文艺问题也提供了独特的研究视野和角度；其他研究公共文化服务的相关论文及经验总结散见于相关学术会议、各地文化蓝皮书、《中国文化报》、文化发展论坛网及其他地方报刊媒体，总结各地实践经验的居多，对体系框架及运作的理论探讨较少。

1. 对公共文化产品、公共文化服务体系等基本概念的探讨

多数学者按照公共经济学理论，参照一般公共品的分析框架，来分析公共文化产品的特性——外部收益性、消费的非排他性、非竞争性。齐勇锋认为，政府必须提供纯公共文化产品和准公共文化产品，前者直接关系到国家文化主权、文化信息安全及社会稳定，也与民族文化创新、传承直接相关，其供给容易出现市场失灵；后者虽然在消费上具有私人产品的竞争性，但在技术

手段上难以实现排他性消费的服务和收费，或虽可以实现排他性的收费，但由于边际收益不足以弥补边际成本，需采取由政府和市场混合提供的模式。

2. 公共文化服务体系构建主体研究

国内学者在公共文化服务体系构建主体上的争论主要集中在政府是否应承担主导作用。支持政府主导者依托两种观点：其一，认识到市场失灵和社会公正是经济学有关公共责任的规范理由——它们说明了政府应当介入其中；其二，现阶段市场经济发展尚不完善，区域间还存在巨大差异，公民社会尚未发育健全，政府还必须发挥主导作用。

3. 公共文化财政及投入方式研究

对公共文化服务的资金投入方面，大部分学者倾向于立足中国国情，发达地区可逐步采取政府与市场混合提供的方式，但欠发达地区及农村还需要以政府提供为主。在公共文化财政投入方面，国内学者普遍赞同加大投入的观点，但在投入方式上存在不同主张，或主张效率第一，加强财政投入的绩效监管；或主张公平第一，财政投入应向农村和基层倾斜；或主张效率与公平兼顾，加强机制创新。

4. 公共文化管理运作机制创新研究

公共文化服务体系是以提高公共文化服务质量和满足公众文化需求为导向的，因此信息交流与沟通顺畅是体现其民主价值的重要方式。国内在信息技术使用上，目前主要侧重于建立文化信息资源共享工程。通过覆盖全国各地的网络传输系统，使文化信息经济、快速地传送到各地，实现文化信息资源的共建共享，以消除不同地区在获取文化信息资源上的不平等。有学者认为它在一定程度上可以改变我国基础文化建设薄弱的现状，改善城乡基层群众文化服务的供给状况。各地方在建设模式上进行了探索，如上海的社区信息苑、青岛的“五连线”、深圳的“六个一”创新工程等。

5. 农村（及弱势群体）公共文化服务体系建设研究

农村文化是公共文化服务体系中最薄弱的环节，国家已在2005年11月出台了《关于进一步加强农村文化建设的意见》，表明我国政府已明确自身作为农村公共文化服务体系建设的责任主体，但对于如何实现农村公共文化服务供给的最大化和最优化，真正满足农民群众的基本文化需求，还有争议。韩敬霞认为，我国农村的公共文化服务虽然一直由政府提供，但所谓的四级公共文化服务网络在很多地方根本就不存在，农村公共文化服务十分缺乏。利用市场机制，引入自由选择机制改变农村公共文化服务的供求关系，引入公平竞争机制提高农村公共文化服务的质量和数量。但有学者认为农村文化建设主要是公益性文化，其产品和服务供给制度主要着眼于社会效益，以非营利性为目的，因此质疑农村公共文化服务的供给是否适合由市场机制起作用。

（三）文化产业研究发展迅速，成果可观

1. 科研立项情况

从公布的国家社科基金规划立项项目来看，关于文化产业研究主要集中于新闻学与传播学领域，每年资助涉及文化产业项目平均有5个左右。较有代表性的立项项目有：《中国出版产业结构及其演变趋势研究》、《境外资本进入中国传媒市场的现状、影响与监管对策研究》、《文化策略、亚意识形态与我国动漫产业发展》、《中国动漫产业发展研究》等。由于在国家的科研体系中，文化产业研究被归类于文化艺术管理学科下，在非艺术学学科的社科基金立项中，文化产业并非重点；因文化产业涉及面广，在新闻传播学研究中，也获得了一定资助。

“十一五”期间国家社科基金艺术学规划项目中，关于文化产业的研究项目共有近20项获得立项。较有代表性的有《文化创意产业背景下我国戏剧产业化研究》、《西方国家传媒业的融合、竞争及规制政策的演化》、《我国文化服务业发展及政策研究——基于产业特性视角》、《中国电影全面实施产业化政策以来电影产业成果及问题研究》、《互联网时代欧美文化产业制度转型危机：版权体系的重构》等。

2. 学术著作和刊物出版情况

“十一五”期间文化产业研究发展迅速，约有50部著作出版，成果丰富。较有代表性的有《中国文化产业发展研究报告》、《国家文化产业课题研究报告》、《文化产业学》、《文化产业发展与中国新文化变革》、《当代文化产业论丛》、《世界文化产业丛书》等。关于文化产业研究的学术刊物比较匮乏，目前主要有《中国文化产业评论》和《文化产业研究》，文化产业论文大量多发表于其他社科期刊上。

3. 论文发表情况

据中国知网数据，“十一五”期间文化产业论文发表情况如下：

时　间	题名包含文化产业的论文数量	论文主题为文化产业的论文数量
2006 年 1 月 1 日至 2010 年 4 月 20 日	11882 篇	32288 篇
2002 年至 2006 年	5115 篇	12377 篇

从表中可见，与“十五”期间相比，论文发表数量增长 2 ~ 3 倍，有了跨越式的发展。另外，在和文化产业研究紧密相关的文化体制改革研究领域，2006 年 1 月 1 日到 2010 年 4 月 20 日，题名和主题中有文化体制改革的论文数量分别为 2030 篇和 10075 篇。尽管文化产业相关论文发表很多，但其中多为表层研究、描述性研究，厚重的理论研究和具有实践价值的对策研究所占比例不高。

总体而言，“十一五”期间文化产业的研究非常活跃，且呈现逐年增多的趋势，以著作、研究报告、论文形式出现的研究成果非常丰富，对文化产业的理论和实践问题做出了重要探索，在较短时期内呈现出大发展的局面。

结　论

（一）经验与启示

“十一五”期间，我国艺术科学研究取得显著成就。这些成就的取得蕴含着深刻的启示和有益的经验，认真总结这些经验，既是对以往工作进行理性把握，探索艺术研究的一般规律，更是着眼未来，为重新出发探寻方向，为制定艺术科学研究下一个五年的规划提供思路，打下思想基础。

1. 艺术科学研究必须坚持先进文化的前进方向，以科学发展观为统领，推动我国文化大发展大繁荣

当今世界，各种思想文化相互激荡，高举中国特色社会主义伟大旗帜，坚持先进文化的前进方向，是开展文化工作的必然要求，更是新阶段文化建设的灵魂所在。艺术科学研究作为中国特色社会主义文化理论建设的重要组成部分，必须找准自身定位，明确核心任务：通过对古今中外艺术史论与艺术作品包括艺术作用于社会大众的审美规律等的科学研究与理性观照，阐发先进文化，宣传先进理念。为了完成这些任务，就必须通过艺术科学研究工作者的辛勤劳动和艰苦努力，以更加科学的态度和昂扬的理性精神，总结中华民族艺术审美的心路历程，阐发民族艺术丰富多彩的美学内涵，取其精华，剔除糟粕，弘扬伟大民族精神和无穷艺术魅力。

新世纪新阶段，进行艺术科学研究，必须全面贯彻落实科学发展观，把坚持科学的理论指导和坚持崇高的学术追求有机结合起来。只有坚持用马克思主义的立场、观点、方法，去观察、分析、总结艺术科学各学科的历史和现实、学术思想资料和学术思潮，才能站在时代的高度，把该学科既已形成的基本范畴、观点、体系置于现实之中，使其内涵得到丰富，外延得到拓展，并提出符合实际的新观点，改造旧体系，构建新体系；才能为发展面向现代化、面向世界、面向未来的，民族的、科学的、大众的社会主义文化艺术提供科学的理论依据。

2. 艺术科学研究必须关注社会现实，必须根据现实需求调整艺术学科发展格局，深化和拓展艺术学科体系建设

艺术科学研究作为上层建筑中的一部分，必然反映国家社会主要的经济关系，并为社会经济基础服务。艺术科学研究必须紧密联系当前社会发展现实，才能深化和拓展我国艺术学及其各门类学科体系建设及其当代发展问题研究。当前，

文化创意产业在中国当代经济转型中的作用愈显重要，动漫、网络、游戏等发展迅猛，美术设计、漫画影视制作与新兴的文化产业结合，加强文化创意产业理论研究和管理乃至艺术领域知识产权保护制度等方面的研究已十分迫切。大力推进文化发展战略研究，借鉴国内外的有益经验，深入探索、研究如何建立长期有效的公共文化服务机制和经营性文化产业发展体制；深入研究国外文化艺术运作状况，积极探索如何充分利用当前国际文化活动的空间与平台，推动中华文化艺术走向世界、推动中国文化艺术产业进入国际市场的战略与策略成为摆在文化工作者面前的课题。

针对艺术学及其各门类基础理论研究和学科体系建设上存在的问题和薄弱环节，“十一五”期间，文化艺术科研工作者不断深化和拓展各门类学科体系建设，加强和扶持曲艺、杂技、木偶等学科基础薄弱、学科建设滞后学科的基础理论研究，深化和拓展了艺术学各门类学科当代发展问题研究，大力推进中国特色社会主义艺术学科体系建设，为繁荣和发展社会主义文化艺术事业作出应有的贡献；重视和加强艺术学各门类学科与其他学科间的交叉、边缘学科研究；适应时代的发展和社会的需要，重视自然科学技术、其他人文社会学科与艺术科学间的相互渗透、融合，加强和拓展在多学科互渗融合中出现的新兴领域研究，大力推动新兴技术手段在艺术科学领域的应用。因此，各学科取得了令人瞩目的学术成就。

3. 艺术科学研究必须坚持理论联系实际，为社会提供更多有价值的科研成果

理论联系实际是发展和繁荣艺术科学的根本途径。艺术科学理论研究需要对大量艺术实践实例进行深入细致的考察和分析研究才能得出结论。只有在对当前一些不同类型的艺术现象、艺术实践进行实际考察，具体研究艺术实践的起源、发展、形成、拓展等相关因素，及其对该艺术实践文化特色形成的深刻影响，才能为艺术实践在文化层面上的深层挖掘，提供最直接的资料，找寻到理论下面坚实的实践支撑，不断把艺术科学理论研究推进到更高的水平。

“十一五”是我国文化改革和发展的关键时期，出现了许多新情况、新矛盾和新问题，艺术界也涌现了大量新现象、新趋势和新课题。面对纷纭复杂的艺术现状和文化现象，艺术科研工作者并没有躲进象牙塔、沉溺于死学问，而是用敏锐的学术触角，不断吸取新理论、新方法，积极研究和解读新的文化艺术现象，探求原因，探索规律，解决问题。比如关于艺术市场的讨论，关于文化产业与文化事业关系的研究，关于新媒体的研究，关于当代艺术的探讨，都是广大艺术科研工作者理论联系实践、运用新方法、解决新问题的成功范例。

4. 艺术科学研究必须坚持以人为本，尊重知识、尊重劳动、尊重创造、尊重人才，努力营造良好的学术环境

艺术科学研究是一项极其复杂的创造性劳动，最需要充分发挥研究者个人的聪明才智和创新精神。坚持以人为本，尊重知识、尊重人才、尊重专家学者的创造性劳动，充分理解艺术研究的艰苦性。要在坚持正确导向的前提下，鼓励不同风格和不同流派的创造，包容学术探索，鼓励学术争鸣。同时，实行学术民主、艺术民主，学会在包容多样中确立主导，在尊重差异中求得和谐。

要按照文化艺术自身的客观规律组织学术研究，努力营造有利于学术领军人物和学术大师脱颖而出的良好环境，形成人才辈出的繁荣局面，造就一批理论功底扎实、勇于开拓创新的学科带头人；造就一批年富力强、政治和业务素质良好、锐意进取的青年理论骨干，才能使我国艺术科学研究队伍和事业建设永葆青春和活力。

5. 艺术科学研究必须开阔视野，加强改革创新，大胆借鉴吸收国内外一切有益成果和研究方法

大力弘扬中华民族传统文化和借鉴吸收外来有益文化，是繁荣发展艺术科学的重要途径。深化和拓展我国艺术科学研究，必须以放眼世界的宽广视野，以贯通古今的历史深度，准确把握当今世界的发展趋势，深刻认识当代中国的发展规律，从人类历史的走向中去拓宽研究空间。艺术科研工作者要瞄准学术发展前沿，跟踪学术研究动态，既立足当代又继承民族优秀传统文化艺术，既立足本国又充分吸收世界文化艺术的优秀成果，使艺术科学研究始终面向现代化、面向世界、面向未来，具有鲜明的中国特色。要积极创造在思想理论体系上具有鲜明的时代特征，以及为人民

群众喜闻乐见的语言风格和话语体系，不断增强我国艺术科学研究的吸引力和影响力。

创新是一个民族的灵魂，也是艺术科学研究的内在要求，是艺术的巨大魅力和价值所在。当前，科学技术日新月异，艺术科研工作者必须拓宽思路，积极倡导和大力培育创新精神、创新意识，不断增强创新能力。只有大胆借鉴吸收国内外一切有益成果和研究方法，紧密结合当代艺术发展的生动实践，进行理论的创新、内容形式的创新、体制机制的创新、方法手段的创新，才能使艺术科学研究工作不断超越落后的思想观念、体制机制，不断取得新的发展。同时，只有用时代的要求来审视艺术科学研究，用发展的眼光和改革的精神来推进艺术科学研究，使艺术科学研究真正体现时代性、把握规律性、富于创造性，构建中国特色社会主义文化艺术科学学科体系，才能把我国艺术科学研究推上一个新台阶。

6. 艺术科学研究必须加强艺术科学项目规划建设、深化艺术科研体制改革，建立和完善科学的评价和激励机制、成果转化机制，建立和健全艺术科研成果奖励制度

艺术科学规划项目体现着我国艺术科学的发展方向和水平，具有重要的导向和示范作用。全国艺术科学规划课题的申报评审，从2007年开始由两年一次改为一年一次。这是我国艺术科学管理体制和建设的一个重要转变，体现了国家对艺术科学建设的高度重视，为艺术科学建设提供和创造了良好的科研条件和科研氛围。只有进一步完善有关管理办法与制度，努力提高艺术科学规划管理的科学化、规范化水平；强化精品意识，坚持公开透明、公平竞争、优中选优的评审原则，改革评审制度和评审方式，完善项目成果评价机制；严把政治方向和学术质量的两关、评审立项和鉴定结项的进出两口，才能进一步提高艺术科学规划项目的质量，确保推出代表国家水平的优秀成果。

坚持深化艺术科研体制改革，建立和完善科学的评价和激励机制，是繁荣学术、推动学术的重要措施。要不断深化全社会特别是各级政府决策部门对文化艺术科学研究在建设和谐文化、塑造民族精神，繁荣社会主义先进文化进程中重要战略作用的认识；要通过规划和选题，整合研究力量，优化艺术科研资源配置。努力探索科学的人才管理体制和现代科研体制，探索建立若干高水平的资源共享型艺术科学研究基地，促进优势学科及科研队伍的建设；要建立健全艺术科研成果奖励制度，切实加强艺术科研成果奖励工作，使之成为优化、凝聚科研队伍，繁荣艺术科学的重要有效途径；要进一步完善成果转化机制，切实加强艺术科研成果的推广、宣传和奖励工作，充分利用报刊、广播、电视、互联网等大众媒体，加大成果宣传力度，拓宽成果宣传渠道，促进艺术科学规划研究优秀成果更好地运用于党和政府决策，运用于国家建设和社会发展，运用于学科建设和发展。

（二）困难与挑战

“十一五”期间，艺术科学研究取得了较大成绩，对我国文化事业的发展起到了重要的推动作用，但同时也存在一些问题和不足，艺术科学研究还面临着严峻挑战。这些问题大致有以下几个方面。

1. 艺术科学各学科的基础研究还比较薄弱，需要进一步加强

“十一五”期间，艺术科学各学科的基础研究水平有所提高，但研究基础还很薄弱，当前的艺术科学基础理论的研究和史的研究，存在着有价值的理论提炼不足的局限。如在戏曲理论研究方面，戏曲理论的研究稍显滞后，特别是一些特定时期与领域的戏曲理论研究需要进一步总结与提升；在音乐教育研究方面，虽然研究成果数量不少，但含金量不高，多为对音乐教学实践方法的探讨，真正上升到“音乐教育学”高度的成果很少。

2. 艺术学自身学科体系建设还不完善，学科整体水平有待提高

“十一五”期间，艺术学各门类学科研究领域有所拓展，但艺术学自身学科体系的建设还不完善，艺术学及部分门类学科在基本范畴、规律、原理、方法论等问题上的研究尚需深化和系统化，学科整体水平有待提高。如在艺术社会学研究方面，门类研究缺乏新进展，出现了以文化研究代替艺术社会学研究的倾向；在文化战略研究方面，作为一个学科，其体系尚未成熟，缺乏系统性和精密度，研究领域不甚明确，跟其他文化研究领

域存在交叉现象，尚缺乏严格界定的概念系统。

3. 艺术科学在理论研究与艺术实践上存在部分脱节，对文化艺术发展的现状缺乏足够关注

“十一五”期间，艺术科学的理论研究水平有所提高，但对当下文化艺术发展的现状缺乏足够关注，艺术科学的理论研究与艺术实践存在部分脱节。如在曲艺研究方面，关于曲艺的曲本文学、曲唱音乐、舞台美术和“说唱”表演等专门研究，一直处于萎缩甚或空白的状态；在舞蹈研究方面，舞蹈理论研究偏重于传统舞蹈和民族民间舞蹈，缺乏对当代舞蹈应有的研究和关注。

4. 艺术科学研究对新观念、新方法的运用还不够重视，理论创新能力有待提升

“十一五”期间，艺术科学研究还不能很好地适应形势发展的新要求，艺术家对艺术科学研究中的新观念、新方法的运用还不够重视，理论创新能力有待提升。如在艺术批评研究方面，研究成果多是总结回顾性研究、表态性研究，对国外批评思潮及国别艺术批评介绍性研究等占有很大的比重，学理性研究所占的比重很少；在电影艺术研究方面，电影艺术研究在理论、观念、方法上还不能完全随着新语境的变化发展而进行相应的调整、补充和完善。

5. 艺术学项目申报存在一些问题，科研体制改革滞后，研究队伍整体水平有待提高

“十一五”期间，国家社科基金艺术学项目受到社会愈益广泛的关注，这期间也的确推出了一批有重要学术与应用价值的成果，在我国艺术学学科建设乃至繁荣、发展社会主义文化的进程中发挥了重要作用。但也要看到，近年来，在项目申报数量逐年激增的同时，在项目申报中也存在一些问题，如：忽视自身学术积累而热衷于赶浪潮的现象有所蔓延，课题研究缺乏问题意识；研究的理论观点乃至对策、建议的雷同、相似，对调查数据等材料的简单罗列、汇集，是申报项目中存在较多的问题；科研体制改革滞后，缺乏面向社会需求的科研导向机制和以成果评价为核心的竞争激励机制；全国艺术科学研究布局不够合理，各学科发展不平衡；由于学术风气和学术体制等方面的原因，急功近利、复制拼凑的现象甚至在局部有所蔓延，学术失范、学风不正现象仍然存在，学术评价机制和学术监督机制有待建立和健全；科研队伍还不够稳定，整体水平有待提高；艺术科学研究成果的出版和转化存在困难，影响往往局限于本领域，研究成果还不能完全实现其社会价值。

（三）期许与展望

“十二五”时期，是深入贯彻落实科学发展观，实现经济转型和发展方式转变的关键时期，对艺术科学研究工作提出了更高要求。科学分析“十二五”时期全国艺术科学各学科的学术前沿与发展趋势，明确“十二五”时期艺术科学的主要任务，可以更好地推动艺术科学的全面繁荣发展。

1. 艺术基础理论

“十二五”时期，艺术基础理论研究要在重视学科建设的同时，更多地从国家文化建设的战略高度，从艺术实践的现实需要出发，来思考和组织研究工作。具体来说，在“十二五”期间，艺术基础理论研究的学术前沿和未来展望主要有以下几个方面：

第一，在社会主义核心价值体系的建设过程中，马克思主义艺术学原理研究的条件已经成熟。马克思主义创始人在唯物史观哲学基础上创立了全新的艺术理论体系。中国共产党四代领导人以中国化的马克思主义艺术理论学说，丰富和发展了马克思主义艺术理论。以经典的马克思主义艺术理论和中国化的马克思主义艺术理论为指导，建构马克思主义艺术学原理，以推动当代艺术学健康发展，将成为艺术基础理论发展的未来趋势之一。

第二，在艺术科学“九五”规划重大项目《中华艺术通史》14 卷全部完成、出版的情况下，“十二五”期间《中国艺术通论》重点课题的立项与研究，即对中国传统艺术基本精神、演化规律及主要审美特点进行系统的总结概括，将提上日程。与此相关，中国传统艺术的当代价值研究，也将日益引起人们的重视。

第三，新中国成立到今天已走过 60 多年光辉历程。在大力加强国家文化建设的过程中，“十二五”期间，艺术科学应重点关注对新中国成立以来特别是改革开放以来我国文化艺术的主要成就、发展道路、基本经验及现实中亟待解决的主要问题、未来发展方向与途径的研究。

第四，艺术理论在新时期取得了突出的成绩，

艺术学在新时期也取得了独立学科的地位。对中国艺术理论和艺术学由20世纪上半叶萌芽并取得初步成果到新时期获得巨大发展的历史加以清晰、细致的梳理，对艺术学科的未来发展加以展望，也应提上日程。

第五，在建设和谐社会的过程中，要充分认识艺术社会学研究的重要性。艺术社会学是艺术学科中一个传统的优势学科，新时期以来取得了较丰硕的成果，但它也面临着来自“内部研究”与“文化研究”两方面的挑战。未来的艺术社会学研究如何吸纳国内外最新研究成果，密切关注当代新的艺术生产与消费实际，开出新生面，是需要艺术理论界关注的问题。

第六，在当前市场经济大背景下，当务之急是改善和加强艺术批评工作。当前艺术批评的现状不容乐观，有偿批评、圈子式批评、酷评之类大行其道，少有真正客观、科学、富有责任感的、美学观点与历史观点相统一的艺术批评。为了中国特色社会主义艺术的健康发展，加强和改善艺术批评已成为艺术领域的普遍共识。如何更好地解决这一问题，需要艺术理论界进行深入探讨。

2. 戏剧戏曲学（含曲艺、木偶、皮影）

（1）戏曲学研究。加强戏曲理论研究，特别是现状研究。近20年来，戏曲学科研究取得了长足进展，特别是许多重大戏曲史论研究课题的完成，积累了一批学术成果。但一些基础性戏曲理论研究还很薄弱，西方戏剧理论仍把持戏曲理论研究的话语权，戏曲创作实践与理论批评集体失语的问题仍比较严重，“十二五”规划对此应高度关注，对这些基础性理论研究，特别是现状研究提供必要支持。

重视戏曲表演理论体系建设。戏曲艺术形成了独具中华文化特征的表演体系，彰显着中华民族的文化精神和价值标准。从理论的高度概括中国戏曲表演体系，对提高民族文化的软实力具有十分重要的意义。随着时代的变迁，戏曲舞台面貌的巨大变化，大量新鲜的创作经验亟待从体系建设的角度给予总结，一些既有的研究结论也需相应地给予新的理论回应。

建立学术化与规范化的戏曲评论机制。当前的戏曲评论很多是非本体意义上的批评，常常成为戏曲评奖等活动的附庸，造成戏曲批评止于艺术研究的表层，缺少对戏曲创作切实而具针对性与指导性的理论建树，同时也严重阻碍了戏曲艺术创、演、评等戏剧链良性发展机制的建立。“十二五”规划应对建立学术化与规范化的戏曲评论机制有所表述，提倡和鼓励具有学术规范与创新意识的戏曲评论。

重视戏曲研究中新观念、新方法的运用。自王国维到张庚等前辈学者，开创了戏曲研究运用新观念、新方法的传统。“十二五”时期应继续重视运用新观念、新方法从事戏曲研究，特别是戏曲人类学、文化学、口述史等交叉学科研究和新兴研究方法的引进与运用，将极大地拓展和深化戏曲学科的许多研究领域。

完善戏曲学科构建。戏曲学科建设在“十一五”期间有了长足的发展，但从整体上看，戏曲学科建设仍存在系统化、理论化的必要。如戏曲文献学、戏曲音乐学、戏曲表导演学等学科的建设还比较薄弱。“十二五”时期应对这些薄弱学科，特别是关于学科基本理论的建设予以适当的扶持。

（2）话剧研究。“十二五”期间，应重视完整独立的话剧学科体系建设。与发展当代话剧本体有密切关系的话剧市场学、话剧市场份额分析、话剧产业学、话剧营销学、话剧组织与管理学等，也应尽快纳入话剧学的研究范畴。

随着文艺院团体制改革的全面铺开，社会化、产业化已成为戏剧发展的必由之路。对此应从学术理论上予以重视。要及时掌握话剧改革的试点院团及其试点阶段的种种新情况，并进行有针对性的调查、总结、研究，为政府扶持戏剧产业提供决策依据。

进入新世纪，话剧发展格局大致呈现以下3种情况：专业院团的经典剧作、保留剧作、原创剧作演出；民营演出机构的商业戏剧、流行戏剧演出；非职业、非盈利、先锋、实验的戏剧演出。在戏剧经营中，出现了国营剧团、民营剧院、私人戏剧工作室、大学剧社等不同分野，同时戏剧流行化、世俗化、喜剧化的趋势日益明显，如何积极引导规范，是值得高度关注和深入研究的课题。但目前对民营和业余剧团以及喜剧、小戏、小品的研究严重短缺，应着力加强。

目前，我国尚未建立电子数据形态的话剧影

像库、话剧文献库、话剧信息中心等，致使话剧艺术的各种资料随演随弃，严重流失，现有的戏剧档案管理明显滞后，将影响话剧学科的整体推进，这种状况应引起重视并采取措施。

新时期话剧已走过了近30年历史，涌现了大批有特点的剧作家、导演、演员，这是中国话剧史上观念更新频繁，形式转换灵活、艺术思维活跃的时期。在“十二五”期间，应当对其艺术成就予以总结。

经过100年的历史发展，在中国话剧史中作出重要贡献的人物已纷纷离世，应加紧收集活态历史资料，对经历过这一发展过程的戏剧界前辈进行跟踪访谈、口述实录并编撰口述中国话剧史，为今后的研究创造条件。

作为外来的艺术样式，话剧常被认为是带有“西洋”色彩、“舶来的”、“小众的”艺术形式，话剧民族化是一个长远的理论课题，也是一个不断摸索的实践课题。改革开放以来，中国话剧面临“二度西潮”，由此带来了西方中心主义的问题。20世纪80年代以来，妄自菲薄、生搬硬套式的借鉴外来文化的做法，值得反思。如何保持中国艺术的神韵之美，借鉴民族传统文化的精神资源，适应现代大众的审美心理，实现民族艺术的创造性转化，是应进一步研究和探索的课题。

（3）曲艺学研究。随着曲艺学研究的逐步推进、研究人才的不断涌现，以及学术生态和研究环境的逐步改善，“十二五”期间的曲艺学研究，将呈现如下发展趋势。

研究领域不断拓展。特别是随着大型曲艺专业方志丛书《中国曲艺志》的编纂完成和全部出版，有关曲艺的学术资料空前丰赡，其研究也将突破既往主要局限于基础史论、汉族曲种和艺术本体的局面，进一步向更深广的领域展开。有关少数民族曲种和曲艺的文化学研究将成为主要方向，曲艺表演、舞美和传播研究，也将趋向深入。

研究内容更加切实。尤其是非物质文化遗产保护工作上升为国家文化发展的战略目标以来，有关曲艺的传承与保护研究，将成为曲艺学研究服务于国家社会文化建设的重要内容。

研究手段趋于多样。除了传统的史论研究、文献整理、创演观照和人物研究等，有关曲艺的口述史研究、音像文献的整理保存和曲艺文化的数据库建设等，将成为全新的成果样式。研究的方法与手段，也将突破传统的本体研究，向着“跨学科”的方向扩展。

研究队伍逐步壮大。目前曲艺的本科教育几乎是空白，但研究生教育已经开展。高级研究人才匮乏的局面，在“十二五”期间会有较大的改善。

3. 电影、广播电视及新媒体艺术

当前，电影、广播电视及新媒体艺术研究已经步入急剧变革的时期，面临许多重要而紧迫的课题。“十二五”时期，电影、广播电视艺术及新媒体艺术研究课题的规划应站在“大传播概念、全媒体视野”的角度，以宽阔的国际视野、跨学科的知识、方法和手段进行更深入的研究：提升基础理论研究的学术含量，谋求当代语境下各媒介知识系统的重构和互补性研究；强化有指导意义的应用对策性研究，使相关学术研究在符合规律的科学发展中取得更大突破。

在电影研究方面，要注重基础理论系统化、创新性研究。目前，电影艺术研究中存在着重文化轻艺术、重实践轻学理、重热点轻整体、重引进轻消化的问题。新语境的变化发展将促使电影艺术研究必须在理论、观念、方法上进行相应的调整、补充和完善。一些研究已经展开，但是需要继续推进，如加强对电影现状的关注与研究，国家电影战略的研究；加强对外电影文化宣传和发行策略的研究，提高利用电影传播中华文化、宣传国家形象的能力；加强电影评论，利用各种媒体优势，提升民族电影的文化负载，提高全民电影文化意识和国产电影的市场竞争力等方面，也需要给予更多的关注。

另外，随着近些年中国电影不断取得的国际成就和中国社会和经济的持续发展，国际对华语电影的关注持续升温，并成为一个国际性的学术领域。在这种形势下，注意总结国内学者已有的研究成果，并对未来研究加以规划，掌握这一研究领域的话语权，不但对中国电影研究，而且对中国文化建设具有积极意义。

在广播电视研究方面，热点现象频出导致史志研究滞后于业界发展，应加强历史意识，注重在定量基础上的定性研究。其次，要建立科学、全面的电视评价体系研究。收视率是评价电视节目的重要指标，但只是商业传播标准。动态深入地研究电视的市场规律和艺术规律的有效结合，调整收视率样本结构，完善调查方法，建立分众定性研究，建立起关乎国家文化安全和注重文化创造力的文艺标准与收视率双赢的评判指数，是非常迫切的课题。再次，加强广播电视可持续发展战略研究。文化产业已上升为国家战略性产业，广播电视业要成为中国文化产业的领头羊，向上下游整合，实现产业升级，实现真正意义上的制播分离是产业发展的突破口。还要看到，中国广播电视公共服务体系建设尚处于起步阶段，既要规范其具体概念和定义，又要重视其质量标准和考评体系的研究，为建设符合中国国情的广播电视公共服务体系提供理论支撑。

在动漫、新媒体艺术研究方面，要加强基础理论研究，更明确地确定研究对象、方法、基本概念和范畴，建立新媒体艺术研究的整体理论框架；要建立动漫及新媒体艺术作品的数据库，为进一步研究提供基础性条件；要加强动漫、新媒体艺术的分类研究、中国动漫和新媒体艺术特色研究、中国文化对动漫及新媒体创作的影响研究、动漫文化及其影响研究；加强中国动漫、新媒体艺术发展机制，中国传统美学观念与动漫、新媒体技术的融合等课题研究；加强动漫、新媒体艺术的产业化研究，注重动漫和新媒体艺术的资金支持、产业化运作规律的研究。

4. 音乐学

“十一五”期间，民族音乐研究努力实现民族音乐学理论的本土化，但对外来理论的消化吸收及理论与实践的有机结合尚待加强，不少研究更多侧重文化背景，仅停留于民族音乐事象的表层描述，忽略对音乐本体及其与特定文化关系的探讨。“非遗”保护需要基础理论的支持，这是学界共识，但这一点在实际工作中却很容易被忽略。目前“非遗”工作中由于缺少严肃的理论思考，各地主要把传统文化的保护等同于“申遗”和一些应付检查而举办的活动，这种表面化的工作方式反而给传统文化事象带来一定的损害。

中国古代音乐史学历经百余年发展，自改革开放以来出版的各种通史类著作至今，又有许多新材料和新的研究成果出现，有些学者开始撰写音乐领域某专业方向的通史，学界也开始出现“重写音乐史”的呼声。但整合全局的音乐通史写作需要有体制化的支持，才能保证学术质量。断代史研究方面，宋代之后各朝代的音乐史研究领域亟待开掘。中国近现代音乐史研究仅涉及音乐家和音乐思潮两部分，内容相对单一，需进一步解放思想和更新观念，扩大近代音乐史的研究领域。

同时，要加强音乐教育学基础理论研究，并介绍国外最新研究成果，为国内相关领域从业者提供借鉴。

5. 舞蹈学（含杂技、魔术）

“十二五”时期，舞蹈学学科规划应继续向着现代化、科学化、体系化、规范化的方向迈进。

第一，要继续加强基础性舞蹈史学建设。“中国舞蹈文化史”、“中国舞蹈历时态的比较研究”和“中国现代舞史”等课题需纳入研究视野。《中国民族民间舞蹈集成》的完成，舞蹈生态学、舞蹈文化人类学、舞蹈民俗学等学科方法论的建设，宏观上为“中国民间舞蹈史”、“中国少数民族舞蹈史”等巨大工程的展开创造了必要条件，“十二五”期间，它们将成为舞蹈学领域成果显著的部分。

第二，舞蹈基础理论方面，要在本体论、发生学、类型学、形态学和中外舞蹈比较研究等方向取得新的理论突破。舞蹈学科方法论的探索步伐需要进一步加大，拟议中的“舞蹈研究方法论翻译丛书”（包括舞蹈历史学、考古学、人类学、民族学、文化学、符号学、生理学、运动学、训练学、女性学、政治学、心理学等），将为中国舞蹈研究和创作提供理论支持与保障。

第三，要加强“非物质文化遗产”舞蹈项目的专门研究。随着第三批国家级“非物质文化遗产保护项目”的确定，对其中舞蹈项目的研究必然要纳入议事日程。“十二五”期间，应开展非物质文化遗产中舞蹈项目的专题研究，对每个项目逐一考察，形成规范化、系统性的舞蹈学成果。

第四，跨学科研究的进一步拓展依然是“十二五”期间的研究重点。舞蹈生态学、民族舞蹈学的建设仍是未来5年舞蹈学发展的重点。此外，舞蹈管理学、舞蹈传播学、舞蹈影像学等同样是方兴未艾的学科延展焦点，也是舞蹈研究推动舞蹈创作、表演及传播的基本保证。

第五，要塑造舞蹈高等教育的学科思维。长期以来，舞蹈学研究忽视了舞蹈教育的理论研究，使整个学科理论水平偏低，这种状况必须在“十二五”期间加以改变。从“十一五”期间延续下来的《中国舞蹈教育史研究》、《欧美舞蹈教育史研究》等中外舞蹈教育研究课题，正在紧锣密鼓地进行中，各个舞种学科的史论研究也必须上马，本体研究、交叉学科和综合研究必须齐头并进。

杂技、魔术研究要注重现状分析和实践研究，在杂技魔术的产业化道路上提供更多建设性研究成果，构筑一个全方位的杂技魔术研究体系，走出与众不同的研究道路。

6. 美术学（含设计艺术）

“十二五”时期，在选题规划上应重新调整学科布局。“十一五”期间最突出的问题是美术学与设计艺术学依然混合在一起，多项学科均囊括在“美术学”内，造成每年“美术学”类的项目申报数居高不下，既不利于设计艺术学的项目规划，同时挤压美术学的项目资源。

“十二五”时期，要鼓励学术创新，拓宽研究领域。特别是在传统的中国美术史学领域，鼓励那些最适合个体性研究的选题系列，确定若干“十二五”规划的重点，形成几项有国际影响力的学术成果，如中国的宗教美术就是一个极有学术发展前景的研究领域，中国古代美术遗品中，半数以上与佛教、道教有关，这是其他国家和地区难以具备的文化遗产与学术资源。与非物质文化遗产保护工作一样，古代美术遗址及遗迹的保护与研究也迫在眉睫，过去，我们已整理出版了大量图录与图册，相关的文献资料也已陆续整理，但深入细致的高品质论文却难得一见，相关的研究选题也很少。另外，要继续鼓励少数民族美术研究，以边缘性的文化研究排解单一性的主体叙述，建立中华民族多元一体的文化新格局。

“十二五”时期，要加强理论建设，促进创作实践。理论问题与创作实践密不可分。目前，艺术创作空前活跃，艺术家的创作自由度较大，需要有新的理论思考及相关的艺术实验。当代艺术鼓励创新，也为新的艺术理论出现提供了前所未有的机遇，这种理论又会支持新的艺术批评，促进艺术创作实践，沟通艺术与社会公众的审美联系。

7. 文化艺术管理

文化艺术管理是文化艺术活动主体对文化艺术发展进行有意识、有目的的总体规划，通过配置和使用文化艺术资源，实现文化效益和功能最大化。它关乎国家文化艺术整体发展的设想和决策，是文化艺术建设的纲领，具有全局性、系统性和长期性的特点。当前，文化艺术管理研究已初具规模，研究的深度和广度有所提高。然而，作为一个学科，文化艺术管理的研究体系尚缺乏系统性和精密度及严格界定的概念体系，面临很多亟待解决的重要课题。

因此，在未来的文化艺术管理研究中，首先应明确学科特有的概念体系和理论范畴，探索我国文化发展的总体目标和基本战略，构建文化艺术管理的战略理论体系，研究文化艺术发展的整体布局和实施重点，形成独立的研究方法，从自身特有的理论视角探讨文化艺术发展问题，为该学科研究奠定坚实的理论基础。

其次，文化艺术管理研究应关注理论前沿，注重时势发展，在透视国内外文化发展的基础上，考察全球经济一体化、全球文化多元化的国际背景下文化艺术发展的经验与路径，同时结合我国现实国情和实践，借鉴国外文化艺术发展的成果，从而对我国文化艺术的长远发展提出具有战略意义的宏观构想，并针对具体问题，确定研究重点和主要方向，在理论研究与实际运用方面，从深度、广度上不断推进。

再次，文化艺术管理研究具有很强的现实性和实践性，应不断随国内外政治、经济和社会形势的变化调整研究目标和研究重点，对文化艺术发展进行长远的总体规划，提出具有我国民族特色的文化艺术发展构想，为政府在文化领域的宏观决策提供咨询和理论支持，以期通过专业化的文化艺术管理研究，挖掘我国民族文化的创造力，增强民族文化的影响力和凝聚力，推动文化发展与繁荣，实现理论研究的现实功能。

“十二五”时期，我国艺术科学研究面临良好机遇和严峻挑战。艺术科学研究要紧紧围绕党和国家经济、政治、文化及社会建设的大局，全面落实科学发展观，努力促进构建社会主义和谐社会、建设和谐文化。广大艺术科研工作者要抓住机遇，迎接挑战，为艺术科学事业的繁荣发展，为推进有中国特色社会主义现代化建设，实现中华民族的伟大复兴作出应有的贡献。

《全国艺术科学“十一五”研究状况及“十二五”发展趋势调研报告》审稿人、统稿人及各部分执笔人名单

总审稿人：于平、张庆善、王能宪、陈迎宪、田军亭

统稿人：李蔚、祝东力、王磊、郝庆军、戴健、曹贞华

绪论部分：

执笔人：祝东力、郝庆军、戴健

一、艺术基础理论部分：

执笔人：陈飞龙、李心峰、孙伟科、宋建林、刘永明

二、戏剧戏曲学（含曲艺、木偶、皮影）

执笔人：刘祯、毛忠、宋宝珍、吴文科

参加人：刘彦君、杨云峰、赵红帆、潘晓曦

三、电影、广播电视及新媒体艺术

执笔人：丁亚平、高小健、许婧、赵卫防、秦喜清

四、音乐学

执笔人：李玫、李宏锋

参加人：吉颖颖、孙琦

五、舞蹈学

执笔人：罗斌、欧建平、江东、茅慧、王红川、刘春、刘晓真

六、美术学

执笔人：郑工、张楠楠

七、文化艺术管理

执笔人：贾磊磊、黄忆南、肖庆、刘藩、程惠哲、潘源

结论部分：

执笔人：祝东力、郝庆军、戴健，以及各学科相关执笔人

艺术职业教育

围绕贯彻落实《国家中长期教育改革和发展规划纲要（2010～2020年）》，以构建中国特色艺术职业教育为宗旨，结合艺术职业院校发展需要，做好事、办实事，重点开展了以下工作：

一、发挥桥梁纽带作用，做好文化部门所属中等艺术职业学校“十二五”规划项目编报工作

按照《文化部办公厅关于做好文化部部门所属中等艺术职业学校“十二五”规划项目编报工作的紧急通知》（办财务函〔2010〕453号）要求，将有关精神传达到每一个学校，积极参与遴选标准修订工作，提出合理化建议，为中职学校争取财政支持。

二、加强思想道德建设，开展艺术职业院校思想政治工作

为落实部、司领导在《每日汇报》等要件上的批示精神，针对艺术职业院校今后如何防止和杜绝忽视政治敏感现象情况的发生，起草下发“关于加强艺术职业院校思想政治工作，严格管理参加比赛评奖活动的通知”，提出艺术职业院校思想政治工作的改进措施。

三、重视文化课教学，提高艺术职业院校学生文化素养

针对“中学历史课堂‘失守’”现象的出现，在中国艺术职业教育学会成立文化课教学督察组，建立教学督察制度；组织专家审核艺术职业院校所使用的文化基础课教材，并以片区为单位，有针对性地组织文化课教学观摩、交流活动；从下学期开始，加强艺术职业院校文化课各科教学的管理，做到防微杜渐。

四、搭建交流平台，增强艺术职业院校凝聚力

策划组织召开了由科技司、中国文化报《艺术教育》杂志社主办的“2010’第五届全国艺术院校院校长高峰论坛；配合文化部“第二届越剧艺术节”，组织举办了“越剧人才培养、越剧艺术提升”的论坛和“全国戏曲艺术中等教育校长论

坛”。组织举办了2010中国东盟第二届艺术职业教育成果展演活动。这些活动的举办，为艺术职业教育发展提供了很好的理论与实践交流平台，增强了艺术职业院校的凝聚力。

五、全力支持配合院团体制改革，深入中央芭蕾舞团进行调研

了解了中央芭蕾舞团的人员结构以及学历状况、上岗状况、转岗状况、人才需求规划、未来发展情况等。提出了在艺术人才提升学历、进行专业培训、上岗资格认定等方面为文化部直属艺术院团和部分地方艺术院团服务，以配合院团体制改革工作。

顺应艺术学发展趋势 积极争取学科独立

艺术学科作为研究整个艺术领域的一门学科，诞生于1 9 世纪末，从20世纪80年代中期开始，艺术作为一门独立学科的研究在我国逐渐开展起来，确立艺术学学科门类地位的呼声也与日俱增。1997年，国家教委与国务院学位办根据社会需要和学科内涵的变化对学科目录进行了调整，确立了艺术学科在现行学科专业目录的定位。应当说，我国的艺术学科历经原始积累，形成学科，建立体系，明确定位的过程具有它的历史性和相对的合理性。然而，随着高等教育改革的深化和艺术学科专业的不断拓展，尤其是经过几代文化学者的勤奋努力，艺术学科研究取得了引人注目的成就，艺术教育体系已经走向成熟，现行的学科定位已经不能适应艺术学科研究和艺术教育体系科学发展的要求，迫切需要将艺术学科提升为高等教育学科门类。

一、艺术学科建设与发展出现了空前的繁荣，迫切需要独立设置艺术学学科门类

艺术与道德、科学是构成人类文明发展的三大支柱。艺术学科作为综合性系统地研究艺术世界，研究艺术之本质、原理与现象、探讨艺术实践、艺术活动的规律和特点的理论性、学术性的人文学科，在我国经过近百年发展，特别是经过改革开放30年来许多专家学者多年的发奋图强，自身建设取得了重大变化。其显著的标志之一是地位发生了变化。在“国家社科基金项目”的学科分类中，艺术与政治学、法学、社会学、文学等20多个学科并列为独立的学科。并因艺术学科的特殊性，艺术学科成为“国家社科基金项目”的单列学科之一，独立设置机构，单独切块经费，单独申报立项，凸显了其学科地位的重要性。之二是取得了辉煌的成果。从1993年至2008年，共有855项全国艺术科学规划课题获得立项。10部《中国民族民间文艺集成志书》和《中华艺术通史》2个国家重大项目，以及《中国戏曲通史》、《中国戏曲通论》、《中国美术史》、《中国古代音乐史稿》、《中国古代舞蹈史》、《中国电影史》等等，许多重要学术成果已产生了世界性的影响。分别从艺术基础理论、美术、音乐、戏剧戏曲、影视、舞蹈、设计等领域，丰富和完善了艺术学科体系。目前，正在进行的国家社科基金艺术学科委托项目《中国艺术科学总论》，聚集了大批国内优秀的专家学者，总结汲取以往经验和成果精华，在新的历史条件和新的起点上，积极探索建立以马克思主义文艺理论为指导并体现中华民族特色的中国艺术学科体系。

艺术教育与艺术科研密切关联，相辅相成。艺术在我国科研领域的发展和实践证明，它是一门独立的学科，具有不断完善的理论体系，拥有庞大的学科群，研究队伍逐渐壮大，研究成果逐渐丰富。但在目前高等教育学科设置上，艺术学科却被放在文学门类中。艺术学科在高等教育学科设置上的滞后，直接影响其在学科建设、人才培养、队伍建设等诸多方面的发展。探索确立艺术学科在高等教育学科中的应有地位，已成为当前艺术科研与教育发展的重要选题。有鉴于此，在2007年度国家社科基金艺术学项目评审中，经全国艺术科学专家委员会严格评审，《中国艺术学学科体系建设研究》获准立项为为数不多的国家重点项目之一，以期深入研究建设中国特色的艺术学科体系，推进我国艺术学科建设。

二、艺术学科内涵发生了质的飞跃，提升艺术学科门类十分必要

进入21世纪，现代科学技术的飞速发展给人们的生活、思维和精神需求带来了深刻的变化。其突出表现在几个方面。一是艺术活动类种较以往有了很大的增长，人们能够有较多的选择，可以根据自己的意愿和兴趣自由和自觉地参与艺术活动；二是由于电子技术、卫星技术、多媒体技术等现代科技的发展，使得艺术活动及其艺术信息获得了极大的增殖；三是科技的因素正在不断渗透于各种艺术活动和艺术形式之中，艺术活动大大增加了科技含量；四是在市场经济和产业化经济全面发展的体制下，艺术活动正越来越多地走向市场化和产业化。艺术不仅承担了比以往任何时候更为负责和多样的使命，而且具有了它独特的鲜明的学科特色。

随着新兴艺术形式的发展，以及传统艺术价值的再发现，艺术学科的内涵呈现出日益丰富的状态，这些都迫切要求艺术学科地位得到及时提升和学科体系的科学构架。尤其中国民间传统的艺术门类丰富，价值重大，重视非物质文化遗产的保护是世界文化学者的共识和使命。作为人类最高层次的文化遗产，非物质文化遗产有它自身的特点和规律，如何挖掘、保护和传承，急需设置相应的学科序列进行研究。此外，具有上千年历史以上的曲艺和杂技等民族传统艺术门类在我国的学位学科专业目录中，以及高校本科教育的指导目录里面都没有列入进去，而这些正是未来中国文化能够为世界文化作出贡献的重要方面。因此，艺术学科内涵的变化，要求给予艺术学科合理的学科地位，才能促进艺术学科全面、协调、可持续发展。

三、将艺术学科列为高等教育学科门类，对提高国家软实力、实现民族的伟大复兴意义重大

党的十七大报告中指出："当今时代，文化越来越成为民族凝聚力和创造力的重要源泉、越来越成为综合国力竞争的重要因素，丰富精神文化生活越来越成为我国人民的热切愿望。要坚持社会主义先进文化前进方向，兴起社会主义文化建设新高潮，激发全民族文化创造力，提高国家文化软实力，使人民基本文化权益得到更好保障，使社会文化生活更加丰富多彩，使人民精神风貌更加昂扬向上。"艺术学科作为体现人类文明与文化发展的重要组成部分，对国民的精神生活、道德信仰又有着至关重要的作用。人类社会发展和进步史证明了人类人文科学的结晶如品德的提升，德性的建立，精神信念的形成，无不是在艺术的全方位发展中得以实现。

艺术作为人类活动中一个重要组成部分，它的发展与社会的发展始终紧密相随。一个强盛的时代，也必定是艺术兴盛的时代。一个强盛的民族的文化艺术应当被世界其他民族所认同和尊重。一个民族的复兴，必须有文化的复兴作支撑。艺术学科是我国文化实力的重要资源和基础。实现这一目标应以提升艺术的地位为基本前提和重要途径。所以，将艺术学科列为高等教育学科门类，对提高国家软实力、实现民族的伟大复兴意义重大。

艺术又是一个有着众多分支学科和边缘学科的学科体系。其中艺术边缘学科群中的艺术市场学，主要研究艺术与人类经济活动的关系，尤其是艺术生产与艺术市场的关系，包括艺术产品、艺术消费、艺术品流通、艺术再生产、艺术市场管理与宏观调控、艺术买卖、艺术合同、艺术代理、艺术投资等等，由此可见艺术与文化产业有着千丝万缕的联系。

艺术既是文化产业的文化与智力资源，也是文化产业发展的理论支撑。所以，提升艺术学科门类，完善艺术学科体系，促进艺术与文化产业有机接轨、相互合作是文化产业发展的客观要求。

当前，艺术学科的提升与建设问题，已成为艺术界乃至文化界关注的热点，艺术学科的提升关系到艺术的未来、艺术人才的培养和艺术教育的发展，关系到艺术在社会主义精神文明建设中所发挥的作用，关系到社会主义文化的发展与繁荣。因此，我们认为，将艺术学科从一级学科提升为门类，并在此基础上以科学发展观为指导，科学设置和规划该学科体系中的相应学科既十分必要又十分迫切。

波浪式前进的艺术考级管理之路
——艺术考级管理 10 年小结

社会艺术水平考级管理从 2000 年开始，文化行政部门是在艺术考级自由发展 20 年后介入其中的。艺术考级本身即为泊来品，对于文化行政部门来说艺术考级管理也是一个初涉的全新领域。针对艺术考级这个新任务，文化行政部门坚持以

科学发展观为指导，大胆探索，与时俱进，不断调整管理思路，经过10年的努力，艺术考级已呈现出规范有序、蓬勃发展之势。

回首来时路，虽然波折不断，但挣扎中始终在朝着正确的方向前进。下面，以《社会艺术水平考级管理办法》的3次变化为线索，浅析艺术考级波浪式前进的管理之路。

艺术考级管理第一阶段：终止混乱局面，实行全面审批制度。

改革开放以来，随着人民生活水平的提高和业余艺术教育的逐步普及，一些单位借鉴国外的做法，开始在国内进行考级。但长期以来由于没有明确的管理部门和统一的规章制度，艺术考级十分混乱，主要表现有：考级主体多元化，艺术院校、各类协会、表演团体、艺术馆、少年宫、少儿活动中心，甚至个人都在承办艺术考级；考级活动多头介入，特别是地方政府部门介入后，规定了本地区考级结果与相关升学挂钩的政策，使考级严重偏离了其产生和发展的初衷；考级主体自成体系，各自为政，考级标准混乱；收费标准、考级程序、开考科目设置各行其是；考级辅导教师水平参差不齐，考官资格认定标准不统一等等。艺术考级这一状况引起了原国务院副总理李岚清的重视，并于2000年6月至7月间就这项工作做了3次批示，艺术考级工作由文化部管，首先要出台管理办法。为落实岚清同志的指示精神，文化部积极组织力量，在广泛调查、深入研究、反复论证的基础上，起草了《社会艺术水平考级管理办法》(文化部令第24号)，于2002年5月15日经文化部部务会议审议通过，6月17日正式施行。

《办法》充分体现了“终止混乱局面，实行全面审批制度”的管理思路。首先是清理整顿，重新审批艺术考级机构和承办单位。对原来已经开展艺术考级活动的单位，办法实施前批准开展艺术考级活动的机构，应当自本办法实施起30日内，重新办理核准登记手续；办法实施前已经开展艺术考级活动，但不符合办法规定条件的，立即停止。同时，文化行政部门对考级承办单位也进行了审批，从而使《办法》出台前的一些非相关业务单位及个人不再参与艺术考级活动，维护了考级的严肃性，保证了考级质量。其次，审批艺术考级考官，规范考官队伍。考官的业务水平和综合素质关系着社会艺术教育的整体水平，关系着每个考生的艺术学习效果，甚至会影响一个人的艺术生命，为此，《办法》对考官的资格条件给予严格规定，只有通过资格审查并取得证书的专业人员，才能作为考官执考艺术考级。对于个别单位本身专业队伍人员较少，依靠大量外聘考官开展艺术考级的问题，《办法》规定艺术考级机构聘任的考官应当以本单位的专业艺术人员为主，外聘考官不得超过考官总数的1/3。这样，就比较好地制止那些随意开办考级，扰乱考级工作的违规行为。第三，制定专业目录，清理开考专业。文化部在统计了全国各考级机构开考专业、进行分类整理后，提交全国社会艺术水平考级管理工作专家指导委员会进行了论证，根据论证结果确定了音乐类、舞蹈类和美术类开展考级的专业目录。统一专业目录不仅便于行政部门的管理，更重要的是保证了开考专业的可考性，同时也起到了对业余学习艺术者的专业学习方向进行指导的作用。此外，文化行政部门还对艺术考级机构的招考简章进行审批，统一了“社会艺术水平考级证书”规格并实施监制。

第一阶段的管理模式，是政府遇到新情况、新问题最本能的一种反应，尽管略嫌生硬，死板，貌似缺乏管理智慧，但于当时的形势是十分妥贴且行之有效之道，在迅速扭转艺术考级混乱局面方面发挥了积极作用。这一阶段实现了艺术考级管理从无到有的根本性改变，是艺术考级事业的新开端。

艺术考级管理第二阶段：提高考级质量，事前事后管理并重。

24号令为进一步整顿和规范艺术考级活动提供了法律依据，艺术考级开始步入有序健康发展的轨道。《办法》实施虽然只有2年，但在各级文化行政部门的共同努力下，已基本上扭转了艺术考级活动的混乱状况，取得了阶段性成绩。但是，随着人民生活水平的不断提高和文化艺术事业的发展，艺术考级工作也出现了一些新情况、遇到了一些新问题，原有的《办法》已不能适应发展的需要。此外，艺术考级机构和专家呼吁重视艺术考级标准及质量是目前政府管理的核心，期待文化部对《办法》进行修改与完善，以确保艺术考级事业的健康发展。鉴于以上情况，文化部在总结艺术考级工作经验和教训的基础上，同时兼顾行政许可法的要求，出台了新的《社会艺术水平考级管理办法》（文化部令第31号）。

新办法以提高考级质量为核心，确立了以“专家论证，政府决策”为指导思想的审批制度、备案制度、评估制度，提高了考级机构、承办单位及考官的资格条件，细化了考级过程规定和处罚规定，取消了承办单位、考级简章的审批权和考级机构的级别限制。新办法的贯彻实施，对于推进文化行政部门依法管理艺术考级工作、促进艺术考级向事前许可与事后监管并重的管理方式转变、预防和制止政府利用管理艺术考级设租、寻租等都将具有非常重要的意义。主要体现在以下4个方面：

第一，根据公平准入原则，取消对申请单位的级别限制。原《办法》为解决艺术考级工作多头介入、各类艺术考级泛滥问题，对设立机构的级别、范围做出严格界定，起到了规范艺术考级工作的积极作用。但随着经济和文化事业的繁荣发展，很多地（市）级艺术学校、团体和单位的专业艺术水平和物质条件已有很大提高，与省级以上相关单位的差距越来越小，部分单位也完全具备申请设立考级机构并开展艺术考级活动条件。据此，《办法》（修改稿）将原《办法》第八条和第十八条删除，所有符合规定条件的艺术学校、团体和单位都有平等的机会申请开办艺术考级活动。为确保考级机构质量，《办法》（修改稿）增加了“申请单位自编并公开出版发行的艺术考级教材”的限定条件，从而有效的解决了机构数量与质量的矛盾，既宏观上控制了机构的相对数量，又体现公平准入原则和政府注重艺术考级机构质量的导向。

第二，调整“社会艺术水平考级证书”管理政策，艺术考级机构自行决定考级证书规格。考级证书不仅是考生达到某级别艺术水平的证明，而且在某种程度上代表着考级机构质量与形象，因此根据考级机构及专家建议，在《办法》（修改稿）中删除了“艺术考级证书由文化部统一规格”的规定，只要求统一监制。

第三，取消了承办单位和招考简章审。可以减少艺术考级机构的审批环节，提高工作效率，降低政府行政成本和艺术考级机构的考级成本，符合政府高效率、低成本和便民的要求。

第四，充分发挥专家作用。为使文化行政部门管理艺术考级的工作更科学、更规范，使艺术考级更加符合艺术教育规律、特点，根据“专家论证，政府决策”的指导思想，文化部组织成立了全国社会艺术水平考级专家指导委员会。作为艺术考级工作指导机构，在《办法》（修改稿）的管理机构章节中，增加了专家委员会的职能，主要内容包括：开展艺术考级工作的有关政策、法规等方面的研究；论证艺术考级专业目录；论证艺术考级标准，审定艺术考级教学大纲；制定艺术考级考官资格认定标准，审核艺术考级考官资格；制定艺术考级辅导教师资格认定标准，指导艺术考级辅导教师的培训工作；论证申请设立艺术考级机构的资格，并向审批机关提供书面论证结果。增加全国社会艺术水平考级工作专家指导委员会职能体现了政府管理的公正性、客观性、科学性、权威性和严谨性，得到了广大专家学者的肯定与支持。

第二阶段是从2004年到2009年，艺术考级管理步入低谷。原因有三：一是政府管理艺术考级的积极性严重受挫。艺术考级是一项新职能，在文化行政部门的“三定”方案中没有体现，处于“三无”状态，即：无职能、无经费、无人员，加之改变了刚刚实施两年的管理方式——取消省级文化行政部门承办单位审批权，管理者心理失落。二是取消承办单位和招考简章审批权后，组织机构及制度建设未跟进，管理体系存在缺陷。三是管理人员更换频繁，管理思路和手段在同一个政策法规统领下却大相径庭，影响事业发展。艺术考级进入疲惫期。

艺术考级管理第三阶段：注重素质教育，彻底改革艺术考级。

根据国务院审改办要求，艺术考级机构审批权在保留5年后，《办法》仍未升格为《条例》，则该审批权必须取消。为此，文化部以取消审批权为前提，认真领会部领导关于艺术考级管理的批示精神，确定了“注重素质教育，彻底改革艺术考级”的管理思路。首先转变了管理方式，将艺术考级机构审批权下放到省级文化行政管理部门。其次，将艺术考级管理的着眼点从考级扩展到考级前期培训和考级后展演，逐步淡化考级环节，重新回到素质教育上来。最后对现行的办法进行修订，重新设计管理体制，即：文化部制定政策法规、各类标准，省级文化行政部门审批艺术考级机构，县以上文化行政部门依据文化部制定的各项政策法规对本行政区域内的艺术考级活动实施监管；全国社会艺术水平考级管理中心为政府、专家指导委员会、艺术考级机构、承办单位、考官及辅导教师提供服务；全国社会艺术水平工作专家指导委员会为艺术考级管理和艺术考级活动提供专业支持。

纵观艺术考级管理10年，尽管波折不断，但总的趋势是向前发展的。因此，我们期待艺术考级管理能够以这次《办法》修订为契机，重新为管理部门注入活力，尽快走出疲惫期，共同开创艺术考级新局面。

修订《社会艺术水平考级管理办法》

根据《国务院关于第五批取消下放管理层级行政审批项目的决定》（国发〔2010〕21号）要求，结合艺术考级形势发展需要，对《社会艺术水平考级管理办法》进行了修订。

一、成立起草小组

为保障办法修订工作的顺利进行，成立了以文化科技司副司长王丰为组长的办法修订起草小组。小组构成比较全面，除文化科技司教育处外，还包括省级文化行政部门（江苏省文化厅科教与产业处副调研员张人健）、跨省考级机构（上海音乐学院社教学院副院长史明阳）、省内考级机构（湖北省艺术职业学院艺术考级委员会主任夏世亮）和全国社会艺术水平考级中心。

二、确定工作思路

逐步转变管理观念，加强事后监管；以考级质量为中心，抓好重点环节；重新审视考级内含，确立过程管理；逐渐淡化级别意识，强调素质教育；调动文化行政部门管理艺术考级的积极性，切实解决管理工作实际困难。

三、开展调研工作

（一）调研方式

1. 召开座谈会：就如何修订、修订哪些内容征求跨省考级机构、艺术考级专家、部分省级文化行政部门及全国社会艺术水平考级中心意见。

2. 实地走访：选取具有典型意义的省份进行实地调研，包括江苏省——管理工作规范，相关政策法规贯彻落实到位，重点调研管理部门；湖北省——省内机构考级活动规范有序，承办方式与众不同，重点调研考级机构及承办单位；深圳市——经济发达城市的艺术考级更接近素质教育的宗旨，关注个体学习质量，重点调研考官和辅导教师继续学习情况。

（二）调研结果

通过召开座谈会和实地走访，大家一致认为：社会艺术水平考级活动从整体来讲是在不断向前推进的，文化部第31号令经过几年实施是可行的，对规范和繁荣艺术考级起到了很好的作用。

同时，了解到目前艺术考级存在的一些问题：从管理机构角度来看，各级文化行政部门、专家指导委员会和全国社会艺术水平考级中心都存在不足，职能行使不完全。艺术考级机构招生阶段夸大宣传，虚假宣传，给辅导教师回扣，乱收费；考试过程降低标准，缩短时间，随意跳级，委派考官专业不对口甚至不派考官，不写评语不指导；考后不按要求备案，发放的证书不接受监制；考级常设工作机构主要负责人变动、办公地点变动不备案。另外，由于承办单位准入政策比较宽松，现在很多私人企业都在做承办单位，各怀各的目地，在实际操作中往往结果是不好的，他们社会责任感不强，做事不计后果，通常采取违反规定的方法竞争，扰乱了艺术考级市场。承办单位的不良表现，直接影响跨省机构的形象，致使省内机构和基层文化行政部门对跨省机构评价不好。

四、起草修订草案

起草修订草案工作由办法修订起草小组承担，通过3次会议完成：第一次会议（2010年5月），确定办法修订原则，统一思想，明确分工，商定具体调研等事宜；第二次会议（2010年7月），根据调研情况，着手修订办法；第三次会议（2010年12月），根据征求意见反馈情况，再次对办法进行修订，完成草案起草工作。

（一）拟在新办法中解决的主要问题

1. 及时修订办法，使之与国务院审改办关于下放跨省机构设立审批权的决定一致。

2. 填补实际管理中经常遇到但《办法》却未涉及的空白点。让文化行政部门感到两难也是最常见的问题就是纠正机构违法行为与维护考生利益之间的矛盾冲突问题。

3. 修改办法中已不适应新形势要求的条款。随着考级管理工作的不断推进和艺术考级形势的不断变化，《办法》个别条款在实施过程中逐渐显现出滞后甚至是不合时宜的现象，这些都需要通过修订《办法》来解决。如：关于教材的规定，使全国出现了同一个专业有多达几十个版本教材的现象；关于收费的规定，已不适应国家对物价和收费的管理要求；关于考官数量的规定，不利于资源共享等。

（二）拟在新办法中确立的主要制度和措施

新形势下，政府管理艺术考级就是要为广大考生、考官、辅导教师以及考级机构、承办单位的发展提供良好的环境。以此为据，在修订后的办法中确立了以下制度和措施：

1. 审批制度

根据国务院审改办要求，同时兼顾考级机构质量，修订后的办法所确立的审批制度与 31 号令相比较有两点不同：第一，机构设立审批权统一由省级文化行政部门行使；第二，审批程序分为预审和终审。预审，即是否同意申请单位筹备设立考级机构的审批程序；终审，即是否同意具有筹设资格的申请单位设立考级机构的审批程序。但申请单位认为具备办法规定的设立艺术考级机构条件的，可以直接申请正式设立艺术考级机构，进入终审程序。

2. 评估制度

评估制度是文化部对考级机构进行质量管理的重要手段之一，拟确立为常规工作，如 2 年一次选优评估，4 年一次水平评估，并将评估结果向社会公布。评估工作要在文化部的主导下充分发挥专家作用，制定科学合理的评估指标体系，建立相对固定的评估专家组，共同完成评估工作。通过评估，旨在达到奖优罚劣的目的，为广大考生和家长选择考级机构提供权威指导。

3. 备案制度

本次修订对备案制度的调整较大，由原来设定的5 种备案（考级简章备案、承办单位备案、考前备案、考后备案和变动备案）减化为两种（考前备案和变动备案）备案。此次调整既减轻了考级机构的备案负担，同时也更符合“备案仅为告知而非审批或审核”的要求。特别要提及的是考后备案，原办法中规定此项备案旨在使各省文化厅了解本省艺术考级的整体情况；修订后的办法将其取消，该功能将通过各考级机构使用“考级管理系统”实现，由全国社会艺术水平考级中心定期向各省汇报考级情况。

4. 监制制度

监制制度，由全国社会艺术水平考级中心通过考级管理系统对考级证书实施监制，是保障考生权益，净化考级环境的有效方式。监制具有以下4 个方面的功能：第一，鉴别考级证书真伪；第二，鉴别考级机构是否合法；第三，考级成绩及证书查询；第四，统计全国考级数据。

5. 论证制度

艺术考级是业余艺术教育的一个重要组成部分，专业性强，因此政府在管理艺术考级时应当遵循“专家论证，政府决策”的原则，充分发挥专家作用，在审批机构和制定专业目录时，将召开专家论证会作为法定程序写进办法。同时，政府还要依靠专家制定各种专业标准、审定考官以及开展相关专业培训等工作。

6. 培训制度

为提高艺术考级质量，规范艺术考级行为，修订后的办法增设了培训制度。培训人员包括考官、辅导教师、机构管理人员和承办单位管理人员。同时，还倡导各考级机构开展面向考生的各类专业培训或讲座。

第六届全国青少年大提琴比赛

全国青少年大提琴比赛是一项主要以艺术院校学生为参赛对象的赛事，旨在选拔优秀大提琴人才，加强大提琴艺术学术交流，促进我国大提琴艺术水平的发展与提高，促进社会主义精神文明的健康发展。自 1985 年举办首届比赛起，至今已连续举办了 5 届。从这一比赛中，涌现出了许多大提琴新秀，有的已经成长为优秀的大提琴演奏家，活跃在国际国内的音乐舞台上。因此，这一赛事也得到社会的普遍关注，在音乐界及艺术教育界具有广泛的影响。

本届比赛由文化部文化科技司主办，厦门市文化局和厦门大学艺术学院承办，于2010年5月20日至26日在厦门市成功举办。各艺术院校对此次比赛给予高度关注，积极组织优秀选手报名参赛，共有来自中央音乐学院、上海音乐学院、中国爱乐乐团等单位的近百名选手报名参赛。最终有41名选手入围本届比赛，其中少年组16名，青年组25名。经过评委公正严格的评审，少年组和青年组共11名选手获得名次奖。

本届评委会由中央音乐学院、上海音乐学院等全国各大音乐学院的专家教授组成，评委共10名。中国音协分党组书记、驻会副主席、著名作曲家徐沛东担任评委会主任。

第六届全国青少年大提琴比赛获奖名单

青年组

第一名　空缺

第二名　潘　龑　星海音乐学院

第三名　杨一晨　中央音乐学院

第四名　陈小龙　上海音乐学院

第五名　王辛弛　中央音乐学院

第六名　周润青　上海音乐学院

评委会鼓励奖　徐　婷　武汉音乐学院

少年组

第一名　刁泓力　星海音乐学院附中

第二名　逄　柏　中央音乐学院

第三名　吴志豪　上海音乐学院附中

第四名　李坤沐　中央音乐学院附中

第五名　朴玲玲　延边艺术学校

第六名　陈韵文　上海音乐学院附中

第九届“桃李杯”舞蹈大赛国际标准舞比赛

11月18日至20日，由文化部主办、上海电影艺术学院及卢湾区文化局、体育局共同承办、上海市教委、浦东新区宣传部、上海市体育舞蹈家协会、上海舞蹈家协会、张江文化控股有限公司协办的第九届“桃李杯”舞蹈大赛国际标准舞比赛在上海卢湾体育中心举行。共有来自全国各地的百余所院校的近1000名舞蹈选手进行角逐，颇有“满城桃李相争”之势。“桃李杯”舞蹈大赛是中国舞蹈界的权威赛事之一，国际标准舞项目享有“中国舞蹈奥林匹克”的美誉。在上海世博会顺利闭幕之际举办此赛事，更是对弘扬世博精神的最好诠释，是世博主题与“桃李杯”舞蹈艺术的完美结合。

与上一届比赛相比，本届比赛有两个突出的特点：第一，体现在比赛项目方面，增设了艺术表演赛和团体邀请赛，其中艺术表演赛又分为双人舞、编队舞和创编舞比赛；标准舞常规赛和拉丁舞常规赛均设置了21岁以上组、21岁以下组、18岁以下组、16岁至14岁组。第二，赛事期间同时举行全国国标舞高峰论坛，全国业内专家、各大专业院校资深教授及国标舞精英云集上海，在评审的同时也对国际舞的现状、发展趋势等热门话题进行了交锋论道。

第九届桃李杯国际标准舞比赛获奖名单

竞技类标准拉丁舞 14～16 岁标准舞等级奖				
奖项	男选手	女选手	指导教师	代表单位
一等奖	杨震宇	王若楠	尹卫东 龙卫敏	广东文艺职业学院
二等奖	张学超	耿如璀	臧晓静	北京戏曲艺术职业学院
二等奖	靳　骅	钟佳慈	金　威 周琳娜	中央音乐学院附属南校区
三等奖	谭　然	谭　蓉	王宇潇 胡　悦	北京舞蹈学院附中
三等奖	谢淙先	章　瑶	尹卫东 龙卫敏	广东文艺职业学院
三等奖	杜钰轩	曹璐琳	尹卫东 龙卫敏	广东文艺职业学院

14～16 岁标准舞　优秀奖				
奖项	男选手	女选手	指导教师	代表单位
优秀奖	傅泳惠	曾译慧	尹卫东 龙卫敏	广东文艺职业学院
优秀奖	刘佳杰	郭小婷	尹卫东 龙卫敏	广东文艺职业学院
优秀奖	朱　陶	万欣媛	李世国	大连国际舞蹈学校
优秀奖	李　明	韩　旭	高毅强	广东舞蹈学校
优秀奖	张乐彬	钟雪微	臧晓静	北京戏曲艺术职业学院
优秀奖	田雨昆	陈婷婷	高毅强	广东舞蹈学校

14～16 岁拉丁舞等级奖				
奖项	男选手	女选手	指导教师	代表单位
一等奖	郭震升	秦　夷	尹卫东 龙卫敏	广东文艺职业学院
二等奖	姚　远	王　苗	张骁睿 梁思源	中央音乐学院附属南校区
二等奖	简　雄	蒋冰蓉	侯彩萍	广州市艺术学校深圳校区
三等奖	孙毅博	正雪男	漆剑如 姜梦佳	北京舞蹈学院附中
三等奖	陈　鹏	张斯嘉	尹卫东 龙卫敏	广东文艺职业学院
三等奖	李康健	贾怡雯	王　军	大连国际舞蹈学校

14～16 岁拉丁舞　优秀奖				
奖项	男选手	女选手	指导教师	代表单位
优秀奖	龚超群	卓莲薇	尹卫东 龙卫敏	广东文艺职业学院
优秀奖	李嘉明	胡慧娟	范文博 刘　丹	北京舞蹈学院附中
优秀奖	刘　晔	张天宇	尹卫东 龙卫敏	广东文艺职业学院
优秀奖	闫超琛	刘宇彤	张骁睿 梁思源	中央音乐学院附属南校区
优秀奖	靳　骅	钟佳慈	张骁睿 梁思源	中央音乐学院附属南校区
优秀奖	王天旭	黎蓉欣	胡　耀 郭　琦	北京辅仁音乐学校

18 岁以下标准舞等级奖				
奖项	男选手	女选手	指导教师	代表单位
一等奖	邱禹铭	徐　菀	黄文娟	广州市艺术学校深圳校区
一等奖	张　迪	牛雅雯	党　奇 牛　佳	北京舞蹈学院附中
二等奖	姚若极	王奕婷	臧晓静 成　沂	北京戏曲艺术职业学院
三等奖	康凌昊	邢安冉	金　威 周琳娜	中央音乐学院附属南校区
三等奖	于珑琦	平甜甜	党　奇 牛　佳	北京舞蹈学院附中
三等奖	甘维特	傅　玲	高毅强	广东舞蹈学校

18岁以下标准舞　优秀奖				
奖项	男选手	女选手	指导教师	代表单位
优秀奖	田　越	黄楚君	党　奇 牛　佳	北京舞蹈学院附中
优秀奖	李双佛	祁崇萱	党　奇 牛　佳	北京舞蹈学院附中
优秀奖	王枫逸	邹晓敏	臧晓静 成　沂	北京戏曲艺术职业学院
优秀奖	李勇泽	刘良钰	党　奇 牛　佳	北京舞蹈学院附中
优秀奖	刘　军	郭玉莹	金　威 周琳娜	中央音乐学院附属南校区
优秀奖	杨越淳	范嘉慧	臧晓静 成　沂	北京戏曲艺术职业学院

18岁以下拉丁舞等级奖				
奖项	男选手	女选手	指导教师	代表单位
一等奖	阎棒棒	魏诗瑶	邹　阳 石　琳	北京舞蹈学院附中
一等奖	古堃玄	李嘉琪	邹　阳 石　琳	北京舞蹈学院附中
二等奖	吴柳福	宋彬婕	尹卫东 龙卫敏	广东文艺职业学院
二等奖	乔亚楠	王雨婷	邹　阳 石　琳	北京舞蹈学院附中
三等奖	黄俊杰	彭莹璐	徐立伟 刘　畅	武汉市体育舞蹈学校
三等奖	刘子傲	伟丽姿	陈万辉 赵耀程	上海电影艺术学院

18岁以下拉丁舞　优秀奖				
奖项	男选手	女选手	指导教师	代表单位
优秀奖	李　钊	刘　滢	王　军	大连国际舞蹈学校
优秀奖	白智谦	仵　琼	邹　阳 石　琳	北京舞蹈学院附中
优秀奖	李明阳	蔡亚雯	张骁睿 梁思源	中央音乐学院附属南校区
优秀奖	文　智	贵　平	邹　阳 石　琳	北京舞蹈学院附中
优秀奖	丁嘉文	李林静	魏　巍	广州体育学院
优秀奖	邵会男	魏　骥	马　骏	广州市艺术学校深圳校区

21 岁以上标准舞等级奖				
奖项	男选手	女选手	指导教师	代表单位
一等奖	施德海	林佳铭	齐志峰 王奕菲	北京舞蹈学院
二等奖	赵　江	杨正瑛	赵　佳 吴　菁	上海电影艺术学院
二等奖	李　想	张晓彤	李　利 李伟平	上海戏剧学院舞蹈学院
三等奖	韩伟超	霍　珊	韩美玲	北京舞蹈学院
三等奖	孟兆楠	杜世佳	曹　洪 孙　佳	上海戏剧学院舞蹈学院
三等奖	游　龙	邹亚云	孙　荣 杨正瑛	上海电影艺术学院

21 岁以上标准舞　优秀奖				
奖项	男选手	女选手	指导教师	代表单位
优秀奖	孙艺峰	赵晨辛	高毅强	广东舞蹈学校
优秀奖	陈玉龙	张思鸣	魏　巍	广州体育学院
优秀奖	薛　阳	田　园	刘少博 冯　娜	上海体育学院
优秀奖	徐炜然	王　楠	杨正瑛 赵耀程	上海电影艺术学院
优秀奖	杜乔治	马　莹	张　岩 皇甫淑君	广西艺术学院舞蹈学院
优秀奖	孙宁浩	林楚楚	张　岩 皇甫淑君	广西艺术学院舞蹈学院

21 岁以上拉丁舞等级奖				
奖项	男选手	女选手	指导教师	代表单位
一等奖	娄开松	陈万辉	刘　媛 曲慧佳	上海电影艺术学院
一等奖	王增辉	奚齐月	叶　薇 娄　慧	北京舞蹈学院
二等奖	张骁睿	任　怡	张骁睿 梁思源	中央音乐学院附属南校区
二等奖	邓子龙	陈　晨	尹卫东 龙卫敏	广东文艺职业学院
三等奖	余梦琛	王　菲	陈淑民 韩美玲	北京舞蹈学院
三等奖	刘　帅	沈子晴	李　航 娄　慧	北京舞蹈学院

21 岁以上拉丁舞　优秀奖				
奖项	男选手	女选手	指导教师	代表单位
优秀奖	汪　祥	徐士超	尹卫东 龙卫敏	广东文艺职业学院
优秀奖	李　帅	董　童	陈淑民 韩美玲	北京舞蹈学院
优秀奖	周　翔	袁雅琼	陈万辉 吴　菁	上海电影艺术学院
优秀奖	胡　雨	蔡剑睿	刘　芳 魏苏胤	广西艺术学院舞蹈学院
优秀奖	毛　翔	张丹颖	刘　芳 魏苏胤	广西艺术学院舞蹈学院
优秀奖	刘　嘉	潘露斯	刘　芳 魏苏胤	广西艺术学院舞蹈学院

21 岁以下标准舞等级奖				
奖项	男选手	女选手	指导教师	代表单位
一等奖	蒋纪英	赵玉烨	齐志峰 王奕菲	北京舞蹈学院
二等奖	张占华	张若男	党　奇 牛　佳	北京舞蹈学院附中
二等奖	吴　昊	丁　南	尹卫东 龙卫敏	广东文艺职业学院
三等奖	朱明龙	曹丽雯	齐志峰 王奕菲	北京舞蹈学院
三等奖	林　正	李元新	齐志峰	北京舞蹈学院
三等奖	曹　园	王鸿晶	齐志峰	北京舞蹈学院

21 岁以下标准舞　优秀奖				
奖项	男选手	女选手	指导教师	代表单位
优秀奖	周哲民	翟孟菲	齐志峰 王　政	北京舞蹈学院
优秀奖	刘鹏飞	赵　地	魏　巍	广州体育学院
优秀奖	颜　定	沈秋实	齐志峰	北京舞蹈学院
优秀奖	姜　滨	何李君	曹　洪 孙　佳	上海戏剧学院舞蹈学院
优秀奖	徐德斌	章　晨	刘少博 冯　娜	上海体育学院
优秀奖	闵希楠	梁婉嫣	李　利 李伟平	上海戏剧学院舞蹈学院

21岁以下拉丁舞等级奖				
奖项	男选手	女选手	指导教师	代表单位
一等奖	韩正庆	李晓双	徐立伟	武汉市体育舞蹈学校
二等奖	窦　征	韩　歌	叶　薇 李　航	北京舞蹈学院
二等奖	李国庆	陈秋莹	马　骏	广州市艺术学校深圳校区
三等奖	刘　杰	梁　辰	黎　明	秦皇岛体育舞蹈专科学校
三等奖	田钦文	王　慧	陈万辉 吴丽丽	上海电影艺术学院
三等奖	王　棘	潘健卉	尹卫东 龙卫敏	广东文艺职业学院

21岁以下拉丁舞　优秀奖				
奖项	男选手	女选手	指导教师	代表单位
优秀奖	谢芳羊	朱　静	张骁睿 梁思源	中央音乐学院附属南校区
优秀奖	曹　政	吕　尚	王　军	大连国际舞蹈学校
优秀奖	张智强	张寒蕾	陈淑民 娄　慧	北京舞蹈学院
优秀奖	孙　翔	程佳妮	尹卫东 龙卫敏	广东文艺职业学院
优秀奖	谷庆午	张馨月	陈淑民 娄　慧	北京舞蹈学院
优秀奖	吕德裕	冉　娇	张骁睿 梁思源	中央音乐学院附属南校区

艺术表演舞比赛——编队舞L等级奖			
奖项	获奖作品	指导教师	代表单位
一等奖	《鼓舞》	龙卫敏 尹卫东	广东文艺职业学院
一等奖	《生命的律动》	梁思源 张卓妮	中央音乐学院附属南校区
二等奖	《传奇》	胡　耀 郭　琦	北京辅仁音乐学校
三等奖	《记忆》	阎晴晴	北京阎岭舞蹈学院
三等奖	《燃烧》	王　军 刘　滢	大连国际舞蹈学校
三等奖	《热舞青春》	李　岩 李文旭	沈阳音乐学院附属中等舞蹈学校

艺术表演舞比赛——编队舞 L 优秀奖			
奖项	获奖作品	指导教师	代表单位
优秀奖	《命运》	孟昭鑫 王艺瑾	天津体育学院
优秀奖	《仙剑》	罗　晶 胡海涛	中州大学音乐舞蹈学院
优秀奖	《魂斗罗》	王锦松 朱宝忠	北京文化艺术职业学校

艺术表演舞比赛——编队舞 S 等级奖			
奖项	获奖作品	指导教师	代表单位
一等奖	《世博畅想》	曲慧佳 杨正瑛	上海电影艺术学院
二等奖	《康巴汉子》	杨　越 张恩思	四川师范大学
二等奖	《丛林飞舞》	商悦桃 李文旭	沈阳音乐学院舞蹈学院
三等奖	《光影》	耿　鑫 张　婕	大连国际舞蹈学校

艺术表演舞比赛——创编舞等级奖			
奖项	获奖作品	指导教师	代表单位
一等奖	《来生缘》	陈淑民 娄　慧	北京舞蹈学院
二等奖	《挣脱》	汤·格里顿 齐志峰	北京舞蹈学院
二等奖	《CA815》	龙正敏 杨金斌	广东文艺职业学院
三等奖	《车站》	林鸿铭 易　春	上海戏剧学院舞蹈学院
三等奖	《暗香》	腾爱民 臧晓静	北京戏曲艺术职业学院
三等奖	《春的遐想》	刘　芳 刘　祚	广西艺术学院舞蹈学院

艺术表演舞比赛——创编舞优秀奖			
奖项	获奖作品	指导教师	代表单位
优秀奖	《地铁二号线》	李　岩 王嵩姝	沈阳音乐学院舞蹈学院
优秀奖	《缘分的天空》	郭　红 龚为名	江西艺术职业学院
优秀奖	《蛇灵的召唤》	李　俊 郝　洁	无锡文化艺术学校
优秀奖	《雨精灵》	陈淑民 叶　薇	北京舞蹈学院
优秀奖	《红玫瑰 白玫瑰》	帅小军 陈淑民	北京舞蹈学院
优秀奖	《中华儿女》	胡海涛 罗　晶	中州大学音乐舞蹈学院

艺术表演舞比赛——双人舞 L 等级奖					
奖项	获奖作品	男选手	女选手	指导教师	代表单位
一等奖	《马戏团的眼泪》	刘子傲	伟丽姿	赵耀程 王俊杰	上海电影艺术学院
二等奖	《药》	苏　梦	韩　歌	李　航 娄　慧	北京舞蹈学院
二等奖	《神话》	关东旭	衣　瑶	梁思源 张卓妮	中央音乐学院附属南校区
三等奖	《忆》	周　琦	孙　宁	梁思源 张卓妮	中央音乐学院附属南校区
三等奖	《我爱我老婆》	张　顺	郃　婉	张　顺 郃　婉	广东文艺职业学院
三等奖	《梅 冬》	黄俊杰	彭莹璐	严　畅 徐立伟	武汉市体育舞蹈学校

艺术表演舞比赛—双人舞 L 优秀奖					
奖项	获奖作品	男选手	女选手	指导教师	代表单位
优秀奖	《往事》	罗鑫垚	王　莹	邹　阳 石　琳	北京舞蹈学院附中
优秀奖	《求婚记》	穆斯塔法	迪拉热	梁思源 张卓妮	中央音乐学院附属南校区
优秀奖	《夜宴》	解东洋	王思嘉	梁思源 张卓妮	中央音乐学院附属南校区
优秀奖	《血色浪漫》	周　翔	袁雅琼	吴　菁 陈万辉	上海电影艺术学院
优秀奖	《想回到过去》	刘　帅	沈子晴	李　航 娄　慧	北京舞蹈学院
优秀奖	《爱有天意》	余梦琛	王　菲	陈淑民 韩美玲	北京舞蹈学院

艺术表演舞比赛——双人舞 S 等级奖					
奖项	获奖作品	男选手	女选手	指导教师	代表单位
一等奖	《没有新郎的婚礼》	赵　江	杨正瑛	刘　冉 刘　媛	上海电影艺术学院
二等奖	《再续情缘》	林　正	李元新	孙逸娇 齐志峰	北京舞蹈学院
二等奖	《再见，我的爱人》	李　想	张晓彤	董　杰 李　利	上海戏剧学院舞蹈学院
三等奖	《兰心诉》	丁　帅	翟向莉	戴寅达 赵　佳	上海电影艺术学院
三等奖	《梦舞裙缘》	康凌昊	邢安冉	梁思源 张卓妮	中央音乐学院附属南校区
三等奖	《雨中邂逅》	秦　峰	张瑞瑶	杨　威 曹　洪	上海戏剧学院舞蹈学院

艺术表演舞比赛——双人舞 S 优秀奖					
奖项	获奖作品	男选手	女选手	指导教师	代表单位
优秀奖	《难舍难分》	冯　真	卿　旋	曹　洪	上海戏剧学院舞蹈学院

注：获得等次奖选手的指导教师同时获得“园丁奖”。

中国文化年鉴

Chinese Culture Yearbook

非物质文化遗产保护

The Protection of Intangible Cultural Heritage

综述

改革开放30年以来，我国经济社会得到了快速发展，为非物质文化遗产保护打下了坚实的基础。随着人民生活水平的不断提高，人们越来越珍视优秀传统文化，兴起了保护、弘扬优秀传统文化的热潮，特别是非物质文化遗产作为优秀传统文化的重要内容和“活”的遗产，日益受到各级政府和人民大众的重视，保护非物质文化遗产成为国家文化发展战略的重要内容，成为文化建设的重要组成部分。

2010年是完成“十一五”各项建设任务的收尾之年，是承前启后的关键时期，在党中央、国务院的高度重视下，在非物质文化遗产保护工作部际联席会议成员单位和各级政府的大力支持下，在社会各界的共同参与下，非物质文化遗产司认真贯彻党的十七大精神和党中央、国务院关于非物质文化遗产保护的一系列指示精神，深入学习实践科学发展观，在党中央国务院领导的高度重视下，在文化部党组的亲切关怀下，积极进取，围绕核心工作，重点处理好保护与利用、传承与发展的关系，逐步扭转“重申报、轻保护”的状况，较好地完成了年初制定的各项工作任务，全国非物质文化遗产保护工作呈现出良好的局面。

一、精心编制“十二五”时期非物质文化遗产保护规划

“十二五”期间，是非物质文化遗产保护承前启后的关键时期。制定全面、科学、长远的保护规划，是推动非物质文化遗产保护事业可持续发展具有全局性、基础性意义的工作。根据《国务院办公厅关于加强我国非物质文化遗产保护工作的意见》和《国务院关于加强文化遗产保护工作的通知》精神，为了贯彻落实《国民经济和社会发展第十二个五年规划纲要》和《国家“十二五”时期文化发展规划纲要》，明确“十二五”时期我国非物质文化遗产保护工作的目标、任务和重点，促进非物质文化遗产保护工作全面协调可持续发展，文化部在全面总结、梳理非物质文化遗产保护工作任务、目标和措施的基础上，及时启动了《“十二五”非物质文化遗产保护事业发展规划》、《全国“十二五”时期非物质文化遗产保护利用工程试点建设专项规划》、《国家级非物质文化遗产名录项目“十二五”保护规划和资金需求》三个规划的编制工作。为编制好这3个规划，文化部和发展改革委、财政部等部门多次召开座谈会，深入调研，全面总结了“十一五”时期非物质文化遗产保护工作，基本确定了“十二五”时期非物质文化遗产保护事业的指导思想、基本原则、发展目标、主要任务和重大项目；在非物质文化遗产项目丰富集中的县、乡（镇），试点建设300个非物质文化遗产保护利用设施；同时，进一步加大对国家级非物质文化遗产名录项目的保护力度。

这3个规划，是非物质文化遗产保护工作开展以来制定的较为全面、系统的非物质文化遗产保护规划，不仅进一步理清了今后一个时期非物质文化遗产保护工作的目标和任务，也为科学推进保护工作打下了重要基础。

二、全力推动非物质文化遗产保护立法工作

我国的非物质文化遗产资源丰富、种类繁多。随着经济社会的发展和全球化进程的加快，非物质文化遗产赖以生存的社会环境逐渐受到破坏，许多珍贵的非物质文化遗产濒临消亡：新中国建立时我国戏曲品种为360种，目前仅存260种左右；许多传统技艺人亡艺绝、后继乏人；一些民间习俗也逐渐消失。非物质文化遗产保护面临着严峻的形势，亟需颁布一部专门的法律，从制度上对非物质文化遗产进行根本性保护。

近年来，文化部一直高度重视并致力于推动非物质文化遗产保护的立法工作。目前，非物质文化遗产保护的立法工作取得了可喜进展。国务院法制办在多次征求非物质文化遗产保护工作部际联席会议成员单位意见的基础上，形成了《中华人民共和国非物质文化遗产法（草案）》。草案形成过程中，大家提出了很多很好的建议和意见。因此，该草案的形成，是部际联席会议成员单位共同努力的结果。2010年6月，国务院常务会议审议通过了该草案并正式提请全国人大常委会审议。7月，全国人大教科文卫委员会召开会议，审核该草案。8月，全国人大常委会初次审议了《中华人民共和国非物质文化遗产法（草案）》。在审

议中，全国人大常委会委员一致认为抓紧出台非物质文化遗产保护法非常必要，并提出了很多充实草案内容的建设性意见。在初次审议后，文化部配合全国人大法工委在各地进行了调研，并再次征求有关部门和专家意见。全国人大法工委认为，目前社会各界对非物质文化遗产法草案内容基本认可，没有大的改动意见。文化部将积极配合全国人大做好第二次审议的有关准备工作。随着这部法律的公布施行，必将为保护我国珍贵的非物质文化遗产提供重要法律保障。各地也要加强有关法规建设，使非物质文化遗产保护纳入法制化轨道。

三、继续完善非物质文化遗产名录体系建设

名录体系建设是非物质文化遗产保护工作的重要内容，有利于发挥政府的权威认定和示范引导作用，调动各个主体传承保护的积极性。我们确立了进入国家名录必须是省级名录的机制，推动非物质文化遗产名录体系建设逐步加快。2006年和2008年，经推荐、评审、公示、公布等程序，国务院批准公布了两批共1028项国家级非物质文化遗产名录。在总结前两批国家级非物质文化遗产名录申报和评审经验的基础上，文化部于2009年7月17日下发通知，开始了第三批国家级非物质文化遗产项目申报工作。这次申报中，各省(区、市)、中央有关部门及港澳地区共报送第三批国家级非物质文化遗产名录申报项目3136项。文化部及时组织专家制定了第三批国家级非物质文化遗产名录申报项目材料审核标准，组织人员对申报项目材料进行了初步审核，提出了审核意见。非物质文化遗产司按照既定程序先后组织进行了核查、专家评审、征求部际联席会议成员单位及相关部门意见、社会公示、评审委员会评审等工作。2010年11月，经非物质文化遗产保护工作部际联席会议讨论通过，共包含353个项目的第三批国家级非物质文化遗产名录草案已报国务院。经过几年的努力，四级非物质文化遗产名录体系初步形成。全国各省、自治区、直辖市公布了省级非物质文化遗产名录项目共计7109项，地级非物质文化遗产名录项目18186项，县级非物质文化遗产名录项目53776项。

四、扎实推进非物质文化遗产整体性保护

非物质文化遗产的丰富性，决定了保护方式的多样性。在保护工作中，根据非物质文化遗产的自身规律、特性和生存状况，逐渐探索出了多种非物质文化遗产保护方式：非物质文化遗产可分为单个项目，非物质文化遗产司在保护工作的前期，以建立项目名录、保护项目为主要工作抓手；非物质文化遗产主要依靠传承人的口传心授，决定了我们把传承人的保护放在关键位置；非物质文化遗产的不可再生性和脆弱性，决定了要把抢救性保护放在第一位；非物质文化遗产与人民大众生产生活息息相关，决定了要尽可能运用生产性保护等积极保护的方式；非物质文化遗产和其生存的自然、文化生态紧密相联，决定了应形成立体、系统、整体的保护环境。

建设文化生态保护区，将非物质文化遗产从单项的项目保护提升到与其依存的环境进行整体性保护，是遵循非物质文化遗产保护、传承和发展规律的科学保护方式，是当前大规模新农村改造和快速城市化进程中保护非物质文化遗产的重要举措，也有利于调动当地政府和人民大众保护非物质文化遗产的积极性。这一保护方式，也得到了广泛的认可。比如汶川地震中，羌族文化遗产受到严重损害，结合灾后重建，文化部及时设立了羌族文化生态保护实验区，并纳入灾后重建的整体规划，在灾后重建过程中又突出了对羌族非物质文化遗产生产性保护的研究和扶持。

2005年，《国务院关于加强文化遗产保护的通知》明确提出，要建立文化生态区。《国家“十一五”时期文化发展规划纲要》提出在“十一五”期间设立10个国家级文化生态保护区。在已设立的徽州文化、热贡文化等4个文化生态保护实验区的基础上，经地方申报，文化部组织专家考察和论证，2010年又批复设立了客家文化（梅州）、武陵山区（湘西）土家族苗族文化、海洋渔文化(象山)、晋中文化、山东潍水文化、云南迪庆文化6个文化生态保护实验区。

为加强对文化生态保护区建设的规范和指导，文化部多次召开专题会议，进行认真调查和反复研究。在此基础上，制定了《关于加强国家级文化生态保护区建设的指导意见》，对国家级文化生态保护区建设的原则方针、基本措施、设立条件和程序等，提出了明确的思路和要求。对已设立的文化生态保护实验区，除进行业务指导和提供经费扶持外，文化部积极推动地方编制文化生态保护区建设规划，并要求地方纳入当地经济社会发展总体规划，推动对文化生态的整体性科学保护。

五、稳步开展非物质文化遗产生产性保护

非物质文化遗产是一种活在社会中的传统文化，是广大民众生活的重要组成部分。非物质文化遗产生产性保护，是指在保持非物质文化遗产传统技艺的基础上，进行合理的生产、开发，促进传统技艺的传承、利用和发展。开展非物质文化遗产生产性保护，在保护的前提和基础上进行合理利用，可以推动非物质文化遗产更好地融入社会、融入民众、融入生活，并在丰富、滋养当代人的精神生活、推动经济社会协调发展方面发挥重要作用。

为加强非物质文化遗产生产性保护，近年来，文化部通过举办苏州论坛、现代化进程中的传统工艺美术保护、中国非物质文化遗产博览会、非物质文化遗产生产性保护论坛，对非物质文化遗产生产性保护的内涵、意义和推进措施进行了深入探讨和研究。同时，多次举办展览、展示活动，大力推进非物质文化遗产的生产性保护。2010 年，文化部先后在陕西西安举办了西部非物质文化遗产展演活动；在天津举办了全国非物质文化遗产展示会；在山东济南举办了首届中国非物质文化遗产博览会，扩大了社会对非物质文化遗产的认知度，使传承人与人民大众从非物质文化遗产保护中获得了精神享受和经济收益。以首届中国非物质文化遗产博览会为例，据初步统计，共有 65 万余人次参观展览和观看演出，各展位的非物质文化遗产产品销售总额达到 1196 万元。

2010 年 11 月，文化部下发了《文化部办公厅关于开展国家级非物质文化遗产生产性保护示范基地建设的通知》，拟逐步命名一批非物质文化遗产生产性保护示范基地，充分发挥示范引领作用，在全国进一步推进非物质文化遗产生产性保护工作。

非物质文化遗产生产性保护工作虽然刚刚起步，但已经产生了一定的社会效益和经济效益，呈现出良好的发展势头，对振兴文化产业也具有很大的前景和空间。为进一步推进非物质文化遗产生产性保护，文化部委托中国社会科学院，开展了非物质文化遗产生产性保护相关扶持政策研究，为 2011 年制定相关扶持政策做好准备。

六、认真做好中央补助地方经费的下发及管理工作

继续加大中央专项资金对非物质文化遗产项目及其传承人的资助力度，并将入选联合国名录项目作为重点资助对象，尽快产生成效，取得保护成果，为其他项目的保护工作起到示范作用。同时，要加大对生态保护区和基础设施建设的资金投入，督促各地落实相应的配套资金，确保保护经费落实到位。此外，也要扩大投入渠道，积极吸纳社会力量参与非物质文化遗产保护工作。

按照财政部要求的比例和实际工作需求，制定了补助范围和原则标准，对 29 个入选联合国项目的 80 个保护单位、425 个国家级名录项目、1411 名国家级代表性传承人、32 个省（区、市）普查成果资料整理和录入建档数字化、4 个已命名的国家级文化生态保护实验区、青海玉树地震灾区等 6 个方面进行补助，共计分配资金 3.2488 亿元；同时，从本级经费中列支 150 万元，补助 3 个中央部门所属单位 1 项国家级名录项目和 2 项入选联合国项目。经报财政部同意，目前资金已下拨各地。

七、策划组织丰富多彩的非物质文化遗产宣传展示活动

从 2006 年开始，各地文化部门利用“文化遗产日”和民族传统节日，大力开展非物质文化遗产展览、展演、论坛、讲座等宣传展示活动，利用报刊杂志、广播电台、电视台、网络等现代媒体，集中、全面、深入地报道宣传非物质文化遗产保护工作。文化部先后举办了中国非物质文化遗产保护成果展、中国非物质文化遗产专题展、中国非物质文化遗产传统技艺大展、非物质文化遗产珍稀剧种展演、少数民族传统音乐舞蹈展演和第一届、第二届、第三届中国成都国际非物质文化遗产节等活动，与中央电视台科教频道合作推出“中国记忆——中国文化遗产日直播行动”等。各地通过积极与教育部门协商，将民歌、民乐纳入中小学音乐课，将剪纸、年画纳入美术课，将传统技艺纳入手工课，积极推进非物质文化遗产进课堂、进教材、进校园，使非物质文化遗产成为对青少年进行传统文化教育和爱国主义教育

的重要载体。通过这些活动的宣传展示和教育，促进了非物质文化遗产的传播，扩大了社会影响，营造了保护非物质文化遗产的良好氛围，提高了全社会的保护意识。

为贯彻落实《国务院关于进一步繁荣发展少数民族文化事业的若干意见》精神，2010年元宵节前后，文化部和国家民委在北京天桥剧场共同举办了“全国少数民族非物质文化遗产项目调演”活动，精选了20个少数民族的120个非物质文化遗产项目，一连演出了一个多月，充分展示了我国少数民族非物质文化遗产的独特魅力，促进了民族团结与社会和谐，在社会各界引起了强烈反响。

2010年“文化遗产日”，文化部确立了“非物质文化遗产保护，人人参与”的主题，为加强宣传，6月初在国务院新闻办召开新闻发布会，由王文章副部长向中外媒体介绍了2010年“文化遗产日”的活动安排及中国非物质文化遗产保护与传承的情况。“文化遗产日”期间，文化部在北京举办了“巧夺天工——中国非物质文化遗产百名工艺美术大师技艺大展”，集中展示了全国100多名工艺美术大师的代表作和高超技艺，生动地体现了非物质文化遗产活态传承的特点；启动了“把遗产交给未来——古琴名家名曲进百校”大型系列活动，广泛邀请古琴界的泰山北斗和优秀中青年艺术家，在北京、天津、重庆的20余所高校和80余所中小学演出。2010年“文化遗产日”适逢中华民族传统节日端午佳节，为促进端午文化传承，文化部分别与湖北、浙江在湖北省秭归县、浙江省嘉兴市共同举办了端午节庆活动。各地文化部门也围绕“非物质文化遗产保护，人人参与”的主题，举办了异彩纷呈的非物质文化遗产保护活动。活动覆盖面广，重头戏多，人民群众广泛参与，充分体现出目前非物质文化遗产保护工作日益深入人心，保护非物质文化遗产的文化自觉性日益增强。

八、积极开展国际交流与合作

我国是参与制定和加入联合国教科文组织《保护非物质文化遗产公约》较早的国家之一，并以高票入选保护非物质文化遗产政府间委员会。2006年11月至今，我国多次派代表团出席保护非物质文化遗产政府间委员会会议，积极参与有关国际规则的制定。

履行我国作为《保护非物质文化遗产公约》缔约国的职责，积极开展国际交流与合作，增强在国际舞台上的话语权。一方面学习借鉴国外非物质文化遗产保护的理论方法和成功经验，与有关国家开展非物质文化遗产保护工作的合作；另一方面实施“走出去”战略，开展非物质文化遗产展示、展演等对外交流活动，宣传我国非物质文化遗产保护成果，提高中华文化的影响力。

积极组织申报联合国教科文组织“人类非物质文化遗产代表作名录”和“急需保护的非物质文化遗产名录”。2010年11月，“京剧”、“中医针灸”入选“人类非物质文化遗产代表作名录”，“中国水密隔舱福船制造技艺”等3项列入“急需保护的非物质文化遗产名录”。至此，我国共有联合国教科文组织名录项目34项，稳居世界第一位。11月23日，文化部专门召开新闻发布会，向媒体和社会公众介绍此次项目申报和评审情况。为彰显有关单位在联合国教科文组织项目申报工作中作出的积极贡献，8月19日，文化部在北京人民大会堂举行“中国入选联合国教科文组织非物质文化遗产名录项目颁证仪式”，中共中央政治局委员、国务委员刘延东出席会议并作重要讲话。

发挥设在中国艺术研究院的“亚太地区非物质文化遗产国际培训中心”作用。“亚太地区非物质文化遗产国际培训中心”（第二类）于5月在中国艺术研究院挂牌成立，成为我国参与国际非物质文化遗产保护工作的重要基地。与韩、日、蒙古等亚太国家建立了很好的工作联系。

文化遗产日期间，非物质文化遗产司积极配合外联局和四川省人民政府举办好中国成都国际非物质文化遗产节。另外，为履行对国际社会的承诺，非物质文化遗产司参与撰写了《保护非物质文化遗产公约》履约报告，2010年年底提交联合国教科文组织。

九、加强非物质文化遗产保护理论建设

非物质文化遗产理论研究在实践中不断推进和完善，指导了保护工作的开展。文化部和各地举办了许多大型国内国际学术研讨会和论坛，就非物质文化遗产管理机制、保护立法、非物质文化资源与生态环境保护、非物质文化遗产传承人保护、文化生态保护区建设、非物质文化遗产生

产性保护、灾难与非物质文化遗产保护、各国非物质文化遗产保护经验等方面进行深入交流和探讨，对非物质文化遗产保护工作的开展起到了很好的指导作用。《非物质文化遗产概论》等一批非物质文化遗产的学术专著相继出版，对非物质文化遗产的定义、价值、意义、分类、保护的现状与发展，以及历史经验和国外经验等进行深入的探讨和研究，提高了非物质文化遗产保护理论水平。

非物质文化遗产保护工作之所以取得如此成就，与专家的积极参与是分不开的。众多专家学者在非物质文化遗产保护工作中，积极献言献策，开展理论研究，为非物质文化遗产保护工作的科学发展作出了重要贡献。为充分发挥专家在非物质文化遗产保护工作中的重要作用，鼓励专家指导保护工作，文化部成立了国家非物质文化遗产保护工作专家委员会，吸纳社会各界、各方面的专家参与保护工作。各地也成立了相应的专家委员会，建立了专家咨询制度，为科学开展保护工作提供决策参考和智力支持。

我国非物质文化遗产种类繁多、特征各异，为加强对国家级非物质文化遗产名录项目保护工作的指导，进一步加强非物质文化遗产保护基础理论和应用理论研究，非物质文化遗产司2010年重点开展了非物质文化遗产保护课题研究工作，拟定了若干调研课题，基本确定了课题的管理单位和负责人。5月，启动了《非物质文化遗产生产性保护相关扶持政策研究》，目前课题已取得阶段性成果。《人口较少民族非物质文化遗产保护课题研究》等课题也正在顺利开展。同时，2010年非物质文化遗产司开展了黔东南地区非物质文化遗产珍贵实物保护、人口较少民族非物质文化遗产保护、"玛纳斯"保护等专项调研活动，进一步深入了解基层的实际情况，为更好地开展非物质文化遗产保护理论研究奠定了坚实的基础。

十、广泛开展非物质文化遗产保护人员培训工作

为进一步加强非物质文化遗产保护培训工作，从2009年下半年开始，非物质文化遗产司与中央党校就联合举办"非物质文化遗产保护"专题研讨班事宜进行了多次协商。中央党校有关部门高度重视，将此班列入2010年正式教学计划。

2010年9月17日至29日，文化部与中央党校联合举办了非物质文化遗产保护专题研讨班，对来自全国的43位主管非物质文化遗产保护工作的地市级副市长等进行了专题培训。培训以专题讲座为主，共安排了12个系列讲座，并组织学员实地考察了国家级非物质文化遗产"昆曲"、"景泰蓝制作技艺"以及"同仁堂中医药文化"等项目。培训取得了很好的效果，受到了学员的热烈欢迎和好评。中央党校副校长李书磊出席了结业仪式并作了总结讲话。学员们普遍反映这次培训班举办的非常及时，非常必要，很有特色，很有收获。这是非物质文化遗产保护工作开展以来，规格最高的一次培训，将对全国非物质文化遗产保护工作起到积极的促进作用。

此外，非物质文化遗产司在湖南长沙举办了"中部省份国家级非物质文化遗产名录项目申报工作培训班"、在广东梅州举办了"国家级文化生态保护区总体规划编制工作培训班"，提高了相关管理干部及基层工作人员保护理论政策水平和实际工作能力。同时支持西藏和新疆地区举办非物质文化遗产保护管理与工作人员培训班。各地也采取综合性培训、专题性培训等方式，对非物质文化遗产保护管理人员、保护工作人员、传承人、行政领导干部等进行了分层次培训，效果显著。

2003年以来，按照联合国科教文组织《保护非物质文化遗产公约》的规定，按照国务院办公厅《关于加强我国非物质文化遗产保护工作的意见》（国办发〔2005〕18号）和国务院《关于加强文化遗产保护的通知》（国发〔2005〕42号）精神，开始了非物质文化遗产保护工作。在7年多的时间里，在非物质文化遗产保护方面做了大量开创性、基础性的工作，形成了我国非物质文化遗产保护的框架体系和实践特色，取得了许多重要成果。唤醒了全社会保护非物质文化遗产的自觉意识，受到了党中央国务院领导的充分肯定和高度评价。也因此，非物质文化遗产保护成了新时期全国文化工作的一个新的组成部分，一个全国文化系统和地方政府普遍关注的工作热点和亮点。

2011年，非物质文化遗产司将紧密围绕文化部工作大局和"十二五"非物质文化遗产保护发展规划，以科学发展观为统领，按照"保护为主、

抢救第一、合理利用、传承发展”的方针，全面落实非物质文化遗产科学保护精神，逐步建立和完善非物质文化遗产保护体系，以学习、宣传、贯彻《中华人民共和国非物质文化遗产法》等重要法规和文件为契机，坚持科学的保护理念，积极探索微观的、具体的、实践层面的方式方法，把全社会对非物质文化遗产的关注和热情转化成对非物质文化遗产本体进行保护的扎扎实实的工作和行动。在不断总结保护工作经验的基础上，逐步构建完备的、有中国特色的非物质文化遗产保护的制度和体系。以入选联合国科教文组织的项目、国家级名录项目和国家级传承人的保护为重点，继续开展和完善抢救性保护、整体性保护和生产性保护等基础工作，力求在新的一年使非物质文化遗产保护工作取得更大的成绩和进展。

专　题

部际协作推进非物质文化遗产保护工作

2011 年 2 月，受文化部部长蔡武委托，文化部副部长周和平主持召开非物质文化遗产保护工作部际联席会议年度工作会议。国家民委、财政部、住房和城乡建设部、商务部、工业和信息化部、国家旅游局、国家文物局、国家中医药管理局、中国社会科学院等成员单位有关同志参加会议。会议的主要内容是总结通报 2009 年工作，讨论部署 2010 年的工作。

一、2009 年非物质文化遗产保护工作成绩显著

一是全国非物质文化遗产普查基本结束。普查工作自 2005 年启动以来，参与的工作人员有 76 万人次，走访民间艺人 86 万人次，收集珍贵实物和资料 26 万多件，普查文字记录量达 8.9 亿字，录音记录 7.2 万小时，录像记录 13 万小时，拍摄图片 408 万张，汇编普查资料 8 万册，掌握非物质文化遗产资源总量近 56 万项。二是非物质文化遗产名录体系初步形成，正在开展第三批国家级非物质文化遗产项目申报工作。三是代表性传承人传承机制初步建立。四是文化生态保护区建设稳步推进。文化部已设立了闽南、徽州、热贡、羌族四个国家级文化生态保护实验区，对非物质文化遗产资源丰富、特点鲜明、价值巨大的区域实行整体性保护。五是非物质文化遗产展示和传习基础设施建设逐步展开，目前全国共有非物质文化遗产博物馆 424 个、展厅 96 个、民俗博物馆 179 个、传习所 1216 个。六是举办了中国非物质文化遗产传统技艺大展，促进非物质文化遗产的合理利用和生产性保护。七是非物质文化遗产保护社会影响日益扩大。八是国际交流与合作广泛开展。目前，我国共有昆曲、古琴艺术、中国传统桑蚕丝织技艺等 26 项入选联合国教科文组织公布的“人类非物质文化遗产代表作名录”，数量位居世界首位。九是经费支持力度不断加大。中央财政用于非物质文化遗产保护的地方转移支付专项经费为 2.13 亿元，本级专项保护经费为 6000 万元。十是非物质文化遗产保护机构建设得到加强。2009 年 3 月，文化部非物质文化遗产司正式成立，北京等 11 个省（区、市）文化厅（局）都单独设立了非物质文化遗产处（室）。

二、扎实推进 2010 年非物质文化遗产保护工作

一是做好普查成果的汇总整理，努力使珍贵的非物质文化遗产得到妥善保存和有序管理。二是继续加强名录项目保护和名录体系建设。三是进一步完善传承机制，促进传承人保护制度化、规范化。四是大力推进非物质文化遗产博物馆、传习所等基础设施建设。五是稳步加快文化生态保护区的建设步伐。六是积极推进非物质文化遗产的合理利用和传承发展，继续推动非物质文化遗产融入当代、融入社会、融入民众、融入生活。七是加强理论政策研究，提高保护工作的科学性、规范性。八是加强人才队伍建设。九是广泛开展非物质文化遗产宣传教育活动，多方位、多角度地展示我国丰富的非物质文化遗产资源，宣传我国非物质文化遗产保护成果。

三、进一步加强非物质文化遗产保护工作的建议

会议认为，非物质文化遗产保护工作联席会议建立以来，文化部充分发挥牵头作用，全面规划，及时沟通协商，各项工作抓得很实；其他各成员单位高度重视，积极参与，形成了相互配合的工作机制。近年来，非物质文化遗产保护工作取得的成绩和产生的巨大社会影响，是部际联席会议成员单位共同努力的结果。

在充分肯定以往工作的基础上，与会人员提出很好的意见和建议：一是要加大对少数民族特别是人口较少民族非物质文化遗产保护工作的投入力度，因地、因民族制宜加强扶持，尽量让每一个少数民族都有非物质文化遗产传承人列入名录。二是要继续贯彻“保护为主、抢救第一、合理利用、传承发展”的工作方针，加大信息库、数据库、素材库建设，加强原生态和文化空间保护。三是要分类指导，对不同的非物质文化遗产运用不同的方法和标准。有的专重于保护，有的可以搞产业开发；有的以政府为主，有的要善于调动社会力量的积极性。四是要注重利用现代信息保存手段，发挥科技在非物质文化遗产保护方面的作用。五是要进一步加强宣传，使社会各界和广大群众更多地了解非物质文化遗产，增强保护意识。

非物质文化遗产保护工作深入推进

2010年，非物质文化遗产保护工作呈现出良好局面，建立起内外联动、紧密配合、相互促进的非物质文化遗产保护工作机制。

一是制定非物质文化遗产保护工作规划，推动非物质文化遗产法立法进程。制定《“十二五”时期非物质文化遗产保护事业发展规划》和《全国“十二五”时期非物质文化遗产保护利用工程建设专项规划》，提出“十二五”时期非物质文化遗产保护的总体思路、发展目标、主要任务和重大项目，为非物质文化遗产保护工作的深入开展提供了重要的保障，填补了近年来非物质文化遗产保护工作的空白。积极推动《非物质文化遗产法（草案）》立法进程，有望在2011年上半年获得通过。

二是继续推进整体性保护方式。召开文化生态保护试验区规划专家论证会，下发《文化部关于加强国家级文化生态保护区建设的指导意见》，明确文化生态保护区建设的方针原则、基本措施、设立条件。新批准设立云南香格里拉等6个文化生态保护实验区。

三是继续推进生产性保护方式。开展国家级非物质文化遗产生产性保护示范基地建设工作，委托中国社会科学院开展非物质文化遗产生产性保护政策课题研究，并提出对策建议。积极协调沟通，将非物质文化遗产保护利用设施建设纳入国家发改委建设规划。在山东济南举办首届非物质文化遗产博览会，集展示、宣传、销售于一体，有效促进了非物质文化遗产生产性保护。

四是广泛深入开展宣传展示活动。主办“全国少数民族非物质文化遗产项目（音乐舞蹈类）调演”，共调演9台非物质文化遗产歌舞节目，演出18场，近2万人次观看。“文化遗产日”期间，结合“非物质文化遗产保护，人人参与”的主题，在京举办“巧夺天工——中国非物质文化遗产百名工艺美术大师技艺大展”，集中展示全国100多名工艺美术大师的代表作和高超技艺；在浙、鄂举办2010年端午节庆文化活动；在京、津、渝的20余所高校和80余所中小学开展“把遗产交给未来——古琴名家名曲进百校”活动，加深了青少年对非物质文化遗产的认识与热爱。

五是积极开展非物质文化遗产保护的国际合作。京剧、中医针灸成功列入联合国教科文组织“人类非物质文化遗产代表作名录”，中国福船水密隔舱制造技艺、中国活字印刷术以及麦西热甫列入“急需保护的非物质文化遗产名录”。积极发挥在联合国教科文组织中的重要作用，促成我国第二次当选保护非物质文化遗产政府间委员会委员国。成立亚太地区非物质文化遗产国际培训中心，与韩国、日本、蒙古等亚太国家建立了很好的工作联系。

汇聚民族优秀艺术 展示非物质文化遗产独特魅力

2月27日，为贯彻落实《国务院关于进一步繁荣发展少数民族文化事业的若干意见》精神，宣传展示我国55个少数民族非物质文化遗产的独特魅力，促进少数民族非物质文化遗产保护与传承，丰富元宵节期间文化生活，营造欢乐祥和的节日氛围，由文化部和国家民族事务委员会主办的“全国少数民族非物质文化遗产项目调演”活动在北京隆重开幕。整个调演活动将持续至3月30日。

开幕式演出以“多彩民族”为题，通过朝鲜族农乐舞、满族二贵摔跤、朝鲜族洞箫音乐、蒙古族马头琴音乐、鄂伦春族民歌、达斡尔族鲁日格勒舞、藏族锅庄舞、柯尔克孜族玛纳斯等节目，充分展现了东北、华北、西北、西南等地区少数民族粗犷豪放的性格、不同风土人情和独特的歌舞艺术魅力，赢得了在场观众的热烈掌声，1000多名首都观众观看了演出。

近年来，我国少数民族非物质文化遗产保护工作取得了显著成果，这次“全国少数民族非物质文化遗产项目调演”活动是对少数民族非物质文化遗产保护成果的一次集中检阅，演出由2台综合专场演出及青海、四川、贵州、内蒙古、湖南、广西、西藏等省区的7台专场演出组成。各省（区、市）高度重视“全国少数民族非物质文化遗产项目调演”活动，精心筹备，精选节目，演出以歌、舞、乐等多种艺术形式，充分展示了少数民族非物质文化遗产的艺术韵味和文化魅力，体现了神奇多姿的民俗风情和源远流长的灿烂文化，彰显了中华民族自强不息、团结奋进的民族精神。主要特点是：

一是以入选联合国教科文组织公布的“人类非物质文化遗产代表作名录”和国家级非物质文化遗产名录项目为主。演出节目包括朝鲜族农乐舞、呼麦、侗族大歌、花儿、玛纳斯、羌年等6个“人类非物质文化遗产代表作名录”和“急需保护的非物质文化遗产名录”项目，以及鄂伦春族民歌、羌族多声部民歌、弦子舞等80个国家级非物质文化遗产名录项目。

二是具有鲜明的少数民族和地域特色。其中“高原奇葩——青海省专场”通过“情满雪域”、“天籁之音”、“欢歌劲舞”、“花海飘香”和“彩袖飞虹”5个部分，展示雪域高原的悠久历史和灿烂文化。“羌魂——四川省专场”展现羌族的精神风貌，体现羌族人民自强不息的奋斗精神。“八桂风谣——广西壮族自治区专场”将壮族、毛南族、京族等少数民族歌、舞、乐融汇在整场演出中。

三是群众性演出，参演人数众多。“全国少数民族非物质文化遗产项目调演”活动的9台节目演出18场，全部为非专业的群众性演出。参演人员由来自内蒙古、广西、西藏、宁夏、新疆等5个自治区以及贵州、青海等15个省的2000名非物质文化遗产传承人及民间艺人组成，包括蒙古族、藏族、满族、朝鲜族、羌族、鄂伦春族、柯尔克孜族、撒拉族等20个少数民族。

四是在元宵节期间举办，丰富节日文化生活。举办这次活动，也是认真贯彻落实中央宣传部、中央文明办、教育部、民政部、文化部《关于运用传统节日弘扬民族文化的优秀传统的意见》精神，充分利用春节、元宵节，大力弘扬中华民族优秀传统文化，特别是少数民族文化，丰富人民群众文化生活，推动文化大发展、大繁荣的体现。

我国是一个统一的多民族国家，55个少数民族在长期的生产生活实践中，创造了丰富多彩的非物质文化遗产。这些珍贵的非物质文化遗产与各少数民族人民群众的日常生活融为一体，蕴藏着少数民族的文化基因和精神特质，生动地展现了少数民族生产生活习俗、价值观念、审美情趣和精神风貌，充分体现了少数民族的聪明才智和杰出创造力。少数民族非物质文化遗产是中华文化的重要组成部分，保护好少数民族的非物质文化遗产对于守护中华民族共有的精神家园，提高国家文化软实力，促进民族团结和社会和谐，具有重要意义。

举办精彩活动宣传展示
非物质文化遗产风采

2010年“文化遗产日”期间，文化部及各地文化部门围绕非物质文化遗传保护工作的“非物质文化遗产保护，人人参与”的主题，组织举办异彩纷呈的非物质文化遗产保护活动，大力弘扬中华民族优秀传统文化，营造全民参与非物质文化遗产保护的良好氛围。

一、大师与公众对话，展现“巧夺天工”

6月9日至17日，文化部在京举办了“巧夺天工——中国非物质文化遗产百名工艺美术大师技艺大展”。展览分入选联合国教科文组织“人类非物质文化遗产代表作名录”项目与琢玉、雕镌、陶埏、编扎、髹饰、金作、织绣、画绘等九个单元，集中展示全国23个省（区、市）的100多名工艺美术大师的318件代表作。同时，邀请百名工艺美术大师及其传承人现场展示高超技艺，与公众直接交流，生动地体现了非物质文化遗产活态传承的特点。

此次展览精品荟萃，格调雅致，是新中国成立以来参展大师最多、展陈方式最为生动的工艺美术展示，吸引了公众的广泛关注，每日参观展览的人数都达到1万余人次。很多观众专程从外地前来参观，有的观众参观了两到三次，不少观众在留言簿上写道："来者滔滔不绝，工艺栩栩如生；手法出神入化，去者赞不绝口"、"中华传统文化，实在令人惊叹不已！伟大的工匠，伟大的作品，伟大的民族！不管科技如何发展，传统文化的精髓永远光芒万丈！""非物质文化遗产保护，人人有责，年青一代更应担当起这种文化自觉！"大展期间还举办了领导干部专场暨部级领导干部历史文化讲座，近400名部级领导干部参观了大展，对大展的举办给予了高度评价。

6月18日，文化部举办了"留住手工技艺——现代化进程中传统工艺美术保护论坛"，邀请原中央工艺美术学院院长常沙娜、中国社会科学院荣誉学部委员刘魁立等专家，参展的工艺美术大师及有关行业协会负责人就利用生产性保护等方式，促进我国传统手工技艺的保护、传承、振兴等问题进行了深入交流与探讨。

二、大师与学子对话，倾听"天籁之音"

6月10日，"把遗产交给未来——古琴名家名曲进百校"大型系列活动在中国人民大学拉开了序幕，并在北京大学、中国音乐学院分别举办了音乐会。该系列活动将持续到年底，广泛邀请古琴界的泰山北斗和优秀中青年艺术家以及大学琴社到北京、天津、重庆的20余所高校和80余所中小学演出。通过"在琴声中相遇——古琴大师与学子对话"、"播种童心——让孩子认识遗产"等系列活动，让青少年通过了解古琴艺术，加深对我国非物质文化遗产的认识与热爱，使优秀的文化遗产代代相传。

三、共庆端午佳节，弘扬"我们的节日"

2010年"文化遗产日"正逢端午佳节，这是端午节入选联合国教科文组织"人类非物质文化遗产代表作名录"后的首个端午节。为促进端午文化的传承，文化部分别与湖北、浙江在湖北省秭归县、浙江省嘉兴市共同举办端午节庆活动。通过举办龙舟赛、包粽子、插艾草、喝雄黄酒等活动，挖掘端午文化内涵，弘扬端午习俗。各地也举办了内涵丰富、富有特色的端午文化活动。

四、全国各地活动丰富多彩，参与广泛

"文化遗产日"期间，各地精心组织丰富多彩的非物质文化遗产宣传、展示和展演活动。北京在全市18个区县开展了119项形式多样的非物质文化遗产主题活动；山西举办非物质文化遗产活态展演活动，13种活态展演剧目均为非物质文化遗产珍稀剧种；黑龙江举办"首届非物质文化遗产保护成果展"，海伦剪纸、渤海靺鞨绣、鱼皮镂刻粘贴画、兽皮制作等非物质文化遗产名录项目传承人的现场表演，吸引了大批群众驻足和参与；山东举办"非物质文化遗产进校园曲艺专场晚会"和非物质文化遗产珍贵实物展览；四川组织"非物质文化遗产系列展演活动"、"非物质文化遗产普查、保护代表性成果展"、"非物质文化遗产保护工作论坛"等活动；西藏举办非物质文化遗产宣传展示活动、藏戏入选人类非物质文化遗产代表作名录庆典，吸引近万名拉萨市民参加；陕西组织中国剪纸艺术展和"亘古回响"西安鼓乐专场音乐会，吸引了众多国内外的专家、艺人和游客；甘肃举办花儿演唱会、文化遗产保护成果展览和文化遗产知识专题讲座。

文化部赴贵州省黔东南州

2011年4月，文化部组织专家赶赴贵州省黔东南州就"非物质文化遗产流失国外"情况进行了专项调研。

一、黔东南州非物质文化遗产珍贵实物流失情况

黔东南苗族侗族自治州非物质文化遗产资源丰富且集中，共有国家级非物质文化遗产名录项目39项，省级非物质文化遗产名录项目175项。从上世纪80年代中期开始，贵州省特别是黔东南州就面临着珍贵的民族民间文化资源流失境外的严重问题。近年来，每年从黔东南州外流出去的民族服饰数以千计。一个名叫罗歇·盖尔的美国妇女，来贵州40多次收购黔东南州当地施洞乡苗族盛装80多套。凯里市民族商品交易市场销售的实物主要有银饰制品、刺绣、民族服饰等。月亮山地区祭祀服“百鸟衣”大多已流失境外，目前，贵州省全省文博系统收藏不足10套。

非物质文化遗产珍贵实物流失的主要渠道：一是境外文化商业机构与国内多个部门合作，以考察、培训、办学等名义入境，在合法身份与名目的掩盖下，利用民族民俗文物保护在立法和管理上的空白，收购非物质文化遗产珍贵实物；二是国内文物贩子倒卖非物质文化遗产珍贵实物，通过各地古玩市场出境，如北京潘家园市场，专业倒卖苗绣的商人有200多人；三是境外文化商业机构在国内设立办事机构，委托国内的进出口机构和文化艺术品公司进行收购，或者直接在国内注册“时装公司”、“工艺品公司”，从事民族民俗文物的出口贸易；四是境外游客来贵州旅游，在民间以现金高价购买或以物易物的方式收购将非物质文化遗产珍贵实物带出境。此外，相当数量的非物质文化遗产珍贵实物流存在贵州省内或省外的民间收藏家手里，此类实物易于流失或损毁。

二、贵州省采取的保护措施、面临的问题与困难

上世纪80年代，贵州省文化厅启动民族民俗文物保护工作，曾用20万元征集了一批苗族与侗族珍贵服饰，这些珍贵服饰完好保存在贵州省博物馆。黔东南州民族博物馆征集收藏的服饰、银饰共9000多件。2003年至2008年，先后出台《贵州省民族民间文化保护条例》、《黔东南州民族文化村寨保护管理办法》和《黔东南州民族文化村寨保护条例》。尽管如此，贵州省非物质文化遗产珍贵实物保护仍面临不少问题。

（一）管理机制不完善，执行力度不够

贵州省是多民族聚居地区，民族民俗文物保护与限制出境涉及外宣、文化、文物、民委、海关等多个部门，缺乏有效的协调机制；颁布的法规文件操作性不强；贵州省文化市场执法管理职能局限于歌厅、舞厅、网吧等领域，对非物质文化遗产珍贵实物的管理与保护缺位；黔东南州文化市场稽查支队有机构无编制。

（二）专项征集经费投入不足

目前，各级财政基本没有非物质文化遗产珍贵实物征集专项经费。黔东南州民族博物馆经调查发现，全州各村寨尚存有30多套古老的盛装服饰，但无力征集。

（三）非物质文化遗产基础设施建设滞后

贵州省非物质文化遗产基础设施建设普遍滞后，州、县征集来的非物质文化遗产珍贵实物没有专门的保存与展示场馆，服饰等珍贵实物堆积在木箱中，霉变严重；藏有珍贵实物的博物馆设备简陋，无法达到恒温、恒湿等现代博物馆必备的基本指标，对植物染料制成的服饰无法做到科学保存与展示。

（四）自觉保护民族文化的意识不强

部分少数民族群众缺乏自觉保护本民族非物质文化遗产珍贵实物的意识，不自觉地将传承数百年的非物质文化遗产珍贵实物出售。还因为生产生活观念变化，认为传统服饰、银饰等是历史的旧物，没有什么价值，造成非物质文化遗产珍贵实物的流失。

三、下一步加强非物质文化遗产珍贵实物保护的主要对策

非物质文化遗产珍贵实物是一代代传承人精湛技艺、丰富情感的集中体现，是研究民族历史、文化、社会与宗教观念的重要载体。加强非物质文化遗产珍贵实物保护的主要思路与措施有：

（一）促进《非物质文化遗产保护法》出台

积极与国务院法制办沟通，做好《非物质文化遗产保护法》的修改与完善。在已有条款的基础上，增加与细化非物质文化遗产珍贵实物保护与管理的内容，明确管理范围、管理目标、管理责任和具体管理措施，为非物质文化遗产珍贵实物保护与管理提供法律保障。研究制定《非物质文化遗产珍贵实物征集与管理办法》。

（二）完善工作机制，加强执行力度

建立非物质文化遗产珍贵实物保护工作机构，统一负责珍贵实物的保护与管理工作；对已颁布的法规、条例，根据现实需要出台实施细则，强化可操作性，进一步加强执行与实施的力度。

（三）设立非物质文化遗产珍贵实物专项征集经费

与国家财政部门沟通，争取在国家非物质文化遗产保护专项经费中设立珍贵实物征集专项资金。要求各地争取设立地方专项征集经费；采取多种措施，加强各级非物质文化遗产基础设施对

珍贵实物资料的收藏和存储能力。

（四）建设非物质文化遗产展示传习基础设施

制定《关于加强非物质文化遗产基础设施建设的指导意见》，争取将非物质文化遗产基础设施建设纳入国家“十二五”规划，支持各地建设国有非物质文化遗产基础设施，鼓励社会力量建设多种形式的非物质文化遗产基础设施，要求已有基础设施加强对本地区非物质文化遗产珍贵实物的征集工作，科学保护与展陈。

（五）加强宣传，增强保护非物质文化遗产珍贵实物的意识

全面深入地报道宣传非物质文化遗产保护工作，加强对贩卖非物质文化遗产珍贵实物的舆论监督；利用“文化遗产日”和民族传统节日，开展非物质文化遗产展演、珍贵实物展览、保护工作讲座等宣传活动，营造全社会参与非物质文化遗产保护的良好氛围。

各地积极组织开展文化遗产日活动

6月12日是我国第五个文化遗产日，6月16日（农历五月初五）是端午节入选“人类非物质文化遗产代表作名录”后的首个端午节，在此期间，文化部及各地文化部门围绕“非物质文化遗产保护，人人参与”、“文化遗产，在我身边”的活动主题，积极组织开展各种展览、展演、展示等活动，宣传文化遗产保护理念，展示文化遗产的保护成果。

文化部在北京举办“巧夺天工——百名工艺美术大师技艺大展”、“把遗产交给未来——古琴名家名曲进百校活动”；与浙江省人民政府在浙江省嘉兴市共同举办“2010年端午节庆活动”，与湖北省人民政府在湖北省秭归县共同举办“2010年屈原故里端午文化节”。“巧夺天工——中国非物质文化遗产百名工艺美术大师技艺大展”，集中展示全国23个省（区、市）的非物质文化遗产100名工艺美术大师约318件精致之作，并邀请工艺美术大师现场展示精湛技艺，包括列入“人类非物质文化遗产代表作名录”的青海热贡艺术、浙江龙泉青瓷烧造技艺、南京云锦织造技艺和琢玉、雕镌、陶埏、编扎、修饰、金作、织绣、画绘等八个门类的精品和制作技艺。“把遗产交给未来——古琴名家名曲进百校活动”将陆续在北京、重庆、天津的20余所大学、80余所中小学校展开，通过“让孩子认识遗产”、“古琴大师与学子对话”等专题，突出体现非物质文化遗产的薪火相传。

北京在京城各处陆续展开包括北京空竹文化节、颁发年度非物质文化遗产保护贡献奖、命名首批非物质文化遗产传承示范学校、代表性传承人收徒仪式、八达岭长城传说传承基地挂牌、京西太平鼓展演等100多项活动。

河北开展“文化遗产在我身边——定州文化遗产采风”、“让公众走近考古”、“河北最具吸引力的十大文物景观”评选、河北省第三次全国文物普查成果展及文化遗产宣传进校园、进社区活动，开展一个开幕式、一个专场演出、一个技艺展示、一个公益讲座、一个知识竞答、一篇专题文章“六个一”的非物质文化遗产系列宣传展示活动。围绕“非物质文化遗产保护，人人参与”主题，全省各级博物馆、非物质文化遗产保护中心（传习所）、文化馆、图书馆、文化遗产场所和文物保护单位等公共文化服务场所，组织展示、展览、展演、讲座、论坛等活动。举办非物质文化遗产精品节目调演，现场展示武强木版年画等18项省级以上非物质文化遗产项目的精湛技艺。

安徽开展展览、展演、讲座、论坛、咨询服务及开放日等活动。6月12日，在黄山市徽州文化博物馆广场举办安徽省第五个“文化遗产日”启动仪式暨鉴宝江淮行走进黄山等活动。

广西举办文化遗产日5周年纪念大会暨首批自治区级文化生态保护区授牌仪式、《八桂风谣》广西非物质文化遗产传统音乐舞蹈展演。举办非物质文化遗产传统技艺大展，从各市县选调30名传承人进行现场演示。

重庆举办文化遗产宣传月活动，组织开展32项丰富多彩的活动。除已免费开放的博物馆外，张飞庙、白鹤梁、大足石刻等遗址、遗迹也向公众推出优惠门票。组织“走进考古现场”市民互动活动。举办重庆市文化遗产保护成果展暨第三次全国文物普查成果巡展、文物科技保护展、法国卢浮宫馆藏铜板画展等7个展览和“非物质文化遗产保护工作的现状与发展”等11个讲座。

贵州“文化遗产日”期间活动充分展现资源亮点、呈现多彩贵州。举办全省第三次全国文物普查实地文物调查阶段成果图片展、非物质文化遗产项目代表性作品展，在省博物馆举办馆藏书画、馆藏青铜器、民族文物等鉴赏活动。组织传统手工技艺及传统美术类项目代表性传承人进行现场技艺展示和国家级非物质文化遗产项目黔剧、花灯剧展演。举办非物质文化遗产保护专题讲座，在《贵州日报》开辟专栏，采访专家学者，就文化遗产保护利用进行深度报道，通过“金黔在线”进行互动交流，发放非物质文化遗产保护名录宣传折页等。

云南从6月9日在云南民族大学举办的“非物质文化遗产进校园成果展”拉开序幕，展示5期进校园活动中学生的作品成果，涉及扎染、木雕、刺绣、剪纸、甲马纸等多个内容。以云南民族村为主要场地，从全省及民族村选调38个国家和省级保护名录项目进行集中展示，各名录项目代表性传承人现场演示制作技艺。公布云南民族大学职业教育学院、西双版纳傣族园等4个学校和景点为第二批云南省非物质文化遗产保护传承基地。

宁夏举办“文化遗产日”宣传活动，公布62名第二批自治区级非物质文化遗产代表性传承人名单，启动宁夏非物质文化遗产教育传承计划和宁夏六盘山花儿文化生态保护区建设项目。在银川市光明广场举办群众与传承人现场互动活动，剪纸、花儿等项目的传承人现场表演。

福州市举办国家级非物质文化遗产项目展示、国学讲座和免费鉴宝等宣传活动；市属文艺团体及全市各县（市）区组织非物质文化遗产项目（闽剧、曲艺）专场展演、民俗音乐会、民俗文艺演出等展示活动；举办福州市第三次文物普查成果展；在福州文庙举办非物质文化遗产进校园活动启动仪式暨授牌仪式；文化遗产日当天，全市文博馆全天免费开放。

厦门市举办闽南文化生态保护实验区中的保护试点、传习中心等第一批达标单位授牌仪式和《厦门市公民文化手册》首发仪式，开展非物质文化遗产进校园与传承汇报演出，在厦门工商旅游学校举办“答嘴鼓进校园培训班”。

青岛市举行展演、展示、展览、互动、讲座、传习六大板块系列的非物质文化遗产文化活动。包括“文化遗产日”专场文艺演出、“非物质文化遗产保护，人人参与”签名活动、非物质文化遗产工艺产品展示会、孙膑拳、秧歌、胶东大鼓等非物质文化遗产传承人集中传习活动、非物质文化遗产实物展和非物质文化遗产优秀民间艺术展演等活动。

中国美术馆依托馆藏皮影戏的实物资料，策划“影中戏——中国美术馆藏皮影艺术珍品展”展览，展出17～20世纪的47组481件皮影艺术品。展览还通过影卷、演奏乐器等实物的展示，对影戏班文化予以呈现，帮助观众深入了解皮影历史和皮影文化。特邀河北昌黎向东皮影剧团于展览期间进行演出，使观众领略皮影艺术的原生形态与原汁原味的地方特色。

展示非物质文化遗产独特魅力，促进民族文化传承

2月27日至3月30日，文化部和国家民族事务委员会在京共同举办了“全国少数民族非物质文化遗产项目调演”活动，宣传展示我国少数民族非物质文化遗产的独特魅力，加深对少数民族文化艺术的认识与理解，进一步繁荣发展少数民族文化事业，促进民族团结与社会和谐，在社会各界引起了强烈反响。

一、节目内容丰富多彩，彰显少数民族风情

此次调演活动，由2台综合专场及青海、四川、贵州、内蒙古、湖南、广西、西藏等7个省（区）专场组成。参演节目较好地保留了少数民族非物质文化遗产的原生形态，许多项目是初次在舞台上演出，参加调演的20个少数民族的120个国家级和省级非物质文化遗产项目，涵盖了民间文学、传统音乐、传统舞蹈、曲艺、传统体育、民俗等6个非物质文化遗产类别。参加演出的2000多人大多数是各级非物质文化遗产项目代表性传承人和基层农牧民，既有来自蒙古族、维吾尔族、藏族、朝鲜族、羌族等的民间艺人，也有人口较少的鄂伦春族、撒拉族、基诺族、鄂温克族、京族、毛南族等的基层群众，其中许多人是第一次走出他们世代生活的大山和村寨，第一次

来到北京。

调演活动中，形态各异的非物质文化遗产，通过古朴纯真的歌舞，直观地展现了这些少数民族生生不息的文明历史，展示了他们的生产生活、信仰习俗、精神风貌和审美情趣。如鄂伦春族赞达仁反映了鄂伦春民族的游猎生活习俗，坡芽歌书描绘了壮族青年男女相约竹楼、火塘边的情景，刀郎木卡姆表达了刀郎维吾尔人的喜怒哀乐，薅草锣鼓体现了土家人劳动的场景，“草原欢歌——内蒙古自治区专场”通过祭祀、那达慕、乃日 3 个场景，描绘了一幅栩栩如生的草原人民生产生活的美好图景，“多彩哈达——西藏自治区专场”以热情奔放的朗玛、卓舞、堆谐、热巴，将雪域高原上源远流长的藏族文化活灵活现地展现在观众面前。

二、演出面向学校，面向基层群众

这次调演活动把社区、学校作为重点，通过集体组织和现场领票等方式，安排普通市民和大中小学校学生免费观看演出，扩大了观众覆盖面。每场演出开始前一个多小时，演出剧场门前就挤满了等待领票的群众。有的场次赶上大风降温天气，风雪交加，也挡不住群众前来观看演出的热情。演出期间，先后组织天桥街道社区、菜户营社区、景泰西里小区、广通苑小区等社区居民，以及国防大学、中央民族大学、中国传媒大学、北京林业大学、中华女子大学、北京华艺舞蹈艺术学校、金台小学等院校在校生集体到场观看。据不完全统计，9 台 18 场演出共有近 2 万名观众到场观看。崇文区金台小学通过开展扎风筝、做泥人、刻剪纸等特色文化活动传承民间传统文化，形成了学校的教育特色。金台小学的师生们观看演出后，对少数民族非物质文化遗产传承人和民间艺人的精彩表演赞不绝口，纷纷表示希望今后能有更多的机会感受我国各民族的非物质文化遗产，为传承中华民族优秀传统文化尽一份力量。许多观众对众多原生状态的演出感到欣喜，每场演出结束时，久久不愿离去，纷纷登上舞台与少数民族演出人员合影留念。

三、新闻媒体反响热烈

为期 1 个多月的调演活动成为新闻媒体关注的热点，据不完全统计，以调演活动为主题的相关报道就有 200 余篇。新华社、《人民日报》、中央人民广播电台、中国国际广播电台、北京电视台等媒体以及新华网、中国新闻网、人民网、新浪网、搜狐网、网易等网络媒体都做了大量报道，《光明日报》、《中国文化报》刊发了专版，中央电视台《新闻联播》、《晚间新闻》、《整点新闻》栏目也专门报道了调演活动。新华网盛赞“这一系列蕴含着少数民族文化传统的非物质文化遗产演出活动，反映了各少数民族悠久的历史文化，彰显了非物质文化遗产的非凡魅力，为人们共享这些宝贵的精神财富提供了一个鉴赏、交流、吸纳的平台。”《人民日报海外版》评论说：“在这个多民族和谐多元、活力四射的舞台上，我们看到了那些活着的民族情感和演进中的精神历史。”

中国文化年鉴

Chinese Culture Yearbook

对外文化交流

Foreign Cultural Exchange

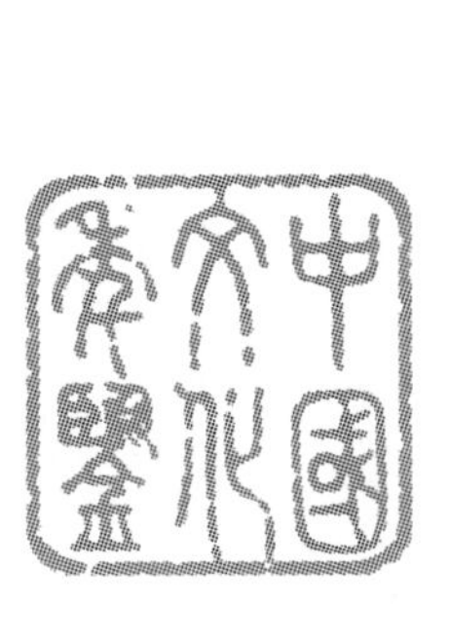

综　述

2010年，在部党组的正确领导下，在各司局和兄弟单位的支持配合下，外联局（港澳台办）认真贯彻落实中央和文化部领导对对外文化工作的一系列重要指示精神，紧紧把握对外文化工作面临的大好形势，抓住机遇，科学规划，积极统筹，扎实工作，在加强工作机制建设、深化对外文化交流、促进文化中心发展、推动对外文化贸易等方面取得了显著进展，使对外及对港澳台文化工作迈上了一个新台阶。

一、加强对外文化工作的战略规划和机制建设，科学统筹协调，形成工作合力

一年来，通过全面总结“十一五”期间全国对外文化工作的成绩和经验，认真做好“十二五”对外文化工作规划的制定，积极思考对外文化工作面临的新形势、新特点、新任务、新要求，不断加强全局性的战略规划，以制定“十二五”规划和细化各项工程计划为牵引，进一步统一思想，明确目标任务，加强谋篇布局，保证对外文化工作沿着科学发展的道路前进。

一年来，在加强战略规划的同时，大力加强工作机制建设，在国务院批复建立“对外文化工作部际联席会议”制度后，注重发挥该机制作用，2010年初成功召开了“对外文化工作部际联席会议第二次全体会议”以及多次联络员会议。蔡武部长、赵少华副部长亲自出席会议。通过统筹协调“欢乐春节”活动、走访各成员单位，较好地整合了资源，形成工作合力。通过召开驻外文化处组及文化中心负责人会议、全国文化厅局外事工作座谈会和文化部直属机构中国文化“走出去”座谈会，进一步建立和健全了国内与国外、中央与地方、文化部与部属机构等对外文化工作协调机制。这4个工作机制的建立和完善，初步打破了部门之间的藩篱和条块分割，在以“欢乐春节”、欧罗巴利亚中国艺术节、意大利中国文化年、瑞士“文化风景线艺术节”中国主宾国活动、法国“孔子文化周”、“非洲文化聚焦”、阿拉伯艺术节等大型对外文化交流项目的实际工作中，有效地形成了对外文化工作的合力。

二、海外中国文化中心建设开始提速，进入大发展时期

2010年，胡锦涛主席、吴邦国委员长、温家宝总理、习近平副主席和李长春同志分别视察外联局驻外文化中心，见证外联局与外国签署互设文化中心协定，或为我新建文化中心揭牌，就文化中心规划、建设、管理以及对外工作多次做出重要指示，凸显了外联局文化中心在对外文化乃至整体外交中的突出地位和开展文化外交的独特优势。

2010年，新奠基或揭牌了3个文化中心，与4个国家签署了互设文化中心的政府文件，与6个国家达成了初步意向。《驻外中国文化中心发展规划（2011～2020）》列入国家级“十二五”专项规划，将有力地保障文化中心在未来一个时期的快速、健康发展。在推动文化中心建设快速发展的同时，还努力提高现有驻外文化中心的管理和业务水平，为文化中心工作的大发展积累经验，打牢基础。

三、深化文化交流的思想内涵，注重与各国特别是西方大国开展思想文化对话

在思想领域开展深化文化交流，是对外文化交流发展到新阶段的必然要求。多年来，我国的对外文化交流以演出、展览等艺术领域的交流为主。2010年以来，外联局特别注重深入发掘文化交流的思想内涵，发挥学术和思想创造力，赢得各国思想上、价值观上的平等尊重和相互理解，在对外文化工作交流、交锋与交融日益激烈的时代大背景下，努力在思想文化领域争取国际话语权，树立起中国文化和文化界的新形象。

一年来，成功举办了“中欧文化高峰论坛”、“中欧文化对话”、“中美文化论坛”、上海合作组织成员国文化部长会晤、东盟10+3文化部长会晤；在日本、土耳其、印度举办文化界人士座谈会等，积极开展思想文化领域的多边、双边交流与对话，大力提倡文化多样性，倡导推广和平发展、和谐世界理念。其中由文化部与欧盟委员会联合在布鲁塞尔欧盟总部主办的首届“中欧文化高峰论坛”，得到了有关各方的高度评价。温家宝总理亲自出席论坛开幕式并发表重要演讲，指出论坛是中欧文化交流史上的一大创新，标志着中欧文化交流进入了新的阶段，也表明中欧关系深入向前发展。

四、举办各类文化年、节和品牌活动，推动非遗保护，促进中华文化产品“走出去”

上海世博会是继北京奥运会后我国举办的又一国际盛会，也是一届规模空前的世界文化交流盛会。2010 年，通过上海世博会搭建了跨文化交流的大舞台。世博会期间，来自 225 个国家、地区、城市和国际组织以及中国各省（区、市）的 1289 个文艺团体在世博园区举办了 22900 余场演出，观众多达 3450 余万人次，规模之大、数量之多、密度之高，在新中国成立以来尚属首次。为使世博会各类涉外文化活动安全运行，文化部协调各部门专门出台了《项目审批实施办法》，为上海世博会的成功举办提供了强有力的保障，同时还成功主办了“城市更新与文化传承”主题论坛，深化和丰富了世博会的思想文化内涵。

为配合国家领导人出访，服务于国家外交大局，还精心组织和成功举办了“意大利中国文化年”开幕式，俄罗斯“汉语年——中国文化节”闭幕式，印度“中国节”闭幕式，在缅甸举办了专场文艺演出等大型文化活动，在欧盟举办了“中欧文化高峰论坛”，在日本、土耳其、印度举办了“中外文化界人士座谈会”，以及在泰国和新加坡举行了“中国文化中心”奠基仪式等活动。这些活动不仅为国家领导人出访营造了良好的氛围，也有力配合了国家外交大局，发挥了文化外交的独特作用。

2010 年，通过在国内外精心策划开展“欢乐春节”、第 10 届“相约北京”、“中非文化聚焦”等大型综合性文化活动，以及举办第 13 届北京国际音乐节、第 12 届中国上海国际艺术节、第九届中国武汉国际杂技艺术节和第五届中国国际钢琴比赛（厦门）等，进一步提高这些品牌项目的国际知名度，强化这些品牌在对外文化交流中的带动效应。

在《保护非物质文化遗产公约》政府间委员会第五届会议上，“京剧”、“中医针灸”被列入人类非物质文化遗产代表作名录；“麦西热甫”、“中国水密隔舱福船制造技艺”和“中国活字印刷术”被列入急需保护的非物质文化遗产名录。迄今为止，我国共有 28 个项目列入代表作名录，6 个项目列入急需保护名录。和联合国教科文组织合作设立非遗保护“亚太中心”，确立了在国际非遗保护领域的主导地位。

一年来，精心组织举办第五届“10 + 3 文化人力资源开发合作研讨班”、“中美图书馆员专业交流项目”、“赴美文化贸易经验交流项目”等，邀请国外著名艺术节管理人来华授课，派国内知名学者专家到驻外文化中心举办讲座，开展人员培训和业务交流，深化友谊，壮大对华友好力量，使对外文化工作多领域、深层次不断发展。

五、适应形势发展，创新和加强文化外宣工作

推动外宣工作与新科技、新媒体融合，创新文化外宣模式，以“文通网”建设为基础，构建“全国对外文化交流资源库”，并对“中国文化网”（英文）进行改版，整合中央与地方、国内与国外的文化资源和文化信息，构建全国对外文化交流的网络工作平台，为文化部、地方文化厅（局）、各部属单位及驻外文化处（组）、文化中心搭建信息沟通和业务合作平台，为中华文化“走出去”构建网络时代的传播渠道。

积极探索与国内外相关媒体合作，举办网上中国电影节、数字图书馆和虚拟博物馆，研究利用手机等无线终端传播中国文化。以春节、国庆、建交日为契机，积极开展丰富多彩的外宣活动，大力加强中外影视外宣合作。

六、坚持文化交流与文化贸易并重，政府交流与民间交往并举

大力推动文化产品和服务“走出去”，坚持公益性的、公费的交流与对外文化贸易和商演、商展相互结合起来，大力发展文化产品、文化服务的对外贸易，鼓励文化企业积极地参与国际文化市场的竞争，提高文化竞争力。2010 年，通过对中国文化产品和服务在海外市场现状进行专题调研，制定《文化部促进文化产品和服务“走出去”总体规划》，举办“上海合作组织成员国文化产业合作南京论坛”、“中韩文化产业政策对话会”等，推动我国文化企业和产品通过商业渠道“走出去”，增强中华文化的国际影响力和市场竞争力。

在对外文化交流中坚持官民并举，加强官方交流与合作的同时，大力加强民间的文化交流。召开中国对外文化交流协会的理事大会，选举产生了新一届理事会，根据形势发展进一步充实理事会的组织。

一年来对外及对港澳台文化工作取得了丰硕的成果和可喜的进步。但还存在着制约发展的困难和因素，统筹协调对外文化工作资源和力量的难度依然很大；对外文化交流还要进一步创新方式、丰富内涵、提升品质、提高效果；对外文化工作要进一步改变工作思路，真正实现从办文化向管文化的转变，提高依法管理、科学管理的水平。让我们紧密团结起来，开拓创新，扎实工作，不断开创新时期对外文化工作新局面！

专 题

重大活动

一、2010年“欢乐春节”文化活动

2010年“欢乐春节”活动，根据中央领导同志指示精神，文化部积极协调对外文化工作部际联席会议成员单位、中央其他部门和有关社会团体，以及地方文化行政部门，对2010年“欢乐春节”活动进行统一协调部署，得到有关各方的大力支持。春节期间，在亚、欧、非、美、大洋洲的42个国家和港澳地区，开展实施了65个文化活动项目。这是新中国成立以来，我国在同一时间段、围绕同一主题在境外开展的涉及国家最多、吸引观众数量最多的一次文化外宣和公共外交活动。

2010年“欢乐春节”活动，来自中央直属和全国22个省（区、市）不同层级的文艺团体乃至民间艺人广泛参与。项目包含戏曲、民乐、歌舞、书画、杂技、魔术、皮影、茶艺、武术、美食、舞龙舞狮、传统手工艺、电影、图书、多媒体等等，传统与现代、高雅与通俗交相辉映，基本涵盖了中华文化的各种表现形式。我前方使领馆也充分发挥积极性，主动与当地侨社和文化团体合作，将“欢乐春节”活动作为公共外交的重要内容和抓手，在世界各地积极推动此项工作。

2010年的“欢乐春节”活动以丰富多彩的形式在海外展现，有些项目进入了外国地标性建筑如纽约帝国大厦、市政厅、国际会展中心、剧场、音乐厅、博物馆、校园等市政和文化场所，有些则走向广场、公园、街道、社区、商场、火车站等公共场所。不少国家和城市的行政首长向“欢乐春节”当地主办者和侨社发去“春节祝福”，一些国家还发行了虎年邮票、在报纸上刊登“欢乐春节”宣传广告。

在亚洲，泰国总理阿披实和诗琳通公主等亲自出席在唐人街举办的“欢乐春节”活动开幕式；2009年12月份，刚挂牌成立的东京中国文化中心也邀请众多日本朋友共度“欢乐春节”；韩国和新加坡等国的许多政要出席“欢乐春节”系列活动。在欧洲，中央民族乐团在巴黎联合国教科文组织总部上演的“新春民族音乐会”深得观众喜爱；北京艺术团在德国柏林中央火车站的精彩演出和烟花表演、中央民族歌舞团和四川艺术团在英国伦敦特拉法加广场上的演出，均吸引了数十万观众。在非洲，驻突尼斯使馆创新思路，与当地客流量最大的“家乐福”超市共同开展“欢乐春节”活动；埃及开罗卫星城瑞哈卜拉市的“欢乐春节”活动以庙会形式出现；毛里求斯、贝宁、坦桑尼亚、莱索托等国举办的演出活动，吸引了这些国家的最高领导人和数十万民众参与。在北美洲，优雅的中国古典舞艺术在美国中西部五大城市巡回演出；驻纽约总领馆在纽约帝国大厦开设了中国农历新年主题橱窗展，吸引当地民众和世界各地的游客驻足观赏；“四海同春”艺术团在北美的慰侨演出引起极大反响。在拉丁美洲，巴西圣保罗市中心大教堂广场和墨西哥城市中心母亲纪念碑广场都成了中国艺术团开展“欢乐春节”活动的主场地；巴西南部城市阿雷格里港在除夕夜举办的狂欢节游行中还出现了以中国为主题的桑巴舞表演。在大洋洲，重庆市杂技和民间艺术团在澳大利亚悉尼和墨尔本的街区举办了巡游庆祝活动，吸引了大批市民和游客观看。2010年的“欢乐春节”活动在世界范围内引领起一个庆祝中国春节、了解中国文化的新风尚。

“欢乐春节”活动广受各国政府和民众的欢迎与支持。“欢乐春节”活动得到了世界各地媒体的广泛关注。据不完全统计，“欢乐春节”举办迄今为止，有250余家境内外媒体进行了积极客观报道。

二、中印互办“中国节”、“印度节”

2010年是中印建交60周年，为落实两国领导人达成的共识，双方决定在2010年互办“中国节”和“印度节”，文化被议定为“中国节”和“印度节”的主要内容，两国在年内分别在对方国家组织了11次文化活动，达到了彼此欣赏、增进了解的目的，再次彰显了文化外交的独特魅力。

“印度节”于4月7日在北京开幕，文化部部长蔡武和印度外长克里希纳共同出席了开幕式并观看印度演出《最后的祝福》。10月24日，“印度节”在四川成都顺利闭幕，文化部部长助理高树勋与印度文化关系委员会主席卡兰·辛格出席并观看了印度卡拉雪特拉舞蹈团的演出。“印度节”期间，印度文化关系委员会在北京、上海、广州等多个城市举办了宝莱坞等11个演出团体的歌舞演出，举办了包括印度现代艺术展在内的巡回展览以及印度电影节等活动。

“中国节”于4月20日在印度首都新德里开幕，全国政协副主席孙家正与印度旅游部长塞利亚出席并观看了大型梵呗交响合唱音乐会“神州和乐”。“中国节”于12月16日在新德里闭幕，温家宝总理与印度总理辛格共同出席并观看了“中国节”闭幕式演出，温家宝总理还主持召开了中印文化界人士座谈会。“中国节”期间，文化部在新德里、孟买等地举办了包括歌舞、杂技在内的多场文艺演出，还举办了陶瓷、书画展以及电影联展等11项丰富多彩的文化活动。

三、“2010非洲文化聚焦”

为进一步深化与非文化关系，扩大“中非文化聚焦”品牌影响，兑现《沙姆沙伊赫行动计划》有关承诺，5月至11月，文化部联合国家广电总局、国家新闻出版总署、国家体育总局和国家文物局等单位以及有关地方政府，先后在北京、甘肃、宁夏、青海、青岛、深圳、湖南、安徽、河南和陕西等10省市举办了“2010非洲文化聚焦”系列文化活动。活动包括1场开幕式、1场“中非关系回顾与思考”学术研讨会、2次新闻发布会、10起非洲政府文化代表团访华、8个非洲艺术团演出、8起非洲主题摄影展、石雕展、图书展、绘画展、1周中央电视台“走进非洲”电视专题片播映、2个月非洲5国画家来华客座创作和508篇“我的非洲故事”征文颁奖活动等。“中非文化聚焦”活动现已发展成为中非相互学习对方文化精华，进行交流互鉴的重要平台和有效机制。非洲联盟主席让·平专门致函活动组委会主席蔡武部长，盛赞“2010非洲文化聚焦”活动的重大意义。

四、2010第二届阿拉伯艺术节

6月18～25日，“2010第二届阿拉伯艺术节”在华举办。叙利亚、巴林、突尼斯、巴勒斯坦、摩洛哥和毛里塔尼亚等6国文化部长，埃及、伊拉克和沙特等三国文化部副部长以及阿尔及利亚、阿曼、吉布提等三国文化高官和阿拉伯国家联盟代表率团近40人来京出席了中阿文化论坛，就“文化交流在中阿合作关系中的地位及其影响”这一主题展开研讨。赵少华副部长主持论坛，蔡武部长出席并做主旨发言。代表团还赴宁夏参观访问。

期间，埃及、叙利亚、沙特、摩洛哥、约旦、阿联酋、突尼斯、巴勒斯坦、伊拉克、阿曼、阿尔及利亚、苏丹等12个阿拉伯国家的艺术团组共210余人来华参加艺术节联合演出活动，在北京世纪剧院、朝阳公园和上海世博园大会堂共演出4场。刘延东国务委员、赵少华副部长以及外交部、广电总局、教育部、新闻出版署等相关部门负责人出席观看了演出。

6月21～25日，“天方凝彩——阿拉伯艺术展”在首都博物馆举办，参展作品300余件，随展人员16人。赵少华副部长与阿拉伯国家政府文化代表团团长共同出席了艺术展开幕式。

本届艺术节是“中阿合作论坛”项下文化领域的重要活动，是中阿开展文化交流的重要平台，在规模和规格上均创阿拉伯国家文化团组访华的新纪录。

五、俄罗斯“中国文化节”

根据中俄两国文化部合作计划，9月3～10日中国文化部在俄罗斯成功举办“中国文化节”，杨志今副部长率团参加文化节开幕式等活动。中华彩灯展、中国动漫游戏展、三亚海螺姑娘创意展、深圳设计海报展、浙江民间工艺精品展、深圳市歌舞团、河南少林武僧团等7个展演团组共计85人赴俄。本届文化节是集演出、平面展览、多媒体展示、游戏、展卖、手工艺表演为一体的大型综合性文化活动。文化节内容丰富，面向地方和民众，聚焦文化产业，注重打造品牌，使中俄文化领域合作向深层次拓展并有效促进了双方的务实合作。

六、瑞士"文化风景线艺术节·中国主宾国"活动

9月16日～12月7日，中国文化部与瑞士"文化风景线"艺术节基金会在瑞士共同举办了中瑞两国建交60年来最大规模的文化项目：瑞士"文化风景线艺术节·中国主宾国"活动。该活动是2009年1月温家宝总理访瑞期间与瑞士时任联邦主席梅尔茨共同确定的，胡锦涛主席和瑞士现任联邦主席洛伊特哈德共同担任了该活动的监护人并为艺术节题写了贺信。

"文化风景线艺术节·中国主宾国"活动历时近3个月，创下该艺术节自2003年创办以来规模和持续时间之最。艺术节在瑞士全境24座城市展开，来自中国北京、上海等13个省、自治区、直辖市的400多名艺术家在瑞士开展了涉及音乐、戏剧、舞蹈、文学、建筑、研讨会和论坛等各种交流活动，包括瑞士文化基金会在内的50多家瑞文化机构、团体和州、市政府部门参与了该活动。双方共同策划举办了62个项目，瑞士方面还单独举办了36个项目予以丰富活动内容。很多项目辐射到了德国、奥地利、列支敦士登、荷兰和瑞典等欧洲国家。艺术节直接受众超过5万人。

七、首届"中欧文化高峰论坛"

10月6～7日，为庆祝中欧建交35周年，并配合第13次中欧领导人会晤，由中国和欧盟领导人共同倡议、中国文化部和欧盟委员会联合主办的首届"中欧文化高峰论坛"在布鲁塞尔欧盟总部举行。温家宝总理和欧盟委员会主席巴罗佐出席开幕式并发表演讲。蔡武部长、欧委会教文委员瓦西利乌及比利时法语区文化人臣拉楠分别致辞。在为期两天的论坛里，来自中欧思想文化界的26位知名学者以全球化为背景，在开放、坦诚的气氛中围绕"全球化：鸿沟、交融还是全新游戏"的主题，从世界观、现代化的多种实现方式和美的概念3个角度展开热烈的思想交流。论坛促进了跨文化与跨主体间的文化交流与交融，是中欧文化交流史上的一大创新，标志着中欧文化交流进入了新的阶段，也表明中欧关系深入向前发展。

八、意大利"中国文化年"

10月7日，意大利"中国文化年"开幕式暨纪念中意建交40周年音乐会在罗马歌剧院隆重举行。国务院总理温家宝在意大利总理贝卢斯科尼的陪同下来到罗马歌剧院。1200多名中意两国政治、经济、文化、新闻等各界人士使罗马歌剧院座无虚席。两国总理先后在开幕式上致辞。温家宝指出，中意都是文明古国，在几千年的历史长河中，两个古老文明跨越万里，相互沟通，交流融合，深刻影响着人类的文明进步。两国总理与全场观众共同观看了由中国爱乐乐团、中央音乐学院合唱团、中国京剧院、意大利国立Santa Cecilia音乐学院合唱团以及特邀著名艺术家们精心创作、倾情奉献的"中国文化年"开幕专场音乐会。

陪同温家宝总理访意的文化部蔡武部长于开幕式当天上午与意大利文化遗产部部长邦迪，共同出席了在古罗马市元老院遗址举办的意大利"中国文化年"的重要展览项目"秦汉——罗马文明展"开幕式并致辞。蔡部长在致辞中表示，文物展展出了从公元前二世纪至公元后三世纪两个文明的珍品。秦汉王朝和古罗马帝国，雄踞东西方两端，象征着东西方最强大、最发达的文明，交相辉映，再现了两大古国在政治、文化、经济、军事和社会生活等领域的风貌，其社会发展模式对人类文明发展产生了深远的影响。

中意建交以来，文化交流规模日益扩大，形式不断丰富，水平逐步提高。今天，"中国文化年"在罗马开幕，是中意文化交流的又一盛事。"中国文化年"走进罗马、米兰、威尼斯等古老而现代的城市，必将加深两国人民之间的了解和友谊，使中意各领域交流与合作更加充满活力地向前发展。

双边文化交流

一、中国政府文化代表团出访

（一）美大地区

1. 文化部副部长王文章访问秘鲁、厄瓜多尔和墨西哥

7月21日～8月1日，文化部副部长王文章率中国政府文化代表团一行5人对秘鲁、厄瓜多尔和墨西哥进行了正式访问。与厄瓜多尔签署了《中厄2011～2013年文化交流执行计划》，出席了

中墨政府间两国常设委员会第四次会议并签署《中墨两国常设委员会第四次会议文化分委会会议纪要》，中墨两国外长还共同签署了《中墨政府2011～2015年共同行动计划》。

2. 文化部副部长王文章访问加拿大和美国

10月8～17日，应加拿大遗产部和美国国家人文基金会邀请，文化部副部长王文章率中国政府文化代表团一行5人对加拿大和美国进行了访问。访问期间，王文章副部长会见了两国文化机构的负责人，并出席了中加建交40周年庆祝活动和第二届“中美文化论坛”，并与美国国家人文基金会续签了《关于鼓励人文学科学术性研究和文化遗产保护合作事宜的谅解备忘录》。根据该谅解备忘录，两国将在今后5年内开展一系列合作项目，包括继续举办“中美文化论坛”。代表团此次访问加强了我部与美、加两国文化机构的联系和沟通，加深了对美、加两国文化发展情况的了解，为进一步深化和拓展我与两国的文化交流与合作创造了有利条件。

（二）西欧地区

4月25～30日，故宫博物院组派以吕成龙为组长的工作组一行6人赴法国，与卢浮宫商谈举办“霓裳·丹青·故宫博物院名宝展”。

5月4～10日，中国作家协会党组成员、书记处书记杨承志率中国作家协会代表团一行6人应希腊文化旅游部邀请访问希腊。中希两国政府《2007～2010年文化交流执行计划》项目。

6月10～19日，应英国大英博物馆和意大利文化遗产活动部文物管理与开发司邀请，国家博物馆组派黄振春一行6人赴英国和意大利访问，商谈开展馆际交流及其它合作事宜。

9月5～17日，应联合国教科文组织和我常驻联合国教科文组织代表团、西班牙塞万提斯学院以及瑞士联邦文化局的邀请，我部赵少华副部长率中国政府文化代表团一行5人访问法国、西班牙和瑞士三国。

9月7～12日，上海图书馆应第30届欧洲汉学图书馆员年度大会组委会邀请，组派林鹤等一行3人赴法国里昂出席此次会议。

9月25～30日，国家博物馆应法国远东学院邀请，组派赵嘉斌等一行7人赴法国进行有关水下考古方面的学术交流。

10月10～17日，故宫博物院应荷兰国家自动音乐博物馆的邀请，组派关雪玲一行3人小组赴荷兰协助“紫禁城珍品展”的布展工作。

11月2～7日，中国作家协会铁凝主席率7人代表团赴西班牙，出席中西文学论坛并访西。

11月3～8日，故宫博物院院组派李季等3人赴法国，与卢浮宫博物馆商讨两馆合作事宜，并于高访期间签署双方2011年至2015年合作协议。

11月8～17日，国家图书馆组派魏大威副馆长一行4人赴法国、德国和西班牙考察驻外中国文化中心。

11月16～24日，应意大利意中基金会和以色列外交部邀请，中国作家代表团张健等一行6人对两国进行了友好访问。

（三）欧亚地区

2010年，文化部共安排政府文化代表团出访3起。文化高层的频繁往来进一步加强了中国文化部与多国文化部的合作关系。

1. 杨志今副部长率团访问俄罗斯、摩尔多瓦和波兰

9月11日，应俄罗斯文化部、摩尔多瓦文化部和波兰文化与民族遗产部邀请，以文化部副部长杨志今为团长的中国政府文化代表团一行6人对俄罗斯、摩尔多瓦和波兰三国进行了访问。

访俄期间，杨志今副部长会见了俄罗斯联邦文化部副部长赫拉硕罗夫并出席了“中国文化节”开幕式；访问摩尔多瓦期间，杨志今副部长拜会了摩总理菲拉特，同摩文化部长福克沙进行了工作会谈并共同签署了《中华人民共和国文化部和摩尔多瓦共和国文化部2010～2014年文化合作计划》；访问波兰期间，杨志今副部长出席了在波兹南市举办的第四届亚欧会议文化部长会议，并会见了波兰文化与民族遗产部副部长莫尼卡·斯摩伦女士和日本文化厅长官近藤诚一。

2. 赵少华副部长赴俄罗斯召开中俄文化合作分委会第10次会议

11月19～24日，赵少华副部长率中国政府文化代表团一行6人访问俄罗斯。11月19日，赵少华副部长在莫斯科与俄文化部副部长霍罗希洛夫共同主持召开中俄人文合作分委会第10次会议；11月22日，在中俄人文合作委员会第11次会议上，在刘延东国务委员和茹科夫副总理的见

证下，赵少华副部长与俄文化部副部长霍罗希洛夫签署《中华人民共和国文化部和俄罗斯联邦文化部2011～2013年合作计划》。

3. 高树勋部长助理赴哈萨克斯坦召开中哈文化和人文合作分委会第六次会议

12月7～10日，高树勋部长助理率中国政府文化代表团一行5人访问哈萨克斯坦。12月8日，高树勋部长助理在阿拉木图会见哈文化部副部长布里巴耶夫，共同主持召开了中哈文化和人文合作分委会第六次会议。

（四）亚洲地区

1. 文化部部长蔡武陪同温家宝总理出访印度和巴基斯坦

12月15～19日，文化部部长蔡武陪同温家宝总理出访印度和巴基斯坦。在印度期间，温总理与印度总理辛格共同出席了文化部举办的“中国节”闭幕式演出；温家宝总理主持召开了中印文化界人士座谈会，发表了重要讲话；在温总理与印度总理辛格的共同见证下，文化部部长蔡武和印度外长克里希纳共同签署了《中华人民共和国政府与印度共和国政府文化交流协定2010～2012年执行计划》。在巴基斯坦期间，温总理与巴基斯坦总理吉拉尼共同出席了文化部组派的“墨韵和风——中国水墨精品画展”。

2. 文化部部长蔡武访问柬埔寨、老挝、越南、尼泊尔

11月26日～12月7日，为庆祝中越建交60周年、中尼建交55周年，进一步加强中柬、中老文化交流，蔡武部长率中国政府文化代表团访问柬埔寨、老挝、越南和尼泊尔。其间，蔡部长参加了中国政府援助吴哥古迹保护修护二期工程（茶胶寺）开工仪式，在河内出席观看了中国残疾人艺术团演出暨庆祝中越建交60周年系列活动，并与四国文化部长进行了工作研讨，就进一步加强中国与四国的文化交流与合作达成了广泛的共识。蔡武部长在出访中相机介绍了我国和平发展的对外政策，夯实了我国与四国的传统友谊，开创了周边文化外交的新局面。

3. 文化部副部长赵少华陪同温家宝总理访问韩国、日本、蒙古和缅甸

5月28日～6月3日，文化部副部长赵少华陪同温家宝总理访问了韩国、日本、蒙古和缅甸，并出席在韩国举行的“中日韩领导人会议”。作为温总理访问的重要内容，文化部分别在韩、日、缅举办了系列文化活动，选派青年钢琴家张昊辰赴韩国济州参加“中日韩三国青年音乐家联合演奏”，组派中国歌剧舞剧院艺术团参加了中日韩三国民乐家组成的亚洲乐团的同台演出；组派由中国作家协会主席铁凝率领的中国文化界知名人士代表团一行5人赴日参加5月31日举行的中日文化界知名人士座谈会，到场的中日双方各界人士积极发言，为温总理主持召开高层文化座谈会创造了成功的范本；组派由中国艺术团赴缅举办“共饮一江水——庆祝中缅建交60周年”的专场演出。

4. 文化部部党组成员李洪峰访问日本、韩国和泰国

2月4～15日，为促进中国与日本、韩国和泰国的文化交流，配合在日、韩、泰举办的中国“欢乐春节”文化活动，文化部党组成员、中纪委驻文化部纪检组组长李洪峰率中国政府文化代表团一行6人访问了日本、韩国和泰国。此次出访是“欢乐春节”活动中规格最高、规模最大的项目。文化部组派西藏自治区、新疆维吾尔自治区、四川省、广西省、吉林省、北京市、内蒙古自治区、黑龙江省、浙江省等10省区市艺术团组成的中国艺术团一行180人赴泰访演，泰国诗琳通公主等王室成员、阿披实总理等政府要员与当地数十万民众出席了“欢乐春节”活动开幕式，充分显示了“欢乐春节”活动的影响力和可持续发展。

5. 文化部部长助理高树勋访问泰国、韩国

6月30日～7月10日，为庆祝中泰建交35周年，应泰国文化部和韩国文化体育观光部邀请，文化部部长助理高树勋率团对泰国、韩国进行了工作访问。访泰期间，高树勋部长助理拜会了泰国总理阿披实，并与泰国朱拉蓬公主共同出席了由广州交响乐团打造的“庆祝中泰建交35周年专场音乐会”。访韩期间，高树勋部长助理拜会了韩国国会副议长郑义和并与韩国文化观光部第一次官申载旻进行了工作会谈。访问对加强中泰、中韩文化主管部门的沟通与协调，促进两国文化务实合作起到了积极的推动作用。

（五）亚非地区

5月5～16日，应叙利亚文化部、土耳其文

化旅游部和卡塔尔文化、艺术和遗产部的邀请，中共文化部党组副书记、文化部副部长欧阳坚率中国政府文化代表团一行6人对上述三国进行访问。

2月20～26日，侯湘华副局长率团一行3人访问阿联酋和巴林，在阿出席了“迪拜欢乐春节”活动开幕式，在巴出席了向巴林新闻文化大臣谢赫梅女士授予“中国对外文化交流贡献奖”授奖仪式。

12月23～30日，外联局局长助理杨治等一行3人赴沙特、阿联酋访问，在沙出席“中国文化周”开幕式。

（六）非洲地区

5月19～21日，应喀麦隆总统比亚邀请，蔡武部长作为胡主席特使率代表团一行6人访喀并出席庆祝喀独立50周年庆典，并与喀文化部长穆娜共同观看了以“朋友、伙伴、兄弟”为主题的大型文艺晚会，喀方对中方专门安排河南少林武僧团参加庆典演出深表感谢。

二、文化团组出访

（一）美大地区

1.“第二届中美文化论坛”

10月15～16日，由中国文化部与美国国家人文基金会联合主办的“第二届中美文化论坛”在美国加州大学伯克利分校成功举办，包括莫言、于丹、金灿荣，耶鲁大学教授金安平、史宾赛以及哥伦比亚大学教授德尔邦克等在内的来自中美双方的30余位专家、学者和艺术家就中美文化艺术比较、中美文化交流与合作等相关议题进行了广泛而深入的讨论和交流。

2.“欢乐春节”系列活动文化团组出访

春节期间，中国文化部在美大地区举办了“欢乐春节”系列活动，主要包括：

2月12～22日，由文化部资助，重庆市政府组团一行500余人赴澳大利亚参加2010年“悉尼春节大巡游”活动，主要内容包括春节庙会、夜间巡游、非遗展示和文艺演出等四部分，并于同期在澳举办经贸、旅游和教育推荐会等系列宣传活动。

2月4～17日，应巴西雷斯廷加桑巴学校邀请，文化部组派浙江婺剧团一行22人，在巴西南大河州举办狂欢节中国主题活动。

2月5日～3月1日，应美国旧金山中华总商会邀请，上海市手工艺人表演团一行20人赴美国旧金山地区参加春节庆祝活动。在纽约帝国大厦举办的“春节橱窗展”等具有创新意义的活动得到了中央领导的高度评价。上海民间手工艺人表演团和山西吕梁民间艺术团在美国西部城市的多场演出也受到了当地观众的欢迎。

2月7～16日，应墨西哥首都市政府和古巴文化部的邀请，文化部组派黑龙江省龙江剧院艺术团一行21人赴墨西哥、古巴参加春节庆祝活动并与墨西哥国家邮政局联合发行虎年生肖邮票。

2月25日～3月8日，应新西兰亚新基金会的邀请，浙江省余杭滚灯表演团一行23人、上海新民乐艺术团一行19人及北京杭盖乐队一行6人，赴新西兰参加第十一届奥克兰元宵灯节和第六届基督城元宵灯节演出。

春节期间，中国人民解放军军乐团作为主宾国参加了“爱丁堡军乐节在悉尼”大型军乐节演出，举办了“欢乐春节·凯歌嘹亮”专场音乐会，5场演出共吸引观众20万人次。

1月20日～11月30日，四川省德阳市杂技团有限责任公司一行30人赴美国南卡罗来纳州Myrtle海滩大剧场进行演出。

1月20日～11月25日，山东省杂技团“集体蹬鼓”节目组一行10人赴美国参加环球心马戏团2010年度的巡演。

1月28日～2月6日，应美国大都会艺术博物馆、加拿大皇家安大略博物馆邀请，国家博物馆组派由副馆长张威为团长的代表团一行6人，赴美国、加拿大进行考察交流。

2月1～14日，应澳大利亚澳中文化科技促进会邀请，重庆市文化广播电视局组派重庆杂技艺术团一行36人，赴澳大利亚悉尼和墨尔本演出杂技剧《花木兰》。

2月，应澳大利亚阿德莱德艺术节庆中心邀请，金星舞蹈团《迷魅上海》现代舞节目参加阿德莱德艺术节（南半球最大的艺术节）和墨尔本维多利亚州艺术中心演出，门票售罄，创下了我小型演出团体访澳演出费的纪录。

2月，中国国际文化交流中心联合上海社科院犹太研究中心同美国犹太人委员会合作，在美国旧金山举办为期3个月的“犹太人在近代中国”

历史图片展览。

2月4～17日，应巴西雷斯廷加桑巴学校邀请，文化部组派浙江婺剧团一行22人，在巴西南大河州举办狂欢节中国主题活动。

2月5～10日，应澳大利亚国立大学邀请，中国京剧院组派吴江院长等4人赴澳大利亚商谈合作创排剧目并签署合作协议。

2月10～16日，应新西兰中华电视网和新西兰屋仑华侨会所的邀请，文化部组派湖南综艺小组一行10人，赴新西兰奥克兰参加“花市同乐日”活动并在周边城市巡演。

2月14日～3月2日，中央电视台银河少年电视艺术团合唱团一行39人赴美国夏威夷和犹他州进行交流演出。

2月16日～3月5日，中国侨联艺术团一行18人赴美国芝加哥、旧金山馆区举办“亲情中华”慰问演出。

2月17日～3月5日，应澳大利亚3CT国际文化交流有限公司邀请，江西省杂技团一行12人赴澳大利亚演出。

2月17日～3月10日，国侨办组派艺术团一行40人赴美国、加拿大举办“文化中国·四海同春”春节文化访演活动。

2月18～24日，东方歌舞团殷硕赴美国参加第三届亚特兰大“晨星闪烁”舞蹈专场晚会。

2月18～28日，长沙田汉长郡艺术团一行164人赴美国举办“2010‘亲情中华’田汉长郡艺术团专场慰问演出暨（洛杉矶）华人新春文艺晚会”演出。

3. 其他文化团组出访

3月1日至2011年3月9日，应美国恒创股份有限公司邀请，安徽省杂技团一行29人赴美国参加巡演活动。

3月，应墨尔本多元文化节组委会的邀请，中国对外文化集团公司组派8位京剧演员赴澳大利亚参加墨尔本多元文化节。

3月6～14日，加拿大加中艺术协会邀请，中国广播艺术团王书伟团长一行90人赴渥太华、多伦多参加“中加建交40周年新春音乐会”等两场演出。

3月13～29日，应澳大利亚澳洲国际联合总商会和新西兰亚太文化交流中心邀请，天津市青年京剧团一行54人赴澳大利亚和新西兰演出京剧《金山寺·断桥·雷峰塔》。

3月20日～9月19日，重庆市杂技艺术团“花木兰”节目组一行35人赴美国田纳西州赛维维尔市进行为期半年的演出。

4月，来自上海的喜剧演员林栋甫参加墨尔本国际喜剧节，举办了10场专场演出，澳广播公司、《时代报》和《澳大利亚舞台报》等主流媒体进行了专访报道。

4月6～14日，应新西兰七彩中国演艺公司邀请，中国对外文化集团公司组派北京友谊歌舞团（北京战友文工团）一行80人赴新西兰演出舞剧《红楼梦》。

4月8日～5月9日，浙江曲艺杂技总团一行24人赴美国密苏里州布兰森市银元城“世界之村”演出。

4月23～26日，故宫博物院王家鹏等2人赴美国访问。

5月，中国音乐学院紫禁城新音乐团赴布里斯班、堪培拉，面向西方高端主流群体演出获得成功。国务委员刘延东在总结上批示：“对我‘走出去’的成功做法和经验要总结推广，面向西方高端主流群体，有利于提升我对外文化交流的水平和层次。”

5月7日～12月30日，广西玉林市博白县杂技艺术团一行33人赴美国芝加哥纳维码头地平线舞台演出。

5月8～16日，故宫博物院宋玲平等3人赴美国进行学术访问。

5月17～22日，应加拿大“文化力”机构邀请，故宫博物院组派王亚民副院长等2人赴加拿大参加“交流2010”系列活动。该团组与蒙特利尔美术馆、蒙特利尔历史博物馆和魁北克省文明博物馆进行了交流座谈，并出席了中国当代艺术展开幕式等活动。

5月19～28日，应美国加州大学伯克利分校东亚图书馆、加拿大多伦多大学郑裕彤东亚图书馆邀请，故宫博物院组派副院长陈丽华等6人访问美国、加拿大。访问期间，代表团了解了各主要图书馆中文古籍收藏、管理、保护与修复状况，以及编目与数字化的进展，并与当地业务人员进行了交流。

5月23～26日，内蒙古自治区文化厅一行2人赴美国俄亥俄州立大学参加国际文化会议。

6月1～12日，应加拿大文蔚舞蹈团邀请，中国对外文化集团公司组派北京现代舞团一行15人赴渥太华参加加拿大舞蹈艺术节闭幕式演出。

6月2～10日，故宫博物院纪天斌等2人赴美国考察"乾隆花园古典家具与内装修设计展"展览场地。

6月2～28日，中国残疾人艺术团一行57人赴美国参加特殊艺术节并巡演。

6月5～13日，应温哥华文蔚舞蹈团邀请，中国艺术研究院欧建平于2010年赴加拿大讲学、考察。

6月5～11日，应驻密克罗尼西亚使馆要求，重庆市文广局组派重庆市杂技团一行15人赴密克罗尼西亚访演。

6月10日～9月30日，应美国国际特别项目有限公司邀请，浙江省杭州杂技总团一行26人赴美国佛罗里达州进行演出。

6月12日～7月2日，中美图书馆员专业交流项目两批共21人赴美国培训。

6月17～28日，国家图书馆3人赴美国参加世界数字图书馆会议。

6月17～22日，应澳大利亚大洋洲文联邀请，中国文联在澳大利亚墨尔本市举办"同一个世界——中国画家彩绘联合国大家庭艺术大展"，参展作品127件；随展画家团一行8人于6月16～23日出席了画展相关活动并与当地艺术家进行了交流。

6月下旬至7月上旬，应古巴文化部和哥伦比亚波哥大市政府的邀请，文化部组派深圳艺术学校民乐小组一行12人，赴上述两国访问，参加古巴第十届"中国文化节"和哥伦比亚"昆蒂纳玛尔卡国际展示节"。

7月1～13日，应澳大利亚华人文化艺术界联合会邀请，中央歌剧舞剧院组派演出中心主任张亚峰一行12人访问澳大利亚，并于7月11日在悉尼歌剧院举办"四大名著"交响组曲演出暨万山红个人演唱会。

7月，同上海市人民政府联合组派上海交响乐团赴纽约中央公园演出，并在纽约帝国大厦举办了"上海世博会橱窗展"，上述两个项目吸引了美国数十万民众观看。

7月1日～11月30日，天创公司功夫传奇剧组81人赴美国密苏里州布兰森市在自营的白宫剧院进行驻场演出。

7月10～15日，应美国哥伦比亚艺术家管理公司邀请，上海交响乐团110人赴美国，在纽约中央公园进行演出。

7月26日～8月15日，应国际民间艺术节组委会邀请，国家民委组派内蒙古鄂尔多斯市鄂托克旗乌兰牧骑少数民族艺术团一行40人赴美国犹他州斯普林维尔、南约旦、邦迪弗参加国际民间艺术节。

8月10～21日，应联合国教科文组织纽约办公室邀请，文化部民族民间文艺发展中心李松等5人赴美先后访问了纽约、华盛顿和凤凰城等城市，参加在联合国举办的国际青年日活动，并与哈佛大学、美国国会图书馆等机构探讨文化艺术资源数字化技术合作模式。

8月15日至2011年1月12日，应美国国际特别项目有限公司邀请，黑龙江省冰雪艺术发展有限公司一行165人赴美国纳什维尔、奥兰多、达拉斯和华盛顿等城市制作冰雕展。

8月16日至2011年7月31日，河北吴桥杂技团一行12人赴美国参加大苹果马戏团巡演。

8月16～27日，故宫博物馆杨泽华等5人赴美协助皮博迪埃塞克斯博物馆进行"乾隆花园古典家具与内装修设计展"的布展工作。

8月20日～9月9日，中国歌剧舞剧院李奇志随中国妇联团访美。

8月至2012年7月，应加拿大太阳马戏团的邀请，山东省杂技演艺有限公司一行26人赴加拿大、美国参加"龙狮"杂技晚会的演出。

8月23日～9月4日，应哥伦比亚博雅卡国际艺术节组委会的邀请，湖南省艺术团及动漫展示小组一行40人，赴哥伦比亚举办"博雅卡国际艺术节中国主宾国活动暨湖南文化周"并庆祝中哥建交30周年。活动结束后，艺术团分团一行25人赴厄瓜多尔访演。

8月24～29日，国家图书馆古籍馆副馆长林世田等2人赴美国进行业务交流并商谈进一步开展合作等事宜。

8月24日～9月2日，中国福利会少年宫小伙伴艺术团一行65人赴美国访演。

8月28日～9月6日，应美国德克萨斯大学圣安东尼奥分校艺术中心邀请，中国摄影家协会王悦等一行6人赴美出席“让影像告诉世界——今天的中国世界巡回展”开幕式。

8月30日至2011年12月31日，应加拿大太阳马戏团邀请，内蒙古杂技团“高车踢碗”节目组赴欧洲（荷兰、英国）和北美洲（美国、加拿大）参加其“图腾”剧目的演出。

9～10月，天姿国乐一行22人执行美国中西部艺术联盟项目赴美巡演。

9月7～12日，应美国皮博迪埃塞克斯博物馆邀请，故宫博物院王亚民等5人访美参加“乾隆花园古典家具与内装修设计展”开幕式及相关文化活动。

9月7～17日，中外文化交流中心马达等3人赴美国参加中国当代艺术展筹展工作。

9月8～13日，应美国史密斯表演艺术中心邀请，中国对外集团公司副总经理竺自毅随上海时空之旅公司工作小组访美，洽谈《时空之旅》赴美访演事。

9月9～26日，中外文化交流中心与美国佳士得拍卖行合作在该拍卖行纽约总部举办“转思写实主义——中国当代艺术展”，共计展出17位艺术家的29件（组）作品。

9月10～16日，故宫博物院杨丹霞赴美参加“中国元代艺术展”布展工作。

9月15～29日，应纽约倪德伦环球娱乐公司邀请，文化部组团一行27人赴美开展文化贸易经验交流项目。

9月15日～11月29日，应美国哥伦比亚艺术家管理公司邀请，中国杂技团一行42人赴美国、加拿大巡回演出。

9月16～21日，应美国美华艺术协会邀请，广电总局电影卫星频道节目制作中心音乐剧《电影之歌》剧组一行81人赴美国参加纪念联合国成立65周年系列庆祝活动，在美林肯艺术中心等地举办4场演出。

9月18日～24日，应美国大都会博物馆邀请，故宫博物院丁孟赴美参加“中国元代艺术展”开幕式。

9月22～26日，中国作家协会名誉副主席、原文化部部长王蒙率中国作家代表团一行8人赴美国，出席由中国作家协会、中美交流基金会和美国哈佛大学共同主办的“第二届中美文学论坛”。

9月22～27日，国家博物馆杨林赴美国布莱恩特大学交流中国考古最新成果。

10月6～20日，应加拿大加中文化发展协会邀请，北京友谊歌舞团（北京战友文工团）一行80人赴加拿大演出舞剧《红楼梦》。

10月7～17日，广播艺术团张希和一行24人赴美国明尼苏达演出。

10月7～18日，中央歌剧院钟鸣达一行5人随中国广播艺术团赴美国进行演出。

10月10日，应国家大剧院邀请，厄瓜多尔帕格尼尼二重奏一行2人访华，在国家大剧院艺术资料中心举办音乐沙龙活动并顺访天津。

10月13～23日，应美国国家人文基金会邀请，中国专家代表团一行16人赴美参加“第二届中美文化论坛”及延伸活动。

10月14～23日，应加拿大皇家安大略博物馆和美国盖蒂文保所邀请，故宫博物院宋纪蓉等6人访美与外方就壁画保护工作进行交流。

10月中旬，文化部协调俏佳人传媒公司、美国加州长滩州立大学，在该大学举办首届“中国文化周”。

10月25日～11月4日，故宫博物院苗建民2人赴美就与美机构开展科技合作以及人员互访等方面进行商讨。

10月25日～11月6日，应美国世界艺术家体验组织邀请，中国民族博物馆组派韦荣慧一行51人赴美国举办2010“多彩中华”——中国民族服饰展演活动。

10月30日～11月7日，应墨西哥阿卡普尔科市政府邀请，文化部组派“灰狼乐队”一行14人赴墨西哥参加以庆祝墨西哥独立200周年和革命胜利100周年为主题的阿卡普尔科“中国船”艺术节和塞万提斯国际艺术节。

11月1～29日，应巴西德尔艺术公司邀请，中央芭蕾舞团一行102人（含国家京剧院10人）在巴西6个城市进行了18场商业巡演。为观众奉献了14场中国芭蕾舞剧《大红灯笼高高挂》和4场“芭蕾精品三合一”（古典芭蕾《吉赛尔》第二幕、中国芭蕾《祝福》第二幕和《黄河》)。演出受到了当地观众的热烈欢迎,18 场演出场场爆满,观众总人数逾 4 万人次。

11 月 4 日~12 月 1 日,应澳大利亚中文广播电台和新西兰中华电视网邀请,中国残疾人艺术团一行 53 人赴澳大利亚和新西兰交流演出。

11 月 6 ~ 9 日,应美国斯坦福大学邀请,中国艺术研究院戏曲研究所所长刘祯赴美参加该校举办的“中国传统戏剧的新倾向研究”学术研讨会

11 月 10 ~ 14 日,应美国皮博迪埃塞克斯博物馆邀请,故宫博物院罗文华赴美参加该馆和哈佛大学费正清中国研究中心联合举办的“乾隆花园古典家具与内装修设计展”展览研讨会。

11 月 14 ~ 19 日,应中美网络文化基金会邀请,文化部市场司副司长庹祖海参加该基金会在旧金山举办的“中美网络文化产业发展高峰论坛”及中美网游企业之间的经验交流活动。

11 月 16 ~ 25 日,中国作家协会副主席高洪波一行 6 人访问美国和加拿大。

11 月 29 日~12 月 4 日,应美国纽约大都会艺术博物馆邀请,故宫博物院胡锤等 4 人赴美国进行技术交流,与该馆讨论建立中国书画作品影像数据库的相关事宜。

11 月 29 日~12 月 9 日,应澳中文化科技促进会和新西兰亚太文化交流中心邀请,中国广播艺术团王书伟一行 98 人赴澳大利亚、新西兰演出。

12 月 1 ~ 15 日,应美国亚奇人文艺术中心邀请,中国艺术家小组一行 15 人赴美国华盛顿肯尼迪艺术中心等地演出。

12 月 6 ~ 20 日,一把酸枣一行 85 人赴华盛顿等地演出。

12 月 9 ~ 23 日,应智利文化部的邀请,文化部组派天津市青年京剧团一行 30 人,赴智利参加中智建交 40 周年庆祝活动。

12 月 14 ~ 19 日,应美国西部国际管乐大会组委会邀请,总政军乐团于海等 2 人赴美国参加大会。

2010 年年底,功夫剧《功夫诗一九卷》赴美国拉斯维加斯演出。

(二)西欧地区

1 月 1 ~ 11 日,中央芭蕾舞团一行 92 人应荷兰阿姆斯特丹音乐剧院和法国 DLB 演出公司的联合邀请,赴荷兰在阿姆斯特丹音乐剧院演出 4 场芭蕾舞剧《大红灯笼高高挂》。

1 月 1 日~5 月 15 日,广州军区政治部战士杂技团一行 52 人应德国中国娱乐公司邀请,赴德国、奥地利、卢森堡演出杂技《天鹅湖》。

1 月 2 ~ 17 日,“亲情中华”艺术团一行 18 人应德国东方商会、荷兰青田同乡会和比利时华人青年联合会的邀请,赴德国、荷兰、比利时进行慰问演出。

1 月 26 日~2 月 5 日,中央民族乐团一行 96 人赴比利时、法国、奥地利、斯洛伐克演出。

1 月 29 日~2 月 4 日,青岛交响乐团一行 98 人应维也纳市长办公室邀请,2 月 1 日在维也纳金色大厅、2 月 3 日在萨尔茨堡莫扎特艺术大学分别举办音乐会。

2 月 1 ~ 10 日,中央芭蕾舞团顾问白淑湘应奥地利中国关系促进会和德国 J&Q 国际交流协会的邀请,赴奥地利、德国进行舞蹈交流。

2 月 3 ~ 10 日,人大附中艺术团一行 46 人赴英国参加“欢乐春节”活动以及与英国中学生的交流活动。

2 月 2 ~ 13 日,重庆民族乐团一行 24 人赴法国访演,参加在巴黎及周边城市举办的春节演出庆祝活动。

2 月 4 ~ 19 日,中国杂技团一行 56 人赴比利时参加“欧罗巴利亚中国艺术节”闭幕式演出。

2 月 6 ~ 15 日,北京市艺术团一行 52 人应德国柏林中央火车站邀请,赴德国参加当地的春节庆祝活动。

2 月 8 ~ 18 日,文化部组派江苏艺术团一行 30 人赴荷兰,参加荷兰地方政府和全荷华人春节庆典委员会在海牙、布雷达等地举办的春节演出庆祝活动。

2 月春节期间,文化部组派青海手工艺小组一行 8 人赴荷兰,参加当地政府和侨界在海牙、鹿特丹等地举办的春节文化活动。

2 月 11 ~ 20 日,文化部组派甘肃省歌舞剧院综艺团一行 30 人赴丹麦、瑞典,参加 2010 年“欢乐春节”庆祝活动。

2 月 12 ~ 22 日,四川艺术团一行 30 人赴英国,参加伦敦市政府在特拉法加广场举办的春节

庆祝活动以及在贝尔法斯特、爱丁堡和谢菲尔德等城市举办的春节演出活动。

2月13～25日，中演公司应第三届西班牙国际马戏节组委会邀请，组派遵义市杂技团《跳板蹬人》、《滚环》和《高椅》3个节目组等一行20人赴西班牙参赛。

2月16日～3月9日，国务院侨办组派“文化中国·四海同春”艺术团一行37人赴法国、英国、比利时和意大利等四国进行慰侨演出。

2月17日～3月7日，中华全国归国华侨联合会应旅捷温州商会、斯洛伐克华人商会、旅克华人华侨协会、匈牙利华人妇女联合总会、驻罗马尼亚大使馆、丹麦华商总会的邀请，组派“亲情中华”艺术团一行20人赴捷克、斯洛伐克、匈牙利、克罗地亚、罗马尼亚、丹麦等国进行慰问演出和联欢活动。

2月18日～3月1日，中央芭蕾舞团团长冯英应德国舞蹈促进会和多特蒙德芭蕾舞团的邀请，赴德国进行访问交流。

3月8日～12月19日，黑龙江省杂技团“浪桥钻圈”、“腾空飞杠”节目组一行12人，应丹麦马戏制作公司（Dansk Cirkus Production APS）邀请，赴丹麦、法国巡演。

3月15日～11月28日，天津杂技团“舞流星”节目组一行10人应瑞士克尼兄弟国家马戏团邀请，赴瑞士与该团合作演出。

3月19～28日，中国美术馆范迪安馆长等3人赴瑞士比尔当代艺术博物馆“延时——瑞士·中国媒体艺术联展”协助布展。

3月20日～4月5日，中国歌剧舞剧院、歌唱家祖海一行18人应奥地利维也纳市政府邀请，赴奥地利，与世界著名男高音歌唱家卡雷拉斯和奥地利国家民族歌剧院交响乐团合作，于3月30日在维也纳金色大厅举办“为世博喝彩·中国艺术歌曲音乐会”。

3月27日～11月7日，贵州省遵义市杂技团“车技”、“转碟”等节目组一行15人应英国替普托普（Tip－Top Production Ltd.）创作有限公司邀请赴英国进行商业演出。

4月6～17日，应英国大英博物馆、法国卢浮宫博物馆和意大利文化遗产部邀请，故宫博物院李文儒副院长一行6人赴英国、法国和意大利进行文化产品开发和管理方面的交流。

4月15日至2011年1月6日，文物局与意大利文化遗产与活动部合作，在意大利米兰和罗马举办“秦汉——罗马文明展”，由中意双方共同提供文物展品，先后在中国与意大利两国四地展出。意方共提供来自多家著名博物馆的展品235件，中方提供了217件（组）展品，其中113件（组）为一级文物。

5月1日～10月31日，河北省沧州杂技团赵德等5人应西班牙蒙巴利尔娱乐公司邀请，赴西班牙马略卡岛进行商业演出。

5月10～19日，应英国国家图书馆邀请，中国国家图书馆常丕军副馆长一行4人赴英国，参加由该馆与英国国家图书馆合作举办的“文献中国——英国的中国文献收藏与中国学研究成果”研讨会，并访问英国主要中国学教学科研机构和英国议会图书馆，探讨双方开展业务合作的可能性，为深化和拓展国家图书馆立法决策服务奠定国际基础。

5月16～21日，国家博物馆陈煜等5人应德国德累斯顿国家艺术收藏馆邀请，考察中德合作举办的大型展览“启蒙的艺术”筹备情况。

5月26日～6月2日，中国曲艺家协会应巴黎中国文化中心邀请，组派中国曲艺团一行45人赴法国，参加首届“巴黎中国曲艺节”。

6月2～13日，国家京剧院李金平等10人应德国波茨坦无忧宫音乐节邀请，赴德国参加《中国贵妇》（《LE CINESI》）剧目的演出。

6月10～19日，应英国大英博物馆和意大利文化遗产活动部文物管理与开发司邀请，国家博物馆黄振春一行6人赴英国和意大利访问，商谈开展馆际交流及其他合作事宜。

6月15～21日，应斯德哥尔摩音乐厅邀请，文化部组派广州军区战士杂技团《天鹅湖》节目小组魏宝华、吴正丹一行6人赴瑞典，参加瑞典国会于6月18日举办的王室新婚音乐晚会专场演出活动。

6月23日～7月1日，天津市艺术团一行37人参加法兰克福“多元文化节”彩妆大游行，并在法兰克福及周边城市举行专场演出。

6月24日～7月1日，中央芭蕾舞团冯英一行4人应德国汉堡芭蕾舞团团长约翰·诺伊梅尔邀请，赴德国汉堡参加尼金斯基芭蕾晚会演出和交流活动，演出中国芭蕾舞剧《红色娘子军》、《牡丹亭》片段。

7月1～19日，中国艺术研究院应法国艺术家协会邀请，在法国巴黎一区区政府内举办“林若熹画展”，展品共37件。林若熹本人于6月20日～7月30日赴巴黎随展。

7月3～18日，中国文化报社总编辑卜键应挪威奥斯陆大学东亚文化语言系邀请，赴挪威进行《南京当代文化》课题研究。

8月1日～9月5日，江苏省南京市杂技团一行39人应西班牙文化活动联合公司（ACTIVIDADES CULTURALES UNIDAS S. L）邀请，赴西班牙进行商业巡演。

8月2～5日，中国对外文化集团公司朱丹等4人演出技术工作组赴瑞士巴塞尔考察“2010年瑞士文化风景线艺术节·中国主宾国”活动开幕演出场地，并与瑞士承办方举行工作会谈，落实开幕式演出相关技术细节。

8月3～6日，中国对外文化集团公司所属中国对外艺术展览中心组派国际二部总监刘振林等3人赴瑞士、列支敦士登考察“2010年瑞士文化风景线艺术节·中国主宾国”活动开幕演出场地，以及10月在维特拉设计博物馆和列支敦士登大学举办“心造——中国当代建筑艺术展”场地。

8月3～24日，贵州黔东南民族歌舞团一行17人赴英国参加爱丁堡边缘艺术节。

8月6～23日，文化部组派北京当代芭蕾舞团一行16人，应丹麦歌本哈根夏季艺术节、瑞典马尔默市 Palladium 剧场、乌普萨拉市 Regina 剧场、斯德哥尔摩 Vitabergsparken 剧场的邀请，赴丹麦、瑞典巡演。

（三）欧亚地区

1. 俄罗斯“汉语年”闭幕式成功举办

11月24日晚，俄罗斯“汉语年”闭幕式在莫斯科克里姆林宫隆重举行。中共中央政治局委员、国务委员刘延东和俄罗斯副总理茹科夫出席闭幕式并致辞。中俄两国高层领导同中俄各界人士约5000人观看了中俄两国艺术家同台表演的俄罗斯“汉语年”闭幕式文艺晚会。俄罗斯国家电视台文化频道对整场晚会进行了现场直播，中国中央电视台也向国内进行了转播。

“汉语年”闭幕式文艺晚会向俄罗斯观众展示了富有特色的中国节目，激发了俄罗斯民众对中华文化的兴趣，为“汉语年”划上了圆满句号。

2010年，文化部共安排3个艺术团共34人赴俄罗斯、哈萨克斯坦、波兰、摩尔多瓦访演，分别参加“欢乐春节”、重大艺术节等活动，演出总计11场，有力地配合了国家整体外交大局，为推动中华文化走进欧亚做出了积极贡献，获得了出访国民众以及我驻外使馆、中资机构、华人华侨等多方面的高度评价。

2. 南京市艺术团赴俄罗斯、哈萨克斯坦参加“欢乐春节”活动

2月25日～3月9日，由文化部主办、南京市文化广电新闻出版局承办的“欢乐春节”访演活动在俄罗斯和哈萨克斯坦成功举办。由南京市文广新局选调的中国南京艺术团一行28人在俄、哈两国共5个城市进行了7场演出，取得了良好的效果。

3. 侨联艺术团赴摩尔多瓦参加“迎春花艺术节”

2月27日～3月4日，文化部组派中国侨联艺术团一行2人赴摩尔多瓦参加“迎春花艺术节”，并考察了摩尔多瓦国家芭蕾舞剧院、国家舞蹈团等演艺团体。

4. “卿梅靖月”民乐四重奏小组赴波兰参加“跨文化艺术节”

9月22～30日，应波兰华沙第六届“跨文化艺术节”的邀请，中国女子民乐四重奏小组“卿梅靖月”赴波演出3场。“卿梅靖月”是近年来活跃于国内外最成功的民乐四重奏之一，成立于1996年10月，由中国广播民族乐团古筝演奏家范玮卿、中央音乐学院二胡副教授于红梅、中国音乐学院琵琶教授杨靖和中央音乐学院扬琴教授刘月宁四位著名民乐演奏家组成。波方承担小组访波的国际旅费、食、宿、当地交通及部分演出费。

（四）亚洲地区

2010年，文化部组派北京、西藏、新疆、四川、广西、吉林、内蒙古、黑龙江、浙江、云南、广东、福建、湖南等地的15支艺术团共862人赴亚洲16个国家访演，分别参加“欢乐春节”、相关国家建交周年纪念和重大艺术节等活动，演出总计42场，有力地配合了国家整体外交大局，获

得了出访国民众以及我驻外使馆、中资机构、华人华侨等多方面的高度评价。同时，文化部组派“墨韵和风——中国水墨精品画展”、“精神与品格——中国当代油画展”赴印尼、新加坡举办庆祝建交周年展览活动。

1. 中国艺术团赴泰国举办“欢乐春节”庆祝活动

2 月，文化部组派西藏自治区、新疆维吾尔自治区、四川省、广西省、吉林省、北京市、内蒙古自治区、黑龙江省、浙江省 10 省市艺术团组成的中国艺术团一行 180 人赴泰访演。泰国诗琳通公主等王室成员、阿披实总理等政府要员与当地数十万民众出席了“欢乐春节”活动开幕式。

2. 中国艺术团赴印度参加“中国节”开幕式演出

4 月 18 ～ 24 日，为庆祝中印建交60 周年，文化部组派中国艺术团 181 人赴印度演出大型交响乐《神舟和乐》。全国政协副主席孙家正与印度旅游部长塞利亚出席并观看了演出。

3. 中国残疾人艺术团赴印度参加“中国节”演出

5 月 14 ～ 20 日，为庆祝中印建交60 周年，文化部组派中国残疾人艺术团 54 人赴印度参加“中国节”及大型音乐舞蹈《我的梦》演出活动。

4. 中国艺术团赴缅甸访演

5 月 30 日～ 6 月 9 日，为庆祝中缅建交 60 周年，文化部组派以云南红河州歌舞团、云南杂技团为主的中国艺术团 40 人赴缅甸访问演出。温家宝总理和缅甸总理登盛出席观看了艺术团的首演，给予了高度评价。缅方称，该团是近年来赴缅演出水平最高的艺术团，而且还把中缅之间的胞波情谊融入到了演出之中。

5. 中国艺术团赴越南访演

2010 年是中越两国领导人确定的“中越友好年”。6 月，文化部组派以南方歌舞团、广东杂技团为主的中国艺术团赴越访演，受到了越南各界的热烈欢迎。

6. 中国艺术团赴菲律宾访演

6 月 7 ～ 12 日，为庆祝中菲建交 35 周年，文化部组派中国艺术团 43 人赴菲律宾演出，菲方尝试采取部分商业运作的方式接待中国艺术团，5000 人的体育场座无虚席，取得了良好的效果。

7. 广东交响乐团赴泰国访演

6 月 29 日～ 7 月 6 日，文化部组派广东交响乐团 120 人赴泰国演出。

8. 中国艺术团赴印度、尼泊尔、孟加拉三国访演

8 月 4 ～ 25 日，为庆祝中印建交 60 周年、中尼建交 55 周年和中孟建交 35 周年，文化部组派以中国杂技团为班底的中国艺术团共 20 人赴印度、尼泊尔、孟加拉三国访问演出，受到了当地民众的喜爱。

9. 湖南省木偶皮影艺术团赴印度参加“中国节”演出

8 月 18 ～ 22 日，为庆祝中印建交 60 周年，作为“中国节”重要内容，文化部组派湖南省木偶皮影艺术团 10 人赴印度访演。

10. 庆祝中国印尼建交 60 周年展览在印尼成功举办

9 月14 ～20 日，为庆祝中国印度尼西亚建交 60 周年，文化部在印尼雅加达举办了“墨韵和风——中国水墨精品画展”。该展汇集了中国近现代十几位大师的代表作，充分展现中国水墨画的精髓和水准，印尼多位政府要员参观了展览，在当地引起了强烈反响。

11. “精神与品格——中国当代油画展”在新加坡成功举办

10 月 1 ～ 15 日，文化部与新加坡新闻、通讯及艺术部在新共同举办“精神与品格——中国当代油画展”。蔡武部长为庆祝中新建交 20 周年展览致贺词。展览充分展示了中国艺术精品和内涵，受到当地民众的热烈欢迎。

12. 中央芭蕾舞团赴新加坡访演

2010 年是中新两国领导人确定的“中新友好年”。10 月 5 ～ 10 日，文化部组派中央芭蕾舞团一行 42 人赴新举办“庆祝中国新加坡建交 20 周年——中央芭蕾舞团芭蕾精品晚会”。蔡武部长为庆祝中新建交 20 周年演出致贺词。演出充分展示了中国艺术精品和内涵，受到当地民众的欢迎。

13. “妙谛莲花——景德镇瓷艺展”在印度举办

10 月 26 日～ 11 月 2 日，为庆祝中印建交 60 周年，作为“中国节”重要项目，文化部组派“妙谛莲花——景德镇瓷艺展”赴印度展览。

14. 广西艺术团赴印度参加“中国节”演出

11月21～26日，为庆祝中印建交60周年，作为“中国节”重要内容，文化部组派广西艺术团40人赴印度演出。

15. 中国残疾人艺术团赴越南访演

11月29日～12月3日，为配合蔡武部长访越，应中国驻越南使馆要求，文化部组派中国残疾人艺术团52人赴越访演，得到了越南文化旅游体育部长黄俊英的高度赞誉。

16. 中国艺术团赴印度参加“中国节”闭幕式演出

12月13～18日，为庆祝中印建交60周年，文化部组派中国艺术团一行80人赴印度举办“中国节”闭幕式演出。温家宝总理与印度总理辛格共同出席并观看演出。

（五）亚非地区

1月25～31日，应以色列剧院国际戏剧季主任邀请，国家话剧院副院长王晓鹰赴以色列参加国际戏剧季活动。

2月10～20日，应埃及文化部邀请，重庆交响乐团一行49人赴埃及访问演出，参加“欢乐春节”文化活动。

2月20～26日，应阿联酋迪拜阿维斯基金会邀请，中国在迪拜举办“欢乐春节”文化活动，内容包括中国京剧院艺术团15人、四川省歌剧舞剧院“天姿国乐”现代民乐团18人访演，“广东佛山陶瓷和现代绘画展”展出（展品40件，随展4人），电影《春草和她的母亲》展映（主演陶虹出席）及中国专家主讲的“中阿友好交流讲座”。

3月3～15日，应巴林新闻文化及国家遗产部、约旦文化部的邀请，中国残疾人艺术团一行55人赴两国访问演出。

3月17～30日，中国对外艺术展览中心“中国刺绣精品展”赴土耳其巡展，展品60件，随展人员3名。

3月26～30日，应埃及文化部最高文物委员会邀请，故宫博物院孙淼赴埃及开罗参加大英博物馆第五届国际交流项目。

4月20日～10月20日，应土耳其Gen Organizasyon公司邀请，湖南省杂技团一行40人赴土商演。

4月25日～5月13日，应叙利亚阿萨德文化艺术宫邀请，中央歌剧院院长俞峰率演职人员一行180人赴叙执行文化交流任务，演出歌剧《图兰朵》。

5月1日～10月31日，应土耳其Fun Express公司邀请，河北沧州杂技团一行20人赴土商演。

5月15～25日，应也门第三届“萨那国际造型艺术论坛”组委会及也门驻华使馆邀请，中国对外艺术展览中心万基元等2人出访也门，携10幅绘画作品参加该论坛及有关展览活动。

5月18～27日，应以色列国家博物馆和约旦文物总局的邀请，故宫博物院常务副院长李季等4人访问以色列和约旦，与当地博物馆界人士进行交流并探讨合作前景。

5月20日～6月4日，应埃及文化部、卡塔尔文化、艺术与遗产部邀请，银川艺术剧院《月上贺兰》剧组一行75人赴埃及、卡塔尔访问演出。

6月24日～8月12日，应沙特莫萨尔娱乐与旅游公司邀请，河北省杂技团一行50人赴沙商演。

6月26日～7月17日，应以色列民俗促进中心、土耳其布尔萨市政府和塞浦路斯文化部的邀请，南昌市歌舞团一行25人赴上述三国进行访问演出。

7月1～12日，应埃及国家文化中心邀请，中国文学艺术界联合会组派李升泉一行80人赴埃及演出舞剧《红楼梦》，在开罗、亚历山大两市演出6场。

10月14～22日，新疆艺术剧院歌舞团一行43人赴土耳其参加“感知中国”开幕式演出和其他中土文化交流活动。

10月15～24日，应阿曼马斯喀特皇家歌剧院和中国驻科威特使馆邀请，中国残疾人艺术团一行50人赴上述两国访问演出。

10月15日～11月15日，中国美术馆二期工程项目考察团一行4人赴阿联酋、比利时和意大利进行考察。

10月22～26日，新疆艺术剧院歌舞团音乐小组一行15人赴利比亚访演，以配合中国阿拉伯友好协会同利比亚中国友好协会联合举办的第三届“中国阿拉伯友好大会”。

10月30日～11月15日，应阿联酋数字媒体系统公司邀请，四川省德阳市杂技团一行30人赴阿商演。

11月7～9日，天津市新闻办等相关单位在以色列举办"犹太人在天津"图片展，展品150件。

11月8～13日，应深圳华为技术有限公司利比亚分公司邀请，江西省杂技团一行13人赴利比亚演出。

12月22～28日，为庆祝中国沙特建交20周年，文化部在沙举办"中国文化周"，湖南省"非物质文化遗产展"及随展人员8人和黑龙江省民乐小组一行10人赴沙联合展演。

（六）非洲地区

2010年，文化部共安排湖北、湖南、河北、河南、上海、四川、安徽等地的8支地方艺术团共185人赴非洲20个国家访演，分别参加"欢乐春节"、相关国家独立庆典、建交周年纪念和重大艺术节等活动，演出总计59场，有力地配合了国家整体外交大局，为推动中华文化走进非洲做出了积极贡献，获得了出访国民众以及我驻外使馆、中资机构、华人华侨等多方面的高度评价。

1. 湖北艺术团赴埃塞俄比亚、贝宁和毛里求斯参加"欢乐春节"演出

2月7～25日，作为"欢乐春节"活动组成部分，"楚韵欢歌"湖北艺术团一行27人（舞蹈声乐、杂技、魔术、木偶、皮影、民乐等）赴埃塞俄比亚、贝宁、毛里求斯和法国海外省留尼汪访演，活动取得圆满成功。

2. 湖南艺术团赴肯尼亚、坦桑尼亚和莱索托参加"欢乐春节"演出

2月8～20日，作为"欢乐春节"活动组成部分，"潇湘神韵"湖南民族艺术团一行24人（杂技、舞蹈、器乐）赴肯尼亚、坦桑尼亚和莱索托访演。

3. 河北杂技团赴毛里求斯参加第六届唐人街美食文化节演出

4月8～13日，应毛里求斯华商总会邀请，河北杂技团一行9人赴毛里求斯参加第六届唐人街美食文化节演出，于10日和11日两晚各演出3场，获得当地群众的热烈欢迎。

4. 上海艺术团赴津巴布韦、纳米比亚和毛里求斯演出

4月24日～5月14日，上海艺术团一行25人赴津巴布韦、纳米比亚和毛里求斯进行访问演出。该团参加了哈拉雷国际艺术节和毛里求斯纪念大港战役200周年纪念等活动，同时庆祝中国与津巴布韦建交30周年、中国与纳米比亚建交20周年。

5. 河南少林武僧团赴喀麦隆、刚果（布）和赤道几内亚演出

5月18～31日，"少林雄风"河南少林寺武僧团一行25人赴喀麦隆、刚果（布）和赤道几内亚访问演出，参加喀麦隆和刚果（布）独立50周年庆祝活动。

6. 河北艺术团赴佛得角演出

6月30日～7月9日，河北省艺术团一行24人赴佛得角访演。艺术团以配合佛得角发现550周年暨独立35周年庆典活动为契机，在佛10天中为佛得角各界人士献上了4场精彩演出。

7. 四川艺术团赴卢旺达、贝宁和多哥演出

7月21日～8月8日，"魅力四川·走进非洲"四川艺术团一行26人赴卢旺达、贝宁和多哥访演。该团以配合卢旺达"第七届泛非舞蹈节"、贝宁和多哥独立50周年庆典活动为契机，在非18天中为非洲各界人士献上了10场精彩演出。

8. 安徽艺术团赴马里、科摩罗和博茨瓦纳演出

10月13日～11月1日，"文化安徽·走进非洲"安徽艺术团一行25人赴马里、科摩罗和博茨瓦纳访演。艺术团为配合中马建交50周年、中科、中博建交35周年，在上述三国共进行9场正式演出和多场交流演出。

三、外国政府文化代表团来访

（一）美大地区

10月14～19日，应中国文化部邀请，古共中央政治局委员、古巴文化部长阿贝尔·普列托率古巴政府文化代表团访华。访华期间，中共中央政治局委员、中央书记处书记、中宣部部长刘云山会见了普列托，文化部长蔡武与普列托进行了深入交谈并签署了《中古2011～2013年文化交流执行计划》。普列托出席了第八届中国国际民间艺术节闭幕式，拜会了国家广电总局、新闻出版总署、中国文联以及上海市和陕西省领导，观摩了上海世博会并考察了三地重要文化机构。

（二）西欧地区

3月31日～4月6日，应文化部邀请，德国联

邦议院基督教民主联盟和基督教社会联盟党议会党团干事长曼弗雷德·格隆特先生（副部级），联邦议院文化与媒体事务委员会主席莫尼卡·格吕特斯教授，约翰内斯·塞勒委员访问北京、香格里拉和广州。

9月16～20日，应中国文联邀请，奥地利联邦教育、艺术与文化部长克劳迪娅·施密特女士4人访华，拜会文化部与教育部的主要领导，并出席由中国文联和奥地利教育、艺术、文化部共同主办、在中国美术馆举行的北京国际美术双年展奥地利特展开幕式。

9月26～29日，应文化部蔡武部长邀请，挪威文化大臣安妮肯·惠特菲尔特女士率挪威政府文化代表团一行3人访华。9月28日，文化部部长助理高树勋会见了安妮肯·惠特菲尔特一行。

10月16～22日，在中丹建交60周年之际，经国务院批准，应文化部蔡武部长邀请，丹麦文化大臣佩尔·斯蒂·默勒率丹麦政府文化代表团一行4人访华。10月17日，蔡武部长在钓鱼台国宾馆会见了来访人员，双方对两国文化关系给予积极评价并就丹麦竞选联合国世界遗产委员会成员国及中丹互办电影节等事宜交换了意见。

10月19～24日，中国艺术研究院与欧盟文化中心组织及上海世博局合作，在上海联合举办第三届“中欧文化对话”活动，活动承办方为上海戏剧学院与中国美术学院。邀请75位欧方专家与会。

11月23～26日，在中芬建交60周年之际，经国务院批准，应文化部蔡武部长邀请，芬兰文化体育部长斯特凡·瓦林率17人政府代表团访华。11月23日，蔡武部长在文化部会见了瓦林一行，双方对两国文化关系给予积极评价并就进一步推动中芬两国在文化创意产业的合作进行了友好商谈。

（三）欧亚地区

1. 上海合作组织成员国文化部长第七次会晤

3月25～29日，上海合作组织成员国文化部长第七次会晤在北京和三亚成功举办。成员国俄、哈、吉、塔、乌，以及观察员国蒙、巴、伊、印等国的代表共计40余人来华出席了会晤。上海合作组织是由我国倡导成立并在其中起主导作用的唯一区域性国际组织。该组织在国际局势中的地位和为保障我国和平发展的周边环境所起的重要作用日益突出。上合组织成员国之间的合作也早已从成立之初的边境安全和联合打击“三股势力”发展为政治、经贸、能源、交通、文化、教育、环保等领域的全面合作。在上合文化部长第七次会晤上，中方关于“开展文化产业合作，谱写上合文化交流与合作新篇章”的提议得到各成员国和观察员国的高度评价和热烈响应。这不但为上合文化合作开辟了新的合作领域，同时也有利于加强我国在上合文化事务中的主导地位。

2010年，文化部共接待了9起副部级以上和1起司局级欧亚政府文化代表团共计36人访华。代表团分别参访了北京、上海、天津、重庆、江苏、山东、海南等7个省市，增进了中国与欧亚国家文化高层间的了解和友谊，并为进一步加强双边文化交流起到了积极推动作用。其中，塞尔维亚、波兰和克罗地亚文化部长访华期间与刘延东国务委员会面，高规格的接待使对方感受到中方的友好情谊和进一步发展双边文化关系的愿望。

2. 塞尔维亚文化部长内博伊沙·布拉迪奇访华

3月17～23日，应中国文化部邀请，塞尔维亚文化部长内博伊沙·布拉迪奇率政府文化代表团一行5人访问北京、上海、三亚三地，出席了“塞尔维亚文化节”活动和海南三亚博鳌国际旅游论坛成立大会。刘延东国务委员在京会见，蔡武部长在京会见、宴请内博伊沙·布拉迪奇一行，并与其共同出席了“塞尔维亚文化节”开幕式演出。

3. 捷克文化部国际司司长访华

根据中国和捷克两国文化部2007～2011年文化合作议定书，为进一步加强两国的文化交流，5月7～12日，中国文化部邀请由捷文化部对外关系司司长艾梅利·切霍娃女士率领的捷克文化部代表团一行3人来华访问。访华期间，代表团先后出席了在北京和烟台两地举办的“捷克文化节”活动，参观和考察了相关文化机构并与有关部门探讨了双方在文化艺术领域的合作。

4. 波兰文化和民族遗产部部长博·兹德罗耶夫斯基访华

5月19～26日，波兰文化和民族遗产部部长博·兹德罗耶夫斯基率政府文化代表团一行8人访问北京、天津、上海和苏州。刘延东国务委员在京会见，王文章副部长在京会见、宴请博·兹德罗耶夫斯基一行，并与其共同出席了“波兰文化节”开幕式演出。

5. 匈牙利国家资源部文化国务秘书瑟奇·盖佐访华

8月，匈牙利国家资源部国务秘书（相当于文化部长）瑟奇·盖佐率团一行3人赴上海参加世博会匈牙利国家馆日活动，并于8月24日专程来北京与王文章副部长进行会晤，积极寻求双方在文化领域的交流与合作。

6. 乌克兰文化部长访华

8月26～31日，乌克兰文化旅游部部长米哈伊尔·库里尼亚克率政府文化代表团一行6人访问北京、上海，出席了在北京举行的“乌克兰文化节”相关活动。8月31日，蔡武部长在京会见了米哈伊尔·库里尼亚克一行。

7. 俄罗斯联邦独联体、俄侨和国际人文合作事务署署长访华

9月，俄罗斯联邦独联体、俄侨和国际人文合作事务署署长穆罕默德申来华出席北京俄罗斯科学文化中心揭牌仪式，并于9月25日在北京与赵少华副部长进行会晤。

8. 白俄罗斯文化部第一副部长访华

10月12～18日，白俄罗斯文化部第一副部长卡拉切夫斯基·弗拉基米尔·米哈罗维齐访问北京、重庆并出席“白俄罗斯文化节”活动。10月17日，赵少华副部长在北京会见卡拉切夫斯基并共同出席了在天桥剧场举行的“白俄罗斯文化节”演出。

9. 爱沙尼亚文化部长访华

10月13～19日，经国务院批准，应中国文化部邀请，以爱沙尼亚共和国文化部长拉依奈·雅内斯（女）为团长的爱沙尼亚政府文化代表团一行3人对我国进行友好访问。10月14日，蔡武部长在北京会见了雅内斯一行。除北京外，代表团还赴上海参观访问并出席了爱沙尼亚电影节开幕式及上海世博会爱沙尼亚国家馆日活动。

10. 拉脱维亚文化部长访华

10月22日，拉脱维亚文化部长因茨·达尔德里斯随拉总统访华期间，与中国文化部副部长赵少华分别代表双方签署了《中华人民共和国文化部与拉脱维亚共和国文化部2011～2015年文化交流计划》。

11. 克罗地亚文化部长博若·比什库皮奇访华

10月29日～11月3日，克罗地亚文化部长博若·比什库皮奇应邀率政府文化代表团一行5人访问北京，并出席了“克罗地亚当代珠宝首饰展”开幕式。刘延东国务委员在京会见，蔡武部长在京会见、宴请博若·比什库皮奇一行，并与其签署了《中华人民共和国政府和克罗地亚共和国政府2011～2013年文化合作执行计划》。

12. 上海合作组织文化产业合作南京论坛

根据上海合作组织成员国文化部长第七次会晤签署的《会议纪要》，文化部于11月22～27日在华举办了“上海合作组织成员国文化产业合作南京论坛”（以下简称“论坛”）。来自上合组织成员国哈萨克斯坦、中国、吉尔吉斯斯坦、俄罗斯、塔吉克斯坦，观察员国伊朗、巴基斯坦，对话伙伴国白俄罗斯、斯里兰卡的文化部官员和文化机构代表以及上合组织秘书处代表等共20余人出席论坛，其中包括巴基斯坦联邦文化部部长、吉尔吉斯文化信息部部长助理、上合组织副秘书长等高级官员。

论坛以“探索上合国家之间文化产业合作的空间”为主题，旨在加强上合组织文化产业领域的国际合作，扩大并提高上合国家之间的相互交流水平。论坛通过中国文化产业实例展示，增进了上合各成员国对彼此文化事业和产业基本情况的了解，探讨了相互间开展文化产业合作的可能性，实现了本次论坛的预期目的。

（四）亚洲地区

10月23～27日，印度文化关系委员会主席卡兰·辛格一行访华并赴四川出席“印度节”闭幕式。文化部部长助理高树勋与卡兰·辛格主席共同出席并观看了印度卡拉雪特拉舞蹈团的演出。

（五）亚非地区

6月16～21日，土耳其文化旅游部部长居纳伊率土政府文化代表团一行7人来华访问，商谈中土互办文化年活动事宜，并出席世博会土耳其馆馆日活动。

9月24日～10月1日，伊拉克文化部副部长法兹·阿齐兹率伊政府文化代表团一行6人来华进行友好访问。

（六）非洲地区

2010年，文化部共接待了10起副部级以上的非洲政府文化代表团共计43人访华，为近年来之最。代表团分别参访了北京、上海、海南、安徽、西安、甘肃、山东、河南、广东等九省市，有效地加强了中非文化高层战略对话，推动了中非文化关系稳定发展。

1. 卢旺达体育和文化部长约瑟夫·哈比纳扎访华

3月20～24日，应文化部邀请，卢旺达体育和文化部长约瑟夫·哈比纳扎率政府文化代表团一行4人访问北京、海南两地，出席了海南三亚“国际文化旅游论坛”。蔡武部长在京会见、宴请约瑟夫·哈比纳扎一行，并与其签署了《中华人民共和国政府和卢旺达共和国政府文化和科学合作协定2010年至2012年执行计划》。

2. 马拉维旅游、野生动物和文化部长安娜·卡齐科访华

5月15～22日，马拉维旅游、野生动物和文化部长安娜·卡齐科应邀率政府文化代表团一行6人访问北京、安徽两地，并出席了“2010非洲文化聚焦”活动开幕式。赵少华副部长在京会见并宴请了安娜·卡齐科一行。

3. 刚果（布）文化艺术部长加高索·让·克劳德访华

6月10～17日，刚果（布）文化艺术部长加高索·让·克劳德率政府文化代表团一行6人访问北京、西安和上海。赵少华副部长在京会见、宴请加高索一行，并与其签署了《中华人民共和国政府和刚果共和国政府文化合作协定2011年至2013年执行计划》。

4. 津巴布韦教育、体育、文化和艺术部长大卫·考塔特访华

8月4～13日，津巴布韦教育、体育、文化和艺术部长大卫·考塔特一行2人访问北京和甘肃。8月6日，蔡武部长在京会见、宴请大卫·考塔特一行。8月12日，考塔特与赵少华副部长共同赴甘肃兰州出席“2010非洲文化聚焦·津巴布韦文化周”开幕式，参观了“造化神秀——津巴布韦石雕艺术展”和名为“激情非洲陇上行”的中津艺术家同台演出。

5. 南非艺术和文化部长露露·克辛瓜纳访华

8月6～11日，南非艺术和文化部长露露·克辛瓜纳一行4人应邀来华出席上海世博会相关活动，期间顺访北京。蔡武部长会见并宴请了克辛瓜纳部长一行。

6. 埃塞俄比亚文化和旅游部长穆罕默德·迪里尔·戈迪访华

9月9～14日，埃塞俄比亚文化和旅游部长穆罕默德·迪里尔·戈迪一行2人访华，赴上海参加埃塞俄比亚国家馆日活动后应邀访问北京。王文章副部长会见并宴请了戈迪一行。

7. 南非艺术和文化部副部长保罗·马沙蒂尔访华

10月16～23日，南非艺术和文化部副部长保罗·马沙蒂尔一行5人访华，出席上海世博会有关活动并顺访北京。赵少华副部长会见并宴请了马沙蒂尔一行。

8. 佛得角高等教育、科技和文化部长费尔南达·马尔克斯访华

10月24日～11月1日，佛得角共和国高等教育、科技和文化部长费尔南达·马尔克斯一行4人应邀访问北京、山东、上海三地并出席上海世博会闭幕式。赵少华副部长会见并宴请了马尔克斯一行。

9. 贝宁手工业旅游部长布鲁玛秀·克劳蒂娜·阿菲亚玟访华

11月18～21日，贝宁手工业旅游部长布鲁玛秀·克劳蒂娜·阿菲亚玟一行7人赴上海出席第12届国际旅游交易会并与青海省领导签署《促进贝宁手工业发展框架协议》。之后，部长一行应邀顺访北京，董俊新局长会见并宴请了代表团。

10. 塞舌尔社会发展和文化部长伯纳德·山姆莱访华

11月20～30日，塞舌尔共和国社会发展和文化部长伯纳德·山姆莱率塞政府文化代表团一行3人访问北京、河南和广东。蔡武部长在京会见、宴请山姆莱一行，并与其签署了《中华人民共和国政府和塞舌尔共和国政府文化协定2011年至2014年执行计划》。

11. 中赞签署文化交流执行计划

2月24日～3月4日，赞比亚总统班达一行40人访华。2月25日，在胡锦涛主席和班达总统见证下，文化部长蔡武和赞比亚外交部长卡宾加

·潘德分别代表本国政府在人民大会堂签署了《中华人民共和国政府和赞比亚共和国政府文化合作协定2010年至2012年执行计划》。

四、外国交流性文化团组来访

（一）美大地区

3月20日～4月5日，美国华人图书馆员协会会长金旭东等一行5人来华参加在成都、重庆和广州举办的"中美图书馆员专业交流项目"。

4月5～16日，应文化部邀请，美国中西部艺术联盟3人访问北京、上海、呼和浩特、成都、贵阳。

4月28日，应哈尔滨音乐厅邀请，美国艺术家白铁在哈尔滨举办演出。

5月9～26日，美国伊利诺伊大学亚洲图书馆馆长陈同丽一行5人来华参加在天津、济南和上海举办的"中美图书馆专业交流项目·图书馆专业普及交流"活动。

5月11日，应中外文化交流中心邀请，赫比·汉考克、迪迪·布里姬沃特和塞隆尼斯孟克爵士演艺学院演出团一行15人在北京举办演出。

5月19～28日，应四川省人民对外友好协会邀请，美国南加州先锋大学合唱团一行40人在四川举办演出。

5月20～29日，应文化部邀请，加拿大渥太华交响乐团指挥大卫·居里（David Currie）夫妇访问广东、北京和重庆，观摩第九届中国艺术节，并与三地交响乐团探讨了交流合作的可能性。

5月20日～6月2日，应美国驻华使馆邀请，美国奥祖马特里乐队一行11人来华，在上海、武汉、成都、北京、西宁举办演出。

5月31日～7月30日，应故宫博物院邀请，耶鲁大学实习生一行2人访问北京。

6月10～23日，美国"金斯威国际"组织的美国西南大学合唱团、奥斯汀合唱团、圣·贾波林合唱团、会理公会教堂联合米内拉委尔斯高中合唱团、中央密西西根大学音乐会合唱团、斯特内尔合唱团、格兰特高中合唱团一行152人，以及美国印第安纳利斯交响乐团合唱团和斯特圣大学联合合唱团一行来华访演。

7月3日，美国女高音歌唱家安吉拉·布朗在上海贺绿汀音乐厅举办一场独唱音乐会。

7月3日，美国"金斯威国际"组织的美国指挥家Frank Ticheli以及澳大利亚亚埃尔特姆高中交响乐团、圣马克斯社区学校交响乐团、新南威尔士州克拉斯行进乐团一行149人在北京中山公园音乐堂举行"和平、博爱、自由"音乐会。

7月15～29日，应文化部邀请，美国西雅图国际儿童艺术节执行主任瑞希尔来华考察演出节目，商谈2011年西雅图国际儿童艺术节合作事宜。

7月19日～12月31日，中国对外艺术展览中心在北京举办"法兰克·盖瑞建筑展"，展出美国建筑设计师法兰克·盖瑞的设计建筑作品（草图及模型）31件。

7月24日～8月14日，美国俄亥俄州立大学图书馆馆员李国庆等6人参加在吉林省、黑龙江省和安徽省举办的"中美图书馆员专业交流项目·图书馆专业普及交流"活动。

7月25～29日，美国华人图书馆员协会梁奕等6人参加在吉林省长春市举办的"2010中国图书馆学会年会"。在实施"中美图书馆员专业交流项目"时，共邀请3批美方专家共15人在全国8个省市分别就美国图书馆专业管理、立法、人才培训和最新发展状况举办讲座，8个省市1600多名图书馆中级管理人员参加了交流和研讨。

9月8～12日，美国哈佛大学图书馆馆长等46人来华参加中美图书馆合作会议。

9月10～26日，应内蒙古乌兰牧骑艺术团邀请，美国国际传统文化发展基金会8名演员访华。

9月20～30日，新西兰文化机构代表团一行4人访问上海、重庆、北京、天津，观摩四地演艺产品，增进中新文化机构的相互了解。

9月25日～10月25日，应中国录音录像出版总社邀请，美国华纳家庭录影公司国际部副总裁加雷顿访华。

10月7～21日，应文化部邀请，巴西最大的环球电视台摄制组来华拍摄反映中国现代发展与传统文化的专题片——《中国：传统与富裕令人吃惊的交汇》，在巴西及其覆盖整个美洲的电视网络播出，引起当地观众的极大兴趣和良好反响。这部长达近一小时的专题片，由巴西家喻户晓的节目主持人格萝莉娅·玛利亚主持，从不同侧面介绍中国传统文化和当代经济和社会的发展情况。

10月12～17日，应国家图书馆邀请，新西兰国家图书馆馆长彭妮·卡纳比女士率代表团一行4人访华，与国家图书馆进行了业务交流。

10月18～26日，应文化部邀请，美国纽约林肯表演艺术中心总裁莱维一行3人访华。

10月24日～11月2日，应文化部邀请，澳大利亚艺术机构和艺术节负责人代表团一行14人访问上海、四川、北京，观摩三地优秀演艺产品，期间在四川、北京两地举办了两次研讨会，并达成多项合作意向，为澳大利亚“中国文化年”充实项目。

11月11～18日，应文化部邀请，美国JAM制作公司1人访华。

12月8日，美国奥特拜因大学合唱团50人在西安人民剧院举办交流演出。

12月12日，美国萨卡布施巴洛克铜号乐团11人来华在国家大剧院举办交流演出。

12月30日，美国新苏萨大乐团一行79人在四川省雅安市举办交流演出。

（二）西欧地区

2009年12月30日至2010年1月1日，中国对外文化集团公司邀请意大利著名指挥家乔·卢卡等4人来华参加“2010年海南国际旅游岛新年音乐会”活动，并与国内艺术家合作演出3场。

2010年1月8日，黑龙江省哈尔滨音乐厅邀请德国钢琴家安娜·瓦拉乔夫斯基和伊内丝·瓦拉乔夫斯基姐妹2人在哈尔滨音乐厅进行交流演出。

1月28日～3月21日，上海对外文化交流协会与英国总领事馆文化教育处，在上海民生现代美术馆共同举办“未来总动员——英国文化协会当代艺术珍藏品展”，展品共计360件。

3月14日～4月16日，作为中芬建交40周年文化项目，由中展中心与芬方合作，在中国美术馆展出“芬兰女画家作品展”，共展出芬兰历史上著名女艺术家的绘画和雕塑作品80件。

3月25日～4月25日，清华大学美术学院与瑞士阿彭策尔恩思特霍尔文化基金会合作在该院美术馆举办“东西合壁的剪纸艺术·剪纸元素与瑞士文化展”，展出来自瑞士的剪纸作品74件，瑞士来华随展人员4人。

4月、7月，应中外文化交流中心邀请，德国电视一台和柏林——勃兰登堡州电视台联合组成的摄制组一行8人两次来华，在我国内蒙古和东北地区拍摄一部反映我自然风光、风土人情和改革开放成就的电视专题片《一路向东》。

4月26日～6月1日，中国美术馆与比利时皇家美术宫合作，举办“事物状态——中比当代艺术交流展”，展品共计107件（组）。

5月1～3日，中外文化交流中心邀请英国SUNSCREEN乐队4人和FUNERAL FOR A FRIEND乐队5人来华，参加由河北保定市人民政府和该中心主办的“河北易县露营音乐节”演出。

5月14日、15日，法国专家马纽埃尔·莱希和德国专家帕特里克·奥克楚库来华在北京大学百年纪念讲堂参与演出2场芭蕾精品晚会。

5月20～21日，中国上海国际艺术节中心邀请荷兰阿姆斯特丹都市舞蹈代表团一行32人在常德路800号壹号馆举办两场交流演出活动。

5月22日，中国上海国际艺术节中心与荷兰中国艺术基金会合作邀请荷兰玛塔基四重奏团一行5人在常德路800号壹号馆举办交流演出活动。

5月22～29日，意大利罗马音乐基金会（罗马音乐公园）执行总裁卡罗·福提斯率3人工作组来华，与我方商谈意大利“中国文化年”开幕音乐会及演出项目筹备事宜。

5月23～25日，中国上海国际艺术节中心与荷兰中国艺术基金会合作邀请荷兰“乌特勒支到上海系列演出活动”一行27人在上海常德路800号壹号馆举办交流演出活动。

5月24日，中国上海国际艺术节中心与荷兰中国艺术基金会合作邀请荷兰SHALLA流行摇滚乐队一行5人在上海常德路800号壹号馆举办演出活动。

5月28～29日，中国上海国际艺术节中心与荷兰中国艺术基金会合作邀请荷兰竖琴演奏家拉芬妮娅·迈雅在常德路800号壹号馆举办2场交流演出活动。

5月31日～6月2日，中国上海国际艺术节中心与荷兰中国艺术基金会合作邀请荷兰皇家音乐学院一行16人在上海常德路800号壹号馆演出。

6月4～5日，上海国际艺术节中心邀请荷兰DE APPEL剧团一行8人来沪交流演出。

6月11～12日，中国上海国际艺术节中心与荷兰中国艺术基金会合作邀请荷兰AGOG乐队一行3人在上海常德路800号壹号馆演出。

6月18～19日，中国上海国际艺术节中心与荷兰中国艺术基金会合作邀请荷兰野蛮人电子乐队一行9人在上海常德路800号壹号馆演出。

6月19～21日，湖北省武汉市文化局与法国驻武汉总领事馆合作，在武汉举办"法国音乐节"活动，邀请法国捷瓦乐队（Java）等4支法国乐队共26人来华进行交流演出。

7月2～3日，中国上海国际艺术节中心与荷兰中国艺术基金会合作邀请荷兰艺术家EDIT KALDOR一行4人在上海常德路800号壹号馆演出。

7月4～11日，瑞士女高音玛丽翁、保加利亚女中音维奥莱塔·拉多米尔斯卡应中国交响乐团邀请在国家大剧院举办一场交流演出音乐会。

7月16～17日，中国上海国际艺术节中心与荷兰中国艺术基金会合作，邀请荷兰KORZO舞蹈剧社一行11人在上海常德路800号壹号馆演出。

7月16～27日，上海市人民对外友好协会、上海市卢湾区人民政府、上海社科院上海犹太研究中心与奥地利对华友好及文化关系促进协会在上海市卢湾区文化馆共同举办"奥地利希夫画展和罗生特医生图片展"，展出画家希夫的222幅明信片、卡通画、素描及肖像画和罗生特医生的64幅图片。

7月中下旬，上海国际艺术节中心与荷兰中国艺术基金会合作，在上海常德路800号壹号馆举办荷兰艺术家访沪演出交流活动：荷兰艺术家Frederieke Saeijs和Nino Gvetadze等2人于7月11日演出"琴牵一线"音乐会；"荷兰制造"古典乐团一行12人于7月23～24日演出音乐会；荷兰艺术家Boukje Schweigman一行5人于7月29～31日演出现代舞《旋涡》。

8月中下旬，上海国际艺术节中心与荷兰中国艺术基金会合作，在上海常德路800号壹号馆举办文化活动：阿姆斯特丹国际舞蹈艺术中心一行10人于8月13～14日演出舞蹈《超越极限》；阿姆斯特丹小交响乐团一行32人于8月28～29日演出音乐会。

8月20～22日，中国上海国际艺术节中心与荷兰中国艺术基金会合作邀请荷兰艺术家PERE FAURA一行8人在上海常德路800号壹号馆演出。

9月1日～10月30日，中国美术馆与意大利塞布丽娜当代艺术画廊合作，在中国美术馆共同举办"未来主义"展，展出由意大利塞布丽娜当代艺术画廊提供的油画、雕塑、摄影、海报、书籍、传单、设计等各类作品共计246件。

10月6日～11月11日，北京歌华传播中心有限公司与瑞典驻华使馆合作，在北京798艺术区白盒子艺术馆举办"瑞典时尚—— 探索·时尚·新身份"展，展出瑞典时装设计师的作品25件。

10月8～21日，中国上海国际艺术节中心邀请挪威艺术家一行18人来沪参加第12届中国上海国际艺术节艺术教育项目"挪威音乐校园行——中挪青少年音乐周 "活动，在上海18所学校演出。

11月14日至2011年1月23日，中央美术学院院美术馆举办"卢浮宫藏意大利文艺复兴珍品展——爱德蒙·德·罗希尔收藏"，展出卢浮宫收藏的意大利文艺复兴时期素描、版画、雕塑作品共计121件。

11月18日至2011年1月10日，西班牙电信集团在中国美术馆举办"立体主义时代——西班牙电信艺术珍藏展"。

12月6日，中国动漫集团有限公司在北京长城喜来登大酒店承办"中英动漫合作论坛"。

12月7日至2011年3月6日，广东美术馆与意大利塞布丽娜当代艺术画廊合作，在广东美术馆共同举办"未来主义"展，展出由意大利塞布丽娜当代艺术画廊提供的油画、雕塑、摄影、海报、书籍、传单、设计等各类作品共计246件.

（三）欧亚地区

2010年，文化部共邀请5支欧亚地区艺术团共计226人赴各省区市访演。演出共计13场。此外，文化部还邀请4个欧亚地区的艺术展来华展出。

1. 塞尔维亚科罗舞蹈团来华访演

3月17～24日，塞尔维亚科罗舞蹈团一行55人来华访演，参加"塞尔维亚文化节"活动。该团于3月18日在国家大剧院演出1场，此外还在天津演出1场。

2. 塞尔维亚艺术展来华展出

3月19～31日，"生活中的艺术——塞尔维亚19至20世纪地毯展"在北京展出。

3. 捷克国家剧院芭蕾舞团来华访演

5月6～14日，根据中捷两国文化部2007～

2011年文化合作议定书，中国文化部邀请捷克国家剧院芭蕾舞团一行55人来华参加“捷克文化节”活动，分别在北京、烟台两地各演出2场，共计演出4场。捷克国家芭蕾舞团是世界一流的芭蕾舞演出团体之一，此次访华尚属首次。演出作品包括《无题》、《小交响曲》、《胡桃夹子选段》、《似曾相识》、《抒情》。

4. 捷克艺术展来华展出

5月11日～6月30日，根据中捷两国文化部2007～2011年文化合作议定书，中国文化部邀请捷克国家美术馆选派的“新感觉——20世纪60至80年代捷克雕塑艺术展”来华参加“捷克文化节”活动。此次展览共展出雕塑作品61件，包括玻璃雕塑、金属雕塑、综合材质的雕塑以及绘画作品和过去展览活动的图片等。展览着重介绍捷克雕塑界在上世纪60年代到80年代的艺术实践历程。5月10日，展览开幕式在中国美术馆隆重举行。中国文化部外联局副局长李鸿和捷克文化部对外关系司司长艾梅利·切霍娃出席开幕式并参加开幕式剪彩。布拉格国家美术馆馆长米兰克尼扎克、中国美术馆馆长范迪安先后讲话。

5. 波兰艺术团来华演出

5月17～23日，根据中波两国文化部2007～2011年文化合作议定书补充协议，中国文化部邀请波兰艺术团一行46人来华举办“多面肖邦”歌舞音乐会，作为中国“波兰文化节”的一部分。5月19日晚，文化节开幕式演出在北京梅兰芳大剧院举行，中国文化部副部长王文章和波兰文化及民族遗产部部长博·兹德罗耶夫斯基出席演出并讲话。5月21日晚，艺术团在天津金湾剧场演出。该团共计在华演出2场。

6. 乌克兰基辅现代芭蕾舞团来华访演

8月26～31日，乌克兰基辅现代芭蕾舞团一行30人来华参加“乌克兰文化日”活动，在北京、张家港各演出1场。

7. 乌克兰艺术展来华展出

8月26日～9月8日，乌克兰民间刺绣艺术展在首都图书馆展出。

8. 白俄罗斯国家歌舞团来华访演

10月12～18日，白俄罗斯艺术团一行40人来华参加“白俄罗斯文化节”活动，在北京演出1场，在重庆演出2场。

9. 克罗地亚艺术展来华展出

11月3～16日，克罗地亚“当代珠宝首饰展”在北京规划展览馆展出，克罗地亚文化部长博若·比什库皮奇出席展览开幕式并致辞。

（四）亚洲地区

1. 朝鲜歌剧《红楼梦》在华成功巡演

5月2日～7月21日，作为中朝友好年的重点项目，文化部邀请朝鲜血海歌剧团歌剧《红楼梦》剧组一行198人来华巡回访演，于5月7日在北京举行了该剧在华巡演的首场演出，后又赴呼和浩特、长沙、武汉、福州、深圳、重庆、西安、天津、长春、沈阳、大连等12个城市巡演，共演出31场，历时81天，观众总数近5万名。

5月7日，中共中央政治局常委李长春，中共中央政治局委员、中央书记处书记、中央宣传部部长刘云山，中共中央政治局委员、国务委员刘延东，中共中央政治局委员、中央书记处书记、中央组织部部长李源潮一同出席观看朝鲜歌剧《红楼梦》首演。作为政府交流项目来华巡演的外国艺术团，朝鲜歌剧《红楼梦》剧组创造了多项纪录，即演出阵容最大、演出时间最长、领导出席观看演出的规格最高、观众反响最为强烈，积极营造了中朝友好氛围，有力地配合了国家的外交大局。

2. 第四届“中泰一家亲”音乐歌舞晚会成功举办

12月15日，中共中央政治局常委、全国人大常委会委员长吴邦国在人民大会堂会见了来华参加第四届“中泰一家亲”音乐歌舞晚会的泰国公主朱拉蓬一行。当晚，中共中央政治局委员、国务委员刘延东出席观看在北京二十一世纪剧院举办的第四届“中泰一家亲”音乐歌舞晚会。“中泰一家亲”音乐歌舞晚会是中泰两国政府确定的文化交流重要品牌，先后于2001年、2002年和2005年在曼谷和北京成功举办3届。泰国公主朱拉蓬每次都亲自登台演奏古筝名曲。“中泰一家亲”品牌的成功打造为推动两国文化关系的发展发挥了积极作用。文化部部长蔡武、泰国外交部长甲西等一同出席观看演出。朱拉蓬一行应文化部邀请访华，除北京外还赴上海和广东举办两场“中泰一家亲”演出。

2010年，亚洲地区共计6个国家在华举办庆祝建交周年演出、展览活动达11场。

3. 纪念胡志明诞辰120周年图片展在京举办。

4月，文化部在北京国子监举办了纪念胡志明诞辰120周年图片展，越南国家副主席阮缘氏出席了展览开幕式。

4. 印度艺术团在京参加“印度节”开幕式演出

4月4～9日，为庆祝中印建交60周年，作为“印度节”重要内容，印度艺术团50人来华访演。文化部部长蔡武和印度外长克里希纳共同出席了开幕式并观看印度演出《最后的祝福》。

5. 缅甸艺术团访华演出

8月24日～9月2日，为庆祝中缅建交60周年，文化部邀请缅甸艺术团20人访华，在北京、天津和昆明演出。缅驻华大使吴登伦出席了首场演出并致辞。

6. 越南国家艺术团访华演出

9月1～6日，文化部邀请越南国家艺术团一行40人来华访演并参加越南世博馆日演出。

7. “为山川写照——中日韩青年画家创作技法交流活动”在泰安举行

9月13～19日，由文化部外联局主办、中国对外文化集团公司承办的“为山川写照——中日韩青年画家创作技法交流活动”在中国泰安举行。来自中日韩三国的12名水墨画家在活动期间赴山东泰山进行写生创作活动，并进行人文古迹的参观考察。

8. 印度艺术团赴成都参加“印度节”闭幕式演出

10月22～26日，为庆祝中印建交60周年，印度卡拉雪特拉舞蹈团赴四川成都参加“印度节”闭幕式演出。文化部部长助理高树勋与印度文化关系委员会主席卡拉·辛格出席闭幕式并观看演出。

9. 菲律宾艺术团访华演出

12月，为庆祝中菲建交35周年，文化部邀请菲律宾艺术团20人赴北京、重庆演出。文化部外联局副局长李鸿和菲律宾驻华大使出席了首演并致辞。

（五）亚非地区

6月25～28日，叙利亚奥尔尼纳舞蹈团一行32人赴宁夏参加第二届中国宁夏国际文化旅游博览会。

7月20～26日，为庆祝中沙建交20周年，中国文化部与沙特文化新闻部合作，在京举办“沙特文化周”，内容包括沙特民间歌舞演出、艺术展、出版物展及工业展等。

9月23日～10月1日，土耳其伊斯坦布尔文化艺术基金会副总经理奥迈尔女士及伊斯坦布尔音乐节总监叶希木女士一行2人应邀访华。

9月25日～10月25日，宁夏博物馆与伊朗驻华使馆文化处在宁夏博物馆合作举办“伊朗古兰经书法艺术展”。

9月27日～10月10日，土耳其黑海歌舞团一行35人及伊朗阿尔方音乐舞蹈团一行25人赴西安参加大明宫国家遗址公园开园活动。

11月17～23日，中演演出院线发展有限公司和广州大剧院管理有限公司在广州举办沙特阿拉伯演艺活动，内容包括沙特民乐演出和书法展览，演出人员9人，展品30件。

11月18～23日，“中国和土耳其艺术家联展”在京举办，展出中外艺术家作品63件，土方1人随展。

（六）非洲地区

2010年，文化部结合上海世博会邀请非洲多国艺术团来华演出等情况，邀请8支非洲艺术团共计145人赴各省市参加“2010非洲文化聚焦”系列活动。演出共计15场，进一步加强了中非文化交流、增进了中非相互了解和友谊。

1. 毛里求斯舞蹈团访华

5月19～26日，毛里求斯SR舞蹈团一行14人来华访演，参加“2010非洲文化聚焦”活动。该团于5月25日在北京解放军歌剧院举行1场正式演出，此外还在北京参加了3场交流演出。

2. 莫桑比克艺术团访华

6月25日～7月2日，莫桑比克艺术团一行17人访华，期间赴宁夏银川参加第二届中国宁夏国际文化艺术旅游博览会演出活动，并于6月28日、29日在银川为观众献上了两场名为“2010非洲文化聚焦·莫桑比克之夜”的精彩演出。

3. 卢旺达国家舞蹈团访华

6月25日～7月4日，卢旺达国家舞蹈团一行22人来华访演，期间于6月25～29日赴北京和天津参加“2010非洲文化聚焦”活动，并于6月26

日和27日分别在北京解放军歌剧院和天津各举行了1场名为“卢旺达，一片和平富饶的土地”的正式演出。

4. 津巴布韦艺术团来华访演

8月9～16日，津巴布韦艺术团一行20人来华访演，期间于8月12～14日赴甘肃兰州参加“2010非洲文化聚焦·津巴布韦文化周”活动。12日，该团在兰州金城大剧院与甘肃省多个文艺团体联袂献上了名为“激情非洲陇上行”的精彩演出，赵少华副部长、甘肃省副省长咸辉、津巴布韦教育、体育、文化和艺术部长大卫·考塔特率领的津政府文化代表团与当地近千名观众观看了表演。8月13日，该团与甘肃省歌剧院交流演出。

5. 埃塞俄比亚国家剧院歌舞团访华

9月10～19日，埃塞俄比亚国家剧院歌舞团一行11人来华访演，并于9月13～16日访问青岛，参加“激情非洲·相约青岛——2010非洲文化聚焦”演出活动。该团9月14日与青岛市歌舞剧院交流演出，15日在青岛市人民会堂正式演出。

6. 莱索托艺术团访华

9月27日～10月7日，莱索托艺术团一行21人来华访演，期间于9月28日～10月2日访问湖南株洲，参加“燃情神农城——2010非洲文化聚焦”演出。9月29日、10月1日，莱索托艺术家与株洲当地艺术家分别在株洲市环洲歌剧院和炎帝神农城广场，共同为近千名观众献上精彩演出，受到热烈欢迎。

7. 佛得角艺术家访华

10月1～12日，佛得角“赤脚天后”西莎莉亚·艾芙拉等佛得角艺术家来华访演。期间于10月9～12日访问北京，参加“2010非洲文化聚焦”演出活动。10月10日，艾芙拉和佛新生代歌手玛亚拉·安德拉德等28名佛艺术家在北京解放军歌剧院为来宾们献上了一场名为“2010非洲文化聚焦·佛得角吹来的海风”的演唱会。文化部副部长赵少华、佛得角驻华大使儒利奥·德莫赖斯，以及外交部、中国非洲问题研究会等单位领导、研究非洲艺术的知名艺术家和17个国家的驻华使节与近千名观众一同观看了演出。

8. 贝宁国家舞蹈团访华

10月6～26日，贝宁国家舞蹈团一行12人来华访演，期间于10月21～25日访问西宁，参加“2010非洲文化聚焦”演出活动。10月22日，该团在西宁市举行1场名为“霓裳共舞——贝宁国家舞蹈团、青海民族歌舞团同台演出”的正式演出，24日在西宁中心广场交流演出。

五、对外培训和文化援助

（一）亚洲地区

2010年，亚洲地区12个国家20余人参加文化部组办的培训班，4个国家接受文化部小额文化援助共计120万元人民币。

1. 第五届“东盟中日韩10+3文化人力资源合作开发研讨班”在华举办

10月25日～11月6日，文化部在华举办第五届“东盟中日韩10+3文化人力资源开发合作研讨班”，此次培训班以“艺术教育和非遗技艺传承”为主题。在京期间，赵少华副部长出席了研讨班开班仪式并讲话。开班仪式后，中国艺术研究院田青教授和吴为山教授，就中国非物质文化遗产的保护与传承和中国美术艺术教育的发展历史和现状做了专题报告。在云南，各国代表参观了云南民族大学、云南艺术学院等，充分了解了云南少数民族文化特点以及少数民族非物质文化遗产保护的现状。在广西，代表团参观了广西艺术学院等艺术教育院校，观摩教学成果演出并与教师和同学进行了充分交流，了解了广西在非物质文化遗产保护、传承及发展方面所取得的成果。11月4日，代表团还参加了“中国——东盟文化交流培训中心”揭牌仪式。在研讨班结业仪式上，东盟秘书处官员贾图女士代表全体研讨班成员发言，她表示“此次研讨班达到了促进和平、友谊，增进相互了解的目的，希望10+3文化人力资源开发合作研讨班越办越好”。

2. 蔡武部长访问柬、老、越、尼期间向四国文化部门各赠送30万元文化用品

11月26日～12月7日，为庆祝中越建交60周年、中尼建交55周年，进一步加强中柬、中老文化交流，蔡武部长率中国政府文化代表团访问柬埔寨、老挝、越南和尼泊尔。访问期间，蔡武部长代表文化部向四国文化部门各赠送价值30万元人民币的文化用品。

3. 第四届东盟中日韩（10+3）文化部长会议

3月22～27日，应菲律宾国家文化艺术委员会邀请，文化部外联局局长助理项晓炜率代表团

一行3人赴菲律宾克拉克市出席了第四届东盟中日韩（10+3）文化部长会议和高官会议。此次会议由菲律宾国家文化与艺术委员会主办、东盟秘书处协办。会议期间，中方代表与来自东盟10国、日韩以及东盟秘书处的代表共同回顾了近年来“10+3”文化合作取得的成果，并就在“10+3”机制框架下，如何应对新形势下各国在经济、社会、文化等领域面临的机遇和挑战，加强合作进行了探讨，并回应了东盟方面提出的希望与中方开展务实合作以及2011年共同举办庆祝中国——东盟20周年活动的提议。

（二）亚非地区

2月，应阿尔及利亚文化部邀请，文化部派遣辽宁省芭蕾舞团的舞蹈教师徐晶赴阿国家芭蕾舞团工作，帮助该团培训芭蕾舞人才，为期6个月

5月，文化部与商务部合作，在华举办了“阿拉伯国家博物馆、美术馆高级管理人员培训班”，共有9个国家16名学员来华学习，双方就如何进一步加强中阿博物馆、美术馆方面的交流与合作进行了探讨。

文化部与河北吴桥杂技学校合作培训的5名苏丹杂技学员仍在学习中。

文化部分别向叙利亚提供了价值20万元、向苏丹提供了价值15万元的小额文化援助。

（三）非洲地区

2010年，文化部共组织4批（共8人）专家组赴非洲培训、1起（共5人）非洲文化人士客座项目，并完成向非洲7国各提供价值20万元人民币的小额文化援助项目，有效加强了对非文化人才培训和文化援助，推动中非文化关系深入发展。

1. 甘肃专家赴加纳培训大型团体操

1月中旬至3月中旬，应加纳政府邀请，文化部派遣西北民族大学舞蹈学院副教授尕藏等3人专家小组赴加纳，协助加方完成独立53周年庆典大型团体操表演设计和组织排练工作。

2. 浙江专家赴卢旺达培训舞蹈

5月，应卢旺达体育文化部邀请，文化部派遣浙江省舟山市普陀区文广局编导罗可歌赴卢进行为期2个月的舞蹈培训，指导、协助卢方举办“泛非舞蹈节”开幕式文艺演出，获得圆满成功。

3. 湖南专家赴马里培训大型团体操

7月至9月，应马里政府邀请，文化部派遣湖南省人事厅外国专家局国际人才交流中心主任沈启松等3人专家小组赴马进行大型团体操培训，协助和指导马独立50周年庆典活动。专家小组圆满完成任务，受到马方好评。

4. “2010非洲文化聚焦·客座画家来华创作”项目在深圳举办

9月～11月，“2010非洲文化聚焦·客座画家来华创作”项目在深圳举办，文化部邀请莱索托、佛得角、赞比亚、津巴布韦、埃塞俄比亚5国共5位画家在深圳画院进行客座创作和交流。客座活动包括日常创作、同行交流、作品展览和外出采风等内容。项目结束前，深圳画院为非洲画家专门举办了“深圳，特靓——非洲客座艺术家作品汇报展”。

5. 文化部为马里西加索艺术文化双年节赞助奖牌

为进一步加强中马两国人民的传统友谊及促进两国在文化领域的双边合作，文化部为马里西加索艺术文化双年节赞助制作1004枚奖牌。12月，奖牌由中国驻马里使馆正式交接给马里文化部。张国庆大使和马里文化部长默罕默德·埃勒·莫克塔尔出席了奖牌交接仪式，并共同签署了交接证书。马里国家电视台对捐赠交接仪式做了专题报道。

6. 福建专家赴毛里求斯创作和交流

12月，应毛里求斯政府邀请，文化部委托福建省文化厅组派福州大学厦门工艺美术学院前院长、雕刻家庄南鹏赴毛里求斯客座创作和交流，期间为毛方群雕作品——“奴隶之路纪念雕像”创作并雕刻其中一件石雕。

7. 文化部向贝宁、塞舌尔、刚果（布）等非洲7国提供小额援助

2010年，文化部分别向贝宁、塞舌尔、刚果（布）、马拉维、莱索托、津巴布韦和埃塞俄比亚等非洲7国提供价值20万元人民币的小额文化援助，用于资助各国的文化事业发展。

多边文化交流

一、国际会议、中国政府代表团出访

（一）孔子文化周

9月6～10日，为扩大中国文化及孔子思想

在国际上的影响，由文化部、教育部、中国联合国教科文组织全国委员会、山东省人民政府联合主办的“孔子文化周”大型活动在法国巴黎联合国教科文组织总部、法国孚日省厄比纳尔市举办。9月6日，“孔子文化周”大型活动在巴黎联合国教科文组织总部拉开帷幕。中国文化部副部长赵少华、山东省副省长王仁元、联合国教科文组织文化助理总干事班德林出席开幕式并讲话。法国前总理拉法兰，联合国教科文组织大会主席赫伯恩、战略局局长多维尔、教育助理总干事唐虔、外联助理总干事法尔特，法国多名国会议员、30多个国家常驻联合国教科文组织大使、常驻团官员以及法国各界人士500余人出席了开幕式。本次活动以孔子思想为主线向外推介中华文化，立意新颖，期间举办了开幕式活动、“孔府乐舞”演出、“孔子的智慧”展览、孔子思想讲座和联合国教科文组织“孔子教育奖”颁奖仪式等活动。这是近年来中国在联合国教科文组织举办的规模最大、参加人员最多、级别最高的大型文化活动，在国际社会和法国各界引起了热烈反响。

（二）亚欧会议文化部长会议框架下系列会议

亚欧会议文化部长会议是亚欧会议框架内高层文化与文明对话机制，我国作为会议共提国之一，一直为推动会议发展，促进亚欧各国开展务实文化合作做出积极贡献。

9月8～10日，第四届亚欧文化部长会议在波兰举行。为做好筹备工作，外联局局长助理杨治率5人代表团出席了4月在印度尼西亚梭罗市召开的第二次筹备工作高官会，为推动会议进程发挥了建设性作用。

杨志今副部长赴波兰波兹南出席了第四届亚欧会议文化部长会议，与会议东道国波兰文化和民族遗产部副部长共同主持了会议第二分组讨论会、会见了该部副部长和日本文化厅长官。本次会议是历届会议出席人员最多、规模最大的一次，共有28位有关国家主管文化和文化遗产事务的部长或副部长出席，共商亚欧会议框架下深入开展文化遗产领域交流与合作。此前，中国政府还向东道国提供了2万美元的捐款。

4月26～30日，外联局派员参加了由越南、意大利和亚欧基金共同主办的“通过文化活动提高亚欧会议知名度”研讨会，并介绍了中国倡议并举办的2009年首届亚欧文化艺术节情况。研讨会就如何进一步鼓励亚欧会议成员间开展文化合作，通过政府、民间、媒体等方面的通力合作开展文化活动，提升亚欧会议影响力等问题达成一致。

（三）亚太中心正式揭牌，建立与教科文组织合作的新模式

5月18日，赵少华副部长和联合国教科文组织总干事博科娃签署了《中华人民共和国政府与联合国教科文组织关于在中华人民共和国北京建立由联合国教科文组织支持的亚太地区非物质文化遗产国际培训中心（第二类）协议》，并为中心揭牌。亚太中心挂牌，是中国政府履行对国际社会的承诺，也是国际社会对我国非物质文化遗产保护工作的高度认可。“亚太中心”是我国与教科文组织在文化领域开展合作的新模式。

（四）《保护非物质文化遗产公约》框架下的相关国际会议

我国是联合国教科文组织《保护非物质文化遗产公约》缔约国。根据部、局领导的指示和部署，2010年组团出席《非遗公约》框架下召开的政府间委员会工作组会议、《非遗公约》缔约国大会第三届会议、亚太地区二类中心和“通过国际合作加强跨国非遗保护”的地区磋商会议、保护非遗政府间委员会第五届常会、亚太地区非物质文化遗产政策圆桌会议等。6月，在《非遗公约》缔约国第三届大会上，我国成功当选委员国，任期至2012年。会上修订出台了新的操作指南，经与教科文组织秘书处沟通，该指南的中文版将由中方审核后，方可作为正式文件使用。

（五）申遗相关工作

11月15～19日，在肯尼亚内罗毕召开的保护非遗政府间委员会第五届常会上，“京剧”、“中医针灸”两个项目被列入人类非物质文化遗产代表作名录（简称“代表作名录”）；“麦西热甫”、“中国水密隔舱福船制造技艺”和“中国活字印刷术”3个项目被列入急需保护的非物质文化遗产名录（简称“急需保护名录”）。此外，外联局在法国文化中心举办了“中医文化与养生展”。

截至2010年11月，我国列入联合国教科文组织人类非物质文化遗产代表作名录项目共计28项：

昆曲艺术（2008）
古琴艺术（2008）
新疆维吾尔木卡姆艺术（2008）
蒙古族长调民歌（2008，中国、蒙古国联合申报）
中国雕版印刷技艺（2009）
中国书法（2009）
中国剪纸（2009）
中国传统木结构营造技艺（2009）
中国朝鲜族农乐舞（2009）
格萨（斯）尔（2009）
侗族大歌（2009）
花儿（2009）
玛纳斯（2009）
呼麦（2009）
南音（2009）
热贡艺术（2009）
中国传统蚕桑丝织技艺（2009）
端午节（2009）
妈祖信俗（2009）
中国篆刻（2009）
南京云锦织造技艺（2009）
龙泉青瓷传统烧制技艺（2009）
宣纸传统制作技艺（2009）
藏戏（2009）
西安鼓乐（2009）
粤剧（2009）
京剧（2010）
中医针灸（2010）

截至2010年11月，我国列入联合国教科文组织急需保护的非物质文化遗产名录项目共计6项：

羌年（2009）
黎族传统纺染织绣技艺（2009）
中国木拱桥传统营造技艺（2009）
麦西热甫（2010）
中国水密隔舱福船制造技艺（2010）
中国活字印刷术（2010）

（六）与周边国家就同源共享非遗项目联合保护相关工作

3月，蔡武部长与蒙古教文科部部长签署了《中华人民共和国文化部和蒙古国教育文化科学部关于保护非物质文化遗产合作谅解备忘录》，双方各自成立了中蒙联合保护非物质文化遗产合作机制领导小组和工作小组。12月14～17日，中蒙联合保护非物质文化遗产合作机制工作组在乌兰巴托举行了第一次磋商会议，双方就该领域的合作广泛交流意见，并达成共识。

（七）在《多样性公约》框架下积极开展活动

我国是《保护和促进文化表现形式多样性公约》（以下简称《多样性公约》）缔约国。5月10～28日，文化部与教科文组织联合主办了在其总部以外首个“文化多样性节”。外联局还整合资源，在“相约北京”联欢活动设立主会场，在广州“九艺节”和深圳第六届“文博会”设立分会场，“文化多样性节”形成了“京广合作、南北呼应、颇具规模”的良好效果。教科文组织把本届“文化多样性节”的情况刊载在向各成员国发放的“联合国教科文组织文化多样性节总目录”中。

（八）积极参加《多样性公约》框架下召开的国际会议

11月29日～12月3日，文化部组团参加了在法国巴黎教科文总部召开的《多样性公约》政府间委员会第四届常会。本次会议主要对“文化多样性国际基金执行情况和筹款策略”、关于《多样性公约》第9、10、19条的操作指南草案、“创建《多样性公约》标识的可行性研究与费用分析”、“委任公众人物宣传《多样性公约》的针对性和可行性”等相关议题进行了审议和讨论。我代表团在会议期间与参会各方积极沟通和互动，并就会议议题发表建设性意见，达成与会目标。我与会代表团团长杨治局长助理成功当选为下届常会主席。

（九）首次举办“世界文化现状与趋势研讨会”

1月，外联局主办的“世界文化现状与趋势研讨会”在北京召开。中国社会科学院等单位的12名专家学者和文化部外联局人员约40人参加了会议。专家学者就哲学、宗教文化、文化认同、文化安全、人权文化、非物质文化遗产保护、文化多样性等文化领域的国际现状及未来发展趋势展开讨论，就中国文化在当今世界文化中的地位及影响提出专家学者的观察和学术评价；并结合对外文化工作特点及中国文化“走出去”面临的机遇和挑战进行了热烈的交流。本次会议是外联局首次举办的关注世界文化发展现状与趋势的专家研讨会，是一次把学术界前沿理论与对外文化工作实践相结合的有益尝试。

二、重大国际多边文化活动

（一）第10届“相约北京”联欢活动

4月30日～5月28日，由文化部和北京市人民政府、国家广播电影电视总局共同主办的第10届“相约北京”联欢活动在京举办。第10届“相约北京”联欢活动以“艺术因你而改变”为主题，推出了开幕演出、闭幕演出、国际精品板块、中国艺术家作品展演、节中节（联合国教科文组织文化多样性节和电子音乐节等）、公益文化活动和广场联欢活动等文化演出活动。中共中央政治局委员、国务委员刘延东，文化部党组副书记、副部长欧阳坚，国家广播电影电视总局副局长张海涛和中共北京市委常委、宣传部部长、北京市副市长蔡赴朝共同出席观看了开幕演出莫斯科大剧院芭蕾舞剧《法老的女儿》。

艺术节期间，来自英、法、美、西班牙等共计15个国家和地区的近2000名艺术家、30多个艺术团体以各种形式参加了艺术节相关活动。演出场次超过150多场，观众规模达到50万人次，数亿观众通过广播电视收听或观看了部分艺术节精彩节目。与往届“相约北京”联欢活动相比，本届艺术节更为注重精品化，艺术节主题“艺术因你而改变”充分强调了十年来社会各界和广大观众在艺术节发展过程中的积极作用，是对“人民的艺术节”概念的延伸。

（二）第9届中国武汉国际杂技艺术节

10月29日，由武汉市人民政府和文化部外联局、艺术司，中央电视台，中国杂技家协会，中国对外文化集团联合举办的第九届中国武汉国际杂技艺术节在武汉举行。中共中央政治局委员、国务委员刘延东，全国政协副主席孙家正，中国工程院院长周济，文化部副部长赵少华，教育部副部长鲁昕，科技部副部长杜占元，国务院研究室副主任江小涓，中国文联党组副书记李牧，中国文联副主席、中国杂技家协会主席夏菊花，湖北省委书记罗清泉，省长李鸿忠及武汉市市长阮成发等各级领导出席了开幕式。

本届杂技艺术节共有13个国家和地区的26个节目参赛、参演，涵盖了高空、地面、魔术、滑稽和驯兽五大门类的精彩节目。杂技艺术节期间还举行了比赛演出、杂技发展论坛，以及杂技艺术进社区、进学校、进广场、进企业等系列活动。一批国内外知名演出商和演出中介也应邀到汉观摩，开展文化产品洽谈和推介活动。赛后，部分获奖节目还赴上海、浙江、湖南等地进行了商业巡演。

（三）第12届中国上海国际艺术节

9月27日～10月27日，由文化部主办、上海市人民政府承办的第12届中国上海国际艺术节在上海举行。艺术节组委会副主任、市委常委、副市长屠光绍，艺术节组委会副主任、文化部副部长赵少华出席了开幕式，中共中央政治局委员、上海市委书记俞正声，艺术节组委会主任、上海市委副书记、市长韩正出席闭幕式，艺术节组委会主任、文化部部长蔡武致闭幕词。近7万余人次的中外演员围绕“炫彩舞台·美好生活”的主题，为本届艺术节献上了724项、1575场群文活动，覆盖了全市城区的每个角落，并辐射长三角地区，直接参与和观众人次达306万。艺术节“天天演”为市民带来46场别开生面的演出，首次参加“天天演”的航天人将航天报国的信念融入激情的歌声，医务界的白衣天使将救死扶伤的忘我精神融入热烈欢畅的歌舞。外国艺术家为社区居民送去37台具有异国风情的节目，首次参演的肯尼亚舞蹈团赴崇明县长兴镇最为偏远的地区，为农民工子弟送上热情奔放的非洲舞蹈。真正体现了“人人参与艺术节，人人享受艺术节”的办节宗旨。

（四）第10届中国国际合唱节

7月28日～8月2日，由文化部外联局和中国对外文化集团公司共同主办的第10届中国国际合唱节，在北京举行。本届合唱节以“永远的朋友 Forever Friends”为主题，以“共建和谐世界，为了明天——和平 友谊”为宗旨，邀请了境内外近60个合唱团体参加。中国国际合唱节堪称我国举办的规模大、规格高的国际合唱艺术盛会，是集境内外专业和业余合唱团体的一项重要合唱艺术活动。

三、国际性艺术赛事的筹办和参赛工作

（一）鼓励我国选手参加国际性艺术比赛

为了适应国际比赛形势的变化，鼓励更多的

国内选手参加世界上高水平的艺术赛事，文化部出台了《2010～2011年文化部鼓励参加的国际艺术比赛项目》和《2010年至2011年参加国际艺术比赛管理规定的通知》。新的目录更侧重世界顶级艺术比赛，对选手参赛起到引导作用。2010年，共有38名选手在19个国际艺术赛事上获奖。

（二）文化部主办的国际艺术比赛

10月28日～11月7日，第5届中国国际钢琴比赛在厦门市举办。文化部党组成员、驻部纪检组组长李洪峰出席了闭幕式暨颁奖晚会。本届6名获奖选手赛后赴北京、宁波、青岛等地举办音乐会，反响较好。

中外文化传播

一、概述

2010年，对外文化传播品牌建设初见成果。“欢乐春节”活动由中央领导同志亲自命名，在过去多年海外开展春节文化活动的基础上，第一次以品牌形象得到推广。文化部外联局为2010年虎年和2011年兔年“欢乐春节”活动精心设计制作了标识，并进行了品牌宣传。国庆品牌活动以介绍上海世博会为契机，推出了国庆主题图片展览“相约上海，拥抱世界”，150个驻外使领馆使用了该展，受到各国观众好评。

2010年，文化部外联局制作了13部多语种故事片DVD和27部多语种专题片DVD，拍摄了纪录片《春节里的中国》和《上海世博会》，上述影片发往中国驻外100多个国家的240余个使领馆和文化中心。此外，还制作了6个外宣专题巡回展览，并进行了文化网站的改版。

二、品牌文化活动

（一）“欢乐春节”文化活动

为进一步提高“欢乐春节”品牌活动的认知度与美誉度，文化部外联局为2010年虎年和2011年兔年“欢乐春节”活动精心设计制作了活泼可爱的“虎”和笑容可掬的“兔”标识。标识得到充分运用，为世界上60多个国家和地区的人们送去了浓浓的中国年味，受到各方的欢迎和喜爱。外联局还委托设计制作了“虎”和“兔”形象的工艺品、纪念杯、T恤衫等17款“欢乐春节”礼品、34款春节饰品和4款贺卡发往国外。这些礼品不仅实用，还生动体现了喜庆的中国生肖文化元素，为“欢乐春节”活动营造了喜庆祥和的节日氛围。

2月，外联局拍摄制作了10个语种（中、英、法、西、阿、俄、德、意、日、葡）的纪录片《春节里的中国》。该片记述了中国各地庆祝春节这一中国最重要传统节日的不同文化活动和民俗传统，展现了中国人民对传承传统文化和实现美好生活的愿望和努力。该片发往中国驻外100多个国家的240余个使领馆和文化中心，为配合开展春节品牌文化活动取得了良好效果。

2010年，外联局制作了23000册《生活在城市——中国城市掠影》台历和14000册《文房雅玩》挂历，发往240多个驻外使领馆和文化中心，为外国民众深入了解中国文化提供了很好的切入点。台历结合2010年上海世博会的城市话题热潮，从中国城市的节庆文化、城市中的非物质文化遗产、经济、环保、可持续发展、社区建设、科技、交通、饮食等12个主题全面、立体、生动、真实地展示了中国城市风采。挂历为中英文混排版，按季度分“笔之属”、“墨之韵”、“纸之彩”和“砚之赞”4个分主题，共13幅图，每月选取文房精品一件，从笔、墨、纸、砚四宝展示中国古代文人雅玩和中国文化内涵。

（二）国庆品牌活动

为利用上海世博会举办的契机宣传中国，7月，外联局制作了题为“相约上海，拥抱世界”的大型国庆主题图片展。我国152个驻外使领馆及文化中心使用了该展，使国外公众对上海世博会及中国的发展产生了良好印象。

（三）“新中国早期交流记忆”项目

2009～2010年，为纪念和记录新中国早期对外文化交流，外联局在《中国文化报》上以专栏的形式刊登了30篇老同志回忆早期文化交流的专访文章。文章发表后社会反响良好，受到了广大读者和老同志们的普遍欢迎和好评。

三、影视文化活动

（一）土耳其中国电影周

5月，在“对外文化部际联席会议”机制的有效协调下，外联局与广电总局电影局及中国驻土耳其使馆合作举办了“土耳其中国电影周”，通过电影媒介向土耳其民众介绍中国文化的魅力，丰富了“2010 土耳其感知中国”系列文化活动的内容。

（二）意大利中国文化年网上影展

10月，外联局与广电总局电影局、中国国际广播电台及中国驻意大利使馆合作举办了“意大利中国文化年网上影展”。此次活动是首次利用网络平台开展影视传播，具有重要实践意义。该活动通过电影媒介向意大利民众介绍了中国文化的魅力，丰富了“2010 意大利中国文化年”的活动内容。

（三）中国文化系列专题片《龙之乡》

7月，外联局利用自有版权素材委托美国彩虹电视制作改编的13集中国文化系列专题片《龙之乡》通过美国公共电视网在美38个州的173个公共电视台播出，累计播放1186次，面向潜在收视家庭2300余万户，潜在收视人数6100余万人，获得很好的传播效果，成为对外文化推广的一个成功案例。

四、外宣片与专题展览

（一）外宣片

2010年，外联局制作了13部多语种（中、英、法、西、阿、俄、德、意、日、葡）外宣故事片DVD《胡杨人》、《中国1978》、《命悬800公里》、《梅兰芳》、《超强台风》、《豫菜皇后》、《纯爱》、《刘海砍樵》、《三岔口》、《麋鹿王》、《建国大业》、《夏天有风吹过》、《大河》和27部多语种（同上）专题片DVD《大足石刻》、《丽江古城》、《圣人之道》、《敦煌飞天》、《黑精灵》、《中国舞狮》、《中国节》、《玩偶》、《传承》、《月亮妈妈》、《放飞和平》、《寻找少校》、《希罗和桑布》、《守望梯田》、《天湖人家》、《十五岁的天空》、《天边净土》、《茶文化》、《飞虎队》、《林语堂》、《班久伦布村》、《湖南风情》、《青海风情》、《飘舞的黄丝带》、《外交官纪实》、《春节里的中国》和《上海世博会》，上述影片发往中国驻外100多个国家的240余个使领馆和文化中心。

（二）《上海世博会》专题片

5月，外联局拍摄制作了10语种（同上）文化传播片《上海世博会》，发往中国驻外100多个国家的240余个使领馆和文化中心。该片真实展现了上海世博会的建设进程和上海的历史、现实面貌，为配合上海世博会宣传及开展相关文化活动取得了良好效果。

（三）“中国当代工笔画展”

2010年，外联局制作了文化艺术巡展“中国当代工笔画展”。展览通过50件当代工笔画艺术家的优秀作品，展现了中国工笔画的历史发展过程和传统精髓。该展目前已在埃及、毛里求斯展出，受到了当地观众的好评。

（四）“中国漆艺展”

2010年，外联局制作了文化艺术巡展“中国漆艺展”。展览展示了当代优秀的漆画和漆器作品40件，简要介绍了中国漆艺术的发展过程和漆画的基本制作方法。通过展示中国漆艺术的全貌和现状，呈现了当代中国人的精神面貌和审美观。该展目前已在波兰展出，得到了当地观众的积极肯定。

（五）“视像再造——中国当代摄影国际巡回展”

2010年，外联局制作了题为“视像再造——中国当代摄影国际巡回展”的文化艺术巡展。展览由28位目前在国内外有影响力的中国当代摄影艺术家的54件作品组成，内容涉及“观念纪实”、“影像叙事”、“传统反思”、“数字影像”等方面，展出的当代摄影作品反映了中国艺术家在近几十年中的价值追求和艺术态度。该展已在日本展出。

（六）“记录在流沙中的文明——敦煌展”

2010年，外联局制作了“记录在流沙中的文明——敦煌”艺术巡展。展览通过“莫高窟”、“石窟建筑”、“石窟壁画”、“佛经故事”、“发现藏经洞”等主题，展示了敦煌文明的艺术价值和文化地位。该展将于6月在日本展出。

（七）“中国黄河风情摄影展”和“中国丝绸之路摄影展”

2010年，外联局与河南省文化厅和甘肃省文化厅合作，分别制作了“中国黄河风情摄影展”和“中国丝绸之路摄影展”两套摄影类巡展。其中，“中国黄河风情摄影展”于7月赴南非参加了南非“首都艺术节”，“中国丝绸之路摄影展”于9月参加了叙利亚“第九届丝绸之路艺术节”，并于2011年4月开始在美国休斯顿展出。

五、文化网站

（一）“文化传通网”和“中国文化网”

2010年，外联局进行了网站改版工作。将

2001年建立的“文化传通网”（www. culturalink. gov. cn）与2002年建立的“中国文化网”（www. chinaculture. org）实行两网合一，中英文版并存。改版后网站内容更加丰富，增加了许多新的栏目和有关中国文化的数据库，将成为文化部外联局对外推介中华文化、促进中外文化交流的重要网站。

文化中心工作

一、概况

2010年，在中央领导的重视和关怀之下，文化部领导高度重视并继续全力推进中国文化中心的建设发展工作，驻外文化中心工作承接了2009年的快速发展势头，继续取得重大进展，文化中心事业的发展硕果累累、形势喜人。

二、文化中心各项工作

（一）中央领导对文化中心继续予以高度关注，文化中心积极配合整体外交并成为我国开展文化外交的核心阵地

2010年，胡主席见证了中蒙互设文化中心协定的签署，并在访问加拿大期间宣布将在加拿大设立中国文化中心；吴邦国委员长访问塞尔维亚期间，见证了中塞关于互设文化中心谅解备忘录的签署，访问泰国期间为曼谷中国文化中心奠基；温总理视察首尔中国文化中心，访问蒙古期间为乌兰巴托中国文化中心揭牌，访问巴基斯坦期间签署了中巴互设文化中心谅解备忘录；李长春访问德国期间视察柏林中国文化中心，访问土耳其期间见证中土签署互设文化中心谅解备忘录；习近平副主席访问新加坡期间为新加坡中国文化中心奠基。中央领导多次做出重要指示，对文化中心是极大的鼓舞与鞭策。同时，国内有关部门与驻外各文化中心积极协作，配合高访，使之取得圆满成功，凸显文化中心在文化外交乃至整体外交中的突出地位和开展人文外交的独特优势，进一步扩大了驻外文化中心在国内外的知名度和影响力，成为2010年驻外文化中心建设发展进程中的一大亮点。

（二）政策法规和制度建设再上新台阶

根据中央领导有关指示精神，文化部完成了《驻外中国文化中心发展规划》草案并报国家发改委，9月，发改委正式同意将该《规划》列入“十二五”专项规划名录，该《规划》也成为文化部唯一被列入国家发改委“十二五”专项规划名录的国家级专项规划。此外，《驻外文化中心管理办法总则》和《驻外文化中心雇员管理办法》完成出台，进一步完善了文化中心的政策法规建设，为文化中心的进一步发展提供了坚实基础。

（三）驻外文化中心建设继续大踏步前进

2010年，驻外文化中心的建设继续大踏步地以跨越的方式大幅前进。在设立文化中心的政府文件商签方面，先后与土耳其、蒙古、塞尔维亚、巴基斯坦签署设立文化中心的政府文件；与尼日利亚、斯里兰卡、罗马尼亚、意大利进行文化中心设立政府文件的商签工作；在比利时设立文化中心正在调研中。在筹建方面，乌兰巴托中心于6月2日揭牌，目前已完成中心注册，理顺了人员长驻手续的办理，为今后开展工作打下良好的基础；曼谷和新加坡中心于11月中央领导访问期间举行了奠基仪式；马德里中心已完成购房程序；莫斯科中心目前选址已经基本确定；东京中心工作组赴日完成考察，基本确定购房目标，购地或购房款争取列入2011年预算；另外，在斯里兰卡正在争取建设用地；在巴基斯坦拟租用巴中友谊中心部分房间；塞尔维亚、加拿大的选址工作也将进行。

（四）驻外中国文化中心业务工作水平全面稳步提高

按照蔡武部长提出的文化中心要做好为国家外交大局服务，为中国文化走出去服务和为国内文化大发展、大繁荣服务的要求，国内加强对驻外文化中心的指导和管理，驻外文化中心2010年的工作亮点频出、精彩纷呈，彰显文化中心在文化外宣、软实力建设和在配合整体外交方面的重要作用和意义。春节期间，各驻外文化中心把各自多年经营的春节品牌活动与国内的“欢乐春节”这一全球品牌相结合，并借此平台与当地政府和文化部门形成常态互动，广交深交当地朋友，使之成人文外交的集中展现，“欢乐春节”品牌有向全方位、高层次、多渠道传播的趋势。除品牌文化活动外，各驻外文化中心积极整合各方资源，在大文化范畴不间断地开展文化活动，如和风细雨，润物无声，体现了较强的亲和力、感染力和影响力。除春节品牌外，2010年还对发现中国讲座、短期培训、奖学之旅、来华创作、中心伙伴访华计划等品牌项目进行了梳理，使上述品牌项目的筹划运作更加合理科学，效果更为显著。此外，为加强资源整合，支持地方文化走出去，文化部还启动了驻外文化中心的央地合作计划，该计划有望为2011年驻外文化中心的业务发展提供强有力的支持。

各驻外文化中心根据自身的情况，开设了舞蹈、书法、绘画、武术、太极、中医针灸、烹饪等丰富多彩的课程，国内则调动各方资源，向前方推送了内容丰富、形式各异的中短期培训，鲜活生动地将中国文化全方位地输给当地人民，备受好评。

为加强驻外文化中心的信息服务水平，2010年还启动了与国家图书馆共建驻外中国文化中心图书馆的工作，目前正进行前期调研准备；中国文化中心网站和各中心分站已于12月正式上线，将有助于提高驻外文化中心工作效率和对外形象，丰富信息服务工作内涵，全面提升文化中心的服务水平。

（五）对外国在华文化中心进行积极有效监管

本着“有序开放，有效管理”的原则，开展对外国在华文化中心的管理工作。一是依法管理，要尽快出台有关法规；二是综合管理，协调好出入境、税务、公安等多个部门，达成共识，协调合作；三是细化管理，关注外国中心的业务动向；四是感情联系，达成理解。本着以上思路，为外国在华文化中心管理人员举办了新春联谊会，组织他们出席第六届中国（深圳）国际文化产业博览交易会，观摩厦门国际钢琴比赛。此外，还办理了北京法国文化中心组织机构代码、公章登记备案和税务登记手续；办理了北京西班牙文化中心－塞万提斯学院组织机构代码、公章登记备案和税务登记手续；办理了北京日本文化中心税务登记手续。加强对外国在华文化中心开展的活动进行有效监管，对发现的问题进行了及时处理。

文化贸易工作

一、概况

为了推动中国文化产品和服务海外推广，文化部于2009年3月在外联局成立了对外文化贸易处。2010年，对外文化贸易促进工作围绕《文化部关于促进中国文化产品和服务“走出去”的总体规划》的制订，积极调研、整理信息、搭建平台、建立机制，于年底出台了《总体规划》；整理积累了基础信息，编撰了3册《对外文化贸易参考资料》；签署了《中韩文化产业合作2011～2012年行动计划》，举行了中韩文化产业政策对话会；加强政策研究，举办了“国际文化贸易论坛”；跟踪重点案例，积极实施《总体规划》。

二、文化贸易重要工作

（一）《文化部促进文化产品和服务“走出去”总体规划》

根据中央领导指示和部领导关于加强对外文化贸易工作，大力推动文化产品和服务走出去的一系列重要指示，2010年底出台了《文化部关于促进文化产品和服务“走出去”总体规划》，作为今后一个时期开展对外文化贸易促进工作的指导。《规划》根据中央领导“分层次、分业态、分区域”制定中国文化产品和服务“走出去”规划的要求，从文化部职能出发，针对企业需求，吸纳现有政策措施及地方自发行为并加以明确规划和引导，从政策指导、项目带动、资金扶持、信息平台、人员培训等方面推动企业成长，推动文化企业和产品“走出去”。

（二）签署《中韩文化产业合作2011～2012年行动计划》，举办中韩文化产业政策对话会

为进一步发挥政府交流平台作用，深化与韩国在文化产业领域的交流与合作，12月15日，外联局与韩国文化产业振兴院签署了《中韩文化产业合作2011～2012年行动计划》并举办了中韩文化产业政策对话会。韩国文化产业振兴院院长李在雄率振兴院代表及韩国企业代表与来自中央和地方有关部门和机构及学术界代表约60人就两国文化产业政策制定，政府、公共机构及企业对文化产业发展的作用等议题进行了深入的交流和探讨。高树勋部长助理出席活动开幕式并致辞，见证了《中韩文化产业合作2011～2012年行动计划》签字仪式；欧阳坚副部长会见并宴请了韩国嘉宾一行。

（三）为原创舞台剧《功夫传奇》赴美驻点演出提供支持，扶持“走出去”重点项目

12月12日晚，中国原创舞台剧《功夫传奇》

赴美演出版在北京红剧场举行了汇报演出，蔡武部长在港中旅集团张学武董事长、许慕韩总经理，天创国际演艺制作交流有限公司曹晓宁总经理陪同下观看了演出并听取了天创公司赴美演出团队汇报。财政部有关领导及东城区区长牛青山也出席了当晚的活动。

天创公司在美收购剧场进行中国原创剧目的驻点演出，是打破长期以来我演艺产品出口以“劳务输出”和节目输出为主局面的一次大胆尝试，为中国演艺产业“走出去”开拓了新渠道。文化部对天创公司收购美国剧场和《功夫传奇》赴美高度重视，将其作为文化企业主动“走出去”与国际演艺市场接轨、通过多种资本运营形式出口文化产品的重点案例，不仅密切跟踪其进展，及时协助其解决出关手续等问题，还针对演艺产业的特点为《功夫传奇》提供了宣传专项补贴。

（四）进一步加强信息服务体系建设

2010年，编撰了《对外文化贸易参考资料》系列，包括系列之一《中国文化产品与服务在海外市场现状调研汇编》、之二《韩国文化产业政策法规汇编》和之三《欧盟各国文化产业政策咨询报告》。同时，完成了《2009年度我国主要演艺产品出口统计报告》。

（五）国际文化贸易论坛

4月24日，由文化部外联局、北京市委宣传部、北京第二外国语学院、北京市宣武区政府联合主办的“国际文化贸易论坛2010”在北京市宣武区湖广会馆隆重举办。论坛参会人员来自政、产、学、研等各个领域，议题涉及当前国际文化贸易理论研究和人才培养等热点和难点问题。论坛虽规模不大，但层次高，议题集中，议程紧凑，交流充分，探讨深入，气氛热烈。

论坛结束后，北京第二外国语学院国际文化贸易研究中心表示将汇集此论坛各界观点，与中国商务出版社《国际贸易》杂志共同出版《国际文化贸易特刊》。

此次论坛引起媒体的广泛关注，人民网率先以《首届国际文化贸易论坛在京举办——聚焦文化贸易：中国与世界》为题进行报道，随后中国网、凤凰网、中国广播网、大众网、网易、欧华网等均全文转载。

（六）积极推动国内重点文化贸易平台建设，协助其扩大海外推广

推动国内重要文化贸易平台建设，做好国际推广是推动对外文化贸易工作的重要任务。在第六届深圳文博会期间，积极协助文博会邀请了来自法国、俄罗斯、日本、沙特、尼泊尔等国的10位海外嘉宾与会，并请外宾陪同人员搜集整理海外嘉宾对文博会的观感和建议，进行汇总，及时反馈给文博会组织方，改变了以往单纯代发邀请函的工作方式，积极参与国内重点文化贸易平台建设。

大事记

一、美大地区

6月17～28日，应美国国会图书馆、加拿大国家图书档案馆和墨西哥国家文化艺术委员会邀请，国家图书馆馆长周和平率代表团一行6人，访问了美国、加拿大和墨西哥。访问期间，周和平馆长出席了世界数字图书馆合作伙伴年会，并对3国国家图书馆的管理和服务情况进行了调研，同时探讨了开展国际合作的可能。

7月2～11日，应加拿大文明博物馆和古巴文化部邀请，国家博物馆馆长吕章申率代表团一行6人，访问了加拿大和古巴。与相关机构探讨了开展全面合作与交流的可能，并就引进国外展览项目进行了商谈

7月21日～8月1日，文化部副部长王文章率中国政府文化代表团一行5人对秘鲁、厄瓜多尔和墨西哥进行了正式访问。与厄瓜多尔签署了《中厄2011～2013年文化交流执行计划》，出席了中墨政府间两国常设委员会第四次会议并签署《中墨两国常设委员会第四次会议文化分委会会议纪要》，中墨两国外长还共同签署了《中墨政府2011～2015年共同行动计划》。

9月22～26日，中国作家协会名誉副主席、原文化部部长王蒙率中国作家代表团一行8人赴美国，出席由中国作家协会、中美交流基金会和美国哈佛大学共同主办的“第二届中美文学论坛”。

10月8～17日，应加拿大遗产部和美国国家人文基金会邀请，文化部副部长王文章率中国政

府文化代表团一行5人对加拿大和美国进行了访问。访问期间，王文章副部长会见了两国文化机构的负责人，并出席了中加建交40周年庆祝活动和第二届“中美文化论坛”，并与美国国家人文基金会续签了《关于鼓励人文学科学术性研究和文化遗产保护合作事宜的谅解备忘录》。

10月14～19日，应文化部邀请，古共中央政治局委员、古巴文化部长阿贝尔·普列托率古巴政府文化代表团访华。访华期间，中共中央政治局委员、中央书记处书记、中宣部部长刘云山会见了普列托，文化部部长蔡武与普进行了深入交谈并签署了《中古2011～2013年文化交流执行计划》。普列托出席了第八届中国国际民间艺术节闭幕式，拜会了国家广电总局、新闻出版总署、中国文联以及上海市和陕西省领导，观摩了上海世博会并考察了三地重要文化机构。

11月16～25日，应美国北美洛杉矶华文作家协会和加拿大华裔作家协会邀请，中国作家协会副主席高洪波率中国作家协会代表团一行6人访问了美国和加拿大。此次访问是中国作协领导近年第一次应海外中文作家组织邀请前往北美地区访问。

11月27日～12月5日，应国家文物局邀请，厄瓜多尔文化与自然遗产协调部副部长科埃亚等一行4人访华，中厄双方就开展文化遗产领域的合作进行交流。

二、西欧地区

9月5～17日，应联合国教科文组织和我常驻联合国教科文组织代表团、西班牙塞万提斯学院以及瑞士联邦文化局的邀请，我部赵少华副部长率中国政府文化代表团一行5人访问法国、西班牙和瑞士三国。

三、欧亚地区

1月16～25日，国家文物局局长单霁翔率团访问罗马尼亚和克罗地亚，商讨《关于防止盗窃、盗掘和非法进出境文化财产的协定》的签署工作。

2月16～21日，蔡武部长作为胡锦涛主席特使出席克罗地亚新任总统就职典礼，并与克罗地亚文化部长博若·比什库皮奇进行工作性会谈。

3月17～23日，塞尔维亚文化部长内博伊沙·布拉迪奇应文化部邀请率政府文化代表团一行5人访问北京、上海、三亚三地，出席了“塞尔维亚文化节”活动和海南三亚博鳌国际旅游论坛成立大会。刘延东国务委员在京会见，蔡武部长在京会见、宴请内博伊沙·布拉迪奇一行，并与其共同出席了“塞尔维亚文化节”开幕式演出。

3月25～29日，上海合作组织成员国文化部长第七次会晤在北京和三亚成功举办。成员国俄、哈、吉、塔、乌，以及观察员国蒙、巴、伊、印、上合秘书处代表共计40余人出席了会晤。

3月26日，蔡武部长与来华参加上海合作组织成员国文化部长第七次会晤的乌兹别克斯坦文化体育部第一副部长赛义夫拉耶夫签署《中华人民共和国文化部和乌兹别克斯坦共和国文化体育部2010～2013年文化交流计划》。

5月19～26日，波兰文化和民族遗产部部长博·兹德罗耶夫斯基率政府文化代表团一行8人访问北京、天津、上海和苏州。刘延东国务委员在京会见，王文章副部长在京会见、宴请博·兹德罗耶夫斯基一行，并与其共同出席了“波兰文化节”开幕式演出。

8月24日，来华参加世博会匈牙利国家馆日活动的匈牙利国家资源部国务秘书（相当于文化部长）瑟奇·盖佐专程来北京与王文章副部长进行会晤，积极寻求双方在文化领域的交流与合作。

8月26～31日，乌克兰文化旅游部部长米哈伊尔·库里尼亚克率政府文化代表团一行6人访问北京、上海，出席了在北京举行的“乌克兰文化节”相关活动。8月31日，蔡武部长在京会见了米哈伊尔·库里尼亚克一行。

9月1～11日，应俄罗斯文化部、摩尔多瓦文化部和波兰文化与民族遗产部邀请，以文化部副部长杨志今为团长的中国政府文化代表团一行6人对俄罗斯、摩尔多瓦和波兰三国进行了访问。

9月3～10日，“中国文化节”在俄罗斯成功举办。杨志今副部长率团参加文化节开幕式等活动。中华彩灯展、中国动漫游戏展、三亚海螺姑娘创意展、深圳设计海报展、浙江民间工艺精品展、深圳市歌舞团、河南少林武僧团共7个展演团组共计85人赴俄。

9月25日，来华出席北京俄罗斯科学文化中心揭牌仪式的俄罗斯联邦独联体、俄侨和国际人文合作事务署署长穆罕默德申在北京与赵少华副部长进行会晤。

10月12～18日，白俄罗斯文化部第一副部长卡拉切夫斯基·弗拉基米尔·米哈罗维齐访问北京、重庆并出席“白俄罗斯文化节”活动。10月17日，赵少华副部长在北京会见卡拉切夫斯基并共同出席了在天桥剧场举行的“白俄罗斯文化节”演出。

10月13～19日，以爱沙尼亚共和国文化部长拉依奈·雅内斯（女）为团长的爱沙尼亚政府文化代表团一行3人对我国进行友好访问。10月14日，蔡武部长在北京会见了雅内斯一行。除北京外，代表团还赴上海参观访问并出席了爱沙尼亚电影节开幕式及上海世博会爱沙尼亚国家馆日活动。

10月22日，随拉总统访华的拉脱维亚文化部长因茨·达尔德里斯与中国文化部副部长赵少华分别代表双方签署了《中华人民共和国文化部与拉脱维亚共和国文化部2011～2015年文化交流计划》。

10月29日～11月3日，克罗地亚文化部长博若·比什库皮奇应邀率政府文化代表团一行5人访问北京，并出席了“克罗地亚当代珠宝与首饰展”开幕式。刘延东国务委员在京会见，蔡武部长在京会见、宴请博若·比什库皮奇一行，并与其签署了《中华人民共和国政府和克罗地亚共和国政府2011～2013年文化合作执行计划》。

11月19～24日，赵少华副部长率中国政府文化代表团一行6人访问俄罗斯。11月19日，赵少华副部长在莫斯科与俄文化部副部长霍罗希洛夫共同主持召开中俄人文合作分委会第10次会议；11月22日，在中俄人文合作委员会第11次会议上，在刘延东国务委员和茹科夫副总理的见证下，赵少华副部长与俄文化部副部长霍罗希洛夫签署《中华人民共和国文化部和俄罗斯联邦文化部2011～2013年合作计划》。

11月22～27日，“上海合作组织成员国文化产业合作南京论坛”成功举办。来自上合组织成员国哈萨克斯坦、中国、吉尔吉斯斯坦、俄罗斯、塔吉克斯坦，观察员国伊朗、巴基斯坦，对话伙伴国白俄罗斯、斯里兰卡的文化部官员和文化机构代表以及上合组织秘书处代表等共20余人出席论坛，其中包括巴基斯坦联邦文化部部长、吉尔吉斯文化信息部部长助理、上合组织副秘书长等高级官员。

11月24日，俄罗斯“汉语年”闭幕式在莫斯科克里姆林宫隆重举行。中共中央政治局委员、国务委员刘延东和俄罗斯副总理茹科夫出席闭幕式并致辞。

12月7～10日，高树勋部长助理率中国政府文化代表团一行5人访问哈萨克斯坦。12月8日，高树勋部长助理在阿拉木图会见哈文化部副部长布里巴耶夫共同主持召开了中哈文化和人文合作分委会第六次会议。

四、亚洲地区

2月4～15日，为促进中国与日本、韩国和泰国的文化交流，配合在日、韩、泰举办的中国“欢乐春节”文化活动，文化部党组成员、中纪委驻文化部纪检组组长李洪峰率中国政府文化代表团一行6人访问了日本、韩国和泰国。泰国诗琳通公主等王室成员、阿披实总理等政府要员与当地数十万民众出席了“欢乐春节”活动开幕式。

3月16日，文化部副部长赵少华在京见宴以千玄室大宗匠为团长的日本茶道里千家代表团一行，宾主双方进行了热情友好的交谈。

3月18日，中共中央政治局常委李长春在人民大会堂会见以千玄室大宗匠为团长的日本茶道里千家代表团一行，并积极评价日本茶道里千家长期致力于中日友好和文化交流事业。文化部部长蔡武参加会见。

3月18日，文化部副部长王文章在京会见以千玄室大宗匠为团长的日本茶道里千家代表团一行，宾主双方进行了热情友好的交谈。

4月7日，为庆祝中印建交60周年，“印度节”在北京开幕。文化部部长蔡武和印度外长克里希纳共同出席了开幕式并观看印度演出《最后的祝福》。

4月20日，“中国节”在印度首都新德里开幕，全国政协副主席孙家正与印度旅游部长塞利亚出席并观看了大型梵呗交响合唱音乐会《神州和乐》。

5月7日，中共中央政治局常委李长春，中共中央政治局委员、中央书记处书记、中央宣传部部长刘云山，中共中央政治局委员、国务委员刘延东，中共中央政治局委员、中央书记处书记、中央组织部部长李源潮一同在京出席观看朝鲜血海歌剧团歌剧《红楼梦》在华首演。

5月，为庆祝中缅建交60周年，文化部组派以云南红河州歌舞团、云南杂技团为主的中国艺术团赴缅甸访问演出，温家宝总理和缅甸总理登盛出席观看了艺术团的首演，给予了高度评价。

5月28日～6月3日，文化部副部长赵少华陪同温家宝总理访问韩国、日本、蒙古和缅甸，出席在韩国举行的“中日韩领导人会议”。文化部在四国分别举办了中日文化界知名人士座谈会、“共饮一江水——庆祝中缅建交60周年”专场演出等系列文化活动。

7月12日，文化部部长蔡武在京会见以日本中国文化交流协会会长辻井乔为团长的日中文交访华团一行，宾主双方进行了热情友好的交谈。

8月9日，文化部部长蔡武在京会见日本新任驻华大使丹羽宇一郎，双方就如何进一步加强中日文化交流交换了意见。

10月20日，文化部部长蔡武应约在京会见日本前参议院议长、日中友好会馆新任会长江田五月一行。双方就进一步深化中日文化交流与合作，以及推动中日战略互惠关系健康发展等问题深入交换了意见。

10月24日，“印度节”在四川成都顺利闭幕，高树勋部长助理与印度文化关系委员会主席卡兰·辛格出席并观看了印度卡拉雪特拉舞蹈团的演出。

10月25日～11月6日，文化部在华举办第五届“10+3文化人力资源开发合作研讨班”。此次培训班的主题为“艺术教育和非遗技艺传承”。在京期间，文化部副部长赵少华出席了研讨班开班仪式并讲话，

11月8日，文化部部长蔡武在京会见日本茶道里千家千玄室大宗匠一行。日方就延期举办“第六届东亚茶文化论坛”和“第六届东亚文化与和平研讨会”进行了解释说明。

11月8日晚，文化部副部长王文章在京宴见以千玄室大宗匠为团长的日本茶道里千家代表团一行，宾主双方进行了热情友好的交谈。

11月10日，文化部副部长王文章在京会见以草间三郎为团长的日本“斋藤纪念音乐节”访华代表团一行。日方介绍了著名指挥家小泽征尔于2011年率“斋藤纪念乐团”团来华巡演的情况。

11月18日，文化部副部长赵少华在京会见日本文化厅长官近藤诚一，双方就中日友好和文化交流等共同关心的问题交换了意见和看法。

11月26日～12月7日，文化部部长蔡武率中国政府文化代表团访问柬埔寨、老挝、越南和尼泊尔。其间，蔡部长参加中国政府援助吴哥古迹保护修护二期工程（茶胶寺）开工仪式，在河内出席观看中国残疾人艺术团演出暨庆祝中越建交60周年系列活动，并与四国文化部长进行了工作研讨，就进一步加强中国与四国的文化交流与合作达成了广泛的共识。

12月15～19日，文化部部长蔡武陪同温家宝总理出访印度和巴基斯坦，其间文化部在印度举办“中国节”闭幕式演出；在巴基斯坦举办“墨韵和风——中国水墨精品画展”；中印签署《中华人民共和国政府与印度共和国政府文化交流协定2010～2012年执行计划》。

12月16日，“中国节”在印度新德里闭幕，温家宝总理与印度总理辛格共同出席并观看了“中国节”闭幕式演出，温家宝总理还主持召开了中印文化界人士座谈会。

五、亚非地区

5月5～16日，应叙利亚文化部、土耳其文化旅游部和卡塔尔文化、艺术和遗产部的邀请，文化部副部长欧阳坚率中国政府文化代表团一行6人对上述3国进行访问。

六、非洲地区

1月16～25日，国家文物局副局长董保华率中国文物代表团出访埃塞俄比亚、肯尼亚进行学术交流。

1月20日，中国驻津巴布韦忻顺康大使和津巴布韦教育、体育、文化和艺术部长考塔特在津首都哈拉雷签署《中华人民共和国政府和津巴布韦共和国政府文化协定2010～2013年执行计划》。

1月20日，中国驻埃塞俄比亚大使顾小杰和埃塞文化旅游部长穆罕默德.迪里尔在埃塞首都亚的斯亚贝巴签署了《中华人民共和国政府和埃塞俄比亚联邦民主共和国政府文化合作协定2010～2013年执行计划》。

2月8～20日，驻坦桑尼亚使馆和华侨华人等合作在首都举办“欢乐春节”系列活动，包括：（1）8～13日，在首都文化中心举办的中国竹编

艺术展；(2) 14 日，在市中心火炬广场举行“聚焦在非洲，坦桑过大年”欢庆活动，包含湖南民族艺术团、四川成都九龙艺术团、坦桑歌舞团和武术团、华侨社团舞龙舞狮队的演出，刘昕生大使、基奎特总统和夫人出席并致辞；(3) 15 日，在首都海滨广场举行风筝放飞活动，坦政府部门和社会各界代表、各驻坦使节、华侨华人共 5000 人出席。

2 月 20 ～ 27 日，应国家博物馆邀请，肯尼亚国家博物馆馆长艾朵．奥马尔．谢赫．法拉一行 3 人来华，签订了《中国和肯尼亚合作实施拉穆群岛地区考古地区实施合同》。

2 月 24 日～ 3 月 4 日，赞比亚总统班达访华。蔡武部长于 2 月 25 日下午在人民大会堂与赞外交部长签署《中华人民共和国政府和赞比亚共和国政府文化合作协定 2010 ～ 2012 年执行计划》，并参加胡主席为班达总统举行的欢迎晚宴。

3 月 20 ～ 24 日，卢旺达体育和文化部长约瑟夫・哈比纳扎率领的卢政府文化代表团一行 2 人来华访问。代表团于 3 月 20 ～ 21 日访问海南，出席三亚博鳌国际旅游论坛相关活动。文化部部长蔡武于 23 日在贵宾楼会见并宴请卢文化部长率领的文化代表团，期间双方还签署了《中华人民共和国政府和卢旺达共和国政府文化和科学合作协定 2010 ～ 2012 年执行计划》。

3 月 24 日，驻马拉维大使林松添和马旅游、野生动物和文化部长卡科奇在马首都利隆圭签署了《中华人民共和国政府和马拉维共和国政府文化协定》。

5 月 15 ～ 22 日，马拉维旅游、野生动物和文化部长安娜・卡齐科率政府文化代表团一行 6 人访华，访问北京、安徽。在京期间，出席“2010 非洲文化聚焦”开幕式，并代表非方致辞；赵少华副部长在京会见宴请代表团并宣布提供 20 万小额援助。此系中马建交后马首个政府文化代表团访华。

5 月 17 ～ 24 日，文化部部长蔡武作为胡锦涛主席特使出访喀麦隆，出席喀独立 50 周年暨国庆 38 周年庆典。出访期间，代表团停留肯尼亚和法国，考察我在肯设立文化中心事宜，并视察巴黎中国文化中心。法国文化和通讯部长密特朗在法会见并宴请蔡部长。

5 月 29 日～ 6 月 5 日，为配合全国政协副主席王刚出访，中国残疾人联合会应我驻津巴布韦使馆邀请，组派中国残疾人艺术团一行 32 人赴津访演。

6 月 7 ～ 17 日，应文化部邀请，刚果（布）文化艺术部部长加高索・让・克劳德率政府文化代表团一行 6 人来华，访问北京、西安和上海。6 月 8 日，文化部副部长赵少华在京会见加高索一行，并与之签署了《中华人民共和国政府和刚果共和国政府文化合作协定 2011 ～ 2013 年执行计划》。

6 月 30 日～ 7 月 9 日，文化部委派的河北省艺术团一行 24 人赴佛得角执行访演任务。艺术团以配合佛得角发现 550 周年暨独立 35 周年庆典活动为契机，在佛 10 天中为佛各界人士献上了 4 场精彩演出，佛科教文化部长马克斯、圣克鲁斯市长桑切斯、佛文化部驻圣文森特岛特别代表福尔特斯及部分内阁成员、国会议员等几十位政要先后观看了艺术团演出。

7 月 21 日～ 8 月 8 日，文化部委派四川省艺术团一行 26 人赴卢旺达、贝宁和多哥执行访演任务。该团以配合卢旺达“第七届泛非舞蹈节”、贝宁和多哥独立 50 周年庆典活动为契机，在非 18 天中为非洲各界人士献上了 10 场精彩演出，卢旺达总统卡加梅等政要出席了“第七届泛非舞蹈节”开幕式演出。在贝宁经济首都科托努，贝高等法院院长、文化和国语促进部长、家庭与全国互助部长、农业部长、科托努常务副市长等政府官员观看了艺术团的演出。在多哥南部城市卡拉会议大厦，多政府 15 位内阁部长观看了艺术团演出。

8 月 4 ～ 13 日，应文化部邀请，津巴布韦教育、体育、文化和艺术部长大卫・考塔特率津政府文化代表团一行 2 人访问北京、甘肃两地，并出席在兰州举行的“2010 非洲文化聚焦・津巴布韦文化周”活动。8 月 6 日，文化部部长蔡武在贵宾楼会见并宴请考塔特一行。

8 月 7 日，文化部部长蔡武在北京饭店会见并宴请了应邀出席上海世博会相关活动的南非艺术和文化部长露露・克辛瓜纳一行 4 人，双方就两国文化交流与合作进行了深入的探讨。

8 月 12 ～ 19 日，“2010 非洲文化聚焦・津巴布韦文化周”在甘肃兰州举办。8 月 12 日，文化部副部长赵少华、甘肃省副省长郝远以及津巴布韦教育、体育、文化和艺术部长大卫·考塔特率领的津政府文化代表团等出席了文化周暨“造化神秀——津巴布韦石雕艺术展”开幕式并参观了展览。当晚，赵少华副部长、甘肃省副省长咸辉、考塔特部长与当地近千名观众，在兰州金城大剧院观看了由津巴布韦艺术团和甘肃省多个文艺团体联袂献上的名为“激情非洲陇上行”的精彩演出。

8月28日～9月5日，南非2010年首都艺术节在南非国家剧院开幕，“中国河南省艺术摄影——农民画展”参加艺术节。驻南非临时代办陈绪峰、南非艺文部长露露·克辛瓜纳等参观展览。来自河南的摄影家和画家参加。开幕式上农民画家肖彦卿现场画虎，中国艺术家在现场还展示了由河南农民画家创作的《百虎图》长卷。

8月31日～9月4日，应坦桑尼亚新闻文化体育部邀请，中国文联党组成员、书记处书记夏潮一行4人访问坦桑尼亚，会见了坦新闻文化体育部代常秘穆瓦索科和坦雕刻家协会主席福克斯等，并向坦巴格莫约艺术文化学院捐赠了价值11764美元的杂技道具。

10月8～12日，佛得角“赤脚天后”西莎莉亚·艾芙拉10月8日赴上海世博会参加演出，随后参加10月10日由文化部、佛得角驻华使馆以及部分“对外文化工作部际联席会议”成员单位在北京解放军歌剧院联合举办的“2010非洲文化聚焦·佛得角吹来的海风”演唱会。她与佛新生代歌手玛亚拉·安德拉德等28名佛艺术家为来宾们献上了一场独具非洲魅力的音乐盛宴。文化部副部长赵少华、佛得角驻华大使儒利奥·德莫赖斯，以及外交部、中国非洲问题研究会等单位领导、研究非洲艺术的知名艺术家和17个国家的驻华使节与近千名观众一同观看了演出。

10月12～23日，文物局局长单霁翔赴埃及、尼日利亚和津巴布韦进行工作访问。其间与埃及签署关于防止盗窃盗掘和非法进出境文物的协定，并与尼日利亚和津巴布韦在文物保护和博物馆领域进行了交流。

10月13日～11月1日，文化部委派安徽省艺术团一行25人，赴马里、科摩罗、博茨瓦纳执行访演任务。艺术团为配合中马建交50周年、中科、中博建交35周年，在上述三国共进行9场正式演出和多场交流演出。马里文化部长为艺术团举行欢迎酒会，并同外交部长等政府官员观看了艺术团在马的首场演出；科代总统、国务部长、总统办公厅主任贾法尔等政要会见艺术团全体成员并出席了艺术团在科举办的庆祝中科建交35周年文艺晚会，科摩罗文化部长专门设宴招待艺术团；博茨瓦纳青年体育文化部常务秘书等观看了艺术团带来的庆祝中博建交35周年首场演出，并对艺术家的精彩表演表示赞赏。

10月16～23日，应上海世博会邀请，南非艺术和文化部副部长保罗·马沙蒂尔率代表团来华，出席上海世博会有关活动并顺访北京。10月21日，文化部副部长赵少华会见并宴请代表团一行。

10月25日，外交部主办的庆祝中非合作论坛成立10周年招待会在钓鱼台国宾馆举行。文化部组织的的文艺演出（中央民族歌舞团、中国广播民族乐团、河北吴桥杂技艺术学校、中国音乐家协会、解放军总政治部宣传部艺术局、中央电视台、北京师范大学参与）作为此次招待会重要活动之一取得了圆满成功，为招待会增添了喜庆气氛，受到了贾庆林主席及外交部、文化部等单位领导的充分肯定和中外嘉宾等200人的一致好评。

11月1日至2011年1月23日，应肯尼亚国家博物馆邀请，国家博物馆副馆长张威一行12人赴肯，开展“中国和肯尼亚合作实施拉姆群岛考古项目”水下考古调查工作。

11月7～12日，国际博物馆协会第22届会员代表大会第25次全体会议在上海世博中心举办，马里前总统科纳雷来华参会。

11月18～21日，应国家旅游局邀请，贝宁新任手工业旅游部长布鲁玛秀·克劳蒂娜·阿非亚玟率7人代表团赴上海出席第12届国际旅游交易会并签署中贝旅游实施方案谅解备忘录。11月22～23日，该团赴青海考察、学习手工业发展和管理经验，并与青海省领导签署《促进贝宁手工业发展框架协议》。11月23～25日顺访北京，外联局局长董俊新会见代表团一行。

11月20～30日，塞舌尔共和国社会发展和文化部长伯纳德·山姆莱率塞政府文化代表团一行3人访华。11月22日，中国文化部部长蔡武会见山姆莱一行，并与之签署《中华人民共和国政府和塞舌尔共和国政府文化协定2011～2014年执行计划》。除北京外，代表团还访问了河南和广东。

12月9日，文化部为马里西加索艺术、文化双年节赞助制作的1004枚奖牌由中国驻马里使馆正式交接给马里文化部。张国庆大使和马里文化部长默罕默德·埃勒·莫克塔尔出席了奖牌交接仪式，并共同签署了交接证书。

文化交流协议文件

（一）美大地区

4月15日，我驻巴西大使邱小琪与巴西驻华大使胡格内分别代表本国政府在巴西利亚签署《中华人民共和国政府和巴西联邦共和国政府2010～2012年度文化合作执行计划》。

5月，中美人文交流高层磋商机制第一次会议在北京举行。刘延东国务委员和克林顿国务卿出席会议和机制成立仪式，并代表两国政府签署了《关于建立中美人文交流高层磋商机制的谅解备忘录》。赵少华副部长还同麦克黑尔副国务卿签署了《中华人民共和国政府和美利坚合众国政府文化协定2010～2012年执行计划》，双方在执行计划中承诺促进中美人文交流。

9月，中国图书馆学会与美国图书馆博物馆署续签了《2010～2012年中美图书馆员专业交流项目协议》，双方将在此基础上继续开展并不断深化“中美图书馆员专业交流项目”。

12月3日，文化部副部长赵少华与委内瑞拉外交部亚洲、中东和大洋洲事务副部长特米尔·波拉斯分别代表本国政府在北京签署《中华人民共和国政府和委内瑞拉玻利瓦尔共和国政府2011～2013年文化交流执行计划》。

（二）西欧地区

9月27日，蔡武部长与爱尔兰旅游文化与体育部长玛丽哈纳芬在都柏林签署《中华人民共和国文化部和爱尔兰旅游、文化与体育部文化交流与合作备忘录》。该文本2013年到期。

11月7日，《中华人民共和国政府和葡萄牙共和国政府2010～2013年度在文化、语言、教育、科学、技术、高等教育、青年、体育和传媒领域的合作执行计划》由中国驻葡萄牙大使张备三与葡萄牙外交部卡蒙斯学会主席安娜·保拉·拉博里尼奥分别代表本国政府在里斯本签署。

（三）欧亚地区

2010年，文化部与俄罗斯、乌兹别克斯坦、拉脱维亚、克罗地亚、摩尔多瓦等五国签署新一轮文化合作执行计划。分别为：

《中华人民共和国文化部和俄罗斯联邦文化部2011～2013年合作计划》；

《中华人民共和国文化部和乌兹别克斯坦共和国文化体育部2010～2013年文化交流计划》；

《中华人民共和国文化部与拉脱维亚共和国文化部2011～2015年文化交流计划》；

《中华人民共和国政府和克罗地亚共和国政府2011～2013年文化合作执行计划》；

《中华人民共和国文化部和摩尔多瓦共和国文化部2010～2014年文化合作计划》；

（四）亚洲地区

5月1日，蔡武部长与蒙古教育文化科学部长奥特根巴雅尔在上海共同签署《中华人民共和国文化部和蒙古国教育文化科学部2010～2013年文化交流执行计划》。

12月16日，在温家宝总理访印期间，文化部部长蔡武和印度外长克里希纳共同签署《中华人民共和国政府与印度共和国政府文化交流协定2010～2012年执行计划》。

（五）亚非地区

2010年，文化部与土耳其签署了互设文化中心、互办文化年谅解备忘录，与黎巴嫩、突尼斯、摩洛哥、利比亚、伊拉克、伊朗、叙利亚、土耳其等八国签署了文化合作协定年度执行计划，为进一步深化对亚非地区的文化关系奠定了法律基础。分别为：

《中华人民共和国政府与土耳其共和国政府关于互设文化中心的谅解备忘录》

《中华人民共和国文化部与土耳其共和国文化旅游部关于2012～2013年互办文化年谅解备忘录》

《中华人民共和国政府和突尼斯共和国政府文化协定2010～2013年执行计划》

《中华人民共和国政府和摩洛哥王国政府文化

协定 2010～2013 年执行计划》

《中华人民共和国政府和黎巴嫩共和国政府文化协定 2009～2012 年执行计划》

《中华人民共和国政府和大阿拉伯利比亚人民社会主义民众国 2009～2012 年文化与新闻合作执行计划》

《中华人民共和国政府和伊拉克共和国政府 2011～2013 年文化合作执行计划》

《中华人民共和国政府和伊朗伊斯兰共和国政府 2011～2014 年文化与教育交流执行计划》；

《中华人民共和国政府和阿拉伯叙利亚共和国政府文化合作协定 2010～2013 年执行计划》

《中华人民共和国政府和土耳其共和国政府 2010～2013 年文化交流计划》

（六）非洲地区

2010 年，文化部与马拉维签署了文化合作协定，并与博茨瓦纳、津巴布韦、埃塞俄比亚、赞比亚、卢旺达、刚果（布）、加纳和塞舌尔等 8 个非洲国家签署了文化合作协定年度执行计划。分别为：

《中华人民共和国政府和马拉维共和国政府文化协定》；

《中华人民共和国政府和博茨瓦纳政府文化合作协定 2010～2013 年执行计划》；

《中华人民共和国政府和津巴布韦共和国政府文化协定 2010～2013 年执行计划》；

《中华人民共和国政府和埃塞俄比亚联邦民主共和国政府文化合作协定 2010～2013 年执行计划》；

《中华人民共和国政府和赞比亚共和国政府文化合作协定 2010～2012 年执行计划》；

《中华人民共和国政府和卢旺达共和国政府文化和科学合作协定 2010～2012 年执行计划》；

《中华人民共和国政府和刚果共和国政府文化合作协定 2010～2013 年执行计划》；

《中华人民共和国政府和加纳共和国政府文化合作协定 2010～2012 年执行计划》；

《中华人民共和国政府和塞舌尔共和国政府文化协定 2010～2014 年执行计划》。

中国文化年鉴

Chinese Culture Yearbook

对港、澳、台地区文化交流

With Hong Kong and Macao Special Administrative Regions and Taiwan Region cultural exchange

对港澳文化交流综述

2010年，文化部围绕促进人心回归的中心任务，加强战略思考和宏观统筹，搭建平台、整合资源，牢固树立精品意识，实施品牌带动战略，不断加强对港澳青少年的培育工作，积极引导地方开展特色对港澳文化交流活动，务实推动文化产业合作，在增进港澳人心回归、扩大中华文化影响力、促进港澳与内地文化融合等方面取得了新的突破。

一、主动组织策划对港澳大型文化交流活动，不断提升中华文化影响力

充分挖掘内地与港澳“血脉同宗、文化相通”的人文特点，综合运用演出、展览、人员交流等方式，主动策划和组织实施了一系列具有导向性和示范性的交流活动。在内地举办了“内地与港澳文化合作论坛”、“港澳视觉艺术展”、“艺海流金——大美青海行”；在港澳策划组织了“云彩映江春意闹——内地春节习俗展演”、“香港元宵彩灯嘉年华会展演”、“香江明月夜——大型中秋综艺晚会”、“盛世欢歌——庆祝国庆综艺晚会”和“玉树不倒、青海长青”大型演展等交流活动。同时，依托直属单位和相关协会，在港澳组织举办了“国家重大历史题材美术创作工程作品展”、“中华民族大团结万岁——万人书画展”、“海峤儒宗——利玛窦逝世四百周年文物特展”以及“斗色争妍——故宫博物院藏清代御窑瓷器精品展”等，中华传统文化的影响力不断扩大。

二、创新方法，大力加强港澳青少年的文化认同和国家观念

根据港澳青少年的文化心理特点，结合不同年龄段的学生群体，分门别类、量身打造了系列有针对性的品牌活动。面向大学生，暑期组织了“港澳大学生内地文化实践活动”和“粤港澳青年文化之旅”，来自30多所港澳高校的近300名大学生，通过实习锻炼、实地考察、专题讲座、文艺演出、团队培训和座谈联谊等方式，达到了岗位锻炼、加深友谊、开阔视野、文化认同和国情教育的多重功效；面向中学生，抓住香港中学开设“OLE”（其他学习经历）的机遇，启动“香港青少年民族民间文化艺术研习考察计划”，先后邀请香港圣保禄中学等3所中学师生200余人赴四川、贵州、广西等地实地考察研习少数民族文化艺术，提升香港青少年的文化自觉。继续组织“国粹港澳校园行”和“高雅艺术进校园”等活动，持续增强港澳青少年对中华文化的认同和对祖国的归属感。

三、拓宽渠道，引导地方开展特色对港澳文化交流活动

加强引导，发挥港澳同乡会、文化社团和企业的积极作用，推动内地优秀的艺术团组和演展项目赴港澳交流，不断拓展交流项目和交流对象，全力打造全方位、宽领域、多渠道的对港澳文化工作格局。2010年，内地与港澳文化交流项目达815项、12952人次。交流精品项目增多。话剧《北京人》、朗诵晚会“聆听·青春”、杂技《你好，阿凡提》以及原生态歌舞《云南映像》等剧目，体现了内地的艺术水准，产生了很好的影响。地方自主策划项目增多。浙江在港澳举办了“浙江周”，上海在香港策划了“百年旗袍展”，海南在香港组织了现代服务业投资推介会，四川在澳门举办了“道教文化节”，山东和安徽参加了“澳门妈祖文化旅游节”及有关社区、社团举办的国庆巡回演出活动，有效提升了地方在港澳的知名度，有力配合了地方在港澳的工作意图。

四、利用国家文化活动平台，扩大港澳特区的对外文化交流渠道

遵循“一国两制”原则，协调港澳特区在国家对外文化交流的框架下参与文化外交活动，鼓励港澳文化机构参加内地举办的国际性、区域性及全国性文化活动，既体现中央政府对特区发展文化的关怀，又让港澳同胞感受到国家的支持。香港舞蹈团和澳门中乐团等12个港澳文艺团组参加了“九艺节”；上海国际艺术节专门举办了“香港文化周”，话剧、交响舞蹈、音乐会和广场演出轮番上演，并合作举办了“承传与创造——艺术对艺术”展览；上海世博会期间，采取大批量审批方式，积极协调特区政府派出了史上最大规模的演出阵容，充分展示了港澳多元文化的魅力所在。

五、积极参与港澳特区的大型文化活动，扩大中华文化在港澳多元文化中的比重

积极组派内地优秀文艺团组参加“香港艺术

节”、“香港新视野艺术节”、“澳门艺术节”、“澳门国际音乐节”等港澳特区举办的国际性文化活动。支持和配合香港特区政府康乐及文化事务署成功打造了首届“中国戏曲节”。组织在京文博机构赴港澳考察，选派对口专家和业内人士参加香港“中国文化产业项目投融资说明会”、“亚洲儿童剧艺发展研讨会”以及澳门“创意产业合作峰会”、“秣陵烟月——金陵画派书画学术研讨会”等活动，中华文化在港澳多元文化中的比重不断增大。

六、发挥互补优势，加强内地与港澳的文化产业合作

积极落实内地与港澳《关于建立更紧密经贸关系的安排》（CEPA）及其年度补充协议中有关文化方面的内容，鼓励内地与港澳文化企业界人士通过参访、举办论坛、参加文博会等各种方式，探讨文化产业的经营理念和运作模式。邀请港澳文化企业参加在内地举办的深圳文博会、北京文博会等活动。鼓励文艺人才双向流动，开展共同创作、联合演出等合作活动，携手打造文化艺术精品。“乐谱长城——刘文金”音乐会、“贝多芬《费黛里奥》歌剧音乐会”、大型舞蹈诗“迎四季·创未来”、“上海风情”音乐会等，充分展现了内地与港澳文化机构深度合作的丰硕成果。

七、加强基地建设，推进粤港澳文化合作与区域经济发展

为更好地发挥广东省的地缘、人缘和文缘优势，深化和扩大对港澳的文化交流与合作，推广对港澳文化交流基地的建设经验，促进粤港澳三地的文化合作，推动区域经济发展，6月，在澳门举办的“第十一次粤港澳文化合作会议”上，三地签署《粤港澳文化交流合作示范点工作协议书》，正式确定了在演艺、文化网络资讯、文物博物、公共图书馆、非物质文化遗产以及文化产业等方面设立首批32个交流合作示范点，进一步推进三地在巡回展演、人才培训、业务交流等领域的文化合作。

对台文化交流综述

2010年，文化部牢牢把握两岸关系和平发展的大局，以共同弘扬中华文化、增强中华民族认同为主线，谋篇布局，加强统筹规划和政策指导，拓宽交流渠道，提升交流层次，努力搭建两岸文化交流平台，全方位推动对台文化交流与合作。两岸文化交流规模、层次、影响更上一个新台阶，多形式、多渠道推动文化入岛取得显著成效。据不完全统计，2010年经文化部审批的两岸文化交流项目多达2180项，同2009年相比增加1倍，交流人次近1.5万人，同比增长50%。2010年对台文化交流亮点迭出，为两岸关系和平发展不断增添文化活力。

一、蔡武部长率团访台，谱写两岸文化交流新篇章

9月2~8日，蔡武部长以中华文化联谊会名誉会长身份率中华文化联谊会交流访问团一行40多人赴台访问并出席“两岸文化论坛”。论坛汇集了两岸文化界人士的真知灼见，达成广泛共识，成果丰硕，使“两岸文化论坛”成为两岸各界人士交流互动的重要平台，成为反映民意、政策先导的重要平台。

蔡武部长、国家文物局局长单霁翔与台湾各界人士广泛接触，阐述两岸文化交流的主张，先后出席了国民党荣誉主席连战、“文化总会”会长刘兆玄、“文化建设委员会”主任委员盛治仁、海基会董事长江丙坤的宴请。在不同场合会晤了“立法院”院长王金平、副院长曾永权、国民党荣誉主席吴伯雄、国民党副主席蒋孝严、“政务委员”曾志朗、“陆委会”副主任委员赵建民、台北县县长周锡玮、台中市市长胡志强、南投县县长李朝卿、台南市市长许添财等政要，充分体现了台湾政界对蔡武部长访台的高度重视。蔡武部长与台湾文化界广泛接触，与台北故宫博物院院长周功鑫、“中正文化中心”董事长郭为藩及艺术总监黄碧端、台北艺术大学校长朱宗庆、台北历史博物馆馆长张誉腾、台湾美术馆馆长黄才郎、著名作家李敖等岛内文化界名人就两岸文化交流深入交换意见；走访了中台禅寺和佛光山台北道场，拜会了星云大师和惟觉大和尚；参访了台北故宫博物院、台北历史博物馆、台湾美术馆、台湾文学馆、台北艺术大学、台湾工艺研究发展中心等文博机构；专程前往胡适、于右任、钱穆等文化名人故居参访。两岸媒体普遍肯定蔡武部长访台对两岸关系和平发展的重要作用。蔡武部长此次台湾文化之旅，翻开了两岸文化交流的崭新篇章，在两岸交流史上具有里程碑的意义。

二、持续打造交流品牌，密切两岸文化联系

文化部首次举办“两岸汉字艺术节”，持续打造“两岸城市艺术节”、“两岸民间艺术节”、“情系”系列两岸文化联谊活动等交流品牌，影响日益扩大。

（一）首届“两岸汉字艺术节”共同传承与弘扬中华传统文化

9月16~10月15日，中华文化联谊会、中国艺术研究院与台湾“文化总会”合作，在北京、安阳成功举办以“汉字艺术，源远流长”为主题的首届“两岸汉字艺术节”。邀请台湾汉唐乐府来京演出《武丁妇好》，举办“追忆·汉字：典藏文明之光”、“雅尚·汉字：翰墨千秋书法”、“意韵·汉字：汉字艺术印象”、“乐活·汉字：汉字创意生活”等4个风格迥异的主题展览，举办“领秀·汉字：汉字的创意服装秀”、“对话·汉字：大家对谈”、“开卷·汉字：高校汉字艺术讲座”、“问道·汉字：两岸书法艺术论坛”等推广活动，以丰富多彩的形式向社会公众展示汉字的魅力。

（二）“两岸城市艺术节——台北文化周”深化两岸城市文化交流

6月3~28日，该活动由中华文化联谊会、上海文化联谊会与台北市文化基金会在上海共同主办，台北市长郝龙斌亲率近千人大型文化团体来上海访问并参加开幕系列活动。文化部副部长赵少华宴请郝龙斌市长并出席了“台北文化周”开幕活动。“台北文化周”在上海世博会期间推出系列艺术展演、文化论坛及“上海台北双城文化创意产业博览会”、世博“台北日”、推介2010年台北花博会户外展等配套活动，成为迄今为止两岸合作在大陆举办的最大规模的综合性两岸文化交流活动，进一步深化了两岸城市文化交流与合作。

（三）“情系八桂——两岸文化联谊行”深入人心

8月15~24日，中华文化联谊会与广西壮族自治区人民政府合作，在广西举办“情系八桂——两岸文化联谊行”大型文化交流活动。台湾地区文化界、教育界和媒体界等知名人士100余人应邀参加。该活动充分挖掘和运用广西丰富、多元的少数民族文化资源，打造特点鲜明的民族文化之旅，增进情谊、凝聚共识，使之成为两岸文化界朋友相遇相知的家园，影响日渐深远。

（四）“2010海峡两岸民间艺术节”携手繁荣民间传统艺术

10月15~19日，中华文化联谊会与福建省文化厅、厦门市人民政府在厦门联合举办“2010海峡两岸民间艺术节”。廖琼枝文教基金会、春风传统剧场等5个台湾表演团体、嘉宾及专家学者200多人应邀参加。本届艺术节集戏剧、曲艺、展览、民俗技艺、学术交流等内容于一体，多方位展示海峡两岸同根同源的文化传承。

三、积极搭建平台，加强两岸文化产业对接

文化部积极发挥海西优势，首次赴台举办“海峡两岸文化创意产业展”，扶持、壮大“两岸文博会”和“海峡艺博会”，使之日益成为两岸文化产业对接的重要平台。

（一）首次赴台举办“两岸文化创意产业展”推动大陆文化产品入岛

中华文化联谊会应台湾“商业总会”邀请在台湾首届“国际文化创意产业博览会”期间成功举办首届“海峡两岸文化创意产业展”。文化部组派150多人组成的参展团赴台参展并出席两岸文创交流论坛，展现近年来大陆文化产业蓬勃发展的面貌，加强了两岸文化产业的对接。

（二）第三届“两岸文博会”促进两岸文化产业合作向纵深发展

6月18~21日，中华文化联谊会与福建省人民政府等部门在厦门成功举办第三届“海峡两岸（厦门）文化产业博览交易会”（简称“两岸文博会”），成为两岸文化产业交流与合作的重要平台。两岸文博会汇集两岸四地代表性的文化产业单位、产品和服务，设有1个主展馆和11个分会场。展区面积32000平方米，展位1344个，签约项目138个，总金额达98.9835亿元。

（三）第五届“海峡艺博会”发挥工艺美术产业集群优势

6月18~21日，中华文化联谊会与福建省人民政府等部门在福建莆田成功举办第五届“中国（莆田）海峡工艺品博览会”（简称“海峡艺博会”）。海峡艺博会以“弘扬中华优秀文化、促进产业合作发展”为主题，集中展示木雕、根雕、

陶瓷等26大类上万件工艺品，实现工艺品成交金额5790万元，订货合同金额4.39亿元，订货意向金额3.41亿元。

（四）两岸合作最大规模的商业演出惊艳台湾

北京市演出有限责任公司组织包括中央歌剧院在内的大型演出制作团队412人赴台中，成功演出两场张艺谋鸟巢版大型景观歌剧《图兰朵》。该剧是两岸迄今为止最大规模的合作演出，也是文化部以政府为引导、企业为主体、市场化运作的方式推动优秀文化产品入岛的成功实践。

四、地方主题文化活动入岛交流成果喜人

陕西、上海、四川、湖北、浙江等省市经贸文化团组应邀赴台访问，均在岛内各县市举办了系列文化推广活动，丰富了各省区市与台湾的交流内容。陕西省、河南省、浙江省派团参加“台中县大甲妈祖国际观光文化节”演出，依托台中县妈祖节庆平台开展交流成效显著；“妈祖之光”、“客家之歌”等晚会品牌活动影响日趋深入；陕西省赴台举办“陕西民俗艺术节”、浙江省赴台举办“台湾浙江文化节”、四川省赴台举办“成都大庙会”影响广泛；两岸团组和人员往来频繁。

对港澳文化交流年度重大活动

（一）首届内地与港澳文化合作论坛在京举办

1月18～19日，由文化部港澳台办主办、中央文化管理干部学院承办的首届“内地与港澳文化合作论坛”在北京举行。论坛以“艺术节与城市活力”为主题，内地和港澳15家代表性艺术节的领导者、组织者30余人参加。文化部党组成员、副部长赵少华出席开幕式并致欢迎词。香港民政事务局局长曾德成、澳门文化局局长何丽钻出席论坛。开幕式由文化部港澳台办党委书记、副主任侯湘华主持。

在两天的时间里，来自香港艺术节、香港“国际综艺合家欢”暑期艺术节、香港秋季主题艺术节、香港“新视野”艺术节、澳门艺术节、澳门国际音乐节、中国艺术节、“相约北京”联欢活动、北京国际音乐节、哈尔滨之夏音乐会、吴桥国际杂技艺术节、上海国际艺术节、武汉国际杂技艺术节、南宁国际民歌艺术节、成都非物质文化遗产节、新疆国际民族舞蹈节的代表们围绕“艺术节与城市活力”进行了主题演讲和经验交流，介绍各自艺术节特色，交流如何把艺术节打造成城市文化名片的经验，共同探讨艺术节如何提升城市活力，在社会未来发展中如何通过艺术节的方式整合文化资源，为繁荣文化市场，促进经济发展，提升城市形象发挥更为积极的作用。大家一致呼吁，要加强合作交流，形成常态交流机制，筹建中国艺术节联盟，实现艺术节的信息共享、人才交流和资源优化配置；发现和创造更多合作机会，延伸艺术节产业链，放大艺术节的经济效益和社会效益。

（二）蔡武部长会见香港特区政府政务司司长唐英年

2月1日，蔡武部长会见了来京出席“薪火相传：中华文化探索与传承”国民教育交流计划活动的香港特区政府政务司司长唐英年一行。蔡部长充分肯定香港回归以来内地与香港文化交流与合作所取得的成绩以及香港文化建设的长足发展，并就进一步加强两地文化交流与合作，特别是加强两地青少年之间交流等问题交换了意见。

（三）“云彩映江春意闹”内地春节习俗展演活动在澳门举办

2月9日～3月7日，“云彩映江春意闹”内地春节习俗展演活动在澳门举办。

澳门内地春节习俗展演活动已成功举办了9届。此次云南、江西携手赴澳，安排展览、演出、展示等活动共13场，吸引观众逾2万人。江西的傩面服饰、湖口草龙、婺源三雕、瑞昌剪纸，云南的民族盛装、纳西族祭风画牌、傣族织锦、景颇族树叶信等，充分展现了两省丰富多彩的节日习俗与文化。纳西族东巴画、白族布扎、花果雕刻及全丰灯彩的制作工艺，更是让参观者大开眼界。春节期间，云南楚雄彝族自治州民族艺术剧院歌舞团、江西吉安民间花灯表演队在澳门的中心地段进行了精彩的广场演出，风雨无阻，每场都有上百名观众驻足观看。大年三十，澳门特首崔世安携夫人欣赏了贺岁节目“彝族跳菜”，特首夫人在演出感染下击节配合。2月27日，两省专家分别以“云南春天的庆典”、“浓浓江西年俗味”

为题进行了专题讲座，图文并茂地介绍了本省的民风民俗。元宵节期间，云南东巴字及江西花灯艺人参与了“工作坊活动”，现场展示传授技艺，受到澳门市民的热烈欢迎。

（四）黑龙江省歌舞团赴香港参加“元宵彩灯嘉年华会”演出

2月26～28日，黑龙江省歌舞团赴香港参加“元宵彩灯嘉年华会”演出。黑龙江省歌舞团在3天时间里，从将军澳宝翠公园到长州北帝庙游乐场，再到高山公园，连续奉献了3场露天演出，吸引香港当地观众约2000人。演出以东北冰雪清灵为主线，运用群舞、单人舞、独唱、对唱、歌舞综合、曲艺等多种形式，辅以内地和香港主持人机智幽默、热情奔放的介绍，让香港同胞近距离体验了来自祖国最北端的冰雪风情。

（五）蔡武部长会见港澳“两会”代表和委员

3月8日，文化部党组书记、部长蔡武会见了来京参加“两会”的部分港澳文化界代表和委员，共谋内地与港澳文化发展大计。香港特区全国人大代表马逢国，香港特区全国政协委员高敬德、李国强、刘宇一、吴欢、刘诗昆、林建岳，澳门特区全国政协委员梁华等8人出席了会见。

（六）内地12家文博机构赴港澳考察访问

4月12～17日，为加强内地与港澳文博机构的交流与合作，推动“港澳大学生内地文化实践活动”的深入开展，文化部港澳台办组派12家在京文博机构代表赴香港、澳门考察访问。

参加访问的文博机构包括：国家图书馆、故宫博物院、国家博物馆、文化部恭王府管理中心、文化部民族民间文艺发展中心、北京鲁迅博物馆、徐悲鸿纪念馆、首都博物馆、北京自然博物馆、中国科学技术馆、宋庆龄故居管理中心和中华世纪坛世界艺术馆。代表团拜会了港澳特区文博机构官员，实地考察了港澳文博事业发展情况，并与中央人民政府驻香港联络办、中央人民政府驻澳门联络办及香港青年联合会、香港理工大学、澳门基金会的代表就“港澳大学生内地文化实践活动”等事项进行了会谈。

（七）赵少华副部长会见香港民政事务局常任秘书长杨立门

4月19日，文化部副部长赵少华会见了来京访问的香港特区政府民政事务局常任秘书长杨立门、康乐及文化事务署署长冯程淑仪等一行。

文化部政策法规司副司长孙若风、非物质文化遗产司副司长屈盛瑞、民族民间文艺发展中心主任李松、文化产业司政策规划处调研员施俊玲陪同会见，并在会见后围绕文化政策法规、非物质文化遗产保护、《十部文艺集成志书》香港卷编撰、文化产业等方面的工作与杨立门秘书长一行进行了深入交流。

（八）首届“中国戏曲节”在香港举办

6月4日～7月21日，在文化部积极支持和大力配合下，为进一步推广中国传统戏曲艺术，让香港民众近距离体验传统戏曲的魅力，香港特区政府康乐及文化事务署在香港举办了2010（首届）“中国戏曲节”。“中国戏曲节”为期48天，涉及8个剧种，参演剧团12个，集中展现了祖国不同地域、姿采各异的戏曲门类。

（九）“澳门特区文化遗产保护和管理高级研修班”在京举办

6月18～26日，由文化部港澳台办与澳门特区政府文化局共同主办、中央文化管理干部学院承办的“澳门特区文化遗产保护和管理高级研修班”在北京举办。文化部港澳台办主任董俊新、中央人民政府驻澳门联络办公室文化教育部副部长张晓光、澳门特区政府社会文化司司长办公室顾问周信余等出席开班典礼，来自澳门特区文化遗产保护和管理领域的专家、学者和业界骨干共20人参加了为期10天的研修活动。

（十）“2010年港澳大学生内地文化实践活动”开幕

6月21日，由文化部携手中央人民政府驻香港、澳门联络办举办的“2010港澳大学生内地文化实践活动”在京开幕。来自香港大学、澳门大学等港澳12所高校的110名大学生分赴北京故宫博物院、首都博物馆等13家文博机构实习。实习期间，还组织港澳大学生参观名胜古迹，听取专题讲座、观看文艺演出、座谈联谊等丰富多彩的文化活动，达到了岗位锻炼、人文交流、文化认同和国情认知的多重功效。

（十一）2010港澳视觉艺术展在京举办

6月28日～7月4日，由文化部主办，香港特区政府民政事务局、澳门特区政府文化局协办，中国对外文化集团、香港艺术发展局承办的

"2010 港澳视觉艺术展"在北京中华世纪坛举行。文化部副部长赵少华、香港艺术发展局主席马逢国、澳门文化局副局长王世红等出席了开幕式。

此次展览共展出85位港澳艺术家的艺术作品，涵盖中国画、油画、雕塑、摄影、设计等诸多艺术门类，展示了港澳艺术家在多元文化背景下对社会文化、现实世界的理解。展览期间，港澳艺术家还与内地同行、专家学者就港澳视觉艺术发展等问题进行了深入交流与研讨，出版了《2010 港澳视觉艺术论坛文集》。两岸三地艺术家紧密携手，营造出精神互通、骨肉浓情的中华大家庭氛围，增强了港澳艺术家对祖国的归属感和向心力。

（十二）三地签署《粤港澳文化交流合作示范点工作协议书》

6月28日，在澳门举办的"第十一次粤港澳文化合作会议"上，三地签署《粤港澳文化交流合作示范点工作协议书》，正式确定了在演艺、文化网络资讯、文物博物、公共图书馆、非物质文化遗产以及文化产业等方面设立首批32个交流合作示范点，进一步推进三地在巡回展演、人才培训、业务交流等领域的文化合作。

（十三）文化部启动香港青少年中国民族民间文化艺术研习计划

6月30日，由（香港）中国民族民间文化艺术交流协会主办，文化部民族民间文艺发展中心协办的文化部香港青少年中国民族民间文化艺术研习计划启动，该活动得到文化部港澳台办和香港特区政府教育局的大力支持。

（十四）香港圣保禄中学师生一行88人赴四川省考察研习羌族文化艺术

作为"香港青少年中国民族民间文化艺术研习计划"实施的首个项目，6月30日～7月6日，香港圣保禄中学师生一行88人在文化部和文化部民族民间文艺发展中心工作人员的陪同下，赴四川省考察研习羌族文化艺术。

（十五）"2010年粤港澳青年文化之旅"

7月13～21日，广东省文化厅联合香港特区政府民政事务局、澳门特区高等教育辅助办公室，成功举办了"2010年粤港澳青年文化之旅"活动。在文化部积极支持下，粤港澳30余所高校的155名大学生组成青年文化交流团，以"文化为纽带，青春伴友谊"为主题，先后赴澳门、香港、深圳、长沙、岳阳、广州等地进行参观考察、访问和团队培训活动，加深了友谊，开阔了视野，增强了国情了解和文化认同。

（十六）"艺海流金——大美青海行"活动闭幕

7月23～30日，由文化部、青海省人民政府共同主办，青海省文化和新闻出版厅具体承办的"艺海流金——大美青海行"活动在青海成功举行。文化部党组成员、部长助理高树勋，青海省副省长王令浚以及香港立法会委员霍震霆、澳门基金会行政委员会主席吴志良等港澳嘉宾出席开幕式并致辞。

（十七）吉林省长白朝鲜族自治县民族歌舞团和河北省杂技集团魔术团赴香港参加"庚寅年中秋彩灯会"演出及国庆61周年"盛世欢歌"综艺晚会

9月21～27日，在文化部大力支持下，吉林省长白朝鲜族自治县民族歌舞团和河北省杂技集团魔术团应香港联艺机构有限公司邀请，赴香港参加了香港特区政府康乐及文化事务署主办的"庚寅年中秋彩灯会"演出活动，以及香港各界庆祝国庆61周年"盛世欢歌"综艺晚会。在7天时间里，共演出了5场，吸引观众达20多万人次。原生态的朝鲜族特色歌舞和令人目眩的魔幻杂技赢得了香港特区政府、香港市民和广大游客的由衷喜爱和热烈欢迎，成为文化部利用香港节庆文化特点，整合内地少数民族文化资源和地方特色文化资源，丰富香港节日文化生活的一个成功探索和有益实践。

（十八）香港浸会大学附属学校王锦辉中小学近40名师生赴贵州省黔南州荔波、三都等地考察水族文化

作为"香港青少年中国民族民间文化艺术研习计划"的第二个项目，11月11～15日，香港浸会大学附属学校王锦辉中小学近40名师生赴贵州省黔南州荔波、三都等地考察水族文化。文化部港澳台办党委书记、副主任侯湘华出席启动仪式并致辞。

（十九）玉树不倒·青海长青——答谢港澳同胞大型展演活动

12月10日，由文化部、青海省人民政府共同主办的"玉树不倒·青海长青——答谢澳门同胞大型展演活动"在澳门综艺馆举行。澳门特别行政区行政长官崔世安、中央人民政府驻澳门联络办副主任李本钧、文化部副部长赵少华、青海省副省长王令浚出席开幕仪式并观看展览和演出。

（二十）国家重大历史题材美术创作工程作品在港展出

12 月 18 日至 2011 年 1 月 3 日，国家重大历史题材美术创作工程作品香港展在香港展览中心成功举办。全国政协副主席董建华，中央人民政府驻香港特别行政区联络办公室副主任郭莉，香港特别行政区政府民政事务局局长曾德成等出席开幕式，并与香港各界人士 400 余人共同见证了展览盛况。

内地赴港澳文化交流项目

2010年政府文化代表团赴港澳一览表

日　期	活　动　内　容
9月18日至21日	9月18～21日，文化部副部长欧阳坚率代表团一行5人赴港出席“香江明月夜——大型中秋晚会”及相关活动。香港特区行政长官曾荫权、文化部副部长欧阳坚、中央政府驻香港联络办副主任李刚、中国文联副主席覃志刚等一道观看了演出。晚会以“香江明月夜，中华一家亲”为主题，汇聚了张也、蔡国庆、张建一、山翀、李玉刚等著名艺术家及文艺界新秀，荟萃歌舞、民乐、戏曲、杂技等艺术形式，突出传统与现代、民族与世界、高雅与通俗相结合的艺术特色，表达了内地与香港同胞“欢聚、团圆、祈福”的喜悦之情以及对香港美好明天的祝愿。
12月10日	12月10日，文化部副部长赵少华出席了在澳门综艺馆举行的由文化部、青海省人民政府共同主办的“玉树不倒・青海长青——答谢澳门同胞大型展演活动”。澳门特别行政区行政长官崔世安、中央人民政府驻澳门联络办副主任李本钧、青海省副省长王令浚出席开幕仪式并观看展览和演出。赵少华认为，内地与澳门文化交流的领域近年来越来越宽，跨度越来越大，交流的内容越来越丰富。文化部将努力整合好内地的文化资源，努力为澳门的文化建设提供更多的支持和帮助，促进内地与澳门文化事业和文化产业的进步，共同推动中华文化的发展繁荣。

2010年内地赴香港地区文化交流项目一览表

项目名称	单位及人员	人数	出访地区及邀请单位	出访起止日期
指挥香港春天合唱团演出	中国交响乐团　左文龙	1人	香港春天合唱团	1月3日至12日
“国家重大历史题材美术创作工程部分作品展”撤展	中国美术馆	3人 56件	香港中华文化城有限公司	1月4日至6日
关于“中国图书馆分类法”的交流	国家图书馆中文采编部研究馆员　卜书庆	1人	香港浸会大学图书馆	1月5日至9日
庆祝新中国成立60周年演出	云南迪庆州民族歌舞团	45人	香港国际联谊机构有限公司	1月7日至9日
“香港・浙江周”演出	浙江小百花越剧团	66人	香港上海戏曲艺术协会	1月7日至13日

项目名称	单位及人员	人数	出访地区及邀请单位	出访起止日期
庆祝春节，旅游节展演	广西东方民族实验歌舞团	34人	香港演艺王国娱乐有限公司	1月8日至2月8日
“海峡两岸及香港主流剧场之发展”研讨会嘉宾	国家话剧院院长周志强	1人	香港特区政府	1月14日至16日
“第三届当代中国画学术论坛暨当代中国画学术展”相关活动	艺术服务中心胡克等	34人	中华文化城	1月17日至22日
“第三届当代中国画学术论坛暨当代中国画学术展”相关活动	文联副主席　冯远	1人	中华文化城	1月17日至22日
“第三届当代中国画学术论坛暨当代中国画学术展”	文化部艺术服务中心	36人 287件	香港中华文化城有限公司	1月17日至22日
庆祝春节，“乐谱长城——刘文金”演出	歌剧舞剧院　刘文金	1人	香港中乐团	1月17日至24日
庆祝春节，“乐谱长城——刘文金”演出	中央民族乐团张鑫华	1人	香港中乐团	1月19日至24日
庆祝春节，商业演出	上海昆剧团张静娴等	89人	香港上海戏曲协会	1月23日至2月2日
“粉彩紫荆”瓷器展开幕式	潘震宙	2人	中华文化城	1月23日至26日
中华老人文化交流促进会	庆祝新中国60华诞书画巡展	2人 250件	香港警察中国武术会	1月（推迟）
庆祝春节，慰问驻港部队交流演出	中国舞蹈家协会刘敏	30人	香港舞蹈总会	2月1日至7日
庆祝春节交流演出	北方昆曲剧院	61人	香港意铭制作有限公司	2月2日至8日
庆祝春节公益演出	黑龙江省歌舞剧院隋利军	10人	香港中国文化艺术传播有限公司	2月3日至16日
庆祝春节，文化交流演出	贵州省歌舞团	35人	香港中华文化城有限公司	2月4日至8日

项目名称	单位及人员	人数	出访地区及邀请单位	出访起止日期
参加各界“庆祝春节及元宵节”演出	泰安市杂技团　邱军	9人	香港林戈娱乐制作有限公司	2月6日至3月2日
香港元宵彩灯会文化交流演出	黑龙江省歌舞剧院高云程	25人	香港中华文化城有限公司	2月24日至3月1日
旅游节展演	广西东方民族实验歌舞团	38人	香港演艺王国娱乐有限公司	3月1日至30日
“聆听 青春”演出	国家话剧院　周志强	36人	香港联艺机构有限公司	3月3日至7日
学术交流	中国艺术研究院中国文化研究所研究员梁治平	1人	香港大学法律系	3月14日至21日
观摩新舞剧《画皮》并发表剧评	文化部文化科技司于平	1人	香港舞蹈团	3月19日至20日
旅游节展演	广西东方民族实验歌舞团	26人	香港演艺王国娱乐有限公司	4月28日至5月27日
合演4场音乐会	上海歌剧院张国勇等	75人	香港管弦乐团	5月10日至21日
磋商馆际合作事宜	国家博物馆馆长吕章申（副部级）	5人	香港康文署	5月23日至26日
演出“云南映像”（国家舞台艺术精品工程十佳剧目之一）	云南响声文化传播有限公司　杨丽萍等	95人	香港特区政府康文署	5月25日至30日
参加“中华民族文化艺术在我家”——建立民族民间文化廊活动启动仪式	文化部民族民间文艺发展中心主任　李松	3人	中国民族民间文化艺术交流协会（香港）有限公司	5月26日至30日
香港海洋公园公演	杭州杂技总团	16人	香港中国文化传播有限公司	5月27日至6月25日
中国戏剧节开幕式演出	北京京剧院王玉珍等	77人	香港文艺演出公司	6月2日至7日
香港艺术节“京剧名家汇演”演出	国家京剧院　吴江等	77人	香港文艺演出公司	6月2日至7日
旅游节展演	广西东方民族实验歌舞团	38人	香港演艺王国娱乐有限公司	6月10日至7月9日

项目名称	单位及人员	人数	出访地区及邀请单位	出访起止日期
参加“学校文化日”交流活动，演出川剧《红梅记》	成都市川剧院 雷音等	52 人	香港中华文化城有限公司	6 月 24 日至 27 日
香港特别行政区成立 13 周年演出	四川达州市艺术剧院杂技团　江柳等	10 人	香港林戈娱乐制作有限公司	6 月 25 日至 7 月 5 日
太古音乐大师、合唱经典之最、布兰诗歌音乐会	上海歌剧院　周小雷等	74 人	香港管弦乐团	6 月 30 日至 7 月 4 日
香港尖沙嘴街坊福利会演出	来宾市文化新闻出版局局长　黎瑞江 广西来宾市民族歌舞团	50 人	香港世界广西商会	7 月 7 日至 11 日
参加亚洲儿童剧艺发展研讨会，并作《中国儿童戏剧的现状与发展》主题演讲	中国儿童艺术剧院院长　周予援	1 人	香港亚洲儿童剧艺发展研讨会	7 月 9 日至 13 日
昆曲进校园演出	浙江永嘉昆剧团 郑小小等	36 人	香港城市大学中国文化中心	7 月 18 日至 24 日
参加“中国戏曲节 2010”闭幕式	河北省京剧院 裴艳玲	44 人	香港京昆剧场有限公司	7 月 19 日至 23 日
参加香港旅游发展局主办的旅游展演活动	广西东方民族实验歌舞团	36 人	香港演艺王国娱乐有限公司	7 月 20 日至 8 月 18 日
磋商在京出版香港作家群书	作协副主席 何建明等	2 人	香港作家联会	7 月 26 日至 29 日
参加中国文化产业项目香港投融资说明会	中国文化报社长 孔繁灼等	2 人	香港商报	7 月 29 日至 30 日
参加舞蹈晚会演出	中央芭蕾舞团 管文婷、邢亮	2 人	香港儿童舞蹈团	8 月 9 日至 12 日
“明日之星大汇演 2010”	中央芭蕾舞团 孟宁宁等	2 人	香港王仁曼芭蕾舞学校	8 月 12 日至 16 日
参加“紫金绽放——郭小青感恩之旅独唱音乐会”	北京市文化局 中国音乐学院	21 人	香港香江艺术团	8 月 21 日至 25 日

项目名称	单位及人员	人数	出访地区及邀请单位	出访起止日期
参加“第七届青年芭蕾舞新星大赛”	中央芭蕾舞团 余波、战薪潞	2人	香港芭蕾舞学会	8月27日至30日
配合中国侨联“亲情中华”主题活动，庆祝香港广西钦州同乡联谊会第二届理事会及香港回归13周年	广西文化厅 广西钦州市粤剧团	45人	香港广西钦州同乡联谊会	9月1日至7日
旅游展览活动演出	广西文化厅 广西东方民族试验歌舞团	26人	香港演艺王国娱乐有限公司	9月1日至30日
香港文化中心音乐厅第34乐季开幕音乐会“成吉思汗”演出，并举办音乐文化讲座	内蒙古民族歌舞剧院 李强等	60人	香港中乐团	9月10日至16日
参加歌剧《波希米亚人》演出	武警文工团演员 孙砾	1人	香港歌剧院	9月12日至27日
参加香港特区康乐及文化署与香港歌剧院合办的歌剧《波希米亚生涯》演出	国家广电总局 中国广播艺术团演员 薛皓垠	1人	香港歌剧院	9月13日至26日 10月2日至11日
参加“我的家在紫禁城”展览开幕式	故宫博物院副院长 王亚民	2人	何鸿毅家族基金会	9月15日至16日
担任香港中乐团第34乐季特聘音乐顾问	文化部民族民间文艺发展中心主任　李松	1人	香港中乐团	9月15日至18日
出席“香江明月夜”中秋晚会	中国文学艺术界联合会副主席 覃志刚（副部级）	2人	中华文化城有限公司	9月16日至21日
香港各界庆祝国庆中秋演出	四川省文化厅 达州市艺术剧院杂技团	10人	香港林戈娱乐制作有限公司	9月17日至10月5日
出席“全球华侨华人促进中国和平统一大会”并担任“两岸教育文化论坛”主讲嘉宾	中国艺术研究院中国文化研究所所长 刘梦溪	1人	中国和平统一会香港促进会	9月20日至22日

项目名称	单位及人员	人数	出访地区及邀请单位	出访起止日期
参加“同乐今宵2010中秋彩灯会”演出，庆祝国庆暨中秋	吉林长白朝鲜族自治县民族歌舞团	43人	香港联艺机构有限公司	9月20日至27日
庆祝国庆61周年	山西省歌舞剧院团长、山西省文化厅厅长张明亮	51人	香港荃湾各界庆祝国庆筹委会	9月24日至29日
参加“国庆文艺演出小分队”巡回演出，庆祝中秋暨国庆	安徽省艺术团 周化东等	28人	香港联艺机构有限公司	9月24日至10月5日
参加国庆演出	山东省杂技演艺有限公司　张勇等	10人	香港赛马会	9月27日至10月2日
参加歌剧《波希米亚人》演出	武警文工团演员孙砾	1人	香港歌剧院	10月2日至12日
参加曹禺戏剧节，演出话剧《北京人》	北京市文化局 北京人民艺术剧院 崔宁等	63人	香港联艺机构有限公司	10月10日至18日
庆祝国庆，演出大型音乐杂技剧《你好，阿凡提》	新疆杂技团团长、新疆文化厅副厅长 黄永军	70人	香港中华文化城有限公司	10月12日至18日
赴香港新光剧院，商演昆剧《烂柯山》	浙江昆剧团 林为林等	34人	香港邢金沙戏曲传习社	10月31日至11月3日
庆祝香港上海戏曲艺术协会成立33周年演出	温州市越剧团	60人	香港上海戏曲艺术协会	11月1日至6日
“国粹香江校园行”活动	上海戏剧学院附属戏曲学校	40人	香港联艺机构有限公司	11月1日至8日
参加香港特别行政区政府康乐及文化事务署2010年新视野艺术节闭幕演出	江苏省文化厅 江苏省苏州昆剧院	44人	香港承艺文化传播有限公司	11月15日至22日
参加香港侨界社团联会大型庆典活动	中华全国归国华侨联合会	15人	香港侨界社团联会	11月16日至19日
举办“和韵天歌——感悟《道德经》咏诵会”	中国文学艺术界联合会	45人	香港仁爱堂	11月20日至24日

项目名称	单位及人员	人数	出访地区及邀请单位	出访起止日期
演出	广西壮族自治区文化厅 广西钦州市粤剧团	39 人	香港广西社团总会	11 月 20 日至 26 日
赴港考察	中央文化管理干部学院　张旭	1 人	香港特别行政区民政事务局	12 月 5 日至 11 日
举办“大美青海·玉树常青”表演	中国对外文化集团公司 青海艺术团	93 人	香港联艺机构有限公司	12 月 12 日至 15 日
举办“国家重大历史题材美术创作工程部分作品展”	中国美术馆	11 人 56 件	香港中华文化城有限公司	12 月 12 日至 18 日
赴香港、澳门答谢展演	中国对外文化集团公司 青海艺术团	100 人	香港联艺机构有限公司	12 月 13 日至 15 日
赴香港参加刘德华 UNFORGETTABLE 演唱会	少林寺文化传播（登封）有限公司	9 人	香港天卓有限公司	12 月 13 日至 2011 年 1 月 11 日
参加“东亚文化政策研讨会”	中国艺术研究院 丁亚平	1 人	香港大学现代语言及文化学院	12 月 15 日至 22 日

2010 年内地赴澳门地区文化交流项目一览表

项目名称	单位及人员	人数	出访地区及邀请单位	出访起止日期
“中华民族大团结万岁——万人书画展”	中国录音录像出版总社	3 人 400 件	中国国际古陶瓷鉴识研究学会	1 月 18 日至 21 日
“古韵抒怀，汉风笔墨——朱志杰中国当代帛书艺术”展览开幕式暨捐赠仪式	潘震宙	2 人	澳门中华文化艺术协会	1 月 20 日至 23 日
庆祝春节，文化艺术交流演出	中国舞蹈家协会 刘敏	30 人	澳门舞蹈协会	2 月 7 日至 9 日
“江西、云南春节习俗展”	侯湘华	3 人	澳门民政总署	2 月 7 日至 11 日

项目名称	单位及人员	人数	出访地区及邀请单位	出访起止日期
九九归一——庆祝澳门回归祖国10周年故宫珍宝展	故宫博物院	13人 125件	澳门艺术博物馆	2月8日至12日 3月10日至19日
“内地春节习俗展”	文化部民族民间文艺发展中心	69人 33组	澳门特别行政区民政总署	2月9日至 3月7日
与澳门中乐团合作演出“上海风情”	中央民族乐团 何建国等	30人	澳门文化局	4月20日至26日
演出《杂技魅影》	中国杂技团有限公司 孙力力	49人	澳门派意市场推广服务有限公司	4月28日至 5月2日
磋商馆际交流	国家博物馆馆长 吕章申	5人	澳门民政总署	5月27日至29日
冰雪艺术展览会	黑龙江冰雪艺术发展有限公司	48人	威尼斯人路凼股份有限公司	7月27日至 8月25日
海侨儒宗——利玛窦逝世四百周年文物特展	辽宁省博物馆	3套，(一级文物1套)	澳门艺术博物馆	8月7日至 10月31日
演出优秀传统折子戏	广西北海市粤剧团	30人	澳门松山扶轮社	8月18日至21日
参加澳门理工学院“走进芭蕾”演出	中央芭蕾舞团团长 冯英	25人	澳门基金会	9月13日至16日
参加“2010澳门国际彩灯文化展”	成都盛泰联展会务有限公司	25人	澳门演艺文化业协会	9月18日至 10月10日
庆祝国庆61周年	贵州民族歌舞剧院	77人	澳门民政总署	9月26日至 10月3日
冰雪艺术展览会	黑龙江冰雪艺术发展有限公司	44人	威尼斯人路凼股份有限公司	2010年9月至 2011年2月
中国艺术博览会——中华玉文化展	中国录音录像出版总社所属中国文化艺术有限公司	300件 玉雕	中国玉文化研究院、中国玉品鉴定中心	10月1日至 12月31日

项目名称	单位及人员	人数	出访地区及邀请单位	出访起止日期
赴澳门永乐戏院演出，并进行文化交流，履行与澳门基金会5年合作协议	中国京剧艺术基金会理事长　刘长瑜等	55人	澳门基金会	10月13日至18日
参加第八届“澳门妈祖文化旅游节”	山东文化艺术团 肖冬等	69人	澳门中华妈祖基金会	10月14日至17日
参加第24届澳门国际音乐节	内蒙古大学艺术学院少年合唱基地班团长、内蒙古大学艺术学院院长　李玉林	53人	澳门文化局	10月20日至23日
“国粹香江校园行”活动	上海戏剧学院附属戏曲学校	40人	澳门苏浙沪同乡会	11月8日至11日
赴澳门演出	湖南省文化厅 湖南省歌舞剧院	53人	澳门基金会	11月8日至12日
参加澳门艺术博物馆“秣陵烟月——金陵画派书画学术研讨会”	故宫研究馆员　肖燕翼	1人	澳门民政总署	11月9日至13日
“澳门非物质文化遗产名录申报讲解会”担任演讲嘉宾	中国艺术研究院曲艺研究所所长 吴文科（副局级）	1人	澳门博物馆	11月12日至15日
参加回归庆祝演出	国家安全生产监督管理总局 中国煤矿文工团	76人	澳门归侨总会	11月16日至19日
参加澳门项秉华舞蹈学校建校28周年庆典	中央芭蕾舞团	2人	澳门项秉华芭蕾舞学校	11月18日至23日
演出《状元媒》	湖北省文化厅 武汉汉剧院	58人	澳门特区政府文化局	12月8日至12日
赴香港、澳门答谢展演	中国对外文化集团公司 青海艺术团	100人	香港联艺机构有限公司	12月9日至12日
举办“大美青海·玉树长青”大型演展活动	中国对外文化集团公司 青海艺术团	93人	澳门基金会	12月9日至12日

项目名称	单位及人员	人数	出访地区及邀请单位	出访起止日期
参加“斗色争妍—故宫博物院藏清代御窑瓷器精品展”开幕式及相关活动	故宫博物院 郑欣淼等	2人	澳门艺术博物馆	12月13日至18日
“斗色争妍——故宫博物院藏清代御窑瓷器精品展”	故宫博物院	11人	澳门特区民政总署	12月13日至18日（5人）;12月9日至18日（3人）

港澳来内地文化交流项目

2010 年香港特区政府文化代表团活动一览表

日 期	活 动 内 容
2 月 1 日	文化部部长蔡武会见了香港特别行政区政府政务司司长唐英年一行。蔡部长充分肯定了香港回归以来内地与香港的文化交流与合作所取得的成绩以及香港文化建设的长足发展，并就进一步加强两地文化交流与合作，特别是加强两地青少年之间的交流等问题交换了意见。
3 月 7 日	文化部部长蔡武会见并宴请了来京参加“两会”的部分香港全国人大代表、全国政协委员，听取了他们对内地文化发展及加强内地与香港文化交流的意见和建议，探讨了如何进一步弘扬中华文化，促进人心回归工作。
4 月 19 日	文化部副部长赵少华会见了来京访问的香港特区政府民政事务局常任秘书长杨立门、康乐及文化事务署署长冯程淑仪等一行，并围绕文化政策法规、非物质文化遗产保护、文化产业等方面的工作与杨立门秘书长一行进行了深入交流。

2010 年澳门特区政府文化代表团活动一览表

日 期	活 动 内 容
1 月 18 日	由文化部港澳台办主办、中央文化管理干部学院承办的首届“内地与港澳文化合作论坛”在北京举行。内地和港澳 15 家代表性艺术节的领导者、组织者共 30 余人参加了此次活动。文化部党组成员、副部长赵少华出席开幕式并致欢迎词，澳门文化局局长何丽钻出席论坛，开幕式由文化部港澳台办党委书记、副主任侯湘华主持。
6 月 18 日	由文化部港澳台办与澳门特区政府文化局共同主办、中央文化管理干部学院承办的“澳门特区文化遗产保护和管理高级研修班”在北京举办。文化部港澳台办主任董俊新、中央人民政府驻澳门联络办公室文化教育部副部长张晓光、澳门特区政府社会文化司司长办公室顾问周信余等出席开班典礼，来自澳门特区文化遗产保护和管理领域的专家、学者和业界骨干共 20 人参加了为期 10 天的研修活动。

2010 年香港来内地文化交流项目一览表

项目名称	单位及人员	人数	访问城市及邀请单位	来访起止日期
2010 两岸四地大学生魔术交流大会	香港魔术师郝赫 香港浸会大学学生钟雅媛等	5 人	中国少数民族文化艺术基金会 广东杂技家协会	4 月 2 日至 4 日
2010 港澳视觉艺术展	艺术家	10 人	对外文化集团公司	6 月 26 日至 7 月 3 日
第四届国际汉语合唱大会	香港合唱团协会合唱团	30 人	中国合唱协会	8 月 10 日至 13 日
第 19 届金鸡百花电影节	电影界人士	35 人	中国电影家协会	10 月 12 日至 16 日
第七届深圳国际水墨双年展	香港艺术馆	37 人 42 件	深圳国际水墨双年展组委会	12 月 8 日至 2011 年 1 月 12 日

2010 年澳门来内地文化交流项目一览表

项目名称	单位及人员	人数	访问城市及邀请单位	来访起止日期
2010 两岸四地大学生魔术交流大会	澳门魔术师林容云澳门科技大学学生 陈国诚等	3 人	中国少数民族文化艺术基金会 广东杂技家协会	4 月 2 日至 4 日
2010 港澳视觉艺术展	艺术家	10 人	对外文化集团公司	6 月 26 日至 7 月 3 日
第四届国际汉语合唱大会	澳门合唱团协会合唱团	35 人	中国合唱协会	8 月 10 日至 13 日
第 19 届金鸡百花电影节	电影界人士	10 人	中国电影家协会	10 月 12 日至 16 日
巡回音乐会（青岛、济南、合肥、郑州、武汉）	澳门乐团	84 人	中华文化促进会	11 月 27 日至 12 月 11 日

对台文化交流重要项目

（一）中华文化联谊会名誉会长蔡武首次访台

9月2～8日，应台湾沈春池文教基金会邀请，中华文化联谊会名誉会长、文化部部长蔡武率中华文化联谊会交流访问团一行44人赴台访问，并出席了由中华文化联谊会与台湾沈春池文教基金会合作举办的首届“两岸文化论坛”。

访问团由中华文化联谊会代表团和两岸文化论坛专家团组成。代表团成员主要包括国家文物局局长、中华文物交流协会会长单霁翔，以及文化部有关司局负责人。专家团则由中国作协书记处书记、《人民文学》主编李敬泽、中国美术馆馆长范迪安、中国戏剧家协会主席尚长荣等大陆文化界30位教授、专家、学者组成。

访问期间，蔡武名誉会长会见了中国国民党荣誉主席连战、台湾海基会董事长江丙坤，并先后在不同场合与中国国民党荣誉主席吴伯雄、副主席蒋孝严、台湾文化总会会长刘兆玄、“文化建设委员会”主任委员盛治仁、台北县县长周锡玮、台中市市长胡志强、南投县县长李朝卿、台南市市长许添财、台北故宫博物院院长周功鑫、“两厅院”董事长郭为藩及艺术总监黄碧端、台北历史博物馆馆长张誉腾、著名作家李敖等台湾政界、文化界人士会面，就两岸文化关系的现状和发展广泛交换了意见。蔡武名誉会长在台参访了台北故宫博物院、历史博物馆、台湾美术馆、台北艺术大学、台湾工艺研究发展中心、两厅院、台湾文学馆等一大批文教、博物馆机构，参观了胡适、于右任、钱穆等多位文化名人故居，全面和深入了解岛内的文化发展状况。

该团是迄今为止大陆赴台参访级别最高、涉及面最广、代表性最强的文化交流访问团，因而受到两岸各界的高度关注。两岸各主要媒体都派出记者，跟踪采访了代表团的各项活动，并做了充分报道，各媒体都普遍肯定了蔡武访台对两岸关系和平发展的积极意义和作用。台湾文化总会会长、前“行政院”院长刘兆玄认为，蔡武名誉会长的台湾文化之旅掀开了两岸文化交流崭新的篇章，在两岸文化交流史上具有里程碑意义。

（二）举办两岸文化论坛

9月6日，中华文化联谊会和台湾沈春池文教基金会在台北共同成功举办“把握契机·开创新局——两岸文化论坛”。正在台湾访问的中华文化联谊会名誉会长、文化部部长蔡武与台湾“文化建设委员会”主任委员盛治仁共同出席了论坛，并分别以《大陆文化发展与两岸文化交流前瞻》、《台湾文化发展特色、策略与两岸文化交流愿景》为题发表了演讲，开启两岸文化交流以来最高级别的文化盛会。

蔡武在演讲中介绍了近年来大陆文化建设所取得的发展成就。他强调指出，《海峡两岸经济合作框架协议》顺利签署后，各领域务实交流取得巨大成就，但是经济合作与贸易往来不能替代文化交流与思想沟通。由于历史和现实的原因，两岸文化交流还存在一些壁垒和障碍，大陆文化主管部门愿意以更加开放、务实的态度，创造性地开展工作，努力构建两岸文化交流平台，全方位推动两岸文化交流与合作。为此，蔡武提出了加强两岸文化交流与合作的4点意见和建议：凝聚共识，推动两岸文化交流制度化；深化交流，共同推动中华文化的传承与发展；搭建交流平台，不断拓展交流领域；加强产业合作，增强两岸文化产业的国际竞争力。

中华文物交流协会会长、国家文物局局长单霁翔与台湾文化总会会长刘兆玄、“文化建设委员会”副主委李仁芳、沈春池文教基金会董事长沈庆京及海峡两岸150多位文化界人士出席了论坛，共商两岸文化交流大计，共谋两岸文化交流的广阔前景。论坛分别以文创产业与市场、文物与非物质文化遗产（有形与无形文化资产）、视觉艺术与表演艺术以及文学与社区文化（社区总体营造）等4个议题举行分组座谈。与会两岸嘉宾都是产、官、学、研界的重量级专家学者，各分组座谈发言踊跃、互动热烈。中华文化联谊会常务理事、文化部文化产业司司长刘玉珠、文化市场司副司长庹祖海、非遗司副司长马盛德、中国文化遗产研究院副院长侯卫东、中国美术馆馆长范迪安以及台湾“文化建设委员会”一处处长方芷絮、中华文物学会理事长王定乾等两岸专家学者，从不同领域和角度发表论文，阐述各自领域发展现况，提出两岸合作所面临的障碍及今后工作建议。

论坛经过两岸专家学者的深入探讨，达成了以下主要共识：两岸应为商谈签署两岸文化交流协议创造有利条件；研商互设民间文化办事机构的可能性，服务两岸文化交流；加强两岸文化产业交流与合作；推动两岸文物与非物质文化遗产保护、传承与利用的交流与合作；推动两岸美术馆、博物馆、图书馆、艺术研究机构、群众艺术馆及地方文化馆的交流与合作；合作编撰“中华文化大辞典”；加强推动两岸文化艺术交流，合作打造优秀剧目，共同举办艺术节等相关活动；合作举办两岸文学、艺术论坛，推动两岸历史文献资料研究的交流与合作。“两岸文化论坛”的成功举办得到中央社等岛内主流媒体的积极评价。新华社、凤凰卫视等主流媒体均对论坛予以全程报道，扩大了“两岸文化论坛”在海峡两岸的影响。

（三）刘兆玄访问大陆并出席首届两岸汉字艺术节新闻发布会

5月14～17日，应中华文化联谊会和中国艺术研究院邀请，台湾文化总会会长、前“行政院长”刘兆玄率团来京出席首届“两岸汉字艺术节”新闻发布会等系列活动，正式启动由中华文化联谊会、中国艺术研究院、台湾文化总会等合作共同举办的首届“两岸汉字艺术节”活动。

5月15日，新闻发布会在北京孔庙举行。中华文化联谊会顾问、原文化部部长王蒙代表大陆主办方致辞。他表示，汉字是传承中华文明的载体，在现代化进程加快的今天，保护、传承、弘扬汉字文化十分重要。两岸共同举办汉字艺术节将进一步增进两岸人民的情感，促进两岸人民的文化认同。刘兆玄在致辞中表达了对两岸合作举办汉字艺术节的赞许，他表示汉字艺术历史悠久，凝聚着中华民族的智慧，两岸以共同举办汉字艺术节的形式来展示汉字文化非常有意义。两岸60多家主流新闻媒体参加新闻发布会。中央电视台海峡两岸栏目对刘兆玄进行了专访。新华社、中新社、《人民日报》、中央人民广播电台、中央电视台等大陆主流媒体及中央社、《联合报》、《中国时报》、中天、TVBS、三立、东森电视台等台湾驻点媒体高度关注并给予广泛报道。

原全国人大常委会副委员长、世界汉语教学学会会长许嘉璐、中华文化联谊会顾问、文化部副部长王文章与刘兆玄、林谷芳等两岸近百位嘉宾、学者出席了在友谊宾馆贵宾楼举行的艺术节座谈会。座谈会围绕“首届汉字艺术节的意义与展望”、“汉字文化艺术的传承与发展”及“汉字文化艺术的推广与应用”3个议题展开。两岸嘉宾、学者各抒己见，共同探讨了汉字所承载的历史与文明内涵，提出了当前汉字文化传承与发展的课题，讨论了汉字与艺术乃至生活相结合成为文化创意产业的探索。

刘兆玄还在清华大学发表了题为《21世纪是谁的世纪?》的演讲，针对两岸交流发表见解。他强调，以中华文化为根基的文化交流才是两岸关系最大公约数。

（四）首届“两岸汉字艺术节”打造两岸汉字传承与弘扬的平台

9月16日，由中华文化联谊会、中国艺术研究院、台湾“文化总会”和河南省安阳市人民政府共同主办的首届“两岸汉字艺术节”大型两岸文化交流活动在北京太庙隆重开幕，10月15日结束。前中国国民党副主席、台湾“文化总会”副会长林澄枝等一行41人应邀于9月15～20日来北京出席艺术节开幕系列活动并赴安阳参加“汉字之旅”活动。艺术节成功结合了两岸艺术家的创意，从传统走向当代，以创新的形式和丰富的内容向大众全方位展现了汉字文化的魅力。

十届全国人大常委会副委员长、世界汉语教学学会会长许嘉璐，中华文化联谊会顾问、大陆文化部副部长李洪峰，台湾“文化总会”副会长林澄枝、林谷芳，台湾艺术大学校长黄光男及著名书法家欧阳中石等两岸近百位文化界代表人士、专家学者和艺术家出席了艺术节开幕式。开幕式别开生面，除主要嘉宾致词、为艺术节开幕剪彩外，著名指挥家刘森指挥中国音乐学院附中女子合唱团在开幕式上吟唱了《诗经》名篇《庭燎》、《伐檀》，两岸书法家和两百名书法爱好者共同挥笔书写各种字体的“汉字”二字，以集体书写的方式，让更多民众认识到汉字源远流长的文化内涵和艺术价值。

在中国艺术研究院的精心筹划下，首届“两岸汉字艺术节”由开幕式、专场演出、汉字主题展览、学术研讨、校园推广、汉字服装秀乃至安阳“汉字之旅”等一系列精彩活动组成，构成了内容丰富多元、视角新颖独特、兼具历史深度与文化内涵的完整图卷。在北京故宫博物院延禧宫举办的“追忆·汉字：典藏文明之光”主题文物展和在北京太庙、中国书法院展览馆举办的“雅尚·汉字：翰墨千秋”两岸书法名家联展，让观众充分了解汉字所承载的历史与文明；在北京今日美术馆举办的“意韵·汉字：汉字艺术印象”当代艺术展和“乐活·汉字：汉字创意生活”创意生活用品展，让观众充分领略到汉字与多种艺术形式乃至文化产业相结合的效果与魅力；“领袖·汉字：汉字创意秀”打造了艺术节独有的时尚创意风景线。台湾汉唐乐府南管乐舞团在北京太庙上演专场演出“殷商王后——武丁与妇好”，撷取南音与诗经精华，再现甲骨文肇始之初的殷商时代。

首届“两岸汉字艺术节”先后举办了“大家对谈”、“问道·汉字：两岸书法艺术论坛”，并在北京大学、清华大学等高校开展“开卷·汉字：高校汉字艺术讲座”，深入校园推广汉字艺术，推动传承与弘扬中华优秀传统文化。许嘉璐、林谷芳、田青、黄光男等两岸文化名家在中国艺术研究院以“汉字与中华文化”为主题举办了一场“大家对谈”，吸引了数百位师生慕名而来。黄光男、赵平安、朱青生、林俊廷、方文山等两岸学者专家、文化名人走上北京大学、清华大学、中国艺术研究院、中央美术学院、北京服装学院等讲坛，以两岸互动的新颖形式先后举办“汉字与创意生活”、“汉字与当代艺术”、“汉字与新媒体”O 十多场主题的讲座与对话，赢得了高校师生的普遍欢迎与好评。

（五）“两岸城市艺术节——台北文化周”在沪举办

6 月 3 ～ 28 日，中华文化联谊会与上海文化联谊会、台北市文化基金会合作，在上海成功举办“两岸城市艺术节——台北文化周”大型文化交流活动，这是 2009 年 10 月“两岸城市艺术节——上海文化周”在台北市成功举办后，台北市回访上海所举办的大规模文化交流活动。

台北市长郝龙斌率台北市文化交流访问团乘首航班机抵沪，并于 6 月 15 日出席了“两岸城市艺术节——台北文化周”新闻发布会和开幕酒会，宣告“两岸城市艺术节——台北文化周”系列活动正式揭开帷幕。中华文化联谊会会长、文化部副部长赵少华与上海市委常委杨晓渡会见并宴请了郝龙斌一行。赵少华、郝龙斌、台盟中央副主席吴国祯、海协会副会长张铭清等两岸嘉宾共同观看了台湾明华园戏剧总团在上海虹口足球场台北文化周开幕式上演出的《超炫白蛇传》。

“两岸城市艺术节——台北文化周”系列艺术展演、文化论坛及推介 2010 台北花博会户外展等精品项目在上海大剧院、上海音乐厅、上海东方艺术中心、上海美术馆、世博园区城市广场等上海主流场馆全面铺开。“台湾行旅——台北市立美术馆典藏展”率先在上海美术馆举办，为“台北文化周”拉开序幕。台北市立交响乐团、台北市立国乐团、明华园、优人神鼓、国光剧团、屏风表演班、当代传奇剧场等岛内七大重要表演艺术团体呈现给大陆观众一批历经岛内乃至海外演出市场千锤百炼的优秀作品，囊括京剧、话剧、歌仔戏、民乐、交响乐、打击乐等诸多艺术品种，深化了两岸城市间文化交流与合作。

以“全球化时代的艺术创新”为主题的“文化论坛”汇聚了赖声川、吴静吉、许博允等岛内文化界重量级人物及上海文化界多位代表性专家、学者。两岸嘉宾共同围绕“创意城市的营造”及“中华文化如何通过传统基础上的创新而与世界对话”等话题精彩交流，成就了一场两岸文化界难得一见的高水准对话。

台北市还推出了“2010 上海台北双城文化创意产业博览会”、世博“台北日”和推介 2010 年台北花博会户外展等配套活动，台北案例馆形象大使王力宏及优人神鼓、台北市立国乐团、台北市立交响乐团等在世博园区城市广场的精彩表演吸引了巨大的人流。

（六）“情系八桂——两岸文化联谊行”活动在广西举办

8 月 15 ～ 24 日，中华文化联谊会与广西壮族自治区人民政府合作，在广西举办“情系八桂——两岸文化联谊行”大型文化交流活动，邀请前“陆委会”主委张京育、前“外交部”部长程建人、前“内政部”次长李本仁、中国电视公司董事长林圣芬等台湾地区文化界、教育界和媒体界等知名人士共 101 人参加。

中华文化联谊会会长赵少华为活动题写了贺辞。中华文化联谊会顾问、文化部副部长李洪峰和广西自治区政府主席马飙、副主席陈武、李康及国务院台办有关部门领导出席了活动开幕式暨欢迎晚宴，李康副主席专程赴桂林出席闭幕式暨联欢晚会。“情系八桂”活动充分挖掘和运用广西丰富、多元的少数民族文化资源，以突出民族文化特色为重点，将活动打造成为特点鲜明的民族文化之旅。活动特别邀请14位台湾少数民族同胞加入嘉宾行列，形成两岸少数民族同胞的直接互动与交流，成为一大亮点。

“情系八桂”活动连续举办了“广西文化报告会”、“中华民族文化学术研讨会”、“两岸文化交流笔会”和“两岸文化交流座谈会”等一系列高水准的两岸对话。在广西民族大学举办的“中华民族文化学术研讨会”成为两岸少数民族文化交流的生动舞台。在“两岸文化交流座谈会”上，两岸嘉宾则围绕广西文化发展、推动两岸文化交流等议题各抒己见，凝聚共识。借助“情系八桂”活动的平台，主办方精心安排台湾嘉宾观看粤剧、桂剧、壮剧、彩调剧、邕剧等广西特色的折子戏联演，推介大型民族音画《八桂大歌》、大型实景演出《印象·刘三姐》等广西有代表性的文化艺术精品，观摩广西少数民族非物质文化遗产展览。“情系”活动不仅增进了同胞情谊，而且推动了桂台文化交流与合作。

（七）首次赴台举办“海峡两岸文化创意产业展”

11月9～18日，中华文化联谊会应台湾“商业总会”和沈春池文教基金会邀请，组派大陆文化产业交流访问团一行12人赴台参访；委托海峡两岸（厦门）文化产业博览交易会组委会办公室组织大陆参展团一行150多人于11月8～15日赴台参加首届台湾国际文化创意产业博览会，并以“展中展”的形式举办首届“海峡两岸文化创意产业展”，这也是大陆文化企业首次成规模入岛参展。

展览期间，以海峡西岸为主的50余家大陆文创企业在台北世界贸易中心南港展览馆一楼1600平方米的展示空间内搭建了120多个展位，进行为期四天的展示、洽商，一方面面向台湾民众呈现近年来大陆文化产业蓬勃发展的面貌和未来发展规划，推介“海峡两岸（厦门）文化产业博览交易会”，另一方面近距离展示大陆丰富多彩的文化产品，将大陆优秀的文化产业园区、文创产品及创新工艺技术介绍给台湾业界和民众，寻求合作商机，拓展合作领域。

中华文化联谊会副会长李鸿、台浮“文建会副主委”李仁芳、“商业总会”理事长张平沼与中国动漫集团、中国文化传媒集团、中国东方演艺集团、中国对外文化集团等单位负责人共100多人出席了开幕式。台湾地区领导人萧万长、“行政院院长”吴敦义、“文建会主任委员”盛治仁等出席了台湾国际文博会的开幕活动，马英九参观了部分展区。

访问团观摩了台湾国际文博会和两岸文创展，出席了“两岸文创产业交流论坛”。访问团还展开了一系列卓有成效的参访交流活动，拜会了台湾“商业总会”，与台北市、台北县等县市文化主管部门积极互动，推介大陆文化产业资源，建立合作关系。访问团专程观摩了融合台湾文化产业发展最新成果的台北国际花博会，访问华山文创园区、太极影音公司、学学文创公司、广兴纸寮、桃米生态村、十鼓文化村、三地门原住民文化园区等10余家拥有不同发展模式与特点的文创企业案例和地方文化聚落，专程赴高雄县“义大世界”主题乐园，考察北京北奥（集团）有限责任公司驻点演出大型风情武术剧《寻找功夫》的演出情况。

（八）举办第三届“海峡两岸（厦门）文化产业博览交易会”

6月18～21日，中华文化联谊会与福建省人民政府在厦门成功举办第三届“海峡两岸（厦门）文化产业博览交易会”（简称“两岸文博会”），成为两岸文化产业交流与合作的重要平台。

两岸文博会由开幕式、博览交易会、城市论坛和配套活动四大板块组成，汇集两岸四地有代表性的文化产业单位、产品和服务，设有1个主展馆和11个分会场。展区面积32000平方米，比上届增长45.45%，展位1344个，同比增长17.28%。签约项目138个，总金额近99亿元，同比分别增长68.29%和13.71%。台湾地区共有22个县市组团参加，参展的文化企业多达204家，共设展位416个，占总展位数的31%，参展企业数和展位数均比上届增长了50%。中共中央政治局常委、全国政协主席贾庆林和台盟中央主席林文漪、民革中央常务副主席厉无畏等巡视了两岸文博会展馆。民革中央、国务院台办、文化部、广电总局、新闻出版总署和福建省人民政府有关领导出席了开幕式。香港特区文化企业再次参展，澳门特区首次大规模组团参展，凸显了本届文博会在两岸四地文化产业对接中的独特作用。

（九）举办第五届“中国（莆田）海峡工艺品博览会”

6月18～21日，中华文化联谊会与福建省人民政府在莆田成功举办第五届“中国（莆田）海峡工艺品博览会”（简称“海峡艺博会”）。中华文化联谊会会长、文化部副部长赵少华出席欢迎晚宴并参观了展览。

本届海峡艺博会以“弘扬中华优秀文化、促进产业合作发展”为主题，644个标准展位集中展示来自海峡两岸和世界各国的木雕、根雕、陶瓷、玉雕、石雕、首饰、漆器、编织、刺绣、绘画、竹雕、剪纸、古玩收藏等26大类上万件工艺品。实现工艺品成交额5790万元，订货合同金额达4.39亿元，订货意向金额3.41亿元。展会专门设立台湾展区，84个展位集中了包括台湾工艺发展协会、台湾珠宝工业同业公会、苗栗三义木雕协会等60多家台湾工艺美术企业。

（十）举办“2010海峡两岸民间艺术节”

10月15～19日，中华文化联谊会与福建省文化厅、厦门市人民政府合作，在厦门举办“2010海峡两岸民间艺术节”活动，取得圆满成功。

台湾文化总会副会长林谷芳、传统艺术中心主任柯基良应邀出席了艺术节开幕系列活动，台湾廖琼枝文教基金会、台湾春风传统剧场、台湾真五洲掌中木偶剧团、台湾苗栗陈家班北管八音团、台湾九天民俗技艺团等两岸表演团体、嘉宾及专家学者600余人应邀参加了艺术节。

艺术节集戏剧曲艺演出、民俗技艺展示、艺术展览、学术交流等内容于一体，包括12场演出、1个画展、1个图片展、3场学术研讨会及1场歌仔戏名家见面会等，艺术门类多，交流范围广。艺术节以廖琼枝歌仔戏文教基金会演出的歌仔戏《陶侃贤母》开幕，以两岸名角、青年演员合作演出的“两岸薪火相传”晚会闭幕，突显两岸民间艺术的传承后继有人。台湾著名画家李奇茂举办个人画展，丰富和拓展了艺术节的活动内容。

（十一）大陆文化产业访问团赴台参访交流

3月22～29日，应台湾沈春池文教基金会邀请，中华文化联谊会组派大陆文化产业专业人士交流访问团一行12人赴台交流考察。

由中华文化联谊会副会长、大陆文化部港澳台办副主任侯湘华率领的访问团在台期间先后与台湾“文建会”、“文化总会”等有关机构广泛接触，就推动两岸文化高层互访以及共同举办两岸文化论坛、两岸汉字艺术节、海峡两岸文化产业博览会等大型文化交流活动充分交换意见，为进一步拓展和深化两岸文化交流奠定了基础。

访问团参观了台北华山文化创意园区，实地考察陕西民俗艺术节展演场地。拜访了台北历史博物馆、台北故宫博物院、台湾“国家文学馆”等岛内重要文化机构，与台北历史博物馆新任馆长张誉腾就两岸合作在该馆举办“三国文化特展”、“法门寺文物特展”等事宜交换了意见。考察了台北市中山堂、台北剥皮寮历史街区、台北树火纸博物馆、花莲文化创意园区、南投大禾竹艺等岛内古迹保护再利用的典型案例及代表性文化创意产业。

（十二）赴台湾参加“台中县大甲妈祖国际观光文化节”

4月7～17日，应台中县文化建设基金会邀请，中华文化联谊会组派陕西省戏曲研究院小梅花秦腔团、河南省嵩山少林武僧团、浙江省杭州杂技总团等一行154人赴台湾参加“台中县大甲妈祖国际观光文化节”演出。同时，4月15日，与福建省广播影视集团等部门共同组派“妈祖之光”大型综艺晚会艺术团一行115人在台中县大甲镇体育场成功举办“妈祖之光·世遗之华”大型综艺晚会，受到台湾民众的热烈欢迎。

陕西小梅花秦腔团青春版《杨门女将》、嵩山少林武僧团和杭州杂技总团《梦幻西湖》等分赴台中县立文化中心、清水紫云严广场、屯区艺文中心、大甲妈祖镇澜宫以及台中市圆满户外剧场等地演出。4月15日，大甲妈祖绕境巡游前夕，福建省广播影视集团在台中县大甲镇体育场成功举办“妈祖之光·世遗之华”大型综艺晚会。该晚会是“妈祖之光”主题晚会连续第五年走进台湾。晚会坚持以两岸民众共同信仰的妈祖为纽带，突出两岸同属中华文化，又体现不同以往的创新。“女神泽世”、“灵应沧海”、“神昭海表”、“圣德无疆”四大篇章多方面展示了妈祖文化内涵。全体演员和现场观众合唱晚会主题曲《妈祖之光》，共同为青海玉树地震灾区的受灾同胞祈福，将晚会推向高潮。

台中市长胡志强、台中县长黄仲生、彰化县长卓伯源等岛内知名人士与现场上万名观众冒雨观看了演出。台湾东森电视财经台、亚洲台、美洲台，中天电视娱乐台、亚洲台、美洲台以及深绿的三立电视台等台湾主流媒体对晚会进行全程直播，马来西亚欢喜电视台、东南卫视、海峡卫视、新浪网、凤凰网、腾讯网等媒体同步直播。

（十三）《图兰多》赴台演出

3月5日～4月10日，在文化部指导和支持下，北京市演出有限责任公司组成包括中央歌剧院在内的大型演出制作团队412人赴台中，成功演出两场张艺谋鸟巢版大型景观歌剧《图兰朵》，成为两岸迄今为止最大规模的合作演出。台“行政院”副院长朱立伦、台中市长胡志强、“文建会”主任委员盛治仁、台积电董事长张忠谋、旺旺集团董事长蔡衍明和远东集团董事长徐旭东等台湾政、商、文化界人士观看了首演，两场演出共吸引了4万余名台湾观众购票入场。

（十四）举办“杨英风”和“杨奉琛”展

3月6～15日，文化部以中华文化联谊会名义与中国美术馆、台湾杨英风美术馆合作，在中国美术馆举办“大器·遇合——杨英风展”和“五行再生——杨奉琛创作展”。文化部部长蔡武会见并宴请了中国国民党副主席林丰正等两岸嘉宾，文化部副部长杨志今与中国国民党副主席林丰正等两岸嘉宾出席了开幕式。

（十五）赴台参加“妈祖之光”综艺晚会

4月9～16日，应台湾台中县港区文化艺术基金会邀请，文化部以中华文化联谊会名义和福建省广播影视集团共同组派“妈祖之光”综艺晚会艺术团一行112人赴台举办“妈祖之光·世遗之华”大型综艺晚会。

（十六）王蒙赴台访问

4月15～24日，应台湾新地文学季刊邀请，原文化部部长、著名作家王蒙赴台访问并出席“21世纪世界华文文学高峰会议”。

（十七）赴台举办陕西民俗艺术节

4月26日～5月9日，应台北市文化艺术促进协会邀请，文化部以中华文化联谊会名义与陕西省人民政府共同在台举办“陕西民俗艺术节”。陕西省副省长郑小明、文化部港澳台办副主任项晓炜及陕西省戏曲研究院等130多位艺术家赴台。

（十八）赴台举办大陆民乐名家音乐会

5月3～11日，应台湾传大艺术事业公司邀请，中华文化联谊会组派“大陆民乐名家音乐会”演出团一行18人赴台演出5场。

（十九）举办星云法师书法展

5月9～15日，中国艺术研究院、中国美术馆与台湾佛光山文教基金会合作，在中国美术馆成功举办了“星云法师一笔字书法展”。台湾佛光山开山宗长、国际佛光会世界总会总会长星云法师率团来京出席了展览开幕活动，参加了“中华传统文化与和谐社会”专题座谈会。李瑞环同志参观了该展并与星云法师晤谈，文化部部长蔡武会见并宴请了星云法师一行，文化部副部长赵少华出席开幕式，文化部副部长王文章出席座谈会。

（二十）大陆文化产业访问团

6月3～7日，应台北教育大学邀请，中华文化联谊会组派大陆文化产业访问团一行13人赴台出席两岸文化创意产业研讨会。

（二十一）赴台举办“客家之歌”综艺晚会

6月10～17日，应台湾“中华海峡两岸客家文经交流协会”、台北县客家事务局、民间全民电视股份有限公司邀请，中华文化联谊会与福建省广播影视集团、龙岩市人民政府共同组派大陆客家综艺演出团一行94人赴台，并在台北县举办“客家之歌·海峡缘 客家欢”大型综艺晚会。

（二十二）台大学院校艺文中心协会访问团来大陆参访

7月10～19日，文化部以中华文化联谊会名义邀请以台湾艺术大学校长黄光男为团长的台湾地区大学院校艺文中心协会交流访问团一行22人，来北京、甘肃、新疆参访交流。

（二十三）台文化行政专业人士交流访问团来大陆参访

7月12～22日，中华文化联谊会邀请台湾文化行政专业人士交流访问团一行18人来北京、上海、成都参访，并观摩上海世博会。

（二十四）赴台举办"海峡梨园情"中秋戏曲晚会

9月9～20日，应台湾辜公亮文教基金会邀请，中华文化联谊会与福建省广播影视集团共同组派大陆戏曲艺术家演出团一行90人赴台举办"海峡梨园情"中秋戏曲晚会。

（二十五）赴台举办"妈祖之光·福航彰化"综艺晚会

9月19～24日，应台湾彰化县政府邀请，文化部以中华文化联谊会名义与福建省广播影视集团共同组派大陆综艺演出团一行92人赴台举办"妈祖之光·福航彰化"大型综艺晚会。

（二十六）朱宗庆打击乐团来大陆演出

10月11～20日，中华文化联谊会邀请朱宗庆打击乐团一行31人来北京、西安演出。

（二十七）《四世同堂》赴台演出

10月22日～11月9日，应台湾威景国际文化事业有限公司邀请，我部中华文化联谊会所属北京巨龙文化公司组派国家话剧院院长周志强等一行96人赴台，在台北"国父纪念馆"演出由国家话剧院创作的大型话剧《四世同堂》。本次演出是国家话剧院首次尝试"大陆排练、台湾首演"的剧目排演新模式。连战夫妇、江丙坤夫妇、马英九夫人周美青等台湾知名人士观看了首演。

（二十八）广西青少年艺术团赴台演出

12月16～25日，中华文化联谊会与宋庆龄基金会共同组派广西优秀青少年艺术团一行32人赴台交流演出，该项目是大陆优秀青少年团体台湾校园巡演计划项目之一。

对台文化交流项目表

2010年赴台交流项目一览表

项目序号	赴台时间	团组名称	人次	活动内容	活动性质
1	1月14日至21日	江苏省常熟书画访问团时映光等	13	应台湾新世纪文化艺术协会邀请，赴台举办展览	B 展览
2	1月17日至20日	黑龙江省杂技团关心民等	2	应台湾中华文化经济统一促进会邀请，赴台商谈演出事宜	A 演出
3	1月21日至29日	宁夏回族自治区党委宣传部副部长李克强等	35	应台湾中华经贸文化推广协会邀请，赴台交流考察	C 人员
4	1月22日至31日	北京市民政局关维兴	2	应台湾"中华亚太水彩艺术协会"邀请，赴台进行交流	C 人员
5	1月27日至2月10日	宁夏京剧团闫凤亮等	57	应台湾唐龙艺术有限公司的邀请，赴台演出	A 演出
6	2月5日至16日	上海慈颜工艺品有限公司徐晓镛等	2	应台湾龙唐文化艺术经纪有限公司邀请，赴台进行交流活动	C 人员

项目序号	赴台时间	团组名称	人次	活动内容	活动性质
7	2月6日至5月16日	内蒙古博物院赵新民等	8	应台湾时艺多媒体传播有限公司邀请，赴台举办作品展	B 展览
8	2月8日至4月9日	山西省太原市歌舞杂技团卫建勇等	24	应台湾万象艺术国际事业有限公司的邀请，赴台演出	A 演出
9	2月8日至6月10日	山西省太原市歌舞杂技团卫建勇等	24	应台湾万象艺术国际事业有限公司邀请，赴台演出	A 演出
10	2月9日至3月10日	宁夏回族自治区银川市杂技团郭正祥等	36	应台湾高雄关帝庙管理委员会的邀请，赴台演出	A 演出
11	2月13日至17日	福建省杂技团林防等	88	应台湾财团法人澎湖县文化基金会邀请，赴台演出	A 演出
12	2月17日至28日	中国音乐学院闫拓时等	9	应台湾南华大学邀请，赴台参加研讨会	C 人员
13	2月17日至8月17日	中国音乐学院樊祖荫	2	应台湾南华大学邀请，赴台讲学	C 人员
14	2月18日至25日	湖北省武汉市民间高龙表演艺术团谌炯等	74	应台湾“中华文化经济交流协会”的邀请，赴台演出	A 演出
15	2月20日至26日	山西小百灵艺术中心何菁等	31	应台湾基隆市表演艺术发展协会与基隆市枫香舞蹈团的邀请，赴台演出交流	A 演出
16	2月20日至8月20日	山西省歌舞剧院演奏员王宝灿	1	应台湾南华大学邀请，赴台讲学	C 人员
17	2月23日至3月1日	广东省中山市文联胡波等	9	应台湾藏丰文化艺术有限公司邀请，赴台展览	B 展览
18	2月25日至4月25日	甘肃省文物考古研究所研究员董玉祥	1	应台湾觉风佛教艺术文化基金会邀请，赴台讲学	C 人员
19	3月1日至5月11日	河北省京剧院王世明、上海越剧院孙虹江	2	应台湾戏曲学院邀请，赴台教学	C 人员

项目序号	赴台时间	团组名称	人次	活动内容	活动性质
20	3月2日至5月2日	河南省豫剧一团张廷营	1	应台湾传统艺术总处筹备处、台湾豫剧团邀请，赴台演出	A演出
21	3月3日至5日	北京儿童医院侯晓菊	1	应台湾长庚儿童医院邀请，赴台交流	C人员
22	3月5日至4月10日	中央歌剧院陈维亚等	412	应台湾悍创股份有限公司邀请，赴台演出	A演出
23	3月8日至13日	四川省文化厅副厅长李兆泉等	11	应台湾沈春池文教基金会邀请，赴台交流考察	C人员
24	3月8日至15日	故宫博物院退休专家杨伯达等	2	应台湾“中国文艺协会”邀请，赴台进行文物及史料评鉴等相关文化交流活动	C人员
25	3月10日至16日	上海东方魅力乐团刘明等	8	应台湾摇篮唱片有限公司邀请，赴台演出	A演出
26	3月10日至18日	中国音乐学院吴碧霞	1	应“台湾国乐团”邀请，赴台演出	A演出
27	3月13日至19日	青海省文化和新闻出版厅厅长曹萍等	43	应台湾台北市文化教育交流发展协会邀请，赴台参加交流	C人员
28	3月14日至4月10日	张艺谋等	13	应台湾悍创股份有限公司邀请，赴台演出	A演出
29	3月15日至21日	上海歌剧院艺术总监张国勇	1	应台湾台北市立交响乐团邀请，赴台参加演出	A演出
30	3月18日至25日	福建博物院栗建安等	2	应台湾“中央研究院”人文社会科学研究中心考古学研究专题中心邀请，赴台研讨	C人员
31	3月19日至23日	上海话剧艺术中心市场部主任兼制作人吴嘉	1	应台湾戏剧表演家剧团的邀请，赴台考察交流	C人员

项目序号	赴台时间	团组名称	人次	活动内容	活动性质
32	3月19日至25日	湖南省歌舞剧院周祥辉等	86	应台湾新逸艺术有限公司邀请，赴台演出	A演出
33	3月20日至31日	广东话剧院景李虎等	47	应台湾周凯剧场基金会邀请，赴台演出	A演出
34	3月21日至27日	上海听音寻路文化交流有限公司李一川等	3	应台湾“中正文化中心”邀请，赴台演出	A演出
35	3月21日至29日	中央歌剧院指挥许知俊	1	应台湾台北市立国乐团邀请，赴台演出	A演出
36	3月21日至29日	北京大国文化传播有限公司李颜龙等	2	应台湾大熊星国际多媒体股份有限公司邀请，赴台演出	A演出
37	3月21日至29日	上海民族乐团龚一等	3	应台湾台北市立国乐团邀请，赴台演出	A演出
38	3月21日至29日	中国书法家协会展览部主任吴震启	1	应台湾台北市立国乐团邀请，赴台参加书法音乐会	A演出
39	3月22日至29日	大陆文化产业专业人士交流访问团	12	应台湾沈春池文教基金会邀请，赴台交流考察	C人员
40	3月22日至7月21日	湖北省武汉京剧院范国谦	1	应台湾台北市中兴国剧团邀请，赴台讲学	C人员
41	3月24日至31日	福建省厦门市非物质文化遗产保护中心李云丽等	6	应台南文化协会邀请，赴台考察	C人员
42	3月24日至30日	北京市国有资产经营有限责任公司李爱庆	1	应台湾悍创股份有限公司邀请，赴台交流	C人员
43	3月24日至4月2日	北京市演艺集团张海峰等	2	应台湾悍创股份有限公司邀请，赴台交流	C人员
44	3月24日至4月7日	上海昆剧团郭宇等	108	应台湾新象文教基金会邀请，赴台演出	A演出

项目序号	赴台时间	团组名称	人次	活动内容	活动性质
45	3月31日至4月9日	上海交响乐团翁铁慧等	99	应台湾牛耳有限公司邀请，赴台演出	A 演出
46	4月4日至15日	国家清史纂修专家组姜涛等	4	应台湾台北故宫博物院邀请，赴台考察	C 人员
47	4月5日至9日	保利文化集团有限公司董事长国强	1	应台湾“中华印石艺术收藏协会”邀请，赴台交流	C 人员
48	4月6日至12日	中国美术馆邵菁菁等	2	应台湾观想艺术有限公司邀请，赴台进行布展工作	C 人员
49	4月8日至5月19日	故宫博物院副处长宋玲平	1	应台北故宫博物院邀请，赴台学术交流	C 人员
50	4月8日至17日	河南嵩山少林寺武僧团张占标等	154	应台中县文化建设基金会的邀请，赴台演出	A 演出
51	4月8日至6月7日	北京金牌大风文化传播有限公司歌手周笔畅	1	应台湾金牌大风音乐文化股份有限公司邀请，赴台音乐宣传	C 人员
52	4月9日至15日	内蒙古博物院于宝东等	2	应台湾蒙藏基金会邀请，赴台撤展工作	B 展览
53	4月9日至16日	“妈祖之光”综艺晚会艺术团朱清等	112	应台湾台中县港区文化艺术基金会邀请，赴台演出	A 演出
54	4月10日至16日	北京市文物局副局长崔国民等	4	应台湾中华文物保护协会邀请，赴台交流	C 人员
55	4月10日至19日	河南省文物考古研究所郝本性	1	应台湾“中央研究院”历史语言研究所邀请，赴台交流	C 人员
56	4月10日至5月9日	中国美术馆范迪安等	15	应台湾观想艺术有限公司邀请，赴台参加展览	B 展览
57	4月11日至6月9日	江苏演艺集团卢小杰	1	应台湾东南国中邀请，赴台讲学	C 人员

项目序号	赴台时间	团组名称	人次	活动内容	活动性质
58	4 月 12 日至 19 日	河南文化联谊会刘秀华等	26	应台湾台中县文化局邀请，赴台交流	C 人员
59	4 月 13 日至 27 日	上海评弹团徐惠新等	2	应台湾台北曲艺团邀请，赴台演出	A 演出
60	4 月 15 日至 19 日	江苏省苏州当代书画艺术研究院院长徐圭逊	1	应台湾沈春池文教基金会邀请，赴台交流考察	C 人员
61	4 月 15 日至 22 日	河南文化联谊会拟组派梁周敏等	17	应台湾豫剧团邀请，赴台参加研讨会	C 人员
62	4 月 15 日至 24 日	辽宁省作家协会林建法	1	应台湾新地文学季刊社邀请，赴台交流	C 人员
63	4 月 15 日至 24 日	原文化部部长、著名作家王蒙等	3	应台湾新地文学季刊社邀请，赴台交流	C 人员
64	4 月 15 日至 24 日	中国作家协会刘心武等	2	应台湾新地文学季刊社邀请，赴台交流	C 人员
65	4 月 15 日至 29 日	安徽省蚌埠市书画院光相磐等	2	应台湾高雄市立图书馆邀请，赴台举办画展	B 展览
66	4 月 18 日至 25 日	河南文化联谊会组派陈永石等	3	应台湾台中县文化局邀请，赴台参加考察活动	C 人员
67	4 月 18 日至 10 月 9 日	中央音乐学院教师杨雪	1	应台湾台北市立国乐团和小巨人丝竹乐团邀请，赴台演出	A 演出
68	4 月 19 日至 24 日	中国文物交流中心副主任殷稼	6	应台湾蒙藏基金会邀请，赴台商谈“西藏文物大展	B 展览
69	4 月 19 日至 26 日	安徽省歌舞剧院姚安海等	40	应“台湾国乐团”邀请，赴台演出	A 演出

项目序号	赴台时间	团组名称	人次	活动内容	活动性质
70	4月19日至28日	甘肃省敦煌研究院李萍等	10	应台湾佛光大学艺术学研究所邀请，赴台交流	C人员
71	4月20日至23日	辽宁民间艺术团有限公司沈鹤等	2	应台湾超级圆顶事业股份有限公司邀请，赴台演出	A演出
72	4月20日至7月20日	河北省沧州吴桥县杂技团张兴等	8	应台湾庆艺园艺有限公司和台北市技艺舞蹈职业工会邀请，赴台演出	A演出
73	4月22日至5月4日	天津京剧院演出团党丽颖等	71	应台湾多元化艺术事业有限公司邀请，赴台演出	A演出
74	4月23日至26日	中央音乐学院李岚松	1	应台湾管乐协会邀请，赴台担任管乐大赛评委	C人员
75	4月25日至5月2日	福建省厦门市博物馆陈娜等	7	应台湾台南文化协会邀请，赴台参加文化节活动	C人员
76	4月25日至5月12日	陕西民俗艺术团王志强等	138	应台湾台北文化艺术促进会邀请，赴台演出	A演出
77	4月27日至6月26日	河南省艺术研究院石磊	1	应台湾豫剧团邀请，赴台讲学	C人员
78	4月29日至6月28日	江苏省演艺集团孔爱萍	1	应台湾兰庭昆剧团邀请，赴台交流	C人员
79	4月30日至5月4日	哈尔滨交响乐团马国胜等	87	应台湾台北亚太管乐协会邀请，赴台参加演出	A演出
80	5月1日至8日	福建省龙岩市永定县客家土楼艺术团吴瑞林等	75	应台湾竞争力论坛邀请，赴台演出	A演出
81	5月1日至8日	陕西省师范大学杨佳焕等	2	应台湾大叶大学邀请，赴台参加书画艺术展	B展览
82	5月1日至12日	中央音乐学院刘长福等	2	应台湾台南艺术大学邀请，赴台交流	C人员

项目序号	赴台时间	团组名称	人次	活动内容	活动性质
83	5月1日至17日	福建省文物局局长郑国珍等	14	应台湾两岸关系发展促进会邀请，赴台举办展览	B展览
84	5月2日至8日	中国文联副主席丹增	5	应台湾“中国文艺协会”邀请，赴台交流活动	C人员
85	5月2日至12日	成都民族歌舞剧院艺术团武翠英等	54	应台湾两岸文化事业有限公司邀请，赴台参加演出	A演出
86	5月3日至10日	河南省曲剧团马勇进等	37	应台湾戏曲学院邀请，赴台演出	A演出
87	5月3日至7日	福建省文化厅副厅长陈立华等	110	应台湾财团法人大甲镇澜宫邀请，赴台参加演出活动	A演出
88	5月3日至10日	上海民族乐团马晓辉	1	应台湾台北市立国乐团邀请，赴台演出	A演出
89	5月3日至11日	大陆优秀民乐艺术家演出团宋保才等	18	应台湾传大艺术事业有限公司邀请，赴台演出	A演出
90	5月5日至10日	福建省漳州市芗剧团陆逸红等	3	应台湾戏曲学院邀请，赴台进行交流	C人员
91	5月5日至13日	上海音乐学院教授方蕾	1	应台湾实践大学民生学院邀请，赴台学术交流	C人员
92	5月7日至16日	安徽省淮南市“淮南子”研究会史国华等	13	应台湾中华华夏文化交流协会邀请，赴台交流	C人员
93	5月8日至7月13日	广东美术馆梁洁颖	1	应台湾美术馆邀请，赴台参加撤展工作	B展览
94	5月8日至7月13日	广东美术馆馆长罗一平等	6	应台湾美术馆邀请，赴台举办展览	B展览
95	5月9日至6月7日	国家京剧院常贵祥等	2	应台湾辜公亮文教基金会邀请，赴台演出	A演出
96	5月9日至6月7日	天津京剧院演奏员刘云鹤	1	应台湾辜公亮文教基金会邀请，赴台演出	A演出
97	5月9日至6月7日	北京京剧院王麒麟、李萍	2	应台湾辜公亮文教基金会邀请，赴台演出	A演出

项目序号	赴台时间	团组名称	人次	活动内容	活动性质
98	5月10日至6月20日	山西省太原市杂技团徐波	1	应台湾万象艺术国际事业有限公司邀请，赴台演出	A 演出
99	5月12日至17日	北京巨龙文化公司总经理刘忠奎等	4	应台湾威景国际文化事业有限公司邀请，赴台考察工作	C 人员
100	5月13日至23日	内蒙古博物院吴玮瑛等	3	应台湾时艺多媒体传播股份有限公司邀请，赴台参加精品展	B 展览
101	5月14日至19日	山东省泰安市文化广电新闻出版局局长袁久亮	1	应台湾“中华工商经贸科技发展协会”邀请，赴台交流	C 人员
102	5月15日至22日	中国艺术研究院研究员金申	1	应台湾中华文物保护协会邀请，赴台交流	C 人员
103	5月15日至23日	中国艺术研究院音乐研究所项阳等	2	应金门技术学院闽南文化研究所邀请，赴台参加学术研讨会	C 人员
104	5月15日至24日	上海音乐学院教授王勇德等	8	应台湾原生国乐团邀请，赴台演出	A 演出
105	5月15日至24日	上海民族乐团演奏员段皑皑	1	应台湾原生国乐团邀请，赴台参加演出	A 演出
106	5月16日至21日	广西壮族自治区博物馆蓝武芳	1	应台湾台北教育大学邀请，赴台参加研讨会	C 人员
107	5月16日至22日	中央美术学院许平	3	应台湾师范大学设计研究所邀请，赴台参加研讨会	C 人员
108	5月17日至24日	上海音乐学院教授俞丽拿	1	应台湾台北市立国乐团邀请，赴台演出	A 演出
109	5月17日至20日	故宫博物院资料信息中心主任胡锤等	2	应台湾微软股份有限公司邀请，赴台参加学术研讨会	C 人员
110	5月17日至20日	南京博物院张小朋、国家博物馆肖飞等	2	应台湾微软股份有限公司邀请，赴台参加学术研讨会	C 人员

项目序号	赴台时间	团组名称	人次	活动内容	活动性质
111	5月18日至24日	上海油画雕塑院一级美术师卢治平等	2	应台湾师范大学邀请，赴台参加学术研讨会	C人员
112	5月18日至24日	云南省美术家协会主席郝平	1	应台湾师范大学美术系邀请，赴台参加研讨会	C人员
113	5月18日至31日	浙江昆剧团林为林等	18	应台湾昆剧团邀请，赴台演出	A演出
114	5月19日至24日	中国音乐学院教师焦山林	1	应台湾连雅文打击乐团邀请，赴台交流演出	A演出
115	5月20日至29日	上海刘海粟美术馆王欣等	2	应台湾夏绿原国际有限公司邀请，赴台洽谈来展事宜	B展览
116	5月20日至29日	重庆三峡博物馆谭英明等	21	应台湾两岸教科文交流发展促进会邀请，赴台湾交流考察	C人员
117	5月20日至31日	苏州科技文化艺术中心有限公司刘夏等	38	应台湾财团法人台北爱乐文教基金会邀请，赴台演出	A演出
118	5月21日至6月7日	北京戏曲艺术职业学院翟墨	1	应台湾辜公亮文教基金会邀请，赴台参加演出	A演出
119	5月22日至31日	广东省星海音乐学院王文礼	1	应台湾摇篮唱片有限公司邀请，人赴台演出	A演出
120	5月23日至6月9日	国家京剧院退休演员叶金森	1	应台湾大汉玉集剧艺团邀请，赴台参加演出	A演出
121	5月24日至31日	中国博物馆学会理事长张柏等	2	应台湾中华文物保护协会邀请，赴台交流	C人员
122	5月25日至28日	上海博物馆孙慰祖	1	应台湾艺术大学邀请，赴台参加研讨会	C人员
123	5月25日至31日	中国艺术研究院戏曲研究所所长刘祯等	8	应台湾“中央大学”戏曲研究室邀请，赴台参加昆曲学术研讨会	C人员

项目序号	赴台时间	团组名称	人次	活动内容	活动性质
124	5月26日至6月2日	福建省厦门青年民族乐团李云丽等	43	应台湾台中市文化局邀请，赴台交流演出	A演出
125	5月27日至6月6日	北京京剧院王奕戈	1	应台湾国乐团邀请，赴台参加演出	A演出
126	5月28日至6月7日	中央音乐学院吴祖强等	3	应台湾台北市国乐团邀请，赴台担任参加学术研讨会	C人员
127	5月28日至6月7日	中国音乐学院沈洽	1	应台湾台北市立国乐团邀请，赴台参加研讨会	C人员
128	5月28日至6月9日	中国文物交流中心杨阳等	13	应台湾时艺多媒体传播股份有限公司邀请，赴台湾参加展览及开幕活动	B展览
129	5月28日至6月11日	南充市浩天拍卖有限公司职员廖君	1	应台湾金星娱乐事业有限公司邀请，赴台参加歌唱比赛	A演出
130	5月29日至6月6日	上海音乐学院教授陈应时等	3	应台湾佛光大学人文学院历史学系邀请，赴台参加学术研讨会	C人员
131	5月29日至6月6日	中国音乐学院修海林等	3	应台湾佛光大学人文学院历史学系邀请，赴台参加学术研讨会	C人员
132	5月30日至6月9日	天津市群众艺术馆张玉恒	1	应台湾王友兰黄梅调剧艺坊邀请，赴台参加演出	A演出
133	5月30日至6月11日	江苏省演艺集团朱昌耀等	75	应台湾台北市立国乐团邀请，赴台参加演出	A演出
134	5月31日至6月15日	福建省漳州市东山县图书馆馆长游明元	1	应台湾财团法人向阳公益基金会邀请，赴台进行研讨会	C人员
135	6月1日至12日	北京竣弘文化发展有限公司王世利等	2	应台湾“中华文化教育协会”邀请，赴台举办画展	B展览
136	6月1日至7月31日	湖南省祁东县祁剧团何艺文	1	应台湾体育学院邀请，赴台讲学	C人员
137	6月1日至9月27日	石家庄市京剧院牛征良、河北省京剧院马丽婵等	2	应台湾传统艺术总处筹备处邀请，赴台讲学	C人员

项目序号	赴台时间	团组名称	人次	活动内容	活动性质
138	6月3日至7日	大陆文化产业交流访问团胡惠林等	12	应台北教育大学人文艺术学院邀请，赴台交流	C人员
139	6月3日至16日	厦门市台湾艺术研究所曾学文等	4	应台湾唐美云歌仔戏剧团邀请，赴台演出	A演出
140	6月4日至10日	国际儒学联合会拟组派钱逊等	17	应台湾中华孔孟学会邀请，赴台参加研讨会	C人员
141	6月5日至15日	重庆市群众文化学会副会长陈骅等	9	应台湾版画学会邀请，赴台举办展览	B展览
142	6月8日至17日	国家博物馆副馆长张威等	10	应台湾异数宣言股份有限公司邀请，赴台进行交流考察	C人员
143	6月10日至17日	大陆客家综艺演出团舒展等	94	应台湾中华海峡两岸客家文经交流协会邀请，赴台参加综艺晚会	A演出
144	6月12日至21日	内蒙古莫力达瓦达斡尔族自治旗乌兰牧骑孟智军等	66	应台湾万世国际股份有限公司邀请，赴台演出	A演出
145	6月12日至23日	浙江省永嘉昆剧团赵松涛等	53	应台湾台北昆剧团邀请，赴台演出	A演出
146	6月12日至7月28日	上海昆剧团周志刚等	2	应台湾台北昆剧团邀请，赴台讲学	C人员
147	6月28日至7月12日	中国广播艺术团隋萍萍	1	应台湾原生国乐团邀请，赴台参加演出	A演出
148	6月28日至7月17日	重庆陪都文化有限公司工康等	8	应台湾“国家文化总会”邀请，赴台举办画展	B展览
149	6月29日至7月9日	湖北省博物馆副馆长万全文等	13	应台湾鸿禧艺术文教基金会邀请，赴台进行交流考察	C人员
150	6月30日至7月9日	河南省中华经济文化交流协会访问团等	14	应台湾高雄县青溪新文艺学会邀请，赴台参加巡回展	B展览
151	7月21日至24日	浙江省杭州文广演艺有限公司俞铁军等	36	应台湾表演工作坊邀请，赴台演出	A演出

项目序号	赴台时间	团组名称	人次	活动内容	活动性质
152	7月21日至24日	广东省星海音乐学院吴莉、陶陌等	2	应台湾小巨人丝竹乐团邀请，赴台演出	A 演出
153	7月21日至9月1日	内蒙古自治区杂技团安彦坤等	33	应台湾马戏艺术推广协会邀请，赴台演出交流	A 演出
154	7月22日至8月8日	福建省厦门市歌仔戏剧团张岩等	70	应台湾唐美云歌仔戏剧团邀请，赴台演出	A 演出
155	7月22日至29日	陕西文化产业代表团岳春天等	8	应台湾中华青年发展交流协会邀请，赴台进行交流考察活动	C 人员
156	7月23日至31日	浙江省杭州爱乐乐团邓京山等	86	应台湾威景国际文化事业有限公司邀请，赴台交流演出	A 演出
157	7月24日至30日	厦门文化交流访问团罗才福等	11	应台湾社团法人中华文化观光协会邀请，赴台湾参访交流	C 人员
158	7月25日至8月1日	空军蓝天幼儿艺术团邱火林等	238	应台湾“中华新文化发展协会”邀请，赴台演出交流	A 演出
159	7月26日至8月25日	北京星光灿烂科技服务有限公司杜娅汇	1	应台湾索尼音乐娱乐股份有限公司邀请，赴台参加唱片宣传活动	A 演出
160	7月30日至9月8日	北方昆曲剧院张毓文等	2	应台湾台北昆曲研习社邀请，赴台教学	C 人员
161	7月30日至8月8日	中央音乐学院王颖等	4	应台湾高雄市儿童筝乐团邀请，赴台参加两岸国乐艺术交流活动	A 演出
162	7月31日至8月4日	中国交响乐发展基金会拟组织海峡爱乐乐团郭珊等	74	应台湾缪斯艺术文化有限公司邀请，赴台湾演出交流	A 演出
163	8月2日至27日	辽宁省本溪市文联名誉主席田连元等	3	应台湾台北曲艺团邀请，赴台演出	A 演出
164	8月5日至10月15日	河南省郑州市杂技团张青利等	24	应台湾万象艺术国际事业有限公司邀请，赴台演出	A 演出

项目序号	赴台时间	团组名称	人次	活动内容	活动性质
165	8月7日至16日	福建省晋江市文联黄良等	8	应台“中国国际美术协会”邀请，赴台湾举办书画联展	B 展览
166	8月8日至17日	南宁红荔书画院徐一民等	13	应台湾海峡两岸文教经贸交流协会基隆分会邀请，赴台进行书画交流	B 展览
167	8月11日至10月11日	北京天艺尚舞文化发展有限公司凯萨尔·艾拜	1	应台湾艺见传播有限公司邀请，赴台湾参加艺术培训	A 演出
168	8月13日至19日	四川省少儿舞蹈直通车艺术团琚渝安等	74	应台湾基隆市文化局、基隆市表演艺术发展协会邀请，赴台参加演出活动	A 演出
169	8月13日至21日	吉林市文化交流团郑文斌等	28	应台湾唐龙艺术有限公司邀请，赴台举办艺术画展活动	B 展览
170	8月14日至27日	中央音乐学院附属中等音乐学校王泓等	33	应台湾交响乐团邀请，赴台参加两岸青少年管弦乐营活动	A 演出
171	8月15日至23日	北京乐华圆娱文化传播有限公司杜华等	4	应台湾义海企业股份有限公司邀请，赴台湾参加宣传活动	A 演出
172	8月16日至21日	中国音乐学院张维良	1	应台湾国乐团邀请，赴台参加音乐会演出	A 演出
173	8月18日至27日	北京大藏唱片艺术有限公司王秀娟等	5	应台湾音乐心灵推广协会邀请，赴台参加音乐节活动	A 演出
174	8月20日至29日	佛山工艺美术代表团杨晓光等	20	应台湾唐龙艺术有限公司邀请，赴台举办精品展	B 展览
175	8月20日至30日	内蒙古通辽市摄影学会王佐玉等	10	应台湾南投县摄影学会邀请，赴台进行交流活动	C 人员
176	8月20日至9月5日	苏州昆剧院演员俞玖林	1	应台湾魏海敏京剧艺术文教基金会邀请，赴台讲学	C 人员
177	8月24日至28日	中央音乐学院教授叶小钢	1	应台湾交响乐团邀请，赴台担任音乐作品评审	A 演出
178	8月26日至9月2日	河北文化代表团姚来茹等	66	应台湾联合报系文化基金会邀请，赴台演出	A 演出

项目序号	赴台时间	团组名称	人次	活动内容	活动性质
179	8月27日至9月6日	上海雨人剧社张伟等	12	应台湾皇朝影视文化公司邀请，赴台参加演出	A 演出
180	8月31日至9月4日	北京墨乐文化传播有限公司曾珍	1	应台湾藏丰文化艺术有限公司邀请，赴台参加书法展	B 展览
181	9月1日至6日	厦门市南乐团副团长杨雪莉等	29	应台湾周凯剧场基金会邀请，赴台交流演出	A 演出
182	9月1日至30日	成都博物院雷玉华	1	应台湾“中央研究院”历史语言研究所邀请，赴台进行学术交流活动	C 人员
183	9月2日至7日	中国影协常务副主席康健民等	6	应台湾两岸电影交流委员会邀请，赴台进行交流活动	C 人员
184	9月2日至8日	蔡武部长以中华文化联谊会名誉会长身份率交流访问团	44	应台湾沈春池文教基金会邀请，赴台交流访问并出席两岸文化论坛	C 人员
185	9月2日至8日	国家文物局局长单霁翔等	2	应台湾沈春池文教基金会邀请，赴台交流访问	C 人员
186	9月3日至10月15日	西安碑林博物馆赵力光等	22	应台湾中台文化艺术基金会邀请，赴台参加展览活动	B 展览
187	9月5日至14日	中国文物交流中心刘韫等	7	应台湾时艺多媒体传播股份有限公司邀请，赴台参加撤展工作	B 展览
188	9月8日至17日	广西少数民族民间民俗参访团韦苏文等	13	应台北市客家风土民俗发展协会邀请，赴台进行文化交流活动	C 人员
189	9月9日至20日	大陆戏曲艺术家演出团舒展等	90	应台湾辜公亮文教基金会邀请，赴台举办中秋戏曲晚会	A 演出
190	9月10日至12月10日	山西省歌舞剧院演奏员王宝灿	1	应台湾“中国文化大学”艺术学院邀请，赴台湾进行教学	C 人员
191	9月11日至10月15日	陕西省文化厅副厅长蒋惠莉等	156	应台湾“中华青年发展交流协会”邀请，赴台举办文化周演出	A 演出

项目序号	赴台时间	团组名称	人次	活动内容	活动性质
192	9月12日至19日	内蒙古乌海市书法家学会兰宇等	12	应台湾财团法人蒙藏基金会邀请，赴台湾参访交流	C人员
193	9月13日至12月6日	北京京剧院安云武及夫人刘纲成	2	应台湾传统艺术总处筹备处邀请，赴台湾进行京剧教学指导	A演出
194	9月15日至24日	北京市政协主席阳安江等	10	应台湾“国父纪念馆”邀请，赴台举办展览活动	B展览
195	9月15日至24日	重庆红岩联线文化发展管理中心主任厉华等	13	应台湾台北市出版商业同业公会邀请，赴台参加海峡两岸图书会活动	B展览
196	9月15日至24日	西藏博物馆馆长达瓦扎巴等	5	应台湾联合报股份有限公司邀请，赴台参加该展的撤展工作	B展览
197	9月15日至26日	苏州市评弹团孙惕等	17	应台北市文化艺术促进协会邀请，赴台湾演出	A演出
198	9月15日至26日	中央音乐学院严洁敏	1	应台湾台北市立国乐团邀请，赴台参加演出	A演出
199	9月15日至26日	上海评弹团演奏家徐惠新	1	应台北市文化艺术促进协会邀请，赴台湾演出	A演出
200	9月15日至27日	上海画家缪建国	1	应台湾新竹生活美学馆邀请，赴台举办个人画展	B展览
201	9月15日至27日	中国歌剧舞剧院何秋生等	3	应台北市立国乐团邀请，赴台交流演出	A演出
202	9月15日至10月3日	中国音乐学院沈诚	1	应台湾台北市立国乐团邀请，赴台参加音乐会演出	A演出
203	9月15日至12月14日	北京金牌大风文化传播有限公司歌手江奇霖等	2	应台湾金牌大风音乐文化股份有限公司邀请，赴台进行音乐宣传活动	A演出
204	9月15日至2011年1月20日	黑龙江省歌舞剧院隋利军等	2	应台湾台南艺术大学邀请，赴台讲学	C人员

项目序号	赴台时间	团组名称	人次	活动内容	活动性质
205	9月16日至20日	北京龙德轩当代艺术中心徐晖等	2	应台湾东海大学邀请，赴台参加年展	B展览
206	9月18日至25日	福建省侨联组织“亲情中华”艺术团翁祖根等	19	应中国国民党归侨联谊会邀请，赴台举办交流演出	A演出
207	9月18日至28日	湖北省武汉市中山舰博物馆王瑞华等	4	应台湾“国父纪念馆”邀请，赴台举办画展	B展览
208	9月18日至28日	武汉文化周代表团张正汉等	74	应台湾孙中山纪念图书馆文教基金会邀请，赴台举办演展活动	B展览
209	9月19日至24日	中华文化联谊会拟组派李雨茜等	8	应台湾威景国际文化事业有限公司邀请，赴台进行话剧演出的前期宣传	A演出
210	9月19日至29日	国家广电总局电影卫星频道节目制作中心阎晓明等	97	应台湾明日工作室股份有限公司邀请，赴台举办演出	A演出
211	9月19日至10月8日	江苏东台市书法家王湘平等	3	应台湾宜兰县文艺作家协会邀请，赴台湾举办书法展	B展览
212	9月20日至26日	中央民族乐团一级演奏员唐峰	1	应台湾台北市立国乐团邀请，赴台参加演出	A演出
213	9月21日至30日	中国文物交流中心赵古山等	5	应台湾联合报股份有限公司邀请，赴台参加该展的布展工作	B展览
214	9月21日至10月1日	国家话剧院严凤琦等	29	应台湾“中华国际文化艺术交流协会”邀请，赴台演出	A演出
215	9月23日至26日	泉州市对外文化交流协会宋长青等	75	应台湾金门县文化局邀请，赴台举办展览交流活动	B展览
216	9月23日至29日	成都博物院金沙遗址博物馆副馆长朱章义	1	应台湾台北县政府、台北县文化局及、台北县十三行博物馆邀请，赴台参加研讨会	C人员
217	9月23日至29日	深圳市粤剧团柴凤春等	73	应台湾财团法人金鼎文教基金会邀请，赴台演出	A演出

项目序号	赴台时间	团组名称	人次	活动内容	活动性质
218	9月24日至27日	中国艺术研究院艺术创作研究中心主任朱乐耕	1	应台湾亚太文化创意产业协会邀请，赴台担任“法兰瓷杯陶瓷设计大赛”评审	C人员
219	9月25日至30日	西藏艺术特展第二展期代表团	7	应台湾蒙藏基金会邀请，赴台参加展览活动	B展览
220	9月26日至10月3日	福建省广播影视集团共同组派大陆综艺演出团朱清等	92	应台湾彰化县政府、台湾民间全民电视股份有限公司邀请，赴台举办大型综艺晚会	A演出
221	9月27日至10月4日	中央民族乐团演奏员刘湘	1	应台北市立国乐团邀请，赴台湾参加音乐会	A演出
222	9月27日至10月6日	中国文物交流中心业务部副主任钱卫等	24	应台湾广达文教基金会邀请，赴台参加布展活动	B展览
223	9月27日至11月25日	安徽省滁州市审计局徐红	1	应台湾耕莘文教基金会邀请，赴台参加交流活动	C人员
224	9月27日至10月2日	中国舞蹈家协会分党组书记、驻会副主席冯双白等	4	应台湾体育学院邀请，赴台参加交流活动	C人员
225	9月27日至10月4日	中国音乐学院浣莎、刘紫凤、宋飞等	3	应台湾台北市立国乐团邀请，赴台参加演出	A演出
226	10月1日至10日	北京伊聆社文化发展有限公司齐奇	1	应台湾台北爱乐文教基金会邀请，赴台参加音乐剧排练活动	A演出
227	10月1日至11月29日	江苏省演艺集团演奏员卢小杰	1	应台湾东南国中邀请，赴台教学指导	C人员
228	10月2日至10日	福建省福州闽剧院蒋锦荣等	75	应台湾文化艺术发展促进会邀请，赴台演出	A演出
229	10月5日至12月4日	沈阳钢厂文化干事胡连祝	1	应台湾台北市人文国剧团邀请，赴台讲学	C人员
230	10月10日至17日	四川省乐山市嘉州画院许天毅等	12	应台湾文化艺术发展促进会邀请，赴台进行采风活动	C人员
231	10月12日至19日	四川省文物管理局局长王琼等	7	应台湾新光三越文教基金会邀请，赴台商谈展览事宜	C人员

项目序号	赴台时间	团组名称	人次	活动内容	活动性质
232	10月12日至19日	江苏省图书馆学会谷峰等	18	应台湾中华图书资讯馆际合作协会邀请，赴台进行考察交流活动	C人员
233	10月12日至18日	云南艺术学院陈勇等	40	应台湾传统艺术中心邀请，赴台演出	A演出
234	10月12日至12月10日	北京巅峰旅图文化传播中心高晓涛	1	应台湾耕莘文教基金会邀请，赴台参加交流活动	C人员
235	10月12日至2011年1月12日	北京北奥有限责任公司杜巍等	159	应台湾义大开发股份有限公司邀请，赴台演出	A演出
236	10月13日至26日	国家京剧院于魁智等	80	应台湾多元化艺术事业有限公司邀请，赴台演出	A演出
237	10月14日至16日	云南杨丽萍艺术发展有限公司舞台技术人员李季等	2	应台湾贝兹曲线整合行销有限公司邀请，赴台湾考察演出场地	C人员
238	10月14日至20日	中国民间文艺家协会冯志华	1	应台湾东华大学民间文学研究所邀请，赴台参加学术研讨会	C人员
239	10月15日至22日	四川省遂宁市文化局杨辉国等	13	应台湾“中国台海关系研究发展协会”邀请，赴台湾交流访问	C人员
240	10月15日至11月5日	北京鲁迅博物馆退休研究馆员王德厚	1	应台湾彰化师范大学邀请，赴台学术交流	C人员
241	10月16日至19日	上海音乐学院爵士乐团陈晓翌等	24	应台湾力譔堂整合行销股份有限公司邀请，赴台参加音乐节	A演出
242	10月17日至22日	山西省京剧院张明亮等	121	应台湾多元化艺术事业有限公司邀请，赴台演出	A演出
243	10月17日至29日	福建省泉州威远楼书画院吴培植等	5	应台湾金门县社教文化活动基金会邀请，赴台举办画展	B展览

项目序号	赴台时间	团组名称	人次	活动内容	活动性质
244	10月21日至26日	成都市非物质文化遗产保护中心秘书长刘洪等	13	应台湾亚太文化创意产业协会邀请，赴台考察活动	C人员
245	10月21日至29日	国务院参事室主任陈进玉等	28	应台湾崇鹏文教基金会邀请，赴台举办画展	B展览
246	10月21日至12月20日	中国戏曲学院教师左奇伟	1	应台湾豫剧团邀请，赴台演出	A演出
247	10月21日至12月20日	河南省豫剧三团崔燕等	4	应台湾传统艺术总处筹备处邀请，赴台交流	C人员
248	10月22日至11月2日	中华文化联谊会所属北京巨龙文化公司拟组派滕修展等	17	应台湾威景国际文化事业有限公司邀请，赴台举办老北京文化展	B展览
249	10月22日至11月9日	国家话剧院周志强等	96	应台湾威景国际文化事业有限公司邀请，赴台演出	A演出
250	10月24日至30日	北京新文化运动纪念馆副馆长何洪等	4	应台湾中华博物馆商城发展协会邀请，赴台交流	C人员
251	10月25日至11月2日	云南杨丽萍艺术发展有限公司李昆宁等	99	应台湾贝兹曲线整合行销有限公司邀请，赴台演出	A演出
252	10月25日至11月5日	天津交响乐团退休演奏员董金池	1	应台湾台南艺术大学中国音乐学系邀请，赴台讲学	C人员
253	10月25日至12月21日	黑龙江省京剧院演奏员赵惠兰	1	应台湾台北弘梅雅集京昆艺术团邀请，赴台讲学	C人员
254	10月25日至11月1日	上海孙中山故居纪念馆秦量等	8	应台湾台北“国父纪念馆”邀请，赴台举办画展	B展览
255	10月25日至12月25日	北京军威中视文化传媒有限公司吴文疆	1	应台湾大唐艺术剧团邀请，赴台交流	C人员
256	10月26日至11月2日	浙江省文物考古研究所研究馆员黄滋	1	应台湾“中国科技大学”邀请，赴台参加研讨会	C人员
257	10月28日至11月9日	江苏省文化联谊会汪人元	1	应台湾中华国乐学会邀请，赴台参加研讨会	C人员

项目序号	赴台时间	团组名称	人次	活动内容	活动性质
258	10月28日至11月16日	中国艺术研究院音乐研究所退休研究员乔建中	1	应台湾国乐学会等单位邀请，赴台参加研讨会	C人员
259	10月29日至11月7日	贵州省文史馆蒙育民等	16	应台湾威景国际文化事业有限公司邀请，赴台参加书画联展	B展览
260	10月30日至11月4日	上海画家车鹏飞等	6	应台湾师范大学邀请，赴台参加水墨画联展	B展览
261	10月30日至11月8日	福建省莆田市城厢区人大副主任周燕英等	9	应台湾唐龙艺术有限公司邀请，赴台交流活动	C人员
262	10月31日至11月19日	浙江小百花越剧团等	60	应台湾传大艺术事业有限公司邀请，赴台参加文化节活动	C人员
263	10月31日至2011年1月31日	中国艺术研究院文化发展战略研究中心叶楚炎	1	应台湾政治大学中国文学系邀请，赴台参加交流活动	C人员
264	11月1日至5日	国家图书馆副馆长张志清等	26	应台湾汉学研究中心邀请，赴台参加交流	C人员
265	11月1日至6日	福建省杂技团林防等	85	应台湾金门体育会邀请，赴金门演出	A演出
266	11月1日至10日	中国文献影像技术协会组织张文增等	13	应台湾中华档案暨资讯微缩管理学会邀请，赴台参加交流会	C人员
267	11月1日至30日	湖北省美术院魏明	1	应台湾高雄大学工学院都市发展与建筑研究所邀请，赴台讲学	C人员
268	11月1日至30日	湖北省美术院魏明	1	应台湾高雄大学工学院都市发展与建筑研究所邀请，赴台讲学	C人员
269	11月2日至18日	四川甘孜藏族自治州岭·格萨尔王文化发展有限公司泽仁吉美等	3	应台湾“蒙藏基金会”邀请，赴台参加布展工作及现场表演活动	B展览
270	11月3日至10日	安徽省民族管弦乐学会张步东等	3	应台湾宜兰县中国传统艺术推广协会邀请，赴台进行学术交流	C人员

项目序号	赴台时间	团组名称	人次	活动内容	活动性质
271	11月4日至11日	河南文化联谊会理事身份率商丘市豫剧院	46	应台湾传统艺术中心邀请，赴台演出	A演出
272	11月6日至19日	北京金牌大风文化传播有限公司李健等	2	应台湾金牌大风音乐文化股份有限公司邀请，赴台参加音乐颁奖活动	C人员
273	11月7日至15日	中央民族乐团张鑫华	1	应台湾国乐团邀请，赴台演出	A展演
274	11月7日至17日	组派“海峡两岸文化创意产业展”参展团许向明等	131	应台湾“商业总会”邀请，赴台举办首届“海峡两岸文化创意产业展”	B展览
275	11月9日至18日	大陆文化产业专业人士访问团李鸿等	13	应台湾“商业总会”和沈春池文教基金会邀请，赴台交流访问考察台湾文化产业发展情况	C人员
276	11月10日至30日	北京徐进中国工笔画艺术发展中心有限责任公司徐国顺	1	应台湾高雄大学邀请，赴台参加展览并进行中国工笔画艺术交流活动	B展览
277	11月11日至18日	福建省福鼎市太姥山快乐合唱团林增光等	53	应台湾财团法人台北艺术家文教推广基金会邀请，赴台交流演出	A演出
278	11月11日至24日	湖北省博物馆包东波等	16	应台湾鸿禧艺术文教基金会邀请，赴台举办文物展	B展览
279	11月12日至21日	贵州省都匀市摄影家协会申军等	12	应台湾中华照相录影研究发展协会邀请，赴台进行交流活动	C人员
280	11月12日至24日	中央音乐学院杨雪	1	应台湾财团法人高雄市爱乐文化艺术基金会邀请，赴台参加演出	A演出
281	11月12日至2011年1月20日	漳州市芗剧团杨森林等	2	应台湾歌仔戏班剧团邀请，赴台参加演出	A演出
282	11月15日至20日	中国文物交流中心刘良等	6	应台湾广达文教基金会邀请，在台北故宫博物院举办“文艺绍兴——南宋艺术与文化特展”	B展览

项目序号	赴台时间	团组名称	人次	活动内容	活动性质
283	11月16日至22日	中央民族乐团谢琳	1	应台湾台北市立国乐团邀请，赴台参加演出	A演出
284	11月16日至21日	中国文联所属中国电影家协会分党组成员、副秘书长柳秀文等	2	应台湾台北金马影展执行委员会邀请，赴台出席第47届电影金马奖颁奖典礼及相关活动	C人员
285	11月16日至22日	上海评弹团徐惠新等	4	应台湾台北市立国乐团邀请，赴台参加“戏曲花木兰”音乐会演出	A演出
286	11月16日至22日	中央民族乐团退休人员姜嘉锵	1	应台湾台北市立国乐团邀请，赴台参加演出	A演出
287	11月17日至20日	河北省歌舞剧院贺昀	1	应台湾财团法人邓丽君文教基金会邀请，赴台参加“台北市花卉博览会——名人馆”开幕演出	A演出
288	11月17日至29日	武汉大学艺术学系教授郑传寅等	2	应台湾戏曲学院邀请，赴台参加研讨会	C人员
289	11月18日至25日	天津京剧院王艳	1	应台湾辜公亮文教基金会邀请，赴台参加京剧《巴山秀才》演出	A演出
290	11月18日至27日	中国艺术研究院戏曲研究所退休研究员王安奎	1	应台湾戏曲学院邀请，赴台参加研讨会	C人员
291	11月18日至2011年1月16日	江苏省演艺集团京剧院周义刚	1	应台湾弘梅雅集京昆艺术团邀请，赴台进行教学指导	C人员
292	11月20日至27日	辽宁省文物总店薛继红等	4	应台湾中华海峡两岸文化资产交流促进会邀请，赴台进行文物交流考察活动	C人员
293	11月20日至28日	上海音乐学院学生马云鹤	1	应台湾台北市国乐团邀请，赴台参加民族器乐赛	A演出
294	11月20日至28日	中央音乐学院学生韦子东等	4	应台湾台北市国乐团邀请，赴台参加音乐会	A演出
295	11月21日至26日	故宫博物院研究馆员余辉等	2	应台湾台北故宫博物院邀请，赴台参加学术研讨会	C人员

项目序号	赴台时间	团组名称	人次	活动内容	活动性质
296	11月21日至29日	中国音乐学院张维良	1	应台湾台北市立国乐团邀请，赴台担任台北市民族器乐大赛评审，并参加“笛子喜相逢”音乐会演出	A 演出
297	11月21日至30日	陕西省西安唐乐宫有限公司张延武	1	应台湾台北市立国乐团邀请，赴台担任大赛评委	C 人员
298	11月21日至30日	中央音乐学院教师戴亚等	2	应台湾台北市国乐团邀请，赴台参加评审活动	C 人员
299	11月21日至30日	贵州省文史天地杂志社访问团陈海若等	22	应台湾文化艺术发展促进会邀请，赴台进行交流考察活动	C 人员
300	11月22日至25日	福建博物院考古研究所所长栗建安	1	应台北故宫博物院邀请，赴台参加“文艺绍兴——南宋艺术与文化”研讨会	C 人员
301	11月25日至30日	中国友好和平发展基金会副秘书长王合善等	5	应台湾唐龙艺术有限公司邀请，赴台考察活动场地及展览相关事宜	C 人员
302	11月25日至2011年1月10日	上海昆剧团导演周志刚等	2	应台湾台北昆剧团邀请，赴台讲学	C 人员
303	11月26日至12月3日	江苏省南京钟山昆曲社徐立梅等	38	应台湾台北市松山奉天宫南乐团邀请，赴台参加“两岸中华诗词昆曲南管演唱会”	A 演出
304	11月28日至12月7日	安徽省书画院刘廷龙等	23	应台湾宜兰县“中国传统艺术推广协会”邀请，赴台举办安徽书画作品展览及采风活动	B 展览
305	11月29日至12月8日	上海市群众艺术馆馆长萧烨璎等	14	应台湾唐龙艺术有限公司邀请，赴台考察	C 人员
306	11月29日至12月8日	河北省文物局副局长李恩佳等	12	应台湾沈春池文教基金会邀请，赴台商谈具体交流事宜	C 人员
307	11月29日至2011年1月9日	北京星光灿烂科技服务有限公司胡夏	1	应台湾索尼音乐娱乐股份有限公司邀请，赴台参加唱片录制及音乐宣传活动	C 人员

项目序号	赴台时间	团组名称	人次	活动内容	活动性质
308	12月1日至5日	内蒙古自治区齐·宝力高野马马头琴乐团齐·宝力高等	8	应台湾传统艺术中心邀请，赴台参加“马头琴·奔驰科尔沁——齐·宝力高与台湾国乐团音乐会”演出	A演出
309	12月1日至15日	江苏省演艺集团戴培德等	6	应台湾幽兰乐坊邀请，赴台进行排练、演出	A演出
310	12月1日至15日	北方昆曲剧院徐达君	1	应台湾幽兰乐坊邀请，赴台演出	A演出
311	12月4日至8日	甘肃省文物局副局长马玉萍等	2	应台湾台南艺术大学邀请，赴台进行文化参访活动	C人员
312	12月5日至10日	中国文联所属中国电视艺术家协会副秘书长张彦民等	3	应台湾中华广播电视节目制作商业同业公会邀请，赴台进行电视艺术交流活动	C人员
313	12月5日至12日	国家博物馆馆长吕章申等	7	应台湾台北市两岸人民交流服务协会邀请，赴台进行交流参访，并出席“吕章申书法作品展”开幕活动	B展览
314	12月5日至19日	宁夏回族自治区人大副主任冯炯华以宁夏振兴京剧协会顾问身份率宁夏京剧团等	65	应台湾唐龙艺术有限公司邀请，赴台进行交流演出	A演出
315	12月6日至10日	湖南省博物馆馆长陈建明	1	应台湾艺术大学邀请，赴台参加“幽暗记忆与观光学术研讨会”	C人员
316	12月6日至21日	国家话剧院一级戏剧评论家林克欢	1	应台湾台北身体气象馆邀请，赴台参加话剧《荒原》的排练及座谈会等交流活动	C人员
317	12月9日至14日	上海音乐学院副教授陈强斌	1	应台湾台南艺术大学邀请，赴台参加“链接与展望——音乐工程多面向发展学术研讨会”	C人员
318	12月9日至15日	中国作家协会刘慧英	1	应台湾大学文学院和交通大学邀请，赴台参加“第二届东亚人文学论坛”等学术交流活动	C人员

项目序号	赴台时间	团组名称	人次	活动内容	活动性质
319	12月9日至16日	江苏省甲骨文学会赵绪成等	9	应台湾中华甲骨文学会邀请，赴台举办“联合国甲骨文书画展”	B展览
320	12月10日至17日	湖北省黄冈市东坡文化代表团邓新华等	15	应台湾中华文化经济交流协会邀请，赴台进行交流考察活动	C人员
321	12月10日至19日	中国摄影家协会秘书长解海龙等	6	应台湾“中华艺术摄影家学会”邀请，赴台举办题为“世界遗产·中国”的摄影展览	B展览
322	12月12日至17日	天津尔宝瑞蜡像艺术馆副馆长田丕津	1	应台湾台北市天津同乡会邀请，赴台商谈蜡像制作及在台举办蜡像艺术展等事宜	C人员
323	12月16日至20日	文化部港澳台办肖夏勇以中华文化联谊会副秘书长身份	1	应台湾师范大学文化创艺产学中心邀请，赴台湾参加“两岸文创人才养成交流合作研讨会”及有关交流活动	C人员
324	12月16日至2011年1月20日	上海昆剧团演员吴双	1	应台湾水磨曲集昆剧团邀请，赴台讲学	C人员
325	12月17日至24日	福建省龙岩市武平县汉剧团李惠珍等	14	应台湾海峡两岸客家文经交流协会邀请，赴台交流演出	A演出
326	12月17日至24日	孙家正以中国文联主席身份率交流访问团	52	应台湾“中国文艺协会”邀请，赴台湾交流访问并出席第二届“海峡两岸暨港澳地区艺术论坛”	C人员
327	12月17日至26日	广西青少年艺术团马红英等	32	应台湾“中国青年大陆研究文教基金会”邀请，赴台进行交流演出	A演出
328	12月19日至2011年1月5日	北京京剧院燕守平	1	应台湾传统艺术总处筹备处邀请，赴台参加“国光剧团跨年公演”	A演出
329	12月20日至25日	江苏省连云港市淮海戏协会张乃霞等	18	应台北市文化教育交流发展协会邀请，赴台湾演出交流	A演出

项目序号	赴台时间	团组名称	人次	活动内容	活动性质
330	12月20日至27日	故宫博物院退休专家耿宝昌等	3	应台湾财团法人陈昌蔚文教基金会邀请，赴台湾参加学术研讨	C人员
331	12月24日至31日	福建京剧院刘作玉等	87	应台湾弘梅雅集京昆艺术团邀请，赴台进行交流演出	A演出
332	12月26日至2011年3月4日	北京北奥有限责任公司李勤等	104	应台湾义大股份有限公司邀请，赴台演出杂技音乐剧	A演出
333	12月27日至2011年1月3日	江西省博物馆学会理事长孙家骅等	13	应台湾华联文教基金会邀请，赴台进行文化考察活动	C人员
334	12月31日至2011年1月4日	黑龙江省哈尔滨师范大学音乐学院交响管乐团孙鹏等	59	应台湾嘉义市文化基金会邀请，赴台进行交流演出	A演出

2010年台湾来访交流项目一览表

项目序号	活动时间	团组名称	人次	活动内容	活动性质
1	1月24日至2月22日	台北教育大学艺术与造型设计学专业学生姚明志等	4	应中国美术馆邀请，在该美术馆实习	C人员
2	2月27日至3月2日	台湾地区学者陈益源等	8	应福建省泉州市文化局邀请，在福建泉州举办“首届海峡两岸闽南文化节”	C人员
3	3月6日至11日	台湾女摄影家蔡昀彤等	6	应福建省闽台文化交流中心、福建省美术馆邀请，在福建省美术馆举办“首届海峡两岸优秀女摄影家作品展”	B展览
4	3月6日至15日	台湾杨英风等	2	应中国美术馆和台湾杨英风美术馆合作邀请，在中国美术馆举办“大器·遇合——杨英风展”和“五行再生——杨奉琛创作展”	B展览

项目序号	活动时间	团组名称	人次	活动内容	活动性质
5	3月31日至4月8日	中国青年大陆研究文教基金会”所属台湾幼狮管乐团	70	应宋庆龄基金会邀请，来北京、西安进行交流演出	A演出
6	4月2日至5日	台湾书画家		应陕西省台办等单位联合邀请，在西安亮宝楼举办“第三届清明公祭轩辕黄帝海峡两岸名家书画展”	B展览
7	4月21日至25日	台湾第雅艺术等6家艺术机构及陈冠宇等	15	应北京中艺博文化传播有限公司邀请，在北京中国国际贸易展览中心举办的“2010中艺博国际画廊博览会”	B展览
8	4月22日至5月12日	台湾黄君璧等	10	应陕西省美术博物馆邀请，来陕参加展览开幕式及学术交流活动	B展览
9	4月22日至5月16日	台湾艺术家杨茂林等	14	应四川美术学院邀请，来重庆参加展览及学术交流活动	B展览
10	4月22日至26日	台湾书画家李锡奇等	14	应海南省国际文化交流中心邀请，在海南博物馆举办“两岸书画艺术展”等相关活动	B展览
11	4月23日至12月20日	台湾地区书画家黄昭雄等	12	应中央统战部（台湾会馆）邀请，在深圳举办“海峡两岸‘和谐中国’书画作品巡回展”	B展览
12	4月25日至5月13日	台湾艺术大学校长黄光男等	6	应浙江省美术馆邀请，来浙江参加在该馆举办的“傅狷夫书画展”开幕式及学术交流活动	B展览
13	4月至2011年3月	台湾近代雕塑百年展		浙江省杭州西湖风景名胜区管理委员会与台湾“国政研究基金会”在杭州连横纪念馆联合举办“蓬莱巨匠——台湾近代雕塑百年展”	B展览
14	5月2日至25日	应台湾艺术家朱炳仁、杨奉琛等	39	应浙江朱炳仁铜雕艺术博物馆邀请，来浙江参加展览开幕式及交流活动	B展览
15	5月7日至9日	台湾原住民原缘文化艺术团和高雄布农薪传艺术团	50	应中国艺术节广州筹委会邀请，来广州参加第九届中国艺术节祝贺演出	A演出

项目序号	活动时间	团组名称	人次	活动内容	活动性质
16	5月9日至13日	台湾国乐团柯基良等	80	应安徽省歌舞剧院邀请，来安徽交流访问并演出	A演出
17	5月9日至15日	星云法师及原台湾“立法院”副院长钟荣吉等	29	中国美术馆与台湾佛光山文教基金会在中国美术馆联合举办“星云法师一笔字书法展”	B展览
18	5月10日	台湾地区歌手伊能静	1	应中国艺术节广州筹委会邀请，来广州参加艺术节开幕演出	A演出
19	5月12日至16日	台湾艺术家戴明德等	7	应上海油画雕塑院邀请，来上海参加“上海春季艺术沙龙”活动	B展览
20	5月14日至6月14日	台湾地区艺术家廖修平等	15	应广东省深圳市宝安区“中国·观澜版画原创产业基地”管理办公室邀请，在该基地展出两岸四地版画家作品展	B展览
21	5月25日至6月1日	台湾画家倪占灵等	3	应安徽省文史馆邀请，在合肥市和涡阳县举办“回报家乡——台湾画家倪占灵国画作品展”参加展览相关活动	B展览
22	6月3日至29日	台北市立国乐团、台北市立交响乐团、优人神鼓、国光剧团、屏风表演班、当代传奇剧团、明华园歌仔戏团等	23	应中华文化联谊会、上海文化联谊会与台北市文化局、台北市文化基金会联合邀请，在上海共同举办“两岸城市艺术节——台北文化周”	A演出
23	6月4日至17日	台北故宫博物院朱惠良等	10	北京故宫博物院与台北故宫博物院共同举办“温故知新——两岸故宫重走文物南迁路”活动	B展览
24	6月10日至7月10日	台湾艺术家陈信宏	3	应上海当代艺术馆邀请，在该馆举办“纯真年代”艺术展	B展览

项目序号	活动时间	团组名称	人次	活动内容	活动性质
25	6月至11月	台湾师范大学副校长林磐耸等	14	应中国艺术研究院与台湾师范大学、台湾亚太文化创意产业协会，在海峡两岸共同主办“2010法蓝瓷杯陶瓷设计大赛”	B展览
26	6月13日至23日	台湾画家严隽泰等	2	应民进中央开明画院邀请，在北京中国美术馆举办“‘游子心，故乡情’严隽泰伉俪油画展”	B展览
27	6月14日至17日	台湾地区林沧敏、苏群超及鹿港文教基金会蔡雨亭等	11	应福建省文化厅关于石狮市科技文体旅游局邀请，在石狮市举办的第四届闽台对渡文化节暨蚶江海上泼水节开幕有关活动	C人员
28	6月14日至17日	台湾艺术大学杨清田等	40	应福建省文化厅关于石狮市科技文体旅游局邀请，参加开幕演出和歌舞晚会	A演出
29	6月14日至17日	台湾艺术家李锡奇等	16	应福建省文化厅关于石狮市科技文体旅游局邀请，参加2010石狮台北现代画展	B展览
30	6月15日至21日	台湾书法家杨家麟	1	应上海三山会馆管理处邀请，在该馆举办杨家麟书法展	B展览
31	6月16日至20日	台北市文化局、台北市文化基金会		上海东方发展中心与台北市文化局、台北市文化基金会合作，在上海世贸商城举办“2010上海台北双城文化创意产业博览会”	B展览
32	6月20日至7月11日	台湾院校代表徐德成等	3	应广州美术学院、广东省美术家协会少儿艺美会等联合邀请，在广州美术学院岭南画派纪念馆举办“方楚雄教授携两岸三地少儿优秀作品展”	B展览
33	6月24日至7月25日	台湾地区嘉宾黄永川等	6	应福建省文化厅、福建省文物局、厦门市文化局与台湾“中华花艺文化基金会”合作，在厦门博物馆举办““书·香·茶·花”两岸文物精品展”	B展览

项目序号	活动时间	团组名称	人次	活动内容	活动性质
34	7月1日至8月31日	台湾辅仁大学博物馆学研究生张砾云	1	应上海美术馆邀请，来上海美术馆实习	C人员
35	7月8日至12日	台湾航运合唱团姚忠义等	38	应福建省泉州市文化局邀请，来泉州参加交流演出	A演出
36	7月8日至12日	台北多元文化艺术团林秋妹等	14	应福建省泉州市文化局邀请，来泉州参加交流演出	A演出
37	7月8日至12日	台湾航运合唱团姚忠义等	38	应福建省泉州市文化局邀请，来泉州参加“2010中国航海日”活动并进行交流演出	A演出
38	7月17日至8月15日	台湾雕塑家朱铭等	24	应中国美术馆邀请，来北京参加展览开幕式活动	B展览
39	7月22日至31日	台湾地区薛志璋等	40	应中国交响乐发展基金会邀请，来参加“海峡爱乐乐团”大陆巡演活动	A演出
40	7月24日至28日	台湾地区屏东来义高中舞蹈团高正雄、台北唐艺舞蹈团张怡婷、桃园引舞舞团庄美强等	59	应中国舞蹈家协会邀请，来青岛参加海峡两岸青少年舞蹈交流展演”活动	A演出
41	7月至2011年6月	台湾魔术师丁建中	1	应广东南方杂技艺术团继续聘请，在该团参加交流活动	C人员
42	8月8日至25日	台湾画家林覃	1	应福建省厦门市美术馆邀请，在该馆举办“古意新象——林覃泥彩画展”	B展览
43	8月10日至14日	台湾桃园交响管乐团陈荣升等	64	应第30届“中国·哈尔滨之夏音乐会”组委会邀请，来黑龙江省哈尔滨市交流演出	A演出
44	8月13日至9月3日	台湾艺术家刘铭侮	1	应上海文化联谊会邀请，台湾艺术家刘铭侮在上海美术馆举办陶画艺术展	B展览
45	8月14日至23日	台北县长周锡伟等	16	应浙江省文化艺术交流促进会邀请，在浙江美术馆联合举办“台北县艺术之美”绘画作品展	B展览

项目序号	活动时间	团组名称	人次	活动内容	活动性质
46	8月16日至26日	台湾媛婷民族舞蹈团邬恒中等	36	应福建艺术职业学院邀请，来福州参加暑期舞蹈夏令营活动	A 演出
47	8月21日至30日	台湾印刻出版社社长兼总编辑初安民等	17	应中国作家协会邀请，来大陆参加“萧红文学之旅”活动	C 人员
48	8月26日至31日	台湾地区台湾交响乐团青少年管弦乐团吴婕绮等	62	应中央音乐学院附属中等音乐学校邀请，来北京交流演出	A 演出
49	8月31日至9月6日	台湾艺术大学美术学院林进忠等	10	应山东省枣庄市文化广电新闻出版局邀请，在枣庄举办“笔歌墨舞——枣庄·台北当代名家书画精品展”	B 展览
50	9月1日至10日	台湾书法家张炳煌	1	应鲁迅美术学院邀请，在该院美术馆举办“融古·重新”书艺展	B 展览
51	9月1日至30日	台湾发展研究院梅可望等	11	应上海民族民俗民间文化创意推广中心邀请，在该中心展厅举办“台湾工艺精品展”	B 展览
52	9月3日至9日	台湾小巨人丝竹乐团陈志升等	88	应广东歌舞剧院民族乐团邀请，来粤演出交流	A 演出
53	9月3日至19日	台湾画家梁又铭等	2	应广东美术馆邀请，来广州参加展览开幕式活动	B 展览
54	9月6日至13日	台湾豫剧团柯基良等	47	应河南省文化联谊会邀请，来河南省参加两岸戏曲展演周活动	A 演出
55	9月12日至18日	台湾刘宪仁等	10	应广西壮族自治区摄影家协会邀请，在广西壮族自治区博物馆联合举办“广西·台湾风光风情摄影艺术交流展”及相关活动	B 展览
56	9月12日至23日	台湾奇美管弦乐团团长卓侃男等	75	应中华中山文化交流协会邀请，来北京等地巡回演出	A 演出

项目序号	活动时间	团组名称	人次	活动内容	活动性质
57	9月15日至20日	台湾文化总会副会长林澄枝等	54	应第三届海峡两岸（厦门）文化产业博览交易会邀请，参加第三届海峡两岸（厦门）文化产业博览交易会开幕式等有关活动	C人员
58	9月15日至22日	台湾地区台北爱乐文教基金会《双城恋曲》剧组杜明远等	32	应江苏省演艺集团邀请，来南京等地演出	A演出
59	9月16日至10月15日	台湾汉唐乐府陈美娥等	24	应中国艺术研究院、安阳市人民政府邀请，来京演出	A演出
60	9月16日至10月15日	台湾文化总会副会长林澄枝等	35	应中国艺术研究院、安阳市人民政府邀请，在北京、安阳举办首届“两岸汉字艺术节”	C人员
61	9月21日至11月21日	台湾黄永川等	8	应福建省泉州市中国闽台缘博物馆邀请，在该馆举办“花好月圆——两岸文物精品展”展览开幕式等活动	B展览
62	9月21日至30日	台湾地区陈志声	1	福建省广播影视集团、福州书画院与台湾台中县文化局合作，在福州书院举办“陈志声书法个展”	B展览
63	9月22日至28日	台湾长荣交响乐团郭维斌等	91	应上海上体文化传媒有限公司邀请，来沪等地进行演出	A演出
64	9月25日至27日	台湾台北故宫博物院周功鑫院长等	8	应北京故宫博物院邀请，来北京参加“故宫学研讨会”及展览开幕式	C人员
65	10月8日至17日	台湾简永彬等	2	应刘海粟美术邀请，在刘海粟美术馆联合举办台湾摄影家“张才上海摄影展”	B展览
66	10月9日至14日	台湾朱宗庆打击乐团朱宗庆等	31	应中华文化联谊会邀请，来陕西交流演出	A演出
67	10月12日至16日	台湾电影代表团李行等	23	应中国电影家协会邀请，来江阴参加第19届金鸡百花电影节的相关活动	C人员

项目序号	活动时间	团组名称	人次	活动内容	活动性质
68	10 月 12 日至 11 月 28 日	台湾艺术家王德瑜等	11	应广东美术馆邀请，来广州参加展览开幕式等相关活动	B 展览
69	10 月 15 日至 19 日	台湾春风歌剧团李佩颖等	40	应福建省文化厅、厦门市人民政府合作邀请，来厦门参加交流演出	A 演出
70	10 月 15 日至 19 日	廖琼枝文教基金会廖琼枝等	61	应福建省文化厅、厦门市人民政府邀请，来厦交流演出	A 演出
71	10 月 15 日至 19 日	九天民俗技艺团许振荣等	16	应福建省文化厅、厦门市人民政府合作邀请，来厦交流演出	A 演出
72	10 月 15 日至 19 日	真五洲黄俊雄电视木偶剧团黄俊雄等	26	应福建省文化厅、厦门市人民政府合作邀请，来厦交流演出	A 演出
73	10 月 15 日至 19 日	苗栗陈家班北管八音团郑荣兴等	25	应福建省文化厅、厦门市人民政府合作邀请，来厦交流演出	A 演出
74	10 月 15 日至 19 日	台湾艺术家李奇茂等	2	应福建省文化厅、厦门市人民政府合作邀请，来厦举办“李奇茂画展”	B 展览
75	10 月 15 日至 19 日	曾永义等专家学者	16	应福建省文化厅、厦门市人民政府邀请，来厦参加研讨活动	C 人员
76	10 月 20 日至 24 日	台湾画家叶秀芳、陈忠正	2	应浙江省博物馆邀请，在该馆分别举办“叶秀芳 2010 艺术创作展”、“陈忠正‘漱云’写意诗画创作个展”	B 展览
77	10 月 24 日至 2011 年 1 月 3 日	台湾装置艺术家涂维政	1	应上海洛克外滩源美术品有限公司邀请，在上海外滩美术馆举办的“夜以继日”当代艺术品展	B 展览
78	10 月 24 日至 2011 年 2 月 28 日	台湾艺术家陈界仁	1	应上海双年展组委会邀请，在上海美术馆举办的“第八届上海双年展”	B 展览
79	10 月 25 日至 29 日	台湾高雄市乡亲合唱团苏顺国等	30	应中华红歌会组委会邀请，来重庆演出	A 演出
80	10 月 26 日至 29 日	台湾学者王国良	1	应浙江图书馆邀请，来浙江参加“雕版档案建设规范”研讨会	C 人员

项目序号	活动时间	团组名称	人次	活动内容	活动性质
81	11月1日	台湾明华园黄字戏剧团陈子阳等	43	应福建省漳州市文化与出版局邀请，来福建省漳州市参加交流演出活动	A演出
82	11月13日至17日	台湾艺术大学戏剧学系蔡永文等	12	应中国戏剧家协会邀请，来上海参加“第二届中国校园戏剧节”	A演出
83	11月16日至23日	台湾地区神秘失控人声乐团陈午明等	9	应重庆市文化广播电视局邀请，来重庆参加交流演出活动	A演出
84	11月16日至23日	台湾十鼓击乐团黄祥铭等	10	应重庆市文化广播电视局邀请。来重庆参加第二届“重庆·台湾周”交流演出活动	A演出
85	11月18日至19日	台北故宫博物院副院长冯明珠等	14	应北京故宫博物院邀请，在北京举办学术研讨会	C人员
86	11月19日至20日	胡培周等来自港澳台地区的学者	1	应中国艺术研究院邀请，来京参加“2010鲁迅论坛”活动	C人员
87	11月22日至12月3日	台湾汉学研究中心助理研究员涂静慧	1	应浙江图书馆邀请，来浙江省研习古籍文献修复并进行参访交流活动	C人员
88	11月22日至12月7日	台湾美术馆林风眠、赵无极、朱德群、席德进等	3	应中国美术学院邀请，来杭州参加“林风眠诞辰110周年国际学术研讨会”	B展览
89	12月5日至15日	南投县县长李朝卿等	25	应全国台联邀请来京参加展览开幕式等相关活动	B展览
90	12月9日至15日	台湾美术馆崔詠雪等	4	应中国美术学院邀请，参加展览开幕式及展品押运工作	B展览
91	12月13日至19日	洪世佑等台湾地区学者	15	中华文物交流协会与台湾沈春池文教基金会、台湾“文化资产总管理处筹备处”合作，在福建省泉州市举办第二届“海峡两岸文化遗产保护论坛——闽系红砖建筑的保护与传承”	C人员
92	12月24日至26日	台湾学者曾永义等	3	应中国艺术研究院戏曲研究所邀请，来北京参加“地方戏昆腔学术研讨会”	C人员

项目序号	活动时间	团组名称	人次	活动内容	活动性质
93	12月30日至2011年1月3日	台湾艺术家吴德亮	1	应福建省美术馆邀请，来榕参加“近看海峡两岸之美摄影联展”	B展览
94	2011年1月6日至9日	台湾画家王农等	22	应中华文化联谊会与徐悲鸿纪念馆邀请，在北京保利艺术博物馆举办“落笔生花，情牵两岸回顾展”	B展览
95	2011年1月8日至5月30日	台方工作人员	4	应浙江自然博物馆邀请，来杭州举办“台湾鸣虫特展”	B展览
96	2011年1月28日至2月27日	台北教育大学艺术与造型设计学系学生叶筑苑等	4	应中国美术馆邀请，来美术馆实习	C人员
97	2011年3月19日至22日	台湾专家	58	中国秦文研究会和台湾鬼谷子学术研讨会在北京共同举办“2011海峡两岸鬼谷子文化学术交流会”	C人员
98	2011年3月下旬	台湾艺术家林覃等	3	应福建省美术馆邀请，来榕参加展览开幕式等相关活动	B展览

2010年全年演出统计

项目序号	团组名称	活动内容
1月1日	台湾地区齐秦、潘美辰等4人	应江苏省演出公司邀请，来滨海县体育馆演出1场
1月1日至2日	台湾地区表演工作坊许哲诚等6人	应安徽中艺影视演艺有限公司邀请，来安徽大剧院演出2场
1月2日	台湾地区费玉清（张彦亭）等1人	应北京金展望文化艺术有限公司邀请，来北京五棵松体育场演出1场
1月2日	台湾地区高胜美等1人	应江苏淮安振邦文化交流有限公司邀请，来江苏东台市体育馆演出1场
1月3日	台湾地区刘若英等1人	应合肥市文华演出有限公司邀请，来安徽省宣城市红星礼堂演出1场
1月3日	台湾地区蔡琴等1人	应南昌市演出公司邀请，来江西省体育馆演出1场

项目序号	团组名称	活动内容
1月5日	台湾地区周华健等1人	应南京大唐亚太国际演出交流有限公司邀请，来南通体育会展中心体育馆演出1场
1月6日至9日	台湾地区黄迪扬等6人	应上海白玉兰文化艺术发展有限公司邀请，来上海艺海剧院演出4场
1月7日	台湾地区萧亚轩（萧雅之）等1人	应镇江市华艺演出有限公司邀请，来江苏镇江市体育馆演出1场
1月7日至8日	台湾地区非常林奕华剧团吴天葳等23人	应四川省演出展览公司邀请，来四川省锦城艺术宫演出2场
1月8日	台湾地区F.I.R乐队（詹雯婷、陈建宁、黄汉青）等3人	应杭州演出有限公司邀请，来浙江省绍兴剧院演出1场
1月8日	台湾地区萧亚轩（萧雅之）、张震岳（张震嶽）等2人	应南京靓泽文化传播有限公司邀请，来江苏南京奥体中心体育馆演出1场
1月8日	台湾地区齐秦等1人	应石家庄仁和世家文化传播有限公司邀请，来唐山丰润体育馆演出1场
1月8日	台湾地区蔡琴等1人	应苏州市明星演出有限公司邀请，来江苏省苏州市体育中心体育馆演出1场
1月8日	台湾地区许茹芸、苏慧伦等2人	应四川省演出展览公司邀请，来四川省体育馆演出1场
1月8日	台湾地区林依晨、飞轮海组合（汪东成、陈亦儒、吴庚霖、吴尊）等5人	应上海新碟文化传播有限公司邀请，来深圳市宝安区体育馆演出1场
1月8日至9日	台湾地区表演工作坊剧团杜冠莹等7人	应深圳市东方经典文化发展有限公司邀请，来广州少年宫蓓蕾剧院演出2场
1月8日至2011年1月15日	台湾地区周华健等1人	应南京大唐亚太国际演出交流有限公司、蓝海华谊兄弟国际文化传播江苏有限责任公司邀请，来江苏江阴市体育中心体育馆、吴江市体育馆演出2场

项目序号	团组名称	活动内容
1月10日	台湾地区苏芮（苏瑞芬）、S. H. E 组合（任家萱、田馥甄、陈嘉桦）等7人	应金博士（福建）文化传播有限公司邀请，来泉州海峡体育中心体育场演出1场
1月10日	台湾地区黄文章、卓依婷等2人	应江西华娱传媒有限公司邀请，来江西省修水县文化体育中心演出1场
1月12日	台湾地区蔡琴、罗志祥、陈明真、黄安等4人	应西安曲江传媒文化发展有限公司邀请，来西安市城市运动体育公园体育馆演出1场
1月14日	台湾地区潘美辰等1人	应广东省茂名市演出公司邀请，来茂名市体育馆演出1场
1月14日至16日	台湾地区许哲诚等6人	应上海东方艺术中心管理有限公司邀请，来上海东方艺术中心演出3场
1月15日	台湾地区周杰伦、南拳妈妈组合（杨瑞代、梁心颐、吴欣芸）、浪花兄弟组合（邱凯伟、杨常青）等6人	应广东省演出公司邀请，来广州天河体育中心体育场演出1场
1月15日	台湾地区张震岳（张震嶽）、姚中仁、猴子飞行员乐队（王汤尼、王昱人、杨声铮、余光耀、陈自强）等7人	应厦门天视文化有限公司邀请，来西安交大思源体育馆演出1场
1月15日	台湾地区吴佩慈、刘谦等2人	应浙江国华演艺有限公司邀请，来杭州萧山第一世界大酒店演出1场
1月15日	台湾地区范玮琪（范伟琪）等1人	应吴氏国际文化传媒（北京）有限公司邀请，来北京解放军歌剧院演出1场
1月15日	台湾地区苏有朋等1人	应无锡新航传媒有限公司邀请，来江苏溧阳市体育中心体育馆演出1场
1月15日	台湾地区费玉清（张彦亭）等1人	应江苏东方盛世文化产业有限公司邀请，来江苏常州奥体中心体育馆演出1场
1月15日至16日	台湾地区圆音有声出版股份有限公司张奕若等76人	应深圳市易票达票务有限公司邀请，来深圳音乐厅演出2场
1月16日	台湾地区苏慧伦、温岚、伍佰（吴俊霖）等3人	应浙江国华演艺有限公司邀请，来浙江黄龙体育中心体育馆演出1场

项目序号	团组名称	活动内容
1月16日	台湾地区 F. I. R 乐队（陈建宁、黄汉青、詹雯婷）等3人	应杭州演出有限公司邀请，来杭州余杭区临平剧院演出1场
1月16日	台湾地区苏见信等1人	应深圳市红鼓演出有限公司邀请，来深圳市罗湖区尚格酒吧演出1场
1月17日	台湾地区彭佳慧等1人	应浙江省对外文化交流公司邀请，来温州电视台演播厅演出1场
1月17日	台湾地区周杰伦等26人	应北京中歌嘹亮音乐文化传播有限公司邀请，来北京国家奥林匹克体育中心体育馆演出1场
1月17日	台湾地区焦恩俊等1人	应浙江省对外文化交流公司邀请，来浙江省金华市武义县唐风温泉度假村演出1场
1月18日	台湾地区欧开合唱团（赖家庆、叶孝恩、叶孝贤、叶文祥、叶微真）、齐秦等6人	应上海爱乐乐团邀请，来上海大剧院演出1场
1月20日	台湾地区徐若瑄、孟庭苇（陈秀玫）、叶启田（叶宪修）等3人	应福建省中视传播有限公司邀请，来福州市闽江学院田径场演出1场
1月21日	台湾地区萧敬腾、苏打绿组合（吴青峰、刘家凯、龚钰祺）等8人	应北京时代新纪元文化传播有限公司邀请，来北京梅兰芳大剧院演出1场
1月22日	台湾地区黄舒骏等1人	应上海东亚演出有限公司邀请，来上海大舞台演出1场
1月23日	台湾地区刘若英、吴克群、伍佰（吴俊霖）等3人	应湖北省演出中心邀请，来宜昌市体育中心演出1场
1月23日	台湾地区苏见信等1人	应浙江国华演艺有限公司邀请，来绍兴市体育中心体育馆演出1场
1月23日	台湾地区彭佳慧等1人	应北京春秋永乐文化传播有限公司邀请，来北京工人体育馆演出1场
1月25日	台湾地区黄安等1人	应北京华夏龙情文化传播有限公司邀请，来河北省艺术中心演出1场
1月25日	台湾地区刘若英等1人	应济源华厦文化发展有限公司邀请，来河南济源市篮球城体育馆演出1场
1月29日	台湾地区 F. I. R 乐队（詹雯婷、黄汉青、陈建宁）等3人	应云南百胜广告民族文化传播有限公司邀请，来云南大剧院演出1场
1月29日至4月10日	台湾地区蔡琴、刘若英、齐豫、庾澄庆、陶喆等5人	应湖南省文化艺术交流中心邀请，来湖南国际会展中心演出2场

项目序号	团组名称	活动内容
1月30日	台湾地区萧亚轩（萧雅之）等1人	应成都演艺集团有限公司邀请，来成都市娇子音乐厅演出1场
1月30日	台湾地区张帝（张志民）、陈明真等2人	应安徽省环球文化传播有限公司邀请，来安徽巢湖市庐江县鸿福大酒店演出1场
1月30日	台湾地区动力火车组合（颜志琳、尤秋兴）等2人	应浙江国华演艺有限公司邀请，来杭州黄龙体育中心体育馆演出1场
1月30日	台湾地区五月天组合（陈信宏、刘浩明、石锦航、温尚翊、蔡升晏）等5人	应江苏中演文化产业有限公司邀请，来无锡市体育中心体育馆演出1场
1月31日	台湾地区信乐团（孙志群、黄迈可）等2人	应浙江省演出公司邀请，来杭州体育馆演出1场
1月31日	台湾地区罗志祥、张芸菁、萧亚轩（萧雅之）、王心凌、刘谦等5人	应北京世纪轩昂文化艺术传播有限公司邀请，来北京五棵松体育馆演出1场
1月31日	台湾地区李绍祥、罗弘证等2人	应广东对外艺术交流中心邀请，来深圳市蛇口花园城中心演出1场
1月31日	台湾地区张信哲、S. H. E组合（陈嘉桦、田馥甄、任家萱）等4人	应北京世纪轩昂文化艺术传播有限公司邀请，来北京五棵松体育馆演出1场
2月1日	台湾地区张菲（张彦明）、周蕙、李立群、刘谦等4人	应上海市演艺总公司邀请，来上海城市剧院演出1场
2月2日	台湾地区蔡琴、苏见信等2人	应四川省宜宾市综艺演出展览有限责任公司邀请，来四川省雅安市体育馆演出1场
2月3日	台湾地区周蕙、李宗盛、周华健等3人	应九洲文化传播中心邀请，来北京五棵松体育馆演出1场
2月5日	台湾地区张悬（焦安溥）、蔡依林（蔡依翎）、等28人	应北京中歌嘹亮音乐文化传播有限公司邀请，来北京国家奥林匹克体育中心体育馆演出1场
2月6日	台湾地区辛晓琪、赵咏华（赵宇乔）、娃娃（金智娟）等3人	应广东省演出公司邀请，来广州体育馆演出1场
2月6日	台湾地区张惠妹等1人	应北京华夏龙情文化传播有限公司邀请，来赣州市体育中心体育馆演出1场
2月6日	台湾地区潘美辰等1人	应镇江市演出有限公司邀请，来镇江市体育馆演出1场

项目序号	团组名称	活动内容
2月6日	台湾地区朱孝天等1人	应河南动天国际文化传播有限公司邀请，来河南省人民会堂演出1场
2月12日	台湾地区张信哲等1人	应上海开思文化艺术有限公司邀请，来上海展览中心中央大厅演出1场
2月16日	台湾地区卓依婷等1人	应佛山市星之苑演出有限公司邀请，来广东廉江市体育中心演出1场
2月17日	台湾地区卓依婷等1人	应佛山市星之苑演出有限公司邀请，来广东清远市清新县文化体育中心演出1场
2月21日	台湾地区张怀秋、薛仕凌、蔡宗华等3人	应浙江国华演艺有限公司邀请，来温州U－Party酒吧演出1场
2月26日	台湾地区萧敬腾等1人	应上海城市舞蹈有限公司邀请，来上海大舞台演出1场
2月26日	台湾地区李翊君（李华苓）等1人	应浙江国华演艺有限公司邀请，来浙江省嘉兴市CLUB TNT潮人会所演出1场
2月27日	台湾地区费玉清等7人	应厦门市天视文化有限公司邀请，来福建省泉州市海峡体育中心演出1场
2月27日	台湾地区邱胜翊、廖俊杰、邱翊橙、吴俊谚等4人	应上海国际文化艺术交流有限公司邀请，来上海卢湾体育馆演出1场
2月28日	台湾地区周杰伦、吕建忠、张韶涵、苏见信、张芸菁（张芸京）、飞轮海组合（汪东成、陈亦儒、吴庚霖、吴吉尊）等9人	应广东对外艺术交流中心邀请，来深圳宝安区体育馆演出1场
2月28日	台湾地区卓依婷等1人	应阳江市演出公司邀请，来广东省佛山市顺德区均安镇文化广场演出1场
3月5日	台湾地区罗志祥等5人	应广州市明星巨典文化艺术有限公司邀请，来广州天河体育中心体育场演出1场
3月6日	台湾地区蔡依林、张韶涵、罗志祥、黄文章、潘安邦等5人	应江苏省演出公司邀请，来泰州市体育馆演出1场
3月6日	台湾地区萧敬腾、庾澄庆等9人	应广东对外艺术交流中心邀请，来广州体育馆演出1场
3月8日至5月6日	台湾地区段承洋等1人	应上海歌星俱乐部邀请，来度曼波（上海）餐饮有限公司演出58场

项目序号	团组名称	活动内容
3月8日至10日	台湾地区黄安等1人	应北京保利剧院管理有限公司邀请，来广东省东莞玉兰大剧院、深圳保利剧院、惠州文化艺术中心演出3场
3月14日	台湾地区东城卫乐队（陈德修、陈志介、李明翰、邓桦敦）、曾沛慈等5人	应上海文化娱乐管理有限公司邀请，来上海艺海剧院演出1场
3月20日	台湾地区动力火车组合（颜志琳、尤秋兴）、吕建忠等3人	应西安曲江文化演出（集团）有限公司邀请，来西安电子科技大学礼堂演出1场
3月20日	台湾地区 F. I. R 乐队（陈建宁、黄汉青、詹雯婷）等3人	应厦门市天视文化有限公司邀请，来厦门歌舞剧院演出1场
3月25日至2011年3月27日	台湾地区张帝（张志民）等1人	应北京巨龙世纪文化艺术有限公司邀请，来北京解放军歌剧院演出3场
3月26日	台湾地区庾澄庆、范玮琪（范伟琪）等5人	应浙江省对外文化交流公司邀请，来杭州黄龙体育中心体育馆演出1场
3月26日	台湾地区萧亚轩（萧雅之）等1人	应北京世纪轩昂文化艺术传播有限公司邀请，来北京理工大学体育馆演出1场
3月26日	台湾地区动力火车组合（尤秋兴、颜志琳）等2人	应江西省演出公司邀请，来江西省体育馆演出1场
3月27日	台湾地区蔡康永等12人	应北京金展望文化艺术有限公司邀请，来北京首都体育馆演出1场
3月27日	台湾地区郭采洁等1人	应北京中演文化娱乐公司邀请，来北京展览馆剧场演出1场
3月27日	台湾地区蔡依林等1人	应江苏省演出公司邀请，来上海体育场演出1场
3月27日	台湾地区动力火车组合（颜志琳、尤秋兴）等2人	应辽宁省演出公司邀请，来辽宁中华剧场演出1场
3月27日	台湾地区林宥嘉、梁文音等2人	应上海国际文化艺术交流有限公司邀请，来上海大舞台演出1场
3月27日	台湾地区周华健等1人	应北京金展望文化艺术有限公司邀请，来北京首都体育馆演出1场

项目序号	团组名称	活动内容
3月27日	台湾地区刘若英、吴奇隆等2人	应重庆歌舞团有限责任公司邀请，来重庆垫江县体育场演出1场
3月27日	台湾地区信乐团孙志群等5人	应河北盛世东方文化艺术传播有限公司邀请，来沧州市文化艺术中心演出1场
3月28日	台湾地区张信哲、辛晓琪、詹雯婷、陈建宁、黄汉青等5人	应南昌市演出公司邀请，来上高县第二中学体育场演出1场
3月30日	台湾地区萧亚轩（萧雅之）、吴克群、周华健、罗大佑等4人	应上海市演艺总公司邀请，来上海中山东一路外滩演出1场
3月30日	台湾地区童安格等1人	应云南省演出公司邀请，来云南省寻甸县体育中心演出1场
4月1日	台湾地区苏打绿组合等5人	应上海歌星俱乐部邀请，来上海来福士广场演出1场
4月2日	台湾地区飞儿乐队（詹雯婷、陈建宁、黄汉青）、郭采洁等4人	应广州市明星巨典文化艺术有限公司邀请，来广州市中山纪念堂演出1场
4月4日	台湾地区伊能静等1人	应湖南省演出公司邀请，来益阳市奥林匹克公园演出1场
4月8日	台湾地区张震岳、苏打绿乐队（吴青峰）等11人	应北京城乡行文化艺术有限公司邀请，来北京798艺术区751厂区D－PARK会所演出1场
4月8日至9日	台湾地区云门舞集林怀民等42人	应广州左岸色彩文化传播有限公司邀请，来广州大剧院演出2场
4月9日	台湾地区吴兴国（吴国秋）等1人	应上海东方艺术中心管理有限公司邀请，来上海东方艺术中心演出1场
4月9日	台湾地区蔡依林等3人	应南昌市演出公司邀请，来宜春市体育中心演出1场
4月9日	台湾地区黄品源（黄钰棋）等1人	应河南省商河文化传播有限公司邀请，来郑州市会展中心演出1场
4月10日	台湾地区欧得洋（李益嶒）等1人	应江苏喜纳文化传播有限公司邀请，来江苏省盐城市新体育馆演出1场

项目序号	团组名称	活动内容
4 月 10 日	台湾地区辛晓琪、游鸿明等 2 人	应江苏喜纳文化传播有限公司邀请，来江苏省盐城市新体育馆演出 1 场
4 月 10 日	台湾地区张信哲等 1 人	应佛山市演出有限公司邀请，来广州体育馆演出 1 场
4 月 10 日	台湾地区 S. H. E 组合（任家萱、田馥甄、陈嘉桦）等 3 人	应洛阳市海艺演出有限公司邀请，来洛阳市新区体育场演出 1 场
4 月 10 日	台湾地区潘美辰等 1 人	应芜湖市演出艺术中心邀请，来芜湖市新视听演艺中心演出 1 场
4 月 11 日	台湾地区王若琳、罗大佑、张震岳、等 8 人	应广州市明星巨典文化艺术有限公司邀请，来深圳大剧院演出 1 场
4 月 16 日	台湾地区周杰伦、庾澄庆等 2 人	应江西省演出公司邀请，来江西省萍乡市玉湖火神广场演出 1 场
4 月 16 日	台湾地区蔡依林（蔡依翎）、孟庭苇（陈秀玫）等 2 人	应江苏凌云文化艺术有限公司邀请，来上海体育场演出 1 场
4 月 16 日	台湾地区费玉清（张彦亭）、苏芮（苏瑞芬）等 2 人	应山东省演出公司邀请，来山东省菏泽市演武楼演出 1 场
4 月 17 日	台湾地区高胜美、黄文章等 2 人	应苏州市对外演出交流有限公司邀请，来苏州市相城区文体馆演出 1 场
4 月 17 日	台湾地区孟庭苇（陈秀玫）、陈志朋（陈宏翔）等 2 人	应福建省中视传播有限公司邀请，来石狮市体育馆演出 1 场
4 月 17 日	台湾地区郑智化等 1 人	应山东省演出公司邀请，来烟台市政府礼堂演出 1 场
4 月 17 日	台湾地区伍思凯等 7 人	应河南省演出公司邀请，来洛阳新区体育中心演出 1 场
4 月 17 日至 5 月 9 日	台湾地区非常林奕华剧团郑元畅、张艾嘉等 12 人	应佛山市演出公司邀请，来广东省佛山市影剧院、浙江省宁波市大剧院演出 4 场
4 月 18 日	台湾地区费玉清等 1 人	应江苏演艺文化传播有限公司邀请，来扬州宋夹城湿地公园演出 1 场

项目序号	团组名称	活动内容
4月19日至8月18日	台湾地区陈富元等1人	应上海桑德利文化艺术有限公司邀请，来北京世贸星际餐饮管理有限公司演出112场
4月21日	台湾地区蔡明叡等1人	应上海大剧院演艺中心邀请，来上海音乐厅演出1场
4月21日	台湾地区三重高中管乐队刘宇轩等102人	应上海上音演出有限公司邀请，来上海贺绿汀音乐厅演出1场
4月23日	台湾地区高胜美、黄文章等2人	应芜湖市演出艺术中心邀请，来安徽省芜湖市南陵县丫山演出1场
4月23日	台湾地区苏见信等1人	应黑龙江省文化艺术发展中心邀请，来哈尔滨市国际会展体育中心体育馆演出1场
4月23日	台湾地区刘谦等1人	应天星文化娱乐有限公司邀请，来北京展览馆剧场演出1场
4月23日至24日	台湾地区非常林奕华剧团郑元畅等14人	应杭州演出有限公司邀请，来杭州剧院演出2场
4月24日	台湾地区张悬（焦安溥）、黄小琥（黄春凤）等2人	应华瀚国际文化发展公司邀请，来北京工人体育馆演出1场
4月24日	台湾地区范玮琪（范伟琪）等1人	应上海新碟文化传播有限公司邀请，来北京咖钩酒吧演出1场
4月24日	台湾地区周华健、任贤齐等2人	应四川金手指文化传播集团有限公司邀请，来成都体育中心演出1场
4月24日	台湾地区五月天组合（蔡升晏、刘浩明、石锦航、温尚翊、陈信宏）等5人	应厦门市天视文化有限公司邀请，来厦门市体育中心演出1场
4月24日	台湾地区苏见信、萧敬腾、林宥嘉、罗志祥、等51人	应华翰国际文化发展公司邀请，来北京工人体育馆演出1场
4月25日	台湾地区高胜美等1人	应江苏银湖文化传播发展有限公司邀请，来江苏连云港市海州区行政中心广场演出1场
4月28日	台湾地区蔡依林（蔡依翎）等1人	应河南世创国际文化传播有限公司邀请，来河南省信阳市体育中心演出1场

项目序号	团组名称	活动内容
4 月 28 日	台湾地区周杰伦、林依晨等 2 人	应内蒙古金鹰文化艺术有限责任公司邀请，来呼和浩特市内蒙古体育馆演出 1 场
4 月 28 日	台湾地区张震岳等 5 人	应江苏中奥国际体育文化产业有限公司邀请，来江苏省南京市新街口万达广场演出 1 场
4 月 28 日	台湾地区蔡琴、张帝等 2 人	应无锡市唐家文化传播有限公司邀请，来江苏省溧阳市体育馆演出 1 场
4 月 28 日	台湾地区萧亚轩（萧雅之）等 1 人	应杭州演出有限公司邀请，来杭州黄龙体育中心演出 1 场
4 月 28 日	台湾地区黄文章、刘若英等 2 人	应湖北楚天演出有限公司邀请，来湖北麻城市博达中学体育馆演出 1 场
4 月 28 日	台湾地区费玉清（张彦亭）等 1 人	应杭州演出有限公司邀请，来杭州市黄龙体育中心体育场演出 1 场
4 月 28 日至 29 日	台湾地区潘美辰等 1 人	应北京北展演艺文化有限公司邀请，来北京展览馆剧场演出 2 场
4 月 28 日至 30 日	台湾地区康晋荣、杨培安等 2 人	应浙江省对外文化交流公司邀请，来温州电视台演播厅、绍兴激情百度酒吧演出 2 场
4 月 29 日至 5 月 3 日	台湾地区非常林奕华剧团吴天葳、郑元畅等 11 人	应北京保利剧院管理有限公司邀请，来北京保利剧院演出 5 场
4 月 30 日	台湾地区刘谦等 1 人	应哈尔滨同利达文化发展有限公司邀请，来哈尔滨国际会展体育中心体育场演出 1 场
4 月 30 日	台湾地区张信哲等 1 人	应天津市圣音文化传媒有限公司邀请，来天津体育中心演出 1 场
4 月 30 日	台湾地区张震岳（张震嶽）、Free9 乐队等 4 人	应石家庄市中仁闪凝娱乐有限公司邀请，来石家庄市河北体育馆演出 1 场
4 月 30 日	台湾地区卓依婷等 1 人	应广东省阳江市演出公司邀请，来广东省肇庆市广宁县城市中心广场演出 1 场
4 月 30 日	台湾地区温岚等 1 人	应浙江省对外文化交流公司邀请，来济南市历下区欢乐苏之荷西餐酒廊演出 1 场

项目序号	团组名称	活动内容
4月30日	台湾地区齐秦、陈明真等2人	应武汉新健演出有限公司邀请，来湖北省荆门市体育文化中心体育场演出1场
4月30日	台湾地区黄心昱等1人	应杭州演出有限公司邀请，来杭州解百新世纪商厦演出1场
5月1日	台湾地区张信哲等1人	应北京苍明文化有限责任公司邀请，来北京首都体育馆演出1场
5月1日	台湾地区周杰伦等1人	应上海开思文化艺术有限公司邀请，来上海体育场演出1场
5月1日	台湾地区蔡琴等1人	应洛阳市海艺演出有限责任公司邀请，来洛阳新区体育馆演出1场
5月1日至3日	台湾地区张震岳等16人	应成都演艺集团有限公司邀请，来成都市新都区保利198郁金香公园演出3场
5月2日	台湾地区五月天组合（蔡升晏、温尚翊、陈信宏、刘浩明、石锦航）等5人	应北京中演文化娱乐公司邀请，来北京工人体育场演出1场
5月3日至16日	台湾地区刘谦等1人	应浙江省对外文化交流公司邀请，来浙江宁波大剧院、诸暨体育馆、杭州体育馆、杭州萧山大剧院演出5场
5月5日	台湾地区张信哲等1人	应青岛市文化艺术交流中心邀请，来青岛体育馆演出1场
5月5日	台湾地区萧亚轩（萧雅之）等1人	应广东对外艺术交流中心邀请，来广州锦汉展览中心演出1场
5月7日	台湾地区台湾国乐团卓琇琴等69人	应上海市演出公司邀请，来上海音乐厅演出1场
5月7日	台湾地区陈志朋等1人	应湖南省演出公司邀请，来长沙市水木年华酒吧演出1场
5月7日至9日	台湾地区林心如等1人	应上海中演文化艺术有限公司邀请，来上海美琪大戏院演出3场

项目序号	团组名称	活动内容
5月8日	台湾地区蔡依林等6人	应北京世纪轩昂文化艺术传播有限公司邀请，来北京工人体育场演出1场
5月8日	台湾地区范玮琪（范伟琪）等1人	应福建省中视传播有限公司邀请，来福州市体育馆演出1场
5月8日	台湾地区台湾国乐团柯基良等80人	应苏州科文演出有限公司邀请，来苏州科技文化艺术中心大剧院演出1场
5月8日至22日	台湾地区刘若英、张韶涵等2人	应上海白玉兰文化艺术发展有限公司邀请，来上海大舞台演出2场
5月8日至9日	台湾地区林宥嘉等1人	应北京市对外文化交流有限责任公司邀请，来北京市朝阳公园演出2场
5月9日	台湾地区孟庭苇等1人	应成都演艺集团有限公司邀请，来四川省体育馆演出1场
5月9日	台湾地区汉唐乐府南管古典乐舞团陈美娥等16人	台应浙江省演出有限公司邀请，来杭州剧院演出1场
5月9日至6月5日	台湾地区刘若英、刘谦等7人	应郑州天璨星光文化传播有限公司邀请，来郑州国际会展中心、河南省体育馆、郑州金博大广场演出3场
5月11日至15日	台湾地区吴承芳等1人	应北京云汉文化交流有限公司邀请，来北京大学百周年纪念讲堂、梅兰芳大剧院演出3场
5月13日至14日	台湾地区非常林奕华剧团黄建玮、郑元畅等16人	应四川省演出展览公司邀请，来四川省锦城艺术宫演出2场
5月13日至15日	台湾地区林心如等1人	应杭州演出有限公司邀请，来杭州大剧院演出3场
5月14日	台湾地区周杰伦、蔡幸娟、王心凌等3人	应成都演艺集团有限公司邀请，来四川省体育馆演出1场
5月14日	台湾地区徐佳莹等10人	应广州市明星巨典文化艺术有限公司邀请，来广州体育馆演出1场
5月14日	台湾地区许景淳等1人	应成都演艺集团有限公司邀请，来四川省体育馆演出1场

项目序号	团组名称	活动内容
5月15日	台湾地区S. H. E组合（陈嘉桦、任家萱、田馥甄）等3人	应江苏省演艺文化传播有限公司邀请，来江苏无锡市江南大学体育馆演出1场
5月15日	台湾地区范玮琪（范伟琪）等1人	应福建省演出公司邀请，来福建省宁德市霞浦一中体育馆演出1场
5月15日	台湾地区齐秦等1人	应湖南省演出公司邀请，来长沙市贺龙体育场演出1场
5月15日	台湾地区韦礼安等1人	应北京中演文化娱乐公司邀请，来北京首都体育馆演出1场
5月15日	台湾地区蔡依林等1人	应九州文化传播中心邀请，来北京工人体育馆演出1场
5月15日至16日	台湾地区张震岳等8人	应北京城乡行文化艺术有限公司邀请，来西安曲江池唐城遗址公园演出2场
5月15日至7月3日	台湾地区周杰伦、伍佰（吴俊霖）等2人	应九洲文化传播中心邀请，来北京工人体育场、工人体育馆演出2场
5月15日至29日	台湾地区张韶涵、刘若英等2人	应北京中演文化娱乐公司邀请，来北京首都体育馆演出2场
5月16日	台湾地区刘若英等1人	应哈尔滨同利达文化发展有限公司邀请，来沈阳体育馆演出1场
5月17日	台湾地区陈明真等1人	应淮安振邦文化交流有限公司邀请，来江苏省沛县人民会堂演出1场
5月18日至19日	台湾地区周华健、张宇（张博翔）等2人	应江苏省演出公司邀请，来江苏省阜宁中学体育馆、东台市体育馆演出2场
5月18日	台湾地区蔡依林（蔡依翎）、李宗盛等2人	应江苏盐城市振艺演出服务中心邀请，来盐城市国际会展中心演出1场
5月19日至23日	台湾地区林心如等1人	应北京华艺星空文化发展有限公司邀请，来北京保利剧院演出5场
5月19日	台湾地区蔡琴等5人	应浙江国华演艺有限公司邀请，来浙江省宁海县开游节广场演出1场

项目序号	团组名称	活动内容
5月19日	台湾地区伊能静（吴静宜）等1人	应温州文联演出艺术有限公司邀请，来温州广播电视总台演出1场
5月21日	台湾地区大嘴吧组合（张怀秋、薛仕凌、蔡宗华）等3人	应上海新碟文化传播有限公司邀请，来天津芭芘酒吧演出1场
5月21日至22日	台湾地区黄安等1人	应浙江国华演艺有限公司邀请，来浙江省金华市青少年影剧院、诸暨市城北金海岸大舞台演出2场
5月21日	台湾地区蔡依林等5人	应北京中视创星国际文化传媒有限公司邀请，来浙江省长兴县市政广场演出1场
5月22日	台湾地区大嘴吧组合（张怀秋、薛仕凌、蔡宗华、千田爱莎）等4人	应上海新碟文化传播有限公司邀请，来大连市中山区苏荷西餐酒吧演出1场
5月22日	台湾地区张震岳（张震嶽）等1人	应天津市对外文化交流公司邀请，来天津天龙演艺广场演出1场
5月22日	台湾地区吴克群等1人	应成都演艺集团有限公司邀请，来成都市娇子音乐厅演出1场
5月22日	台湾地区吴奇隆、周华健等2人	应浙江国华演艺有限公司邀请，来浙江省海宁市马桥经编总部商城西广场演出1场
5月22日	台湾地区蔡康永等6人	应辽宁省演出公司邀请，来沈阳奥体中心演出1场
5月22日	台湾地区刘若英等1人	应江苏五环广告传播公司邀请，来南京五台山体育馆演出1场
5月22日	台湾地区韦礼安等1人	应上海白玉兰文化艺术发展有限公司邀请，来上海大舞台演出1场
5月22日	台湾地区五月天组合陈信宏等5人	应武汉新建演出公司邀请，来武汉市汉口体育中心演出1场
5月22日	台湾地区范玮琪（范伟琪）、徐熙媛、范晓萱等3人	应辽宁省演出公司邀请，来沈阳奥体中心演出1场

项目序号	团组名称	活动内容
5月22日	台湾地区齐豫等1人	应陕西神采演出艺术有限公司邀请，来西安曲江新区金地芙蓉世家一期会所演出1场
5月22日	台湾地区F. I. R乐队（詹雯婷、黄汉青）等2人	应浙江国华演艺有限公司邀请，来浙江省海宁市马桥经编总部商城西广场演出1场
5月22日至23日	台湾地区潘美辰等1人	应江西省文化产业开发中心邀请，来南昌新中原大剧院演出2场
5月23日	台湾地区罗志祥等9人	应广州耀星影视艺术传播中心邀请，来广州体育馆演出1场
5月26日至28日	台湾地区朱宗庆打击乐团朱宗庆等27人	应北京国家大剧院演艺中心有限责任公司邀请，来北京国家大剧院演出3场
5月27日	台湾地区吴奇隆、陈志朋（陈宏翔）等2人	应浙江省对外文化交流公司邀请，来杭州黄龙体育中心体育馆演出1场
5月28日	台湾地区范晓萱等1人	应成都演艺集团有限公司邀请，来四川省体育馆演出1场
5月28日至29日	台湾地区林心如等1人	应天津华乐文化艺术发展有限公司邀请，来天津大剧院演出2场
5月28日	台湾地区苏见信、黄丽玲等2人	应上海歌星俱乐部邀请，来上海度曼波餐饮有限公司演出1场
5月28日	台湾地区周渝民（周育民）、王心凌等2人	应广州千翔文化传播有限公司邀请，来广州大学城华南理工大学体育馆演出1场
5月28日	台湾地区伊能静（吴静怡）等1人	应重庆市演出公司邀请，来重庆市永川区体育中心演出1场
5月28日	台湾地区范逸臣（范佑臣）等1人	应上海新碟文化传播有限公司邀请，来厦门鑫乐洋文化传播有限公司演出1场
5月28日	台湾地区信乐团（黄迈可、孙志群）等2人	应南宁皇嘉凯歌文化传播有限公司邀请，来南宁市皇嘉凯歌大剧院演艺大厅演出1场

项目序号	团组名称	活动内容
5月29日	台湾地区周华健、蔡依林（蔡依翎）等2人	应杭州名星文化艺术传播有限公司邀请，来江苏省泗阳县体育场演出1场
5月29日	台湾地区齐秦、彭佳慧、伊能静（吴静怡）、康晋荣等4人	应西藏赛纳格桑尼文化艺术有限公司邀请，来西藏大学学生活动中心演出1场
5月29日	台湾地区范逸臣（范佑臣）等1人	应上海新碟文化传播有限公司邀请，来温州市鹿城区鼓楼外滩酒吧演出1场
5月29日	台湾地区姜育恒等1人	应东营市明星文化艺术公司邀请，来东营市嬉水体育场演出1场
5月30日	台湾地区张帝（张志民）等1人	应南京司麦尔文化艺术有限公司邀请，来江苏省南京市江宁横溪街道西瓜广场演出1场
6月1日至7月5日	台湾地区潘美辰等1人	应武汉琴台大剧院管理有限公司邀请，来河南艺术中心、烟台大剧院演出11场
6月2日	台湾地区刘谦等1人	应吉林省演出有限责任公司邀请，来长春市长影世纪城演出1场
6月4日	台湾地区吴克群等1人	应天津华乐文化艺术发展有限公司邀请，来天津津湾大剧院演出1场
6月4日	台湾地区芭蕾演员林立峰等1人	应上海东方艺术中心邀请，来上海东方艺术中心演出1场
6月4日至5日	台湾地区林心如等1人	应深圳市东方经典文化发展有限责任公司邀请，来深圳大剧院演出2场
6月4日至5日	台湾地区范玮琪（范伟琪）等1人	应上海新碟文化传播有限公司邀请，来江苏省南京梯恩梯娱乐管理有限公司、无锡路易文化娱乐苑演出2场
6月5日	台湾地区费玉清（张彦亭）等1人	应南京大唐亚太国际演出交流有限公司邀请，来江苏省江阴市体育馆演出1场
6月5日	台湾地区苏打绿乐队等5人	应杭州演出有限公司邀请，来杭州西湖天地演出1场

项目序号	团组名称	活动内容
6月10日	台湾地区蔡依林（蔡依翎）、刘谦等2人	应浙江省演出有限公司邀请，来浙江省兰溪市体育中心体育馆演出1场
6月11日	台湾地区周定纬等1人	应北京超星凯旋文化传播有限公司邀请，来北京国际雕塑公园嘉年华广场演出1场
6月11日至12日	台湾地区吴克群等1人	应无锡市三六零文化交流有限公司邀请，来江苏省吴江市体育馆、昆山市体育馆演出2场
6月12日	台湾地区林宥嘉等1人	应北京春秋永乐文化传播有限公司邀请，来上海国际体操中心演出1场
6月12日	台湾地区姜育恒、伍佰（吴俊霖）、黄文章等3人	应宁夏汉唐发展有限公司邀请，来宁夏石嘴山体育场演出1场
6月12日	台湾地区杨培安等1人	应吉林省易吟文化传播有限公司邀请，来长春红堪KTV户外广场演出1场
6月12日	台湾地区刘若英等1人	应江苏喜纳文化传播有限公司邀请，来宜兴市徐舍镇广场演出1场
6月12日至13日	台湾地区任贤齐等1人	应苏州市国际文化传播有限公司邀请，来江苏省太仓体育中心、张家港体育中心演出2场
6月13日	台湾地区台北市立国乐团钟耀光等81人	应北京国家大剧院演艺中心有限责任公司邀请，来国家大剧院音乐厅演出1场
6月15日	台湾地区刘谦等1人	应天津市对外文化交流公司邀请，来天津体育中心演出1场
6月16日	台湾地区黄品源（黄钰棋）等1人	应北京北展演艺文化有限公司邀请，来北京展览馆剧场演出1场
6月16日	台湾地区蔡依林等2人	应四川永艺演出有限公司邀请，来四川省乐山市五通桥区体育场演出1场
6月16日	台湾地区伍思凯、伊能静（吴静怡）等2人	应北京天星文化娱乐有限公司邀请，来北京人民大会堂演出1场

项目序号	团组名称	活动内容
6 月 18 日	台湾地区林宥嘉等 1 人	应北京春秋永乐文化传播有限公司邀请，来北京展览馆剧场演出 1 场
6 月 18 日	台湾地区萧亚轩（萧雅之）等 1 人	应厦门市天视文化有限公司邀请，来漳州市云霄县元光中学体育场演出 1 场
6 月 19 日	台湾地区黄文章等 1 人	应福建省演出公司邀请来福州市体育馆演出 1 场
6 月 19 日	台湾地区台北市立交响乐团黄维明等 94 人	应苏州科文演出有限公司邀请，来苏州科技文化艺术中心大剧院演出 1 场
6 月 19 日	台湾地区张韶涵等 1 人	应成都演艺集团有限公司邀请，来四川省体育馆演出 1 场
6 月 19 日	台湾地区刘谦、郑智化等 2 人	应福州东明文化传播有限公司邀请，来龙岩市体育公园综合馆演出 1 场
6 月 19 日	台湾地区戴爱玲、苏见信等 2 人	应广东对外艺术交流中心邀请，来深圳市会议展览中心演出 1 场
6 月 19 日	台湾地区周华健、张震岳、陈珊妮、杨立钛、黄明正等 5 人	应大地文化娱乐公司邀请，来北京航空航天大学体育馆演出 1 场
6 月 19 日	台湾地区黄建为等 1 人	应上海文化娱乐管理有限公司邀请，来上海芷江文化艺术有限公司演出 1 场
6 月 19 日	台湾地区刘若英等 1 人	应沈阳华星国际演艺文化传媒有限公司邀请，来大连医科大学体育场演出 1 场
6 月 20 日	台湾地区林宥嘉等 6 人	应北京春秋永乐文化传播有限公司邀请，广州市中山纪念堂演出 1 场
6 月 20 日	台湾地区徐佳莹等 1 人	应北京保利演出有限公司邀请，来北京展览馆剧场演出 1 场
6 月 22 日	台湾地区齐秦、郑智化等 2 人	应四川永艺演出有限公司邀请，来成都市体育中心演出 1 场
6 月 24 日	台湾地区黄文章等 1 人	应上海市妇女联合会邀请，来上海东方艺术中心演出 1 场

项目序号	团组名称	活动内容
6月24日至25日	台湾地区信乐团刘文杰等5人	应上海歌星俱乐部邀请，来度曼波（上海）餐饮有限公司演出2场
6月25日	台湾地区周杰伦等1人	应九洲文化传播中心邀请，来上海体育场演出1场
6月25日	台湾地区浪花兄弟组合等4人	应九洲文化传播中心邀请，来上海体育场演出1场
6月25日	台湾地区刘谦等1人	应成都演艺集团有限公司邀请，来四川省体育馆演出1场
6月25日	台湾地区黄品源（黄钰棋）等1人	应湖南省演出公司邀请，来湖南机电职业技术学院礼堂演出1场
6月25日	台湾地区罗大佑等1人	应宁夏文化艺术服务中心邀请，来银川市宁夏体育场演出1场
6月25日	台湾地区黄文章等1人	应芜湖市演出艺术中心邀请，来芜湖新视听演艺中心演出1场
6月26日	台湾地区张韶涵等1人	应浙江省对外文化交流公司邀请，来杭州市黄龙体育中心体育馆演出1场
6月26日	台湾地区S. H. E组合（陈嘉桦、任家萱、田馥甄）等3人	应北京春秋永乐文化传播有限公司邀请，来北京首都体育馆演出1场
6月26日	台湾地区五月天组合等5人	应西安曲江文化演出（集团）有限公司邀请，来陕西省体育场演出1场
6月26日	台湾地区吴克群等1人	应江苏东方盛世文化产业有限公司邀请，来江苏省常州大剧院演出1场
6月26日	台湾地区罗志祥等1人	应湖北省演出中心邀请，来武汉市汉口体育中心演出1场
6月26日	台湾地区范玮琪（范伟琪）、李宗盛等2人	应江苏中奥国际体育文化产业有限公司邀请，来南京五台山体育场演出1场
6月27日	台湾地区S. H. E组合（田馥甄、任家萱、陈嘉桦）等3人	应惠州市艺声娱乐文化传播有限公司邀请，来佛山市南海区体育馆演出1场

项目序号	团组名称	活动内容
6月27日	台湾地区罗志祥等7人	应四川省宜宾市综艺演出展览有限公司邀请，来贵州省遵义市桐梓县体育中心演出1场
7月2日至3日	台湾地区林宥嘉等6人	应广州共时文化传播有限公司邀请，来深圳市音乐厅演出2场
7月2日	台湾地区S. H. E组合田馥甄等3人	应惠州市艺声娱乐文化传播有限公司邀请，来广州市中山纪念堂演出1场
7月2日至3日	台湾地区高雄市交响乐团朱宏昌等70人	应苏州科文演出有限公司邀请，来苏州科技文化艺术中心大剧院演出2场
7月2日至4日	台湾地区屏风表演班陈家逵、杜诗梅、郭耀仁等3人	应北京世纪轩昂文化艺术传播有限公司邀请，来北京聚敞现代艺术中心演出3场
7月3日	台湾地区刘若英等1人	应湖南省演出公司邀请，来湖南国际会展中心演出1场
7月3日	台湾地区陈绮贞等1人	应上海白玉兰文化艺术发展有限公司邀请，来上海大舞台演出1场
7月3日	台湾地区张韶涵等1人	应广州市明星巨典文化艺术有限公司邀请，来广州体育馆演出1场
7月3日	台湾地区邱胜伟、杨常青、梁心颐、杨瑞代、吴欣云等5人	应九洲文化传播中心邀请，来北京工人体育场演出1场
7月3日	台湾地区罗志祥、林志颖、陈明真、范玮琪（范伟琪）等4人	应宁夏汉唐盛世影视广告有限公司邀请，来宁夏体育场演出1场
7月3日	台湾地区严幸婕等1人	应广东省星海音乐厅邀请，来广东省星海音乐厅演出1场
7月3日	台湾地区韦礼安等1人	应广州市明星巨典文化艺术有限公司邀请，来广州体育馆演出1场
7月4日	台湾地区周杰伦、苏见信、纪佳松、袁咏琳等4人	应吉林市柏林文化传播有限公司邀请，来吉林市世纪广场演出1场
7月6日	台湾地区张信哲等1人	应辽宁省对外文化交流公司邀请，来辽宁省鞍山市岫岩县第二高中演出1场

项目序号	团组名称	活动内容
7月9日	台湾地区杨培安、辛晓琪等2人	应江苏省演出公司邀请，来江苏省连云港市大沙湾游乐场演出1场
7月9日	台湾地区范玮琪（范伟琪）、黄安、苏见信等3人	应马鞍山市演出有限公司邀请，来江苏省苏州市体育中心体育场演出1场
7月9日	台湾地区大嘴吧组合（蔡宗华、薛仕凌、张怀秋、千田爱纱）等4人	应四川金手指文化传播集团有限公司邀请，来绵阳市绵州大剧院演出1场
7月9日	台湾地区 Magic Power 乐队黄柏翔等6人	应上海文化娱乐管理有限公司邀请，来上海芷江文化艺术有限公司演出1场
7月10日	台湾地区五月天组合（陈信宏、刘浩明、石锦航、温尚翊、蔡昇晏）等5人	应南京大唐亚太国际演出交流有限公司邀请，来南京五台山体育场演出1场
7月10日	台湾地区周杰伦等1人	应天津市滚石文化广告发展有限公司邀请，来天津奥体中心体育场演出1场
7月10日	台湾地区 magic power 组合潘俊佳等6人	应南京大唐亚太国际演出交流有限公司邀请，来南京五台山体育场演出1场
7月10日	台湾地区刘若英等1人	应湖北省演出中心邀请，来武汉光谷体育中心演出1场
7月10日	台湾地区 S. H. E 组合田馥甄等5人	应江苏高唐文化传播有限公司邀请，来江苏省泰州市体育中心演出1场
7月10日	台湾地区苏见信等1人	应浙江仙华文化传播有限公司邀请，来浙江省宁波市北仑区体艺中心演出1场
7月10日	台湾地区齐秦等1人	应福建省中视传播有限公司邀请，来福建省建瓯市新区体育中心演出1场
7月11日	台湾地区周杰伦、许慧欣和 SHE 组合（田馥甄、任家萱、陈嘉桦）等5人	应北京世纪轩昂文化艺术传播有限公司邀请，来重庆市巴南区体育中心演出1场
7月15日至16日	台湾地区非常林奕华有限公司王耀庆等22人	应深圳市保利剧院演出经营有限公司邀请，来深圳市保利剧院演出2场
7月15日至26日	台湾地区幕声合唱团王柔乔等34人	应绍兴市文化广电新闻出版局邀请，来绍兴县文化馆剧院演出2场

项目序号	团组名称	活动内容
7 月 15 日至 2011 年 1 月 15 日	台湾地区池政谦、池政仪等 2 人	应江苏省演出公司邀请，来江苏省常州市中华恐龙园演出 60 场
7 月 16 日	台湾地区苏打绿组合（吴青峰、何景扬、刘家凯、史俊威、谢馨仪）等 5 人	应辽宁省对外文化交流公司邀请，来沈阳故宫博物院大政殿广场演出 1 场
7 月 16 日至 18 日	台湾地区张悬（焦安溥）、林维轩、陈圣弘等 3 人	应北京艺都国际传媒有限公司邀请，来江苏省苏州市相城区活力岛演出 3 场
7 月 16 日至 18 日	台湾地区 Free9 组合等 8 人	应北京艺都国际传媒有限公司邀请，来江苏省苏州市相城区活力岛演出 3 场
7 月 16 日至 18 日	台湾地区王若琳、黄钦圣、信乐团（黄迈可、孙志群、刘晓华、傅超华）等 6 人	应北京艺都国际传媒有限公司邀请，来江苏省苏州市相城区活力岛演出 3 场
7 月 17 日	台湾地区姚中仁等 1 人	应上海白玉兰文化艺术发展有限公司邀请，来上海大舞台演出 1 场
7 月 17 日	台湾地区刘若英等 1 人	应福建省中视传播有限公司邀请，来福建省体育馆演出 1 场
7 月 17 日至 18 日	台湾地区林心如等 1 人	应南昌市演出公司邀请，来江西艺术剧院演出 2 场
7 月 17 日至 8 月 14 日	台湾地区张信哲、S. H. E 组合等 6 人	应成都演艺集团有限公司邀请，来四川省巴中市龙泉外国语学校、四川省体育馆演出 2 场
7 月 17 日至 9 月 30 日	台湾地区周杰伦等 1 人	应江苏东方盛世文化产业有限公司邀请，来江苏常州奥体中心新城体育场、南京奥体中心体育场演出 2 场
7 月 17 日	台湾地区苏有朋等 1 人	应湖南省演出公司邀请，来湖南邵阳城步苗族自治县南山文化广场演出 1 场
7 月 18 日	台湾地区黄家伟等 1 人	应上海上体文化传媒有限公司邀请，来上海东方艺术中心演出 1 场
7 月 22 日至 25 日	台湾地区陈家祥等 22 人	应上海东方艺术中心管理有限公司邀请，来上海东方艺术中心演出 4 场
7 月 23 日	台湾地区迪克牛仔（林进璋）、苏见信等 2 人	应河南创世国际文化传播有限公司邀请，来河南省体育馆演出 1 场

项目序号	团组名称	活动内容
7月24日	台湾地区刘若英等1人	应浙江省对外文化交流公司邀请，来杭州市黄龙体育馆演出1场
7月24日	台湾地区温岚等1人	应厦门市天视文化有限公司邀请，来福州市鼓楼区玛莎莉酒吧演出1场
7月25日	台湾地区游鸿明、彭佳慧等2人	应无锡广电星辰演艺传媒有限公司邀请，来无锡市江南大学体育馆演出1场
7月25日	台湾地区罗志祥等1人	应北京世纪轩昂文化艺术传播有限公司邀请，来北京航空航天大学体育馆演出1场
7月25日至31日	台湾地区陈武康等8人	应广东星海演艺发展有限公司邀请，来星海音乐厅演出1场
7月29日	台湾地区周杰伦、许慧欣、张宇、浪花兄弟（邱凯伟、杨常青）等5人	应浙江国华演艺有限公司邀请，来宁波市北仑体育中心体育馆演出1场
7月29日	台湾地区风之香颂法式管乐团许双亮等46人	应沈阳宝韵演艺有限公司邀请，来辽宁省沈阳市中华剧场演出1场
7月30日至31日	台湾地区《远大前程》剧组林奕华等17人	应杭州演出有限公司邀请，来杭州红星剧院演出2场
7月30日至31日	台湾地区风之香颂法式管乐团许双亮等45人	应吉林省鑫雅文化艺术有限公司邀请，来长春东方大剧院演出2场
7月31日	台湾地区刘若英等1人	应成都演艺集团有限公司邀请，来四川省体育馆演出1场
7月31日	台湾地区蔡琴等1人	应江苏演艺文化传播有限公司邀请，来江苏省扬州市体育公园体育馆演出1场
7月31日	台湾地区周杰伦等1人	应青岛市文化艺术交流中心邀请，来青岛市体育馆演出1场
7月31日	台湾地区吴俊霖等1人	应深圳市红鼓演出有限公司邀请，来深圳市宝安区体育馆演出1场
7月31日	台湾地区黄立行等1人	应南京大唐亚太国际演出交流有限公司邀请，来江苏省江阴市芭菲酒吧演出1场

项目序号	团组名称	活动内容
7 月 31 日	台湾地区熊天平（熊威）等 1 人	应四川永艺演出公司邀请，来四川成都单行道俱乐部演出 1 场
7 月 31 日	台湾地区温岚等 1 人	应浙江省对外文化交流公司邀请，来杭州市西湖区搜浩酒吧演出 1 场
8 月 1 日	台湾地区张信哲等 1 人	应雅安市文化新闻出版与广播电视局邀请，来四川省雅安市四川农业大学体育场演出 1 场
8 月 1 日	台湾地区潘美辰等 1 人	应宁波东方二十一文化发展有限公司邀请，来宁波市鄞州体育馆演出 1 场
8 月 1 日	台湾地区 S. H. E 组合任家萱等 3 人	应内蒙古草原文化国际交流中心邀请，来呼和浩特体育场演出 1 场
8 月 1 日至 9 月 12 日	台湾地区周杰伦、齐秦等 2 人	应西安曲江文化演出（集团）有限公司邀请，来陕西省体育场演出 2 场
8 月 4 日	台湾地区动力火车组合（颜志琳、尤秋兴）等 2 人	应厦门市天视文化有限公司邀请，来厦门花样年华夜总会演出 1 场
8 月 6 日	台湾地区周杰伦、浪花兄弟组合（杨常青、邱凯伟）等 3 人	应河北星光演出有限公司邀请，来石家庄市裕彤体育中心演出 1 场
8 月 6 日	台湾地区 S. H. E 组合（任家萱、陈嘉桦、田馥甄）等 3 人	应杭州演出有限公司邀请，来浙江省建德市江滨公园演出 1 场
8 月 6 日	台湾地区张惠妹、任贤齐等 2 人	应辽宁省对外文化交流公司邀请，来辽宁省锦州市笔架山风景区广场演出 1 场
8 月 7 日	台湾地区潘美辰等 1 人	应上海桑德利文化艺术有限公司邀请，来苏州市体育中心体育馆演出 1 场
8 月 7 日	台湾地区刘若英等 1 人	应广州市明星巨典文化艺术有限公司邀请，来广州体育馆演出 1 场
8 月 7 日	台湾地区罗志祥等 1 人	应上海城市舞蹈有限公司邀请，来上海虹口足球场演出 1 场
8 月 7 日	台湾地区杨丞琳、周杰伦等 7 人	应沈阳新音乐文化演出有限公司邀请，来四川省绵阳市涪城区南河体育中心演出 1 场

项目序号	团组名称	活动内容
8月7日	台湾地区蔡琴等1人	应郑州新志传播有限公司邀请，来郑州国际会展中心演出1场
8月7日	台湾地区台北爱乐合唱团杜黑等43人	应北京国家大剧院演艺中心有限责任公司邀请，来北京国家大剧院演出1场
8月7日	台湾地区五月天组合（陈信宏、温尚翊、石锦航、蔡升晏、刘浩明）等5人	应上海城市舞蹈有限公司邀请，来上海虹口足球场演出1场
8月7日	台湾地区吴克群等1人	应四川省演出展览公司邀请，来成都电子科技大学体育馆演出1场
8月8日	台湾地区周杰伦、S. H. E组合等5人	应大连对外文化艺术交流中心邀请，来大连金州新区体育场演出1场
8月8日	台湾地区张宇（张博翔）、陈志朋（陈宏翔）等2人	应江苏省演出公司邀请，来江苏盐城新体育馆演出1场
8月9日	台湾地区蔡琴等1人	应沈阳彩虹国际文化艺术有限公司邀请，来沈阳金地长青湾水上公园演出1场
8月10日	台湾地区万芳乐队（林万芳、张瀚中、黄钦圣、孙震、詹期焱）等5人	应上海艺穗文化管理有限公司邀请，来上海依美娱乐有限公司 live cool 酒吧演出1场
8月11日	台湾地区卓依婷、苏见信等2人	应北京千周影视文化传媒有限公司邀请，来南宁市广西体育中心主体育场演出1场
8月13日	台湾地区费玉清等2人	应湖北省楚天演出有限公司邀请，来武汉市沌口体育场演出1场
8月13日	台湾地区苏有朋等1人	应浙江省对外文化交流公司邀请，来江苏省无锡市江南大学文浩馆演出1场
8月13日	台湾地区张惠妹等1人	应青岛时空演出有限公司邀请，来青岛天泰体育场演出1场
8月13日	台湾地区蔡依林（蔡依翎）、苏见信、范玮琪（范伟琪）等3人	应北京世纪轩昂文化艺术传播有限公司邀请，来北京展览馆剧场演出1场
8月14日	台湾地区万芳（林万芳）等1人	应成都演艺集团有限公司邀请，来成都娇子音乐厅演出1场

项目序号	团组名称	活动内容
8月14日	台湾地区蔡琴等1人	应福建世纪时尚文化传播有限公司邀请，来泉州市海峡体育中心体育馆演出1场
8月14日	台湾地区大嘴吧组合张怀秋等4人	应上海白玉兰文化艺术发展有限公司邀请，来上海大舞台演出1场
8月15日	台湾地区罗大佑、迪克牛仔（林进璋）等2人	应浙江国华演艺有限公司邀请，来浙江省绍兴县中国轻纺城国际会展中心演出1场
8月15日	台湾地区蔡依林（蔡依翎）、苏见信、蔡康永、侯佩岑、陈汉典等5人	应浙江省对外文化交流公司邀请，来杭州市黄龙体育中心体育馆演出1场
8月15日	台湾地区吴克群等1人	应长春市书博文化艺术传播有限公司邀请，来长春市文化广场演出1场
8月16日至22日	台湾地区范逸臣（范佑臣）、黄冠龙等2人	应北京春秋永乐文化传播有限公司邀请，来北京地坛公园演出7场
8月16日至22日	台湾地区吕纬青、贾圣纶、周逸涵等3人	应北京春秋永乐文化传播有限公司邀请，来北京地坛公园演出7场
8月18日	台湾地区周杰伦、张惠妹等6人	应山东省演出公司邀请，来山东省滕州市体育中心体育场演出1场
8月18日至22日	台湾地区新竹市立青少年国乐团洪雪艳等100人	应北京巨龙文化公司邀请，来北京中山公园音乐堂、国家大剧院音乐厅演出2场
8月18日至22日	台湾地区黄忠原等1人	应秦皇岛东秦文化艺术有限公司邀请，来秦皇岛北戴河碧螺塔酒吧公园演出5场
8月19日至23日	台湾地区台中洪再添少年吉他室内乐团洪再添等32人	应厦门市文化馆邀请，来厦门市文化艺术中心西广场、厦门艺术剧院演出2场
8月19日至2011年2月18日	台湾地区陈富元等1人	应上海桑德利文化艺术有限公司邀请，来北京世贸天阶世贸星际餐饮管理有限公司演出184场
8月20日	台湾地区齐秦、高胜美等2人	应江苏新天地演艺中心邀请，来江苏省镇江市体育馆演出1场

项目序号	团组名称	活动内容
8月20日至21日	台湾地区周传雄等1人	应杭州演出有限公司邀请，来宁波大剧院、温州市人民大会堂演出2场
8月21日	台湾地区大嘴巴组合（张怀秋、蔡宗华、薛仕凌、千田爱纱）等4人	应北京中演文化娱乐公司邀请，来北京五棵松体育馆演出1场
8月21日	台湾地区潘美辰等1人	应四川省宜宾市综艺演出展览有限责任公司邀请，来四川省自贡市南湖体育中心演出1场
8月21日	台湾地区齐秦等1人	应福建省演出公司邀请，来福建厦门会展中心演出1场
8月21日	台湾地区辛晓琪等1人	应成都演艺集团有限公司邀请，来四川省体育馆演出1场
8月21日	台湾地区周华健、罗大佑等2人	应哈尔滨盛世华文文化传播有限公司邀请，来河北省唐山市体育中心田径场演出1场
8月21日	台湾地区公共澡堂合唱团钟宜勋等7人	应上海上音演出有限公司邀请，来上海贺绿汀音乐厅演出1场
8月21日	台湾地区林宥嘉等1人	应广东对外艺术交流中心邀请，来广州军区广联礼堂演出1场
8月21日	台湾地区刘谦等1人	应武汉新健演出公司邀请，来湖北洪山体育馆演出1场
8月21日至11月7日	台湾地区张悬等1人	应广州千翔文化传播有限公司邀请，来福州大戏院、南京人民大会堂、武汉琴台大剧院、广州中山纪念堂、成都锦城艺术宫、北京世纪剧院、上海东方艺术中心演出7场
8月22日	台湾地区温岚等1人	应南京红橙文化传播有限责任公司邀请，来江苏南京1912潮人会所演出1场
8月22日至10月30日	台湾地区陈绮贞、齐秦等2人	应湖北省演出中心邀请，来湖北洪山体育馆、武汉滚石音乐台演出2场
8月22日	台湾地区徐熙娣、蔡康永、陈汉典、范玮琪（范伟琪）、苏见信等5人	应河南创世国际文化传播有限公司邀请，来郑州市航海体育场演出1场

项目序号	团组名称	活动内容
8月23日至9月10日	台湾地区苏见信、瘐澄庆、伍佰（吴俊霖）等3人	应广东南方文化发展有限公司邀请，来广州南沙大酒店演出3场
8月27日	台湾地区陈明真等1人	应山西新浪潮演出有限公司邀请，来安徽省宣城市桃李芬芳演艺广场演出1场
8月27日	台湾地区齐秦、苏见信等2人	应北京领先艺典文化发展有限公司邀请，来北京工人体育场演出1场
8月27日至29日	台湾地区王若琳等3人	应北京城乡行文化艺术有限公司邀请，来北京市延庆县探戈坞音乐谷演出3场
8月27日至29日	台湾地区姜育恒、孟庭苇（陈秀玫）、郃正宵等3人	应湖南省对外文化交流中心邀请，来湖南省怀化市体育中心、永州市滨江广场演出2场
8月27日至29日	台湾地区林生祥等28人	应华瀚国际文化发展公司邀请，来北京门头沟区京浪岛公园演出3场
8月28日	台湾地区动力火车（尤秋兴、颜志琳）等2人	应云南省演出公司、昆明申卓文化传播有限责任公司邀请，来昆明市星耀体育馆演出1场
8月28日	台湾地区张信哲、周杰伦、袁咏琳（吴欣芸）等3人	应内蒙古草原文化国际交流中心邀请，来鄂尔多斯东胜演艺广场演出1场
8月28日	台湾地区张韶涵等1人	应山东省杂技演艺有限公司邀请，来山东省日照市太阳广场演出1场
8月28日	台湾地区范晓萱、陈志雄、任柏璋、陈彦奇等4人	应上海美音文化发展有限公司邀请，来上海闸北体育馆演出1场
8月28日	台湾地区温岚等1人	应厦门天视文化有限公司邀请，来厦门红妆真爱酒吧演出1场
8月28日	台湾地区刘若英等1人	应南京大唐亚太国际演出交流有限公司邀请，来江苏省江阴体育馆演出1场
8月28日	台湾地区袁小迪（黄文鸿）、龙千玉（江玉满）、翁立友（翁攀斐）、张秀卿、福助（刘睿腾）等5人	应广东省演出公司邀请，来东莞市体育中心篮球馆演出1场

项目序号	团组名称	活动内容
8月28日	台湾地区罗志祥等1人	应四川金手指文化传播集团有限公司邀请，来成都体育中心演出1场
8月28日至29日	台湾地区辛晓琪等1人	应北京北展演艺文化有限公司邀请，来北京展览馆剧场演出2场
8月29日	台湾地区周杰伦、袁咏琳、浪花兄弟（杨常青、邱凯伟）等4人	应陕西宏业广告文化传媒有限公司邀请，来陕西府谷县新区体育场演出1场
8月29日	台湾地区苏慧伦、迪克牛仔（林进璋）、范晓萱、范玮琪（范伟琪）、吴奇隆、李宗盛等6人	应江苏中奥国际体育文化产业有限公司邀请，来南京奥体中心体育馆演出1场
8月30日	台湾地区郑智化等1人	应浙江国华演艺有限公司邀请，来浙江温岭恒大商贸城广场演出1场
8月30日	台湾地区苏见信等1人	应内蒙古金鹰文化艺术有限公司邀请，来内蒙古自治区乌海市新区广场演出1场
8月31日	台湾地区黄韵玲乐队（黄韵玲、古皓、林俊逸、钟兴民、梁世达、梁世韵、聂令捷、金木义则）等8人	应上海艺穗文化管理有限公司邀请，来上海市依美娱乐有限公司（Live Cool）演出1场
8月31日	台湾地区孟庭苇（陈秀玫）等1人	应东营市明星文化艺术有限责任公司邀请，来山东省潍坊市潍坊学院体育馆演出1场
9月1日	台湾地区卓文萱等1人	应北京朗域文化传播有限公司邀请，来北京星光现场演出1场
9月3日	台湾地区齐秦等1人	应云南省演出公司邀请，来楚雄市楚雄师范学院新校区体育馆演出1场
9月3日	台湾地区大嘴巴组合（张怀秋、蔡宗华、薛仕凌、千田爱纱）等4人	应北京朗域文化传播有限公司邀请，来北京星光现场演出1场
9月3日至4日	台湾地区云门舞集舞蹈团林怀民等24人	应杭州演出有限公司邀请，来杭州柳浪闻莺公园演出2场

项目序号	团组名称	活动内容
9月3日至5日	台湾地区周华健等1人	应九洲文化传播中心邀请，来北京展览馆剧场演出3场
9月4日	台湾地区庾澄庆等1人	应上海新碟文化传播有限公司邀请，来北京国家体育馆演出1场
9月4日	台湾地区蔡依林等1人	应哈尔滨同利达文化发展有限公司邀请，来哈尔滨国际会展体育中心体育馆演出1场
9月4日	台湾地区卢广仲等1人	应广州市明星巨典文化艺术有限公司邀请，来广州体育馆演出1场
9月4日	台湾地区张信哲等1人	应江苏东方盛世文化产业有限公司邀请，来江苏省常州大剧院演出1场
9月4日	台湾地区陈绮贞等1人	应广州市明星巨典文化艺术有限公司邀请，来广州体育馆演出1场
9月4日	台湾地区陈怡君等1人	应上海东方艺术中心管理有限公司邀请，来上海音乐厅演出1场
9月4日	台湾地区周杰伦等1人	应郑州市天璨星光文化传播有限公司邀请，来河南省体育中心演出1场
9月4日	台湾地区张惠妹、伍佰（吴俊霖）、姜育恒等3人	应武汉新健演出有限公司邀请，来湖北咸宁体育中心演出1场
9月5日	台湾地区周杰伦、张惠妹、杨丞琳、袁咏琳（吴欣芸）等4人	应天津市龙武文化经纪中心邀请，来呼和浩特体育场演出1场
9月7日至9日	台湾地区黄小琥（黄春凤）、刘锦渊、陈本恩、段承洋、黄雨勋、李志中等6人	应上海月之源文化经纪有限公司邀请，来上海新天地度曼波餐饮有限公司演出3场
9月8日至13日	台湾地区台北爱乐管弦乐团林天吉等50人	应福建省演出公司邀请，来厦门宏泰音乐厅、泉州华侨大学礼堂、福建大剧院演出3场
9月10日	台湾地区郑智化等1人	应哈尔滨中泰兄弟文化传媒有限公司邀请，来大庆市歌剧院演出1场

项目序号	团组名称	活动内容
9月10日	台湾地区卓依婷等1人	应玉林市演出公司邀请，来广西玉林北流市政府会堂演出1场
9月10日	台湾地区张震岳（张震嶽）等1人	应江苏五环广告传播有限公司邀请，来南京龙江体育馆演出1场
9月10日	台湾地区蔡依林、动力火车（颜志琳、尤秋兴）等3人	应成都演艺集团有限公司邀请，来四川省体育馆演出1场
9月10日	台湾地区萧亚轩（萧雅之）、张信哲、信乐团（孙志群、黄迈可、傅超华、刘晓华）等6人	应四川省宜宾市综艺演出展览有限责任公司邀请，来成都市大邑县桃源新城体育场演出1场
9月11日	台湾地区信乐团（孙志群、黄迈可、傅超华、刘晓华）等4人	应南宁市演出公司邀请，来广西横县中华茉莉园演出1场
9月11日	台湾地区刘谦等1人	应北京盛大世纪文化传媒有限公司邀请，来合肥市红星美凯龙家居生活广场演出1场
9月12日	台湾地区台湾交响乐团刘玄咏等91人	应苏州科技文化艺术中心有限公司邀请，来苏州科技文化艺术中心大剧院演出1场
9月13日	台湾地区赵传（赵柏钧）等1人	应南宁市演出公司邀请，来广西壮族自治区天等县体育馆演出1场
9月14日	台湾地区台湾交响乐团刘玄咏等63人	应上海大剧院演艺中心邀请，来上海音乐厅演出1场
9月15日	台湾地区郜正宵等1人	应北京冠华盛嘉传媒文化有限公司邀请，来安徽省淮南市体育场演出1场
9月15日至16日	台湾地区兰心合唱团范宇文等48人	应江苏省演出公司邀请，来南京紫金大戏院演出2场
9月16日	台湾地区张惠妹等1人	应中共云南省迪庆州香格里拉县委宣传部邀请，来云南香格里拉民族体育中心演出1场
9月16日	台湾地区张信哲、张韶涵等2人	应四川永艺演出有限公司邀请，来四川省南充市南部县北环线演出1场

项目序号	团组名称	活动内容
9月16日	台湾地区伊能静（吴静怡）等1人	应山东省演出公司邀请，来山东省枣庄市体育场演出1场
9月17日	台湾地区明华园《超炫．白蛇传》剧组孙翠凤等66人	应镇江市华艺演出有限公司邀请，来镇江市惠龙广场演出1场
9月17日	台湾地区范玮琪（范伟琪）等1人	应上海芳华绝代文化传播有限公司邀请，来上海工程技术大学体育馆演出1场
9月17日	台湾地区蔡琴等1人	应南宁市演出公司邀请，来南宁市广西体育馆演出1场
9月17日	台湾地区费玉清（张彦亭）等1人	应杭州演出有限公司邀请，来杭州市黄龙体育中心体育馆演出1场
9月17日	台湾地区齐秦等1人	应武汉新健演出有限公司邀请，来武汉市新华路体育场演出1场
9月17日	台湾地区张韶涵等1人	应江苏省演出公司邀请，来浙江省平湖市体育场演出1场
9月17日	台湾地区李圣杰等1人	应杭州演出有限公司邀请，来浙江省温岭市阿玛尼娱乐会所演出1场
9月17日	台湾地区林志炫等1人	应广西南宁柯沃乐文化艺术演出有限公司邀请，来南宁市南宁剧场演出1场
9月17日	台湾地区陈明真等1人	应杭州演出有限公司邀请，来杭州红磨坊演艺大舞台演出1场
9月18日	台湾地区陈绮贞等1人	应北京中演文化娱乐公司邀请，来北京工人体育馆演出1场
9月18日	台湾地区张惠妹等1人	应北京华夏龙情文化传播有限公司邀请，来江苏省盱眙县奥体中心体育馆演出1场
9月18日	台湾地区“神秘失控”人声乐团蔡明苍等10人	应上海市演出公司邀请，来上海音乐厅演出1场
9月19日	台湾地区蔡依翎、张惠妹、张信哲等3人	应四川省演出展览公司邀请，来成都市体育中心演出1场

项目序号	团组名称	活动内容
9月19日	台湾地区姜育恒等1人	应合肥众缘文化传播有限公司邀请，来合肥体育中心演出1场
9月19日	台湾地区黄文章等1人	应南宁皇嘉凯歌文化传播有限公司邀请，来广西南宁皇嘉凯歌大剧院演艺大厅演出1场
9月19日	台湾地区费玉清（张彦亭）、郃正宵等2人	应北京冠华盛嘉传媒文化有限公司邀请，来山东省高唐体育运动中心演出1场
9月20日	台湾地区张信哲、潘越云（潘月云）、信乐团（黄迈可、孙志群、刘晓华、傅超华、刘文杰）等7人	应昆山市演出有限公司邀请，来江苏省昆山市体育中心体育场演出1场
9月20日	台湾地区范玮琪（范伟琪）、郃正宵等2人	应山东东营市明星文化艺术有限公司邀请，来山东省潍坊昌邑市绿博园演出1场
9月20日	台湾地区郃正宵等1人	应东营市明星文化艺术公司邀请，来潍坊昌邑市绿博园演出1场
9月21日	台湾地区温岚等1人	应江苏省演出公司邀请，来江苏省常州中华恐龙园演出1场
9月21日	台湾地区张信哲、齐秦、范晓萱、信乐团（孙志群、黄迈可）等5人	应桂林市演出公司邀请，来桂林市体育中心体育场演出1场
9月21日	台湾地区姜育恒等5人	应江苏中奥国际体育文化产业有限公司邀请，来江苏南京奥体中心体育馆演出1场
9月21日至23日	台湾地区许茹芸、魏如萱及人力飞行剧团（黎焕雄）等32人	应北京中世嘉图文化发展有限公司邀请，来北京展览馆剧场演出3场
9月21日至23日	台湾地区王若琳、齐秦、陈文宏、罗元吉等4人	应北京世纪轩昂文化艺术传播有限公司邀请，来北京市房山区长阳镇京良公路北侧滨河公园演出4场
9月22日至10月16日	台湾地区齐秦等1人	应四川金手指文化传播集团有限公司邀请，来重庆市大田湾体育场、四川省宜宾市体育中心、达州市体育中心演出3场
9月22日	台湾地区陈明真、伍思凯等2人	应山东省烟台市演出公司邀请，来山东省烟台体育公园演出1场

项目序号	团组名称	活动内容
9月22日	台湾地区苏打绿（吴青峰、谢馨仪、史俊威、刘家凯、何景扬、龚钰祺）等6人	应浙江省演出有限公司邀请，来杭州市体育馆演出1场
9月22日至24日	台湾地区杜秉鸿、范晓萱等2人	应湖南省演出公司邀请，来长沙市桔子洲头景区沙滩公园演出3场
9月24日	台湾地区罗志祥、张韶涵、范玮琪（范伟琪）、周传雄等4人	应哈尔滨盛世华文文化传播有限公司邀请，来哈尔滨会展中心体育场演出1场
9月24日至26日	台湾地区戏剧表演家剧团李宗熹等15人	应哲腾（北京）文化传播有限公司邀请，来北京东方先锋剧场演出3场
9月24日	台湾地区范佑臣（范逸臣）等1人	应上海新碟文化传播有限公司邀请，来上海皓世东派克餐饮有限公司演出1场
9月24日	台湾地区齐秦等1人	应江苏省演出公司邀请，来苏州市吴中区体育馆演出1场
9月24日	台湾地区高胜美、孟庭苇、张宇等3人	应哈尔滨盛世华文文化传播有限公司邀请，来大庆市龙南体育馆演出1场
9月24日	台湾地区童安格、动力火车组合（颜志琳、尤秋兴）等3人	应河北天澜文化传播有限公司邀请，来河北省唐山市会展中心演出1场
9月25日	台湾地区辛晓琪等1人	应湖北省文化厅大型活动策划制作中心邀请，来襄樊市体育场演出1场
9月25日	台湾地区姜育恒等1人	应北京九度如宏文化传播有限公司邀请，来榆林市榆中体育场演出1场
9月25日	台湾地区蔡依林（蔡依翎）等1人	应杭州名星文化艺术传播有限公司邀请，来温州市人民大会堂演出1场
9月25日	台湾地区尤秋兴、颜志琳、张心杰等3人	应陕西天视传媒有限公司邀请，来西安城市体育场演出1场
9月25日	台湾地区林进璋等1人	应成都演艺集团有限公司邀请，来成都娇子音乐厅演出1场
9月25日	台湾地区S. H. E组合（陈嘉桦、任家萱、田馥甄）等3人	应呼和浩特市盛大演出有限责任公司邀请，来内蒙古大学文体馆演出1场

项目序号	团组名称	活动内容
9月25日	台湾地区飞轮海组合（陈亦儒、汪东成、吴庚霖、吴尊）等4人	应上海圣峰文化演艺有限公司邀请，来上海大舞台演出1场
9月25日	台湾地区周华健等1人	应哈尔滨同利达文化发展有限公司邀请，来长春市体育中心演出1场
9月25日	台湾地区范逸臣（范佑臣）等1人	应上海新碟文化传播有限公司邀请，来江苏无锡市美丽会餐饮娱乐有限公司演出1场
9月26日	台湾地区孟庭苇（陈秀玫）等1人	应扬州联合演出有限公司邀请，来江苏省扬州市体育公园体育馆演出1场
9月26日	台湾地区张韶涵、费玉清等2人	应浙江国华演出有限公司邀请，来九江市体育中心演出1场
9月26日	台湾地区周杰伦等1人	应安徽省马鞍山市演出有限责任公司邀请，来合肥体育中心体育场演出1场
9月26日	台湾地区张信哲、熊天平（熊威）等2人	应浙江省演出有限公司邀请，来浙江省三门县体育广场演出1场
9月26日	台湾地区张惠妹等1人	应山东省演出公司邀请，来山东省高密市文体公园豪迈体育场演出1场
9月26日	台湾地区齐秦等7人	应辽宁省对外文化交流公司邀请，来辽宁省抚顺市雷锋体育场演出1场
9月27日	台湾地区齐秦、信乐团（孙志群、黄迈可、傅超华、刘晓华、刘文杰）等6人	应云南省演出公司邀请，来云南省德宏州芒市体育中心体育馆演出1场
9月27日	台湾地区李哲艺等1人	应北京保利剧院管理有限公司邀请，来深圳市保利剧院演出1场
9月28日	台湾地区潘美辰等1人	应湖北省演出中心邀请，来武汉蓝天歌剧院演出1场
9月28日	台湾地区张信哲、张韶涵、苏慧伦等3人	应重庆市演出公司邀请，来重庆璧山县体育场演出1场
9月28日至29日	台湾地区人力飞行剧团许茹芸等28人	应重庆品度文化传媒有限公司邀请，来重庆市人民大厦演出2场

项目序号	团组名称	活动内容
9月28日至30日	台湾地区王思懿（王心静）等1人	应北京索有文化传播有限公司邀请，来北京保利剧院演出3场
9月29日	台湾地区周杰伦等5人	应哈尔滨同利达文化发展有限公司邀请，来辽宁省辽阳体育场演出1场
9月29日	台湾地区棒棒堂组合（廖俊杰、刘俊纬、廖亦崟、庄濠全、杨奇煜、邱胜翊）、张惠妹等7人	应浙江国华演艺有限公司邀请，来浙江省舟山市朱家尖南沙海滩演出1场
9月29日	台湾地区杨培安、文章等2人	应哈尔滨盛世华文文化传播有限公司邀请，来哈尔滨会展中心体育馆演出1场
9月29日	台湾地区郃正宵等1人	应广西北海市演出公司邀请，来广西北海市广场演出1场
9月30日	台湾地区龙飘飘等1人	应杭州演出有限公司邀请，来杭州开元阳光休闲山庄演出1场
9月30日	台湾地区王若琳等1人	应广东对外艺术交流中心邀请，来广州大学城商业中心广场演出1场
9月30日	台湾地区伍思凯、范玮琪（范伟琪）等2人	应福建省中视传播有限公司邀请，来厦门市体育中心演出1场
9月30日	台湾地区姚中仁等1人	应浙江省演出有限公司邀请，来浙江省宁波市TNT潮人会所演出1场
10月1日	台湾地区大嘴巴组合（蔡宗华、张怀秋、薛仕凌）等3人	应四川省演出展览公司邀请，来成都市双流县现代五项赛事中心演出1场
10月1日	台湾地区蔡依林（蔡依翎）等1人	应四川省演出展览公司邀请，来成都市双流县黄龙溪学校演出1场
10月1日至6日	台湾地区黄俊杰等1人	应上海歌星俱乐部邀请，来上海华侨城投资发展有限公司演出6场
10月1日至7日	台湾地区陈日昇、刘行志等2人	应北京索有文化传播有限公司邀请，来北京欢乐谷景区演出69场
10月2日	台湾地区周杰伦等8人	应北京九度如宏文化传播有限公司邀请，来神木县体育中心演出1场

项目序号	团组名称	活动内容
10月2日	台湾地区林晓培、袁伟翔、钟季轩、郭同钦、吕学治等5人	应中国上海国际艺术节中心邀请，来上海金桥国际商业广场演出1场
10月2日至4日	台湾地区齐秦、江建民等2人	应北京城乡行文化艺术有限公司邀请，来北京朝阳公园万人广场演出3场
10月2日至4日	台湾地区张悬等9人	应杭州演出有限公司邀请，来杭州市凤凰创意国际园区演出1场
10月2日至5日	台湾地区王若琳、张悬等12人	应北京城乡行文化艺术有限公司邀请，来北京市海淀公园演出4场
10月3日	台湾地区苏见信等1人	应重庆万林文化传播有限公司邀请，来重庆市九龙坡区巴国城广场演出1场
10月3日	台湾地区周杰伦、张惠妹、杨丞琳等3人	应山东省杂技演艺有限公司邀请，来山东省临沂市体育中心演出1场
10月3日	台湾地区蔡依林（蔡依翎）、唐禹哲（阮文人）、林鸿鸣等3人	应海南中唱文化传媒有限公司邀请，来海口经济技术学院田径运动场演出1场
10月4日至6日	台湾地区人力飞行剧团许茹芸等34人	应中演演出院线发展有限公司邀请，来广州歌剧院演出3场
10月8	台湾地区姜育恒等1人	应山东省演出公司邀请，来济南奥体中心体育馆演出1场
10月8日至9日	台湾地区大嘴吧组合（张怀秋、薛仕凌、蔡宗华、千田爱纱）等4人	应上海新碟文化传播有限公司邀请，来江苏南京苏荷娱乐有限公司（SOHO）、常州拉斯维加斯娱乐有限公司（Babi）演出2场
10月9日	台湾地区纪佳松等1人	应上海伊津贝演出展览有限责任公司邀请，来芜湖市体育馆演出1场
10月9日	台湾地区周华健等1人	应哈尔滨同利达文化发展有限公司邀请，来哈尔滨国际会展体育中心体育馆演出1场
10月9日	台湾地区动力火车组合（颜志琳、尤秋兴）、迪克牛仔（林进璋）等3人	应辽宁省对外文化交流公司邀请，来沈阳浑南综合体育馆演出1场

项目序号	团组名称	活动内容
10 月 9 日	台湾地区罗志祥等 1 人	应杭州演出有限公司邀请，来嘉兴中山影城演出 1 场
10 月 9 日至 10 日	台湾地区人力飞行剧团许茹芸等 34 人	应深圳市文化娱乐交流公司邀请，来深圳华厦艺术中心演出 2 场
10 月 9 日	台湾地区苏见信等 1 人	应中演协（福州）文化经纪有限公司邀请，来福建师范大学综合体育馆演出 1 场
10 月 9 日	台湾地区林宥嘉等 1 人	应湖北楚天演出有限公司邀请，来武汉市光谷体育馆演出 1 场
10 月 9 日	台湾地区王心凌等 1 人	应江苏省演出公司邀请，来江苏洪泽外国语中学运动场演出 1 场
10 月 10 日	台湾地区蔡依林（蔡依翎）等 1 人	应上海开思文化艺术有限公司邀请，来上海体育场演出 1 场
10 月 10 日	台湾地区姜育恒等 1 人	应福建省中视传播有限公司邀请，来福州大戏院演出 1 场
10 月 10 日	台湾地区范玮琪（范伟琪）等 1 人	应福州金色年代文化传播有限公司邀请，来福州市体育馆演出 1 场
10 月 10 日	台湾地区萧敬腾、郭采洁等 2 人	应上海伊津贝演出展览有限责任公司邀请，来安徽大学体育馆演出 1 场
10 月 11 日	台湾地区张信哲等 1 人	应浙江省演出有限公司邀请，来杭州黄龙体育中心体育馆演出 1 场
10 月 11 日	台湾地区明兴阁掌中剧团苏明顺等 10 人	应上海国际艺术节中心邀请，来上海木偶剧团仙乐斯故事会演出 1 场
10 月 12 日	台湾地区费玉清（张彦亭）等 1 人	应铜陵市滚石文化传播有限责任公司邀请，来铜陵市文化广场演出 1 场
10 月 14 日至 15 日	台湾地区人力飞行剧团许茹芸等 32 人	应武汉市演出公司邀请，来武汉剧院演出 2 场
10 月 15 日	台湾地区迪克牛仔（林进璋）等 1 人	应江西省演出公司邀请，来江西宁都县中学体育场演出 1 场

项目序号	团组名称	活动内容
10月15日	台湾地区周杰伦、蔡依林（蔡依翎）等2人	应山东省演出公司邀请，来山东省烟台体育场演出1场
10月15日至16日	台湾地区台北新剧团李宝春等65人	应上海东方艺术中心管理有限公司邀请，来上海东方艺术中心演出2场
10月15日	台湾地区朱宗庆打击乐团朱宗庆等24人	应北京国家大剧院演艺中心有限责任公司邀请，来北京国家大剧院音乐厅演出1场
10月15日	台湾地区齐秦、苏见信等2人	应贵州新中亚文化投资有限公司邀请，来眉山市彭山县第二中学体育场演出1场
10月15日	台湾地区叶玮庭等1人	应河南世创国际文化传播有限公司邀请，来郑州市航海体育场演出1场
10月16日	台湾地区费玉清（张彦亭）等1人	应厦门天视文化有限公司邀请，来厦门市工人体育馆综合馆演出1场
10月16日	台湾地区周杰伦等6人	应武汉新健演出公司邀请，来武汉市沌口体育中心演出1场
10月16日	台湾地区拉纤人男声合唱团刘瑞凯等33人	应上海市演出公司邀请，来上海东方艺术中心、上海贺绿汀音乐厅演出2场
10月16日	台湾地区王心凌、吴克群等2人	应北京世纪轩昂文化艺术传播有限公司邀请，来北京展览馆剧场演出1场
10月16日	台湾地区张韶涵等1人	应洛阳东影文化传播有限公司邀请，来河南省洛阳市新区体育场演出1场
10月16日	台湾地区杨培安等1人	应哈尔滨盛世华文文化传播有限公司邀请，来哈尔滨市香坊区军民街立汇美罗湾教堂广场演出1场
10月16日至17日	台湾地区范晓萱等9人	应上海文化娱乐管理有限公司邀请，来上海世纪公园演出2场
10月16日至24日	台湾地区吴克群、范玮琪（范伟琪）等2人	应湖南省演出公司邀请，来湖南省益阳大剧院、衡阳市南华大学体育馆演出2场
10月17日	台湾地区齐秦、伊能静（吴静怡）、齐豫、王杰、彭佳慧等5人	应山西省演出公司邀请，来太原滨河体育中心演出1场

项目序号	团组名称	活动内容
10月17日	台湾地区吴克群等1人	应湖南省演出公司邀请，来湖南财经高等专科学校体育馆演出1场
10月17日	台湾地区蔡依林（蔡依翎）等1人	应江苏高氏国际文化传媒有限公司邀请，来江苏省扬州市体育公园体育馆演出1场
10月18日	台湾地区任贤齐、范玮琪（范伟琪）、高明俊等3人	应重庆宏途文化传播有限公司邀请，来重庆市黔江区体育场演出1场
10月18日	台湾地区陈志朋（陈宏翔）等1人	应浙江省对外文化交流公司邀请，来杭州第一世界大酒店剧院演出1场
10月18日	台湾地区林宥嘉等9人	应中国国际文化艺术公司邀请，来北京五棵松体育馆演出1场
10月19日	台湾地区高胜美、费玉清（张彦亭）等2人	应江苏银湖文化传播发展有限公司邀请，来江苏省南通市体育会展中心体育馆演出1场
10月19日至20日	台湾地区人力飞行剧团许茹芸等34人	应浙江国华演艺有限公司邀请，来杭州大剧院演出2场
10月20日	台湾地区周华健等1人	应吉林省中外文化交流中心邀请，来长春一汽大众奥迪销售有限公司演出1场
10月20日	台湾地区齐豫、叶佳修、王梦麟、南方二重唱（阎宗玉、林明桦）等5人	应南宁国际民歌艺术节组委会、南宁大地飞歌文化传播有限责任公司邀请，来广西体育中心演出1场
10月22日	台湾地区彭佳慧等1人	应陕西博艺文化传播有限公司邀请，来陕西省铜川市体育馆演出1场
10月22日	台湾地区张培节、苏千芳、陈秋媛等3人	应上海国际艺术节中心邀请，来上海东方艺术中心演出1场
10月22日	台湾地区张惠妹、任贤齐、迪克牛仔（林进璋）等3人	应山西省演出公司邀请，来山西省长治市体育中心演出1场
10月22日	台湾地区苏见信等1人	应玉林市演出公司邀请，来玉林市体育中心演出1场
10月23日	台湾地区飞轮海组合（吴庚霖、吴尊、汪东成、陈亦儒）等4人	应湖南省文化艺术交流中心邀请，来湖南大学体育馆演出1场

项目序号	团组名称	活动内容
10 月 23 日	台湾地区范玮琪等 1 人	应上海伊津贝演出展览有限责任公司邀请，来马鞍山人民会堂演出 1 场
10 月 23 日	台湾地区苏见信、萧敬腾、张韶涵等 3 人	应北京保利演艺经纪有限公司邀请，来北京工人体育馆演出 1 场
10 月 23 日	台湾地区周华健等 1 人	应南京大唐亚太国际演出交流有限公司、蓝海华谊兄弟国际文化传播江苏有限责任公司邀请，来盐城体育馆演出 1 场
10 月 23 日	台湾地区张惠妹、动力火车组合（尤秋兴、颜志琳）等 3 人	应四川省宜宾市综艺演出展览有限责任公司邀请，来四川省自贡市体育馆演出 1 场
10 月 23 日	台湾地区 S. H. E 组合（田馥甄、任家萱、陈嘉桦）、蔡依林、姜育恒等 5 人	应南京靓泽文化传播有限公司邀请，来江苏省常州市奥林匹克体育中心体育场演出 1 场
10月23日至24日	台湾地区陈绮贞等 7 人	应杭州演出有限公司邀请，来杭州市太子湾公园演出 2 场
10 月 23 日	台湾地区张宇（张博翔）、游鸿明、F. I. R 乐队（詹雯婷、陈建宁、黄汉青）等 5 人	应江苏新天地演艺中心邀请，来江苏省徐州市音乐厅广场演出 1 场
10 月 23 日	台湾地区童安格、萧亚轩（萧雅之）、吴克群、温岚等 4 人	应杭州演出有限公司邀请，来浙江省桐乡市市政广场演出 1 场
10 月 24 日	台湾地区张惠妹、张信哲等 2 人	应浙江省演出有限公司邀请，来浙江省瑞安市瑞安体育馆演出 1 场
10 月 24 日	台湾地区蔡依林等 11 人	应淮安振邦文化交流有限公司邀请，来江苏淮安体育运动学校体育场演出 1 场
10 月 24 日	台湾地区范晓萱、100% 乐队（陈志雄、陈彦奇、任柏璋）、苏见信等 5 人	应南京新世纪演出有限责任公司邀请，来南京滨江公园管理有限公司绿博园演出 1 场
10 月 24 日	台湾地区吹笛人室内乐团樊曼侬等 12 人	应上海文化联谊会邀请，来上海东方艺术中心演出 1 场
10 月 24 日	台湾地区卢广仲等 1 人	应北京郎域文化传播有限公司邀请，来北京星光现场音乐厅演出 1 场

项目序号	团组名称	活动内容
10月25日	台湾地区张韶涵等1人	应湖北普瑞特文化艺术传播有限公司邀请，来湖北省潜江市体育场演出1场
10月25日	台湾地区张惠妹等1人	应贵州新中亚文化投资有限公司邀请，来广西防城港市北部湾广场演出1场
10月26日至11月7日	台湾地区林宥嘉、费玉清（张彦亭）等2人	应湖南省文化艺术交流中心邀请，来湖南省郴州市体育中心、湖南大剧院演出2场
10月26日	台湾地区林晓培乐队等5人	应上海光翼文化传播有限公司邀请，来上海度曼波餐饮有限公司演出1场
10月26日	台湾地区黄品源（黄钰棋）、张惠妹等2人	应上海中演文化艺术有限公司邀请，来上海欢乐谷华侨城大剧院演出1场
10月27日	台湾地区姜育恒等1人	应浙江省对外文化交流公司邀请，来江苏省宜兴市体育馆演出1场
10月28日	台湾地区齐秦、伊能静（吴静怡）等2人	应宁波大剧院文化发展有限公司邀请，来浙江省宁波市鄞州体育馆演出1场
10月28日	台湾地区蔡依林（蔡依翎）等1人	应天津市对外文化交流公司邀请，来天津光华剧院演出1场
10月28日	台湾地区周华健、陈明真、潘安邦等3人	应江苏省演出公司邀请，来江苏省新沂市体育场演出1场
10月29日	台湾地区张震岳（张震嶽）、姚中仁、猴子飞行员（王汤尼、陈自强、王昱人、杨声铮、余光耀）等7人	应广州市明星巨典文化艺术有限公司邀请，来广州市中山纪念堂演出1场
10月29日至12月18日	台湾地区黄立行、姜育恒等2人	应南京大唐亚太国际演出交流有限公司邀请，来江苏省苏州乐园、靖江市文化馆演出2场
10月29日	台湾地区萧敬腾等1人	应浙江国华演艺有限公司邀请，来浙江省安吉县市政广场演出1场
10月29日	台湾地区蔡依林（蔡依翎）、苏见信等2人	应中演协（福州）文化经纪有限公司邀请，来厦门市嘉庚体育馆演出1场

项目序号	团组名称	活动内容
10月29日	台湾地区吴克群等1人	应河北省邯郸市环视文化传播有限公司邀请，来邯郸大剧院演出1场
10月29日	台湾地区张震岳（张震嶽）等1人	应上海桑德利文化艺术有限公司邀请，来上海大茂士娱乐有限公司演出1场
10月29日	台湾地区萧亚轩（萧雅之）等1人	应北京城乡行文化艺术有限公司邀请，来广西梧州市一中操场演出1场
10月30日	台湾地区周杰伦等5人	应福建省中视传播有限公司邀请，来福建省体育中心演出1场
10月30日	台湾地区周华健等1人	应南京大唐亚太国际演出交流有限公司邀请，来江苏苏州市体育馆演出1场
10月30日	台湾地区齐秦等8人	应天津华乐文化艺术发展有限公司邀请，来天津市体育馆演出1场
10月30日	台湾地区伍佰（吴俊霖）等1人	应重庆肆人行文化体育传播有限公司邀请，来东莞国际会展中心演出1场
10月30日	台湾地区赵传、邰正宵、萧蔷（萧滢滢）等3人	应陕西博艺文化传播有限公司邀请，来陕西省延安市延安大学体育场演出1场
10月30日	台湾地区苏见信等1人	应厦门天视文化有限公司邀请，来泉州商城广场演出1场
10月30日至31日	台湾地区张震岳（张震嶽）等1人	应浙江省对外文化交流公司邀请，来浙江省宁波市鄞州区体育场、温州大剧院演出2场
10月30日至11月5日	台湾地区齐秦、苏芮（苏瑞芬）、苏慧伦等3人	应济南世博演艺经纪有限公司邀请，来山东省济宁山推国际事业园、聊城市体育馆演出2场
10月31日	台湾地区周杰伦、蔡依林（蔡依翎）、费玉清（张彦亭）、杨丞琳等4人	应河南世创国际文化传播有限公司邀请，来河南省平顶山市体育村体育场演出1场
10月31日	台湾地区张宇（张博翔）、李翊君（李华苓）、陈明真等3人	应四川金手指文化传播有限公司邀请，来四川省自贡市南湖体育中心演出1场
10月31日	台湾地区伊能静（吴静怡）等1人	应江苏省演出公司邀请，来江苏省靖江市高级中学体育馆演出1场

项目序号	团组名称	活动内容
10 月 31 日	台湾地区齐秦、齐豫等 2 人	应济南世博演艺经济有限公司邀请，来济南市奥体中心西柳体育场演出 1 场
10 月 31 日	台湾地区萧亚轩（萧雅之）、王心凌等 2 人	应江西省演出公司邀请，来江西省鹰潭市体育馆演出 1 场
10 月 31 日	台湾地区苏见信等 1 人	应四川演出展览公司邀请，来四川省雅安市四川农业大学体育馆演出 1 场
11 月 1 日	台湾地区罗志祥、林志颖、萧亚轩（萧雅之）、潘美辰等 4 人	应张家港市巨星影演文化有限公司邀请，来江苏省张家港市体育场演出 1 场
11 月 1 日	台湾地区林宥嘉、温岚等 2 人	应上海国际文化艺术交流有限公司邀请，来上海大剧院演出 1 场
11 月 5 日	台湾地区王心凌等 1 人	应浙江省对外文化交流公司邀请，来杭州黄龙体育中心体育场演出 1 场
11 月 5 日	台湾地区萧敬腾等 1 人	应河北宇娜文化传播有限公司邀请，来河北省石家庄丽华商场演出 1 场
11 月 5 日	台湾地区罗志祥等 1 人	应浙江省对外文化交流公司邀请，来杭州黄龙体育中心体育场演出 1 场
11 月 5 日至 6 日	台湾地区蔡琴等 1 人	应上海东亚演出有限公司邀请，来上海大舞台演出 2 场
11 月 5 日至 6 日	台湾地区苏打绿乐团吴青峰等 6 人	应上海市演出公司邀请，来上海浦东正大广场演出 2 场
11 月 6 日至 7 日	台湾地区如果儿童剧团沈炕等 12 人	应上海新文化演出有限公司邀请，来南京大行宫会堂演出 4 场
11 月 6 日	台湾地区周杰伦等 1 人	应重庆肆人行文化体育传播有限公司邀请，来重庆市奥林匹克体育中心演出 1 场
11 月 6 日	台湾地区伍佰等 9 人	应江苏省演出公司邀请，来上海体育场演出 1 场
11 月 6 日	台湾地区林志炫、曾宝仪等 2 人	应武汉体育中心发展有限公司邀请，来武汉体育中心体育馆演出 1 场

项目序号	团组名称	活动内容
11月6日	台湾地区五月天组合陈信宏等11人	应山西省演出公司邀请，来太原滨河体育中心演出1场
11月6日	台湾地区温岚、林依晨、康晋荣、葛高凌风、钟昀呈、吴宗宪等6人	应四川省演出展览公司邀请，来成都体育中心演出1场
11月6日	台湾地区张震岳等7人	应厦门天视文化有限公司邀请，来西安交大思源体育馆演出1场
11月6日	台湾地区任贤齐、罗大佑等2人	应江苏省演出公司邀请，来江苏省南通市体育会展中心演出1场
11月6日	台湾地区苏慧伦、李宗盛、游鸿明、苏见信、赵传（赵柏钧）等5人	应上海伊津贝演出展览有限责任公司邀请，来合肥市奥体中心体育场演出1场
11月6日	台湾地区王心凌等1人	应武汉新健演出有限公司邀请，来武汉市光谷体育馆演出1场
11月6日	台湾地区大嘴巴组合蔡宗华等4人	应广东对外艺术交流中心邀请，来广州市越秀区苏荷咖啡厅演出1场
11月6日至7日	台湾地区周杰伦等9人	应山西晋城市天歌演出有限公司邀请，来山西省晋城市文体宫演出2场
11月7日	台湾地区张震岳、姚中仁等2人	应沈阳市演出公司邀请，来辽宁大剧院演出1场
11月7日	台湾地区姜育恒、潘美辰等2人	应江西省演出公司邀请，来江西省体育馆演出1场
11月7日	台湾地区黄文章等1人	应江西省演出公司邀请，来江西省体育馆演出1场
11月7日至8日	台湾地区表演工作坊宋少卿等24人	应成都演艺集团有限公司邀请，来成都华美紫馨国际剧场演出2场
11月8日	台湾地区周杰伦等4人	应江苏省演出公司邀请，来湖北黄石体育场演出1场
11月9日	台湾地区萧亚轩等7人	应山东省杂技演艺有限公司邀请，来临沂市体育中心演出1场

项目序号	团组名称	活动内容
11 月 12 日	台湾地区吴青峰、谢馨仪、史俊威、刘家凯、石博元等 5 人	应江西中盛唱片发展有限公司邀请，来江西省赣州市体育馆演出 1 场
11 月 12 日	台湾地区周杰伦等 6 人	应四川永艺演出有限公司邀请，来乐山市夹江县体育场演出 1 场
11 月 12 日	台湾地区范玮琪（范伟琪）等 1 人	应武汉新健演出有限公司邀请，来武汉市新华路体育场演出 1 场
11 月 12 日至 13 日	台湾地区表演工作坊宋少卿等 23 人	应江苏中奥国际体育文化产业有限公司邀请，来南京市人民大会堂演出 2 场
11 月 12 日	台湾地区范逸臣（范佑臣）等 1 人	应上海新碟文化传播有限公司邀请，来北京锦汉餐饮有限公司演出 1 场
11 月 13 日	台湾地区卓依婷等 1 人	应赣州市文化演出服务公司邀请，来赣州市龙南县龙翔广场演出 1 场
11 月 13 日	台湾地区范逸臣（范佑臣）等 1 人	应上海新碟文化传播有限公司邀请，来武汉市苏荷西餐酒吧演出 1 场
11 月 13 日	台湾地区黄立行、苏见信等 2 人	应北京领先艺典文化发展有限公司邀请，来上海体育场演出 1 场
11 月 13 日	台湾地区罗志祥等 1 人	应北京红马传媒文化发展有限公司邀请，来北京五棵松体育馆演出 1 场
11 月 13 日	台湾地区周杰伦等 1 人	应浙江省演出有限公司邀请，来杭州黄龙体育中心演出 1 场
11 月 13 日	台湾地区张信哲、蔡依林（蔡依翎）、张惠妹等 3 人	应重庆星天娱文化传媒有限公司邀请，来重庆奥林匹克体育中心演出 1 场
11 月 13 日	台湾地区苏见信等 1 人	应扬州联合演出有限公司邀请，来江苏省扬州市体育中心体育场演出 1 场
11 月 13 日至 21 日	台湾地区如果儿童剧团沈玩等 12 人	应上海新文化演出有限公司邀请，来杭州剧院、温州鹿城区文化中心演出 10 场
11 月 13 日至 28 日	台湾地区迪克牛仔（林进璋）、吴克群、关颖（陈品颖）、罗志祥等 4 人	应杭州演出有限公司邀请，来浙江省人民大会堂、丽水市纳爱斯广场体育馆、东阳横店体育馆、宁波市鄞州区文化艺术中心、绍兴大剧院演出 5 场

项目序号	团组名称	活动内容
11月14日	台湾地区罗志祥等6人	应无锡市三六零文化交流有限公司邀请，来江苏苏州市体育中心体育场演出1场
11月14日	台湾地区杨丞琳、周杰伦、萧亚轩（萧雅之）、苏见信、浪花兄弟组合（邱凯伟、杨常青）等6人	应南宁市演出公司邀请，来广西南宁市广西体育中心演出1场
11月14日	台湾地区郭书瑶等1人	应北京世纪佳桐文化传播有限公司邀请，来北京科技大学体育馆演出1场
11月14日至2011年2月28日	台湾地区段承洋等1人	应上海光翼文化传播有限公司邀请，来上海新天地度曼波餐饮有限公司演出105场
11月17日至20日	台湾地区表演工作坊宋少卿等22人	应上海东方艺术中心邀请，来上海东方艺术中心演出2场
11月17日至21日	台湾地区范锦东等1人	应哲腾（北京）文化传播有限公司邀请，来北京保利剧院演出5场
11月18日至21日	台湾地区戏剧表演家剧团李宗熹等14人	应上海市演出公司邀请，来上海话剧艺术中心演出5场
11月18日至12月26日	台湾地区屏风表演班杜诗梅等5人	应江苏省演艺集团邀请，来上海兰心大剧院、深圳少年宫剧场、南京紫金大戏院演出14场
11月18日	台湾地区杨培安、罗大佑等2人	应杭州演出有限公司邀请，来宁波市鄞州区文化艺术中心广场演出1场
11月19日	台湾地区齐秦、张韶涵等2人	应上海伊津贝演出展览有限责任公司邀请，来合肥市奥体中心体育场演出1场
11月19日	台湾地区苏见信等1人	应浙江省演出有限公司邀请，来浙江省嘉兴大剧院演出1场
11月20日	台湾地区蔡琴等1人	应九洲文化传播中心邀请，来北京首都体育馆演出1场
11月20日	台湾地区周杰伦等1人	应天津市滚石文化广告发展有限公司邀请，来宁波市富邦体育场演出1场

项目序号	团组名称	活动内容
11月20日	台湾地区陈绮贞等1人	应厦门市天视文化有限公司邀请，来厦门市嘉庚体育馆演出1场
11月20日	台湾地区周华健等1人	应南京大唐亚太国际演出交流有限公司和蓝海华谊兄弟国际文化传播江苏有限责任公司邀请，来江苏徐州体育馆演出1场
11月20日	台湾地区詹宇豪、宋健彰等2人	应石家庄仁和世家文化传播有限公司邀请，来石家庄市演出1场
11月20日	台湾地区罗大佑等1人	应北京春秋永乐文化传播有限公司邀请，来北京国家体育馆演出1场
11月21日	台湾地区苏见信等1人	应哈尔滨盛世华文文化传播有限公司邀请，来哈尔滨北方剧场演出1场
11月21日	台湾地区周杰伦等6人	应北京春秋永乐文化传播有限公司邀请，来上海体育场演出1场
11月21日	台湾地区费玉清（张彦亭）等1人	应上海开思文化艺术有限公司邀请，来上海体育场演出1场
11月22日至24日	台湾地区张震岳等7人	应北京中演文化娱乐公司邀请，来北京展览馆剧场演出3场
11月24日至28日	台湾地区表演工作坊宋少卿等22人	应北京索有文化传播有限公司邀请，来北京保利剧院演出5场
11月25日	台湾地区潘美辰等1人	应江苏长三角舞美艺术有限公司邀请，来扬州体育公园体育馆演出1场
11月26日	台湾地区张韶涵、彭佳慧等2人	应宁波东方二十一文化发展有限公司邀请，来宁波市鄞州体育馆演出1场
11月26日	台湾地区动力火车组合（颜志琳、尤秋兴）等2人	应深圳市红鼓演出有限公司邀请，来深圳市瑞菲陆陆捌酒吧演出1场
11月26日	台湾地区罗志祥等1人	应江西省振兴国际文化艺术交流中心、江西省指南文化传媒有限公司邀请，来江西艺术剧院演出1场

项目序号	团组名称	活动内容
11 月 26 日	台湾地区齐秦等 1 人	应湖南省演出公司邀请，来永州市长丰集团俱乐部演出 1 场
11 月 26 日	台湾地区棒棒堂组合刘俊纬等 4 人	应杭州演出有限公司邀请，来上虞市城北市民中心体育场演出 1 场
11 月 27 日	台湾地区黄小琥（黄春凤）、周渝民（周育民）等 2 人	应北京春秋永乐文化传播有限公司邀请，来北京五棵松体育场演出 1 场
11 月 27 日	台湾地区萧亚轩等 9 人	应上海中演文化艺术有限公司邀请，来上海浦东喜马拉雅中心演出 1 场
11 月 27 日	台湾地区南拳妈妈组合（宋健彰、詹宇豪）等 2 人	应沈阳华星国际演艺文化传媒有限公司邀请，来沈阳市文化宫演出 1 场
11 月 27 日	台湾地区罗志祥、林宥嘉、伍思凯、范玮琪等 4 人	应福建省中视传播有限公司邀请，来厦门市体育中心演出 1 场
11 月 27 日至 2011 年 1 月 13 日	台湾地区非常林奕华剧团杨佑宁等 11 人	应北京保利剧院管理有限公司邀请，来北京保利剧院、深圳大剧院、佛山琼花大剧院、广州大剧院、上海美琪大戏院、重庆大剧院、大连人民文化俱乐部演出 17 场
11 月 27 日	台湾地区萧敬腾等 1 人	应北京春秋永乐文化传播有限公司邀请，来北京五棵松体育馆演出 1 场
11 月 27 日	台湾地区蔡琴等 1 人	应浙江省演出有限公司邀请，来温州市体育中心体育馆演出 1 场
11 月 27 日	台湾地区周杰伦、张惠妹、浪花兄弟（杨常青、邱凯伟）等 4 人	应浙江省对外文化交流公司邀请，来杭州市黄龙体育场演出 1 场
11 月 27 日	台湾地区黄立行等 1 人	应北京宝韵文化艺术发展有限公司邀请，来北京密克斯酒吧演出 1 场
11 月 27 日	台湾地区潘安邦等 6 人	应济南世博演艺经纪有限公司邀请，来济南市奥体中心东荷体育馆演出 1 场
11 月 27 日	台湾地区许茹芸、齐秦等 2 人	应四川省演出展览公司邀请，来攀枝花市体育中心演出 1 场

项目序号	团组名称	活动内容
11 月 28 日	台湾地区许茹芸等 5 人	应杭州演出有限公司邀请，来浙江省丽水市体育中心体育场演出 1 场
11 月 28 日	台湾地区刘谦等 1 人	应上海中演文化艺术有限公司邀请，来上海宝山区三湘海尚项目现场演出 1 场
12 月 1 日至 2 日	台湾地区台北新剧团李宝春等 56 人	应北京国艺升平文化发展有限公司邀请，来北京梅兰芳大剧院演出 2 场
12 月 2 日至 12 日	台湾地区如果儿童剧团沈玩等 12 人	应上海新文化演出有限公司邀请，来广州黄花岗剧院、深圳大剧院演出 8 场
12 月 2 日	台湾地区黄文章、卓依婷等 2 人	应广东佛山市星之苑演出有限公司邀请，来贺州广场演出 1 场
12 月 3 日	台湾地区张宇（张博翔）、辛晓琪等 2 人	应江苏新天地演艺中心邀请，来江苏泰州市体育馆演出 1 场
12 月 3 日	台湾地区黄立行等 1 人	应北京宝韵文化艺术发展有限公司邀请，来成都市苏格缪斯俱乐部九眼桥店演出 1 场
12 月 3 日	台湾地区苏有朋、许茹芸等 2 人	应重庆歌舞团有限责任公司邀请，来巫山县职业教育中心运动场演出 1 场
12 月 3 日至 4 日	台湾地区齐秦等 1 人	应四川金手指文化传播集团有限公司邀请，来达州市体育馆演出 2 场
12 月 4 日	台湾地区齐豫等 6 人	应福建省演出公司邀请，来福州市体育馆演出 1 场
12 月 4 日	台湾地区庾澄庆等 1 人	应上海新碟文化传播有限公司邀请，来上海梅赛德斯－奔驰文化中心演出 1 场
12 月 4 日	台湾地区蔡琴等 1 人	应成都演艺集团有限公司邀请，来四川省体育馆演出 1 场
12 月 4 日	台湾地区萧亚轩（萧雅之）等 1 人	应西安曲江文化演出集团有限公司邀请，来山东省聊城市水城明珠大剧场演出 1 场
12 月 4 日至 12 日	台湾地区周传雄、迪克牛仔（林进璋）、苏见信等 3 人	应湖南省演出公司邀请，来湖南省岳阳艺术文化会展中心、邵阳市委机关礼堂、长沙田汉大剧院演出 3 场

项目序号	团组名称	活动内容
12月5日	台湾地区齐秦等1人	应江苏省演出公司邀请，来溧阳市体育馆演出1场
12月8日	台湾地区苏见信、郭书瑶等2人	应北京天韵星光文化艺术有限公司邀请，来北京展览馆剧场演出1场
12月8日	台湾地区苏见信、郭书瑶等2人	应北京天韵星光文化艺术有限公司邀请，来北京展览馆剧场演出1场
12月8日	台湾地区张震岳等6人	应北京天韵星光文化艺术有限公司邀请，来北京展览馆剧场演出6场
12月10日至28日	台湾地区林进璋等1人	应西安曲江文化演出（集团）有限公司邀请，来山西省太原市青年宫演艺中心、陕西省渭南市体育馆、青海省西宁市人民剧院演出3场
12月10日至11日	台湾地区F. I. R乐队（詹雯婷、黄汉青、陈建宁）、苏见信、张信哲等5人	应西安曲江文化演出（集团）有限公司邀请，来四川省成都市成都体育中心、绵阳市绵州大剧院演出2场
12月11日至13日	台湾地区苏见信、林进璋等2人	应吉林省中外文化交流中心邀请，来吉林市第一中学体育馆、长春国际会展中心演出2场
12月11日	台湾地区林宥嘉等1人	应北京春秋永乐文化传播有限公司邀请，来北京展览馆剧场演出1场
12月11日	台湾地区周华健等1人	应江苏省演出公司邀请，来江苏徐州中央百货大楼广场演出1场
12月11日至12日	台湾地区温岚等1人	应广西玉林市演出公司邀请，来广西钦州学院礼堂、柳州钢铁艺术中心演出2场
12月11日	台湾地区周传雄等1人	应云南省演出公司邀请，来云南大剧院演出1场
12月11日	台湾地区齐秦、黄安、李宗盛等3人	应北京综艺博览文化交流有限公司邀请，来北京国家体育馆演出1场
12月12日	台湾地区吴克群等1人	应西安曲江文化演出（集团）有限公司邀请，来潍坊市鸢飞路体育馆演出1场

项目序号	团组名称	活动内容
12月12日至19日	台湾地区张信哲等1人	应合肥市文华演出有限责任公司邀请，来安徽省滁州市大剧院、宣城市红星礼堂演出2场
12月15日	台湾地区周传雄等1人	应黑龙江省文化艺术发展中心邀请，来黑龙江省牡丹江市师范学院音乐厅演出1场
12月16日	台湾地区齐秦等1人	应广西演出公司邀请，来广西南宁体育场演出1场
12月17日至19日	台湾地区林宥嘉等6人	应杭州演出有限公司邀请，来浙江嘉兴大剧院、衢州市工人文化宫、绍兴大剧院、温州大剧院演出4场
12月17日	台湾地区黄安等1人	应南宁皇嘉凯歌文化传播有限公司邀请，来广西南宁皇嘉凯歌大剧院有限公司演艺大厅演出1场
12月17日	台湾地区陈信宏、刘浩明、石锦航、温尚翊、蔡昇晏等5人	应南京大唐亚太国际演出交流有限公司邀请，来扬州体育公园体育馆演出1场
12月17日至18日	台湾地区表演工作坊许哲诚等7人	应深圳市文化娱乐交流公司邀请，来深圳市华夏艺术中心演出2场
12月17日	台湾地区黄立行等1人	应北京宝韵文化艺术发展有限公司邀请，来福州宝龙城市广场演出1场
12月18日至2011年3月31日	台湾地区刘家妏等1人	应上海歌星俱乐部与上海新影轻音乐团有限公司邀请，来上海东方艺术中心、大连人民文化俱乐部演出15场
12月18日	台湾地区石博元、刘家凯、史俊威、吴青峰、谢馨仪、张瀚中等6人	应福建省演出公司邀请，来福建省体育馆演出1场
12月18日	台湾地区齐秦、张震岳（张震嶽）等2人	应马鞍山市演出有限责任公司邀请，来安徽省淮南市体育场演出1场
12月18日	台湾地区童安格、辛晓琪、伍佰（吴俊霖）、张韶涵、许茹芸等5人	应南充市演出有限公司邀请，来四川省绵阳市南河体育中心演出1场
12月18日	台湾地区孟庭苇（陈秀玫）等1人	应上海东方演艺有限公司邀请，来上海大舞台演出1场

项目序号	团组名称	活动内容
12月18日	台湾地区萧亚轩（萧雅之）、罗志祥等2人	应上海城市舞蹈有限公司邀请，来上海世博文化中心演出1场
12月18日	台湾地区费玉清（张彦亭）等1人	应河南东影文化传播有限公司邀请，来郑州市国际会展中心演出1场
12月18日	台湾地区庾澄庆、罗大佑、苏芮（苏瑞芬）、张惠妹、飞轮海组合（汪东成、陈亦儒、吴庚霖、吴尊）等8人	应武汉体育中心发展有限公司邀请，来武汉体育中心体育馆演出1场
12月18日至19日	台湾地区林宥嘉等1人	应广西玉林市演出公司邀请，来广西桂林理工大学体育馆、南宁市人大会堂演出2场
12月18日	台湾地区黄立行等1人	应浙江国华演艺有限公司邀请，来绍兴世茂广场演出1场
12月18日	台湾地区李宣榕等1人	应中演协（福州）文化经纪有限公司邀请，来漳州市华阳体育馆演出1场
12月18日	台湾地区苏见信等1人	应西安曲江文化演出（集团）有限公司邀请，来青岛农业大学体育馆演出1场
12月19日	台湾地区伊能静（吴静怡）等1人	应合肥汉源文化传播有限公司邀请，来合肥市乐普生商厦广场演出1场
12月19日	台湾地区姜育恒等1人	应山东省巨星演出有限公司邀请，来山东省体育中心体育馆演出1场
12月19日	台湾地区蔡琴、周传雄、赵传（赵柏筠）、动力火车（尤秋兴、颜志琳）等5人	应福建省演出公司邀请，来福州市体育馆演出1场
12月19日	台湾地区苏见信等1人	应贵州省文化演出中心邀请，来贵阳大剧院演出1场
12月19日	台湾地区柯有伦等1人	应北京朗域文化传播有限公司邀请，来北京星光现场文化有限公司演出1场
12月20日	台湾地区萧亚轩等1人	应西安曲江文化演出（集团）有限公司邀请，来徐州市人民舞台演出1场

项目序号	团组名称	活动内容
12月20日至25日	台湾地区吴克群等1人	应石家庄仁和世家文化传播有限公司邀请，来河北省沧州文化活动中心、廊坊市明珠影剧院演出2场
12月20日至26日	台湾地区范锦东等1人	应哲腾（北京）文化传播有限公司邀请，来北京保利剧院演出7场
12月21日	台湾地区周华健、苏见信等2人	应重庆万林文化传播有限公司邀请，来南充市西山运动场演出1场
12月21日	台湾地区吴克群等1人	应武汉新健演出公司邀请，来湖北省宜昌市三峡大学演出1场
12月22日	台湾地区张韶涵等1人	应温州市演出有限公司邀请，来温州保利大剧院演出1场
12月22日	台湾地区吴克群等1人	应沈阳市演出公司邀请，来沈阳市中华剧场演出1场
12月22日	台湾地区迪克牛仔（林进璋）等1人	应海南中视文化传播股份有限公司邀请，来三亚胜意海景酒店演出1场
12月22日	台湾地区齐秦等1人	应浙江省演出有限公司邀请，来浙江省慈溪市人民大会堂演出1场
12月22日	台湾地区高胜美等1人	应江苏演艺文化传播有限公司邀请，来江苏省靖江市高级中学体育馆演出1场
12月22日	台湾地区卓依婷等1人	应茂名市演出公司邀请，来深圳市宝安区龙华街道和平东路雅尊会所演出1场
12月23日至25日	台湾地区全民大剧团黄迪扬等6人	应深圳市文化娱乐交流公司邀请，来深圳市华夏艺术中心演出3场
12月23日	台湾地区高景阳、阮郁文、林佳颖、吴瑞婷、甘媛琳、黄明志、郑安伟、黄旭昇等8人	应上海光翼文化传播有限公司邀请，来上海度曼波餐饮有限公司演出1场
12月23日	台湾地区苏见信、张韶涵等2人	应贵州新中亚文化投资有限公司邀请，来广州花都区体育发展中心体育场演出1场

项目序号	团组名称	活动内容
12 月 24 日	台湾地区姜育恒等 1 人	应大连温馨艺术交流推广中心邀请，来大连新世界酒店演出 1 场
12 月 24 日	台湾地区周传雄、何润东、苏见信、辛晓琪等 4 人	应大连对外文化艺术交流中心邀请，来大连世界博览广场演出 1 场
12 月 24 日至 25 日	台湾地区张韶涵等 1 人	应大连对外文化艺术交流中心邀请，来大连富丽华大酒店演出 2 场
12 月 24 日至 26 日	台湾地区吴静娴等 1 人	应上海美音文化发展有限公司邀请，来上海益世餐饮娱乐有限公司演出 3 场
12 月 24 日	台湾地区哈烧客表演乐队（郑安伟、涂采伶、苏采芹、陈冠毅、高景阳、黄明志、廖佑祥、林佳颖、阮郁文）等 9 人	应北京华瀚国际文化发展有限公司邀请，来北京东方君悦大酒店演出 1 场
12 月 24 日至 25 日	台湾地区凌峰、王城等 2 人	应大连香格里拉大饭店邀请，来大连香格里拉大饭店演出 2 场
12 月 24 日至 25 日	台湾地区刘谦等 1 人	应北京九洲巨室文化传播有限公司邀请，来北京唐拉雅秀酒店燕京大宴会厅演出 1 场
12 月 24 日	台湾地区李翊君、郤正宵等 2 人	应山东省演出公司邀请，来济南喜来登酒店演出 1 场
12 月 24 日至 2011 年 1 月 2 日	台湾地区周华健等 1 人	应西安曲江文化演出集团有限公司邀请，来济南市奥体中心东荷体育馆、青岛体育中心国信体育馆演出 2 场
12 月 24 日	台湾地区张宇（张博翔）、潘越云（潘月云）等 2 人	应北京华艺星空文化发展有限公司邀请，来北京国际饭店紫金大厅演出 1 场
12 月 24 日至 25 日	台湾地区黄士杰、黄少谷、邵崇柏、石博元、陈圣泓等 5 人	应上海白玉兰文化艺术发展有限公司邀请，来上海大舞台演出 2 场
12 月 24 日	台湾地区张信哲等 1 人	应西安曲江文化演出（集团）有限公司邀请，来西安城市运动公园体育馆演出 1 场

项目序号	团组名称	活动内容
12月24日	台湾地区王若琳、动力火车组合（尤秋兴、颜志琳）等3人	应贵阳演出有限责任公司邀请，来贵州省新体育场演出1场
12月24日	台湾地区林宥嘉等1人	应上海圣峰文化演艺有限公司邀请，来上海长宁国际体操中心演出1场
12月24日至26日	台湾地区表演工作坊许哲诚等7人	应北京世纪佳桐文化传播有限公司邀请，来北京解放军歌剧院演出3场。
12月24日	台湾地区齐秦等1人	应宁波市演出有限公司邀请，来宁波市香格里拉大酒店演出1场
12月24日	台湾地区赵传等1人	应北京春秋永乐文化传播有限公司邀请，来北京五棵松体育馆演出1场
12月24日至25日	台湾地区八三夭组合（李贤璞、黄子瑜、杨佳运、刘彦辉、邓有宗）等5人	应上海白玉兰文化艺术发展有限公司邀请，来上海大舞台演出2场
12月24日至25日	台湾地区五月天组合陈信宏等14人	应上海白玉兰文化艺术发展有限公司邀请，来上海大舞台演出2场
12月24日至26日	台湾地区伊能静等1人	应吉林省演出有限责任公司邀请，来长春香格里拉大饭店演出3场
12月24日至25日	台湾地区杨培安等1人	应长春市金丽影视文化传媒有限公司邀请，来长春市开元名都大酒店演出2场
12月25日	台湾地区游鸿明等1人	应呼和浩特市盛大演出有限责任公司邀请，来内蒙古大学文体馆演出1场
12月25日	台湾地区王若琳、张震岳（张震嶽）、姚中仁等3人	应北京华瀚国际文化发展公司邀请，来北京石景山体育馆演出1场
12月25日	台湾地区林宥嘉等1人	应江苏省演出公司邀请，来江苏常州市中华恐龙园演出1场
12月25日	台湾地区刘若英等1人	应苏州市对外演出交流有限公司邀请，来江苏省苏州市体育中心体育馆演出1场
12月25日	台湾地区萧亚轩等8人	应北京春秋永乐文化传播有限公司邀请，来江苏南京奥体中心体育馆演出1场

项目序号	团组名称	活动内容
12月26日	台湾地区迪克牛仔（林进璋）等1人	应山东省演出公司邀请，来山东省烟台市山东工商学院体育馆演出1场
12月26日	台湾地区吴克群等1人	应云南文化演出有限公司邀请，来云南大剧院演出1场
12月26日	台湾地区范玮琪（范伟琪）、张韶涵、周华健、苏打绿乐队（谢馨仪、刘家凯、吴青峰、史俊威、何景扬）等8人	应北京世纪轩昂文化艺术传播有限公司邀请，来北京工人体育馆演出1场
12月27日	台湾地区齐秦等1人	应北京苍明文化有限责任公司邀请，来北京人民大会堂演出1场
12月28日	台湾地区黄文章等1人	应苏州市明星演出有限公司邀请，来南昌国际展览中心演出1场
12月28日	台湾地区齐秦、齐豫等2人	应广西壮族自治区演出公司邀请，来广西体育馆演出1场
12月28日	台湾地区王若琳等1人	应浙江省对外文化交流公司邀请，来浙江省台州市体育中心演出1场
12月29日	台湾地区郭书瑶、范逸臣（范佑臣）、黄冠龙等3人	应北京派格环球影视文化发展有限公司邀请，来北京国家体育馆演出1场
12月29日	台湾地区刘谦、费玉清、苏见信、侯佩岑、许茹芸、李宗盛等6人	应哈尔滨中泰兄弟文化传媒有限公司邀请，来哈尔滨国际会展中心体育馆演出1场
12月29日	台湾地区吴克群等1人	应宁夏文化艺术服务中心与中世通盈国际文化传媒（北京）有限公司邀请，来宁夏回族自治区石嘴山体育馆演出1场
12月29日	台湾地区萧亚轩（萧雅之）等1人	应杭州演出有限公司邀请，来浙江省人民大会堂演出1场
12月30日至2011年1月15日	台湾地区萧亚轩（萧雅之）、张韶涵等2人	应浙江国华演艺有限公司邀请，来浙江省温州市乐清剧院、嘉兴市中港购物广场、杭州萧山第一世界大酒店演出3场
12月30日	台湾地区吴佩慈等1人	应江苏高唐文化传播有限公司邀请，来江苏徐州市德客乐广场演出1场

项目序号	团组名称	活动内容
12月30日至5月3日	台湾地区全民大剧团黄迪扬等6人	应北京中演文化娱乐公司邀请，来北京保利剧院演出11场
12月31日	台湾地区张信哲等1人	应上海中演文化艺术有限公司邀请，来上海大舞台演出1场
12月31日	台湾地区周华健等1人	应浙江省对外文化交流公司邀请，来浙江省舟山体育馆演出1场
12月31日	台湾地区刘若英等1人	应云南省演出公司邀请，来云南省昆明新亚洲体育馆演出1场
12月31日	台湾地区蔡琴等1人	应天津市滚石文化广告发展有限公司邀请，来天津体育馆演出1场
12月31日	台湾地区齐秦等1人	应河南省佛光文化传媒有限公司邀请，来郑州市国际会展中心演出1场
12月31日	台湾地区迪克牛仔（林进璋）、费玉清（张彦亭）、张信哲、伊能静（吴静怡）、温岚等5人	应上海市演艺总公司邀请，来上海新天地和外滩观光平台演出2场
12月31日	台湾地区范晓萱等16人	应南京大唐亚太国际演出交流有限公司邀请，来南京奥体中心体育馆演出1场
12月31日	台湾地区王心凌等3人	应上海圣峰文化演艺有限公司邀请，来上海港汇广场演出1场
12月31日	台湾地区黄品源（黄钰棋）等1人	应上海中演文化艺术有限公司邀请，来上海大舞台演出1场
12月31日	台湾地区苏有朋等1人	应广东南方文化发展有限公司邀请，来广州开心水上乐园演出1场
12月31日	台湾地区张韶涵、张震岳（张震嶽）等2人	应广东文馨对外艺术交流中心邀请，来广州国际体育演艺中心体育馆演出1场
12月31日	台湾地区苏见信等1人	应北京赛思博文演出经纪有限公司邀请，来北京赛特奥莱购物中心中庭广场演出1场
12月31日	台湾地区刘谦等1人	应河南济源华夏文化发展有限公司邀请，来河南济源篮球城演出1场
12月31日至2011年1月1日	台湾地区苏芮等7人	应上海城市舞蹈有限公司邀请，来上海世博园演出2场

中国文化年鉴

Chinese Culture Yearbook

文物事业

Cultural Relic Undertakings

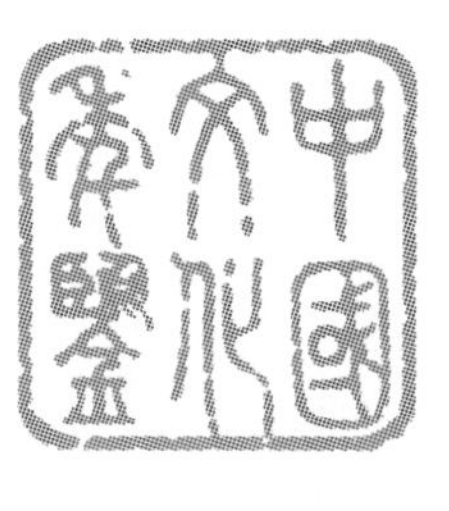

综　述

2010年是国家文物事业发展“十一五”规划的完成之年，也是国务院确立的新时期文化遗产工作第一个五年期目标的落实之年。2005年，国务院印发《关于加强文化遗产保护的通知》，对新时期我国文化遗产事业发展进行全面部署，提出“到2010年，初步建立比较完备的文化遗产保护制度，文化遗产保护状况得到明显改善。到2015年，基本形成较为完善的文化遗产保护体系，具有历史、文化和科学价值的文化遗产得到全面有效保护，保护文化遗产深入人心，成为全社会的自觉行动。”一年来，在党中央、国务院的英明决策下，在文化部党组的正确领导下，全国文物系统树立机遇意识、发展意识，锐意进取、扎实工作，文化遗产事业保持了持续发展的良好势头。

一、认真学习中央领导同志的重要论述，扎实做好“十二五”规划编制工作

2010年，党中央、国务院对文化建设和文化遗产工作作出了一系列重要论述和决策部署。在中央政治局第二十二次集体学习会上，胡锦涛总书记发表重要讲话，系统论述了我国文化建设面临的形势，深刻指出了当前深化文化体制改革的重大意义，进一步明确了文化体制改革的指导思想和重点工作，为当前和今后一个时期文化建设和文化遗产工作指明了方向。在党的十七届五中全会上，胡锦涛总书记发表重要讲话，全会审议通过《中共中央关于制定国民经济和社会发展第十二个五年规划的建议》，要求发挥文化引导社会、教育人民、推动发展的功能，把推动文化大发展大繁荣、提升国家文化软实力，作为未来5年的一项重要任务。

2010年文化遗产日期间，中央政治局常委李长春在《人民日报》发表《保护发展文化遗产 建设共有精神家园》的重要文章，全面回顾了党的十六大以来我国文化遗产工作取得的成就，科学分析了文化遗产事业面临的形势，深刻阐述了文化遗产工作的重大意义，并对今后一个时期我国文化遗产事业发展进行了全面部署。这是近年来中央领导同志专门就文化遗产工作作出的最完整、最系统的论述。

全国文物系统高度重视中央领导同志关于文化遗产工作重要论述的学习贯彻工作，通过召开全国文物局长座谈会、中心组学习、专题辅导、学习研讨、实地调研等形式，在全国文物系统掀起学习的热潮，形成了一批学习体会和调研成果，并汇编成册。注重把学习成果转化为文化遗产工作的指导理论、转化为政策措施、转化为实际能力；以中央的决策部署为指导，研究制定“十二五”时期国家文物事业发展的目标、任务和措施。在深入调研、广泛征求有关部委和科研机构、全国各省级文物部门、文物系统社团组织和专家意见的基础上，形成了《国家文物博物馆事业发展“十二五”规划》（建议稿），编制完成10余部专项规划。

二、坚持把基础工作摆在战略位置，增强文物事业的持续发展能力

牢固树立基础优先战略，继续加大文物立法、文物资源调查、人才培养和文物安全等基础工作的力度，发展规划优先安排基础工作，经费投入优先保障基础工作。

（一）落实依法治国基本方略，文化遗产法规制度日趋完备

坚持依法行政，全面落实国务院《关于加强法治政府建设的意见》。2010年，颁布实施《世界文化遗产申报项目审核管理规定》、《文物入境展览管理暂行规定》；积极推进《博物馆条例》、《大运河遗产保护条例》、《文物保护单位保护管理办法》等立法进程。目前，已基本形成以《文物保护法》为核心，以行政法规为支撑，以部门规章、地方性法规、地方政府规章、各种规范性文件和行业标准规范为基础的文物保护法律法规体系，文物工作正日益步入法制化、科学化、制度化可持续发展轨道。

（二）积极推进摸清家底工作，文物资源调查取得重要成果

6月，国务委员刘延东主持召开国务院第三次全国文物普查领导小组第三次扩大会议，研究部署和推动普查工作。目前，普查工作取得阶段性成果。截至12月中旬，中央和地方各级财政累计投入文物普查经费12.03亿元，全国2800多个县

域基本单元全部完成实地文物调查工作，调查登记不可移动文物80余万处，比上世纪80年代第二次全国文物普查登记文物数量翻了一番，拟于2011年底正式向全社会公布普查数据。全国长城资源调查田野工作全部完成，初步建成长城资源信息系统。大运河文化遗产资源调查工作圆满完成，登记大运河文化遗产点段1000余处。沿海文物调查进展顺利，已发现200余处水下文物点、70处沉船遗址。全国文物系统馆藏一级文物登录和二、三级文物备案圆满完成。

（三）落实人才强国战略，人才培养和队伍建设势头良好

牢固树立人才资源是第一资源的观念，充分发挥人才队伍建设的基础性、战略性作用，以提高培训质量为主线，创新体制机制为重点，加大培训力度。2010年，召开全国文博干部教育培训工作会议，举办军队营区文物保护管理培训、茶马古道保护管理等专项培训。完成中日韩合作丝绸之路沿线文物保护修复人员培养。“十一五”期间，全国共开展各级各类培训400余次，参训人员约2.5万人次。大教育、大培训观念进一步强化，多渠道联合办学和培训的路子逐步迈开。

（四）确立文物安全“生命线”地位，文物安全督察工作有序开展

继2009年国务院批准国家文物局设立督察司后，2010年5月，国务院批准建立了由文化部、公安部、国家文物局等10部门参加的“全国文物安全工作部际联席会议”，11月召开了全国文物安全工作部际联席会议第一次会议，筹建联席会议办公室（打击文物犯罪情报中心）。督察处理西气东输二线工程破坏文物、大理龙首关遭破坏、镇江古粮仓遗址遭破坏等重大文物违法案件，督办宣城广教寺、渤海国上京龙泉府遗址等文物违法建设案。开展全国文物单位消防安全联合大检查。与公安部门联合开展“全国重点地区打击文物犯罪专项行动”，侦破文物案件541起，打掉犯罪团伙71个，抓获犯罪嫌疑人787人，追缴文物2366件。举办全国重点地区打击文物犯罪专项行动成果展。从人员机构、体制机制、规划措施、技术设备和宣传教育等各个方面增加行政资源，努力构建文物安全的长效机制。

（五）实施科技支撑战略，构建文化遗产保护科技创新体系

推进重点科研基础建设，加强国标、行标制修订工作。截至2010年底，已建立17家国家文物局重点科研基地，颁布实施6项国家标准和33项行业标准。召开全国文物保护科技工作会议，开展第三届文物保护科技创新奖评审。联合中国科协开展首批指南针国家级名录的遴选工作，开展指南针计划进大学校园工作。以体制机制创新为先导，构建跨行业、跨学科、高效和务实的创新体系。与中科院探索建立文化遗产保护技术创新平台，与中国科协开展文物保护科研和普及战略合作，成立陶质彩绘文物保护技术创新联盟，文化遗产保护科技创新体系和标准化体系初步建立。

三、扎实开展重大文化遗产抢救保护和考古工程，有效保护文化遗产、传承中华文明

（一）重大文化遗产保护工程进展顺利

山西南部早期建筑保护工程有序开展。22个西藏重点文物保护工程项目开工启动。首批15个涉台文物保护工程项目有序进行。完成全国5300多处第七批“国保”单位的遴选和评审工作。第五批中国历史文化名镇名村评选工作顺利结束，99个中国历史文化名镇名村被列选公布。文化部和国家文物局公布历史文化名街10处。四川震后文物抢救保护工程进展顺利，世界文化遗产都江堰古建筑群灾后抢救保护工程竣工。云南姚安龙华寺古建筑群文物本体保护主体工程基本完成。开展玉树震后文化遗产保护工程。

（二）考古和大遗址保护工作扎实推进

加强西气东输二线、南水北调工程考古工作的管理。组织开展“南澳I号”、“半洋礁I号”水下考古发掘和文物保护工作。推动宁波、青岛等沿海地区建立国家水下文化遗产保护基地。初步建成一批大遗址保护展示示范园区。目前，以西安片区、洛阳片区和长城、丝绸之路、大运河等“两片三线”为代表的大遗址保护格局初步确立。探索建设“国家考古遗址公园”，良渚、牛河梁、大明宫、隋唐洛阳城等考古遗址公园初步建成。公布首批12家国家考古遗址公园，评定23家国家考古遗址公园立项名单。

（三）世界文化遗产工作卓有成效

8月，河南登封“天地之中”历史建筑群等

被列入《世界遗产名录》。截至目前，我国共有世界遗产40项，其中世界文化遗产28项，世界文化与自然混合遗产4项，世界自然遗产8项，数量上居世界第三位。杭州西湖文化景观申报文本已报世界遗产中心审核受理，并顺利完成国际专家现场考察工作。元上都、丝绸之路、哈尼梯田、牛河梁遗址等项目申报准备工作进展顺利。召开大运河保护和申遗第二次省部际会商小组会议等。大足石刻千手观音像抢救工程中期试验基本完成。

四、不断推进博物馆建设和免费开放工作，大力提高公共文化服务能力和水平

（一）博物馆体系日臻完善

截至2010年底，全国博物馆总数达到3415个，其中文物系统博物馆为2384个。全国文物、博物馆单位收藏文物达到2864．2万件（套）。中国国家博物馆扩建工程即将竣工。全面启动中央地方共建国家级博物馆工作，推进博物馆体制机制创新试点，8家博物馆被确定为首批中央地方共建博物馆，3家博物馆被确定为培育对象。大力推进民办博物馆发展，国家文物局联合七部委发布《关于促进民办博物馆发展的意见》，举办全国民办博物馆发展成都论坛。目前，经文物部门注册登记的民办博物馆达456个。生态博物馆、社区博物馆、数字博物馆等新型博物馆实践积极开展。努力构建以中央地方共建国家级博物馆和国家一二三级博物馆为骨干、以国有博物馆为主体、民办博物馆为补充的博物馆体系。推动博物馆发展从“数量增长”走向“质量提升”、从“馆舍天地”走向“大千世界”。

（二）免费开放积极推进

国家文物局联合中宣部、财政部、文化部印发《关于进一步做好公共博物馆、纪念馆免费开放工作的意见》，召开全国博物馆免费开放工作会议。国家文物局会同财政部、中宣部赴28个省份142个博物馆开展专题调研，探讨博物馆体制机制创新。中央财政当年安排免费开放专项经费20亿元。目前，全国免费开放博物馆纪念馆总数达到1893个，除古建筑、遗址类博物馆外，实现了2008年四部局《关于全国博物馆、纪念馆向社会免费开放工作的通知》中提出的文物文化系统归口管理的博物馆全部实现免费开放的目标；2008至2009年，接待观众8.2亿人次，平均观众量比免费开放前大幅度增加，使广大人民群众在博物馆的知识殿堂中实现了前所未有的文化体验。免费开放加快了博物馆融入社会的步伐，博物馆的文化辐射力和社会关注度得到空前提高，公共文化服务能力和社会效益得到进一步增强。

（三）社会文物管理力度加大

截至2010年底，全国文物进出境审核机构达16个。文物出境数量大幅下降，临时进境的回流文物数量年均增长10%，达2万余件，其中大部分留在境内。文物拍卖经营资质行政审批、文物拍卖许可证年审、文物拍卖标的备案工作得到加强。截至年底，国家投入珍贵文物征集经费，征集商代“子龙”鼎等重要文物1万余件。成功开展多次影响较大的文物追索行动，追回流失境外中国文物3千余件。完成《中国濒危文物红色目录》编审工作，并在国际博协第22届大会上正式发布。

五、坚持“走出去”、“请进来”，不断提高中国文化遗产的国际影响力

（一）政府间交流与合作不断深化

2010年，与埃及签署防止盗窃、盗掘和非法进出境文物的双边协定。截至目前，我国先后与13个国家签署了关于防止盗窃、盗掘和非法进出境文化财产协定或谅解备忘录，并在信息交流、成果共享、人员培训、文物返还等方面取得实质性的合作成果。开展柬埔寨吴哥窟、蒙古国博格达汗宫保护维修和肯尼亚合作考古、研究等项目。开展面向非洲、亚洲文物保护人员培训。完成美国梅隆基金会、盖蒂保护研究所、中意、中法、中日韩合作等培训项目。驻华使节、外交官走近中国文化遗产活动富有成效，对外合作与交流呈现多层次、多渠道、全方位的发展势头。

（二）与国际组织的合作日趋活跃

积极参与国际文化遗产保护工作交流。11月，在上海成功举办国际博协第22届大会，122个国家、地区和国际组织3542名代表参会，是我国承办的文化遗产领域规模最大的国际会议。“十一五”期间，还举办了文化遗产保护与可持续发展国际会议、东亚地区文物建筑保护理念与实践国际研讨会、城市文化国际研讨会、东亚地区木结构彩画保护国际研讨会等国际会议；陆续形成《上海宣言》等一系列国际文件。中外文化遗产保护理念的交流与融

合，增强了中国在国际文化遗产保护领域的话语权，进一步丰富了国际文化遗产保护理论。

（三）文物出、入境展览和交流亮点纷呈

2010年，举办意大利“秦汉——罗马文明展”。文物展览被纳入我国外交、文化年活动的重要内容，在温家宝总理的见证下，蔡武部长与意大利文化遗产与活动部部长在罗马签署了有关加强博物馆交流与合作的谅解备忘录。目前，平均每年达80项，展览的水平和质量不断提高，学术水平逐步提升。与港澳台地区文化遗产交流形式多样、亮点频出。文物展览作为“外交使者”、“国家名片”密切配合国家外交大局，成为中华文化的承载者、传播者。

六、不断创新体制机制，努力开创政府主导、社会参与的文化遗产保护新局面

（一）统筹力量，构建社会各方面共襄文化遗产事业的新格局

“十一五”期间，全国文物事业经费从2006年的37.6亿元增加到2010年的100亿元。建立健全党委统一领导、文物部门主要负责、各部门齐抓共管、社会各方面共同参与的工作机制。各地将文化遗产保护纳入省委党组中心组学习重要内容，纳入党委和政府的重要议事日程，纳入经济社会发展总体规划，与经济社会各领域工作一同部署、一同推进。全面落实中央新疆工作座谈会精神，积极开展文物系统对口支援新疆工作。引导文物系统社会组织开阔视野、拓展业务，积极承担社会责任。推进文物报刊、图书和音像制品的出版发行，丰富文物工作的表现形式和传播形式。文化遗产保护志愿者队伍建设日趋活跃，逐步成为推动文化遗产事业发展的重要生力军。

（二）形成合力，探索文化遗产保护共建合作的新机制

为整合中央和地方在政策、技术和资金等方面的优势和力量，国家文物局分别与国家测绘局、国家旅游局、国家海洋局签署战略合作框架协议；与湖北、浙江、陕西、甘肃、四川等省人民政府签署文化遗产保护共建协议，通过部门共建、省局合作，充分发挥各地区各部门保护文化遗产的积极性和创造性。

（三）促进共赢，开创大遗址保护带动区域经济社会发展的新模式

围绕大遗址保护和利用，召开大遗址所在地人民政府参加的“高峰论坛”，交流大遗址保护带动区域经济社会发展的做法和经验，达到了统一思想的目的。支持西安、集安、安阳、无锡、成都等城市建设大明宫、高句丽、殷墟、鸿山、金沙等国家考古遗址公园，使文化遗产保护的社会效益、经济效益和生态效益逐步彰显，较好地实现了“文物本体保护好、周边环境整治好、经济社会发展好、人民生活改善好”的目标，逐步成为民心工程、民意工程、民生工程，使文化遗产得到应有的尊严，在探索建立适应社会主义市场经济体制要求、遵循文物工作自身规律、国家保护为主并动员全社会参与的文物保护体制，促进发展、惠及民生等方面迈出了坚实的步伐。

（四）营造氛围，持续开展文化遗产宣传和普及活动

以中国文化遗产日、国际古迹遗址日、国际博物馆日为平台的宣传活动精彩纷呈。成功举办苏州文化遗产日主场城市活动。每年召开新闻发布会、通气会等20余次。“2010中国记忆”文化遗产日电视直播、黄山文化遗产日主场活动、重庆文化遗产宣传月活动等拉近了民众与文化遗产的距离。中国历史文化名街评审、大学生文化遗产保护知识大赛等产生较好影响。对一批先进个人和单位进行表彰，截至目前，108个县区荣获“全国文物工作先进县”，502个先进集体和先进个人得到表彰，156个单位和个人获得文化遗产日活动组织奖；分别向从事文物、博物馆工作60年、30年的5800多名同志颁发荣誉证书；一批批文物专家学者、基层文物工作者和“护宝”农民走上光荣的领奖台，先进典型的示范作用得到有效发挥，文化遗产人人保护、保护成果人人共享的氛围初步形成。

专　题

党建工作

一、推动学习型党组织建设

3月，国家文物局党组制定《关于推进学习型

党组织建设的实施意见》。本年度党组中心组认真组织党员领导干部加强理论学习。一是认真学习贯彻党的十七届五中全会精神，引导党员干部深刻认识"十一五"期间我国经济社会发展取得的巨大成就，认真总结文化遗产事业取得的成绩和经验，促进《国家文物、博物馆事业发展"十二五"规划》的编制完成，推进事业科学发展。二是认真学习胡锦涛总书记在中共中央政治局第22次集体学习时发表的重要讲话，以及李长春在我国第五个文化遗产日之际发表的《保护发展文化遗产 建设共有精神家园》重要文章，深刻理解新形势下深化文化体制改革的重大意义，深刻认识文化遗产事业在全面建设小康社会中的地位和作用，进一步理清发展思路。三是认真学习贯彻《中国共产党党员领导干部廉洁从政若干准则》，引导党员干部增强宗旨意识、廉洁从政意识，正确行使权力、认真履行职责，严格执行《廉政准则》，自觉廉洁自律，接受群众监督，以优良的党风促进政风带动民风。

"七一"期间，中国文化遗产研究院第二党支部被评为学习型党支部标兵，鲁迅博物馆人事保卫处党支部、文物出版社第五党支部、中国文物交流中心党支部、中国文物报社第一党支部、中国文物信息中心第一党支部被评为学习型党支部，曹兵武等10名党员被评为学习积极分子，受到文化部直属机关党委表彰。

二、深入开展创先争优活动

按照党中央的部署，国家文物局党组制定《关于在局系统基层党组织和党员中深入开展创先争优活动的实施方案》，推动创先争优活动深入开展。

（一）结合事业发展实际，认真部署创先争优活动

7月1日，局党组召开深入开展创先争优活动动员大会，动员各级党组织和全体党员围绕贯彻落实科学发展观这个主题，以"提高推进文化遗产事业发展的能力"为载体，积极投入创先争优活动。局党组书记、局长单霁翔在大会作"探索中国特色文化遗产保护之路"的报告。局机关各党支部和各直属单位党组织结合本单位工作实际，引导基层党组织履行职责创先进，广大党员立足岗位争优秀，推动创先争优活动逐步深入。

（二）结合党员思想实际，努力推动创先争优活动

一是各基层党组织开展主题党日活动。有三个方面的内容：中国文物信息咨询中心党总支组织党员干部赴四川参观邓小平故居，新文化运动纪念馆党支部组织党员干部参观延安革命纪念馆，国际友谊博物馆党总支组织党员干部赴河南林县参观"红旗渠"，鲁迅博物馆党委组织党员参观西柏坡纪念馆，党员干部学习党的光荣传统，并重温入党誓词。中国文化遗产研究院党委组织党员干部深入世界文化遗产地高句丽遗址，调研基层文物保护工作，促进党员增强党性观念和作风养成。二是组织党员轮训。局直属机关党委组织了2期党员培训班，培训120多名党员，教育党员增强党性观念和光荣感、责任感。三是组织党务干部培训。组织各单位党组织负责人深入广西考察文物保护工作，组织党务干部深入安徽考察文物保护工作，加深对科学发展观的认识和理解。

（三）结合本职工作实际，深入开展创先争优活动

各基层党组织以服务文化遗产事业科学发展为主题，围绕本部门本单位工作目标，发挥党员的智慧和力量。办公室、政法司积极做好编制文物事业"十二五"规划工作；文物保护与考古司组织开展第七次全国重点文物保护单位遴选工作，推动第三次全国文物普查和大遗址考古公园建设；博物馆与社会文物司开展博物馆免费开放工作调研，圆满完成承办国际博协第22届大会任务；督察司配合公安部开展打击文物犯罪专项行动和文物单位消防安全大检查；人事司加强全国文博教育培训工作，推动人才队伍建设、提高干部队伍整体素质。文物出版社党委以"做科学发展先锋，构建和谐出版社"为主题，以"抓改革、促生产、保稳定"为活动载体，顺利完成转企改制工作。中国文化遗产研究院以"提高管理和业务能力，推动文研院科学发展"为主题，将党建工作与业务工作相结合，深入开展"一个党员一面旗帜"活动，发挥党员在本职岗位的先锋模范作用，推动援柬项目、大足石刻千手观音保护维修、大运河总体规划等重点工程顺利开展。北京新文化纪念馆党支部带领党员在各自的岗位上努力工作，

在人员少、任务重的情况下，顺利完成“春华秋实——国家文物局60周年展”、“中国古代建筑经典模型展”等专题展览。

12月初，中组部创先争优活动指导组来国家文物局调研时，对创先争优活动给与充分肯定。

三、营造文明和谐工作氛围

在青海玉树发生地震、甘肃舟曲发生特大泥石流自然灾害后，直属机关党委组织党员和干部职工踊跃捐款捐物，支持灾区人民的抗灾斗争。举办局机关职工春节联欢会。组织机关全体职工和直属单位主要负责同志到河北承德避暑山庄开展春季植树活动。举办局系统职工运动会，来自机关、直属单位的11支代表队展示了文博行业团结向上、争创一流的精神风貌。组织局系统职工参加“中央国家机关第三届运动会”，80多名选手报名参加了15个比赛项目，取得了良好成绩。直属机关团委举办“继承光荣传统、弘扬优良作风”座谈会，邀请文博专家谢辰生先生讲述文物事业60年发展历程，学习老一辈文物工作者艰苦创业、无私奉献的精神。局妇委会举办“三八”妇女节纪念活动。

四、加强党风廉政建设

2月，文物局党组召开国家文物局2010年党风廉政建设工作会议，认真学习贯彻中央纪委十七届第五次全会精神。直属机关党委、纪委协助组织全体党员认真学习《党员领导干部廉洁从政若干准则》，将党风廉政建设与业务工作同部署，同落实，同考核。局党组制定《国家文物局2010年党风廉政建设和反腐败工作任务分工》、《关于进一步实行党务公开的意见》，进一步完善党风廉政建设和反腐败工作制度建设。

组织党员参观最高人民检察院举办的“惩治和预防渎职侵权犯罪展览”和国家安全部举办的保密展览，进行警示教育。印发致机关和直属单位副司级以上干部的函，将中央纪委、中央组织部、监察部发出的《关于严厉惩治干部选拔任用工作中行贿受贿行为的通知》以及12起违规违纪用人典型案件的通报印发给领导干部。

按照驻部纪检组的要求，组织局机关各部门认真查找廉政风险点32个，各直属单位查找廉政风险点45个，并均制定了相应预防措施。开展对局系统各种庆典、研讨会、论坛活动的清理摸底工作；开展县（处）级以上领导干部填报个人有关事项和年度收入申报工作；开展制止公款出国（境）旅游监督检查工作。对局机关行政许可、重大建设工程等项目进行监督。2010年，年收到群众来信来访电话举报17件，均按规定程序认真进行了调查核实。

五、做好扶贫工作

文物局领导带领调研组，深入帮扶的甘肃省武山县开展调研。在武山县与县委、县政府领导座谈，交流帮扶工作，考察文物保护工作和扶贫项目，考察援建的棋盘希望小学，向同学们捐赠学习和生活用品，深入山区村民家中走访慰问。暑假期间，局团委和中国文化遗产研究院共同举办“心手相连 情系武山”活动，邀请武山县棋盘乡文博希望小学的15名师生来到北京，进行为期4天的参观学习，受到一次深刻的爱国主义教育，激发了学生们的学习热情。

人事工作

一、机构编制

（一）编制调整

1. 中编办印发《关于调整国家文物局行政编制的通知》（中央编办发〔2010〕5号），为国家文物局增加编制，明确国家文物局机关行政编制为92名。

2. 中编办、国务院军转办印发《关于为2008和2009两个年度文物局接收军队转业干部增加行政编制的通知》（中央编办发〔2010〕152号），为国家文物局2008和2009两个年度文物局接收军队转业干部增加3名行政编制。

3. 根据上述2个通知，国家文物局编制总数为95名（含两委编制2名，离退休干部工作人员编制6名）。其中，局长1名，副局长4名，正副司长职数19名（含机关党委专职副书记）。

（二）机构调整

1. 中央编办印发《关于国家文物局文物保护与考古司加挂世界文化遗产司牌子的批复》（中央编办复字〔2010〕319号），同意国家文物局文物保护与考古司加挂世界文化遗产司牌子。

2. 中央编办印发《关于中国文化遗产研究院增加有关职责和事业编制的批复》（中央编办复字

〔2010〕188号），将国家博物馆组织、指导全国水下考古的事务性工作职能交由中国文化遗产研究院承担；从国家博物馆划转4名财政补助事业编制到中国文化遗产研究院。

二、制度建设

1. 根据《2010～2020年深化干部人事制度改革规划纲要》，局党组结合实际制定《中共国家文物局党组关于贯彻落实〈2010～2020年深化干部人事制度改革规划纲要〉的实施意见》、《国家文物局机关干部深入基层锻炼实施办法》和《国家文物局2010年深化干部人事制度改革工作要点》，制定《国家文物局干部职务名称表》。

2. 根据中央要求和统一部署，在局系统内广泛开展学习贯彻四项监督制度相关工作，结合国家文物局实际制定《国家文物局党政领导干部选拔任用工作责任追究办法实施细则》和《国家文物局党政领导干部选拔任用工作有关事项报告办法实施细则》。

三、干部管理

1月27日，中央组织部任命顾玉才、宋新潮为国家文物局党组成员，免去张柏的国家文物局党组副书记职务；2月8日，国务院任命顾玉才、宋新潮为国家文物局副局长，免去张柏的国家文物局副局长职务；12月19日，中央组织部任命董保华为国家文物局党组副书记。

1月，国家文物局党组任命荣大为为中国文化遗产研究院副院长（正局级）；免去吴加安的中国文物信息咨询中心党总支书记、副主任职务；免去荣大为的中国文化遗产研究院副院长职务；任命张全国为文物出版社社长，免去其文物出版社党委书记职务；任命苏士澍为文物出版社名誉社长，免去其文物出版社社长职务；任命侯菊坤兼任文物出版社党委书记（正局级）。

2月，免去王良学的国际友谊博物馆党总支书记职务；任命张全国为文物出版社党委副书记。

3月，任命黄元兼任国际友谊博物馆党总支书记（正局级）；任命罗伯健为国家文物局办公室（外事联络司）副主任、机关服务中心主任、党支部副书记（正局级），免去其中国文物交流中心主任职务；任命吴东风为中国文物信息咨询中心党总支书记、副主任，免去其国家文物局办公室（外事联络司）副主任、机关服务中心主任、党总支副书记职务；免去顾玉才的中国文化遗产研究院院长、党委副书记职务；任命刘曙光为中国文化遗产研究院院长、党委副书记，免去其国家文物局办公室（外事联络司）主任职务；任命王军为中国文物交流中心主任，免去其国家文物局政策法规司司长职务；任命王莉为国家文物局办公室（外事联络司）副主任，免去其国家文物局政策法规司副司长职务；免去李培松的国家文物局办公室（外事联络司）副主任职务；任命李耀申为国家文物局政策法规司司长，免去其国家文物局博物馆与社会文物司（科技司）巡视员职务；任命段勇为国家文物局博物馆与社会文物司（科技司）司长；免去宋新潮的国家文物局博物馆与社会文物司（科技司）司长职务。

12月，任命杨阳为北京鲁迅博物馆馆长、党委书记、法人代表，免去其中国文物交流中心党支部书记、副主任职务；免去孙毅的北京鲁迅博物馆馆长职务；免去杨晋英的北京鲁迅博物馆党委书记、副馆长职务；任命张全国为文物出版社有限责任公司董事长、社长、法人代表；任命张自成为文物出版社有限责任公司党委书记、总经理，免去其中国文物报社总编辑职务；免去侯菊坤的文物出版社党委书记职务；任命葛承雍为文物出版社有限责任公司总编辑、副总经理；免去游庆桥的中国文物信息咨询中心主任、党总支副书记、法人代表职务，吴东风主持中国文物信息咨询中心工作。

四、直属事业单位管理

（一）文物出版社改制

根据中央统一部署，在中宣部、国家新闻出版总署、财政部、文化部和国家文物局的指导下，文物出版社于12月31日顺利完成转企改制工作，成立文物出版社有限责任公司。

（二）专业技术二级岗位评审

经国家文物局专业技术二级岗位专家评审委员会评审推荐，国家文物局党组研究同意，相瑞花（国际友谊博物馆副馆长、研究馆员）、常兴照（中国文物信息咨询中心评估部技术总监、研究馆员）、张昌倬（文物出版社副总编辑，编审）、侯卫东（中国文化遗产研究院副院长、总工程师、研究员）等4人具备专业技术二级岗位任职资格。

五、社团管理工作

博物馆学会更名。经民政部批准，中国博物馆学会更名为"中国博物馆协会"。

法规建设

一、立法工作进展

（一）继续配合国务院法制办推动《博物馆条例》立法进程

《博物馆条例（送审稿）》于2008年1月报送国务院法制办公室审查，已列入国务院2010年立法工作计划一档项目。2010年3月，国家文物局与国务院法制办共同对《博物馆条例（征求意见稿）》进行了修改并送有关部门征求意见。国务院法制办也专门召开立法论证会，征求了国土、建设、编办、税务、文化、文物等部门对博物馆条例修改稿的意见。12月16日，国务院法制办教科文卫司在京召开立法论证会，邀请全国人大、文化部、中科院、北京大学、人民大学、中央财经大学、北京观复博物馆、中国地质博物馆等单位专家对《博物馆条例》有关问题进行研讨。

（二）起草《大运河遗产保护条例（草案）》

在多省份实地调研和专题研讨会基础上，国家文物局对与大运河有关的现行法律法规进行了系统学习和研究，初步确定了《大运河遗产保护条例》的立法方向、目标、重点。9月，完成了草案初稿并征求了有关专家意见，随后又发文征求八省市人民政府和11个国务院部门的意见，12月初按照各方面反馈的意见进行修改，期间再次与大运河文化遗产保护总体规划编制单位中国文化遗产研究院专家进行座谈讨论，对各部门意见再次研究。

（三）研究加入《保护水下文化遗产公约》和研究修订《水下文物保护管理条例》

2010年上半年，国家文物局开展了加入《保护水下文化遗产公约》的研究工作。在此基础上，7月初，国家文物局分别致函外交部、国家海洋局等8个相关部门征求对加入公约的意见，并与外交部进行了多次沟通。根据反馈意见情况，将对加入公约作进一步研究。

根据我国水下文物保护管理的实际和严峻的保护形势，结合《保护水下文化遗产公约》的理念和要求，国家文物局拟研究适合我国国情的水下文物保护制度，以使《水下文物保护管理条例（修订稿）》更好地反映我国水下文物保护的新进展和新要求。

（四）研究起草或审查其他规范性文件

研究起草了《文物复制拓印管理办法》、《国家文物局行政许可项目说明》、《关于文物系统依法行政建设法治政府的意见（草案）》、《国家文物局立法工作规定（草案）》；审查《与新加坡签署博物馆合作谅解备忘录》、《中丹（丹麦）关于促进博物馆和文化遗产保护领域交流与合作谅解备忘录》、《与埃及签署打击文物走私的双边协定》、《国家考古遗址公园管理办法（试行）》、《文物进出境责任鉴定员管理办法》、《文物拍卖企业资质年审管理办法》、《中央地方共建国家级博物馆管理暂行办法》、《文物入境展览管理暂行规定》、《国家文物局系统评比达标表彰活动管理办法（试行）》、《国家文物局工作人员和直属单位领导班子成员社会兼职管理办法》、《局机关公务车辆及驾驶员管理暂行规定》等20余项规范性文件。

二、其他工作

（一）认真落实好两会建议和提案办理工作

2011年，国家文物局负责办理人大建议46件，政协提案57件、转信1件，共计104件，已经圆满办结，并已对各司室办理工作进行评比表彰。

（二）规章和规范性文件清理工作

按照国务院办公厅《关于做好规章清理工作有关问题的通知》（国办发〔2010〕28号）精神和我局的统一部署，规章和规范性文件清理工作已经结束，清理结果已向社会公布。

（二）开展调研

参与了人口较少民族文化遗产保护情况调研，古代都城遗址保护的专项调研，博物馆免费开放情况的调研，组织开展了文物保护与旅游发展情况的调研、大遗址保护和利用情况调研。

（三）文物法制宣传教育工作

7月，在河北省秦皇岛组织召开了全国文物法制宣传工作座谈会，各省、自治区、直辖市和计划单列市、新疆生产建设兵团文物部门代表50余人参加会议。会上交流了普法工作经验，对今后文物普法工作提出了建议。

（四）开展文物保护与旅游发展战略协议签署工作

7月8日，国家文物局与国家旅游局签署文物保护与旅游发展战略合作协议，并着手组织开展文物保护与旅游发展情况调研工作，为下一步制定指导性意见奠定基础。

（五）组织出版《博物馆法规选编》

配合国际博协第22届大会的召开，组织协调中国博物馆协会编辑出版中英文版《博物馆法规选编》，该书受到与会代表普遍欢迎。

文物安全与执法督察

文物安全是文物保护工作的“生命线”。2010年，文物违法和安全事故案件频发，文物保护工作形势严峻。国家文物局党组高度重视文物安全工作，提出要时刻把文物安全放在首位。督察司在局党组的正确领导下，积极学习落实党中央对文化遗产事业的重要指示精神，认真贯彻执行文物保护法律法规，有序开展文物安全与执法督察各项工作，以联合执法、重点打击文物犯罪和督办行政违法大案要案为亮点，加强文物日常安全管理，积极推进队伍和机构建设，使得2010年的文物安全与执法督察工作顺利进行，并为“十二五”时期文物安全工作奠定了基础。

一、制度建设与创新

2010年，秉持“关口前移、加强防范”的工作思路，针对当前全国文物安全形势的特点，国家文物局加快推动联合执法工作机制和制度规范的建设。围绕国务院批准建立全国文物安全工作部际联席会议制度的决定，组织召开了联席会议首次办公室会议和联席会议第一次会议，审定了各成员单位职责分工、工作规则和2010～2011年度重点工作计划，使得文物安全部际联席会议制度正式建立，初步搭建了联合执法长效机制的平台。联合公安部开展打击文物犯罪专项行动、文物单位消防安全大检查，使得联合执法的工作机制得到加强和完善。

在制度建设方面，国家文物局积极开展文物行政执法基本理论研究。委托相关科研单位开展了《文物行政执法预警机制研究》和《2006～2008年文物行政执法案例研究》两个课题；委托专业法律研究机构负责修订《文物行政处罚程序暂行规定》和新版《文物行政处罚案卷评分标准》；组织论证起草中的《文物行政执法巡查规程》和《文物违法案件和安全事故核查、处理工作程序》等；组织开展《文物系统博物馆安全防范规程设计规范（GB/T16571－1996）》修订工作；委托河北省文物局组织起草《文物单位消防安全检查操作规程》；委托全国安防标准委员会开展《文物系统博物馆风险等级和安全防护级别的规定（GA27－2002）》修订工作；启动《古建筑消防安全管理规则》修订预研工作。

在创新工作机制方面，国家文物局在全国试行文物行政执法与安全监管公示公告制度，按季度收集、汇总和发布全国文物行政违法和安全案件，公布各地文物行政部门执法巡查与安全检查情况，并结合公示公告制度试行工作，对文物安全事故与违法犯罪案件实施舆情监督。2010年，全年共收集有效信息550条，国家文物局对其中涉及全国重点文物保护单位的信息第一时间进行督办。

二、打击文物犯罪

2010年是1997年以来打击文物犯罪力度最大的一年，也是成果最丰硕的一年。2009年12月至2010年6月，国家文物局联合公安部在山西、内蒙古、安徽、山东、河南、湖北、陕西、甘肃、青海9个省份部署开展了“全国重点地区打击文物犯罪专项行动”，共侦破文物案件541起，其中公安部部督案件15起；打掉犯罪团伙71个，抓获犯罪嫌疑人787人；追缴文物2366件（套），其中已鉴定的一级文物14件，二级文物156件，三级文物376件。国家文物局直接督办了广东乐昌县博物馆一级文物丢失案、河南驻马店“1·01”特大盗掘古墓葬案、广西桂林靖江王陵系列被盗案、河北邯郸赵王陵被盗案、陕西礼泉唐建陵石狮被盗案、陕西临潼秦东陵被盗案等一批重大文物犯罪案件。这些案件中，有的引起中央领导同志的高度重视，有的犯罪情节恶劣，影响极坏。通过重拳出击，震慑了犯罪分子，调动了地方行政部门联合执法和打击文物犯罪的主动性。比如河北、河南、安徽等七省建立打击文物犯罪联合长效机制，陕西省公安厅成立打击文物犯罪侦查处，咸阳市成立文物公安联合执法队等。

联合公安部举办“众志成城 雷霆出击——全国重点地区打击文物犯罪专项行动成果展”。展览选用文物犯罪案例15起，展出图片170幅，展示涉案珍贵文物140件（组），客观展现了当前文物安全形势和专项行动取得的辉煌战果。展览历时14天，吸引观众上万人次，多家媒体刊发了深度报道，对打击文物犯罪起到了良好的宣传效果。

三、督办文物行政违法案件

2010年，国家文物局重点督办多起党中央、国务院领导同志批示的重大文物违法案件，日常督办各类文物违法案件80余起。重点督办的案件有：联合有关部门和单位实地督察西气东输二线工程中文物遭受破坏事件、黑龙江省渤海国上京龙泉府遗址内破坏文物与违法建设事件、江苏省镇江市双井路古粮仓遗址遭破坏事件、云南省大理市公路建设破坏龙首关遗址事件、湖北省阳新县太平天国古战场遗址被非法占压事件、安徽省泗县房地产开发中非法拆除释迦寺事件、广东省揭阳县将军第保护问题、湖北省鄂州城隍庙保护问题等。同时，继续督办安徽宣城广教寺双塔违法建设案件，到12月，已有3座违法建筑被拆除。

对文物违法案件的督办，促进和推动了地方的文物管理机构建设。如龙首关遗址被破坏案和大理巍宝山火灾案推动大理州、大理市、剑川县成立文化遗产局，安徽泗县释迦庙案件的处理推动泗县成立文物局等。

四、消防安全与防汛救灾

在重大火灾事故处理上，国家文物局积极落实文物安全责任制，重点督办了河北省正定县南城门火灾案、贵州省织金古建筑群东山寺火灾案（国保）、云南省巍宝山古建筑群之斗姥阁火灾案（省保）、辽宁省义县奉国寺火灾案（国保）、黑龙江省齐齐哈尔五教道德院火灾案（省保）、河北省曲阳三宵圣母殿火灾案（省保）、清华大学清华学堂火灾案（国保），督促地方政府严肃处理责任人，刑拘10人，行政处分30余人，捍卫了文化遗产尊严。

国家文物局联合公安部在全国范围内开展文物单位消防安全大检查，共检查文物单位22082处，发现火灾隐患7243项，整改6258项，整改率达到86.4%，是自2003年以来检查整改力度最大的一次。针对不同时期消防安全工作特点，有针对性地下发了《关于加强文物保护单位消防安全工作的紧急通知》、《关于加强早期文物消防安全工作的通知》、《关于进一步加强文物单位消防工作坚决遏制文物火灾事故的紧急通知》，督促、指导地方文物行政部门和文博单位加强消防安全管理，全年火灾事故发生率较2009年明显下降。

2010年，文物单位受汛情影响严重，洪涝灾害影响了18个省份的3处世界文化遗产地、195处全国重点文物保护单位、664处省级文物保护单位、589处市县级文物保护单位、28处历史文化名镇（名村）和121家文物收藏单位，国家文物局先后下发《关于加强汛期文物安全工作的紧急通知》和加强防范地质灾害的通知，指导地方加强防汛减灾工作。

五、队伍与机构建设

2010年，国家文物局加大对文物行政执法人员的培训力度，全国分6个片区培训了省级、地市级文物执法机构负责人员和骨干共计880人，是历年来对文物行政执法人员培训规模最大的一次。培训内容包括文物保护基础理论、行政执法基本理论、执法技能和文物安全监管等多项内容。组织开展了第三届文物行政执法案卷评比工作。在全国各省上报的文物行政执法案卷中，评出一等奖5名、二等奖8名、三等奖10名，并随后召开了部分地区文物行政执法案卷研讨会。通过案卷评比，推动了各地文物行政执法程序的规范化和标准化。

在地方机构大合并的趋势之下，国家文物局积极推动地方文物安全执法机构的建设，力争在省一级文物行政管理部门内设安全执法机构。通过督办大案要案，加强文物行政执法督察，也对地方的文物管理起到了促进作用，部分地区加强了文物管理机构或文物行政执法队伍的建设。

文物保护

一、文物抢救保护工作

（1）汶川震后文物抢救保护工程。截至12月，汶川地震灾后文物抢救保护项目259项，开工245项，开工率94.59%，已完成和即将完成的182项，完工率74.29%，完成投资额157163.13

万元，占国家核定资金的64.89%。11月17日，二王庙古建筑群灾后文物抢救保护工程顺利竣工，并荣获国家文物局颁发的优秀文物保护工程特别奖。

（2）玉树震后文物抢救保护工程。玉树地震发生后，在局党组的统一领导下，全力投入了玉树震后文物抢救保护工作。组织古建筑、规划、壁画、岩土、考古等方面的专家，多次深入灾区，对新寨嘉那嘛呢、贝大日如来佛石窟寺和勒巴沟摩崖等多处全国重点文物保护单位和省级文物保护单位进行现场考察，评估受损情况，及时组织有关单位编制了玉树文物抢救保护修复专项规划。5月14日，青海省人民政府、国家文物局在玉树全国重点文物保护单位新寨嘉那嘛呢联合举行了玉树震后文化遗产抢救保护工程启动仪式。目前已基本编制完成了新寨嘉那嘛呢维修方案、藏娘佛塔及桑周寺总体保护规划和文物本体维修及壁画保护方案、贝大日如来佛石窟寺及勒巴沟摩崖抢险加固方案等，对部分存在险情的文物单位采取了紧急排险支护工作，完成了东仓大藏经珍藏馆附属设施的恢复重建工作。12月30日，针对青海省文物部门在震后文化遗产抢救保护工作中遇到的实际困难和问题，印发了《关于青海玉树灾后文物抢救保护工程有关问题的意见》，以确保青海玉树灾后文物抢救保护工作顺利进行。

（3）云南省姚安震后文物保护工程。云南省姚安震后文物保护工程进展顺利。文物本体主体维修工作已基本完成，基础加固等工作正在进行。

（4）西藏文物保护工程。西藏“十一五重点文物保护工程”总投资5.7亿元，除古格王国遗址外，已全部开工。部分工程项目已竣工并完成初验。已到位资金4.3亿元，完成投资3.8亿元。

（5）山西南部早期建筑保护工程有序开展。已经完成维修方案设计的保护工程有86处，正在编制中的有7处；已经完成保护规划编制的保护工程有54处，正在编制中的有22处。完成环境整治方案编制的保护工程有21处。截至12月，已完成文物本体维修工程33处，另外还有27处正在紧张施工，已开工项目近60%。

（6）涉台文物保护工程进展顺利。首批15个涉台文物保护工程项目中，昙石山遗址保护工程已基本完成，全国重点文物保护单位福州三坊七巷朱子坊建筑群、泉州天后宫、施琅宅祠、天一总局、白礁慈济宫、漳州林氏宗祠的保护工程正在进行；东山关帝庙、安溪清水岩、汀州文庙、邵武李纲祠、莆田平海天后宫、厦门芦山堂、漳州陈元光墓、古田临水宫的保护规划和方案已完成编制，现正组织实施。12月15日至16日，配合局办公室国际处组织了海峡两岸文化遗产保护论坛，组织海峡两岸学者共同研究探讨“闽系红砖建筑的保护与传承”，进一步推动涉台文物保护工作的开展。

（7）继续推进涉外文物保护工作。中国政府援助柬埔寨吴哥古迹二期茶胶寺保护修复工程：在与商务部就项目实施的方式和费用等问题达成共识的基础上，组织中国文化遗产研究院赴现场开展了大量前期的勘察测绘、历史研究、病害调查、材料试验等工作。审批了《茶胶寺保护修复总体研究技术报告》和第一期抢救保护设计方案，并获得吴哥古迹保护国际协调会议批准。11月27日，柬埔寨吴哥窟茶胶寺开工仪式顺利举行，标志着中国政府援助柬埔寨吴哥古迹二期茶胶寺保护修复工程正式进入实施阶段。在司领导的带领下，与商务部国际经济事务合作局、中国文化遗产研究院就项目的推进实施召开了多次会议，进行沟通，确保茶胶寺2011年工作计划顺利执行。在中宣部领导下，参与了中共六大会址修复的前期准备工作，于10月赴俄考察六大会址受损情况，了解与俄方合作修复的具体问题。回国后向文化部提交了考察报告。

二、完善文物保护工程管理体系

（1）积极加强、完善方案审批方式改革。4月，会同文研院组织9个有方案审批权的省市召开文物保护工程公示备案管理工作会议，不断完善配套制度建设和“文物保护工程审批监管网”建设，着手研究文物保护工程网上监管规程，进一步规范、完善工程下放管理模式，保证管理模式改革工作顺利、平稳实施。

召开第四批文物保护工程单位资质评审会。6月30日至7月1日，组织召开了第四批文物保护工程单位资质评审会，共审议了21个省、自治区、直辖市75个单位的79项资质申请。在局纪检部门的监督下，通过记名投票，共有17个单位通过勘察设计甲级资质审核，25个通过施工一级审核，1个通过甲级监理资质审核，11个通过增加勘察设计业务范围审核，10个通过增加施工一级业务范围审核，1个通过恢复原有资质审核。

（2）召开第四次全国文物保护工程汇报会。12月9日至10日，在湖南省长沙市召开第四次全国文物保护工程汇报会。国家文物局党组书记、局长单霁翔，副局长童明康，湖南省委常委、宣传部部长路建平，湖南省人民政府副省长郭开朗及部分特邀专家出席会议。单局长、童局长做重要讲话。8个省、市及单位负责人做了代表发言，介绍了相关重点文物保护工程开展情况。与会代表还围绕单霁翔局长的报告，重点就加强文物保护工程前期研究、工程资料收集、文物保护优秀工程评选等开展了分组讨论，形成了多项共识和有益建议。

三、加强历史文化名城名镇名村的有效管理

2月22日至25日，与住房和城乡建设部城乡规划司在北京共同组织召开第五批中国历史文化名镇名村评选会。全国共有29个省、自治区、直辖市的196个镇村（其中86个镇，110个村）申报第五批中国历史文化名镇名村。经过专家委员会审议，共有99个镇、村被评为第五批中国历史文化名镇名村。并于12月13日与住房和城乡建设部联合举行了第五批中国历史文化名镇名村授牌仪式。

2010年，共有广西北海、广东中山等18座城市向国务院提出申报国家历史文化名城。已与住房和城乡建设部联合对其中13座城市开展了实地评估考察工作。目前已经与住房和城乡建设部会签了广西北海等6座名城的请示件上报国务院，其中广西北海已于11月9日由国务院公布为国家历史文化名城。

2010年，就国家历史文化名城、中国历史文化名镇名村保护的检查工作与住房和城乡建设部反复进行了沟通、研究和论证，对照《历史文化名城名镇名村保护条例》，研究制定了国家历史文化名城保护评估标准、中国历史文化名镇名村评价指标体系等，国家文物局与住房和城乡建设部共同成立了全国检查工作领导小组，印发了《关于开展国家历史文化名城、中国历史文化名镇名村保护工作检查的通知》，计划在2011年分4个阶段开展检查工作。

四、第七批全国重点文物保护单位申报

第七批全国重点文物保护单位评选工作取得阶段性成果。先后于7月和10月召开两次第七批全国重点文物保护单位专家评选大会，文物、考古、建筑、近代史、革命史、党史等领域的130多位专家，通过电脑评审系统对5300多处申报材料进行了评选，8月至9月，又会同考古处对全国30个省、自治区、直辖市的340多处申报项目进行了现场复核，最终通过记名投票形成了专家评选结果。12月，根据局务会决议和相关领导批示，对部分申报项目进行了现场复核。报送国务院的最终简介的编写工作由文化遗产研究院牵头，组织社科院考古所、建筑历史研究所、清华大学等单位开展，并已经召开多次会议沟通情况。力争2011年形成上报国务院的推荐名单。

五、继续探索新型文化遗产的保护理论与实践

（1）文化景观的保护理论与实践。4月10日，组织召开了第五届“中国文化遗产保护无锡论坛”，对文化景观的保护理论与实践进行了探讨。来自国内外文化遗产保护领域的专家学者、全国各省级文物行政部门有关负责同志共100余人参加论坛。在论坛开幕式上，单霁翔局长做了《走进文化景观遗产的世界》的主旨报告。在为期一天的论坛上，经过专家学者的充分讨论，形成并通过了《关于文化景观遗产保护的无锡倡议》，提出了加强文化景观遗产保护的六点倡议，呼吁各级政府和全社会关注、支持和加强对文化景观遗产的保护。

（2）修订《中国文物古迹保护准则》。为适应新时期文化遗产内涵和外延的深化和扩展，成立了由古建筑、石窟寺、考古、世界遗产、规划和行政管理等多方面专家组成的《中国文物古迹保护准则》修订工作小组，多次组织专家就《准则》修订的组织方式、修订原则及具体内容等进行研究，与美国盖蒂保护所就修订一事交换了意见。经过多次讨论，现已就《准则》修订组织和修订内容形成初步意见。

六、开展“十二五”文物保护规划编制工作

按照全局的统一部署，对“十一五”规划的执行情况进行了梳理，在此基础上组织有关单位

编制了国保单位的"十二五"专项规划，包括国保单位中的古村落古民居保护、湘鄂赣渝皖四省一市近现代重要史迹保护、少数民族地区明清古建筑群、涉台文物、西藏文物保护、工业遗产保护、山西南部早期建筑保护等"十二五"专项规划已编制完成，并通过专家审核。

七、其他工作

配合普查办开展三普相关工作，重点做好领导小组第三次会议的有关准备工作。组织召开《中国文物地图集》总结表彰会。完成了大量的文物保护规划、文物维修方案和立项申请的审批工作以及局领导交办的有关工作。

考古工作

一、概况

2010 年，国家文物局共批准 740 余项考古发掘项目，其中，基本建设考古项目依然是本年度考古工作的重中之重，占到总数的 80% 以上。为做好南水北调、三峡、高速铁路、公路、西气东输等国家大型基本建设工程以及城市基本建设中的考古和文物保护工作，国家文物局大力协调相关部门和单位，并积极开展合作。1 月 19 日，国家文物局召集国家发展和改革委员会、国家能源局、中国石油天然气集团公司和西气东输二线工程沿线 14 个省（区、市）文物行政部门、考古单位的主要负责同志召开文物保护工作协调会，会后，联合国家能源局、中国石油天然气集团公司共同下发《关于继续做好西气东输二线工程文物保护工作的通知》，指导各地切实做好相关文物保护工作。3 月 23 日至 26 日，河北省南水北调田野考古汇报会在石家庄召开，会议总结了河北省南水北调工程田野考古工作的成果，并对文物保护、报告整理、经费管理、展示宣传等工作提出了明确要求。国家文物局还先后与国务院南水北调办沟通，共同对南水北调工程考古与文物保护工作进行检查，与国务院南水北调办协商解决湖北遇真宫等重要遗址的保护问题。

2010 年，国家文物局批准并支持 80 余项主动性考古发掘项目，包括陕西茂陵陵园遗址等大遗址考古项目、安徽禹会村遗址等围绕重要学术课题开展的考古发掘项目。此外，在江苏大云山汉墓、陕西白水下河遗址等抢救性发掘工作中，也获得了重要发现，引起社会广泛关注。

12 月 2 日，国家文物局联合国务院三峡工程建设委员会办公室组织评审会，石宝寨文物保护工程通过专家验收。

为进一步壮大基层工作力量，提高田野工作水平，国家文物局委托北京大学考古文博学院于 2010 年 9 月至 2011 年 1 月在河南南阳八里岗遗址举办全国田野考古培训班，对长期从事田野考古工作、非考古专业毕业的在职人员进行培训。各地共 16 名学员参加了此次培训。

2010 年，国家文物局委托中国文物信息咨询中心开展考古发掘电子审批系统改版工作。升级方案已于当年完成并获专家评审通过，新版审批系统将于 2011 年开始测试并逐步在全国推广。

2010 年，《扬州城》、《安阳小屯殷墟建筑遗存》、《周原》、《汉魏洛阳故城南郊礼制建筑遗存》等一批积压多年的考古发掘报告，《巴东旧县坪》、《大兴北程庄墓地》等近年来基本建设考古发掘项目的报告相继出版，为相关考古学文化的研究和遗址保护工作的开展提供了基础资料。

二、重要考古发掘项目

在 2010 年的考古发掘项目中，有 42 项被列入国家文物局年度重要考古发现。吉林和龙大洞遗址，是目前东北亚地区发现的规模最大的一处旧石器时代晚期旷野遗址，出土大量以黑曜石为原料的打制石制品。河南新郑赵庄遗址揭露出史前人类的活动面，象头骨竖立放置，石英制品分布于象头骨的四周。江西靖安高湖老虎墩遗址发现一处距今 4500 ～ 7000 年的新石器时代晚期大型聚落，清理出包括宗教祭祀广场、墓地、红烧土建筑基址、道路等在内的大量遗迹。浙江桐庐方家洲遗址是长江流域第一处经过考古发掘的新石器时代玉、石器加工场遗址，为研究五六千年前该地区的玉、石器生产工艺，提供了重要线索。山西翼城霸国墓地发现大量精美的青铜器随葬品，为这一时期的历史研究提供了崭新的材料。河南新郑望京楼遗址，发现了二里头文化和二里岗文化时期的两座城址，并在其外围初步确定一处更大的城垣基址。浙江东苕溪中游，发现商代的原始瓷窑址群 20 多处。江苏盱眙马坝大云山山顶上，揭露出一处完整的西汉诸侯王陵园，一号墓墓主是西汉第一代江都王刘非。陕西汉茂陵外藏坑、洛阳东汉帝陵陵园的钻探也都取得重大进展，在西安南郊凤栖塬还发现了西汉高等级的贵族墓地。山西云冈石窟山顶区域的考古发掘工作中，发现了一处北魏时期寺庙遗址，已发掘廊房、塔基、砖瓦窑等遗迹。新疆吐鲁番鄯善吐峪沟石窟寺发现近百座洞窟，是我国新疆东部地区开凿时代最早、规模最大的佛教石窟群。

6月，国家文物局组织开展了“2009年度全国十大考古新发现”评选活动。来自北京大学、中国社会科学院考古研究所、《光明日报》等部门和单位的评委，对入围十大发现终评阶段24个项目进行评议，最终选出河南新密李家沟旧石器至新石器过渡阶段遗址、安徽固镇垓下大汶口文化城址等10个项目入选2009年度全国十大考古新发现。国内20余家新闻媒体参加了评选活动的报道，该活动取得良好的社会反响。

三、交流与合作

2010年，包括中美合作福建沿海史前海洋文化考古和研究项目、中蒙合作蒙古国回鹘考古学文化研究项目等多项中外合作考古项目进展顺利，取得一系列成果。

7月至8月，北京大学考古文博学院组织有关专业人员，赴肯尼亚开展“中国和肯尼亚合作实施拉穆群岛地区考古项目”的陆上考古发掘工作。此次考古发掘地点位于肯尼亚马林迪市周边的曼布鲁伊地区和卡提布清真寺，分别发现一处11世纪的聚落遗址和与卡提布清真寺相关的早期建筑遗址。本年度考古工作为了解马林迪市的城市发展史，卡提布清真寺的布局和建筑历史，以及中非交流史等提供了珍贵资料。同时，中国文化遗产研究院派员随队监理，积极探索我国境外考古工作的管理模式。

11月下旬，中国国家博物馆组织水下考古专业人员赴肯尼亚开展为期两个月的“中国和肯尼亚合作实施拉穆群岛地区考古项目”水下考古调查工作，对拉穆群岛、马林迪海域的水下遗存线索进行了较为细致的陆地调查、物探调查和潜水调查，并及时对获取资料进行了整理。此次水下调查面积达46963平方米，共发现6处水下文化遗存和3处滨海散落遗存。

四、水下考古工作

3月30日至31日，国家文物局在北京组织召开第一次“全国水下文化遗产保护工作会议”。外交部、财政部、科技部、国家海洋局、总参等“国家水下文化遗产保护工作协调小组”成员单位代表，中国海监总队、中国气象局等相关部门代表，以及沿海和部分内水水域的各有关省（区、市）文物部门、科研机构和高等院校代表80余人参加了会议。会议听取了国家水下文化遗产保护中心的工作汇报及“十二五”规划编制工作的最新进展情况，同时对在“南澳Ⅰ号”古沉船考古和文物保护工作中做出突出贡献的广东省南澳县云澳边防派出所进行表彰，授予该所“文物保护特别奖”。

11月22日，国家文物局与国家海洋局在京签署“关于合作开展水下文化遗产保护工作的框架协议”，双方将在水下文化遗产保护战略与规划、水下考古、水下文化遗产管理、水下文化遗产保护、水下文化遗产执法、国际合作与权益维护、海洋文化建设、协商和日常联系机制8个方面加强合作，共同推进我国水下文化遗产保护事业和海洋事业的发展。作为主管我国文化遗产保护事务和海洋事务的行政部门，国家文物局和国家海洋局将在联合国《海洋法公约》和《保护水下文化遗产公约》的引导下，遵循我国文化遗产保护和海洋管理的相关法律法规，依据合作框架协议内容，充分发挥海洋部门在人员、设备和技术方面的优势，以及文物部门在水下考古、文物保护和研究方面的主导作用，进一步整合双方力量，实现优势互补和资源共享，推动我国水下文化遗产保护事业实现工作模式、工作重心、工作思路的转变，力争在“十二五”期间实现我国水下文化遗产保护事业的跨越式发展。

7月，国家水下文化遗产保护宁波基地奠基；8月，国家水下文化遗产保护青岛基地揭牌。两个基地将在国家文物局统一领导下，协助国家文化遗产保护中心开展相关海域的水下文化遗产调查、发掘、保护，以及出水文物的保护、展示、研究等工作。

2010年，“南澳Ⅰ号”、“半洋礁Ⅰ号”等水下考古发掘和文物保护工作顺利开展。6月开始，由国家水下文化遗产保护中心与广东省文物考古研究所合作实施“南澳Ⅰ号”水下考古发掘项目，完成对沉船进行测量绘图、水下摄影、舱位标示和船载文物提取等工作，已经清理出20余个舱位，以瓷器为主的出水文物3000余件。9月至11月，国家水下文化遗产保护中心与福建博物院合作开展“半洋礁Ⅰ号”水下考古调查，初步摸清了沉船位置和保护状况，并采集了少量黑釉盏、铜刀格、锡碗、漆木片等文物标本，为制订下一步考古和保护方案提供了科学依据。

同时，国家文物局指导地方文物部门和国家水下文化遗产保护中心等单位，结合水下考古工作，积极与地方公安、边防部门协调，以南澳和漳州为试点，研究建立水下文化遗产监控体系，依靠地方公安、边防力量，不断完善水下文化遗产保护体系。

2009年至2010年，国家文物局结合第三次全国文物普查，组织开展全国水下文物普查工作，对我国沿海和部分内陆现存于水下的各类文物开展全面调查摸底。此次调查，共发现各类沉船遗址及其他水下文化遗存108处，8处明确的水下线索地点，以及尚待进行水下探测、探摸的上百处路上线索，熟悉了调查海域的水文地理环境，为以后继续开展各地沿海水下考古调查工作奠定了基础。

4月，国家水下文化遗产保护中心派员搭乘国家海洋局执法巡查船，赴南沙群岛实地考察水下文化遗产状况。此次考察涉及相关海域岛礁37个，抵近观察12个，考察人员对岛礁的现状、经纬度，以及海况做了详细记录，搜集到大量珍贵资料和线索。

12月，国家文物局组织水下文化遗产保护中心，基本完成国家水下文化遗产保护“十二五”规划编制工作。

五、考古工作会议

1月，国家文物局在北京组织召开了“2009年度考古发掘资质及考古发掘领队资格评议会”。共39人评议通过，获得考古发掘领队资格，重庆中国三峡博物馆一家单位获得考古发掘资质。5月，国家文物局组织在湖北荆州举办了新领队上岗前的集中培训，提高新领队的理论水平和田野考古工作能力，增强文物保护意识。

大遗址保护

2010年是大遗址保护工作取得重要突破的一年。各级政府高度重视，多项重要大遗址保护工程启动，考古遗址公园的建设理念得到成功实践，大遗址保护对引导城市发展、提高人民生活质量、促进社会经济发展的作用日益显现。

2010年，国家文物局对隋唐洛阳城遗址、汉魏洛阳故城遗址、蒲津渡与蒲州故城遗址、铜绿山古铜矿遗址、洪州窑遗址等10多处重要大遗址的保护规划，以及昙石山遗址、南汉德陵、石台子山城、三杨庄遗址等多处重要遗址的保护方案进行了审批，提出了明确指导意见，部分重要遗址的规划、方案完善、改进后，已陆续公布、实施。国家文物局先后组织专家赴大明宫遗址、隋唐洛阳城遗址、牛河梁遗址、良渚遗址、老司城遗址、铜官窑遗址等保护工程实施现场进行检查、指导，有力推动相关工作的顺利开展。

为了促进重要遗址的保护、展示与利用，规范考古遗址公园建设和管理，发挥文化遗产在经济社会发展中的作用，国家文物局于2009年发布了《国家考古遗址公园管理办法（试行）》。2010年6月，国家文物局下发通知启动第一批国家考古遗址公园评定工作，共有19个省（区、市）的74个项目参加此次评定。根据《国家考古遗址公园管理办法（试行）》等有关法律法规，经初审、现场考察评分和会议评议，确定了首批12家国家考古遗址公园名单和23项国家考古遗址公园建设立项名单，并对社会公布。

10月，大明宫、秦始皇陵等考古遗址公园举办开园仪式，正式对外开放。11月，国家文物局在四川成都组织召开“大遗址保护工作会暨首批国家考古遗址公园授牌仪式”。此次会议组织学术界与相关管理部门代表共同探讨当前大遗址保护和考古遗址公园建设，以及“十二五”期间大遗址保护的相关问题，并为12家国家考古遗址公园单位授牌。单霁翔局长在此次会议报告中系统回顾了我国大遗址保护工作的发展历程和主要工作成果，指出当前我国大遗址保护，特别是国家考古遗址公园建设中存在的问题和不足，并为今后的工作指明了方向。童明康副局长在会议总结讲话中对“十二五”大遗址保护规划编制工作提出了具体要求，表示国家文物局今后将继续加强管理，提高大遗址保护工作的质量和水平。本次会议是在2005年国家设立大遗址保护专项、正式启动大遗址保护工程以来，在国家层面组织召开的第一次全国性工作会议。

3月4日，国家文物局和湖北省人民政府在京签订大遗址保护荆州片区共建协议，“十二五”期间，双方将加强协作，全面推进荆州片区大遗址保护工作，努力将其建设成为我国南方大遗址保护重要示范区和鄂西生态文化旅游圈文化中心。7月7日，国家文物局与陕西省人民政府在京签署《合作共建彰显华夏文明历史文化基地框架协议》，国家文物局将积极指导陕西省贯彻落实《关中—天水经济区发展规划》，重点支持“汉长安城考古遗址公园”、“秦咸阳城考古遗址公园”等大遗址保护项目。11月15日，国家文物局和甘肃省人民政府签署《合作加强甘肃文化遗产工作框架协议》，双方将在重要历史文化遗产保护、建设国家级旅游示范区等方面开展合作。11月17日，国家文物局与四川省人民政府在四川成都签订共建大遗址保护成都片区框架协议书，双方将共同做好三星堆、金沙等重要大遗址保护和考古遗址公园建设工作，全面提升其保护、展示、管理水平。

博物馆

截至2010年底，全国共有3415多个博物馆通过年检登记，比“十一五”末增加约1000个。其中，文物系统博物馆2384个，馆藏文物1755.25万件（套），馆藏一级文物58674件（套）。举办陈列展览10091个，观众人数4.07亿人次（其中未成年人观众1.14亿人次）。

一、博物馆建设情况

2010年建成开放的重要博物馆有：广东省博物馆新馆，总占地面积4.1万平方米，总建筑面积6.7万平方米，地下一层，地上五层，展示主题以广东历史文化、艺术、自然为主；山东省博物馆新馆，占地210亩，主体建筑面积8.29万平方米，广场约10万平方米，现有历史文物10万余件，自然标本8000余件，藏书12万册，展览面积1.5万平方米，展出各类文物4500余件，涉及玉石器、青铜器、瓷器、书画等20余个门类；中国妇女儿童博物馆，建筑面积3.5万平方米，馆藏文物3万余件，展览分为妇女和儿童两大主题，反映了各个历史时期中国妇女儿童的生存状态、地位变化、文化习俗、杰出人物和社会贡献，涉及经济、政治、文化、教育、卫生、科技、体育等各个领域；中国水利博物馆，水利部直属的国家级行业博物馆，建筑面积3.6万平方米，核心展区分为水利千秋、水中万象和龙施雨沛三大部分；上海中国航海博物馆，由交通运输部和上海市政府共同筹建，占地面积2.48万平方米，建筑面积4.64万平方米，分设航海历史、船舶、航海与港口、海事与海上安全、海员、军事航海六大展馆，以及渔船与捕鱼、航海体育与休闲两个专题展区，并建有天象馆、4D影院、儿童活动中心；宝鸡青铜博物院，建筑面积3.48万平方米，基本陈列“青铜铸文明”，以考古研究成果、历史文献为依据，荟萃了宝鸡地区出土的珍贵青铜器等文物1400多件。

2010年开工建设的重要博物馆有：北京市周口店遗址博物馆新馆，占地3.8万多平方米，建筑面积8093平方米，总投资约1.8亿元，计划于2011年周口店遗址发掘90周年之际建成开放；贵州省博物馆新馆建设工程破土动工；贵州省博物馆新馆，总占地面积52838平方米，建筑面积42996平方米，总投资4.234亿元，该馆建设是2007年贵州省委、省政府确定的“十件实事”之一，是迄今为止贵州省文化发展投资最大的文化建设项目，计划于2013年建成。

促进民办博物馆和行业博物馆发展：1月，国家文物局、国家发展改革委、民政部、财政部、国土资源部、住房与城乡建设部、文化部、国家税务总局印发七部门《关于促进民办博物馆发展的意见》，这是国家层面首次颁布规范和发展民办博物馆的政策性文件。11月，国家文物局举办“全国民办博物馆发展成都论坛”，加强对民办博物馆发展的指导。同时，为促进高校博物馆发展，国家文物局组织北京大学开展“高校博物馆建设与发展”专题调研，研究提出促进高校博物馆发展的思路和对策。

加强博物馆质量评价体系建设，实现从数量增长向质量提升的转变：国家文物局组织中国博物馆协会开展了国家一级博物馆2008—2009年度运行状况的评估工作。运行评估依据《国家一级博物馆运行评估规则（试行）》和《国家一级博物馆运行评估指标体系（试行）》，包括定性评估和定量评估。定性评估是对国家一级博物馆藏品搜集效果、科学成果的价值、陈列展览质量、社会教育效果、公共关系和服务质量、队伍人员的素质和博物馆管理水平的综合判断；定量评估是对一级博物馆的藏品搜集和科研成果、临时展览、教育项目以及人才培养等可以量化的指标进行统计的数据核查。参考其他领域定性与定量分析相结合的考察方式中两者权重比例，在国家一级博物馆指标体系中选取定性与定量权重比为7∶3，并且随着国家一级博物馆的发展建设水平的提高，定量评估指标权重将逐渐减少直至最终取消定量评估。同时，为充分调动中央和地方两个积极性，加快构建以点带面、立足区域、辐射全国、面向世界的博物馆综合资源共享平台，国家文物局、财政部联合推进中央地方共建国家级博物馆工作，印发“中央地方共建国家级博物馆管理暂行办法”，从中央地方共建国家级博物馆工作的目标、监管职责、培育认定、管理运行、考核评估等方面，提出了明确要求和规范。

二、博物馆展示服务

深化博物馆免费开放：2010年1月，中宣部、财政部、文化部、国家文物局四部局1月份联合印发《关于进一步做好博物馆纪念馆免费开放的意见》，公布1444个免费开放博物馆纪念馆和全国爱国主义教育示范基地名单，并召开全国博物馆纪念馆免费开放工作会议，对进一步提升博物馆展示服务水平，深化博物馆、纪念馆免费开放工作做出部署。2月，国家文物局组织中国博物馆协会、故宫博物院举办首届博物馆文化产品展览及评奖活动，组织召开全国博物馆文化产品开发工作座谈会，研究部署进一步加强博物馆文化产品开发工作，满足免费开放后公众多样性的文化需求。4月至6月，财政部、国家文物局会同中宣部等组成10个调研组，对28个省份的博物馆免费开放情况进行了全面实地调研并形成调研报告，提出博物馆事业发展应实现从数量增长向质量提升、从馆舍天地向大千世界的转变。

组织博物馆文化普及宣传活动，促进博物馆与公众的良好互动：围绕2010年国际博物馆日的主题“博物馆致力于社会和谐”，5月18日，国家文物局在国际博物馆日主场城市广州组织了主场城市活动、“广州国际博物馆论坛”和广东省博物馆新馆开幕仪式等一系列庆祝活动。各地博物馆也纷纷围绕主题开展了主会场活动、特色展览、开展文化讲座等一系列丰富多彩的宣传活动。11月，国际博协第22届大会在上海世博中心成功举办，122个国家、地区和国际组织的3542名博物馆及相关领域的代表注册参会。通过此次会议，向世界展示了中国博物馆事业的发展成就，有效提升了中国博物馆的国际影响力。

加强馆际交流，提升博物馆办展质量：2010年重要的馆际交流展览有，上海世博会“中国国家馆”、“城市足迹馆”和“世博会博物馆”展示工程。上海世博会“中国国家馆”，向世界各国观众展示了我国悠久历史文化遗产，包括陕西秦始皇兵马俑博物馆馆藏铜车马首次出省亮相，运用多媒体影像画卷技术展示故宫博物院藏张择端版《清明上河图》，对提升国家文化影响力具有重要的意义。工业遗产的再利用，是上海世博会的开创之举。“城市足迹馆”和“世博会博物馆”均依托江南造船厂旧厂房建造，调集来自国内外几十家博物馆的300多件反映城市发展、与历届世博会相关的珍贵文物。《丝绸之路——大西北遗珍》展，展出西北五省区22家文博单位多年来出土的丝绸之路文物精品241件（组），其中一级文物100多件（组），反映了我国西北地区自春秋战国时期至宋元时期丝绸之路的发展脉络和丝路文化，是西北五省区博物馆合作的首次成功尝试。

三、博物馆藏品管理

历时10年的“文物调查及数据库管理系统建设项目”圆满完成。该项目自2001年在山西省启动，经历了试点（2001年至2005年，范围为山西、辽宁、河南、甘肃四省）、试点推广（2005至2008年，范围为湖北、湖南、河北、浙江、陕西、四川、广西七省区）、全面推广（2008年至2010年，范围为北京等20个省区市）三个阶段，历时10年，覆盖全国31个省、自治区、直辖市。共完成1,660,275件/套馆藏珍贵文物数据采集，其中一级文物48,006件/套，二、三级文物1,612,269件/套，并采集一般文物数据137万余条。拍摄照片3,869,025张，录入文本信息3.05亿字，国家文物局数据中心接收数据总量15.16TB。基本廓清全国文物系统馆藏珍贵文物家底，丰富完善了馆藏文物基础信息资料。

社会文物管理

2010年，国家文物局进一步规范文物市场及民间收藏文物的管理，开展文物拍卖许可证年审和申报增加第一类文物拍卖资质的集中审批工作，推动文物拍卖专业人员资格认定管理的试点工作。加强文物进出境审核机构建设和人才培养，加强文物进出境责任鉴定员资格管理，初步完成文物进出境审核信息管理系统建设。

一、文物市场监管

（一）文物拍卖许可资质年审

国家文物局对2009年12月31日前取得“文物拍卖许可证”的239家拍卖企业依法进行了审核，通过年审的文物拍卖企业215家，暂停文物拍卖资质7家，撤消文物拍卖资质17家。2010年，授予34家企业文物拍卖资质。截至2010年底，具有文物拍卖资质的企业共有249家。

（二）文物拍卖企业增加第一类文物拍卖经营资质审批

2010年初，国家文物局启动文物拍卖企业增加第一类文物拍卖经营资质的审批工作。4月，国家文物局组织专家委员会，对申报增加第一类文物拍卖经营资质的拍卖企业进行了集中评审，批准16家拍卖企业增加第一类文物拍卖经营资质。

（三）规范文物拍卖专业人员资格管理

开展了文物拍卖专业人员资格清理规范工作，将162名通过我局2007～2009年度文物拍卖专业考试人员的“考试合格证”统一换发为“文物拍卖企业专业人员资格证书”，并在国家文物局政府网站设置证书查询系统。

（四）文物拍卖专业人员聘用试点工作逐步展开

继在江苏开展文物拍卖专业人员聘用试点工作以后，2010年确定北京为扩大试点区域。以上地区拍卖企业聘用的经我局考核合格的文物拍卖专业人员，在企业申请文物拍卖资质以及参加年审时，可视同具有高级文物博物专业技术职务资格，逐步解决文物拍卖企业聘用文博高级职称专业人员存在的问题。

（五）举办文物拍卖专业人员资格考试

11月，文物拍卖专业人员资格考试在北京举行，本次参考人数为历年最多，共293人报名参加了考试，最终有80人通过了106门次的考试。

（六）《文物拍卖企业资质年审管理办法》发布实施

国家文物局经过广泛征求意见，于2010年底发布实施了《文物拍卖企业资质年审管理办法》，促进了文物拍卖企业年审工作的规范化、制度化、透明化，促进了文物拍卖企业的规范发展。

二、文物进出境管理

（一）发布《关于进一步加强文物临时进境审核管理工作的通知》

国家文物局召开临时进境文物审核专家研讨会，经专家审议并经国家文物局批准发布《关于进一步加强文物临时进境审核管理工作的通知》，出台措施对非法文物进境加强审核管理，并拟和海关合作，进一步加强文物进境管理的制度建设。

（二）“国家文物进出境审核信息管理系统软件开发项目”初步完成

完成“国家文物进出境审核信息管理系统软件开发项目”招标以及初步开发工作。委托中国文物信息咨询中心开展电子标签应用工作，并按计划开展了系统的部署、培训工作。

（三）加强文物进出境审核机构建设

国家文物局批准恢复辽宁、四川国家文物进出境审核管理处进出境审核资质，并分别在沈阳、成都举行了授牌仪式。批复同意内蒙古自治区组建国家文物进出境审核内蒙古管理处。

（四）进一步加大文物进出境责任鉴定员培训工作力度

11月，国家文物局与公安部联合在河北磁县举办陶瓷器类文物进出境审核鉴定培训班。来自16个国家文物进出境审核管理处和公安系统的50余名鉴定专业人员参加了培训。12月，国家文物局与海关总署联合在广州举办了海关人员家具和杂项类文物鉴定培训班。同时，为推进边疆地区文物进出境审核机构建设，重点开展拟新设文物进出境审核机构的人员培训工作，筹备在呼和浩特举办“民族文物责任鉴定员培训班”。

（五）举行2010年度文物进出境责任鉴定员资格考试

2010年，国家文物局举办了玉器类、杂项类、陶瓷类文物进出境责任鉴定员资格考试，其中30人参加玉器类考试，5人成绩合格；21人参加杂项类考试，4人成绩合格；32人参加陶瓷类考试，6人成绩合格。

（六）《文物办法进出境责任鉴定员管理办法》发布实施

《办法》规定，文物进出境责任鉴定员是指获得鉴定资格，并在文物进出境审核机构承担文物进出境审核业务，签署文物进出境审核文件的文物鉴定专业人员，责任鉴定员鉴定资格实行考试认定制度。

三、流失文物追索

在国际博协第22届大会召开期间，国际博物馆协会与中国博物馆协会联合对外公布了《中国濒危文物红色目录》。该目录旨在帮助博物馆、收藏者、文物艺术品交易商、海关和其他执法人员甄别非法出境的中国文物，从而更好地打击盗窃、盗掘和走私贩运中国文物的行为。为便于甄别，该目录展示了非法交易中常见的10余类中国文物。国际博物馆协会与中国博物馆协会借该目录公布之机，呼吁博物馆、收藏者、文物艺术品交易商以及相关机构和个人，在尚未彻底了解其来源之前不要购买这类文物。

四、国家重点珍贵文物征集

成功征集覞（觉）公簋、作册吴盉、饕餮纹方彝3件青铜器。3件青铜器均为西周至商代的标准器，其中覞（觉）公簋保存完整，铭文共22个字，为研究西周早期诸王年代、金文年谱等问题提供了重要依据，具有极高的历史研究价值；作册吴盉纹饰精美，较为少见，铭文对研究西周断代、礼制等具有非常高的历史和考古价值；饕餮纹方彝纹饰瑰丽，存世稀少，铭文对研究商代政治、礼仪制度具有较高的价值。

文物科技与信息

2010年，在科技工作方面，开展了行业科技发展“十二五”规划的编制工作，召开了全国文物保护科技工作会议，完成了“十一五”首批启动的国家科技支撑计划课题的结项验收，开展了科技创新奖励评审，组织体系进一步发展完善，行业创新体系初步形成。

一、“十二五”科技规划编制工作

2010年，积极开展文化遗产保护领域“十二五”科技工作发展战略研究和重大专项的凝练工作，分12个方向共形成150余万字研究报告，编制完成《国家文物保护科学和技术发展“十二五”规划》的征求意见稿。在此基础上，开展了世界文化遗产地监测关键技术、水下文化遗产保护关键技术、遗址博物馆生物病害防治关键技术、博物馆文化公共服务平台建设关键技术、博物馆有机材质珍贵文物保护关键技术、文物建筑健康评价关键技术和文物保护传统工艺科学化研究等重大文物保护项目的可行性研究，为“十二五”科技发展规划落地奠定坚实基础。

二、全国文物保护科技工作会议

12月上旬，国家文物局在北京召开了全国文物保护科技工作会议，进一步总结成绩和经验，分析当前形势和面临问题，研究部署“十二五”期间文物保护科技工作。来自有关部委、省级文物行政部门、国家文物局重点科研基地、高等学校、科研院所近200名代表参加了会议。

文化部部长蔡武、科技部社会发展科技司司长马燕合出席会议并作重要讲话，单霁翔局长做了题为《加快行业创新体系建设 全面提高科技创新能力》的工作报告。会议对于各地各单位交流经验、提高认识、鼓舞工作、积极吸引各方力量做好“十二五”期间全国文物保护科技工作起到了重要作用。

会议期间，在首都博物馆举办了“百工千慧——文物保护科技成果展”。展览通过丰富的科研成果案例，充分展现“十一五”期间我国文化遗产保护科技领域取得的丰硕成果。展览共分5个单元，分别是全国一盘棋——文物保护科技事业的新格局、永恒的五行——文物保护科技的创新、山河知岁月——现代科技在考古领域的应用、德行无疆——广泛深入开展国际合作、文明的传承——文化遗产价值挖掘与传播。展览对于向公众展示科技成果、普及保护知识、引导公众珍视文化遗产等方面起到了积极作用，各界反响良好。

三、国家科技支撑计划项目

“十一五”首批启动的文化遗产保护领域4项国家科技计划项目共15个课题全部完成结项验收工作，取得显著科研成果。据统计，共研发新技术（工艺）21项，新产品、新材料、新装置36项，获得自主知识产权和专利179项，制定技术标准40项，培养博士、硕士研究生301名，发表文章513篇，出版专著15本。通过项目的实施，在技术研发、人才培养、基地建设、装备升级和体制机制创新等方面取得了显著成效。

“石质文物保护关键技术研究”列入“十一五”期间国家科技支撑计划组织实施。

四、中华文明探源工程

中华文明探源工程三期“中华文明探源工程及相关文物保护关键技术研究”获得科技部批准立项，在前期预研究和一期、二期研究的基础上，项目的广度和规模得以扩展。

五、指南针计划——中国古代发明创造的价值挖掘与展示专项

“指南针计划——中国古代发明创造的价值挖掘与展示”（以下简称“指南针计划”）专项进展顺利。“‘指南针计划’进大学校园”、“物联网技术在文化遗产保护和利用中的应用研究及示范”“‘指南针计划’青少年体验基地建设研究及示范项目”先后启动实施；“指南针计划”门户网站建设工作进展顺利，取得阶段性成果。

六、文物保护科技创新奖评审工作

9月，国家文物局组织开展了2009年度文物保护科学和技术创新奖的评审工作，得到社会的热烈反响和踊跃申报。通过专家评审，43个申请项目中，有3个项目获得一等奖，6个项目获得二等奖。这些获奖项目是近年来科技成果的杰出代表。如《白鹤梁题刻原址水下保护工程研究与实践》《文物出土现场保护移动实验室研发》《“南海Ⅰ号”整体打捞及保护》。为进一步推广科技成果，倡导科技理念，组织编纂出版了《2009年度文物保护科学和技术创新奖成果集》。

七、科技创新联盟与科研基地建设工作

4月，国家文物局与浙江省政府签订了“国家文化遗产保护科技区域创新联盟”共建协议，标志着区域创新联盟的建设试点工作正式启动。联盟将充分发挥中央与地方在政策、组织和技术方面的优势，有效整合文博单位、高等院校、科研院所和相关企业的资源优势，建立跨学科、跨行业、跨领域的战略合作组织，形成技术研发、资源共享、成果转化、人才孵化和新兴产业培育平台。

8月，完成了第四批国家文物局重点科研基地（以下简称科研基地）的遴选和评审工作。至此，科研基地已达17家，实现了在可移动文物保护、不可移动文物保护、博物馆、考古研究、高新技术应用研究等领域的科研布局，完成了科技发展“十一五”规划提出的建设目标。

八、文物保护标准化建设

围绕不可移动文物，可移动文物，文物调查与考古发掘，博物馆，文物保护、博物馆信息化及信息建设等5个方面，开展了文物保护标准体系建设课题研究，初步制定了文物保护标准化体系框架。

继续推动国标、行标的制修订工作，已经累计发布国标6项，行标33项。另有72项标准在编制中。编纂出版了《文化遗产保护领域行业标准集》。

九、行业信息化项目凝练工作

根据国家发展改革委的统一要求，完成了“文化遗产预防性保护综合信息平台建设工程（一期）项目建议书”和“全国文物和博物馆公共服务平台（一期）建设工程项目建议书”。前者通过遥感及其他空间技术、图像信息技术、环境动态数据采集技术、海量数据存储技术、计算机技术和网络技术等应用和集成，搭建起包括五大区域数据中心在内的全国性文化遗产预防性保护综合信息平台，实现文化遗产预防性保护信息资源采集、数据存储与处理、信息资源的交换与共享、各类应用与服务系统建设。后者以促进经济和文化的发展为目标，针对一定时期的公共需求，通过组织整合、集成优化各类资源，提供可共享共用的基础设施、设备和信息资源共享的各类渠道，达到减少重复投入、提高资源效率、加强信息共享的目的。

对外交流与合作

2010年，对外文化遗产保护交流与合作继续深化。为配合国家外交大局，推动我国文化遗产事业的发展，国家文物局积极开展文化遗产对外交流，加强政府间文物交流与合作，加大双边文化遗产保护协定和禁止文物非法进出境协定的签署，进一步加大对外援助项目的实施工作，积极开展与有关国际组织和民间机构的合作，推进与港澳台地区在文化遗产领域的交流与合作，不断提高进出境文物展览的质量和水平，主办学术研讨会，提高中国在国际文化遗产保护领域的影响力。

一、加强政府间文物交流与合作

开展柬埔寨吴哥窟、蒙古国博格达汗宫保护维修和肯尼亚合作考古、研究等项目。开展面向非洲、亚洲地区文物保护人员培训。完成中美、中意、中法、中日韩合作等培训项目。驻华使节、外交官走近中国文化遗产活动富有成效，对外合作与交流呈现多层次、多渠道、全方位的发展势头。

2010年，为执行政府间文化交流执行计划，国家文物局与朝鲜、韩国、印度尼西亚、泰国、越南、埃塞俄比亚、肯尼亚、津巴布韦、尼日利亚、厄瓜多尔、罗马尼亚、克罗地亚等12个国家顺利实施了互访。

安排接待了意大利文化遗产活动部代表团、韩国文化财代表团、印尼文物代表团、新加坡文物代表团、泰国建筑代表团、泰国文化遗产代表团、英国博物馆代表团、克罗地亚等国文物代表团、朝鲜史迹工作者代表团、津巴布韦代表团、厄瓜多尔代表团及国际博协主席和盖蒂保护所访华等。

10月7日，在温家宝总理的见证下，文化部部长蔡武与意大利文化遗产与活动部部长邦迪在罗马签署了《中华人民共和国国家文物局与意大利共和国文化遗产与活动部关于促进文化遗产合作的谅解备忘录》。

11月15日，在习近平副主席和新加坡副总理的见证下，文化部副部长赵少华与新加坡新闻、通讯与艺术部常秘陈英杰代表中新两国文化遗产部门在新加坡签署了《中华人民共和国国家文物局与新加坡共和国国家文物局关于博物馆合作的谅解备忘录》。

7月至8月，北京大学考古文博学院组织有关考古专业人员9人，赴肯尼亚开展“中国和肯尼亚合作实施拉穆群岛地区考古项目”的陆上考古发掘工作。此次考古发掘地点选择在肯尼亚马林迪市周边的曼布鲁伊地区和卡提布清真寺，考古发掘面积近600平方米。考古队在曼布鲁伊地区发现一处11世纪的聚落遗址，发掘出房址、冶铸作坊、窑炉及灶、卫生设施等遗迹现象，出土了大量当地产陶片和中国景德镇青花瓷片、龙泉窑瓷片，还出土中国明代“永乐通宝”钱币、伊斯兰陶器，贝壳类饰品，铁器、骨器等遗物；在卡提布清真寺周边主要发掘出与清真寺相关的早期建筑遗址。本年度考古工作对于了解马林迪市的城市发展史，卡提布清真寺的布局和建筑历史，大型聚落的年代、布局和文化面貌，以及中外交流史等提供了珍贵资料。

11月，文化部蔡武部长会见柬埔寨副首相宋安并出席中国政府援助柬埔寨吴哥古迹二期工程茶胶寺开工仪式。11月27日，中国政府援助柬埔寨吴哥古迹二期茶胶寺保护修复工程开工仪式在柬埔寨暹粒市举行，蔡武部长、童明康副局长、中国驻柬埔寨潘广学大使、联合国教科文组织副总干事班德林以及柬埔寨政府副首相兼内阁办公厅大臣宋安、柬埔寨文化艺术部部长亨柴等出席开工仪式并为工程开工剪彩。

二、加大与外国政府商签打击文物走私双边协定力度

10月12日，单霁翔局长和埃及最高文物委员会秘书长扎西·哈瓦斯在开罗分别代表中埃两国政府签署了《中华人民共和国政府与阿拉伯埃及共和国政府关于保护和返还从原属国非法贩运被盗文化财产的协定》，这是中国政府与非洲大陆签署的第二个类似的协定。

12月1日，单霁翔局长与厄瓜多尔共和国自然与文化遗产协调部胡安·卡洛斯·科埃亚·米德罗斯副部长签署了《中华人民共和国国家文物局和厄瓜多尔共和国自然与文化遗产协调部2011年至2014年谅解备忘录》。

截至2010年底，国家文物局已与13个国家签

署了关于防止盗窃、盗掘和非法进出境文化财产的双边协定或谅解备忘录，是世界上签署此类协定最多的国家之一。

三、文物对外展览亮点频出、博物馆馆际交流日趋活跃

2010年10月上旬，温家宝总理访问意大利期间，中意两国政府文化遗产主管部门在意大利罗马举办了“秦汉——罗马文明展”罗马站开幕式。蔡武部长和意大利文化遗产与活动部部长邦迪出席展览开幕式。

巡展15地的“大三国展”，是迄今为止巡展展地最多的一个展览。该展2008年5月赴日本东京富士美术馆等7地巡展，在日本掀起了持续的三国热。2009年4月该展从日本归国后，除在大陆7地巡展外，于2010年6月5日至9月5日在台北历史博物馆展出，受到岛内的广泛关注。该展已于11月在四川博物院为其漫长的巡展之旅画上圆满的句号，15展地参观人数总计190万人次。

9月，在美国开幕的“忽必烈的时代——中国元代艺术展”，受到中美领导人的持续关注，并与由世界140多位国家元首和政府首脑参加的联合国“千年计划”同时举行，在美展出好评如潮。展览以中国与国外博物馆联合主办形式，首次实现了大陆博物馆与台北故宫博物院在第三展场的联合参展。

赴日“华夏文明之源——河南文物珍宝展”，赴瑞典“中国的兵马俑”展，赴台“雪域——西藏艺术大展”、“文艺绍兴——南宋艺术与文化特展”、“法门寺地宫与唐代文物大展”等一系列出境展览都获得了各界好评，向观众充分展示了中华文明的博大精深。

2010年，上海博物馆在世博期间与日本东京国立博物馆合作举办了“鉴真和空海——中日文化交流的见证”展、“千年丹青——日本中国藏唐宋元绘画珍品展”。“鉴真和空海展”通过展示日本国宝级文物——中国人鉴真和日本人空海的肖像来彰显两位先人对中日文化交流所做出的卓越贡献与历史功绩，展示中日文化交流的重要意义。上海博物馆与英国博物馆和维多利亚与阿尔伯特博物馆在世博会期间合作举办了“古印度文明——辉煌的神庙艺术”展。上海博物馆还与俄罗斯艾尔米塔什博物馆合作举办了“北方之星：俄罗斯帝国黄金时代和叶卡捷琳娜二世”展。

2010年是“中英文化连线”博物馆交流活动开展的第二年。8月底，中方派出8人代表团赴英国参加交流活动，对大英博物馆、维多利亚及阿尔伯特博物馆和剑桥费茨威廉博物馆等英国知名博物馆进行了考察，其间，代表团与其中大部分博物馆都举办了座谈会。此外，中英双方博物馆代表还在伦敦大学学院考古研究所举办了一场主题为“博物馆的公共教育普及功能”的研讨会，当地博物馆同仁和学生反响热烈。

10月底，以英国博物馆、图书馆及档案委员会赫德利·皮尔斯·斯怀因先生为团长的英国博物馆代表团一行来华访问。期间，代表团参观了上海、江苏、湖南、湖北等地的博物馆并进行了业务交流。

11月5日，国家文物局在湖北省博物馆组织了中英连线“博物馆馆藏的教育功能”研讨会，就“博物馆馆藏在展览与公众教育中的应用”等课题展开讨论。湖北省文物局、湖北省有关博物馆及高校文博专业师生、内蒙古博物院、云南省博物馆和相关媒体近200人参加了本次研讨会。

四、积极与有关国际组织和民间机构开展合作

2010年，在文化遗产多边国际舞台上，国家文物局进一步发展与相关国际文博组织的关系，积极参与国际会议和重要国际活动，开展各种国际多边文化遗产交流活动，努力营造对我有利的国际环境与氛围。积极参与国际文化遗产保护工作交流。举办文化遗产保护与可持续发展国际会议、东亚地区文物建筑保护理念与实践国际研讨会、城市文化国际研讨会等国际会议，成功承办国际博物馆协会第22届大会，形成一系列具有影响的国际文件。

7月21日至8月6日，童明康副局长率团出席在巴西首都巴西利亚召开的联合国教科文组织第34届世界遗产委员会会议。会上我国世界文化遗产项目“登封‘天地之中’历史建筑群”成功登录《世界遗产名录》。

9月26日至30日，单霁翔局长前往杭州接见对我2011年世界文化遗产提名项目“杭州西湖文化景观”进行现场技术评估的ICOMOS专家。

11月25日，邀请部分国外专家在西安召开丝绸之路申遗工作会议。

11月7日至12日，国际博物馆协会第22届大会暨第25届全体会议在上海世博中心成功举办。本届大会共有122个国家、地区和国际组织的3542名博物馆及相关领域的代表注册参会，其中境外代表达1493人，不论是注册的代表人数，还是参加国家和地区，都创下了国际博协大会历史上的最高纪录。

30个专门委员会会议和博物馆志愿者、博物馆与城市经济、新技术等3个开放式主题论坛，为中外博物馆工作者提供了广阔的学术交流平台，体现了多元、差异、创新前提下的对话、包容、共存和发展。176个展位构成的博物馆展览会，吸引了国内外众多博物馆及相关领域专业公司积极参展，充分反映了博物馆及相关文化产品与技术的最新成果与发展动态。

会上通过了《关于博物馆致力于社会和谐的上海宣言》，国际博物馆协会与国家文物局联合发布了《中国濒危文物红色目录》，推进预防和遏制国际间针对中国文物的盗卖和走私，呼吁国际社会为中国文物保护共担责任。大会通过了在我国设立国际博协培训中心的建议，同时选举产生了国际博协和下属各国际专门委员会的新一届机构人员，许多中国代表进入了国际博协执委会或国际博协下属国际专门委员会，扩大了中国博物馆的影响力。

此外，国家文物局派员前往哥伦比亚、埃及、法国等国出席有关文物追索、科技保护等国际会议。派员出席了联合国教科文组织和国际文化财产保护与修复研究中心等组织的一系列重要国际会议，积极参与文化遗产领域的国际事务；参加了分别于6月8至9日在柬埔寨举行的联合国教科文组织吴哥窟国际协调委员会会议、12至13日在巴黎召开的ICOMOS主席团会议、9月10日至15日在巴黎召开的ICOMOS世界遗产工作组会议、10月26日至31日在爱尔兰首都都柏林召开的ICOMOS咨询委员会、执委会和科学委员会会议、11月26日至29日在西班牙马德里召开的ICOMOS文化线路委员会年会和12月1日至6日在巴黎召开的ICOMOS世界遗产专家组会议和世界遗产工作组会议。

五、涉外文物培训工作取得成效

2010年，完成中日韩合作丝绸之路沿线文物保护修复人员培养计划最后一个年度的培训任务，举办了纺织品保护和壁画保护两个培训班。12月15日，举办了该培训计划结项国际研讨会。国家文物局、中国文化遗产研究院、日本文化财保护研究助成财团、东京文化财保护研究所以及三星公司的代表，以及参加这个培训计划的学员参加了研讨会。国家文物局向日本文化财保护研究助成财团、东京文化财保护研究所和中国三星公司等外方合作单位颁发了“文物保护荣誉奖”奖牌。这个历时5年的培养计划为河南、陕西、甘肃、宁夏、青海和新疆六省区培养了8个专业门类的102名专业技术人员，搭建了中日韩三国在文化遗产保护领域的合作平台。

六、国家文物局文物外事工作座谈会

2010年11月18～20日，国家文物局文物外事工作座谈会在江苏省无锡市召开，来自外交部、文化部等相关单位的领导和全国文物系统负责文物外事工作的代表共60余人出席了座谈会。国家文物局副局长顾玉才在座谈会上作了重要讲话。座谈会的主要目的是总结2009年文物外事工作取得的成绩及存在的问题，同时探讨外事工作的思路，部署2010年文物外事工作的主要任务，为今后一个时期的文物外事工作，特别是“十二五”期间的文物外事工作做好准备。

七、对港澳台工作稳步推进

2010年，组织了《黄金辽原－内蒙古博物院精品特展》、《千古英雄：大三国特展》、《西藏艺术大展》、《文艺绍兴—南宋艺术与文化特展》、《法门寺地宫与唐代文物大展》等赴台展览；《长沙国与马王堆文物展》、《港深古代文化根源展》、《从同盟会到辛亥革命文物展》等赴香港展览和《海峤儒宗—利马窦逝世四百周年文物特展》、《秣陵烟月—南京博物院藏明末清初金陵画派精品展》、《斗色争妍—故宫博物院藏清代御窑瓷器精品展》等赴澳门展览。

2010年12月15日至18日，成功举办了第二届“海峡两岸文化遗产保护论坛”。20余名大陆古建领域知名专家学者以及16名台湾古建专家和官员参加了“海峡两岸文化遗产保护论坛”。论坛为两岸的专家学者提供了更广阔的交流平台，而且为两岸对红砖建筑的价值、内涵和保护的研究奠定了坚实的基础。

专家与培训工作

一、培训工作

完成了新疆、山西、辽宁、吉林、安徽、江西、重庆等省区市的地市文博管理干部培训和国保单位负责人培训。举办了茶马古道保护培训、军队营区文物保护与管理培训、西藏自治区文博管理干部第二期培训等重点培训项目。完成了中日韩合作丝绸之路沿线文物保护修复人员培养计划最后一个年度的培训任务，举办了壁画保护修复培训班和纺织品文物保护修复培训班。完成了文物保护修复中长期培养计划2010年度的工作任务，举办了石质文物保护培训班和壁画保护修复培训班。完成了博物馆文物鉴定人员中长期培养计划2010年度的工作任务，举办了玉器鉴定研修班和杂项鉴定研修班。举办了第四期新任考古领队岗前培训班。

二、全国文博教育培训工作座谈会

10月26日至27日，全国文博教育培训工作座谈会在郑州召开。单霁翔代表国家文物局所做的重要讲话，从7个方面总结了近年来文博教育培训工作取得的成绩和经验，对加强和改进文博教育培训工作讲了3点重要意见，进一步明确了“十二五”期间文博教育培训的指导思想、基本原则和主要任务。各省、自治区、直辖市文物部门和部分高校的代表做了大会交流，就进一步加强和改进文博教育培训，做好“十二五”期间大规模培训干部工作提出了很多意见和建议。

三、职称评审工作

2010年，国家文物局评审了文物博物馆、古建工程、文物编辑出版3个系列的高级职务任职资格。评审结果如下：天津市涂小元、岳宏，山西省王春波、张映莹、郭俊卿，云南省李枝彩、葛永才、何金龙、高峰、马波，国家民族事务委员会计红梅、马志敏、冯昆思，国土资源部张志军，新闻出版总署赵春英，北京鲁迅博物馆马俊亭，国际友谊博物馆乔扬，中国文物信息咨询中心金瑞国，文物出版社肖大桂、张道奇、王伟、孙霞，中国文化遗产研究院王金华、刘曙光、张兵峰、王林安，中国文物报社李文昌、张双敏。

文化设施建设

Cultural facilities

综　述

2010年，全国各级文化部门认真贯彻执行中央有关精神，按照《国家“十一五”时期文化发展规划纲要》中对建设公共文化服务设施网络的要求，加大对公共文化服务设施建设的投入力度，积极进取，开拓创新，各项文化设施建设取得显著成效。

一、全国文化（文物）系统基本建设投资项目总数达到12362个，比2009年增加2189个，增长21.5%

2010年，全国文化（文物）系统基本建设投资项目总数达到12362个，比2009年增加2189个，增长21.5%。项目计划总投资达582.20亿元，计划施工面积（建筑面积）2191.54万平方米；本年完成投资额为105.62亿元，其中国家投资96.87亿元，国家投资占本年完成投资总额的91.7%。全国建成项目5367个，比上年增加442个，增长8.9%；竣工面积960.57万平方米。

2010年，全国文化基建项目11983个，比上年增加2174个；项目计划总投资390.07亿元，比上年增长6.0%；施工面积（建筑面积）1243.46万平方米，增长22.4%；建成项目5260个，比上年增加418个；竣工面积315.53万平方米，比上年增长11.1%。

在文化基建项目中，全国有208个公共图书馆建设项目，占文化基建项目总数的1.7%；公共图书馆计划施工面积147.86万平方米，占文化基建项目总面积的11.9%；国家投资9.09亿元，占文化基建项目国家投资总数的13.8%；实际完成投资额129.91亿元，占总数的17.3%。

全国有11074个群众艺术馆、文化馆、文化中心、乡镇综合文化站建设项目，占文化基建项目总数的92.4%；计划施工面积470.79万平方米，占文化基建项目总面积的37.9%；国家投资26.00亿元，占文化基建项目国家投资总数的39.5%；实际完成投资额213.71亿元，占总数的29.8%。

2010年，全国文物事业机构新建项目总数为379个（不含文物维修项目），比上年增加15个；项目计划总投资192.13亿元；施工面积（建筑面积）948.08万平方米；本年完成投资额为30.48亿元；全年建成项目107个，比上年增加20个。

在文物新建项目中，有200个博物馆建设项目，占文物基建项目总数的54.9%。博物馆建设面积193.32万平方米，占文物基建项目总面积的20.4%。国家投资24.78亿元，占文物系统总数的80.0%；本年实际完成投资额22.81亿元，占文物系统总数的74.8%。2010年，全国49个博物馆项目建成，竣工面积23.50万平方米。

上述数据表明，2010年国家加大了对公共图书馆、文化馆、博物馆和乡镇综合文化站等文化基础设施建设的投入力度，国家投资主要用于能直接为广大人民群众提供公共文化服务的基层文化设施建设。

二、县级和乡镇级文化事业机构基建项目共11227个，占全国文化事业机构基建项目总数的93.7%

2010年，各级财政对县级图书馆、文化馆和乡镇综合文化站等基层文化设施建设的投入比上年大幅增加。在全国12362个文化（文物）事业机构基建项目中，县级和乡镇级文化事业机构基建项目共11227个，占全国文化事业机构基建项目总数的93.7%。其中，乡镇综合文化站建设项目共10897个。

乡镇综合文化站是我国农村群众文化工作网络的重要组成部分，是党和政府开展农村文化工作的基本阵地，长期以来在活跃农村文化生活，促进农村经济社会协调发展等方面，发挥着重要作用。“十一五”期间，文化部和国家发展改革委联合制定并实施了《全国“十一五”乡镇综合文化站建设规划》，投入39.48亿元补助全国2.67万个乡镇综合文化站建设项目，在全国范围内实现“乡乡有文化站”的建设目标。该项目目前进展情况良好，预期2011年年底能够基本建设完成并投入使用。建成并投入使用的乡镇文化站，开展了丰富多彩的文化活动，对于满足广大农民群众精神文化需求，保障基层群众文化权益起到了重要的作用。

三、全国文化（文物）基建项目投资在亿元以上的筹建项目12个，在建项目31个，竣工项目8个

2010年，全国投资达亿元以上的文化（文物）

设施筹建项目有广州文化广场、北京市海淀区文化艺术中心、湖南艺术职业学院、深圳艺术学校、乐清市图书馆、九江市文化艺术中心、云南文化艺术职业学院、中国美术馆二期工程、湖北省黄梅戏大剧院、晋江市文化中心、福建省少儿图书馆、浙江小百花艺术中心等12个项目。

2010年，全国投资达亿元以上的文化（文物）设施在建项目30个，分别是广州大剧院、广州图书馆、湖北省图书馆新馆、郑州市图书馆、滨州市文化中心、江西艺术中心、四川省图书馆新馆、苏州市文化艺术中心、扬州市文化艺术中心、鄂尔多斯文化艺术中心、国家话剧院剧场工程、河北省图书馆改扩建、邯郸市文化艺术中心、南宁博物馆、四川艺术职业学院、天津艺术职业学院、内蒙古演艺中心、如皋市文化中心、吉安市文化艺术中心、平顶山博物馆、普陀大剧院、周口市文化艺术中心、普洱市民族大剧院、福清市文化艺术中心、广东粤剧艺术中心、九江市博物馆、广东演艺中心、肇庆市图书馆、济南市艺术大厦和甘肃黄河剧院。

2010年，全国投资达亿元以上的文化（文物）设施竣工项目有8个，分别是：内蒙古乌兰恰特大剧院、福建大剧院、鄂尔多斯大剧院、江苏省美术馆、海南省文化艺术中心、包头市图书馆、上海市虹口第二图书馆和赤峰市文博大厦。

四、国家重点文化设施建设共落实资金1.74亿元

2010年，国家级重点文化设施建设成效显著，全年共落实基建投资1.74万元，“十一五”时期重点文化设施建设任务圆满完成。同时，在奥林匹克公园鸟巢北侧建设的国家美术馆和中国工艺美术馆·中国非物质文化遗产展示馆完成方案征集，中央歌剧院剧场启动设计招标，这些都为“十二五”重点文化设施建设实现了良好的开局。

随着我国综合实力的不断提高，海外中国文化中心建设全面提速。2010年，中央领导同志先后出席曼谷中国文化中心、新加坡中国文化中心奠基仪式，乌兰巴托中国文化中心正式揭牌，马德里中国文化中心、莫斯科中国文化中心完成选址和房产购置，东京、贝尔格莱德等文化中心选址工作相继启动。

中国文化年鉴

Chinese Culture Yearbook

文化人才队伍建设

Cultural Talent Team Construction

综述

2010年，文化部更好地实施“人才兴文”战略，以贯彻落实全国人才工作会议精神和制订《全国文化系统人才发展规划（2010～2020年）》为主线，以高层次人才队伍和高技能人才队伍建设为重点，以改革创新的精神谋划人才工作，着力增强工作的规划性和科学性，加强人才工作制度体系建设，进一步提升人才工作水平，较好完成了各项人才工作任务。

一、学习贯彻中央人才工作会议精神，研究制订文化人才发展规划

（一）学习贯彻全国人才工作会议精神和《国家中长期人才发展规划纲要（2010～2020年）》（以下简称《纲要》）

全国人才工作会议召开后，部党组高度重视，5月，党组书记、部长蔡武主持召开党组会，专题研究和部署贯彻落实全国人才工作会议精神和《纲要》，并及时向中组部报送了文化部对全国人才工作会议精神的学习贯彻情况。同时，请部机关有关司局就落实《纲要》之“任务分工方案”提出了工作设想。根据中央人才工作协调小组办公室关于人才发展规划10项重大政策工作任务的分工，我部参加的重大政策是实施知识产权保护政策，主要承担的工作任务是完善非物质文化遗产传承人知识产权相关措施。按照中组部要求，草拟并报送了关于推进《国家中长期人才发展规划纲要（2010～2020年）》的10项重大政策及若干重大工程的进展和落实情况报告。

（二）组织召开全国文化系统人才工作会议

为及时组织全国文化系统学习贯彻全国人才工作会议精神和《纲要》，按照部领导指示，精心筹备全国文化系统人才工作会议（以电视电话会形式），制定会议议程，做好会议各项组织协调工作，确保会议如期于6月顺利召开。部党组副书记、副部长欧阳坚出席会议，并受部党组书记、部长蔡武委托作重要讲话。党组成员、中纪委驻部纪检组组长李洪峰，党组成员、副部长杨志今，党组成员、部长助理兼人事司司长高树勋出席会议。部机关、直属单位司局级领导干部及部直属单位人事部门负责同志，全国各省、区、市、新疆生产建设兵团文化厅（局）处级以上干部和人事部门同志，所属单位主要负责同志及人事部门负责同志参加会议。会议主要任务是学习贯彻全国人才工作会议精神和国家人才规划纲要，部署文化人才工作。会议研究和确定了当前和今后一个时期文化人才工作的主要任务是：编制好一个规划，建设好7支队伍，实施好9项工程和计划。

（三）研究制订《全国文化系统人才发展规划（2010～2020年）》

按照全国人才工作会议精神和部党组的研究部署，结合贯彻落实《纲要》，以实现文化“两大一新”为根本目标，抓紧编制《全国文化系统人才发展规划（2010～2020年）》（以下简称《规划》），进一步推动文化人才队伍建设。在2009年开展人才大调研的基础上，2010年4月起草《规划》草稿后，广泛征求机关司局、部直属单位、各地文化厅（局）和文化系统有关专家意见建议，并就《规划》中具体工程和计划进行修改论证和充实完善，同年8月以文化部名义正式向全国文化系统印发。《规划》是文化系统第一部人才发展中长期规划，也是中央各部委中较早出台的行业领域人才发展规划，受到中组部的肯定和表扬。《规划》提出未来10年文化人才发展指导思想、基本原则、主要任务和具体措施及9项重点工程计划，明确了一系列人才发展总体目标和结构目标。10月，还研究制定出台了《全国文化系统人才发展规划（2010～2020年）任务分工方案》，对《规划》的各项工作进行了分解，提出了66项工作任务，明确了责任部门和工作要求。此外，还按照《规划》要求，结合文化部实际，分别对海外高层次人才引进计划、优秀青年文化艺术人才支持计划进行了研究，提交了项目可行性报告。

二、以实施文化艺术名家工程为抓手，推进高层次文化人才建设

（一）参与筹备实施“文化名家工程”

按照《纲要》的工作部署，由中宣部牵头、文化部参与的重大人才工程是“文化名家工程”，主要是着眼于培养和造就一批造诣高深、成就突出、影响广泛的文化领域杰出人才，重点扶持和资助一批文化艺术名家承担重大课题、重点项目、

重要演出，开展创作研究、展演交流、出版专著等活动。为确保这项文化人才“龙头工程”的顺利实施，文化部积极参与中宣部牵头的研究论证工作，就该项工程的具体名称、选拔范围、条件和规模、数量、层次及组织形式、实施措施等提出意见和建议，草拟了《文化名家工程研究报告》，并根据中宣部要求，对《关于文化名家工程实施意见》（征求意见稿）提出修改建议。下一步，将按照中宣部具体工作部署，配合做好《文化名家工程实施意见》等相关文件的制定工作，并开展首批文化名家的选拔。

（二）积极做好高层次人才推荐选拔工作

根据中宣部《关于2010年全国宣传文化系统“四个一批”经营管理和文化专门技术人才推荐选拔的通知》，推荐文化部边伟、张子康为“四个一批”经营管理人才人选，推荐魏大威、耿东升等2人为“四个一批”专门技术人才人选。根据人力资源和社会保障部工作要求，推荐中国艺术研究院牛克诚等9人为2010年度享受政府特殊津贴专家人选。

（三）及时掌握和报送文化部高层次人才工作情况

向中宣部报送文化部“四个一批”经营管理和专门技术人才工作情况。据统计，文化部系统现有“四个一批”经营管理、专门技术人才4名，分别为国家图书馆孙一钢、中国东方演艺集团有限公司沙晓岚、中国对外文化集团公司张宇和中国艺术科技研究所闫贤良。近年来，文化部先后有4名同志入选百千万人才工程国家级人选，分别为中国艺术研究院研究员牛克成、宋宝珍，国家图书馆教授索传军和故宫博物院研究馆员宋纪蓉。按要求，及时向人力资源和社会保障部报送了文化部百千万人才工程国家级人选的培养使用情况。此外，为落实中央领导同志在国务院参事室呈报的《当前我国美术发展中的问题与建议》上的批示，还就美术专业人才队伍建设提出了工作建议。

（四）推动海外高层次文化艺术人才引进工作，制订人才培养扶持计划

中央实施的“千人计划”在海外高层次人才引进方面主要侧重于教育、科技及企业等领域。经与中组部多次沟通协调，于10月向中组部人才局提交申请，拟将文化经营管理人才、文化科技人才纳入“千人计划”，今后文化部文化科技人才和文化经营管理人才也可通过该计划的重点学科与企业两个平台进行申报。按照中组部要求，就在文化艺术领域实施海外高层次人才“千人计划”问题召开了部属有关单位负责人座谈会，征求关于引进海外高层次文化艺术人才的意见和建议，并按照中央人才工作协调小组办公室要求，对《“千人计划”短期项目实施细则》、《青年海外高层次人才引进工作细则》、《“千人计划”顶尖人才与创新团队项目》（征求意见稿）提出了修改建议。

（五）做好专业技术人才留学工作

一是根据人力资源和社会保障部要求，向有关直属单位下发“2010年留学人员科技活动项目择优资助经费申报的通知”，提出人选名单，报人力资源和社会保障部。经审核，推荐中国艺术研究院一级美术师郑光旭的项目《俄罗斯油画技法研究》申报“2010年留学回国人员科技活动项目择优资助经费”。二是开展艺术类人才培养特别项目。为推动文化艺术人才培养，利用国家公派留学计划选派有发展潜力的优秀学者、中青年艺术家到国外著名院校或文化机构留学，文化部与国家留学基金委合作，开展艺术类人才培养特别项目，向有关直属单位下发了开展2010年项目申报工作通知，并召开了有关直属单位人事部门工作人员座谈会，进行动员和部署，推荐了28名艺术院团从事声乐、舞蹈等优秀专业人员申报访问学者或硕士研究生项目，到德、美等国学习交流。

三、全面推动文化高技能人才队伍建设

（一）推荐选拔高技能人才

根据中办、国办《关于进一步加强高技能人才工作的意见》和《国家中长期人才发展规划纲要》，全面部署、积极推动全国文化系统高技能人才队伍建设工作。向各省、自治区、直辖市文化厅局及部直属单位下发了《文化部关于开展全国文化行业高技能人才选拔表彰工作的通知》，重点从全国文化行业舞台美术、舞台技术、文献修复、动漫游戏、乐器制作、美术篆刻、民间美术、工艺美术等职业中推荐选拔出一批文化行业高技能人才，各省推荐了377名高技能人才，建立文化行业高技能人才库，有1006名入库人才。

（二）召开座谈会

10月27日至30日，在贵阳召开了全国文化系统高技能人才队伍建设工作座谈会，近60名各省（区、市）文化厅（局）人事处负责人和高技能人才代表参会。会议统一了思想，交流了经验，理清了思路，将有力地推动文化行业高技能人才队伍建设。

（三）举办培训班

11月21日至26日，在济南举办文化行业高技能人才培训班。全国各省（区、市）分别推荐2名高技能人才，共计64人参加了培训。培训班邀请了人力资源和社会保障部有关负责同志、专家学者介绍了高技能人才工作政策、文化产业、文化科技、非遗保护、职业开发与职业技能鉴定等情况，使参训的高技能人才了解了政策，开阔了视野，明确了方向。

（四）加强宣传推介

为了在全社会形成尊重高技能人才、努力成为高技能人才的风气，在中国文化报等媒体上对文化行业高技能人才工作、各省（区、市）在高技能人才工作上的突出做法及推荐的高技能人才进行宣传。

四、统筹抓好各类文化人才队伍建设，构建文化系统干部教育培训体系

（一）加强行政人才队伍建设

坚持备用结合，结合2009年文化部各司局、各直属单位领导班子和领导干部年度考核工作，做好司局级后备干部的集中调整补充工作。建立完善后备干部管理信息系统，实行动态管理机制，不断提高后备干部管理的科学化水平。选派21位司局级干部和后备干部参加了中央党校和国家行政学院举办的培训班，相继举办了司局级干部研讨班、第三期全国文化艺术管理机构人力资源管理境外培训班、第九期处级干部任职培训班、第23期驻外人员培训班、第四期青年干部培训班等。

（二）加大基层文化服务队伍培养力度

对全国基层群众文化专职人员和业余队伍（包括业余文艺骨干、大学生村官、文化志愿者）进行专业化、规范化的业务培训。在摸清底数、分析现状的基础上，制定基层文化队伍培训规划，并于2010年启动，在中央文化管理干部学院举办了示范培训班。举办了第19期地市文化局长培训班，举办了第三、四期全国文化站长培训班。

（三）加大区域文化人才项目支持力度

做好第五、六批援藏干部的轮换和首批支援青海藏区干部选派工作。结合援疆、援藏、扶贫、“博士服务团”和到西部地区、革命老区和东北地区等老工业基地挂职锻炼工作，把挂职锻炼和人才培养结合起来，有针对性地在西部地区开展各类人才培训，先后举办了第一期新疆文化管理干部民族团结班、第一期全国少数民族文化管理培训班、第七期西部文化产业经营管理人才培训班等。

（四）以重点项目、重点工程为平台，加强重点专业人才培训

依托国家舞台艺术精品工程、国家重大历史题材美术创作工程、全国重点京剧院团扶持工程、非物质文化遗产保护工程、全国文化信息资源共享工程、古籍保护工程、数字图书馆建设等重点项目，加强对艺术表演人才、特殊专业领域人才的培养，提高人才的基本素质和专业能力。与中央党校合作，制定教学计划，举办了地市级非物质文化遗产保护专题研讨班，对40多名来自全国各地主管文化工作的副市长进行了系统培训。与人力资源和社会保障部积极沟通，申报了动漫人才高级研修班，并在江苏举办了动漫管理人才高级研修班，各地动漫产业主管部门和动漫企业的49名中高级管理人员和专业技术人员参加了研修，是加强与地方合作和资源共享的一次成功尝试。先后举办了4期古籍人才培训班，其中国家古籍保护中心（国家图书馆）于3月在江苏省古籍保护中心举办了古籍修复人才培养座谈会，全国古籍保护工作专家委员会、国家图书馆、国家古籍保护中心、江苏省文化厅、南京图书馆党委、南京艺术学院、南京大学图书馆以及中国第二历史档案馆、南京博物院、南京太平天国历史博物馆、南京师范大学、金陵科技学院、莫愁中等职业学校、南京中友图书文化有限公司、东吴文化遗产保护研究院等单位的代表约20人参加了会议。

（五）加强培训制度建设

为贯彻落实“大规模培训干部、大幅度提高干部素质”的重大部署和“人才兴文”战略，加强对全国文化干部培训工作的宏观指导和统一规划，确保培训工作取得实效，根据中央印发的

《2010~2020年干部教育培训改革纲要》，起草了《文化部干部教育培训改革实施方案（征求意见稿）》，进一步增强培训工作的科学化和系统化，并从培训机构建设、培训运行机制建设、培训内容建设、培训师资建设、培训管理、组织保障等方面提出了加强培训体系建设的具体措施。同时为加强和规范文化部系统干部培训的登记管理工作，下发了《文化部人事司关于加强干部培训登记管理的通知》（人函〔2010〕25号），要求各单位加强培训证书登记管理和培训档案登记管理工作，并对培训证书的发放、使用及培训档案建立情况进行不定期检查。

五、改革和完善职称评审工作

（一）公布2009年度职称评审结果

首先，对2009年职称评审工作情况进行了汇总，并呈报部领导审阅。其次，及时将文化部2009年度职称评审结果呈报部领导，并将评审结果通知及时下发各单位。经汇总统计，共有218人参加了2009年度14个专业的职称评审（其中正高97人，副高89人，中级32人），200人（其中正高88人，副高82人，中级30人）通过评审，通过率为91.7%。具有本单位主系列副高职称评审权的中国艺术研究院、国家图书馆、故宫博物院、国家博物馆组织了副高职称评审，60人通过评审。此外，文化部委托新闻出版总署职称评审会代评，4人通过正高职称评审；委托国家安全生产监督管理局职称评审会代评，1人通过副高职称评审。再次，认真完成2009年度职称证书制作和发放、职称评审表盖章和寄送等后续工作。

（二）组织进行职称外语（古汉语）和计算机能力测试

2010年，继续会同文化部文化艺术人才中心，组织了2010年度职称计算机和外语（古汉语）能力测试，并及时公布了测试结果。本着切实提高专业人员计算机和外语（古汉语）水平的目的，加强了考前培训，适当加大了考试难度，并强化了监督检查，进一步端正了考风。

（三）推进职称改革，完善评审工作

一是按照2010年度工作安排，组成职称工作调研小组，于3月底赴广东和贵州进行了为期一周的职称工作调研，主要围绕文化艺术系列各专业职称评审基本条件、评聘分开工作的实施情况、评审程序、评委库建设等有关内容进行，并形成了调研报告，提出了进一步完善评审工作程序、规范评审材料、提高评审质量的具体办法和措施。同时，为进一步提高评审质量，促进专业技术人员提高业务水平，根据调研成果并吸收部内外专家意见，还制定印发了《文化部高级职称评审论著（论文）鉴定办法（试行）》和《文化部正高级职称评审专业答辩办法（试行）》，在2010年下半年的高级职称评审中增加了“论著（论文）鉴定”环节，在文博、演出监督专业的正高职称评审中试行了“专业答辩”，由文化部高级专业技术职务评审委员会现场进行，得到了多数评委的认可和肯定。二是根据政策法规司调研工作要求，就人才评价（职称评审）有关问题，向广电总局、新闻出版总署等部门进行了咨询和了解，召开了由部直属单位人事部门职称工作人员参加的职称工作座谈会，草拟了《人才评价（职称评审）专题调研报告》。三是审核上报优秀青年人才和优秀海外归国人才专业技术职务岗位限额人选。根据《文化部优秀青年人才专项专业技术职务岗位限额管理办法》和《文化部优秀海外留学归国人才专项专业技术职务岗位限额管理办法》，文化部在国家下达的高级专业技术职务职数内，按一定比例设置专业技术职务岗位限额，用于优秀青年人才、优秀海外留学归国人才聘任高级专业技术职务。2010年，部直属单位共有20名专业人才申请专业技术职务岗位限额，其中申请优秀青年人才专项专业技术职务岗位限额19名，申请优秀海外留学归国人才专项专业技术职务岗位限额1名。经资格条件审核和专家集中评定，共有17人获批。

六、加强专家和全国人大代表、政协委员的联系和服务

（一）关心老艺术家生活

充分发挥老艺术家困难补助专项经费的作用，对于身患重病、生活有特殊困难的老艺术家，及时主动给予关心和照顾。2010年初，继续按照国务院要求和财政部文件精神，本着“有名望、有影响、有困难”原则，提出老艺术家困难补助工作方案，对各单位报送的重病及困难老艺术家补助名单进行了审核与汇总，提出补助人员建议名单并经报部领导审定后，向有关单位发放重病及

困难老艺术家、老专家补助金和慰问信。2010年，补助总人数361人，补助总金额420万元，其中文化部系统251人，中国文联、中国广播艺术团、中央民族歌舞团、中国铁路文工团、全总文工团、中国煤矿文工团等6家单位共110人。申报补助人员年龄绝大多数在60岁以上（共354人，占申报人员总数的98%），年龄最大的97岁，最小的34岁。申报人员中，具备工改前文艺等专业1~7级的老艺术家157人，具备正高级职称的老艺术家116人。补助金在春节前以慰问金的形式发放到老艺术家、老专家手中，并致慰问信表示慰问。

（二）做好老艺术家、老专家的走访慰问工作

按照部办公厅安排，部领导2010年春节前慰问冯其庸、杜近芳、李世济等13位老艺术家、老专家事，做好协调联络服务工作，送去慰问金及慰问信。在中国文联、中国作协、北京市文化局及文化部所属中国艺术研究院、国家图书馆、故宫博物院等单位推荐基础上，拟订参加中组部组织举办的院士专家新春联谊会和人民大会堂2010年元宵节联欢晚会的文化艺术界专家名单，并承担专家联系服务工作。

（三）做好文化部系统在职专家考察休假工作

2008和2009年度的专家考察休假工作均因国家重大活动而暂停。在部领导和司领导支持下，2010年又重新启动了该项工作。为支持四川地震灾区文化建设，深入灾区了解文化发展情况，于8月底组织文化部系统18名专家赴四川进行了考察休假。参加考察休假的专家分别来自文化部10个直属单位，最大年龄58岁，最小年龄47岁；有新世纪百千万人才工程的国家级人选、享受政府特殊津贴专家、文化部优秀专家，涵盖了艺术研究、文物博物、新闻、声乐、美术等多个专业。

（四）做好人大代表、政协委员联系服务工作

2010年“两会”召开前，按照部领导指示，部人事司协同办公厅、政法司召开了文化部系统人大代表和政协委员座谈会，部领导蔡武、欧阳坚、王文章、高树勋出席了会议，29位人大代表、政协委员参加了会议。蔡武部长代表部党组，向代表、委员们通报了2009年文化工作情况及2010年重点文化工作安排，并指出了目前文化建设与发展中存在的一些问题和薄弱环节，同时请代表和委员们对文化工作提出意见和建议。“两会”后，按照任务分工，快速高效地完成人大、政协有关建议、提案办理工作，其中主办3件，会办3件。2010年底，共向文化部系统全国人大代表、政协委员寄送了《文化要情》、《文化信息》、《文化通报》计400余期。

（五）加强高级专家数据库建设

自2008年新研发的高级专家信息管理软件投入使用后，截至目前，全国多数地方已经报送了正、副高职称专家信息。除对未报单位加紧联系和催报数据外，考虑到近年来各地各单位专家管理服务工作人员变动较大，且在操作系统和填报数据过程中遇到了一些具体问题，人事司于2010年11月底，在京举办了文化部专家管理系统培训班，对各省（区、市）文化厅（局）和文化部直属单位人事部门承担专家管理和服务工作的人员进行了培训。

七、做好评选表彰工作

（一）部署开展评选表彰工作调研

根据部领导指示和表彰工作新形势，研究提出全国文化先进单位评选表彰调研方案，报部领导审定。1月，全国清理规范评比表彰工作联席会议办公室通知，文化部“全国文化先进单位”被确定为评比表彰保留项目，表彰周期为5年。为进一步改进和完善全国文化先进单位评选表彰工作，部人事司于2010年底下发调研通知，就评选标准、配套政策、动态管理等请各地先行调研，报送书面调研材料，计划于2011年初赴部分地区进行调研。

（二）做好表彰奖励审批工作

对陕西省文化厅来函申请追授冉本义为“全国文化先进工作者”事进行研究。为表彰冉本义同志在基层文化工作中作出的突出成绩，以及在抗洪抢险中舍己救人的英雄事迹，树立基层文化工作先进典型，鼓励广大文化工作者扎根基层文化工作，经报部领导批准，向全国文化系统转发《陕西省文化厅追授冉本义同志为全省文化系统先进工作者的决定》。经部领导审定，印发《文化部关于表彰奖励国庆60周年系列文化活动中作出突出贡献的集体和个人的决定》，给予文化部艺术司张凯华等4人记二等功，中国歌剧舞剧院陈坡等4人记三等功，给予文化部机关服务中心徐胜利等7人及中国美术馆嘉奖。就市场司提出的关于表彰奖励四川“9·19”假唱案专案组及办案人员事提出会签意见。

中国文化年鉴

Chinese Culture Yearbook

文化反腐倡廉

Culture to combat corruption and build a clean government

综 述

2010年，文化部反腐倡廉工作坚持贯彻党的十七大和十七届三中、四中全会精神，贯彻落实第十七届中央纪委第四次、第五次全体会议精神和部署，高举中国特色社会主义伟大旗帜，以邓小平理论和“三个代表”重要思想为指导，深入贯彻落实科学发展观，坚持标本兼治、综合治理、惩防并举、注重预防的方针，加强以完善惩治和预防腐败体系为重点的反腐倡廉建设，推进“反腐倡廉制度建设年”工作，加强行业作风建设，纠正文化系统的不正之风，解决群众反映强烈的突出问题，不断提升廉政文化建设水平，围绕中心、服务大局，紧密结合文化部工作实际，开拓创新，狠抓落实，扎实推进，各项工作取得了新成效。

一、认真传达贯彻十七届中央纪委第五次全会精神和国务院廉政建设工作会议精神

文化部党组于1月28日召开了2010年文化部党风廉政建设工作会议。会议认真传达了胡锦涛总书记在十七届中央纪委第五次全会上的重要讲话、贺国强代表中央纪委常委会所做的工作报告精神，总结2009年文化部党风廉政建设工作，部署2010年文化系统党风廉政建设和反腐败各项工作任务。部党组书记、部长蔡武代表部党组做了重要讲话，对文化系统学习贯彻落实十七届中央纪委第五次全会精神，进一步加强反腐倡廉工作提出明确要求。文化部党组成员、驻文化部纪检组组长李洪峰做了党风廉政建设和反腐败工作报告。全国各省、自治区、直辖市文化厅（局）纪检监察部门的负责同志、部机关各司局正处长以上领导干部、各直属单位党政主要负责同志参加了会议。

1月28日，召开全国文化厅（局）纪检组组长、监察室主任工作会议，对文化系统传达贯彻落实十七届中央纪委第五次全会精神和文化部2009年党风廉政建设会议精神、进一步加强文化系统反腐倡廉建设提出要求。

国务院第三次廉政会议后，根据蔡武部长的批示要求，文化部党组于4月8日召开了文化部反腐倡廉制度建设工作会议，认真传达国务院廉政会议精神，部署开展文化部反腐倡廉制度建设年活动。蔡武部长出席会议并作重要讲话。文化部机关各司局正处长以上领导干部、各直属单位党政主要负责同志参加了会议。

文化部党风廉政建设领导小组按照十七届中央纪委第五次全会、国务院第三次廉政会议精神，以及文化部2010年党风廉政建设工作会议部署，对文化部2010年党风廉政建设和反腐败工作任务进行了分工，并按照党风廉政建设责任制的要求，督促各相关单位贯彻执行。

文化部各单位及各省文化厅（局）相继召开了本单位的党风廉政建设工作会议，对十七届中央纪委第五次全会、国务院第四次廉政工作会议、文化部2010年党风廉政建设工作会议精神进行了传达贯彻，对本单位的党风廉政建设和反腐败工作进行了安排部署。

二、贯彻落实党风廉政建设责任制

2010年，中共中央、国务院重新修订印发了《关于实行党风廉政建设责任制的规定》。为深入贯彻执行这一规定，蔡武部长作出批示，要求各部门、各单位领导班子认真学习落实，部党组在民主生活会上进一步研究贯彻落实办法。同时，部党组印发了《关于认真贯彻实施中共中央 国务院〈关于实行党风廉政建设责任制的规定〉的通知》，要求各部门、各单位领导班子牢固树立政治意识、责任意识、大局意识，认真组织学习《关于实行党风廉政建设责任制的规定》。把党风廉政建设责任制的各项任务纳入本部门、本单位整体工作内容，与业务工作一起部署，一起落实，一起检查，一起考核。坚持党组（党委）统一领导，党政齐抓共管，纪委组织协调，部门各负其责，依靠群众支持和参与的工作机制，坚持集体领导与个人分工负责相结合的原则，谁主管，谁负责，一级抓一级，层层抓落实。

各部门、各单位领导班子高度重视本部门、本单位党风廉政建设责任制的落实，多数单位组织领导班子和有关中层干部认真学习了《关于实行党风廉政建设责任制的规定》，制定了具体贯彻执行措施，保证把党风廉政建设责任制落到实处。并按照新修订的党风廉政建设责任制的规定，着

手修订本单位的《党风廉政建设责任制规定》。结合工作实际，建立健全组织领导、责任分工、考核考评、监督检查、责任追究等环节的党风廉政建设责任制贯彻落实机制。一些单位还及时报告了本单位学习《关于实行党风廉政建设责任制的规定》，贯彻落实党风廉政建设责任制的情况。

驻文化部纪检组监察局按照党风廉政建设责任制的要求，继续加强对全国文化系统党风廉政建设工作的指导。充分利用编发的《纪检监察简报》、网络信息等，介绍、宣传、推广、交流文化系统各单位加强党风廉政建设的经验和做法，推动文化系统党风廉政建设工作深入开展。

三、深化惩治和预防腐败体系建设

按照中央纪委的统一部署，自2009年10月至2010年3月，文化部认真开展了2009年度惩治和预防腐败体系建设检查工作。

为做好惩治和预防腐败体系建设检查工作，明确文化系统惩防体系建设的目标和任务，2009年9月召开了全国文化系统贯彻落实惩治和预防腐败体系工作经验交流会议。全国各省、自治区、直辖市、计划单列市、新疆生产建设兵团文化厅（局）纪检监察部门和文化部直属单位纪委的负责同志等参加会议。李洪峰同志在会上讲话，总结了文化系统加强惩治和预防腐败体系建设的成功经验和不足，进一步明确了今后努力的方向。会议还进行了座谈和大会交流。

召开文化部2009年度惩治和预防腐败体系建设检查工作会议，对检查工作进行安排部署，要求各单位从加强新形势下党的建设，提高党的执政能力和拒腐防变能力的高度，认真开展检查工作，圆满完成各环节、各阶段的工作任务。印发《中共文化部党组关于贯彻落实中央纪委关于推进惩治和预防腐败体系建设检查办法的实施意见》，明确了监督检查的总体要求、重要内容、方式方法。在文化部各单位自查的基础上，组织了200多名各层级干部的问卷调查，并将问卷调查结果上报中央纪委。

为了保证惩治和预防腐败体系建设检查工作取得实效，李洪峰等领导同志分别带领检查组，对中国艺术研究院、故宫博物院、国家图书馆、中外文化交流中心等单位进行了检查。从检查的情况看，文化部惩治和预防腐败体系建设成效明显：教育得到强化，监督得到加强，制度进一步健全，一些群众反映强烈的问题得到妥善解决，惩治和预防腐败体系整体建设稳步推进。根据检查情况，驻文化部纪检组监察局起草了《文化部惩防体系建设检查工作报告》，经蔡武部长批示同意后上报中央纪委，得到中央纪委领导同志的充分肯定。

5月5日，《中国文化报》以《文化系统惩防体系建设取得显著成效》为题，对文化系统惩治和预防腐败体系建设工作开展情况进行了较翔实全面的报道。

四、坚持抓好反腐倡廉教育工作

2009年，文化部纪检监察部门从文化部实际出发，着眼于党员领导干部廉洁从政意识的培养，坚持示范教育与警示教育相结合、主题教育与经常性教育相结合，教育党员干部不断筑牢拒腐防变的思想道德防线。

（一）认真组织学习、宣传贯彻《中国共产党党员领导干部廉洁从政若干准则》（以下简称《廉政准则》）

中央下发《廉政准则》后，文化部党组印制了《廉政准则》袖珍本下发至文化部机关和直属单位处级以上干部，同时起草了《中共文化部党组关于学习贯彻执行〈中国共产党党员领导干部廉洁从政若干准则〉的通知》，要求文化部各单位要把学习贯彻《廉政准则》作为一项重要任务，明确职责，细化工作方案，狠抓工作落实，要全面把握《廉政准则》规定的8个方面禁止、52项不准的具体要求，查找、解决和防范涉及党员领导干部廉洁自律的突出问题，制定预防措施。各单位的纪检监察部门相继采取多种形式，组织本单位党员干部学习了《廉政准则》，并向驻文化部纪检组监察局、文化部直属机关纪委报告了学习情况。

（二）积极开展多种形式的教育

积极利用开展专题讲座、听报告会、参观展览等形式，开展学习教育活动。驻部纪检组监察局印发通知，组织党员干部观看反映王瑛同志事迹的电视连续剧《远山的红叶》和反腐倡廉教育片《党员干部必须清正廉洁》，收到了良好效果。一些单位还将组织观看的情况书面报告驻部纪检组监察局，在充分肯定此项教育活动的同时，建议将此类教育活动常态化。一些单位重新组织党员干部学习了《党内监督条例》、《党政领导干部选拔任用工作条例》、第十七届中央纪委第五次全会精神等，一些单位开展了向抗震救灾英模学习、向双百人物学习的活动。

（三）认真开展警示教育活动

在开展正面宣传教育的同时，注意以案说法，以案说纪，前车之鉴，警钟长鸣。4月，驻部纪检组监察局向各司局、各直属单位转发了中央纪委印发的《关于黄瑶、李堂堂、宋勇严重违纪违法案件的通报》，要求各部门、各单位组织领导班子认真学习，引以为戒，并结合学习《廉政准则》，查找领导班子中存在的廉政风险，制定切实可行的预防腐败措施。10月，部人事司和驻部纪检组监察局印发了《关于转发〈坚决刹住用人上的不正之风——关于12起违规违纪用人典型案件的通报〉的通知》，要求采取有效形式组织全体党员和处级以上干部认真学习，并将通报作为贯彻落实选拔任用干部监督制度的配套材料，列入各单位理论中心组学习的重要内容，组织专题学习讨论，充分发挥警示教育的作用。

（四）积极推动廉政文化建设

文化部作为廉政文化建设牵头单位，2010年坚持贯彻落实中央六部委《关于加强廉政文化建设的意见》，提倡开展廉政题材剧目的创作展演活动，扩大廉政文化的社会影响力。筹办廉政文物精华展，丰富廉政文化的形式和内容。组织编辑出版《中国廉政史鉴》和《廉政文化论集》，提高廉政文化的理论研究水平。

五、开展“反腐倡廉制度建设年”活动

4月8日，文化部党组召开了文化部反腐倡廉制度建设工作会议，明确将2010年定为文化部“反腐倡廉制度建设年”。蔡武部长在会上讲话时强调，要充分认识反腐倡廉制度建设的重要性和紧迫性，紧密结合工作实际，认真查找制度建设的漏洞和薄弱环节，建立健全各项规章制度，整体推进文化部反腐倡廉建设迈上一个新台阶。

反腐倡廉制度建设工作会议同时对开展“反腐倡廉制度建设年”活动作出部署，要求从排查廉政风险点构建制度防线、加强工程建设领域专项治理、加强干部人事工作、加强财务工作管理、完善文艺评奖评审制度、加强机关作风建设、加强反腐倡廉教育、加强监督、加强预防、加强惩治等10个方面加强反腐倡廉制度建设。4月13日，《中国纪检监察报》以《文化部“反腐倡廉建设年”活动拉开帷幕》为题，报道了文化部开展“反腐倡廉制度建设年”活动情况。

各单位认真贯彻落实文化部党组的要求，紧密结合单位工作实际，大力加强反腐倡廉制度建设，重在提高制度的执行力，取得明显成效。8月份，文化部党组向中央呈报了《文化部加强党风廉政建设，深入开展反腐倡廉制度建设年活动情况的报告》，得到中央领导同志的高度重视，贺国强、刘云山、刘延东、何勇等中央领导同志分别在报告上作出重要批示。贺国强批示：“文化部党组认真落实胡锦涛总书记重要讲话精神和中央反腐倡廉建设的各项部署，深入开展‘反腐倡廉制度建设年’活动，扎实推进文化系统惩防体系建设，取得了明显成效。这一做法很好，值得总结、借鉴。”刘云山批示“请认真学习国强同志批示，总结经验，再接再厉，扎实推进文化部系统的反腐倡廉制度建设。”刘延东批示：“请蔡武同志认真落实国强同志批示精神，紧密结合文化工作实际，牢牢抓住制度建设这一主线，把文化系统惩防体系建设提升到新水平。”何勇批示：“文化部党组和蔡武同志高度重视党风廉政建设和反腐败工作，大力推进反腐倡廉制度建设工作，制度建设成绩显著，对完善文化系统惩治和预防腐败体系建设有重大意义，为社会主义文化大发展大繁荣提供了坚强保障。”

8月23日，文化部党组印发了《关于贯彻落实贺国强、刘云山、刘延东、何勇同志重要批示的通知》，要求全国文化系统认真贯彻中央领导同志重要批示精神，进一步加大工作力度，推动反腐倡廉建设取得更大成效。

六、结合实际排查廉政风险

开展查找廉政风险点活动是文化部反腐倡廉制度建设年的一项主要工作。为扎实做好查找廉政风险点工作，驻部纪检组监察局制定了《文化部廉政风险排查及廉政风险防范机制建设工作实施方案》。

3月，按照文化部党组要求，驻文化部纪检组监察局向文化部各司局、各直属单位印发了《关于查找廉政风险点，制定预防措施的通知》，要求

各单位对本单位的工作进行认真梳理，尤其是对权力相对集中，涉及人事、财务、物资管理使用、行政审批、政府采购、基建工程、评奖评审等容易发生腐败问题的重点部门、重点岗位、重点环节进行认真排查，务必求真务实，保证不留死角。对查找出的廉政风险点，制定具体管用的制度措施，并抓好落实，逐步形成廉政风险防范体系。

为使廉政风险排查工作更加扎实有序，驻部纪检组监察局于4月份补充印发了《单位（部门）主要廉政风险点和防范措施统计表》，组织各单位结合廉政风险点查找情况认真如实填写。驻部纪检组监察局有关领导同志还带队对国家博物馆、中央文化管理干部学院、中央歌剧院、恭王府管理中心等单位查找廉政风险点的情况进行了调研检查。

此次集中查找廉政风险点工作共有13个机关司局、24个直属单位报送了查找廉政风险点工作的情况报告和廉政风险点统计表，共查找廉政风险点403个，涉及的主要廉政风险点分别是涉及干部选拔任用及人员招聘、职称评定等工作的52个，涉及财务管理的46个，涉及物品和设备采购的46个，涉及专项资金支出和使用的26个，涉及工程建设工作的25个，涉及项目评定和评奖的24个，涉及资产管理的18个，涉及行政审批和审核的15个，涉及大型活动的12个。

针对查找出的廉政风险点，多数单位按照预防为主，惩处为辅，纠建并举的原则，建立了预防控制措施。对已有的制度和规程，重新进行了梳理，并按需要进一步补充完善；对制度不全的廉政风险，从规范程序、设立权限、强化控制的角度，分别制定了防范措施。

七、开展多方面的监督工作

2010年，文化部纪检监察部门本着“加强监督是本职、疏于监督是失职、不善于监督是不称职”的理念，认真履行职责，加强监督检查，为文化事业顺利发展提供保证。

为进一步提高监督水平，沟通监督情况，强化监督意识，7月6日在山西太原召开了全国文化系统纪检监察监督工作会议，十几个省市文化厅局纪检监察机构介绍了开展监督检查工作的情况。李洪峰同志在会上做了讲话，总结了文化系统纪检监察监督工作经验，对进一步做好文化系统纪检监察监督工作提出了要求。

按照年初的工作安排，2010年，文化部纪检监察部门主要开展了以下监督工作：

（一）对贯彻落实十七届四中、五中全会精神和中央重大决策部署情况的监督

按照要求，向全国文化系统纪检监察部门转发了中央纪委《关于严明纪律保证青海玉树抗震救灾工作顺利进行的通知》，要求文化系统各级纪检监察部门以高度的政治责任感深入开展监督检查，严肃党纪政纪，保证中央抗震救灾各项决策部署的贯彻落实，为抗震救灾顺利进行提供有力保证。向全国文化系统纪检监察机构转发了中央纪委《关于认真学习贯彻中央新疆工作座谈会精神，努力推进新疆跨越式发展和长治久安的通知》，印发了《关于认真贯彻落实中央新疆工作座谈会精神，做好文化援疆监督检查工作的通知》，要求全国文化系统纪检监察部门切实履行职责，建立组织协调机制，加强监督检查，保证文化部文化援疆工作方案的落实，推动“春雨工程”、“文化遗产保护工程”高效、廉洁、顺利进行。驻文化部纪检组监察局还与新疆自治区文化厅纪检监察部门进行协商，研究建立了监督协调机制，加强文化援疆的监督工作。

坚决维护党的政治纪律，加强对党员干部遵守党的政治纪律的监督检查。对发现的文化部系统个别违反党的政治纪律的人员进行了教育转化，并将教育转化工作情况上报中央纪委。

（二）对领导班子的监督

通过参加各单位领导班子述职述廉考核，对各部门、各单位领导班子、领导干部遵守党的政治纪律、贯彻落实科学发展观、执行民主集中制等情况进行监督，对领导班子成员执行廉洁自律规定情况进行监督。通过参加各单位民主生活会，对领导班子及班子成员贯彻落实《廉政准则》，切实加强领导干部作风建设情况进行监督，对领导班子落实《党政领导干部选拔任用工作责任追究办法（试行）》、《党政领导干部选拔任用工作有关事项报告办法（试行）》、《地方党委常委会向全委会报告干部选拔任用工作并接受民主评议办法（试行）》、《市县党委书记履行干部选拔任用工作职责离任检查办法（试行）》等4项监督制度的执行情况进行监督。

（三）对干部选拔任用工作的监督

对文化部公务员考录和遴选、第12次和第13次处级干部竞争上岗、副司长竞争上岗等三项工作进行了全程监督。为拟选拔任用、任职试用期满转正的226名局处级干部签署了廉政意见，对有反映的问题进行了认真核实，并提出了处理意见。

（四）对重大文艺评奖评审活动的监督

对文化部主办的第九届中国艺术节参演剧目评选、第五届全国画院优秀作品展评选、第六届全国话剧优秀剧目展演评奖、第13届文华奖评选、第15届群星奖评选、文华奖表演奖评选、哈尔滨之夏音乐会暨第九届全国声乐比赛、2010年国家艺术院团优秀剧目展演评奖、2010年文化部科技创新项目主项评审、国家社科基金艺术学项目评审、第四批国家文化产业示范基地专家评审、2008～2009年度国家舞台艺术精品工程剧目终审验收、2009～2010年度舞台艺术精品工程剧目初评、第八届全国杂技（魔术）比赛、动漫游戏产业“走出去”扶持项目评审等16项活动进行了全程监督。

（五）对工程建设工作的监督

对国家博物馆改扩建计算机网络系统集成工程和中央大厅、学术报告厅等区域精装修工程招标等和国家图书馆总馆南区维修改造工程及行政楼内装修项目招标资格预审、国家图书馆一期维修改造热力工程招标商资格预审、泰国曼谷中国文化中心施工总承包招标、国家美术馆概念性方案设计资质预审工作、中国工艺美术馆·中国非物质文化遗产展示馆概念性建筑设计方案设计资格预审及现场踏勘等10个项目进行了监督。

12月，召开了文化部基本建设廉政工作会议，总结2010年文化部工程建设工作，查找了监督中发现的问题，对打造“廉洁工程”、“阳光工程”进一步提出了明确要求。

（六）对政府采购工作的监督

对2010年国庆主题图片展政府采购招标项目、文化部信息专网建设一期工程采购项目、全国文化市场技术监管系统一期开发建设、全国文化市场技术监管系统总体规划设计及标准规范编制、全国网络文化市场计算机监管平台软件初验专家评审及整体验收等5项工作进行了监督。

纪检监察监督工作的开展，为打造廉洁高效的工作环境和勤政廉政的工作作风发挥了积极的促进作用。在2010年中央纪委召开的落实《加强和改进派驻机构工作若干意见》座谈会上，部党组成员、驻部纪检组组长李洪峰应邀做了《我们是怎样认真履行监督职责的》重点发言，得到中央纪委领导和与会同志的充分肯定。

八、按照中央部署开展专项治理工作

2010年，文化部以重点带全面，稳步推进专项治理工作，较好地完成了中央、国务院和中央纪委部署的专项治理年度工作。

（一）深化工程建设领域突出问题专项治理

按照部党组制定的《文化部开展治理工程建设领域突出问题的工作方案》，对故宫修缮工程、柏林寺修缮工程、人民剧场改造工程等一些工程建设项目进行了重点检查。

（二）继续开展清理“小金库”、“整顿公司”等工作

巩固治理成果，加强整改落实，完善各项规章制度，建立防治“小金库”、规范管理办公司、治理商业贿赂的长效机制。对检查中发现的问题进行调查核实，向部党组提出了处理意见。

（三）开展庆典、研讨会、论坛过多过滥问题专项治理

按照中央纪委、监察部、财政部、国务院纠风办联合下发的关于对党政机关举办庆典、研讨会、论坛活动清理摸底的通知要求，以文化部办公厅名义起草下发了《关于对举办庆典、研讨会、论坛活动开展清理摸底的通知》，对文化部15个机关司局、国家文物局、32个直属企事业单位及95个部属社会团体共143个单位举办庆典、研讨会、论坛活动开展了清理摸底，各单位（部门、团体）共登记上报庆典、研讨会、论坛等活动148项。

（四）贯彻落实《关于领导干部报告个人有关事项的规定》和《关于对配偶子女均已移居国（境）外的国家工作人员加强管理的暂行规定》

组织文化部各级领导干部认真学习贯彻了《关于领导干部报告个人有关事项的规定》和《关于对配偶子女均已移居国（境）外的国家工作人员加强管理的暂行规定》两个规定，并完成了处级以上干部报告个人有关事项的登记工作。

（五）开展清理评比达标表彰工作

成立清理评比达标表彰活动领导小组，认真组织开展清理工作。文化部的评比、达标、表彰活动从最初的近百项，清理为45项；从45项又清理为15项；最后清理为8项，清理效果显著。3月，中央办公厅秘书局的领导同志就清理规范评比达标表彰工作来文化部调研，对文化部开展清理评比达标表彰活动取得的成效给予了肯定。

（六）继续开展治理公款出国（境）旅游工作

认真贯彻落实中办国办《关于制止党政干部公款出国（境）旅游的通知》要求，制定严控措施和规章制度，及时收集上报文化部因公出国（境）情况，严格控制党政干部出国（境）人数和次数，严禁超预算外事经费支出，巩固专项治理工作成果。

九、严肃查办各类违纪违法案件

认真受理信访举报，发挥查办案件的治本功能。截至11月末，驻部纪检组监察局共收到群众来信来访139件，其中，检举控告类138件，申诉类1件，署名举报38件。检举控告件中，涉及司局级及其以上干部99件，处级干部20件，科级干部9件，一般干部1件，其他8件。对上述信访举报件，驻部纪检组监察局均按规定进行了认真处理。对有具体线索的信访举报件进行了核查，共查办案件30件（含上年度遗留件8件），其中，核查23件，函询3件，诫勉谈话4件；已了结25件，正在核查5件；协助司法机关等有关部门调查处理案件5件。

纪检监察部门在严肃查处违纪违法案件的同时，本着惩前毖后、治病救人的方针，对调查核实确有问题但不构成违纪的，都向有关单位和个人通报情况，提出整改意见和建议，限期整改；对反映领导干部存在廉洁自律方面轻微违纪尚不够追究党纪政纪责任的问题，及时同被举报人进行诫勉谈话或进行函询；对经查属错告或诬告且在外界对当事人造成一定不良影响的，则在适当范围通报情况，及时澄清，消除影响，保护干部。

十、调研工作取得一定成绩

2010年，文化部纪检监察部门注意调研工作实效，推动全国文化系统党风廉政建设和反腐败工作深入开展。

按照文化部党风廉政建设工作安排，对文化部机关及部直属单位开展惩治和预防腐败体系建设工作进行了调研检查。驻文化部纪检组监察局全面总结文化部惩防体系建设工作情况，撰写了《关于文化系统惩治和预防腐败体系建设情况的调研报告》，从教育、制度、监督、改革、纠风、惩治等方面反映了文化系统惩防体系建设的基本情况，被中央纪委评为“全国纪检监察系统提高反腐倡廉建设科学化水平理论研讨优秀论文”。调研报告于11月在《中国纪检监察报》上发表。中央纪委有关领导看到文章后作出批示，对文化部加强惩防体系建设工作给予了肯定。

驻文化部纪检组监察局组织干部，分别对贵州、福建、山东等省文化系统开展廉政文化建设工作情况进行调研，撰写了《发挥文化部门优势，提升廉政文化建设科学化水平》的调研报告上报中央纪委，被中央纪委评为“全国纪检监察系统优秀调研报告”。

十一、加强纪检监察队伍建设

2010年，文化部纪检监察部门认真贯彻落实中央纪委监察部《关于进一步加强和改进纪检监察干部队伍建设的若干意见》，严格执行“严守政治纪律，禁止发表与党的路线方针政策和决定相违背的言论；严守工作纪律，禁止越权批办、催办或干预有关单位的案件处理、干部人事等事项；严守办案纪律，禁止以案谋私、违纪违法办案；严守保密纪律，禁止泄露信访举报内容、案件情况等秘密；严守廉政纪律，禁止利用职权和职务上的影响谋取不正当利益”的纪律规定，围绕“做党的忠诚卫士，当群众的贴心人”主题实践活动，不断加强组织建设、作风建设、制度建设和自身廉政建设。

积极开展创先争优活动。开展学习王瑛等纪检监察战线先进典型活动，把握新形势下纪检监察工作面临的新挑战，牢固树立科学发展理念，努力打造政治坚定、公正清廉、纪律严明、业务精通、作风优良的纪检监察干部队伍。

建设学习型党组织。贯彻落实部党组《关于推进文化部直属机关学习型党组织建设的实施方案》，认真学习政治理论，不断提高干部的政治理论素质。

加强内部制度建设。驻部纪检组监察局对几年来制定的内部制度进行清理、修订、补充、完善，编辑成《驻文化部纪检组监察局制度汇编》，人手一册，强化干部的制度意识和纪律意识。

积极安排干部参加中央纪委监察部和文化部组织的业务培训和基层挂职锻炼，开拓视野，增长才干，不断提高干部的工作能力和水平。

举办文化部纪检监察干部业务培训班，对文化部机关、部直属单位的专兼职纪检监察干部进行纪检监察业务培训。培训班上，李洪峰同志做了动员讲话，中央纪委有关部门领导同志分别做了学习宣传贯彻《廉政准则》和《行政监察法》若干问题的专题讲座。

文化党建

Party Building In Cultural Department

综 述

2010年，文化部直属机关各级党组织在部党组领导下，认真贯彻落实党的十七大和十七届四中、五中全会精神，按照部直属机关第八次党代会的部署，以创新的思路、务实的作风、积极的态度，扎实活跃地开展党建工作，为推动文化大发展大繁荣发挥了重要的保障作用，受到了刘云山、刘延东、李源潮等中央领导同志的充分肯定。

一、创先争优活动扎实开展

在基层党组织和广大党员中深入开展创先争优活动，是党中央作出的加强新形势下党的建设的一项重大部署。文化部高度重视，紧紧围绕文化工作大局，紧密结合文化工作实际，按照“坚持不懈抓学习，持之以恒抓典型，坚定不移抓基层”的思路，扎实推进创先争优活动。及时召开创先争优活动动员大会，印发了《关于在文化部直属机关基层党组织和党员中深入开展创先争优活动的实施方案》，对活动作出周密部署，明确活动的思路、任务和要求。

抓好对基层党组织创先争优活动的指导。指导各基层党组织健全组织机构，制定活动方案，设计活动载体，加强分类指导，广泛动员，普遍参与；发挥党建网站和党委工作简报的交流平台作用，开辟“创先争优活动”专题栏目，及时反映基层党组织和党员创先争优活动情况，推动活动深入开展。

加强对全国文化文物系统创先争优活动的行业指导。印发《关于在全国文化文物系统基层党组织和党员中深入开展创先争优活动的指导意见》，围绕“传承中华文明、发展先进文化、提高服务水平、加强基层组织”，要求全国文化文物系统各基层党组织结合单位实际和党员岗位特点，明确创先争优具体目标。加强对文化文物行政机关、艺术院团、公共文化服务机构等单位创先争优活动的指导，并对如何落实指导责任、加强督促检查等提出明确要求。召开全国文化系统创先争优活动推进会，推进创先争优活动在全国文化系统深入扎实开展。

集中开展主题党日活动。以“推进学习型党组织建设，积极投身创先争优活动”为主题，要求基层党组织和党员开展好主题党日活动，为创先争优活动进一步做好宣传、发动工作。

通过开展创先争优活动，部机关各司局在转变政府职能、改进工作作风、树立服务意识、提高工作效率等方面取得了明显成效；直属单位中的一些服务窗口单位，更新服务理念，拓展服务项目，发挥资源优势，提高服务水平，受到广泛好评；一些院团狠抓剧目创作、品牌推广、团队建设和公益演出，取得了经济效益、社会效益的双丰收；很多单位的党组织积极为群众办好事、办实事，为群众排忧解难，化解矛盾，不断提高推动科学发展、促进社会和谐的能力；在突发自然灾害面前，各级党组织精心组织广大党员和干部职工积极行动起来，发扬“一方有难，八方支援”的精神，为灾区人民奉献爱心。玉树地震和舟曲特大泥石流灾害发生后，部直属机关分别向灾区捐款1511万余元和310万元，充分发挥了党组织的战斗堡垒作用和党员的先锋模范作用。

通过扎实有效地开展创先争优活动，增强了各级党组织的凝聚力和感召力，提高了广大党员和职工的综合素质和工作积极性，有力地推动了各项工作的健康发展。刘延东在《文化部关于深入开展创先争优活动情况的专题报告》上批示：“文化部直属机关创先争优活动结合实际，主题鲜明，富有成效。望再接再厉，以党建促进文化工作上水平。”李源潮批示：“文化部系统‘创先争优’活动很有特点，请建华同志注意总结指导。”中央创先争优活动领导小组办公室简报第247期以《文化部扎实推进创先争优活动》为题，介绍了文化部创先争优活动的做法。

二、学习型党组织建设工作取得显著成效

制定《关于推进文化部直属机关学习型党组织建设的实施方案》。部党组中心组带头加强学习，结合文化发展和社会关注的重大问题，邀请专家授课，努力提高学习效果。部直属机关党委加强对部系统各级中心组学习的指导和督促检查，每月编发《中心组学习》参考资料，每季度公布学习计划，起到了很好的学习参考和示范作用。为及时推广在学习型党组织创建活动中涌现出来的先进集体和个人，召开文化部直属机关学习型党组织创建活动表彰大会，隆重表彰学习型党支

部37个、党员学习标兵18名、党员学习积极分子115名。举办“文化部学习型党组织和积极分子图片展”，许多直属单位专门组织党员干部前来参观，并结合表彰活动和图片展览，围绕推进学习型党组织建设和创先争优活动召开座谈会。此次表彰活动充分营造了比学习、比工作、比奉献和学先进、赶先进、当先进的良好氛围，调动了广大基层党组织和党员干事创业的热情和积极性。十几个部委的机关党委书记观看后，盛赞文化部的展览办得好，办得有水平。

很多司局和直属单位的党组织都结合本单位学习型党组织建设活动，开展了丰富多彩的学习读书活动，创建“周末论坛”、读书会等活动品牌，推动思想理论建设和队伍建设。广泛开展“先进文化、和谐文化、廉政文化”主题读书活动，举办读书报告会。组织“放飞青春梦想，高扬理想风帆”主题读书演讲比赛。开展读书征文和评奖活动，征文中的优秀作品将以《文化力量》为题结集出版。中央建设学习型党组织工作协调小组刊发简报，介绍文化部推进学习型党组织建设的做法和成效。

开展以学习型党组织建设为课题的调研，编发《文化部创建学习型党组织活动调查问卷》，2178名党员参加问卷调查，为下一步深入开展学习型党组织活动提供有价值的参考依据。部直属机关党委撰写的《文化部直属机关学习型党组织建设情况调研报告》，获得中央国家机关党建研究会2010年度调研课题二等奖。

三、成立全国文化系统党建研究会和思想政治工作研究会

为贯彻落实中国思想政治工作研究会第九次代表大会精神，加强文化系统党建研究工作和思想政治工作，9月在青岛召开了全国文化系统党建研究会和思想政治工作研究会成立大会。大会审议通过了《全国文化系统党的建设研究会暨思想政治工作研究会章程》，选举全国文化系统的80名党组织负责人为理事，选举产生了会长、副会长和秘书长。文化部党组高度重视，部党组书记、部长蔡武非常关心成立全国文化系统党建研究会和思想政治工作研究会，作出“精心组织，并隆重推出”的批示，对两个研究会的成立寄予了很高期望。两个研究会的成立在文化系统引起很好反响，为文化系统党建工作和思想政治工作搭建起新的平台，有利于进一步调动广大文化工作者积极性，为深化文化体制改革和推动文化建设凝聚人心、汇集力量。

四、高标准、高质量地完成党员集中培训年度任务

按照党的十七届四中全会的要求和文化部第八次党代会的部署，根据《中共文化部党组关于加强和改进党员教育培训工作的意见》，制定了在3年内完成中央提出的对党员普遍进行一次集中培训任务的具体安排。本着分级培训的原则，部直属机关党委举办6期培训班，分别培训新党员、基层党支部书记和在职党员近500人。部领导高度重视和支持党员培训工作，集中培训期间，7位部领导8次亲临授课，结合自身分管的业务工作为培训班做了主题报告，使学员们全面了解了文化工作面临的形势和任务，提高了对文化工作在经济社会发展中作用的认识，增强了做好文化工作的信心和自豪感。部直属机关党委专门编印了《文化部党员集中培训学习文件》和《文化部党员集中培训参考教材》，作为党员培训用书。李源潮批示：“两本教材编得都很好，共产党员读本很生动。”第三本培训教材《文化部党员集中培训报告汇编》也已编印，并作为2011年党员培训教材。

培训班根据不同班次、不同培训对象进行课程设计，突出了针对性，采用案例式、专题式、互动式等多种教学方式，通过专题报告、影像教学、情景教学、座谈交流、结业测试等灵活多样的培训形式，促使学员逐步提高自身的思考分析能力、解决具体问题的实践能力，突出了实效性。为基层党支部书记培训班增设党支部工作应知应会知识讲座，并安排了模拟支部大会的情景教学，现场模拟召开发展党员、换届选举、处分违纪党员和组织生活会等支部大会，并进行点评和讨论，使基层党支部书记在用科学的理论武装头脑的同时，不断提高实际工作能力和组织能力，受到了参训学员的好评。新党员培训班以党的基本理论、信念宗旨、端正动机作为重点内容，并安排了结业测试，对巩固培训效果起到了积极的作用，受到了学员们的欢迎和肯定。此次党员集中培训组织周密、内容丰富、形式新颖、成效明显，突出了文化部特点，受到参加培训的基层党组织和党员广泛好评，为今后更好地开展培训、切实提高培训效果积累了成功经验，得到中央国家机关工委的肯定，并在中央国家机关各部门机关党委组织部（处）长会议上作经验交流发言。

各单位党组织认真贯彻落实部党组的《实施方案》，精心设计，认真制定符合本单位实际的党员培训方案，并注意抓好组织实施，坚持质量第一，保证取得实效，23 个基层党委举办了党员培训班，培训党员 1801 名，圆满完成了 2010 年的党员培训任务。一些单位的党组织在开展政治理论学习的同时，紧紧围绕提升业务工作水平开展培训，邀请专家讲座，组织参观学习，提高开展业务工作的能力。通过举办党员培训班、组织党员参观革命遗址等方式，教育党员坚定理想信念，增强党员意识，发挥先锋模范作用。引导党员艺术家深入生活，深入社会，关注社会弱势群体，强化紧密联系群众、为广大人民群众创作优秀艺术作品的意识。一些单位的党组织专门举办了党支部书记培训班，提高党支部书记开展支部工作的能力和水平。

五、进一步加强党的基层组织建设

以学习贯彻《中国共产党党和国家机关基层组织工作条例》为契机，进一步夯实党的基层组织。针对机关和直属单位基层组织的实际情况，加强分类指导。外联局、离退休干部局和中国艺术研究院等 3 个直属党委，社会文化司、全国文化信息资源建设管理中心党支部完成换届选举工作，另有 4 个直属党委、2 个直属党支部进行了委员或副书记的增补。积极慎重地做好组织发展工作，发挥“文化部网上党校”灵活便捷的优势，坚持抓好入党培训，确保发展质量。在做好入党前培训的基础上，全年各司局和直属单位共发展新党员 90 人。截至 12 月 31 日，文化部直属机关共有党员 7404 名，基层党委 9 个、党总支 8 个、党支部 328 个。

六、加强统战和群众工作，进一步发挥群众组织的桥梁纽带作用

关心统战对象的思想、工作和学习，加强教育引导，选派文化部直属机关党外人士参加中央统战部、中央国家机关工委统战部举办的党外人士培训班和考察团。召开共青团文化部直属机关第 13 次代表大会，选举产生新一届部直属机关团委，明确了未来几年共青团工作的指导思想和工作思路。召开文化部青联第二届五次全会，增补 20 名青联委员，向中央国家机关推荐青联委员 18 名，使青联工作覆盖面进一步扩大。积极开展为新疆生产建设兵团募集并赠送图书、志愿者活动，以“弘扬正气、勤政廉政”为主题的青年硬笔书法比赛紧贴工作、寓教于乐，取得了超过预期的良好效果。

召开文化部直属机关工会第五次代表大会，选举产生新一届部直属机关工会委员会。时隔 18 年，成功举办了文化部直属机关第二届职工运动会，29 个单位的 1054 名运动员参加了 56 个项目的比赛，活跃了职工的文体生活，为干部职工创造了健康向上、团结奋进的氛围，有效地提高了党建和群众工作的凝聚力和感召力，增强了单位的团队精神和向心力，起到了凝聚人心、鼓舞干劲的作用。联合中国教科文卫体工会举办全国文化系统职工民主管理工作经验交流会。积极开展“送温暖”、“阳光助学”等活动，把党和各级组织的关怀送到困难职工心中。积极组织为艺术司邓林同志捐款，在一周时间内捐款 14.5 万多元，充分表现了文化部机关的人文关怀精神。

七、加强反腐倡廉建设，党风廉政建设和反腐败工作取得新成效

加大反腐倡廉教育工作力度，采取多种形式和手段，开展以学习贯彻《中国共产党党员领导干部廉洁从政若干准则》为主要内容的反腐倡廉教育。利用文化部直属机关一起领导干部违法违纪案件，开展教育活动。积极参与工程建设领域突出问题专项治理工作，配合职能司局对有关单位剧场改扩建工程和办公楼装修改造项目进行监督检查。监督检查党政领导干部选拔任用工作，共为 12 名拟选拔任用和 56 名拟转正的处级领导干部签署廉政意见。利用现代网络技术，拓宽案件线索来源渠道，发挥网上举报功能。办结信访举报 65 件次。

专　题

全国文化系统党的建设研究会暨思想政治工作研究会成立

为扎实开展学习型党组织建设，搭建全国文

化战线党建工作和思想政治工作的理论研究及经验交流平台，促进文化系统在新形势下更好地开展党建工作和思想政治工作，更加有力地推动文化建设和文化体制改革，9月5日，全国文化系统党的建设研究会暨思想政治工作研究会在山东青岛成立。文化部党组书记、部长蔡武非常重视和关心研究会的筹备工作，对研究会的成立寄予了很高期望。

文化部党组成员、中央纪委驻部纪检组组长、部直属机关党委书记李洪峰出席成立大会并讲话。全国党建研究会副秘书长李平安、中央国家机关工委党建研究会会长张德成等出席并致词。中国思想政治工作研究会发来贺信。

李洪峰在讲话中指出，全国文化系统党的建设研究会暨思想政治工作研究会的成立是文化系统政治生活中的一件大事，标志着文化系统党的建设和思想政治工作搭建了新平台，迈出了新步伐。2010年以来，党中央及中央领导同志关于文化建设有一系列非常重要的讲话、指示和部署。学习贯彻好这些重要讲话精神和中央关于文化建设的一系列重大部署，增强全国文化系统广大干部职工做好文化工作的责任感和使命感，关键在于加强和改进党的建设和思想政治工作，把广大干部职工的思想和行动更好地统一到中央精神上来，充分发挥各级党组织的战斗堡垒作用和广大党员干部的先锋模范作用。全国文化系统党的建设研究会暨思想政治工作研究会的成立，对于贯彻落实中央领导同志的重要讲话精神，推进文化系统党建研究工作和思想政治工作，最大限度地调动广大文化工作者的积极性，深化文化体制改革，为文化建设凝聚人心、汇聚力量具有非常重要的意义。

李洪峰强调，做好文化系统党建研究工作和思想政治工作是适应新形势发展的需要，是应对现代科技发展的需要，是提高党的执政能力的需要，是建设一支高素质干部队伍的需要。要提高认识，增强做好党建研究工作和思想政治工作的责任感和使命感，把握重点，以改革创新精神做好党建研究工作和思想政治工作。要坚持用马克思主义中国化最新理论成果武装头脑；坚持围绕中心、服务大局，为文化建设服务；坚持以人为本、服务群众，着力在服务基层上下工夫；坚持解放思想、实事求是，用新的文化发展理念指导工作实践。要加强自身建设，不断提升党建研究工作和思想政治工作的水平；加强学习，不断提高队伍素质；围绕中心工作，深入调查研究；加强信息交流，促进研究成果转化，力争取得一批高质量的研究成果，不断推进文化系统党的建设和思想政治工作，为文化大发展大繁荣作出更大的贡献。

大会审议通过了《全国文化系统党的建设研究会暨思想政治工作研究会章程》，选举李洪峰为会长，董保华、杨建昆、张雅芳、张建康、詹福瑞、黄振春、严凤琦、雷喜宁、李鸿英、施爱茹、刘建、陈月玲、杨甫念、辛高锁、彭英15人为副会长，选举张雅芳兼任秘书长，并通过了80人的理事名单。

全国文化系统党的建设研究会暨思想政治工作研究会章程

（2010年9月5日第一次会员大会通过）

第一章　总　则

第一条　全国文化系统党的建设研究会暨思想政治工作研究会在文化部党组指导下，组织和推动全国文化系统开展党的建设和思想政治工作理论与实践的研究，为加强和改进文化系统党的建设和思想政治工作服务，为推动社会主义文化大发展大繁荣服务。

第二条　本会以马克思列宁主义、毛泽东思想、邓小平理论和“三个代表”重要思想为指导，全面贯彻落实科学发展观，坚持党的基本路线，坚持理论联系实际，坚持解放思想，实事求是，与时俱进，以提高党的执政能力为重点，以保持和发展党的先进性为主题，紧密结合全国文化系统党建工作实际和干部职工思想状况，开展党的建设和思想政治工作研究。

第三条　坚持服务中心，面向基层，坚持“二为”方向和“双百”方针，研究活动以基层为主，研究课题以当前为主，把全国文化系统党的建设和思想政治工作的焦点、热点、难点问题作为研究的重点，积极提出对策性建议。

第二章　主要任务

第四条　宣传党中央关于党的建设和思想

政治工作的决定、党的最新理论成果，在全国文化系统范围内，组织会员就加强和改进新时期党的建设和思想政治工作进行调查研究和理论研讨。

第五条　搭建党的建设和思想政治工作方面的信息平台，总结交流专题调研和课题研究工作的经验，推广优秀研究成果，加强会员之间的沟通和联系，做好论文出版编印工作。

第六条　推荐、评选和奖励在党的建设和思想政治工作研究方面做出显著成绩的单位和个人，评选和奖励优秀研究成果。向上级机关和有关部门推荐、介绍本会的研究成果。

第七条　积极为全国文化系统党组织做好党的建设和思想政治工作提供咨询服务以及合理化建议，反映文化工作者的意见、要求和建议，当好参谋和助手，发挥好“思想库”和“智囊团”的作用。

第八条　组织召开全国文化系统党的建设研究会暨思想政治工作研究会全国性会议；协同会员单位召开地区性会议。

第九条　承办上级组织交办的其他事宜。

第三章　会　员

第十条　本会吸收团体会员。以下单位凡承认本会章程，自愿申请，均可作为团体会员加入本会。

（一）省、自治区、直辖市文化厅（局）机关党委；

（二）计划单列市，省、自治区政府驻地城市文化局机关党委；

（三）文化部机关各司局、各直属单位党委（总支、支部），国家文物局直属机关党委。

第四章 会员的权利和义务

第十一条　会员享有以下权利：

（一）在本会内有选举权、被选举权；

（二）参加本会组织的课题研究、专题调研、考察、培训、会议和交流研讨等活动；

（三）获得本会印发的研究资料；

（四）检查和监督理事会的工作，提出批评和建议；

（五）退会自由。

第十二条　会员应履行以下义务：

（一）自觉遵守本会章程，认真执行本会作出的各项决定；

（二）积极参加本会组织的活动，承担和完成本会委托的调研任务和其他任务；

（三）积极主动地开展专题调查研究工作，并组织和推动基层开展党的建设及思想政治工作课题研究和调研活动；

（四）向本会报告工作情况，介绍工作经验，提交和推荐研究成果，反映基层研究信息；

（五）维护本会声誉，宣传本会宗旨。

第五章　组织机构

第十三条　本会最高领导机构是会员大会，一般每5年召开一次，特殊情况可提前或延期，会员超过半数即可召开。其职权是：

（一）审议通过或修订本会章程；

（二）听取和审议理事会的工作报告，讨论和决定本会重大和重要问题；

（三）决定理事会理事组成，调整或增选理事会成员；

（四）审议本会其他重大事项。

第十四条　本会的执行机构为理事会。理事会成员由文化部直属机关党委提名，会员大会通过，任期5年。一般每年召开一次理事会，理事超过半数即可召开，也可根据工作需要不定期召开。理事会的职责是：

（一）贯彻落实会员大会的决议；

（二）讨论和决定本会的工作安排和研究活动计划；

（三）讨论会员提出的意见、建议；

（四）推选本会的会长、副会长、秘书长人选；

（五）讨论决定奖励、表彰及其他重要事宜。

第十五条　理事会秘书处设在文化部直属机关党委，由秘书长主持日常工作。

第十六条　本会设会长一人，副会长若干人，秘书长一人。以上人选由文化部直属机关党委提名，理事会协商产生。

第十七条　会长行使下列职权：

（一）召集和主持会员大会、理事会会议；

（二）检查会员代表大会、理事会决议的落实情况；

（三）签署有关重要文件。

第十八条　副会长行使下列职权：

（一）协助会长工作；

（二）受会长委托代理执行会长工作。

第十九条　秘书长行使下列职权：

（一）主持、处理理事会日常工作；

（二）向会长、副会长报告工作。

第二十条　会长、副会长、秘书长、理事人选调离或不再负责思想政治工作和党建研究工作的，其会长、副会长、秘书长、理事职务自行免除，增补理事由原理事所在单位另推荐人选。

第六章　经　费

第二十一条　本会经费来源：财政支持；会员自愿交纳；社会捐赠等。

第七章　附　则

第二十二条　本章程由理事会负责解释。

全国文化系统党的建设研究会暨思想政治工作研究会会长、副会长、秘书长及理事名单

会　长：

李洪峰　文化部党组成员、中纪委驻部纪检组组长、部直属机关党委书记

副会长：

董保华　国家文物局党组成员、副局长、局直属机关党委书记

杨建昆　文化部办公厅主任、党总支书记

张雅芳　文化部直属机关党委常务副书记

张建康　文化部机关服务局局长、党委书记

詹福瑞　国家图书馆党委书记、常务副馆长

黄振春　国家博物馆党委书记

严凤琦　中国国家话剧院党委书记

雷喜宁　中国儿童艺术剧院党委书记

李鸿英　内蒙古自治区文化厅副巡视员

施爱茹　天津市文化广播影视局副巡视员

刘　建　上海市文广影视管理局党委副书记、纪委书记

陈月玲　河南省文化厅纪检组长、厅直党委书记

杨甫念　湖北省文化厅党组成员、副厅长

辛高锁　西藏自治区文化厅党组成员、副厅长

彭　英　陕西省文化厅机关党委书记

秘书长：

张雅芳　文化部直属机关党委常务副书记

理　事：

李洪峰　文化部党组成员、中纪委驻部纪检组组长、部直属机关党委书记

董保华　国家文物局党组成员、副局长、局直属机关党委书记

杨建昆　文化部办公厅主任、党总支书记

韩永进　文化部政策法规司司长、党支部书记

胡清怡　文化部人事司副巡视员、党支部副书记

赵　雯　文化部财务司司长、党支部书记

董　伟　文化部艺术司司长、党支部书记

于　平　文化部文化科技司司长、党支部书记

庹祖海　文化部文化市场司副司长、党支部书记

李小磊　文化部文化产业司副司长、党支部书记

于　群　文化部社会文化司司长、党支部书记

马文辉　文化部非物质文化遗产司司长、党支部书记

侯湘华　文化部对外文化联络局（港澳台办）党委书记

张雅芳　文化部直属机关党委常务副书记

张申康　文化部直属机关党委副书记、纪委书记

秦建业　驻部纪检组副组长、监察局局长、党支部书记

张理萌　文化部离退休干部局局长、党委书记

张建康　文化部机关服务局局长、党委书记

张庆善　中国艺术研究院党委书记、副院长

詹福瑞　国家图书馆党委书记、常务副馆长

黄振春　国家博物馆党委书记

王亚民　故宫博物院副院长

金一伟　中央文化管理干部学院党委书记

呼世安　中国文化传媒集团有限公司党委书记

刘孝华　国家京剧院党委书记

严凤琦　中国国家话剧院党委书记

董天恒　中国歌剧舞剧院党委书记

黄西岭　中国东方演艺集团有限公司党委书记

田军利　中国交响乐团党委书记

雷喜宁　中国儿童艺术剧院党委书记

柏玉华　中央歌剧院党委书记
庄正华　中央芭蕾舞团党委书记
刘中军　中央民族乐团党委书记
殷　福　中国美术馆党委书记
解永全　中国国家画院副院长、党总支书记
孙晓红　中国对外文化集团公司党委书记、副董事长
姚　涵　中国录音录像出版总社党委副书记
李　扬　中国动漫集团有限公司党委书记、副董事长
王永章　文化部恭王府管理中心党委书记
王　庆　文化部文化艺术人才中心党委书记
白永新　文化部离退休人员服务中心党委书记
胡　克　文化部艺术服务中心主任、党支部书记
马小林　国家清史纂修办公室副主任、党支部书记
吕　军　中外文化交流中心主任、党支部书记
李　松　文化部民族民间文艺发展中心主任、党支部书记
白国庆　中国艺术科技研究所所长、党支部书记
崔建飞　文化部全国文化信息资源建设管理中心副主任、党支部书记
刘占文　梅兰芳纪念馆馆长
吴秀泉　北京市文化局机关党委专职副书记
施爱茹　天津市文化广播影视局副巡视员
张阿伶　河北省文化厅机关党委专职副书记
成霄冬　山西省文化厅机关党委专职副书记
李鸿英　内蒙古自治区文化厅副巡视员
袁国华　辽宁省文化厅机关党委专职副书记
蒋冬肖　吉林省文化厅机关党委书记
卞　玲　黑龙江省文化厅机关党委专职副书记
刘　建　上海市文广影视管理局党委副书记、纪委书记
沙夕九　江苏省文化厅机关党委专职副书记
叶丽雅　浙江省文化厅机关党委专职副书记
王爱华　安徽省文化厅机关党委专职副书记
刘联荣　福建省文化厅机关党委专职副书记
吴水弟　江西省文化厅机关党委专职副书记
司兆德　山东省文化厅机关党委专职副书记
陈月玲　河南省文化厅纪检组长、厅直党委书记
杨甫念　湖北省文化厅党组成员、副厅长
刘俭旺　湖南省文化厅机关党委专职副书记
陈小明　广东省文化厅机关党委专职副书记
王　辉　海南省文化广电出版体育厅机关党委调研员
李球健　广西壮族自治区文化厅机关党委专职副书记
江卫宁　重庆市文化广播电视局组织处处长
林　彤　四川省文化厅机关党委专职副书记
何　洪　贵州省文化厅直属机关党委专职副书记
杜文辉　云南省文化厅机关党委专职副书记
辛高锁　西藏自治区文化厅党组成员、副厅长
彭　英　陕西省文化厅机关党委书记
强科智　甘肃省文化厅机关党委专职副书记
余义生　青海省文化新闻出版厅机关党委副书记
郭虎林　宁夏回族自治区文化厅机关党委专职副书记
李　勇　新疆区文化厅机关党委专职副书记
彭汝军　新疆兵团文广局机关党委专职副书记

部属单位概况

Subordinate Unit Profiles

中国艺术研究院

2010年，中国艺术研究院坚持以人为本，以艺术科研为中心，以人才队伍建设为基础，形成了艺术科研、艺术教育和艺术创作三足鼎立的发展格局，进一步发挥我院作为全国一流、世界知名的艺术科研中心、艺术教育中心和国际艺术交流中心的重要作用和影响力度。

一、坚持知识创新、学术创新和理论创新，全面推进学术发展

（一）重要课题进展情况

2010年，中国艺术研究院承担的研究课题和科研任务进展顺利，成果丰硕。其中，国家课题《昆曲艺术大典》已进入出版阶段；《京剧艺术大典》通过初审；国家社科基金艺术学项目重点课题《昆曲口述史》基本完成调研工作；国家社科基金重大项目《提高我国文化软实力研究》、国家艺术科学基金决策项目《中国国家文化安全》课题顺利展开；科技部国家软科学研究项目《提升国家文化软实力的战略与策略》已结项，国家年度重点课题《中国现代学术思想史》、《中国当代社会变迁与传统手工技艺的保护和发展》即将结题；文化部委托课题《中国廉政史鉴》即将出版；《中国戏曲音像资料库》已完成湖南、湖北、河南、山西12个剧种15个珍稀剧目的录制，填补了剧种资料的空白；《中国传统节日决策咨询报告》进入结项程序、《中国艺术学大系》、《中国传统建筑营造技艺三维数据库》、《中国现代舞历史发展研究》、《中国近代戏曲论著集成》、《音乐类非物质文化遗产保护的理论与实践研究》课题等项目进展顺利；《改革开放30年著名文艺家口述实录与研究》课题中的“文学家卷”、《中国艺术学大系》子课题《中国马克思主义艺术理论发展史》、《当代影视热点问题研究》子课题《如何建构科学健康的影视评价标准》、《中国艺术科学大典》之《中国舞蹈史》、《中国舞蹈学》已完稿；完成文化部委托的《全国艺术科学“十一五”研究状况及“十二五”发展趋势调研报告》。

（二）重要学术成果出版情况

《西安鼓乐全书》、《中国传统节日》、《第二届世界儒学大会学术论文集》、《数字化时代文化遗产的保护和展现——中美文化论坛文集》、《李元庆纪念文集》、《琴弦六十年论文集》、《红楼梦大辞典（增订版）》、《甲子归哺——资华筠舞蹈生涯60年文集》、《2009中国建筑艺术年鉴》、《中国戏曲理论的本体与回归——2009中国戏曲理论国际学术研讨会论文集》、《中国手工艺的文化变迁》、《彝人·彝腔·彝剧——首届彝剧国际学术研讨会论文集》、《中国国粹艺术·舞蹈卷》、《非物质文化遗产学》、《从遗产到资源——西部人文资源研究报告》等学术成果陆续出版。

（三）课题立项情况

《当代昆曲导演艺术论》等12项课题获“2010年度国家社科基金艺术学项目”立项，《中国古代雅乐的传承与发展研究》等5项课题获“2010年度文化部文化艺术科学研究项目”立项，2项课题获“2010年度文化部决策咨询项目”立项；《民营电影业战略发展与实践研究》获2010年国家广电总局社科研究项目立项。

（四）重要学术交流研讨活动

由中国艺术研究院、韩国韩中文化艺术FORUM和四川省文化厅主办的“首届亚洲文化艺术界高层学术论坛”在成都举行。本次论坛的总议题为：亚洲文化艺术传统及其在当代的意义。本届论坛的举办加强了亚洲文化艺术界更为深入的合作。

由中国艺术研究院、欧盟文化中心合作组织和上海世博会事务协调局主办的“第三届中欧文化对话”在上海举行。来自中国和欧盟成员国的50余位学者和相关机构人士，就“城市与文化多样性”、“文化与生态文明”、“中欧艺术界的相互理解与认知”、“中欧艺术现状：挑战与创新”4个议题进行讨论。

由中国艺术研究院及中华文化联谊会、河南省安阳市政府、台湾文化总会联合主办的首届“两岸汉字艺术节”在北京与河南安阳举办。

与山东省文化厅、孔子研究院等单位联合承办了“第三届世界儒学大会”。来自中国、日本、韩国、美国、澳大利亚及港澳台等16个国家和地区、86个儒学研究机构的200多位专家学者、各界人士参加了会议。

由中国艺术研究院承办的第二届“中美文化

论坛”在美国加利福尼亚大学伯克利分校举行。由造诣深厚的专家、学者组成的“中方专家代表团”与美国学者进行了大会主题发言及分组讨论，并赴芝加哥、纽约的高校进行学术交流。此次论坛在第一届论坛的基础上有了新的开拓，扩大了中美文化界的共识。

由中国艺术研究院同中央电视台、中央人民广播电视台、中国音乐家协会主办的“唱响中国——群众最喜爱的新创作歌曲征集评选活动”顺利进行。

中国艺术研究院举办的其他学术活动还有：“中国入选联合国教科文组织非物质文化遗产名录项目保护论坛”、“留住手工技艺——现代化进程中传统工艺美术保护论坛”、“ 2010 鲁迅论坛”、“首届两岸汉字艺术节座谈会”、“2010 中国艺术人类学学术会议”、“第五届王国维戏曲论文奖评审”、“全国红楼梦学术研讨会”、“第三届中国曲艺团长高峰（扬州）论坛”、“中国嘉陵江灯戏艺术节暨中国灯戏·南充论坛”、“生命为鼓乐燃烧——《西安鼓乐全书》出版座谈会”、“西部人文资源研究丛书首发式暨费孝通学术思想研讨会”、“惠新讲坛系列活动”、“学术规范与学术道德重建研讨会”等。

在第三批《国家珍贵古籍名录》评审中，中国艺术研究院收藏的3种古籍入选，连续三次申报成功充分展现出我院馆藏古籍善本的文化价值。

（五）推动科研发展的重要举措

为提高中国艺术研究院的学术地位，根据国家人事制度改革的相关精神，对在科研、创作、教学领域作出突出贡献，并在国内外文化艺术领域公认的具有较大影响力的专家实行终身研究员制度，已聘任郭汉城、周汝昌、冯其庸、李希凡、资华筠、范曾、刘梦溪等7位著名学者为终身研究员。

二、加强人才培养，实现资源共享，促进艺术教育发展

中国艺术研究院既是艺术科研、创作机构，又是艺术教育机构，是经国务院学位委员会评审通过的全国第一家艺术学一级学科单位，有8个博士点、9个硕士点及博士后流动站，是目前我国艺术学科最全的单位。

2010 年，报考中国艺术研究院硕士研究生人数 572 人，为历年最多，录取 123 人；博士研究生报名人数 492 人，录取 58 人，是录取人数最多的一年，报考与录取人数比例达 8.5：1，录取台湾地区博士研究生3名，外国留学生7人。招收访问学者学员 17 人，课程进修班学员 39 人。接收中组部 2010 年“西部之光”访问学者1人。2010 年度2名博士后出站，截至 2010 年共招收博士后 17 人，出站8人。举办了 2010 级（新疆）非物质文化遗产保护培训班。

三、推动艺术创作，繁荣文化艺术，打造文化精品

中国艺术研究院始终关注中国当代艺术的发展动向和最新思潮，主办的“台湾艺术新世代”、“我的青春我做主——2010 巨人杯当代艺术院校大学生年度提名展”、“中国风度——田黎明、江宏伟、陈平、张见四人展”等活动为艺术家提供了展示平台和国际推广平台，特别是展现了中青年艺术家的创造力。由院中国艺术研究推广中心策划的中国艺术数字化推广平台是世界第一部数字立体美术史文献库，是中国第一部提供科研、教育远程共享的多媒体美术史平台，目前已经达到编辑校对相关图书的纸本及电子出版的工作阶段。

中国艺术研究院中国书法院主办了“汉字之美——中国书法展”、“中韩书法 30 家作品展”、“第二届全国中青年名家百人艺术书法大展”、“中国书法院教学成果汇报展”、“第五届研究生课程班暨高研班结业作品展”等展览；推出《2009 年中国书法年度报告》。

中国艺术研究院中国画院参加全国大型美展4次，有 20 余幅作品入选各类奖项；举办了“时代心象——中国艺术研究院中国画院第二届院展”、“青瓷新韵——中国画名家画瓷的系列活动”。2010 年，中国画院第四届课程班 80 余名学员毕业，课程班共培养了300 余名优秀的中国画后备人才。

中国艺术研究院中国雕塑院参与主办了“新中国城市雕塑建设成就展”、“江西名人雕塑园建设方案征集大奖赛”、“滑田友奖·淮阴中国母爱主题雕塑大赛”、“中国青年雕塑家创作中心成立仪式暨 2010 中国青年雕塑家创作中心作品邀请展”等展览。

中国艺术研究院中国篆刻艺术院承办了“人

类非物质文化遗产代表作——中国篆刻艺术精品展”、“首届两岸汉字艺术节——雅尚·汉字翰墨千秋书法篆刻展”及“乐活·汉字汉字创意生活展”；连续三年举办了篆刻艺术研究生班及访问学者毕业创作展。

中国艺术研究院中国油画院主办或承办了“归国十年”、“回到写生”、“面对原典”、“寻源问道——中国油画院特邀艺术家联展北京·鄂尔多斯”、“中国油画院2010届油画研修班作品展”等。

中国艺术研究院艺术创作研究中心策划组织了“2010年法蓝瓷杯陶瓷设计大赛”、“中国陶瓷艺术五人展”，“日用即道——2010国际漆艺展暨漆艺研讨会”，还举办了包括李岗“气象万千、水墨梨园”戏画展、“郑光旭油画写生展”、“洪潮山水画展”等多个展览，并在陶瓷、数字、书画、漆艺创作方面取得显著成绩。

中国艺术研究院中国工艺美术馆举办了“中国当代工艺美术学术巡展——浙江工艺美术展”。

四、完善工作机制、拓宽交流渠道，努力开创非物质文化遗产保护工作新局面

5月，在中国艺术研究院举办了亚太地区非物质文化遗产国际培训中心（以下简称“亚太中心”）揭牌仪式。亚太中心的建立充分体现了国际社会对中国开展非物质文化遗产保护工作中取得的成果的充分认可。

由文化部主办，文化部非物质文化遗产司、中国艺术研究院承办了“巧夺天工——中国非物质文化遗产百名工艺美术大师技艺大展”及“留住手工技艺——现代化进程中传统工艺美术保护论坛”。此次活动是2010年第五个“文化遗产日”期间重要的活动之一，以“非遗保护·人人参与”为主题，汇聚了百名来自全国各地非物质文化遗产传承人、工艺美术大师，范围涉及全国23个省（区、市）。

由文化部和国家民委主办，文化部非物质文化遗产司和中国艺术研究院承办的“全国少数民族非物质文化遗产项目调演”，汇聚了全国20个省（区、市）的2000余名少数民族非物质文化遗产传承人及民间艺人，涉及20个少数民族。

中国艺术研究院协助文化部非遗司，参与第三批国家级非物质文化遗产名录申报材料及简介的整理工作及完成第三批国家级非物质文化遗产名录的评审组织工作。开展申报2011年“人类非物质文化遗产代表作名录”、“急需保护的非物质文化遗产名录”各项组织工作，撰写《中国“人类非物质文化遗产代表作名录”》，履行《保护非物质文化遗产公约》情况的报告，及国家级非物质文化遗产项目《贵州苗寨吊脚楼营造技艺、苏州香山帮营造技艺调研与保护规划文本》、《青海塔尔寺酥油花制作技艺保护规划》。积极推动并参与文化生态保护实验区的建设工作。举办了“中国非物质文化遗产国家级传承人培训班”、“中国少数民族地区非物质文化遗产保护工作培训班”等。

参与主办或承办了“人类非物质文化遗产代表作——中国篆刻艺术精品展”、“第三届中国畲族民歌艺术节”、“第五届（东阳）木雕竹编工艺美术博览会”、“中国·韩城‘司马迁杯’首届全国锣鼓大赛”、“第三届中国花鼓灯歌舞节”、“龙泉撤县设市二十周年庆祝大会暨第五届中国龙泉青瓷·龙泉宝剑节”等活动，并联合宝马中国和华晨宝马举办了“2010BMW中国文化之旅”，为营造全社会参与非物质文化遗产保护的良好氛围，发挥了重要作用。

完成文化部“十二五”重大信息化项目《非物质文化遗产数字化工程项目建议书》编制工作。

抓紧展开中国工艺美术馆（中国非物质文化遗产展示馆）基建的筹备，成立工程领导小组，完成项目建议书。目前已进入设计阶段。

五、坚持正确导向，提高学术品格，继续办好出版和学术刊物

2010年，中国艺术研究院文化艺术出版社共出版图书500余种，造货码洋约6000万元，在生产规模、出版总量、发行总量上获得历史性突破，出版品种增长45%，入库码洋比上年增长36%，发货码洋比上年增长14.5%。《齐白石全集》、《首届两岸汉字艺术节丛书》、《名画深度解读》、《中国舞蹈大辞典》、《红楼梦大辞典》（增订本）等取得了良好的社会效益、经济效益。文化艺术出版社正积极稳妥地推进转企改制工作。

《文艺研究》注重学理学术学风的严谨，取得了积极的学术反响，有的栏目甚至成为当下学术批评的旗帜。举办了“世界华语电影：诗学·文化·产业”、“回顾与展望——三十年来文艺学跨学科研究学术研讨会”、“美学与文化生态建设国际论坛”、“首届全国文艺学美学青年学者论坛”等学术活动。

《美术观察》切合美术界热点问题，展开“中国美术观”大讨论，主办了“艺舟双楫——《美术观察》同仁作品展”、“中国美术观·重庆论坛（2010）”、“艺术兴学——高等艺术教育现状与未来”等论坛。

《中国摄影家》举办了“凤凰涅槃——中外摄影家看唐山摄影展览及学术研讨活动”、“中外百名摄影家看大庆暨第二届国际野生动物摄影高端论坛”、“中国摄影家四季国际摄影周”，“中国具有影响力摄影家（2008～2009年度）评选活动”，策划了“中国摄影家大PK”活动。

《艺术评论》杂志保持严肃的学术期刊性质，继续关注青年艺术家和当代文艺现象，策划了“新世纪艺术十年·走进高校”的大型专题和系列活动。

《红楼梦学刊》、《中国音乐学》、《戏曲研究》、《文艺理论与批评》、《中国文化》、《中华文化画报》等刊物积极提高书刊质量，在弘扬学术及经济效益方面取得好成绩。

六、树立新理念，明确新思路，对外文化和学术交流成效显著

中国艺术研究院积极开展对外文化艺术和学术交流，通过举办首届“两岸汉字艺术节”、“首届亚洲文化艺术界高层学术论坛”、“第三届中欧文化对话”、“第三届世界儒学大会”、第二届“中美文化论坛”、“汉字之美——中国书法展”等大型国际会议、展览、论坛、讲座，为推动中华文化“走出去”作出了贡献。

2010年，进一步做好国家外国专家局引智项目“世界前沿艺术论坛”和文教专家项目，本年度共邀请法国里昂美术馆馆长茜勒薇·哈蒙女士，英国皇家艺术学院终生院士、台湾现代画学会创立人、理事长、台北艺术联谊会会长陈正雄先生以及来自美国、俄罗斯、新加坡、瑞典、日本等国家的10余位专家来院讲学。

一年来，中国艺术研究院接待国外来访19个团组260多人次，组织专家学者出访近70个团组（含赴）交流100多人次赴海外及港澳台进行学术交流。

故宫博物院

2010年，故宫博物院在文化部的领导下，认真贯彻科学发展的理念，在故宫学的推动下，全力做好建院85年周年、紫禁城建成590周年系列活动，促进全院安全开放与公众服务、藏品与古建保护、陈列展览、学术研究与出版、信息化建设、对外交流与合作等项工作的开展，为文化遗产事业可持续发展和文化大发展大繁荣作出新的贡献。

一、党的建设

全面推进党的建设和工会、共青团、统战工作和离退休老同志工作。先后开展创先争优和建设学习型组织活动，组织召开党支部书记、各部处主要负责人参加的党建和纪检工作会议，抓好处级干部和支部的思想建设，传达贯彻学习文化部党建工作和党风廉政工作会议精神，为事业发展提供坚强保障。

出版《故宫精神·故宫人》一书，继承和弘扬故宫人精神。组织全院职工工作竞赛、“唱祖国、赞故宫”歌咏比赛、院庆85周年文艺联欢会、院史知识竞赛、青年文博论坛、青年文化节等活动，为事业发展凝聚人心，有力推动中心工作。

二、业务工作

（一）编制“十二五”发展计划，创新体制与机制

编制《故宫博物院五年（2011－2015年）发展计划》，确定以“坚守故宫特色，完整保护紫禁城及其藏品，同时，妥善处理故宫保护与博物馆建设的关系，把故宫博物院建设成为与紫禁城的国际知名度相适应的一流博物馆，更好地承担保护、传承、弘扬中华民族优秀文化的使命”为发展目标。

完成新一轮全员聘任工作，建立故宫学研究所，成立出版部，在调整完善院内机制同时，提升科研水平及扩大学术影响。成立北京故宫文物保护基金会和故宫会，加强与国内外企业、艺术、文化等领域人才的联系与合作，推进紫禁城出版社的转企改制，逐步实现博物馆社会化发展。

（二）保护故宫安全，化解开放风险

在观众量逐年攀升、基础设施老化、所处地理位置特殊等复杂安全形势下，牢记安全责任重大，着重在安全防范上下工夫，抓管理，重实施，教育培训制度化。全年接待观众1283万人次，确保了故宫安全有序开放。

进行故宫旅游风险研究，形成《故宫博物院旅游风险管理报告》（初稿）。2010年实现电子售票。

对基础设施普遍老化、改扩建工作与故宫古建筑保护特殊性相制约的情况，以整体考虑、抢修为主、分区域逐步推进的方式，先对西河沿区域进行勘查设计及基础设施改造。安防改造的关键项目——院中控室改扩建工程于10月开动。

（三）第五次藏品清理完成，推进藏品与古建保护，传承非物质文化遗产

第五次藏品清理工作于2010年底完成，文物总数准确至180余万件。《故宫博物院藏品大系》已出版30卷，《故宫博物院藏品总目》正在组织编撰中。47部古籍入选《第三批国家珍贵古籍名录》。重视文物防震式作，继续进行文物及古建科技保护工作。

在国务院、文化部的支持协调下，2010年收回大高玄殿主体部分，2011年收回端门区域，都纳入故宫“完整保护、整体维修”范围。

根据《故宫保护规划大纲》编制《故宫保护规划》，规范保护程序，论证保护方式，细化保护内容。按照世界遗产保护要求，稳步实施故宫整体监测项目。寿康宫、慈宁宫、御史衙门等3项跨年度上程基本完成。《武英殿修缮报告》基本定稿。西玉河基地业务用房及库房建设工程主体完工。

“青铜器修复及复制技艺”、“古书画临摹复制技艺”两项传统手工技艺经整理成功申报为国家级非物质文化遗产。自制电视资料片《故宫绝活》继续拍摄。

（四）提高文化传播与弘扬能力，增强故宫文化吸引力

展览举办紧扣皇家文化主题，常年设置有8个原状陈列、9个特色专馆、10个常设展览，2010年推出“明永乐宣德文物特展”、“宋代官窑瓷器展”等15个新短期特展，成为宣传故宫特色文化、弘扬传统文化的活跃力量。举办赴山东博物馆“乾隆大帝展”、赴成都武侯祠“清代宫廷生活展”等14个支持各兄弟博物馆展览。

“故宫学”在海内外引起较大反响，中国社会科学院研究生院、浙江大学、中国艺术研究院研究生院、台湾清华大学与故宫博物院签定合作协议或开设相关课程。10月，故宫学研究所成立，开展了一系列学术研讨活动，为故宫的学术研究带来清新活力和有益启示。

科研成果方面，《故宫博物院学术成果总目（1925.10～2010.6）》、《倦勤斋研究与保护》、《单士元集》（1～4卷）、《故宫博物院藏历代墓志汇编》、《清宫金砖档案》等图书编辑出版。作为故宫学学术基础建设重大工程的《故宫百科全书》正在推进。《故宫学研究资料丛编》开始整合启动。《故宫学刊》、《故宫博物院院刊》、《紫禁城》等刊物按期出版。

紫禁城出版社实现转企改制，实行个性化出版、品牌化经营、市场化运作，初步实现图书系列化、规模化、特色化发展，全年出版品种达到140种，多项图书获国家级奖项，10余种图书入选国礼。其网站“故宫文化网”（www. culturefc. cn）7月初正式上线。

宣传教育方面，举办“故宫知识课堂”、“巧手撷芳造办学堂”等多种系列活动，普及故宫特色传统文化。在“5·18”国际博物馆日、“6·12”中国文化遗产日、世界地球日等节日，开展特别教育活动。在展览中，增强与观众互动。与中小学校、大专院校等教育机构合作密切，进行讲座、图片展览等宣教活动，累计观众达10万人次。

博物馆数字化方面，继续完善信息化硬件平台，建立远程数字会议系统、嘉宾门票申请系统，开展院预算管理系统、办公自动化系统4.0版、文化遗产监测信息管理系统等建设。完成全部院史档案的影像扫描。建成“《清宫陈设档》全文数据库”并在内网共享。故宫虚拟现实作品《紫禁城：天子的宫殿》、《三大殿》、《养心殿》、《倦勤斋》成为来院嘉宾一定会观赏的节目。11月，故宫博物院网站在国际博协视听与新技术委员会举办的“国际文化遗产视听与多媒体艺术节”上获得网络艺术综合类金奖，文化专题视频片《朱棣肇建紫禁城》获最佳中篇视听作品金奖。

全年开发新产品400余种，故宫特色文化产品总类达到3000种。制定《故宫博物院文化产品包装设计指南》，设计出版《故宫博物院文化产品集萃》。承办国家文物局主办的全国博物馆文化产品开发成果展、文化产品评奖活动以及文化产品开发工作座谈会，选送文化产品分获一、二、三等奖及优秀奖。10月，开通运营“淘宝故宫”（gugong1925．taobao．com）。

探索新型合作模式，先后与北京首都国际机场股份有限公司签署“打造第一国门”文化展示平台合作协议，与中央电视台签署《故宫》（第二部）拍摄补充协议，与微软亚洲研究院和北京大学三方共同合作研发“走进清明上河图”沉浸式数字音画展示项目。

（五）开展对台、对外文化交流

贯彻文化“走出去”的战略，发挥藏品优势，扩大交往空间，在服务于国家外交大局和祖国统一大业的同时也有效提升自身实力与影响力。2010年接待国宾21批，798人次。

与台北故宫交流日益密切，合作常态化，2010先后举行两岸故宫领导人视频连线、温故知新——两岸故宫重走文物南迁路考察、两岸故宫第二届学术研讨会。

11月4日，在中法两国元首胡锦涛主席和萨科奇总统见证下，与卢浮宫博物馆签署“2011～2015年合作协议”。与加拿大皇家安大略博物馆以及英国维多利亚和阿尔伯特博物馆签署“战略合作备忘录”。

赴荷兰“自鸣钟：紫禁城珍品展”，赴美国“乾隆花园古典家具与内装修设计展”，赴英国“紫禁城皇家服饰展”等6项赴外展览和参展项目在当地都吸引了相当数量观众，产生较大社会反响。

在经历10年合作后，与日本凸版印刷株式会社签署第三期“文化资产数字化应用研究合作协议”，继续利用虚拟现实等数字技术采集和保存文化遗产信息。与德国柏林马普学会科学史所合作编辑出版《宫廷与地方：十七至十八世纪的技术交流》。与荷兰国家自动音乐博物馆合作项目、与美国世界文物建筑保护基金会合作保护故宫乾隆花园等合作项目、与法国科学院的合作也在继续推进。

三、内部管理

人事方面，进行故宫博物院职工2007～2010年聘期考核和2010～2013年聘期聘任工作，结合处级岗位空缺情况和《故宫博物院中层干部聘任暂行办法》的要求及工作岗位需要，提拔聘任副处级以上干部27名，续聘副处级以上干部53名，举办新任职处级干部培训班。进一步完善人事代理制、派遣制，开展职称评审、接收大学生、招收派遣制人员等。

财务方面，坚持程序，强化监督，做好预决算、固定资产管理、政府采购、票务管理等各项财务工作。按照国家法律法规和院规章制度，进行有关财务审计调查、经济责任审计和工程、展览的预算、结算、进度款、合同标的审核审计工作。认真组织实施对工程项目招投标和政府采购的监督工作。纪检、法律、财务、审计等部门加强合作，对招投标和政府采购等行为合力监督。接受国家审计署文体局来院开展审计，及时整改解决发现的问题，完善相关规章制度和程序。

立项启动新《故宫博物院规章制度汇编》编辑出版工作，进一步清理、规范、统一现存各项制度，更好地为事业发展保驾护航。修订新增《故宫博物院安全用电管理规定》、《故宫博物院交通管理规定》等。

运用法律手段处理各类历史遗留问题，积极维护故宫博物院合法权益。严格合同管理，完成520余份各类合同的审核、签定工作，涉及工程、监理、招投标、经营、文化产品开发等方面。

做好供水供电供热、院容环境建设、文明创建、办公家具更换、车辆管理等基础保障工作，借助市场化手段，在保障故宫安全的同时，逐步提高后勤服务能力，赢得文化部、中直机关、北京市分别授予的多项荣誉称号。

中国国家博物馆

2010年，中国国家博物馆在文化部和国家文物局的正确领导下，在蔡武部长直接分管下，馆领导班子带领全馆职工贯彻落实党的十七届五中全会精神，用科学发展观统领各项工作，紧紧把握新馆建设的历史机遇，坚持“人才立馆、藏品立馆、业务立馆、学术立馆”的办馆方针，积极推进各项事业建设，全馆呈现出蓬勃向上的崭新局面，为新馆顺利开馆奠定了良好基础。

一、坚决贯彻落实领导指示，以科学发展观指导国家博物馆各项工作

2010 年，国家博物馆坚持以科学发展观为统领，坚决贯彻中央决策，贯彻文化部、国家文物局的部署，坚持“抓建设、求改革、促发展”，各方面工作都取得进展。

2010 年，中央领导同志，文化部、国家文物局领导对国家博物馆给予高度关心和支持。12 月 17 日，刘延东国务委员来馆视察改扩建工程建设情况，对工程建设给予充分肯定和高度评价。同时要求国家博物馆以改革创新的精神，加强制度建设，规划好、设计好新馆开馆展览，设置好观众服务设施，继续坚持质量第一、精益求精的原则，把国家博物馆建成精品工程。2 月 11 日，蔡武部长在国家文物局划拨 39 万余件文物的交接仪式上指出，国家博物馆改扩建工程是国家重大文化工程，也是我国公共文化服务体系建设中的重点工程，具有标志性意义，有必要提升其藏品的数量和质量，使其与日益增长的综合国力相称，与五千年文明的文化大国的影响相称。单霁翔局长希望国家博物馆切实加强这批文物的保护、展示和利用，发挥其在构建社会主义和谐社会中的重要作用。7 月 27 日，蔡武部长、单霁翔局长到馆视察工程建设用地，重点考察“古代中国陈列”筹备情况。再次肯定国家博物馆各项工作，并要求把“古代中国陈列”办出国家水平，体现出民族特色、大国气派和时代精神。9 月 30 日，杨志今副部长来馆检查安全工作，明确要求要按照质量第一，安全第一的原则，采取各项措施，确保工程建设的质量和安全。11 月 11 日，欧阳坚副部长来馆视察改扩建工程，在充分肯定工程建设成绩的同时要求国家博物馆再接再厉，精益求精，圆满完成工程施工任务。

这些重要讲话和指示，充分体现了中央领导同志，文化部、国家文物局领导对国家博物馆的高度关心、期望和支持。馆领导班子多次向全馆干部职工传达指示精神并带领大家在实际工作中认真贯彻落实，采取各种措施，扎实推进新馆开馆前的各项准备工作。

二、建设学习型党组织，深入开展创先争优活动

2010 年，馆党委紧紧围绕馆中心工作，贯彻落实党的十七届五中全会精神，以馆党委理论中心组学习为先导，认真学习胡锦涛同志关于努力开创文化改革发展新局面的讲话精神，以学习型党组织建设和创先争优活动为主线，以党支部换届选举和重新调整为基石，不断加强党委自身建设，持续发挥党的组织和思想政治优势，共在 5 个方面取得工作成效：第一，胜利召开党建工作暨党风廉政建设工作会议；第二，有序推进学习型党组织建设工作；第三，认真开好领导班子民主生活会；第四，进一步加强支部建设，顺利完成全馆党支部的调整、划分和换届选举工作；第五，全面开展创先争优活动。认真部署贯彻习近平副主席在国土资源部专题调研时重要讲话精神，具体提出创建“五好”党支部、争做“五带头”优秀共产党员的要求，将创先争优活动不断推向深入。

三、以优质工程、阳光工程为目标，年底改扩建工程将全面竣工

国家博物馆改扩建工程是党中央、国务院确定的国家重大文化工程项目。2010 年，国家博物馆改扩建工程面临全面竣工，工程进入了决战阶段，工程任务十分艰巨，必须进行科学部署，周密安排，必须坚持以“优质工程、阳光工程”为目标，全力以赴保证工程顺利进行。6 月 21 日，馆领导主持召开“抓质量、保安全、促进度、大干一百天”动员大会。会议要求各参建单位必须高度统一思想，提高认识，精心管理，精心施工。用最优质的材料，最好的工程质量，向党和人民交出一份满意的答卷。经过统筹协调，精心安排，国家博物馆与工程设计、施工和监理各方达成一致，紧密配合，以“质量无缺陷、安全无隐患、管理无漏洞”的原则要求，坚持施工材料现场检验制度，坚持每周进行安全生产检查，坚持落实纪检监督管理机制，形成一整套行之有效的运行管理机制和办法，扎扎实实推进工程进度，实现施工现场基本没有发生重大事故的良好局面，基本达到年底改扩建工程全面竣工的目标。同时，本年度国家博物馆对端门城楼古建筑进行维修并于9月8日竣工通过验收。

四、国家文物局划拨的39万余件文物清理移库，经过艰苦工作完成大半，成绩显著

为充分发挥文物资源的社会效能，支持国家博物馆新馆建设，国家文物局将中国文物信息咨询中心代局管理的39万余件文物整体划拨国家博物馆收藏，使国家博物馆文物藏品数量由65万件猛增到近105万件，大大丰富了馆藏数量和质量。这是国家博物馆历史上最大规模的一次划拨入藏文物，也是我国文物收藏史上的重大事件。在2月11日的文物交接仪式上，蔡武部长对国家博物馆寄予厚望，希望国家博物馆珍视这批文物，为文化大发展大繁荣做出应有的贡献。单霁翔局长要求国家博物馆充分发挥这批文物在构建社会主义和谐社会中的重要作用。遵照部局领导指示精神，国家博物馆快速制定了移库清理、分类建账、逐步进行鉴别定级的工作方案，期间多次得到单霁翔局长的具体关心支持，得以克服困难，顺利打开移库工作局面。从6月17日至12月8日，国家博物馆派出45人的专业团队，冒着严寒酷暑，克服粉尘干扰，奋战105天，在确保安全、账目清楚的前提下，共装箱运输文物225155件，工作量完成了大半，成绩显著。

五、全力以赴，动员全馆力量，精心筹备“古代中国”和“复兴之路”两个基本陈列

2010年，“古代中国”陈列已完成与17家文物收藏机构签署商借文物合同，商借文物218件（组）。完成馆藏2500余件展品的核查、包装和运送工作，确定了展览形式设计方案，进行了展览设备招标工作。7月，蔡武部长、单霁翔局长、馆领导和相关专家对局部展览场景的模拟展厅效果进行了审看，为确定各类展陈设备最终设计方案奠定了基础。为落实蔡武部长和单霁翔局长要求的“希望下一步要从观点、手段以及细节方面继续做好”的更高要求，国家博物馆继续反复认真修订方案细节，为2011年3月开馆完成布展任务做好充分准备。

“复兴之路”基本陈列修改任务繁重。正式启动陈列修改工作后，经多次组织研讨论证，形成陈列方案第六稿报送领导小组审议。7月，中宣部原则同意所报方案，并提出具体调整意见。据此，国家博物馆继续对方案进行修改完善，调整展厅格局，提出陈列方案第七稿，经中宣部报请中央领导审定批准。9月，最终方案获批，陈列项目施工正式开始。12月底大部分文物已进入展厅，2011年2月底将以崭新的面貌重新开展。

六、“国家宝藏——国家博物馆馆藏精品展”经过近四年的全国巡展圆满结束，影响巨大

“国家宝藏”展是国家博物馆赴日本东京国立博物馆展出的“悠久之美——中国国家博物馆名品展”的归国展。自2007年3月回国后，为回馈地方博物馆对国博长期以来的支持，在闭馆期间继续发挥国宝级文物的重要社会效能，国家博物馆决定与有关地方博物馆合作，开展“国家宝藏”展览的巡展工作。展品涵盖青铜器、玉器、陶瓷器、金银器等几大类，包括四羊方尊等国家瑰宝。自2007年至2010年，“国家宝藏”在湖南、重庆、河南、辽宁、内蒙古、宁波、深圳、浙江、福建、海南等省区市地区进行巡展，展出行程12站，吸引观众近千万，引起强烈的社会反响，取得了良好的社会效果。巡展的成功举办，标志着国家博物馆在与地方博物馆友好合作，探索共同办展以服务更广大观众方面取得巨大进展，为推动博物馆高品位展览的合作模式，为推动博物馆事业发展作出了切实有效的努力。

七、科学制定中长期发展规划，以实现国博快速、协调、持续发展

根据文化部的部署，结合国家博物馆发展实际，国家博物馆于5月启动《中国国家博物馆中长期发展规划》编写工作。6月至7月，国家博物馆组织召开了28次座谈会，全体馆领导、知名专家及各部门负责人广泛参与，深入讨论。经过反复论证，国家博物馆中长期发展规划初稿于9月出台，对国家博物馆未来发展的方向性、整体性和基本性问题进行了思考，对未来中长期发展目标进行了规划，同时设计出实现目标的整套方案。初稿形成后，经过两轮征求意见和修改，得到全馆上下认同。目前，规划稿已经修改完毕，并进入报审程序。国博发展规划的编制和落实，将为国博实现快速、协调、持续发展提供纲领性的规划文件。

八、启动"百年国博"庆典系列活动筹备工作

中国国家博物馆的前身为1912年7月9日成立的"国立历史博物馆筹备处"，2012年恰值国家博物馆百年诞辰。为反映中国国家博物馆百年来历史成就，见证中华民族百年来历史沧桑和复兴之路，拟定在2012年国家博物馆百年华诞之际举办一系列庆典活动。为切实推进工作进展，国家博物馆成立了"百年国博"庆典活动领导小组并于5月召开第一次协调会，明确了庆典活动项目，包括：举办百年展览，拍摄百年国博文献纪录电视片，召开学术会议和纪念大会及出版纪念册等，要求有关部门和人员着手收集相关资料并撰写大事记，为纪念活动做好各方面准备。

九、对外文化交流工作更加活跃，文化窗口作用日益显现

随着改扩建工程即将竣工，国家博物馆日益受到国际社会及博物馆界的强烈关注，对外文化交流工作更加活跃。全年，国家博物馆共接待来访团组50批次，国际来宾近200人，其中包括英国首相戴维·卡梅伦等众多外国政要和西方大国国家博物馆主要负责人。国家博物馆先后派出团组33个，出访22个国家和地区，加强了互相之间的沟通和交流。

由德国柏林国家博物馆、德累斯顿国家艺术收藏馆及巴伐利亚国家绘画收藏馆联合举办的大型主题展览"启蒙的艺术"前期筹备工作顺利完成，目前已进入设计、备展的实质阶段。此展将在2011年4月1日开展。11月5日，成功举办第五届中日韩三国国家博物馆馆长会议等等。与港澳台的文化交流合作进一步扩大和增强。

十、开馆前各项基础准备工作扎实推进

2010年，全馆各部门以"四个立馆"办馆方针为指导，努力做好各项基础性建设工作，为新馆开馆做好各项准备。

（一）藏品征集力度进一步加大

6月17日，启动了39万余件文物移库点交工作，已清点移库225155件。2010年征集到188件古代文物和近现代藏品4200余件（套）。

（二）做好专题展览的筹展工作

2010年，国家博物馆精心筹备"中国古代青铜艺术展"、"中国古代佛教造像艺术展"、"中国古代瓷器艺术展"和潘天寿、李可染、黄胄艺术展等。完成了上海世界博物馆博览会中国国家博物馆展区的展陈设计。

（三）积极筹备新馆开放服务工作

国家博物馆根据开馆工作实际，规范公共服务业务流程，修订观众服务制度，积极推进票务、综合导览等公共服务子系统的深化设计和开发部署工作，完成新员工招募和岗前培训工作。国家博物馆重新设计制作了新馆网站，与微软公司合作建设在线虚拟展厅，在新浪网站开通了认证微博。

（四）大力推进科研管理和研究工作

国家博物馆成立了馆学术委员会。举办了中德"启蒙之对话"等学术讲座。如期发行《中国历史文物》和《近代中国与文物》，进行两刊合并为《中国国家博物馆馆刊》的申报工作。2010年度，全馆学术成果共出版专著5部，译著1部，合著3部，图录11部，论文114篇。

（五）继续加强安全保卫工作

为适应新馆开馆需要，国家博物馆着力打造一支素质过硬的安全保卫队伍，积极开展安全培训工作，提高安保人员的业务素质。高度重视安全制度的落实工作，完善各项应急预案，组织进行消防安全演练，提高火灾处置能力。顺利完成了2010年安全保卫任务。

2010年，国家博物馆其他各方面工作都取得了较好成绩。藏品日常管理与文物修复保护工作进一步加强，展览策划与管理工作启动，信息化建设进一步扩大，新馆图书馆开馆积极筹备，综合考古工作成果显著，蜡像艺术馆努力制作和丰富展品，美术工作不断扩展，已形成特别能战斗的专业效率物业服务团队，文保中心物业服务不断改进，后勤服务保障职能进一步发挥，设备保障服务开始运行，人才建设全面推进，财务管理规范有序，综合服务职能进一步发挥，文化产业筹备工作积极进行。

中央文化管理干部学院

2010年是实施《文化部2006~2010年干部教育培训规划》的最后一年。中央文化管理干部学

院认真落实蔡武部长在“全国文化干部培训工作座谈会”上重要讲话精神，在部党组的领导下，在部人事司的指导和各司局、各兄弟单位的大力支持下，求真务实，扎实工作，努力打造文化干部教育培训主渠道、主阵地。

一、培训工作

2010年度，中央文化管理干部学院完成培训（会议）项目51个，培训学员2710人。其中党政领导干部培训班33期，培训学员1885人，占培训总人数的70%；文化专业技术人才培训班6期，培训学员236人，占培训总人数的8.8%；文化经营管理人才培训班3期，培训学员172人，占培训总人数的6.3%；涉外培训班2期，培训学员36人，占培训总人数的1%。培训内容涉及党政领导干部培训、文化专业技术人才培训、文化经营管理人才培训和涉外培训四类。培训范围涉及文化部各司局、直属单位、十几个地方文化厅局及香港、澳门、越南、朝鲜、阿拉伯地区等。

二、培训工作措施和办法

（一）加强统筹协调，扩大培训规模

为了实现全国文化系统大规模培训干部，大幅度提高干部队伍素质的工作目标，2010年在培训班次和培训人数方面，与往年相比，均创新高。2009年共举办培训（会议）项目42个，培训学员达1850人，而2010年截至12月底，培训（会议）项目51个，培训学员2710人。与2009年同期相比，班次增长21%，人次增长46%。

（二）充实培训内容，提升培训质量

在培训质量方面，中央文化管理干部学院也在不断探索培训工作的新方法、新思路。首先充实调整了培训内容，相继建立起以政治理论、政策法规、业务知识、领导科学、能力素质培养和实践锻炼为主要类别的培训课程体系。依据培训需求，还设置了公共文化、文化市场、文化产业、网络文化以及文化体制改革等相关课程模块，确定了200多门课程，基本满足了不同层次，不同类别文化干部的培训需求。同时，不断创新培训方式，强调班班有亮点，次次有特色，不断增强培训的针对性和实效性，培训工作质量和水平都得到明显的提升。根据学院制定的受训学员满意度调查相关数据统计，学员对培训项目的满意率超过90%，社会效益明显。

（三）加强研究力量，成立研究中心

为充实学院研究力量，提高培训质量，为文化体制改革与发展建言献策，学院在人事司和文化部改革办大力支持下，在9月成立了中央文化管理干部学院文化体制改革与发展研究中心。中心发展的基本思路是，紧紧围绕文化部改革发展工作，抓住重点、难点和焦点问题，整合优势科研资源，进行深度调研，及时为文化部中心工作提供决策依据和政策建议。2010年底，已经完成了组织架构与人员配备、制度建设等工作，开始着手进行课题研究。

（四）完善培训制度，调整部门职能

为了实现培训工作的系统化、科学化、规范化管理，学院重新修订了与培训相关的规章制度，理顺了培训项目运作的具体流程，制定了班主任制度，拟定了委培项目协议书，修订了学员满意度调查表并重新设计制作了统一的培训证书。

为适应培训工作的新形势、新任务，进一步提高培训工作效率，提升培训质量，学院在借鉴其他培训机构工作方式的基础上，决定在干部培训工作上尝试新的管理方法，探索新的工作机制，实行项目策划与执行分离的工作模式，组建教务部，具体负责学院培训计划编制和培训项目策划，对培训教学活动进行管理、指导、协调、检查、监督。

（五）提高员工素质，注重内部学习

学院高度重视员工的内部培训工作，积极构建学习型组织。2010年年初和8月份，在部人事司领导高度重视与专项经费支持下，学院分别组织大家前往广电总局培训中心顺义培训基地和中国延安干部学院进行专题培训。接受培训的同时，深入了解了兄弟单位培训工作开展状况，学习先进培训理念和培训经验，并结合学院工作进行了认真的思考与总结，扩展视野，认识差距，改进不足，提升了业务能力。

三、完善基础设施，改进培训条件

4号培训楼开工建设并投入使用使接待能力进一步加强，并在周边配备了篮球场、羽毛球场等运动设施，改善了校园环境。

对学员餐厅进行装修改造以适应培训业务发展的需要，改造后的新餐厅可容纳百人同时就餐，有效缓解学员就餐紧张的局面，为学员营造一个

更加整洁、舒适、温馨的就餐环境。

对教学主楼等现有基础设施进行了改造，配置了现代化的多功能报告厅、案例研讨室和多媒体机房等，并增添了休闲、健身、娱乐设施。

2011 年，学院将继续按照部党组的要求，努力将自身建设成为全国文化干部信念教育和能力培养的主阵地，全国文化干部教育培训工作改革创新的主阵地。

中国文化传媒集团

2010 年是中国文化传媒集团正式组建后的第一年，中国文化报社的发展进入了全新的历史时期。在文化部党组的领导下，在集团领导班子的带领下，全体干部职工精神振奋，努力工作，新机制运行顺畅，报纸质量有明显提高，经营工作全面展开，职工生活得到较大改善，队伍建设进一步得到加强，基本建设取得可喜成就，集团各项事业都有显著发展，呈现蓬勃向上的新面貌。

一、《中国文化报》改版扩版，新闻报道亮点频出

1 月 1 日，中国文化传媒集团打响了组建后的第一炮，《中国文化报》也以新的面貌和读者见面了，改版后的《中国文化报》从原来的主要面向文化系统的带有机关报性质的报纸，转向了立足系统、面向社会的综合性文化艺术类的报纸。权威的文化新闻，沉静的文化气息，较强的可读性、耐读性，成为报纸改版以后的主要特色。改版后的《中国文化报》力求坚持导向，提高品格，生动活泼，贴近读者，受到了读者的好评。报纸改版共投资 1250 万元，版数从之前的每周 44 个版增至 56 个版，平均每天 8 个版，信息量有了明显增加，在报道面上较以前有很大拓展。

（一）报纸面貌发生了显著变化，可读性和耐读性显著加强，时效性大大提高

报纸加强了文化方面的重要新闻和社会重大新闻及国际热点新闻的报道，使版面质量有了明显的提高，可读性有所增强，新闻报道、选题的时效性、可读性得到提高，本报首发后被新华网、新浪网等主流网络媒体和大型门户网站首页转载的好文章明显增多，从而扩大了本报的影响。同时，报纸增强了版面的新闻性，强化了选题意识，发挥了报纸的现实指导性。注意组织、编发、采写文化工作者关注的稿件，把选题性的稿件放在头条或突出位置进行处理，使版面的新闻性、现实性、指导性进一步增强。

同时，版面的时效性大大提高。为强化报纸的新闻性、时效性，根据报社的决定，一、二版从 2010 年开始实行固定夜班，推迟了截稿时间，使许多新闻第二天即可见报，新闻发布更加及时。

（二）重大活动新闻报道亮点频出

1. 围绕文化部重点工作，搞好宣传报道。5 月，第九届中国艺术节在广州举办。为了做好“九艺节”的宣传报道工作，本报从 3 月开始就以新闻报道、专题、“九艺节”倒计时栏等多种形式不间断地报道“九艺节”筹备、剧目演出安排等情况，为“九艺节”预热。“九艺节”开幕、闭幕次日，本报一版除头条消息外，并配发本报评论员文章，图文并茂地予以报道。“九艺节”开幕前后，本报举全社之力先后以近 100 个版组成“第九届中国艺术节特刊”浓墨重彩地报道了“九艺节”的全面情况。在如此集中的时间，各方面（广东、北京）密切配合，大量版面集中报道，这在报社尚属首次，取得了很好的宣传效果，受到文化部、承办单位、展演单位及广大读者的好评。这也为报社今后的大型宣传报道工作积累了经验。

2. 跟踪国内外文化热点，加大选题策划，增强报道的独家性

上海世博会以及第六届深圳国际文博会的报道都是经过精心策划，《世博专刊》和《深圳文博会特刊》的推出，起到了很好的宣传效果。特别是深圳文博会特刊及系列、集中报道均得到了中宣部的关注与肯定。6 月 29 日，中宣部《新闻阅评》刊发题为《努力提升中华文化国际影响力和竞争力〈中国文化报〉文博会报道有力度》的专文，高度评价《中国文化报》对深圳文博会的报道。

开设“回眸‘十一五’展望‘十二五’”专栏，集中刊发了本报记者采写的反映“十一五”期间全国文化建设各方面成就的系列稿件。同时开设了“我的五年——‘十一五’文化回望”专栏，陆续刊发各地读者的征文，丰富和活跃了版面，读者来稿踊跃，社会反响热烈。

创新“两会”报道。进一步细化、落实内容和

版面。除常规报道外，“两会”期间还约请身为全国人大代表、全国政协委员的文化部领导就各自分管工作撰文，刊发后反响很好。此外，“两会”期间《中国文化报》、文化传播网（中国文化传媒网前身）、人民网强国博客联合主办读者、网友与文化部长互动活动，在《中国文化报》一版开设“我有问题问文化部长”专栏，发表读者、网友就文化建设和发展给文化部长的留言，社会反响热烈。文化部党组书记、蔡武部长指示要办好，尤其网民所提问题要及时整理上报，最后由部领导予以认真答复。

二、继续推进转企改制工作，企业增加新活力

1. 关注文化体制改革。7月23日，胡锦涛总书记在中央政治局第二十二次集体学习时强调，深入推进文化体制改革，促进文化事业全面繁荣和文化产业快速发展。除了及时刊发文化部党组理论学习中心组集中学习胡总书记重要讲话精神的新闻，还在《中国文化报》一版显著位置开栏“学习贯彻《讲话》精神”，约请部领导结合各自分管工作撰写学习贯彻胡锦涛总书记重要讲话精神的体会文章，在文化系统引起了很好的反响。

深化文化体制改革，推进国有院团和经营性文化单位转企改制，也是文化部2010年的一项重要工作。8月18日，文化部在京召开文化体制改革工作会议暨4家集团公司深化转企改制工作表彰大会，文化部党组书记、部长蔡武出席会议并讲话，8月19日本报以一版至四版4个版的规模图文并茂地进行了报道，其中，一版头条发会议消息、配发相关社论、蔡武部长讲话，二三版转发蔡武部长讲话、文化部系统4家集团公司规范转制纪实、表彰决定和名单等，4版介绍4家集团公司深化转企改制工作先进个人事迹，形成强大的报道声势，产生了很好的宣传效果。

2. 积极稳妥地完成转企改制的后续工作。按照文化体制改革相关文件精神，依照文化部改革办的要求，中国文化报社自4月底开始积极制定《中国文化报社人员身份转换方案》。经过两个多月的调研、征求职工意见、反复修改，6月22日，中国文化报社向文化部改革办正式上报了经职工代表会议通过的《中国文化报社人员身份转换方案》；6月30日，文化部文化体制改革工作领导小组对中国文化报社上报的《中国文化报社人员身份转换方案》进行了批复。由于比较充分地征求群众的意见和建议，发挥了职工代表会议的作用，增强了操作上的透明度和科学性，尽管职工也曾有不少疑虑，但都能识大体顾大局，情绪稳定地和集团公司签订劳动合同。整个过程没有一个人告状上访，也没有一个人提出不合理的要求。8月25日，中国文化报社原114个事业编制由中编办批准核销，顺利而稳妥地完成了人员身份转换工作。

其他，诸如社保对接、企业年金、资产划转等转企改制的相关工作按照部改革办的要求、依照国家相关政策均已基本完成。尤其是企业年金制度，是认真贯彻落实114号文件精神，在转制后构建完善的福利体系，提高全体员工退休待遇标准的一项十分重要的举措。

三、三大工程上马，集团体量迅速做大

总投资6000余万元的3项基本建设项目上马：一是印刷厂维修改造工程，投资2390万元，于6月下旬如期开工，春节前基本竣工；二是中央十部委联席会议办公室委托集团公司建设管理的国家动漫产业信息服务平台管理中心工程，投资1750万元，该中心的建成将对全国动漫产业的发展起到强有力的推动作用；三是文化网络中心的建设工程，第一期投资2000万元，目标是成为全国文化行业最大最权威的文化类多语种门户网站，以及最大最权威的文化艺术资源数据库，该项目今年第一期业已完成并初具规模。

（一）印刷厂划归中国文化报社后进行了整体改造

2010年，印刷厂划转到中国文化报社的领导下，报社领导对工厂的生存与发展给予了极大关注。从集团战略发展的高度，集团拨出专项资金对印刷厂进行整体改造。改善了生产与办公环境，使过去陈旧的厂区从根本上得到改观。楼房重新装饰一新，增添了中央空调、通风设备，改造了取暖设施。在改造原有厂房设施的同时，也增加了使用面积，为集团的发展创造了优越的条件。

（二）国家动漫产业信息服务平台正式上线

2009年，受扶持动漫产业发展部际联席会议委托，集团承建国家动漫产业信息服务平台项目（以下简称“动漫平台”），并组建国家动漫产业信息服务平台运行管理中心（以下简称“动漫中心”）具体负责项目实施。动漫中心最重要的工作即完成动漫平台的建设。2月，“动漫平台——工作平台建设项目概要设计方案”通过了项目专家组的评审。临时机房开工建设并于3月底投入使用。5月，“动漫平台——工作平台详细设计”通过专家组评审。项目开发小组对平台系统功能、详细设计和界面进行了展示，并对网站门户、资源库和电子政务系统进行了演示。

经过扎实的准备工作，8月26日，国家动漫产业信息服务平台暨国家动漫产业网上线仪式举行。文化部党组副书记、副部长欧阳坚，部党组成员、副部长杨志今，部党组成员、部长助理高树勋出席启动仪式，并在现场点击触摸屏，正式开通国家动漫产业信息服务平台和国家动漫产业网。中心于10月底对栏目版面进行了调整，于11月初正式完成此次网站小改版。改版后的网站栏目分配更加合理、清晰、丰富，页面更加简洁直观，浏览、搜索等功能操作更加便捷，增强了网站的科学化、人性化体验。尤其是网址导航功能，聚合了数百个国内与动漫产业相关的链接，涵盖全面，信息丰富完全，满足了政府、企业、动漫爱好者等各层次用户的需求，同时也提升了网站的实用性、全面性、权威性和专业性，获得各级领导的肯定，以及动漫产业各界人士的好评。

（三）中国文化传媒网实现跨越式发展，正在向最大最权威的文化类门户网站转变

在中国文化报电子版网站的基础上建设的中国文化传媒网2010年也是快速发展的一年。一年中完成了两次重大的改版，实现了三步跳，网站面貌焕然一新。6月，中国文化传媒网正式获得国务院新闻办公室颁发的“互联网新闻信息服务许可证”。9月，中国文化传媒网开始筹备自建网以来最重要的一次改版，网络中心全体编辑、设计、技术人员全月无休（包括中秋假期），完成了新版网站的设计、后台数据的迁移、新增栏目的内容填充等的工作。9月中旬，网络中心配合集团领导与联通领导一起，坐客央视二套《对话》文化面对面特别节目，对集团、报社、网站及手机报都是一次有益的推广。10月，新版网站于国庆节成功上线。改版后的网站从原来不到18个栏目扩充到36个，栏目数增至130个，内容更新量从原来每日500条提高到日3000条以上。网站点击率较改版前提高了3倍以上。中国文化传媒网正在逐渐变为中国最权威最大的文化传媒类综合信息网站，在全国文化类网站中发挥了领军作用。

四、新媒体建设卓有成效，《中国文化手机报》正式创刊

7月26日，由中国文化传媒集团创办的《中国文化手机报》正式创刊，为三个第一：全国第一家国家级文化传媒集团主办的第一家文化信息类手机报，全国文化工作者拥有的第一家文化类新型无线媒体。它依托国内联通、电信、移动三大电信运营商几乎覆盖全国所有乡镇的电信网络，将国家的文化方针政策、最新发生的文化新闻事件、社会焦点、新鲜文化资讯等送达全国文化系统工作者及全社会关心文化事业的普通用户，特别是最基层的文化馆（站）工作者。《中国文化手机报》的创刊拉近了地方文化工作者和支持关心文化事业的读者与中央的距离，试运转几个月来，受到了广大读者尤其是基层文化工作者的欢迎和好评。

五、组织主办一系列研讨会、论坛、培训等活动

1. 中国首届演艺科技与文化高层论坛举办。通联发行中心引导有条件的记者站进行发行策划活动，11月，华南新闻中心联手文化部文化科技司，在深圳举办了主题为“中国首届演艺科技与文化高层论坛”活动，全国演艺科技机构代表参加，《中国文化报》作为唯一主办媒体得到极大发行品牌宣传效果，有力地促进了报纸的发行。

2. 第五届全国艺术院校院（校）长高峰论坛举办。6月，由文化部文化科技司和中国文化报社《艺术教育》杂志共同主办，大连艺术学院承办的“第五届全国艺术院校院（校）长高峰论坛”在大连成功举办。并受到业内人士的广泛关注和参与。论坛旨在以杂志为媒介，为全国各艺术院校搭建沟通交流的平台。

3. 组织举办2010年度采编人员培训班。为了提高新闻采编人员的政治素质、业务技能和创新能力，掌握文化新闻的特点和采写规律，集团组织全体采编人员进行培训。在提高采编人员对文化新闻采编的特点和采写规律的认识的同时，也转变了员工对业务培训的认识，收效良好。文化部副部长杨志今出席开班仪式并为采编人员讲授了第一课。他指出，学习领会和贯彻落实中央关于文化建设的一系列重大部署和中央领导同志的一系列重要讲话，是每一位文化新闻采编人员必须要做的功课。同时，鼓励大家要努力成为专家型、学者型的编辑记者。

4. 团结基层文化工作者，举办多项活动。2010年，先后举办了“全国乡镇文化站论坛”、“全国书画之乡论坛”、“全国文化共享工程新闻信息工作会议”等多项活动。

中国国家京剧院

2010年是国家京剧院发展具有重要意义的一年。3月，新一届领导班子上任以来，以抓思想作风建设为突破口，通过调研论证，理清了工作思路，明确发展方向。确立了“讲团结、树正气、排精品、推人才、抓管理、创效益”的工作目标和以人事制度、分配制度、目标管理为重点的管理机制三项改革举措。紧抓了剧目建设、人才建设、市场开发、民生福祉四项重点工作。一年来，剧院演出366场，收入约1375万元，创了剧院历年来演出场次和收入的新高。通过全面推进剧院正规化建设、科学化管理，增强了凝聚力，提高了战斗力，剧院建设出现了巨大变化，呈现出了新面貌。渐近走上了一条适应京剧艺术发展规律，适合国家京剧院具体情况，科学有序的发展的轨道。

一、确立以“讲团结、树正气、排精品、推人才、抓管理、创效益”的一个总体工作目标

（一）以领导班子建设为驱动力

新领导班子首先从加强自身建设着手，提出了“团结、开拓、廉洁、高效”的要求，并作为剧院和中层干部队伍建设的准则。加强学习，确定了党委中心组学习制度；明确职责，确立了院长办公会议和党政联席会议制度。做到涉及剧院重大事项由党政会议研究决定的措施。大事商量，小事沟通，剧院班子思想和工作作风建设取得了成效。

（二）以加强党员干部、党员艺术家思想建设为重点

院党委以“围绕中心抓党建，抓好党建促发展”为目标，结合争先创优工作，联系实际，开展了以“讲团结、树正气、重学习、顾大局”为主题的党员学习、培训活动。6月底，剧院组织党员干部赴辽宁考察，参观了辽沈战役纪念馆、“九一八”纪念馆以及部分文化先进单位，听取辽宁省文化改革和发展形势报告。在“七一”建党日，剧院还举行了党员大会暨新党员宣誓仪式。通过学习培训，开阔了思路、提升了境界，增强了党员干部的使命感和责任感，思想建设达到了一个新的水平。

（三）以统一全员思想认识为基石

面对剧院改革发展的重要时机，从机关到演出团，人人联系实际工作谈体会，讲做法并将其贯彻到实际的工作中去。通过学习教育，使“讲团结、树正气、排精品、推人才、抓管理、创效益”的建设目标成为剧院全体演职员的共识。扎实有效的政治思想工作，使剧院的一系列改革举措得到了落实。

二、推出以人事制度、分配制度、目标管理为重点的管理机制三项改革举措

（一）调整内设机构，对中层干部进行重新聘任

建立较为完善、科学的内部管理机制，是剧院立足长远、顺应发展的必由之路。8月，文化部下发了《关于国家京剧院内设机构调整的批复》。剧院将原有内设机构12个机构调整为16个。分设了院办公室、党委办公室、人事部、演出营销部、老干部办公室等部门。调整后各部门强化了责任和功能，清晰了工作界面，增强了工作的专业化和针对性，推进了剧院各项任务有序、高效的完成。

9月至11月份，剧院分两批进行了机关和业务部门中层干部聘任工作。按照党政干部选拔任用条例的相关规定，经过考核测评、民主推荐、组织考察、任前公示等程序，使一批德艺双馨、年富力强、具备广泛群众基础的优秀年轻干部走上了中层领导岗位。此次，剧院共选拔聘任了34位中层干部，其中续聘14位，新选拔20位，激发了干部队伍的活力。

（二）实施分配制度改革，改变了原有分配模式，调整了工资结构和水平，行政及演职员收入明显提高

立足公益性事业单位，完善分配制度。以注

重实绩、按劳分配、提高效率、兼顾公平为基本原则，加快剧院员工收入分配制度改革进程，切实建立起“大院小团”的分配模式。提高剧院对资金的统筹安排能力，同时又调动各业务部门的积极性。通过近3个月的论证和调整，年底《国家京剧院分配制度改革方案》正式出台，经过全体中层干部会议和院长办公会审议通过，2011年1月1日正式实施。

（三）以目标管理为重点，各部门领导班子任职期间实行“任期目标管理责任制”

剧院与各部门主要负责人签订年度工作目标责任书。对各部门领导班子建设目标，部门建设目标，主要业务建设目标，党支部建设目标，行政管理综合目标等5个方面提出了具体实现要求。特别是针对3个演出团提出了在剧目建设、人才培养、演出市场、质量要求等四个方面更为量化的目标。这些目标的确定，推进了剧院正规化建设、科学化管理水平。

深化后勤制度改革，本着“降低成本，优化服务”的原则，通过招投标方式，选择新的剧院物业合作方，加强公务车辆管理，开源节流，提升车队质量。严格各项工程招投标制度；加强财务预算和全过程成本控制，完善政府采购和国有资产管理体系等。此外，剧院从3月份开始实行全院月度工作会议制度，业务工作会议制度，加强了干部对全院工作的了解，增强了团结协作意识。合理完善的制度建设确保了剧院各项工作的落实。

三、紧抓剧目建设、人才建设、市场开发、民生福祉四项重点工作

坚持以艺术生产为中心，创新思维，激发活力，为形成出人、出戏、出精品的良好态势夯实基础。2010年，剧院演出366场，演出收入为1375.76万元。其中，公益性演出63场，商业性演出210场。观众总人数达18万人次。足迹遍及北京、辽宁、广西、甘肃、江苏等16个省区市。

（一）剧目建设、人才培养硕果累累

2010年，剧院创排了《曙色紫禁城》、《情怨》、《界碑亭》、《国韵·至爱篇》4台新创剧（节）目，重点整理复排了《满江红》、《柳荫记》、《杨门女将》、《大闹天宫》4台剧目，排演了《香罗带》、《御果园》、《红楼二尤》、《坐宫》4台流派班汇报剧目。拍摄了数字京剧电影《谢瑶环》和《张协状元》。在这些剧目当中，于魁智、李胜素、李海燕、江其虎、袁慧琴、宋小川、吕慧敏、魏积军、唐禾香、王璐、李博等一批当红艺术家、优秀青年演员参加。演出、电影拍摄提升了成熟演员的艺术水平，扩大了青年演员的知名度。

8月和12月，由文化部主办的2010国家院团优秀剧目展演和全国京剧优秀剧目展演在京举行。剧院新创剧目《曙色紫禁城》和经典保留剧目《满江红》、《杨门女将》、《四郎探母》、《霸王别姬》、《野猪林》等剧目参加展演，获得了“优秀演出奖”等多个集体和个人奖项，取得了较好的成绩。中共中央政治局常委、全国政协主席贾庆林，全国政协副主席张榕明以及丁关根、张万年和文化部等省部级以上领导40余人次观看了演出。特别是京剧《满江红》两次作为展演的开幕演出剧目倍受瞩目，从剧本修订、复排等艺术生产的各个方面，都表现出国家京剧院艺术风格的传承与回归，彰显出了作为国家级艺术表演团体的精神风貌和艺术水准。中共中央政治局常委李长春观看了演出。李长春、李瑞环、刘延东等中央领导对该剧予以高度评价。

以戏托人，以人带戏。在丰富剧目建设发展的同时，加快人才队伍建设速度，以“延长当红艺术家艺术青春，缩短中青年演员的成长周期”为重点，搭载青研班、流派班、重点院团培训班等平台，建立剧院人才健康发展和脱颖而出的运行机制，全面提升整体队伍的综合素质。

（二）推进经营性演出、兼顾公益性演出，加强对外文化交流

1. 以推进“三大演出季”为重点的经营性演出，主题明晰，品牌效益逐步显现

为扩大剧院的演出市场份额，提升影响力，剧院提出了“突出特点，围绕主题，精心策划，打造品牌”的演出季方针。以“传统·经典·高雅·时尚”为主题的新春演出季，以“新作·经典·名家·新秀”为主题的“五一”演出季和以“经典彰显国粹风采，流派营造百花争艳”为主题的“金秋”演出季，定位明确，特色鲜明。现已实施的“五一”和“金秋”演出季，演出80余场，取得了良好的社会效益和经济效益。瞄准市

场，创新形式，年底剧院隆重推出贺岁巨制大型音画京剧晚会《国韵·至爱篇》，5场演出票房收入超百万，开创了京剧演出市场的新局面。

2. 以“三下乡”、“高雅艺术进校园”等公益性活动为载体，履行国家级院团使命

作为国家级艺术院团，剧院始终将传播京剧艺术，服务人民群众为己任。年初，剧院“三下乡”慰问演出团一行35人，走边塞、冒严寒，在甘肃、陕西进行了以“进校园、去营房、到社区”为主题13场慰问演出，向基层群众送去了党中央、国务院的关怀和温暖。6月至11月，剧院分别赴江苏、辽宁、甘肃等6省市近30所高校演出。截止今年剧院“高雅艺术进校园”演出已超百场，观众达10万余人次。

此外，剧院还完成、参与了新年京剧晚会、各级党政机关团拜会、首都新年联合晚会、接待美国总统招待晚会以及中央首长研究京剧艺术等重要的政治性演出任务，均受到观众的好评。

3. 以对外访演为桥梁，担当文化交流使者

2010年度，剧院赴荷兰、澳大利亚、阿联酋、德国、瑞士、意大利、巴西、美国以及我国港澳台地区文化交流达190余人次，用京剧艺术架起了文化交流的桥梁。2月16日，受文化部委派，剧院赴迪拜，参加“中国艺术周”的闭幕式演出；6月和9月，由剧院与德国艺术家联合创作的《界碑亭》先后在德国无忧宫和瑞士丰泰剧场演出6场。京剧与歌剧同台演绎，为推动中华文化走出去开辟了新的途径和方式。10月5日，由宋官林院长率领赴意大利演出团，参加了“中国文化年”的开幕式演出，国务院总理温家宝、意大利总理贝鲁斯科尼一起观看了演出。

此外，9月12日，剧院与中央电视台、福建省广播电视集团在台湾联合承办了“两岸中秋戏曲晚会”；10月17日至26日，由于魁智副院长、李胜素团长率领一团进行了第15次赴台访演。《满江红》、《霸王别姬》、《走西口》等戏的精彩呈现，受到岛内观众好评，对增进两岸人民的感情起到了积极作用。

（三）推进民生工程，把以人为本的理念落到实处

1. 竭力解决一线演职员当前困难

在财力有限的情况下，剧院关注民生，首先解决了长期以来剧院演职员中午无处就餐的问题。此后，剧院又为演员发放了练功服、练功鞋；为机关处室员工量身订做了西装制服；免除了演职员职称晋升考评、毕业生接收考试、员工车辆停泊等部分收费项目；修善了男员工浴室；更新饮水设备。调整了机关人员的结构工资，缓解了长期以来机关同志收入偏低的状况，极大地调动了员工的工作积极性。

2. 切实关心离退休老同志的物质和精神生活

院班子上任后，专门安排时间，听取了老干办工作汇报。从切实关心老同志生活为入手，在剧院经费紧张的情况下，为到龄退休同志举行欢送宴会，为离退休老同志每月增加50元菜篮子补贴。通过重阳节联欢、为老同志祝寿、举办书画展、及时探望病重人员等一系列活动和举措，让老同志们感受到组织的温暖。此外，剧院还定期召开情况通报会，及时传达剧院信息，听取建议。后人不忘前贤，这些举动赢得了老同志对剧院工作的理解和支持。

中国国家话剧院

2010年，中国国家话剧院以建设社会主义核心价值体系，弘扬主流戏剧文化为首要任务，遵循“国家扶持、转换机制、面向市场、增强活力”的改革指导原则，不断深化内部改革，勇于开拓，创新发展，管理机制转换工作全面展开，在剧院的艺术创作、品牌建设、对外交流、团队建设和规范化管理等方面开创了良好局面，初步形成了国话发展的新模式。

一、不断增强文化自觉，稳步推进主流戏剧精品建设

为加强品牌建设、扩大社会影响、推广国话剧目，自去年起逐步建立国话演出季制度。2010年，国家话剧院继续推行此种演出展示方式，先后推出了“国话之春”和“国话之秋”两大演出季以及“消夏戏剧广场”公益演出月活动，形成全年“组合套装”的演出新模式，实现了剧目与市场的完美结合，商业性与公益性演出活动相得益彰，把国家话剧院“核心品牌推广战略”理念真正落到实处，获得社会广泛好评。全年共有18

台新创剧目、复排经典剧目在演出季中相继上演，演出场次达到 600 场，观众人数累计 26 万人次，演出票房收入达到 900 多万元。由此国家话剧院常态化演出模式已初步形成。

8 月，文化部举办了“2010 国家艺术院团优秀剧目展演”，国家话剧院选送 4 台剧目参加演出，总共演出 12 场，单场最高上座率达到 100%，总票房收入 210 万元，创下国话票务销售新纪录，获得了社会各方的热烈反响。4 台参演剧目全部获奖，《这是最后的斗争》和《向上走，向下走》分别获得优秀剧目奖，《都市囧人》和《红玫瑰与白玫瑰》分别获得剧目奖。

同时，本年度新创剧目表现出良好势头，音乐话剧《肖邦》、大型话剧《四世同堂》、小剧场话剧《向上走向下走》、“时尚版”《红玫瑰与白玫瑰》、《海鸥·海鸥》，也都取得了令人瞩目的优秀业绩。其中《四世同堂》10 月底在台北中山纪念馆隆重首演，国家话剧院首次进行“大陆排练、台湾首演”新尝试，台湾演出一炮打响，引起台湾各界高度关注，该剧也是大陆赴台演出团体第一次采用商业运作模式在台推广，实现了全票房销售，3 场演出票房收入新台币 700 万元，观众人数超过 6500 人。

另外，剧院现实主义题材话剧创作在 2010 年表现格外抢眼。话剧《这是最后的斗争》得到了上至中央领导，下至百姓观众的一致好评。该剧先后荣获第六届全国话剧剧目展演一等奖、中国戏剧文化奖、话剧优秀剧目金狮奖等多个奖项。为剧院争得了荣誉，为社会打造出一台“思想性、艺术性、观赏性俱佳”的精品剧目。

二、履行国话社会职责，大力推动戏剧文化全民共享

国家话剧院肩负着传播主流戏剧文化的重要责任。在文化部的统一部署下，剧院积极参加了“文化三下乡”慰问演出。春节期间，派出演出队赴福建龙岩、漳州、泉州和福州 4 个地区，深入农村基层演出 10 余场，让更多普通百姓有机会欣赏到高雅艺术。11 月，《这是最后的斗争》作为“高雅艺术进校园”活动的参演剧目赴福建师范大学等高校演出，受到高校师生的一致好评。

同时，剧院推出低票价观剧活动。8 月份，剧院举办的“消夏戏剧广场”公益演出，首次推出 20 元的亲民票价，吸引了众多观众走进剧场。活动期间还安排了内容丰富的戏剧体验活动，让戏剧爱好者能够有机会近距离感受到话剧艺术的魅力，将普及戏剧文化、打造“百姓剧院”落到实处。

三、积极探索中华文化“走出去”新模式，不断扩大中华戏剧在国际间、地区间的影响力

本年度，国话先后有《聆听·青春》大型诗歌朗诵会赴香港演出，《四世同堂》和《青春禁忌游戏》赴台湾演出；《霸王歌行》赴日本演出；《红玫瑰与白玫瑰》“时尚版”赴韩国演出，均获成功。国话剧目出访演出的数量和质量较往年有大幅度提高，得到了观众和戏剧学者的一致认可。

其中，大型话剧《四世同堂》在台湾首演成功，成为本年度两岸文化交流的一大亮点，也成为国话境外演出采用商业模式的首个成功范例。两岸戏剧界以此次演出合作为起点，有步骤地扩大合作范围，增进合作深度，携手提升中华戏剧文化在全球的影响力和竞争力。

10 月，由国家话剧院主办的“国家话剧院第四届国际戏剧季——华彩亚细亚”成功举办，邀请了新加坡、韩国、日本、越南和我国香港 5 个国家和地区的优秀剧目参加演出活动。国话以此作为契机，与亚洲戏剧界共同就建立新的地区合作组织以促成“资源共享、风险共担、繁荣共创”的戏剧交流合作互助机制的可行性展开了讨论，达成了一致意见。

话剧《这是最后的斗争》举办了英文剧本朗读会，首次以网络视频直播形式，与在美国的合作方负责人进行现场连线交流，同步观看朗读会实况。双方就剧本有关问题展开了在线讨论，为我国首部进军美国百老汇商业演出市场的话剧作品做好戏剧文学层面的准备。

四、转换经营机制，推行制作人制度，实行艺术生产目标化管理新举措

进入 2010 年，剧院全面实施了制作人制度，以完善剧目经营责任体系。制度建立了符合演出市场规律的剧目运行机制，实现了以剧组为基本核算单位，积极拓展市场、精确进行演出核算的目标，从而加强了制作成本控制能力和剧目推广能力。制度的推出使演出收益管理形成了完整的

系统，演出项目财务核算模块已经建立，各剧组的收支损益情况有了清晰的反映，实现了演出项目的动态化管理，

一年来，在各制作人的认真履职和剧院各部门的全力配合下，新型艺术管理方式发挥出很大的作用，剧组演出场次的主动扩张性和票房收益率有了大幅度提升。2010 年的新创剧目《红玫瑰与白玫瑰》时尚版，制作人遵循市场理念对剧目进行成本有效控制，实施演出市场推广策略，仅用半年时间便收回了前期制作成本，成为制作人制度实施后首个实现盈利的剧目。其成功经验证明，实行科学的管理制度是国家话剧院实现机制转换、提高演出收益的有效途径。

五、转换用人机制，加强队伍建设，提升演艺水平

2010 年初，剧院出台了《演员管理条例》，并与全体演员签订了新版《演员聘任合同》，明确了演员以剧院为第一经纪人，以完成本院任务为法定责任的管理要求，在艺术创作中发挥主动性和创造性，不断提高自身艺术水平。措施实行以来，剧院艺术生产向心力逐步得到加强，演员的参演积极性、艺术表现力以及整体业务水平都有了显著提高。本年度重点剧目《四世同堂》组成了国话老中青三代演员的强大阵容，雷恪生、孙红雷、陶虹、秦海璐、辛柏青、朱媛媛等众多国话著名演员倾情出演，提高了剧目的观众认知度，显现出新政推行后取得的人才聚集效应。此外，文化部 2011 年春节晚会由国家话剧院承担导演、舞美设计、舞美工程和节目串联的任务，李雪健、陈建斌、陈数等一批知名演员主动调整档期参加节目录制，表现出国话演员高度的责任意识，为确保文化部春节晚会的录制质量做出了国话人的贡献。

为建立新型用人机制，8 月，由剧院与文化部艺术人才中心联合创办的艺术类职业培训示范基地正式启动，表演职业培训班教学工作全面展开。剧院已在第一期毕业学员中选择优秀人才，通过签订协议建立起演员代理关系，使其成为国家话剧院注册演员，建立起了国话表演人才资源储备机制。

六、开展理论建设，增强学术氛围，拓展国话戏剧研究新领域

国家话剧院充分发挥精英云集的人才优势，在保证日常话剧艺术创作演出外，承担起戏剧理论方面的研究工作，为社会提供戏剧学术研究成果。国家话剧院院刊《国话研究》3 月正式创刊。院刊以研究国话本体艺术创作为宗旨，力求成为面向业内、定位明确的纯艺术研究刊物，填补中国戏剧界一项重大空白。目前已出刊四期，发表学术文章 90 余篇，凭借精准的研究范围、较深入的理论探索得到了业内外人士的认可，成为话剧艺术理论研究和学术交流的重要平台，国话戏剧理论体系建设由此进入新的发展阶段。

与此同时，国家话剧院在艺术资料管理方面取得新的突破，新创办的《国家话剧院艺术年鉴》已成为记录国话艺术发展轨迹、推介国话戏剧作品、对外开展艺术信息交换的重要载体。

中国歌剧舞剧院

2010 年是文化体制改革取得重大突破的一年，在党中央、国务院的坚强领导下，文化系统改革力度进一步加大，改革步伐进一步加快。在过去的一年中，胡锦涛总书记、李长春都曾发表过关于文化体制改革的重要讲话，为剧院的发展鼓舞士气，指明了方向。中国歌剧舞剧院多次学习中央领导及文化部领导的讲话，积极面对文化体制改革，着眼于机制创新，实现社会效益、经济效益双丰收。2010 年总收入为 7666.12 万元，其中剧院自身创收为 4768.36 万元，同比增长 40.86%；人均月工资为 5697 元，同比增长 19%，演出场次为 273 场，观众总人数达 80.6 万人次。

一、积极开拓市场，收益显著

作为艺术团体，演出就是生命，场次才是硬道理。在文化体制改革的正确方针指引下，中国歌剧舞剧院积极面向市场，开拓思路，2010 年演出总场次为 273 场，其中：歌舞剧 38 场、歌舞晚会 139 场、音乐会 96 场。承办“刘邦艺术节”、“首届伊春森林音乐会”、“卢沟晓月中秋晚会”、“为世博喝彩音乐会”等大型综艺活动；出访奥地利、澳大利亚、韩国、德国、台湾等地演出。

根据国内目前市场的需求，抓住各地文化繁荣的契机，剧院于 3 月成立了“大型演出项目部”，承办国内甚至国外的大型庆典活动，改变以

往的只推出整台晚会的死板做法。该部门成立以来已为剧院创造了近480万元的收入。

为进一步加大剧院演出走市场的力度，9月召开各业务团队及相关部门中层干部会，号召全院职工在完成本职工作的同时，挖掘潜力、发挥优势、利用人脉，积极推介我院作品，并对取得业绩的职工进行奖励。使全院上下呈现人人关心剧院、付出就会有回报的良性循环势态。

二、努力创作剧目，追求精品

剧院创作始终遵循“三贴近”原则，把“演什么观众看什么”变为把观众的需要摆在首位，将观众接受作为最高目标，力争票房，做到叫好又叫座。艺术产品拥有意识形态及经济、产业双重属性。作为国家级院团，弘扬主旋律、引领大众审美，是中直院团义不容辞的责任，只有喜欢、才能接受，只有接受才能从中得到教育。剧院的创作可以说是在保证国家级院团的社会效益的基础上最大限度地争取经济效益，充分利用、整合剧院资源，创排过程中大胆创新；演出过程中不断听取观众、专家意见，多次召开研讨会；演出结束后对观众进行抽样调查。对推出的作品不断加以改进、完善。以观众喜不喜欢、认不认可、满不满意、接不接受为最终目标。

依照这样的创作方针，剧院于2010年年初推出了大型原创歌舞剧《在那遥远的地方》，这部作品融入了新疆、西藏等传统民族元素，运用现代声光电的舞美效果烘托全剧，使传统文化与现代社会相适应，与时俱进，在发展中继承，在继承中创新。作品一经推出，打破了歌舞剧没有市场的定律，不到一年的时间，演出31场，创造了剧院近几年歌舞剧演出场次的最高纪录。在文化部主办的“2010年国家艺术院团优秀剧目展演”活动中，荣获优秀剧目奖、优秀导演、编剧、作曲、指挥及主要演员等诸多奖项。目前，该剧正在进行第三次修改、排练，希望能将其打造成舞台艺术精品。

剧院于9月推出一台以蒙藏风情为主体的歌舞晚会“紫气祥云”，这台晚会打破了歌舞晚会固有的过于喜庆、热烈的特点，杜绝舞台艺术作品娱乐化倾向，做到了“静、雅、精”，看过这台晚会的观众、专家都对它清新脱俗的气质给予高度评价。

与北京大学歌剧研究院合作，复排歌剧《青春之歌》并参加文化部优秀剧目展演活动，国务委员刘延东观看了演出。这是中国歌剧舞剧院借助社会力量创排歌剧的一部代表性作品，在合作中吸取了丰富的经验，可以借鉴到今后同类型的合作项目上。

与此同时剧院歌剧团、交响乐团、民乐团也都在2010年创排了多台主题音乐会。

三、有针对性地培养人才

树立人才资源是第一资源的观念，努力创造优秀人才成长的良好氛围，将培养艺术人才、管理人才、技术人才工作落到实处。

为提高职工的工作能力和理论水平剧院在5月中旬，举办了2010年度中青年党员干部培训班；6月，组织很少有机会外出的院全体行政人员参观世博会。这一系列的培训工作提高了职工的政治素质、文化素质、业务素质。切实做到了有目的地学、有计划地学、有针对性地学。

经与文化部有关部门协商，2010年剧院向文化部上报申请专业人员出国学习计划，得到了文化部的大力支持，最终确定了出国学习的人选。这一举措既调动了大家的学习热情，又为剧院演出水平的长期繁荣和发展，提供智力支持和人才保障。

剧院人事部门按照文化部的统一部署，制定了后备干部选拔办法，完成了剧院后备干部的选拔推荐工作。后备干部的培养选拔是关系剧院长远发展的大事，院领导班子十分重视，多次开会研究部署，在工作中注意观察、主动发掘、有意培养，形成了人才成长的良好环境。

四、认真完成政治演出和公益性演出任务，做到德艺双馨

2010年，中国歌剧舞剧院院继续积极参加文化部组织的“三下乡”等慰问演出、高雅艺术进校园、优秀剧目展演等活动；出色完成中日韩第三次高端会谈演出等政治任务；积极参加为贫困学生慰问演出、为北京市民义务演出等公益性活动。

作为国家级院团，培养德才兼备的艺术家。2010年，西南旱灾、玉树地震、舟曲泥石流，哪里有灾难，哪里就有真情，一场场灾难牵动着全院上下的心。剧院为玉树地震捐款44万元。与此

同时，剧院自发组织了“一人捐出一瓶水”、“送棉衣，送温暖”等活动，都得到了全院职工的积极响应，大家捐款、捐物、捐书，一次次地献上自己的爱心。剧院职工自发为西南旱灾捐款2万元，为舟曲泥石流灾害捐款5.3万元。

五、探索机制创新，卓有成效

剧院积极转变观念、解放思想，在人事、收入分配、后勤管理等内部机制方面进行了卓有成效的探索。

中国歌剧舞剧院已实现全员岗位合同聘用制，在用人过程中坚持能借的不聘，能聘的不调，实现有行政关系人员、无行政关系人员相结合的用人方式。通过提高聘用人员的比例，改变了剧院人才队伍结构，激发了在编人员的危机意识，初步形成良好的竞争机制。在工资分配上，剧院人事保卫部依据上级机关有关文件，既考虑到科学合理，又考虑到以人为本、保持稳定；既考虑到单位今后发展需要，又结合目前人员的现状，对收入分配进行了多次预算，拉开收入差距，体现出向关键岗位和优秀人才倾斜。2010年，剧院平均月收入最多的职工为1万多元，最少的为1000多元。采用这样的方法起到了奖勤罚懒的积极作用。

剧院社教部为退居二线的演员申办考官资格，利用空闲时间服务于社会艺术考级工作，同时也参与对每年度参加考级的辅导教师进行相关培训等工作，提供了更多的就业机会。联大艺术系也充分结合中国歌剧舞剧院的艺术门类齐全的特点开设了舞蹈、器乐、声乐、学前教育等专业，帮助剧院解决了人员分流的实际问题。

改变后勤部门原有的管理理念，变为现在的在服务中加强管理的方式，把以人为本、为一线服务看做工作中的重中之重。“把演员捧在手心上”是院领导的要求，剧院不仅为年轻演员提供单身公寓，也开办了职工食堂，保留了司机班，聘请了专业保安保洁队伍，让每一个演职人员都能安心工作，尽可能减少职工的后顾之忧。

六、在党委的领导下抓好工、青、妇及老干部、信访等工作，呈现出良好精神风貌

一年来，工会工作丰富多彩。3月初，工会以“三八国际劳动妇女节百周年纪念”为契机召开表彰大会，表彰6位为剧院做出突出贡献的优秀女职工；5月，组织全院职工参加文化部第二届职工运动会，获得了团体总分第六名的骄人成绩和道德风尚奖；充分利用剧院资源为职工举办了美容、理财、拉丁舞等讲座和培训，丰富多彩的活动凝聚人心。

剧院号召青年演职人员积极参加读书活动，并在文化部直属机关党委举办的“放飞青春梦想”中青年干部读书演讲比赛中获一等奖。

剧院有离退休人员288人，老干部工作始终如一地热情、细致、周到，尊重老干部就是尊重剧院的历史，同时也稳定了民心。

高度重视信访工作，严格按照《信访条例》处理来信来访，根据来信来访反映问题的性质和内容，组织和催办信访案件，做到件件有落实，事事有回音。

剧院已连续9年获得“中央国家机关文明单位”的光荣称号。2010年，剧院的党建工作及精神文明建设又上了一个台阶，为剧院的平稳发展提供有力保障。

七、《在探索创新中前进的中国歌剧舞剧院——中国歌剧舞剧院院史》出版

剧院的演职人员人手一册，真正了解剧院的历史，增强身为剧院一员的自豪感，也感受到了做为一名工作在岗位上的职工的责任。

中国交响乐团

一、中国交响乐团“走出去”战略见成效

中国交响乐团近年来实践了“交响乐中国化，中国交响乐国际化”的艺术生产理念。在这个理念的基础上制定了“中外曲目并举、提高与普及并重、面向市场、面向大众、面向未来”的工作思路和“以市场为导向、以质量求生存、以品牌树形象、以经典立标高”的发展策略。近年来，以令人信服的艺术实力在国内演出市场创造了骄人的业绩，同时又在国际演出市场打出了响亮的品牌。

乐团6月5日应邀在莫斯科第五届世界交响乐团音乐节上演出交响音乐会，11月9日至14日又参加了第28届韩国国际音乐节。一年两次应邀参加海外国际音乐节，成为乐团贯彻中央关于“文化走出去”战略的又一次成功运作。

（一）在莫斯科：奏响“最美妙的东方交响乐之声”

莫斯科的世界交响乐团音乐节是5年前由时任俄罗斯总统普京动用总统基金而创办的，世界实力派交响乐团、著名指挥家和音乐家云集。中国交响乐团在莫斯科的音乐会由乐团首席指挥——著名的法国指挥大师米歇尔·普拉松执棒，这是中国的交响乐团首次由一位世界级的指挥大师带领参加国际音乐节演出，为音乐节注入了全新而独特的活力，音乐会在著名的莫斯科苏维埃宫圆柱大厅举行。

中国交响乐团音乐会的曲目是由普拉松大师精心编排的：著名中国作曲家关峡的《大地安魂曲》、贝多芬的《第七交响曲》和法国作曲家圣·桑的《第三交响曲》。中国交响乐团的演出成为音乐节上最抢眼的一场音乐会，因而这场音乐会的门票早早就宣布售罄，场内座无虚席。

在圣·桑的《第三交响曲》中，普拉松对这部法国交响乐经典作品的大师级艺术处理得到了乐团积极的响应，产生了迷人的音响，成为一次对法国交响乐作品的经典演绎。普拉松选定关峡《大地安魂曲》，体现了这位世界指挥大师对于推介中国交响乐新作品的热情和力度。这部交响合唱作品是作曲家在“5·12”汶川大地震后抑制不住激动的心情而创作的，表达了对此次地震和世界上所有在自然灾害中遇难者的悼念，并以人文的乐思颂扬了高尚的人间大爱，是一曲心灵的赞歌。

俄罗斯文艺电视台向俄罗斯全境和独联体国家现场转播。上半场结束时使谢幕3次，而此时门外仍围满了等退场的观众。演出结束后雷动的掌声长达10分钟。音乐会结束后，观众迟迟不肯离去，许多人围住关峡要求签名。有一位莫斯科大学经济学教授说，他看到中国有这样优秀的乐团深感震惊。他从《大地安魂曲》中听出“许多人离开了大地”，便潸然流下了热泪。演出证明了普拉松此前对乐曲所做出的高度评价——“这是一部能够代表中国交响乐新声音的杰出交响乐作品”。俄方有关人士评价这场音乐会是“奏响最美妙的东方交响乐之声”，赋予了本届音乐节以“东方交响乐文化”的主题。演出后，音乐节组委会将《大地安魂曲》正式列入音乐节的保留曲目。组委会主任被音乐会深深感动，希望乐团再次来莫斯科，并提议可以与俄罗斯的乐团交换曲目互访演出。

莫斯科市拥有近30支职业交响乐团，这里的观众有着极高的欣赏品味，能得到他们的掌声与喝彩是对乐团演奏水平的最高褒奖。而音乐会的票房飙红则宣告乐团在国外音乐节音乐会的商业运作获得成功。

（二）在首尔：“14亿中国人民的骄傲”“领衔亚洲”

11月8日，由乐团团长关峡率领赴韩国首尔参加第28届韩国国际音乐节。9、11和14日在分别在首尔文化会馆、龟尾市文化会馆和釜山市文化会馆演出了3场交响音乐会。韩国主办方将“领衔亚洲”的中国交响乐团视为“14亿中国人民的骄傲”。9台音乐会中，中国交响乐团的3台音乐会被列为重头戏。

乐团的到来为音乐节带来了经典的演绎，为音乐节添彩，9日的音乐会令韩国主办方和观众为之一振，因为音乐会上演奏了音乐节上分量最重的交响乐作品——理查·施特劳斯的后期浪漫派交响诗《英雄生涯》。敢演这部气势宏大作品让音乐节主办方感到国交很“霸气”，这部作品非极具实力的乐队是不敢染指的，在交响乐界可以说是以“《英雄》论英雄”。音乐会由国交首席常任指挥李心草指挥，李心草目前还担任了釜山爱乐乐团的音乐总监，在韩国观众中人气甚高。乐团当晚在《英雄生涯》的演奏非常令人信服，各个声部都有出彩的表现。乐队在李心草的指挥下，充分展现了理查·施特劳斯的后期浪漫主义的音响色彩。

龟尾的音乐会当天下起了寒冷的秋雨，但挡不住观众的踊跃前来。演出结束后，观众全体起立鼓掌欢呼，向乐队和指挥致敬，气氛感人。激情的音乐让观众们“乘兴而来，尽兴而归”。釜山的音乐会更为感人，一向冷静的团长关峡也抑制不住激动的心情送给乐队队员们一句话：“你们是行走在美好人生生涯中的英雄！”

韩国民众一向自视他们的乐团实力不凡。然而，当韩国音协副主席李钟一先生为音乐节物色“亚洲最好的乐团”于2010年早些时候来中国考察，观看了中国交响乐团在北京的音乐会后，当即对中国交响乐团刮目相看，尤其是“管乐艺术之精湛、水平之高超、音色之美妙堪可媲美欧美乐团，在亚洲乃为翘楚，至少韩国的乐团无可比拟。”他找到了“亚洲最好的乐团”，于是就有了音乐节的节目单上将国交的3台音乐会都冠以“领衔亚洲”和“14亿中国人民的骄傲”的标题。乐团在龟尾市文化会馆的演出，《英雄生涯》同样将市长南有镇和夫人深深地折服。市长在这里接待过不少像英国BBC交响乐团这样名团名家，可这次他说：“我觉得，你们（国交）是最好的、最伟大的乐团！你们奏出来的声音让我很震惊！”

看过中国交响乐团的演出后，韩国乐界的一些朋友纷纷表示，中国交响乐事业是当今亚洲最为活跃的音乐力量，而中国交响乐团是引领亚洲的一支不可忽视、最为看好的劲旅。

中国交响乐团的这两次海外国际音乐节演出不是政府出资的文化交流项目，也不是“自娱自乐”性的赠票拉观众方式，而是在常态国际交响乐市场中通过了市场的考验，让世界看到了乐团自身的艺术实力，展现了中国交响乐演奏的水准，向世界一流交响乐团的地位迈出了坚实的一步。

二、中国交响乐团全员阵容的“高雅艺术进校园”专场音乐会

中国交响乐团的“高雅艺术进校园”专场音乐会以全员阵容巡演。由于2009年在天津举行时受到了热烈的欢迎和高度的赞誉，因此2010年乐团受文化部委派，增加了场次，进行了更大规模和更高艺术水准的巡演，分3次赴南京、沈阳和杭州以及北京大学的百年讲堂进行了14场“高雅艺术进校园”的巡演（其中12场是三部一委分派任务，另外的北大新生音乐会和南京加演的一场是计划外应邀增加的场次）。乐团为2010年的巡演进行了精心的策划、周到的安排和认真的排练，排出了更强的阵容和更精到的曲目。

巡演于6月在南京拉开了序幕，分别在南京航空航天大学、南京理工大学、南京中医药大学、东南大学和南京艺术学院东南大学演出了5场专场交响音乐会。在南京航空航天大学的首场演出江苏省教育厅副厅长出席了音乐会。

其中6月11日在东南大学的音乐会是计划外的演出。该校闻讯后主动找到国交，希望能在该校加演一场，这里正在举大学生艺术节。国交欣然接受邀请，利用下午休息时间在东南大学加演了一场。

在南京艺术学院，音乐系的同学们热情最高，也是交响乐团最在行的知音，他们在演出结束后全体起立鼓掌，为精彩的演奏，也为乐团的职业素养致敬。

9月5日，在北京大学的百年讲堂的“北大新生音乐会”音乐会由乐团的首席指挥——著名的世界级指挥大师米歇尔·普拉宋执棒。

普拉松率领国交奏响贝多芬和俄罗斯作曲家穆索尔斯基的交响乐作品，为初入大学的学生上了一堂轻松愉快的交响乐普及课。加盟“高雅艺术进校园”活动是大师自己提出的要求，他一向非常重视在年轻人中普及交响乐艺术。在得知能为北京大学的新生举办音乐会之时，普拉松就表现得非常兴奋，在他眼中大学生是未来的社会精英，能为他们演奏是自己的荣幸，也是责任。演出中普拉松还“兼职”做起了音乐讲解员。这里的大学新生许多人从没看过交响音乐会，现在一入学就欣赏到世界大师指挥国家交响乐团的演奏，成为了他们人生经历中的珍贵记忆。

国交团长关峡在演出结束后接受采访时表示，北大每年举办新生音乐会的做法非常好，其实这样的音乐会应该在中学甚至小学举办，让孩子们初次接触交响乐的时间提早。国交在北大的演出引来了媒体的热切关注，在首都的多家媒体都有报道。

9月，中国交响乐团赴沈阳在沈阳大学（14日）、沈阳工业大学（15日）、沈阳工程学院（16日）和东北大学（17日）进行了4场“高雅艺术进校园”的音乐会，音乐会由著名指挥家姜金一指挥。在辽宁中医药大学的音乐会开幕前，看到乐团排练的学生在校园内奔走相告：“快来看呀！你们从来没有看过的东西！”在这里，许多学生来自乡村，那里是二人转盛行的地区，交响乐对他们来说既新颖又神奇。

11月，中国交响乐团在杭州举行四场“高雅艺术进校园”活动，由乐团特邀指挥陈燮阳执棒。11月18日，乐团在杭州浙江艺术职业学院实验艺术剧场的首场演出。928个座位的剧场座无虚席。省教育厅鲍副厅长和省文化厅来副厅长出席了音

乐会。音乐会上即有柴科夫斯基的交响曲，也有雅俗共赏的百老汇音乐剧主题集锦。陈燮阳曾多次指挥国交演奏过这些曲目，但这次演出他又做出了新的艺术处理，令演奏更为多彩多姿，精彩纷呈。11月19、20日，乐团在浙江工商大学和中国美术学院继续演出。

11月21日，乐团在浙江大学永谦剧场的专场音乐会场面最为热烈，闻讯赶来的同学在门外冒雨排起了长龙，为使更多同学能欣赏到音乐会，剧场里加了许多座位，过道的地上都挤满了同学。为保证安全，乐团和校方紧急协商，限制了人数，但场外仍有二三百位同学排着队不愿离去。音乐会上，还有地方兄弟交响乐团浙江交响乐团的乐手们前来观摩，他们一直站着看完音乐会。音乐结束后同学们起立欢呼，堪称爆棚。

在这些音乐会后，心情久久不能平静下来的同学们纷纷发表观后感。东南大学的赵方屹同学说："第一次听交响乐，就是听的国家最高级水平，给心灵由里到外重新冲刷了一遍。"杭州浙江艺术职业学院表演系大一新生鲁浩栋说，他很少有机会听高雅音乐，这也是第一次听国家交响乐团的演奏，刚才听关峡的《激情燃烧的岁月》主题曲一下子就联想到了同名电视连续剧中的情景。他很羡慕北京的大学生，"他们一定能经常欣赏到这样的高雅音乐会吧？十分期望国交能再次来杭州演出。"

国交的这14场进校园活动从筹备到策划实施，都是扎扎实实，即从大处着眼，又从细节做起。演出阵容是全员大编制，没有丝毫的缩水，甚至有世界超级指挥家普拉松的出场，从而产生了良好的社会效益。南京和浙江的高校都希望国交以后每年都来，浙江大学的负责人说，希望国交在浙大的"进校园"音乐会能固定下来，每年为新生演出一场交响音乐会，甚至更多。

三、继续打造金色品牌音乐会

"龙声华韵"系列音乐会是中国交响乐团的响亮品牌，这个系列的音乐会是中国交响乐作品专场，体现了乐团"走中国交响乐之路"的宗旨。自2004年来，已经先后举办过近40场，为十八名中国作曲家举办了个人交响乐作品专场音乐会。2010年举行了"徐振民作品音乐会"、秦文琛的交响曲《对话山水》（世界首演）、刘聪曲/阮振铭词的交响合唱套曲《珠联璧合》（世界首演）。还举办了"海兰江，长白情——中国朝鲜族作曲家获奖作品音乐会"。这些音乐会在业内受到了高度评价，是对中国交响乐创作的大力支持，是对中国交响乐发展的力举。国交系列音乐会的其他品牌，例如"新年音乐会"、"音乐会歌剧"和"聆赏经典"进一步扩大影响。7月25日，国交2009～2010音乐季闭幕演出在北京音乐厅隆重举行，演出了理查·施特劳斯的歌剧《莎乐美》。这是内地乐团首次上演理查·施特劳斯的整部歌剧，业界认为《莎乐美》的配器丰富而复杂，指挥、乐队演奏、演员演唱难度极大，个别角色甚至是以前所有亚洲人不可能完成的。

9月4日，国交首席指挥普拉松执棒的"大师风范"音乐会作为文化部展演的闭幕式音乐会获得优秀剧目奖，这是国交"聆赏经典"系列音乐会。12月26日，乐团推出的"中国之声"新年音乐会，首次以中国作品为主，更贴近中国百姓的审美口味和情感表达。

四、合唱团艺术生产实力飙升

中国交响乐团合唱团近年来艺术生产实力迅速飙升。2010年伊始，合唱团就奔赴苏州演出了2场《燃烧的岁月》，回京后稍作休整，元月25、26日又在福建的莆田进行了2场演出。2月份，合唱团与乐队合作在国家大剧院举行了"毛主席诗词专场音乐会"和在空军大院"空军迎新春音乐会"的演出。6、7月份，合唱团与保利集团合作，携"金曲回声——流行新编合唱音乐会"赴温州、泰州、合肥等10个城市巡演；8月份，以"红旗飘飘"大型情景合唱音乐会参加了文化部举办的优秀剧目的展演，获得优秀剧目奖；10月份，先后在河南多所大学进行了8场"进校园"公益演出。为了使合唱团更好的了解世界合唱水平，在艺术上更上一层楼，特聘了外籍专家任合唱团的客席常任指挥，这对合唱团走出国门，走向世界是很大的支持和帮助。在外籍专家指导下，合唱团在北京音乐厅举行了2场"外国经典合唱"作品音乐会，得到了各界一致好评。

2010年是中国交响乐团紧张忙碌，团结奋斗的一年；这是全团面对日趋激烈竞争，继续保持稳步发展的一年。2010年，艺术生产应对了世界金融危机带来的负面影响，继续开拓市场，全年演出116场。这更是中国交响乐团在艺术水平上长期脚踏实地，厚积薄发的一年。

中国东方歌舞团
（中国东方演艺集团有限公司）

2009年11月，中国东方演艺集团正式挂牌成立，率先迈出中直院团转企改制的步伐，这是坚实的一步，探索的一步，更是突破的一步。改革将中国东方演艺集团从过去越走越窄的死胡同推向了一条高速发展的快车道。

一、统一思想，转变观念

这一步着实不易，“东方”的改革经历了一个停滞不前到快速推进的艰难蜕变过程。从挂牌成立一直到2010年2月，“东方”的改革一直处于“真空状态”，由于部分干部思想上抵制畏难情绪，各种实质性的改革措施都无法推进，当时的集团公司仅仅是个“翻牌公司”，徒具改革之名，却缺乏改革之实。在这种情况下，演职员工对未来“东方”的发展充满迷惑和忧虑，一时间各种流言蜚语四起，当时很多人认为：“现在的东方演艺集团和原来的中国东方歌舞团换汤不换药，根本没有任何区别”。

深化改革迫在眉睫，文化部党组迅速调整了演艺集团领导班子。新领导班子2月组建后思想上始终与部党组保持一致，真正做到真改、深改，一方面坚持从“提高认识，统一思想”着手，做了大量耐心细致的工作，组织召开了近50个座谈会，集团领导班子与演职员工面对面谈话达200多人次。另一方面，坚持从“以人为本”着眼，当初在制定转企改制方案的时候，集团上下几乎是人人参与，对每一个政策节点都字斟句酌，改革方案几易其稿，充分考虑了职工利益，得到了全体演职员工的支持和拥护。4月30日，集团实现全员身份置换，彻底去掉事业编制，标志着中国东方演艺集团真正成为市场竞争主体。在签订企业劳动合同的过程中，集团有一大批符合提前退休条件的骨干力量，但他们都对转企改制充满信心，积极主动选择了签订合同转为企业身份。

二、三个翻番，四台大戏

改革充分激发了难以想象的活力、实力、竞争力，短短的几个月时间里，改制的效果得到了数字支撑，各项经济硬指标均实现了几何级数的增长。截至目前，集团公司演出总场次已达314场，2009年同期为75场，同比增长318.6%，翻了两番多；经营收入达8145.9万元，2009年同期为2550.97万元，同比增长219.3 %，翻了一番多；全体员工人均月收入约8000元，主要演员人均月收入约为1.1万元，而2009年同期仅为3321元，收入同比增长214.6%，也翻了一番多。

改革的成果，充分证明改革必要性，收入高了、演出多了，院团重新焕发了活力，改制后不到3个月时间，集团公司便推出4台大型晚会，这样的密度在改制前是难以想象的。在8月的国家艺术院团优秀剧目展演中，4台晚会集体亮相，一炮打响。在随后召开的中国东方演艺集团首届演出洽谈会上，购买演出的意向性签约达到3000多万元。院团长们都感叹：“以前是皇帝的女儿不愁嫁，现在是主动出击直面市场，海阔天空任意驰骋，改革真正解放了院团，解放了艺术生产力。”

三、解放人才，提振人心

改革的目的是出人、出戏、出效益。转企改制首先让人才得到了充分的解放，集团公司始终将“解放人才”作为改制的重要抓手，大力推进人事制度改革和分配制度改革，向一线演员倾斜，让演员成为这场改革最大收益者。改制前，机制僵化、人心涣散，有近一半的演员被闲置，百余名声乐演员和器乐演奏员几乎无事可干，而现在的东方时时都能看到演职员忙碌的身影，我要干、抢着干的景象随处可见。更重要的是改制让一大批青年人才脱颖而出，如青年舞蹈演员滕宇，改制后成功考上领衔主演岗位，收入大幅激增，而这在改制前是难以想象的。

更加难能可贵的是，转企改制得到了东方老一辈艺术家的充分肯定和支持。王昆、谷建芬、李谷一等前辈艺术家对东方新体制、新面貌高度赞扬，在很多场合都成为中国东方演艺集团改革重要的“拥护者”、“宣传者”。同时，她们还全身心的参与集团艺术生产工作，主动为集团公司的改革发展出谋划策、贡献力量。

正如谷建芬老师所说，在改制后的东方自己要“退而不休”。

中国东方演艺集团的转企改制之所以在短期取得显著的成绩，离不开党中央、国务院的英明决策，离不开文化部党组的大力支持，离不开文化部领导的亲切关怀。蔡武部长高度重视，亲自视察集团公司进行调查指导。王文章副部长多次视察集团调研论证，并多次针对集团的改革方案做了重要批示。在改革的过程中，部党组不遗余力的为东方的转企改制做了大量工作，创造了各种有利条件，想方设法为集团公司的改革充当减压器和动力机。

当前的中国东方演艺集团正处于关键的历史节点，改革刚刚起步，成绩显著，但问题犹存。首先企业核心竞争力建设任重而道远。“东方”这个品牌虽然在全国有着很大的影响力，但中国东方演艺集团这块牌子只是刚刚起步，转企改制后形成的优质艺术资源还没有真正转化成艺术品牌。其次深化改革的任务还异常艰巨。现在的东方演艺集团只是具备了一个企业的雏形，无论是体制机制、思想观念、资本运作、产业发展等各个方面仍然滞后于当前迅猛发展的宏观形势。

同时竞争的压力无处不在。集团公司无论是艺术产品的质量还是领军人才的储备，与国外高端艺术品牌竞争还存在着明显差距。

改革将中国东方演艺集团从过去单纯票房经营转为产业化经营、立体化发展。正如东方演艺集团董事长顾欣所说：“改革撤掉了东方越走越窄的‘独木桥’，架起了四通八达的‘立交桥’”。在今后的发展中，中国东方演艺集团将深入贯彻党的十七届五中全会精神，以国家“十二五”规划为指导，在思想上始终与党中央及部党组保持高度一致，坚持深化改革、大胆创新，在“十二五”期间全力以赴的将中国东方演艺集团打造成为弘扬中国先进文化、高雅艺术的“示范基地”；推动中国艺术品牌“走出去”的“战略要地”；创造艺术生产新标准、新理念的“先锋阵地”。让中国东方演艺集团真正成为“演艺产业化，产业立体化，资源集群化，人才国际化，市场全球化，品牌资本化”以上市为目标的国际级演艺文化产业航母。真正做到无愧于党，无愧于时代，无愧于人民。

中国儿童艺术剧院

2010年，中国儿童艺术剧院团结奋进、开拓进取、稳步发展，在繁荣艺术创作、拓展演出市场、完善管理机制、改善职工生活等方面，迈上了一个新台阶。

一、坚持艺术的高品质与多样性相结合，贴近少年儿童的审美趣味和文化需求，戏剧创作取得可喜的成绩

国家艺术剧院重要的职责是在艺术创作上发挥先导作用。中国儿童艺术剧院面对的是青少年儿童，他们是祖国的未来，民族的希望，因此作品不仅要有娱乐性，更要追求艺术的高品质，用舞台艺术的表现手法，春风化雨般地融入真、善、美的品德，让孩子们在快乐的艺术享受中得到精神的升华。与青少年儿童想象力丰富、好奇心强的心理特征相适应，儿童剧作品要用多种多样的艺术表现形式来呈现。不论是童话剧、青春剧、音乐剧、神话剧还是动漫剧，不论是现实题材还是历史题材，不论是大戏还是小戏，只要孩子们喜欢，都可以为我所用。

2010年，中国儿艺秉承这一理念进行艺术创作和演出，成效显著，新创剧目4部。其中《西游记》（第三部）是近3年来着力打造的神话舞台连续剧《西游记》的收官之作，已于7月首演。《西游记》以“有追求就会有快乐，有信仰才会有力量”作为贯穿全剧的主题，既不拘泥于原著的每一个细节，又保持了原著的精髓，还糅合了当代孩子喜爱的时尚元素，在儿童戏剧舞台上再现了中国优秀的古典名著。

《太阳鸟》取材于古典神话传说《山海经》，全剧围绕“责任”这样一个为不少当代家长和孩子们容易忽视的观念展开，结构了一个10个太阳兄弟、后羿、天后和妖怪之间斗智斗勇的故事，已于春节期间首演，8月走进了国家大剧院，并到浙江杭州等5个城市巡演。

《天蓝色的纸飞机》是现实题材儿童剧，在题材的选择和服务对象的定位上，都有所突破，全剧用一个流传的“大西洋的奇迹”的故事贯彻始终，透过一支支天蓝色的纸飞机，表现了深沉的父爱。该剧11月走进了四川灾区校园，那些在震灾中失去亲人的孩子们从剧中感受到了亲情、友情的力量，看到了生活的美好希望，反响热烈。

《罐头小人》是为低幼的孩子创编的小剧场剧目，充满了神奇和奇思妙想。在该剧的创作中，中国儿艺大胆起用年轻的艺术骨干，锻炼和培养新人。为年轻人搭建了创作的平台。

二、坚持面向观众面向市场，调整经营机制拓展市场，演出效益长足增长

演出是艺术剧院的基本生存方式和价值体现方式。适应市场的变化，改善和加强演出营销策略与机制，让更多的家长带着孩子走进剧场，是中国儿艺殚精竭虑孜孜以求的目标。

2010年，中国儿艺建立了从剧目策划、论证、立项、测算到制作、排练，再到宣传、推广、营销、演出一条龙的剧目生产营销机制，将制作营销一体化，规范艺术生产流程，提高艺术质量，降低运行成本，开拓演出市场，最大限度的实现了剧目资源、剧场资源、外地演出网络资源、媒体资源的整合，形成了合力。特别是率先实施了优秀剧目轮换上演制，以自有的剧场为阵地，定时、定点轮番上演保留和新创剧目，围绕这一演出的轴心，建立多样化的剧目营销渠道和方式，是中国儿艺推行经营方式改革的重大举措，取得了良好的效果。2010年，共计上演了18部儿童剧，全年演出509场，在演出样式、演出收入、观众人数和社会效益上，实现了鼓舞人心的新跨越。

三、坚持科学发展，亮点喜人，参加国家艺术院团优秀剧目展演、实行优秀剧目轮换上演制、对外文化交流、首次走进新疆获得巨大成功

学习实践科学发展观的重要成果，就是进一步明确了今后5年总体发展思路。坚持“二为”方向和“双百”方针，坚持“继承、发展、创新”的儿童戏剧发展之路，把繁荣发展艺术生产作为中心任务，把不断满足青少年儿童精神文化需求作为根本出发点，实施多元发展和品牌发展的战略，深化艺术生产经营、劳动人事、社会保障和收入分配制度改革，推动艺术创新，把中国儿艺建设成为中国儿童戏剧创作演出的最高殿堂，中国儿童戏剧对外交流的首要窗口，中国儿童戏剧艺术教育普及的重要基地。

（一）积极参加文化部2010年国家艺术院团优秀剧目展演等活动，成绩突出

在展演中，《西游记》（第一部）荣获优秀剧目奖，《天蓝色的纸飞机》、《太阳鸟》荣获剧目奖；《小兔快跑》荣获优秀演出奖。一批艺术工作者获得了优秀导演奖、优秀编剧奖、优秀作曲奖、优秀舞台美术奖和优秀表演奖。

在其他评比活动中，也取得了优异的成绩。《小蝌蚪找妈妈》荣获第六届中国国际动漫游戏博览会暨2010卡通总动员最佳动漫演出大奖，全国戏剧文华奖、话剧金狮奖（2007～2010）《西游记》、《小吉普·变变变》获得“优秀儿童剧目奖”，《太阳鸟》、《小蝌蚪找妈妈》荣获东城区2010年度优秀剧目奖。《西游记》荣获国家舞台艺术精品工程2009－2010年度资助剧目。

（二）以品牌打造为核心，实行优秀剧目轮换上演制，带动剧院建设整体发展

利用中国儿童剧场地处北京核心地段王府井的优势，全年轮换上演剧院优秀剧目，做到周周有演出，月月有活动。经过不懈的努力培育，“逛王府井、看儿童剧”，已成为首都观众心中的文化品牌，中国儿童剧场已是孩子和家长认可的首都儿童戏剧中心。

（三）以弘扬中华文化为目标，迈开走向世界的步伐

坚持“请进来”和“走出去”相结合，盯住世界儿童剧演出市场搞创作，开辟了合作策划、合作制作、合作演出的走出国门之路。与日本道化剧团合作了《小吉普·变变变》、《三只小猪·变变变》，并于3月到日本的福冈和东京等地演出，受到热烈欢迎，同时还签订了2011年联合创作《小卡车·变变变》的协议。6月，邀请越南青少年歌舞剧院来京演出，得到了北京孩子们的喜爱。与澳大利亚墨尔本艺术中心合作的大型原创视觉舞台剧《十二生肖》，也将赴北美巡演。从策划开始就寻找国际合作伙伴，利用双方的资源促成交流和巡演，是一条可行的道路。

（四）积极响应文化部“文化援疆”的号召

9月5日至16日，荣获文化部首届优秀保留剧目大奖的大型经典童话音乐剧《马兰花》和益智儿童剧《小吉普·变变变》，赴新疆慰问演出，为新疆少年儿童演出29场，2万多孩子观看了演出。这是中国儿艺首次走进新疆，也是中国儿艺响应文化部的号召组织荣获首届优秀保留剧目大奖的经典剧目《马兰花》全国巡演的第一站。

四、坚持走向基层，走进西部，为老少边地区的少年儿童服务，公益性演出获得广泛赞誉

争当公共文化服务的排头兵，是部党组赋予国家艺术院团的使命。中国儿艺在面向市场，着力开拓北京和经济相对发达地区商业演出的同时，始终不忘身为国家剧院对贫困地区孩子应承担的责任，2010年中国儿艺精心组织了95场公益演出，北至黑龙江，南达广西，西抵新疆、甘肃、宁夏、四川，许多地方的孩子们是第一次看到国家艺术院团的演出，第一次接触到儿童剧。孩子们不仅仅欣赏到了高水平的戏剧艺术，也深深感到来自文化部的关爱，无形中增强了孩子们对祖国的热爱，对生活的向往。在孩子们热情的欢呼声中，在孩子们沉浸艺术享受的眼神里，演职员们更体会到从事儿童戏剧事业的价值和意义。

五、坚持解放思想，转变观念，以发展艺术生产为中心，深化改革，创新机制，剧院经营管理的科学化、规范化水平进一步提高

中国儿艺组织干部职工认真学习胡锦涛总书记的重要讲话精神和李长春年初视察中央歌剧院的讲话精神，紧紧围绕发展艺术生产这个中心不动摇，牢牢把握“出作品、出人才、出效益”这个根本任务不放松，把解放思想与解决实际问题结合起来，把推进改革与维护职工利益结合起来，按照事业体制、企业化管理的基本思路，着力转变经营机制，改善内部管理，促进了艺术生产力的解放，调动了干部职工的积极性和创造性。

在转变经营机制方面，一是初步建立起多渠道立体化的剧目营销推广网络，探索出具有中国儿艺特点的演出运行模式。二是着力科学整合内部各类资源，充分发挥资源效益，努力开辟新的发展渠道和增长点。

在改善内部管理机制方面，一是完善全员聘用制，总结历史经验，完善聘用合同。二是建立健全岗位设置制度，定岗、定责。三是实行更加灵活的用工方式。克服传统用人方式的弊端，增强了职工队伍的活力。

六、坚持围绕中心，服务大局，以人为本，积极开展党群工作，为事业发展提供坚强保证

院党委始终抓住党的自身建设不放松，增强党组织的凝聚力和战斗力，以“创先争优”为载体，发挥党支部的战斗堡垒作用和党员的先锋模范作用，为剧院的稳定和发展提供了重要的政治保证。

一是及时传达学习中央和文化部党组的会议和文件精神，研究提出贯彻落实的措施，保证剧院发展的正确方向。二是着力搞好领导班子建设，奠定剧院科学发展的基础。三是通过支部建设搭建职工和剧院之间的联系桥梁。四是建立完善廉政监督制度。同时积极开展读书及体育比赛等活动，活跃群众生活。

2010年，荣获全国维护妇女儿童权益先进集体荣誉称号，荣获中央国家机关精神文明建设先进单位，荣获中国扶贫基金会精品爱心基金爱心企业奖，荣获文化部2010年度文化信息工作先进单位，中国儿童剧场荣获北京市东城区2010年度优秀剧场奖，荣获新浪亲子“演艺团体最喜爱网友喜爱品牌奖”。

“一切为了孩子”的责任与使命将激励中国儿艺更加自觉、更加努力、更加拼搏，坚决贯彻落实文化部的各项指示精神和工作任务，为开拓文化建设新局面，更好地繁荣儿童戏剧演出市场，推动社会主义文化大发展大繁荣做出应有的贡献。

中央芭蕾舞团

一、聚精会神搞好创作，全心全意培养艺术人才

（一）打造全新创作平台，排演新剧目，培养编作型艺术人才

2010年，剧团首次启动了旨在培养芭蕾编创人才的项目《Work Shop》（舞蹈创意工作坊），由国外年轻编导与我团年轻演员合作创作，尝试用芭蕾舞的形式表达和演绎当今的社会生活和现象。舞蹈创意工作坊不仅有利于我团积累大批新锐、优秀的剧目，而且有助于扭转中国芭蕾编创人才馈乏的困境。4月24至25日，首届舞蹈创意工作坊在天桥剧场举行了正式演出，主要演出剧目有《天黑请闭眼》、《放逐地》、《童话》、《夜玫瑰》、《超越黑暗》、《卡依D大调》、《别着急，慢慢来》等共7个新创现代芭蕾剧目。王文章副部长等司局领导，外交部傅莹副部长，以及来自舞蹈界、音乐界、戏剧界、教育界的几十位知名人士和专家学者应邀观看了演出，对演出报以热烈反响和好评，并在演出后纷纷以口头、短信和电邮等方式表达了他们的祝贺："中芭继上世纪80年代创作高潮后，又迎来了新的起点！"

（二）积极利用国际文化交流平台，合作编排剧目，培养和锻炼艺术人才

剧团近年来一直与法国使馆文化处保持着紧密的合作关系，每年坚持参与"中法文化交流之春"活动，邀请法国知名艺术家与我团共同创作、演出。5月，剧团与定居法国的编导Patrick de Bana合作编排其现代作品《呼吸》，与法国巴黎歌剧院明星演员Manuel Legris合作编排《古典大双人舞》和《多尼采蒂》双人舞，此外Manuel Legris还与剧团合作演出了法国编导大师罗兰·佩蒂的作品《阿莱城的姑娘》。除《阿莱城的姑娘》外，其余的作品都是双方合作新编排的现代及古典作品，这也延续了中央芭蕾舞团每年为观众奉献法国芭蕾新作的传统。

（三）重排经典剧目，提升品牌价值

2010年，正值芭蕾舞剧《胡桃夹子》（中国版）问世10周年。中国版《胡桃夹子》的故事背景是辞旧迎新的春节，其中包含了很多中国特有的文化元素与文化符号。为了使其更契合少年儿童的观看心理和贺岁芭蕾的特点，进一步彰显民族文化特征，发挥更大的艺术魅力和品牌价值，剧团从2010年年初开始就该舞剧的剧情安排、舞蹈编排和舞美设计等各方面均进行了大幅度的修改，并于12月23日至26日在天桥剧场进行首演。

此外，剧团还复排了《红色娘子军》、《大红灯笼高高挂》、《奥涅金》、《天鹅湖》等经典剧目，使全年上演剧目达到十几部，不仅满足了广大芭蕾爱好者的欣赏要求，同时扩大了芭蕾这门高雅艺术在国内的影响。

二、优化经营管理，大力拓展国内演出市场

一年来，剧团继续加强经营管理，积极开拓国内演出市场，在取得较好经济效益的同时也取得了较好的社会效益。截至12月底，剧团全年共演出151场，其中大型舞剧演出99场，乐队举办各种音乐会和为国外芭蕾舞团伴奏16场，"高雅艺术进校园"公益性演出41场，演出收入1810余万元。具体体现在以下几个方面：

积极参加文化部主办的"2010年国家优秀剧目展演"，全力以赴复排、演出近年来最具影响力的4台大戏——《奥涅金》、《牡丹亭》、《芭蕾精品荟萃》和《天鹅湖》。剧团不仅在票房上取得了平均上座率99.5%的骄人成绩，更是以高水平的演出质量和优秀的精神风貌赢得了文化部专家评委和广大观众的高度赞誉。剧团参演的4部剧目和个人获得了"优秀剧目奖"、"优秀演出奖"、"优秀导演奖"、"优秀表演奖"等众多荣誉。

在营销手段方面，策划大型户外广告、地铁广告，新闻媒体的软文章、低票价的讨论、套票销售，以及中央电视台等知名电视台制作的专题节目，一波接一波，不断地形成宣传热点，起到了一定的营销效果，并初步形成了在北京地区5个固定的演出时间段（即3月、5月、8月、10月和12月），3个剧场（即天桥剧场、国家大剧院、北京大学百周年讲堂）；在国内其他地区，则形成了3个巡演时间段（即1月、6月和9月）。

在公益性演出方面，完成了教育部、财政部、文化部联合举办的"高雅艺术进校园"活动，共演出28场，涵盖郑州、武汉、成都、西安、广州、厦门的28所大学，使近10万大学生亲身感受到了芭蕾的魅力。此外，剧团还与首都精神文明办和杨澜基金会合作在北京各中学继续开展"走进芭蕾"活动，不仅普及了芭蕾知识，而且扩大了未来潜在的观众群。

拓展和相关艺术门类的交流合作。2010年，剧团和著名作曲家叶小刚组织的北京国际音乐周合作，演出由20世纪作曲家作曲的剧团保留剧目。通过参与音乐周等其他渠道的演出市场，剧团在扩大芭蕾市场份额的同时，也加强了和其他艺术机构的合作交流，互相取长补短，使剧团未来的艺术创作更加具有创造性和活力。

三、积极贯彻"走出去"战略，进一步增进国际交流

2010年，中芭在文化部的大力支持下积极贯

彻“走出去”战略，其中有三个亮点：

1月2日至10日，剧团应邀在极负盛名的荷兰音乐剧院演出了4场《大红灯笼高高挂》，引发当地观众的热烈反响，媒体进行了大量报导，当地政界也密切关注我团演出。我国驻荷兰大使张军说：“外交与文化艺术是相辅相成的，即同一个舞台两种形式的表演，两种信息的传递。中国在走向发展强大的同时，让世界更了解中国、认识中国，认同中国的发展模式，仅靠外交人员是做不到的。中芭的演出为我国外交战线的工作者送上了外交工作的宝贵资源与平台，为我国外交工作做出了重要贡献。”

10月8日至9日，受文化部委派，剧团在新加坡国立大学文化中心礼堂演出了2场“庆祝中国与新加坡建交20周年——芭蕾精品晚会”。我国驻新加坡大使魏苇说：“享誉国际的中央芭蕾舞团在新加坡隆重推出芭蕾精品晚会，为两国公众在纪念建交活动之际了解中新关系和中国文化艺术，并获得文化艺术享受，提供了难得的机会。”

10月30日至11月30日，中芭携《大红灯笼高高挂》和《三合一精品》节目（即《吉赛尔》二幕、《祝福》二幕和《黄河》）在巴西6个大城市（阿雷格里港、库里蒂巴、圣保罗、里约热内卢、巴西利亚及贝洛奥里藏特），进行了为期一个月的巡演工作，演出总共18场。这是中芭历史上第一次赴拉美国家进行大规模商业演出。巡演在每一个城市均大获成功，获得当地巴西观众和媒体的热捧。除正式演出之外，剧团还对当地贫困家庭和学校学生开放彩排，并由冯英团长现身说法，为兴趣浓厚的观众介绍剧团和《大红》剧，加深了他们对这部中国作品的理解，从而更深入地了解了中国的文化。

除了大规模国际巡演之外，剧团演员2010年还频繁参加国际芭蕾舞比赛，并赴各国舞蹈团体进行客席演出。两对年轻演员曹舒慈和张熙、张思园和马晓东6、7月间分别参加美国杰克逊国际芭蕾舞比赛和保加利亚瓦尔纳国际芭蕾舞比赛，并在这两个世界顶级赛事中取得1金2银一铜的优异成绩。同时，我团还委派实力派演员朱妍、张剑、盛世东、郝斌等参加了汉堡尼金斯基国际芭蕾舞明星荟萃演出、巴黎爱丽舍宫国际芭蕾舞明星荟萃演出、斯洛伐克及布达佩斯的国际芭蕾舞明星荟萃演出，获得了当地主流媒体与观众的高度赞誉。这一系列的交流演出活动，配合剧团大型的国际巡演，进一步提升了剧团作为中国文化窗口的国际知名度和艺术影响力。

四、完善剧场设施设备

在基础建设方面，2010年投资1300万元较好完成了天桥剧场的维修改造与舞台专业设备的更新工程，排除了安全隐患、改善了硬件设施、提升了剧场形象，获得了众多演出团体的一致好评。同时，天桥剧场管理层为了减少4个月无法经营所带来的损失，想尽一切办法扩大经营，争取好的项目，为打造场团合一的优势作出了较大的贡献。

中国美术馆

2010年是进一步深入学习科学发展观，全面推动文化建设“两大一新”，实现“十一五”规划目标的关键一年。在部党组的正确领导下，美术馆领导班子坚持以新的文化理念为指导，深入探索公益性文化事业发展的规律与特点，不断研究把握国际国内形势对美术馆事业发展的新要求，贯彻“高举旗帜、围绕大局、服务人民、改革创新”的总要求，紧紧团结依靠全体干部职工，以服务公众、推动美术发展为出发点和落脚点，提高展览、收藏、研究、公共教育、对外交流等业务水平，大胆深化内部机制改革，全面实施“强馆”战略，大力推进“新馆”建设，充分发挥了公共文化服务机构的职能，进一步确立了国家美术馆的地位。在文化部组织的全国重点美术馆评估工作中受到专家组的肯定。

一、树立精品意识，加大自主策展力度，科学安排展览结构，以突出主流，呈现多样的美术展览不断满足人民群众日益增长的文化审美需求

2010年，在美术馆内举办各类展览总计128个，其中由美术馆独立策划的展览29个，约占全年展览的1/4；美术馆参与主办的展览23个，承接外来单位展览76个。展览品类丰富，包括油画，国画，书法，雕塑，摄影，以及版画、水彩画、扇面、漫画、木刻、皮影、连环画、年画、紫砂、漆艺等其他综合类展览。多年来，美术馆坚持加强研究、自主策划、选择引进的专业发展道路，不断以本馆的学术实力和研究成果，向社会推介中国美术的精品佳作，使美术馆的社会影响力和学术号召力不断增强。2010年，美术馆自主策划了“虎年新春贺岁大展”——“情境书法大展”与“中国年画大展”、“胜利属于人民——纪念中国人民抗日战争胜利65周年美术作品展览”、“影中戏——中国美术馆藏皮影艺术珍品展”等都以独特的形式，丰富的内容，配合多种公共教育项目和宣传形式得到观众的肯定和欢迎。而“建构之维——2010年中国当代艺术邀请展”、“沉思墨镜——卢沉、周思聪艺术展”、“漆彩人生——乔十光漆画艺术回顾展”、“方增先艺术回顾展”等则突出展览的学术价值，专家学者从中可见国家馆的学术眼光与视域。美术馆自主策划和主办精品展的能力不断增强，还表现在对现当代美术史上具有影响力的重要画家及作品，给予准确把握，提炼成对应社会文化心理的展览和教育项目。2010年，备受关注的美术大家张仃、华君武、吴冠中相继辞世，美术馆在第一时间抓紧筹备、向社会推出他们的纪念特展。

2010年，美术馆还不断挖掘自身学术潜力和收藏优势，为那些向国家无私捐赠艺术品的画家举办弘扬其高风亮节的艺术展，先后举办了“朱德群回顾展”、“王琦捐赠外国版画作品展”、“林岗60年艺术回顾展”和“庞涛60年艺术回顾展”、“李瑞年百年诞辰纪念暨捐赠作品展”、“木刻赤子——刘岘捐赠作品展”、“泥之韵——张乃英彩塑作品捐赠展”等。

本年度，美术馆积极引进各类有特色的国外艺术作品展，并采取了多方位多视角的宣传推广方式，帮助观众欣赏和解读来自异国异域的文明成果，不但开拓了视野，也建立了更多国际馆际交流。如与比利时布鲁塞尔皇家美术宫联合举办“事物状态”当代艺术巡展，是一次规模较大的从策划到实施都有特色的文化交流项目。还有“澳大利亚土著艺术展“未来主义之路”、“美国当代版画艺术展”、“立体主义时代”等都以精彩的内容和博物馆级的展示水平受到普遍欢迎。

众多精品展览如群星闪耀，为观众奉献了精美的“精神食粮”，全年观众量约75万人次。

二、继续扩大收藏成果，加强对藏品的养护与修复，深度挖掘馆藏内涵，提高藏品的利用价值

藏品是国家美术馆的根本，是政府赋予国家级美术机构的神圣职责，美术馆对此恪守宗旨，不辱使命，下大力气抓好收藏、典存、修护等各个环节。2010年，美术馆一方面做好常规收藏，一方面继续落实20世纪国家美术收藏和捐赠奖励专项计划，较好地完成收藏任务。截至11月初，共收藏中国画、油画、版画、雕塑、书法、民间美术等作品总计1063件，其中常规收藏526件，接受捐赠收藏537件。其中包括来自日本、土耳其艺术家捐赠的17件艺术品，进一步丰富了国外艺术品的收藏。

美术馆在常规收藏中坚持以大型展览和重要艺术家个展为目标，在展览中以学术、历史、审美的标准挑选艺术家的精品创作。收藏工作在总结以往经验的基础上更加注重发挥收藏委员会的作用，严格操作程序，按照收藏委员会集体决策的原则把好收藏质量关。

2010年，20世纪国家美术收藏和捐赠奖励专项计划通过对朱德群、林岗、庞涛、李瑞年等老艺术家的收藏，进一步填补了国家美术收藏的空白。而刘岘先生作为中国美术馆的老前辈，他是唯一得到毛泽东题词鼓励的艺术家，也是在中国“新兴版画”运动中它为数不多的当面获得鲁迅先生指导者，他的作品在展出后得到了观众和艺术专业人士的普遍赞誉。美术馆在从收藏立项到捐赠商谈，从确定作品到筹备展览，从新闻宣传到开幕仪式，从学术研讨到教育项目，为捐赠活动提供了一整套完美的方案，得到了捐赠艺术家的认可与赞赏。

让馆藏作品走出去，发挥其特有的功能，是典藏的目标。2010年，美术馆藏品随“国家重大历史题材创作工程巡展”活动分赴深圳、厦门、武汉、南京等地展出，在文化部艺术司的支持下，我馆与各地美术馆做好展品的运输、展览设计，并在布展、开幕式、宣传和研讨等方面提供支持，使展览一路顺利，场场成功，累计参观人数达36.6万人次。馆藏德国路德维希捐赠作品巡展分别在常熟、武汉、南京等地举行，受到热烈欢迎，参观人数达2万余人。

本年度，美术馆再次对藏品库进行清核校对工作，并落实馆外画库的扩容及设备购置，使藏品具有更为理想的存放环境和空间。根据上级有关批复精神，美术馆现已启动对邓拓先生捐赠古代作品的修复工作，并在实施中全力推进，第一批待修复作品17件中已完成10件，再现了古代珍品的丰采。藏品修复专业在我国还有待成熟，但对我馆已成刻不容缓之需，在对藏品的修复过程中，美术馆均严格规范操作程序，确保藏品安全无误。

三、进一步开拓对外文化交流渠道，扩大馆际影响，建立国际间艺术对话的窗口与平台

2010年，美术馆举办和参与了一系列“中国文化走出去”的重要展览，富有成效地对外传播了中国现当代艺术新成就，传递了友谊，加强了理解与合作，其中代表性的展览有：赴日本举办的“中国美术馆藏中国扇面画展”、赴瑞士举办的“延时——中瑞媒体艺术展”和“时代之像——中国动漫艺术展”、赴台湾举办的“此景此情：大陆油画名家写生展”、赴香港举办“国家重大历史题材美术创作工程作品展”等。通过互借作品，互办展览，将中外艺术交流嵌入展览内容和展出机制，深化了文化交流的层次与效果。在对外交流项目中，注重完善项目策划和项目管理机制。对内为公众提供了丰富的国际艺术欣赏服务，对外向世界介绍了中国美术的成果，也提升了在国际上的影响力。

2010年，美术馆接待国外代表团约近百个团组共617人次，增进了与国际同业机构的理解和友谊，提升了美术馆在博物馆界的国际形象，从而推动与国外场馆的密切合作。

美术馆2010年接待了蒙古总统、欧盟主席、澳洲总督、法国前总统等外国领导人与政要，还接待了德国德累斯顿馆长、意大利威尼斯宫馆长、芬兰国家美术馆馆长、澳大利亚国家博物馆馆长等贵宾以及国外艺术代表团等重要客人。

2010年，美术馆还在文化部外联局的支持下，与江苏省文化厅、江苏省美术馆合作，在南京举办了第五届“亚洲美术馆馆长论坛”，在国际博物馆大会期间，与上海美术馆等合作举行了“国际现当代美术馆年会（CIMAM）”，为中国的美术馆与亚洲和世界各国美术界展开系统协作建构了宽阔的平台。还按照文化部要求如期完成了驻外中国文化中心视觉系统的艺术设计工作。

四、进一步提高公共教育水平，细化公益服务职能，丰富和深化公共文化服务理念

美术馆高度重视公共教育工作，多年来围绕馆内重要展览和美术活动积极展开，通过灵活多样、丰富充实的活动方式，向社会普及美育，引导不同层次的美术爱好者深入艺术，从而达到提高民众素养，提升全社会精神文明程度的目的。这是一项水滴石穿的灵魂工程，多年来，美术馆的公共教育力度不断增强，收到良好的社会反响。2010年在原有的学术讲座的基础上，加开了一系列专题研讨会、公众恳谈会、与艺术家零距离对话、与策展人畅谈以及专业人群讨论会等活动项目。如国际性学术研讨会“文化管理在中国：博物馆观众拓展研讨会”吸引了来自国内外40多家博物馆、美术馆、文化机构、高等院校的专业人士前来参加，场面热烈生动；在“不负丹青——吴冠中纪念特展”期间，邀请了邵大箴、刘巨德两位著名教授作专场报告，向万名高校学生赠票，吸引了众多热爱吴冠中艺术的莘莘学子走进艺术殿堂领略艺术家的奉献精神；由北京大学朱青生教授所作“怎样欣赏当代艺术”的报告会结束后，我馆开办夜场“与艺术家对话”，邀请了多名重要的当代艺术家与公众面对面交流，会场配以精致酒会和展厅导览，在高雅的休闲环境中完成对艺术的鉴赏，受到公众和媒体的关注。

少儿美术实践活动是美术馆多年的“保留节目”，也是美术馆公共教育内容最为活泼部分。年初，配合“虎年新春贺岁”系列展，组织了“童子闹春——第六届我在美术馆画画”、“我在中国美术馆过大年”、“迎春书法亲子活动”，为佳节增添喜庆欢乐的气氛。“六一”儿童节期间，结合正在展出的捷克雕塑艺术展，为小朋友们奉上了别开生面的“儿童节，我们一起做雕塑”亲子活动。“澳大利亚土著艺术展”期间，展厅专门设置了儿童教育室，孩子们利用现场的灯箱和免费儿童绘画卡，用土著绘画里的符号描绘自己的旅行故事。我馆还策划推出了“感受吴冠中——中国美术馆少儿艺术体验夏令营”，孩子们在观摩大师的作品后，分组从材料体验、意象探索、形式表达、自我创新、超越边界5个不同角度进行别开生面的艺术体验活动。尝试在少儿教育活动中打破艺术表达的界限。

除了与少年儿童交朋友，引导他们热爱艺术，我馆还积极联系各中小学教师以及少年宫的辅导员、社区工作者及周边居民代表、流动人口代表、残疾人代表、武警部队代表、地区企业代表等等，邀请他们来馆参加活动并走出去参与社会各种教育研讨活动，从而实现充分交流、相互学习的良性互动，共同承担全社会的美育责任。

美术馆的志愿者队伍承担了本年度重要展览的现场讲解服务，以“纪念抗战胜利65周年美术作品展”为例，14天中，有近100人次志愿者参加讲解，服务计500小时，服务观众近达1万人次。

为全面提高义务讲解服务水平，2010年我馆加强了志愿者素质与技能培训，建立了志愿者档案，并制定和完善了相关的管理制度。

五、积蓄学术力量，注重学术导向，以良好的舆论宣传和公众服务树立社会声誉和文化形象

2010年，美术馆在学术力量不足的情况下，较好地完成了国家课题研究项目和馆内各项学术任务，共组织“李瑞年艺术研讨会”、“全国美展与新世纪中国美术发展研讨会”、“建构之维——中国当代艺术展学术研讨会”等高层次的学术研讨活动，参与“国家重大历史题材创作工程展”学术研讨会等国内外重要学术会议，配合展览出版画册，并在各类刊物上撰写介绍本馆藏品的文章，本馆网站观众浏览量不断上升。

新闻工作方面，在与专业媒体保持良好合作的基础上，推进与大众媒体、时尚媒体、外国媒体的广泛合作。从展讯发布扩展为持续性、专题性、多角度的深度报道，增强了展览活动本身及中国美术馆的曝光度，使不同阅读习惯和层面的公众都能在第一时间，全方位了解中国美术馆的动态，取得了良好的社会效果。中央电视台《新闻联播》、新闻频道及主流媒体均大量报道美术馆重要活动。

为了提升公共服务质量，本年度加大对艺术品的开发和衍生品销售，加大对馆内咖啡厅、书店、艺术商店的经营管理与设备更新，如配合“吴冠中纪念特展”、“纪念抗日战争胜利65周年展”，设计随展纪念品10余种，既满足了观众的不同需要，也为美术馆的经营创收。

为了便于观众参观和开幕活动的组织，美术馆更新了展厅内的导览设备并提供双语开幕词；规范了记者工作区，进一步细化了媒体采访办法，内部也建立了较为严谨的新闻资料归档制度。

本年度通过对国内相关场馆的调研，完成了“中国美术馆免费开放公共服务保障工程”项目申请书，并已报财政立项，为下一步实现免费开放做好准备。

六、围绕展览、典藏、教育等中心业务，做好行政管理后勤保障工作，确保美术馆各项工作高速平稳运行

社会公共文化服务功能的有效实现，有赖于高效、顺畅的内部管理。2010年，可以称得上是中国美术馆的“改革年”、“学习年”，通过整合内部管理机制，使综合管理水平不断提高。

上半年，美术馆内部机构改革工作经过整体部署，从原来的14个（1个临时机构）增加到18个（包括2个临时机构），增加的4个部门：收藏部、公共关系部、信息与传播部、艺术品修复中心筹备组都是业务和公共服务部门。同时，对行政部门的编制和领导职数做了适度压缩和精简，体现了我馆对业务发展与公共服务职能的重视，总体上进一步厘清了各部门的职能定位，理顺了工作关系。通过竞聘的方式，经馆领导班子研究，确定了新一届中层干部。

行政管理重要方法之一是会议制度，全年美术馆共召开馆长会22次，中层干部会6次，全馆大会5次，专题工作会（协调会）28次。做好文件、函件收发、归档等机要工作。全年共收文611件、发文196件，内部传文465件。确保了馆里各项工作的畅通运转。

美术馆高度重视安全保卫工作，多次在全馆范围内进行安全大排查，为确保展览安全，认真审核展览搭建项目，严格证件和防伪标发放，到目前为止，累计审核搭建展览项目40多个，发放开幕请柬防伪标4万余枚，勒令拆除不符合规定的搭建5起，因搭建造成烟感探头损坏赔偿1起，有力维护了我馆的财产安全，有效地保证了展览搭建和开幕式活动的秩序。认真做好安检工作，全年累计安检观众78万余人，检查包裹70余万件，查处危禁物品1.5万件，有效地保证了展厅安全。认真做好中央领导、外国政要来馆参观视察的安全保卫工作。2010年，累计接待吴邦国、贾庆林、李长春、刘延东等中央领导和澳大利亚总督、蒙古国总统、巴哈马总理等重要外宾来馆活动78人次，均做到了万无一失，得到北京市公安局、警卫局有关部门的好评。

中国美术馆事业的高速发展为场馆建设提出了新的更高的要求，国家决定兴建新的“国家美术馆”。新馆规模确定后，对设计任务书进行调整、细化。并积极参与北京市规划委组织的奥林匹克中心区“三馆”建设联席办公机制。在方案招标工作正式启动后，为配合征集工作，组织搜集、整理、翻译大量的国内外设计师资料，并分别与他们沟通联络。同时与招标代理公司紧密协作，反复推敲、逐条修改征集文件，使整个文件即依法依规，又能最大限度的保证各方的合法权益。11月2日，第一轮方案征集资格预审评审会召开。通过专家委员会多轮投票确定，20家单位进入下一轮招标。这些为下阶段方案设计招标工作，打下坚实的基础。

七、认真搞好党的建设，加强党性教育和反腐倡廉，做好离退休老干部服务工作

党建工作是事业发展的活水源头。2010年，美术馆党委狠抓基层党组织的思想建设，组织建设和制度建设，强调党员先锋模范作用，带领广大群众提高认识，增强能力，在各项工作中“创先争优”。年初，根据文化部机关党委关于建立学习型党组织建设的工作部署，多次组织馆党委理论学习中心组扩大学习会并制定了《中国美术馆2010年学习年活动方案》，邀请李洪峰为全体职工做了关于《社会主义核心价值与中国美术馆建设》的专题报告；制定了《中国美术馆党员领导干部脱产进修五年规划》；按要求选送了5名新党员和5名支部书记参加文化部直属机关党委举办的新党员和支部书记培训班；根据部直属机关党委要求，完成推荐评选1名文化部直属机关学习标兵和1名学习积极分子工作；组织全体在职党员完成了“文化部直属机关学习型党组织问题研究”调查问卷工作。组织美术馆全体在职党员及积极分子赴革命圣地延安参观学习，使党员干部不断树立勤于学习、终身学习的理念。

进一步完善党委相关制度，修订了《中共中国美术馆委员会会议制度》、《中国美术馆民主评议党员制度》，新制定了《中国美术馆关于开展创先争优活动制度》等。全年共培养入党积极分子14名。

在青海玉树地区的地震灾害期间，根据上级机关的部署，组织完成了向玉树灾区捐款活动，美术馆全体党员干部积极带头，解囊相助，全馆职工捐款共计57400元。

在反腐倡廉工作上，美术馆党委以党的十七届中央纪委五次全会、文化部2010年党风廉政建设工作会议精神为统一思想，认真贯彻落实《建立健全惩治和预防腐败体系2008～2012年工作规划》，制定了《中国美术馆2010年党风廉政建设和反腐败任务分工》，不断完善一整套规范有效的工作制度，加大廉政风险防范管理力度，切实做到将监督管理关口前移，把有效防范和化解廉政风险责任落实到每个部门、每个岗位、每个职工，使全体职工从思想上进一步确立“风险意识”，形成全员参与防范的工作格局，真正做到用制度管权、用制度管事、用制度管人，不断推进我馆党风廉政建设和反腐败工作。

老干部是党的事业的宝贵财富，多年来，美术馆坚持按照上级要求，切实落实好离退休老同志的政治待遇、生活待遇，日常坚持老干部看文件、听报告、参加重要会议和重大活动、向老干部通报情况等制度，年节以集体团拜和重点走访相结合的形式为老同志贺佳节、送温暖。2010年，美术馆还为全体离退休老干部发放方便药盒，并及时将馆内的刊物、展讯等资料寄送给老同志。鼓励老同志们参加文化部举办的各种兴趣班学习，并组织座谈会交流经验。老同志们对此感到满意。

中国对外文化集团公司

作为全国文化体制改革首批35家试点单位之一，中国对外文化集团公司自2004年4月经国务院批准成立以来，在文化部、财政部的领导下，不断深化体制机制改革，健全完善现代企业制度，科学规划发展思路，将企业发展与国家需要紧密联系在一起，充分发挥全国首批文化体制改革试点单位的全局性、示范性作用，努力发挥国家骨干文化企业和对外文化工作主力军作用，积极服务于“推动中华文化‘走出去’”的国家战略大局。

2010年，集团公司继续发挥独有的文化集成优势，稳步推进跨地区发展，在全国性市场渠道网络建设、内容产品制作与文化资源集成、国际文化贸易和重大国家交流项目承办等诸多方面都取得了可喜的业绩，初步构建“全产业链”运营基础格局，充分展示了文化体制改革孕育的中国新型文化市场主体强大的创新发展能力与发展空间。

一、认真开展“发展战略大讨论”，积极推进转企改制工作

2010年，集团公司按照部长办公会关于“围绕集团公司未来发展的战略设想开展大讨论”、“认清形势，统一思想，明确转企改制目标”等工作要求和蔡武部长的九条重要指示精神，带领广大干部员工认真开展“发展战略大讨论”，坚决贯彻落实中央领导同志针对规范经营性文化事业单位转企改制提出的“可核查，不可逆”的改革要求，根据文化部党组的统一周密部署，努力推进转企改制后续工作，注销了中国对外演出中心和中国对外艺术展览中心的全部事业编制，制定出了相关方案和配套性文件，在保障员工权益的前提下，依法规范平稳地推进人员身份转换工作，获得了“文化部系统四家集团公司深化转企改制工作组织奖”。

二、整合剧场资源，打造全国文艺演出院线

自2009年，按照国务院《文化产业振兴规划》的精神，集团公司开始建立覆盖全国主要消费区域的文艺演出院线。目前，“中演演出院线”成员单位已发展到15个省市38家剧场，共拥有坐席41181座，年场次超过3000场，年度观众总量达330万人次。

2010年，继广州大剧院后，中演院线再次通过全国公开竞标的方式，获得了新建上海大宁剧院的经营管理权。广州大剧院作为中演院线的旗舰剧场，自5月开业一年以来，接待了逾百家国内外艺术院团，完成各类演出274场，其中大型国际A类演出占60%以上，中直院团与总政所属院团占13%，国际国内名团名家纷至沓来，星耀羊城，一举改变了多年来世界一流名团名家演出扎堆北京、上海的既有布局，初步树立了广州大剧院的国家级剧院和华南地区最高艺术殿堂的品牌形象，成为与国家大剧院、上海大剧院鼎足而立的三大国家级演艺平台。广州大剧院与美国纽约林肯中心、百老汇尼德伦剧院管理公司、华盛顿肯尼迪中心、意大利罗马歌剧院、香港文化中心、台北中正文化中心等国际和港澳台地区著名剧院、文化机构的合作全面展开。《纽约时报》、《国际先驱论坛报》等数十家国际媒体对广州大剧院进行了广泛的正面报道。

三、打造高端演艺产品，启动了国际化音乐剧产业发展战略

2010年，《ERA—时空之旅》品牌系列经营战略规划取得实质性重大进展，继《ERA—时空之旅》迄今5年7个月的连续演出之后，集团公司与合作方联合推出了《时空之旅Ⅱ—镜界》，在上海世博会期间成功举办了试演，在听取各方面意见进行修改完善后，于2011年春节正式与《ERA—时空之旅》在上海同城进行长期演出。2011年，《ERA—时空之旅》将以版权输出的方式，进入河南鸡公山风景区长期驻场演出，成为“时空之旅”系列的第三台剧目。

根据中共中央政治局常委李长春对驻日使馆关于日本四季剧团音乐剧产业调研报告的重要批示精神，集团公司制订了音乐剧产业的长期发展战略，与上海东方传媒集团、韩国希杰娱乐集团共同组建“亚洲联创（上海）文化发展公司”，形成一个跨产业跨领域整合版权、制作、市场、资本、媒体资源，辐射华语地区的中国音乐剧产业运营平台，旨在探索全新的国际文化产品生产模式。该平台即将推出世界经典音乐剧《妈妈咪呀!》中文版，首轮全国巡演将于2011年7月在上海大剧院正式启动。作为音乐剧合资企业的首部产品，《妈妈咪呀!》中文版不仅将面向包括港澳台在内的全国市场，还把目光投向了整个华语地区。

四、中演票务通加强运营机制建设，提升销售渠道覆盖力度与广度，不断扩大市场占有率

中国对外文化集团公司自2008年开始着手规

划构建中演票务通全国票务网络系统。2010年，中演票务通不断增强运营机制与业务平台建设。目前，总部设在北京，已建立辐射全国的华东、华西、华南、华北四大区约20个分支机构，项目营销及票务网络渠道终端目前已经覆盖全国50余座大中型城市，票务销售网点在全国达到500多个，合作场馆超过650余家。中演票务通已建立了很高的品牌知名度和市场份额，业务范围涵盖演出、展览、体育、电影、旅游等类票务，成为文体票务领域当之无愧的第一品牌。

五、加强国际文化贸易与对外文化交流，提升国家文化软实力

作为中国文化"走出去"的排头兵和国家队，集团公司以服务贸易方式努力促进优秀中国文化产品出口，在面向国际市场的开拓中取得了长足进展。2010年，全年共向海外40个国家和地区的130余座城市，派出演出展览项目66起。其中，演出项目57起（包括与外方剧团合作的组台演出），共演出6000余场。其中商业演出项目占58%以上，凸显了中华文化"走出去"主力军团的重要作用，保持了唯一拥有全球演出和艺术展览业务的中国文化企业的行业领跑地位。2010年，集团公司选派了6个杂技团的96名演员分别参加了在西班牙、意大利、俄罗斯、越南等国家举办的国际杂技比赛，获金奖1枚、编导大奖1枚、银奖4枚。

集团公司在文化部的领导下，在中央办公厅、外交部等多部门的支持下，不断提升整体服务与创意策划能力，全力配合国家文化外交大局，多次高质量完成国家重大文化交流项目，取得显著成绩，受到党和国家领导人的高度肯定，并多次获得表彰和奖励。其中包括胡锦涛总书记欢迎金正日总书记国宴演出、欢迎美国国务卿希拉里宴会演出、纪念中印建交60周年暨中国节闭幕式演出、俄罗斯"汉语年"闭幕晚会、中非合作论坛成立10周年纪念演出等重大国事演出和官方文化交流项目；第10届"相约北京"联欢活动、"欢乐春节"品牌活动、"欧罗巴利亚艺术节"中国主宾国活动、瑞士"文化风景线"艺术节中国主宾国活动、俄罗斯"中国文化节"、"2010非洲文化聚焦"系列演出展览活动、中阿文化论坛等重点文化交流项目。

在开展国际文化贸易和对外文化交流中，集团公司坚持品牌创新，全力打造中国的国际文化市场名牌。几年来，在国内国外两个市场中先后打造或参与打造了"相约北京"联欢活动、"亚洲艺术节"、"中国国际合唱节"、"中国国际青年艺术周"、"中华风韵"和《时空之旅》、《武林时空》、《四海一家》等品牌活动和品牌产品，在国内外产生了广泛影响。其中，"中华风韵"品牌先后策划派出多起团组成功进入包括华盛顿、纽约、巴黎、伦敦在内的一批世界著名剧院和名牌大学演出，取得了现场演出的成功和显著的对外传播效果。

六、加强制度建设，完善现代企业法人治理结构

2010年，集团公司不断加强制度建设，为业务的迅速发展提供重要制度保障。先后制定了《中国对外文化集团公司董事会议事规则》、《中国对外文化集团公司总经理工作制度》和《中共中国对外文化集团公司委员会工作制度》，对公司治理结构做出了制度上的规定，保证了各机构的规范运作。同时，为保证党委有效参与企业重大问题决策，充分发挥党组织在公司治理结构中的政治核心地位，制定了《中国对外文化集团公司董事会、党委会联席会议制度》，在干部任免、财务开支、重大项目立项等问题上，坚持集体讨论、集体决策。2010年，集团公司还成立了职代会，选举产生了职工董事与职工监事，为集团公司董事会和监事会成立打下基础，在文化系统首开先河，为文化央企建立现代企业管理制度进行了积极探索与实践。

全年共召开董事会2次、党委会4次、总经理办公会议14次、集团月度通气会10次、职代会2次，使制定出来的集团公司多层有效的现代企业议事、决策、信息通报制度能够真正落在实处发挥实效。

在母子公司治理结构上，初步建立了子公司绩效考核制度和财务管控体系，对集团本部管理定位、各子公司从事的主要业务、市场开发与品牌宣传等问题进行调研和统一管理筹划。2010年，为强化财务管控体系，适应集团公司跨地区发展及实时财务核算与监控的要求，启动建设"ERP财务管理系统"。这一系统建成后，可以满足集团本部对子公司进行财务管理、预算管理、绩效管理及综合管控的需要。

恭王府管理中心

2010年是恭王府管理中心积聚能量、蓄事待发的一年，也是各项建设扎实推进、取得显著成绩的一年。在文化部党组的正确领导下，在各司局、各直属单位的支持配合下，恭王府管理中心深入贯彻落实科学发展观，坚持以创建国家5A级景区为契机，围绕文物保护、旅游开放、博物馆业务建设、优秀传统文化展示和文化产业发展五大职能拓展业务，开展工作，着力打造以“历史、文化、民俗、旅游”为特色的“四张名片”，积极推进恭王府古建保护和博物馆建设事业的科学发展。

一、注重学习实践，加强自身建设，党团组织和工会作用发挥更加深入明显

学习贯彻党的十七大精神，深入学习和实践科学发展观，加强党的建设，围绕年初制定的工作要点，注重将学习型党组建设和中层干部的思想理论水平建设结合起来，将党员培训和职工教育结合起来，认真抓了理论学习和业务培训，党团组织和工会较好地发挥了工作优势，为中心各项工作顺利开展奠定了坚实的思想基础。

（一）加强理论学习，提高思想建设水平

按照文化部党组总体部署，中心领导班子认真学习了十七届五中全会精神，学习了胡锦涛总书记在中央政治局第二十二次集体学习时的重要讲话精神。围绕文化部蔡武部长、欧阳坚副部长对文化事业发展的总体要求以及对恭王府发展的具体指示开展深入调研，并积极组织员工学习讨论。通过专题讲座，集中学习、研讨等培训形式，进一步提高了干部职工队伍的思想理论水平。

（二）严格落实规定，积极推进党风廉政建设

认真落实党风廉政建设责任制各项规定，深入开展反腐倡廉教育，积极推进廉政文化建设，进一步营造了以廉为荣、以贪为耻的良好风尚。同时，严格履行监督职能，加强对权力运行的制约和监督。

（三）发挥工会、共青团工作优势，着力为事业发展凝心聚力

加强对合同制员工的关注和爱护，通过工会、共青团和群众组织开展的工作，把点滴关爱、悉心帮扶融入到职工的日常工作生活中，营建了团结互助的和谐氛围，塑造了积极向上的精神风貌。同时，通过开展“创先争优”和“讲党性、重品行、作表率”等活动，使党员干部和职工队伍的思想作风和政治素质进一步得到加强，爱岗敬业、团结互助的良好风气进一步得到弘扬。

二、强化内部管理，狠抓职能转变，综合职能和人事制度建设更加严谨规范

（一）规范内部管理，加强综合服务保障

协调各部门配合，规范严格公文运转、贵宾接待、大型活动等工作流程；建立健全获奖情况统计备案制度、出差情况统计备案制度等科学化管理方式；强化督办工作，跟踪决议落实情况，确保重点项目的实施进度；实行职工培训登记管理制度，严格节假日值班考勤和加班工资发放办法。着力解决内部历史遗留问题，积极实施全园供电系统临时转正式工程，加紧办理柳荫街24号院产权过户手续，为下一步事业和产业的发展提供保障。

（二）严格财经制度，强化监督制约机制

继续推行工程和项目管理“五独立”原则等成功经验，有效防止违规违纪行为，堵塞工作漏洞；制定《大型综合项目经费预算管理暂行办法》、《固定资产管理暂行办法》，完善《文物征集管理办法》等，进一步规范资金和资产管理，同时通过加强纪检、法律、财务、审计等部门的合作，形成对招投标和政采等行为的监督合力。

（三）发挥社会优势，推进服务社会化

在绿化保洁、展厅值守、后勤保障等领域，广泛引入物业管理机制，发挥社会优势，整合内部资源，实现管理专业化，同时也大大节约了管理成本，提高了管理效率。

（四）深化人事改革，激发员工内在活力

在年度、聘期考核的基础上，结合中心机构改革和岗位调整实际，2010年底，组织开展了全员竞聘和考核工作，一次性解决了恭王府职员职级、岗职不符等长期历史遗留问题，理顺了事、企关系，优化了人员配置。同时，通过制定《恭王府管理中心返聘人员管理规定》和健全职工入聘、聘期考核机制，使中心用工制度更加规范，人才结构日趋合理，促进了中心业务工作“传帮带”的开展。

（五）加大培训力度，扎实开展在职培训和岗位锻炼

2010年，委托中央文化管理干部学院分两批对全体在职职工进行了“全员执行力”培训，通过学习讨论和模拟演练，提高了认识，增强了能力，锻炼了队伍。同时，结合工作实际和岗位需求，吸收了一批学历较高、富有朝气的合同制员工充实管理和业务岗位，通过以老带新和岗位实践、业务考核等形式，有效提升了全体员工的能力素质和业务技能。

三、探索长效机制，合理规划建设，古建维护和文物保管体系更加科学完备

（一）科学制定规划目标

古迹维护和文物保管离不开科学合理的统筹规划，2010年，与清华大学遗产研究院合作完成了《恭王府文物保护总体规划》的编制工作，开展了“恭王府花园整体修缮工程”的立项。10月，“恭王府府邸文物保护修缮工程”获得了《国家传统建筑文化保护》示范工程称号。

（二）扎实开展基础工作

2010年，中心借鉴国家博物馆现有文物储藏柜架的样式，结合恭王府文物库房实际，设计并安装了一批文物储藏柜架，基本满足了现有文物存储需求。同时，在细节上着眼于再现古建园林风貌，严格按照其历史特征和王府规制，进行复原性绿化，重点进行了古树的保护，目前花园绿化覆盖率已达60%。中心因此荣获“西城区绿化养护管理单位”称号。

（三）积极完善古建保护的功能设施

在古建区增建了游客中心、游客存包处、导游接待中心等场所。对古建群以外的24号院、原四川饭店等建筑加紧实施功能性改造，将原有对安全构成潜在威胁的餐饮等功能撤离古建群周边，既保证了产业开发的合理完善，又有效消除了古建群的安全隐患。

四、展示传统文化，体现文化担当，博物馆事业和文化发展内涵更加丰富全面

（一）精品展览异彩纷呈

为落实文化部领导对恭王府提出的“展览要小而精，打造品牌，形成特色”的要求，2010年，中心在总结前几年展览展示工作经验的基础上，及时调整了展览布局，充实了展览内容，全年共举办各类展览14项，接待参观游客145万人次，超过了过去几年的总和。其中，“印缘——李岚清篆刻艺术展”、“丹麦女王玛格丽特二世为电影《野天鹅》创作的蝶古巴特及服装设计作品展”、“多彩重阳——文化部老艺术家书画摄影作品展”、四川遂宁宋代窖藏瓷器展等，深受社会各界关注，取得了热烈反响。

（二）展示凸显王府特色

依据相关史料，参考故宫等文物规制，在专家的指导下，相继布置起书斋、闺房、藏经阁和内室客厅等王府生活场景，建立了王府书库、画库、器物库、拓片库、古籍提阅室、学术报告厅等学术研究设施。

（三）文化发展空间更加广阔

在继续办好每年一届的非物质文化遗产演出周的基础上，与北京紫砂艺术馆联合主办了“首届北京紫砂艺术节”，开办“紫砂艺术”系列讲座4期，吸引了艺术界众多专业人士。通过一系列活动的开展，将恭王府的文化品位提升到了一个新的层面。

（四）福文化内涵不断拓展

2010年，与成都武侯祠合作，将恭王府“福文化”和武侯祠“喜神文化”相结合，在当地春节庙会期间举办了“送福到家”等一系列宣传活动；与山东省旅游局、泰安市人民政府合作举办“万福之源 五岳独尊——首届泰山平安礼物创意作品全国征集大奖赛”。

五、活跃科研气氛，开拓学术视野，学术科研和业务建设相促进机制日臻完善

（一）启动名家口述历史资料收录工程

为与恭王府历史文化有关的专家学者如著名红学家周汝昌先生、清末营造世家传人马旭初先生等拍摄口述影像资料，并已启动项目编辑制作电视专题片。

（二）组织开展学术研讨、报告会

以恭王府及文化遗产相关研究内容为重点，组织开展了学术研讨和学术报告会。举办了《绝版恭亲王》新书首发暨小型学术座谈会；邀请澳大利亚华裔学者雪珥、国家文物局局长单霁翔在全体员工中分别做了“恭亲王是中国改革开放的奠基人”和“文化遗产让生活更美好”学术讲座，

营造了良好的学术研讨氛围，有效推动了恭王府在相关学术领域的研究。

（三）编辑、整理相关文献资料

将历年来论述恭王府与红楼梦关系的文章著作集结汇编成“恭王府与红楼梦”丛书，为相关领域的深入研究提供最为系统全面的资料。启动“王府文库工程”项目。文库共分六大类，现已结集影印出版了恭王府历代府主的所有诗集、文集，这将为王府文化研究提供详实的史料，为恭王府的王府文献资料中心建设打下坚实基础。

（四）积极开展文物征集工作

先后收购美国收藏者的历史老照片33张，全部为晚清时期的黑白片，内容以清末贵族和官员肖像为主，其中包括西方著名摄影师威廉·桑德斯、M·米勒的作品。与中国文物信息咨询中心合作，征集不同时代古砚近200方。这批文物不仅数量大，品种全，而且多为精品佳作，大大丰富了恭王府的馆藏，使恭王府在古砚收藏方面形成了一定优势和特色。

六、严格制度落实，切实搞好培训，安全保卫和开放管理工作更加扎实有效

（一）开展安全培训，强化全员安防意识

依据《消防法》等有关规定，结合文物古建单位特点，年初，在全体全员中组织开展了消防安全常识和技能培训。11月，在上级相关部门和属地消防、公安部门的支持下，组织全体员工开展了以“齐心协力除火患，合力构筑防火墙”为主题的消防安全宣传活动。利用旅游淡季，组织全体员工和物业员工进行了灭火器材操作技能培训和消防安全常识问答活动，使大家切实认识到确保安全是做好一切工作的前提和保证，没有安全就没有了一切。

（二）严格制度落实，有效消除安全隐患

继续严格落实安全责任制和岗位责任制，不仅狠抓了内部安防人员的管理教育，还严格了对物业、施工人员的身份审查程序。同时，严格执行会客制度、车辆出入安检制度，安防设施、消防器材定期维护更换制度，及时有效杜绝安全隐患。

（三）树立服务观念，不断规范景区秩序

在严格落实岗位责任制、执行各项制度的同时，大力倡导文明验票、热心引导，提高服务能力，树立良好形象，并在旅游高峰期采取增派安全员、增设缓堵护栏等措施，确保了秩序井然和游客安全，实现了全年安全无事故、零投诉目标。

七、改善服务环境，丰富社教模式，服务形象和品牌质量建设更加深受好评

（一）扎实推进5A创建进程

景区环境和景观价值是评选5A的重要考量依据，也是完善服务的重要体现。对照5A评定细则，在优化完善内部功能设施、强化景区管理秩序的基础上，先后增设了外部交通标志、游客服务设施，增建或改建了游客服务中心、景区公共卫生间，规范了景区出入口管理，并在属地相关部门协助配合下，有效治理了周边游商、喧闹和交通拥堵等老大难问题，周边环境有了很大改善。

（二）进一步拓展社教服务对象

开展了“恭王府残疾人公益文化日”，“务工子弟进城逛恭王府”，“敬老爱老文化月”等一系列活动，使得社教对象进一步拓展，社会关注度广泛提高。特别是春节期间推出的“残疾人免费参观日”活动，深受残疾朋友喜爱，社会反响热烈，联合国秘书长潘基文夫人给予了高度评价。

（三）积极开展公益文化活动

端午节邀请小学生举办“心灵手巧过端午”活动；教师节期间实行教师预约免费参观；重阳节邀请老年朋友举办“畅游恭王府，祈福在王府”活动；国际博物馆日和文化遗产日期间也举办了丰富多彩的公益活动，受到社会各界的普遍好评，得到观众和游客的欢迎和认可。

（四）不断丰富志愿者服务形式

不断加强日常讲解服务水平，增加对残疾和老年游客的一对一帮扶活动，得到观众和游客的交口称赞。利用志愿者服务平台，增强与高校等部门的交流与合作，2010年，恭王府正式成为北京师范大学历史学院实践教育基地。

八、培育经营项目，拓展文化空间，文化产业和文化事业良性发展机制日趋成熟

（一）突出王府独有特色培育经营项目

以王府历史文化和福文化为切入点，一方面满足了日益扩大的散客群体旅游需求，开放了蝠厅，完善了品茗等相关功能，并提供全程专人讲解、体验式导览等高端服务；一方面通过组织开展“恭王府旅游商品设计大赛”，积极进行商品创

意设计和开发，牛皮制“福”字及“乾道嘉”（“钱到家”）分获全国博物馆文化产品开发二、三等奖。

（二）着眼传承民族文化拓展经营空间

注重开发以传承弘扬中国传统文化的经营项目，如打造“非物质文化遗产商品街”，增加以祈福送福为主题的龙王庙“请福牌”项目和以展示销售恭王府书画旧藏复制品、体现民俗文化的福神年画为主的“王府画廊”，不仅丰富了游览内容，也取得了良好的社会效益和经济效益。

（三）升级销售管理系统提高工作效率

建立起全新的商品电子收银系统和电子售票系统，不仅替代了大量传统的手工劳动，也使得管理更加规范高效，同时有助于提高恭王府经营销售的整体形象，标志着恭王府的经营管理工作迈上了一个新的台阶。

2010 年，恭王府管理中心五大职能得到均衡发展，业务建设全面开花，各项工作屡获嘉奖，喜讯频传。相继获得了第 13 届“首都旅游紫禁杯”最佳集体奖，第 15 届“亚洲（博鳌）旅游金旅奖”之“大中华区最负盛名旅游景区”奖和“最具人文历史文化名胜区”奖，被授予首都文明先进单位和首都文明旅游景区称号，荣获首届十大新京味旅游名片奖，入选首批 21 家“北京市历史名园”和西城区首批著名文化旅游目的地。

文化部艺术服务中心

2010 年，文化部艺术服务中心在部党组的领导下，在各司局和兄弟单位的大力支持下，“中心”围绕党的十七人提出的促进文化工作“两大一新”的指导思想，全面深入贯彻党的十七大和十七届五中全会精神，深入贯彻落实科学发展观，认真开展“争先创优”活动，加强工作的科学化、制度化、规范化，转换思路，创新机制，求生存、保稳定、谋发展，真抓实干，各项工作均取得了显著成绩。

一、2010 年行政工作回顾

（一）深入开展“争先创优”活动，狠抓思想和作风建设

“中心”党支部围绕巩固科学发展观教育成果，依据部党组和机关党委的总体要求和统一部署，领导班子高度重视，精心组织，深入发动，统筹安排，党员干部认识明确，学习自觉，参与积极，讨论热烈，坚持把“争先创优”活动作为支部全年工作的重点来抓，活动进展顺利，成效明显。

（二）抓好理论学习，提高整体素质

为了建设学习型事业单位、培养学习型干部，通过学习提高广大干部职工政治、业务素质，规范学习制度，拓宽学习内容，改进学习方式。注重加强理论和业务知识的学习，坚持一边工作一边学习，不断提高自身综合素质水平。

（三）抓制度建设，强化行政管理

进一步规范“中心”内部管理制度的执行和监督，不断修改和完善现有制度，提高制度的执行能力，保证行政工作有章可循、有序高效的运行，为开展“争先创优”活动提供了可靠的制度保证。

（四）抓维稳建设，突出信访重点

开展争先创优，服务经济建设，“中心”结合自身实际，不断开拓创新，围绕业务建设和社会稳定，努力做好服务工作，突出服务重点，提高服务质量。坚持认真、负责处理信访工作，把信访工作作为联系群众民意的一条重要渠道。4 月被评为 2009 年度中央国家机关“文明单位”。

（五）抓效能建设，规范办公行为

一是做好办文、办会、办事工作。

二是做好档案归档和信息公开工作。

三是做好后勤事务的管理。

四是做好基建工作。

（六）抓硬件建设，营造优良环境

“中心”网站改版工作完成，由专人负责更新和维护，保证了新闻动态数据的准确性和时效性。

为了使“中心”录音棚的硬件设施能够更好地为影视作品的后期工作服务，加大基础投入，引进音频、视频先进设备，提升录音棚专业功能，紧跟国际先进技术，达到为国内影视作品后期制作服务的标准。

二、2010 年财务收支报告

（一）收入情况

上年财政拨款专项结转：21 万元

上年度住房改革支出累计结余：159 万元

本年财政拨款收入：434.52万元

其中，基本经费224.52万元（人员经费：180.73万元，住房经费：34万元，公用经费9.79万元）

项目经费210万元（美术大事记150万元，设备购置维修60万元）

2010年各项收入：455万元（事业、经营收入）

本年收入合计：1069.52万元

（二）支出情况

本年人员支出：464万元

其中：在职392万元（工资支出：265万元、住房改革支出：79万元、社保及补充保险：48万元）

退休72万元（自管：45万元、离退：27万元）

本年公用支出：476万元

基本支出：245万元

项目支出：231万元

本年经营税金：15万元

本年支出合计：955万元

本年支出中财政拨款支出500.52万元，其余需要通过自身创收454.48万元来弥补资金不足的缺口。近年来，随着工资总额的不断增长，各项保险费用也在大幅增加，2010年保险费用一项就高达48万元，离退休费用72万元，两项费用合计120万元，占到业务创收的29%。5个业务部门上交任务指标共155万元，是2008年的5.7倍。2010年创收营利突破了400万元。

三、业务工作梳理

（一）品牌建设，创新发展

过去的一年，“中心”不断努力打造属于自己的新的文化品牌。用新的视角、新的理念认识文化的地位和作用，把握方向、加强引导，创作生产高质量高水平高品位的文化精品，充分发挥文化引导社会、教育人民、推动发展的重要功能，提供更多的优质服务，更好地满足人民群众多样化多层次多方面的精神文化需求。

品牌建设一：戏曲数字化暨戏曲彩铃项目

戏曲数字化项目是“中心”与福建东讯网络科技有限公司2009年签署共同开拓的戏曲彩铃业务项目。目前，全国各种戏曲的版权资源、名家资源已整理完毕，全国20多个院团近百名戏曲名家签订了合作协议，对其所有的上千个戏曲名剧名段进行书面授权；戏曲彩铃业务运营所需硬件平台和软件系统的建设已完成；戏曲彩铃业务与移动、联通、电信三大运营商已经接入合作和后续的运营维护，中国电信戏曲彩铃业务已上线，全国用户可自行下载，移动、联通也即将上线。

品牌建设二：《中国美术大事记》

《中国美术大事记》是由美术部《美术观点》编辑部和中国美术大事记编委会主持编纂的当代中国美术史料文献。秉持“彰扬学术、史鉴后人”的编辑理念，真实、客观、公正地记录每年度每一天中国美术界所发生的每一件大事，遴选记录每年度中国美术界具有代表性、权威性和探索精神的艺术家的代表作品图录。

品牌建设三：当代中国画学术论坛

当代中国画学术论坛，立足于学术层面，探求学术真理，以有别于其他学术研讨、展示形式，公开、公平、公正地遴选、提名、邀请海内外参会画家、理论家，分花鸟、山水、人物专题设坛演讲；充分反映当代中国画坛具有学术性、代表性、权威性和影响力的不同国家、不同地域、不同门派、不同艺术主张的画家、理论家的学术观点，展示艺术家的艺术创作和学术研究成果。

品牌建设四：中国美术创作研究基地

按照党的十七大和国务院提出的大力发展文化产业，积极吸收社会资本进入文化产业领域的要求，稳步推动艺术服务中心中国美术创作研究基地的建设。截至11月10日，根据已签约10家加盟合作单位上报材料情况表明，合作期间，中国美术创作研究基地带动社会非公资本投资文化产业约为人民币50亿元，带动文化产业就业人员约15000人，直接或间接产生经济效益约为人民币100多亿元。

品牌建设五：国粹苑非遗展示

“中心”开发部在朝阳区国粹苑租用一栋24000多平方米的展馆，租期20年。目前汇集了全国近200个非物质文化遗产及传统手工技艺项目，集中了来自全国各地最具特色的传统手工技艺艺术品，在开发部国粹苑基地长期展示，为保护和传承中华优秀历史文化做出贡献，为保护和传承中华优秀历史文化做出贡献。

（二）多点出击，拓宽市场

1. 为落实联合国2010国际文化和睦年计划，组织“文化中国·中国非物质文化遗产展演”活动8月20日晚在联合国纽约总部举行。

2. 在举世瞩目的2010年上海世博会举办之际，我们举办的“全国青少年上海音乐舞蹈展演周”于8月1日至8日在上海举行。

3. “中心”与吴桥县铭扬杂技团共同承接恭王府大戏楼进行长期旅游演出，有针对性地编排具有鲜明王府历史文化特色的演出节目。

4. 《全国文华奖剧目图谱全集》于7月10日由中国戏剧出版社出版正式发行。《全集》内容包括50余万字、2500多幅图片，是迄今为止国内第一本完整系统地介绍获得文华奖剧目的典籍。

5. 编辑出版《国家级图书馆、文化馆全集》一书，收集已命名的“两馆”有关资料和照片编辑成册，正式出版，总结文化部2010年在全国开展“两馆”评估定级工作的经验，更好地展示国家级“两馆”的风采及成果。

（三）部门建设，成熟有序

1. 美术部

美术部以繁荣美术创作为工作主线，本着学术、权威、公平、公正、客观、包容的发展思路，坚持维护已有学术品牌与创新开拓新领域并重，逐步提升“3＋2＋1”学术品牌的综合实力和权威性。

（1）《美术观点》杂志

（2）《中国美术大事记》

（3）当代中国画学术论坛

（4）中国美术创作研究基地

2. 培训部

培训部以构建高品位、高标准的培训部为目标，运用理论解决实际问题的能力，取得了良好的工作成就。上半年，先后在昆明、威海、厦门等地举办了不同主题的研讨活动，对促进经济发展、弘扬先进文化、维护社会和谐发挥了积极作用。

下半年，为调整文化产业结构，进一步发展文化产业与文化事业，使产业结构更加合理，布局更加科学，文化产品和服务内容更加丰富多彩，培训部打破资金短缺瓶颈，积极吸收社会力量加入培训部并在资金、场地、环境等各方面比以前有很大改善，为下一步的培训服务工作提供了基础性保障。

3. 开发部

开发部致力于传承、弘扬中华优秀传统文化和非物质文化遗产，全国范围内全面考察调研各类非遗及传统手工技艺项目，目前汇集了全国近200个非物质文化遗产及传统手工技艺项目，集中了来自全国各地最具特色的传统手工技艺艺术品，在开发部国粹苑基地长期展示。同时开辟了国家级非遗大师、专家教授工作室，中国书法院展览馆、中国文房四宝文化园北京馆及笔墨纸砚体验馆等高端文化机构与传统文化项目。

4. 影视部

积极规划影视部各项业务的开展，上半年自筹资金拍摄了30集电视连续剧《外姓兄弟》，该剧将于2011年春节前后播出。

20集主旋律电视剧《将军外交家黄镇》、20集主旋律电视连续剧《中国少年连》、大型历史剧《千古一佛》也将于2011年陆续开机摄制。

5. 演出部

成功策划《中国美》之昆仑神话——大型时尚音乐剧演出，该剧获得了北京市文化创意产品的财政支持；策划《盛世和音》巡回演奏会公益演出。

新的一年里，“中心”将与时俱进，坚持建设，坚持创新，始终把繁荣和发展作为“中心”工作的主题，立足职能特点，拓宽业务渠道，开拓文化产业，全力面向市场，增加经济创收，创造良好效益，展示自己的风采，开创新局面，谋划新未来。

国家清史纂修领导小组办公室

2002年8月，党中央、国务院作出纂修清史的重大决定，并批准成立了清史纂修领导小组。之后，清史编纂委员会（以下简称“编委会”）和清史纂修领导小组办公室（以下简称“清史办”）相继成立。2004年，经国务院批准，清史纂修相关组织机构冠以“国家”称谓。2008年3月，根据《国务院关于议事协调机构设置的通知》(〔2008〕13号),撤销国家清史纂修领导小组,相关工作由文化部承担。2010年,文化部党组做出一系列重大决定和工作部署,切实保障和推动了清史纂修工作的顺利进行。

一、加强领导,成立文化部“国家清史纂修领导小组”

4月,为加强对清史纂修工程的领导,更好地做好清史纂修的组织协调工作,文化部决定成立新的“国家清史纂修领导小组”(以下简称“领导小组”),全面负责清史编纂的组织领导工作。领导小组由文化部党组书记、部长蔡武任组长,文化部党组成员、中央纪委驻文化部纪检组组长李洪峰任副组长。文化部办公厅、人事司、财务司、社会文化司、非物质文化遗产司、国家文物局、国家博物馆、故宫博物院、国家图书馆和国家清史编纂委员会、国家清史纂修领导小组办公室为成员单位。

6月30日,领导小组召开第一次会议,蔡武部长作重要讲话。8月18日,中央政治局委员、国务委员刘延东在《国家清史纂修领导小组第一次会议纪要》上做出重要批示:“清史编纂委员会和专家学者为纂修清史付出了大量心血,工作取得了阶段性成效。希望文化部进一步加强领导,用科学发展观统领纂修工作,整合资源,开拓创新,着力在提高质量上下功夫,及时研究解决工作中的困难和问题,精益求精地完成好这项重大文化工作,使之成为传世经典。”

二、深入一线,开展调研

为切实加强对清史纂修的组织领导,部党组和领导小组组织开展了一系列调研。2月,李洪峰专程看望编委会主任戴逸先生,就有关情况进行沟通。3月,李洪峰看望编委会专家,并召开座谈会,听取专家意见,就下一步工作做出指示。为全面、深入了解清史纂修一线工作情况,李洪峰亲自带队,于6月和7月分赴上海和广东,对两地清史纂修项目的有关情况进行调研,与相关项目主持人和项目单位举行座谈,详细了解各项目的进展情况及在实际工作中存在的问题和困难。

三、加强整改,开展对清史纂修工程绩效考评和项目审计工作

3月和4月,李洪峰两次主持召开部长办公会,听取清史办工作和经费管理工作有关情况。5月20日,李洪峰组织召开“清史纂修工程中期绩效考评及项目审计工作布置会”,启动中期绩效考评和项目审计工作。绩效考评工作由文化部组织,财务司具体负责,委托中介机构进行,历时4个月。清史办、编委会与财务司和中介机构密切配合,对清史纂修工程的绩效目标实现程度、工程实施情况、资金使用情况、取得成效等进行综合性考核与评价,并在此基础上形成报文化部党组和领导小组的《清史纂修工程专项资金部分项目中期执行情况评价报告》。

四、理顺机制,调整清史纂修内部组织架构

为进一步理顺机制,切实加强管理,文化部党组和领导小组对清史纂修的内部组织架构进行调整。12月,文化部党组作出决定,任命卜键为国家清史纂修领导小组办公室主任,因年龄原因,免去石雅娟国家清史纂修领导小组办公室主任职务。国家清史纂修领导小组决定,卜键兼任国家清史编纂委员会常务副主任。这一调整,理顺了清史纂修工作的内部机制,明确了清史办、编委会的职责分工,加强了清史办、编委会的沟通协调,为整合资源、提高效率,顺利推进清史纂修工作提供了有力保障。

在文化部党组和领导小组的领导下,2010年,清史办、编委会积极开展工作,清史纂修取得新的进展。

(一)认真学习、贯彻、落实刘延东批示精神和领导小组第一次会议精神

7月,组织召开由清史办、编委会全体人员参加的“学习贯彻落实国家清史纂修领导小组第一次会议精神大会”,传达蔡武、李洪峰在领导小组第一次会议上的重要讲话,就学习贯彻落实工作做出安排。此后,组织一系列由编委会各部门、清史办各处负责人参加的学习研讨会,继续深入学习、领会刘延东批示精神和领导小组第一次会议精神。

10月,召开“国家清史编纂委员会第七次全体会议”。蔡武会见与会专家,李洪峰向6位编委会新增委员颁发聘书并作重要讲话。与会委员认真学习刘延东重要批示精神以及领导小组第一次会议精神,并对修史中存在的问题和困难以及改

进措施进行研讨。

（二）加强宣传，为清史纂修工作营造良好的舆论氛围

1月，在京召开《清代诗文集汇编》出版座谈会。中共中央政治局委员、中央书记处书记、中共中央宣传部部长刘云山就《清代诗文集汇编》出版做出重要批示，肯定了《清代诗文集汇编》出版对中华文化积累和建设的重要意义，并对编委会专家表示敬意和祝贺。中共中央政治局委员、国务委员刘延东发来贺信，指出做好清史纂修工作对于传承文明、繁荣文化、弘扬民族精神具有重要意义，希望同志们继续发扬实干精神和科学精神，埋头苦干、努力工作，圆满完成党和人民交给的修史重任。全国政协副主席孙家正出席会议并讲话，文化部副部长周和平出席会议。

1月，《人民日报》理论版以整版篇幅刊发《清史纂修不断取得新进展》、《清史纂修工作大事记》及《〈清史〉编纂项目和现任主持人、单位名单》，并配发国家清史纂修工程《项目地域分布示意图》、《专家地域分布示意图》及工作照片。本次报道首次向社会各界全面、系统介绍清史纂修工作的进展情况和相关成果，使社会公众对清史纂修有了较为客观全面的了解，取得了良好的宣传效果。

（三）以保证质量为中心，积极推进主体项目的审改工作

为保证和提高书稿质量，书稿审改工作全面展开。2010年，共召开4次审改工作会议，督促进度、狠抓质量，解决审改工作中出现的问题，不断推动审改工作。主要工作有：狠抓问题项目解决方案的落实；进一步明确审改工作流程，增加一审验收环节；切实做好审改专家的遴选和管理；制定、修改和完善符合清史纂修特点的学术规范。

清史纂修需审改的书稿项目共146个。截至2010年底，已提交全部初稿的项目112个，占77%；进入一审的项目57个，占39%。完成一审的项目15个，占10%。进入一审验收的项目15个，占10%。完成一审验收的项目9个，占6%。进入二审的项目4个，占3%。完成二审的项目3个，占2%。

（四）继续做好基础、辅助项目的有关工作

截至2010年底，清史纂修基础项目立项120个，包括档案34个、文献68个、编译18个；辅助项目立项79个，包括网络9个、出版70个。基础、辅助项目共结项83个，包括档案26个，文献25个，编译5个，网络9个，出版18个。

档案项目，完成整理档案183万件，形成电子数据6664.96G，缩微胶片6387盘，目录1652册。

文献项目，计划累计整理清代文献资料约13亿字，结项项目已整理完成8亿余字。

编译项目，《编译丛刊》列入翻译出版计划的译著147种，已出版38种；《清史译丛》已出版9辑，发表各种译文、研究综述100余篇；《清史译文新编》已刊印6辑。

出版项目，2010年共出版图书18种880册，出版图书总计126种1789册。

网络建设，2010年整理15部专题论文索引，近29万字；整理清史研究著述资料241种，4923册，近5000万字。

图书资料中心，现藏与清史有关的档案、地方志、丛书、类书、笔记和研究著作、期刊杂志等6万余册图书。

（五）坚持资政、存史的办刊宗旨，继续做好《清史参考》编发工作

《清史参考》继续得到有关领导的重视和各方面的关注。4月，李洪峰出席"《清史参考》青年学者组稿工作会"，就进一步办好《清史参考》做出指示。根据指示，《清史参考》结合时政，挖掘选题，加强约编稿件工作力度，并召开"东北地区组稿工作会"、"山东天津河北地区组稿工作会"。全年共编发《清史参考》47期，自创刊起累计印发6.2万余份。继续与《中国文化报》合作，刊发文章37篇，并结集出版《清史镜鉴（第三辑）》及《清史镜鉴》图文版，扩大了清史纂修工作的影响，收到了较好的社会效果。

中国艺术科技研究所

2010年是中国艺术科技研究所发展历程中具有重要意义的一年，各项工作都取得又好又快地进展。在务实推进业务工作的基础上，加强思想建设，认真学习贯彻党的十七届五中全会的精神，积极开展创先争优活动，从党的执政能力建设和先进性建设的战略高度出发，把握好先进文化的前进方向，推进文化与科技的融合。2010 年，中国艺术科技研究所抓科研、抓学习、抓管理，各项工作整体推进。

一、科研工作

（一）2010 年立项情况

1. 组织力量申报 2011 年财政预算项目

有“美术资源数字化先导性研究”、“中国文化地图技术支撑平台及其课题指南研究”（延续项目）、“书画真伪科学鉴定系统”（延续项目）、“舞台设备检验检测仪器设备购置”等 4 个项目。

获得 2011 年立项批准的为“中国文化地图技术支撑平台及其课题指南研究”（延续项目），经费 400 万元，“舞台设备检验检测仪器设备购置”，经费 330 万元，两项共计经费 730 万元。

2. 文化部课题获批 7 项

社科基金项目“文化科技发展思路与对策研究”；

科技创新项目“舞台管理导则”、“剧场等演出场所演出安全管理体系的研究”；

国家文化科技提升计划项目“移动式公共文化方舱系统”；

文化创新工程项目“激发文化科技活动科学合作模式研究”；

文化部委托项目“剧场建设与管理专题调研”、“剧场分级分类标准与分级评估专题调研”等。

共计经费 85.4 万元。

3. 中宣部项目“四个一批人才资助资金”6.4 万元。

4. 所内自主课题获批 9 项

（1）网络游戏虚拟交易平台体系结构与虚拟物品管理要求研究

（2）基于数字博物馆的数字水印评测规范研究

（3）数字美术馆检索技术研究

（4）下一代内通系统网络模式与研究

（5）广州北岸文化码头创意产业园区方案研究

（6）中国艺术科技研究所科研数字化基础技术研究

（7）事业单位体制机制及政策的研究

（8）立体图像质量评价方法研究

（9）中国私家藏书楼文化资源科技保护先导性研究

共计支持经费 43 万元。

（二）2010 年结题及推广情况

1. “移动式小型调光设备”

所内自主课题，6 月通过专家鉴定，已进入小批量生产阶段；

2. “广州北岸文化码头创意产业园区方案研究”

所内自主课题，已结题并提供给广州市政府；

3. “书画真伪科学鉴定系统”

国家财政项目，已于 12 月 21 日通过文化部科技司组织专家的验收。该项目取得了多项科研成果，一是发明鉴别科技仿真书画复制品的新方法；二是发明中国书画防伪新方法；三是丰富和完善书画鉴定学术理论架构。该成果向社会公布后，已有几十家媒体对此成果进行宣传报道，在社会取得广泛影响。体现该项目研究的成果《为中国画备案》、《艺术品鉴定新探》二书已于 2010 年底出版发行。

4. “临时搭建舞台技术标准”（建设部项目，已通过专家审定）

5. “文化馆建筑设计规范”（建设部项目，已通过专家审定）。

（三）在研项目情况

国家财政项目	剧场虚拟演示系统研究	
	数码影像技术保护中国民间表演艺术及传统手工艺	
	中国文化地图技术支撑平台及其课题指南研究	
文化部及相关部委项目	社科基金课题	文化行业中的标准化问题理论与实证研究
		文化发展思路与对策研究
	国家标准制修订项目	文化馆美术馆建筑规范
		剧院等级分类标准
		文化服务术语
		舞台设施安全技术标准
		演出安全标准
		文化馆服务标准
		文化服务组织标准化工作指南——总则
		标准体系
		术语及分类标准
		舞台机械检验检测方法
		乡镇综合文化站服务标准
		刚性防火幕布
	文化部课题	剧场标准体系研究
		文化馆标准体系研究
		政法司信息数据库
		演出场所演出安全管理体系的研究
		全国剧场建设与管理专题调研
		激发文化科技活动科学合作模式研究
		移动式公共文化方舱系统
		剧场分级标准与分级评估专题调研
	建设部课题	剧场建筑设计规范（参与修订）
	横向联合课题	演出场所舞台噪声监测及控制标准研究
		中国戏曲音像数据库
		创意产业基础标准建设及研究
		电子建设工程预算定额（修订）

所内自主课题	剧场信息普查系统研究
	舞台系统工程检测项目及配套检测仪器研究
	尼龙提琴弦研究
	中国剧院信息库海量数据分析系统研究
	剧场票价统计研究
	中国剧院信息采集系统建设研究
	中国剧院信息系统研究
	中国网络文化跟踪分析
	全国网络游戏监控系统建设的研究
	中国画新材质新技法专题研究
	剧场建设过程的研究与分析
	舞台幕布的标准研究
	正弦波舞台调光器标准
	便携型小型灯光控制系统
	中国艺术生态研究
	文化服务框架的虚拟图书馆服务资源共享技术标准研究
	舞台灯光电磁兼容标准的研究
	基于嵌入式舞台正弦波调光系统的研究与实现
	文化遗产数字化三维展示技术与标准研究
	公共演艺场所收集信息服务平台的研究
	文化场所通用监控平台框架的研究
	网络游戏虚拟交易平台体系结构与虚拟物品管理要求研究
	基于数字博物馆的数字水印评测规范研究
	数字美术馆检索技术研究
	下一代内通系统网络模式与研究
	中国艺术科技研究所科研数字化基础技术研究
	事业单位体制机制及政策的研究
	立体图像质量评价方法研究
	中国私家藏书楼文化资源科技保护先导性研究

（四）会议

与文化部科技司共同召开“文化与科技融合”研讨会，学习贯彻胡锦涛“7·23”讲话精神，研讨文化与科技融合的历史、现状、特点及发展趋势。

（五）实验室建设

1. 完成了“书画真伪科学鉴定实验室”建设

先后引进了研究级正立透反材料显微镜、体式显微镜、便携式显微镜，主要用于观察纸张纤维形貌和画面墨色与纤维结合的微观状态。紫外——可见分光光度计、傅立叶红外显微分光光度计、便携式激光共聚焦拉曼光谱仪和傅立叶红外、拉曼光谱仪都是一种分子光谱类科研仪器。通过对采集到的光谱图解析可以获取分子结构的信息，从而可以对样品的成分和分子结构做出分析。

2. 完成了“空间再现主动实验室”建设

实验室内配有立体环幕影像设备、无镜立体成像设备、平面视频成像设备及试验音响系统和影像播放系统等。可以对多种设备的成像效果进行实验研究。

二、管理工作

在抓科研的同时，中国艺术科技研究所也特别注重抓学习和抓管理，把党员干部学习教育作为加强党的思想建设、推动党建和业务工作的重要措施。

（一）加强政治理论学习

重点学习党的十七大、十七届四中、五中全会精神及胡锦涛总书记在中共中央政治局第二十二次集体学习时的讲话精神；学习李长春《正确认识和处理文化建设发展中的若干重大关系，努力探索中国特色社会主义文化发展道路》讲话精神；学习蔡武部长在2010年全国文化厅局长座谈会上的讲话及文化部深化人事制度改革会议相关精神；结合工作的实际展开多次学习大讨论。

在建党89周年前夕举行全体党员主题党日活动，以深入学习实践科学发展观为主题，深入开展创先争优活动，为构建和谐氛围，凝聚人心，调动全所职工的工作积极性，促进我所业务全面稳步发展提供了良好保障。

（二）以制度建设促业务发展

为了保障各项业务工作健康有序的开展，中国艺术科技研究所注重制度建设，2010年先后制订、修订了科研管理办法、财务报销管理办法、考勤、请假管理办法。这些制度的建设为全所的业务建设提高了保障，并且发挥了重要的作用。通过加强科研管理、建立绩效考评、奖励、学术交流、继续教育、职称评定等机制，使中国艺术科技研究所科研工作逐步走向正规化的轨道，并且取得良好的效果。

文化部全国文化信息资源建设管理中心

文化部全国文化信息资源建设管理中心（以下简称“管理中心”）具体承担全国文化信息资源共享工程（以下简称“文化共享工程”）的规划设计、组织实施和协调管理工作。2010年是文化共享工程“十一五”收官之年，管理中心在文化部党组的正确领导下，顺利完成年度工作目标，基本完成“十一五”建设任务。2010年，管理中心荣获由国家人力资源和社会保障部、国家发展和改革委员会联合颁发的“国家西部大开发突出贡献集体”荣誉称号。

一、稳步推进工程建设，基本完成“十一五”建设任务

（一）完善技术体系建设

开通文化共享工程3G手机网站；完成《移动终端自助信息服务模式研究》课题；拓展共享移动终端服务；在辽宁召开第二届共享工程技术交流会。

（二）继续加大数字资源建设力度

完成5.495TB的建设任务，其中视频资源4810.6小时，电子图书53186种，电子期刊3704种，多媒体资源库15个。

（三）加强合作共建

继续推进与全国农村党员干部现代远程教育工作和农村中小学现代远程教育工程的合作共建，新建基层服务点5万个。与中央党校、北京市教工委、共青团中央、人口文化促进会等单位开展合作。

（四）积极推进公共电子阅览室建设

编写完成公共电子阅览室管理暂行办法、设备配置标准、实施方案等文件。与团中央深入沟通，推进公共电子阅览室与全国少年宫系统的合作。

（五）实现“县级数字图书馆推广计划”全覆盖

与国家图书馆配合，完成了第二批资源的采购与灌装，依托文化共享工程工作网络，将资源配送到全国各县级支中心。

（六）基本完成“十一五”建设任务

截止到2010年9月，已建成一个国家中心；33个省级中心；县级支中心达到2896个，覆盖率达全国规划总数2940个县（区）的98%。与农村党员干部现代远程教育和农村中小学现代远程教育合作共建村级基层服务点80万个；文化共享工程资源总量达到105.28TB；文化共享工程资源传输和服务的技术网络体系基本形成；拥有专兼职工作人员68万人，从事资源建设、技术保障、开展服务等各项工作；已有8.9亿多人次享受到文化共享工程服务。

二、举办文化共享工程“十一五”成果展示活动

12月，组织举办全国文化信息资源共享工程“十一五”成果展示活动。展示活动的主题为“共享数字文化 共建和谐家园”，由举办全国文化信息资源共享工程“十一五”成果展、召开“全国文化信息资源共享工程建设论坛”及出版《公共文化服务的创新与跨越——全国文化信息资源共享工程建设研究论文集》三部分组成。

中共中央政治局常委李长春12月27日下午专程到中国美术馆，参观了全国文化信息资源共享工程“十一五”成果展，中共中央政治局委员、书记处书记、中宣部部长刘云山一同参观展览。文化共享工程“十一五”成果展，分为“关怀决策”、“资源共建”、“网络技术”、“合作管理”、“服务惠民”、“展望发展”6个部分，通过文字、图片、多媒体展示、资源服务演示等多种形式，全面介绍了全国文化信息资源共享工程的发展历程，展示了“十一五”时期工程在服务网络建设、资源建设、基层服务等方面取得的成果。

三、服务西部大开发，重点援助新疆西藏和地震灾区文化建设

（一）开展文化共享援疆工作

制定“2010年度文化共享工程援疆工作方案”；完成新疆自治区、生产建设兵团“县级数字图书馆推广计划”全覆盖；完成新疆自治区100小时少数民族资源译制任务；向新疆兵团下发了800GB，305小时有线电视资源；分区域在南疆、北疆举办自治区各支中心技术人员培训班；在萧山举办2010年新疆县级支中心负责人内地培训班。

（二）落实文化共享援藏任务

制定《2010年度文化共享工程援藏工作方案》。与西藏文化厅联合，在拉萨举办了2010年西藏县级支中心技术培训班；与西藏文化厅、图书馆合作，对文化部支持西藏分中心建设的200万元经费进行规划，完成自治区分中心机房改造项目实施方案，完成系统工程建设；与企业合作签署了2010年藏语资源翻译、制作、征集合同，完成110小时藏语视频资源的译制任务。

（三）支援灾区重建

在青海省玉树藏族自治州玉树县发生7.1级强烈地震后，制定援建实施方案。采购30套投影仪、幕布、移动播放器及音箱；整合231GB、时长152小时8个类别的数字资源；将“文化共享铸信心，齐心协力建家园”的主题赈灾资源送往灾区；调动四川省分中心力量，征集藏族康巴方言的资源，送往灾区。

舟曲泥石流事故发生后，管理中心第一时间向舟曲灾区捐赠移动播放器和包括英雄模范故事、讲座、舞台艺术、灾后重建知识等内容的218部/集、超过100小时的数字资源，同时，还向舟曲县支中心赠送了管理中心全体党员捐赠的便携式收音机。

四、结合国家重大事项和重大节日策划举办专项活动

策划举办“文化共享世博行”系列活动。在上海世博会开幕倒计时100天之际，启动了“文化共享世博行”系列活动。随后，在湖北、辽宁、四川、广东等地陆续举办“文化共享世博行”宣传月活动。在上海世博会开幕倒计时10天之际，策划举办“学双百 读好书 迎世博”主题活动。

利用普适资源，开展“文化共享工程助春

耕”、“文化共享工程夏日电影展播”等活动。服务广大基层群众；开展“共享书香 快乐阅读”“共建亲情纽带——共享文化资源”等活动服务儿童；开展“共享知识启迪智慧”的活动，服务少数民族群众。

结合节日组织策划系列专栏。包括“2010 国家艺术院团优秀剧目展演”以及春节、元宵节、“五一”、“五四、5·12”、“六一”、“七一”、中秋节和国庆节期间特别制作的专栏。

举办“少年网页设计培训暨竞赛”、“文化共享之春”活动。举办共享工程“感人故事”演讲竞赛，评选“摄影作品”奖项。

五、加强队伍建设，重视课题研发

2010 年，共举办了 13 次网络培训。全国培训数量超过 10 万人次，支持宁夏、贵州、陕西等西部地区以及新疆、西藏等少数民族地区举办业务培训班，现场培训超过 500 人次。在基层服务方面，全国全年累计服务人次约 2 亿。

编制了《文化共享工程培训经验交流材料》、《文化共享工程文件汇编》、《编辑网站、网页制作视频教材》、《文化共享工程基层服务视频案例光盘》、《乡镇基层服务点培训光盘》等多种类型专用教材、教辅，部分教材还被译制成维语、哈萨克语，供新疆少数民族地区使用。

文化部 2009 年“科技创新项目”——《移动终端自助信息服务模式研究》、《国家图书馆数字资源统计标准》、《国家图书馆文本数据加工标准与工作规范》、《国家图书馆音视频资源元数据规范》等项目顺利结题；《国家数字图书馆音视频资源元数据规范及著录规则研究》取得实质性进展；承担了文化部 2010 年科技创新项目《共享工程在公共文化服务体系中的创新模式研究》，文化部“2010 年度国家文化科技提升计划”项目——《国家互联网文化音视频传播技术研究（2010）》，文化部社会文化司研究项目“公共文化服务技术支撑研究”和“公共文化资源供给体系研究”等研究项目。

六、积极开展工程宣传，扩大社会影响

2010 年，据不完全统计，各媒体对共享工程不重复报道共 426 篇，共约 38.92 万字，其中包括中央人民广播电台、中央电视台在内的广播电视报道 20 次，包括《人民日报》在内的全国主要平面媒体报道 247 篇，包括中国网在内的全国主要网络媒体报道 53 篇。在平面媒体中，国家级主要媒体报道 106 次，地方主要媒体报道 150 次，有 78 篇报道发表在各报的头版。

2010 年，紧密结合共享工程“十一五”成果展示活动组织宣传。制作宣传彩页、宣传画册、宣传专题片。配合“十一五”成果展示活动，组织系列深度报道，在《中国文化报》密集刊发彩色图文整版。展览期间，在 12 月 24 日，《人民日报》刊发《共享工程专版》，从国家权威媒体的视角通过引言、采访纪实、主管部长访谈、金台论道几大部分全面反映了共享工程的历程、成效、未来发展。

中国文化年鉴

Chinese Culture Yearbook

地方文化建设

Local Culture

中国文化年鉴

北京市

一、艺术

2010年，北京市艺术生产始终坚持“二为”方向、“双百”方针和“三贴近”原则，围绕“人文北京、绿色北京、科技北京”建设和世界城市的发展目标，着眼改革、放眼发展，努力创造“政策引导，市场调控，主旋律优先，兼顾民营发展”的艺术生产环境，本着思想性、艺术性俱佳的原则，将艺术创作与舞台演出充分结合，生产出了一批表现时代精神和地方特色，具社会效益、经济效益的舞台艺术作品。北京京剧院《下鲁城》荣获文化部“文华奖优秀剧目奖”；中国评剧院《马寡妇开店》荣获文化部“第七届中国评剧艺术节优秀剧目奖”；《模特自白》荣获“第二届中国（常熟）江南文化节·沙家浜戏剧奖小戏小品大赛金奖”；北京京剧院《三打陶三春》入选文化部组织的全国优秀传统剧目展演活动；中国木偶剧院《猴王·闯东海》荣获文化部“首届全国戏剧文化奖”六项大奖；北京交响乐团荣获行业最高奖“金唱片”奖。

【落实北京市舞台艺术创作生产专项扶持政策】

2010年的舞台创作生产专项扶持资金申报共有59个项目参加，艺术品种涉及话剧、戏曲、歌剧、舞剧、音乐剧、儿童剧、杂技剧、曲艺剧、鼓乐剧、竹乐晚会等。获得资助的除国家大剧院、中国评剧院、北京歌剧舞剧院等市属艺术表演团体和转企改制艺术表演团体外，更多的是诸如北京当代芭蕾舞团、北京良宵竹乐团、北京龙马社文化发展公司、北京蓬蒿人剧场等民营艺术团体和机构，体现出“北京市舞台艺术创作生产专项扶持资金”所鼓励的艺术发展多元化。当年共有26个项目获得资助。

【第九届中国艺术节】

5月10日至25日由文化部、广东省人民政府主办、广州市人民政府承办的第九届中国艺术节在广东省举办。北京京剧院《下鲁城》代表北京市参加演出及“文华奖”角逐，并获得第13届中国文化艺术政府奖“文化优秀剧目奖”，作曲朱绍玉获“文化单项奖”音乐创作奖，杜镇杰获“第九届中国艺术节优秀表演奖”。

【国家文化旅游重点项目名录】

7月，文化部、国家旅游局联合开展了“国家文化旅游重点项目名录——旅游演出类”申报评选工作。在最终进入《国家文化旅游重点项目名录——旅游演出类》第一批名录的35台旅游演出项目中，北京市入选项目有4个，位居全国第一，分别是：北京首都旅游国际酒店有限公司、前门梨园剧场“京剧演出集萃”；北京天创寰宇功夫剧院有限公司《功夫传奇》，北京天龙源温泉旅游发展有限公司《圣水观音》，北京朝阳剧场、四川德阳杂技团《飞翔》。

【第八届北京国际戏剧舞蹈演出季】

11月6日，第八届北京国际戏剧·舞蹈演出季在首都剧院拉开帷幕，在一个半月的时间内共上演19台中外戏剧、舞蹈精品力作。风靡全球的音乐剧《歌舞青春》、赖声川30年间巅峰之作《宝岛一村》、田沁鑫精心之作《电影之歌》、梅婷领衔主演的话剧《天堂隔壁是疯人院》等。林奕华、孟京辉、张艾嘉、廖一梅等众多知名导演、编剧的新作也在演出季中一一亮相。12月26日，以《马可·波罗》作为闭幕式演出，第八届北京国际戏剧·舞蹈演出季在国家大剧院闭幕。

【“百姓大戏节”】

为增加春节庙会的文化元素，满足广大市民日益提高的文化欣赏需求，“百姓大戏节，欢乐过新年”活动自正月初一至正月十五举办。本次“百姓大戏节”包括3项主要内容：一是在6个城区公园举办与传统庙会活动相结合的露天剧场演出，连续6天，6家文艺团体——中国评剧院、北方昆曲剧院、北京市河北梆子剧团、北京市曲剧团、北京歌剧舞剧院、北京风雷京剧团参加，由国家一级演员王英会、彭艳琴、高闯、刘惠新等为京城百姓奉献《王宝钏》、《花为媒》、《西厢记》等72场戏曲及综艺节目，让市民在逛庙会的同时能够欣赏到专业文艺团体高水平的文艺演出。二是在7个远郊区（县）剧场结合“周末场演出计划”开展演出活动，自大年初一到正月十五，在顺义区、平谷区、房山区、大兴区、门头沟区、密云县、延庆县7个远郊区（县）的剧场、影剧院上演48场精彩纷呈的经典戏曲、儿童剧等节目；北京京剧院、北京儿艺、天津评剧院等专业团体上演《龙凤呈祥》、《雪童》、《李三娘》等剧目。三是在10个区（县）的行政村举办“文艺演出星火工程”跨区县演出，以“结对子”的方式互相选派优秀文艺演出团队开展交流演出。

【公益惠民演出】

稳步推动“周末场演出计划”和农村“文艺演出星火工程”开展，并在此基础上在城八区及昌平区天通苑社区、回龙观社区推出“百姓周末大舞台”惠民演出项目。3项惠民演出项目形成从市区到郊区，从城区到农村，覆盖全市城乡，惠及全市人民，特别是低收入群体和来京务工人员的公益惠民演出体系。注重完善演出管理办法，制定了《关于进一步完善“百姓周末大舞台”、“周末场演出计划”、农村“文艺演出星火工程”公益惠民演出管理工作的通知》。全年完成“周末场演出计划”演出700场，农村“文艺演出星火工程”演出8805场，“百姓周末大舞台”演出122场。

二、群众文化

公共文化服务体系建设是党的十七大对文化工作提出的一项重要任务，是新时期历史赋予文化工作的一项重要使命。加强公共文化服务体系建设，是全面践行“人文北京”发展理念，构建世界城市，不断发展繁荣首都文化，提高首都人文向心力、文化竞争力和文明感召力的重要手段。当年，全市公共文化工作以科学发展观为指导，贯彻落实中央十七届五中全会精神和胡锦涛总书记在第二十二次中央政治局集体学习中关于公共文化服务体系建设的重要讲话精神，遵照市委、市政府的有关要求，以落实“一实事四折子”为重点，紧密围绕公共文化服务体系建设，一手抓建设、一手抓管理，加强和推进公共文化工作。以“我的北京，我的家”群众文化年为契机，把全市性的示范活动和基层自发的群众性文化活动结合了起来，打造群众文化活动品牌。重点举办了北京市群众文化年系列活动之“社区京剧票友大赛”、“2010百姓DV大赛”、“都市风采”——舞动北京，京津沪渝群众舞蹈大赛、第六届“舞动北京——群众舞蹈大赛”、北京市文化志愿者“春雨工程——全国文化志愿者边疆行”、北京志愿团边疆行大展台系列活动、“百年如歌，芳耀京华——首都各界纪念‘三八’国际妇女劳动节100周年庆祝活动”、“农民艺术节”——首届乡村歌舞大赛，丰富活跃了首都群众文化生活。

【实现农村地区公共文化设施全覆盖】

根据市政府实事第37项要求，经过调研，市文化局采取给予设备支持的方式，扶持建成了最后一批202个行政村多媒体综合文化中心。在注重建设的同时，还通过制定规范，加强运营管理。为了规范标识，市文化局和区县文化委员会共同设计制作了行政村多媒体综合文化中心牌匾，方便群众参与。目前，全市农村地区公共文化设施已经实现全覆盖。

【加强硬件建设，完善街道文化服务中心功能】

为了完善街道文化服务中心功能，实施文化惠民工程，市文化局选取了35个未建有街道文化服务中心的街道，进行重点扶持。在用地紧张的情况下，利用街道辖区内条件较好的社区文化活动室，通过高配设备的方式，增加社区文化设施的功能和辐射范围，满足群众的需求。北京市街道和社区的公共文化服务设施在文化设备的配置上有了很大的提升，提供的公共文化服务的内容也大幅增加，群众享受公共文化的权益进一步得到保障。

【完成公共文化服务长效机制研究】

为了加强公共文化服务长效机制建设，市文化局组织专家成立了课题组。通过调研和论证，以公共文化需求调查机制、服务效果评价机制、公益性文化事业单位投入机制、绩效考评机制和激励约束机制“五大机制”的设计研究为重点内容，完成了《公共文化服务规范和标准》，从制度上提高公共文化服务的质量和水平。

【启动文化部重点课题《政府公共文化主体地位研究》工作】

为了科学规划、有序推进北京市公共文化服务体系建设，根据文化部重大课题《国家公共文化服务体系制度设计研究》要求，市文化局成立了《政府公共文化服务主体地位研究》课题组。该课题根据北京市的特点和公共文化服务体系建设的具体实际，结合朝阳区公共文化服务体系建设的实践经验，深入研究政府在公共文化服务体系中的主体地位、公共文化管理的运行机制及制度设计，总结分析各级政府在公共文化服务体系建设中的职能转变及职责划分，为国家公共文化体系制度设计研究工作提供借鉴和参考。

【试点群众文化组织员，加强公共文化服务人才队伍建设】

为了加强行政村文化队伍建设，市文化局选择延庆县大榆树镇，开展群众文化组织员试点工作。文化组织员试点工作的主要目的在于通过建立相应的人员规章制度，解决基层公共文化设施无人管理、群众文化活动无人组织和基层群众的公共文化权益无法得到保障等突出问题。昌平区文化委员会高度重视大型社区群众文化组织员试点工作，专门成立了试点工作领导小组，制定了详细实施方案，为下一步的深入试点打下了良好的基础。这两区县的试点工作，为推进全市试点群众文化组织员工作，做了有益的探索，提供了实践经验。

【构建公共文化数据库，打造公共文化服务数据平台】

为了加强公共文化数据库建设，充分了解和掌握公共文化发展现状，市文化局启动了《北京市市、区县、街乡、社区（村）四级文化中心（站）》数据库建设工作。目前，该数据库已经完成数据录入，进入试运行阶段。数据库的建成将为公共文化政策研究和制定工作提供重要的依据。

【组织完成节庆重点文化活动】

一是做好全市群众文化年文化活动组织工作。根据市委宣传部要求，市文化局制定了《2010年市文化局春节系列文化活动总体方案》。1月31日，在前门组织了春节系列文化活动启动仪式。二是做好春节、“五一”和“十一”期间的文化活动。春节期间共组织了220项文化活动。“五一”小长假期间，为了营造北京市热烈喜庆、欢乐祥和的节日氛围，组织各区县文化馆、图书馆、街道文化站（文化活动中心）围绕“我的北京·我的家”北京市群众文化年，精心策划了130余项丰富多彩的系列文化活动。“十一”期间，在剧场、公园、文化馆、图书馆以及街道文化站（文化活动中心）等场所，各区县文委、文化馆组织了文艺演出、群众联欢、灯会、讲座、展览展示等147项文化活动，主要有东城区第五届“龙潭灯会”、彩灯文化节、海淀区百姓大舞台暨社区文艺团队擂台赛、石景山区北京西部旅游文化广场系列活动等。10月6日，历时2个月的“我的北京我的家”群众文化年系列活动之一的“第六届群众舞蹈大赛”圆满结束。共有近700支群众舞蹈队伍、2.5万余人参与。全市文化馆、图书馆全部免费开放，推出各具特色的公益性文化活动。首都图书馆安排了乡土课堂——北京旧城区名人故居保护与人文北京建设、民间艺术展；东城区图书馆举办了作者与读者见面会，与读者面对面交流，东城区文化馆举办了国庆相声专场演出；西城区图书馆举办了旅游摄影沙龙；顺义区文化馆举办了承德市与北京市郊区县书画优秀作品联展活动。“十一”期间，活动千余场，100余万人参与其中，与2009年同期相比，文化馆活动场次增长了20%，参与人数增长30%。三是做好奥运文化广场演出活动。为了弘扬奥运精神，市文化局配合北京奥促会在鸟巢奥运文化广场举办了34场系列群众文化演出活动，丰富了市民的文化生活。

【参加第15届全国群星奖比赛，成绩名列前茅】

经过层层选拔，推选出一批优秀群众文艺作品。5月10日至25日，王珠副局长带队赴广东省参加第15届“群星奖”决赛活动。经过角逐，北京市8个作品获奖，其中5个作品获得节目类“群星奖”，3个作品获得项目类“群星奖”，另有3人被授予“群文之星”称号。同时，配合全国“九艺节”宣传，对“群星奖”项目类和“群文之星”进行了专题宣传。

【组织“春雨工程”全国文化志愿者边疆行试点活动暨北京市文化志愿团启动仪式】

根据文化部、市委市政府关于加强援疆工作的要求，8月16日，“春雨工程”全国文化志愿者边疆行试点活动暨北京文化志愿团出发启动仪式在北京奥林匹克中心文化广场隆重举行。北京市文化局对口援助新疆和田地区一市三县和农十四师文化工作正式启动。文化部副部长杨志今，副市长蔡赴朝等领导出席仪式。全市16个区县的1400名文化志愿者代表参加了仪式活动。8月至10月，降巩民局长、张文华书记和王珠副局长分赴新疆进行调研，实施项目对接。北京市向新疆和田地区赠送了流动舞台车、道具车、演员大客车等18辆和700万元文化援建经费，支持当地的文化事业发展。北京市文化志愿团入疆后，开展了"大舞台"、舞台设备实用技术"大讲堂"和"这里是北京"的"大展台"系列活动。

【房山区文化馆和延庆县图书馆荣获中宣部服务农民服务基层全国先进集体】

为了进一步推进农村文化工作，丰富农村文化生活，中宣部、文化部等四部委对在服务农民服务基层方面作出突出贡献的单位进行了表彰。市文化局推荐的房山区文化馆和延庆县图书馆荣获全国先进集体称号。

【文化部社会文化司调研公共文化设施免费开放情况】

根据温总理在"两会"上提出的要扩大各类公共文化设施免费开放范围的要求以及中央领导的指示，4 月 29 日，文化部社会文化司副司长张永新带队到北京市调研免费开放情况。王珠副局长、公共文化发展处黄海燕处长陪同调研。王珠副局长就公共文化服务体系建设以及公益性事业单位免费开放工作进行了汇报和交流。青年宫、劳动人民文化宫分别汇报了免费开放情况和举办公益性活动的情况。

三、文化市场

2010 年，文化市场管理工作面向中国特色世界城市建设和"三个北京"建设为目标，努力转变政府职能，依法行政，加强学习与探索，自觉履行行业监管职责，提升首都维稳意识，加强监管方式转变，寓市场管理于社会服务之中，行政许可工作水平和行业管理及服务质量显著提高，促进了首都文化市场文明、健康、有序发展。

截止到 12 月底，受理行政许可事项共计 2133 项，比 2009 年增长 33.7%。全市营业性演出活动 27055 场次。全市营业性演出场所 98 家，歌舞娱乐场所 1469 家，游艺娱乐场所 98 家，互联网上网服务场所 1537 家；演出经纪机构 794 家。

【做好动漫企业认定工作】

截至到年底，北京市共有 31 家企业被全国动漫企业认定管理工作办公室认定为动漫企业，其中有 3 家企业被认定为重点动漫企业。动画《美猴王》、《三国演义》、《快乐奔跑》获得文化部 2010 年第一批通过认定的重点动漫产品。

【15 部作品和 19 个创作者荣获原创动漫扶持计划支持】

为促进我国动漫产业发展，在中央财政扶持动漫产业发展专项资金的支持下，2009 年 6 月文化部启动了"原创动漫扶持计划（2009）"的申报工作。经文化部组织有关专家对申报的作品、创作者（团队）的资格审查、初评、终评和公示，最终确定获得"原创动漫扶持计划（2009）"扶持的作品和创作者（团队）。北京有 15 部作品和 19 个创作者（团队）荣获文化部"原创动漫扶持计划（2009）"的支持，这些作品和作者（团队）将获得 509 万元的资金扶持。

【2 个项目入选全国美术馆发展扶持计划】

为推动美术馆的专业化、规范化建设，全面提高美术馆的建设管理水平和公共文化服务质量，在文化部组织的"2010 年全国美术馆发展扶持计划项目申报工作"中，北京市文化局推荐的 2 个美术馆的 2 个项目被列入"2010 年全国美术馆发展扶持计划入选项目名单"。

【消防演练大型安全生产现场会】

6 月 18 日，市文化局会同海淀区政府，在海淀区温莎 KTV，组织召开了应急消防演练大型安全生产现场会。会上，文化娱乐场所代表发出了"文明经营、安全发展"的倡议。北京电视台、《京华时报》等媒体对活动情况进行了及时报道。为发挥演练活动的示范性作用，北京市文化局将演练活动制作成光盘，作为培训教材下发各区文化娱乐场所，指导各场所规范应急演练程序，提高应急演练水平。

【建立文化娱乐场所安全管理长效机制】

为加强对全市娱乐场所经营单位安全生产管理工作的指导，进一步规范文化娱乐场所安全制度建设，规范安全检查制度内容，结合《北京市文化娱乐场所经营单位安全生产规定》和区县关于场所制度不规范的意见反映，市文化局会同市安监局、文化执法总队，开展了文化娱乐场所经营单位安全生产管理制度导则编制工作，此项工作历时 3 个月。制度导则设计了 15 个制度框架，突出了文化监管主责制度和行业监管综合管理制度两部分内容。此项工作起到了服务场所和促进区县文化委员会安全监管责任落实的积极作用。

【北京市游艺娱乐场所专项整治行动】

为落实《文化部、公安部、国家工商行政管理总局关于进一步加强游艺娱乐场所管理的通知》（文市发〔2009〕4号）文件精神，市文化局积极推动《2010～2012年北京市游艺娱乐场所总量与布局规划（试行）》的编制、上报等工作。同时，积极推动娱乐场所市场管理工作，8月至11月，联合市公安局、市工商局、市文化执法总队，开展了为期3个月的北京市游艺娱乐场所专项整治行动，游艺娱乐市场秩序得到了规范和净化。

【“生态与家园”第四届北京双年展在中国美术馆举行】

9月20日至10月4日，由中国文联、北京市人民政府和中国美术家协会共同主办的第四届北京国际美术双年展在中国美术馆举行。第四届北京双年展主题为“生态与家园”，经过筛选共有来自世界85个国家的500多件作品参加，参展作品以绘画、雕塑为主，同时也吸纳了一些装置、影像等新媒体形式，作品共同表达了对地球环境问题的关注。集中展示世界美术家对地球生态问题的艺术思考，多角度呈现其不同艺术风貌和共同关爱地球家园的热忱，力图较全面立体展现全球当下艺术生态。中国北京国际美术双年展创立于2003年，在短短的几年时间里，参展国家从首届的45个增至本届的85个，国际性成为北京双年展的重要特征。北京双年展不仅参展国家的数量迅速增多，超过了在国际上久负盛名的威尼斯双年展和圣保罗双年展的发展速度，而且展览的策划主题越来越关注当代人类社会的全球性问题。

【数字动漫游戏创意产业交易会】

11月17日至18日，北京市文化局在石景山举办数字动漫游戏创意产业交易会。本次交易会以“交流、合作、商机、发展”为目标，促进数字动漫游戏技术、数字内容服务的发展，旨在为国内外数字动漫游戏、数字内容发行商和渠道销售商提供一个洽谈、沟通合作的窗口和平台。来自国内外共计170家投资机构和企业的400余人参加了洽谈，内容包括动漫游戏创作、发行、外包、研发、设计、运营、衍生产品开发、人才教育、动漫游戏、数字内容等各个环节，洽谈项目近300项，其中约180个项目达成初步合作意向，额度约10.088亿元。本次交易会共提供了16个封闭洽谈区，采用现场一对一的商务洽谈，每轮洽谈时间限定为30分钟，灵活的商务配对模式，高质量、高时效的服务水平是本次大会的一大特色。洽谈会融合电子商务模式同期进行，依托庞大的项目数据库资源，结合会议期间聚集的近百个项目信息，后期将通过网络平台发布、展示和对接合作项目，通过线上线下互动，为企业提供更多商机，通过这个平台，企业可以拓宽视野、提升品牌，进而成就企业间的共同发展，最终达到打造数字动漫游戏洽谈会专场“永不落幕”的项目洽谈会目标。本次洽谈会得到了文化部文化产业司和市政协的高度评价，拟2011年在全国推广。《北京日报》、《科技日报》、新浪网、千龙网、腾讯网、北京电视台、中国教育电视台等数十家媒体对本次交易会进行了采访报道。

四、文化交流

2010年，市文化局按照科学发展观的要求，紧扣“国家首都、国际城市、文化名城、宜居城市”的城市定位，从建设世界城市的高度，利用北京市丰富的文化资源继续打造北京市在世界面前的积极形象。按照“服务于国家外交战略大局、服务于国内文化建设、服务于促进祖国统一和人心回归”的总体方针，积极开展对外文化交流活动和对港澳台文化工作。截至12月31日，市文化局共受理出访国外及港澳台地区文化交流项目158批1864人次。其中，局系统50批474人次，归口管理单位108批1390人次。引进国外及港澳台地区共44批1861人次。其中，局系统4批3人次；归口管理单位40批1858人次。

【赴比利时、马耳他、德国参加春节活动】

2月2日至16日，市文化局组派38人的综艺演出团赴比利时、马耳他、德国参加春节活动。2月2日至4日，王文光副局长等一行14人赴比利时布鲁塞尔参加“中国春节走进欧洲议会”活动。中国艺术家为欧洲议会议员、议会工作人员、欧盟官员及各国外交官等700多位来宾献上了古典舞蹈、民乐、武术、川剧变脸、古彩戏法等中国传统艺术表演，喝彩声和鼓掌声不断响起，在场观众无不为“中国年”的魅力所折服。2月6日至10日，王文光副局长率演职人员等37人赴马耳他首都瓦莱塔市参加由马耳他中国文化中心和瓦莱塔市联合主办的第四届“瓦莱塔中国春节”活动。来自中国杂技团、中国歌剧舞剧院、北京舞蹈学院、少林武功团等艺术团体的30多名演员为欢乐春节开幕活动献上了优美典雅的舞蹈、悠扬动听的中国民乐以及令人热血沸腾的杂技、武术等节目。2月11日，“欢乐春节”活动在德国首都柏林中央火车站拉开序幕。活动期间，柏林一直飘落着雪花，气温始终在零度以下，但演员们仍以饱满的热情和精湛的技艺为柏林的观众们带去了具有浓郁中国特色的民乐、舞蹈、武术和杂技等节目。

【参加“欧罗巴利亚中国艺术节”】

2010年春节期间，正值文化部在比利时及周边国家举办“欧罗巴利亚中国艺术节”，鉴于北京市与布鲁塞尔的友城关系，文化部热诚邀请市文化局参与艺术节，2月5日至19日，市文化局组派北京现代舞团21人、中国杂技团56人赴比利时布鲁塞尔参加“欧罗巴利亚中国艺术节”。2月13日晚，北京现代舞团在比利时De Meent剧院演出该团的国际演出品牌项目——《北京意象》。演出一个月前所有演出票就已销售告罄。此次演出吸引了来自欧洲最重要的剧院经理、演出商、艺术节负责人及比利时文化艺术界人士到现场观看。演出结束后，中国驻比利时大使馆文化参赞来到后台，慰问了全体演职人员并向大家致以春节的问候。与此同时，中国杂技团有限公司一行56人于2月5日至19日在法国鲁贝、比利时布鲁塞尔、安得卫普进行了“杂技魅影”专场演出，共演出8场，演员们亮出了顶碗、力量、钻圈、拍球、肩上芭蕾等8项绝活。惊险的表演让台下观众一直瞪大眼睛，紧绷神经，几乎每隔半分钟全场就爆发出一次热烈的掌声，有些节目甚至是从始至终在掌声的伴随下完成。

【赴芬兰举办春节庆祝活动】

2月10日至16日，市文化局组派北京京剧院一行28人赴芬兰赫尔辛基、奥鲁两市举办中国春节庆祝活动。2月13日（农历大年三十），随着一段让人热血沸腾的京剧武生的开场表演，中国春节庙会在赫尔辛基市中心水晶广场上拉开了帷幕。北京京剧院为了此次新春庙会活动，特意编排了一台融合多种行当、多出经典剧目并展现多种京剧艺术手段和程式的集萃节目——京剧《风采》。在长达4个小时的大型户外演出中，虽然寒风瑟瑟，气温达到了零下十几度，但青年演员们饱含激情地为观众献上一个又一个的精彩节目，不论是唱、念、舞，还是打，都赢得了台下观众经久不息的掌声和喝彩声。

【“魅力北京”惊艳上海世博会】

市文化局负责组织上海世博会北京活动周活动的庆典广场和宝钢大舞台的2台演出。市文化局成立了以降巩民局长为组长的世博演出领导小组。庆典广场和宝钢大舞台室内室外两台演出均以“魅力北京”为题，用多种艺术形式体现城市深厚文化底蕴，展示新北京的魅力与活力。2台演出从音乐、标识LOGO、视频内容上都不断强调“人文北京，科技北京，绿色北京”的主题，强调奥运元素、国庆元素等贴合新北京的内容，与整个北京周的气质吻合，起到了非常好的效果。世博园内，一时间人人跟唱《北京欢迎你》，2台演出以精彩大气时尚的演出内容，吸引了来自四面八方的观众，热情驻足观赏，成为世博园内的新亮点。5月4日至8日，庆典广场观众日平均流量约8000人次，总观众40000人次，最高单场8000人次；宝钢大舞台观众日平均流量约2340人次，总观众11600人次，最高单场2500人次。郭金龙市长、刘淇书记、程红副市长和刘志副秘书长分别对2台演出给出极高评价，充分肯定了两台演出，并热烈祝贺演出成功。各界媒体对庆典广场演出也非常关注，5月4日40余家国内外媒体到场进行采访报道。

【北京当代芭蕾舞团赴瑞典交流演出】

作为中瑞建交60周年庆典系列文化交流活动的重要组成部分，受文化部的委派，北京当代芭蕾舞团应瑞典斯德哥尔摩等市的邀请，携芭蕾舞作品《棱镜》、《跨界》、《易》，于8月16日至23日访问瑞典，先后在马尔摩市、乌普萨拉市和斯德哥尔摩市等3座城市进行了巡回演出，受到了当地观众的热烈追捧，访问演出取得了圆满成功。8月17日，北京当代芭蕾舞团在瑞典南方重镇马尔默市的Palladium剧场演出《棱镜》。马尔摩市副市长卡林娜·尼尔松女士、瑞典南方音协主席马丁·马丁松先生先后致辞，欢迎北京当代芭蕾舞团访瑞演出。中国驻瑞典大使陈明明夫妇和文化参赞浦正东也专程赶赴马尔摩市观看演出。芭蕾舞精品《棱镜》的首场演出座无虚席，观众反响热烈，演员多次返场谢幕。8月19日，北京当代芭蕾舞团在瑞典文化名城乌普萨拉市的 Regina 剧场进行了第二场的演出。乌普萨拉省韩瑞松副省长、乌普萨拉市文化局委员会主席、前文化大臣杨·威克斯德伦观看了演出，并致辞欢迎北京当代芭蕾舞团到乌普萨拉访问演出。8 月 21、22 日，北京当代芭蕾舞团访演瑞典首都斯德哥尔摩，与瑞典著名的卡尔伯格现代舞团同台演出，在南城白山公园为当地民众奉上两场更为精彩的演出，每场观众达 6、7 千余人。

【北京当代芭蕾舞团赴意大利交流演出】

2010 年是中意建交 40 周年，也是意大利“中国文化年”。市文化局与文化部外联局合作，组派北京当代芭蕾舞团经典剧目《惊梦》于 11 月赴意大利的 3 座城市进行巡演，向欧洲观众展示现代中国文化，展示当今北京的风貌。本次巡演是意大利中国文化年活动的重要组成部分，共演出 4 场，观众超过 3000 人，受到各地电视、报纸、杂志、网络等媒体的广泛关注。第一站的演出地点是始建于文艺复兴时期的劳瑞洛丝剧院。该剧院是典型的意大利传统剧院，除了华丽的文艺复兴早期装饰风格和蹄形多层包厢之外，剧院最大的不同便是斜面的舞台，这主要是为了让观众更好地欣赏演员的足部动作，同时对演员的基本功是一个艰巨的考验。通过积极地适应演员们在演出时发挥出了很高的水平，获得观众的认可。11 月 4 日和 5 日，马切拉塔的 2 场演出座无虚席，观众人数近 1500 人次。马尔凯大区的文化官员和马切拉塔市市长向团长和演员们表示祝贺和感谢，并盛情邀请北京当代芭蕾舞团明年再次回到马切拉塔演出。第二站是被联合国教科文组织列入“人类文化遗产”的维琴察古城。11 月 7 日，演出的地点是 2007 年底刚刚建成的维琴察市立剧院，该剧院是维琴察设施最先进的演出场所，观众席约 950 座。本次演出受到本地观众的强烈关注，演出票很快便告售罄，同时受到威尼托大区许多媒体的关注，本次演出也同样非常成功。第三站是意大利北部的特伦托，演出地点是位于市中心的社会剧院，剧院前身为开幕于 1819 年的玛祖让那剧院。本场演出上座率达 90%。演员退场之后，观众们仍然聚在前厅热烈地讨论着观看演出的感受，有的观众还像模像样地模仿起昆曲的身段来。

天津市

一、艺术创作和演出繁荣活跃

创作排演了京剧《无旨钦差》、《香莲案》，话剧《灵魂的石头——曹禺和他的剧中人》、木偶剧《七夕的传说》等一批新剧节目，对一批基础较好的作品进行了打磨提高。评剧《寄印传奇》获文华大奖，并入选 2008 ~ 2009 年度国家舞台艺术精品工程十大精品剧目；中学生话剧《第七片花瓣》获文华优秀剧目奖，并入选 2009 ~ 2010 年度国家舞台艺术精品工程资助项目。杂技《转毯》获第八届全国杂技（魔术）比赛文华创作金奖，杂技《三个和尚——顶花坛》荣获第九届中国武汉光谷国际杂技艺术节“黄鹤金奖”。评剧《家有九凤》获第七届中国评剧艺术节优秀剧目特别奖。大型话剧《北平·1949》获第六届全国话剧优秀剧目展演二等奖、2010 年度全国戏剧文化奖·话剧金狮奖优秀剧目奖。木偶剧《七夕的传说》荣获第三届全国木偶皮影戏比赛最高奖“金狮奖”金奖。华夏未来少儿曲艺团获第四届全国少儿曲艺大赛一等奖。“和平杯”中国京剧票友邀请赛等 3 个项目和小品《打工妹的 PARTY》等 4 个剧（节）目荣获全国第 15 届“群星奖”；3 名在群众文化工作中作出突出贡献的个人被授予“群文之星”称号，获奖作品和项目的数量、规格都实现了新的突破。市属艺术表演团体全年共演出 3091 场，观众达 238 万人次。

二、重大文化活动展现新水平

成功举办了“世博会天津周”文化活动、夏季达沃斯论坛新领军者年会文艺演出、第四届中阿论坛、“津台之夜”、“空中剧院 2010 年天津行”系列演出活动、“海河情”艺术团慰问城市建设者文艺系列演出等活动。“世博会天津周”文化活动以“津沽史韵、魅力天津”为主题，举办了专业舞台演出、民间艺术展、小舞台表演、踩街巡游等 40 多场代表天津水平的文化活动，展示了天津文化魅力，扩大了天津影响，为世博会增添了光彩。天津京剧院、天津市青年京剧团、天津艺术职业学院赴上海参加京津沪京剧流派对口交流演唱会，充分展示了天津京剧整体实力和传承发展的突出成果。

成功举办了全国非物质文化遗产展示会，吸引了全国25个省区市的70多个国家级非遗项目参与，观众近4万人次，赢得社会各界的广泛赞誉。展会以丰富的内容和生动的形式勾勒出我国文化遗产的全景画卷，成功打造了一个非遗保护交流的平台，在全社会营造了参与非遗保护的良好氛围，促进了文化消费，拉动了商贸旅游业发展，受到文化部领导的充分肯定。

三、公共文化服务体系建设迈上新台阶

【公共文化设施建设成果丰硕】

天津文化中心主体工程建设进展顺利。建成天津市非物质文化遗产馆、天津艺术职业学院并投入使用。完成了平津战役纪念馆提升改造、文庙博物馆落架整修等项目。杨柳青木版年画馆竣工。56个行政村被命名为民间文化特色村。

【文化惠民工程成效显著】

建成文化共享工程站点5000余个，全面完成建设任务。积极探索中小学公益电子阅览室建设模式，启动工程试点建设，得到中央领导同志肯定。出台了《天津市农村电影放映工作实施意见》、《天津市农村电影公益放映场次补贴专项资金管理办法》，组建农村电影放映队190余支，放映农村公益电影4.7万余场，超额实现一村一月放映一场电影的目标。全市14家博物馆、纪念馆免费开放，接待观众240万人次。建成39个乡镇文体中心。新建1668个村文化室。组织实施“千村百站”和市内六区基层文艺骨干培训工程，培训文艺骨干和乡镇（街道）文化站长2000名。“新农村、新文化、新儿童”工程漂流图书角活动，辐射9个农业区县的30个幼儿园，近6000名儿童受益。静海县图书馆等8家单位荣获“全国服务农民服务基层文化建设先进集体”称号。

【群文活动精彩纷呈】

成功举办“天穆杯”全国第二届新农村小品展演、第19届“文化杯”全国鲁藜诗歌评奖活动、第10届“和平杯”中国京剧票友邀请赛、首届中国残疾儿童艺术节等“国字号”文化活动，打响了品牌，扩大了影响。天津市第六届农民艺术节、第二届外来务工人员艺术节、“好书伴我成长”中小学生读书系列活动等一系列文化活动，成功搭建了群众广泛参与的活动平台，初步形成了“一区一品”的群众文化活动品牌。

四、文化产业发展步伐加快

【文化产业园区基地建设实现新突破】

国家动漫产业综合示范园主体建设完工，建成了全国领先的公共技术服务平台。南开区C92创意集聚区、红桥区“天津创意街”、河东区天津音乐街二期等市级文化产业园区建设稳步推进。制定了《天津市文化产业示范园区认定管理办法（试行）》，评选命名了天津市第二批文化产业示范基地。神界漫画有限公司等3家企业入选第四批国家文化产业示范基地。

【动漫产业规模和质量不断提升】

天津市动漫企业及相关业务企业发展到108家，其中核心动漫企业50余家。累计11家企业通过国家动漫企业认定，其中神界漫画被认定为全国18家首批重点动漫企业之一。盛大文学、长沙蓝猫集团等一批全国领军企业落户天津。组建北方动漫集团，成为天津市第一家拥有完整产业链条、基本覆盖全行业的集团化动漫企业。动漫创作年生产能力较上年增长约55%。3部原创动漫作品和1支原创动漫团队入选2009年度国家原创动漫扶持计划。神界公司的5部原创产品通过国家重点动漫产品认定，创下了全国单个动漫企业认定作品数量最多的记录。成功举办“中国原创动漫推广计划暨天津动漫文化夏令营”活动。组团参加了第五届纽约国际动漫展。与天津市人力资源和社会保障局共同起草了《天津市动漫人才扶持政策》。开展了全市动漫游戏产业专项调查统计。

【品牌性商业演出实现效益双赢】

2010中国·天津“海河之春”国际音乐艺术节通过市场化运作，推出了3场广场演出和15场舞台精品演出，1000余名中外艺术家和演员登台献艺，吸引了5万余名观众踊跃参与，创造了良好经济效益。联手打造了天津市民营剧团产业孵化基地“今晚大舞台”，40多家民营剧团陆续落户，在全国开创了扶持民营剧团产业发展的新路子。名流茶馆的“相声、戏曲集粹”入选“国家文化旅游重点项目名录”，成为天津市第一个国家级文化旅游演出品牌。

【城市电影院线市场繁荣】

全市现有电影发行单位11家、放映单位47家、银幕158块、外省市跨区域经营的电影院线9条，全年城市电影票房约1.87亿元，增幅超过64%。

五、文化遗产保护取得新成果

文物保护工作扎实推进。第三次全国文物普查实地文物调查圆满完成，率先通过国家整体验收，共调查登记不可移动文物2128处，其中新发现1198处，复查930处，受到国家文物局好评。编制完成《关于天津市文物保护项目及经费需求“十二五”规划的报告》、《天津市“十二五”期间长城保护总体工作计划》和《大运河（天津段）保护规划》。开展天津双青500kv了宁河天尊阁、北疆博物院等修缮工程。申报第七批全国重点文物保护单位16处。五大道被评为第二届“中国历史文化名街”，蓟县渔阳镇西井峪村被公布为第五批“中国历史文化名村”。

【古籍保护与修缮工作扎实推进】

2010年普查古籍3万余种、修复古籍40余册，225部古籍入选第三批《国家珍贵古籍名录》，启动文化部重点古籍保护项目《中华古籍总目·天津卷》编纂工作，编纂完成《天津市珍贵古籍名录》。

【博物馆事业取得新成就】

完成周恩来邓颖超纪念馆基本陈列改造工程，天津博物馆、天津美术馆、天津自然博物馆的陈列设计及新馆迁建工作进展顺利。完成天津市国有文物收藏单位珍贵文物数据采集工作、文物数据库和藏品信息化建设项目。各公共博物馆、纪念馆全年共举办“消失与复活——三星堆、金沙遗址出土文物精品展”、“西花厅记忆——杜修贤摄影艺术展”、“人民公仆干部楷模——焦裕禄精神展”等各类展览61场，吸引观众240万人次。天津自然博物馆被科技部、中宣部、中国科学技术协会授予“全国科普工作先进集体”荣誉称号，天津博物馆被中宣部授予“全国爱国主义教育基地示范单位”称号。

【非物质文化遗产保护工作再上新水平】

建成并开放天津市非物质文化遗产馆，集中展示了95项国家级及市级非物质文化遗产项目，搭建了非物质文化遗产保护与展示的新平台。编辑出版了《天津市第一批非物质文化遗产名录图典》，开展了非遗项目及传承人认定工作。举办了天津市第二批非遗名录项目、第三批国家级代表性传承人命名仪式，组织开展了天津市第二批非物质文化遗产传承人评审工作。积极推荐申报第三批国家级非遗名录项目，形成了储备一批、申报一批和认定一批的梯次发展格局。

六、对外文化交流领域和渠道进一步拓宽

2010年，共完成各类对外文化交流活动项目142项，涉及人员2401人次。

【政府交流计划取得良好效果】

受文化部委派，天津艺术团代表中国首次赴特立尼达和多巴哥、秘鲁和厄瓜多尔进行友好访演；天津歌舞剧院和天津市杂技团赴德国法兰克福、斯图加特、杜塞尔多夫等市参加“多元文化节”演出；天津市青年京剧团赴智利参加纪念中国和智利建交40周年演出活动；天津友好艺术团赴越南河内参加中越建交60周年及“中越文化年”庆祝演出等文化交流项目获得了广泛欢迎，扩大了天津文化的影响力，受到文化部和我国驻外使馆的充分肯定。

【对外交流特色项目形成轰动效应】

一批体现中国特色和天津特点的文化项目先后出访美国、英国、法国、日本、智利等国家。天津市青年京剧团在美国、智利演出京剧传统戏，天津自然博物馆与法国国家自然博物馆联合在法举办“最后的巨人”恐龙展，华夏未来“环球之旅”在英国、土耳其演出，天津歌舞剧院在秘鲁、瑞士演出，天津市儿童艺术剧团木偶戏在日本巡回演出等，都在演出国掀起了中国文化热。全年开展对台文化交流21项、155人次，较2009年增长30%。圆满完成朝鲜血海歌舞团在津演出接待工作，得到了文化部和市委、市政府的肯定；引进俄罗斯莫斯科交响乐团、奥地利维也纳管弦乐团、爱尔兰《大河之舞》等知名国际艺术团体来津演出，受到广大市民的热烈欢迎。平津战役纪念馆与俄罗斯卫国战争中央博物馆签署友好合作意向书，在人员往来、学术交流、展览互换等方面建立了合作关系。

七、文化市场健康有序

以“平安世博”、“平安亚运”、“平安达沃斯”保障行动为主线，大力实施平安文化市场创

建工程，社会文化环境进一步净化。《天津市2010～2012年游艺娱乐场所总量和布局规划》经市政府批准实施，各区县将发展游艺娱乐场所300家；推进网吧市场规模化、连锁化、品牌化，连锁网吧增至60家；鼓励和推进网络游戏产业发展，网络文化经营单位达到16家，文化市场结构进一步优化，保证了人民群众多层次、多样化的精神文化需求。积极支持文化市场行业组织开展工作，成功举办“第二届全民歌王大赛”、“天津市电子游戏竞技大赛”，旅游、商贸演出市场更加活跃，引进涉外演出78台。文化市场主体多元发展，演艺娱乐场所成为市民休闲娱乐的平台，娱乐市场进一步繁荣。开展游艺娱乐市场和农村文化市场调研活动，联合公安、工商、文化市场行政执法总队等部门制定下发了《关于进一步加强游艺娱乐场所管理的实施意见》，查处擅自经营游艺娱乐场所和非法卡拉OK歌曲专项整治行动取得明显成效；研发建成“天津市文化市场数据信息管理系统”；对全市文化市场管理人员和900余家网吧经营者进行了教育培训，文化市场监管力度进一步加大，长效管理机制不断完善。

八、文化体制改革扎实推进

按照市委部署，加快经营性文化单位转企改制进程，制定了《关于组建天津北方演艺集团有限公司的实施方案》和《关于组建天津文化产业总公司的实施方案》并上报。文化市场综合执法改革取得新成果，完成区县文化、广电、出版三局合一，积极推进区县文化市场行政执法大队组建工作。推进公益性文化单位内部人事、收入分配、社会保障制度改革。天津图书馆、平津战役纪念馆、周恩来邓颖超纪念馆等单位实施全员聘用制，完善竞争激励机制，实现了由固定用人向合同用人转变、由身份管理向岗位管理转变。天津歌舞剧院积极探索面向市场的艺术创作机制，对剧目生产采取市场订单、商业运作，提高了投入产出率。天津市青年京剧团、天津人民艺术剧院、天津自然博物馆等单位采取主演包场、推行独立经纪人和制作人制度、社会化管理等多种方式，进一步调动了工作人员积极性。事业单位岗位设置工作全部完成，为实施岗位聘用和绩效工资工作奠定了基础。行政审批工作有序开展，全年共完成行政审批项目676项。

九、人才培养再上新水平

【专业人才培养力度加大】

认真实施中宣部“四个一批”和天津市“131”创新人才培养工程，开展了“名师教室”活动，对文博系统35名优秀青年人才开展一对一授课，内容涉及8个学科17个门类。积极开展全市文化行业高技能人才选拔表彰工作，推荐全国文化行业高技能人才表彰人选10名、全国文化行业高技能入库人选50名。天津市青年京剧团孟广禄荣获文华表演奖；天津评剧院曾昭娟、天津儿艺路国琦荣获第九届中国艺术节文华优秀表演奖；天津歌舞剧院白慧迪荣获第九届全国声乐比赛二等奖第一名。

【艺术教育成果喜人】

完成天津工艺美术职业学院“动漫实训基地”、天津艺术职业学院“演艺实训基地”项目建设。天津艺术职业学院在中央电视台首届“戏曲院校京剧学生电视大赛”活动中获3个金奖、1个银奖、4个铜奖，同时获得组织奖，获奖总数位列第一；3名学生分别在第14届“中国少儿戏曲小梅花荟萃”活动中荣获专业组、业余组小梅花“金花”称号。天津工艺美术职业学院7名学生在全国技能大赛活动中分别获得一、二、三等奖。

河北省

2010年，河北省文化系统认真贯彻落实党的十七大、十七届四中、五中全会和省委七届五次、六次全会精神，坚持以邓小平理论和“三个代表”重要思想为指导，深入学习贯彻科学发展观，按照省委、省政府和文化部的要求和部署，紧紧围绕“高举旗帜、围绕大局、服务人民、改革创新”，在厅党组的正确领导下，以更加团结务实的工作态度、更加开拓创新的精神风貌，积极推进公共文化服务体系建设、精品生产、遗产保护、产业发展、市场管理等各项工作，取得了明显成效。

一、把握重要契机，加强创作规划，提高河北文艺的创造力和影响力

【抓创作，推进剧目创新】

先后两次召开厅系统精品创作规划会，研究

制订2010年精品生产重点项目规划，立足河北省文化资源，加工修改了话剧《喊山》，谋划了河北梆子《柳树乡的故事》、儿童剧《下次开船港》、话剧《李大钊》、交响乐《太行颂》、大型综艺晚会《燕赵风韵》等重点剧目。承德、秦皇岛等市实行项目化管理、多元化融资、市场化运作，创排推出了“海上生明月”、“海誓·南戴河”、“山庄中秋”等实景演出项目，形成了代表地方文化形象的剧目品牌集群。

【抓服务，体现演出惠民】

精心组织元旦、春节、中秋、国庆以及秦皇岛暑期等节假日期间的文化生活，营造浓厚的节日氛围，组织各级文艺院团根据农村和基层的需求特点，大力开展送戏下乡、下基层活动，为人民群众奉上丰盛的文化大餐。省直和各市文艺院团加工和新创了一批适合在农村和基层演出的戏剧、歌舞、晚会等节目，深入农村、广场、厂矿、工地、社区、军营等地演出，全年仅省直院团下基层演出就超过了570场。省会各艺术院团及主要演出场所坚持经济效益与社会效益并举，一手抓服务群众，一手抓效益提升，努力开拓演出市场，提高效益。全年省直各院团共演出1019场，演出毛收入1447.483万元；大戏院与艺术中心全年演出（占场）合计601场，毛收入达341.7万元。

【抓比赛，提高艺术质量】

京剧《响九霄》、《日出而作》、《女人九香》、《黄粱梦》4部作品入选第九届中国艺术节，入选数量位居全国第二位。在第13届“文华奖”评选中，《响九霄》获文华大奖特别奖；《日出而作》、《女人九香》获文华优秀剧目奖；裴艳玲荣获2010年度“中国文化艺术政府奖—文华表演奖”；一批同志获文华单项奖，孙德民、兰万玲获剧作奖，姬君超、卜永杰获音乐创作奖，刘莉沙获优秀表演奖，樊艳芳获表演奖，创造了近年来河北省在“文华奖”评选中的最好成绩。话剧《喊山》、《日出而作》从全国60多台剧目中入选第六届全国话剧优秀剧目展演，分获二等奖、三等奖，在参加展演的30多台剧目中分别排在第7位和第11位。在第九届武汉国际杂技节上，省杂技团的杂技《大球飞杆》获铜奖。在第七届中国评剧艺术节中，石家庄市青年评剧团《红叶》、唐山演艺集团公司与中国评剧院合作的《马寡妇开店》获优秀剧目奖，唐山演艺集团公司评剧团《变迁》、丰润评剧团《晴雯》获优秀剧目特别奖，滦南县成兆才评剧团《三进门》获优秀演出奖。张立农的油画《秋后一场雪》、郭志红的油画《悠闲系列——蓝》、王杰斌的版画《蔡家会》3件推荐作品，以及受美展艺术委员会提名邀请的白云乡的《疏林寒山》和李彦鹏的《秋到农家》2幅作品参加了由文化部、第九届中国艺术节组委会主办的“中国风格·时代丹青——全国优秀美术作品展览”，广受好评。

【抓展演，增强品牌效应】

组织平调落子《黄粱梦》进京演出，受到各界欢迎。精心组织上海世博会河北活动周文化艺术展示活动，围绕“京畿之地、沿海大省、魅力河北、美好家园”主题，举办了形式多样、内容丰富的杂技晚会、巡游表演、非物质文化遗产展示、庆典广场演出、唐山皮影戏（宝钢小舞台演出）等各类文化艺术活动共45场，在传习区的民间工艺展示时间累计60多个小时，观看和参观人数超过了30万人次，成为展示河北文化的亮丽窗口，省领导给予好评。举办了“京畿神韵·河北文化上海高校行”活动，受到上海各高校师生热烈欢迎。圆满完成省河北梆子精品剧目《钟馗》北方行巡演，共在北京、山西、辽宁、黑龙江等北方14个省（市）演出52场，历时85天，观众8万余人次，行程1万多公里，这是河北梆子第一次走进东三省演出，也是长期以来河北梆子规模最大、场次最多、时间最长、市场运作最好的省外演出，有力扩大了河北梆子影响，取得了社会效益、经济效益双丰收。在唐山成功举办了“冀东发展杯”第七届中国评剧艺术节，来自北京、天津、黑龙江、辽宁、内蒙古及河北的13个院团的15台剧目进行了展演，办节水平和影响力进一步提高。在石家庄举办了“卓达之声——中国交响乐世纪回顾暨第二届中国交响音乐季河北展演周”活动，为省会观众带来了杜鸣心、赵季平、关峡、鲍元恺等23位中国当代著名作曲家的47部（首）交响乐作品，同时还举办了“中国交响乐世纪回顾”展览、《中国交响音乐博览》辞书和《傅庚辰谈音乐》首发仪式和中国交响乐发展论坛，受到广大观众的热烈欢迎。沧州市举办了第八届中国·沧州国际武术节，宣传了沧州，提高了沧州知名度和美誉度，扩大了影响力。唐山市组织了“金狮奖”第三届国际木偶皮影戏比赛，来自上海、广东、哈尔滨及香港等地的18个知名院团演出了33场风格各异、制作精良的木偶皮影艺术作品，促进了中华优秀传统文化的积极传承和发扬光大。

【抓创新，组织好艺术科研工作】

充分发挥“河北省文化艺术科研规划领导小组”的作用，加强对全省艺术科研的引导和管理工作；积极做好与全国艺术科研领导小组的工作对接，组织做好全省艺术科研选题立项，使更多项目入选国家课题；全力做好河北省文化艺术科研规划课题的制定、发布、评审、管理、成果鉴定、验收和宣传推广工作。承担的全国艺术科学课题规划研究项目《河北当代戏剧史》、《河北辽代壁画研究》已进入课题结项阶段。省艺术研究所王露霞撰写的《历史真相的深度隐喻——对锦云儿部话剧作品的文本解读》获第三届中国戏剧奖·理论评论奖，这是河北省首度获得此项殊荣。

二、着眼群众需求，努力提质增效，公共文化服务体系建设取得新成效

【文化服务设施建设全面推进】

乡镇综合文化站建设项目中已有927个竣工或基本竣工，基本完成322个乡镇综合文化站设备采购任务。流动舞台车工程配送力度加大，为基层文艺单位再配送20台流动舞台车。基本完成了全省文化信息资源共享工程建设工作，全省共建成各级中心（技术平台）和基层服务点近50000个，其中包括1个省级中心，11个市级支中心，172个县级支中心，700多个乡镇（街道）基层服务点，49000多个村（社区）基层服务点，形成了省、市、县、乡镇（街道）、村（社区）的服务网络架构。同时，整合、购买、自建数字化文化资源20TB，形成了包括图书期刊、舞台艺术等适合农民浏览的分布式文化信息资源库群。在全省各级公共图书馆开展了以“充分发挥公益性电子阅览室作用，积极推进学习型社会建设”为主题的图书馆服务宣传周活动。完成了河北省第三批“全国古籍重点保护单位”和《国家珍贵古籍名录》的申报工作，经文化部审核评选，3个单位和43种古籍入选。新争取国家资金1338万元，用于39个社区文化中心和174个文化活动室的补贴建设。推进重点文化设施建设，河北省博物馆主体工程已经完工，正在进行内部装修设计；河北省图书馆正在进行装修和设备安装；省群众艺术馆原址新建项目已正式启动，正在编制项目建议书和可行性研究报告；河北艺术职业学院新校区正在进行选址；多家省直艺术院团完成了基建维修和改造项目；积极谋划在省会正定新区建设综合性、多功能的河北文化艺术中心的大型项目。各市也新建、改建了一批图书馆、博物馆、演出剧院等公共文化设施。

【群众文化活动丰富多彩】

全省春节、五一、中秋、国庆等节庆日，各地群众文化活动丰富多彩、特色浓郁、红火热烈。组织开展了2010年度“激情广场·欢乐河北”彩色周末暨假日文化工程，活动期间全省共组织各类广场文化活动9000余场次，参与演职员12万人次，惠及群众260余万人次。举办了“燕赵春来早——全省城乡基层群众小戏专场晚会暨农村巡演”活动和“经典阅读·伴我成长”2010年度燕赵少年读书系列活动，群众参与广泛，效果良好。大力开展服务农民工系列文化活动，各级图书馆送图书下工地，各级群艺馆、文化馆加强农民工文艺辅导基地建设，并创排了一批受农民工喜爱、健康向上的文艺节目。参加第15届全国“群星奖”比赛取得优异成绩，4件文艺作品荣获“群星奖”，4个项目获得“群星奖”社会文化项目奖，3人获“群文之星”称号。各地也纷纷举办了一系列独具地方特色的品牌性群众文化活动。唐山市举办了“冀东发展杯”第六届中国评剧票友大赛，共有来自东北三省、京津冀、内蒙古等地的80名票友参赛；邯郸市以“艺术的盛会，百姓的节日”为主题，举办了融公益性、开放性、观赏性、群众性和互动性于一体的第五届中原民间艺术节；邢台市举办了第二届中国邢台太行山文化节；承德市以“歌唱幸福和谐，展示城市风采”为主题，成功举办首届“承钢杯”中国旅游名城“城市之韵”合唱节。

【县域文化建设软实力大大提升】

开展了“县委书记谈文化”征文活动，并在此基础上组织编写了《县委书记的文化观》一书，

充分反映了近年来全省大多数县（市、区）党委、政府主要领导高度的文化自觉以及理论和实践成果，进一步调动了县（市、区）党委、政府加强文化建设的积极性和主动性。开展了河北省文化先进县复查工作。在各县自查、各市核查的基础上，组成5个复查组对其中18个县（市、区）进行了重点抽查，促进了县域文化建设。配合中宣部、文化部于12月21日至22日在霸州市成功召开了全国县级公共文化服务体系建设现场经验交流会，总结推广河北霸州等县级公共文化服务体系建设的典型经验，明确了县级公共文化服务体系建设的思路和措施。

【农村文化建设进一步加强】

制发了《河北民间文化艺术之乡命名办法》，命名了“赵县（扇鼓）”等33个县乡为“河北民间文化艺术之乡”。制发了《关于开展河北省文化先进县复查工作的通知》，全面开展了先进县复查工作。加强农村文艺辅导基地建设，一方面推动原有基地的发展壮大，使村村都拥有30人以上的文艺骨干，常年开展群众文化活动，另一方面新建了一批文艺辅导基地，使全省各级建立的农村文艺辅导基地达到600个，为在农村建立一支“不走的文艺队伍”提供了有力保障。

三、创新思路举措，加大保护力度，文化遗产保护工作取得明显进展

【文物保护工作成效显著】

鸡鸣驿城墙维修保护工程基本完成，城内文物建筑维修设计方案正在抓紧编制。第三次全国文物普查全省共计新发现不可移动文物20202处，复查文物13226处，全省不可移动文物总数超过33000处。早期长城资源调查野外调查工作取得阶段性进展。大运河河北段省级保护规划编制基本完成。顺利完成了河北省南水北调田野考古工作，勘探面积约680万平方米，发掘面积24万多平方米，发掘大中小型墓葬2000多座，出土各类文物12000多件。曲阳涧磁村定窑遗址入选“2009年度全国十大考古新发现”。积极争取国家资金支持，5年内投入6亿元用于承德避暑山庄及周围寺庙文物保护工作。督促落实邢台、衡水、秦皇岛3个设区市的综合博物馆建设工作，均完成了立项选址，其中衡水市、秦皇岛市已完成方案设计。冉庄地道战纪念馆、张北元中都博物馆正式落成并对外开放。46家博物馆、纪念馆向社会免费开放，接待观众1000多万人次。全省共开放展览近400个，重点开展了进军营、进学校、进社区等一系列活动，将博物馆纪念馆的传播服务功能，辐射到广大城镇社区和边远农村，得到了社会各界的广泛赞誉，取得了良好的社会效益。

【非物质文化遗产保护活动广泛开展】

印发了《关于进一步加强非物质文化遗产名录体系建设和管理的通知》，全省所有县（市、区）均已建立起当地名录，省、市、县三级名录体系建设全部完成。入选第三批国家级非物质文化遗产项目15项，评选公布第二批省级非遗项目代表性传承人147人。着力加强对传承人的保护和扶持的力度，制定并印发了《关于加强国家级非物质文化遗产名录项目保护及代表性传承人专项补贴资金管理与使用工作的通知》。在秦皇岛市南戴河举办了以“弘扬民族民俗文化，促进经济社会发展”为主题的第三届河北省民俗文化节，日日有演出，天天有展览，期间游客日流量达两万多人次，民俗文化成为旅游观光热点。

【文化遗产保护宣传活动丰富多彩】

围绕我国第五个文化遗产日和2010年国际古迹遗址日、国际博物馆日，举办了系列宣传活动。举办了河北省长城调查成果展、河北省第三次全国文物普查成果展、优秀民族民间手工技艺展示表演活动。邀请国家著名民俗学专家来河北进行大型讲座，围绕鸡鸣驿城抢修保护工程举办各方面人士对话活动。与媒体合作开展了文化遗产保护政策知识竞答和“河北最具吸引力的十大文物景观”评选。组织专家学者和普通民众参加了“文化遗产采风”和“让公众走近考古”活动。文化遗产日当天，全省有123家文物单位向社会减免费开放，全省各地举办了一系列活动，增强了全社会的文化遗产意识。

四、突出工作重点，注重管理实效，文化市场总体平稳有序

坚持一手抓繁荣、一手抓管理，按照构建政府管理体系、行业自律体系、社会监督体系、协调联动体系、技控防范体系、绩效评估体系六大体系的总体思路，深入开展文化市场治理和长效机制建设。

【围绕重点时期和重点工作，开展专项行动，大力实施文化市场“护城河”工程】

围绕服务“两会”、上海世博会、暑期及广州亚运会等中心工作，连续开展“平安世博”文化市场专项保障、法制宣传日、暑期文化市场整治、查处违法动漫产品及河北省文化市场知识产权保护专项行动等全省性的文化市场专项行动。将北京周边地区、旅游景点等作为文化市场重点整治部位，强化监管措施，并牵头召开了华北五省市文化市场管理联席会议，签署了《华北五省区市合作共建平安文化市场协议书》，筑牢了拱卫首都的护城河。

【围绕互联网文化管理，探索治理途径，提升监管能力】

深入推进网络文化市场计算机监管平台建设，组织开展网上大巡查活动，通过采取地址捕捉、网页截屏、模拟消费等手段锁定证据，查处多家违法网站，列入“黑名单”300余家，有效拦截违法网络游戏网站、关键词信息搜索等600余万次。在抓好源头管理同时注重抓好终端管理，结合网吧市场巡查整治，将网吧违规接纳未成年人、非法色情演出等恶性违法问题作为重点整治内容，采取了高压态势，确保不发生大的问题。

【围绕安全生产，加大安检力度，全力维护文化市场安全稳定】

将安全检查纳入日常检查重要内容，以歌舞娱乐、网吧、室内演艺厅等场所为重点，加强隐患排查、填补制度漏洞，研究制定了《公共文化娱乐场所安全经营“十严禁”》，对54家存在重大隐患的文化经营场所进行跟踪督导整改。制发了《关于加强学校、幼儿园及周边安全工作的紧急通知》，开展了校园周边安全整治工作。截至10月底，全省共出动执法人员391391人次，检查各类文化市场经营场所199301家次，罚款2004550元，责令停业整顿385家，吊销经营许可证2家，通过高密度大频率执法，有效规范了市场经营秩序，全省未发生重大违法案件和安全事故，文化市场总体保持了和谐稳定的发展局面。

五、实施项目带动，优化服务环境，推动文化产业持续快速健康发展

【加强项目推介和建设】

圆满完成了2010年河北省（香港）投洽会文化产品展示活动，实现了近10万元港币的现场销售额，并达成了约500万元人民币的销售意向。精心组织参加第六届深圳文博会工作，13个项目实现成功签约，签约总额达到228.55亿元，居全国第二位。组织参加了第五届北京文博会，推出了130个项目基础好、增长性强、预期回报率高、总招商额达300亿元的文化产业项目到会推介，河北省代表团获“最佳组织奖”和“最佳展示奖”。会同省新闻出版局等5部门联合印发了《河北省文化产业投资指导目录》。扎实推进承德市鼎盛王朝文化产业园区、唐山市文化创意产业园区、廊坊市“梦廊坊”文化产业园、张家口市涿鹿中华三祖文化园区等大型文化产业园区的规划建设。命名秦皇岛市葡萄酒聚集区和蔚县分别为“河北省葡萄酒文化产业示范基地”和“河北省剪纸文化产业示范基地”。积极培育典型，大厂评剧歌舞团演艺有限责任公司、河北金音乐器集团有限公司、蔚县圆通文化创意责任公司被文化部评为第四批国家文化产业示范基地。至此，河北省已拥有衡水河北金音乐器集团有限公司、沧州吴桥龙之传奇杂技演出有限公司和吴桥杂技大世界旅游有限公司三家企业获2010年文化出口中央奖励资金共计125万元。各市也纷纷抓住“文化产业提速年”的有利契机，打造了一批重点文化产业项目。邯郸市依托成语典故资源丰厚这一独特优势，策划推出了100集《邯郸成语典故动漫》，全力推动动漫产业发展；邢台市举办了2010中国宁晋首届工笔画展览交易会暨工笔画产业发展论坛、新河县“首届红枣文化节”、平乡县“首届自行车文化节”以及清河县“首届中华生肖国际文化艺术节周”和“第一届羊绒旅游文化节”，取得了良好的经济效益和社会效益；张家口市通过“2010文化创意产业与品牌城市国际论坛”，对阳原县泥河湾文化进行了现场推介和现场交流，实现了文化产业园区项目与投资机构的对接；衡水市在全力做好“湖文化”的同时，大力推进广川董子文化园建设，总投资10亿元，重点发展文化旅游产业；石家庄市举办了中国·石家庄第五届国际动漫博览交易会，共有来自11个国家和地区以及国内的319家知名动漫企业、院校的3000余名客商参展参会，共签约“河北东垣文化创意产业园”等15个项目，签约总额40.566亿元，比上届增长

41%，为历届之最；唐山市2010年文化产业经营企业资产总额5.3亿元，上缴利税近7000万元，全市从业人员9.8万人，实现文化产业增加值57.4亿元，同比增长33%，实现了跨越式增长，成为了经济发展中一大亮点。

【加强金融服务】

按照互惠互利、合作共赢的原则，建立了金融支持文化产业合作机制，分别与中国人民银行石家庄中心支行会签印发了《转发〈中央宣传部等部门关于金融支持文化产业振兴和发展繁荣的指导意见〉的通知》，与河北省工商银行联合印发了《关于建立金融支持文化产业发展合作机制的通知》，与河北省农业银行联合印发了《关于建立工作合作机制的通知》，并在省级合作框架下建立了市级的合作机制和信息共享制度。深化落实《河北省文化厅、河北省农村信用社联合社关于扶持培育河北省重点文化企业、文化项目的合作框架协议》，为河北金音乐器集团有限公司争取2600万元贷款，至此河北省有6个文化企业获得贷款总额达7680万元。

【加强市场培育】

认真落实省委、省政府“扩大夜消费、做旺夜经济”的总体要求，制定了《关于繁荣城市文化夜生活的指导意见》，明确了繁荣城市文化夜生活的思路措施。积极承担繁荣省会文化夜生活的职责，打造天天演出的大众文化娱乐消费场所。开展了“阳光娱乐场所优质服务迎市民活动月”活动，推进娱乐大众化，活跃城市文化夜生活。河北大戏院与民营企业合作举办“玄元欢乐大舞台”，每周至少演出一场河北梆子大戏；依托省艺术中心场地，引入民间资本建成了“奥斯卡新视听”演艺厅；省话剧院在儿童剧场多次举办儿童剧系列演出，深受儿童喜爱；石家庄市开办了“梨园剧场”和“洪顺曲艺社”文化书场，推出了戏曲演唱、相声表演等市民喜闻乐见的夜间演出活动，同时还创办了《省会演艺资讯》期刊，以引导文化消费。积极落实陈全国省长视察秦皇岛市现代服务业的指示精神，与秦皇岛市建立厅市合作机制，起草了《关于繁荣2010年秦皇岛暑期文化的安排意见》，共同促进文化与现代服务业的相互交融，秦皇岛暑期文化呈现空前活跃的局面。先后邀请长沙红太阳集团、杭州金海岸公司等国内知名的优秀演艺企业来冀考察投资。

六、积极实施“走出去”和“引进来”战略，全省对外文化交流十分活跃

全年实现文化交流项目55批次、610人次，其中派出团组29批次、321人次，来访团组26批次、289人次，涉及20多个国家和地区。一是配合国家外交大局，积极参加外事文化交流活动。成功举办了“河北文化非洲行”、“加拿大——河北文化周”等系列文化交流活动。先后组织了唐山滦南皮影剧团赴巴黎参加以“欢乐春节”为主题的交流演出活动，河北杂技团赴毛里求斯参加第六届唐人街美食文化节期间的演出活动，河北民间工艺展演团赴加拿大参加郁金香文化节展演活动，组派有歌舞、民乐和杂技组成的中国艺术团赴非洲参加佛得角独立35周年庆典活动。承德市以推动城市文化走出去为主题，举办了“2010年中国承德·韩国清州文化艺术交流展”。省歌舞剧院组织策划的“留君岁月”——邓丽君经典歌曲演唱会先后在马来西亚和新加坡上演。二是对港澳台文化交流活动进一步加深。继续保持与香港地区的文化交流与合作，配合省政府在港举办的投资贸易洽谈会，组织优势文化企业赴港展览并进行项目推介。成功举办了“河北文化宝岛行”大型文化交流活动，通过文艺演出、民间艺术展演、文化产业项目展示和推介、安排知名人士会见等内容，向台湾民众展示了河北优秀文化的魅力；组派杂技教师在澳门举办青少年暑期杂技兴趣班及组派杂技演员在澳门熊猫馆进行巡演，为增近两岸三地人民友谊作出了贡献。三是加大作为河北对外文化贸易品牌产品杂技的宣传推介力度。河北省杂技团体分别在西班牙、德国、土耳其、俄罗斯、乌克兰、沙特阿拉伯、韩国等地进行商业巡回演出，保持了较高的国际市场占有份额。四是继续引进高雅艺术，丰富人民群众的文化生活。2010年共有来自加拿大、俄罗斯、德国、英国及港台等多个国家和地区的艺术家来河北进行演出和交流活动，提升了城市文化品位，丰富了民众的精神生活。

七、加大工作力度，积极稳步推进，文化体制改革工作取得突破性进展

始终把文化体制改革工作作为全年工作的重点和难点，摆在突出重要的位置。争取省政府出

台了《省属经营性文化事业单位转制为企业劳动关系调整及社会保障政策的意见》，明确了省属经营性文化事业单位在转制为企业过程中的人员分流安置政策。省直文艺院团改革工作基本完成。文化部门机构改革和文化市场综合执法改革积极推进，全省11个设区市均完成文化、新闻出版、广播电视部门的合并工作，成立了文广新局，并完成市级综合执法机构的组建工作。县级文化部门整合和文化市场综合执法改革也正在稳妥进行。

山西省

2010年是文化战线全面贯彻落实党中央“三加快一加强”精神，紧紧围绕推动山西文化转型发展、跨越发展这一主线，全面进行文化建设的攻坚之年，也是全面完成文化建设“十一五”目标的收官之年。山西省文化厅党组认真落实省委、省政府关于文化工作的各项部署和要求，积极组织实施“七大工程”，圆满完成了省政府交付的年度目标任务，全省文化工作呈现出健康、良好的发展态势，为推动山西经济社会转型跨越发展、推进文化强省建设、树立山西良好形象、宣传山西发展成就做出了积极贡献。

在客观分析、科学总结我省“十一五”文化发展取得成绩和存在问题的基础上，充分认清面临的机遇和挑战，编制出符合实际且具有操作性的《山西省文化厅“十二五”时期文化发展规划纲要》（征求意见稿）。其中许多项目已被全省“十二五”发展规划纳入并列为重点项目，如新建山西省群众艺术活动中心、山西省美术馆和“百县强基工程”，以及力争实现“市市有群艺馆、图书馆、博物馆”和“县县文化馆图书馆达标”列入重点文化设施建设三级工程；“万村千乡”公益文化建设、公共文化服务体系建设示范区（项目）建设、社区和乡镇综合文化站（室）建设、文化信息资源共享、流动文化服务下乡、社区公益文化配送、高雅艺术进基层等列入重点文化惠民工程；非物质文化遗产保护、古籍保护、珍稀剧本保护和音配像被列入重点文化保护工程。山西文化发展“十二五”规划特别是全省经济社会发展“十二五”规划的编制确立，必将为今后5年的文化建设奠定坚实基础。

一、抓硬促软，软硬并重，公共文化服务体系建设取得新成效

【公共文化服务体系建设取得重大突破】

大力推进公共文化服务体系建设，2010年完成新建乡镇文化站339个，新建文化资源共享工程县级标准化支中心47个、农村基层站点10973个，新建两区行政村图书室4922个。全省所有县级公共图书馆、乡镇文化站和所有行政村文化室实现了文化信息资源共享工程全覆盖，“两区”所有行政村文化室实现了农村流动书库全覆盖，文化服务基层群众的能力得到了极大提升。

【省级重点文化建设项目进展顺利】

省级重点工程山西大剧院和山西省图书馆新馆建设即将完工，并将于2011年中博会开幕前投入使用。同时，经过广泛调研，提出了两馆运行建议方案，报送省政府审批。山西省群众艺术中心和山西省美术馆等省城新的标志性重大文化设施建设项目也已获得省领导批复，并列入全省“十二五”发展规划重点项目。

【文化惠民工程卓有成效】

围绕解决基层“两少”、“三难”（公共文化设施少、文化产品数量少，看戏难、看书难、了解文化信息难）的问题，向市县演出单位赠送流动舞台车26辆，为县图书馆配发流动图书车33辆，为乡村图书室、文化信息资源共享站点配送图书159万册、资源共享设备11135套，并在全省积极开展送书、送戏、送文化信息下乡等活动，较大程度地满足了人民群众多层次、多方面、多样化的文化需求。与此同时，积极开展了各级公共图书馆、文化馆等公共文化设施免费开放的调研和试点工作，全省公共图书馆业务总分馆建设开始运行，图书文化资源共建共享服务新模式进一步发挥作用，公共文化服务领域大大拓展，服务能力、服务水平稳步提高。

【文化工作先进乡镇和文化示范村评选推动效应明显】

为了树立先进典型，充分发挥其龙头效应和辐射力、影响力，开展了文化工作先进乡镇和文化示范村评选，经过对11个市119个县文化建设情况的明察暗访，严格评审，确立了清徐县王答乡等30个文化先进乡（镇）和尖草坪区柴村街办

三给村等90个文化示范村，有力地推动了全省城乡公共文化服务体系建设。

【“文源讲坛”成为知名品牌】

由省委组织部、省委宣传部、省直工委和我厅共同主办的“文源讲坛·山西省领导干部历史文化讲座”全年共举办11期，全省100多个厅局的领导干部4000余人次听取了讲座，得到了广泛好评，产生了重大影响，日益成为山西省新的知名文化品牌。

【决策信息服务有效开展】

继续加强针对党政军领导机关的信息服务与课题服务，坚持做好为省委省政府领导提供决策参考的信息专刊编辑工作，省图书馆被宣传部定为舆情信息直报点，并荣获2009～2010年度“全省政府系统信息工作先进单位”。

【群众文艺活动精彩纷呈】

在广州举行的第九届中国艺术节上，我省选送的《农家乐》等15个剧节目全部获得“群星奖”作品奖，在全国名列前茅，也创造了山西省群众文艺创作的最好成绩，体现了全省群众文艺创作的坚实基础和新的水平。组织参加了首届中国农民艺术节、首届中华红歌会、全国第二届新农村新文化新风貌小品展演、第七届全国“四进社区”文艺展演、第10届“和平杯”中国京剧票友邀请赛和全国第12届老年合唱节等，都获得优异成绩；组织举办的山西省第五届“三晋之春”合唱比赛、山西省第八届少儿美术书法大赛、山西省第八届书法临摹展、山西省“魅力之声”朗诵大赛、第九届中国少年儿童歌曲卡拉OK电视大赛山西选拔赛等多项赛事，也都圆满成功。

二、吸引投资，打造品牌，文化产业发展迈上新台阶

【专题调研活动助推文化产业政策体系进一步完善】

围绕培育“三大支柱”、构建“八大方阵”的文化产业发展思路，在打造大项目、大集团、大会展上积极开展工作。5月，根据省政府安排，联合广电、新闻出版、文物、旅游、体育等部门，共同完成了王君省长进行文化调研的工作任务，并负责起草了《山西文化产业发展汇报提纲》。通过3天20个文化单位的实地考察和4个专题座谈会，向省领导及相关部门全面汇报了我省文化产业发展情况，获得了省领导的认可和肯定。还组织开展了全省文化产业调研和动漫文化市场调研，制定出台了《文化产业投资指导目录》，向省政府报送了《关于推动全省动漫产业发展的实施意见》（修改稿）。

【银企合作推动文化产业建设获得重大突破】

8月，和工商银行山西省分行签订了战略合作框架协议，签订了3年提供不少于100亿元的文化产业发展授信支持，并已对接42个项目，落实贷款30亿元。山西（徐沟）创意文化产业园、山西省国家级非物质文化遗产展示园（晋园）、五台山旅游文化演艺中心、潇河文化生态产业园区建设项目顺利推进。

【文化产业服务平台建设取得显著成效】

山西文化产业网注册企业已达1000余家，建立了山西文化产业项目库，畅通了企业与企业、企业与个人、企业与政府的沟通渠道；启动了文化产业投融资平台，已有13家企业通过平台申报项目；同时，还启动了动漫游戏产业专项调查统计平台建设；积极向文化部、财政部等国家部委推介文化产业投融资项目100余个，山西省歌舞剧院有限公司、山西宇达集团等单位获文化部、财政部文化产业发展专项资金支持；积极组织文化产业项目招商活动，通过深圳文博会、北京文博会，成功招商180亿元；组织参加第三届海峡两岸（厦门）文化产业博览会、第五届中国（南昌）中部投资贸易博览会等产业展会，举办了山西文化产业精品韩国展示周，拓宽了山西文化产品的展示交流渠道。

【地方特色文化产业品牌快速成长】

经省文化厅推荐，山西晋阳嫦娥文化艺术有限公司、阳城县皇城相府（集团）实业有限公司入选第四批国家文化产业示范基地；山西汇众动漫科技开发有限公司等4家动漫企业获得文化部、财政部、国家工商总局认定；在中国国际文化旅游节组委会组织的文化旅游发展贡献奖评选中，《乔家大院》入围“影响中国旅游的一部电视剧”。组织开展山西省文化产业示范基地评选活动，经专家评审，确定了山西出版传媒集团等16家文化单位入选首批省级文化产业示范基地，并经省政府批准予以命名授牌。

三、科学规划，完善机制，文化艺术创作进入新阶段

【繁荣艺术创作有了制度保障】

编制了《2010～2015年艺术创作规划》，出台了《关于成立山西省艺术咨询委员会的方案》、《关于建立山西省文化艺术事业激励机制的若干意见》、《关于促进我省艺术事业传承与发展的若干办法》，对艺术创作、演出和评审管理机制进行了科学规范。

【舞台艺术精品工程收获丰硕成果】

原创剧目话剧《立秋》、舞剧《一把酸枣》、京剧《走西口》荣获国家舞台艺术精品工程优秀剧目，实现了舞台艺术着力打造晋商品牌的“晋商三部曲”的大满贯，在全国舞台艺术精品评奖中被称为“山西现象”。晋剧《傅山进京》入选2008～2009年度国家舞台艺术精品工程十大优秀剧目，说唱剧《解放》入选2009～2010年度文化部、财政部资助的42部精品剧目名单，刷新我省舞台艺术精品创作生产记录，成为贯彻落实袁纯清书记“大作品展示”战略的最佳案例。

【上海世博会山西活动周引起强烈反响】

组织40余个单位38支队伍、3000余名演职人员，围绕“魅力山西”主题和“开周仪式、文化展示、精品剧目展示”三大板块，从山西舞台艺术、文化遗产、民间工艺、民歌民舞等不同角度，全面展示“晋人、晋韵、晋文化”风采，完成了持续184天的上海世博会全程文化演出和文化展示，给世博局和中外观众留下了美好的印象，在世博园内外掀起了持久的山西文化热潮，进一步提升了三晋文化的影响力。

【戏剧、影视艺术及旅游演艺节目创作全面丰收】

一年来，创作了晋剧《大红灯笼》、《麦田守望》、《天地神灵》，京剧《五台圣境》、《剑胆琴心》，话剧《塞上山曲》，舞剧《牛郎织女》、《粉墨春秋》，民族音诗《关公》，笑剧《爱有多难》等一批优秀剧目，其中《五台圣境》荣获第二届中国少数民族戏剧会演银奖。28集电视连续剧《荣河镇的男人们》已完成前期拍摄。配合省委宣传部，积极策划、创作、排练《五台山佛乐》、《人说山西好风光》、《印象·太行山》等一批大型旅游演艺节目。

四、保护为主，合理开发，文化遗产保护迈开新步伐

非物质文化遗产普查取得新成果。完成了全省非物质文化遗产普查工作，对20多万条文化遗产信息进行了系统清理和汇总评估，初步查清了全省非物质文化遗产线索底数，建起完善了10万条信息的山西省非物质文化遗产数据库，编辑完成《山西省非物质文化遗产普查资源名录清单》；组织了第三批国家级和省级非物质文化遗产名录项目评审工作，全省非物质文化遗产保护项目已达2074项（国家级96项、省级300项、市级557项、县级1121项）。

【保护工作进入大园区、大区域整体性保护的新阶段】

晋中文化生态保护实验区获得文化部正式批准，省政府也已协调有关各市、各单位成立了由张平副省长挂帅的领导组，我厅作为领导组办公室，协调各方积极工作，成立了规划领导组和专家组，并聘请国家级专家牵头开始编制保护规划。关公信俗申报人类非物质文化遗产代表作名录与晋剧（山西梆子）申报人类非物质文化遗产优秀实践项目两项申遗以省政府名义上报文化部，其中关公信俗在全国22项申报项目中位居第四。

【山西非物质文化遗产影响力获得新提升】

2010年，共组织参加了上海世博会山西活动周非物质文化遗产传习区展示和宝钢小舞台非物质文化遗产展示、“巧夺天工”中国非物质文化遗产百名工艺美术大师技艺大展、全国非物质文化遗产展示会、中国首届非物质文化遗产博览会，以及“文化遗产日”非物质文化遗产等一系列展览、展示、展演活动，取得了良好的经济效益和社会效益，非遗保护社会影响力不断扩大。

【古籍保护取得新进展】

元刻本《国朝文类》等43部古籍入选第三批国家级珍贵古籍名录，山西大学图书馆和太原市图书馆入选国家级古籍重点保护单位。以省政府名义公布了第二批省级古籍重点保护单位5个和省级珍贵古籍名录249部。

五、加强监管，净化环境，文化市场管理呈现新气象

【文化市场综合执法取得重大进展】

在全省文化市场综合执法改革基本完成的基

础上，采取分片组织、以会代训、专题辅导等方式对全省1329名执法人员进行了培训，初步解决了文化市场综合执法管理制度不健全、执法规范不统一、工作机制不完善、制度落实不到位的问题。

【净化文化市场环境取得明显成效】

全省各级文化行政管理部门进一步规范文化市场主体、净化市场环境，先后开展了“平安世博”、“暑期行动”、“网吧整治”等专项行动，共出动人员33362人次，检查经营场所10875家次，立案查处违规接纳未成年人案件446件次，责令整改347家次，取缔黑网吧156家，排除安全隐患710多起。通过整治行动，未成年人进入网吧和浏览低俗内容的问题得到有效遏制，部分县市实现了网吧接入“零点断线”，从源头上制止了超时营业现象，中小学周边200米内的网吧和娱乐场所大部搬迁，全省文化市场管理状况有了明显改善。

【构建现代文化市场体系初见成效】

开展了全省文化市场建设大调研，全面梳理文化市场现状，通过集体讨论，形成了构建现代文化市场体系的初步意见，明确提出运用法律、经济和必要的行政手段，调整市场布局，优化市场结构，大力发展美术品、艺术品、网络文化、动漫游戏等新型文化市场，打破条块分割、地区封锁、城乡分离的市场格局，推动城乡文化市场统筹发展，构建统一开放竞争有序的现代文化市场体系。

六、注重人才培养，加强文化科研，文化可持续发展焕发新生机

【专业人才培养取得新进展】

完成了省戏剧职业学院和中国戏曲学院联合办学的本科招生考试和录取工作，选拔出一批条件好、有天赋、热爱戏曲事业的好苗子；完成全省艺术中专招生工作，招生质量明显好于往年。举行了以交流教学经验、检阅教学成果、提高教学质量为目标的第八届全省艺术院校戏剧教学检查及教学剧目汇演，一批有潜质的艺术新人脱颖而出，显示了山西表演艺术人才基础。

【管理人才培训进入全国先进行列】

举办了全省文化系统人事干部培训班、第二期文化部全国文化干部培训山西省文化站长培训班、全省县（市、区）文化局长第二期培训班，有针对性地安排了符合实际工作需要的授课内容，收到较好的教学效果，获得学员们的一致好评，并受到文化部表彰和奖励。

【高技能人才培育有了新突破】

与工商银行山西省分行共同举办文化产业投融资业务（山西）培训班，培训全省文化与银行系统管理干部、相关业务部门负责人、产业项目负责人以及有贷款需求的文化企事业单位代表130余人；与省工艺美术协会联合举办两期山西省工艺美术高级人才研修班；2次选派动漫产业管理与技术人才参加了由文化部举办的培训班；13位高技能人才经推选列入文化部全国文化行业高技能人才库，为我省文化产业发展提供了人才保障。

【文化科研结出新成果】

成立了山西省艺术规划领导小组，制定了《山西省艺术科学课题管理办法》，加大对各单位课题申报业务指导，提高了申报质量。4项课题获得全国艺术学基金项目立项，4项获得全国文化科技创新项目立项，1项获得全国画院创作研究扶持项目，5项获得省科技厅软科学课题立项，成为山西省文化科研获得省部级科研立项最多的一年，也成为2010年全国获得文化部课题立项最多的省份。首次设立了全省艺术规划课题，11个科研项目获准立项，获得经费支持。文化艺术教育、科研多点出击、全面开花，成为山西文化艺术可持续发展的新引擎。

七、加强交流合作，加快“走出去”步伐，塑造山西文化新形象

【对外及对港澳台文化交流取得丰硕成果】

先后有18个团组、380人赴港澳台及海外进行文化交流；接待来访文化交流团组7个、174人；涉及港澳台及美国、瑞典、挪威、法国、日本、韩国等10余个国家和地区，进一步形成了政府、民间多渠道、多方位、多层次的对外文化交流格局。

【高雅艺术彰显山西文化软实力】

京剧《走西口》超百人剧组入岛演出，诠释晋商精神，歌舞《黄河情韵》赴港参加国庆演出，为弘扬山西文化、增进晋台、晋港文化交流，增进血浓于水的民族认同感做出了积极贡献。特别是12月10日至15日，舞剧《一把酸枣》在美国肯尼迪艺术中心、马里兰州索尔兹伯里和安那波

利斯市巡回演出8场，引起强烈反响，宣传了山西，展示了山西的良好形象，扩大了山西乃至中国文化在美国主流社会的影响。

【借力国家文化平台推动山西文化走出去】

选派吕梁文联艺术团参加文化部“欢乐春节”海外文化活动——美国旧金山“华人春节大巡游”，取得圆满成功，为“中华文化走出去”、“山西文化走出去”做出了有益尝试。

【自主对外交流取得有益经验】

实施“山西文化产业精品周”韩国展示活动，组织了山西文化产业精品展示和山西民间歌舞展演，搭建了我省文化产品对外展示交流的平台，为开展大规模自主对外文化交流活动进行了有益的尝试，提供了宝贵的经验。

【民间力量参与拓展对外文化工作空间】

民间力量参与对外、对港澳台文化交流，为我省对外文化工作增添了不同的色彩。民营小百灵艺术团访问台湾，太原市歌舞杂技团在台湾做长达4个月的商业性演出，各种图书交流、个人讲学、文化培训等，丰富了山西省对外文化工作的内容，拓展了文化交流的空间。

【精品剧目全国巡演扩大影响】

话剧《立秋》、舞剧《一把酸枣》、说唱剧《解放》等精品剧目全国巡演，宣传了山西文化、树立了山西新形象，不仅创造了广泛的社会效益，也赢得了良好的经济效益。

八、深化文化改革，完善体制机制，激发文化发展新活力

【改革任务按时完成成效开始显现】

按照中央和省委、省政府的要求，到2010年底，文化系统改革整体实现了“两到位”、“两铺开”，即省市县三级文化行政改革基本到位，市县两级文化市场综合执法改革基本到位；省直文化事业单位分类改革全面铺开，省直文艺院团改革全面铺开，基本完成了年度改革任务。特别是山西省歌舞剧院有限责任公司改制一年来，积极抓创新、闯市场，焕发了艺术生产活力，赢得了营运收入超1000万元的好成绩，成为具有示范效应的改革“样板”。

【文艺院团改革攻坚克难向纵深突破】

依据中共中央、国务院《关于深化文化体制改革的若干意见》（中发〔2005〕14号）、中宣部、文化部《关于深化国有文艺演出院团体制改革的若干意见》（文政发〔2009〕25号），在积极稳妥地做好山西省歌舞剧院转制后续工作的基础上，结合我省国有文艺演出院团实际，起草了《山西省国有文艺演出院团体制改革总体实施意见》和《山西省演艺集团有限责任公司组建方案》，已报省文化体制改革领导组审批。特别是山西省演艺集团组建方案，对省晋剧院、省歌舞剧院、省话剧院、省京剧院、省曲艺团五院团861名演职员工与433名离退休人员的安置做了详细而合理的安排部署，得到有关领导的认可，山西演艺集团将根据省里统一安排挂牌成立。

九、加强党的建设，落实各项保障，营造文化安全和谐发展新环境

【党的建设和反腐倡廉建设成效显著】

积极开展学习型党组织建设和创先争优活动、党员公开承诺活动和弘扬“右玉精神”系列学习活动，树立了文化系统党员干部的良好形象，提高了广大党员自觉践行科学发展观、服务山西文化繁荣发展的水平和能力，全省文化系统党的建设迈向了新阶段。同时，制定下发了《关于2010年党风廉政建设责任制工作任务的分解意见》，把党风廉政建设和反腐败工作与业务工作一起部署、一起落实、一起考核；组织《廉政准则》专题学习、讲座和考试，结合案例，加强警示教育；加强对“三重一大”等重要工作的监督检查并积极开展“小金库”专项整治；认真办理群众来信来访工作，对群众反映的问题，做到了“有接待、有处理、有反馈”；发挥部门优势，推进廉政文化建设，加强廉政文化理论研究，组织举办了省直文化系统廉政书画展、廉政影视作品与纪录片观摩、全系统作风建设演讲座谈等活动，强化了廉洁从政意识，进一步增强了做好党风廉政建设的责任心和使命感。

【规章制度体系进一步完善】

按照建设法治政府和服务型政府的要求，在2009年制定58项规章制度的基础上，又组织起草、制定了《首办负责制》、《一次性告知制》、《限时办结制》、《服务承诺（超时默认）制》、《行政执法责任制》等新的系列规章制度，进一步规范了厅机关工作行为，明确了文化行政部门职责义务、办事程序，完善了文化工作制度体系，

不断加强机关科学化、规范化管理。积极推进政务公开，深化行政审批制度改革，加大对基层文化服务部门的明查暗访力度，文化系统政风行风显著改善。

【机关电子政务建设取得突破】

开发了山西省文化厅政务系统，实现了省委、省政府、省纪委、省委组织部、省发展改革委、省财政厅等多条专线接入，保证了政府信息报送、政务公开、行政审批、电子监察、政风行风监督等工作的高效开展，同时实现了网上办公，大大提高了工作效率。

【文化安全生产与应急管理扎实推进】

加强监督管理，不断完善安全生产管理制度体系，有效落实安全生产责任制，扎实开展安全隐患排查整治行动；《山西省公共文化场所和文化活动突发事件应急预案》已正式提交省政府应急办审核批准。为文化工作顺利开展提供了安全和谐的发展环境。

内蒙古自治区

内蒙古自治区文化厅是主管全区文化艺术事业的自治区人民政府组成部门。厅机关现有公务员编制52名，在职49人，离退休69人，设职能处室11个，管理区直文化单位18个，职工1285人。

一、公共文化服务体系建设

【基础建设不断加强】

投资3.5亿的内蒙古演艺中心开工建设。文化信息资源共享工程稳步推进，在全区建立各级分中心95个，乡村、社区基层点6414个。2010年，又新建15个县级支中心，完成350个乡镇基层服务点的设备配置。抽查验收了2008年度54个县级支中心。制定了“十二五”文化资源建设、网络管理平台建设等建设规划。乡镇综合文化站建设项目顺利实施。2010年，已建成和在建综合文化站479个，完成规划总数的47%。开展了公共图书馆评估达标活动，77个参评图书馆中有58个达到国家三级以上标准，其中一级7个，二级9个，三级42个。

【群众文化活动硕果累累】

参加全国第15届“群星奖”评奖活动，歌曲《家乡的古神树》等5项作品荣获全国群众文化最高奖——群星奖作品类奖，包头市鹿城文化艺术节等3项活动荣获群星奖项目类奖，全区有3名个人荣获“群文之星”称号，总获奖11项，在5个少数民族自治区中排在第一位。漫瀚调《鄂尔多斯有个五家尧》和舞台剧《祝福阿拉善》2个节目荣获中国农民艺术节“精粹奖”，文化厅荣获优秀组织奖。呼麦演唱《天驹》荣获第八届中国西部民歌（花儿）歌会金奖，5人民歌组合《狼耳黑骏马》荣获银奖，双陶布秀尔弹唱《这样美丽的阿拉善》荣获铜奖。举办了自治区首届“群星奖”评奖活动，展出美术、书法、摄影作品400余件，90幅作品获奖；音乐、舞蹈、曲艺和戏剧类作品评出各类奖项42项，8个单位被评为优秀组织工作奖。主办了首届中国·呼和浩特民歌合唱汇演，来自全国16个省市自治区共25支合唱团参加，参赛人数1500人左右，获得广泛好评。

【文化惠民活动扎实推进】

开展“百团千场”下基层慰问演出工程，全区三级专业艺术院团全年深入农村牧区、厂矿企业、军营哨所等基层单位演出近6900场，丰富了基层群众的精神文化生活。继续推进我区博物馆、纪念馆免费开放工作。全区各级博物馆免费接待观众200余万人次。加强对农村牧区文化大院（文化户）、民间剧团等自办文化的政策扶持和资金奖励。社区文化、广场文化、老年文化、少儿文化、农村牧区文化等社会文化活动遍及全区，群众性文艺创作、演出和展览活动蓬勃开展，呈现出群众文化活动的繁荣发展的良好态势。完成了自治区“团结奋进的内蒙古”成就展和“内蒙古自治区人口和计划生育工作30年成就展”等大型展览工作。

二、艺术创作和文艺演出

【艺术创作取得新成果】

推出了一批新的舞台艺术作品。组织专家先后对舞剧《诺恩吉雅》、《嘎达梅林》，话剧《拓跋鲜卑》，舞蹈诗《追寻契丹》，歌舞《敖鲁古雅》，大型民族歌舞集《呼伦贝尔大雪原》，蒙古族曲艺情景剧《江格尔》等进行研讨论证，其中《诺恩吉雅》、《拓跋鲜卑》、《敖鲁古雅》已搬上舞台，反响较好，其他剧（节）目正按论证意见进行修改完善。对近年来创作的一些基础较好、有提升空间的剧目，在演出实践中不断修改提高，《巴雅尔与大花眼》、《乡村检察官》在自治区西部地区共巡演50多场，《西口好人》、《草原记忆》推出了更加方便下乡演出的精编版，既增加了演出场次，又提高了剧目质量，收到了很好的效果。全国性艺术评奖有新收获。鄂尔多斯市歌舞剧团的舞蹈诗《鄂尔多斯婚礼》获第九届中国艺术节文华大奖特别奖及音乐创作、表演2个单项奖，《巴雅尔与大花眼》获第二届中国少数民族戏剧会演剧目银奖及导演、表演等8个单项奖，《乡村检察官》获第六届全国话剧展演优秀剧目奖，《拓跋鲜卑》获全国话剧金狮奖，舞蹈《东方筑路人》获第七届中国舞蹈“荷花奖”当代舞比赛金奖。

【组织了一系列重大演出展示活动】

举办了2011年新年音乐会和那顺个人演唱会；组织了湖北省党政代表团慰问演出团大型舞剧《王昭君》在自治区的慰问演出活动，自治区主要领导和湖北省主要领导观看了演出；组织参加了第九届中国艺术节、第六届全国话剧优秀剧目展演、2010年全国京剧优秀剧目展演、中国西部交响乐活动周、中国民族音乐百场巡礼等全国性重大艺术活动，舞蹈诗《鄂尔多斯婚礼》、话剧《乡村检察官》、京剧《大漠昭君》以及内蒙古歌舞剧院民族交响乐团、包头市漫瀚艺术剧院民乐团分别参加了上述活动，内蒙古艺术在一年内频繁亮相全国舞台，使我区在全国性重大艺术活动中不缺位并取得较好成绩，为近年来鲜见。同时，加快培育演出市场，由内蒙古演出服务中心牵头，联合呼和浩特市、包头市、鄂尔多斯市成立了呼包鄂演出联盟，为建立全区演出院线奠定了基础。

【艺术节庆活动亮点纷呈】

在镶黄旗和察右后旗成功举办了第五届内蒙古自治区乌兰牧骑艺术节。由1100多名乌兰牧骑队员、500多位来宾参加了艺术节的9项活动，惠及各族各界群众20多万，是历届乌兰牧骑艺术节规模最大、活动内容最丰富、参演人数最多、惠及群众最广的一届，乌兰牧骑品牌效应和影响力进一步提升。圆满承办了第七届草原文化节优秀剧（节）目展演和演出交易洽谈会。引进区外优秀剧（节）目，内蒙古演出服务中心举办了3个大型演出季，全年承接演出90余场，湖北省歌剧舞剧院的《洪湖赤卫队》、中国儿童艺术剧院的《喜羊羊与灰太狼》、俄罗斯歌舞《印象俄罗斯》、朝鲜歌剧《红楼梦》等一批中外艺术院团的精彩演出令我区观众耳目一新，广受欢迎。

【乌兰牧骑建设取得新成就】

自治区党委办公厅、政府办公厅转发了《自治区党委宣传部、文化厅、财政厅、人社厅、编办关于加强新时期乌兰牧骑工作的意见》，将乌兰牧骑建设纳入基层公共文化服务体系。起草了《内蒙古自治区乌兰牧骑评估管理办法》。陈巴尔虎旗等18个旗县乌兰牧骑荣获全区服务基层服务群众先进乌兰牧骑，乌审旗乌兰牧骑荣获全国基层文化建设先进集体。

三、文化遗产保护

【圆满完成了第三次全国文物普查的田野调查及验收工作】

圆满地完成了覆盖全区所有乡镇、苏木及行政村、嘎查的实地文物普查工作。共调查登记不可移动文物点21000余处，其中新发现12000余处，复查9700余处，数量较“二普”登记点翻了一番。在国家文物局公布的100项文物普查重大发现名录中，自治区占7项。赤峰市二道井子夏家店下层文化聚落遗址，被国家文物局评为“2009年全国十大考古新发现”。完成了对全区12个盟市，101个旗县的文物普查的验收工作任务，全区“三普”的工作进度全国名列第七位。组织举办了“全区文物普查成果展览”，评选出“全区文物普查20大新成果”。进行了长城资源调查。重点调查了秦汉长城7400余公里，与全区各盟市文化局签订了《保护长城目标责任状》。

【元上都遗址申报世界文化遗产工作取得新突破】

元上都申遗工作已正式列入2012年我国向联合国申请世界文化遗产的名单中。争取元上都保护、申遗专项经费5000万元，投资3000万元、建筑面积4000平方米的元上都遗址博物馆工程已正式开工建设。元上都遗址申遗文本的编制工作已完成，由中国政府送交了联合国教科文组织世界遗产委员会。自治区政府下发了《内蒙古自治区元上都遗址保护管理办法》、颁布了《元上都遗址保护总体规划》，对元上都遗址保护管理以及申遗工作将起到积极的推动作用。

【文物执法和文物保护工作不断加强】

配合公安部门开展了严厉打击破坏、走私文物的专项活动。查办了呼和浩特市某公司破坏大青山秦汉长城案，对当事人进行了刑事责任追究。制定了《自治区文化厅（文物局）安防工作应急预案》，会同自治区消防总队对15个重点文物单位及重点古建筑进行了消防安全大检查，全年实现了文物保护安全年。

【非物质文化遗产保护取得新进展】

评审了第二批8个自治区级文化生态保护区，共达到12个。开展了第二批自治区级非物质文化遗产名录项目代表作传承人评审工作，确定了10个大类的115名传承人。13个项目被列入第三批国家级非物质文化遗产名录项目公示名单。确定了6个蒙古族长民歌和呼麦传承基地，启动了潮尔道、蒙古诵经等濒危项目的抢救性保护工作。参加了“人类非物质文化遗产代表作名录——中国剪纸艺术展”，《凤戏牡丹》、《五哥放羊》2幅作品荣获一等奖，5项分获二三等奖。蒙古族马鞍具制作技艺等8个项目参加了中国首届非物质文化遗产博览会，6项获作品奖和优秀组织奖。加强对蒙古国文化交流，在呼和浩特市召开了蒙古族长调民歌国际研讨会，研究商讨了民族民歌和共有文化项目交流合作、联合申报、联合保护的长效机制问题。2010年底，又参加了在蒙古国召开的中蒙非物质文化遗产保护合作机制工作会议。开展了蒙古族服饰专项保护活动，深入11个盟市41个相关旗县，对蒙古族服饰进行了田野调查、研究论证和风格鉴定，确认了区内28个部落及蒙元时期的蒙古族服饰的典型样式，完成了106套蒙古族服饰和34套头饰的复原性制作。这些服饰和头饰已全部移交内蒙古博物院作永久性收藏和展示。文化厅排演的《草原欢歌·永恒之火》，参加了“全国少数民族非物质文化遗产（音乐舞蹈类）调演”，受到文化部领导和首都各界观众的一致好评。

四、文化市场管理

【开展了构建平安文化市场专项整治行动】

针对网络游戏、网吧、网络音乐、演出等市场存在的突出问题，开展了2010年元旦、春节期间文化市场专项整治行动。以“平安世博、精彩文化”为主题，围绕维护社会稳定、促进未成年人身心健康、维护国家文化安全等重点，开展了“平安世博”文化市场专项保障行动。开展了整治互联网低俗之风和利用手机传播淫秽视频违法犯罪活动专项行动。开展了文化市场知识产权保护专项执法行动。全区共出动执法人员253489人次，检查经营场所220954家次，处罚违规经营场所3285家次，收缴各类非法出版物445072件（册、盘），吊销“文化经营许可证”1家，取缔无证经营场所185家，罚没款547.84万元。

【完成了全区电子游戏市场三年规划工作】

按照文化部、公安部、国家工商行政管理总局《关于进一步加强游戏娱乐场所管理的通知》精神，制定了《内蒙古自治区2010～2012年游戏娱乐场所总量与布局规划》，明确了市场准入条件、实施步骤和措施。目前，2010年游戏娱乐场所发展的数量，经自治区政府批准，已批复各盟市。

【开展了网吧和电子游戏经营场所重新审核登记工作】

针对个别地区违规审批、许可证照的非法转让和变更等问题，对全区网吧和电子游戏经营场所进行重新审核登记，摸清限制审批的全区两类经营场所的底数，纠正和查处违规审批的问题，强化全区文化市场管理执法人员的纪律意识、廉政意识。

【开展了推进网吧连锁化的调研摸底和市场培育工作】

按照文化部关于加快推进网吧连锁工作的要求，结合我区经济欠发达、网吧市场需求延缓的实际情况，积极听取文化市场管理部门和执法机构、经营业主、有关企业负责人的意见建议，鼓励初步具备连锁企业资格的业主大胆实践，不断扩大规模化经营。

五、文化产业

【加强引导，发挥典型示范作用，带动文化产业发展】

开展了第二批自治区文化产业示范基地评选命名工作，命名了呼和浩特市玉泉区大召文化产业群落等11家企业和单位为自治区第二批文化产业示范基地。至此，全区文化产业示范基地已达21家。赤峰力王工艺美术公司和鄂尔多斯响沙湾旅游公司被文化部命名为国家级文化产业示范基地，全区国家级文化产业示范基地已达4家。完成了自治区演艺、动漫、会展、文物复仿制品及工艺品、文化产业园区和基地项目库建设，新增入库项目40个，为“十二五”期间项目建设奠定了基础。组团参加了深圳文博会、西安文博会，通过展览展示了自治区文化产业发展成就，推荐商演文艺项目，开展工艺品、图书音像、动漫等文化贸易，搭建学习和交流平台，达成17项合作协议，现场销售400多万元，文化产业对外交流合作取得实效。

【打造民族品牌，扶持动漫产业发展】

经文化部审核，自治区手机动漫原创作品《修床》和呼和浩特市漫影传媒有限责任公司分别获手机动漫原创作品和手机动漫原创人才（团队）资金扶持。组织了国家第二批“动漫企业”和“重点动漫企业”的认定工作，向文化部推荐了内蒙古东联影视动漫科技有限责任公司等四家企业为“动漫企业”和“重点动漫企业”。完成了全区动漫项目申报工作。对东联影视动漫、安达传媒、伊克赛传媒等6家企业的7个动漫作品予以专项资金扶持，并为全区动漫企业购置了动漫渲染平台供企业创作动漫产品使用。

【加大金融支持文化产业力度】

为了进一步解决企业融资难的突出问题，9月，推动有关部门共同主办了自治区文化产业政银合作战略签约仪式。文化厅与国家开发银行内蒙古分行等9家银行签订战略合作协议。之后又与中国建设银行签订了合作协议。未来五年，这10家银行将为自治区的文化企业提供490亿元的授信额度。目前，文化厅已向10家银行机构推荐文化产业项目39个。政银合作初见成效。

六、文化体制改革

【艺术院团改革正在有序进行】

在内蒙古民族歌舞剧院、内蒙古直属乌兰牧骑改革试点基础上，2010年，研究制定了内蒙古民族演艺集团组建方案，上报自治区文化体制改革领导小组。盟市文艺院团的体制机制改革不断加快，进展顺利。

【文化市场综合执法改革取得突破性进展】

各盟市相继组建了综合执法机构。6月，自治区党委宣传部等5个部门联合下发了《关于加快推进全区文化市场综合执法改革的实施意见》，进一步理顺了文化市场管理的领导体制，统一了文化市场综合执法权。全区已经形成了自治区、盟市、旗县三级108个文化行政执法机构，800多人的专业执法队伍。

七、对外文化交流

【对外文化交流成果显著】

全区艺术演出、文物展览、书画展览、学术研讨、文化考察等项目共组团60余个，900多人次分赴世界各国进行交流活动。接待了10多个国家及台湾地区的文化团组800余人次。内蒙古杂技团蒙派杂技在加拿大、英国、荷兰、日本等国家共演出近500场。满洲里市歌舞团赴俄罗斯乌兰乌德市，参加了俄罗斯“汉语年”满洲里——乌兰乌德缔结友好城市17周年文艺演出暨“满洲里日”开幕式文艺演出。内蒙古考古研究所与蒙方组成的中蒙联合考古队对蒙古国后杭爱省浩腾特苏木都根乌珠尔遗址和阿德根哈里雅尔遗址行了发掘，共发掘遗迹30余处。派出赴港、澳、台地区文艺演出、文物展览、书法、绘画、摄影等各类团组共300余人次，引进台湾“S·H·E”组合、“天王天后”组合等30余人次赴自治区演出。内蒙古博物院在台北蒙藏文化中心展出“父亲的草原母亲的河—蒙古族文物精品展”，展出内蒙古地区出土及传世的珍贵文物119件（套）。在台湾故宫博物院进行了“黄金辽原—内蒙古博物院精品特展”，获得台湾民众的广泛好评。内蒙古民族歌舞剧院参加了香港中乐团第34季音乐会开幕式演出，演奏的交响音乐史诗《成吉思汗》受到当地观众的热烈欢迎。

辽宁省

2010年，在省委、省政府的领导下，辽宁文化系统深入贯彻落实科学发展观，继续按照“高举旗帜、围绕大局、服务人民、改革创新”的总要求，进一步树立新的文化发展理念，全面推进各项文化建设，在“专业艺术出精出彩；社会文化有波有浪；文博事业常安常新；民心工程实打实凿；文化市场管好管活；文化产业做大做强；文化体制改革加力加速”等方面取得了新的成绩，有力推动了全省文化大发展大繁荣。

一、文化惠民工程顺利实施，公共文化服务体系建设加快推进

【继续推进文化共享工程进村入户工作】

成立了辽宁省文化信息资源共享中心，专门负责文化共享工程模拟频道和机顶盒资源的征集、整合、组织、编辑、审查、传输以及全省特色资源的建设工作，目前全省已通有线电视的226万农户可以通过广播方式收看共享工程信息，全省已推广机顶盒点播用户209万户。进一步整合了本省的文化信息资源，在机顶盒和模拟频道中播出。在有关部门的积极参与下，共享工程平台开设了11个栏目；《人民日报》、《辽宁日报》电子版授权给辽宁文化共享工程使用。文化部全国文化信息资源建设管理中心在我省召开文化共享工程2010年度全国技术交流会，推介交流辽宁经验。全面开展文化共享工程技术和资源建设培训，举办了全省公共图书馆馆长培训班和全省共享工程资源建设培训班。

【继续实施乡镇综合文化站建设工程】

640个纳入国家“十一五”规划的乡镇综合文化站建设项目已完成302个（2010年建设项目145个）。其余338个项目，由于国家资金2010年10月下达，因此，目前进行项目开工的前期准备工作，2011年全部建完。在推进乡镇综合文化站设施建设的同时，积极开展了乡镇综合文化站设备和图书扶持工作，加强综合乡镇文化站业务建设。全省两年共扶持了261个乡镇综合文化站的业务建设，投入扶持资金1200万元，集中配送了活动设备及图书。各市、县也投入了很多资金，为文化站添置了必要的活动设备、图书等。

【群众文化活动丰富多彩，成果丰硕】

组织参加全国第15届“群星奖”评奖，拉场戏《差钱了》、海城高跷《强劲的东北风》等8个节目、作品获作品类“群星奖”，辽宁省农民文化艺术节等4个活动获项目类“群星奖”，获奖数量位居全国各省前列，2人被授予“群文之星”称号。参加“永远的辉煌”第12届中国老年合唱节，获得一等奖“红船奖”1个、二等奖“红舵奖”1个。参加第七届全国“四进社区”文艺展演，2个节目均被评为优秀节目。开展了“红诗辽宁”群众性诗歌征集、咏诵活动。实施了群众文化培训“火种工程”。继续开展了“百馆千站”培训工程，在10个市举办了培训班，共培训文化馆（站）长及社区文化管理员1700余名。继续开展基层文化建设创先工作，命名2个省文化先进县（区）、31个省文化先进乡镇（街道）、59个省文化先进村（社区）。

【图书馆事业和古籍保护工作稳步推进】

组织了2007～2009年度辽宁省公共图书馆优秀服务成果奖评选和公共、高校、党校系统图书馆应用科研成果奖评选，公共图书馆服务领域不断拓宽，服务水平继续提高。有145部古籍和2个图书馆分别入选第三批《国家珍贵古籍名录》和全国古籍重点保护单位。省政府批准公布了1013部古籍入选《辽宁省珍贵古籍名录》，确定了2个图书馆为辽宁省古籍重点保护单位。

二、艺术精品创作取得新成绩，艺术舞台更加繁荣

【艺术创作取得新成果】

沈阳评剧院评剧《我那呼兰河》入选2008～2009年度国家舞台艺术精品工程重点资助剧目，并获“文华大奖”。辽宁人民艺术剧院话剧《黑石岭的日子》获得“文华奖”特别奖和全国话剧优秀剧目展演一等奖，并入选2009－2010年度国家舞台艺术精品工程初选剧目。全省有20多幅（件）美术作品参加了第九届中国艺术节展览，入选数量居全国第一。

【成功举办辽宁省第八届艺术节】

历时一个月，先后举办三大主题活动：一是开幕式和群众文化活动，全省各市县区举办各类群众文化演出活动280台（场）、1870项；二是“天辽地宁焕彩虹”辽宁省美术新作品展览，258幅作品参展；三是全省专业艺术优秀剧目展演，40台剧（节）目参演。在历届艺术节中历时最长、内容最丰富、规模最大。

【组织、参加重要艺术活动】

组织省内400多名艺术工作者参加了上海世界博览会辽宁活动周的文艺演出。继续组织了辽宁省京剧优秀剧目巡演活动，辽宁3台剧目在天津演出，进一步扩大了辽宁京剧艺术的影响。继续举办了辽宁省优秀剧、节目演出季活动，组织省

内外及境外的优秀艺术团组在40天里演出40余场文艺节目。举办了“春之声”新年音乐会。省直院团组织了重大商业巡回演出活动，取得了良好的社会效益和经济效益。

【开展专业艺术下乡下基层活动】

继续组织了省文化厅“同心乐”文艺轻骑小分队下乡演出活动，全年下乡演出4次。组织了全省艺术院团送戏下乡、进校园、进军营、进社区等演出活动。

三、文博事业协调发展，文化遗产保护水平不断提升

【文物基础工作进一步夯实】

提请省政府将公主屯后山遗址等56处文物遗迹公布为第八批省级文物保护单位，并依法划定公布了相应的保护范围和建设控制地带。海城市牛庄镇被建设部和国家文物局评选为国家级历史文化名镇，提请省政府将城子坦镇和前所镇公布为省级历史文化名镇。

【第三次全国文物普查和长城资源调查工作取得新进展】

全部完成了省内14个市、100个普查单元的野外调查工作，完成率和调查覆盖率均达到100%。调查登记不可移动文物24182处，其中新发现12770处，复查11412处，消失1262处，新发现率超过100%。组织进行了省级验收并顺利通过了由国家文物局组织的整体验收。辽宁省明长城资源的野外调查、数据整理、国家验收、成果上报等项工作均已顺利完成，工作进度和质量位居全国前列。确认辽宁明长城总长度为1218.81千米，单体建筑1049处，堡城103座，居住址、采石场等相关遗存71处，标志着辽宁进入了长城资源大省行列。完成了《辽宁省明长城资源调查报告》编写及审定和《辽宁长城》图录的编辑出版工作。战国燕、汉、北齐、辽等早期长城资源调查和资料整理工作全面完成，调查数据率先通过国家项目组验收。

【牛河梁遗址大遗址保护工程稳步推进】

完成了第一地点（女神庙）保护展示工程；第二地点（祭坛、积石冢）保护展示工程进展顺利。牛河梁遗址入选首批国家考古遗址公园立项名单，考古遗址公园建设进展顺利。《牛河梁遗址本体保护展示设计方案》、《牛河梁遗址申报世界文化遗产文本》已编制完成并报国家文物局。

【辽塔保护工程实施顺利】

启动了33座辽塔的文物本体保护工程，其中18座辽塔已经完成维修保护及加固工程，并已全部通过工程技术验收。

【田野考古工作持续开展】

开展了京沈高铁等45项大型基本建设过程中的文物保护工作。对凌源田家沟红山文化墓地等进行了抢救性考古发掘，对燕州城山城等遗址进行了主动发掘。与国家博物馆水下考古中心合作开展了辽宁沿海水下文物调查。

【文物保护工程成果显著】

实施了广济寺古建筑群维修等10余项全国重点文物保护单位文物保护工程和元帅林维修保护等20余项省级文物保护单位维修保护工程。完成了金牛山遗址等10余处省级以上文物保护单位保护规划编制工作。

【博物馆工作全面推进】

会同省委宣传部、省财政厅公布全省65个博物馆、纪念馆和全国、省爱国主义教育示范基地为免费开放单位。2010年，全省文化文物系统免费开放单位共举办阵地展览和专题展览93个，各类临时展览118个，引进国内国外展览6个，推出和交流展览22个，全年接待观众506万人次，其中未成年人144万人次。鞍山市博物馆和本溪市博物馆等一批市、县级博物馆新馆建成并对外开放。启动了全省民办博物馆藏品登记定级试点工作。举办了“5·18国际博物馆日”宣传活动。

【社会文物管理逐步规范】

加强文物拍卖管理工作。“国家文物进出境审核辽宁管理处”正式挂牌。省文物总店举办了“2010年岁末文物展销会”，参展各类文物商品近万件，销售各类文物商品近千件，实现销售额200余万元。

【文物安全和执法督查工作全面加强】

推进安防设施建设工作，实施了9处安防设施建设工程，落实安防设施建设资金80万元。省文化厅（文物局）组成执法督查组，对8个市的84个各级文物单位的依法保护、管理、利用、规章制度建立、落实及“四有”建设、安全保卫等情况进行了检查。查处了文物违法违规案件。举办了全省文物行政执法培训班。举办了“文化遗

产日”宣传纪念活动。召开了辽宁省第三届世界文化遗产地年会和文物先进县座谈会。

【非物质文化遗产保护不断加强】

建立了全省非物质文化遗产重点项目保护管理制度。加强了对全省非物质文化遗产代表性传承人的管理。命名大连市西岗区为辽宁省非物质文化遗产辽南展示基地。圆满完成了上海世界博览会辽宁活动周非物质文化遗产展示、展演和巡游活动的承办工作。组织参加了首届中国非物质文化遗产博览会，省文化厅获优秀组织奖。

四、文化市场监管取得突破，文化市场秩序更加规范

【全面推进网吧连锁取得显著成效】

文化部、中央文明办在鞍山共同召开了全国推进网吧连锁工作现场经验交流会，肯定并全面推广了辽宁经验。成立了辽宁省网吧协会，促进行业自律。

【演出娱乐市场管理水平不断提升】

加强演出经纪人才培养，举办了全省演出经纪从业人员培训班。推进卡拉OK内容管理系统的安装并联网，实现了对联网卡拉OK场所内容监管。

【开展文化市场整治行动效果明显】

先后开展了元旦春节期间文化市场安全大检查、“平安世博”文化市场专项保障行动、打击整治互联网和手机媒体淫秽色情及低俗信息专项行动、暑期文化市场监管等工作，确保文化市场安全。

【文化市场综合执法改革全面展开并取得进展】

全省14个市已完成文化、广电、新闻出版等部门整合，组建了综合执法机构。在100个县区中，完成文化、广电、新闻出版等部门整合的有19个，组建综合执法机构14个。

五、加大规划指导力度，文化产业保持良好发展势头

【加强规划引导】

制定了《关于促进我省文化产业发展的意见》，召开了全省文化产业工作会议，在全省开展了文化产业“四个一”工程建设，即：一个地级市要建设一个文化产业园区（基地）、培育一个优秀文化企业、打造一个优秀文化产品、搭建一个文化产业会展平台，以此引导、带动全省文化产业快速发展。

【推进基地建设】

沈阳三农博览园有限公司（新民文化博览园）、大连圣亚旅游控股有限公司被文化部命名为第四批国家文化产业示范基地，使全省国家级文化产业示范园区和基地总数增加至13个。辽宁民间艺术团有限公司《东北二人转》入选文化部、国家旅游局联合评选的首批“旅游演出类国家文化旅游重点项目名录”。辽宁民间艺术团获全国文化企业30强称号。命名新民文化博览园为省级文化产业示范园区。

【扶持动漫产业】

举办了2010沈阳（第二届）动漫电玩博览会。至年底，沈阳、大连两个国家级动漫基地和沈北新区入驻企业323家，年产值93亿元。2010年辽宁有17家动漫企业通过国家认定。

【开展对外交流】

组织辽宁艺术团体参加了中国（深圳）国际文化产业博览交易会，并获得优秀组织奖和优秀展示奖。

2010年，全省文化系统文化产业增加值达到150亿元，同比增长30%。

六、文化创新意识不断增强，文化体制改革继续深化

【积极推进文艺院团转企改制工作】

2010年，全省有13家国有文艺院团完成转企改制，其中市级9家、县级4家。营口市国有文艺院团转企改制“不留壳、不借壳、不造新壳”的做法受到文化部领导充分肯定，并在全国文化系统文化体制改革电视电话会议上介绍了经验。

【组建中国辽宁剧院联盟】

对全省剧院（场）进行了实地调研，制定了《中国辽宁剧院联盟组建方案》、《中国辽宁剧院联盟章程》等相关文件，确定了以辽宁大剧院为龙头，吸纳省直和沈阳、大连等8个城市的12家剧场为首批签约入盟单位，组建中国辽宁剧院联盟，近期正式挂牌。

七、对外文化交流继续拓展，辽宁文化影响不断扩大

【拓宽文化合作领域】

受文化部派遣，辽宁芭蕾舞团青年教师赴阿

尔及利亚国家芭蕾舞团任指导教师。辽宁省图书馆与俄罗斯伊尔库斯克州图书馆进行了馆际交流。与新加坡新中文化教育交流中心建立关系，推动与东南亚的文化交流。

【加强与美、日、韩、俄、朝、法驻沈阳总领事馆的联系】

与法国驻沈阳总领事馆在辽宁大剧院共同主办了法国滑稽剧《丑角中国行》演出活动。邀请美、日、韩、俄、朝、法驻沈阳总领事馆总领事及有关人员观看辽宁省优秀剧、节目演出季演出。

【积极引进国外及港澳台优秀艺术团组，活跃辽宁演出市场】

按照文化部的统一安排，完成了朝鲜血海艺术团《红楼梦》剧组在沈阳、大连的接待、演出工作。

2010 年，全年审核、审批对外（对港澳台）文化交流项目 203 项，交流人数为 1853 人。其中出访项目 52 项，人数为 244 人；来访项目为 151 项，人数为 1609 人。交流范围涉及美国、英国、法国、意大利、德国、俄罗斯、朝鲜、菲律宾、我国港澳台等十几个国家和地区。

八、文化艺术人才培养、党的建设和廉政工作全面加强

【实施辽宁省文化艺术“薪火工程”】

选拔一批德艺双馨的作家、艺术家和一批富于潜质的青年文艺人才，结成师生关系，进行一对一的辅导培养。召开了辽宁省首批文化艺术“薪火工程”拜师大会，280 余名师生签署了责任书。

【开展全省文化系统“两先”表彰】

会同省人力资源和社会保障厅对 37 个全省文化系统先进集体和 92 名先进工作者进行了表彰。

【加强艺术科研工作】

营口市的《营口市文艺表演团体转企改制》和沈阳音乐学院的《百万市民艺术培训工程》项目入选 2010 年文化部“国家文化创新工程”。

【开展以党建带工建活动，促进和谐机关建设】

省文化厅被省直机关工委命名为“文明机关”。《成功举办上海世博会“辽宁周”活动，向世界展示了辽宁形象》、《广泛开展“红诗辽宁”活动，丰富群众精神文化生活》和《全面推进网吧连锁经营，努力净化社会环境》分别被评为省直机关第二、第三和第四季度最佳实事。

【推进党风廉政建设】

以完善有文化特色的惩治和预防腐败体系建设为重点，加强制度建设，加强廉政文化建设，加强教育和管理，加强监督，加强干部作风和行风建设，制定了《厅直单位重大事项议事规则》和《加强对厅直单位主要负责人管理监督的暂行规定》，组织了廉政剧目创作演出、廉政文化进乡镇等活动，为辽宁省文化系统改革发展稳定提供坚实保障。

吉林省

2010 年，吉林省文化工作硕果累累、亮点纷呈。吉歌集团成功包揽了中国艺术节开幕式演出、广州亚运会开、闭幕式演出等年度大型演出活动，并第 14 次亮相央视春晚。在 2011 年全国宣传部长会议上，李长春对吉歌集团的改革发展给予了充分肯定，吉林省委常委、宣传部长荀凤栖在 2011 年吉林省宣传部长会议上盛赞吉歌集团的大型原创歌舞剧《长白神韵》填补了吉林省文化元素与旅游业紧密融合的一个历史空白。

一、专业艺术

2010 年，全省文化行政主管部门所属艺术表演团体 69 个，从业人员 4101 人。全年创作首演剧目 48 个。全年演出 8806 场次，观众 886 万人次，总收入 30325.9 万元，比 2009 年增加 3988.3 万元；总支出 27370.6 万元，其中基本支出 20126.7 万元。

全省文化行政主管部门所属表演场所 31 个，从业人员 652 人，全年演出 13949 场，其中：艺术演出 2149 场，电影放映 11800 场；总收入，6228 万元，总支出 6212.9 万元。

文艺创作和舞台艺术出现繁荣，一批文艺作品获得国家级奖项。舞台艺术涌现精品。国有文艺院团活力增强，初步摆脱了演员断代、剧目失语、剧场失修、观众流失、奖项缺位的窘境，步入了良性循环的轨道，开始出戏、出人才、出效益。如：吉林省文化厅配合省委宣传部成功举办了首届东北亚文化艺术周；展示长白山风景、风情、风韵，与旅游市场紧密结合的大型原创歌舞

剧《长白神韵》正式上演，十分火爆。

吉林省著名京剧表演艺术家倪茂才继2009年摘取“梅花奖”后，又荣登“白玉兰主角奖榜首”；吉林省青年二人转演员赵丹丹成功摘得中国曲艺“牡丹奖”；吉剧《大布苏》在首届全国戏剧“文化奖”评比中获9项大奖；京剧《牛子厚》成功入选国家舞台艺术精品工程，填补了国家舞台艺术精品工程设立以来吉林省在该项目上的空白；评剧《宰相胡同》获“文华奖”，在全国“九艺节”赢得了满堂彩。

二、文化市场

2010年，全省文化市场经营机构8101个，从业人员30367人。其中娱乐场所2131个，从业人员10731人；网吧3116个，从业人员11150人；其他机构2804个，从业人员7847人。全年营业收入218908.1万元。

坚持一手抓市场整治规范，一手抓繁荣发展，着力营造统一开放、竞争有序的文化市场环境。一是加强了网吧的证照监管，建设了全省网吧数据库，有效地遏制了网吧证照非法买卖现象，规范了网络文化市场的经营秩序。二是结合《营业性演出管理条例实施细则》有关要求，重新制定了全省规范营业性演出市场的规定，加强了演出市场监管。三是加强了文化市场的安全管理，重点开展了节假日期间文化市场专项整治行动，并配合公安消防等部门加强了对歌舞娱乐场所、网吧等公共文化娱乐场所的消防安全生产执法检查，建立健全应急管理制度，有效防止了重特大安全事故的发生。四是积极发挥省文化市场管理工作领导小组办公室的指导协调作用，积极配合推进全省开展文化市场综合执法改革工作。文化部市场司在全国文化市场综合执法改革电视会议上对我省的综合执法改革工作给予了表扬。五是开展了游艺娱乐市场的专项整治工作，重点清理取缔无证照经营的电子游戏经营场所，严厉打击电子游戏经营场所设置具有赌博功能的电子游戏设施、设备的行为和场所游戏区内非法定节假日接纳未成年人的行为。六是积极开展对网络游戏、网络音乐、手机音乐等新兴文化产品的市场监管，按照文化部的要求，利用技术手段及时封堵了提供宣扬低俗、色情、淫秽、赌博、暴力等内容的网络游戏产品。

三、文化产业

2010年，全省共有各类文化产业机构9561个，从业人员43839人（其中：高级职称1888人，中级职称3453人）。全年文化（文物）机构总收入143681.2万元，比2009年增加21097.9万元，其中财政收入103694.2万元，比2009年增加8450.5万元；全年总支出132921.1万元，比2009年增加9215.7万元。

全省文化产业集聚、竞合发展趋势明显，发展势头强劲。歌舞、动漫产业发展势头很好。吉歌集团实现演出300场，演出收入3570万元，是2006年转企改制时的15倍；吉林动漫集团公共技术服务平台一期建设顺利完成，大型动画片《少林海宝》等在央视少儿频道黄金档开播，被评为2010年度优秀国产动画片；吉林动漫集团与珲春市政府合作建设的中国珲春东北亚文化创意产业园项目正式启动。文化产业园区建设步伐加快。东北亚文化创意科技园、长春3D动漫游戏产业园等一批大型文化产业项目陆续开工、启用；四平亿豪动漫基地已列入《吉林省服务业100个亿元以上重点项目规划》；东丰农民画馆、通化关东文化产品交易市场、白山松花砚文化产业基地等一批文化产业项目也相继启动；长春宇平工艺品公司、禹硕动漫网游公司被命名为国家文化产业示范基地。招商引资、文化经贸有所突破。据不完全统计：2010年，全省13家重点文化企业达成的合资、合作意向总额达30亿元；全省文化企业参加全国各类大型展洽活动，签约总额达2亿多元；睿网公司业务拓展到7个省区市；宇平工艺品公司出口创汇430万美元，同比增长35%；紫玉木兰工艺公司出口创汇605万美元，同比增长48%；长春东北亚艺术中心入驻文化业主突破200户，首次设立并颁发“东北亚艺术大奖”600万元，在东北亚区域内征集的书画、摄影等作品总值近亿元；吉林动画学院在法国安纳西国际动画电影节上，法国的3家公司签署了2200万欧元的合作协议，该学院董事长郑立国被《中国文化报》评选为“2010文化产业年度人物”。

吉林省文化科技研究所的“多功能全色电脑激光摇头灯”项目、吉林省图书馆的“吉林省图书馆联盟建设研究”项目被文化部确定为文化科技创新项目，填补了吉林省连续13年没有文化科研创新项目的空白。

四、社会文化和图书馆事业

2010年，全省共有群众文化服务机构965个，从业人员3437人。全年举办各种展览1304个，组织文艺活动7482次，举办各种训练班4029次，培训24.92万人次，组织各类理论研讨和讲座588次。本年度总收入27337.2万元，其中财政拨款26600.9万元，事业收入106.8万元，经营收入49.4万元，其他收入177.0万元。本年度总支出23338.0万元，其中基本支出15679.0万元，项目支出7324.2万元，经营支出49.4万元，工资支出9334.0万元。

全省文化行政主管部门所属图书馆65个，从业人员1661人（其中，高级职称268人，中级职称675人）。图书总藏量1380.2万册，为读者举办各种活动1126次，参加人数49.8万人次；年收入合计12，662.5万元，其中：财政拨款12，385.0万元，全年支出合计12，613.2万元。

社区文化建设初见成效，群众文化活动丰富多彩。成功举办全省第18届艺术系列大赛活动；全省城市社区文艺展演周活动，来自全省各地社区的群众演员600多人参加演出，长春文化广场7天观众总数达24万人次；举办的“老年风采大赛”，来自全省的56个代表队，近3000人参加，参赛者平均年龄65岁；吉林市“松花江之夏、松花江金秋”广场文化周活动被评为“全国特色广场文化活动”；在全国农村文化建设座谈会上，吉林省榆树市新庄镇直立村党支部书记张敬甫作为村级代表做了典型发言；在首届“中华红歌会”赛事中，2支代表团队分别荣获“黄河杯”奖项，为吉林省赢得了荣誉；在全国“双服”先进集体评比中，我省有8家文化单位受到表彰；在全国“群星奖”评比中，吉林省共获9项大奖，数量之多、门类之全，为历届获奖之最。民族文艺特色鲜明。满族新城戏《洪皓》在中国少数民族戏剧汇演中获金奖；《长白山阿里郎》在国内的巡演获得好评，经济效益也较为明显。

五、非物质文化遗产保护工作

非物质文化遗产保护工作也取得了新进展。我省又有11个项目入选第三批国家级非物质文化遗产名录推荐项目名单；成功举办了“文化遗产日”系列活动，充分展示了非遗保护工作成果。吉林省非遗项目参加上海世博会“吉林活动周”三民（民族、民间、民俗）展示活动、“全国少数民族非物质文化遗产项目调演”和中国首届非物质文化遗产博览会获得圆满成功，得到各界领导、专家和群众的一致好评，尽展吉林文化魅力。

六、对外文化交流

文化“走出去”反响很好。上海世博会“吉林活动周”文艺演出工作圆满成功，受到国内外各界的赞誉；东北风二人转艺术团在首届全国民营艺术院团优秀剧目进京汇演中脱颖而出，得到观众、新闻媒体和文化部领导的赞扬；吉林省中外文化交流中心组织的综艺演出节目《长城魂》、《木兰传奇》常年在德国、英国演出，反响很好。由于参与上海世博会活动表现突出，吉林省文化厅直属机关党委被中共中央组织部、中央创先争优活动领导小组命名为“上海世博会创先争优先进基层党组织”。

文化“引进来”好戏连台。引进国外的歌剧《红楼梦》、滑稽剧《丑角中国行》、舞蹈《大河之舞》，国内的芭蕾舞剧《红色娘子军》、音乐剧《茉莉花》、说唱舞剧《解放》等大型文艺演出节目，活跃了全省文艺演出的高端市场，受到各界群众的广泛好评。

2010年，吉林省文化厅圆满完成了大型国务活动的演出，得到胡总书记和吉林省委主要领导同志的充分肯定和赞扬，来访的金正日同志也对吉林省的舞台艺术给予了高度评价。

七、文物考古和博物馆事业

2010年，全省文化行政部门所属文物业机构110个，从业人员1421人（高级职称185人，中级职称317人），其中文物保护管理机构48个，从业人员330人；博物馆57个，从业人员918人；文物商店1个，从业人员13人。全省文物藏品及文物保管品299574件（套），其中一级品562件，二级品3350件，三级品18531件。举办陈列、展览454个，参观人数530.4万人次。全年收入合计19754.9万元，其中财政拨款14002.0万元；支出合计17418.8万元。

在全国率先完成了吉林省第三次全国文物普查田野调查工作，并通过了国家专家组验收；集安高句丽王城、王陵及贵族墓葬考古遗址公园列入第一批国家考古遗址公园名单。按照“强化重点，攻克难点，打造亮点”的工作思路，率先完成了我省珍贵文物采集录入任务，得到了国家文物局的高度认可；完成了渤海国遗迹保护工程、高句丽二期保护工程，使一批重要文物遗迹得到了有效保护；完成了“十二五”时期文物事业发展、文物保护项目等规划的编制工作，进一步完善了文物保护法规体系；完成了省域内长城资源田野调查工作，数据显示：省域内现存的汉长城、老边岗土长城、延边长城总长度达342公里；日军辽源高级战俘营旧址保护工作也取得了新进展。

八、文化基础设施

吉林省各地以图书馆、博物馆、文化馆为重点的一批公共文化基础设施相继建成，公共文化服务体系进一步完善。吉林省图书馆新馆开工建设；吉林省博物馆、省美术馆新馆内部展陈施工基本完成；榆树市文化体育活动中心、图们朝鲜族非物质文化遗产馆等一批文化基础设施建设项目落成、启用。图书馆联盟成员增至34个，免费开放博物馆增至45家，社会服务功能不断拓展和深化；文化信息资源共享工程20个县级支中心、1658个村级服务点建设任务顺利完成，覆盖面进一步扩大。吉林省文化系统克服水灾不利因素，完成了建设135个乡镇综合文化站、1500个农村文化大院、“送戏下乡”演出3000场等3项吉林省政府年度民生实事任务，其中，“送戏下乡”演出达到3700场，受到社会各界的欢迎和好评。

九、文化体制改革

文化体制改革工作稳步推进，重点文化体制改革任务全面完成。吉歌集团改革进一步深化，所属子公司吉林省歌舞团的转企改制工作顺利完成；长春市杂技团转企改制工作有了良好开端；全省文化市场综合执法改革任务基本完成。吉林省霓裳公司、省文化建筑工程公司等省直文化经营单位的转制和职工安置工作基本完成，卸掉了积累十几年的历史包袱；吉林省京剧院等省直文艺院团的内部三项制度改革初见成效，内在活力逐步显现。各地文化部门也对国有文艺院团的体制机制创新进行了积极探索。

黑龙江省

2010年是黑龙江文化事业重要的建设年、发展年。到2010年底，全省共有文化（文物）机构1.717万个，从业人员14.913万人。其中艺术表演团体82个，从业人员5.109万人；艺术表演场所44个，从业人员371人；公共图书馆107个，从业人员1846人；群众艺术馆、文化馆146个，从业人员1.830人；文化站1.508个，从业人员2.494人（其中：乡镇文化站900个，从业人员1.492人）；艺术教育机构7个，从业人员330人；艺术创作机构10个，从业人员86人；文艺科研机构2个，从业人员68人；其他文化及相关产业251个，从业人员2.404人；文化市场管理稽查机构107个，从业人员818人；文物保护管理机构92个，从业人员373人；国有博物馆76个，从业人员1.245人（其中：文化文物系统所属博物馆63个，从业人员915人）；文物科研机构2个，从业人员46人；其他文物机构9个，从业人员17人。

全省文化（文物）事业费总支出121.120万元，比上年增长11.79%，财政补助收入89.153万元，比上年增长12.83%。其中省直事业费支出29010.82万元，比上年减少2.99%，财政补助收入26520.15万元，比上年减少2.57%。全年共争取到国家基层文化设施建设、重点文化工程、文化遗产保护等专项资金13537万元。

一、公共文化服务体系建设

【重点文化工程】

乡镇综合文化站建设。2010年是黑龙江省“十一五”乡镇综合文化站建设最为关键的一年，国家一次下达建设项目364个，2009年扩大内需建设项目313个需全部完成。文化厅联合发改委召开专题会议部署，组织多批次实地检查督导，建立动态督办机制，至年底，2009年313个扩大内需项目已全部建成，当年启动的364个建设项目86%已开工，其中202个已经建成，投资完成时全省新建乡镇综合文化站总数可达851个，覆盖面达94.6%，总投资31.330万元，建设规模29.8万平方米。文化厅适时组织第三期全省乡镇综合文化站长培训班，完成157名新建文化站长的培训工作，为428个已建成文化站配送设备。

文化信息资源共享工程。全年完成47个区级支中心和428个乡镇基层服务点建设，借助国家城市社区文化活动中心（活动室）装备工程，建成社区服务点186个，统筹解决了县级支中心建设的遗留问题，进一步深化了村级服务点与农村党员远程教育资源的共建共享。至2010年底，全省文化共享工程建设累计投入资金15755.94万元，建成国家标准的省级分中心1个，地市级支中心13个，县、区级支中心211个（其中含82个农垦农场），乡镇服务点794个（含365个农垦管理区），社区服务点186个，另有自建的社区、街道、部队、寺庙等基层服务点69个，与农村党员现代远程教育合作共建村基层服务点9054个，实现了县、区、村级文化共享工程服务网点全覆盖。同时加强省级分中心“全省数字资源共享平台”、“远程监控技术管理系统”等基础建设和数字资源建设，黑龙江省级分中心已拥有自主创建的地方特色数字资源库11个，全省各级分中心可以无障碍共享省级中心传输的各类资源总量达90TB。黑龙江省级分中心以服务全省的超常业绩和技术应用创新赢得国家肯定，黑龙江省被纳入国家首批数字图书馆全覆盖工程，黑龙江省图书馆作为中国国家数字图书馆的第一个地方分馆举行揭牌仪式。

【公共文化基础设施建设】

2010年是黑龙江公共文化基础设施改善最大的一年。全年竣工项目3项（依安县文化体育中心、富裕县文体综合馆、双鸭山市博物馆），竣工面积2.41万平方米。新开工5项（黑龙江省博物馆新馆、牡丹江市中俄文化交流中心、双鸭山市博物馆、大兴安岭地区文化体育中心），开工面积达91161.45平方米，投入资金82734万余元，达到总投入资金的29.7%。新立项工程3项（黑河市黑龙江文明博物馆、五大连火山地质博物馆、七台河市文化活动中心），预计投入资金3.98亿元，总建筑面面积4万平方米。并有4项工程投入使用（大庆歌剧院、友谊县博物馆、双鸭山市群众艺术馆、黑河市黑龙江中俄民族风情园），15个在建工程全部按预计进度大幅推进。同时，向国家争取投入2650万元，对全省66个县级公共图书馆、文化馆进行维修改造，全省25%的县级“两馆”达到国家县级馆标准。启动实施城市社区文化中心（活动室）设备配送工作，投入1245万元，高标准武装社区文化中心45个，社区文化活动室141个。另有黑龙江省歌舞剧院、曲艺团、民族馆、北方剧场，哈尔滨市群众艺术馆、朝鲜民族艺术馆、歌剧院、京剧院、话剧院等一大批基础设施得到维修改造，东北抗联博物馆改扩建工程进展过半。

【公共文化服务和产品供给】

艺术精品创作生产。坚持为人民提供优秀精神文化产品，一手抓创作生产，一手抓演出普及，涌现出一批艺术精品。全新创排的通俗歌剧《红雪花》、复排的评剧《半江清澈半江红》首演成功。原创歌舞《中华吟》和话剧《风刮卜奎》参加九艺节演出，双双荣获文华优秀剧目奖，并有8人分获音乐创作奖、优秀表演奖。龙江剧《鲜儿》成功入围文化部、财政部举办的国家舞台艺术精品工程扶持剧目，剧本获第三届中国戏剧奖曹禺剧本奖提名。评剧《青柳》获中国第七届评剧艺术节优秀演出奖。京剧剧本《血色城堡》被文化部评定为最具扶持价值的新创剧目。京东大鼓《一路顺风》、小品《诊所内外》、相声《今天是个好日子》获东北三省曲艺大赛一等奖，相声演员宗成滨获第六届中国曲艺最高奖“牡丹表演奖”。舞蹈《大荒英雄》登上全国农民春晚。龙江剧表演艺术家白淑贤主演的《木兰传奇》被列入首批中宣部中国文联和中国戏剧家协会实施的电影版戏剧拍摄工程。组织纪念世界反法西斯暨中国人民抗日战争胜利65周年全省优秀剧目展演，龙江剧白淑贤杯评比演出暨全省二人转调演，集中展示了近年创排的优秀舞台艺术成果。省直各院团年均演出超百场，在基层演出占60%。

服务群众方面。公共文化服务体系建设在不断加强基础设施硬件建设的同时，更加突出产品供给和服务能力等软件建设。7月起，又有49家文化文物部门归口管理的公共博物馆、纪念馆向社会免费开放，全省免费开放博物馆已有57家。各博物馆坚持贴近实际、贴近生活、贴近群众，努力适应公众的精神文化需求，为社会提供丰富有意义的的精神文化产品，在不断丰富和提高基本陈列同时，坚持引进举办临时展览、组织流动展，全省博物馆年接待观众726万人次。全省图书馆全年阵地接待读者622万人次，外借图书479万册次，各级图书馆在全省建立的分馆站255个，流动分馆年流通图书131多万册次，服务读者79万人次。全省2/3市地图书馆开办了公益讲座，开通决策咨询服务系统。“龙江讲坛”全年举办讲座67期。省图书馆日均开馆10小时全省共享工程年服务受众达600多万人次。全省政府买单、农民看戏专业艺术表演团体“送欢笑下基层”演出活动，补助全省48个专业院团完成送戏下乡演出2446场，直接观众443万人次。同时，坚持大型活动组织与长效机制建设并重，加强对群众文化活动的引导和扶持，推动文化活动向规模化、品牌化发展。隆重举办全省“城市之光”和“金色田野”大型主题群众文化系列活动启动仪式，掀起全省群众文化活动的高潮，全年全省举办各类群众文化活动2万余场，参加活动的群众近千万人次。第30届“哈尔滨之夏”音乐会创下百场专业演出、千场群文活动、2万人参演、百万群众受益的盛大场面。省文化厅出台《关于进一步打造农村文化活动品牌的意见》，对全省130个农村文化活动品牌和群体进行奖励，有效推动了基层活动的开展。黑龙江省参加第15届全国“群星奖”评奖活动，共有三类8个项目获得“群星奖”，“黑龙江省‘城市之光’和‘金色田野’大型主题群众文化系列活动”、“哈尔滨之夏”音乐会及大兴安岭管乐文化活动以其显著的示范性、导向性和规模、影响获项目类“群星奖”。

服务经济社会发展方面。文化工作坚持服务中心工作，推动经济社会发展，作用和影响充分发挥。配合朝鲜人民党总书记金正日、朝鲜内阁总理视察访问黑龙江组织的接待演出，受到朝鲜领导人的充分好评，促进了中朝友谊和交流。大型歌舞晚会“中华吟”、“龙江风采”参加上海世博会“黑龙江活动周”演出，向世界各国人民展示了中华传统文化的精华，彰显了黑龙江文明、发展、友好、开放的新形象，世博会专门向黑龙江发来感谢信。成功承办全国文化厅局长座谈会，圆满完成黑龙江省第12届运动会开幕式文艺演出，树立了黑龙江良好的文化形象。黑龙江省委省政府出台《关于进一步加强民生工作的决定》，将文化发展作为其中重要内容。文化已成为推动全省经济社会全面协调可扶持发展的重要力量。

二、文化遗产保护

【文物保护基础工作】

文物资源调查工作成果显著。黑龙江省第三次全国文物普查田野调查工作顺利通过国家验收，一次性向国家文物局移交了全部145个市县区实地调查电子数据，数据质量得到国家文物局专家一致肯定。长城资源调查完成田野调查任务，确认黑龙江境内金、唐长城总长度269.74公里，遗存1514处。2011年，有33个市县完成了省级文物保护单位保护标志制作树立工作，全省全部国保单位（29处）和省保单位（192处）的70%拥有保护标志碑、牌、界桩。省级以上文物保护单位保护范围和建设控制地带划定工作启动。《黑龙江省文物保护项目经费需求“‘十二五’”规划》向国家申报文物、博物馆项目204个，“国家文物保护十二五规划项目中东部地区论证会”在黑龙江召开。重新明确了315人的全省文物执法监督员队伍，文物安全保护工作进一步加强。齐齐哈尔昂昂溪区罗西亚大街入选第二批国家历史文化名街。

【重大文物保护和建设项目】

渤海遗址保护展示利用工程按计划推进，重新修订的《渤海上京龙泉府遗址保护规划》由黑龙江省政府正式颁布，环境整治项目和遗址博物馆主体工程基本完工，遗址博物馆陈列设计和招标工作完成，文物本体保护项目工程进展到65%。金上京会宁府遗址、侵华日军731遗址保护规划编制、论证工作完成。哈尔滨霁虹桥、滨洲铁路大桥及中东铁路沿线历史建筑保护工作全面启动，在基本建设中保护和抢救了大量珍贵历史建筑。

【文物考古调查和科研】

配合基本建设进行了哈牡客专工程、哈佳客专工程、黑瞎子岛跨江大桥工程等11个工程项目的文物调查、勘探，开展了金上京遗址、侵华日军七三一遗址相关保护工程的考古调查、发掘，组织哈尔滨道外区城子村金代遗存的抢救性考古，使文物保护直接服务地方经济发展。对昂昂溪藤家岗子遗址考古发掘资料进行了整理，编辑出版了《东北亚考古资料译文集》第8辑，《海曲华风——渤海上京城文物精华》由中国文物出版社出版。

【非物质文化遗产资源保护】

黑龙江又有6个项目入选国家级非物质文化遗产名录，至此，黑龙江共有国家级名录27项，公布两批省级名录143项，市县级名录650余项，黑龙江“赫哲族伊玛堪”作为当年中国唯一项目正式向联合国申报“急需保护非物质文化遗产名录”。第六个中国文化遗产日期间，首届“黑龙江省非物质文化遗产保护成果展”开展，展览生动鲜活的展示了黑龙江特有的非物质文化遗产项目及制作技艺等，吸引数万人参观。参加全国少数民族非物质文化遗产项目调演、首届中国非物质文化遗产博览会，黑龙江获组织奖等多个奖项。黑龙江省文化厅出台《黑龙江省非物质文化遗产项目保护管理暂行办法》，命名了2处省级文化生态保护区和18个非物质文化遗产传习基地，有效推进了非物质文化遗产的整体性保护。黑龙江省已有75种古籍入选“国家珍贵古籍名录”，4家图书馆被命名为“国家重点古籍保护单位”，《黑龙江省珍贵古籍要览》完成编纂付梓印刷，在全国属首例。

【博物馆事业】

全省新建成博物馆8座，新开馆5座，全省已拥有各类博物馆138座，全部向社会公众开放，且门类丰富，分布广泛。其中哈尔滨市有各类博物馆68家，社会办博物馆47家。全省博物馆事业规范化发展，公共博物馆成为教育人民、引导社会的重要阵地，迅速发展的私有、行业博物馆成为公办文化事业的有益补充，满足了群众多样化的文化需求。全省博物馆珍贵藏品数字化建设全部完成，全省17.908万件（套）三级以上藏品建立了数字档案。

三、文化产业

【重点文化产业项目建设】

黑龙江（大庆）文化创意产业园被评为国家文化产业试验园区，黑龙江冰尚杂技演艺制作有限公司和太阳岛风景区资产经营公司入选第四批国家文化产业示范基地，黑龙江省冰尚杂技舞蹈演艺制作有限公司自主开发的大型旅游演出项目“冰上杂技”入选首批国家文化旅游重点项目名录，冰雕艺术展、冰上杂技、杂技《空中浪桥》及其运作主体再次获国家优秀出口服务项目和重点文化出口企业奖。黑龙江省（大庆）文化创意产业园聚集文化企业218家，艺术家138位；哈尔滨（平房）动漫产业基地入驻企业258家，年生产动画能力30000分钟，已形成较为完整产业链。冰雪文化产业进一步做大做强，黑龙江冰雕艺术展在不断巩固扩大美国市场的基础上，2010年又分别与泰国国家旅行社和合艾市政府签订合作协议，冰上杂技签订了入驻北京龙潭公园中心岛剧场演出10年的合同，同时迎来在台湾驻场演出8年的开门红。

【文化产业基础建设】

根据国家政策，制定出台了《黑龙江省文化厅关于鼓励和引导民间投资发展公共文化事业和文化产业的实施细则》，搭建起文化企业金融申贷平台，黑龙江省委宣传部评定一批省级重点文化产业扶持项目，并给予资金支持。完成全省动漫游戏产业专项调查统计，成功举办“中国（哈尔滨）第四届青少年动漫周”活动，2011年黑龙江省又有2家动漫企业通过国家认证。在深圳“文博会”、“哈洽会”、北京文化创意产业博览会等文化会展活动中，黑龙江省文化企业签约额过亿元。

四、文化市场

【文化市场管理】

黑龙江省文化厅共部署在全省范围内开展了节假日网吧市场专项整治、暑期文化市场集中整治、“平安世博”、“平安国庆”、平安亚运”文化市场专项整治、整治互联网和手机媒体淫秽色情及低俗信息专项行动等8次集中整治行动，全年出动执法人员17.1万人次，检查场所12.7万家次，查办案件858件，责令整改139家，罚款289.8万元，停业整顿53家，平安文化市场创建工作收到明显成效。同时充分利用网吧计算机经营管理系统加强网络文化市场管理，严厉查处网络文化产品违法经营活动，完善社会监管机制，全省现有“五老”网吧义务监督员8000人。加强涉外、涉港澳台营业性演出活动监管，及时制止并规范了多起演出活动。初步建立起以综合执法、社会监督、行业自律、技术监控为主要内容的全省文化市场监管体系。黑龙江省文化市场稽查总队获得了“黑龙江省维护妇女儿童权益先进集体”、“全省未成年人思想道德建设工作先进单位”的光荣称号，有3个地市的文化市场管理稽查机构获得全国文化市场行政执法先进集体。

【文化市场建设】

制定了《黑龙江省文化厅关于推进全省网吧连锁整合的实施意见》、《黑龙江省推进网吧连锁经营工作方案》、《黑龙江省网吧连锁企业认定及经营管理暂行办法》等政策文件，论证后即可下发实施。重新修订《黑龙江省文化市场管理条例》，草案经充分征求意见上报省政府法制办。进一步完善了《黑龙江省文化市场落实行政执法目标责任制考评工作方案》，组织全省农村文化市场管理工作调研，明确委托乡镇综合文化站协助管理农村文化市场。开发建设黑龙江省文化市场执法办公系统，组织全省综合执法干部培训、考核，依法科学规范管理文化市场工作取得成效。

五、对外文化交流

【对俄文化交流贸易】

黑龙江省抓住国家推进对俄合作适应性战略调整的有利契机，积极探索推进对俄文化交流和贸易的有效形式，7月18日至22日，首届“黑龙江省黑河中俄文化大集”成功举办。活动得到文化部大力支持，取得预期效果。活动期间共举办文化交流展览展销等活动38项，吸引10余万国内外游客前往赶集，初步搭建起黑龙江对俄文化交流合作的平台，得到文化部和黑龙江省领导充分肯定。黑龙江省委常委、宣传部长张效廉评价其“是一个创新之举，也是一个良好开端，对于推动我省对俄文化交流和贸易合作具有重要的探索和推动意义”。同时，坚持黑龙江与俄阿穆尔州的定期互访文化交流活动，组织“颐园街一号建设史话展”赴阿州展出，黑河市与阿穆尔州就黑河流域资源保护达成共识。

【重要文化交流活动】

受文化部派遣，黑龙江艺术团赴韩国、泰国、古巴、墨西哥、沙特及我国香港地区“欢乐春节”演出、元宵彩灯会、“中国文化周”演出等活动，圆满完成任务，获文化部颁发的“优秀组织奖”。黑龙江省政府代表团赴台演出，第30届哈尔滨之夏音乐会邀请台湾桃园交响管乐团和谋音小号重奏团89人到哈演出，以及黑龙江省杂技团长期驻台湾演出，开启了黑龙江对台文化交流的新篇章。

六、文化体制改革

按照国家的要求部署，坚持“区别对待、分类指导，循序渐进、逐步推开”的原则，黑龙江省文化领域的改革工作稳步推进。艺术表演团体改革不断深化。全省艺术表演团体已由原来的96个整合为82个，黑龙江省和哈尔滨市京评剧院资源整合的人员、资产划转等相关问题已议定，省属艺术院团改革框架基本确定，试点单位省杂技团已做好转企改制的自身准备。确定了全省文化体制改革的试点地区和试点单位，试点市县的改革已取得初步成果，大庆市着眼于资源优化配置，完善产业链，推动演艺领域市场化、集约化进程，整合大庆歌剧院等具有经营职能的文化事业单位，跨区域、跨行业组建了大庆文化集团，集团开端运营良好。全省各地市文化、广电、新闻出版“三局合一”管理体制改革实质进展，黑龙江省委宣传部、省文化厅、省广播电视局、省新闻出版局联合制发了《关于加快推进文化市场综合执法改革的实施意见》，明确了改革的总体方向和综合执法领导体制、机构设置及职责、编制、经费等重要事项，成立了全省文化市场管理（扫黄打非）工作领导小组，为全省的改革提供了政策依据。至2010年底，全省13个地市和大部分县已组建综合执法机构和综合文化责任主体，半数以上市县调整充实了文化市场管理工作领导小组，工作得到了文化部的高度好评，并给予黑龙江省30万元嘉奖。

七、艺术职业教育和科研

黑龙江艺术职业教育事业快速发展。黑龙江艺术职业学院有大、中专在校生1500多人，有9个校外中专办学点，副高职以上师资175名。学院坚持艺术教育与艺术实践相结合，教学成果显著，全年有27人次在国内外16项重要比赛中获奖，学院毕业生就业率90%以上。文化基础科研工作卓有成效。由黑龙江省艺术研究所承担的《中国舞蹈志·黑龙江卷》、《中国地域文化通览·黑龙江卷》等国家课题进展顺利，《黑龙江戏曲三十年》、《黑龙江动漫文化产业研究》等课题结项，《黑龙江音乐史研究》通过国家社会科学基金艺术学项目立项。黑龙江省文化厅成功向国家提交了国家公共文化服务体系制度设计研究项目——《公共文化服务体系的经费保障机制研究》报告。

上海市

2010年，在上海市委、市政府和市委宣传部的领导下，市文广影视局认真贯彻落实党中央关于文化建设的总体部署，围绕科学发展主题，聚焦“五个确保”要求，以服务世博为主线，以改善文化民生为重点，以发展文化产业为抓手，以完善管理服务为保障，努力推动各项文化工作取得了新进展和新成效，圆满完成了全年及“十一五”规划确定的目标任务。

一、迎博办博工作优质高效

2010年，市文广影视局集聚全系统资源，调动全行业力量，从参与世博、服务世博、安全保障、长效管理等方面着手，不松劲、不懈怠，为世博会的成功举办提供了有力支持。

【涉博大型活动圆满成功】

积极参与世博会开闭幕式、中国国家馆日文艺晚会及各省区市活动周——“上海周”筹备工作，圆满完成开幕式室外大型灯光喷泉焰火表演任务。成功承办世博会六大主题论坛之一的“城市更新与文化传承”论坛，集聚国内外800余位政府官员、文化名人及知名学者，共同探讨城市更新环境下文化传承的成功经验与创新实践。

【行业窗口服务水平显著提升】

世博会期间，全市各级各类文化设施的环境整洁、功能完善、服务一流、世博氛围浓厚，24小时自助图书服务、文明观众培养、200家示范网吧评选、美术馆手机蓝牙导览服务等创新举措凸显以人为本理念。

【世博园区外文化活动丰富多彩】

依托中国上海国际艺术节、上海之春国际音乐节、上海国际电影节、上海电视节等平台，借助上海城市文化广场周周演活动、上海城市特色展览活动和上海城市文化体验活动等载体，统筹全市剧场、美术馆、博物馆、文化广场、文化馆、社区文化活动中心、创意园区等资源，精心组织开展文化演艺和展览展示活动。

【世博保障服务便捷高效】

在上海世博会参展者服务中心建立咨询受理点，实行远程无纸化申报审批，建立涉外演出和进口美术品快速审批通道，高效优质地完成了园区内万余场演出、10万余件美术作品、253件（套）珍贵文物进出境及世博场馆卫星接收等大量行政审批工作。通过开展文化市场世博保障行动、建立世博园区文化管理现场工作组和文化产品内容审查委员会等举措，重点加大对世博园区周围文化市场巡查力度，确保世博会期间舞台演出、网络视听、美术品等内容安全及文化市场运行平稳有序。

二、文化民生状况持续改善

2010年，市文广影视局坚持“保公益、保基本”的原则，以活动为抓手、以项目为依托，健全服务网络、丰富资源总量、创新管理模式，以公共文化服务体系建设的显著成效，推动了文化民生的持续改善。

【公共文化设施网络基本建成】

完成新一轮25家社区文化中心建设，全市社区文化活动中心总量增至190家，实现“基本全覆盖”目标；212个街镇图书馆签约加入“一卡通”体系，实现中心图书馆街镇“一卡通”全覆盖；上海市群众艺术馆新馆建设工程基本竣工；全市基本形成了市、区县、街镇、村（居委）资源共享的四级公共文化服务网络结构。

【重大文化工程建设惠及百姓】

截至2010年底，全市中心城区数字电视用户总计235.6万户，用户数为2009年的3倍；农村有线电视入户率达80.7%，基本实现有线电视“户户通”；上海农村电影放映工程深入1587个行政村、放映电影9.2万场次、观影959.9万人次，实现“每村每周看一场电影”，率先实现农村电影放映室内数字全覆盖。

【公共文化服务内容供给不断完善】

重点推进东方社区文艺指导中心加强文艺指导员派送工作，全年共派出401位指导员，对511支社区文艺团队进行指导，受益群众63万人次，覆盖近90%的社区文化中心和72%的区县；围绕世博主题，依托“春节”、“清明”、“端午”、“中秋”等传统节庆及上海之春、中国上海国际艺术节、“群星奖”获奖节目巡演等品牌活动，重点推出了一批群众欢迎的文化项目和文化产品；全市开展各级各类群众文化活动逾38万场次，参与群众逾3048万人次。

三、文化体制改革纵深挺进

2010年，市文广影视局围绕深入贯彻落实中央关于文化体制改革的部署，结合上海文化发展实际和文广影视行业特点，推进文化体制改革，在重点领域不断取得新的突破和进展。

【深化广播电视制播分离改革】

上海广播电视台《节目研发资金管理办法》、《新节目审片管理规定》等5个节目管理办法正式执行，推动了激励、竞争、约束机制和节目评估体系的建立。协同推进炫动卡通上市取得积极成效。

【指导推动经营性文化单位转企改制】

各区县20家经营性文化事业单位的转企改制工作已全面启动，占总数的80%。区县有线网络整合工作正式启动。

【着力推进网络视听产业基地建设】

推动首个国家级网络视听基地——“中国（上海）网络视听产业基地”落户上海，并形成对网络视听、动漫、网络游戏、数字出版龙头企业的集聚效应，本市互联网视听产业规模占据全国半壁江山的地位进一步巩固。

【培育发展新媒体业态】

完成100万户下一代广播电视网（NGB）接入网线路敷设及缆桥交换机安装，实际业务用户20万余户；上海数字移动广播（CMMB）完成全市覆盖网建设并投入商业运营；IPTV本地用户突破100万户，全国用户规超过300万户，规模居全国首位。

四、文化产业发展态势喜人

市文广影视局坚持以创新求发展、以管理促发展，在抓宏观、抓重点、抓政策、抓落实上下工夫，文化产业发展势头强劲。

【构建产业发展平台】

与市旅游局合作积极申报国家级文化旅游演出重点项目，《时空之旅》被列入《国家文化旅游重点项目名录》旅游演出项目名单。向文化部推荐“戏剧谷”等5家企业作为第四批“国家文化产业示范基地”、“张江文化产业园”作为国家级文化产业园区。

【强化产业发展引导】

会同相关部门制定了《关于金融支持文化产业发展的指导意见》，在解决投融资等制约产业发展的瓶颈问题上取得了突破性的进展。拟订《上海电影产业繁荣发展实施意见》，进一步明确了加快上海电影产业发展的总体思路、主要目标和重点工作。

【促进动漫产业发展】

协调及配合相关部门完成国内首家专业动漫博物馆的开馆工作，指导成立上海动漫产业促进会。制定《上海动漫游戏产业发展扶持奖励办法》，对12大类63个项目给予资金扶持。成功举办第六届中国国际动漫游戏博览会暨卡通总动员，实现了本市文化广电系统及民营动漫游戏机构的资源整合。

五、文化市场发展繁荣有序

2010年，市文广影视局在加强市场培育的同时，坚守依法管理、过程监管，延伸监管网络，积极营造公平竞争、规范有序的发展环境。

【健全文化市场三级监管体系】

以每一街道（乡镇）3~5人的标准，在全市组建了一支以专职为主、社会协同相结合的巡查员队伍。世博会举办期间，18个区县累计出动巡查员4614人次，巡查场所6174家次，发现违法活动和违法场所62件，为全市文化市场的繁荣稳定作出了贡献。

【运用综合手段加强文化市场监管】

以落实备案制度、完善内容信息预警制度为重点，与市文化执法总队联手开展美术品市场专项检查，加强全市艺术园区管理。实施网络游戏“适龄提示”工程、落实网游用户实名注册制度、建立“经营性互联网文化活动监管警示通知单”，加强对全市网络游戏行业的监管。在主要演出场所安装了录音录像监管系统，全方位、全时段录制演出实况，加强了营业性演出的现场监管。开展互联网低俗之风专项整治行动，加强网络视听协调工作机制、准入机制和分级惩戒机制，推进视听网站、手机电视和IP电视监管平台。

六、重大文艺创作和文化活动亮点纷呈

2010年，市文广影视局以筹备和举办世博会为契机，遵循艺术规律和市场规律，精心组织优秀文艺作品的创作生产，统筹组织重大活动与长效机制建设，努力提升艺术创新能力。

【重大文艺创作成果丰硕】

做好文化部文华奖参评和第九届中国艺术节

参演工作，上海昆剧团的昆剧《长生殿》（精华版）、上海京剧院的京剧《成败萧何》获第13届文华大奖以及5个文华单项奖，蔡正仁、陈少云获首届文华表演奖，获奖层次、获奖数量创历年最高；上海话剧艺术中心《1977》参加文化部"第六届全国话剧优秀剧目展演"获得二等奖。积极落实国家京昆艺术扶持政策，推荐昆剧《李慧娘》申报国家昆曲艺术抢救、保护和扶持工程资助项目，推荐京剧《唐婉》等申报全国重点京剧院团资助项目。上海萧雅文化艺术有限公司推出的原创越剧《状元未了情》作为首届全国民营艺术院团优秀剧目展演压轴戏，受到了李长春、刘云山、刘延东等中央领导的充分肯定。

【重大文化活动精彩难忘】

圆满完成"世博长卷"巨制，由市委常委、宣传部部长杨振武建议，上海中国画院著名画师等集体创作的《万国风采耀浦江》，用艺术手法全景记录了世博会盛况，在中国馆展出广受好评。成功举办2010"上海之春"国际音乐节、第13届上海国际电影节、第14届上海艺术博览会、第16届上海电视节、第12届中国上海国际艺术节、第八届上海双年展等重大文化活动。利用民博会和"文化遗产日"，开展了4大类140余项活动，提升了非遗宣传的普及力度。

【文化交流空前活跃】

2010年，本市文广影视各单位向市文广局申报的对外交流项目913批次14753人次（未含娱乐业），总批次与2009年同比增加13.4%。全年文广影视进出口贸易逆差6037.17万元人民币，对外服务贸易额进出口比从2009年的约6.2：1下降至4.1：1。

江苏省

2010年，在江苏省委、省政府的正确领导下，全省文化系统深入学习实践科学发展观，全面贯彻落实党的十七大、十七届五中全会精神，按照文化强省建设的战略目标，坚持以文化民生为重点，以文化体制改革为动力，以满足广大群众的精神文化需求为根本任务，全面推进江苏文化工作，有力促进文化大发展、大繁荣。

一、艺术生产

全省文化系统积极实施艺术生产精品战略，有力促进重大艺术活动品牌化建设，强化艺术职业教育工作，文化艺术生产呈现繁荣局面。

【重大艺术活动影响显著】

在上海世博会江苏活动周期间，以"吴韵汉风"为主题，举办55场演出和展示活动，吸引观众近90万人次，苏沪两地主要领导出席开幕式，予以高度评价。成功主办第二届中国·江苏国际文化艺术周暨第五届亚洲美术馆馆长论坛，举办优秀剧目展演和"傅抱石、齐白石——南北二石展"、"路德维希捐赠作品展"、"时代多彩·第十一届全国美展江苏获奖入选作品汇展"等高水准文化活动，有力推动江苏与亚洲及世界其他地区的文化艺术交流。承办全国昆曲优秀剧目展演周、组织江苏省第三届新人新作歌舞大赛和第六届全省小戏小品大赛等文化活动，以及连云港国际西游记文化（旅游）节、泰州梅兰芳艺术节等文化活动，取得良好社会反响。还与央视书画频道合作《书画江苏》栏目，推进江苏美术与电视媒体深入合作。

【艺术精品生产成绩斐然】

2009～2010年度，省舞台艺术精品工程评选出《顾家姆妈》等6台精品剧目，《桃花村》等4台优秀剧目。在第九届中国艺术节上，《1699·桃花扇》获文华大奖特别奖，《顾家姆妈》、《飘逸的红纱巾》获文华优秀剧目奖，李洁、李政成获文华表演奖，陆伦章等8人分获文华奖编剧、导演、舞美、音乐、优秀表演等单项奖。滑稽戏《顾家姆妈》、越剧《柳毅传书》获国家舞台艺术精品工程资助剧目。越剧《云之锦》获第二届中国越剧节银奖。17幅美术作品入选第九届中国艺术节·全国优秀美术作品展览。越剧《云之锦》获第二届中国越剧艺术节银奖。第八届江苏省戏剧文学奖推出《春秋烈》等一批优秀剧本。举办"书法有法——孙晓云书法作品展"等名家作品展、"纪念徐悲鸿诞辰115周年当代中国画名家邀请展"等大型展览、"第七届江苏省油画展暨2010年小幅油画研究展"等专题展，有力促进美术精品创作。

【艺术教育及研究工作稳步提升】

组织专家小组走进课堂，在全省艺术学校开

展课堂教学评比活动，有效规范全省艺术学校教学活动。开展艺术职业学校专业教师课程改革及技能竞赛专题培训，提高了艺术学校专业负责人、骨干教师业务水平。省戏校“小京班”在央视举办的首届全国戏曲院校京剧专业学生电视大赛中获得1金1银1铜的好成绩。省演艺集团“‘苏演院线’连锁经营”入选国家文化创新工程项目，在国家文化创新工程17个项目中江苏省占了3项，位居全国首位。

二、文化民生

紧紧抓住“文化民生”的工作主题，积极推进公共文化设施建设，不断完善公共文化服务管理体制和运作机制，有效提升公共文化服务能力。

【文化惠民活动深受群众欢迎】

精心策划并在全省开展“欢乐家园——江苏省文化民生文艺巡演”活动，与文化部共同举办文化民生——全国第15届“群星奖”获奖节目江苏巡演活动。编辑出版《民生万象——江苏优秀小戏小品集》，向基层图书馆、文化馆、文化站和民营表演团体免费赠送3000余册。继续实施“送书、送戏下乡”活动，向经济薄弱地区乡镇送图书58.4万册，送戏2800场。

【长效管理机制建设不断强化】

制定下发《关于进一步加强乡镇文化站国有资产管理的通知》，指导乡镇文化站加强文化站国有资产管理；修订完善《江苏省农村公共文化服务管理办法》，加快推进全省农村基层文化建设。继续开展省“特色文化之乡、团队、家庭、标兵”评选命名活动，命名昆山市陆家镇等12个县（市）和乡镇为特色文化之乡，及14个群众文艺团队为特色文化团队、5个家庭为特色文化家庭、10名个人为特色文化标兵。

【文化共享工程建设有序推进】

文化信息资源共享工程省、市、县、乡、村五级设施网络架构建设基本到位，“县县建有支中心”的目标任务全面完成，农村乡镇和城市街道基层服务点建设全面展开。省级财政扶持经济薄弱地区新建乡镇基层服务点713个。2个信息服务点被工信部、文化部等部委评为“全国先进综合信息服务站”，2名信息员被评为“全国优秀信息员”。

【公共文化服务能力显著提升】

省美术馆新馆落成并永久对外全面免费开放，南博二期工程建设如期推进，盐城市文化艺术中心等一批市级文化设施建成开放。开展2006～2009年度“江苏省文明图书馆”、“公共图书馆先进集体”评比表彰和2010年度图书馆服务宣传周活动。推荐上报第二批69家拟向社会免费开放的博物馆、纪念馆。明确翁同龢纪念馆等10家单位为全省县级博物馆展览展示与服务水平提升工程参与单位。省文物局举办“盛世虎——2010虎年虎展”等7个展览在全省巡回展出23站，接待观众20余万人次。

【群众文艺活动更加活跃】

在第九届中国艺术节上，江苏获16项群星奖，获奖总数位于全国前列。在文化部举办的全国老年合唱节和首届中华红歌会上，江苏分别获金、银奖各一名。在全国第七届“四进社区”文艺展演活动中，江苏2个节目双双获奖。5个优秀群文小戏小品入选文化部大地情深——全国城乡基层群众小戏小品晋京展演活动。举办了第九届江苏省“五星工程奖”评奖活动，承办了第14届“华东六省一市戏剧小品大赛”，开展了全省乡镇文化站从业人员“爱岗敬业”征文大赛、“美好家园”摄影大赛等活动。

三、文化产业

紧紧围绕“两个高于”和推动文化产业成为国民经济支柱产业的目标，把加快发展文化产业作为调整江苏产业结构、培育新的经济增长点的重要抓手，多渠道、多方位地促进文化产业发展。

【文化产业引导资金效应明显】

完成2010年度省文化产业引导资金项目申报评审工作，优先支持市场前景好、具有重大示范效应和拉动作用的重大项目。申报项目589个，总投资额近500亿元，比2009年增长33%。151个项目获得资助，资助总额超过2亿元。抓好2009年度引导资金资助项目跟踪管理，开展119个资助项目的绩效评估工作。

【文化产业示范基地建设不断加强】

根据《江苏省文化产业示范基地评选命名管理办法》，评选命名南京云锦研究基地等9家单位为第三批江苏省文化产业示范基地。目前，江苏省已有国家级文化产业示范基地10家，省级文化产业示范基地27家。

【动漫产业实力整体增强】

组织5件动漫作品、4家动漫企业申报文化部重点动漫作品和重点动漫企业，其中3件动漫作品被认定为国家重点动漫作品。组织企业申报文化部"原创动漫扶持计划"，无锡哈皮动画等4家企业获得原创动漫作品、创作者团队扶持奖励。南京合谷科技等29家动漫企业通过国家级认定，认定数量居全国各省（区、市）之首。推荐江苏慈文紫光、苏州蜗牛等19家"走出去"业绩突出的动漫游戏企业上报文化部享受税收优惠政策扶持，江苏成为全国动漫游戏企业数、原创作品数、销售收入和出口额最多的省份。

【文化企业得到资助】

加强与有关部门和金融企业的沟通，为更多的文化企业争取获得投融资支持。苏州香山工坊等项目得到金融机构的融资帮助，常州淹城等18个项目得到财政部的资助，资助项目数居全国第一。积极推进省政府加快出台文化产业振兴若干政策，受省政府办公厅委托起草《江苏省加快江苏文化产业振兴若干政策》，由省政府公开发布。

四、文化市场管理

积极转变工作思路，创新管理方法，提升文化市场监管水平，有效促进了全省文化市场健康有序发展。

【网络文化市场管理措施有力】

积极探索网络文化市场管理的新模式，以连锁整合的方式促进网吧连锁经营业态的发展。认定全省12家网吧连锁企业资质，确定各网吧连锁企业"单改连"整合布局，500多家单体网吧门店进入连锁改造通道，连锁网吧门店数超过1200家，约占全省网吧总数15%。积极发挥网吧监管系统作用，加强网吧动态监控，拦截各类有害信息2000万余次，屏蔽非法网站4000多个。完成网吧"净网先锋"监管软件安装工作，基本实现全省8000多家网吧、70余万台终端动态监控的全面覆盖。

【文化市场整治成果显著】

全省文化系统全年累计出动执法人员42.6万人次，立案调查2773起，行政罚款1037万元，查缴非法产品238余万张（册、台），吊销娱乐场所执照726家、网吧经营许可证6家，办理行政案件转刑事案件5起，其中"去听去听音乐网"违法案件入选2010年全省知识产权保护十大案件，连云港市镇海网吧复制淫秽物品牟利案被文化部评为全国重大案件。4月至10月，围绕"迎接上海世博会"开展了文化市场专项治理。

【执法队伍素质逐步提升】

坚持持证上岗、上岗必考，严格执法人员岗位培训制度，提升文化市场执法队伍素质。先后举办了两期全省文化市场执法人员培训班，采取全程封闭式教学、准军事化管理的形式，重点进行现场勘察、调查询问、查辑战术、行为证据、调查证据等13个基础专业课目的学习训练，培训执法骨干近300人。

【文化市场持续健康发展】

无锡灵山实业有限公司"灵山吉祥颂"和扬州木偶剧团"扬州杖头木偶表演"被列入国家文化旅游重点项目名录，连云港汪其魔杂技团"魔术晚会"和无锡阿福文化公司《玉飞凤》获得全国首届民营艺术院团优秀剧目奖。全省演出总场次达10万余场，其中引进境外各类艺术表演团体795批次、涉外演出达45209场次，比2009年分别增长11%、30%。

五、文化遗产保护

积极继承和弘扬优秀传统文化，深入开展文化遗产保护和利用工作，在文物保护、文物普查、非物质文化遗产保护和传承等方面取得突出成绩。

【文物保护工作亮点频现】

启动实施大运河沿线重点文物抢救保护工程，首批入选新沂市窑湾赵信隆酱园店等10个项目。完成第七批全国重点文物保护单位申报工作和第七批省级文物保单位遴选评审工作。第四至六批省级以上文物保护单位保护范围及建设控制地带划定工作基本结束。名人故居、古民居抢救保护工程循序推进，全部完成首批工程项目，顺利实施第二批工程项目。无锡鸿山遗址入选首批12个国家考古遗址公园，扬州城遗址进入首批23个国家考古遗址公园立项名单。7家古籍收藏单位和251部古籍入选第三批国家古籍重点保护单位及《国家珍贵古籍名录》。全省古籍"国保"单位和国家珍贵古籍分别达到20家和1025部，继续位于全国第一。

【文物普查及馆藏文物数据库建设走在全国前列】

第三次全国文物普查第三阶段工作领先全国，共调查登记不可移动文物21639处，其中新发现13633处。评选出“江苏省第三次全国文物普查十大新发现”。省文物局与省基础地理信息中心合作，组织研发并初步建成江苏省第三次全国文物普查不可移动文物地理信息数据库。全省23万余件（套）珍贵文物数据按时上报国家文物局数据中心，数据提交量居全国首位。全面完成全省文化文物系统博物馆（纪念馆）历史文物的鉴定定级工作，新增一级文物400余件。

【文物行政执法水平整体提升】

制定《江苏省文物行政执法机构规范标准》，开展文物行政执法示范单位创建活动。省文物局成功主办江浙沪文物行政执法合作签字仪式暨首届联席会议，江浙沪文物行政执法区域合作机制工作获2010年度江苏省政府法制工作创新奖。严厉打击文物违法犯罪活动，全省依法查处文物违法案件11起，制止文物违法行为64起，保护不可移动文物74处。

【非遗保护向深层次迈进】

24个项目入选第三批国家级非物质文化遗产名录和第二批扩展项目名录。以昆曲、古琴艺术、南京云锦织造技艺、雕版印刷技艺等“人类代表作”项目重点保护为示范，江苏省国家级项目全部制定“十二五”保护规划。30个传统美术、技艺和医药类项目申报国家级生产性保护示范基地。高淳、洪泽、姜堰、连云港等地区启动试点建设实验型省级文化生态保护区。认定、命名第三批省级非遗项目代表性传承人111人。

【非遗保护基础工作继续加强】

各级资金投入2719万元，加大省级以上非遗项目的保护力度。全省非遗展示馆（厅）达136个，展示总面积超过9.2万平方米。42名专家学者充实到省级专家库，总人数达104名。建立省级非遗研究中心基地，南京、徐州、常州、苏州等地依托高校及研究机构建立了区域性研究基地。全省34个非遗项目参加上海世博会江苏活动周展演。在全国首届非遗博览会上，江苏省非遗项目获金奖2项、银奖6项、铜奖1项，位列全国第一。全省各地举办各类非遗展演活动1870余场（次），参与人数1130万人次。先后举办了“中国农业文化遗产论坛”、“非物质文化遗产保护南京论坛”等一系列理论研讨活动。

六、文化体制改革

在国有文艺院团体制改革方面，举办全省文艺院团改革培训班，全省42家市级文艺院团有26家完成转企改制工作，其他正在进行之中。在事业单位内部机制改革方面，基本完成省国画院、南京图书馆、南京博物院等厅直单位的岗位设置方案。在综合行政执法建设方面，全省13个地级市完成文广新局三局合并，13个地级市和51个县（市）基本完成文化市场综合执法改革。

“十二五”规划编制初步完成。从江苏省文化建设实际出发，深入开展调查研究，广泛征求专家、各地文化部门意见，初步完成江苏省“十二五”文化发展规划的研究和编制工作，为江苏今后一个阶段的文化建设工作提供发展蓝图。同时，还编制完成省文物事业发展“十二五”规划及项目库，认真制定省文化系统“十二五”文化产业发展规划和省公共图书馆事业“十二五”发展规划。

七、对外文化交流

组派江苏艺术团赴纳米比亚参加中纳建交20周年纪念演出活动，起到了以完美的演出配合高访、烘托庆典活动热烈气氛的效果。由江苏省文化厅与美国夏威夷大学联合策划、被文化部列为2010年“欢乐春节”品牌对美重点项目之一的英语京剧《白蛇传》，在夏威夷肯尼迪剧场公演8场并获好评。成功举办新西兰江苏裔画家曹俊中国画展及德国画家珂勒惠支版画展。由英国埃塞克斯郡和江苏省多家部门、单位联合主办的昆曲——莎士比亚体验项目稳步推进，增进了两地青少年对彼此优秀传统文化的了解。精心筹备并成功举办“情系大运河·两岸中国画名家作品展”和“白云忆故里——黄君璧书画展”，营造了“江苏台湾周”的文化氛围。

八、干部队伍建设

按程序有计划地充实干部队伍，积极开展学习活动和课题研究，不断提升干部综合素质，有力强化干部队伍和文化人才队伍建设。

【干部队伍和人才队伍得到充实提高】

进一步充实提高江苏省文化厅机关处室力量，

12名同志被提拔为处级领导，7名科级干部得到提任。积极开展干部交流工作，10名科级干部得到交流，7名处级干部换岗提任。遴选厅直单位领导后备人选4名，并提拔1名后备人选进入省文化馆领导班子。严密组织厅直单位公开招聘，录用22人，成功为省国画院、南京博物院、南京图书馆引入博士及博士后3人。扎实做好职称评审工作，全省446人获得高级职称资格，通过率71.8%。

【“大学习、大培训、大提高”活动成效明显】

江苏省文化厅系统组织开展内容丰富、形式活泼的学习活动，营造浓厚学习氛围。举办两期厅系统中青年干部培训班，积极组织干部参与南图高端讲座，有效提升厅系统中青年干部素质。积极开展课题研究工作，以承接文化部研究课题为重点，组织开展9项课题研究，全厅干部人人参与。江苏省文化厅连续两年被文化部评为“全国文化人才培训先进单位”。

九、党风廉政建设

认真学习《中国共产党党员领导干部廉洁从政若干准则》，开展“学习廉政准则，争做勤廉表率”主题教育活动。加强职称评审、艺术评奖等内控机制和权力阳光工程建设。积极推进廉政文化建设，打造《天下无讼》、《母亲的守望》等廉政剧目，承办“全省廉政书画作品展”。继续开展以“五好”为主要内容的文明处（科）室创建活动。认真执行党内监督条例和信访监督等制度，加强对权力运行和重大文化项目实施及经费使用管理的监督。

浙江省

2010年，浙江省文化工作以科学发展观为指导，以加快文化大省建设为目标，围绕浙江经济社会转型升级、生态文明建设等中心工作，紧扣“十一五”规划的各项目标任务，紧扣公共文化服务、文化产业发展、文化体制改革等关键环节，抓重点、攻难点、出亮点，扎实推进各项工作，取得了显著成效。“十一五”时期文化建设的重要目标与任务如期完成，文化发展主要指标和文化综合实力迈上了新台阶。

一、重大文化活动高潮迭起

【三大文化盛事彰显浙江文化魅力】

2010年，成功举办了上海世博会浙江活动周、世界第六届合唱比赛和第二届中国越剧艺术节三大文化盛事。三大活动规格高，规模大，内容丰富，影响广泛。上海世博会浙江活动周整合全省文化资源举办了五大项目40多场精彩展演，向世界展示了历史悠久、绚丽多彩的浙江地域文化，展现了富有浙江特色的人文精神，吸引了中外游客40多万人次，深受各方好评。世界第六届合唱比赛吸引了83个国家和地区的472个团队，2.17万余名嘉宾、评委、歌手、乐者齐聚绍兴，总共举行了近500场合唱比赛，创下了多项历届合唱比赛之最。第二届中国越剧艺术节秉承“越剧艺术的盛会，人民群众的节日”的宗旨，圆满组织实施了14项主体活动，集中展现近年来我国越剧发展的最新成果和最高成就。4000余名演职人员参加了艺术节各类展示和交流演出活动，6000余名中外来宾参加了越剧节各项活动，50余万群众共享了艺术节成果。

【对外对台两大文化节有效传播浙江文化】

着力打造“浙江文化节”对外文化交流品牌和“台湾·浙江文化节”对台文化交流品牌。2010芬兰·中国浙江文化节由“天上人间——5000年中国丝绸文化展”、“田野海风——浙江农民画渔民画展”、“龙飞凤舞——浙江民间艺术表演”3项活动组成，通过富有鲜明浙江特色的展览和演出，让更多的芬兰人民认识浙江，了解中国，成为历年来中国在芬兰举办的规模最大、内容最丰富、参与观众最多的文化活动之一。第四届“台湾·浙江文化节”由杭州良渚博物院“璀璨——良渚文化特展”、浙江小百花越剧团新编越剧《藏书之家》巡演、浙台民俗文化澎湖大讲堂、浙江话剧团儿童剧《白雪公主》赴金门演出等活动组成，在台湾形成了广泛影响，成为媒体报道的热点，有效地促进了两岸的文化交流，增进了浙台民众的情感互动，有力地服务了中央以及省委、省政府对台工作的大局。

【一系列国家级和省级文化活动推动浙江文化艺术繁荣】

积极策划举办一批大型文化艺术活动，不断创新举办方式，引入市场机制，吸收社会力量参与活动，充分发挥大型文化艺术活动的品牌辐射和示范带动作用。配合文化部在嘉兴举办了中国端午文化艺术节、第12届中国老年合唱节和第四届秀洲·中国农民画艺术节。持续打造一批浙江特色的大型文化活动品牌。成功举办了浙江省第11届戏剧节，27台精彩剧目在杭州剧院、杭州大剧院、浙江胜利剧院等11家剧场献演，规模堪称历届最大。同时，成功举办了浙江省第二届农民文化艺术节、浙江省第二届社区文化艺术节、浙江省第11届广场文化艺术节等大型群众性文化活动，着力扶持了中国·龙泉青瓷宝剑文化节、中国·泰顺廊桥文化节、中国·景宁“三月三”畲族民歌节等一批重点文化节庆活动，有力推动了我省文化艺术繁荣，进一步满足了广大群众的精神文化需求。

二、公共文化服务持续改善

【覆盖城乡的公共文化设施网络基本形成】

目前，全省共有全国文化先进县27个，省级文化先进县42个，“浙江东海文化明珠”乡镇545个，省级文化示范村（社区）431个。县级图书馆、县级文化馆、乡镇综合文化站基本实现全覆盖，村级文化活动室的覆盖率达到85%，平均面积分别达到4420、3222、1084、206平方米，比“十五”末分别增加1339、829、541、37平方米。文化信息资源共享工程基本覆盖城乡，基层服务站点达4万余个，其中乡镇覆盖率达100%，村覆盖率98.5%。一批重点文化设施建设加快推进，西湖文化广场新远国际影城、金华市文化艺术中心、景宁畲族文化中心等建成投入使用。西湖文化广场“两馆一团”基本完成装修，不久将投入使用。舟山普陀大剧院、宁波市水下考古基地、台州市博物馆等正式开工建设。同时，加强文化设施管理和利用，充分发挥城市大型公共文化设施服务示范作用。浙江自然博物馆新馆自2009年7月底开馆以来，参观人数达150余万人次。浙江美术馆自2009年8月初开馆以来，先后举办了各种类型展览70多个，参观人数达70余万人次。

【公共文化服务供给不断丰富】

为全面改善基层公共文化服务，召开了全省农村文化建设现场会、全省城市社区文化建设工作会议和全省乡镇综合文化站建设推进会。继续组织大规模的送文化下乡活动，据统计，2010年全省送戏下乡2万场，送书下乡165万册。深入实施农村文化队伍素质提升工程，全省培训人数达6.5万余人次。积极扶持农村“种文化”活动，全省文化部门举办市县级和乡镇级群众性文化活动分别达128场和2064场。持续推进博物馆免费开放工作，全省博物馆本年度新推出展陈项目800多个，年参观人次超过1700万。加强未成年人文化服务，举办第六届浙江省未成年人读书节，全省举办的各类未成年人读书活动总计达600余场次。改善残疾人文化服务，联合省残联举办了浙江历史上规模最大、社会反响最为热烈的一届盲人节庆祝活动，浙江图书馆盲人图书馆共接待盲人读者5000余人次。积极组织开展了“春雨工程”浙江志愿团文化援疆活动，成为全国第一批援助新疆文化建设的试点单位。

【公共文化服务运行机制持续创新】

率先研究制定了涵盖政府投入、设施建设、队伍规模、公共服务、社会参与、文化惠民创新等7个方面23项指标的浙江省农村公共文化服务评价指标体系。在宁波市鄞州区召开浙江省公共文化服务体系建设制度设计研究工作会议，积极推进文化部委托的国家公共文化服务体系制度设计综合研究任务。推进城乡平等共享的网络图书馆建设，浙江网络图书馆自2009年5月26日开通以来，点击量已达到697万余次，电子图书全文下载9.7万余册次，电子文献传递13.6余万次，电子期刊论文下载847万余篇，成员馆上传书目记录355万余条。积极开展公共电子阅览室建设，浙江省被文化部列为全国试点省份。各地通过政府采购、项目补贴、定向资助等形式，提高公共文化服务与产品的质量。开展了基层公共文化服务“创新奖”评选活动，台州市“百分之一文化计划”、嘉兴市公共图书馆城乡一体化服务体系等文化创新实践在全国产生良好影响。

三、文化产业发展步伐加快

【文化产业发展平台进一步拓宽】

义乌文博会、杭州国际动漫节成为浙江文化产业发展的两大平台，对文化产业发展的带动作用日益显现。义乌文博会从2010年起成为文化部重点支持的全国4个文博会之一。2010年，义乌文博会共实现经贸成交额28.07亿元，比2009年增长51.8%，其中外贸成交额16.90亿元，同比增长55.05%，占总成交额的60.20%，创历史新高。2010年第六届中国国际动漫节共签约项目近200个，涉及金额83亿元，现场成交额23亿元，总金额达到106亿元。杭州国际动漫节已成为国内规模最大、人气最旺、影响最广泛的动漫专业盛会，荣获中国动画学会“最具影响力动画展奖”。积极搭建投融资服务平台，省文化厅分别与中行浙江省分行、建行浙江省分行签订《支持文化产业战略合作协议》，同时，推动金融机构与近40家文化企业签署了战略合作协议。积极搭建文化产业研究平台，与浙江工商大学合作筹建了“浙江省文化产业品牌研究基地”，以“品牌创造”助推文化产业发展。

【文化产业整体发展水平进一步提升】

大力提升演艺娱乐业、动漫游戏业、网络文化经营业、艺术品和工艺美术经营业、艺术创意和设计业、文化会展和文化旅游业“六大重点产业门类”。指导浙江新远文化产业集团推进杭州西湖文化广场浙江文化艺术中心的建设，新远国际影城建成开业，控股星光院线，效益良好。2010年，共争取到中央财政和文化部各项文化产业扶持资金4935万元，实现突破性增长。大力培育扶持重点文化企业，成功推荐“宋城千古情”、“西湖之夜”两大项目入选“国家文化旅游重点项目名录—旅游演出类”，神采飞扬有限公司、音王集团有限公司和衢州醉根艺品有限公司3家企业成为新的国家文化产业示范基地。宋城股份、杭州顺网科技成功上市，分别成为旅游文化业和网络文化业的领头雁。促成了非物质文化遗产龙泉宝剑和动漫企业玄机科技有限公司达成合作签约。进一步推动文化产业行业协会建设，推进歌舞娱乐业协会的组建，继续加强对浙商文化促进会及演出、艺术品经营等协会的指导，完善行业自律机制，积极发挥行业协会自我管理、自我服务、自我发展的作用。浙商文化促进会已拥有团体会员289家，引导浙商投资文化产业达189亿元，举办了“文化新浙商”评选活动。

【文化市场持续繁荣稳定】

积极履行省文化市场管理（“扫黄打非”）办公室“抓稳定、促繁荣”的工作职责，推动落实部门责任制。部署开展了环护城河“平安世博”文化市场专项保障行动和“世合赛”文化市场联合检查行动等一系列活动，有效确保了上海世博会、绍兴·世界第六届合唱比赛两个重要时段文化市场的健康稳定。2010年，全省各级文化执法机构出动检查约18万人次，检查经营单位16万余家次，市场良好率为92.1%。全年引进文艺演出共566项，达到有史以来最高数量，遍布全省主要大中城市，进一步丰富了广大群众的文化生活。拟定了《浙江省游艺娱乐场所总量和布局规划》和《浙江省推进网吧连锁发展实施方案（试行）》，积极推动文化市场规模化、连锁化发展。

【文化科研工作加快推进】

浙江省与国家文物局共建全国首个国家文化遗产保护科技区域创新联盟，大力推动文保科技创新跨学科、跨领域、跨行业、跨部门战略合作，提升浙江文化遗产保护水平。中国丝绸博物馆入选纺织品文物保护国家文物局重点科研基地，“东周纺织织造技术挖掘与展示——以出土纺织品为例”项目获得国家文物局2009年度文物保护科学和技术创新奖二等奖。加强文化基础性研究，成功承办了国家社科基金艺术学项目的评审论证会议，经过国家评审，浙江省共有10个单位15个科研项目获得立项批准，获得资助经费125万元，继续名列全国第二。我省承担国家社科院基金艺术学项目累计达到72项。2010年，有近15个科研项目完成研究工作，是浙江省国家社科基金艺术学项目出成果最多的一年。

四、文化体制改革实现重要突破

【文化体制改革向纵深推进】

国有文艺院团体制改革取得突破性进展，浙江歌舞剧院、浙江曲艺杂技总团、浙江话剧团三家省属院团顺利完成转企改制，企业运作机制基本形成，活力逐渐显现；其他院团不断深化内部机制改革，在创作生产、公共服务、市场演出等方面都取得了较好的成绩。2010年，8家省属院团共演出近4000场次，演出收入超4500万元。经营性文化单位转企改制加快推进。浙江新远文化产业集团所属的浙江文艺音像出版社、浙江省文化实业发展中心、浙江省对外文化交流公司3家单位转企改制工作基本完成。至此，新远产业集团及下属单位的阶段性改革工作告一段落。进一步深化公益性文化事业单位内部管理机制改革，组织实施省级文化系统事业单位岗位设置工作，推动厅属事业单位人事管理向按需设岗、竞聘上岗、按岗聘用、合同管理的方向改革发展，有效提高公共文化服务能力。巩固文化市场综合执法体制改革成果，启动文化市场行政执法“对口扶持、相互促进”工程，开展了全省第二届文化市场综合执法技能比武、全省文化市场综合执法考评等活动，积极探索长效管理机制。省文化厅连续四年名列全国文化市场行政执法考评榜首。积极推进政府职能转变，强化宏观管理与引导，认真研究制定《浙江省“十二五”文化发展规划》。

【民营文艺表演团体改革发展取得新进展】

深入开展调研，提请省政府办公厅出台《关于加快发展民营文艺表演团体的意见》，推出10项举措加快发展民营文艺表演团体，成为全国第一个出台扶持政策推动民营文艺表演团体发展的省份。同时，落实专项资金扶持民营剧团，用于补贴民营剧团送戏下乡；要求各级文化部门在送戏下乡采购中，民营剧团所获场次不得少于总场次的1/3，民营剧团每场享受的补贴比国有院团高500元至1000元，努力推动形成浙江特色的民营演艺产业。目前，全省有民营文艺表演团体近500家，年演出近10万场。

【文化体制改革的配套措施逐步完善】

省委、省政府专门成立了文化建设领导小组，确定了改革任务和推进计划，进一步加强对全省文化建设和文化体制改革的领导和组织协调。浙江新远文化产业集团所属经营性企事业单位改制的总体计划安排已经浙江省文改领导小组批准，经营性文化单位转企改制的配套资金逐步到位。进一步研究落实了国办文艺院团改革的政策。全面回顾总结七年以来浙江省文化系统文化体制改革工作经验，召开了全省文化广电新闻出版局长会议，对深化文化体制改革进行部署，指导推动市县文化体制改革工作。

五、文艺创作生产成果丰硕

【文艺繁荣激励措施不断强化】

召开2008~2009年度浙江省文化工作表彰大会，对380多项荣获全国性或国际性荣誉奖项的集体和个人进行了表彰。通过全省艺术创作会议、全省专业院团团长工作会议，总结交流创作经验，进一步明确今后的创作思路，部署创作任务。深入实施文化精品工程，面向市场，面向群众，精心组织文艺生产创作。省属文艺院团陆续推出了一批优秀作品，如浙江话剧团《幸福·COM》、《画皮》、《心灵游戏》，浙江京剧团《王者俄狄》，浙江昆剧团《临川梦影》，浙江小百花越剧团《牡丹亭》，浙江越剧团《月华如水》等。市县剧团的一批舞台艺术新作也接踵亮相，如余杭小百花越剧团《洪升》、永嘉昆剧团《荆钗记》、浙江绍剧团《八戒别传》、浙江婺剧团《穆桂英》等，为浙江省的艺术舞台增添了新的亮色。

【一批文艺精品和优秀文艺人才在重大文艺赛事中频获大奖】

浙江小百花越剧团的《藏书之家》和浙江省京剧团、青海省戏剧艺术剧院合作的《藏羚羊》成功入选2009~2010年度“国家舞台艺术精品工程”资助剧目，《藏羚羊》还获第二届全国少数民族戏剧会演金奖（最高奖）。在第九届中国艺术节上，浙江越剧团《九斤姑娘》、浙江婺剧团《梦断婺江》、杭州越剧院《女人街》获第13届“文华优秀剧目奖”，浙江小百花越剧团茅威涛、浙江昆剧团林为林获首批中国文化艺术政府奖（文华表演奖），浙江越剧团王滨梅，浙江婺剧团陈美兰、朱元昊，杭州越剧院周妤俊获第九届中国艺术节表演奖；有14个作品、5个项目获第15届“群星奖”，5人获“群文之星”称号，“群星奖”获奖总数为全国第二，仅次于东道主广东省。在文化部主办的第八届全国杂技比赛中，浙江曲艺杂技总团有限公司青年魔术师蒋亚平的魔术《牌影》获得文华魔术节目金奖（第一名）、杂技《墨荷——蹬伞》获得文华杂技节目银奖（第一名），杭州杂技总团魔术师李洁的黑光魔术获文华魔术节目银奖。在第二届中国越剧艺术节上，浙江省有6个剧目获金奖、6个剧目获银奖、7个剧目获铜奖、8人获“十佳演员”、10人获“十佳新秀”。绍兴县小百花艺术中心《李慧娘》获2010年度中国戏曲学会奖。浙江歌舞剧院民族乐团获“2010香港国际江南丝竹团体展演邀请赛”第一名。

【文艺人才培养持续推进】

坚持“人才兴文”，加大艺术人才培养力度，成功实施了“新松计划”全省优秀青年表演人才高级研修班教学成果展演、浙江交响乐团青年演奏家专场音乐会、“琴筝雅集”浙江歌舞剧院谢涛古筝古琴独奏音乐会等8项活动。确定与中国戏曲学院合作开办越剧艺术本科班，面向全省专业越剧团选拔优秀青年越剧演员参加为期4年的高等艺术院校本科教育，积极探索培养拔尖越剧表演人才的新机制。启动了为期3年的省级文化系统文艺院团专业技术人员素质教育专项工作，899名院团专业人员参加了职业道德、理论基础、艺术修养和专业知识等方面的培训。

六、文化遗产保护工作成效显著

【世界级和国家级文化遗产申报工作取得重要成果】

联合国世界遗产中心对杭州西湖文化景观的实地评估验收工作顺利完成，将于2011年提请世界遗产大会审议列入世界文化遗产。大运河（浙江段）的申遗工作在资源调查、规划编制等方面获得了阶段性成果。良渚遗址成为首批国家考古遗址公园。浙江瑞安市的“中国活字印刷术”新入选联合国教科文组织《急需保护的非物质文化遗产名录》，浙江省累计共有8个项目入选联合国教科文组织非物质文化遗产名录，入选数位列全国榜首。在文化部公示的第三批国家级非物质文化遗产名录推荐项目名单中，浙江省60个项目上榜，有望连续第三次位列全国第一。象山海洋渔文化生态区成功入围国家级文化生态保护实验区。成功举办了第五个“文化遗产日”系列活动。

【文物博物馆工作成果突出】

浙江省第三次全国文物普查任务中最为艰巨的实地文物调查已全面完成，调查登录的不可移动文物总数占全国的8%以上，其中新发现的数量占全国的近10%。目前，顺利转入第三阶段。第六批省保单位申报推荐工作基本完成，会同规划行政部门完成第三批省级历史文化名镇、名村和第四批省级历史文化街区候选对象考察。经过8年的不懈努力，成功发掘了长兴七里亭遗址，标志着旧石器时代考古工作取得了突破性进展，将浙江省有人类活动的历史上推至距今100万年。博物馆网络体系进一步完善，全省各级各类各种所有制博物馆数量达225家，其中文化文物系统博物馆122家，行业性国有博物馆32家，民办博物馆71家。制定出台了《加强馆际展览合作促进文物资源共享实施方案》，正式启动实施馆际资源合作。成立浙江省古籍保护中心，全省707部古籍入选国家珍贵古籍名录，9家单位入选全国古籍重点保护单位，数量位居全国前列。

【非物质文化遗产保护传承工作亮点频现】

推进非物质文化遗产生态保护实验区建设，新建立了普陀观音文化、龙泉青瓷文化两个省级文化生态保护实验区，全省共建立了9个文化生态保护实验区。命名了62所省非遗传承教学基地，推进非物质文化遗产进课堂、进教材、进校园。加强非物质文化遗产资源的合理利用，与省旅游局联合公布22个省级非遗旅游经典景区（景点），促进了文化与旅游的结合发展，开创了全国先例。开展省级非遗生产性保护基地的申报命名工作，积极探索生产性保护新方式。召开全省传统表演艺术精品项目培育工作会议，拟定重点培育100个传统表演艺术精品项目。召开全省非遗展示馆建设现场经验交流会，推进全省非遗展示馆建设，目前全省建有不同类型的非遗馆140多座。积极推进非遗保护机构和队伍建设，全省8个设区市和57个县（市、区）已经建立非物质文化遗产保护工作机构。在国家非物质文化遗产保护中心支持下，批准在浙江省设立中国非遗保护浙江培训基地。在全省开展第三次“服务传承人月”活动。成功举办了第二届中国（浙江）非遗博览会。

七、对外对港澳台文化交流日益活跃

【文化交流渠道有了新拓展】

积极参与国家组织实施的大型对外文化活动，大力配合省委、省政府重大涉外活动。浙江在海外举办的“欢乐春节”文化活动正成为在海外宣传中国和推动浙江文化“走出去”的重要品牌。浙江婺剧团赴巴西参加圣保罗中国春节庆祝活动，杭州歌舞剧院赴泰国参加“欢乐春节”演出，杭州余杭滚灯艺术团赴新西兰参加“元宵灯会”，都受到当地民众的热烈欢迎。组织浙江小百花越剧团赴瑞士参加“2010年瑞士文化风景线艺术节·中国主宾国”法语区开幕式演出活动，“物华天工—浙江民间手工艺精品展”赴俄罗斯参加“中国文化节”，“丝绸之路——中国丝绸艺术展”赴哈萨克斯坦巡回展出，多次受到文化部和我有关驻外使馆的表彰。积极发动各地和社会各界参与文化交流。据统计，2010年全省共实施对外对港澳台文化交流项目747起，8070人次，项目数量创历史之最。其中，引进项目599起，派出项目

148起。

【商业性文化出口有了新突破】

积极推动文化企业和产品“走出去”，扩大浙江省文化产品和服务的国际市场份额，形成了良好的态势。浙江国华演艺有限公司、绍兴县小百花艺术中心、浙江曲艺杂技总团、浙江京剧团、浙江昆剧团、杭州杂技总团、温州市越剧团分别赴美国、阿联酋和我国台湾、香港地区商演，中国丝绸博物馆、浙江省博物馆、浙江自然博物馆分别赴芬兰、日本、美国商展，均获得了良好的社会效益和经济效益。以企业为主体的文化产品与服务出口贸易活跃。中南卡通在“2010年戛纳电视节”展会上成功出售原创和代理的5部动画片，使中国动画片首次进入西欧主流平台，还将展开与台湾MOMO台的合作，在台湾播放原创动画片。杭州盛世龙图动画有限公司出品的动画电影《梦回金沙城》入围第83届奥斯卡最佳动画长片奖候选名单。继续完善商业性文化产品出口指导目录的评选和资助机制，全年共有10家单位的11个项目入选指导目录，是机制建立以来入选项目最多的一年。

【省市县联动合作机制有了新推进】

加强与市县的联动，整合资源、组合市县项目，参与对外文化交流。调动市县参与对外文化交流的积极性，对外文化工作的集成效应初步显现。同时，以参与上海世博会为契机，积极推进长三角地区的文化交流与合作，与上海市文广局签订上海外高桥文化外贸出口平台合作意向协议。成功举办了江浙沪两省一市第17届演出业务洽谈会暨第三届长三角国际演出项目交易会，进一步推进了长三角演出市场一体化进程。

八、机关建设和干部队伍建设稳步推进

【创先争优活动扎实开展】

省级文化系统各单位紧紧围绕中心工作，紧密结合工作重点，认真开展各项规定动作和自选动作。党组织和党员分别签订了创先争优活动承诺书。建立领导干部联系点制度，指导推动基层党组织开展活动。组织开展了“送温暖·文化惠民大行动”，厅主要领导带队深入基层调研指导新农村建设，并落实省属文艺院团元旦春节期间送戏下乡不少于350场的惠民目标。组织党员干部开展向云南旱区、青海玉树地震灾区、甘肃舟曲灾区援助活动，全系统共向灾区捐款54万余元。厅党组多次召开民主生活会和中心组学习会，学习贯彻中央、省委重要文献和讲话精神，进一步统一思想，努力提高科学发展意识和文化自觉意识。深入开展“学习年”活动，向各基层党组织重点推荐20部优秀读物，征集各类读书心得体会、理论文章44篇。深入开展以“治庸治懒、提能增效、狠抓落实”为重点内容的“作风建设年”活动，进一步推进了文化系统作风、行风建设。厅直属机关党委被省直机关工委评为先进基层党组织。

【反腐倡廉体系进一步完善】

厅党组与厅属单位第一责任人签订了《党风廉政建设责任书》，把党风廉政建设责任考核和年度工作目标管理考核相结合，切实推动了党风廉政建设各项工作的落实。深入开展反腐倡廉专题教育，举行了3批省级文化系统新任副处以上领导干部党风廉政建设集体谈话会，组织厅局机关和厅属各单位党员领导干部到监狱、看守所等警示教育场所接受现场警示教育。组织《廉政准则》知识测试，对全系统153名处以上党员干部的学习情况进行了检验，处级干部的参与率达到了100%。组织开展了省级文化系统推进惩治和预防腐败体系建设情况及贯彻实施《廉政准则》情况大检查，推动各单位加强对重要部门（岗位）和事项的监督制约，建立了以岗位为点、以流程为线、以制度为面的廉政风险防控机制。实行重大文化工作监督制度，对第二届中国越剧节和省第11届戏剧节的评奖、浙江美术馆面向社会招聘等进行监审，有效保障了重大文化工作的顺利进行。深化机关效能建设，进一步完善效能建设相关制度，不断健全效能建设长效机制。

【干部队伍建设呈现新面貌】

认真贯彻落实干部选拔任用四项监督制度，进一步完善干部选拔任用监督机制。不断深化干部任用制度改革，厅党组研究制定了《关于进一步规范厅局机关干部人事工作的实施意见（试行）》、《关于讨论任用厅管干部试行票决制的决定》，为进一步营造风清气正的选人用人环境，提高选人用人公信度提供制度保障。加大竞争性选拔干部的力度，通过竞争上岗和面向全省公开选拔的方式选拔干部。2010年，厅党组采用竞争性

的方式选拔的处级领导干部占省级文化系统提任处级干部总数的41.7%，有效提高了干部工作的公信度。进一步规范干部选拔任用工作的程序，扩大干部工作民主，2010年，共提拔任用厅管处级干部39人，交流使用处级干部5人，续聘处级干部12人，免职4人，进一步优化了省级文化系统干部队伍整体结构。加强干部教育培训，组织举办了全省县（市、区）文化行政部门负责人培训班、全省文物管理干部文物保护与利用管理出国培训班等一系列业务培训和知识更新培训，进一步提升干部队伍的综合素质。

【其他各项工作有序推进】

以研究制定《浙江文化发展“十二五”规划》为契机，全面部署开展了2010年省级文化系统大调研活动。《浙江文化年鉴》获全国地方志系统第二届年鉴奖一等奖。办理省人大代表建议、政协委员提案68件，代表、委员们对办理结果均表示满意或基本满意。加强省级文化系统人大代表、政协委员、党外干部和专家的联系与服务，更好地发挥其在文化大省建设中的参政议政和民主监督作用。加强省级文化系统安全管理，健全安全监管机制，调整安全片组，强化日常巡查，全年没有出现安全事故。文化财务工作得到进一步加强，项目资金清理整合稳步推进，资金使用绩效不断提高，会议费、接待费、交通费、出国费四项经费支出控制在财政核定的指标内。减少文件会议，简化办事程序，提高工作效率。加大政府信息公开力度，加强电子政务建设，实现了办理事项平台与省政府网上办事大厅的单点登录链接。加强文化档案管理，推进档案电子化建设。强化保密工作责任制，全员签订保密责任书。支持工会、共青团、妇女工作，举办了2010年度省级文化系统田径和趣味体育比赛，进一步强化凝聚力和向心力。

安徽省

2010年，在安徽省委、省政府的坚强领导下，在文化部的有力指导下，省文化厅带领全厅上下，动员全省文化战线深入贯彻落实党的十七大和十七届四中、五中全会精神，抓发展、重惠民，抓改革、求创新，抓特色、树品牌，各项工作创新突破，整体推进，全面丰收。

一、抓重点带全局，系列文化活动出新出彩

围绕大局，服务人民，突出安徽特色、时代特征，勇挑重担，敢打硬仗，成功举办一系列重大文化活动，打造、拓展了一批反映安徽加速崛起、兴皖富民伟大实践，具有浓郁地方特色、广泛影响力和持久竞争力的文化品牌。

【第三届中国农民歌会精彩唱响】

在前两届歌会成功举办的基础上，总结经验，创新思路，巩固品牌，举办以“幸福之歌”为主题的第三届中国农民歌会，与首届歌会“希望田野”、第二届歌会“小康大道”构成三部曲。做足“农”味，体现“赛”字，创新歌，唱新歌，留新歌，传新歌，艺术地表达中国农民求富、求乐、求美、求和的幸福追求，体现国家级文化品牌的示范性、引导性和代表性，获全国社会文化政府奖——第15届群星奖。文化部部长蔡武和省领导张宝顺、王三运、臧世凯、谢广祥先后作重要批示充分肯定，并在全国村级文化建设工作座谈会上作典型经验介绍。

【第九届安徽省艺术节成为艺术盛会、人民节日】

确定“繁荣、展示、参与、共享”的艺术节主题，与马鞍山中国李白诗歌节合办，省市联动，块面联动，惠民联动，历时近3个月，举办八大类30余项70多场文化活动；新创15台剧目，8000多名演职人员直接参与；马鞍山市数十万、全省数百万群众参与、观赏，活动多日、内容多项、展示多点、艺术多彩、惠民多措、效益多重，重在展示、动在全省、热在基层、乐在群众，艺术盛会呈现时代精神，人民节日共享文化成果。

【上海世博会安徽活动周成功精彩难忘】

6月，以“盛世徽韵”为主题的上海世博会安徽活动周精彩纷呈。来自省直及黄山、芜湖、蚌埠、滁州等15支队伍、600名展演人员，在世博园5个场点举办70多个场次文艺演出、巡游、“非遗”展示等活动，吸引观众50多万人次，全方位展示文化安徽、多彩安徽、创新安徽、崛起安徽、和谐安徽的崭新形象。文化厅作为省参与世博会11家优秀组织奖单位受到省政府表彰，获

世博会组委会、文化部通报表扬，安徽艺术职业学院获优秀参与奖。

【首届安徽省民俗文化节展示魅力】

顺应时代和发展要求，寻觅新路，打造载体，在铜陵市举办以“守望民俗、相约铜都”为主题的首届安徽省民俗文化节，包括十大民俗实景表演、百戏百乐百工百品展演展示、民俗文化专家论坛三大板块系列活动，民俗专家、学者与数万群众观民俗表演、听民间曲艺、赏民间绝活。社会各界和文化系统反响强烈，全国人大常委会副委员长桑国卫，省领导王金山、臧世凯等充分肯定。

【重大历史题材美术创作工程领跑中部】

由省委宣传部、省文化厅、省财政厅联合实施的安徽省重大历史题材美术创作工程在中部地区率先启动。计划用3年时间，以国画、油画、版画和雕塑等，表现1840年以来，安徽人民波澜壮阔的反帝、反封建、反官僚资本主义斗争，社会主义革命、建设及改革开放的重大历史事件和重要历史人物。公布创作题材，开展全省督查，组织初评培训，全省300多名美术工作者围绕52个题材积极创作，80幅美术作品已进入色彩样稿创作阶段。

【第九届中国艺术节获奖空前】

第八届中国艺术节后，经3年卧薪尝胆、全力推进，我省参演剧目（3台）、参展美术作品（9件）、入选“群星奖”项目（4个项目、8件作品、3名个人）之多实现3个前所未有。话剧《万世根本》、黄梅戏《风雨丽人行》获文华优秀剧目奖；蒋建国、韩再芬获文华表演奖，安徽省获奖人数与上海、江苏、浙江并列第一。

【安徽文化“走出去”力度不断加大】

探索、创新对外文化交流合作的途径，经典走出去，特色走出去，营销走出去，重点打造黄梅戏、徽剧、花鼓灯、庐剧、杂技、安徽民乐等对外文化交流品牌，组织安徽艺术团赴香港参加国庆巡演、赴非洲访演、赴台湾举办书画展等。全年对外对港澳台对文化交流项目30批305人次，接待境外来访文化代表团9批229人次。文化厅在全省对台交流工作会议上作经验介绍。

二、夯基础保民生，公共文化服务体系建设提速提质

以农村和城市社区为重点，以保障群众基本文化权益的公益性、均等性、基本性、便利性为目标，加快建设，快补欠账，丰富活动内容，拓展活动方式，不断提升人民群众文化幸福指数。

【乡镇综合文化站建设全面提速】

建设阵地、规范管理、丰富内容、优化服务，确保“按时建设成、建成即达标、建成能用好”。争取中央补助资金、省级和市县配套资金，如期完成325个纳入省民生工程的乡镇综合文化站建设，累计完成投资1.59亿元，占计划投资116.17%。举办全省乡镇综合文化站站长培训班，制定下发乡镇综合文化站《星级评定标准》、《管理暂行办法》，推动服务上水平、管理规范化。开展首次星级评定，317个乡镇综合文化站达到星级标准，其中三星44个。6月，国务委员刘延东作重要批示：“安徽乡镇综合文化站统筹功能，突出特色，做法很好，应予推介。”中央及省主要媒体浓墨重彩报道。

【共享工程建设全国领先】

举办全省文化信息资源共享工程县级支中心建设现场会暨培训班，对场地、配套资金、技术人员落实和设备采购招标实施情况开展督查，顺利完成40个县级支中心建设。省中心共征集视频资源安徽地方戏剧420部，完成8集大型电视专题片《安徽民间传统工艺》等摄制，数字资源总量达30TB。作为全国公共电子阅览室建设首批9个试点省之一，确定铜陵市、芜湖市和宁国市为试点，落实省级试点经费，部署推进试点工作。文化部连续两年在全国文化信息资源共享工程督导通报中，对安徽省高度重视、加大投入、加快网络建设、丰富数字资源、创新传输方式以及合作共建取得新进展等予以充分肯定。

【公共文化服务网络日臻完善】

一批重点文化设施相继建成或开工建设，力度之大前所未有。完成省歌舞剧院剧场、省博物馆新馆、安徽艺术职业学院新校区二期工程建设，积极推进安徽百戏城工程立项、选址和省美术馆、省书画院、省考古所科研楼立项。亳州博物馆、宿州博物馆、皖西博物馆、泾县新四军军部军史陈列馆、芜湖市徽商博物馆以及桐城市、祁门县、芜湖县、颍上县等一批县级图书馆、文化馆达标建成、投入使用。池州博物馆、含山博物馆、泗县博物馆等即将投入使用，芜湖博物馆、安庆博

物馆新馆、铜陵博物馆新馆、绩溪县博物馆及亳州市图书馆、滁州市图书馆等一批重点文化设施规划开工建设。积极争取市级15个文化馆、13个图书馆、18个博物馆列入国家发改委“十二五”扶持项目，安徽艺术职业学院、安徽黄梅戏学校列入中等职业教育国家发改委“十二五”扶持项目。投入2540万元推进45个县级两馆维修改造达标工程。全年实施文化基础设施建设项目391个，总投资12.97亿元，总计建筑面积157.8万平方米，完成投资6.5亿元。全省现有各级公共图书馆88个，文化馆120个，各级各类博物馆、纪念馆和非遗馆150个。

【示范区（项目）创建有力有效】

抢抓创建国家公共文化服务体系建设示范区工作机遇，主动申报，积极承担文化部研究课题，推动我省示范区和示范项目创建申报。经国家公共文化服务体系建设专家委员会评审，马鞍山市、铜陵市城市社区文化建设和淮南市少儿文艺发展项目分别入选第一批创建国家公共文化服务体系示范区、示范项目公示名单，入选比例居全国前列。

【群文活动惠民乐民】

元旦、春节期间，继续组织全省“百团千场万人”文化下乡下基层活动。动员100余个省直、市县专业和民营文艺院团，下乡下基层演出1036场，惠及群众200余万人次。组织9个专业艺术院团，走进高校开展高雅艺术进校园活动，演出黄梅戏、徽剧、交响乐、民乐等经典剧（节）目35场。省图书馆接待读者150万人次，举办“新安百姓讲堂”52场、“安徽人文讲坛”12场，受众1万多人次。全省文化馆举办各类演出3845场次，观众659万人次；举办各类展览546场次，观众81万人次；举办各类培训班459个，培训9万多人次。“鉴宝江淮行”走进池州、黄山、巢湖和马鞍山等地，深受群众喜爱。“百万青少年走进博物馆”寓教于乐，100多万青少年在参与中汲取知识、启迪智慧、提升素质。文化部《文化要情》单篇刊发《安徽省公共文化服务体系建设快速发展》，推介安徽省经验。

三、重传承促利用，文化遗产保护成效显著

【加强文物保护】

以全面普查为基础，以科学保护为重点，以合理利用为目的，加强文物保护。

1. 全面完成全省第三次全国文物普查实地调查任务，共调查登记不可移动文物26397处，其中新发现18104处，在全国省区市中第7个通过验收，新发现文物数量增长率、普查数据质量位居全国前列。

2. 垓下大汶口文化城址考古发掘继2006年六安王陵一号墓、2008年蚌埠双墩一号春秋墓之后，从全国300多个参评项目中脱颖而出，入选2009年度“全国十大考古新发现”。

3. 超常申报第七批国保单位174项，多项通过国家文物局初评。积极做好文物保护单位维修，做好大运河申遗和大遗址保护工作，编制大运河安徽段遗址保护“十二五”规划，大运河淮北段遗址保护规划市级文本审批通过开始实施。

4. 加快推进省博物馆新馆建设布展、市县博物馆和民办博物馆建设，特色鲜明、布局合理的博物馆体系初步形成。完成全省50多万件馆藏文物调查及数据库建设。

5. 加强文物执法和安全监管。在黄山市召开全省文物保护工作会议，分析形势，通报情况，部署落实。全省文物部门开展执法检查巡查123次，督促宣城市全部完成广教寺违法建筑拆除，及时查处泗县违法拆除释迦寺等。制定下发《进一步加强建设工程中文物保护监管工作的紧急通知》和《加强我省文物保护工程管理的通知》等，文物安全工作成效显著。

【加强非物质文化遗产保护】

摸清家底、健全名录，创新思路、整体保护，活态传承、见物见人。非遗普查搜集、整理大量文字、音像、电子、实物资料，出版成果30多种，计2000余万字。加快推进徽州文化生态保护实验区建设，论证修改的实验区《总体规划》，获文化部正式批准。公布第三批省级非遗名录71项、第三批省级非遗项目代表性传承人180人。徽州传统建筑营造技艺继宣纸制作技艺之后，入选联合国教科文组织非物质文化遗产名录，入选项目数量居全国前列。总结、整理、提升非遗保护工作，出版《中国黄梅戏》、《安徽省非物质文化遗产传承人图谱》等研究成果，“徽州文化生态保护的创新与实践”入选2010年国家文化创新工程10大项目。

【深化博物馆免费开放】

与有关部门制定下发进一步做好公共博物馆纪念馆免费开放工作的《贯彻实施意见》，出台《安徽省博物馆纪念馆免费开放资金使用管理办法》，组织开展"首届全省博物馆六大精品陈列奖"评选活动，首届安徽省文物总店珍藏民俗文物展等影响广泛。71家免费开放的博物馆和纪念馆免费开放不打折、优质服务上台阶，全年举办各类展览443个，接待观众1180万人次，其中青少年500万人次。中宣部、财政部、国家文物局联合调查组给予充分肯定。

四、抓改革谋发展，文化实力不断壮大

【体制改革进展大】

贯彻落实中央和省有关文化体制改革的要求，统一思想，凝聚共识，强势推动改革在面上展开、向纵深发展。经周密计划、三年准备，顺利组建安徽演艺集团有限责任公司；各市完成三局合一、院团转企、综合执法改革。全省93家国有文艺院团除1家保留事业性质、实行企业化管理外，撤销17家，75家转企改制后合并重组52个演艺公司。公益性文化事业单位普遍推行三项制度改革。97家经营服务性文化事业单位，66家完成转企改制，约占全省文化系统经营服务性事业单位总数的68%。78个市县综合执法机构全部挂牌，参公管理，队伍编制从600名增加到1100名。

【产业发展形势好】

抓调研，明重点，编制完成《安徽省动漫产业"十二五"发展规划》。与有关部门联合举办安徽省首届动漫大赛，评选全省动漫行业"金喜鹊"奖，近1500件作品参赛，创意新颖，炫目时尚，富有成效。加快合肥、芜湖、马鞍山、淮南、池州等动漫产业基地建设，入驻企业近400家。中国宣纸集团等4家企业入选第四批国家文化产业示范基地，入选数量居全国第二；安徽时代漫游文化传媒股份有限公司等8家企业通过文化部等认定，晋级动漫"国家队"，入选数量居中部六省第一。全省文化企业机构11222个，从业人员68579人，其中文化市场经营单位9979个，人员51244人。文化系统文化产业总产出63.9亿元，增加值48.7亿元，分别比上年增长25.5%和32.3%。

【市场繁荣有序出经验】

加强监管、守土有责，宽松服务、引导市场，综合执法、用好机遇。相继部署开展"平安世博保障行动"、校园周边环境整治等文化市场专项行动。共出动执法人员29万余人次，检查网吧等27万余家次，查处违规经营场所3200余家次，通过网吧技术监管平台封堵各类非法网络信息及经营站点300万余次，营造了良好社会文化环境。在2010年全国文化市场行政执法综合考评中，安徽省进入第一方阵，省文化厅被评为2010年全国文化市场行政执法十大先进单位。

【民营院团展风采】

注重特色、发挥优势，扶持不懈、一视同仁，加强引导、做大产业。命名濉溪县艺术团等20家民营文艺表演团体为第二批"百佳剧团"。芜湖县黄梅戏剧团黄梅戏《女驸马》作为全国14台优秀剧（节）目入选之一，代表安徽省进京参加首届全国民营艺术院团优秀剧目展演。举办全省首届民营黄梅戏剧团优秀剧目展演，18个剧团、200余名演职员精彩亮相。全省1200多家民营院团年演出38万场次，收入6亿多元。中宣部《宣传信息清样》2010年第10期全文单篇刊发了安徽省文化厅《安徽省民营文艺表演团体发展情况调查报告》，推介安徽省经验。

福建省

2010年，福建省文化厅紧紧围绕"服务海西、文化强省、项目（品牌）带动、改革创新、加强管理"的总体工作思路，突出重点，狠抓落实，圆满完成各项文化工作目标和任务。

一、积极开展文化赈灾救灾工作

省直文化系统认真组织、广泛发动、迅速行动踊跃向青海玉树地震灾区捐款献爱心，共募集30多万元，同时参与主办青海玉树赈灾义演文艺晚会"情暖玉树 大爱海西"，晚会现场共募集捐款2230.8835万元。6月中旬以来，三明、南平、龙岩等地区连续遭受暴雨袭击，文化设施、文物史迹受到重创。据不完全统计，全省有12个文化馆、10个图书馆、9个影院、57个文化站、2个剧团、58处全国重点文物保护单位、136处省级文

物保护单位受灾严重。顺昌县畲族民俗馆管护工作人员罗占胜同志为了抢救馆内的珍贵文物，献出了自己宝贵的生命。省委省政府追授罗占胜同志“福建省防抗特大暴雨洪水抢险救灾先进个人”荣誉称号，中组部授予防汛抗洪救灾优秀共产党员称号。面对灾情，省文化厅积极行动，深入现场，了解灾情，迅速开展抢险救灾、援助帮扶工作。厅领导带领专家第一时间抵达泰宁灾区，指导抢救受灾的泰宁尚书第，并指示省文物局迅速拨出专款，帮助抢救尚书第建筑群；厅领导专程进京，向文化部、国家文物局汇报福建省暴雨洪涝灾害中文化设施和文物的受灾情况，积极争取文化部、国家文物局项目资金支持；厅长亲赴三明、南平察看特大暴雨洪水灾害对文化设施和文物造成重大损害后的修复重建情况，帮助指导重建工作，还专程到罗占胜烈士家中看望其家属；在厅机关和厅属单位干部职工捐款18.4万元的基础上，从文化、文物专项经费中调剂250万元以及将乡镇文化站建设设备招标节余经费全部投向灾区；中央文明办、省文明办向基层发放的6000台电视机，优先保障支持灾区；帮助灾区做好文化文物修复规划；积极宣传文化战线抗洪抢险先进事迹；参与举办“风雨同舟情暖八闽”福建省抗洪救灾特别晚会，至7月9日17时共筹得善款人民币2.03412亿元、港币978万元、价值655万元的物资一批。

二、加强艺术创作及展演

积极完成省委省政府部署安排的重要演出任务以及与其他部门联办的演出活动。认真组织好福建新年音乐会、省委省政府2010春节团拜会演出活动、省委办公厅春节联欢会、省委组织部知识分子迎春晚会、福建省纪念“三八”节100周年文艺晚会、福建省庆祝“五一”国际劳动节文艺晚会、纪念全国军事设施保护法颁布20周年文艺晚会；组织“海西农村文化行”大型“三下乡”活动赴三明沙县慰问演出；组织艺术院团随陈桦副省长赴四川彭州开展文艺演出慰问彭州人民和全体援建人员；组织民族管弦乐音乐会“闽韵流芳”；组织省十一届人大三次会议和省政协十届三次会议专场歌舞晚会“我在舞中飞”；举办江文也百年诞辰纪念活动。接待国家话剧院来闽“三下乡”在龙岩、漳州、泉州和福州4个城市12个地区12场“信”主题综艺演出；积极做好江苏演艺集团京剧院《飘逸的红纱巾》和辽宁人民艺术剧院《黑石岭的日子》来闽演出的相关工作。繁荣艺术创作，组织优秀剧目参加全国性、全省性重大艺术活动。举行“纪念人民艺术家尹桂芳诞辰九十周年”活动，话剧《我的父母之乡》获全国优秀话剧展演演出奖；京剧《北风紧》和歌仔戏《蝴蝶之恋》参加第九届中国艺术节双获“文华大奖特别奖”，一批编导演人员获得单项奖，及曾静萍获文华表演奖；推荐8位选手参加第九届全国声乐比赛，一人获得民族项目组优秀演唱奖；召开全省艺术创作和院团建设会议；做好闽剧《贬官记》、木偶戏《火焰山》、莆仙戏《春草闯堂》的加工、提升，参加文化部主办的“首届优秀保留剧目大奖”获奖作品（全国18台，福建省独占3台，为全国榜首）全国巡演；组织京剧《北风紧》、莆仙戏《搭渡》2台入围剧目冲刺2008～2009年度“十大精品剧目”；组织闽剧《王茂生进酒》、歌仔戏《蝴蝶之恋》、越剧《唐琬》和梨园戏《节妇吟》申报2009～2010年度精品工程。组织举办全省第七届“武夷奖”青年演员比赛，共有近500位选手报名参赛，有近300名选手进入决赛，进行戏剧、木偶、曲艺、西洋乐器、民族乐器、戏剧器乐、声乐、舞蹈、杂技等类别比赛。高甲戏《阿搭嫂》荣获第三届中国戏剧奖曹禺剧本奖；京剧《北风紧》入选晋京参加2010年全国京剧优秀剧目展演活动；在“文华奖”第八届全国杂技比赛中，杂技节目《墨韵——绳技》、《海精灵——少儿顶技》分别获得银奖和铜奖，2位杂技教练被授予教师奖；申报的“走近毕加索”美术馆少年儿童公共教育活动和《多元·创意·和谐——厦门市美术馆学术研讨会论文集》入选2010年度全国美术馆发展扶持计划项目优秀成果名单；福建京剧院受台湾弘梅雅集京昆艺术团邀请赴台北演出《北风紧》等剧目；越剧《倩女幽魂》参加第二届中国越剧艺术节获得剧目金奖，一人获“十佳演员”奖；省歌舞剧院民乐团赴香港参加国际江南丝竹团体展演邀请赛，囊获团体比赛、新作品创作及演奏3个项目一等奖；儿童剧《渔童》荣获中国话剧研究会颁发的全国戏剧文化奖·话剧金奖优秀儿童剧目奖；校园剧《青春起跑线》在第二届中国校园戏剧节上位列非专业组榜首，获得“中国戏剧奖·校园戏剧奖”；《相聚在宝岛》获“第六届中国曲艺牡丹节目奖”，成为该奖项设立以来福建省首次获此殊荣的作品之一（泉州市选送的节目获提名奖）。积极筹备上海世博会、泛珠论坛、第五届全国特奥会、省第14届运动会、第12届全国科协年会等有关文艺演出活动。其中，2010年上海世博会福建宣传周文艺演出活动在宝钢大、小舞台和巡游区共有40多场文艺演出，仅宝钢大舞台展演区的观众达到2.6万人次，创下各省区活动周演出的新高；第五届全国特殊奥林匹克运动会开幕式演出为迄今为止福建省成功举办的一次规模最大、影响最广、艺术水准最高的大型户外文艺演出活动；首届闽台音乐周成功举办5场研讨会、3场现代音乐会和一场歌曲音乐会，来自京、沪、闽和台湾地区的两岸音乐人来闽参加。积极培育演出市场，面向社会公众展示（演）优秀的舞台作品。与省教育厅联合举办高雅艺术进校园活动；举办福建省“亲亲红领巾”文化艺术活动，吸引了包括浙江、台湾及省内外较边远山区小朋友的踊跃报名，产生良好社会反响；莆仙戏加演现代文明小戏得到中央领导的充分肯定，省文化厅在莆田市召开全省现代文明小戏现场会推广莆仙戏加演现代文明小戏的经验；莆田市组织已登记的132个民营院团进行百团会演，聘请戏剧专家对每个民营剧团进行评级、定级；中国音乐家协会和龙岩市共同主办首届海峡客家歌曲创作演唱大赛，两岸19支代表队参赛，评选出“十大金曲”。数字电影《鹤乡谣》应邀再次赴美国参加第15届好莱坞国际家庭电影节（IFFF），并夺得该届电影节唯一的“最佳外语电影制片奖”。数字电影《土楼故里》入选国家广电总局电影局2010年第一批推荐影片片目；被省里推荐参评首届中国国际文化旅游节之影响中国旅游的一部电影；分别入围参加第七届美国圣地亚哥国际儿童电影节和北京青少年公益电影节。成功举办福建省艺术研究院成立50周年系列纪念活动。

三、大力加强公共文化服务体系建设

扎实推进省少儿馆、昙石山遗址博物馆建设项目、海峡演艺中心、海峡文化广场、省图二期的改建等重点建设项目。大力推进“年百个乡镇综合文化站改造完善工程”。组织厅领导和8个检查组对2007年以来安排的599个项目进行了全面的督查验收。加快推动“文化信息资源共享工程”建设。制定《福建省文化信息资源共享工程建设方案》，并向文化部争取了1000万建设资金，全面推进省级管理平台建设和县级支中心建设；与各县（市、区）政府签定了合作共建协议；做好200个乡镇服务点的设备配套工作，完成设备和管理软件招标、乡镇文化站服务点的操作管理人员培训工作等，配置已经到位。组织开展村级文化协管员的调研工作和第二轮村级文化协管员培训工作。组织省级培训10期（10个班），1100多人参训；各地也都组织了市、县两级的培训。积极组织优秀节目（团队）参加全国性的大型文化活动。组织第九届中国艺术节（第15届“群星奖”）的申报、参演和参评工作，福建省有3个公共文化服务项目、5个参赛节目和2位群众文化工作者获奖；组织优秀节目参加全国第七届“四进社区”文化艺术节，舞蹈《姑嫂看戏》获优秀节目奖，选调参加辽宁省营口市展演（全国仅选调11个节目）。组织优秀节目（团队）参加文化部主办的首届“中华红歌会”演唱比赛，省合唱协会直属合唱团获得金奖。认真组织好“春雨工程”赋予福建省的援藏任务。福建省作为“春雨工程”首批试点单位，开展大舞台和大讲堂活动，组织以省杂技团为主的福建省文化志愿者艺术团赴藏演出五场，在闽组织西藏文化干部培训班，并承接文化部社文司委托的部分省市区文化厅（局）“春雨工程”工作座谈会。组织福建省近代以来重大历史题材美术创作，确定了一批选题进入创作。组织全省开展曲艺创作。

四、推进文化产业发展，加强文化市场管理

加快文化产业发展，出台文化产业相关政策。配合省人大常委会开展全省文化产业调研工作。受省政府委托向省人大作福建省文化产业发展情况报告。拟定《福建省演艺娱乐业2010～2012年发展规划》；配合有关部门制订了动漫游戏业、文化旅游业、文化会展业2010～2012年发展规划。完成了省政府办公厅2010年度重点调研课题《关于加快发展文化产业的目标、任务与体制机制研究》，参与《福建省传统工艺美术保护办法（草案）》立法工作及《中国文化年鉴（2009）》编写工作。配合制定福建省文化产业统计方案、金融

支持福建省文化产业振兴和发展繁荣的实施意见、福建省文化产业园区和龙头企业评选认定办法及相关扶持政策等政策性文件。组织开展了文化产业园区和主题公园、示范基地情况的调研。组织参加第六届中国国际（深圳）文化博览交易会、厦门9·8投洽会等参展工作；代表省政府组团观摩第五届中国北京国际文化创意产业博览会。参与主办第三届海峡两岸（厦门）文化产业博览交易会，组织了历史文化名镇名村展、福建省非物质文化遗产与产业发展展、演艺交易会。本届文博会的台湾文化企业有204家，共设展位416个，占总展位数的31%，参展企业数和台湾地区展位数均比上届增长了50%；共签约项目138个，总金额近百亿元，分别比上届增长了68%和13%；现场交易额3亿多元，比增29.10%，为历年之最。福建省非物质文化遗产与产业发展馆获得最佳展会银奖。组织福建文化企业为主，台湾商业总会和中华文化联谊会在台北共同主办的首届海峡两岸文化创意产业展，全省共有50家企业赴台参展，展位120个。扶持文化产业龙头企业和重点项目，推荐13家企业向文化部申请认定为动漫企业；组织参加中国现当代艺术推广重点展览评选活动，其中2家单位分别获得扶持资金；组织文化企业参评国家重点文化出口企业和项目，有3家企业获得专项资金的出口奖励支持。推荐文化企业参评第四批国家级文化产业示范基地的评选，有3家入选。评审第五批省文化产业示范基地25家。评选出全省首届文明网吧84家。

不断规范文化市场管理。认真部署开展文化市场专项行动，全省文化部门共出动执法人员142949人次，检查各类文化经营单位97882家次，其中网吧51691家次，娱乐场所11607家次、电子游戏机经营单位9359家次，音像单位9780家次，演出单位1114家，互联网文化经营单位1061家，艺术品经营单位207家，电影发行放映场所191家，书报刊经营单位10586家，其他2286家，办结案件1232个，受理举报1087件，立案调查1195件，移交案件129件，收缴违规经营电脑、电子游戏机等近217件，收缴非法音像制品266944张，收缴电影放映设备285套，非法书报刊54047本，其他物品11572件。对违规的文化经营单位予以警告986次，罚款3932102元，没收违法所得3500元，没收非法物品371813件，取消经营资格29家，停业整顿166家。网吧管理方面，会同相关部门联合下发《关于进一步加强网吧市场管理净化网络文化环境的通知》；出台《福建省网吧连锁企业认定管理办法》；开展对3445家网吧“网络文化经营许可证”的年审换证工作；会同省公安厅、省工商局联合部署开展的全省文明网吧评选工作，以及举办文明网吧评选培训；做好互联网文化经营单位的报批工作及出台《福建省文化厅关于开展非经营性互联网文化单位备案登记工作的公告》；实施《网络游戏管理暂行办法》，加强对网络游戏企业的属地监管原则；加强网吧志愿监督员队伍建设，与省关工委联合行文聘用“五老”人员组成网吧志愿监督员并展开培训，全省现有志愿监督员2000多人。娱乐市场管理方面，对全省电子游戏娱乐经营单位进行统一年审换证工作；起草《福建省电子游艺娱乐经营场所三年发展规划》；下发了《福建省文化厅关于修改娱乐场所设立标准的通知》；指导省文化娱乐业协会举办演出经纪人资格认定培训班；严格依法做好涉外、涉港澳台演出活动审批许可工作，共受理审批（核）70余批（次）。文化市场安全生产方面，下发《福建省文化厅关于组织开展全省文化市场集中整治的通知》；做好大型活动、公共文化场所等人员密集区的重点监管工作，建立健全应急处置预案，完善突发事件的应急处置体系；在全省开展文化场所安全生产专项检查；拟定了《福建省企业安全生产级别评定标准》中有关文化娱乐行业级别评定的标准；先后召开了3次厅属有关文化娱乐经营单位业主会议，部署强调安全生产工作。文化市场科技监管方面，在完成与文化部监控平台链接的基础上，加强对网吧监控平台升级改造；支持省通信管理局开发《福建省违规互联网站联动查处系统》。文化市场综合执法改革方面，召开全省文化行政执法理论调研与典型案例交流会；组织全省文化系统调岗换证人员的专业法律知识考试，完成了省级文化执法人员的“福建省行政执法证”换证工作；完善举报受理平台，认真做好领导督办批示件和群众举报办理工作，共受理举报督办件65件，办结率达100%。

五、扎实推进文化遗产保护发展工作

加强文物保护工作。开展文化遗产专题调研，形成《加强文化遗产保护发展的调研报告》。组织编制《福建省文物保护项目及经费需求"十二五"规划》、《福建省"十二五"期间文物抢救性保护设施建设项目规划》、《福建省"十二五"地市级博物馆专项建设规划》。草拟《福建省"福建土楼"世界文化遗产保护管理条例（草案）》，提出《福建省武夷山世界文化和自然遗产保护条例》等法规规章的清理、修改意见。紧紧围绕新修订的《福建省文物保护管理条例》的实施，依托"5·18国际博物馆日"、"文化遗产日"开展普法宣传。福建博物院"福建古代文明之光"重新改版展出，中国闽台缘博物馆在"5·18国际博物馆日"首次向公众展示十七世纪荷兰古籍《被贻误的福尔摩沙》和《第二、三次荷兰东印度公司使节出访大清帝国记闻》，举办海峡两岸文化遗产保护论坛——闽南红砖建筑学术研讨会、福建与南岛语族论坛、海峡两岸对渡（城隍）文化研讨会等。全面完成全省第三次全国文物普查实地调查阶段各项工作。全省共登记不可移动文物33612处，其中新发现23199处，占登记总数的69.5%；复查10413处，占登记总数的30.5%；涉台文物、工业遗产、乡土建筑、20世纪遗产、文化景观等一批重要新发现文物丰富了福建省文化遗产类型；"大田土堡群"等8项普查重要新发现，列入《2009年第三次全国文物普查重要新发现》。进一步深化博物馆免费开放工作，推进馆藏文物数据库建设。加强博物馆纪念馆免费开放经费的管理和监督，建全博物馆纪念馆免费开放的绩效考评制度；加强博物馆行业指导和管理，深化博物馆评估定级工作，建成省级民俗博物馆；指导福州市三坊七巷传统街区保护与建设；积极鼓励、支持民办博物馆发展。全面推进馆藏珍贵文物数据的采集、拍摄、录入、报送等工作。组织做好重点文物保护工程，突出涉台文物、水下文物和中央苏区革命文物的保护项目，重点做好灾后文物的保护抢救和维修工作。组织评审《福建省涉台文物保护总体规划》，组织开展全省范围的涉台文物保护工程进展情况检查；推动泰宁尚书第、朱熹墓等一批重点文物保护规划和保护维修方案的编制工作，启动泉州天后宫、漳州林氏宗祠等一批重点文物保护工程；福州三坊七巷建筑群的宫巷林氏民居、福清龙江桥、莆田蒲坂郑氏宗祠等重点保护工程竣工；组织编制屈斗宫德化窑大遗址保护规划和保护工程方案；制定提出革命旧址保护和革命纪念馆建设的具体抢救、保护和提升规划项目。开展考古调查和水下文物保护工作，与国家博物馆水下考古研究中心合作，开展平潭海域至漳州漳浦——龙海海域水下文物普查；与国家水下文化遗产保护中心联手组织完成龙海半洋礁一号水下遗址的进一步勘探工作。继续推动"海上丝绸之路：泉州史迹"申报世界文化遗产；着手组织厦门鼓浪屿申报列入《中国世界文化遗产预备名录》工作；协调启动闽南红砖建筑群、福建船政建筑群、闽东北贯木拱廊桥等新的项目申报《中国世界文化遗产预备名录》；泉州市中山路和漳州市历史文化街区入选第二批"中国历史文化名街"；顺昌元坑等4个镇、福州闽安等7个村入选第五批中国历史文化名镇、名村。组织对双永等高速公路沿线考古调查勘探，对龙顶山等6个遗址进行了抢救性考古发掘，出土了一批重要的陶器、石器标本，发现人类生产、生活遗存，为研究福建史前文化提供重要的实物资料。规范文物保护工程勘察设计、施工和监理的管理。加强公共安全保障建设与社会化管理力度。强化消防安全监管，会同公安机关集中3个月时间在全省开展以文物消防为重点的文物单位消防安全大检查；加强文物巡查与安全监管工作，及时掌握全省汛区文物安全状况，组织开展抢险救灾和文物维修；严厉打击各种破坏文化遗产的违法犯罪活动，严肃查处各类盗窃、盗捞文物的违法犯罪活动，确保文物安全；加强文物鉴定、审核、出入境监管工作和文物拍卖标的的审核管理。

加强非物质文化遗产保护工作。下发《福建省非物质文化遗产名录申报评审管理暂行办法》和《福建省非物质文化遗产项目代表性传承人认定与管理暂行办法》。组织第二批省级非物质文化遗产项目代表性传承人的评审认定，经省政府公布评定179位省级传承人。组织对闽南文化生态保护实验区的首批示范点、示范园区进行专题性评估调研，公布了第二批20个示范点、示范园区；修改完善《闽南文化生态保护总体规划》。组织编制《福建客家文化生态保护规划纲要》，并形成了申报稿。组织对省级湄洲妈祖文化生态保护实验区的规划论证工作。省政府批准设立湄洲妈祖文化生态保护实验区。先后在罗源县、蕉城区、福安市、霞浦县进行畲族文化生态保护调研。第五个全国文化遗产日系列活动突出了非遗进社区、进校园、进课堂。举行了《闽南文化》专题片的赠送仪式，组织了宝马中国文化之旅福建行等活动。同时，福建省非物质文化遗产博览苑重新布展后对外开放、成功举办福建艺术扶贫工程“非遗进校园”汇报演出、人类非物质文化遗产《雅韵流芳》南音专场演出等重点活动。各地也紧紧围绕活动主题，组织了丰富多彩的宣传、展览、展示活动和非遗进社区、进校园、进课堂活动。福州市文化部门与市教育工委、市教育局联手，在82所中小学建立了非遗教学、传习示范点。福建省非物质文化遗产博览苑运行一年来，接待观众超过60万人次。组织福建省非物质文化遗产项目参加文化部主办的首届中国（济南）非物质文化遗产博览会，获得了2个金奖、3个银奖、2个铜奖和7个“传承人展示纪念奖”。申报的“中国水密隔舱福船制造技艺”被列入联合国教科文组织2010年“急需保护的非物质文化遗产名录”。古籍保护取得新进展，有3家单位列入全国古籍保护重点单位、78部古籍列入《国家珍贵古籍名录》。同时，还举办了全省古籍保护培训班。组织福建省第四批非遗项目的申报工作。

六、加强对外对港澳台文化交流

大力推动对外对港澳台文化交流。2010年，省文化厅共派出对外、对港澳团组40批、898人次，来访8批，256人次；共办理了闽台文化交流项目43批、4269人次（不含营业性交流演出项目），其中赴台28批921人；来闽15批3348人次，交流人次比上年又增长了17%。认真谋划、编制“十二五”对外对台文化交流规划；配合编纂《2009年对外、对港澳台文化交流年鉴》、《福建文化志》。围绕《建立平潭两岸文化产业合作园区研究》这一年度重点课题，赴平潭综合实验区展开了专题调研，并形成专题调研报告。持续突出“港澳、东南亚、侨乡”优势，密切乡情、宣传海西。组织艺术院团赴香港参加“荃湾艺术节”、“中国艺术节”、澳门福建体育会成立10周年庆典和商业性演出等活动；组织省歌舞、木偶、南音等地方特色艺术团组赴新加坡、马来西亚、菲律宾等国参加各类艺术节活动、慰侨演出、庆典演出和国际南音大会唱等活动；组织省文博专家和艺术家赴韩国等亚洲国家交流；积极参与香港与内地五省区联合举办的“紫荆龙情在海南”系列晚会演出活动。持续拓展交流渠道，对欧、美、日、非文化交流成效凸显。陆续派出木偶、歌舞、杂技、越剧等艺术院团和图书、文博专业人员考察小组分别赴法国、罗马尼亚等12国，参加“欢乐春节”、“第17届锡比乌国际表演艺术节”、“首届中东闽南艺术节”、“南非华侨庆国庆”、“国际音乐比赛世界联盟年会”、“美国博物馆协会2010年年会”、“第76届世界图联大会”、“国际马戏编导艺术节”等节日庆典活动。持续依托“友好城市”为纽带，增进文化领域交流与合作。福建省图书馆与美国俄勒冈州图书馆继续执行“第6次霍纳图书馆员交流计划”，进行了3次的人员互访交流；德国莱法州音乐家小组、莱法州爵士乐团、瑞典维姆兰省交响乐团也先后访闽演出；福建博物院与长崎历史文化博物馆正式签订建立友好馆。持续服务福建省外交大局，圆满完成各项重要外事接待任务。配合接待了柬埔寨西哈莫尼国王等访问福州活动；认真做好朝鲜血海歌舞团一行赴福州访问演出大型歌剧《红楼梦》等相关工作；组织英国等国家的华侨企业家参加厦门9·8投洽会文化项目的招商洽谈会等系列活动。组派“福建文化宝岛行”大型团组随黄小晶省长率领的“福建文化经贸考察团”赴台岛开展大型原生态客家风情歌舞集《土楼神韵》表演、宗亲交流和族谱展、“妈祖情缘”大型文艺演出，进一步扩大了福建祖地文化影响力。其中，闽台宗亲交流暨姓氏族谱展在台南市吴园展出，涵盖了闽台两地共同渊源的众多姓氏的117部205册旧族谱，6幅祖图，37部64册其他现代族谱。参与办好海峡论坛开幕式暨综艺晚会、第五届中国（莆田）海峡工艺品博览会、第三届武夷山朱子文化节、第四届海峡两岸开漳圣王文化节、第三届海峡两岸合唱节、海峡两岸少数民族联谊交流会等相关活动项目。与台湾中华花艺文教基金会等单位联合主办的“书、香、茶、花——两岸文物精品展”。同时，做好“首届海峡两岸闽南文化节”的指导协调工作，主办“第四届闽台对渡文化节暨蚶江海上泼水节”活动，参与主办第19届海峡两岸（福建东山）关帝文化旅游节，举办“首届海峡两岸优秀女摄影家作品展”活动、举办首届漳台歌仔戏（芗剧）文化节、参与举办“石溪鸿泥——陈志声书法个展”、“2010 海峡两岸民间艺术节”，参与承办“第 12 届湄洲妈祖文化旅游节”等活动。

七、深入推进文化体制改革

逐步推进院团改革试点工作。省杂技团的转企改制工作方案经多次征求有关部门意见，数易其稿，已获准实施，12 月 21 日正式挂牌。福州市歌舞剧院为省会城市转企改制试点单位，已制定工作方案稳步推进。厦门市也提出厦门歌舞剧院及小白鹭民间舞团作为改革试点单位，展开相关工作。同时对全省 65 个县级国有文艺院团进行逐一摸底，将确定一批县级院团作为转企改制试点。大力推进省属文艺院团劳动人事、收入分配、社会保障三项制度改革，加强文艺院团作风建设。为加大对民营文艺院团引导和扶持力度，省文化厅正研究制订《福建省民营文艺院团管理办法》。加快公益性文化事业单位改革。省图书馆、省艺术馆、省博物院、省美术馆等 4 个公益性文化事业单位改革试点单位完成了岗位设置工作，正进行绩效工资的改革。各地市、县也在推行科学设岗，做好各公益性事业单位岗位设置工作。推进文化市场综合执法改革。出台福建省《关于加快推进全省文化市场综合执法改革工作的实施意见》，明确了福建省文化市场执法队伍的编制、待遇、经费等问题。全省九个设区市除福州（文化、出版合一）外已全部实现文化、广电、新闻出版三局合一，相应的文化市场综合执法也进行了整合。省属的 7 家经营性文化事业单位中，福建省文艺音像出版社已按要求转企改制，向省工商局办理企业法人登记注册，领取工商营业执照，举行了挂牌仪式，正在注销事业法人和核销事业编制；其余 6 家经营性文化事业单位，已考虑进行重组。

同时，大力加强文化系统党建工作，切实做好反腐倡廉工作，抓紧抓好人事人才工作，切实重视老干部工作，加强机关效能建设，重视计财和文化统计工作，更加重视全系统的资产管理和政府采购工作以及认真谋划制定“十二五”时期文化改革发展专项规划。

江西省

2010 年，在省委、省政府的正确领导下，全省文化系统深入贯彻落实科学发展观，以推进鄱阳湖生态经济区文化建设为重点，大力实施文化惠民工程，努力推进公共文化服务体系建设，积极促进艺术创作繁荣，全面加强文化遗产保护，有效推进文化产业发展，实现了文化发展方式转变与文化创新发展的同步推进。江西文化以其独特的魅力，在国内外重大活动中展现精彩，在国际国内重大赛事上摘金夺银，以其优秀作品和优质服务，面向基层、服务群众，充分发挥了文化引导社会、教育人民、推动发展的重大作用，江西文化软实力大幅度提升。

一、服务大局，在国际国内重大活动中，江西文化魅力四射，进一步扩大了江西的影响力

2010 年，全省文化战线主动服务中心，服务大局，开展了一系列具有广泛影响力的重大文化活动，取得了令人瞩目的好成绩，展示了江西科学发展、进位赶超、绿色崛起的新形象、新风貌。一是在中外游客云集的世博会上，处处散发出赣风鄱韵的文化魅力，江西文化，成为世博大舞台的精彩亮点。二是在高朋云集的南昌中博会上，汇聚“江西文化元素”的大型焰火文艺晚会，以红色文化、绿色文化、古色文化为主线，演出行云流水、瑰丽大气，展现了江西深厚绚烂的文化底蕴。三是在首届鄱阳湖国际生态文化节上，八大系列文化活动展示生态文化魅力。四是“金歌银曲唱鄱湖”全国优秀音乐作品征集活动影响广泛。省文化厅与省有关部门联合举办的“金歌银曲唱鄱湖”——全国优秀音乐作品征集活动，活动共收到全国应征作品 1600 余首。五是群众文化活动多彩展示赣文化魅力。全省共举办大中型基层群众文化活动 12595 次，参加人数为 1452 万人次。江西省首届“鄱阳湖杯”二胡独奏大赛和钢琴演奏大赛，展示了具有广泛群众基础的艺术风采，策应了鄱阳湖生态经济区文化建设；鹰潭市承办的第 13 届省运会开幕式文艺表演“新的飞翔”美轮美奂，赢得了“江西省运史上最精彩的开幕式”的赞誉；宜春市邀请中国文联、中国剧协梅花奖艺术团开展“送欢乐、下基层”慰问演出，为当地群众奉献了一道高雅的戏剧文化盛宴；抚州市举办了首届中国（抚州）汤显祖戏剧节，创排临川版采茶戏《汤显祖》，传承了经典传统文化；景德镇市“歌咏月”、赣州市“红孩子”采茶戏进校园活动、宁都“翠微之春艺术节”、石城灯彩艺术节、婺源“乡村旅游文化节”、武宁“山水武宁艺术节”、永新书法大赛、铜鼓漫画大赛等群众文化活动已形成品牌，有的长达30年之久，吸引了广大基层群众积极参与，品牌效应进一步扩大。

二、提升实力，在国际国内重大赛事上，江西文化摘金夺银，进一步彰显了全省科学发展的文化成果

2010年，江西省文化系统在全面发展繁荣的基础上一次次创造辉煌。在广州，在重庆，在意大利，在国内外文艺舞台和重大赛事上，江西创作的艺术精品，屡屡荣获国际国内大奖，凸显江西文化的实力。一是艺术精品创作在国际国内大赛上连连摘金。大型歌舞《赣风》以绿色生态文化之风，劲刮中国九艺节，力挫群雄夺得文化部“文华大奖”；江西民歌《映山红》以深厚的红色文化底蕴，在首届中华红歌会上，荣获“中华杯”一等奖第一名；在第12届意大利拉蒂纳国际杂技比赛中，代表中国的我省杂技《抖杠——腾龙》一举夺得最高奖——金奖第一的殊荣，该节目回国后又在武汉国际杂技大赛上再夺金奖；《西江揽胜图》以江西绘画和陶瓷技艺的新创造，在由文化部、国家旅游局主办的首届中国国际文化旅游节上，荣获“文化旅游发展贡献奖”，入选“影响中国旅游的一幅绘画”十强。二是在文化部、民政部举办的中国少数民族戏剧节上，江西省大型畲族山歌戏《七彩畲乡》荣获“金孔雀”综合大奖及艺术策划、优秀编剧、优秀导演等8个单项奖，填补了江西省少数民族艺术创作的获奖空白。三是高安华林造纸作坊遗址成功入选2009年全国十大考古新发现，成为新世纪以来江西省第四项全国十大考古新发现；靖安大墓出土的东周纺织品技术保护项目列入国家“指南针计划”，成为国家两大考古科研项目之一，喜获国家文物局文物保护科学和技术创新二等奖。四是江西群众文化光荣登顶，荣获10项全国“群星奖”。

三、文化惠民，在加强公共文化服务工作中，江西文化全力施为，进一步提升了城乡人民的幸福指数

在贯彻落实科学发展观的过程中，全省文化部门坚持把文化工作的重心放在基层，努力构建“结构合理、发展均衡、网络健全、服务优质、覆盖全民”的公共文化服务体系，建设了一大批新的公共文化设施，实施了一大批文化民生工程，开展了一系列文化惠民活动，为保障和实现广大人民群众的基本文化权益，丰富人民群众的文化生活，提供了坚实的文化条件。一是重点文化设施遍及城乡。全省新建改建文化馆、图书馆、博物馆、影剧院、文化广场、艺术中心329个，总投入达61.5亿元。以江西艺术中心为代表的一大批标志性骨干文化设施建成使用。投入达5亿元的江西艺术中心于11月29日落成揭幕，成为全省建设规模最大、投资最多、功能最全、科技含量最高的重点文化设施，填补了江西没有专业大剧场、音乐厅、美术馆等大型文化设施集群的空白。二是基层文化设施形成网络。2010年，县级图书馆、文化馆维修改造工程3年共投入维修改造资金11000万元，完成65个县级图书馆、文化馆的改造任务；基层文物保护维修工程3年下达维修专项资金8000万元，完成140余个不可移动文物保护维修和博物馆馆舍维修改造项目；建成乡镇综合文化站1295个，建筑面积都在300平方米以上，覆盖1275个乡镇、17个街办和3个乡改农林场，实现了“乡乡有综合文化站”的建设目标；城市社区文化中心建设，依托中央财政1667万元的资金投入，为全省各地46个社区文化中心、223个社区文化室添置了文化设备；服务大众的文化信息资源共享工程资源总量达到8TB，建成省、市、县级中心110个，乡镇、村级基层服务点11878个，开展服务活动2000余次，服务人数达500余万人次。三是博物馆免费开放进一步提高质量，效果显著，全省103家博物馆纪念馆共接待观众1950万人次，取得了良好的社会效果。四是农村文化三项活动创新开展，普惠农民。省、市、县三级专业艺术表演团体全年坚持下乡进村，把优秀的文艺节目送到田间地头，专业剧团送戏场次达1.4万场；乡镇自办文体活动达0.9万场；免费放映电影场次达 28 万场。农民称之为“民心工程”。

四、加快发展，在转变经济发展方式的战略调整中，江西文化双轮驱动，进一步加快了文化产业发展的步伐

全省文化系统把加快发展文化产业作为转变文化发展方式的重要载体和内容，强力推进以传统文化业态为基础、孵化衍生新兴文化业态的文化产业发展，使之成为文化建设的重要一翼，成为国民经济新的增长点，成为我省综合实力的重要组成部分，成为文化软实力的骨干力量。一是全省文化系统文化产业高速增长。据省统计局统计，全省文化系统文化产业主营业收入达 710.38 亿元，增加值 206.6 亿元，同比增长 17.2%，产业单位 2.29 万个，从业人员 20.96 万人。二是文化创意产业基地初具规模。全省拥有文化产业园 13 家，各类主题公园 34 家；拥有国家级文化产业示范基地 4 家，省级文化产业示范基地 8 家，市县级文化产业基地 22 家。三是数字动漫产业重点推进。全省登记在册且有一定规模的动漫企业共 14 家，正在建设的动漫基地 3 家，获得国家认定的动漫企业 6 家，获得全国重点动漫企业认定的单位 1 家；设立了 1000 万元的“泰豪动漫人才基金”，计划 10 年内每年拿出 100 万元人民币用于扶持、培养和资助、奖励江西本土原创的优秀动漫人才和作品。四是文化企业融资平台成功搭建。农行江西分行计划在今后 5 年内为文化产业提供不少于 500 亿元人民币的信贷支持，并向我省优质文化企业和项目提供全面、高效、优质的金融服务。五是演艺市场活跃繁荣。全省新批准成立演出经纪机构 11 家；全省 40 家演出场所、13 个演出经纪机构、3 个艺术院团组建了江西省首个演出院线联盟。全省共举办各类演出 32761 场次，观众达 307.45 万人次，极大地丰富了人民群众的文化生活，活跃了我省演出市场。

五、着力创新，在体制改革和事业创新中，江西文化以出人出戏出效益为目标，进一步增强了文化发展的后劲

按照中央和省委关于文化体制改革的决策部署和要求，全省文化系统稳步推进国有艺术院团体制改革，深化事业单位内部机制改革，推进岗位设置和绩效工资改革，积极探索以“5511”文化人才培养工程为龙头的多种人才培养机制，不断破解文化发展难题，转变文化发展方式，进一步解放和发展了文化生产力。一是全省艺术院团改革取得新进展。全省国办剧团通过整合资源，由 118 个减少到 80 个，下降了 32%；在层级分布上，省级 6 个、地市级 19 个、县级 55 个，形成了国办剧团相对合理的梯次结构，提高了国有剧团的办团质量。加强对民营剧团的扶持。全省共有民营剧团 1560 多个，改善了艺术院团的所有制结构，形成了多种所有制并存的发展格局。二是全省文化行政执法主体改革有效推进。在各级党委政府的强力推动下，赣州、吉安、景德镇、鹰潭、萍乡 5 个设区市和 80 多个县市区实现了文化、广电、新闻出版“三局合一”，南昌、九江、宜春、新余 4 个设区市实现了文化、新闻出版“两局合一”。在文化行政主体实施整合的同时，全省各设区市和 80 多个县成立了文化市场综合执法队伍，实现了文化市场综合执法，为文化市场的统一高效管理奠定了基础。三是事业单位岗位设置和绩效工资改革顺利推进。厅直 23 个事业单位全面完成了岗位设置审核工作，完成率 100%；21 个单位已完成了岗位聘任实施工作，完成率达 91%；在清理核查、调查摸底的基础上，制定了省直文化事业单位绩效工资实施方案。四是文化人才队伍建设取得新成效。截至 2010 年，“5511”江西文化人才培养工程共选送 6 批 80 名技术骨干，分赴中国戏曲学院、北京舞蹈学院、上海音乐学院学习培训。举办了“首届鄱阳湖生态经济区艺术科学规划课题项目征集活动”，共征集到推荐项目 323 件，申报 2010 年度江西省社会科学艺术学项目 215 项。

六、加强保护，在传承中华优秀文化、构建民族精神家园的工作中，江西文化扎实推进各项工作，进一步夯实了文化发展的基础

全省文化遗产保护利用工作依托第三次全国文物普查、全国馆藏文物普查、全国非物质文化遗产普查、全国古籍普查“四大普查”，登记、记录、整理全省文化遗产，申报、公布重点文化遗产保护单位、项目，积极探索文化遗产保护传承的有效手段和途径，文博工作取得新成就。一是文物保护扎实推进。全省第三次全国文物普查取得阶段性成果。共登记不可移动文物 34611 处，其中新发现29935处，复查4676处；大遗址保护取得重要成果，景德镇御窑厂遗址被国家文物局公布为第一批国家考古遗址公园立项名单。二是"文物调查及数据库管理系统建设"项目全面完成。共采集文物文字数据42000条，数码照片210993张，数据总量915.97GB，采集的文物信息全部进入省级文物数据中心机房，初步实现了文物信息的动态管理和资源共享。三是非物质文化遗产和古籍保护成果显著。通过开展全省非物质文化遗产普查评估、验收和总结工作，共搜集到非遗线索35736条、整理新发现非遗项目7262项、文字记录2376万字、拍摄照片45955张、录音记录2233小时、摄影记录1824小时、收集实物11184件，基本摸清了全省非物质文化遗产家底，为全面开展非遗保护奠定了扎实基础。古籍保护再上台阶，赣州市图书馆成为第三批全国古籍重点保护单位，江西省45部古籍名列第三批国家珍贵古籍名录。四是首部大型文化丛书的编辑工作基本完成。在21世纪的第十个年头，《新世纪江西文化十年》丛书即将问世。这套丛书涵盖博物馆馆藏文物、考古发现、文物保护单位、非物质文化遗产、舞台艺术、美术作品、基础设施建设、文化科研论文、大型画册和文化发展报告10本专集，汇集了我省新世纪以来文化建设和文化发展的主要成果，凝聚了全省文化工作者10年的智慧和创造。

七、对外开放，在实施文化"走出去"发展战略中，江西文化加大内外交流和贸易力度，进一步扩大了中华文化的传播面

江西省对外文化交流和贸易坚持"走出去"与"引进来"相结合，充分发挥陶瓷展览、杂技演出等品牌效应，江西文化国际影响力不断增强。全省对外及对港澳台文化交流项目共62项，489人次，其中派出15项，244人次；引进项目47项，733人次。一是推出对外文化交流品牌项目。江西杂技在澳大利亚昆士兰州和西澳洲12个城市成功开展商业巡演，受到当地群众的热烈欢迎，当地主流媒体纷纷主动前往报道，中国杂技和中国文化成为当地的热点话题。省杂技团还赴新加坡参加第17届"春城洋溢华夏情"演出40场、赴利比亚演出25场、赴日本东京演出杂技剧《茶》16场，均受到当地观众的热烈欢迎。南昌市歌舞剧团赴以色列、土耳其、塞浦路斯三国访问演出，行程2.7万余公里，历时23天，与32个国家与地区的1000余名舞蹈艺术家同台竞艺表演19场，观众达4.5万余人次，取得圆满成功。二是与港澳台的文化交流进一步加强。江西民俗文化在由澳门特别行政区民政总署主办的"彩云映江春意闹"内地春节习俗展上成功展出。江西省近200件珍贵习俗实物、30余幅习俗大型图片、20余种习俗影像资料，以及传统手工技艺艺人的现场雕刻、扎制、表演，为澳门市民增添了节日的欢乐，增进了赣澳友谊，扩大了江西影响。景德镇官窑博物馆在澳门民政总署画廊举办"景德镇出土明宣德官窑瓷器精品展"，展示景德镇精美的陶瓷艺术。江西省与台湾地区的文化交流日益活跃，开展了内容丰富的文化互访活动。三是积极引进国外优秀剧节目。全省涉外演出形式多样、内容丰富，既有大型组台演出，又有专题巡回演出，还有歌舞娱乐场所的个人演出。在引进文化项目时，既严格审核，又积极服务，涉外行政审批时限压缩了30%，使全省对外文化交流审批工作进入高效率、规范化、法制化的轨道。

八、重要会议、重要活动

【全省文化局长会议在南昌召开】

2月5日，全省文化局长会议在南昌召开。中共江西省委常委、宣传部长刘上洋作重要讲话，副省长孙刚出席会议。省委宣传部副部长、省文化厅党组书记、厅长李玉英作工作报告，省人大教科文卫委副主任委员伍世安，省文化厅领导汪天行、曹国庆、王晓庆、魏玮、史文斌、任永新以及省直有关部门负责同志、省文化厅离退休老领导出席会议，各设区市文化局长和省直文化单位中层以上干部和副高以上职称的专业技术人员参加会议。会议传达贯彻了全国文化厅局长会议精神，总结了2009年的文化工作，分析了当前文化建设面临的形势和任务，部署了2010年文化工作。

【上海世博会江西活动周文化活动成功举办】

世博会场，处处散发出赣风鄱韵的文化魅力；江西文化，成为世博大舞台的精彩亮点。全省300多名演职人员在江西活动周开幕式上的文艺演出和50场文艺表演，充分展示了江西地方艺术的魅力和成果；大型踏街巡游活动和15位非物质文化遗产项目传承人的“绝技”，现场展示了江西独特的民间技艺和地域风情。世博会组委会指定的5个驻场演出项目之一——大型原创《茶》剧在世博园表演引起轰动，圆满完成了上海世博会驻场演出任务。从5月1日起正式首演至6月28日期间，成功演出184场，受到30余万中外游客的欢迎，成为世博会期间签约演出场次最多的单个剧目。该剧以独特的中国气派，艺术地再现中国源远流长的茶文化。专家们评价该剧是“又一次里程碑式的创新”，国外使节称赞这是“中国为世界奉献的又一文化大餐”。

【南昌中博会焰火文艺晚会绽放异彩】

吴新雄省长亲自确定晚会内容，刘上洋部长和洪礼和副省长亲自指导并慰问演职人员。整台晚会以红色、绿色、古色为主线，凸显江西特色，展示江西气派。歌舞联唱、女子踏歌、武术、杂技、戏曲联唱等节目连成一气，使整台晚会行云流水、瑰丽大气。男声小合唱《雄伟的井冈山》慷慨激扬、意气风发、现场观众热血沸腾，豪情满怀；一组充满浓郁地域风情的江西红歌联唱，生动地再现了革命历史时期江西人民浴血奋战、可歌可泣的峥嵘岁月；清新动听的女声独唱《绿色交响》，曼妙多姿的女子群舞《鹤舞》，既展现了江西良好的自然生态，也体现了江西深厚绚烂的文化底蕴。晚会得到了国内外嘉宾的一致好评。

【“金歌银曲唱鄱湖”全国优秀音乐作品征集活动影响广泛】

“金歌银曲唱鄱湖”——全国优秀音乐作品征集活动，是根据苏荣书记要求举办的一次文化活动，旨在通过文化活动扩大生态经济区的影响，活动收到全国应征作品1600余首，其作者既有专业词曲作家，又有工人、农民、军人、教师、学生等业余作者。活动宣传了江西科学发展、进位赶超、绿色崛起的发展战略，展现了江西人民建设鄱阳湖生态经济区的满腔热情和精神风貌。

【艺术精品创作在国际国内大赛上获奖】

大型歌舞《赣风》以绿色生态文化之风，劲刮中国九艺节，力挫群雄夺得文化部“文华大奖”。江西民歌《映山红》以深厚的红色文化底蕴，在由文化部和重庆市委、市政府主办的首届中华红歌会上，在63个参赛代表队中拔得头筹，荣获“中华杯”一等奖。在第12届意大利拉蒂纳国际杂技比赛中，代表中国的江西省杂技《抖杠——腾龙》，以一流的创意和高难的表演，技压15个国家32个参赛节目，脱颖而出，力挫群雄，一举夺得最高奖——金奖第一的殊荣。中国驻意大利特命全权大使丁伟先生发来贺信，祝贺江西不仅为祖国争了光，也为意大利“中国文化年”添了重彩。该节目回国后又连番作战，在武汉国际杂技大赛上再夺金奖。《西江揽胜图》以江西绘画和陶瓷技艺的新创造，在由文化部、国家旅游局主办的首届中国国际文化旅游节上，荣获“文化旅游发展贡献奖”，入选“影响中国旅游的一幅绘画”十强。

【博物馆质量建设年活动顺利实施】

在2009年开展“全省博物馆免费开放水平提升年”活动的基础上，2010年在全省积极实施“博物馆质量建设年”活动，不断提升博物馆、纪念馆免费开放水平。江西博物馆纪念馆免费开放工作取得的成绩，得到了财政部、国家文物局联合调研组的充分肯定：“江西高度重视免费开放工作，措施到位，认识提高，积极带动和推动了博物馆建设，馆舍设施与陈列水平大大改善”。全省103家博物馆纪念馆共接待观众1950万人次，取得了良好的社会效果。

【演艺市场繁荣发展】

全省新批准成立演出经纪机构11家。全省40家演出场所、13个演出经纪机构、3个艺术院团组建了江西省首个演出院线联盟。一大批国内外品牌演出项目由我省民营演出经纪机构引进，如“同一首歌”、“欢乐中国行”、“傅聪钢琴独奏会”、“奥地利‘世界之舞’舞蹈团”、大型朝鲜族民族歌舞《长白山阿里郎》等。举办“和谐江西”新年演出季活动，开展“黄梅戏江西行”全省巡回演出活动。全省共举办各类演出32761场次，观众达307.45万人次，极大地丰富了人民群众的文化生活，活跃了我省演出市场。

【全省艺术院团改革取得新进展】

省文化厅对省木偶剧团进行了清产核资，建立了规范的企业法人治理结构，原剧团在编人员全部实行聘用制。落实江西省木偶剧团转企改制有关配套政策。加强对市县级艺术院团体制改革指导。南昌市直3个艺术表演院团（市歌舞剧团、市京剧团、市越剧团）和1个其他经营性事业单位（南昌文化会堂）转企改制方案进入实施阶段。景德镇市将市歌舞团、市京剧团、市瓷乐团三团合并组建成“景德镇艺术剧院”和“景德镇演艺有限公司”。乐平市赣剧团转企成立了乐平市文化传播有限责任公司。全省国办剧团通过整合资源，由118个减少到80个，下降了32%；在层级分布上，省级6个、地市级19个、县级55个，形成了国办剧团相对合理的梯次结构，提高了国有剧团的办团质量。加强对民营剧团的扶持。全省共有民营剧团1560多个，改善了艺术院团的所有制结构，形成了多种所有制并存的发展格局。

九、重点文化设施建设

【重点文化设施建设成果丰硕】

以江西艺术中心为代表的一大批标志性骨干文化设施建成使用。投入达5亿元的江西艺术中心于2009年11月29日落成揭幕，成为全省建设规模最大、投资最多、功能最全、科技含量最高的重点文化设施，填补了江西没有专业大剧场、音乐厅、美术馆等大型文化设施集群的空白。地方投资较大的上饶、抚州、吉安等市图书馆新馆，萍乡博物馆新馆、南昌新四军纪念馆、九江市书画院等一大批标志性文化设施已竣工开放，吉安市文化艺术活动中心、南康市文化活动中心等已基本竣工，宜春市图书馆新馆、宜春市群艺馆新馆、分宜市文化活动中心等地方标志性文化设施已开工建设。

【全面推进乡镇综合文化站建设】

2010年，江西省“十一五”计划建设的1295个乡镇综合文化站建设项目基本完工。其特点是：涉及面广，受益群体大，新建成的文化站覆盖全省1275个乡镇、17个街办和3个乡改农林场，基本上能够服务到全省农村群众。起点高、标准高，建筑面积都在300平方米以上，其中301～500平方米的有720个，占55.6%；项目建设投资超过24万元的有669个，占51.7%；投资在30万元以上的有276个，占21.3%，甚至建设资金有高达百万元的，有效改善了农村文化服务的基础条件。

【江西艺术中心】

江西艺术中心投资约5亿元，总建筑面积48720平方米的江西艺术中心，是迄今为止江西省建设规模最大、投资最多、功能最全、科技含量最高的文化设施重点建设项目。江西艺术中心总体建筑风格，宛如一朵盛世莲花，由形似莲花花瓣的各单位建筑及南北两侧的文化长廊、中心广场、停车场、绿地组成。艺术中心的主体建筑包括1600个坐席（含乐池100座）的大剧院、882个坐席的音乐厅、6837平方米的电影城、5976平方米的美术馆等。其中大剧院是艺术中心内最宏伟的建筑，大剧院的舞台为品字型设计，设主舞台，左、右侧台和后舞台。主舞台宽32米，进深23.8米，可以同时容纳三四百人在舞台上表演，舞台设备采用目前国际上最先进的技术，动作变换最多，具备推、拉、升、降、转等功能，从舞台上方的吊景设备，到品字型3个舞台的切换、移动全部是机械化操作。大剧院的灯光、音响等各项设备也全部是采用目前最一流的先进设备，打造出最美的舞台效果。符合各类歌剧及舞剧演出要求。江西艺术中心的建成，已成为南昌地标性建筑，是江西文化设施建设取得的一项重大成果，它填补江西没有专业大剧场、音乐厅、美术馆等大型文化集群的空白。江西艺术中心作为江西文化事业发展中的一个重大项目，它的建设既是振兴江西文化产业、建设社会主义先进文化的重要举措，同时也是完善城市功能、繁荣文化艺术事业、满足人民日益增长的文化需要的必然要求，江西艺术中心的建设，代表着江西人的文化追求，传递的是江西文化走向世界舞台的自信，与外界文化对话融通的渴望。

山东省

一、自觉服务大局，精心策划、成功举办重点文化活动

9月6日至10日，由文化部、山东省政府等共同主办，山东省文化厅为主要承办单位，在联合国教科文组织总部——法国巴黎的“孔子文化周”隆重举行，“孔府乐舞”表演、“孔子的智慧”主题展览、“孔子思想”讲座等系列活动，主题突出，内容丰富，充分展示了孔子文化的独特魅力，赢得各国代表广泛赞誉，对于推动孔子文化在全世界的传播、扩大中华文化的国际影响力产生了积极的促进作用。

10月15日至18日，首届中国非物质文化遗

产博览会成果丰硕。由文化部、山东省政府联合主办，济南市政府、省文化厅等共同承办的首届中国非遗博览会，在济南举行。全国31个省区市、新疆生产建设兵团、港澳台地区的622个项目、277位国家和省级代表性传承人参展参演。博览会以“保护传承、合理利用”为主题，以非遗项目展览、产品交易为重点，举办了博览展示、项目展演、交易签约、高层论坛、非遗进校园等系列活动。签约金额达432亿元，65万人次参观博览和观看演出，扩大了全社会对非物质文化遗产的认知度和关注度。

世博会“山东活动周”文化活动受到高度评价。省文化厅精心组织策划的六大板块、近百场文艺演出和独具山东特色的非遗项目展示，隆重热烈，内容丰富，异彩纷呈，艺术地展现了山东深厚的文化底蕴、独具风韵的地域文化和经济文化强省建设的新成果，受到观众和社会各界的高度评价。省文化厅被省委省政府评为“先进集体”，济南市、青岛市文广新局等50个单位被省参展领导小组授予“参展工作先进集体”称号，全省文化系统1人被授予“先进个人”荣誉称号，3人荣获一等功，16人荣获二等功，32人荣获三等功。

此外，出色地完成了“2010（香港）山东周”、“齐鲁经贸文化台湾行”、山东军民春节联欢晚会、第九届中国艺术节闭幕式、澳门妈祖文化旅游节、世界农村公路大会、鲁台经贸文化交流周等文艺演出任务。

二、以筹备“十艺节”为契机，大力繁荣艺术创作和文艺演出

【艺术创作全面展开】

分别制订了舞台艺术创作、社会文化艺术创作、美术创作3个专项规划，召开了全省艺术创作工作会议。省直和各市专业院团围绕备战“十艺节”，积极开展剧本征集、新剧目创排和重点剧目的加工提高，全省舞台艺术创作呈现良好势头。征集剧本和创作题材100余部，新创作剧目和列入创作计划的剧目有55台，重点加工提高的剧目24台，组织全国和省里的专家召开了分析讨论会。在社会文艺创作方面，组织开展了第二届“星光奖”评选和美术、书法、摄影作品展，举办了全省艺术院校美术大赛、艺术考级青少年音乐舞蹈美术大赛、全省艺术馆文化馆舞蹈美术干部培训班。山东省重大历史题材美术创作工程正式启动，省财政列专项资金1350万元，计划于2012年完成创作任务。

【各类演出展览和社会文化活动丰富多彩】

组织开展了“全省文艺院团元旦、春节演出活动”和“欢乐新年行、和谐齐鲁风”系列群众文化活动，各级专业院团演出6400多场，举办较大规模的群众文化活动2800多场，营造了浓厚的节日文化氛围；成功举办第二届山东省农村文化艺术节，充分展示了山东省农村文艺发展的新成果；“相约文博会”文艺演出、“假日省城演出季”、京剧进校园等活动有声有色；评选第八批“山东省十佳文化广场”四类共35个；开展“四进社区”文艺演出、全省曲艺汇演等活动，产生较好的社会反响。各地市也都举办了一系列各具特色的文化活动，极大丰富了城乡群众文化生活。

【参加重大比赛、展演活动取得新成绩】

有2个剧目荣获“九艺节”“文华优秀剧目奖”，2人分获“文华表演奖”和“艺术节表演奖”，5件作品、5个项目荣获“群星奖”，3人荣获“群文之星”称号，7件作品入选“全国优秀美术作品展”。省杂技团参加央视春晚演出荣获二等奖；省吕剧院《苦菜花》参加了“首届全国优秀保留剧目巡演”，《画龙点睛》入选国家舞台艺术精品工程资助剧目；淄博鲁艺吕剧团《姊妹易嫁》参加“首届全国民营艺术院团优秀剧目展演”，受到文化部表彰奖励；济南市杂技团、山东大学舜歌合唱团、临沂市群星合唱团分别在第八届全国杂技比赛、“首届中华红歌会”上获奖；菏泽鲁西南古吹乐参加第29届世界音乐教育大会演出。剧作家刘桂成创作的《大明贤后》荣获第三届中国戏剧奖·曹禺剧本奖，济南市罗晓静获第六届中国牡丹奖“表演奖”，省柳子剧团尹春丽荣获第五届“中国戏曲红梅荟萃”最高奖“中国戏曲红梅之星”，另有3名演员荣获“中国戏曲红梅金花”称号。

三、围绕改善文化民生，加快公共文化服务体系建设

坚持政府主导，加大投入力度，全省公共文化服务体系建设迈出新步伐。有8个单位被评为“全国‘双服务’文化建设先进集体”，4个县区

被省委省政府命名为第八批“山东省社会文化先进县”。

【山东博物馆新馆正式开馆】

省级重点文化设施—山东博物馆新馆，于11月16日正式开馆，是目前国内省级博物馆中建筑面积最大的大型综合性博物馆。新博物馆建设及开馆，受到社会各界高度关注，入选“2010年山东十大新闻”，获得“齐鲁文化新地标”称号，被山东新闻网评选为“2010影响济南十大民生事件”。

【公共文化服务网络不断完善】

烟台、威海两市博物馆新馆、德州市博物馆、临沂市图书馆和博物馆新馆即将投入使用，莱芜市艺术馆、博物馆完成主体工程，潍坊、滨州、临沂市文化中心建设进展顺利，菏泽市图书馆开工建设，聊城市文化艺术中心开始规划设计；一批县级重点文化设施正在建设，部分已投入使用；乡镇文化站建设全面完成“十一五”规划目标，实现了乡乡有文化站；已建成文化大院53000多个，占行政村总数的近70%。全省五级公共文化服务网络基本形成。据初步统计，2010年全省新建成县级以上重点文化设施30多处，正在建设的有52处，当年完成投资49.6亿元。

【“十艺节”场馆设施建设加快推进】

省会文化艺术中心开工建设，青岛大剧院、烟台大剧院投入运营，威海市美术馆即将建成使用，滨州、潍坊、昌邑、昌乐、诸城等市县的大剧院，临沂大学剧场，烟台莱山区艺术中心正在建设，泰安、淄博两市文化中心、东营水城雪莲大剧院已经奠基，枣庄新城市民文化中心即将开工，济宁大剧院、德州大剧院正在进行规划设计，威海大剧院、艺术馆、东营市艺术馆已经立项。

【重点文化惠民工程深入实施】

数字文化建设工程稳步推进。文化共享工程资源总量达到38TB，规范化基层站点达到总数的近40%，累计服务超过5000万人次。山东被列为全国公共电子阅览室建设“试点省”。数字图书馆建设开局良好，与国家图书馆签订了战略合作协议，山东率先实现县级以上图书馆国家数字资源全覆盖。文化惠民便民推出新举措。青岛市图书馆实行总分馆制，全市有43处图书馆、文化馆和博物馆免费开放。烟台市举办各类展览180多个。基层文化队伍培训工程全面启动，先后举办乡镇文化站长培训班4期，近400人接受培训，被文化部确定为“全国基层文化骨干培训示范班”。实施基层公共文化辅导工程，各级组建820多支辅导团队，深入1440个基层辅导点，辅导培训农村文艺骨干22000多人次。

四、强化载体建设，推动文化产业加快发展

【重点规划编制和重大项目建设成效显著】

编制完成了《山东半岛蓝色经济区文化产业发展专项规划》，黄河三角洲高效生态经济区文化产业和文化事业2个发展规划基本编制完成。文化产业新上项目增多。全省施工项目2324个，其中当年新开工1547个，完成投资908.9亿元，同比增长10.4%，投资额10亿元以上的项目有48个。淄博周村古商城旅游发展有限公司等3家单位，被文化部命名为“国家级文化产业示范基地”，全省国家级文化产业示范基地发展到9个。

【融资平台建设和市场运作迈出新步伐】

联合有关部门出台了《关于金融支持山东省文化产业振兴和发展繁荣的实施意见》。青岛、济宁等市文化部门与当地金融机构、担保机构建立了合作关系，全省文化产业从金融机构融资额达30多亿元。积极组织文化企业参加深圳文博会、省文博会、2010（香港）山东周等活动，一批文化产业项目成功签约。在第三届省文博会期间，举办了全省优秀演出项目推介活动，签约项目90个、合同金额1.8亿元，为文艺院团开拓市场搭建了新平台。烟台市支持引导国有院团开拓演艺市场，市吕剧院红色经典吕剧《江姐》加入保利院线演出；省话剧院在潍坊坊茨小镇建立了创作基地，在连锁经营方面迈出了重要一步。

【文化为旅游经济发展增添了新动力】

泰安、威海两市分别打造了大型实景演出《封禅大典》和《神游华夏》，青岛、日照推出大型旅游演出《蓝色畅想》和《日出先照》，济宁大型原创舞剧《孔子》入选第一批国家旅游演出类重点项目名录。泰山方特欢乐世界接待游客85万人次，营业收入1.6亿元。济宁的孔子文化节、临沂的书圣文化节等文化活动，不仅成为重要的文

化节庆品牌，而且对推动旅游业发展、促进对外开放、繁荣地方经济都发挥了重要作用。

【人才培训工作取得新成绩】

省文化厅与省委组织部联合在北京大学举办了第一期县（市、区）长培训班，67 个县（市、区）政府的负责同志参加了培训。举办了第三期文化产业研修班，培训市县文广新局局长、转企改制单位负责人等60 余人。

五、推进文化市场综合执法改革，强化文化市场管理

【文化市场综合执法改革取得突破性进展】

全省 17 市建立了新的文化行政责任主体，并组建了文化市场综合执法机构；140 个县（市、区）有 135 个组建了新的综合文化责任主体，占总数的96%；119 个组建了综合执法机构，占总数的 85%。通过改革，壮大了执法队伍，增加了执法经费，扩充了执法装备，改善了执法条件。执法人员从1000 多人增加到2100 多人，执法经费增长了近 3 倍，执法车辆和装备条件明显改善。山东在全国率先开通了全省文化市场综合执法办公系统，执法办公效率明显提高。

【文化市场重点领域管理不断加强】

加大对网吧、网络游戏、网络音乐的整治力度，开展了网络文化市场、网吧监控软件专项治理和整治黑网吧、网络手机媒体低俗之风专项行动，进一步净化了网络文化环境。开展了全省“平安世博”文化市场专项保障行动和暑期整治行动，确保了文化市场平稳有序。加强了对电子游戏机生产、进口和经营环节的内容监管，促进了游艺娱乐行业健康发展。

【培育文化市场主体推出新举措】

积极推进全省网吧连锁经营，拟订了具体实施办法，为网吧行业规模化、连锁化发展提供了政策保障。加强演出市场培育，出台了《山东省营业性演出管理办法》，进一步规范了营业性演出审批、监管工作。2010 年，审批举办涉外、涉港澳台演出活动 133 场，涉及近 15 个国家和地区，举办国内营业性演出 1470 场，全省演艺业有了明显起色。实施阳光娱乐工程取得明显成效，涌现出一批娱乐品牌。评选表彰文明经营单位 36 家。国有文艺院团改革取得新进展，全省有 21 家院团已完成或正在进行转企改制。

六、加强保护体系建设，传承发展文化遗产取得新成绩

【文物保护工作扎实推进】

第三次文物普查全面转入成果整理汇总阶段，全省调查登记不可移动文物近 4 万处。完成了馆藏珍贵文物调查并建立了数据库。围绕大运河“申遗”，先后开展了资源调查、考古发掘、规划编制、重点地段保护等工作。大遗址保护曲阜片区、大运河山东段、齐长城、沿海明清海防设施及近现代建筑，被国家文物局列入“十二五”重点项目。齐国故城等 3 处遗址保护已被国家文物局批准立项，齐长城资源调查已经完成，正在编制保护总体规划。大汶口遗址等 3 处大遗址被列为国家考古遗址公园建设项目。南水北调、京沪高铁等一批重点建设工程的文物勘探发掘取得积极进展。蓬莱水城、岱庙、青岛八大关等一批重点文物维修工程顺利实施。淄博陈庄西周遗址被评为“2009 年度全国十大考古新发现”，菏泽元代古沉船考古发掘引起文博界广泛关注。文物执法得到加强，实现了馆藏文物第 12 个安全年。《山东省文物保护条例》正式颁布实施。

【非物质文化遗产和古籍保护成效明显】

全省有 25 个项目进入第三批国家级非物质文化遗产项目公示范围，潍水文化生态保护实验区被评为“国家级文化生态保护实验区”，评选公布 3 个省级文化生态保护实验区。山东古琴艺术、中国剪纸项目入选联合国教科文组织非物质文化遗产名录。古籍保护取得新成果，有 249 部古籍和 4 家单位分别入选第三批《国家珍贵古籍名录》和“全国重点古籍保护单位”，居全国前列。

七、文化科技、艺术科学和艺术考级工作迈出新步伐，对外文化交流更加活跃

【文化科技创新、艺术科学研究取得新成果】

全省有 5 个项目被列入文化部科技创新项目，居全国前列。“山东省文化共享工程”被评为“国家十大文化创新工程”。组织开展了第二届“山东省文化创新奖”评选。全省有 8 个项目被列入国家社科基金艺术学项目。编制发布了《山东省艺术科学研究 2010 ~2015 年度重大课题指南》，开展了全省文化艺术科学重点课题、优秀成果奖评选，评出立项重点课题 385 项、获奖成果 400 项。

【艺术考级管理和职业技能鉴定取得新进展】

出台了《山东省艺术考级管理办法实施细则》，举办艺术考级岗位培训班两期，对163位考级工作者进行了培训。开通了“山东省艺术考级网”，艺术考级管理服务的信息化、规范化建设得到加强。成功组织了全省第三届礼仪主持人、摄像师职业技能大赛，开展了高技能人才选拔推荐工作，全省12人入选“全国文化行业高技能人才”、53人入选“全国文化行业高技能人才库”，选拔表彰“山东省文化行业高技能人才”89名。

【对外文化交流形式多样、层次提升】

第三届世界儒学大会成功召开，颁发了第二届“孔子文化奖”，促进了世界儒学研究。在联合国教科文组织总部举办的“孔子文化周”赢得广泛好评，山东省在美国举办的“孔子文物展”、在日本举办的“山东风筝精品展”、在美国和韩国举办的“日照农民画展”等，都产生较好反响，省杂技演艺公司与加拿大太阳马戏团合作进行为期两年的杂技剧《龙狮》的全球巡演，歌舞、戏曲、曲艺等对外交流演出更加活跃。文化“引进来”形式多样，法国、波兰、墨西哥等国家的一批演艺团体来我省演出，成功举办了“2010俄罗斯当代油画大师精品展”等活动。全年办理出访团组60起、882人次，来访团组48起、625人次，扩大了齐鲁文化的影响。

河南省

2010年是“十一五”规划的最后一年，也是河南省文化工作乘势而上、取得明显成效的一年。一年来，在中央关于文化改革发展的一系列精神指引下，在省委、省政府的高度重视下，河南文化工作地位明显提升，文化建设投入力度不断加大，长期困扰文化发展的一揽子问题得到有效解决，广大文化工作者精神振奋，积极性和创造性得到有效调动，各项工作建设呈现出繁荣发展的良好势头。

一、公共文化服务水平进一步提升

坚持以完善公共文化服务体系建设为核心，以切实保障人民群众基本文化权益为出发点，不断推动社会文化服务水平实现新提升。

【文化基础建设加快推进】

将文化设施硬件建设作为提升公共文化服务的重要抓手和突破口，切实加大投入，分级分类督导，强力加以推进。在省级文化设施建设方面，投资近2000万元的河南博物院服务功能提升工程开始实施；省少儿图书馆设备购置、装饰和内容建设资金基本落实，工程进展顺利；省图书馆新馆、河南博物院二期工程、省直文艺院团剧场建设等被列入全省“十二五”规划。在市级文化设施建设方面，信阳市图书馆、平顶山市艺术中心、周口市文化中心等一批重点文化设施相继建成，鹤壁市图书馆、群众艺术馆，三门峡、驻马店市群众艺术馆等市级文化设施开工建设。在县、乡基层文化设施建设方面，新建达标县级“两馆”9个，维修改造２０个县级“两馆”，完成20个县级“两馆”的设备购置。截至11月底，建成2009年下达乡镇综合文化站项目366个，建成2010年下达乡镇综合文化站项目215个。争取国家下达我省乡镇综合文化站、城市街道文化中心和社区文化活动室设备购置项目603个、资金4909万元，目前各地正在进行招标采购，部分文化活动设备已配置到位。

【公共文化服务单位管理进一步规范】

为充分发挥已建成文化场馆作用，避免出现“空壳”现象，坚持从完善制度入手，以加大督促检查为手段，不断提高基层文化设施规范化管理水平。首先，完善制度定规范。制定了河南省文化先进县动态管理及相关创建标准，完善了全省文化先进县、民间艺术之乡命名办法和文化先进乡镇、群众文化活动先进社区等系列创建标准，使基层文化设施建设有章可循。其次，加大督导促规范。对全省18个市级公共图书馆、文化馆和40个县级公共图书馆、文化馆进行了综合考评检查，提高了基层公共文化服务单位规范化、科学化管理水平。11月份，又组成6个督查工作组，由厅领导带队，分赴18个省辖市开展了全省重点文化工作专项督查工作，对全省省辖市级图书馆、群众艺术馆和部分县（市、区）级图书馆、文化馆、乡镇综合文化站以及村文化活动室、城市社区文化中心进行了现场检查，有力地促进了各地文化设施建管水平的提高。在2009年实地验收考评的基础上，命名漯河市源汇区、焦作市山阳区、许昌市鄢陵县、平顶山市舞钢市为第六批河南省文化先进县（市、区），使全省省级文化先进县达到45个。

【惠民工程进展顺利，人民群众享受更多文化发展成果】

坚持以维护群众文化权益为着眼点，切实推进各项惠民工程。目前，文化信息资源共享工程已新建51个县级支中心、598个乡镇基层服务点、18590个村级基层服务点；“舞台艺术送农民”活动演出2107场，圆满完成了全年演出任务；“高雅艺术进校园”活动完成演出40场；顺利完成了基层图书馆图书配送工作，共向30个县级图书馆配送图书100万元；向文艺院团配送流动舞台车22辆。

【群众文化活动日益活跃，活动方式丰富多彩】

注重发挥群众在社会文化活动中的主体作用和文化部门的组织引导作用，着力推动群众文艺活动蓬勃开展。一年来，先后举办了“春满中原”春节系列文化活动、网络文化新生活、上海世博会河南活动周文化活动、第六届国际纤维艺术展、西班牙巴伦西亚当代艺术展、第五届少儿艺术节、“中原古韵——河南（淮阳）非物质文化遗产展演”等系列文化艺术展演活动，收到了良好社会效果。各市、县群众文化活动开始向经常化、品牌化方向发展，“邓州文化茶馆”、“周口一元剧场”、“舞动漯河大家跳广场文化活动”、“洛阳市民狂欢月”、“品味中原—公益周末小舞台”等，形式不断创新，内容不断丰富，参与面不断扩大。

二、舞台艺术生产迈上新台阶

一年来，专业文艺工作者紧紧抓住有利时机，坚持“二为”方向，遵循“双百”方针，优秀文艺作品生产和展演都取得了显著成效。

【省直院团得到新扶持，民营院团得到新发展】

7月22日，省委书记卢展工到省直文艺单位调研，协调解决一系列长期困扰文艺发展的重大问题。在省委、省政府的高度重视下，省直文艺院团的基础设施建设、工作建设、队伍建设等都有了可喜的变化：院团剧场建设标准进一步提高，建设进一步加快；职工工资实现全额发放，下基层演出场次补贴提高到每场1.5万元；省直8个院团各获得社会捐赠800万元和宇通大轿车1辆，18个市地院团和部分民营院团各获得100万元以上的社会捐助；省委、省政府对获得全国重要文艺大奖的艺术家进行了表彰，奖励“文华奖”和“梅花奖”获得者每人次各5万元；河南交响乐团、河南民乐团每年获补贴资金1000万元。环境、条件的改善，使广大文艺工作者深受鼓舞，艺术创作、生产积极性显著提高，2010年，省直8个院团共新排剧（节）目8台，加工复排剧（节）目23台。全年演出1194场，同比增长6.6%；实现演出收入2608.88万元，同比增长21.3%。据不完全统计，省国有专业艺术院团全年排演新剧（节）目296台，加工复排剧（节）目238台，全年演出39515场，实现演出收入9381.37万元。

2010年，全省各级文化部门努力在营造环境、拓宽平台上下功夫，扶持民营院团做大做强。小皇后豫剧团《铡刀下的红梅》较好完成了文化部“全国民营院团优秀剧目展演”开幕式演出；组织了“河南省首届民营艺术院团文艺汇演”，全省民营艺术院团50台剧目、60多个节目参加了比赛，推动了民营艺术院团进一步发展。

【艺术创作更加繁荣，精品剧目成果丰硕】

组织了“河南省第六届剧本评奖”工作，推出了一批优秀剧本，增强了舞台艺术发展后劲。重点剧目创作生产进展顺利，豫剧《苏武牧羊》、舞剧《水月洛神》已经立于舞台，多媒体舞台剧《太极》、豫剧《焦裕禄》、《马青霞》已完成初创、论证。大型乐舞《风情河之南》在世博会河南周期间成功上演，受到观众热烈欢迎。

【文艺演出持续活跃，重大赛事成绩显著】

以服务基层、服务群众为导向，以专业文艺院团为依托，以各类演出活动为载体，着力为社会奉献优秀文艺作品。先后组织举办了“迎国庆河南省优秀剧目展演周”、《常香玉》赴河南、安徽两省演出“河南豫剧名家名段折子戏赴海南专场慰问演出”等活动。联合河南电视台“梨园春”栏目和省、市电台举办了“河南省第六届青年戏剧演员大赛”，发掘了一批优秀艺术人才，丰富了群众文化生活。在国家级重大赛事上，河南文艺工作者不畏强手，勇夺多项桂冠。在第九届中国艺术节上，新编历史剧越调《老子》获得文华大奖，实现了河南省在中国艺术节上获取大奖的“四连冠”；省豫剧三团演出的现代豫剧《村官李天成》获文化部“文华优秀剧目”奖第一名，豫剧二团李树建获“文华表演奖”，另有11人分获文华单项奖。豫剧《香魂女》入选2010年度国家舞台艺术精品工程“十大精品”，实现又一全国重要赛事活动的“五连冠”，省委书记卢展工在我厅呈送的喜报上批示：“请向豫剧三团全体演职员表示衷心祝贺，再接再厉，再上台阶”。《常香玉》获得国家重点扶持，6个舞蹈节目、5项群众文化活动获“群星奖”，3位群众文化骨干被授予全国“群文之星”称号。

三、文化遗产保护扎实有效

【文物保护成效显著】

《河南省实施〈中华人民共和国文物保护法〉办法》通过省人大审议，正式颁布实施。登封“天地之中”历史建筑群成功列入《世界遗产名录》，使河南省世界文化遗产达到3处。大遗址保护展示工作进展顺利，16处大遗址保护规划基本编制完成，安阳殷墟遗址、隋唐洛阳城、汉魏洛阳故城、郑州商城、内黄三杨庄等5处大遗址入选首批国家考古遗址公园名单或立项名单。开封城墙修缮工程进展顺利。援建江油文物抢救保护工程竣工，完成投资9000多万元，工程荣获河南省建设工程质量最高奖“中州杯”和四川省“天府杯”奖项，河南省古代建筑保护研究所获得“全国五一劳动奖状”。全省第三次全国文物普查实地调查阶段顺利通过国家整体验收，档案整理和普查成果汇集工作进展顺利。长城资源调查实地调查阶段任务基本完成。

【考古发掘取得重要收获】

配合南水北调等工程建设考古发掘取得重大进展，安阳曹操高陵和新密李家沟遗址2个考古发掘项目入选2009年度“全国十大考古新发现”，使河南省入选项目达到36项，居全国第一。2010年，共完成配合基本建设考古发掘项目82个，发掘文化遗址95000平方米，出土文物近万件。不仅保护了一大批珍贵历史文物，而且较好支援了全省基本建设，受到了有关部门、单位的好评。

【博物馆建设积极推进】

全省博物馆、纪念馆陈列水平、讲解水平等继续走在全国前列。截至12月25日，河南博物馆接待观众近200万人次，达到了历史最高水平。市县级博物馆建设和免费开放工作积极推进，平顶山、新乡、许昌、周口、信阳博物馆和渑池仰韶文化博物馆、淮滨淮河博物馆等建设进程不断加快，南水北调博物馆可行性研究报告初步论证工作顺利完成。全省各级博物馆免费开放104座，全年接待观众1000多万人次。在国际博协大会上，田凯同志当选安全委员会执行委员，为亚洲第一人；河南博物馆被中国科协授予“2010～2014年全国科普教育基地”。

【非物质文化遗产保护全面加强】

“非遗”资源普查成果的加工整理、“非遗”保护整体规划制定、名录体系和传承人体系建设等工作稳步推进，为“十二五”各项工作奠定了坚定基础。目前，全省非物质文化遗产保护工作体系、国家、省、市、县四级名录和传承人体系逐步健全，全省共有国家级名录项目82项，省级名录项目295项，市级名录项目1050项，县级名录项目3569项。国家级传承人66名，省级传承人452人。启动了全省非物质文化遗产理论建设工作，成功举办河南省非物质文化遗产保护工作理论建设研讨会和首届河南省非物质文化保护“牧野论坛”，组织评选命名“河南省非物质文化遗产研究基地”、“河南省非物质文化遗产展示馆”、“河南省非物质文化遗产传习所”和第二批“河南省非物质文化遗产社会传承基地”，非物质文化遗产保护的社会合作机制基本形成。“河南省非物质文化遗产普查成果集中宣传活动”、“河南省非物质文化遗产普查十大新发现”评选活动、“非物质文化遗产手工技艺之旅”、“中原古韵——河南省非物质文化遗产展演”、第五个“文化遗产日”省会系列活动的成功举办，产生较大社会影响。《河南省非物质文化遗产资源分布图集》、《河南省国家级非物质文化遗产图录》编撰工作基本完成，河南省非物质文化遗产数据库建设进展顺利。15个非物质遗产保护项目被列为国家级2010年重点保护项目。启动河南省文化生态保护实验区建设工作。实施传承人培训计划，对四个门类300多名省级非物质文化遗产项目代表性传承人进行了培训。

【古籍保护进入良性发展轨道】

建立了由省文化厅牵头的河南省古籍保护工作厅际联席会议制度，制定了《河南省古籍普查工作方案》、《河南省古籍保护工作专家委员会工作章程》、《河南省古籍保护工作专家委员会推荐名单》、《河南省珍贵古籍名录评审暂行办法》、《河南省古籍重点保护单位评定暂行办法》等规章制度。全面开展古籍普查工作，完成了一、二级古籍的普查登记。组织申报“全国古籍重点保护单位”和《国家珍贵古籍名录》，共有32部古籍入选《国家珍贵古籍名录》，郑州市图书馆入选“全国古籍重点保护单位”。启动了首批“河南省古籍重点保护单位”和《河南省珍贵古籍名录》的评审工作。

四、文化市场繁荣有序

坚持一手抓管理、一手抓繁荣，依法开展各项文化市场管理执法活动，有力地促进了全省文化市场的健康有序发展。

【文化市场管理不断加强】

在文化市场日常监管方面，以网络文化市场日常监管和演出现场监管为重点，对全省7600多家网吧进行了统一年审换证，开展了网络淫秽色情和低俗信息专项整治活动，查处了文化部督办的5家经营非法网络游戏的网站。对44场涉外、涉港澳台演出活动进行了现场监管，中央电视台对我们在“2010刘若英郑州演唱会”上的执法检查活动进行了全程采访。

在文化市场专项整治方面，开展了文化市场综合执法“闪电”行动等专项整治活动。全年共出动执法人员97521人次，车辆28002台次，检查了网吧134824家次、歌舞娱乐场所55030家次、音像制品经营单位46319家次、电子游戏厅（室）7154家次、书报刊经营单位101807家次，发现违法违规情况12101处，给予警告9512家次，责令整改2471家次，立案调查5619件。

在督办案件和执法监督方面，先后督办了中牟“金鹰网吧”接纳未成年人、固始县违规审批网吧经营场所等重大案件，组织开展了2轮异地交叉检查活动，对全省18个省辖市80个县（市、区）进行了暗访督查。在春节等节假日期间，对郑州、洛阳等14个市、32个县（市、区）进行了暗访。

在文化市场技术监管平台建设方面，着力推进网吧监控软件“净网先锋”的安装与在线使用。截至9月底，客户端平均安装率达73%，平均在线率在60%以上，实时监测网吧7375家，屏蔽禁止游戏73万次，文化部连续3个月对河南省通报表扬。面向全国，公开招选了新的文化市场技术监管平台管理软件，全省文化市场技术监管水平进一步提高。

【文化市场繁荣发展】

坚持优化结构、科学布局的原则，通过强化服务和规范准入，推动文化市场繁荣发展。

在服务网络文化市场方面，制定了《关于我省网吧调整存量、优化结构的意见》等，严格有序地开展网吧连锁企业认定工作。截至11月底，全省已认定网吧连锁企业23家，批准32家公司开展网吧连锁业务筹建工作，有力地推进了我省网吧市场规模化、连锁化进程。主办或与其他单位联合主办了第二届“网络文化新生活”大型公益活动、“五一”诗歌赏月晚会、网络运动会、网络摄影大赛、网络诗歌大赛、网络宝贝大赛等各项赛事活动，吸引了众多网民参与，提升了网吧行业形象。

在培育演出市场主体方面，积极引进涉外、涉港澳台演出项目，先后审批刘若英、陈小春等44场来豫演出活动；积极促进民间演艺表演团体发展，制定下发了《河南省文化厅关于促进民营文艺表演团体繁荣发展的实施意见》；全年新审批演出经纪机构23家，并举办了演出经纪机构经验交流会和演出经纪人资格认证培训班，提高了演出经营单位的经营水平和经纪人员的业务素质。

在游艺娱乐场所审批方面，制定了《河南省游艺娱乐场所三年发展规划》和《河南省文化厅关于进一步加强游艺娱乐场所管理的实施意见》，明确了游艺娱乐场所准入标准、审批程序，启动了已停止10年的审批工作。与此同时，对无证游艺娱乐场所开展审批前集中整治，规范其经营秩序。继续推进全省卡拉OK服务平台建设，建立健全相关监管体系，促进了歌舞娱乐业的发展壮大。河南艺术中心演出内容更加丰富，形式更加多样，全年完成演出135场，实现演出收入500余万元。

五、文化产业快速发展

按照省政府工作部署，坚持把文化产业发展作为调整经济结构的重要内容，面向全省、面向基层，突出重点，开拓创新，有力推动了文化产业快速发展。

【文化产业示范园区和示范基地建设日益加快】

出台了《河南省文化产业示范园区评选办

法》，命名开封宋都古城文化产业园区、郑州嵩山文化产业园区、镇平玉文化产业园区、龙门文化旅游园区、社旗县赊店商埠文化产业园区、神垕镇钧瓷文化产业园区等6个“河南省文化产业示范园区”，并争取中央及省专项服持资金2360万元。积极推进开封宋都古城文化产业示范园区申报“国家级文化产业示范园区”工作。开封清明上河园股份有限公司、项城市汝阳刘笔业有限公司、镇平石佛寺珠宝玉雕有限公司被评为第四批“国家级文化产业示范基地”，使我省“国家级文化产业示范基地”达到7家，在全国名列前茅。

【动漫产业发展迅速】

全省动漫企业已发展至60多家，已完成和正在创作、制作的动漫作品计33部，总投资达2.8亿元；已经完成或正在创作、出版的漫画作品计22部，总投资超过800万元；开发网络游戏2款，创作手机动漫20多个系列；设计动漫衍生产品突破2000个品种；拥有自主知识产权动漫软件3个，移动电视、手机报、手机广播电视等新媒体相继开通。《少林海宝》、《小樱桃第二部》、《少年司马光》、《公路Q车吧》、《代号12348》5部动漫原创作品先后在央视播出。郑州动漫产业基地主体工程已基本结束，国家动漫产业发展基地（河南基地）开工建设。开展了国家动漫企业认定的初审工作，全省共有2家企业通过国家动漫企业认定。成功举办首届“中原杯”河南省原创动漫画大赛。

【文化产业“走出去”迈出新步伐】

分别组织了多家企业参加义乌文博会、深圳文博会和厦门海峡两岸文博会。联合省商务厅组织10家动漫企业参加2010日本东京电玩展；《少年司马光》、《公路Q车吧》、《雪孩子之拯救家园》在美国、意大利、伊朗、罗马尼亚、新加坡等国家播放。全年共有10部动画片、7部游戏软件、2部漫画作品走出国门，海外贸易金额达314万美元。河南天乐动画影视发展有限公司与韩国蚂蚁娱乐公司联合拍摄的26集电视动画片《魔力骰子》已开始制作，在我省动漫产业的对外交流合作方面作出了有益探索。

六、文化交流与合作不断深化

紧密配合省委、省政府对外开放整体部署，充分利用文化资源优势，拓展交流渠道和范围，积极开展对外及对港澳台文化交流工作，进一步扩大了中国文化和中原文化的对外影响力。

【政府间文化交流任务圆满完成】

先后成功组织配合胡锦涛主席特使、文化部部长蔡武同志访问非洲，庆祝喀麦隆等非洲国家独立50周年系列文化交流活动，组派河南少林寺武僧团赴喀麦隆、刚果（布）、赤道几内亚、新西兰、萨摩亚、法属波利尼西亚、俄罗斯等国家进行了文化交流演出。戏曲电影《程婴救孤》赴美国参加第15届美国洛杉矶国际家庭电影节并获最佳外语戏剧影片奖。先后组织赴英国参加“迎中国新年庆典”活动、赴新加坡参加“亚洲豫剧展演——当代豫剧风采”活动、赴南非参加“第三届南非首都艺术节”、赴日本举办“华夏文明之源——河南文物珍宝展”和赴瑞典举办“首届仰韶彩陶文化展”等文化交流活动。

【对外商业交流进一步拓展】

少林功夫剧《空间》赴澳大利亚、英国、美国等10余个国家演出40余场，郑州星光演出公司赴德国、加拿大、台湾演出420余场，濮阳华晨杂技团赴美国、马来西亚演出600余场，漯河市杂技团赴美国演出100余场，项城越野马戏团赴美国、加拿大、马来西亚演出1000余场，演出收入均超过100万元人民币，在取得良好经济效益的同时，也开拓了国际演出市场，提高了中华文化影响力。

【对台文化交流不断深化】

承办了2010年文化部对台文化工作专题会议，组织参加了“2010台中县妈祖国际观光文化节”，并组派河南省戏曲访问团赴台交流，举办了“第七届海峡两岸河洛文化暨豫剧发展理论研讨会”和“2010两岸戏曲展演周”等活动，继续实施“两岸戏剧人才交流培训计划”，加强了对台文化交流与合作。

七、文化体制改革稳步推进

【经营性文化事业单位转企后平稳运转】

在文化厅直属的4家经营性文化事业单位完成转企改制的基础上，2010年新成立的河南省文化艺术音像出版有限责任公司、河南传奇故事文化传媒有限责任公司、河南省演出有限责任公司、河南中州影剧院有限责任公司已注册、登记为国有独资公司，并逐步建立起了内部管理制度和企业法人治理结构，完善了运行机制，增强了企业活力。

【公益性文化事业单位活力不断增强】

制定了《河南省文化厅关于直属单位深化改革的实施意见》，并精心制定岗位设置总体方案和实施方案，积极推进岗位设置管理，目前已有11家单位岗位设置方案经省人社厅批复，国家文物鉴定河南站岗位设置工作基本完成。坚持在事业单位推行中层干部竞争上岗制度，激发中层干部的干劲和活力。实行事业单位人员公开招聘制度，除政策性安置外，新进人员全部实行公开招聘，全年招聘事业单位工作人员25名。

【国有文艺院团改革持续深化】

2010年，集中出台了《关于进一步加强厅直文艺院团内部管理的意见》、《关于促进厅直文艺院团艺术精品生产和优秀人才培养工作的意见》、《关于加强厅直文化单位接收捐赠工作的意见》、《关于印发〈厅直文艺院团新进人员暂行办法〉的通知》、《关于深化厅直文艺院团内部改革实施浮动工资的意见》等5个文件，进一步加强了省直文艺院团管理。省歌舞剧院和郑州、开封、洛阳、安阳、商丘5个文化体制改革综合试点市的市属院团已完成转企改制。河南歌舞演艺集团有限责任公司探索建立了“分级管理、一团一策”管理模式，设立董事会、监事会、经理班子等管理机构，逐步建立了现代企业管理制度。

【文化市场综合执法改革加快推进】

成立了河南省文化市场管理工作领导小组及办公室，制定下发了《关于加强全省文化市场综合执法工作的意见》、《关于加强全省文化市场综合执法队伍建设的意见》等，努力推进全省文化市场综合执法工作科学化、规范化、信息化、制度化建设。全省18个省辖市、107个县（市）已基本完成综合执法改革工作。随着文化市场综合执法改革工作的推进，全省文化市场综合执法工作取得显著成效。2010年，河南省在全国文化市场综合执法考评中取得全国第三，被文化部授予“全国十大文化市场综合执法先进单位”，并实现了在全国文化市场大案要案评比中零的突破。

八、重大活动、重要事件与会议

【“河南制造”成义乌文博会亮点】

4月20日至23日，中国义乌文化产品交易博览会在浙江义乌成功举行。10家具有河南特色和品牌竞争力的文化产业企业参加了本届文博会，取得了很好的经济效益和社会效益。河南省参展企业现场交易超过30万元，达成合作意向35项。仅洛阳九朝文物复制品有限公司就达成合作意向18项，其中国外10项，国内8项；河南司母戊文化传播有限公司获得1项产品定制合同，还取得6个对外贸易的合作意向。

文化部党组副书记、副部长欧阳坚专赴河南展区，听取河南省文化企业的汇报，并对河南省近年来产业的发展给予充分肯定。浙江当地主流媒体竞相对河南省展区和河南省文化企业进行报道，“河南制造”也成为了本届文博会的一大亮点。

【群众文化参加第九届中国艺术节满载而归】

在第九届中国艺术节群文类赛事活动中，河南省舞蹈《宝宝会走了》、《我可喜欢你》、《母爱同行》，曲艺《品相声》、《中州自古美名传》，音乐《豫之韵》等6个节目荣获全国群众文化政府最高奖“群星奖”；“郑州文化茶馆”、“周口一元剧场”、“舞动漯河大家跳广场文化活动”、“郑州市图书馆文化进高墙活动”、“洛阳市民狂欢月”等5项群众文化活动获得全国项目类“群星奖”；曹尔瑞、张剑华、陈明义等3位优秀群众文化骨干被授予全国“群文之星”荣誉称号。

【越调《老子》获“文华大奖”】

在第九届中国艺术节上，河南省越调剧团创演的新编历史剧《老子》，以深邃的思想内涵和较高的艺术表现，一举夺得我国艺术最高政府奖“文华大奖”。同时，现代豫剧《村官李天成》获文华优秀剧目奖；《老子》和《村官李天成》同时获得文化部文华剧作奖、文华导演奖、文华音乐创作奖、文华舞台美术奖和文华表演奖等单项奖。

越调《老子》以我国著名思想家老子为素材，着力反映老子“淡泊名利、睿智、大爱”的道德和品格，以及“圣人无常心，以百姓心为心”的爱民情怀。感人的情节，演职员精湛的表演，赢得了观众和专家评委的一致好评。

至此，河南省已连续四次在中国艺术节上夺冠。我省豫剧《香魂女》、《程婴救孤》、《常香玉》分别荣获第六、七、八届中国艺术节“文化大奖”。标志着河南省专业艺术创作生产具备了较强的竞争实力和影响力，奠定了河南省全国戏剧大省的地位。

【两个项目荣膺2009年度"全国十大考古新发现"】

6月11日，2009年度"全国十大考古新发现"终评结果在北京揭晓。由北京大学考古文博学院、郑州市文物考古研究院主持的新密李家沟旧石器—新石器过渡阶段遗址和河南省文物考古研究所主持的安阳西高穴曹操高陵2个考古发掘项目，被评为2009年度"全国十大考古新发现"。至此，我省获此殊荣的项目总数已达36项，居全国第一位。

李家沟遗址位于新密市岳村镇李家沟村西，该遗址发现了距今10500年至8600年左右连续的史前文化堆积，清楚地展示了中原地区从旧石器时代之末向新石器时代发展的历史进程，填补了我省旧石器时代晚期文化与新石器时代早期裴李岗文化之间的缺环，为认识中原地区乃至整个中国旧石器—新石器时代过渡等学术课题提供了十分重要的考古学证据。

安阳西高穴曹操高陵位于安阳县安丰乡西高穴村。曹操高陵的发现具有极其重要的意义：一是印证了文献中对高陵的位置、曹操的谥号、他所倡导的薄葬制度等有关记载是确凿可靠的信史；二是高陵蕴涵丰富的历史信息，将为曹操及汉魏历史研究开启新的篇章；三是发掘成果为汉魏考古树立了具有准确年代的标尺，相关领域的研究必将获得重大突破；四是曹操是著名的政治家、军事家、文学家，对高陵的研究保护和宣传展示，将具有广泛而深远的社会影响。

湖北省

2010年，湖北省文化部门以科学发展观为统领，紧紧围绕文化科学发展这个主题，抓住加快文化发展方式转变这条主线，围绕中心、服务大局，抓住重点、攻克难点，扎实推进各项工作，全面完成了年初的工作部署和"十一五"时期文化发展的各项目标与任务，文化工作形成了重点突破、整体推进的良好态势，为促进湖北省文化综合实力迈上新台阶，进一步实现文化大发展大繁荣奠定了坚实基础，为推动湖北经济社会的科学发展作出了贡献。

一、艺术创作和重大活动

【实施精品引领战略】

创作生产了一大批优秀文艺作品，在国家重大文化评奖活动中获得佳绩。在第九届中国艺术节上，舞剧《王昭君》、儿童剧《古丢丢》、京剧《生活秀》获文华大奖特别奖，花鼓戏《生命童话》获文华优秀剧目奖，参演和获奖剧目总数居全国第二；有13个节目和4个群众文化活动品牌获全国群星奖，1个节目获优秀节目奖，6人获"群文之星"称号，获奖总数居全国第三。湖北省群艺馆辅导的《撒叶儿嗬组合》获第14届CCTV青年歌手大奖赛原生态组金奖。在2009~2010年度国家舞台艺术精品工程资助剧目授牌大会上，湖北省3台剧目入围接受表彰和资助，入围数居全国第一，其中花鼓戏《十二月等郎》获国家十大精品剧目。新创作了交响乐《洪湖交响》、京剧《1950——初定成都》、话剧《信义兄弟》、话剧《红叶》、黄梅戏《妹娃要过河》等一大批重点剧目。湖北各地深入挖掘当地历史文化资源，倾力打造艺术精品，推出了《踏歌襄阳》、《荆山楚源》、《梦寻咸宁》、《隽水天城》、《情系黄石》等一批剧节目，受到群众欢迎。

【重大文化活动】

承办了上海世博会湖北活动周各项文化活动，400多名演职人员在上海世博园演出了大型歌舞《激扬飞歌荆楚情》、广场演出《荆楚记忆》，展演区演出《楚风流韵》、巡游踩街《凤舞楚天》、非物质文化遗产展示《楚风楚俗》和湖北周开幕式的相关活动。圆满完成舞剧《王昭君》赴北京惠民汇报演出、赴内蒙古慰问演出，第七届台湾湖北（武汉）周系列文化展览和演出，慰问汉源地震灾区恢复重建竣工演出等多项重大文化演出活动。举办了第九届楚天文华奖评奖、湖北省荆州花鼓戏艺术节、第九届中国武汉国际杂技艺术节、第14届"楚天群星奖"美术书法摄影作品评奖、"文化惠民、免费看戏"等文化活动。"文化惠民、免费看戏"被列入省政府2010年十件实事之一，共演出2465场，直接惠及群众200多万人次。

二、公共文化服务体系建设

【文化基础设施建设】

8月31日，湖北省图书馆新馆工程主体结构顺利封顶。湖北省博物馆扩建总体规划、建筑方案国际征集和编钟馆改造相关工作进展顺利，湖北省艺术职业学院新校址建设取得新进展。咸宁市博物馆、十堰大剧院等地市重点文化建设项目抓紧实施。基层文化阵地建设取得重大进展，“十一五”确定的基层公共文化设施建设目标全部实现。截至2010年底，随着最后一批207个建设项目、3366万元建设资金的下达，全省乡镇综合文化站建设项目全面实施，乡镇综合文化站面貌得到根本改观。

【重点公共文化服务工程】

全省文化信息资源共享工程累计投入近1.9亿元，建成文化信息资源共享工程各级中心和服务点36959个，县级图书馆文化信息资源共享工程支中心全部建立；湖北各地充分发挥流动舞台车作用，广泛开展专业文艺院团上山下乡巡回演出，年演出超过2万场；全省文化系统博物馆全部实现免费开放，全年接待观众近1000万人次；大力构建覆盖城乡的公共图书馆服务网络，各级公共图书馆达107个，其中92个达到国家等级馆标准。武汉城市圈九市公共图书馆实现通阅服务。

【群众文化活动】

各地精心策划组织了多种形式的群众文化活动，各具特色、渐成品牌，武汉市的“武汉之夏”、知识工程少儿系列读书活动；荆州市的“唱响荆州”民歌大赛、“红歌会”；黄石市的“矿冶文化周”；鄂州市的“周周乐”广场文艺演出；荆门的“农家乐杯”群文大赛；孝感的传统民间舞蹈展演；十堰市的“人民广场大家乐”、“颂读中华经典共享和谐社会”；宜昌市的“三峡文化广场月月演”；随州市的“家庭风采展示大赛”；仙桃的“星火燎原”全市农村文化中心户调演；潜江市的“月月红”系列广场文化活动；天门的“夏日广场文化月”等，深受群众欢迎。

【公共文化服务】

各地公共文化运行经费投入明显加大，农村文化“以钱养事”机制进一步落实。湖北省文化厅继续实施奖励措施，鼓励文化单位多创作、多到基层特别是多到农村演出。实施乡镇综合文化站建设项目绩效考评机制。开展公共文化服务从业人员培训规划，全省乡镇综合文化站站长全部得到轮训，基层文化工作者素质有了明显提高。开展公共文化服务体系制度研究，承担启动了文化部委托的中部地区国家公共文化服务体系制度设计综合研究任务。

三、文化市场建设

【文化市场监管】

加强文化市场日常管理，根据不同时期的管理重点，先后开展了“平安世博”专项保障行动、暑期集中行动、网吧专项治理行动、校园周边网吧专项整治行动、文化市场知识产权保护行动、娱乐场所专项治理行动和国庆安全检查等系列专项整治行动，共出动文化执法人员186245人次，检查经营单位193030家次，责令整改2711家次，警告11935家次，责令停业整顿305家次，吊销经营许可证6家。各地还通过加强新闻舆论监督、人民群众监督、高新技术监管、推进行业协会自律等措施，建立了各具特色、富有成效的监管机制，维护了文化市场正常经营秩序。

【优化文化市场结构】

进一步调控和规划全省网吧、游艺娱乐场所布局，严格控制总量，规范设立标准、审批程序和监管措施。湖北全省有游艺娱乐场所1602家，经营性网络文化企业21家，注册资金超过2亿元。推动网吧连锁经营，已有9家网吧连锁企业，连锁门店超过500家。连续开展了农村文化市场十佳乡镇评选活动，引导农村文化市场健康发展。

【执法队伍建设】

举办湖北省文化市场行政执法培训班，开展文化市场行政执法绩效考评、行政执法示范单位创建和优秀执法案卷评选等活动，完成了湖北省文化市场综合执法的四大门类18项制度、九大门类170项执法范围的编撰起草工作。

四、文化产业发展

【文化产业招商引资】

举办了湖北文化产业招商博览会。来自美国及新加坡、英国、我国香港、澳门等国家和地区，全国29个省（区、市）的1200家文化企业和经纪机构、2万多客商参会参展。展会期间，签订了120项合作协议，签约金额达714.94亿元（合同签约金额537.13亿元，意向签约金额177.81亿元），其中50亿元以上的大项目4个。上海证券、中国银行湖北分行等金融机构分别与湖北省委宣传部和湖北省文化厅签约，金融支持授信额度达到1100亿元。

【文化产业园区发展】

海豚传媒股份有限公司、武汉艾立卡电子有限公司被评为第四批国家文化产业示范基地。湖北长江出版传媒集团、武汉两点十分数码科技有限公司等12个文化企业被评为省级文化产业示范基地；湖北省3个文化产业示范基地、4个文化产业项目获得中央财政专项资金1750万元的支持。武汉市实施文化产业“一区一园”工程，东湖高新区中国光谷动漫产业基地、洪山区创意大道创意产业聚集区、“汉阳造”创意产业聚集区、昙华林艺术村等产业园区已初具规模。

【动漫产业发展】

制定出台了《湖北省扶持动漫产业发展专项资金管理办法（试行）》，实施了全省动漫产业认定工作，下拨首批扶持资金1200万元，着力培养动漫龙头企业和优秀动漫人才。完成了动漫电影《熊猫欢欢与箭竹仙子》、《闯堂兔》的制作，动漫电视片《阿特的奇幻之旅》、《小鼠乒乒》在央视热播，江通动画和中国国际广播电台开展战略合作，影响日益扩大。

【经营业绩】

湖北全省演出公司、剧场、影院等文化经营单位加大营销力度，改善服务质量，积极组织优质文化产品演出和放映，演出市场持续升温，各类营业性演出达20000余场，实现了销售业绩逆势上扬。

五、文化遗产保护和利用

【文物保护工作】

第三次全国文物普查田野调查圆满完成。新发现文物点数量约为原来的2.5倍，文物省情进一步摸清；完成了第六批全国重点文物保护单位、第五批省级文物保护单位评选与公布工作，建立了文物藏品调查数据库。湖北省政府召开开展严厉打击盗掘古遗址古墓葬犯罪专项行动电视电话会议，保持对文物犯罪的高压态势，侦破了随州、房县等地专业团伙盗墓案件。全面完成三峡湖北库区地下文物点抢救性发掘和屈原祠等地面文物搬迁保护任务，出版了一系列科研成果，启动了三峡文物后续规划编制工作。南水北调丹江口库区和引江济汉工程文物保护工作顺利推进。西气东输、汉宜铁路等建设项目中的文物保护工作有序开展，屡屡获得价值重大的新资料，推动了中国文明起源、早期楚文化探索的学术研究。

【博物馆事业发展】

湖北省博物馆被确定为全国8家中央地方共建国家级重点博物馆之一。中等城市及部分重点县博物馆建设强力推进，在博物馆硬件建设、展览提升、内部管理等方面都取得了长足进步，初步形成了门类齐全、特色鲜明、分布广泛的博物馆体系。湖北全省文博系统的博物馆全部实现免费开放，参观人数逐年攀升。不少博物馆探索走进社区、学校提供服务的新路子，取得了良好社会效益。

【文物保护重大工程】

实施武当山、明显陵、中共五大会址等重要文物点的保护维修和环境整治工作；大遗址保护工作上升到国家层面，湖北省政府与国家文物局签署了《大遗址保护荆州片区共建协议》；各级财政对文物事业支持力度越来越大，2010年中央投入湖北省的文物保护资金达2亿多元。

【非物质文化遗产保护】

完成了2010年度国家级非物质文化遗产名录项目保护、代表性传承人补助经费申报工作和第三批省级非物质文化遗产名录项目申报评审工作。

【文化遗产保护服务功能】

湖北省各地依托各自的特色资源，成功举办了“随州世界华人炎帝故里寻根节”、“屈原故里端午文化节暨海峡两岸屈原文化论坛”、“黄石国际矿冶文化节”、十堰“第四届世界传统武术节”等大型节会活动。

六、对外文化交流

【加大“走出去”的步伐】

湖北全省累计派出743人次，与20多个国家和地区进行了文化交流。成功组织湖北艺术团赴埃塞俄比亚、贝宁、毛里求斯和法国海外省留尼汪进行“欢乐春节”访演、“台湾湖北（武汉）周”等大型文化交流活动。

【积极引进国外境外优秀文化项目】

世界著名的伦敦交响乐团、维也纳室内乐团、爱尔兰舞之魂舞蹈团、西班牙弗拉明戈舞蹈团、朝鲜血海歌剧团、澳门乐团，和“触·觉——卢浮宫雕塑触摸艺术展”、“意大利乌菲齐博物馆艺术展”等到湖北演出和展览，丰富和满足了群众的精神文化需求。

七、文化体制改革

【文化宏观管理体制更趋科学】

湖北省文化厅认真清理行政审批事项，取消、下放了一批行政审批项目。文化行政部门管理职能进一步转变，突出了宏观引导和服务社会，政策调节、市场监管、社会管理和公共服务能力得到提升。

【文化市场综合执法改革】

湖北省委、省政府办公厅转发了《关于加快推进全省文化市场综合执法改革工作的实施意见》，召开了全省文化市场综合执法改革工作电视电话会议，湖北省编委下发了《关于整合组建市县文化市场综合执法机构加强文化市场综合执法人员编制管理的指导意见》。截至2010年底，15个市（州）和23个县（市）完成了文化市场综合执法机构的组建或组建方案的报批工作。

【文化单位内部改革和转企改制工作】

湖北省各地文化单位科学设岗、竞争上岗，评聘分开、全员聘任，变身份管理为岗位管理，推行人事代理制；实施既规范又灵活的收入分配方式，加大绩效工资分配力度；层层推行责任目标管理等，调动和激发了文化单位干部职工的工作积极性和创造热情。经营性文化单位转企改制取得新进展。

【建立文化发展共建机制】

湖北省政府与文化部、国家文物局分别签署文化文物事业发展的部省共建协议；湖北省文化厅与襄阳、天门开展了厅市合作共建。武汉城市圈九市成立了图书馆联盟，实现通阅服务；荆州、宜昌、荆门等地共同发起，成立了“鄂西片演出联盟”、“宜荆图书馆联盟”，搭建了互利互惠、共同发展的区域性行业合作平台。

【人才队伍建设】

继续实施对在国家级重大文艺活动中获奖作品和人才进行奖励的政策。引进了一批优秀青年演员和一大批具有硕士研究生及以上学历的高层次人才。艺术职业教育不断发展壮大，湖北艺术职业学院形成鲜明办学特色。湖北省文化人在声乐、戏曲表演、美术、话剧等各专业领域表现卓异，在国内外重大比赛上摘金夺银，一批优秀人才成为中宣部“四个一批人才”、全国文化系统先进工作者、湖北省有突出贡献的中青年专家、文化部优秀专家、享受国务院政府津贴和省政府专项津贴。

八、文化工作队伍建设

湖北省文化系统以解决突出问题为重点，以群众满意为标准，深入开展了民主评议政风行风活动，干部职工的思想得到升华，作风得到改进，工作效率得到提高，较好地解决了人民群众关注的一些文化热点、难点问题。

【着力加强党的建设，深入开展创先争优活动】

印发了《关于在基层党组织和党员中深入开展创先争优活动的实施方案》，推动文化系统各级党组织争创“五好”基层党组织，推动全体党员争创“五个模范”共产党员。引导广大党员立足本职岗位争优秀，广泛开展“创先争优，争当模范党员艺术家”、“争当群文服务标兵”等活动。湖北省文化厅创先争优活动得到文化部、省直机关工委肯定。

不断推进反腐倡廉建设、效能建设，深入开展文明创建、扎实做好安全维稳、老干部工作等，文化系统工作作风和精神面貌有了明显改进，为做好文化工作奠定了坚实的思想基础。

湖南省

2010年是湖南文化系统工作任务最繁重的一年，也是微观环境异常艰难的一年。但年初文化厅党组研究的64项重点工作任务近乎全面完成，而且还完成了年初没有列入计划的几项重要工作。

一、专业艺术

2010年，湖南省直文化系统新创作剧（节）目21个，新改编剧（节）目5个，新排剧（节）目8个。积极组织参加第九届中国艺术节，并取得了良好的成绩，湖南省歌舞剧院的舞剧《天山芙蓉》、长沙市湘剧院的湘剧《古画雄魂》获得文华优秀剧目奖，《天山芙蓉》在舞剧、歌舞类作品中名列第三，《古画雄魂》在戏曲类作品中名列第七，同时，湖南还获得群星奖15个，另有3个作品获得优秀演出奖，获奖数量在全国名列前茅。湖南省京剧团聘请名师教授传统戏，并排演了大型京剧《白蛇传》，折子戏《大登殿》、《武松打虎》、《春秋配》等一系列传统戏；省湘剧院进一步修改和完善了《李贞回乡》一剧，新排了《虹书宝剑》和《玉麒麟》2出大戏；省花鼓戏剧院新排大型传统剧目《闹严府》和《春草闯堂》，复排了优秀剧目《喜脉案》、《小姑贤》、《送表妹》等；省话剧团大胆探索“制作人”制，新排小剧场话剧《单身公寓》、《偷偷爱》和儿童剧《灰姑娘》、《马兰花》；省杂技团反复打磨修改大型杂技主题晚会“芙蓉国里”，创排杂技节目《芭蕾转碟》；省木偶皮影艺术剧院复排大型木偶戏《火云鸟》、《石三伢子》、《虞美人》在金狮奖第三届全国木偶皮影中青年技艺大赛上获金奖；湖南艺术职业学院原创的现代花鼓戏《五十二家别墅》参加第二届中国校园戏剧节，获戏剧节优秀剧目奖；省艺术研究所全年组织专家对21个剧本进行了论证、咨询、辅导或临场指导。

此外，圆满完成了上海世博会湖南周系列展演任务，五大板块展演内容涉及省群众艺术馆、省歌舞剧院、省花鼓戏剧院、省木偶皮影艺术剧院、省杂技团5个省直艺术单位，通过文艺演出、非遗展示等形式，让海内外嘉宾感受到湖湘文化的魅力。

主办了首届“湖南省县级剧团优秀剧目展演”活动。51个县级剧团的69台剧（节）目参加评选，6台获得金奖的剧目在省会长沙展演。展演活动盛况空前，驻湘各大媒体争相报道，充分展示了湖南省县级剧团近年来的创作成果，受到广大群众的热烈欢迎。另外，省文化厅和郴州市政府联合主办了全国昆剧优秀剧目展演，和邵阳市政府联合主办了首届祁剧折子戏展演。省演出公司成功举办了纪念迈克尔·杰克逊全球巡回长沙演唱会和刘若英长沙演唱会等大型演出活动。

二、文化市场

省文化厅按照“总量控制，合理布局、严格准人、逐步发展、分级管理”的原则，对游艺娱乐场所的审批行为进行了规范。严厉打击假唱、假演奏、色情淫秽表演，全省共查处非法演出团体33个。积极扶持和培育本地的网吧连锁企业，通过收购、兼并、参股、托管等方式提升全省网吧质量。在全省统一安装网乐潇湘网络文化管理服务平台，安装率达到70%左右。

2010年，全省各级文化市场稽查机构共出动检查人员43.23万余人次，检查各类文化场所31.77万家次，查处非法演出团体33个，办结各类案件5713起，停业整顿违法经营场所近530家，吊销证照15家。

三、文化产业

2010年，湖南省文化产业继续保持了良好的发展态势。

【与省旅游局、张家界市人民政府一起承办了2010首届中国国际文化旅游节】

省文化厅得知文化部拟与国家旅游局联合主办文化旅游活动，便主动打听，积极争取，并在第一时间动员了张家界市、省旅游局联手向省委省政府、向文化部、国家旅游局汇报。使得“首届中国国际文化旅游节”落户张家界。这项史无前例的重大活动于10月23日开幕，为期22天，举办了四大主体活动，共有45万人次游客观看了270场展演节目。在我国文化旅游历史上，第一次评选和颁发了“中国文化旅游贡献奖”，大型实景音乐剧“天门狐仙”被评为“影响中国旅游的一台演出”金奖，凤凰古城被评为“影响中国旅游的一座古城”金奖。海内外150多家媒体参与报道。活动促进了全省文化和旅游两大产业的深度结合，仅在活动期间，张家界游客人数每天达到1万人，比上年同期增加1倍，旅游旺季延长了一年。湖南省有3台文化旅游演出列入国家文化旅游重点项目名录。

【演艺业快速发展】

以民族风情为主的大型演艺节目在大湘西旅游地形成了应有的规模，以娱乐文化为主的琴岛歌厅等演艺产业形成了差异化发展格局。省委宣传部总结的从长沙—常德—张家界—凤凰的演艺走廊初见雏形。以田汉、琴岛、魅力四射、港岛等歌厅为代表的知名演艺品牌，保持了较强劲增长势头，正在向省外延伸，发展连锁经营。省文化厅重点扶持的国家级文化产业示范基地“魅力湘西”投资1.6亿元建设的张家界魅力湘西国际文化广场于5月正式营业，室内剧场拥有座位数2600个，每晚的上座率达85%以上。以山水实景形式演出的音乐歌舞剧《天门狐仙·新刘海砍樵》成功运作，在国内外产生了广泛的影响。湘西凤凰、怀化、益阳、衡阳、长沙等地正在准备提升打造适应本地旅游市场的精品节目。适应旅游市场的《刘海砍樵》舞台剧正在积极筹备之中。

【动漫业发展迅猛】

2010 年，成功举办了第五届全国手机动漫游戏大赛，参赛单位 1523 家，征集作品总数 114389 件，体验客户数达到 897 万人次，累计下载次数达到 5300 万次。仅在大赛过程中产生的电信收入达到 7000 万元，相关产业收入接近 3 亿元，催生了一个崭新的文化业态。7 月 2 日，国务院总理温家宝一行视察了中国原创手机动漫游戏大赛及手机动漫公共服务平台，对大赛举办和平台建设给予了充分肯定。文化部等中央部委评选的 30 个重点动漫产品和 18 家重点动漫企业中，湖南分别占 13 个和 6 家，排名全国第一。2 个动漫公共技术服务平台通过国家验收。蓝猫、山猫等多家动漫企业产品销量蒸蒸日上。

【厅直产业快速发展】

湖南省厅直经营性文化单位经营收入同比增长 20% 以上。湖南大剧院全年经营收入实现 3000 万元，取得了历史性突破，大剧院的经营管理水平、经济效益和社会效益在全国居于一流水平；省演出公司在全国省级演出公司处境艰辛的情况下，创新演出形式与合作方式，年收入达到 3100 万元。省文物交流鉴定中心年销售额达 1600 万元，湖南古玩城年销售额达 1.5 亿元，成为中南地区规模最大、档次最高的文物商店。省话剧团开发项目建设和消除安全隐患取得重要进展。省文化物资公司终于从休克中苏醒，站立起来了，在弱电系统集成工程方面与专业公司合作，接洽了郴州市人民医院、广东发展银行等项目的智能系统工程。文化厅艺术幼儿园正筹备与辉煌国际城开发有限公司、马王堆幼儿园开发房产商两家签订合作办园意向。

衡阳市杂技团、拓维、宏梦卡通、山猫卡通、三辰等有限公司获中央财政资金支持。5 月，省文化厅组团参加了第六届深圳文博会，2 个项目正式签约，共引进资金 2.5 亿元。湖南大剧院和拓维信息股份有限公司被授予第四批国家级文化产业示范基地，目前，湖南省已有 7 个国家级文化产业示范基地。省文化厅编印成《湖南文化系统文化企业名录》一书，收录注册资金 50 万元以上文化企业 2000 余家。

四、社会文化和图书馆事业

2010 年，湖南省公共文化服务能力和水平不断提高，体现在如下方面：

【公共文化设施建设不断加强】

在全省各级文化部门的敦促和监督下，2009 年下达的 1024 个乡镇文化站建设全面竣工，而且每个文化站配备了 8 万元的文化设备。同时，中央和省财政还首次投入 4055 万元为全省 95 个街道文化站和 583 个社区文化活动室配备文化活动器材和共享工程设备，设备配送工作已全面完成。2010 年，新建文化信息资源共享工程县级中心 48 个，已完成设备配送。湖南省共建成 1 个省级分中心（湖南图书馆）、14 个市级中心、123 个县级支中心、1024 个乡镇基层服务点。

【公共文化服务水平不断提高】

深入推进全省 71 个博物馆、纪念馆的免费开放工作，观众数量成倍增长，服务质量大幅提升。省博物馆坚持“把优质服务延伸到排队领票的最后一名观众身上”的理念，全年共接待观众 137 万余人次，为观众提供免费讲解 38388 批次，观众满意率达到 94.4%。5 月，中宣部、财政部、国家文物局共同组成的免费开放专题调研组对湖南省免费开放工作给予了充分肯定和高度评价，指出：“湖南省博物馆、纪念馆免费开放工作走在了全国的前列，省博物馆的工作已成为全国博物馆的标杆”。省图书馆完成服务人次 155 余万人次，文献服务 330 余万册次，数字资源访问量 1600 多万次，服务人次和质量有较大幅度增长。省群众艺术馆积极面向基层提供优质服务，业务干部下到厂矿企业、单位、部队、学校、社区等开展辅导、艺术实践工作 60 多次，为基层单位成功策划、组织和辅导了多场大型文艺演出活动。省少儿图书馆开展书香校园展览、青少年知识讲堂等系列活动 32 场次，成功举办了全国少年儿童阅读嘉年华活动。

【公共文化活动亮点迭出】

省文化厅联合相关单位举办了三大群众文化活动。一是和省农办、省农业厅、省文联、衡阳市委市政府共同主办“湖南省首届农民文艺会演”；二是联合省广电局、省文联、《湖南日报》、湖南广播电视台在娄底市共同主办第二届湘人湘歌大赛；三是与省文联联合举办“盛世丹青 湖湘风采”书法、美术、摄影艺术年展。湖南扩大演艺惠民覆盖面，全省共演出12467场，提前完成全年任务并超额完成2467场，受益群众达千万人次。2010年，共组织新春音乐会、大片放映、精品戏剧、文博展览等高雅艺术鉴赏活动12次17场，制作VIP卡1800张，通过短信群发方式通知活动事项，有效地引导了健康向上的文化消费，演艺市场出现明显回升。由省文化厅独立策划、申报并获准由文化部、中国文联和湖南省政府联合主办，省文化艺术基金会承办的首届中国百诗百联大赛，8月份启动，到12月31日，收到诗词楹联作品超过12万首（幅），有380多万人次登录中国百诗百联大赛网，大赛在诗词楹联界反响强烈，参与人数，投稿数量创造了我国同类活动的最高纪录，2011年将举办作品评选、颁奖晚会。

另外，省文化厅和省纪委共同举办的廉政文化精品剧目《老表轶事》全省巡演13场，观众达15000余人次，反响强烈。省文化厅连续两年开展了“情系农民工·文艺送春风”专场慰问演出，深受农民工朋友们的热烈欢迎。省文化厅发起的民歌辅导传唱活动，参与传唱的民歌手15000余名，观众达45万余人次。省文化厅与长沙市委市政府联合主办“幸福长沙欢乐新年”——省会各界群众迎新晚会，3万余群众欢聚一堂，共迎新年。省文化厅与中国收藏家协会共同主办，湖南省收藏协会承办的全国第10届民间收藏文化高层（长沙）论坛，扩大了湖南收藏业的影响。

【六大省级重大文化建设项目有序推进】

湖南文化广场（二期）项目总建筑面积9万多平方米，建筑高度180米，预计总投资6亿元。建成后的湖南文化广场将成为长沙中心城区的新地标。2009年，完成了前期申报和规划批准，完成主体拆除工程。省博物馆改扩建工程落实了建设资金，完成了环境评估、规划设计，启动了工程设计国际招标和拆迁的准备工作。湖南图书馆改扩建项目完成了前期论证，概念设计工作。省文化艺术中心建设，在芙蓉南路离长沙生态动物园1.4公里的黄金地段，一块280亩的文化项目用地已经正式划拨在文化厅的名下；一个以演艺为主要内容、投资约20亿元的省级文化艺术中心即将全面启动。湖南文化艺术大厦建设项目，拟在文化厅原机关大院开发建设，设计为2栋100米高的塔楼与4层裙楼连体，2009年已经完成招商引资，概念设计、成立开发主体。其他前期准备工作进展顺利。湖南艺术职业学院搬迁扩建项目在不具备基本条件的前提下，经过艺术职业学院领导班子的艰辛复杂的工作，寻求到省财信投资公司的保障性战略合作，出现了柳暗花明的良好势头。目前已经基本完成470亩的征地手续，2010年全面完成拆迁，规划设计，创造好全面动工的条件。

五、对外文化交流

2010年，共组织出访演出41批次，579人次，涉及28个国家和地区，引进境外来湘演出136批次，945人次。其中，重点文化交流活动包括：一是春节期间，组织多支团队分赴国外参加“欢乐春节”活动。省话剧团打造的红色舞台剧《韶山升起红太阳》应邀在新加坡演出，反响强烈；中华文化促进会、田汉基金会等复排红色经典话剧《万水千山》，经过全国挑选，最终决定以湖南省话剧团为演出班底。二是引进朝鲜血海歌剧团的世界首部歌剧版《红楼梦》在湖南演出。三是组派湖南省艺术团一行赴哥伦比亚参加了“博雅卡国际艺术节中国主宾国活动暨湖南文化周”，并应邀对厄瓜多尔进行友好访问演出。四是参加文化部在沙特阿拉伯举办的2010中国文化周活动。五是引进莱索托国家艺术团一行来湘进行访问演出。

湖南省歌舞剧院交响乐团作为内地第一支专业交响乐团在台湾的最高音乐殿堂“台北音乐厅”举办了专场音乐会。根据“2010年台湾湖南周”暨第六届湘台经贸交流合作会组委会总体工作方案，组织动漫游戏企业负责人于8月上旬赴台湾参加进行考察交流，取得丰硕成果。

六、文物考古和博物馆事业

2010年，完成了全国第三次文物普查，申报第七批全国重点文物保护单位，湖南上报的368处中，已有176处通过专家评审。长沙铜官窑遗址、里耶古城遗址、永顺老司城遗址三处大遗址由国家文物局批准公布为首批国家考古遗址公园立项名单，里耶古城考古遗址公园已于10月开园。省文物考古研究所考古发掘的永顺老司城遗址被评为2010中国六大考古新发现之一。长沙城区一古井内新发现上万枚简牍，是中国南方地区发现东汉简牍最多的一次，对长沙打造国际化文化名城增添了宝贵的历史实物资料。

端午节文化习俗申报世界非物质文化遗产，终于获得成功；“武陵源区土家族苗族文化生态保护实验区”成功申报为国家级文化生态保护实验区；在北京组织的“潇湘风情——湖南专场”非遗演出活动获得圆满成功，这是全国唯一的非自治区省份的非遗专场演出；全国公示的国家级非遗保护项目中，湖南目前已经争取到27项入列，拥有的全国非遗保护项目总数可望由原来的70项增至100项。

七、艺术科研与教育

【全省演出经营管理培训班在长沙举办】

6月28日，由省文化厅文化市场处、省文化市场稽查总队主办的全省演出经营管理培训班在长沙举办。各市（州）、县（市、区）文化局市场科（股）和稽查队代表以及部分演出经纪机构负责人等220多人参加了培训。省文化厅副厅长雷鸣强出席并发表讲话。

雷鸣强指出，法是经营者之基，是管理者之基，也是消费者之基。要重视法，将法律法规作为办事的依据；要学好法，准确把握《营业性演出管理条例》及其实施细则的法律精神，熟练掌握演出市场的执法案例和经验；要用好法，杜绝一切不作为、滥作为、慢作为，在谨慎审批的同时，要更加注重现场监管，确保演出市场健康安全，有序繁荣。

培训班还特别邀请了中国演出家协会法律顾问胡政生律师授课。胡政生长期承办中国演出行业法律事务，并亲自参与了《营业性演出管理条例》及其实施细则的制定和修订。此次，他就《条例》和《细则》作了全盘解析，从法律法规的三次修订透视了立法思想从立足有序到提升行业、持续发展的转变，并重点就降低门槛、强调演出内容的健康、强化演出主体义务以防止欺诈、确保演出安全、适度引进外资、禁止公款追星等六项制度作了解析，还对新修订内容，诸如对临时搭建舞台、看台工程质量验收，加强对文艺节目现场录制的管理，加强对营业性演出的现场监管等进行了详细阐述。整个课程案例鲜明，既严谨又生动。课后，胡政生还就学员提出的实际问题作了分析解答，让人深受启发。

【2010国家动漫产业高级研修班】

11月9日，由文化部主办、湖南省文化厅承办的国家动漫产业高级研修班（新媒体动漫方向）在湖南长沙举行开班典礼。文化部、工业和信息化部、省委宣传部等有关领导，省文化厅副厅长雷鸣强等领导及大陆和台湾新媒体专家代表出席了典礼。

开班典礼由湖南省文化厅市场处处长陈友材主持，文化部、工业和信息化部有关主管领导、湖南省委宣传部副部长蒋祖烜就办好2010国家动漫产业高级研修班（新媒体动漫方向）提出了具体要求和希望。授课专家和学员代表上台发言。

本届高级研修班汇聚了全国新媒体动漫产业的专家、学者讲课，有来自北京大学、清华大学、中国美术学院、台湾世新大学等高校从事新媒体研究的学者和教授，有从事新媒体平台和渠道运营的专家，如中国移动、中国电信、迅雷网络等，有在新媒体动漫运营成功的大陆和台湾动漫企业法人。在课程设置上，研修课程涵盖了新媒体动漫的本土化和国际化视角、新媒体动漫管理与运营、国际新媒体发展现状与趋势、新媒体动漫的多元表达与衍生产品的开发等诸多内容，具有时效性、连续性和产业前瞻性。

参加此次研修班的65名学员都是具有一定新媒体动漫工作经验，已有作品公开出版发行的作者，同时还是从事新媒体动漫经营工作的企业经营者。学员在学习期间实行封闭式管理，并写出高质量、高标准的新媒体动漫论文，才能颁发结业证书。

八、重要活动、重大事件

【文化部与湖南省签订部省文化发展共建协议】

1月28日，为加快湖南文化强省建设，全面提升区域文化和经济社会发展水平，文化部副部长欧阳坚与湖南省人民政府副省长郭开朗分别代表文化部和湖南省人民政府，在长沙签订文化发展共建协议书，标志着湖南文化发展“部省共建”正式启动。

根据协议，文化部与湖南省政府将从8个方面开展共建，全面繁荣文化事业，大力发展文化产业，促进湖南文化与经济社会全面协调可持续发展。8个共建是：共同推进公共文化服务体系建设、共同推进文化产业发展、共同推进文艺繁荣、共同推进非物质文化遗产保护、共同推进湖南文博业发展、共同推进对外文化交流、共同推进文化体制改革。探索公益性文化单位深化内部机制改革、提高公共文化服务水平。支持国有文艺演出院团转企改制，吸纳民营演艺企业加入，组建多种所有制主体参与的演艺集团上市，支持湖南省打造新的国内、国际文化品牌；探索进一步解放文化生产力，加快实现文化强省战略目标；共同推动湖南省文化市场综合执法改革，加强文化市场监管。

共同加强文化艺术人才培养。协议明确，由文化部部长和湖南省人民政府省长担任部省共建合作委员会主任，文化部办公厅和湖南省文化厅为部省共建合作联系单位。部省共建合作委员会将每年会商一次，总结部署相关工作，协调重大工作事项。

【湖南正式启动“县级数字图书馆推广计划”】

2月9日，为认真贯彻中央领导同志关于用先进文化占领新媒体阵地、推进公共图书馆服务创新的指示精神，落实文化部组织实施的“县级数字图书馆推广计划”，文化共享工程湖南省级分中心举办了第一期资源安装与使用培训班。来自长沙、株洲、湘潭、衡阳、娄底等地10个县级支中心22名馆长和技术骨干参加了培训，标志着全省“县级数字图书馆推广计划”正式启动。

【省话剧团《韶山升起红太阳》演出轰动狮城】

2月16日至3月2日，应新中友好协会、金航旅游业有限公司等机构邀请，省话剧团《韶山升起红太阳》剧组一行65人，由省文化厅副厅长孟庆善率队，对新加坡进行文化交流。期间，《韶山升起红太阳》作为2011年“春城洋溢华夏情”活动的压轴大戏，在具有悠久历史的维多利亚剧院上演。2月19日至21日，《韶山升起红太阳》连演5场，能容纳近千人的剧场，场场爆满，演出轰动狮城。

【省杂技团赴新西兰演出成功】

春节期间，按照文化部2010年“欢乐春节”品牌活动统一部署，应新西兰“中华电视网”和新西兰屋仑华侨会所邀请，湖南省杂技团一支由10人组成的小分队，赴新西兰奥克兰市进行访问演出，取得圆满成功。新西兰总理、总督、奥克兰市市长、我驻奥克兰领事馆总领事及新西兰华人总会会长等与新西兰观众一起观看了演出，并给予了高度评价。

【湖南皮影亮相西班牙】

4月29日，受“国际木偶皮影艺术节”的邀请，湖南省木偶皮影艺术剧院与广东木偶团等院团组成了“中国木偶皮影艺术代表队”，前往西班牙托洛萨参加艺术节并进行演出。湖南代表团此次带去了《肥猫哥儿》、《狐狸与乌鸦》等7个剧目，均是之前在国内备受好评的精品剧目。

5月2日，湖南皮影在艺术节开幕式上的首度亮相，深受西班牙观众喜爱，掌声经久不息。西班牙文化部部长观看演出后，竖起大拇指对演职人员说：“太棒了、不愧是中国的国家级非物质文化遗产”。此后，湖南皮影还将在托洛萨及周边8个市州开展20天的巡回演出。

【省博物馆马王堆文物在香港展出】

2月12日至5月3日，由湖南省文物局和香港康乐及文化事务署联合主办、湖南省博物馆与香港历史博物馆联合筹划的“雍雅华章：汉代贵族生活”展览在香港展出。这是马王堆文物首次全面、大规模地在香港展出，在春节假期内吸引了近万名观众参观。

展览通过“宴飨文化”、“养生保健”、“衣饰美容”、“典籍收藏”、“事死如事生”及“长沙国与马王堆汉墓”6个部分，介绍了2000多年前汉代丰富多彩的文化面貌及贵族生活习尚。150多件名震中外的马王堆汉墓出土文物连同其他长沙国遗址的珍贵文物在展览中亮相。

【湖南省7家纪念馆被评为“首批国家国防教育示范基地”】

1月，由常德博物馆创办的中日常德会战暨日军常德细菌战展览及韶山毛泽东故居和纪念馆、刘少奇故居和纪念馆、彭德怀故居和纪念馆、贺龙故居和纪念馆、罗荣桓故居和纪念馆、芷江受降旧址暨中国人民抗日战争胜利受降纪念馆被国家国防教育办公室评为“首批国家国防教育示范基地”。

此次国家国防教育示范基地的评选，旨在推动全民国防教育的普及发展，营造全社会关心国防、热爱国防、建设国防、保卫国防的浓厚氛围。

【湖南首个国家级文化生态保护区获批成立】

6月，湖南省申报的武陵山区（湘西）土家族苗族文化生态保护试验区获得文化部的批准，这是自2007年以来，我国设立的第五个国家级文化生态保护试验区，也是湖南省首个获批设立的国家级文化生态保护试验区。

湘西土家族苗族自治州地处武陵山区，为土家族、苗族聚集地区。在长期历史发展过程中，当地土家族、苗族人民创造了丰富多彩的民族传统文化，包括世代相传的非物质文化遗产，如神话、传说、歌谣、鼓舞、织锦、刺绣、印染等，与当地自然环境，古村镇、古建筑相依相存，形成了较为完整的文化生态区域。建立国家级文化生态保护实验区，对整体、活态的传承保护湘西地区独特、深厚的民族文化具有重要意义。

【首届中国国际文化旅游节】

10月23日，以“畅游神州，赏阅华夏”为主题的首届中国国际文化旅游节，在张家界武陵源风景区的黄龙洞哈利路亚音乐厅奏响首音。全国政协原副主席毛致用、文化部副部长欧阳坚、国家旅游局副局长杜一力、湖南省委常委宣传部长路建平、湖南省政府副省长刘力伟等国家、省领导出席了开幕式并致辞。全国政协原副主席毛致用宣布首届中国国际文化旅游节开幕。近千名海内外嘉宾共同欣赏见证了这场以文化旅游为核心内容的视听盛宴。青海卫视、旅游卫视、红网等媒体对开幕式盛况同步向全球直播。

戴玉强、宋璐、美国“乡村音乐之父”马克力文、韩国黑鼓乐队等在建筑面积达4970平方米的哈利路亚音乐厅，展示了不同信仰、不同民族、不同肤色人的音乐风采。民俗风情节目《大山深处苗家寨》、《湘西织锦》等精美的舞台片段借助高科技的舞台，展现了现代文化科技的无穷魅力。

开幕式上还宣布了由文化部、国家旅游局共同发布的入选《全国文化旅游重点项目支持名录——旅游演出类》的35个旅游演出项目的名单，湖南“魅力湘西”、“天门狐仙——新刘海砍樵”、“梦幻之夜——又唱浏阳河”3项目入围。来自北京、西安、长沙、张家界等中国16个旅游城市的代表就文化与旅游共同发展发布宣言，张家界市市长赵小明在开幕式上宣读了《中国文化旅游共同发展张家界宣言》。

广东省

一、文化艺术

2010年，广东省文化艺术工作按照省委、省政府的总体部署，以《广东省建设文化强省规划纲要（2011～2020年）》为指导，全面贯彻落实省委十届七次全会精神，落实科学发展观，创新思路，开拓奋进，全省各级文化行政部门着力加快推进文化艺术生产。艺术精品硕果累累，全省专业艺术表演团体在国际性和全国性重要艺术活动中共获大奖52项。

【推动艺术品牌建设】

1月至2月，省文化厅成功组织举办粤剧新年盛会、广州新年音乐会、广东省2011年春节军民联欢会等高雅艺术品牌活动，艺术品位进一步提升，影响力不断扩大，在社会上引起良好反响。

【举办第七届广东现代舞周】

7月24日至30日，省文化厅组织举办主题为“发现亚洲”的第七届广东现代舞周，来自中国、日本、韩国、马来西亚、菲律宾等地顶尖舞团6台原创作品，共有百余名亚裔舞蹈家参加，观众反响热烈，营造了良好的艺术氛围。

【参与组织第九届中国艺术节】

5月10日至25日，省文化厅参与组织第九届中国艺术节。全省文艺院团在第13届“文华奖”的评比中取得显著成绩：广州芭蕾舞团芭蕾舞剧《风雪夜归人》荣获“文华大奖”，广东歌舞剧院舞剧《骑楼晚风》、东莞松雷蝶之舞剧团音乐剧《蝶》、广州粤剧院红豆粤剧团粤剧《刑场上的婚礼》、广东省木偶剧团人偶剧《八层半》等4部作品荣获“文华大奖特别奖”，这是广东省历届获“文华大奖”及“文华大奖特别奖”最多一届，在各省区市中名列前茅。广东揭阳市潮剧团的潮剧《还官记》、广东潮剧院的潮剧《东吴郡主》、广东梅州市山歌剧团的山歌剧《桃花雨》、广州话剧团的话剧《春雪润之》等4部作品获“文华优秀剧目奖”。“九艺节”期间，还组织参加“中国风格 时代丹青——全国优秀美术作品展”；策划“台前幕后——广东戏剧舞台美术展”和省直院团参加全国演出交易会工作。5月6日，汪洋书记、黄华华省长代表省委省政府看望慰问“九艺节”广东参评参演团队，并观看《骑楼晚风》汇报演出。

【2010广东国际旅游文化节开幕式】

9月27日晚，2010广东国际旅游文化节开幕式文艺晚会在广州增城盛大举行。2010世界旅游日主题是“旅游与多样性”，名为“今天，我们从这里出发”。整台晚会布置绿意盎然、生机勃勃，体现出人与自然和谐的文化主题。广东省省长黄华华、国家旅游局邵琪伟局长等领导和嘉宾出席观看了晚会。

【举办广东省特色剧种展演暨研讨会】

10月29日至31日，为推动全省特色剧种创作演出，促进特色剧种繁荣发展，为广州亚运会营造良好文化氛围，省委宣传部、省文化厅、中山大学联合举办广东省特色剧种展演暨研讨会，展演场场爆满，共有3000多名师生观看精彩演出。参与演出的县级以上民营剧团16家，展演品种有西秦戏、白字戏、正字戏、花朝戏、白戏、木偶戏、皮影戏、傩舞、英歌等10余种特色艺术形式。同期举行3场高层次研讨会，来自国内、台湾以及英国、新加坡、日本等国40多名专家学者云集中山大学，共同探讨特色剧种传承和发展。

【承办第八届全国杂技（魔术）大赛】

12月3日至7日，由文化部和广东省人民政府共同主办，文化部艺术司、省文化厅和长隆集团有限公司承办第八届全国杂技（魔术）大赛在广州隆重举行。这是广东连续三届主办或承办这项全国重要艺术赛事。文化部副部长王文章、省委常委、副省长肖志恒等领导出席观看了比赛。来自全国23支杂技队和8支魔术队在广州友谊剧院、长隆国际马戏大剧院、长隆酒店国际会展中心激烈角逐。广州军区战士杂技团（《奔腾——男子抖杠》）、广州长隆国际马戏大剧院（《神话——双人吊环》）获得杂技组的金奖，深圳市辛宽魔幻艺术团（《扇韵》）摘得魔术组桂冠，广州军区战士杂技团（《塑——男子顶技》）和深圳宝安区福永杂技艺术团（《火之灵——技巧造型》）获得杂技组银奖。广东省文化厅、长隆集团有限公司获得组织奖。为期4天的高水平比赛为3万多名观众奉献一场视觉盛宴，赢得观众阵阵喝彩。

二、社会文化

【组织参加全国第15届群星奖比赛，总成绩排名全国第一】

4月至5月，由文化部、广东省人民政府主办，文化部社会文化司、省文化厅和各有关市人民政府承办的全国第15届群星奖比赛，分别在广州、深圳、东莞、中山等地举行。本届“群星奖”决赛共有来自全国各省（区、市）、武警、总政等35个代表团的303个节目、4000多名演职员参加，评选出作品类“群星奖”220个、项目类“群星奖”110个、“群文之星”100名。经过激烈角逐，广东省共获得38个“群星奖”，总成绩居全国第一。

【举办全省百场优秀戏剧曲艺作品巡回演出】

10月至11月，省文化厅与省委宣传联合举办“全省百场优秀戏剧曲艺作品巡回演出活动”。全省组织4台优秀获奖群众戏剧、曲艺节目深入各地偏远山区、农村、企业厂矿和学校，为群众演出100场次，观众达30多万人次，受到各地热烈欢迎。

三、公共图书馆

2010年，第四次全国公共图书馆评估定级，广东省被评定为3级以上公共图书馆99个，达到参评总数126个的79%。

【全国首创城市24小时自助图书馆】

深圳市图书馆自主研发的“城市街区24小时自助图书馆系统”荣获第三届文化部“创新奖”。广东省制定《广东城市24小时自助图书馆试点实施方案》。深圳城市24小时自助图书馆从2009年40台增至140台，覆盖面涉及大型社区、工业区、商业区、城中村及地铁枢纽等人口稠密地方；东莞市24小时自助图书馆覆盖面涉及居民小区、医院和市科技博物馆等公共场所；广州市完成《广州市24小时自助图书馆系统整体方案》，在亚运场所设置24小时自助图书馆试点。

【文化信息资源共享工程】

2010年，在省委、省政府和省财政厅、省文化厅的重视和支持下，全省完成50个文化共享工程县级支中心的建设任务，其余19个文化共享工程县级支中心也进入招投标阶段，力争在2011年前全部完成建设任务。

【古籍保护工作】

9月，全省已有15家古籍收藏单位开展古籍普查工作，完成普查表格著录7000余种，共有57种古籍入选第三批《国家珍贵古籍名录》。通过广泛调研和精心组织，首批《广东省珍贵古籍名录》申报书1093种，首批广东古籍重点保护单位申报材料13份，评审结果将于2011年公布。总量达300万拍的古籍和近代报刊文献数据正交付加工，《古籍地方文献全文数据库》将于2011年逐步上网免费提供读者阅览；近20万字的普通古籍数目回溯建库工作基本完成；大型影印古籍丛书《广州大典》出版项目继续推进，将于2011年由广州出版社出版；《清代稿钞本》第3辑已通过结项评审，将于2011年出版；《广东省立中山图书馆馆藏稀见方志丛书》完成相关编纂工作，将于2011年出版。

四、文化市场

2010年，全省共有文艺表演团体531家、演出经纪机构270家、演出场所经营单位298家、网吧8141家、歌舞娱乐场所4396家、电子游戏游艺经营场所3251家，经营性互联网文化单位189家。

【行政审批权限下放】

2010年，根据《广东省人民政府第四轮行政审批事项调整目录》，省文化厅将有关“设立演出经纪机构”、“设立互联网上网服务营业场所省内连锁经营单位”、“举办涉港澳和在歌舞娱乐场所进行涉外营业性演出”及“设立中外合资、中外合作经营娱乐场所”4项审批权，下放给各地级市文化行政主管部门。3月，省文化厅下发《关于下放文化市场行政审批事项规范行政审批工作的通知》和《关于收集文化市场行政审批管理工作意见的通知》，对做好下放审批权限、规范行政审批工作提出具体要求，对全省各地200多名文化管理干部进行培训。

【游戏游艺机型机种内容审查】

8月，省文化厅下发《广东省游戏游艺机型机种内容审核工作规程》，正式启动对省内生产游戏游艺机型机种内容审核工作，两批共139款游戏游艺产品上报文化部，81款游艺游戏产品经文化部批准发布。

【演出经营管理】

4月，省文化厅下发《关于贯彻文化部〈营业性演出管理实施细则〉进一步规范我省演出市场审批和管理工作的通知》，对各地市演出审批工作提出指导意见。完成全省首批国家文化旅游重点项目名录——旅游演出类参选项目的初审和推荐工作。经文化部和国家旅游局审定，广东长隆国际大马戏剧院《魔幻传奇》、广东深圳世界之窗有限公司《天地浪漫》、广东深圳东部华侨城有限公司《天禅》成功入选该名录。完成全省参选首届中国文化旅游节“文化旅游发展贡献奖”初审和推荐工作，广东省关山月的《岭南春色》成功获得该奖项中“影响中国旅游的一幅绘画”金奖。

五、文化产业

【文化产业重要配套政策出台】

7月，广东省委十届七次全会审议通过《广东省建设文化强省规划纲要（2011～2020年）》。各地市委、市政府及文化行政部门纷纷研究出台本地文化产业发展配套政策，全面部署文化产业发展工作。由省委宣传部牵头，省文化厅、省新闻出版局等部门共同研究编制《广东文化产业振兴规划（2010～2015）》，为全省文化产业发展描绘蓝图。省文化厅牵头制定《关于加快珠江三角洲地区文化创意产业发展的指导意见》，提出进一步推动珠三角地区文化创意产业发展的具体政策措施；东莞市出台《东莞市建设文化名城规划纲要（2011～2020年）》，提出将东莞打造成为现代文化产业名城战略部署；佛山市出台《佛山市人民政府关于扶持文化产业发展的若干政策意见》、《促进佛山文化产业加快发展行动计划（2010～2015年）》，提出企业融资形式、技术创新、市场培育和人力资源开发等发展文化产业具体措施。各地市对发展文化产业进行专门的工作部署，全省营造加快发展文化产业的良好政策环境。

【文化会展】

5月，第六届中国（深圳）文博会开幕，全国31个省、自治区、直辖市及港澳台地区全部参展，总成交额达1088.56亿元，同比增长23.6%；出口交易达114.06亿元，比上一届增长30.12%；参观人数达367.49万人次，比上届增加9.80万人次；专业观众达39.013万人次，比上届增加1.523万人次。此届文博会在规模、档次、成交量、专业化水平、国际化程度和社会关注度刷新历届文博会纪录。出台《中国（深圳）文化产业博览交易会发展规划（2010～2020）》。成功举办2010中国（中山）国际游戏游艺博览交易会、第三届中国国际漫画节、第二届中国国际动漫版权保护和贸易博览会、广州电玩展等国际性文化展会和云浮石艺节、英德英石节、广州演艺产品交易会等会展交易活动，广东文化会展业呈现出蓬勃发展的良好态势。

【政府资金扶持】

7月，《广东省建设文化强省规划纲要（2011～2020年）》明确提出加大财政投入力度，省级文化产业发展专项资金年均递增4000万元，从2009年2亿元增加到2015年4亿元；全省各地积极响应，广州市2010年安排3000多万元财政资金，奖励、扶持30多个文化企业和项目；深圳市制定年度文化产业发展专项资金使用计划以及分项预算1.26亿元；珠海市将原先每年设立1000万元文化产业发展专项资金增加到2000万元；肇庆市每年安排1000万元文化产业发展专项资金，对重点文化企业、文艺团体和文化产业项目进行扶持；各市高度重视文化产业发展，通过加大财政资金扶持力度带动发展转型。

【重大项目建设】

2010年，全省积极实施重大项目带动战略，重点推动广州北岸文化码头、广东动漫城等重大项目建设，2010年第11次粤港澳文化合作会议，省文化厅提出以广东动漫城为基础，三地政府共建粤港澳动漫游戏（数码娱乐）产业基地设想，得到港澳与会代表一致认可。广州市珠江新城中央商务区周边旧厂房及珠江边休闲带约70万平方米，将打造文化创意产业发展区域。

六、文化综合执法

【广东省文化市场综合执法局挂牌成立】

5月7日，广东省文化市场综合执法局正式挂牌成立。省委常委、宣传部长林雄，省文化厅厅长方健宏出席了挂牌仪式，为“广东省文化市场综合执法局”揭牌。标志着广东省文化市场综合执法改革基本完成，文化市场综合执法工作实现省市县的对接，使广东文化市场综合执法体制更加完善。

【持续开展专项整治行动】

上半年，全省持续开展文化市场综合执法检查工作，重点检查出版物、网吧、演出、娱乐以及网络文化产品经营单位；开展查处和清理网上有害信息专项整治工作，重点打击手机网站传播淫秽色情信息和政治性有害信息；开展打击非法音像制品和非法出版物的专项行动；开展娱乐场所禁毒工作；开展校园周边文化市场专项整治行动；开展演出市场专项整治行动等。全省共出动文化市场行政执法力量69.7万人次，检查各类文化市场经营场所35.24万家次，受理举报1607件，立案调查各类违法违规案件2243宗，移交案件89宗；行政处罚违法违规文化经营单位2844家次，责令停业整顿439家次，吊销经营许可证47家，罚没人民币182.2万元，依法取缔各类无证照文化市场经营场所2487家。

【开展“创平安，保亚运”文化市场专项行动】

6月1日至12月19日，在全省范围内组织开展“创平安，保亚运”文化市场专项保障行动。通过三个阶段专项检查，确保为“广州亚运”的顺利举行创造和谐稳定的社会文化环境。全省共出动执法人员18.68万人次，检查各类文化市场经营场所12.79万家次（网站1460家），查处违规文化经营单位1614家，取缔违法经营单位1221家（档）；查获非法音像制品及非法电子出版物301.91万张，查获涉嫌非法出版物98.42万册（件、张），非法印刷物2.14万份、印刷胶片548张、印刷电脑主机20台、游戏电脑主机149台，登记保存涉嫌侵权美术品123套，拆除涉嫌违规安装的卫星地面接收设施62套，关闭网站9家，查处“黑网吧”145家，收缴电脑设备1641套。文化行政部门立案300宗，结案267宗，罚款59.14万元，有效地净化广东文化市场，为“广州亚运”的举办营造健康、祥和的社会文化氛围。

七、非物质文化遗产

【成功申报国家级客家文化（梅州）生态保护实验区】

5月，广东省“客家文化（梅州）文化生态保护实验区”被文化部批准设立成为全国第五个国家级文化生态保护实验区。

【开展第二批省级非物质文化遗产名录项目代表性传承人评审工作】

2010年，广东省开展第二批省级非物质文化遗产名录项目代表性传承人评审，共评选出传统音乐等九大类项目代表性传承人109名。落实文化部和省政府对国家级、省级非物质文化遗产名录项目代表性传承人的补助经费发放，为省级以上项目传承人订阅《中国文化报》。

【开展第三批国家级非物质文化遗产名录项目申报工作】

2010年，省文化厅组织开展第三批国家级非物质文化遗产名录项目的评选、申报和推荐等工作。5月，广东的跳花棚等22个项目进入第三批国家级非物质文化遗产名录项目公示名单。

【开展省级非物质文化遗产生态保护区和传承基地申报工作】

年，省文化厅组织开展省级“非物质文化遗产保护传承基地”和“文化生态保护区”的申报、评选工作。全省共有158个单位申报省级“非物质文化遗产传承基地”，梅州、潮州、汕头和雷州市申报省级“文化生态保护区”。组织有关专家对申报地区和申报单位、项目进行评审和实地考察，评出30个省级非物质文化遗产保护传承基地和3个省级文化生态保护区。对列入第三批省级非物质文化遗产123个名录项目的保护单位进行认真核实，确保项目得到科学规范保护。

【推进非物质文化遗产基础工程建设】

8月，省文化厅完成省级非物质文化遗产数字库建设，实现全省非物质文化遗产文化资源数字化管理，得到文化部有关领导和专家的高度评价，目前此项工作广东省走在全国前列。为扎实推进“粤剧”申报世界文化遗产成功的履约工作，制定“粤剧表演艺术的数字化建设”方案，通过运用先进的计算机技术、人体工程技术，对传统戏曲表演（动作和唱腔）进行数字化采集分析，建立传统戏曲标准化数据仓库，为各学科研究介入提供数字化标准，实现传统戏剧从感性研究传承到量化理性研究传承的跨越。省文化厅与中山大学合作制定“非物质文化遗产保护年度报告”课题方案，通过搜集全省非物质文化遗产信息和典型案例，实地调查和深入分析，形成具有较高学术价值及实践指导价值的调查报告——“年度报告”，为保护工作开展提供依据。省文化厅积极推进省非物质文化遗产展示中心的建设步伐，开展各项前期筹备工作，起草建设方案和项目建议书，组织召开选址及建设规模专家论证会，就建设用地和建设规模等进行论证，形成共识。

【非物质文化遗产展示、展演活动】

2010年，省文化厅组织全省优秀非物质文化遗产项目，参加第六届中国（深圳）国际文化产业博览交易会，5个地级市19个参展单位47个非物质文化遗产项目参加展演活动。广东剪纸11位代表性传承人、34件剪纸艺术精品，赴陕西省西安市参加“人类非物质文化遗产代表作名录——中国剪纸艺术展”。挑选广州玉雕、象牙雕刻、广彩瓷烧制技艺、陶瓷微书、石湾陶塑技艺、阳江漆艺、端砚制作技艺等9位工艺美术大师，赴北京参加“巧夺天工——中国非物质文化遗产百名工艺美术大师技艺大展”活动。7月28~8月1日，广东省20多项非物质文化遗产名录项目参加上海世界博览会“广东活动周”，精选了国家级、省级非物质文化遗产名录项目近300件珍贵实物进行展览，组织40多名国家级、省级项目代表性传承人及工艺美术大师进行现场制作，5天活动观众达10万余人次。为表现广东活态非物质文化遗产的博大精深，组织430人的庞大踩街巡游队伍，在上海世博会园区进行广东非物质文化遗产踩街巡游，吸引观众达40万余人次。10月，组织广彩瓷烧制技艺等16个国家级、省级名录项目近百件实物展品，参加文化部在山东济南举办的首届中国非物质文化遗产博览会。11月21日至12月6日，组织参加2010年“BMW中国文化之旅”成果展，广东的瑶族少数民族服饰、潮州木雕和陆丰正字戏等优秀非物质文化遗产名录项目名列其中，向首都人民介绍广东各地风土人情，宣传广东非物质文化遗产保护工作成果。

八、对外和对港澳台文化交流

2010年，广东省对外对港澳台文化交流取得了较好成绩。全省对外、对港澳台双向文化交流达771批、13598人次。其中，出访363批、6528人次，出访足迹涉及29个国家和地区；来访和引进408批、7070人次，规模继续居全国各省区市之首，占全国总量的近1/9。

【出访活动】

1月11日至24日，广东星海现代舞蹈艺术有限公司一行24人赴比利时布鲁塞尔等7个城市演出7场，受到当地主流社会和广大观众的关注和欢迎，得到艺术节组委会和中国驻当地使领馆的高度评价。2月15日至3月1日，广东艺术团一行25人赴留尼旺演出并举办“今日广东”图片展，这是我厅连续六年在春节期间组派艺术团赴留尼旺。2月10日至17日，广东省组派清远市歌舞团、东莞醒狮团一行26人赴巴拿马参加春节慰问华侨演出活动。2月17日至25日，中国对外文化交流协会、中国驻迪拜总领馆和阿联酋迪拜阿维斯文化基金会在阿联酋迪拜举办“中国文化周”，广东省组派佛山市文化广电新闻出版局一行4人，承办“广东佛山陶瓷和现代绘画展”，展出陶瓷、雕塑及绘画作品共100件。4月20日，文化部组派深圳交响乐团和深圳弘法寺僧伽合唱团一行组成“神州和乐”艺术团，在印度首都新德里举办2010年“中国节”开幕式音乐会演出，取得圆满成功；全国政协副主席孙家正、中国驻印度大使张炎、印度旅游部长塞利亚和印度文化委员会秘书长沃尔玛出席开幕式，并以印度传统点灯方式为“中国节”开幕；印度各界友人、华侨华人、留学生及驻印度使馆人员上千人观看演出；中共中央政治局委员、国务委员刘延东向参加中国节开幕式演出的艺术家表示祝贺。5月29日至6月3日，广东省组派佛山陶瓷艺术展在温家宝总理访问蒙古期间赴蒙展出，温总理亲自接见并与蒙方政界人士观看展览。6月7日至20日，广东艺术团一行43人，由省文化厅方健宏厅长带队，赴菲律宾、马来西亚、越南演出，得到驻外使馆和国家文化部的好评。6月17日至30日，在加拿大温哥华市举办“庆祝温哥华——广州缔结友好城市25周年·中国画广州名家作品展”，展出6位广州当代著名画家国画作品60幅。6月29日至7月6日，广州交响乐团一行110人赴泰国演出，取得圆满成功；泰国总理阿披实、泰国公主朱拉蓬分别会见了乐团代表，朱拉蓬公主、泰国文化部长及泰王室成员出席观看演出。7月12日至15日，广东书法家一行18人，赴韩国参加第14届世界书法文化艺术交流展，展出作品49件。7月12日至28日，深圳市南山实验学校24人，赴法国伽纳参加“国际民族民间艺术节”演出活动。9月15日至11月21日，广东美术馆赴蒙古参加“第25届亚洲国际美术展”，参展22件油画、水墨画作品，500本图录。9月1日至12日，广东艺术团一行35人赴日本、韩国交流演出。11月1日至10日，广东省侨青艺术团一行33人，赴澳大利亚、新西兰进行友好访问演出。11月17日至21日，深圳市音协合唱团68人，赴美国参加圣路易斯国际合唱节比赛活动。11月27日至12月11日，广东省副省长雷于蓝率领广州交响乐团一行120人，赴意大利、瑞士、列支敦士登三国参加“意大利中国文化年暨中意建交四十周年音乐会”系列庆祝活动，意大利、瑞士和列支敦士登三国多位议员及当地文化艺术名流出席观看演出，受到当地热烈欢迎。

【来访活动】

3月20日至4月20日，广州博物馆举办“美国水手 Jay Flord Cole 访华日记—美国友人 John Cole Cool 藏品展”，展出美方作品59件（组）。4月10日至5月7日，深圳华·美术馆举办“游走·混沌界——田名網敬一之异想世界”展，展出日本艺术家田名網敬一作品176件。4月28日，深圳音乐厅邀请世界著名乐团——德国斯图加特广播交响乐团举办音乐会。5月，深圳文博会期间，深圳市观澜版画基地举办“粤港澳台两岸四地版画名家邀请展”，展出来自粤港澳台四地共50名画家作品75幅。6月20日至7月11日，广州美术学院邀请港澳学生作品53件参加“与大家同行系列优秀美术作品展”，邀请16位港澳地区院校代表参加展览开幕式。9月9日至15日，广州图书馆举办庆祝广州与温哥华缔结友好城市关系25周年——“温哥华图片展暨白求恩医生美术邮票展”，展出白求恩美术画、记录图片及邮票101件。9月10日至10月20日，广州美术学院与意大利驻广州总领事馆合作，在广州大学城美术馆举办“他乡雪山——云南三江流域老照片”展，展出瑞士圣伯尔纳多修会档案馆图片资料150幅，影像素材2件。10月12日至11月28日，广东美术馆举办“感官拓扑：台湾当代艺术体感测”展，共展出当代艺术作品11组（件）。11月至2011年2月，广州孙中山大元帅府纪念馆同美籍收藏家余翠雁合作，举办“童服里的故事——耐东堂系列藏品展之童服篇”展，展出余翠雁收藏作品104套共355件。12月3日至26日，省文化厅、清远市和连州市人民政府在连州举办“2010连州国际摄影年展”，展出来自美国、法国、俄罗斯、韩国、日本等国家及国内200多名摄影师7500多幅作品，同时举办幻灯片影视、学术研讨会、民间艺术大巡游、文艺晚会、采风摄影和美食嘉年华等活动，反响强烈。12月至2011年1月，深圳画院、深圳关山月美术馆和深圳华·美术馆举办“第七届深圳国际水墨双年展”，来自英国、美国、法国、挪威、丹麦、西班牙、日本、德国19位艺术家及港台地区41位艺术家共73件作品参展。12月9日至13日，第15届广州国际艺术博览会在广州白云国际会议中心举办，来自美国、加拿大、俄罗斯、法国等国家以及我国港澳台地区的知名艺术家及艺术机构参展，吸引了20多万观众入场，交易各类美术作品6000多件，交易金额达到1.1亿元。12月1日至20日，广东华南画院有限公司与朝鲜民艺联合会社合作，举办“朝鲜民艺联合会社艺术品系列展”，展出朝鲜国画、油画作品110件。12月至2011年3月，广东美术馆展出意大利塞布丽娜当代艺术画廊各类“未来主义”艺术流派作品246件。4月5日至6日，德国联邦议院基督教民主联盟和基督教社会联盟党议会党团干事长曼弗雷德·格隆特先生（副部级）一行3人访穗。7月17日至19日，美国西雅图国际儿童艺术节主任委员瑞希尔访粤，促成广东木偶剧团赴美演出。7月，中国国民党荣誉主席吴伯雄一行在穗交流活动，并参观省博物馆。8月，印度尼西亚文化旅游部历史与考古总局局长哈里先生一行6人访粤。11月，塞舌尔文化部长一行访粤。

【粤港澳文化交流】

1月14日，广东南方歌舞团赴海口参加粤港澳文化交流项目之一“紫荆浓情在海南”电视演出活动。2月27日至3月2日，省政府首次组派大型文艺团组赴香港特区、澳门特区进行春茗联艺演出活动。黄华华省长亲自率团，香港特别行政区行政长官曾荫权、澳门特别行政区行政长官崔世安及中央政府驻港澳机构主要负责人出席演出活动。2月，省文化厅颁布省立中山图书馆等省内16家粤港澳文化交流合作示范点。4月，广东省与中央政府驻港联络办文体部、香港文化艺术基金会、香港学校音乐及朗诵协会，共同主办第62届香港学校音乐节粤曲项目大赛优胜者“广东粤曲之旅”交流活动。4月15日至16日，省文化厅与香港民政事务局、澳门文化局，共同召开粤港澳文化合作第11次会议筹备会及粤剧申遗成功后续工作会议，商议确定“粤港澳文化合作第11次会议”日程安排及文化合作建议，落实对联合国教科文组织的承诺，加强对粤剧保护、传承、创作、演出和研究工作。6月24日至25日，省文化厅与香港特区政府民政事务局、澳门特区政府文化局在澳门举办第11次合作会议，签订《粤港澳文化交流合作示范点工作协议书》，确认8个文化机构作为粤港澳文化合作示范点，目前三地示范点达到32家；对珠海市横琴新区和广州市从化广东动漫城建设粤港澳文化产业合作基地进行探讨。7月，省文化厅会同香港特区政府民政事务局、澳门特区高等教育辅助办公室联合主办“2010粤港澳青年文化之旅”活动，来自港澳30多家高校135名大学生先后到澳门、香港、深圳、长沙、岳阳、广州等城市进行参观、交流和培训活动。9月至2011年3月，广州博物馆与香港康乐及文化事务署合作，在香港孙中山纪念馆举办“从同盟会到辛亥革命文物展”，展出作品66件组。9月26日至10月5日，广州雕塑院参加“香港艺术界庆祝中华人民共和国成立61周年国庆大汇展”，在香港中央图书馆展出雕塑作品20件。是年，深圳中英街历史博物馆与香港国民教育中心合作，开展香港青少年“中英街历史文化之旅”活动，组织香港圣公会圣雅各小学、英华女学校、屯门官立中学等30多所学校，近万名中小学生参加活动，对香港青少年了解历史、增强国民身份认同、增添爱国情结起到积极作用。

【对台文化交流】

3月20日至31日，广东话剧院创作排演的话剧《与妻书》赴台湾演出，在台北、台中两地共演出4场，反响强烈，国民党高层高度肯定，台湾观众好评如潮，《人民日报》、中新社、《南方日报》、《羊城晚报》，台湾《中国时报》、《中央日报》纷纷报道，取得良好反响。5月8日至7月13日，广东美术馆赴台湾举办“广东美术馆馆藏当代艺术作品展”，展出作品33件（组）。8月15日至22日，广东文化交流分团300多人，在台湾成功举办“台湾·广东周”大型文化交流活动，观看演出和展览的台湾观众达5万多人次。此次活动是迄今广东省对台文化交流活动规模最大、成果最丰硕和影响最深远的一次。8月20日至29

日，广东佛山工艺美术代表团一行20人赴台湾举办“佛山工艺美术精品展”，展出工艺美术作品80件，获得成功。9月12日至19日，广东艺术团一行35人，赴台湾进行文化交流演出，获得成功。

九、文物保护

【文物普查验收】

2010年，广东省第三次全国文物普查实地文物调查阶段顺利通过国家验收，专家组充分肯定我省第三次全国文物普查取得的丰硕成果，普查数据具有较高的完整性、准确性和科学性。全省共登记不可移动文物3.8万多处，其中新发现超过2.8万处，均排名全国前列。

【文物保护】

2010年，省政府正式公布后沙湾沙丘遗址等49处不可移动文物为第六批广东省文物保护单位。5月，广东省向国家文物局推荐古椰贝丘遗址等45处不可移动文物申报第七批全国重点文物保护单位。广东中山市黄圃镇、仁化县石塘镇石塘村等6座村镇被评为第五批中国历史文化名镇（村）。

【文物保护工程管理】

2010年，省文物局认真组织开展各级文物保护单位保护规划、勘察设计方案的评审工作，完成一批文物保护工程验收。开展佛山祖庙等13项文物保护规划编制评审工作，参加肇庆市城市总体规划等21项城市规划类项目的成果审查，完成国民党“一大”旧址等18家文物保护单位维修方案和15处濒危历史建筑抢险方案编制和论证，完成9项省级以上文物保护工程验收，审核佛山祖庙修缮工程等4家安全防范系统设计方案，验收广东海上丝绸之路博物馆等5家单位的安防系统工程，全省共有18个单位通过第二批文物保护工程资质的评审。

【考古调查与发掘】

2010年，广东省考古资质单位配合基本建设工程进行考古调查、勘探项目16项，考古发掘项目9项。4月至7月，国家水下文化遗产研究中心、广东省文物考古研究所、广东省博物馆联合组成“南澳Ⅰ号”考古队，完成“南澳Ⅰ号”明代古沉船第一阶段发掘任务。4月，广东汕头南澳边防派出所获国家文物局文物保护特别奖。8月，“南海Ⅰ号”整体打捞与保护项目获国家文物局科技创新奖一等奖。

十、博物馆

2010年，广东省共有博物馆186家。其中国有博物馆149家（一级博物馆3家，二级博物馆11家，三级博物馆14家，未定级博物馆119家），民办博物馆21家，行业博物馆16家。

【博物馆惠民工程】

2010年，省博物馆新馆、南越王宫署、东平典当博物馆和各级各类博物馆免费开放机制长效稳固，以加强未成年人和普通民众服务为重点，提供更加人性化和服务设施和项目，社会反响较好。全省免费开放博物馆达132家，每年吸引观众2000余万人次，成为全省公共文化服务重要阵地之一。全省共举办基本陈列1458个，临时展览951个，参观总人数30237000人次，其中未成年人8791000人次。“流动博物馆”网络覆盖全省，广东流动博物馆已制作巡回展览43个，成员单位74家，全省举办展览207场次，总参观人数高达578多万人次。省文化厅与省旅游局共同制定《广东国民文化旅游休闲实施方案》，开展首批文化旅游示范单位评选工作，评选出包括广东省博物馆、佛山祖庙等在内的39家示范单位。

【馆藏文物数据库建设】

9月，广东省馆藏珍贵文物完成了数据采集和入库工作，珍贵文物数据72899条、文物影像数据共计388637张，存储总量达1000GB，逐步建立和完善省级文物数据库中心机房，目前文物数据库中心机房基本达到国家文物局要求。

十一、文化设施建设

2010年，广东省文化设施建设取得令人瞩目的成就。4月12日，广东友谊剧院改造工程顺利竣工；5月18日，省博物新馆举行2010年国际博物馆日中国主会场活动暨广东省博物馆新馆开馆仪式；12月30日，广东省立中山图书馆举行改扩建一期工程竣工暨开馆仪式。

【广东省博物馆新馆】

广东省博物馆新馆位于广州市新城市中心——珠江新城中心区南部，总用地面积4.1万平方米，地下一层，地上五层，总建筑面积66980平方米，总投资88420万元。省博物馆新馆自5月18日开馆，截至12月31日，共接待观众152.8万人次，开放日均观众近8000人次，新馆已成为接待国内外嘉宾的重要文化活动场所。新馆建筑和陈列展览获得各级领导、中外专家和广大观众的好评，取得显著的社会效益。

【广东省立中山图书馆改扩建工程】

广东省立中山图书馆创建于1912年，位于广州市文明路。2003年广东省立中山图书馆改扩建工程正式立项，总投资5亿元，总占地面积6.8万平方米，总建筑面积10.4万平方米，整个工程分两期进行建设。广东省立中山图书馆改扩建一期工程总投资32865万元，总建筑面积78815平方米，于12月30日举行竣工暨开馆仪式。

【广东省友谊剧院】

省友谊剧院位于广州市人民北路，建于1965年，剧院在上世纪80年代曾进行了局部装修改造。2005年，友谊剧院被列为广东建设文化大省的重点文化项目。项目总投资10000万元，建筑总面积为13472平方米，建设内容包括中央大厅改造、舞台改造、办公用房及地下室车库等。改造工程于2009年3月正式动工，2010年4月竣工。改造后的友谊剧院可容纳观众1288人，已先后接待了“九艺节”、全国杂技（魔术）比赛和亚运会及亚残运会文艺表演等国家级重大文艺演出任务。

广西壮族自治区

2010年，广西壮族自治区文化系统在中共广西壮族自治区党委、广西壮族自治区人民政府的正确领导下，全面贯彻落实党的十七大和十七届三中、四中、五中全会精神及自治区党委九届六次、十次、十三次会议精神，坚持以邓小平理论和“三个代表”重要思想为指导，深入贯彻落实科学发展观，按照高举旗帜、围绕大局、服务人民、改革创新的总体要求，全区文化系统干部职工抢抓机遇争主动、突破重点带全局、狠抓落实求实效、提高能力谋发展，办成了大事、办好了喜事、办妥了难事，全区文化建设成效显著，亮点频现，在改革创新中焕发出新的活力，在跨越发展中呈现出又好又快的繁荣发展局面。

一、加大文化设施建设力度，大力实施文化惠民，公共文化服务供给能力得到提高

大力开展和谐文化建设在基层活动，自治区专业院团服务基层演出6679场。自治区图书馆“八桂讲坛”超过200期，听众超过5.3万人。大力实施基层文化骨干培训大行动，积极举办文化致富工程专项培训班，共培训人员1540多名。深入开展千团万场群众文化活动，河池的“乡村文化大世界”、南宁市江南区的“百姓小舞台·和谐大社会”、梧州市的“璀璨广场”、钦州市的“欢乐田园”、临桂县的“唱红歌迎国庆”等群众活动红红火火。实施文化惠农工程，建设乡镇综合文化站209个和村级公共服务中心500个。完成共享工程18个县级支中心、325个乡镇基层服务点和9123个村级服务点设备安装调试工作。积极争取到国家文化专项资金7373.2万元，用于建设共享工程12个县级支中心、4574个村级基层点和192个乡镇综合文化站配置共享工程设备、业务设备以及为849个城市社区文化中心和活动室、街道文化站配置设备。命名了永福县、东兰县为自治区级社会文化先进县。广西壮族自治区图书馆、北海市少儿童图书馆入选全国全民阅读示范基地。玉林市图书馆被评为一级图书馆。

二、大力开展基层文化活动，不断满足群众文化需求，艺术创作生产演出喜获丰收

着力打造广西气派舞台艺术精品工程，大力实施本土名星培养计划，举办第四届广西青年演员大奖赛、第二届广西彩调艺术节、第一届广西舞蹈青年演员大奖赛和广西杂技魔术比赛，有324个剧节目、64个参赛单位（剧团）、近1000名选手参赛。精心备战第九届中国艺术节、第十三届文华奖评选，音乐剧《桂花雨》获文华大奖特别奖和剧作奖及舞台美术奖、《壮锦》获文华奖优秀剧目奖。壮剧《天上的恋曲》获第二届少数民族戏剧会演银奖、入选2009～2010年度国家舞台艺术精品工程年度资助剧目。2010年，上海世博会广西活动周文艺演出获得极大的成功，吸引观众40多万人次，60多家媒体进行了全方位报道，创造了世界最大壮锦、世界最长板鞋的世界吉尼斯纪录，深受领导赞扬和观众好评。积极备战第15届群星奖评奖，全区有10个节目、项目入围，柳州市的“柳江之夏”，河池的“楼上楼下”、“哪嗬咿嗬嗨”，贺州市客家小戏《仙姑岭茶歌》、《瑶族蝴蝶歌》，桂林市的“漓江之声”，北流市“激情广场”，南宁市的“绿城歌台”等8个节目、项目获奖。百色市右江区舞蹈《瑶依朵》参加第七届全国“四进社区”文艺展演、入选10个现场展演节目，并在中央电视台播出。自治区群众艺术馆的小品《一袋玉米》获全国小品比赛金奖，苗族尼呐哩《偷秋》、瑶族乐春鼓《诺言》分获第四届全国少数民族曲艺展演一等奖、三等奖和最佳作品奖。河池市女子合唱团获文化部、重庆市人民政府举办的中华红歌会长江杯奖。金城来宾市的《四个老奶逛新村》获全国首届农民艺术节精萃奖。桂平市金凤凰合唱团在第10届中国合唱节暨第二届星海国际合唱节”比赛中获混声合唱铜奖。贵港市荷之灵合唱团参加第六届世界合唱比赛获民谣组银奖、老年合唱团参加全国第二届艺彩杯中老艺术展演获合唱组金奖。防城港市选派的京族哈妹组合在全国青歌赛上进入了原生态唱法单项决赛比赛、获得团体优秀奖。

三、坚持一手抓保护、一手抓利用，优秀传统文化得到弘扬，文化遗产保护利用取得新进展

按照“保护为主、抢救第一、合理利用、加强管理、传承发展”的方针，坚持一手抓保护、一手抓利用，文化遗产保护工作取得新成效。一是文物保护利用成效明显。桂林靖江王府及王陵、甑皮岩遗址列入第一批国家考古遗址公园立项名单。北海市入选国家历史文化名城，南宁市江南区杨美村入选国家历史文化名村，公布第一批自治区历史文化名镇5个、名村12个。继续推进博物馆、纪念馆免费开放工作。加大了左江岩画申报世界文化遗产力度。制定和实施自治区人民政府关于建设百家博物馆的意见，自治区第一家私人博物馆——柳州票证博物馆正式登记注册。编制了连城要塞和友谊关等文物保护规划。柳州市、藤县文物普查队获第三次全国文物普查实地文物调查阶段先进单位。二是非物质文化遗产保护利用成效显著。制定《广西非物质文化遗产保护工作平台建设规划（2010～2015）》。重点推进桂林市桂剧传习基地等10个自治区级非物质文化遗产传习基地建设。完成广西“非遗”专场晚会“八桂风谣”晋京调演。举办了文化遗产日5周年系列活动。组织评审第三批自治区级非物质文化遗产名录，自治区级名录从107个项目、133个保护单位增加到215个项目、252个保护单位。批准设立了自治区级河池铜鼓、百色壮族文化生态保护区。桂平市反映“非遗”内容的报告文学《“瑶族经书”手抄传奇》获国家级立项扶持。自治区图书馆制作的《广西民国人物》数字资源入选国家图书馆数字资源征集项目。三是古籍保护工作扎实推进。全区有17部古籍入选第三批国家珍贵古籍名录，桂林图书馆、柳州市图书馆入选第三批全国古籍重点保护单位。完成了第二批自治区珍贵古籍名录和自治区古籍修复中心的申报工作，以及第一批广西珍贵古籍名录图录编纂工作。

四、大力推进项目建设，积极搭建发展平台，文化产业加快发展

以贯彻落实国家文化产业振兴规划为切入点，编制和实施广西文化产业发展规划，把文化产业作为重要的千亿元战略产业和新的经济增长点来培育，推动文化产业成为国民经济支柱性产业，加快转变文化产业发展方式，积极改造传统文化产业，努力发展新兴文化产业，优化文化产业结构和布局，继续发展演艺娱乐、工艺美术、节庆会展、文化旅游、动漫游戏等重点产业，培育一批文化产业龙头企业。继续做大做强《印象·刘三姐》项目，该项目2010年演出451场、观众113.143万人次、销售收入12150.45万元。组织推荐第四批国家文化产业示范基地申报工作，广西钦州坭兴陶艺有限公司入选第四批国家文化产业示范基地。命名广西金壮锦文化艺术有限公司等7家企业、单位为第三批自治区级文化产业示范基地。重点推进广西文化产业城、刘三姐演艺城、老南宁等重点项目建设。按照做优做强一批、招商建设一批、策划储备一批，编制了有近70个项目进入的广西文化产业项目库。大力推进演艺产业发展，不断加强文化与旅游及其他行业的结合，扩大文化消费。联合自治区有关部门下发《关于金融支持广西文化产业振兴和发展繁荣的指导意见》，与国家开发银行广西分行签署战略合作协议和《广西文化产业发展规划合作协议》，举行金融机构与文化企业项目对接会。举办2010中国—东盟文化产业论坛、全区文化产业规划研讨班和全区文化系统文化产业投融资项目落实工作培训班。

五、坚持监管繁荣并举，服务水平和监管能力得到提高，文化市场繁荣规范有序发展

加快推进全区文化市场综合执法改革发展，

会同自治区党委宣传部等部门下发了《关于加快推进全区市县（市、区）文化市场综合执法改革的实施意见》（桂宣发〔2010〕68号），积极推进设区市、县（市、城区）文化市场综合执法改革的实施。开展了元旦、春节文化市场专项整治行动、平安世博文化市场专项保障行动、公共文化经营场所安全大检查行动和打击网吧接纳未成年人为重点的文化市场“护苗”专项整治行动以及暑假期间文化市场监管专项行动、文化市场交叉执法检查行动。2011年，全区共出动稽查员24.95万人次，检查经营场所24.94万家次，受理举报1526件，立案调查1454件，办结案件1206件，收缴非法音像（电子）出版物43.07万张，罚款309.75万元，责令整改2056家次，停业整顿263家次，取缔242家，吊销经营许可证6家。加快推进全区网络监管平台的建设，柳州、梧州等4个设区市初步建成文化网络监管平台。大力加强文化市场与旅游业的结合，《印象·刘三姐》、《梦幻漓江》入选国家首批文化旅游演出类重点项目名录。柳州市文化局、桂林市文化局、南宁市文化新闻出版局等被评为2010年全国文化市场综合执法先进单位，来宾市文化新闻出版局获2010年全国文化市场重大案件及办案单位，广西壮族自治区文化稽查总队被评为2010年广西壮族自治区“扫黄打非”先进单位。

六、抓项目搭平台拓途径，区域文化合作格局不断完善，广西对外文化交流日益活跃

围绕中国—东盟自由贸易区的建成和中国—东盟博览会的举办以及《广西北部湾经济区发展规划》的实施，服务于国家布点广西北部湾，着力打造与之相适应的文化交流贸易平台，全面提升对东盟文化交流合作水平。制定和实施广西与东盟全面开放合作10项专项行动计划之一的《广西与东盟文化合作行动计划》。在南宁建立了中国—东盟文化交流培训中心。组团参加了赴韩国、赴泰国“欢乐春节”活动，承办文化部第五期“10+3”文化人力资源开发合作研讨班广西部分活动，赴印度参加中印建交60周年演出活动。组织广西艺术团携《魅力广西》随自治区政府主要领导赴越出席广西与越南边境四省联合工作委员会第三次会晤并顺访越南演出活动获得成功。组织广西少数民族服饰参加第七届新加坡文化遗产节展出。举办中韩（梧州）艺术交流活动周暨第七届中韩国际艺术展。南宁市粤剧团参加2010年新加坡艺术演出获得成功。崇左市、防城港市边境地区文化交流活动日益活跃。博白县杂技团延续对外商业性演出优势，收入70多万元。桂港澳台文化交流日益活跃，2010年广西赴港澳台演出项目总数10个，组织广西文化艺术交流演出团携新版歌舞剧《刘三姐》、杂技剧《快乐的小雪猫》随自治区代表团赴台举办“2010年桂台经贸合作论坛”文化交流演出活动引起了轰动，受到了自治区党委书记郭声琨等广西代表团成员及台湾各界群众的好评。成功举办了“情系八桂——两岸文化联谊行”活动。新华社、《人民日报》、中央电视台等两岸16家主流媒体广泛关注，文化部给予了高度评价，认为“活动策划精心，安排周密，文化内涵丰富，嘉宾反响强烈，达到了以文化促情谊的预期目的”。文化部领导李洪峰专程来桂出席会议并讲话。来宾市赴港举办的“魅力来宾·风采八桂”演出引起轰动，《香港大公报》、《香港商报》、香港亚洲电视台等香港主流媒体予以高度关注。

七、大力加强党风廉政建设、人才队伍建设，积极稳妥推进文化体制改革，依法行政能力得到提高

加强党的建设和党风政风建设。以建设学习型机关、党组织为契机，积极开展“党组织建设年”、“创造争优”活动，着力加强党组织建设和提高党员干部素质。形势宣讲、强基惠农 、“结对共建、先锋同行”、学习型家庭、和谐文化服务行等一系列服务活动成效明显。积极推进党风廉政建设，开展“学习廉政准则、促进廉洁从政”主题教育活动。清理了规章制度220个，查找出廉政风险点62个，妥善处理群众信访举报27件次。

积极稳妥推进文化体制改革。广西壮族自治区演出公司改革方案已经自治区人民政府第批准，目前正有序实施。注销广西文化音像出版社。全面推进全自治区国有文艺院团的整体改革，自治区杂技团转企改制有序推进，对组建广西地方戏曲院团进行前期调研、制定方案并组织专家进行论证。积极推动市县院团改革发展。

加强文化人才队伍建设。按照自治区“三定”方案要求，落实和理顺了自治区文化厅机关职能落。制定了《2010～2020年广西壮族自治区区直文化系统领导班子后备干部队伍建设规划》、《广西壮族文化艺术人才培养规划（2011～2020年）》，出台了《广西壮族文化艺术人才培养传帮带工作指导意见》。举办有800多人参加的6个门类的培训班。

提高文化依法行政能力。积极开展文化法制宣传教育活动。清理规范性文件20件，组织实施全区文化市场行政执法绩效考评和评估。总结全区文化系统“五五”普法依法治理工作，启动广西壮族自治区文化系统“六五”普法规划编制工作，自治区文化系统“五五”普法工作和依法行政工作被自治区评为优秀。积极参与《广西壮族自治区国民经济和社会发展第十二个五年规划》编制工作。牵头编制自治区重点专项规划《广西壮族自治区文化发展“十二五”规划》，组织制定《广西壮族自治区文化系统文化发展“十二五”规划》，为“十二五”时期广西文化改革发展布局谋篇奠定了基础。对《广西壮族自治区文物保护管理条例》进行了修改。

海南省

一、文化艺术

【文化基础设施建设】

海南省歌舞剧院顺利落成并投入使用，结束了海南没有标准化剧场的历史。9月28日，省委常委、宣传部长、副省长谭力，海南省文化广电出版体育厅厅长范晓军共同为海南省歌舞剧院揭牌。当晚，“海岛欢歌”海南省歌舞剧院惠民演出季启动仪式暨首场演出在省歌舞剧院举行。省歌舞剧院自2008年3月动工，至2010年9月顺利落成，历时2年多，工程总建筑面积约25000平方米，投资总额2亿多元，是海南省专业艺术生产、交流、演出基地和面向大众开放的艺术活动、学习、辅导中心。剧场近1300个座位，可以满足大型歌舞晚会、戏曲、音乐会等演出需求，同时兼具其他演出和会议功能；剧场入口的市民文化广场可承办万人露天演出、公益集会等大型活动。

全省乡镇综合文化站建设顺利推进，截至12月，已基本完成全省乡镇综合文化站建设任务。

完成全省文化信息资源共享工程建设任务，截至2010年12月，全省22个共享工程市县支中心、204个乡镇和2554个行政村基层服务点全部建成并投入使用，实现了“村村通”。

【群众文化活动】

4月至9月，中共海南省委宣传部、省文化广电出版体育厅在万宁市、五指山市、乐东县、定安县、昌江县联合举办海南省第10届东西南北中广场文艺会演。本届广场文艺会演有70个节目参加比赛，海口市代表队表演的舞蹈《凤凰涅槃》等13个节目获一等奖，陵水县代表队表演的苗族舞蹈《田棚细语》等21个节目获二等奖，定安县代表队表演的琼剧选段《狗衔金钗》等16个节目获三等奖，白沙县代表队表演的黎族山歌剧《黎山恋歌》等32个节目获创作奖；五指山市、万宁市、乐东县、定安县、昌江县等5个市县获得组织工作奖。

5月30日至6月5日，在全省普遍开展了“图书馆宣传周”、“图书馆服务进社区”、“全民读书月”等图书馆宣传系列活动，组织开展图片展览，新书目介绍，演讲会，读书征文，服务进社区、进军营等宣传活动，建立“流动图书点”，取得了良好的社会效益。

6月12日，省文化广电出版体育厅、省民族宗教事务委员会在省博物馆联合举办海南省第二届黎族织锦大赛，参赛选手61人，共评出一等奖3个，二等奖6个，三等奖9个，优秀奖43个，组织工作奖9个。

8月14日，省文化广电出版体育厅、省民族宗教事务委员会和2010年中国海南七仙温泉嬉水节组委会在海口人大会堂联合举办“黎风古韵，锦绣海南”大型黎族服饰文化秀场，展示黎族服饰100多套，是目前海南参演规模最大、服饰展示最全的一次黎族服饰表演。

9月26日，省文化广电出版体育厅、陵水黎族自治县人民政府在陵水县城联合举办2010年海南省“群艺大舞台”走进陵水大型文艺演出，演出各类文艺节目15个，受到当地群众的热烈欢迎。

【艺术创作演出】

修改提升现代琼剧《下南洋》。经再度修改加工的《下南洋》，主人公“文昌”在南洋命运遭际的主题得到强化；舞美的戏曲化、地域化进一步突显。

创作演出纪念海南解放60周年文艺活动——大型庆典文艺晚会“丰碑”和大型合唱音乐会“向着太阳”。作为纪念海南解放60周年系列文艺活动的姊妹篇，大型庆典文艺晚会“丰碑”和大型合唱音乐会“向着太阳”分别于4月29、30日和5月5日晚在海口市人大会堂盛大演出。以舞台艺术形式展现了海南人民的革命史、创业史、改革开放史，引起强烈社会反响，受到领导、专家、观众的广泛赞誉，大大鼓舞了全省人民继承革命传统、弘扬特区精神、投身国际旅游岛建设的热情。

隆重举办“海岛欢歌”惠民演出季。由中共海南省委宣传部指导，省文化广电出版体育厅和海口市人民政府主办，海口市文化广电出版体育局、省文化体育公园管理中心、海南中视文化传播股份有限公司承办的“海岛欢歌”惠民演出季于9月28日至12月26日在省歌舞剧院隆重举行。在3个月的时间里，省内外20多个文艺院团和演出单位轮番上演39场优秀的剧目（节目），惠及观众4.8万人次，给海南民众带来了一系列免费的文化大餐。

成功举办琼剧名家名段唱腔比赛和琼剧器乐比赛。由中共海南省委宣传部、省文化广电出版体育厅共同主办，省戏剧家协会、省琼剧基金会、南海网协办的海南省琼剧名家名段唱腔比赛和琼剧器乐比赛于12月上旬举行。比赛分专业组、业余组和少年组，吸引了众多选手参赛和观众观赛。通过比赛，展示了琼剧独特的艺术魅力，起到了传承琼剧艺术，发掘琼剧优秀人才，锻炼琼剧队伍的作用。

【2010年上海世博会“海南活动周”文化演艺活动深受好评】

由省歌舞团表演的大型原创歌舞诗《海南岛》，省群艺馆组织的“海南故事”展演展示活动，海口市艺术团演绎的风情歌舞《椰风海韵》，三亚市艺术团表演的《魅力国际旅游岛》欢乐大巡游等文艺表演，以歌舞、声乐、器乐的形式，精心演绎了海南优秀的民族民间民俗文化和传统艺术之美。在非物质文化遗产传习区进行的海南非物质文化遗产传习展示，挑选了海南最具代表性的人类急需保护的非物质文化遗产项目“黎族传统纺染织绣技艺”，以及民间美术和技艺类项目进行作品展览，并安排代表性传承人和民间艺术家现场演示工艺和绝技，为世博观众展示和演绎了富饶厚重、美丽浪漫、发展前进的海南，宣传了海南的生态、历史、人文和建设国际旅游岛的美好前景。

【文化下乡】

全省文化部门共计完成送戏下乡1300多场，送书下乡230万册，送电影下乡20000多场，惠及农民群众60万人次，超额完成全年文化下乡任务，推进了基层文化事业发展，促进了农村精神文明建设。其中，海南省歌舞团先后到澄迈、琼海等市县（驻军部队）演出歌舞节目23场，观众15万人次；海南省民族歌舞团先后到三亚、万宁、陵水等8个市县、部队巡回演出24场，观众近13万人；海南省琼剧院赴海口、文昌、琼海等6个市县为农民群众演出380场，观众30万人次；省电影公司组织全省各级电影公司赴基层为农民群众放映电影20000多场，深受欢迎；海南省新华书店送书下乡110多万册（含有偿）。

【全国图书馆评估定级】

全省有3个图书馆被评为二级图书馆，9个图书馆被评为三级图书馆，海南省上等级图书馆占比60%。

【文艺获奖情况】

省琼剧院创作的现代琼剧《下南洋》参加第九届中国艺术节演出，荣获第13届文华优秀剧目奖、剧作奖，第九届中国艺术节表演奖。

参加全国第15届“群星奖”比赛，黎族山歌剧《黎山恋歌》，舞蹈《黎乡雨趣》、《迎亲》，群众文化活动项目“海南省东西南北中广场文艺会演”荣获“群星奖”项目奖，陈良、孙冰获“群文之星”称号。

省民族歌舞团创作排演的舞蹈《三亚郎典打柴舞》，参加第八届中国民间艺术节暨第九届中国（大同）云冈文化艺术节，获银奖。

省文化艺术学校创作排演的舞蹈《椰香》参加第七届中国舞蹈“荷花杯”校园舞蹈大赛艺术院校组比赛，获表演铜奖。

选送黎族山歌剧《黎山恋歌》参加文化部、天津市人民政府举办的全国第二届“新农村、新文化、新风貌”小品展演，获得优秀作品奖（最高奖）并受邀赴天津参加展演。

选送9幅剪纸作品参加中国非物质文化遗产保护中心与陕西省文化厅共同举主办的“人类非物质文化遗产代表作名录——中国剪纸艺术展”，获二等奖1个，三等奖1个。

选送2支优秀红歌队参加文化部、重庆市人民政府举办的中华红歌会，获得2枚银牌，这是海南省首次派遣队伍参加全国红歌会比赛。

选送海口市离退休干部歌舞协会合唱团参加第12届中国老年合唱节比赛，获得红帆杯。

【文艺人才培养】

完成本年度文化馆专业干部及业余文艺骨干培训任务，共举办琼剧、舞蹈、书法、摄影、美术、剪纸、非遗传承人等10个培训班。

琼剧人才培养工作持续推进。省琼剧院老艺人符致椿收青年演员张昌义为徒；举办首期琼剧传承人表演培训班；老艺术家李桂琴、梁家樑被批准为省级琼剧非物质文化遗产传承人。

艺术培训基地建设取得成效。海南省文化艺术学校与海南广播电视大学合作办学，成立“海南广播电视大学艺术学院”，填补了海南省文化艺术学校琼剧专业大专学历教育空白。“海南省琼剧艺术教育示范基地”、“海南省文化艺术行业培训基地”、“海南省职业教育艺术设计实训基地”、“海南省第八十一国家职业技能鉴定所”在海南省文化艺术学校挂牌成立。

二、文化遗产

【非物质文化遗产保护工作】

“非遗”保护体系建设有新的进展。起草完成“黎族纺染织绣技艺”保护5年规划；完成全省“非遗”普查数据统计汇总工作。有6个项目通过国家级非物质文化遗产项目评选；完成第二批省级非物质文化遗产项目传承人评审，有65人被评为省级非物质文化遗产传承人。征集珍贵的清代龙被、黎族五大方言区传统男、女服饰、用品、工具等100多件。

展览展示工作亮点不断。组织参加中国（济南）首届非物质文化遗产博览会，深受欢迎。“黎锦技艺”应邀赴青海省西宁市参加第三届青海国际唐卡艺术与文化遗产博览会，其精湛的织造技艺、浓郁的海岛特色广受好评。协助举办海南首届工艺美术精品展。组织举办2010年海南岛欢乐节非遗保护项目展示。与省图书馆、海口市教育局联合主办“黄海桃、黄小娜、李海琼三人剪纸雕画展览”。

宣传交流工作成效显著。成功举办“中国文化遗产日”系列活动开幕式以及各项活动，为全省非物质文化遗产工作的顺利开展营造了良好的氛围。协助中央电视台拍摄电视纪录片《黎之锦》，天津电视台摄制电视纪录片《黎族风情》，上海电视台拍摄黄道婆相关资料。派员到英国、肯尼亚和圭亚那参加欧盟“东南西北四国菱形文化能力建设与传播”项目的文化遗产保护研讨与考察。

【文物保护工作】

完成天后宫保护修缮设计方案、琼山城墙修缮方案、崖城古城文明门修缮工程方案、儒符石塔修缮方案、溪北书院、秀英炮台等方案编制工作。推动有关市县完成或启动五公祠拜亭维修、东坡书院载酒亭维修、文笔塔维修，海瑞墓安防、中共琼崖一大旧址安防、文昌孔庙维修，张岳崧故居维修等文物保护工程；推动海口骑楼老街、文昌骑楼老街等保护规划编制和法规建设工作；编制完成东坡书院、儋州故城保护规划；开展海瑞墓、五公祠保护规划编制；完成第七批全国重点文物保护单位申报工作，全省共推荐22处文化遗产申报第七批国保；完成本省文物保护项目及经费需求“十二五”规划；文物保护经费大幅度增长，其中国家级文物保护经费增至1270万元，省级文物保护经费增至80万元；完成海南省文物浏览和古城三维仿真系统建设，此系统是全国首个基于这种技术平台的全省行政区域的文物保护数据系统，获文化部“文化遗产”2010年度盘点十大文化实践之一；举办海南省文化遗产日活动；协助国家文物保护基金会举办文化遗产万里行活动。

【文物保护机构建设】

根据《国务院关于推进海南国际旅游岛建设的若干意见》，着手南海博物馆、省博物馆二期、南海水下文化遗产保护中心、南海水下考古基地的前期研究，先后多次修改、调整有关南海博物馆、省博物馆二期以及南海水下考古基地的项目功能需求分析，“两馆一中心一基地”的设想得到了省和国家的项目支持，其中国家水下文化遗产保护中心、国家南海水下考古基地项目分别列入国家“十二五”文化遗产保护规划，国家南海水下考古基地项目可行性研究报告编制完成；经国家文物局批准，完成“国家文物局进出境海南审核管理处”机构方案编制。

【考古调查与发掘】

按照项目性质和法律明确权限，组织有关单位先后完成洋浦30万吨级原油码头及配套储运设施工程、海南液化天然气（LNG）站线项目、海口美兰国际机场二期扩建工程、新建西环铁路项目等基本建设中的陆地考古工作；完成文昌铺前大桥项目水下考古工作；开展洋浦成品油保税库项目用地海域部分及陆地部分考古工作；为做好定安老县衙重修工作，开展定安老县衙遗址的全面揭露工作，为定安老县衙重修方案设计提供科学依据；完成2010年西沙水下考古工作和环海南岛水下文物调查工作，共调查登录水下文化线索82处，确定水下遗存42处，首次在西沙发现了元代青花外销瓷；委托海南省琼海市渔民对南沙群岛我方控制海域进行初步调查，取得水下文物遗存线索9处，获得了该区域第一手水下文化遗产资料；参与国家水下文物保护“十二五”规划编制工作。

【文物普查】

按照国务院的部署，按时保质保量完成第三次全国文物普查实地调查工作，全省第三次全国文物普查共登记不可移动文物4405处，其中新发现3042处，复查1363处；登记消失文物179处，通过国家文物局验收；海南省定安县文物普查队获第三次全国文物普查实地文物调查阶段突出贡献集体表彰、陈贻爱等4个人获第三次全国文物普查实地文物调查阶段突出贡献个人表彰；配合国家文物局完成文物普查百大发现资料申报工作；在海南日报组织专版宣传全省文物实地调查成果。

【博物馆】

协调完成财政部、中宣部、国家文物局组织的海南省博物馆、纪念馆免费开放调研工作，至2010年，全省有各类博物馆、纪念馆29家，其中有19家文化文物部门归口管理的公共博物馆、纪念馆列入国家免费开放名单，还有一批博物馆、纪念馆自行向社会免费开放。2010年度全省文物陈列168个，展览69个，参观148万人次，门票收入89万元；完成全省馆藏文物调查及数据库管理系统建设项目，一级文物报国家文物局审核，二、三级文物报国家文物局备案。其中一级品81件，二级品239件，三级1325件。

三、文化市场

2010年，全省有文化市场各类经营单位1755家。其中：互联网上网服务营业场所（网吧）1001家，比上年减少26家；娱乐场所（含歌舞厅和电子游戏场所）711家，比上年增加111家；艺术表演团体26家，比上年减少13家；演出经纪机构6家，比上年增加2家。另有艺术表演场馆4家，经营性互联网文化单位5家，艺术品经营机构2家。在综合治理方面，2010年全省共出动检查执法人员42121万人次，检查各类文化经营场所32634万家次，立案调查1288宗，受理举报452次，查处违法经营单位624家，收缴非法音像制品20.5万张，非法书报刊6709册，罚没款1895660元。

【开展网吧专项整治行动】

针对网吧监管不力，问题突出等严重情况，先后组织开展了“护蕾”行动、“春风”行动、“清风”行动等三次专项整治行动，全省共检查网吧9323家次，查处违规网吧305家，其中责令停业整顿23家、吊销“网络文化经营许可证”28家，罚款85.2万元。网吧整治取得突出成效，网吧接纳未成年人等现象得到有效遏制。

【加强网络化、信息化建设】

启动全省文化市场综合执法办公系统、网吧视频监控系统、文化市场执法网、12318举报投诉受理中心等信息工程建设。截至目前，文化市场执法网、12318举报投诉受理中心已经正式开通，执法办公系统和网吧视频监控系统正在按计划进行，并已取得实质性进展。

【修改和完善基本制度，优化执法部门内部结构和用人机制】

根据文化部《关于加强文化市场综合执法制度建设的通知》精神，逐步完善和推行了四类18项基本制度，并根据当前工作需要，重新调整内设机构，明确工作职责，促进队伍科学化、正规化建设上台阶。

【积极推进全省文化市场行政执法改革】

5月，省委宣传部、省编办、省文化广电出版体育厅联合下发《关于贯彻中宣部等五部门〈关于加快推进文化市场综合执法改革工作的意见〉的实施意见》，为推进《实施意见》的落实，省文体厅下发了《关于落实文化市场行政执法机构改革工作几个具体问题的通知》，推动了改革的顺利进行。

【充分发挥社会监督作用，提高监管力度和效能】

全省共受理举报电话225个，其中关于网吧的举报180个，占80%，查实122个，占举报总数的68%。

四、文化产业

10月，省委、省政府出台了《关于加快推进文化改革发展的决定》，明确了“一区三带九重点”的发展格局，对全省文化产业发展的空间布局、发展重点等进行了规划。省文化广电出版体育厅与海南6家金融企业签订了《文化产业发展战略框架协议》，搭建投融资平台。

【文化高新技术产业发展取得成效】

7月14日，由省文化广电出版体育厅主办，香港浸会大学电影学院等机构承办的“2010海南（香港）文化体育娱乐产业发展交流会”在香港举行。海南省政府及企业代表、港方嘉宾、专业客商及传媒共100余人参加了会议。海南航天主题公园2010年10月开工建设，海南生态软件园动漫创意产业基地、海南省动漫产业基地、三亚海螺姑娘创意文化园不断完善，海南文化高新技术产业竞争力逐步得到提升。

【全省营业性演出发展势头良好】

全省各类营业性演出5717场，营业总收入4330万元。其中，通过演出经纪机构举办的演出营业收入2032万元，同比增长29%；利润总额768万元，同比增长60.8%。

五、对外文化交流

海南省对外和对港澳台文化交流共有137项1395人次，其中出访21项，来访116项，与新加坡、韩国、菲律宾、俄罗斯、美国、法国、我国港澳台等40多个国家和地区进行文化方面的交流往来。对外、对港澳台文化交流总量比2009年同期分别增长66%和80%。成功承办“上海合作组织成员国文化部长第七次会晤”等国际会议和活动。

重庆市

2010年是“十一五”收官之年，也是重庆市文化建设“任务落实年”和“发展提速年”，全市文化广电系统广大干部职工深入贯彻落实国家以及重庆市关于文化建设的一系列重大决策部署，改革创新，抢抓机遇，锐意进取，高质量完成各项工作任务，取得了新进展新成效，为“十一五”划上圆满句号。

一、坚持建设与管理并重，公共文化服务质量提高

【文化基础设施建设加快】

建成重庆川剧艺术中心，国泰艺术中心、自然博物馆建设步伐加快，新开工建设重庆国际马戏城和重庆市群众艺术馆新馆。全市新建或改扩建文化馆、图书馆44个。建成乡镇综合文化站145个，在建32个。完成乡镇综合文化站设备配置383个。利用城市建设配套费建成主城9区街道文化中心40个。

【群众文化活动异彩纷呈】

成功承办了首届中华红歌会，来自全国63支队伍共3000余人参加，红歌会主题突出、参与面广、规模宏大、水平精湛，深受人民群众喜欢，深得社会各界好评，增强了传唱红歌的吸引力和影响力。全年开展大型红歌演唱会500余场次，参与人数840万人次。成功举办“红五月”红色经典剧目展演、第二届全市社区红歌大赛、“施光南音乐广场社区红歌月月赛”电视红歌大赛等大型系列“唱读讲传”活动，以及全市第二届小品大赛、第四届乡村文艺会演、第十四届三峡艺术摄影联展、元旦春节期间“送文化下乡”等一系列重大群众文化活动，丰富了广大市民的精神文化生活。万州三峡库区移民文化节、垫江县牡丹文化旅游节、巫山县红叶文化旅游节、巫山县巫文化旅游节、潼南县菜花文化旅游节等区县也举办了特色节庆活动，充分展示了浓郁的地域文化。全市群众文化共荣获各类国家级奖项43个。

【公共文化服务能力不断提高】

出台了《重庆市公共文化服务单位常规管理

办法》。全市公共图书馆、文化馆逐步开展“免费开放”和“数字化服务”，成为2010年工作新亮点。举办了“4·23读书活动”、“重庆市图书馆服务宣传周”、“少儿爱心图书接力服务”、“重庆图书馆抗战漫画展”、农民工法律知识讲座等一系列读书活动、知识讲座、展览200多场次，直接参与达1000余万人次。电影惠民服务实现了每个行政村全年放映电影12场次、农村义务教育阶段中小学生每学年观看6场电影的目标，全市共放映电影18万余场次，观众达5165万人次。

二、狠抓内容生产，创作、展演、交流整体提升

【精品创作喜获丰收】

创作排演京剧《金锁记》、舞剧《邹容》、音乐剧《城市丛林》、话剧《乡村公园》、川剧《风雨女人路》等剧目，深度打磨话剧《河街茶馆》、《三峡人家》，杂技剧《花木兰》，川剧《鸣凤》。在第六届全国话剧优秀剧目展演活动中，《河街茶馆》获得特别奖，《三峡人家》获得二等奖。川剧《李亚仙》、话剧《三峡人家》夺得13届“文华奖”8个奖项和“九艺节表演奖”3个奖项，无论获奖数量还是获奖等次都实现了重大突破。国画《江山清风》、油画《黑山谷系列15》、版画《独木之舟》等10件美术作品入选“中国风格·时代丹青——全国优秀美术作品展览”。

【专业文化活动提升形象】

成功承办第六届全国话剧优秀剧目展演、中国西部交响乐周。举办2010第二届中国西部动漫文化节，有力提升了重庆的文化形象。世博会“重庆文化活动周”精彩亮相上海滩，受到俞正声、薄熙来等领导的充分肯定。举办了重庆市首届钢琴比赛、重庆市第二届舞蹈比赛、第五届中国·重庆国际标准舞全国公开赛等一系列重要专业演出活动。专业文艺院团开展“唱读讲传”演出10台30场，观众总人数达8.6万余人次，并实施渝州大舞台城乡文化互动工程，为基层送演出1000余场。

三、加强引导和服务，文化产业发展势头强劲

【重大项目推进有力】

与多部门合力推进重点文化项目建设，解放碑时尚文化城、重庆报业创意产业园、重庆现代印刷包装产业基地、畅快物流等项目累计投入资金30多亿元。新储备项目280个，签订10个，签约资金90亿元。策划重庆文化产业总部基地、文化创意产权交易中心、“重庆摩谷”等市级重大项目。命名首批“重庆市文化产业示范园区”3个、“重庆市文化产业示范基地”20个。商界传媒有限公司获“第四批国家级文化产业基地”称号。全年文化产业增速达到26%，增加值突破200亿元，占GDP比重达3%，贡献率达到3.5%。

【重要行业发展向好】

全市全年举办会展活动376个、展出面积279万平方米、会展创收19.95亿元、参与观众809万人次、拉动消费145.4亿元，同比分别增长32.4%、51.6%、58.3%、53.8%、61.7%。组织企业参加了第六届深博会、宁夏文博会、第五届西博会等产业博览会。主办第二届中国西部动漫文化节，吸引240家动漫企业参展，现场销售2690万元，签订4000万元合作项目。全年新增电影制作公司5家。全市新增城市影院30家，新增银幕133张。全年城市电影放映27.5万余场次，观众人数882万余人次，实现票房2.96亿元，与2009年相比分别增长78%、57%和74%。新增演出经纪机构10家，举办商业演出3783场次，观众411.7万人次，实现票房收益8381.3万元，同比增长15%。

【产业品牌有所突破】

重庆红岩文化产业集团公司挂牌成立。视美动画、享弘数字等4家动漫企业被认定为国家级动漫企业。动画片《魔盒与歌声》等先后向美国等国家和地区出口375集，收益500余万元。杂技《红舞鞋》、《花木兰》等节目先后在美国等10个国家演出900余场次。

四、文化交流新格局逐步形成，文化影响力进一步增强

全年共完成对外文化交流项目214项，其中来访163项，来自30多个国家1020人次，出访51项，495人次，包括美国、法国、埃及、澳大利亚、意大利、德国等20多个国家。

【深化政府交流】

组团赴澳大利亚、埃及和法国，举办“欢乐春节”品牌活动，在美国塞维维尔市举办了“重庆文化周”，是直辖以来到国外举办的规模最大、

线点最多、历时最长的一次文化交流活动。

【广泛开展合作】

联合举办了中美图书馆员专业交流项目、印度电影周、韩国电影展映、中英高端艺术管理培训班、重庆—英国历史建筑保护研讨会、水下文化遗产保护展示与利用国际学术研讨会等国际合作交流项目，与意大利佛罗伦萨市政府签订文化教育合作备忘录，与意大利比萨孔子学院签订合作备忘录。

【拓展商业演出】

全年商演1184场，观众98万人次。文化外贸金额达874万元人民币。重庆杂技团在美国签订5年演出合同，杂技剧《花木兰》赴美国进行为期半年的演出，重庆演艺集团在美国建立海外演出基地。

五、弘扬优秀传统文化，文化遗产保护工作全面推进

【文物保护取得重大突破】

基本完成地面文物保护剩余任务，完成文物保护项目销号工作90%以上。世界第一座水下遗址博物馆涪陵白鹤梁水下博物馆正式对外开放，承办了水下文化遗产保护、展示与利用国际学术研讨会。忠县石宝寨文物保护工程顺利通过国家文物局组织的综合验收。《重庆抗战遗址保护利用总体规划》通过市委、市政府审议，总投资估算28.87亿元。完成重要抗战遗址和革命遗址抢救维修19处，在建9处，规划15处。第三次全国文物普查实地文物调查顺利通过国家验收，共调查登记不可移动文物近3万处。全年配合32项基建项目进行了调查、勘探和文物保护工作，发现文物点42处。完成大足石刻千手观音中期2平方米的修复试验和合川钓鱼城始关门维修工程，启动潼南大佛抢救保护工程。申报第七批全国重点文物保护单位项目74个。

【非物质文化遗产保护呈现良好局面】

入选国家公示第三批国家级非遗名录项目10项。公布了第二批市级代表性传承人129人。编辑出版国家级非遗项目27个。组织非物质文化遗产项目参加中国（陕西）剪纸艺术展、中国非物质文化遗产百名工艺美术大师技艺大展、首届中国非物质文化遗产博览会、中央电视台《民歌·中国》、《魅力重庆》录制等活动。利用文化遗产日在重庆中国三峡博物馆、解放碑等地开展了系列宣传展示、展演活动，取得积极影响。

【博物馆工作成效明显】

全年免费开放博物馆共接待观众1450万人次，同比2009年增加12%。3家民办博物馆实现免费开放，免费开放博物馆达到35家。推出临时展览108个，文博展览下乡31个。重庆中国三峡博物馆顺利通过国家一级博物馆运行评估验收；中国民主党派历史陈列馆、重庆自然博物馆新馆、三峡移民纪念馆，巫山县、奉节县、巫溪县、酉阳县、綦江县等8个博物馆，和涪陵、巫山、万州区域性中心文物库房主体工程完工；开工建设区县博物馆5个。圆满完成馆藏珍贵文物数据库建设。

【古籍保护稳步推进】

完成了一、二级古籍普查任务，启动了三、四级古籍普查任务。重庆42部古籍入选国家第三批《国家珍贵古籍名录》，重庆中国三峡博物馆入选第三批国家古籍重点保护单位。累计列入国家珍贵古籍名录214种，国家古籍重点保护单位4家。公布了第一批《重庆市珍贵古籍名录》611种和第一批“重庆市古籍重点保护单位”12个。

六、突破改革坚冰，文化体制改革不断深化

【文艺院团改革取得实质性进展】

重庆演艺集团正式授牌成立，成功筹办第六届全国话剧展演、上海世博会重庆文化周、西部交响乐周等大型活动，半年实现收入1039万元。重庆艺员管理培训中心启动运行。重庆杂技团、市曲艺团、市越剧团、市演出管理处4家单位“事转企”改革稳步推进；市京剧团、市话剧团划转红岩联线管理中心并实施“事转企”改革。市川剧院、市歌剧院不断优化聘任机制、分配机制，发展活力得到增强。加紧推进区县文艺院团改革。

【经营性文化企业单位改革加快】

市电影公司、市美术公司深度改革稳步推进。文华置业公司提出股份制改造方案。区县电影公司改革有序推进，部分区县取得阶段性成果。

【公益性事业单位改革积极推进】

深化内部机制改革，制订了局属单位领导班子和领导干部年度考核办法，完善了领导班子成员民主推荐制度和竞争上岗制度，全面推行聘用

制。完成3个单位法人治理结构试点相关准备工作。

【全面深化行政管理体制改革】

推行了“一站式办公，一条龙服务”行政审批运行机制，全年共受理行政审批事项936件，无一例投诉或逾期办理的情况。进一步加强行业管理职能，网吧、演出等文化市场管理不断强化，完善了机制体制，构建起管理网络，充实了管理队伍。

七、重要会议、重大事件

【承办第六届全国话剧优秀剧目展演】

4月2日至16日，由文化部、重庆市人民政府主办，文化部艺术司和重庆市文化广播电视局联合承办的“第六届全国话剧优秀剧目展演”在重庆成功举行。本届展演活动是自2007年话剧百年纪念大会暨第五届全国话剧优秀剧目展演活动之后，全面展示近3年我国话剧艺术创新发展优秀成果、推出优秀新剧目的话剧艺术盛会。共组织从全国各省、自治区、直辖市、中直单位及部队申报参加的56台剧目中，评选出23台优秀新创话剧剧目在重庆大剧院等剧场成功演出46场，推出了一批思想性、艺术性和观赏性俱佳，且形象鲜活、内涵丰富、具有独特艺术表现力和感染力的优秀话剧作品，观众近5万人次，票房收入近100万元。展演期间还组织开展了“进社区进校园进军营”活动，举办公益性演出6场次，让5个区县20多个社区和学校的10000多名居民和学生以及2000多名部队官兵免费观看了以话剧为主的高水准文艺演出。通过展演评比，《河街茶馆》获特别奖；《生命档案》、《这是最后的斗争》、《黑石岭的日子》等3部剧目获一等奖；《春雪润之》、《北平·1949》、《红帆》、《喊山》、《一九七七》、《三峡人家》6部剧目获二等奖；《毛泽东在西柏坡的畅想》等13部剧目获参演剧目奖；重庆市文化广播电视局获优秀组织奖。薄熙来、邢元敏、何事忠、谭栖伟等重庆市领导，曾先后数次观看演出。文化部领导对展演活动的组织等工作给予了高度评价。

【重庆成功承办首届中华红歌会】

10月25日至28日，由文化部、重庆市委、市政府联合主办的首届中华红歌会在重庆举行，来自全国31个省、自治区、直辖市，新疆生产建设兵团、解放军总政治部、全国总工会、全国武警总队、香港特别行政区、台湾地区，以及新加坡选派的63支合唱团共3000余人参加演出。活动期间，举行了4场汇演音乐会、中国红色经典歌曲讲坛、红色经典歌曲历史记忆展览和“进广场、进社区、进校园”活动，参加红歌会的各地合唱团队还到重庆部分社区、广场和校园为群众演唱红色经典歌曲。25日晚，中华红歌会在重庆大剧院拉开帷幕，薄熙来、蔡武、黄奇帆等有关领导出席了开幕式，与重庆各界群众一起观看了开幕式音乐会。28日晚，首届中华红歌会闭幕式暨颁奖晚会在重庆大剧院举行。著名艺术家秦怡、傅庚辰、吕远、胡松华、田玉斌、付林、刘青应邀参加了晚会。中华红歌会汇演评奖结果和新歌创作大赛评选结果在闭幕晚会上公布并颁奖。浙江省嘉兴市南湖合唱团等27支合唱团获“黄河杯”，重庆市渝中区教师合唱团等20支合唱团获“长江杯”，江西省歌舞剧院和江西省合唱协会合唱团等15支合唱团获“中华杯”，新加坡艺术之家合唱团获“荣誉杯”。在新歌创作大赛中，10件作品荣获新歌创作奖。中华红歌会举行期间，李长春、刘云山、刘延东、李继耐等领导同志分别发来贺信或打电话，对红歌会的成功举办表示祝贺。

【中国西部交响乐周在重庆成功举办】

12月17日至29日，此次活动由文化部、重庆市人民政府主办，文化部艺术司、重庆市文化广播电视局承办。共举行了七大主题活动，13场交响音乐会，9场交响乐“三进”（进社区、进广场、进学校）演出，以及交响乐发展论坛、红色经典赏析、团长联席会各1场。来自西部10个省区市的12支参演乐团技艺精湛，在卞祖善、许知俊、姜金一等著名指挥家的指挥下，出色地演绎了多部中外交响乐作品。活动期间听众人数累计2万余人次，上座率高达90%以上。展演曲目涵盖国外与国内、经典与新创、组曲与单曲等87首，每场交响音乐会的演出曲目都有一首或多首中外红色经典交响乐。此次演出推出10元至50元的门票占总票数的40%，实现了社会效益和经济效益的双丰收，凸显了“专业性、惠民性、民族性、普及性、思想性”五大特点，成为迄今西部地区交响乐团参演队伍最多、演出规模最大、规格档次最高的一次交响音乐盛会，受到社会各界广泛好评。境内外20多家新闻媒体对活动进行了全方位、多角度、深层次、全过程的宣传报道，媒体刊登和转载稿件1200余条次，扩大了活动的知名度和影响力。

【重庆专业舞台艺术和群众文化在第九届中国艺术节上成果丰硕】

5月10日至25日，重庆参演代表团参加了第九届中国艺术节系列活动暨第15届“群星奖”评选活动，重庆市参评作品捷报频传。在第13届“文华奖”评选活动中，市川剧院的川剧《李亚仙》获文华大奖特别奖，重庆三峡歌舞剧团的方言话剧《三峡人家》获文华奖优秀剧目奖，市川剧院院长、著名川剧表演艺术家沈铁梅获文华表演奖，获奖数量位居全国第五、西部第一。在第15届“群星奖”评选活动中，重庆共获“群星奖”14个，其中作品类8个、项目类3个、“群文之星”3个，获奖数量位居全国第六、西部第三，实现了历史性突破。在“中国风格·时代丹青”——全国优秀美术作品展览活动中，重庆有10幅作品入选，入选作品数量居西南地区第一。

【成功举办上海世博会“重庆文化活动周”展演】

8月12日至16日，上海世博会“重庆文化活动周”以“巴渝风”为主题，通过“巴渝风雅——舞台艺术表演”、“巴渝风情——广场文化展演”、“巴渝风韵——非遗展览展示”、“巴渝风采——民间艺术巡游表演”四大板块，以明快亮丽的格调、激情豪迈的气势、纯净尽美的视听，向世界展示了一幅活色生香的巴渝山水风情画卷，展现直辖以来重庆文化发展取得的巨大成就。其中宝钢大舞台每天2场大型综艺演出，精选了歌舞《太阳出来喜洋洋》、杂技《空竹》、戏曲表演组合《粉墨印象》、二胡组奏《荡调》、歌舞《红梅赞》等优秀节目；在重庆馆，每天3场具有重庆地域文化和民俗文化特征的《黄杨扁担》、《土家摆手舞》、《川江号子》等民族歌舞、原生态表演、组合唱等节目吸引了大批游客驻足观看。中共中央政治局委员、上海市委书记俞正声，中共中央政治局委员、重庆市委书记薄熙来，全国政协常委、中国贸促会会长、上海世博会组委会副主任委员万季飞，上海市市长韩正，重庆市市长黄奇帆等各级领导出席了开周仪式。上海世博会“重庆文化活动周”展演创下了上海世博会开办各省市活动周以来，演出内容最具特色、上座率最高、观众评价最好、媒体报道最多等一系列纪录。

【2010年重庆文化基础设施建设扎实推进】

重大公共文化设施建设与储备同步。建成重庆广电大厦、重庆川剧艺术中心，国泰艺术中心、重庆自然博物馆新馆建设步伐加快，新开工建设重庆国际马戏城和重庆市群众艺术馆新馆。储备了“十二五”新一轮十大文化设施。区县文化馆、图书馆建设发力。全市新建或改扩建文化馆、图书馆44个，目前全市设施建筑面积达到部颁等级馆标准的文化馆有32个、图书馆有36个。乡镇（街道）文化设施建设取得突破。年度建成乡镇综合文化站145个，在建32个，累计建成882个，基本实现全覆盖。年度完成乡镇综合文化站设备配置383个，累计已配置704个。利用城市建设配套费建成主城9区街道文化中心40个，累计建成97个。

【市群众艺术馆新馆开工建设】

6月25日，举行了重庆市群众艺术馆新馆开工奠基仪式，谭栖伟副市长出席典礼。重庆市群众艺术馆于1956年11月成立，是市政府设立的公益性文化事业单位。新馆位于江北区鸿恩寺公园入口处，占地11.65亩，包括剧场、业务用房、综合用房、车库等部分，建筑面积达19996.55平方米，总投资14991.46万元，是重庆市2008～2012年十大公益项目之一，预计在2012年投入使用。重庆市群众艺术馆新馆建成后，将成为全市人民群众的文化艺术活动中心，能更好地服务和满足全市人民的精神文化需求，发展壮大重庆群众文化。

【完善文化产业发展政策】

出台了《关于大力发展微型企业的若干意见》和《重庆市关于促进文化与旅游结合发展的意见》，鼓励发展微型企业，全年累计登记注册文化创意微型企业150家。建立文化产业投融资平台，成立了重庆市文化产业发展信用担保公司，与银行达成100亿元文化产业融资协议，累计为文化企业放贷、担保5000余万元。全年申请国家农村电影补助资金1226万元、国家电影专资扶持资金316万元、国家文化产业扶持资金1030万元；发放全市农村电影专项补贴资金 2767.9 万元。完成全市文化产业项目库，通过互联网对外进行招商引资。

【文化产业示范园区基地与动漫企业认定】

出台了《重庆市文化产业示范园区和示范基地评选命名管理办法》，命名南滨路文化产业长廊、黄桷坪艺术园区、磁器口古镇园区为首批“重庆市文化产业示范园区”，命名重庆洪崖洞城市综合发展有限公司、重庆巴国城文化投资有限公司、重庆市綦江农民版画产业发展有限公司等 20 个为首批“重庆市文化产业示范基地”。重庆商界传媒有限公司获“第四批国家级文化产业基地”称号，全市累计获批国家级文化产业基地 5 个。文化部、财政部、国家税务总局命名重庆视美动画、重庆享弘数字、重庆奇易门动画、重庆漫想族 4 家动漫企业为国家级动漫企业。

【举办 2010 年第二届中国西部动漫文化节活动】

本届动漫文化节 9 月 29 日至 10 月 3 日举行。以“领舞动漫产业、创意快乐节日”为宗旨，“动漫向西游，达人我最牛”为主题，围绕“国际化、品牌化、规模化、顶级化”的目标，开展了动漫创意竞技活动、动漫高峰论坛、动漫音乐会、动漫产品推介等四大类 14 项活动，共吸引国内外 16 个省市和地区的代表团参与，近百位国内外专家学者参与高峰论坛，8 万余人参加活动。Cosplay－Top 榜大赛在南京等 7 个省市设立分赛区，参赛队伍达 360 支，参赛人数 3650 人。优秀动画作品评选中，收到原创动画作品 120 件；高校动漫作品联赛中，收到作品 1200 部。动漫产品展览，展场面积 21000 平方米，展位 306 个，240 家企业参展，展销了动画、漫画、玩具衍生品等 10 大类近万种动漫产品，销售额达 2690 万元。重庆动漫企业与香港、台湾等地区签约合作资金达 4000 多万元。

【提高农村电影放映监控管理水平】

重庆率先采用 GPS 和 GPRS 模块及信息回传技术，实现了农村电影放映数字化监控全覆盖，有效提高了农村电影惠民监管水平。全市有 684 套农村惠民电影流动数字设备安装了 GPS 和 GPRS 模块，建立了监控管理平台，对 39 个区县农村电影放映进行全程监控。通过监控平台，可查看每场次电影放映起止时间、放映地名及经纬度、播放器出厂编号、解码卡号、当前影片播放内容，并可根据需要生成各种统计报表，从而真正实现由被动监控向主动监控方式的转变，实现监控数据的统一管理和资源共享。与此同时，每场次电影放映情况还在村社（学校）进行公示，经村委会（学校）领导签字后，方可凭此到相关单位领取放映补贴，真正确保了“政府购买农村惠民电影服务场次”落到实处。

【重庆市第三次全国文物普查实地文物调查阶段通过国家整体验收】

8 月 4 日至 7 日，国家文物局第三次全国文物普查办公室组织对重庆市第三次全国文物普查实地文物调查阶段进行整体验收。验收组聆听了专题汇报，查验相关资料和数据，对丰都县、涪陵区进行现场抽查、复核，对重庆市三普工作给予了高度评价。第三次全国文物普查实地文物调查期间，全市共出动文物普查人员 832 人，各级财政投入文物普查经费 1944.31 万元，共调查登记不可移动文物近 3 万处，居全国第 12 位；其中新发现 20103 处，居全国第 12 位，占全市不可移动文物总数的 68.3%；复查 9333 处，居全国第 15 位，占总数的 31.7%。

【重庆文化遗产宣传月活动启动】

5 月 18 日至 6 月中旬，为纪念第 33 个国际博物馆日和第 5 个全国文化遗产日，重庆市文化广播电视局（重庆市文物局）举办了以“非遗保护、人人参与”、“文化遗产，在我身边”和“博物馆致力于社会和谐”为主题的文化遗产宣传月活动。宣传月期间开展了 32 项丰富多彩的活动，其中包括 5 月 18 日“国际博物馆日”开幕式，6 月 12 日“文化遗产宣传月”闭幕式；张飞庙、白鹤梁、大足石刻等遗址、遗迹，向公众推出优惠门票；组织开展“走进考古现场”市民互动活动；举办重庆市文化遗产保护成果展暨第三次全国文物普查（重庆）成果巡展等 7 个展览，以及“非物质文化遗产保护工作的现状与发展”、“国际化背景下的博物馆发展理念”等 11 个讲座；拍摄了 2 部文化遗产保护公益广告宣传片，分别在重庆卫视、新闻、移动频道播出 500 余次；发送重庆文化遗产宣传短信 20 万条；印制、发放专题宣传册、张贴画、文化衫、鼠标垫等宣传品1.5万余份；在《中国文物报》、大渝网等18家媒体发布相关消息187次。国家文物局授予重庆市文物局2010年度“文化遗产月”活动组织奖。

【水下文化遗产保护展示与利用国际学术研讨会在重庆举办】

11月24日至26日，由联合国教科文组织、中国文化遗产研究院和重庆市文物局主办的首次水下文化遗产保护展示与利用国际学术研讨会在重庆举办。来自中国、埃及、英国、瑞典等9个国家和联合国教科文组织的80余名专家学者参加了会议，提交了23篇高水平论文。在11月24日开幕式上，国家文物局局长单霁翔做了《从水下考古到水下文化遗产保护》的主旨发言；会议还通过了《加强水下文化遗产保护的重庆建议》。与会专家学者和代表们也分别就水下考古、水下文化遗产展示和出水文物保护等话题进行了交流。与会专家学者参观了世界上第一座建成的水下博物馆——重庆涪陵白鹤梁水下博物馆，对我国水下文化遗产原址保护的成功尝试和水下文化遗产保护理念给予了高度评价。这是中国第一次举办水下文化遗产保护的国际性会议，对各国政府、社会各界水下文化遗产保护工作具有较强的指导意义。

【白俄罗斯文化部第一副部长率国家歌舞团访问重庆】

10月12日至14日，应文化部的邀请，白俄罗斯共和国文化部第一副部长弗拉基米尔·卡拉切夫斯基访问重庆。重庆市文化广播电视局局长汪俊与卡拉切夫斯基副部长亲切会见，介绍了重庆的历史文化和近年来在经济、文化建设方面取得的成就，并邀请白俄罗斯优秀的艺术团体参加2011年第三届重庆文化艺术节。卡拉切夫斯基副部长表示白俄罗斯以跟中国这样的友好国家做朋友而感到自豪，他将会积极推动白俄罗斯与重庆在各方面的合作与交流。卡拉切夫斯基副部长所率领的白俄罗斯国家歌舞团是应文化部和上海世博会邀请，在北京、上海、重庆3个城市进行访问演出。访问期间，卡拉切夫斯基副部长参观了世界文化遗产大足石刻、重庆中国三峡博物馆、重庆大剧院，还接受了重庆媒体记者的专访。

四川省

2010年，四川全省文化系统广大干部职工认真贯彻落实党中央国务院的总体部署，紧紧围绕文化科学发展这个主题，抓住加快文化发展方式转变这条主线，服务全省工作大局，坚持解放思想，改革创新，抢抓机遇，全面提速，各项工作取得显著成效。

一、舞台艺术

【坚持精品战略，艺术创作取得新成果】

实施创作滚动计划，一批舞台艺术精品脱颖而出。省川剧院《巴山秀才》入围2009～2010年文化部国家舞台艺术精品工程资助剧目，省人艺创演的音乐剧《未来组合2008》荣获第13届文华优秀剧目奖。省川剧院川剧《夕照祁山》、省歌舞演艺有限公司《青城》、省曲艺团的《美丽新家园》、四川艺术职业学院《娥加美》等剧目创作跃上新水平。同时各地依托特色地域民俗文化，挖掘优势资源，倾力做实做强文化品牌，成都市的川剧《燕燕》、《马前泼水》，综艺歌舞《情系玉树》，宜宾市的川剧《槐花几时开》，甘孜州的歌舞《变迁之路》，自贡市的杂技剧《天上的街市》，攀枝花的大型现代川剧《望月坪》，南充市的歌舞剧《相如长歌》，广元市的歌舞《蜀道风》，广安市的川剧《杨汉秀》等剧目的成功创演，彰显了市州文化内蕴和创作实力。

【坚持服务大众，文化民生取得新成效】

纪念抗震救灾文艺创演，唱响感恩奋进主旋律。省文化厅先后开展了“9·29”、“庆祝新中国成立61周年暨大型感恩奋进群众歌咏大会”、“感恩奋进大家唱”、“文化情暖巴蜀”、“感恩奋进我来说故事”等14项系列活动，全省感恩奋进专场演出和群众文化活动达万余场。同时，以“千里驰援·爱洒四川”为主题，省直文艺院团组织多支文艺小分队在元旦春节期间深入灾区基层，开展慰问演出，行程2000多公里，演出30多场，观众达数万人次，丰富了广大基层群众的文化生活。

重大赛事和艺术活动交相辉映。先后成功举办了第二届成都国际非物质文化遗产节、2009年四川国际文化旅游节、第10届中国西部博览会、天府四川宝岛行、第六届全省少数民族艺术节、四川省第12届戏剧小品比赛、祝贺魏明伦从艺60周年等重大活动，进一步锻炼了队伍，提高了水平，扩大了影响，拓宽了领域。

特色文艺活动影响深远。上海世博会“四川周”文化活动，着重以“美、新、奇、大”等特点集中向世人展示四川文化，特别是丰富多彩的民俗文化，创造了四川赴外地演出人数最多、内容最丰富和影响最大的文化活动新纪录。同时，随着“一市（州）一品”战略的实施，各地举办的西部民歌节（阆中）、嘉陵江合唱节、川北灯戏节、康巴艺术节、彩灯文化节、国际火把节、甘孜州庆祝建州60周年等重大文化品牌活动相映生辉，充分彰显了地域主题文化。

大力加强美术建设，打造巴蜀画派。先后举办了中国山水画学术邀请展暨中国山水文化高峰论坛、四川省舞台美术成果展览暨舞美发展论坛、“‘四川依然美丽’——全省美术展”、“戴卫书画艺术展”和成都画院建院30周年晋京展等主题展览。组织省诗书画院著名书画家赴台、澳开展书画交流，举办专题展览，“巴蜀画派”在海内外影响进一步扩大。

二、社会文化

【大力加强公共文化服务体系制度设计研究与示范区（项目）建设】

根据文化部6月25日在重庆召开的“国家公共文化服务体系制度设计研究工作会议”要求，四川省文化厅省积极开展公共文化服务体系制度设计研究工作，争取到两个国家一级课题，是承担课题数量最多的省份之一，国家批准成都、攀枝花作为课题承担单位和试点区，开展课题研究和“示范区”建设，按照文化部确定的“专家对课题、课题对省份、省份对专家”的工作机制，注意上下联动，做好课题、专家、主研单位的对接工作。7月至8月，国家公共文化服务体系制度设计研究专家组副组长、北京大学李国新教授，国家公共文化服务体系制度设计研究专家组成员、北京市人民政府文化顾问冯守仁教授，国家公共文化服务体系制度设计研究课题组成员、北京大学中国教育财政科学研究所所长王蓉教授分别到四川成都、攀枝花等地进行调研，通过实地走访、现场观摩、召开座谈会等形式，课题组专家对我省基层公共文化服务体系建设的先进经验和有益举措给予了高度评价，并结合调研中发现的问题提出了一些列措施和建议，为四川省下一步开展课题研究工作与示范区（项目）建设奠定了良好的基础。

【积极参加重大文化活动，提升群文活动水平】

5月10日至25日，中国艺术节“群星奖”比赛在广州隆重举行，社文处联合省文化馆认真筹备、积极组织、多方协调，为四川省各参赛代表团提供最大的便利，确保以最好的状态参加比赛。最终经过激烈角逐，由社文处精心组织选送的话剧小品《大年三十》、哑剧小品《陌生的朋友》、古筝合奏《岷江随想》、歌曲组合《朵洛荷》、群舞《彝寨鼓韵》、少儿清音《开学第一天》、小品《英雄》7个作品获作品类“群星奖”；甘孜州丹巴嘉绒藏族风情节、成都市文化金牛大擂台、攀枝花市大地书香新农村家园工程、成都市龙泉驿市民艺术学校、绵阳市绵竹年画节5个项目获得项目类“群星奖”。此外，四川省攀枝花市图书馆馆长谭发祥、成都市青羊区文化馆音乐干部李昭、成都市龙泉驿区文化馆馆长曾远敏、武警四川总队政治部业余演出队演员王迅等4人被授予“群文之星”称号。获奖数量居西部第一位，全国第五位，获奖作品从创作到演出全部来源于基层，产生于群众，获奖节目生动鲜活，具有浓郁的生活气息，展现了群众旺盛的艺术创造力，展示了群文大省的实力。

【开展文化惠民活动，丰富群众精神文化生活】

为贯彻落实中宣部、文化部“三下乡”的部署和省委省政府“丰富节日文化活动，满足群众文化需求”的精神，社文处组织省文化馆、省图书馆、省音乐舞蹈研究所、唐古拉风艺术团开展“文化送欢乐·同心建家园——情系军营、感恩援建文化慰问活动”，让民族地区驻军部队、地震重灾区援建人员及人民群众过上欢乐祥和的节日。该项活动深入到基层灾区、板房社区、居民安置点、远赴高寒地区少数民族聚居的汶川、理县、阿坝、红原、马尔康、康定、甘孜、道孚、北川等10个县市举办慰问演出11场。还为灾区和民族地区群众送大米25000斤、油5000斤，为灾区学生赠送书包2000个，为阿坝州捐赠藏羌文化发展研究基金30万元，为甘孜州捐赠民族团结进步基金30万元；省文化馆赠送年画、版画、楹联18000份，省图书馆赠送各类图书20000册，省音乐舞蹈研究所送红歌光碟10000套。与此同时，社文处还积极组织省文化馆、省图书馆参加省上每年开展的“三下乡”暨“科技大赶场”文化活动，为基层送去彩电、音响、年画、春联、各类丛书及科技光碟资料。在中宣部、中央文明办、教育部、工业和信息化部、文化部等五部门实施的“绿色电脑进西部”活动中，争取到8000台电脑，协同省文明办等单位一起赠送给基层学校、文化站、文化活动中心，专项用于建设青少年绿色上网场所和基层干部群众浏览互联网的公益性网络平台，为基层干部群众带来了实惠。

【开展“感恩·奋进”活动，提供精神动力支持】

11月4日上午在四川科技馆前门广场隆重举行四川省“感恩·奋进”文化系列活动启动仪式，仪式由省文化厅厅长郑晓幸主持，省委宣传部副部长朱丹枫代表主办单位讲话，省四大班子领导向宣传、出版、广电、文化等活动部门的领导各授以免“感恩·奋进”活动红旗，并向现场群众赠送“感恩·奋进”惠民大礼包。随着省四大班子领导共同触摸“电子离子静电球”，“感恩·奋进”文化系列活动正式启动。此次活动将持续到2011年5月份，通过组织“感恩·奋进”大家唱百万群众歌咏活动，“四川更加美丽——四川美术书法名家优秀作品展”，“美好新家园”文化列车大型文艺惠民活动等系列文化活动，切实增强“感恩·奋进”主题文化活动的影响力、感染力。

【抓好县级数字图书馆推广工作，推动农村文化资源便捷化】

3月24日，“县级数字图书馆推广计划”灾区援建仪式在四川省北川县举行。此次援建行动将向50个汶川地震极重灾区、重灾区、对口支援县推送1TB的数字资源，内容包括：《百年守望》、《馆藏故事》、《文明与创造》等视频资源；《前尘旧影》、《年画撷英》等图片资源；近年出版的5000种电子图书和200种人文社科类电子期刊等书刊资源；21万余条政府公开信息数据；反映社会主义现代化建设成果的五大专题网络信息资源；使老百姓足不出户即可享受到丰富的文化资源。

【加强古籍保护工作力度　第一批珍贵古籍名录】

为彻底解决我省古籍保护工作所面临的困难和问题，加强全省古籍保护队伍的建设，健全古籍保护工作的运行机制和协调机制，全面推进四川省的古籍普查工作。社文处加强指导与协调，5月6日上午，四川省古籍保护工作专家组第一次会议在成都杜甫草堂博物馆顺利召开。此次会议宣布四川省古籍保护工作专家组的成立；审议即将报送省人民政府审批，由省古籍保护中心编撰的《第一批四川省珍贵古籍名录》送审稿。7月23日，省政府办公厅正式发布《四川省人民政府办公厅关于公布第一批四川省珍贵古籍名录的通知》（川办函〔2010〕135号），公布了四川省第一批珍贵古籍名录373部，有力促进了我省古籍保护工作地开展。

三、文化产业

【抢抓机遇，加速推进灾后文化恢复重建】

2010年是四川文化产业灾后恢复重建“三年任务两年完成”目标实现的关键年。为顺利完成任务，省文化厅以抓文化产业灾后恢复重建项目建设为中心，以抓文化产业灾后恢复重建项目集聚为着力点，以抓文化产业灾后恢复重建生产和服务能力为己任，努力培育重点文化产业企业，着力打造一批高水准、规模化、具有示范效应的文化产业项目。按照《四川省汶川地震灾后恢复重建规划项目实施计划（中期调整本）》（川发改投资〔2009〕1225号）文件，四川省列入生产力布局与产业结构调整的文化产业项目共计62个，规划项目总投资18.8亿元。截至2010年底，开工项目57个，开工率93.5%，完工项目39个，完工率68.4%，完成总投资15.5亿元，占总投资的81.9%。到位中央基金4.6亿元，地方配套资金1.31亿元，对口援建资金1.29亿元，融资8.2亿元。与同期相比，2010年四川省灾后重建工作开展快速有序，目前已基本进入项目建设收尾阶段，初步估计明年第一季度所有文化产业灾后恢复重建项目将全部完成施工建设。

四川省文化厅唯一一个省直管文化产业项目灵岩山文化产业园灾后恢复重建现已全面开工建

设，预计2011年3月完成主体工程，2011年5月将全部竣工。

【铸造经典，上海世博会“四川周”文化活动精彩纷呈】

根据党中央“倾全国之力办好世博会”的要求和省委省政府部署，省文化厅承担了2010年8月17日至21日上海世博会“四川周”文化活动全部工作。围绕“天府四川·熊猫故乡”主题，充分发挥文化资源优势，通过《美丽四川》女子舞蹈专场、《千壶醉茶》情景表演、《蜀风神韵》民族民间广场表演、《天府四川·熊猫故乡》巡游表演、《西蜀天工》传习展示、开幕式氛围营造六大板块，充分展现了“四川欢迎您、四川感谢您”和“四川依然美丽”的风采，得到了广泛的赞誉和好评。

据上海世博会组委会统计数据表明，“四川周”文化活动期间，共有62万人次游客参与各类文化活动，各类相关新闻报道超过5000条。经上海世博会组委活动部评比，“四川周”文化活动排名全国第二，巡游全国第一，受到组委会、广大参观者一致好评。四川省文化厅产业处被党中央、国务院授予全国先进集体光荣称号。

【狠抓项目，加快推进文化产业集聚发展】

6月，文化部相继发布了《文化部关于加强文化产业园区基地管理、促进文化产业健康发展的通知》和《国家级文化产业示范园区管理办法(试行)》，将文化产业基地、园区建设提高到一个重要战略地位。为贯彻落实文化部指导精神，以打造具有四川特色的重大文化产业项目与文化品牌为目标，大力推进文化产业集聚发展，促进文化产业基地、园区建设，对文化产业示范基地、园区给予高度重视和大力支持，通过基地、园区建设推出了一批重点文化企业、优秀文化产品和文化品牌，形成了具有较强带动效应的区域文化产业发展态势。省文化厅从全省22个省级文化产业示范园区中筛选出凉山文化广播电影电视传媒有限公司、羌族文化生态保护体验区、绵竹年画民俗文化产业园等5家省级示范基地，报请文化部命名为国家级文化产业示范基地，12月9日凉山文化广播电影电视传媒有限公司被文化部命名为国家文化产业示范基地。

目前，省文化系统文化产业集聚已基本形成，概括起来为“1223”，即：藏羌彝文化产业走廊；国家动漫游戏产业（四川）振兴基地和中国移动（四川）无线音乐基地两个基地；成都东村文化产业园、灵岩山文化产业园、羌族文化生态体验产业园、九寨沟文化产业园、观音文化产业园、绵竹年画民俗文化产业园等23个文化产业园（区）。

【加强扶持，推动文化产业壮大发展】

2010年，省文化厅认真开展文化产业品牌扶持资金评审工作，共扶持文化产业品牌项目38个，安排资金348万元。品牌扶持资金对文化演艺产业、与高科技结合的文化创意产业和民营文化企业予以了重点扶持。在一定程度上解决了部分文化产业品牌项目的资金问题，同时也激励了文化企业锐意进取的积极性，对推动文化产业发展，打造特色文化产业和文化品牌企业起到了重要作用，为发展建设具有四川特色的优势文化品牌打下了基础。

【狠抓落实，着力推进动漫游戏产业健康发展】

为给四川省动漫游戏业搭建展示推广、交流合作和交易共享平台，先后率四川动漫游戏企业赴杭州参加第六届中国国际动漫节、赴上海参加第六届中国国际动漫游戏博览会。成功举办2010首届西部成都动漫游戏文化节，积极推介四川本土动漫游戏新成果，仅2010首届西部成都动漫游戏文化节签约金额就达126亿元。为把四川动漫游戏产业做大做强，召开动漫企业认定工作培训会、动漫游戏企业交流合作座谈会等活动，邀请四川本土多名优秀的原创漫画作者举行“成都原创动漫作者座谈会”，积极探索“动漫游戏化、游戏动漫化”的新型动漫游戏发展模式，多种途径推动四川省原创动漫产业的发展，2010年全省共有5家动漫企业通过认定。

四、对外文化

【以重大活动为龙头，增强四川文化影响力】

2010年，全省文化系统围绕“加快推进文化恢复重建和加快文化强省建设”，以开放、务实、可持续的方式开展对外交流与合作，四川对外文化工作得到很大提升，出现文化交流与文化贸易齐头并进的可喜局面。截至10月底，全省审核审批对外文化交流项目198项。文化产品贸易额超亿元，除传统彩灯和工艺品传统项目外，涌现了一批如吉胜、精锐、精英等优秀的软件外包企业，承接国际文化产业转移，形成外包服务与原创相结合。在组织和实施重大文化交流过程中，调动省相关部门、市州及文化企业广泛参与，形成全省对外及对港澳台的交流合力，构建文化产品“走出去”的平台。

5月22日，由四川中华民族文化促进会、成都市非物质文化遗产保护中心、自贡市彩灯艺术协会、台湾财团法人沈春池文教基金会、台北市中山纪念堂共同主办的“天府四川宝岛行”重要活动之一的四川·成都大庙会在台北市中山广场隆重开庙。中国国民党副主席蒋孝严先生及夫人，四川省政府副省长黄小祥，中国国民党中央委员会秘书长张荣恭，台湾民意代表许舒博、简东明，四川省文化厅厅长郑晓幸、四川省文化厅机关党委书记李兆权、四川海峡两岸交流促进会副会长钟远超、台北中山纪念馆馆长郑乃文，台湾财团法人沈春池教基会副董事长严隽泰等川、台两地嘉宾及100多位台湾社会文化名流出席了开幕式。蒋孝严、黄小祥在开幕式上致辞。截至23日下午5时，此次大庙会共接待参观市民22.5万人次，售出各种庙会产品共计新台币150余万元，合计人民币30万元。拍摄报道的岛内外媒体多达30余家，有关的宣传报道及电视、电台专访栏目千余篇。23日晚，省委书记刘奇葆，国民党副主席曾永权，省委常委、成都市委书记李春城等冒雨视察大庙会。党组书记、厅长郑晓幸，党组成员、机关党委书记李兆权陪同视察。

【积极引介国际艺术经纪机构来川选组优秀演展产品】

6月和7月，分别成功向新西兰亚新艺术基金会和美国西雅图国际艺术节推荐成都木偶皮影和川剧《火焰山》等剧目。10月，澳大利亚艺术经纪机构代表团访川观摩节目，初步表示了与乐山歌舞剧院现代舞、省歌“天姿国乐”民乐演出、省川剧院《火焰山》和四川木偶皮影等剧目的合作意向。推动澳大利亚阿德莱德艺术节、新西兰亚新基金会等与自贡相关灯展企业建立合作联系。

【鼓励文化企业建立交流渠道】

要求外向型文化企业配备外语人才，建立营销渠道，自主拓展海外市场。省川剧院《镜花缘》夏季再度赴欧商演3个月；省歌舞剧院“天姿国乐”团自2009年成功赴美巡演后再次分别赴美和赴日巡演；自贡杂技团与台湾高雄关帝庙再签2012年演出协议；自贡灯贸公司7月赴韩展览合约金额420万美元，并于11月赴美商业展览2个半月；成都市川剧院赴日本参加戏剧节和达州杂技团赴港演出等都与当地邀请方建立了稳定的合作关系。

五、文化市场

【文化市场繁荣发展】

截至12月底，全省文化市场演出、娱乐、网络文化市场经营总额为302亿元。其中，娱乐市场全年主营收入约105亿元，营业总面积319万平方米，增长58.5%。；网吧市场经营收入75亿元，认定连锁网吧13家，在网吧总量没有增加的情况下，全省计算机终端数达69万台，比2009年增加7万台，规模化成效显著；动漫游戏企业产值30余亿元，出口超过1亿元，有2家动漫企业落户成都，新增原创项目15个。演出市场共举办各类营业性演出4万余场，其中涉外涉港澳台演出2700余场，艺术品市场活跃，举办各类艺术品展览上千场，艺术品出口约5亿元。

【深入推动文化市场规模化、品牌化、连锁化发展】

规范游艺娱乐场所设立和示范点建设，引导全省游艺娱乐市场健康发展。按照省文化厅、省公安厅、省工商行政管理局《关于进一步加强游艺娱乐场所管理的通知》和省文化厅《关于实施游艺娱乐场所2009～2010年总量与布局规划的函》的有关精神，举办全省游艺娱乐场所设立试点工作现场会，组织现场参观并围绕游艺娱乐场所设立进行现场培训，以示范引导游艺娱乐场所建设，规范游艺娱乐场所的设立和行政审批，推进游艺娱乐场所示范点建设，确保审批一家监管一家的目标。所有新设立的游艺娱乐场所均安装由省文化厅、公安厅制定统一标准的视频监控系统并与管理部门联网，实现远程监控。

全省歌舞娱乐场所6700家，2010年新设立247家，就业人员10.2万人，上缴税金4.15亿元。娱乐场所营业总面积319万平方米，较2009年的200万平方米增加119万平方米，增长58.5%。新设立游艺娱乐场所105家，新增面积10.2万平方米，新增15319机台，投入3.07亿元。

开展网吧连锁企业认定管理工作。按照文化部推进网吧连锁发展的精神，支持和引导非连锁经营网吧向连锁业态发展，促进全省网吧市场向连锁化、品牌化、规范化发展，积极开展网吧连锁企业认定管理工作，并草拟了《关于推进全省网吧规模化、连锁化发展工作的通知》和《四川省网吧连锁企业认定管理暂行办法》，制定了发展网吧连锁工作机制和优惠政策。2010 年，在网吧总量没有增加的情况下，全省计算机终端数达到了 69 万台，增加了 7 万台，规模化成效显著。通过稳步实施网吧连锁化发展，推动了网吧市场向规范化、主题化、特色化发展。

促进艺术品市场发展。支持艺术品展览活动，审批通过并指导举办电影《指环王》相关艺术品进口美术展；在第 11 届中国西部国际博览会期间主办中国西部文化（文物）艺术品展销会，一个主会场和 6 个分会场同时展出，着力打造成都“艺术之城”；加强与省工商局沟通和合作，开展全省艺术品市场企业摸底调查工作，并联合工商、公安、商务部门开展艺术品、文物拍卖市场专项整治工作，建立全省艺术品、文物拍卖公司名录；开展全省工艺美术品市场基本情况调研工作。

演出市场持续健康发展。演出密集、内容丰富多样、全方位发展、品牌优势突出是四川省演出市场发展的特点。不但演出数量多，且除了中心城市成都的演出市场发展势头迅猛外，宜宾、自贡、南充、达州、资阳、内江、泸州、绵阳等二级城市演出市场发展势头良好。以四川省演出展览公司、成都演艺集团有限公司等为代表的品牌演出经纪机构，不但组织承接了我省绝大部分大型演出，还积极向周边省市拓展业务；以九寨沟演艺群、音乐剧《金沙》、大型藏族原生态歌舞乐《藏谜》等为代表的旅游演出进一步促进了文化与旅游的融合。

【开展文化市场行政许可执法大检查和文化市场专项整治】

7 月至 11 月，省文化厅、省公安厅、省工商局联合下发了《四川省游艺娱乐场所专项整治行动方案》，在全省开展游艺娱乐专项整治行动，着力解决游艺娱市场无证照经营活动，严查游艺娱乐经营场所设置具有赌博功能的机型、机种，收缴其违法所得和赌博机具，进一步规范游艺娱乐市场经营管理秩序。同时，还明确了省文化厅、公安厅、工商局经常性管理工作中的各自职责及任务，建立起了常态下的会商机制、联合执法机制、信息通报机制。

2010 年，共办结涉及全省 13 个市州的 19 件举报案件，其中娱乐场所案件 11 件、网吧 7 件和演出事件 1 件，经过督办、移交市州查办和电话及书信回复等多种方式调查和回复，所有举报案件均事事有调查，件件有回复。对涉及学校周边 200 米内的网吧 2 家进行搬迁，对违规设立娱乐场所 6 家联合工商部门予以取缔，对扰民的娱乐场所 1 家予以整改限时经营，7 家转营酒吧业务，对涉违规表演 1 家娱乐场所予以吊销证照，对群众政策理解有误上访案件 5 件（4 件网吧案件、1 件演出案件）进行政策解释、多方调解并已得到妥善解决。

六、公共图书馆

【数字图书馆和文化共享工程持续发展】

完成了 2007 年度文化共享工程县级支中心 53 个县的建设任务；2008 年度，文化共享工程县级支中心 48 个县的建设工作，完成政府采购公开招标阶段并对各县级支中心主机房、电子阅览室、综合加工室等场地装修、强（弱）电配备等方面的培训及设备安装、调试工作；羌族数字图书馆工程已进入软件平台招标、资源签约等工作；康巴藏族影视资源译制项目在实施过程中；完成对基层支中心的培训计 6 次，培训人员达 859 人；完成共享工程服务 6 次，下发光盘 3000 多张；继续实施“县级数字图书馆推广计划”；在全省范围内已建成 15562 个文化信息资源共享工程各级服务点，四川省数字图书馆平台向全省 181 个县开通，初步形成覆盖全省市、州、县及乡、镇、村的五级公共文化服务网络，服务人群已达 900 余万人，受到国家管理中心和各省级分中心的一致好评。

【古籍修复、普查及抢救工作】

完成入选《第三批国家珍贵古籍名录》馆藏元刻本《南史》、稿本《西洋杂志》等书修复；帮助四川师大完成入选《第一批国家珍贵古籍名录》的明嘉靖刻本《明伦大典》的修复工作；加强古籍修复室的建设，加大投入购入所需设备。

完成四川省《第三批国家珍贵古籍名录》申报古籍的组织、审定、上报工作。共计 40 余种古籍入选《第三批国家珍贵古籍名录》；组织省图书馆、四川大学图书馆、四川师范大学图书馆三馆文献参加《全国珍贵古籍文献特展》；派员参加国家古籍保护中心举办的古籍普查工作培训；组织完成《第一批四川省珍贵古籍名录》文献的审定、编纂及撰写工作；完成馆藏孤本、清初刻本《水浒叶子》的整理、影印工作。完成对馆藏《天府早报》、《德阳日报》、《凉山日报》等5种现报的前期整理、补缺及著录工作。拍摄《天府早报》、《成都日报》、《德阳日报》、《凉山日报》、《内江日报》等5种现报计52卷，22854拍/1143米，其中优质品48卷21005拍/1050米；合格品4卷，1849拍/93米；优质品率占92%，合格品占8%，圆满完成了任务。

【图书馆学会成立30周年】

1月，四川省图书馆学会成立30周年暨四川省图书馆馆长新春联席会在成都三圣花乡举行。四川省文化厅党组书记、厅长郑晓幸，省文化厅党组成员、副厅长泽波，省文化厅党组成员、纪纪委驻厅纪检组长孙舒亚等领导出席会议。来自全省21个市（州）、4个重灾区的公共图书馆馆长和成都部分高校、科研、党校系统图书馆馆长110余人参加了会议。3月，组织“中美图书馆员文化交流培训班工作”，236名学员参加了培训。9月，举办《中国图书馆分类法》（五版）培训班，参加培训的学员达150余人。协调召开图书情报协作网年度工作及学术交流会议。召开四川省文献影像技术协会2010年会暨学术研讨会。承办第12次全国图书馆学期刊工作研讨会，来自45家图书馆学期刊编辑部计70名代表参加会议。这些活动的开展，有力地促进了图书馆行业的交流与学习。

七、博物馆事业

【流动博物馆越走越远】

四川博物院“大篷车”流动博物馆自2月10日成立以来，认真践行“文化三贴近”方针，不断将文化带到“三区一基层”。目前已赴四川各地展览13次，行程上万公里，接待观众超过30余万人次。与此同时，“大篷车”流动博物馆还深入开展各类社教活动，取得了广泛的社会效益，在社会各界引起了巨大反响。

大年初二，四川博物院“大篷车”流动博物馆开进革命老区巴中市，给巴中市的父老乡亲带去了节日的问候和一份精神文化大餐。这是“大篷车”流动博物馆自2月10日开馆以来的首次巡展。

3月24日，四川博物院“大篷车”流动博物馆携手CCTV－7《军旅文化·大视野》栏目，走进了四川德阳77123部队，同时带去了四川博物院全体职工对部队官兵的亲切问候。

3月25日，四川博物院“大篷车”流动博物馆走进了四川邛崃77171部队，此次不仅带去了四川博物院精品的展览，川博职工还与部队官兵联欢。

4月23日，四川博物院“大篷车”流动博物馆走进了有着“抗震救灾英雄陆航团”和“雪域神鹰”美誉的成都军区某陆航团。

5月11日、14日和18日，在“5·12”地震两周年之际，四川博物院“大篷车”流动博物馆，携手四川省儿童中心共同举办了“金色童年——“大篷车”流动博物馆走进灾区学校”系列活动。

6月12日，四川博物院“大篷车”流动博物馆受雅安市芦山县文化局邀请，在我国第五个“文化遗产日”来到了著名的“汉代文物之乡”——芦山县，为当地群众带去了精品展览。

7月29日，四川博物院“大篷车”流动博物馆携手《红领巾》杂志社来到了中国成都SOS儿童村，在暑假期间为这群特殊的孩子们带去了四川博物院的精品文物展等。

8月11日，为了认真贯彻落实刘奇葆书记提出的“领导挂点、部门包村、干部帮户”活动，在省文化厅召开“挂、包、帮”动员大会之后，四川博物院“大篷车”流动博物馆第一时间赶赴四川省泸州市叙永县麻城乡开展展览活动，展览以展板的形式展览了四川博物院精品文物及张大千画作15幅，另外还有四川博物院精品文物复制品等。

9月16日，四川博物院“大篷车”流动博物馆走进了北川擂鼓八一中学，为全校师生送上了一份免费文化大餐。

10月15日是第27届国际盲人节，为体现国家和社会对特殊人群的关怀，履行博物馆服务社会的职能，四川博物院“大篷车”流动博物馆于10月14日走进了成都市特殊教育学校，为该校的盲人学生带去了节日的问候。

11月19日，四川博物院“大篷车”流动博物馆在绵竹市南轩中学80周年校庆之际，将丰富多彩的川博精品展览带入了校园，带到了同学们身边。

【全面推进博物馆免费开放工作】

2010年，省文化厅会同省财政部门，开展了免费开放博物馆纪念馆经费申报工作。中央财政下拨2010年免费开放博物馆门票减收补助和运转经费增量补助15056万元，省级财政下拨2010年免费开放博物馆运转经费增量补助512.75万元，补拨2009年免费开放博物馆运转经费增量补助212.75万元。免费开放博物馆纪念馆全年共接待观众1560万人次，并开展了丰富多彩的社会活动，取得良好社会效益。

八、文物工作

【灾后文物保护工作顺利开展】

按照中央和省委、省政府“加快灾后重建进程”的总体要求，全省灾后的文物抢救保护工作始终坚持“进度服从质量”，按照“科学重建”、“阳光重建”、“廉洁重建”的原则，依法合规地推进灾后文物抢救保护工作。

6月，省财政厅下达了中央财政地震灾后恢复重建基金地震遗址遗迹保护及博物馆建设项目补助资金预算6.5亿元，其中，北川地震遗址博物馆项目4.5791亿元、汶川县映秀地震遗址纪念地项目1.204亿元、都江堰市虹口深溪沟地震遗迹纪念地项目2232万元、绵竹市汉旺工业地震遗址纪念地项目3044万元、地震遗址遗迹数字化工程及地震文物征集项目1893万元。

截至12月31日，四川省灾后文物抢救保护工程项目，39个重灾县开工项目245项（含规划中的不可移动文物抢救保护工程，博物馆、文管所维修、加固工程，少数民族村寨保护工程），开工率为100%；完成或即将完成的项目182项，完工率为74.29%。

【圆满完成全省“三普”工作】

2010年，对全省21个市（州）181个县（市、区）实地文物调查阶段工作进行组织管理、文物点登录数据逻辑校验、文物点登录数据质量把关和文物点登录数据现场校验。并于4月28日圆满完成野外调查实地验收工作。在接受国家文物局领导对部分市（州）实地文物调查阶段工作情况进行抽查时，获得充分肯定。截至9月30日，上报国家文物局的“三普”数据为：全省共有不可移动文物点92880处，其中新发现78216处，复查14664处；调查登记消失文物点5815处。

【完成“4·14”玉树地震四川文化遗产受损情况统计工作】

4月14日7时49分，青海玉树发生7.1级强震，四川省甘孜州石渠县、德格县、白玉县、甘孜县受到较大影响，当地部分文物点出现险情。震后不久，及时与当地联系，询问受灾情况，第一时间将受灾文物点的图文材料上报国家文物局。同时，已完成了四川省玉树“4·14”地震灾后恢复重建公共服务设施建设专项规划文物保护部分统计工作，并已上报国家文物局、省政府及相关部门。

九、文物考古与发掘

【积极推动向家坝水电站淹没区文物保护工作】

在省扶贫与移民工作局及相关部门的大力支持下，在省、市、县文物部门的大力配合与努力下，向家坝水电站淹没区文物保护工作正在有序推进。1月18日，省文化厅和省扶贫与移民工作局联合召开“向家坝水电站淹没区文物保护工程专题协调会”，会上，决定《地面文物迁建总体规划》由中南院统一负责编制。3月26日，联合省扶贫与移民工作局组织水规总院、中南院、三峡公司、移民综合监理部等方面的专家，对由省文物考古研究院编制完成的《向家坝水电站地下文物实物指标复核报告及保护工作计划》进行资金审查，并最终确认向家坝水电站地下文物保护总体经费为6570万元。

【开展馆藏文物巡回鉴定、司法鉴定工作】

2010年，完成泸州市、甘孜州，以及成都市青羊区、龙泉区、崇州市、浦江县、邛崃市、郫县、大邑县等大多数地区文物收藏单位的文物鉴定，公派专家30余人次，共鉴定文物5000余件。

积极配合公、检、法及海关、工商部门打击文物犯罪活动，共进行涉案文物鉴定27次，鉴定文物822件。通过对文物犯罪分子的定罪，打击了其嚣张气焰，从而保障了文物管理工作的正常秩序，保护了文物安全。

十、非物质文化遗产

【首个社区非物质文化遗产传承基地授牌】

6月24日，四川省首个社区“非物质文化遗产”传承基地“国家级非物质文化遗产四川扬琴传承基地”授牌仪式在成都举行。成都市锦江区大慈寺社区被授予四川省首个社区“非物质文化遗产”传承基地“国家级非物质文化遗产四川扬琴传承基地”。该基地的确立是由省音乐舞蹈研究所与成都市锦江区大慈寺社区联手创建的。该基地也是四川省传统曲艺四川扬琴首个传承基地。

【《格萨尔》等进入非遗代表作名录】

8月19日，由文化部举办的“中国入选联合国教科文组织非遗名录项目颁奖证”在北京人民大会堂举行。由省文化厅选送的中国雕版印刷技艺、《格萨尔》、中国传统蚕桑丝织技艺、羌年等4项获得“人类非遗代表作名录”证书。

【不断完善名录体系建设】

积极完成文化部对四川省“彝族火把节”申报联合国教科文组织“人类非物质文化遗产代表作名录”工作。争取列入联合国教科文组织“人类非物质文化遗产代表作名录”。在文化部公示的第三批国家级非物质文化遗产名录（共计190项）和国家级非物质文化遗产扩展项目名录（共计159项），四川省13个项目榜上有名。组织开展第三批省级非物质文化遗产名录申报、评审工作。

【创新保护模式，搭建传承载体】

编辑、出版《四川省非物质文化遗产名录图典》1～2卷，在6月11日四川省第五个文化遗产日非物质文化遗产系列展演活动启动仪式上举行首发及赠送仪式。首批《四川省非物质文化遗产名录图典》赠送范围包括全省各地市（州）县（区）政府，文化单位，共赠送《四川省非物质文化遗产名录图典》427套。

十一、灾后文化重建

【文化重建取得重大胜利】

恢复重建启动后，省文化厅率先编制完成了《四川文化恢复重建总体规划》及多项子规划，在《国家汶川地震灾后恢复重建总体规划》中得到充分体现。按照中央和省委省政府“灾后重建三年任务两年完成”的要求，精心组织保质保量加快进度，到2010年底，全省灾后文化恢复重建已经取得决定性胜利。全省2938个灾后文化恢复重建项目开工率达96.3%。其中，1014个公共文化基础设施重建项目开工率达93.5%，58个文化产业项目开工率达94%；1575个文化市场服务网点恢复重建项目已全部完成；50个精神家园恢复重建项目开工率达65.8%；245个灾后文物抢救保护项目全部开工；“三基地一窗口”和地震遗址“一馆三地”建设积极推进，北川、映秀、汉旺地震遗址纪念地实现局部开放；世界文化遗产都江堰古建筑群伏龙观、二王庙抢救保护工程等文物保护系列工程正式竣工，向世界宣示了中国政府传承历史文化，保护世界文化遗产的强烈责任和强大能力。

【灾后公共文化服务网络更加健全】

大力实施“文化信息资源共享工程”、“乡镇（社区）综合文化站建设工程”、“农村电影放映工程”、“送文化下乡工程”等重点文化惠民工程，着力完善省市县乡村五级公共文化服务网络。省级重点文化工程四川博物馆新馆建成并投入使用，川剧大剧院建设工程进入收尾阶段，四川艺术职业学院新校区主体建筑顺利封顶，省图书馆新馆工程全面开工，省非遗保护中心建设项目、四川人民艺术剧院开发项目有序推进。成都博物馆、泸州大剧院、广元艺术中心、宜宾大剧院、达州文化艺术中心等一批市州重点文化工程项目抓紧实施。“十一五”期间，全省共新改扩建县级文化馆、图书馆84个，新建乡镇综合文化站建设项目4268个、城市社区文化中心（活动室）750个，新建文化信息资源共享工程县级支中心181个，新建乡镇、村级文化共享工程基层站点50192个。

贵州省

2010年是实施“十一五”规划的最后一年，贵州省文化厅坚持不懈用科学发展观统领文化工作全局，扎实推进全省文化事业和文化产业全面发展繁荣，用改革创新精神引领文化工作实践，加强体制机制建设，提高服务本领，开创了全省文化科学发展的新局面。

一、科学规划促发展

2010年，省文化厅按照省人民政府的要求，牵头编制了《贵州省“十二五”文化事业和文化产业发展专项规划》，在省委宣传部和省发改、财政部门的支持和省民族、广电、新闻出版、档案等成员单位的共同努力下，通过召开编制工作联席会、市（州、地）文化局长工作座谈会、重大项目座谈会等，深入基层调研，赴周边省份考察学习，注重规划编制的前瞻性和可行性，做好与文化部“十二五”时期重大项目的对接，将有力地发挥对全省文化建设的战略指导作用。

二、夯实基础惠民生

2010年，全省公共文化服务体系不断完善，完成了16个县级图书馆、文化馆的维修改造和408个乡镇综合文化站、10个社区文化活动室设施设备采购及安装调试；完成55个文化共享工程县级支中心基本建设。组织推荐全省作品参加全国第15届“群星奖”，荣获舞蹈、音乐、戏剧等各类奖项12个，获奖数量和质量均为历届之最。为进一步夯实群众文化基础，先后举办了4期全省县级文化信息资源共享工程技术培训班和第三期农民工子女艺术培训班。开展送戏、送书下乡活动，省直专业文艺院团深入全省边远农村基层演出近400场，观众近10万人次。

三、抓住根本促繁荣

大型民族舞剧《天蝉地傩》参加“第九届中国艺术节”展演获“文华优秀剧目奖”、导演奖、优秀表演奖、舞台美术奖、音乐创作奖等。话剧《天地文通》赴重庆参加第六届全国话剧优秀剧目展演，喜获“参演剧目奖”。组织开展2010年上海世博会“贵州文化活动周”，再次向世界彰显了贵州文化的独特魅力，展现了贵州的良好形象。组织完成第四届贵州省政府文艺奖颁奖典礼、“贵州省2010春节团拜会”等重大演出任务。开展2010年全省艺术档案（资料）管理人员培训和贵州省文化系统舞台灯光、音响技术暨贵州省演出娱乐行业协会舞美工程培训等。

四、强化依托成效显

文物工作方面，全省第三次全国文物普查实地文物调查阶段的工作通过国家验收并受到好评，共调查登记不可移动文物1.6万余处，其中新发现1万余处。积极推进全省博物馆、纪念馆免费开放工作，通过举办讲解员培训班、实行绩效考评和资金动态管理、改进展陈水平、提升服务质量等措施，使全省博物馆、纪念馆免费开放工作积极向前推进，在绩效考评和实行资金动态管理方面居于全国前列。组织编制完成《渝黔、贵广高速铁路沿线文化遗产保护和文化产业发展专项规划》并报省人民政府审批。组织实施以“民族文化遗产整体保护、社区和谐发展”为主题的国家文化创新工程。积极推进黔东南州苗、侗村寨申报世界文化遗产工作。积极进行全省生态博物馆建设的本土化探索，为国内和世界生态博物馆建设提供有益借鉴。开展“5·18国际博物馆日”和“文化遗产日”活动。完成第七批全国重点文物保护单位的申报工作。高度重视文物安全，完成一批文物保护单位的抢险、维修工作。投资4个多亿的贵州省博物馆新馆于2010年10月底开工建设。

非物质文化遗产工作方面：一是继续推进全省非物质文化遗产资源的普查工作。表彰了一批非物质文化遗产普查工作先进集体和先进个人，进一步拓展了全省普查工作的广度和深度，普查工作取得阶段性成果。二是科学规划“贵州侗族大歌”传承保护工作。组织专家学者制定了《贵州侗族大歌五年保护规划》，更加注重这一人类非物质文化遗产的科学保护和发展。与贵州电视台在北京制作了“贵州侗族大歌”《论道》专题节目，邀请龙永图、余秋雨等知名人士、专家学者就“天籁之音”的保护弘扬进行对话。在北京天桥剧场成功演出《侗歌声声》节目。另外，与著名音乐人卞留念达成了在贵州建立国内首个非物质文化遗产音乐创作基地的共识并签订意向书，通过进军国际市场，促进贵州文化与世界文化更深层次的互动与交融，彰显贵州文化的独特价值。三是有效推进非物质文化遗产名录项目保护工作。组织拟定了全省国家级非物质文化遗产名录62项101处的5年保护规划书，同时在省内非物质文化遗产较为集中的地区建立了传承基地，创新了非物质文化遗产项目生产性保护模式。四是组织评审第二批省级非物质文化遗产项目代表性传承人。8月份，公布了第二批省级非物质文化遗产项目代表性传承人名单，涉及民间文学、传统舞蹈等10个项目的105位省级非物质文化遗产项目代表性传承人获此殊荣。五是开展多种形式的宣传展示活动。通过“文化遗产日”和赴西安、济南、昆明、天津等地开展非物质文化遗产展示活动，较好地对全省丰富的非物质文化遗产资源进行了宣传展示。六是增进学习交流、提升工作水平。组织我省"非遗"工作人员赴德国、捷克等国家和地区进行非物质文化遗产的考察学习。老挝总理府国家水资源与环境总署环境评估局局长本坎·沃拉吉率领的考察团到贵州进行考察交流，重庆、浙江、江苏等省市的文化部门也先后组团到贵州就非物质文化遗产的保护利用进行交流考察。

五、强化监管促保障

积极探索网吧管理的长效机制，创新网吧连锁企业管理模式，推进同城同区域单体网吧的整合力度，推动单体网吧向连锁化业态方向发展。坚持总量控制和结构调整、审批与监管并重，引导游艺娱乐行业规范发展，对全省游艺娱乐场所的清理整顿作出部署，开展了全省游艺娱乐场所的规模化、规范化经营试点工作。积极培育演出市场，鼓励和支持社会力量兴办营业性演出活动，加强对营业性演出的风险管理。2010 年，共新增演出经纪机构 8 家，举办涉外、涉港澳台营业性演出 29 场，观众达 15 万人次。活跃了全省文艺舞台，丰富了群众的精神文化生活，对孵化和培育全省演出市场起到了积极的促进作用，努力促进文化旅游市场的发展繁荣，开展了农村文化市场监管的调研工作。

文化市场监管方面，组织开展了重大节庆日、敏感时段的文化市场专项整治行动，促进了全省文化市场和谐有序发展。截至 12 月底，全省、市（州、地）、县（区）三级文化市场行政执法机构共出动执法人员 70245 人次，车辆 37650 台次，检查网吧 102417 家次，查处违规网吧 1302 家，其中查处接纳未成年人网吧 109 家，责令停业整顿 28 家，罚款 197400 元。取缔"黑网吧"27 家，暂扣电脑 221 台，检查歌舞娱乐场所 19248 家次，责令限期整改 1145 家，责令停业整顿 34 家。检查游艺娱乐场所 14310 家次，查缴博彩游戏机 642 台。检查书报刊经营单位 18856 家次，查缴非法出版物 152000 册。检查音像、电子出版物经营单位 23174 家次，查缴非法音像、电子出版物 673271 张。取缔游商地摊 115 家。

六、产业发展增活力

一是完成全省文化系统文化产业统计工作，为促进行业发展摸清底数，奠定基础。二是做好服务，举办了第一届"全省动漫企业行政管理部门及从业人员培训班"；鼓励省直文化系统转企改制单位和骨干文化企业积极申报文化产业项目，用好支持文化产业发展的优惠政策，争取得到省政府贷款贴息和专项资金支持。三是实施重大项目带动战略，在省里的关心协调下，引进社会资本对省河滨剧场及周边地块进行开发，打造"贵州文化广场"项目，建成后将成为全省乃至全国文化产业发展的典范；完成了省北京路影剧院改扩建项目招投标方案、初步设计方案和"贵州文化出版产业园"项目建议方案。另外，按照省里关于加强招商引资的要求，分别与中国东方演艺集团、中国对外文化集团、中国文化传媒集团、中国动漫集团等签署了战略合作协议。四是大力发展动漫产业。举办了第一届"全省动漫企业行政管理部门及从业人员培训班"。与文化部产业司、省经济与信息化委员会、贵阳市政府共同在贵阳成功举办了"2010 年亚洲青年动漫大赛暨中国卡通艺术活动"。先后完成了 5 家动漫企业的初审。此外，组织参加了深圳文博会、西部文博会、北京文博会等会展的参展工作。

七、对外交流扩影响

"走出去"方面，组织了赴马来西亚、菲律宾及日本的"文化中国、四海同春"大型慰侨演出。与省直相关单位联合承办了"2010 台湾·感知多彩贵州"系列活动。尤其是 9 月份组织的《多彩贵州风》赴美国旧金山、波士顿及加拿大多伦多、温哥华四大城市的演出获得巨大成功，受到当地观众热烈欢迎和我驻外使领馆官员的高度评价，是迄今为止贵州省规模最大的一次对外文化旅游宣传推介活动，首次向北美民众综合展示了多彩贵州的文化旅游资源及特色产业，极大地提高了贵州在西方主流社会的知名度和美誉度，意义重大。在"请进来"方面，美国、法国、泰国、菲律宾、台湾等国家和地区的组团到贵州开展了各种形式的文化交流活动。一年来，全省对外及对港澳台文化交流项目共计 29 起，576 人次。涉及美国、法国、德国、加拿大、西班牙、奥地利、保加利亚、捷克、马来西亚、菲律宾、日本、泰国等国家和我国香港、台湾地区。其中，出访 19 起，428 人次；来访 10 起，148 人次。

八、体制改革增动力

以"贵州文化广场"项目为依托，通过对省直文艺院团、剧场等文化资源进行整合，积极探索组建集公益性、经营性为一体，多体制并存、符合现代企业制度的"贵州文化演艺集团"；按照国家和省里的要求，在省委省政府的高度重视下，通过深入基层调研，牵头制定实施意见，加强对基层的督促、检查、协调、指导，目前全省各市（州、地）、县（市、区、特区）两级文化市场综合执法机构已全部组建完成，工作进度居全国前列；做好省杂技团有限公司、省文化演出有限责任公司转制后续工作，两个单位转制为企业工商注册登记已完成；推动文艺演出场所转制为企业，省人民剧场、省河滨剧场、省北京路影剧院、省朝阳影剧院分别制定了转制方案，资产清查基本完成；完成贵州京剧院上岗考核工作；深化公益性文化事业单位内部机制改革，省图书馆、省博物馆已完成岗位设置和全员聘用，省群众艺术馆内部机制改革方案已经省文化厅批准实施。

九、队伍建设强机制

按照《党政领导干部选拔任用工作条例》，进一步规范干部选拔任用工作，坚决杜绝用人上的不正之风。以省直文化系统在加强领导班子思想政治建设、开展干部选拔任用工作等职责满意度的具体措施为重点，组织厅机关各处（室）、省直文化系统各直属单位主要负责人完成了调研工作。认真开展了省直文化系统人事档案达标工作。继续依托"泛珠三角"区域合作培养文化艺术领军人才计划，加大省直文化系统文化艺术领军人才的培养，汇聚、储备一批高水平的文化人才和优秀团队。建立和落实人才激励机制，加强文化系统各类人才队伍建设。按照省人事厅《贵州省专业技术岗位等级比例》等文件规定，积极开展了省博物馆、省话剧团、省黔剧团、省图书馆等单位的岗位设置审核备案工作。组织开展了厅机关和省直文化单位公开招考人员的相关工作。组织开展了全省文化系统职称评审工作。

十、注重建设增合力

认真落实厅党组中心组理论学习制度，按照"三级联动"的学习机制，确保全年理论学习的时间、内容、人员、效果"四落实"。制定下发了省直文化系统《关于开展"忠实践行宗旨，勤政廉政"教育暨"创先争优"、"百千万"活动实施意见》。"七一"期间，通报表彰了一批"五好"基层党组织、优秀党务工作者、优秀共产党员。继续开展好结对帮扶共建活动，帮助德江县合兴乡旋铺村和望谟县打尖乡坡茅村解决乡镇文化站建设资金10万元，赠送了价值5万余元的图书和文化设施等，并对70户计生贫困户发放帮扶资金2.5万元。

认真贯彻落实党的十七届四中全会精神，充分认识反腐败斗争的长期性、复杂性、艰巨性，把反腐倡廉建设放在更加突出的位置。组织召开了全省文化系统纪检工作会议，先后制定了《贵州省文化厅差旅费管理办法》、《贵州省文化厅公务接待办法》等，并通过廉政戏剧创作与选拔活动，建设廉政文化，提高党员干部廉洁自律的自觉性。特别是通过继续开展厅直单位领导班子建设工作考核评比，激发了各单位的内部活力，促进了各单位工作的规范化，增进了班子的凝聚力和战斗力。同时，进一步加大对文化行政审批、文艺赛事评比及文化建设工程项目等方面的监督力度，始终保持惩治腐败的高压态势。

在履行综合服务职能方面，厅机关计财、建议提案办理、信访接待、工青妇、老干、保密、档案、国家安全、社会治安综合治理、计划生育等工作取得全面进步，和谐机关、效能机关建设扎实推进。

云南省

2010年是两个"五年规划"的交替之年、承启之年。在云南省委、省政府的领导和文化部的指导下，全省文化系统认真贯彻落实国家《"十一五"时期文化发展纲要》和文化部《文化建设"十一五"规划》，紧紧围绕建设云南民族文化强省的战略目标，立足全局更新观念，结合实际创新思路，因地制宜探索路径，强化举措狠抓保障，全面推进文化建设，基本完成了"十一五"目标任务，为蓄势冲刺"十二五"打下了坚实基础。

一、公共文化服务体系建设不断加强

2010年的304个乡镇综合文化站建设任务已全部完成，实际完成投资1.1亿元。据统计，"十一五”期间，云南省有953个乡镇综合文化站建设列入国家规划，到12月，已建成572个，其余正在动工。投入资金3640万元，完成了69个县级文化馆、图书馆、文工团（队）的改扩建和维修改造工程；投入资金2134万元，完成了244个乡镇文化站专项设备的购置配送；投入资金4200万元，建成了420个村级村民文化活动广场；完成了文化信息资源共享工程15个州（市）中心、38个县级支中心、448个乡镇基层站点、10442个村级站点、12个城市社区文化中心、69个社区活动室站点建设任务。“十一五”以来，云南省共享工程已建成1个省级中心、15个州（市）中心、129个县级支中心、1131个乡镇基层（社区中心）站点、10567个村级（社区活动室）站点，实现县以上覆盖率100%、乡镇覆盖率84%、村覆盖率82%。省博物馆新馆等重大项目加快推进。全省首批文化惠民示范村38个创建点工作取得初步成效。“文化大篷车·千乡万里送戏行”已赴45个县的325个乡镇演出481场，农民观众达220多万人次。全省667个文化站达到三级以上标准，119个图书馆达到国家部颁三级馆以上标准，占全省公共图书馆的80.4%，达标率为82%，在西部地区12个省份中位居前列，达到了“十一五”创建目标。

二、文化艺术创作繁荣发展

“十一五”以来，云南省共有98件艺术作品获得国际、国家和省级奖项146项。其中，杂技《男女绸吊》获法国第八届瓦兹河谷国际马戏节最高奖“法兰西共和国总统奖、《放飞梦想——顶之技》获第五届全国青少年杂技比赛文华杂技节目创作铜奖及2个单项奖、《蹬人流星》、《蹬鼓——卜少与鼓》在第七届全国车技比赛中获铜奖，魔术《彩云渔歌》获中国·宝丰第四届魔术文化节魔术比赛金奖和第六届金菊奖银奖；花灯剧《梭椤寨》获第12届全国精神文明建设“五个一工程”奖、第13届文华优秀剧目奖和3个单项奖、第三届全国地方戏优秀剧目展演一等奖，是花灯剧有史以来获得的最高奖项；大型原生态歌舞集《云南映象》获入选2004～2005年度国家舞台艺术精品工程十大精品剧目；话剧《打工棚》获第10届全国精神文明建设“五个一工程”入选作品奖和2007～2008年度国家舞台艺术精品工程资助剧目；民族歌舞《舞彩云》、《太阳女》分别获第三届全国少数民族文艺会演大奖及11个单项奖、第八届中国艺术节文华剧目奖和3个单项奖，舞蹈《阿细跳月》获第八届全国舞蹈比赛铜奖和第五届CCTV舞蹈大赛铜奖、《心跳火把节》、《牛角梳》分别获第四届CCTV电视舞蹈大赛二、三等奖；滇剧《西施梦》获第18届上海国际艺术节白玉兰戏剧表演艺术集体奖，主演冯咏梅获第13届文化表演奖；京剧《白洁圣妃》获第五届中国京剧艺术节一等奖和中国少数民族戏剧金孔雀大奖及7个单项奖；美术《写意云南·白露》等作品入选第四届全国画院优秀作品展览、《红土地·云之南》获第11届全国美术作品展览获奖提名；在全国第15届“群星奖”参赛中，云南群文代表团荣获16个奖项，获奖总数居全国第6位、位列西部省区第一位，创下了历届“群星奖”参赛获奖数之最。

三、文化遗产保护力度加大

编制完成《云南省文物保护项目及经费需求“十二五”规划》、《世界文化遗产丽江古城保护规划》，制定了《云南省文物维修工程审批管理办法》；落实国家文物保护专项经费3751万元，省级文物保护专项经费816万元，协同省属有关单位落实2010年历史文化名城名镇名村保护设施建设资金2400万元；完成国家级和省级文物抢救维修项目40余项；云南省第三次全国文物普查实地调查阶段，全省129个县（市、区）文物普查第二阶段调查登记不可移动文物15866处，其中新发现11885处，复查3981处，调查登记消失文物919处，实地文物调查完成率100%；完成了文物普查数据中心建设，正式接受各州、市第三次文物普查发现和登记的15000多处文物项目电子数据；完成第七批全国重点文物保护单位16个项目的申报复核工作；积极推进馆藏文物数据库建设。先后完成了馆藏一、二、三级文物信息化建设任务；完成了“茶马古道文化线路”专题研究，在澳门举办了“千年印记——茶马古道风情展”、在普洱举办了“茶马古道遗产科学保护普洱论坛”、“中国首届普洱茶马古道节”，编辑出版了53篇约20万字的《茶马古道论文集》；加快推进哈尼梯田申报世界文化遗产、滇越铁路保护和研究、名城名镇保护以及配合基本建设文物勘探调查、文物搬迁等工作。“十一五”期间，全省文物保护点3949处、全国重点文物保护单位76项、国家级历史文化名村（镇）12项、省级历史文化名村（镇）32项、历史文化街区10项，分别比“十五”增加了1185、44、10、23、1项，增幅达43%、138%、83%、72%、10%，数量位居全国第三；第三次文物普查新发现不可移动文物11885处，云南省不可移动文物数量由原来的5300处增加到15866处，增幅近300%，高于全国增加1倍的水平。

认真编制2010年度省级非物质文化遗产项目保护专项经费，云南省财政补助了686万元；安排下达国家级名目的1161万项目资金；编制规划全省89项国家级项目“十二五”时期保护规划和资金安排，向文化部申请2.4亿“非遗”保护经费；建立了一批国家级、省级项目传承点，命名了10个类别的156名非遗传承人，涵盖全省18个民族；向文化部成功申报20项第三批“非遗”国家级名目，傣族剪纸和“萨格（斯）尔”两个项目入选“中国联合国教科文组织非物质文化遗产名目项目”；成功申报迪庆州为国家级文化生态保护实验区；对20项国家级和32项省级非物质文化遗产项目进行了抢救和保护；成功举办第二届中国（福保）乡村文化艺术节非物质文化遗产展览，受到国家领导人和社会各界的好评。

四、文化体制改革阶段性任务全面完成

省图书馆、省文化馆等9家公益性文化事业单位内部“三项制度”改革深入推进，全员聘用工作在2010年底全面结束；整合省文化厅、省新闻出版局、省广电局文化市场行政执法机构，成立了云南省文化市场综合执法总队；云南民族文化音像出版社、云南艺术剧院、省文物总店等3家经营性文化事业单位转企改制已全部完成；省歌舞剧院交响乐团、民族音乐团分别与昆明交响乐团、省花灯剧院民乐队分别重组整合为昆明聂耳交响乐团、云南民族管弦乐团；省歌舞剧院、省杂技团完成整体转企改制后，与云南艺术剧院有限公司组建了云南演艺股份有限公司；省滇剧院、省花灯剧院等4个院团面向社会公开招聘和面向内部公开竞聘正副院长的“双聘”人事制度改革取得了新的突破。

五、文化产业发展呈现强劲势头

国家文化产业研究中心在云南文化产业研究院挂牌成立；筹组“云南省动漫企业认定领导小组”，研究提出了《云南省动漫企业认定规程》；云南映象文化产业发展有限公司等5家企业被文化部评为全国文化产业示范基地；省歌舞剧院有限公司推出的旅游演艺产业项目“梦幻腾冲”、在柬埔寨吴哥窟景区驻场演出的大型旅游晚会“吴哥的微笑”走向市场演出成功；省杂技团有限公司创作的杂技晚会“雨林童话”赴法国商演，首次以整团形象开拓国外演出市场，在巴黎巡演不到半年，门票收入达1000万欧元，创造了近几年来法国同类演出最高门票收入。同时，与加拿大太阳马戏团达成了常年合作演出的协议。

六、文化市场进一步规范

2010年，集中对全省16个州（市）30个县（区）的70家网吧进行专项抽查；进一步推进云南省净化社会文化环境专项整治，出动文化市场行政执法人员57928人次、检查文化经营单位53644家次、停业整顿198家，配合工商部门取缔无证经营103家；建立了文化行政审批服务中心。“十一五”期间，通过开展全省网络文化市场计算机监管平台建设，实现了对全省3620家网吧、26万多台计算机终端的实时监控，强化对网吧的社会监督，全省建有“五老”网吧监督员队伍50多支2400多人；大力推动网吧连锁化、品牌化经营，全省有网吧连锁企业35家、连锁门店61个。

七、文化交流更加广泛

对外派出文化艺术团（组）102起1788人次，分别前往30个国家；接待外国文化艺术团（组）和个人69起1426人次，分别来自21个国家，受到所到国家首相、总理、大使的充分肯定；对港澳台派出文化交流团（组）30起960人次，接待9起113人次。特别是云南艺术团代表国家随温家宝总理参加中缅建交60周年庆典演出活动，受到了中缅两国领导人的高度评价。在昆明举办了“东盟中日韩10+3”文化人力资源开发合作研讨班暨“云南10+1”文化交流座谈会，为进一步推动“东盟中日韩”框架下的东亚区域文化交流与合作，推进云南“桥头堡”文化建设发挥了积极作用。据统计，“十一五”期间，共对外派出文化艺术团（组）498起8958人次，分别前往57个国家；接待外国文化艺术团（组）和个人336起7625人次，分别来自42个国家；对港澳台派出文

化交流团（组）158起4756人次，接待75起725人次。

八、队伍建设积极改进

2010年，组织外出学习和举办各类培训班20余批（次），培训文化系统干部、骨干300多人（次）。全省有15人列入全国宣传文化系统“四个一批”特殊专业技术人才，300余人获全省文化艺术“四个一批”人才表彰，91名专家享受国务院特殊津贴和省政府特殊津贴，45人获全国先进工作者荣誉称号，有23人获得国家和省“有突出贡献专家”荣誉称号。“十一五”以来，全省共命名青年表演艺术家30人、优秀青年演员51人；一批优秀中青年演员和编导先后获得国家“五个一工程”奖、文华奖、梅花奖、荷花奖。

九、自身建设明显加强

积极开展深入学习实践科学发展观活动，巩固和扩大了学习实践活动成果；开展了对云南省文化厅联系的41个新社会组织深入学习实践科学发展观活动的督促指导，取得较好成效。进一步加强直属系统党的建设，认真落实党建工作目标责任制，开展“个人形象一面旗、工作热情一团火、谋事布局一盘棋”主题实践活动和群众评议机关作风活动，直属系统的作风和干部的精神面貌有了明显变化。党风廉政建设扎实推进，为文化建设与发展提供了坚强的政治组织保证。积极推进了惩治和预防腐败体系建设，认真落实党风廉政建设责任制；组织开展了主题教育、警示教育活动等；加强了对重点工程建设的监督，开展了“小金库”专项治理工作，对中央扩大内需有关文化建设项目进行实地督查；在直属系统试行兼职纪检员工作制度，组建了一支由26名党员干部组成的兼职纪检队伍。文化政策法规工作、老干部工作、文化信息宣传工作、综治维稳工作等进一步加强，取得了新的成绩。

十、主要启示和体会

回顾2010年以及“十一五”期间云南省文化建设的探索实践，有以下几点启示和体会：

（一）确立“三创三转变”的发展理念，是实现观念创新，进一步提升“文化自觉”的重要前提

结合云南经济欠发达且发展极不平衡的实际，坚持把推动农村文化建设作为全省文化工作的难点和重点，自觉从中国特色社会主义“四位一体”战略布局出发，树立新的文化发展观和文化价值观，做到“三创三转变”。

树立“三创”理念，构建“大文化”工作格局。一是文化在政治建设中创构价值。通过“以文化人”，构建社会主义核心价值体系，筑牢边疆各族人民团结奋斗的共同思想基础。二是文化在经济建设中创造财富。通过大力发展文化产业，把文化资源优势转化为创造物质财富的优势，使之真正成为加快经济发展方式转变的重要方面和重要途径，既解决“民生”问题，又解决“民富”问题。三是文化在社会建设中创建和谐。充分发挥文化在人际关系上的“润滑剂”、邻里关系上的“调适器”、民族关系上的“粘合剂”作用，促进和谐社会建设。“三创”理念的确立，有力地促进了文化发展观的转变和更新，极大地推动了“大文化”格局的形成。从2008年起，先后有十几个职能部门参与了“云南省文化建设三年促进计划”的实施。

加快实现“三转变”，在文化发展方式上寻求新突破。一是在公共文化服务方式上，由“公益”向“公共”转变。用“公共”搭建“公益”的效益平台，在坚持政府主导的前提下，逐步形成建设主体多元化、实现形式多样化、产品提供社会化的格局。二是在文化产业增长方式上，由“资源”向“资本”转变。把浓郁的民族文化资源转化为特色旅游经济资本，把生态的自然文化资源转化为特色区域经济资本，把深厚的历史文化资源转化为特色遗产经济资本，把“特点”转变为“亮点”，把“亮点”转化为“卖点”，最终形成新的经济增长点。三是在文化建设方式上，由“基础”向“基本”转变。将工作的着力点逐步转移到解决“文化权益基本保障、文化服务基本供给、文化活动基本需求”的“三个基本”上来，着力改善“文化民生”，着力缩小城乡文化发展“剪刀差”，着力提高公共文化服务“均等化”水平。

（二）确立文化建设与服务“三农”相结合的发展思路，是实现内容创新，把“文化惠农工程”推向纵深的重要方法

近年来，云南省围绕“文化乐民、文化育民、文化富民”，在村级广泛开展“文化惠民示范村”创建活动，积极探索农村文化建设的新途径。10

月11日，中共中央政治局委员、国务委员刘延东视察了创建点之一的腾冲县中和乡大村社区的文化中心，对大村在开展“文化惠民”创建活动中的“思路创新、载体创新、方式创新”给予了高度评价。中央电视台、《人民日报》、《中国文化报》对大村经验给予了极大关注并进行了专题报道。文化部在昆明召开的全国村级文化建设工作座谈会上推广了农村文化建设的“云南经验”。

一是创建“农民演艺协会”，通过“文化乐民”服务农村，促进和谐乡村建设。目前，全省有18000多支农民业余演出队伍常年开展“文化广场”、“文化晒场”活动，已成为广大农村宣传政策法律、倡导文明风尚、抵制落后文化侵袭的主力军，在增进民族团结、维护边疆稳定、建设和谐乡村中起到了不可替代的作用。

二是创办“农民素质教育网络培训学校”，通过“文化育民”服务农民，提高综合素质。依托全国文化信息资源共享工程和乡镇综合文化站建设，整合农村公共文化基础设施资源，利用数字化的网络平台，在全国首创并建成“文化信息资源共享工程农民素质教育网络培训学校”600多所，创新了文化共享工程的运行方式，对提高农民素质起到了不可替代的作用，已成为农民群众获取科技知识的殿堂和接受文化教育的课堂。

三是创立“农村文化产业合作社”，通过“文化富民”服务农业，转变农村经济发展方式。初步形成了“公司＋合作社＋农户”的生产经营格局、“产、供、销”一体化的市场模式和“技能培训＋骨干培养＋品牌培育”的效能机制，成为云南省破解乡村文化产业发展“小、弱、散、难、软”等问题的有效举措。

（三）确立“三个激活”的发展路径，是实现体制机制改革创新，不断增强文化发展活力的重要手段

一是用“机制”激活事业。公益性文化单位改革重在机制创新，通过深化劳动人事制度、收入分配制度等改革，着力解决定位不清、任务不明、活力不足、效率不高等问题。结合云南实际，主要抓了“七项制度”的建立，即：领导干部定期聘任制、全员聘用制、任期目标管理责任制、服务标准公示制、职称评聘公开制、法人代表奖励制、文化产品和服务政府及市场采购制，进一步强化了公益性文化单位“文化惠民”的职能作用。

二是用“体制”激活产业。经营性文化单位改革重在“转企改制”，通过为文化产业发展培育自主经营、自负盈亏、自我发展、自我约束的市场主体，提高国有文化资本在文化领域的控制力、影响力和带动力。主要从3个方面加快了“转企改制”步伐，即：抓“改制”，重塑主体；抓“转企”，培育主体；抓“平台”，创建主体。通过“三抓”，有效地调动了经营性文化单位转企改制的积极性、主动性，市场竞争力不断增强。

三是用“创新”激活人才。云南省文化厅始终围绕“出精英、出精神、出精品”，积极探索人才培养和使用的新途径新方式。与省委组织部每年选拔一批省级机关优秀青年干部下派到文化资源丰富的县市担任“文化副县（市）长”；在文艺院团实行“一院三制”，即院（团）长公开招聘制、编导主角首席制、演职人员合同制；探索在文化馆、图书馆、博物馆聘任“文化督导员”、乡镇和社区综合文化站聘请“文化辅导员”、村文化室聘用“文化干事”的做法；成立了云南文化艺术职业教育集团，形成了集“教、学、研、演”为一体的人才培养模式。剧本向全国公开招标，激活创作人才；实行公开“双聘”领导班子成员，激活管理人才；实行角色竞争制，激活演艺人才。

（四）确立“管用实用”的发展举措，是实现组织创新，推动文化大发展大繁荣的重要保障

省文化厅起草的《关于加强农村公共文化服务体系建设的意见》，经省委、省政府研究，决定以“两办”1号文件下发，结合新形势下构建农村公共文化服务体系，采取了一系列创新举措。在组织领导上，每年从懂文化政策、有实践经验、德才兼备的干部中选派一批文化副县（市、区）长、副乡（镇）长；在经费保障上，省级财政每年按照农民人均0.50元的标准安排文化惠农活动补助经费，州（市）、县（市、区）结合实际确定年人均文化惠农活动补助经费，并纳入财政预算，2009年，省级财政共下达文化惠农活动补助经费1882万元；2010年，省级财政预算安排并下达文化惠农活动补助经费1882万元；在管理体制上，对乡镇综合文化站实行业务由县级文化部门指导，日常工作由乡镇主管的“双重管理”；在队伍建设上，每3年对全省文化系统干部进行一遍轮训，把乡镇综合文化站的专业技术人员纳入职称评聘范围，开展民间艺人职称评聘试点工作等等，为推动云南民族文化的繁荣发展提供了有力保障。

西藏自治区

2010年，西藏自治区文化厅党组认真学习贯彻中央和区党委关于文化建设一系列重要部署，狠抓中央第五次西藏工作座谈会、党的十七届五中全会和区党委七届六次、七次全委会精神的贯彻落实，围绕年初经济工作会议、宣传部长会议和文化文物局长会议提出的各项任务，以开展效能建设年、“创先争优”、宣传文化部门“管理年、创新年”等活动为抓手，按照“高举旗帜、围绕大局、服务人民、改革创新”总要求，坚持以科学发展观为指导，团结带领全区文化工作者求真务实，攻坚克难，较好地完成了全年各项工作任务。

一、围绕中心，服务大局，圆满完成各项重大工作任务

一是按照党委、政府的指示精神，年初组织召开了世博会“西藏活动周”文艺演出、“非遗”展示活动动员大会，集全区文化部门的力量，层层安排任务，层层落实责任。本着“精益求精，优中选优”的原则，确定了“西藏活动周”六大活动项目。为保证这六大活动圆满成功，从组织、创作、审查、验收等各个环节入手，做到了“细而又细、慎之又慎”。世博会期间，来自西藏文化系统460多名演职人员，发扬“老西藏精神”，克服种种困难，以良好的精神风貌投入到各项活动当中，出色地完成了世博会期间“西藏馆”馆内的文艺演出、世博会《西藏活动周》开幕式文艺演出、“非遗”歌舞《雪域珍宝》、大型藏戏《吉祥祝福》、“非遗”技艺展示、《雪域腾飞》街头巡游等重大文化活动，向世人集中展示了西藏独特的文化魅力。

二是2011年是谋划“十二五”规划的关键之年。在全面总结“十一五”规划的基础上，梳理了“十二五”规划编制的思路和方向，谋划长远发展。《西藏“十二五”文化发展规划》几易其稿，已经基本完成，同时，编制完成了《西藏自治区“十二五”文物保护规划》、《西藏自治区“十二五”公共文化服务体系建设规划研究》、《西藏自治区“十二五”古籍保护规划》，为西藏文化事业长远发展奠定了坚实基础。

三是庆祝建党90周年、西藏和平解放60周年大庆文艺组各项筹备活动正在紧锣密鼓进行。组成了以厅主要领导挂帅、相关人员为成员的大庆文艺组，本着“隆重热烈、务实勤俭、安全和谐”的原则，形成了《庆祝西藏和平解放60周年重点文艺活动方案》，现已进入具体实施阶段，为确保大庆各项文化活动顺利推进奠定了基础。

四是配合西藏自治区政协在北京成功举办了“西部大开发10周年生态环境和人居环境成就展（西藏厅）”，向世人集中展示了西部大开发10年来，西藏生态环境和人居环境保护方面所取得的巨大成就，并荣获组委会颁发的组织、设计、施工等4个奖项。

五是积极宣传中央第五次西藏工作座谈会精神。根据年初工作安排在抓好自身学习领会的同时，立足职能，发挥优势，编排各类文艺作品100多个，以文化、文艺的独特形式，生动形象地向农牧民群众宣传会议精神，增强了各族群众加快发展的信心，为宣传中央第五次西藏工作座谈会精神做到家喻户晓、深入人心作出了积极努力，取得了实际效果。

六是国家艺术科学重点项目——七套集成，最后一部《中国民间歌曲集成·西藏卷》目前已送交出版社印刷出版。《西藏自治区志·文艺志》在9月进行了复审。正在按自治区有关部门的评审意见，制定修改工作方案。同时，全面启动了《中国地域·西藏文化通览》编撰工作，召开了编撰工作第二次会议，部署了编撰工作的具体任务，目前编撰工作进展顺利。

二、公共文化服务体系建设有力推进，服务形式内容不断拓宽，人民群众的文化生活得到有效改善

一是文化基础设施建设取得显著成效。为充分发挥已建基层文化设施服务群众的功能，2010年共安排资金4483万元，新建了3个县级综合文化活动中心和68个乡镇综合文化站。2010年底，西藏自治区顺利实现县县有综合文化活动中心的目标，乡镇综合文化站的数量达到149个，占西藏自治区乡镇的22%。2010年，自治区文化厅争取专项资金2660万元，完成了全区42个县综合文化活动中心、3个地区图书馆、19个民间艺术团、74个乡镇综合文化站内部设备配备工作，为基层群众开展文化活动提供了坚实基础。基层文化设施的不断建立和完善，有效巩固和发展了西藏农牧区基层文化阵地，不断丰富和活跃了广大农牧民群众的精神文化生活，为西藏基层文化事业的发展繁荣奠定了坚实的设施基础。2010年年底，投资900万元的自治区群众艺术馆改建工程已全面完工。同时，投资960多万元，建筑面积4000余平方米的西藏文化保护中心工程已于6月中旬动工，目前已基本完工。《县综合文化活动中心、乡镇综合文化站管理办法》的贯彻和落实工作取得了明显成效，如那曲地委、行署下发了《关于深入开展群众性文化活动的意见》，基层文化馆站挤占、闲置、挪用、出租现象得到了进一步遏制。召开了基层文化建设重点项目工作会，对"十二五"项目前期工作做出了部署。

二是各类群众文化活动异常活跃。2010年，成功举办了"喜迎春节藏历年"群众文艺演出、"庆五一、迎世博"全区农牧区群众文艺展演、"庆国庆、迎重阳"全区第三届老年文艺调演等导向性、示范性群众文化活动。组织完成了3000多人参加的第10届全区运动会开幕式文艺表演。为加强与内地的文化艺术交流，8月份，根据文化部安排，成功举办了首次"春雨工程"全国文化志愿者边疆行活动，福建、重庆两省市文艺团体分别在拉萨、林芝、山南等地、县、村开展了9场精彩纷呈、特色浓郁的文艺节目，丰富活跃了西藏广大人民群众的精神文化生活，取得了巨大成功。在全国3年一次的群星奖评奖活动中，西藏自治区文化厅选送的3个节目获舞蹈类群星奖；"全区大型群众文化调演活动"获节目类群星奖，2位同志获得"群文之星"荣誉称号。三是文化信息资源共享工程深入推进。2010年确定的29个文化信息资源共享工程县支中心设备采购工作正在稳步推进，有望在年底基本实现"县县有县支中心"的目标。752个行政村基层点建设任务也将于年底完成。2010年年底，全区建成省级分中心1个、县支分中心73个，乡村基层服务点752个，顺利实现县一级全面覆盖。完成了"传统八大藏戏"数字化资源建设工作，基本完成了"西藏民间歌舞"的数字化建设工作。

三、文化遗产传承保护力度日益加大，民族优秀传统文化得到有效继承和弘扬

一是文物保护工作扎实推进。重点文物保护工程进展顺利。年内"三大重点文物保护维修工程"全面竣工。截至2010年底，"十一五"重点文物保护工程共下达投资43367万元，完成投资38411万元，开工建设了21处文物单位的维修保护项目。第一批全区"红色遗迹"保护工程按计划开工，竣工7项。文物安全、文物建档等基础性工作稳步推进。自治区文物鉴定组完成了昌都、林芝、日喀则、山南四个地区的2800多件馆藏文物电子档案制作工作。布达拉宫管理处、西藏博物馆、罗布林卡管理处共对馆藏4887件文物建立了电子和纸质的档案，对5880多部文献典籍进行了整理编目和登记造册。第三次全国文物普查工作第二阶段工作任务圆满完成。在实地调查工作中，西藏自治区共完成73个（区）629个乡镇实地文物调查工作，调查面积约117.6万平方公里，普查区域覆盖率达到98%以上（除藏北无人区外），共登录不可移动文物点4283处，其中新发现文物点3019处，复查文物点1264处。

二是非物质文化遗产保护成效显著。召开了西藏自治区非物质文化遗产普查工作总结会议，对"十一五"以来西藏非物质文化遗产普查工作进行了全面总结，对下一步工作进行了安排部署。中国少数民族非物质文化遗产调演活动中自治区专场演出得到了首都各界人民的普遍好评。积极完成了申报拉萨河文化生态保护区为国家级生态保护项目的工作。全年累计投入非物质文化遗产保护经费1265万元，加强了对国家级和自治区级代表作的保护工作。启动了2010年全区21个非物质文化遗产重点保护项目，并与各地市文化局签订了项目责任书。在"文化遗产日"期间，举行了藏戏入选人类非物质文化遗产代表作名录的庆典仪式，出版了《藏戏经典唱腔名人名段》CD光盘，编撰完成了《吉祥卓舞》、《墨竹工卡县普堆巴宣舞》、《传统八大藏戏剧本》等“非遗”系列丛书。组织山南地区《吉祥古韵》参加了“西部非物质文化遗产项目展演”系列活动。组织参加了山东济南首届中国非物质文化遗产博览会。16个代表作入选第三批国家级名录。自治区人民政府公布了第二批自治区级非物质文化遗产代表性传承人名录。自治区级传承人数量达到227人。

三是古籍保护工程全面实施。2010年是贯彻落实文化部等8部委《关于支持西藏古籍保护工作的通知》精神的第一年。召开了全区古籍保护工作会议，对全区古籍保护工作进行了全面部署，全面启动了西藏古籍普查工作。向国家古籍保护中心申报了《格萨尔王克敌制胜记》等15部珍贵古籍，其中12部珍贵古籍入选第三批国家珍贵古籍名录。截至目前，西藏自治区已成功申报34部国家级珍贵古籍。

四、文化产品日趋丰富，艺术舞台多姿多彩

一是文艺创作日趋繁荣。年初，召开了西藏专业艺术创作会议。会议总结了新时期以来西藏专业舞台艺术工作的成功经验和巨大成就，对西藏专业舞台艺术创作存在的突出问题进行分析和思考，对今后西藏专业艺术创作工作提出发展思路和具体要求。出台了《西藏自治区重点项目扶持和奖励办法（试行）》、《西藏专业艺术创作思路》。全年新创作推出的舞台文艺作品达到了320余个剧节目。特别是区歌舞团新创的世博会西藏活动周巡游主题歌《腾飞西藏》，世博会西藏活动周大型歌舞晚会“天上西藏”，区藏剧团的《吉祥祝福》，山南地区的《雪域珍宝》，区话剧团的话剧小品《酒驾》、《幸福》，昌都地区的《幸福之路》，那曲地区的《和谐羌塘》等都在社会上产生了较大影响。西藏爱乐乐团应邀参加国家大剧院“第二届中国交响乐之春”演出活动、重庆“西部交响周”活动，受到了内地专家和观众的广泛好评。组织创作的《欢歌起舞》入选参加“中央电视台2011年春节联欢晚会”，自治区歌舞团的优秀舞蹈作品《热萨玛》入选参加“2011年国家文化部电视新年晚会”。庆祝西藏和平解放60周年主题献礼晚会“再唱山歌给党听”、重点剧目大型话剧《解放，解放!》、大型藏戏《青稞飘香》的剧本创作基本完成。话剧《扎西岗》继进入西藏自治区党委宣传部“五个一工程”、文化部“2009～2010年度国家舞台艺术精品工程扶持项目32强”后，经进一步修改提高，5月，在广州举办的“第九届中国艺术节”上荣获“文华大奖特别奖”；西藏藏剧团青年藏戏表演艺术家班典旺久荣获“文华表演奖”，西藏话剧团青年演员索朗次仁荣获“优秀表演奖”，对于上述获奖剧目和个人，西藏自治区人民政府又进行了隆重表彰。大型歌舞《魅力西藏》入选2009～2010年度国家舞台精品工程资助项目。

二是“送戏”下乡工作成绩骄人。2010年是实施《区直三团下乡演出奖励办法》的第二年，这个办法的实施，极大地调动了区直专业艺术团体下乡演出的积极性。全年西藏自治区区直三团送戏下乡演出300多场次（其中，自治区歌舞团68场，自治区话剧团91场；自治区藏剧团141场），超额完成了全年下乡演出任务。各地市专业文艺团体累计演出达到1600多场次，19支民间艺术团下乡演出近800场，基层群众文化生活呈现出异常活跃的良好态势。

五、文化市场繁荣有序，国家文化安全得到进一步保障

2010年，文化市场开展互联网上网服务营业场所专项整治和互联网手机媒体淫秽色情及低俗信息专项整治、学校周边文化市场专项整治等行动，有效封堵了各种低俗、反动文化在社会上的传播渠道，净化了社会环境，维护了国家文化安全。在文化部的协助下，建设了省级互联网网络市场监控平台，目前已投入运营。2010年，全区各级文化市场管理部门共出动执法人员13614人次，检查各类文化经营场所8946家次，责令整改161家次，警告146家次，罚款54400元，责令停业整顿48家次，没收各类非法音像制品137190盘（张）。

六、推动文化产业加快发展，努力满足人民群众多层次、多样化精神文化需求

2010年，组织参加了文化部等举办的各类重大文化产业博览交易会，西藏文化的影响力进一步扩大。2010年，共有23家企业和单位参展，对外推介了42个文化产业招商项目，参展企业现场销售近170万元产品，签订产品订单12个，涉及金额共计200多万元，落实协议投资达7亿元左右。拉萨城关区古艺建筑美术公司被文化部授予国家级文化产业示范基地的称号。成功举办了首届西藏唐卡艺术博览会、承办了“中国原创动漫推广计划——百万优秀动漫产品进西藏”等系列重要活动，正在探索并形成西藏文化产业化，走品牌之路的新平台。西藏文化产业重点项目库正式纳入全国文化产业项目工程，项目库数据平台与中国文化产业网完成了对接，并开通了西藏文化企业投融资平台。截至目前，共发布文化企业融资项目78个。社团组织管理工作有了新进展，对文化产业工作的推进作用逐步显现。

七、文化交流日趋广泛，西藏文化影响力不断提升

2010年，累计组织完成了赴泰国、尼泊尔、香港、西班牙等国家和地区演出，以及“西藏考古与艺术展”赴日本和台湾展览。仅“西藏考古与艺术展”在日本展览期间接待参观人数47万余人次。在中尼建交55周年之际，成功接待了尼泊尔民间友好团体阿尼哥协会6人访藏考察。全年累计接待国内外友好文化交流团队3批、70余人次。

八、人才队伍建设进一步加强，基层队伍建设不断夯实

为提高基层文化队伍素质，2010年先后举办了文化信息资源共享工程技术人员、古籍普查人员、文化文物统计人员、文化市场综合执法、全区文化系统办公室人员等各类专业培训19次，累计培训人数近980人次。同时选送120余人员参加了在福建、重庆等省市举办的各类培训。经过全力争取，圆满完成了西藏歌舞团、西藏藏剧团73名舞蹈演员和藏戏演员考录、昌都地区民族歌舞团22名、日喀则地区民族艺术团30名舞蹈演员的录用工作得到圆满解决。积极在自治区博物馆推行了事业单位岗位设置试点工作。年初在厅系统范围内表彰了先进基层党组织、优秀共产党员、优秀党务工作者。按照党员发展规划，年内厅系总共发展党员7名，接收预备党员3人。批准成立了机关离退休党支部。加强了党组织建设，壮大了党员队伍的规模。

陕西省

2010年，在文化部的指导与部署下，在陕西省委、省政府的正确领导下，全省文化系统以邓小平理论和“三个代表”重要思想为指导，认真贯彻党的十七大和十七届四中、五中全会精神，深入贯彻落实科学发展观，坚持社会主义先进文化前进方向，坚持“二为”方向、“双百”方针和“三贴近”原则，围绕建设陕西文化强省总体目标，大力发展文化事业和文化产业，不断规范繁荣文化市场，积极推进文化体制改革和文化创新，积极实施文化“走出去”战略，增强了陕西文化的影响力。省文化厅全面完成省委、省政府下达的八个方面24项重大工作任务，推动了全省文化建设持续稳定发展繁荣，为全省经济社会发展营造了良好的文化氛围。

一、文艺创作

精心组织推荐，喜获多项大奖。在第九届中国艺术节上，陕西省选送3台剧目、4个节目和4项活动参加，获10个奖项。这是陕西在历届中国艺术节上获得奖项最多的一次。其中，《米脂婆姨绥德汉》获文华大奖特别奖，《大树西迁》获文华优秀剧目奖，《大树西迁》主演、“梅花奖”得主李梅获得戏剧表演最高奖“文华表演奖”；小品《老城根》、《街头巷尾》和女声独唱《望秦》获第15届“群星奖”作品类奖，陕西省农民文化节、延安过大年、夏日文化广场演出活动获全国第15届“群星奖”项目类奖，西安市群众艺术馆馆长王升荣获全国第15届“群星奖”群文之星称号。省政府对获奖单位和个人给予了表彰和奖励。同时，经推荐评选，刘文西、苗重安、江文湛等15位著名画家的作品参加了第九届中国艺术节“中国风格　时代丹青”全国优秀美术作品展，充分展示了我省美术的创作实力。

二、重大文化活动

【隆重举办第五届中国秦腔艺术节】

8月22日至9月6日，由中国戏剧家协会、省文化厅主办的第五届中国秦腔艺术节在西安隆重举行。本届艺术节开幕式主会场在南门瓮城举办，名家荟萃，气势磅礴，观者如潮。9个分会场同时分布在长达13.7公里的西安古城墙上，秦歌秦舞精彩缤纷，呈现“万人吼秦腔”的壮观景象。艺术节期间，陕西、甘肃、新疆、青海、宁夏五省区的22个高水平秦腔艺术院团轮番登场，为广大群众呈现了26台52场精彩剧目，充分展示了我国秦腔艺术创作发展的新意蕴新成就。本届秦腔艺术节盛况空前，参演剧目质量之高、规模和影响之大均创历届之最。

【组织推荐或举办多项比赛】

着力推进艺术创作活动持续繁荣，由省戏曲研究院创作演出的大型秦腔现代戏《大树西迁》，在全国30部国家舞台艺术精品工程初选剧目的激烈角逐中脱颖而出，荣获2008～2009年度国家舞台艺术精品工程“十大精品剧目”，获得文化部、财政部100万元国家舞台艺术最高奖的重奖，并被定为“中国优秀戏剧电影”拍摄项目。编剧陈彦荣登第三届“中国戏剧奖曹禺剧本奖”榜首。由西安秦腔剧院创作演出的秦腔《柳河湾的新娘》则在激烈的角逐中成为“2009～2010年国家舞台艺术精品工程”剧目，获得文化部、财政部50万元奖励。这是继眉户现代戏《迟开的玫瑰》、话剧《郭双印连他乡党》之后，陕西戏剧又一次与该项大奖结缘，它标志着陕西省实施的文化精品创作工程之一的“陕西戏剧”已迈上新的台阶。

在文化部、住房和城乡建设部举办的“新中国城市雕塑建设成就奖”评选中，省雕塑院两件作品获成就奖，10件作品获提名奖。推荐节目参加“金狮奖”全国木偶皮影中青年技艺大赛，获2金1银1铜的好成绩。陕西美术博物馆被文化部评为全国重点美术馆。省文化厅还承办了省委、省政府、省人大、省政协迎新春团拜会，14届“西洽会”文艺演出。举办了“陕鼓杯”2010年陕西声乐比赛、陕西秦腔演唱大赛、第八届陕西少年儿童戏曲小梅花奖比赛、陕西中青年演员折子戏专场大赛、西北地方戏曲发展论坛、秦腔爱好者基本功培训班、戏剧剧本讨论会。召开了陕西省艺术创作工作会。

三、社会文化

【认真实施文化惠民工程】

2010年，省文化厅完成了文化信息资源共享工程36个市、县级支中心和372个乡镇、23000余个村级基层服务点的建设任务。文化信息资源共享工程达到了省市县乡村全覆盖；根据国家发改委“十一五”乡镇综合文化站建设规划，督促指导648个乡镇综合文化站设施建设；为城市39个社区文化中心、302个文化活动室和农村1743个行政村配送了文化活动器材，惠及百万群众；举办8期培训班，培训基层文化干部和群众文化骨干500余名；召开了全省农村基层文化建设工作会议，命名了27个示范乡镇综合文化站和村文化室。陕西省图书馆采用RFID（天线射频识别技术），实现了中文图书自动化借阅与管理，全年服务读者218.2万人次。

【成功举办第二届陕西省农民文化节】

陕西省农民文化节曾荣获文化部群众文化最高奖——群星奖，是陕西的全国知名文化活动品牌。第二届陕西省农民文化节从农村文化多元化发展的趋势出发，增加了两项新的内容。本届文化节于8月13日启动，其主题是“写农村，演农民，在农村演；农民演，农民看，农民喜欢”。文化节分县、市、省3个阶段顺序进行。据统计，全省市县分会场共演出1000余场、剧（节）目6000余个，举办美术书画展览100余次，观众300余万人次。11月2日至7日，主会场展演在西安举行，以旬阳县的“兰草花儿开”专场开幕，先后演出“艳阳三秦”和“丰登三秦”小戏小品专场晚会、“情满三秦”音乐歌舞专场晚会、“红盛三秦”民俗民间艺术专场晚会和“放飞三秦”颁奖晚会。期间，还举办了全省农民书画摄影手工艺品展览，“农村文化与社会主义新农村建设研讨会”和全省农村题材文学剧本评奖活动，编辑出版了《第二届陕西省农民文化节优秀作品选》，对于繁荣农村题材文艺创作、活跃农村文化生活、促进农村文化建设产生了积极的影响。

省文化厅还选送节目参加了第七届全国四进社区文艺展演活动和第四届中国农民画艺术节。参与举办了“彩绘丝路·中国当代著名美术家丝绸之路万里行”活动，及2010年海峡两岸少年儿童绘画书法作文大赛、第二届“中贝元”杯欢乐与你成长经典儿童剧展演、第八次全省三秦少儿书画展，活跃和促进了群众文艺创作和文化生活。

【完成上海世博会文化展演任务】

抓住机遇，发挥文化优势，在上海世博会这个国际平台上大力宣传陕西，是2010年文化工作的重点之一。按照省政府要求，省文化厅参与精心策划了上海世博会陕西馆的民间文化展示活动。同时，重点策划并组织了上海世博会陕西周的文化展演活动。以历史文化为基础，以民俗文化为特色，以非物质文化遗产为项目，成功策划组织了大气磅礴精彩绝伦的仿唐歌舞品牌的陕西周开幕式，受到领导、观众和新闻媒体的高度评价。陕西周期间，宝钢大舞台、民俗展演舞台、非物质文化遗产展览和踩街巡游，成为世博园中亮丽的风景线。陕西省300多名文艺工作者演出各类节目30场，恢恢秦俑、盛世大唐、安塞腰鼓、天地社火方阵踩街巡游4次，11个非物质文化遗产项目展示，观看观众游人100多万人次。中央电视台、新华社等40余家媒体从多方面深度报道了展演活动盛况。省文化厅被省委、省政府评选为陕西省参与2010年上海世博会突出贡献先进集体。

【走进青木川，让艺术家体验时代脉动】

在新的发展时期，为了倡导广大文艺工作者关注基层，深入生活，贴近群众，沟通感情，与时代脉动同步，5月5日至8日，省文化厅组织了“走进青木川”艺术家下基层活动。宁强县青木川镇是“5·12”大地震陕西境内受灾最重的地方，两年来，灾后重建使这里发生了巨大的变化。在4天的活动体验中，省直文化系统的40余位编导、编剧、演唱家、书画家、艺术理论家参观村庄、学校、文化室，深入田间院落，观看民俗文化表演，深受启发。艺术家们多次为群众现场激情表演了文艺节目，举行了书画艺术现场展示等活动。陕西省文化厅还向青木川镇文化站和五里坡灾民安置点分别赠送了文化共享工程服务设备，受到群众的欢迎和称赞。

四、文化产业

【圆满完成向省人大的专题汇报工作】

根据2010年省人大工作监督计划，在有关部门的支持下，省文化厅厅长余华青受省政府委托向省十一届人大第十九次会议做了《关于我省文化产业发展情况的报告》，得到省人大和社会各界的高度评价和充分肯定，为文化产业发展营造了良好的社会环境。

【举办第五届中国西部文化产业博览会】

10月，第五届中国西部文化产业博览会在西安成功举办。本届博览会除西部12省区市积极参展外，还吸引了北京、山东等10余个省市代表团参会，马来西亚、韩国、泰国、澳大利亚、台湾等国家和地区也纷纷组团参展。博览会期间，观众流量约55万人次，比上届增加了1倍多；签约项目67个，签约金额达675亿元，比上届增加了8倍以上，其中重点投融资集中签约项目40个，涉及合同金额565.35亿元。中国西部文化产业博览会永久落户西安并成功举办，已经成为推动文化产业发展的重要引擎，成为展示文化体制改革和文化产业发展成果的重要平台。省文化厅还组团参加了第五届中国北京国际文化创意产业博览会。

同时，为调动各市积极性，2010年，省文化厅采用指导各市轮流组团参加全国性大型文化产业博览会的方式收到好的效果。指导宝鸡市组团参加第六届深圳文化产业博览会，榆林市组团参加宁夏自治区文化产业博览会均获得成功。

【加强文化产业示范基地建设】

2010年，经省文化厅组织申报、评审和推荐，在文化部命名的第四批国家级文化产业示范基地中，大唐西市、宝鸡周秦文化产业示范区、富平陶艺村榜上有名。目前陕西省有国家级文化产业示范园区1个，国家级文化产业示范基地8个。省级文化产业示范基地（单位）55个。园区和示范基地是文化市场的重要主体，是文化产业创新发展的中坚力量，在全省文化产业发展中发挥着越来越重要的示范和辐射作用，必将引领陕西省文化产业健康快速发展。

【积极推动动漫产业发展】

动漫产业是近年兴起的飞速发展的朝阳文化产业。2009年，陕西省有动漫游戏企业140余家，总产值突破10亿元，产生社会就业岗位10200个。为了推进全省尽快成为全国动漫产品生产和传播中心，扩大市场份额，作为第14届西洽会的重要内容，省文化厅主办了“3G背景下中国（陕西）手机动漫产业发展高峰论坛”，国内外手机动漫产业链的嘉宾200余人出席论坛。与会嘉宾围绕“新动漫·新媒体·新产业”主题，对手机动漫运营模式、手机动漫产业特征及发展趋势、手机动漫行业技术应用等领域进行了深度研讨。论坛期间，省文化厅与本省首批享受动漫产业重点项目财政扶持资金的三家动漫企业签订了项目目标责任书，资助财政扶持资金500万元。陕西省动漫企业与海内外同行达成合作意向11个，与英、美、日、韩等国家及台湾地区动漫企业建立了长期合作关系。创意完成了“中华节庆文化动漫博览园”项目，被列入“2010年度国家十大文化创新工程”项目。

【加强产业发展的基础性工作】

省文化厅推荐46个项目参加国家文化产业重点项目库入库评选，成功入库立项16个，立项资金3.927亿元。举办了陕西省文化系统文化产业经营管理人员培训班。完成了《推进城乡一体化文化建设，发展农村文化产业》调研报告。

五、文化市场管理

【全面完成文化市场综合执法改革】

2010年是加快推进文化体制改革的关键一年。市县文化市场综合执法改革是重中之重。省文化厅与有关部门先后联合下发了《关于加快推进全省文化市场综合执法改革工作的意见》、《关于整合组建文化市场综合执法机构加强文化市场综合执法人员编制管理的实施意见》。11月上旬，省文化厅组成督查组对各市区进行了检查和督促。截至12月15日，11个市区、部分县（区、市）建立了文化市场综合执法机构，有文化市场综合执法人员900余人，加强了文化市场综合执法队伍建设，强化了全省文化市场的监管力度。

【积极推进网络监管系统建设】

建成省级网络文化市场计算机监管平台1个，市（区）级监管平台11个，县区级106个。并实现了省市县监管平台的互联互通。12月15日，顺利实现陕西省网络文化市场计算机监管系统与国家网络文化市场计算机监管平台对接联网。系统显示，全省已审批网吧等互联网服务营业场所3521家、终端总数428082台、软件安装网吧3197家、终端313850台，网吧和终端安装率分别达90.8%和89.5%。网络文化市场计算机监管平台的建成与启用，实现了用现代技术和科学管理方式对网络文化市场的有效管理，是文化市场管理手段向高科技发展的重要标志，将极大地提高文化行政部门的市场监管能力和行政执法水平。

【加大文化市场规范管理力度】

召开全省文化市场管理工作会议。对黑网吧和校园周边文化经营场所进行专项整治。完成对歌舞娱乐场所和非学历教育艺术机构的年检换证工作。对6家连锁网吧企业进行经营资格认证。对歌舞娱乐场所经营情况进行调研，对安全进行全面检查。截至11月底，全省共出动文化执法人员8.9万人次，检查音像经营单位6213家次、演出单位523家次、娱乐场所7991家次、网吧138万家次，受理举报1342件，立案调查723件，查缴各类违法音像制品9.6万盘（张），罚款194.8万元，停业整顿经营单位846家，吊销许可证24家。严格落实《营业性演出管理条例》，大力扶持民营演出，全年共审批各类演出20余台，80余场次。

六、非物质文化遗产保护

【继续推进建立国家级陕北文化生态保护区工作】

文化部专家组经过对延安、榆林的实地考察，认为已具备建立国家级陕北文化生态保护实验区的条件。目前文化部批准程序正在进行中。

【命名省级项目传承人】

经申报、评审、公示，以省政府名义公布了89人为第二批陕西省非物质文化遗产项目代表性传承人。省级传承人已达到248人。制定保护规划。组织完成了省级非物质文化遗产名录295个项目（国家级名录项目61项）新一轮5年保护规划制定工作，为深入保护非物质文化遗产奠定了基础。举办大型展示活动。成功举办了西部非物质文化遗产项目展演系列活动，西部12个省（区、市）近百个世界级、国家级和省级非物质文化遗产项目参加展演，这是近年来我国西部规模最大的一次非物质文化遗产展示活动；在第五个国家“文化遗产日”期间，组织举办了“人类非物质文化遗产——中国剪纸艺术展”和“西安鼓乐专题音乐会——亘古回响”，充分展示了联合国教科文组织命名我省的人类口头和非物质文化遗产“中国剪纸”与“西安鼓乐”项目保护的最新成果。联合举办了中国韩城“司马迁杯”首届全国锣鼓大赛。编辑出版了《第二批陕西省非物质文化遗产名录图典》。在全社会引起了“观察·认识·保护”非物质文化遗产的热潮。

推进古籍保护工作。组织全省24家单位的近1000部古籍申报《国家珍贵古籍名录》，经审定并由国务院公布，陕西省共有13家单位的149部珍贵古籍入选《国家珍贵古籍名录》；4个单位被评为全国古籍保护重点单位。全年完成古籍普查登记3761部，修补古籍17284页，装订1931册。修复民国期刊124种373册 。

七、对外文化交流

【陕台文化交流取得重大成果】

为了进一步加强两岸文化交流，2009年在陕西成功举办“情系长安——两岸文化联谊行”活动之后，2010年，按照文化部和省政府的部署要求，省文化厅精心策划，3次组织400多位艺术家和民间工艺大师，分别于4月初赴台中参加“马祖艺术节”，4月底在台北举办“陕西民俗艺术节”，9月中旬在台北、台中、彰化陕西村及高雄等地举办了“2010台湾陕西周”文化展演系列活动。精彩绝伦的青春版大型秦腔《杨门女将》、大型乐舞诗《大唐赋》以及融歌舞、戏曲、声乐、器乐等内容于一体的若干小型演出获得现场于观众的阵阵掌声和好评，同时还举办了由木版年画、皮影、剪纸、泥塑、社火脸谱、刺绣、农民画、提线木偶等项目组成并有民间艺人现场表演、可与观众交流互动的非物质文化遗产展览、“华山脚下”摄影展让参观者流连忘返，在台中举办的“陕西民间艺术精品展”还应台方请求延长了一个月的展期。独具特色的展演活动在台湾掀起了“陕西文化热”，对于进一步促进陕台文化交流与合作发挥了积极作用。陕西省文化厅被省政府评为先进单位。

【对外文化交流力度加大】

组织以省委常委、宣传部长胡悦同志为团长的陕西文化代表团出访希腊、土耳其，并组织陕西天地社火艺术团一行35人，赴希腊参加第48届莱夫卡斯国际民俗节，为陕西省与两国今后进一步的文化交流活动奠定了良好基础。指导陕西演艺集团与美国张平公司就《来自中国的三个传说》在华演出签约，并组织美国文化演艺专题讲座等活动。组织安志顺打击乐团赴香港迪斯尼主题公园开展演出活动。全年共接待20多个国家和地区的30批、170人次文化团组来陕参观、访问和洽谈文化交流项目。

八、文化体制改革

【指导陕西演艺集团加快转企改制工作】

陕西演艺集团2009年11月28日成立后，省文化厅积极指导推进该单位建立企业法人治理结构，进行人员分流，帮助办理事转企工作等。1257名事业编制全部核销。2010年，厅长余华青和有关厅领导多次到演艺集团调研，听取汇报，研究问题，指导工作。5月下旬，“事转企”改革及一般职工提前退休的办理工作，副处级以上领导干部的选拔聘用和分流安置工作按计划完成。11月29日，省文化厅党组集体听取演艺集团汇报。12月14日，余华青厅长陪同郑小明副省长再次到演艺集团调研，解决转制过程中存在的突出问题。11月，省文化厅指导陕西文化音像出版社按期完成了转企改制工作。

【指导省戏曲研究院省图书馆等继续深化内部机制改革】

省图书馆、省戏曲研究院等单位按照明确定位、增强活力、提高效率，努力提高公共文化服务的质量和水平的要求，继续深化内部机制改革，建立岗位目标责任管理体系，大力提高文化服务的社会效益。省戏曲研究院“西安天天有秦腔演”已超过千场，省图书馆年服务读者人数达218.2万人次。

九、队伍建设

【深入开展创先争优和学习型党组织建设活动】

制定并印发了《中共陕西省文化厅党组中心组学习制度》、《中共陕西省文化厅党组关于推进学习型党组织建设的实施方案》、《中共陕西省文化厅党组关于深入推进创先争优活动的实施意见》，成立了省文化厅党建工作领导小组，开展“基层组织建设年”活动，积极推进学习型党组织建设，扎实推进厅直属单位各级党组织建设。厅直属单位也结合自身实际，扎实开展了创先争优活动。省戏曲研究院把创先争优活动与剧院的体制改革紧密结合起来。陕西演艺集团在推进文化体制改革的同时，开展“月读一书”活动。省美术博物馆开辟了党员工作岗位公开承诺专栏。陕西书学院开展了先进文化在书院活动。省华岳公司开展了纪念建党90周年·创先争优征文活动。省文化物资公司开展了新解放、新跨越、新崛起大讨论活动。省摄影办提出一站式、透明化、零距离服务理念。这些活动的开展对提高党员干部的思想理论水平，转变工作作风起到了积极作用。

组团参加了陕西省第十四届运动会，女子乒乓球取得了团体总分第一名的好成绩。3人被授予陕西省群众体育先进个人。省戏曲研究院、省艺术馆荣获贡献奖。

【扎实推进党风廉政建设和反腐败工作】

组织厅直属单位全体党员干部认真学习了胡锦涛同志在中纪委五次全会上的重要讲话和有关会议精神，厅主要领导、分管领导与厅机关各处室负责人、直属各单位党组织主要负责人签订了反腐倡廉责任书。把“四个管好”和“三项制度”与文化系统业务工作融合在一起，积极开展纠风和执法监察工作。召开有各市文化广电（文物）新闻出版局、厅直单位纪检干部参加的全省文化系统廉政文化建设座谈会，认真总结了近年来开展廉政文化建设的做法和经验，并对今后一个时期推进廉政文化建设的深入开展提出了明确要求。并通过经验交流，进一步提高了对廉政文化建设重大意义的认识，对推进党风廉政建设和反腐败工作的深入开展起到了推动作用。12月，按照签订的《反腐倡廉责任书》，对厅直属各单位党风廉政建设责任制执行情况进行了集中检查。

【加强领导干部队伍建设】

根据党政干部选拔条例，坚持公开选拔、竞争上岗的原则，严格按照程序，对厅机关处级空缺领导职位和非领导职位进行了补充，并根据各处职能和实际工作需要，进行了人员定岗。调整和补充了陕西国画院、陕西省美术博物馆、陕西省艺术馆等厅直属事业单位的领导班子。完成了年度厅直属事业单位领导干部和机关公务员考核工作。奖优罚劣，调动了干部的工作积极性。

【依法行政，扩大文化宣传】

坚持规范性文件备案制度。注意以行政、文化法规和规范性文件作为工作的依据。制定了全厅2010年度调研工作计划，做好调研成果的评选、报送，以及“五五”普法规划的总结验收和规范性文件报备、立法调研工作。召开了综合治理安全保卫工作会议。完成了省级文化艺术类社团的年检和省级文化艺术类社会团体“小金库”专项治理工作。审批社团和民非企业24个，目前，省级文化类社团共有167个。完成人大建议、政协提案共24件的答复工作。在省内知名报刊专版宣传陕西文化4次。在《中国文化报》发表宣传文章93篇。编印《文化信息》82期，被政府门户网站采用信息31篇。在文化信息网发布文化要闻135次，政务公开121件。全年陕西文化信息网点击率达144.4万人次，比2009年增加了48.1万人次。保密、信访、后勤服务、劳动就业管理、老干部服务管理等工作有序开展。

甘肃省

一、文化基础设施建设

以基础设施建设为重点，不断提升服务能力，公共文化服务体系建设实现新突破。一年来，甘肃省文化厅以建立健全公共文化服务体系为目标，大力推进文化基础设施建设，深入开展各类文化活动，公共文化服务能力得到了进一步提升。一是基层文化阵地建设进一步加强。列入“十一五”规划的990个乡镇综合文化站建设项目，已经建成499个，绝大多数已经投入使用；2010年下半年下达的481个乡镇综合文化站项目开工建设。为629个乡镇综合文化站每站配备了10万元的基本设备，为18个社区文化中心各配备了12万元的设备，为50个社区文化活动室各配备了5万元的设备，保障了文化服务功能的正常发挥。二是文化信息资源共享工程取得突破性进展。2010年，全省又建成了29个县级支中心，10260个村级服务点，与农村党员远程教育联合共建5557个村级服务点，基本实现了村级服务点全覆盖。同时，对200多名县级支中心工作人员进行了集中培训，为正常开展服务提供了保障。三是重点文化设施建设项目进展顺利。省直单位的“金城第一戏楼”竣工并投入使用，黄河剧院重建工程进展顺利，飞天文化产业大厦项目主体完工。各市州和县区的重点文化建设项目顺利推进，兰州市建成了中国秦腔博物馆、兰州非物质文化遗产陈列馆和兰州国学馆，白银市投资1800万元建成了市文化中心，武威市投资1.5亿元的市博物馆建设工程正式开工。陇南市、甘南州灾后文化重建工作有序推进。四是群众文化活动丰富多彩、硕果累累。2010年，省文化厅在文化部第15届“群星奖”评奖活动中，参演的舞蹈节目《裕固风情》获作品类“群星奖”，甘肃省群星艺术节、兰州春节文化庙会和庆阳端午香包民俗文化节获项目类“群星奖”；在文化部主办的中国第12届老年合唱节上取得了第二名的好成绩，省文化厅获组织奖；在首届中华红歌会合唱汇演活动中，荣获大赛最高奖“中华杯”奖；在第八届中国西部民歌（花儿）歌会上，获得了2金、2银、5铜的好成绩。召开了全省“先进农民文化大院”表彰会，表彰了近年来涌现出的55个先进农民文化大院，总结、交流了农民文化大院建设的好做法、好经验，有效促进了全省农村文化建设。

二、舞台艺术创演

以建设戏剧大省为目标，完善艺术生产机制，戏剧创作演出再获佳绩。2010年，省文化厅以戏剧大省建设为目标，采取切实有效措施推进艺术创作生产，戏剧创作演出取得骄人成绩。一年来，组织召开了舞台艺术剧本创作笔会，研讨剧本65个；召开了全省艺术创作工作会议，讨论了全省舞台艺术创作、艺术科研和美术创作3个5年规划，以及5个配套办法，为艺术精品生产奠定了良好基础；召开了全省艺术院团开拓演出市场经验交流会，总结推广了一批好经验、好做法。通过开展“千台大戏送农村”、精品剧目演出周等活动，坚持不懈抓好演出。2010年，省直8个艺术院团演出1675场，全省专业艺术表演院团演出16000余场，其中60%在农村和基层演出，大大丰富了基层群众文化生活。与此同时，狠抓艺术精品生产，提升甘肃戏剧的影响力。陇剧《官鹅情歌》入选国家舞台精品工程十大剧目，并参加第12届上海国际艺术节演出，获得广泛好评。现代陇剧《苦乐村官》参加第九届中国艺术节演出荣获文华特别奖，并入选2010年度国家舞台艺术精品工程资助剧目。普通话版话剧《兰州好家》获中国话剧艺术节“参演优秀剧目奖”。秦剧《锁麟囊》参加首届中国戏剧文化奖优秀剧目调演，获剧目金奖和编剧、导演等9项单项金奖，参加第五届中国秦腔艺术节荣获优秀剧目奖。音乐剧《花儿与少年》参加第二届全国少数民族戏剧会演，荣获剧目银奖和优秀编剧、导演、表演奖。舞剧《丝路花雨》入选第九届上海国际艺术节并参加了“优秀保留剧目”全国巡演，得到文化部的高度评价。京剧《丝路花雨》受省委宣传部委派，前往天津答谢演出并参加了全国京剧优秀剧目展演。特别值得一提的是，天水市创排的《麦积圣歌》在第五届中国秦腔艺术节上荣获优秀剧目奖，定西市创排的秦剧《百合花开》在新疆、青海、山西巡演21场，这是继《大梦敦煌》之后走向全国的、由市州院团创排演出的又两部优秀剧目，标志着甘肃省市州舞台艺术创作水平得到了很大提升。

三、文化产业发展

以贯彻落实国务院文化产业振兴规划为契机，推进园区建设，扶持龙头企业，文化系统文化产业快速发展。2010年，省文化厅以园区建设为重点，以扶持文化企业做大做强为着力点，以宣传、推介文化产品为突破口，进一步加快全省文化产业发展步伐。一是积极扶持文化企业发展。在对全省工艺品行业深入调研的基础上，由省文化产业协会牵头，对天水汉唐、天水三星、敦煌大乘、甘肃纪元、塞纳河等文化艺术品企业相关资源进行整合，为组建工艺品行业联合体打下了基础。2010年，敦煌飞天文化产业发展有限责任公司又被文化部命名为文化产业示范基地，截至年底，甘肃省共有国家级产业示范基地4个，其中庆阳市民俗文化产业示范基地围绕香包产业组建公司110多家，已经形成年生产500万件以上、从业人员15万人、产值逾3亿元的规模，在国内30多个省区市和东南亚、我国港、澳等国家及地区建立了销售网络。兰州市文化实业发展总公司已发展成为拥有7家子属或关联企业，经营门类涉及电影放映、演出经纪、艺术培训、旅游服务、宾馆服务、文化投资，资产总量近亿元的骨干文化企业。天水汉唐麦积山陶艺有限公司文物复仿产业示范基地在研究、开发、生产麦积山石窟艺术旅游工艺产品的同时，积极筹建“天水汉唐艺术苑”，现已完成投资1600万元，初步形成了集工艺品研发、生产、展销和文化旅游为一体的规模型文化企业。同时，省文化厅正在加快进行飞天文化产业大厦的经营规划工作，将以飞天文化产业大厦为基础，打造省直文化产业发展基地。二是大力推介宣传甘肃省优秀文化产品，为企业发展搭建平台。组织文化企业参加了在西安举办的西部文博会，有3个项目成功签约，投资总额3.1亿元，省文化厅获最佳组织奖、最佳展示奖和交易成果奖。在深圳文博会上，省文化厅举办了

"炫目·甘肃——优秀剧目推介展"，很好地宣传了甘肃的优秀舞台艺术精品，省直各院团基本都与省内外演出经纪人签订了演出合同或意向性协议。三是通过创意、设计、制作和销售文物旅游纪念品，推进文化旅游产品开发。2010 年，仅敦煌研究院就推出了 70 多款新的文物旅游纪念品，麦积山石窟艺术研究所推出了 20 多款文物旅游纪念品，取得了良好的社会效益和经济效益。四是积极推动动漫产业发展。省文化厅协调甘肃艺百文化科技有限公司进行动漫基地项目论证，于 11 月由兰州市发改委正式立项，在安宁经济开发区解决土地 50 亩，并签订框架协议。

四、文化市场管理

坚持促进发展繁荣与加强管理并举，日常监管与专项整治并重，繁荣有序的文化市场环境进一步形成。一年来，省文化厅以促进文化市场繁荣发展为目的，以加强管理为手段，不断优化文化市场结构。一是认真抓好文化市场综合治理工作。以开展治安突出问题专项排查和集中整治为契机，着力整治文化市场突出问题，认真做好文化经营场所的禁毒和安全消防工作，确保文化市场健康、安全、有序发展。据统计，2010 年全省各级文化行政部门共出动执法人员 6.2 万人次，检查场所 3.2 万家次，受理各类举报、投诉 205 件，停业整顿 269 家，取缔、关闭各类违法违规经营场所 134 家，查处办结案件 1598 起，罚款 66 万元，严厉打击了文化市场各类非法经营行为和违法犯罪活动。二是全力做好网络市场整治工作。积极改进技术监管手段，充分利用网络监控平台，及时通报全省网吧上线情况和封堵非法游戏网站等不良信息。对校园周边网吧进行了专项整治，坚决取缔黑网吧，严厉查处网吧违法接纳未成年人进入等问题，使未成年人进入网吧现象得到了有效控制，群众投诉、举报现象明显减少。2010 年，兰州市文化广播影视新闻出版局、武威市文化出版局、平凉市文化出版局被文化部评为全国文化市场综合执法先进单位。

五、文化遗产保护

坚持妥善处理保护与利用、传承与发展的关系，文化遗产保护工作成效显著。一年来，省文化厅不断加强文物保护力度，加快合理利用步伐。一是完成了第三次文物普查野外文物调查任务和长城资源野外调查工作，为后续利用创造条件。二是大力加强文物遗产的本体维修和安全防范工作，保证文物安全。2010 年，共开展重点文物保护维修项目 35 个，为 17 个文物保护和收藏单位安装、更新了安全防范设施。敦煌莫高窟保护利用工程取得重大进展，大地湾遗址博物馆等重点文物保护利用工程顺利推进。三是积极推进丝绸之路整体申报世界文化遗产工作，完成了部分备选点的规划编制、本体维修、基础设施建设、环境整治、"四有"工作和展示水平提升工作，为申遗成功创造了必要条件。四是加强具有甘肃特色的丝绸之路博物馆体系建设，努力改善博物馆基础设施，提升展览水平，提高服务能力，持续推进博物馆免费开放。2010 年，全省共有 88 座博物馆、纪念馆向社会免费开放，全省各级各类博物馆新增或改造提升陈列展览 42 个，共接待观众 600 余万人次，其中青少年观众 240 余万人次，境外观众 8 万余人次。非物质文化遗产保护工作进一步加强。一是不断加强名录体系建设。2010 年，全省又有 8 项非遗项目入选第三批国家级名录。完成了全省非遗普查工作，共发现非遗线索 2.7 万余条，整理出 16 类 4000 多项。金昌市、张掖市等市州先后公布了第二批市州级保护名录。截至 2010 年底，全省基本建立了四级名录体系，其中国家级名录 53 项，省级名录 175 项，市级名录 811 项，县级名录 2422 项；296 名传承人分别入选国家级和省级传承人名录。二是不断加大宣传展示力度。成功举办了"甘肃省非物质文化遗产展览"，集中展示了甘肃省非物质文化遗产特色项目及近几年非物质文化遗产保护工作成果，兰州太平鼓、凉州攻鼓子、永昌节子舞、永登高高跷、甘南巴浪鼓舞、临夏花儿演唱、裕固民歌和马头琴演奏等非物质文化遗产项目进行了现场表演。三是进一步加大了进入联合国人类非物质文化遗产代表作名录项目的花儿的保护力度，制定了保护工作实施方案，并在 2010 年文化遗产日期间举办了花儿演唱会。四是古籍保护工作不断加强。开展了首批《甘肃省珍贵古籍名录》和甘肃省古籍重点保护单位申报工作，全省共有 37 家收藏单位申报了 3396 部古籍，经专家委员会评审，初选 411 部珍贵古籍，推荐上报省政府审定。对省级古籍重点保护单位进行了遴选，初选了 7 家单位推荐上报省政府审批。

六、重大文化活动

以扩大甘肃文化影响力为目的，重大节庆活动和文化交流工作亮点纷呈。2010 年，省文化厅紧紧围绕年初确定的重点工作项目，共审核、组织、办理出访和来访项目 62 起、340 人次，其中出访项目 53 起、153 人次，来访项目 9 起、187 人次。受文化部派遣，组团赴丹麦、瑞典两国参加了“欢乐春节”和庆祝中丹、中瑞建交 60 周年演出，赢得了到访国的热烈欢迎和华人华侨的好评。组织专家小组赴加纳执行文化部委派的文化援助任务，得到加纳文化部的高度赞誉。成功举办了“2010 非洲文化聚焦——津巴布韦甘肃文化周”活动。与此同时，一年来，文化、文博单位的专家学者赴比利时、日本、韩国、我国台湾等国家和地区开展了多项学术交流、研讨活动。联合国教科文组织驻华代表处、中国文化遗产研究院、省博物馆和省文物考古研究所共同在兰州主办了“纸之路”——第四届东亚纸张保护国际学术研讨会，敦煌研究院举办了“庆贺饶宗颐先生 95 华诞敦煌学国际学术研讨会”，省图书馆、兰州大学图书馆和美国青树基金会共同举办了“2010 信息技术教育国际会议”。敦煌文化的影响力进一步加大，敦煌莫高窟 2009 年接待国内外游客 52.74 万人次。通过这些工作的开展，不断扩大了甘肃文化的影响力。

上海世博会甘肃活动周特色鲜明。2010 年，省文化厅充分利用世博会“大展示、大交流、大合作、大发展”的平台，以敦煌、丝路、多民族艺术特色为切入点，提取甘肃独有的地域文化元素，集中展示了甘肃特色文化。在为期 5 天的甘肃活动周中，甘肃省 500 余名演职人员在宝钢大、小舞台和庆典广场演出了 60 余场文艺节目，进行了巡游行进式表演，举办了地域特色鲜明的非遗项目展示。甘南唐卡、临夏砖雕、天水雕漆、庆阳香包受到了观众的追捧。世博会期间，还组织演出团队在世博园甘肃馆连演 184 天，演出 582 场，精彩的演出，成为甘肃馆的一大亮点，得到中外嘉宾的高度赞赏和一致好评。在上海世博会上，兰州市还举办了“兰州文化周”，很好地展示了兰州、宣传了兰州。

七、文化体制改革

坚持试点先行，创新体制机制，文化体制改革工作积极稳妥推进。在充分调研论证和积极争取相关保障政策的基础上，积极稳妥做好省杂技团转企改制试点工作，成立了省杂技团有限责任公司董事会、党组织、监事会等组织，开展了清产核资、工商注册登记等工作，4 月 28 日，甘肃省杂技团有限责任公司正式挂牌成立，标志着甘肃省艺术院团转企改制试点工作迈出了崭新的步伐。省图书馆改革试点工作完成，实行了馆内全员聘用，双向选择，以岗定薪，中层干部竞争上岗、目标责任管理。在抓好试点工作的同时，研究制定了《关于加快扶持和组建培育省直文化企业的实施意见》等政策性文件，稳步推进省直文化系统文化体制改革工作。配合省委宣传部，积极推进文化市场综合执法改革，全省已有 9 个市州组建了文化市场综合执法机构。各市州也按照文化体制改革的要求，在推进行政部门机构改革、推进文化市场综合执法改革的同时，积极调整文艺院团布局结构，整合演艺资源，在公益性文化事业单位推行聘用合同制和岗位管理制，文化体制改革迈出了新的步伐。

八、机关建设

以开展“作风建设年”活动和建设学习型党组织为契机，文化行政部门职能进一步转变，党的建设不断加强。根据省委的统一部署，省文化厅扎实开展了“作风建设年”活动，在抓好理论学习，提高认识的基础上，采取发放征求意见表、设立意见箱，开通、公布评议电话、电子信箱等渠道，广泛征求厅机关在工作作风方面存在的问题和意见，按照务实、管用、有效果、有作用的要求，健全完善了一系列规章制度。重实效、定措施、抓整改，使这项活动落在了实处。在省直机关“作风建设年”活动领导小组办公室组织的社情民意调查万人评议中，省文化厅在 65 个省直部门单位中排名第 35 位，名次有了很大提升。通过作风建设年活动，有效促进了省文化厅工作作风的转变、工作效率和效能的提高，促进了政府职能的转变。以质量建党为载体，认真组织开展建设学习型党组织和创先争优活动，举办了省直文化单位党组织负责人培训班，不断推进基层党组织建设，省直文化系统党的建设进一步加强，为文化工作顺利开展提供了坚强组织保障。认真抓好反腐倡廉工作，对厅属单位领导班子执行党风廉政责任制情况进行了检查，制定了贯彻落实党风廉政责任制的意见，进一步完善了党风廉政责任制考核办法，惩治和预防腐败体系建设不断推进。积极开展多种形式的反腐倡廉教育，发挥文化人才资源优势，采取编写、演唱廉政文艺作品、剧目等形式创造性地开展廉政文化教育。对基建工程、文化信息资源共享工程、新剧目排演等重大经费开支项目进行了监督检查，对信访举报进行了认真处理。

青海省

2010 年，青海省文化新闻出版厅按照省委、省政府的工作部署，紧紧围绕“十一五”规划目标任务，以加快发展特色民族文化产业为主线，以全面繁荣文化新闻出版事业为目标，以深化文化体制改革为动力，着力改善文化民生，推进和谐文化建设，取得明显效果。

一、玉树抗震救灾和灾后重建工作

玉树地震发生后，省文化厅第一时间启动应急预案，快速开展抗震救灾工作。

一是积极推进灾后文化遗产抢救保护工作。下拨抢救保护经费 1400 万元，快速开展文物紧急支护排险；下拨经费 1068 万元，用于非物质文化遗产抢救保护工作；积极修复建设东仓大藏经珍藏馆，并拨付保护经费 16.5 万元。

二是科学编制规划。把规划的编制工作与编制藏区项目和“十二五”规划充分结合，在藏区项目设置、“十二五”规划编制中也充分考虑玉树地区公共文化设施建设及配套设施建设，力争做到文化设施恢复重建达到震前水平，并通过藏区项目建设和“十二五”时期建设，使玉树地区公共文化服务水平达到新高度。2 个规划共争取资金 8.2 亿元。

三是踊跃捐款、捐物。厅机关和厅属单位捐款、捐物共计 200 万元。国家有关部委、兄弟省区市文化新闻出版部门捐款、捐物达 3000 万元。

四是开展文成公主纪念馆设计工作。按照李长春视察玉树灾区的指示精神和省领导的安排，及时组织省垣有关专家就建设“玉树文成公主展览馆”相关事宜，召开专题会议进行讨论研究。目前，设计方案已基本完成。

五是开展慰问演出活动。组织专业艺术院团，分别赴玉树灾区和西宁地区慰问演出 21 场，观众人数达 1.2 万余人次。慰问演出极大地鼓舞了士气，表达了青海人民对子弟兵和援建单位的感激之情。

六是组织“走出去”展演活动。组织玉树民族歌舞团、土风歌舞团和民间艺人，参加上海世博会青海活动周、第九届中国艺术节、西部文化产业博览会、中国非物质文化遗产博览会等活动。

二、公共文化服务体系建设

以实施重点文化工程为主的全省公共文化服务体系建设扎实推进，取得实效。

文化进村入户工程，总投资 1154.49 万元，为全省 29 个县的 271 个村文化室，168 个民间业余剧团、民间歌舞队，17 个民间曲艺队配备了音响（含 DVD、电视机）、服装、乐器、图书、光碟及其他文体活动用品。目前，设备已送至基层，各地借助设备开展了丰富多彩的活动。

乡镇综合文化站工程，2009 年下达的 79 个项目，已竣工验收并配备了内部设施。2010 年下达 189 个项目，总投资 7668 万元，其中 133 个项目已开工建设。

农（牧）家书屋工程，总投资 2460 万元，新建 1230 家，目前已经全部建成。

文化信息资源共享工程，总投资 1552 万元，建设泽库、玉树、杂多、治多、曲麻莱、德令哈、玛沁、久治、达日、玛多、西宁市城西、城北区等 14 个县级分中心和 1000 个村级服务点的建设任务。目前，除玉树县、治多县因场地等原因不能施工外，其余地区已完成。落实县级“两馆”维修改造项目 14 个，资金 1030 万元，目前已由省财政下达到各项目地区。为西宁市社区文化活动中心争取文化设备购置资金 1703.4 万元，167 个社区点建设正在实施中。争取资金 91 万元，为基层配备了 3 辆流动舞台车。

三、艺术生产

省民族歌舞剧院民族风情歌舞诗《中国撒拉尔》赴广州参加第九届中国艺术节，获文华奖优秀剧目奖（集体）和文华音乐创作奖（个人）。省戏剧艺术剧院现代少儿京剧《藏羚羊》参加第二届全国少数民族戏剧汇演获金奖；平弦现代戏《日月湾》参加第五届中国秦腔艺术节获优秀剧目奖。大型音画歌舞史诗《秘境青海》参加“秘境青海现身世博·大美青海走进上海——大型文化旅游之旅”活动，在上海大剧院演出3场，获得较好评价。省戏剧艺术剧院完成大型廉政晚会“正道”的创作演出，晚会主题鲜明、内容丰富、寓意深刻，对警醒广大党员干部，充分认识党风廉政建设和反腐败斗争的重要性，起到了积极作用。在第15届“群星奖”决赛中，青海省选送的群舞《雪域欢歌》和原生态“花儿”独唱《喝一碗凉水是喜欢》摘取“群星”大奖；“西宁社火”、“玉树赛马会”获得本届群星奖首设的公共文化服务项目奖；西宁市群艺馆副馆长杜燕、玉树州群艺馆馆长扎哇、省文化馆培训部干部索南公保3人分获项目类和作品类“群文之星”称号。省直两院全年共演出1316场，其中下基层演出696场，商业性演出517场，政务性演出91场，其他演出12场。

四、民族特色文化产业

对青海省国家级、省级文化产业示范基地以及示范园、示范户的发展经营情况进行了摸底调查，并结合全省实际对省内部分地区文化产业发展进行了深入调研，为制定我省文化产业振兴规划实施意见奠定了扎实基础。截至目前，青海省有国家级文化产业示范基地5个，省级文化产业示范基地（单位）22个、文化产业示范园4个、文化产业示范户8个；2009年，各文化产业基地、园区收入近3亿元，占全省文化产业总收入（包括文化、体育、娱乐、旅游、新闻出版、广播电视）的3.55%。青海藏羊地毯集团有限公司、青海省工艺美术厂有限责任公司被批准为第四批国家级文化产业示范基地。组织西宁地区工艺美术行业33个企业、单位的74名专业技术人员进行了工艺美术专业知识培训。

第八届青海民族民间工艺美术品展吸引省内外77家企业、单位和个体经营者参展，累计销售各类工艺品24万元，订货金额36万元，接待省内外观众近8万人次，取得了较好的社会效益和经济效益。组团参加了“中国西部文化产业博览会”、“中国（深圳）国际文化产业博览交易会”、中国义乌文化产品交易博览会、“首届中国非物质文化遗产博览会”、“第十一届中国工艺美术大师作品博览会”、上海世博会“青海活动周”、“青海国际唐卡艺术与文化遗产博览会”、第五届北京国际文化创意产业博览会等，累计实现销售收入537.68万元，订货金额达606万元。

五、文化遗产保护

第三次全国文物普查实地文物调查阶段工作，共登记不可移动文物6493处，其中新发现2463处、复查4030处，新发现文物点占总登记数量的37%，实地文物调查完成率100%，顺利通过了国家专家组验收。组织实施秦汉及其他时代长城调查工作，调查范围24个市县，登记长城墙体481米、烽火台50处、关堡157处，其中新发现长城遗存32处。目前，国家长城调查项目组已完成《青海省明长城调查报告》初审工作。加大了全国重点文物保护单位申报和保护力度，先后3次申报第七批全国重点文物保护单位52处，合并原国保单位1处。完成了《青海省“十二五”文物抢救性保护设施建设规划》、《青海省藏区文物保护工作规划》、《青海省近期长城工作总体计划》及《循化县人口较少民族文化遗产保护的情况报告》的编制上报工作。完成了《青海省实施〈中华人民共和国文物保护法〉办法》的省内外调研及后续修改、征求意见等工作。

出版《青海省首批国家级非物质文化遗产代表名录丛书》（共10册），这是青海省非物质文化遗产保护工作的一项重大成果。组织“高原奇葩——青海省专场”参加了由文化部、国家民委主办的“全国少数民族非物质文化遗产项目调演”，在北京民族文化宫大剧院连续演出2场，充分展示了青海悠久灿烂的历史文化和多民族丰富多彩的民俗风情，赢得了首都各界观众的广泛好评。组织参加“首届中国非物质文化遗产博览会”等展会，热贡艺术等9个非遗项目大放异彩。参展的唐卡“阿弥陀佛极乐世界”荣获展品奖金奖，藏族黑陶“将军壶”、湟中堆绣“玛哈咔啦”、土族盘绣“太阳花手工艺腰带”荣获展品奖银奖，贵南藏绣“释迦摩尼”、加牙藏毯“藏八宝”荣获展品奖铜奖；娘本、桓贡、徐全熙荣获传承人展示纪念奖；省文化新闻出版厅荣获优秀组织奖。圆满完成了“上海世博会青海活动周”期间的

“多彩遗风——青海非物质文化遗产展演”活动。

六、新闻出版事业

认真审核图书、音像、电子出版选题计划。青海人民（民族）出版社203种、昆仑音像出版社43种、西海民族音像出版社60种、江河电子出版社29种。组织完成了“纪念建党90周年、辛亥革命100周年”重大出版选题的制定、上报工作。完成了2009年度全省26家报纸、53家期刊的年度核验工作、72家驻青记者站的核验工作和全省记者证的核验工作，共核发记者证438个，核验记者证1198个。组织完成了“藏文新闻网络图书出版”、“党报党刊基础设施建设”、“新兴媒体”3个部分项目报告书的编撰、审核工作。全省第三届期刊编校质量检查评比活动，对22家期刊社、6家内部资料出版单位进行表彰奖励，有力地促进了期刊出版单位的质量建设。认真核查了109种网上淫秽色情出版物和140种政治性非法出版物。新审批连续性内部资料15种，变更1种。依法查处了《西宁晚报》、《西海都市报》、《青海湖》、《昆仑音像出版社》等4家报刊社的违规问题。完成了我省“十二五”国家重点图书、音像、电子出版物出版规划项目申报工作。全面完成了2010年春秋季中小学教材的出版、印刷、发行工作。完成了全省58家印刷企业、64家出版物经营单位的年检工作。举办了“第二届全省印刷技能大赛”，推选出选手参加第二届全国印刷行业职业技能大赛。

七、文化市场

坚持教育防范、布网控制、集中打击三管齐下的原则，加强了“扫黄打非”的舆论宣传，不断加大防范非法出版物的工作力度，严防宣扬“藏独”非法出版物的传播。部署开展全省校园周边和游艺娱乐场所专项整治、平安世博文化市场专项保障等6项专项治理行动。严厉打击网吧的违法违规经营行为，配合有关部门重点查处取缔校园周边黑网吧、黑电子游戏（艺）厅、黑歌舞厅。利用网络文化市场计算机监控平台，有效封堵不良游戏网站及游戏4万余次，宣传公益广告700余万次。截至11月底，共出动文化市场执法人员31663人次，检查各类文化经营单位30122家次，其中查处各类违法违规经营单位457家次，收缴非法音像制品90846张盘，有效地规范了全省文化市场经营秩序，净化了社会文化环境，营造了有利于未成年人健康成长的良好社会文化氛围。

八、对外文化交流

首先进一步完善对外文化交流项目库建设，分类储备了一批针对不同国家和地区的文化交流项目。其次利用官方和民间各种渠道，多层次多领域开展对外文化交流活动。

一是与贝宁的交流活动持续深入开展。派出摄影家小组赴贝宁采风；邀请贝宁歌唱家参与水与生命音乐会的演出；举办了“海滩拾贝——青海摄影家眼中的贝宁”摄影展；贝宁国家舞蹈团访问青海演出等活动。贝宁文化、扫盲和国语促进部部长索格洛年初访问了青海，贝宁文化、扫盲和国语促进部文化艺术司副司长、贝宁手工业与旅游部部长等都将于年底访问青海省。青海省文化厅对贝宁的交流活动得到文化部肯定，按照国家对外文化交流工作总体部署，文化部决定青海省文化厅与贝宁中国文化中心2011年开展为期一年的交流活动。

二是承办多项出访任务。元月，组织“青海神韵——青海民族民间文化展”赴韩国参加了由文化部主办的“欢乐春节——中韩缘文化节”，展出唐卡、刺绣、皮影、藏毯、农民画等九大类68件民族民间艺术品，得到了韩国观众的普遍认可和广泛赞誉，韩中文化协会也由此与我们建立了稳定的交流渠道，首批青少年交流活动已实施，青海青少年的出色表现，为今后开展对韩文化交流奠定了基础。元月，组织民间艺人赴荷兰参加了文化部举办的“欢乐春节文化品牌赴荷兰展演”活动。3月，参加了青海省政府举办的“大美青海台湾行”活动，特色民族歌舞演出和青海民族民间文化展，受到台湾各界欢迎，极好地宣传了青海文化。

三是成功举办大型文化活动。承办了文化部、省政府主办的“艺海流金——大美青海行”大型文化交流活动，来自香港、澳门特区及内地的文化官员、文化艺术界知名人士100余人来我省参观访问交流，收到良好效果。“青海国际水与生命音乐之旅——2010世界防治荒漠化与干旱日主题音乐会”、“第三届青海国际唐卡艺术与文化遗产博览会”、上海世博会“青海活动周”、昆仑山交响音乐会等一系列大型文化交流活动，对外宣传了青海文化，展示了独特的民族民俗风情，达到了宣传青海、提升青海知名度、扩大青海影响、树立特色文化品牌的目的。

九、文化人才培养

全年共安排培训班22期，累计培训1608人(次)。2010年度“111工程”全省非物质文化遗产保护工作培训班，共有来自全省各州（地、市)、县（区）文化局、国家级非遗项目责任保护单位的工作人员68人参加了培训。全省第一期基层专业技术人才培训示范班，组织全省23个县的45名基层文化专业技术人员参加培训。先后选派4名厅级干部、20名处级干部、14名科级干部参加了文化部、新闻出版总署、国家文物局、省委党校等部门举办的“文化产业高级研修班”、高层次专业技术人才培训班等各类培训。

十、文化体制改革

一是继续深化公益性文化事业单位内部人事、劳动和分配三项制度改革，提高单位活力和工作效率，改进服务水平。

二是省直两院扎实推进体制与机制改革，积极探索企业化管理、运行机制，逐步完善了内部人事、工资、分配制度。

三是启动了青海人民出版社转企改制、青海民族出版社分离工作。积极推动青海新华（民族）印刷厂、省外文书店和省印刷物资公司的企业改制工作。

宁夏回族自治区

一、文化民生实事全面完成

2010年，宁夏回族自治区政府10项民生计划为民办30件实事中确定由文化厅承担的6项，分别是：完成已建成50个乡镇综合文化站的设备配置；扶持社区文化中心（文化活动室）、村文化室、优秀农民文艺团队、农民文化示范户（大院）220个；新创打磨优秀剧（节）目10部（台）；送戏进农村、进社区、进校园、进军营、进工地演出1500场；全年开展广场文化演出1200场；举办全区农民文艺表演选拔赛。截至2010年底，6项指标5项超额完成，1项完成。具体是：为全区100个乡镇综合文化站配备了设备；在全区扶持村文化室、优秀农民文艺团队、农民文化示范户（大院）362户；组织新创、打磨提升优秀剧（节）目22部（台)；“百乡千场”文艺下乡演出2629场；广场文化演出1718场；举办了第二届全区农民文化艺术节，组织开展了第15届全国“群星奖”获奖作品巡演、“农家乐”农民文艺会演、公共文化服务进农家等系列活动，受到广大农民群众的欢迎。

二、全力推动公共文化服务提升工程实现新突破，人民群众基本文化权益得到切实保障

【宁夏博物馆免费开放受到中央领导称赞】

3月22日，中共中央总书记、国家主席、中央军委主席胡锦涛视察宁夏，参观了宁夏博物馆。陈建国、王正伟等自治区领导陪同。宁夏文化建设给总书记留下深刻印象，在中央政治局听取党的十六大以来文化体制改革工作的汇报时，总书记特别称赞：“宁夏博物馆免费开放一年，接待观众达50多万人次，社会效益非常好”。

【“十二五”大文化建设规划编制完成】

区文化厅在宁夏历史上首次牵头编制了涉及哲学社会科学、新闻出版、广播影视、文学艺术、网络传媒等领域的大文化建设五年规划，确定了“十二五”文化改革发展思路和一批重大项目。

【公共文化设施等级评估和绩效管理】

图书馆评估定级工作全面完成，全区有17个图书馆进入国家等级馆行列，其中评为国家一级馆3个。开通“我的图书馆”远程访问系统，为读者免费办理借阅证11288本。在宁夏博物馆免费开放基础上，加快推进全区公共图书馆和基层公共博物馆免费开放。制定营业性棋牌室管理办法。

【文化信息资源共享工程】

建设信息资源特色内容638GB。继续推动“文化服务进农家”，争取项目资金扶持村和社区文化示范户、农民文化示范户、优秀农民文艺团队、村级信息资源服务点、社区文化中心（室）550个。

【文化人才队伍建设】

文化行业职业技能鉴定师资培训展开，组织了社会办学艺术考级。争取文化部委托中央文化干部管理学院举办“宁夏文化干部培训班”，争取福建省文化厅对口协作举办“宁夏中青年文化干部培训班”，大规模培训干部工作扎实推进。

三、全力推动文化基础设施建设工程实现新突破，文化设施条件和服务环境得到极大改善

【区级重点工程顺利推进】

按计划完成了宁夏大剧院整体建筑结构土建工程，以及工程预留预埋和舞台设备招标、设计深化等工作。同时，红旗文化大厦抓紧施工，银川剧院拆迁工作基本完成，京歌大院开发改造开始动迁。积极参与“黄河金岸”文化展示线项目和塞上江南新天府、贺兰山历史文化5个节点景区建设。协调推进银川华夏珍奇艺术展示园、吴忠黄河文化展示园、中卫世界沙博园、石嘴山五千年华夏馆等标志性工程。

【宁夏艺术学校新校区整体迁建工程实施】

8月28日，宁夏艺术学校新校区整体迁建工程在宁夏职业教育园区隆重举行奠基仪式。自治区党委副书记于革胜、自治区人大副主任冯炯华、自治区副主席郝林海、自治区政协副主席张乐琴出席奠基仪式。

四、全力推动文化精品引领工程实现新突破，文艺创作生产取得丰硕成果

【新剧目创排】

推出了话剧《计生专干》、秦腔《朔方天歌》、2010宁洽会暨首届中阿经贸论坛大型文艺晚会“跨越丝路”、第二届中国（宁夏）文化艺术旅游博览会开幕式大型文艺晚会“欢乐中国行——魅力银川”、“塞上音乐会”、综艺晚会“相约是首歌——幸福银川”、“塞上清风”、七一晚会“党旗颂”、大型歌舞《北武当之恋》、秦腔《情系健康为民众》、小品《硒砂瓜甜》等新剧（节）目11部。启动了“十二五”新剧目征集工作。加大小戏小品创排，群众文化艺术获得“群星奖”作品类奖项5个、项目类奖项1个、群文之星奖项2个，获奖等次之高、作品和人数之多为宁夏历史之最。

【原创精品剧目打磨提升】

集中对舞剧《花儿》、《月上贺兰》，歌舞剧《回乡婚礼》，话剧《工会主席》，秦腔《庄妃与多尔衮》，京剧《海上生明月》、《秦始皇与朝那湫》、《孙悟空三打白骨精》等8部优秀剧目进行打磨提升，开展区内外巡演，获得多项大奖。在1月6日举行的国家舞台艺术精品工程授牌仪式大会上，舞剧《月上贺兰》、《花儿》分别被评为2008～2009年度重点资助项目和2009～2010年度资助项目。

【创作表演方式和传播手段创新】

实施《宁夏文化史话》编纂工作，新农村文化建设等课题研究深入推进。上报两个文化科技项目入选国家文化科技创新工程。

【艺术创作获国家多项大奖】

1月24日，大型回族舞剧《月上贺兰》新年进京汇报演出获得成功；5月25日，《月上贺兰》获第13届文华大奖特别奖，宁夏梅花奖得主柳萍获文华表演奖；9月2日，《月上贺兰》被自治区党委办公厅、政府办公厅授予文化精品“走出去”工程奖。《月上贺兰》入选首批国家文化旅游演出类重点项目名录。5月25日，由文化部主办的“大地情深——全国第十五届群星奖”评奖在广州揭晓，宁夏选送的舞蹈《榜样》、《馓子飘香》，小品《硒砂瓜甜》，宁夏坐唱《百井浇开幸福花》4件优秀作品及中国西部民歌（花儿）歌会分别荣获作品类和项目类“群星奖”，宁夏文化馆靳宗伟、贺兰县文化馆张淑萍荣获“群文之星”称号。舞剧《花儿》、戏剧《庄妃与多尔衮》共同荣获“第二届少数民族戏剧会演”金奖。舞蹈《口弦声声》获中国舞蹈“荷花奖”展演“十佳作品”，《夸夸咱的红枸杞》获“世博·金玉兰奖”艺术大赛最高奖，有1人获“文华表演奖”。

五、全力推动文化活动品牌培育工程实现新突破，民族区域文化影响力得到不断提升

【第二届中国（宁夏）国际文化艺术旅游博览会暨宁夏文化艺术节】

7月18日至24日，第二届中国（宁夏）国际文化艺术旅游博览会暨宁夏文化艺术节在银川举行。历时7天集中开展了10大项20多个分项活动，“欢乐中国行”开幕式演出等活动盛况空前，有国家领导人和6个国家部委领导、28个省区市和3个计划单列市的代表团、52个国家的外宾和外媒及港澳台嘉宾、参展参会客商、专家学者共6800多名嘉宾参加了盛会，直接参与活动的观众达到40万人次，创宁夏举办大型活动观众人数历史新高。全国政协副主席李兆焯宣布开幕。文化部副部长赵少华，自治区领导陈建国、王正伟、

项宗西、于革胜、崔波、齐同生、蔡国英、冯炯华、安纯人等出席，自治区主席王正伟致辞。

【世博会宁夏文化活动周】

4月19日，上海世博会宁夏馆开馆。自治区主席王正伟，上海世博会执委会常务副主任、上海市委常委、常务副市长杨雄，自治区党委副书记于革胜，中国贸促会秘书长、中国馆馆长徐沪滨，自治区政府秘书长左军等出席。9月21日至25日，宁夏文化活动周举行，本次文化活动周以“塞上江南”为主题，集中体现“黄河”和“回族”两大元素，演出共50场。中共中央政治局委员、上海市委书记俞正声出席，自治区党委书记、人大常委会主任张毅宣布活动周开幕。展演活动受到俞正声的赞扬。舞剧《花儿》中《金色的汤瓶》舞蹈应邀入选上海市政协中秋晚会演出。

【首届黄河文化论坛举行】

7月21日，宁夏首届黄河文化论坛在塞上江南新天府银川隆重举行。研究黄河文化的多位专家、学者齐聚塞上湖城，畅谈黄河文化。自治区领导王正伟、于革胜、崔波、冯炯华、安纯人等出席论坛。自治区主席王正伟在论坛上首先致辞。来自中国科学院、中国社会科学院的院士，水利部、建设部、国家旅游局的专家学者，美国文化研究院院士和北京大学、河南大学等高校博士生导师纷纷走上讲台，就打造黄河金岸，发展沿黄城市群，突出黄河文化的品牌效应等主题，为推动宁夏经济社会跨越式发展建言献策。全国政协委员、中国社会科学院学部委员李崇富发言。北京民族大学新能源学院院长、著名经济学家张伦就黄河金岸建设提出7个战略重点。以反映黄河诗词歌赋为内容的《黄河风辞》一书编辑出版。

【第二届农民艺术节】

8月26日，第二届全区农民艺术节开幕式暨2010年“公共文化服务进农家”设备配送启动仪式在银川市金凤区举行。自治区领导于革胜、郝林海、安纯人及自治区党委宣传部副部长尤艳茹、自治区政府副秘书长张存平、自治区政协教科文卫委主任王有才、宁夏文化厅厅长杨玉经、副厅长陶雨芳、宁夏农牧厅副厅长张柱出席。本届农民艺术节紧紧围绕“展示乡村发展新成果、讴歌民族团结新面貌”的总体要求和“四新”主题，创作推出以“三农”为题材、艺术性和观赏性俱佳的小品、舞蹈、表演唱、快板等各类新节目1200多个，开展了“希望田野”、“小康大道”、“大地新歌”等系列文化活动，观众达150万人次，成为宁夏近年来规模最大、影响最广、群众参与最多的一次农村文化活动。近万名农民文艺骨干、文艺爱好者参加了创作和演出，观众达150多万人次。

11月24日，第二届全区农民艺术节优秀节目汇报演出暨颁奖晚会在贺兰县举行。自治区领导于革胜、郝林海、安纯人及自治区主席助理屈冬玉出席并为获奖节目颁奖。

【首届中阿经贸论坛开幕式大型文艺晚会】

9月25日，2010宁洽会暨首届中阿经贸论坛开幕式大型文艺晚会“跨越丝路”在宁夏人民会堂隆重上演。中央政治局委员、国务院副总理回良玉，全国政协副主席白立忱，斐济总统埃佩利·奈拉蒂考等观看晚会，张毅、王正伟等自治区领导一起观看。

六、全力推动文化产业促进工程实现新突破，文化市场得到进一步繁荣活跃

【培育选树文化示范基地（企业）】

华夏西部影视城被文化部评为国家级文化产业示范基地，全区国家级文化产业示范基地达到2个。培育命名六盘山文化城等自治区级文化产业示范基地8个。成立银川创意产业促进会、宁夏文化产业协会、宁夏模特协会行业社会组织3个。

【文化旅游影视产品展】

7月19日至22日，文化旅游影视产品展开展，展览共设省区市文化旅游综合展馆、旅游主题展馆、影视产品展馆、奇石展馆、文化艺术展馆、伊斯兰国家礼品展馆、赏玩收藏、玉器钱币、贺兰山国际岩画等9个主题展览，展位（场）面积达33万平方米，分布在银川国际会展中心、宁夏博物馆、星月广场、西塔古玩城、贺兰山岩画中心5处。展览吸引了泰国、缅甸、南非及我国港澳台11个国家和地区、全国28个省区市和近2000家国内外企业组展参展，39万人次参观展览，现场交易额达8000多万元。

【文化旅游精品剧目】

拍摄完成西海固纪事风情系列电影《农机站长》、《乡村医生》和自治区重大精品创作工程故事片《枸杞情缘》3部电影。积极策划推出文化旅游精品剧目，《风雨沙坡头》荣获中国文化旅游

发展贡献奖。

七、全力推动文化遗产保护工程实现新突破，民族区域优秀传统文化得到很好的传承发展

【文物调查申报】

完成境内明长城及战国秦长城实地调查和资料整理，第七批全国重点文物保护单位申报复核、第四批宁夏回族自治区文物保护单位申报和资料汇总以及贺兰口、苏峪口等6个岩画分布点信息建档工作。启动了西夏陵四号陵保护工程。

【4处全国重点文物保护单位保护规划公布实施】

11月4日，一百零八塔、水洞沟遗址、董府、贺兰山岩画4处全国重点文物保护单位保护规划经国家文物局审核批复，宁夏回族自治区人民政府以宁政发〔2010〕160号文批准公布。

【宁夏文物在福建博物院展出】

2009年11月8日至2010年2月28日，“塞上古韵——宁夏文物特展”在福建博物院展出。宁夏回族自治区主席助理田明、福建省政协副主席叶家松以及宁夏文化厅厅长杨玉经、福建省文化厅厅长宋闽旺等领导参加了开幕式。展览以宁夏最具特色的丝路文物、西夏文物、回族民俗文物和贺兰山岩画为主，共展出珍贵文物238件，其中国家一级文物25件。分文明曙光、农牧家园、丝路重镇、西夏寻踪、塞上江南5个部分，展现了丝绸之路与西夏古国的风情。

【行业专题博物馆建设】

建设农业博物馆、龙文化博物馆等行业专题博物馆15座，总量达到66座，超额完成“十一五”规划任务，在全国率先实现每10万人拥有1座博物馆的目标。

【非物质文化遗产保护】

世界非物质文化遗产宁夏“花儿”生态保护实验区建设确立非遗保护新模式，承办的中国西部民歌（花儿）歌会成为国家群众文化艺术政府最高奖“群星奖”项目。新建宁夏大学回族研究中心研究基地等国家级非遗名录项目传承基地（点）10个，公布第二批宁夏回族自治区级非遗代表性传承人62名。编辑出版《花儿论文集》、《汤瓶八诊》非遗系列丛书。

【考古发掘项目】

完成西气东输二线、包兰铁路、宁东能源化工基地等大型基本建设中考古发掘项目10个。

【中卫黄河南岸首次发现旧石器】

中卫市文管所考古人员在沙坡头区宣和镇南约15公里的双井子山北坡下，发现旧石器时代晚期人类使用过的打制石器工具——清水河式尖状器。该尖状器质地坚硬，色泽灰白，器型平面近似箭头状，上尖下宽，中间略起脊，两侧刃口锋利，通长7厘米，最宽处3厘米，脊厚1厘米。经有关专家论证，该尖状器是宁夏境内继灵武水洞沟、青铜峡鸽子山旧石器晚期遗址之后发现的第三个地点，是旧石器晚期最具特征的代表器形之一，距今约1.2万年。因最早发现于内蒙古清水河旧石器晚期遗址内，而被命名为“清水河式尖状器”。此石器的发现在宁夏具有重要考古价值，为研究我国西北地区远古人类史前文明提供了珍贵的实物资料。

【西北五省区一校考古工作联席会在银川市举行】

10月25日，在宁夏文物考古研究所倡导下，陕西省考古研究院、甘肃省文物考古研究所、青海省文物考古研究所、新疆维吾尔自治区文物考古研究所、西北大学文化遗产学院，在银川举行了西北五省区一校考古工作联席会。会议达成了六点共识。

【两部岩画学术著作编辑出版】

宁夏岩画研究中心完成了《久远的记忆》、《远古的呼唤》2部学术著作的编辑出版工作。《久远的记忆》是根据2008年9月岩画中心承办的“全国少数民族地区岩画联展”图片编著而成，共遴选了七省区少数民族地区极富代表性、优秀的岩画图片800余幅。《远古的呼唤》主要介绍了宁夏岩画学界历经风雨40年，在宁夏范围内开展田野考察和研究工作的情况，突出展现了岩画学界众多专家、学者多年来付出的艰辛努力、取得的成绩及对宁夏岩画事业发展做出的贡献，是一本全面了解宁夏岩画的导读性书籍。

八、全力推动文化体制改革实现新突破，文化发展活力得到增强

整合宁夏歌舞团等8个单位组建宁夏演艺集团，组建方案已上报审定。宁夏文化产业投融资

有限责任公司法人确定，即将挂牌成立。以宁夏民族艺术研究所为试点，文化事业单位内部管理机制改革启动，公益性文化事业单位改革不断深化。地级市以下文化市场行政综合执法改革方案基本确定。

九、重要会议、事件、活动

【大型民族舞剧《花儿》两次晋京演出获得巨大成功】

3月10日，大型民族舞剧《花儿》在北京宁夏大厦举行晋京演出新闻发布会，自治区党委副书记于革胜会见著名舞蹈编导张继钢；3月12日至14日，《花儿》在北京保利剧院隆重上演，中央政治局委员、国务委员刘延东，全国人大常委会副委员长周铁农、陈昌智，全国政协副主席、中国文联主席孙家正和全国人大民族委员会主任委员马启智、环境与资源保护委员会副主任陈希明，中国人民解放军副总参谋长章沁生，全国供销合作总社理事长李成玉，文化部纪检组长李洪峰，国家新闻出版总署副署长李东东，团中央书记处书记王晓、周长奎，以及曾在宁夏工作过的老领导黄璜、毛如柏、程法光、赵延年等，在自治区党委书记陈建国、自治区主席王正伟、自治区政协主席项宗西、自治区党委常委苏德良、自治区人大副主任马瑞文、自治区副主席郝林海、自治区政协副主席安纯人等领导陪同下观看演出。10月12日至13日，《花儿》第二场演出在国家大剧院歌剧院举行，再次引起轰动。中共中央政治局委员、国务院副总理回良玉观看了演出，给予《花儿》高度评价，盛赞该剧为“宁夏的品牌、黄河流域的品牌、中华民族的品牌”。自治区主席王正伟，国务院副秘书长丁学东，国家民委党组书记、副主任杨传堂，文化部副部长杨至今、科技部副部长张来武等领导以及10多个国家的文化参赞陪同观看了演出。

【新编大型历史京剧《秦始皇与朝那湫》在银川首演】

3月19日晚，由宁夏京剧团新创排的新编大型历史京剧《秦始皇与朝那湫》在宁夏人民会堂首次与观众见面。为深入挖掘宁夏历史文化底蕴，宁夏京剧团从2009年开始组织相关人员对历史上秦始皇西行出巡至宁夏的历史题材进行搜集，初创剧本《龙祭朝那湫》。之后，邀请国家京剧院一级编剧邹忆青对剧本进行再次创作，完成新编大型历史京剧《秦始皇与朝那湫》剧本。在吉林省吉剧团一级导演刘富英的指导下，宁夏京剧团与北京等地艺术家携手合作，经过3个月的紧张排练，将该剧搬上舞台。6月，《庄妃与多尔衮》荣获中国少数民族戏剧协会金孔雀综合大奖。柳萍、李小雄荣获优秀表演奖。7月，《庄妃与多尔衮》在第二届中国少数民族戏剧会演中荣获剧目金奖，柳萍、李小雄荣获优秀表演奖，屈连英荣获表演奖。

【《话说马鸿逵》入选中国曲艺牡丹奖文学奖】

10月23日，《话说马鸿逵》入选中国曲艺牡丹奖文学奖。在此之前，随着宁夏交通广播FM98.4频率每天中午12点半的电波传送，宁夏“名嘴”郭刚和他的《话说马鸿逵》一时间成了宁夏人街头巷议的话题。

【八大画展】

举办了宁夏书画院2010年任务画展，“虎虎生威——虎年书画艺术作品展，廉政清风书画作品展，宁夏书画院赵忠个人书画展，许宏泉个人书画展，王焕民、王焕新将军书法作品展，宁夏国画名家邀请展，纪念百岁华诞曾杏绯画展。

【“黄河金岸——今日宁夏”主题美术创作工程启动】

创作工程以“天下黄河富宁夏，黄河文化汇宁夏”为主旨，策划以黄河金岸为主线，以书法、国画、油画、雕塑、篆刻、摄影、装置等为表现形式，创作一批反映黄河金岸沿线自然风光、人文景观和现代建设成果、历史英雄人物的不同表现形式的作品，为弘扬黄河文化提供丰富的文化内容产品。具体包括以“两山”、“两沙”、“一河”为重点的自然景观系列作品，以“两义”、“一景”、“一陵”为重点的人文景观系列作品，以工业“五优一新”、农业“三大示范区”、沿黄十大城市和“一堤六线”建设等为重点的现代成果系列作品，以宁夏重要历史人物和当代各行各业涌现出的先进典型为重点的英雄人物系列作品，以及巨幅书法作品《黄河金岸赋》，分段式中国画、百米长卷中国画《黄河金岸图》，巨幅油画作品《黄河金岸——塞上明珠》，巨幅版画作品《黄河汉子》，大型雕塑作品《大地情》，大型软雕塑作品《神奇的西夏》和现代影像作品。该项工程对于建设宁夏沿黄经济区，挖掘推介黄河文化、回乡文化、西夏文化、移民文化等多元文化交相辉映的塞上江南文化，深度体现文化元素，丰富文化内涵，提升特色风格，建设和谐富裕新宁夏具有重要意义。

【大河上下·国际摄影艺术大展】

7月18日至23日，大河上下·国际摄影艺术大展在宁夏国际会展中心举行。来自国外和国内青海、四川、甘肃、内蒙古、山西、陕西、河南、山东8省区及宁夏的摄影家，为摄影展奉献了1000余幅精品力作。摄影艺术家用镜头传递情感，用影像记录生活，共同表达了热爱自然、关爱地球、追求和谐社会的美好情感。宁夏展区共展示作品700余幅。本次展览宁夏摄影作品获得一等奖1个，二等奖2个，三等奖3个，优秀奖24个。

【《第二届甘青宁陕四省摄影作品联展画册》出版】

8月，宁夏艺术摄影学会编辑的《第二届甘青宁陕四省摄影作品联展画册出版》，共收录320幅摄影作品。

【摄影重要奖项】

2010年，宁夏摄影学会会员获省级及以上奖100幅，其中马俊杰的《欢乐泼水节》、《年轮》两幅作品获美国职业摄影师协会（PPA）组织的印象亚洲会员年度作品展最佳摄影师奖。吴晓亮的作品《起舞》获国家第23届摄影作品展入选奖。

【第八届中国西部民歌（花儿）歌会】

7月21日，第八届中国西部民歌（花儿）歌会在永宁县中华回乡文化园开幕。王正伟等宁夏回族自治区领导出席开幕式。来自国内外的近300名嘉宾和宁夏2万余名观众一起欣赏歌会精彩节目。中国西部民歌（花儿）歌会已成功举办了7届，是宁夏十几年来倾力打造的文化活动品牌之一，至今已有20多个民族700多位歌手参加了比赛，在全国产生了深远的影响，并在2010年举办的第九届中国艺术节中喜获国家政府奖项“群星奖项目奖”。本届歌会由文化部社文司、自治区党委宣传部、自治区文化厅及西部兄弟省区市相关单位共同主办，有来自西部13个省区市的代表队参与，共有10多个民族近200名歌手相聚银川，以歌会友、以歌传情。此次歌会分设西部民歌比赛专场和“花儿”歌手比赛专场。其中，“花儿”歌手比赛重点鼓励民间、原生态“花儿”歌手参赛。为奖励“花儿”的优秀民间歌手和传承者，还特别设立了“花儿演唱特别奖”和“花儿传唱新人奖”。

【宁夏合唱艺术团获世界合唱节民谣组金奖】

在7月16日至24日举办的第六届世界合唱节上，宁夏合唱艺术团荣获民谣组金奖。本届合唱节共有来自五大洲、超过80个国家和地区的2万多名歌手乐者参加了比赛，规模为历届之最。其中中国参赛团队达276支，数量位居第一。

【西北音乐节宁夏代表团摘得12项奖励】

10月22日，在陕西西安落下帷幕的2010首届中国西北音乐节——长安音乐会上，宁夏代表团演出了具有浓郁民族特点和鲜明地域特色的“塞上音乐会”，共摘得表演奖、演奏奖、作品奖、组织奖等金、银奖12项，其中“塞上音乐会”获得演奏金奖。宁夏代表团成为中国西北音乐节上获奖最多、最抢眼的代表团。

【2010中国·宁夏第二届回族舞蹈展演】

10月13日至15日，“2010中国·宁夏第二届回族舞蹈展演活动”在银川举行。此次展演由中国舞蹈家协会、自治区党委宣传部和宁夏文联、宁夏舞蹈家协会举办，来自宁夏、青海、甘肃、新疆、云南、四川、河南、广东、海南9个省区22个参赛单位共选送了53个回族舞蹈作品参赛，表演水平及参赛数量均超过首届。参赛作品从不同角度反映了回族生活、民俗风情和精神风貌。经评选，北方民族大学音乐舞蹈学院推出的《喊叫水》获特别大奖；新疆昌吉回族自治州民族歌舞剧团的《尕老汉》、《绣》，宁夏大学音乐学院的《跳动的色俩目》、宁夏艺术学校的《花儿漫漫》、石嘴山市文化艺术团的《串铃声声》、银川市艺术剧院有限公司的《红是甜来美是妹》、北方民族大学音乐舞蹈学院的《新月璀璨》等7个作品获一等奖。宁夏歌舞团创排的《金色的汤瓶》获表演一等奖。宁夏回族舞蹈在此次比赛中包揽特别大奖和6个一等奖。

新疆维吾尔自治区

2010年是不平凡的一年，也是新疆各项事业发展具有里程碑意义的一年。中央在5月17日至19日召开了新疆工作座谈会，提出了推进新疆跨越式发展和长治久安的指导思想、主要任务和具体措施。为全面贯彻中央新疆工作座谈会精神，自治区党委于5月26日召开了七届九次全委（扩大）会议。会议提出了“以现代文化为引领，以科技、教育为支撑，加速新型工业化、农牧业现代化、新型城镇化进程；加快改革开放，打造中国西部区域经济的增长极和向西开放的桥头堡，建设繁荣富裕和谐稳定的美好新疆”的具体战略选择。新疆工作进入了崭新的历史时期，在自治区党委、人民政府的正确领导、大力支持下，全区各族文化工作者认真贯彻中央新疆工作座谈会和自治区党委九次全委（扩大）会议精神，以“现代文化为引领”，解放思想，改革创新，不断完善新疆文化建设发展规划，做好文化文物事业调研、对接和落实工作，为下一步文化工作大发展、大繁荣、大开发奠定一个良好的思想、理论和实践基础。

一、中央、文化部、自治区党委、人民政府领导高度重视、关心支持新疆文化事业，为新疆文化事业跨越式发展奠定了良好的基础

2009年底到2010年初，为筹备开好中央新疆工作座谈会，中央组成7个调研组赴新疆开展调研工作，中央政治局委员、书记处书记、中宣部部长刘云山，文化部副部长周和平分别带队，先后到文化厅、新疆艺术剧院、杂技团等直属单位和喀什、克州、和田等地州县市基层文化单位进行调研，了解掌握了新疆文化建设的基本情况和面临的主要问题，同时，指导新疆文化厅编制了新疆文化建设发展规划方案。中央政治局常委李长春十分关心新疆文化事业建设，9月13日，带领国家发改委、文化部、财政部等部门领导冒雨前往新疆艺术剧院进行调研，与新疆文化工作者代表合影留念，就做好新疆文化工作提出殷切希望，解决了新疆文化建设的难点问题。文化部党组书记、部长蔡武，文化部党组副书记、副部长欧阳坚，文化部党组成员、副部长杨志今，国家文物局局长单霁翔等文化部领导多次来新疆调研，为新疆文化文物事业发展给予了重要指示和具体指导。自治区党委书记张春贤也非常重视新疆文化事业，7月2日，与自治区主席努尔·白克力一起观看了话剧《大巴扎》，对该话剧给予了高度评价，拿出200万元予以重奖。9月9日，自治区主席努尔·白克力针对自治区本级重大文化工程项目经费短缺、人才队伍建设等问题进行了调研，当地予以答复，给以解决。自治区党委书记张春贤、自治区主席努尔·白克力参加“上海世博会新疆活动周”开幕式，对宣传新疆起到表率引领作用。自治区党委常委李屹、自治区副主席铁力瓦尔迪·阿不都热西提及时解决文化事业发展中遇到的具体困难和问题。各级领导对新疆文化事业的关怀厚爱，使全区各族文化工作者深受鼓舞，大家以昂扬的精神状态，百倍的干劲，圆满完成了上级交给的各项文化工作任务。

二、举办重大文化活动，为推进新疆跨越式发展营造良好氛围

5月5日至18日，“春满天山”新疆专业文艺汇演于在乌鲁木齐隆重举行。此次文艺汇演以“喜迎中央新疆工作座谈会召开、喜迎19省市对口援疆工作启动、喜迎第28个民族团结教育月，检阅新疆近10年来文艺创作繁荣，促进新疆大开发、大繁荣、大发展”为主题，是进入新世纪以来，新疆举办的规格最高，规模最大，参与人数最多的一次专业文艺汇演。来自全疆14个地州市、新疆生产建设兵团的所属文艺团体的2000多名各民族文艺工作者，展示了全新打造的25台优秀剧目，奉献了51场精彩演出，受到各族群众的广泛好评。9月26日至30日，2010年上海世博会“新疆活动周”在世博园举行。活动周以“新疆是个好地方”为主题，主要以文化演出活动为主。由舞台表演，民族、民间、民俗活动，踩街巡游三部分组成，精彩的开幕式演出，精湛的舞台表演，热情奔放的歌舞巡游，设计大气、制作精良的传习区及其精美的和田玉展览，深深地吸引了上海世博园参观的观众。参加开幕式活动的自治区和上海市领导对开幕式演出、展览区的设计给予了高度评价，五天的演出和展览赢得了世博会组委会以及游客的广泛赞誉。配合文化部在乌鲁木齐、和田、阿克苏等地成功举办了“春雨工程——文化志愿者边疆行”现代文化大展台、大讲台、大舞台活动。文化部、自治区人民政府在新疆主办了“新疆历史文献暨古籍保护成果展”，共展出了24种文字106件新疆珍贵历史文献。古籍展览历时2个月，中央政治局常委李长春等中央领导和自治区主要领导以及各界群众10万余人次参观了展览，产生了广泛的影响。

三、高规格、大对接、大调研，配合文化部在新疆率先召开全国文化文物系统对口支援新疆工作会议

6月2日，党组书记韩子勇一行7人，前往文化部就文化部全力支持实施新疆文化发展“春雨工程”、“文化遗产保护工程”等重点、难点问题进行了汇报，并与国家文化部就开展文化援疆工作进行全面对接。6月22日至23日，由国家文化部、文物局主办的“全国文化文物系统对口支援新疆工作会议”在乌鲁木齐召开，会议的主要内容是认真学习贯彻中央精神，统一思想，提高认识，研究部署全国文化文物系统对口支援新疆文化建设，协调国家文化部、文物局的相关司局、直属单位，各支援省市文化部门与受援文化部门做好对接，明确各方职责和任务，加快推进新疆文化发展繁荣。自治区党委书记张春贤会见了文化部参会代表，自治区党委副书记、自治区主席努尔·白克力出席会议致欢迎词，文化部党组副书记、副部长欧阳坚、国家文物局副局长董保华分别就做好对口支援新疆文化文物工作做出了安排部署。文化部、国家文物局有关司局、有关直属单位负责人，全国有关省市文化厅（局）、文物局负责人等300多人参加会议。会议期间，文化部、国家文物局的领导就新疆文化文物建设的现状进行了调研，参与各方进行了具体的援疆工作对接，在三大工程的框架下协调沟通，确定更加具体的项目内容，加强援助内容对接、工作机制和人员对接、资金对接等，确保了援疆工作取得实效。

四、文化项目资金投入不断加大，公共文化服务体系建设不断完善

“春雨工程”、“文化遗产保护工程”、“新疆文化市场监管能力建设工程”、“新疆文艺译制中心项目”已写入中央新疆工作座谈会会议文件当中，是新疆今后5到10年文化建设的主攻方向和中心工作。截至目前，“春雨工程”已落实项目5个，资金达18.2亿元；“文化遗产保护工程”已落实项目5个，资金达9.66亿元。筹备成立新疆文艺译制中心（基地），已组建工作班子，完成内容建设的初期论证工作。2010年度新疆文艺人才定向培养教育招生工作和文化拔尖人才培训工作已全部完成。全疆乡镇文化站总规划923个，2005～2009年下达555个已建成投入使用。2009年下达262个，已完工的223个，未完工39个；2010年，下达106个，目前中央资金已下达地州，自治区配套资金正在申请当中，各地州正在做前期准备工作。南疆三地州行政村（社区）文化室建设项目已启动实施。县级文化馆、图书馆面积未达标的单位改造经费已发放到位。县级数字图书馆援疆行动正式启动，自治区已全部建成县级数字化图书资源。文化部配发自治区16辆流动舞台车已配发到位，至此，南疆三地州、县级文工团的流动舞台车辆已配发到位，共配发27辆。文化部各艺术院团向我区赠送舞台灯光、音响等设备，已配发各地。安排部署了文化信息资源共享工程33个县级支中心建设的初验工作。

五、舞台艺术精品不断涌现，促进文艺繁荣发展

阿勒泰地区《阿嘎加依》、昌吉州《哈哈泉子户儿家》、阿克苏《平凡的日记》、乌鲁木齐市《美好家园》等一批优秀剧目成功上演，获得自治区专业文艺汇演最佳剧目奖。与自治区党委宣传部、自治区广电局一起，重点抓好央视青歌赛工作，新疆代表队获得青歌赛银奖的历史最好成绩。在河南省成功举办“中国油画‘西域画风’”作品展。与自治区宣传部成功举办了新年音乐会、新春音乐会、诺茹孜节音乐会，丰富了广大人民群众节日文化生活。组织新疆艺术表演团体参加央视春晚演出，演出4个节目，为历年最多的一次。和田新玉歌舞团大型歌舞《万方乐奏》在国家大剧院成功演出，受到中央、自治区领导好评。新疆杂技团创排的大型音乐杂技剧《你好，阿凡提》入围“九艺节”参评剧目，荣获第13届中国文化艺术政府奖“文华大奖特别奖”。同时，首次赴港进行商业演出，受到香港市民的广泛好评。配合文化部艺术小分队完成2

次赴疆的慰问演出。配合中国儿童艺术剧院完成了赴疆的慰问演出。新疆画院选送的7幅作品入围第九届中国艺术节全国优秀美术作品展。阿迪力在北京鸟巢“挑战极限”走刚丝表演获得成功。组织30名演职人员到阿勒泰、塔城地区的10个县市开展文化“三下乡”活动,“文化惠民”落到实处，取得实效。

六、各地州市积极行动起来，部分省市文化对口援疆工作正式启动

第一，北京市文化局为和田地区三县一市及兵团十四师已捐赠舞台演出车、道具车、运送演员大客车各1辆，共计18辆。与和田县文工团签订了到北京演出协议书，为和田地区文体局捐助700万元的文化活动经费，用于和田地区文化义演工作。北京市文物局向和田地区文物局捐助600万元的文物保护经费，这次捐赠对于促进和田地区文化、文物事业的发展奠定了坚实的物质基础。第二，黑龙江省文化厅向阿勒泰地区、县文化部门共赠送猎豹越野车5辆，价值近100万元。第三，昌吉州与福建省启动了文化人才对口援助工作，福建省文化厅从厦门大学文化创意产业研究中心选派了2名文化产业专家，就昌吉州2010年~2020年文化产业发展规划的修编工作展开了密切合作，同时，选派了10名干部赴厦门参加了由福建省文化厅主办、厦门大学承办的闽、宁、川、疆四省文化系统干部培训班，促进与闽、宁、川三省文化系统干部的学习与交流，拓展与福建省在文化方面的深层次交流。第四，湖南省文化厅代表团来吐鲁番考察对口支援项目并进行对接、明确内容、细化项目。第五，博州文体局与湖北省文化厅加强文化文物工作的对接，已达成初步共识。第六，辽宁省文化厅明确对塔城地区在专业人才对口培训方面，达成初步协议，分期分批输送地区文化文物专业人才赴辽宁省进行业务培训。第七，河北省文化厅研究对口支援巴州文化建设项目工作。并将尉犁县文体活动中心建设项目（需投资3500万元）列入第一批援建工程。第八，阿克陶县与对口的江西省文化厅初步达成一致，将阿克陶县四馆合一的文化中心纳入到江西省援疆项目中，已通过江西省发改委批准，并同意力争将阿克陶县文化下乡运行经费纳入到江西省文化整体运行经费当中。

七、依托活动品牌，丰富群众文化生活

组团赴广州参加全国第15届“群星奖”，自治区共有9个节目、3项公共文化服务和3名从事基层文化工作的同志分别获得“群星奖”优秀作品奖、公共文化服务项目奖和“群文之星”奖。组织“魅力新疆、和谐家园”为主题的新疆农民画展在广州、深圳、惠州三地巡回交流展出，取得圆满成功。开展了第二届“群星耀天山”美术、书法、摄影大赛。组织参加了由文化部主办的“歌声伴着我成长”——中国儿童音乐剧（课本剧）普及推广暨展演周活动，文化厅选送的儿童音乐剧《银色的琴弦》参加了此次展演周活动并荣获优秀剧目奖。组织参加了首届中华红歌合唱赛，文化厅选送的参赛作品《沙枣花香》、《青春舞曲》获得了“黄河杯”的好成绩。举办了为期3天的“2010年新疆文化共享工程市县支中心负责人内地培训班”，来自新疆各地州、市、县级支中心的40名负责人在杭州参加了此次培训。自治区图书馆联盟启动实施。自治区图书馆隆重举行80周年馆庆庆祝活动。

八、调研摸底，重点培育，大力推进文化产业创新发展

组织新疆文博会代表团参加了第六届中国（深圳）国际文化产业博览交易会，有5个合作项目现场签约，金额达7426万元，以和田玉为代表的文化产品销售额达400多万元，荣获第六届文博会“优秀组织奖”、“优秀展示奖”2项大奖。10月20日，自治区文化厅党组书记韩子勇带领产业处处室负责同志，就乌鲁木齐动漫企业发展现状进行调研，通过开展调研活动，摸清了新疆文化产业发展现状，理清了产业发展思路。组织“新疆艺术能源”参加“跨界——2010第六届中国·宋庄文化艺术节”，取得圆满成功。

九、稳步实施重点保护项目，进一步做好文化遗产保护工作，弘扬中华优秀传统文化

率先在全国完成文物数据库建设。自治区第三次全国文物普查工作第二阶段工作（野外）已经完成，现转入第二阶段后期整理。北庭故城国家考古遗址公园建设顺利。丝绸之路（新疆段）重点文物保护工程进展顺利。

非物质文化遗产工作进展顺利。确定第二批自治区级非物质文化遗产名录项目代表性传承人和第一批自治区级非物质文化遗产名录项目代表性传承人共131人，已面向社会公布。组织开展了自治区第五个“文化遗产日”系列活动。举行了为期3天的“天工开物——新疆非物质文化遗产传统技艺大展”。《新疆维吾尔木卡姆保护条例》于2010年7月28日在自治区十一届人大常委全第19次会议上一审全票通过，自10月1日起实施。编辑翻译出版了《哈萨克族阿依特斯论文集》和《非物质文化遗产百问》。配合文化部文物局完成我区人口较少民族文化遗产专项调研。与博尔塔拉蒙古自治州人民政府联合举办了第二届新疆“江格尔杯”蒙古族民间文艺大赛 。“麦西来甫”申报“世界非物质文化遗产急需保护名录”工作取得成功。《阿依特斯》和《江格尔》申报“世界非物质文化遗产代表作名录”工作进展顺利。

十、依法行政，规范管理，促进文化市场有序发展

全国网络文化市场计算机监管平台已安装在线网吧1285家，安装在线终端23565个，基本形成了全疆网络文化市场监控体系。组织南、北疆各地（州）、县（市）文化市场行政执法骨干137人，历时28天，分别在北疆伊宁市和南疆喀什市各举办了为期3天的文化市场行政执法骨干培训班，并分两批8个交叉检查组分别对南疆片区、北疆片区进行了交叉执法检查。完成了对哈密、吐鲁番地区文化市场的检查和换证考试，完成了对全疆文化市场检查和行政执法人员换证考试工作。一年来，全疆开展多种形式，加大执法力度，净化规范文化市场，共出动120278人次，检查网吧、歌舞、游艺娱乐、演出、出版、音像等经营场所85215家，在检查中发现的问题，及时进行了处理。

十一、稳妥推进文化体制改革，拓宽渠道培养文化专业人才

加强班子建设，优化配置各级领导班子，完成了自治区群艺馆、新疆画院、新疆杂技团等直属单位和机关干部的任免调整，调整了13名县处级干部，15名科级干部。先后选派16名县处级干部参加中央党校、党委组织部、宣传部等部门组织举办的各类培训班，选派5名干部到地州和直属单位挂职锻炼。选派了380多名干部参加了由文化部举办的“图书资料专业人员培训班”“全国文化站长培训班”“民族团结班”“文化市场安全”等一系列培训班。在中宣部、教育部、财政部等部门的大力支持下，中央音乐学院等24所内地高校（艺术院校）为新疆定向培养高层次研修班项目已启动实施，2010年已培养142名。与上海马戏学校举办杂技专业研修班，共招录160名学员。东北师大、北京大学两个高级研修班开班，41名专业技术干部已深造学习。举办了由中央音乐学院等14所院校承办的文化人才定向培训班，265名干部学员已入校学习。北京大学文物鉴定班（2年制）毕业。东北师范大学图书班（2年制）毕业。文化行业特有工种技师培训班和文化行业继续教育培训班，共培训全疆文化行业各级各类专业技术人员900余人。

十二、加大对外文化交流力度，增强中国新疆民族文化艺术事业在国内、国际上的影响力

经自治区文化厅审核，报文化部和自治区人民政府批准、审批的对外及对港澳台文化（文物）交流项目22项，人数136人。其中：派出16个团（组），82人，前往11个国家和地区。接待来访团组5个，52人，来自3个国家和地区。对自治区邀请来华演出的5个国外团组演出的节目进行了审查，保证了引进团组的艺术水准。10月15日至22日，受国务院新闻办公室、文化部指派，新疆艺术剧院歌舞团和新疆木卡姆艺术团部分演员组成中国民族艺术团于10月15日赴土耳其参加由中国、土耳其政府共同举办的“感知中国——土耳其活动”开幕式及文化交流演出活动，精湛的舞台表演，征服了土耳其观众，宣传了中国新疆的形象，有力地回击了“东突”分子诽谤中国的谣言，演出取得圆满成功。

十三、加强机关党的建设，提高党组织驾驭、指导文化建设的能力，文化系统自身建设得到加强

近一年来，自治区文化厅党组坚持把加强党的政治理论学习作为提高广大党员干部政治理论素质，增强党组织驾驭文化事业发展能力的重要举措，突出民族团结教育主题，以“五个一”活动为载体，深入开展“第九个公民道德建设月”活动。通过督导检查、举办“第九个公民道德建设月”主题音乐会、组织1400多名干部职工到自治区博物馆参观学习、举办专题讲座、读一本好书等活动，增强了广大干部职工的向心力、凝聚力和创造力，提高了道德建设的感召力和影响力，使道德实践活动真正得人心、暖人心、稳人心，取得了显著成效。围绕“热爱伟大祖国、建设美好新疆”这一主题，深入开展“第28个民族团结教育月”活动。举办“我身边的民族团结故事”演讲比赛。广泛开展汉族同志学跳民族舞、民族同志学习汉语普通话等互学互助活动。隆重召开庆祝建党89周年暨表彰大会。表彰了自治区博物馆等5个“坚持四会制度好班子”，有力地推动了“四会”制度在文化厅系统的贯彻落实，切实提高各级党组织坚持民主集中制的自觉性。向青海玉树地震灾区捐款共计人民币47万余元，表达了各族文化工作者对灾区人民的深情厚谊。认真贯彻落实中央、自治区社会治安综合治理、安全生产和维稳工作指示精神，抓好责任制的落实。在巴州库尔勒市举办了2010年社会治安综合治理、安全生产、计划生育管理干部培训班，使安全生产、综合治理等工作得到加强。

新疆生产建设兵团

2010年，兵团文化工作紧紧围绕中央新疆工作会议精神，深入贯彻落实全国文化文物系统援疆工作会议和兵团党委六届五次全委扩大会议精神，解放思想、狠抓基础、精心规划、积极努力，有力推进兵团文化事业各项工作继续向前发展，进一步开拓了兵团文化事业新局面。

一、全面深入地学习贯彻中央新疆工作座谈会和全国文化文物系统援疆工作会议精神，认真研究、统筹规划

兵团文化系统在兵团党委和兵团党委宣传部、文广局的领导下，立足兵团实际和工作职能，深刻学习领会中央新疆工作座谈会精神，紧密结合文化部2009年11月形成的《文化部调研报告》，将制订“春雨工程”和文化遗产保护工程建设规划作为重中之重，着重在理清思路、理顺关系、摸清现状、明确目标上下工夫，根据兵团公共文化服务体系、公共文化基础设施建设等实际情况，制定“十二五”期间文化建设的思路、目标、任务。

【深入贯彻全国文化文物系统援疆工作会议精神，积极开展援疆对接工作】

6月21日至23日，文化部、国家文物局在乌鲁木齐市召开全国文化文物系统援疆工作会议。会议期间，兵团12个师与内地9个省市文化系统进行了对接。会议结束后，兵团及各师文广局狠抓落实，积极主动与各援疆单位联系，北京市为农十四师赠送了流动舞台车，其他各省也都制定了规划，援疆工作有了一定的进展。

【认真编报“春雨工程”及非物质文化遗产保护工程规划】

兵团文广局根据《文化部调研报告》，结合兵团文化建设的实际情况，撰写编印《新疆生产建设兵团“春雨工程”及文化遗产保护工程项目建议书（草案)》，上报国家有关部委。

1. 兵团文广局、兵团财务局联合印发《新疆生产建设兵团关于申请“春雨工程”、文化遗产保护工程及文化市场监管能力建设工程专项经费的请示》（兵文广发〔2010〕40号)。兵团“春雨工程”、文化遗产保护工程、文化市场监管能力建设工程项目建议书等3项工程2011～2015年规划总投资290256.3万元，其中“春雨工程”需269711.3万元、文化遗产保护需15420万元、文化市场监管能力建设需5125万元。兵团财务局同时将此项目建议书专文呈报国家财政部。

2. 兵团文广局印发《新疆生产建设兵团关于申请“春雨工程”及文化遗产保护工程（基础设施建设）专项经费的请示》（兵文广发〔2010〕41号)。兵团“春雨工程”及文化遗产保护工程基础设施建设项目建议书等两项工程，2011～2015年规划总投资212616万元，其中“春雨工程”需209066万元、文化遗产保护工程需3550万元。兵团发改委同时将此项目建议书专文呈报国家发改委。

【积极配合完成文化部组织的“春雨工程青年志愿者边疆行”活动】

9月6日，北京市文化志愿者慰问团在农十四师，对广大的各族职工群众进行了专场慰问演出，观众达500余人次；9月17日，浙江省文化志愿者慰问团前往阿克苏地区农一师开展摄影展览、知识讲座和文艺辅导活动，参观及接受教育者近千人。

二、狠抓基础设施建设，认真完成兵团党委“十件实事”任务

【认真完成兵团党委“十件实事”建设任务】

根据《2010年兵团党委为职工群众办“十件实事”的建设方案》要求，团场综合文化建设项目全面实施，建设项目15个，总建筑面积23363平方米，总投资4065万元；连队综合活动室建设任务200个，总建筑面积49897.4平方米，总投资5241.08万元。

【认真编报国家“十二五”地市（师）三馆建设规划】

根据国家发展改革委、文化部、国家文物局《关于申报国家“十二五”地市级三馆专项建设项目的通知》精神，“十二五”师级三馆建设项目，上报国家计划建设5座师级图书馆，总建筑面积24000平方米，总投资9600万元；6个师级文化馆，总建筑面积30200平方米，总投资11289万元；6个师级博物馆（纪念馆），总建筑面积21700平方米，总投资10850万元。

三、不断推进文化信息资源共享工程建设，积极拓展广电传输网络传播文化信息资源新途径

【完成文化部下达的县级支中心的建设任务】

目前，已建设兵团级分中心1个，县级支中心81个，配备专兼职工作人员169人，初步形成了兵团自上而下的文化信息共享工程服务网络体系。2010年，兵团在学习借鉴“辽宁经验”的基础上，结合兵团实际，发挥兵团宣传、文化、广电机构集中统一的优势，推广实施利用广电网络传输文化信息资源的做法，得到了全国文化信息资源建设中心的肯定和支持。

【理顺和完善兵团文化信息资源共享工程建设的工作程序及组织机构】

兵团文化中心正式承接文化信息资源共享工程兵团分中心工作，文化信息资源共享工程兵团分中心业务依托文化中心现有人员开展，进一步明确了兵团分中心、师级分中心、团场支中心连队基层服务点的工作职责，理顺了兵团文化信息资源共享工程管理机构体系。

【召开现场会议，加强技术培训，在兵团范围内推广传播新途径】

9月9日，在文化部及全国文化信息资源建设管理中心的支持下，由兵团文广局、文化信息资源共享工程兵团分中心在农六师五家渠市召开“兵团文化信息资源共享工程建设2010年工作及技术培训会议”。文化部全国文化信息资源建设管理中心培训指导处、技术管理处有关领导和专家前往授课。此次会议认真总结了兵团文化信息资源共享工程建设成绩和不足，为下一步构建文化信息资源共享网络体系提出了要求，着重安排布置了依托广播电视网推进文化信息资源共享工程建设的新途径、新任务，推动实现文化信息资源进连入户。

四、坚持以“热爱伟大祖国　建设美好家园”为主线，积极推动各项文艺工作向前发展

【精心安排以“热爱伟大祖国 建设美好家园”为主题的系列文化活动】

开展“唱响和谐文化、滋润和谐心灵”百日文化广场活动竞赛、连队百日文体活动竞赛；开展“唱响和谐文化、滋润和谐心灵”为主题的送欢乐下基层活动；在全兵团开展学唱歌曲《一家人》活动；组织开展兵团廉政诗歌朗诵会。

【积极参加文化部组织的重大文化活动赛事，加大文化交流，拓展演出市场】

1. 积极参加全国第15届“群星奖”活动、第九届中国艺术节、中国第五届秦腔艺术节、第八届全国杂技（魔术）比赛、全国首届红歌展示会、全国“天穆杯”小品比赛、全国“永远的辉煌”合唱节、第八届中国西部民族花儿歌会、宁夏农垦局成立60周年庆祝活动等活动，取得了好的成绩。

2. 组织协调文化部演出小分队在兵团慰问演出，在农八师和农十三师演出了三场，为兵团各族职工群众奉献了精彩的演出，受到职工群众的广泛欢迎。此次文化部艺术家小分队来兵团慰问演出，是文化部“文化援疆”的具体行动，表达了党中央、国务院对兵团广大干部职工的关怀，对兵团事业的支持。

3. 9月16日至19日，兵团杂技团携《天山红——女子造型》节目，参加第一节俄罗斯国际马戏杂技编导艺术节，经过A、B两组、13个国家28个节目4轮紧张激烈的角逐，兵团杂技团获

得编导大奖、节目优胜奖和中国驻圣彼得堡总领事特别奖。

4. 积极组织境外商演，开拓国际市场。9月，兵团杂技团派出10人，组成2个演出小分队赴日本进行商演，在日共演出115场，期间为中国驻日使馆进行了慰问演出，受到好评。10月，自治区侨联组织兵团歌舞团与兵团杂技团联合组成节目，赴哈萨克斯坦进行慰问演出，较好地宣传了兵团。

5. 积极参加自治区专业文艺汇演。在自治区党委宣传部、自治区文化厅联合举办“春满天山”——新疆维吾尔自治区专业文艺汇演中，兵团歌舞团歌舞剧《可爱的一朵玫瑰花》、兵团豫剧团现代豫剧《天雪》、农八师石河子市歌舞话剧团纪实报道剧《玻璃碎了之后》、农八师石河子市豫剧团《天山雪莲》参加演出，取得了较好的成绩。

6. 送文艺下基层，活跃职工群众的文化生活。按照兵团领导的安排，兵团直属院团积极组织下基层慰问演出，丰富职工群众精神文化生活。全年演出场次403场，下基层演出141场，其中兵团歌舞团演出场次108场，下基层慰问演出23场；兵团杂技团演出场次170场，下基层演出24场；兵团豫剧团演出场次92场，下基层演出78场；兵团秦剧团演出场次43场，下基层演出16场。

五、大力加强文化遗产保护，传承弘扬中华民族传统文化，认真做好文物、非物质文化遗产保护及博物馆管理工作

【文物普查】

通过第三次全国文物普查工作，开展兵团首次文物普查工作，整理和汇总了兵团辖区内屯垦文物资料及相关文物普查资料，委托自治区文物局组织专家对兵团的文物资料进行整理，在此基础上将编辑出版《兵团文物》书籍。

【命名兵团级文物保护单位】

为进一步加大文物保护力度，1月3日，兵团下发《关于命名农八师小李庄军垦遗址为兵团首批重点文物保护单位》的通知，正式命名农八师小李庄为兵团首批文物保护单位。

【组团参加首届中国非物质文化遗产博览会】

组织参加了文化部在山东举办的“首届中国非物质文化遗产博览会”。兵团文广局利用36平方米特装展位，通过实物展览、传承人现场制作、发放宣传画册、播放宣传光碟、现场销售等形式，充分展示了屯垦戍边历史和非物质文化遗产保护工作成果，加大了兵团对外宣传力度。在此次博览会中，兵团文广局获得优秀组织奖，哈萨克毡绣和布绣（羊角花对花毡）与维吾尔族模制法土陶烧制技艺（绿釉盘口细颈鼓腹短流壶）两个项目获银奖。

【兵团军垦博物馆二次改陈竣工】

5月1日，兵团军垦博物馆二次改陈竣工对外重新开放。兵团军垦博物馆二次改陈后充分利用高科技手段，综合运用雕塑、场景、油画、以及声光电等展示手法，形象生动地展示兵团发展历史，展陈容量更加丰富、展陈形式更加多样、展陈内容更有深度，为每一位观众带来耳目一新的观展感受。每日免费对外开放10个小时，目前接待观众30余万人次。

六、加强文化市场整规力度，开拓文化产业发展思路，确保兵团文化市场和文化产业各项工作有序开展

【通过各种专项行动，加大了文化市场监管力度】

2010年，重点组织开展了元旦、春节加强文化市场监管行动，对学校周边文化市场集中整治、打击政治性、宗教类非法出版物和反动宣传品集中行动、暑假期间文化市场监管、“平安世博”文化市场专项保障行动、“迎国庆、迎奥运”文化市场监督检查等一系列专项行动，针对突出问题，通过各种形式，采取联合检查、错时检查、突击检查、暗访检查等方式，对出版物市场、网吧、游戏厅等文化娱乐场所进行反复地检查、清理。在节假日、公休日等重要时段，对繁华街道、校园周边、交通运输等重点部位实施高密度巡查。同时加大了舆论宣传，建立了社会监督员队伍。一年来，兵团文化市场健康有序，未发现重大政治性、宗教类非法出版物和黄赌毒案件，为兵团的跨越式发展和长治久安创造了健康的文化环境。截至10月底，全兵团共对文化市场（含“扫黄打非”）出动检查24048人次，检查经营单位9630家次，责令整顿经营单位248家，取缔文化经营场所3家，没收非法、盗版出版物8000余册（盘），

罚款12.3万元，收缴节目载体20件、接收设施（设备）18套。

【开展了虚假违法广告专项整治工作】

2010年，根据国家12个部门的统一安排，兵团联合公安、卫生、食品药品监督等部门，在兵团开展了打击虚假违法广告专项整治工作。截至4月底，全兵团共接到举报电话23次，查处虚假广告7条，含有夸张性内容的健康咨询节目3期，低俗不良广告2条，净化了荧屏，提高了媒体的公信度。

【参加了文化部组织的全国文化市场交叉执法检查工作】

9月，根据文化部的统一安排，参加了文化部组织的重庆、贵州文化市场交叉执法检查工作。通过检查，学到了其他省区文化市场监管的经验，尤其是在队伍建设、法治建设、案件处理、日常监管、专项治理等方面，为加强兵团文化市场管理提供了很多的经验、做法和范例。

【加强执法人员的培训】

2010年，随着中央新疆工作座谈会精神的贯彻落实，选派了11人参加了文化部组织的广西、新疆文化市场监管和文化安全培训班。同时部分师、团还通过各种专项行动，加强了对行政执法人员的培训，尤其是通过案例分析和违法违规案件的处理，提高了执法人员的业务水平和执法能力，收到了较好成效。

【认真开展“扫黄打非”及“天山工程”有关工作】

2010年，兵师两级“扫黄打非”办联合工商、公安、综治、教育、民宗等部门成立了督查小组，对各团场的集中行动和专项治理进行检查、抽查。各团场政工、综治、教育、派出所、工商所等部门成立了行动小组，对农贸市场、商业街区、学校周边、城乡结合部等进行拉网式的排查和突击性的检查。

【开拓思路，积极发展兵团文化产业】

2010年，组团参加了第六届中国（深圳）国际文化产业博览交易会，组织兵团日报社、兵团文化中心、玖德文化发展有限公司、596文化公司等单位负责人赴广东的东莞、佛山、中山、番禺等地学习考察文化产业发展经验，开阔了兵团文化管理干部的视野。

为了为建党90周年和兵团成立60周年推出一批作品，从2010年开始，与文联联合举办了“我唱兵团”原创歌曲大型征集演唱活动。已征集词、曲作品160多首（其中其他省区作品40首），并从中筛选了10首歌曲参加中宣部组织的“唱响中国”——群众最喜爱的新创作歌曲评选活动。同时，2010年兵团还命名了徕远玖德文化发展有限责任公司为兵团文化产业示范基地。接待和组织了部分企业创作拍摄兵团题材影视作品的衔接、采风等工作。

【立足实际，制定“十二五”文化市场监管和文化产业发展规划】

2010年，为贯彻中央新疆工作座谈会精神，根据中央和兵团的要求，制定了兵团“十二五”文化市场监管和文化产业发展规划。文化市场监管规划从机构设置、人员配备、能力建设、执法装备、经费保障等方面做了规划，并制订了时间表。文化产业发展规划以项目带动为主旨，确定了9个文化产业发展项目，并对项目的规模、内容、资金来源、收益率等进行了初步的论证和预测，完成了规划的前期工作。

中国文化年鉴

Chinese Culture Yearbook

文化机构人员

Cultural institutions staff

北京市

北京市文化局

党组副书记、局长：降巩民
党组书记、副局长：张文华
党组副书记、副局长：何　昕
党组成员：李恩杰
党组成员、副局长：王　珠、张　晓、关　宇
副局长：王　鹏
党组成员、纪检组组长：崔国红
巡视员：叶重辉、吴　然
副巡视员：阮兰玉、倪晓建

东城区文化委员会主任：李承刚
西城区文化委员会主任：李征帆
朝阳区文化委员会主任：黄晓伟
海淀区文化委员会主任：陈　静
丰台区文化委员会主任：王艳秋
石景山区文化委员会主任：高洪雁
通州区文化委员会主任：杜德玖
顺义区文化委员会主任：刘振河
平谷区文化委员会主任：张　兴
怀柔区文化委员会主任：焦安琦
密云县文化委员会主任：李洪仕
昌平区文化委员会主任：陈玉起
大兴区文化委员会主任：王　健
延庆县文化委员会主任：张素枝
房山区文化委员会主任：李立新
门头沟区文化委员会主任：陈世杰

天津市

天津市文化广播影视局

党委副书记、局长：郭运德
党委书记、副局长：杜彩霞
党委副书记、副局长：金洪跃
党委副书记：党丽颖
党委常委、副局长：靳方华、游庆波
副局长：金永伟
党委常委、市纪委驻局纪检组组长：李广玉
党委常委、副巡视员：李春雨
巡视员：施爱茹

和平区文化和旅游局局长：杨　振
河东区文化和旅游局局长：闫巨崙
河西区文化局局长：朱义海
南开区文化和旅游局局长：张金锁
河北区文化和旅游局局长：张丽强
红桥区文化和旅游局局长：张志忠
滨海新区文化广播电视局局长：张仁刚
东丽区文化广播电视局局长：张耀国
西青区文化广播电视局局长：高　艳
津南区文化广播电视局局长：杨俊明
北辰区文化广播电视局局长：杨国珍
武清区文化广播电视局局长：黄维孝
宝坻区文化广播电视局局长：王长彬
宁河县文化广播电视局局长：运志阳
静海县文化广播电视局局长：周士华
蓟县文化广播电视局局长：赵海军

河北省

河北省文化厅

党组书记、厅长：冯韶慧
党组副书记、副厅长：王离湘
副厅长：边发吉
党组成员、驻厅纪检组长、监察专员：
　　徐亚平
巡视员：姚来茹
党组成员、副厅长：彭卫国、李建华
党组成员、省文物局分党组书记、局长：
　　张立方

石家庄市文化新闻出版局局长：李耀峰
新华区文体局局长：郭航军
桥西区文体局局长：李淑珍
桥东区文体局局长：张贵忠
长安区文体局局长：冀晓云
裕华区文体局局长：李明华

开发区文体局局长：李在兰
矿区文化旅游局局长：刘玉斌
藁城市文广新局局长：刘建平
鹿泉市文广新局局长：艾新建
新乐市文广新局局长：田俊英
辛集市文广新局局长：田英秋
晋州市文广新局局长：康晋涛
井陉县文广新局局长：张富海
正定县文广新局局长：李铁民
平山县文广新局局长：陈建廷
灵寿县文广新局局长：付建敏
赞皇县文广新局局长：时占敖
赵　县文广新局局长：高志英
元氏县文广新局局长：王春平
高邑县文广新局局长：胡志桥
行唐县文广新局局长：康鳌战
无极县文广新局局长：李跃清
深泽县文广新局局长：纪书强

张家口市文广新局局长：姜玉琛
桥东区旅游文化体育局局长：孙志强
桥西区文体局局长：朱　军
高新区文教局局长：王　云
宣化区文广新局局长：李宏君
下花园区文广新局局长：韩　文
宣化县文教局局长：张　斌
张北县文化体育广电新闻局局长：闫世琴
康保县文体局局长：史维军
沽源县文广新局局长：田瑞峰
尚义县文广新局局长：邓　平
蔚县文广新局局长：宋建中
阳原县文广新局局长：侯文玉
怀安县旅游文化体育广电新闻出版局局长：
　　韩少龙
万全县旅游文体广电局局长：李学宏
怀来县文体办主任（文广新局副局长）：
　　唐玉虎
涿鹿县文化体育广电新闻局局长：高峰河
赤城县文化体育广电新闻局局长：侯海云
崇礼县文广新局局长：吴占钦
察北管理区文体局局长：陈海玲
塞北管理区文广新局局长：张艳萍

承德市文广新局局长：杨　铭
双桥区文广新局局长：李成娥
双滦区文广新局局长：官承志
营子区文广新局局长：秀　侠
承德县文广新局局长：尹英余
兴隆县文广新局局长：邓久国
平泉县文广新局局长：祈彦春
滦平县文广新局局长：武永军
隆化县文广新局局长：傅雨时
丰宁县文广新局局长：曹海龙
宽城县文广新局局长：陈艳军
围场县文广新局局长：王亭章

秦皇岛市文广新局局长：李文生
海港区文化体育广电新闻出版（版权）局
　　局长：刘海波
山海关区文化教育广电新闻出版（版权）局
　　局长：杨玉栋
北戴河区文化广电新闻出版（版权）局
　　局长：李春光
秦皇岛市经济技术开发区社会发展局
　　局长：王满成
昌黎县文化体育广电新闻出版局局长：
　　腾运涛
抚宁县文化教育体育广电新闻出版局
　　局长：陈慧卿
卢龙县文化体育广电新闻出版局局长：
　　韩淑敏
青龙县满族自治县文化体育广电新闻出版局
　　局长：佟云超

唐山市文化广播电视新闻出版局局长：
　　罗向军
路南区文体局局长：李建忠
路北区文体局局长：董　洁
古冶区文体局局长：郭东升
开平区文广新局（体育局）局长：蒋海洪
丰润区文广新局局长：亢瑞秋
丰南区文广新局局长：田殿江
遵化市文广新局局长：杨连广
迁安市文广新局局长：刘　海
滦县文广新局局长：王庆刚

滦南县文体局局长：卢常青
乐亭县文广新局局长：白玉奇
迁西县文广新局局长：高晓峰
玉田县文广新局局长：王玉峰
唐海县文广新局局长：王之海
汉沽管理区文化体育广电新闻出版局局长：高克军
芦台经济开发区文广新局局长：邱成国
南堡经济开发区教育文化体育广播电视局局长：李克东
高新区社会事业管理局局长：王会民
海港开发区文化中心管理处主任：肖雅心

廊坊市文广新局局长：卢留虎
广阳区文广新局局长：姬国胜
安次区文广新局局长：李振生
开发区文教卫体局局长：王清达
霸州市文广新局局长：朱　红
三河市文广新局局长：何振文
固安县文广新局局长：王炳彦
永清县文广新局局长：贾如波
香河县文广新局局长：吴君清
大城县文广新局局长：刘铁良
文安县文广新局局长：王盛运
大厂县文广新局局长：何玉国

保定市文广新局局长：高　玉
新市区文教局局长：倪学红
北市区文教局局长：冯　华
南市区文教局局长：李建辉
高新区公益局局长：李志民
白沟新城经济社会发展局局长：胡继红
定州市文广新局局长：张立亚
涿州市文广新局局长：王　勋
安国市文广新局局长：许耀东
高碑店市文广新局局长：赵书贤
满城县文广新局局长：宁洪水
清苑县文体局局长：杨东岚
易县文化局局长：张东江
徐水县文广新局局长：米萃之
涞源县文广新局局长：张殿军
定兴县文广新局局长：姚克欣
顺平县文广新局局长：王晓炜
唐县文教局局长：吕海振
望都县文广新局局长：闫　肃
涞水县文广新局局长：田树江
高阳县文广新局局长：刘菊青
安新县文广新局局长：张双龙
雄县文广新局局长：李　启
容城县文体教育局局长：张彦忠
曲阳县文化文物旅游局局长：张建霞
阜平县文广新局局长：蔚俊林
博野县文广新局局长：邵国望
蠡县文广新局局长：刘少华（已离任）

沧州市文广新局局长：王生辉
运河区文广新局局长：刘恩敏
新华区文广新局局长：涂　强
渤海新区文广新局局长：王洪建
中捷产业园区文广新局局长：董晓敬
泊头市文广新局局长：杨金葆
任丘市文广新局局长：李铁乱
黄骅市文广新局局长：王文博
河间市文广新局局长：石占坡
沧县文广新局局长：张钜祯
青县文广新局局长：杨志刚
东光县文广新局局长：林永正
海兴县文广新局局长：郭维东
盐山县文广新局局长：刘　辉
肃宁县文广新局局长：代　伟
南皮县文广新局局长：徐振青
吴桥县文广新局局长：吴　鑫
献县文广新局局长：张立杰
孟村回族自治县文广新局局长：王书文

衡水市文广新局局长：李根起
桃城区文体局局长：王世江
冀州文体局局长：张庆振
深州文体局局长：李会来
枣强文教局局长：李子申
武邑文教局局长：朱志生
武强文教局局长：李永倦
饶阳文广新局局长：耿政实
安平文体局局长：王彦博

故城文教局局长：马立俊
景县文教局局长：李树旺
阜城文教局局长：白世军

邢台市文广新局局长：王殿银
桥东区文化新闻出版体育局局长：冯庄顺
桥西区教育文化体育局局长：王之良
开发区社会事业发展局局长：杨　选
南宫市文化广播电视新闻出版体育局局长：白来文
沙河市文化广播电视新闻出版体育局局长：樊渠金
邢台县文化广播电视新闻出版体育局局长：吴国会
内丘县文化广播电视新闻出版体育局局长：马成龙
南和县文化广播新闻出版体育局局长：孙元新
广宗县教育文化广电新闻出版体育局局长：尹永华
威县文化广播电视新闻出版体育局局长：杨立群
清河县文化广播电视新闻出版体育局局长：王广艺
临西县文化广播电视新闻出版体育局局长：陈祖亮
任县文化广播电视新闻出版体育局局长：刘云洲
平乡县文化广播电视新闻出版体育局局长：郭根水
临城县教育文化广电新闻出版体育局局长：韩志林
隆尧县文化广播电视新闻出版体育局局长：任京国
柏乡县教育文化广播新闻出版体育局局长：杨中玉
宁晋县文化广播电视新闻出版体育局局长：赵志军
巨鹿县文化广播电视新闻出版体育局局长：张蔚霞
新河县教育文化广电新闻出版体育局局长：路海风（代）
大曹庄教育文化体育局局长：闫万兴

邯郸市文广新局局长：冯洪波
丛台区文教体局局长：徐孟书
复兴区文教体局局长：裴献堂
邯山区文教体局局长：裴相峰
邯郸县文广新局局长：田九海
广平县文广新局局长：翟志强
肥乡县文广新局局长：毕怀领
馆陶县文体办主任：马月起
永年县文广新局局长：郭志军
曲周县文化广电新闻出版旅游局局长：朱金生
涉县文广新局局长：姚华祥
鸡泽县文教体局局长：侯宝方
磁县文广新局局长：牛玉生
大名县文化广电新闻出版体育旅游局局长：赵宏文
成安县文化广播影视新闻出版局局长：杨好亮
武安市文体局局长：王慈娴
魏县文化广电新闻出版体育旅游局局长：李慧芳
临漳县文广新局局长：郭　超
邱县文广新局局长：李爱君
峰峰矿区文体旅游局局长：陈　虎
邯郸马头生态工业城文教局局长：张宪舫
邯郸经济开发区文教局局长：申向东

山西省

山西省文化厅
党组书记、厅长：张明亮
党组成员、巡视员：赵晋蓉
党组成员、纪检组长：李春荣
党组成员、副厅长：张建军、贾新田、郭　立
党组成员、副巡视员：窦明生
党组成员、副巡视员、省话剧院院长：贾茂盛

太原市文广新局局长：田志捷
小店区文化广电新闻出版局局长：李春涛
迎泽区文化广电新闻出版局局长：胡伟民
杏花岭区文化广电新闻出版局局长：王东军
尖草坪区文化广电新闻出版局局长：赵劲钧
万柏林区文化广电新闻出版局局长：高剑光
晋源区文化广电新闻出版局局长：赵　卫
古交市文化广电新闻出版局局长：康志明
清徐县文化广电新闻出版局局长：马永红
阳曲县文化广电新闻出版局局长：李继宏
娄烦县文化广电新闻出版局局长：王爱军

大同市文广新局局长：李恒瑞

朔州市文广新局局长：郭文新
朔城区文体局局长：赵晓宇
平鲁区文体局局长：戴　远
山阴县文体局局长：王跃文
右玉县文体局局长：庞日亮
怀仁县文体局局长：余仲谦
应县文体局局长：吴桂山

阳泉市文广新局局长：高士萍
城区文化体育旅游局局长：石壮志
矿区文化体育旅游局局长：任文祥
郊区文化体育旅游局局长：周崇浩
平定文化体育旅游局局长：郄小英
盂县文化体育旅游局局长：张金瑞

长治市文广新局局长：陈秀英
城区文体广电新闻出版局局长：张　省
郊区文体广电新闻出版局局长：史海莲
潞城市文体广电新闻出版局局长：秦虎钢
长治县文体广电新闻出版局局长：李　龙
长子县文体广电新闻出版局局长：宋　杰
屯留县文体广电新闻出版局局长：杨庆春
壶关县文体广电新闻出版局局长：李国祥
平顺县文体广电新闻出版局局长：申安根
黎城县文体广电新闻出版局局长：王苏陵
襄垣县文体广电新闻出版局局长：孙　波
武乡县文体广电新闻出版局局长：张碧玉
沁县文体广电新闻出版局局长：秦苏良
沁源县文体广电新闻出版局局长：赵永进

晋城市文广新局局长：张秋旺

忻州市文广新局局长：潘孝忠
忻府区文化局局长：胡忠田
定襄县文化局局长：张尚瑶
原平市文化局局长：郑争妍
代县文化局局长：黄凤翔
繁峙县文化局局长：韩　英
五台县文化局局长：马廷飞
宁武县文化局局长：郭俊杰
神池县文化局局长：王淑文
五寨县文化局局长：杨子建
岢岚县文化局局长：赵广林
河曲县文化局局长：王建国
保德县文化局局长：张广明
偏关县文化局局长：秦永进
静乐县文化局局长：李富魁

晋中市文广新局局长：朱荣耀
榆次区文化广电新闻出版局局长：赵凌中
太谷县文化广电新闻出版局局长：张国文
祁县文化广电新闻出版局局长：范向宏
平遥县文化广电新闻出版局局长：王桂梅
介休市文化广电新闻出版局局长：裴卫东
灵石县文化广电新闻出版局局长：王世强
寿阳县文化广电新闻出版局局长：赵　源
昔阳县文化广电新闻出版局局长：翟贵军
和顺县文化广电新闻出版局局长：常跃生
左权县文化广电新闻出版局局长：王建军
榆社县文化广电新闻出版局局长：李宪军

临汾市文广新局局长：傅遵师
尧都区文化广电新闻出版局局长：蔡海平
侯马市文化广电新闻出版局局长：范孟龙
霍州市文化广电新闻出版局局长：张黎明
襄汾县文化广电新闻出版局局长：张　翔
曲沃县文化广电新闻出版局局长：杨切喜
翼城县文化广电新闻出版局局长：侯　霆
洪洞县文化广电新闻出版局局长：赵文卿
浮山县文化广电新闻出版局局长：段锦瑞

安泽县文化广电新闻出版局局长：张泽民
古县文化广电新闻出版局局长：尚立春
乡宁县文化广电新闻出版局局长：张来有
吉县文化广电新闻出版局局长：强朝晖
大宁县文化广电新闻出版局局长：王录明
蒲县文化广电新闻出版局局长：张文龙
隰县文化广电新闻出版局局长：任志平
永和县文化广电新闻出版局局长：葛　毅
汾西县文化广电新闻出版局局长：马明明

运城市文广新局局长：杨金贵
盐湖区文化广电新闻出版局局长：关兴刚
河津市文化广电新闻出版局局长：齐彦青
永济市文化广电新闻出版局局长：李金州
临猗市文化广电新闻出版局局长：张自力
芮城县文化广电新闻出版局局长：薛亚琴
夏县文化广电新闻出版局局长：文东雷
闻喜县文化广电新闻出版局局长：张海明
新绛县文化广电新闻出版局局长：郝振海
绛县文化广电新闻出版局局长：孙权胜
垣曲县文化广电新闻出版局局长：杨金祥

吕梁市文广新局局长：杜旭华
交城县文化广电新闻出版局局长：高　涛
文水县文化广电新闻出版局局长：樊　俊
汾阳市文化广电新闻出版局局长：韩志刚
孝义市文化广电新闻出版局局长：田云年
石楼县文化广电新闻出版局局长：乔志浩
交口县文化广电新闻出版局局长：宋禄珍
中阳县文化广电新闻出版局局长：李红梅
柳林县文化广电新闻出版局局长：刘映学
离市区文化广电新闻出版局局长：杨光明
方山县文化广电新闻出版局局长：靳乃平
岚县文化广电新闻出版局局长：魏海明
兴县文化广电新闻出版局局长：马　云
临县文化广电新闻出版局局长：张金生

内蒙古自治区

内蒙古自治区文化厅
厅　长：王志诚
副厅长：明　锐、安泳锝、赵新民
副巡视员：李鸿英、程建林

呼和浩特市文化局局长：王黑小
新城区文体局局长：李　珊
回民区文体局局长：王月平
玉泉区文体局局长：康丽霞
赛罕区文体局局长：张　毅
土默特左旗文体局局长：荣宏伟
清水河县文体局局长：张文玲
托克托县文体局局长：贾来东
和林格尔县文体局局长：王建功
武川县文体局局长：云挨元

包头市文化局局长：洪　涛
固阳县文体广电局局长：杨惦恩
达尔罕茂明安联合旗文体广电局局长：
金永利
白云鄂博矿区文体广电局局长：李　峰
石拐区文体广电局局长：王旭东
土默特右旗文体广电局局长：敖建军
九原区文体广电局局长：刘占江
东河区文体广电局局长：张　真
青山区文体广电局局长：龙　纲
昆都仑区文体广电局局长：孙丽娟

乌海市文化局局长：化金贵
海勃湾区文化局局长：李　平
乌达区文教体局局长：左光禄
海南区文教体局局长：刘秀珍

赤峰市文化局局长：张金东
阿鲁科尔沁旗文体广电局局长：布和巴特尔
巴林左旗文体广电局局长：陶建英
巴林右旗文体广电局局长：布和巴特尔
克什克腾旗文化局局长：孙再兴
林西县文体广电局局长：毕长山
翁牛特旗文体广电局局长：高明霖
喀喇沁旗文体局局长：吴晓峰
宁城县文体广电局局长：吴京民
敖汉旗文体广电局局长：许景泉
红山区文体局局长：张兆明

元宝山区文体广电局局长：刘玉海
松山区文体局局长：李国君

通辽市文化局局长：杨宝坤
霍林郭勒市文化广电局局长：于海宝
扎鲁特旗文化广电局局长：徐文彦
科尔沁左翼中旗文化广电局局长：蔡云龙
开鲁县文化广电局局长：王景平
科尔沁区文化广电局局长：于海明
科尔沁左翼后旗文化局局长：姜哲义
奈曼旗文化广播电视局局长：王书博
库伦旗文化广播电视局局长：丛日成

鄂尔多斯市文化局局长：张占霖
达拉特旗文化广播电视局局长：潘海峰
乌审旗文化广播电视局局长：查干夫
伊金霍洛旗文化广播电视局局长：赵子杰
鄂托克旗文化广播电视局局长：云苏米雅
杭锦旗文化广播电视局局长：辛易莲
准格尔旗文化广播电视局局长：马广清
鄂托克前旗文化广播电视局局长：刘治成
东胜区文化局局长：张光耀

呼伦贝尔市文化局局长：诺　敏
海拉尔区文体局局长：王　姗
扎兰屯市文体广电局局长：杨　光
牙克石市文体广电局局长：关　海
额尔古纳市文体广电局局长：孙景山
根河市文体广电局局长：沈进利
陈巴尔虎旗文体广电局局长：陈彦龙

满洲里市文化局局长：吴铁英
二连浩特市文体局局长：王佩芬
新巴尔虎左旗文体广电局局长：达・朝鲁门
新巴尔虎右旗文体广电局局长：齐海龙
鄂温克自治旗文体广电局局长：尤　拉
鄂伦春自治旗文体广电局局长：陈　辉
阿荣旗文体广电局局长：孔　捷

巴彦淖尔市文体局局长：刘还俊
临河区文体局局长：王春叶
杭锦后旗文体广电局局长：高　飞

磴口县文体广电局局长：任海韬
五原县文体广电局局长：高伍良
乌拉特前旗文体广电局局长：石红兰
乌拉特中旗文体广电局局长：王志强
乌拉特后旗文体广电局局长：辛志军

乌兰察布市文化局局长：张立中
集宁区文化局局长：王志强
丰镇市文化局局长：王孝飞
察哈尔右翼前旗文化局局长：邢妙珍
察哈尔右翼中旗文化局局长：王继英
察哈尔右翼后旗文化局局长：曹　军
凉城县文化局局长：冀文俊
兴和县文化局局长：刘　坤
商都县文化局局长：高培武
化德县文化局局长：李建刚
卓资县文化局局长：赵万元
四子王旗文化局局长：吴依仁太

兴安盟文化局局长：张国平
乌兰浩特市文体局局长：孙长富
阿尔山市文体局局长：姜天纯
科尔沁右翼前旗文体局局长：闫淑兰
科尔沁右翼中旗文体局局长：高金虎
扎赉特旗文体局局长：庞志刚
突泉县文体局局长：王　清

锡林郭勒盟文体局局长：李　询
锡林浩特市文体局局长：张福山
西乌珠穆沁旗文体广电局局长：斯琴巴特尔
东乌珠穆沁旗文体广电局局长：萨仁苏和
正镶白旗文体局局长：吉日嘎拉达来
苏尼特右旗文体广电局局长：额尔登巴拉
苏尼特左旗文体广电局局长：胡木吉利
太仆寺旗文体局局长：杜　伟
镶黄旗文体广电局局长：哈　斯
阿巴嘎旗文体广电局局长：贾美洋
正镶蓝旗文体广电局局长：孟克巴特尔
多伦县文体局局长：刘守峰
乌拉盖文体局局长：田冬冬
多伦县文物局局长：吴克林
正镶蓝旗文物局局长：刘学民

阿拉善盟文化广播电视局局长：包　金
额济纳旗文化广播电视局局长：李发英
阿拉善右旗文化广播电视局局长：许学峰
阿拉善左旗文化广播电视局局长：
　　黄韦仁别立格

辽宁省

辽宁省文化厅

党组书记、厅长：周连科
党组副书记、副厅长：许　波
党组成员、副厅长：丁　辉、赵奎伟
党组成员、纪检组长：佟　昭
党组成员、副厅长：殷仁连
副巡视员：王　琦

沈阳市文化广播电视新闻出版局局长：
**　　谢　石**
和平区文体广电新闻出版局局长：任　忠
沈河区文体广电新闻出版局局长：邵家彦
铁西区文体广电新闻出版局局长：李　卫
大东区文体广电新闻出版局局长：丁玉秀
皇姑区文体广电新闻出版局局长：刘　旭
东陵区文体广电新闻出版局局长：元树奎
于洪区文体广电新闻出版局局长：郭连城
苏家屯区文体广电新闻出版局副局长：
　　王凤岐（主持工作）
沈北新区文体广电新闻出版局局长：孙祥维
新民市文体广电新闻出版局局长：陈英赤
辽中县文体广电新闻出版局局长：李雅儒
康平县文体广电新闻出版局局长：王庆君
法库县文体广电新闻出版局局长：安会民
棋盘山开发区文化产业局局长：林　郁

大连市文化广播影视局局长：王星航
中山区文化体育局局长：殷传军
西岗区文化体育局局长：辛　斌
沙河口区文化体育局局长：洪　明
甘井子区文化体育局局长：宋　健
旅顺口区文化体育广播影视局局长：王发东
金州新区教育文化体育局局长：秦淑华
普兰店市文化体育局局长：张福君
瓦房店市文化体育广播影视局局长：范　俊
庄河市文化体育广播影视局局长：梁静波
长海县文化体育广播影视局局长：朱　军
高新区文化教育卫生局局长：崔　维
长兴岛临港工业园区管委会社会事业管理局
　　局长：王玉峰
花园口经济区管委会广电文化中心局局长：
　　曲士广
保税区社会事业管理局局长：张文卿

鞍山市文化广电新闻出版局局长：刘耀庭
海城市文化广播电视体育局局长：刘启中
台安县文化体育局局长：杨明超
岫岩县文化广播电视体育局局长：高明东
铁东区文化体育局局长：周宏刚
铁本区文化体育局局长：张建水
立山区文化体育局局长：关二风
千山区文化体育局局长：胡居庆

抚顺市文化广播电影电视局局长：刘英伟
抚顺县文体局局长：王满杰
清原县文体局局长：董　平
新宾县文体局局长：孟庆宇
新抚区文体局局长：江　旭
望花区文体局局长：崔太刚
东洲区文体局局长：腾俊山
顺城区文体局局长：李晓杰
经济开发区社会事业管理局副局长：廖启良

本溪市文化广电局局长：赵常清
本溪县文广局局长：施长华
桓仁县文广局局长：金文莲
平山区文化局局长：胡立友
明山区文化局局长：乔　惠
溪湖区文化局局长：田洪艳
南芬区文化局局长：栾鸿云
丹东市文化广播电影电视局（新闻出版局、
　　版权局）局长：刘桂腾
东港市文化广播电影电视新闻出版局局长：
　　王金刚

凤城市文化广播电影电视新闻出版局局长：
马　明
宽甸县文化广播电影电视局局长：王清祥
振兴区文化旅游局局长：曲晓辉
元宝区文化旅游局局长：吴晓宇
振安区文化体育广播电影电视局局长：
朱　颖

锦州市文化广电新闻出版局局长：戚永亮
黑山县文化旅游局局长：靳建新
北镇市文化广电旅游局局长：董　明
凌海市文化旅游局局长：王兴刚
义县文化旅游局局长：刘　杰
凌河区文教局局长：秦　晖
古塔区文化（旅游）局局长：孟晓伟
太和区文教广播局局长：王文彬
经济技术开发区社会事业管理局局长：
吴金生
松山新区文化教育局局长：刘文占
龙栖湾新区社会事业管理局局长：李汝红

营口市文化广播电影电视局局长：曲景太
大石桥市文化广播电影电视局局长：刘梅祥
盖州市文化广电新闻出版局局长：李家政
站前区教育文化体育局局长：乔显禄
西市区教育文化体育局局长：冉照晨
老边区教育文化体育局局长：张艳红
鲅鱼圈区文化广电新闻出版局局长：赵　英

阜新市文化局局长：李　兵
阜新县文化局局长：高月茹
彰武县文化局局长：孙建国
海州区文化局局长：张　玲
太平区文化局局长：庞晓东
细河区文化局局长：宋英辉
新邱区文化局局长：周永红
清河门区文化局局长：魏海斌

辽阳市文化广电新闻出版和体育局局长：
张春阳
辽阳县教育文化体育局局长：戴泽利
灯塔市文化体育局局长：李宏林
白塔区教育文化体育局局长：王雪飞
文圣区文化体育局局长：张宏杰
宏伟区文化体育局局长：赵德刚
弓长岭区服务业局局长：石秀娥
太子河区文化旅游局局长：李亚奎

铁岭市文化广播电视新闻出版局局长：
赵　伟
铁岭市银州区文化局局长：迟国庆
昌图县文化局局长：徐忠诚
铁岭经济开发区文化广播电视新闻出版局
局长：徐景忠
西丰县文化体育局局长：刘大成
调兵山市文化体育广播电视局局长：张大勇
铁岭县文化体育广播电视局局长：张大权
开原市文化体育广播电视局局长：王洪涛
铁岭市清河区文化局局长：石国学

朝阳市文化广电新闻出版局局长：曲福丛
北票市文化新闻出版和版权局局长：李玉文
凌源市文化广播电视体育局局长：聂斌程
朝阳县文化局局长：苑　珉
建平县文化体育和旅游局局长：刘希鹏
喀左县文化局局长：白晓辉
双塔区文体局局长：杨贵凤
龙城区文化广播电视体育局局长：李玉江
开发区文化局局长：王彦青

盘锦市文化广电局局长：高佩亮
盘山县文体局局长：祝成刚
大洼县广播电视文化局局长：徐海洋
双台子文体局局长：里　冰
兴隆台区文教局局长：孙丽伟

葫芦岛市文化广播影视局局长：韩庆春
兴城市文化局局长：郭长林
建昌县文化广播电视局局长：王连军
龙港区文化广电旅游局局长：张秀慧
南票区文化广播电视局局长：李　蔚
连山区文化广播电视局局长：王　瑶
绥中县文化局局长：齐志学

吉林省

吉林省文化厅

党组书记、厅长：林　君
党组成员、副厅长：谢文明、朱成华、
　　翟利国、张宝宗
党组成员、纪检专员：张世文
副巡视员：任智富

长春市文化局局长：吴　强
朝阳区文化局局长：赵金荣
南关区文化局局长：李敏玲
宽城区文化局局长：马　彪
二道区文化局局长：孙艳秋
绿园区文化局局长：关英杰
高新区社会事业发展局局长：丁　佳
双阳区文化局局长：刘福强
德惠市文化局局长：刘玉才
九台市文化局局长：程延辉
榆树市文化局局长：耿淑环
农安县文化局局长：刘树瑜

白城市文化新闻出版和体育局局长：宋亚峰
洮北区文化局局长：张印福
洮南市文化局局长：姜新建
大安市文化局局长：赵连举
镇赉县文化局局长：李树文
通榆县文化局局长：陈海峰

松原市文化新闻出版和体育局局长：高香兰
宁江区文化局局长：张彦伟
长岭县文化局局长：刘凤歧
乾安县文化局局长：马福文
扶余县文化局局长：宋爱平
前郭尔罗斯蒙古族自治县文化局局长：
　　习树会

吉林市文化局局长：张国利
船营区文化局局长：石　淼
昌邑区文化局局长：闫巨友
龙潭区文化局局长：赵汝田
丰满区文化局局长：张守国
蛟河市文化局局长：张德胜
桦甸市文化局局长：刘　勇
舒兰市文化局局长：徐成宪
磐石市文化局局长：孙国臣
永吉县文化局局长：奚柏东

四平市文化新闻出版局局长：左今明
铁西区文化局局长：李亚杰
铁东区文化局局长：刘铁栋
公主岭市文化局局长：刘　杰
双辽市文化局局长：董占琼
梨树县文化局局长：周兴安
伊通满族自治县文化局局长：杨密林
辽河农垦管理区文化局局长：田　晨

辽源市文化新闻出版局局长：郑　裕
龙山区文化局局长：苏星明
西安区文化局局长：唐春晖
东丰县文化局局长：赵志才
东辽县文化局局长：杜　发

通化市文化新闻出版和体育局局长：张玉霞
东昌区文化局局长：佟寅华
二道江区文化局局长：刘初英
梅河口市文化局局长：孙晓婷
集安市文化局局长：董志坚
通化县文化局局长：李春和
辉南县文化局局长：武雁奇
柳河县文化局局长：姚　远

白山市文化新闻出版局局长：葛会清
浑江区文化局局长：王殿富
江源区文化局局长：张晓波
临江市文化局局长：刘　励
抚松县文化局局长：王　森
靖宇县文化局局长：王　强
长白朝鲜族自治县文化局局长：王　林

延边朝鲜族自治州文化局局长：沈秀玉
延吉市文化局局长：黄春玉

图们市文化局局长：高胜龙
敦化市文化局局长：张春华
珲春市文化局局长：蔡洙光
龙井市文化局局长：金成福
和龙市文化局局长：金永虎
汪清县文化局局长：陈雪梅
安图县文化局局长：金　键
长白山管委会社会办主任：王鹏飞

黑龙江省

黑龙江省文化厅

党组书记、厅长：白亚光
党组成员、副厅长：宋宏伟、王珍珍、綦　军
党组成员、纪检组长：姜一海
副巡视员：张学文

哈尔滨市文化新闻出版局局长：杨晓萍
五常市文化体育局局长：杜凯波
双城市文化局局长：郑孟楠
尚志市文化体育局局长：张志瑛
巴彦县文化体育局局长：刘淑伟
宾县文化体育局局长：战继和
依兰县文化体育局局长：敖卫中
延寿县文化体育局局长：於德华
木兰县文化体育局局长：陈　发
通河县文化体育局局长：董龙江
方正县文化体育局局长：梁　军

哈尔市文化广电新闻出版局局长：陈万禄
讷河市文化广电体育局局长：陈秀辉
克山县文化广电体育局局长：杨庆林
克东县文化广电体育局局长：龚洪伟
拜泉县文化广电体育局局长：方玉波
依安县文化广电体育局局长：袁志祥
富裕县文化广电体育旅游局局长：刘　青
甘南县文化体育局局长：张宏莲
龙江县文化广电体育局局长：付贵彬
泰来县文化体育局局长：解锡河

牡丹江市文化广电新闻出版局局长：马春芳
绥芬河市文化体育局局长：闫春光
宁安市文化体育局局长：卢志文
海林市文化广电新闻出版局局长：崔德祥
穆棱市文化体育局局长：张明利
林口县文化体育局局长：高　军
东宁县文化广电新闻出版局局长：杜志刚

佳木斯市文化广电新闻出版局局长：王春英
富锦市文化广电新闻出版局局长：顾立军
同江市文化广电新闻出版局局长：王建新
桦南县文化体育局局长：曹　琳
汤原县文化体育局局长：陈立志
桦川县文化广电新闻出版局局长：孙佐宝
抚远县文化体育局局长：张庆柱

大庆市文化广电新闻出版局局长：陈国彬
林甸县文化广电体育局局长：吕德军
杜尔伯特蒙古族自治县文化广电体育局局长：付国宝
肇州县文化体育局局长：邵　军
肇源县文化局局长：付道全
鸡西市文化广电新闻出版局局长：刘洪飞
密山市文化体育局局长：李志超
虎林市文化体育局局长：毕云贵
鸡东县文化体育局局长：张罗福

双鸭山市文化广电新闻出版局局长：张铁民
集贤县文化广电新闻出版局局长：王　学
友谊县文化体育局局长：张东岳
宝清县文化广电新闻出版局局长：王成新
饶河县文化体育局局长：王成怀

伊春市文化广电新闻出版局局长：张志麟
铁力市文化广电体育局局长：王　瑞
嘉荫县文化广电体育局书记：程谟杰

七台河市文化广电新闻出版局局长：陈正中
勃利县文化体育局局长：朱德金

鹤岗市文化广电新闻出版局局长：贾　淼
绥滨县文化局局长：姜维华

萝北县文化体育局局长：李跃生

黑河市文化局局长：常玉辉
黑河市文物管理委员会主任：潘忠林
北安市文化广电体育局局长：刘凤芝
嫩江县文化广电新闻出版局局长：郝　冰
逊克县文化广电新闻出版局局长：张思坚
五大连池市文化广电体育局局长：张　颖
孙吴县文化体育局局长：刘廷泽

绥化市文化广电新闻出版局局长：尹德全
肇东市文化体育局局长：柏万明
安达市文化体育局局长：夏德君
海伦市文化体育局局长：王文儒
兰西县文化体育局局长：李力群
庆安县文化体育局局长：兰亚军
绥棱县文化体育局局长：杨曙晨
望奎县文化广电新闻出版局局长：李春玲
明水县文化体育局局长：马秋雨
青冈县文化体育局局长：苏方山

大兴安岭地区行署文化体育局局长：付日明
呼玛县文化体育局局长：黄义忠
塔河县文化广电体育局局长：徐海峰
漠河县文化广电体育局局长：张宝君

上海市

上海市文化广播影视管理局

党委书记：陈燮君
局　长：朱咏雷
艺术总监：刘文国
副局长：王　玮、王小明、贝兆健
巡视员：张　哲
副巡视员：施大畏

上海市黄浦区文化局党委书记：刘学明
局长：叶　盛
上海市卢湾区文化局党委书记、局长：
蒋锡明
上海市徐汇区文化局党委书记：蔡立夫
局长：陈澄泉
上海市长宁区文化局党委书记、局长：
张永珍
上海市静安区文化局党委书记：施文斌
局长：张爱华
上海市闸北区文化局党委书记：陈天宝
局长：陈　宏
上海市虹口区文化局党委书记、局长：
陆　健
上海市杨浦区文化局党委书记、局长：
周　海
上海市普陀区文化局党委书记：马理路
局长：刘毛伢
上海市浦东新区文化广播影视管理局局长：
尤　存
上海市宝山区文化广播影视管理局党委书记：
曹正兴
局长：彭　林
上海市闵行区文化广播影视管理局党委书记、
局长：何国文
上海市嘉定区文化广播影视管理局党委书记、
局长：燕小明
上海市金山区文化广播影视管理局党委书记：
诸连标
局长：刘　杰
上海市松江区文化广播影视管理局党委书记、
局长：静　华
上海市青浦区文化广播影视管理局党委书记：
顾镜方
局长：曹伟明
上海市奉贤区文化广播影视管理局党委书记：
金拥军
局长：王建华
上海市崇明县文化广播影视管理局党委书记：
陆松平
局长：刘锦涛

江苏省

江苏省文化厅

党组书记、厅长：章剑华
副厅长：高　云

党组成员、副厅长：马　宁、秦基春、吴晓林
党组成员、纪检组长：王世华
党组成员：方标军、龚　良、韩　虹

南京市文化广电新闻出版局局长：陈光亚
玄武区文化局局长：杨雯懿
溧水县文化广电局局长：管红玲
高淳县文化广电局局长：张永年
白下区文化局局长：张振荣
秦淮区文化局局长：还建军
建邺区文化局局长：金光明
鼓楼区文化局局长：张国防
下关区文化局局长：姜东林
浦口区文化广电局局长：卢厚今
栖霞区文化旅游局局长：赵家宝
雨花台区文化局局长：朱天燕
江宁区文化广电局局长：杨嘉清
六合区文化广电局局长：梁　超

无锡市文化广电新闻出版局局长：叶建兴
江阴市文化广电新闻出版局局长：王建炜
宜兴市文化广电新闻出版局局长：杭科军
崇安区文体局局长：陈志刚
南长区文体局局长：徐伟雄
北塘区文体局局长：马建华
滨湖区文体局局长：孙力民
锡山区文体局局长：周皖红
惠山区文体局局长：钱俊法

徐州市文化局局长：单兴强
邳州市文体局局长：沈　波
新沂市文体局局长：王书香
丰县文体局局长：孙　洪
沛县文体局局长：张景谦
铜山县文体局局长：冯军成
睢宁县文体局局长：杨　蕴
贾汪区文化局局长：戚德海
泉山区文教体局局长：石运昌
云龙区文教体局局长：赵民强
鼓楼区文教体局局长：李乐东
九里区文教体局局长：薛振利

常州市文化广电新闻出版（版权）局党委书记：黄　欣
金坛市文化广电体育局党委书记：吴　寅
溧阳市文化广电体育局党委书记：王万鹏
武进区文化广电新闻出版局局长：郝建成
天宁区教育文体局党委书记：丁　方
钟楼区教育文体局党委书记：徐澄范
戚墅堰区教育文体局党委书记、局长：贺国良
常州市新北区社会事业局党委书记、局长：茅雪鹤

苏州市文化广电新闻出版局局长：汤钰林
常熟市文化广电新闻出版局局长：庞　欢
张家港市文化广电新闻出版局局长：陈世海
昆山市文化广电新闻出版局局长：赵红骑
吴江市文化广电新闻出版局局长：金健康
太仓市文化广电新闻出版局局长：黄友良
金阊区文化和体育局局长：华建新
平江区文化和科学技术局局长：吕　俊
沧浪区文化体育旅游局局长：朱　敏
吴中区文化体育局局长：李　强
相城区文化体育局局长：沈炳泉
高新区、虎丘区教育文体局局长：顾彩亚
苏州工业园区社会事业局局长：华雪兴

南通市文化广电新闻出版局局长：陈　亮
启东市文化广电新闻出版局局长：许锦飞
海门市文化广电新闻出版局局长：陈忠新
通州市文化广电新闻出版局局长：周伯鸣
如皋市文化广电新闻出版局局长：陈剑俊
海安县文化局广电新闻出版局局长：郑　华
如东县文化局广电新闻出版局局长：张　恺
崇川区文化新闻出版局局长：高　峰
港闸区教育与文化体育局局长：李　峰
南通开发区社会事业局局长：黄洪生

连云港市文化广电新闻出版局局长：田　明
赣榆县文化广电体育局局长：韩宝东
东海县文化广电体育局局长：陈　林
灌云县文化广电体育局局长：陈宝金
灌南县文化广电体育局局长：相海龙

新浦区文化体育旅游局局长：范益军
海州区文化体育旅游局局长：仲新生
连云区文化体育旅游局局长：周勇刚
市经济技术开发区和社会事业局局长：
苏月虹

淮安市文化广电新闻出版局局长：杨　斌
涟水县文化广电新闻出版局局长：刘宝泽
洪泽县文化广电新闻出版局书记：夏宝国
盱眙县文化局广电新闻出版局局长：葛　云
金湖县文化局广电新闻出版局局长：李中秋
清河区文体局广电新闻出版局局长：刘桂珍
清浦区文体局广电新闻出版局局长：侯正军
楚州区文化局广电新闻出版局局长：杨文杰
淮阴区文化局广电新闻出版局局长：周　舜
开发区城乡事业局局长：陈光锋

盐城市文化广电新闻出版局局长：许新建
大丰市文化广电新闻出版局局长：叶玉成
东台市文化广电新闻出版局局长：张源平
响水县文化广电新闻出版局局长：李　清
滨海县文化广电新闻出版局局长：沈光祥
阜宁县文化广电新闻出版局局长：蔡卫国
射阳县文化广电新闻出版局局长：尤国勋
建湖县文化广电新闻出版局局长：陈远立
盐都区文化广电新闻出版局局长：丁　勤
亭湖区文化广电新闻出版局局长：刘清茂

扬州市文化广电新闻出版局局长：陆苏华
江都市文化旅游局局长：蒋　伟
仪征市文化体育局局长：陈　彪
高邮市文化局局长：黄　平
宝应县文化体育局局长：钱永建
广陵区文化局局长：徐　超
维扬区文化教育局局长：杨　荣
邗江区文化体育局局长：朱跃建

镇江市文化广电新闻出版局局长：戈　矛
扬中市文化广电体育局局长：文层耕
句容市文化广电体育局局长：方寿根
丹阳市文化文化广电新闻出版局局长：
陆中华
丹徒区文化体育局局长：步履平
京口区文化体育局局长：李莉珺
润州区文化体育局局长：陈晓鸽
新区社会发展局局长：陆海栋

泰州市文化广电新闻出版局局长：陈士宏
靖江市文化广电新闻出版局局长：季灿华
泰兴市文化广电新闻出版局局长：张　敢
姜堰市文化广电新闻出版局局长：周　谅
兴化市文化广电新闻出版局局长：刘春龙
海陵区文化体育新闻出版局局长：吴家宽
高港区文化体育旅游局局长：张霁明

宿迁市文化广电新闻出版局局长：仲向阳
沭阳县文化广电新闻出版局局长：毛善科
泗阳县文化广电新闻出版局局长：王东成
泗洪县文化广电新闻出版局局长：赵　勇
宿城区文化广电新闻出版局局长：李士禄
宿豫区文化广电新闻出版局局长：王新春

浙江省

浙江省文化厅

党组书记、厅长：杨建新
党组成员、副厅长，省文物局局长：鲍贤伦
党组成员、副厅长：田宇原、陈　瑶
党组成员、副巡视员、人事处处长：杨跃光
巡视员：齐有为

杭州市文化广电新闻出版局局长：陈建一
上城区文化广电新闻出版局局长：丁建华
下城区文化广电新闻出版局局长：吴建中
西湖区文化广电新闻出版局局长：魏小平
江干区文化广电新闻出版局局长：步汉英
拱墅区文化广电新闻出版局局长：谢作盛
杭州市高新区（滨江）社会发展局局长：
丁幼芳
杭州经济技术开发区社会发展局局长：
袁　月
杭州西湖风景名胜区文化局局长：童国亮
萧山区文化广电新闻出版局局长：任关甫

余杭区文化广电新闻出版局局长：冯玉宝
桐庐县文化广电新闻出版局局长：王樟松
淳安县文化广电新闻出版局局长：黄存菊
建德市文化广电新闻出版局局长：邱剑娟
富阳市文化广电新闻出版局局长：周亦涛
临安市文化广电新闻出版局局长：褚林森

宁波市文化广电新闻出版局局长：陈佳强
海曙区文化广电新闻出版局局长：陈建东
江东区文化广电新闻出版局局长：郝军海
江北区文化广电新闻出版局局长：胡岳金
鄞州区文化广电新闻出版局局长：周海明
镇海区文化广电新闻出版局局长：余维勤
北仑区文化广电新闻出版局局长：袁　侠
慈溪市文化广电新闻出版局局长：虞银飞
余姚市文化广电新闻出版局局长：熊培军
奉化市文化广电新闻出版局局长：毛伟芳
宁海县文化广电新闻出版局局长：万吉良
象山县文化广电新闻出版局局长：任先顺

温州市文化广电新闻出版局局长：吴　东
鹿城区文化广电新闻出版局局长：王庆顺
龙湾区文化广电新闻出版局局长：叶自力
瓯海区文化广电新闻出版局局长：周向勇
乐清市文化广电新闻出版局局长：郑晓峰
瑞安市文化广电新闻出版局局长：黄友金
永嘉县文化广电新闻出版局局长：胡佐光
洞头县文化广电新闻出版局局长：甘海选
平阳县文化广电新闻出版局局长：王小川
苍南县文化广电新闻出版局局长：李晖华
文成县文化广电新闻出版局局长：刘　军
泰顺县文化广电新闻出版局局长：雷国金

湖州市文化广电新闻出版局局长：宋　捷
吴兴区文化广电新闻出版局局长：蒋立敏
南浔区文化广电新闻出版局局长：莫建华
长兴县文化广电新闻出版局局长：陈亦祥
德清县文化广电新闻出版局局长：陈震豪
安吉县文化广电新闻出版局局长：彭忠心

嘉兴市文化广电新闻出版局局长：王鸣霞
南湖区教文体局局长：柴志刚
秀州区教文体局局长：张志根
嘉善县文化广电新闻出版局局长：倪学庆
平湖市文化广电新闻出版局局长：沈力行
海盐县文化广电新闻出版局局长：王祖利
海宁市文化广电新闻出版局局长：虞铭华
桐乡市文化广电新闻出版局局长：杨惠良

绍兴市文化广电新闻出版局局长：李永鑫
越城区文化教育局局长：马成永
绍兴县文化广电新闻出版局局长：黄　彪
诸暨市文化广电新闻出版局局长：金海炯
上虞市文化广电新闻出版局局长：宣霞金
嵊州市文化广电新闻出版局局长：黄皎昀
新昌县文化广电新闻出版局局长：叶　钟

金华市文化广电新闻出版局局长：钟世杰
婺城区教文体局局长：唐振华
金东区教文体局局长：陆品能
金华经济技术开发区社会发展局局长：
　　张均明
兰溪市文化广电新闻出版局局长：张　靓
东阳市文化广电新闻出版局局长：吴　刚
义乌市文化广电新闻出版局局长：何文飞
永康市文化新闻出版局局长：翁卫航
浦江县文化广电新闻出版局局长：陈京浦
武义县文化广电新闻出版局局长：刘斌靖
磐安县文化广电新闻出版局局长：骆金平

衢州市文化广电新闻出版局局长：郑奇平
柯城区文化局局长：何晓文
衢江区文化广电新闻出版局局长：谢根兴
龙游县文化广电新闻出版局局长：姜　鳍
开化县文化广电新闻出版局局长：方金全
常山县文化广电新闻出版局局长：鲁周清
江山市文化广电新闻出版局局长：何正芳

舟山市文化广电新闻出版局局长：邱平海
定海区文化新闻出版局局长：张交和
普陀区文化广电新闻出版局局长：张剑飞
岱山县文化广电新闻出版局局长：孔德科
嵊泗县文化广电新闻出版局局长：林明忠

台州市文化广电新闻出版局局长：戴康年
椒江区文化广电新闻出版局局长：何倡廉
黄岩区文化广电新闻出版局局长：邱天华
路桥区文化广电新闻出版局局长：罗河笙
临海市文化广电新闻出版局局长：苏小锐
温岭市文化广电新闻出版局副局长：叶军华
玉环县文化广电新闻出版局局长：翁长峰
天台县文化广电新闻出版局局长：王太龙
仙居县文化广电新闻出版局局长：朱　普
三门县文化广电新闻出版局局长：郭　萍

丽水市文化广电新闻出版局局长：赵碧华
莲都区文化广电新闻出版局局长：杨美仙
龙泉市文化广电新闻出版局局长：黄国勇
青田县文化广电新闻出版局局长：陈炳云
云和县文化广电新闻出版局局长：黄蔚芳
庆云县文化广电新闻出版局局长：叶先良
缙云县文化广电新闻出版局局长：施碧清
遂昌县文化广电新闻出版局局长：张水源
松阳县文化广电新闻出版局局长：张碧联
景宁县文化广电新闻出版局局长：夏雪松

安徽省

安徽省文化厅
党组书记、厅长：杨　果
党组成员、巡视员：肖桂兰
副厅长：李修松
党组成员、副厅长：唐　跃
党组成员、纪检组长：宰学明

合肥市文化广电新闻出版局局长：王　节
瑶海区文化局局长：谢后平
庐阳区文化局局长：丁凤云
蜀山区文化局局长：罗　昕
包河区文广局局长：占雄才
肥东县文化广电新闻出版局局长：何长先
肥西县文化广电新闻出版局局长：吴　培
长丰县文化广电新闻出版局局长党组书记、局长：张多用

宿州市文化广电新闻出版局局长：姚玉金
埇桥区文化广播电视局局长：宋　健
砀山县文化广电新闻出版局局长：王冠群
萧县文化广电新闻出版局局长：朱雪峰
灵璧县文化广电新闻出版局局长：王从效
泗县文化广电新闻出版局局长：徐　海

淮北市文化广电新闻出版局局长：王治江
相山区文广体旅局局长：黄　静
杜集区文广体旅局局长：许钦敏
烈山区文体广播局局长：罗广才
濉溪县文化委员会主任：单春晓

阜阳市文化广电新闻出版局局长：朱道业
颍州区文广新局局长：侯幼林
颍泉区文广新局局长：马　骥
颍东区文广新局局长：刘俊美
颍上县文广新局局长：赵莉华
界首市文广新局局长：张文杰
临泉县文广新局局长：郑中民
阜南县文广新局局长：王志豪
太和县文广新局局长：李　玉

亳州市文化旅游局局长：杨立民
谯城区文化体育旅游局局长：张　岩
涡阳县文化体育旅游局局长：张华松
蒙城县文化体育旅游局局长：胡海鹏
利辛县文化体育旅游局局长：童　捷

蚌埠市文化广电新闻出版局局长：谢克林
龙子湖区文广体旅体局局长：沈家群
蚌山区文广体旅体局局长：张志良
禹会区文广体旅体局局长：胡言娟
淮上区文广体旅体局局长：凌　军
怀远县文广体新局局长：蒋　伟
五河县文广体新局局长：张耀对
固镇县文广体新局局长：刘现亮

淮南市文化广电新闻出版局局长：孙献光
田家庵区文广体局局长：杨素芳
谢家集区文广体局局长：宫　玲
八公山区文广体局局长：张传云

潘集区文广体局局长：屈良海
凤台县文广体局局长：李白月
毛集实验区文广体局局长：朱克云

滁州市文化广电新闻出版局局长：臧连明
琅琊区文广新局局长：刘　炜
南谯区文广新局局长：韩公银
天长市文广新局局长：孙启智
明光市文广新局局长：谢明龙
全椒县文广新局局长：黄宗枝
来安县文广新局局长：俞德贵
凤阳县文广新局局长：姚广德
定远县文广新局局长：石明家

马鞍山市文化委员会主任：卞建秋
花山区文体局局长：袁德琴
雨山区文体局局长：陈立平
金家庄区文体局局长：杜存新
当涂县文广局局长：宋家明

芜湖市文化委员会主任：靳　伟
镜湖区文广新局局长：方虹明
弋江区文广新局局长：马　靖
鸠江区文广新局局长：陈　敏
三山区社会事业局局长：吴昌桂
芜湖县文广新局局长：胡昌海
繁昌县文广新局局长：季　春
南陵县文广新局局长：王孝高

铜陵市文化广电新闻出版局局长：侯化林
铜官山区文广旅局局长：王友群
狮子山区文广旅局局长：裴友平
郊区文广旅局局长：汤彩凤
铜陵县文广旅局局长：陶普根

安庆市文化广电新闻出版局局长：刘春旺
迎江区文广新局局长：何家宏
大观区文广新局局长：江金宝
宜秀区文广新局局长：余永创
怀宁县文广新局局长：徐基明
桐城市文广新局局长：徐明翔
枞阳县文广新局局长：谢虎超
潜山县文广新局局长：葛立平
太湖县文广新局局长：余艳霞
宿松县文广新局局长：吴云涛
望江县文广新局局长：徐志斌
岳西县文广新局局长：王开华

黄山市文化委员会主任：王恒来
屯溪区文广新局局长：王迎春
黄山区文广新局局长：罗毅力
徽州区文广新局局长：娄光辉
歙县文广新局局长：方卫星
休宁县文广新局局长：方来寿
黟县文广新局局长：金忠明
祁门县文广新局局长：李文青

六安市文化广电新闻出版局局长：黄道甫
金安区文广新局局长：杨　进
裕安区文广新局局长：杨光华
寿县文广新局局长：李延孟
霍山县文广新局局长：翁达勇
霍邱县文广新局局长：田　强
金寨县文广新局局长：徐　洁
舒城县文广新局局长：杜全明
叶集试验区文广新局局长：台德颈

巢湖市文化广电新闻出版局局长：蔡小莉
居巢区文广新局局长：梅魁林
含山县文广新局局长：孟祥展
和县文广新局局长：黄　勇
无为县文广新局局长：陈　俊
庐江县文广新局局长：王　升

池州市文化广电新闻出版局局长：何建民
贵池区文广新局局长：韩　华
青阳县文广新局局长：胡好友
石台县文广新局局长：唐钦华
东至县文广新局局长：张广祥

宣城市文化广电新闻出版局局长：沈筱华
宣州区文广新局局长：白润地
郎溪县文广新局局长：邱金凤
广德县文广新局局长：罗建设

宁国市文广新局局长：杨从生
泾县文广新局局长：张金火
绩溪县文广新局局长：胡红蔚
旌德县文广新局局长：胡春景

福建省

福建省文化厅

党组书记、厅长：宋闽旺
党组成员、副厅长：陈　朱、陈立华
党组成员、副厅长、纪检组长：张　远
党组成员、省文物局局长：郑国珍
副巡视员：卢鸿筠

福州市文化新闻出版局局长：陈梅良
鼓楼区文化体育局局长：刘正辉
仓山区文化体育局副局长：吴振锵
（主持工作）
台江区文化体育局局长：陈　禾
晋安区文化体育局局长：张贞良
马尾区文化体育局局长：谢木宁
福清市文化体育局局长：林　强
长乐市科技文体局局长：陈舜敏
闽侯县文化体育局局长：陈步强
连江县科技文体局局长：张建国
闽清县科技文体局局长：马昭峰
永泰县科技文体局局长：陈光荣
罗源县科技文体局局长：丁　枫
平潭县科技文化体育局局长：高　云

南平市文化与出版局局长：曾一帆
延平区文化体育局局长：吴建华
邵武市文化体育局局长：任玉新
武夷山市文化体育局局长：罗秋涛
建瓯市文化体育局局长：徐智勤
建阳市文化体育局局长：韦　武
顺昌县文化体育局局长：游代荣
浦城县文化体育局局长：郑　敏
光泽县文化体育局局长：朱月琴
松溪县文化体育局局长：伊宏强
政和县文化体育局局长：李陈洪

三明市文化与出版局局长：陈丽珍
梅列区文化体育局局长：苏　敏
三元区文化体育局局长：林　健
永安市文化体育与出版局局长：历　艺
宁化县文化体育局局长：连新福
明溪县文化体育局局长：严明清
清流县文化体育局局长：江长文
建宁县文化体育局局长：阮贵庆
泰宁县文化体育局局长：孟闽乐
将乐县文化体育局局长：赵世锋
沙县文化体育局局长：陆玉姬
尤溪县文化体育局局长：柯德钦
大田县文化体育局局长：林春忠

莆田市文化广电新闻出版局局长：刘晶洁
仙游县文化体育局副局长：陈麟河
（主持工作）
城厢区文化体育局局长：林平凡
荔城区文化体育局局长：林　锋
涵江区文化体育局局长：曾德洪
秀屿区文化体育局局长：吴国忠
湄洲岛管委会社会事务办主任：戴玉瑞
湄洲湾北岸经济开发区文教局局长：林更宇

泉州市文化广电新闻出版局局长：张镇国
鲤城区文体旅游局局长：曹嫦平
丰泽区文体旅游局局长：洪月辉
洛江区文体旅游局局长：卢恩水
泉港区文体旅游局局长：陈玉顺
晋江市文化体育局局长：黄延艺
石狮市科技文体旅游局局长：吴泽荣
南安市文化体育局副局长：吴佳和
（主持工作）
惠安县文化体育局局长：王洪波
安溪县文化体育局局长：王亚菲
永春县文化体育局局长：康文德
德化县文化体育局局长：陈金殿
泉州开发区社会事业局局长：苏伟卿
泉州台商投资开发区社会事业局局长：
王子文

厦门市文化广电新闻出版局局长：罗才福
思明区文化体育局局长：喻小亮
湖里区文化体育局局长：林进春
集美区文化体育旅游局局长：吴吉堂
海沧区文化体育局局长：姚金洪
同安区文化体育局局长：叶红旗
翔安区教育与文化体育局局长：纪清渊

漳州市文化与出版局局长：郑智民
芗城区文化体育局局长：李鹰鹰
龙文区文化体育局局长：陈宽彬
龙海市文化体育局局长：苏志良
漳浦县文化体育局局长：林建耀
云霄县文化体育局局长：方妙秦
东山县文化体育局局长：郑江辉
诏安县文化体育局局长：沈海源
平和县文化体育局局长：林晓茵
南靖县文化体育局局长：蔡志祥
华安县文化体育局局长：李金德
长泰县文化体育局局长：戴坤泰
漳州招商局经济技术开发区文化与出版局局长：周　文

龙岩市文化与出版局局长：张耀清
新罗区文化体育出版局局长：邱小厦
永定县文化体育局局长：沈庆城
上杭县文化体育出版局局长：赖荣生
武平县文化体育局局长：林海清
长汀县文化体育旅游局局长：刘睿隽
连城县文化体育局局长：马勋明
漳平市文化体育局局长：杨　明

宁德市文化广电新闻出版局局长：刘国平
蕉城区文化体育局局长：苏方金
古田县文化体育局局长：黎　曦
屏南县文化体育局局长：陆世飞
周宁县文化体育局局长：陈源清
寿宁县文化体育局局长：蔡小颖
福安市文化体育局局长：林　著
柘荣县文化体育局局长：林建锋
福鼎市文化体育局局长：张祖强
霞浦县文化体育局局长：高　建

江西省

江西省文化厅
党组书记、厅长：李玉英
党组副书记、副厅长：汪天行
党组成员、副厅长：曹国庆、王晓庆
党组成员、纪检组组长：魏玮
党组成员、省文物局局长：史文斌
副巡视员：任永新

南昌市文化新闻出版局党委副书记、局长：杨文斌
东湖区文化广电旅游新闻出版局局长、书记：巫　滨
西湖区文化广电旅游新闻出版局局长：林　峰
青云谱区文化广电旅游新闻出版局局长：罗洪斌
湾里区教育科技文化体育局局长：胡光华
青山湖区文化体育局局长：陶　平
南昌经济技术开发区社会事业发展局文化广播办主任：黄玉英
南昌高新技术产业开发区社会事业发展局副局长：刘小敏（主持工作）
红谷滩新区社会事业发展局局长：徐仲平
江西桑海经济技术开发区社会事业发展局局长：曾　辉
南昌县文化广电旅游新闻出版局局长：陈小妹
新建县文化广电旅游新闻出版局局长：刘明慧
进贤县文化广电旅游新闻出版局党组书记、局长：吴振明
安义县文化广播电视旅游新闻出版局局长：万青林
九江市文化新闻出版局局长：柯亨龙
浔阳区文化教育局局长：王健蓉
庐山区文化教育局局长：刘合祥
经济技术开发区文化教育局局长：廖菁菁
共青城社会发展局（文化局）局长：邹隆茂

庐山管理局文化处党总支部书记、处长：洪建国

九江县文化广播电视局局长：王事建

瑞昌市文化广播电视局局长：祝炳光
武宁县文化广播电视局局长：柯亨达
修水县文化广播电视局局长：戴嵩青
湖口县文化广播电视局局长、总支书记：秦明兴
都昌县文化广播影视出版局局长：邵伦秀
彭泽县文化广播电视新闻出版（版权）局局长：黄彭声
星子县文化广播电视新闻出版（版权）局局长：夏茂臣
德安县文化旅游广播新闻出版（版权）局局长：柯宁安
永修县文化广播电视新闻出版局局长：杨祚育
上饶市文化（文物）局党组书记、局长：涂相珍
上饶县文化广播电视局局长：徐先亮
德兴市文化广播电视局局长：徐润金
铅山县文化广播电视局（挂新闻出版局、版权局）局长：邓世英
婺源县文化广播电视局局长：汪立新
弋阳县文化局局长：黄英龙
余干县文化局局长、党总支书记：史　俊
广丰县文化广播电视局局长：徐贵清
横峰县文化局局长：刘定勇
鄱阳县文化局局长、书记：黄育兰
玉山县文化局局长：曹卫亚
万年县文化局局长：胡宏照

抚州市文化局党委书记、局长：李建林

临川区文体广电局局长：聂江波
南城县文体广播局局长：刘惠能
南丰县文体广电局局长：黄福平
金溪县文体广电局局长：张建龙
资溪县文体广播局局长：章建华
宜黄县文体局局长：吴　萍
广昌县文体局局长：王咏平
乐安县文体体育广播局局长：龚幼光
黎川县文体广播电视局局长：雷旭东
东乡县文化局局长：李巧仁
崇仁县文体广播局局长：熊　兴
金巢经济开发区管委会社会事业局局长：余筱朵

宜春市文化和新闻和出版局局长：李光发

丰城市文化局局长：谢爱平
奉新县文化局局长：李志丹
高安县文化局局长、党组书记：罗晔根
靖安县文化局、新闻出版局局长：刘承春
上高县文化和新闻出版局局长：胡周文
铜鼓县文化局局长：涂光明
万载县文化局局长：周细辉
宜丰县文教局党委书记、局长：李佳春
袁州区文化教育局、新闻出版局局长：罗　坤
樟树市文化局局长：熊云凯
吉安市文化广播电影电视局局长、党委副书记：曾富善
安福县文化广播电视局、新闻出版（版权）局局长、党组书记：彭丽志
吉州区文化局局长：王　辉
吉安县文化广播电视局局长：李才生
吉水县文化广播电视局局长：夏彬彬
井冈山市市委宣传部副部长、文化局局长：熊赛苏
青原区文化广播电视新闻出版局局长：张　斌
遂川县文化广播电视局局长：黎育清
泰和县文化广播电视局局长、台长：温双凤
万安县文化广播电视新闻出版局局长：罗国强
峡江县文化广播电视局局长：裴　诚
新干县文化广播电视局局长：陈　琳
永丰县文化广播电视局局长：金有亨
永新县文化广播电视新闻出版局局长：刘德生

赣州市文化和广播电影电视局局长：钟家伟

章贡区文化和广播电影电视局书记、新闻中心主任：李禾丰

局长：殷芝萍
赣县文化和广播电影电视局局长：刘友军
上犹县文化和广播电影电视局局长：张继茂
崇义县文化和广播电影电视局局长：王受传
南康市文化和广播电影电视局局长：朱吉祥
大余县文化和广播电影电视局局长：钟余珍
信丰县文化和广播电影电视局局长：陈鸣飞
龙南县文化和广播电影电视局、新闻出版局局长：徐晓虹
全南县文化和广播电影电视局局长：陈　辉
定南县文化和广播电影电视局局长：李海春
安远县文化和广播电影电视局局长：赖德新
寻乌县文化和广播电影电视局局长：温康平
于都县文化和广播电影电视局局长：袁尚贵
兴国县文化和广播电影电视局局长：邓京红
瑞金市市委宣传部副部长文化和广播电影电视局：钟瑞春
会昌县文化和广播电影电视局局长：许永春
石城县文化和广播电影电视局局长：徐根雄
宁都县文化和广播电影电视局、新闻出版局局长：夏章奎
副书记、文物局局长：江　华
乐平市文化广播影视新闻出版局局长：王小平
浮梁县文化广播影视新闻出版局局长、党组书记：胡柳忠
昌江区文化广播影视新闻出版局局长：马莉萍
珠山区文化旅游广播影视新闻出版局局长：徐智勇

萍乡市文化广电新闻出版局党委副书记、局长：邓建萍
安源区文广局党组书记：王金安
局长：文　博
芦溪县文广局局长：李忠生
上栗县文广局副局长：黄绍良
湘东区文广局局长：何建明
莲花县文广局局长：刘春明

新余市文化新闻出版局局长：万新安
分宜县文化广播新闻局党组书记、局长：钟智安
渝水区文化广播电视新闻局党组书记、局长：彭梅根
新余经济开发区社会事业局局长：杨绍真
仙女湖区社会事业局局长：陈根保
孔目江生态经济区科技文化旅游局局长：严小平

鹰潭市文化广电新闻出版局局长、党组副书记：周佐明
贵溪市文化广播电视局局长：郭映龙
余江县文化广电新闻出版局局长：陈新有
月湖区文广局局长：王　蘘
龙虎山风景名胜区文化教育局局长：刘卫星

山东省

山东省文化厅
党组书记、厅长：亓清泉
党组成员、副厅长：谢治秀、李宗伟、陈鹏
副厅长：李国琳
巡视员：邢玉斗

济南市文化广电新闻出版局局长：刘程华
历下区文化局局长：李新生
市中区文化局局长：夏正平
槐荫区文化局局长：刘洪建
天桥区文化局局长：王希君
历城区文化广电新闻出版局局长：王德福
长清区文化广电新闻出版局局长：马洪昌
章丘市文化广电新闻出版局局长：李传武
济阳县文化广电新闻出版局局长：杨东先
商河县文化广电新闻出版局局长：陈成金
平阴县文化广电新闻出版局局长：井庆春

聊城市文化广电新闻出版局局长：杨　达
东昌府区文化广电新闻出版局局长：李炳泉
临清市文化广电新闻出版局局长：王兴刚
冠县文化广电新闻出版局局长：任广民
莘县文化广电新闻出版局局长：夏振华
阳谷县文化广电新闻出版局局长：曹保国

东阿县文化广电新闻出版旅游局局长：
王宪民
茌平县文化体育旅游局局长：仇长义
高唐县文化广电新闻出版局局长：田方宏

德州市文化广电新闻出版局局长：刘福山
德城区文化新闻出版局局长：吴海蓉
禹城市文体广电新闻出版局局长：张祖义
乐陵市文体广电新闻出版局局长：李泽林
宁津县文化体育局局长：郑福庆
齐河县文化广电新闻出版局局长：房文忠
陵县文化局局长：魏丽萍
临邑县文体广电新闻出版局局长：修广利
平原县文体广电新闻出版局局长：张来刚
夏津县文体广电新闻出版局局长：张文明
庆云县文体广电新闻出版局局长：武晖天
武城县文化局局长：刘建义

东营市文化广电新闻出版局局长：马洪军
东营区文化体育广电新闻出版局局长：
苏咏霖
河口区文化体育广电新闻出版局局长：
王春霞
广饶县文化体育广电新闻出版局局长：
刘中范
垦利县文化体育广电新闻出版局局长：
郭树礼
利津县文化体育广电新闻出版局局长：
李先锋

淄博市文化广电新闻出版局局长：曹庆文
张店区文化出版局局长：赵　锦
淄川区文化旅游和新闻出版局局长：唐加福
博山区文化出版局局长：尹玉刚
临淄区文化出版局局长：毕国鹏
桓台县文化出版局局长：曹瑞刚
周村区文化出版局局长：丁秀霞
高青县文化旅游新闻出版局局长：杜丽娥
沂源县文化出版局局长：许曰坤

潍坊市文化广电新闻出版局局长：盛兆辉
青州市文化广电新闻出版局局长：许新益
安丘市文化广电新闻出版局局长：李恩方
昌邑市文化广电新闻出版局局长：凌德全
高密市文化广电新闻出版局局长：邵春生
诸城市文化广电新闻出版局局长：傅相琪
昌乐县文化广电新闻出版局局长：朱英平
临朐县文化广电新闻出版局局长：白星超
潍城区文化广电新闻出版局局长：杨永健
奎文区文化旅游新闻出版局局长：王艾君
坊子区文化广电新闻出版局局长：潘锡才
寒亭区文化广电新闻出版局局长：徐化源

烟台市文化广电新闻出版局局长：徐　明
海阳市文化广电新闻出版局局长：王同清
莱阳市文化广电新闻出版局局长：鲁世旭
栖霞市文化广电新闻出版局局长：林德义
招远市文化广电新闻出版局局长：魏永兵
蓬莱市文化广电新闻出版局局长：王　轶
龙口市文化广电新闻出版局局长：徐宝勤
莱州市文化广电新闻出版局局长：孙瑞强
长岛县文化局局长：李　明
牟平区文化局局长：纪风宏
福山区文化服务中心主任：权福晓
芝罘区文化广电新闻出版局局长：邹本义
莱山区文化广电新闻出版局局长：林荣胜

威海市文化广电新闻出版局局长：林治刚
荣成市文体广电新闻出版局局长：刘殿晓
文登市文化广电新闻出版局局长：于军宁
乳山市文化广电新闻出版局局长：王　涛
环翠区文化广电新闻出版局局长：王友福

青岛市文化广电新闻出版局局长：姜正轩
市南区文化新闻出版局局长：张　馨
市北区文化新闻出版局局长：秦续河
四方区文化新闻出版局局长：刘　旭
李沧区文化新闻出版局局长：王恕民
城阳区文化新闻出版局局长：吕永翠
崂山区文化新闻出版局局长：王保生
开发区文化新闻出版局局长：张文晓
胶南市文化新闻出版局局长：薛立群
胶州市文化新闻出版局局长：于敬军
即墨市文化新闻出版局局长：蓝英杰

平度市文化新闻出版局局长：刘金文
莱西市文化新闻出版局局长：程灿谟

日照市文化广电新闻出版局局长：郑玉霞
东港区文化体育新闻出版局局长：王伟举
莒县文化体育新闻出版局局长：张启泽
五莲县文化体育广播电视局局长：单忠元

临沂市文化广电新闻出版局局长：郑西溪
兰山区文化广电新闻出版局局长：刘士礼
罗庄区文化广电新闻出版局局长：张永胜
河东区文化广电新闻出版局局长：许　珂
郯城县文化广电新闻出版局局长：梅　博
苍山县文化广电新闻出版局局长：陈国义
沂水县文化广电新闻出版局局长：韩世海
沂南县文化广电新闻出版局局长：尹永宝
平邑县文化广电新闻出版局局长：宋玉田
费县文化广电新闻出版局局长：王发恩
蒙阴县文化广电新闻出版局局长：罗广海
莒南县文化广电新闻出版局局长：王兴堂
临沭县文化广电新闻出版局局长：王志银

枣庄市文化广电新闻出版局局长：梅海滨
市中区文化广电新闻出版局局长：李传宝
滕州市文化广播电视和新闻出版局局长：
　　贾福军
峄城区文化广电新闻出版局局长：韩玉军
薛城区文化局局长：王广法
台儿庄区文化局局长：李振启
山亭区文化广电新闻出版局局长：贾广灿

济宁市文化广电新闻出版局局长：周立华
市中区文化广电新闻出版局局长：刘运国
任城区文化广电新闻出版局局长：祝自稳
兖州市文化广电新闻出版局局长：周广珍
曲阜市文化广电新闻出版局局长：胡　勇
邹城市文化广电新闻出版局局长：刘嵩博
泗水县文化广电新闻出版局局长：廉家华
微山县文化广电新闻出版局局长：王　磊
鱼台县文化广电新闻出版局局长：张东国
金乡县文化广电新闻出版局局长：周忠勤
嘉祥县文化广电新闻出版局局长：江心静
汶上县文化广电新闻出版局局长：马玉申
梁山县文化广电新闻出版局局长：刘汉江

泰安市文化文化广电新闻出版局局长：
　　袁久亮
泰山区文化广电新闻出版局局长：展新维
岱岳区文化广电新闻出版局局长：许　杰
新泰市文化广电新闻出版局局长：范清君
肥城市文化广电新闻出版局局长：王　霞
宁阳县文化广电新闻出版局局长：石玉奎
东平县文化广电新闻出版局局长：徐天成

莱芜市文化广电新闻出版局局长：亓祥云
莱城区文化体育新闻出版局局长：董义和
钢城区文化体育新闻出版局局长：张学波

滨州市文化广电新闻出版局局长：边茂田
滨城区文化旅游新闻出版局局长：尹洪吉
博兴县文化旅游新闻出版局局长：刘国升
沾化县文化体育新闻出版局局长：崔良海
无棣县文化广电新闻出版局局长：步宝金
邹平县文化体育和旅游事业发展局局长：
　　杨延文
惠民县文化新闻出版局局长：张玉德
阳信县文化广电新闻出版局局长：张立泽

菏泽市文化广电新闻出版局局长：陈庆勇
牡丹区文化体育局局长：洪继勋
定陶县文化体育局局长：王江峰
曹县文化体育局局长：李圣安
成武县文化体育局局长：崔传礼
单县文化体育局局长：谢孔芹
巨野县文化体育局局长：解瑞民
郓城县文化体育局局长：李兴平
鄄城县文化体育局局长：李　军
东明县文化体育局局长：孔素梅

河南省

河南省文化厅
党组书记、厅长：杨丽萍

党组成员、副厅长：崔为工、李　霞、
郭书城、黄东升
副厅长：董文建
党组成员、纪检组长：陈月玲
党组成员、省文物局局长：陈爱兰
党组成员、省博物院院长：张文军
副巡视员：王天虹、康　洁

郑州市文化广电新闻出版局局长、书记：李宪敏
金水区文化旅游局局长：吴兆强
中原区文化新闻出版局局长：徐君伟
二七区文化旅游局局长：牛志宏
惠济区文化旅游局局长：胡俊丽
上街区文化广电新闻出版局局长：冯立新
管城回族区文化旅游新闻出版局局长、副书记：李　静
巩义市文化广电新闻出版局党组书记、局长：逯熙鹏
登封市文化广电新闻出版局党组书记、局长：王彩红
新密市文化广电旅游局局长、党委副书记：张银灿
荥阳市文化广电新闻出版局党委书记、局长：王志中
新郑市文化广电新闻出版局局长：刘学敏
中牟县文化广电和旅游局局长：王玉忠
郑东新区教育文化体育局局长：田国安
高新技术开发区社会文化管理办公室主任：牟翠娜
经济技术开发区教文体局局长：唐保华

三门峡市文化新闻出版局党委书记、局长：王朝周
灵宝文化局局长：张建华
义马市文化广电旅游和新闻出版局局长：李纪从
渑池县文化广电和新闻出版局局长：方丰章
陕县文化广电和新闻出版局局长：王来丁
卢氏县文化广电和新闻出版局局长：张双成
湖滨区文化旅游局局长：卫清波

洛阳市文化广电新闻出版局党组书记、局长：徐建莉
老城区文化局局长：魏彦武
西工区文化局局长：王鸿飞
廛河区文化局局长：禹　瑞
涧西区文化局局长：段起旭
吉利区文化局局长：李　健
洛龙区文化局局长：杨建春
偃师市文化局局长：陈贵禄
孟津县文化局局长：杨长生
新安县文化局局长：裴丰山
宜阳县文化局局长：常顺卿
洛宁县文化局局长：李合威
伊川县文化局局长：李耀增
汝阳县文化局局长：张刚学
嵩县县文化局局长：高见喜
栾川县文化局局长：刘亚威

焦作市文化新闻出版局局长：孔令江
沁阳市文广新局局长：张安国
孟州市文广新局局长：宋建华
修武县文广新局局长：田　健
武陟县文广新局局长：李顺喜
博爱县文广新局局长：张晓军
温县文广新局局长：王新立
解放区文体局局长：靳　滨
山阳区文体局局长：布财勇
中站区文体局局长：任新娥
马村区文体局局长：闪成福

新乡市文化新闻出版局局长：褚源新
辉县市文化局副局长：侯保先
获嘉县文化局局长：王明珍
原阳县文化局局长：赵光岭
长垣县文化局局长：林建文
新乡县文化局局长：张丽霞
卫辉市文化局局长：张斌世
延津县文化局局长：唐有朝
封丘县文化局局长：万传中
红旗区文化局局长：范振叶
卫滨区文化局局长：李勇刚
牧野区文化局局长：张有新

凤泉区文化局局长：刘呈安
辉县市文物局局长：张有新
凤泉区文物局局长：刘呈安

鹤壁市文化新闻出版局局长：陈高潮
浚县文化广播电影电视局党组书记、局长：
崔改琴
淇县文化广播电影电视局党组书记、局长：
高代泉
山城区文化体育局局长：杜希勇
淇滨区文化教育体育局局长：杨家业
鹤山区文化教育体育局局长：郭兴水
浚县文物旅游局党组书记、局长：裴顺昌
淇县文物旅游局党组书记、局长：谷慧勇
鹤山区旅游文物局局长：李丙国

安阳市文化广电新闻出版局党委书记、局长：
王金涛
林州市文广新局局长：郭明生
安阳县文化旅游局局长：牛建国
滑县文广新局局长：任清剑
内黄县文广新局局长：张宪军
汤阴县文广新局局长：李长武
文峰区文广新和旅游局局长：朱艳丽
北关区文旅和新局局长：刘洁华
殷都区文广新和旅游局局长：宋　征
龙安区文广新旅局局长：周现清
内黄县文物旅游局局长：张顺朝

濮阳市文化广电新闻出版局局长：陈景涛
高新区文广办主任：宋端钦
华龙区文化广电旅游局局长：曹修光
范县文体广电新闻出版旅游局局长：董永霞
南乐县文化广电体育旅游局局长：韩金河
濮阳县文化广电旅游局局长：郭修恒
清丰县文化广电旅游局局长：王亚光
台前县文化广电旅游局局长：刘崇良

开封市文化广电新闻出版局局长：申亚平
开封县文广新局局长：张　华
杞县文广新局局长：李艺玲
兰考县文广新局局长：黄克忠
通许县文广新局局长：岳邦亮
尉氏县文广新局局长：张　峰

商丘市文化广电新闻出版局局长：高继峰
梁园区文化局局长：陈　磊
睢阳区文化局局长：盛　鹏
永城市文化局局长：余化学
虞城文化局局长：马义超
睢县文化局局长：王保训
夏邑文化局局长：吕慕宇
民权文化局局长：锦传明
宁陵县文化局局长：郑学峰
柘城县文化局局长：张峰杰

许昌市文化新闻出版局党委书记、
局长：张琳
禹州市文广局局长：王根发
长葛市文化局局长：谢永和
许昌县文化旅游局局长：陶义红
鄢陵县文广局局长：宋发展
襄城县文广局局长：李红昌
魏都区文广局局长：吕国增
经济开发区社会事业局局长：吕继业
东城区社会事业局局长：张明慧

漯河市文化新闻出版局党组书记、局长：
吴玉培
临颍县文化局局长：贾香宇
舞阳县文化旅游局局长：张杰民
源汇区文化旅游局局长：娄绍安
郾城区文化旅游局局长：周学政
召陵区文化旅游局局长：王志敏
开发区社会事业局局长：雷伟民

平顶山市文广新局党组书记、局长：肖元欣
舞钢市文化局局长：李洪涛
汝州市文化局局长：董广兴
宝丰县文化局局长：王富有
鲁山县文化局局长：魏国平
叶县文化局局长：任　磊
郏县文化局局长：刘亚锋
新华区文化局局长：陈红猷

卫东区文化局局长：贺　峰
湛河区文化广电局局长：王绍强
石龙区文化广电局局长：张立有

南阳市文化广电新闻出版局党委书记、局长：马本殿

卧龙区文化局局长：李　成
宛城区文化局局长：陆贵汉
邓州市文化局局长：门书华
镇平县文化局局长：姚金波
内乡县文化局局长：薛有仓
淅川县文化局局长：凌　飞
西峡县文化局局长：王克敏
唐河县文化局局长：华金松
方城县文化局局长：刘金祥
南召县文化局局长：王贵富
社旗县文化局局长：赵华平
桐柏县文化局局长：郭　军
新野县文化局局长：黄荣范

信阳市文化新闻出版局党组书记、局长：潘　林

浉河区文化局局长：郝全修
平桥区文化局局长：王乐友
罗山县文化局局长：李松海
息县文化局局长：王　磊
淮滨县文化局局长：周　杰
潢川县文化局局长：苏振国
固始县文化局局长：李顶霞
光山县文化局局长：曹振国
新县文化局局长：黄成军
商城县文化局局长：杨允琪

周口市文化局局长：王少青

川汇区文化局局长：薛顺名
商水县文化局局长：魏素安
鹿邑县文化局局长：张险峰
太康县文化局局长：孙照乾
项城市文化局局长：田　桦
扶沟县文化局局长：白玉峰
淮阳县文化局局长：樊廷贵
西华县文化局局长：赵耀宇
郸城县文化局局长：徐新建
沈丘县文化局局长：张　林

驻马店市文化新闻出版局党组书记、局长：陈景超

高新技术开发区文化局局长：刘长运
驿城区文化和旅游局党委书记、局长：王新平
遂平县文广新局党组副书记、局长：陈鹏华
确山县文化广电新闻出版局党组书记、局长：闫群东
汝南县文化局党组书记、局长：杨民生
平舆县文广新局党组书记、局长：蒋国勤
新蔡县文化局党组书记、局长：韩金成
正阳县文化局党组书记、局长：梁汉俊
泌阳县文化局党组书记、局长：吕贤玉
上蔡县文化局党组书记、局长：刘景才
西平县文广新局局长：张　宏

济源市文化广电新闻出版局党组书记、局长：李培献

湖北省

湖北省文化厅

党组书记、厅长：杜建国
党组成员、副厅长兼湖北省文物局局长：沈海宁
党组成员、副厅长：李　勇、杨甫念、王建刚、严荣利、李耀华
党组成员、纪检组长：段天玲
巡视员：沈虹光
副巡视员：高长英、吴　宪

武汉市文化局局长：和晓曦

江岸区文体局局长：罗贵庚
江汉区文体局局长：杨向农
硚口区文体局局长：杨　斌
汉阳区文体局局长：李作义
武昌区文体局局长：张青植
青山区文体局局长：孙宗良

洪山区文体局局长：蒋　华
东西湖区文体局局长：张小平
汉南区文体局局长：王为均
蔡甸区文体局局长：朱建村
江夏区文体局局长：杨家堤
黄陂区文化局局长：刘际平
新洲区文体局局长：夏安平
东湖生态旅游风景区教文卫局局长：何连远
东湖新技术开发区教文卫局局长：钱德平

十堰市文体局局长：牛孝文
茅箭区文体局局长：林青海
张湾区文体局局长：郭瑞兵
郧县文化旅游局局长：梁建明
郧西县文体局局长：钟建华
竹山县文体局局长：薛继田
竹溪县文体局局长：陈诗云
房县文体局局长：黄宝富
丹江口市文体局局长：周长国
武当山特区社会事务局局长：谢来成
十堰市经济开发区文教卫局局长：翁端胜

襄樊市文化旅游和新闻出版局局长：陈乐一
樊城区文体局局长：李　莉
襄城区文体局局长：徐学琴
襄州区文体新局局长：王顺满
鱼梁洲经济开发区文体局局长：潘伟涛
南漳县文体新局局长：郭永金
谷城县文体新局局长：张旭升
保康县文体新局局长：李昭辉
老河口市文化旅游体育局局长：冯　雨
枣阳市文体化旅游体育局局长：卢世成
宜城市文化局局长：田　辉

荆门市文体新局局长：胡　耕
东宝区文化广播电视体育局局长：杨成荣
屈家岭管理区社会发展局局长：万双想
掇刀区文体广局局长：张学锋
沙洋县文体广局局长：方辉前
京山县文体新局局长：曾　峰
钟祥市文体局局长：费晓洪

孝感市文体新局局长：丁国琰
孝感市孝南区文体新局局长：钟楚华
孝昌县文体新局局长：刘国琼
云梦县文体局局长：关想平
大悟县文体新局局长：刘海华
应城市文体新局局长：金　洋
安陆市文体局局长：曹海成
汉川市文体局局长：李绍斌

黄冈市文化局局长：肖红娟
黄冈市黄州区文化局局长：童文军
团风县文体局局长：余秋明
浠水县文化局局长：闫桂华
蕲春县文体局局长：伊育群
黄梅县文化局局长：黎耀成
英山县文化局局长：段如意
罗田县文化局局长：熊涤生
红安县文化局局长：李琅环
麻城市文化局局长：祝汉蛟
武穴市文化广电新闻出版局局长：邓全球

鄂州市文体局局长：周　岫
鄂城区文体局局长：刘明星
华容区文体局局长：倪海滨
梁子湖区文体局局长：张建新

黄石市文化局局长：曹树莹
阳新县文体局局长：洪登亮
大冶市文体局局长：曹云华
下陆区文体局局长：曹跃林
西塞山区文体局局长：朱莲珍
铁山区卫生文体局局长：马传松
黄石港区卫生文体局局长：石　霞
经济开发区教文卫局局长：彭国良

咸宁市文体新局局长：程学娟
咸宁市咸安区文体局局长：毛晓光
通山县文体局局长：吉四贵
崇阳县文体局局长：王向阳
通城县文体局局长：宋旺龙

嘉鱼县文体局局长：刘焰才
赤壁市文体局局长：宋世成

荆州市文化局局长：詹宇生
荆州区文体局局长：周　炬
沙市区文体局局长：吴爱莲
发区文化局局长：翟光前
江陵县文化局局长：宋　翔
公安县文化局局长：孟丽平
监利县文化旅游局局长：赵更生
石首市文化局局长：胡昌杰
洪湖市文化局局长：李秀武
松滋市文化局局长：刘学敏

宜昌市文化局局长：王永平
宜昌市西陵区文体局局长：席群英
宜昌市伍家岗区文体局局长：王　辉
宜昌市点军区文化局局长：朱德斌
宜昌市猇亭区文体局局长：易　兵
宜昌市夷陵区文体局局长：李西学
秭归县文化旅游局局长：谭晓华
远安县文体局局长：吴建东
兴山县文化局局长：邹志斌
长阳土家族自治县文体局局长：胡世春
五峰土家族自治县文化局局长：王义国
宜都市文化局局长：任　阳
当阳市文化体育旅游局局长：杨亚平
枝江市文体局局长：李建庭

随州市文体新局局长：孙国成
随州市曾都区文体新局局长：吕文军
随县文体局局长：宋　云
广水市文体局局长：余银功

恩施州文体局局长：徐开芳
恩施市文体局局长：陈起鹤
利川市文体局局长：赵　龙
建始县文体局局长：林华翔
咸丰县文体局局长：邓永刚
巴东县文体局局长：黄在满
宣恩县文体局局长：谢庆慧
来凤县文体局局长：岳　琼
鹤峰县文体局局长：文武汉

省直辖县级行政单位：
仙桃市文广新局局长：胡晓华
潜江市文化旅游局局长：郑学国
天门市文广电新出版局局长：李小明
神农架林区文化局局长：王占军

湖南省

湖南省文化厅
党组书记、厅长：周用金
党组副书记、副厅长：周祥辉
副厅长：雷鸣强
党组成员、副厅长：杨福杰、孟庆善
党组成员、省文物局局长：陈远平
党组成员：吴友云
党组成员、纪检组长：张彩辉
巡视员：唐富军
副巡视员：彭伏莲

长沙市文化广电新闻出版局局长：周志凯
芙蓉区文体局局长：成良访
天心区文体局局长：雷丽娜
岳麓区文体局局长：王　洪
开福区文体局局长：王辉君
雨花区文体局局长：周宏伟
长沙县文体广电局局长：丁　琛
望城县文体广电局局长：刘宏伟
浏阳市文体广电局局长：朱玉喜
宁乡县文体广电局局长：贺太泉

衡阳市文化局局长：李安元
衡南县文化局局长：黄国兴
衡阳县文化局局长：龙国华
衡东县文化局局长：陈和平
衡山县文化局局长：唐云翔
祁东县文化局局长：王柏吉
常宁市文化局局长：邹求荣
耒阳市文化局局长：李乙平
雁峰区教文体局局长：杨成栋

石鼓区教文体局局长：汪衡湘
珠晖区教文体局局长：凌小敏
蒸湘区教文体局局长：肖隆喜
南岳区文化文物宗教局局长：王伟强

株洲市文化局局长：杨小幼
芦淞区文体局局长：周定杰
天元区文体局局长：杨忠明
石峰区文体局局长：陈琳敏
荷塘区文体局局长：汤文辉
醴陵市文体局局长：易小龙
株洲县文体局局长：朱　琳
攸县文体局局长：颜继瑞
茶陵县文体局局长：段跃华
炎陵县文体局局长：唐青平
雨湖区文化局局长：彭灿辉

湘潭市文化局局长：杨铁桥
岳塘区文化局局长：陈自安
湘潭县文化局局长：莫柏槐
湘乡市文化局局长：肖　鹄
韶山市文化局局长：谭明彰

邵阳市文化局局长：王铭祥
邵东县文化局局长：李秋兵
新邵县文化局局长：陈丰收
隆回县文化局局长：张　晗
洞口县文化局局长：刘兴茂
绥宁县文化局局长：全昌爱
城步县文化局局长：阳盛武
武冈市文体局局长：曾少剑
新宁县文体局局长：李涵喆
邵阳县文化局局长：王席军
大祥区文体局局长：罗康平
双清区文体局局长：李　巍
北塔区文体局局长：简　洁

岳阳市文化广电新闻出版局局长：龚卫国
临湘市文化局局长：廖明斌
湘阴县文化局局长：龙佑祥
岳阳县文化广电新闻出版局局长：郑一夫
汨罗市文化局局长：欧阳三华
平江县文化广电新闻出版局局长：罗继明
华容县文化体育局局长：王良庆
岳阳楼区文化体育局局长：吴怡红
云溪区文化广播电视局局长：徐剑平
君山区文化广电新闻出版局局长：张全亮

常德市文广新局局长：陈　华
武陵区文化体育局局长：郭德西
鼎城区文广新局局长：余建明
石门县文广新局局长：覃业翼
澧县文广新局局长：余长国
安乡县文广新局局长：丁敬均
津市文广新局局长：聂　宇
临澧县文广新局局长：吴景华
汉寿县文广新局局长：张宏勋
桃源县文广新局局长：徐进华

张家界市文化广电新闻出版局局长：兰智平
永定区文化广电新闻出版局局长：谷忠斌
武陵源区文化广电新闻出版局局长：肖忠义
慈利县文化广电新闻出版局局长：罗远志
桑植县文化广电新闻出版局局长：聂耀亚

益阳市文化局局长：钟志京
赫山区文化局局长：蒋美华
资阳区文化局局长：郭　云
桃江县文化局局长：蔡明焕
沅江市文化局局长：徐鄂春
南县文化局局长：汤光前
安化县文化局局长：熊栋才

郴州市文化局局长：廖美琳
北湖区文化局局长：李永宗
苏仙区文化局局长：蒋德和
资兴市文化局局长：王筱兰
桂阳县文化局局长：吴淑姝
宜章县文化局局长：黄海云
永兴县文化局局长：张洪友
嘉禾县文化局局长：王继国
临武县文化局局长：曹夏平
汝城县文化局局长：陈建平
桂东县文化局局长：周海燕

安仁县文化局局长：邓关平

永州市文化局局长：李小星
冷水滩区文化局局长：齐光文
零陵区文化局局长：李立新
祁阳县文化局局长：黄爱蓉
东安县文化局局长：俞兰桂
双牌县文化局局长：蒋　喆
道县文化局局长：罗明桥
江永县文化局局长：谢明尧
江华县文化局局长：周德新
宁远县文化局局长：郑　亮
新田县文化局局长：黄　英
蓝山县文化局局长：黄程宏

怀化市文化局局长：刘靖灵
麻阳县文化局局长：向　杰
鹤城区文化局局长：陈小松
辰溪县文化局局长：张碧波
靖州县文化局局长：陆通欢
芷江县文化局局长：龚霄汉
溆浦县文化局局长：张建平
沅陵县文化局局长：田学武
新晃县文化局局长：杨先尧
会同县文化局局长：龙世泉
通道县文化局局长：张建国
中方县文化局局长：宁关林
洪江市文化局局长：杨志强
洪江区文化局局长：肖　军

娄底市文化局局长：李东升
娄星区文化局局长：曹霞希
冷水江市文化局局长：匡建军
涟源市文化局局长：唐裕奇
双峰县文化局局长：肖卫平
新化县文化局局长：曹曙初

湘西州文化局局长：孟宪政
凤凰县文化局局长：曾文松
保靖县文化局局长：邹利佳
古丈县文化局局长：刘　平
泸溪县文化局局长：杨　政
花垣县文化局局长：龙江涛
吉首市文化局局长：康　军
龙山县文化局局长：田发奎
永顺县文化局局长：向洪斌

广东省

广东省文化厅

党组书记、厅长：方健宏
党组成员、副厅长：杜佐祥、程　扬、马新民、杨　树、杨伟时
党组成员、省纪委驻省文化厅纪检组长、监察专员：凌曲刚
党组成员、副巡视员：王业群
党组成员、副巡视员、省文物局局长：苏桂芬
党组成员、省文化市场综合执法局局长：胡振国

广州市文化广电新闻出版局
书记：徐咏虹
局长：陆志强
越秀区文化广电新闻出版局局长：陈　松
海珠区文化广电新闻出版局局长：吴天军
荔湾区文化广电新闻出版局局长：周绮文
天河区文化广电新闻出版局局长：李伟明
白云区文化广电新闻出版局局长：尹　广
黄埔区文化广电新闻出版局局长：沈小革
花都区文化广电新闻出版局局长：温炳棠
番禺区文化广电新闻出版局局长：徐伟光
南沙区文化广电新闻出版局局长：王少宁
萝岗区文化广电新闻出版局、版权局局长：张作和
从化市文化广电新闻出版局局长：邝健平
增城市文化体育广电新闻出版局局长：吴冠科

清远市文化广电新闻出版局局长：汪耿东
清城区文化体育局局长：张　青
英德市文化广电新闻出版局局长：吴国添
连州市文化广电新闻出版局、体育局局长：

唐记南
佛冈县文化广电新闻出版局、体育局局长：谭武刚
清新县文化体育广电新闻出版局局长：程建文
连山壮族瑶族自治县文化广电新闻出版体育局局长：黄天发
连南瑶族自治县文化体育广电新闻出版局局长：吴卫清
阳山县文化广电新闻出版局局长：饶火明

韶关市文化广电新闻出版局局长：何正平
浈江区文化新闻出版局局长：黄海鹰
武江区文化新闻出版局局长：曾　宏
曲江区文化广电新闻出版局局长：李伟才
乐昌市文化广电新闻出版局局长：黄紫鹰
南雄市文化广电新闻出版局局长：肖丽琼
乳源县文化广电新闻出版局局长：邬宝华
始兴县文化广电新闻出版局局长：陈向明
翁源县文化广电新闻出版局局长：曾贺方
新丰县文化广电新闻出版局局长：刘光志

河源市文化广电新闻出版局局长：蒋武生
源城区文化广电新闻出版局局长：黄伦富
东源县文化广电新闻出版局局长：黄建平
和平县文化广电新闻出版局局长：黄嘉乐
龙川县文化广电新闻出版局局长：王洪涛
紫金县文化广电新闻出版局局长：林建峰
连平县文化广电新闻出版局局长：吴旺宜

梅州市文化广电新闻出版局局长：杨剑忠
梅江区文化广电新闻出版局局长：李健生
梅县文化广电新闻出版局局长：刘桂城
兴宁市文化广电新闻出版局局长：罗幼珣
平远县文化广电新闻出版局局长：刘立新
蕉岭县文化广电新闻出版局局长：朱翠英
大埔县文化广电新闻出版局局长：黄伟强
丰顺县文化广电新闻出版局局长：陈光华
五华县文化广电新闻出版局局长：张远平

潮州市文化广电新闻出版局局长：林广鹏
湘桥区文化新闻出版局局长：肖锐书
饶平县文化广电新闻出版局局长：陆锡文
潮安县文化广电新闻出版局局长：吴倍辉
枫溪区文化新闻出版局局长：王礼华

汕头市文化广电新闻出版局局长：姚英杰
金平区文化广电新闻出版局局长：郑文义
龙湖区文化广电新闻出版局局长：廖楚平
澄海区文化广电新闻出版局局长：陈映东
濠江区文化广电新闻出版局局长：吴继儒
潮阳区文化广电新闻出版局局长：陈振通
潮南区文化广电新闻出版局局长：蔡宗禹
南澳县文化广电新闻出版局局长：柯伟煌

揭阳市文化广电新闻出版局局长：李锡安
经济开发试验区文化新闻出版局局长：袁壁三
东山区文化新闻出版局局长：张银松
榕城区文化新闻出版局局长：林永生
普宁市文化广电新闻出版局局长：黄楚雄
揭东县文化广电新闻出版局局长：吴伟斌
揭西县文化广电新闻出版局局长：贝志锋
惠来县文化广电新闻出版局局长：元健雄
大南山华侨管理区文化广电新闻出版局局长：江水金
普宁华侨管理区文教局局长：黄伟生

汕尾市文化广电新闻出版局局长：温国栋
海丰县文化广电新闻出版局局长：陈　孙
陆丰市文化广电新闻出版局局长：李汉沛
陆河县文化广电新闻出版局局长：彭展星
华侨管理区文化广电新闻局局长：陈仲宜
红海湾文化广电新闻出版局局长：孙振冰

惠州市文化广电新闻出版局局长：罗川山
惠城区文化广电新闻出版局局长：刘少辉
惠阳区文化广电新闻出版局局长：叶茂庭
惠东县文化广电新闻出版局局长：谢帝水
龙门县文化广电新闻出版局局长：钟福新
博罗县文化广电新闻出版局局长：廖建新
大亚湾经济技术开发区宣教办主任：涂文子

东莞市文化广电新闻出版局局长：陈志伟

深圳市文体旅游局局长：陈　威
福田区文化局局长：赖莲凤
罗湖区文化局局长：张远翔
南山区文化局局长：姜广华
宝安区文化局局长：吴少平
盐田区文体局局长：陈琼英
光明新区公共事业局局长：宋　杰
龙岗区文体局局长：李　睿
坪山新区公共事业局局长：熊　瑛
光明新区经济服务局局长：王　毅
坪山新区经济服务局局长：王伟雄

珠海市文体旅游局局长：刘福祥
香洲区文体旅游局局长：彭　甦
金湾区文体旅游局局长：张　文
斗门区文化广电新闻出版局局长：韦大奇

中山市文化广电新闻出版局局长：郑集思

江门市文化广电新闻出版局局长：廖振明
蓬江区文体新局局长：李伟垣
江海区文体新局局长：邓群标
新会区文广新局局长：李悦忠
开平市文广新局局长：谭伟强
台山市文广新局局长：黄伟华
鹤山市文广新局局长：黄建荣
恩平市文广新局局长：梁朝贺

佛山市文化广电新闻出版局局长：徐东涛
禅城区文化广电新闻出版局局长：张远征
高明区文化广电新闻出版局局长：吴兆华
南海区文化广电新闻出版局局长：麦绍强
三水区文化广电新闻出版局局长：严振飞
顺德区文体旅游局局长：梁惠英

肇庆市文化广电新闻出版局局长：欧荣生
德庆县文化广电新闻出版局局长：董杰平
鼎湖区文化广电新闻出版局局长：区耀垣
肇庆市端州区文化局局长：陈秀萍
封开县文化广电新闻出版局局长：杨　松
高要市文化广电新闻出版局局长：傅瑞联
广宁县文化广电新闻出版局局长：邓兴平
怀集县文化广电新闻出版局局长：徐奇天
四会文化广电新闻出版局局长：雷声亮

云浮市文化广电新闻出版局局长：梁仁球
云城区文化广电新闻出版局局长：陈志亮
罗定市文化广电新闻出版局局长：王福文
新兴县文化广电新闻出版局局长：朱文伟
郁南县文化广电新闻出版局局长：许澄江
云安县文化广电新闻出版局局长：李妍姬

阳江市文化广电新闻出版局局长：莫益霞
江城区文化管理中心主任：陈慎昌
阳春市文化广电新闻出版局局长：张衍楚
阳西县文化广电新闻出版局局长：卢国进
阳东县文化广电新闻出版局局长：苏培植
海陵岛试验区旅游文体局局长：陈章星
阳江高新区科技教育文体卫生局局长：
　　梁鸿武

茂名市文化广电新闻出版局局长：黄　刚
电白县文化广电新闻出版局局长：郑闪光
高州市文化广电新闻出版局局长：陈沛超
化州市文化广电新闻出版局局长：何刘生
茂港区文化体育新闻出版局局长：赖　胜
茂南区文化体育局局长：陈木亮
信宜市文化广电新闻出版局局长：凌　胜

湛江市文化广电新闻出版局局长：李更盛
徐闻县文化广电新闻出版局局长：张世越
雷州市文化广电新闻出版局局长：牧　野
廉江市文化广电新闻出版局局长：李建军
遂溪县文化广电新闻出版局局长：黄海成
吴川市文化广电新闻出版局局长：陈燕熙
赤坎区文化新闻出版局局长：黄柳坚
霞山区文化新闻出版局局长：曾继房
麻章区文化广电新闻出版局局长：郑永丰
坡头区文化新闻出版局局长：李观礼
经济技术开发区文化局局长：许忠胜

广西壮族自治区

广西壮族自治区文化厅

党组书记、厅长：余益中
党组成员、副厅长：李民胜、洪　波、唐正柱
副厅长：覃　溥
党组成员、纪检组长：李晓泉
副巡视员：马红英

南宁市文化新闻出版局局长：蒙文虎
兴宁区文化新闻出版体育局局长：吴　豫
江南区文化和体育局局长：谢　嘉
青秀区文化新闻出版体育局局长：赖清玲
西乡塘区文化和体育局局长：黄枝滔
邕宁区文化和体育局局长：苏凯精
良庆区文化和体育局局长：刘建军
武鸣县文化广播影视和体育局局长：潘进忠
横县文化广播影视和体育局局长：杨焕荣
宾阳县文化广播影视和体育局局长：韦梦飞
上林县文化和体育局局长：韦海东
马山县文化广播影视和体育局局长：张小栋
隆安县文化广播影视和体育局局长：农宜陟

桂林市文化局局长：张执雪
象山区文化和体育局局长：王　坤
七星区文化和体育局局长：曾令辉
叠彩区文化和体育局局长：田　碧
秀峰区文化和体育局局长：吴德明
雁山区文化局局长：陈玉明
灵川县文化局局长：左珂蔓
龙胜县文化局局长：周艳红
灌阳县文化局局长：龙晓红
恭城县文化旅游局局长：陈广仪
永福县文化和体育局局长：黄流琪
兴安县文化旅游局局长：胡　琳
阳朔县文化和体育局局长：刘建强
荔浦县文化和体育局局长：黄小光
平乐县文化旅游局局长：李任科
临桂县文化和体育局局长：张捷林
资源县文化和体育局局长：唐向忠
全州县文化局局长：刘俊春

柳州市文化局局长：李丽珍
柳北区文化和体育局局长：王继萍
城中区文化和体育局局长：周小燕
鱼峰区文化和体育局局长：罗　原
柳南区文化和体育局局长：徐旭阳
柳东新区社会事务局局长：邓俊华
阳和工业新区社会事务局局长：蔡淋伏
三江侗族自治县文化和体育局局长：吴树辉
融水苗族自治县文化和体育局局长：曹树明
融安县文化和体育局局长：赵大亮
柳城县文化和体育局局长：杨辉强
鹿寨县文化和体育局局长：张建华

梧州市文化新闻出版局局长：温　伦
万秀区科技文化体育局局长：俞　健
蝶山区科技文化体育局局长：黄金莲
长洲区科技文化体育局局长：丁绍雄
岑溪市文化和体育局局长：张小玉
苍梧县文化和体育局局长：禤赤坚
蒙山县文化和体育局局长：肖映山
藤县文化和体育局局长：孔繁军

贵港市文化局局长：陈日清
港北区文化和体育局局长：刘志琴
港南区文化和体育局局长：黄冬珍
覃塘区文化和体育局局长：吕彩兰
平南县文化和体育局局长：陈世穆
桂平市文化和体育局局长：梁耀海

玉林市文化局局长：李　克
玉州区文化和体育局局长：谭艳艳
福绵区文化和体育局党组书记：姚天水
北流市文化和体育局局长：钟森文
容县文化和体育局局长：梁　彬
陆川县文化和体育局局长：谢华南
博白县文化和体育局局长：李书耀
兴业县文化和体育局局长：麦昭阳

钦州市文化局局长：林钦娟
钦南区文化和体育局局长：王　伟

钦北区文化和体育局局长：莫谦炳
灵山县文化和体育局局长：陆万晓
浦北县文化和体育局局长：龚义师

北海市文化局局长：陈月梅
合浦县文化和体育局局长：黄炳羽
海城区文化体育广播影视局局长：蒙海涛
银海区教育文化体育局局长：杨　铖
铁山港区文化体育广播影视局局长：陈钦武

防城港市文化体育新闻出版局局长：卢　岩
港口区文化体育广播电影电视局局长：
　　李少雄
防城区文化体育广播电影电视局局长：
　　何春梅
上思县文化体育广播电影电视局局长：
　　雷爱新
东兴市文化体育广播电影电视局局长：
　　陈壹棠

崇左市文化局局长：陆汉新
江州区文化和体育局局长：周海深
扶绥县文化和体育局局长：钟文庆
大新县文化和体育局局长：玉　红
天等县文化和体育局局长：刘富荣
宁明县文化和体育局局长：陶昌东
龙州县文化和体育局局长：林　海
凭祥市文化和体育局局长：马靖文

百色市文化和新闻出版局局长：黄小卡
右江区文化局局长：罗　群
田阳县文化和体育局局长：吴才现
田东县文化和体育局局长：周章师
平果县文化和体育局局长：陆东立
德保县文化和体育局局长：沈先邦
靖西县文化和体育局局长：梁　冰
那坡县文化和体育局局长：朱宁波
田林县文化和体育局局长：蓝　宏
隆林各族自治县文化和体育局局长：杨朝林
西林县文化和体育局局长：丁韦震
凌云县文化和体育局局长：陈永明
乐业县文化和体育局局长：韦宣兆

河池市文化广播影视管理局局长：苏满勇
金城江区文化广播影视管理局局长：覃宇雷
大化瑶族自治县文化和体育局局长：王友文
凤山县文化和体育局局长：马吉光
罗城仫佬族自治县文化和体育局局长：
　　银联健
环江毛南族自治县文化和体育局局长：
　　卢朝阳
宜州市文化旅游体育局局长：韦雯荃
南丹县文化和体育局局长：梁方全
巴马瑶族自治县文化和体育局局长：杨秀明
东兰县文化和体育局局长：牙运扬
都安瑶族自治县文化和体育局局长：潘康生
天峨县文化和体育局局长：韦联魁

来宾市文化局局长：黎瑞江
兴宾区文化局局长：谭晓梅
忻城县文化和体育局局长：韦江胜
金秀县文化和体育局局长：黄　萌
合山市文化和体育局局长：李国孟
象州县文化和体育局党组书记、副局长：
　　何　云

贺州市文化新闻出版局局长：廖　平
八步区文化和体育局局长：黄爱娱
昭平县文化和体育局局长：莫扬华
钟山县文化和体育局局长：刘　勉
富川瑶族自治县文化和体育局局长：黄　灵
平桂管理区文化和体育局局长：刘志伟

海南省

海南省文化广电出版体育厅
党组书记、厅长：范晓军
党组成员、副厅长：王炳林、陈亚俊、
　　柳松华
副巡视员：陈文宝、叶志春

海口市文化广电出版体育局局长：徐　涛

三亚市文化广电出版体育局局长：廖民生

省直辖行政单位：
儋州市文化广电出版体育局副局长：陈　茅（主持工作）
琼海市文化广电出版体育局局长：陈海燕
万宁市文化广电出版体育局局长：肖传能
文昌市文化广电出版体育局局长：林方江
东方市文化广电出版体育局局长：文海平
五指山市文化广电出版体育局局长：刘宏杰
澄迈县文化广电出版体育局局长：曾德英
临高县文化广电出版体育局局长：符龙勤
定安县文化广电出版体育局局长：游春勇
屯昌县文化广电出版体育局局长：郭桂珍
昌江县文化广电出版体育局局长：庞大海
琼中县文化广电出版体育局局长：邓开扬
陵水县文化广电出版体育局局长：徐光强
白沙县文化广电出版体育局局长：赖　伟
保亭县文化广电出版体育局局长：韦岳峰
乐东县文化广电出版体育局局长：林其波

重庆市

重庆市文化广播电视局

党委书记、局长：汪　俊
党委委员、重庆红岩联线文化发展管理中心主任：厉　华
党委委员、副局长：程武彦、温俊华、张洪斌、李廷勇
副局长：刘明华
党委委员、纪委书记：马岱良
党委委员、重庆中国三峡博物馆馆长：黎小龙
党委委员、局长助理：席　华

万州区文化广电新闻出版局局长：陈　志
黔江区文化广电新闻出版局局长：何炬学
涪陵区文化广电新闻出版局局长：杨　华
渝中区文化广电新闻出版局局长：辛正明
大渡口区文化广电新闻出版局局长：唐　勇
江北区文化广电新闻出版局局长：王海虎
沙坪坝区文化广电新闻出版局局长：李　波
九龙坡区文化广电新闻出版局局长：黄贤中
南岸区文化广电新闻出版局局长：周万里
北碚区文化广电新闻出版局局长：万天伦
万盛区文化广电新闻出版局局长：游龙奇
渝北区文化广电新闻出版局局长：李享强
巴南区文化广电新闻出版局局长：郑丽娟
双桥区文化广电新闻出版局局长：李洪秀
长寿区文化广电新闻出版局局长：刘德奉
江津区文化广电新闻出版局局长：陈宗明
合川区文化广电新闻出版局局长：左学耕
永川区文化广电新闻出版局局长：刘革敏
南川区文化广电新闻出版局局长：沈　瑁
綦江县文化广电新闻出版局局长：王宏兴
潼南县文化广电新闻出版局局长：陈春贵
铜梁县文化广电新闻出版局局长：宋关心
大足县文化广电新闻出版局局长：李春艳
荣昌县文化广电新闻出版局局长：刘　霞
璧山县文化广电新闻出版局局长：瞿显贵
梁平县文化广电新闻出版局局长：向时明
城口县文化广电新闻出版局局长：陈国心
丰都县文体广电新闻出版局局长：杜洪发
垫江县文化广电新闻出版局局长：邱文笃
武隆县文化体育旅游局副局长：杨永雄
忠县文体广电新闻出版局局长：任华强
开县文化广电新闻出版局局长：黄晓勇
云阳县文化广电新闻出版局局长：李建军
奉节县文化广电新闻出版局局长：曾学军
巫山县文化广电新闻出版局局长：陈　健
巫溪县文体广电新闻出版局局长：朱　权
石柱土家族自治县文化广电新闻出版局局长：甘尚林
秀山土家族苗族自治县文体广电新闻出版局局长：陈　慧
酉阳土家族苗族自治县文化广电新闻出版局局长：石胜河
彭水县文化广电新闻出版局局长：冯佑高

四川省

四川省文化厅

党组书记、厅长：郑晓幸
党组成员、副厅长：窦维平、泽　波、王志平、李兆权
党组成员、省纪委驻文化厅纪检组长：孙舒亚
党组成员、省文物局局长：王　琼
党组成员、机关党委书记：严飒爽
副巡视员：方国年

成都市文化局局长：朱树喜
锦江区文化广播电视局局长：陆　江
青羊区文化广播电视局局长：刘咏梅
金牛区文化广播电视局局长：胥厚全
武侯区文化广播电视局局长：唐　凯
成华区文化广播电视局局长：韩际舒
高新区社会事业局局长：吕　毅
青白江区文化广播电视局局长：李华蓉
龙泉驿区文化体育局局长：曾　列
都江堰市文化广播电视局局长：罗鸿亮
彭州市文化广播电视局局长：黎　蕊
崇州市文化局局长：李　超
邛崃市文化体育局局长：王茂楠
温江区文化广播电视局局长：帅　仑
新都区文化广播电视局局长：王　莉
双流县文化旅游局局长：黄忠群
郫县文化体育局局长：陈　杰
新津县文化体育局局长：鲁健根
金堂县文化体育局局长：尹全红
大邑县文化体育局局长：戴　勇
蒲江县文化广播电视局局长：卿　蓓

广元市文化局局长：齐庆民
利州区文化体育旅游局局长：杨向华
元坝区文化体育旅游局局长：朱太毅
朝天区文化体育旅游局局长：柳文祥
苍溪县文化体育旅游局局长：黄新明
剑阁县文化旅游局局长：母大明
旺苍县文化体育局局长：刘　雄
青川县文化体育局局长：吴柄贵

绵阳市文化局局长：马宗舜
涪城区文化影视新闻出版局局长：张国茂
游仙区商务和文化旅游局局长：宋　波
高新区社会发展局局长：鲜于龙
三台县文化体育局局长：胡本华
盐亭县文化旅游局局长：郭　建
梓潼县文化旅游局局长：蒲远富
江油市文化旅游局局长：任德远
平武县文化旅游局局长：王绍禄
安县文化旅游局局长：胡声志
北川羌族自治县文化旅游局局长：林　川
四川省科学城文化体育局局长：刘　英

德阳市文化局局长：包育建
旌阳区文化体育局局长：曾　宁
绵竹市文化体育局局长：余天培
广汉市文化体育局局长：邓　双
什邡市文化局局长：蒲堂全
中江县文化体育旅游局局长：刘晓玲
罗江县文化体育局局长：曾家华

南充市文化局局长：白　云
顺庆区文化旅游局局长：罗存胜
高坪区文化体育局局长：申　英
嘉陵区文化体育局局长：陈　焱
西充县文化体育局局长：谢　勇
南部县文化体育局局长：刘　坚
仪陇县文化体育局副局长：周全民（主持工作）
蓬安县文化旅游局局长：王俊英
营山县文化体育局局长：谢　露
阆中市文化局局长：任　益

广安市文化体育局局长：郑建军
广安区文化体育局局长：欧居建
邻水县文化体育局局长：杨正德
华蓥市文化体育局局长：陈建国
岳池县文化体育局局长：龙丽君
武胜县文化体育局局长：彭章锡

遂宁市文化局局长：杨辉国

船山区文化体育局局长：彭　文
安居区文化体育局局长：雷西林
射洪县文化体育局局长：滕　勇
蓬溪县文化体育旅游局局长：吕　历
大英县文化体育局局长：杨勋文

内江市文化局局长：黄　刚

市中区文化体育局局长：杨　松
东兴区文化体育局局长：李永国
资中县文化体育局局长：曾　斌
隆昌县文化体育局局长：袁荣彬
威远县文化体育局局长：郭永权

乐山市文化体育新闻出版局局长：薛　钢

市中区文化体育局局长：李碧波
五通桥区文化体育局局长：胡世琼
沙湾区文化体育局局长：王旭东
金口河区文化体育局局长：江　莉
峨眉山市文化体育局局长：林　立
犍为县文化旅游局局长：彭树怀
井研县文化旅游局局长：李旭东
夹江县文化体育广播电视局局长：张一平
沐川县文化体育局局长：徐　芸
峨边彝族自治县教育文化体育局局长：徐树祥
马边彝族自治县教育文化体育局局长：吴林章

自贡市文化局局长：周富民

自流井区文化体育局局长：李　庆
贡井区文化体育局局长：林立强
大安区文虎体育局局长：李开友
高新区文化新闻出版稽查大队队长：宗兰英
沿滩区文化体育局局长：宋　潮
荣　县文化体育局局长：杨泽祥
富顺县文化体育局局长：谭茂良

泸州市文化局局长：王一平

泸县文化体育广播电视局局长：游书勇
合江县文化体育广播电视局局长：龙启权
叙永县文化体育广播电视局局长：颜　强
古蔺县文化体育广播电视局局长：罗　庆
江阳区文化体育局局长：林海霞
纳溪区文化体育广播电视局局长：张治童
龙马潭区文化体育局局长：林跃明

宜宾市文化局局长：汪　庆

翠屏区文化广播电影电视局局长：王敏川
宜宾县文化体育局局长：黄宗华
南溪县文化体育和旅游局局长：万　敏
江安县旅游和文化体育局局长：刘生敏
长宁县旅游文化体育局局长：卢　彬
高县文化体育和旅游局局长：李　烨
筠连县文化体育旅游局局长：杨占国
珙县文化体育局局长：朱建军
兴文县文化体育局局长：黄永富
屏山县文化体育旅游局局长：杨浩波

攀枝花市文化（新闻出版、版权）局局长：马晓凤

东区文化体育局局长：衡明坤
西区文化旅游局局长：王　政
仁和县文化体育局局长：蒋加赋
米易县文化旅游局局长：周崇贵
盐边县文化体育广播电视局局长：刘天华

巴中市文化体育新闻出版局局长：蒲开文

巴州区科技文化体育新闻出版局局长：王　君
通江县文化体育新闻出版局局长：刘显聪
南江县文化体育新闻出版局局长：杨　雄
平昌县科技文化体育局局长：王述成

达州市文化和广播电视局局长：陈先杰

通川区文化和体育局局长：蔡小军
万源市文化和广播电视局局长：向　豪
达　县文化和广播电视局局长：李晓波
宣汉县文化和广播电视局局长：高海洋
开江县文化和广播电视局局长：蒋　伟
大竹县文化和广播电视局局长：于　飞
渠县文化和广播电视局局长：刘荣忠

资阳市文化局局长：石朝武

雁江区文化体育新闻出版局局长：杨　毅

简阳市文化体育局局长：施　亮
安岳县文化体育局局长：邹　平
乐至县文化体育局局长：李　炜

眉山市文化体育局局长：田　禾
东坡区文化体育局局长：许洪林
仁寿县文化体育局局长：雷文忠
青神县文化体育局局长：黄云华
丹棱县文化体育旅游局局长：邹丽琴
洪雅县文化体育局局长：何林芳
彭山县文化体育局局长：吕卫东

雅安市文化新闻出版和广播电视局局长：肖建林
雨城区文化体育广播电视和新闻出版局局长：李晓春
名山县文化新闻出版和广播电视局局长：彭　震
荥经县文化新闻出版和广播电视局局长：王家林
汉源县文化体育局局长：姜永才
石棉县文化体育新闻出版和广播电视局局长：及康生
天全县文化新闻出版和广播电视局局长：易　丹
芦山县文化新闻出版和广播电视局局长：宋鲜锦
宝兴县文化新闻出版和广播电视局局长：唐福康

阿坝藏族羌族自治州文化局局长：冯青龙
汶川县文化体育局局长：黄　珊
理县文化体育局局长：何江林
茂县文化体育局局长：李安全
九寨沟县文化体育局局长：刘善刚
松潘县文化体育局局长：刘晓东
金川县文化体育局局长：黄发强
小金县文化体育局局长：毛德良
黑水县文化体育局局长：杨根思
马尔康县文化体育局局长：张　艳
壤塘县文化体育局局长：陈昌福
阿坝县文化体育局局长：马　柯
若尔盖县文化体育局局长：李玉塔
红原县文化体育局局长：哈　祥

甘孜州文化体育和广播电视局局长：陶明德
康定县文化旅游和广播影视体育局局长：吴明琼
泸定县文化旅游和广播影视体育局局长：何　怡
丹巴县文化旅游和广播影视体育局局长：杨玉林
九龙县文化旅游和广播影视体育局局长：伍降秋
雅江县文化旅游和广播影视体育局局长：施百岁
道孚县文化旅游和广播影视体育局局长：拥青她姆
甘孜县文化旅游和广播影视体育局局长：孙春明
新龙县文化旅游和广播影视体育局局长：仁龙仁孜
德格县文化旅游和广播影视体育局局长：杨　胜
白玉县文化旅游和广播影视体育局局长：黄　兴
石渠县文化旅游和广播影视体育局局长：李　宏
色达县文化旅游和广播影视体育局局长：泽娜措
理塘县文化旅游和广播影视体育局局长：泽仁正呷
巴塘县文化旅游和广播影视体育局局长：绒　布
乡城县文化旅游和广播影视体育局局长：格桑顿珠
稻城县文化旅游和广播影视体育局局长：次登达瓦
得荣县文化旅游和广播影视体育局局长：杨贵强
炉霍县文化旅游和广播影视体育局局长：何建军

凉山州文化广播电视局局长：付　荣
西昌市文化体育局局长：刘绍萍
木里县文化广播电视局局长：罗永忠
盐源县广播电视文化局局长：陈兴国
德昌县文化体育广播电视局局长：贺　萍
会理县文化广播电视事业管理局局长：许　荣
会东县文化体育局副局长：左永刚
宁南县文化体育局局长：杨洪英
普格县文化旅游局局长：阿基俄尔
布拖县文化体育局局长：特觉史黑
金阳县文化体育旅游局局长：吉火尔色
昭觉县文化旅游体育局局长：李　峰
喜德县文化旅游招商局局长：马海锁古
冕宁县文化旅游局局长：魏志强
越西县广播电视文化体育局局长：阿苏越尔
甘洛县文化体育局局长：文　毅
美姑县文化体育旅游宗教局局长：瓦西古以
雷波县文化体育局局长：白忠明

贵州省

贵州省文化厅

党组书记、厅长：徐　圻
副厅长：黎盛翔、邓　健、谢彬如、宋　健
省文物局局长：王红光
纪检组长：孔　锦
巡视员：董林生
副巡视员：张宝林、卢培仁

贵阳市文化局局长：王春雷
云岩区文化局局长：李伟民
南明区文化局局长：张亚玲
白云区文化局常务副局长：张美彪
花溪区文化局局长：刘修华
开阳县文化局局长：贺　毅
清镇市文化局局长：左国钧
乌当区文化局局长：耿礼元
息烽县文化局局长：朱登麟
小河区文化局局长：杨　婷
修文县文化局局长：杨　梅

六盘水市文化局局长：高荣光
六枝特区文化局局长：李清洋
盘县文化局局长：邹兴林
水城县文化局局长：冯　伟
钟山区文化局局长：张国燕

遵义市文化局局长：张鹏健
遵义县文化局局长：魏明伟
红花岗区文化局局长：杨家林
汇川区文化局局长：吴建渝
仁怀市文化局局长：王道勋
赤水市文化局局长：宋秋萍
习水县文化局局长：罗勤生
务川县文化局局长：文　鸣
正安县文化局局长：杨晓宇
道真县文化局局长：余家学
湄潭县文化局局长：赵　翔
凤冈县文化局局长：敖克模
余庆县文化局局长：周忠武
绥阳县文化局局长：杨　进
桐梓县文化局局长：杨国祥

安顺市文化局局长：邹正明
西秀区文化局局长：毛凯东
普定县文化局局长：帅　昕
紫云县文化局局长：卫　雨
镇宁县文化局局长：金越生
关岭县文化局局长：伍光林
平坝县文化局副局长：于　洋

毕节地区文化局局长：李明泽
毕节市文化局局长：徐兴志
黔西县文化局局长：陈　玲
大方县文化局局长：曾祥富
金沙县文化局局长：蒋重江
织金县文化局局长：韦　刚
纳雍县文化局局长：周训照
威宁县文化局局长：肖良宪

赫章县文化局局长：张建华

铜仁地区文化局局长：龙丽红
铜仁市文化局局长：李益民
沿河县文化局局长：蒋　珂
江口县文化局局长：龙建军
万山特区文化局局长：张小辉
玉屏县文化局局长：朱仕明
石阡县文化局局长：余安华
松桃县文化局局长：吴家永
思南县文化局局长：朱应松
德江县文化局局长：安　康
印江县文化局副局长：符红英（主持工作）

黔东南州文化局局长：霍盛红
凯里市文化局局长：张　洪
黄平县文化局局长：张廷华
施秉县文化局副局长：吴启宏
台江县文化局局长：杨　华
剑河县文化局局长：吴重庆
三穗县文化局局长：吴会师
天柱县文化局局长：龙景舜
岑巩县文化局局长：许昆堂
锦屏县文化局局长：杨昌勇
雷山县文化局局长：张　德
榕江县文化局局长：左才宏
从江县文化局局长：吴佳理
黎平县文化局副局长：段　健
麻江县文化局局长：刘　英
镇远县文化局局长：饶　阳
丹寨县文化局局长：陈光明

黔南州文化局局长：李　芸
都匀市文化局局长：尹　惠
瓮安县文化局局长：黎　明
贵定县文化局局长：龙　林
福泉市文化局局长：刘弟华
荔波县文化局局长：蒙永辉
平塘县文化局局长：石家勋
罗甸县文化局局长：卢　云
独山先文化局局长：池继霞
长顺县文化局局长：雷尊顺
三都县文化局局长：梁家源
惠水县文化局局长：罗永国
龙里县文化局局长：沈连富

黔西南州文化局局长：高祥国
兴义市文化局局长：田进岭
贞丰县文化局局长：王　崇
兴仁县文化局局长：李永刚
册亨县文化局局长：代安泽
普安县文化局局长：谭代宽
望谟县文化局局长：王朝晖
安龙县文化局局长：王万良
晴隆县文化局局长：周　技

云南省

云南省文化厅
党组书记、厅长：黄　峻
组副书记、副厅长（正厅级）：花泽飞
组成员、副厅长：黄丕义、黄　玲、熊正益
组成员、纪检组组长：普仲亮
副巡视员：郭保全、张　瑛

昆明市文化广播电视体育局局长：历忠教
五华区文化体育旅游局副局长：邓明华（主持工作）
盘龙区文化体育旅游局局长：彭　磊
官渡区文化体育旅游局局长：马春梅
西山区文化旅游体育局局长：贾海虹
东川区文体广电旅游局局长：字文斌
安宁市文体广电旅游局局长：闫晴方
富民县文化体育广电旅游局局长：张晓明
嵩明县文体广电旅游局局长：李兆逵
呈贡县文化体育广播电视旅游局局长：郭慧芬
晋宁县文体广电旅游局局长：肖子建
宜良县旅游和文化广播电视体育局局长：张绍云
禄劝县文体广电旅游局局长：赵　明
石林彝族自治县旅游文化广播电视体育局局长：苏健康

寻甸回族彝族自治县文体广电旅游局局长：
范克有

曲靖市文化局局长：纪爱华
麒麟区文化体育局局长：王　飞
马龙县文化体育广播电视局局长：高德恩
陆良县文化体育广播电视局局长：伏鸿翔
师宗县文化体育广播电视旅游局局长：
尹白云
罗平县文化体育广播电视局局长：陈利平
宣威市文化体育广播电视旅游局局长：
余红梅
富源县文化体育广播电视旅游局局长：
方盛仙
沾益县文化体育局局长：曾黎斌
会泽县文化体育广播电视局局长：高　坤

玉溪市文化局局长：桂江静
红塔区文化旅游广电和体育局局长：王　涛
通海县文化旅游广电和体育局局长：王　剑
江川县文化旅游广电和体育局局长：乐志刚
澄江县文化旅游广电和体育局局长：赵开华
华宁县文化旅游广电和体育局局长：李飞跃
易门县文化旅游广电和体育局局长：冯晓燕
峨山县文化旅游广电和体育局局长：何家海
新平县文化旅游广电和体育局局长：李明团
元江县文化旅游广电和体育局局长：谭　江

保山市文化广播电视新闻出版局局长：
赵家华
隆阳区文体局局长：张文芹
施甸县文体局局长：李月山
腾冲县文化广播电视体育局局长：伯绍勤
龙陵县文体局局长：李绍元
昌宁县文体局局长：穆尚勇

昭通市文体新闻出版局局长：李华章
昭阳区文化体育局局长：吴纯灵
鲁甸县文体局局长：罗发洪
镇雄县文体广电旅游局局长：邓　兴
彝良县文体局局长：李连华
威信文体广电旅游局局长：彭吉武
盐津县文体局局长：谢超健
永善县文体局局长：韩先录
绥江县文体局局长：许国江
大关县文体广电旅游局局长：柳　毅
巧家县文体局局长：李永翔
水富县文体局局长：肖　燕

丽江市文化广电新闻出版局局长：高世祥
古城区文化广电新闻出版局局长：李之典
玉龙纳西族自治县文化广电新闻出版局局长：
赵树森
永胜县文化体育广播电视新闻出版局局长：
陈绍军
华坪县文化体育广电新闻出版局局长：
蒋仕成
宁蒗彝族自治县文化体育广电新闻出版局
局长：马雄斌

普洱市文化局局长：武献民
思茅区文化体育和广播电视局局长：刘学春
宁洱县文化体育和广播电视局局长：蔡江云
景东县文化体育局局长：罗德贵
景谷县文化体育和广播电视局局长：暂空缺
镇沅县文化局局长：徐健华
墨江县文化体育和广播电视局局长：张林群
孟连县文化体育局局长：陶婉香
澜沧县文化体育局局长：李扎迫
西盟县文化体育局局长：李华新
江城县文化体育局局长：刀艳华

临沧市文体局局长：张龙明
临翔区文体局局长：杨永寿
凤庆县文体局局长：杨　凌
云县文体局局长：张传志
永德县文体局局长：罗炯明
耿马县文体局局长：李　炜
双江县文体局局长：铁明亮
镇康县文体局局长：张东云
沧源县文体局局长：赵志强

德宏州文化体育局局长：许贵荣
芒市文体广电旅游局局长：杨黎蓉

梁河县文体广电旅游局局长：张　雁
盈江县文体广电旅游局局长：杨永辉
陇川县文体广电旅游局副局长：李维刚（主持工作）
瑞丽市文体广电旅游局局长：邓有忠
畹町经济开发区文体广电旅游局副局长：玉　摆（主持工作）

怒江州文化局局长：普利颜

泸水县文体广电局局长：姬林二
福贡县文体广电旅游和外事侨务局局长：和江文
兰坪县文体广电局局长：李颂雯
贡山县文体广电旅游和外事侨务局局长：兰慧明

迪庆州文化局局长：浦　江

香格里拉县文化体育广电局局长：张宏灿
德钦县文化体育广电旅游局局长：龚曲此里
维西傈僳族自治县文化体育广电旅游局局长：杨丽平

大理白族自治州文化（新闻出版、版权）局局长：王峥嵘

大理白族自治州文化遗产局局长：杨政业
大理市文化体育广播电视局局长：邹　勤
鹤庆县文化体育广播电视局局长：寸忠堂
剑川县文化体育广播电视局局长：何伯纪
洱源县文化体育广播电视局局长：李学雄
宾川县文化体育广播电视局局长：施德兴
巍山县彝族回族自治县文化体育广播电视局局长：张　洪
弥渡县文化体育旅游局局长：徐　逵
南涧彝族自治县文化体育广播电视旅游局局长：郎沅龙
漾濞县彝族自治县文化体育广播电视旅游局局长：郎跃军
永平县文化体育广播电视旅游局局长：茶正林
云龙县文化体育广播电视旅游局局长：古小龙
祥云县文化体育广播电视旅游局局长：环建华

楚雄州文体局局长：施克沛

楚雄市文体广电旅游局局长：金　山
牟定县文体广电旅游局局长：何光明
双柏县文体广电旅游局局长：王琳芬
禄丰县文体广电旅游局局长：王　焘
永仁县文体广电旅游局局长：李发安
南华县文体广电旅游局局长：彭元勇
武定县文体广电旅游局局长：鲁自福
姚安县文体广电旅游局局长：普正武
大姚县文体广电旅游局局长：何兴平
元谋县文体广电旅游局局长：王　颖

红河州文化局局长：李正有

蒙自市文化体育和广播电视局局长：后卫鸿
个旧市文化体育和广播电视局局长：严国明
开远市文化体育和广播电视局局长：陈秋圻
石屏县文化体育和广播电视局局长：普仁祥
建水县文化体育和广播电视局局长：武　锐
弥勒县文化体育和广播电视局局长：罗丽莉
泸西县文化体育和广播电视局局长：朱富林
红河县文化体育和广播电视局局长：马俊洪
元阳县文化体育和广播电视局局长：朱文珍
绿春县文化体育和广播电视局局长：王本宏
金平县文化体育旅游和广播电视局局长：丁建军
屏边县文化体育旅游和广播电视局局长：张红敖
河口县文化体育和广播电视局局长：陈　翠

文山州文化局局长：陈亚非

文山市文化广电体育旅游局局长：王保剑
砚山县文化广电体育旅游局局长：权丽萍
西畴县文化广电体育旅游局局长：杨玉芳
麻栗坡县文化广电体育旅游局局长：任志宏
马关县文化广电体育旅游局局长：谢国庆
丘北县文化广电体育局局长：朱　立
广南县文化局局长：黄先泰
富宁县文化广电体育旅游局局长：杨文明

西双版纳州文化体育和新闻出版局局长：张志贤
景洪市文化体育广播电视局局长：杨双桥
勐海县文化体育广播电视和旅游局局长：刀林冬
勐腊县文化体育广播电视和旅游局局长：杨飘龙

西藏自治区

西藏自治区文化厅

党组书记、副厅长：刘建敏
党组副书记、厅长：尼玛次仁
党组成员、副厅长：王勇才
党组成员、纪检组长：沙道训
党组成员、副厅长：任淑琼、张治中
副巡视员、文物局副局长：丹增朗杰

拉萨市文化局局长：王德隆
城关区文化局局长：刘晓莉
曲水县文化局局长：王军旗
堆龙德庆县文化局局长：洛　丹
尼木县文化局局长：其美顿珠
达孜县文化局局长：邓玉芳
墨竹工卡县文化局局长：格　桑
林周县文化局局长：米玛次仁
当雄县文化局局长：巴桑加措

那曲地区文化局局长：次仁龙培
那曲县文化局局长：白　鲁
嘉黎县文化局局长：普布次仁
比如县文化局局长：罗　布
聂荣县文化局局长：米玛玉珍
申扎县文化局局长：益西曲珍
尼玛县文化局局长：美　朵
安多县文化局局长：苟体兴
巴青县文化局局长：永　巴
索县文化局局长：金　莎
班戈县文化局局长：爱　啦
双湖区文化局局长：久　美

昌都地区文化局局长：祝国正
昌都县文化局局长：国　庆
边坝县文化局局长：孔翠霞
洛隆县文化局局长：江春洛布
芒康县文化局局长：陈绕吉
左贡县文化局局长：阿旺次仁
江达县文化局局长：扎西桑布
贡觉县文化局局长：泽　嘎
察雅县文化局局长：向巴元丁
丁青县文化局局长：拉巴次仁
八宿县文化局局长：普　布
类乌齐县文化局局长：仁增巴登

林芝地区文广局局长：崔晓东
林芝县文化局局长：达　娃
工布江达县文化局局长：卓　玛
米林县文化局局长：米玛卓玛
朗县文化局局长：张　伟
波密县文化局局长：卢俊香
察隅县文化局局长：朱家斌
墨脱县文化局局长：拉宗卓玛

山南地区文化局：林　萍
错那县文化局局长：边巴格列
加查县文化局局长：李鸿莉
曲松县文化局局长：李国义
隆子县文化局局长：叶秀芳
琼结县文化局局长：岳燕妮
扎囊县文化局局长：米　玛
洛扎县文化局局长：拉巴次仁
贡嘎县文化局局长：谭满成
错美县文化局局长：旺　旦
乃东县文化局局长：洛　珍
浪卡子县文化局局长：扎西次仁
桑日县文化局长：刘安军

日喀则文化局局长：金巴洛珠
日喀则市文化局局长：多布拉
亚东县文化局局长：达　珍
白朗县文化局局长：巴　琼
江孜县文化局局长：陈　宇

康马县文化局局长：索　次
岗巴县文化局局长：普　顿
仁布县文化局局长：米　平
南木林县文化局局长：扎西平措
谢通门县文化局局长：尼　平
拉孜县文化局局长：央　宗
昂仁县文化局局长：迟鹏先
萨嘎县文化局局长：尼玛罗布
定日县文化局局长：多　拉
聂拉木县文化局局长：尼玛多吉
吉隆县文化局局长：多　凤
仲巴县文化局局长：旦　曲
定结县文化局局长：多布杰

阿里地区文化局局长：索南群觉
措勤县文化局局长：边　巴
改则县文化局局长：才旺占堆
革吉县文化局局长：阿旺次仁
普兰县文化局局长：加　措
噶尔县文化局局长：扎西顿珠
日土县文化局局长：巴桑次仁
札达县文化局局长：达娃卓玛

陕西省

陕西省文化厅
党组书记、厅长：余华青
党组成员、副厅长：蒋惠莉、李军民
副厅长：刘宽忍
党组成员纪检组长：李延军
机关党委书记：彭　英
副巡视员：强双喜、李全虎、王志强

西安市文化广电新闻出版局局长：王凯利
莲湖区文化体育局局长：孙历斌
新城区文化体育局局长：张阿萍
碑林区文化体育局局长：王宗会
灞桥区文化体育局局长：陈亚红
未央区文化体育旅游局局长：陈永顺
雁塔区文化体育局局长：殷凤兰
阎良区文化体育广播电视局局长：魏　烜
临潼区文化体育广播电视局局长：姚华山
长安区文化体育广播电视局局长：聂小林
蓝田县文化体育广播电视局局长：卫清民
周至县文化体育广播电视局局长：时周平
户县文化体育广播电视局局长：韩兆斌
高陵县文化体育广播电视局局长：薛江南

宝鸡市文化广电新闻出版局局长：史钧生
渭滨区文化旅游局局长：杨安立
金台区文化广电局局长：刘东林
陈仓区文化文物旅游局局长：吴双虎
凤翔县文化广电局局长：王强健
岐山县文化广电局局长：崔功林
扶风县文化广电局局长：成广宁
眉县文化文物广电局局长：王国元
陇县文化局局长：张　奇
千阳县文化旅游局局长：夏　攀
麟游县文化广电局局长：兰乾生
凤县文化体育局局长：巨　涛
太白县科技文化文物局局长：王新敏

咸阳市文化广电新闻出版局局长：刘　鹏
秦都区文化体育局局长：吴晓秦
渭城区文化体育局局长：郭增勇
兴平市文化体育局局长：郭继荣
三原县文体广电局局长：党德海
泾阳县文体广电局局长：张永利
乾县文体局局长：赵明博
礼泉县文体局局长：杨安康
永寿县文体局局长：杜景安
彬县文体局局长：樊俊峰
长武县文体旅游局副局长：宋相武
旬邑县文体局局长：燕培植
淳化县文体局局长：张新明
武功县文体局局长：韩宁超

铜川市文化广电新闻出版局局长：鱼福昌
耀州区文化局局长：刘海明
王益区文体局局长：杨金印
印台区文体局局长：李文杰
宜君县文体局局长：樊茂生

渭南市文化广电新闻出版局局长：华惠民
临渭区文化体育旅游局局长：蔺振杰
华阴市文化体育局局长：丁玉民
韩城市文化体育局局长：孙　开
华县文化体育局局长：贾平京
潼关县文化体育事业局局长：汤振华
大荔县文化体育事业局局长：李高峰
浦城县文化体育事业局局长：万少平
澄城县文化体育事业局局长：李忠义
白水县文化体育事业局局长：孙进忠
合阳县文化体育事业局局长：杨治安
富平县文化局局长：曾　任

延安市文化广电新闻出版局局长：曹振乾
宝塔区文体事业局局长：刘永喜
延长县文体事业局局长：强海洋
延川县文体事业局局长：袁竹林
子长县文体事业局局长：张宏良
安塞县文体事业局局长：刘进益
志丹县文体事业局局长：李志刚
吴起县文体事业局局长：曹宪武
甘泉县文体事业局局长：刘玉东
富县文体事业局局长：任宏江
洛川县文体事业局局长：李小龙
宜川县文体事业局局长：王思宣
黄龙县文体事业局局长：石文学
黄陵县文体事业局局长：刘俊生

榆林市文化广电新闻出版局局长：李　博
榆阳区文体局局长：刘彦平
神木县文体局局长：项世荣
府谷县文体局局长：谭玉山
横山县文体局局长：师发光
靖边县文体局局长：李炅旻
定边县文体局局长：艾　君
绥德县文体局局长：贺怀杰
米脂县文体局局长：乔雄波
佳县文体局局长：刘建新
吴堡县文体局局长：李彦林
清涧县文体局局长：郭彩萍
子洲县文体局局长：石国玉

汉中市文化广电新闻出版局局长：成铁军
汉台区文化文物广播电视局局长：邵小河
南郑县文体事业局局长：李小平
城固县文体事业局局长：任　康
洋县文体事业局局长：刘亚林
西乡县文体事业局局长：韩富海
勉县文化体育局局长：王亦民
宁强县文化旅游局局长：何正剑
略阳县文化体育局局长：胡　超
镇巴县文化旅游局局长：王科玉
留坝县文化教育体育局局长：李建安
佛坪县文化教育体育局局长：高　鸿

安康市文化文物广电局局长：杨海波
汉滨区文化文物广电局局长：夏亚洲
汉阴县文化旅游广电局局长：张宽慧
石泉县文化旅游局局长：贾玉春
宁陕县文化旅游广电局局长：吴大斌
紫阳县文化旅游局局长：胡培德
岚皋县文化广电局局长：杜文涛
平利县文化文物旅游局局长：唐如刚
镇坪县文化旅游广电局局长：秦绪基
旬阳县文化旅游局局长：何家立
白河县文化旅游广电局局长：白建根

杨凌示范区社会事业局局长：王居仓

商洛市文化文物广电局局长：段向东
商州区文化广电局局长：张　勇
洛南县文化广电局局长：陈翔宇
丹凤县文化广电局局长：泼兰治
商南县文化广电局局长：高　鑫
山阳县文化广电局局长：杨　彬
镇安县文化广电局局长：何代瑜
柞水县文化广电局局长：韩祖学

甘肃省

甘肃省文化厅
党组书记、厅长：邵　明

党组成员、副厅长：王兰玲、李慎滨、王文全
民主党派、副厅长：张　明
党组成员、纪检组长：董义平
党组成员、甘肃画院党委书记：安邕江
党组成员、副厅长（省文物局局长）：杨惠福
巡视员：高稼农
副巡视员：郁小龙、吴鹤俊

兰州市文化广播影视新闻出版局局长：范　文
城关区文化局局长：邢健婷
七里河区文化体育广播影视局局长：玄承民
安宁区文化体育局局长：张萧兰
西固区文化广播影视局局长：刘克钧
红古区文化体育广播影视局局长：刘昌录
永登县文化体育局局长：张永贵
皋兰县文化体育广播影视局局长：郁建文
榆中县文化体育广播影视局局长：李学玲

天水市文化文物出版局局长：苏定武
秦安县文化旅游局局长：马明祥
张川县文化旅游局局长：张济安
甘谷县文化文物旅游局局长：任光明
武山县文化旅游局局长：王京生
清水县文化文物旅游局局长：刘志伟
秦州区文体局局长：陈　强
麦积区文化体育局局长：王　琛

白银市文化出版局局长：安进宝
景泰县文化体育和广播影视局局长：张盛林
平川区文化体育和广播影视局局长：黄天军
会宁县文化体育和广播影视局局长：李养泽
靖远县文化体育和广播影视局局长：张生禄
白银区文体局局长：顾振邦

嘉峪关市文化广播电视局局长：王　平

酒泉市文化出版局局长：屈　纲
肃州区文体局局长：高殿国
金塔县文体局局长：王　军
玉门市文化出版局局长：何玉宝
瓜州县文体局局长：康付明
敦煌市文体局局长：任聚生
阿克塞县广播电视体育局局长：塞立古
肃北县文体局局长：李正龙

张掖市文化出版局局长：徐晓霞
甘州区文化委员会主任：康建军
临泽县文化委员会主任：刘　红
高台县文化委员会主任：郑伏英
山丹县文化委员会主任：张兴民
民乐县文化委员会主任：任志玲
肃南县文化委员会主任：安秀梅

金昌市文化出版局局长：何济国
永昌县文化广播影视局局长：陈硕年
金川区文化广播影视局局长：冉生鹏

武威市文化新闻出版局局长：陈永坚
凉州区文体局局长：杨福元
民勤县文体局局长：周怀勇
天祝县文体局局长：胡忠林
古浪县文体局局长：亢永泰

定西市文化出版局局长：陈学平
安定区文化广播影视局局长：杨立新
陇西县文化广播影视局局长：王国豪
临洮县文化广播影视局局长：陈体雄
渭源县文化出版旅游局局长：漆　慎
岷县文化广播影视局局长：王继忠
通渭县文化出版局局长：牛昌斌
漳县文教体育局局长：徐志明

平凉市文化出版局局长：甘成福
崆峒区文体局局长：杜志民
灵台县文体局局长：曹亚平
泾川县文体局局长：卢永峰
崇信县文体局局长：杨永宏
华亭县文体局局长：金光宇
庄浪县文广局局长：李平德
静宁县文体局局长：牛永琪

庆阳市文化出版局局长：杨广玉
西峰区文化局局长：毛会科
庆城县文化局局长：刘国华

宁　县文化局局长：柴文秀
正宁县文化局局长：潘文社
合水县文化局局长：董生春
镇原县文化局局长：路永新
华池县文化局局长：王文彪
环　县文化局局长：杨　涛

陇南市文化出版局局长：陈永贵
武都区文体局局长：李德强
文县文体局局长：沈　璇
宕昌县文体局局长：沈和义
康县文体局局长：苟长途
成县文体局局长：孙浩文
徽县文体局局长：张　霖
两当县文体局局长：成仁才
礼县文体局局长：许明礼
西和县文体局局长：王卫红

临夏回族自治州文化出版局局长：马占良
临夏市文化广播影视局局长：侯尚逵
东乡县文化局局长：马忠华
广河县文广局局长：唐士乾
和政县文化局局长：赵元虎
积石山县文体局局长：周永祥
永靖县文体局局长：祁世明
康乐县文体局局长：刘建文
临夏县文体局局长：王辉忠

甘南州文化出版和体育局局长：全永康
合作市文化体育广播影视局局长：冯启仁
夏河县文化体育局局长：贡保南杰
碌曲县文体旅游局局长：唐　涛
玛曲县文化体育广播影视局局长：孟洛巴
迭部县文化体育广播影视局局长：杨宝泉
临潭县文化体育广播影视局局长：李建中
卓尼县文化体育广播影视局局长：张建强
舟曲县文化体育广播影视局局长：杨桑吉成

青海省

青海省文化和新闻出版厅
厅长：曹　萍
副厅长：李加曲、冯兴禄、吴解勋、张承伟、王建平、吕　霞、陈　通

西宁市文化广播电视局局长：苏磊红
城中区科技文体旅游局局长：李增仓
城东区科技文体旅游局局长：于江红
城西区科技文体旅游局局长：蔡庆文
城北区社会发展局局长：肖　勇
大通回族土族自治县社会发展局局长：苏亚玲
湟源县社会发展局局长：田文禄
湟中县社会发展局局长：李成云

海东地区文化广播电视局局长：谭　玲
平安县社会发展局局长：桑永生
乐都县文化科技广播电视体育局局长：张生荣
民和回族土族自治县社会发展局局长：李　珍
互助土族自治县社会发展局局长：朱学良
化隆回族自治县文化局局长：钟世芳
循化撒拉族自治县文化局局长：何永忠

海北藏族自治州文体广播电视局局长：芦生发
海晏县文体广播电视局局长：阿生梅
祁连县教育科技文化局局长：马金国
刚察县科技体育局局长：贡宝东智
门源回族自治县科技文化局局长：马志龙

海南藏族自治州文化体育广播电视局局长：周侠生
共和县文化体育广播电视局局长：李海青
同德县教育文化局局长：才　智
贵德县文化局局长：姬良梅
兴海县教育文化体育广播电视局局长：俄日项杰
贵南县文体广播电视旅游局局长：俄毛却

黄南藏族自治州文化体育局局长：马明生
同仁县文化体育局局长：娘毛才让
尖扎县文化体育广播电视旅游局局长：杨中卡

泽库县文化体育局局长：多杰扎西
河南蒙古族自治县文化体育局局长：
扎西东周

果洛藏族自治州文体广播电视局局长：
索南吉
玛沁县文体广播电视局局长：却　松
班玛县文体广播电视局局长：才让卓玛
甘德县文化教育局局长：王如林
达日县文体广播电视局局长：王喜文
久治县文体广播电视局局长：晓　峰
玛多县文化广播电视旅游局局长：岳玉民

玉树藏族自治州文体广播电视局局长：
旦周才仁
玉树县文体广播电视局局长：马文青
杂多县文化教育局局长：才仁扎西
称多县文化教育局局长：索南尼玛
治多县文化教育局局长：肖　平
囊谦县文化教育局局长：才旺巴丁
曲麻莱县文化教育局局长：春　武

海西蒙古族藏族自治州文体广播电视局局长：
官　炬
德令哈市教育科技文体局局长：王国福
格尔木市文体广播电视局局长：蒲建军
乌兰县教育科技文体局局长：韩永玺
都兰县教育科技文体局局长：韩木生
天峻县教育科技文体局局长：张德祥

宁夏回族自治区

宁夏回族自治区文化厅

党组书记、厅长：杨玉经
党组副书记、副厅长（正厅级）：阮教育
党组成员、副厅长：陶雨芳
党组成员、驻自治区文化厅广播电视局新闻出版局纪检组长：思仲举
党组成员、宁夏文化产业投融资公司总经理：
严亚军
副巡视员：许　成、行小卫

银川市文化广播电视局局长：关　琪
兴庆区文化体育旅游局局长：杨学文
金凤区文化体育旅游局局长：郑良海
西夏区文化体育旅游局局长：袁振海
永宁县文化旅游广播电视局局长：王建邦
贺兰县文化旅游广播电视局局长：张学明
灵武市文化旅游广播电视局局长：杨华东

石嘴山市文化旅游局局长：温福安
大武口区文化旅游局局长：曲世勃
平罗县文化旅游广播电视局局长：马海忠
惠农区商务和文化旅游局局长：吴　亮

吴忠市文化体育广播电视局局长：马云峰
利通区文化体育局局长：杨红梅
青铜峡市文化体育局局长：赵明琴
同心县文化体育广播电视局局长：马　啸
盐池县文化旅游广播电视局局长：刘世琛
红寺堡区文化体育旅游局局长：孙　冲

固原市文化体育广播电视局局长：吴会军
原州区文化体育旅游局局长：马玉福
西吉县文化旅游广播电视局局长：马存贤
隆德县文化旅游广播电视局局长：曹德贵
泾原县文化旅游广播电视局局长：鄢生勇
彭阳县文化旅游广播电视局局长：万亚平

中卫市文化体育广播电视局局长：王学军
中宁县文化旅游广播电视局局长：季耀斌
海原县文化旅游广播电视局局长：李文才

新疆维吾尔自治区

新疆维吾尔自治区文化厅

党组书记、副厅长：韩子勇
党组副书记、厅长：阿不力孜·阿不都热依木
党组成员、副厅长：艾尼瓦尔·阿不都许库尔
党组成员、文物局局长：盛春寿
党组成员、纪检组组长：徐　良

党组成员、副厅长：徐锐军、李建军
党组成员、副厅长、新疆艺术剧院院长：
卡米力·吐尔逊
党组成员、新疆艺术剧院党委书记：张建新
副巡视员、人事处处长：陶建生
副巡视员、非物质文化遗产处处长：马迎胜

乌鲁木齐市文化局局长：刘毅勇
天山区文体局局长：闫玉凤
沙依巴克区文体局局长：
居来提·阿吉
米东区文体局局长：陈　萍
高新区（新市区）文体局局长：
刘霖
水磨沟区文体局局长：张　卫
开发区（头屯河区）文体局局长：
谷立群
达坂城区文体局局长：马学明
乌鲁木齐县文体局局长：马全宏

克拉玛依市文化局局长：常锋英
克拉玛依区文体局局长：何　英
独山子区文体局局长：杜新兰
白碱滩区文体局局长：韩德胜
乌尔禾区文体局局长：翟兰芳

喀什地区文体局局长：阿力木江·阿西木
喀什市文体局局长：阿布都克日木·苏里坦
疏附县文体局局长：曹　军
疏勒县文体局局长：鬲　岚
英吉沙县文体局局长：艾克拜尔·阿不力孜
麦盖提县文体局局长：祖农司拉木
岳普湖县文体局局长：阿不力米提·斯迪克
泽普县文体局局长：吐鲁洪·买买提
叶城县文体局局长：阿依买提·塔里甫
巴楚县文体局局长：买买提明·艾海提
伽师县文化广播电视局局长：吕　林
莎车县文体局局长：艾尔肯·阿吾提
塔什库尔干塔吉克自治县文体局局长：刘　洋

阿克苏地区文体局局长：吐尔洪·阿不都热合曼
阿克苏市文体局局长：陈霄鸿
温宿县文体局局长：李爱军
拜城县文体局局长：张　钦
库车县文体局局长：艾合买提·克比尔
新和县文体局局长：鲍自斌
沙雅县文体局局长：李春林
乌什县文体局局长：王　红
阿瓦提县文体局局长：赵　伟
柯坪县文体局书记、副局长：刘东霞

和田地区文体局局长：买提卡斯木·达吾提
和田市文体局局长：买买提明·肉孜
和田县文体局局长：任建荣
皮山县文体局局长：阿不力克木·塔力甫
墨玉县文体局局长：艾合买江·马合木提
洛浦县文体局局长：阿孜古丽
于田县文体局局长：王玉玲
策勒县文体局局长：亚热·买提努尔
民丰县文体局局长：迪力夏提

吐鲁番地区文化体育新闻出版局局长：
钱昊亮
吐鲁番市广电文体局局长：张江成
托克逊县广电文体局局长：陶长江
鄯善县广电文体局局长：周仕明

哈密地区文体局局长：祖农·沙依提
哈密市文体局局长：许业江
伊吾县文体局局长：吕开娥
巴里坤县文体局局长：吴同生

克孜勒苏柯尔克孜自治州文体局局长：
陈广礼
阿图什市文体局局长：哈斯木·艾沙
阿合奇县文体局局长：卿慧明
乌恰县文体局局长：多力坤·阿迪
阿克陶县文体局局长：阿力甫·沙得尔

博尔塔拉蒙古自治州文体局局长：
艾山江·阿不都克里木
博乐市文体局局长：祁全生
精河县文体局局长：石立新
温泉县文体局局长：巴雅尔

昌吉回族自治州文体局局长：吴　勇
昌吉市文体局局长：于佩英
玛纳斯县文体局局长：杨立新
呼图壁县文体局局长：耿　毅
阜康市文体局局长：李凤姝
吉木萨尔县文体局局长：齐吉平
奇台县文体局局长：刘生存
木垒县文体局局长：王炬东

巴音郭楞蒙古自治州文化局局长：傅增堂
库尔勒市文体广电局局长：司卫东
且末县文体局书记、副局长：杨延龙
焉耆县文体局局长：燕　婷
和静县文体局局长：衣仁且
和硕县文体局局长：桑加拉
博湖县文体局局长：申　桦
轮台县文体局局长：艾合买提·克日木
尉犁县文体局局长：阿不力孜·木沙
若羌县文体局局长：宋振军

伊犁哈萨克自治州文体局局长：米　赞
伊宁市文体局局长：秦　文
奎屯市文体局局长：张治宇
伊宁县文体局局长：托胡提艾力
霍城县文体局局长：沙东梅
尼勒克县文体局局长：加娜尔
昭苏县文体局局长：叶尔江
特克斯县文体局局长：努尔加克
巩留县文体局局长：穆哈太
新源县文体局局长：努尔太
察布查尔县文体局局长：文　健

塔城地区文体局局长：张福钰
塔城市文体局局长：洪　波
额敏县文体局局长：王永辉
裕民县文体局局长：李振国
乌苏市文体局局长：范建新
托里县文体局局长：阿力亚·艾提哈力
和布克赛尔蒙古自治县文体局局长：
道·乌图那生
沙湾县文体局局长：谈新明

阿勒泰地区文体局局长：
巴合提·吐素普别克
阿勒泰市文体局局长：热合买多拉·哈米提
青河县文体局局长：艾登别克·日颜
哈巴河县文体局局长：王新强
布尔津县文体局局长：再努尔·卡肯
吉木乃县文体局局长：于述刚
福海县文体局局长：刘婧琚
富蕴县文体局局长：陈晓霞

新疆生产建设兵团

新疆生产建设兵团文化广播电视局
局　长：万卫平
副局长：王运华、曾建勇、王瀚林、麻　霞、王建民
副巡视员：唐　林

农一师文化广播电视局局长：崔俊海
农二师文化广播电视局局长：何国庆
农三师文化广播电视局局长：牛志军
农四师文化广播电视局局长：李　斌
农五师文化广播电视局局长：龙利金
农六师文化广播电视局局长：高华生
农七师文化广播电视局局长：王次会
农八师石河子市文体局局长：张新宁
农九师文化广播电视局局长：罗新果
农十师文化广播电视局局长：严　格
建工师文化广播电视局局长：曾其祥
农十二师文化广播电视局局长：向志华
农十三师文化广播电视局局长：李济源
农十四师文化广播电视局局长：孟鲁平

索　引

INDEX

汉语拼音索引

E

F

G

H

J

K

L

M

N

O

P

Q

R

S

T

W

X

Y

数字索引

标点符号索引